AVERTISSEMENT

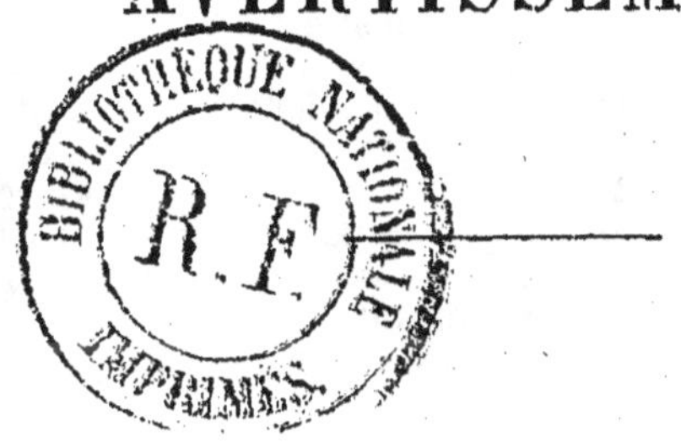

Le Dictionnaire des anonymes de Barbier, dont la deuxième édition, déjà considérablement augmentée, a été publiée de 1822 à 1827, est un livre trop connu des bibliophiles et des bibliothécaires pour que j'insiste sur l'opportunité de la publication d'une édition nouvelle.

Depuis longtemps déjà je songeais à utiliser les nombreux matériaux que j'avais rassemsemblés en vue de cette publication, lorsque MM. Daffis et P. Jannet qui se préparaient à donner une nouvelle édition des Supercheries de Quérard, revue et augmentée par M. Gustave Brunet, me proposèrent d'y joindre cette troisième édition du Dictionnaire des anonymes.

En acceptant, j'avais trop présumé de mes forces, et plus malheureux que Jannet, qui n'a pu voir les dernières feuilles des Supercheries, dans la publication desquelles sa collaboration avait été si utile, j'ai du craindre un moment de ne pas voir la première feuille des anonymes.

Après les fatigues du siége, j'ai été frappé d'un coup de sang et j'ai dû songer à me faire aider et au besoin suppléer.

M. René Billard, l'un des bibliothécaires de la Bibliothèque nationale, et M. Paul Billard, son frère, employé au département des imprimés de cet établissement, ont bien voulu me donner leur concours, et apporter à la publication de ce travail l'expérience par eux acquise dans leur collaboration à la rédaction du Catalogue du département des imprimés de la Bibliothèque nationale.

J'ai depuis repris en partie mes travaux et joint mes efforts aux leurs pour rendre cette édition aussi complète et aussi exacte qu'il nous a été possible de le faire.

Nous devons, avant tout, donner quelques détails sur le plan que nous avons suivi.

Nous avons éliminé du Dictionnaire de Barbier les pseudonymes qui sont tous dans les Supercheries de Quérard et qui se trouvent plus facilement à leur nom d'auteur supposé qu'à leur titre.

Nous avons ensuite examiné s'il fallait impitoyablement retrancher du Dictionnaire des anonymes tous les articles pris dans les Supercheries, à n'importe quel titre, et mutiler ainsi le travail primitif.

Quérard, en publiant son ouvrage, n'avait pas en vue sa réunion avec le Dictionnaire des anonymes, et par conséquent son plan avait pu s'étendre beaucoup plus qu'il n'eût été utile de le faire dans les circonstances présentes. Il avait consigné dans son travail beaucoup trop de notes intéressantes pour que, dans une édition publiée si peu de temps après sa mort, on ne respectât pas entièrement son ouvrage. M. Gustave Brunet a fait de nombreuses additions à l'œuvre de Quérard et a conservé, en les complétant, toutes les curieuses indications de son devancier.

Nous n'avons nullement l'intention de lui adresser une critique à ce sujet, au contraire, mais nous avons pensé qu'il y avait lieu de conserver dans le Dictionnaire des anonymes tout ce qui, ne constituant pas un pseudonyme ou une supercherie littéraire, est indiqué par tous les rédacteurs de catalogues et même par la plupart des bibliographes comme anonyme.

Voici les ouvrages pour lesquels nous avons cru devoir procéder de la sorte :

1° Ceux où le nom de l'auteur n'est représenté que par des initiales;

2° Ceux où l'auteur n'est désigné que par des ***.

3° Ceux où il est désigné par un qualificatif vague qui ne constitue pas une appellation ordinaire pour l'auteur (1).

Si ces ouvrages ne figuraient pas dans le Dictionnaire des anonymes il faudrait, et cela eût été indispensable si les Supercheries avaient été publiées seules, faire une table des titres. En les rappelant d'une façon sommaire, nous avions l'avantage de suppléer à cette table indispensable, de ne pas multiplier le nombre des nomenclatures, de ne pas trop défigurer le travail de Barbier, et enfin de lier d'une façon plus étroite les deux ouvrages par une série de renvois qui nous ont permis de supprimer les détails déja donnés dans les trois premiers volumes.

Nous avons donc cité ces ouvrages, en renvoyant pour les notes aux Supercheries, et en supprimant tous les détails, excepté dans le cas où il nous a été possible de donner de nouveaux et utiles renseignements.

Cette édition a été tellement augmentée et modifiée que nous n'avons pas cru devoir faire précéder nos additions d'un signe particulier, comme il a été fait pour les Supercheries.

Les principales modifications apportées sont les suivantes :

1° Variétés d'orthographe ancienne pour le même mot initial réunies sous le mot tel qu'il s'écrit actuellement : Advis = Avis = Cry = Cri.

2° Pour les articles historico-biographiques : Abrége de la vie de; Eloge de; Histoire de; Vie de, etc., l'ordre alphabétique est établi d'après le nom qui forme le sujet du livre. Du reste ces noms ont été imprimés en caractères gras de manière à appeler l'attention.

3° Les titres dans lesquels entrent des articles avec élision sont placés avant ceux où

---

(1) Rien de plus commun que de trouver, même dans les meilleurs catalogues, des titres défigurés ou écourtés. En voici trois exemples qui prouvent combien il est utile de faire figurer ces ouvrages à leur titre dans le Dictionnaire des anonymes.

1er exemple : Dictionnaire social et patriotique, ou précis raisonné des connaissances relatives à l'économie morale, civile et politique, par M. C. R. L. F. D. B. A. A. P. D. P., c'est-à-dire : M. C.-R. LE FÈVRE DE BEAUVRAY, avocat au parlement de Paris. 1769 ou *Amsterdam*, 1770.

« La France littér. », de 1778, t. III, p. 44, donne ce titre en retranchant les initiales et en ajoutant le nom de l'auteur.

C'est en vain que vous cherchez dans les « Supercheries » à M. C. R. ou à C. R., etc., mais ouvrez la 2e éd. du « Dictionnaire des anonymes », et vous trouverez ce titre sous le n° 3875, et comme cet ouvrage a reparu en 1774 sous le nouveau titre, toujours anonyme, de : « Dictionnaire de recherches historiques et philosophiques, vous rencontrerez ce titre sous le n° 3764.

2e exemple : Dans les deux éditions du « Dictionnaire des anonymes », l'on trouve ce titre : « les Souvenirs d'un homme de cour ». (Par M. DE LA GORSE.) *Paris, Dentu*, an XIII-1805, 2 vol. in-8.

Quérard s'est naturellement emparé de cet article, que l'on trouve dans les deux éditions des « Supercheries » sous « Homme de cour ». Mais ce titre, ainsi reproduit depuis 1806, est incomplet, car, après le mot cour, il faut ajouter : « ou Mémoires d'un ancien page, contenant des anecdotes secrètes sur Louis XV et ses ministres.., suivis de notes historiques écrites en 1788, par *****». Celui qui ayant cet ouvrage entre les mains, le chercherait dans la série des astéronymes, ne l'y trouverait pas, parce qu'il se trouve à « Homme de cour », Quérard n'ayant pas eu le titre complet.

3e exemple : Correspondance de M. M***** sur les nouvelles découvertes du baquet octogone, de l'homme baquet et du baquet moral, pouvant servir de suite aux Aphorismes. Recueillie et publiée par M. DE F***** J******** et B********. *A Libourne et à Paris*, 1785, in-32.

Ce titre, quoique reproduit inexactement et de diverses manières 1° dans la 2e édit. du « Dictionnaire des anonymes », 2° dans la « France littéraire » de Quérard, t. VI, p. 87, col. 1, 3° dans la 2e édit. des « Supercheries », I, 426, *a*, et 4°, tout récemment, dans les « Notes bibliogr. pour servir à l'histoire du magnétisme animal », par A. Dureau, p. 66, sera toujours facilement trouvé au « Dictionnaire des anonymes. »

Mais ces mêmes inexactitudes montrent combien le procédé employé par Quérard dans ses « Supercheries » est difficile à suivre. Ce seul article l'a fait tomber dans quatre fautes :

Au t. I, 426, *c*, au lieu de B., il faut lire B******** (BOISGELIN).

Au t. II, 2, *b*, il faut remplacer F par F***** (FORTIA).

Et même volume, 352, *c*, au lieu de J***, il faut J******** (JOURGNIAC).

Enfin, même vol., 1012, *f*, ce n'est pas M*** que porte le titre, mais M***** (MESMER).

DICTIONNAIRE
DES
OUVRAGES ANONYMES

PAR

ANT.-ALEX. BARBIER

TROISIÈME ÉDITION, REVUE ET AUGMENTÉE PAR

MM. OLIVIER BARBIER, RENÉ ET PAUL BILLARD

De la Bibliothèque nationale

TOME I — A. — D.

SUITE DE LA SECONDE ÉDITION DES

SUPERCHERIES LITTÉRAIRES DÉVOILÉES

PAR J.-M. QUÉRARD

PUBLIÉE PAR MM. GUSTAVE BRUNET ET PIERRE JANNET

TOME IV.

AVEC UNE TABLE GÉNÉRALE DES NOMS RÉELS

DES ÉCRIVAINS ANONYMES ET PSEUDONYMES CITÉS DANS LES DEUX OUVRAGES

PARIS

PAUL DAFFIS, LIBRAIRE-ÉDITEUR

RUE GUÉNÉGAUD, 7

CI-DEVANT 9, RUE DES BEAUX-ARTS

1872

il n'y a pas d'élision : Abrégé de l'anatomie, — Abrégé de l'institution, viennent avant Abrégé de la Bible, etc.

4° Nous avons cru devoir revenir sur l'exclusion des ouvrages dont les noms d'auteurs se trouvent dans les priviléges, épîtres, approbations, etc., presque tous les amateurs et les rédacteurs de catalogues continuant à citer comme anonymes les ouvrages de ce genre qui se trouvaient dans la première édition du Dictionnaire et qui avaient été retranchés de la seconde.

Nous observerons à ce sujet que nous avons vu un ouvrage dans lequel le nom de l'auteur se trouvait au milieu du volume, dans une note. Tous les bibliographes le citent comme anonyme et, le volume en main, il n'est pas sûr que l'on trouve le nom de l'auteur. Dans un autre cas, nous trouvons le nom de l'auteur dans une approbation placée également dans le milieu du volume. Nous multiplirions facilement ces exemples, mais nous croyons que ceux-là suffiront pour motiver la règle que nous avons adoptée, de citer comme anonyme tout livre dont le nom d'auteur n'est pas mentionné sur le titre.

Il ne me reste plus en finissant qu'à remercier tous les bibliothécaires et amateurs qui ont contribué à augmenter cette édition.

Mon frère m'a remis un certain nombre d'articles recueillis par lui et d'autres laissés par mon père.

M. Gustave Brunet, de Bordeaux, nous a envoyé de nombreux renseignements qui nous ont permis de compléter et de contrôler utilement nos recherches personnelles.

M. Poulet-Malassis qui a remplacé le regretté Pierre Jannet dans la surveillance de la partie typographique de notre publication, nous a fourni de nombreux renseignements sur la librairie moderne française et belge. Sa parfaite connaissance de la bibliographie littéraire, ancienne et moderne, nous permet de faire disparaître un certain nombre d'erreurs de notre travail et de celui de nos prédécesseurs.

Nous avons puisé de nombreux renseignements dans les ouvrages de J.-C. Brunet, de Quérard et de M. Otto Lorenz. Nous avons reçu des communications directes de MM. Benoît, conseiller à la cour d'appel de Paris, Ulysse Capitaine, le Dr Hoffmann, de Hambourg, A. Ladrague, de La Sicotière, d'Alençon, J. Ravenel, Maurice Tourneux, Van Doorninck et de beaucoup d'autres personnes dont nous avons autant que possible indiqué les noms lorsque nous avons pu profiter de leurs envois.

Nous avons indiqué par des initiales les noms des auteurs et des personnes que nous aurions dû répéter trop souvent à cause des nombreux emprunts que nous leur avons faits :

MM.	Delecourt	J. D.
	De Manne	D. M.
	Ulysse Capitaine	Ul. C.
	Ladrague	A. L.
	Van Doorninck	V. D.

Les éditeurs se suivent et ne se ressemblent pas. Barrois l'aîné, éditeur de la seconde édition, relisait toutes les épreuves pour abréger arbitrairement les titres et supprimer des indications nécessaires que nous avons dû rétablir avec beaucoup de travail.

M. P. Daffis nous a laissé toute latitude à cet égard, c'est un hommage que nous devons lui rendre.

Olivier Barbier.

22 Janvier 1872.

NOTICE

BIOGRAPHIQUE ET LITTÉRAIRE

SUR

M. ANTOINE-ALEXANDRE BARBIER

Antoine-Alexandre BARBIER naquit à Coulommiers (Seine-et-Marne), le 11 janvier 1765. Il fit avec succès ses humanités au collége de Meaux, et les termina en 1782. Dès ses premières années, on remarqua en lui une grande ardeur pour le travail : doué d'une mémoire excellente, d'une intelligence et d'une vivacité d'esprit peu communes, ses progrès furent rapides. Son père, qui avait fait lui-même de bonnes études, voyant les heureuses dispositions de son fils, désirait l'envoyer à Paris, pour qu'il y fit ses cours de philosophie et de théologie ; mais la nombreuse famille dont il était chargé était un obstacle à ses vœux.

Un grand-oncle, riche et généreux, nommé Thomas Desescoutes, offrit de contribuer à la dépense ; son offre fut acceptée, et le jeune Barbier vint à Paris, au séminaire Saint-Firmin.

Lorsqu'il eut achevé ses études, ses supérieurs, qui l'avaient pris en amitié, le retinrent auprès d'eux, jusqu'en 1789, pour enseigner les mathématiques et la physique, en qualité de maître de conférences.

C'est au séminaire Saint-Firmin que se développa sa passion pour l'étude de la bibliographie et de l'histoire littéraire ancienne et moderne (1). Il con-

(1) « Ancien compagnon d'études de M. Barbier (dit L.-V. Raoul), j'ai vu naître en lui ce goût pour les recherches bibliographiques, qui depuis ne l'a pas quitté, et je me

sacrait ses jours de sortie à des visites chez les principaux libraires de la capitale, ou à des promenades sur les quais, pour examiner les livres qui s'y trouvaient exposés, et pour faire l'acquisition de quelques-uns, car il sentit de bonne heure le besoin de se former une bibliothèque choisie, où il pût trouver, sous sa main, les matériaux nécessaires à ses recherches (1). Souvent aussi, il allait travailler dans les bibliothèques publiques de Paris, notamment à celle de Saint-Germain-des-Prés, ou dans celles de plusieurs hommes de lettres avec lesquels il était déjà en relation. Occupé, dès 1789,

---

rappelle encore le temps où, tous les soirs, il rentrait au collége avec ce que nous appelions un *bouquin*. Ce souvenir, qui se joint à celui de ses bons conseils et de ses bons exemples, m'est souvent revenu à la pensée, et je me plais à consigner ici, pour un ancien compatriote, des sentiments d'affection qui ne sortiront jamais de mon cœur. » (Extrait de l'article de L.-V. Raoul, professeur à l'Université de Gand, sur le « Dictionnaire des ouvrages anonymes et pseudonymes », inséré dans les « Archives belgiques des sciences, arts et littérature », juin 1823, p. 368.)

A ce témoignage se joint celui de M. Buirette, ancien condisciple de M. Barbier : « C'est à Saint-Firmin que nous avons passé cinq ans ensemble ; il y était déjà quand j'y entrai. J'eus occasion de me lier avec lui dès les premiers jours, et je m'en suis bien trouvé. Sa conduite sage et régulière le faisait estimer de ses maîtres et de ses condisciples. Ami du travail, il savait trouver le temps de se livrer à diverses études. Ses journées étaient pour ainsi dire coupées symétriquement ; tant d'heures pour telle occupation, tant pour telle autre ; études théologiques, solutions de problèmes mathématiques, extraits d'ouvrages, recherches et notes bibliographiques, etc. Les sorties en ville que les autres employaient à leurs plaisirs, il en profitait pour son instruction. Il courait les boutiques de bouquinistes et de libraires, les bibliothèques publiques et même particulières, les ventes de livres pour y faire quelques découvertes, soit dans les ouvrages rares, soit dans la conversation des amateurs qu'il y rencontrait Quand il avait réussi dans ses courses, il rentrait content comme l'abeille avec son petit butin qu'il venait mettre à profit. Quelques-uns de ses condisciples désiraient-ils un ouvrage, c'était à lui qu'ils s'adressaient avec confiance, et il se faisait un plaisir de le leur déterrer. Aussi l'appelait-on par plaisanterie *le bouquiniste*, et l'on ne craignait pas de mettre souvent à contribution ce bouquiniste complaisant. Cette complaisance, il l'avait même pour quelques misérables revendeurs de bouquins à échoppe ou à paniers, qu'il initiait dans le secret du métier, et qui, profitant de ses leçons, acquirent des connaissances en librairie, étendirent peu à peu leur petit commerce, et furent tout étonnés de se trouver plus tard libraires en boutique. Ses relations ne se bornaient pas à ses protégés, il les avait étendues avec les meilleurs libraires de la capitale, qui ne rougissaient pas de le consulter fort souvent. C'est ainsi qu'il préludait aux recherches savantes dont il a depuis enrichi la bibliographie.

» Sa société habituelle et, pour ainsi dire, exclusive, à Saint-Firmin, se composait d'un petit nombre de camarades qui partageaient ses goûts. On la désignait sous le nom d'*académie*, il en était regardé comme le président et le fondateur. On se plaisait à le consulter sur différents points de littérature et à lui proposer quelques difficultés à résoudre. Lorsqu'il fut nommé maître des conférences, profitant du privilége attaché à cette place, il réunissait ses sociétaires dans sa chambre, pendant les heures de récréation, et là il était fait lecture de quelques journaux littéraires et souvent d'ouvrages dont ils rendaient compte ; chacun ensuite faisait ses observations et motivait ses éloges ou ses critiques. Quelquefois ces discussions, renvoyées au lendemain, étaient faites par écrit et lues à la récréation suivante. Cela donnait même lieu de temps en temps à des correspondances avec les journalistes et les auteurs. Un des articles des statuts de la société obligeait d'aller, autant qu'on le pouvait, entendre les prédicateurs distingués de la capitale, tels que les abbés Maury, Lenfant, Boulogne, etc., et de faire l'analyse de leurs discours, pour être soumise ensuite au petit tribunal académique. »

(1) En 1788, il possédait déjà plus de 1200 volumes, et en avait même rédigé le Catalogue, à la tête duquel il avait écrit cette pensée de Saint-Évremont : « La vie est trop courte, à son avis, pour lire toutes sortes de livres, et charger sa mémoire d'une infinité de choses aux dépens de son jugement ; il ne s'attache point aux écrits les plus savants pour acquérir de la science, mais aux plus sensés pour fortifier sa raison.... » « Portrait de Saint-Évremont fait par lui-même. »

à réunir des matériaux pour corriger et compléter la « Bibliothèque d'un homme de goût » (1), défigurée par des fautes et des omissions nombreuses, il avait aussi entrepris un travail semblable pour les « Dictionnaires historiques » de Ladvocat et de Chaudon. Ces deux ouvrages avaient été ses lectures favorites durant le cours de ses études.

Il nous apprend lui-même (2) que la lecture attentive qu'il fit, dans la maison paternelle, de l' « Année littéraire, » de Fréron, et du « Journal de la littérature, des sciences et des arts, » rédigé par l'abbé Grosier, contribua beaucoup à fortifier son penchant pour la critique littéraire et la bibliographie. Ce fut vers cette époque qu'il fit, pour son usage, un choix des principaux articles du journal de Fréron. Voici le jugement qu'il porta plus tard sur cette collection, et qu'il consigna au commencement du premier volume : *Ex privatis odiis respublica crescit.* (CICERO in Sallust.) « Il a existé en France un ouvrage périodique, où les principes du goût étaient sans cesse rappelés, où les beautés des anciens étaient développées avec enthousiasme, où les défauts des modernes étaient indiqués avec sévérité, mais presque toujours avec justesse ; c'était l' « Année littéraire » de Fréron, qui a été aidé par beaucoup de littérateurs. J'ai lu cet ouvrage à un âge où j'avais besoin d'un guide pour me diriger dans le choix des auteurs, où je voulais me rendre un compte exact de mes lectures, où j'aurais rougi d'admirer sur parole les écrivains dont j'entendais sans cesse vanter le mérite. Mais dans cette vaste collection, composée de plus de trois cents volumes, se trouvent mêlés et confondus ensemble, le bon et le mauvais, le vrai et le faux, l'utile et ce qui ne l'est pas. Accoutumé à distinguer les articles sortis de la plume de ses principaux auteurs, d'avec ceux que des amis lui ont communiqués ; ceux qui ont été rédigés d'après les principes du goût et du beau, qu'ils connaissaient fort bien, d'avec ceux qui ont été écrits sous l'influence de l'autorité, ou sous la dictée de la haine, j'ai recueilli les meilleurs morceaux de ce journal, etc. »

La santé de M. Barbier se trouvant altérée par l'excès du travail, il se vit forcé de quitter la capitale, où il ne revint qu'en 1794 (cinq ans après en être sorti), lorsqu'il fut nommé, par le département de Seine-et-Marne, élève de l'École normale. Il y suivit les cours de physique, de morale et de littérature. Peu de temps après, il fut choisi pour faire partie de la Commission temporaire des Arts, adjointe au Comité d'Instruction publique de la Convention nationale, section de Bibliographie ; ce qui eut lieu sur la présentation de M. Barrois l'aîné, membre de cette Commission, et qui connaissait

(1) Voy. col. 412 du « Dict. des anonymes ».
(2) Voy. « Revue encyclopédique », t. 21, p. 740.

son goût pour les livres. Plus tard, et lorsque le Directoire exécutif, au moment de son organisation, réduisit le nombre des membres de la Commission temporaire des Arts, M. Barbier fut l'un de ceux qui restèrent attachés au ministère de l'intérieur, avec le titre de membre du Conseil de conservation des objets de Science et d'Arts.

C'est comme membre de la Commission temporaire et de ce Conseil, qu'il rendit aux lettres des services inappréciables, en recueillant ou en faisant conserver et placer dans les bibliothèques publiques de la capitale une grande partie des richesses littéraires de la France, dispersées pendant les orages de la révolution, ou entassées dans les dépôts formés à la hâte, après la suppression de différents établissements civils et ecclésiastiques. C'est ainsi qu'il contribua beaucoup à l'accroissement des bibliothèques Mazarine, de Sainte-Geneviève, du Corps-Législatif, de l'École de Médecine, de l'École polytechnique, du Jardin des plantes, de l'Hôtel des invalides, etc.

Dans le cours de ses diverses fonctions, il montra toujours le plus grand empressement à seconder les démarches des personnes qui sollicitèrent du gouvernement la restitution des livres de leurs bibliothèques, placés dans les dépôts confiés à ses soins.

En 1796, chargé de la réunion de la bibliothèque de l'ex-jésuite Querbeuf à l'un des dépôts littéraires, il découvrit, parmi des papiers qui semblaient mis au rebut, deux volumes in-4°, contenant trois cents lettres latines du savant Huet, la plupart écrites de sa main. Engagé par ses collègues à rédiger un mémoire sur cette découverte, il lut en entier cette correspondance, et fit une table des lettres qu'elle renfermait, des personnes à qui elles étaient adressées, des dates et des lieux où elles avaient été écrites, avec un sommaire de chacune. Ce recueil, précieux pour la littérature, par la variété des sujets traités par l'auteur, par la célébrité des savants qui y sont nommés, par le grand nombre d'anecdotes littéraires qu'il contient, et par l'étendue considérable de temps qu'il embrasse (depuis 1660 jusqu'en 1714), fut placé par ses soins à la Bibliothèque nationale. Dans la même année, il découvrit encore la collection complète des manuscrits de Fénelon, et donna l'indication de ceux qui avaient été publiés ou qui étaient encore inédits (1).

En 1798, M. François de Neufchâteau, alors ministre de l'intérieur, autorisa M. Barbier à choisir dans les dépôts de Paris et de Versailles, les ouvrages qui devaient former la bibliothèque du Directoire. Quinze mille volumes avaient déjà été placés dans la salle dite des Archives, au Grand-Luxembourg, lorsque des réparations qui furent faites dans ce palais forcè-

(1) Les manuscrits de Fénelon, rendus d'abord à ses héritiers, se trouvent maintenan dans la bibliothèque du séminaire de Saint-Sulpice.

rent de chercher un nouveau local. L'hôtel de Croï, rue du Regard, ayant été désigné, les livres y furent transportés, et l'année suivante, le même ministre nomma M. Barbier conservateur du dépôt provisoire de la bibliothèque du Directoire. Il continua à rechercher dans les dépôts littéraires les livres qui manquaient à cette bibliothèque. En peu de temps, elle fut composée de plus de trente mille volumes.

Pour avoir une idée des peines et des travaux occasionnés par le choix et la réunion d'un nombre aussi considérable de livres, il faut se figurer l'immense quantité de volumes de tous les genres, contenus dans les seuls dépôts de Paris (on les a toujours portés au moins à 1,500,000) ; il faut se représenter aussi la confusion que cette multitude d'ouvrages avait dû engendrer, la nécessité de parcourir des yeux plus de douze cents bibliothèques, dans lesquelles les mêmes articles étaient répétés, la difficulté enfin de trouver ce qu'elles pouvaient contenir de bon, et de le séparer d'avec ce qui était médiocre, inutile et souvent incomplet.

Sans exclure aucun des bons livres qui font partie du système des connaissances humaines, M. Barbier s'attacha spécialement, dans la formation de la bibliothèque du Directoire, à ceux qui concernaient la philosophie, la morale, la politique, le droit public, l'administration, le commerce, etc.

A peine en eut-il terminé le catalogue, qu'il se vit forcé de se livrer à de nouveaux travaux.

En 1799, peu de temps après le 18 brumaire, les consuls arrêtèrent qu'il serait choisi, dans la bibliothèque du Directoire, des livres pour leur usage personnel, et que le reste formerait celle du Conseil-d'État.

En effet, le premier consul prit les livres d'histoire et d'art militaires; Cambacérès déclara que son intention était d'avoir les meilleurs ouvrages de droit public, de législation, de littérature et d'histoire; le consul Lebrun et l'ex-consul Sièyes firent également des choix en rapport avec leurs études.

M. Barbier fit encore de nouvelles recherches pour former la bibliothèque du Conseil-d'Etat, dont il fut nommé bibliothécaire en 1800. Transportée au château des Tuileries, elle fut alors placée dans un très-beau local, auprès de la salle des séances du Conseil.

Après trois années de travail, il publia le catalogue de cette bibliothèque. Sorti des presses de l'imprimerie du gouvernement, cet ouvrage, tiré à un petit nombre d'exemplaires, fut, malgré quelques imperfections, favorablement accueilli des savants français et étrangers ; ils y trouvèrent le fruit des nombreuses recherches sur les anonymes, dont son auteur s'était occupé depuis plusieurs années. M. Barbier suivit pour ce catalogue, ainsi que pour tous ceux qu'il rédigea plus tard, le classement méthodique des ouvrages, qui présente beaucoup plus de difficultés, mais aussi plus d'avantages que l'ordre alphabétique des auteurs. D'après son système, un catalogue rangé de cette dernière manière, avec quelque érudition et quelque exactitude qu'il soit composé, n'est autre chose qu'un dictionnaire : on le consulte quand on en a besoin; mais il est impossible d'en lire de suite plusieurs pages; au lieu que le classement systématique des ouvrages excite l'attention, parce qu'il donne le moyen de juger du progrès de nos connaissances, en plaçant sous les yeux, dans l'ordre chronologique, les meilleures productions sur chaque matière. Pénétré du principe que le titre d'un ouvrage doit indiquer suffisamment ce qu'il contient, M. Barbier adopta, pour la description des titres, le milieu entre une prolixité fastidieuse, et une concision qui souvent dégénère en obscurité. Il s'attacha en effet, dans la rédaction du catalogue des livres de la bibliothèque du Conseil-d'Etat, tantôt à resserrer dans de justes bornes les titres qui péchaient par une excessive longueur, tantôt à étendre ceux qui paraissaient trop peu détaillés.

Quatre années étaient à peine écoulées, lorsqu'un décret ordonna la démolition du local où se trouvait la bibliothèque. On fut forcé de l'enlever si promptement, que cent-vingt grenadiers, formant la chaîne, furent employés pendant deux jours à transporter les livres dans la partie de la galerie du Musée où il n'y avait pas alors de tableaux.

Profitant du loisir forcé que lui donnait cette circonstance, M. Barbier réunit et mit en ordre les notes et renseignements qu'il avait recueillis depuis longtemps pour la composition d'un « Dictionnaire des ouvrages anonymes et pseudonymes,» dont il publia les deux premiers volumes en 1806.

En 1807, Napoléon ordonna que la bibliothèque du Conseil-d'Etat deviendrait celle du château de Fontainebleau (1). Une partie de la jurisprudence et de l'économie politique fut cependant conservée à Paris. Après avoir terminé le classement des livres de cette bibliothèque, M. Barbier eut à former une seconde fois la bibliothèque du Conseil-d'État. La plupart des livres qui la composèrent furent choisis dans celle du Tribunat.

A cette époque, le savant Chardon de La Rochette, ami de M. Barbier et son ancien collègue à la Commission temporaire des Arts, fut envoyé par le gouvernement pour inspecter ou réunir les bibliothèques et les dépôts littéraires formés dans plusieurs départements. M. Barbier, sachant qu'il devait y exister des livres et des manuscrits précieux, s'empressa de les lui indiquer, afin qu'il fît les recherches nécessaires pour les découvrir. Elles ne

(1) Cette bibliothèque a été, jusqu'en 1805, installée dans l'ancienne chapelle, dite de Saint-Saturnin, construite d'une manière très-élégante par l'architecte Serlio, sous François Ier. Voy. la description qui en a été donnée, en 1812, sous le titre de : « Palais impérial de Fontainebleau, chapelle bâtie sous François Ier; sa nouvelle disposition comme bibliothèque de l'empereur Napoléon, mesurée et publiée, par J.-F.-A. Robit. » Paris, in-folio, 5 planches.

furent pas infructueuses, et M. Barbier sollicita et obtint du ministre de l'intérieur, l'autorisation d'enrichir la bibliothèque du Conseil-d'Etat de divers ouvrages très-remarquables.

Dans la même année (1807), Napoléon, qui avait su apprécier par lui-même et par le témoignage de M. le baron Meneval, son secrétaire intime, les connaissances et les travaux bibliograghiques de M. Barbier, le nomma son bibliothécaire particulier (1). Il succéda dans cette place à M. Ripault, membre et bibliothécaire de l'Institut d'Egypte (2).

Comme bibliothécaire de l'Empereur, M. Barbier fut souvent appelé auprès de lui; Napoléon se faisait apporter plusieurs fois par semaine, ordinairement pendant et après le repas, quelquefois même dans la nuit, les meilleurs ouvrages qui paraissaient, ou ceux que les auteurs avaient envoyés pour lui être présentés (3). Après lui avoir rendu compte de ces nouvelles publications, le bibliothécaire devenait au besoin son lecteur, lorsque Napoléon, ce qui arrivait souvent, non content de l'avis d'un autre, voulait juger par lui-même. Pendant ses campagnes, toutes les nouveautés lui étaient expédiées chaque jour, avec des analyses et des jugements sur chacune d'elles. Lors de son départ pour l'armée, il emportait une bibliothèque de voyage composée, en petits formats, de ce qu'il y avait de meilleur en littérature, en histoire, et en livres relatifs au pays qu'il devait parcourir (4).

---

(1) « La publication du « Dictionnaire des anonymes » ne pouvait manquer d'attirer sur son auteur les regards de Napoléon, si attentif à découvrir partout le mérite et si habile à en tirer parti. » (« Constitutionnel » du 19 décembre 1825, article nécrologique, par M. Henri Boulay de la Meurthe.)

(2) Depuis 1804, l'abbé Denina avait été adjoint à M. Ripault, mais seulement comme bibliothécaire honoraire. Depuis cette nomination, M. Ripault s'était dégoûté de ses fonctions; et au moment où il fut remplacé par M. Barbier, il avait passé plus d'une année à sa maison de Lachapelle, près d'Orléans; Napoléon considéra comme un abandon de sa place cet éloignement volontaire de fonctions qui exigeaient une présence habituelle. Voy. « Revue encyclopédique », t. XXII, p. 766.

(3) Ces livres étaient souvent accompagnés de pétitions; elles étaient remises ou renvoyées au bibliothécaire de l'Empereur, pour en faire des rapports. C'est sur la proposition de M. Barbier que Napoléon l'autorisa à remettre à la bibliothèque, alors impériale, quelques ouvrages très-précieux, tels que les « Fables de Pilpay », imprimées en langue persane, à Calcutta, en 1805; l'« Iliade », en grec, imprimée sur vélin, par Bodoni, et plusieurs autres éditions remarquables de cet imprimeur; la « Jérusalem délivrée », traduite par le prince Le Brun, imprimée également sur vélin.

(4) Napoléon paraît avoir eu de tout temps le goût des livres. Voyez en effet ce qu'on lit pp. 14-16 de la brochure intitulée : « Quelques notions sur les premières années de Buonaparte. » Voy. ce titre au Dictionnaire.

« Pendant la résidence de Buonaparte à l'école militaire de Brienne on y établit une bibliothèque destinée à l'agrément et à l'instruction des élèves. Mais pour nous donner de bonne heure des idées d'ordre et d'arrangement, nos supérieurs avaient décidé que la distribution des livres et l'administration des fonds consacrés à l'entretien de cette bibliothèque seraient abandonnées à la direction de deux des pensionnaires choisis par leurs camarades. Je fus un des deux sur lesquels tomba le choix de mes condisciples. Je consacrai à cette occupation mes loisirs de trois ans; et ce fut peut-être le temps le plus agréable de ma vie. Voilà ce qui me donna de très-fréquentes occasions de voir Buonaparte, qui, si l'on m'en avait cru, eût été réputé le plus propre à être notre bibliothécaire. Nos camarades en jugèrent autrement. Il eût peut-être d'ailleurs dédaigné ce petit hommage. Il

L'empereur, ayant remarqué qu'il manquait dans cette bibliothèque plusieurs ouvrages importants, et ayant appris que la grandeur du format n'avait pas permis de les y placer, conçut à diverses époques le projet (qui ne fut jamais exécuté) de faire imprimer, pour son usage, une bibliothèque dont il traça lui-même le plan dans les deux notes suivantes qui furent envoyées à M. Barbier par M. le baron Meneval, secrétaire du portefeuille de Napoléon.

« Bayonne, 17 juillet 1808.

» L'Empereur désire se former une bibliothèque portative, d'un millier de volumes, petit in-12, imprimés en beaux caractères. L'intention de S. M. est de faire imprimer ces ouvrages pour son usage particulier, sans marges pour ne pas perdre de place. Les volumes seraient de 5 à 600 pages, reliés à dos brisé et détaché, et avec la couverture le plus mince possible. Cette bibliothèque serait composée d'à peu près 40 volumes de religion,

40	—	des épiques,
40	—	de théâtre,
60	—	de poésie,
100	—	de romans,
60	—	d'histoire.

Le surplus, pour arriver à mille, serait rempli par des mémoires historiques de tous les temps.

» Les ouvrages de religion seraient « l'Ancien et le Nouveau Testament, » en prenant les meilleures traductions; quelques épîtres et autres ouvrages les plus importants des pères de l'Eglise; le Koran; de la Mythologie; quelques dissertations choisies sur les différentes sectes qui ont le plus influé dans l'histoire, telles que celles des Ariens, des Calvinistes, des Reformés, etc.; une histoire de l'Eglise, si elle peut être comprise dans le nombre de volumes prescrit.

» Les épiques seraient « Homère, » « Lucain, » « le Tasse, » « Télémaque, » « la Henriade, » etc.

» Les tragédies : ne mettre de Corneille que ce qui est resté; ôter de Racine

aurait cru enlever à sa propre instruction tous les moments qu'il eût consacrés aux minutieux détails de son emploi.

» Quoi qu'il en soit, ses demandes de livres furent très-fréquentes; leur répétition me donna une humeur que j'eus l'injustice de laisser éclater. Il est dans la nature de l'homme, et je dois dire pour ma justification, il n'est pas moins dans celle des enfants, de s'arroger, par degrés, tous les priviléges de l'autorité. Mon devoir était d'être complaisant; je trouvai plus commode d'être capricieux. Fatigué des demandes réitérées de Buonaparte, je crus, ou feignis de croire, qu'elles avaient son application pour motif beaucoup moins que son dessein de me tourmenter; et j'eus quelquefois sujet de me repentir de la rudesse avec laquelle je les accueillais. »

« les Frères ennemis,» l' «Alexandre» et «les Plaideurs; » ne mettre de Crébillon que « Rhadamiste,» « Atrée et Thyeste; » de Voltaire, que ce qui est resté.

» L'histoire : mettre quelques-uns des bons ouvrages de chronologie, les principaux originaux anciens; ce qui peut faire connaître en détail l'histoire de France.

» On peut mettre, comme histoire, les « Discours de Machiavel sur Tite-Live, » l' « Esprit des Lois, » la « Grandeur des Romains, » ce qu'il est convenable de garder de l'histoire de Voltaire.

» Les romans : « la Nouvelle-Héloise » et les « Confessions de Rousseau ; » on ne parle pas des chefs-d'œuvre de Fielding, de Richardson, de Le Sage, etc., qui trouvent naturellement leur place; les « Contes de Voltaire.»

» *Nota.* Il ne faut mettre de Rousseau, ni l'« Emile, » ni une foule de lettres, mémoires, discours et dissertations inutiles; même observation pour Voltaire.

» L'Empereur désire avoir un catalogue raisonné, avec des notes qui fassent connaître l'élite des ouvrages; et un mémoire sur ce que ces mille volumes coûteraient de frais d'impression et de reliure; ce que chaque volume pourrait contenir des ouvrages de chaque auteur; ce que pèserait chaque volume; combien de caisses il faudrait; de quelle dimension, et quel espace cela occuperait.

» L'Empereur désirerait également que M. Barbier s'occupât du travail suivant, avec un de nos meilleurs géographes.

» Rédiger des mémoires sur les campagnes qui ont eu lieu sur l'Euphrate et contre les Parthes, à partir de celle de Crassus jusqu'au VIIIe siècle, en y comprenant celles d'Antoine, de Trajan, de Julien, etc.; tracer sur des cartes d'une dimension convenable, le chemin qu'a suivi chaque armée, avec les noms anciens et nouveaux des pays et des principales villes; des observations géographiques du territoire, et des relations historiques de chaque expédition, en la tirant des auteurs originaux. »

« Schoenbrunn, 12 juin 1809 (1).

» L'Empereur sent tous les jours le besoin d'avoir une bibliothèque de voyage, composée d'ouvrages d'histoire. S. M. désirerait porter le nombre des volumes de cette bibliothèque à trois mille, tous du format in-18, comme les ouvrages de la collection in-18 du Dauphin, ayant de 4 à 500 pages, et imprimés en beaux caractères de Didot, sur papier vélin mince. Le format

(1) + Cette lettre n'a pas été reproduite dans la « Correspondance de Napoléon »; celle datée de Bayonne y porte le n° 14207.

in-12 tient trop de place, et d'ailleurs, les ouvrages imprimés dans ce format sont presque tous de mauvaises éditions.

» Les trois mille volumes seraient placés dans trente caisses, ayant trois rangs, chaque rang contenant 33 volumes.

» Cette collection aurait un titre général et un numéro général, indépendamment du titre de l'ouvrage et du numéro des volumes de l'ouvrage. Elle pourrait se diviser en cinq ou six parties.

» 1° Chronologie et Histoire universelle ;

» 2° Histoire ancienne par les originaux, et Histoire ancienne par les modernes ;

» 3° Histoire du Bas-Empire par les originaux, et Histoire du Bas-Empire par les modernes ;

» 4° Histoire générale et particulière, comme l'Essai de Voltaire, etc.

» 5° Histoire moderne des Etats de l'Europe, de France, d'Italie, etc.

» Il faudrait y faire entrer Strabon, les cartes anciennes de Danville, la Bible, quelque Histoire de l'Eglise.

» Voilà le canevas de cinq ou six divisions, qu'il faudrait étudier et remplir avec soin. Il faudrait qu'un certain nombre d'hommes de lettres, gens de goût, fussent chargés de revoir ces éditions, de les corriger, d'en supprimer tout ce qui est inutile, comme notes d'éditeurs, etc., tout texte grec ou latin, ne conserver que la traduction française. Quelques ouvrages seulement italiens, dont il n'y aurait pas de traduction, pourraient être conservés en italien.

» L'Empereur prie M. Barbier de tracer le plan de cette bibliothèque, et de lui faire connaître le moyen le plus avantageux et le plus économique de faire faire ces trois mille volumes.

» Lorsque ces 3,000 volumes d'histoire seraient achevés, on les ferait suivre par 3,000 autres d'histoire naturelle, de voyages, de littérature, etc. La plus grande partie serait facile à rassembler, car on trouve beaucoup de ces ouvrages in-18.

» M. Barbier est aussi prié d'envoyer une liste de ces ouvrages, avec des notes bien claires et bien détaillées sur tout cela, sur les hommes de lettres qu'on pourrait en charger, un aperçu du temps et de la dépense, etc. »

D'après ces deux notes, M. Barbier rédigea le « Catalogue d'une bibliothèque napoléonienne » et le « Catalogue d'une bibliothèque historique ; » il les fit précéder d'un rapport dans lequel il répondait aux différentes questions qui lui étaient faites, et indiquait les moyens d'exécution.

Souvent aussi, ainsi qu'on le voit par le dernier paragraphe de la première note, Napoléon chargea M. Barbier de lui faire des rapports sur différents points d'histoire, et même quelquefois sur diverses matières religieuses (1). Les principaux dont il ait été chargé sont relatifs à la continuation de l'« Histoire de France » par Velly ; — à l'« Histoire de Marlborough » par Lédiard, traduite en français, d'après l'ordre de Napoléon, par Madgett et Dutems ; — à la traduction de Strabon, également faite d'après les ordres de Napoléon, par MM. Laporte du Theil, Gossellin et Coray ; — aux différents ouvrages grecs et latins, non traduits, ou dont il n'existe que des traductions surannées ; — aux libertés de l'Église gallicane, et à la déclaration du clergé de France de 1682 ; — à la constitution civile du clergé ; — à des exemples d'empereurs qui auraient suspendu ou déposé des papes ; — à l'imprimeur Bodoni ; — à l'Iconographie de Visconti ; — à la tiare et à son origine ; — aux manuscrits relatifs au procès des Templiers ; — aux pièces originales du procès de Galilée. Ce fut en 1810 que les pièces de ce procès, qui se trouvaient à Rome dans les archives pontificales, furent transportées à Paris. M. Barbier fut chargé de les examiner et de les traduire ; et, sur la proposition qu'il en avait faite à Napoléon, ce procès devait être rendu public. Redemandées en 1814, avec instances, par le gouvernement papal, ces pièces ne lui furent rendues que beaucoup plus tard (2).

M. Barbier remplit aussi simultanément, auprès de l'impératrice Joséphine et de l'impératrice Marie-Louise, les fonctions de bibliothécaire, et d'après les ordres qui lui furent donnés par Napoléon, il continua son emploi auprès de la première jusqu'en 1814.

C'est au milieu de ces divers travaux, et lorsqu'il était occupé par le service de deux bibliothèques, celle de l'Empereur et celle du Conseil-d'Etat, que M. Barbier créa les bibliothèques des châteaux des Tuileries, de Compiègne, de Saint-Cloud, de Trianon et de Rambouillet ; c'est aussi alors qu'il fit paraître sa « Nouvelle bibliothèque d'un homme de goût », les tomes III et IV de la première édition de son « Dictionnaire des ouvrages anonymes »,

(1) Les minutes de tous ces rapports, et quelques-uns revêtus de la signature de Napoléon, se trouvaient dans la bibliothèque de M. Barbier. Cette collection, décrite sous le nº 1464 de son catalogue, a été adjugée au libraire Tilliard et probablement transportée en Prusse.

(2) « Quand Rossi vint à Rome en 1845, chargé par le gouvernement de Louis-Philippe d'une mission diplomatique, on les lui redemanda encore. Il promit ses bons offices pour faire rechercher ce précieux document au dépôt des affaires étrangères de France, et pour en obtenir la remise si l'on parvenait à le découvrir, sous la promesse expresse qu'il serait livré à la publicité, comme cela avait été le projet du gouvernement impérial, qui, dans cette intention, avait commencé à le faire traduire.... Ce point accordé, Rossi rapporta en effet le texte du procès à Rome l'année suivante, et le remit au pape Pie IX.... le 8 juillet 1850. Sa Sainteté en fit don à la Bibliothèque du Vatican. Il a été depuis restitué aux Archives secrètes.

» La promesse faite à Rossi a été remplie, fort incomplètement à la vérité, par Mgr Marini, préfet des archives secrètes du Saint-Siége, cette année là même, dans une dissertation imprimée ayant pour titre *Galileo e l'inquizitione*, adressée à l'académie d'archéologie de Rome. C'est un plaidoyer en faveur du tribunal de l'Inquisitson, plutôt qu'un livre d'histoire. » (Voy. « La Condamnation de Galilée, par l'abbé Bouix. » Extr. de la « Revue des sciences ecclésiastiques. » (*Paris*, 1866, in-8, p. 33, 34.)

sa « Dissertation sur les traductions françaises de l'Imitation de J. C., » et son « Supplément à la correspondance littéraire de Grimm. »

En effet, il sut toujours trouver le temps de revenir à ses études chéries, qui ont fait le bonheur de toute sa vie ; c'est ainsi qu'outre les autres ouvrages qu'il fit paraître, comme auteur et comme éditeur, et dont on trouvera la liste à la suite de cette notice, il ne cessa de coopérer, dès 1796, à différents journaux littéraires. L'utilité fut constamment le but de ses travaux comme de ses recherches bibliographiques ; il aimait à se rappeler qu'il avait signalé de nombreux plagiats, qu'il avait découvert et relevé diverses erreurs littéraires, et qu'il était parvenu à retrouver et à publier des pièces que l'on croyait entièrement perdues, telles que la « Ballade de La Fontaine sur Escobar, » la « Lettre de J.-J. Rousseau à Grimm, » quelques « Opuscules de Voltaire et de Condorcet, » le « Mémoire inédit de Louis XIV sur l'inconduite du marquis de Barbezieux, » etc., etc.

Il entretint une correspondance littéraire avec les savants les plus distingués de la France, de la Suisse, de l'Italie, de la Belgique, de l'Allemagne et de l'Angleterre. Un grand nombre de personnes le consultèrent aussi très-souvent, et il répondit toujours à chacune d'elles avec une complaisance peu commune et une étendue de savoir qui faisaient chérir sa personne et admirer ses rares connaissances.

« Quoique sérieusement occupé, notre savant bibliothécaire, ainsi que l'a remarqué M. Tourlet (1), accueillit toujours de très-bonne grâce toutes les personnes que leurs affaires, ou même la curiosité, amenaient vers lui. Les hommes lettrés et les amateurs pouvaient en être reçus avec une haute distinction ; mais en général, tous ceux qui le visitaient s'en retournaient charmés des agréments de sa conversation, de la douceur de son caractère et de l'urbanité de ses mœurs... Il se montra toute sa vie doué d'une belle âme, d'un esprit droit, d'un cœur facile à s'épancher, citoyen probe, philosophe aimable, homme de lettres sans jalousie, savant modeste et laborieux, écrivain impartial, critique habile, mais exempt de toute passion haineuse. La générosité, l'honneur et la délicatesse des sentiments ne furent pas chez lui des vertus empruntées, mais un don de la nature. Il sacrifia constamment son intérêt à ses devoirs ; il fit le bien sans ostentation. Il servit ses amis, ou ceux qui lui étaient recommandés, avec tout le zèle dont il était capable, et souvent par des démarches qu'il se serait épargnées pour lui-même. »

« Personne aussi, d'après le témoignage de M. A. Mahul (2), ne fut plus

(1) Voy. « Moniteur » du 3 janvier 1826.
(2) Tome VI de l'« Annuaire nécrologique », année 1825, p. 7-10.

sincèrement ami des lettres et des lettrés. L'étude faisait son unique délice; il ne chercha jamais ailleurs ni délassement ni récréation. Quiconque s'annonçait comme occupé de quelque travail littéraire, était certain de trouver à l'instant, dans le savant bibliographe, empressement, confiance et facilité. Sa mémoire était, d'ailleurs, un répertoire non moins vaste et non moins bien ordonné que les nombreux établissements confiés à sa garde. Aucun fait bibliographique des temps modernes n'y était égaré; la plupart du temps, il possédait ou il avait vu les manuscrits, les autographes, les exemplaires d'auteur, de tout ce qui fait question ou anecdote dans la science bibliographique. Sous ce rapport, son entretien était aussi curieux qu'instructif (1). »

A la Restauration, M. Barbier conserva le titre de bibliothécaire du Conseil-d'Etat, sans traitement, et, au lieu de l'emploi de bibliothécaire particulier du souverain, il eut celui d'administrateur des bibliothèques particulières du roi.

Ce fut à cette époque qu'il créa en quelque sorte, sous les ministères de M. le comte de Blacas et de M. le comte de Pradel, la bibliothèque placée dans la galerie du Louvre (2), en réunissant la bibliothèque du Conseil-d'Etat à celle du prince, qui jusqu'alors avait été dans un local à part, et en les augmen-

(1) Nous ajouterons ici un portrait du bibliographe, que M. Barbier a tracé dans l'« Encyclopédie moderne » de M. Courtin (tome IV, p. 391), et où il semble s'être peint lui-même : « Le bibliographe digne de ce nom, sera celui qui, préférant les bons ouvrages à ceux qui ne sont remarquables que par leur rareté ou leur bizarrerie, aura puisé une véritable doctrine dans les meilleurs auteurs anciens et modernes, et saura communiquer aux personnes qui lui feront l'honneur de le consulter, les renseignements les plus capables de les bien diriger dans les études auxquelles elles voudront se livrer. Les recherches diverses dont il se sera occupé lui donneront en outre la facilité d'assigner à chaque ouvrage la place qui lui convient, ou de retrouver cet ouvrage dans une collection de livres, quelque nombreuse qu'on la suppose, pourvu qu'elle soit rangée suivant l'ordre des matières. On n'apprécie pas assez ce talent, qui ne peut être que le fruit d'une immense lecture et de profondes méditations. En effet, les livres sont presque aussi multipliés aujourd'hui que les productions de la nature, et comme le génie de l'homme, nécessairement borné, ne peut faire éclater, dans les sujets qu'il se propose de traiter, l'enchaînement et la régularité que l'on admire dans les diverses espèces d'êtres créés, le bibliographe doit éprouver, dans le classement des travaux de l'esprit humain, plus de difficultés que n'en rencontre le naturaliste dans la classification des êtres. Un bibliographe tel que je le dépeins ici mérite aussi le nom de *bibliophile*, c'est-à-dire amateur de livres, et il ne faut pas le confondre avec les *bibliomanes*, qui ne s'attachent qu'à certains livres rares et chers, ni avec les *bibliotaphes*, qui ne possèdent des livres que pour eux-mêmes, sans vouloir les communiquer à leurs amis. »

(2) — Cette bibliothèque, appelée alors Bibliothèque du cabinet du roi, et depuis Bibliothèque du Louvre, avait été transférée en 1860 dans le pavillon où elle a été entièrement brûlée au mois de mai 1871. On trouve des détails sur cet établissement et sur son fondateur, dans le tome II, page 371, de l'ouvrage suivant : « a Bibliographical, antiquarian and picturesque tour in France and Germany », by Rev. Th. Fr. Dibdin. London, 1821, 3 vol. in-8; et dans le tome 4 page 45 de la traduction de cet ouvrage, par Théod. Licquet, et G.-A. Crapelet. Paris, 1825, 4 vol. in-8. A.-T. Barbier neveu, ancien secrétaire des bibliothèques de la Couronne, a donné dans cet ouvrage la traduction de la lettre XXXIII, spécialement consacrée à la bibliothèque du Louvre.

M. J.-R. Rathery a publié depuis :

« Notice historique sur l'ancien Cabinet du roi et sur la Bibliothèque impériale du Louvre. » *Paris, Techener*, 1858, in-8. (Extrait du « Bulletin du Bibliophile ».)

tant considérablement. Par ses soins elle s'enrichit successivement de plusieurs collections fort précieuses, et pendant les années 1816 à 1819, il en rédigea le catalogue, ainsi que ceux des bibliothèques des châteaux royaux. Peu de temps après, il forma en quelques mois une bibliothèque au ministère de la maison du roi, et en fit également le catalogue.

Comme administrateur des bibliothèques particulières du roi, il eut à donner son avis et à faire des rapports sur la plupart des demandes de souscription qui furent adressées, de 1814 à 1822, aux différents ministres de la maison du roi. Il s'acquitta de ces fonctions avec la plus exacte impartialité. On sait, par exemple, qu'il procura une souscription très-avantageuse à la « Bibliographie universelle, » quoiqu'il eût publié sur cet ouvrage un « Examen critique » assez sévère.

En 1819, M. Barbier s'associa à la rédaction de la « Revue encyclopédique. » Dans la même année, il se chargea de refaire ou de retoucher les notices littéraires des principales éditions et traductions de la collection des classiques latins, publiée par M. Lemaire. Tout en marchant sur les traces des Fabricius, des Heyne, des Oberlin, des Schwabe, et des Valpy, il chercha surtout à donner sur les traductions françaises des classiques anciens des détails ignorés ou négligés jusqu'à ce jour, et dans plusieurs de ces notices il redressa des erreurs ou des inexactitudes, reproduites dans des ouvrages d'ailleurs très-estimés.

En 1821, M. Barbier, qui depuis la publication de la première édition de son « Dictionnaire des ouvrages anonymes, » n'avait point passé un seul jour sans y faire des corrections et des additions très-considérables, en commença la réimpression, qu'il regardait lui-même moins comme une nouvelle édition que comme un ouvrage tout à fait nouveau.

Il faut lire, à la suite de cette Notice, le discours préliminaire, plein de détails curieux et instructifs sur l'histoire littéraire, pour avoir une idée des recherches et des travaux auxquels l'auteur s'est livré afin de donner à son dictionnaire toute la perfection désirable, travaux qui semblent avoir dû excéder les forces d'un seul homme. C'est dans l'avertissement de la deuxième édition qu'il se félicitait de l'heureuse situation où il se trouvait depuis longtemps. « En me livrant, dit-il, à ma passion pour les recherches littéraires, je remplis une partie essentielle des fonctions dont je suis chargé. Quelles obligations n'ai-je donc pas à M. le marquis de Lauriston, ministre de la maison du roi, qui me fournit tous les jours les moyens d'accroître mes connaissances par les augmentations dont il enrichit le précieux dépôt confié à mes soins ! »

Ce fut cependant peu de semaines après avoir donné ce témoignage public de sa reconnaissance, qu'au mois de septembre 1822, par une décision de M de Lauriston, ministre de la maison du roi, M. Barbier se vit enlever à des fonctions qu'il remplissait depuis plus de vingt-sept ans, avec le plus grand désintéressement, avec un plaisir, un zèle et une science bien rares. Par une fatalité singulière, sa destitution vint le frapper peu de temps après qu'il eût reçu la décoration de la Légion-d'honneur, et dans le moment même où il venait de publier le premier volume de la seconde édition de son « Dictionnaire des ouvrages anonymes, » de cet ouvrage qui avait fondé sa réputation, et qui lui avait valu plus d'un illustre suffrage, tant en France qu'à l'étranger.

Quoiqu'il parût supporter cet événement inattendu avec courage et avec philosophie, M. Barbier dut être très-sensible à cette mesure qui le séparait d'une bibliothèque importante formée par lui, ainsi que des autres établissements qu'il avait créés dans les différents châteaux du domaine de la couronne, et où il trouvait au besoin les livres nécessaires à ses infatigables recherches.

Arraché aux habitudes de toute sa vie, il ne tarda pas à tomber dangereusement malade. Sa santé parut cependant se rétablir, et il reprit la suite de ses travaux; on le vit même redoubler d'ardeur dans ses dernières années.

En 1823 et 1824, il fit paraître les tomes II et III de la seconde édition du « Dictionnaire des ouvrages anonymes. En 1825, il s'occupa du supplément général placé à la tête du 4e volume; il y réunit encore, aux anonymes qu'il avait découverts, les suppléments qui se trouvaient à la fin de chacun des trois premiers volumes. Dans la même année, il classa entièrement le manuscrit de la « Table des pseudonymes » et celle des « auteurs; » et revit pour la partie bibliographique, les deux premières livraisons de la « Biographie universelle classique, » (1) publiée par M. Ch. Gosselin.

Vers le milieu de 1825, sa santé donna de nouvelles inquiétudes à ses nombreux amis.

Depuis sa disgrâce, malgré sa fermeté et son calme apparent, il n'avait fait que languir. Le chagrin minait sourdement cette constitution qui semblait promettre un siècle de vie.

Les secours de l'art, les soins de la tendresse filiale et de l'amitié lui furent prodigués; mais ils ne retardèrent que de quelques mois le terme fatal.

La mort vint le surprendre peu de jours après qu'il eut revu la dernière épreuve de la « Table des pseudonymes. » L'habitude, ou plutôt l'amour impérieux du travail, le poursuivit jusque dans ses derniers moments.

(1) Voy. ce titre.

Ce fut le 5 décembre 1825, à l'âge de soixante ans, que ce savant et laborieux bibliographe-littérateur termina une carrière pleine d'honneur et de gloire.

Sa perte a été d'autant plus vivement sentie dans la république des lettres, que ce qu'il a écrit n'est qu'une faible partie de ce que promettait encore l'étendue de ses connaissances. Une plus longue carrière lui eût permis sans doute d'ajouter à ses importantes productions beaucoup d'autres ouvrages dont il est à craindre que nous ne soyons privés, parce qu'ils exigeaient des recherches sans nombre, et toute la vaste érudition qu'il avait acquise au prix de tant de veilles (1).

Louis BARBIER fils aîné.

(1) Parmi les ouvrages que M. Barbier se proposait de publier et qu'il a enrichis d'un grand nombre de notes manuscrites, nous citerons : 1° la « Bibliothèque des romans » de l'abbé Langlet du Fresnoy (voyez l'avertissement du « Dictionnaire des anonymes »). 2° « Lettres sur la profession d'avocat », par Camus.

LISTE DES OUVRAGES DE M. BARBIER.

I. Catalogue des livres qui doivent composer la bibliothèque d'un lycée, (rédigé à la demande de M. Fourcroy). *Paris, imprimerie de la République*, an XII-1803, in-12, 43 p. — 2e édition, revue et augmentée (1804), 44 p.

II. Préface et table des divisions du Catalogue des livres de la bibliothèque du Conseil-d'Etat. *Paris*, an XI-1803, in-8, 54 p.

III Catalogue de la bibliothèque du Conseil-d'Etat. *Paris, imprimerie de la République*, an XI-1803, 2 tomes en 1 vol. in-fol.

Il n'a été tiré que 200 exemplaires de ce catalogue, dont quinze sur très-beau papier ; il devait avoir une table qui n'a point été imprimée.

IV. Catalogues servant à indiquer les principaux livres qui peuvent composer les différentes bibliothèques d'un homme d'état, d'un magistrat et d'un jurisconsulte, d'un militaire, d'un ministre des cultes. *Paris*, 1804, in-8 (se trouvent à la suite du Dictionnaire bibliographique portatif, par Desessarts).

V. (Avec M. Ch. Pougens). Catalogue des livres de la bibliothèque de S. E. le comte de Boutourlin. *Paris*, 1805, in-8.

Cette bibliothèque a été consumée par les flammes, lors de l'incendie de Moscou, en 1812.

VI. Dictionnaire des ouvrages anonymes et pseudonymes, composés, traduits et publiés en français et en latin, avec les noms des auteurs, traducteurs et éditeurs, accompagnés de notes historiques et critiques. *Paris*, 1806-1808, 4 vol. in-8. — 2e édition, revue, corrigée et considérablement augmentée. *Paris, Barrois l'aîné*, 1822-1827, 4 vol. in-8.

La première édition contenait 12,403 articles; la seconde en contient 23,647.

VII. Nouvelle bibliothèque d'un homme de goût, entièrement refondue, contenant les jugements tirés des journaux les plus connus et des critiques les plus estimés, sur les meilleurs ouvrages qui ont paru dans tous les genres, tant en France que chez l'étranger. *Paris*, 1808-1810, 5 vol. in-8.

Le nom de Desessarts n'a été mis sur le frontispice de cette édition que parce qu'il a partagé les frais d'impression avec M. Barbier. Du reste, toutes les augmentations sont de ce dernier.

M. Barbier devait rédiger un sixième volume pour indiquer les meilleurs ouvrages relatifs à la morale, à la politique, aux sciences et aux arts.

VIII. Dissertation sur soixante traductions françaises de l'Imitation de Jésus-Christ, suivie de Considérations sur l'auteur de l'Imitation (par M. Gence). *Paris, Lefebvre*, 1812, in-12, de xviij et 285 p.

M. Barbier a laissé un exemplaire de cet ouvrage, chargé de beaucoup de corrections et additions.

IX. Examen critique et complément des dictionnaires historiques les plus répandus, depuis le « Dictionnaire de Moréri » jusqu'à la « Biographie universelle », inclusivement. T. Ier (A.-J). *Paris, Rey et Gravier*, 1820, in-8.

L'auteur a laissé en manuscrit la plus grande partie du second volume de cet ouvrage, qui n'a pas été publié.

X. M. Barbier a revu, pour la partie bibliographique, les deux premières livraisons du Dictionnaire historique ou Biographie universelle classique, par M. le général Beauvais, et par une société de gens de lettres. *Paris, Gosselin*, 1826, in-8.

A partir de la troisième livraison, M. Louis Barbier, fils aîné, a été chargé de continuer la partie de cet ouvrage précédemment confiée à son père.

Liste des éditions publiées par M. Barbier.

I. Voyage de Paris à Saint-Cloud par mer et retour de Saint-Cloud à Paris par terre (par Néel). Nouvelle édition, revue, corrigée et augmentée d'une notice sur l'auteur. *Paris*, 1797, 2 part. in-18.

II. Le Mariage des fleurs, en vers latins, par Demetrius de La Croix, avec la traduction française et des notes ; 4e édition. *Paris*, 1798, in-12.

III. Lettres portugaises, nouvelle édition (avec une notice historique sur l'auteur de ces lettres, leur traducteur et leurs différentes éditions, par l'abbé de Saint-Léger, et des notes, par A.-A. Barbier. *Paris, Délance*, 1806, in-12.

IV. Les Ecrivains de l'Histoire Auguste, traduits en français par de Moulines, nouvelle édition, revue, corrigée, avec une notice sur la vie du traducteur. *Paris*, 1806, 3 vol. in-12.

V. Journal historique, ou Mémoires critiques et littéraires, sur les ouvrages dramatiques et sur les événements les plus mémorables, depuis l'an 1748 jusqu'en 1772, inclusivement. Par Ch. Collé, avec une notice sur sa vie et ses écrits. *Paris*, 1807, 3 vol. in-12.

Le manuscrit autographe de cet ouvrage se trouvait en dernier lieu dans la Bibliothèque du Louvre. Il en a été publié une nouvelle édition en 1868, sous ce titre : « Journal et mémoires de Ch. Collé; nouvelle édition, augmentée de fragments inédits... avec une introduction et des notes, par Honoré Bonhomme ». *Paris, Didot*, 3 vol. in-8.

VI. Mémoires sur la librairie et sur la liberté de la presse, par de Lamoignon de Malesherbes. *Paris*, 1809, in-8.

VII. Supplément à la Correspondance littéraire de MM. Grimm et Diderot. *Paris, Potey*, 1814, in-8.

VIII. Voyage autour de ma chambre, suivi du Lépreux de la cité d'Aoste, par le comte Xavier de Maistre (avec une préface et des notes par le comte Joseph de Maistre, frère de l'auteur). Nouvelle édition, revue, corrigée et augmentée. *Paris*, 1817, 1821, 1823, in-18.

IX. Mémoires sur le comte de Bonneval, par le prince de Ligne. Nouvelle édition, revue, corrigée et augmentée. *Paris*, 1817, in-8.

X. Nouveau supplément au Cours de littérature de La Harpe. *Paris*, 1818, in-8.

XI. Correspondance inédite de l'abbé Ferdinand Galiani, avec Mme d'Epinay, etc.

Paris, Treuttel et Würtz, 1818, 2 vol. in-8.

XII. Considérations sur la France, par le comte Joseph de Maistre; nouvelle édition, la seule revue et corrigée par l'auteur; suivies de l'Essai sur le principe générateur des constitutions politiques. *Paris, Potey*, 1821, in-8.

Voy. ce titre au « Dict. des anonymes »

XIII. Lettre de Volney à M. le baron de Grimm, suivie de la réponse de M. le baron de Grimm à M. de Volney, en date du 1er janvier 1792. *Paris*, 1823, in-8.

Ces lettres sont précédées de l'avis suivant : « Lorsque je publiai, en 1814, le « Supplément à la Correspondance du baron de Grimm », je possédais la « Réponse », imprimée sous son nom, « à la lettre de M. de Volney » ; cette pièce est d'une extrême rareté : réunie aux opuscules du célèbre correspondant littéraire, elle eût sans doute donné au Supplément un intérêt tout particulier ; mais il répugnait à ma délicatesse d'affliger un savant aussi recommandable que M. de Volney. Aujourd'hui qu'il n'est plus, je crois pouvoir compléter les opuscules de Grimm. M. de Volney laisse assez de titres à l'estime publique pour le venger des sarcasmes d'un ancien ami, que les circonstances les plus extraordinaires avaient métamorphosé en implacable ennemi. Il m'a paru convenable de reproduire ici la lettre qui a occasionné l'énergique réponse. Plusieurs personnes pensent que cette « Réponse » est une pièce supposée, et elles ne sont pas éloignées de l'attribuer au comte de Rivarol. Je serais charmé que la présente réimpression contribuât à en faire connaître le véritable auteur. »

Cet opuscule a été réimprimé par les éditeurs du « Mémorial catholique », dans le no d'octobre 1824.

XIV. M. Barbier a publié plusieurs volumes des « Œuvres complètes de Condorcet ». *Paris*, an XIII-1804, 21 vol. in-8. Les tomes VI et VII contiennent les « avertissements » et les « notes » qui se trouvaient dans les œuvres de Voltaire. Les « notes » tirées de cette dernière collection ont été rangées par M. Barbier, dans l'ordre alphabétique.

Voy. au « Dict. des anonymes » : « Œuvres complètes de Voltaire » et « Recueil de pièces sur l'état civil des protestants ».

M. Barbier a travaillé successivement :

Au « Mercure de France », de 1795 à 1798; au « Magasin » et aux « Annales encyclopédiques», de 1799 à 1818; à la « Revue encyclopédique », de 1819 à 1826; à la « Collection des classiques latins » de M. Lemaire, de 1819 à 1826; à « l'Encyclopédie moderne » de M. Courtin, de 1823 à 1825.

On trouvera ci-après la liste détaillée des articles insérés par M. Barbier dans ces différents recueils.

Articles insérés dans le Mercure.

Lettre sur l'« Histoire de Marie Stuart ». Tome XX, page 236.

Voy. ce titre au « Dict. des anonymes ».

Anecdotes peu connues. Tome XXI, page 147.

Lettre sur le gouvernement civil de Locke, et particulièrement sur les traductions françaises de cet ouvrage. Tome XXII, page 29.

Cet article avait été inséré dans le Moniteur du 6 germinal an IV (26 mars 1796).

Analyse de la Notice sur la vie et les ouvrages de Condorcet, par Diannyère. Tome XXII, page 83.

Notice historique de Lamoignon-Malesherbes, par J.-B. Dubois. Tome XXII, page 144.

Analyse des Soirées littéraires, ou Mélanges de traductions nouvelles des plus beaux morceaux de l'antiquité, par Coupé. Tome XXII, page 277, et tome XXVI, page 218.

Lettre sur les Aventures de Friso, par Guillaume de Haren (traduites par Jansen), et sur la littérature hollandaise. Tome XXIII, page 3.

Analyse des Pensées de Pope, avec un Abrégé de sa vie. Tome XXIV, page 161.

Sur les lettres manuscrites de P. D. Huet. Tome XXVI, page 289.

Lettre au rédacteur du « Mercure », sur le jugement que l'auteur des « Soirées littéraires » a porté du philosophe Favorin et de J.-J. Rousseau. Tome XXVI, page 357.

Hommage rendu à la critique, par Delille et Le Brun. Tome XXVIII, page 98.

Analyse du Mémoire de Mulot, sur l'état actuel de nos bibliothèques. Tome XXVII, page 33.

Lettre sur l'Aristenète grec et l'Aristenète français. Tome XXIX, page 25.

Lettre contenant la dénonciation de plusieurs plagiats. Tome XXIX, page 94.

Contes et nouvelles, publiés par Mirabeau. Tome XXXIII, par 263.

Œuvres de Vauvenargues. Tome XXXIV, page 204.

Introduction à l'Analyse infinitésimale, par Euler, trad. du latin, avec des notes, par J.-B. Labey. Tome XXXVI, page 342.

Cet article se trouve aussi dans le « Moniteur » du 7 janvier 1797.

Lettre sur les premiers essais littéraires de Voltaire. Tome XXXVI, page 344.

Voy. « Dict. des anonymes » : « Lettre à M. D*** au sujet du prix de poésie... »

Articles insérés dans le « Magasin encyclopédique » et dans les « Annales encyclopédiques ».

Les articles précédés d'un astérisque ont été imprimés à part. M. le marquis de Châteaugiron, possesseur de tous les opuscules de M. Barbier, a fait imprimer des faux-titres et des titres portant : « Opuscules de M. A.-A. Barbier, ancien bibliothécaire du roi, t. I » (et une table à la suite). *Paris, H. Fournier*, 1825, in-8. — Il n'a été tiré que dix exemplaires de cette demi-feuille.

Lettre à C. L. R. (Chardon de la Rochette) sur la bibliographie. 1799. Tome III, page 97.

Lettre à Millin, sur quelques articles du « Magasin ». 1799. Tome V, page 79.

Sur le véritable auteur du livre intitulé : « Connaissance de la mythologie ». 1801. Tome I, page 37.

V. n. 2720 du « Dict. des anonymes ».

* Recueil de lettres de Mme de Sévigné, publ. par Bourlet de Vauxhelles. 1801. Tome VI, page 7.

* Anecdote bibliographique sur les « Illustrium et eruditorum virorum epistolæ » (ad Sorberium, Parisiis, 1669), in-16. 1802. Tome I, page 235.

Voy. ce titre au « Dict. des anonymes ».

* Notice sur la vie et les ouvrages de David Durand. 1802. Tome IV, page 487. 2e édition, revue, corrigée et augmentée, dans le tome IV de la première édition du « Dict. des anonymes, » réimprimée dans « l'Examen critique des dictionnaires historiques ».

« Cours de morale, » par M. d'Amalric. 1803. Tome 1, page 7.

Anecdote bibliographique (sur l'« Histoire critique du vieux Testament »). 1803. Tome I, page 295.

Voy. ce titre au « Dict. des anonymes ».

* Notice du Catalogue raisonné des livres de la bibliothèque de l'abbé Goujet. 1803. Tome V, page 182, et tome VI, page 139.

Ce curieux catalogue, formant 6 volumes in-fol. manuscrits, se trouvait dans la bibliothèque de M. Barbier; il a été acquis par le célèbre bibliophile Richard Heber.

Voy. ci-après le Discours préliminaire.

Sur l'Histoire du royaume d'Alger, par Laugier de Tassy. 1805. Tome I, page 344.

Appel à la sagesse sur les événements et les hommes de la révolution. 1805. Tome I, page 442.

* Examen de plusieurs assertions hasardées par La Harpe dans sa Philosophie du XVIIIe siècle. 1805. Tome III, page 5.

Réimpr. dans le « Nouveau supplément au cours de littérature de La Harpe ».

Sur les traductions de l'Acte de Navigation des Anglais. 1807. Tome I, page 350.

* Particularités sur Mouchet. 1807. Tome IV, page 62.

Cet article a été reproduit en partie dans la note qui se trouve à la suite des « Considérations sur les mœurs de ce siècle » (par Duclos). Voy. ce titre.

* Notice sur la vie et les ouvrages de Louis-Théodore Hérissant. 1812. Tome VI, page 85.

Etudes sur La Fontaine (par M. Solvet). 1812. Tome VI, page 184.

* Notice sur la vie et les ouvrages de Thomas Guyot. 1813. Tome IV, page 275.

Réimpr. en partie dans l' « Examen critique des dictionnaires historiques ».

Notice sur la vie et les ouvrages de l'abbé Denina. 1814. Tome I, page 113.

Une partie de cette Notice est extraite du Discours funèbre prononcé par M. Barbier sur la tombe de l'abbé Denina. V. le « Moniteur » du 9 décembre 1813.

Sur l'édition du « Selectæ è romanis scriptoribus, » de M. Eloi Johanneau. 1814. Tome II, page 176.

Notice sur Jean Heuzet, 1814. Tome II, page 177.

Réimpr. avec des augmentations dans l' « Examen critique des dictionnaires historiques ».

Lettre à Millin sur l'article du « Magasin » relatif à dom Lieble. 1814. Tome II, page 369.

Lettre au rédacteur du « Magasin », sur la traduction de Plaute, par M. Levée. 1815. Tome VI, page 275.

Notice sur la vie et les ouvrages de Casimir Freschot. 1815. Tome VI, page 304.

Réimp. avec des augmentations et des corrections dans l' « Examen critique des dictionnaires historiques ».

* Notice sur la vie et les ouvrages d'Auguste-Nic. de Saint-Genis, par M***, avec notes par M. Barbier. « Annales encycl. » 1817. Tome III, page 69.

* Notice des principaux ouvrages relatifs à la personne et aux ouvrages de J.-J. Rousseau. « Annales encyclop. » 1818. Tome IV, page 1.

Cette notice a été réimpr. avec des corrections et des additions : 1° dans le tome XXI, p. 219 des Œuvres de Rousseau, publ. par Petitain. *Paris, Lefèvre* ; 2° Dans le tome XXI, p. 65, des Œuvres de Rousseau, publ. par M. Lequien. *Paris*, 1823 ; 3° dans la « France littéraire », de Quérard.

Articles insérés dans la « Revue encyclopédique ».

Notice sur les dictionnaires historiques les plus répandus. Tome I, page 142.

Cet article sert de préface à l' « Examen critique des dictionnaires historiques ».

Table des matières du « Magasin encyclopédique » par Sajou. Tome I, page 574.

Recherches sur les bibliothèques, par L.-Ch.-Fr. Petit-Radel. Tome I, page 575.

Réflexions sur la lettre de M. Letronne (relative à l'article précédent). Tome II, page 360.

Fables, par M. de Stassart. Tome III, page 221.

Lettres attribuées à Louis XVI. Tome III, page 611.

Réflexions sur cette question : Les inscriptions des monuments français doivent-elles être mises en latin ou en français ? par A. Ronesse. Tome V, page 364.

Epître à un honnête homme qui veut devenir intrigant, par Mme la princesse de Salm. Tome VI, page 381.

Guide du voyageur à Fontainebleau, par Charles Rémard. Tome VII, page 361.

Manuel du libraire et de l'amateur de livres, par Brunet ; troisième édition. T. VIII, page 154.

Voyage autour de ma chambre, suivi du Lépreux de la cité d'Aoste, par le comte Xavier de Maistre. Tome X, page 188.

Vaux-de-Vire d'Olivier Basselin, poëte normand du XIVe siècle, publ. par M. Louis Dubois. Tome X, page 425.

Dictionnaire historique de Feller. Tome X, page 602. Tome XI, page 386. T. XII, page 621.

Dictionnaire historique, critique et bibliographique (publ. par Goigoux et autres). *Paris, Menard et Desenne*, 1821. T. XII, page 622.

Dictionnaire historique, par l'abbé Ladvocat, nouv. édit. *Paris*, 1821. Tome XII, page 622.

Dictionnaire de Bayle, publié par M. Beuchot. Tome XII, page 622.

Notice sur une nouvelle édition des lettres de Voltaire à l'Académie française. Tome XV, page 227.

Les Dîners du baron d'Holbach, par Mme de Genlis. Tome XVI, page 593.

Lettres de deux amants détenus pendant le régime de la terreur (par M. Le Fèvre). Tome XIX, page 188,

Œuvres complètes de Cicéron, publ. en français, avec le texte en regard, par J.-V. Le Clerc. Tome XX, page 537.

Le Lépreux de la cité d'Aoste, nouvelle édition, revue, corrigée et augmentée, par Mme O. C. (Olympe Cottu). Tome XXI, page 680.

Notice nécrologique sur l'abbé Grosier. Tome XXI, page 740.

Vingt-quatre heures d'une femme sensible, ou une grande leçon, par Mme la princesse de Salm. Tome XXII, p. 458.

Lettres portugaises. nouvelle édition conforme à la première (*Paris*, *Barbin*, 1669), avec une notice bibliographique sur ces lettres (par M. de Souza). Tome XXII, page 707.

Lettre au sujet de la Notice nécrologique sur M. Ripault. Tome XXII, page 766.

Mémoires politiques et militaires pour servir à l'histoire de France sous l'empire, première livraison. — Mémoires sur la campagne de 1809, par le général Pelet. Tome XXIII, page 705.

Notice nécrologique sur Louis XVIII. Tome 23, par 786.

M. Barbier n'est auteur que des notes de cet article signées : « Un rédacteur de la Revue encyclopédique ».

Des libertés publiques à l'occasion de la censure, par J.-B. Salgues. T. XXIV, page 182.

Le Ministère et la France, par de Salvandy. Tome XXIV, page 182.

Notice nécrologique sur Van Thol. Tome XXIV, page 254.

Œuvres de Boileau-Despréaux, avec un nouveau commentaire, par M. de Saint-Surin. Tome XXV, page 95.

Mémoires du marquis d'Argenson, publ. par M. René d'Argenson. Tome XXVI, page 854.

Pèlerinage d'un Childe Harold parisien, aux environs de la capitale, par Verfèle (Le Fèvre). Tome 27, page 543.

Principes sur la distinction du contrat et du sacrement de mariage, par M. Tabaraud ; 2e éd. Tome XXVII, page 832.

* Mémoire inédit remis par Louis XIV à l'archevêque de Reims, Le Tellier, sur l'inconduite du marquis de Barbezieux, son neveu. Tome XXVIII, page 337.

Sur les nouvelles traductions de l'Imitation de J.-C. Tome XXX, page 1.

Notices littéraires des principales éditions et traductions des Classiques latins de la collection de M. Lemaire, refaites ou augmentées par M. Barbier.

Catulle.		p. 439.
César.	Tome IV,	— 151.
Claudien.	— III,	— 329.
Cornelius Nepos.		— 439.
Martial.	— I,	— LXV.
Ovide.	— VIII,	— 355.
Phèdre.	— I,	— 121.
Pline le jeune.	Tome II,	p. 409.
Quintilinien.	— VII,	— 266.
Salluste.		— XLI.
Tacite.	— V,	— 405.
Tite-Live.	T. XII (1re p.),	— 279.
Valère Maxime.	T. II (2e p.),	— 421.
Virgile.	T. VII,	— 457.

Articles de l'Encyclopédie moderne, publiée par M. Courtin, rédigés par M. Barbier.

Ana, Anagramme, Anonymes, Autographe, Bibliographie, Catalogue.

On doit encore à M. Barbier :

I. Rapport au Conseil de conservation des objets de sciences et d'arts, sur le Recueil des lettres latines manuscrites de P.-Daniel Huet, évêque d'Avranches, trouvé parmi les livres de l'ex-jésuite Querbœuf (Journal des savans, an V, n° 11, p. 334).

V. article Huet de l' « Examen critique des dictionnaires historiques ».

II. Lettre aux rédacteurs des Soirées littéraires (sur un passage de l'Apocoloquintose de Sénèque) (tome III, p. 142 des Soirées littéraires).

III. Lettres (relatives à divers points d'histoire littéraire) au rédacteur de la Clef du Cabinet des souverains (n°s 1717, 1331, 1334 et 1785 de ce journal).

IV. Réflexions sur l'anecdote relative à la première édition de l' « Imitation de J. C. », par l'abbé de Choisy (feuilleton du Publiciste du 16 prairial an XII, 5 juin 1804.

Voy. ce titre au « Dict. des anonymes ».

V. Sur une édition très-rare de l'« Exposition de la doctrine de l'Eglise catholique, par Bossuet » (« Journal des Débats, » 15 fructidor an XII, 2 septembre 1804).

Voy. au « Dict. des anonymes » : Exposition claire et précise ».

VI. Etat des différentes bibliothèques publiques et particulières de la ville de Paris (page 407 de l' « Annuaire administratif et statistique du département de la Seine, » par P.-J.-H. Allard. Paris, 1805, in-8).

* VII. Sur le poëme de la conversation, du P. Janvier (Extrait de la « Revue philosophique, » 1807, 2e trimestre, p. 88).

Voy. au « Dict. des anonymes » : « Art de converser ».

VIII. Lettre aux rédacteurs des « Lettres champenoises » sur l'article « Grimm et Volney » inséré dans le n° 22 de ce journal.

Voy. « Lettres champenoises », t. III, p. 174.

IX. Esprit du code Napoléon, tiré de la discussion, ou conférence historique, analytique et raisonnée du projet de code civil, des observations des tribunaux, des procès-verbaux du Conseil d'Etat, des observations du Tribunat... par Locré.

Voy. « Revue philosophique et littéraire », année 1807, 3e trim.; p. 529.

X. Notice sur Jean Rousset (dans le Prospectus de la 9e édition du Dictionnaire de Prudhomme. *Paris*, 1809).

M. Barbier est auteur de plusieurs autres articles de ce prospectus.

XI. Tableau chronologique des traductions françaises de l'Imitation de J. C. publiées depuis l'origine de l'imprimerie jusqu'à nos jours.

Voy. n° 92 du « Journal des curés, ou Mémorial de l'Eglise gallicane », 2 et 3 juillet 1810, in-fol.

XII. Lettres sur le faux Psalmanazar.

Voy. « Annales des voyages » publiées par Malte-Brun, année 1809, t. IX, p. 89.

XIII. Sur deux odes attribuées à Voltaire, (l'une, l'imitation de l'ode du P. Le Jay, sur sainte Geneviève, et l'autre sur le vrai Dieu) (Feuilleton des « Annales politiques, morales et littéraires » du 3 juin 1817).

D'après les conseils de M. Barbier, cette dernière ode a été insérée tome VII, page 491 des « Œuvres de Voltaire », publ. par MM. Lefèvre et Déterville.

XIV. Notice (abrégée) sur Louis-Théodore Hérissant. (Catalogue des livres de la bibliothèque de L.-T. Hérissant. *Paris*, 1813, in-8.)

XV. Préface de l'« Amaltheum poeticum, historicum et geographicum ; edente Carpentier. » *Parisiis*, 1822, in-18.

XVI. Notice des principales éditions des Fables et des Œuvres de Jean de La Fontaine. Extr. du t. II, p. 563 des « Fables inédites des XIIe, XIIIe et XIVe siècles, et Fables de La Fontaine rapprochées de tous les auteurs qui avaient, avant lui, traité les mêmes sujets... » par M. Robert. *Paris*, 1825, 2 vol. in-8.

Liste des principaux ouvrages manuscrits de M. Barbier.

Notice raisonnée des ouvrages, lettres, dissertations, publiés séparément ou dans les journaux, par l'abbé Mercier de Saint-Léger, depuis l'année 1760 jusqu'en 1799. Rédigée en grande partie par lui-même et continuée par A.-A. Barbier, qui y a joint la notice de quelques manuscrits trouvés dans ses papiers, et l'indication des ouvrages de sa composition ou autres qui se sont trouvés chargés de notes de sa main, avec le nom des personnes qui les ont acquis à la vente de sa bibliothèque ou qui les possèdent. 1799, in-4.

En 1836, ce manuscrit avait été acquis par la Bibliothèque du Louvre, à la vente des livres de Richard Heber. Publiée par M. de Chenedollé, dans le « Bulletin du bibliophile belge, » t. IX, 1852, cette notice a été tirée à part à quelques exemplaires.

Dictionnaire de critique et de littérature, ou choix du « Nouvelliste du Parnasse, » des « Observations sur les écrits modernes, » de l'« Année littéraire, » et des autres ouvrages périodiques de l'abbé Desfontaines et de Fréron, depuis 1731 jusqu'en 1776, époque de la mort de ce dernier critique, in-4.

Ce volume contient par ordre alphabétique l'indication de tous les articles à prendre dans les recueils ci-dessus désignés. La réunion de ces divers morceaux devait former environ 12 volumes in-8.

Notice raisonnée d'une petite collection de livres rares achetés sur les quais de Paris, avec leur prix d'acquisition, in-fol.

Catalogue d'une Bibliothèque napoléonienne, 1808, in-fol.

Catalogue d'une Bibliothèque historique de 3,000 volumes, 1809, in-fol.

On trouve en tête de ce volume un rapport à Napoléon, et un aperçu de la dépense que devait occasionner l'impression de ces 3,000 volumes et du temps nécessaire pour cette impression.

Catalogue alphabétique des Notices biographiques qui se trouvent dans les journaux suivants : Annales catholiques, Annales de la religion, Ami de la religion, Choix des journaux, Chronique religieuse, Décade philosophique, Journal de la librairie, Magasin encyclopédique, Revue philosophique, Revue encyclopédique, Saisons du Parnasse, Spectateur du Nord, in-fol.

DISCOURS PRÉLIMINAIRE

DE

LA PREMIÈRE ÉDITION

AVEC DES NOTES NOUVELLES

Peut-être croyait-il échapper plus aisément par ce moyen à la satire littéraire, qui épargne plus volontiers les écrits anonymes, parce que c'est toujours la personne et non l'ouvrage qui est le but de ses traits.

D'ALEMBERT, « Eloge de Montesquieu. »

§ I. *Nature et objet de ce Dictionnaire.*

On appelle ouvrage *anonyme* celui sur le frontispice duquel l'auteur n'est pas nommé (1) : quelquefois le nom de l'auteur se trouve soit au bas d'une épître dédicatoire, soit dans une préface, soit

(1) Cette définition diffère de celle qui se trouve dans le Dictionnaire de l'Académie, et elle ne donne pas même la juste idée que l'on doit se faire d'un ouvrage anonyme. Suivant l'Académie, le mot anonyme, appliqué aux ouvrages, se dit de ceux dont on ne connaît point l'auteur; et en effet telle est l'idée que l'on doit se former d'un ouvrage anonyme : cependant la définition que je présente est le résultat d'un travail fait sur une multitude d'ouvrages dont les auteurs, nommés dans l'intérieur, ne le sont pas sur les frontispices. J'ai retranché beaucoup d'articles de ce genre dans la nouvelle édition de ce Dictionnaire; et autant qu'il m'a été possible, ils ne font pas partie des nombreuses additions qu'elle présente. Si je pouvais ôter de mon ouvrage les articles de cette espèce qui s'y trouvent encore, il me resterait assez d'auteurs véritablement anonymes à dévoiler, et j'aurais la satisfaction de ramener le mot *anonyme* à sa signification la plus naturelle.

+ Il nous a paru bon de revenir sur cette exclusion, un grand nombre d'amateurs et de rédacteurs de catalogues continuant à regarder comme anonymes les ouvrages dont les titres ne portent pas de nom d'auteur.

dans l'approbation du censeur, soit dans le corps du privilége accordé pour l'impression, soit à la suite du même privilége. On pourrait donc distinguer différentes espèces d'ouvrages anonymes; mais l'usage est de les ramener toutes à une seule, et de s'en rapporter au frontispice pour la déterminer.

Un ouvrage *pseudonyme* est celui dont le frontispice contient un nom qui n'est pas celui de son auteur. Il y a aussi différentes espèces d'ouvrages pseudonymes. Les écrivains qui mettent sur le frontispice de l'ouvrage qu'ils publient le nom d'un auteur célèbre, doivent passer plutôt pour des imitateurs maladroits que pour des imposteurs. Beaucoup d'ouvrages de ce dernier genre ont paru vers le milieu du siècle dernier. « Il pleut des *Fréret*, des *du Marsais*, des *Bolingbroke* », écrivait Voltaire à d'Alembert en 1766. Ceux qui mettent leur nom à des ouvrages qu'ils n'ont pas faits, se nomment plagiaires. Il existe beaucoup d'ouvrages qui, au lieu du nom des auteurs, ne contiennent que des termes *appellatifs* (1). Ainsi l'abbé Le Gros, chanoine de la Sainte-Chapelle de Paris, a écrit contre J.-J. Rousseau, Court de Gebelin et les économistes, sous la dénomination d'un *solitaire;* Condorcet, contre les « Trois Siècles » de l'abbé Sabattier de Castres, sous celle d'*un théologien*. L'illuminé Saint-Martin a publié plusieurs de ses ouvrages sous le nom du *philosophe inconnu*. Les « Auteurs déguisés » de Baillet contiennent des détails curieux sur les pseudonymes en général, et en particulier sur les différentes espèces de termes *appellatifs*.

La dénomination d'anonymes et de pseudonymes s'applique aux auteurs comme aux éditeurs, aux ouvrages comme aux comme aux traductions.

La réputation d'un traducteur suffit souvent pour nous inspirer de l'intérêt en faveur de l'ouvrage traduit, parce que, dans tous les temps, des hommes de génie ont regardé la transmission des beautés d'une langue dans une autre, comme un des meilleurs moyens de perfectionner leur goût et leur style. Fénélon avait traduit l'Odyssée d'Homère et Virgile tout entier : combien n'a-t-on pas à regretter la perte de ce dernier ouvrage? Parmi les traductions que nous possédons, beaucoup jouissent d'une réputation méritée ; les traductions forment donc une branche importante de notre littérature. La Croix du Maine, du Verdier, Charles Sorel, Baillet et l'abbé Goujet, nous ont laissé des détails précieux sur nos anciens traducteurs; j'ai cru devoir marcher sur les traces de ces grands modèles.

Le nombre des éditeurs s'étant multiplié dans les deux derniers siècles, j'ai pensé que l'histoire littéraire devait recueillir leurs noms, d'autant plus que l'on doit à beaucoup d'entre eux des renseignements curieux sur les auteurs qu'ils ont mis au jour. Souvent aussi ils ont ajouté au mérite de l'ouvrage qu'ils avaient entrepris de publier; tel est le service rendu par l'abbé de Rothelin, ou plutôt par Le Beau, à l'« Anti-Lucrèce » du cardinal de Polignac.

Le nom d'un auteur, et les recommandations de ses amis, contribuent souvent, au moins pour le moment, au succès d'un ouvrage. L'expérience prouve cependant, surtout depuis que l'impression a multiplié à l'infini le nombre des livres, que de bons ouvrages, décorés du nom de leurs auteurs, tombent dans l'oubli. Un ouvrage anonyme est bien plus exposé à cette fatale destinée ; s'il obtient du succès, il le doit à un mérite bien réel : c'est, dit ingénieusement M. de La Lande, l'odeur de la violette qui s'élève du sein de l'herbe (1).

On ne peut nier que de bons écrivains n'aient dédaigné de mettre leur nom aux fruits de leurs veilles, et des savans distingués, que nous avons encore le bonheur de posséder, ont fait paraître presque tous leurs ouvrages sous le voile de l'anonyme ; aussi, il me serait facile de prouver que dans toute bibliothèque composée d'ouvrages utiles, il en existe un tiers sans indication d'auteurs, traducteurs ou éditeurs. Les connaissances que l'on peut avoir d'ailleurs en bibliographie restent toujours imparfaites, si l'on ne cherche pas à dévoiler ces anonymes. Il suit de là, qu'un ouvrage où ces noms seraient révélés avec justesse, pourrait devenir d'un usage aussi habituel que les dictionnaires historiques; malheureusement l'on a négligé ce genre de recherches pendant le dernier siècle.

(1) Ce sont ces *appellatifs* qui, considérés par Quérard comme des *supercheries*, ont formé la plus grande partie des augmentations de sa 2e éd. — Il nous a paru cependant nécessaire de laisser aux anonymes les titres sommaires de ces articles, en renvoyant aux « Supercheries », ce qui permettra bien souvent de les retrouver plus facilement.

(1) Voyez le « Magasin encyclopédique », première année, t. V, p. 141.

§ II. *Causes et inconvénients de la négligence mise, pendant le dernier siècle, dans la découverte des anonymes et pseudonymes.*

J'attribue cette négligence à ces mêmes ouvrages qui, vers le milieu du dernier siècle, ont mis les connaissances bibliographiques à la portée de tout le monde; je veux parler des catalogues de livres. rédigés par le célèbre libraire Martin, et surtout de la « Bibliographie instructive » par de Bure le jeune, ouvrage qui, malgré ses défauts, est encore consulté avec fruit.

Martin a fait connaître, en général avec beaucoup d'exactitude, les noms des auteurs qui ont publié des ouvrages anonymes; mais les tables qui suivent ses catalogues ne contiennent aucune indication relativement aux ouvrages anonymes dont les auteurs ne lui étaient pas connus; ce qui est une imperfection réelle, puisque l'on peut avoir à chercher un ouvrage anonyme, comme celui d'un auteur connu(1). Quant à Debure le jeune, non-seulement il a omis les ouvrages anonymes dans la table volumineuse qui termine sa « Bibliographie, » mais il a mis peu de soin, dans le corps de son ouvrage, à faire connaître les auteurs anonymes dont les productions lui ont paru dignes d'être citées. Le même libraire a publié, dans le même état d'imperfection, son Supplément à la « Bibliographie instructive, » ou le Catalogue des livres du cabinet de Gaignat, *Paris*, 1769, 2 vol. in-8. Ce n'est qu'au bout de quinze ans que ces omissions et ces négligences ont été réparées par M. Née de La Rochelle, dans la « Table destinée à la recherche des livres anonymes qui ont été annoncés dans la Bibliographie instructive, et dans le Catalogue de M. Gaignat. » *Paris*, 1782, in-8. Ce volume, qui forme le dixième de la « Bibliographie instructive, » m'a été utile dans la composition de ce Dictionnaire. J'indique plusieurs anonymes qui ont échappé aux recherches de l'auteur, et quelques erreurs dans lesquelles il est tombé.

Je dois dire ici que, dès 1753, Jacques Barrois, père des libraires de ce nom, avait fait sentir, dans la table du Catalogue des livres de Giraud de Moucy, combien était utile l'indication des ouvrages anonymes. Il a rédigé dans les mêmes principes, en 1763, la table de son excellent Catalogue de la Bibliothèque du médecin Falconet. Ce savant libraire a donc mis ses confrères dans la bonne voie. Aussi, dès 1766, M. Musier indiqua-t-il avec exactitude, les ouvrages anonymes, dans la table du Catalogue de Sénicourt. Depuis cette époque à peu près, M. de Bure l'aîné s'est conformé à cet usage, à cette différence près, qu'il a fait une table particulière pour les ouvrages anonymes.

Envisageons maintenant les inconvénients qui résultent de la négligence dont j'ai tâché d'assigner la cause.

Dans le temps où la littérature était cultivée avec soin dans toutes ses parties, les meilleurs écrivains ne dédaignaient pas d'indiquer les auteurs anonymes; le « Traité des Etudes » de Rollin, m'en a fait connaître plusieurs, entre autres J. Heuzet, auteur de l'excellent ouvrage intitulé : « Selectæ è profanis scriptoribus historiæ » (1). A mesure que les études ont dégénéré, l'ignorance de l'histoire littéraire s'est fait remarquer dans les ouvrages même où cette connaissance est le plus nécessaire. C'est ainsi que, dans son « Examen des observations sur la littérature, » etc., 1779, in-8, l'abbé Lenoir-Duparc, ex-jésuite, et dernier professeur de rhétorique de cette société, au collége de Louis-le-Grand, conseille la lecture de sept ou huit ouvrages anonymes sur l'art militaire, sans en nommer les auteurs qu'il lui eût été facile de connaître en ouvrant « la France littéraire. »

Les ouvrages du célèbre La Harpe ne sont pas exempts de ce défaut. Il a non-seulement omis le nom des auteurs anonymes, mais il a attribué plusieurs ouvrages à des écrivains qui n'en sont pas les auteurs. C'est ce que je crois avoir prouvé par mon « Examen » de plusieurs assertions hasardées par ce littérateur, dans la dernière partie de son Cours de littérature, qu'il appelle « Philosophie du dix-huitième

(1) + Les titres des ouvrages anonymes ont également été omis dans les tables de l'ancien catalogue de la Bibliothèque du roi.

(1) Bayle a consacré le soixante-septième chapitre de son ouvrage intitulé : « Réponse aux Questions d'un provincial », à la découverte des auteurs anonymes et pseudonymes dont la connaissance avait échappé à Placcius. On lui doit aussi une lettre supplémentaire à l'opuscule de Decker, « De scriptis adespotis ». Il a dévoilé beaucoup d'écrivains anonymes dans ses « Nouvelles de la République des lettres » et dans sa correspondance particulière.

Charles-Etienne Jordan, dans son « Histoire d'un voyage littéraire fait en 1733 », *La Haye*, 1735, petit in-8, fait connaître environ trente écrivains anonymes ou pseudonymes. N. N.

siècle. » Voyez le « Magasin encyclopédique, mai 1805, et surtout mon « Nouveau Supplément au Cours de Littérature de La Harpe », *Paris*, *Barrois l'aîné*, 1818, in-8. Un article (1) de ce Dictionnaire contient la réfutation d'une nouvelle erreur qui avait échappé à mes premières recherches.

La « Correspondance littéraire » du même auteur, renferme plusieurs fautes graves de la même espèce. Dans une courte notice sur l'abbé de La Porte (voy. le t. III, p. 45), La Harpe présente ce fécond écrivain comme auteur de l' « Esprit de Marivaux, » et de celui de « Fontenelle ». L'abbé de La Porte n'a publié ni l'un ni l'autre de ces deux ouvrages : le premier est de Lesbros, de Marseille ; le second de Prémontval, de l'académie de Berlin.

Le 22 brumaire an X, 13 novembre 1801, M. Buache a lu, à l'Institut national, d'excellentes observations sur « l'Anonyme » de Ravenne (2), dont la géographie a été publié en 1688, in-8, par le P. Porcheron, bénédictin. Mais depuis plus de 60 ans, cette géographie ne peut plus être considérée comme anonyme. Une dissertation que Muratori a insérée dans le tome dixième de ses « Historiens d'Italie, » et qui a pour auteur le P. Beretta, bénédictin, tend à prouver que l'anonyme de Ravenne était un prêtre de ce lieu, nommé Guido, qui vivait dans le neuvième siècle, et non pas dans le septième, comme le prétend le P. Porcheron. Les conjectures de Beretta ont passé pour des preuves sans réplique aux yeux de J. Albert Fabricius, qui donne un article à Guido, dans sa « Bibliothèque latine du moyen âge, » et à ceux du savant père Audiffredi, qui, dans l'excellent catalogue de la Bibliothèque Casanate (3), indique sous le nom de Guido, la Géographie anonyme publiée par le P. Porcheron.

Les auteurs de la « Statistique générale et particulière de la France ; » *Paris*, *Buisson*, an XII, 1804, 7 vol. in-8, attribuent à Anquetil, auteur de l'« Esprit de la ligue, » l'ouvrage intitulé « Esprit de la Fronde, » qui est de Mailly, professeur à Dijon. Les mêmes écrivains disent que M. de Sainte-Croix a publié des « Dissertations latines ». Ils se trompent ; à moins qu'ils n'entendent parler des notes que ce savant a fournies à Oberlin, pour l'édition de Vibius Sequester ; *Strasbourg*, 1778, in-8.

J'attribue aussi à la négligence que l'on met trop généralement à découvrir les auteurs qui se cachent, la méprise que j'ai remarquée dans la « Table analytique et raisonnée des matières contenues dans les soixante-dix volumes des Œuvres de Voltaire (édition in-8, dite de Beaumarchais), par M. Chantreau. Le mot *portatif* est indiqué dans cette table comme le titre d'un libelle de l'abbé Destrées. A l'endroit où M. Chantreau renvoie, Voltaire s'exprime ainsi : « Un abbé Destrées, jadis confrère de Fréron, a donné un PORTATIF au procureur général » ; ce qui signifie que l'abbé Destrées a remis ou dénoncé au procureur général le « Dictionnaire philosophique portatif » de Voltaire. M. Chantreau pouvait aisément s'assurer que l'abbé Destrées n'avait fait aucun ouvrage sur le frontispice duquel se trouvât le mot PORTATIF.

§ III. *Principaux ouvrages sur les anonymes et pseudonymes.*

Jusqu'à ce jour, les étrangers ont mieux senti que nous la nécessité de faire connaître les noms des écrivains anonymes et pseudonymes (1).

Dès le moment où les savans de France eurent fait une science de la bibliographie, c'est-à-dire dans le temps que Naudé, déjà connu par la publication du catalogue systématique des livres de la bibliothèque

(1) Voyez dans cette nouvelle édition, l'ouvrage commençant par ces mots : « Relation de l'Ile de Bornéo.... » N. N.

(2) Voy. « Supercheries », I, 350, *a*.

(3) Bibliothèque léguée par le cardinal Casanate, ancien bibliothécaire du Vatican, au couvent de la Minerve des Dominicains à Rome.

(1) De nos jours encore ce sont les Allemands qui ont bien voulu nous donner le détail de nos richesses littéraires. M. Reinwald a publié tous les ans, depuis 1858, le « Catalogue général de la librairie française » où se trouvent classés dans une seule série alphabétique, sous les noms des auteurs ou sous les titres, pour les anonymes, tous les ouvrages de quelque valeur publiés en français, tant en France qu'à l'étranger. Le Catalogue de chaque année est terminé par une table méthodique. — M. Otto Lorenz, qui a été employé chez M. Reinwald, nous a donné le « Catalogue général de la librairie française », 1840-1865, ouvrage utile et consciencieusement fait dont l'impression fait infiniment d'honneur à la maison veuve Berger-Levrault de Strasbourg. — Plus récemment encore un libraire portant le nom français de Morin, mais qui, né à Berlin vers 1828, est mort à Paris en 1862, avait entrepris de publier « la Littérature moderne », 1850 à 1860, ou Dictionnaire complet de tous les livres français. Il n'a paru que trois livraisons qui s'arrêtent au mot *Chauvel*.

de l'abbé de Cordes, formait la bibliothèque Mazarine; que les frères Dupuy et Ismaël Boulliau *(Bullialdus)* rédigeaient le catalogue de la riche bibliothèque fondée par Jacques-Auguste de Thou l'historien. Vincent Placcius, jurisconsulte et professeur à Hambourg, s'occupait avec zèle de la découverte des anonymes et des pseudonymes. Il publia en 1674, son « Theatrum anonymorum et pseudonymorum. » Ce n'était alors qu'un petit volume in-4, dans lequel l'auteur dévoilait quinze cents écrivains tant anonymes que pseudonymes. Mais, dans la suite, soit par ses propres recherches, soit par le secours de plusieurs savans, il augmenta considérablement sa collection. On voit, en effet, près de six mille auteurs tant inconnus que déguisés, dans l'édition de son ouvrage, donnée après sa mort, par Dreyer, avec une préface de J.-A. Fabricius, *Hambourg*, 1708, in-fol. Il ne se trouve dans ce nombre qu'environ mille écrivains français, les recherches de l'auteur s'étant étendues sur des ouvrages écrits en allemand, en hollandais, en anglais, en italien et en diverses autres langues.

En 1690, notre savant Adrien Baillet publia ses « Auteurs déguisés. » Ce n'était qu'un traité préliminaire qui devait être suivi du « Recueil des auteurs déguisés. » Il le termina par une liste purement historique de son recueil. Mais il mourut en 1706, sans avoir exécuté son grand projet et ne laissant qu'une préface. Elle contient, à la vérité, des recherches aussi curieuses que variées. Mon Dictionnaire indique plusieurs anonymes sur lesquels on n'avait que des notions vagues du temps de Baillet, entre autres le donatiste Tichonius, qui, depuis la savante dissertation de l'abbé Morel sur « l'Ambrosiaster », c'est-à-dire depuis 1762, est regardé comme l'auteur des « Commentaires sur les Epîtres de saint Paul, » faussement attribués à saint Ambroise. Baillet n'a pas même placé Tichonius parmi les cinq auteurs à qui, de son temps, l'on attribuait ces Commentaires.

Le savant La Monnoye a relevé plusieurs fautes commises par Baillet, relativement aux pseudonymes ; mais il n'a rien dit de l'article concernant le président Claude Fauchet, que Baillet présente faussement comme s'étant déguisé sous le nom de Pyrame de Candole. Il est probable que son erreur a été occasionnée par l'article de la « Bibliothèque françoise » de Charles Sorel, où il est dit que la traduction de Tacite, par Claude Fauchet, parut sous le nom de Pyrame de Candole. Les exemplaires que j'ai vus, sont anonymes (1). D'ailleurs Sorel donne seulement à entendre que Pyrame de Candole avait publié une édition de la version de Tacite, par Fauchet, ce qu'il avait déjà fait pour la traduction de Xénophon, par de Seyssel. En annonçant cette édition de la traduction française des « Œuvres de Xénophon, » je donne, sur Pyrame de Candole, des détails qui sont peu connus.

Je crois avoir découvert un pseudonyme dont Baillet ne parle pas, et qui a donné lieu à de fréquentes méprises jusqu'à ce jour. C'est le traducteur de Xiphilin, Antoine de Bandole, nom imaginaire que prit Jean Baudoin, en arrivant à Paris, et qu'il mit en tête de deux ouvrages. Les erreurs commises à ce sujet consistent en ce que l'on a dit et répété qu'il avait paru, en 1610, deux traductions de Dion Cassius, l'une par Jean Baudoin, et l'autre par Antoine de Bandole. En comparant, à la bibliothèque de l'Arsenal, un exemplaire portant le nom d'Antoine de Bandole, avec un exemplaire anonyme, connu pour être de Jean Baudoin, je me suis assuré que c'était la même édition de la même traduction de Xiphilin, abréviateur de Dion Cassius. L'article de mon Dictionnaire relatif à l'« Histoire de Dion Cassius, »... présente d'autres détails sur ce sujet.

Je reviens à l'ouvrage de Placcius. Il se répandait dans la république des lettres, malgré les défauts qu'y remarquaient les savants. On reprochait à l'auteur de n'avoir pas suivi l'ordre alphabétique dans l'indication des ouvrages; d'avoir noyé, pour ainsi dire, ses anonymes et pseudonymes dans un déluge de citations ; enfin, d'avoir traduit en latin les titres des ouvrages français, au lieu de les présenter dans leur propre langue. On avait aussi remarqué la multitude de fautes de tout genre qui défigurent cet ouvrage. Les omissions de l'auteur n'étaient pas moins nombreuses. En 1740, Jean-Christophe Mylius, bibliothécaire d'Iéna, publia un supplément à l'ouvrage de Placcius ; il s'est borné aux ouvrages allemands, latins et français. Ses découvertes s'élèvent à trois mille deux cents articles, dont mille sept cents français. L'ouvrage de Mylius étant rangé par

(1). Ce sont les éditions imprimées à Paris, 1582, in-fol., 1583, in-4; 1584, in-8. Après avoir revu et amendé cette traduction en infinis passages, Pyrame de Candole en donna une édition à *Genève* en 1594, in-8. Elle a été reproduite à *Anvers* en 1596, et à *Douay* en 1609, in-8. N. N.

ordre alphabétique, il est plus aisé à consulter que celui de son prédécesseur. Il présente aussi moins d'incorrections et moins de citations (1).

Vers le milieu du dernier siècle, l'abbé Bonardi, docteur et bibliothécaire de Sorbonne, qui a aidé le P. Desmolets, dans la « Continuation des mémoires de littérature, » se livrait avec ardeur à la composition d'un dictionnaire des ouvrages anonymes et pseudonymes. Il est mort en 1756, à l'âge de 64 ans, sans l'avoir publié. Avant la révolution de 1789, son manuscrit était conservé au séminaire de Saint-Irénée de Lyon; il est sans doute perdu depuis les troubles qui ont agité cette grande ville, et c'est inutilement que j'en ai demandé des nouvelles à des personnes qui eussent pu en avoir la communication.

Il parut à Paris, en 1758, une « France littéraire », rédigée en partie par l'abbé de La Porte, sur le plan qu'avait donné Duport-Dutertre, en 1751, dans son « Almanach des beaux-arts ». On y inséra la liste alphabétique des ouvrages connus des auteurs : elle était suivie d'une autre liste indiquant les ouvrages anonymes. Cet ouvrage eut trois suppléments, jusqu'en 1763 inclusivement.

Le succès qu'obtint ce livre, détermina le libraire à en annoncer une nouvelle édition, très-augmentée, pour l'année 1767; elle ne parut qu'en 1769, mais c'était, pour ainsi dire, un ouvrage nouveau, et l'on est redevable à l'abbé d'Hebrail, plus qu'à l'abbé de La Porte, des augmentations qu'il contient. Sur 6,000 ouvrages, environ, annoncés dans le catalogue alphabétique du tome deuxième, il s'en trouve au moins 3,000 tant anonymes que pseudonymes. Malheureusement aucun signe particulier ne distingue ceux-ci d'avec les autres, et d'ailleurs, la comparaison que j'ai faite des titres avec les frontispices mêmes des ouvrages, m'a fait voir qu'un grand nombre de ces titres sont tronqués, c'est ainsi que l'« Instruction théologique en forme de catéchisme », par Osmont du Sellier, est indiquée sous le titre de « Cathéchisme »; de même « l'Amitié après la mort, contenant les Lettres des morts aux vivants », ouvrage traduit de l'anglais, de Mme Rowe, figure sous le titre de « Lettres des morts aux vivans ». Beaucoup de titres ne sont suivis d'aucune date; ceux-là sont souvent imaginaires. Je considère comme tels les « Lettres littéraires sur divers sujets, » *s. d.*, 2 vol. in-12, et les « Mémoires historiques et curieux », aussi *s. d.*, 2 vol. in-12, indiqués sous le nom de l'abbé de La Roche, connu par l'édition qu'il a donnée des « Maximes » de La Rochefoucauld, avec des notes. L'auteur a peut-être voulu parler des « Lettres curieuses sur divers sujets », *Paris*, 1725, 2 vol. in-12, attribuées à un nommé Duval (1), dans le Catalogue de la Bibliothèque du roi. J'ai indiqué dans mon Dictionnaire plusieurs autres fautes du même genre. L'on ne trouve pas dans ce volume le catalogue des ouvrages anonymes annoncé dans l'avertissement qui précède le tome premier. Cette omission est à regretter, car les éditeurs des suppléments qui ont paru en 1778 et 1784, eussent sans doute trouvé dans ce catalogue beaucoup d'ouvrages dont les auteurs étaient connus depuis 1769, et celui qu'ils nous ont transmis en serait plus satisfaisant. En général, ces deux suppléments sont très-inférieurs aux deux premiers volumes. J'ai remarqué dans le même avertissement une omission répréhensible, relativement aux savants qui ont communiqué des articles aux premiers éditeurs; ceux-ci avaient proclamé avec reconnaissance les noms de l'abbé Saas, connu par ses critiques du Catalogue de la Bibliothèque du roi, du Dictionnaire de Ladvocat et des sept premiers volumes de l'Encyclopédie, etc.; de D. Gerou, bénédictin, qui a laissé une Bibliothèque des auteurs orléanais; de l'abbé Sepher, bibliographe renommé; du P. Roset, dominicain, qui avait envoyé la notice de tous les écrivains de la Franche-Comté : puisque les nouveaux éditeurs ont profité des recherches et des renseignements de ces hommes laborieux, ils devaient en perpétuer le souvenir par une mention expresse.

M. Ersch, bibliothécaire de l'université d'Iéna, a copié dans « la France littéraire », imprimée à Hambourg depuis 1797 jusqu'en 1806, et composée aujourd'hui

(1) On retrouve dans son ouvrage, avec d'utiles augmentations, l'excellente dissertation d'Heuman sur les « Livres anonymes et pseudonymes », publiée pour la première fois en 1711. Les noms de ces auteurs sont toujours cités avec éloge; l'ex-jésuite de Valois a troublé maladroitement ce concert dans un discours sur les « Anonymes », où l'on rencontre d'ailleurs de justes réflexions. Voyez son « Recueil de dissertations littéraires ». *Nantes*, 1766, in-8, p. 245. Il y a quatre fautes d'impression dans les cinq noms qu'il cite. N. N.

(1) J'ai découvert plusieurs ouvrages anonymes de cet auteur. Voyez son article dans mon « Examen critique des Dictionnaires historiques ». N. N.

de 5 volumes, toutes les fautes de celle de Paris, et il y en a ajouté de bien plus graves ; telle est la confusion des auteurs les uns avec les autres : par exemple, il prend Ribaud de La Chapelle pour Besset de La Chapelle; le marquis de Guasco pour l'abbé de Guasco; M. André, bibliothécaire de d'Aguesseau, pour l'abbé André, instituteur du comte Desfours à Prague, auteur d'une « Histoire de Bohême » ; Elie Bertrand, né en Suisse, pour M. Bertrand né à Besançon ; l'abbé Champion de Nilon pour l'abbé Champion de Pontalier ; le ministre Calonne pour M. de Calonne, cultivateur des environs de Paris ; l'avocat Dumont pour Dumont l'architecte ; M. l'abbé Jacquemont, ancien chef de division au ministère de l'intérieur, pour l'abbé Jacquemont du Valdahon, etc., etc., etc. Ces fautes, qu'il était bien difficile à un étranger d'éviter, ne m'empêchent pas de rendre justice au zèle et aux connaissances de ce savant, qui est aujourd'hui professeur de l'université de Halle.

C'est d'ailleurs cet estimable bibliographe qui a ranimé mon goût pour les recherches relatives aux anonymes et pseudonymes, par l'invitation qu'il a faite aux littérateurs français de lui communiquer des remarques sur son ouvrage ; il trouvera dans mon dictionnaire les articles que j'avais d'abord eu dessein de lui envoyer.

Je déclare encore que l'ouvrage de M. Ersch a souvent facilité mes recherches et mes vérifications. Des titres qu'il n'a indiqués qu'imparfaitement m'ont cependant mis à même de découvrir de véritables anonymes ; c'est ainsi que les mots : « Histoire de la barbe de l'homme », 177.., dans l'article de D. Fangé, m'ont désigné l'auteur des « Mémoires pour servir à l'histoire de la barbe de l'homme ». *Liége, Broncart*, 1774, in-8.

On trouve dans le troisième volume du « Dictionnaire bibliographique », connu sous le nom de Cailleau, quoiqu'il ait été composé par l'abbé Duclos, amateur de livres, mort vers 1790, un petit « Dictionnaire de livres rares, dont les auteurs ne sont pas connus ». Le seul énoncé du titre prouve que l'auteur s'est attaché aux livres rares ; aussi, ne parle-t-il point des livres utiles. Quant aux raretés, il n'a pas connu les auteurs de la plus grande partie de celles dont il fait mention. Mon dictionnaire indique beaucoup de noms qu'il ignorait.

Quelque incomplet que soit le dictionnaire des anonymes de l'abbé Duclos, il a son utilité ; et M. Fournier, qui s'est donné la peine de réduire en un volume l'ouvrage entier, y compris le supplément de M. Brunet fils (1), devait bien ne pas omettre la partie des anonymes, d'autant moins qu'il a reproduit toutes les fautes de ses modèles.

Tels sont les principaux ouvrages qui ont été composés *ex-professo* sur la matière que j'ai traitée.

§ IV. *Nécessité d'un nouvel ouvrage pour faciliter la découverte des anonymes et des pseudonymes.*

La nécessité d'un nouvel ouvrage destiné à faciliter la recherche des écrivains anonymes et pseudonymes, est sentie depuis longtemps ; la plupart des bibliothécaires de Paris se sont donné la peine d'écrire de leur main sur le frontispice des ouvrages anonymes contenus dans les bibliothèques confiées à leurs soins, les noms d'auteurs qu'ils ont pu découvrir ; j'ai vu nombre d'ouvrages enrichis de notes de cette nature, dans les dépôts littéraires nationaux où ont été transportés, à l'époque de la révolution, les bibliothèques des établissements supprimés. Les savans les plus distingués de nos derniers temps ont pris les mêmes soins pour leurs bibliothèques particulières. Je m'en suis également convaincu, en jetant les yeux sur des ouvrages anonymes qui leur avaient appartenu ; tels étaient les livres provenant des bibliothèques de MM. Sepher, Beaucousin, Mercier-Saint-Léger, Godescard, Anquetil-Duperron et Villoison (2).

La dispersion des anciennes bibliothèques et la vente des cabinets particuliers ont fait évanouir ces recherches précieuses. Elles sont entièrement perdues pour nous. D'un autre côté, on ne remarque plus dans les catalogues de livres qui se publient aujourd'hui, la connaissance des auteurs anonymes et pseudonymes qui distinguait les Martin, les Barrois, les Née de la Rochelle, etc. Cela vient en partie de ce que, depuis environ 30 ans, on a préféré les livres rares et curieux aux ouvrages véritablement utiles.

(1) Voyez le « Dictionnaire portatif de bibliographie », par F.-I. FOURNIER, *Paris, chez Fournier frères*, 1805, in-8 ; — nouvelle édition, 1809, in-8. Cet ouvrage n'est remarquable que par une exécution typographique assez élégante.

(2) Je puis joindre à ces noms plus ou moins célèbres celui de l'abbé Morellet, dont la nombreuse bibliothèque a été vendue en 1810.

D'après tous ces détails, j'ai dû penser que le dictionnaire que je publie aujourd'hui, était devenu d'une indispensable nécessité.

Un ouvrage de cette nature peut seul empêcher de confondre les masques qu'un auteur a pris pour se déguiser, avec les personnes cachées sous ce déguisement, ou avec celles qui n'y ont jamais pensé.

Nous avons deux exemples assez récens de méprises de cette espèce. M. Thorillon, ancien procureur, ayant envie de publier des vues nouvelles sur les finances, crut devoir se déguiser, en 1787, sous les noms de TH. MINAU DE LA MISTRINGUE. La tournure singulière de ces noms pouvait donner lieu à quelques réflexions plaisantes : aussi les auteurs du « Petit almanach de nos grands hommes » ne manquèrent-ils pas de s'amuser aux dépens du nouveau financier. Ce qu'il y a de risible, c'est qu'ils ont pris un nom masqué pour un nom réel ; il n'est point du tout étonnant que M. Ersch ait partagé leur erreur ; mais notre compatriote Dessessarts a su se garantir de ce piége.

Si en 1786, époque à laquelle Jean Senebier écrivait son « Histoire littéraire de Genève », il eût existé un Dictionnaire des pseudonymes, le savant bibliothécaire n'eût pas placé, dans son article « Bourdillon », l'ouvrage intitulé : « Essai historique et critique sur les dissentions des églises de Pologne », publié par Voltaire. en 1767, sous le nom de ce pasteur.

Les bibliothécaires en général sont intéressés à la publication d'un dictionnaire tel que celui-ci ; car je sais, par mon expérience, qu'ils doivent quelquefois se trouver embarrassés lorsqu'on leur demande des ouvrages sous le nom d'un auteur qu'ils ne connaissent pas.

§ V. *Travaux auxquels je me suis livré avant la composition de mon dictionnaire, et motifs qui m'ont déterminé à le faire imprimer.*

La bibliographie et l'histoire littéraire ont toujours été l'objet plus ou moins direct de mes études. Ayant été chargé pendant six ans, soit en qualité de membre de la commission temporaire des arts, adjointe au comité d'instruction publique de la Convention nationale, soit comme membre du conseil de conservation des objets de sciences et d'arts dans le ministère de l'intérieur, de diriger les travaux qui s'exécutaient dans des dépôts littéraires nationaux, j'ai pu facilement consulter, vérifier et comparer entre eux les ouvrages les plus divers et les plus curieux.

Obligé de livrer à l'impression le catalogue de la bibliothèque du Conseil-d'Etat, j'ai eu le soin de nommer la plupart des auteurs des ouvrages anonymes et pseudonymes qui en faisaient partie. Ce catalogue, sorti en 1803 des presses de l'imprimerie du gouvernement, parait avoir obtenu, malgré ses imperfections, le suffrage des amateurs tant nationaux qu'étrangers.

Je puis dire ici qu'outre l'indication de beaucoup d'anonymes et de pseudonymes, il renferme un bon choix d'ouvrages précieux et surtout utiles dans tous les genres de connaissances.

Le plan conçu en 1805, pour l'embellissement intérieur du château des Tuileries, nécessita la démolition du local où était placée la bibliothèque du Conseil-d'Etat. J'ai profité du loisir forcé que me donnait cet événement, pour réunir et mettre en ordre les notes et renseignements que j'avais recueillis depuis longtemps ; c'était une occasion de compléter, autant qu'il était en moi, les découvertes consignées dans le catalogue de la bibliothèque du Conseil-d'Etat ; j'étais aussi encouragé par l'idée que ce travail me serait utile pour le « Nouveau dictionnaire historique » que j'ai entrepris de publier, car, il faut l'avouer, celui que nous connaissons, souvent augmenté, jamais corrigé, roule depuis une quarantaine d'années sur le même fonds d'erreurs et de méprises (1).

J'ai parlé, dans la préface du catalogue de la bibliothèque du Conseil-d'Etat, d'un ouvrage du même genre que celui que je publie aujourd'hui, et dont s'occupe depuis plusieurs années M. Van Thol, hollandais, ancien conservateur du dépôt littéraire de Saint-Louis-la-Culture. Les retards qu'il a mis à sa publication ont aussi contribué à la détermination que j'ai prise de livrer à l'impression mes recherches particu-

(1) L'impossibilité de rédiger ce Dictionnaire avec les soins qu'il exige et l'indépendance de caractère que mes lecteurs ont droit d'attendre de moi, m'a réduit à faire seulement la revue des ouvrages de ce genre publiés dans le XVIIIe siècle et dans ces derniers temps. Voyez le tome Ier de mon « Examen critique des Dictionnaires historiques les plus répandus ». *Paris, Rey et Gravier*, 1820, in-8. Je m'occupe avec zèle de la composition du second et dernier volume de cet ouvrage, qui paraîtra trois mois après la publication de la dernière livraison de la « Biographie universelle. » N. N.

+ Ce second volume n'a pas été publié.

lières; lorsque M. Van Thol a su que mon ouvrage était sous presse, il a cru devoir prévenir le public, par la voie des journaux, qu'il s'occupait de la recherche des noms des *auteurs français* qui ont publié des livres anonymes ou pseudoymes en français, et cela pour conserver son *droit de priorité*. M. Amoreux, médecin de Montpellier, que je n'ai pas l'honneur de connaître, lui a très-bien répondu dans la « Revue philosophique » du 1er novembre 1806, qu'on ne sait trop en quoi peut consister ce droit de priorité. D'ailleurs, M. Van Thol, d'après son propre aveu, ne s'est occupé que d'ouvrages composés *en français* par des *Français*. Ainsi il ne doit parler ni des étrangers qui ont écrit en français, ni des traducteurs, ni des éditeurs. Son ouvrage aura donc seulement, suivant ses expressions, *en quelque partie, quelque analogie* avec le mien (1).

§ VI. *Méthode que j'ai suivie dans la rédaction de ce Dictionnaire.*

J'ai eu à choisir entre les deux principales méthodes employées jusqu'à ce jour pour l'indication des ouvrages anonymes.

La première consiste à suivre scrupuleusement les premiers mots de chaque titre ; la seconde à choisir le mot principal du titre, c'est-à-dire celui qui fait le mieux connaître le sujet de l'ouvrage.

La première est la plus simple et la plus sûre; elle n'expose à aucune erreur ni le rédacteur d'un catalogue, ni les personnes qui le consultent. Pour en faire sentir le mérite, il me suffira de dire qu'elle a été adoptée par le P. Audiffredi, dans le magnifique catalogue de la bibliothèque Casanate. Il est à regretter que ce chef-d'œuvre de bibliographie n'ait pas été achevé, et finisse avec la lettre I au quatrième volume qui parut en 1788. Le premier fut publié en 1768 ; si MM. les conservateurs actuels de cette bibliothèque ont le courage de le terminer, ils rendront à la république des lettres un service inappréciable.

Les bibliographes qui ont suivi la seconde méthode ne sont point d'accord avec eux-mêmes ; ils s'attachent tantôt aux premiers mots des titres et tantôt au mot principal.

J'ai donc dû préférer la première méthode, et j'ai tâché de la suivre dans toute son exactitude et dans toute son étendue (1). Cependant, pour ne pas entrer dans des détails suggérés ordinairement par des raisons particulières aux auteurs ou aux libraires, je me suis contenté d'ajouter aux cinq ou six premiers mots de chaque titre ceux qui donnent une idée suffisante de l'ouvrage ; mais j'ai presque toujours cité le lieu où il a été imprimé, le nom du libraire, la date de l'impression, le nombre des volumes et leur format (2). La réunion de ces éléments est nécessaire pour faire connaître un ouvrage, surtout lorsqu'il est anonyme. Les bibliographes qui en omettent plusieurs, ressemblent aux mathématiciens qui, dans les traités d'algèbre, donnent l'énoncé de plusieurs problèmes sans y ajouter le résultat des solutions. Un titre vaguement indiqué est en effet un vrai problème à résoudre.

Je me suis un peu écarté de l'ordre alphabétique des titres, lorsqu'il s'est agi d'annoncer les éloges des personnes distinguées par leurs vertus ou par leurs lumières, parce qu'il m'a semblé que, dans ce cas, l'ordre essentiellement alphabétique était celui des personnes louées, et cela pour éviter la désagréable bigarrure qu'eût mise dans cette liste la diversité qui règne sur les titres de plusieurs éloges d'une même personne.

Ma méthode rendra l'usage de ce Dictionnaire aussi simple que facile. En effet, quand désirons-nous savoir le nom de l'auteur d'un ouvrage anonyme? c'est

(1) La mauvaise santé de M. Van Thol, qui touche à sa quatre-vingtième année, l'empêchait depuis longtemps de compléter ses recherches sur les écrivains anonymes et pseudonymes ; je l'ai fait prier par M. Barrois, son ancien ami, de m'abandonner ses matériaux, à condition que je ferais suivre des lettres initiales de son nom les articles que j'y puiserais. M. Van Thol ayant accepté cette proposition, on trouvera dans la nouvelle édition de ce Dictionnaire, un nombre assez considérable d'articles suivis des lettres V. T. Il y en a de fort curieux. N. N.

(1) + Nous avons cru devoir faire ici une modification au classement adopté dans la 2e édition. L'auteur avait classé d'après l'orthographe du titre, de sorte que le même ouvrage, selon l'exactitude de la transcription ou la date de l'édition, pouvait se trouver placé par exemple à *adventures* ou à *aventures*. Nous avons, dans ce cas, tout en transcrivant les titres avec toute l'exactitude possible, classé les ouvrages d'après l'orthographe usuelle.

(2) + Beaucoup de titres ont été trop abrégés. Nous les avons complétés, et pour les ouvrages que nous n'avons pu voir nous-mêmes, nous devons de nombreuses indications à M. le Dr Hoffmann, de Hambourg, et à M. A. Ladrague, le consciencieux bibliothécaire du comte Ouvaroff.

lorsque cet ouvrage est sous nos yeux : il ne s'agira donc, pour satisfaire cette curiosité, que de comparer le titre de l'ouvrage avec celui du Dictionnaire, qui lui ressemblera parfaitement. Si l'on trouve cet objet de comparaison, la curiosité sera satisfaite, puisque j'ai mis entre deux parenthèses l'anonyme que l'on cherche. S'il ne se trouve, parmi les titres du Dictionnaire, aucun article semblable au titre qu'on a sous les yeux, ce sera une preuve que l'ouvrage ne m'aura pas été connu, ou plutôt qu'il m'aura été impossible de découvrir le nom de son auteur.

On trouvera dans ce Dictionnaire quelques articles qui ne sont pas anonymes ; ils ont échappé à mon attention ; il en est d'autres qui le sont réellement, et qui ne paraîtront pas tels à tous les lecteurs, parce que quelques exemplaires portent le nom de l'auteur ; j'en ai fait quelquefois la remarque : mais je n'ai rien dit pour les « Contes et proverbes » de M. Cambry qui sont dans ce cas (1).

D'autres ouvrages sont anonymes d'une édition étrangère, sans l'être de l'édition originale faite en France. De ce nombre sont l'« Essai ou les Essais historiques et critiques sur le goût », par l'abbé Cartaud de La Villate ; « le Traité de l'obéissance des chrétiens aux puissances temporelles », par l'abbé Brueys, etc.

Mon attention à décrire exactement les titres, justifiera le parti que j'ai pris dans ces différents cas.

C'est par les mêmes principes que j'expliquerai l'insertion dans mon Dictionnaire de plusieurs articles qui ont cessé d'être anonymes à la troisième ou quatrième édition. En effet, dès qu'il existe une édition anonyme d'un ouvrage, c'est une raison suffisante pour faire connaître le nom de l'auteur à ceux qui la possèdent, et il arrive trop souvent que les éditions postérieures d'un ouvrage sont moins connues que les premières.

On ne devra point regarder comme des répétitions plusieurs articles donnés à un ouvrage qui a paru sous différents titres ; il était impossible de satisfaire les personnes qui possèdent ces différentes espèces d'exemplaires ou d'éditions d'un même ouvrage, sans en insérer les titres à leurs places respectives.

Parmi les faux frontispices dont certains ouvrages sont décorés, il en est qui se font remarquer par la maladresse de leurs inventeurs. Par exemple, celui qui fit annoncer en 1751, sous le titre de « Berlin, le Portefeuille de Mme de T*** », publié par M. de V***, crut probablement que ce volume aurait un grand débit, à l'aide du voile léger dont l'auteur et l'éditeur sembleraient couverts. Mais il fallait ne pas l'ouvrir pour être dupe de son titre. C'est sans doute ce qui est arrivé au libraire Nyon l'aîné, qui l'annonce ainsi dans la seconde partie du catalogue des livres du duc de la Vallière, n° 13,385 : « le Portefeuille de Mme de T*** » (DE TENCIN), publié par M. de V*** (DE VOLTAIRE). J'ai parcouru ce volume ; ce n'est autre chose qu'un recueil de poésies ou de pièces mêlées de prose et de vers, par différents auteurs, publié à Paris, en 1715, sous ce titre : « Portefeuille de Mme *** ». Presque tous les morceaux qu'il renferme ont été réimprimés dans les « Amusements du cœur et de l'esprit », par Etienne-André Philippe. Il y en a de Mmes d'Ussé et de Simiane, du chevalier de Laubepin, de M. de Bainville, de Saint-Didier, etc., etc.

Si l'on me reprochait d'avoir cité un trop grand nombre de brochures, je répondrais qu'un ouvrage destiné à toutes les classes de lecteurs devait présenter jusqu'aux moindres opuscules. C'est souvent dans ces ouvrages que l'on trouve des détails précieux pour l'histoire des sciences, ou des anecdotes bonnes à conserver. Cependant, je n'ai pas voulu imiter les auteurs de « la France littéraire » de 1769, qui ont fait un article du « Musicien prédicateur », poëme, par l'abbé Goujet. C'est un conte de trente-neuf vers, dont l'objet était réel, et qui ne se trouve que dans quelques exemplaires du 10e volume de la « Continuation des Mémoires de littérature », par le P. Desmolets, et à la suite de quelques hymnes de M. Hémard de Danjouan, imprimées en feuilles volantes.

J'ai mis beaucoup de notes dans mon Dictionnaire (2), parce qu'elles m'ont paru nécessaires pour soutenir l'attention de ceux qui voudront le lire de suite. Elles auront en général le mérite de la nouveauté ; puissent-elles y joindre celui de l'exactitude ! elles seraient beaucoup plus nombreuses, si j'eusse voulu répéter ce

(1) Cette omission a été réparée dans la seconde édition. N. N.

(2) Ces notes se trouvent plus que doublées dans la nouvelle édition.

que l'on trouve dans beaucoup d'ouvrages, discuter de nouveau ce qui l'a été cent fois, et rectifier toutes les méprises que j'ai remarquées dans les catalogues de livres même les plus renommés. Mais je n'ai pas cru devoir reproduire des détails trop connus, ou des discussions éclaircies depuis longtemps. D'un autre côté, la célérité avec laquelle se rédigent et s'impriment les catalogues, m'a paru mériter de l'indulgence ; je me suis contenté d'indiquer des méprises qui ont été assez souvent répétées pour induire en erreur. L'on peut croire d'ailleurs qu'en général j'ai eu de bonnes raisons pour ne pas partager l'opinion de tel ou tel bibliographe.

Si mes vœux étaient remplis, mon ouvrage pourrait être regardé comme la table des « Dictionnaires historiques », en ce qui concerne les anonymes. Souvent, en effet, on possède un de ces livres dont l'auteur a son article dans nos dictionnaires. Je fournirai le moyen de consulter cet article, auquel on n'eût jamais pensé sans moi. Supposons, par exemple, qu'on ait sous les yeux l'« Histoire universelle de Trogue Pompée, réduite en abrégé par Justin, traduction nouvelle avec des remarques par l'abbé A....., de Port-royal», *Paris*, 1698 et 1708, 2 vol. in-12. On lit dans le privilége que l'auteur se nommait D.L.M. Ces lettres sont les initiales du fief de la Martinière que possédait Louis Ferrier. Nous trouvons des détails curieux sur cet auteur, dans les dictionnaires de Morery et de Chaudon.

C'est lui qui fit, en 1702, représenter la tragédie de « Montézume », dont parle Voltaire dans son Discours sur la tragédie, en tête de « Brutus ». La scène ouvrait par un spectacle nouveau : c'était un palais d'un goût magnifique et barbare; Montézume disait à ses courtisans, prosternés le visage contre terre :

> Levez-vous ; votre roi vous permet aujourd'hui
> Et de l'envisager et de parler à lui.

Ce spectacle charma, dit Voltaire, mais voilà tout ce qu'il y eut de beau dans cette tragédie.

Pourrait-on, sans un dictionnaire des ouvrages anonymes, trouver facilement le nom de l'auteur de cette traduction estimable de Justin, nom qui est demeuré inconnu à l'abbé Paul, son dernier traducteur? Je pourrais citer mille exemples de cette nature ; si je me fusse jeté dans tous les détails dont mes articles étaient susceptibles, j'aurais reproduit les dictionnaires historiques sous une forme nouvelle. Je ne devais donc justifier l'attribution de certains ouvrages à tels ou tels auteurs, que dans les cas où je n'étais pas d'accord avec les dictionnaires ; c'est ce que j'ai fait assez généralement.

§ VII. *Principaux ouvrages consultés pour la composition de ce dictionnaire.*

Je n'ai presque consulté les ouvrages de Placcius et de Mylius, que pour rectifier leurs erreurs ; si je reproduis des articles qui se trouvent chez eux, c'est pour leur donner plus d'exactitude et de concision ; quant à ceux de leurs articles qui sont sans intérêt aujourd'hui, parce qu'ils n'ont rapport qu'à des disputes particulières et plongées dans le plus profond oubli, je n'ai pas cru devoir leur donner une nouvelle existence.

« La France littéraire » de 1769, m'a été bien plus utile que les deux auteurs que je viens de nommer : mais j'ai eu besoin de voir les ouvrages qui y sont indiqués, pour m'assurer s'ils sont véritablement anonymes. Lorsque ces ouvrages m'ont manqué, je ne m'en suis rapporté qu'à des titres de livres consignés dans des catalogues dont les auteurs sont renommés pour leur exactitude. J'ai soumis à ces deux modes de vérification la plus grande partie des articles contenus dans le tome deuxième de l'ouvrage dont il est ici question. Sans cela, les pénibles et utiles recherches des abbés de La Porte et d'Hébrail eussent été perdues pour les bibliographes, comme elles le sont pour la plupart des gens du monde, qui ne voient dans cette longue série d'articles qu'un catalogue ordinaire.

J'ai dit plus haut ce que je pensais de « la France littéraire » de Hambourg (1).

Au défaut d'autres ouvrages spécialement consacrés à la découverte des anonymes et des pseudonymes, j'ai consulté les catalogues de livres les plus renommés. J'ai donc eu sans cesse sous les yeux les catalogues rédigés par MM. Martin, Barrois, de Bure, Musier, Née de La Rochelle, Le Clerc, Nyon l'aîné et les frères Bleuet

(1) Au lieu de cette publication arriérée, qui du reste a été mise à profit par Quérard dans sa « France littéraire », *Paris*, 1827-1864, nous avons consulté l'ouvrage de ce dernier, ainsi que la suite qui en a été donnée sous le titre de « la Littérature française contemporaine. »

Le « Catalogue général de la librairie française », 1840-1865, par Otto Lorenz, nous a donné un certain nombre d'articles modernes.

fils. Plusieurs de ces catalogues sont dans toutes les bibliothèques bien composées (1).

Des hommes de lettres, des savans même, n'ont pas dédaigné de présider à la rédaction de ces sortes d'ouvrages qui ont acquis par là un nouveau degré d'utilité. Malgré les justes reproches adressés aux rédacteurs du catalogue de la Bibliothèque du roi, leur travail n'est pas moins recommandable par sa belle distribution et les renseignements bibliographiques que l'on y trouve.

On peut louer sans réserve le « Catalogue de la bibliothèque de M. le comte de Bunau (Bibliotheca Bunaviana) » (2), rédigé par Franckius; celui de la « Bibliothèque publique d'Orléans », dont l'auteur est le P. Fabre, bénédictin ; le « Catalogue systématique et raisonné, fait sur un plan nouveau », qui est le catalogue des livres de M. Van Goens (3), dressé par lui-même, et enrichi d'une multitude de remarques bibliographiques; le « Catalogue de la bibliothèque Casanate », que je ne me lasse pas de citer par estime pour feu le P. Audiffredi, son principal auteur ; enfin le « Catalogue de la bibliothèque » de M. de La Serna-Santander (4).

Il me reste à juger bien différemment les deux catalogues où j'ai trouvé le plus de renseignements, relativement aux anonymes et aux pseudonymes, je veux parler du « Catalogue de la bibliothèque de feu M. Matheus Lestevenon » publié en 1798, in-8, par Detune, libraire à La Haye, et du « Catalogue manuscrit des livres de l'abbé Goujet » en 6 vol in-fol., que j'ai acquis en 1802, à la vente de la bibliothèque de M. Béthune-Charost; plus je relis le premier, plus j'y trouve de fautes, et au contraire, plus j'étudie le second, plus j'y remarque la vaste érudition de son auteur. Je n'ai pas dit assez de bien de cet important ouvrage, dans la notice que j'en ai publiée dans le « Magasin encyclopédique », 8e année, 1803, t. V, p. 182 et suiv.; ce catalogue est un précieux monument d'histoire littéraire et de bibliographie. Des savans à qui je l'ai communiqué, en portent le même jugement que moi. Aucun ouvrage ne me présentait une aussi abondante moisson d'anonymes; mais comme un grand nombre ont rapport aux troubles qui ont agité l'Eglise de France dans la dernière moitié du XVIIe siècle et au commencement du XVIIIe, je me suis borné aux ouvrages qui ont survécu à ces trop fameuses querelles.

Certains catalogues m'ont présenté, dans la description fidèle des ouvrages anonymes, un autre genre d'utilité qui m'a épargné nombre de fausses démarches; je l'ai trouvé à un éminent degré dans la seconde partie du « Catalogue des livres de la bibliothèque du duc de La Vallière », dressé par Nyon l'aîné. Que de richesses décrites dans ce catalogue composé de 26,537 articles ! combien de fois il a rappelé à ma mémoire des anonymes dont les ouvrages m'étaient connus, mais n'étaient pas sous ma main !

Le second catalogue, où j'ai trouvé des secours du même genre, est connu sous

(1) Depuis l'impression de ce discours, M. Brunet, auteur de l'excellent ouvrage intitulé « Manuel du libraire et de l'amateur de livres », a publié plusieurs catalogues aussi estimables que les précédents. Je dois les mêmes éloges à quelques catalogues rédigés par MM. de Bure frères, Renouard, etc. N. N.

+ Pour la 3e édition, un grand nombre de catalogues rédigés par MM. Potier, Techener, A. Labitte et Claudin ont été souvent utilement consultés.

(2) + M. A. Ladrague, bibliothécaire du comte Alexis Ouvaroff, se propose de marcher sur les traces de J.-M. Frank dans la rédaction du catalogue de la bibliothèque de ce riche et savant étranger, catalogue dont il vient de publier un excellent spécimen sous ce titre : « Bibliothèque Ouvaroff. Catalogue spécimen. Sciences secrètes. » *Moscou, imp. de W. Gautier*, 1870, pet. in-4 de XII et 217 pages, 1883 numéros.

Ce conciencieux travail est terminé par 2 tables : 1° Table alphabétique des noms des auteurs, traducteurs, commentateurs, etc. 2° Table alphabétique des titres des ouvrages anonymes, avec renvoi au nom des auteurs lorsqu'ils sont connus.

(3) Connu par la savante édition de l'ouvrage de Porphyre, « De antro nympharum ». *Ultrajecti*, 1765, in-4. Il paraît que des revers politiques ont éloigné pour toujours M. Van Goens de sa patrie et de la culture des lettres. Voyez « Saxii onomasticon litterarium. »

(4) Depuis la publication de mon ouvrage, j'ai lu avec soin le « Dictionnaire universel européen de livres », par le libraire Georgi, en trois langues, latine, allemande et française, *imp. à Leipsick* de 1742 à 1753, 5 vol. in-fol. Ce dictionnaire contient plus de vingt mille articles français, rangés d'après un ordre alphabétique très-défectueux. Les titres en général fourmillent de fautes, soit pour la matière qui y est traitée, soit pour les dates, soit pour les noms d'auteurs. Un tel ouvrage doit donc être consulté avec de grandes précautions ; et, quoiqu'il me fût assez connu avant l'impression de mon dictionnaire, j'ai peut-être à me féliciter de ne pas l'avoir lu alors. Depuis 1806, les erreurs multipliées qu'il présente, n'avaient plus les mêmes dangers pour moi, et je l'ai consulté avec fruit pour découvrir plusieurs anonymes que l'auteur a indiqués d'après la notoriété publique pour le temps où il écrivait. Cet ouvrage m'a servi aussi pour constater l'existence de certains livres devenus fort rares. N. N.

le titre de « Catalogue hebdomadaire des livres nouveaux », publié successivement par les libraires Despilly et Pierre; il en a paru un volume par année, depuis 1763 jusqu'en 1789 inclusivement; les tables en sont très-bien faites; j'ai su, depuis l'impression de mon dictionnaire, que l'estimable Moutonnet de Clairfonds en avait rédigé sept ou huit.

M. de Cheppe, ancien instituteur, traducteur des Eglogues de Virgile, *Paris, Desenne*, an X, 1802, in-8, possède une nombreuse bibliothèque : le catalogue qu'il en a dressé avec beaucoup de soin, par ordre alphabétique, m'a été extrêmement utile.

Parmi les bibliographies particulières, j'ai consulté utilement la « Méthode pour étudier l'histoire » de l'abbé Lenglet-Dufresnoy, la « Bibliothèque des romans » du même auteur, la nouvelle édition de la « Bibliothèque historique de la France »(1) à laquelle il n'a manqué pour être un vrai chef-d'œuvre, que d'avoir été revue et dirigée par un bibliographe doué des connaissances de l'abbé de Saint-Léger; la nouvelle édition des « Lettres sur la profession d'avocat », par Camus; enfin l'excellente « Bibliographie astronomique » de M. de La Lande.

Les dictionnaires historiques de Bayle, Moréry, Ladvocat, Feller, Chaudon, Delandine et autres, m'ont fait aussi connaître un grand nombre d'anonymes et de pseudonymes; mais ces ouvrages sont en général insuffisants pour cet objet, parce que les articles anonymes n'y sont pas distingués d'avec ceux qui portent le nom des auteurs; le P. Audiffredi me paraît avoir fait le premier cette distinction dans le catalogue de la bibliothèque Casanate rédigé par ordre alphabétique des auteurs et des ouvrages anonymes. Il a été imité par Jean-Christophe Adelung, qui a publié, en 1784 et en 1785, deux volumes de supplément au « Dictionnaire universel des hommes célèbres, de Jöcher ».

Les « Siècles littéraires de la France » par M. Desessarts, pourraient encourir les mêmes reproches que les « Frances littéraires » de Paris et de Hambourg; on y trouve cependant beaucoup d'articles très-bien faits; la plupart ont été fournis par les auteurs eux-mêmes.

J'indiquerai ici quelques-unes des fautes que l'on peut justement reprocher à plusieurs des auteurs dont je viens de parler, dans la seule crainte qu'elles n'induisent en erreur les étrangers.

M. Ersch cite comme deux ouvrages anonymes de Legouz de Gerland, la « Relation d'un voyage en Italie », et des « Lettres sur les Anglais ». Ces ouvrages n'ont pas vu le jour; on en a la preuve dans l'Eloge de M. Legouz par Maret, secrétaire perpétuel de l'Académie de Dijon, édition in-4. M. Dessessart a reproduit cette méprise. On trouve dans son ouvrage, comme dans celui de M. Ersch, « l'Histoire de Laïs », par le même Legouz, métamorphosée en une « Histoire des lois. »

L'habitude de confondre ainsi des manuscrits avec des imprimés n'est que trop commune.

§ VIII. *Personnes vivantes, ou mortes depuis peu, qui m'ont aidé dans la composition de ce Dictionnaire* (1).

Il est des connaissances que l'on trouve ailleurs que dans les livres; c'est ce que Quintilien appelle une teinture d'érudition acquise dans le commerce des savans. Elle m'était indispensable dans une science semblable à celle des anonymes et des pseudonymes, qui est plus traditionnelle que positive, au moins pour le siècle où l'on écrit. J'ai eu l'inestimable avantage de converser avec les hommes de Paris les plus versés dans l'histoire littéraire; jamais je n'oublierai les moments que j'ai passés avec le célèbre bibliographe Mercier, si connu sous le nom d'abbé de Saint-Léger; il était alors attaqué de la maladie de langueur qui l'enleva à la république des lettres, le 24 floréal an VIII, mai 1800; elle ne l'empêchait pas de parler sur la bibliographie et l'histoire littéraire, comme s'il eût joui de la plus brillante santé. Avec quel plaisir je l'ai souvent entendu déployer toutes les richesses de sa prodigieuse mémoire! aucun de ses récits n'est sorti de la mienne; les ouvrages enrichis

(1) Je possède un exemplaire de cet ouvrage, chargé d'une multitude de remarques de la main de Beaucousin, avocat. Elles sont en général relatives aux vies et éloges des hommes illustres, genre d'ouvrages qui formait la partie principale de la nombreuse bibliothèque que ce savant jurisconsulte s'était formée pendant une longue suite d'années. Voyez la « Notice des livres et manuscrits composant sa bibliothèque ». *Paris, Merlin*, 1799, in-8 de 62 pages.

(1) + C'est à tort que Quérard a reproché à Barbier de ne pas avoir cité différentes personnes. J'ai fait observer l'injustice de ces critiques dans plusieurs articles des « Supercheries ». Ol. B.— r.

de ses notes, et la portion de ses manuscrits que j'ai acquis à la vente des livres de sa bibliothèque, ne m'ont pas été moins utiles ; on le verra par plusieurs articles de mon dictionnaire.

Je regarde aussi comme un bonheur d'avoir été admis dans la société d'un ancien bibliothécaire de l'Oratoire, M. Adry, aussi distingué par l'étendue et la variété de ses connaissances que par l'aménité de son caractère.

Ma liaison avec le savant Chardon de La Rochette, et M. Parison, son élève et son ami, ne m'a pas été moins avantageuse.

J'ai pu entretenir les personnes que je viens de citer, d'ouvrages relatifs à la religion, aux belles-lettres, à l'histoire, aux antiquités, etc., mais aucune d'elles n'avait été à même de puiser à la source les renseignements qui m'étaient nécessaires sur les *ouvrages* dits *philosophiques*, publiés en si grand nombre dans la dernière moitié du siècle qui vient de s'écouler. J'ai obtenu ces renseignements de l'homme de lettres distingué qui était le plus en état de me les fournir. Que M. Naigeon reçoive donc ici mes remercîments pour la complaisance avec laquelle il m'a donné tous les détails que je pouvais désirer, concernant des productions qui feront époque dans l'histoire littéraire du genre humain (1). Je le cite souvent dans mon dictionnaire, ainsi que son ami le baron d'Holbach, très-connu par sa bienfaisance, ses lumières en minéralogie et son goût pour les arts. On sera étonné de la multitude d'ouvrages philosophiques composés par ce dernier.

J'ai également profité de mes relations avec M. Grégoire, ancien évêque de Blois ;

(1) M. Naigeon est mort le 28 février 1810 ; il a emporté dans la tombe la réputation de l'amateur de livres le plus délicat et le plus exercé de ces derniers temps. Les relations que j'ai eues avec lui m'ont fait faire la connaissance de son frère, dit le jeune, qui lui a survécu quelques années. Celui-ci m'a avoué qu'il avait copié presque tous les ouvrages philosophiques du baron d'Holbach, pour les envoyer à l'imprimeur d'Amsterdam, Marc-Michel Rey. Dans une longue note écrite de sa main, en tête de son exemplaire du « Système de la nature », il raconte de la manière suivante comment cette mission lui a été confiée. Je n'ai pas besoin de dire que je n'approuve ni le fond ni la forme de son récit.

« Quoique son écriture (du baron d'Holbach) fût bonne, très-nette et très-lisible, qu'il fît peu de ratures, et que ses renvois fussent très-exacts, ne voulant point la faire connaître, il s'est confié à un de ses plus intimes amis, celui de tous peut-être dont les opinions étaient les plus conformes aux siennes, celui de tous aussi qui avait le plus de caractère, le plus de courage, le plus de zèle et le plus de talent pour l'aider dans ses projets, lui corriger même le style, et le relever de ses fausses idées, parce que sa tête, quelque froide et bien organisée qu'elle fût, était parfois si fatiguée, qu'il ne s'apercevait pas ou de ses contre-sens, ou de ses contradictions, ou même de certaines bévues parfois dignes d'un enfant.

» Il s'est confié, dis-je, à cet ami, et l'a prié de lui chercher un homme qui fût aussi sûr qu'eux deux, qui ne fût pas un ignorant, qui fût même *athée*, qui eût une écriture nette, correcte et extrêmement lisible, et qui eût le temps de copier ses manuscrits sans interruption et sans en faire copier une seule ligne à personne.

« Or cet ami est M. Naigeon, mon frère, dont le nom est fort connu dans la république des lettres, auteur des articles « Richesse » et « Unitaires » dans la première « Encyclopédie », auteur presque en totalité, tant il y a fait de corrections, de la belle traduction de « Lucrèce » publiée par M. La Grange son ami, auteur aussi de presque toutes les remarques ; auteur de la préface qui est en tête de la traduction des « Œuvres de Sénèque le philosophe », publiée aussi sous le nom de M. La Grange ; auteur de la « Morale d'Epictète », de Sénèque, publiée pour l'éducation de M. le Dauphin ; enfin auteur du « Dictionnaire de la philosophie ancienne et moderne », faisant partie de l'« Encyclopédie méthodique », dont il paraît un demi-volume depuis trois mois (en 1791).

« Et cet homme tant désiré, demandé par l'auteur du « Système de la Nature » à mon frère, est MOI-MÊME ; ce que cet auteur n'a jamais su. J'étais alors contrôleur des vivres à Sedan. Comme j'avais la permission d'aller tous les ans passer six mois, soit l'été, soit l'hiver, à Paris, où je suis né et où demeurait toute ma famille, lorsque j'y étais, je copiais les manuscrits qui étaient ou achevés ou en train ; quand je n'y étais pas, mon frère me les faisait passer à Sedan par la poste, au moyen de son ami Bron, qui était taxateur et en même temps inspecteur général du bureau du départ.

» Mon emploi ne me donnait rien à faire : étant né travailleur, aimant et cultivant aussi, en raison de mon intelligence, les belles-lettres et la philosophie, attachant un prix infini à la confiance de mon frère, et extrêmement curieux de lire, de copier ces sortes d'ouvrages, j'y travaillais avec un zèle et une exactitude incroyables. Quand j'avais le manuscrit entier, j'en faisais un paquet couvert en double toile cirée ; je l'adressais à Liége, à madame Loncin, correspondante de Marc-Michel Rey, auquel elle le faisait passer ; quand le manuscrit n'était pas complet, ou que mon frère le croyait susceptible d'être relu et corrigé encore par lui, je lui faisais passer et minute et copie sous le couvert de l'intendant général des postes ou d'un administrateur, pour le remettre à Bron, et celui-ci à mon frère, qui réunissait tout le manuscrit corrigé, et l'envoyait à madame Loncin, ou à Rey même, par la diligence ou par des voyageurs. »

Cette note est suivie d'une liste d'ouvrages philosophiques, parmi lesquels on distingue ceux du baron d'Holbach. M. Naigeon le jeune y a joint des observations qui s'accordent parfaitement avec les renseignemens que son frère m'a donnés verbalement quinze ans après. N. N.

M. Brial, l'un des auteurs et le continuateur du « Recueil des historiens de France » ; M. Marron, président du Consistoire de l'Eglise réformée de Paris ; M. Sautreau de Marsy, l'un de nos plus estimables littérateurs ; M. Auger, auteur de l'éloge couronné de Boileau ; M. Després, secrétaire des commandements de S. M. le roi de Hollande ; le général de Grimoard, qui m'a communiqué plusieurs articles importants sur l'histoire et sur l'art militaire ; M. Grouvelle, ex-ambassadeur ; M. Demange, l'un des habiles correcteurs attachés à l'imprimerie du gouvernement, etc., etc.

Je n'ai pas de moindres obligations à M. By, officier de santé très-versé dans l'histoire littéraire de la médecine, à M. Boulliot, ancien professeur de l'ordre de Prémontré, qui est sur le point de livrer à l'impression une « Histoire littéraire du département des Ardennes » (1) ; enfin à M. Boulard, notaire, dont le nom se trouve lié à toutes les entreprises utiles aux lettres, à l'humanité et aux mœurs, qui peuvent avoir lieu dans la capitale.

Depuis longtemps les gens de lettres ont à se louer de leurs liaisons intimes avec des libraires de Paris renommés par leur habileté dans cette profession. Je jouis de cet avantage, et je puis citer ici M. Barrois l'aîné, dans la société duquel j'ai beaucoup profité depuis vingt ans ; son amitié me sera toujours chère (2).

Je connais aussi depuis longtemps M. Bleuet fils aîné (3). Les Catalogues qu'il a publiés m'ont beaucoup aidé dans mes recherches. M. Solvet, libraire, m'a communiqué beaucoup d'articles, surtout pour les trente dernières années. J'ai des obligations du même genre à MM. Colnet et Brunet fils.

Je prie MM. Lottin le jeune, Costard et Musier, anciens libraires, connus par leurs lumières, d'accepter mes remercîments pour les notes qu'ils ont bien voulu me procurer.

Ma correspondance avec plusieurs savants de nos départements m'a été également utile. Je citerai entre autres M. Leschevin, commissaire des poudres et salpêtres, à Dijon ; M. Midi de Bosgueroult, amateur de livres, à Rouen ; M. J.-B. Dubois, receveur des droits réunis, à Moulins ; M. Huvier des Fontenelles, ex-oratorien, domicilié à Coulommiers.

Je n'ajouterai rien à la réputation dont jouissent mes confrères de Paris, surtout MM. Van Praet et Capperonnier, en citant la complaisance avec laquelle ils m'ont procuré les renseignements que j'ai eu à leur demander.

Plusieurs de mes confrères dans les départements m'ont fait part de leurs lumières ; tels sont M. Achard, bibliothécaire de la ville de Marseille, principal auteur du « Dictionnaire des hommes illustres de la Provence », *Marseille*, 1787, 2 vol. in-4 ; M. Peignot, bibliothécaire à Vesoul, avantageusement connu par son « Dictionnaire raisonné de la bibliologie » ; M. Moysant, bibliothécaire de la ville de Caen, auteur de plusieurs ouvrages estimés, entre autres d'une « Bibliothèque portative des écrivains français, ou Choix des meilleurs morceaux extraits de leurs ouvrages », *Londres*, 1800, 3 vol. in-8. Enfin, j'ai mis à profit, pour l'accroissement de mes connaissances bibliographiques, jusqu'à mes promenades (1).

(1) + Cet ouvrage a paru sous ce titre : « Biographie ardennaise, ou Histoire des Ardennais qui se sont fait remarquer par leurs écrits, leurs actions, leurs vertus et leurs erreurs ». *Paris, Ledoyen*, 1821, 2 vol. in-8.

(2) J'ai aujourd'hui la satisfaction de le voir chargé de l'impression et de la vente de la nouvelle édition de cet ouvrage. M. Barrois a pris la peine de lire mon manuscrit avec une attention qui m'a valu de sa part de nombreuses améliorations. Les épreuves de l'ouvrage sont corrigées par lui et par messieurs ses fils avec tant de soin, que je puis affirmer que la seconde édition surpassera de beaucoup la première pour l'exactitude. N. N.

(3) « Supercheries littéraires », I, 63. Note. Quérard affirme que mon père ne cite pas Bleuet. Voy. ma note. *Ibid.* Préface, page VIII. Ol. B — r.

(1) La mort a moissonné seize des personnes mentionnées dans ce paragraphe, savoir MM. Achard, Adry, By, Capperonnier, Chardon de La Rochette, Costard, Dubois, de Grimoard, Grouvelle, Leschevin, Lottin le jeune, Midi de Bosgueroult, Moysant, Musier, Naigeon, Sautreau de Marsy.

La publication des deux premiers volumes de ce Dictionnaire, faite en 1806, augmenta le nombre des personnes qui me communiquaient d'utiles renseignemens. Je me suis fait un devoir de leur témoigner ma reconnaissance en 1809, lorsque je mis au jour les tomes III et IV de mon ouvrage.

On distinguait parmi ces personnes MM. Amanton, ancien avocat, maire de la ville d'Auxonne, aujourd'hui membre du conseil général du département de la Côte-d'Or, et rédacteur de l'intéressant « Journal de Dijon et de la Côte-d'Or » ; Beuchot, homme de lettres très-zélé pour les recherches bibliographiques, et qui depuis s'est mis au rang de nos meilleurs bibliographes par les soins qu'il donne au « Journal général de la librairie », par les articles qu'il fournit à la « Biographie universelle », par l'édition des « Œuvres de Voltaire » que de malheureuses circonstances l'ont forcé d'interrompre, et par celle du « Dictionnaire historique et critique de Bayle », qui joint à l'avan-

§ IX. *Améliorations dont ce Dictionnaire est susceptible.*

Malgré l'étendue de mes recherches et l'abondance des secours que j'ai reçus, je crains encore que cet ouvrage ne paraisse rempli d'imperfections et d'omissions. Les personnes qui s'intéressent au perfection-

---

tage d'un format plus commode à manier celui de renfermer d'utiles additions ; Boissonade, helléniste distingué, membre de l'Institut de France, un des savants les plus laborieux de l'époque actuelle ; Bourgeat, étudiant en droit, qu'une mort prématurée a enlevé aux lettres ; Hugues-Félicité Buirette, professeur au collége de Sainte-Menehould ; Le Brun jeune, de Caen ; Coquebert de Taisy, amateur de livres, à Reims, depuis collaborateur de la « Biographie universelle », mort en 1815 ; Fayolle, hommes de lettres ; de Foucault, aujourd'hui chambellan de S. M. l'empereur d'Autriche ; Baudouin de Guémadeuc, ancien maître des requêtes, mort dans ces derniers temps ; Haillet de Couronne, ancien secrétaire perpétuel de l'académie de Caen, mort à Paris en 1810 ; Hammer, professeur d'histoire naturelle à Strasbourg ; Louis-Théodore Hérissant, ancien chargé d'affaires à la diète générale de l'empire d'Allemagne, mort en 1811 ; Hérisson, avocat à Chartres ; Langlès, membre de l'Institut ; Leblond, conservateur honoraire de la Bibliothèque Mazarine, mort en 1809 ; Millin, membre de l'Institut, mort en 1818 ; Morelli, garde de la Bibliothèque de Saint-Marc, à Venise, mort en 1819 ; Renaud, libraire à Montpellier ; Rouvière, employé au cabinet des estampes de la Bibliothèque du roi, mort en 1812 ; J.-B. Say, ancien collaborateur à la « Décade philosophique » ; Septier, bibliothécaire à Orléans ; Tarbé, imprimeur-libraire à Sens ; Charles Weiss, bibliothécaire de Besançon, l'un des plus féconds et des plus habiles collaborateurs de la « Bibliographie universelle » ; Villars, professeur de botanique à Strasbourg, mort en 1814.

Je conserve à peu près les mêmes relations depuis treize ans ; mais j'ai acquis de nouveaux correspondans, dont je dois consigner ici les noms pour les mêmes motifs d'estime et de reconnaissance.

Le plus remarquable est M. Chaudon, auteur du « Nouveau dictionnaire historique », dit de Caen ou de Lyon, mort en 1817. Ses lettres renferment une multitude de détails aussi neufs que curieux ; j'en ai cité beaucoup de passages dans ma nouvelle édition. Si l'on trouve encore dans son « Dictionnaire historique » tant de méprises et tant d'erreurs, cela prouve : 1° que M. Chaudon n'a pas commencé d'assez bonne heure à étudier l'histoire littéraire ; 2° qu'un homme seul ne peut avoir l'universalité des connaissances nécessaires pour la composition d'un semblable ouvrage. Il faut néanmoins convenir qu'avec des corrections et des additions, le Dictionnaire de M. Chaudon tiendra toujours un rang distingué parmi les ouvrages de ce genre. On trouvera difficilement plus de justesse, de modération et d'impartialité dans les récits et dans les opinions.

M. Le Bailly, un de nos plus ingénieux fabulistes, m'a communiqué plusieurs articles fort piquans.

Mon neveu continue à me seconder dans mes recherches littéraires ; l'étude particulière de la littérature anglaise, à laquelle il se livre, l'a mis à même de me communiquer des articles remarquables. Je reçois aussi de temps en temps les agréables tributs de mon fils aîné, que les bontés du gouvernement ont associé à mes travaux depuis plusieurs années.

M. Boulliot, en continuant ses recherches sur l'histoire littéraire du département des Ardennes, s'est spécialement occupé de tout ce qui pouvait compléter mon Dictionnaire. J'ai choisi dans les nombreux matériaux qu'il m'a remis, et il sera souvent cité dans ma nouvelle édition.

M. Deville, mon camarade d'études, ci-devant secrétaire du général Armstrong, ambassadeur des Etats-Unis d'Amérique, à Paris, M. Deville, dis-je, possède un cabinet de livres très-bien composé. Il m'a procuré la satisfaction de vérifier beaucoup d'articles sur les ouvrages même et de comparer entre elles plusieurs éditions.

Un jeune officier, M. Doisy, capitaine au régiment d'artillerie à pied de la garde royale, s'occupe depuis plusieurs années d'une bibliographie de l'artillerie et du génie. Je lui dois des observations utiles sur d'anciens articles de mon Dictionnaire, et quelques articles nouveaux.

M. Louis Dubois, ancien bibliothécaire de l'Orne, a fait preuve de connaissances très-variées par les ouvrages dont il est auteur ou éditeur, et par les nombreux articles qu'il a fournis au « Magasin encyclopédique ». J'ai reçu de lui une assez longue liste d'ouvrages anonymes, et j'y ai choisi une quarantaine d'articles.

J'ai reçu plusieurs notices littéraires fort curieuses de M. Hubaud, membre des académies de Marseille et de Dijon, connu par l'« Essai d'un complément au Nouveau dictionnaire portatif de bibliographie » de M. F.-I. Fournier (1810), in-8 de 230 pages, et par des « Observations bibliographiques » sur la première et la seconde édition du « Manuel » de M. Brunet. Il a dû trouver de grandes améliorations dans la troisième édition de ce dernier ouvrage.

MM. Abel et Victor Hugo, jeunes littérateurs distingués par leurs talens, me font de fréquentes visites à la bibliothèque des galeries du Louvre ; ils m'ont donné sur les ouvrages anonymes plusieurs renseignemens dont j'ai profité avec plaisir.

M. Justin Lamoureux, avocat à Nancy, a pris un intérêt si vif à mes recherches, qu'il m'a envoyé de nombreuses remarques sur la première édition de mon ouvrage, et des additions plus considérables encore pour la nouvelle édition dont je m'occupais depuis si longtemps. J'ai distingué dans ce travail tout ce qui concerne la Lorraine, que M. Justin Lamoureux connaît très-bien, ainsi qu'on peut en juger par son « Mémoire pour servir à l'histoire littéraire du département de la Meurthe, ou Tableau statistique du progrès des sciences, des lettres et des arts dans ce département, depuis 1789 jusqu'en 1803. » *Nancy, Vigneulle*, 1803, in-8 de 124 pages.

M. Miger, homme de lettres fort laborieux, m'a communiqué plusieurs articles remarquables.

J'ai reçu plusieurs articles de M. Pillet, chef du bureau de la « Biographie universelle ». Je dois à ce même bibliographe la communication des recherches de l'abbé Saas et de M. Haillet de Couronne sur les écrivains anonymes et pseudonymes : ces manuscrits de deux hommes connus par leur érudition m'ont été de quelque utilité.

nement de l'histoire littéraire, m'obligeront beaucoup si elles veulent bien me faire connaître les unes et les autres ; je profiterai de leurs observations et leur témoignerai la même reconnaissance dont ceux qui m'ont aidé de leurs lumières trouvent ici le témoignage.

Quelque commode que soit l'ordre alphabétique suivi dans ce Dictionnaire, les savants pourraient regretter de ne pas voir d'un coup d'œil les principaux ouvrages anonymes relatifs à telle ou telle science, et les gens du monde, de ne pas avoir la facilité de connaître les ouvrages anonymes à l'aide du nom de leurs auteurs ; c'est pour satisfaire les uns et les autres que je publierai un troisième et dernier volume (1), contenant 1° le catalogue des ouvrages anonymes et pseudonymes rangés par ordre de matières (2) ; 2° la table des faux noms, mis en regard des vrais noms, avec le premier mot du titre de chaque ouvrage pseudonyme, et le renvoi au numéro du Dictionnaire où ce titre sera détaillé ; 3° la table des auteurs anonymes mentionnés dans le Dictionnaire, avec un renvoi à celle des pseudonymes, lorsqu'il y aura lieu.

M. Pluquet, ci-devant pharmacien à Bayeux, depuis libraire à Paris, et disposé aujourd'hui à reprendre son ancien état, a acquis la connaissance de beaucoup de livres rares et curieux. Les amateurs doivent regretter qu'il quitte le commerce de la librairie ; mais on peut croire qu'il continuera les recherches qu'il a commencées sur les hommes célèbres de la Normandie. Neveu de l'estimable abbé Pluquet, il doit avoir à cœur de montrer qu'il ne porte pas ce nom en vain. Je lui dois beaucoup d'articles, dont plusieurs méritent de fixer l'attention.

M. Psaume, ancien avocat à Nancy, connu par plusieurs ouvrages, est fort au courant de l'histoire littéraire du pays qu'il habite. Je dois à ce jurisconsulte instruit des notes étendues, dont je ferai usage soit dans la nouvelle édition de ce Dictionnaire, soit dans le second volume de mon « Examen critique des dictionnaires historiques. »

M. Le Rouge, amateur de livres, à Paris, se donne beaucoup de peine pour recueillir des ouvrages curieux dans tous les genres ; il m'a communiqué plusieurs notes d'un intérêt réel. N. N.

(1) + Ce projet qui s'appliquait à la 1re édition de ce Dictionnaire n'a pas été réalisé.

(2) Ce catalogue formerait un ouvrage utile, mais si volumineux que son exécution ne pourrait avoir lieu que par la voie d'une souscription. J'offrirai peut-être les mêmes résultats aux amateurs, mais d'une manière plus économique. N. N.

Ces tables seront bien plus utiles que la *liste* de Baillet, qui ne fait connaître ni le titre des ouvrages, ni l'année de leur impression, ni leur format.

Je placerai en tête de ce volume mille à douze cents anonymes et pseudonymes latins ; il sera mis incessamment sous presse (1).

Les personnes qui possèdent le « Catalogue des livres de la bibliothèque du Conseil-d'Etat », en 2 vol. in-fol., et celui des « livres de la bibliothèque de S. E. M. le comte de Boutourlin », *Paris*, *Pougens*, an XIII-1805, in-8, ouvrages dans lesquels j'ai indiqué beaucoup d'anonymes et de pseudonymes, sont invitées à préférer aux indications qui y sont contenues, celles qui se trouveront dans mon Dictionnaire, toutes les fois qu'il y aura de la différence entre elles, les dernières ayant été données d'après les renseignements qui m'ont semblé les plus certains.

J'ai placé à la fin du premier volume des *corrections et additions ;* j'invite les lecteurs à les consulter avant de prononcer sur les articles du Dictionnaire qui leur paraîtraient inexacts. Ces fautes paraîtront peu importantes et peu nombreuses, si on veut bien penser aux difficultés que présentaient un ouvrage de cette nature. Les soins donnés à son exécution par les propriétaires de l'Imprimerie bibliographique (2) méritent ma reconnaissance autant que le désintéressement dont ils ont fait preuve, en se chargeant, dans des circonstances difficiles, de l'impression d'un ouvrage dont rien ne leur garantissait le succès.

La longueur des deux suppléments contenus dans la première édition de ce Dictionnaire, occasionnait aux amateurs des recherches pénibles et fastidieuses ; je les ai réunis au corps de l'ouvrage dans ma nouvelle édition : cependant je n'ai pu éviter de donner encore quelques articles additionnels à la fin de chaque volume (3).

(1) Ce volume a paru en 1809, mais accompagné d'un quatrième contenant la table des pseudonymes et la table générale des auteurs. N. N.

(2) Etablie rue Gît-le-Cœur, par MM. Hugot et Doublet.

(3) Ces suppléments particuliers avaient été refondus en un se[illegible] du tome IV de la 2e édition.

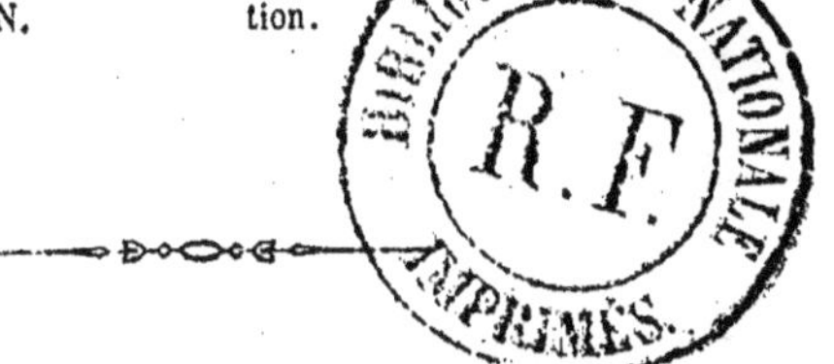

DICTIONNAIRE

OUVRAGES ANONYMES

DICTIONNAIRE

DES

OUVRAGES ANONYMES

A

A B C d'un soldat, et remarques sur le gouvernement et la défense des places. (Par DE GAYA.) *La Haye*, 1691, in-12. a

A B C français. Instruction du jeune âge. (Par Alexandre OLIVIER.) *Le Mans, Fleuriot*, 1817, in-12.

A B C royal, ou l'Art d'apprendre à lire sans épeler les voyelles ni les consonnes. (Par l'abbé BOUCHOT.) *Paris, Mérigot*, 1759, 1761, in-12. b

A (l') banni du françois et le passe-partout des Pères Jésuites. (Par César DE PLAIX.) 1607, in-8.

Même ouvrage que le « Passe-partout des Pères Jésuites ».

A bas la cabale! (Par Mme DE RENNEVILLE.) *Paris, Blanchard*, 1814, in-8.

A bas le quartier latin! A propos de toutes les brochures. (Par Léon GRENIER.) *Paris, Marpon*, 1860, in-32. c

A bas les hommes! Par une femme éclaboussée. (Par G. DE CHARNAL.) *Paris, Marpon*, 1860, in-32.

Voy. « Supercheries », II, 29, c.

A bas les masques! (Par GRISCELLI, baron de RIMINI.) *Bruxelles*.

On trouve sur l'auteur les renseignements biographico-littéraires suivants dans le volume intitulé : « Mémoires de Griscelli, agent secret de Napoléon III (1850-58), de Cavour (1859-61), d'Antonelli (1861-62), de François II (1862-64), de l'empereur d'Autriche (1864-67) » ; par l'auteur des « Révélations » et « A bas les Masques ». *Bruxelles, Genève*, 1857, in-16.

« ... Je partis pour la Suisse, où j'écrivis une « Lettre à lord Palmerston », que M. Wyss, de Berne, imprima, et une autre « Lettre à Victor-Emmanuel », que je fis imprimer à Fribourg. Ces deux lettres font partie d'un pamphlet que j'ai publié à Bruxelles, et qui a pour titre : « A bas les masques! ».

M. Jacques-François GRISCELLI, né à Vezzani (Corse), dit avoir été créé baron de Rimini par le roi des Deux-Siciles, alors à Rome.

Ses « Mémoires ont eu une seconde édition, *Bruxelles, Vanderauwera* (1871), in-18, dans l'avant-propos de laquelle, signé J., on dit que Griscelli a été condamné par défaut, au tribunal de première instance de Bruxelles, pour port illégal du titre de baron de Rimini.

A bas les masques! ou Réplique amicale à quelques journalistes déguisés en lettres de l'alphabet. Suite de quelques réflexions d'un homme du monde sur les spectacles, la musique, le jeu et le duel.

(Par le comte FORTIA DE PILES.) *Paris, Porthmann*, 1812, in-8.

Voy. « Supercheries », II, 301, *b*.

A bas Rigolboche ! Sans portrait ni vignette. (Juin 1860.) — *Paris, chez tous les libraires*, 1860, in-16.

Par MM. G. DE CHARNAL et MOREAU DE BAUVIÈRE, d'après un article de « l'Europe artiste », du 29 juillet 1860.

A Bonaparte. (Satire en vers, par DE COETLOURY.) *Londres*, 1803, in-4.

A Bonaparte. (Par le marquis DE SY.) *Londres*, 1803, in-8, 19 p.

Pièce de vers contre Bonaparte, les archevêques de Cucé et Cicé, etc.

A Bonaparte. Ode sur l'évènement de la machine infernale et la publication de la paix ; suivie des sentiments d'un étranger arrivant à Paris, après la publication de la paix. Par L. B. (BINET). *S. l. n. d.*, in-8, 8 p.

Voy. « Supercheries »; II, 692, *a*.

A François-Charles-Joseph-Napoléon, né au château des Tuileries, le 20 mars 1811. (Par Ferdinand FLOCON.) *Paris*, 1821, in-8.

L'auteur, traduit en cour d'assises, fut acquitté le 9 octobre 1821. « Bibliographie de la France », 1821, p. 579.

A L.-A. Berthaud, auteur d'Asmodée, par C. B. (Claudius BILLIET). *Lyon, imp. de Perret*, 1832, in-8, 8 p.

Voy. « Supercheries », I, 666, *b*.

A l'Assemblée nationale. Messieurs, je viens vous dénoncer des fonctionnaires publics coupables envers la loi... — *Paris, imp. de Ve Hérissant, s. d.*, in-8.

L'exemplaire de la Bibliothèque nationale est signé à la main : LA CORNÉE.

A l'Assemblée nationale. Sur la nécessité de transférer l'administration des Beaux-Arts du ministère de l'Intérieur à celui de l'Instruction publique. *Imp. de Mme Lacombe, rue d'Enghien, s. d.*, in-8, 4 p.

Signé : PH. DE CH. (PH. DE CHENNEVIÈRES-POINTEL).

A l'auteur de la correspondance entre M. le chancelier et M. de Sorhouet. (Par Jacques VERGÈS, avocat.) *S. l.* (1771), in-12, 11 p.

Voy. « Correspondance secrète et familière... »

A l'auteur du Paratonnerre littéraire. (Par Léopold DEVILLERS.) *Mons, Thiemann*, 1863, in-32, 11 p. J. D.

A l'ombre de Prascovia, comtesse de Schérémétoff, élégie. (Par Alexandre PINEU-DUVAL.) *Paris, P. Didot aîné*, 1804, gr. in-8.

L'édition presque entière de cette élégie ayant été envoyée en Russie, à M. le comte de Schérémétoff, qui en avait fait les frais, cet opuscule est devenu très-rare. D. M.

A l'opinion publique, à la justice. Guerre aux fripons. Chronique secrète de la Bourse et des chemins de fer. Par l'auteur de « Feu Timon » (Georges-Marie MATHIEU-DAIRNVAELL). *Paris*, 1846, in-18.

A la billebaude, par le maître d'équipage (le comte D'OSMOND). *Paris, Hachette*, 1867, in-18.

Voy. « Supercheries », II, 1032, *d*.

A la bourgeoisie. (Par le vicomte Paul DE JOUVENCEL, réfugié français.) *Bruxelles, Taride*, 1854, in-32, VII-140 p. J. D.

A la chambre des pairs. Honneur, devoir, intérêt. (Par le marquis DE LA GERVAISAIS.) *Paris, Pihan-Delaforest*, 1831, in-8, 32 p.

A la chambre des pairs. Memorandum. (Par le marquis DE LA GERVAISAIS.) *Paris, Pihan-Delaforest*, 1831, in-8, 19 p.

A la chambre des pairs. Passé. Avenir. (Par le marquis DE LA GERVAISAIS.) *Paris, Pihan-Delaforest*, 1831, in-8, 28 p.

A la chambre des pairs. Patrie, pairie. (Par le marquis DE LA GERVAISAIS.) *Paris, Pihan-Delaforest*, 1831, in-8, 28 p.

A la chambre. Du projet de réduction des rentes. (Par le marquis DE LA GERVAISAIS. (*Paris, Pihan-Delaforest*, 1836, in-8, 13 p.

A la chambre et à la cour des pairs. Remontrance très-humble sur quelques erreurs pour les éviter à l'avenir. (Par J.-B. SELVES.) *Paris*, 1822, in-8.

A la France, sur le dernier genre de guerre dont elle est menacée, et sur les moyens de la soutenir. (Par P. THIEBAULT.) *Paris, Renard*, 1815, in-8.

A la France. Trentième anniversaire des journées de septembre. (Par Ad. MATHIEU.) *Bruxelles*, 1860; in-8, 10 p. J. D.

A la louange du transport de la dévote maison de Nostre-Dame-de-Lorette. (Stances, par Nicolas SANSON, d'Abbeville.) *Rouen, P. Maille*, 1655, pet. in-4.

A la mémoire auguste de feu monseigneur le Dauphin, père du roi. *S. l.*, (1788), in-8, 22 p.

Par Cerutti, suivant une note mss sur l'exemplaire de la Bibliothèque nationale.

A la mémoire de l'empereur Alexandre. (Par le comte Serge Ouvarof.) *Saint-Pétersbourg, imp. d'Alex. Pluchart*, 1826, in-4, 16 p. A. L.

A la mémoire de l'impératrice Elisabeth. (Par le comte S. Ouvarof.) *Saint-Pétersbourg, imp. d'Alex.-Pluchart*, 1826, in-4, 12 p. A. L.

A la mémoire de l'impératrice Marie. (Par le comte S. Ouvarof.) *Saint-Pétersbourg, imp. de l'Acad. des sc.*, 1829, in-4, 11 p. A. L.

A la mémoire de Mme G (Geoffrin). (Par Antoine-Léonard Thomas.) *Paris, Moutard*, 1777, in-8.

A la Mémoire de messire Claude Le Roux, chevalier, baron d'Acquigny. *S. l. n. d.*, in-4.

Par M. Bulteau de Preville, frère du curé de Saint-Laurent de Rouen, d'après une note mss sur l'exemplaire de la Bibliothèque nationale.

A la Mémoire du très-digne et très-révérend M. Van Bomberghem, archiprêtre de la ville d'Anvers, mort le 6 août 1824; par un ami de la vertu (L. Bogaerts). *Anvers*, 1824, in-8. J. D.

Voy. « Supercheries », I, 305, *a*.

A la Nation française. (Par J. Chas.) *Paris, imp. de B. Duchesne*, an XIII, in-8, 86 p.

Réimprimé avec le nom de l'auteur, sous ce titre : « Coup d'œil d'un ami de sa patrie sur les grandes actions de l'empereur Napoléon... » *Paris, Brochot père*, an XIII-1804, in-8, deux. édit.

A la nation française, sur les vices de son gouvernement, sur la nécessité d'établir une constitution, et sur la composition des états-généraux. (Par Rabaut-Saint-Etienne.) Juin 1788, in-8. — Autre édit. novembre 1788. — Autre édit. *Paris, Vollant*, 1789, in-8.

A la Nation, poëme. (Par Baculard d'Arnaud.) *Paris*, 1762, in-4.

A l'occasion des jours gras. Février 1868. (Par le marquis de Chennevières-Pointel.) *Alençon, De Broise*, 1868, in 8, 15 p.

Spirituelle fantaisie à propos des banquets de comices agricoles, signée à la p. 15 : Un Bourgeois de Bellême. M. Gustave Le Vavasseur, ami de l'auteur, y répondit par une brochure, prose et vers, « Banquet de comice, lettre au Journal d'Alençon ».

L'un et l'autre opuscule, publiés d'abord dans le « Journal d'Alençon », ont été tirés à part à très-petit nombre d'exempl.

A ma Belle-mère. *A Dampierre*, 1797, in-8.

Imp. par Mme de Luynes, née Montmorency.

A ma Nièce, qui copiait une Madone de Saint Mathieu. (Par le vicomte J.-F. de La Rochefoucauld.) *Sens, Tarbé*, in-12, 16 p. et dans le recueil intitulé « Ramassis. »

Voy. ce mot.

A Mlle ...., élégie. (Par Mlle Elisa Morin). *Nantes, s. d.* (novembre 1849), in-12.

A Me Jacques Vergès et aux donneurs d'avis. (Par Pidansat de Mairobert.) *S. l.*, (1771,) in-12, 30 p.

Voy. « Correspondance secrète et familière... »

A Marie, pour le jour où elle viendra à la maison. (Par Emile Delaunay.) *Paris, imp. Paul Dupont*, 1858, in-4.

Tiré à un seul exemplaire. Pièce de vers adressée par l'auteur à sa fiancée.

A mesdemoiselles TA*n*G*o*L*b*I*l*O*e*N*t*I, (Taglioni, Noblet,) excuse pour une prétendue offense, ou plutôt à cause d'un moment de déplaisir à elles involontairement causé. Hommage. In-8, v-40 p.

On lit au verso de la dernière page : 1833-34, *Paris. impr. d'Everat*. L'avant-propos est signé : E. R. Ces deux initiales signifient Ernest Ramy, ainsi que me l'a confié l'auteur de cet opuscule, F.-M. Foisy, né à Paris, le 28 août 1808, alors employé à la Bibliothèque royale. C'est donc bien à tort que Quérard attribue cet écrit à Eugène Robin, de Bruxelles. (Voy. « France littér., » XII, 560.)

A Messieurs A. de Lamartine et C. Delavigne, sur leur liaison. *Paris*, 1824, in-8.

En vers. Signé : B. B. de S. G. (Bauderon de Saint-Geniès).

A Messieurs de l'Assemblée des Trois-Etats, à Alençon. (*Alençon*), *S. d.*, in-8, 15 p.

Cette brochure, parfois attribuée à Dufriche-Valazé, le girondin, est en réalité de Charpentier, avocat à Alençon.

A Messieurs les députés des départements. *Paris*, août 1814, in-8.

Lettre sur la liberté de la presse, signée : G. (P.-A. Garros). Voy. « Supercheries », II, 113, *f*.

A Messieurs les députés aux Etats-généraux. *S. l.*, (1790,) in-8.

Félicitations sur la vente des biens du clergé. — Signé : D. F., A. et N. (Des Farges, avocat et notaire), d'après une note mss sur l'exemplaire de la Bibliothèque nationale.

A Messieurs les électeurs de 1816. (Par M. de Saint-Simon.) *Paris, Patris*, 21 sept. 1816, in-8, 5 p.

A Messieurs les membres de la commission chargée de l'examen préparatoire du projet de loi sur la propriété littéraire, les fabricants de bronze de Paris. (Par AYLIES.) *Paris*, 1826, in-4.

A Messieurs les membres de la Société de l'Histoire de France. (Par Marc-René DE VOYER, marquis D'ARGENSON, mort en 1862.) *Paris, imp. Dubuisson, s. d.*, in-16, 8 p.

Au sujet de la publication du « Journal et Mémoires de René-Louis d'Argenson ».

A Messieurs les Parisiens... Voy. « Recueil des facéties parisiennes ».

A Messieurs les président et membres de la Chambre des députés; mémoire tendant à obtenir que le roi soit supplié d'ordonner : 1° qu'une allégorie, exprimée aux bas-reliefs des monuments nationaux qui vont être érigés à Louis XVI et à Marie-Antoinette, reproduise à tous les yeux l'acte de dévouement par lequel des sujets de l'un et de l'autre sexe se sont, en 1791, offerts en otage, les hommes pour le roi, les dames pour la reine; 2° que les noms de ces fidèles et dévoués sujets soient inscrits, dans l'ordre chronologique de leurs soumissions respectives, sur les monuments dont il s'agit, savoir, les noms des hommes au pied du monument à Louis XVI, et les noms des dames au pied du monument à Marie-Antoinette. (Par le comte A.-P. D'ANTIBES.) *Paris, imp. Egron*, 1816, in-4, 8 p.

A Messieurs les président, vice-président et membres de la Chambre des députés. (Par M. le marquis DE CHATEAUGIRON.) *Paris*, 1829, in-4.

A Molière. (Par E. DE MANNE.) (*Paris*, 1844), in-8.

A mon fils, au moment de ses débuts dans la carrière théâtrale. Par M. D*** (Jean-François DUBROCA). *Paris, Delaunay*, 1823, in-8, 152 p.

L'Avertissement de l'éditeur est signé Alexandre ROY. Voy. « Supercheries », I, 840, c.

A Monseigneur l'archevêque de Paris, au sujet de sa dernière ordonnance. *S. l. n. d.*, in-12.

Attribué à Jacques-Joseph DUGUET, d'après le catalogue imprimé de la Bibliothèque du roi, de 1742.

A Monseigneur le chancelier. *De Chatelaine*, 7 juillet 1762, in-8, 2 p.

Lettre d'envoi des Pièces originales et de la Requête au roi en son conseil, signée Donat, Calas, rédigée par VOLTAIRE. (Ath. Coquerel, n° 17.)

A Monseigneur, sur son mariage. *S. l.*, (1680), in-4, 4 p.

Signé : P. C. (Pierre CORNEILLE). Avec vignette gravée en tête de la première page. Il y a des exempl. sans la vignette.

A Monsieur Bergasse, au sujet de ses réflexions sur l'acte constitutionnel. *S. l. n. d.*, in-8.

Signé : Par L. DE L., maire de la ville de V. (LUCAN DE LAROSERIE, maire de la ville de Vielmur).

A Monsieur de Vienne de Géraudot, sur l'entreprise de Crémone. (Stances, par ROGNIER, conseiller à Troyes.) *Troyes, Prévost, S. d.*, 1702, in-4.

A Monsieur de Voltaire, historiographe de France, par M. de *** (CIDEVILLE). *Paris, Prault*, 1745, in-4.

Voy. « Supercheries », III, 1042, b.

A Monsieur Félix Pyat, réponse du prince des critiques (Georges-Marie MATHIEU-DAIRNVAELL). *Paris, chez tous les marchands de nouveautés*, 1844, in-16, 15 p.

Voy. « Supercheries », III, 249, b.

A Monsieur G., auteur du feuilleton du « Publiciste, » du 2 décembre 1808. (Par M. JANSON.) *S. l.*, (1808), in-8, 8 p.

A. Monsieur Gustave Flaubert, sur la mort de notre ami Louis Bouilhet. (Par J. CLOGENSON.) *Rouen, Brière*, 1869, 2 p.

En vers, sans nom d'auteur. Quelques exemplaires portent le nom de l'auteur. L. D. L. S.

A Monsieur Jules Taschereau, directeur de la « Revue rétrospective », au sujet des dépenses de Louis XIV à Versailles, par l'auteur des « Recherches historiques » sur cette ville (ECKARD). *Versailles, Dufaure*, 1836, in-8.

Réponse à un document et à un article insérés dans les tomes II, 1re série, et VII, 2e série, de la « Revue rétrospective. »

A Monsieur le directeur de la « Gazette de France ». Les Merveilles de Tilly, source de toutes les autres. (Par A. MADROLLE.) *Paris, imp. de J.-B. Gros, (s. d.)*, in-8, 4 p.

Réimprimé, moins les quelques mots d'envoi, dans les « Supercheries littéraires » de Quérard, t. III, colonnes 156-159.

A Monsieur le directeur des « Annales de la littérature et des arts ». In-8.

Signé : Un de vos abonnés. Cette lettre, qui est du marquis DE FORTIA D'URBAN, est extraite de la 416e livraison du t. XXXII des « Annales ». Elle est relative à la femme de Molière, et répond à un article d'Hipp. de La Porte, inséré dans la 411e livrais. du même recueil. (Taschereau, 3e édit., p. 285.)

A Monsieur le Ministre de l'Instruction publique. (Par P. GUERRIER DE DUMAST.) *Nancy, imp. de Vagner*, (1850), in-fol.

a Pour la création à Nancy d'une faculté de droit et d'une faculté des lettres.

A Monsieur le Préfet de l'Orne. Rapport sur un projet de direction de la ligne de grande communication n° 28, comprise entre les Apres et Bonsmoulins. *Paris, imp. de Caubet*, 1842, in-8.

Par A. MONDELLURE, d'après une note manuscrite sur l'exemplaire de la Bibliothèque nationale.

b A Monsieur le rédacteur en chef de la « France méridionale ». (Par M. AUZAC, conseiller municipal, 14 nov. 1845.) *Toulouse, imp. de Ph. Montaubin*, in-4.

A Monsieur le rédacteur en chef du « Progrès », Paris, 31 janvier 1839. *Arras, G. Degeorge*, 1839, in-4.

Signé : E. D. (Edouard DEGOUVES-DENUNCQUES).

A Monsieur Lebrun, premier peintre du roy. Sonnet. (Par le P. Claude-François MENESTRIER.) *S. l. n. d.*, in-4.

c A M. Necker. Ode à l'occasion du compte-rendu à Sa Majesté. *S. l. n. d.*, in-8.

Signé : Le Recteur de Panamé (l'abbé P.-J. PICOT DE CLORIVIÈRE). Les permissions sont de 1781.

A Némésis, à l'occasion de sa Satire à M. Persil. Par O. D. M. de B. (O.-D. MICAUD, de Besançon). 20 janvier 1832 (en vers). *Paris, imp. de Félix Locquin*, 1832,

d in-8, 14 p.

Voy. « Supercheries », II, 1284, *a*.

A nos Amis. Extrait de la « Mode, » du 6 août 1848. *Paris, imp. d'A. René*, 1848, in-8, 4 p.

Signé : A. N. (Alfred NETTEMENT). Une autre édit. porte le nom de l'auteur.

e A Odilon Barrot, par Victor M*** (MAUVIÈRES, employé des postes). *Paris*, 1831, in-8, 16 p.

Voy. « Supercheries », II, 1017, *b*.

A Philippe. (Par le marquis DE LA GERVAISAIS.) *Paris, Pihan-Delaforest*, 1835, in-8, 19 p.

La distribution de cet écrit aux députés ayant été empêchée, l'auteur publia à ce sujet : « Mise à l'Index ». *Paris, Pihan-Delaforest*, 1835, in-8.

f A Philippe II. (Par le marquis DE LA GERVAISAIS.) *Paris, Pihan-Delaforest*, 1835, in-8, 24 p.

A présent on peut nous juger, ou Pièces relatives à des vers insérés dans « l'Almanach des Muses ». *Nancy*, 1779, in-12.

GINGUENÉ fit insérer dans « l'Almanach des Muses », de 1779, une pièce de vers intitulée : « Confession de Zulmé ». MÉRARD DE SAINT-JUST réclama, comme étant de sa composition, à quelques vers près, qu'on avait mal transcrits, cette pièce qu'il avait publiée dans les « Etrennes des Poëtes », en 1777, sous le titre : « A Madame de Sève ». Ce fait a donné lieu à une correspondance assez piquante entre les deux auteurs. Mérard de Saint-Just a fait imprimer à Nancy cette correspondance et les deux pièces de vers (Catal. Noël, de Nancy, n° 6399).

A propos d'Uccle. (Par Emile VANBECELAERE.) *Bruxelles*, 1862, in-18, 22 p. J. D.

A propos de Giboyer. Une vraie cocarde. Satire adressée aux lis noirs et à M. de Laprade, à propos de la « Chasse aux vaincus » et des attaques contre le « Fils de Giboyer », par *** — *** (Philippe BONNAUD). *Bruxelles, Lacroix, Verboeckhoven et Comp.*, 1863, in-8, 16 p. J. D.

A propos de l'Ecole des beaux-arts, par Ph. DE CH. (Philippe de CHENNEVIÈRES). *Paris*, 1864, in-18.

Voy. « Supercheries », III, 98, *b*.

A propos de la loi en discussion (25 février 1856), sur la sophistication des denrées alimentaires. (Par Charles-Joseph DE MAT.) *Bruxelles, De Mat*, 1856, in-8, 36 p. J. D.

A propos de la loi militaire. (Par le colonel d'état-major Charles FAY.) *Paris, Tanera, imp. Martinet*, 1870 (24 juin), in-8, 31 p.

N'a pas été annoncé dans la « Bibliographie de la France ».

A propos de la Société des gens de lettres belges. (Par Lucien JOTTRAND.) *Bruxelles, Decq*, 1852, in-8, 29 p. J. D.

A-propos (les) de Société et les A-propos de la Folie, ou Chansons de M. L***** (Pierre LAUJON). *Paris*, 1776, 3 vol. in-8.

Voy. « Supercheries », II, 474, *f*.

A propos de : Un débat sur l'Inde. Les Variations de M. de Montalembert. (Par REINTJENS, propriétaire à Bruxelles.) *Bruxelles, Van Meenen*, 1859, in-12, 24 p. J. D.

A propos des massacres de Syrie. Réflexions sur les jeux scéniques de quelques hauts personnages ; par un homme de rien (Eugène AUDRAY-DESHORTIES). *Paris, imp. Noblet*, 1851, in-8.

Voy. « Supercheries », II, 295, *d*. L'auteur y a été par erreur appelé AUDRAY-DESHORTIES.

A propos du Congrès de Liège. La Morale indépendante et les Solidaires. (Par le comte de CARAMAN.) *Bruxelles*, 1865, in-8, 14 p. J. D.

A propos du crédit commercial et industriel belge. (Par Aug. VISSCHERS, membre du Conseil des mines.) *Bruxelles, Decq,* 1856, in-12, 72 p. J. D.

A propos du programme sur la reconstruction de Saint-Epvre. (Par Fr. NAJOTTE.) *Nancy, lith. E. Christophe,* (1862), in-fol., 4 p.

A propos du suffrage universel, simple discours d'un ouvrier à ses camarades. (Par M. E. HACKIN.) *Liège,* 1866, in-8, 8 p.

A quelque chose malheur est bon, ou Margot, la bouquetière, farce poissarde en 1 acte, mêlée de vaudev. (Par André-Ch. CAILLEAU.) 1777, in-12.

A S. M. l'Empereur, (Par M. COLLOT, fournisseur.) *Paris,* 1815, in-8, 16 p.

A Son Altesse Impériale et Royale monseigneur l'archiduc Ferdinand-Maximilien-Joseph, le lundi 27 juillet 1857. (Par A.-D. MATHIEU.) *Bruxelles, Devroye,* 1857, in-8, 14 p. J. D.

A Son Altesse Sérénissime Monseigneur Louis-Auguste, prince souverain de Dombes, sur son imprimerie de Trévoux. — Mercurii statua sub Hermæ nomine olim in triviis posita index viatoribus, etc. Apodosis pœtica. — Hermatenæ Dumbensis vocabulario nuper edito utentibus admonitio. Stylo epistolari Q. Horatii Flacci. (Par le P. Claude-François MENESTRIER.) In-fol.

Voy. Allut. « Recherches sur la vie et les œuvres du P. C.-F. Menestrier... » *Lyon,* 1856, in-8, p. 192.

A-t-il deux femmes? ou les Corsaires barbaresques, mélodr. en 3 a.; paroles de J.-G.-A. CUVELIER et J.-M. B*** (BAROUILLET). *Paris, Barba,* an XI — 1803, in-8, 44 p.

A tous les Penseurs, salut, par Mme la comtesse DE B. (DE BEAUHARNOIS). *Amsterdam et Paris,* 1774, in-8, 28 p.

A un Catholique, sur la vie et le caractère de Saint-Simon. (Par M. Gustave D'EICHTHAL.) *Paris, Everat,* 1830, in-8.

A une dame de Bourg-la-Reine. Les Conseils de l'expérience. Petits aphorismes moraux, par une voisine. (Par Jean-Bernard BRISEBARRE, dit JOANNY.) *Paris,* novembre 1844, in-8.

Voy. « Supercheries », III, 969, *b.*

A Warburton, évêque de Glocester. (Par VOLTAIRE.)

Dans le t. III de « l'Evangile du jour ». Voy. ce titre.

Aabba, ou le Triomphe de l'Innocence. (Par LE CAMUS DE MÉZIÈRES.) *Eleutheropolis (Paris),* 1784, in-8. V. T.

M. Fleischer, dans son « Dictionnaire de Bibliographie française », *Paris,* 1812, t. I, p. 3, cite une nouvelle édition de cet ouvrage, *Paris, veuve Gueffier,* 1802, in-18, avec 5 fig.

Abailard à Héloïse; troisième édit. rev. et augm. (Par Cl.-Fr. DORAT.) *Amsterdam,* 1761, in-8.

La première édition est de 1758.

Abailard et Héloïse, pièce dramatique en vers et en cinq actes. (Par J.-B. GUYS.) *Londres (Paris),* 1752, in-12, VIII-109 p.

Réimpr. avec trois autres pièces, en 1755, par le lib. Duchesne, dans un recueil publié sous le titre de « Théâtre bourgeois ». Voy. ce titre.

Abailard (l') supposé, ou le Sentiment à l'épreuve. (Par la comtesse Fanny de BEAUHARNOIS.) *Amsterdam* et *Paris, Gueffier,* 1780, in-8. — Nouvelle édition, 1781. — *Lyon,* 1791, in-12. — *Paris,* 1799, in-12.

Voy. « Supercheries », I, 357, *f.*

Abanturos (las) d'un campagnard à Tou louso, per L. V. C. (Louis VESTREPAIN). *Toulouse, Degallier,* 1836, in-8.

Voy. « Supercheries », II, 997, *a.*

Abassaï, histoire orientale. (Par mademoiselle FAUQUE.) *Paris, Bauche,* 1753, 3 vol. in-12.

Abbaye (l') d'Harford, ou Lise et Amédée; par l'auteur d' « Agathe d'Entragues » (la baronne BROSSIN DE MÉRÉ, née GUÉNARD, et connue, sous ce dernier nom, comme auteur de nombreux romans). *Paris, Lerouge,* 1813, 4 vol. in-12.

Abbaye (l') de Craig-Melrose, ou Mémoires de la famille de Montlinton; trad. de l'angl. (de mistriss Moss, née Henriette ROUVIÈRE), par J. COHEN. *Paris,* 1817, 4 vol. in-12.

Abbaye (l') de Grasville, trad. de l'angl. (de Georges MOORE), par B. DUCOS. *Paris,* an VI (1798), 3 vol. in-12, ou 1810, 4 vol. in-18.

Abbaye (l') de Netley, histoire du moyen-âge; trad. de l'allem. (de L. TIECK, par J.-F. FONTALLARD). *Paris,* an IX, 2 vol. in-12, avec 2 fig.

Abbaye (l') de Saint-Antoine, en Dauphiné, essai historique et descriptif, par un prêtre de Notre-Dame de l'Osier (l'abbé L.-T. DASSY, secrétaire de l'Académie de Marseille). *Grenoble,* 1844, in-4, oblong, planch.

L'auteur a signé la dédicace. Voy. « Supercheries », III, 239, *f.*

Abbaye (l'), ou le Château de Barford, imité de l'anglois, (de miss Munific) par M*** (Joseph-Pierre Fresnay). *Paris*, 1769, 2 parties in-12.

Voy. « Supercheries », III, 1059, *d*.

Abbé (l') à sa toilette, nouvelle galante. (Par l'abbé R.-A. Macé.) *Londres, Claude Briquet*, 1707, petit in-12.

Abbé (l') de la Tour, ou Recueil de nouvelles et autres écrits divers. (Par madame de Charrière.) *Leipsic, Phil. Wolf*, 1798-1799, 3 vol. in-8, fig.

Voy. « Supercheries », II, 673, *e*.

Abbé (l') de plâtre; comédie en un acte et en prose, représentée par les comédiens italiens, pour la première fois, le 20 oct. 1779. (Par N. Carmontelle.) *Paris, T. Brunet*, 1781, in-8.

Abbé (l') en belle humeur, nouvelle galante. (Par René Macé.) *Cologne, P. Marteau*, 1705, 1734, in-16. Voy. le « Dict. hist. » de Marchand, t. 1, p. 327.

Marchand appelle cet ouvrage le « Prosélyte en belle humeur » ; mais, dans les pays protestants, le mot prosélyte répond à celui d'abbé.

Abbé (l') M*** (Marchal, curé d'Heillecourt), aux chrétiens qui se disent évangéliques. *Nancy, Thomas et Raybois*, 1838, in-16.

Voy. « Supercheries », II, 1017, *d*.

Abbé (l') Raynal et Bassenge. (Par L. Polain.) *Liège, Carmanne*, in-8. Ul. C.

Abbé (l') Soulas et ses œuvres, par un de ses amis (l'abbé Vigourel, prêtre missionnaire du diocèse de Montpellier). *Montpellier, Séguin*, 1857, in-12. D. M.

Abdeker, ou l'Art de conserver la beauté. (Par Le Camus.) L'an de l'hégire 1168 (*Paris*, 1748), 2 vol. in-12. — Nouv. éditions, 1754, 1756, 4 vol. in-12. — *Paris*, 1790 et 1791, 4 vol. in-18, fig.

Cette dernière édition fait partie de la « Bibliothèque universelle des dames », 5e classe.

Abdolonyme, ou le Couronnement, pièce heroïque en un acte et en vers, par un des plus anciens auteurs de la Comédie française (le baron Ernest de Manteuffel). *Paris, Hubert*, 1825, in-8.

Voy. « Supercheries », III, 189, *e*.

Abécédaire français, à l'usage des enfants des deux sexes, suivi d'un vocabulaire d'historiettes et de dialogues. (Par Vassili Kryageff.) En fr. et en russe. *Moscou, J. Gautier*, 1815, in-12, 235 p. A. L.

Réimprimé plusieurs fois.

Abécédaire moral, ou Premier livre de lecture, applicable à toutes les méthodes, par un instituteur (P.-J. Rousseau). *Mons, Piérart*, 1843, in-12, 48 p. J. D.

Abécédaire récréatif, orné de 26 grav. (Par Adr. Pottier.) 40e édit. *Paris, veuve Devaux*, an XII-1804, in-12.

Abeille (l'). (Par MM. Nicolopoulo et Contos.) *Paris, impr. de Bobée*, 1819, in-8.

Abeille (l') de la philosophie, ou Pensées philosophiques sur divers sujets. (Par l'abbé Gerdolle.) *Paris*, 1760, in-12.

Abeille (l') du Parnasse. (Publiée par J.-H.-S. Formey.) *Berlin*, 1750, 1754, 10 vol. in-12.

Il a paru en 1757 deux nouveaux volumes de ce recueil périodique d'opuscules en prose et en vers. On croit que Dufresne de Francheville a coopéré à cet ouvrage. Voy. « Meusel, Lexicon », t. III, p. 412.

Abeille (l') du Parnasse, ou Recueil de Maximes tirées des poëtes français. (Par Didier-Pierre Chicaneau de Neuvillé.) *Londres*, 1757, 2 vol. in-12.

Abeille (l'), journal politique et littéraire. (Par M. de La Maisonfort.) *Brunswic*, 1795, in-8.

Il n'a paru que trois livraisons.

Abeilles (les), élaborations idéaliques, historiques, politiques et véridiques appropriées aux lumières du XIXe siècle; par un solitaire au milieu du monde (Antheaume). *Paris*, 1840, in-8, 31 p.

Voy. « Supercheries », III, 706, *d*.

Abelino, ou le Héros vénitien, drame en 4 actes et en pr., imité de l'allem. (d'Henri Zschokke), par Chazet père. *Paris, Vinçart*, an X-1802, in-8.

Abenaki, Sara T. et Ziméo, contes en prose. (Par Saint-Lambert.) 1769, in-8.

« Sara T » a paru pour la première fois en 1766. Ces trois contes ont été réimprimés à la suite des « Saisons ». *Amsterdam*, 1769, in-8, et 1775, in-8.

Abhandlung von den Talismans oder astralischen Figuren, in welcher gezeigt wird, dasz ihre Wirkungen und wunderbahren Eingenschaften natürlich sind, und die Art sie zu verfertigen und sich ihrer mit einem bewundernswürdigen Vortheil zu bedienen, gelehrt wird; aus dem Französischen (von Jean-Alb. Belin) übersetzt. *Sorau, Gottlob. Hebold*, 1763, in-8, 44 p. A. L.

Traduction du « Traité des talismans ». Voy. ces mots.

Abimelech, tragédie. (Par ANDEBEZ DE MONGAUBET.) 1776, in-8.

Abjuration du Luthéranisme, par madame la princesse Eléonore-Charlotte de Wirtemberg-Montbéliard, duchesse d'Oels en Silésie. (Par Dom Cl. DAVID, de l'Oratoire.) *Paris*, 1702, in-12.

Abolition de la noblesse héréditaire en France, proposée à l'Assemblée nationale; par un philanthrope, citoyen de Belan (C. LAMBERT). 1790, in-8.

Voy. « Supercheries », III, 103, *b*.

Abolition de la peine de mort. (Par M. DE GÉRANDO.) *Paris, Crapelet*, 1825, in-8, 70 p. D. M.

Abonnement (l') de Poincy. (Par Nicolas CATHERINOT.) *S. l. n. d.*, in-4.

Abrégé chronologique de l'Histoire d'Angleterre, avec des notes, par M. I. G. D. C. (DE CHEVRIÈRES). *Amsterdam, Changuion*, 1730, 7 vol. in-12.

Cet ouvrage est un abrégé de « l'Histoire d'Angleterre », de Rapin de Thoyras.

Abrégé chronologique de l'Histoire d'Espagne, tiré de MARIANA. (Par DE LA ROCHE.) *Amsterdam*, 1694, in-8. V. T.

Abrégé chronologique de l'Histoire d'Espagne et de Portugal. (Par le président HÉNAULT, Jacques LACOMBE et MACQUER.) *Paris, Hérissant*, 1759, 1765, 2 vol. in-8. — *Amsterdam*, 1765, 2 vol. in-8.

Abrégé chronologique de l'Histoire de France, à l'usage de la jeune noblesse. (Par l'abbé J.-J. BOUVIER, connu sous le nom de LIONNOIS.) *Francfort (Nancy)*, 1769, 2 vol. in-8.

Cet ouvrage avait déjà paru sous ce titre : « Histoire de France depuis l'établissement de la monarchie jusqu'au règne de Louis XIV... »

Abrégé chronologique de l'Histoire de France, par M. S. D. R. C. C. (Simon DE RIENCOURT, conseiller-correcteur de la chambre des comptes). *Paris*, 1665, 1 vol. in-12. — 1675, 1678, 2 vol. in-12.

L'édition de 1678 ne porte pas d'initiales sur le titre.

Abrégé chronologique de l'Histoire de France sous les règnes de Louis XIII et de Louis XIV, pour servir de suite à celui de Mézeray. (Par Henri-Philippe DE LIMIERS.) *Amsterdam, Mortier*, 1720, 2 vol. in-12. — Nouvelle édition, augmentée de la vie de Mézeray. (Par DE LA ROQUE.) *Amsterdam, Mortier*, 1728, in-4.

Abrégé chronologique de l'Histoire de la Maison de Savoie, en vers artificiels.

a (Par DE MARCILLY.) *Lyon et Genève, Chirol*, 1780, in-8.

Abrégé chronologique de l'Histoire de la Marine française, par M. G. D. (GIN D'OSSERY). *Paris*, 1804, in-12.

Voy. « Supercheries », II, 145, *f*.

Abrégé chronologique de l'Histoire de la Société de Jésus; sa naissance, ses progrès, sa décadence, etc. (Par l'abbé Jacques
b ques TAILHIÉ.) *En France*, 1760, in-12. — Nouvelle édition, corrigée et augmentée par l'auteur, 1760, in-12.

Il a été publié des « Additions importantes et nécessaires pour servir de supplément à la première édition de l'Abrégé de l'histoire de la Société de Jésus ». *S. l. n. d.*, in-12.

Abrégé chronologique de l'Histoire de Lorraine, P. M. H. C. R. D. l'O. D. S. A. A. D. S. A. R. M. L. D. C. D. L. (Par
c M. HENRIQUEZ, chanoine régulier de l'ordre de Saint-Augustin, aumônier de S. A. R. Mgr le duc Charles de Lorraine.) *Paris, Moutard*, 1775, 2 vol. in-8.

Voy. « Supercheries », III, 194, *d*.

Abrégé chronologique de l'Histoire de Pologne. (Par Fréd.-Auguste SCHMIDT.) *Varsovie et Dresde, Michel Gröll*, 1763, in-8.

d Abrégé chronologique de l'Histoire des Juifs. (Par Fr.-Nic. CHARBUY.) *Paris, Chaubert*, 1759, in-8.

Abrégé chronologique de l'Histoire ecclésiastique. (Par Philippe MACQUER.) *Paris, Hérissant*, 1751, 2 vol. in-8. — 2ᵉ édit., 1752, 2 vol. in-8. — Nouv. édition revue, corrigée et augmentée. (Par l'abbé DINOUART.) *Paris, Hérissant*, 1768, 3 vol.
e in-8.

Abrégé chronologique de l'Histoire ecclésiastique et civile des évêques et du diocèse de Langres. (Par M. MATHIEU, prêtre.) *Langres*, 1808, in-8.

Abrégé chronologique de l'Histoire et du Droit public d'Allemagne, par M. P. S. D. A. D. S. M. L. R. D. P. E. D. S. (M. PFEFFEL, secrétaire d'ambassade de S. M. le roi de Pologne, électeur de Saxe.) *Paris*,
f 1754, in-8. — Seconde édition revue par l'auteur. *Manheim*, 1758, in-4. — Nouvelle édition (dirigée par le P. BARRE, génovéfain). *Paris*, 1766, in-8.

M. Pfeffel reprochait au P. Barre d'avoir omis des faits importants dans son « Histoire générale d'Allemagne ». Celui-ci ayant été prié, pendant un voyage que M. Pfeffel eut occasion de faire, de diriger l'édition de « l'Abrégé » en 1766, il en retrancha tous les articles qui pouvaient faire remarquer les lacunes de sa grande histoire. Les meilleures éditions de cet ouvrage sont celles de 1776, 2 vol. in-4, et 1777, 2 vol, in-8. Le censeur royal Tercier revit la première avant qu'elle fût mise en vente.

Abrégé chronologique de l'Histoire universelle jusqu'à l'année 1725. Traduit du latin de SLEIDAN, avec des augmentations. (Par Ant. HORNOT.) *Amsterdam* (*Paris*,) 1757, in-12. — 1766, in-8.

Abrégé chronologique de l'Histoire universelle, sacrée et profane, par le P. PÉTAU, traduit sur la nouvelle édition latine. (Par Philibert-Bernard MOREAU DE MAUTOUR et L.-E. DUPIN.) *Paris, Ve Barbin*, 1708 et 1715, 5 vol. in-12.

Abrégé chronologique de la fondation et histoire du collége de Boissy, avec la généalogie de la famille de ses fondateurs. (Par Guil. HODEY et Henri VASSOULT.) *Paris*, 1724, in-fol.

Abrégé chronologique des grands Fiefs de la Couronne. (Par P.-Nic. BRUNET.) *Paris, Desaint et Saillant*, 1759, in-8.

Abrégé chronologique des principaux événements qui ont précédé et suivi la Constitution *Unigenitus*. (Par l'abbé Nicolas LE GROS.) *Utrecht, Le Fèvre*, 1730, in-32. — Nouv. édit. rev., corr. et augm. *S. l.*, 1732, in-12.

Abrégé chronologique du Prieuré et de la Ville de la Charité-sur-Loire. (Par BERNOT DE CHARANT.) *Bourges*, 1709, in-8. V. T.

Abrégé curieux touchant les Jardinages, par M. B. (BESNIER). *Paris*, 1706, in-12. V. T.

Voy. « Supercheries », I, 424, *e*.

Abrégé d'Anatomie à l'usage des élèves en chirurgie dans les écoles royales de la marine. (Par Pierre-Isaac POISSONNIER.) *Paris, Mequignon*, 1783, 2 vol. in-12. — *Paris, T. Barrois, s. d.*, 2 vol. in-12.

POISSONNIER n'a voulu être regardé que comme l'éditeur de cet ouvrage, qu'il indique comme appartenant à DE COURCELLES, premier médecin de la marine au port de Brest, quoiqu'il l'ait mis en ordre et complété, en ajoutant la Splanchnologie. (Quérard, « Fr. litt. », t. VII, p. 245, et t. XI, p. 472.)

Abrégé d'Histoire romaine en vers français, avec des notes. (Par POINSINET DE SIVRY.) *Paris, Prault*, an XI-1803, in-8.

Abrégé d'un ouvrage qui a pour titre : « Histoire et Fatalité des Sacriléges, vérifiées par des faits et des exemples tirés de l'Histoire sainte, etc. » Par Henri SPELMAN, historien anglais, nouvelle édit. plus correcte et augmentée par des additions intéressantes. (Par l'abbé DE FELLER.) *Bruxelles*, 1789, in-8, 150 p.

La première édition de cet abrégé avait paru à Bruxelles, en 1787.

Abrégé d'un traité intitulé : « L'Illusion théologique », ou l'Intérêt qu'a la France de ne pas souffrir que l'on fasse passer pour hérétiques ceux qui n'acquiesceroient pas aux décisions de Rome, particulièrement à celles qui concerneroient les questions de fait. (Attribué par Grosley à PASCAL.) *S. l. n. d.* (vers 1659), in-4, 2 p.

Voy. le « Journal encyclopédique » de décembre 1777, p. 497.

Abrégé de Cosmographie, ou Almanach pour les années 1753-1760. (Par l'abbé Jean SAAS.) *Rouen, Oursel*, 8 part., in-24.

On trouve dans le volume de 1756 la « Liste des hommes illustres nés en Normandie ». Le même volume contient différentes pièces en prose et en vers sur la naissance de Monseigneur le comte de Provence (depuis Louis XVIII).

Abrégé de Géographie ancienne, précédé de notions élémentaires de géographie et de chronologie, par un ancien professeur de l'université de Paris (l'abbé J.-D. ROUSSEAU). *Lyon et Paris, Périsse*, 1824, in-12.

Voy. « Supercheries », I, 341, *d*.

Abrégé de Géographie commerciale et historique, par L. C. et F. P. B. (Louis CONSTANTIN et frère Philippe BRANSIET, supérieur des Frères de la doctrine chrétienne). 14e édition. *Paris, Hachette*, 1840, in-12. D. M.

Abrégé de Géographie élémentaire de la France... (Par M. L. BOUBÉE DE LESPIN.) *Paris*, 1823, in-12, avec une carte.

Abrégé de Géographie physique et politique, terminé en novembre 1808. (Par L.-S. AUGER.) *Paris, rue du Cherche-Midi, hôtel d'Arras, no 33*, 1808, petit in-12. — Seconde édition, augmentée. *Paris*, 1809, in-12.

Abrégé de Géographie pour servir de préparation aux leçons élémentaires de géographie. (Par Nicolas-B. HALMA, ancien secrétaire de l'Ecole polytechnique.) *Bouillon*, 1792, in-8, 130 p.

Abrégé de Géographie, suivi d'un Dictionnaire géographique latin et françois. (Par le P. Ph. BUNOU, jésuite.) *Rouen, Lallemant*, 1716, in-8.

Le Moréri de 1759 renferme un article curieux sur l'auteur, oublié dans la « Biographie universelle. »

Abrégé de l'Anatomie du Corps humain, où l'on donne une description courte et exacte des parties qui le composent, avec leurs usages; par M. *** (César VERDIER).

chirurgien-juré de Paris. *Paris, Lemercier*, 1734, 2 vol. in-12.

Souvent réimprimé. Plusieurs éditions portent le nom de l'auteur.

Voy. « Supercheries », III, 1035, *d*.

Abrégé de l'Art poétique françois. A Alphonse Delbene, abbé de Hautecombe en Savoye. *Paris, G. Buon*, 1565, in-4, 14 feuillets. — *Rouen, Gaultier*, 1565, in-8.

Le privilége est accordé à P. DE R. (Pierre DE RONSARD).

Réimprimé sous le titre de : « Art poétique françois » de Pierre DE RONSARD. *Paris, G. Linocier*, 1585, in 16, 64 pag. — *Avignon, J. Barro*, 1586, in-16.

Abrégé de l'Astronomie inférieure, expliquant le système des planètes, les douze signes du zodiac et autres constellations du ciel hermétique; avec un Essai de l'Astronomie naturelle, contre le système de Ptolémée, Copernic et Ticho-Brahé, montrant leurs erreurs avec la distance, ggrandeur (*sic*), situation et mouvement des astres, et le souverain remède au vertige de la terre, par la situation du soleil pardessus les estoilles, tant errantes que fixes. Par J. D. B. *Paris, I. de Salecques, Jean Remy, J. Henault*, 1644, in-4, XIX feuillets et 180 p.

Ce titre est pris sur l'exemplaire de la Bibliothèque nationale. 4° V, 123003. Lenglet-Dufresnoy, dans son « Hist. de la philosophie hermétique », t. III, p. 129, le donne en abrégé, mais avec la date de 1644 et le nom de J.-D. BROUAULT, comme s'il était sur le titre.

La première et la deuxième édition du « Dictionnaire des Anonymes » donnent le titre abrégé avec la date de 1645, mais en attribuant l'ouvrage à BONAI. Cette attribution a été reproduite dans les « Supercheries », II, 326, *d*, à I. D. B.. et c'est aussi à Bonai que cet ouvrage est attribué dans les catalogues manuscrits de la Bibliothèque nationale.

Quel est ce Bonai?

Sous le n° 1137 du catalogue Ouvaroff, spécimen, 1870, le titre de « l'Abrégé de l'Astronomie » est donné avec des différences que nous croyons inutiles de reproduire, et là aussi l'ouvrage est attribué à BROUAULT.

Abrégé de l'Embryologie sacrée. (Ouvrage traduit du latin de CANGIAMILA, par J.-A.-T. DINOUART et Aug. ROUX.) *Paris*, 1762. — Seconde édition très-augmentée. *Paris*, 1766, in-12. — Nouv. édit. avec le nom de l'abbé DINOUART. *Paris*, 1775, in-12, fig.

Abrégé de l'Essai de Locke sur l'Entendement humain. (Par le docteur WINNE), traduit de l'anglais par J.-P. BOSSET. *Londres, Jean Nourse*, 1720, 1741, in-12. — *Genève*, 1738, in-8. — *Genève*, 1788, in-8.

Abrégé de l'Europe ecclésiastique, avec les changements et les corrections nécessaires, et des additions considérables. (Par l'abbé DE MALVAUX.) *Paris, Duchesne*, 1758, in-12.

Voyez « l'Europe ecclésiastique ». *Paris*, 1757, in-12. Cet Abrégé en est la suite.

Abrégé de l'Explication de plusieurs Psaumes, faite par feu M. Duguet. (Par PÉAN.) *Trévoux*, 1759, 2 vol. in-12.

Abrégé de l'Histoire ancienne de Rollin, à l'usage de la jeunesse, par Ant. C. (CAILLOT). *Paris*, 1815, in-12.

Voy. « Supercheries », I, 600, *e*.

Abrégé de l'Histoire d'Allemagne à l'usage de la jeunesse des deux sexes. (Par Ch.-Fréd. REINHARD.) Nouv. édit. *Nuremberg, Grattenauer*, 1797, in-8.

La première édition est de 1795.

Abrégé de l'Histoire d'Angleterre de RAPIN-THOIRAS. (Par FALAISEAU.) *La Haye, Rogisssart*, 3 vol. in-4 et 10 vol. in-12.

Abrégé de l'Histoire d'Angleterre jusqu'à nos jours, par Oliv. GOLDSMITH, continuée jusqu'à nos jours; accompagné de notes et suivi d'un Dictionnaire géographique. Trad. de l'anglais. (Par BOINVILLIERS.) *Paris, Delalain*, 1826, 2 vol. in-12.

Abrégé de l'Histoire d'Angleterre, par GOLDSMITH; traduit de l'anglais sur la dernière édition. (Par P.-F. HENRY.) *Paris, Dentu*, 1801, 2 vol. in-12.

Abrégé de l'Histoire d'Angleterre; traduit de l'anglais de HIGGONS, par M. L. B. D. G. (le chevalier DE REDMONT, mort en 1778, lieutenant-général des armées du roi). *La Haye, Johnston*, 1729, in-8.

Voy. « Supercheries ». II, 695, *b*.

Abrégé de l'Histoire d'Ariades, par L. S. D. M. (le sieur DE MARANDÉ). *Paris, Cramoisy*, 1630, in-12.

Voy. « Supercheries », II, 983, *e*.

Abrégé de l'Histoire d'Espagne..., par P. D. (PARENT-DESBARRES). *Paris, Parent-Desbarres*, 1839, 2 vol. in-12.

Voy. « Supercheries », III, 55, *b*.

Abrégé de l'Histoire de Bretagne de Bertrand D'ARGENTRÉ. (Par Pierre DE LESCONVEL.) *Paris, Ve Coignard*, 1695, in-12.

Abrégé de l'Histoire de Danemarck, à l'usage de monseigneur le prince royal, première partie. (Par Paul-Henri MALLET.) *Copenhague, frères C. et A. Philibert*, 1760, 1 vol. in-12.

Abrégé de l'Histoire de France. (Par Simon DE RIENCOURT.) *Paris*, 1695, 6 vol. in-12; — *Lyon*, 1695, 7 vol. in 12.

Voyez « Abrégé chronologique de l'Histoire de France ».

Abrégé de l'Histoire de France à l'usage

des élèves de l'école militaire. Nouv. édit., revue, corr. et continuée jusqu'en 1811. (Par DE PROPIAC.) *Paris, Patris*, 1811, 2 vol. in-12.

Cet Abrégé est de l'abbé MILLOT. Voy. « Dict. des Anon. », t. II. p. 503, aux corrections, nº 3138. C'est pour n'avoir pas vu cette note que, dans le « Catalogue de l'Hist. de France » de la Bibliothèque impériale, t. I, p. 47, cet Abrégé est attribué à Ch. BATTEUX, qui n'a fait que l'insérer dans son « Cours d'études à l'usage des élèves de l'Ecole royale militaire ». Voy. ce titre. C'est là que cet Abrégé a paru pour la première fois. Il a été souvent réimprimé depuis.

Abrégé de l'Histoire de France, depuis Clovis jusques et y compris le règne de Louis XVI. (Par M.-Antoine MOITHEY.) Orné de 186 sujets hist. et portr. en taille-douce (par de SÈVE et MOITHEY). *Paris*, 1810, 3 vol. in-12.

Abrégé de l'Histoire de France, par le P. DANIEL, jésuite; nouvelle édition augmentée de l'Histoire de Louis XIII et de Louis XIV. (Par le P. DORIVAL, jésuite.) *Paris*, 1751, 12 vol. in-12.

Abrégé de l'Histoire de l'Ancien et du Nouveau Testament, avec des remarques. (Par l'abbé Fr.-Phil. MESENGUY.) *Paris, Desaint*, 1737 et 1738, 3 vol. in-12.

Abrégé de l'Histoire de l'Ancien Testament, avec des éclaircissements. (Par l'abbé Fr. Phil. MESENGUY.) *Paris, Desaint et Saillant*, 1735-1753, 10 vol. in-12.

Abrégé de l'Histoire de l'ancienne ville de Soissons. (Par Melchior REGNAULT.) *Paris*, 1633, in-8.

Abrégé de l'Histoire de l'Eglise. (Par Ch.-Fr. LHOMOND.) *Paris*, 1786, in-12.

Pour d'autres éditions, voy. « Histoire abrégée.... »

Abrégé de l'Histoire de l'Eglise chrétienne, depuis sa naissance jusqu'à l'époque de la réformation. (Par le pasteur G.-D.-F. BOISSARD.) *Paris, Treuttel et Wurtz*, 1817, in-12.

Réimprimé à la suite de la 3ᵉ édit. des « Histoires de la Bible », du même auteur. *Paris*, 1820, in-12. Voy. « Supercheries », II, 14, *e*.

Abrégé de l'Histoire de l'Empire depuis l'an 1273, par M. l'abbé L*** (LAMBERT). *Londres, aux dépens de l'éditeur*, 1757, in-12.

Voy. « Supercheries », II, 466, *d*.

Abrégé de l'Histoire de l'Opposition pendant la dernière séance du parlement, traduit de l'anglais (de TICKELL). 1779, in-8.

Ce petit ouvrage n'a jamais été mis en vente.

Abrégé de l'Histoire de l'Ordre de Saint-Benoît,... par***** (Dom L. BULTEAU), de la congrégation de Saint-Maur. *Paris, Coignard*, 1684, 2 vol. in-4.

Voy. « Supercheries », III, 1123, *e*.

Abrégé de l'Histoire de la Congrégation *de Auxiliis*. (Par le Père QUESNEL.) *Francfort, Fréd. Arnaud*, 1686, in-12.

Réimprimé avec des augmentations dans le second volume de la « Tradition de l'Eglise », du même auteur.

Bayle appelait cet Abrégé un ouvrage de *main de maître*.

Abrégé de l'Histoire de la Franche-Comté, de la situation du pays et des seigneurs qui y ont dominé jusqu'à présent. (Par P. LOUVET.) *Lyon, Baritel*, 1675, in-12.

Abrégé de l'Histoire de la Grèce depuis son origine jusqu'à sa réduction en province romaine. (Par J.-B. BERNARD, ex-oratorien.) *Paris, Bernard*, an VII, 2 vol. in-8.

On assure que le véritable auteur de cette histoire est feu M. CHAZOT, commissaire de police.

Abrégé de l'Histoire de la Milice françoise du P. DANIEL, avec un précis de son état actuel. (Par Pons-Augustin ALLETZ.) *Paris*, 1773, 2 vol in-12. — *Paris*, 1870, 2 vol. in-12.

Abrégé de l'Histoire de la Monarchie des Assyriens, des Perses, des Macédoniens et des Romains, par J. C. A. G. (Attribué à l'abbé J.-Bapt. COUTURE.) *Paris*, 1699, in-12.

Voy. « Supercheries », II, 374, *c*.

Abrégé de l'Histoire de la vie et du culte de Saint-Pélerin, premier évêque d'Auxerre et martyr. (Par l'abbé Jean LEBEUF.) *Auxerre, J.-B. Troche*, 1716, in-12, 8 p.

Abrégé de l'Histoire de Marguerite d'Autriche. (Par Cl.-Fr. BLONDEAU DE CHARNAGE.) In-12. V. T.

Abrégé de l'Histoire de Normandie. *Rouen, Jacques et Jean Lucas*, 1665 ou 1668, in-12, 377 p. avec une carte.

Réimpression de « l'Inventaire de l'Histoire de Normandie », par Eustache d'ANNEVILLE, ouvr. anonyme (voy. ce titre), dans le sommaire duquel on a retranché la relation d'un fait qui pouvait déplaire au Parlement. (Frère, « Manuel du bibliogr. normand », t. I, p. 24.)

Abrégé de l'Histoire de Pologne. (Par P.-Jos. DE LA PIMPIE, chevalier de SOLIGNAC.) 1762, in-12.

Abrégé de l'Histoire de Port-Royal. (Par JEAN RACINE.) *Cologne (Paris)*, 1742; — *Paris, Lottin*, 1767; — *Cologne*, 1770, in-12.

Ouvrage composé vers 1695, à la sollicitation de

l'archevêque de Paris, dit-on. L'édition de 1742 ne contient que la première partie du livre. Il ne fut imprimé en entier qu'en 1767.

L'Avertissement qui accompagne cette dernière édition est de L.-Th. HÉRISSANT, suivant une note autographe de cet éditeur.

Abrégé de l'Histoire de Portugal. (Par Jean MAUGIN DE RICHEBOURG.) *Paris, Martin et G. Jouvenel*, 1699, in-12.

Abrégé de l'Histoire de Spa, ou Mémoire historique et critique sur les eaux minérales et thermales de la province de Liége, par J.-B. L. (Jean-Baptiste LECLERCQ). *Liége, Collardin*, 1818, in-18, 229 p.

Voy. « Supercheries », II, 371, *c*.

Abrégé de l'Histoire de Suède. (Par LE COCQ DE VILLERAY.) 1748, 2 vol. in-12.

Abrégé de l'Histoire de Valenciennes. *Lille, Balth. Le Francq*, 1688, in-4.

La dédicace est signée : D. P.; DE PRÈS suivant le P. Lelong.

Abrégé de l'Histoire des empereurs romains, grecs et allemands, depuis Jules-César jusqu'à François II, empereur actuel... (Par D.-F. DONNANT.) *Paris*, 1803, in-12, 400 p.

Une seconde édition, publiée après le couronnement de Napoléon, porte... depuis Jules-César jusqu'à Napoléon... *Paris*, 1804, in-12.

Abrégé de l'Histoire des F. Hospitaliers de l'ordre du Saint-Esprit... (Par Nicolas GAULTIER, commandeur dudit ordre.) *Paris*, 1653, in-12. — 2e édit., *Pézénas*, 1656, in-12.

Cet ouvrage fut vivement attaqué par N.-Fr. de Plainevaux, dans son « Bouclier de l'innocence... »

Abrégé de l'Histoire des infortunes du Dauphin (le prétendu duc de Normandie, Ch. Guill. Naundorff), depuis l'époque où il a été enlevé de la tour du Temple..... (Publié par le comte Modeste GRUAU DE LA BARRE.) *Londres, C. Armand*, 1836, in-8.

Abrégé de l'Histoire des insectes. (Par DE BEAURIEU.) *Paris*, 1764, 2 vol. in-12.

Abrégé de l'Histoire des insectes, pour servir de suite à l' « Histoire naturelle des abeilles. » *Paris*, 1747, 4 vol. in-12.

Par G.-Aug. BAZIN, d'après Réaumur.

Abrégé de l'Histoire des Pays-Bas, par demandes et réponses, suivi d'une table chronologique à l'usage de la jeunesse. (Par S. VAN ROOYEN.) *A Utrecht, chez Van Paddenburg et comp.*, 1834, in-12. V. D.

Abrégé de l'Histoire des Savants, anciens et modernes, avec un catalogue des livres qui ont servi à cet Abrégé. (Par dom Alexis GAUDIN, chartreux, publié par l'abbé Anthelme DE TRICAUD.) *Paris, Le Gras*, 1708, in-12.

C'est d'après le catalogue de Falconet que cet ouvrage est attribué à Alexis GAUDIN, chartreux; mais il est plutôt d'Augustin GOUET, médecin de Beauvais. Voyez la dernière page de l'avertissement du tome second de la « Bibliothèque des principaux auteurs du Droit civil, etc. », par Denis SIMON, conseiller au présidial de Beauvais. *Paris*, 1695, 2 vol. in-12. A. A. B—r.

Voici le passage en question, et j'avoue ne pas comprendre la conclusion que l'on en a tiré : « Mon dessein n'a pas été de faire des Vies, comme a fait maistre Augustin Goguet, médecin à Beauvais, des gens de lettres de toutes sortes de professions, dont il recherche les particularités. Il y a beaucoup de jugement et d'esprit dans tout ce qu'il fait, mais il serait à souhaiter qu'il fût également avantagé des dons de la fortune, afin qu'il pût mettre la dernière main, avec plus d'assiduité et de liberté d'esprit, à une si juste entreprise. »

Le titre de l'Abrégé porte : tome I, mais c'est le seul qui ait été publié.

C'est à M. Ravenel, conservateur-sous-directeur du département des imprimés de la Bibliothèque nationale, que je suis redevable de cette rectification. Elle est bonne à faire, les pièces à l'appui, parce que Quérard, dans sa « France littéraire », admet l'attribution au médecin Goguet, sans dire sur quoi elle est fondée. Pour moi, elle est inexplicable. M. J. Ravenel a poussé plus loin l'examen de cette question. Il a cherché au département des manuscrits de la Bibliothèque nationale (mss français, no 21940 actuel), dans le volume des « Privilèges », années 1605-1710, et il a trouvé, à la date du 7 août 1707, une permission simple accordée au sieur Gaudin pour faire *réimprimer* un livre qui a pour titre : « Abrégé... », enregistré le 13 août 1707, sous le no 106 h.

Que veut dire ce mot réimprimer?

Abrégé de l'Histoire des vicontes et ducz de Milan, le droict desquels appartient à la couronne de France, extraict en partie du livre de Paul JOVIUS. (Par Charles ESTIENNE.) *Paris, Charles Estienne*, 1552, in-4. V. T.

Abrégé de l'Histoire du comté de Bourgogne et de ses souverains, jusqu'au règne de Louis XV. *Besançon, impr. de T.-F. Couché*, 1787, in-8.

La dédicace est signée : COUCHÉ.

Abrégé de l'Histoire du règne de Louis XIV, par M. A*** (ARBAUD, docteur en médecine). *Bruxelles*, 1752, in-12.

Abrégé de l'Histoire ecclésiastique. (Par l'abbé RACINE.) *Utrecht*, 1748 et années suivantes, 14 vol. in-12. — *Cologne* (*Paris*), 1752-1762, 15 vol. in-12. — Nouvelle édition augmentée de quelques notes et de suppléments. (Par Laurent-Etienne RONDET.) *Cologne*, 1762-1766, 13 vol. in-4.

Les tomes XIV et XV de l'édition in-12 sont de l'abbé TROIA D'ASSIGNY ; ils ont été revus et disposés pour l'impression par Rondet.

Abrégé de l'Histoire ecclésiastique, civile et politique de la ville de Rouen, par a M**** (Le Cocq de Villeray). *Rouen, Oursel*, 1759, in-12.

Voy. « Supercheries », III, 1119, *f*.

Abrégé de l'Histoire ecclésiastique de Fleury, traduit de l'anglois. *Berne* (*Berlin*), 1766, 2 vol. in-12.

La préface est de Frédéric II, roi de Prusse. Cet Abrégé a été attribué à l'abbé de Prades, mais ce dernier avait perdu les bonnes grâces du roi de Prusse dès b 1757. Ce n'est qu'au printemps de 1762 que Frédéric II s'est mis à étudier l'abbé Fleury. Voy. ses « Lettres au marquis d'Argens ».

Quoi qu'il en soit, la traduction allemande de « l'Abrégé », publiée à Berlin, en 1788, en 2 vol. in-8, attribue l'ouvrage à Frédéric II.

Dans le décret de l'*Index* du 1er mars 1770, qui condamne « l'Abrégé », il est dit au sujet de cet ouvrage : « *Mendax titulus mendacissimi operis* ».

Abrégé de l'Histoire ecclésiastique de l'abbé Fleury. (Par François Morénas.) c *Avignon, Delorme*, 1750, 10 vol. in-12.

Cette publication donna lieu aux critiques suivantes :

Lettre d'Eusèbe Philalèthe (marque de Ch. Clemencet) à M. Fr. Morénas, sur son prétendu « Abrégé de l'Histoire ecclésiastique de Fleury ». Voy. « Supercheries ». III, 101, *d*.

Lettre de Philippe Gramme (Dom. Clemencet), imprimeur à Liége, à l'auteur de la « Lettre sur le nouvel Abrégé de l'Histoire ecclésiastique ». Voyez « Supercheries », II, 207, *b*.

d Lettres d'un magistrat (le président Rolland) à M. Morénas, sur son « Abrégé de l'Histoire ecclésiastique ». Voy. « Supercheries », II, 1022, *c*.

Abrégé de l'Histoire égyptienne et de Cartaginois (*sic*). Traduit du françois en polonois. (Par H. Borzçeki.) *Grodna*, 1776, in-8.

Français et polonais ; il y a un second titre en polonais. A. L.

Abrégé de l'Histoire et de la Morale de l'Ancien Testament. (Par l'abbé Franç.-e Phil. Mesenguy.) *Paris*, 1728, in-12. — *Lyon*, 1802, in-12.

Réimprimé avec le nom de l'auteur.

Abrégé de l'Histoire et des antiquités romaines, ou Lois, mœurs, coutumes et cérémonies des Romains. (Par Nicolas Thérou, professeur de l'Université.) Nouv. édition, augmentée de plusieurs détails qui avaient été omis dans la précédente ; f rédigée pour l'instruction de la jeunesse et l'intelligence des auteurs classiques, par un professeur de belles-lettres (J.-E.-J. Forestier, dit Boinvilliers). *Paris, Laurens jeune*, an XI-1803, in-12, 248 p.

Voy. « Supercheries », III, 256, *d*.

Abrégé de l'Histoire généalogique de France. (Par Claude Renaudot, avocat.) *Paris, Valade*, 1779, in-12, 106 p.

Abrégé de l'Histoire généalogique de la Maison d'Aquaviva, royale d'Aragon. (Par F. Morénas.) *Avignon*, 1774, in-12. V. T.

Abrégé de l'Histoire généalogique de la Maison de France et de ses alliances. (Par Simon Gueullette.) *Paris, P. de Launay*, 1699, in-12.

Abrégé de l'Histoire générale des voyages, par Antoine C*** (Caillot). *Paris*, 1820-22, 2 vol. in-12.

Voy. « Supercheries ». I, 609, *e*.

Abrégé de l'Histoire générale des voyages, par le continuateur de l' « Abrégé » de La Harpe (V. Comeiras). *Paris, Moutardier*, 1803-1805, 12 vol. in-8.

Voy. « Supercheries, I, 784, *b*.

Abrégé de l'Histoire grecque. (Par P.-A. Alletz.) *Paris*, 1765, 1774, in-12.—1797, in-8.

Abrégé de l'Histoire grecque. (Par Siret.) Trad. d'après l'édition latine de 1816, par Jos.-P. Romet. *Grenoble, Barnel*, 1821, in-12.

Abrégé de l'Histoire grecque depuis les temps les plus anciens jusqu'à la prise d'Athènes, en 404 avant Jésus-Christ. (Par l'abbé J.-J. Barthélemy.) *Paris, Debure*, 1790, in-12, 412 pages.

Ce volume n'est autre chose que l'introduction du « Voyage d'Anacharsis », à laquelle on a joint des cartes et une table des matières.

Abrégé de l'Histoire naturelle. (Par Jean Goulin.) *Paris, Nyon l'aîné*, 1777, 1798, 2 vol. in-12.

Voyez « Cours d'Etudes à l'usage de l'Ecole royale militaire ».

Abrégé de l'Histoire naturelle de Buffon, classé par ordre, genres et espèces, selon le système de Linné. (Par J.-B. Rousseau, imprimeur.) *Paris, Rousseau*, 1800, 4 vol. in-8, avec 174 pl.

Abrégé de l'Histoire poétique. (Par J. Lanteires.) *Lausanne*, 1787, in-12. V. T.

M. Van Thol cite probablement ici l'ouvrage dont le libraire de Tune, dans son « Catalogue général » imprimé en 1785, indique la première édition sous ce titre : « Abrégé de l'Histoire poétique ou Introduction à la Mythologie », par demandes et par réponses. *Lausanne*, 1774, in-12.

Abrégé de l'Histoire romaine, en vers français, avec des notes. *Paris, Defrelle*, an XI, in-8.

Cet ouvrage n'est pas cité par Fleischer dans son « Dictionnaire de Bibliographie française », *Paris*, 1812, in-8, t. I et II, les seuls publiés, mais la « Biographie » Rabbe, dans le t. IV, publié dès 1830, l'attribue à Louis Poinsinet de Sivry, mort en 1801. En 1835, dans le t. VII de sa « France littéraire », Quérard a reproduit cette attribution ; mais, en 1839, dans la « Revue bibliographique... », par deux bibliophiles (Quérard et L. Poltarotzky), sous le n° 18, d'un « Essai de Supplément au « Dictionnaire des Anonymes », « l'Abrégé » en question est attribué au vicomte LE PRÉVOST D'IRAY. M. de Manne reproduit cette attribution. Dans le t. XI de la « France littéraire », publié de 1854 à 1857, c'est encore à POINSINET DE SIVRY que « l'Abrégé » est attribué. Enfin il est à remarquer que le titre de « l'Abrégé » ne figure pas dans la publication commencée par Quérard, en 1846, sous le titre de : « Dictionnaire des ouvrages polyonymes de la littérature française », 1700-1845.

Abrégé de l'Histoire romaine, orné de 49 estampes, qui en représentent les principaux sujets. (Par l'abbé Cl.-Fr.-Xav. MILLOT.) *Paris, Nyon,* 1789, in-4, 192 p.

Abrégé de l'Histoire romaine, par EUTROPE, nouvelle édition revue et corrigée (par DE WAILLY), avec le texte à côté de la traduction. *Paris, Barbou,* 1783, 1804, petit in-12.

La traduction revue par de Wailly est celle de l'abbé Lézeau.

Abrégé de l'Histoire romaine, par le docteur GOLDSMITH, traduit de l'anglais sur la douzième édition. (Par Victor-Donatien DE MUSSET-PATHEY.) *Paris, Langlois,* an IX-1801, in-8.

Réimprimé avec le nom du traducteur.

Abrégé de l'Histoire sainte, avec des preuves de la religion... Par un ecclésiastique (le chevalier Charles DUVIVIER, curé de l'église Saint-Jean, à Liège). *Liège,* 1831, in-12.

Voy. « Supercheries », I, 1202, *d*.

Abrégé de l'Histoire sainte et de l'Histoire de France, par L. C. et F. P. B. (Louis CONSTANTIN et frère Philippe BRANSIET). *Paris, Poussielgue,* 1838, in-12.
D. M.

Abrégé de l'Histoire sainte, par demandes et par réponses. (Par l'abbé DURANDI.) *Paris, veuve Estienne,* 1735, in-12. Souvent réimprimé.

Abrégé de l'Histoire sainte, par Mme L. J. (L. JAMME). *Liège, Desoer,* 1854, in-8, 148 p.

Voy. « Supercheries », II, 792, *d*.

Abrégé de l'Histoire universelle, par feu M. Claude DE L'ISLE, historiographe et censeur. (Avec une préface de LANCELOT, éditeur.) *Paris, Guérin,* 1731, 7 vol. in-12.

Abrégé de l'Histoire universelle, par M. V. DE LACROZE, revu, continué et enrichi de notes. (Par J.-H.-J. FORMEY.) *Gotha,* 1754; — *Amsterdam,* 1761; — *Gotha,* 1763 ou *Neufchâtel,* 1776, in-8.

Abrégé de l'Institution et Instruction chrétienne. (Par M. l'abbé HAUTEFAGE,
a ancien professeur au collège d'Auxerre.) Sur l'édition italienne de 1784. *Naples, Vincent Flauto (Paris, Desaint),* 1785, in-12. — *Paris,* 1792, in-12.

Voy. les mots « Institution » et « Instruction ».

Abrégé de la Bible, et choix de morceaux de piété et de morale, à l'usage des Israélites de France. Par un Israélite français (Michel BERR). *Paris,* 1819, in-12.

b Voy « Supercheries », II, 347, *d*.

Abrégé de la Bible, nouvelle édition augmentée d'une explication morale par demandes et par réponses, par. J. L. C. prestre, curé de S.... (Jean LE CLERC, curé de Soisy). *Paris, Couterot,* 1683, in-12.

La première édition est de 1608. Voy. « Supercheries », II, 406, *c*.

Abrégé de la Chronologie de M. le chevalier Isaac NEWTON, traduit de l'anglois.
c (Par Nic. FRÉRET, qui y a ajouté des observations critiques.) *Paris, Cavelier,* 1725, in-12; et à la fin de « l'Histoire des Juifs » de Prideaux, édition de Paris.

Voyez la « Table du Journal des Savans », au mot FRÉRET. Voyez aussi la « Réponse aux observations sur la chronologie de Newton, avec la lettre de M. (l'abbé CONTI) au sujet de ladite Réponse ». *Paris, Pissot,* 1726, in-8 de 29 pages. Voyez enfin la préface de la « Défense de la Chronologie ».

L'ouvrage de Newton : « Chronology of ancient King-
d dome amended », parut à Londres, en 1728, in-4; il a été réimprimé en 1770. Arthur Bedford, Robert Walker, le chevalier S. T. (James D. Stermst), Samuel Murgrave et d'autres écrivains ont les uns attaqué, les autres défendu les assertions de l'illustre philosophe. Voir Lowndes : « Bibliographer's Manuel », p. 1675.

Abrégé de la Chronologie des anciens Royaumes, par NEWTON; traduit de l'anglais de REID. (Par J.-Ant. BUTINI.) *Genève, Gosse,* 1743, in-8.

e Abrégé de la Discipline de l'Eglise, avec des Réflexions sur l'état présent du clergé, par M. L. D. D. S. (LOCHON, docteur de Sorbonne.) *Paris,* 1702, in-12.

Voy. le « Journal des Savants », 1702 et 1705; et « Supercheries », II, 707, *d*.

Abrégé de la Doctrine de Paracelse et de ses Archidoxes, avec une explication de la nature des principes de chymie... (Par
f F. M. Pompée COLONNE.) *Paris, d'Houry fils,* 1724, in-12.

Abrégé de la Doctrine de S. Augustin touchant la Grâce, par Florent CONRIUS, traduit de son livre intitulé : « Peregrinus Jerichontinus ». (Par Ant. ARNAULD.) *Paris,* 1645, in-4.

Voyez le catalogue des ouvrages du docteur Arnauld, en tête de sa « Vie », par Larrière, in-4, ou 2 vol. in-8.

Abrégé de la Foi et de la Morale de l'Eglise, tiré de l'Ecriture sainte. (Par le P. Noël **ALEXANDRE**, dominicain.) *Paris, Daniel Hortemels*, 1686, 2 vol. in-12.

Abrégé de la Généalogie des vicomtes de Lomagne. (Par L. **CHASOT DE NANTIGNY**.) *Paris, Ballard*, 1757, in-12.

Abrégé de la Géografie (*sic*), où par des demandes et des responses familières, on facilite à la jeunesse la connaissance de la carte moderne et ancienne; ouvrage mis au jour en allemand (*sic*), (par J. **HUBNER**) et trad. en françois par Pr. **BERTAUD**. *Magdebourg*, 1709, in-12. A. L.

Abrégé de la Géographie sacrée. (Par René **PERIN**.) *Paris, A. Delalain*, 1824, in-12, 48 p., avec carte.

Abrégé de la Grammaire française, à l'usage de ceux qui n'ont pas fait d'études. (Par **SAUVAGE DE VILLAIRE**.) *Paris*, 1749, in-12.

Abrégé de la Grammaire grecque de **CLÉNARD**, nouvelle édition (revue par Philippe **DUMAS**). *Paris, Brocas et Aumont*, 1762, in-8.

Voy. « l'Encyclopédie élémentaire » de l'abbé de Pétity, t. I, p. 550.

Moréri cite onze éditeurs ou abréviateurs de la grammaire grecque de Clénard. On peut ajouter à sa liste l'édition publiée à Paris, en 1668, chez la veuve Thibaust, par Nicolas Tavernier, professeur au collége de Navarre. M. Van Thol croit que Furgault fit paraître, en 1736, un abrégé de la même grammaire, in-8.

Abrégé de la Loi nouvelle, avec la suite. (Par MM. l'abbé E.-F. **DE VERNAGE** et **PACORY**.) *Paris, Fr. Muguet*, 1711 et 1712, petit in-12.

Abrégé de la Méthode des écoles élémentaires, selon la nouvelle méthode d'enseignement mutuel et simultané... (Par **JOMARD**.) *Paris*, 1816, in-12, avec 5 pl.

Abrégé de la Morale chrétienne. (Par Pons-Augustin **ALLETZ**.) *Paris*, 1765, 1770, in-12.

Abrégé de la Morale de l'Evangile, ou Pensées chrétiennes sur le texte des quatre évangélistes, pour en rendre la lecture et la méditation plus faciles à ceux qui commencent à s'y appliquer. (Par le P. **QUESNEL**.) *Paris*, 1671, in-12. — Troisième édition augmentée. *Paris*, 1679, 3 vol. in-12.

L'auteur publia le reste du N. T. en 1687, 2 vol. in-12. Le tout revu encore et très-augmenté, fut imprimé en 1693, 4 vol. in-8.

Abrégé de la Mythologie, à l'usage des maisons d'éducation. (Par l'abbé **SAVY**.) *Toulouse*, 1811, in-12, 84 p.

Plusieurs éditions.

Abrégé de la nouvelle Géographie universelle... de William **GUTHRIE**. (Par Hyacinthe **LANGLOIS**.) 4e édit. soigneusement rev. corr... *Paris, H. Langlois*, 1805, in-8. — 7e édit. *Ibid.*, 1811, in-8. — 8e édit. *Ibid.*, 1813, in-8.

Catal. de Nantes, n° 33870.

Abrégé de la Nouvelle Héloïse, correspondance amoureuse, traduite en vers, sur les lettres de deux amants, recueillies et publiées, par J.-J. Rousseau. (Par **DENATTES**, de Ligny.) *Bar-sur-Ornain*, an VIII-1800, in-8, 48 p.

Abrégé de la Nouvelle Méthode pour apprendre facilement la langue latine. (Par Claude **LANCELOT**.) *Paris, Lepetit*, 1655, in-8.

Souvent réimprimé.

Abrégé de la Nouvelle Méthode (dite de Port-Royal) pour apprendre la langue grecque. (Par Claude **LANCELOT**.) *Paris, Lepetit*, 1656, in-8.

Souvent réimprimé.

Abrégé de la Philosophie morale, par G. F. P. (Gilles **FARCY**, prêtre). *Paris*, 1662, in-8, 20 p. — Et avec le nom de l'auteur. *Paris*, 1665, in-8.

Voy. « Supercheries », II, 173, *b*.

Abrégé de la Philosophie, ou Dissertations sur la certitude humaine, la logique, la métaphysique et la morale. Ouvrage posthume (de l'abbé Fr. **ILHARAT DE LA CHAMBRE**, avec un abrégé de la vie de l'auteur, par l'abbé **JOLY DE FLEURY**). *Paris*, 1752-1754, 2 vol. in-12.

Abrégé de la Pratique de la Perfection chrétienne, tiré des Œuvres de **RODRIGUEZ**. (Par l'abbé Pierre-Joseph **TRICALET**.) *Paris, Guérin et Delatour*, 1761, 2 vol. in-12. — *Lyon*, 1803, 2 vol. in-12.

Abrégé de la Pratique du magnétisme animal au XVIIIe et au XIXe siècles, ou Tableau alphabétique des principales cures opérées depuis Mesmer jusqu'à nos jours. (Par le comte **DE PANIN**.) *Genève*, 1821, in-8, 225 p.

Abrégé de la Quantité, ou mesure des syllabes latines, etc. (Par Nic. **FURGAULT**.) 6e édition. *Paris, Nyon le jeune*, 1779, in-8, 88 p.

La première édition remonte vers l'année 1769. M. Janet a publié la neuvième à Paris, chez Nyon le jeune, en 1807.

Abrégé de la République de Bodin. (Par le président J.-Ch. DE LAVIE.) *Londres* (*Lyon, Duplain*), 1755, 2 vol. in-12.

M. de Lavie reproduisit cet ouvrage en 1764, 2 vol. in-12, avec de grands changements, sous le titre « Des Corps politiques et de leurs Gouvernemens ». Dans « l'Avis au lecteur », il avoua cette espèce de plagiat, parce qu'il ne voulait pas être connu comme auteur du premier ouvrage; malgré sa déclaration, l'accusation de plagiat fut intentée dans « l'Année littéraire », 1764, t. III, p. 353. L'auteur, dans « l'Avis au lecteur » d'une édition augmentée des « Corps politiques, en 1767, 2 vol. in-4, ou 3 vol. in-12, déclara qu'il avait tiré le fond de cet ouvrage de celui qu'il avait publié précédemment sous le titre de : « Abrégé de la République de Bodin. » Enfin il a donné une troisième fois son travail sous ce titre : « De la législation ou du gouvernement politique des empires, extrait de Bodin, par M. L. P. D. L. V, » *Paris*, 1768, 2 vol. in-12.

Abrégé de la Révolution de l'Amérique angloise... par M*** (Pierre-Ulric DU BUISSON), Américain. *Paris, Cellot*, 1778, in-12.

Voy. « Supercheries », III, 1070, *b*.

Abrégé de la Vie de S. André **Avellin**, prêtre de la congrégation des Clercs réguliers Théatins, canonisé par notre saint-père Clément XI. (Par le révérend père Olympe DU MARCHÉ, théatin.) *Paris, Jollet*, 1713, in-12.

Note manuscrite du P. L. Boyer, théatin, communiquée par M. Pluquet, libraire.

Abrégé de la Vie de M. Henri de **Barillon**, évêque de Luçon. (Par Charles-François DUBOS.) *Delft* (*Rouen*), 1700, in-12.

Attribué mal à propos à l'abbé Germain DUPUY. Voy. Moréri.

Abrégé de la Vie de M. **Boffrand.** (Par Pierre PATTE.) *S. l.*, (1754,) in-8, 8 p.

Abrégé de la Vie de Mme la présidente **Boivault**. (Par le P. Edme BOURRÉE.) *Lyon, A. Briasson*, 1698, in-12, 80 p.

Abrégé de la Vie de César de **Bus**, fondateur de la congrégation de la Doctrine chrétienne, par un père de la même congrégation (BAUDOUIN DU BREUX). *Avignon*, 1697, in-12.—*A Paris et ailleurs*, in-18 et in-24.

Imprimé d'abord en tête des « Instructions familières de C. de Bus ». *Paris*, 1666, in-8.
Voy. « Supercheries », III. 74, *f*.

Abrégé de la Vie de Jeanne de **Cambry**, religieuse de l'abbaye des Pretz à Tournay. (Par le P. Charles-Louis RICHARD, dominicain.) *Tournay*, 1785, in-12, 184 p.

Il a fait l'Oraison funèbre de la même, anonyme, *S. l. n. d.*, in-12, 32 p.

Abrégé de la Vie de M. **Claude**, par A. B. R. D. L. D. P. (Abel-Rotholp DE LA DEVÈSE, pasteur). *Amsterdam*, 1687, petit in-12.

Voy. « Supercheries », I. 169, *c*.

Abrégé de la Vie du pape **Clément IV**... appelé Guy Gros dans le siècle... (Par J.-M. DE LA MURE.) *Lyon*, 1674, in-8.

Catal. Bergeret, 6e partie, 1859, n° 370.

Abrégé de la Vie du P. de **Clugny**, de l'Oratoire, par un père de la même compagnie (le P. Edm.-Bern. BOURRÉE). *Lyon, Amaulry*, 1698, in-12.

Voy. « Supercheries », III, 74, *e*.

Abrégé de la Vie et Idée des ouvrages de Charles-Joachim **Colbert**, évêque de Montpellier, avec le recueil de ses lettres. (Par J.-B. GAULTIER.) *Cologne* (*Utrecht*), 1740, in-4.

Abrégé de la Vie de Mme de **Combé**, institutrice de la maison du Bon-Pasteur. (Par Jean-Jacques BOILEAU.) *Paris*, 1700, in-12.

Abrégé de la Vie de M. **Creusot**, curé de la paroisse de Saint-Loup d'Auxerre, décédé en odeur de sainteté, le 31 décembre 1761. (Par l'abbé RAYNAUD, curé de Vaux.) *Auxerre*, 1764, in-12, 96 p.

Abrégé de la Vie du célèbre Pierre **Danès**, ambassadeur du roi François Ier au concile de Trente, évêque de Lavaur, etc. (Par l'abbé Pierre-Hilaire DANÈS, conseiller-clerc au parlement de Paris. *Paris, Quillau*, 1731, in-4.

Abrégé de la Vie de M. **Fevret**, prêtre, bachelier de Sorbonne, mort en 1694, âgé de 39 ans. (Par le P. Edme BOURRÉE.) *Lyon, A. Briasson*, 1698, in-12, 100 pag. avec portrait.

Abrégé de la Vie du vénérable frère **Fiacre**, augustin-déchaussé, contenant plusieurs traits d'histoire et faits remarquables, arrivés sous les règnes de Louis XIII et Louis XIV; ceux aussi relatifs à son ordre et à sa maison, sous Louis XV, Louis XVI et Napoléon. (Par l'abbé J.-A. GUIOT.) *Paris, A. Leclerc*, 1805, in-8, 80 p. fig.

Abrégé de la Vie de Ste **Geneviève**.... Avec des prières à Dieu pour obtenir par son intercession la guérison des maladies... (Par le P. MASSINOT.) *Paris*, 1736, in-12.

Abrégé de la Vie de Ste **Geneviève**, suivie de prières. *Paris*, an XIII-1805, in-12. —*Ibid.*, 1822 et 1835.

Signé : F. A. DE V. (Fr.-Amable DE VOISINS, curé de Saint-Etienne-du-Mont).

Abrégé de la Vie de la révérende mère de **Gondy**, supérieure générale de la con-

grégation du Calvaire. (Par Ambr. LALLOUETTE.) *Paris, J. Etienne* (1717), in-12.

Abrégé de la Vie de S. **Hadelin**. (Par PEETERS, chanoine de Visé.) *Liége, Monens*, 1788, in 12. Ul. C.

Abrégé de la Vie de S. **Hyacinthe**, de l'ordre des Frères Prêcheurs, par Fr. A. D. (Frère Ambr. DAWE). *Bruxelles*, 1638, in-8. V. T.

Voy. « Supercheries », II, 73, *f*.

Abrégé de la Vie de frère Arsène de **Janson**... connu dans le siècle sous le nom du comte de Rosemberg, mort dans l'abbaye de Bonsolas... écrit en italien par l'abbé (D. Alexis D'AVIA) et les religieux de la même abbaye et traduit en françois. (Par l'abbé J.-B. DROUET DE MAUPERTUIS.) *Avignon*, 1711, in-12, 189 p.

Pour une autre traduction, voy. « Relation de la vie et de la mort de frère Arsène... »

Abregé de la Vie de la bienheureuse **Jeanne-Françoise**... Voy. « Vie en abrégé de Mme de Chantal ».

Abrégé de la Vie de Ste **Jeanne-Françoise**... Voy. « Vie en abrégé de Mme de Chantal ».

Abrégé de la Vie de messire George **Joly**, chevalier, baron de Blaisy, président à mortier au parlement de Bourgogne. (Par Antoine JOLY, son fils.) *S. l. n. d.*, in-4, avec portrait.

Abrégé de la Vie et de la mort de messire Charles de **La Saussaye**, curé de Saint-Jacques la Boucherie, par le sieur de LA SAULLAYE; ensemble les justes regrets des bons paroissiens de Saint-Jacques de la Boucherie de la mort de leur pasteur, et une harangue de M. de LA SAUSSAYE, qui n'avait pas encore été mise en lumière. *Lyon-sur-le-Rhosne, par L. Perrin, jouxte la copie imp. de Boulenger et de J. Guerreau*, 1857, in-8, 6-108 p.

Réimpression faite par les soins de M. Louis DE LA SAUSSAYE. L'édit. originale est de 1622, in-12.

Abrégé de la Vie du cardinal **Le Camus**... avec l'extrait de ses ordonnances synodales. (Par Ambroise LALOUETTE, alors prêtre de l'Oratoire à Grenoble.) *Paris, E.-N. Lottin*, 1720, in-18, 68 p.

Abrégé de la Vie de Louis **Mandrin**, chef des contrebandiers en France. (Par Joseph TERRIER DE CLÉRON, président de la Chambre des comptes de Dole, né à Besançon.) *S. l.*, 1755, in-12, 128 p.

Aux pages 65-79, l'on trouve : « Oraison funèbre de messire Mandrin », dont l'édition originale est in-4 (voy. ce titre), et aux pag. 81-128, la « Mandrinade ».

a

Poëme en quatre chants, en vers burlesques (à huit pieds).

Un anonyme a publié : la « Mandrinade, ou l'Histoire curieuse, véritable et remarquable de la vie de Louis Mandrin ». *A Saint-Geoirs*, 1755, in-12 de 48 pages.

Le présent article et celui intitulé : « Histoire de Louis Mandrin » rectifient le no 7700 de la 2e édit. du « Dictionnaire des Anonymes ».

b

Abrégé de la Vie et des Vertus de la sœur **Marie-Louise** de Jésus, supérieure des Filles de la Sagesse, instituées à Poitiers par M. de Montfort. (Par M. ALLAIRE, chanoine de Poitiers.) *Poitiers, Faulcon*, 1768, in-12 de 438 p.

Voy. « Supercheries », II, 1103, *c*, où cet ouvrage a été à tort indiqué sous le nom de M. de Montfort.

Abrégé de la Vie de S. **Materne**, apôtre à Namur. (Par J. DUPONT, prêtre.) *Namur, Ch.-G. Albert*, 1694, in 8.

c

Une nouvelle édition a été donnée par M. Vilmet, professeur du séminaire. *Namur, Wesmael*, 1848, in-18.

Abrégé de la Vie du Pape **Pie V**. (Par J.-B. FEUILLET.) *Paris*, 1672, in-12. V.T.

Abrégé de la Vie de **Raphaël** Sansio d'Urbin... trad. de l'italien (de VASARI), par P. DARET, graveur. 1607, in-4. *Paris, l'Autheur*, 1651, pet. in-12, fig.

d

Le nommé J. de Bombourg (voy. ce nom aux « Supercheries », I, 548, *a*) s'est emparé de cette traduct., qu'il a publiée sous son nom et sous le titre de : « Recherche curieuse... » (et non Recherches).

Abrégé de la Vie du bienheureux J.-Fr. **Régis**... par le R. P... (Dominique COLONIA), de la Compagnie de Jésus. *Lyon, J. Lions*, 1717, in-12.

Voy. « Supercheries », III. 465, *a*.

e

Abrégé de la Vie et de la Retraite de Juste de Clermont d'Amboise, chevalier de **Reynel**, brigadier de cavalerie dans les armées du roi, par M.*** (le marquis Henri-Fr. DE LA RIVIÈRE). *Paris, Delespine*, 1706, petit in-12.

Voy. « Supercheries », III, 1024, *b*, et 1028, *f*.

f

Abrégé de la Vie du cardinal de **Richelieu**, pour lui servir d'épitaphe. (Par Mathieu de MORGUES, seigneur de SAINT-GERMAIN.) *S. l.*, 1643, in-4. Pièce.

Trois éditions la même année et deux sans lieu et sans date, dont une porte : par le sieur DE SAINT-GERMAIN.

Abrégé de la Vie de S. François de **Sales**, (Par Louise DE RABUTIN.) *Paris, de Laulne*, 1699, in-12.

Abrégé de la Vie du B. Alex. **Sauli**. (Par B. VASSOULT.) *Paris*, 1742, in-12. V. T.

Catalogue manuscrit des Barnabites.

Abrégé de la Vie et Actions de Maurice-Eugène de **Savoie**, comte de Soissons, par le sieur DE M. (DE MONTFALCON), secrétaire de ce prince. *Paris, Théod. Girard*, 1677, in-12.

Voy. « Supercheries », II, 1001, *c*.

Abrégé de la vie de Frédéric, duc de **Schomberg**, marquis du Saint-Empire, général des armées du roi de la Grande-Bretagne. (Par DE LUSANCY, ministre de Harwich.) *Amsterdam*, 1690, in-12.

Le vrai nom de cet auteur était Matthieu DE BEAUCHASTEAU. Il n'avait que dix à onze ans lorsqu'il publia la « Lyre du jeune Apollon, ou la Muse naissante du petit de Beauchasteau ». *Paris*, 1657, in-4.

Voy. la « Bibliothèque historique de la France », t. III, n° 31680.

Abrégé de la Vie de saint **Servais**, évêque de Tongres et patron contre la fièvre et les maladies épidémiques. (Par J.-L. DUSSART, curé de Saint-Servais, à Liège.) *Liège, Dessain*, 1773, in-12.

Abrégé de la Vie de M. **Tricalet**, directeur du séminaire de Saint-Nicolas-du-Chardonnet. (Par l'abbé Cl.-P. GOUJET.) *Paris, Lottin aîné*, 1762, in-12.

L'abbé Goujet dit, dans son catalogue manuscrit : « Cette vie est de ma composition ; MM. de Saint-Nicolas l'ont ignoré, et quelques-uns ont attribué cet écrit à l'abbé JUGNOT, qui ne l'a vu qu'après l'impression ; j'en suis seul auteur. » Cette vie est aussi au t. IX de la « Bibliothèque portative des Pères de l'Eglise ». Voy. ces mots.

Abrégé de la Vie et des vertus du bienheureux **Vincent de Paul**. (Par Gilbert NOIRET.) *Paris, Billiot*, 1729, in-12. — Autre édit., *Paris, imp. de C. Simon, s. d.*, in-12. — Troisième édition, 1733, in-12.

Réimprimé à *Varsovie*, en 1729, in-8. A. L.

Abrégé de la Vie des évêques de Coutances. (Par l'abbé Louis ROUAULT, curé à Saint-Pair, diocèse de Coutances.) *Coutances, J. Fauvel*, 1742, in-12.

Abrégé de la Vie des Peintres, avec des réflexions sur leurs ouvrages. (Par Roger DE PILES.) *Paris, N. Langlois*, 1699, in-12. — Seconde édition (avec un éloge de l'auteur, par l'abbé FRAGUIER). *Paris, Estienne*, 1715, in-12. — 1767, in-12.

Abrégé de la Vie des plus fameux peintres... par M*** (Ant.-Jos. DEZALLIER D'ARGENVILLE). *Paris, de Bure*, 1743, 2 vol. in-4. — Supplément, 1752, in-4. — Nouvelle édition, augmentée. *Paris, de Bure*, 1762, 4 vol. in-8.

Voy. « Supercheries », III, 1041, *c*.

Abrégé de la Vie des Saints, avec des réflexions et de courtes prières. (Par M. ETIENNE, prêtre.) Nouvelle édition (revue par Laur.-Et. RONDET). 1757, 3 vol. in-12.

Abrégé de la Vie spirituelle pour tout estat, tiré de la considération des Ecritures, par F. G. (François GAULTRAN, de Gravelines, jésuite). *Liège*, 1638, in-18, 271 p.

Voy. « Supercheries », II, 36, *e*.

Abrégé de la Voye de salut, ou Déclaration de la vérité chrétienne... (Par Sam. DESMARETS.) In-8.

Dahlmann, p. 713.

Abrégé de Mythologie en vers français, à l'usage de la jeunesse des deux sexes. (Par PERONNÈS, principal du collége de Lannion.) *Saint-Brieuc, imp. de Prudhomme*, 1812, in-8, 23 p.

L'auteur signe la dédicace.

Abrégé de politique. (Par David CONSTANT, professeur à Lausanne.) 1686, in-12. — Nouvelle édition, revue et augmentée de moitié. *Francfort, C. Belmani*, 1687, in-12.

Abrégé de Saint-Jean Chrysostôme sur l'Ancien Testament. (Par Nicolas FONTAINE.) Nouvelle édition. *Paris, J. Barbou*, 1757, in-12.

Cet ouvrage parut en 1688 ; il n'en existe réellement qu'une édition. L'exemplaire de la prétendue nouvelle édition que j'ai sous les yeux présente trois changements très-communs dans la librairie : 1° la réimpression du frontispice, avec une nouvelle date ; 2° la suppression de l'avertissement et de l'approbation des docteurs, 4 pages ; 3° la réimpression de la dernière page. Le *verso* de cette dernière page contient, dans les exemplaires originaux, l'extrait du privilége du roi, dans lequel le sieur Fontaine est nommé comme auteur de l'ouvrage : la suppression de ce privilége rend les nouveaux exemplaires entièrement anonymes.

M. Joseph Barbou s'est encore permis un changement de frontispice bien plus remarquable. Voyez « Traité de la vocation chrétienne des enfants ».

Abrégé de S. Jean Chrysostôme sur le Nouveau Testament. (Par Paul-Antoine DE MARSILLY.) *Paris, Le Petit*, 1670, 2 vol. in-8.

Qu'il me soit permis de placer ici une longue notice tirée de ma « Dissertation sur soixante traductions françaises de l'Imitation de Jésus-Christ ». Les réflexions que j'y ajouterai concilieront peut-être les différentes opinions que j'y expose.

Rien n'est plus connu que le masque de Paul-Antoine de Marsilly, qui se trouve : 1° au frontispice de la traduction des « Homélies » de saint Jean Chrysostôme sur saint Matthieu, *Paris, Le Petit*, 1665, 3 vol. in-4 ; 2° dans le privilége de « l'Abrégé du même saint sur le Nouveau Testament ». *Paris, Le Petit*, 1670, 2 vol. in-8 ; 3° en tête des traductions de « l'Imitation de Jésus-Christ », *Paris, Pralard*, 1694, in-12 ; 4° du

« Pastoral de saint Grégoire-le-Grand », *Paris, Pralard*, 1694, petit in-12, — *Lyon, Malin*, 1695, in-12.

Rien n'était plus difficile à découvrir que le nom de la personne cachée sous ce masque. Mes recherches ne m'ont présenté pendant longtemps que confusion et incertitude.

L'approbation des docteurs, placée en tête de « l'Abrégé de saint Jean Chrysostôme sur le Nouveau Testament », présente cet ouvrage comme étant du même auteur que la traduction des « Homélies sur saint Matthieu ».

Dans l'extrait du privilége du roi, inséré à la fin de « l'Abrégé de saint Jean Chrysostôme sur l'Ancien Testament », *Paris, Pralard*, 1688, in-12, on lit ces mots : « Il est permis au sieur Fontaine de faire imprimer par tel imprimeur qu'il voudra choisir un livre intitulé : les « Homélies de saint Jean Chysostôme sur l'Ancien et le Nouveau Testament », qu'il a traduit en françois. Ce privilége est daté du 17 mai 1674, et il est suivi de la cession qu'en fait le sieur Fontaine au libraire Pralard.

Dès 1675, Nicolas Fontaine fit paraître le premier volume de sa traduction des « Homélies de saint Chrysostôme sur saint Paul ». Le septième et dernier volume parut en 1693.

« L'Abrégé de saint Jean Chrysostôme sur l'Ancien Testament » et la traduction de ses « Homélies sur saint Paul » expliquent suffisamment, relativement à Nicolas Fontaine, le contenu du privilége dont il est ici question ; mais la date de ce privilége peut servir à démontrer que Fontaine n'était pas l'auteur caché sous le masque de Marsilly. En effet ce dernier avait fait obtenir, le 27 novembre 1669, à son libraire P. Le Petit, une prolongation de son ancien privilége pour sept ans, cet ancien privilége devant expirer en 1674, la prolongation le conduisait jusqu'en 1681. Or on ne peut croire que le même auteur ait sollicité, en 1674, un nouveau privilége pour les mêmes ouvrages. Il paraît cependant que la teneur du privilége de 1674 a fait regarder Nicolas Fontaine comme le traducteur des « Homélies sur saint Matthieu » et de « l'Abrégé sur le Nouveau Testament », et en conséquence comme le personnage caché sous le nom de Marsilly. Il m'est aisé de prouver que l'on n'a sur cet objet que des renseignemens vagues et confus.

Adrien Baillet, qui, dans la première partie de ses « Jugemens des Savans », publiée en 1685, mit au rang des plus habiles traducteurs Paul-Antoine de Marsilly, le désigna sous les initiales Th. D. F. (Thomas du Fossé) ; et en 1690, dans sa liste des « Auteurs déguisés », il joignit à côté du masque de Marsilly ces mots : *Louis-Isaac Le Maistre de Sacy* et *Nicolas Fontaine* conjointement. La Monnoye, dans son édition des « Jugemens des Savans », avoue qu'il n'a pu deviner ce que signifient les initiales Th. D. F., et il cite le passage de la « Liste des Auteurs déguisés », sans y rien ajouter.

L'abbé Goujet, dans son « Catalogue manuscrit », à l'article de la traduction des « Homélies de saint Jean Chrysostôme sur saint Matthieu », a suivi la seconde opinion de Baillet ; mais, dans le « Supplément au Dictionnaire de Moréri », de 1739, il attribue cette traduction à M. de Sacy seul, et il n'en parle pas à l'article de Nicolas Fontaine, qui est rédigé avec un soin particulier. Ces variations prouvent suffisamment que Nicolas Fontaine, qui est mort à Melun, en 1709, n'était pas regardé généralement, ni avant ni depuis sa mort, comme l'auteur des différentes traductions de saint Jean Chrysostôme sorties de l'école de Port-Royal.

Je devais donc chercher de nouveaux renseignemens sur Paul-Antoine de Marsilly ; je crus en trouver dans le Catalogue des ouvrages de l'abbé de Bellegarde, placé, en 1718, à la fin de ses « Maximes » pour l'éducation d'un roi ». L'abbé de Bellegarde vivait encore : son libraire le présente comme le véritable auteur des traductions de saint Jean Chrysostôme, annoncées précédemment sous le nom de M. de Sacy. Une assertion aussi positive me détermina à attribuer à l'abbé de Bellegarde (1) la traduction des « Homélies sur saint Matthieu » ; mais je me convainquis bientôt que cet abbé avait à peine dix ans, lorsque cette traduction parut pour la première fois.

Un bibliophile très-distingué, J. Albert Fabricius (2), crut aussi l'abbé de Bellegarde caché sous le nom de Marsilly ; c'est à lui qu'il donne « l'Imitation de Jésus-Christ », imprimée en 1694, chez Pralard. Cet exemple m'avait séduit (3) ; mais l'erreur est évidente, puisque la traduction de « l'Imitation » par l'abbé de Bellegarde ne parut qu'en 1698, et sous son vrai nom.

On a encore varié sur le quatrième ouvrage où se trouve le nom de Marsilly, c'est-à-dire sur la traduction du « Pastoral de saint Grégoire ». Je la donnai d'après l'abbé Godescard (4), à Louis Bulteau, clerc et commis de la congrégation de Saint-Maur ; mais je m'étonnais avec raison (5) que dom Tassin n'eût pas mentionné cette traduction dans « l'Histoire littéraire de la congrégation de Saint-Maur ». L'abbé Godescard est tombé dans une double erreur ; car il cite la traduction du « Pastoral » comme ayant été imprimée en 1689. Cette date est celle de la traduction des « Dialogues » de saint Grégoire, qui est réellement de Louis Bulteau.

Tous mes doutes, toutes mes incertitudes sur Paul-Antoine de Marsilly se sont enfin évanouis à la lecture d'une note de l'abbé de Saint-Léger, qui atteste que le vrai nom de cet auteur était Prévost, chanoine de Melun en 1695.

Peut-être ne doit-on attribuer à ce dernier que les traductions de « l'Imitation » et du « Pastoral » de saint Grégoire. Dans cette hypothèse, l'on pourrait regarder M. de Sacy comme le principal auteur des ouvrages publiés en 1665 et 1670.

Les traductions sous le nom de Paul-Antoine de Marsilly sont encore recherchées aujourd'hui ; les « Homélies de saint Jean Chrysostôme sur Matthieu » ont été réimprimées, en 1693, pour la cinquième fois. La dernière édition de la traduction du « Pastoral » de saint Grégoire est de 1759, à *Paris, chez Savoye*.

A. A. B—r.

Voy. « Supercheries », II, 1063, *c*.

Abrégé de toutes les sciences, à l'usage des enfants de six ans jusqu'à douze. (Par J.-H.-S. Formey.) Nouv. édit., revue et augm. *Berlin*, 1767, in-8. — Sixième édit. *Postdam*, 1791, in-8.

(1) Voy. « Dictionnaire des Anonymes », première édition, t. II, n° 8630.

(2) Voy. la « Bibliothèque latine du moyen âge », t. IV, p. 640, édit. in-8. — T. IV, p. 217, édit. in-4.

(3) Voy. « Dictionnaire des Anonymes », première édition, t. III, n° 10399.

(4) « Vies des Pères, etc. », art. saint Jean Chrysostôme, t. II, p. 642, édition de 1783.

(5) « Dictionnaire des Anonymes », première édition, t. III, n° 10399.

Abrégé des Annales de la ville de Paris, contenant tout ce qui s'est passé de plus mémorable depuis sa première fondation jusques à présent. (Par Fr. COLLETET.) *Paris, Pépingué*, 1664, in-12.

Abrégé des Antiquités de la ville de Paris, contenant les choses les plus remarquables tant anciennes que modernes... (Par François COLLETET.) *Paris, Jean Guignard, N. Pépingué, C. de Sercy*, 1664, in-12.

Le privilége, donné pour cet ouvrage et pour le précédent, est daté du 22 novembre 1662, et est au nom du libraire Pépingué, qui s'est associé Ch. de Sercy et Jean Guignard fils. Achevé d'imprimer pour la première fois le 16 juillet 1664.

Abrégé des Antiquitez romaines. (Par Nicolas THÉRU, professeur du collége Mazarin.) *Paris, Musier*, 1706, in-24. — Troisième édition, augmentée. *Paris, Nyon*, 1725, in-24. — Troisième édit., revue, corr. et augmentée. *Paris, Brocas*, 1765, in-24. — Nouv. édit., augmentée, par P. B*** (Pierre BLANCHARD). *Paris, P. Blanchard*, 1810 ou 1824, in-18.

Le nom de l'auteur se lit dans le privilége de l'édit. de 1725.

Abrégé des bons Fruits, avec la manière de les connaître et de cultiver les arbres. (Par Jean MERLET, écuyer.) *Paris, de Sercy*, 1667, 1675, in-12. — Troisième édition, avec le nom de l'auteur et une table des matières. *Ib.*, 1690, in-12. — *Ib.*, *Saugrain*, 1771, in-12.

Abrégé des Causes célèbres et intéressantes, avec les jugements qui les ont décidées, par M. P. F. B*** (BESDEL), sixième édition. *Pont-à-Mousson, Thiéry*, 1806, 3 vol. in-12.

La première édition de cet ouvrage parut à Paris, en 1783, avec le nom de l'auteur.

Voy. « Supercheries », III, 93, *b*.

Abrégé des Commentaires de M. de FOLARD sur l'histoire de Polybe, par M*** (DE CHABOT), mestre de camp de cavalerie. *Paris*, 1754, 3 vol. in-4, av. 111 pl.

Voy. « Supercheries », III, 1047, *d*.

Abrégé des controverses sur la religion, ou Méthode courte pour discerner la véritable religion... (Par le P. LOMBARD, jésuite.) *Nancy*, 1723, in-16.

Réimprimé sous le titre de : « Méthode courte et facile pour discerner la véritable religion ». Voyez ce titre.

Abrégé des dix livres d'Architecture de VITRUVE. (Par Claude PERRAULT.) *Paris*, 1674, in-12. — *Ib.*, 1768, in-12.

Abrégé des Géoponiques, extrait d'un ouvrage grec fait sur l'édition de Niclas (de *Leipzick*, 1781), par un amateur (Ch.-A. CAFFARELLI, ancien préfet). *Paris, madame Huzard*, 1812, in-8.

Les notes signées B sont de M. DE BOSC. Voy. « Supercheries », I, 288, *f*.

Abrégé des Libertés de l'Église gallicane, avec des réflexions et des preuves qui en démontrent la pratique et la justice. (Par le P. J. BRUNET.) *S. l. n. d.* (*Paris*, 1765), in-12.

Abrégé des Mathématiques à l'usage de sa majesté impériale de toutes les Russies. (Par Jacques HERMAN et Joseph-Nicolas DELISLE.) *Saint-Pétersbourg, de l'imprimerie de l'Académie*, 1728, 3 vol. in-8.

On a prétendu qu'il n'avait été tiré que 25 exemplaires de cet ouvrage ; il renferme l'arithmétique, la géométrie, la trigonométrie, l'astronomie, la géographie et la fortification.

Abrégé des Mémoires pour servir à l'Histoire du Jacobinisme, par M. l'abbé Barruel. (Par l'abbé JACQUEMIN, professeur de philosophie au collége royal de Nancy.) *Hambourg, Fauche* (*Nancy, Le Seure*), 1801, 2 vol. in-12.

Cet abrégé est suivi d'un autre abrégé d'un ouvrage de l'abbé Proyart sur les « Causes de la Révolution ».

Abrégé des Morales de PLUTARQUE, traduction d'Amyot, avec l'orthographe de l'Académie. (Par LA BOULLÉE.) *Paris, Brunot-Labbe*, 1813, in-12.

Abrégé des ouvrages d'Emmanuel SWEDENBORG, contenant la Doctrine de la nouvelle Jérusalem céleste... (Par DAILLANT DE LA TOUCHE.) *Strasbourg, Treuttel*, 1788, in-8, LXXII-396 p.

Abrégé des Preuves de la canonicité de l'ordre des Frères Prêcheurs. (Par le P. NEVEU, prieur de Troyes, puis du Mans, où il est mort.) *Troyes, Lefebvre*, 1765, in-8, 55 p.

Abrégé des principaux Traités de la théologie. (Par Nic. LETOURNEUX, avec des additions et des retranchements, par PIROT et le P. GOUDIN.) *Paris*, 1693, in-4.

Abrégé des principes de l'économie politique. (Par CHARLES-FRÉDÉRIC, grand-duc de Bade.) *Carlsrhue*, 1772, in-8. — *Bade*, 1773, in-8. — 1796, in-8.

Publié par P. S. DUPONT, de Nemours. A. L.

Abrégé des propriétés des miroirs concaves, des loupes à eau, et des autres ouvrages qui se fabriquent dans la manufacture desdits miroirs, etc. (Par M DESBERNIÈRES.) *Paris, G. Desprez*, 1763, in-12. D. M.

Abrégé des raisons qui condamnent la

comédie, et réfutation des prétextes dont on se sert pour la justifier. (Par LE COQ, prêtre, avec la collaboration de Michel-Gabriel PERDOULX DE LA PERRIÈRE.) *Orléans, F. Rouzeau*, 1717, in-12.

Abrégé des Sciences et des Arts. (Par Jacques-François DURAND, ministre protestant.) *Lausanne*, 1762, in-12.

Cet ouvrage a eu beaucoup de succès ; mais il ne faut pas le confondre avec « l'Abrégé de toutes les Sciences, à l'usage des enfans de six ans jusqu'à douze », imprimé à Berlin dès l'année 1757, et souvent réimprimé en Hollande, en France, en Suisse et en Allemagne. Ce dernier a été refondu dans toutes ses parties, afin de le rendre propre à l'usage des écoles des pays catholiques. Voyez entre autres l'édition de *Bruxelles*, 1782, in-12. — Quérard n'a pas compris cette note par lui mal copiée, et il dit tout le contraire. Voy. « France littér. », t. II, p. 719.

Abrégé des traitez dv caffé, dv thé et dv chocolas, pour la préservation et la guérison des maladies. *Lyon, E. Vitalis*, 1687, in-12.

Cet ouvrage est un abrégé de celui de M. DE BLEGNY.

Abrégé des trois États du Clergé, de la Noblesse et du Tiers-Etat, par D. G. (Denis GODEFROY). *Paris*, 1682, in-12, douteux.

Voy. les catalogues de Barré et de Falconet; et « Supercheries », I, 933, *d*.

Abrégé des « Trois Siècles de la littérature française »... par l'abbé SABATIER de Castres; débarrassé des lenteurs, corrigé et publié par un ancien professeur au Collége de France (J.-A.-S. COLLIN DE PLANCY). *Paris, Painparré*, 1821, in-12.

Voy. « Supercheries », I, 341, *a*.

Abrégé des vertus des eaux minérales de Spa... (Par le docteur J.-P. DE LIMBOURG.) *Spa* (*Liège, Desoer*), 1754, petit in-8, 15 p.

Souvent réimprimé avec le nom de l'auteur.

Abrégé des Vies de Marie Dias, Marie Amice Picard et d'Armelle Nicolas... (Par J.-Fr. DE LA MARCHE.) *Nantes, Vatar*, 1756, in-12.

L'auteur a signé la dédicace.

Abrégé des Vies des anciens philosophes, par M. D. F. (DE FÉNELON). *Paris, Estienne*, 1726, in-12.

Voy. « Supercheries », I, 931, *f*.

Abrégé des Vies des poëtes, historiens et orateurs grecs et latins, qu'on voit ordinairement dans les colléges. (Par Charles FOURRÉ.) *Paris, Benard*, 1707, in-8.

Abrégé du Calcul intégral, traduit de l'anglais de MACLAURIN. (Par P.-Ch. LE MONNIER.) *Paris*, 1765, in-8.

Abrégé du Catéchisme du Concile de Trente. (Par le P. Boniface GRIVAULT, camaldule.) *Paris, Fr. Matthey*, 1736, in-12.

Abrégé du « Cours de religion à l'usage des jeunes gens, » par demandes et par réponses. (Par Louis DE BONS.) *Lausanne*, 1767, petit in-8.

Abrégé du Droit public d'Allemagne. (Par le comte DE SCHMETTOW.) *Amsterdam*, 1778, in-8.

Abrégé du Guide des voyageurs en Europe (de J.-B. REICHARD). *Vienne*, 1803, in-18.

Abrégé du « Journal de Paris, » ou Recueil des articles les plus intéressants insérés dans le Journal de Paris, depuis son origine, et rangés par ordre des matières, années 1777-1781. (Par MUGNEROT.) *Paris*, 1789, 4 vol. in-4.

Abrégé du Nouveau Testament, suivi de prières chrétiennes. (Par M. GARY.) *Paris*, 1825, in-12.

Abrégé du Pilotage. (Par COUBERT, hydrographe, à Brest.) *Brest*, 1693, 1702, in-12. — Nouvelle édition (suivie d'un Mémoire de GOIMPY, et augmentée par P.-Ch. LE MONNIER). *Paris, Desaint*, 1766, in-8.

Abrégé du premier livre de l'enfance... pour servir à la première instruction de Mgr le duc de Bordeaux. (Par BEAUSSIER, bibliothécaire de Vendôme.) *Paris, A. Eymery et L. Colas*, 1821, in-8, 62 p.

Abrégé du procès fait aux Juifs de Metz, avec trois arrêts du Parlement, qui les déclarent convaincus de plusieurs crimes, et particulièrement Raphaël Lévi d'avoir enlevé, sur le chemin de Metz à Boulay, un enfant chrétien, âgé de trois ans, pour réparation de quoi il a été brûlé vif le 17 janvier 1670. *Paris, Fréd. Léonard*, 1670, petit in-12, 92 p.

Le P. Lelong attribue cet écrit à AMELOT DE LA HOUSSAYE. Richard Simon en a publié une réfutation sous ce titre : « Factum servant de réponse au livre intitulé : Abrégé du procès... » *S. l. n. d.*, in-4, 18 p. C'est une pièce rare, mais on la trouve imprimée dans la « Bibliothèque critique de Sainjore (R. Simon) », t. I, p. 109 et suiv.

Osmont ayant dès 1768, dans son « Dictionn. typ. », attribué le « Factum » à AMELOT DE LA HOUSSAYE, cette erreur a été reproduite de nos jours par plusieurs bibliographes.

Abrégé du Recueil des Actes et Mémoires du Clergé de France. (Par l'abbé

Marc Du Saulzet.) *Paris*, *Desprez*, 1752, 1764, *in-fol.*

L'édition de 1764, revue et considérablement augmentée, est précédée d'un avant-propos très-bien écrit par Rigoley de Juvigny, qui a fourni des notes intéressantes pour le catalogue des manuscrits et imprimés formant la collection complète des procès-verbaux des assemblées du clergé.

Abrégé du Service de campagne. (Par de La Calmette.) *La Haye*, *Dehondt*, 1752, in-8.

Abrégé du Traité de l'Amour de Dieu de S. François de Sales. (Par l'abbé Pierre-Joseph Tricalet.) *Paris*, *Guérin et Delatour*, 1756, in-12.

Abrégé du Traité de l'orthographe françoise par Ch. Le Roy, communément appelé « Dictionnaire de Poitiers. » (Par Monjardet de St-Valerin.) *Poitiers*, *Faulcon*, *et Paris*, *Moutard*, 1777, in-12.

Abrégé du Traité des études, par M. P. B. A. C. D. N. (Pierre Bois, ancien curé de Noyers, diocèse de Sisteron). *Avignon*, *Chambeau*, 1754, in-12.

Voy. « Supercheries », III, 49, *c*.

Abrégé du Traité des études de Rollin, à usage de la jeunesse, etc. (Par Regnard, ancien député des Ardennes, ancien conservateur des forêts.) *Paris*, *imp. française* an IV, 196 p. D. M.

Abrégé du Traité des Tropes de M. Du Marsais, à l'usage des colléges. (Par l'abbé Ducros, principal du collége de Carpentras.) *Carpentras*, 1778, in-12.

Réimprimé avec le nom de l'auteur.

Abrégé du Traité du pouvoir des évêques, de Pereyra. (Par Dom P.-Philibert Grappin.) *Paris*, an XI-1803, in-8.

Abrégé du Voyage de Mungo-Parck. (Par E. Aignan.) *Orléans*, *Berthevin*, *et Paris*, *Pougens*, 1792, in-12.

Il y a des exemplaires datés de *Paris*, 1800.

Abrégé (par J.-H. Meynier) du Voyage du jeune Anacharsis en Grèce... (de J.-J. Barthelemy). *Nuremberg*, 1794, in-8, 633 p. — 2e édition, *ibid.*, 1804, in-8; — 3e édition. *Halle*, 1810, in-8.

Ces deux dernières éditions portent le nom de Meynier.

Abrégé du Voyage du jeune Anacharsis... par J.-J. Barthelemy, à l'usage de la jeunesse. (Par J.-B.-J. Breton.) *Paris*, 1805, 2 vol. in-12.

Abrégé économique de l'Anatomie du corps humain. (Par Henri-Fr. Le Dran.) *Paris*, *Didot*, 1768, in-12.

Abrégé élémentaire d'Astronomie, de Physique, d'Histoire naturelle, de Chimie, etc. (Par T.-B. Taitbout.) *Paris*, *Froullé*, 1777, in-8.

Voy. « Supercheries », III, 764, *c*.

Abrégé élémentaire de Botanique. (Par J.-B. Lestiboudois.) *Lille*, *Henry*, 1774, in-8.

Abrégé élémentaire de Géographie ancienne et moderne. (Par M. le baron de Stassart.) — Géographie physique, historique, statistique et topographique de la France. (Par M. Moreau.) *Paris*, *Bernard*, 1804, 2 vol. in-8.

Abrégé élémentaire de l'Histoire naturelle des animaux. (Par J.-B. Lestiboudois.) *Lille*, *Jacquez* (1800), in-8. — 1802, in-8, avec tableau synoptique.

Abrégé élémentaire des Principes de l'Economie politique. (Par M. Germain Garnier.) *Paris*, *Agasse*, 1796, in-12.

Abrégé élémentaire des sections coniques... (Par M*** Guy.) *Paris*, *Pierres*, 1777, in-8, 92 p.

Voy. « Supercheries », III, 1068, *b*.

Abrégé et concorde des livres de la Sagesse. (Par Clément de Boissy.) *Auxerre*, *F. Fournier*, 1667, in-12.

Abrégé historique de l'Etablissement de l'hôpital des enfants trouvés. (Par Arrault, avocat au parlement et administrateur de l'hôpital général.) — *Paris*, *Thiboust*, 1746, in-4, 14 p.

Abrégé historique de l'Eucharistie, ou Preuves, etc. (Par Bellenger des Fresneaux.) *Caen*, *Jouanne*, 1696, in-12.

Abrégé historique de l'Origine et des progrès de la Gravure et des Estampes en bois et en taille douce. Par M. le major H. (Humbert). *Berlin*, 1752, in-8.

Voy. « Supercheries », II, 231, *a*.

Abrégé historique de la Fondation de l'Hôpital de Notre-Dame-de-la-Charité, à Dijon. (Par A. Le Belin.) *Dijon*, 1734, in-12. V. T.

Abrégé historique de la grande Emigration des peuples barbares, et des émigrations principales arrivées dans l'ancien monde depuis cette époque. Par L. C. D. R. (le comte de Redern). *Bruxelles*, *De Mat*, 1817, in-8, 112 p.

Voy. « Supercheries », II, 701, *a*.

Abrégé historique de la Maison d'Egmont. (Par Le Cocq-Madelaine.) 1707, in-4. V. T.

a Abrégé historique de la Vie de Saint-Maur... *S. l.*, 1750, in-4, 19 p.

Par D. TALANDIER, suivant une note manuscrite sur l'exemplaire de la Bibliothèque nationale.

Abrégé historique des sciences et des beaux-arts, en latin et en françois. (Par M. l'abbé DUFOUR, professeur royal au collége de Bruxelles.) *Bruges, Van Praet*, 1781, in-12.

Voy. « Supercheries », I, 156, *e*, et III, 1072, *d*.

b Abrégé historique des sciences et des beaux-arts, pour servir de suite à l'Encyclopédie enfantine de Mlle Los-Rios. (Par l'abbé DUFOUR.) *Dresde, Walther*, 1785, pet. in-8. — Et aussi sous le titre de : « Abrégé historique de toutes les sciences et des beaux-arts... » *Lausanne*, 1789, in-12.

Cet ouvrage n'est que la réimpression, sans la traduction latine, de celui décrit dans l'article précédent.

c Abrégé historique du Droit canon, contenant des remarques sur les décrets de Gratien, avec des dissertations. (Par le P. ARCHAIMBAUD, oratorien.) *Lyon*, 1689, in-12.

Abrégé historique du Vieux et du Nouveau Testament, avec des réflexions, etc., par Georges-Frédéric SEILER, traduit de l'allemand (par J.-J. MEYNIER). *Erlangen*, 1784, 2 vol. in-8.

d Abrégé historique et chronologique, dans lequel on démontre par les faits, depuis le commencement du monde jusqu'en l'année 1733, que la vraie religion a toujours été et sera toujours combattue... *Francfort*, 1732, in-24.

Par les frères QUESNEL, de Dieppe, suivant une note manuscrite du médecin Falconet.

e Abrégé historique et chronologique des Figures de la Bible, mis en vers français. (Par mademoiselle THOMAS DE BAZINCOURT.) *Paris, veuve Ballard*, 1768, in-12.

Abrégé historique et iconographique de la vie de Charles V, duc de Lorraine, dédié à son altesse royale Léopold, son digne successeur. (Par DE PONT, gentilhomme portugais.) *Nancy, René Charlot*, 1701, in-fol.

f Cet ouvrage n'est mentionné ni dans la « Bibliothèque Lorraine » de dom Calmet, ni dans la « Bibliothèque historique » du P. Lelong. Il est signé : D. M. G. P.

Abrégé historique et politique de l'Italie. (Par Chrétien-Louis-Aubert PATJÉ, secrétaire de la chambre des finances de Hanovre.) *Yverdun*, 1781, 4 vol. in-12.

Abrégé méthodique de l'Histoire de France par la chronologie, la généalogie, les faits mémorables, et le caractère moral et physique de tous nos rois. (Par l'abbé Oronce DE BRIANVILLE.) *Paris, Ch. de Sercy*, 1664, in-12.

Il y a eu plusieurs éditions.

Abrégé méthodique de la Jurisprudence des eaux et forêts. (Par MENIN.) *Paris*, 1738, petit in-12.

Abrégé méthodique des Lois civiles et du Droit commun de la France. (Par M. GÉRARD DE MELCY.) *Paris, Prault*, an XIII-1805, 6 vol. in-8.

Abrégé nouveau de l'Histoire d'Espagne. (Par VANEL.) *Paris, Cavelier*, 1689. — *Bruxelles, Foppens*, 1784, 3 vol. in-12.

Abrégé nouveau de l'Histoire générale des Turcs. (Par VANEL.) *Bruxelles, Fr. Foppens*, 1704, 4 vol. in-12.

Abrégé nouveau et méthodique du Blason, pour apprendre facilement et en peu de jours tout ce qu'il y a de plus curieux et de plus nécessaire en cette science. (Attribué à Laurent PIANELLI DE LA VALETTE.) *Lyon, Th. Amaulry*, 1705, in-12. — Nouv. édit. *Lyon*, 1722, in-12.

L'épître dédicatoire au marquis de Villeroy est signée G. F. S. On trouve à la page 6 des détails généalogiques fort étendus et un luxe de gravure inaccoutumé, les armes de messire Laurent Pianelli de La Valette, président des trésoriers de France, et ancien prévost des marchands de la ville de Lyon, avec les armes de sa femme, Laure Marescaranny.

Abrégé portatif de l'Histoire universelle, sacrée et profane. (Par P. DES CHAVANETTES.) *Paris, Saugrain le jeune*, 1778, 3 vol. in-12.

Cet ouvrage parut en 1766 et années suivantes, sous les titres : « Discours sur l'Histoire ancienne »; « Discours sur l'Histoire des Juifs » et « Discours sur l'Histoire moderne ».

Le nom de l'auteur est donné en abrégé sur le titre de la « Nouvelle Histoire d'Angleterre », qui porte : par M. P. DES CHAVANETTES. *Paris*, 1760, 6 vol. in-12.

Abrégé pour les arbres nains et autres. Par J. L. (LAURENT), notaire à Laon. *Paris, C. de Sercy*, 1675, 1683, in-12.

L'auteur signe la dédicace à M. de La Quintinie.
Voy. « Supercheries », II, 405, *c*.

Abrégé raisonné de l'Histoire universelle, sacrée et profane, à l'usage des pensionnaires du collége des nobles de Varsovie, de la compagnie de Jésus. (Par Charles WYRWIEZ.) *Varsovie*, 1766-71, 2 vol. in-8 et in-12. L. S. V.

Abréviateur (l') grammatical, ou la Grammaire française réduite à ses plus simples éléments, en italien et en français.

(Par l'abbé Aimé GUILLÓN.) *Milan, de l'imprimerie de Cairo et compagnie*, 1807, in-12.

Absence (l') du maître, comédie en un acte. (Par A.-Ch. CAILLEAU.) *Paris, s. d.*, in-12.

Absolution (de l') donnée à l'article de la mort par un prêtre schismatique constitutionnel, contre les assertions de M. F***, auteur du « Journal historique et littéraire ». 1794, in-8, 88 p.

Daté de Maestricht et signé B. (l'abbé Guillaume-André-René BASTON.

Voy. « Supercheries », III. 244, *e*.

Abstinence (de l') des aliments... sous le rapport de la santé ; ouvrage aussi utile aux gens du monde qu'aux médecins. Par C. G. D. M. (César GARDETON, docteur médecin). *Paris, Guilleminet*, 1821, in-8.

Voy. « Supercheries », I, 686, *d*.

Abstinence (de l') du samedi, par un vieux théologien (WINS, avocat à Mons). *Bruxelles, Decq*, 1841, 24 feuillets. J. D.

Abus d'idées spéculatives. (Par le marquis de SAINT-SIMON.) *S. l. n. d.*, in-4, 95 p. et 1 carte.

Abus (les) dans les cérémonies et dans les mœurs développés, par M. L*** (l'abbé DU LAURENS, ex-mathurin, auteur du « Compère Mathieu »). *Genève, Pellet (Hollande)*, 1767, in-12, souvent réimprimé.

Voy. « Supercheries », II. 467, *c*.

Abus (les) de l'éducation sur la piété, la morale et l'étude. (Par l'abbé Jacques PERNETY.) *Paris, veuve A.-U. Coustelier*, 1728, in-12.

Abus (les) de la saignée, démontrés par des raisons prises de la nature. (Par P. BOYER DE PÉBRANDIER.) *Paris*, 1759, in-12.

Abus (les) de Paris, par M***** (J.-B. Bonaventure VIOLLET D'EPAGNY) et Francis GIRAULT. Illustrations par MM. EMILE, A. BARON et SEIGNEURGENS. *Paris, Breteau*, 1844, gr. in-8.

Abus (l') des Confessions de Foi. (Par Fr. DE LA PILLONIÈRE.) *S. l.*, 1716, in-8. V. T.

Abus (de l') des jeux de hasard mis en ferme, et de l'avantage de les mettre en régie désintéressée, par C. B. (Charles BOUVARD). *Paris, Mongie jeune*, 1818, in-8, 48 p.

Voy. « Supercheries », I, 666, *b*.

Abus (de l') des nudités de gorge. (Attribué à Jacques BOILEAU.) *Bruxelles, F. Foppens*, 1675, in-12. — Seconde édition. *Paris, Laize de Bresche*, 1677, in-12. — Troisième édition. *Paris*, 1680. — *Paris, A. Delahays*, 1858, in-12, 130 p.

La seconde édition contient l'ordonnance des vicaires généraux de Toulouse contre la nudité des bras, des épaules et de la gorge. L'édition de 1858 est précédée d'un avant-propos signé : P. L. (Paul LACROIX).

Cet ouvrage est d'un gentilhomme français, suivant l'avis de l'imprimeur de l'édit. de 1675.

Aucun bibliographe n'a cherché à prouver que cet opuscule fût réellement de l'abbé J. BOILEAU ; c'est par habitude qu'on le lui donne : cependant, dans le catalogue de l'abbé Aubry, curé de Saint-Louis en l'Ile, *Paris, Gogué*, 1785, in-8, n° 114, il est attribué à un ancien curé de Beauvais, nommé DE NEUILLY. Cette indication devient très-probable, lorsque l'on se rappelle que l'abbé Aubry était fort versé dans la connaissance des livres et des auteurs.

Voyez, pour plus amples explications sur cet ouvrage, LACROIX, « Enigmes et découvertes bibliographiques », *Paris*, 1866, p. 276-280.

Abus (les) du Mariage, où sont clairement représentées les subtilités déshonnêtes tant des femmes que des hommes ; en françois, hollandois et anglois (avec figures par Crispin DE PAS). 1641, in-4, oblong.

Ce volume, très-rare et très-recherché aujourd'hui, contient 25 planches représentant chacune deux portraits et 8 ff. de texte, parmi lesquels se trouve une grande planche. Voy. Brunet, « Manuel », 5e édition, I, 22.

Abus (les) du Monde. (Par Pierre GRINGORE.) *Lyon, Ant. du Ry, s. d.*, in-8, 60 ff. non chiffrées, avec fig. en bois. — *Paris, F. Le Dru*, MDIX, in-8, 72 ff. non chiffrés. —*Rouen* (sans nom d'imprimerie ni date), in-8, 72 ff.— *Paris* (sans nom d'imprimeur ni date), in-8, 72 ff.

Ouvrage satirique, en vers de dix syllabes. Les huit derniers donnent le nom de l'auteur en acrostiche. L'édition de 1509 avait été, dans la seconde édit. de ce Dictionn., annoncée par erreur sous la date de 1504, parce qu'on avait lu IV au lieu de IX. Voy. Brunet, « Manuel », II, 1746. Un exempl. de cette édit., rel. mar., 340 fr., vente Yemeniz, n° 1724. On sait combien les nombreux écrits de Gringoire sont devenus rares ; MM. Ch. d'Héricault et A. de Montaiglon en avaient entrepris, en 1853, une édition complète, qui devait faire partie de la « Bibliothèque elzévirienne » ; malheureusement le premier volume seul a paru.

Abus (des) du régime parlementaire en Belgique. (Par GÉRARD, substitut de l'auditeur militaire.) *Bruxelles, Rosez*, 1852, in-8, 14 p. J. D.

Abus sans exemple de l'autorité ecclésiastique pour flétrir et opprimer l'innocence, ou Réponse à la Lettre pastorale de l'évêque de Castalba (J. Milner), du 10 août, censurant les ouvrages et la personne de

P.-L. Blanchard. (Par P.-L. BLANCHARD.) *Londres*, 1808, in-8.

« Revue bibliographique », 1839.

Abuzé (l') en court. *S. l. n. d.*, in-4, 45 ff, caractères de Colard Mansion, de Bruges, avant 1480.

Ouvrage attribué à RENÉ d'Anjou, roi de Sicile, plusieurs fois réimprimé. On peut consulter sur cet ouvrage Goujet, « Biblioth. franç. », t. IX, p. 366-372 ; la « Bibliothèque des romans », mars 1778 ; Bodin, « Recherches histor. sur l'Anjou », t. II, p. 17 ; Villeneuve-Bargemont, « Histoire de René d'Anjou », t. II, p. 440-458 ; Colomb de Batines et J. Olivier, « Mélanges histor. et littér. », t. I, p. 188, et Gustave Brunet, la « France littér. au XVe siècle », 1865, in-8.

Académie (l') bocagère du Valmus, poëme par B** de N**, L. C. au C. R. du G. (BENOIT DE NEUFLIEU, lieutenant-colonel au corps royal du génie). 1789, in-8, 32 p.

Voy. « Supercheries », I, 479, *f*.

Académie (l') de l'ancienne et de la nouvelle Eloquence, ou Harangues tirées des historiens grecs et latins. (Traduites en françois par le P. Antoine VERJUS, jésuite.) *Lyon, Rivière*, 1666, 2 vol. pet. in-12.

Voyez les mots « Harangues des historiens ».
L'épître dédicatoire, à M. de Montmaur, est signée : A. V. D. L. C. D. J.

Académie de la Peinture, nouvellement mise au jour. (Par J. DE LA FONTAINE.) *Paris*, 1679, in-12. V. T.

Académie (l') de Lyon en 1809, ou Analyse raisonnée du Compte-rendu des travaux de l'Académie de Lyon pendant l'année 1809 ; précédée d'une Epitre à S. A. S. Mgr le prince Lebrun. (Par P.-A. SÉGAUD.) *Lyon, Maucherat*, 1810, in 8.

L'épître est signée : B*** D***. Cette brochure est une satire mordante du « Compte-rendu des travaux de l'Académie de Lyon pendant l'année 1809 », par L.-P. Béranger. *Lyon, A. Leroy*, 1809, in-8.

Académie des Dames, ou les Entretiens galans d'Aloysia (traduit du latin de l'ouvrage de Nicolas CHORIER, intitulé « *Joannis Meursii elegantiæ latini sermonis*, » par l'avocat NICOLAS, fils du libraire de Grenoble, qui publia la première édition de cet ouvrage). 1680, 1730, 1776, 2 vol. petit in-12.

C'est ici la véritable place d'une lettre écrite le 6 juin 1738, à M. Jamet le cadet, par M. Lancelot, de l'Académie des Inscriptions et Belles-Lettres. Je la tire du 32e volume des « Observations, de l'abbé Desfontaines, sur les écrits modernes », p. 42 et suiv.

« On ne peut rien vous refuser, Monsieur : je vous envoie les éclaircissemens sur « l'Aloysia » que vous m'avez demandés. L'auteur de « l'Aloysiæ Sigeæ satyra sotadica » est Nicolas CHORIER, avocat au parlement de Grenoble, le même qui a donné « l'Histoire du Dauphiné » en 2 vol. in-fol., 1661 et 1672. Ce fut *Nicolas*, libraire de la même ville de Grenoble, qui donna la première édition, qui n'avait que six dialogues. La seconde fut faite à Genève. Il y a un septième dialogue de plus qu'à la précédente. Comme cette édition ne se fit point sous les yeux de Chorier, et qu'il fallut envoyer de Grenoble à Genève le manuscrit de cet auteur, qui écrivait très-mal, elle est surchargée de fautes d'impressions. On attribue la traduction en français à l'avocat NICOLAS, fils du libraire précédent. Le père et le fils sont morts dans un grand dérangement d'affaires. Chorier mourut aussi, peu de temps après, dans une grande vieillesse, en 1692, dans la même ville de Grenoble. Il a fait imprimer ses poésies latines. On y trouve les mêmes pièces de vers qu'il a insérées dans son « Aloysia ».

« Ce que rapporte le « Thomasius », et après lui ceux qui l'ont copié, n'est fondé que sur le rapport d'un ami qui avait vu un exemplaire de la « Satyra sotadica », sur lequel Beverland avait écrit que Jean Westrène était auteur de cet infâme ouvrage. Il n'y a pas beaucoup d'honneur à le revendiquer ; mais il est certain que Beverland s'est trompé, puisqu'il est de Nicolas Chorier. A qui en examinera la latinité, il sera facile d'y trouver une infinité de gallicismes, etc. Il y a plus, un séjour de six années à Grenoble m'a mis à portée d'être instruit parfaitement de ce fait. J'ai eu entre les mains un exemplaire de cet ouvrage, sur lequel Chorier avait corrigé de sa main les fautes immenses que les imprimeurs de Genève y ont faites. Je connaissais parfaitement sa main, ayant travaillé assez longtemps à la chambre des comptes du Dauphiné. Cet original avait passé alors entre les mains de M. de La Roche, ancien conseiller du parlement de cette province. Je le crois encore entre les mains de ses héritiers. Il n'y avait que dix ans que Chorier était mort, lorsque j'arrivai à Grenoble (1702). C'était un fait notoire dans toute la ville qu'il était l'auteur de cette satire, et que M. M. (du May), avocat général au parlement de cette ville, avait fait les frais de ces éditions, Chorier n'étant pas en état de les faire par lui-même. Guy Allard, son contemporain, son ami et presque son semblable en genre d'études et de mœurs, me l'a dit et répété plus de cent fois. M. de La Roche m'a détaillé les particularités que je vous marque.

« Enfin Chorier lui-même n'a pu se refuser la satisfaction d'avouer en quelque façon ce malheureux ouvrage. On trouve ordinairement deux pièces de vers qui y sont jointes. L'une est intitulée : « In laudem eruditæ Virginis quæ contra turpia Satyram scripsit ». L'autre est, autant que je puis m'en souvenir, « Tuberonis genethliacon ». Celui qui a fait ces vers est aussi l'auteur de « l'Aloysiæ Sigeæ ». Or Chorier a bien voulu reconnaître qu'il était l'auteur des deux petits poëmes ; il les a avoués pour son ouvrage, et les a insérés dans le recueil de ses poésies, imprimé à Grenoble. Je vous le montrerais si j'avais le bonheur d'être avec mes livres à Paris. Je m'étonne que cette découverte ait échappé au P. Niceron. Il y a plusieurs années que j'en dis un mot dans une de nos conversations d'académie : c'est un fait qui ne doit plus être ignoré dans notre France ».

Jamet le jeune, à qui cette lettre est adressée, est mort le 30 août 1778. C'était un homme très-instruit, qui avait l'habitude d'écrire sur les livres de sa bibliothèque des remarques historiques, grammaticales, littéraires et souvent satiriques ; ce qui les fait rechercher de certains curieux.

Chardin, libraire de Paris très-connu, possédait de

lui un manuscrit en 2 gros vol. in-4, intitulé « Stromates » (1). L'abbé de Saint-Léger en avait eu communication, et il en a fait un extrait dont je citerai quelques articles.

Moller, dans ses notes sur le « Polyhystor » de Morhof, attribua aussi l'ouvrage de Chorier à Jean Westrène, jurisconsulte de La Haye, C'est en vain que le P. Niceron (t. XXXVI, p. 25), présente cet individu comme un être imaginaire : c'était, suivant M. Van Thol, un homme savant et de très-bonnes mœurs, tout à fait incapable de s'occuper de la composition d'un ouvrage de ce genre. Cette famille a produit beaucoup d'hommes de lettres.

M. Charles Nodier a dit plusieurs fois, dans le « Journal des Débats », que Camille Desmoulins était auteur d'une traduction de l'ouvrage de Chorier. Peut-être a-t-il voulu parler de l'ouvrage intitulé : « Nouvelle Traduction de Meursius », etc. C'est une nouvelle édition de la traduction imprimée en 1749 pour la premièce fois. L'auteur n'en est pas connu.

Voy. l'art. *Meursius*, des « Supercheries, II, 1128-1133, et la 5e édit. de Brunet, « Manuel », III, 1684-1687, ainsi que la « Bibliographie des ouvrages relatifs à l'amour, aux femmes, au mariage, par le C. d'I*** », 2e édit. *Paris, Gay*, 1864, col. 574.

Académie (l') des femmes, comédie en 3 actes et en vers, représentée sur le théâtre du Marais. (Par Samuel Chappuzeau.) *Paris. Aug. Courbé*, 1661, in-12, 5 ff., 55 p. et 2 ff. de privilége.

Académie des Grâces, par M. L. Le M. (Traduction libre du dialogue anglais de Spencer sur la beauté, suivie d'une « Lettre sur la jalousie ».) *Paris, aux dépens de la Société (Hollande)*, 1755, in-12.

Voy. « Supercheries », II, 794, *b*.

Académie des jeunes Helvétiens, Allemands et Français. Choix de lectures pour former le cœur et l'esprit. (Par J.-G. Heinzmann.) *Berne*, 1797, 2 vol. in-8, 46 fig.

Académie (de l') françoise, establie pour la correction et l'embellissement du langage. Discours tirés des écrits de M. C. S. (Charles Sorel). *Paris, Guillaume de Luynes*, 1654, in-12.

Voy. « Supercheries », I, 811, *d*.

Académie (l') militaire, ou les Héros subalternes. Par P***, auteur suivant l'armée (Godard d'Aucourt, fermier général). *Paris*, 1745, 6 part. in-12. — *Lausanne, Bousquet*, 1747, in-12. — *Paris, Mérigot le jeune*, 1777, 2 vol. in-12.

On a attribué ce livre à Piron. Formey : « Catalogue raisonné de la librairie d'Et. de Bourdeaux », à Berlin, no 98.

Voy. « Supercheries », I, 411, *a*.

Académie (l') royale de Richelieu. A son Eminence. (Par le sieur Le Gras, qui avait proposé le dessein de ladite Académie.) *S. l.*, 1642, in-8, 124 et 66 p.

La première partie porte le titre ci-dessus ; la deuxième partie est intitulée « Harangue prononcée à l'occasion de l'établissement de l'Académie de Richelieu par le sieur intendant d'icelle », — A la page 43, on trouve : Réponse d'un très-fameux et célèbre docteur à M. le comte de Nogent... S'il est expédient d'enseigner les sciences en françois (may 1640). — A la page 45, Déclaration du Roy portant établissement d'une Académie ou collége royal en la ville de Richelieu et les priviléges attribués à icelle. — A la page 54 : Statuts et règlements de l'Académie ou collége estably par ordre du Roy en la ville de Richelieu, sous la protection de l'éminentissime cardinal duc de Richelieu et de ses successeurs ducs de Richelieu. — A la page 63 : Lettres d'attributions au grand conseil... — Dans le second paragraphe des statuts, on lit : le sieur Le Gras, qui a proposé le dessein de ladite Académie, en sera l'intendant sa vie durant...

Académie royale des sciences, des lettres et des arts de Belgique. Bibliographie académique, ou liste des ouvrages publiés par les membres correspondants et associés résidants. 1854. *Bruxelles*, 1855, in-18, XXIV-254 p.

Ce travail est de M. Quételet, secrétaire perpétuel de l'Académie de Belgique.

Académie (l'), satire. (Par Germond, d'abord secrétaire du garde des sceaux, ensuite chef de division à la chancellerie ; enfin, l'un des propriétaires et rédacteurs de « l'Etoile ».) *Paris, U. Canel*, 1826, in-8, 27 p.

Attribué à Hyacinthe de Latouche par Quérard, dans la « France littér. », t. IV, 1830, et dans la « Revue bibliographique », 1839.

Académie universelle des jeux, ou Dictionnaire méthodique et raisonné de tous les jeux... Par L. C*** (Cousin, d'Avallon), amateur. *Paris, Corbet aîné*, 1824, in-12.

Voy. « Supercheries », I, 609, *f*, et II, 704. *f*.

Académiques de Cicéron, traduites en françois (par David Durand), avec le texte latin et des remarques nouvelles, outre les conjectures de Davies et Bentley. *Londres, Paul Vaillant*, 1740. — Academica, sive de judicio erga verum, in ipsis primis fontibus ; operâ Petri Valentiæ, Zafrensis, editio nova emendatior. *Londini, typis Bowyerianis*, 1740, in-8.

Ouvrage très-rare ; feu M. Capperonnier, conservateur des livres imprimés de la Bibliothèque du Roi, en a publié une nouvelle édition. *Paris, Barbou*, 1796, 2 vol. in-12. Il a inséré dans le second volume la traduction française du commentaire de Valence par de Castillon, laquelle avait été imprimée pour la première fois à la tête de sa traduction des « Académiques » de Cicéron, *Berlin*, 1779, 2 vol. in-8.

Le texte latin n'est pas joint à l'édition de 1779 ;

(1) Ce manuscrit appartient maintenant à la Bibliothèque nationale.

celle de 1796 est imprimée sur mauvais papier, mais il existe quelques exemplaires en papier fin.

Acadiade (l'), ou Prouesses anglaises en Acadie, Canada, etc., poëme comi-héroïque, en quatre chants, par M. D*** (DE CHEVRIER). *Cassel*, 1758, petit in-8.

Voy. « Supercheries », I, 839, *e*.

Acajou et Zirphile, conte. *Minutie* (*Paris*), 1744, in-4, fig. d'après Boucher; — *Ibid.*, 1744, in-12, fig.; — *Lausanne*, 1746, in-12, sans fig.; — *Minutie*, 1776, in-12.

Réimprimé, en 1780, avec le nom de l'auteur Ch. PINOT, sieur DUCLOS, dans la collection du comte d'Artois. Ce roman a été composé pour utiliser les estampes du conte intitulé : « Faunillane ou l'Infante jaune », (voy. ce titre), et il est orné des estampes mêmes destinées à « Faunillane », dans l'édit. in-4, à laquelle on trouve quelquefois jointe la « Réponse du public à l'auteur d'Acajou » (par FRÉRON). Voy. Fleischer.

Acanthe et Céphise, ou la Sympathie, pastorale héroïque, à l'occasion de la naissance de Mgr le duc de Bourgogne, en 3 act. et en vers libres. (Par J.-Fr. MARMONTEL). *Paris, Ve Delormel et fils*, 1751, in-4.

Acanthologie, ou Dictionnaire épigrammatique, recueil par ordre alphabétique... (Publié par M. F.-J.-M. FAYOLLE.) *Paris*, 1817, in-12.

Accents (les) de la Liberté au tombeau de Napoléon, par un étudiant en droit (Albin THOUREL). *Paris*, 1821, in-8, 8 p.

Voy. « Supercheries », I, 1203, *d*.

Accommodement (l') de l'esprit et du cœur. (Par Jacques ALLUIS.) *Jouxte la copie imprimée à Grenoble. Paris, G. Quinet*, 1668. — *Jouxte la copie imprimée à Paris. Paris, E. Loyson*, 1668. — *Id. Paris, Trabouillet*, in-12, 10 ff. prélim. et 52 p.

L'épître signée A. est adressée à Monsieur D. S., autheur du « Demêlé de l'esprit et du cœur », de « l'Aminte », du « Berger fidelle » et autres ouvrages... Il s'agit de l'abbé Torche.

Accomplissement des Prophéties, ou la Délivrance prochaine de l'Eglise... par le S. P. J. P. E. P. E. Th. A. R. (Pierre JURIEU, past. et prof. en théol. à Rotterdam). *Rotterdam, Acher*, 1686-1687, 3 vol. in-12.

Voy. ci-après : « Apologie pour l'Accomplissement... »

Accord de la Foi avec la Raison dans la manière de présenter le sytème physique du monde, et d'expliquer les mystères de la religion. (Par le chev. Gasp.-Fr.-Anne DE FORBIN.) *Cologne*, 1768, 2 vol. in-12.

Accord de la Foi avec la Raison, ou Exposition des principes sur lesquels repose la foi catholique. (Par l'abbé F.-X. RECEVEUR.) *Paris, Potey*, 1827, in-8, 2 feuillets de titre et 386 p.

a Réimprimé en 1830, in-12, avec le nom de l'auteur. *Paris, Méquignon junior*; 2 édit. la même année.

Accord de la Philosophie avec la Religion, prouvé par une suite de discours relatifs à treize époques. (Par l'abbé YVON.) *Paris, Moutard*, 1776, in-12. (Tome premier, contenant le discours préliminaire.)

Réimprimé en 1782 et en 1785, chez Panckoucke, 2 vol. in-8.

b Accord de la Religion et de l'Humanité sur l'intolérance. (Par l'abbé de MALVAUX.) *Paris*, 1762, in-12.

C'est à tort que Voltaire avait attribué cet ouvrage à l'abbé de Caveirac. (V. Voltaire, « Beuchot », XLI, 261, 370, 374.) L'on avait aussi attribué au même abbé « l'Accord parfait de la nature, de la raison... », qui est du chevalier de Beaumont. Voy. ci-après ce titre et aux « Supercheries » : GENTILHOMME NORMAND, II, 101, *c*.

Cet ouvrage a pour auteur l'abbé DE MALVAUX.

c Ce nom se trouve révélé dans la « France littér. » de 1769, rédigée par l'abbé d'Hébrail, t. II, p. 126. A son tour, la « France littéraire » commet une erreur en attribuant à l'abbé de Caveirac un autre ouvrage, qui est du chevalier de Beaumont et dont voici le titre complet : « L'Accord parfait de la nature, de la raison, de la révélation et de la politique, ou Traité dans lequel on établit que les voies de rigueur, en matière de religion, blessent les droits de l'humanité, et sont également contraires aux lumières de la raison, à la morale évangélique et au véritable intérêt de l'Etat, d par un gentilhomme de Normandie, ancien capitaine de cavalerie au service de Sa Majesté ». *Cologne*, 1753, 3 parties en 2 vol. in-8.

En envoyant son « Traité de la tolérance » au pasteur Moulton, Voltaire lui écrit, à la date du 2 janvier 1763 : « Puis-je vous demander ce que c'est qu'un « Accord parfait, etc. », composé par un prétendu capitaine de cavalerie, cité à la page 474 du détestable livre de ce fripon d'abbé de Caveirac, plus ennemi encore du genre humain que le vôtre? Je me méfie des livres qui annoncent quelque chose de parfait. Cela n'est bon que pour le « Parfait maréchal » et le « Parfait e confiturier ». Cependant faites-moi l'amitié de m'envoyer toujours cet « Accord parfait. » Le 8 janvier, Voltaire écrit de nouveau à Moulton : « J'ai lu avec attention une grande partie de « l'Accord parfait ». C'est un livre où je dirais qu'il y a de fort bonnes choses, si je ne m'étais pas rencontré avec lui dans quelques endroits où il parle de la tolérance ». Mais voici le jugement final de Voltaire sur cet ouvrage : « Il est trop long et trop déclamateur, comme tous les livres de cette espèce. Il faut être très-court et un peu salé, sans quoi les ministres et Mme de Pompadour, les commis et les femmes de chambre font des papillotes du livre ».

f Ces deux lettres, avec une quarantaine d'autres du philosophe de Ferney, sont données, les unes par extrait, les autres en entier, dans un intéressant article de M. Saint-René Taillandier, intitulé : la « Suisse chrétienne et le XVIIIe siècle », et publié dans la « Revue des Deux-Mondes », pages 421-467, de 1862, tome XXXVIII.

Accord des Principes et des Lois sur les évocations, commissions et cassations. (Par M. Ant. DE FERRAND, ancien conseiller au parlement de Paris, pair de France.) *S. l.*, 1786, in-12, IV-164 p. — Seconde édition augmentée. *S. l.*, 1789, in-12, VII-358 p.

Cet ouvrage contient une défense énergique des cours souveraines de l'ancien régime; une apostrophe de la préface fait juger que le nom de l'auteur est connu dans l'histoire : « O toi qui m'as laissé un nom que ta mort dut rendre plus respectable, toi qui péris par les mains des séditieux en défendant la cause de Louis XIV encore jeune, guide aujourd'hui les travaux d'un de tes descendans! Sans doute il te fallut du courage pour t'exposer à la fureur d'une populace révoltée; peut-être aujourd'hui n'en faut-il pas moins pour rappeler de grandes vérités à un siècle qui les ridiculise ou les persécute ».

Il s'agit ici de Jean Ferrand, fils de Michel, doyen du parlement, tué le 4 juillet 1652, en sortant de l'assemblée qui s'était tenue à l'Hôtel-de-Ville.

Voyez la préface de la seconde édition.

Accord des vrais principes de l'Eglise, de la morale et de la raison sur la constitution civile du clergé, par les évêques des départements, membres de l'Assemblée nationale constituante. (Par Joachim LE-BRÉTON.) *Paris, Desenne*, 1791, in-8, 238 p.

Voy. « Supercheries », I, 1275, *a*. — D'après Quérard, « France littéraire », t. V, p. 27, cette attribution serait au moins douteuse.

On trouve ordinairement à la suite de cet ouvrage : « Lettre des Evêques constitutionnels, membres de l'Assemblée constituante, au pape, en lui envoyant l'ouvrage fait pour la défense de la constitution civile du clergé ». *Paris, Desenne*, in-8, 16 p.

Accord du Christianisme avec la philosophie, ou Lettre d'un écrivain orthodoxe aux membres de l'ancien et du nouveau clergé. (Par BATAILLARD.) *Paris, Leclerc*, juillet 1801, in-8.

L'auteur signe à la fin de son ouvrage.

Accord (l') parfait de la Nature, de la Raison, de la Révélation et de la Politique ou Traité dans lequel on établit que les voies de rigueur, en matière de religion, blessent les droits de l'humanité et sont également contraires aux lumières de la raison, à la morale évangélique et au véritable intérêt de l'Etat. Par un gentilhomme de Normandie, ancien capitaine de cavalerie au service de Sa Majesté (le chevalier DE BEAUMONT). *Cologne*, 1753, 3 vol. in-12. — *Amsterdam*, 1755, in-12.

VOLTAIRE, dans son « Traité sur la tolérance », présente un fidèle abrégé de plusieurs chapitres de « l'Accord parfait ». Il y avait lieu de s'étonner de voir les éditeurs de nos anciens dictionnaires historiques attribuer cet ouvrage à l'abbé de CAVEIRAC, qui n'a écrit que pour justifier l'intolérance. Voy. « Supercheries », II, 161, *c*, et ci-dessus l'article « Accord de la Religion... »

Accord parfait, ou l'Equilibre physique et moral. (Par Gaspard GUILLARD DE BEAURIEU.) *Paris*, 1793, in-18.

Accueil (l') de Mme de La Guiche à Lyon, le lundy 27 d'avril 1598. (Par P. MATTHIEU.) *Lyon, J. Roussin*, 1598, pet. in-8, 54 p. et 1 ff. — Nouvelle édit. publ. par M. P. ALLUT. *Lyon, Perrin*, 1861, in-8, XXIV-72 p., tiré à 100 exemp.

Accueil (l') des Français... Voy. « La Liberté donnée par le roi ».

Achille, drame historique, en un acte (en prose), par A. H. (Adrien HOPE.) *Paris, Barba*, 1837, in-8, 55 p.

Voy. « Supercheries », I, 218, *b*.

Achille fils de Roberville, ou le Jeune homme sans projets; histoire morale publiée par l'auteur de « Chrysostôme, père de Jérôme » (Mme GUÉNARD). *Paris*, 1812, 2 vol. in-12.

Achille, ou la France renouvelée des Grecs, poëme en huit chants. (Par BONNET DE MARTANGES.) *S. l.*, 1792, in-4.

Acrobates (les) du jour, revue mensuelle, paraissant le 15 de chaque mois, par un paillasse de l'autre monde (le baron D'AGIOUT). *Paris, Thénard-Dumousseau*, (1847), in-8.

Voy. « Supercheries », III, 15, *e*.

« Acta Latomorum », ou l'Histoire de la Franche-maçonnerie française et étrangère. (Par C.-A. THORY.) *Paris, Dufart*, 1815, 2 vol. in-8.

On trouve dans le t. I, p. 357 à 418, une Bibliographie des ouvrages, opuscules, encycliques, ou écrits les plus remarquables publiés sur l'histoire de la franche-maçonnerie, depuis 1723 jusqu'en 1814, avec l'indication de quelques manuscrits et de plusieurs ouvrages qui, sans être exclusivement destinés à l'histoire de l'institution, contiennent des fragments à son sujet ». 414 art.

Acte d'accusation de Collot... Voy. « Cahiers périodiques ».

Acte d'appel de la constitution *Unigenitus* et du nouveau catéchisme donné par M. Languet, archevêque de Sens, au futur concile général, interjeté par plusieurs curés, chanoines, et autres ecclésiastiques de la ville et du diocèse de Sens. (Rédigé par l'abbé GOURLIN.) 1742-1755, 2 vol. in-4.

Acte du Parlément d'Angleterre, connu sous le nom d'Acte de navigation, traduit de l'anglois, avec des notes. (Par G.-M. BUTEL-DUMONT.) *Paris, Ch.-Ant. Jombert*, 1760, in-12.

Actéon changé en cerf, ou la Vengeance

de Diane, scènes équestres en deux parties, par Augustin *** (Augustin HAPDÉ). Paris, Barba, 1811, in-8.

Voy. « Supercheries », III, 1092, e.

Actes contenant les protestations solennelles publiées au sujet des nullités insoutenables, faites en cour de Rome, dans la prétendue élection du sérénissime prince Joseph Clément, duc de Bavière. *Paris, J.-B. Coignard*, 1689, in-4.

Par le cardinal de FURSTENBERG et plusieurs capitulaires de l'église de Cologne, d'après une note manuscrite sur l'exemplaire de la Bibliothèque nationale.

Actes de l'Assemblée générale du Clergé de France de 1685, concernant la religion, avec des réflexions sur ces actes, par M. D. P. B. (GAUTIER, ministre protestant). *La Haye, Troyel*, 1685, petit in-12.

Voy. « Supercheries », I, 983, b.

Actes de la Conférence tenue à Caen entre Samuel Bochart et Jean Baillehache, ministres de la parole de Dieu en l'église réformée dudit lieu, d'une part, et François Veron, prédicateur des controverses et Isaac le Conte, doyen du Saint-Sépulchre à Caen de l'autre. (Par Sam. BOCHART.) *Saumur*, 1630, 2 vol. in-8. L. S. V.

Actes de la Pacification de Cologne, commencée l'an 1579, avec des notes. *Delft*, 15.., in-4.

M. de Thou (« Hist. », lib. LXVIII, XXIV, *Londini*, 1733) et Valère André se sont trompés en attribuant la rédaction de ces « Actes » et les notes qui les accompagnent à Adolphe VAN MEETKERCKE. Bayle s'est aussi trompé en les donnant à Théodore KOORNBERT. « C'est Aggée ALDADA, dit Paquot, (art. « Meetkercke ») qui fit cette rédaction et ces notes. J'en parlerai à son article. » Paquot ne l'a point publié.

Voy. « Acta pacificationis... »

Actes de la Société d'Histoire naturelle de Paris (publiés par Aubin-Louis MILLIN), t. I, 1re partie. *Paris*, 1792, in-fol., 192 p., avec 15 pl.

Actes (les) de S. Barlaam, martyr, tirés d'un manuscrit grec et traduits en françois, avec des remarques et deux discours, l'un de S. BASILE, l'autre de S. JEAN CHRYSOSTÔME, sur le même saint martyr, aussi traduits du grec. (Par le P. J.-F. BALTUS, jésuite.) *Dijon, chez l'imprimeur du roi*, 1722, in-12.

Actes des Apôtres. (Recueillis et publiés par F. GÉNIN.) *Paris, Paulin*, 1844, 3 vol. in-32.

Actes (les) des Apôtres depuis le mois de novembre 1789 jusqu'au mois d'octobre 1791. (Publiés par Jean-Gabriel PELTIER.) *Paris, Gattey*, 10 vol. in-8 et onze numéros. — Edition contrefaite. *Paris*, 20 vol. in-12.

Ce journal contient 311 chapitres ou numéros : il ne fut discontinué que sur l'ordre formel que Sa Majesté Louis XVI en fit signifier à l'auteur principal par M. de La Porte, intendant de la liste civile. M. Peltier a eu pour collaborateurs le général comte DE LANGERON, le comte DE LAURAGUAIS, depuis duc DE BRANCAS et pair de France, le comte DE RIVAROL, M. REGNIER, M. DE MESNIL-DURAND, M. D'AUBONNE, M. GORGES, M. BÉVILLE, M. LANGLOIS, M. ARTAUD, M. BERGASSE, M. l'abbé DE LA BINTINALE et M. le chanoine TURMÉNIE.

C'est à tort que M. de Barruel-Beauvert s'est vanté publiquement d'avoir travaillé à ce journal. Voyez la lettre de M. Peltier, datée de Londres, le 5 août 1816, et insérée dans le « Constitutionnel » du 13 du même mois. La lettre de M. Peltier donna lieu à M. de Barruel-Beauvert d'informer le public qu'il avait entendu parler des « Nouveaux Actes des Apôtres » publiés par lui en 1796, et pour lesquels il fut condamné à la déportation le 6 septembre 1797 (22 fructidor an V).

Mme D'AUMONT, duchesse de VILLEROY, a composé des chansons pour ce journal.

Voir, pour plus amples détails, HATIN, « Histoire de la presse », t. VII, p. 7-78, et la « Bibliographie de la presse », du même auteur, p. 94-96.

Actes des Martyrs qui ont généreusement consommé leur sacrifice à Montpellier dans les années 1793 et 1794. (Par Auguste SEGUIN.) *Montpellier, Seguin*, 1822, in-8, 32 p.

« Littér. franç. contemp. », t. VI, p. 365.

Actes du Concile de Trente en l'an 1562 et 1563, contenant les mémoires, instructions et despesches des ambassadeurs de France, etc. (Le tout recueilli par Jean GILOT.) *S. l.*, 1607, in-12.

Voyez « Catalogue de la Vallière », par Nyon, t. I, n° 421.

Actes (les) du Synode universel de la saincte reformation tenu à Mompelier le quinziesme de may 1598. Satire Menippæe. (Par G. DE REBOUL.) *A Mompelier, chez Le Libertin, imprimeur juré de la saincte Reformation et se vendent au coing de la Loge*, 1599, in-8, 327 p.—*Ibid. id.*, 1600, in-8, 327 p.— *Ibid.*, in-12, 210 feuillets.—*Ibid.*, in-12, 563 p.

Actes et Décrets du Concile diocésain de Pistoie de l'an 1786, traduits de l'italien. (Par l'abbé Gabriel DU PAC DE BELLEGARDE.) *Pistoie, A. Bracali*, 1788, 2 vol. in-12.

Actes et exposition des motifs de l'appel interjeté par l'Université de Paris, le 5 oct. 1718, de la constitution *Unigenitus*, et des lettres de Sa Sainteté, publiées à Rome, le 8 sept. 1718; avec le discours prononcé par M. COFFIN, recteur..., dans l'Assemblée générale tenue aux Mathurins, le

13 décembre 1718, pour la procession solennelle de l'Université, en l'église de Saint-Magloire, peu de temps après son appel. (Trad. du latin par Pierre RESTAUT.) *Paris, Thiboust*, 1718, in-4.

Actes et Mémoires des négociations de la paix de Nimègue. (Publié par A. MOETJENS.) *Amsterdam, A. Wolfgangk*, 1679-1680, 4 vol. in-12. — 2e édit. *Amsterdam, A. Wolfgangk*, 1680, 4 tom. en 7 vol. in-12. — 3e éd. *La Haye, A. Moetjens*, 1697, 4 tom. en 5 vol. in-12.

Actes et Mémoires des négociations de la paix de Ryswick. (Recueillis par Jacques BERNARD et publiés par A. MOETJENS.) *La Haye, A. Moetjens*, 1699, 4 vol. in-12. — 2e édit. *Ibid.*, 1707, 5 vol. in-12.

Actes et Titres de la Maison de Bouillon, avec des remarques. (Par DE LACROZE.) *Cologne* (*Berlin*), 1698, in-12.

Actes, Mémoires et autres pièces authentiques concernant la paix d'Utrecht, depuis l'année 1706 jusqu'à présent. *Utrecht, Van de Water*, 1713-1714, 6 vol. in-12. — 2e édit., revue et augm. *Ibid.*, 1714-1715, 6 vol. in-12.

Barbier, en attribuant cet ouvrage à Cas. Freschot, ajoute *douteux*; j'ajouterai *plus que douteux*; il n'y a véritablement de lui que le volume complémentaire : « Histoire du congrès et de la paix d'Utrecht ». Voyez ce titre.

Actes (les) pontificaux cités dans l'Encyclique et le Syllabus du 8 décembre 1864; suivis de divers autres documents... (Recueil fait et publié par J. CHANTREL.) *Paris, veuve Poussielgue et fils*, 1865, gr. in-8, 736 p.

Catal. de Nantes, no 45779.

Actes relatifs à l'Eglise bulgare (en 1860 et 1861). (Par Adolphe D'AVRIL.) *Paris, B. Duprat*, 1864, in-8.

Extrait de la « Revue de l'Orient ».

Action (de l') de Dieu sur les Créatures. (Par Laurent BOURSIER.) *Lille, Brovellis*, 1713, 6 vol. in-12. — *Paris, F. Rabuty*, 1714, 2 vol. in-4.

Action (l') de grâces des heureux succès des armes du roy. Ode. (Par Antoine-Martial LE FÈVRE, prêtre de Paris.) (*Paris*, 1745), in-4.

Catal. de Nantes, 26728.

Action de grâces, pour remercier Dieu des prospérités de la France. (Par BRUEYS.) *Paris, F. Muguet*, 1690, in 4, 8 p.

Action (de l') de l'Opinion sur les Gouvernements. (Par J.-P. PAPON.) 1788, in-8, et à la fin de l'ouvrage du même auteur, intitulé : « Histoire du Gouvernement françois. »... Voy. ces mots.

C'est à tort que l'on a inséré cet opuscule parmi les « Œuvres de Rulhière ». *Paris*, 1820, 6 vol. in-8.

Action (l') du feu central bannie de la surface du globe, et le soleil rétabli dans ses droits, contre les assertions de MM. Buffon, Bailly, de Mairan, etc., par M. D. R. D. L. (M. Jean-Baptiste-Louis DE ROMÉ DE L'ISLE, de plusieurs académies). *Paris*, 1779, in-8, 84 p. — Nouv. éd. 1781, in-8, avec le nom de l'auteur.

Voy. « Supercheries », I, 985, *f*.

Action héroïque d'une Françoise, ou la France sauvée par les femmes. *Paris, Guillaume junior*, (1790), in-8, 7 p.

Signé Mme de G*** (DE GOUGES).

Action oratoire, ou Traité théorique et pratique de la déclamation... (Par l'abbé J.-R. THIBOUST, prêtre.) Edition augmentée d'un cours inédit d'improvisation, par M. (Eugène COURTRAY) DE PRADEL, et recueilli par un de ses élèves (H.-J. HISTA, curé de Burdinne). *Liége, Lardinois*, 1846, in-8, 132 p. J. D.

Action très-chrétienne, faite à Fontaine-Beleau par le roi... Louis XIII, le jour de l'Ascension dernière. (Par Ant. DU MONT.) *Paris, J. Jacquin*, 1631, in-8.

Actions de grâces des laboureurs au roi, pour le soulagement qu'ils ont reçu de Sa Majesté. (Par Nicolas HUBIN, curé de Saint-Gilles en Cotentin.) *Paris, D. Langlois*, 1834, in-8, 26 p.

Actions de grâce pour la guérison du roi. (Par DONEAU DE VISÉ.) *Lyon, Th. Amaulry*, 1687, in-12.

Actrice (l'), comédie en un acte et en vers. (Par M. Ch. DE STABENRATH.) *Rouen, F. Baudry*, 1836, in-8, 35 p.

Actrice (l') en voyage, vaudeville en un acte. (Par MM. LEBLANC DE FERRIÈRE et Gasp. TOURRET.) *Paris, Barba*, 1822, in-8.

Ad majorem gloriam virtutis, fragment d'un poëme moral sur Dieu. (Par Sylvain MARÉCHAL.) *Athéopolis*, 1781, in-8.

Ce poëme porte aussi le titre de : « Fragmens d'un poëme... ». Voy. ces mots.

Adam et Ève, poëme. (Par VOLTAIRE.)

Dans le t. VI de « l'Evangile du jour ». Voyez ce titre.

Adam et Ève, tragédie imitée de Milton. (Par Alexandre TANEVOT.) *Amsterdam, Mortier*, 1742, in-8. — Nouvelle édition, revue et corrigée par l'auteur. *Paris, Garnier*, 1752, in-12.

Addition à « la Poule au pot de Henri IV », ou Assolemens du spéculateur, pour servir de complément à cet ouvrage ; par le même auteur (J.-B. AUFAUVRE jeune). *Clermont-Ferrand*, 1829, in-12, 182 p.

La « Poule au pot » avait paru la même année avec le nom de l'auteur.

Addition à la « Vérité de l'histoire de l'église de Saint-Omer... » Voy. « Vérité... »

Addition à la « Vie de M. de Molière », contenant une réponse à la critique que l'on en a faite. (Par Jean-Léon LE GALLOIS, sieur DE GRIMAREST.) *Paris, G. Le Febvre*, 1706, in-12.

Addition au Mémoire de vu au bureau, pour messire François Criaud, prêtre, recteur de la paroisse de Chateauthébaud, demandeur en requêtes, et pour messire de La Haye de Lescarpière, et autres propriétaires en la même paroisse, aussi demandeurs, contre le corps politique de la paroisse de Chateauthébaud. (Par LE MOINE DES FORGES, avocat.) *Rennes, s. d.* (vers 1784), in-4, 30 p.

Cat. Nantes, n° 37956.

Addition au « Problème historique : Qui des Jésuites, ou de Luther et Calvin, ont le plus nui à l'Eglise chrétienne ? »

Voy. « Problème... »

Addition au supplément concernant les amis de Gerson de nouveau restitué dans le parallèle des phrases des Œuvres morales du docteur avec celles de l'Imitation de Jésus-Christ. (Par J.-B.-M. GENCE.) *Paris, imp. de Moquet*, 1838, in-8, 16 p.

Voy. « Supercheries », III, 817, *f*.

Addition aux « Pensées diverses sur les comètes. » (Par BAYLE.) *Roterdam*, 1694, in-8.

Additions au Mémoire historique et critique de la vie de Roger de Saint-Lary de Bellegarde... Par M. le marquis DE C*** (Jos.-L.-Dom. DE CAMBIS-VELLFRON). *Paris*, 1767, in-12, 168 p.

Le « Mémoire » a été publié par Secousse.

Additions aux neuf volumes du recueil de médailles de rois, de villes, etc. (Par J. PELLERIN.) *Paris*, 1778, in-4. V. T.

Additions et corrections à la Notice sur les archives de Malines de M. L. Gachard. *Malines*, 1836-40, 4 vol. in-8.

Le laborieux et original archiviste de Malines, GYSELEERS-THYS, est l'auteur de ce recueil, composé de diverses pièces imprimées séparément et qui n'ont pas été mises dans le commerce. (Catal. J. de Meyer, *Gand*, 1869, n° 573).

Additions et corrections du véritable art du blason. (Par le P. Claude-François MENESTRIER.) *S. l. n. d.*, in-24.

Additions importantes et nécessaires... Voy. « Abrégé de l'Histoire de la Société de Jésus ».

Additions nouvelles aux problèmes d'astronomie et de navigation. Par C. G. (GUEPRATTE). *Brest*, 1827, in-8.

Voy. « Supercheries » I, 686, *e*.

Adélaïde de Champagne. (Par Pierre DORTIGUE DE VAUMORIÈRE.) *Paris*, 1690, 4 vol. in-12.

Adélaïde de Lichtenberg, ou la piété filiale, par M. l'abbé H..., (T.-F.-X. HUNKLER, chanoine de Strasbourg). *Paris, Gaume*, 1833, in-18. — 4e édit. *Paris, Gaume*, 1844, in-12.

Voy. « Supercheries », II, 233, *c*, où l'on a imprimé par erreur l'abbé HUNCKLER, chanoine à Vienne (Autriche).

Adélaïde Dorsay, par Mme *** (Mme BENOIT DE GRESELLES). *Paris, Michaud*, 1815, 3 vol. in-12.

Voy. « Supercheries », III, 1096, *b*.

Adélaïde Lindsay, par l'auteur « d'Emilia Wyndham » (Anna CALDWELL, mistress MARSH) ; traduit de l'anglais. *Genève*, 1854, in-12.

Adélaïde, ou l'Amour et le Repentir, anecdote volée par M. D. M. (M. SAVIN). *Amsterdam et Paris, Costard*, 1770, in-8.

Voy. « Supercheries », I, 963, *a*.

Adélaïde, ou l'Antipathie pour l'Amour, com. en 2 act. et en v. (Par Gérard DUDOYER DE GASTELS.) *Paris, Duchesne*, 1780, in-8.

Adélaïde, ou la Force du sang. (Par C.-G.-T. GARNIER.) *Paris*, 1771, in-8.

Adélaïde, ou le Combat de l'Amour et du Préjugé, drame de société. (Par C.-G.-T. GARNIER.) *Paris*, 1771, in-8.

Adélaïde, ou Mémoire de la marquise de M*** (par Mlle Louise-Félicité GUINEMENT DE KÉRALIO, alors âgée de 17 ans et qui devint Mme P.-Fr.-Jos. ROBERT.) *Neuchâtel*, 1776, in-8, 248 p. — *Ib., Soc. typ.*, 1782, in-8.

Adèle, par l'auteur de « Jean Sbogar » et de « Thérèse Aubert » (Ch. NODIER). *Paris, Gide fils*, 1820, in-12.

Réimprimé en 1832, à la suite du « Peintre de Saltzbourg », dans le t. II des « Œuvres » de l'auteur.

a Adèle de Com***, ou Lettres d'une fille à son père. (Par Nic.-Edme Rétif de La Bretonne.) *En France*, 1772, 5 vol. in-12.

Le cinquième volume est composé de morceaux divers ayant chacun un titre spécial et une pagination particulière. La vente de ce volume fut contrariée par la censure, et il ne se trouve que difficilement.

Le faux-titre de l'ouvrage est : « Lettres d'une fille son père. » Monselet, « Rétif de la Bretonne », 1854, p. 118.

b Adèle de Ponthieu, tragédie lyrique en cinq actes. 1775, in-4.

Les paroles sont de Saint-Marcel ; la musique de Delaborde et Berton.

Adèle de Sénange, ou Lettres de lord Sydenham. (Par Mme de Flahaut, depuis baronne de Souza ; avec une préface par le marquis de Montesquiou.) *Londres*, 1794, in-8 ; — *Paris, Maradan*, an VI-1798, 2 vol. in-12. — *Paris, Werdet et Lequien*,
c 1827, 2 vol. in-32, première édit. avec le nom de l'auteur.

Adèle Discurs, ou les Malheurs d'une libérée, par L. Fr. (Lhéritier, dit de l'Ain). *Paris, Tenon*, 1828, in-12. D. M.

Adèle et Cécile, conte moral, par un membre correspondant du lycée de Caen (L.-G. Taillefer). *Falaise, Brée*, 1802,
d in-12.

Voy. « Supercheries », II, 1102 *b*.

Adèle et d'Orsan, com. en trois actes et en prose, mêlée d'ariettes. (Par B.-J. Marsollier Des Vivetières.) *Paris, s. d.*, in-8.

Adèle et Ferdinand, ou le Pêcheur de la Loire. (Par A.-T. Fouchy.) *Paris, Dabo*, 1816, 2 vol. in-12.

Adèle et Théodore, ou Lettres sur l'éducation...
e (Par Mme de Genlis.) *Paris*, 1783, 3 vol. in-8 ou 3 vol. in-12. — Nouv. édit. *Hambourg*, 1783, 3 vol. in-8.

Réimprimé avec le nom de l'auteur.

Adelina Mowbray, par mistriss Opie ; traduit de l'anglois par C. C*** (C. Chenel). *Paris*, 1806, 3 vol. in-12.

Voy. « Supercheries, I, 669, *e*.

Adeline, ou la Confession ; imité de l'an-
f glais (de Maria-Lavinia Smith, par M. Malherbe). *Paris*, 1809, 5 vol. in-12.

Adelmar le Templier, imité de l'allemand, par M. l'abbé H*** (l'abbé T.-F.-X. Hunkler). *Paris, Gaume*, 1841, in-32, 64 pag. et 1 grav.

Adelphes (les), comédie de Térence, traduite en vers français. (Par M. Massot-Delaunay.) *Paris, Le Normant*, 1812, in-8.

Cette édition n'a été tirée qu'à 30 exempl. Le même traduct. a publié en 1819, avec son nom, sous le titre de : « le Flatteur parasite », l'« Eunuchus » du même auteur. On trouve à la suite une nouv. édit. de la trad. des « Adelphes ». Cette nouvelle édit. a été tirée à 100 exempl.

Adelphine de Rostanges, ou la Mère qui ne fut point épouse, histoire véritable. (Par P.-J.-B. Desforges.) *Paris*, 1799, 2 vol. in-12.

Adhémar de Belcastel, ou Ne jugez point sans connaître. (Par Mme J. de Gaulle.) *Lille, Lefort*, 1841, 4 vol. in-18.

Souvent réimprimé.

Adieu à M. Gandais. (Par M. Fariau Saint-Ange.) *Paris*, 1855, in-4.

Adieu (l') à Phœbus et aux Muses, avec une rime à Bacchus, par I. P. T. (Jean Passerat, troyen). *Paris, Prévost*, 1559, in-4.

Voy. « Supercheries », II, 343, *d*.

Adieu de l'Ame du Roi, avec la défense des pères jésuites, par la demoiselle de G. (de Gournai). *Lyon, J. Poyet*, 1610, in-8. — *Paris, Fleury Bourriquant*, 1610, in-8. — 2e éd. à la même date. — Autre. *S. l.*, (1610), in-8.

Voy. « Supercheries », II, 111, *a*.

Adieu vous dis. A mon ami Ch. Potvin. (Par Ad. Mathieu, conservateur-adj. à la Biblioth. roy. de Bruxelles.) *S. l. n. d.*, in-8, 4 p. J. D.

Adieux (les) à Bonaparte. (Par Joseph Michaud.) *Paris, marchands de nouveautés*, 1788, in-8, 64 p.

Réimprimé en 1814, avec le nom de l'auteur.

Adieux à l'Univers, ou mon Départ pour l'autre monde, mauvaise plaisanterie, par un mourant qui ne fut membre d'aucune académie (Frédéric Cizos, avocat). *Toulouse, Navarre*, 1815, in-8.

Voy. « Supercheries », II, 1200, *d*.

Adieux à Sidi Mahmoud, par B... ....y (Barthélemy). *Paris*, 1825, in-8, 16 p.

Voy. « Supercheries », I, 427, *f*.

Adieux à Spa. (Par Aristide Cralle.) *Liége, De Thier et Lovinfosse, s. d.*, in-12, 18 p. J. D.

Adieux au Collége. (Par Henri-Louis Braillard.) *Angers*, 18.., in-8.

Adieux d'un curé à ses paroissiens, le dimanche veille de la Toussaint 1802, imprimés en faveur des absens et à la prière des présents. (Par Joseph-André GUIOT.) *Corbeil, Gelé*, 1802, in-8.

Voy. « Supercheries », I, 814, *f*.

Adieux d'un Danois à un François, poëme satyrique. (Par J.-F. MARMONTEL.) 1768, in-8.

Cité par Ch. Ersch, dans la « France littéraire ». Voy. « Supercheries », I, 860 *b*.

Adieux (les) d'un ministre, élégie. (Par Ph. LESBROUSSART.) *Bruxelles*, 1827, in-8, 8 p. J. D.

Adieux (les) de Fénélon au duc de Bourgogne, héroïde, avec une gravure en taille-douce. (Par J. PAILLET.) *Paris*, 1809, in-8, 48 p.

Adieux de Fontainebleau, monologue en deux tableaux, par M*** (P.-J.-Ed. PUYSÉGUR). *Nantes*, *s. d.*, in-8, 11 p.

En vers. Grand-Théâtre de Nantes, avril 1845. Voy. « Supercheries », III, 1115, *d*.

Adieux (les) de l'Arbre de Cracovie. (Par M. de BEAUMONT.) *La Haye*, 1781, in 8, 7 p.

Adieux (les) de la reine à ses mignons et mignones. (Par BERNELOT.) *Paris, impr. des patriotes*, (1793), in-8.

Adieux (les) de Mars, représentez pour la première fois sur le théâtre des comédiens italiens ordinaires du roy, le 30 juin 1735. (Par le marquis J.-J. LE FRANC DE POMPIGNAN.) *Paris*, 1735, in-8. L. S. V.

Adieux (les) des Russes aux Parisiens. Par l'auteur de « La Lanterne magique » (Ant. CAILLOT). *Paris, impr. de Cellot*, 1814, in-8, 8 p.

Adieux (les) du duc de Bourgogne et de l'abbé de Fénélon, son précepteur, ou Dialogues sur les différentes sortes de gouvernements. (Par Dieudonné THIÉBAULT.) *Douai, Berlin, Sam. Pitra*, 1772, in-12. — Nouvelle édition augmentée. *Paris, Prault*, 1788, in-8, 332 p.

Voy. « Supercheries », II, 30 *b*.

Adieux (les) du Goût, comédie en un acte et en vers, avec un divert., représentée pour la première fois par les comédiens françois ordinaires du roi, le mercredi 13 février 1754. (Par PATU et PORTELANCE.) *Paris, Duchesne*, 1754, in-12, 64 et 16 p. — *Mayence*, 1759, in 8.

Adieux du Poëte aux Muses. (Par DENESLE.) *Paris*, 1737, in-12.

Adieux (les) du prêtre, publiés par un curé de province (l'abbé M.-X. RAFFRAY). — *Vannes*, 1843, 2 vol. in-12.

Voy. « Supercheries », I, 817, *f*.

Adieux (les) du quai de Gèvres à la bonne ville de Paris. (Attribués à J. DE LA VALLÉE). *Paris*, 1787, in-12. V. T.

Administration (de l') de l'armée d'Espagne, et du système des entreprises. (Par P. A. ODIER.) *Paris*, 1823, in-8, 56 p.

Administration (de l') de la justice aux Pays-Bas, sous le ministère de Van Maanen, etc. (Par Robert-Hélias d'HUDDEGHEM, président de chambre à la cour d'appel de Gand, né à Gand en 1791, mort dans la même ville, en 1851). *Gand, Vanryckegem-Hovaere*, 1830, in-8, 120 p. J. D.

Administration (de l') de la justice et de l'ordre judiciaire en France. Par M. D*** (D'EYRAUD). *Paris*, 1824, 2 vol. in-8.

Réimprimé en 1825, 3 vol. in-8, avec le nom de l'auteur. Voy. « Supercheries », I, 846, *d*.

Administration (l') de Seb. Joseph de Carvalho e Melo, comte d'Oeyras, marquis de Pombal... (Par le chevalier P.-M.-F. DEZOTEUX DE COMARTIN, envoyé de France en Portugal.) *Amsterdam, Paris*, 1786-87, 4 vol. in-8.

On trouve en tête de quelques exemplaires une « Déclaration » de l'auteur, 12 pages, et un « Prospectus » de 108 pag.

Le nom de l'auteur m'a été indiqué par M. Verdier, savant portugais.

Il ne faut pas confondre, comme l'a fait Quérard (« France littér. », II, 526), cet ouvrage avec celui en 4 vol. in-12, publié sous le titre de « Mémoires de Sébastien-Joseph... » (Voy. ces mots.)

Administration (de l') des établissements d'instruction publique, et de la réorganisation de l'enseignement. *Paris, impr. d'Hacquart*, an IX-1801, in-8, 22 p.

Signé : ARNAULT, membre de l'Institut. Quérard n'indique qu'une seconde édition de *Paris*, 1804.

Administration et améliorations d'utilité publique, adaptées à l'Auvergne, pour servir de suite et de preuve à l'Histoire de cette province. (Par le vicomte DESISTRIÈRES-MURAT.) in-4.

Administration (de l') financière des communes de France ; avec quelques applications à la ville de Bordeaux. (Par M. PIERRUGUES, ingénieur en chef du cadastre.) *Bordeaux, impr. de Racle*, 1816, in-8.

Administration générale et particulière de la France. (Par Dom J.-B.-Agneaux DEVIENNE.) *Paris*, 1774, in-4.

Administration (de l') municipale, ou Lettres d'un citoyen de Lyon sur la nouvelle administration de cette ville. (Par Ant.-Franç. PROST DE ROYER.) 1765, in-12.

Voy. « Supercheries », I, 739, *f*.

Administration (de l') provinciale et de la réforme de l'impôt. (Par Guill.-Franç. LE TROSNE.) *Bâle*, 1779, in-4.—Nouv. édit. posthume, avec le nom de l'auteur. *Bâle et Paris, P.-J. Duplain*, 1788, 2 vol. in-8.

Administrations (des) financières et de leur organisation, par G.-M. (GUILLON-MAILLY), sous-directeur. *Paris, Roux*, 1831, in-8, 27 p.

Voy. « Supercheries », II, 189, *b*.

Admirable (l') histoire du chevalier du Soleil, traduite de l'espagnol (de ORTUNEZ DE CALAHORRA), par Franç. de ROSSET (et Louis DOUET). *Paris, Thiboust*, 1620-1626, 8 vol. in-8.

Le marquis de Paulmy et Contant d'Orville ont donné (Voy. « Esprit des journaux », juin 1781, p. 189) une « Histoire des chevaliers du soleil, traduction libre et abrégée de l'espagnol ». *Amsterdam, et Paris, Pissot*, 1780, 2 vol. in-12.

C'est à tort que cette traduction a été attribuée par Quérard au comte de TRESSAN, en faisant observer qu'elle ne se trouvait pas dans ses Œuvres, et ce après l'avoir attribuée au marquis de PAULMY.

Les deux premiers volumes ont été réimprimés en 1643.

C'est une traduction du roman espagnol d'Ortuñez de Calahorra : « Espejo de principes en el qual se cuentan los immortales hechos del cauallero del Febo y de su hermano Rosicler», *Çaragosa*, 1562, in-fol.; *Medina*, 1583, in-fol., etc. Voir le « Manuel du libraire », art. ORTUNEZ, à l'égard de ces diverses éditions espagnoles.

Admirables (les) qualités du quinquina, et la manière de s'en servir (traduit de l'anglais de TALBOT), avec les réflexions de Fagon. *Paris*, 1705, in-12. V. T.

M. Van Thol n'a point découvert le véritable auteur de cet ouvrage, publié pour la première fois en 1680. Selon toutes les apparences, il demeurera toujours inconnu. D'après l'avertissement, c'est un particulier étranger qui avait l'honneur d'être attaché au service de Louis XIV : de là vient sans doute l'approbation flatteuse donnée à ce livre par Fagon, premier médecin du roi.

C'est à tort que la « Biographie universelle » présente cet ouvrage comme étant de Fagon ; seulement on a inséré dans l'édition de 1705 la consultation donnée par ce célèbre médecin pour guérir le roi d'Espagne Charles II d'une fièvre qui le tourmentait.

Admirables (les) sentiments d'une fille villageoise, envoyés à M. le prince de Condé, touchant le parti qu'il doit prendre. *Paris, Hénault*, 1649, in-4, 7 p.

Signé : C. H. (Charlotte HÉNAULT, suivant la « Bibliographie des Mazarinades »).

Admirables (les) Vertus des eaux naturelles de Pougues, Bourbon et autres, renommées en France. (Par J. BANC.) *Paris*, 1618, in-8. V. T.

Admission (de l') des Juifs à l'Etat civil. (Par Ch.-Nic. SONNINI DE MANONCOUR.) *Nancy*, 1790, in-8.

Admonition au conseil de surveillance de la censure. (Par le marquis de LA GERVAISAIS.) *Paris, Pihan-Delaforest*, 1827, in-8, 16 p.

Adolphe de Dulmen, trad. de l'allem. (de Mme Benedicte NAUBERT). *Paris*, 1810, 5 vol. in-12.

Une autre traduction a paru sous le titre de « Les Aveux d'un prisonnier », avec la fausse attribution de ce roman au baron de Bock, que l'on a qualifié d'auteur d' « Hermann d'Una ».

Adolphe de Morny, ou Malheurs de deux jeunes époux, par l'auteur d' « Elisa Bermont » (Mme D'ARGEBOUSE). *Paris*, an XIII, 3 vol. in-12.

Adolphe de Prald, ou l'Erreur singulière, par Mme Julie L*** (LESCOT). *Paris, Pigoreau*, 1821, 3 vol. in-12.

Voy. « Supercheries », II, 471, *f*.

Adolphe de Waldheim, ou le Parricide innocent, nouvelle allemande extraite du journal d'un jeune militaire, recueillie et publiée par A. D. V. C. (Alex. DU VOISIN-CALAS). *Paris, Ducauroy*, an IX, in-12.

L'auteur est, par sa mère, petit-fils du malheureux Calas de Toulouse. Du Voisin, père de cet auteur, était ministre à la chapelle de l'ambassadeur de Hollande, et jouissait d'une réputation méritée. V. T.

Voy. « Supercheries », I, 203, *b*.

Adolphe et Caroline, ou le Danger des divisions politiques dans l'intérieur des familles ; com. en cinq actes et en prose. *Paris, A. Boucher*, 1824, in-8, 157 p.

L'Avis est signé le comte DE *** (le comte Charles-Léopold DE BELDERBUSCH).

Voy. « Supercheries », III, 1107, *b*.

Adolphe et Jenny, fait historique, par l'auteur de « l'Hermite de vingt ans » (Louis PONET). *Paris, Le Marchand*, 1802, in-12.

Adolphe et Julie, ou Lettres de deux amants habitant les bords du Dniester ; trad. du polonais (du général KROPINSKY, par M. de MAURY). *Paris*, 1824, 2 vol. in-12.

Adolphe et Zénobie, ou les Crimes de la jalousie ; par L. V*** (Mme L. VILDÉ), auteur de « Betzi, ou l'infortunée créole » ; de la « Réponse au rêve d'un philosophe », et de la « Religieuse d'Alençon ». *Paris, Madame Masson*, 1803, 2 vol. in-12.

Voy. « Supercheries », II, 996, *f*.

Adolphe, ou la Famille malheureuse, par Mme G... VAN... (GODFREY VAN ESBECQ). *Paris*, 1797, 3 vol. in-12.

Voy. « Supercheries », II, 228, *a*.

Adonis, poëme. (Imité du chant huitième de « l'Adone » du cavalier MARIN, par FRÉRON et le duc COLBERT D'ESTOUTEVILLE). *Paris, Musier*, 1775, in-8, front., fig., vig. et cul-de-lampe d'après Eisen.

L'édition originale de cette imitation est intitulée : « Les vrais Plaisirs, ou les Amours de Vénus et d'Adonis », 1748, in-12. Voy. ce titre.

Adoption (de l') de la loi sur le régime des prisons, par un ancien directeur (MARQUET-VASSELOT). *Paris*, 1844, in-8, 56 p.

Voy. « Supercheries », I, 326, *f*.

Adorateur (l') en esprit et en vérité. (Par Gasp.-J.-A.-J. JAUFFRET, évêque de Metz.) *Paris, Le Clere*, 1800, 3 vol. in-18. — Sec. édit. 1803.

Cet ouvrage se compose des Méditations du P. Bourdaloue et du P. Bouhours, souvent refondues par M. Jauffret.

Adorateurs (les), ou les Louanges de Dieu. (Par VOLTAIRE.) 1769, in-8, 28 p.

Dans le t. VIII de « l'Evangile du jour ». Voy. « Supercheries », II, 334, *c*.

Adoration perpétuelle du Sacré Cœur de Jésus, établie à Sainte-Aure, le 1er juillet 1779. (Par N.-M. VERRON, ex-jésuite.) *Paris*, 1784, in-16. V. T.

Fleischer attribue à l'abbé Grisel un ouvrage du même titre et de la même date. L'indication de M. Van Thol mérite plus de confiance, puisque l'abbé Verron, massacré au séminaire de Saint-Firmin, le 3 septembre 1792, à l'âge de cinquante-un ans, était directeur spirituel des religieuses du couvent de Sainte-Aure, dans la rue Neuve-Sainte-Geneviève, à Paris. Voyez la notice qui le concerne dans le quatrième volume de l'ouvrage de M. l'abbé Aimé Guillon, intitulé : « Les Martyrs de la Foi pendant la Révolution française. » *Paris, Germain Mathiot*, 1821, 4 vol. in-8.

Adresse (de l'). (Par le marquis de LA GERVAISAIS.) *Paris, Pihan-Delaforest*, 1830, in-8, 26 p.

Adresse à l'Assemblée nationale sur la liberté des opinions, sur celle de la presse, etc., ou Examen philosophique de ces questions : 1° Doit-on parler de Dieu et en général de religion, dans une déclaration des droits de l'homme? 2° La liberté des opinions, quel qu'en soit l'objet, celle du culte et la liberté de la presse peuvent-elles être légitimement circonscrites et gênées par le législateur. (Par Jacq.-André NAIGEON.) *Paris, Volland*, 1790, in-8, 140 p.

M. l'abbé Morellet fit imprimer, mais ne mit pas en vente l'opuscule suivant : Préservatif contre un écrit intitulé : « Adresse à l'Assemblée nationale sur la liberté des opinions », etc. *Paris, Crapart*, 1790, in-8, 38 pag.

Il est curieux de voir un philosophe très-hardi réfuté par un philosophe très-prudent.

Adresse à la nation angloise, poëme patriotique, par un citoyen (Pierre LE FÈVRE DE BEAUVRAY), sur la guerre présente. *Amsterdam et Paris*, 1757, in-12.

Voy. « Supercheries », I, 733, *f*.

Adresse à la nation française, présentée au général Brune, par un Patriote vaudois (Samuel PORTA). *Lausanne*, 1798, in-8.

Voy. « Supercheries », III, 41, *b*.

Adresse à MM. les Curés. (Par Ant.-Jos.-Michel SERVAN.) 1789, in-8, 30 p.

Adresse à tous les électeurs des départements, ou Réflexions rapides sur l'état actuel de la France; humblement dédiée aux deux Chambres, par un royaliste constitutionnel (J.-E. PARISOT DE SAINTE-MARIE). *Auxerre, imp. de Lecoq*, 1821, in-8.

Adresse au clergé Welche. (Par le vicomte d'AUBUSSON.) 1773, in-8.

Cette pièce a paru pour la première fois à La Rochelle. Le P. Richard, qui la croyait de Voltaire, en a publié une réfutation sous ce titre : « Lettre d'un ami des hommes, ou Réponse à la diatribe de M. de V. contre le clergé de France. Par l'auteur du « Préservatif ». *Aux Deux-Ponts*, 1774, in-8.

L'Adresse a été réimprimée sous ce titre : « Ode au clergé de France, suivie d'un Petit discours ou de quelques réflexions analogues ». *Paris*, 1790, in-8. Voy. « Supercheries », I, 309, *a*. Ces deux pièces se retrouvent dans le Recueil des opuscules de l'auteur dont les exemplaires reliés portent sur le dos *Albuconiana*.

Adresse au Gouvernement, ou la France en danger par l'ultramontanisme. (Par M. MORISSE, ancien intendant des Iles.) *Paris, Imprimerie chrétienne*, 1801, in-8, 44 p.

Adresse au païs d'Erguel. (Par David-Louis BEGUELIN.) 1792, in-8.

C'est une réponse à une brochure intitulée : « Situation politique du païs d'Erguel ». (Par Théod.-F.-L. LIOMIN.) 1792, in-8.

Il fut répliqué à l'adresse ci-dessus par : « Avertissement que la Société patriotique... » Voy. ces mots.

Adresse au peuple français sur l'Acte additionnel aux constitutions de l'Empire... Par M. le général baron D***** (DUTRUY). *Paris, Plancher*, 1815, in-8.

Voy. « Supercheries », I, 845, *a*.

Adresse aux Amis de la paix en Erguel. (Par D.-L. BEGUELIN.) 1793, in-8.

Adresse aux Anglais, par un représentant de la nation françoise (J.-P. RABAUT DE SAINT-ETIENNE). *Paris*, 1791, in-8, 16 p.

Voy. « Supercheries », III, 393, *a*.

Adresse aux Eglises françaises des Etats prussiens (par J. HENRY, bibliothécaire du roi de Prusse), en réponse à l'écrit qui leur a été adressé en allemand cette année, sous le titre d' « Appel aux communes françaises de la monarchie prussienne, par un de leurs plus anciens pasteurs » (THÉREMIN DE GRAMZORE). *Berlin*, 1814, in-8.

Adresse aux électeurs de Paris. (Par J. LABLÉE.) 1788, in-8.

Adresse aux Français de toutes les opinions (mais de bonne foi), sur les véritables caractères de la révolution de 1830, et sur les avantages et les dangers de leur position actuelle. (Par LUCET DE BEARHILL.) *Paris, Ledoyen*, 1835, in-8.

Voy, le « Moniteur » du 13 septembre 1835.

Adresse aux gens de bien du Languedoc, pour être communiquée à l'Assemblée nationale et aux bons François qui s'intéressent aux affaires présentes. Sur quoi ?... Par qui?... *S. l.*, (1789), in-8, 152 p.

Signé : C*** DE B***, D. M., (COURDIN DE BÉSIÉ, docteur-médecin), et non C*** B***. Voy. « Supercheries », I, 667, *a*.

Adresse aux Lyonnois, à l'occasion de l'installation de leur municipalité ; par un habitant de l'île de Perrache (P. GUIGOUD-PIGALE). *S. l.*, 1790, in-8, 8 p.

Voy. « Supercheries », II, 234, *f*.

Adresse aux Parisiens, par un ami de l'ordre et de la paix, J. L........E Vic. (l'abbé Jean LABOUDERIE). *Paris, impr. de Moronval*, 1815, in-8, 8 p.

Tiré à 100 exemplaires.
Voy. « Supercheries », I, 306, *f*.; et II, 406, *e*.

Adresse aux princes françois et aux émigrans de cette malheureuse nation, au sujet de la guerre et de leur retour. (Par MOUFFLE D'ANGERVILLE.) *Paris, L'Allemand*, mai 1792, in-8, 28 p.

L'adresse est signée : d'AN**, et est suivie d'une réponse de M. le comte DE SANOIS. C'est à cela qu'il faut attribuer l'erreur du « Catalogue de l'Histoire de France », de la Bibliothèque nationale, tome II, p. 704, nº 5934, qui donne la pièce entière sous le nom du comte DE SANOIS.

Adresse aux provinces, ou Examen des opérations de l'Assemblée nationale. 1789, in-8, 32 p.

Attribué, dans la 1re édit. de ce Dictionnaire, à l'abbé F.-X.-M.-A. de MONTESQUIOU-FEZENSAC, cet ouvrage ne figure pas dans la seconde édition. Il est donné dans la « France littéraire » de Quérard et dans la « Biographie universelle » sous le nom de l'abbé de MONTESQUIOU.

Le Catalogue de la Bibliothèque nationale, Histoire de France, t. II, page 568, n. 2683, donne l'indication de quatre éditions sous la même date, sans attribution d'auteur.

Adresse d'un candidat à MM. les électeurs de toute la France. (Par REY, de Nîmes.) *Paris, Mesnier*, 1831, in-8.

Voy. « Supercheries », I, 637, *c*.

Adresse d'un citoyen (P.-H.-M. LEBRUN-TONDU) aux Etats de Brabant. *Hervé, de l'Imprimerie patriotique*, 1789, in-8.

Adresse d'un citoyen français à ses Représentants, sur la constitution de 1793. (Par Georges-Victor VASSELIN.) *Paris*, 1795, in-8. V. T.

Voy. « Supercheries », I, 742, *c*.

Adresse de l'auteur du « Catéchisme du genre humain » (Franç. BOISSEL), aux utiles et vrais représentants de la nation françoise. *S. l.* (1789), in-8, 8 p.

Adresse de la Société démocratique séante au Mexique, aux grenadiers du corps législatif, comprenant la confession générale de cette société et le secret de ses grandes mesures. *Paris, de l'impr. des fidèles amis*. In-8.

Cet opuscule, signé LEBLANC, est de VAYSSE DE VILLIERS.

Adresse de quelques catholiques de Rouen à tous les catholiques du département de la Seine-Inférieure. (Par l'abbé Guillaume-André-René BASTON.) *Rouen*, 1791, in-8. D. M.

Adresse de remerciement présentée au roi par les officiers municipaux de la ville de Rouen en assemblée générale. *Rouen*, 1789, in-8, 15 p.

Cette adresse, signée de 31 officiers municipaux, a été rédigée par Jacq.-Guill. THOURET.
Voy. « Supercheries », II, 1299, *d*.

Adresse des chefs de famille à l'Assemblée nationale, sur la liberté individuelle ; suivie de quelques réflexions sur les droits de l'homme, et d'un projet d'émulation civique. *Paris, impr. de Valleyre aîné*, 1790, in-8, 30 p.

Signé : Par l'auteur des « Elans du cœur et de la raison ». Une note ms. ajoute : Mme DE VALINCOURT.

Adresse des Dominicains de la rue du Bac à l'Assemblée nationale. (Par le P. Bernard LAMBERT.) *Paris*, 1789, in-8.

Voy. « Supercheries », I, 976, *b*.

Adresse des habitants du ci-devant bailliage de... à M. de ***, leur député à l'Assemblée nationale, sur son duel et sur le préjugé du point d'honneur, publiée et mise au jour par M. G..... (GROUVELLE). *Paris, Moutard*, 1790, in-8, xij-60 p. — Sec. édit. sous le titre de « Point de duel. » Voy. ces mots.

Voy. « Supercheries », II, 122, *c*.

Il y a une réimpression faite à *Varsovie*, 1790, in-8, accompagnée d'une traduction en polonais.

L. S. V.

Adresse des Jeunes Religieux dominicains du collége général de Saint-Jacques de Paris à l'Assemblée nationale. *Paris, veuve Desaint, impr.*, 1789, in-8, 8 pag.

Signée : F. Louis PERRIN, clerc, F. Etienne VANOUD, clerc, F. Jean-Marie DUPUY, clerc, etc.

Fleischer attribue cette « Adresse » au P. Bernard LAMBERT, auteur de « l'Adresse des Dominicains de la rue du Bac » ; Barbier, d'après Van Thol, l'attribue au premier signataire Louis PERRIN ; Quérard, dans sa « France littéraire », la donne sous les deux noms.

Dans les « Supercheries », 1re édit., t. V, p. 214, il adopte l'opinion de Fleischer. L'éditeur de la seconde édition, tome II, 396, *d*, reproduit l'attribution de Van Thol.

Nous pensons que l'avis de Fleischer doit être adopté, le P. Bernard LAMBERT ayant publié beaucoup d'autres pièces du même genre, tandis que nous ne retrouvons plus jamais le nom de Louis Perrin, auquel il n'y a pas plus lieu d'attribuer la rédaction de l'Adresse qu'à aucun autre de ses co-signataires.

Adresse du professeur de droit françois (Tim.-Arn. HENRI) à MM. les administrateurs, sur l'étude de la constitution et du droit français. *Nancy, Le Clere*, 1790, in-4.

Voyez le « Dictionnaire » de Fleischer ; et « Supercheries », III, 200, *a*.

Adresse pour acquérir la facilité de persuader et de parvenir à la vraie éloquence, par J. D. W. (Jean DE WAIPY), citoyen de Verdun. *Verdun*, 1720, in-16.

Voy. « Supercheries », II, 379, *a*.

Adresse présentée à l'Assemblée nationale, le 24 août 1789, par les Juifs résidants à Paris. (Rédigée par GODARD, avocat.) *Paris, impr. de Prault*, 1789, in-8, 1 feuill. de titre et 9 p.

Adresses au Roi, à l'Assemblée nationale et aux citoyens de la ville de Paris, par les citoyens de la ville de Grenoble, 25 juillet 1789. *S. l.*, in-8, 15 p.

Des notes manuscrites, sur l'exemplaire de la Bibliothèque nationale, attribuent la première adresse au sieur DUCHESNE, avocat au Parlement, la seconde à M. de LA SALCETTE, et la troisième à M. DE ROLLIN.

Adrien et Emile, par l'auteur du « Château de Bois-le-Brun » (Mlle Stéphanie BIGOT). *Lille*, 1856, in-12.

a Adrien et Stéphanie, ou l'Ile déserte, histoire française, par l'auteur de « Maria ». *Paris, Roux*, 1803, 2 vol. in-12.

WILLEMAIN D'ABANCOURT a été l'éditeur de ce roman dont l'auteur est resté inconnu. Quérard, dans sa « France littéraire », n'a pas tenu compte de la correction indiquée t. I, p. 502, au « dictionnaire des Anon. » et à la Table, et attribue cet ouvrage à Mme BLOVER.

b Adrienne et Madeleine ; controverses populaires sur la religion catholique et les croyances protestantes. *Tournai, Casterman*. 1853, in-12, 288 p. ; 1856.

L'auteur est l'abbé Paul BARBIEUX, né en 1805. Il quitta sa cure de Basècles pour entrer chez les Jésuites en octobre 1835, et il sortit de la compagnie à la fin de 1863 (de Backer, I, col. 401).

c Adrienne, ou les Aventures de la marquise de N. N., traduites de l'italien (de l'abbé CHIARI), par M. D. L. G. (DE LA GRANGE). *Paris, veuve David*, 1768, 1784, 2 vol. in-12.

L'ouvrage italien parut en 1762, à Venise ; il est intitulé : « La Cantatrice per disgrazia. »

Voy. « Supercheries », I, 957, *e*.

Adriennes (les), nouvelles en vers, par un officier au corps impérial du G.... (Adrien LE ROUX, capitaine au corps du génie). *Paris*, 1805, in-18.

d Même ouvrage que « Contes et historiettes érotiques.. par Adrien L. R. » *Paris*, 1801, in-8.

Voy. « Supercheries », II, 978, *f* et 1285, *f*.

Adultère (de l') dans les différents âges et chez les différents peuples. (Par M. JAYBERT, avocat à la cour de cassation) *Paris, Poulet-Malassis*, 1862, in-32, 120 p.

Voy. « Trois Dixains de contes gaulois ».

Adventures... Voy. « Aventures ».

Adventurier... Voy. « Aventurier ».

e Adversité (l'), ou l'Ecole des rois ; traduit de l'anglois (d'Anne FALLER, ou plutôt FULLER, par P.-L. LE BAS). *Paris*, 1792, 2 vol. in-12.

Même ouvrage que « Le Fils d'Ethelwolf. » *Paris*, 1789, 2 vol. in-12.

Advertissement... Voyez « Avertissement ».

Advis... Voyez « Avis ».

f Advocat... Voyez « Avocat ».

Ædonologie, ou Traité du rossignol franc, ou chanteur... (par L.-Dan.-Franç. ARNAULT DE NOBLEVILLE et SALERNE). *Paris, Debure*, 1751, in-12, x-156 p. et 2 pl. ; *Ibid.*, 1773, in-12.

Aessa, ou les Tartares du step, roman moral. (Par J.-B. PEYRIEU, connu sous le nom de PEYRIEU-LASSALLE.) 1809, in-12.

Aetiade (l'), poëme héroï-comique en XV chants. *Paris, Pelicier*, 1824, in-18.

Par A.-P.-H. TARDIEU DE SAINT-MARCEL, d'après la « France littéraire » de Quérard. Nous avons vu un exemplaire portant sur le titre la note manuscrite suivante : Par le marquis de SALVO, alors attaché à l'ambassade napolitaine.

Affaire (l') de Marie d'Agréda et la manière dont on a cabalé en Sorbonne sa condamnation. *Cologne*, 1697, in-12, 40 p.

On voit, tome 6 des « Nouv. littér. » de Du Sauzet, p. 117, que Henri DE LA MORLIÈRE, docteur de Sorbonne, fut soupçonné d'être l'auteur de ce libelle. Mais il le désavoua par un écrit de 12 pages in-12, intitulé : « Justification de M. Henri de La Morlière », 1697. De sorte qu'on croit que c'est l'ouvrage du P. Claude MÉRON, cordelier, docteur de Sorbonne, qui mit tout en œuvre pour empêcher la censure, et qui, s'étant déchaîné à ce sujet contre les docteurs qui lui étaient opposés, même contre l'archevêque de Rheims, M. Bossuet, et autres prélats, qu'il regardait comme les promoteurs de cette affaire, fut mandé au parlement, et ensuite exilé à Noyon.

Affaire de 1773 du régiment Royal-Comtois, rappelée à l'Assemblée dite nationale par M. Chabroud, en 1790 et 1791. Ecrit destiné à la seconde législature. (Par Marie-Anne-Antoinette DE LA MOTTE-GEFFARD.) *S. l.*, 30 août 1791, in-8.

Affaire des diables. Jugement rendu par le tribunal correctionnel de Doullens, contre trois individus prévenus d'escroquerie, en invoquant l'esprit malin. (Par H. DUSEVEL.) *Doullens*, 1825, in-8.

Pouy : « Recherches historiques », 1864, p. 224.

Affaire du quartier Léopold. (Par Henri DANDELIN.) *Saint-Josse-Ten-Noode*, 1852, in-8, 12 p.

Voy. « Supercheries », II, 238, *a*.

Affaire Pierre Bonaparte, ou le meurtre d'Auteuil. (Par H. DE CASTELNAU.) *Paris, chez tous les libraires*, in-12.

Nombreuses réimpressions.

Affaire Poupar. (Par Jean PASSERON.) *Lyon, impr. de J.-M. Boursy, s. d.*, in-8, 5 p.

Affaire Reynaud du Pont-en-Royans. (Par Henri de GARIOD, magistrat, né en 1836.) *Grenoble*, 1861, in-18.

Affaires (des) d'Italie, et de l'avenir probable de l'Europe ; par l'auteur de la « Solution de grands problèmes » (l'abbé Antoine MARTINET). *Paris, Lecoffre*, 1849, in-12.

Affaires de Cologne. Athanase, par T. GOERRES... trad. de l'allem., d'après les 2e et 3e édit. (Par le marquis Albert DE

a RESSÉGUIER.) *Paris, Debécourt*, 1838, in-8.

Affaires de l'Angleterre et de l'Amérique (espèce d'ouvrage périodique, rédigé par Benj. FRANKLIN, Ant. COURT DE GEBELIN, J.-B.-R. ROBINET et autres). *Anvers (Paris, Pissot)*, 1776, 15 vol. in-8.

Affaires de l'Inde, depuis le commencement de la guerre avec la France en 1756,
b jusqu'à la conclusion de la paix en 1783, etc., traduit de l'anglois (par Franç. SOULÈS). *Paris, Buisson*, 1788, 2 vol. in-8.

Affaires de la Guerre, contenant le Journal du blocus de Mantoue (en 1701, par M. de Villeroy), et suite du journal de l'armée de monseigneur le duc de Bourgogne. *Paris, Michel Brunet*, 1702, in-12.

Le journal du blocus de Mantoue a été rédigé par le comte, depuis maréchal DE TESSÉ, qui commandait dans
c cette place. (*Note manuscrite.*)

Affaires du temps. (Années 1688 à 1692.) *Paris, M. Guérout*, 12 vol. in-12.

Annexe du « Mercure galant », rédigée par J. DONNEAU DE VISÉ, et paraissant tous les mois.

Affections (les) de divers Amans, faites et rassemblées par PARTHENIUS de Nicée, ancien auteur grec, et nouvellement mises en françois (par Jehan FORNIER ou FOUR-
d NIER). *Paris, Robinot*, 1555, in-8. — Autre édit. *Paris, Coustelier*, 1743, in-12. — Nouvelle édition (avec un Mémoire où l'on établit la différence des deux éditions faites en la même année, à Paris et à Lyon, de cette traduction, en 1555, par l'abbé DE SAINT-LÉGER). *Paris, Guillaume*, an V-1797, in-8.

Cette édition fait partie de la « Bibliothèque des Romans grecs », publiée en 12 vol. pet. in-12, par le
e même libraire. Le morceau relatif à J. Fournier est le seul que l'abbé de Saint-Léger ait fourni à cette collection. C'est à tort qu'il en a été présenté comme l'éditeur dans différents ouvrages publiés en France ou chez l'étranger. Voyez la Notice sur la vie et les écrits de l'abbé de Saint-Léger, par M. Chardon de la Rochette, dans le « Magasin encyclopédique », 5e année, t. 2.

Cette traduction a été aussi publiée sous le titre de : « Les affections de l'Amour ». Voy. l'article suivant.

Affections (les) de l'amour de PARTHE-
f NIUS, ancien auteur grec, joinctes les narrations d'amour de PLUTARQUE, mises en francoys (par Jehan FOURNIER). *Paris, V. Sertenas*, pet. in-8, 47 feuillets.

Cette édition ne porte ordinairement ni le nom du traducteur ni la date, laquelle se trouve seulement dans le privilége. Il en existe cependant des exemplaires avec le nom de FORNIER (*sic*) et la date de 1555. Voyez Brunet, « Manuel du libr. ». Cette traduction a aussi été publiée sous le titre de : « Les Affections de divers amans ». Voy. ce titre.

Affiches, annonces et avis divers. Voy. « Annonces, affiches et avis divers ».

Affiches de la Rochelle (rédigées par M. JOUYNEAU-DESLOGES), depuis 1769 environ jusqu'en 1773.

Voyez la « Décade philosophique », t. 35, p. 373.

Affiches du Poitou (rédigées par M. JOUYNEAU-DESLOGES), depuis 1773 jusqu'en 1783 environ.

Affiches et avis divers de Reims, et généralité de Champagne. (Rédigées de 1772 à 1805 par A.-J. HAVÉ.)

Affiches (les) de Paris, avis divers, etc., du lundi 22 février 1745 au lundi 3 mai 1751 (ouvrage commencé par Antoine BOUDET, libraire et imprimeur). *Paris, l'auteur*, 1745 et années suivantes, 7 vol. pet. in-4.

Affiches de Paris, des provinces et des pays étrangers. *Paris, C.-L. Thiboust*, 1716, in-4 et in 8.

L'auteur de ces recueils est Jean DU GONE ou DU GONO, de Gannat en Auvergne, homme de mérite, mais abondant en desseins singuliers, lequel a publié le plan d'une traduction française du droit romain, et qui, après avoir été secrétaire du premier président de Novion, mourut secrétaire du roi en 1729, âgé d'environ 86 ans: toutes choses que je tiens d'une personne très-instruite et très-sûre, laquelle avait eu de l'auteur même neuf de ces recueils pour l'année 1716. « Catalogue manuscrit de la Doctrine Chrétienne, par le P. BAIZÉ », t. 10, fol. 211.

Voy. Hatin : « Bibliographie de la presse », pag. 18.

Affiches Orléanaises (par L. P. COURET DE VILLENEUVE), depuis 1771 jusqu'à 1790. *Orléans*, in-4.

Martin Couret de Villeneuve, imprimeur à Orléans, père du précédent, mort en 1780, est éditeur des années antérieures à 1771 (Fleischer).

Affiches (les) rouges... Voyez « Curiosités révolutionnaires ».

Affinités (les) électives, roman de GOETHE, traduit de l'allemand (par MM. RAYMOND, Ant. SERIEYS, GODAILH, J.-L. MANGET et G.-B. DEPPING). *Paris*, 1810, 3 vol. in-12.

Affranchissement (de l') des noirs, ou Observations sur la loi du 16 pluviôse an deuxième, et sur les moyens à prendre pour le rétablissement des colonies, du commerce et de la marine. (Par GROS.) *S. l. n. d.*, in-8, 1 feuillet de titre et 33 p.

Afrique (l') de MARMOL, de la traduction de Nicolas PERROT D'ABLANCOURT; avec l'Histoire des chérifs, traduite de l'espagnol de Diégo TORRÈS, par le duc d'ANGOULÊME le père, revue et retouchée par P. R. A. (Pierre RICHELET, avocat). *Paris, L. Billaine*, 1667, 3 vol. in-4, avec cartes et fig.

Afrique (de l') et des chevaliers de S.-Jean de Jérusalem, par L. C. P. D. V. (le comte Pierre-Louis RIGAUD DE VAUDREUIL). *Paris, Egron*, 1818, in-8, 97 p.

Afrique (l'), ou Histoire, mœurs, usages et coutumes des Africains.—Le Sénégal..., par R. G. V. (R. GEOFFROY, médecin-voyageur). *Paris, Nepveu*, 1814, 4 vol. in-18, avec 44 planches.

Voy. « Supercheries », III, 406, *a*.

Agathe à Lucie, lettre pieuse, par I. P. C. E. de Belley (Jean-Pierre CAMUS, évêque de Belley). *Paris, Claude Chappelet*; 1622, in-12, 20 feuillets, et 171 p.

Le nom de l'auteur se trouve dans le privilége.

Agatha, ou la Religieuse anglaise, traduite de l'anglais. (Par madame la comtesse Louise-Alexandrine de GUIBERT.) *Paris, Maradan*, 1797, 3 vol. in-12.—An VII, 4 vol. in-18.

Agathe d'Entragues, roman historique. Par l'auteur « d'Irma » (Mme GUÉNARD). *Paris*, 1807, 6 vol. in-12.

Agathe, ou la chaste princesse, tragédie. (Par Nicolas RAGOT-GRANDVAL.) 1750, in-8.

C'est une pièce burlesque et libre. Le catalogue Soleinne, n. 3850, indique deux éditions; l'une, *s. l. n. d.*, l'autre, *Paris, Duchesne*, 1756, in-8, 50 p. Cette dernière édition porte le nom de l'auteur.

Agathocles et Monk, ou l'art d'abattre et de relever les trônes. (Par M. PHILIPPON.) *Orléans*, an V-1797, in-18.

Age (l') d'or, ou Triomphe de l'immortelle Catherine, par le chevalier P. (PERSON DE BERAINVILLE). *Paris*, 1776, in-18.

Voy. « Supercheries », III, 3, *a*.

Agenda des auteurs, ou Calpin littéraire à l'usage de ceux qui veulent faire des livres. Ouvrage didactique pour le dix-huitième siècle. (Par RAYMOND ou RÉMOND DE SAINT-SAUVEUR, intendant du Roussillon.) *Au Parnasse, de l'impr. d'Anonime Fertile, imprimeur ordinaire d'Apollon*, 1755, in-12, 215 p.

Agenda musical pour l'année 1836..... Publié par un ancien élève du conservatoire (PLANQUE). *Paris*, 1836, in-18.

Première année. La deuxième année porte le nom de l'auteur. Voy. « Supercheries », I, 329, *a*.

Agenda, ou Manuel des gens d'affaires... (Par Jos. ROUSSEL, avocat au Parlement de Toulouse.) *Paris, Langlois*, 1772, in-8.

Ages (les) poétiques. Par l'auteur du « Dithyrambe sur la Grèce antique et la Grèce moderne» (Florimond LEVOL). *Paris*, 1825, in-8.

Agiatis, reine de Sparthe, ou les Guerres civiles des Lacédémoniens sous les rois Agis et Léonidas. (Par P. DORTIGUE DE VAUMORIÈRE.) *Paris, G. de Luyne*, 1685, 2 vol. in-12.

Agimée, ou l'Amour extravagant, tragicomédie en cinq actes et en vers, par S. B. *Paris*, 1629, in-8.

Par Simon BAZIN, d'après Van Thol, et par BRIDART, d'après le catalogue Soleinne.

Voy. « Supercheries », III, 611, *c*.

Agioteur (l') puni. comédie. (Par Etienne MAYET.) *Paris*, 1788, in-8.

Edition indiquée par Fleischer. Le Catalogue Soleinne (III, 3,235) en indique une autre intitulée : « Crispin devenu riche, ou l'Agioteur puni, comédie en cinq actes et en vers. *S. l.*, 1789, in-8.

Agis, parodie d'Agis. (Par J.-F.-T. GOULARD.) *Paris, Brunet*, 1782, in-8.

Agitation irlandaise depuis 1829. Le procès, la condamnation et l'acquittement de Daniel O'Connel ; par l'auteur du « Mouvement religieux en Angleterre » (Jules GONDON, rédacteur de l'Univers). *Paris, Waille*, 1845, in-12.

Aglogue ou Carme pastoral, où est contenu le sortir de prison de l'Esclave fortuné... (Par MICHEL D'AMBOISE, sieur de Chevillon). *Paris*, in-4 goth. de 8 ff.

Voy. « Supercheries, », I, 1251, *c*.

Agneau (l') pascal, ou Explication des cérémonies que les Juifs observaient en la manducation de l'Agneau de Pâque, appliquées, dans un sens spirituel, à la manducation de l'Agneau divin dans l'Eucharistie, selon la doctrine des conciles et des SS. Pères. (Par l'abbé Jean RICHARD, curé de Triel.) *Cologne et Amsterdam, Blaeu*, 1686, in-8.

C'est une suite aux « Pratiques de Piété », du même auteur ; voyez ces mots.

Voy. Leclerc : « Bibliothèque universelle », 1686, III, 497-510. A. L.

Agnès de Castro, nouvelle portugaise, par mademoiselle de.... (J.-B. DE BRILHAC). *Amsterdam*, 1688, in-12. V. T.

Catal. Simpson, n° 1086. — Une autre édition porte, Par Mlle***. Nouvelle édit. corrigée. *Amsterdam*, 1710, pet. in-12.

Agnès de Lilien, trad. de l'allemand (de Mme Caroline WOHLZOGEN). *Paris*, 1802, 2 part. in-8.

Agnès de Méranie, femme de Philippe-Auguste, par Mme Louise Evelina D*** (DESORMERY), auteur « d'Evariste de Mailley ». 1824, 4 vol. in-12.

Voy. « Supercheries », I, 846, *e*.

Agnès et Bertha, ou les femmes d'autrefois, par A. LA FONTAINE; traduit de l'allemand. (Par Mme ULLIAC-TREMADEURE.) *Paris, Locard et Davi*, 1818, 2 vol. in-12.

Agnès, ou la Petite joueuse de luth. (Traduit de l'allem. du chanoine SCHMID.) *Strasbourg et Paris*, 1832, in-18, fig.

Agnès Sorel, ou la Cour de Charles VII... Par l'auteur des « Amours de Louis XIV » (Mme GUÉNARD). *Paris*, 1809, 4 vol. in-12.

Agonie (l') de Jésus, en Gethsémané, sermon sur Luc XXII, 41-44 ; par un ministre de Jésus-Christ (le pasteur Aug. ROCHAT). — Sec. édit., *Genève*, 1831, in-8.

Voy. « Supercheries », II, 1149, *d*.

Agonie de la liturgie troyenne, par un prêtre qui lui fait ses adieux (l'abbé FONTAINE, desservant de Saint-Mesmin). *Troyes, Armand Berthelon*, 1847, in-8, 76 p.

Voy. « Supercheries », III, 235, *f*.

Agraviados (les) d'Espagne, par F. C. (J.-F. CAZE). *Paris, Ponthieu*, 1827, in-8.

Voy. « Supercheries », II, 16, *a*.

Agréable conférence de deux paysans de Saint-Ouen et de Montmorency, sur les affaires du temps. (Par RICHER.) *Paris*, 1649, in-4, 8 p. et 1 pl. grav.

Quatre éditions au moins la même année.

Cette pièce, une des plus intéressantes de la série des « Mazarinades », a eu plusieurs suites, dont voici la description :

Suite de l'agréable conférence... par le même auteur. *Paris*, 1649, in-4, 3 p.

Troisième partie de l'agréable conférence... ou la rencontre ou dialogue de Piarot et de Janin, faite par le même auteur de la première partie. *Paris*, 1649, in-4, 8 p. — *Paris*, 1649, in-4, 8 p. — *Paris, s. d.*, in-4, 8 p.

Suite et quatrième partie de l'agréable conférence de Piarot et de Janin... par le même auteur. *Paris*, 1649, in-4, 8 p.

Cinquième partie et conclusion de l'agréable conférence... par le même auteur. *Paris*, 1649, in-4, 11 p.

Nouvelle et suite de la cinquième partie de l'agréable conférence.., par le même auteur. *Paris*, 1649, in-4, 8 p.

Nouvelle et suite de la sixième partie de l'agréable conférence... *Paris*, 1649 (1650), in-4, 7 p.

Suite véritable des conférences de Piarot de Saint-Ouyn et Jannin de Montmorency. *Paris*, 1652, in-4, 7 p.

Voy. Moreau, « Bibliographie des Mazarinades ».

Agréable récit de ce qui s'est passé aux dernières barricades de Paris, décrites en vers burlesques. (Par Claude DE L'AUBES-

PINE, baron DE VERDERONNE.) *Paris, N. Bessin*, 1649, in-4, 23 p.

Voy. Moreau « Bibliographie des Mazarinades ».

Agréables (les) diversités d'amour, contenant cinq histoires tragiques de ce temps; sur les Aventures de Chrysaor et de Filimène. (Par Nic. DU MOULINET, sieur DU PARC, c'est-à-dire Charles SOREL.) *Paris, Millot*, 1614, in-12.

Agréments (les) de la campagne, ou Remarques particulières sur la construction des maisons de campagne plus ou moins magnifiques... (Par M. DE GROOT.) *Leyde*, 1750, 1 vol. in-4; ou *Paris*, 1752, 3 vol. in-12.

Traduit du hollandais de P. DE LA COUR, jurisconsulte de Leyde, le premier qui ait élevé des ananas. — L'ouvrage original est de *Leyde*, 1737, in-4.

Agréments (les) de la vieillesse, ou la Manière de la passer sans ennui, sans douleur et sans souci. (Par Vincent-Mathias PONCET DE LA RIVIÈRE.) *La Haye*, 1749, in-12.

Une première édition publiée sous le nom de PRELLES (voy « Supercheries », III, 233. *f*.) est intitulée : « Considérations sur les avantages de la vieillesse. » Quérard, dans la « France littéraire », donne cet ouvrage sous le nom du baron DE PRESLES.

Agréments (les) du langage, réduits à leurs principes. (Par Etienne-Simon DE GAMACHES.) *Paris, G. Cavelier*, 1718, in-12.

Cet ouvrage ne se trouve que par extrait dans les « Dissertations philosophiques et littéraires, » du même auteur, *Paris*, 1755, in-12, quoique quelques exemplaires de celles-ci portent le titre d' « Agréments du langage, nouvelle édition ».

Mylius, dans sa « Bibliothèque des Anonymes » (t. I, p. 214), attribue les « Agréments du Langage » à M. DE CLARIGNY, nom sous lequel M. de Gamaches s'était caché en 1704, lorsqu'il publia le « Système du cœur ». Voy. ces mots.

Agrestes (les), par l'auteur des « Nuits élyséennes » (J.-A. GLEIZÈS). *Paris, Capelle et Renaud*, 1805, in-18.

Barbier avait par erreur écrit le nom de l'auteur : GLAISE.

Voyez « Supercheries », II, 358, *a*.

Agriculteur (l') anglais, ou Calendrier du fermier. Seconde édition. (Par le marquis Louis REYNIER DE GUERCHY.) *Paris*, 1798, in-8.

C'est un nouveau frontispice mis au « Calendrier du Fermier ». Voyez ces mots.

Agriculture complète, ou l'Art d'améliorer les terres, trad. de l'anglois de J. MORTIMER, sur la 6e édit. (Par Marc-Ant. EIDOUS.) *Paris*, 1765, 4 vol. in-12; — 2e édit., *Ibid.*, 1771, 4 vol. (c'est la pre-
a mière avec un nouveau titre); — 3e édit., *Londres*, 1772, 2 vol. in-12.

Reproduit encore sous ce titre : « La Richesse des États partout où l'on cultive, ou l'Agriculture complète... » *Paris*, 1789, 4 vol. in-12, où l'on retrouve le privilége de 1764.

Agriculture. De l'influence des cultures dérobées sur la production de la viande et des céréales... (Par Victor CHATEL.) *Caen, B. de Laporte*, 1859, in-8, 7 p.

b Catal. de Nantes, n° 18048.

Agriculture de l'Ouest. Des plantations en clôtures comme objet de spéculation du sol... (Par P. GAUTIER.) *Nantes, impr. veuve C. Mellinet*, 1851, in-8, 12 p.

Catal. de Nantes, n° 18058.

Agriculture (de l') et de la condition des agriculteurs en Irlande et dans la Grande-Bretagne. Extraits des enquêtes et des
c pièces officielles publiées en Angleterre par le Parlement, depuis l'année 1833 jusqu'à ce jour; accompagnés de quelques remarques faites par les éditeurs (MM. RUBICHON et L. MOUNIER). *Vienne et Paris*, 1840, 2 vol. in-8.

Ces deux volumes forment les tomes I et II des « Extraits des enquêtes », les tomes III et IV portent les noms des éditeurs et les titres suivants : « Des Travaux d'utilité publique; des produits du règne minéral; des
d bois de construction dans la Grande-Bretagne et en Irlande. Tome 3. — De la pêche, de la navigation, du commerce de l'Inde dans la Grande-Bretagne et dans l'Irlande. Tome 4. *Vienne* et *Paris*, 1842, 2 vol. in-8.

Agriculture (de l') des anciens, par Adam DICKSON, traduit de l'anglais. (Par P.-A. PARIS, architecte du roi.) *Paris, H.-J. Jansen*, an X-1802, 2 vol. in-8.

Agriculture et jardinage enseignés en douze leçons, par A. J. B. B. de C. (A.-J.-
e B. BOUVET DE CRESSÉ). *Paris, Audin*, 1827, in-12.

Voy. « Supercheries », I, 221, *f*.

Agriculture (l'), poëme. (Par Pierre-F. Icran DE ROSSET.) *Paris, impr. royale*, 1774, in-4. — 2e édit. *Paris*, 1777, in-12.

Ces deux éditions ne contiennent que la première partie, la seconde n'a paru qu'en 1782, elle porte le nom de l'auteur.

f Agriculture (l') pratique de la Flandre (et non de la France, comme le dit la Bibliographie de la France, 1830, n. 2813), par J.-L. VAN AELBROECK. (Trad. du flamand, par M. WALLÉ.) *Paris*, 1830, in-8, avec 16 pl.

L'ouvrage original a été publié à Gand en 1823.

Agriculture pratique des différentes parties de l'Angleterre, par MARSHAL, traduite de l'anglais. (Par feu P.-A. PARIS, architecte a du roi.) *Paris*, 1803, 5 vol. in-8 et atlas in-4.

Voyez la notice très-curieuse sur M. Paris, par M. Weiss, bibliothécaire de Besançon, en tête du « Catalogue de la Bibliothèque de M. Paris ; » *Besançon*, 1821, in-8.

Agriculture (l') réduite à ses vrais principes, par Jean-Gottschalk Wallerius, ouvrage traduit en françois sur la version latine, auquel on a ajouté un grand nombre de notes tirées de la version allemande.
b (Par le baron d'Holbach.) *Paris*, *Lacombe*, 1774, in-12.

Agriculture (l') simplifiée selon les règles des anciens. (Par le marquis Caraccioli.) *Paris, Bailly*, 1769, in-12.

Agronome (l') des quatre saisons. (Par Ant.-Nic. Duchesne.) Nouv. édit. publ. par M. Pouplin. *Paris*, *Audot*, 1825,
c in-18.

Tiré du « Jardinier prévoyant, » du même auteur; voy. ces mots.

Agronome (l'), dictionnaire portatif du cultivateur. (Par Pons-Aug. Alletz.) *Paris*, 1760, 1764, 1799, 1803, 2 vol. in-8.

Agronomie (l') et l'industrie, ou les Principes de l'agriculture, du commerce et des arts, réduits en pratique, par une Société
d d'agriculteurs, de commerçants et d'artistes (MM. Louis-Joseph Bellepierre de Neuve-Eglise, Jacq.-Philibert Rousselot de Surgy et Meslin). *Paris, Despilly*, 1761, 7 vol. in-8.

Outre le titre général ci-dessus, qui ne se trouve que sur les faux-titres, chaque volume a un titre particulier indiquant la matière dont il traite. Voici les titres des sept volumes publiés :

1º L'Agronomie ou les principes de l'agriculture réduits en pratique. Première partie : De la culture des
e terres. *Paris, Despilly*, 1761, t. I et II, de XXIV-398 et 322 p. avec 6 planches et 1 frontispice gravé.

2º L'Industrie ou les principes du commerce réduits en pratique. Première partie : Des productions terrestres. *Paris, Despilly*, t. I, LVI-274 p., avec 37 planches et 1 frontispice gravé.

3º L'Industrie ou les principes des arts et métiers réduits en pratique. Première partie : Des arts et métiers primordiaux, et des natures et qualités de leurs productions. *Paris*, *Despilly*, 1761, t. I, de XXX-
f 338 p., avec 1 frontispice gravé.

4º L'agronomie et l'industrie, ou Corps général d'observations faites par les sociétés d'agriculture, du commerce et des arts, établies chez les diverses nations; avec des questions sur les éclaircissements nécessaires pour l'intelligence des différents principes de ces arts. *Paris*, *Despilly*, 1761, t. I et II, de XL-357 et 324 p., avec 2 planches et 1 frontispice gravé; et 1er cahier du t. III. *Paris*, *Despilly*, 1763, contenant 27 pages d'avant-discours, tableau, etc., et les pages 1 à 64 du texte.

Voyez une autre note étendue sur cet ouvrage dans le « Dictionnaire de Bibliographie française » de Fleischer. *Paris*, 1812, in-8, t. I, p. 177 à 179.

Il indique outre les noms ci-dessus ceux de MM. de La Grange, Heuvrard et Le Suire l'aîné.

Ersch indique l'abbé Auguste-Théodore-Vincent Lebral de Schosne comme ayant rédigé tout ce qui a paru de cet ouvrage pendant les six premiers mois de 1762.

Voy. « Supercheries », III, 650, *e*.

Agronomie (l'), ou les Principes de l'agriculture réduits en principes.

Voy. « Agronomie (l') et l'industrie. »

Aguillon (l') d'amour divine. Voy. « Aiguillon ».

Ah ! que c'est bête, ou la Revue des pamphlets. (Par Caillot.) *Paris*, 1814, in-8, 8 p.

Ah ! que voilà qui est beau ! (Par Sallé.)

Parade insérée dans le « Théâtre des boulevards, » 1756, t. I.

Ah ! quel Conte ! conte politique et astronomique. (Par Crébillon fils.) *Bruxelles, les frères Vasse (Paris*, *Mérigot)*, 1751, 4 vol. in-12. — *Maestricht*, 1779, 2 vol. in-12.

Aide-Mémoire, à l'usage des officiers du corps royal d'artillerie de France attachés au service de terre. (Par le général J.-J.-Basilien de Gassendi.) *Metz*, 1789, in-8.— *Paris*, *Magimel*, 1809, 2 vol. in-8.— Cinquième édition revue et augmentée. *Paris*, 1819, 2 vol. in-8.

Cet ouvrage a été souvent réimprimé.

Aide-Mémoire d'un président d'assises. (Par Dufour, conseiller à la Cour de Metz.) *Metz, Dosquet*, 1835, in-8, 3 planches.

Voy. « Supercheries », III, 234, *e*.

Aide-Mémoire du voyageur, ou Questions relatives à la géographie physique, à l'industrie et aux beaux-arts, etc.; à l'usage des personnes qui veulent utiliser leurs voyages ou acquérir la connaissance exacte du pays qu'elles habitent. (Par J.-R. Jackson, colonel d'état-major.) *Paris*, *Bellizard*, 1834, in-12, avec atlas in-4.

« Aide-toi, le ciel t'aidera ». Aux citoyens et aux électeurs. (Par Ludovic Vitet.) *Paris*, *Gaultier-Laguionie* (août 1827), in-8, 8 p.

Première publication de la Société « Aide-toi, le ciel t'aidera. » Elle commence par ces mots : « Il y a deux mois, la France... » ; 3 tirages différents. Voy. pour le détail des publications de cette société la « Revue bibliographique », t. I, 1839, p. 40, 41 et 92.

« Aide-toi, le ciel t'aidera. » Il faut semer pour recueillir. (Par Augustin-Charles Renouard.) Aux électeurs et aux éligibles. (Par Ernest Desclozeaux.) *Paris*, *imp. d'Auguste Barthélemy*, sept. 1827, in-8, 16 p.

« Aide-toi, le ciel t'aidera. » Manuel de l'électeur dans l'exercice de ses fonctions. (Par VISINET.) *Paris, impr. chez Paul Renouard*, 1827, in-8, 20 p.

« Aide-toi, le ciel t'aidera. » A nos correspondants. (Par Prosper DUVERGIER DE HAURANNE.) *Paris, impr. de Guiraudet*, (février 1828,) in-8, 8 p.

« Aide-toi le ciel t'aidera. » (Par LAMY.) *Paris, impr. de H. Fournier*, 1829, in-8, 8 p.

Commence par ces mots : « La session des chambres est terminée... »

« Aide-toi, le ciel t'aidera. Paris, 10 janvier 1830. (Par Odilon BARROT.) *Paris, impr. de H. Fournier*, (1830,) in-8, 3 p.

Commence par ces mots : « Messieurs, nous voici encore arrivés à une de ces crises politiques... »

« Aide-toi, le ciel t'aidera. » Nouveau manuel de l'électeur. (Par MM. Alphonse-Honoré TAILLANDIER et DECRUSY. M. Odilon BARROT est auteur de l'avis aux électeurs qui est en tête.) *Paris*, 1830, in-8, 2 feuillets liminaires et 71 p.

« Aide-toi, le ciel t'aidera. » Comptes rendus des sessions législatives. Compte rendu de la session de 1831, pour faire suite aux Notes et jugements sur la chambre de 1830. (Par Édouard BUCQUET.) *Paris, Paulin*, 5 juillet 1832, in-8, VI-359 p.

Aides-de-camp (les) du 2 décembre. (Par le colonel CHARRAS.) Extrait du journal « La Nation ». 1853, in-18, 74 p.

Biographies de MM. Espinasse, Canrobert, de Cotte.

Aïeul (l') à son petit-fils. (Par M. COUTURE, ancien conseiller à la cour de Douai.) *Douai, V. Adam*, 1850, in-8. D. M.

Aigle (l') et le hibou. Fable écrite pour un jeune prince que l'on osait blâmer de son amour pour les sciences et les lettres. (Par l'abbé J.-A.-J. CERUTTI, ex-jésuite.) *Paris*, 1783, in-8, 58 p. — *Glascow et Paris*, 1783, in-8.

Aiguillon (l') d'amour divine.

Traduction française par J. GERSON, du Traité de Saint Bonaventure intitulé : « *Stimulus divini amoris*. » Voy. le « Manuel du Libraire, » 5e édit., t. I, col. 1090-1093.

Aiguillon (l') de la componction, et les discours solitaires, entretissus de passages de la Sainte-Ecriture sur ce sujet, traduits du latin du R. P. F. Jean DE JÉSUS-MARIA, général des Carmes-Déchaux, par F. D. R. (François DE ROSSET). *Paris*, 1612, in-12.

Voy. « Supercheries », II, 22, *e*.

Aihcrappih (anagramme d'Hipparchia), histoire grecque. *Paris*, 1748, in-12.

Il y a une édition intitulée : « Hipparchia, histoire galante, traduite du grec, divisée en trois parties, avec une préface très-intéressante et ornée de figures ». *Lampsaque (Paris)*, l'an de ce monde 1748, in-18, XII-160 p.

C'est un récit d'aventures galantes des ducs de Richelieu et de Brancas avec mesdames de V. et d'Al..., suivant une clef manuscrite que j'ai trouvée sur un exemplaire.

Une note manuscrite de l'abbé Papillon, dans son exemplaire de la « Bibliothèque de Bourgogne », attribue le roman satirique « d'Hipparchia » à l'abbé Jérôme RICHARD.

Aimable (l') mère de Jésus. Traité contenant les divers motifs qui peuvent nous inspirer du respect, de la dévotion et de l'amour pour la Très-Sainte Vierge. Trad. de l'espagnol (du P. Eusèbe DE NIEREMBERG, jésuite), par L. R. P. D'OBEILH. *Amsterdam, Dan. Elsevier*, 1671, pet. in-12.

Ch. Pieters : « Annales de l'imprimerie des Elzeviers », 2e édit., p. 304, n. 407.

Aimable (l') moraliste, ou Contes instructifs... Par E. H. (Edouard HOCQUART). *Paris, Lavigne*, 1835, in-18.

Voy. « Supercheries », I, 1215, *e*.

Aimable (l') petit-maître, ou Mémoires militaires et galants de M. le comte DE G*** P*** (François-Joseph DARUT, baron de GRAND-PRÉ), capitaine au régiment de Touraine, écrits par lui-même à M. de Té***. *Cythère*, 1750, in-12.

Voy. « Supercheries », II, 204, *b*.

Aimer, pleurer, mourir, par Mme la baronne DE M*** (DE MENAINVILLE). *Paris, Vimont*, 1833, 2 vol. in-18.

Voy. « Supercheries », II, 1017, *c*.

Aimer, prier, chanter. Etudes poétiques et religieuses. Par Ludovic ***. *Paris, P. Dupont*, 1834, in-18, 2 feuillets de titre, 220 p.

Par Ludovic GUYOT, né à Etampes, le 7 juin 1803. Voy. « Supercheries », III, 1112, *f*.

Quérard, dans sa première édit. des « Supercheries », nomme l'auteur Louis GUILLEAU et donne à l'ouvrage la date de 1838. Cet article est reproduit dans la 2e édit. II, 990, *b*, et reparaît dans le t. III, 1113, *d*, avec la même date de 1838 et l'indication de *l'imp. Dupont à Périgueux*, mais avec une nouvelle attribution d'auteur : Ludovic SARLAT. Sarlat a en effet publié en 1846 et non en 1840, comme il est dit dans la note qui accompagne cet article, un volume intitulé : « Aimer, prier, chanter, » poésies par Ludovic SARLAT. *Paris, Paul Dupont ; Périgueux, imp. Dupont*, 1846, in-8, XVI-355 p.

Cet ouvrage est complétement différent de celui de

1834 et l'indication de 1838 paraissant le résultat d'une erreur, il faut, je crois, revenir à la première attribution, GUYOT ou GUILLEAU.

Ainsi va le monde. (Par P.-J.-B. NOUGARET.) *Amsterdam et Paris, Bailly*, 1769, in-12.

Réimprimé sous le titre de : « Les jolis péchés d'une marchande de modes, ou Ainsi va le monde », 1797. — 3e édition revue et considérablement augmentée. *Paris, Pigoreau*, an VII-1799, in-8. — 4e édition, *Hedde le jeune*, an XI-1801, in-18, 144 p., fig.

Airs et vaudevilles de Cour. (Par le libraire Charles DE SERCY.) *Paris, de Sercy*, 1665, 2 vol. in-12.

Airs nouveaux accompagnés des plus belles chansons à dancer qui ayent esté par cy-devant mises en lumière, mesurées sur toutes choses de cadences, de branles, voltes... et autres dances, et qui n'ont pas encore esté imprimées... *Caen, Jacques Mangeant*, pet. in-12 en 3 livres, ayant chacun 52 ff chiffrés séparément.

M. Frère, « Man. du bibliogr. norm. », t. I, p. 10, attribue cet ouvrage à Guill. CHASTILLON DE LA TOUR, qui, en 1593, avait publié chez le même éditeur des « Airs de son invention ». C'est au même auteur qu'il attribue, t. II, p. 167, le « Recueil des plus beaux airs accompagnés de chansons à dancers, ballets, chansons folâtres et bacchanales, autrement dire Vaudevire », non encore imprimés. T. C. auxquelles chansons l'on a mis la musique de leur chant... » *Caen, F. Mangeant*, 1615, in-12, 47 feuillets

Ce volume renferme également deux autres parties : « Le Recueil des plus belles chansons de dances de ce temps. » T. C., *Caen, id.*, 1615, 59 ff.

« Recueil des plus belles chansons des comédiens françois. En ce comprins les airs de plusieurs ballets... augmenté de plusieurs chansons non encore vues. » *Caen, le même, s. d.* 94 feuillets.

Aïssé, ou la jeune Circassienne, par Marie-Ange de T*** (Just-Jean-Etienne ROY). *Tours, Mame*, 1868, in-8. — *Tours, Mame*, 1870, in-8.

Aix ancien et moderne, ou Description des édifices sacrés et profanes... promenades d'Aix; précédée d'un Abrégé de l'histoire de cette ville... (Par J.-F. PORTE.) *Aix*, 1823, in-8. — Deuxième édit. *Aix, Monet*, 1853, in-8.

Ajax, tragédie, représentée sur le théâtre de l'Académie royale de musique, le 21 avril 1716. (Par MENESSON.) *Paris*, 1742, in-4. D. M.

Ajoutez à votre foi la science. (Par le pasteur César MALAN.) *Paris, Smith*, 1828, in-12, 16 p.

Alala, ou les Habitants du désert, parodie d'Atala, ornée de figures de rhétorique. (Par L.-Jules BRETON, frère du sténographe Breton de la Martinière.) *Au grand village, et à Paris, chez Gueffier jeune*, an X-1801, in-12.

Alambic des lois, ou Observations de l'Ami des François (ROUILLÉ D'ORFEUIL), sur l'homme et sur les lois. *A Hispaan*, 1773, in-8, 480 p.

On trouvera ci-après l'annonce de « l'Ami des François, » premier ouvrage de M. Rouillé d'Orfeuil.

Il existe une lettre de « l'Ami des François » à M. Groubert de Groubental, écuyer, etc. *Londres*, 1776, in-8, 40 p.; elle est signée : « Augustin ROUILLÉ, de notre hermitage à Saint-Germain-en-Laye. » Cette signature, bien authentique, prouve que « l'Ami des François » préférait son prénom au surnom d'Orfeuil, qui lui appartenait réellement.

L'hermite de Saint-Germain-en-Laye est sans doute le même que M. Augustin ROUILLÉ, ancien colonel, dont on a : « Répertoire universel portatif, contenant des extraits raisonnés de tous les meilleurs ouvrages connus dans tous les pays, excepté la métaphysique. » *Paris, Knapen et fils*, 1788, 2 vol. in-8. Cet ouvrage renferme plutôt des définitions que des extraits ; il vaut mieux que son titre.

M. Rouillé d'Orfeuil avait été d'abord lieutenant-colonel, et ensuite colonel; il fut fait brigadier de dragons le 1er mars 1780. On trouve dans la préface de cet ouvrage quelques détails sur son éducation et sur l'état militaire que sa famille lui fit embrasser.

Il ne faut pas le confondre avec Joseph ROULLÉ, auteur des « Eléments raisonnés de la Grammaire française. » *Paris*, 1797, 3 vol. in-8.

Voy. « Supercheries », I, 308, *d*.

Alambic (l') moral, ou analyse raisonnée de tout ce qui a rapport à l'homme, par l'Ami des François (ROUILLÉ D'ORFEUIL). *Maroc*, 1773, in-8.

Voy. « Supercheries » I, 308, *e*.

Alan Fitz'Osborne, roman historique, traduit de l'anglois (d'Anne FULLER). *Paris*, 1789, 2 vol. in-12.

Alarmes (les) de la Fronde, et l'insensibilité des Parisiens sur les approches du cardinal Mazarin... (Par DUBOSC-MONTANDRÉ.) *S. l.*, 1650, in-4, 24 p.

Albarose, ou les Apparitions de Baffo. (Par MARCHAIS DE MIGNEAUX.) *Paris*, 1821, 5 vol. in-12.

Albert de Haller, biographie ; par l'auteur des Soirées de famille (Mme Herminie CHAVANNES). *Genève*, 1840, in-8, 232 p. — Deuxième édition, *Paris, Delay*, 1845, in-8.

Albert et Théodore, ou les Brigands. Trad. de l'anglais. *Paris*, an VIII, 2 vol. in-12, fig.

Fleischer attribue ce roman à un Félix ELIA, auteur du « Moine ». Quel est cet Elia? Existe-t-il donc un autre « Moine » en anglais que celui de Lewis. D'Elia Quérard ne fait qu'un traducteur, p. 92 de la « Revue bibliographique. »

Albert (l') moderne... (Par Pons-Aug. Alletz.) *Paris*, 1768, in-12. — *Londres* (*Paris*), 1789, 3 vol. in-12.

Guy, commis du libraire Duchesne, a travaillé à cette compilation.

Ouvrage souvent réimprimé.

Albert, ou le Désert de Strathnavern, avec romances et musique gravées. Trad. de l'anglais de (mistress Elis. Helme), par Lefebvre. *Paris*, an VIII, 3 vol. in-12. — Seconde édition. *Paris*, *Roux*, an IX, 3 vol. in-12.

Albert premier, ou Adeline, comédie héroïque en trois actes, en vers de dix syllabes... (Par Ant Blanc, dit Le Blanc de Guillet.) *Paris*, 1775, in-8, 96 p.

Alberte, ou l'Erreur de la nature, par Mme de C. (de Choiseul), auteur de « Coralie. » *Paris*, 1799, 2 vol. in-12. V. T.

Voy. « Supercheries », I, 600, *d*.

Albertine et Suzanne, ou naissance, beauté, fortune ne font pas le bonheur, par Marie-Ange de T*** (Just-Jean-Etienne Roy). *Tours*, *Mame*, 1865, in-18. — Nouvelles éditions en 1869 et 1870.

Albertine, ou la Connaissance de J.-C., par L. F. (Louis Friedel). *Tours*, *Mame*, 1839, in-18.

Voy. « Supercheries », II, 774, *b*.

Albertino Giovanni, chef de bandits, à Naples. Trad. de l'allem. (de C.-A. Vulpius), par Duperche. *Paris*, 1823, 3 vol. in-12.

Albionide (l'), ou l'Anglois démasqué, poëme héroï-comique, enrichi de notes, par M. le comte de F. P. T. *Aix*, *chez J. William*, 1759, in-8.

Attribué à Fr.-Ant. Chevrier.

Voy. « Supercheries », II, 73, *d*.

Album allégorique. (Par Mme la comtesse Catherine Rostopchine, née Pratassof, veuve du comte Rostopchine, auteur de la « Vérité sur l'incendie de Moscou ».) *Moscou*, *A. Semen*, 1829, in-8, 338 p. et 2 p. de table.

Album. Besançon, monuments anciens et modernes, avec texte explicatif. (Par P.-C.-A. Guénard, bibliothécaire honoraire.) *Besançon*, *Valleuil*, 1845, in-fol.

Album d'Aix-la-Chapelle, ou Guide-moniteur des bords du Rhin et des provinces rhénanes, par M. B. de L. (de Loevenich). *Liége*, *Collardin*, 1846, in-8.

Voy. « Supercheries », I, 478, *f*.

Album (l') d'Avignon, recueil d'intérêt social et littéraire. Publié par un des ré-
a dacteurs du « Messager de Vaucluse » (A. de Pontmartin.) *Avignon*, *imp. de Jacquet et Joudon*, 1838-1839, 2 vol. in-8.

Album (l') d'Eléonore, ou Brésil et France. Par Mlle Eulalie B*** (Benoit), auteur de « Valentine » et de « Cécile ». *Paris*, *Gaume*, 1839, in-18.

Voy. « Supercheries », I, 442, *d*.

Album d'un soldat pendant la campagne
b de 1823. (Par Clerjon de Champagny.) *Paris*, *impr. de Cosson*, 1829, in-8, avec 40 pl.

Voy. « Supercheries », III, 698, *f*.

Album de La Civelière. (Par Jules de Liron d'Airolles). *Bruxelles*, *F. Parent*, 1855, gr. in-4.

Cet ouvrage n'a été tiré qu'à vingt exemplaires, tous destinés à des présents. Le nombre des pl. n'est pas le même dans tous les exemplaires. Celui de la biblio-
c thèque de Nantes se compose de 22 pl., 3 ff. et VI-64 p. Il n'a paru que le t. I.

Album descriptif des fêtes et cérémonies religieuses à l'occasion du jubilé de 700 ans du Saint-Sang... par l'abbé C. C*** (Carton). *Bruges*, 1850, in-fol.

Voy. « Supercheries », I, 669, *f*.

Album du nouveau Bellevue. (Par René Perrin.) *Paris*, *Osterwald*, 1826, in-fol.
d avec pl.

Album germanique, traductions, par une jeune personne (la princesse Zénaïde Musignano, fille aînée de Joseph Bonaparte). *Florence*, *Chiari*, 1830, in-12.

Voy. « Supercheries », II, 304, *a*.

Album (l'), journal des modes, des arts et des théâtres. *Paris*, *A. Boucher*, 1821-1824, 135 livr. in-8.

Ce journal hebdomadaire fut fondé par François
e Grille (d'Angers), qui le rédigea jusqu'en 1822. A cette époque, il passa aux mains de J.-D. Magallon, et il prit, dès lors, une couleur tout à fait politique; le mot théâtre disparut du titre. Ce changement s'opéra à la 95e livraison. D. M.

Album militaire, ou Précis des dispositions principales actuellement en vigueur sur la grande partie des branches de l'état militaire, suivi des tarifs, devis, etc.,
f pour tous les traitements et fournitures quelconques. Par H. B. S. I. M. (Hugues Bessiat, sous-intendant militaire). *Grenoble*, *Barlatier*, 1825, in-8 oblong.

Voy. « Supercheries », II, 248, *c*.

Album moral des demoiselles. (Par Alb. Deville.) *Paris*, 1824, in-16.

Album poétique de la jeunesse, ou Nouveaux ornements de la mémoire. Recueil de Poésies contemporaines, mises en ordre par un professeur (Emmanuel CHRISTOPHE, prote d'imprimerie à Chartres. Avec une préface de M. A. BUREAU). *Chartres, Garnier fils*, 1835, in-12.

Voy. « Supercheries », III, 255, *c*.

Album romantique. (Par Mme Jenny BASTIDE.) *Paris, Dupont*, 1822, in-18.

Tiré à 100 exempl. seulement.

Alcandre, ou Essai sur le cloître, suivi de quelques pièces fugitives; par un jeune solitaire (BAUDARD). *Au Mont Athos et à Paris*, 1785, in-18, 101 p.

Voy. « Supercheries », II, 395, *c*.

Alcibiade, quatre parties. (Imitation libre, par M. RAUQUIL-LIEUTAUD, du roman historique du même titre, composé en allemand par M. MEISSNER.) *Paris, Buisson*, 1789, 4 vol. in-8.

M. Rauquil-Lieutaud a publié en 1790, chez Didot aîné, la première partie d'un autre roman du même M. Meissner, intitulé : « Bianca Capello. » On a demandé dans le » Magasin encyclopédique », 4e année, t. I, p. 396, pourquoi on n'avait pas traduit la seconde partie de « Bianca Capello. » Les détails suivants sur les auteurs de la traduction d'Alcibiade et de la première partie de « Bianca Capello » seront la meilleure réponse à cette question. Je les tire du même journal, même année, t. II, p. 119.

« Un habitant de la Sundgau, faisant aujourd'hui partie du département du Haut-Rhin, ayant été transplanté par différents accidents dans le pays de Stavelot, près de Liége, se vit obligé de rester pendant deux ans à Paris pour y faire des réclamations auprès du gouvernement français : c'était sous le ministère de Calonne, qui, par un édit bursal, avait voulu gêner l'industrie des habitants de ce pays, qui consiste principalement en transports. Pour soutenir pendant ce temps son existence, il entreprit la traduction littérale des ouvrages cités de Meissner, qu'il vendit ensuite à un littérateur français, qui la refondit et la publia. Cette traduction était donc due aux besoins pressants de celui qui en avait fait le mot à mot : apparemment que sa situation a changé depuis, et que c'est là la seule cause de ce que la seconde partie de « Bianca Capello » n'a pas été traduite. »

« L'imitation libre » d'Alcibiade a été revue par M. LAMARRE.

La préface signée L. M. a été attribuée par les uns à Louis MERCIER et par les autres à DELISLE DE SALES. Suivant M. Paul Lacroix (Catal. de M. de N. 1856, nº 218), ce dernier serait l'auteur de l'ouvrage dans lequel il n'y aurait rien de Meissner.

Alcibiade enfant à l'école. *Amsterdam (Bruxelles), chez l'ancien Pierre Marteau*, 1866, in-12, 124 p. et 2 feuillets, le tout précédé d'un avant-propos de XV p. (par M. POULET-MALASSIS).

C'est une traduction de l'ouvrage italien intitulé : « L'Alcibiade fanciullo a scola. D. P. A. *Orangez* (*Genève?*) 1652, in-12. Il existe deux éditions sous cette date, voir le « Manuel du Libraire. »

Un savant italien, M. Baseggio a publié en 1860 une dissertation dont il a paru en français une traduction, « accompagnée de notes et d'une préface par un bibliophile français » (M. Gust. BRUNET). (*Paris, J. Gay*, 1861), petit in-8 de 78 p.; il y établit par des arguments qui paraissent incontestables que l'auteur de cet écrit singulier est Ferrante PALLAVICINO.

Alcibiade, ou le Moi. (Par MARMONTEL.)

Ce fut le premier des « Contes moraux », insérés dans le « Mercure » sans nom d'auteur; il eut le plus grand succès; Voltaire figura parmi les écrivains auquel il fut attribué.

Alcibiade solitaire, opéra en deux actes, représenté pour la première fois sur le théâtre de l'Académie impériale de musique, le mardi 8 mars 1814. (Par J.-G.-A. CUVELIER DE TRIE et J.-M. BAROUILLET.) *Paris, Barba*, 1814, in-8, 42 p.

Alcibiade, tragédie... Représ. par les écoliers du collége de la Compagnie de Jésus, à Luxembourg, le 4 septembre. (Par le P. Nic. DESBONNE, jésuite.) *Luxembourg, André Chevalier*, 1707, in-4, 8 p.

Alcidonis, ou la Journée lacédémonienne, comédie en trois actes. (Par LOUVAY DE LA SAUSSAYE.) *Paris, Lacombe*, 1768, in-8. — *Paris, Delalain*, 1773, in-8.

Alcime, esquisses du ciel; par M. D. L. C. D. B. (DE LA CODRE DE BEAUBREUIL). *Paris*, 1860, in-18.

Voy. « Supercheries », I, 955, *e*.

On lit au verso du faux titre de cet ouvrage la note suivante :

« Un article très-bienveillant de M. Mallet, occupant trois colonnes dans la « Revue de l'instruction publique » du 5 juillet 1860, commence ainsi : « Où sont-ils? que sont-ils? » telle est l'épigraphe d'un livre, ou plutôt d'une brochure intitulée : « le Ciel », dont l'auteur se bornant à quelques initiales, nous a privés du plaisir de le nommer en toutes lettres.

Dans plusieurs documents « Armorial du Bourbonnais », par M. le comte de Soultrait — « Noms féodaux », par de Betencourt et autres, le nom de cet auteur qui aujourd'hui publie « Alcime », est écrit en trois mots (DE LA CODRE), et ailleurs en un seul.

Les personnes qui voudront bien le désigner en toutes lettres prendront telle forme que bon leur semblera. Ni l'un ni l'autre de ces modes ne changera la valeur du livre.

Cette explication est nécessitée par la loi nouvelle. »

Des sept ouvrages cités dans les « Supercheries », trois seulement ont paru avec des initiales. (Voir le catalogue de Lorenz.) Les autres, ainsi que deux nouveaux ouvrages publiés par le même en 1866 et 1868, portent le nom de l'auteur « en toutes lettres et en trois mots ».

Alcipe, imitation libre de l'Astrée. (Par C.-G.-T. GARNIER.) *Paris*, 1773, in-8.

Extrait du « Mercure de France », janvier 1772.

Alciphron, ou le petit philosophe, en sept dialogues, contenant une apologie de la religion chrétienne contre les esprits forts... (Trad. de l'anglais, de BERKELEY, évêque de Cloyne, par P. DE JONCOURT). *La Haye, Benj. Gibert*, 1734, 2 vol. in-12.

L'édition originale «d'Alciphron» vit le jour en 1732, 2 vol. in-8; cet ouvrage a reparu dans les Œuvres de George Berkeley, évêque de Cloyne. *Londres*, 1784, 2 vol. in-4, et 1820, 3 vol. in-8.

a

Alcoran (l') des Cordeliers, tant en latin qu'en françois, ou recueil des plus notables bourdes et blasphèmes impudents de ceux qui ont osé comparer S. François à Jésus-Christ, tiré (par Erasme ALBÈRE) du grand Livre des conformités, jadis composé (en latin) par frère Barthelemy DE PISE, cordelier en son vivant (et trad. en françois par Conrad BADIUS). *Genève*, 1556, 1560, in-8. — *Genève, G. de Laimarie*, 1578, in-8. — Nouvelle édition ornée des figures de B. PICART. *Amsterdam*, 1734, 2 vol. in-12.

b

On joint ordinairement à cet ouvrage la « Légende dorée, ou l'Histoire sommaire des Frères Mendiants ». (Par Nic. VIGNIER le fils.) *Leyden*, 1608, in-8; — *Amsterdam*, 1734, in-12.

c

On peut y joindre aussi les « Aventures de la Madona et de Saint François d'Assise, recueillies de plusieurs ouvrages des docteurs romains, écrites d'un style récréatif, etc., par Renoult ». *Amsterdam*, pet. in-8, fig.

L'auteur du texte latin est Barthelémy ALBIZZI, de Pise, en latin Bartholomaeus ALBICIUS Pisanus. Voy. « Nouv. biogr. génér. », art. ALBIZZI.

Aldonie, ou le crucifix d'ivoire, simple histoire. (Par P.-L.-D. GAUTIER DE SAINT-PAULET.) *Paris, Souverain*, 1839, in-8.

d

Alector, ou le coq, histoire fabuleuse, trad. en françois d'un fragment grec. (Par Barthélemi ANEAU.) *Lyon, Fradin*, 1560, in-8. — *Paris*, 1769, in-12.

M. Couchu a donné une intéressante analyse de cet ouvrage. Voy. la « Bibliothèque universelle des Romans », janvier 1780.

Alembert (d') à Frédéric II, sur le démembrement de la Pologne. Prédiction accomplie d'un contemporain, témoin oculaire des deux premiers gouvernements saxons en Pologne. (Publié en français et en allemand, par FISCHER.) *Amsterdam et Cologne*, 1808, in-8. L. S. V.

e

Alena de Worst, légende brabançonne. (Par M. l'abbé L. BAUNARD.) *Paris, Josse*, 1864, in-32.

Alésia. Etude sur la septième campagne de César en Gaule. (Par le duc d'AUMALE.) *Paris, impr. de Claye*, 1858, in-8.

f

Extrait de la « Revue des Deux-Mondes », du 1er mai 1858.

Aléthophile (l'), ou l'Ami de la vérité. (Par LA HARPE.) 1758, in-12, 30 pag.

Satire virulente contre Fréron. Le fils de l'auteur de « l'Année littéraire », ou plutôt M. l'abbé Grosier en parle ainsi dans « l'Année littéraire », 1776, t. VI, p. 88.

« La platitude et la grossièreté de cette brochure révoltèrent les personnes sensées et honnêtes. Mais un certain M. Lombard, aide-de-camp de M. le comte de Saint-Germain en 1760, homme d'esprit, mais qui maniait mieux l'épée que la plume, se déclara dans les cafés l'auteur et le champion de cette pièce. On n'osa dès lors la blâmer trop ouvertement. Au fond cependant, feu M. Lombard, quoique aveuglé par la prévention, était aimable et honnête. MM. Dorat et Dudoyer le réunirent dans un souper avec mon père, qu'il n'avait jamais vu. On soupa gaiement. Comme on se levait de table, M. Lombard demanda à M. Dudoyer quel était ce monsieur placé à tel endroit, qui avait tant d'esprit, et qui lui avait paru si bonhomme. Eh, mais! lui dit en riant M. Dudoyer, c'est ce coquin, ce scélérat de Fréron. M. Lombard confus court embrasser mon père, lui demande mille pardons, proteste qu'il n'est point l'auteur de « l'Aléthophile » ; que ce chef-d'œuvre d'urbanité est le coup d'essai de M. de La Harpe ; qu'il a été trompé par de faux rapports ; prie mon père de lui accorder son amitié, l'invite à dîner chez lui, et déclare qu'il ne verra plus M. de La Harpe. »

Fréron lui-même avait fait une analyse fort piquante de ce pamphlet. Voy. « l'Année littéraire », 1758, t. II, p. 24. Voyez aussi le « Journal françois », par Palissot et Clément. *Paris*, 1777, in-8, t. I, p. 87 et suiv.

Alexandre et Caroline, par madame DE L*** (DE LA FERTÉ-MEUN). *Paris, Renard*, 1809, 2 vol. in-12.

Voy. « Supercheries », II, 470, *a*.

Alexandre-le-Grand, d'après les auteurs orientaux, par G. A. M*** (G.-A. MANO). Extrait du cours de l'auteur, fait à Genève en 1828. *Genève et Paris*, 1828, in-8, VIII-138 p.

Voy. « Supercheries », II, 131, *e*.

Alexandre-le-Grand, tragédie. (Par J. RACINE.) *Paris, P. Trabouillet*, 1666, in-12, 12 ff., 84 p. — Seconde édition. *Paris, P. Trabouillet*, ou *Th. Girard*, 1672, in-12, avec une grav.

L'auteur signe l'épître.

Alexandre, ou les avantages d'une éducation chrétienne, par M. L. H. (HUNCKLER). *Paris, Gaume*, 1833, in-18; — Seconde édition, *Paris, Gaume*, 1836, in-18.

Voy. « Supercheries », II, 778, *e*.

Alexandrine de Ba*** (Bar), ou lettres de la princesse Albertine, contenant les aventures d'Alexandrine de Ba***, son aïeule; traduites de l'allemand de dom Gus.... par mademoiselle de *** (de SAINT-LÉGER). *Paris, Buisson*, 1786, in-12, 5 feuillets lim., 201 p.

Même ouvrage que le suivant.

Alexandrine, ou l'amour est une vertu, par mademoiselle de S*** (DE SAINT-LÉGER, depuis madame DE COLLEVILLE). *Amsterdam et Paris, Delormel*, 1782, 2 parties in-12.

Voy. « Supercheries », III, 487, *c*.

Alexina, ou la vieille tour du château de Holdein, par Mme *** (Louise BRAYER-SAINT-LÉON). *Paris*, 1813, 4 vol. in-12.

Voy. « Supercheries », III, 1084, *b*.

Alexis et Alix, comédie en 2 actes, en prose, mélangée d'ariettes. (Par A.-A.-H. POINSINET jeune.) *Paris*, (1769,) in-8.

Alexis, fragment d'institution d'un prince. *Louvain, impr. de l'Université*, 1763, in-12.

L'auteur de cette pièce très-rare et qui a été supprimée, est M. C.-Fr. NÉLIS, plus tard évêque d'Anvers. (Van Hulthem, n° 4870 de son catalogue.)

Alexis Hallette. Funérailles et biographie. *Arras, impr. de J. Degeorge*, 1847, in-8, 16 p.

Signé A. P. (Alfred POURCHEL). Extrait du « Progrès du Pas-de-Calais » des 8 et 12 juillet 1846.

Alexis, ou de l'âge d'or. (Par Fr. HEMSTERHUIS.) *Riga, Hartknoch*, 1787, petit in-8, 188 p.

Alexis, ou la maisonnette dans les bois. (Par F.-G. DUCRAY-DUMINIL.) *Paris*, 1788, 4 vol. in-12.

Souvent réimprimé sous le nom de l'auteur.

Alexiticon, ou la défense prétendue du sentiment des Saints Pères repoussée, etc. (Par l'abbé L. DE BONNAIRE.) *Rotterdam, J.-D. Beman*, 1740, in-12.

Alfonse, dit l'Impuissant; tragédie en un acte; et en vers. (Par Ch. COLLÉ.) *A Origénie, chez Jean-qui-ne-peut, au Grand-Eunuque*, 1740, in-12, 24 p.

Cette pièce n'a pas été réimprimée, et cela se conçoit, dans le théâtre de l'auteur, mais une nouvelle édition, avec variantes, en a été faite de nos jours. *Luxembourg* (*Bruxelles, Gay et fils*), 1864, in-12.

Alfred et Coralie, ou les Français en Espagne, par Mlle Emilie M***** (MARCEL). *Paris, Pigoreau*, 1830, 3 vol. in-12.

Voy. « Supercheries », II, 1017, *a*.

Alfred-le-Grand, ou le trône reconquis. (Par le comte Henri VERDIER DE LACOSTE.) *Paris, Arthus Bertrand*, 1817, 2 vol. in-12.

Le même sujet a été traité, 1° par le célèbre Albert DE HALLER, dans son roman intitulé : « Alfred, roi des Anglo-Saxons », traduit de l'allemand en françois par un anonyme. *Lausanne*, 1775, in-8.

2° Par Anne FULLER, dans le roman qui a été traduit de l'anglais en français sous ce titre : « L'Adversité, ou l'école des rois ». *Paris, Lavillette*, 1792, 2 vol. in-12.

Quant aux détails, ces trois ouvrages n'ont entre eux aucune ressemblance.

Alfred, ou le manoir de Warwick. (Par Mme CAZENAVE D'ARLENS.) *Lausanne*, 1794, 2 vol. in-12.

Algèbre (l') selon les vrais principes. (Par Dom DONAT PORRO, de Besançon.) *Londres* (*Besançon, Simard*), 1789, 2 vol. in-8.

Algérie (de l') au point de vue de la crise actuelle. (Par M. le général LACRETELLE.) *Lyon, impr. de Vingtrinier*, 1868, in-8, 92 p.

Algérie (l') et ses relations extérieures; par l'auteur du « Droit de tonnage en Algérie » (le vicomte Louis-Marie DE LA HAYE DE CORMENIN). *Alger*, 1860, in-32.

Algérie (l') et son organisation en royaume. (Par M. Gustave BARDY, avocat général à Alger, et depuis conseiller à la cour de Poitiers.) *Riom, impr. de Leboyer*, 1852, in-8, 167 p.

Alibech et Ruffa, ou les deux solitaires. (Par Maximilien-Jean BOUTHILLIER.) *Paris*, 1769, in-8. V. T.

Alice, la fille du peaussier, et Gehendrin, de Beauce, chartraine. *Orléans, impr. de Guyot*, 1835, in-12.

Réimprimé dans le volume intitulé : « Lui ». *Orléans, impr. de Guyot aîné*, 1835, in-18 de 350 p.; le titre porte pour épigraphe : « Luy... c'estoit moy. » Montaigne, « Essais », liv. 1, ch. 27. Au milieu de la page il y a en gothique douteuse : L. V. Le rédacteur de la Bibliographie de la France à lu L. B., et cette erreur est reproduite page 118 de la table.

L. V. ne s'explique pas plus que L. B., l'auteur étant LEMOLT-PHALARY, conseiller à la cour d'appel d'Orléans.

Alice, ou la sylphide, nouvelle imitée de l'anglais (de la duchesse de DEVONSHIRE, par Mme DE MONTOLIEU.) *Lausanne*, 1796, petit in-12.

Une édition antérieure porte le titre de : « La Sylphide... » Voy. ce titre.

Cette nouvelle a depuis été réimprimée dans le t. II de la « Suite des Nouvelles de Mme DE MONTOLIEU », 1813, 3 vol. in-12.

Alidor et Oronte, tragi-comédie, par DE R. (N. DE RAYSSIGUIER). *Paris*, 1636, in-4.

Voy. « Supercheries », III, 283, *d*.

Aliénabilité (de l') et de l'aliénation du Domaine. (Par BONCERF.) 1791, in-8.

Aline de Riesenstein, ou le tableau de la vie; trad. de l'allem. d'Aug. LAFON-

TAINE. (Par J.-B.-J. BRETON.) *Paris, Dentu*, 1810, 4 vol. in-12.

Aline et Valcourt, ou le roman philosophique, écrit à la Bastille, un an avant la révolution, par le cit. S*** (le marquis DE SADE). *Paris*, 1793, 8 vol. in-18.

Voy. « Supercheries », II, 5, *b*; et III, 488, *a*.

Aline, ou la reine de Golconde. (Par DE BOUFFLERS.) *Londres*, 1766, in-12.

La première édition qui est de 1761, a paru sous ce titre : « la Reine de Golconde. »

Alix et Charles de Bourgogne, par mademoiselle El. H... (HAUSSEMAN). *Paris*, 1820, 2 vol. in-12.

Voy. « Supercheries », I, 1228, *a*.

Alix, ou les deux frères, par Mme la marquise C. DE C. (COLBERT DE CHABANAIS). *Orléans*, 1835, 2 vol. in-8.

Voy. « Supercheries », I, 673, *c*.

Alix Pierce, maîtresse d'Edouard III, roi d'Angleterre. (Roman attribué à LA PEYRÈRE).

Dans le « Pour et contre » de l'abbé Prévost, t. 20, p. 301, on trouve une notice sur ce roman, devenu très-rare.

****.ana (Allainvalliana). Voyez plus loin le mot Ana.

Allaitement (de l') et de la première éducation des enfants. (Par G. GUILLARD DE BEAURIEU.) *Genève*, 1782, in-12. V. T.

Allée (l') de la seringue, ou les noyers, poëme du sieur D. (Par Eustache LE NOBLE.) *Francheville, Eugène Alétophile*, 1677, 1690, in-8.

Voy. « Supercheries », I, 823, *c*.

Allégorie (de l'), ou traités sur cette matière, par WINCKELMANN, ADDISSON, SULZER, traduits de l'allemand et de l'anglais. (Par Henri JANSEN.) *Paris, Jansen*, an VII-1799, 2 vol. in-8.

Le morceau sur les médailles a été traduit et abrégé d'ADDISSON, par l'abbé BOURLET DE VAUXCELLES.

Allégorie pour servir à l'histoire de ce temps-là. (Par LABARRE.) *Villemanie, Philaritmus*, 1751, in-12.

Allégorie sur la médecine universelle, traduite sur l'original anglo-saxon de la bibliothèque du prince anglo-saxon, qui n'a jamais été traduit ni copié. (Par Onésime-Henri DE LOOS.) — Allegorie über die universall Arzney,... *Frankfurt und Leipzig, J.-G. Fleischer*, 1788, in-8, 31 p. A. L.

Texte français au verso, allemand au recto.

Allégresse publique, pour le jour de l'arrivée de Mgr le duc de Boquingham à Paris... (Par GARNIER.) *S. l.*, 1625, in-8, 46 p.

L'auteur signe la dédicace.

Allégresse (l') villageoise, divertissement mêlé de chants et de danses. (Par J. BAUDRAIS.) *Genève et Paris*, 1782, in-8.

Allégresses au peuple et citoyens de Paris, sur la réception et entrée d'Elisabeth d'Autriche, reyne de France, en sa ville de Paris; par F. D. B. C. (François DE BELLEFOREST, Commingeois). *Paris, G. Malot*, 1571, in-8.

Voy. « Supercheries », II, 19, *b*.

Allemagne (l') au roi (3 mai). *S. l.*, 1664 in-4, 46 p.

Attribué au P. GRATTE.

Allemands (des), par un Français (DE FABRY). *Paris, Amyot*, 1846, in-8, 243 p.

Voy. « Supercheries », II, 80, *c*.

Alliance (l') anglaise ou l'alliance russe. (Par Jules LECOMTE.) *Paris, Dentu*, 1860, in-8, 32 p.

Alliance (de l') des partis modérés, ou Considérations politiques, philosophiques et religieuses sur les partis en Belgique, par un jeune Belge (VAN DEN BRANDEN DE REETH). *Malines, Hanicq*, 1841, in-8. J. D.

Alliance (l') des princes germaniques, par M. DOHM, traduit de l'allemand. (Par M. H. RENFNER.) *La Haye*, 1786, in-8.

Alliance (l') sacrée de l'honneur et de la vertu au mariage de monseigneur le Dauphin avec madame la princesse électorale de Bavière. *Paris, R.-J.-B. de La Caille*, 1680, in-4, 80 p., plus un « Tableau des cent-vingt-huit quartiers de la descendance paternelle et maternelle de madame la Dauphine. »

L'épître est signée du nom de l'auteur, le P. MENESTRIER.

Il existe deux éditions de même date.

Alliances de France et de Savoye. (Par P. MATTHIEU.) *Paris, B. Martin*, 1619, in-4; — *S. l. n. d.*, in-4, 72 p.

L'auteur signe la dédicace.

Allocution de Napoléon Bonaparte à son cortége funèbre, sous le dôme des Invalides, le 15 décembre 1840, par l'auteur des chants sacrés (Alexandre GUILLEMIN). *Paris, Gaume frères*, 1840, in-8. — 2e édition. *Ibid.*, 1840, in-8.

Allocution prononcée à la Saint-Jean d'hiver, 5820, par le F.·. D.·. (DUMAST), S.·. P.·. R.·. In-8, 11 p.

Allocutions au clergé et aux catholiques des Pays-Bas, sur l'impiété des doctrines libérales et constitutionnelles. (Par M. Oliv. LECLERCQ, procureur général à Liège.) *Bruxelles*, 1829, in-8.

Allons à Paris, ou le baptême du duc de Bordeaux, par A. E. (Adrien EGRON, imprimeur à Paris, né à Tours). *Paris, impr. d'Egron*, 1821, in-12.

Voy. « Supercheries », I, 203, *d*.

Allons faire fortune à Paris! Par l'auteur du « Mariage au point de vue chrétien » (Mme Agénor DE GASPARIN). *Paris, Delay*, 1844, in-8.

Allumettes du Feu divin pour faire ardre les cœurs humains en l'amour et crainte de Dieu. (Par Pierre DORÉ d'Artois, dominicain.) *Paris, s. d.*, in-12, goth.

Voy. « Manuel du libr. », 5e édit., II, 818.

Allumettes (les), petites lanternes sans prétention. (Par M. BIZONNET-DERIVAU.) *Bruxelles*, 1868, in-32, 16 p.

Allumeur (l') de réverbères. Ouvrage américain. (Trad. de l'angl. de miss Maria-S. CUMMING.) *Paris, Ch. Meyrueis*, 1854, 2 vol. in-12.

Almanach administratif, ou chronologie historique des maîtres des requêtes, des auditeurs au Conseil d'état, etc.; par M. S. A*** (VITON DE SAINT-ALLAIS). *Paris*, 1814, in-18.

Voy. « Supercheries », III, 402, *e*.

Almanach agricole, horticole et d'économie domestique de la province de Luxembourg, par F.-G. (F. GERARDI). *Arlon, Bourgeois*, in-16, 166 p.

Années 1850 à 1852. Cette dernière porte le nom de l'auteur. J. D.

Almanach américain. (Par PONCELIN DE LA ROCHE-TILLAC.) *Paris*, 1783 et ann. suiv., 6 vol. in-12.

Voy. « Supercheries », III, 60, *b*.

Almanach anti-révolutionnaire. (Par Ch. FROMENT.) *Anvers (Gand)*, 1834, in-12, 163 p. J. D.

Almanach astronomique pour 1750. (Par KIES.) *Berlin*, 1750, in-8.

Almanach belge, publié par la société pour l'instruction primaire et populaire. (Par Edouard DUPÉTIAUX.) *Bruxelles, Voglet*, 1834-1837, 4 vol. in-18. J. D.

Almanach bibliographique pour l'année 1709, contenant le catalogue des livres imprimés dans ce royaume pendant l'année 1707. (Par l'abbé DE LA MORLIÈRE, docteur de Sorbonne). *Paris*, 1709, in-12.

Voyez Struvius, tom. 2, p. 802, de « Bibliotheca Historiæ litterariæ », édition de 1754-1763, 3 vol. in-8.

Almanach borain pour 1848. (Par RAPP, négociant en vins à Quaregnon.) *Paturages, Caufrier-Decamps*, in-18, 56 p. J. D.

Almanach (l') burlesque et pourtant véridique, contenant maintes joyeuses prédictions, etc. (Par L. COQUELET.) *S. l.*, (1733), in-16.

Almanach caca-fougnia, ou Pierre-Jean Claes réformé. Etrennes bibliques pour l'an de grâce 1865. (Par le P. Paul BARBIEUX.) *Tournai, impr. de Casterman. —Gand*, in-24, 72 p., sans le calendrier.

Almanach chinois. (Par l'abbé Joseph DE LA PORTE.) *Paris, veuve Duchesne*, 1761, 1765, in-24.

Almanach chrétien, moral et historique pour les années 1829 et 1830. (Par Théod. PERRIN.) *Le Mans, Belon*, 1829-30, 2 vol. in-32.

Almanach comique belge, anecdotique, drôlatique, fantastique et prophétique pour 1862. (Par Aimé FLOR, attaché à la rédact. de « l'Etoile belge ».) *Bruxelles, Office de publicité*, in-12, 160 p. J. D.

Almanach constitutionnel de l'empire français pour l'année 1806 (et 1807). (Par L. DUBROCA.) *Paris, Dubroca*, 1805 et 1807, in-18.

Almanach conteur, ou mes trente-six contes et tes trente-six contes. (Par Alex.-Jacques-Louis CHEVALIER, dit DU COUDRAY.) *Paris, Mérigot père*, 1782, in-8.

Almanach crocodilien, dédié aux étudiants belges pour 1856... (Par HALLAUX-NOISET et MARQ.) *Bruxelles, Vanbuggenhoudt*, in-12, 138 p. J. D

Almanach d'Alsace... Voy. « Almanach de Strasbourg ».

Almanach Dauphin, contenant l'anniversaire de monseigneur le dauphin, cantatille, avec un plan d'un cours nouveau de littérature françoise, à l'usage de ce prince. (Par H.-S.-Thibault POULLIN DE FLINS.) 1784, in-16.

C'est la suite du « Calendrier Dauphin... » (par A.-M. LOTTIN), 1782, dont l'année suivante fut publiée sous le titre de : « Almanach des Dauphins. » (Fleischer).

Almanach Dauphin, ou Histoire abrégée des Princes qui ont porté le nom de Dauphin, avec leurs portraits, par le S. C. G***,

(Charles GUILLAUME). *Paris*, *Guillaume*, 1751, in-8.

Voy. « Supercheries », III, 613, *e*.

Almanach (l') de cinquante ans... Années 1851 à 1900. (Par Xavier HEUSCHLING, chef de division au ministère de l'intérieur.) *Bruxelles*, *Lesigne*, 1851, in-18, 205 p. J. D.

Almanach (l') de Flore. (Par DOUIN, capitaine d'infanterie.) 1774, in-24.

Almanach de Gœttingue. *Gœttingue*, *Dieterich*, in-16.

Voyez dans le « Dictionnaire de Bibliographie française » de M. Fleischer une note étendue sur cet almanach.

Cette publication remonte à 1775 et se publie aussi chaque année en allemand sous ce titre : « Gottingischer Taschenkalender. » Il fut rédigé par le spirituel Georges-Christophe LICHTENBERG, depuis 1770 jusqu'en 1799, époque de sa mort. Il y inséra en 1778 un Traité sur la physionomie, et dans les années 1794 et suivantes, une exposition détaillée et pleine d'esprit des gravures d'HOGARTH dont les copies, accompagnant ces mêmes années, ont été exécutées à l'eau-forte par E. RIEPENHAUSEN. Faute de place, eu égard au format de l'almanach, l'artiste a préféré ne donner que les têtes des personnages qui composent chacune des planches d'Hogarth; ce travail de Lichtenberg a plus tard été publié en français sous ce titre : « Explication détaillée des gravures d'Hogarth », par G.-Ch. LICHTENBERG, ouvrage traduit de l'allemand en français, par M. LAMY, in-8.

Après la mort de Lichtenberg, Christ. GIRTANNER lui succéda, mais il mourut peu après, et il ne rédigea que l'année 1800. Nous n'avons aucun renseignement sur la rédaction des années suivantes de cet almanach.

Almanach de Gotha... 1re année, 1754. *Gotha*, *Dieterich*, in-32.

L'éditeur a célébré l'anniversaire séculaire de cette publication en retraçant son histoire, pages V-XXXVIII de l'année 1863. Il y a là un curieux relevé des principales matières qu'il a traitées depuis l'année 1766. L'Almanach de Gotha a eu pour rédacteurs principaux : de 1764 à 1775, E.-Chr. KLUPFER ; en 1776, DE ROTHBERG; de 1766 à 1788, Louis-Chrét. LICHTENBERG ; de 1781 à 1816, H.-A.-Ott. REICHARD, bibliothécaire du duc Ernest II, l'auteur des Guides si connus sous le nom francisé de Richard.

Il eut pour successeur en 1816, Ern.-Adolphe DE HOFF, président du conservatoire supérieur et connu comme minéralogiste; ce dernier eut comme co-rédacteur, de 1819 à 1822, Ch.-Chrét. DE WEESTERMANN, qui fut rédacteur unique de 1823 à 1826.

En 1827, la rédaction fut simplifiée, mais en même temps élargie, et confiée à G.-H.-D. EWALD, directeur de la Bibliothèque et des collections du château de Friedenstein. Il a eu pendant 25 ans à arranger seul les matières qu'il devait à ses propres recherches ou à une correspondance très-étendue et très-laborieuse. M. Ewald a eu pour successeur, de 1851 à 1858, M. l'abbé Louis DAVANTURE, qui fait ses adieux au public dans le volume publié en 1859. Depuis 1859 la rédaction est devenue anonyme.

L'Annuaire compte parmi les écrivains de renom qui ont pris part à sa publication : le Dr Aug. BRUCKNER, années 1795 et suivantes; le géographe et historien GALETTI, années 1795 et suivantes (c'est à lui que l'on doit les « Essais sur la statistique des Etats les plus importants »); le baron DE ZACH, 1798-1803; B.-A. DE LENDENAU, astronome ; le philologue Fréd. JACOBS ; son frère « Chrét.-Guill. JACOBS ; le mathématicien F.-C. KRIES; le professeur d'histoire C.-T. SCHULZE ; le bibliothécaire F.-A. UKERT, etc..

C'est Fred. SCHLICHTEGROLL, secrét. génér. de l'Ac. de Bavière qui créa la chronique, qu'il rédigea de 1794 à 1797. Cette chronique est devenue avec le temps la partie la plus importante de l'Almanach de Gotha.

Publié depuis 1776 chez C.-W. Ettinger, «l'Almanach de Gotha » devint en 1816 la propriété de Guill. Perthes, qui était alors le chef de la maison Julien Perthes et qui ne cessa d'y donner ses soins jusqu'à sa mort arrivée en 1853. Son fils Bernard, qui mourut en 1857, marcha sur les traces de son père.

L'éditeur actuel se donne le plaisir de constater ainsi l'augmentation successive des matières données par l'almanach : en 1816, il a 296 p.; en 1834, 440 ; en 1856, 874 ; et en 1863, 1,072.

Voy. « Bulletin du Bibliophile belge », VI, p. 59-80.

Almanach de l'amour et de l'amitié. (Par J.-A. JACQUELIN.) *Paris*, 1809, in-18, fig.

Almanach de l'armée belge. Années 1860-1862. (Par Théodore LEJEUNE, ancien sous-officier.) *Bruxelles*, in-18. J. D.

Almanach de la commune de Sens et du département de l'Yonne. (Par TARBÉ.) *Sens*, *Tarbé*, an IX, in-24. D. M.

Almanach de la garde nationale... Annuaire manuel historique et pittoresque des gardes nationaux ; publié avec l'autorisation de M. le lieutenant général Jacqueminot. (Par J.-F. DESTIGNY, de Caen. 1re, 2e années, 1843-1844.) *Paris*, *C. Warée*, 2 vol. in-18.

Almanach de la Librairie. (Par Ant. PERRIN.) *Paris*, *Moutard*, 1778, petit in-12.

Almanach de la maçon.·. symbol.·. belge. (Par M. WARGNY.) *Bruxelles*, 1825, in-18.

Almanach de la mode de Paris. Tablettes du monde fashionable. Première année. (Par Ch.-R.-E. DE SAINT-MAURICE.) *Paris*, 1834, in-18, avec 2 gravures.

Almanach de la noblesse de France, pour l'année 1846. (Par Jacques BRESSON.) *Paris*, *Aubert*, 1846, in-12, XXXII-355 p.

Almanach de la république française et des barricades, 1848, 1849. Par trois ouvriers (Philippe BOSC, Victor HARDY et Paul JACQUET, ouvriers typographes). *Paris*, *Halley*, 2 vol. in-18.

Voy. « Supercheries », III, 857, *b*.

Almanach de la vieillesse, (et depuis) Almanach des centenaires, ou durée de la vie humaine jusqu'à cent ans et au delà, démontrée par des exemples sans nombre, tant anciens que modernes. (Par Aug.-Martin LOTTIN.) *Paris, Lottin aîné*, 1761-1773, 12 vol. in-24.

Almanach de la ville, châtellenie et prévôté de Corbeil, année 1789. (Par l'abbé J.-A. GUIOT, chanoine régulier de Saint-Victor.) *Paris, Didot*, 1789, in-16, 148 p.

Mort curé de Bourg-la-Reine en 1807. Il avait d'abord été curé de Saint-Spire à Corbeil, puis à Fontenay-lès-Louvres, ensuite habitué à Saint-Nicolas-du-Chardonnet.

En 1791 l'auteur publia une seconde année, et en 1792, une suite sous le titre de : « Notice périodique de l'histoire... » Voy. ces mots.

Almanach de la ville et du diocèse de Troyes. (Par COURTALON-DELAISTRE et Ed.-Th. SIMON.) *Troyes, André*, 1776-1787, 12 vol. in-16.

Almanach de nos grands hommes, considérablement augmenté. (Par P.-L. MANUEL.) *Liége*, 1788, in-12.

Almanach de Paris, contenant les noms, qualités et demeures des personnes de condition dans la ville et faubourgs de Paris. (Rédigé par KREMFELD, attaché à la diplomatie pour l'électeur de Cologne, premier moteur du numérotage des maisons de Paris.) Années 1774 à 1789. *Paris*, in-24.

Une continuation a paru sous ce titre : « Almanach des demeures des ci-devant nobles résidants à Paris, et celle des avocats, notaires... » *Paris*, 1791-92, 2 vol. in-12.

Almanach de Paris ou Calendrier des Parisiens illustres. (Par dom A.-N. DUPUIS.) *Paris*, 1757, in-24.

Almanach de Paris, ou Calendrier historique, pour l'année 1727. (Par MAUPOINT, avocat.) *Paris, Chardon*, in-8.

Almanach de Picardie. (Par le P. DAIRE.) *Amiens, Godard et J.-B. Caron l'aîné*, 1753 et années suivantes, in-24.

Almanach de piété. Voy. le « Fervent chrétien. »

Almanach de poche d'un étudiant du collége de Mons (Par MM. Victor et Charles DELECOURT.) 1821, in-12, 29 p. J. D.

Voy. « Supercheries », I, 1203, *c*.

Almanach de Reims pour l'année bissextile 1752. (Par dom RÉGLEY, bénédictin.) *Reims, veuve de P. Delaistre*, in-24.

Almanach de Strasbourg. (Par J.-J. OBERLIN.) *Strasbourg*, 1780, in-12.

Continué par le même sous le titre de : « Almanach d'Alsace » jusqu'en 1789. Cette année l'auteur publia « Suppléments à l'Almanach d'Alsace » de 1789, pour l'année 1790 ; en attendant que l'almanach pour cette année puisse paraître.

L'année 1792 a été publiée sous le titre de : « Almanach du département du Bas-Rhin. »

Almanach dédié aux dames. (Par BRÈS.) *Paris*, 1824, in-16.

Almanach dédié aux demoiselles. (Par Ch. MALO.) *Paris*, 1823, in-18.

Almanach démocratique des Pyrénées. (Années 1850, 1851.) *Pau*, 2 vol. in-16.

L'avant-propos est signé des initiales A. L. (Auguste LAMAIGNÈRE) et A. P. (Alexis PEYRET).

Almanach des actionnaires (de la loterie), pour l'an XI. (Par COCATRIX.) *Paris*, 1803, in-8. D. M.

Almanach des adresses de Paris, pour l'année 1815, contenant les noms et demeures de tout ce que Paris renferme de personnes distinguées par leur rang ou par leurs fonctions... Par M. J. D***. *Paris, C.-L.-F. Panckoucke*, in-12.

Années 1815 à 1848. A partir de 1816 : «Almanach des 25,000 adresses de Paris... » A partir de 1818 : « Almanach des 25,000 adresses des principaux habitants de Paris... » par M. H. D***. A partir de 1819: par M. Henri DULAC, et, à partir de 1845 : par CORDY aîné.

De Manne attribue cet almanach à Henry DUPLESSY.

Suivant Quérard, on a attribué à tort la rédaction de cet almanach à Henri DULAC, dont plusieurs volumes portent le nom, et à M. DUPLESSY. L'auteur réel serait Henri WISSEMANS, alors compositeur d'imprimerie de la maison Panckouke, et plus tard son caissier. Voyez « Supercheries », I, 845, *b*.

Almanach des adresses de tous les commerçants de Paris. Cet Almanach fait suite à l'Almanach des 25,000 adresses de Paris. Par M. H. D*** (DULAC), rédacteur de l'Almanach des 25,000 adresses... *Paris, C.-L.-F. Panckoucke*, 9 vol. in-12.

Le nom de l'auteur est exprimé au titre à partir de 1819 et disparaît en 1826.

Almanach des Arts, peinture, sculpture, architecture et gravure... (Par C.-P. LANDON.) Pour l'an XII. *Paris*, in-18, 250 p. fig.

L'an XIII est intitulé : «Almanach des Beaux-Arts.» Voy. ce titre.

Almanach des associations ouvrières, pour 1850, publié sous les auspices de l'union essénienne, association universelle égalitaire et fraternelle des producteurs et des consommateurs... (Rédigé par G. DUCHESNE et P.-J. PROUDHON.)— *Paris, quai des Grands-Augustins*, 47, in-32.

Almanach des Beaux-Arts. (Par Fr.-Joach. DUPORT DU TERTRE.) *Paris*, 1752, 1753, in-18.

C'est par cet almanach qu'a commencé la « France littéraire ». Voy. ces mots.

Almanach des Beaux-Arts, ou description d'architecture, peinture... et dates des établissements de Paris... (Par HÉBERT.) *Paris*, 1762, in-24.

Almanach des Beaux-Arts, peinture, sculpture... pour l'an XIII. (Par C.-P. LANDON.) *Paris*, in-18 de 227 p., 1 fig.

Almanach des Bizarreries humaines, ou recueil d'anecdotes sur la révolution, etc., dédié par un homme qui a peu de mémoire à ceux qui n'en ont pas du tout. (Par M.-J.-Ch. BAILLEUL.) *Paris*, 1790, in-12, 144 p.

Voy. « Supercheries », II, 303, *f*.

Almanach des bons conseils pour l'an de grâce 1826. Publié par L. S. D. T. R. (La Société des Traités religieux.) *Paris*, *Servier*, 1826 et années suivantes, in-18.

Cet almanach a continué à paraître.

Cette publication, dont le tirage annuel varie de 2 à 300,000 exemplaires, a eu successivement pour principaux rédacteurs MM. Henri LUTTEROTH, DE PRESSENSÉ, DE PERREGAUX, Edm. BERSIER et ARBOUSSE-BASTIDE.

Voy. « Supercheries », II, 984, *a*.

Almanach des Calembourgs. (Par le marquis de BIÈVRE.) 1771, in-18.

Almanach des Campagnes pour l'an 1809 et 1810. (Par Mlle DELEYRE.) *Paris*, *Gabriel Dufour*, 1809-1810, in-18.

Almanach des Centenaires.

Voy. ci-dessus : « Almanach de la vieillesse. »

Almanach des Cocus. Par un homme grave, membre de l'Académie des sciences morales..... de Château-Chinon (Jules VIARD). *Paris*, *Labitte*, 1847, in-8, 36 p.

Voy. « Supercheries », II, 303, *b*.

Almanach des corps des marchands et des communautés du Royaume. (Par Fr.-A. AUBERT DE LA CHESNAYE-DESBOIS.) 1753 et suiv., in-24.

Almanach des Cultivateurs pour l'an de grâce 1835. (Par Théod. PERRIN.) *Paris*, *Cabany*, 1834, in-24.

Almanach des Cumulards, ou dictionnaire historique desdits individus cumulards, avec la note très-exacte de leurs divers appointements, traitements, pensions, etc. Le tout mis en lumière par un homme qui sait compter. (Par A.-J.-C. SAINT-PROSPER.) *Paris*, *Pichard*, 1820, in-18.

Voy. « Supercheries », II, 304, *f*.

Almanach des Dames savantes françoises pour l'année 1736. (Par L. COQUELET.) *Paris*, *C. Guillaume*, 1735, in-18.

Almanach des Dames savantes françoises pour 1742. (Par Charles GUILLAUME.) *Paris*, *Guillaume*, 1742, in-32.

Almanach des Dauphins. (Par A.-M. LOTTIN.) 1783, in-24.

Voy. « Almanach Dauphin. »

Almanach des fédérés du département du Rhône. Calendrier perpétuel à l'usage des journalistes. (Par GARAUD.) *Genève*, 1816, in 8.

Catal. Bergeret, 2e partie, 2495, où se trouvait un exempl. avec les noms véritables mis à la main en regard des postiches.

Almanach des femmes célèbres par leurs talents, leur courage ou leurs vertus. (Par Mme Gabrielle PABAN, cousine de M. Collin de Plancy, née à Lyon.) *Paris*, *Ladvocat*, 1822, in-18.

Almanach des gens d'esprit, par un homme qui n'est pas sot, calendrier pour l'année 1762 et le reste de la vie ; publié par l'auteur du Colporteur (François-Antoine CHEVRIER). — *Toujours à Londres, chez l'éternel M. Jean Nourse*, 1762, in-12.

Voy. « Supercheries », II, 304, *e*.

Almanach des gens de bien pour l'an de grâce 1816, par M.*** (Joseph CHARDON, libraire à Marseille.) *Marseille*, 1816, in-12.

Voy. « Supercheries », III, 1096, *f*.

Almanach des gens de bien. Voy. « Almanach des honnêtes gens ».

Almanach des gens de lettres pour l'an 1834, présentant pour chaque jour de l'année un tableau général des hommes qui sont morts à pareille date. Par B. L. V. D. S. (VAN DERLANDE, alors directeur du collége de Pitsenbourg, à Malines). *Malines*, *Hanicq*, in-18, 112 p. J. D.

Almanach des gourmands... par un vieil amateur (GRIMOD DE LA REYNIÈRE et COSTE). *Paris*, 1803-1812, 8 vol. in-18.

La 1re année a eu 3 éditions, la 2e et la 3e en ont eu deux.

Voy. « Supercheries », III, 940, *f*.

Almanach des Grâces, ou les hommages à la beauté. (Publié par J.-A. JACQUELIN.) *Paris*, 1804-1805, 5 vol. in-12, avec fig.

Almanach des honnêtes gens. (Par VENTRE DE LATOULOUBRE, connu sous le nom de GALARD DE MONTJOIE.) *Paris*, 1792, 93, 2 vol. in-18.

Continué sous le titre d' « Almanach des gens de bien. » *Paris*, 1794-1797, 4 vol. in-18.

Les années 1793 et 1797 ont chacune deux éditions.

Almanach des honnêtes gens. (Par Sylvain MARÉCHAL.) L'an premier du règne de la raison (1788). Une feuille in-4. Nouv. édit. (Avec un Avertissement signé GÉNIN.) *Nancy, impr. de veuve Hissette*, 1836, in-4, 36 p.

L'édition de 1788 fut condamnée au feu ; l'auteur fut enfermé à Saint-Lazare pendant quatre mois.

Réimprimé dans le tome premier de la collection intitulée : « Chefs-d'œuvre politiques et littéraires de la fin du XVIIIe siècle ». 1788, 3 vol. in-8.

Le même ouvrage a paru sous une forme nouvelle, et avec des développements, en 1791, sous ce titre :

« Dictionnaire des honnêtes gens, rédigé par P.-Sylvain MARÉCHAL, pour servir de correctif au Dictionnaire des grands hommes ; précédé d'une nouvelle édition de l'Almanach des honnêtes gens » ; et en 1773, in-18, sous ce titre :

« Almanach des honnêtes gens, contenant des prophéties pour chaque mois de l'année 1793, des anecdotes peu connues des 10 août, 2 et 3 septembre 1792, la liste des personnes égorgées dans les différentes prisons, de même que la liste des (59) prisonniers d'Orléans, égorgés à Versailles ». *Paris*, 1793, in-16 de 124 p.

Ce même almanach a aussi paru avec ce titre : « Anecdotes peu connues sur les journées du 10 août... » Voy. ces mots.

En tête de la réimpression de Nancy, dans une notice signée Génin, et datée de Nancy le 17 avril 1836, on lit : « Les mois sont divisés par décades ; les noms des saints remplacés par ceux des personnages illustres inscrits d'après la date de leur naissance ou de leur mort. Jésus-Christ est porté au 25 décembre, et l'amiral Coligny au 24 août, jour de la Saint-Barthélemy. Circonstance curieuse, le 15 août est resté en blanc ; c'était la date de la naissance de Sylvain Maréchal lui-même ».

En tête de cette réimpression, on a inséré l'arrêt qui condamne « l'Almanach » au feu, et la notice sur l'auteur extraite de la « Nouvelle Biographie des contemporains ». 1823, t. XII.

Voy. « Supercheries », I, 900, *b*.

Voir Peignot, « Dictionnaire des ouvrages condamnés », p. 286.

Almanach des honnêtes gens pour l'année 1800 et 1801. (Par J.-L. COTINET.) *Paris*, 2 vol. in-18.

Almanach des imbéciles. (Par Alfred SIRVEN.) *Paris*, *Cournol*, 1865, in-18, 66 p.

Almanach des modes et Annuaire des modes réunies, 2e année. (Par Pierre DE LA MÉSANGÈRE.) *Paris*, 1814, in-18.

Almanach des monnaies, 1784-1789. (Par N.-F.-M. ANGOT DES ROTOURS.) 6 vol. in-12.

Almanach des Muses, 1765-1833. Petit in-12.

Il existe une seconde édition augmentée de la 1re année.

Cette collection a été dirigée depuis son origine jusqu'en 1798 par C.-S. SAUTREAU DE MARSY. Ch.-J. MATHON DE LA COUR y a eu part pendant quelques années, à commencer de 1766. VIGÉE, qui est mort en 1820, avait succédé à Sautreau de Marsy.

Almanach des Muses de Bordeaux. (Par ROMAIN-DUPERIER DE LARSAN.) 3e année, 1808, in-12.

La 1re année est de 1806.

Almanach des Muses de Lyon et du midi de la France. Première année. (Par Ch.-J. CHAMBET.) *Lyon*, *Chambet*, 1822, in-8.

Almanach des paroisses, ou annuaire liturgique pour l'année 1861 (et 1862)... Par le R. Dr M... (l'abbé MEYNDERS). *Bruxelles*, *chez l'auteur*, in-12. J. D.

Almanach des plaisirs de Paris et des communes environnantes, pour l'année 1815... (Par CUCHET et LAGARENCIÈRE.) *Paris*, *Goujon*, 1814, in-18.

Almanach des prisons, ou Anecdotes sur le régime intérieur de la Conciergerie, du Luxembourg, etc., et sur différents prisonniers qui ont habité ces maisons sous la tyrannie de Robespierre, avec les chansons, couplets qui y ont été faits. (Par COISSIN.) *Paris*, *Michel*, an III, in-18.

Il a paru 4 éditions la même année.

Almanach des Rentiers, dédié aux affamés, pour servir de passe-temps, par un auteur inscrit sur le grand-livre. (Attribué à Andr.-Ch. CAILLEAU, libraire.) *Paris*, 1800, in-18. V. T.

Voy. « Supercheries », I, 410, *b*.

Almanach des ruelles, ou calendrier galant et historique de l'isle de Cythère. (Par AUBLET DE MAUBUY.) *S. l. n. d.*, in-8.

Publié vers 1752, d'après une note de d'Hemery, inspecteur de la librairie.

Almanach des sans-culottes. (Par l'abbé Franç.-Val. MULLOT.) *Paris*, 1794, in-18.

Almanach des spectacles de Paris, pour 1809. (Par Hip. AUDIFFRET.) *Paris*, *L. Collin*, in-18. D. M.

Almanach des spectacles, par K et Z. *Paris*, *Janet*, 1818-1825, 8 vol. in-32.

Par Charles MALO suivant M. de Manne, et par LOÈVE-WEIMARS suivant M. Filippi.

Le titre est gravé. Celui de la première année porte par K. et Z., et les autres par K. Y. Z.

Almanach des trois départements du Calvados, de l'Orne et de la Manche, pour l'année 1842... Par MM. G. M. et G. S. T. (MANCEL et TRÉBUTIEN). *Caen*, 1842, in-16.

Voy. « Supercheries », II, 189, *c*.

Almanach des troubadours pour 1809. (Par J.-P.-A. LABOUISSE DE ROCHEFORT.) *Toulouse*, 1809, in-18.

Almanach des villes et des campagnes, pour l'année 1833. Première année. (Par M. P. LORRAIN.) *Paris*, 1832. — Pour 1834. Deuxième année, par Michel Sincère (M. L.-Al. LAMOTTE). *Paris*, 1833, ensemble, 2 vol. in-18.

Voy. « Supercheries », III, 651, *a*.

Almanach du bon catholique. Par le Diable (Guill. RENSON). *Bruxelles, Van Meenen, s. d.*, in-18. J. D.

Almanach du chasseur, contenant un calendrier perpétuel, des remarques sur la chasse, etc. (Par Charles-Jean GOURY DE CHANGRAN.) *Paris, Pipot ou Royez*, 1773, in-12, avec tons et fanfares.

Cette même édition a reparu, avec le nom de l'auteur, sous ce titre : « Manuel du chasseur, ou Traité complet et portatif de vénerie, de fauconnerie, etc. » *Paris, Saugrin et Lamy*, 1780, in-12. Catal. Huzard, t. III.

Almanach du clergé de France, pour les années 1828 et 1830. (Par CHATILLON, chef au ministère des cultes.) *Paris, Guyot et Scribe*, in-12.

Almanach du commerce de Bruxelles. Par C. J. P. (PÉRICHON). *Bruxelles, Stapleaux*, 1824, in-12. J. D.

Almanach du cultivateur, ou l'année rurale de la France, années 1819, 1820. Par un agronome (le baron J.-B. ROUGIER DE LA BERGERIE). *Paris*, 2 vol. in-18.

Voy. « Supercheries », I, 217, *f*.

Almanach du cultivateur, pour l'an de grâce 1835. (Par Théod. PERRIN.) *Paris*, 1834, in-24.

Almanach du département de l'Orne, pour 1852. *Chez tous les libraires du département (Paris, Bailly)*, in-16, 160 p.

Cet almanach qui a continué à paraître au prix de 20 et 25 c., et qui s'imprime aujourd'hui à Alençon chez De Broise, avait pris, dès la seconde année, le titre d'« Almanach de l'Orne. » Il a obtenu un grand succès. Quelques exemplaires des dernières années ont été tirés sur papier de fil ou de couleur.

L'éditeur est M. l'abbé LAURENT (Eugène), né à la Délivrande (Calvados), professeur de rhétorique au collége d'Argentan, puis curé de Saint-Martin-de-Condé (Calvados), auteur d'autres ouvrages. Il a été particulièrement secondé dans sa tâche par M. Gustave LE VAVASSEUR et par MM. MOISSON et DE BROISE.

L. D. L. S.

Almanach du département des Deux-Nèthes..... Par M. L. P. X. (LE POITEVIN-DELACROIX). *Anvers*, 1806 et années suivantes, in-12.

L'auteur a mis son nom sur la cinquième année, 1813.

Almanach du département du Bas-Rhin... Voy. « Almanach de Strasbourg. ».

Almanach du Diable, contenant des prédictions très-curieuses et absolument infaillibles pour l'année 1737. (Par l'abbé QUESNEL, neveu du célèbre père Quesnel.) *Aux enfers*, in-18, 60 p.

Suivant les continuateurs du P. Lelong, cet écrit aurait pour auteur QUESNEL, de Dieppe.

Frère, dans son « Manuel du Bibliographe normand », donne à l'abbé Quesnel le prénom de Pierre et dit qu'il était surnommé Bernard. Il ajoute que, réfugié en Hollande vers 1749, il y serait devenu bibliothécaire du Stathouder.

D'un autre côté, voici ce que je trouve dans le «Registre des personnes qui ont été détenues à la Bastille de 166. à 1754 » à l'année 1738, n° 143 :

« Bellemare dit Quinet ou Quesnet, soupçonné d'être l'auteur des « Sarcelades » et de « l'Almanach du Diable. »

Entré à la Bastille le 11 avril 1738 et trouvé pendu dans sa chambre le 1er juin suivant. Il avait été arrêté en même temps qu'un nommé René Poitreau, diacre du diocèse d'Autun.

On leur a saisi quantité de mss. et imprimés concernant les affaires de Port-Royal et sur la vie de M. Paris. »

Une note de l'inspecteur de la librairie d'Hémery, datée du 27 janvier 1752, porte :

« L. Coquelet a été mis à la Bastille pour cet ouvrage. »

Fleischer, sous le n° 1337, donne le titre ci-dessus, moins les mots très et absolument, il annonce 2 vol. l'un pour 1737 et l'autre pour 1738 avec fig.; il ajoute que l'ouvrage fut supprimé, ce qui explique sa rareté. Il a cependant été contrefait, mais la contrefaçon n'a eu qu'un médiocre succès, parcequ'on la supposa tronquée. On joint ordinairement à cet almanach une petite brochure intitulée : « La Clef de l'Almanach du Diable pour l'année 1738. » *Aux enfers*, in-12.

Lécuy dans l'article QUESNEL de la « Biographie universelle » cite : « Extrait de l'Almanach du Diable », 1737, et « Almanach du Diable », 1738, in-12.

Almanach du Parnasse pour l'année 1728. (Par les frères PARFAICT.) *Paris*, in-16. V. T.

Par l'abbé DE LA PORTE, suivant le rédacteur du catalogue Soleinne.

Almanach du peuple pour l'an 1822. (Première année, par M. TURC.) *Nancy, Vincenot*, 1821, in-8.

En 1822, des poursuites ont été dirigées contre l'auteur et l'imprimeur de cet ouvrage, et l'un et l'autre ont été acquittés. La 2e partie de cet almanach a paru seulement en 1830.

Almanach du progrès pour 1855. (Par Xavier Bougard.) *Liège, Charron*, in-16, 19 p. J. D.

Almanach du voyageur à Paris, contenant une description intéressante de tous les monuments, chefs-d'œuvre des arts et objets de curiosité que renferme cette capitale; ouvrage utile aux citoyens et indispensable pour l'étranger; par M. T***** (Luc-Vincent Thiéry). *Paris, Hardouin*, 1783 à 1787, 5 vol. in-12.

Les années 1784 à 1787 portent le nom de l'auteur. Voy. « Supercheries », III, 754, *a*.

Almanach du voyageur à Paris, et dans les lieux les plus remarquables du royaume. (Années 1780-1781, par Delacroix.) *Paris, Hardouin*, in-12.

Almanach encyclopédique de l'histoire de France, où les principaux événements de notre histoire se trouvent rangés suivant leurs dates. (Par J.-F. de La Croix.) *Paris*, 1770 et ann. suiv. jusqu'en 1778, in-18.

Almanach forain, ou les différents spectacles des boulevards et des foires de Paris (commencé en 1773 par François Mussot dit Arnould, et continué chaque année par P.-J.-B. Nougaret, depuis 1774). 1773 et ann. suiv, in-24.

Almanach généalogique, chronologique et historique... (Par l'abbé Jacq. Destrées.) *Paris, Ballard fils*, 1747-1749, 3 vol. in-12.

Continué sous le titre : « Mémorial de chronologie généalogique et historique... », 1752-1755, et sous celui : « L'Europe vivante et mourante... » 1759. Voy. ces titres.

Almanach général des marchands... par MM. G. R. L. V. (Grangé, Rey et Le Vent). *Paris, Grangé*, 1771-1787 in-8.

Voy. « Supercheries », II, 219, *b*, et III, 884, *d*.

Almanach géographique et chronologique, avec la population des quatre parties du monde, etc., pour l'an VIII. (Par Jérôme de La Lande.) *Paris*, 1799, in-18.

Almanach géographique, ou tableau précis et général du globe terrestre... (Par L. Brion de La Tour.) *Paris*, 1789, in-18.

Réimpr. sous ce titre : « Almanach géographique, ou petit atlas... » *Paris*, 1804, in-18.

Almanach historique de Besançon et de la Franche-Comté, pour les années 1785 et 1786. (Par Dom P.-P. Grappin.) *Besançon, Tissot*, in-8.

Ces almanachs contiennent une description très-bien faite des villes, bourgs et villages de la province; aussi ont-ils été fort recherchés, et commencent-ils à devenir rares, même à Besançon.

Almanach historique de la République française... Par un ami de l'ordre (Julien Travers). *Paris, Garnier frères*, 1851, in-12.

L'auteur signe l'avertissement. Voy. « Supercheries », I, 300, *d*.

Almanach historique de Marseille. (Par Jean-B.-Bernard Grosson.) *Marseille*, 1772 et suiv., in-18.

Almanach historique des ducs de Bourgogne, contenant l'histoire de la naissance des premiers fils des dauphins de France, et la relation succincte des fêtes générales et particulières données à cette occasion, suivies de l'abrégé de la vie de ces princes, par LL. FF. LL. (les frères Lottin, Augustin-Martin et Antoine-Prosper). *Paris*, 1752, in-24.

Almanach historique du diocèse de Meaux, pour les années 1773-1789. (Rédigé par l'abbé Fontaine, curé de Trilbardou.) *Paris, Lambert, et Meaux, veuve Charles et fils*, 17 vol. in-18.

Almanach historique du diocèse de Sens, pour l'année 1761 et suiv. *Sens, Lavigne*, in-24.

Rédigé jusqu'en 1781 par P.-Hardouin Tarbé, et de 1782 à 1790 par Tarbé des Sablons.

Almanach historique et chronologique du Languedoc. (Par l'abbé Forest.) 1752, in-8.

Almanach historique et raisonné des architectes, peintres, sculpteurs, graveurs et ciseleurs; contenant des notions sur les cabinets des curieux du royaume, sur les marchands de tableaux, sur les maîtres à dessiner de Paris, et autres renseignements utiles relativement au dessin. Dédié aux amateurs des arts. 1776-1777. (Par J.-B.-P. Le Brun, peintre.) *Paris, Delalain*, 2 vol. in-12.

Voy. les mots : « Désaveu des artistes... »

Almanach historique pour l'année 1841, présentant par date, pour chaque jour de l'année, l'indication des principaux faits religieux, politiques, littéraires... depuis la création d'Adam jusqu'au 1er janvier 1840. Par M. D. (Dumont, membre de l'Académie d'archéologie d'Anvers). *Bruxelles, Méline*, 1840, in-18, 377 p. J. D.

Almanach iconologique ou des arts. (Par Hubert-François Bourguignon, dit Gravelot, frère du célèbre géographe d'Anville.) *Paris*, 1764 à 1773 inclusivement, 10 vol. in-24.

C.-N. Cochin en a publié une suite, de 1774 à 1780 inclusivement, 7 vol. in-24.

Almanach judiciaire, à l'usage des cours et tribunaux de l'empire français, pour l'année 1810... (Par M. LEFEBVRE, avocat.) *Paris*, 1810, in-12.

Almanach marollien pour 1855, 1856 et 1857. (Par Victor LEFÈVRE.) *Bruxelles, Florkin et Hen*, in-12. J. D.

Almanach musical, pour les années 1781, 1782 et 1783. (Par P.-J.-Fr. LUNEAU DE BOISJERMAIN.) 3 vol. in-12.

Almanach nocturne pour les années 1739-1742, par Mme la marquise D. N. N. (le chevalier DE NEUVILLE-MONTADOR.) *Paris, Morel*, in-12.

Voy. « Supercheries », I, 966, *b*.

Almanach nouveau de l'an passé, où l'on annonce les choses arrivées et qui arriveront encore. (Par Sylvain MARÉCHAL.) *S. d.*, in-18.

Catalogue A. Dinaux, 1re partie, n° 3039.

Almanach nouveau pour l'année 1762, avec une dissertation sur les calendriers, les almanachs, etc. (Par le président J.-B. DUREY DE NOINVILLE.) *Paris, Le Prieur*, in-16.

Almanach parisien. (Par L.-J.-B. SIMONNET DE MAISONNEUVE.) 1784, 2 vol. in-24.

Almanach parisien en faveur des étrangers et des personnes curieuses, indiquant par ordre alphabétique tous les monuments des beaux-arts, répandus dans la ville de Paris et aux environs... (Par HÉBERT et P.-A. ALLETZ.) *Paris, Duchesne*, 1761-1790, in-16.

Almanach perpétuel des gourmands, contenant le code des gourmands. (Par H.-N. RAISSON.) *Paris, J.-N. Barba*, 1830, in-18.

Almanach perpétuel, pronosticatif, proverbial et gaulois, d'après les observations de la docte antiquité... (Par le P. L.-F. DAIRE.) *A Wiflispurg et à Paris, chez Desnos*, 1774, in-16, 212 p.

Almanach philosophique... Par un auteur très-philosophe (Jean-Louis CASTILLON). *Goa*, 1767, in-12.

Voy. « Supercheries », I, 411, *b*.

Almanach philosophique. (Par L.-R. BARBET.) 1792, in-12.

Cet ouvrage a été désavoué par son auteur. Voy. Quérard, « France littéraire », I, 174.

Almanach poissard, ou étrennes polissonnes. (Par A.-C. CAILLEAU.) *Paris*, 1760, in-12. V. T.

Almanach polisson, ou étrennes bouffonnes et grossières. (Par A.-C. CAILLEAU.) *Paris*, 1759, in-12.

Almanach politique, administratif et judiciaire de l'arrondissement d'Avesnes... *Avesnes*, 1840-1848, in-18.

A partir de 1842 le mot « politique » est remplacé par le mot « statistique », et les titres portent en plus: rédigé par M. C. V. (VIROUX).

A partir de 1845 le titre se modifie ainsi : « Almanach annuaire... » Il n'a rien paru au delà de l'année 1848.

Almanach politique et social... Voy. « Revue de morale... »

Almanach politique et social pour 1853. (Par Xavier BOUGARD.) *Liège, Noël*, in-8, 80 p. J. D.

Almanach pour le Beauvaisis, année 1765. (Par J.-A.-B. RIZZI ZANNONI.) *Beauvais*, 1765, in-24.

Almanach prophétique, pittoresque et utile... publié par l'auteur de « Nostradamus » (Eug. BARESTE). *Paris*, 1841-1872, 32 vol. in-32.

Bareste n'a rédigé cet almanach que jusqu'en 1848.
A partir de 1849 le titre porte : « par un neveu de Nostradamus. »

Almanach récréatif pour 1849, contenant le calendrier des prédictions météorologiques, etc... et un choix d'énigmes, charades... recueilli par un oisif (Julien CHANSON). *Caen, Poisson et fils*, 1849, in-18.

Voy. « Supercheries », II, 1300, *e*.

Almanach républicain perpétuel des cultivateurs, par un professeur d'architecture rurale (Franç. COINTEREAU). *Paris*, an II-1793, in-4.

Voy. « Supercheries », III, 256, *b*.

Almanach républicain pour l'année 1849, par le comité de rédaction du journal « Le Peuple » (MM. Prosper ESSELENS et J. GOFFIN). *Liège, Charron*, in-12, 43 p. J. D.

Almanach spirituel pour l'année bissextile 1760, où sont marquées les solennités, prédications, indulgences et expositions qu'il y aura dans les églises. (Par l'abbé Cl. JOUANNAUX, prêtre habitué de la paroisse de Saint-Severin.) *Paris, Le Prieur*, in-12, 117 p.

L'approbation est de 1749, et le privilége de 1750.

Almanach sur l'état des comédiens en France, ou leurs droits défendus comme citoyens. Par l'auteur de : « L'Ami des lois » (J.-L. LAYA). *Paris, Laurent jeune*, février 1793, in-18. D. M.

Almanach terrestre, ou prédictions criti-comiques, pour l'année suivante. (Par l'abbé L. BORDELON.) *Paris, Prault*, 1713, in-12.

Voyez le catalogue des ouvrages de cet auteur, donné par lui-même dans les « Dialogues des vivants, » p. 262.

Almanach théâtral, ou résumé des représentations données sur le théâtre de Bruxelles, avec des notices sur ce qu'elles ont produit de remarquable, depuis le 21 avril 1824 jusqu'au 31 octobre inclus... Par M. D*** (DELALOY). *Bruxelles, Gambier*, 1825, in-18, 138 p. J. D.

Almanach turc, ou tableau de l'empire ottoman, etc. (Par l'abbé Jos. DE LA PORTE.) *Paris*, 1760, petit in-12.

Même ouvrage que le « Tableau de l'empire ottoman », *Paris, Duchesne*, 1757; ou que « l'Etat actuel de l'empire ottoman », *Paris, veuve Duchesne*, 1769.

Cet ouvrage est copié de celui qui a pour titre : « La Cour ottomane, ou l'Interprète de la Porte, par A. D. S. M. » (Alcide de SAINT-MAURICE). *Paris*, 1763, pet. in-12.

Les changements successifs de titres faits à ce larcin de l'abbé de La Porte pour en procurer le débit, prouvent que le choix n'était pas heureux.

Almanach universel, avec un calendrier perpétuel à l'usage de toutes les classes de la société... Par le R. Dr M.... (l'abbé MEYNDERS). *Bruxelles, Vertenceuil*, 1859, in-18. J. D.

Almanzaïde, nouvelle. (Par Mlle DE LA ROCHE-GUILHEM.) *Paris, Barbin*, 1674, in-12. V. T.

Voy. Mylius. « Bibliotheca Anonymorum », *Hamb.*, 1740, in-8, t. 1, p. 215.

Almanzor, tragédie (en 5 actes et en v.) par M. VIEILLARD DE BOISMARTIN (et L.-P. DECROIX); représentée pour la première fois sur le théâtre de Rouen, le 2 juillet 1771. *Rouen, Behourt*, 1771, in-8, VIII-74 p. et 1 feuillet.

Almaviva et Rosine, pantomime en 3 actes, mêlée de danses; représentée pour la première fois sur le théâtre de la Porte-Saint-Martin, le 19 avril 1817. (Par J.-B. BLACHE.) *Paris, Barba*, 1817, in-8, 24 p.

Almed, mémoires recueillis et publiés par l'auteur du « Voyageur sentimental à Yverdun et en France », du poème de « la Création ». (F. VERNES). *Paris*, 1815, 3 vol. in-12.

Reproduit l'année suivante sous ce titre : « Almed, ou le sage dans l'adversité. Mémoires... »

Almeria de Sennecourt, par l'auteur d' « Armand et Angela » (Mlle Désirée CASTERA). *Paris, Collin*, 1809, 3 vol. in-12.

Almérinde, traduit de l'italien de Luc ASSERINO. (Par D'AUDIGUIER neveu, aidé de MALLEVILLE.) *Paris, Courbé*, 1646, in-8.

Almodis et Amicie, héroï-comédie en vers et en cinq actes; avec des notes historiques intéressantes et curieuses, par M. DE L*** (DE LOUVAT.) *S. l.*, 1771, in-8, XXIV-125 p.

Voy. « Supercheries », II, 468, *b*.

Almoran et Hamlet, anecdote orientale, traduite de l'anglois (de J. HAWKESWORTH, par l'abbé PRÉVOST). *Paris*, 1763, in-12. — *Amsterdam*, 1784, in-8, fig. ; avec le nom du traducteur.

Almyria ou le Dé d'or. (Par le marquis de CHENNEVIÈRES-POINTEL.) *Alençon, De Broise*, 1866, in-8, 30 p.

On lit à la fin de ce conte : « Commencé à Saint-Santin, le 25 juillet 1866, fini à Paris, le 4 janvier 1866. » Saint-Santin est une propriété du marquis de Chennevières-Pointel, près Bellême (Orne).

Voy. l'article « Contes de Saint-Santin ».

Aloïse, ou le Testament de Robert. Par l'auteur de « Charette » et de « Jules » (Edouard BERGOUNIOUX). *Paris, Magen*, 1835, 2 vol. in-12.

Aloize de Mespres, nouvelle tirée des chroniques du XIIe siècle. (Par Mme RANCHOUP.) *Paris, Gide*, 1814, in-12.

Alonzo, épisode d'un roman espagnol trouvé à la Bibliothèque impériale, dans le même carton que Conaxa, et trad. par N.* L.* F.** (DUFOUR). *Paris, Germain-Mathiot*, 1812, in-8.

Voy. « Supercheries », II, 1253, *f*.

Alosie, ou les amours de madame de M. T. P.

Roman satirique, en tête du recueil intitulé « Amours des dames illustres de notre siècle ». *Cologne, Jean Leblanc*, 1680, pet. in-12. C'est une réimpression de « Saint-Germain, ou les amours de M. D. M. T. P. », *s. l. n. d.*, pet. in-12, qui est lui-même une reproduction de « Lupanie, histoire amoureuse de ce temps », 1668, in-12, avec un changement de titre destiné à faire croire qu'il s'agit des amours de Mme de Montespan dans ce récit des scandales obscurs d'un ménage bourgeois. « Lupanie » a été souvent et faussement attribué à Corneille BLESSEBOIS.

Voy. les articles « Lupanie » et « Saint-Germain ».

Aloys, ou le Religieux du mont Saint Bernard. (Par M. Adolphe DE CUSTINE.) *Paris, Vézard*, 1829, in-12. — 2e édit. *Ibid.*, 1829, in-12.

Aloysia, ou Entretiens académiques des dames. (Par Nicolas CHORIER.) *S. l.* (*Hollande*). 1680, 2 vol. in-12.

Première édition de cette traduction qui a été plusieurs fois réimprimée.

Voy. ci-dessus l'art. « Académie des dames », l'art. MEURSIUS des « Supercheries », II, 1128 à 1133; et la 5e édit. de Brunet, « Manuel », III, 1684 à 1687.

Alpes (les), histoire naturelle et politique de la Suisse. (Par VÉRON.) *Paris*, 1780, 3 vol. in-12.

Ouvrage supprimé, qui devait former 6 volumes.
(ERSCH.)

Alphabet arabe, turc et persan, à l'usage de l'imprimerie orientale et française. Exercices de lecture d'arabe littéral à l'usage de ceux qui commencent l'étude de cette langue, par J.-J. M. (MARCEL). *Alexandrie, de l'impr. orientale et française*, an VI-1798, in-4, 16 p.

Voy. « Supercheries », II, 404, *d*.

Alphabet de chimie, orné de vignettes. (Par MM. E. CAZEAU et A. CHEVALIER.) *Paris, Ledoyen*, 1834, in-18.

Alphabet de la Fée gracieuse. (Fait pour Mlle de Beaujolois, par J.-B. DE MIRABAUD.) *A Fatopoli*, 1734, in-16.

Alphabet de Mlle Lili, par L. FROELICH et par un papa (J. HETZEL.) *Paris, Hetzel*, 1865, in-8, 40 p.

Voy. « Supercherie », III, 27, *a*.

Alphabet (l') des abbayes de la France, pour savoir de quel ordre elles sont, et en quel diocèse. *Paris, N. Langlois*, 1658, in-12.

Par Pierre DUVAL, suivant le P. Lelong.

Alphabet nouveau, ou Livre élémentaire du premier âge, par une maman (Mme Marie-Pauline-Zulma JARRE, née LE TIERCE.) *Bourges, Vermeil*, 1830, in-12, 89 p.

Voy. « Supercheries », II, 1041, *c*.

Alphabet pour apprendre la musique et le plain-chant aux jeunes gens, facilement et en très-peu de temps. (Par l'abbé DEMOTZ DE LA SALLE.) *Lyon*, 1730, in-12.

Alphabet raisonné, suivant le système nouveau, pour apprendre par principes à bien lire en françois et en latin. (Par le chevalier DE FORGES.) *Rennes*, 1746, in-12.

Alphabetomonie, ou Almanach des dames. (Par L. COQUELET.) *Paris, Grangé*, 1747.

Note de l'inspecteur de la librairie d'Hemery.

Alphabets latins et françois, simples et composés, pour apprendre à lire. *Paris*, 1755, in-fol.

Extrait des « Méthodes nouvelles pour apprendre à lire aisément et en peu de temps, par S. CH. Ch. R. » (Sébastien CHERRIER, chanoine régulier). 1755, in-12.

Alphonse d'Armancourt, ou la Belle-Mère. (Par Mme DE SANCY.) *Lausanne*, 1797, 2 vol. in-12.

Ce roman a été réimprimé à Paris, sous le second titre et avec le nom de l'auteur. *Paris, Maradan*, 1792, 2 vol. in-18, fig.

Alphonse de Beauval, ou les Quinze chapitres, par le traducteur de « Raymond » (J.-B. DUMAS). *Paris, Guitel*, 1813, 2 vol. in-12.

Alphonse de Lodève, par Mme la comtesse de G...WK.N (DE GOLOWKIN). *Moscou*, 1807, 2 vol. in-8; — *Paris, Schoell*, 1809, 2 vol. in-12.

Voy. « Supercheries », II, 228, *a*.

Alphonse et Lindamire, ou la Vengeance, par M. M......LT (A.-P.-F. MÉNÉGAULT), auteur de « Stéphanor », « Delphina »... *Paris, Frechet*, 1803, 2 vol. in-12.

Voy. « Supercheries », II, 1171, *c*.

Alphonse et Mathilde, par L. D'E**** (Mme Louise D'ESTOURNELLE, sœur de Benj. Constant). *Paris, Brissot-Thivars*, 1819, 2 vol. in-12.

Voy. « Supercheries », II, 707, *e*.

Alphonse, ou le Belge, publié par M*** (DE FAUCONPRET). *Bruxelles, Tarlier*, 1827, in-24, 87 p. J. D.

Alphonse, ou les Epreuves maternelles. (Par Mme DE FLAHAUT, depuis Mme DE SOUZA.) *Paris*, 1806, 4 vol. in-12.

Ce roman n'a pas été compris dans les Œuvres complètes de l'auteur, auquel il est attribué par Fleischer.

Alphonse, ou Naples et l'Egypte en 1799. Par l'auteur des « Lettres sur la Calabre » (DURET DE TAVEL). *Paris*, 1839, 2 vol. in-8.

Le premier ouvrage de l'auteur ne porte pas le titre qu'il lui donne ici, mais : « Séjour d'un officier français en Calabre ou Lettres.... » Voyez ce titre.

Alphonsine, ou la Tendresse maternelle; mélodrame en trois actes, à grand spectacle, par M. SERVIÈRES (et Théophile MARION DU MERSAN.) *Paris, Mme Masson*, 1806, in-8. D. M.

Alphonsine, ou les Dangers du grand monde, par l'auteur de la « Quinzaine angloise » (Le chevalier J.-J. DE RUTLIDGE). *Paris, Regnault*, 1789, 2 vol. in-12; — 1793, 2 vol. in-12.

Alsace (l') telle qu'elle est, ou réflexions d'un patriote alsacien à l'occasion du voyage du roi. (Par DANZAS.) *Strasbourg*, 1830, in-8.

Alténor, ou le Tyran de la Perse, tragédie. Par L.-B. DE M*** (L.-Bernard DE MONTBRISON.) *Montpellier*, 1814, in-8.

Voy. « Supercheries », I, 479, c.

Altération (de l') des pommes de terre et des moyens à lui opposer. (Par B. GOULLIN.) *Nantes, impr. veuve C. Mellinet*, 1849, in-8, 8 p.

Catal. de Nantes, nº 18,166.

Altération du dogme théologique par la philosophie d'Aristote, ou fausses Idées des scholastiques sur toutes les matières de la religion. Traité de la Trinité. (Par l'abbé P.-V. FAYDIT.) 1696, in-12.

Le P. Louis-Ch. Hugo a publié : « Réfutation du système de M. Faydit sur la Trinité. » Voyez ce titre.

Il a été réfuté à son tour par « l'Apologie du système des SS. PP. sur la Trinité, contre les hérésies d'Etienne Nye et Jean Le Clerc, protestants, réfutées dans la réponse de l'abbé Faydit au P. Hugo de l'ordre des Prémontrés. » *Nancy*, 1702, in-8.

Alticchiero, par Mme J. W. C. D. R. (Mme Justine WYNNE, comtesse DE ROSEMBERG, publié par le comte DE BENINCASA.) *Padoue*, 1787, in-4.

Voy. « Supercheries », II, 446, c.

Alvar. *Paris, F. Didot*, 1818, 2 vol. in-12.

L'auteur de ce roman qui n'a été tiré qu'à 25 ex., est la duchesse Aimée DE FLEURY, née de COIGNY, en 1776, et morte le 19 janvier 1820. C'est elle qui est l'héroïne de la pièce de vers d'André Chénier intitulée : « La Jeune captive. »

Alzaïde, tragédie (en 5 actes et en prose), par M. S*** (Antoine-Fabio STICOTTI). *Berlin, G.-J. Decker*, 1760, in-8.

Voy. « Supercheries », III, 485, e.

Alzarac, ou la Nécessité d'être inconstant. (Par Mme DE PUISIEUX.) *Paris*, 1762, in-12.

Amadis des Gaules. (Mis en abrégé par Mlle DE LUBERT.) *Paris*, 1750, 4 vol. in-12.

Le comte de Tressan, dans le discours préliminaire de son imitation de « l'Amadis », regarde d'HERBERAI, sieur DES ESSARTS, comme le premier auteur de ce fameux roman ; mais M. Couchu, l'un des coopérateurs de la « Bibliothèque universelle des Romans, » a très-bien prouvé, dans une lettre adressée en 1779 aux auteurs du « Journal de Paris », que Vasco LOBEIRA, écrivain portugais, qui florissait sous le règne de Denis VI, entre 1279 et 1325, était le véritable auteur d'Amadis.

Voir sur les diverses éditions et traductions des romans composant la collection des Amadis le « Manuel du Libraire », 5e édition ; consulter aussi le livre de M. Eugène Baret : « De l'Amadis de Gaule et de son influence sur les mœurs et la littérature au XVIe et au XVIIe siècle avec une notice bibliographique » ; *Paris, Durand*, 1853, in-8.

Amadis, parodie nouvelle. (En quatre actes, toute en vaudevilles, par A.-J. LABBET, abbé de MORAMBERT.) *Paris*, 1760, in-8.

Amalaric, tragédie en cinq actes, en vers. (Par le Père George VIONNET, jésuite.) *Paris, Prault*, 1743, in-8, portr.

Amalazonte, tragédie, représentée pour la première fois par les Comédiens françois, le jeudi 30 mai 1754. (Par le marquis Aug.-Louis DE XIMENÈS.) *Paris, Jorry*, 1755, in-8.

Amant (l') auteur et valet, comédie en un acte et en prose, représentée par les comédiens italiens ordinaires du roi, au mois de février 1740. (Par le chevalier DE CÉROU.) *Paris*, 1740, in-12. — *Paris, Duchesne*, 1762, in-12, et 1763, in-8.

Amant (l') cochemard. (Par Franç.-Aug. PARADIS DE MONCRIF.)

Parade insérée dans le « Théâtre des boulevards », 1756, t. II.

Amant (l') de Jésus-Christ, ou Histoire de la vie et de la mort d'un saint ecclésiastique... (Par l'abbé J.-B. LASAUSSE.) *Avignon*, 1818, in-24.

Souvent réimprimé.

Amant (l') de Jésus en oraison... (Par l'auteur des « Dialogues chrétiens » (l'abbé J.-B. LASAUSSE.) *Paris*, 1803, in-32.

Le titre de la seconde édition porte : par l'auteur de « la Science de l'oraison ». *Paris*, 1820, in-32. Souvent réimprimé.

Amant déguisé, parodie du 4e acte des Éléments, ou Vertumne et Pomone travestis ; représentée par les comédiens italiens, le 5 juin 1754. Par D. G. M. D. C. E. F. D. T. (Par Michel-Phil. LEVESQUE DE GRAVELLE.) *Paris, Duchesne*, 1754, in-8; — *Avignon et Marseille, J. Mossy*, 1759, in-8.

Cette pièce, attribuée par erreur à Favart dans les « Supercheries », I, 935, b, est restituée à son véritable auteur à l'avant-dernier article de la même colonne.

La pièce de Favart est intitulée : « L'Amant déguisé, ou le jardinier supposé... »

Amant (l') déguisé, ou le Jardinier supposé, comédie en un acte, mêlée d'ariettes; représentée pour la première fois par les comédiens italiens ordinaires du Roi, le samedi 2 septembre 1769. (Par Ch.-Sim. FAVART.) *Paris, veuve Duchesne*, 1769, in-8.

D'après Quérard, l'abbé de VOISENON fit à cette pièce quelques légers changements.

Amant (l') et le mari, opéra-comique en deux actes par MM. ** (Et. JOUY et Jean-Franç. ROGER), musique de M. F. Fétis; représenté pour la première fois à Paris sur le théâtre royal de l'Opéra-Comique, le 8 juin 1820. *Paris, Vente*, 1820, in-8, 48 p.

Voy. « Supercheries », III, 1102, *e*.

Amant (l') instituteur, vaudeville en un acte et en prose, par MM. Maxime DE *** (REDON) et DEFRÉNOY; représenté pour la première fois sur le théâtre des Jeunes élèves, rue de Thionville, le 20 vendémiaire an XIV, 18 octobre 1805. *Paris, Beraud*, an XIV-1806, in-8, 2 f. de tit. et 28 p.

Amant (l') oisif, contenant cinquante nouvelles espagnoles. (Par GAROUVILLE.) *Paris*, 1673, 3 vol.; — *Bruxelles*, 1711, 3 vol. in-12.

Note manuscrite de l'abbé Lenglet, sur l'exemplaire de sa « Bibliothèque des Romans », préparé pour une nouvelle édition.

Amant (l') poussif. (Par Ch. COLLÉ.)

Parade insérée dans le « Théâtre des boulevards », 1756, t. II.

Amant (l') rendu Cordelier en l'observance d'Amours, composé en rime françoise. (Par MARTIAL de Paris, dit D'AUVERGNE.) *Paris, G. Bineaut*, 1490, in-4 goth. — *Paris, Nyverd, s. d.*, in-4, goth. — *S. l. n. d.*, in-16, goth.

Réimprimé avec les « Arrêts d'Amour. » Voy. ces mots.

Amant (l') Salamandre, ou l'Infortunée Julie. (Par COINTREAU.) *Paris*, 1756, 2 vol. in-12.

Inséré dans le « Recueil des voyages imaginaires », 1784, tome XXXIV, p. 317-481.

Amant (l') statue, opéra-comique. (Par G.-F. FOUQUES-DESHAYES, connu sous le nom de DESFONTAINES DE LA VALLÉE.) *Paris, Vente*, 1781, in-8.

Amant (l') timide, comédie en un acte et en vers, par un auteur de dix-huit ans (Agr.-H. DE LA PIERRE DE CHATEAUNEUF, né à Avignon, le 2 sept. 1765, mort dans la maison de Sainte-Périne, à Paris, le 24 août 1842.) *Paris, Duvernois*, 1824, in-8, 24 p. — 2e éd., Ibid. — 3e édit. Ibid. — 6e éd. *Paris, chez les libr. du Palais-Royal*, 1834, in-8, 20 p.

L'auteur a signé la préface de ces éditions.

Cette comédie avait paru en 1803 et en 1810, in-8, avec le nom de l'auteur, sous le titre de « l'Amant timide, ou l'Adroite soubrette. »

Amante (l') anonyme. (Par le chevalier Ch. DE FIEUX DE MOUHY.) *S. l.*, 1755, 12 part. en 4 vol. in-12.

Amante (l') coupable sans le savoir, ou les Amants criminels et vertueux. (Par J.-B. NOUGARET.) *Paris*, an XI-1803, 2 vol. in-12.

Amante (l') du Sauveur honorant le sacré cœur de Jésus... extrait (par l'abbé J.-B. LASAUSSE, de la « Doctrine spirituelle » du P. G.-F. BERTHIER). Sec. édit. *Paris*, 1798, in-18, 72 p., avec 12 fig.

Amante (l') retrouvée, opéra-comique en 1 acte. Par M. DE *** (DE L'ARGILIÈRE fils). *Paris, Prault*, 1728, in-12.

Voy. « Supercheries », I, 837, *b*, et III, 1033, *c*.

Amants (les) brouillés, comédie en un acte et en vers (libres), mêlée d'ariettes. Par M. D. L*** (RAUQUIL-LIEUTAUD). *Paris, veuve Duchesne*, 1776, in-8.

Voy. « Supercheries », I, 953, *a*.

Amants (les) d'autrefois. (Par la comtesse DE BEAUHARNOIS.) *Paris*, 1787, 3 vol. in-12.

Amants (les) de village, comédie en deux actes, mêlée de musique; représentée par les comédiens italiens ordinaires du Roi, au mois de juillet 1764. (Par Antoine-François RICCOBONI.) *Paris, Duchesne*, 1764, in-8.

Amants (les) exilés en Sibérie, roman historique, par l'auteur de « Théodore et Zulma » (F.-G. LAMY). *Paris, Marchand*, 1808, 2 vol. in-12.

Amants (les) françois à Londres, ou les Délices de l'Angleterre. (Par Rob.-Mart. LE SUIRE.) *Londres et Paris, Duchesne*, 1780, in-12.

Amants (les) généreux, comédie en 5 actes et en prose; imité de l'allem. (de LESSING, par Marc-Ant.-Jacq. ROCHON DE CHABANNES.) *Paris, veuve Duchesne*, 1774, in-8.

Amants (les) illustres, ou la Nouvelle Cléopâtre, par Mme D***. (Par Alexis-Jean LE BRET, censeur royal.) *Amsterdam et Paris, de Hansy*, 1769, 3 vol. in-12.

Voy. « Supercheries », I, 841, *c*.

Amants (les) inquiets, parodie de « Thétis et Pelée. (Par C.-S. FAVART.) *Paris, veuve Delormel et fils*, 1751, in-8. — *Paris, Piault*, 1751, in-8. — *Paris, N.-B. Duchesne*, 1760, in-8.

Amants (les) jaloux, com. en 3 actes, en pr. (Par A.-R. LE SAGE.) *Paris, Ch. de Poilly*, 1736, in-12.

Amans (les) philosophes, ou le Triomphe de la Raison, par Mlle B..... (BROHON). *Amsterdam* (*Paris, Hochereau*), 1753, in-12.

Voy. « Supercheries », I, 443, *c*.

Amants (les) républicains, ou Lettres de Nicias et Cynire. (Par J.-P. BÉRANGER de Genève). *Genève et Paris*, 1782, 2 vol. in-8.

Amants (les) réservés, comédie en cinq actes et en prose; par Richard STEELE, l'un des principaux auteurs du « Spectateur », première pièce du « Théâtre comique anglois », qui se distribuera séparément. Trad. par M** (Ant.-Franç. QUÉTANT). *Londres et Paris, Ruault*, 1778, in-8.

Voy. « Supercheries », III, 1022, *f*.

Amants (les), sans le savoir, com. en 3 a. et en pr., représentée pour la première fois par les comédiens ordin. du roi, le 6 juillet 1771, au théâtre du palais des Tuileries. (Par Claire-Marie MAZARELLI, marquise de LA VIEUVILLE DE SAINT-CHAMOND.) *Paris, Monory*, 1771, in-8.

Amants (les) trompés, op. com. en 1 a., mêlé d'ariettes italiennes. (Par ANSEAUME et P.-A. LEFÈVRE DE MARCOUVILLE.) *Paris*, 1756, in-8.

Amants (les) vertueux, ou Lettres d'une jeune Dame, ouvrage traduit (ou supposé traduit) de l'anglois. (Par l'abbé HÉLAINE.) *Paris*, 1774, 2 vol. in-12. V. T.

Permission tacite.
Voy. « Supercheries », II, 391, *c*.

Amateur (l') à la porte, ou la Place du Louvre, vaudeville en un acte et en prose, par MM*** (E. DE LAMERLIÈRE, DESGROSEILLEZ et E.-J.-E. MAZÈRES); représenté pour la première fois à Paris, sur le théâtre du Gymnase dramatique, le 8 juin 1822. *Paris, Fages*, 1822, in-8, 32 p.

Amateur (l') des fruits, ou l'art de les choisir, de les conserver et de les employer. Par M. L. D. B. (Louis DU BOIS). *Paris, Raynal*, 1829, in-12.

Voy. « Supercheries », II, 706, *c*.

Amateur (l') du Théâtre-Français, ou Observations critiques sur les causes de la ruine des théâtres, par F. L. D. (DARRAGON). *Paris, Barba*, an IX, in-8, 32 p.

Voy. « Supercheries », II, 51, *a*.

Amateur (l'), ou Nouvelles Pièces et Dissertations françoises et étrangères. (Recueillies par H. LA COMBE DE PREZEL, frère de Jacques LACOMBE.) *Paris*, 1762, 2 vol. in-12.

Amazone (l') chrétienne, ou les aventures de Mme de Saint-Balmon, qui a joint une admirable dévotion et la pratique de toutes les vertus avec l'exercice des armes et de la guerre. Par L. P. J. M. D. V. (le P. Jean-Marie DE VERNON). *Paris, Meturas*, 1678, in-12. — Nouv. édit. refondue par le P. DESBILLONS. *Liége*, 1773, in-8.

Cet ouvrage a été refondu par le P. Desbillons sous ce titre: « Histoire de la vie chrétienne.., d'Alberte Barbe d'Ernecourt... » Voy. ces mots.
Voy. « Supercheries », II, 977, *a*.

Amazone (l'), française, ou Jeanne d'Arc. Par Mme D***, auteur de « Seila » (Mme Mar.-Thèr. PÉROUX DABANY.) *Paris, l'auteur*, 1819, 2 vol. in-8.

Reproduit avec quelques additions et le nom de l'auteur sous le titre de : « Jeanne d'Arc... »
Voy. « Supercheries », I, 845, *d*.

Amazones (les), ou la Fondation de Thèbes, opéra en trois actes; représenté pour la première fois sur le théâtre de l'Académie impériale de musique, le 17 décembre 1811. (Par Et. JOUY.) *Paris, Roullet*, 1811, in-8, 64 p.

Il y a eu quinze exemplaires tirés in-4.

Amazones (les) révoltées, roman moderne, comédie en cinq actes sur l'histoire universelle et la fable. (Par Louis LE MAINGRE DE BOUCICAULT.) *Rotterdam*, 1738, in-12.

Ambassade de la bonne paix générale, avec un combat contre ceux qui publient un faux repos... (Par Fr. DAVENNE.) *S. l.* (1650), in-4, 16 p.

Ambassade de la Compagnie orientale des Provinces-Unies vers l'empereur de la Chine, au grand kan de Tartarie. (Rédigée par DEGOYER DE KAISER.) *Leyde, Demeurs*, 1665, in-fol.

Il y a des exemplaires portant au frontispice : Le tout recueilli par Jean NIEUHOFF, et mis en françois par Jean LE CARPENTIER.

Ambassades de la Compagnie hollandoise des Indes d'Orient vers l'empereur du Japon. (Trad. du flamand d'Arnold MONTANUS.) *Paris, Witte*, 1722, 2 vol., in-12.

Ambassades de MM. de Noailles en Angleterre, rédigées par l'abbé DE VERTOT. (Publiées par Claude VILLARET.) *Paris,* 1763, 5 vol. in-12.

Ambassades de M. de La Boderie en Angleterre sous le règne d'Henri IV et la minorité de Louis XIII, depuis les années 1606 jusqu'en 1611. (Publiées par Paul-Denis BURTIN.) 1750, 5 vol. in-12.

Ambassades et Voyages en Turquie et Amasie de M. BUSBEQUIUS, nouvellement traduites par S. G. (S. GAUDON). *Paris, P. David,* 1646, in-8, 8 f. et 698 p.

L'auteur a signé la dédicace.

Voy. « Supercheries », III, 640, *b*.

Ambassadeur (l') chimérique, ou le Chercheur des Dupes du cardinal de Richelieu, revu et augmenté par l'auteur (Mathieu DE MORGUES, sieur DE SAINT-GERMAIN.) 1643, in-4. V. T.

Réimpression d'une pièce publiée pour la première fois en 1637, d'après le « Recueil de pièces », du même auteur.

Ambassadeur (l') qui incite le jugement, assemblé à la conduite et réception de Messire Concini Concino... (Par Pierre BEAUNIS, S[r] DES VIETES.) *S. l. n. d.*, in-8, 8 p.

Ambigu littéraire, par M. D. (DESCEVOLE). 1782, in-8.

Voy. « Supercheries », I, 826, *c*.

Ambigu lyrique. *Paris, Garnier neveu,* 1823, in-8.

L'auteur alors employé à la poste a signé POISLE DESGRANGES jeune.

Ambigu (l'), variétés atroces et amusantes. (Par Jean-Gabriel PELTIER.) *Londres, Cox fils et Baylis,* 1803-1818, 526 num., in-fol. et in-8.

Ambitieuse (l') Grenadine, histoire galante. (Par DE PRÉCHAC.) *Paris,* 1678, 1680, in-12.

Ambition (de l') de l'estime publique et de ses résultats, ou Histoire d'un enfant du peuple. *Paris, impr. Lacour,* 1856, in-18, de 451 p.

Autobiographie de l'auteur sous l'initiale A..., elle est signée (p. 12) : G... (Auguste GIRAUD), où il donne par erreur la date de 1755 au lieu de 1795 comme celle de sa naissance. Successivement officier, payeur dans le Morbihan et l'un des fondateurs de la colonie de Mettray, l'auteur avait déjà consigné, sous un nom supposé, des actes d'humanité et de générosité qui lui appartiennent ; voyez l'écrit publié par lui sous ce titre : « Les Devoirs du soldat en garnison et en campagne, par un ancien soldat de 1792. »

a *Paris, impr. de Lacour,* 1848 (mars), in-18, signé A. GIRAUD.

Voy. « Supercheries », II, 123, *b*.

Ambition et égoïsme de l'Assemblée nationale, par l'auteur de « l'Etat actuel de la France » (A.-F.-CL. FERRAND). *Paris,* 1790, in-8.

Ame (l') à l'esprit, considéré comme partie inférieure de l'âme, ou résultat des

b impressions que reçoivent les sens. (Par J.-J. FIQUET.) *Marseille, imprimé de la main du rédacteur,* 1792, in-4.

Tiré à un très-petit nombre d'exemplaires.

Ame (l') affermie dans la foi, ou Preuves abrégées de la religion, à la portée de tous les esprits et de tous les états. (Par l'abbé Barth. BAUDRAND ou BAUDRAN.) *Lyon, Perisse,* 1779, in-12.

Les éditions suivantes sont intitulées : « L'âme af-

c fermie dans la foi et prémunie contre la séduction de l'erreur. »

Nombreuses réimpressions avec le nom de l'auteur.

Ame (l') amante de son Dieu, représentée dans les Emblêmes de H. HUGO sur les pieux désirs et dans celles d'O. VÆNIUS sur l'amour divin, accompagnée de vers. (Par Mme J.-M. ROUVIÈRE DE LA MOTHE-GUYON.) *Cologne,* 1716, in-8. V. T.

d Cet ouvrage a été publié par POIRET. Voy. Niceron, t. 10, 1re partie, p. 144.

Ame (l') chrétienne formée sur les maximes de l'Evangile, par M. l'abbé *** (le P. Pierre-Nicolas VANBLOTAQUE, de Givet, ex-jésuite, connu plus tard sous le nom de l'abbé DE SAINT-PARD). *Paris, Berton,* 1774, in-12.

Voy. « Supercheries », III, 1062, *f*.

e Ame (l') contemplant les grandeurs de Dieu. (Par l'abbé BAUDRAND.) *Lyon,* 1775, in-12.

Souvent réimprimé avec le nom de l'auteur.

Ame (l') d'un bon roy, ou Choix d'anecdotes et despensées de Henri IV. (Par J.-P. COSTARD, libraire.) *Paris, Costard,* 1775, in-8.

Ame (l') des Bêtes. (Par l'abbé GUÉDÉ.)

f *Paris,* 1783, in-12.

Publication posthume.

Ame (de l') des Bêtes, où, après avoir démontré la spiritualité de l'âme de l'homme, l'on explique par la seule machine les actions les plus surprenantes des animaux, par A. D*** (DILLY). *Lyon, Anisson,* 1676, in-12.

Voy. « Traité de l'Ame... »

Ame (l') des Bourbons, ou Tableau historique des princes de l'auguste maison des Bourbons. (Par Louis-Abel de BONNEFOUS, plus connu sous le nom de l'abbé DE FONTENAY.) *Paris*, 1783, 4 vol. in-12.

Cet ouvrage a reparu en 1790 sous le titre de : « l'Illustre destinée. » Voyez ces mots.

Il y a quelques changements dans certains exemplaires du 1er volume.

Ame (l') des Romaines dans les femmes françaises. (Par Mme MOITTE.) *Paris, imp. de Gueffier le jeune*, 1789, in-8, 7 p.

Une suite de 4 p. porte le nom de l'auteur.

Ame (l') éclairée par les Oracles de la Sagesse dans les paraboles et les béatitudes évangéliques. (Par l'abbé BAUDRAND.) *Lyon*, 1776, in-12.

Souvent réimprimé avec le nom de l'auteur.

Ame (l') élevée à Dieu, par les réflexions et les sentiments, pour chaque jour du mois. (Par l'abbé BAUDRAND.) *Lyon, Jacquemod père et Rusand*, 1772, in-12.

Cette édition qui est la troisième est la première que cite le P. de Backer. Il y a eu de nombreuses réimpressions avec le nom de l'auteur.

Ame (l') embrasée par l'amour divin. Sec. éd. revue et augmentée. (Par l'abbé BAUDRAND.) *Lyon, Mauteville*, 1774, in-12.

Première édition citée par le P. de Backer. Souvent réimpr. avec le nom de l'auteur.

Ame (l') fidèle. (Par Mme la comtesse SALURRO.) *Turin, Pomba*, 1833, in-16.

Ame (l') fidèle à Jésus-Christ. (Par l'abbé BAUDRAND.) *Lyon*, 1774, in-12.

Ame (l') fidèle animée de l'esprit de Jésus-Christ. (Par l'abbé BAUDRAND.) *Lyon*, 1771, in-12.

Souvent réimprimé avec le nom de l'auteur.

Ame (l') intérieure, ou Conduite spirituelle dans les voies de Dieu. (Par l'abbé BAUDRAND.) *Lyon*, 1776, in-12.

Ame (l') noire et la peau blanche. (Par le pasteur Ph. BOUCHER.) *Bruxelles et Paris*, in-18.

Ame (l'), ou le système des Matérialistes, soumis aux seules lumières de la raison, par M. l'abbé *** (DU FOUR, d'Avignon). *Lauzanne (Avignon)*, 1759, in-12.

Voy. « Supercheries », I, 156, *b*.

Ame (l') religieuse élevée à la perfection, par les exercices de la vie intérieure. (Par l'abbé BAUDRAND.) Sec. édit., *Lyon, Jacquenod père*, 1768, in-8.

Souvent réimprimé avec le nom de l'auteur.

Ame (l') sanctifiée par la perfection de

a toutes les actions de la vie, 4e éd. (Par l'abbé BAUDRAND.) *Lyon, Perisse*, 1761, in-12.

Souvent réimprimé avec le nom de l'auteur.

Ame (l') seule avec Dieu seul, par l'auteur de l'Ame élevée à Dieu (l'abbé BAUDRAND). *Lyon, Perisse*, 1802, in-12, 87 p.

Réimprimé à la suite des nouvelles édit. de « l'Ame intérieure. »

b Ame (l') sur le Calvaire, trouvant au pied de la Croix la consolation dans ses peines, par l'auteur de « l'Ame élevée à Dieu » (l'abbé BAUDRAND). *Lyon, Mauteville*, 1776, in-12.

Réimprimé souvent avec quelques variantes dans les titres et aussi avec le nom de l'auteur.

Les ouvrages de l'abbé BAUDRAND ont été réunis sous le titre d'« Œuvres spirituelles de M. l'abbé B..... »

c Ame (l') toujours impassible dans toutes les positions de la vie, fors en une seule, qui est la grande. (Par Jean MOREL, fils de Frédéric Morel II du nom.) *Paris, J. Morel*, 1558, in-12.

Voy. la « Bibliothèque universelle des romans », septembre 1779, p. 107 et suiv.

Amélie de Saint-Far, ou la Fatale Erreur, par Mme DE C***, auteur de « Julie, ou J'ai sauvé ma Rose » (Mme DE CHOISEUL-MEUSE, suivant les uns, et suivant

d d'autres, Mme GUYOT). *Hambourg et Paris, Collin*, 1808, 2 vol. in-12.

Voy. « Supercheries », I, 607, *f*.

Amélie de Tréville, ou la Solitaire, par Mme *** (DE FOURQUEUX, née MONTYON), auteur de « Julie de Saint-Olmond ». (Publié par Mme GALLON.) *Paris, Dentu*, 1806, 3 vol. in-12.

e Voy. « Supercheries », III, 1122, *c*.

Amélie, histoire angloise, traduite librement de l'anglois de FIELDING. (Par Phil.-Flor. DE PUISIEUX.) *Paris*, 1762, 4 vol. in-12.

Amélie Mansfield, par la cit. *** (COTTIN). *Paris, Maradan*, an XI-1803, 4 vol. in-12. — *Brunswic*, 1804, 4 vol. in-18. — Sec. éd., *Paris, Guiguet et Michaud*, 1805, 3 vol. in-12, avec le nom de l'auteur.

f Amélie, ou le Protecteur mystérieux, mélodrame en trois actes à spectacle, par Mme *** (ALEXANDRE), musique de M. TARIA, ballets de M. HULLIN ; représenté pour la première fois à Paris, sur le théâtre de la Gaîté, le 11 juin 1807. *Paris, Henée et Dumas*, 1807, in-8, 56 p.

Voy. « Supercheries », III, 1088, *c*.

Amélie, tragédie bourgeoise, en cinq

actes et en prose. (Par MATHIEU, dit DE LÉPIDOR.) *Londres* (*Paris*), 1774, in-8.

Amélioration de la Seine, sous le rapport militaire et commercial. *Rouen, Brière*, 1845, gr. in-8, 20 p.

Écrit publié dans le « Journal de Rouen » le 27 janvier 1845 ; il en fut fait ensuite un tirage à part à 120 exemplaires, à la demande de la Chambre de commerce de Rouen, sous les initiales F. L. C. C. (François LAMY, capucin à Caudebec).

Voy. « Supercheries », II, 50, *e*.

Amelonde, histoire de notre temps. (Par Fr. HÉDELIN D'AUBIGNAC.) *Paris*, 1669, in-12.

Première édition de ce roman moral, dans lequel on remarque de vagues allusions à quelques personnages du temps. C'est par erreur que la date de 1679 lui a été donnée dans la 2e édit. de ce « Dictionnaire ».

Voy. la « Bibliothèque universelle des Romans », janvier 1782, t. I.

Amen, ou Supplément à la brochure intitulée : « Ainsi soit-il ». (Par JOURGNIAC SAINT-MÉARD.) *Paris, imp. de Trouvé*, 1824, in-8.

Aménités (les) de la Critique, ou Dissertations et remarques nouvelles sur divers points de l'antiquité ecclésiastique et profane. (Par dom Jean LIRON.) *Paris, Delaulne*, 1717, 2 vol. in-12.

Aménités littéraires, ou Recueil d'Anecdotes. (Publiées par CHOMEL, frère du médecin.) *Paris*, 1773, 2 vol. in-8.

M. Chomel a encore publié les « Tablettes morales » et les « Nuits parisiennes. »

Aménophis, tragédie (en cinq actes, par B.-T. SAURIN). *Paris*, 1758, in-8.

Américain (l') sensé, par hazard en Europe, et fait chrétien par complaisance. (Par Charles BORDE, de Lyon.) *Rome, de l'imprimerie de Sa Sainteté*, 1769, in-8, 28 p.

Même ouvrage que « le Catéchumène ». Voy. ce mot.

Amérique (l') angloise ou Description des isles et terres du roi d'Angleterre dans l'Amérique, avec de nouvlles cartes de chaque isle et terre. (Par Rich. BLOOM.) *Amsterdam, Abr. Wolfgang*, 1688, in-12.

Amérique (l') découverte, en six livres. (Par M. LAUREAU.) *Autun*, 1782, in-12.

Amérique (de l') et des Américains, ou Observations curieuses du philosophe la Douceur... (Pierre POIVRE). *Berlin, Samuel Pitra*, 1771, in-8.

Voy. « Supercheries », II, 490, *c*.

Amérique (l') et l'Europe en 1826, ou le Congrès de Panama par M. G. Z. (DESPOTS DES ZENOWITZ, colonel, aide-de-camp du général Kosciusko). *Bruxelles, Avransart*, 1826, in-8, IV-84 p.

Voy. « Supercheries », II, 228, *f*.

Ames (les) rivales, histoire fabuleuse. (Par Franç.-Aug. PARADIS DE MONCRIF.) *Londres et Paris*, 1738, in-12.

Ami (l') coupable, conte, par Auguste M*** (Antoine-François-Nicolas MAQUART). *Leipzig*, 1813, in-12, 16 p.

Réimprimé l'année suivante dans les « Contes nouveaux... par un homme de lettres ». Voy. ce titre et « Supercheries », II, 1013, *e*.

Ami (l') d'Erato, par M. DE LA M*** (François-Nicolas-Benoît DE LA MOTHE). *Angers, Mame*, 1788 (*Paris, chez Desenne et Gattey*), in-12.

Voy. « Supercheries », II, 506, *f*.

Ami (l') de ceux qui n'en ont point, ou Système pour le régime des pauvres, par M. l'abbé M*** (l'abbé Joseph MÉRY DE LA CANORGUE). *Paris, Prault*, 1767, in-12, 270 p.

Voy. « Supercheries », II, 1010, *c*.

Ami (l') de l'Etat, ou Réflexions politiques, par le comte DE F*** (DE FORGES). *Trévoux*, 1761, in-12.

Voy. « Supercheries », II, 4, *c*.

Ami (l') de l'ordre, par un citoyen de Rennes (Prudent VIGNARD). *Rennes*, 1819, 4 numéros in-8.

Voy. « Supercheries », I, 740, *f*.

Ami (l') de la Concorde, ou Essai sur les motifs d'éviter les procès, et sur les moyens d'en tarir la source, par un avocat au parlement (M. CHAMPLAIR). *Londres*, 1765, in-8, 102 p.—Nouvelle édition. *Paris, Monory*, 1779, in-8.

Voyez le volume intitulé : Aux Etats-Généraux, etc., par le comte DE SANOIS, 1789, in-8, p. 124.

Voy. « Supercheries », I, 419, *a*.

Ami (l') de la Fortune, ou Mémoires du marquis de S. A. (Par MAUBERT DE GOUVEST.) *Londres* (*Paris*), 1754, 2 vol. in-12.

Voy. « Supercheries », III, 492, *c*.

Ami (l') de la France, pour servir de supplément à « l'Ami des Hommes » du marquis de Mirabeau. (Ouvrage contenant le « Consolateur » et « l'Homme désintéressé, » deux volumes publiés séparément par Sébast.-Alex. COSTÉ, baron DE SAINT-SUPPLIX.) *Paris*, 1768, 2 vol. in-12.

Ami (l') de la jeunesse. *Paris, H. Servier*, 1825-1834. — IIe Série. *Paris, J.-J. Rissler*, 1835-1845. — IIIe Série. *Paris, L.-R. Delay*, 1846-1849. — IVe Série. *Pa-*

ris, Marc Ducloux, 1850-1854. — Ve Série publiée par les rédacteurs de « l'Almanach des bons conseils ». 1855 et années suivantes.

Cette publication, qui en est à sa 46e année, a commencé par être de format in-32; elle est maintenant du format du « Magasin pittoresque » et elle est illustrée. Chaque série est d'un format différent.

Les principaux rédacteurs en ont été successivement: M. Wilkes, Mme de Pressensé, MM. Armand-Delille, Vulliet, Bersier et Jules Bonnet. Voy. « Almanach des bons conseils. »

Ami (l') de la liberté, ou Bulletin des séances de la Société populaire de Lausanne, du 9 février au 6 mai 1798. (Par Louis Reymond.) *Lausanne*, 1798, 16 numéros in-8.

Ami (l') de la paix. *Caen*, in-8.

M. Pluquet dans ses « Curiosités littéraires de la Normandie », attribue cet opuscule à Elis, avocat habitant à Caen, et également auteur d'un autre opuscule anonyme intitulé: « Prose rimée. » Mais il ne spécifie pas la date de cet ouvrage que nous n'avons pu découvrir. D. M.

Voy. Frère, « Man. du bibliogr. normand », II, 424.

Ami (l') de la paix, ou Réponse à la « Théorie de l'impôt. » (Par Rivière.) *Amsterdam et Paris*, 1761, in-12.

Ami (l') de la religion et du roi, journal ecclésiastique, politique et littéraire (commencé le 20 avril 1814, par M. Picot, laïc.) *Paris, Le Clere*, 1814-1862, 183 vol. in-8 et 7 vol. gr. in-fol.

Ce journal a été continué jusqu'en juin 1862. Le rédacteur a publié les Tables des 82 premiers vol. 1824, 1834, in-8.

Voir pour l'histoire de cette publication, t. XVII, 26 août 1818, n° 422, p. 65.

Voir aussi « le Monde » des 7 mai, 17 juin, 3 et 5 juillet 1862.

Ce journal avait commencé à paraître sous le titre d'« Annales religieuses, politiques et littéraires. » Voyez ce titre.

L'abbé Richaudeau y a inséré de 1841 à 1843 plusieurs articles sur la liturgie romaine, le droit canon et la liberté d'enseignement; les uns sont signés de son nom, les autres portent de simples initiales, dont les plus fréquentes sont U. P. D. O. L. D.

Ami (l') de la vérité, ou Lettres impartiales, semées d'anecdotes curieuses, sur toutes les pièces de théâtre de M. de Voltaire. (Par Gazon-Dourxigné.) *Paris*, 1767, in-12.

Ami (l') de tout le monde, almanach en vaudevilles. Par M. T. (Taconet). *Paris, Cuissart*, 1762, in-32.

Ami (l') des artistes au salon, par M. L. A. R. (Robin). *Paris, L'Esclapart*, 1787, in-8.

Voy. « Supercheries », II, 664, *a*.

a Ami (l') des arts, ou Justification de plusieurs grands hommes. (Par Decroix, ancien trésorier de France.) *Amsterdam (Lille)*, 1776, in-12.

Ami (l') des Belges et le vrai Brabançon, contenant ce qui s'est passé dans la Belgique, depuis le 24 mai jusqu'au 26 nov. 1790. (Par les abbés Franç.-Xav. de Feller et Dedoyart.) In-8.

b C'est tout ce qui a paru. (Catal. J.-G. Gérard, *Brux.*, 1819, n. 2462.)

Ami (l') des chiens. (Par Antoine-Simon Lambert, avocat.) *Metz, Antoine*, 1806, in-8, 9 p. D. M.

Réponse mi-sérieuse, mi-plaisante à un arrêté de police qui proscrivait de la ville les chiens dont les maîtres n'avaient pas payé la taxe établie par le maire.

Ami (l') des dames. (Par Franç.-Ch. Gaudet.) 1762, in-12.

c Ami (l') des enfants, à l'usage des écoles de campagne, trad. de l'allem. (de Fréd.-Eberh. de Rochow). *Strasbourg*, 1778 et 1781, 2 part. in-8.

Les éditions suivantes portent le nom de l'auteur.

Ami (l') des enfants, par M. l'abbé de*** (l'abbé Jos. Reyre.) *Paris, Desaint*, 1765, pet. in-12.—Nouv. éd. *Avignon*, 1777, in-12. —Cixième (sic) éd. rev. et corrig. *Grodno*, 1780, in-8.—Sixième éd., *Avignon*, 1786, 2 vol. in-12.

d Voy. « Supercheries », I, 158, *a*; et III, 1053, *b*.

Ami (l') des étrangers qui voyagent en Angleterre, par M. L. D....s (Dutens). *Londres, Elmsley*, 1787, in-12.

Souvent réimprimé avec le nom de l'auteur.

e L'édition de Londres 1792 a pour titre: « Le Guide moral, physique et politique des étrangers qui voyagent en Angleterre. » in-12, 182 p.

Voy. « Supercheries », I, 987, *d*, et II, 714, *d*.

Ami (l') des femmes. (Par P.-J. Boudier de Villemert.) *Paris*, 1758, 1763, 1766, in-12.

L'édition de *Paris, Royez*, 1788, porte le nom de l'auteur.

f Ami (l') des femmes. (Par Trigant, avocat à Bordeaux.) 1771, in-12.

Ami (l') des filles. (Par Barth.-Cl. Graillard de Graville.) *Paris*, 1761, 1776, in-12.

Ami (l') des François. (Par Aug. Rouillé d'Orfeuil.) *Constantinople*, 1771, in-8.

Voy. « Alambic des lois ».

Voy. « Supercheries », I, 308, *d*.

Ami (l') des hommes, ou Réflexions sur l'éducation commune considérée dans ses rapports avec la morale et avec le bonheur du peuple. (Par J.-B.-M. NOLHAC.) *Lyon, Périsse,* 1832, in-8.

Ami (l') des hommes, ou Traité de la population. (Par Victor RIQUETTI, marquis DE MIRABEAU et Franç. QUESNAY.) *Avignon* (*Paris, Hérissant*), 1756-1758, 4 part. en 5 vol. in-12.—1756-1758, 6 part. en 2 vol in-4. — 1758-1760, 6 part. en 3 vol. in-4. — 1759-1760, 6 part. in-12.

Il existe au moins deux éditions du format in-12 avec l'indication : *Avignon*, 1756.

A ce moment l'ouvrage se compose de trois parties.

En 1758 paraît la 4e partie avec le faux titre : « l'Ami des hommes, quatrième partie. » et le titre : « Précis de l'organisation, ou Mémoire sur les Etats provinciaux. » 1758.

On lit, p. 1 : «... l'éditeur a cru pouvoir donner à la suite et sous le titre de « l'Ami des hommes » un ouvrage déjà connu du même auteur... auquel on n'a fait aucun changement, mais seulement quelques augmentations séparées du corps de l'ouvrage. » Cette quatrième partie, in-4, ou 2 vol. in-12, se distribuera séparément pour compléter les exemplaires des premières éditions. »

Voy. pour la description des éditions originales de cet écrit l'article : « Mémoire concernant l'utilité des Etats provinciaux... » Voy. aussi l'art. « le B. (le Baillon) », qui est accompagné d'une note de police où ledit Mémoire est attribué à l'abbé CONSTANTIN, avec assez de vraisemblance.

Le tome II de la quatrième partie de « l'Ami des hommes » comprend : 1° « Réponse aux objections contre le Mémoire sur les Etats provinciaux », et 2° « Questions intéressantes sur la population, l'agriculture et le commerce ».

La 5e partie contient : « Mémoire sur l'agriculture envoyé à la très-louable Société d'agriculture de Berne, avec l'extrait des six premiers livres du cours complet d'œconomie rustique de feu Thomas HALE. »

La 6e partie : « Réponse à l'essai sur les ponts-et-chaussées, la voirie et les corvées. »

« Tableau œconomique avec ses explications. »

La description de ces deux dernières parties est prise dans l'édition in-12 de 1759-1760.

Voy. aussi « Supercheries », I, 308, *e*.

Ami (l') des jeunes demoiselles, ou Conseils aux jeunes personnes qui entrent dans le monde, sur les devoirs qu'elles auront à remplir dans le cours de leur vie ; par J.-L. EWALD et trad. de l'allemand par Ch. B. (Ch. BING). *Paris*, 1816, 2 vol. in-12.

Voy. « Supercheries », I, 707, *d*.

Ami (l') des jeunes gens. (Par M. Guill. GRIVEL.) *Lille, Henry*, 1764, 2 part. in-12. — Seconde éd., 1766, in-12.

Ami (l') des Lois. (Par MARTIN DE MARIVAUX, avocat à Paris.) *Paris*, 1775, in-8.

Cette brochure a été condamnée au feu. Voy. Peignot : « Diction. des livres cond. » I, p. 298.

a Elle a été réimprimée presque entièrement sous le titre d' « Extrait » en 1790.

Voy. « Supercheries », I, 843, *c*.

Ami (l') des mœurs, poëmes et épîtres, par M. R. D. L. (RENAUD DE LA GRELAYE), de plusieurs académies. *Paris*, *Cailleau*, 1788, in-8, 164 p.

Barbier avait par erreur écrit : REGNAULT DE LA GRELAYE.

Voy. « Supercheries », III, 347, *d*.

b Ami (l') des Muses, ou recueil de petites pièces choisies, en vers. (Par BOUDIER DE VILLEMERT.) *Avignon*, 1758, in-8. V. T.

Ami (l') des patriotes, ou le Défenseur de la Révolution, ouvrage périodique. (t. I-III, par Ad. DUQUESNOY ; t. IV-VI, par REGNAULT DE SAINT-JEAN D'ANGELY.) 27 nov. 1790 à août 1792, 6 vol. in-8.

Voy. Hatin. « Histoire de la presse », tome V. pag. 151 et « Bibliographie de la presse », du même
c auteur, pag. 157.

Ami (l') des pauvres, ou l'Econome politique. (Par Joachim FAIGUET DE VILLENEUVE). *Paris*, 1766, in-12.

Voy. les mots « Econome politique. »

Ami (l') des peuples, par l'auteur du « Voyant » (M. l'abbé Joseph-Prosper ENJELVIN, chanoine honoraire de la cathédrale de Clermont, curé de Pontgibaud.)
d *Paris, Gaume frères, et Clermont, Thibaud-Landriot*, 1841, in-12, 412 p.

Ami (l') des théophilantropes. (Par l'abbé Ant.-Hub. WANDELAINCOURT.) *S. l. n. d.*, in-8.

Satire.

Ami (l') des trois ordres, ou Réflexions sur les dissensions actuelles, par l'auteur du « Catéchisme du citoyen » (SAIGE).
e *S. l.*, 1789, in-8, 14 p.

Ami (l') du cultivateur, ou Essai sur les moyens d'améliorer en France la condition des laboureurs, des journaliers, etc. ; par un Savoyard (Simon CLICQUOT DE BLERVACHE). *Chambéry*, 1789, 2 vol. in-8.

C'est une nouvelle édition augmentée du « Mémoire sur les moyens d'améliorer... » couronné par l'Académie de Châlons-sur-Marne en 1783.

Publié aussi sous le nom de « Essai sur les moyens
f d'améliorer... » Voyez ces titres.

Voy. aussi « Supercheries », III, 611, *a*.

Ami (l') du prince et de la patrie. (Par M. de SAPT.) *Paris, Costard*, 1769, in-8.

Quelques exemplaires de cet ouvrage portent le nom de l'auteur.

Ami (l') du riche et du pauvre, par un ecclésiastique de Savoie (l'abbé CHUIT). *Paris*, 1824, in-12, 82 p.

Voy. « Supercheries », I, 1203, *e*.

Ami (l') du roi (journal commencé le 1er juin 1790, par l'abbé Royou et C.-F.-L. Montjoye). In-4.

Les deux collaborateurs s'étant brouillés au bout d'environ cinq mois, chacun publia de son côté un « Ami du Roi ». M. Geoffroy devint ensuite le collaborateur de l'abbé Royou et de J.-C. Royou, avocat.

Les deux « Amis du Roi » se sont soutenus jusqu'au jour de leur proscription commune (le 10 août 1792).

Le libraire Crapart a fait paraître pendant environ six semaines un troisième « Ami du Roi. »

Voy. pour plus de détails sur ces différents journaux, Hatin, « Bibliographie de la presse », pag. 157 et suiv., et l' « Histoire de la presse », du même auteur, tome VII, page 124.

Ami (l') et le conservateur de l'enfance, ou le Guide des pères et mères, etc.; par l'auteur du « Manuel de la bonne compagnie » (J.-P. Costard, ancien libraire). *Paris, Galland*, 1805, in-12, 197 p.

Ami (l') philosophe et politique, ouvrage où l'on trouve l'essence, les espèces, les signes caractéristiques, les avantages et les devoirs de l'amitié... (Par dom J.-B. Aubry, bénédictin.) *Nancy*, 1775, in-8, front. grav. par Collin.—Nouv. édit. *Ibid.* 1776, in-8, avec le nom de l'auteur. Il n'y a que le frontispice de changé.

Amy (l') veritable et loyal. (Par Albert de Ligne, prince de Barbançon, né en 1600, mort à Madrid, en 1674.) *S. l. n. d.* (*Namur, vers* 1650), in-8, 7 ff. et 252 p.

Voy. H. Helbig, dans le « Bibliophile belge », 3e année, 1868, pages 95 et 267.

Ami (l') zélé des pécheurs, ou Exhortation adressée aux pécheurs, suivie d'anecdotes morales; par l'abbé *** (J.-B. Lasausse). *Paris*, 1817, in-12.—1819, in-12.

Voy. « Supercheries », III, 1097, *c*.

Ami (l') zélé, donnant des conseils et faisant des questions tous les jours de l'année à son ami pour l'animer continuellement à la vertu, par M. L. S. (l'abbé J.-B. La Sausse). *Paris*, 1800, in-24. — *Rouen*, *Mégard*, 1815, in-24.

Voy. « Supercheries », II, 981, *b*.

Amiable accusation et charitable excuse des maux et evenements de la France, pour montrer que la paix et reunion des subjects n'est moins necessaire à l'Estat, qu'elle est souhaitable à chascun en particulier : et que nul ne peut advancer la prosperité des choses presentes, qui ne se souvient estre juge doucement des passées. *Paris, Robert Le Mangnier*, 1576, in-8, 8 et 90 ff.

L'Epistre est sig. P. D. (Pierre de Dompmartin, d'après le P. Lelong.)

Cet ouvrage a été attribué par Du Verdier à Guy du Faur, seigneur de Pybrac.

a

Amie (l') de tous les enfants, ou récréation morale de l'enfance;... par Mme de M*** (Sophie de Maraize), auteur de « Charles de Montfort, » de « Marie de Névil » et de « Contes à mes jeunes amies. » *Paris, Belin-Leprieur*, 1819, 2 vol. in-12.

Voy. « Supercheries », II, 1015, *a*.

b

Amilec. (Par Charles-François Tiphaigne de La Roche.) *S. l. n. d.*, in-12, x-126 p.—*Somniopolis, chez Morphée*, 1754, in-12.

Pour les réimpressions, voy. « Supercheries », I, 107, *f*.

Aminte (l') du Tasse, pastorale. (Traduite en prose par C.-A. Lescalopier de Nourar.) *Paris*, 1735, in-12.

c

Aminte, pastorale de Torquato Tasso. (Traduite en prose par de La Brosse.) *Tours, Jamet Mettayer*, 1593, in-16.

Aminte (l') du Tasse, pastorale, traduite de l'italien en vers françois. (Par Charles Vion, seigneur de Dalibray.) *Paris*, 1632, in-8.

Aminte (l') du Tasse, pastorale, traduite en vers libres. (Par l'abbé Torche.) *Paris, Barbin*, 1666. — *La Haye, Van Dyk*, 1681, in-12.

d

Amintor et Théodora, suivi de l'Excursion ou les merveilles de la nature, traduit de l'anglais de David Mallet. (Par J.-B. L'Ecuy, ancien abbé de Prémontré, né à Yvoi-Carignan le 3 juillet 1743.) *Paris, Desray*, an VI-1798, 3 vol. in-12, fig.

Amiral (l') Duperré. (Par M. Louis de Loménie.) *S. l.* (1852), in-18, 36 p.

Extrait des « Contemporains illustres. »

e

Amis (les) de collége, ou Quinze jours de vacances. Recueil d'historiettes propres à instruire la jeunesse en l'amusant ; par Madame Gabrielle de P. (Paban). *Paris, Locard et Davi*, 1819, in-18. D. M.

Souvent réimprimé.

Amis (les) de l'ordre et de la paix à tous ceux qui veulent sincèrement le bien de ce pays (le pays de Vaud, par D. Secretan). 1798, in-8, 16 p.

f

Amis (les) rivaux. (Par C.-L.-M. de Sacy.) *Paris, Saillant*, 1768, in-8.—1772, in-12.

Amitié (de l'). (Par madame d'Arconville.) *Amsterdam et Paris, Desaint*, 1761, in-8.

Amitié (de l'). (Par l'abbé P. de Villiers.) *Paris, Claude Barbin*, 1692, in-8.

Le nom de l'auteur est au privilége. Il y a des exem-

a

plaires avec un *Errata* pour le vers 2 de la page 56, et terminé par : *de l'imprimerie d'A. Lambin*, 1692, et d'autres auxquels on a mis un nouveau titre portant : « De l'Amitié, poëme satirique contre les faux amis. » Seconde édition. *Paris, J. Collombat*, 1697.

Dans d'autres exemplaires au nom de Barbin, il n'y a ni Errata, ni nom d'imprimeur. Les exemplaires de ces trois états ont tous la faute indiquée dans l'Errata.

Une édition *suivant la copie de Paris, à Amsterdam, Braakman*, 1692, in-12, porte : par le Sieur***.

b

Amitié (l') à l'épreuve, comédie en musique et en deux actes. (Par Ch.-Sim. FAVART.) 1771, in-12, 27 ff., non chiff.

Amitié (l') après la mort, contenant les lettres des morts aux vivants, et les lettres morales et amusantes, traduites de l'anglois de madame ROWE. (Par Jean BERTRAND.) *Amsterdam*, 1740, 2 vol. in-12. — *Genève*, 1753, 2 vol. in-12.

c

L'ouvrage anglais : « Friendship in Death », parut en 1721 ; il a souvent été réimprimé ; il se retrouve dans les œuvres de Mistress Elisabeth ROWE (née SINGER et fille d'un *dissenting minister*). *Londres*, 1739, 2 vol. ; 1760, 2 vol.; 1772, 3 vol. ; 1796, 4 vol.

Amitié (l') dans tous les rapports de la vie, par l'auteur des « Lettres sur le Bosphore... » (La comtesse DE LA FERTÉ MEUN). *Paris, Krabbe*, 1838, in-8.

d

Amitié (l') mystérieuse, traduction de l'anglais par E. A*** (Etienne AIGNAN). *Paris, Ouvrier*, 1802, 3 vol. in-12.

Voy. « Supercheries », I, 142, *c*.

Amitié (l'), ou la Famille normande, par Mme C... M... (CLÆSENS-MORIS). *Paris, Ferra jeune*, 2 vol. in-12.

Amitié (de l'), par l'abbé...... (DE MONTMOREL). *Paris*, 1692, in-12. V. T.

Voy. « Supercheries », I, 157, *a* ; et III, 1128, *a*.

e

Ammalat-Beg, histoire caucasienne. (Trad. du russe de MARLINSKY, pseudon. de BESTUCHEF.) *Paris, impr. de Duverger*, 1835, in-8, 406 p.

Cette édition n'a été annoncée qu'en 1836 dans la « Bibliographie de la France ».

La « Préface du traducteur », datée de Saint-Pétersbourg, mai 1835, est signée M.... Y***.

f

Ce roman a aussi paru avec le nom d'Alexandre DUMAS. *Paris, Cadot*, 1859, 2 vol. in-8, *Bruxelles, Royez*, 1859, 2 vol. in-32 (Collection Hetzel). A. DUMAS, réviseur d'une traduction de ce roman qu'il donne comme inédit, alors qu'il existe de nombreuses éditions du texte, s'est contenté de nommer l'auteur dans la préface.

Il a fait de même, la même année, pour un autre roman du même auteur, « Jane ». *Bruxelles, Royez*, 1859, in-32. (Collection Hetzel).

Ce roman a été réimprimé en 1860, à *Naumbourg, chez G. Paetz*, il forme le t. CCCLV de sa « Bibliothèque choisie », in-32. En 1862 « Jane » apparait à Paris, dans la « Collection Michel Lévy », le nom de BESTUCHEF-MARLINSKY, ne figurant toujours que dans l'Avant-propos.

Quel a été le traducteur des Œuvres russo-françaises d'Alexandre Dumas? Il nous donne dans ses « Impressions de voyage en Russie », et dans son « Caucase », le nom d'un KALINO, étudiant de l'Université de Moscou, qui lui servit d'interprète dans ses voyages et lui fit beaucoup de traductions. A. L.

D'après « la France littéraire » de Quérard, la traduction de 1835 devrait être attribuée au général YERMOLOFF qui a épousé la fille du général français La Salle.

Voy. aussi « Supercheries », II, 1058, f.

AMMIEN MARCELLIN, ou les dix-huit livres de son Histoire qui nous sont restés, traduction nouvelle. (Par G. DE MOULINES.) *Berlin*, 1775; *Lyon*, 1778, 3 vol. in-12.

Amnistie (l'), ou le duc d'Albe dans les Flandres. (Traduit de l'anglais de Charles ELLERMAN par Mme la comtesse de ROHAUT.) *Bruxelles*, 1844, in-18.

Publié aussi la même année avec le nom de l'auteur et celui du traducteur. J. D.

Amnistie (de l'), ou oubliance des maux faits et reçus pendant les troubles et à l'occasion d'iceux. Remonstrance faite en la ville d'Agen, à l'ouverture de la Cour de justice. (Par Antoine LOISEL.) *Paris, Robert Le Mangnier*, 1584, in-8, 28 p. — *Paris, A. L'Angelier*, 1595, in-8, 70 p. et 1 f., avec le nom de l'auteur dans la pièce.

Discours prononcé le 2 octobre 1582.

Réimprimé en 1596 dans le recueil intitulé : « Sept remontrances publiques : VI sur le sujet des édits de pacification, la VIIe sur la réduction de la ville et rétablissement du parlement de Paris... Par M. A. L'OISEL. » *Paris, A. L'Angelier*, 1596, in-8.

Et en 1604, dans « La Guyenne, de M. Ant. L'OISEL, qui sont huit remonstrances faites en la chambre de justice de Guyenne sur le subject des edits de pacification... » *Paris, L'Angelier*, 1605, in-8.

Amour à elle. (Par M. le comte Gaspard DE PONS.) *Paris*, 1824, in-18.

Amour (l') à la mode, satire historique. (Par Mme DE PRINGY.) *Paris, veuve Coignard*, 1695, 1698, 1700, pet. in-12.

L'Epitre dédicatoire au prince de Neufchâtel est signée : DE P...

Le privilége a été accordé au sieur Michel Chilliat, qui, trois ans après, sollicita aussi un privilége pour l'impression de « Granicus », roman de Fr. Brice. Ce Chilliat spéculait apparemment sur les priviléges. C'est à tort que la « Biographie universelle » lui attribue le roman de madame de Pringy. Voyez son article dans mon « Examen critique des Dictionnaires historiques. »

Amour à Tempé, pastorale érotique en deux actes et en prose. (Par Mme CHAUMOND.) *Paris, Duchesne*, 1773, in-8.

Amour (l'), anglois, comédie en trois actes, en prose ; représentée pour la première fois à Paris, sur le théâtre du Palais-Royal, le 9 juillet 1788. (Par Pierre-Louis MOLINE.) *Paris, Cailleau*, 1788, in-8, 32 p.

Amour (l') arrange tout, comédie en un acte et en prose ; représentée pour la première fois à Paris le 22 juillet 1788, sur le théâtre de Monseigneur le comte de Beaujolais, au Palais-Royal. (Par J.-M. LOAISEL TRÉOGATE.) *Paris, Cailleau*, 1788, in-8, 35 p.

Amour (l') au village, comédie en prose, en un acte. (Par DE VILLERS.) *Paris*, 1773, in-8.

Amour (l') au village, opéra-comique en un acte et en vaudevilles ; représenté pour la première fois sur le théâtre du faubourg Saint-Germain, le 3 février 1745. Nouvelle édition. (Par Ch.-Sim. FAVART.) *Paris, Duchesne*, 1762, in-8.

Amour (l) au village, opéra-vaudeville en un acte, par H. E. D....R (Hyacinthe-Eugène LAFFILARD, plus connu sous le nom de DÉCOUR) et SAINT-H.... (MOUCHERON SAINTE-HONORINE) ; représenté pour la première fois à Paris, sur le théâtre des Jeunes-Elèves, le 18 fructidor an X. *Paris, Allut*, an XI-1804, in-8, 28 p.

Voy. « Supercheries », II, 252, *a*.

Amour (l') auteur et conservateur du monde, dessin des peintures du plafond de l'alcôve de leurs altesses royales. (Par le P. Claude-François MENESTRIER.) In-4.

Amour, ce sont là de tes jeux. (Par BACULARD D'ARNAUD.) 1749, in-12. — *Bruxelles* (*Paris*), 1754, in-12.

C'est le même ouvrage que le « Bal de Venise », par le même auteur. 1747, in-12. V. T.

Amour (l') chez les philosophes, ou Mémoires du marquis de *** (Par T. L'AFFICHARD.) *La Haye* (*Paris*), 1747, 2 vol. in-12.

C'est le même roman que le « Philosophe amoureux ou les Aventures du chevalier K*** ». V. T.

Amour (l') chrétien dans le mariage, ou Quatre années de correspondance authentique d'une jeune femme (Mme MAIGNA dont le mari a été successivement capitaine, aide-de-camp du général Poupard à Agen et ensuite du général Rouget à Lyon ; publié par son fils). *Paris, Douniol*, 1861, in-12.

Amour (l') conjugal, comédie. (Par Nic.-Jul. FORGEOT.) *Paris, veuve Duchesne*, 1781, in-8.

Amour (l') crucifié, traduit du latin d'AUSONE en vers français, avec le texte

a en regard. (Par M. A. MOREAU DE LA ROCHETTE.) *Paris, Le Normant*, 1806, in-8.

Amour (l') de Cupido et de Psiché... prise des cinq et sixième livres de Lucius APULEUS, et nouvellement historiée et exposée, tant en vers italiens qu'en françois. (Par Jean MAUGIN, dit le petit Angevin.) *Paris, J. de Marnef*, 1546, in-16, fig. en bois.

b Amour (de l') de Dieu. (Par ELISABETH-CHRISTINE de Brunswick, veuve de Frédéric II, roi de Prusse.) *Berlin*, 1776, in-8.

Voy. « Amour pour Dieu ».

Amour (de l') de Henri IV pour les Lettres. (Par l'abbé Gabriel BRIZARD.) *Paris, Pierres*, 1785, in-16. — *Paris, Cazin*, 1786, in-16.

Amour (l') de l'ordre, ou Dénonciation à l'Assemblée nationale d'un abus dont la

c réformation intéresse toutes les classes de citoyens. (Par TURBAN DE GUNY, chef du bureau des cautionnements de la régie générale.) *S. l.*, 1789, in-8, 35 p.

Au sujet de l'enregistrement des actes notariés.

Amour (l') de la patrie, aux assassins du général Buonaparte. *Paris, Moutardier*, an IX, in-8.

Signé D. D. L. G., citoyen de Calais par lettres

d d'honneur (PONCET DE LA GRAVE suivant une note manuscrite sur l'exemplaire de la Bibliothèque nationale).

Amour (l') de la pauvreté, décrit en la vie et en la mort de Marthe, marquise d'Oraison, etc. (Par Pierre BONNET.) *Paris*, 1632, in-8. V. T.

Amour (l') décent et délicat, ou le beau de la galanterie. (Par l'abbé Christ. CHAYER.) *A la Tendresse*; *chez les Amants*

e (*Paris*), 1760, in-12.

Amour (l') desplumé, ou la Victoire de l'amour divin, pastorale chrétienne en cinq actes et en vers, par I. M. (Jean MOUQUÉ, Boullenois.) *Paris*, 1612, in-8. V. T.

Voy. « Supercheries », II, 332, *e*.

Amour des femmes pour les écus. (Par Joseph DEMOULIN.) *Liège, Sévereyns et Faust*, 1865, in-32, 50 p. Ul. C.

f Amour (de l') des femmes pour les sots, nouv. édit. *Liège*, 1858, in-18, 50 p.

Cet opuscule de M. Victor HENAUX, qui avait paru en 1857 dans la « Revue trimestrielle », t. XVI, a été réimprimé en 1859. Liège, in-18, 58 p.

Voy. la réponse par le colonel Jos. ALVIN, sous le pseudonyme la comtesse Mathilde de EBLOCNOL-VILANJA, « Supercheries », I, 1230, *e*.

Amour (l') dévoilé, ou le Système des simpathistes, où l'on explique l'origine de l'amour, des inclinations, des simpathies, des aversions, etc. (Par Charles-Franç. TIPHAINE.) *S. l.* 1749, in-12.

Amour (l') éprouvé par la mort, ou Lettres modernes de deux amants de vieille roche. (Par Mme Gen.-Ch. THIROUX D'ARCONVILLE.) *Paris, Musier*, 1763, in-12.

Amour et confiance, ou Neuvaines et prières à la très-sainte Vierge, à sainte Philomène et à saint François Régis; par l'auteur du « Bonheur à la table sainte » (l'abbé F. ESMONIN). 2e édition. *Dijon, E. Pellion*, 1859, in-32, 444 p.

Amour et devoir, trad. de l'angl. de Théod. HOOK (Par Mlle de SAINT-BRICE, depuis Mme SEMILHES.) *Paris*, 1825, 2 vol. in-12.

Amour et galanterie, dans le genre de « Faublas, » par B. DE S. V. (BINS DE SAINT-VICTOR.) *Paris, Barba*, 1801, 2 vol. in-12.

Voy. « Supercheries », I, 480, f.

Amour et gloire, ou Aventures galantes et militaires du chevalier de C***. Par l'auteur de « Julie ou j'ai sauvé ma rose, » de « Amélie de Saint-Phar, » etc., etc. *Paris, Pigoreau*, 1817, 4 vol. in-12.

Malgré les indications portées sur le titre, Pigoreau, p. 13 de sa « Petite Bibliographie biographico-romancière », donne ce roman à la comtesse DE CHOISEUL-MEUSE, et p. 168, il termine l'article qu'il consacre à cette dame en disant : On lui attribue « Amélie de Saint-Far, ou la fatale erreur », 2 vol. in-12, et « Julie, ou j'ai sauvé ma rose », 2 vol. in-12 ; on a certainement tort. »

Cet ouvrage est de Mme GUYOT. Cette dame, suivant une note de Beuchot, aurait été femme DESNEUR.

Amour (l') et l'hymen, divertissement donné à l'hôtel de Conty, après le mariage de leurs altesses sérénissimes. *S. l. n. d.*, in-4.

Par M. DE LA CHAPELLE, mis en musique par Pascal Colasse, d'après une note manuscrite sur l'exemplaire de la Bibliothèque nationale.

Amour (l') et la folie, opéra-comique en trois actes, en vaudevilles et en prose; représenté par les comédiens italiens ordinaires du Roi, le mardi 5 mars 1782. (Par G.-F.-F. DESFONTAINES DE LA VALLÉE.) *Paris. Brunet*, 1782, in-8, 58 p.

Amour (l') et la folie, pantomime en deux actes, mêlée de danses. (Par J.-A. BLACHE.) *Paris, imp. de Smith*, 1817, in-8, 8 p.

Amour (l') et le mariage, épître à Hortense, par Auguste *****. *Paris, imp. de Leblanc*, 1815, in-18, 18 p.

Par Auguste GALLISTINE, d'après « la France littéraire » de Quérard, et d'après les « Supercheries », III, 1125, *b*.

Un autre article des « Supercheries », II, 130, d, dit que GALLISTINE est le pseudonyme d'Auguste GILLES, plus connu sous le nom de SAINT-GILLES.

L'auteur, né en Provence en 1765, est mort à Paris vers 1840. Voy. « l'Intermédiaire », tome III, 1866, col. 478.

Amour (l) et les femmes, par S. (Victor HÉNAUX, avocat à Liége.) *Liége, Redouté*, 1854, in-8, 8 p.

Voy. « Supercheries », III, 483, f.

Amour et opinion. (Par U. GUTTINGUER.) *Paris*, 1827, 3 vol. in-12.

Amour et scrupule, par Mme *** (D'HOZIER). *Paris, Barba*, 1808, 4 vol. in-12.

Voy. « Supercheries, » III, 1090, *b*.

Amour (l') impromptu, parodie de l'acte d'Eglé dans les « Talents lyriques. » Représenté sur le théâtre de l'Opéra-Comique, le 10 juillet 1756. (Par Ch.-Sim. FAVART.) — *Paris, Duchesne*, 1756, in-8.

Amour malade, ballet du roy, dansé par Sa Majesté, le 17e jour de janvier 1657. (Par BENSERADE.) *Paris, R. Baltard*, 1657, in-4, 32 et 15 p.

Amour (l') maternel. (Par Mme BALLARD.) *Paris*, 1810, in-18.

Amour (l') mutuel, pastorale en un acte (et en vers libres, par GAULTIER, mort en 1759). *Paris*, 1730, in-4.

Amour, Orgueil et Sagesse. (Par Ant. BÉRAUD.) *Paris, Ponthieu*, 1820, 2 vol. in-12.

Amour (de l') par l'auteur de « l'Histoire de la peinture en Italie » (H. BEYLE). *Paris, Mongie aîné*, 1822, 2 vol. in-12.

Réimprimé avec le nom de l'auteur.

Amour (l') par un catholique (Léon GAUTIER.) *Paris*, 1862, in-18.

Le nom de l'auteur est au verso de la couverture imprimée : « Ouvrages du même auteur ».

Voy. « Supercheries », I, 661, *e*.

Amour (l') pénitent, traduit du latin de l'évêque de Castorie (Jean NÉERCASSEL, par l'abbé GUILBERT). *Utrecht, Lefèvre*, 1741, 3 vol. in-12.

Il ne faut pas oublier, dit l'abbé de La Bouderie, que le docteur ARNAULD a eu une grande part à cet ouvrage.

Amour (l') philosophe. *S. l. n. d.* (vers 1600), gr. in-16, 16 ff.

Cet opuscule en vers, attribué à N. RAPIN, a été imprimé sous son nom dans le tome premier des « Muses françoises ralliées... du sieur d'ESPINELLES. » Paris, 1599. On le trouve aussi à la suite des « Amours du grand Alcandre » (voy. ce titre). Suivant la note du nº 567 du catal. Jér. Pichon, l'on ne connaît de cette édition isolée que l'exemplaire qui s'y trouve décrit et qui a passé successivement dans les ventes de M.-J. Chénier et de Pixérécourt.

Amour (de l') pour Dieu. (Par la reine de Prusse, ELISABETH-CHRISTINE.)

Voy. ci-dessus « Amour de Dieu », 140, *b*.

Amour (l') précepteur, comédie en trois actes, par M. G*** (Thom.-Simon GUEULETTE.) *Paris, Flahaut*, 1726, in-12. — *Paris, Briasson*, 1729, 1732, in-12.

Voy. « Supercheries, » II, 115, f.

Amour (l') prisonnier, opéra-ballet, composé pour l'heureuse naissance du duc de Normandie ; trad. de l'italien, par *** (Marco-Antonio MANCINI), commissaire des gardes-du-corps. *Paris*, 1785, in-8.

Voy. « Supercheries », III, 1077, b.

Amour (l') quêteur, comédie en deux actes et en prose. (Par A.-L.-B. ROBINEAU DE BEAUNOIR.) *Amsterdam et Paris*, 1782, in-8.

Amour (l'). Renversement des propositions de M. Michelet, par un libre penseur (Marie HAAS). *Paris*, *Vᵉ Berger-Levrault*, 1859, in-18, 415 p.

Voy. « Supercheries », II, 783, *c*.

Amour sans faiblesse. (Par l'abbé DE MONTFAUCON DE VILLARS.) *Paris*, 1671, 3 vol.; 1672, 1679, 2 vol. in-12.

Le « Géomyler », du même auteur, est la réimpression du premier volume ; le tome troisième, qui n'a pas été réimprimé, contient les Amours héroïques d'Anne de Bretagne.

Amour (l'), ses plaisirs et ses peines, ou Histoire de la comtesse de Ménessès. (Par Mᵐᵉ G.-C. THIROUX D'ARCONVILLE.) *Amsterdam*, 1774, in-8.

La 1ʳᵉ édit. a paru en 1770 sous le titre : « Dona Gratia d'Ataïde. » Voy. ces mots.

Amour (l') suisse, comédie proverbe en deux actes et en prose. (Par L.-H. DANCOURT.) *Paris*, 1783, in-8.

Amour (l') suivi de regrets, ou les Galanteries de Gaston de Foix, par M. DE V*** (DE VIGNACOURT.) *Amsterdam*, *E. Van Harrevelt*, 1773, 2 vol. in-12.

Voyez les mots : « Gaston de Foix. »
Voy. « Supercheries », III, 881, *c*.

Amourettes (les) du duc de Nemours et de la princesse de Clèves. *Amsterdam*, *J. Wolters*, 1695, pet. in-12.

Réimpression de « La Princesse de Clèves », de Mᵐᵉ DE LA FAYETTE. Voy. ce titre.

a Amoureux (l') de la Reine, drame. (Par M. PROFILLET.) *Alençon*, *impr. de Ch. Thomas*, 1868, in-8, 94 p.

Pièce non mise dans le commerce et non représentée. Le sujet est l'amour, plus ou moins prouvé, de Barnave, pour Marie-Antoinette.

Amoureux (l') de quinze ans, ou la Double fête, comédie en 3 actes et en prose, mêlée d'ariettes. (Par P. LAUJON.) *Paris*, 1771, in-8.

b Réimprimé avec le nom de l'auteur.

Amoureux (l') des onze mille vierges... par l'auteur de « l'Enfant de trente-six pères » (Ant.-Jos.-Nic. DE ROSNY.) *Paris*, an IX, 2 vol. in-12.

Amours (les) champêtres de Zérozaïde et Alcidon, et de Nœlim et Agathe. (Par MOLINE.) *Amsterdam*, 1764, in-8.

c Amours (les) champêtres, pastorale, par M. F... (Ch.-Simon FAVART) ; représentée pour la première fois par les comédiens italiens ordinaires du Roi, le jeudi 2 septembre 1751. Troisième édition. *Paris*, *N.-B. Duchesne*, 1759, in-8.

Amours (les) d'Abailard et d'Héloïse. (Par ALLUIS, de Grenoble.) 1675, petit in-12. — Nouvelle édition. *Amsterdam*, *Chayer*, 1695, in-12.

d Il ne faut pas confondre ce petit ouvrage ni avec l' « Histoire abrégée d'Abélard et d'Héloïse », qui se trouve dans le volume intitulé : « Histoire d'Eloïse et d'Abélard... », *La Haye*, 1693, p. in-12, ni avec l'« Histoire des Amours et Infortunes d'Abélard et d'Eloïse, par N. Fr. du Bois », *La Haye*, *Van Dole*, 1711, petit in-12, ni avec le « Philosophe amoureux, histoire galante, contenant une dissertation curieuse sur la vie de P. Abaillard et celle d'Héloyse, etc. », *au Paraclet*, 1696, petit in-12. Le premier ouvrage est un récit fort abrégé des amours d'Abélard et d'Héloïse ; le second ne présente que la réunion des articles de Bayle sur Abélard, Héloïse, Foulques et le Paraclet ; le troisième contient des détails assez curieux, mais peu authentiques, sur la fille d'un bourgeois de Paris, nommée Geneviève, qui fut aimée du chanoine Fulbert, et donna naissance à Héloïse.

e

On trouve dans le quatrième volume des « Mémoires » de Niceron, article Abélard, des détails assez inexacts sur l'ouvrage d'Alluis, ainsi que sur les Lettres d'Héloïse et d'Abélard.

Réimprimé dans le « Nouveau recueil contenant la vie, les amours... » Voy. ce titre.

f Amours (les) d'Abrocome et d'Anthia, histoire éphésienne, par XÉNOPHON le jeune, trad. du grec, par J** (J.-B. JOURDAN.) 1748, in-12.

Voy. « Supercheries », II, 351, *e*.

La traduction de Jourdan est peu fidèle ; elle a reparu avec la version latine d'A. Cocchi et l'italienne de Salvini dans l'édition publiée à Lucques, en 1781, in-4.

On l'a réimprimée à la suite de « La Luciade ou l'Ane, de Lucius de Patras », trad. de P.-L. Courier.

Paris, *Corréard*, 1832, in-8. Consulter sur Xénophon et sur les diverses éditions de son roman l'article que lui a consacré M. Boissonade dans la « Biographie universelle. ».

Amours (les) d'Alcibiade. (Par Mme M.-C.-H. DE VILLEDIEU.) *Suivant la copie de Paris, chez Claude Barbin*, 1680, in-12.

Édition elzevirienne. (Pieters « Annales », 2e édit., p. 356.)

Amours d'Alzidor et de Charisée, traduit du grec. *Amsterdam (Paris)*, 1751, 2 part. in-12.

Cet ouvrage est de la composition de Paul BARET ou BARRET, né le 28 juin 1718, mais point à Lyon comme l'ont dit plusieurs bibliographes. Il était fils d'un officier de milice, dont la veuve s'était remariée avec J.-A. Guer. Ne le considérant pas comme lyonnais, Breghot et Péricaud ne lui consacrent pas d'article dans leur « Biographie lyonnaise », tandis qu'ils en ont donné un à son homonyme J.-J. de Barret, inspecteur-général de l'école militaire, né à Condom en 1719 et mort à Paris en 1792, avec lequel il a été confondu par Contant d'Orville, dans les « Mélanges tirés d'une grande bibliothèque, » t. II, p. 91, et par Ersch dans sa « France littéraire. »

Amours (les) d'Anne d'Autriche, épouse de Louis XIII, avec Monsieur le C. de R., le véritable père de Louis XIV, aujourd'hui roi de France, où l'on voit au long comment on s'y prit pour donner un héritier à la couronne, les ressors qu'on fit jouer pour cela, enfin tout le dénouement de cette comédie. Ensemble avec la réponse au manifeste du roy Jacques II, traduit de l'anglois d'un homme de qualité. *Cologne, chez Guillaume Cadet*, 1692, pet. in-12.

Parmi les nombreux écrits satiriques que la Hollande a produits contre Louis XIV et les personnages de sa cour, celui-ci, à en juger par les réimpressions qui en ont été faites, paraît avoir été un des plus recherchés; aussi n'est-il point rare, et si nous ajoutons que ce n'est pas un livre fort curieux, il sera difficile de concevoir pourquoi les bibliophiles continuent à le rechercher.

D'après le témoignage d'un petit catalogue qui, sous le titre « d'Avis du Libraire, » occupe un f. séparé à la fin d'une partie des exemplaires du pamphlet intitulé « Confession réciproque, » les « Amours d'Anne d'Autriche « seraient l'ouvrage d'un certain Pierre Le Noble, lequel aurait aussi composé plusieurs autres pièces du même genre; mais comme le catalogue cité est évidemment une plaisanterie du libraire, nous regardons le nom de Pierre Le Noble comme aussi peu sérieux que celui de Pierre Marteau, qu'a pris ce même libraire. Voy. ci-après l'article « Confession réciproque. »

On lit dans les « Portraits historiques des hommes illustres de Danemark, par Tycho Hoffmann », 1746, t. II, p. 35 : « Un capucin nommé Joseph fit savoir au cardinal de Richelieu que la reine lui avoit confessé entre autres péchés, d'avoir conçu tant de tendresse pour un officier étranger nommé Rantzau qu'elle ne pouvoit s'empêcher de penser fort souvent à lui. Le

a cardinal, capable de tout, trouva moyen par sa nièce, alors dame d'honneur, de faire parler Rantzau seul à la reine. Cet entretien eut un tel effet qu'à ce qu'on prétend, il contribua plus à la naissance de Louis XIV qu'un mariage de vingt-trois ans avec le roi. »

Voy. pour la description des éditions de ce pamphlet, Brunet « Manuel du Libraire », 5e édition, t. I, col. 241 et 242.

Amours (les) d'Edgar, roy d'Angleterre. (Par JUVENEL.) *La Haye*, 1697, in-12.

b Note de la comtesse de Verrue.

Amours (les) d'Horace. (Par P.-J. DE LA PIMPIE DE SOLIGNAC.) *Cologne, Marteau*, 1728, in-12, front. grav.

Lorsque cet auteur débuta dans la littérature, il s'appelait « SOLMINIAC DE LA PIMPIE. » (Catal. manuscrit de l'abbé Goujet.)

Amours (les) d'Hylas. Nouvelle gantoise, dédiée aux belles. (Par P. LEBROCQUY, H. METDEPENNINGEN et A. VAN LOKEREN.)

c *Gand, au Temple de Momus*, 1816, in-8, 25 p. J. D.

Amours (les) d'Ismène et d'Isménias, par P.-Fr. GODARD DE BEAUCHAMPS. *Paris, Simart*, 1729, in-12.

L'auteur, dans une épître dédicatoire à madame L. C. D. F. B., présente cet ouvrage comme une traduction libre du grec d'EUSTATHE. Il voulait sans doute parler du célèbre commentateur d'Homère; mais on doute fort que cet EUSTATHE ait jamais composé ce

d roman, dont les connaisseurs ne font pas grand cas. Il passe plutôt pour être d'un grammairien nommé EUMATHE, Egyptien, dont le siècle n'a pu encore être déterminé.

L'édition de *La Haye (Paris, Coustelier)*, 1743, in-8, porte : traduit du grec d'EUMATHE.

Voy. « Supercheries », I, 1267, c.

Amours (les) d'OVIDE, traduction libre en vers français, (par P.-M. LE MARCIS), suivi du Remède d'Amour, poëme en deux

e chants, imité d'Ovide (par le même). *Paris, Egron*, 1799, in-12.

La première édition du « Dictionnaire des anonymes » attribuait à tort cette traduction à VERNINAC DE SAINT-MAUR.

Amours (les) de Callisthène et d'Aristoclie, histoire grecque. (Par Léon MÉNARD.) *La Haye (Paris)*, 1746, 1753, in-12.

Cet ouvrage a été augmenté et réimprimé en 1765,

f sous ce titre : « Callisthène, ou le Modèle de l'amour et de l'amitié », avec le nom de l'auteur.

Amours (les) de Calotin, comédie en vers, en 3 actes, avec un ballet. (Par CHEVALIER, comédien.) *Paris*, 1664, in-12.

Amours (les) de Carite et de Polydore, roman trad. du grec. (Par l'abbé J.-J. BARTHÉLEMY.) *Paris*, 1760. — *Lausanne (Paris)*, 1776, in-12. — Nouvelle édition, suivie de la Chanteloupie, poëme, *Paris*, 1825, in-32.

Cette dernière édition porte le nom de l'auteur.

L'auteur de la « France littéraire » de 1769 attribue cet ouvrage à M. Castanier d'Auriac, pour l'éducation duquel il a été composé.

L'avocat Beaucousin, qui revit les épreuves de ce roman, était si persuadé que Castanier en était l'auteur, qu'il jeta au feu, dans un accès de colère, un exemplaire de la réimpression de 1795, portant le nom de Barthélemy. M. Beaucousin a répété plusieurs fois cette anecdote à feu M. Jardé, libraire instruit, de qui je la tiens.

Amours (les) de Chérale, poème en six chants, suivi du bon Génie. (Par L.-S. Mercier.) *Amsterdam, Zacharie*, 1767, in-12.

Amours (les) de Chérubin, comédie. (Par G.-F. Fouques-Deshayes, plus connu sous le nom de Desfontaines de La Vallée.) *Paris, Brunet*, 1784, in-8.

Amours (les) de Clitophon et de Leucippe, jadis escrits en grec, par Achille Tatius, alexandrin, et depuis mis en latin, par L. Annibal (Cruceius), italien, et nouvellement traduits en langage françoys par B. (Belleforest), comingeois. *Paris, L'Huillier*, 1568, in-8. — *Paris, J. Borel*, 1575, in-8, IV-146, ff.

Amours (les) de Clitophon et de Leucippe, traduction nouvelle (du grec d'Achille Tatius, par du Perron de Castéra). *Amsterdam, Humbert*, 1733, 2 vol. in-12.

Le traducteur est nommé au bas de quelques vers qui précèdent l'avertissement.

Amours (les) de Clytophon et de Leucippe, traduction nouvelle tirée du grec d'Achilles Tatius... *Paris, T. Quinet*, 1635, in-12.

L'épître dédicatoire est signée I. B. (Jean Baudoin). Voy. « Supercheries », II, 324, *e*.

Amours (les) de Colas, comédie loudunoise, par S. L. (Saint-Lon). *Loudun*, 1691, in-8.

Voy. « Supercheries », III, 652, *e*.

Amours (les) de Cupidon et de Psyché, traduction nouvelle (du latin d'Apulée), avec des remarques. (Par Brugière, sieur de Barante.) *Paris, de Luyne*, 1695, in-12. — *Amsterdam, Bohm*, 1709, in-8.

Voy. la « Bibliothèque des Romans » de l'abbé Lenglet Dufresnoy.

On a cru pendant longtemps que P. Richelet s'était caché sous les noms de Claude-Ignace Brugière, sieur de Barante. L'abbé Joly l'assurait encore dans l'article de Richelet, contenu dans les « Eloges de quelques auteurs françois. » *Dijon*, 1742, in-8. Cette erreur avait aussi été commise par l'abbé Goujet, dans le t. 3 de sa « Bibliothèque françoise » ; mais dans l'avertissement du t. 5 du même ouvrage, il déclara avoir reçu une lettre de M. Brugière, avocat à Riom, dans laquelle celui-ci s'avouait l'auteur du « Recueil des plus belles épigrammes » (voy. ce titre), attribué à P. Richelet. L'abbé d'Artigny avait vu le manuscrit de cet ouvrage de la main de Brugière de Barante. Voy. le t. VI de ses « Nouveaux Mémoires », p. 93.

Amours (les) de Daphnis et Chloé, traduites du grec de Longus. (Par Jacques Amyot.) *Paris*, 1559, in-8. — Nouvelle édition. (Publiée par Et. Clavier.) *Paris, Renouard*, 1803, in-18.

Amours (les) de Daphnis et Chloé, traduction nouvelle. (Par François-Valentin Mulot, chanoine régulier de Saint-Victor.) *Mytilène et Paris, Moutard*, 1783, in-8 et in-16. — Nouvelle édition, avec des figures dessinées par Biget et gravées par Blanchard. *Paris, imprimerie de Patris*, 1795, in-18.

Amours (les) de Fontanarose, roi des Bobelins, ou le Fat par excellence, comédie en prose et en vers, en un acte. *Liège, épouse Bollen*, 1791, in-18, 24 p.

Quérard, « France littéraire », t. III, p. 551, attribue cette pièce à un nommé Gullence. M. de Theux, dans son excellente « Bibliographie liégeoise », la laisse anonyme, en constatant qu'elle est signée : « Un buveur d'eau. »

Amours de Guillaume de Machault. (Publié par Prosper Tarbé.) *Reims*, 1849, in-8. D. M.

Amours (les) de Henri IV, roi de France, précéd. de l'Eloge de ce monarque, par M. de La Harpe, suivis de sa Correspondance avec ses maîtresses ; d'un grand nombre d'anecdotes sur ce bon roi ; de ses poésies ; d'un récit du premier accouchement de Marie de Médicis ; et du Journal de la violation des tombeaux de Saint-Denis (par C.-A. Sewrin, mort en avril 1853.) *Paris*, 1807, 3 vol. in-12.

Le « Journal de la violation des tombeaux » est la seule partie dont Sewrin soit l'auteur.

Amours (les) de l'ange Lure et de la fée Lure. (Par le marquis de Bièvre.) 1772, in-32.

Réimprimé dans la « Bievriana », an IX, in-18, aux p. 56-61.

Amours (les) de la belle Junie, par Mad. de P. (de Pringy.) *Paris*, 1698, in-12.

Voy. « Supercheries », III, 1, *c*.

Amours (les) de la halle, vaudeville poissard en un acte (en prose) ; par MM. Henrion et M..... (C.-F.-J.-B. Moreau). *Paris, Barba*, an XI-1802, in-8, 32 p.

Amours (les) de Léandre et de Héro, poëme de Musée le grammairien, trad. du grec en françois. Avec le texte. (Par de La Porte du Theil.) *Paris, Nyon le jeune*, 1784, in-12, fig. de Cochin. a

Amours (les) de Leucippe et de Clitophon ; traduit du grec d'Achille Tatius, avec des notes historiques et critiques. *Amsterdam, P. Humbert*, 1733, in-12, avec une grav. b

L'épître en vers est signée d'une partie du nom du traducteur (du Perron) de Castéra. Cette traduction est complète.

Amours (les) de Lysandre et Caliste. Voy. « Histoire tragi-comique. »

Amours (les) de Messaline, ci-devant reine du royaume d'Albion, par une personne de qualité, confidente de Messaline (Gregorio Leti). *Cologne, Pierre Marteau*, 1689, in-12, 4 ff. et 184 p. c

Voy. « Supercheries », III, 84, *f*.

Amours (les) de Mme de Maintenon... Voy. « la Cassette ouverte. »

Amours de Mars et Venus. (Par Vinc. Lombard de Langres.) *Cocunopolis*, 1796, in-16.

Poëme badin en dix chants très-courts.

Amours (les) de Montmartre, comédie en un acte et en vers, nouv. édit. avec des changements. (Par Fonpré de Francasalle.) *Bordeaux, Chapuy*, an VI-1798, in-8. d

La première édition, *Londres (Paris)*, 1782, in-8, porte le nom de l'auteur.

Amours (les) de Nanterre, opéra-comique en un acte, par MM. Le S*** (Alain-René Lesage) et d'Or***; représenté à la foire Saint-Laurent, en 1718, et ensuite sur le théâtre du Palais-Royal, par ordre de S. A. Royale Madame. *Paris, Duchesne*, 1764, in-8. e

Amours (les) de Napoléon III, par l'auteur de « La Femme de César » (Pierre Vésinier). *Londres, libr. et impr. univers.* 1865-1869, 4 vol. in-8.

Dans la préface du tome IV, publié à la fin de l'année 1869, l'auteur annonçait un 5e volume qu'il espérait avoir la satisfaction de publier « après la chute du tyran. » f

Amours de Néron. (Par Mlle de La Rocheguilhem.) *La Haye, Troyes*, 1695.— *La Haye, Swart*, 1713, in-12.

Amours (les) de Pâris et de la nymphe Œnone. (Par Michel Guy, de Tours.) 1602, in-12. — *Paris*, 1611, in-12.

Amours (les) de Philinde, par F. F. D. R. (François Fouet, de Rouen). *Paris, Guillemot*, 1601, in-18.

Voy. « Supercheries », II, 35, *f*.

Amours (les) de Philocaste. (Par Jacques Corbin.) *Paris*, 1601, in-12.

Amours (les) de Pierre Le Long et de Blanche Bazu. (Par de Sauvigny.) *Paris, Ducaurroy et Janet*, an IV-1795, in-12.

Voy. « Histoire amoureuse de Pierre. »

Amours (les) de Protée, ballet (en trois actes et un prol., le tout en vers libres ; par Jos. de Lafond). *Paris*, 1720, 1728, in-4. — *Lyon*, 1742, in-4.

Amours (les) de Psyché et de Cupidon, par Apulée, traduction nouvelle (par M. L. F. Feuillet), ornée de figures de Raphaël; publiée par C. P. Landon. *Paris*, 1809, in-fol.

Amours (les) de Psyché et de Cupidon, trad. du latin d'Apulée. (Par Amable-Guill.-Prosper Brugière, baron de Barante.) *Paris*, 1801, in-4.

Cette édition a été dirigée par M. de L'Aulnaye.— Voy. ci-après « Psyches et Cupidinis amores. »

Amours (les) de Rhodante et de Dosiclès, traduction du grec de Theodorus Prodromus. *Paris*, 1746, 1749, in-12.

Dans la première édition de ce « Dictionnaire », j'ai eu tort d'attribuer à Beauchamp la traduction de ce roman. Lui-même la désavoue en tête du volume qu'il publia la même année et avec son nom sous ce titre : « Imitation du roman grec de Rhodante. » *Paris, Coustelier*, in-12. Il s'est trouvé cinq exemplaires de la traduction dans l'inventaire de la bibliothèque du marquis de Collande, gendre de M. de Gravelle, mort en son château d'Elbeuf en 1752. M. Hubaud, membre de l'académie de Marseille, qui m'a transmis ce renseignement, observe avec raison qu'on pourrait considérer ce marquis comme auteur de la traduction du roman de Prodromus ; car il n'est pas ordinaire de conserver plusieurs exemplaires d'un même ouvrage, quand on n'en est point l'auteur.

Voy. « Avantures de Rhodante. »

Amours (les) de Sapho et de Phaon. (Par Cl.-L.-M. de Sacy.) *Amsterdam*, 1775, in-8.

Amours (les) de Tempé, ballet héroïque en quatre actes, paroles de M*** (L. de Cahuzac), musique de M. d'Auvergne. *Paris*, 1752, in-4.

Cet opéra a été attribué à Fuzelier.
Voy. « Supercheries », III, 1046, *b*.

Amours (les) de Théagène et Chariclée, histoire éthiopique d'Héliodore, traduction nouvelle. (Par de Montlyard.) *Paris, Samuel Thiboust*, 1623, 1626, 1633, in-8.

Amours (les) de Théagène et de Chariclée, histoire éthiopique, traduite du grec d'HÉLIODORE. *Amsterdam, Herman Uytverf*, 1727, 2 vol. in-12.

Cette édition est la première de cette traduction, qui a été souvent réimprimée, notamment à Paris, par Coustelier, en 1743, 1757. On y trouve une épître dédicatoire à M. de Fontenelle, signée l'abbé de F...

L'abbé Lenglet Dufresnoy, dans les notes manuscrites qu'il a placées sur un exemplaire de sa « Bibliothèque des Romans, » que l'on voit aujourd'hui à la Bibliothèque nationale, attribue cette traduction à M. POULLAIN DE SAINTE-FOIX, si connu depuis par ses « Essais historiques sur Paris ; » et c'est sans doute d'après cette autorité que les rédacteurs du Catalogue de la Bibliothèque du Roi ont présenté Saint-Foix comme le traducteur d'Héliodore. Mais les différents auteurs qui ont publié des détails sur la vie et les écrits de Sainte-Foix, ne donnent nullement à entendre que cet ingénieux écrivain se soit appliqué, dans sa jeunesse, à l'étude de la langue grecque.

D'autres bibliographes regardent la lettre F..... comme l'initiale de FONTENU. C'était l'opinion de l'abbé Le Blond ; et il est vrai que l'abbé de Fontenu, membre de l'Académie des Inscriptions et très-lié avec Fontenelle, a pu traduire le roman d'Héliodore et le dédier à l'auteur des « Entretiens sur la pluralité des mondes. ».

Amours (les) de Vénus et d'Adonis, poëme du chevalier romain (J.-B. MARINO). *Paris*, 1674, in-12.

Voy « Supercheries », I, 715, *a*.

Amours (les) de Zémédore et Carina et Description de l'île de la Martinique. (Par TRAVERSAY.) *Paris*, 1806, 2 part. in-12.

Amours (les) de Zoroas et de Pancharis, poëme érotique et didactique ; ouvrage traduit sur la seconde édition de l'original latin (de Philippe PETIT-RADEL), et enrichi de notes critiques, historiques et philosophiques, par un amateur de l'antiquité (Ph. PETIT-RADEL lui-même). *Paris, Levrault*, an X, 3 vol. in-8, avec grav.

Voy. « Supercheries ». I, 202, *d*.

Amours (les) des Anges, poëme en trois chants. Trad. de l'anglais, de Th. MOORE. (Par DAVEZIES DE PONTÈS.) *Paris*, 1823, in-12.

Amours (les) des Dames illustres de notre siècle. *Cologne*, 1680, 1691, 1694, 1700, petit in-12.

Recueil contenant les « Amours de La Vallière » ; « l'Adieu des filles de joie », « l'Histoire amoureuse des Gaules » de BUSSY-RABUTIN, et autres pièces réimprimées dans plusieurs éditions de « l'Histoire amoureuse des Gaules. » Voy. ce titre.

On y trouve aussi « Lupanie. » Voy. ce titre.

Il existe plusieurs autres éditions ; celle de *Cologne, Pierre Marteau* (sans date, mais imprimée en Hollande, vers 1737) est la plus complète. Le « Manuel du Libraire », 5e édit., t. I, col. 244. entre à cet égard dans de longs détails.

Amours (les) des Empereurs romains Jules César et Auguste. (Par le chevalier DE MAILLY.) *Amsterdam*, 1701, in-12.

La première édition a paru sous le titre de « Rome galante... » Voy. ces mots.

Amours (les) du bon vieux Temps. (Aucassin et Nicolette, fabliau en vers et en prose, publié par J.-B. DE LA CURNE DE SAINTE-PALAYE.) *Vaucluse (Paris), Duchesne*, 1756, in-12. — *Paris, Duchesne*, 1760, in-8.

Sainte-Palaye avait déjà publié deux fois cette traduction assez littérale d'une composition du XIIIe siècle ; la première fois dans le « Mercure » et une seconde fois sous le titre d' « Histoire ou Roman d'Aucassin... » 1752. Voy. ce titre. Il y avait ajouté la traduction du fabliau intitulé : « La Chastelaine de Saint-Gilles. » MM. L. MOLAND et Ch. d'HERICAULT ont donné le texte ancien, revu avec le plus grand soin, dans le recueil de « Nouvelles françaises du XIIIe siècle. » *Paris, Jannet*, 1856, in-18.

Amours (les) du docteur Charles, membre de la Société de la Grande Harmonie. *Bruxelles, Sacré*, 1844, in-12, 10 p.

Signé : V. R. (RÉMY), receveur des contributions à Zellick. J. D.

Amours (les) du grand Alcandre, en laquelle sous des noms empruntez se lisent les advantures amoureuses d'un grand prince du dernier siècle. (Par Mlle DE GUISE, Louise-Marguerite de Lorraine, princesse de Conti.) *Paris*, 1652, *imp. de la veuve J. Guillemot*, in-4.

Cet ouvrage a été réimprimé plusieurs fois en Hollande, avec substitution plus ou moins heureuse des noms propres aux noms supposés.

M. Paulin Paris a publié dans le « Bulletin du Bibliophile », Xe série, juin 1852, p. 115, un article sur ce roman, qu'il attribue à Roger DE BELLEGARDE. Voy. Brunet, « Manuel », 5e édit., t. III, col. 192, 193.

L'édition de *Paris, Didot l'aîné*, 1786, 2 vol. in-12, est intitulée : « Les Amours du grand Alcandre, par Mademoiselle DE GUISE, avec des pièces intéressantes pour servir à l'histoire de Henri IV. » (Publié par M. J.-B. DE LA BORDE.) Aignan cite une note de cette édition où il est question de la Saint-Barthélemy et qui aurait été retirée par ordre du gouvernement, avec une telle diligence, qu'il pense qu'elle n'existe plus que dans l'exemplaire d'où il l'extrait. Voy. « Bibliot. étrangère », t. I, p. 230.

Voy. aussi « Histoire des amours du grand Alcandre » et « Histoire des amours de Henri IV ».

Amours (les), élégies en trois livres. (Par le chevalier Ant. DE BERTIN.) *Londres (Paris, P. Didot l'aîné)*, 1780, in-8.

Réimprimé avec le nom de l'auteur.

Amours (les) et aventures du vicomte de Barras avec mesdames de Beauharnais, Tallien, la douairière du Baillet, Mlle Sophie Arnoult, par le baron de B. (Charles DORIS). *Paris, Mathiot*, 1816, 2 vol. in-12.

Voy. « Supercheries », I, 439, *f*.

a

Amours et galanteries des rois de France. Mémoires historiques sur les concubines, maîtresses et favorites de ces princes, depuis le commencement de la monarchie jusqu'au règne de Charles X. (Par E.-T. Bourg, dit Saint-Edme.) *Paris*, 1829, 2 vol. in-8.

L'auteur s'est suicidé à Paris, le 25 mars 1852. Il avait été condamné pour escroquerie à deux années de prison, comme faisant partie d'une bande dont le chef avait été condamné à 10 ans de travaux publics.

b

Amours et intrigues des prêtres français, depuis le XIIIe siècle jusqu'à nos jours, ou désordres, malheurs et crimes qui sont le fruit du célibat des prêtres. (Par E.-M. Masse.) *Paris, chez les marchands de nouveautés*, 1830, in-18.

Il y a des éd. avec le nom de l'auteur.

Amours (les) et les voyages d'un jeune officier étranger, ou l'Italie avant sa res-

c

tauration... par VII et III (Auguste Hus), auteur des « Alpes illustrées. » *Paris, veuve Maret*, 1817, in-8.

VII et III sont le nombre de lettres que renferment le prénom et le nom de l'auteur.

Voy. « Supercheries », III, 958, *b*.

Amours (les) grenadiers, ou la gageure angloise, petite pièce en un acte sur la prise de Port-Mahon ; représentée pour la première fois sur le Théâtre de la Foire

d

S. Laurent, le 9 septembre 1756. (Par François-Antoine Quétant.) *Paris, Duchesne*, 1756, 1778, *in*-8.

Amours (les), imitations en vers français de divers poëtes latins. (Par J.-N.-M. de Guerle.) *Paris, Cailleau*, (vers 1792), in-18.

Amours ou Lettres d'Alexis et Justine, Par M***** (le marquis de Langle). *Neuf-*

e

châtel, Jérémie Witel, 1786, 2 vol. in-8. — *Paris*, 1790, 2 vol. in-8.

Voy. « Supercheries », III, 1124, *e*.

Amours (les) pastorales de Daphnis et Chloé. (Traduites du grec de Longus en français, par J. Amyot ; ouvrage enrichi de figures en taille-douce gravées par Benoît Audran, sur les dessins du duc d'Orléans, régent du royaume, imprimé par

f

les soins de Lancelot.) (*Paris, Quillau*,) 1718, in-8. — *S. l.*, 1745, in-8.

L'édition de 1745 faite sur l'édition du Régent, et avec les mêmes figures, auxquelles on a ajouté quelques vignettes et culs-de-lampe, par Cochin, est augmentée de notes d'Ant. Lancelot. C'est pour cette édition qu'a été faite la gravure dite des petits pieds qui se joint à l'édition originale.

Amours (les) pastorales de Daphnis et Chloé. (Trad. du grec de Longus, par Amyot, avec les notes d'Antoine Lancelot ; publié par Camille Falconnet.) *Paris, Coustelier*, 1731, pet. in-8, VIII-159 p. de texte et X pag. de notes, avec figures.

Cette édition est celle qui a été insérée dans la « Bibliothèque des romans traduits du grec » en 12 vol., dont elle forme le t. IV ; il en existe aussi des exemplaires séparés. *Paris*, 1797, in-18.

Amours (les) pastorales de Daphnis et Chloé, double traduction du grec (de Longus) en français de M. Amyot et d'un anonyme (Le Camus, médecin), mises en parallèle, et ornées des estampes originales du fameux B. Audran, gravées aux dépens du duc d'Orléans, régent de France, sur les tableaux inventés et peints de la main de ce grand prince. *Paris*, 1757, in-4.

Amours (les) pastorales de Daphnis et Chloé, traduction nouvelle. (Par de Bure de Saint-Fauxbin.) *Paris, Lamy*, 1787, in-4.

Amours (les) rivaux, ou l'homme du monde. (Par C.-N. Cochin fils.) *Paris*, 1774, in-8. V. T.

Voy. la « Bibliothèque universelle des Romans », août 1779, p. 161.

Amours secrètes de Napoléon Bonaparte, par l'auteur du « Précis historique » et des « Mémoires secrets » (Charles Doris.) *Paris*, 1815, 2 vol. in-12. — 2e éd., *Paris*, 1815, 2 vol. in-12. — 3e éd., *Paris*, 1815, 2 vol in-12.

Le titre de la 4e éd. porte : par M. le baron de B., auteur du « Précis historique ». *Paris, G. Mathiot*, 1815, 4 vol. in-12.

Voy. « Supercheries », I, 430, *e*.

Amours (les) secrètes des Bourbons, depuis le mariage de Marie-Antoinette, jusqu'à la chute de Charles X ; par la comtesse du C*** (Horace Raisson). *Paris, J. Lefebvre*, 1830, 2 vol. in-12.

Attribué par De Manne à Louis-François Raban.

Voy. « Supercheries », I, 610, c, et 997, *b*.

Amours secrètes des quatre frères de Napoléon, par M. le Baron de B*** (Charles Doris), auteur du « Précis historique... » *Paris, C. Mathiot*, 1816, 2 vol. in-12.

Forme les t. V et VI des « Amours de la famille de Napoléon. »

Voy. « Supercheries », I, 430, *f*.

Amours secrètes du cardinal de Richelieu avec Marie de Médicis... Par D.... M.... (Denis Mater). *Paris, Michel*, 1803, in-12.

Voy. « Supercheries », I. 964, *e*.

Amours (les) solitaires d'Arlanges, à M. de La Fresnaye Vauquelin. (Par Robert

Angot, sieur de L'Eperonière, avocat au présidial de Caen.) *Suivant l'exemplaire imprimé à Paris*, 1611, in-4, 51 p.

Voy. « Catal. du baron Jér. Pichon », 1869, nº 577. Pour deux autres pièces du même auteur, voy. aux « Supercheries », III, 323, *c*. Angot doit être rangé parmi les réformateurs de l'orthographe.

Amours (les) tragiques de Pyrame et Thisbé. (Par Théophile Viaud.) 1630, in-12.

Le catalogue Soleinne, t. I, nº 999, fait connaître une édition antérieure avec le nom de l'auteur, *Paris, Jean Martin*, 1626, in-8.

Amours (les) traversés, histoires intéressantes, dans lesquelles la vertu ne brille pas moins que la galanterie. (Par l'abbé I. V. Guillot de Chassagne, de Besançon.) *La Haye* (*Paris*), 1741, 2 parties in-12.

Amphytrion, opéra en vers, en 3 actes. (Paroles de M.-J. Sedaine, musique de Grétry.) (*Paris*,) *de l'imp. de Ballard*, 1786. — *Paris*, *Delormel*, 1788, in-8.

Taschereau, « Histoire de la vie et des ouvrages de Molière », 3ᵉ éd., p. 295.

Ample discours de ce qui c'est faict et passé au siege de Poictiers ; escrit durant iceluy, par homme qui estoit dedans... avec quelques vers françois sur la defence de ladicte ville... imitez du latin de I. V. (Par Marin Liberge, docteur ès-droits.) *Paris, N. Chesneau*, 1569, in-8. — *Rouen*, 1569, in-8. — *Lyon, M. Jove*, 1569, in-8.

Publié en 1570, avec le nom de l'auteur, sous le titre de : « Le Siége de Poitiers et ample discours... » *Poitiers, Boisateau*, in-4. Réimprimé en 1621 sous le même titre, *Poitiers, Thoreau*, in-12, et enfin en 1846 : nouvelle édition annotée par H. Beauchet-Filleau. *Poitiers, Létang*, in-8.

Voy. « Supercheries », II, 304, *b*, où le nom de l'auteur est écrit par erreur Leberge.

Amsterdam hydropique, comédie burlesque, par M. P. V. C. H. (Calotin). *Paris, Barbin*, (1673), pet. in-12 de 4 et 52 p.

Voy. « Supercheries », III, 275, *e*.

Amusement. (Recueil de prose et de vers, par Franç.-Xav. Breyé.) *Nancy, Lescure*, 1733, in-12.

Amusement curieux et divertissant propre à égayer l'esprit, ou Fleurs de bons mots, contes à rire... recueilli par D**** (Ducny), jadis imprimeur de l'escadre du Roi à l'expédition de Minorque. *Florence* (*Marseille*), *J. Mossy*, 1766, 2 vol. in-12.-*Marseille, J. Mossy*, 1770, 2 vol. in-12.

Voy. « Supercheries », I, 830, *c*.

Cet ouvrage figure sous le nº 675 de la seconde éd. et a été, par suite d'une mauvaise transcription, donné au supplément nº 21998, sous le titre d' « Amusements » par Duny. Cette seconde attribution fautive a été également reproduite dans les « Supercheries », I, 841, *b*.

Amusement d'une Société innombrable, etc., ou la véritable Maçonnerie, etc., dédiée aux dames, par un chevalier de tous les ordres maçonniques, etc. *Au Sanctuaire des mœurs*, 1779, petit in-12, XII-172 p.

L'épître dédicatoire est signée : de Gaminville, anagramme de Guillemain. Il existe des exemplaires avec le titre : « La Vraie Maçonnerie d'adoption... dédiée aux dames par un chevalier de tous les ordres maçonniques » : *Londres, aux dépens de l'auteur*, 1779, petit in-12. Dans ces exemplaires, l'épître dédicatoire est signée Guillemain.

Le sieur Guillemain, dit de Saint-Victor, a encore publié d'autres compilations sur la franche-maçonnerie. Voy. la table des auteurs.

Le fond de « la Vraie Maçonnerie d'adoption » est tiré de l'ouvrage qui a pour titre : « L'Adoption, ou la Maçonnerie des Femmes, » en trois grades. « *A la Fidélité, chez le Silence*. (*La Haye, P. Gosse*). 1000, 700, 75, pet. in-8, 64 p.

Voy. « Supercheries », I, 743, *d*.

Amusement de la Raison. (Par l'abbé Séran de La Tour.) *Paris, Durand*, etc., 1747, in-12, XXIV-254 p. et 5 feuillets de table. — *Paris, Durand*, 1752, 2 vol. in-12.

Amusement des gens du monde. (Par Jean-Pierre-Louis de La Roche du Maine, marquis de Luchet.) *Paris*, 1785, 2 vol. in-8.

Amusement philosophique sur le langage des bêtes. (Par Guillaume-Hyacinthe Bougeant.) *Paris, Gissey*, 1739, in-12. — *La Haye, A. Vandale*, 1739, in-12. — *Amsterdam, aux dépens de la compagnie*, 1750, in-12. — Nouvelle édition avec le supplément ou plutôt la critique de cet ouvrage, la lettre du P. Bougeant à M. l'abbé Savalette, et un précis sur la vie et sur les ouvrages de l'auteur de « l'Amusement philosophique. » (Par Née, de La Rochelle.) *A Pékin, et se trouve à Paris, chez Gogué et Née de La Rochelle*), 1783, in-12, 219 p.

Voy. « Lettre à Madame la comtesse D*** pour servir de supplément à l'Amusement philosophique... », et pour plus de détails, de Backer, 2ᵉ éd., I, col. 805.

Amusement physique sur le système newtonien, par le R. P. D***, jésuite (Desmarais dit l'abbé d'Hautecourt.) *Paris, Humblot*, 1769, in-12.

Voy. « Supercheries », I, 840, *b*.

Amusements, consistant en la guerre d'Antoine, duc de Lorraine, contre les rustauds ; l'histoire de la sibylle de Marsal ; dialogue sur les faveurs de l'amour et diverses pièces de poésie. (Par François X. Breyé, avocat.) *Nancy, A. Lescure*, 1733, in-12, 4 f. et 101 p.

Amusements d'un convalescent, par M. D. L. P. (P.-A. DE LA PLACE). 1761, in-8.

Voy. « Supercheries », I, 959, *f*.

Amusements d'un homme de lettres, ou jugements raisonnés et concis sur tous les livres qui ont paru tant en France que dans les pays étrangers pendant l'année 1759, divisés par semaine. *Manheim, et Paris, Cailleau*, 1760, 4 vol. in-12.

Dans la « France littéraire », de 1769, t. II, p. 132, à la suite de ce titre on lit : c'est la « Semaine littéraire » de M. D'AQUIN et à la p. 523 : « Semaine littéraire » par MM. DAQUIN et DE CAUX. 1759, 4 vol. in-12.

Dans le « Supplément de la France littéraire », t. III, première partie, publiée en 1778, ce même auteur est dénommé D'AQUIN DE CHATEAU-LYON (Pierre-Louis) et placé au D. Il en est de même pour presque tous les noms avec apostrophe, l'on n'en a pas tenu compte.

Amusements d'un philosophe solitaire. (Par Jean BARDOU, curé.) *Bouillon, Société typographique*, 1783, 3 vol. in-8.

Amusements d'un septuagénaire. (Par P. DE BOLOGNE.) *Paris, Poinçot*, 1786, in-8.

Amusements de famille. Souvenir d'un père à ses enfants. (Par Louis LECONTE-DELÉRUE.) *Roubaix*, 1857, in-8. D. M.

Amusements (les) de l'amitié rendus utiles et intéressants. Recueil de lettres écrites de la cour vers la fin du règne de Louis XIV. (Par l'abbé Jacques-Philippe DE VARENNES.) *Paris, Langlois*, 1729, in-12. — Sec. éd., *Paris, L.-E. Ganeau*, 1741, in-12. — 3e éd., *Halle*, 1770, in-8.

La première édition de ce « Dictionnaire » et ensuite la « Biographie universelle » ont à tort attribué cet ouvrage à DUPUY, secrétaire au congrès de Riswyck.

Ces lettres sont adressées à Mlle Aubert du Petit-Thouars de Rassay, morte en 1768, âgée de 96 ans. On trouve dans le volume plusieurs lettres de cette demoiselle.

Amusements (les) de la campagne, ou le défi spirituel, par l'auteur de « la Comtesse de Vergi » (le chevalier DE VIGNACOURT). *Paris, Robinet*, 1724, in-12.

Amusements de la campagne, ou récréations historiques. *Paris*, 1743, 8 vol. in-12.

C'est un recueil de petits romans par Eust. LE NOBLE et autres auteurs.

Amusements de la chasse et de la pêche. (Par François FORTIN.) *Amsterdam et Leipsick, Arkstée et Merkus*, 1743, 2 vol. in-12.

Voy. les « Ruses innocentes... » C'est le même ouvrage, dont on a retranché le second chapitre.

Voy. « Supercheries », II, 36, *d*.

Cet ouvrage a aussi été réimprimé sous le titre de « Délices de la campagne, ou les ruses innocentes », 1700, in-8.

Amusements (les) de la société, ou poésies diverses, par l'auteur du « Triomphe de l'Amitié » (L.-G. FARDEAU). *Paris*, 1774, in-8.

L'auteur a fait réimprimer ces poésies en 1806, in-12, avec des augmentations. Il n'était donc pas mort en 1785, comme je l'ai dit dans mon « Examen critique des Dictionnaires historiques. »

Amusements de ma solitude, mélanges de poésie ; par M. D'EY... (D'EYMAR). *A Paris, chez l'auteur* (1802), 2 vol. in-12.

Cet ouvrage n'a été tiré qu'à 250 exemplaires.

Voy. « Supercheries », I, 1278, c.

Amusements de société... Voy. « Proverbes dramatiques. »

Amusements des bains de Bade en Suisse, etc. (par David-François DE MERVEILLEUX.) *Londres*, 1739, in-8.

Amusements (les) des dames de B*** (Bruxelles). Histoire honnête et presque édifiante, composée par feu le chevalier de *****, et publiée par l'auteur du « Colporteur » (CHEVRIER). *Rouen, Pierre Levrai, cette présente année*. — Les Trois C., conte métaphysique, imité de l'espagnol et ajusté sous des noms françois pour la commodité de ceux qui n'entendent pas le flamand, par l'auteur du « Colporteur. » Seconde partie. *A Nanci, H. Gouvert, cette présente année*. — Je m'y attendois bien. Histoire bavarde; par l'auteur du « Colporteur. » *Partout, chez Maculature, imprimeur ambulant des bavards sédentaires, an des méchancetés. (La Haye*, 1762), in-12, 198 p.

La pagination suit jusqu'à la fin de la troisième partie. — Autre édit. de 152 p.

Amusements des dames, ou recueil d'histoires galantes tirées des meilleurs auteurs de ce siècle. *La Haye, aux dépens de la compagnie*, 1762, 2 vol. in-12.

« Dernières sottises de M. CHEVRIER, mort cette même année 1762... » D. P. (de Paulmy, n° 437 de la bibliothèque de la reine au petit Trianon).

M. Gilet dit (n° 52 de sa Notice historique et bibliographique sur Chevrier, *Nancy*, 1864, in-8) « jusqu'à preuve certaine je regarde ce livre comme une édition, avec un nouveau, titre des « Amusements des dames de B***. »

Amusements des eaux d'Aix-la-Chapelle. (Par C.-L. DE POELLNITZ.) *Amsterdam, P. Mortier*, 1736, 3 vol. in-12.

D'autres auteurs, entre autres M. Eloy, dans son « Dictionnaire historique de la Médecine », attribuent cet ouvrage à M. HECQUET le fils.

Amusements des eaux de Schwalbach, des bains de Wiesbaden et de Schlangenbad. Avec deux relations curieuses, l'une de la Nouvelle Jérusalem, et l'autre d'une a partie de la Tartarie indépendante... *Liège, Kints*, 1738, in-8, 4 ff. et 320 p., av. 3 pl. — Nouv. édit. *Ibid.*

Barbier avait d'abord attribué cet ouvrage au chevalier Pierre-Jos. DE LA PIMPIE SOLIGNAC ; dans son Supplément il le donne à David-Franç. DE MERVEILLEUX, d'après le « Dictionnaire » de Georgi. Quérard a reproduit ces deux attributions.

Amusements des eaux de Spa. (Par DE POELLNITZ.) — *Amsterdam*, 1734, 2 vol.
b in-8. — *Amsterdam, P. Mortier*, 1752, 4 vol. in-18. — *Amsterdam et Paris, Mérigot père et J.-N. Leloup*, 1782, 4 vol. in-18. (C'est l'éd. précédente avec nouv. titres.) — *Londres*, 1782, 5 vol. in-16. — *Paris*, 1784, 4. vol. in-12.

Amusements des gens d'esprit. (Par Pierre-Louis DE MASSAC.) *Paris*, 1756, 1762, in-12.

c Voy. la préface du « Recueil d'instructions », par le même auteur.

Amusements des jeunes étudiants pour apprendre le français, ou mélange agréable de diverses pièces concernant l'histoire des personnages célèbres... (Par David-Etienne CHOFFIN.) *Lund*, 1791, in-8.

C'est suivant Fleischer le même ouvrage que celui qui a pour titre : « Amusements philologiques, ou Mélange ... » Voy. ces mots.

d Amusements dramatiques, par D. C. (DE COSTARD). *Londres et Paris*, 1770, in-8.

Voy. « Supercheries », I, 872, *f*.

Amusements du cœur et de l'esprit, ouvrage périodique. *Paris, Didot*, 1736, in-12.

François BRUYS est auteur des feuilles 6, 7, 8 et 9. Cet ouvrage n'eut pas de succès. En 1737, Philippe
e DE PRÉTOT publia de « Nouveaux Amusements du cœur et de l'esprit. » Voy. ces mots.

Amusements, gayetés et frivolités poétiques, par un bon Picard. *Londres*, 1783, in-8, 138 p.

Ouvrage composé par Pierre-Ant. DE LA PLACE et imprimé par le prince de Ligne et le prince Charles, son fils aîné, à leur imprimerie du château de Bel-Œil. Voy. Brunet, « Manuel », 5e éd.

f Amusements géographiques, ou Voyages de M*** (P. NAVARRE, de Meaux, avocat) dans les quatre parties du monde. *Meaux, Courtois*, 1786. — *Paris, Méquignon le jeune*, 1788, 2 vol. in-8.

Voy. Supercheries », III, 1078, *a*.

Amusements géographiques et historiques, ou voyages dans les cinq parties du monde. Ouvrage de M. N* (NAVARRE), entièrement refondu par M. DEPPING. Nouvelle édition, ornée de huit cartes. *Paris*, 1822, 2 vol. in-8.

Il y a des exemplaires qui portent pour titre : « Voyages d'un étudiant dans les cinq parties du monde. »

Voy. « Supercheries », II, 1217, *c*.

Amusements historiques. (Par Jean DU CASTRE D'AUVIGNY.) *Paris*, 1735, 2 vol. in-12.

Amusements innocents, contenant le Traité des oiseaux de volière, ou le parfait oiseleur. (Par P.-J. BUCHOZ.) *Paris, Didot jeune*, 1774, in-12.

Réimprimé en 1782 sous le titre de : « Amusements des dames dans les oiseaux de volière ».

Amusements littéraires, moraux et politiques. (Par J.-H.-S. FORMEY.) *Berlin*, 1739, in-8.

C'est sous ce titre qu'ont paru les quatre derniers mois (avril-juillet 1738) d'un ouvrage périodique publié par Formey sous le voile de l'anonyme, intitulé : « Mercure et Minerve. » Voy. ces mots.

Amusements lyriques d'un amateur (l'abbé Ch.-F. CHAMPION DE NILON). *Paris, Edme*, 1778, in-8, 72 p.

Voy. « Supercheries », I, 286, *f*.

Amusements mathématiques. (Par André-Joseph PANCKOUCKE.) *Lille, Panckoucke, et Paris, Tilliard*, 1749, in-12.

Amusements philolologiques, ou Mélange agréable de diverses pièces, concernant l'histoire des personnes célèbres, les évènemens mémorables.... (Par Dav.-Et. CHOFFIN.) *Halle, maison des Orphelins*, 1749.—Sec. édit. rev. corr. et augmentée. *Ibid.*, 1755, 2 vol. in-8. — Nouv. édit., *Ibid.*, 1785-1789, 3 vol, in-8.

Dès 1750, l'auteur avait publié comme supplément aux « Amusements », sous le titre de « Dictionnaire abrégé de la fable » un extrait de celui de l'abbé de Claustre.

Amusements philosophiques et littéraires de deux amis. (Par le comte DE TURPIN et JEAN CASTILHON.) *Paris, Prault*, 1754. — Seconde édition augmentée. *Paris, Desaint*, 1756, in-12.

Voy. « Supercheries », I, 312, *c*.

Amusements poétiques d'un philosophe. (Par Firmin DOUIN, de Caen.) *Montauban et Paris, Cailleau*, 1763, in-8.

Voy. « Supercheries », III, 115, *f*.

Amusements sérieux et comiques. *Paris, Cl. Barbin*, 1699, in-12.—*Suivant la copie imprimée à Paris et à Amsterdam aux dépens d'Estienne Roger*, 1700, in-12, front. grav. — 2e édit. *Paris, Ve Barbin*, 1707, in-12. — 3e édit. *Imprimé à Rouen et se vend à Paris, chez P. Ribou*, 1706 (*sic*) in-12.

Le privilége reproduit dans cette édition est daté du 17 mars 1703, il est au nom de l'auteur qui est appelé le sieur DE RIVIÈRE. L'édition de *Paris, Briasson*, 1751, in-18, le nomme RIVIÈRE DUFRESNY.

L'édition qualifiée de 6e, *Amsterdam, Le Cène*, 1729, contient à la fin la « Dissertation sur la bizarrerie des opinions des hommes, » publiée pour la première fois, en 1698, avec le « Voyage d'Italie et de Grèce. » Voy. ce titre.

En 1869, il a été fait une réimpression, *Paris, impr. de Jouaust*, in-12, tirée seulement à 300 exemplaires.

En 1713, il a été publié une édition de cet ouvrage sous le titre d' « Entretiens » et sous le nom de FONTENELLE.

Voy. « Supercheries », II, 62, *a*.

Amusements (les) spirituels des frivoles, ou Pantin et Pantine, conte spirituel. (Par Th. L'AFFICHARD.) *Amsterdam, Michel*, 1751, in-8.

A paru d'abord sous le titre de « Pantin et Pantine. » Voy. ces mots.

Réimprimé dans le tome VI de la « Bibliothèque choisie et amusante ». *Amsterdam*, 1750, in-12.

Amy Herbert, traduit de l'anglais (de Miss Elisabeth SEWELL). *Paris, Ducloux*, 1850, in-12.

An (l') 2440. (Par le chev. Gér. JACOB, qui a signé plusieurs ouvrages du nom de Jacob KOLB. 1830.)

An (l') deux mille quatre cent quarante. Rêve s'il en fut jamais. (Par L.-Séb. MERCIER.) *Amsterdam, Van Harrevelt*, 1770, in-12. — *Paris, Brosson et Carteret*, an VII, 3 vol. in-8, avec le nom de l'auteur.

An (l') 1852. Almanach socialiste. (Par M. BOUGARD.) *Liége, chez tous les libraires*, in-12, 63 p. J. D.

An (l') 1860, ou Pline le jeune historien de Charles X (avec le texte de Pline, en regard de la traduction, par J.-M.-V. AUDIN.) *Paris, Urbain Canel*, 1824, in-8, 40 p.

An (l') 1787, Précis de l'administration de la Bibliothèque du Roi sous M. Lenoir. (Par J.-L. CARRA.) 1787, in-8. — Seconde édition assurément plus correcte que la première, avec un petit supplément. *Liége*, 1788, in-8, 19 p.

L'abbé Mercier, si connu sous le nom d'abbé de Saint-Léger, a publié dans le même temps : « Suite à l'an 1787, ou Lettre à un ami sur la suppression de la charge de bibliothécaire du roi, et sur un moyen d'y suppléer aussi économique qu'avantageux aux lettres. » *En France*, 1787, in-8, 29 p.

Le savant bibliographe, dans cette brochure remplie de détails pleins d'intérêt, proposait de confier aux Bénédictins le soin de la bibliothèque du roi.

.......ana (Allainvalliana), ou Bigarrures calotines. (Par l'abbé L.-J.-C. SOULAS D'ALLAINVAL.) *Paris, de Heuqueville*, 1732 et 1733, 4 parties in-12.

Il est difficile de trouver ces quatre parties réunies.

Ana, ou collection de bons mots, contes, pensées détachées, traits d'histoire et anecdotes des hommes célèbres, depuis la naissance des lettres jusqu'à nos jours; suivis d'un choix de propos joyeux, mots plaisants, réparties fines et contes à rire, tirés de différents recueils. *Paris, Visse*, etc., 1789-an VII, 10 vol. in-8.

Publié par les soins de M. Ch.-G.-T. GARNIER.

Suivant les notes de M. Van Thol, l'avocat BEAUCOUSIN aurait eu aussi quelque part à la publication de cette collection.

Les tomes V et VI comprennent les « Mélanges d'histoire et de littérature » de Bonaventure D'ARGONNE. Voy. ce titre.

Ana pour l'histoire des fêtes de la Flandre occidentale. (Par Charles CARTON.) *Bruges, Vande Casteele-Werbrouck*, 1848, in-8, 15 p.

Premier cahier, seul paru. Tirage à part des « Annales de la Société d'émulation de Bruges ». J. D.

Anacharsis (l') français, ou description historique et géographique de toute la France... par un jeune voyageur (Charles MALO). *Paris, L. Janet*, 1822, 4 vol. in-18.

Voy. « Supercheries », II, 306, *c*.

Anacharsis (d'), ou lettres d'un troubadour sur cet ouvrage, suivies de deux notices analytiques et de l'épître de M. de Fontanes à M. l'abbé Barthelemi. *Amsterdam et Paris, Maradan*, 1789, in-8, 110 p.

La première lettre est signée BER... (BERENGER); la seconde notice est signée de NAIGEON.

Anacréon citoyen. (Par Cl.-Jos. DORAT.) *Amsterdam et Paris, Monory*, 1774, in-8, 33 p.

Anacréon, Sapho, Bion et Moschus, traduction nouvelle en prose, suivie de la Veillée des fêtes de Vénus (poëme attribué à VALÈRE CATULLE, à FLORUS SÉNÈQUE, à LUXURIUS, etc.) et d'un choix de pièces de différents auteurs, par M... C... (MOUTONNET-CLAIRFONS). *Paphos et Paris*, 1773, 1774, 1780, in-4 et in-8, 1781, 2 vol. in-12.

Voy. « Supercheries », II, 1086, *b*.

Anacréon vengé, ou lettres au sujet de la nouvelle traduction d'Anacréon (de Poinsinet de Sivry), anoncée dans « l'Année littéraire » de Fréron.

(Par J.-B.-F.-C. DAVID.) *Criticopolis* (*Paris, Grangé*), 1755, 1757, in-12.

Anagrammes de Louis de Bourbon... et d'Anne d'Autriche... avec les sonnets et autres vers à l'honneur de leurs Majestés. (Par P. DE PRETOR.) *Paris, par Fleury Bourriquant*, 1614, in-8, 8 p.

L'auteur signe la dédicace au Roy.

Analecta juris pontificii. Dissertations sur différents sujets de droit canonique, liturgie et théologie. (Par l'abbé CHAILLOT.) Première série. *Rome*, 1855, in-fol.

Cet ouvrage se continue.

Analectabiblion, ou extraits critiques de divers livres rares, oubliés ou peu connus... tirés du cabinet du marquis D. R*** (DU ROURE). *Paris, Techener*, 1836-1837, 2 vol. in-8.

Voy. « Supercheries », I, 984, *d*.

Analogies entre l'ancienne Constitution et la Charte, et des institutions qui en sont les conséquences. Par un gentilhomme, A.-C. (Adolphe DE CALONNE). *Paris, Trouvé*, 1828, in-8, 149 p.

Voy. « Supercheries », II, 156, *e*.

Analogies (les) historiques, ou morceaux choisis de l'histoire pour servir de guide aux orthodoxes dans les nouvelles controverses et de préservatif contre les erreurs du temps. N° 2. *A Liège*, 1798, in-8, 38 p.

Second numéro d'une collection de cinq brochures in-8, toutes imprimées, en réalité, à *Mons, chez J.-N. Boquet*, en 1798 et 1801, et dont l'auteur est l'abbé H.-J. DUVIVIER. (De Theux. «Bibliographie liégeoise», 1867, p. 657.)

Voy. la « Bibliographie montoise », par Rousselle.

Analyse chronologique de l'Histoire universelle, depuis le commencement du monde jusqu'à Charlemagne. (Par Et.-André PHILIPPE DE PRÉTOT.) *Paris, Lambert*, 1752, in-8. — *Paris, Lottin*, 1756, in-4.

Cet ouvrage n'est, à quelques passages près, qu'une traduction de celui que Jean Le Clerc publia en latin sous le titre de : « Compendium historiæ universalis», etc. *Amsterdam*, 1696, in-8, et *Leipsic*, 1707, in-8. Si l'on en croit le dictionnaire de Moréri, l'original ne méritait pas une seconde édition, encore moins une traduction française. Cependant un anonyme le publia en français à Amsterdam, en 1730, petit in-8 de 270 pages, sous le titre de « Abrégé de l'histoire universelle, depuis le commencement du monde jusqu'à l'empire de Charlemagne, traduit du latin de M. Jean Le Clerc. » *Amsterdam, P. Mortier*. Le style de Philippe de Pretot est beaucoup plus pur que celui du traducteur d'Amsterdam. Comme il ne parle ni de l'original ni du traducteur qui l'a précédé, on ne sait s'il a traduit de nouveau l'ouvrage de Le Clerc, ou s'il s'est contenté de retoucher la traduction imprimée à Amsterdam. Je suis redevable à M. Solvet, libraire, de l'indication de cette espèce de plagiat.

Analyse comparative des os de diverses classes d'animaux. (Par Manoel-Joachim-Fernandès DE BARROS.) *S. l.*, 1827, in-4.

Analyse critique de l'exposition des beaux-arts, par l'auteur d' « Une guêpe exilée » (Eugène LANDOY). *Bruxelles*, 1845, in-18, 146 p. J. D.

Analyse critique du projet du Code civil. (Par J.-Fr. FOURNEL.) *Paris, Garnery*, an IX-1801, in-8, LXIV-112 p.

Analyse critique et raisonnée de plusieurs ouvrages sur la constitution du clergé, composés par M. Charrier de La Roche, député à l'Assemblée nationale, élu évêque du département de la Seine-Inférieure et métropolitain des Côtes-de-la-Manche. (Par l'abbé Guillaume-André-René BASTON.) *Rouen*, 1791, in-8.

Analyse d'un cours du docteur Gall, ou physiologie et anatomie du cerveau d'après son système. (Par N.-P. ADELON, l'un de ses élèves.) *Paris, Michaud*, 1818, in-8.

Analyse d'un ouvrage de M. Dugald Stewart, intitulé « Esquisse de philosophie morale. » Extrait du « Journal des savants, » pour 1817. (Par Victor COUSIN.) *Paris, impr. de Cellot, s. d.*, in-8.

Analyse d'un recueil historique concernant principalement le Brabant. (Par l'abbé Corneille STROOBANT.) *Bruxelles*, 1856, in-8. J. D.

Analyse de Bayle. (Par J.-M. ROBINET.) *Amsterdam*, 1770, 4 vol. in-12.

Voy. « Analyse raisonnée de Bayle. »

Analyse de l'Apocalypse. (Par Louis ELLIES DU PIN.) *Paris, de Nully*, 1714, in-12.

Analyse de l' « Augustin » de Jansénius, par M. l'abbé *** (L.-Fr. DU VAU, abbé de Landève). *Paris*, 1721, in-4.

Voir le « Dictionnaire de Bibliographie française », par Fleschier, t. I.

Le catalogue de la Bibliothèque du roi ne désigne pas cet ouvrage comme anonyme, et lui donne la date de 1723 ; mais ces indications inexactes viennent de l'absence du titre à l'exemplaire de cet établissement. Cet exemplaire est accompagné d'une correspondance volumineuse relative à la demande de privilége.

Voy. « Supercheries », I, 154, *f*.

Analyse de l'épître de S. Paul aux Hébreux. (Par l'abbé Philippe BOUCHER.) *S. l.*, 1733, in-12.

Analyse de l'esprit du jansénisme. (Par Deneslle.) *Amsterdam*, 1760, in-12, 93 p.

C'est par erreur que Barbier dans sa seconde édition ajoute, d'après Fleischer, au titre de cet ouvrage : par M. D...

Par suite de cette indication inexacte, il figure deux fois à tort dans les « Supercheries », I, 825, *c*, et 850, *a*.

Analyse de l'histoire de la Belgique de M. Dewez. (Par M. le baron de Stassart, ancien préfet de Vaucluse.) *Avignon, Seguin frères*, 1810, in-8, 147 p.

Analyse de l'histoire philosophique et politique de Raynal. (Par Fr. Bernard.) *Paris, Morin*, 1775, in-8. — *Leyde, J. Murray*, 1775, in-8, 245 p.

Analyse de l'histoire sacrée, depuis l'origine du monde, mêlée de réflexions. (Par l'abbé Fangouse.) *Paris, Debure*, 1780-1785, in-12.

Analyse de l'inscription en hiéroglyphes du monument trouvé à Rosette, contenant un décret des prêtres de l'Egypte en l'honneur de Ptolémée Epiphane. (Par Pahlin.) *Dresde, les frères Walther*, 1804, in-4, 2 f. de titre, 175 p. et 1 planche.

Analyse de l'ordre plein et de l'ordre à intervalles de la cavalerie, suivie du plan pour un ordre médiaire. (Par le général de Creutz.) *Milan*, 1778, in-8, 10 pl.

Analyse de l'ouvrage ayant pour titre « Questions de droit public. » (Par Louis-Valentin de Goezmann.) *Amsterdam*, 1770, in-8.

Voy. « Questions de droit. »

Analyse de l'ouvrage de M. de Mirabeau sur la Constitution monétaire. (Par N.-F.-M. Angot des Rotours.) 1791, in-8.

Analyse de l'ouvrage de M. Ferrand, intitulé « Esprit de l'histoire. » (Par C.-S. Le Prévost d'Iray.) *Paris, imp. de Nouzon*, 1818, in-8.

Extrait de la « Bibliothèque française », 4e année, 5e livr., sept. 1803.

Analyse de l'ouvrage (de Necker) intitulé « De la législation et du commerce des grains. » (Par l'abbé André Morellet.) *Amsterdam et Paris, Pissot*, 1775, in-8.

Le titre de l'ouvrage de Necker est : « Sur la législation. » Voy. ces mots.

Analyse de l'ouvrage du pape Benoit XIV sur les béatifications. (Par l'abbé Nic. Baudeau.) *Paris, Hardy*, 1759, 1761, in-12.

Analyse de l'ouvrage qui a pour titre : « De l'esprit du gouvernement économique », faite par l'auteur (Boisnier de L'Orme). *Paris, Debure frères*, 1775, in-8.

Analyse de la beauté,.. trad. de l'anglais de G. Hogarth. (Par Henri Jansen.) *Paris, Levrault*, 1805, 2 vol. in-8.

L'ouvrage anglais parut à *Londres*, 1757, in-4, et 1772, in-8 ; selon Nichols dans sa « Vie d'Hogarth », cet ouvrage fut en réalité écrit aux deux tiers par le docteur Hoadley et terminé par le docteur Morell.

Analyse de la brochure intitulée : « Des conditions nécessaires à la légalité des États-généraux. » *S. l.*, 1788, in-8, 23 p.

Une note manuscrite sur l'exempl. de la Bibliothèque nationale porte : « Par M. Walsh, comte de Serrant, assisté de Delaunay l'aîné, avocat. *A Angers, chez Mame.* »

Analyse de la bulle de Clément XIV sur l'extinction de la société des Jésuites, par main de maître (Frédéric II). *Berlin*, 1774, in-8.

Voy. « Supercheries », II, 1029, *b*.

Analyse de la conduite d'un des membres de la célèbre Convention nationale (Rouzet, depuis comte de Folman). *Paris*, 1814, in-8, 12 p.

L'auteur parle de lui, comme César, à la troisième personne. Plusieurs fois il écrit son nom Rozet, erreur trop forte pour n'être pas volontaire et qui doit n'avoir été faite que pour détourner toute idée de coopération de sa part.

Analyse de la coutume générale d'Artois. (Par René Boucher, procureur au parlement de Paris, mort vers 1811, frère de Boucher de La Richarderie), avec les dérogations des coutumes locales. (Rédigées par Severt, conseiller au parlement.) *Paris*, 1763, in-8.

Analyse de la lettre de M. J.-J. Rousseau à l'archevêque de Paris. (Par le P. Didier, carme.) *Avignon*, 1764, in-12.

Analyse de la lumière, déduite des lois de la mécanique. (Par Vial, plus connu sous le pseudonyme d'Arcade d'Orient.) *Paris, Bachelier*, 1826, in-8.

Analyse de la médecine et parallèle de cette prétendue science avec la chirurgie, par un chirurgien philanthrope (Noel, chirurgien à Rheims). 1790, in-8, 99 p.

Voy. « Supercheries », I, 717, *f*.

Analyse de la philosophie de Bacon (par Alex. Deleyre), avec sa vie traduite de l'anglois (de David Mallet, par Pouillot). *Amsterdam et Paris*, 1755, 3 vol. in-12.— *Leyde, J. Murray*, 1775, in-8, 245 p.

M. Naigeon a inséré l'ouvrage de Deleyre presque en entier dans le « Dictionnaire de la Philosophie ancienne et moderne de l'Encyclopédie méthodique », article BACON, Paris, 1791, 3 vol. in-4 ; mais il a eu soin d'en retrancher les idées et les réflexions qui appartiennent à l'auteur de « l'Analyse. » Il a remplacé celles-ci par des citations de Bacon, recueillies avec choix et appliquées à presque toutes les pensées qui se font le plus remarquer dans l'Analyse de Deleyre.

Quant à la vie de Bacon, elle n'est pas une traduction proprement dite de David MALLET ; c'est une copie mot pour mot, dit M. Saverien dans son « Histoire des Philosophes modernes », tome III, de l' « Histoire de la vie et des ouvrages de François Bacon », etc., *La Haye*, 1742, in-12. On a supprimé seulement les citations.

Analyse de plusienrs polychrestes ultramarins, leurs usages et propriétés, etc., avec des remarques sur plusieurs simples efficaces des régions éloignées de notre hémisphère, par L. J. C. D. C. (Louis JOLY, chevalier du Christ). *Paris, Musier*, 1736, in-12.

Voy. « Supercheries », II, 702, *e*.

Analyse de soi-même. (Par Esprit DE CHASSENON.) *Paris* (*Cramer*), 1804, in-8.

Analyse des circulaires des contributions indirectes concernant le service des sucres, par A. L... (LETOCART), contrôleur, *Douai, Crespin*, 1867, in-18, 28 p.

Voy. « Supercheries », I, 229, *e*.

Analyse des eaux minérales de Jouhe. (Par Claude-Joseph NORMAND.) *Dôle, Tomet*, 1740, in-12, 75 p.

Un extrait de cet ouvrage a été publié dans les « Mémoires de Trévoux, » 1742, mars, page 512.

Analyse des eaux minérales de Segray. (Par GENET, pharmacien.) *Pithiviers*, 1776, in-12. V. T.

Analyse des épîtres de saint Paul et des épîtres canoniques. Par le R. P*** (Michel MAUDUIT). *Lyon, A. Briasson*, 1710, 2 vol. in-12.

Analyse des Evangiles, des Epîtres de saint Paul, des Actes des Apôtres et de l'Apocalyse. (Par le P. Michel MAUDUIT, de l'Oratoire.) *Paris*, 1697 et années suivantes, 10 vol. in-12.

Réimprimé depuis en 8 volumes.

Analyse des infiniment petits. (Par le marquis DE L'HOPITAL.) *Paris*, 1696, in-4. — Nouvelle édition, suivie d'un nouveau commentaire pour l'intelligence des endroits les plus difficiles de cet ouvrage. (Par l'abbé Aimé-Henri PAULIAN.) *Paris, Desaint*, 1768, in-8.

a Analyse des lamentations de Siger Van Maele, par le chevalier DE S. DE L. (DE SCHIETERE DE LOPHEM). *Bruges, Vande Casteele-Werbrouck*, 1846, in-8, 36 p.

Tirage à part des « Annales de la Société d'émulation de Bruges. J. D.

Analyse des matériaux les plus utiles pour de futures annales de l'imprimerie des Elsevier. (Par M. Ch. PIETERS.) *Gand,*
b *impr. de C. Annoot-Braukmann*, 1843, in-8, IV-46 p., plus 8 p. d'additions.

N'a été tiré qu'à 50 ex. distribués.

Analyses des origines gauloises de La Tour d'Auvergne, suivi d'un tableau comparatif de la civilisation. Par M. M. DE L*** (LAVILLEMENEUC), sous-officier au 41e régiment de ligne. Nouvelle édition, revue et augmentée. *Paris, Trouvé*, 1814, in-8,
c 102 p. — Troisième édition, avec le nom de l'auteur. *Paris, Trouvé*, 1824, in-8.

Voy. « Supercheries », init. M. DE L***, II, 1090, *a*.
Attribué par Quérard dans « la France littéraire », tome XI, à M. DE LEMOREC. Cette attribution a été reproduite dans les « Supercheries » sous l'initiale L***, mais l'on a imprimé : LEMAREC. Voy. « Supercheries, » II, 472, *a*.

Analyse des ouvrages de J.-J. Rousseau
d et de Court de Gebelin, par un solitaire (l'abbé Ch.-François LE GROS). *Genève et Paris, veuve Duchesne*, 1785, in-8, 234 p.

L'auteur a publié en 1786 une suite à cet ouvrage, sous le titre d' « Examen des systèmes de J.-J. R. et de M. C. de G. »

Quérard a, par erreur, dans « la France littéraire », donné à l'abbé Le Gros les prénoms de Jos.-Marie, le confondant avec l'abbé GROS, député du clergé aux Etats-généraux, qui a péri en 1792 dans le massacre des prisonniers de l'Abbaye.
e Voy. « Supercheries », III, 702, *d*.

Analyse des phénomènes économiques. (Par M. DEMETZ-NOBLAT fils.) *Nancy, Vagner*, 1853, 2 vol. in-8.

Analyse des principes de J.-J. Rousseau. (Par PUGET DE SAINT-PIERRE.) *La Haye*, 1763, in-12.

Analyse des traités des bienfaits et de
f la clémence de Sénèque, précédée d'une vie de ce philosophe. (Par l'abbé ANSQUER DE PONÇOL.) *Paris, Barbou*, 1776, in-12.

Analyse des vérités de la religion chrétienne. (Par l'abbé Etienne MIGNOT.) 1755, in-12.

Analyse, dictionnaire et texte de la Constitution française. (Par DE LA RUE, notaire.) *Paris, Didot jeune*, 1792, in-8.

Analyse du jeu des échecs, par A.-D. Philidor; avec une nouvelle notation abrégée et des planches où se trouve figurée la situation du jeu pour les renvois et les fins de parties. Par l'auteur des « Stratagèmes des échecs » (Montigny). Nouvelle édition. *Paris, Caussette*, 1820, in-18.

Analyse du livre de Job. (Par Laurent Daniel, de Toulon, prêtre de l'Oratoire.) *Lyon*, 1710, in-12.

Analyse du livre intitulé : « Moyens de rendre les hôpitaux utiles, » etc. (Par l'auteur même des « Moyens » M. Dulaurens.) *Paris, Royez*, 1788, in-8.

L'auteur, Dulaurens, frère du célèbre abbé, a été successivement avocat au parlement, médecin militaire, maire et chef de police de Rochefort, puis député de cette ville.

Analyse du Rapport fait à la Chambre des pairs sur la mine de Vic. (Par le marquis de La Gervaisais.) *Paris, Egron*, 1825, in-8, 16 p.

Analyse du serment que tous les Erguelistes ont prêté aux princes-évêques de Bâle, ou réfutation d'un libelle intitulé : « Réflexions, » etc. (Par Th.-F.-L. Liomin.) 1793, in-8.

Analyse du songe du Vergier. (Par L. Mancel.) *Paris*, 1863, gr. in-8.

Tiré à 175 exemplaires qui n'ont pas été mis en vente.

Analyse et abrégé raisonné du Spectacle de la nature de Pluche, par M. le M. de P. (le marquis J.-Fr. Max. de Chastenet de Puységur.) *Rheims*, 1772, in-12. — *Orléans, Couret de Villeneuve fils*, 1774, in-12; — 1786, in-12.

Voy. « Supercheries », II, 1090, *f*.

Analyse et discussion de la lettre que M. Lambert a adressée aux soi-disant dissidents. (Par l'abbé Grillon.) *S. l. n. d.*, in-8, 52 p.

L'abbé Grillon est mort le 1er juillet 1820. Il fit imprimer cette Analyse peu de temps avant sa mort.

Analyse et examen de l' « Antiquité dévoilée », du « Despotisme oriental » et du « Christianisme mis à jour », ouvrages posthumes de Boulanger, par un solitaire (l'abbé Ch.-François Le Gros). *Genève, Barde, Manget et comp.*, 1788, in-8.

Voy. « Supercheries », III, 702, *e*.

Analyse et examen du système des philosophes économistes, par un solitaire (l'abbé Ch.-François Le Gros). *Genève et Paris, Duchesne*, 1787, in-8, 294 p.

Voy. « Supercheries », III, 702, *e*.

Analyse fidèle et raisonnée d'une brochure qui a pour titre : « Bref du pape Pie VI ». (Par M. l'abbé Denis.) *Verdun*, 1791, in-4, 44 p.

Analyse fondamentale de la puissance de l'Angleterre, ouvrage rédigé d'après les matériaux du chevalier Ricard, ancien colonel d'infanterie. (Par J.-Fr. André.) *Paris, Hubert*, 1805, in-8.

Analyse géographique des provinces de la Belgique. (Par Demarteau, ancien major du génie.) *Anvers*, 1858, pet. in-4.

J. D.

Analyse historique de la législation des grains depuis 1692, à laquelle on a donné la forme d'un rapport à l'Assemblée nationale. (Par Dupont de Nemours.) *Paris*, 1789, in-8.

Réimprimé dans la « Bibliothèque de l'Homme public. » *Paris*, 1790, in-8, t. XII, 1re année.

Analyse historique des principes du droit françois. (Par Duchesne, lieutenant de police à Vitry en Champagne.) *Paris, Prault*, 1757, in-12.

Analyse, ou exposition abrégée du système général des influences solaires, par Mlle de *** (l'abbé de Saint-Ignon). *Paris, Durand*, 1771, in-12.

Voy. « Supercheries, » III, 1061, *a*.

Analyse pratique sur la culture et la manipulation du chanvre. (Par l'abbé Brale.) *Amiens*, 1790, in-12.

Analyse raisonnée de Bayle, ou abrégé méthodique de ses ouvrages, particulièrement de son « Dictionnaire historique et critique », dont les remarques ont été fondues dans le texte pour former un corps agréable et instructif de lectures suivies. (Par l'abbé Fr.-Marie de Marsy.) *Londres*, 1755, 4 vol. in-12.

Ouvrage condamné par le Parlement.

L'on attribue à J.-B.-R. Robinet les quatre volumes publiés sous le titre d' « Analyse de Bayle » (voy. ces mots), en 1770, en Hollande, où ils ont été réimprimés en 1773, avec les quatre de de Marsy auxquels ils font suite.

Voyez sur cet ouvrage le « Discours du magistrat (l'abbé Ph. de Chauvelin, conseiller de la grand chambre), qui a déféré aux chambres assemblées l' « Analyse raisonnée de Bayle », « la Christiade », l' « Histoire du peuple de Dieu », première et seconde partie et les différentes défenses de ce dernier livre. Du 13 décembre 1755, in-4.

Analyse raisonnée de « l'Esprit des lois. »

(Par l'abbé BERTOLINI.) *Genève, Philibert*, 1771, in-8; — *Leipsic*, 1773, in-12, — et *Paris*, *Bernard*, an VI-1798, in-12, à la suite des Œuvres posthumes de Montesquieu.

La première édition parut en Italie en 1754.

Analyse raisonnée de l' « Origine de tous les cultes », ou religion universelle, ouvrage publié en l'an III par Dupuis, citoyen français. (Par A.-L.-C. DESTUTT DE TRACY, depuis pair de France.) *Paris, Courcier*, an XII-1804, in-8, 160 p.

Analyse raisonnée de la « Sagesse » de Charron. (Par J.-P.-L. DE LA ROCHE DU MAINE, marquis DE LUCHET.) *Amsterdam, M.-M. Rey*, 1763, 2 parties pet. in-12; — *Londres*, 1789, 2 vol. in-18.

Analyse raisonnée des listes d'électeurs et d'éligibles du département de la Seine, par un électeur de Paris... (Ch.-L. CADET-GASSICOURT). *Paris, L'Huillier*, 1817, in-8, 31 p.

Voy. « Supercheries », I, 1219, *f*.

Analyse sur l'âme des bêtes, lettres philosophiques. (Par AUMÉUR.) *Amsterdam*, et *Paris, Prault*, 1781, in-8.

Analyses chimiques des nouvelles eaux minérales-vitrioliques-ferrugineuses découvertes à Passy. (Par G.-F. VENEL, P. BAYEN, G.-F. ROUELLE et L.-C. CADET DE GASSICOURT.) *Paris*, 1757, in-12.

Analyses de dissertations sur différents sujets intéressants, par V. P. A. N. D. S. M. D. R. C. D. N. (l'abbé CAUSSIN). *Bruxelles, Finck*, 1759, 2 vol. in-12.

Voy. « Supercheries », III, 984, *d*.

Analyses et critiques des ouvrages de M. de Voltaire, avec plusieurs anecdotes intéressantes et peu connues qui le concernent, depuis 1762 jusqu'à sa mort, arrivée en 1778. (Par l'abbé Charles-Thomas SERPE, né à Paris, le 4 septembre 1720, mort à Beauvais, le 30 juin 1809.) *Kehl*, 1789, in-8.

Anarchie espagnole. (Par M. ALGARRA.) *Paris*, 1868, in-8.

Anarchie (de l') théâtrale. (Par Aug. HAPDÉ.) *Paris*, 1814, in-8.

Anastase de Marcoussy, ou recueil de plusieurs titres, mémoires et antiquités de la châtellenie dudit lieu et autres circonvoisins, par L. Sr P. (PERRON de Langres, avocat au parlement de Paris). *Paris*, 1694, in-12, 146 p.

Lenglet-Dufresnoy, « Méthode pour étudier l'histoire », Paris, 1729, in-4, t. 4, p. 188, pense que c'est la seconde édition de l'ouvrage intitulé : « Recueil de plusieurs titres », etc. Voyez ces mots et le « Manuel du libr. », 5e édit., I, 257.

Malte-Brun, dans son « Histoire de Marcoussis », *Paris*, Aubry, 1867, in-8, dit que ce livre n'a été tiré qu'à 27 exemplaires.

Anastase et Nephtalie, ou les amis, par l'auteur de « Félicie et Florestine » etc. (Mlle J.-Fr. DE POLIER DE BOTTENS). *Paris*, 1815, 4 vol. in-12.

Anastase, ou Mémoires d'un Grec, écrits à la fin du XVIIIe siècle, traduits de l'anglais (de Thomas HOPE), par l'auteur de « Londres en 1819 » (A.-J.-B. DEFAUCONPRET). *Paris*, 1820, 2 vol. in-8.

Cet ouvrage a eu plusieurs éditions; la meilleure est celle de Londres, 1820, 3 vol. in-8.

Anatole et Jean-Louis, nouvelle républicaine. (Par A.-P.-J. PICTET DE SERGY.) *Genève*, 1831, in-8.

Anatole, ou un Séjour à Montreux, par un pasteur de l'église de Genève (Théodore BOREL). *Genève*, 1860, in-8.

Voy. « Supercheries, » III, 36, *f*.

Anatole, par l'auteur de « Léonie de Montbreuse » (Mme Sophie GAY). *Paris, Renard*, 1815, 2 vol. in-12.

Réimprimé avec le nom de l'auteur.

Anatomie (l') d'HEISTER, avec des essais de physique sur l'usage des parties du corps humain... Par J.-B**, de la Faculté de Montpellier. *Paris, J. Vincent*, 1724, in-8.

Réimprimé plusieurs fois. A partir de la 2e édition, la Préface du traducteur est signée S** (Jean-Bapt. SENAC).

Anatomie (l') de la politique du coadjuteur, fait par le vray-semblable, sur la conduite du cardinal de Retz, où son autheur donne à connoistre : 1° que ce cardinal n'est innocent, que parce qu'il soustient que ses crimes sont plus cachez que ceux des autres; 2° que ce prélat n'est religieux, que parce qu'il a l'adresse de se déguiser sous le voile de l'hypocrisie... (Par DUBOSC-MONTANDRÉ.) *S. l. n. d.*, in-4, 32 p.

Anatomie de la sentence de Mgr. l'archevêque de Malines contre le P. Quesnel. (Par le P. QUESNEL.) 1705, in-12.

Anatomie des fautes et faussetés contenues en la réponse au discours des maladies populaires de l'année 1652. (Par Louis de FONTENETTES.) *Poitiers, A. Mesnier*, 1653, in-8.

Anatomie des plantes, qui contient une description exacte de leurs parties et de leurs usages..., trad. de l'anglois de M. Grow. (Par Louis Le Vasseur.) *Paris, L. Roulland*, 1675, pet. in-12, xxii-228 p., fig.; — sec. édit. *Paris, A. Dezallier*, 1679, pet. in-12, xxii-230 p., fig.

Cette seconde édition n'est autre que la première avec un nouveau titre, un carton non paginé pour les pages 76, 77, et la p. 215 réimprimée pour faire disparaître la date qui se trouve dans le feuillet original.

Anatomie (l') du corps de l'homme en abrégé... (Trad. de l'angl. de J. Keill, par P. Noguez.) *Paris, G. Cavelier fils*, 1723, in-12; — 2e édit., 1726.

Anatomie (l') du corps humain, avec ses maladies et les remèdes pour les guérir. (Par de Saint-Hilaire.) *Paris, J. Couterot*, 1680, 2 vol. in-12; — 1684, 2 vol. in-8; — 1698, 3e édition, avec le nom de l'auteur.

Anatomie du corps humain, établie sur les découvertes des anatomistes modernes, avec des observations et des dissertations physiques et médicales... (Par Isbrand de Diemerbroeck, trad. du latin, par Jean Prost.) *Leyde*, 1757, 2 vol. in-4, avec pl.

L'ouvrage de Diemerbroeck, traduit par Jean Prost, a été imprimé fréquemment depuis la première édition de Lyon, 1695. Celle de 1772, 2 vol. in-4, porte le nom de l'auteur et celui du traducteur. A. L.

Anatomie du monde sublunaire, contenant les démonstrations des dispositions et mouvements de toutes les parties du globe élémentaire, depuis la circonférence jusqu'à son centre. (Par le comte du Fenoyl.) *Lyon*, 1707, in-12.

Anatomie (l') générale du cheval.... La génération des poulets et des lapins. Un discours du mouvement du chyle et de la circulation du sang... Traduit de l'anglois (d'Andrew Snap), par F.-A. de Garsault. *Paris*, 1732, et 1734 avec un nouv. titre, in-4.

Anaximandre, ou le Sacrifice aux Grâces, comédie en un acte, en vers de dix syllabes; représentée pour la première fois, sur le Théâtre-Italien, le 20 décembre 1782, et reprise au Théâtre-Français, le 22 vendém. an XIV. Nouv. édit. rev. et corr. par l'auteur (F.-G.-J.-S. Andrieux); on y a joint: 1° des changements adoptés au théâtre Français, pour la tragédie de « Nicomède » de P. Corneille; 2° un changement proposé pour la tragédie de « Polyeucte », du même auteur. *Paris, Léop. Collin*, 1806, in-8.

Ancien (l') ami du peuple, ou le nouvel ami des hommes, par l'auteur des « Fastes de la Liberté. » (Bellair). An III, in-8.

Il n'a paru que 2 numéros de ce journal; voy. Hatin, « Bibliogr. de la presse », p. 249.

Ancien (l') clergé constitutionnel jugé par un évêque d'Italie. *Lausanne*, 1804, in-12.

Abrégé de l'Apologie de Salari, publié par l'abbé Eust. Degola. Voy. « Supercheries, » I, 1273, *e*.

Ancien droit belge. De la récusation de juges... (Par Victor Hénaux, avocat.) *Liége, Redouté*, 1855, in-8, 16 p. J. D.

Extrait de « la Belgique judiciaire. »

Ancien Théâtre français ou collection des ouvrages dramatiques les plus remarquables depuis les Mystères jusqu'à Corneille, publié avec des notes et des éclaircissement, par Viollet Le Duc (P. Jannet et A. de Montaiglon). *Paris, P. Jannet*, 1854-57, 10 vol. in-16.

Voy. le « Catalogue raisonné de la Bibliothèque elzevirienne », *Paris*, 1870, p. 47 et suiv.

Ancienne chevalerie de Lorraine. Notice généalogique de la maison de La Tour-en-Voivre, avec les armes de cette illustre famille. (Par H. de Sailly.) *Metz, Dieu et Maline*, 1851, in-4, 51 p. de texte et 31 p. de pièces justificatives. D. M.

Tiré à 25 exemplaires.

Ancienne chronique de Gérard d'Euphrate, extraite de l'édit. in-fol. de 1549. (Par And.-Guill. Contant d'Orville.) *Paris, Moutard*, 1783, 2 vol. in-12.

Ancienne (de l') coutume de prier et d'adorer debout. (Par J. Le Lorrain.) *Liége, ou Delft (Rouen)*, 1700, 2 vol. in-12.

Ancienne et nouvelle discipline de l'Église touchant les bénéfices et les bénéficiers, extraite de la Discipline du R. P. Thomassin, prêtre de l'Oratoire, par un prêtre de la même congrégation (le P. Julien Loriot). *Paris, de Nully*, 1702. in-4.

Voy. « Supercheries, » III, 237, *e*.

Ancienne et nouvelle discipline de l'Église touchant les bénéfices et les bénéficiers, extraite de la Discipline du P. Thomassin, avec des observations sur les libertés de l'Église gallicane. (Par L. d'Héricourt.) *Paris, de Nully*, 1717, in-4.

Ancienne et nouvelle discipline de l'Église touchant les bénéfices et les bénéficiers, par le P. L. Thomassin, prêtre de l'Oratoire; nouv. édit. rev., corr. et rangée suivant l'ordre de l'édition latine, avec des augmentations (et une vie de l'auteur, par le P. Jos. Bougerel). *Paris, F. Montalant*, 1725, 3 vol. in-fol.

Ancienne et nouvelle division de l'empire français, sous le rapport géographique et statistique. (Par Prévost.) *Paris*, 1805, in-fol.

Ancienne (l') guerre des chevaliers, ou entretiens de la pierre des philosophes avec l'or et le mercure. (Par Limojon de Saint-Disdier.) *S. l. n. d.*, pet. in-8.

Volume imprimé en Hollande.

Même ouvrage que le « Triomphe hermétique. » Voy. ce titre.

Ancienne (l') maison du roi et la caisse de vétérance, par M. de C. (de Combes), ancien chef de division dans les bureaux de la liste civile. *Paris*, 1834, in-4.

Voy. « Supercheries », I, 601, *e*.

Ancienne (de l') nouveauté de l'Écriture sainte, ou l'Église triomphante sur la terre, par N. C. D. S. C. (Nicolas Charpy de Sainte-Croix). *Paris*, 1657, in-8.

Voy. « Supercheries », II, 1235, *b*.

Ancienne Provence. La Gueuse parfumée, souvenirs de voyage. *Paris*, *Challamel*, 1844, in-4, 120 p.

Attribué au marquis de Galiffet.

Anciennes (des) enseignes et étendarts de France, de la chappe de Saint Martin, etc. (Par Auguste Galland.) *Paris*, *Richer*, 1637, in-4.

Publié avec le nom de l'auteur, sous ce titre : « Traité historique et très-curieux des anciennes enseignes et étendards de France... suivi d'une Dissertation très-importante sur le même sujet, par M. P*** (Poncelin.) *Paris, Lamy*, 1782 (et non 1752, voy. « Supercheries, III, 8, *c*.)

Sauval avait déjà réimprimé ce traité curieux et rare dans les « Antiquités de Paris, » t. II, p. 732.

Il a été inséré depuis dans le tome VII de la « Collection des dissertations sur l'histoire de France. »

Anciennes (les) et modernes généalogies des roys de France, et mesmement du roy Pharamond, avec leurs épitaphes et effigies. *Poitiers, par Jacques Bouchet*, le 26 janvier l'an 1527, in-4 gothique, figures des rois grossièrement gravées en bois.

L'auteur est Jean Bouchet, qui a dédié cet ouvrage à « monseigneur Anthoine du Pré (Duprat), cardinal, archevêque de Sens et chancelier de France. » Ce nom de du Pré, que portait alors ce prélat, rappelle ses armes parlantes, trois feuilles de trèfle.

Réimprimé plusieurs fois. Voy. Brunet, « Manuel du libraire. »

Anciennes liturgies, ou la manière dont on a dit la messe dans chaque siècle, par M*** (Grancolas), docteur en théologie. *Paris, J. de Nully*, 1697, in-8.

a

Anciennes relations des Indes et de la Chine, par deux voyageurs qui y allèrent dans le IXe siècle ; traduit de l'arabe, avec des remarques. (Par l'abbé Eusèbe Renaudot.) *Paris, Cogniard*, 1718, in-8.

Anciens (les) et nouveaux statuts de la ville de Bordeaux. (Nouv. édit. augmentée par Tillet, avocat de Bordeaux.) *Bordeaux*, 1701, in-4.

b

Le nom du nouvel éditeur se trouve dans l'avis de l'imprimeur. « Nouv. bibl. hist. de la France », tome X, p. 491.

Anciens (des) gouvernements fédératifs et de la législation de Crète. *Paris*, *Jansen*, an VII, in-8, xx-503 p.

La préface est signée Sainte-Croix.

Anciens (les) historiens latins réduits en maximes. (Par Corbinelli, avec une préface par le père D. Bouhours.) *Paris*, 1694, in-12.

c

Ce volume renferme seulement Tite-Live.

Les Jésuites possédaient dans leur bibliothèque du collège de Louis-le-Grand « Tacite réduit en maximes, » 2 vol. in-4. Ce manuscrit qui paraît aussi être de Corbinelli, se trouve aujourd'hui (1823) dans la bibliothèque du Conseil d'Etat. Le père Bouhours devait le faire imprimer après le Tite-Live. Voyez l'avertissement de ce dernier volume, p. 17.

Anciens proverbes basques et gascons, recueillis par Voltoire et remis au jour par G. B. (Pierre-Gustave Brunet). *Paris, Techener*, 1845, in-8.

d

Tiré à 60 exemplaires.

Voy. « Supercheries », II, 143, *a*.

Andercan, raja de Brampour, et Padmani, histoire orientale. (Par N.-E. Fantin-Desodoards.) *Paris*, 1788, 3 vol. in-12.

V. T.

Andorine et Isidore, ou l'amour conjugal, nouvelle vendéenne... (Par Fr.-Jos. de La Serrie.)

e

Cet ouvrage est cité par Quérard sans autres indications.

Andriscus, tragédie en cinq actes, dédiée aux comédiens françois ordinaires du roi, par M. *** (Alexis Maton, de Lille). *Amsterdam, et Paris, Duchesne*, 1764, in-12.

Voy. « Supercheries », III, 1053, *c*.

f

Androgyn (l'), né à Paris le 21 juillet 1570, illustré des vers latins de Jean Dorat, avec la traduction d'iceux en nostre vulgaire françois. (Par Jean de Chevigny.) *Lyon, Mich. Jove*, 1570, pet. in-8, fig.

Suivant Goujet, XIV, p. 41, Jean de Chevigny serait le même que Jean-Aimé-A. Chavigny, quoique La Croix du Maine en ait fait deux auteurs.

Andromaque, tragédie. (Par J. Racine.)

Paris, Th. Girard, 1668, in-12, 6 feuillets, 95 p. et 1 feuillet.

L'auteur a signé la dédicace. Il y a des exemplaires au nom de Claude Barbin et de Th. Joly, associés au privilége de Th. Girard.

Andromaque, tragédie lyrique en 3 actes (et en vers libres, par L.-G. Pitra). *Paris, P. Delormel*, 1780, in-12.

Andromède, poème en cinq chants, par M. L. D. N. (Lacroix de Niré). *Paris, imp. de Monsieur*, 1785, in-12, 66 p.

Voy. « Supercheries », II, 713, f.

Andromède, tragédie, représentée avec les machines sur le théâtre royal de Bourbon. (Par Pierre Corneille.) *Rouen, Maury, et Paris, de Sercy*, 1651, in-4, 5 f. lim., 124 p., titre gravé, et 4 fig., par F. Chauveau. — *Paris, ibid.*, in-12.

L'auteur signe la dédicace.

Andronica, ou l'épouse fugitive; trad. de l'anglais (de miss Mar. Charlton), par le général Lasalle. *Paris*, an VII-1799, 3 vol. in-12.

Asne (l'). (Par Louis Coquelet.) *Paris, Tabarie*, 1729, in-12.

Ane (l') au bouquet de roses, renouvelé de l'Ane d'or d'Apulée. (Par G.-M. Sallier.) *Paris, Le Riche*, 1802, 2 vol. pet. in-12.

Ane (l') d'or, avec le démon de Socrate, par Lucius Apulée; traduit en françois, avec des remarques. (Par Compain de Saint-Martin.) *Paris, Brunet*, 1707, 1736, ou 1745, 2 vol. in-12.

Réimprimé sous le titre : « les Métamorphoses, ou l'Ane d'or ». Voy. ces mots.

Asne (l') d'or, ou les métamorphoses de Luce Apulée... illustré de commentaires... (Traduit par J. de Montlyard.) *Paris, Abel Langelier*, 1602, in-12.

C'est la première édition de cette traduction. Le privilége est du 3 sept. 1601.

Ane (l'), le curé et les notables de Vanvres (1751). Histoire véritable, enrichie de notes instructives, par B. de C. (Bouvet de Cressé); et précédée de l'éloge de l'âne par Buffon. *Paris*, 1825, in-18.

Voy. « Supercheries », I, 478, d.

Ane (l') littéraire, ou les âneries de maître Aliboron, dit Fr. (Fréron). (Par Ponce-Denis Escouchard Le Brun.) *Paris*, 1761, in-12.

Ane (l') mort et la femme guillotinée. (Par M. Jules Janin.) *Paris, Baudouin*, 1829 2 vol. in-12, avec 2 vignettes d'après Devéria. — 2e édit. *Paris, Delangle*, 1830, in-18, front. et vignettes d'Alfred Johannot.

Réimprimé depuis avec le nom de l'auteur.

Ane (l') promeneur, ou Critès promené par son âne.... (Par Ant.-Jos. Gorsas.) *Pampelune, chez Démocrite, et Paris, chez l'auteur*, 1786, in-8, 304 p., fig. à la p. 277.

Réimprimé en 1788 sous le titre de « Rabelais moderne. »

Anecdote (l') du jour, ou Histoire d'une détention à la prison de ***. (Par A.-J. Rosny.) *Paris*, 1798, in-18. *Douteux*.

V. T.

Anecdote galante, ou histoire secrète de Catherine de Bourbon. (Par Mlle Charlotte-Rose de Caumont de La Force.) *Nancy*, 1703, in-12.

Voy. « Anecdotes du XVIe siècle. »

Anecdote historique de la colonie grecque établie dans l'île de Corse en 1676. Par M. L. B. D. V. (Le Begue de Villiers). *Cagliari en Sardaigne*, 1780, in-4.

Voy. « Supercheries », II, 696, c.

Anecdote, ou histoire secrète des Vestales. (Par de Mailly.) *Paris, Cavelier*, 1701, in-12.

Anecdote prophétique de Mathieu Lænsbergh, traduite fidèlement du gaulois, par un Liégeois (l'abbé Rançonnet, chanoine de Saint-Pierre, à Liége), pour résister aux fureurs posthumes du « Journal encyclopédique » contre Liége. *Liége, veuve Barnabé*, 1759, in-12.

Voy. « Supercheries », II, 785, a.

Anecdote secrette et galante de la cour d'Angleterre. *Amsterdam, L'Honoré et Chastelain*, 1727, 2 vol. in-12.

C'est un nouveau titre mis à quelques exemplaires de l'ouvrage de Madame d'Aulnoy publié sous ce titre : « Mémoires de la cour d'Angleterre, par madame D... »

Anecdote (1re et 2e) sur « Bélisaire ». (Par Voltaire.)

Dans le t. III de « l'Evangile du jour. » Voy. ce titre ; voy. aussi : « Pièces relatives à Bélisaire. »

Anecdotes africaines. (Par Mlle de Lubert.) *Paris*, 1753, in-12.

Avait paru en 1752, sous le titre : « Mourat et Turquia... par Mlle de L**** ».

Voy. « Supercheries », II, 473, c.

Anecdotes africaines, depuis l'origine ou la découverte des royaumes qui composent l'Afrique jusqu'à nos jours. (Par Jos.-Gasp. Dubois-Fontanelle.) *Paris, Vincent*, 1775, in-8.

Anecdotes américaines, ou Histoire

abrégée des principaux événements arrivés dans le Nouveau-Monde, depuis sa découverte jusqu'à présent. (Par Ant. Hornot.) *Paris, Vincent*, 1776, in-8.

Anecdotes angloises depuis l'établissement de la monarchie jusqu'à Georges III. (Par J.-Fr. Delacroix.) *Paris, Vincent*, 1769, in-8.

Anecdotes angloises et américaines, 1776 à 1783. (Par le chevalier de L'Espinasse de Langeac.) *Paris*, 1813, 2 vol. in-8.

Anecdotes arabes et musulmanes jusqu'à l'extinction du khalifat en 1538. (Par J.-Fr. Delacroix et Ant. Hornot.) *Paris*, 1772, in-8.

Anecdotes chinoises, japonoises, siamoises, etc. (Par J. Castillon.) *Paris, Vincent*, 1774, in-8.

Anecdotes chrétiennes, ou recueil de traits d'histoire, choisis par l'auteur de « l'Ami des enfants » (l'abbé Jos. Reyre). *Lyon, Mlle Girard*, 1801, in-12.

Anecdotes curieuses et peu connues sur différents personnages qui ont joué un rôle pendant la révolution. (Par C. Coste d'Arnobat.) *Genève*, août 1793, in-8.

Réimprimé avec le nom de l'auteur sous ce titre : « Les Hommes de la révolution peints d'après nature. » *Paris, Crapelet*, 1830, in-8.

Anecdotes de l'abdication du roy de Sardaigne Victor-Amédée II, où l'on trouve les vrais motifs qui ont engagé ce prince à résigner la couronne en faveur de son fils Charles-Emmanuel à présent roi de Sardaigne. Comment il s'en est repenti, avec les raisons et les intrigues secrètes qui l'ont porté à entreprendre son rétablissement. Par le marquis de F*** piémontois, à présent à la cour de Pologne; en forme de lettre écrite au comte de C*** à Londres. *S. l.*, 1733, in-8, 61 p. — *Genève*, 1734, in-8, 95 p.

Par le marquis de Trivié, dit Wicardel de Fleury.
Dans la deuxième édition de ce «Dictionnaire,» n° 772, l'on avait à tort imprimé Trévié ; cette erreur, rectifiée à la table, a été reproduite par M. Œttinger, dans sa « Bibliographie biographique. »

Le nom de l'auteur est donné dans une note au bas de la page 3 de la réimpression faite sous le titre d' « Histoire de l'abdication de Victor-Amédée. » Voy. ci-après ce titre et « la Politique des deux partis. »

Voy. aussi « Supercheries », II, 51, *d*.

Anecdotes de l'enfance. (Par Théod. Perrin.) *Le Mans, Dureau*, 1828, in-18.

Anecdotes de la cour d'Alphonse XI° du nom, roi de Castille, par Mme de V... *Paris, Hochereau*, 1756, 2 vol. in-12.

Ce roman est de mademoiselle de Scudéry. Le libraire a voulu faire croire qu'il était de madame de Villeneuve.

Voy. « Supercheries », III, 888, *c*.

Anecdotes de la cour de bonhomie, par l'auteur des « Mémoires de Versorand » (H.-F. de La Solle.) *Londres, Nourse*, 1752, 2 vol. in-12.

Anecdotes de la cour de Childéric, roi de France. (Par Mlle Marguerite de Lussan.) *Paris, Prault*, 1736, 2 parties in-12.

Les rédacteurs du catalogue de la Bibliothèque du roi en 1752, attribuaient ces anecdotes à Ant. Hamilton, devenu si célèbre ; mais la suite a prouvé que cette allégation était dépourvue de fondement. J'ai trouvé le nom de mademoiselle de Lussan écrit à la main sur un exemplaire.

Ce roman n'est pas fini ; Poinsinet de Sivry en a inséré la continuation dans la « Bibliothèque universelle des Romans », sept. 1779, p. 175.

Anecdotes de la cour de Dom Jean, roi de Navarre. (Par l'abbé Louis-Nic. Gueroult.) *Amsterdam, Fr. L'Honoré*, 1774, in-12.

Anecdotes de la cour de Philippe-Auguste. (Par Mlle Marguerite de Lussan, aidée de l'abbé de Boismorand.) *Paris, Ve Pissot*, 1733 et 1748, 6 vol. in-12. — Nouv. édit. *Paris*, 1782, 3 vol. in-12. — *Rouen*, 1782, 2 vol. in-12.

L'auteur a signé la dédicace.

Anecdotes de la cour et du règne d'Edouard II, roi d'Angleterre. (Par Mme L. M. D. T. et Mme E. D. B. (La marquise de Tencin et Mme Elie de Beaumont.) *Paris, Pissot*, 1776, in-12.

Voyez dans les « Lettres inédites de madame du Châtelet », *Paris*, 1806, in-8 et in-12, une anecdote qui ferait croire que d'Argental est l'auteur de cet ouvrage.

Anecdotes de médecine, ou choix de faits singuliers qui ont rapport à l'anatomie, la pharmacie, l'histoire naturelle, etc., auxquels on a joint des anecdotes concernant les médecins les plus illustres. (Par Dumonchaux.) *Paris*, 1762, in-12.

Compilation de traits et de faits singuliers puisés dans les auteurs qui avaient jugé à propos de les écrire en latin et seulement pour les gens de l'art.

La dédicace est signée Bard... du B..., docteur régent de la Faculté de médecine en l'Université de P.... L'on a voulu désigner Barbeu du Bourg. Cette attribution est fausse.

Cet ouvrage n'est pas de cet auteur, mais de P.-J. du Monchaux, alors médecin militaire de Douay. Malgré la réclamation de Barbeu du Bourg, consignée au « Journal des savants », juin 1762, p. 1328 et suiv., édit. in-12, cette dédicace a été reproduite avec les mêmes initiales dans la nouvelle édition des « Anecdotes.. » *Lille, J.-B. Henry*, 1766, 2 vol. in-8.

On lit au sujet de cet ouvrage dans les « Anecdotes

de Jurisprudence », ouvrage posthume de Bresson, avocat; *Lille*, 1811, in-12, p. 204 : « M. Dumonchaux, mort vers 1766, au Petit-Goave, et M. M... encore vivant. Leur ouvrage sur le plan duquel celui-ci a été fait, a eu deux éditions, dont la seconde, en deux volumes, avec beaucoup d'augmentations, est due uniquement aux soins de M. M..., qui ne s'est livré à ce travail que par un sentiment de bienfaisance pour la veuve du premier auteur, à laquelle il en a abandonné le produit. Ce fait n'est pas une anecdote de jurisprudence, mais il est bon à placer partout. »

Anecdotes de Pologne, ou mémoires secrets du règne de J. Sobieski. (Par DALERAC.) *Paris, Aubouyn*, 1699, 2 vol. in-12.

Le premier volume, imprimé d'abord séparément, parut sous le titre de « Mémoires du chevalier de Beaujeu. »

Voy. « Supercheries », I, 486, *f*.

Anecdotes (les) de Suède, ou l'histoire secrète des changements arrivés dans la Suède sous le règne de Charles XI. (Par Esaïe PUFENDORF.) *La Haye* (*Berlin*), 1716, in-8.

Réimprimé en Hollande avec la fausse indication de Stockholm.

Divers journalistes allemands attribuent ces anecdotes à cet auteur, et je ne vois pas que Mollerus, dans la « Cimbria litterata », *Hauniæ*, 1744, in-fol., t. II, allègue rien qui contredise leur sentiment. Il remarque au contraire que les journalistes de Trévoux, septembre 1716, art. 2, se sont trompés en conjecturant que l'auteur était français, et avait été de la suite du marquis de Feuquières, ambassadeur de France en Suède; d'ailleurs ils louent le style de l'ouvrage, mais accusent l'auteur d'avoir calomnié la cour de Suède. (Extrait du Dictionnaire de Chaufepié, art. E. PUFENDORF.)

Anecdotes des beaux-arts, contenant tout ce que la peinture, la sculpture, la gravure... offrent de plus piquant chez tous les peuples du monde... par M*** (P.-J.-B. NOUGARET et Nic.-Théod. LEPRINCE). *Paris, Bastien*, 1776-1781, 3 vol. in-8.

Voy. « Supercheries », III, 1066, *e*.

Anecdotes des républiques auxquelles on a joint la Savoie, la Hongrie et la Bohême. (Par J.-Fr. DE LA CROIX.) *Paris, Vincent*, 1771, 2 vol. in-8.

Anecdotes dramatiques. (Par J.-M.-B. CLÉMENT, de Dijon, et l'abbé Jos. DE LA PORTE.) *Paris, Ve Duchesne*, 1765, 3 vol. in-8.

Anecdotes du XVIIIe siècle. *Londres*, 1783, 2 tomes in-12.

L'avertissement annonce que l'ouvrage est extrait des « Mémoires secrets pour servir à l'histoire de la République des lettres. » Il est fort probable que c'est la première édition de l'ouvrage publié en 1808 sous le titre de : « Anecdotes secrètes du XVIIIe siècle... » Voy. ci-après ce titre, et « Supercheries », III, 176, *a*.

a Anecdotes du XIXe siècle et de la fin du XVIIIe, la plupart secrètes et inédites, publiées par C.-J.-CH. (CHAMBET). *Paris*, 1824, in-18.

Voy. « Supercheries, » I, 746, *a*.

Anecdotes du ministère du cardinal de Richelieu et du règne de Louis XIII, avec quelques particularités du commencement de la régence d'Anne d'Autriche, tirées et traduites de l'italien du « Mercurio » de

b SIRI, par M. DE V*** (VALDORY). *Amsterdam*, 1717, 2 vol. in-12.

Voy. « Supercheries », III, 880, *f*.

Anecdotes du Nord, comprenant la Suède, le Danemarck, la Pologne et la Russie, depuis l'origine de ces monarchies jusqu'à présent. (Par P.-A. DE LA PLACE, J.-F. DE LA CROIX et Ant. HORNOT.) *Paris, Vincent*, 1770, in-8.

c Anecdotes du Règne de Louis XVI. (Par P.-J.-B. NOUGARET.) *Paris*, 1791, 6 vol. in-12.

Nouvelle édition des trois parties publiées sous le même titre, en 1776, 1778 et 1780, et dont la première seule est anonyme.

Anecdotes du règne de Pierre Ier, contenant l'histoire d'Eudochia Federowna et la disgrâce de Menschikow. (Par l'abbé L.-J.-C. SOULAS D'ALLAINVAL.) (*Paris*),

d 1745, 2 part. in-12.

Anecdotes du XVIe siècle, ou intrigues de cour, avec les portraits de Charles IX, Henri III et Henri IV. *Amsterdam*, 1741, 2 vol. in-12.

C'est une nouvelle édition revue de l' « Histoire secrète de Catherine de Bourbon, duchesse de Bar (sœur de Henri IV) », par mademoiselle DE LA FORCE, 1703, in-12. Voy. ces mots. Voyez aussi « Anecdote galante », et encore « Mémoires historiques. »

e Anecdotes ecclésiastiques, contenant la police et la discipline de l'Église chrétienne, depuis son établissement jusqu'au XIe siècle; les intrigues des évêques de Rome, et leurs usurpations sur le temporel des souverains. Tirées de l'Histoire du royaume de Naples, de Giannone, brûlée à Rome en 1726. (Par J.-J. VERNET.) *Amsterd. J. Catuffe*, 1738, pet. in-8. de XXIV-360 p. — *Ibid*, 1753, pet. in-8.

f Anecdotes ecclésiastiques, contenant tout ce qui s'est passé dans les Églises d'Orient et d'Occident. (Par les abbés Pierre JAUBERT et J.-A.-T. DINOUART.) *Paris*, 1772, 2 vol. in-8.

Anecdotes ecclésiastiques du diocèse de Bayeux, tirées des registres de l'officialité. (Par F. PLUQUET.) *Caen*, 1831, in-8, 69 p.

Tiré à 25 exempl.

Anecdotes espagnoles et portugaises, depuis l'origine de la nation jusqu'à nos jours. (Par l'abbé Guill. BERTOUX.) *Paris, Vincent*, 1773, 2 vol. in-8.

Anecdotes et pensées historiques et militaires, par M. le G. DE W. (le général DE WARNERY). *Halle, J.-J. Court*, 1781, in-4.

Voy. « Supercheries », II, 149, *b*.

Anecdotes et récréations historiques. (Par Jean DU CASTRE D'AUVIGNY.) *Paris, Rollin et Clousier*, 1736, in-12.

Anecdotes et recueil de coutumes et de traits caractéristiques... Voy. « Anecdotes intéressantes et secrètes... »

Anecdotes extraites de la volumineuse histoire de Russie de LECLERC. (Par Mlle DE SAUSSURE.) *Montpellier, Tournel*, 1808, in-8.

Tiré à 60 exempl.

Anecdotes françoises, depuis l'établissement de la monarchie jusqu'au règne de Louis XV. (Par l'abbé Guillaume BERTOUX.) *Paris, Vincent*, 1767, in-8.— 2e édit. *Ibid.* 1768, in-8.

Anecdotes galantes et tragiques de la cour de Néron. *Paris, Huart*, 1735, in-12.

« On lit dans le privilége que ce roman a été composé par le sieur DELLERY ; mais on l'attribuait, même avant qu'il parût, à une personne fort connue par divers ouvrages auxquels il a travaillé lui-même, ou qui ont été faits sous ses yeux. » (Journ. de Verdun.)

Cette personne est le fameux abbé DESFONTAINES, si l'on en croit M. de Paulmy, ou plutôt M. Contant d'Orville, dans les « Mélanges tirés d'une grande Bibliothèque », t. II, p. 28. Cependant il paraît que DU CASTRE D'AUVIGNY est le véritable auteur de l'ouvrage. C'est à lui que l'abbé Desfontaines lui-même le donne dans la table du quatrième volume de ses « Observations sur les Ecrits modernes. »

Anecdotes galantes, ou Histoire des amours de Grégoire VII, du cardinal de Richelieu, de la princesse de Condé et de la marquise d'Urfé, par Mlle D*** (DURAND). *Cologne, Pierre Le Jeune* (*Hollande*), 1702, in-12.

Cet ouvrage avait déjà paru sous le titre d' « Histoire des amours », etc. *Cologne*, 1700, in-12. Voy. Brunet, « Manuel du libraire », t. III, 192.

Anecdotes galantes, ou le Moraliste à la mode, par M. J. HA*** (Joseph HACOT.) *Amsterdam* (*Paris, Duchesne*), 1760, in-12.

Voy. « Supercheries », II, 401, *c*.

Anecdotes germaniques, depuis l'an de la fondation de Rome jusqu'à nos jours. (Par And.-Guillaume CONTANT D'ORVILLE.) *Paris, Vincent*, 1769, in-8.

Anecdotes historiques, galantes et littéraires. (Publiées par DE LA HODE.) *La Haye*, 1737, 2 vol. petit in-12.

Voyez les « Nouveaux Mémoires » de l'abbé d'Artigny, t. VII, p. 9.

On a eu tort d'attribuer ces anecdotes au marquis D'ARGENS; c'est ce marquis lui-même qui, d'après l'abbé d'Artigny, les donnait à l'ex-jésuite de La Hode, dont le vrai nom était LA MOTHE.

Voy. « Supercheries », II, 502, *b*.

Anecdotes historiques, littéraires et critiques sur la médecine, la chirurgie et la pharmacie. (Par Pierre SUE.) *Paris, Le Boucher*, 1785, 2 vol. in-12. — *Bruxelles, Ve Dujardin*, 1789, 2 vol. in-8.

Anecdotes historiques, militaires, de l'Europe. (Par l'abbé T.-G.-F. RAYNAL.) *Amsterdam, Arkstée*, 1753, 1763, 3 vol. petit in-8.

Ouvrage que l'auteur étendit et publia plus tard sous le titre de : « Mémoires historiques et politiques. » Voy. ces mots.

Anecdotes historiques, par un témoin oculaire, le baron D. V*** (Honoré-Marie-Nicolas DUVEYRIER). *Paris, Duverger*, 1837, in-8.

Voy. « Supercheries », I, 1195, *a*.

Anecdotes inédites, de la fin du XVIIIe siècle, pour servir de suite aux « Anecdotes françaises. » (Par Ant. SERIEYS et J.-F. ANDRÉ.) *Paris, Monory*, an IX-1801, in-8.

Réimprimé sous le titre de : « La fin du XVIIIe siècle. » Voy. ces mots.

Anecdotes inédites pour faire suite aux « Mémoires de Mme d'Epinay, » précédées de l'examen de ces Mémoires. (Par V.-D. MUSSET-PATHAY.) *Paris, Baudouin*, 1818, in-8, 115 p.

Voy. Brunet, « Manuel du Libraire », 5e éd., II, 1018.

Anecdotes intéressantes de l'amour conjugal, revues et exposées avec précision. (Par Mlle POULAIN, de Nogent.) *Londres et Paris, Hardouin*, 1786, in-12, 158 p.

Reproduction anonyme d'un ouvrage publié en 1770 sous le titre de : « Anecdotes intéressantes par Mlle P*** (POULAIN, de Nogent). *Amsterdam et Paris, Pillot*, 2 vol. in-12. Cette réimpression ne contient qu'une partie de l'ouvrage original, dont on a modifié quelques phrases et changé les noms des personnages. Voy. « Supercheries », III, 58, *c*, où l'on a imprimé par erreur « par Mlle P*** DE N. S. S. »

Anecdotes intéressantes et historiques de l'illustre voyageur (Joseph II) pendant son séjour à Paris. (Par le chevalier Alex.-Jacq. DU COUDRAY.) *Paris, Ruault*, 1777, in-12. — *Liège, Desoër*, 1777, in-12. —

3e édit. *Paris, Ruault*, 1777, 2 part. in-12. — *Leipzig*, 1777-1778, 2 vol. in-12.

La seconde partie, qui paraît pour la première fois dans la troisième édition, est intitulée : « Relation fidèle et historique du voyage de M. le comte de Falckenstein... »

Anecdotes intéressantes et secrètes de la cour de Russie, tirées de ses archives, avec quelques anecdotes particulières aux différents peuples de cet empire, publiées par un voyageur qui a séjourné treize ans en Russie (Jean-Benoît Schérer). *Londres et Paris, Buisson*, 1792, 6 vol. in-12.

Voy. « Supercheries », III, 983, *b*.

Publié aussi sous le titre de : « Anecdotes et recueil de coutumes et de traits caractéristiques particuliers aux différents peuples de la Russie... » *Londres*, 1792, 6 vol. in-12.

Anecdotes italiennes, depuis la destruction de l'empire romain en Occident jusqu'à nos jours. (Par J.-Fr. de La Croix.) *Paris, Vincent*, 1769, in-8.

Anecdotes jésuitiques, ou le Philotanus moderne. *La Haye*, 1740, 3 vol. in-12.

Une note manuscrite sur un exemplaire de cet ouvrage vu par l'abbé Sépher, l'attribue au P. Lambert, ci-devant Jésuite. La « Biogr. univ. » et la « Biogr. génér. » le donnent à Nicolas Jouin.

Voy. ci-après « Philotanus. »

Anecdotes littéraires, ou histoire de ce qui est arrivé de plus singulier et de plus intéressant aux écrivains françois depuis le renouvellement des lettres, sous François Ier, jusqu'à nos jours. (Par l'abbé T.-G.-F. Raynal.) *Paris, Durand*, 1750, 2 vol. in-12. —1752, 3 vol. in-12.—Nouvelle édition augmentée. *La Haye*, 1766, 4 vol. in-12.

Anecdotes militaires de tous les peuples. (Par J.-Fr. de La Croix.) *Paris*, 1770, 3 vol. in-8.

C'est le même ouvrage que le « Dictionnaire historique des siéges et batailles mémorables. » V. T.

Anecdotes morales sur la fatuité, suivies de recherches et de réflexions sur les petits-maîtres. (Par Ch.-Cl.-F. Thorel de Campigneulles.) *Anvers et Paris, Coustelier*, 1760, in-12.

Anecdotes orientales. *Berlin* (*Paris*), 1752, 2 vol. in-12. — *Paris, Vincent*, 1773, 2 vol. in-8.

Attribué successivement par Barbier à Edme Mentelle et à Mailhol. Suivant Fleischer, la 1re partie est de Mentelle et la 2e de Mailhol.

Anecdotes originales de Pierre-le-Grand, recueillies... par M. de Stæhlin, traduites de l'allemand. (Par Perrault et L.-J. Richou.) *Strasbourg, Treuttel*, 1787, in-8.

Anecdotes, ou Histoire secrète de la maison ottomane. (Par Mme de Gomez.) *Amsterdam*, 1722-1740, 4 parties in-12.

Anecdotes, ou Lettres secrètes sur divers sujets de littérature et de politique, depuis le mois de mai 1734 jusqu'au mois de mars 1736. (Par Ant.-Aug. Bruzen de La Martinière.) 6 vol. in-12.

Cet ouvrage périodique a été continué depuis septembre 1736 jusqu'en mars 1738 sous le titre de « Journal politique et littéraire ». *Amsterdam*, 5 vol. in-12.

Anecdotes, ou Mémoires secrets sur la constitution *Unigenitus*. (Par Jos.-Franç. Bourgoin de Villefore.) *S. l.*, 1733, 3 vol. in-12.

Le t. II porte pour adresse : *Utrecht, G.-G. Le Febvre* ; le t. III : *Trévoux, aux dépens de la Société*.

Il a été publié un « Supplément aux Anecdotes ou Mémoires... » *En France*, 1734, in-12.

Anecdotes peu connues sur les journées des 10 août, 2 et 3 septembre 1792. (Par Sylvain Maréchal.) 1793, in-16.

Cet ouvrage a paru aussi sous le titre de : « Almanach des honnêtes gens, contenant des anecdotes... » Voy. ces mots.

Anecdotes physiques et morales. (Par P.-L. Moreau de Maupertuis.) 1738, in-12, 36 p.

Ces « Anecdotes » ne se trouvent pas dans la collection des œuvres de Maupertuis, en 4 vol. in-8.

Anecdotes piquantes relatives aux Etats-Généraux. (Par Louis-Ant. de Caraccioli.) *Paris*, 1789, in-8.

Anecdotes politiques et galantes de Samos et de Lacédémone. (Par Menin.) *La Haye* (*Paris*), 1744, 2 vol. in-12.

Anecdotes religieuses contemporaines et inédites, accompagnées de réflexions propres à prémunir le peuple contre les séductions de la moderne philosophie. (Par l'abbé Th. Perrin.) *Lille, Lefort*, 1828, in-18, 156 p.

Il y a plusieurs éditions avec quelques modifications dans le titre.

Anecdotes secrètes des règnes de Charles VIII et de Louis XII, avec des notes historiques. *La Haye*, 1741, 2 parties in-12.

D'après Barbier, cet ouvrage serait une seconde édition, enrichie de notes historiques, des deux nouvelles suivantes de Pierre Lesconvel :

« Le Sire d'Aubigny, nouvelle historique, par le sieur L... » *Paris, Girin*, 1698, in-12.

« Le prince de Longueville et Anne de Bretagne, nouvelles historiques ». *Suivant la copie imp. à Paris chez Jean Guignard* (*Hollande*), 1698, in-12.

Voy. ci-après ces deux titres.

a Une note dans le t. I du catalogue Leber, n° 2169, déclare que l'affirmation de Barbier est inexacte.

Nous n'avons pu confronter ces ouvrages pour décider entre ces deux affirmations.

Anecdotes secrètes du XVIIIe siècle, rédigées avec soin d'après la « Correspondance secrète, politique et littéraire, » pour servir de suite aux « Mémoires secrets de Bachaumont. » Par P. J. B. N. (Pierre-J.-B. NOUGARET.) *Paris, Léopold*
b *Collin*, 1808, 2 vol. in-8.

Voy. « Supercheries », III, 176, *a*.

Anecdotes secrètes et galantes de la duchesse de Bar, sœur de Henri IV. (Par mademoiselle Charlotte-Rose DE CAUMONT DE LA FORCE.) *Amsterdam* (*Paris*), 1709, in-12.

Réimpr. sous le titre de « Mémoire historique, ou anecdote secrète et galante de la duchesse de Bar... »
c *Amsterdam, Desbordes*, 1713, in-12.

Anecdotes secrètes pour servir à l'histoire de Pékin. *Paris*, 1746, 2 parties in-12.

C'est par erreur que Barbier, et après lui Quérard, « France littér. », t. VII, p. 8, ont considéré cet ouvrage comme une nouvelle édition revue et augmentée des « Mémoires pour servir à l'histoire de la Perse », et l'ont en conséquence attribué à PECQUET et à Mme DE VIEUXMAISONS.

L'exempt de police d'Hemery attribue les « Anecdotes » à LATTEIGNANT, conseiller au parlement et neveu de l'abbé, dont il parle dans sa note sur Madame
d de Vieuxmaisons que nous donnons à l'art. « Mémoires secrets pour servir à l'histoire de la Perse. »

Anecdotes sur Fréron, écrites par un homme de lettres à un magistrat qui voulait être instruit des mœurs de cet homme. (Par VOLTAIRE.)

Dans le t. VIII de « l'Evangile du jour. » Voy. ce titre.

e Anecdotes sur l'état de la religion en Chine, ou Relation de M. le cardinal de Tournon, patriarche d'Antioche..., écrite par lui-même. *Paris*, 1733-1742, 7 vol. in-12.

L'abbé Michel VILLERMAULES, dit VILLERS, né à Charmey, près de Lausanne, en 1667, mort en 1757, a été l'éditeur de ces volumes dont les premiers donnent la traduction française de pièces italiennes de la composition de Ch.-Théod. MAILLARD de Tournon, créé cardinal par Clément XI, mort en prison, en Chine, le 8 juin
f 1710. L'ensemble de cet ouvrage est dirigé contre les Jésuites.

Anecdotes sur la cour et l'intérieur de la famille de Napoléon Bonaparte. (Communiquées en partie par Mme veuve DURAND, première femme de l'impératrice Marie-Louise, et rédigées par A.-J.-B. DEFAUCONPRET, notaire de Paris, réfugié à Londres.) *Paris et Londres, Colburn*, 1818, in-8, 325 p.

Madame Durand, veuve du général de ce nom, attachée pendant quatre ans à l'impératrice Marie-Louise, a publié elle-même ces notes sous ce titre : « Mes Souvenirs sur Napoléon, sa famille et sa cour ». *Paris, chez l'auteur, rue de Bourgogne, n° 31, et chez Pigoreau*, 1819, 2 vol. in-12. Seconde édition, revue et corrigée, en 1820.

Anecdotes sur la politique de Burke et sur sa mort, relativement à ses recherches et à ses calculs sur les finances et le commerce de la France depuis un siècle; avec des rapprochements sur l'état progressif de l'Angleterre, et sur les moyens de ruiner la nation française. (Par PAPILLON-LATAPY.) *Paris, Bernard*, an VIII-1800, in-8, 64 p.

Anecdotes sur les décapités. (Par l'abbé HÉMEY D'AUBERIVE.) *Paris, Sobry*, an V-1796, in-8, 29 p.

Anecdotes sur Mme la comtesse Du Barri. (Par Mathieu-François PIDANSAT DE MAIROBERT.) *Londres*, 1775, in-12. — *S. l.*, 1776, in-12. — *Londres*, 1778, 2 part. en 1 vol. in-12, portrait.

Barbier dans sa première édition avait attribué cet ouvrage à Charles THÉVENEAU DE MORANDE. Quérard, dans la « France littéraire » le donne sous les deux noms. Le catalogue de « l'Histoire de France » de la Bibliothèque nationale adopte la seconde attribution de Barbier.

Anecdotes sur W.-G. Mozart. Traduites de l'allemand, par Ch.-Fr. CRAMER. *Paris, impr. de Ch.-Franç. Cramer*, an IX-1801, in-8, 68 p. avec 2 pl. de musique, in-4, chiffrées 2 et 3, pour la p. 27.

C'est la traduction des « Anecdoten aus Mozart's Leben » publiées par Fried. ROCHLITZ dans le 1er vol. de « l'Allgem. musikal. Zeitung. » *Leipz.*, 1798-1799, in-4. Voy. l'ouvrage de cet auteur intit. : « Für Freunde der Tonkunst. » 2e Ausg. 2er Bd. *Leipz.*, 1830, in-12, p. 282.

C'est donc bien à tort que Quérard, dans sa « France littéraire » attribue les « Anecdotes » à madame MOZART.

Anecdotes tirées de l'histoire et des chroniques suisses. (Par Mme WULLIAMOZ.) *Lausanne*, 1796, 2 vol. in-12.

Publié d'abord dans le « Journal de Lausanne » puis retouché et publié séparément. Ersch, « France littéraire » t. III, attribue cet ouvrage à madame WULLIAMOZ, née à Lausanne, dont le nom a été transformé en Wlyamor sur le titre d'un de ses ouvrages, mais suivant Quérard, « France littéraire », t. VII, le vrai nom de cet auteur est PONT-WULLYAMOZ.

Aneries révolutionnaires ou balourdises, bêtisiana, etc., etc., etc., Anecdotes de nos jours, recueillies et publiées par P. CAP... (L.-Pierre CAPELLE, depuis inspecteur de la librairie.) *Paris, Capelle*, an IX, in-18.

Anes (les) de Beaune, historiettes très-plaisantes, avec leur explication, par M. A. T. C. D. L. P. E. (A. T. CHEVIGNARD DE LA PALLUE, écuyer). *Genève et Paris, Moutard*, 1783, in-12, 34 p.

Voy. « Supercheries », I, 393, *c*.

Ange (l') conducteur dans la dévotion chrétienne, ou pratiques pieuses en faveur des âmes dévotes... (Par le P. Jacques CORET.) *Liége*, 1691, in-12.

Première édition d'un ouvrage bien souvent réimprimé avec le nom de l'auteur et aussi avec celui de GORET.

Ange (l') consolateur des affligés et des malades, par l'abbé Jac. M** (MEY), prêtre du diocèse de Lyon. *Lyon, chez les principaux libraires*, 1842, in-12, 376 p.

Ce ouvrage ne peut guère être considéré comme anonyme, car le nom figure à chaque feuille.

Ange (l') des Belges. *Liége, Renard frères*, 1851, in-8, 110 p. et 9 pl.

La préface est signée H. R. (Hyacinthe RENARD.)
Voy. « Supercheries », II, 312, *d*.

Ange (l') gardien, traduit du latin de Jérémie DREXELIUS. (Par Madeleine FEUILLET.) *Paris, Couterot*, 1691, in-12.

Angéla, ou l'Atelier de Jean Cousin, opéra-comique en un acte, représenté à Paris, pour la première fois, sur le théâtre de l'Opéra-Comique, le 13 juin 1814. Paroles de M. M.... (DE MONTCLOUX D'EPINAY,) musique de Mme Gail et de M. Boieldieu. *Paris, Mme Masson*, 1814, in-8, 32 p.

Voy. « Supercheries », II, 1004, *a*.

Angèle, drame en 5 actes, narré et commenté par Mme Gibou et ses commères Mme Pochet, la Lyonnaise, etc.; par l'auteur de « Marie Tudor, racontée par Mme Pochet à ses voisines. » (Par ROBERGE.) *Paris, Marchant*, 1834, in-8, 56 p.

Angelina Alsthertone, ou le Déshonneur imaginaire, par l'auteur de « Rose de Valdeuil » (Mme DE SAINT-VENANT.) *Paris, Pigoreau*, 1809, 2 vol. in-12.

Angelina, ou Histoire de D. Mathéo, traduction de l'italien. (Par CALLOU.) *Milan, Reycends*, 1752, 2 vol. petit in-8.

Par CALLOU et non CALLON, comme il a été imprimé par erreur dans la 2e édition.

Angélina, ou la Naissance de Pitt. (Par A.-P.-F. MÉNÉGAULT.) *Paris*, in-12.

Angeline et Valmore, ou la Morte vivante, par M. M*** (MÉNÉGAULT), ancien militaire, auteur de « Marie de Brabant. » *Paris, Pigoreau*, 1814, 3 vol. in-12.

Par MÉNÉGAULT et non MAUGENET, comme il a été imprimé par erreur dans la 2e édition.

Angélique délivrée, à l'imitation de l'Arioste. (Par DE BAZIRE.) *Paris, de La Ruelle*, 1600, in-12.

Angelo, comte d'Albini, ou les Dangers du vice, par Charlotte D'ACRE, traduit de l'anglais par Mme Elis. de B.... (Mme Elisabeth DE BON). *Paris, Arthus Bertrand*, 1816, 3 vol. in-12.

Angers ancien et moderne. Guide de l'étranger dans cette ville et dans les environs, par E. L. (LACHÈSE, substitut du procureur général). *Angers, impr. de Cosnier*, 1852, in-18, VIII-208 p.

Anges (les) de la terre, ou Excellence de la virginité chrétienne. *Paris*, 1854, in-8.

La dédicace à la Vierge est signée du nom de l'auteur, l'abbé J.-E.-A. CHEVROTON.

Anglais (les) au XIXe siècle. (Par Bertrand BARÈRE DE VIEUZAC.) *Paris, Delaunay*, an XIII-1804, in-12.

Anglais (l'), aux Indes, d'après ORME, par M. D'ARCHENHOLTZ. (Traduit de l'allemand par Louis-Frédéric KOENIG, revu par M. LANTEIRES.) *Lausanne*, 1791, 3 vol. in-12.

Voy. « l'Allemagne savante », de Meusel, édit. de *Lemgo*, 1796, au mot KOENIG.

Anglais (l') mangeur d'opium. Traduit de l'anglais, par A. D. M. (Alfred de MUSSET). *Paris, Mame et Delaunay-Vallée*, 1828, in-12, XVI-221 p.

L'original anglais, intitulé : « Confessions of an english opium eater », a pour auteur Thomas de QUINCEY, né en 1785, mort en 1859. Il a paru d'abord dans le « London magazine », en 1821. Une 7e édit., revue et considérablement augmentée, a été publiée à Edimbourg en 1856.

La seconde partie du livre de M. Charles Baudelaire, « Les Paradis artificiels, opium et baschisch », *Paris*, 1860, in-12, est consacré à de Quincey et à son ouvrage.

Voy. « Supercheries », I, 195, *b*.

Angleterre ancienne, ou tableau des mœurs, usages, armes, habillements, etc. des anciens habitants de l'Angleterre; ouvrage traduit de l'anglais de M. Joseph STRUTT par M. B*** (BOULARD, ancien notaire). *Paris, Maradan*, 1789, 2 vol. in-4, dont un de figures.

L'ouvrage anglais porte le titre de : Horda Angel-Cynnan, or a complete view of the manners, customs, arms, habits, etc. of the inhabitants of England... by Joseph STRUTT. » *London*, 1774-1776, 3 vol. in-4.

La traduction de Boulard ne comprend que les deux premiers volumes. Voy. Lowndes, « Bibliographer's manual... », p. 2532, 2533.

Voy. « Supercheries », I, 427, *a*.

Angleterre (l') en 1800. (Par Ch. SALADIN.) *Paris*, 1801, 2 vol. in-8.

Angleterre (l') et les Anglais, ou petit portrait d'une grande famille, copié et retouché, par deux témoins oculaires (Jos.-Ant. DE GOURBILLON et DICKENSON). *Paris, Le Normant*, 1817, 3 vol. in-8.

Traduit de l'anglais de Robert SOUTHEY.
Voy. « Supercheries », I, 930, *c*.

Angleterre (l') jugée par elle-même, ou aperçus moraux et politiques extraits des écrivains anglais, ouvrage traduit de l'italien. (Par Ch.- J. LA FOLIE.) *Milan, Giegler*, 1806, in-8.—*Paris, Denné le jeune*, 1808, in-8.

Angleterre (l'), l'Ecosse et l'Irlande, ou méditations sur le caractère national des Anglais, leurs mœurs, leurs institutions... (Par le baron BARCLAY DE TOLLY.) 2 vol. in-8.

Angoisses et remèdes d'amours du Traverseur en son adolescence (Jean BOUCHET.) *Poictiers*, 1536, in-4.

Voy. « Supercheries », III, 850, *e, f*.

Angola, histoire indienne. Ouvrage sans vraisemblance. *A Agra, avec privilége du Grand Mogol*. 1746, 2 part in-12, 162 et 199 p.

Le chevalier Ch.-Jacq.-Louis-Aug. ROCHETTE DE LA MORLIÈRE s'est attribué ce roman; mais beaucoup de gens prétendent que c'est un manuscrit trouvé dans les papiers du duc DE LA TRÉMOILLE, après sa mort. Voy. la « Vie privée de Louis XV », t. II, p. 44, édition originale de 1781.

« Angola » a été souvent réimprimé; l'édition de 1775 et celles qui font partie de la collection Cazin, 1782-1786, 2 vol. in-18, offrent à la suite « Acajou et Zirphile. »

Angotiana, ou suite des « Calembourgs comme s'il en pleuvoit », contenant les amours du Per-Vertisseur... Sixième édition. (Par Armand RAGUENEAU DE LA CHAINAYE.) *Paris, Barba*, an IX-1801, in-32, 144 p.

Voy. « Supercheries », I, 317, *d*.

Animadversions sur l' « Histoire ecclésiastique » du P. Noël Alexandre, dominicain. (Par le docteur Jacques LE FÈVRE.) *Rouen, s. d.* (vers 1680), in-8.

Le libraire du P. Alexandre obtint la suppression de cette critique dans le temps même où elle s'imprimait. Les ordres de la police furent si bien exécutés, qu'on parvint difficilement à conserver deux exemplaires des feuilles qui étaient imprimées. Le manuscrit de J. Le Fèvre eût pu former 3 vol.

Voyez Vogt, « Catal. libr. rar., » Francof., 1793, p. 48.

L'abbé Goujet, dans le dictionnaire de Moréri, cite l'ouvrage de Le Fèvre sous ce titre : « Histoire critique contre les dissertations sur l'Histoire ecclésiastique » du P. Alexandre; ce qui prouve que le frontispice n'en était pas encore imprimé.

Animaux diplomates, par W. de F. (Antoine-Edmond WOLHEIM DA FRANSECA). *Leipzig, W. Gerhard*, 1863, in-16.

Animaux (les) malades de la peste, ou les pensions et le trésor, par un âne dévoué (Louis-Marin BAJOT). *Paris*, 1835, in-8, 12 p.

Voy. « Supercheries », I, 348, *d*.

Animaux (les) parlants, par CASTI, poëme épique, traduit en français, par P. P. (P. PAGANEL, conventionnel, réfugié à Liége). *Liége*. 1818, 3 vol. in-12.

Voy. « Supercheries », III, 228, *f*.

Anna, ou l'héritière galloise, par l'auteur de « Rosa »; traduit de l'anglois (de miss BENNET, par J.-Gasp. DUBOIS-FONTANELLE). *Paris*, 1788, 4 part. in-12. — Nouvelle édition. *Paris, Maradan*, 1798, 4 vol. in-12.

On doit à P.-F. HENRY une nouvelle traduction de ce roman. *Paris, veuve Le Petit*, 1800, 4 vol. in-18.

Anna Petrowna, fille d'Elisabeth, impératrice de Russie, histoire véritable publiée par Mme de R*** (Mme DE ROME). *Paris*, 1813, 2 vol. in-12.

Voy. « Supercheries », III, 291, *a*.

Anna Ross, par l'auteur du « Bon choix » et du « Père Clément » (miss KENNEDY). *Genève, madame S. Guers*, 1826, in-18.

Annales (les) amusantes, ou Mémoires pour servir à l'histoire des amusements de la nation. (Par Ph. BRIDARD DE LA GARDE.) *Paris*, 1742, in-12.

L'édition entière fut saisie.

Annales catholiques. *Paris, Le Clere*, 1795 à 1811, 19 vol. in-8, et 2 numéros finissant par la 112e livraison.

Cet ouvrage périodique a paru sous différents titres dont voici le détail :

« Journal de la Religion et du culte catholique, » (par Dominique RICARD), 1795, 12 numéros in-8, et suppl. au 12e numéro.

« Annales religieuses, politiques et littéraires, » 1796, 20 numéros.

« Annales catholiques, » 1796 et 1797, numéros 21 à 42 (par MM. les abbés JAUFFRET et SICARD, jusqu'au numéro 18; depuis le numéro 19, par M. l'abbé DE BOULOGNE.) Le tout forme 3 vol. in-8. Les articles de M. Sicard sont signés de l'anagramme DRACIS.

« Annales philosophiques, morales et littéraires, » (par M. l'abbé DE BOULOGNE), 1800 et 1801, 41 cahiers formant 3 vol. in-8. Les cinq derniers cahiers ont paru sous le titre de « Fragments de littérature et de morale, » et sous celui de « Mémoires historiques et critiques. »

Annales littéraires et morales » (par M. l'abbé DE BOULOGNE), 1805 à 1806, 48 cahiers en 3 vol. in-8.

Dans ces Annales et les précédentes, on trouve plusieurs articles de MM. EMERY et de SAINTE-CROIX.

En 1806, M. l'abbé DE BOULOGNE a fait paraître cet ouvrage sous le titre de « Mélanges de philosophie, d'histoire, de morale et de littérature ». Il a pris pour collaborateur M. PICOT, auteur des « Mémoires pour servir à l'histoire ecclésiastique pendant le XVIIIe siècle », qui a publié seul, à partir de 1814, « l'Ami de la religion et du roi ». Voyez ce titre, et pour plus de détails, Hatin, « Bibliographie de la presse », p. 262.

Annales chronologiques, littéraires et historiques de la maçonnerie des Pays-Bas, à dater du 1er janvier 1814. (Par REGHELLINI, de Scio, et METTON). *Bruxelles*, 5822-5829 (1822-1829), 6 vol. in-8, avec fig.

Annales contemporaines, ou Précis des événements les plus mémorables qui se sont passés sur la surface du globe dans le cours de l'année 1828; par M. E. D. (Edouard DUBUC). *Paris*, 1829, 3 vol. in-18.

Voy. « Supercheries », I, 1207, *e*.

Annales (les) d'Aquitaine, faits et gestes des rois de France et d'Angleterre. (Par Ant. ARDILLON et Jean BOUCHET.) *Paris, de Marnef*, 1557, in-fol.

Voy. pour les nombreuses éditions de cet ouvrage, Brunet, « Manuel du libr. », 5e éd., tome I, col. 1164.

Ces Annales ont été reproduites, plus tard, sous le seul nom de J. Bouchet, et font partie d'un recueil in-folio contenant les pièces suivantes, pour la publication desquelles Abr. Mounin, impr. et libr. à Poitiers, obtint un privilège de la Cour présidiale de la Sénéchaussée du Poitou, en date du 16 février 1644, savoir :

1° Les Mémoires et Recherches de France et de la Gaule aquitanique du S. Jean de La Haye, baron de Coutaux, et contenant l'origine des Poitevins, les faits et gestes des premiers rois de Poictiers, 1643, 69 p.

2° De l'Université de la ville de Poictiers, du temps de son érection, du recteur Ley, extrait d'un ancien manuscrit latin gardé en la bibliothèque de M. Jean Filleau, docteur régent, etc. Poictiers, 1643, 58 p.

3° De l'Université de la ville de Poictiers, du temps de son érection, etc., extrait du livre du scribe de l'Université et d'un ancien manuscrit latin, gardé en la bibliothèque de M. Jean Filleau, Poictiers, 1643, 75 p.

4° La preuve historique des Litanies de la grande reine de France, sainte Radegonde. Par M. Jean Filleau, etc. Poictiers, 1643, 204 p. et 2 fig.

5° Enfin Description des Gaules ou Annales d'Aquitaine de Jean BOUCHET. 666 p.

Annales d'Espagne et de Portugal, avec cartes et figures, par don Juan Alvarez DE COLMENAR. (Traduit de l'espagnol par Pierre MASSUET.) *Amsterdam, L'Honoré*, 1741, 4 vol. in-4, ou 8 vol. in-12.

Annales de calcographie générale. (Rédigées par VALLIN.) *Paris*, 1806, in-8, 23 numéros.

Annales de grammaire. *Paris*, 1818, in-8.

L'un des principaux rédacteurs a été Auguste-Toussaint SCOTT DE MARTAINVILLE, mort à Issy, près Paris, le 19 février 1861, âgé de 71 ans.

Annales de l'Empire, depuis Charlemagne, par l'auteur du « Siècle de Louis XIV » (VOLTAIRE). *Bâle, Jean-Henri Decker*, 1753, 2 vol. in-12. — *Francfort*, 1754, in-8.

Annales de l'empire français, par une société de gens de lettres (A.-L.-P. ROBINEAU, dit DE BEAUNOIR, et P. DAMPMARTIN). *Paris*, 1805, in-8.

Publication qui en est resté au premier volume.

Voy. « Supercheries, » III, 678, *a*.

Annales de la bienfaisance, ou les Hommes rappelés à la bienfaisance par les exemples des peuples anciens et modernes. (Par Honoré LA COMBE DE PREZEL.) *Lausanne et Paris*, 1772, 3 vol. in-12.

V. T.

Annales de la Cour et de Paris, pour les années 1697 et 1698. (Par SANDRAS DE COURTILZ.) *Cologne, P. Marteau*, 1701, 2 vol. in-12.

Plusieurs fois réimprimé.

Bayle, dans sa « Réponse aux questions d'un provincial », donne cet ouvrage à un nommé DU BUISSON. C'est sous ce nom qu'en 1685 SANDRAS DE COURTILZ a publié sa « Vie de Turenne ».

Annales de la musique, ou Almanach musical pour l'an 1819... par un amateur (César GARDETON). *Paris*, 1819, in-18.

Première année annoncée à tort comme unique dans les « Supercheries », I, 289, *f*.

La seconde année, 1820, porte le nom de l'auteur.

Annales de la propagation de la foi. (Rédigées et publiées, en 1841, par M. MEYNIS.) *Paris*, in-8.

Voy. « Gazette des Tribunaux », n° du 28 novembre 1841.

Annales de la religion, ou Mémoires pour servir à l'histoire du XVIIIe siècle, par une société d'amis de la religion et de la paix (L. DESBOIS DE ROCHEFORT, Henri GRÉGOIRE, J.-B. ROYER, Guill. MAUVIEL et autres). *Paris, imprimerie-librairie chrétienne*, 1795-1803, 18 vol. in-8.

Voy. « Supercheries », III, 661, *f*.

Annales (les) de la république française, depuis l'établissement de la constitution de l'an III. (Par P.-X. LESCHEVIN; le discours préliminaire est de J.-Ch. LAVEAUX.) *Paris, Laveaux et Moutardier*, an VII-1799, 6 vol. in-8.

Annales de la société des soi-disant Jésuites, ou Recueil historique-chronologique de tous les actes, écrits, dénonciations, avis doctrinaux, requêtes, ordonnances, mandements, instructions pastorales, décrets, censures, bulles, brefs, édits, arrêts, sentences, jugements émanés des tribunaux ecclésiastiques et séculiers, contre la doctrine, l'enseignement, les entreprises et les forfaits des soi-disant Jésuites, depuis 1552, époque de leur naissance en France, jusqu'en 1763. *Paris*, 1764-1769, 5 vol. in-4.

L'abbé J.-Ant. GAZAIGNES, qui n'est mort qu'en 1802, aurait, dit-on, publié cet ouvrage sous le nom de Emmanuel-Robert de PHILIBERT, qui ne figure pas sur le titre. Ouvrage curieux dont les trois derniers volumes sont restés manuscrits; il a été traduit en italien.

Annales de la ville de Béziers et de ses environs, depuis les premiers temps jusqu'à nos jours. Par l'abbé A. D. (Auguste DURAND). *Béziers*, *Granié*, 1863, in-12, XIV-90 p.

Voy. « Supercheries », I, 183, *e*.

Annales de la ville de Lyon, ou Histoire de notre temps, 1848. (Par J.-B. MONFALCON.) *Lyon*, *impr. de Mougin-Rusand*, 1849, gr. in-8.

Annales de la ville de Toulouse. *Paris*, *veuve Duchesne*, 1771-1776, 4 vol. in-4.

La dédicace est signée DE ROZOI.

L'auteur, Barnabé FARMIAN DE ROSOI est plus connu sous le nom de DUROSOI.

Annales de Paris et de la Cour... Voy. « Annales de la Cour et de Paris ».

Annales des arts et manufactures, par M. R. O'REILLY (et J.-N. BARBIER-WEMARS.) *Paris*, 1800-1815, 56 vol. in-8. — 2e collection, 1815-1818, 56 vol. in-8.

M. O'Reilly, jusqu'à sa mort, en 1806; n'eut pas d'autre collaborateur que M. Barbier-Wemars, qui rédigea seul les « Annales » jusqu'en 1818, à l'exception des numéros 77, 78 du 26e volume et du tome 28e entier (numéros 82, 83 et 84) qui sont de M. A. DE ROUILLAC, ancien directeur des établissements du Creusot. Voy. le « Dictionnaire de Bibliographie française », par Fleischer.

A partir du tome XXXIV de la 1e série, le nom de Barbier-Wemars figure seul sur le titre.

Annales des bâtiments et de l'industrie française... (Par F.-M. GARNIER.) *Paris*, 1817, in-8.

Annales des choses mémorables arrivées tant en Angleterre qu'ailleurs, sous les règnes de Henri VIII, Edouard VI et Marie; traduit du latin de François GODWIN. (Par DE LOIGNY.) *Paris*, *Rocolet*, 1647, in-4.

Annales dramatiques, ou Dictionnaire général des théâtres,... par une société de gens de lettres (BABAULT, A.-A.-F. MÉNÉGAULT et autres.) *Paris*, *Babault*, *l'un des auteurs*, *Capelle et Renaud*, 1808-1812, 9 vol. in-8.

Voy. « Supercheries », III, 678, *d*.

Annales du Conseil souverain de la Martinique, ou Tableau historique du gouvernement de cette colonie, depuis son premier établissement jusqu'à nos jours; auquel on a joint l'analyse raisonnée des lois qui y ont été publiées, avec des réflexions sur l'utilité ou l'insuffisance de chacune de ces lois en particulier. (Par DESSALLES fils, conseiller au conseil souverain de la Martinique.) *Bergerac*, *J.-B. Puynesge*, 1786, 2 vol. in-4.

Annales du crime et de l'innocence, ou Choix de causes célèbres,... par MM. R*** et P.-V. anciens avocats (Pierre-Joseph-Alexis ROUSSEL et PLANCHER-VALCOUR). *Paris*, *Lerouge*, 1813, 28 tomes in-12.

Voy. « Supercheries », III, 275 *b*, et 291, *b*.

Annales du monde, depuis le déluge jusqu'au gouvernement d'Othoniel, premier juge des Israélites.... (Par Melchior-Bénigne-Marie COCHET DU MAGNY, ancien chanoine de la Sainte-Chapelle de Dijon.) *Strasbourg*, *imprimerie académique*, 1788, in-8.

Annales du moyen-âge... depuis la décadence de l'empire romain jusqu'à la mort de Charlemagne. (Par J.-M.-T. FRANTIN, imprimeur.) *Dijon*, *V. Lagier*, 1825-26, 8 vol. in-8.

Voy. « Réponse à un article... »

Annales du parlement français; par une société de publicistes, sous les auspices des deux Chambres. Quatrième législature. Sessions 1839 et 1840. (Par Marc-Antoine JULLIEN.) *Paris*, *F. Ponce*, *Lebas et comp.*, 1840-1841, 2 vol. gr. in-8.

Cet ouvrage a été continué jusqu'en 1848, sous la direction de M. T. FLEURY, qui y a mis son nom sur le titre.

Voy. « Supercheries », III, 691, *c*.

Annales et histoires des troubles des Pays-Bas, par H. GROTIUS. (Traduites en français par Nicolas L'HÉRITIER.) *Amsterdam*, *J. Blaew*, 1662, in-fol.

Annales galantes. (Par Mme DE VILLEDIEU.) *Paris*, *Cl. Barbin*, 1670, 4 part. in-12. — *Lyon*, *Hilaire Baritel*, 1694, 2 part. in-12.

Annales galantes de la cour de Henri II. (Par mademoiselle Marguerite DE LUSSAN.) *Amsterdam* (*Paris*), 1749, 2 vol. in-12.

Annales galantes de Grèce. (Par madame DE VILLEDIEU.) *Paris*, 1687, 2 vol. in-12.

Annales générales d'administration publique, des sciences et arts... (Par PHILPIN.) *Paris, Colas*, 1817, in-8.

Annales historiques de l'ordre souverain de Saint-Jean-de-Jérusalem, depuis l'année 1725 jusqu'au moment présent. (Par DE MAISONNEUVE.) *Saint-Pétersbourg*, 1799, in-8.

Annales historiques de la ville et comté-pairie de Châlons-sur-Marne. (Par BUIRETTE DE VERRIÈRES.) *Paris, Grégoire*, 1788, 2 vol. gr. in-8.

Annales historiques des sessions du Corps législatif, années 1814 à 1822, par *** (M. J.-A. D'AURÉVILLE) et M. GAUTIER (du Var). *Paris, C.-F. Patris*, 1816-1823, 10 vol. in-8.

Voy. « Supercheries, » III, 1097, *a*, et 1100, *c*.

Annales historiques et périodiques, où l'on donne, par ordre chronologique, une idée exacte, fidèle et succincte de tout ce qui s'est passé de plus intéressant dans le monde, touchant la paix et la guerre, depuis le 1er septembre 1769. (Par Claude RENAUDOT.) *Paris, Saillant et Nyon*, 1771, in-12.

Annales littéraires, ou Choix des principaux articles de littérature insérés par M. Dussault, dans le « Journal des Débats », depuis 1800 jusqu'à 1817 inclusivement, recueillis et publiés par l'auteur des « Mémoires historiques sur Louis XVIII » (J. ECKARD). *Paris, Maradan*, 1818-1824, 5 vol. in-8. D. M.

Annales maç.·., dédiées à Son Altesse Sérénissime le prince Cambacérès, archichancelier de l'Empire et G.·. M.·. de l'O.·. M.·. en France, par Caillot, R.·. C.·. *Paris, Caillot*, 5807-5810, 8 vol. in-8 et in-18.

Suivant une note manuscrite de Lerouge, ce journal a eu une trentaine de collaborateurs dont les principaux sont : Armand GOUFFÉ, BOURÉE, CAIGNART DE MAILLY, DE FRÉNOY, DUMOLARD, DUPATY, J.-L. LAURENS, Maxime DE REDON, MANGOURIT, Félix NOGARET, DE PIIS et SERVIÈRES, référendaire à la Cour des comptes.

Annales maritimes et coloniales. (Par Pierre LABARTHE.) *Paris*, an VII-1799, in-8.

M. BAJOT, chef du bureau des lois au ministère de la marine, a publié sous le même titre, de 1816 à 1847, un ouvrage périodique qui forme 103 vol. in-8, plus 3 vol. de tables, allant jusqu'en 1841. Reprises en 1849, sous le titre de « Nouvelles annales de la marine ».

Annales originis magni Galliarum O.·., ou Histoire de la fondation du Grand-Orient de France et des révolutions qui l'ont précédée, accompagnée et suivie, jusqu'à 1799, époque de la réunion à ce corps de la grande loge de France, connue sous le nom de Grand Orient de Clermont, ou de l'Arcade de la Pelleterie ; avec un appendice contenant les pièces justificatives, plusieurs actes curieux et inédits ayant rapport à l'histoire de la franche-maçonnerie, des détails sur un grand nombre de rites, et un fragment sur les réunions secrètes des femmes. (Par Cl.-Ant. THORY.) *Paris, Dufart*, 1812, in-8, VIII-471 p. avec 3 tableaux et 4 pl.

Annales poétiques du XIXe siècle, ou Choix de poésies légères tant inédites que publiées depuis 1800. (Par Jacq. LABLÉE.) *Paris, Léopold Collin*, 1807, 2 vol. in-18.

Annales poétiques, ou Almanach des Muses, depuis l'origine de la poésie françoise. (Rédigées par SAUTREAU DE MARSY et Barthél. IMBERT.) *Paris, Delalain*, 1778-1788, 42 vol. petit in-8.

Les deux derniers volumes ont été imprimés, mais non publiés.

Annales politiques, morales et littéraires. *Paris*, 16 déc. 1815-20 juin 1819, 1282 numéros in-fol.

Par M.-G.-T. VILLENAVE, P.-R. AUGUIS, G.-B. DEPPING, Jean PIERROT et Mme CÉRÉ DE BARBÉ.
Voy. Hatin, « Biliogr. de la presse », p. 332.

Annales politiques universelles de la fin du XVIIIe siècle et du commencement du XIXe. (Rédigées par CHATEIGNER.) Tome I. *Bruxelles*, 1801, in-12. D. M.

Cette publication s'est arrêtée au premier volume.

Annales pour servir d'étrennes aux amis de la vérité. 1733, in-24.

Les éditeurs de la « Bibliothèque historique de la France », t. I, numéro 5571, attribuent à Louis-Adrien LE PAIGE cet ouvrage, qui a pour second titre : « Prothéisme de l'erreur ». Voy. ces mots.

Annales romaines, ou Abrégé chronol. de l'histoire romaine, depuis sa fondation jusqu'aux empereurs. (Par Philippe MACQUER.) *Paris, J.-T. Hérissant*, 1756, in-8. — *La Haye*, 1757, in-8.

Annales romantiques; 1823-1836, 12 vol. in-18, fig.

Le premier volume a paru à Paris, chez Persan et Pélicier, avec une préface signée J. A., sous le titre de « Tablettes romantiques ». Urbain Canel a été l'éditeur des « Annales romantiques » de 1825 à 1828. En 1829, ce recueil devint la propriété de L. Jannet, qui chargea Charles MALO de la direction littéraire.

Les « Mélanges tirés d'une petite bibliothèque romantique » de M. Charles Asselineau, *Paris, Pincebourde*, 1866, in-8, donnent, p. 50-102, une analyse et une bibliographie des « Annales romantiques ».

Annales typographiques, ou Notice du progrès des connaissances humaines.

(Par MORIN D'HÉROUVILLE.) *Paris*, 1758, in-4.

D'abord hebdomadaire, devient ensuite mensuel et ajoute à son titre : « par une société de gens de lettres » (ROUX, MORIN D'HÉROUVILLE, GOULIN, l'abbé LADVOCAT et autres). Paris, 1760-1763, 10 vol. in-8.

Annales universelles, par H. D. F. (H. DE FOURMONT). *Nantes*, 1848, in-fol., 3 feuillets et 38 tableaux.

Le nom de l'auteur se trouve sur le prospectus de l'ouvrage.

Voy. « Supercheries, » II, 251, *b*.

Anne Boleyn, par l'auteur des « Souvenirs de Londres » (G.-A. CRAPELET). *Paris, impr. de Crapelet*, 1831, in-18.

Anne de Montmorency, connétable de France, nouvelle historique. (Par Pierre DE LESCONVEL.) *Paris*, 1696, 1697, in-12.

Anne-Paule-Dominique de Noailles, marquise de Montaigu. *Rouen, impr. de A. Péron*, 1859, in-8.

Cet ouvrage a donné lieu à une revendication de paternité (1) de la part de M. Aug. CALLET, ancien représentant du peuple. Le procès fut perdu et gagné par M. Callet (2); on lit dans son Mémoire : « Ce livre, « bien qu'il ne porte pas mon nom, a été composé et « écrit par moi ; on y a fait dans les derniers chapi- « tres quelques coupures; à cela près il est entièrement « conforme au manuscrit que j'ai livré en 1857, à « Mme la comtesse d'Auberville (3), fille de Mme de « Montaigu.

« Cette édition de Rouen n'a pas été mise dans le « commerce. »

« En 1864 (4) et en 1865, il en a paru de nouvelles « éditions, en grande partie copiées sur celle de « Rouen. »

« L'édition de 1865, ayant été mise en vente, « le « Correspondant (5) » et le « Journal des Débats (6) » « en ont rendu compte, et ces comptes-rendus dési- « gnaient M. le duc DE NOAILLES comme auteur de « l'ouvrage... »

C'est à Bruxelles, en 1852, que M. Callet se chargea de mettre en œuvre les matériaux qui lui furent transmis par son ancien collègue et alors son compagnon d'exil, le général de La Moricière, gendre de Mme la comtesse d'Auberville.

A propos de ses rapports avec le général, M. Callet dit : « Le général La Moricière a été mon collabora- « teur pour une des brochures qui m'ont fait condamner « à la prison. Dans le pamphlet intitulé : « La Ma- « gistrature impériale » (Voy. ce titre), il y a au moins « tout un paragraphe de lui. Tout le reste est de moi; « mais nous l'avions plusieurs fois relu ensemble avant « de le faire imprimer. Nous avions également non pas « fait, mais relu ensemble le pamphlet sur l'épiscopat, « intitulé : « La veille du Sacre. » (Voy. ce titre.)

(1) « De la propriété littéraire. Un procès contre M. le duc de Noailles (de l'Académie française) et consorts, ou Fin de l'Histoire de la marquise, par Auguste Callet. » *Paris, Librairie nouvelle*, 1865, in-8 164 pp. »

(2) Voy. : « Une paternité littéraire restituée au profit de M. A. Callet, Forezien », pages 148-152 de la « Revue forésienne, » sept. 1869, art. signé : A. Benoît.

(3) L'on a pu voir sous le numéro 1044 du Catalogue de la bibliothèque de M. d'Haubersaert, *Paris*, Potier, 1868, cet ouvrage indiqué comme ayant pour auteur Mme la comtesse d'Auberville; il en est de même dans le catalogue Sainte-Beuve, 1870, n. 990.

(4) Cette nouvelle édition de 1864 est in-8; elle a de plus que celle de Rouen, 4 pages préliminaires et un portrait; elle n'a pas été mise dans le commerce. L'édition de 1865, qualifiée de deuxième sur le titre, est in-12 comme celles qui l'ont suivie et qui sont toutes vendues au profit des pauvres.

(5) 25 octobre 1864, art. signé : Léon Arbaud (Mme Charles Lenormand).

(6) 25 décembre 1864, article de M. Cuvillier-Fleury.

Anneau (l'), conte en vers libres, par M. LE B...... D......... (M. LE BOUCHER DES LONGS-PARCS). *Caen*, 1821, in-8, 78 p.

Voy. « Supercheries », II, 717, *c*, *f*.

Année (l') bénédictine, ou les Vies des saints de l'ordre de Saint Benoît. (Par la mère Jacqueline DE BLEMUR.) *Paris*, 1667, 7 vol. in-4.

Année champêtre, partie qui traite de ce qu'il convient de faire chaque mois dans le potager. (Par le P. Jean-Paul DE ROME D'ARDENNE, de l'Oratoire.) *Paris et Marseille*, 1759, 3 vol. in-12.

Réimprimé avec le nom de l'auteur.

Année (l') chrétienne, contenant des réflexions, etc. (Par Nic. FONTAINE, suivant Elie du Pin, dans sa table générale.) *Paris, Roulland*, 1677, 3 vol. in-12.

Année (l') chrétienne, ou les Messes des dimanches... avec les explications des épîtres et des évangiles... (Par l'abbé Nicolas LE TOURNEUR.) *Paris, H. Josset*, 1683-1701, 13 vol. in-12.

L'auteur étant mort en 1685, avant d'avoir terminé son ouvrage, les volumes 10 et 11 ont été composés à Bruxelles, par l'abbé Paul-Ernest RUTH D'ANS.

Souvent réimprimé avec le nom de l'auteur.

Année chrétienne, contenant l'explication des épîtres et évangiles,... par M. LE TOURNEUR. (Abrégée par l'abbé LE QUEUX.) *Paris, Desaint et Saillant*, 1746, 6 vol. in-12.

Année des dames, ou petite Biographie des femmes célèbres de tous les jours de l'année. (Par madame Gabr. PABAN.) *Paris, Crevot*, 1820, et avec nouveau titre, *Paris, Collin de Plancy, et Crevot*, 1823, 2 vol. in-18.

Année dominiquaine, ou Sentences pour tous les jours de l'année, tirées des œuvres de sainte Catherine de Sienne et du B. Henri de Suso.... par un prestre du tiers ordre de Saint-Dominique. *Paris, Cramoisy*, 1670, 2 vol. in-12.

Voy. « Supercheries », I, 478, *a*.

La dédicace est signée : B. D. D. (B. DEVIENNE, dominicain).

Année (l') du chrétien. (Par le P. H. GRIFFET, jésuite.) *Paris, Coignard et Guérin*, 1747, 18 vol. in-12.

Réimprimé avec le nom de l'auteur.

Année (l') du négociant et du manufacturier. (Par Ant. BAILLEUL.) *Paris, Bailleul*, an XI-1803, 2 vol. in-8.

Année ecclésiastique, ou Instruction sur le propre du temps, et sur le propre et le commun des saints. (Par l'abbé Nic. LE DUC.) *Paris, Lottin*, 1734, et années suiv., 15 vol. in-12.

Voyez le « Dictionnaire portatif des prédicateurs françois » (par l'abbé Albert.) Lyon, 1757, in-8, p. 277.

Année (l') françoise, ou la première campagne de Louis XIV. (Par René DE CERIZIERS.) *Paris, P. Le Petit*, 1665, in-4; — *Jouxte la copie imprimée à Paris, id.*, in-8.

Il existe six campagnes. La dernière qui est de 1660 porte le nom de l'auteur.

Année galante (l'), ou les Intrigues secrètes du marquis de L*** (DE L'ETORIÈRE, officier aux gardes). 1785, in-12.

Il est souvent question de l'auteur dans « Paris, Versailles et les provinces. » Voy. ces mots.

L'on avait imprimé par erreur L'ETUVIÈRE, dans la seconde édition de ce « Dictionnaire ».

Année (l') la plus remarquable de ma vie, suivie d'une réfutation des Mémoires secrets sur la Russie (de Masson). Trad. de l'allemand de Kotzebue, par G.... de P..... (C.-J.-F. GIRARD DE PROPIAC) et J.-B.-D.....s (J.-B. DUBOIS). *Paris*, 1802, 2 vol. in-8.

Voy. « Supercheries », II, 148, *f*, et 370, *b*.

Année littéraire, an IX-1800. (Composée par J.-L. GEOFFROY, GROSIER, etc., rédigée par SERIEYS.) *Paris, Setier*, 1800 et 1801, 45 numéros formant 8 vol. in-12.

Année littéraire. 1754-1790, environ 290 vol. in-12.

Rédigé, depuis 1754 jusqu'en 1776, par E.-C. FRÉRON, l'abbé Jos. DE LA PORTE, C.-S. SAUTREAU DE MARSY, DAILLANT DE LA TOUCHE, F.-L.-C. MARIN, J.-Gasp. DUBOIS-FONTANELLE, l'abbé J.-B.-G.-A. GROSIER, l'abbé Jos. DONZÉ DE VERTEUIL et autres; depuis 1776 jusqu'au milieu de l'année 1790, époque à laquelle ce journal a cessé de paraître, par L.-Stan. FRÉRON fils, J.-B.-G.-A. GROSIER, l'abbé Thomas-Marie ROYOU, L.-P. HÉRIVAUX, J.-L. GEOFFROY, DUMOUCHEL, A.-C.-H. BROTIER neveu, et autres.

Voy. Hatin, « Bibliographie de la presse », page 44.

Année (l') mémorable, ou les Événements principaux de l'histoire de Detmold, par une dame de l'académie des Arcades (la baronne Thérèse de KOURZROCK). *Detmold et Mayenberg*, 1788, in-8.

V. « Supercheries, » I, 856, *b*.

Année (l') merveilleuse. (Par l'abbé COYER.) *S. l.*, 1748, in-4, 7 p.

Une seconde édition porte comme sous-titre : ou les Hommes-Femmes. *S. l. n. d.*, in-12. L'auteur publia un « Supplément », *Pégu*, 1748, in-4.

Ces publications suscitèrent des répliques parmi lesquelles on cite :

Lettre en réponse à « l'Année merveilleuse », par Mme Le Prince D. B. (De Beaumont.) *Nancy, Thomas, s. d.*, in-4.

Lettre à un abbé sur « l'Année merveilleuse ». *S. l. n. d.*, in-4.

Arrêt du conseil de Momus, qui supprime l'écrit anonyme intitulé : « l'Année merveilleuse. » (Par A.-N. Dupuis.) *Paris*, 1748, in-12.

Lettre de Mlle D*** à M. l'abbé de R***, sur le « Supplément de l'Année merveilleuse ». *S. l. n. d.*, in-4.

Cet opuscule est reproduit dans les « Bagatelles morales » de l'auteur. Voy. ce titre.

Année (l') politique, contenant l'état présent de l'Europe... Par le chevalier Ange DE GOUDAR.) *Avignon (Paris)*, 1759, in-12.

Sorte de gazette dont il n'a paru que le tome I, composé des six premiers mois de 1759.

Année rurale, ou Calendrier à l'usage des cultivateurs. (Par Pierre-Marie-Aug. BROUSSONNET.) *Paris, Cuchet*, 1787 et 1788, 2 vol. in-12.

Année (l') sainte de Sentences tirées de tous les écrits de saint François de Sales. (Par LOISEL, curé de Saint-Jean en Grève.) *Paris*, 1678, in-24. V. T.

Année sainte, ou Bref martyrologe propre pour les paroisses et familles chrétiennes, par un docteur en théologie de Paris. *Paris, Josse*, 1668, in-12.

On soupçonne que ce docteur est le P. BORDIER, prêtre de l'Oratoire.

Voy. « Supercheries », I, 974, *d*.

Année sainte, ouvrage instructif sur le jubilé, suivi de la paraphrase de plusieurs psaumes et cantiques choisis. *Paris, Lottin*, 1776, in-12.

Attribué à Louis-Ant. DE CARACCIOLI, auteur des Lettres de Clément XIV.

Année (l') sans merveille, ou fausseté de la prédiction de « l'Année merveilleuse. » (Par A.-C.-P. MASSON DE LA MOTHE CONFLANS.) *Lille*, 1748, in-12. V. T.

Année spirituelle, contenant, pour chaque jour, tous les exercices qui peuvent nourrir la piété d'une âme chrétienne.

(Par l'abbé TRICALET.) *Paris, Lottin*, 1760, 3 vol. in-12.—Nouvelle édition. *Vienne, en Autriche, Trattner*, 1771, 3 vol. in-8. — Autre édition. *Lyon*, 1812, 3 vol. in-12.

Années théâtrales de 1824-26, ou Répertoire général des pièces jouées à Paris depuis le 1er janvier 1824 jusqu'au 31 déc. 1826; accompagné d'un jugement succinct. (Par H.-E. LAFILLARD, plus connu sous le nom de DÉCOUR.) *Paris*, 1825-1827, in-8, ou 3 feuilles in-plano.

Annexionnistes (les) et l'annexion. (Par M. J.-J. REY.) *Chambéry, imp. de Ménard*, 1860, br. in-8.

Extrait du journal « Le Statut et la Savoye. »

Annibal et Scipion, ou les Grands capitaines; avec les ordres et plans de batailles et les annotations, discours et remarques politiques et militaires de M. le comte G. L. DE NASSAU, etc., auxquelles on a adjousté un autre traité de Remarques politiques. *La Haye, Jean et Daniel Steucker*, 1675, in-32, grav. — Autre édition. *Amsterdam, M.-M. Rey*, 1768, pet. in-8, grav.

La dédicace au prince d'Orange est signée Al.-C. DE MESTRE.

Annibal, tragédie (en 5 actes et en vers, par le P. DE COLONIA.) *Lyon, J. Guerrier*, 1697, in-12.

Annibal, tragi-comédie, par le sieur D. P. (LE ROYER DE PRADE.) *Paris, Pierre Targa*, 1649, in-4.

Voy. « Supercheries », I, 981, *c*.

Anniversaire du couronnement de Pie VI. (Par l'abbé D'HESMIVY D'AURIBEAU.) 1803.

Voy. Quérard, « France littér. », t. IV, p. 102.

Anniversaire (l'), ou le Barde de Hradschin aux fêtes de juillet, chant royaliste, par M. F. C. (Félix CHARPENTIER), de Damery. *Paris, Dentu*, 1834, in-8, 20 p.

Voy. « Supercheries », II, 16, *b*.

Annonces, affiches et avis divers (dites Affiches de Paris). *Paris*, in-8.

Rédigées depuis le 13 mai 1751 jusqu'en 1790, par l'abbé J.-L. AUBERT. On a gravé des titres portant : « Affiches, annonces et avis divers. » Ce journal a été continué sans interruption jusqu'à nos jours, et il porte actuellement le titre de : « Journal général d'affiches. »

Annonces, affiches et avis divers (dites Affiches de province.) *Paris*, années 1752 à 1784, in-4.

Rédigées par Anne-Gabriel MEUSNIER DE QUERLON, et à partir de 1779 par L. Abel de BONAFONS, plus connu sous le nom de l'abbé de FONTENAI. A partir de 1762, le titre devient : « Affiches, annonces et avis divers. » A partir de 1785 jusqu'en 1792, continué par l'abbé de FONTENAY sous le titre de : « Journal général de France. »

Pour plus amples détails sur ces deux journaux, voy. Hatin « Histoire de la presse », t. I., p. 56 et suivantes.

Ann'quin Bredouille, ou le petit cousin de Tristram Shandy, par l'auteur de « Blançay » (Jean-Claude GORGY.) *Paris*, 1792, 6 vol. in-18. figures.

Pamphlet contre-révolutionnaire, M. Monselet a consacré à Gorgy une notice dans son livre : « Les Oubliés et les Dédaignés », *Alençon*, 1857, 2 vol. in-12, réimprimé sous le titre : « Les Originaux du siècle dernier... » *Paris*, 1864, in-18, p. 229-256.

Annuaire administratif du département du Bas-Rhin. (Par BETTING DE LANCASTEL.) *Strasbourg, impr. de Levrault*, 1824, in-8.

Annuaire anecdotique, ou souvenirs contemporains pour les années 1826 à 1829. (Par F. DE MONTROL.) *Paris*, 1826-1829, 4 vol. in-18.

Annuaire de l'agriculture belge, 1850. (Par RASTOUL DE MONGEOT.) *Bruxelles, Stapleaux*, in-12. J. D.

Annuaire de l'enseignement moyen. (Par Frédéric HENNEBERT.) *Bruxelles, Hayez*, in-18. J. D.

Commencé en 1848.

Annuaire de l'industrie belge, contenant les documents et les renseignements les plus utiles sur les diverses branches de l'industrie nationale, 1er mai 1848. (Par DUJEUX, chef de bureau au ministère de l'intérieur.) *Bruxelles, Decq*, in-18, 222 p. J. D.

Annuaire de l'institut des sourds-muets et des aveugles de Bruges. (Par C. CARTON.) *Bruges*, 1840, 1841, in-16. J. D.

Annuaire de l'Université belge. Année académique, 1859-1860. (Par Aug. MOREL.) *Liége, Renard*, 1860, in-12. Ul. C.

Annuaire de l'Université de Liége pour 1830. (Par J. FIESS.) *Liége, Collardin*, 1830, in-18. Ul. C.

Annuaire de la littérature et des beaux-arts, dédié aux artistes du royaume des Pays-Bas. (Publié sous la direction de M. L. ALVIN.) *Bruxelles* (*Liége*), *Sartorius*, 1830, in-12. Ul. C.

Annuaire de la préfecture du Jura pour l'an 1807, précédé d'anecdotes historiques sur les mœurs et l'esprit militaire de la nation française. (Par BÉCHET, secrétaire-général de la préfecture du Jura.) *Lons-le-Saulnier, C.-A. Delhorme*, in-8.

Annuaire de la province de la Flandre occidentale, présenté à M. le baron de Loen, gouverneur, par P. H. (Ph. HERSWYNGHEL). *Bruges, Bogaert*, 1818 et 1820, in-8. J. D.

Annuaire de la Société philantropique, contenant l'indication des meilleurs moyens qui existent à Paris pour soulager l'humanité souffrante, et d'exercer utilement la bienfaisance. (Par le baron Augustin-François DE SILVESTRE, bibliothécaire particulier de Louis XVIII.) *Paris, Baron*, 1819, in-12.

Annuaire de Lyon pour l'année 1849, contenant les annales de Lyon ou histoire des événements arrivés dans cette ville pendant l'année 1848. (Par J.-B. MONFALCON.) In-8.

Annuaire des eaux et des jeux pour 1863. (Par BRUCK-MARÉCHAL et MOLROQUIER.) *Spa, Bruck-Maréchal*, in-18, 191 p. J. D.

Annuaire des ponts-et-chaussées, ports maritimes, architecture civile, hydraulique, etc., pour l'an 1807, 2e édition, par M. H*** (HOUART, architecte). *Paris, Garnier*, in-12.

Voy. « Supercheries », II, 231, c.

Annuaire des rues de Paris. (Par LA MÉSANGÈRE.) *Paris*, 1813, in-18.

Annuaire dramatique contenant l'indication des diverses agences de spectacles pour tous les théâtres; l'attribution des agents et correspondants des théâtres et des fondés de pouvoirs des auteurs... (Par MM. Armand-Henri RAGUENEAU DE LA CHAINAYE et P.-H.-J.-J.-B. AUDIFFRET.) *Paris, Mme Cavanagh*, 1804-1822, 17 vol. in-32, avec portraits.

Annuaire dramatique de la Belgique. (Par Fél.-Jos. DELHASSE.) *Bruxelles*, 1839-47, 9 vol. in-18 et in-12.

Annuaire du département d'Indre-et-Loire pour l'an X de la République. (Par Alexandre PÉTRUCCI, avec une notice biographique sur les hommes célèbres du département, par CHABUEL.) *Tours*, an XI-1803, in-12.

Annuaire du département de la Dordogne, pour l'année sextile XI de l'ère française, 1803. Par le secrétaire-général de la préfecture (G. DELFAU.) *Périgueux, Dupont*, ans XI et XII, 2 vol. in-8.

Voy. « Supercheries », III. 623, b.

Annuaire du département de la Haute-Garonne... (Par Fr. FAILLON.) *Toulouse*, 1807, 1808, 2 vol. in-18.

Annuaire du département de la Haute-Marne, pour l'an 1811, VIIe de l'empire de Napoléon. (Par l'abbé MATHIEU.) *Chaumont*, 1811, in-8.

Annuaire du département de la Manche. (Rédigé par Julien TRAVERS, de 1829 à 1843.) *Saint-Lô*, in-12 et in-8.

Annuaire du département de la Sarthe pour l'an IX. (Par DU CHAUBRY, CHESNEAU, etc.) *Au Mans, Monnoyer*, 1800, in-12.

Annuaire du département de Loir-et-Cher pour les années 1806, 1807 et 1808, rédigé par M. P. (PETITAIN, secrétaire du préfet). *Blois, P.-D. Verdier*, in-12.

Annuaire du département des Ardennes, pour l'an VIII. (Par VAIRIN, professeur de mathématiques.) *Mézières*, an VIII-1800, in-16, 224 p.

Annuaire du jardinier et de l'agronome... Par un jardinier agronome (Pierre BOITARD). *Paris, Roret*, 1825-1832, 6 vol. in-18.

Voy. « Supercheries », II, 365, c.

Annuaire du Jura... (Publié par JOMARON.) *Lons-le-Saulnier*, an VIII et ann. suiv., in-12.

Annuaire ecclésiastique pour l'archevêché de Malines... suivi des analectes concernant l'histoire ecclésiastique de la Belgique... par N... et N.... (CATTERSEL et DERIDDER, vicaires à Bruxelles). *Louvain, Fonteyn*, 1860, in-18. J. D.

Annuaire électoral de l'arrondissement de Nancy, pour l'an 1844... (Par J.-P. CLÉMENT.) *Nancy, imp. de Hinzelin*, in-12.

Annuaire forestier, pour l'an XIII... (Par L.-J.-M. GOUJON.) *Paris*, 1804, in-24.

Annuaire généalogique et historique. (Par Maximilien-Samson-Fréd. SCHOELL.) *Paris, Maze*, 1818-1821, 4 vol. in-18

Pour le contenu de chaque année, voir Quérard, « France littér. », t. VIII, p. 537.

Annuaire historique et statistique du département de la Côte-d'Or. Par l'auteur des « Essais sur Dijon » et de plusieurs écrits sur le département. (Cl.-X. GIRAULT.) *Dijon, Gaulard-Marin*, 1820-1824, 5 vol. in-12.

Annuaire historique et statistique du département de la Moselle... (Par E.-A. BÉGIN.) *Metz, Verronnais*, 1833-1837, 5 vol. in-12.

Annuaire judiciaire du royaume de Belgique... (Par H.-J. GHIESBRECHT, commis de 1re classe au ministère de la justice.) *Bruxelles, Grignon*, 1832-1837, in-12.

J. D.

Annuaire maçonnique de 1840. Notice historique sur l'établissement et les travaux du G.·. O.·. (*Bruxelles.*)

La notice historique est de M. Th. DE JONGHE; l'Annuaire est de M. GÉRARD, substitut de l'auditeur général de Brabant. J. D.

Annuaire médical, ou almanach des médecins, chirurgiens, etc. (Par J.-P. MAIGRIER.) *Paris*, 1809, 1810, 2 vol. in-18.

La seconde année porte le nom de l'auteur.

Annuaire physico-économique et statistique du département du Haut-Rhin, pour l'année 1812. (Par J. DE BRICHE.) *Colmar*, in-8.

Annuaire pour l'année 1849, dédié à la société de l'académie de musique de Louvain, par son concierge. (Par S. VRANCKEN.) *Louvain, imp. de L. Jorand-Dusaert*, in-18, 72 p. J. D.

Annuaire statistique, administratif et commercial du département de la Nièvre, par J.-C. B. (BAUDIOT, bibliothécaire à Nevers.) *Nevers, Delavau*, 1829, in-12.

Voy. « Supercheries », II, 375, *a*.

Annuaire statistique de la Haute-Saône. (Par L. SUCHAUX, imprimeur à Vesoul.) *Vesoul, Robillier*, 1829, in-12.

Annuaire statistique du département de Sambre-et-Meuse, pour l'an XII de la république. (Par PRITOT, conseiller de préfecture.) *Namur, Martin*, in-12. J. D.

Annuaire statistique du département de Vaucluse pour l'an XII-1804. (Rédigé par Denis WATON.) *Carpentras, Proyet*, in-12, xx-326 p.

Annuaire statistique du département des Deux-Sèvres, 1802 et 1803. (Par J.-L. GUILLEMEAU jeune, docteur en médecine.) *Niort*, in-12.

Annuaire statistique du département du Cantal, 1817. (Par M. LETERME.) *Aurillac, impr. de Pellisson père et fils*, 1817, in-12.

Cat. de la bibl. de Clermont, n° 5946.

Annuaire statistique et administratif de l'Allier, par A. M. (Adolphe MICHEL). *Moulins*, 1832, 1833, 2 vol. in-12.

Annuaire statistique, historique et administratif du département de l'Orne; années 1808 à 1812. (Par Louis DU BOIS.)

a *Alençon et Paris, Marchant*, in-12, 5 vol. fig. cartes et tableaux.

Ce sont les cinq premières années de la collection.

Annulaire agathopédique et saucial. Cycle IV. *Imprimé par les presses iconographiques à la congrève de l'ordre des Agat*:·:, *chez A. Labroue et comp., rue de la Fourche, à Bruxelles* (1849), in-8, 131 p., avec grav., vign., et musique grav.

b Nous pouvons citer parmi les rédacteurs de cette facétie MM. A.-A. BARON, BOVY, CHALON, de Mons, DELINGE, avocat, DELMOTTE fils, GENSSE. Malgré le chiffre IV, cet Annuaire, ou « Annulaire » a été le seul publié. Il n'a été tiré qu'à 350 exemplaires. Voy. pour plus amples détails sur cette curieuse publication « Supercheries », III, col. 304 et suivantes.

Anoblissements (des) en Belgique. Lettre d'un vilain (Eugène GENS), à M. le vicomte Charles Vilain XIV, ministre des affaires

c étrangères. *Bruxelles, Van Meenen*, 1857, in-18, 42 p. J. D.

Anonymes et pseudonymes français, par un bibliophile russe (POLTORATZKY). *Bruxelles, Méline*, 1848, in-8, 19 p.

Tirage à part du « Bulletin du bibliophile belge ». J. D.

Antar, roman bédouin, imité de l'anglais. (Par Etienne-Jean DELÉCLUSE.) Juil-

d let 1830, in-8, 31 p.

Extr. de la « Revue française ».

Aux renseignements donnés par le traducteur en tête de son travail, on peut ajouter qu'une édition du texte arabe a été imprimée à Paris en 1866 par SOLAIMAN EL HARAIRI, dans le feuilleton du journal « le Birgys » et qu'il en a été fait un tirage à part en deux parties in-8.

Antechrist, tragédie; représentée par les escoliers du collége de la compagnie de

e Jésus, à Luxembourg... le 10 sept. 1648. (Par le P. BERGEROT, jésuite.) *Namur, J. van Milst*, 1648, in-4, 4 p.

Antenors modernes (les), ou voyage de Christine et de Casimir en France pendant le règne de Louis XIV; esquisse des mœurs générales et particulières du XVIIe siècle; d'après les Mémoires secrets des deux ex-souverains, continués par HUET, évêque d'Avranches. (Le tout re-

f cueilli par J.-B.-P. CHAUSSARD.) *Paris, Buisson*, 1806, 3 vol. in-8.

Anthologie française. (Recueillie par Henri LARIVIÈRE.) *Paris, Blaise*, 1816, 2 vol. in-8 et in-12.

Anthologie françoise, ou chansons choisies depuis le XIIIe siècle jusqu'à présent (par Jean MONNET); précédées d'un mémoire historique sur la chanson, par MEU-

NIER DE QUERLON. (*Paris, Barbou*), 1765, 3 vol. in-8.

On joint à ces trois volumes les « Chansons joyeuses, par un âne-onyme-onissime » (COLLÉ), *à Londres, à Paris et à Ispahan seulement* (*Paris, Barbou*), 1765, 2 parties in-8. Voy. « Supercheries », I, 348, *e.*; le « Recueil de romances historiques, tendres et burlesques, tant anciennes que modernes, par M. D. L. » (DE LUSSE). (*Paris, Barbou*), 1767, in-8.

C.-S. Sautreau de Marsy a publié en 1769 une «Nouvelle Anthologie françoise », en 2 vol. in-12; elle peut faire suite aux recueils précédents, quoiqu'elle ne renferme que des épigrammes.

Anthologie grecque, traduite sur le texte publié d'après le manuscrit palatin... *Paris*, 1863, 2 vol. gr. in-18.

L'avis du traducteur est signé F. D. (F. DEHÈQUE). Voy. « Supercheries », II, 18, *b.*

Anthologie morale et chrétienne, contenant divers opuscules, discours et traités pour l'instruction et consolation des âmes fidèles, recueillis de plusieurs auteurs, par S. G. S. (Simon GOULART, Senlisien.) *Genève*, 1618, in-8.

Voy. « Supercheries », III, 642, *a.*

Anthropotomie, ou l'art de disséquer les muscles, les ligamens... du corps humain... (Par Pierre TARIN.) *Paris, Briasson*, 1750, 2 vol. in-12, fig.

Une seconde édition, avec le nom de l'auteur, a été publiée par J.-J. Sue, en 1765.

Anti-Babylone (l'), ou réponse à l'auteur de « La Capitale des Gaules. » (Par Ange GOUDAR.) *Londres*, 1759, in-12, 76 p.

Anti-Baillet, ou critique du livre de Baillet intitulé : « Jugemens des savans, » par Gilles MÉNAGE, avec les Observations de M. DE LA MONNOYE, et des Réflexions (par le P. BOSQUET) sur les « Jugemens des savans. » (de Baillet.) *Paris*, 1730, in-4.

Les « Réflexions » du P. Bosquet ont paru pour la première fois en 1691, in-12; elles forment quatre lettres; on en a joint ici une nouvelle qui, bien que signée Boschet, pour Bosquet, n'est pas de cet auteur.

Anti-banquier (l'), ou moyens très-simples d'éteindre à l'instant toutes les dettes de France. (Par Jean-Pierre SOLOMÉ.) *Aux Deux-Ponts, Sanson*, 1790, in-8, 46 p.

Anti-Bernier (l'), ou nouveau dictionnaire de théologie, par l'auteur des P... A... (des « Pensées anti-philosophiques », le professeur ALLAMAND, de Lausanne.) *Genève*, 1770, 2 vol. in-8.

Voyez le « Traité de la vérité de la Religion chrétienne », par J. Vernet, t. IX, p. 9.

C'est une réfutation de l'ouvrage du baron d'Holbach, publié sous le pseudonyme de l'abbé Bernier.

Voy. « Supercheries », I, 518, *a.*

a Anticénosophie, ou le contraire de la vraie sagesse, poème didactique, par M. G*** (GAUNÉ), ancien curé de St. M** (Maurice), ci-devant chanoine de M** (Montereau-faut-Yonne.) *A Rome, et se trouve à Paris, chez Lesclapart*, 1782, (*imprimé à Sens, chez Tarbé*), in-12 de 250 p.

Voy. « Supercheries », II, 117, *f.*

b Anti-chrétien (l'), ou l'esprit du calvinisme opposé à J.-C. et à l'Evangile... (Par P.-L. SAUMERY.) *Liége, G. Barnabé*, 1731, in-8.

Voy. de Theux « Bibliogr. liég. », 1867, p. 224.

Anti-contrat social, dans lequel on réfute, d'une manière claire, utile et agréable, les principes posés dans le contrat social de J.-J. Rousseau. *La Haye, F. Staatman*, 1764, in-8.

c Par P.-L. DE BEAUCLAIR, ou BAUCLAIR. Cet ouvrage a été attribué souvent par erreur au cardinal H.-S. DE GERDIL, qui a en effet écrit contre Rousseau. Quérard, dans la « France littéraire », le donne successivement sous les deux noms. La « Biographie universelle » de Michaud n'attribue au cardinal de Gerdil que « l'Anti-Emile », et donne avec raison BEAUCLAIR comme auteur de « l'Anti-Contrat ».

Anti-Coton, ou réfutation de la lettre déclaratoire du P. Coton; livre où il est d prouvé que les Jésuites sont coupables et auteurs du parricide excécrable commis en la personne du roi très-chrétien Henri IV, d'heureuse mémoire. *S. l.*, 1610, in-8, 74 p. — *S. l.*, 1733, in-fol. — *S. l.*, 1736, in-4.

On a attribué cette pièce à Jean DU BOIS, à P. DU MOULIN et à P. DU COIGNET. On la donne assez généralement aujourd'hui à un avocat d'Orléans, nommé César DE PLAIX.

Voy. « Supercheries », I. 361, *c.*

e Anti-Dictionnaire philosophique, pour servir de commentaire et de correctif au « Dictionnaire philosophique » (de Voltaire), et autres livres qui ont paru de nos jours contre le christianisme; 4e édition, entièrement refondue sur les mémoires de divers théologiens. (Par L.-Mayeul CHAUDON.) *Paris, Saillant et Nyon* (*Avignon*), 1775, 2 vol. in-8.

f La première édition de cet ouvrage parut en 1767, sous le titre de « Dictionnaire anti-philosophique ». Voyez ces mots. Je l'avais d'abord attribué à l'abbé NONNOTTE; de nouvelles recherches me persuadent que M. CHAUDON en est le principal auteur. Il m'en a fait l'aveu dans sa correspondance, mais en me déclarant que les jésuites d'Avignon avaient fait à l'ouvrage des additions qu'il ne pouvait pas avouer.

Dans « l'Ami de la religion et du roi, » du 4 novembre 1820, t. 25, M. Picot a supposé bien gratuitement, 1o que cet ouvrage était de l'abbé Nonnotte; 2o qu'il parut en 1768 pour la première fois; 3o que l'abbé Nonnotte le composa pour seconder les vues de Clément XIII, manifestées dans son bref du 7 avril 1768.

L'abbé Nonnotte remplit en 1772 les vues de Clément XIII, par la publication de son « Dictionnaire philosophique de la religion », 4 vol. in-12, qui est aussi une réfutation du « Dictionnaire philosophique » de Voltaire.

Les mêmes matières sont traitées dans les deux ouvrages d'une manière toute différente.

Anti-Doctrinaire (l') et réponse à M. Guizot sur ses « Moyens de Gouvernement... » (Par M. le vicomte TABARIÉ.) *Paris, Trouvé* (1822), in-8, 144 p.

Antidote (l') au congrès de Rastadt, ou plan d'un nouvel équilibre en Europe; par l'auteur des « Considérations sur la France. » *Londres (Hambourg)*, 1798, in-8.

En 1859, M. Régis de CHANTELAUZE crut pouvoir publier une nouvelle édition de cet ouvrage avec le nom du comte Joseph DE MAISTRE, alors qu'il en existe des éditions avec le nom du véritable auteur, l'abbé DE PRADT.

Attribuer, en 1798, « l'Antidote » à l'auteur des « Considérations sur la France » qui était un personnage politique, était une spéculation de contrefacteur, car l'édition originale est complétement anonyme.

Continuer cette attribution en 1859 a été l'erreur d'un homme d'esprit qui ne voulut pas avouer son erreur, ce qui amena Quérard à publier : « Une question d'histoire résolue. Réfutation du paradoxe bibliographique de M. R. Chantelauze : le comte Joseph de Maistre, auteur de « l'Antidote du congrès de Rastadt », par l'auteur des « Supercheries littéraires dévoilées ». *Paris, l'auteur*, 1859, in-8, 42 p.

Lorsqu'il donna pour la première fois en France une édition de son « Antidote », l'abbé de Pradt voulut constater sa propriété en joignant à cet ouvrage la réimpression d'une autre brochure de lui publiée à la même époque, le tout sous ce titre :

« Antidote au congrès de Rastadt, 1798 », suivi de « la Prusse et sa neutralité, 1799 ». Nouvelle édition de ces deux ouvrages, par l'auteur de « l'Ambassade de Varsovie » du « Congrès de Vienne » et de l' « Ouvrage sur les colonies. *Paris, Béchet*, 1817, in-8, XXII-580 p.

On lit dans l' « Avis » de l'éditeur...

« L'auteur de ces deux écrits ne s'était pas fait connaître; longtemps le premier fut attribué à M. le comte de Mestre (*sic*), magistrat d'une cour supérieure de Sardaigne, auteur d'un ouvrage qui avait eu quelqu'éclat, sur la révolution.

« ... Le temps a rendu à chacun ce qui lui appartenait... »

L'abbé de Pradt, on le voit, avait pris ses précautions contre ce qui est arrivé pour « l'Antidote ».

Antidote contre le schisme, ou le Pensez-y bien des catholiques français. Par un docteur de Sorbonne (l'abbé Pierre-Grégoire LABICHE DE REIGNEFORT. *En France, la seconde année de la persécution (Paris, Crapart)*, 1792, in-8, 252 p.

Attribué à tort par Barbier, dans sa 2e édition de ce « Dictionnaire », à l'abbé DE MARAMBAUD.

Voy. « Supercheries », I, 971, *c*.

Antidote contre les aphorismes de M.

a F. D. L. M. (de Lamennais), par un professeur de théologie, directeur de séminaire (l'abbé P.-Denis BOYER, de Saint-Sulpice). *Paris, A. Le Clère*, 1826, in-8.

Voy. « Supercheries », III, 259, *c*.

Antidote contre les cocus ou Dissertations sur les cornes antiques et modernes, ouvrage philosophique. (Par Jacques-François-Marie VIEILH DE BOISJOLIN.) *A Paris,*
b *chez les marchands de Nouveautés, s. d.*, in-8, 48 p.

Même ouvrage que : « Dissertation sur les cornes antiques... » Voy. ce titre.

Antidote contre les réticences et les erreurs historiques de M. de Gerlache, président de la commission royale d'histoire, par un prêtre catholique belge, auteur du « Livre noir. » (BEECKMAN, ancien directeur de l'Athénée de Bruges), *Bruxelles,*
c *Périchon*, 1840-1841, 2 vol. in-12. J. D.

Critique de l' « Histoire du royaume des Pays-Bas. »

Antidote (l') de l'athéisme, ou Examen critique du « Dictionnaire des Athées ». (Par Léonard ALÉA.) *Paris*, 1801, in-8.

Cette critique du livre de Sylvain Maréchal a eu une seconde édition refondue et augmentée considérablement, sous le titre de « Religion triomphante... », avec le nom de l'auteur.

d Antidote du Mémorial pharmaceutique de Pierquin, médecin. Par un pharmacien de Montpellier (Pierre BORIES). *Montpellier*, 1824, in-8.

Voy. « Supercheries », III, 97, *e*.

Antidote du poison aristocratique. *Honfleur, impr. de L.-A. Vasse* (1789), in-8, 1 feuil. de titre et 28 p.

Le titre de départ porte en plus : Par M...... (ROUSSEL, juge à Pont-l'Evêque, d'après une note manu-
e scrite sur l'exemplaire de la Bibliothèque nationale).

Voy. « Supercheries », III, 1128, c.

Antidote du rosaire contre la peste. (Par Antoine BARBIEUX.) *Lille*, 1646, in-12. V. T.

Antidote, ou Examen du mauvais livre, superbement imprimé, intitulé : « Voyage en Sibérie, fait par ordre du roi en 1761, par M. l'abbé Chappe d'Auteroche ». *Amsterdam, M.-M. Rey*, 1771-1772, 2 parties,
f in-8.

La 2e partie se termine par l'annonce d'une 3e partie qui n'a pas paru.

L'édition originale de la première partie est de *Saint-Pétersbourg*, 1770, in-8.

Une note écrite de la main de l'astronome La Lande porte : « M. Le Prince m'a dit le 4 janvier que cet Antidote est de la comtesse DASCHKOF et de André Pétrovitz SCHOUWALOFF... M. l'abbé Chappe a eu les notes de M. de L'Hopital, de M. de Breteuil, d'un ambassadeur de Suède qui avait bien étudié le pays. »

Plusieurs bibliographes ont aussi attribué l'« Antidote » à CATHERINE II. Cette attribution a été combattue par Auguis dans sa « Préface envoyée de Berlin », citée dans les « Superch. » I, 659, *a*, où, en rejetant l'attribution faite à Catherine et à Schouwaloff, il donne pour collaborateur à la comtesse Daschkof le sculpteur FALCONET.

Antidote (l') ou les Russes tels qu'ils sont, par un ami de la vérité (FORNEROD). *Lausanne*, 1799, in-8.

Voy. « Supercheries ». I, 304, *f*.

Anti-Economiste, ou moyens de rédimer les personnes et les biens du joug des impositions. (Par BOURDON DES PLANCHES.) *Paris*, *veuve Esprit*, 1791, in-8, 36 p.

Anti-Espagnol, autrement les Philippiques d'un Démosthènes françois, touchant les menées et ruses de Philippe, roy d'Espagne, pour envahir la couronne de France. Ensemble l'infidélité, rébellion et fureur des ligueurs parisiens et jésuites, en faveur de l'Espagnol. (Par Antoine ARNAULD.) S. *l.*, 1592, in-8, 39 p.

Cet ouvrage avait précédemment paru sous le titre de « Coppie de l'Anti-Espagnol, faict à Paris ». *S. l.*, 1590, in-8, 81 p.

Autre édition, la même année, sous le même titre, « avec un Extrait de la déclaration du roy d'Espaigne aux princes de France »... *S. l.*, 1590, in-8, 56 p.

Il a été de nouveau réimprimé, en 1594, sous le titre de « Coppie de l'Anti-Espagnol, faict à Paris. Deffendu par les rebelles de Sa Majesté ». *Lyon, par P. Ferdelat*, 1594, in-8, 54 p., plus un sonnet.

Voy. « Supercheries », I, 898, *d*.

Anti-Espagnol, ou exhortation de ceux de Paris, qui ne se veulent faire Espagnol, à tous François, de se remettre en l'obéissance de Henri IV. (Par Michel HURAULT, sieur DU FAY). 1593, in-12.— 1595, in-8.

Réimprimé dans les « Quatre excellents discours ». 1606, in-12.

Anti-Phantôme du jansénisme, ou la nouvelle description du pays de Jansénie avec ses confins, la Calvinie, la Libertinie, etc., *à Ipres, chez Antoine Novateur* (1688), in-12, figure.

C'est une nouvelle édition augmentée de moitié au moins par les Jésuites, de la fameuse « Relation du pays de Jansénie », publiée en 1660 à Paris par le P. ZACHARIE de Lisieux, capucin, sous le pseudonyme de Louis DE FONTAINES, sieur de Saint-Marcel. On y trouve les « Réglements et instructions de MM. les disciples de S. Augustin », publiés pour la première fois en 1654, par le sieur DE MARANDÉ, dans ses « Inconvénients d'Etat, procédant du Jansénisme ». C'est une pièce évidemment fabriquée par les Jésuites. Voyez la « Morale pratique des Jésuites », par le docteur A. Arnauld, t. VIII, p. 169 et p. 209.

Anti-feuilles, ou lettres à Mme de ... sur quelques jugements portés dans « l'Année littéraire, » de Fréron. *Paris*, *Quillau*, 1754, in-12.

Benigne DUJARDIN DE BOISPRÉAUX, né en 1689, a eu pour collaborateurs à cet ouvrage SELLÈRES, avec lequel il demeurait, et LA MORLIÈRE. Dans ses notes de police, l'inspecteur de la librairie d'Hémery ne considère pas le nom de Boispréaux comme un pseudonyme.

Anti-financier (l'), ou relevé de quelques-unes des malversations dont se rendent journellement coupables les fermiers généraux, et des vexations qu'ils commettent dans les provinces, servant de réfutation d'un écrit intitulé « Lettre servant de réponse aux remontrances du parlement de Bordeaux, » précédé d'une épître au parlement de France, accompagné de notes historiques. (Par DARIGRAND.) *Amsterdam*, 1763-64, in-8.

Cet ouvrage donna lieu aux publications suivantes :

« Supplément à l'Anti-financier ». *S. l. n. d.*, in-8. Suite de l'ouvrage de Darigrand, mais par un autre auteur.

« Réponse à l'auteur de l'Anti-financier ». *La Haye*, 1754, in-8.

« La pure vérité, réponse d'un procureur d'élection de province à un procureur de la cour des aides de... sur un ouvrage qui a pour titre « Réponse à l'auteur de l'Anti-financier ». *S. l.*. 1764, in-8.

Cet ouvrage a été aussi attribué à Pierre LE RIDANT.

Anti-Garasse, divisé en cinq livres. (Par Antoine REMY, avocat au parlement de Paris.) *Paris, Rollin-Baragnes*, 1627, 1630, in-8, 940 p.

Cet ouvrage avait paru en 1624, sous le titre de « Défense pour Etienne Pasquier »... Voy. ces mots.

Voy. « Supercheries », I, 362, *b*.

Anti-Gastronomie (l'), ou l'Homme de ville sortant de table, poëme en 4 chants... (Par J.-B. GOURIET.) *Paris, Hubert*, 1804, in-8.

L'auteur est mort, en octobre 1807, à l'âge de 92 ans, dans la maison de refuge d'Issy, près Paris.

Antigone (l') scandinave, ode. (Par Ch. MALO.) *Paris*, 1814, in-8.

Antigone, tragédie. (Par Antonio-Maria LUCHINI.) *Venezia*, 1717, in-8.

Voy. « Supercheries », I, 313, *f*.

Anti-Hermaphrodite (l'), ou le secret tant desiré de beaucoup, de l'avis proposé au roi pour reparer tous les desordres, impietés... du royaume, par la disposition des jours divers de deux semaines, par lesquelles on connoîtra aisément la vérité de tout, par J. P. D. B. C. D. P. G. P. D. M. L. M. D. F. E. X. (Jonathas PETIT DE BRETIGNY, ci-devant prévot général de messieurs les maréchaux de France en Xaintonge). *Paris, Jean Berjon*, 1606, in-8.

Voy. « Supercheries », II, 343, *b*, et « Manuel du libr. », 5e édit., t. I, 317.

Anti-Huguenot. Pour responce à un bref discours par lequel on tache d'esclaicir un chacun des justes procédures de ceux de la prétendue religion. Edition troisième. *S. l.*, 1600, in-18, 176 p.

La dédicace au duc de Luxembourg et de Piné, datée de Rome, le 24 d'aoust 1598, est signée R. (Guillaume REBOUL, suivant le P. Lelong).

Anti-Jésuiste. Au Roy. *Saumur*, 1611, in-8, 2 ff. de titre et 93 p. — *Saumur*, 1611, in-8,77 p.—*S. l.*, 1611, in-8, 93 p.

Attribué à BONESTAT ou à MONTLYARD, d'après le P. Lelong. Réimprimé en 1626 avec changements sous le titre de : « le Courrier breton », Voy. ces mots. Réimprimé également dans le t. VI des « Mémoires de Condé. »

Voyez le « Dictionnaire historique » de Prosper Marchand, au mot Anti-Jésuite.

Anti-Légionnaire (l') françois, ou le conservateur des constitutions de l'infanterie, par un ancien et très-zélé officier. (Charles-Louis d'AUTHVILLE DES AMOURETTES.) *Wesel*, 1762, in-8.

Barbier, dans la deuxième édition de ce « Dictionnaire », avait donné 1772 comme date d'impression de cet ouvrage ; dans la deuxième édition des « Supercheries », I, 329, *c*, en annonçant que l'on rectifie l'article de Barbier, on a imprimé par erreur 1763 et « l'Antéligionnaire. »

L'exemplaire de la Bibliothèque nationale porte la note ms. contemporaine suivante :

« Projet de la réforme de 1762, exécuté en grande partie. Par M. D'AUTHVILLE, lieutenant-colonel. Imprimé en l'absence de l'auteur par un imprimeur qui ne sait pas un mot de français. »

Antilogies et fragmens philosophiques, ou collection méthodique des morceaux les plus curieux et les plus intéressants sur la religion, la philosophie, les sciences et les arts, extraits des écrits de la philosophie moderne. (Par l'abbé DE FONTENAY.) *Paris, Vincent*, 1774, 4 vol. in-12.

Cet ouvrage a été reproduit trois ans plus tard sous le titre d' « Esprit des livres défendus. » Voy. ces mots.

La première édition de ce « Dictionnaire » avait par erreur attribué cet ouvrage aux abbés SABATIER et de VERTEUIL.

Anti-Lucrèce, ou de Dieu et de la nature, trad. libre en vers français du poëme latin du cardinal de Polignac, texte en regard, par B. F. P., D. M. (BONFILS, père, docteur-médecin). *Nancy*, 1835, in-8, 29 p.

Anti-Machiavel, ou Essai de critique sur « le Prince » de Machiavel (par le roi de Prusse, FRÉDÉRIC II), publié par M. DE VOLTAIRE. *La Haye, aux dépens de l'éditeur*, 1740, in-8, XVI-194 p.— *Bruxelles, Foppens*, ou *La Haye, P. Paupie*, 1740, in-8. — *Copenhague*, 1740, in-8.

Cette édition est le contrecoup de celle publiée à La Haye, chez Van Duren, sous le titre de : « Examen du Prince »... » (Voy. ces mots), et qui commencée par

a Voltaire avait été abandonnée par lui. Mais Voltaire, effrayé de l'impression produite par la hardiesse des pensées et du langage de ce volume, se hâta d'en préparer une autre édition plus adoucie.

Dans l'avis de l'éditeur, p. 192, Voltaire s'efforce de faire suspecter la fidélité des éditions publiées par Van Duren, l'une avec son adresse à La Haye, l'autre avec l'indication de Londres, J. Mayer. Ces deux éditions, datées de 1741, sont de 1740. M. Pruss, l'éditeur des « Œuvres complètes de Frédéric », en effet, constate que Voltaire envoya le 17 octobre 1740 un exemplaire de son édition à Frédéric. D'un autre

b côté, l'exemplaire de cette édition appartenant à la Bibliothèque nationale porte cette note manuscrite : « Le 18 novembre 1740, M. Dufort s'est donné la peine luy même (*sic*) d'apporter cet exemplaire à la bibliothèque du roi de la part de M. de Voltaire éditeur de cet ouvrage... »

Nouvelle édition où l'on a ajouté les variations de celles de Londres. *Amsterdam, Jacques La Caze*, 1741, in-8, XXXII, 82, 112 et 67 pages, plus 1 feuillet de table.

Dans un avertissement du libraire on lit que : « Ceux

c qui ont l'édition de Londres et du sieur Van Duren ne sont point assurés d'avoir le véritable ouvrage de l'illustre auteur de l' « Anti-Machiavel », et ceux qui ont celle de M. de Voltaire n'ont point tout ce qui était dans le manuscrit sur lequel celle-là a été imprimée... Le texte représente l'édition de M. de Voltaire. J'ai mis en italiques toutes les différences qu'il y a entre cette édition et l'autre. Enfin, j'ai mis au bas de la page les changements, les additions et les interpolations qu'on reconnaîtra à ces lettres E. de L., qui ont été faites au manuscrit original dans l'édition de Londres et du sieur Van Duren. »

d Peut-être cette édition n'est que la réimpression de celle qui porte : *A Marseille, chez les frères Colomb*, 1741, qui est aussi divisée en 3 parties dont l'ensemble produit 261 pages, et qui est qualifiée de 5e par le libraire.

— Nouvelle édition où l'on a mis, au bas des pages des Remarques, en forme de notes, les diverses leçons de toutes les éditions précédentes. Tome Ier. *Amsterdam, aux dépens de la Compagnie*, 1750, in-12, LXIV-480 p.

Edition complète en 1 vol. et destinée à servir de

e supplément aux « Œuvres de Machiavel trad. par Tétard »; *La Haye*, 1743 (voy. ce titre), et qui peut être appelée « Variorum ». On lit dans l'avis de l'éditeur : « On s'est servi de l'édition originale soi-disant imprimée à *Londres, chez G. Meyer*, en 1740, et on a fort exactement observé les diverses leçons de toutes celles qui ont paru depuis... On a jugé à propos de ne point priver cette édition du recueil d'écrits dont le libraire *Jean Van Duren* avoit augmenté l'édition qu'il a donnée en 1741, en 2 vol. »

« Dans le commencement de sa vie, Frédéric II pu-

f blia son Anti-Machiavel, et c'est un des traits de machiavélisme le plus parfait qu'il ait fait. C'étoit une lettre de recommandation de lui-même qu'il écrivoit à l'Europe, dans l'instant où il forma le projet de s'emparer de la Silésie. »

Sherlock, « Lettres d'un voyageur anglois ». *Londres*, 1779, in-8, 1re lettre.

Anti-Machiavel, ou examen du « Prince » de Machiavel. Corrigé pour la plus grande partie d'après le manuscrit original de Frédéric II. Avec une introduction et des notes historiques. (Par G. FRIEDLAENDER.) *Hambourg, Frédéric Perthes*, 1834, in-8.

Anti-Machiavel (l'), ou examen du « Prince » de Machiavel. *Paris, Treuttel et Würtz*, 1789, in-8.

Fr. Grille, dans les « Supercheries, » article Ch.-Touss. GUIRAUDET, attribue cet ouvrage au frère de cet ancien préfet, comme s'il portait un nom d'auteur. Fleischer donne cette édition comme étant anonyme, mais il en fait une édition de l' « Anti-Machiavel » de Frédéric II. Le « Dictionnaire des anonymes » et après lui « la France littéraire » de Quérard, attribuent cet ouvrage à F.-N. FOULAINES ; je l'ai vainement cherché à la Bibliothèque nationale.

N'y aurait-il pas, de la part de F. Grille, confusion entre « l'Anti-Machiavel » en question et un « Discours sur Machiavel » compris par Quérard et la « Biogr. Rabbe » parmi les ouvrages de Guiraudet, mais n'en donnant qu'un titre incomplet ?

Voy. « Harmonie des cultes... »

Anti-machiavélisme (l') adapté aux circonstances.....

Voy. « Observations générales sur les intérêts présents des puissances. »

Anti-magnétisme (l') martiniste ou barbériniste. Observations trouvées manuscrites sur la marge d'une brochure intitulée : « Réflexions impartiales sur le magnétisme. » (Par Ch. DEVILLERS.) *Lyon*, 1784, in-12, 43 p.

Anti-magnétisme, ou origine, progrès, décadence, renouvellement et réfutation du magnétisme. (Par J.-J. PAULET, médecin.) *Londres et Paris, Desenne*, 1784, in-8, 252 p.

Anti-Mariana (l') ou réfutation des propositions de Mariana, pour monstrer que la vie des princes souverains doit estre inviolable aux subjects et à la République, tant en général qu'en particulier, et qu'il n'est loisible de se révolter contr'eux ou attenter à leur personne, sous prétexte de tyrannie ou autre que ce soit. (Par Michel ROUSSEL.) *Paris, P. Métayer*, 1610, in-8. — 2e éd. *Paris, P. Métayer*, 1610, in-8.

Anti-Menagiana, où l'on cherche ces bons mots, cette morale, ces pensées judicieuses, et tout ce que l'affiche du « Menagiana » nous a promis. (Par Jean BERNIER.) *Paris, d'Houry*, 1693, in-12.

J'ignore où Quérard a trouvé le nom de LA RANCUNE.
Voy. « Supercheries », II, 664, *d*.

Anti-ministre (l'), ou apologie pour les RR. PP. Jésuites, dédié à Loys le juste, roy de France et de Navarre, contre un advertissement aux princes de la façon que se gouvernent les Jésuites, fait par un ministre se disant religieux vuidé de passion. *Paris, Simon Le Febvre*, 1620, in-8, 20 p.

L'épître est signée GUERSON.

Anti-moine (l'), à MM. de la communion de Rome de la ville de Crest. (Par J. DE LAFAYE.) 1660, in-8. V. T.

Anti-moine (l') bien préparé, ou défense du livre de M. l'évêque de Belley, intitulé : « le Directeur désintéressé », contre les réponses de quelques cénobites, par B. C. O. D. (Jean-Pierre CAMUS.) 1632, in-8, 24 p.

Voy. « Supercheries », I, 477, *a*.

Anti-moine (l'), ou Considérations politiques sur les moyens et la nécessité d'abolir les ordres monastiques en France. (Par GROUBER DE GROUBENTAL.) 1790, in-8.

Anti-novateur (l'), ou les lectures de M. Jérôme, par le C. C. G. (CADET-GASSICOURT). *Paris*, 1797, in-8, 46 p.

Anti-novateur (l'), ou réflexions sur les mœurs, la morale et la religion, par un ancien élève de l'école normale (P.-Fr. DELESTRE). *Paris*, 1821, in-12. — 2e éd., revue, corrigée et diminuée, 1821, in-12, avec le nom de l'auteur.

Voy. « Supercheries », I, 327, *f*.

Antiochus Epiphane, tragédie en 5 actes et en vers. (Par LE CHEVALIER.) *Paris, Hubert*, 1806, in-8.

Anti-Paméla (l'), ou la fausse innocence, découverte dans les aventures de Syrène, histoire véritable, traduite de l'anglois, par M. DE M*** (DE MAUVILLON). *Amsterdam, Arkstée et Merkus*, 1743, in-12.

Voy. « Supercheries », II, 1008, *a*.

Anti-Paméla, ou mémoires de M. D***. (Traduits de l'anglois, ou plutôt composés par Claude VILLARET.) *Londres* (*Paris*), 1742, in-12, 152 p.

Voyez le « Glaneur littéraire », 1746, in-12, t. I, p. 282.

Anti-pape (l') et l'Anti-Guizot ; défense de la société moderne contre l'encyclique, et de la vraie religion contre les méditations de M. Guizot, par un solitaire de Montmartre (M. Julien TRAVERS). *Paris*, 1865, in-8.

Anti-papisme révélé, ou les rêves de l'anti-papiste. *Genève, G. Laprêt, à la Mitre*, 1767, in-8.

Attribué à l'abbé Henri-Jos. DU LAURENS.

Anti-phantôme. Voy. « Anti-Fantôme ».

Anti-philosophe (l'), comédie en 1 acte et en vers. (Par Desrois.) *Paris*, in-8.

Attribué à tort à du Rocher dans la 2e éd. de ce « Dictionnaire. »

Se trouve aussi dans les « Œuvres dramatiques de *** ». *Paris*, 1800, in-8.

Anti-Phyllarque (l'), ou réfutation des lettres de Phyllarque à Ariste. (Par le P. André, général des Feuillants.) *Lyon, Drobec*, 1630, in-8.

Antipode (l') de Marmontel, ou nouvelles fictions, ruses d'amour et espiègleries de « l'Aristenète français » (Félix Nogaret). *Paris, Glisau*, an VIII-1800, 2 vol. in-16.

Anti-pseudo-pacifique, ou censeur françois. Au pseudo-pacifique ou anti-soldat. Par le sieur D. L. B. (de La Barillère). *Paris, D. Duval*, 1604, in-12, 140 p. — 2e éd. *Paris, D. Duval*, 1604, in-12, 396 p. avec le nom de l'auteur. — *Jouste la copie, s. d.*, in-12, 139 p.

Dans toutes les éditions, l'auteur signe la dédicace.

Voy. « Supercheries », I, 953, *b*.

Anti-quadrille, ou le public détrompé. (Par Pipoulain de Launay.) *La Haye et Paris, veuve Ganeau*, 1745, in-12.

Cet ouvrage est une critique du « Quadrille des Enfants ». Voy. ce titre.

Antiquaire (l'), comédie en 3 actes, en vers. (Par l'abbé Jos. de La Porte.) *Londres*, 1751, in-8.

Antiquaire (l') de la ville d'Alençon, ou factum historique pour l'église de Saint-Léonard d'Alençon, par F. G. T. C. (N. Lorphelin, dit Chanfailly). *S. l.*, 1685, in-16, 56 p. — Réimpression publiée et annotée par L. de La Sicotière. (*Alençon, De Broise*), 1868, in-8, 46 p.

Aux « Supercheries », le titre du livre et le nom de l'auteur sont erronés. Voy. II, 38, *a*.

Antiquaire (l'), ou guide des étrangers pour un cours d'antiquités romaines. (Par l'abbé P. d'Hesmivy d'Auribeau.) 1804.

Antiquaire (l') par W. Scott. Traduction nouvelle. (Par Chaillot.) *Avignon, P. Chaillot*, 1827-1828, 4 vol. in-18.

Antiquaire (l'), traduit de l'anglais de l'auteur des « Puritains d'Ecosse » (Walter Scott), par madame de M*** (de Maraise), auteur de « Charles de Montfort » et de « Marie Nevill. » *Paris, Renard*, 1817, 4 vol. in-12.

Voy. « Supercheries », II, 1014, *f*.

Antiquité (l') de Bourdeaus. (Par Elie

a Vinet.) *S. l. n. d.*, in-4. — *Poitiers, impr. d'Enguilbert de Marnef*, 1565, in-4.

Réimprimé avec le nom de l'auteur. *Bordeaux, S. Millanges*, 1574, in-4; — *Bordeaux, P. Chaumas*, 1860, in-8.

Antiquité (de l') de Montpellier. (Par M. Broussonnet.) *Montpellier, Castel*, 1838, in-8, 54 p.

Exemplaire avec envoi autogr. de l'auteur, « Bulletin du bouquiniste », 1er août 1862.

b Antiquité (l') de Saintes. *Bourdeaus, par P. de Ladine*, 1571, in-4, 36 feuill.

Le titre de départ porte : « Recherche de la plus antienne mémoire de Saintes et pais de Saintonge, commencée par Elie Vinet. »

Le même ouvrage a reparu sous ce titre : « L'Antiquité de Saintes et de Barbezieux. » *Bordeaux, par S. Millanges*, 1584, in-4, 22 feuillets.

Antiquité (l') des temps rétablie et défendue contre les Juifs et les nouveaux *c* chronologistes. (Par le P. Paul Pezron.) *Amsterdam, H. Desbordes*, 1687, gr. in-12. — *Paris, veuve Martin*, 1687, in-4; 1688 et 1704, in-12, avec le nom de l'auteur.

La 4e éd., publiée en 1717, porte le nom de l'auteur.

Antiquité (l') dévoilée au moyen de la Genèse, source et origine de la mythologie et de tous les cultes religieux. (Par *d* Ch.-Robert Gosselin.) *Paris, Egron*, 1807, in-8.

Antiquité (l') du triomphe de Besiers au jour de l'Ascension; contenant les plus rares histoires qui ont été représentées au susdit jour ses dernières années. (Publié par J. Martel.) *Besiers, par Jean Martel, impr. et libr.*, 1628-1644, 2 parties in-12.

La dédicace de l'éditeur « A messieurs les habitants de la ville de Besiers » est signée J. Martel.

e Voy. pour le détail des pièces de ce recueil : Brunet, 5e éd., t. III, col. 1476-1477.

Antiquité (de l') et solennité de la messe. (Par J. du Tillet, évêque de Meaux.) *Paris*, 1567, in-16.

Antiquité (l') justifiée, ou réfutation d'un livre qui a pour titre : « l'Antiquité dévoilée par ses usages. » (Par Henri-Jean-Baptiste Fabry de Moncault, comte d'Autrey.) *Amsterdam et Paris, Vallat* *f* *La Chapelle*, 1776, in-12.

Voy. « Supercheries », I, 565, *a*.

Antiquités architecturales de la Normandie, par J. P. (Jules Pety de Rosen). *Tongres, veuve Collée*, 1858, in-8, 15 p.

Compte-rendu extrait du « Bulletin de la Société scientifique du Limbourg », de l'ouvrage de Britton et Pugin, traduit par Le Roy, et publié sous ce titre en 1855. J. D.

Voy. « Supercheries », II, 424, *d*.

Antiquitez (les), chroniques et singularitez de Paris. Par Gilles CORROZET, augmentées par N. B. (Nic. BONFONS). *Paris, Corrozet*, 1581, in-8, 16 et 328 feuillets.— *Paris, N. Bonfons*, 1586, 2 tom. en 1 vol. in-8.

Voy. « Supercheries », II, 1234, *a*.

Antiquités (les) d'Athènes mesurées et dessinées, par J. STUART et N. REVETT... Ouvrage traduit de l'anglais, par L. F. F. (L.-F. FEUILLET, alors bibliothécaire adjoint à l'Institut), et publié par C.-P. LANDON. *Paris*, 1808, in-fol.

Antiquités de la Grèce en général et d'Athènes en particulier, par Lambert Bos, avec des notes par M. F. LEISNER. (Trad. du latin, par DE LAGRANGE.) *Paris, Bleuet*, 1769, in-12. A. L.

Antiquités de la ville d'Harfleur. (Par DE LA MOTTE.) *Harfleur*, 1720, in-8.

Antiquités de la ville de Lyon. (Par le P. Dominique DE COLONIA.) Tome I et unique. *Lyon*, 1733, in-12.

Ce volume n'est que la réimpression du premier volume de l'« Histoire littéraire de Lyon », par le même auteur.

Antiquités de la ville de Lyon, ou explication de ses plus anciens monuments... Par le P. D. D. C. J. (le P. Dominique DE COLONIA, jésuite.) *Lyon, Rigollet*, 1738, 2 vol. in-12.

Antiquités (les) de la ville de Paris. (Par Jacques DU BREUIL et Claude MALINGRE.) *Paris, Rocolet*, 1640, in-fol.

Antiquités (les) de Metz, ou recherches sur l'origine des Médiomatriciens. (Par dom Joseph CAJOT.) *Metz, Colignon*, 1760, in-8.

Antiquités des environs de Naples et dissertations qui y sont relatives, par M. J. L. (LERICHE). *Naples*, 1820, in-8. D. M.

Antiquités des villes de France... (Par Fr. DES RUES.) *Rouen, J. Cailloué*, 1624, in-8.

Antiquités du Bosphore cimmérien, conservées au Musée impérial de l'Ermitage. (Par le comte OUWAROFF.) *Saint-Pétersbourg*, 1854, 2 vol. gr. in-fol.

Le texte en russe et en français, est précédé d'une préface signée Jill (Gilles en français).

Antiquités égyptiennes dans le département du Morbihan. (Par A.-L.-B. MAUDET DE PENHOUET.) *Vannes, Ve Mahé-Bizette*, 1812, in-fol., 46 p. et 8 pl.

a Antiquitez (les) et recherches de la grandeur et majesté des roys de France, recueillies tant des auteurs anciens que des meilleurs écrivains de ce siècle, et divisées en III livres... *Paris, J. Petit-Pas*, 1609, in-8, avec frontispice gravé.

Les exemplaires du premier tirage portent sous le titre les initiales A. D. C. T. (André DU CHESNE, tourangeau). Dans les autres la dédicace porte le nom de l'auteur.

b Antiquitez (les) et singularitez du monde, auxquelles est traicté de la science divine, et des choses admirables, tant célestes que terrestres, par le seigneur du Pavillon, près Lorriz (Antoine COUILLARD). *Lyon, Ben. Rigaud*, 1578, in-12.

Antiquités étrusques, grecques et romaines. Tirées du cabinet de M. Hamilton... (Avec des explications par Pierre-Fr. HUGUES dit D'HANCARVILLE.) *Naples*,
c 1766-67, 4 vol. gr. in-fol.

La réimpression de Paris, 1785-87, 5 vol. in-8 ou in-4, porte le nom de D'HANCARVILLE.

Antiquités (les), fondations et singularités des plus célèbres villes, châteaux... de France. Seconde édition. (Par François DES RUES.) *Constances, J. Le Cartel*, 1608, in-12. 10 ff. lim. y compris le titre gravé, 559 p. et 3 ff. de table.

d L'auteur signe l'épître.
Le titre gravé porte la date de 1605.

Antiquitez (les), fondations et singularitez des plus célèbres villes, châteaux, places remarquables, églises, forts, forteresses du royaume de France, avec les choses plus mémorables advenues en iceluy. Reveues, corrigées et augmentées de nouveau, avec une addition de la chronologie des roys de France ; par I. D. F. P.
e (Jacques DE FONTENY, parisien). *Paris, J. Bessin*, 1614, in-12.

Antiquités grecques, ou notice et mémoire sur des recherches faites en Grèce, dans l'Ionie et dans l'Archipel grec, en 1799 et années suivantes, par le comte D'ELGIN, traduction de l'anglais par M. B. DE V. (BARÈRE DE VIEUZAC). *Bruxelles, Weissenbruch*, 1820, in-8, 92 p.

f Voy. « Supercheries », I, 480, *f*.

Antiquités grecques, ou tableau des mœurs, usages, et institutions des Grecs ; traduit de l'anglais de ROBINSON. (Par LE DUC et J.-A. BUCHON.) *Paris*, 1822, 2 vol. in-8.

Antiquitez (les), histoires, chroniques et singularitez de... Paris... auteur en partie, Gilles CORROZET... mais beaucoup plus augmentées par N. B. (Nicolas BON-

FONS.)... *Paris, N. Bonfons*, 1576, in-16. 16 et 234 feuillets — *Paris, N. Bonfons*, 1577, in-12, 16 et 234 feuillets.

Voy. « Supercheries », II, 1234, *a*.

Antiquitez (les), histoires et singularitez de Paris, ville capitale du royaume de France. (Par Gilles CORROZET.) *Paris, Gilles Corrozet*, 1550, in-8, 16, 200 et 2 feuillets.

Dans sa dédicace à Cl. Guyot, prévost des marchands, l'auteur dit que cette édition est un livre tout neuf, et qu'il doit remplacer et mettre à néant le petit livret écrit par lui sur le même sujet. (« La Fleur des Antiquitez à Paris », voy. ce titre.)

L'édition de 1561, *Paris, G. Corrozet*, in-8, 8 et 200 ff. intitulée : « *Antiquitez, chroniques et singularitez de Paris...* » porte le nom de l'auteur sur le titre. C'est à tort que le « Catalogue de l'Histoire de France » de la Bibliothèque nationale, t. VIII, p. 452, nº 5984, la classe parmi les éditions données par Bonfons.

Antiquités historiques de l'église de Saint-Aignan d'Orléans. *Orléans, G. Hotot*, 1661, in-4. 4 f. lim., 215 p., 5 f. de table et 148 p. de preuves.

Signé : R. HUBERT.

Antiquités (les) romaines de DENYS D'HALICARNASSE, traduites en françois, par M*** (BELLANGER). *Paris, P.-Nic. Lottin*, 1723, 2 vol. in-4. — Nouvelle édition. *Paris*, 1807, 6 vol. in-8, sans les notes et sans les cartes de l'édition originale.

Voy. « Supercheries », III, 1031, *f*.

Antiquités romaines, ou tableau des mœurs... par Alexandre ADAM, recteur de la grande école d'Edimbourg ; traduit de l'anglais sur la septième édition, avec des notes du traducteur (DE LAUBEPIN). *Paris, Verdière*, 1818, 2 vol. in-8. — *Paris, Verdière*, 1825, 2 vol. in-12.

Antiquités sacrées et profanes des Romains expliquées, ou discours historiques, mythologiques et philologiques sur divers monumens antiques, comme statues, autels, tombeaux, inscriptions, etc., par M. A. V. N. *La Haye, Ruth. Alberts*, 1726, in-fol. avec 82 pl. et 2 portr.

M. Van Thol croit que l'auteur se nommait VAN NIDECK.

Voy. « Supercheries », I, 416, *f*.

Par André VAN NARTOW, d'après un envoi autographe de l'auteur, relevé par M. Ladrague sur l'exemplaire de la bibliothèque Ouvaroff.

Anti-Radoteur (l'), ou le petit philosophe moderne. (Par PEYSSONNEL.) *Londres et Paris, Royez*, 1785, petit in-12.

C'est le même ouvrage que les « Numéros... » Voy. ces mots.

Anti-Romantique (l'), ou examen de quelques ouvrages nouveaux, par M. le vicomte de S.... (SAINT-CHAMAND). *Paris, Lenormant*, 1816, in-8.

Voy. « Supercheries », III, 491, *d*.

Anti-Rouge (l'), almanach anti-socialiste, anti-communiste... publié par un ami de l'ordre (Julien TRAVERS). *Paris, Garnier frères*, 1851, in-18.

Voy. « Supercheries », I, 306, *e*.
L'auteur a signé l'avertissement.

Anti-Rousseau (l'), par le poète sans fard (GACON). *Rotterdam, Fritsch et Bohm*, 1712, in-12.

Réimprimé avec des augmentations sous le titre de « Histoire satyrique de la vie et des ouvrages de M. Rousseau, en vers ainsi qu'en prose, par M. F. GACON ». *Paris, Ribou*, 1716.

Anti (l') royaliste. (Rédigé par DARDENNE.) *Toulouse*, 18 pluviôse-16 ventôse an IV, in-4.

'Αντίῤῥοπον, ou contre-poids aux Jésuites et aux ministres de la religion prétendue réformée. *S. l.*, 1617, in-8, 24 p.

Par Mathieu DE MORGUES, suivant une note ms. contemporaine.

Anti-Saint-Pierre (l'), ou réfutation de l'énigme politique de l'abbé de Saint-Pierre. (Par J.-H.-S. FORMEY.) *Berlin*, 1742, in-8.

Anti-Sans-Souci (l'), ou la folie des nouveaux philosophes, naturalistes, déistes et autres impies, dépeinte au naturel. Nouvelle édition, augmentée des Preuves et des Réflexions préliminaires. *Bouillon*, 1761, 2 vol. in-12.

La première édition, *Bouillon, P. Limier* (lieu et imprimeur fictifs), 1760, in-12, avec front. gravé, n'a qu'un seul volume.

Plusieurs bibliographes, et entr'autres les auteurs de « la France littéraire » (t. II, p. 138), ont attribué faussement cet ouvrage à J.-H.-S. FORMEY. Voici ce qui en est. Un anonyme prit de l'ouvrage de Formey intitulé : « Pensées raisonnables opposées aux Pensées philosophiques » (de Diderot), des réflexions générales qui s'y trouvent sur l'incrédulité, et, quoique ces réflexions ne pussent se rapporter en aucune manière aux écrits du Philosophe de Sans-Souci, il les mit en tête de son « *Anti-Sans-Souci*. » M. Formey s'est déclaré là-dessus, et s'en est justifié par un imprimé intitulé : « Lettre de M. Formey à M. Merian. » *Berlin*, 1787, in-8. Voy. « Meusel Lexicon... », t. III, p. 417 et 418, et Fleischer. « Dict. de bibliogr. » nº 2914.

Anti-Sixtus. (Par Michel HURAULT.) 1590, in-8, 79 p.

Voy. « Supercheries », I, 365, *a*.

Anti-Suttonius, ou le magicien noir, par le portier de la grande société (TEN HOVEN.) *La Haye*, 1760, in-8.

La famille de Ten Hoven est avantageusement connue

en Hollande ; elle a possédé des places très-distinguées dans cette république. V. T.

Voy. « Supercheries », III, 225, b.

Anti-Syphilitique (l'), ou la santé publique. (Par Nic.-Christ. DE THY, comte de MILLY.) 1772, in-12, tiré à 36 exempl.

Le magistrat de police n'en a permis l'impression que sous la condition que l'auteur n'en tirerait que ce nombre ; et la majeure partie des exemplaires a été envoyée, suivant la parole de l'auteur, en pays étranger. PEIGNOT « Répertoire de Bibliographies spéciales », p. 123.

Anti-terroriste (l'), ou journal des principes, suite du « Journal du département de Haute-Garonne. » (Rédigé par COUESSÉ, LA ROMIGUIÈRE, DU BERNARD.) *Toulouse, imp. de Broulhiet et Meilhac*, 1795-1797, in-4.

Anti-Théophile (l') paroissial, en réponse au livre qui porte pour titre « Le Théophile paroissial de la messe de paroisse, » (du P. Bonaventure de La Bassée, capucin). (Par le P. Henri ALBI, jésuite.) *Lyon*, 1649, in-12.

Voy. « Supercheries », I, 365, c.

Anti-thèse de Notre Seigneur Jésus-Christ et du pape de Rome, dédiée aux champions et domestiques de la foi. (Par François DE LANCLUSE.) 1620, in-8.

Voyez Beyer « Memoriæ librorum rariorum », p. 276. De Bure, auteur de la « Bibliographie instructive », a, dans sa table des auteurs, confondu cet ouvrage avec la traduction de l'« Antithesis Christi et Antichristi » par S. Rosarius.

Voy. Brunet « Manuel du libraire », 5e éd., I, 324 et « Bulletin du Bibliophile », 14e série, 1860, p. 1215-1219.

Anti-Titus (l'), ou la critique de la mode des cheveux coupés pour les femmes. (Par ROTHE DE NUGENT.) *Paris, Mongie aîné*, 1809, in-8, 31 p.

Anti-Tribonien (l'). (Par François HOTMAN.) 1567, in-8.

Voyez le « Traité des Satires personnelles », par Baillet.

Anti-Uranie (l'), ou le déïsme comparé au christianisme, épîtres en vers à M. de Voltaire, par le P. B. C. (BONHOMME, cordelier). *Paris*, 1763, in-8.

Voy. « Supercheries », III, 49, e.

Anti-Vénus physique, ou critique de la dissertation sur l'origine des hommes et des animaux. (Par Gilles BASSET DES ROSIERS.) *Paris*, 1746, 2 vol. in-12.

Antoine et Cléopâtre, tragédie. (Par J.-B.-Robert BOISTEL.) *Paris, Prault*, 1743, in-8.

Antoine et Cléopâtre, tragédie (en cinq actes), par le citoyen S. D. M. (Simon-David MOURGUE), habitant de Montpellier. *Paris, Chaigneau aîné*, 1803, in-8.

Voy. « Supercheries », III, 620, e.

Antoine, ou le retour au village. (Par l'abbé DE VALETTE.) *Paris, Debécourt*, 1833, in-18.

Antoine, par X. B. (Xavier BONIFACE, plus connu sous le pseudonyme de SAINTINE.) *Paris, Amb. Dupont*, 1839, in-8.

Voy. « Supercheries », III, 1006, f.

Antoinette et Jeannette, ou les enfants abandonnés, histoire presque véritable, par l'auteur de « Maria. » *Paris*, 1800, 2 vol. in-12 ou 3 vol. in-18.

Attribué à tort à Mme Elisa BLOWER.

L'auteur est une Française dont le nom n'est pas connu : on sait seulement que WILLEMAIN D'ABANCOURT a revu cet ouvrage ; ce qui est cause qu'on le lui attribue quelquefois, ainsi que « Maria ».

Antoinette et Valmont, par Mat. CHR*** (CHRISTOPHE). *Paris*, an IX-1801, 2 vol. in-18.

Voy. « Supercheries », I, 722, d.

Antonia de Roscini, reine des pirates... trad. de l'auteur de « Rinaldo Rinaldini, » sur la troisième édition, par DUPERCHE. *Paris, Lerouge*, 1825, 4 vol. in-12.

Le traducteur a bénévolement mis sur le compte de VULPIUS un roman qui n'est pas de lui, puisque le titre original d'« Antonia » porte : « Von Verfasser der Abenteuer des Hn Lümmels. » Ce roman est de E. BORNSCHEIN, mais « Rinaldo Rinaldini » avait eu un succès européen, tandis que le roman de Bornschein était complétement inconnu.

Antonie, suivie de plusieurs pièces intéressantes traduites de l'allemand (d'Ant. WALL), par Mme la chanoinesse DE P... (DE POLIER). *Paris, Buisson, et Lausanne, Mourer*, 1787, in-12.

Il y a des exemplaires avec un nouveau titre portant : « Antonie, ou l'auteur de Caroline... ».

Voy. « Supercheries », III, 3, c.

Antonin, par M. G*** (GUYS) de Marseille. *Paris, Duchesne*, 1787, in-18, 36 p.

Voy. « Supercheries », II, 118, c.

Antonine de Châtillon. Par l'auteur « d'Agathe d'Entragues ». (Mme GUÉNARD). *Paris*, 1812, 4 vol. in-12.

Antonio, ou les tourmens de l'amour et ses douces illusions dans un cœur sensible, par A. G.....D (Antoine GALLAND). *Paris, Favre*, 1797, in-8, 287 p.

Dans la « France littéraire », Quérard a attribué cet ouvrage en même temps à Ant. GALLAND et dans un autre article à Claude-Fr.-X. MERCIER, de Compiègne. Il a rectifié cette erreur dans le t. XI, p. 316.

Voy. « Supercheries », I, 215, d, et III, 866, d.

Antony lou dansaney, ou la rebue des Champs-Elyseyes de Bourdeou. (Par A. VERDIÉ.) *Bordeaux*, 1818, in-8.

Antropophile (l'), ou le secret et les mystères de l'ordre de la Félicité, dévoilés pour le bonheur de tout l'univers. (Par P.-J. MOET.) *Aretopolis*, 1746, in-12, 108 p.

Voy. sur l'ordre de la Félicité l'ouvrage posthume de M. Arthur Dinaux : « Les Sociétés badines », publié par M. G. Brunet. *Paris, Bachelin deFlorenne*, 1866, 2 vol. in-8.

Anvers agrandi et fortifié pour cinq millions. (Par A.-H. BRIALMONT.) *Bruxelles, Stapleaux*, 1855, in-8, 31 p.

Anvers en 1830, 1831 et 1832, jusques et y compris le siége de la citadelle. (Par J. DUMONT.) *Anvers, Janssens*, 1833, in-8.
J. D.

Anzoletta Zadoski, trad. de l'angl. de l'auteur de « Georgina » (Mistr. HOWELL). *Paris, Maradan*, 1798, 2 vol. in-12.

Apanage (l') de S. A. R. Mgr. le duc d'Orléans, fils de France, oncle du roi. (Par ROGER, augmenté par PIETRE.) *Paris, impr. de veuve I. Guillemot*, 1656, in-4.

Publié d'abord avec la signature de l'auteur en 1636. *Paris, Courbé*, in-4.

Aperçu d'un citoyen sur le serment demandé à tous les ecclésiastiques par la nouvelle législation. (Par l'abbé Guillaume-André-René BASTON.) *Rouen*, 1791, in-8.

Voy. « Supercheries », I, 736, *c*.

Aperçu d'un plan d'éducation publique avec quelques idées sur l'homme. (Par QUENARD.) 1797, in-24.

Voyez Fleischer, « Dictionnaire de Bibliographie française », t. II, p. 2.

Ce livre n'a jamais été mis en vente ; il fut imprimé par l'auteur lui-même avec une petite imprimerie portative et tiré à 12 exemplaires seulement.

Aperçu de l'étendue de la France, de sa population... (Par HAVOUARD.) *La Rochelle*, an XI-1803, in-8.

Aperçu de la cité, ou la noblesse chez les Romains et chez les Français. (Par J.-B.-J. PLASSCHAERT.) *Paris, Mongie*, 1817, in-8.

Aperçu de la religion d'harmonie, ou de l'harmonisme ; par l'auteur de l'ouvr. intit. « Analogies élémentaires et transcendantes du règne végétal » (P.-A. DECHENAUX). *Paris, impr. Remquet*, 1862, in-18, 108 p.

Aperçu de la situation des finances, (Par Joseph NECKER.) *Paris, impr. nat.*, 1789, in-4, 8 p.

Aperçu de la situation intérieure des Etats-Unis d'Amérique et de leurs rapports politiques avec l'Europe, par un Russe (Pierre POLÉTIKA, alors ambassadeur extraordinaire et ministre plénipotentiaire de Russie aux Etats-Unis). *Londres, J. Booth*, 1826, in-8, XII-164 p.

Voy. « Supercheries », III, 475, *b*.

Aperçu des effets qui résulteront des desséchements, défrichements, plantations, etc. (Par P.-F. BONCERF.) (*Paris*, 1790), in-8, 8 p.

Réimprimé dans la huitième édition de l'ouvrage intitulé : « De la nécessité d'occuper avantageusement tous les ouvriers », 1791, in-8.

Aperçu des motifs qui s'opposent à ce que les duchés de Lorraine et de Bar soient compris dans le reculement des barrières. (Par M. PRUGNON, constituant.) 1791, in-8.

Aperçu des rapports politiques de la République de Venise, pour servir de supplément aux « Mémoires historiques et politiques » de cette République, du même auteur (le comte Léopold DE CURTÉ), en juin 1796. *Hambourg*, 1796, in-8, 120 p.

Aperçu des révolutions survenues dans le gouvernement d'Espagne..., trad. sur l'original écrit par un Espagnol à Paris (le comte DE TORRENO). *Paris, Corréard*, 1820, in-8, 80 p.

Voy. « Supercheries », I, 1253, *e*.
Voy. pour l'ouvrage original : « Noticia de los principales sucesos.... »

Aperçu du traitement qu'éprouvent les prisonniers de guerre français en Angleterre. (Par le colonel LEBERTRE.) *Paris, J.-G. Dentu*, 1813, in-8, 58 p.

Aperçu général statistique et psychologique de la Volhynie et de l'Ukraine, ci-devant provinces polonaises, avec des observations sur le but et l'utilité résultant d'un établissement littéraire dans ces provinces, lequel serait appelé Société philomatique, en forme de discours ; par l'auteur du « Plan d'un musée pour Saint-Pétersbourg » (REUSCHEL.) *Saint-Pétersbourg, P. Drechsler*, 1804, in-8, 40 p.

L'auteur a traduit lui-même son ouvrage en allemand, sous ce titre : « Statistisch-psychologischer Schattenriss der ehemaligen polnischen Provinzen Volhynien und der Ukraine... in Form einer Rede, von R. F. L. *Saint-Pétersb., F. Drechsler*, 1804, in-8, 40 p.

D'après les trois lettres majuscules sur le titre allemand, on pourrait inférer que, malgré l'opinion de plusieurs personnes, le nom de l'auteur serait REUFCHEL et non REUSCHEL.

Le plan d'un musée annoncé sur le titre français ne doit pas avoir été imprimé. A. L.

Aperçu hasardé sur l'exportation (c'est-à-dire sur la déportation) dans les colonies; dédié à feu M. Franklin. (Par le comte Ch.-B. D'ESTAING.) *Paris, impr. de L. Potier de Lille*, 1790, in-8, p. 64.

Aperçu historique de la dette belge. (Par Adolphe LE HARDY DE BEAULIEU.) *Bruxelles, Raes*, 1848, in-8.

Extrait du journal « la Nation ». J. D.

Aperçu historique et critique sur le ministère de la guerre du royaume de France. (Par le général BARDIN.) *Paris*, 1832, in-8.

Aperçu historique et statistique sur la régence d'Alger, intitulé en arabe « le Miroir », par Sidy HAMDAN-BEN-OTHMAN, fils de l'ancien secrétaire d'Etat (Makatagi) de la Régence d'Alger. Traduit de l'arabe par H... D... (HASSOUNA DERIZ ou DE GHYS.) *Paris, Gœtschy fils*, 1833, in-8, IV-456 p.

Voy. « Supercheries », II, 249, *e*.

Aperçu historique sur la ville de Tournay. (Par Emmanuel HOYOIS, imprimeur à Mons.) *Mons*, 1850, in-8. J. D.

Aperçu iconoclastique sur les différents procédés employés dans la fabrication de l'huile de cailloux et manière de se servir de cette substance minérale dans la guérison des affections cutanées du pibus. (*Bruxelles, Stapleaux*, 1830), in-8, 17 p.

Voir sur l'excentrique auteur de cette brochure le « Bibliophile belge », 2e année, 1867, p. 34. C'est un nommé Guillaume-Marie-Antoine GENSSE, né à Bruxelles, le 1er octobre 1801, (d'un père né à Péronne le 30 août 1772) et mort le 25 mai 1864 dans la maison de santé de Schaerbaeck.

Cette brochure a été réimprimée avec d'autres, sous le titre de : « Œuvres philosophiques médicales posthumes... du docteur CLOETBOOM. »

Aperçu national sur Napoléon. (Par M. le comte François-Charles DE CHAUMONT-QUITRY.) *Paris*, 1822, in-8, 47 p.

Aperçu nouveau d'un plan d'éducation catholique, par L. P. A. D. L. C. P. (Michel DESGRANGES, capucin, connu sous le nom de Michel ARCHANGE). *Lyon, Rusand*. 1814, in-8.

Aperçu philosophique et pratique des causes de la décadence et des bouleversements de la société et de la famille, par l'abbé V. M..... DE H..... (l'abbé VAN MOORSEL). *Bruxelles, Calais*, 1852, in-12, 64 p. — 2e édit., *s. d.*, 63 p. J. D.

Aperçu philosophique sur l'organisation de l'armée, ses destinées nouvelles et son esprit; par un chef de bataillon d'infanterie (LEBRETON.) *Lille, impr. Lefort. Paris, impr. de F. Locquin*, 1835, in-12, IV-57 p.

Aperçu politique de l'ancienne aristocratie et de la nouvelle... par B. D. L. M. (BRAIT DE LA MATHE). *Paris, Delaunay*, 1820, in-8, 32 p.

Dans la 2e édition de ce « Dictionnaire », on avait imprimé par erreur B. DE LA MATTRE.

Voy. « Supercheries », I, 481, *f*.

Aperçu rapide d'un rapport fait à la chambre des Députés, le 12 avril 1832, par M. Duseré, au nom de la commission chargée d'examiner le projet de loi relatif à la caisse de vétérance : par un intéressé ayant droit à une pension sur la caisse de vétérance (QUEQUET). *Paris, Lottin de St-Germain*, 1833, in-8.

Voy. « Supercheries », II, 341, *d*.

Aperçu rapide de la position de la France à l'époque de la prétendue coalition des souverains de l'Europe contre la constitution, 26 août 1791. Par Adam-Philippe DE CUSTINE, député à l'Assemblée nationale.) *Paris, imp. nat.*, 1791, in-8, 35 p.

Autre éd. de l'imprimerie nationale, avec le nom de l'auteur.

Barbier qui paraît n'avoir connu qu'une édition de *Strasbourg*, 1791, in-8, avait attribué cette brochure à Christophe-Guillaume KOCH, professeur d'histoire et de droit public. Cette erreur a été reproduite par Quérard dans sa « France littéraire ».

Aperçu statistique de l'arrondissement de Lanzo, dans le département de l'Eridan, fait en messidor an IX. (Par DEGREGORI.) *Turin*, in-fol., 16 p.

Aperçu statistique de l'électorat de Hanovre dans son état actuel, et de ce qu'il deviendrait par sa réunion aux états du roi de Prusse. (Par HENRICHS, ancien libraire à Paris.) *Paris*, an IX-1801, in-8, 32 p.

Voyez « Magasin encyclopédique », 7e année, t. I, p. 135.

Aperçu statistique de la production des vignobles en France et de son rapport avec la consommation. *Bordeaux, imp. de Balarac jeune*, 1843, in-8, 8 p.

Signé : G. B. (Gustave BRUNET).

Voy. « Supercheries », II, 142, *f*.

Aperçu statistique des états de l'Allemagne, traduit de l'allemand de HOEK. (Par Ant.-Gilbert GRIFFET DE LA BAUME.) Publié par Adr. DUQUESNOY. *Paris, imp. de la république*, an X-1802, in-fol.

Aperçu statistique, sur la force du parti de la branche déchue, sous les rapports de l'opinion, du nombre, de ce qui a été a jadis ou pourrait être aujourd'hui militant. *Paris, Lenormant*, 1832, in-8, 24 p.

Signé L. D. L. (le général Jacques-Antoine-Adrien Delort).

Voy. « Supercheries », II, 711, *a*.

Aperçu sur l'histoire de la civilisation. (Par Désiré Marlin, ancien principal de l'athénée de Tournai.) *Bruxelles*, 1837, in-8. J. D.

b Aperçu sur la situation, par un lecteur impartial (Xavier Van Elewyck). *Louvain, Van Linthout, et comp.*, 1859, in-8, 27 p. J. D.

Aperçu sur la situation politique, commerciale et industrielle des possessions françaises dans le nord de l'Afrique, au commencement de 1836, par L. B. (Léon Blondel). *Alger, imp. du gouvernement*, c 1836, in-8, 63 p.

Voy. « Supercheries », II, 693, *a*.

Aperçu sur le jeu des Tarots ; son origine reconnue égyptienne, son antiquité de 3500, 7 ou 800 ans, par M. D. (Desentelles.) *Brunswick*, 1800, in-18.

Voy. « Supercheries », I, 827, *b*.

Aperçu sur le mouvement des partis en Belgique, 1780-1864, par un électeur d (Achille Antheunis-Leirens). *Bruxelles, Decq*, 1864, in-8, 16 p. J. D.

Aperçu sur les cultes en Belgique, ou ce qu'il en coûte annuellement au pays pour leur personnel, leurs établissements d'instruction, l'entretien et la construction de leurs édifices, la nomenclature, la statistique des ordres religieux. (Par Bruienne.) *Bruxelles, Lacroix*, 1862, in-8, 32 p. J. D.

e Aperçu sur les erreurs de la Bibliographie spéciale des Elzévirs et de leurs annexes, avec quelques découvertes curieuses sur la typographie hollandaise et belge du XVIIe siècle, par le bibliophile Ch. M*** (Motteley). *Paris, Panckoucke*, 1840, in-18.

Voy. « Supercheries », I, 719, *c*.

f Aperçu sur les finances. (Par le duc de La Vauguyon.) *Paris, imp. de Didot aîné*, 1817, in-8.

Aperçu sur les Juifs de Pologne, par un officier général polonais, nonce à la Diète (le comte Vincent Krasinski). *Varsovie*, 1818, in-8. A. L.

Aperçus philosophiques. (Par le marquis Orazio Falletti.) *S. l., J.-P. Pic*, 1816-1817, 3 vol. in-8. Melzi.

Aperçus statistiques pour servir à la discussion du projet de loi sur la presse, présenté à la Chambre des pairs, le 19 mars 1827 ; par un jeune pair (le comte de Montalivet). *Paris, imp. de Fournier*, 1827, in-8, 7 p.

Voy. « Supercheries », II, 393 *f*.

Aperçus sur l'histoire de la civilisation. (Par Désiré Marlin.) *Bruxelles*, 1837, in-8. Ul. C.

Aphorismes chimiques, par M. S. D. R. *Paris*, 1693, in-8.

La 2e édition de ce « Dictionnaire » portait à la suite des initiales du titre : « peut-être du Respour ».

Une rectification faite à la table donne cet ouvrage à Maugin, Sr de Richebourg.

L'attribution à du Respour a été reproduite par les « Supercheries », III, 621, *b*.

Aphorismes d'astrologie, tirés de Ptolomée, Hermès, Cardan, Manfredus et plusieurs autres, traduits en françois, par A. C. (André Corve.) *Lyon, Mic. Duhan*, 1657, in-18.

Voy. « Supercheries », I, 171, *b*.

Aphorismes (les) d'Hippocrate, trad. nouvellement en françois... (Par L. Meyssonnier.) *Lyon, P. Compagnon et R. Taillandier*, 1684, in-12, XXXVI-306 p.

Aphorismes (les) d'Hippocrate, expliqués conformément au sens de l'auteur, à la pratique médicinale et à la mécanique du corps humain ; traduction françoise sur la version latine d'un auteur anonyme (Phil. Hecquet), imprimée à Paris, en l'année 1723. (Par Jean Devaux, chirurgien.) *Paris, d'Houry*, 1726, 2 vol. in-12.

Aphorismes de Boerhaave, avec les commentaires de Van Swieten, trad. du latin en françois. (Par Marinier.) 1753, 3 vol. in-12.

Aphorismes de chirurgie d'Herman Boerhaave, commentés par Van Swieten, traduits du latin en françois. (Par Ant. Louis et J.-Fr. de Villiers.) *Paris*, 1753-1765, 7 vol. in-12. — Nouvelle édition. *Paris, Cavelier*, 1768, 7 vol. in-12, avec le nom du traducteur sur le frontispice des cinq premiers volumes.

Aphorismes de controverse, ou instructions catholiques tirées de l'Écriture, des Conciles et des SS. PP. (Par Richard, prieur de Beaulieu.) *Cologne, Adrien Le Jeune*, 1687, in-12.

Aphorismes de M. Herman Boerhaave sur la connoissance et la cure des maladies, traduits en françois par *** (Julien Offroy de La Mettrie.) *Rennes, veuve* a Garnier, 1738, petit in-8. — *Paris, Nuart*, 1745, in-12. — *Paris*, 1789, in-8.

Aphorismes de M. Mesmer, dictés à l'assemblée de ses élèves... Ouvrage mis au jour par M. C. de V. (Caullet de Veaumorel). *Compiègne*, 1784, in-16, 172 p. — *Paris*, 1785, in-8, avec le nom de l'éditeur.

Voy. « Supercheries », I, 675, *e*.

b Aphorismes politiques de J. Harrington, traduits de l'anglais (par P.-E. Aubin), précédés d'une notice sur la vie et les ouvrages de l'auteur. *Paris, Didot jeune*, an III-1795, in-12.

Ces « Aphorismes » sont extraits de l'« Oceana », dont la première édition vit le jour en 1656, in-folio. Les œuvres d'Harrington ont été plusieurs fois publiées.

Aphrodisiaque externe, ou traité du fouet c et de ses effets sur le physique de l'amour; ouvrage médico-philosophique, par D*** (Doppet), médecin. *S. l.*, 1788, in-16.

Réimprimé sous le titre de : « Traité des fouets. » Voy. ces mots.
Voy. « Supercheries », I, 843, *a*.

Aphrodites (les), ou fragments thali-priapiques pour servir à l'histoire du plaisir. (Par Andréa de Nerciat.) *Lampsaque*, d 1793, 4 vol. in-8, avec 8 fig.

Voir sur cet ouvrage licencieux la « Bibliographie des livres relatifs à l'amour, par le C. d'I*** » (1864, col. 580). L'ouvrage, d'une impression fort soignée, se compose de 8 parties de 80 pages chacune. Les 4 vol. publiés en Allemagne sous le même titre sont tout autre chose; ils offrent une collection de divers écrits libres. L'ouvrage de Nerciat était devenu extrêmement rare; on n'en connaissait que quatre ou cinq exemplaires, mais il en a été fait deux réimpressions modernes; une sous la rubrique de *Bâle, Steuben frères* e (*Bruxelles*), 1864, forme 2 volumes in-12; l'autre, 4 vol. petit in-18, avec reproduction des 8 figures de l'édition originale, plus un front. gravé d'après un dessin de M. F. Rops. La société secrète des « Aphrodites » paraît ne point avoir été seulement une fiction; voir l'ouvrage de M. Arthur Dinaux, publié par M. Gust. Brunet : « Les Sociétés badines et bachiques ». *Paris, Bachelin Deflorenne*, 1866, 2 vol. in-8, t. I, p. 39.

Apocalypse (l') de l'Etat, faisant voir : f 1° le parallèle de l'attachement que la reine a pour le Mazarin, avec l'attachement que Brunehaut avoit pour Proclaïde, et Catherine de Médicis pour un certain Gondy; 2° que l'attachement de la reine pour le Mazarin est criminel d'Etat. *S. l.* (1652), in-4°, 40 p.

Par Dubosc-Montandré, suivant la « Bibliographie des Mazarinades ».

Apocalypse (l') de la raison, t. I et peut-être unique. (Par Diderot). 1800-an X, in-8, 103 p.

C'est une réimpression des « Pensées philosophiques » (voy. ce titre), exécutée vers l'année 1760.

Apocalypse (l') de Sainct Jehan Zébédée, où sont comprises les visions et révélations que icelluy S. Jehan eut en lysle de Pathmos..... Ensemble les cruautés de Domitien translatées en rimes françoises. (Par Louis Choquet), et jouez par Personnaiges, à Paris, en l'hôtel de Flandres, l'an 1541. *Paris, Arnoul et Charles les Angeliers frères*, 1541, in-fol, 46 f.

Cet ouvrage se trouve ordinairement à la suite du « Triomphant Mystère des Actes des Apôtres ». Voyez Brunet, « Manuel », 5e édit., t. III, col. 1078.

Apocalypse (l') expliquée par l'histoire ecclésiastique; par M. le curé de S.-Sulpice (de La Chétardie). *Paris*, 1708, in-4.

Voy. « Supercheries », I, 818, *c*.

Apocoloquintose (l'), ou l'apologie de l'empereur Claude, en prose et en vers. (Traduite du latin de Sénèque, par l'abbé Esquieu.) In-12.

Reproduit dans les « Mémoires de littérature » du P. Desmolets, t. I, 2e partie, in-12, et dans les différentes éditions de la traduction de Sénèque, par Lagrange.

Ce morceau satirique n'ayant pas été traduit par Lagrange, M. Naigeon, éditeur de sa traduction de Sénèque, a cru pouvoir y suppléer en faisant usage de la traduction anonyme insérée dans la collection du P. Desmolets. Il y a fait quelques changements pour la rendre plus conforme au texte; mais il n'a pas touché aux vers, qui lui ont paru rendre assez fidèlement ceux de l'original.

M. Naigeon dit qu'on attribue cette traduction à l'abbé de La Bletterie. L'abbé Goujet, dans le « Catalogue raisonné et manuscrit des livres de sa Bibliothèque », la donne à l'abbé Esquieu, dont on a une « Critique de la tragédie de Pyrrhus, en forme de lettre adressée à Crébillon ». *Paris*, 1720, in-8.

« Cet abbé, que j'ai connu, observe l'abbé Goujet, après avoir donné dans le grand monde, est mort sur la paroisse de Saint-Germain-le-Vieil, livré aux excès condamnés dans les convulsionnaires. »

Paquot, dans ses « Mémoires pour servir à l'histoire littéraire des Pays-Bas », article Cunæus, attribue aussi à l'abbé Esquieu cette traduction de l'« Apocoloquintose ».

Apollon (l') françois, ou l'abrégé des règles de la poésie françoise, par L. I. L. B. G. N. (Les Isles Le Bas, gentilhomme normand). *Rouen, Conrart*, 1674, in-12.

Réimprimé en 1684.
Voy. « Supercheries », II, 786, *f*.

Apollon mentor, ou le Télémaque moderne. *Londres* (*Paris*), 1748, 2 vol. in-12, avec fig. de Flipart.

Ersch attribue cet ouvrage à Palissot, mais il ne figure pas dans les Œuvres de cet auteur.

Apollon, ou l'origine des spectacles en musique, poëme... (Par J. DE SERRÉ DE RIEUX, conseiller au Parlement de Paris.) *Paris*, 1733, in-8.

Apollon vendeur de mithridate. (Par BARBIER D'AUCOUR.) 1675.

Satire en vers irréguliers contre Racine; d'Olivet, dans son « Histoire de l'Académie françoise », en fait connaître l'auteur. Le « Dictionnaire » de Moreri donne la date de 1676 à cette première édition, aujourd'hui introuvable. Cette satire a été réimprimée sous le titre d'« Apollon charlatan », dans le t. II de la « Bibliothèque critique », par M. de Sainjore (Richard Simon), *Amsterdam*, 1708, in-12, et dans plusieurs anciennes éditions de Racine, notamment dans celle d'*Amsterdam, J.-F. Bernard*, 1722, 2 vol. in-12, et dans celle donnée par le même libraire, 1743, 3 vol. in-12.

Apollyon (l') de l'Apocalypse, ou la Révolution française prédite par saint Jean l'évangéliste. (Par Jean WINDEL-WURTZ, vicaire de l'église Saint-Nizier à Lyon.) *Lyon, Rusand*, 1816, in-8, 64 p.

Il a été publié quatre éditions dans la même année. La cinquième, revue et considérablement augmentée, a pour titre : « Les Précurseurs de l'Antéchrist ; histoire prophétique des plus fameux impies qui ont paru depuis l'établissement de l'Église jusqu'à l'an 1816... » *Lyon, Rusand*, 1816, in-8, 328 p. »

Apologeie et critique... Voy. « Apologie... »

Apologétique de TERTULLIEN, traduit en françois (par l'abbé GIRY), avec une dissertation critique touchant Tertullien et ses ouvrages. (Tirée du latin de Pierre ALLIX.) *Paris, Jombert*, 1684, in-12, 274 p. — *Amsterdam*, 1701, in-12.

Apologétique (l') et les Prescriptions de TERTULLIEN, traduction de l'abbé DE GOURCY, nouvelle édition revue et corrigée, suivie de l'Octavius de MINUCIUS FELIX, traduction nouvelle. (Par ANT. PÉRICAUD.) Avec le texte en regard et des notes. (Par Ch. BREGHOT-DU-LUT.) *Lyon, Janon*, 1823, in-8.

Il a été fait un tirage à part de l'« Octavius »; ce volume, tiré à petit nombre, porte au frontispice le nom de M. PÉRICAUD.

Apologétique pour les persécutés. Au peuple de la ville de R*** (Rouen) ... Salut et bénédiction en celui qui est la force des faibles et la consolation des affligés. (Par l'abbé Guillaume-André-René BASTON.) *Rouen*, 1791, in-8, 56 p.

Apologie au roy. *Paris*, 1625, pet. in-8, 55 p.

Edition originale de la Défense du poète Théophile VIAUD.

Apologie catholique contre les libelles, declarations, advis et consultations faictes, escrites et publiées par les liguez perturbateurs du repos du royaume de France:

a qui se sont eslevez depuis le deces de feu monseigneur, frere unique du Roy: par E. D. L. I. C. *S. l.*, 1585, in-8.

Par Edmond DE LALOUETTE, d'après le P. Lelong. Attribué par Barbier à Pierre DE BELLOY. Souvent réimprimé.

Voy. « Supercheries », I, 1210, *c*.

Apologie contre certaines calomnies mises sus à la desfaueur et desauantage de l'estat des affaires de ce roiaume. *S. l.*

b (1562), in-8, 69 p.

Trois éditions au moins la même année. Une note ms. sur l'exemplaire de la Bibliothèque nationale attribue cet ouvrage à Jean DE MONLUC, évêque de Valence.

Apologie d'Euphormion touchant ses satyres. (Trad. du latin de J. BARCLAY.) *Paris*, 1625, in-8.

Apologie d'Homère et bouclier d'Achille. (Réflexions sur le discours de M. Houdart de La Motte, par Jean BOIVIN.) *Paris, Fr.*

c *Jouënne*, 1715, in-8.

Apologie d'Homère, où l'on explique le véritable dessin de son Iliade et sa Theomithologie; par le P. HARDOUIN, jésuite. (Avec des notes de Jean BOIVIN.) *Paris, Rigaud*, 1716, in-12.

Apologie d'un incrédule. (*Bruxelles*), in-8, 23 p.

L'envoi daté de Bade, novembre 1866, est signé :

d L. V. (Louis VIARDOT). Cet opuscule a été reproduit avec changements et augmentations dans le « Libre examen », nos des 10 octobre, 1 et 10 novembre 1867. Un tirage à part porte l'adresse de *Paris, Libr. internationale*, 1868, in-8, 32 p.

Une troisième édition, *Paris, A. Le Chevalier*, 1868, in-8, 44 p., porte le nom de l'auteur.

Réimprimé, avec additions et le nom de l'auteur, sous le titre de « Libre Examen ». *Bruxelles, A. Vanderauwera*, 1871, in-16, 131 p.

Apologie d'un tour nouveau pour les

e « Quatre Dialogues » des abbés de Dangeau et de Choisy. (Par P. JURIEU.) *Cologne*, 1685, in-12.

Apologie de Cartouche, ou le scélérat sans reproche, par la grâce du père Quesnel. (Par le P. Louis PATOUILLET, jésuite.) *La Haye, Pierre Marteau*, 1731, in-8. — *Cracovie, Jean-le-Sincère*, 1731, in-12. — *Avignon, P. Fidèle*, (1733), in-12. — *Cracovie (Paris)*, 1733, in-8.

f Une note manuscrite attribue cette satire au neveu du P. DE LA BAUNE, jésuite.

Apologie de l'amour qui nous fait désirer véritablement de posséder Dieu seul, par le motif de trouver notre bonheur dans sa connaissance et son amour... par **** (Charles DU PLESSIS D'ARGENTRÉ.) *Amsterdam, E. Roger*, 1698, in-8. — *Bruxelles, J. Le Grand*, 1699, in-8.

Voy. « Supercheries », III, 1117, *f*.

Apologie de l'ancienne et légitime Fronde. (Par le cardinal DE RETZ.) *Paris*, 1651, in-4. V. T.

Apologie de l'école romantique. (Par Paulin PARIS.) *Paris, Dentu*, 1824, in-8, 48 p.

Apologie de l'edict des monnoyes, ou refutation des erreurs de Maistre Guillaume et de ses adherents. (Par Louis DE CHABANS, sieur DU MAINE.) *Paris, Vefue N. Roffet*, 1610, in-8, 96 p.

Le nom de l'auteur se trouve dans le privilége.

Apologie de l'édit du mois de juillet 1714 et de la déclaration du 23 mai 1715, qui donnent aux princes légitimés et à leurs enfants et descendants mâles à perpétuité, nés et à naître en légitime mariage, le titre, les honneurs et le rang de princes du sang, et le droit de succéder à la couronne après tous les princes légitimes... *S. l.* (1716), in-8, 101 p.

Attribué à Nicolas DE MALÉZIEUX, chancelier de Dombes, par le P. Lelong.

Apologie de l'édit du Roy sur la pacification.... Voy. « Remonstrances du Roy... »

Apologie de l'égoïsme. (Par Fr. SÉGUIN, libraire à Paris, en 1787.) *Avignon*, 1790, in-8, 32 p.

Apologie de l'éloge funèbre du roi (Louis XIV), prononcé par le P. Porée, ou remarques sur les « Réflexions critiques » de M. (Guérin). (Par Etienne PHILIPPE.) *Paris*, 1716, in-12.

Apologie de l'équivoque. (Satire, par le P. GRENAN, de la Doctrine chrétienne, frère du professeur.) In-12, 22 p.

Réimprimé dans la « Bibliothèque françoise » de du Sauzet, t. I, 1re partie, art. 51.

Ch.-A. Panckoucke a aussi inséré cette pièce dans « l'Art de désopiler la rate », 1756, in-12, p. 397. Il donne à entendre qu'elle est de RACINE le fils.

Apologie de l'Esprit des lois, ou réponses aux observations de M. de L*** P*** (l'abbé de La Porte), par M. DE R*** (BOULANGER DE RIVERY.) *Amsterdam*, 1751, in-12.

Voy. « Supercheries », III, 288, *e*.

Apologie de l'état religieux. (Par le P. BLANC, minime.) *Avignon*, 1768 ou 1772, 2 vol. in-12.

C'est une réfutation du « Mémoire sur les professions religieuses en faveur de la raison ». 1766.

Apologie de l'état religieux, dans laquelle on prouve que les ordres et les congrégations régulières sont très-utiles à la religion et à la société. (Par le P. Bernard LAMBERT.) (1778), in-12, 180 p.

Cet opuscule a paru aussi sous ce titre : « Dissertation dans laquelle on prouve que les ordres religieux sont très-utiles à l'Eglise et à l'Etat ». Il a été réimprimé plusieurs fois.

On a lu avec intérêt des détails éloquents sur l'état religieux, sur son origine, sur les services qu'il a rendus à l'Eglise, sur les vertus et les talents d'une multitude de ses membres ; mais ces tableaux ne pouvaient soutenir des corps qui en général ne présentaient ni les mêmes vertus ni la même utilité. Cette cause, quoique très-bien plaidée, était donc perdue dans l'opinion publique : aussi, lorsqu'elle a été agitée de nouveau en 1789 en présence de la nation, il a été facile aux adversaires de l'état religieux de faire décréter une suppression à laquelle les esprits étaient préparés depuis longtemps.

Apologie de l'Histoire de l'église de Saint-Diez. (Par J.-Cl. SOMMIER.) *Saint-Diez*, 1737, in-12.

Apologie de l'Histoire de l'indulgence de Portioncule. (Par le père BENOIST, de Toul.) *Toul*, 1714, in-12. V. T.

PICART était le nom de famille de cet auteur.

Apologie de l'Histoire de la diplomatie française, ou réfutation de cent faux littéraires et erreurs en tout genre, contenues dans trois articles de la « Gazette de France, » et un article du « Journal de l'Empire. » Par l'auteur de « l'Histoire de la Diplomatie » (Gaëtan DE RAXIS DE FLASSAN). *Paris, Debray*, 1812, in-8.

Apologie de l' « Histoire du temps, ou la défense du Royaume de Coquetterie. » (Par l'abbé D'AUBIGNAC.) *Paris*, 1659, in-12. V. T.

La première édition paraît dater de 1656.
Voy. « Histoire du temps ».

Apologie de l'Institut des Jésuites... Voy. « Apologie générale... »

Apologie de la Bastille, pour servir de réponse aux Mémoires de Linguet sur la Bastille, avec des notes politiques, philosophiques et littéraires ; lesquelles n'auront avec le texte que le moindre rapport possible, par un homme en pleine campagne (Antoine-Joseph-Michel SERVAN). *Philadelphie (Lausanne)*, 1784, in-8. — Autre édit., par M. DE M***, ci-devant prisonnier. *Philadelphie, aux dépens des citoyens libres*, 1784, in-8.

Voy. « Supercheries », II, 302, *b*.

Apologie de la conduite et de la doctrine du sieur P. Maty. (Par Le P. L. PATOUILLET.) 1730, in-8.

Apologie de la Constitution françoise, ou Etats républicains et monarchiques comparés dans les histoires de Rome et de France. (Par CHAILLON DE JONVILLE, doyen des doyens des maîtres des requêtes, ayant séance de conseiller d'Etat.) *Paris*, 1789, 2 parties in-12.

Le même auteur a publié plusieurs autres brochures anonymes, surtout depuis son émigration.

Apologie de la dissertation sur l'apparition de la sainte Vierge à saint Norbert, pour servir de réplique à la réponse du P. Hugo. (Par François GAUTIER, prémontré.) 1705, in-4.

Apologie de la frivolité. Lettre à un anglois. (Par P.-J. BOUDIER DE VILLEMERT.) 1740, in-12. — *Paris*, 1752, in-12. V. T.

Apologie de la louange, son utilité, et ses justes bornes, avec des médailles sur quelques actions de Monseigneur le duc d'Orléans, régent de France. (Par DE SELINCOUR.) *Paris, Josse*, 1717, in-12, 54 p.

Voyez le « Mercure » de mai 1717.

Apologie de la messe. (Par J.-F. SOBRY.) 1797, in-8.

Ce titre est une contre-vérité.

Apologie de la métaphysique à l'occasion du discours préliminaire de l'« Encyclopédie » ; avec les sentiments de M. (David-R. BOULLIER) sur la critique des pensées de Pascal, par Voltaire, suivis de trois lettres sur la philosophie de ce poète. *Amsterdam*, 1753, in-12.

Réimprimé dans le recueil de cet auteur intitulé : « Pièces philosophiques et littéraires, par M. B*** ».

Apologie de la muse nouvelle, à Alcandre. (Par T.-H. DELORME.) *Lyon*, 1667, in-12. V. T.

Apologie de la musique et des musiciens françois, contre les assertions peu mélodieuses, peu mesurées et mal fondées du sieur Jean-Jacques Rousseau, ci-devant citoyen de Genève. (Par René de BONNEVAL.) *Paris*, 1754, in-8.

Apologie de la musique françoise contre M. Rousseau. (Par l'abbé Marc-Ant. LAUGIER.) *Paris*, 1754, in-8.

Apologie de la reine Anne, par J. SWIFT, traduite en françois par M. L. B. C. D. G. (LE BEAU, commissaire des guerres). *Paris*, *Le Jay*, 1769, in-12.

Voy. « Supercheries », II, 693, *f*.

Apologie de la religion chrétienne et catholique contre les blasphèmes et les calomnies de ses ennemis. (Par le P. Bernard LAMBERT, dont le nom de famille était DE LA PLAIGNE.) *Paris*, *Le Clere*, 1795, in-8, 152 p. — Seconde édition augmentée. *Paris*, *Le Clere*, 1796, in-8, 176 p.

Apologie de la religion et de la monarchie française réunies : grandeur, force et majesté de ces deux puissances spirituelle et temporelle, par un Français exilé (l'abbé DE LUBERSAC). *Londres*, *Dulau*, 1802, in-8.

Voy. « Supercheries », II, 81, *d*.

Apologie de la société naturelle, ou lettre du comte de..... au jeune lord..... (Traduite de l'anglais de BURKE.) 1776, in-8, 100 p.

Dans la préface de l'ouvrage anglais publié dès l'année 1756, in-8, BOLINGBROKE est présenté comme l'auteur de cette satire de tous les gouvernements. La préface du traducteur français est toute différente. Bolingbroke n'y est pas nommé. Il paraît que la traduction a été imprimée à un petit nombre d'exemplaires. Je n'ai pu découvrir le nom du traducteur.

Apologie de Louis XIV. *Rouen*, *impr. de Mari*, 1817, in-8.

Signé : A.-P.-J. DE V..... (DE VISMES, de Caudebec).

Apologie de Louis XIV et de son conseil, sur la révocation de l'édit de Nantes, pour servir de réponse à la « Lettre d'un patriote (Antoine Court) sur la tolérance civile des protestants de France » avec une dissertation sur la journée de la Saint-Barthélemi. (Par l'abbé J. NOVI DE CAVEIRAC.) *S. l.*, 1758, in-8, VI p., 2 ff. de table et 565 p.

Cet ouvrage a paru la même année sous ce titre : « Paradoxes intéressants sur les causes et les effets de la révocation de l'édit de Nantes ; la dépopulation et la repopulation du royaume, l'intolérance civile et rigoureuse d'un gouvernement ; pour servir de réponse à la « Lettre d'un patriote... » *S. l.*, 1758, in-8.

Apologie de Louis XVIII. (Par C. MALTE-BRUN.) *Paris*, 1815, in-8.

Trois édit. la même année. Extrait du « Spectateur », t. III, p. 385 et suiv.

Apologie de MARUS EQUICOLUS, gentilhomme italian contre les mesdisantz de la nation françoise, traduicte de latin en françois. (Par Michel ROTÉ.) *Paris*, *Vincent Sertenas*, 1550, in-8.

La dédicace à Anne d'Este, duchesse de Guise, porte en tête le nom de l'auteur.

Apologie de mon goût, épit. en vers sur l'histoire naturelle ; dédié à M. de Buffon. (Par François-Félix NOGARET.) *Paris*, *Couturier*, 1771, in-8.

Réimprimé à la suite de : « La Terre est un animal », voy. ce titre.

C'est à tort que, dans la 2e édition de ce « Dictionnaire », l'on avait, d'après Van Thol, attribué cet ouvrage à P.-J.-B. NOUGARET.

Apologie de M. Arnauld et du P. Bouhours contre l'auteur déguisé sous le nom de l'abbé Albigeois. (Par le P. RIVIÈRE, jésuite.) *Mons, P. Lenclume*, 1694, in-12.

Voy. les mots « Discussion de la suite. »

Apologie de M. B. Rolans, dit Bartel, deux fois bourgmestre de la noble cité de Liége. (Par Jean-Dominique DE LA CHAUSSÉE.) *Liége, Ouwerx*, 1669, in-4. Ul. C.

Apologie de M. Bayle, ou lettre d'un sceptique (DE MONIER, ancien procureur général de la chambre des comptes de Provence), contre l'« Examen du pyrrhonisme », de Crousaz.

Imprimé en tête des « Nouvelles lettres de M. P. Bayle ». *La Haye*, 1739, 2 vol. in-12.

Voy. « Supercheries », III, 613, *d*.

Apologie de M. de La Bruyère, ou réponse à la critique des « Caractères de Théophraste. » (Par Pierre-Jacques BRILLON, avocat.) *Paris, Delespine*, 1701, in-12.

J.-Ch. Brunet fait observer que Gabriel Martin, dans ses catalogues, laisse toujours cet ouvrage sans nom d'auteur, tandis qu'il attribue constamment à Brillon les « Sentiments critiques » et « le Théophraste moderne ». Voy. ces titres.

M. Servois, dans son édition des « Œuvres de La Bruyère », *Paris, Hachette*, 1865, in-8, t. I, p. 99, en donne la raison. Dans cette « Apologie », Brillon répond aux attaques qu'il avait lui-même, dans ses « Sentiments critiques », dirigées contre La Bruyère et contre « le Théophraste moderne ». Cette supercherie avait également échappé à M. Walkenaer.

Apologie de M. de Voltaire. (Par l'abbé Simon-Joseph PELLEGRIN, et non par DESFONTAINES, comme le dit Voltaire.) *Paris*, 1725, in-8.

Voltaire écrit à Thiriot (2 janvier 1739) : « Je ne sais que de vous seul qu'en effet l'abbé Desfontaines, dans le temps de Bicêtre, fit contre moi un libelle. Je ne sais que de vous seul que ce libelle était une ironie sanglante, intitulée : « Apologie du sieur Voltaire. »

Thiriot se trompait sur l'auteur de l'apologie. Cette brochure, qui n'est point un libelle, mais une critique sage et raisonnée, est de l'abbé PELLEGRIN, qui ne s'en cachait point. Voici ce qu'il dit à la fin de l'ouvrage : « Celui qui vous adresse cette apologie, Monsieur, est l'auteur de la comédie du « Nouveau-Monde ». Vous voyez que je ne me déguise point pour vous. Je sais que vous n'avez pas fait beaucoup de cas de cet ouvrage; mais les sentiments sont libres, et je ne vous en sais point mauvais gré. D'ailleurs je ne suis point de ces auteurs que les suffrages précipités du public préviennent extraordinairement en leur faveur. Si ma pièce n'a pas été aussi goûtée à l'impression qu'elle l'avait été au théâtre, ce revers est assez ordinaire aux auteurs dramatiques. J'ai devant les yeux des exemples qui me consolent ».

Ces sentiments de modération et de modestie étaient naturels à l'abbé Pellegrin, et l'on dut être indigné lorsque le comédien Legrand le joua sur le théâtre. (Article envoyé par M. Chaudon.)

Apologie de M. Houdart de La Mothe. (Par J.-J. BEL, conseiller au Parlement de Bordeaux.) *Paris*, 1724, in-8.

C'est une ingénieuse critique de la tragédie d'« Inès de Castro. »

Apologie de M. Jansénius et de la doctrine de saint Augustin, expliquée dans son livre intitulé « Augustinus. » (Par A. ARNAULD.) 1643 et 1646, 2 vol. in-4.

Apologie de M. l'abbé D'OLIVET, en forme de commentaire, sur deux articles des « Mémoires de Trévoux. » *Paris*, 1726, in-12, 44 p.

Cette apologie écrite avec esprit, est de l'abbé D'OLIVET lui-même, quoiqu'il ne soit parlé de lui qu'en tierce personne. Il y répond à deux articles; le premier, sur la traduction des « Entretiens de Cicéron de la nature des dieux », dont il est parlé dans les « Mémoires de Trévoux », au mois de novembre 1721; le second, sur le « Traité philosophique de la faiblesse de l'esprit humain », par Huet, dont les mêmes journalistes de Trévoux parlent en leur mois de juin 1725. On voit dans le « Journal des savants », février 1727, p. 126, que le premier article est du P. du Cerceau, et le second du P. Castel. (M. Boulliot.)

Camusat a inséré cette apologie en entier dans la « Bibliothèque des livres nouveaux », 1726, juillet, pages 42-83.

Apologie de M. l'abbé de la Trappe (Armand le Boutilier de Rancé, par l'abbé J.-B. THIERS). *Grenoble*, 1694, in-12.

Le plus rare des ouvrages de l'auteur, dit l'abbé Goujet, parce qu'il fut supprimé; on y trouve beaucoup d'anecdotes. (Catalogue manuscrit.)

Apologie de M. l'abbé de Prades. (Par l'abbé DE PRADES lui-même, par l'abbé YVON, etc.) *Amsterdam*, 1752, in-8, XLV-86 p.—Seconde partie. Ibid., in-8, 206 et 92 p.—Suite de l'Apologie... contenant les réflexions sur le mandement de M. l'évêque de Montauban, et la réponse à l'instruction pastorale de M. l'évêque d'Auxerre. Troisième partie. Ibid., in-8, 72 p.

La troisième partie est de DIDEROT. Naigeon la considérait comme un modèle d'une discussion exacte et précise. Il l'a insérée dans le premier volume de son édition des « Œuvres de Diderot », p. 361.

Voici les titres de quelques ouvrages anonymes qui ont pris naissance à l'occasion de la thèse de l'abbé de Prades :

1° Court examen de la Thèse de M. l'abbé de Prades, et observations sur son Apologie. (Par David-R. BOULLIER, ministre protestant.) *Amsterdam, M.-M. Rey*, 1753, in-12, XII-165 p.

2° Examen de l'Apologie de monsieur l'abbé de Prades. (Par le P. BROTIER, jésuite.) *S. l.*, 1753, in-8, 74 p.

Ersch « Fr. littér. », t. II, p. 124, attribue aussi cet écrit à l'abbé GOURLIN, auteur des « Observations importantes... » qui suivent.

3° Observations importantes au sujet de la thèse de M. de Prades. (Par l'abbé P.-Séb. GOURLIN.) 1752, in-12, 342 p.

Réimprimées dans le recueil suivant :

4° Religion (la) vengée des impiétés de la Thèse et de l'Apologie de M. l'abbé de Prades, ou Recueil de neuf écrits contre ces deux pièces... (Publié par l'abbé PARIS, chanoine de Lectoure, exilé en Hollande.) *Montauban* (*Utrecht*), 1754, in-12, XXVIII-559 p.

5° Thesis Joannis-Martini de Prades theologice discussa et impugnata. (Par l'abbé Grégoire SIMON, docteur de Sorbonne.) *Parisiis*, 1753, in-12, XII-552 p.

L'« Apologie » et le « Court examen » ont été réimprimés ensemble sous le titre suivant :

Apologie de M. l'abbé DE PRADES ; avec l'Examen de sa thèse et des observations sur son Apologie (par D.-R. BOULLIER, ministre protestant). *Amsterdam*, *Rey*, 1753, 2 vol. in-12.

Apologie de M. NICOLE, écrite par lui-même, sur le refus qu'il fit, en 1679, de s'unir avec M. Arnauld... (Publiée par les soins d'Ant. LE GRAS, ex-oratorien.) *Amsterdam* (*Paris*, *Simart*), 1734, in-12.

Apologie de son éminence le cardinal de Bouillon. — *S. l.*, 1706, in-12, 58 p. — *S. l.*, 1706, in-12, 130 p.

Par l'abbé D'ANFREVILLE, d'après une note manuscrite sur l'exemplaire de la Bibliothèque nationale.

Cet ouvrage a aussi été attribué à l'abbé François-Timoléon DE CHOISY.

Apologie de Sophocle, ou Remarques sur la troisième lettre critique de M. de Voltaire. (Par Claude CAPPERONNIER.) *Paris*, *Coustelier*, 1719, in-8.

Apologie de tous les jugements rendus par les tribunaux séculiers en France, contre le schisme ; dans laquelle on établit : 1° l'injustice et l'irrégularité des refus de sacrements, de sépulture et des autres peines qu'on prononce contre ceux qui ne sont pas soumis à la constitution *Unigenitus ;* 2° la compétence des juges laïcs pour s'opposer à tous ces actes de schisme. *En France*, 1752, 2 vol. in-12. — *S. l.*, 1752, 3 vol. in-12. — 3e éd., *S. l.*, 1753, 3 vol. in-12.

La première partie de cet ouvrage est de l'abbé Claude MEY ; la seconde est de Gabriel-Nicolas MAULTROT.

Supprimé par arrêt du Parlement en date du 15 juillet 1752.

Condamné par la cour de Rome, par un bref du 20 novembre 1752, dont la publication en France amena un arrêt du conseil d'Etat du roi, en date du 13 janvier 1753, portant suppression de ce bref imprimé sans sa permission.

L'on a publié comme suite : « Recueil des arrêts rendus dans tous les parlements et conseils souverains du royaume au sujet de la bulle *Unigenitus* et de ses suites, depuis 1714, jusqu'à l'accommodement de 1720 inclusivement. Pour servir de suite à l' « Apologie des jugements rendus... en France contre le schisme. » *S. l.*, 1753, 4 vol. in-12.

a Apologie de Voltaire. (Par J.-E. L'HOSPITAL, de Bordeaux.) *Londres*, 1786, in-8.

C'est une réfutation de l' « Eloge de Voltaire » par La Harpe.

Apologie des anciens docteurs Claude de Saintes et Nicolas Isambert contre une lettre du P. Le Brun.., par M. P. T. H. Ch. R. Pr. d. D. (HONGNANT, chanoine régulier, prieur de Dammartin, ou plutôt par le

b P. HONGNANT, jésuite, son frère). *Paris*, *Chaubert*, 1728, in-12.

Voy. Moréri, et « Supercheries », III, 272, *a*.

Apologie des anciens historiens et des troubadours ou poëtes provençaux, servant de réponse aux dissertations de Pierre-Joseph (de Haitze), sur divers points de l'histoire de Provence, (Par P. GALAUP DE CHASTEUIL.) *Avignon*, *J. du Perier*,

c 1704, in-8, 136 p.

Voy. la « Bibliothèque historique de la France », t. IV, n° 47259, et la « Biographie universelle. »

Apologie des arts, ou lettres à M. Duclos. (Par DE LA TOURAILLE.) *Paris*, *Monory*, 1772, in-8, 25 p.

Apologie des bêtes, où l'on prouve leurs connaissances et leur raisonnement par

d différentes histoires, et principalement celles du castor... (Ouvrage en vers, par MORFOUACE DE BEAUMONT.) *Paris*, *Prault père*, 1739, in-8.

La première édition parut en 1732 avec un titre un peu différent et le nom de l'auteur sur le frontispice ; voici ce titre : « Apologie des Bêtes, ou leurs connaissances et raisonnement prouvés contre le système des philosophes cartésiens, qui prétendent que les brutes ne sont que des automates. Ouvrage de M. MORFOUACE DE BEAUMONT ». *Paris*, *P. Prault*, 1752, in-8. Il

e y a aussi en tête une planche gravée contenant des figures d'animaux et un homme assis qui les contemple. Une vraie réimpression est celle qui parut à Neufchâtel, chez Jonas-Georges Calandre, dès 1732, avec un titre encore différent : « Apologie des Bêtes, ou la preuve de leurs connaissances, contre le système... », le nom de l'auteur et une dédicace à « S. Exc. M. Striguer, avoyer régnant de la ville et république de Berne ». Les fautes indiquées dans l'errata de l'édition de Paris sont corrigées dans celle de Neufchâtel, où l'épître en vers au comte d'Argenson est la seule chose, avec le

f privilége du roi, qui ait été retranchée. (Note fournie par M. L.-T. Hérissant).

Barbier, dans la 2e édit. de ce « Dictionnaire », désignait cet auteur sous le nom de Morfouage de Beaumont, et Quérard, d'après lui, a répété cette erreur.

Apologie des catholiques qui ont refusé de prier pour Bonaparte, comme empereur des Français. (Par Guy-Marie DEPLACE, né à Roanne, le 20 juillet 1772, mort à Lyon, le 16 juillet 1843.) *Lyon*, *Barret*, 1815, in-8.

Apologie des cérémonies de l'Eglise, expliquées dans leur sens naturel et littéral.... (Par l'abbé BAUDOUIN.) *Bruxelles*, 1712, in-12.

Apologie des dames, appuyée sur l'Histoire, par madame de *** (Mme GALIEN, de Château-Thierry). *Paris, Didot*, 1737, in-12.

L'auteur est nommée madame MOLIEN, de Château-Thierry, dans l'exemplaire de la Bibliothèque du roi.

Voyez le Catalogue de cette bibliothèque « Belles-Lettres », t. II, p. 148.

Voy. « Supercheries », III, 1036, *f*.

Apologie des Dominicains missionnaires de la Chine, ou Réponse au livre du P. Le Tellier, intitulé : « Défense des nouveaux Chrétiens, » etc., par un docteur de Saint-Dominique (le P. Noël ALEXANDRE). *Cologne, Egmond*, 1699, in-12.

Voy. « Supercheries », I, 968, *c*.

Apologie des églises réformées de l'obéissance du roi et des états-généraux de la souveraineté de Béarn... *Orthès, par aveu et approbation de l'Assemblée*, 1618, in-4, 6 ff. et 125 p. — *Orthès*, 1618, in-8, 157 p.

L'Epître est signée : I. P. D. L. (Jean-Paul DE LESCUN).

Il y a une seconde partie. *Orthès*, 1619, in-4, 56 p.

Apologie des états de Bohême, contraints à prendre les armes pour leur défense ; item un extrait du livre de G. SCIOPPIUS intitulé : *Classicum belli sacri*, trad. par S. W. (WEISS). 1619, in-4.

Voy. « Supercheries », III, 743, *d*.

Apologie des femmes, par M. P*** (Charles PERRAULT). *Paris, Coignard*, 1694, in-12, 16 p. et une préface non paginée de 22 p.

Voy. « Supercheries », III, 5, *b*.

Apologie des femmes, poème. (Par Paulin CRASSOUS.) *Paris, Delaunay*, 1806, in-12, 24 p.

Apologie des Français, faite par un hollandais (A.-L. BARBAZ). *Leide*, 1814, in-8.
V. D.

Apologie des frondeurs. (Par le cardinal DE RETZ, suivant Omer Talon.) *S. l.*, 1650, in-4, 11 p.

Au moins deux tirages la même année.

Apologie (l') des Jésuites, convaincus d'attentat contre les lois divines et humaines. (Par l'abbé Claude-Marie GUYON.) 1763, 3 parties in-12.

L'abbé Goujet, dans son Catalogue manuscrit assure que cet ouvrage a été imprimé à Paris avec permission tacite, par Aug.-Martin Lottin. C'est à tort que la « France littéraire » de 1769 l'attribue à dom Pierre MOUGENOT.

Apologie des jeunes ex-Jésuites qui ont signé le serment prescrit par arrêt du 6 février 1764. (Par Dieudonné THIÉBAULT, depuis professeur à Berlin.) *S. l. (Paris)*, 1764, in-12, 75 p.

Apologie des Lettres provinciales de Louis de Montalte (Blaise Pascal), contre la dernière réponse des PP. Jésuites. (Par dom Matthieu PETITDIDIER, bénédictin de la congrégation de Saint-Vanne, mort évêque de Macra.) *Delft (France)*, 1697, 2 vol. in-12.

Apologie des modernes, ou réponse du cuisinier françois, auteur des « Dons de Comus, » à un pâtissier anglois. (Par MEUSNIER DE QUERLON.) 1740, in-8, 44 p.

Apologie des œuvres de SAINT-EVREMONT... par B. D. R. (BOYER DE RIVIÈRE.) *Paris, Collombat*, 1698, in-18.

Voy. « Supercheries », I, 483, *f*.

Apologie des prêtres mariés, ou abus du célibat, prouvé aux prêtres catholiques, par le citoyen J**** (JOLYCLERC, naturaliste, ex-bénédictin de la congrégation de Saint-Maur). *Paris*, an VI-1798, in-8.
V. T.

Voy. « Supercheries », II, 352, *f*.

Apologie des projets et de la conduite des chefs de la Révolution en France. (Par DE BELABRE.) *Londres*, 1793, in-8.

« Biblioth. alsatique » de F.-C. Heitz, p. 88.

Apologie des réfugiés, par A. R. D. L. (peut-être Abel-Rotholp DE LA DEVÈSE.) *Amsterdam*, 1688, in-8.

Cet ouvrage est composé de lettres. L'auteur en date plusieurs de La Haye, où La Devèze exerça le ministère après sa sortie de France.

Voy. « Supercheries », I, 378, *b*.

Apologie du caractère des Anglois et des François, ou observations sur le livre (de Muralt), intitulé « Lettres sur les Anglois et les François, et sur les Voyages. » Avec la défense de la sixième satyre de M. Despréaux, et la justification du bel-esprit françois. (Par l'abbé P.-Fr. GUYOT-DESFONTAINES et le P. BRUMOY.) *Paris, Briasson*, 1726, in-12.

Apologie du cardinal de Bouillon. *Cologne (Amsterdam)*, 1706, in-18.

Cette apologie a été attribuée à l'abbé DE CHOISY ; mais elle est de l'abbé D'ANFREVILLE. Voyez le catalogue de Lancelot, n° 4053.

L'abbé de Saint-Léger l'a insérée dans le recueil C.
V. T.

Apologie du célibat chrétien, contre l'ouvrage du chanoine Desforges, intitulé : « Avantages du mariage... » (Par l'abbé Marc-Albert DE VILLIERS.) *Paris*, 1762, in-12.

Fleischer indique une édition de *Paris, veuve Damoneville*, 1761, in-12, portant sur le titre : par l'abbé ***.

Apologie du clergé de France, ou commentaire raisonné sur l'instruction pastorale de l'Assemblée nationale concernant l'organisation civile du clergé. (Par M. l'abbé BLANDIN, prêtre de Saint-Sulpice, puis chanoine d'Orléans.) *Paris, Crapart*, 1791, in-8, 118 p. — Seconde édition augmentée. *Paris, Crapart, s. d.*, in-8, 131 p.

Apologie (l') du commerce, ou essai philosophique et politique, avec des notes instructives, suivi de diverses réflexions sur le commerce en général, sur celui de la France en particulier, et sur les moyens propres à l'accroître et à le perfectionner ; par un jeune négociant (M. DUDEVANT de Bordeaux). *Genève*, 1777, in-12, 71 p. — *Paris, Ruault*, 1778, in-8.

Voy. « Supercheries », II, 393, *e*.

Apologie du concile de Trente et de saint Augustin. (Par A. DE BOURZEIS.) *Paris*, 1650, in-4. V. T.

Apologie du goût françois relativement à l'opéra, poëme, avec un discours apologétique et des adieux aux bouffons, en vers. (Par N. DE CAUX DE CAPPEVAL.) *S. l.*, 1754, in-8, 80 p.

Apologie du mariage chrétien, ou mémoire critique, canonique et politique, en réponse au commentaire intitulé des « Empêchemens dirimant le contrat de mariage, dans les Pays-Bas autrichiens, selon l'édit de Joseph II, du 28 septemb. 1784 ». *Strasbourg* (*Liége*), 1788, in-8.

Cet ouvrage, où l'on attaque le « Commentaire » du jurisconsulte d'Outrepont sur l'édit de Joseph II, est de l'abbé H.-J. DUVIVIER, ex-oratorien.

Apologie du R. P. Honoré, supérieur des missionnaires (capucins), contre les médisans, par M. T. B. (Antoine THOMAS, bourguignon). *Dijon*, 1679, in-4. V. T.

Voy. « Supercheries », III, 764, *b*.

Apologie du roman d'« Adèle et Théodore » (de Mme de Genlis), précédée d'une lettre du bailly de Vaugirard au Barbier de Séville. (Par BASSEVILLE.) *A Neufchâtel, conforme à la copie imprimée à Philadelphie*. In-8, 34 p.

C'est la réimpression, avec 4 pages préliminaires en plus, des « Réflexions d'un instituteur... » Voy. ces mots.

a Apologie du sentiment de Newton sur l'ancienne chronologie des Grecs. (Par le chevalier STUARD.) *Francfort-sur-le-Mein*, 1757, in-4.

Voy. « Chronologie des anciens royaumes. »

Apologie du serment civique, par un prêtre de la maison et société de Sorbonne, ami de la religion et des lois (DANCEL). 1790, in-8.

b Voy. « Supercheries », III, 238, *c*.

Apologie du système de Colbert, ou observations juridico-politiques sur les jurandes et les maîtrises d'arts et métiers. (Par André LETHINOIS.) *Amsterdam et Paris, Knapen et Delaguette*, 1771, in-12.

Apologie du système des SS. Pères sur la Trinité, contre les hérésies d'Etienne Nye et Jean Le Clerc, protestans, réfutées dans la réponse de l'abbé Faydit au c P. Hugo, de l'ordre de Prémontré. *Nancy*, 1702, in-8.

Par l'abbé P. FAYDIT. L'auteur a été enfermé à St-Lazare pour cet ouvrage. V. T.

Voy. « Altération du dogme théologique. »

Apologie du théâtre, adressée à Mlle Clairon. (Par VERNON, médecin.) 1762, in-12, 142 p.

Dans la première édition de ce « Dictionnaire », d Fr.-Ch. HUERNE DE LA MOTHE était donné comme auteur, et Quérard a successivement reproduit ces deux attributions.

Apologie du « Thomisme triomphant, » contre les neuf lettres anonymes qui ont paru depuis peu. (Par le P. J.-Fr. BILLUART, dominicain.) *Liége, Jean-Philippe Gramme*, 1731, in-4, 198 p.

Elle a été faussement attribuée au P. Jean-Pierre VIOU, dominicain. (Boulliot.)

e Apologeie et critique di saqwants monuments ligeois par J. D... (Joseph DEHIN, chaudronnier à Liége). *Liége, Carmannes*, 1852, in-12, 12 p. J. D.

Apologie et requeste pour ceux qui font profession de la Religion réformée. (Par DES MARETS.) *S. l.*, 1663, in-8.

Apologie françoise pour la sérénissime maison de Savoie, contre les scandaleuses f invectives... (Par le P. MONOD, jésuite.) *Chambéry*, 1631, in-4.

Apologie générale de l'institut et de la doctrine des Jésuites. (Par le P. CÉRUTTI.) 1762, in-8 et in-12. — *Soleure*, 1763, in-8.

Il paraît que cet ingénieux écrivain n'a fait que rédiger les matériaux qui ont été fournis par les PP. Jos. DE MENOUX, Jean GROU et Henri GRIFFET. Ces deux derniers, auteurs du « Coup-d'œil sur l'arrêt du Parlement de Paris... » Voy. ce titre.

« L'Apologie » a été réimprimée plusieurs fois avec le nom de Cerutti, et de nos jours, précédée d'une introduction par E. de P. *Paris, Trouvé*, 1824, in-8.

Apologie ministérielle du droit d'aînesse, par un avocat (Horace Raisson). *Paris, imp. de Setier*, 1826, in-16.

Voy. « Supercheries », I, 418, *a*.

Apologie ou défense d'un homme chrétien (Florent Chrestien), pour imposer silence aux répréhensions de Ronsard. 1564, in-8.

Niceron, t. XXXIV, p. 126.
Voy. « Supercheries », II, 290, *f*.

Apologie, ou défense de Guillaume, prince d'Orange, contre le ban et édit du roi d'Espagne. *Imprimé chez Ch. Sylvius*, 1581, in-12. — *Delft*, 1581, in-4.

Réimprimé à la fin du premier volume de l'« Histoire de la république des provinces unies des Pays-Bas. » (Par Jennet, ministre d'Utrecht.) *La Haye*, 1704, in-8. L'éditeur en a rajeuni le style.

Suivant quelques bibliographes, le prince lui-même est auteur de cette apologie. Mais suivant une note de Duplessis-Mornay (voy. « Hist. univers. de J. A. de Thou », t. V de l'éd. de La Haye, 1740, in-4, p. 719, l'auteur serait Pierre Loyseleur dit de Villiers, secrétaire de Guillaume d'Orange. M. Chevreul dit que Hubert Languet et Duplessis-Mornay l'ont revue et corrigée. On ne saurait donc s'étonner d'y retrouver en quelques endroits le style et les idées des *Vindiciæ*. (Voy. H. Chevreul. « Etudes sur le XVIe siècle. Hubert Languet. » *Paris, Potier*, 1852, in-8).

Apologie, ou défense des catholiques unis les uns contre les autres, contre les impostures des catholiques associés à ceux de la Religion prétendue réformée. (Par Louis d'Orléans, avocat-général de la Ligue, mort en 1622.) 1586, in-8, 32 p.

Victor-Palma Cayet, p. 20 de sa « Chronologie novennaire », signale d'Orléans comme un des fameux écrivains temps de la Ligue.

Apologie, ou défense pour le mariage du roi et de Madame sa sœur, contre le blasme de ceux qui repoussent l'alliance d'Espagne. Dédié au roi. *Paris, Ve Regnoul*, 1615, in-8, 53 p.

L'épître est signée N. D. S. (Nicolas de Sonnelles, d'après une note manuscrite sur l'exemplaire de la Bibliothèque nationale.)

Apologie, ou les véritables mémoires de Mme Marie Mancini, connétable de Colonna, écrits par elle-même. *Leide, pour l'autheur, chez J. Van Gilder*, 1678, in-12, 8 ff. préliminaires et 200 p. — *Cologne*, 1679, in-12.

La dédicace est signée S. Bremond.
Cet ouvrage a été reproduit sous ce titre : « La Vérité dans son jour, ou les véritables mémoires de M. Manchini, connétable Colonne». *S. l. n. d.*, in-8, 4 ff. n. chiff et 203 p.

a Cette reproduction a été imprimée en Espagne. C'est dans cette édition que M. de La Borde a pris les passages qu'il a cités p. 207 et 208 de son curieux ouvrage « le Palais Mazarin. » *Paris*, 1846, gr. in-8. L'exemplaire de la Bibliothèque nationale lui vient de Falconnet, n° 15624. Il paraît incomplet du titre et il commence par 4 ff. prélim. n. chiff. contenant des vers italiens, espagnols et français, adressés à la connétable, ces derniers sont signés Billet. Les pièces italiennes et espagnoles ajoutent aux qualifications de l'auteur celle de duchesse de Tagliacozzo.

Voy. « Supercheries », II, 978, *a*.

b Apologie particulière pour monsieur le duc de Longueville, où il est traité des services que sa maison et sa personne ont rendus à l'Estat, tant pour la guerre que pour la paix. Avec la responce aux imputations calomnieuses de ses ennemis. Par un gentilhomme breton. *Amsterdam*, 1650, in-4, 116 p.

Attribué à Lescornai, par la « Bibliographie des Mazarinades ».

c Apologie pour ceux d'entre les Anglois catholiques qui refusent de prêter le serment d'obligeance exigé par Jacques Ier en 1606, composée à Rome en 1611. (Par Reboul.) In-12.

Apologie pour feu M. l'abbé de Saint-Cyran, contre l'extrait d'une information prétendue que l'on fit courir contre lui l'an 1638, et que les Jésuites ont fait imprimer à la tête d'un libelle diffamatoire intitulé : « Somme de la théologie de l'abbé de Saint-Cyran et du sieur Arnauld. » (Par Antoine Le Maistre.) 1644, in-4. — 1645, in-8.

d Apologie pour l'« Accomplissement des prophéties »; où on répond aux objections qui ont été faites contre cet ouvrage par le S. P. J. P. E. P. E. Th. A. R. (Pierre Jurieu, pasteur et professeur en théologie à Rotterdam.) *Rotterdam, A. Acher*, 1687, in-12, 128 p.

e Pour « l'Accomplissement des prophéties », voy. ci-dessus, col. 53, *e*.

Apologie pour l'autheur de l'« Examen de la possession des religieuses de Louviers », à MM. Empérière, et Magnart, médecins à Rouen. *Paris et Rouen*, 1643, in-4, 30 p.

f Attribué au médecin Yvelin.

Apologie pour l'auteur de l'« Histoire critique du Vieux Testament. » (Par Richard Simon), contre les faussetés d'un libelle publié par Michel Le Vassor, prêtre de l'Oratoire. *Rotterdam, Reinier Leers*, 1689, petit in-12, 141 p.

Apologie pour l'auteur de « l'Histoire du concile de Constance » (J. Lenfant) contre le « Journal de Trévoux » du mois de déc. 1714. (Par J. Lenfant, lui-même.) *Amsterdam*, 1716, in-4. V. T.

Apologie pour l' « Histoire des deux fils aînés de Clovis II. » (Par A. Langlois, bénédictin.) *S. l. n. d.*, in-12.

Voy. la « Bibliothèque historique de la France », t. IV, p. 428.

Apologie pour l'Université de Paris, contre le discours d'un Jésuite, par une personne affectionnée au bien public (Godefroid Hermant). Seconde édition. *S. l.*, 1643, in-8. — 3e éd. *S. l.*, 1643, in-8.

Voy. « Supercheries », III, 84, *c*.

Apologie pour la danse. (Par de Manley.) 1562, in-8.

Apologie pour la langue françoise, en laquelle est amplement deduite son origine et excellence... avec la Musagnoeomachie et autres œuvres poetiques; le tout par J. A. D. B. (Joach. du Bellay.) *Paris, Lucas Breyer*, 1580, in-8.

C'est sous un autre titre le même ouvrage que la « Défense et illustration de la langue françoise. » Voy. ce titre.

Apologie pour la nation juive, ou réflexions critiques sur le premier chapitre du VII tome des œuvres de Voltaire, au sujet des Juifs. Par l'auteur de l' « Essai sur le luxe » (Isaac Pinto, publié par Peyrère.) *Amsterdam, J. Joubert*, 1762, in-8.

Réimprimé dans les « Lettres de quelques Juifs portugais », par l'abbé Guénée.

Quelques exemplaires portent : « Réflexions critiques... »

Le morceau que critique Pinto forme dans les éditions de Voltaire la première section de l'article Juifs du « Dictionnaire philosophique ».

Voy. aussi « Réponse de l'auteur... »

Apologie pour la religion et pour l'Eglise de Jésus-Christ. (Par l'abbé Loiseleur.) *Paris, Jacques Estienne*, 1714-1724, 6 vol. in-4.

Le premier tome de cet ouvrage parut en 1714, sous ce titre : « Traité sur l'homme en quatre propositions importantes, avec leurs dépendances ». On donna au second tome le titre de « Propositions importantes sur la religion, avec leurs dépendances », et il fut mis au jour en 1715. Le troisième et le quatrième parurent en 1719, sous le titre « d'Apologie pour la religion. »

M. Leschevin, qui a eu occasion de citer cet ouvrage dans ses notes sur le premier volume de la nouvelle édition du « Chef-d'œuvre d'un inconnu », *Paris*, 1807, n'a connu ni le nom de son auteur, ni les deux derniers volumes.

Apologie pour la vieille cité d'Avenche ou Aventicum en Suisse, au canton de Berne, et située dans une des quatre contrées de l'Helvétie, appelée Urbigene, opposée à un nouveau traité mis au jour par l'auteur de « La découverte de la ville d'Antre. » (P.-J. Dunod); qui par une hétérodoxie en fait d'histoire toute pure, et contre la foi historique tant ancienne que moderne, place et établit ledit Aventicum sur les ruines de la ville d'Antre en Franche-Comté, prétendant par là et par une interprétation entièrement fausse de Ptolémée, d'avoir trouvé la machine pour transporter des villes entières d'une province à l'autre par un seul trait de plume. *Imprimé à Berne*, 1710, in-8, 268 p.

Les continuateurs de la « Bibliothèque historique de la France » attribuent avec raison cet ouvrage à Marquard Wild, d'après une note manuscrite de M. Haller fils. C'était à tort qu'il avait, dans la première édition de ce dictionnaire, été donné sous le nom d'Altman.

Apologie pour le B. Robert d'Arbrissel, sur ce qu'en dit M. Bayle dans son « Dictionnaire. » (Par le P. Souri ou Soris, de l'ordre de Fontevrault.) *Anvers*, 1701, in-8.

Voy. Bayle, « Réponse aux questions d'un Provincial », t. I, p. 634, et « Mémoires de Trévoux », mars 1702.

Apologie pour le livre intitulé « La réunion des Chrétiens », et pour celui qui en a été soupçonné à Saumur. (Par d'Huisseau.) *La Haye*, 1670, in-12.

Réponse à l'examen du livre de « la Réunion du christianisme. »

Rien ne ressemble moins à une édition de La Haye que celle de ce livre. On voit, p. 29 et autres, que l'auteur soupçonné est le ministre d'Huisseau, et que ce soupçon lui attira la plus cruelle persécution. C'est sans doute lui-même qui y a ajouté la « Traduction du traité de Sam. Petit, professeur en théologie à Nîmes, touchant la réunion des Chrétiens, avec quelques observations sur un livre latin du sieur Gaussen : Pièces à l'appui de l'Apologie »; Sam. Petit disant dans ce Traité des choses beaucoup plus fortes et plus hardies que d'Huisseau, ainsi que l'observe le traducteur dans sa lettre préliminaire, sans qu'on lui ait jamais fait de procès à ce sujet, et le sieur Gaussen ou Gossen, un des plus vifs adversaires du livre de la réunion, avançant bien des choses, dans ses écrits, favorables à ce livre. (Boulliot.)

Apologie pour les Armoricains et pour les églises des Gaules, particulièrement de la province de Tours... (Par dom Jean Liron.) *Paris, Huguier*, 1708, in-8.

Pièce que l'on chercherait inutilement dans les recueils connus des opuscules de l'auteur. Elle a cela de singulier, que le critique y cite textuellement des passages de l'« Histoire de Bretagne », de dom Lobineau, qu'on ne trouve point dans cet ouvrage. L'historien qui avait communiqué son manuscrit à dom Liron et profité de ses observations, tout en paraissant les rejeter, avait supprimé ces passages sans en rien dire à personne, avant de mettre le livre sous presse, et le critique mécontent, qui comptait sur leur publication, fut le premier trompé. On prétend néanmoins qu'il a paru quelques exemplaires de cette histoire conformes au manuscrit non corrigé.

Catalogue Leber, t. I, nº 3666.

Voy. aussi « Contr'apologie. »

Apologie pour les Casuistes contre les calomnies des Jansénistes, par un théologien et professeur en droit canon (le P. Georges PIROT, jésuite). *Paris*, 1657, in-4. — *Cologne*, 1658, in-12.

Voy. « Supercheries », III, 788, *a*.

Apologie pour les catholiques, contre les faussetez et les calomnies d'un livre intitulé « la Politique du clergé de France. » Fait premièrement en françois et puis traduit en flamand. Iʳᵉ partie. Sur ce qui regarde la fidélité que les sujets doivent à leurs princes; où l'on trouvera une ample justification des catholiques à l'égard de la prétendue conspiration d'Angleterre, par les procès mêmes de ceux qu'on a fait mourir pour ce sujet. (Par Antoine ARNAULD.) *Liége, vᵉ Bronkart*, 1681, in-12. — *Liége, vᵉ Bronkart*, 1682, 2 vol. in-12.

Apologie pour les Chartreux que la persécution exercée contre eux au sujet de la constitution *Unigenitus* a obligés de sortir de leurs monastères. (Par l'abbé J.-B. CADRY.) *Amsterdam, Potgieter*, 1725, in-4. — 2ᵉ éd. *Amsterdam, Potgieter*, 1725, in-4.

Apologie pour les PP. Jésuites. *Paris, A. Estienne*, 1614, in-8. — *Paris, A. Estienne*, 1615, in-8. — *Paris, A. Estienne*, 1618, in-8.

L'édition de 1618 porte sur le titre : Par messire Jean DAVY, sieur DU PERRON et DE LA GUETTE.

Apologie pour les réformés, où l'on voit la juste idée des guerres civiles de France et les vrais fondements de l'édit de Nantes. (Par Paul FETIZON, ministre protestant.) *La Haye*, 1683, in-12.

Apologie pour les réguliers, par M. l'évêque de Belley. (Jean-Pierre CAMUS). Seconde édition. *Angers, P. Yvan*, 1656, in-8. — *Paris, P. Guillomet*, 1657, in-12.

Apologie pour les religieuses de Port-Royal, contre les injustices dont on a usé envers ce monastère. (Par Claude DE SAINTE-MARTHE, P. NICOLE et Ant. ARNAULD.) 1665, in-4.

La quatrième partie de ce curieux et important ouvrage contient un « Traité exact de la souscription des faits. » Elle est du célèbre docteur Antoine ARNAULD, excepté les deux chapitres qui contiennent l'histoire de Théodoret. M. NICOLE en a fait la préface, de même que celle des trois autres parties. Il a eu aussi une très-grande part aux deux premières parties avec M. ARNAULD et M. DE SAINTE-MARTHE. Les lettres de la mère Magdelène de Ligny, abbesse de P. R., à M. de Contes, doyen de l'Eglise de Paris, sont de M. NICOLE; et dans la troisième partie, les Lettres de M. Henri Arnauld, évêque d'Angers, sont de M. Antoine ARNAULD, docteur de Sorbonne, frère de ce prélat. (Note extraite du Catalogue manuscrit de l'abbé Goujet.)

Apologie (l') pour les Saints Pères de l'Eglise, défenseurs de la grâce de J.-C. (Par Antoine ARNAULD.) *Paris*, 1651, in-4.

Apologie pour LL. SS. MM. Britanniques contre un infâme libelle intitulé : « Le vrai portrait de Guillaume-Henri de Nassau. » (Attribuée à Pierre JURIEU.) *La Haye, Abraham Troyel*, 1689, petit in-4, 25 p.

Apologie pour messire Henry-Louys Chastaignier de La Rocheposay, évêque de Poitiers, contre ceux qui disent qu'il n'est pas permis aux ecclésiastiques d'avoir recours aux armes, en cas de nécessité. (Par DUVERGIER DE HAURANNE, abbé DE SAINT-CYRAN.) 1615, in-8.

Cet ouvrage est terminé par une liste des prélats qui ont pris les armes.

Voyez les « Œuvres de Bayle », t. IV, p. 662, note (4), édition de *La Haye*, 1731.

Apologie pour M. Arnauld, contre un libelle publié par les Jésuites, intitulé : « Remarques judicieuses sur le livre de la fréquente Communion » (de l'abbé Renard, par G. HERMANT.) 1644, in-4.

V. T.

Apologie pour M. Despréaux, ou nouvelle satire contre les femmes. (Par GACON.) 1695, in-4.

Voy. Boileau « Œuvres », éd. publiée par Berriat-Saint-Prix. *Paris*, 1830, t. I, p. 220.

Apologistes (les) involontaires, ou la religion chrétienne prouvée et défendue par les écrits des philosophes... (Par M. l'abbé MÉRAULT, ex-oratorien.) *Paris, Duprat-Duverger*, 1806, in-12, XXIV-270 p. — Réimprimé en 1820 et en 1826, in-8, avec le nom de l'auteur.

Apologue financier. (Par le duc DE LÉVIS.) *S. l. n. d.*, in-8, 7 p.

Apologues. (Par le baron Ant.-Pierre DU TREMBLAY.) *Paris, impr. de Perronneau*, 1806, petit in-12.

Réimprimés plusieurs fois avec le nom de l'auteur.

Apologues, deuxième édition. (Par le baron Aug. CREUZÉ DE LESSER.) *Paris, impr. de J. Didot*, 1825, in-18.

Ces apologues ont paru en partie à la suite de la 2ᵉ éd. des « Romances du Cid ».

Apologues et allégories chrétiennes, ou la morale de l'Evangile développée et rendue sensible dans quatre livres d'apologues et d'allégories... (Par l'abbé Pierre-Grégoire LABICHE DE REIGNEFORT.) *Paris, Leclere*, 1802, in-12, XII-252 p., avec fig.

Apologues et contes orientaux, par l'auteur des « Variétés morales et amusantes » (l'abbé Fr. BLANCHET.) *Paris, Debure*, 1784, in-8, avec le portrait de l'auteur.

Apologues modernes à l'usage du Dauphin ; premières leçons du fils aîné d'un roi. (Par Sylvain MARÉCHAL.) *Bruxelles*, 1788, in-8, 118 p.

Apologues nouveaux à l'usage d'un jeune prince. (Par Sylvain MARÉCHAL.) 1788, in-12.

Apologues, ou explications des attributs d'un certain nombre de sujets de la Fable, par M. E. C. (E. CHOMPRÉ). *Paris*, 1764, in-12.

C'est un supplément au « Dictionnaire de la Fable » du frère de l'auteur.

Voy. « Supercheries », I, 1201, *b*.

Apologues, par l'auteur des « Promenades historiques dans le canton de Genève. » (M. GAUDY-LEFORT). *Genève, Ch. Gruaz*, 1844, in-12.

Apophtegmes (les), c'est-à-dire promptz, subtilz et sententieulx ditz de plusieurs roys, chefz darmees, philosophes et autres grans personnaiges tant grecz que latins. (Par Désiré ERASME.) Translatez de latin en françois par lesleu MACAULT, notaire. *On les vend à Paris, au Soleil d'or, en la rue sainct Jacques*, 1543, in-16, 372 ff. chiffr., 3 ff. de table et un f. contenant un huitain de Clément Marot. — *Ibid*, 1545, in-16.

Apophthegmes (les), ou les belles paroles des saints. (Recueillies par l'abbé Jacques GUIJON.) *Paris, Mariette*, 1721, in-12.

Apostat (l') converti (Par le P. P. BARBIEUX.) *Bruxelles*, 1856, in-8, 36 p.

Abrégé de « l'Almanach cacafougnia » du même auteur. Voy. ce titre.

Apostilles sur la dernière réponse des chanoines réguliers à la réplique des RR. PP. bénédictins. (Par dom M. PETIT-DIDIER.) *S. l. n. d.*, in-4, 52 p.

Voy. « Mémoire pour les abbés... »

Apostilles sur quelques ouvrages des Saints Pères grecs et latins, et des auteurs célèbres de ces derniers siècles. Recueillis dans un livre intitulé la « Tradition de l'Eglise sur le sujet de la pénitence et communion. » Par I. P. C. E. de

a Belley (Jean-Pierre CAMUS, évêque de Belley). *Paris, G. Alliot*, 1644, in-8.

Apothéose. (Par P. BARTHÉLEMY.) *S. l.*, in-8. — 2e édit. *Paris, impr. de Guiraudet*, 1821, in-8.

Apothéose chrétienne, ou panégyrique sur les vertus de l'archiduc Albert, prince des Pays-Bas. (Par D'ESCOEUVRES.) *Bruxelles*, 1662, in-8.

b Œttinger attribue cet ouvrage à Guillaume DE REDNÉVIETTES.

Apothéose (l') de Grégoire, poëme héroï-tragi-comique, en deux chants. (Par N. DE COULANGES.) Nouv. édit. rev. corr. et augm. *Sens, Devarennes*, 1758, in-12.

La première édition avait paru sous le titre de : « Tombeau de Grégoire », dans les poésies variées de COULANGES. *Paris*, 1754, in-12.

c Apothéose (l') de Mlle de Scudéry, par Mlle L'H*** (Mlle L'HÉRITIER DE VILLANDON). *Paris, Moreau*, 1702, in-12, 92 p. et 2 ff. de privilége.

Voy. « Supercheries », II, 770, *a*.

Apothéose de Rameau, scènes lyriques, paroles de M*** (C. AMANTON et Fr. LIGERET), musique de M* (Deval). *Dijon, Causse*, 1783, in-8.

Voy. « Supercheries », III, 1074, *b*.

d Apothéose (l') de Thérésine, poëme élégiaque en cinq chants. *Montauban, impr. de Crosilhes*, (1802), in-8.

L'auteur est l'abbé P.-Touss. AILLAUD, professeur de rhétorique, ensuite bibliothécaire de la ville de Montauban, où il est mort à la fin de 1826 ; il était né à Montpellier en 1759. L'on a publié après sa mort un volume de ses « Poésies ». *Montauban*, 1837, in-8, 287 p.

e Apothéose (l') du « Dictionnaire de l'Académie, » et son expulsion de la région céleste. *La Haye, Leers*, 1696, in-12, titre gravé.

Quelques bibliographes attribuent cette critique à l'abbé DE FURETIÈRE ; d'autres à P. RICHELET. Aucun d'eux ne m'a paru apporter des preuves positives à l'appui de son opinion. Une note manuscrite du temps la donne à un sieur CHASTEIN.

L'abbé Tricaud de Belmont dit un jour à l'abbé d'Artigny que « l'Apothéose » et « l'Enterrement du Dictionnaire de l'Académie », venaient d'un ecclésiastique de sa connaissance, qui les composa dans le château de Pierre-Encise, où il était prisonnier.

f Voy. d'Artigny, « Mémoires », t. II, p. 221.

M. Hahn, libraire à Liége, qui accompagne de notes intéressantes les articles de ses rares catalogues, faisait observer, en octobre 1869, que Richelet et Furetière étant également pris à partie par l'auteur de « l'Apothéose », on ne peut pas la leur attribuer. Il faisait observer de plus que Furetière était mort depuis huit ans quand parut « l'Apothéose », dont l'auteur se qualifie, p. 119, « Un auteur inconnu dont le nom doit se taire. »

Apothéoses et imprécations de Pythagore. (Publiées par Charles NODIER.) *Crotone (Besançon)*, 1808, in-8, 73 p. et 5 ff.

Cet ouvrage imprimé en caractères lapidaires est le plus rare de l'auteur ; il a été tiré à dix-sept exemplaires, dont quinze sur grand papier vélin superfin, et deux sur papier rose. (Fleischer.)

Apothicaire de qualité (l'), nouvelle galante et véritable. (Par DE VILLIERS, comédien.) *Cologne, Marteau*, 1670, in-12.

Réimprimé dans les recueils suivants : « Diversitez galantes » et « Galanteries diverses. »

Apparat de la Bible, ou introduction à la lecture de l'Ecriture-Sainte, traduit du latin de Bernard LAMY. (Par l'abbé DE BELLEGARDE.) *Paris, Pralard*, 1697, in-8.

Apparat royal, ou Dictionnaire françois et latin, nouv. édition, revue, corrigée et augmentée de plus de mille mots ou phrases. (Par Laurent-Etienne RONDET.) *Paris*, 1765, in-8.

Apparitions angloises, le Siége de Namur, et les Bombardemens maritimes. (Par le ministre PAULIAN.) *Lyon*, 1696, 2 brochures in-12.

Voy. Bayle, « Réponse aux Questions d'un Provincial », t. I, p. 559.

Apparitions (les) du château de Tarabel, ou le protecteur invisible, par M. L. B. B. D. L. (LA MOTHE-HOUDANCOURT, connu sous le nom de LA MOTHE-LANGON.) *Paris, Dentu*, 1822, 4 vol. in-12.

Voy. « Supercheries », II, 693, *e*.

Apparitions (les) épouvantables de l'esprit du marquis d'Ancre. (Par N.-J. DRAZOR.) *S. l.*, 1649, in-4. V. T.

Appel à l'Assemblée nationale et aux nations attentives, d'un décret surpris au pouvoir législatif.... (Par J.-B. POUPART DE BEAUBOURG.) *Paris*, 1790, in-8, 84 p.

Appel à l'Europe. *Saint-Pétersbourg, impr. de Pluchart*, avril 1815, in-8, 7 p.

Ce petit opuscule est conçu dans le même esprit que : « L'Empereur Alexandre et Buonaparte. » (Voy. ce titre) ; en ayant trouvé un certain nombre d'exemplaires encore en feuilles dans la bibliothèque, je n'hésite pas à l'attribuer au comte Serge OUVAROFF. A. L.

Appel à l'Europe, réponse aux « Limites de la France » (de M. Le Masson), par un belge (Ch. POTVIN). *Bruxelles, Rosez*, 1853, in-12, 90 p.

Voy. « Supercheries », I, 500, *a*.

Appel à l'impartialité, dans le procès intenté à l'auteur des « Deux gendres. » (Par J.-F. RUPHY.) *Paris, Delaunay*, 1812, in-8.

Appel à l'opinion publique sur la mort de Louis-Henri-Joseph de Bourbon, prince de Condé, par l'auteur des « Mémoires secrets et universels des malheurs et de la mort de la reine de France » (LAFONT D'AUSSONNE, mort en 1849, âgé de 80 ans). *Paris, Dentu*, 1830, in-8, 48 p. — 2e édition, augmentée et ornée du testament olographe du prince et du plan gravé du château de Saint-Leu. *Paris, Dentu*, 1830, in-8, 2 ff. et 56 p.

Appel à l'opinion publique sur la nécessité de modifier l'administration de la ville de Mons. (Par MM. Charles et Hippolyte ROUSSELLE et Ad. MATHIEU.) *Mons, Piérard*, 1845, in-8, 50 p. J. D.

Appel à l'opinion publique sur la question des sucres en Belgique. (Par L.-E. RENARD, professeur d'archéologie à l'Académie de Liége.) *Liége, Collardin*, 1842, in-4, 80 p. D. M.

Appel à l'opinion publique sur les dangers qui menacent d'entraîner de plus en plus les chambres législatives hors des voies constitutionnelles, ou lettre à S. Exc. le ministre des affaires étrangères sur l'inviolabilité des lois fondamentales. *Paris*, 1822, in-8, VIII-76 p.

Signé : L. B. D. (le baron d'ANDRÉE).
Voy. « Supercheries », II, 694, *b*.

Appel à la France contre la division des opinions. (Par H. DE LOURDOUEIX.) *Paris*, 1831, in-8.

Appel à la gaîté. Prologue en vers. (Par Victor LAGOGUÉE.) *Paris, s. d.*, in-8, 16 p. D. M.

Appel à la justice sur la caisse des retraites dite : Caisse de vétérance. Par T. E. esquire, électeur futur (André-Thomas BARBIER). *Paris, impr. de Duverger*, 1835, in-8, 16 p.

Voy. « Supercheries », I, 1255, *c*.

Appel à la nation française, ou réflexions suggérées par les funérailles de S. A. R. le duc de Berry, par Mme DE B*** (BOILEAU). *Paris*, 1820, in-8, 26 p.

Voy. « Supercheries », I, 441, *c*.

Appel à la postérité sur le jugement du roi. (Par Jean-Pierre GALLAIS.) *Imprimé à Londres, et se trouve à Paris chez les marchands de nouveautés*, 18 janvier 1793, in-8, 16 p.

Cet ouvrage eut trois éditions anonymes ; la 4e, *Paris, Dentu*, 1814, in-8, porte le nom de l'auteur. Le libraire qui le vendait, Weber, fut arrêté et guillotiné pour n'avoir pas voulu nommer l'auteur.

Appel à la raison, des écrits et libelles publiés par la passion contre les jésuites de France. (Par le P. **Balbani**, jésuite provençal.) *Bruxelles, Van Den Berghem*, 1762, in-12. — Nouvel appel à la raison, etc. (Par l'abbé **de Caveirac.**) *Bruxelles, Van Den Berghem*, 1762, in-12.

Quatre éditions la même année.

Suivant Bachaumont, « Mémoires secrets », t. I, p. 185 et 326, le P. Gabriel **Brotier** serait en tout ou en partie l'auteur de « l'Appel. » Le P. de Backer reproduit l'article du « Dictionnaire des anonymes » et ne parle pas de l'attribution que le P. Lelong fait de cet écrit à l'abbé **Novi de Caveirac**, et aux PP. de **Neuville** et **Patouillet**.

Appel à la raison publique. Avis à toutes les opinions, ou principes positifs d'organisation sociale propre à justifier les changements indispensables dans nos institutions présentes. Par un ancien élève de l'école polytechnique (le colonel **Raucourt**). *Paris, Mesnier*, 1830, in-8, 48 p.

Voy. « Supercheries », I, 328, *b*.

Appel à la sagesse, sur les événemens et les hommes de la révolution. par un ami de la paix (François-de-Sales **Amalric**). *Paris, Plassan*, an XII-1804, in-8.

Voy. « Supercheries », I, 303, *f*.

Appel à Michel Montaigne, suivi de Voltaire aux Champs-Elysées, poëme, et précédé d'une Adresse en vers aux Français républicains. *Paris, de l'imprimerie de la Gazette de France nationale*, 1793, in-8, 30 p.

Un collaborateur anonyme de Quérard (France littér., t. XI, p. 102) dit posséder l'« Appel à Mich. Montaigne », avec corrections manuscrites de l'auteur qu'il dit être un gentilhomme limousin du nom de **Chaumareys**, père du capitaine de frégate si célèbre sous la Restauration par la perte de la frégate « la Méduse ».

Appel à tous les membres de la Légion d'honneur, et projet d'une association industrielle et bienfaisante de l'ordre, soumis au gouvernement. (Par Armand-Pierre-Paul **Philpin.**) *Paris*, 1818, in-8.

Appel à tous les propriétaires en Europe, ou manifeste de la société contre les partis qui la tourmentent, par un ami de l'ordre et de la liberté (Germain **Garnier**). *Paris*, 1820, in-8, 88 p.

Voy. « Supercheries « I, 306, *e*.

Appel à toutes les nations de l'Europe, des jugements d'un écrivain anglois, ou manifeste au sujet des honneurs du pavillon, entre les théâtres de Londres et de Paris. (Par **Voltaire.**) *Paris*, 1761, in-8.

Cet opuscule a reparu sous ce titre : « Du Théâtre anglois », par Jérôme **Carré**.

Voy. ce nom aux « Supercheries », I, 649, *a*, et pour plus de détails la « Bibliographie voltairienne », p. 59, n° 233.

Appel au Congrès, par un ami de la patrie (Hippolyte **Vilain, xiv**). *Gand, Ryckegen-Hovaere*, 1830, in-8, 32 p. J. D.

Appel au jury de la bande noire. Affaire Coeck et Goethals. (Par Léon **Defuissaux** et Paul **Janson.**) *Mons, Clerbaut*, 1861, in-8, 22 p. J. D.

Appel au petit nombre, ou le procès de la multitude. (Par Louis **Poinsinet de Sivry.**) 1772, in-12, 22 p. V. T.

Cet écrit relatif à la tragédie de l'auteur, intitulée : « Ajax » lui est attribué par la « France littéraire » de 1769, t. I, p. 367.

Il a été publié une « Lettre à l'auteur de la tragédie d'Ajax, ou Réponse à l'Appel au petit nombre, par un Ami du public. » 1763, in-12.

Appel au peuple catholique. (Par l'abbé J. **Raillon**, depuis évêque d'Orléans, en 1810.) 1792, in-8.

Appel au peuple chrétien, de la réclamation de M. Royer, évêque de Paris, contre l'admission de la langue française dans l'administration des sacrements, par un des PP. du concile national (Pierre **Brugière**). *Paris, Brajeux*, 1800, in-8.

Voy. « Supercheries », III, 78, *c*.

Appel au peuple français en faveur de la liberté de l'Espagne, par un Espagnol constitutionnel (Jose **Galiano**, membre des Cortès). *Paris, Selligue*, 1830, in-8, 28 p.

Voy. « Supercheries », I, 1253, *a*.

Appel au prêtre, au peuple et aux écoles. Dédié à M. de Ravignan. (Par **Desloges**, libraire.) *Paris, Desloges, Morain*, déc. 1840, in-16, 16 p.

Voy. « Supercheries », III, 699, *c*.

Appel au public sur la formation d'un jury pour juger les ouvrages des artistes, par un peintre dont les tableaux n'ont pas été rejetés (Pierre **Mongin**, mort à Versailles, le 19 mai 1827, âgé de 65 ans). *Paris, imprim. de Sophie de Mailly*, an VI, in-8, 14 p.

Appel au public sur le magnétisme animal, ou projet d'un journal pour le seul avantage du public, et dont il serait le coopérateur. (Par **Mouillesaux**, alors directeur des postes à Strasbourg, et depuis administrateur général des postes, mort à Paris, le 10 novembre 1811, âgé de 72 ans.) 1787, in-8, 100 p.

Appel aux Allemands pour le rétablissement de la Pologne, par un publiciste allemand (le docteur EISENMANN). *Paris*, 1833, in-8.

Appel aux amis de la science sur l'explication des phénomènes planétaires, par le mouvement de la matière subtile... *Paris*, *Levrault*, 1835, in-8, 86 p.

La dédicace est signée : AUDÉ.

Appel aux catholiques. Exposé des droits de la papauté. (Par RASTOUL DE MONGEOT.) *Bruxelles, et Leipzig, Flatau*, 1860, in-8, 45 p. J. D.

Appel aux célibataires. Le luxe des femmes. (Par VANDERLOOY, à Molenbeck-Saint-Jean.) *Bruxelles, Josse Sacré*, 1865, in-8, 8 p. J. D.

Appel aux chouans et aux brigands de la Vendée, par un républicain (ROBIN, de Nantes). *Angers, Jahyer et Geslin*, an III-1795, in-8.

Voy. « Supercheries », III, 393, *d*.

Appel aux Français. (Par MARLE.) *Paris*, *Corréard jeune*, 1829, in-32, 144 p. et 2 tableaux.

Une quatrième édition publiée la même année contient : Réponse de M. Marle à la lettre de M. Andrieux, 11 p. Voy. Ambr.-Firmin Didot, « Observations sur l'orthographe ou ortografie française, seconde édition rev. et considér. augmentée ». *Paris*, 1868, in-8, p. 316-324.

Appel aux générations présentes et futures sur la convention de Paris, faite le 3 juillet 1815 ; par un officier général témoin des événements (François GUILLOIS, gendre du poëte Roucher). *Genève* (*Paris*), 1817, in-8, 84 p.—Nouv. éd., 1820, in-8, VIII-81 p., outre les titre et faux-titre.

Attribué à tort par Barbier dans sa 2e éd. au général Philibert DE FRESSINET.

Voy. « Supercheries », II, 1294, *b*.

Appel aux gens de lettres, par un ami de la paix (THIRIOT, ex-bernardin). *Paris*, *Cussac*, 1814, in-8, 24 p.

Appel aux hommes loyaux et sensés, 23 p. — Appel aux hommes loyaux et sensés. Remboursement, amortissement, 24 p. — Appel aux hommes loyaux et sensés. Impôt de l'homme. Impôt de la chose. 48 p. — Appel aux hommes loyaux et sensés. Réseau de chemins de fer, 16 p. (Par le marquis DE LA GERVAISAIS.) *Paris*, *Pihan-Delaforest*, 1838, in-8.

Appel aux Israëlites dispersés par l'anathème, par un lévite (l'abbé Alexandre CHARVOZ). *Paris*, *Doyen*, 1847, in-12, 60 p.

Voy. « Supercheries », II, 772, *c*, et III, 155, *c*.

Appel aux paysans de la France, par un paysan d'Eure-et-Loir (G. BRACCINI, ancien officier de cavalerie). *Chartres*, *Garnier*, 1849, in-8, 12 p.

Voy. « Supercheries », III, 47, *f*.

Appel aux principes, ou observations classiques et littéraires sur les Géorgiques françaises (de l'abbé Delille,) par un professeur de belles-lettres (T.-J.-B.-P. CHAUSSARD). *Paris*, 1801, in-8.

Voy. « Supercheries », III, 256, *c*.

Appel aux véritables amis de la patrie, de la liberté et de la paix. (Par M.-M.-A. JULLIEN.) *Paris*, *Léger*, 1801, in-8.

Appel (de l') comme d'abus, suivi d'une dissertation sur les interdits arbitraires de célébrer la messe. (Par Mathieu-Mathurin TABARAUD.) *Paris*, *Egron*, 1820, in-8, 119 p.

Appel de la Hollande à la justice et à la raison de la Grande-Bretagne. (Par BON.) *La Haye*, *A. Van Hoogstraten*, 1636, in-8. V. D.

Appel de Louis XVI, roi de France, à la nation, contenant ses défenses et ses moyens, tant sur l'accusation portée contre lui par la Convention nationale, que contre le décret de mort par elle prononcé le 17 janvier 1793. *Paris*, *J.-J. Bainville, imprimeur, rue de Seine, faubourg Saint-Germain, petit hôtel de Mirabeau*, n° 450, 1793.

GROUBER DE GROUBENTAL fut chargé par les défenseurs de Louis XVI, absorbés par les débats du procès de ce prince, de rédiger un mémoire en faveur du monarque accusé, pour le cas, très-probable d'après les débats de la première audience, où il serait condamné, et dans l'espoir, moins fondé, que les juges admettraient l'appel à la nation du jugement qu'ils auraient rendu.

Une correspondance de M. de Malesherbes à sa famille, léguée par Grouber de Groubental, traçait à celui-ci le plan qu'il avait à suivre.

Quand la sentence eut été prononcée et le recours demandé à la nation rejeté, Grouber de Groubental s'empressa de faire détruire l'édition entière de son plaidoyer qui fut devenu peut-être son propre arrêt de mort. Il n'en conserva qu'un seul exemplaire qu'il présenta à Louis XVIII, lors de son retour en France. L'imprimeur avait conservé les épreuves de l'auteur portant son « Bon à tirer ». C'est sur cet exemplaire qu'a été faite la réimpression qui se trouve dans la « Revue rétrospective », 2e série, t. XI, mars 1837.

Appel des étrangers dans nos colonies. (Par TURMEAU DE LA MORANDIÈRE.) *Paris*, *Dessain junior*, 1763, in-12.

Il y a des exemplaires avec le nom de l'auteur.

Appel des Whigs modernes aux Whigs anciens, sur les discussions qui ont eu lieu au Parlement d'Angleterre, relativement aux « Réflexions de M. Burke sur la Révolution française. » (Traduit de l'anglais d'Edm. Burke, par Louise Mather-Flint, depuis comtesse de Rivarol.) *Londres* (*Paris*), *Testu*, 1791, in-8.

Appel du jugement rendu par l'abbé Ladvocat, dans la cause où il s'est constitué juge des quatre traductions des Psaumes (de l'abbé Pluche, de M. Gratien, des RR. PP. capucins, auteurs des « Principes discutés, » et de M. Langeois). Par M. L. C. D. S. P. (de Saint-Paul), ancien mousquetaire du roi.—Nouv. édit. augmentée. *En France*, 1763, in-8, 24.

Voyez « Supercheries », II, 701, *a*.

Appel du peuple vénitien au peuple français, concernant la destruction de la république de Venise. (Par le baron E.-F. d'Henin de Cuvillers.) *Venise*, an VI-déc. 1797, et *Milan*, 1798, in-8.

Appel en faveur d'Alger et de l'Afrique du nord, par un Anglais (S. Bannister). *Paris*, *Dondey-Dupré*, 1833, in-8, 32 p.

Voy. « Supercheries », I, 354, *b*.

Appel philosophique et politique aux nations éclairées, par A.-R. A. (Augustin-Rose Angelini, Vénitien). *Famagouste* (*Genève*), 1797, in-8. — *Paris*, an VI, 1798, in-8.

Voy. « Supercheries », I, 374, *c*.

Appel (l') sans grief. (Par Nicolas Catherinot.) *S. l. n. d.*, in-4.

Appelans célèbres, ou abrégé de la vie des personnes les plus recommandables entre ceux qui ont pris part à l'Appel interjeté contre la bulle Unigenitus. Avec un discours sur l'Appel... *S. l.*, 1753, in-12, 536 et xlj p.

Le premier ouvrage est de P. Barral. Il a été imprimé seul d'abord. On y a plus tard ajouté le Discours qui est de L.-E. Rondet.

Appelans (les) injustes. (Par Nicolas Catherinot.) *S. l. n. d.*, in-4.

Appels (des) comme d'abus, et de l'usage que le conseil d'Etat en a fait au sujet d'une lettre pastorale de M. le cardinal de Clermont-Tonnerre. Par un ecclésiastique (le P. Mathieu-Mathurin Tabaraud, oratorien). *Paris*, 1824, in-8, 44 p.

Voy. « Supercheries », I, 1202, *c*.

Appendices de la seconde édit. de « l'Esprit des religions » pour servir à l'entretien, à la propagation des bons principes, et à la confédération universelle des amis de la Vérité. 14 juillet (1792). *Paris, imp. du cercle social*, an IV, in-8, 440 p.

a « L'Esprit des religions » est de Nic. de Bonneville. Ce volume n'est pas cité par les bibliographes.

Apperçu. Voyez « Aperçu. »

Application du mode des géomètres à la science du latin. (Par Antide Mangin, ancien oratorien.) *Paris*, 1813, in-fol.

Application du principe des vitesses virtuelles à la poussée des terres et des voûtes, renfermant un nouveau principe de b stabilité, duquel on a déduit des moyens de construire, avec moins de dépense, les voûtes et les revêtements actuellement en usage, par un directeur de fortifications (Lambel). *Metz*, 1822, in-4, 68 p.

Voy. « Supercheries », I, 947, *d*.

Application du système métrique aux tonneaux; recueil des lois et règlements sur la matière, précédé d'un aperçu historique sur l'emploi des futailles dans l'antiquité, par C. R. (Constant Rodenbach, avocat à Gand), avec planches dessinées par l'auteur. *Gand, Hoste*, 1859, in-8, 106 p. J. D.

c

Application sur l'espèce humaine des expériences faites par Spallanzani sur quelques animaux, relativement à la fécondation artificielle des germes. *Paris*, an XI, in-12, 37 p.

d Fleischer attribue cet ouvrage à un nommé Tourette. De Manne l'attribue à Mich.-Aug. Thouret. Quérard, « France littéraire », t. IX, p. 469 et 516, le donne sous les deux noms. L'exemplaire de la Bibliothèque nationale porte une note manuscrite du temps : Par le C. Thouret.

Appréciateur (l') du mobilier, ou le moyen de savoir faire l'estimation et la vérification du mobilier le plus étendu, et de former des devis pour toute espèce e d'ameublement, par A. G. (Ath. Garnier), ex-vérificateur au garde-meuble de la couronne. *Paris*, *Chaumerot jeune*, 1821, in-8. — 2e édit. *Paris*, 1822, in-8.

Voy. « Supercheries », I, 213, *f*.

Appréciation (l') du monde; ouvrage traduit de l'hébreu (de Jedaia-Happenini Bedraschi) par Michel Berr; avec une préface du traducteur. *Metz*, *B. Antoine*, f 1808, in-8, xviii-49 p.

Appréhensions spirituelles, poëmes et autres œuvres philosophiques, avec les recherches de la pierre philosophale, par F. B. (Fr. Béroalde de Verville). *Paris*, 1584, in-8. V. T.

Voy. « Supercheries », II, 14, *c*.

Apprêts (les) de noces, représentés sur le théâtre de La Rochelle. (Par J.-Fr. Guichard.) *S. l. n. d.* (vers 1758), in-12.

Approbation (l') des confesseurs, introduite par le concile de Trente. (Par G.-N. Maultrot.) 1783, 2 vol. in-12.

Approbations (des) successives données au projet officiel de la dérivation de la Meuse par le conseil supérieur des ponts-et-chaussées. Des intérêts particuliers qui sont opposés à l'exécution de ce projet. De l'avenir de la ville et de la province de Liége. (Par J.-R. Renoz, ancien fabricant de papier.) *Liége, Collardin*, 1845, in-8, 35 p. J. D.

Après (les) soupers de la campagne, ou Recueil d'histoires courtes et amusantes. (Par de Bruix et Ant. de Léris.) *Paris*, 1759-1764, 4 vol, in-12.

Après-soupers de société, ou petit théâtre lyrique et moral. (Par E. Billardon de Sauvigny.) *A Sybaris, et Paris, Didot*, 1783, 24 cahiers en 6 vol. in-18.

Apulée, de l'esprit familier de Socrate, traduction nouvelle, avec des remarques. (Par le baron des Coutures.) *Paris, Giffin*, 1698, in-12.

Arabella, ou le Don Quichotte femelle, traduit de l'anglais (de Charlotte Lennox). *Paris, Bertrandet*, 1801, 2 vol. in-12.

Une première édition est intitulée : « Don Quichotte femelle ». Voy. ce titre.

Arabesques populaires, suivis de l'album des murailles. (Par Charles-Martin-Armand Rousselet, avocat.) *Saint-Germain-en-Laye, A. Goujon, et Paris, Lecointe et Pougin*, 1832, in-18. D. M.

Quérard donne à cet auteur les prénoms de Charles-Marie.

Arbitrage entre M. de Voltaire et M de Foncemagne. (Par Voltaire, suivant Beuchot.) *S. l.* (1765), in-8, 23 p.

Arbre (l') de la liberté. (Par le comte Adolphe-Charles-Théodose de Fontaine de Resbecq, né à Five, près de Lille, en 1813, m. à Paris en 1864.) *Paris, Garnot*, 1848, in-8, 16 p.

Voy. l'article de M. J. Boniface Delcro, p. 55-56 du « Bulletin du bouquiniste », 1 févr. 1865.

Arbre (l') des batailles. (Par Honoré de Bonnor). *S. l. n. d.*, in-fol., goth.

Livre rare dont il existe plusieurs éditions du xve siècle. Voy. le « Manuel du Libraire », 5e édit., col. 278 et suiv.

Dans l'édition de Lyon, 1491, la dédicace de l'auteur, adressée à Charles V, est signée Honoré Bonnor, prieur de Salon; dans le prologue de l'édition de *Lyon, Olivier Arnoullet, s. d.*, l'auteur est nommé Honoré Bonhor, enfin d'anciens manuscrits le nomment Bonnet. Voy. « Mémoires de l'Académie des Inscriptions », vol. XVIII, p. 309 et suiv.

Arbre (l') du bon Dieu à Cortessem, par F. C. (Félix Capitaine). *Tongres, Collée*, 1852, in-8.

Voy. « Supercheries », II, 16, f.

Arbre (l') jugé par ses fruits, ou conséquences des mauvais principes; par l'abbé G*** A*** (Gaume). *Paris, Gaume frères*, 1840, in-8. D. M.

Arbre (l') royal portant douze beaux fleurons ; dédié au très-chrestien roy Louis XIII de ce nom et au peuple françois, par F. P. F. (Ferey), docteur en théologie et confesseur des très-austères filles de Ste-Claire de Rouen. *Rouen, Loys du Castel*, 1618, in-8.

Ce nom, dans les « Supercheries », II, 73, *a*, est écrit Forey. De Manne écrit Fercy. Nous avons adopté l'orthographe de Frère, « Manuel du bibliographe normand. »

Arc de triomphe de l'Etoile, gravures au trait par Normand (avec des explications par M. Isidore Guyet, attaché au bureau de M. Denon). *Paris*, 1810-1811, in-4, oblong.

Arc (l') en ciel de la ville de Macon, représentant par l'éclat de ses couleurs les rares perfections de Henri de Bourbon... *Bourg-en-Bresse, par J. Tainturier*, 1633, in-4, 71 p.

La dédicace est signée : Gaspar Maconay.

Arcadie (l') de messire Jacques Sannazar, translaté d'italien en françois. (Par Jehan Martin.) *Lyon, Sabon*, 1544, in-16. — *Paris, Michel Vascosan*, 1544, in-8.

Arcadie (l') de Sannazar, traduite de l'italien. (Par Ant. Pecquet.) *Paris*, 1737, in-12.

Arcadie (l') enchantée, comédie italienne en 4 actes avec un prologue, ornée de danses et de spectacles. (Par Ch.-A. Véronèse.) *Paris, Delaguette*, 1748, in-8.

Arcagambis, tragédie en un acte, par MM*** (P.-F. Biancolelli, L. Riccoboni, Ant.-Fr. Riccoboni et Jean-Ant. Romagnesi). *Paris*, 1726, in-12.—*Paris*, 1730, in-12. — *Paris, Briasson*, 1732, in-12, 24 p.

L'édition de 1732 porte : « Par les auteurs des « Comédiens esclaves » ; représentée pour la première fois par les comédiens italiens ordinaires du roy, le 10 aoust 1726.

Voy. « Supercheries », III, 1032, *e*.

Archéologie armoricaine. (Par Armand-Louis-Bon Maudet de Penhouet.) *Paris, Dentu*, 1824-1826, in-4.

Cette publication n'a pas été continuée. Elle ne se compose que de trois mémoires, sans autre titre que les couvertures imprimées.

Voici les titres des trois mémoires publiés :

Description et explication d'un ancien édifice nommé le temple de Lanleff. *Paris, Dentu*, 1824, in-4, 20 p.

Médailles attribuées aux Armoricains, avant la conquête du pays par les Romains : présomptions qu'elles rappellent le culte de Bel. *Paris, Dentu, s. d.*, in-4, 24 p.

Mémoires sur les pierres de Carnac. *Paris, Dentu, s. d.*, in-4, 4 ff. lim. 60 p. et 2 pl.

Archéologie de Mons Seleucus, ville romaine, dans le pays des Voconces, aujourd'hui Labatie-Montsaléon, préfecture des Hautes-Alpes. (Commencée par L.-E.-F. HÉRICART DE THURY, achevée par HOURY, employé du cadastre.) *Gap, J. Allier*, 1806, in-4, 70 p.

Cet ouvrage avait d'abord par erreur été attribué au baron Jean-Charles-François de LADOUCETTE, alors préfet du département des Hautes-Alpes.

Voy. le « Bibliologue », 25 août 1833, et « Supercheries », II, 480, *e*, où le second nom est écrit par erreur HORY.

Architecture de André PALLADIO, avec un Traité des cinq ordres et des notes de Inigo Jones, revue et publiée par J. LEONI et traduite de l'italien en françois. (Par Nic. DU BOIS.) *La Haye, Gosse*, 1726, 2 vol. in-fol.

Architecture (l') des corps humains, ou le matérialisme réfuté par les sens. (Par l'abbé CAMUSET.) *Paris*, 1772, in-12.

V. T.

Architecture militaire, ou l'art de fortifier, qui enseigne d'une manière courte et facile la construction de toutes sortes de fortifications régulières et irrégulières... par M*** (CORMONTAIGNE). On y a joint un Traité de l'art de la guerre. *La Haye, Néaulme*, 1741, 2 parties in-4.

Voy. « Supercheries », III, 1040, *c*.

Cormontaigne a désavoué cet ouvrage dans un Mémoire imprimé à Metz en 1742, cité par l'italien Marini, mais que je n'ai pas vu. Dans la préface du t. I de ses œuvres posthumes une note cite un avis publié par lui contre ce qu'il appelait une édition subreptice. (DOISY. Note ms.)

Architecture (l') moderne, ou l'art de bien bâtir pour toutes sortes de personnes. (Par Charles-Etienne BRISEUX.) *Paris, Jombert*, 1728, 2 vol. in-4. — Nouvelle édition. (Augmentée du double, par Ch.-Ant. JOMBERT.) *Paris, Ch.-Ant. Jombert*, 1764, 2 vol. in-4.

C'est la « France littéraire » de 1760 qui me fournit ces renseignements. On regarde le « Traité de la décoration des édifices », par Jacques-François Blondel, comme faisant suite à cet ouvrage. De là vient sans doute l'erreur de l'abbé de Claustre et de Ersch, qui ont attribué à ce dernier le traité de Briseux, l'un dans la « Table du Journal des Savants », et l'autre dans la « France littéraire. »

Briseux est mort le 23 septembre 1754.

Architecture pratique, par BULLET, édition nouvelle, revue... et considérablement augmentée, par M*** (DESCOUTURES.) *Paris, Hérissant*, 1755, 1762, in-8.

L'édition de 1768 est due au libraire lui-même, Jean-Thomas HERISSANT, mort à Londres en 1820, où il publia sous le nom de DES CARRIÈRES plusieurs ouvrages élémentaires en anglais et en français.

Fleischer attribue cette édition à Jean-Baptiste MASSON, tout en relatant que le « Dictionnaire des Anonymes » la donne sous le nom de DESCOUTURES.

Architecture rurale, théorique et pratique à l'usage des propriétaires et des ouvriers de la campagne. (Par A.-J.-M. DE SAINT-FÉLIX MAUREMONT.) *Toulouse, Douladoure*, 1820, in-8, 11 pl. — Seconde édition augmentée. *Toulouse, Douladoure*, 1826, in-8, avec le nom de l'auteur.

Archives de la Société de la paix de Genève. (Par le comte J.-J. DE SELLON.) *Genève*, déc. 1833-févr. 1834, 3 numéros in-8.

Archives des découvertes et inventions nouvelles faites dans les sciences, les arts, etc. (Par Philippe Loos.) *Paris*, 1808-1824, 16 vol. in-8.

Archives des lettres, sciences et arts, ou bibliographie générale raisonnée. (Par J.-M. MOSSÉ.) *Paris, quai Voltaire*, 1820-1821, in-4.

Archives du christianisme au XIXe siècle. (1re à 51e années, 1818-1868.) *Paris*, 15 vol. in-8 et 36 vol. pet. in-fol.

Cette publication, commencée en 1818 dans le format in-8, a pris le format pet. in-folio en 1833. La Ire série, mensuelle, 1818 à 1832, se compose de 15 vol. — La IIe série, bi-mensuelle, 1833-1858, de 26 vol. — La IIIe série, paraissant trois fois par mois, 1859-1864, de 6 vol. — La IVe série, hebdomadaire, 1865-1867, de 3 vol. — La Ve série, également hebdomadaire, 1868, 1 vol. et dernier. Chaque année forme 1 vol.; la collection entière se compose de 51 volumes.

Fondé en 1818 par M. JUILLERAT-CHASSEUR, et dirigé ensuite pendant quarante ans par M. Fréd. MONOD, ce journal est passé en 1864 sous la direction de MM. Th. MONOD et Ad. DUCHEMIN, pasteurs, et enfin sous celle de M. le pasteur Ch. BYSE (1867, 30 juin 1868). Le 1er juin 1869, cette publication était remplacée par « l'Eglise libre, archives du christianisme évangélique », hebdomadaire, publié à Nice, par M. le pasteur PILATE.

Principaux collaborateurs : MM. Ch. COQUEREL (articles signés V), STAPFER, LUTTEROTH, baron DE STAEL, WILKES, DE FÉLICE, GRANDPIERRE, Agénor DE GASPARIN, Aug. BOST, Ed. et S. DESCOMBAZ.

Depuis 1840 les « Archives du christianisme » sont l'organe des églises indépendantes de l'Etat.

Archives historiques et statistiques du département du Rhône, par trois des membres de la commission de statistique de ce département. (Par MM. PÉRICAUD, BREGHOT DU LUT, GROGNIER et COCHARD.) *Lyon, Barret*, 1er nov. 1824-30 oct. 1831, 14 vol. in-8. — Nouvelles archives statistiques, historiques et littéraires du département du Rhône. *Lyon, Barret*, nov.-déc. 1832, 2 vol. in-8.

Archives littéraires de l'Europe, ou mélanges de littérature, d'histoire et de philosophie; par une société de gens de lettres. *Paris, Henrichs*, 1794-1808, in-8.

Voy. « Supercheries », III, 677, c.

Archives navales, par une société d'anciens officiers de marine (G. LAIGNEL et autres). *Paris*, 1817-1818, 5 vol. in-8.

Voy. « Supercheries », III, 662, b.

Archives philosophiques, politiques et littéraires (par MM. Pierre-Paul ROYER-COLLARD, F. GUIZOT, Mme GUIZOT, née P. MEULAN, et autres.) *Paris, imp. de Fournier*, juillet 1817-décembre 1818, 5 vol. in-8.

Ardennes (les), par quatre bohémiens (Félix DELHASSE et Théophile THORÉ). *Bruxelles, Vanderauwera*, 1856, 2 vol. in-18.

Voy. « Supercheries », I, 541, c.

Ardente (l') où (*sic*) flamboyante colomne (*sic*) de tous les Pays-Bas, autrement dict : Le (*sic*) XVII provinces... *Amsterdam, chez Jacob Colom*, anno 1636, in-4 obl.

L'épître au lecteur est signée Iacob Aertsz COLOM, qui y parle comme auteur de l'ouvrage. Il est clair qu'il a cherché une allusion à son nom propre dans le titre bizarre qu'il a choisi. Comme il était libraire à Amsterdam, on peut croire que l'édition faite dans cette ville est la première de toutes.

(Note ms. d'Eus. Salverte adressée à A.-A. B—r.

Ardinghello et les îles de la Félicité, histoire italienne du XVIe siècle ; trad. de l'allem. (de W. HEINSE), par WELZIEN et FAYE jeune. *Paris, Cramer*, 1800, in-12, 340 p., avec fig.

Aréopage (l') universel, à instituer par les souverains amis de l'humanité... par l'auteur de l'« Essai sur l'esprit de l'éducation du genre humain » (J. ALPHONSE). *Paris, Dentu*, 1814, in-8, 24 p.

Aretas, tragédie. Représentée par les écoliers de la compagnie de Jésus à Lux, le 5 sept., sur les 2 h. après midy pour les dames, et le 6 pour les messieurs, à la même heure... (Par le P. J.-B. BATAILLE, jésuite.) *Luxembourg, André Chevalier*, 1691, in-4, 4 p.

Arétin d'Augustin Carrache, ou recueil de postures érotiques (gravées par COYNI), d'après les gravures à l'eau-forte de cet artiste célèbre, avec un texte explicatif des sujets. (Par S.-C. CROZE-MAGNAN.) *A la Nouvelle-Cythère (Paris, P. Didot)*, 1798, gr. in-4, 20 pl.

Arétin (l') françois, par un membre de l'Académie des Dames (F. NOGARET). *Londres*, 1787, 1788. — Suivi des « Epices de Vénus, ou pièces diverses du même académicien ». *Londres*, 1787, 1788, 2 part., in-18, avec 19 fig. en taille-douce, gravées par Elluin, d'après Borel, non signées.

Voy. la « Bibliographie des ouvrages relatifs à l'amour », édit. de 1871, t. I, p. 295.

Arétin (l'), ou la débauche de l'esprit en fait de bon sens. (Par l'abbé Henri-Joseph DU LAURENS, auteur du « Compère Mathieu ».) *Rome, aux dépens de la Congrégation de l'Index (Amsterdam, Rey)*, 1763, in-12. — Autre édition, sous ce titre : L'Arétin. 2 parties. *Rome, etc. (Amsterdam, M.-M. Rey)*, 1768, in-12.— Réimpressions sous le titre d'Arétin moderne. *Rome (Amsterdam)*, 1772, 1773, 1774, etc., 2 vol in-12.

Voy. la « Bibliographie des ouvrages relatifs à l'amour », édit. de 1871, t. I, p. 294.

Arétomastix, ou Edmond Ursulan, chassé du tribunal. (Par Paul HARISSE, prêtre.) *Paris*, 1631.

Voyez Moréri, art. SMITH (Rich).

Argélie, reyne de Thessalie, tragédie. (Par ABEILLE.) *Paris, Cl. Barbin*, 1674, in-12, 8 feuillets et 103 p.

L'auteur est nommé dans l'épître dédic. et dans le privilége.

Argenis (l') de Jean BARCLAY, traduction nouvelle. (Par Pierre MARCASSUS, Gimontois). *Paris, Nic. Buon*, 1624, in-8, avec 25 fig. gr. par L. Gaultier et le portrait de Barclay, grav. par C. Mellan, d'après D. Du Moustier. — *Rouen, A. Ouen*, 1632, 2 vol. in-8. — *Paris, Claude Griset*, 1633, in-8. — *Paris, N. et J. de La Coste*, 1638, in-8. — *Rouen, J. Berthelin*, 1643, 2 vol. in-8.

Les éditions de Rouen, 1632, et Paris, 1633, portent sur le titre les initiales M. G.

Voy. pour plus de détails sur cette traduction « Supercheries », II, 111, b.

Argenis, roman héroïque. *Paris, P. Prault*, 1728, 3 vol. in-12.

L'épître à mesdemoiselles de Beaujolais et de Chartres est signée L. P. D. L. (L. Pierre DE LONGUE.) Dans sa préface l'auteur dit qu'il donne moins une traduction littérale qu'un extrait fidèle.

Le second vol. est terminé par quatorze lettres du traducteur à M. de M., où il est traité des traductions en général, des romans et de l'ouvrage de BARCLAY; les lettres 16 et 17 donnent la clef de certains noms employés par Barclay.

Argenis (seconde partie de l'). Voy. « Seconde partie... »

Argent (l') du voyage, ou l'oncle inconnu, comédie en un acte et en prose. (Par Mme DE BAWR.) *Paris, A. Garnier*, 1809, in-8.

Argent et adresse, ou le petit mensonge, comédie en un acte et en prose, par le citoyen ***, représentée pour la première fois au théâtre de Louvois le 19 germinal an X, par les comédiens de l'Odéon. (Par Mlle Alexandrine-Sophie GOURY DE CHAMPGRAND, comtesse de SAINT-SIMON, puis baronne DE BAWR.) *Paris, Barba*, 1802, in-8, 37 p.

Voy. « Supercheries », III, 1086, *b*.

Argent (l'), ou l'art de faire fortune. Traité pratique des affaires. (Par Frédéric BOTTE, à Bruxelles.) *Bruxelles*, 1853, in-12, 172 p. J. D.

Argent (l'), par un homme de lettres devenu homme de bourse (M. Jules VALLÈS). Rentiers, agioteurs, millionnaires. *Paris, Ledoyen*, 1857, in-16.

Voy. « Supercheries », II, 293, *c*.

Argument sur la peine de mort, par l'auteur de l'« Autobiographie politique »... *Paris, Lachaud*, 1870, in-8, 8 p.

Signé L. A. (Lazare AUGÉ).

Arguments et réflexions sur les livres et les chapitres de la Sainte Bible; avec un discours préliminaire sur la lecture de l'Écriture sainte. (Par Jean-Frédéric OSTERVALD.) *Neufchâtel, Griesser*, 1720, in-4.

Réimprimé à Lausanne en 1775, avec le nom de l'auteur.

Argus (l') de l'Europe, ouvrage historique, politique, critique,... par M. G. DE F.... *Amsterdam, H. Boussière*, 1741, in-12.

E. Hatin, dans les « Gazettes de Hollande », page 198, donne pour nom d'auteur G. DE FORGET et indique 30 numéros ou coups-d'œil.

La 2e édition du Dictionnaire indiquait 3 vol. in-12, avec la date de 1743 et donnait à l'auteur le nom de G. DE FAGET.

Argus (l') des maisons de jeu et des établissements publics consacrés à nos plaisirs. (Par A.-M. CAHAISSE.) *Paris, Petit*, 1820, 4 parties in-8.

Ariana, ou la patience récompensée, histoire traduite de l'anglois de HAWKESWORTH. (Par LE COCQ DE VILLERAY.) *Paris, Prault*, 1757, in-12.

Arianne abandonnée dans l'île de Naxe, mélodrame imité de l'allemand (de J.-Chr. BRANDES); musique de M. Georges Benda. Représenté pour la première fois, le juillet 1781, par les comédiens italiens ordinaires du roi. *Paris, Brunet*, 1781, in-8, 32 p.

Précédé de réflexions sur le mélodrame, signées J. B. D. B. (J.-B. DUBOIS, né à Jancigny, Côte-d'Or.)

Aricidie, ou le Mariage de Tite, tragicomédie. (Par LEVERT.) *Paris, Ant. de Sommaville*, 1646, in-4.

Arioste (l') françois (en vers), par J. D. B. (Jean DE BOESSIÈRES). *Lyon, Thibaud Ancelin*, 1580, in-8.

Voy. « Supercheries », II, 326, *d*.

Arioste (l') moderne, ou Roland le furieux, traduit (de l'italien, de l'ARIOSTE) en françois. *Paris, J. Guignard*, 1685, 4 vol. in-12.

L'épître au roi est signée mademoiselle VASCONCELLE GOMÈS DE FUIGUEREDO; elle est suivie d'un avertissement. Ces deux pièces ne se retrouvent pas dans les éditions de *Paris, P.-J. Bienvenu, Théod. Le Gras*, ou *Saugrain*, 1720, 2 vol. in-12.

L'extrait du privilége, au tome III de l'éd. de *Lyon, T. Amaulry*, 1686, porte: « mis en françois par Mme GILLOT VASCONCELLO et DE FIGUEREDO. »

Le « Cat. de la Biblioth. du roi » Belles-lettres, t. II, attribue cet ouvrage à Mlle Gillot, femme de M. DE SAINCTONGE, avocat au parlement.

Ceci explique qu'en annonçant l'éd. de 1720, le « Journal des Savans » 1720, no 33, dise: « Ce roman est une nouvelle édition du Roland furieux, qui parut en 1684, composé par M. DE XAINTONGE. »

Arioviste, histoire romaine. (Par Mlle DE LA ROCHEGUILHEM.) *Paris*, 1674, 2 vol. in-12.

L'abbé Lenglet, dans la « Bibliothèque des Romans », 1734, in-12, donne ce livre à l'auteur que j'indique; mais « l'Histoire littéraire des femmes françoises », *Paris*, 1769, 5 vol. in-8, n'en parle pas. V. T.

Aristandre, histoire interrompue. (Par Fr. HEDELIN, abbé D'AUBIGNAC.) *Paris, Du Breuil*, 1664, in-12.

Voy. « Supercheries », II, 239, *a*.

Aristée (l') français... Voyez « Histoire particulière de l'abeille commune. »

Aristée, ou la divinité. (Par François HEMSTERHUIS.) *Paris* (*Haarlem*), 1779, in-8.

Aristenète au Vaudeville. (Par Félix NOGARET.) 1er janvier 1806, in-18.

Aristippe, comédie lyrique en deux actes, représentée pour la première fois sur le théâtre de l'Académie impériale de musique, le 24 mai 1808. (Par P.-F.-F.-J.

GIRAUD.) Paris, 1808, in-4. — 2e édit. Paris, Roullet, 1810, in-8, 4 ff. et 36 p.

Aristippe (l') moderne, ou réflexions sur les mœurs du siècle. (Par DENESLE.) *Paris, G.-A. Dupuis*, 1738, in-12; — *Amsterdam*, 1738, in-12; — *Liége*, 1757, in-8; — Nouvelle édition. *Liége*, 1764, in-12.

Aristocratie (de l') et de la démocratie, de l'importance du travail et de la richesse mobilière. Par Auguste B*** (BRUNET). *Paris*, 1819, in-8, 72 p.

Voy. « Supercheries », I, 441, b, et 444 f.

Aristomène et Aristocrate. Anecdote tirée de l'histoire grecque..., par l'auteur de l'ouvrage intitulé : « J.-J. Rousseau à l'Assemblée nationale » (AUBERT, de Vitry). *Paris, Garnery* (1790), in-8, 16 p.

Aristote amoureux, ou le Philosophe bridé, opéra-comique en un acte et en vaudevilles; représenté pour la première fois par les comédiens italiens ordinaires du roi, le vendredi 11 août 1780. (Par Auguste DE PIIS et P.-Yon BARRÉ.) *Paris, Vente*, 1780, in-8.

Arithmétique (l') démonstrative, ou la science des nombres rendue sensible. (Par J.-E. GALLIMARD.) *Paris*, 1740, in-12.

V. T.

Arithmétique des écoles primaires, ou leçons d'arithmétiques mises à la portée des enfants, par J. B W...... (WATTIER), instituteur. *Mons, Manceaux*, 1850, in-8, 175 p.

J. D.

Arithmétique des musiciens, ou essai qui a pour objet diverses espèces de calcul des intervalles; le développement de plusieurs systèmes de sons de la musique; des expériences pour aider à discerner quel est le véritable... On y a ajouté une explication des propriétés les plus connues des logarithmes par celles qu'ils ont de mesurer les intervalles. (Par J.-E. GALLIMARD.) *Paris*, 1754, in-8, 30 p.

Arithmétique (l') du jeu de boston, ou chances bostoniennes, par l'auteur de l'« Arithmétique normande » (L.-G.-F. VASTEL). *Cherbourg*, 1815, in-12.

Arithmétique simple pour préparer aux nouvelles mesures décimales. (Par N. HALMA.) *Bouillon*, an II-1794, in-8.

V. T.

Arlequin à Genève, comédie en vers libres et en trois actes, par P. G. (Pierre GUIGOUD-PIGALE), auteur du « Baquet magnétique ». *Lyon*, 1785, in-8.

Voy. « Supercheries », III, 94, b.

a

Arlequin au Muséum, ou critique en vaudevilles des tableaux du salon. (Par MARANT.) in-18 et in-12.

A été publié à l'occasion de plusieurs salons, à partir de 1804, mais il n'y en a pas eu pour l'année 1810.

Arlequin aux enfers, ou l'enlèvement de Colombine; comédie en un acte et en prose, mêlée d'ariettes et de vaudevilles. (Par François LEPRÉVOST, d'Exmes.) 1760, in-8.

b

Arlequin balourd, comédie en cinq actes, en prose, par M. P*** C*** (PROCOPE-COUTEAUX). *Londres* (*Paris*), *Henri Ribotteau*, 1719, in-8.

Voy. « Supercheries », III, 52, d.

Arlequin, comédien aux Champs-Elisées, nouvelle historique, allégorique et comique. (Par Laurent BORDELON.) *Suivant la copie de Paris, Amsterdam, chez Adr. Brackman*, 1691, in-12, 130 p.

c

Arlequin cruello, parodie d'Othello, en deux actes et en prose, représentée pour la première fois, à Paris, sur le théâtre du Vaudeville, le 13 décembre 1792. Nouvelle édition. (Par Jean-Bapt. RADET, G.-F. DESFONTAINES DE LA VALLÉE et P.-Yon BARRÉ.) *Paris*, messidor an III, in-8, 51 p.

d

Arlequin défenseur d'Homère, comédie, par F. (FUZELIER). *Paris*, 1715, in-8.

Voy. « Supercheries », II, 1, a.

Arlequin esclave à Bagdad, par L. T. (Louis TOLMER, connu au théâtre sous le nom de VALLIER). *Troyes*, an VII, in-8.

Voy. « Supercheries », II, 984, f.

Arlequin général, par G. M. D. (Louis-Abel BEFFROY DE REIGNY). *Paris*, 1792, in-8.

e

Pièce de théâtre contre La Fayette.

Voy. « Supercheries » II, 190, a.

Arlequin génie, comédie italienne nouvelle, en quatre actes. (Par Charles-Antoine VÉRONÈSE.) *Paris, Ve Delormel et fils*, 1752, in-8.

Arlequin halle, par LE S. (LE SAGE). *Paris*, 1715, in-8.

Voy. « Supercheries », II, 763, c.

f

Arlequin imprimeur, vaudeville, par L. (LEPITRE). *Paris*, 1794, in-8.

Voy. « Supercheries », II, 461, b.

Arlequin invisible, par LE S. (LE SAGE). *Paris*, 1718, in-8.

Voy. « Supercheries », II, 763, c.

Arlequin journaliste, comédie en un acte, en prose, mêlée de vaudevilles, par les CC. D*** (DELAMARDELLE), Em. DUPATY et

CHAZET ; représentée pour la première fois sur le théâtre du Vaudeville, le 22 frimaire an VI. *Paris*, an VII-1799, in-8, 59 p.

On trouve sous la date de 1797 dans les « Supercheries », III, 200, *b*, une pièce sous le même titre « Arlequin journaliste », comédie-vaudeville en un acte, par le cit. R*** (RAVRIO). *Paris*, 1797, in-8.

Arlequin Lucifer, ou Cassandre alchimiste, folie en un acte, mêlée de couplets, par M. R*** (Richard FABERT), représentée pour la première fois, à Paris, sur le théâtre du Vaudeville, le 27 juillet 1812. *Paris*, *Fages*, 1812, in-8, 31 p.

Voy. « Supercheries », III, 294, *e*.

Arlequin misanthrope, comédie, par D. B*** (BRUGIÈRE DE BARANTE). *Paris*, 1696, in-8.

Catalogue Soleinne, n° 3223.
Voy. « Supercheries », I, 869, *b*.

Arlequin, roi dans la lune, comédie en trois actes et en prose ; représentée pour la première fois à Paris, sur le théâtre des Variétés, au Palais-Royal, le 17 décembre 1785. (Par Marie-Félix BODARD DE TEZAY.) *Paris*, *Cailleau*, 1786, in-8, 3 ff. et 58 p.

Arlequin sauvage, comédie en prose et en 3 actes, par le sieur D*** (DELISLE DE LA DREVETIÈRE). *Paris*, *E.-S. Hochereau*, 1722, in-12.

Voy. « Supercheries », I, 830, *d*.

Arlequiniana, ou les bons mots et les histoires plaisantes et agréables recueillies des conversations d'Arlequin. (Par Ch. COTOLENDI.) *Paris*, 1694 ; — (*Hollande*,) 1735, in-12.

Armance, ou quelques scènes d'un salon de Paris en 1827. (Par Henri BEYLE, dit DE STENDHAL.) *Paris*, *Urbain Canel*, 1827, 3 vol. in-12.

Réimprimé en 1853, *Paris*, *Giraud*, in-18, avec une préface de M. Charles Monselet. Compris dans les « Œuvres complètes » de l'auteur, *Paris*, *Michel Lévy*, 1854.

Armand et Angela, par Mlle D. de C*** (Mlle Désirée DE CASTERA). *Paris*, *Dentu*, an X, 4 vol. in-12., fig. ; — 1821, 4 vol. in-12.

Voy. « Supercheries », I, 607, *b*.
Cet auteur avait été désigné par erreur sous le nom de CASTELLERAT dans la précédente édition de ce Dictionnaire. La rectification avait été faite à la table.

Armand Renty, par l'auteur de « René » (J. AYMARD). *Lille*, 1858, in-8, 150 p.

Armée (l') belge, par le prince de C*** (Joseph de CHIMAY). *Bruxelles*, *Guyot*, 1857, in-8, 24 p. J. D.

Armée (l') constitutionnelle, par un garde du 3e bataillon de la garde civique de Liége (G. CLERMONT). *Liége*, *Redouté*, 1861, in-8, 24 p.

Voy. « Supercheries », II, 136, *d*.

Armée de la confédération du nord de l'Allemagne. Organisation, effectif, aperçus généraux sur les manœuvres de l'infanterie et de la cavalerie, d'après les documents authentiques, par un officier d'état-major (SAMUEL, capitaine d'état-major). *Paris*, *Dumaine*, 1868, in-8.

Armée (l') du nord et le siége de la citadelle d'Anvers. A son Altesse royale monseigneur le duc d'Orléans, prince royal de France, général commandant l'avant-garde de l'armée sous les ordres de M. le maréchal comte Gérard. (Par Louis GUYON.) *Paris*, *chez l'éditeur*, 1833, in-8, 8 p.

Armée (de l') et de la situation financière. (Par le major BRIALMONT.) *Bruxelles*, 1850, in-8, 68 p. J. D.

Armée (l') et l'état en France. Dédié au soldat français ; par un officier allemand. *Paris*, *Dumaine*, 1858, in-8.

L'avertissement est signé : « HUND VON AFFTEN ».
Voy. « Supercheries », II, 1285, *f*.

Armée (l') et la nation belge. (Par BODART.) *Liége*, *s. d.*, in-8. J. D.

Armée (l') et le socialisme. Simples réflexions sur la question du moment, par un paysan qui a été soldat (G. BRACCINI, ancien officier de cavalerie). *Chartres*, *Garnier*, 1849, in-8, 36 p. — 2e édit. *Chartres*, *Garnier*, 1849, in-32, 32 p.

Voy. « Supercheries », III, 48, *d*.

Armée (l') et Napoléon III. Protestations des officiers français contre la restauration bonapartiste. *Bruxelles*, *Office de Publicité*, 1871, in-8.

Ces protestations publiées, pour la plupart, dans l'« Indépendance belge », à la suite d'une polémique de ce journal avec le « Drapeau » rédigé à Bruxelles par M. Granier, de Cassagnac, ont été réunies, avec une préface anonyme, par M. Léopold STAPLEAUX.

Armée (l') française en 1867. (Par le général TROCHU.) *Paris*, *Amyot*, 1867, in-8.

Plusieurs éditions la même année.

Armée (l') française, sa mission et son histoire, 496-1852 ; par le comte de C*** (Eugène DE CIVRY). *Paris*, *Ledoyen*, 1852, in-8.

Voy. « Supercheries », I, 602, *a*.

Arménide, ou le triomphe de la constance, poëme dramatique tragi-comique, en cinq actes, en vers alexandrins, par

M. D**** (D'OLGIBAND DE LAGRANGE). *Amsterdam (Paris), Gueffier*, 1766, in-8.

Voy. « Supercheries », I, 840, *d*.

Armes (les) triomphantes à S. A. M. le duc d'Epernon, pour le sujet de son entrée en la ville de Dijon, le 8 mars 1656. (Par Benigne GRIGNETTE, avocat.) *Dijon*, 1656, in-fol., avec titre grav. et 16 pl.

Armetzar, ou les amis ennemis, tragi-comédie. (En 5 actes, en vers. Par Sam. CHAPUZEAU.) *Leide, Jean Elsevier*, 1658, pet. in-12, 102 p.

Armide, tragédie en musique, représentée par l'Académie royale de musique. (Poëme de Philippe QUINAULT, musique de Lulli.) *On la vend à Paris, à l'entrée de la porte de l'Académie royale de musique... Imprimée aux dépens de ladite Académie par C. Ballard*, 1686, in-4, 4 feuillets limin. et 54 p.

Le poëme de Quinault, souvent réimprimé avec le nom de l'auteur, a été de nouveau mis en musique par Gluck en 1777; le titre de l'édition réimprimée à cette époque, et qui ne porte pas le nom de l'auteur, est intitulé : « Armide, drame héroïque en cinq actes... »

Armide, parodie de l'opéra d'Armide, en 4 actes et en vers. (Par Pierre LAUJON.) *Paris, Duchesne*, 1762, in-8.

Arminius, ou la Germanie délivrée, poëme héroïque, par le baron DE SCHOENAICH, traduit de l'allemand par M. E... (EIDOUS). *Paris*, 1769, 2 vol. in-12. — *Paris*, an VII, in-8.

Voy. « Supercheries », I, 1199, *d*.

Armoiries des princes et princesses de la maison royale, des ducs et pairs et maréchaux de France... (Par Ch.-Fr. ROLAND LE VIRLOYS.) *Paris*, (1730), in-fol.

Armorial de Bretagne, contenant par ordre alphabétique et méthodique les noms, qualités, armes et blasons des nobles, anoblis et tenant terres et fiefs nobles ès évêchés de cette province, avec plusieurs autres familles externes... par G. L. B., écuyer (Guy LE BORGNE). *Rennes, P. Garnier*, 1681, in-fol.

La 1re édition, *Rennes*, 1667, in-folio, porte le nom de l'auteur.

Voy. « Supercheries », II, 188, *c*.

Armorial des principales maisons de France et étrangères et de plusieurs villes du royaume. Voy. « Etat de la noblesse... »

Armorial des principales maisons du royaume, par DUBUISSON (et Denis-Fr. GASTELLIER DE LA TOUR), ouvrage enrichi de 4000 écussons gravés en taille-douce. *Paris, Guérin*, 1757, 2 vol. in-12.

Cet ouvrage a reparu plus tard comme tomes III-V de l' « Etat de la noblesse », année 1782. Voy. l'article « Calendrier des princes ».

Armorial historique d'une famille montoise. (Par le P. ROLAND, professeur au collége des Jésuites à Mons.) *Mons, Manceaux*, 1860, in-4, avec planches.

Le faux-titre porte « Mémoire historique sur l'ancienne et illustre maison des seigneurs de Bazentin, de Montauban, de Hervilly, de Malapert... » Quelques exemplaires portent le nom de l'auteur. J. D.

Armorial, ou nobiliaire de l'évêché de Saint-Pol-de-Léon en Bretagne. (Par le marquis DE REFFUGE, mort en 1713.) *S. l. n. d.*, in-12, 61 p.

Arnoldiana, ou Sophie Arnould et ses contemporains; recueil choisi d'anecdotes piquantes... précédé d'une notice sur sa vie, par l'auteur du « Biévriana ». (Albéric DEVILLE, d'Angers, médecin et littérateur). *Paris, Gérard*, 1813, in-12, 380 p., avec portr.

Arnould de Looz. (Par J. DARIS, professeur au séminaire de Liége.) *Tongres, veuve Collée*, 1859, in-8, 34 p.

Notice tirée à part du « Bulletin de la Société scientifique du Limbourg. » J. D.

Arquebusade (l'), par M. D*** (Guillaume-François MARION DU MERSAN), chevalier de la compagnie de l'arquebuse de la ville de M... (Montereau) pour être chantée le jour des réjouissances à l'occasion de la naissance de Monseigneur le Dauphin. *Paris, imp. de Valleyre aîné* (1782), in-8.

Voy. « Supercheries », I, 842, *d*.

Arras secouru par l'armée françoise, le jour de saint Louis, en l'an 1654. Extrait des mémoires des généraux. (Par LA MESNARDIÈRE). *S. l.* (1654), 7 feuillets in-fol., imprimés d'un seul côté.

Arrêt burlesque donné sur requête et par défaut en la grand'chambre du Parnasse ilinois et huron, en faveur et pour le maintien des doctrines de Descartes et de Newton, contre celles de La Perrière, qui les contrarie, à l'instar de celui qui, en 1674, y fut rendu en faveur et pour le maintien de la doctrine d'Aristote, contre celle de Descartes qui tendoit à la proscrire. (Par Jacq.-Ch.-Franç. DE LA PERRIÈRE DE ROIFFÉ.) *De l'imprimerie de la Cour*, 1770, in-12.

Arrest de la cour du Parnasse pour les Jésuites, poème avec notes et figures. (Par

Cauvin.) *Delphes, Pagliarini*, 1762, in-12. V. T.

Arrêt du conseil d'état d'Apollon, rendu en faveur de l'orchestre de l'Opéra, contre le nommé J.-J. Rousseau, copiste de musique, etc., (Par Louis Travenol.) *Paris*, 1754, in-12.

Arrêt du conseil de Momus, qui supprime l'écrit anonyme intitulé : « L'Année merveilleuse » (de l'abbé Coyer; par A.-N. Dupuis). *Paris*, 1748, in-12. V. T.

Voy. l' « Année merveilleuse ».

Arrest (l') du roi des Romains, donné au grand conseil de France, en vers. (Par Maximien.) *Rouen*, in-4.

On lit le nom de l'auteur dans un acrostiche. Voy. Brunet, « Manuel du libraire », 5e édit., tome I, col. 495.

Cet opuscule a été réimprimé dans le 6e vol. du « Recueil d'anciennes poésies françaises » publié par M. A. de Montaiglon.

Arrêt mémorable du parlement de Tolose, contenant une histoire prodigieuse d'un supposé mari.... prononcé ez arrêts-généraux, le 12 septembre 1560. (Par Jean de Coras.) *Paris, veuve Norment*, 1572, in-12.

Arrêt rendu à l'amphithéâtre de l'Opéra, contre la musique françoise. (Par le baron d'Holbach.) 1752, in-8.

Arrêtés de M. le P. P. de L. (le premier président de Lamoignon). *S. l.*, 1702, in-4.

Réimprimé à Paris en 1783, par les soins de François Richer, avocat, avec le nom de l'auteur, 2 vol. in-4. Voy. « Supercheries », III, 220, *f*.

Arrétin (l') moderne. Voy. « Aretin ».

Arrêts choisis de la cour souveraine de Lorraine. (Recueillis par les soins de J.-Léonard Bourcier.) *Nancy, Cusson*, 1717, 2 vol. in-4.

Arrêts (les) d'Amour, avec l'amant rendu cordelier à l'observance d'amours, par Martial, d'Auvergne, dit de Paris, accompagnés des commentaires juridiques et joyeux de Benoit de Court; nouvelle édition, augmentée d'un glossaire des anciens termes, (par l'abbé Nic. Lenglet-Dufresnoy). *Amsterdam, Changuion*, 1731, in-12.

Arrêts et réglements concernant les fonctions des procureurs, tiers-référendaires du parlement de Paris, où l'on voit la conduite qu'il faut tenir dans l'instruction des procès jusqu'à jugement définitif. (Recueillis par Pierre Gillet, procureur.)

a *Paris, Jacques Le Fèvre*, 1694, in-4, II-272 p. — Nouvelle édition, augmentée. *Paris, veuve Le Fèvre*, 1717, in-4, II-307 p.

Ce recueil est connu sous le nom de « Code Gillet », l'auteur est mort doyen des procureurs, le 5 avril 1720, âgé de 92 ans.

Arrêts notables des différents tribunaux du royaume, par Math. Augeard. (Nouvelle édition augmentée, rédigée par Fr.
b Richer, avocat.) *Paris*, 1756, 2 vol. in-fol.

La première édition est de *Paris, Guignard*, 1710, in-4. L'idée en est due à l'abbé Bignon qui avait établi chez lui des conférences dont ce recueil d'arrêts a été le fruit. (Journ. des Sav., 1er décembre 1710.)

Arrêts notables rendus par le parlement de Provence. (Recueillis par le président Ch.-Louis-Sectius de Grimaldy-Ragusse.) *Aix, veuve David*, 1746, in-8.

c Voy. Fleischer.

Arrhes de paix universelle sur les cérémonies et allégresses faites à Rome pour le roy très-chrestien Louis XIV, dit Dieudonné. Présentez à la reine régente, à Sainct-Germain-en-Laye. *Paris, J. Pétrinal et N. Jacquard*, 1649, in-4, 16 p.

La dédicace est signée Jacques Ladbé.

d Arribade (l') de Guillaoumet dans lous enfers. (Par Verdié.) *Bordeaux, impr. de la veuve Cavazza*, 1817, in-8.

Arrivée (l') de M. le prince de Condé... Voy. : « La Réception véritable... »

Arrivée (l') de sainte Magdelaine et de saint Denis l'Aréopagite en France. (Par Thomas-d'Aquin de Saint-Joseph.) *Tulles*, 1648, in-12. V. T.

e Arrivée (l') du roy en France, et la réception de Sa Majesté par la roine sa mère et Messeigneurs le duc d'Alençon et le roi de Navarre, avec un sommaire discours des principales choses survenues depuis son partement de Venise. (Par Nicolas du Mont.) *Paris, Denis du Pré*, 1574, in-8, 32 p. — *Rouen, Le Mégissier*, 1574, in-8.

f Arsenal (l') d'Inspruck, ou les drapeaux du 76e de ligne, fait historique. (Pantomime, par J.-B.-A. Hapdé et Latouli-nière.) *Paris, Barba*, 1810, in-8.

Art (l') à Lyon en 1836, revue critique de la première exposition de la Société des amis des arts. (Par Alph. Dupasquier.) *Lyon, chez le concierge du Palais des Arts*, 1837, in-4.

Il y a des exemplaires qui portent le nom de l'auteur.

Art d'aimer (l'), d'Ovide (le premier livre seulement), traduit en vers françois (par le président Nicole). *Paris, de Sercy*, 1664, in-12, 71 p.

Art (l') d'aimer, d'Ovide. (Par Armand-Claude Masson de Saint-Amand.) *Paris, Cazin*, 1783, in-18; — *Ibid., Hardy*, 1807, in-8, avec le nom du traducteur.

M. Poncelin a inséré cette traduction dans la collection des « Œuvres d'Ovide », qu'il a publiée en l'an VII, 7 vol. in-8.

Art (l') d'aimer, d'Ovide, et le Remède d'amour, traduits en françois (par l'abbé de Marolles). *Paris, Barbin*, 1660, in-12; — 4e édition. *Paris, Barbin* (*Hollande*), 1696, petit in-12.

Art (l') d'aimer d'Ovide, ou la meilleure manière d'aimer Ovide. (En vers français, par L. Ferrier de La Martinière.) *Cologne, B. d'Egmont* (*Paris*), 1696, in-12.

C'est à tort que le « Nouveau Dictionnaire historique » de Chaudon attribue cette traduction au marquis de Mimeure, dont on connaît seulement six vers sur l'ouvrage d'Ovide; les voici :

Cette lecture est sans égale;
Ce livre est un petit Dédale,
Où l'esprit prend plaisir d'errer.
Chloris, suivez les pas d'Ovide;
C'est le plus agréable guide
Qu'on peut choisir pour s'égarer.

La méprise du dictionnaire de Chaudon se retrouve dans l'édition stéréotype de Boileau, en 3 vol. in-8.

La traduction de L. Ferrier a été réimprimée sous ce titre : « Ovide amoureux, ou l'Ecole des Amans ». *La Haye* (*Rouen*), 1698, in-12.

Art (l') d'aimer d'Ovide, suivi du remède d'amour; traduction nouvelle, avec des remarques mythologiques et littéraires, par F. S. A. D. L. (François-Simon Avède de Loyserolles). *Paris, Rougeron*, 1803, in-8.

Voy. « Supercheries », II, 106, *d*.

Art (l') d'aimer, d'Ovide, traduction nouvelle, par M. G*** (Granié). *Londres et Paris, Didot*, 1785, in-8.

Voy. « Supercheries », II, 118, *b*.

Art (l') d'aimer; la Fille de quinze ans, conte; la chanson de Tirsis et de Lesbie, etc., morceaux choisis traduits de l'italien... (Par Louis de Laus de Boissy.) *Londres et Paris, Bastien*, 1772, in-8.

L'« Art d'aimer » est traduit de l'italien d'Algarotti.

Art (l') d'aimer, poëme héroïque en quatre chants. (Par Franç.-Et. Gouge de Cessières, avocat du roi au présidial de Laon.) *S. l.*, 1745, pet. in-8, xxix-124 p.

On cite une édition d'*Amsterdam*, 1748, in-12.

D'autres éditions sont intitulées : « L'Art d'aimer, nouveau poëme en six chants, par Monsieur *****. Edition fidèle et complète, enrichie de figures. » *Londres, aux dépens de la compagnie*, 1750, 1760, 1766, in-8.

Art (l') d'améliorer et de conserver les vins. (Par Plaigne.) *Paris, Lamy*, 1781, in-12.

Même ouvrage que la « Dissertation sur les vins ». Voyez ces mots.

Art (l') d'apprendre à lire en très-peu de temps, en françois et en latin, en donnant aux lettres la dénomination la plus naturelle. (Par Joseph Vallart.) *Paris, Musier*, 1743, in-8.

Art (l') d'apprendre la musique, exposé d'une manière nouvelle et intelligible par une suite de leçons qui se servent successivement de préparation, par M. V. (Vague.) *Paris, veuve Ribou*, 1733, in-fol., 82 p. grav. — 2e éd. *Paris, Mme Boivin*, 1750, in-fol., 82 p.

Art (l') d'avoir des maîtresses. (Par Eugène de Lonlay.) *Paris, chez les principaux libraires*, 1863, in-16, 65 p., trois éditions la même année. — 4e éd., *Paris, impr. de Jouaust*, 1868, 63 p.

Art (l') d'économiser le bois de chauffage et tous les autres combustibles... (Par C. Gardeton.) *Paris, L. Cordier*, 1827, in-12.

Art (l') d'élever un prince. (Par le P. Marc-Antoine de Foix, jésuite; publié après sa mort par le P. Galimard, son confrère.) *Paris, veuve Thiboust*, 1687, in-4.

Cet ouvrage fut d'abord attribué au marquis de Vardes, puis à d'autres personnes. Les « Mémoires de Trévoux », juin 1710, p. 113, disent : « ... Le véritable auteur est le P. Blaise Gisbert, Jésuite de la même province que le P. de Foix qui n'a eu d'autre part au livre que d'en avoir permis l'impression comme provincial ». Ils confirment ce dire au mois de décembre 1714, p. 2188.

Le P. de Foix était mort avant l'impression, il ne pouvait donc pas réclamer. Le P. Lombard de Toulouse, d'après Moréri, assemblait des pièces pour prouver que l'ouvrage est du P. de Foix. L'abbé Goujet l'attribuait au P. Blaise Gisbert. L'abbé Lécuy, dans la « Biographie universelle » le donne au P. de Foix.

Voy. l'article consacré au P. de Foix, dans Backer, 2e édit., I, col. 1893.

L'ouvrage fut réimprimé l'année suivante sous ce titre : « Art de former l'esprit et le cœur d'un prince ».

Art (l') d'être heureux dans toutes les conditions, précédé des « Merveilles de la providence dans la nature et la religion, » par M. M.....(L.-Ph. Machet), de la Marne. *Paris, Hivert*, 1844, in-8.

Voy. « Supercheries », II, 1010, *e*.

Art (l') d'imprimer les Tableaux, traité d'après les écrits, les opérations et les instructions verbales de J. C. Le Blon. (Par Gaultier de Montdorge, l'un des commissaires nommés par Louis XV pour recevoir les secrets de l'art de Le Blon.) *Paris*, 1756, in-8, avec figures enluminées.

Voyez l' « Année littéraire », 1756, t. VI, p. 325 et suiv.

On trouve dans ce volume un petit « Traité du coloris », que Le Blon composa originairement en anglais, et qu'il a lui-même traduit en notre langue.

Art (l') d'instruire et de toucher les âmes dans le tribunal de la pénitence. (Par P.-A. Alletz.) *Paris, Bailly*, 1772, 2 vol. in-12.

Art (l') d'obtenir des places, ou conseils aux solliciteurs. (Par J.-G. Ymbert.) *Paris, Pélicier*, 1816, in-8, 120 p.

La troisième édition de cet ouvrage parut en 1817, in-8, 160 p.

L'on peut considérer comme complément de cet écrit : « l'Art de rester en place », épître d'un père tendre et gascon à son fils, par A.-N. Leroy. *Valenciennes, Prignet*, 1832, in-4, 18 p.

Art (l') de battre, écraser, piler, moudre et monder les grains, avec de nouvelles machines; ouvrage traduit en grande partie du danois et de l'italien. Par D. N. E. (Bellepierre de Neuve-Eglise). *Paris*, 1769, in-fol. avec 3 pl.

Art de bien jouer à la roulette, ou principes raisonnés des chances, de leurs périodes... par J.-B. Ch. (Chamois), anc. off. d. g. Deuxième édition. *Paris, Martinet*, 1818, in-8, av. supplément. — 3e éd. *Paris*, 1823, in-8.

Voy. « Supercheries », I, 687, *d*.

Art (l') de bien parler et de bien écrire en françois. (Par J. Beauvais, instituteur à Paris.) *Paris*, 1773, in-12.

Art (l') de bien parler françois, qui comprend tout ce qui regarde la grammaire et les façons de parler douteuses; nouvelle édition, revue... et augmentée... (Par de la Touche.) *Amsterdam, R. et G. Wetstein*, 1710, 2 vol. in-12.

La première édition est d'*Amsterdam*, 1696. Réimprimé avec le nom de l'auteur en 1710.

Art (l') de bien parler latin, ou nouvelle méthode latine, dans laquelle on fait usage des règles ingénieuses du père Monpied (bénédictin), pour les genres et la quantité... par M. l'abbé L*** (Latour, professeur de septième au collége de Guienne, mort en 1775). *Bordeaux, J. Chappuis*, 1743, in-18.

Voy. « Supercheries », II, 465, *d*.

Art (l') de bien prononcer et de bien parler la langue françoise, par le sieur J.-H. (Hindret.) *Paris*, 1687, in-12.

Voy. « Supercheries », II, 401, *a*.

Art (l') de bien traiter, divisé en trois parties. Ouvrage nouveau, curieux et fort galant; utile à toutes personnes et conditions. Exactement recherché et mis en lumière par le S. R. (Robert). *Paris*, 1674, in-12.

Art (l') de briller en société, ou le coryphée des salons, seconde édition. (Par P. Cuisin.) *Paris*, 1823, in-18.

La première édition parut la même année sous ce titre : « Le Coryphée des salons. »

Art de charpenterie de Mathurin Jousse; corrigé et augmenté de ce qu'il y a de plus curieux dans cet art, et des machines les plus nécessaires à un charpentier, par M. A. L. H. (de La Hire). Le tout enrichy de figures et de tailles-douces. *Paris, T. Moette*, 1702, in-fol., 208 p.

Cette édition a été indiquée par erreur dans la France littéraire » de Quérard, sous le titre de « Art de la serrurerie et de la charpenterie ». Cette erreur a été reproduite dans les « Supercheries », I, 958, *c*.

Ce titre paraît être, d'après Brunet, celui d'une 3e édit. publiée, en 1751, avec le nom de La Hire, réunissant « La fidelle ouverture de l'art de serrurerie » et « l'Art de charpenterie » du même auteur.

Art (l') de chevalerie, selon Vegèce, lequel traite de la manière que les princes doivent tenir au fait de leurs guerres et batailles. *Paris, Antoine Verard*, 1488, in-fol., 105 ff. non chiffrés à 2 col.

Cet ouvrage est moins une traduction de Vegèce qu'un traité sur l'art de la guerre pour lequel les écrivains anciens et quelques modernes ont été mis à contribution, car on y trouve beaucoup de choses relatives à la chevalerie du moyen âge. On l'attribue à Jean de Meun dans le Catalogue La Vallière, en 3 vol.; et effectivement, selon Du Verdier, article Jean Clopinel de Meun, cet auteur nous apprend lui-même, au commencement de sa traduction du livre de « la Consolation » de Boëce, qu'il a translaté de latin en françois le livre de Vegèce de Chevalerie.

D'un autre côté, William Caxton, dans la « souscription de la traduction anglaise de l'« Art de chevalerie », qu'il a imprimée en 1480, dit positivement que le livre français est de Christine de Pisan, et M. Paulin Paris est du même avis. Voy « Brunet, « Manuel du libraire », 5e édition, t. V, 1111.

Art (l') de choisir une femme et d'être heureux avec elle; par l'Ami (J.-M. Mossé). *Paris*, 1823, in-18.

Voy. « Supercheries », I, 302, *d*.

Art (l') de composer et faire les fusées

volantes et non volantes, par l'auteur de la « Manière d'enluminer l'estampe » (L.-G. BAILLET DE SAINT-JULIEN). *La Haye et Paris*, 1775, in-8. V. T.

Art (l') de conjecturer, par Jacques BERNOULLI, traduit du latin (par L.-G.-Fr. VASTEL), avec des observations, éclaircissements et additions du traducteur; première partie. *Paris, Duprat*, an X-1802, in-4.

Art (l') de connaître les hommes, par L. D. B. (Louis DES BANS, avocat). *Paris, Prosper Marchand et Gabriel Martin*, 1702, in-12.

Voy. « Supercheries », I, 503, *b*.

Art (l') de conserver et d'augmenter la beauté, de corriger et déguiser les imperfections de la nature; par l'Ami (J.-M. MOSSÉ). *Paris*, 1822, in-18. — Seconde édition, 1824, 2 vol. in-18.

Voy. « Supercheries », I, 302, *d*.

Art (l') de conserver et gouverner les abeilles... Voy. « Art de gouverner... »

Art (l') de conserver la santé des princes et des personnes du premier rang, auquel on a ajouté l'art de conserver la santé des religieuses, et les avantages de la vie sobre du seigneur Louis CORNARO, noble vénitien ; avec des remarques sur ce dernier, aussi curieuses que nécessaires. *Leide, Jean-Arn. Langerack*, 1724, in-12.

Les trois ouvrages contenus dans ce volume sont traduits du latin de RAMAZZINI. La préface elle-même est la réunion de deux avis au lecteur placés par Ramazzini en tête de son traité de la « Conservation de la santé des princes », et de ses « Remarques sur le traité des avantages de la vie sobre », par Louis Cornaro ; le traducteur a lié ensemble ces deux avis par un alinéa de huit lignes, où il mentionne le « Petit Traité de la conservation des Religieuses », par Ramazzini, toujours sans le nommer ; Etienne COULET s'est déclaré le traducteur de « l'Art de conserver la santé des princes », etc. Voy. la préface de sa traduction française de l' « Histoire de la Médecine », par Freind.

Les auteurs du « Journal des savants » ont eu raison d'observer que ces ouvrages avaient l'air d'être des traductions, et de reprocher à l'imprimeur de n'avoir rien dit de cela dans le titre.

On pourrait avec plus de raison encore faire retomber le blâme sur le traducteur, et lui reprocher surtout de n'avoir pas mis plus de franchise dans sa préface.

Art (l') de conserver les grains, par Barthélemy INTHIERI (ou plutôt par l'abbé Ferdinand GALIANI), ouvrage traduit de l'italien par les soins de M. B. D. N. E. (BELLEPIERRE DE NEUVE-EGLISE). *Paris*, 1770, in-8, fig.

Voy. « Supercheries », I, 482, *d*.

Art (l') de converser, poëme. (Par CADOT.) *Paris, veuve Delormel*, 1757, in-8.

Cadot mourut l'année même de la publication de cet ouvrage, qui n'est qu'une copie du poëme sur la « Conversation », publié à Autun en 1742, par le P. Janvier, chanoine régulier de Saint-Symphorien.

Art (l') de conserver sa santé, composé par l'école de Salerne, traduit en vers françois, par B. L. M. (BRUZEN DE LA MARTINIÈRE). *La Haye, J. Van Duren*, 1743. — *Paris, Leprieur*, 1749, in-12. — *Paris*, 1760, in-8. — *Paris*, 1777, in-12. — Autre édition, par M. L. M. *Paris, Boiste*, 1826, in-18.

Voy. la « Nouvelle Bibliothèque, ou Histoire littéraire... » t. XVI, p. 284.
Voy. « Supercheries », I, 536, *f*.

Art (l') de corriger et de rendre les hommes constants. (Par Cornélie WOUTERS, baronne DE VASSE.) *Paris, Ballard*, 1783, in-12. — *Paris, Royez*, 1789, in-18, 248 p.

Art (l') de cultiver les mûriers blancs, d'élever les vers à soye et de tirer la soye des cocons. (Par POMIER, ingénieur des ponts et chaussées.) *Paris, veuve Lottin*, 1754, in-8, 5 fig. — 2e édit. *Ibid.*, 1757, in-8.

Cette prétendue deuxième édition est la même que la précédente, à laquelle l'éditeur a changé le titre, qu'il a fait suivre d'un avertissement de 4 pages, principalement destiné à indiquer les additions placées à la fin du volume, de la page 228 à la page 256. Tout le texte intermédiaire est typographiquement celui de 1754. (Catalogue Huzard, II, 32, 62, 32, 63.)

Le même auteur a publié avec son nom : « Traité sur la manière d'élever les mûriers blancs, la manière d'élever les vers à soie et l'usage qu'on doit faire des cocons », *Orléans*, 1763, in-8, ouvrage dont les chapitres sont distribués comme dans « l'Art de cultiver ».

C'est à tort que les auteurs de la « France littéraire » de 1769, t. I, p. 307, ont attribué à LADMIRAL cet ouvrage dont le privilége est accordé au sieur P***. C'est à tort également que Quérard dans sa « France littéraire » (VII, 257) dit, faute probablement d'avoir eu sous les yeux en ce moment la deuxième édition du « Dictionnaire des anonymes », que Barbier a commis la même erreur.

Art (l') de cultiver les pays de montagnes et les climats froids, ou essai sur le commerce et l'agriculture particuliers aux pays et montagnes d'Auvergne; par M. D. B. D. M. B. S. D. et L. Gen. du pays de Carladez (le vicomte DESISTRIÈRES DE MURAT.) *Londres et Paris, Grangé*, 1774, in-12.

Cette édition a été jointe au « Recueil de pièces fugitives sur l'Auvergne, par MM. DESISTRIÈRES DE MURAT », recueil d'ouvrages imprimés à différentes époques et pour lesquels on a imprimé un titre collectif.

Voy. « Supercheries », I, 871, *c*.

Art (l') de désopiler la rate... entremêlé de quelques bonnes choses. (Par A.-Jos. PANCKOUCKE.) *A Gallipoli de Calabre, l'an des folies* 175884 et 175887 (1754-1757), 2 part. in-12.

Voy. pour les diverses édit. de ce livre la « Bibliographie des ouvrages relatifs à l'amour », éd. de 1871, t. I, p. 314.

Art (l') de devenir député et même ministre, par un oisif qui n'est ni l'un ni l'autre (François de GROISEILLIEZ). *Paris, Dauvin et Fontaine*, 1846, in-12.

Cet opuscule a eu une seconde édition augmentée des « Aventures de la médaille d'un député ».

Voy. « *Supercheries* », II, 1300, *d*.

Le nom de l'auteur y est écrit GROSEILLEZ. De Manne imprime GROISILLIEZ. Lorenz qui indique deux ouvrages de cet auteur lui donne le nom de GROISEILEZ, et enfin le tome III du « *Catalogue de l'Histoire de France* » de la Bibliothèque nationale, page 803, nº 4502, l'appelle CROISSEILLIEZ. Toutes ces indications sont inexactes, et l'auteur, quand il a donné son nom sur le titre de ses ouvrages, a écrit GROISEILLIEZ.

Art (l') de devenir heureux dans la société. *Paris, Barbin*, 1690, in-12.

Par Charles BRISEBARRE, suivant Ansart, « Biblioth. du Maine ».

Art (l') de deviner, *ou la curiosité* satisfaite. (Par A.-Ch. CAILLEAU.) *Paris*, 1753, in-12. V. T.

Art (l') de dîner en ville, à l'usage des gens de lettres. Poëme en IV chants. (Par Ch.-Jos.-Aug.-Maximilien DE COLNET DU RAVEL.) Troisième édit. revue et corr. *Paris, Delaunay*, 1813, in-18, 141 p.

Les pages 103-141 sont occupées par un extrait d'un grand ouvrage intitulé : « Biographie des auteurs morts de faim ».

La première édition est de 1810. Ce poëme a été réimprimé en 1844, dans les « Classiques de la table », en 1853 et 1861 avec le nom de l'auteur.

Art (l') de distribuer les jardins suivant l'usage des Chinois. (Par J.-M. MOREL.) *Londres*, 1757, in-8.

Voy. « *Discours sur la vie et les ouvrages de J.-M. Morel, par M. Fortair* ». *Paris*, 1813. in-8, p. 34.

Art (l') de fabriquer la poterie, façon anglaise, par M. O*** (OPPENHEIM), ancien manufacturier, revu pour la partie chimique, par M. BOUILLON-LA-GRANGE. *Paris, Debray*, 1807, in-12.

Voy. « Supercheries », II, 1278, *c*.

Art (l') de fabriquer le salin et la potasse. (Par A.-L. LAVOISIER.) *Paris, Cuchet*, an XI, in-8, 106 p., avec 4 planches.

a Art (l') de faire à peu de frais des feux
d'artifices pour les fêtes de famille, mariages et autres circonstances semblables, par un amateur (Louis-Eustache AUDOT). *Paris, Audot*, 1818, in-12. — 2e éd., 1820, in-12. — 3e éd., par L. E. A. *Paris, Audot*, 1825, in-12, avec 10 pl.

Voy. « Supercheries », I, 280, *e*, et II, 715, *e*.

Art (l') de faire, d'améliorer et de conserver les vins... nouvelle édition aug-
b mentée, par M. P*** (PLAIGNE), agronome. *Paris, Lamy*, 1782, petit in-12.

Voyez ci-dessus « l' Art d'améliorer les vins ».

Même ouvrage probablement que le « Parfait Vigneron ». Voy. ces mots.

Voy. « Supercheries », III, 8, *d*.

Art (l') de faire des dettes et de promener ses créanciers, par un homme comme il faut (Jacques-Gilbert YMBERT). *Paris,*
c *Plassan*, 1822, in-8.

Voy. « Supercheries », II, 200, *f*.

Art (l') de faire des garçons... par M*** (PROCOPE COUTEAU), docteur en médecine de l'université de Montpellier. *Montpellier*, 1748, 2 vol. in-12.

Le vrai nom de cet auteur était COLTELLI. Ouvrage souvent réimprimé.

Voy. « Supercheries », III, 1110, *d*.

Art (l') de faire des pauvres et de se
d servir d'eux comme moyen de domination, par deux voisins de cellule (les PP. DAVENASSE et DUKÈRE). *Fribourg*, 1772, in-12.

Art (l') de faire éclore et d'élever la volaille, par le moyen d'une chaleur artificielle. Nouvelle édition. *Paris, B. Morin*, 1783, in-12.

Ce n'est qu'un changement de frontispice de l' « Or-
e nithotrophie artificielle » de l'abbé COPINEAU. Voyez ces mots. Réimprimé en 1799 sous le titre de : « l'Art de faire éclore la volaille au moyen d'une chaleur artificielle, par Réaumur, corrigé par *** », *Paris, Guillaume*, an VII-1799, in-8.

Art (l') de faire les rapports en chirurgie, par D..... (DEVAUX). *Paris*, 1703, 1743, 1783, in-12.

Réimprimé avec le nom de l'auteur.

Voy. « Supercheries », I, 851, *b*.

f Art (l') de faire les vins de fruits; pré-
cédé d'une esquisse historique sur l'art de faire le vin de raisin... de ACCUM, trad. de l'anglais, par MM. G*** et OL*** (GUILLOUD et OLIVIER). *Paris*, 1825, in-12. — 1851, in-18.

Voy. « Supercheries », II, 121, *c*.

Art de faulconnerie et des chiens de chasse... *Paris*, 5 janvier 1492, *pour Ant. Verard*, pet. in-fol. goth., une fig. s. b.

Guillaume Tardif, auteur de ce livre, se nomme en tête de l'épître dédicatoire au roy Charles huitième, qui est au commencement du volume, et il dit qu'il a traduit l'ouvrage du latin du roy Dauchus, de Moamus, de Guillinus et de Guicennas, auteurs sans doute fort peu connus maintenant, dit le « Manuel du libraire », tome V, 657, où se trouvent indiquées d'autres éditions.

Art (l') de fixer dans la mémoire les faits remarquables de l'histoire de France, en vers. (Par Pons-Augustin Alletz.) *Paris*, 1745, in-8. — 1763, in-8.

Art (l') de former l'esprit et le cœur d'un prince (par le P. de Foix, jésuite). Seconde édition, (publiée par le P. Galimard). *Paris, veuve Claude Thiboust*, 1688, in-8. Avec deux belles vign. grav. par Bourdon, d'après Sevin.

Voyez pour la première édition de cet ouvrage: « L'Art d'élever un prince... »

Art (l') de former les jardins modernes, ou l'art des jardins anglois, traduit de l'anglois (de Th. Whately), avec un discours préliminaire, des notes... (Par François-de-Paule Latapie.) *Paris, Jombert*, 1771, in-8.

Art (l') de fumer et de priser sans déplaire aux belles, enseigné en quatorze leçons; avec une notice étymologique, historique, dogmatique, philosophique, politique, hygiénique, scientifique et lyrique sur le tabac, la tabatière, la pipe et le cigare. Par deux marchands de tabac qui ont mangé leur fonds. Emile-Marco Hilaire, dit Saint-Hilaire.) *Paris, Thoisnier-Desplaces*, 1827, in-18: 123 p.

Voy. « Supercheries », II, 1050, f.

Art de gouverner les abeilles et de fabriquer le miel et la cire... (Par C.-L. Lagrenée, avocat en Parlement.) *Paris*, 1784, in-12, fig.

Reproduit sous le titre de: « Art de conserver et gouverner... » *Paris*, 1801, in-12.

Art (l') de jouir. (Par J.-O. de La Mettrie.) *Berlin*, 1751, in-12.

Réimprimé dans les « Œuvres » de l'auteur et à la suite: « De la Propagation du genre humain (par un anonyme); suivi de l'Art de jouir et de l'Homme plante ». *Paris, Prudhomme*, an VII-1799, in-12.

Art (l') de juger de l'esprit et du caractère des hommes et des femmes, sur leur écriture. *Paris, Saintin*, in-12.

Attribué à M. Hocquart.

Art (l') de juger par l'analyse des idées. (Rédigé sur différents mémoires, par le cardinal Jean-de-Dieu-Raymond de Boisgelin de Cucé.) *Paris, Moutard*, 1789, gr. in-8.

Réimprimé en 1818, dans les Œuvres du cardinal de Boisgelin. Voyez ces mots.

Art (l') de l'archiviste françois, par l'auteur des « Avis et mémoires instructifs sur les avantages des inventaires... » (Par Carpentier, de Beauvais.) *Paris, Gueffier*, 1769, in-12.

Art de l'imprimerie-librairie. In-4.

Extrait de l' « Encyclopédie méthodique ». Composé en 1795, quant au mécanisme typographique, par M. Guyot fils, élève de M. Pierres, imprimeur à Versailles; et tiré à un seul exemplaire qui existe maintenant à la Bibliothèque nationale. La première partie de cet exemplaire est chargée de notes de la main de M. Pierres à qui il avait appartenu. D. M.

Art (l') de la correspondance espagnole et française, ou recueil de lettres en espagnol et en français, à l'usage des deux nations... par l'auteur des « Élémens de la conversation... » (S. Baldwin.) *Paris, L.-Théophile Barrois fils*, 1804, in-8.

Art (l') de la guerre, de Nicolas Machiavel, etc. *Rouen et Paris, Compagnie des libraires*, 1664, petit in-12.

Ce volume, à la fin duquel est le « Prince », même date et même indication pour les libraires, est marqué tome II au bas de la première page de chaque feuille, ce qui montre qu'il fait partie du recueil des différentes traductions de ce fameux politique. L'avis au lecteur, rapproché de ce que du Verdier dit au mot J. Charrier, de la traduction et division par chapitres, des livres de l'Art de la guerre, par cet avocat général au parlement de Provence, ne me permet pas de douter que ce ne soit la traduction de ce magistrat qu'on a revue à Rouen pour cette édition française de Machiavel. (Note fournie par M. L.-T. Hérissant.)

Cette note curieuse vient à l'appui de celle que j'ai jointe à l'article intitulé: « Œuvres de Machiavel... »

Art (l') de la guerre de Nicolas Machiavel, traduction nouvelle. (Par Fr. Tétard.) *Amsterdam*, 1693, in-12.

Ce traducteur est mal à propos nommé Tilard dans les différentes éditions du « Dictionnaire des grands hommes » de Chaudon. Fr. Tétard a traduit plusieurs autres ouvrages de Machiavel. Ses traductions ont été réunies en 1743, 6 vol. in-12, sous le titre d' « Œuvres de Machiavel ». On y a joint l' « Anti-Machiavel » du roi de Prusse. Voy. ce titre.

Art (l') de la guerre. Poëme. (Par Frédéric II.) *Berlin*, 1760, in-8 de 63 p.

Fleischer indique sous le numéro 3825 une édition de même date dont le titre porterait: « De main de maître ». Elle n'est pas citée dans l'article des « Supercheries ».

Art (l') de la lithographie... précédé d'une histoire de la lithographie et de ses divers progrès. Par M. Aloys Senefelder, inventeur de l'art lithographique. (Trad. de l'allemand et revu par N. Ponce.) *Paris, Treuttel et Wurtz*, 1819, in-4, avec 20 pl.

Art (l') de la parure, ou la toilette des dames, poëme en trois chants, par M. C. M. (Charles Mulot). *Paris, Le Fuel*, (1811), in-18, 155 p.

Voy. « Supercheries », I, 759, *c*.

Art de la poésie françoise, par A. P. D. L. C. (A. Phérotée de La Croix). *Lyon*, 1675, in-8. — 1681, in-12.

Voy. « Supercheries », I, 369, *e*.

Art (l') de la poésie françoise et latine, avec une idée de la musique sous une nouvelle méthode, en trois parties, et un petit recueil de pièces nouvelles qu'on donne par manière d'exemples. *Lyon*, 1694, in-12.

L'auteur se désigne par ces lettres initiales A. P. D. L. C., qui signifient A. Phérotée de La Croix, selon Goujet, « Bibliothèque françoise » t. III, p. 473, ou, selon le Catalogue de M. le C. de Toulouse, Antoine-Philippe de La Croix. L'explication de Goujet est conforme à la vérité.

Art (l') de la prédication, ou maximes sur le ministère de la chaire, par M. *** P. D. l'O. (le P. Jean Gaichiés, prêtre de l'Oratoire). *Paris, Le Breton*, 1711, in-12.

Voy. « Supercheries », III, 1020, *c*.

Art (l') de la teinture des fils et étoffes de coton... (Par Le Pileur d'Apligny.) *Paris, Moutard*, 1776, in-12.

Réimprimé plusieurs fois avec le nom de l'auteur.

Art (l') de la teinture en soie. (Par P.-Jos. Macquer.) *Paris, Desaint*, 1763, in-fol. — *Paris, Servière*, 1807, in-8.

Art (l') de la toilette. Almanach des dames.... (Par Charles de Fieux, chevalier de Mouhy.) *La Haye et Paris, veuve Duchesne*, 1766, in-32.

Art (l') de la verrerie de Neri, Merret et Kunckel, traduit de l'allemand, par M. D*** (le baron d'Holbach). *Paris, Durand*, 1752, in-4.

Art (l') de lever les plans, et nouveau traité de l'arpentage et du nivellement; suivi d'un Traité du lavis, etc., par M. J.-B. de M....g (Jean-Baptiste de Mastaing), arpenteur-géomètre. *Dijon, Noëllat*, 1820, in-12, 28 pl.

Voy. « Supercheries », II, 1134, *d*.

Art (l') de multiplier la soie, ou traité sur les mûriers blancs, l'éducation des vers à soie, et le tirage des soies, par M. C. C. (Constant Castellet). *Aix, David*, 1760, in-12.

Voy. « Supercheries », I, 669, *b*.

Art (l') de nager, avec des avis pour se baigner utilement, précédé d'une dissertation où se développe la science des anciens dans l'art de nager, par Thevenot; suivi d'une dissertation sur les bains des Orientaux (par Ant. Timony); 4e édition, revue et augmentée, par M. P. D. L. C. A. A. P. (Poncelin, avocat en parlement). *Paris, Lamy*, 1782, in-8 et in-12.

La première édition est de 1682.

Voy. « Supercheries », III, 59 *c*.

Art de naviger démontré par principes, et confirmé par plusieurs observations tirées de l'expérience. (Par le P. Cl.-Fr. Millet Dechales, jésuite.) *Paris*, 1677, in-4, fig.

Art (de l') de parler, par M*** (le P. B. Lamy). *Paris, André Pralard*, 1675. — 3e édit., *La Haye, Moetjens*, 1684, pet. in-12.

Réimprimé depuis avec le nom de l'auteur.

Voy. « Supercheries », III, 1024, *e*.

Art (l') de parler sans rien dire, à l'usage des étrangers qui se destinent au grand monde et qui désirent y briller; par un membre de plusieurs sociétés (Maximilien Leroy). *Paris, Corréard*, 1818, in-8, 16 p.

En vers. La première édition est de 1811.

Voy. « Supercheries », II, 1111, *f*.

Art (l') de parvenir, par un contemporain (Maurice Joly). *Paris*, 1867, in-12.

Voy. « Supercheries », I, 782, *a*.

Art (l') de patiner avec grâce, en quatre leçons, par un patineur hollandais, membre de l'Académie de Stockholm (E.-Marc Hilaire, dit Marco-Saint-Hilaire). *Paris*, 1827, in-8, 8 p.

Voy. « Supercheries », III, 38, *a*.

Art (l') de payer ses dettes et de satisfaire ses créanciers sans débourser un sou, enseigné en dix leçons, ou manuel du droit commercial à l'usage des gens ruinés... Par feu mon oncle, professeur émérite; précédé d'une notice biographique de l'auteur et orné de son portrait. Le tout publié par son neveu, auteur de « l'Art de mettre sa cravate » (Em.-Marc Hilaire, dit Marco-St-Hilaire). *Paris, Balzac*, 1827, in-18.

Voy. « Supercheries », II, 34 *b*.

Art (l') de peindre à l'esprit. (Par dom Sensaric, et publié par A.-M. Lottin). *Paris, Lottin*, 1758, 3 vol. in-8. — Nouv. édit. rev. (Par de Wailly.) *Paris, Barbou*, 1771, 3 vol. in-12.

Art (l') de peinture de Charles-Alphonse Dufresnoy, traduit en françois (par Roger DE PILES); avec des remarques nécessaires et très-amples. *Paris, Nic. Langlois*, 1668, 1673 et 1684, in-8.

La quatrième édition de cette traduction, *Paris, C.-A. Jombert*, 1751, in-12, porte le nom du traducteur. M. de Querlon a revu cette traduction en 1753, et l'a publiée de nouveau sous le titre d' « Ecole d'Uranie », avec sa traduction du poëme de « la Peinture », de l'abbé de Marsy. Il a joint le texte latin à ces deux traductions.

Art (l') de péter, essai théori-physique et méthodique... (Par P.-T.-N. HURTAULT, maître de pension.) *En Westphalie, chez Florent Q., rue Pet-en-Gueule, au Soufflet (Paris)*, 1751, in-12, 108 p. — L'Art de péter, suivi de l'Histoire de Pet-en-l'air et de la Reine des Amazones, où l'on trouve l'Histoire des Vuidangeurs. *En Westphalie*, etc. (*Paris, Le Jay*), 1775, in-12. — Nouvelle édition, augmentée de la Société des Francs-Péteurs (Par Pierre-Jean LE CORVAISIER.) *En Westphalie*, 1776, petit in-8, 216 p. — Nouv. édit. avec cette dernière date (*Lille, impr. de Six Horemans*, 1869), in-8.

Cet ouvrage n'est qu'une traduction faite par HURTAULT, maître de pension, du traité « de Peditu », inséré pages 355-9 de l'ouvrage publié par G. Dornau sous le titre de : « Amphitheatrum sapientiæ socraticæ... » *Hanoviæ*, 1619, in-folio.

Hurtault, disent les auteurs de la « Bibliotheca scatologica » a subi la peine du talion ; il a été pillé à son tour, et le « Guide du Prussien », publié en 1825 (voy. ce titre), n'est que « l'Art de péter », réchauffé par un auteur qui ne se croyait probablement que voleur quand il était recéleur... »

Art (l') de plaire d'OVIDE, suivi du Remède d'amour, nouvelle traduction en vers français, avec le texte latin en regard, par P. D. C. (PIRAULT DES CHAUMES, avocat à la cour royale). *Paris*, 1817, in-12.

Voy. « Supercheries », III, 56, *e*.

Art (l') de plaire dans la conversation. (Par Pierre D'ORTIGUE DE VAUMORIÈRE.) *Paris*, 1688 ; — *Paris*, 1692 ; — 3e édit., 1698 ; — 4e édit., *Paris, Guignard*, 1701, in-12 ; — *Amsterdam*, 1711, in-12.

C'est à tort que Jean Le Clerc dans sa « Bibliothèque universelle », t. II, p. 500, attribue cet ouvrage au P. BOUHOURS. D'autres auteurs l'ont attribué à l'abbé DE BELLEGARDE.

Art (l') de plaire et de fixer, ou Conseils aux femmes ; par l'Ami (J.-M. MOSSÉ). *Paris*, 1821, in-18.

Voy. « Supercheries », I, 302, *e*.

Art (l') de plaire, poëme en 3 chants, dédié aux dames, et autres poésies intéressantes. (Par MAUGER.) *S. l.*, 1756, in-8.

C'est une nouvelle édition de l' « Essai sur l'art de plaire... » Voy. ce titre.

Art (l') de prêcher la parole de Dieu, contenant les règles de l'éloquence chrétienne. (Par le P. Marc-Antoine DE FOIX, jésuite). *Paris, Pralard*, 1687, in-12.

Voy. « Mémoires de Trévoux », mai 1740, p. 981-995.

Art (l') de prescher. (Par l'abbé DE VILLIERS.) *A. Cologne, chez Pierre du Marteau*, 1682, in-8, 68 p.

Réimpression précédée de quatre pages où « l'imprimeur au lecteur » dit qu' « il n'y a rien de plus défectueux que toutes les impressions qui en ont été faites jusqu'à présent ». — Dernière édition revue et corrigée. Imprimé à *Lyon*, à *Rouen, Bonaventure Le Brun et Guillaume Vaultier*, 1683, in-8, 48 p., caract. italiques. Au verso du titre : « Permission sur la réquisition de J. Canier », datée de Lyon, 15 juillet 1682. — « Art de prêcher, à un abbé », quatrième édition. *Lyon, J. Canier*, 1686, pet. in-12, 58 p.

Une édition qualifiée de « dix-septième, revue et corrigée sur une copie de l'auteur ». 1692, in-8, 48 p., n'a qu'un faux titre qui porte... par l'abbé de V***

Voy. « Supercheries », I, 823, *c*.

Art de procréer les sexes à volonté, 3e édit..., avec huit planches de gravures. (Par Jacques-André MILLOT.) — *Paris, chez Millot, son auteur*, 1802, in-8. — 4e édit. *Paris, impr. de Mignerel, s. d.*, in-8.

Dans ces deux éditions, l'auteur signe l'épître. Dans la 1re édition, *Paris*, 1800, in-8, et dans la 2e, *Paris*, 1801, in-8, le nom de l'auteur se trouve sur le titre.

Aucune de ces éditions ne porte les initiales Ch. M. indiquées à tort dans les « Supercheries » II, 1008, *c*.

Art (l') de prolonger la vie et la santé, conseils aux gens du monde, par un docteur-médecin de la faculté de Paris (J. GIRAUDEAU DE SAINT-GERVAIS). *Paris, Bohaire*, in-8.

Voy. « Supercheries », I, 975, *a*.

Art (l') de prolonger la vie humaine, traduit sur la seconde édition de l'allemand de Ch.-G. HUFELAND. (Par M. Auguste DUVAU.) *Coblentz* (1799), 2 vol. pet. in-8.

Art (l') de promener ses créanciers, ou complément de l'art de faire des dettes, par un homme comme il faut (Jacques Gilbert YMBERT). Dédié aux gens destitués. *Paris, Plassan*, 1824, in-8, 116 p.

Voy. « Supercheries », II, 291, *a*.

Art (l') de prononcer parfaitement la

langue françoise... par J. H. D. K. (Jean Hindret). 2e édition... *Paris, Laurent d'Houry*, 1696, 2 vol. in-12.

La 1re édit. est intitulée : « L'art de bien prononcer et de bien parler la langue françoise. Dédié à monseigneur le duc de Bourgogne, par le sieur J. H. » *Paris, veuve de Claude Thiboust*, 1687, in-12.

Voy. « Supercheries », II, 401, *a*.

Art (l') de régner, ou le sage gouverneur, tragi-comédie. (Par Gillet de La Tessonnerie.) *Suivant la copie imprimée à Paris (Elzevier)*, 1649, in-12, 103 p.

Cette tragi-comédie avait été publiée à Paris chez Toussaint Quinet en 1645, in-4, et en 1648, in-12, avec le nom de l'auteur à la dédicace.

Art (l) de réussir en amour, en vingt-trois leçons, par l'Ermite du Luxembourg. *Paris*, in-18. — 2e édit. Par l'auteur de la « Biographie dramatique ». *Paris, au Palais-Royal*, 1825, in-18. — 3e édit. *Paris*, 1826, in-18.

L' « Ermite du Luxembourg » est indiqué dans les « Supercheries », I, 1247, *e*, comme le pseudonyme de Philadelphe-Maurice Alhoy.

Quérard, qui n'a connu que les 2e et 3e éditions, donne comme auteur de cet ouvrage et de la « Biographie dramatique » Emile-Marc Hilaire, dit Marco-Saint-Hilaire. Voy. « France littéraire », VIII, p. 340.

Art (l') de s'amuser à la ville... Voy. « Quatre (les) parties du jour. »

Art (l') de s'enrichir par des œuvres dramatiques. (Par G. Touchard). *Paris, Barba*, 1817, in-8, 180 p.

Note manuscrite de l'auteur.

Art (l') de saigner, accommodé aux principes de la circulation du sang. (Par Henri-Emmanuel Meurisse.) *Paris*, 1686, in-12.

Réimprimé ou plutôt refondu par J. Devaux.

Art (l') de se connaître soi-même, ou la recherche des sources de la morale, par **** (Jacques Abbadie), docteur en théologie, *Rotterdam, P. Vander Slaart*, 1692, in-12. — (2e édition publiée par les soins de Cohade, docteur en théologie, qui en a retranché plusieurs endroits favorables aux Calvinistes.) *Lyon, Anisson et Posuel*, 1693, in-12. — Nouv. édit., avec des notes explicatives ou critiques, par M. L. (Lacoste). *Dijon, Lagier*, 1826, in-12.

Souvent réimprimé sous le nom de l'auteur.

Voy. « Supercheries », II, 402, *a*, et III, 1025, *d*.

Art (l') de se faire aimer de sa femme, par J.-B. D. (Jean-Baptiste Delindre). *Paris, Haulbout*, an VII-1799, in-18. D. M.

Art (l') de se faire aimer des femmes et de se conduire dans le monde ; par l'Ami (J.-M. Mossé). *Paris*, 1822, in-18.

Voy. « Supercheries », I, 302, *e*.

Art (l') de se rendre heureux par les songes, c'est-à-dire de se procurer telle espèce de songe que l'on puisse désirer conformément à ses inclinations. (Attribué à Benjamin Franklin.) *Francfort et Leipzig*, 1746, in-8.

On ne sait sur quels renseignements repose l'attribution au célèbre Américain de cet ouvrage singulier et fort rare auquel Ch. Nodier a consacré un article dans ses « Mélanges extraits d'une petite bibliothèque », p. 200-212.

Art (l') de se reproduire, poëme en un chant, en vers, imité du premier de l'Art poétique. (Par Chevalier, dit du Coudray, commis aux fermes.) *Paris, de Lorraine, imprim. en taille-douce*, 1761, in-4, 15 p., texte gravé.

On cite une réimpression sous la rubrique de *Londres, s. d.*, in-18, 36 p.

Art (l') de se traiter et de se guérir soi-même, traduit de l'allemand de Dan. Langhans, par E... (Eidous). *Paris*, 1768, 2 vol. in-12.

Voy. « Supercheries », I, 1198, *d*.

Art (l') de se traiter soi-même et de se guérir soi-même dans les maladies vénériennes, et de se guérir de leurs différents symptômes... Par M*** (Edme-Claude Bourru), docteur-régent de la faculté de médecine, en l'Université de Paris. *Paris, Costard*, 1770, in-8.

Voy. « Supercheries », III, 1060 *b*.

Art (l') de sentir et de juger en matière de goût. (Par l'abbé Seran de La Tour.) *Paris, Pissot*, 1762, 2 vol. in-12. — *Strasbourg*, 1788, 1790, 1796, in-8.

Art (l') de tailler les arbres fruitiers, avec un dictionnaire des mots dont se servent les jardiniers... (Par Nicolas Venette.) *Paris, C. de Sercy*, 1683, in-18.

Art (l') de toucher les cœurs dans le ministère de la chaire, ou choix des morceaux les plus pathétiques des sermonnaires célèbres sur les sujets les plus intéressants. (Par P.-A. Alletz.) *Paris*, 1783-1787, 3 vol. in-12.

Art (l') de traduire le latin en françois, par un ancien professeur d'éloquence (Louis Philipon de La Madelaine). *Lyon*, 1762, in-12. — Nouv. édit., *Lyon, Savy*, 1812, in-12.

Voy. « Supercheries », I, 341, *b*.

Art (l') de vérifier les dates des faits historiques, chartes, etc. (Par D. Maur-

François DANTINE, D. Ursin DURAND et D. Charles CLÉMENCET.) *Paris, Desprez*, 1750, in-4. — Le même ouvrage, nouvelle édition, augmentée. (Par D. François CLÉMENT). *Paris, Desprez*, 1770, in-fol. — Le même ouvrage, troisième édition (publiée par le même D. Fr. CLÉMENT.) *Paris, Jombert jeune, et Théophile Barrois le jeune*, 1783-1792, 3 vol. in-fol.

P.-R.-J. POMMEREUL y a donné la « Chronologie des barons de Fougères ». (Ersch, IV.)

La « Chronologie des éclipses » a été rédigée par l'abbé de LA CAILLE, dans l'édition de 1750, et par PINGRÉ, dans celle de 1770.

Une nouvelle édition a été publiée de 1820 à 1830 sous le titre suivant :

L'Art de vérifier les dates des faits historiques, des chartes, des chroniques et autres anciens monuments, depuis la naissance de J.-C., avec la partie avant l'ère chrétienne, par M. DE SAINT-ALLAIS; et la continuation, depuis 1770 jusqu'à nos jours, par MM. Ch. LACRETELLE, EYRIÈS, DE MARCHANGY, FORTIA D'URBAN, DE LA PORTE, HASE, DEPPING, AUDIFFRET, Raoul ROCHETTE, SAINT-MARTIN, Abel RÉMUSAT, WALCKENAER et WARDEN, sous la direction de MM. DE COURCELLES et DE FORTIA. *Paris, Moreau*, 1820-1830, 7 vol. in-fol.

Voir aux « Supercheries », III, 361, *a*, l'article Reiffenberg pour le « Supplément à « l'Art de vérifier les dates » et aux recueils diplomatiques, ou Mémoires sur quelques anciens fiefs de la Belgique ». *Bruxelles, Hayez*, 1833, in-4, 305 p. Cette publication qui est extraite du t. VIII, des « Nouveaux mémoires de l'Académie de Bruxelles », n'est rien autre qu'un ouvrage posthume de P.-S. ERNST et du P. Nep. STEPHANI.

Art (l') de vivre content, par l'auteur de la « Pratique des vertus chrétiennes », traduit de l'anglois. *Amsterdam, Pierre Mortier*, 1708, in-12.

Ch.-Et. Jordan, dans son « Voyage littéraire », *La Haye*, 1730, in-12, dit avoir demandé en Angleterre des renseignements sur l'auteur de la « Pratique des vertus chrétiennes », et avoir appris qu'on n'avait jamais pu découvrir son nom. M. Watkins, dans son « Dictionnaire universel, biographique et historique », en anglais, *Londres*, 1800, in-8, observait que l'on regarde l'évêque de Cork, CHAPPELL, comme l'auteur de la « Pratique des vertus chrétiennes », mais on ne retrouve plus cette attribution dans les nouvelles éditions du dictionnaire de M. Watkins.

Art (l') de vivre heureux, formé sur les idées les plus claires de la religion et du bon sens, et sur de très-belles maximes de Descartes. (Par le P. AMELINE, de l'Oratoire.) *Paris, veuve Coignard*, 1690, in-12.

Quelques bibliographes, entre autres Gabriel Martin, attribuent cet ouvrage à Louis PASCAL.

Art (l') de voyager dans les airs et de s'y diriger, mémoire qui va remporter le prix proposé par l'Académie de Lyon. (Par PIROUX, architecte.) *A Ellivenul (Lunéville), au pays de Rianole (Lorraine), pendant la mère-lune de*, 1784, in-8.

a

L'architecte Piroux est connu par deux mémoires curieux qui ont remporté en 1781 et 1791 le prix proposé par l'académie de Nancy. Le premier a pour objet « les moyens de préserver les édifices d'incendies »; le second est une « Dissertation sur le sel et les salines de Lorraine ». (Article envoyé par M. Justin Lamoureux, avocat à Nancy.)

Art (l') des arpenteurs rendu facile... (Par L.-A. DIDIER, premier arpenteur en la maîtrise des eaux et forêts de Crécy-en-Brie.) *Paris*, 1782, in-4.

b

Réimprimé avec le nom de l'auteur.

Art (l') des emblêmes, ou s'enseigne la morale par les figures de la fable, de l'histoire et de la nature. Ouvrage rempli de près de 500 figures. (Par le P. Cl.-Fr. MENESTRIER.) *Paris, R.-J.-B. de La Caille*, 1684, in-8.

Cet ouvrage n'a rien de commun avec celui publié sous le même titre par le P. MÉNESTRIER en 1662.

c

Art (l') des langues, ou essai sur la véritable manière d'apprendre les langues et spécialement la langue latine. (Par Ath.-Alex. CLÉMENT DE BOISSY.) *Paris, Cellot*, 1777, in-12.

Art (l') des mines, traduit de l'allemand de LEHMANM. (Par le baron D'HOLBACH.) *Paris, J.-Th. Hérissant*, 1759, 3 vol. in-12.

d

Cet ouvrage est un des traités publiés sous le titre général de : « Traité de physique, d'histoire naturelle... » Voy. ce titre.

Art (l') du barbier, et la manière de se raser soi-même, et de connaître les instruments; suivi d'un nouveau traité sur la saignée. (Par J.-J. PERRET.) *Berne, la nouvelle soc. typ.*, 1791, in-8, 154 p.

Contrefaçon de « La Pogonotomie ». Voy. ce titre.

e

Art (l') du comédien, dans ses principes. (Par TOURON.) *Amsterdam*, 1782, in-12.

Un libraire de Paris, Cailleau, a rafraîchi en 1785 le titre de cet ouvrage. C'est à tort que M. Ersch l'attribue à TOURNON, auteur des « Révolutions de Paris ».

Art (l') du crédit public. (Par L.-J.-B. DEPOIX.) *Paris*, 1817, in-8.

Art (l') du génie, pour l'instruction des gens de guerre. (Par Abraham DE HUMBERT.) *Berlin*, 1755, in-8, fig.

f

Art (l') du mariage, poëme latin de J. CATS, avec le commentaire de LIDIUS, traduits en français avec le texte en regard. (Par Charles BARROIS.) *Paris*, 1830, in-12 et in-8.

Art (l') du menuisier en bâtiments et en meubles, extrait en partie de l'ouvrage de Roubo... par L.-E. A (AUDOT). *Paris*,

Audot, 1819, in-12, avec 67 pl. — 2e éd., 1824.

Voy. « Supercheries », II, 715, *d*.

Art (l') du militaire, ou traité complet de l'exercice de l'infanterie, cavalerie, du canon, de la bombe et des piques. (Par Leprieur.) *Paris*, *Dufart*, 1793, in-12, 173 p., avec 8 planches.

Art (l') du ministre, par une ex-Excellence (J.-G. Ymbert). *Paris*, 1821, in-8, 104 p.

Voy. « Supercheries », I, 1276, *e*.

Art (l') du parfumeur, ou traité complet de la préparation des parfums, cosmétiques, pommades... par D. J. F... (Fargeon) ci-devant parfumeur de la Cour, *Paris*, *Delalain fils*, 1801, in-8, 448-XIX p.

Voy. « Supercheries », I, 951, *d*.

Art (l') du plombier-fontainier, faisant suite aux arts de l'académie, par M***. (Attribué à M. l'abbé C.-M. de La Gardette.) *Paris*, *Desaint et Saillant*, 1773, in-fol., 206 p.

Voyez l'analyse de cet ouvrage dans le « Journal des Savans », année 1773.

Voy. « Supercheries », III, 1063, *f*.

Art (l') du poëte et de l'orateur; nouvelle rhétorique à l'usage des colléges... (Par le P. Jean-Pierre Papon, de l'Oratoire.) *Lyon, frères Périsse*, 1765, 1766, 1774, 1783, in-12. — 5e édit. *Paris*, an IX-1800, in-8, avec le nom de l'auteur. — La même édition avec un nouveau titre portant 6e édition, mais augmentée d'une notice sur l'auteur formant quatre pages. *Paris*, 1806, in-8, IV-XVI-405 p.

Art (de l') du théâtre en général, où il est parlé de différents spectacles de l'Europe; de ce qui concerne la comédie ancienne et nouvelle, la tragédie, la pastorale dramatique, la parodie, l'opéra sérieux, l'opéra bouffon et la comédie mêlée d'ariettes. (Par Pierre-Jean-Baptiste Nougaret.) *Paris, Cailleau*, 1769, 2 vol. in-12.

Art (l') du théâtre, poëme didactique et moral, par M. S*** (Sticotti). *Berlin, G.-J. Decker*, 1760, in-8.

Voy. « Supercheries », III, 485, *e*.

Art (l') épistolaire, poëme didactique, suivi de quelques autres opuscules. (Par le P. Louis Hayois, jésuite.) *Tournai*, 1852, in-8, 252 p. J. D.

Art (l') et l'archéologie au XIXe siècle. Achèvement de Saint-Ouen de Rouen. (Par A. Ramé.) *Paris*, *Didron*, 1851, in-4.

Art (l') et la vie. (Par Albert Colignon.)

a *Metz, imp. de F. Blanc; Paris, Germer-Baillière*, 1866-1867, 2 vol. in-8.

Sous forme épistolaire. La dernière lettre est de M. Adolphe Lereboullet.

On trouve, pages XVIII-XIX, un extrait d'une lettre de Sainte-Beuve à l'auteur, datée du 14 juillet 1867.

Art (l') et la vie de Stendhal. (Par Colignon.) *Metz; typogr. de Nouvian*; *Paris*, *Germer-Baillière*, 1869, in-8, 535 p.

b On lit au bas de la page 535 : « Fin du tome premier »; ce qui doit probablement s'entendre que les volumes annoncés par l'auteur sur Montaigne, Saint-Evremont, Vauvenargues, Diderot et Sainte-Beuve, devaient continuer la tomaison de celui-ci.

Stendhal, dont le véritable nom était Beyle, est un des écrivains qui ont le plus usé du pseudonyme.

Voy. pour la liste de ses ouvrages, publiés sous différents pseudonymes, Quérard, « Littérature française contemporaine », et Otto Lorenz, « Catalogue de la librairie française. »

c Art (l') et manière de parfaitement ensuivre Jésus-Christ, et mépriser toutes les vanités de ce monde, autrement dite l'Internelle consolation, jadis composée en latin par Thomas de Campis, et puis naguère fidèlement traduite, selon le sens de l'auteur. (Par J. Bellere.) *Anvers*, *J. Bellere*, 1565, in-16.

d Voyez l' « avis au lecteur de l'Imitation de J. C. », *ex latino latinior facta*, par François de Thol, chanoine régulier. *Antverpiæ*, *J. Bellerus*, 1575, in-16.

Art (l') et science de rhétorique pour faire rigmes et ballades. (Par Henry de Croy.) *Paris*, 10 *mai* 1493, *Antoine Vérard*, in-fol., goth., 14 ff.

Edition originale reproduite de nos jours. *Paris*, *Silvestre*, 1832, gr. in-8, fig. s. b., dans le recueil publié par ce libraire sous le titre de : « Poésies des XVe et XVIe siècles ». Pour les autres éditions, voyez le « Manuel du libraire », t. I, col, 515.

e Art (l') historique, poëme en quatre chants. (Par le marquis Scipion du Roure.) *Maradan*, 1822, in-8, 121 p.

Art (l') iatrique, poëme en quatre chants, œuvre posthume de M. L. H. B. L. J. Recueilli et publié par M. de L*** (Philipp). *Amiens et Paris*, 1776, in-12, 92 p.

Les initiales semblent désigner L.-H. Bourdelin le jeune, mais c'est une supercherie.

f Voy. « Supercheries », II, 779, *c*.

Art (l') militaire françois pour l'infanterie, contenant l'exercice et le maniement des armes tant des officiers que des soldats, représenté par des figures en taille-douce, dessinées d'après nature, avec un petit abrégé de l'exercice comme il se fait aujourd'hui... (Par P. Giffart.) *Paris*, *P. Giffart*, 1696, in-8, 2 ff. de tit. et 178 p.

L'auteur a signé l'épître.

Art (l') militaire. Notice historique sur l'artillerie belge pendant le XVIIIe siècle. (Par le général H.-L.-G. GUILLAUME.) *S. l.* (1861), in-8, 8 p. J. D.

Art (l') militaire. Recrutement des armées, 1er article. (Par le général H.-L.-G. GUILLAUME.) *Bruxelles*, 1861, gr. in-8, 10 p.

Extrait de la « Revue britannique ». J. D.

Art (l') nouveau de la peinture en fromage ou ramequin. (Par ROUQUET.) *A Marolles* (*Paris*), 1755, in-12.

Art (l') nouvellement inventé pour enseigner à lire; l'art d'apprendre l'orthographe françoise. (Par BOUCHOT, chanoine de Sainte-Croix à Pont-à-Mousson.) *Pont-à-Mousson, Martin Thierry*, 1761, petit in-8.

Art (l') oratoire prétendu réformé, ou petit catéchisme à l'usage des disciples du vénérable Pejore (Porée). (Par DUHAMEL, professeur de philosophie, et ensuite de rhétorique au collége des Grassins.) 1716, in-12, 63 p.

C'est une critique de l'oraison funèbre de Louis XIV, prononcée par le P. Porée, jésuite, le 12 novembre 1715.

Art (l') poétique d'Horace, translaté de latin en rithme françoise. (Par Jacques PELETIER, du Mans.) *Paris*, 1541, in-8, 23 ff.

Les mots « moins et meilleure », que porte le titre de cette traduction, prouvent qu'elle est de Jacques PELETIER, qui les avait pris pour devise. La Croix du Maine cite de cet opuscule une édition de 1544. La seconde édition de ce dictionnaire en indiquait une de *Paris, M. Vascosan*, 1545, in-12, qui porte sur le titre les initiales J. P. D. M. Il en a été fait plusieurs autres depuis.

Voy. Brunet, « Manuel du libraire », 5e édit., tome II, col. 331, et « Supercheries », II, 343, *c*.

Art poétique du romantisme, par un classique (GUERNU). *Paris, Mme Lemonnier*, 1833, in-8.

Voy. « Supercheries », I, 749, *e*.

Art (l') poétique françois, pour l'instruction des jeunes studiens (*sic*) et encor peu avancez en la poésie françoise. (Par Thomas SIBILET.) *Paris, Gilles Corrozet*, 1548, in-8. — Autre édition avec le Quintil Horatian. (Par Ch. FONTAINE.) *Paris, V^e^ Fr. Regnault*, 1555, in-16. — *Lyon, J. Temporal*, 1556, in-16, 292 p. et 6 ff. de table. — *Lyon, Th. Payan*, 1556, in-16, 292 p. et 6 ff. — *Paris, Ruelle*, 1564, in-16. — *Lyon, B. Rigaud*, 1576, in-16, 292 p. et 6 ff.

Les dernières de ces éditions contiennent, outre les deux ouvrages indiqués, les traités de DOLET, « De la ponctuation de la langue françoise et de ses accents. »

Voyez, pour les autres éditions de cette traduction, Brunet, « Manuel du libraire », 5e édit., tome V, col. 368-369.

Art (l') pour guérir complétement les maladies vénériennes avec facilité et économie, par M. A. NEU... (NEUVILLE). *Paris*, 1809, in-8.

Art (l') royal, ou les talents héroïques d'un législateur, poëme. (Par J. DE RAMIER DE RAUDIÈRE.) *Strasbourg* (*imp. de J.-Fr. Leroux*), *aux depens de l'auteur qui signera chaque exemplaire*, 1768, in-8, 63 p.

L'auteur a en effet signé son nom au bas du titre de chaque exemplaire. P. L.

Art vétérinaire, ou médecine des animaux. *Paris, Vallat-La-Chapelle*, 1767, in-4, 32 p.

C'est la réimpression d'une espèce de prospectus pour l'École vétérinaire de BOURGELOT à Paris, que dès 1752, il avait publié sous le même titre, pour son établissement de Lyon.

Artaxare, tragédie lyrique en cinq actes, par D. L. S. (Jean-Louis-Ignace DE LA SERRE). *Paris, Pissot*, 1734, in-8.

Cette pièce a été attribuée à tort à l'abbé PELLEGRIN. Une édition d'*Utrecht*, 1735, in-12, porte le nom de l'auteur.

Voy. « Supercheries », I, 961, *d*.

Arthur. (Par Ulric GUTTINGUER.) *Paris, Eugène Renduel, imp. Baudouin*, in-8, 426 p.

Arthur de Cantorbry et Jules Peronnet, ou aventures curieuses et intéressantes, renfermant plusieurs projets tendant à rendre les riches et les pauvres heureux, à empêcher le vagabondage, la mendicité, les émeutes, le pillage, le vol; la prostitution, la guerre civile et même un grand nombre d'assassinats. (Par L. BAILLY.) *Péruwelz*, 1847, in-18. J. D.

Article de Genève de l' « Encyclopédie. » Profession de foi des ministres genevois, avec des notes d'un théologien. *Amsterdam, Zacharie Chatelain*, 1759, in-8.

L'article en question est de D'ALEMBERT. Voir le « Voltaire-Beuchot », t. LVII, p. 406, 411, 418, 421, 407.

Voy. « Supercheries », III, 980, *b*, « Voyageur anglais ».

Article Jésuite, tiré de l' « Encyclopédie », par main de maître (par DIDEROT), suivi de l'article « Peuple » (par le chevalier DE JAUCOURT). *Londres*, 1766, in-12.

Voy. « Supercheries », II, 1029, *c*.

Articles accordés entre MM. le cardinal Mazarin, le garde des sceaux de Châteauneuf, le coadjuteur de Paris et Mme la duchesse de Chevreuse. Les dits articles trouvez sur le chemin de Coulogne, dans un pacquet porté par un courrier appartenant au duc de Noirmoustier, gouverneur de Charleville. *Paris*, 1651, in-4, 8 p.

Par le président DE LONGUEIL et le comte DE MAURE, d'après la « Bibliographie des mazarinades ».

Articles historiques et géographiques des états de la maison de Brandebourg, tirés de la nouvelle « Encyclopédie de Paris. » (Par le comte E.-F. DE HERTZBERG ou HERZBERG.) *Berlin, Mylius*, 1787, in-8.

Articles justificatifs pour Charles Baudelaire, auteur des « Fleurs du mal ». *Paris, imp. de Mme Ve Dondey-Dupré*, in-4, 33 p.

Ces articles sont signés de MM. Edouard THIERRY, F. DULAMON, Jules BARBEY D'AUREVILLY et Charles ASSELINEAU; ils ont été reproduits dans l' « Appendice » à l'éd. des « Fleurs du mal » de 1869, *Paris, Michel Lévy*, in-18.

Articles relatifs à la religion, extraits du « Journal du commerce » dans les premiers mois de l'année 1818. (Par L. SILVY.) *Paris*, 1818, in-8, 40 p.

Articles sur l'agriculture, extraits des « Affiches du département de la Vienne ». (Par le général Marc-Jean DEMARÇAY.) *Poitiers, Catineau*, 1826, in-8.

Artifices (les) des hérétiques. (Par le P. RAPIN.) *Paris, Cramoisy*, 1681, in-12; — *Delusseux*, 1726, in-12.

C'est une traduction libre du livre intitulé « De Fraudibus Hæreticorum », que le P. ESTRIX, jésuite, a publié, ainsi que plusieurs autres ouvrages, sous le nom de François Simonis. Voyez, sur cet ouvrage, Arnauld, tome VIII de la « Morale pratique des jésuites », chap. 5, p. 50-68; et sur la traduction du P. Rapin, le « Journal des Savants », in-4, année 1726, p. 580.

Artillerie (l') nouvelle, ou examen des changements faits dans l'artillerie françoise, depuis 1765, par M*** (Charles TRONSON DU COUDRAY), ci-devant lieutenant au corps royal d'artillerie. *Amsterdam*, 1772, in-8. — *Liége*, 1772, in-8. — *Amsterdam*, 1782, in-8. — 1790, in-8.

Voy. page 10 de l'ouvrage du même auteur, intitulé : « Discussion nouvelle des changements faits dans l'artillerie depuis 1765, par M. DU COUDRAY, chef de brigade au corps de l'artillerie... » *Paris*, 1770, in-8.

Voy. « Supercheries », III, 1063, *d*.

Artillier (l'), c'est-à-dire la charge et fonction des officiers de l'artillerie, principalement en un siége et armée. (Par D. DAVELOURT, écossais.) *Paris, Fr. Jacquin*, 1616, in-8, 30 p.

Artisan (l') philosophe, ou l'école des pères, comédie, un acte en prose, par MM. DE P....Y (POMPIGNY); représentée pour la première fois à Paris, sur le théâtre de l'Ambigu-comique, le lundi 17 décembre 1787. *Paris, Cailleau*, 1788, in-8, 42 p.

Voy. « Supercheries », III, 276, *c*.

Artistes (les) orléanais, peintres, graveurs, sculpteurs, architectes. Liste sous forme alphabétique des personnages nés pour la plupart dans la province de l'Orléanais; suivi de documents inédits; par H. H*** (HERLUISON). *Orléans, Herluison*, 1863, in-8.

Voy. « Supercheries », II, 232, *f*; 283 *f*.

Arts (les) de l'homme d'épée, ou le dictionnaire du gentilhomme, contenant l'art de monter à cheval, l'art militaire, l'art de la navigation, etc. (Par le sieur GUILLET.) *Paris*, 1678, 3 vol. in-12; — *La Haye*, 1686, 1 vol. in-12.

On trouve dans la première partie de cet ouvrage le « Maréchal méthodique » et un « Dictionnaire de tous les termes de cavalerie », par Jacques DE SOLLEYSEL, sous le nom supposé de LA BASSÉE, écuyer de l'électeur de Bavière.

Arts (les) et l'amitié, comédie en un acte, en vers libres; représentée pour la première fois, par les comédiens italiens ordinaires du roi, le 5 août 1788. (Par DE BOUCHARD.) *Paris, Brunet*, 1788, in-8, 3 ff. lim. et 64 p.

Arvire et Evélina, opéra. Poëme de Guillard, couronné au concours, en 1787; réduit en deux actes, par M*** (N.-F. Guillaume SAULNIER); musique de Sacchini, arrangée par M***. *Paris, Roullet*, 1820, in-8, 2 ff. de tit., IV-22 p.

Voy. « Supercheries », III, 1102, *d*.

As you like it. Comme il vous plaira, pièce en 3 actes. (Par M. SOURD.) *Paris, impr. de Serrière*, (1855), gr. in-8, 76 p.

Tiré à 6 exemplaires.

Ascanius, ou le Jeune aventurier. Histoire véritable, contenant un récit très circonstancié de tout ce qui est arrivé de plus secret et de plus remarquable au prince Charles-Edouard Stuart, dans le nord de l'Ecosse, depuis la bataille de Culloden, livrée entre le 16 et 26 avril 1746, jusqu'à son embarquement et son retour en France du 19 au 30 septembre de la même année. Traduit de l'anglois et augmenté d'un grand nombre de remarques historiques. (Par D'INTRAIGUEL.) *Lille et Lyon, Jacquet*, 1747, in-8. — *Edimbourg*, 1763, in-8.

L'édition de 1763 est intitulée : « L'Ascanius moderne ou l'illustre aventurier... »

L'ouvrage anglais anonyme a pour titre : « Ascanius, or the young adventurer; a true history »... *London*, 1746, in-12.

Ascendant (l') de la religion, ou récit des crimes et des fureurs, de la conversion et de la mort chrétienne qui ont eu lieu récemment dans la ville de Bourges, poëme en 3 chants.. (Par G.-A. AUCLER.) *Bourges*, 1813, in-12, 32 p.

Asiatique (l') tolérant. Traité à l'usage de Zéokinizul, roi des Kofirans, surnommé le Chéri; ouvrage traduit de l'arabe, du voyageur BEKRINOLL; par M. de ***. *Paris, Durand (Amsterdam, M.-M. Rey), l'an 24 du Traducteur* (1748), in-12, XXVIII-145 p. — Autres éditions in-12 en 1755 et en 1799.

Par Laurent ANGLIVIEL DE LA BEAUMELLE, qui a signé l'épître dédicatoire : L. B. L. D. A., et non par CHÉNILLON fils, auquel il avait d'abord été attribué. Une clef de l'ouvrage le termine.

Voy. « Supercheries », I, 498, *b*.

Asie (de l'), ou considérations religieuses, philosophiques et littéraires sur l'Asie, par Mme V. DE C*** (Victorine DE CHASTENAY). *Paris, J. Renouard*, 1832, 4 vol. in-12.

Voy. « Supercheries », III, 920, *c*.

Asyle (l') de l'amour, imité de l'italien de Mestastase, pièce dramatique et allégorique sur le mariage de Monseigneur le Dauphin. P. M. L. D. P. D. B. (Par M. l'abbé DE PAUMERELLE DE B.) *En France*, 1770, in-8, 29 p.

Asyle toujours ouvert aux plus infortunées et aux plus à plaindre des jeunes filles qui veulent toujours être honnêtes et vertueuses. (Par le comte D'ELBÉE, ancien capitaine de cavalerie.) *Paris, Jorry, impr.*, (1789), in-8, 8 p.

Asiniana, ou Recueil de naïvetés et d'âneries, dédié à l'athénée de Montmartre. (Par Armand-Henri RAGUENEAU DE LA CHAINAYE.) *Montmartre, chez Martin du Pré (Lille), l'an d'Arcadie*, in-32, 128 p.

Asne (l'). Voy. « Ane ».

Aspasie, comédie (Par Jean DESMAREST DE SAINT-SORLIN.) *Paris, J. Camusat*, 1636, in-4, 2 ff. de tit. et 95 p. — Autre éd., 1641, in-4.

Aspect philosophique. (Par Mademoiselle DE CHANTEROLLE.) *Paris, Monory*, 1779, in-12.

Voy. « Supercheries », I, 687, *e*.

Aspirations à Dieu, tirées d'un ouvrage latin du cardinal BONA. (Par Claude Bosc, conseiller d'Etat, avec une idée de l'ouvrage, par le père Simon GOURDAN.) *Paris, Coutérot*, 1708, petit in-12; — 1711, gr. in-12.

Réimprimé en 1729, chez *Huart*, avec les noms de M. Bosc et du P. Gourdan sur le frontispice.

Cet ouvrage a été réimprimé à *Compiègne* en 1768, par *Bertrand*.

Assassinat de Georges Cadoudal. L'apothéose, le couronnement et la robe impériale de Bonaparte. (Par CLÉMENCEAU.) *Londres*, 1804, in-8.

Assassinat de Monseigneur l'archevêque de Paris. Verger, sa biographie et son procès, par un sténographe (Alexandre SOREL). *Paris, Taride*, 1857, in-18.

Voy. « Supercheries », III, 720, *c*.

Assassinat (de l') de Monseigneur le duc d'Enghien et de la justification de M. de Caulaincourt. 3e édit. (Par le baron DE MARGUERIT.) *Orléans et Paris*, 1824, in-8.

La première édition est de *Paris*, 1814, in-8.

Assassinat de ***, ou Epître d'un amant à son ami sur la mort de sa maîtresse, assassinée par un bonze. (Par DESFONTAINES.) *A la Chine*, 1760, in-12.

Assassinat du duc d'Enghien, par Bonaparte, poëme. (Par CLÉMENCEAU.) *Londres*, 1804, in-8.

Assassinat (l') du roi, ou maximes du Vieil de la montagne vaticane et de ses assassins, pratiquées en la personne du deffunct Henry le Grand. (Attribué à David HOME.) 1614, 1615, 1617, in-8 de 82 p.

Réimprimé dans le sixième volume des « Mémoires » de Condé, édition de 1745, in-4. Voy. Brunet, « Manuel du libraire », 5e édit., t. I, 527.

Assassinat Fualdès, récit en vers, improvisé par un quinze-vingts (le marquis J.-B.-D. MAZADE D'AVÈZE), après avoir entendu la lecture des écrits relatifs à cette affaire. *Paris, imp. de Plassan*, avril 1818, in-8, 7 p.

Voy. « Supercheries », III, 284, *c*.

Assassins (les) sans le savoir, drame en un acte. (Par M. Amédée POMMIER.) *Paris, imp. de Casimir*, 1836, in-8.

Asse (les), les isse, les usse et les insse, ou la concordance des temps du subjonctif. (Par B. BONNEAU.) *Paris, chez l'auteur, rue Montmartre*, 167, *et chez Millerand-Bouty*, 1832, in-32. D. M.

Assemblée (de l') constituante, ou réponse à M. C. Lacretelle. *Paris, Corréard*, 1822, in-8, 2 ff. de tit. et 96 p.

Cet écrit, qui a eu trois éditions dans la même année, est attribué à J. VATOUT par Quérard dans la « France littéraire ».

C'était à tort que De Manne avait indiqué Alexandre DE LAMETH comme auteur de cet ouvrage.

Assemblée (l') de Cythère. (Traduit de « Il Congresso di Cithera, » du comte Algarotti, par B.-P. Maciet.) *Cythère*, 1753, in-12, fig. — Autres éditions en 1782 et 1785, in-12.

Assemblée de Cythère, traduite de l'italien du comte Algarotti. (Par mademoiselle de Menon.) 1758, 2 vol. in-12.

Assemblée (l') des monosyllabes... Voy. « Recueil des facéties parisiennes. »

Assemblée (l') des notables, tenue à Paris ès années 1626 et 1627. Et les résolutions prises sur plusieurs questions et propositions d'état très-importantes pour le règlement de la justice, police, finance et des gens de guerre, officiers, rasements de châteaux et places fortes, et autres choses nécessaires pour la sûreté et gouvernement de ce royaume. Avec plusieurs harangues éloquentes prononcées par les plus notables personnages de l'Assemblée. (Par Paul Ardier, trésorier de France et greffier de cette assemblée.) *Paris, Cardin Besongne*, 1652, in-4, 4 ff. lim., 16 et 233 p.

Assemblée (l') des ombres aux Champs-Élysées, mélodrame en 2 actes et en prose suivi d'un divertissement. (Par Plaisant de La Houssaye.) *Genève et Paris, veuve Duchesne*, 1786, in-8, 53 p.

En l'honneur de J.-J. Rousseau.

Assemblée des sçavans et les présens des Muses pour les nopces de Charles-Emmanuel II, duc de Savoye, roy de Chypre, etc., avec Marie-Jeanne-Baptiste de Savoye, princesse de Nemours. (Par le P. Claude-François Menestrier.) *Lyon, veuve G. Barbier*, 1665, in-4.

Assemblée extraordinaire des journaux, ou dialogues des morts et des mourants. (Par Gilles.) *Paris, impr. de Goetschy*, 1824, in-8, 16 p.

Voy. « Encore une assemblée... »

Assemblée législative. Demandes en autorisation de poursuites contre M. Garnier-Pagès. Affaire Duclerc, gérant de la société en commandite par actions des mines de cuivre de Huelva. Mémoire adressé à MM. les députés, à l'appui de la demande faite pour obtenir l'autorisation de poursuivre M. Garnier-Pagès devant le tribunal correctionnel, comme ayant administré, pour le gérant, la société de Huelva, et comme son complice dans 1°, un pot de vin de 15,500 actions ; 2°, un détournement de fonds, par comptes-courants et par combinaison d'écritures ; 3°, un dividende fictif ; 4°, une escroquerie. *Bruxelles, impr. Briard*, 1868, in-8, 48 p.

Signé L. Bouffard, 68, rue Nollet, Paris-Batignolles. Les personnages contre qui cet écrit est dirigé eurent le crédit d'en faire interdire l'entrée en France.

Assemblée (l') nationale aux Français, 11 février 1790. *Paris, impr. nationale*, in-8, 11 p. — *Paris, P. Baudoin*, 1790, in-8, 11 p.

Attribué à Charles-Maurice de Talleyrand-Périgord. Il existe une édition, *s. l. n. d.*, in-8, 28 p., imp. sur deux colonnes, qui contient en regard du texte une critique intitulée : « Les Français à l'Assemblée nationale », 12 février 1790.

Assemblées (des) représentatives ; par l'auteur des « Considérations sur une année de l'histoire de France. » (A.-F. de Frénilly.) *Paris, L.-G. Michaud*, 1816, in-8, 272 p.

Association aux saints anges, proposée à tous les fidèles zélés pour la gloire de Dieu. (Par Yves Bastiou.) *Paris*, 1780, in-12.

Association de prières en l'honneur du saint-sacrement, pour demander la conservation et l'augmentation de la foi en France. (Par l'abbé Hilaire Aubert.) *Paris, impr. Egron*, 1822, in-12, 8 p. — 3e éd. *Lyon et Paris, Rusand*, 1823, in-18.

Une quatrième édition a été publié en 1828 sous le titre d'« Instruction gravée sur l'association... » *Lyon et Paris, Périsse frères*, in-18.

Voy. « Supercheries », II, 1168, *b*.

Association pour la préparation à la mort. (Par l'abbé Tissot.) *Besançon*, 1762, in-12.

Associations (les) ouvrières en Angleterre. (Par le comte de Paris.) *Paris, Germer-Baillière*, 1869, in-12.

Réimprimé avec le nom de l'auteur.

Associations (des) religieuses. Véritable état de la question. (Par l'abbé Dupanloup.) *Paris, J. Lecoffre*, 1845, in-8, 94 p.

Assurance du commerce, par M. L. L. P. (L.-L. Pélissart.) *Paris, Valade*, 1772, in-12. V. T.

Permission tacite.

Voy. « Supercheries », II, 795, *b*.

Astolphe, ou la fortune au bout du monde, drame héroïque en 4 actes et en vers (libres) par l'auteur du « Marquis de Tulipano » (J.-A. de Gourbillon). *Paris, Fayolle*, 1829, in-8, 133 p.

Astrée, ballet dansé à Avignon par les écoliers du collége de la compagnie de Jésus, le février 1686. (Par le P. Ant. De-

LAMOTTE, Jésuite.) *Avignon, L. Lemolt*, 1686, in-4, 20 p.

Astrée (l') de D'URFÉ, pastorale allégorique, avec la clé, nouvelle édition, (publiée par l'abbé SOUCHAY), où, sans toucher ni au fonds ni aux épisodes, on s'est contenté de corriger le langage et d'abréger les conversations. *Paris, Witte et Didot*, 1733, 10 vol. in-12.

Honoré d'Urfé n'avait publié lui-même que les 3 premières parties de son roman. La quatrième fut publiée en 1624, par Gabrielle d'URFÉ, nièce de l'auteur. BARO, qui avait été le secrétaire et l'ami d'Urfé, fut chargé par le neveu de ce dernier de rédiger la véritable 4e partie sur les manuscrits de l'auteur, ce qu'il fit en 1627.

L'abbé Lenglet du Fresnoy, dans sa « Bibliothèque des Romans », attribue à BORSTEL DE GAUBERTIN « la cinquième et la sixième partie de l'Astrée », publiées à Paris en 1625 et 1626, 2 vol. in-8.

On trouve dans la « Bibliothèque universelle des Romans », 1775, premier volume de juillet, une explication historique de l'« Astrée », d'après un manuscrit de M. de Paulmy, par le célèbre Patru, dans les œuvres duquel cette pièce curieuse, en forme de « Lettre à une Dame », ne se trouve pas. Cette clef d'un roman où sont racontés bien des faits véritables, mais altérés, est très-nécessaire pour l'intelligence du livre. Huet l'avait citée dans son « Origine des Romans », mais sans la faire connaître.

Voy. pour les éditions originales de ce roman célèbre, Brunet, « Manuel du libraire », 5e éd., t. V, col. 1014 et 1015, et pour le détail des différentes réimpressions « Recherches bibliographiques sur le roman d'Astrée », par M. A. Bernard, 2e éd. *Montbrison, imp. de Conrot*, 1861, in-8 de 24 p.

Astrologue (l') dans le puits, à l'auteur de la « Nouvelle Astronomie du Parnasse. » (Par François-A. AUBERT DE LA CHESNAYE DESBOIS.) *Paris*, 1740, in-12.

Astrologue parisien, ou le nouveau Mathieu Laensberg, à l'usage des habitants de la France. Orné de figures, par A. B. C. D. U. (Par Jean-Baptiste PUJOULX.) *Paris, veuve Lepetit*, 1812-1817, 6 vol. in-16.

Voy. « Supercheries », I, 160, *f*.

Astronomie des marins, ou nouveaux éléments d'astronomie à la portée des marins... par l'auteur des « Mémoires de mathématique et de physique rédigés à l'observatoire de Marseille (le P. Esprit PÉZENAS, Jésuite). *Avignon, veuve Girard*, 1766, in-8, XX-366 p. et les tables astronomiques formant 35 p. et 8 pl.

Astronomie (l') enseignée en vingt-deux leçons, ouvrage traduit de l'anglais sur la 13e édition, par Ph. C. (Philippe-Jean COULIER), ancien élève de Delambre. *Paris, Audin*, 1823, in-12, av. pl.

Voy. « Supercheries », I, 601, *b*; 802, *c*; III, 97, *f*.

Astronomie inférieure et naturelle. (Par Jean DE BONNEAU.) *Paris*, 1653, in-4.
V. T.

Astronomie nautique lunaire, où l'on traite de la latitude et de la longitude en mer. (Par P.-Ch. LE MONNIER.) *Paris, imp. royale*, 1771, in-8.

Astuces (les) de Paris, anecdotes parisiennes dans lesquelles on voit les ruses que les intrigants et certaines jolies femmes mettent en usage pour tromper les gens simples et les étrangers, par M. N*** (Pierre-J.-B. NOUGARET). *Londres et Paris, Cailleau*, 1776, 2 parties in-12.

Réimprimé avec quelques additions et le nom de l'auteur sous le titre de : « Les astuces et les tromperies de Paris ». *Paris*, an VIII, 3 vol. in-18.

Voyez « Supercheries », II, 1218, *d*.

Astucieuse (l') pythonisse, ou la fourbe magicienne, comédie en prose et en vers. (Par DUTRÉSOR.) *S. l. n. d.*, in-8.

Asyle... Voy. « Asile... »

Atale de Monbard, ou ma campagne d'Alger. Par Mme Adèle *** (la baronne DE REIZET.) *Paris, L'Huillier*, 1833, 2 vol. in-8.

Voy. « Supercheries », I, 191, *a*; III, 292, *e*. 1112, *d*.

Atalzaide, ouvrage allégorique. (Par Claude-Prosper JOLYOT DE CRÉBILLON fils). 1736, 1745, in-12.

Voyez les « Conseils pour former une Bibliothèque », par Formey, au chapitre des romans. M. Van Thol attribue cet ouvrage au comte DE SENECTERRE.

Athalie, tragédie tirée de l'Ecriture Sainte. (Par J. RACINE.) *Paris, D. Thierry*, 1691, in-4, IX-87 p., av. fig. — *Ibid.* 1692, in-12, fig. — *Suivant la copie, Amsterdam, A. Wolfgang*, 1691, in-12.

Athanaïse, ou l'orpheline de qualité, pensionnaire de l'abbaye Saint-Antoine, par M. G. D... (madame GUÉNARD.) *Paris, Le Rouge*, 1804, 4 vol. in-12.

Voy. « Supercheries », II, 145, *f*.

Athanasie de Réalmont, par madame Louise*** (BRAYER DE SAINT-LÉON). *Paris, Dentu*, 1817, 2 vol. in-12.

Voy. « Supercheries », II, 954, *f*.

Athée (l'), sophisme. (Par BOURSAULT.) *Paris, Dezauche*, 1833, in-8.

Athéïsme (l') découvert, par le P. Hardouin, jésuite, dans les écrits de tous les Pères de l'Eglise et des philosophes modernes. (Par Fr. DE LA PILLONIÈRE.) 1715, in-8.

Cet opuscule a été inséré par Saint-Hyacinthe dans

ses « Mémoires littéraires ». *La Haye*, 1716, petit in-8.

Athéïsme (l') renversé, ou réfutation de Spinosa. (Par le P. Fr. LAMY, bénédictin.) *Paris*, 1696, in-12.

Athlète (l') du christianisme, journal religieux, philosophique et littéraire. (Rédigé par M. F.-Amand SAINTES, converti au protestantisme en 1828.) *Paris, Brunot-Labbe*, 1827-1828, in-8.

Atlantis (l') de madame Manley, contenant les intrigues politiques et amoureuses d'Angleterre, et les secrets des révolutions depuis 1683 jusqu'à présent; traduit de l'anglois. (Par Henry SCHEURLEER et Jean ROUSSET.) *La Haye*, *Scheurleer*, 1713, 2 vol. in-8. — Seconde édit., avec la clef en marge. *Selon la copie imprimée à Londres chez Jean Morphew.* (*Amsterdam*), 1714-1716, 3 vol. petit in-8.

L'ouvrage de mistress MANLEY avait pour titre : « Secret memoirs and manners of several persons of quality,... from the new Atalantis, and Island in the Mediterranean ». Lowndes indique une septième édition de *Londres*, 1741, 4 vol. in-12. L'ouvrage contenant de vives attaques contre les auteurs de la révolution de 1688, l'imprimeur et l'éditeur de l'édition originale furent poursuivis.

Atlas archéologique de la Russie européenne, par le comte Jean POTOCKI, d'après la seconde édition imprimée à 12 exemplaires, nouvellement augmenté de la traduction russe du texte grec et françois. (Par P. DEIRIARD.) *Saint-Pétersbourg*, 1823, in-fol. de 6 cartes avec texte. A. L.

Atlas céleste de FLAMSTEED, approuvé à l'Académie royale des sciences, (revu par Pierre-Charles LE MONNIER, augmenté d'observations et d'un discours préliminaire par François PASUMOT, et d'un planisphère austral de Nic.-Louis DE LA CAILLE). Seconde édition, publiée par FORTIN. *Paris, Deschamps*, 1776, in-4.

Atlas de la Lombardie, in-4.

M. Dezauche, marchand de cartes géographiques, a adapté ce frontispice au « Théâtre de la guerre en Italie », par DHEULLAND et JULIEN. *Paris*, 1748, in-4.

Atlas et tables de géographie ancienne et moderne. Nouvelle édition. (Par Louis BRION DE LA TOUR.) *Paris*, *J.-J. Barbou*, 1777, in-8. D. M.

Atlas géographique et militaire, ou théâtre de la guerre présente en Allemagne, depuis 1756 jusqu'en 1761, par RIZZI-ZANNONI. (Avec le journal de cette guerre, par Et.-Fr. DROUET.) *Paris*, 1761, in-16.

Atlas historique des guerres de la révolution, de 1792 à 1815, dressé par P. G. (GIGUET), ancien élève de l'école polytechnique. *Paris, Paulin*, 1833, in-4.

Cet ouvrage a été aussi attribué, à tort, à CANION. Voy. « Supercheries », III, 94, *c*.

Atlas historique, ou introduction à l'histoire, à la chronologie et à la géographie ancienne et moderne, par M. C. (CHATELAIN), publié par GUEUDEVILLE et GARILLON. (Avec le supplément par H.-P. DE LIMIERS.) *Amsterdam, Chatelain*, 1718-1720, 7 vol. in-fol.

Voy. « Supercheries », I, 599, *a*, et 603, *b*.

Atlas moderne portatif, composé de 28 cartes; nouvelle édition augmentée des éléments de géographie. (Par Louis DOMAIRON, ex-jésuite.) *Paris*, *Laporte*, 1786, ou an X-1802, in-8.

Atlas national de France. (Par DUMEZ et P.-G. CHANLAIRE.) *Paris, Dumez*, 1790-1806 et aussi 1830, in-fol.

Atlas universel indiquant les établissemens des Jésuites avec la manière dont ils divisent la terre, suivi des événements remarquables de leur histoire. *Paris*, *Ambr. Dupont*, 1826, in-16, obl.

Réimpression de l'ouvrage intitulé : « Empire des Solipses, divisé en cinq Assistances et subdivisé par Provinces ». 1764, *Paris*, *Denis*, 45 feuillets y compris le titre.

Cet atlas est dû à Louis DENIS qui a publié plusieurs recueils de cartes.

L' « Avis de l'éditeur » de la nouvelle édition l'annonce comme une réimpression de l'« Atlas » publié en 1762 chez *Des Ventes de La Doué, à Paris*.

Attendez-moi sous l'orme, comédie. (Par Jean-Franç. REGNARD.) *Paris, Thomas Guillain*, 1694, in-12.

Attention ! (Par Jacq.-Lucien BOUSQUET-DESCHAMPS.) *Paris, Corréard*, 1820 (17 mai), in-8, 16 p.

Ouvrage condamné le 23 juin 1820.

Attila dans les Gaules, en 451, par un ancien élève de l'école polytechnique. (JOURNEUX, ingénieur en chef du département des Vosges). *Paris, Carilian-Gœury*, 1833, in-8. D. M.

Attilie, tragédie. (Par J.-B. LEGOUVÉ, avocat.) 1750, in-12. — Nouvelle édition, publiée par M. DE LA CROIX. 1775, in-8.

Attributions (des) de la législature relativement aux dépenses publiques. (Par Victor MASSON, maître des requêtes.) *Paris*, 1820, in-8.

Attributs (les) de la sainte Vierge Marie. *Besançon, Couché*, 1668, in-4.

Cet ouvrage, attribué à Jean TERRIER de Vesoul

est orné de 22 estampes de Jean Loisy, graveur de Besançon.

Au bénéfice des pauvres. Stances pour les malheureux. Poésie. (Par Paul Lechapelain.) *Lannion*, 1854, in-8.

Catal. de Nantes, n° 26874.

Au coin du feu. Vers dédiés à mes amis. (Par Charles-Auguste Chopin.) *Paris, Crapelet*, 1844, in-32.

Publication posthume tirée à petit nombre, faite par les soins de M. Em. Egger, et de plusieurs amis du défunt.

Au comité de sûreté générale de la Convention nationale. Du 25 ventôse an II. (Par Barbillat, citoyen de Nancy.) In-8

Catal. Noel, n° 973.

Au diable le meilleur! Conte. Par J.-J. L.... (Jean-Jacques Leroux.) *Paris, Delaunay*, 1820, in-8, 24 p.

Voy. « Supercheries », II, 405, *a*.

Au nom de la patrie, monsieur, daignez lire ceci avant d'opiner. *Paris, lundi 20 avril* 1789, in-8, 16 p.

Signé : de Gouy-d'Arsy.

Au peuple. Voy. « Il faut choisir. »

Au peuple de Paris, par un membre de l'Assemblée nationale. (Stanislas de Clermont-Tonnerre.) *S. l. n. d.*, in-8, 27 p.

Voy. « Supercheries », II, 1105, *c*.

Au peuple français, épître poétique. *Bruxelles, A. Labroue et comp.*, 1852, in-12.

Signé : A.-M. (Miner). J. D.

Au peuple souverain. Dénonciation contre les intrigants des Jacobins (Par M. L. Calben.) *Paris, impr. de Guffroy*, (1794), in-8.

Au pied des Pyrénées, nouvelles béarnaises. Par l'auteur de « Natalie » (Mme Charles de Montpézat). *Paris*, 1835, 2 vol. in-8.

Voy. « Supercheries », III, 1112, *a*.

Réimprimé à Bruxelles, 1839, 2 vol. in-18. Cette réimpression est donnée à tort par M. Delecourt sous le nom de N.-A. Salvandy, qui n'avait été que l'éditeur de « Natalie. »

Au premier consul de la République française, sur les recettes et dépenses pour le service de l'an IX. (Par Emm. Haller.) *Paris*, an IX-1801, in-4, 48 p.

Voy. les « Observations » de M. le comte Rœderer sur cet ouvrage, dans le t. II de ses « Opuscules ». *Paris*, 1802, in-8, p. 68-110.

Au prince. Du projet de réduction des rentes. (Par le marquis de La Gervaisais.) *Paris, Pihan-Delaforest*, 1836, in-8, 8 p.

Au R. P. en Dieu, messire Jean de Beauvais, créé par le feu roi Louis XV, évêque de Senez; par B., académicien (Voltaire). 1774, in-8, 8 p.

Voy. « Supercheries », I, 425, *f*.

Au roi. *Paris, Scherff*, 1815, in-4, 48 p.

Signé : L. A. S. A. D. S. P. E. D. S. R. (Louis-Antoine Salmon, ami de sa patrie et de son roi). D. M.

Au roy. *S. l.*, 1747, in-8.

Pièce de vers sur la prise de Berg-op-Zoom, commençant par ces vers :

Roi pacifique, et guerrier invincible,
Dont l'âme est douce et le pouvoir terrible,..

Par La Noue, comédien du roi, d'après une note manuscrite sur l'exemplaire de la Bibliothèque nationale.

Au roi, en son conseil. Pour les sujets du roi qui réclament la liberté de la France, contre des moines bénédictins devenus chanoines de Saint-Claude, en Franche-Comté. (Par Voltaire.) *S. l.*, 1770, in-8, 22 p.

Signé : Lamy, Chapuis et Paget, procureurs spéciaux.

Une note manuscrite sur l'un des exemplaires de la Bibliothèque nationale porte pour adresse : *Paris, imp. de M. Lambert*, août 1770.

Au roy et aux commissaires du conseil, députés par arrêt du 4 déc. 1723, pour connoître de l'appel comme d'abus du décret d'union et incorporation du collége des Jésuites de Reims à l'Université de cette ville. *Paris, C.-L. Thiboust*, 1724, in-fol., 180 p.

Signé : Dagoumer, recteur, Me Godefroy, avocat.

On lit la note manuscrite suivante sur l'exemplaire de la Bibliothèque Sainte-Geneviève, H 498. 4 réserve :

« Cette requête fut présentée par l'Université à M. Darmenonville, garde des sceaux, qui l'ayant communiquée aux Jésuites, ils supplièrent ce magistrat d'engager l'Université de supprimer cette requête, en lui promettant de ne point suivre davantage l'affaire de l'Université de Reims Cela fut convenu ainsi par l'Université, mais M. Dagoumer dit au magistrat qu'il en avait distribué cinq ou six exemplaires. Tout le reste fut supprimé. Celle-ci est une de celles qui avaient déjà été distribuées. »

Au roi et aux états généraux. Supplique présentée d'abord à l'assemblée des électeurs du tiers-état de Paris, qui n'a pu y être prise en considération. Pour sauver le droit du pauvre et pour l'intérêt commun de tous les ordres. (Par Lambert.) in-8, 16 p.

Au roy, fondateur et protecteur de l'Académie royale des médailles et inscriptions. Devise, madrigal et sonnet. (Par le P. Claude-François Menestrier.) *Paris, imp. de Ve A. Lambin*, 1701, in-fol.

Au roi, par un soldat du Berri (L. Mathieu), aux champs de Terremonde, le jour de la Saint-Charles. *Paris, l'auteur*, 1824, in-8, 8 p.

Voy. « Supercheries », III, 699, *e*.

Au roi. Présage très-auguste heureusement trouvé dans le sacré nom de Sa Majsté. (Par Fr.-Pierre BILLON.) *S. l.*, 1643, in-fol. plano.

Au roy, sur la paix de 1678. (Par PIERRE CORNEILLE.) *Paris, imp. de Pierre Le Petit*, in-fol. 4 p.

Au roy sur le sacre de Sa Majesté, avec l'épistre synodale des prélats de l'Eglise de France assemblez en la ville d'Orléans... (Par Matthieu GIRON.) *Paris, imp. de P. Chevillot*, 1594, in-8, 32 p. — *Lyon, imp. de Guichard, Jullieron et T. Ancelin*, 1594, in-8, 32 p.

Au roi, sur son arrivée (à Marseille). Les nymphes, idylle. (Par BONNEAU, oratorien.) *Marseille*, 1660, in-4. V. T.

Au savant archéologue, numismate, historiographe... et avocat Delorme, ou réponse à son article inséré dans la « Revue de Vienne »; par B. F. (BONJEAN fils). *Vienne*, 1838, in-4, 3 p.

Voy. « Supercheries », I, 522, *f*.

Au solitaire auteur des « Réflexions tirées de l'Ecriture sainte, sur l'état actuel du clergé de France », paix et salut. (Par l'abbé Guillaume-André-René BASTON.) (*Rouen*, 1791), in-8. — Point de réplique au solitaire. *Rouen*, 1791, in-8.

Au triomphe de la religion. Hymne latine avec une traduction en vers français. (Par Jean-Baptiste GOURIET.) *Paris, Gillé*, an XII-1803, in-8.

Aubade, ou lettres apologétiques et critiques à MM. Geoffroy et Mongin,... par l'auteur de la « Nouvelle théorie des êtres » (dom J.-B. AUBRY). *Commercy, Denis, s. d.*, in-12, VI-59 p.

Auberge (l') des Adrets. Manuscrit de Robert Macaire, trouvé dans la poche de son ami Bertrand. (Par Louis-Fr. RABAN.) *Paris*, 1833, 4 vol. in-12, avec grav.

Auberge (l'), ou les brigands sans le savoir, comédie en un acte (en prose) et en vaudevilles. (Par Ch.-Gasp. DELESTRE-POIRSON et A.-E. SCRIBE.) *Paris, J.-N. Barba*, 1813, in-8.

Auditeur (l') au conseil d'Etat, par Mme la comtesse O*** D*** (le baron Etienne-Léon DE LA MOTHE-LANGON), auteur des « Mémoires sur Louis XVIII », du « Consulat et l'Empire », de « la Femme du banquier », etc. *Paris, C. Lachapelle*, 2 vol. in-8.

Voy. « Supercheries », II, 1283, *c*.

Auditeur (l') des comptes. (Par François HUBERT, mort en 1674.) *S. l. n. d.*, in-8, 115 p.

Augures (les), ou la conquête de l'Afrique, à Elisabeth Farnèse, reine d'Espagne. (Poëme par B.-H. DE CORTE, baron DE WALEF.) *Liége, Jean Gramme*, 1734, in-8, 9 ff. et 67 p. Ul. C.

Auguste (l') convoi, ou le récit véritable des dispositions du feu roi pour sa sépulture, et des cérémonies faites à Saint-Denys en France pour sa pompe funèbre, avec une inscription pour mettre sur son tombeau. (Par CHATOUNIÈRES DE GRENAILLE.) *Paris, par F. Beauplet*, 1643, in-4, 8 p.

Auguste et Frédéric, par Madame DE B*** (BAWR). *Paris*, 1817, 2 vol. in-12.

Voy. « Supercheries », I, 441, *a*.

Auguste et Théodore, ou les deux pages, comédie en deux actes, en prose, et mêlée de chant, par MM. DEZÈDE et B. D. M. (baron DE MANTAUFFEL). *Paris, Knapen fils*, 1789, in-8.

Le nom de cet auteur n'a été connu qu'à l'occasion d'une discusion qui s'est élevée au Théâtre-Français. Cette comédie avait été d'abord attribuée à DEZÈDE et FAURE.

C'est une imitation de l'allemand d'Engel. SAUVIGNY y a coopéré. Voy. « Biographie universelle », t. XL, p. 498.

Voy. « Supercheries », I, 482, *b*.

Auguste, ou l'enfant naturel, drame en trois actes et en prose; représenté pour la première fois à Paris sur le théâtre de S. M. l'Impératrice, le 25 août 1812, par E... G... (Emmanuel GAILLARD). *Paris, Martinet*, 1812, in-8, 47 p.

Augustin (l') de France, ou confessions de M. D***, gentilhomme françois, ci-devant officier... Publié par L. R. P. B. D. S. M. (le rév. P. BURCARD, de St-Mansuet), et P. J. H. *Mayence et Francfort*, 1766, in-12, 400 p.

Réimpression du « Triomphe de la miséricorde de Dieu » attribué à Jean MAILLARD, jésuite. Voy. ce titre.

Voy. aussi « Supercheries », II, 080, *d*.

Augustin pénitent, poëme. (Par Mme LÉVÊQUE.) *Londres*, 1738, in-8, 38 p.

2e édition publiée la même année.

Augustin, poëme en cinq chants. (Par Jerôme LE ROI D'EGUILLY.) *Paris*, 1750, in-8.

Augustin supposé, ou raisons qui font voir que les IV livres du symbole que l'on a mis dans le IXe tome des Œuvres de S. Augustin, ne sont pas de lui. (Par Jean DE CROÏ.) *Genève*, 1655, in-8.

Cet ouvrage a été faussement attribué, par Du Pin, à Charles DRELINCOURT, pasteur de l'église de Paris. (Article communiqué par M. Boulliot.)

Augustine de Rochaimon, ou la vierge mère par générosité, par l'auteur « d'Alexandrine de Châteaufort » (madame DUPLESSIS). *Paris*, *Jouannaux*, 1801, 4 vol. in-12.

Augustins (les), contes nouveaux en vers, et poésies fugitives, par M. A. (A.-P.-A. PIIS). *Paris*, 1778, 2 vol. in-12, front. — Autres éd., *Rome*, *s. d.*, et *Londres*, 1779, 2 vol. in-12.

Voy. « Supercheries », II, 1019, *c*.

Aujourd'hui et demain, ou ce qu'il adviendra. Brochure politique. (Par Sosthènes DE LA ROCHEFOUCAULD-DOUDEAUVILLE.) *Paris*, *Dentu*, 1832, in-8, 44 p.

Aujourd'hui, y voyez-vous clair? ou conversations entre un Camusard (disciple de Camus) et un *catholique*, sur les affaires du temps. Seconde édition, revue et augmentée. (Par M. l'abbé ANTIGNAC.) *Paris*, *Crapart*, 1792, in-8, 63 p.

La 1re édit. est de 1791.

Aumône (l') chrétienne, ou tradition de l'Eglise, touchant la charité envers les pauvres. (Par Antoine LE MAISTRE.) *Paris*, *veuve Durand*, 1658, 2 vol. in-8. — *Lyon*, 1674, 2 vol. in-12.

Aurélia, ou Orléans délivré, poëme latin (qui n'a jamais existé), trad. en français. (Par l'abbé Jean DE ROUSSY.) *Paris*, *Mérigot*, 1738, in-12.

Suivant Quérard il y a des exempl. dont le titre porte : ... par M. A.

Voy. « Supercheries », I, 137, *a*.

Aurélie, ou l'intéressante orpheline, par Mlle L*** (Marie-Louise-Rose LEVÊQUE, depuis dame PÉTIGNY DE SAINT-ROMAIN) du département de la Nièvre. *Nevers*, *Lefebvre*, 1806, 2 vol. in-8.

Reproduit avec de nouveaux titres portant le nom de l'auteur et l'adresse de Paris.

Voy. « Supercheries », II, 475, *c*.

Aurélie, ou le Bigame, par Mme D***, auteur du « Caissier et sa fille », d'« Anna Petrowna »... (Mlle MARNÉ DE MORVILLE, dame DE ROME). *Paris*, *Lerouge*, 1814, 4 vol. in-12.

Aurigie (de l'), ou méthode pour choisir, dresser et conduire les chevaux de carrosse, de cabriolet et de chaise; suivie d'un nobiliaire équestre. Par M. le chevalier D'H ***, ancien élève du manége royal des Tuileries. *Paris*, *Dondey-Dupré*, 1819, in-8.

Par le chevalier d'HOZIER, d'après de Manne. Cette attribution a été reproduite dans la 2e éd. des « Supercheries », voy. t. II, 232, *a*. Quérard dans ses « Retouches » au Dictionnaire des anonymes de De Manne, la déclare fautive, et donne pour nom d'auteur le chevalier d'HÉMARS.

Aurora, ou l'amante mystérieuse, trad. de l'allem. (du comte Fr.-J.-H. DE SODEN), par le cit. D.... CHE (DUPERCHE). *Paris*, an X, 2 vol. in-12, avec 2 fig.

L'ouvrage original est intitulé : « Aurora, oder dunkel sind die Wege der Rache ». *Breslau*, 1801. Il porte le nom de l'auteur. Quérard, dans sa « France littéraire », après avoir indiqué cette traduction à l'article SODEN, la donne de nouveau à l'article VULPIUS, mais comme étant la traduction du roman publié par cet auteur sous le titre de : « Aurora, eine Gemalde der Vorzeit. »

Voy. « Supercheries », I, 874, *d*.

Aurore (l') de la félicité des Belges. (Par SCHOREL.) 179.., in-8.

Aurore et Phœbus, histoire espagnole. (Par Fr. PARFAICT.) *Paris*, *Ribou*, 1732, in-12.

Aurore (l') naissante, ou la racine de la philosophie, de l'astrologie et de la théologie... Ouvrage traduit de l'allemand de Jacob BÈHME sur l'édition d'Amsterdam de 1682, par le Philosophe inconnu (DE SAINT-MARTIN). *Paris*, *Laran*, an IX-1800, 2 vol. in-8.

Aurore (l'), nouveau jeu dédié à ceux qui jouent plus pour s'amuser et gagner l'estime des honnêtes gens que pour aucun autre motif. (Par COULON DE THÉVENOT.) *Paris*, 1773, in-8. V. T.

Ausoniade, ou la bataille de Marengo, poëme en dix chants, traduit de la langue helvétienne et accompagné de notes, par M. Adrien L *** (Adrien LEROUX), capitaine au corps du génie. *Paris*, *Le Normant*, 1807, in-8.

Voy. « Supercheries », I, 220, *f*, et II, 460, *e*.

Australie (l'). Découverte, colonisation, civilisation. 3e édition revue et corrigée. (Par Just-Jean-Etienne ROY.) *Tours*, *Mame*, 1860, in-8, 240 p.

La 1re éd. est de 1855. Elle porte le nom de l'auteur ; 4e éd. en 1867.

Autel (l') de Lyon consacré à Louis-Auguste, et placé dans le temple de la Gloire. Ballet dédié à Sa Majesté en son entrée à Lyon. (Par le P. Claude-François MENESTRIER.) *Lyon*, *J. Molin*, 1658, in-4.

Auteur (l') d'un moment, comédie en un acte, en vers et en vaudevilles; représentée sur le théâtre du Vaudeville, le samedi 18 février 1792. (Par F.-P.-A. Léger, acteur du Vaudeville.) *Paris, à la salle du théâtre, rue de Chartres*, février 1792, in-8. 1 f. de titre et 35 p. — *Paris, à la salle du théâtre*, mars 1792, in-8, 32 p.

Cette pièce, où Chénier était désigné de manière à ce qu'on ne pût s'y méprendre, occasionna à la seconde représentation un tumulte effroyable de la part des fanatiques révolutionnaires ; des pages de Louis XVI y furent blessés, et ce ne fut qu'avec peine qu'on parvint à sauver le théâtre de l'incendie et d'une destruction totale. (Biographie universelle et portative des contemporains.)

Auteur (l') de la nature... (Par Clément de Boissy.) *Paris*, 1782, ou 1785, ou bien encore an II, et toujours la même édition. 3 vol. in-12.

Auteur (l') des « Crimes de l'amour » à Villeterque, folliculaire. *Paris*, an IX-1800, in-12, 19 p.

Signé : D. A. F. Sade.

Réimprimé à la suite de « Zoloé et ses deux acolytes », éd. de *Bruxelles*, 1870, in-18. Voyez ce titre.

Auteur (l') du « Coup d'œil sur la compagnie de Jésus », au rédacteur du « Journal des arts, des sciences et de littérature ». Avant-propos. *Paris, Desenne*, an XI, in-4.

Voy. Coup-d'œil philosophique, politique et religieux sur cette société fameuse qui se nommait Compagnie de Jésus, par un ex-Jésuite, ex-directeur des ingénieurs attachés à l'intendance de Corse, aujourd'hui instituteur, rue Saint-Claude. *Paris, Desenne*, an XI, 1803, in-4.

L'exemplaire de la bibliothèque nationale est signé à la main Vuilliers. Plus tard il prit la qualité d'ancien officier supérieur du génie. Voy. le n° 3487 de Fleischer, dont Quérard a fait l'article consacré à Vuilliers, t. X de la « France littéraire. »

Auteur (l') du « Pape et le congrès », quel est-il? » (Par M. Marouzzi de Aguirre.) *Bruxelles, A. Labroque*, 1860, in-32, 32 p.

Auteur (l') du système, 1720-1825. (Par le marquis de La Gervaisais.) *Paris, Hivert*, 1825, in-8.

Auteur (l') du vrai Cid espagnol, à son traducteur françois, sur une lettre en vers qu'il a fait imprimer, intitulée : « Excuse à Ariste », ou après cent traits de vanité, il dit de soy-même : Je ne dois qu'à moi seul toute ma renommée. *Paris*, 1636, in-8.

Contre P. Corneille. Attribué par les uns à Claveret, et par M. Taschereau à Mairet.

Auteur (l') et sa fortune, satyre patriotique dialoguée, en vers et en prose... par un citoyen passif de la cité de Nancy (Nic.-Fr.-Xavier Gentillatre). *A Démocratopolis, aux dépens de l'aristocratie moderne*, 1790, in-8, 64 p.

a

Catal. Noel, 1396.

Auteur (l') fortuné, comédie en vers, en 1 acte, par Mme L***. (Lévêque, née Louise Cavelier.) 1740, in-12.

b Voy. « Supercheries », II, 465, *a*.

Auteur (l') justifié, ou examen de la recension faite par les journalistes de la « Bibliothèque universelle allemande », au sujet de la Physiologie de Necker, par B.... (Noel-Joseph Necker.) *Manheim*, 1778, in-8.

Voy. « Supercheries », I, 443, *f*.

Auteur (l') malgré lui (l'abbé R.-J. Duhamel) à l'auteur volontaire (Pierre de Chiniac de La Bastide du Claux, avocat au parlement), en réponse à l'écrit intitulé : « Réflexions importantes et apologétiques sur le nouveau commentaire du discours de M. l'abbé Fleury... touchant les libertés de l'Eglise gallicane... » *S. l.*, 1767, in-12, 176 p. et 1 f. d'errata.

c

Voy. « Supercheries », I, 410, *b*.

d Auteur (l') posthume, comédie en un acte et en vers. (Par Emile Souvestre.) *Nantes, Mellinet-Malassis*, 1830, in-8, 40 p.

Auteur (l') satyrique, comédie en un acte. (Par J.-B.-Den. Desprès, d'après l'opéra de Voisenon.) *Paris, Brunel*, 178[illegible], in-8.

Auteurs déguisez sous des noms étrangers, empruntez, supposez, feints à plaisir, chiffrez, renversez, retournez ou changez d'une langue en une aultre. (Par Adrien Baillet.) *Paris, A. Dezallier*, 1690, in-12, XXVI-615 p.

e

Cet ouvrage, le premier publié en France sur ce genre de recherches bibliographiques, a été réimprimé dans le t. VI de l'édition en 7 vol. in-4, des « Jugements des savants sur les principaux ouvrages des auteurs, par A. Baillet. » *Paris*, 1722.

f

Ce n'était qu'un traité préliminaire qui devait être suivi du « Recueil des auteurs déguisés » ; malheureusement, l'auteur mourut en 1706 sans l'avoir publié, et ce ne fut que cent ans plus tard que son projet, considérablement augmenté, fut mis à exécution par Barbier, lorsqu'il publia en 1806 la première édition de son « Dictionnaire des ouvrages anonymes et pseudonymes », dans le Discours préliminaire duquel il rend hommage à l'érudition de son prédécesseur.

Auteurs (les) en belle humeur... par G*** (Gueret). *Amsterdam, L'Honoré*, 1723, in-12.

Voy. « Supercheries », II, 115, *e*.

Authenticité (l') des livres, tant du Nouveau que de l'Ancien Testament, démontrée, et leur véridicité défendue, ou réfutation de la « Bible enfin expliquée, » de V*** (de Voltaire). (Par l'abbé Jos.-Guill. CLÉMENCE, chanoine de Rouen.) *Paris, Moutard*, 1782, in-8.

Le nom de l'auteur se trouve dans le privilége. Le faux-titre porte : « Réfutation de « la Bible enfin expliquée par de V... », et c'est sous ce titre qu'une nouvelle édition en a été donnée, « mise dans un nouvel ordre et augmentée... par l'abbé MARQUET, chanoine de Nanci. » *Nanci, Hæner*, 1826, in-12.

Pour l'ouvrage de Voltaire, voy. les « Supercheries », I, 403, *d*, et la « France littér. », t. X, p. 289.

Authenticité des pièces du procès criminel de religion et d'état, qui s'instruit contre les Jésuites depuis deux cents ans, démontrée...(Par dom Ch. CLÉMENCET, bénédictin.) 1760, in-12.

Autobiographie politique (1848-1866). La politique considérée dans ses principes et dans son application aux temps passés et au temps présent. (Par Lazare AUGÉ.) *Paris*, 1866, in-8, 48 p.

Autocratie (de l') de la presse et des moyens d'organiser son action périodique et commerciale, dans l'intérêt de la stabilité des Etats et de la prospérité des peuples. Par G. L. B. (G. LIBRI-BAGNANO). *La Haye*, 1834, in-8, LX-574 p.

Voy. « Supercheries », II, 188, *e*.

Automatie des animaux, suivie de quelques réflexions sur le mahométisme et l'agriculture, par un partisan de Descartes (André-Ch. CAILLEAU, libraire). *Paris*, 1783, in-12. V. T.

Voy. « Supercheries », III, 33, *f*.

Automne (l'), idylle. (Par F.-C. DU CHEMIN DE LA CHESNAYE.) *Paris*, 1771, in-8.

Autorité (l') de l'Eglise et de ses ministres, défendue contre l'ouvrage de M. Larrière, intitulé : « Suite du préservatif contre le schisme. » (Par Gabriel-Nicolas MAULTROT.) *Paris, Dufresne et Lallemand*, 1792, in-8, 257 p.

Autorité (de l') de Montesquieu dans la révolution présente. (Par Philippe-Ant. GROUVELLE.) 1789, in-8, IV-139 p.

Réimprimé dans la « Bibliothèque de l'Homme public », rédigée par M. Balestrier de Canilhac, t. VII, 1re année.

Autorité (de l') de Rabelais dans la Révolution présente et dans la Constitution civile du clergé, ou Institutions royales, politiques et ecclésiastiques, tirées de « Gargantua » et de « Pantagruel. » (Par Pierre-Louis GINGUENÉ.) *En Utopie, de l'imprimerie de l'abbaye de Thélème. Paris Gattey*, 1791, in-8, 155 p.

Cet ouvrage a reparu sous ce titre : « Esprit de Rabelais... » Voy. ces mots.

Autorité (l') de S. Augustin et de S. Thomas dans l'Eglise catholique... (Par le P. Jos. DUFOUR, dominicain.) *Francfort-sur le-Mein* (*Toulouse*), 1773, 2 vol. in-12. — Nouvelle édition (ou plutôt nouveau frontispice). *Paris, Nyon l'aîné*, 1776, 2 vol. in-12.

Autorité (de l') de S. Pierre et de S. Paul qui réside dans le pape, successeur de ces deux apôtres... (Par Ant. ARNAULD.) *S. l.*, 1645, in-4, 78 p.

Autorité (de l') des deux Puissances. (Par l'abbé PEY.) *Strasbourg et Liége*, 1781, 3 vol. in-8. — *Strasbourg et Bruxelles, Dujardin*, 1788, 2 vol. in-8. — *Liége*, 1790, 4 vol. in-8.

Autorité (l') des rois de France est indépendante de tout corps politique; elle était établie avant que les parlements fussent créés. (Par Ange GOUDAR.) *Amsterdam*, 1788, in-8, VIII-125 p.

Autorité (de l') du clergé et du pouvoir du magistrat politique sur l'exercice des fonctions du ministère ecclésiastique, par M*** (Fr. RICHER, avocat au parlement). *Amsterdam* (*Paris*), 1767, 2 vol. in-12.

Voy. « Supercheries », III, 1057, *e*.

Authorité (de l') du roy et crimes de leze-maiesté, qui se commettent par ligues, désignation de successeur et libelles escrits contre la personne et dignité du prince. (Par Pierre DE BELLOY.) *S. l.*, 1587, in-8, 74 ff. — *Paris, Jamet Mettayer*, 1594, in-8, 74 ff.—*S. l. n. d.*, in-8, 74 ff.

Autorité (de l') du roi, touchant l'âge nécessaire à la profession solennelle des religieux. (Par ROLLAND LE VAYER DE BOUTIGNY.) *Paris, Cottin*, 1669, in-12. — Nouvelle édition, avec le nom de l'auteur. *Amsterdam* (*Paris*), 1751, in-12.

Autorité (l') législative de Rome anéantie, ou examen rapide de l'histoire et des sources du droit canonique, dans lequel on prouve ses incertitudes, ses abus et la nécessité de lui substituer, pour la discipline de l'Eglise, des lois simples... (Par J.-P. BRISSOT.) *S. l.*, 1784, in-8, 73 p.

Réimprimé avec le nom de l'auteur, et sous ce titre : « Rome jugée, l'autorité du pape anéantie, pour servir de réponse aux Bulles passées, nouvelles et futures du Pape. » *Paris*, 1791, in-8, 68 p.

Autres rêveries sur le magnétisme animal, à un académicien de province, par l'abbé P*** (PETIOT, de l'Académie de La Rochelle). *Bruxelles*, 1784, in-8, 48 p.

Voy. « Supercheries », III, 8, *d*.

Autriche (l') dans les Principautés danubiennes. (Par Ch. DUVEYRIER.) *Paris*, 1858, in-8.

Autriche (de l') et de son avenir. (Par le comte DE BUCQUOY.) Trad. de l'allem. sur la dernière édit. (Par le baron Victor ANDRIAN.) *Paris*, *Amyot*, 1843, in-8, 180 p.

Autriche (l') et ses réformes. (Par la baronne BLAZE DE BURY.) *Paris*, 1861, in-8, 39 p.

Autrichienne (l') en goguette, ou l'orgie royale, opéra-proverbe composé par un garde-du-corps (François-Marie MAYEUR DE SAINT-PAUL), publié depuis la liberté de la presse et mis en musique par la reine. *S. l.*, 1789, in-8, 16 p.

Il a été fait à Bruxelles, en 1807, une réimpression in-8 de ce pamphlet, grossie d'une anecdote tirée du « Parc aux Cerfs. »

Voy. « Supercheries », II, 136, *a*.

Autun chrétien, la naissance de son église, les évêques qui l'ont gouvernée, et les hommes illustres qui ont été tirés de son sein pour occuper les siéges les plus considérables de ce royaume et les premières dignités de l'Eglise, ses prérogatives et son progrès. *Autun*, *J. Guillimin*, 1686, in-4, 6 ff. lim., 228 p. et 5 ff. de table.

L'Epître est signée : SAUNIER.

Aux âmes dévotes de la paroisse de Veretz, département d'Indre-et-Loire. (Par Paul-Louis COURIER.) *Paris*, *chez les marchands de nouveautés*, 1821, in-8.

Aux anciens royalistes. *Paris*, *impr. Ed. Proux et Cie*, in-8, 32 p.

Cette brochure remarquable, publiée après la révolution de 1848, est signée CHAUVIN-BEILLARD. Elle n'est pas annoncée dans la « Bibliographie de la France. »

Aux Anglais, fragment d'un ouvrage sur la situation politique de l'Europe. (Par Louis-Grégoire LE HOC.) *Paris*, *Emmanuel Brosselard*, an VI-1798, in-8.

Aux artistes. Du passé et de l'avenir des beaux-arts. (Par Emile BARRAULT.) *Paris*, *A. Mesnier*, 1830, in-8, 84 p.

Aux Bataves sur le stathoudérat, par le comte DE MIRABEAU, avec des notes. (Attribuées à DUMONT-PIGALLE et à Paul-Henri MARRON, ministre protestant.) *S. l.*, 1788, in-8.

a Aux bons François. (Par l'abbé Jean DU BOIS-OLIVIER.) *S. l. n. d.*, in-8, 22 p. — *S. l. n. d.*, in-8, 12 p. et 1 f.

Aux bons patriotes, salut. (Par CHAILLON, avocat ; et publié à Rennes, le 10 novembre, suivant une note manuscrite.) *S. l.*, (1788), in-8, 8 p.

Aux colons de Saint-Domingue. (Par David DUVAL-SANADON, chevalier de Saint-
b Louis et colon de Saint-Domingue.) *Paris*, *impr. de Cellot*, 1789, in-8, 24 p.

Aux constituants de la république démocratique sur leur projet de constitution monarchique. (Par Louis LEDIEU.) *Paris*, *Chaumont*, 1848, in-8.

Aux cosmopolites, le soleil et ses effets, par le chevalier DE S*** (DE SORNAY). *Paris*, 1792, in-8.

c Voy. « Supercheries », III, 487, *f*.

Aux cultivateurs, ou dialogue, peut-être intéressant, tiré d'un manuscrit qui a pour titre : « Entretiens d'un vieil agronome et d'un jeune cultivateur, par M. B*** (B. BLANCHOT). *Londres et Paris*, 1746, in-12, 48 p.

Aux Dauphinois. (Par MOUNIER.) 1789, in-8, 30 p.

d Aux députés de la nation française aux Etats-Généraux. (Par M. MOSSERE, directeur des domaines.) 1789, in-8.

Aux électeurs. *Paris*, *imp. de Mme de Lacombe*, 1837, in-8, 20 p.

Signé : J. G. (GIRAUDEAU DE SAINT-GERVAIS). Une seconde édition a paru la même année avec le nom de l'auteur.

Voy. « Supercheries », II, 399, *e*.

e Aux électeurs de l'Oise. (Par André DE NANTEUIL.) *Paris*, *imp. de Chaignieau fils aîné*, 1824, in-8.

Aux électeurs de la Haute-Loire, la politique de nos deux députés. (Par ROBERT.) *Paris*, *Lechevalier*, 1868, in-8.

Aux électeurs du département de l'Orne. (Par Léon DUCHESNE DE LA SICOTIÈRE.) *Alençon*, *Poulet-Malassis*, 1848,
f in-4, 4 p.

Aux électeurs du département de la Charente-Inférieure. (Par Charles-Marie TANNEGUY-DUCHATEL.) *Bordeaux*, *impr. de J. Coudert*, (octobre 1828), in-8, 8 p.

Aux électeurs. Instruction sur la nouvelle loi électorale. Aide-toi, le ciel t'aidera. (Par Benjamin DEJEAN.) (*Paris*), *impr. de Guiraudet*, (1828), in-8, 13 p.

Aux ennemis des lois constitutionnelles

et de la Charte. (Par A. BOBÉE.) *Paris, impr. de A. Bobée*, 1820, in-8, 4 p.

En vers.

Aux étudiants en droit, épître en vers, par un jeune avocat (Léopold BOUGARRE). Deuxième édition... *Paris*, 1837, in-8. — 3e édit. *Paris, Béchet*, 1840, in-8.

Le titre de la 3e éd. porte : « Par un avocat. » Voy. « Supercheries », II, 390, *e*.

Aux femmes. Le chaos, l'humanité, l'harmonie, par *** (DE PRÉCORBIN), ingénieur civil. *Paris*, 1855, in-8, 208 p.

Voy. « Supercheries », III, 1113, *a*.

Aux femmes. Poëme (par Mme la baronne Trinette DE DIEUDONNÉ DE CORBECK-LOO, née DE JOESLENS ou JOOSTENS). *Louvain, Vanlinthout*, 1846, in-8, 51 p.

Tiré à petit nombre.

Aux Finistériens. (Par LESVEQUES, fils aîné, pharmacien à Brest.) *Brest*, 1819, in-8.

Sur les élections.

Aux Français. Deux mots de vérité à chacun selon son état et son intérêt. (Par le marquis J.-B.-M.-Fréd. DE CHABANNES.) *Londres, Schulze et Dean*, 1815, in-8, 71 p.

Aux Français. Par un citoyen, auteur du « Catéchisme de l'honnête homme » (le marquis J.-B.-M.-Fréd. DE CHABANNES). *Paris*, 1790, in-8, 32 p.

Aux Français, sur la nouvelle Constitution. (Par CONDORCET.) 1793, in-8, 32 p.

Réimprimé dans le 18e vol. de la collection des « Œuvres de Condorcet ». *Brunswick (Paris)*, 1804, 21 vol. in-8.

Aux Français, sur le payement des contributions. (Par E.-T. SIMON.) *Paris*, 1791, in-8. V. T.

Aux grands. Voy. « La première aux grands. »

Aux habitants du canton de Berne. (Par Nicolas CASTELLA.) *Paris*, 1790, in-12.

Aux habitants du pays de Vaud, esclaves des olygarques de Fribourg et de Berne. (Par le général Fréd.-Cés. DE LA HARPE.) *Paris*, 1797, in-8.

Aux habitants du quartier Léopold. (Par Henri DANDELIN.) *Saint-Josse-Ten-Noode*, 1852, in-8, 3 p.

Voy. « Supercheries », II, 238, *a*.

Aux hommes monarchiques, fragments de divers écrits. (Par le marquis DE LA GERVAISAIS.) *Paris, Pihan-Delaforest*, 1830, in-8, 16 p.

Aux hommes monarchiques, nouveaux fragments. (Par le marquis DE LA GERVAISAIS.) *Paris, Pihan-Delaforest*, 1830, in-8, 24 p.

Aux Juifs portugais, allemands et polonais, ou réfutation d'un livre intitulé : « Lettres de quelques Juifs, par le Vieillard du mont Caucase » (VOLTAIRE). *Rotterdam*, 1777, in-12.

Réimpression de la brochure : « Un Chrétien contre six Juifs. » Voyez le Voltaire de Beaumarchais, édition in-8, t. XXVII.

Aux mânes de Diderot. (Par J.-H. MEISTER.) *Londres et Paris, Volland*, 1788, in-12, 35 p.

Réimprimé, avec le nom de l'auteur, dans les « Œuvres » de Diderot, éd. Brière, *Paris*, 1821, « Mémoires historiques », p. 417.

Aux mânes de J.-J. Rousseau, poëme. (Par LE SUIRE.) *Genève et Paris*, 1780, in-12.

Aux mânes de La Rochefoucauld. Hommage d'un ancien élève de l'école de Chalons (Arm.-R. MAUFRAS-DUCHATELLIER). *Paris, imp. de Boucher*, 1827, in-8, 16 p.

Voy. « Supercheries », I, 327, *e*.

Aux mânes de Louis XV et des grands hommes qui ont vécu sous son règne, ou essai sur les progrès des arts et de l'esprit humain sous le règne de Louis XV. (Par Paul-Philippe GUDIN DE LA BRUNELLERIE.) *Aux Deux-Ponts*, 1776, 2 vol. in-8. — *Lausanne*, 1777, 1 vol. in-12.

L'introduction de cet ouvrage en France fut défendue par la police.

Aux mânes de Louis XVI et de Marie-Antoinette, ou recueil de discours, opinions, observations de MM. Desèze, de Chateaubriant, de Cazo, de Lally-Tollendal, Marcellus, et autres pièces qui ont paru en faveur de leur justification. Recueillis par *** (André MIGON), employé à la bibliothèque de la ville de Paris. *Paris, Pouplin*, 1816, in-18, 132 p.

Voy. « Supercheries », III, 1023, *b*, et 1096, *d*.

Aux mânes de Voltaire, dithyrambe qui a remporté le prix au jugement de l'Académie françoise. (Par LA HARPE.) *Paris, Demonville*, 1779, in-8.

Aux mânes de Voltaire, par un citoyen de l'Univers. (DOIGNI ou DOIGNY DU PONCEAU.) *Amsterdam (Paris, Demonville)*, 1779, in 8.

Voy. « Supercheries », I, 730, *f*.

Aux monarques alliés. Des véritables intérêts de la Suède et de la nécessité pour elle de retourner à ses légitimes souverains. (Par Ant. Touss. DESQUIRON DE SAINT-AIGNAN.) *Paris, Chaumerot*, 1815, in-8, 20 p.

Aux notables assemblés. (Par l'abbé Jos.-André Brun.) 1788, in-8.

Aux parents de F. Rennoir et à tous ceux qui l'ont aimé, ses amis. (*Liége, Oudart,*) 1844, in-8, 47 p.

Recueil de différents articles publiés dans la « Revue belge », reproduits par les soins de E. Frensdorff. La pièce de vers à François Rennoir, signée P. S., qui termine cette brochure, est de V. Henaux.
Ul. C.

Aux Parisiens. Projet d'assemblées de quartiers, pour la ville de Paris. (Par Jacques Peuchet.) *S. l.* (1788), in-8, 3 p.

Aux pieds de la Vierge. (Par le comte de La Rivallière-Frauendorf.) *Paris*, 1840, in-18.

Aux royalistes, par un républicain de la veille (de Bénazé), 15 janvier 1850. *Paris, E. Blanchard, s. d.*, in-8.

Voy. « Supercheries », III, 394, *b*.

Aux Saint-Simoniens et aux Saint-Simoniennes. Sur la nécessité et la possibilité de rallier la doctrine de Saint-Simon à la foi chrétienne et au christianisme temporel annoncé dans les Écritures. (Par A.-F. Bourgeois.) *Paris, impr. d'Everat*, 1837, in-8, XXIII-33 p.

La préface est signée Marie-Félix.

Aux souverains de l'Europe. *Coblentz, imp. de N. Waterloop*, et *Paris*, 1791, in-8, 40 p. — Autre édit., *Coblentz et Tournay, A.-J. Blanquart*, 1791, in-8, 31 p.

Par l'abbé Parant, suivant une note manuscrite sur l'exemplaire de la Bibliothèque nationale.

Aux trois ordres de la nation, avec cette épigraphe tirée de Virgile : « O fortunatos nimium, sua si bona norint ! » (Par le marquis Anne-Pierre de Montesquiou-Fezenzac.) *S. l.*, 1789, in-8, 30 p.

Avadoro, histoire espagnole, par M. L. C. J. P. (M. le comte Joseph Potocki.) *Paris, Gide fils et H. Nicolle, Versailles, imp. Jacob*, 1813, 4 vol. in-12.

Voy. « Supercheries », II, 702, *d*.

Avant-coureur (l'), feuille hebdomadaire, depuis 1760 jusqu'en 1773, inclusivement. (Par Anne-Gabriel Meusnier de Querlon, de Jonval, P.-J. Boudier de Villemert, Jacques La Combe et Nic. Bracaire de La Dixmerie.) *Paris, Lambert*, 1760-1773, 13 vol. in-8.

Voy. Hatin, « Bibliog. de la presse », p. 64.

Avant-coureur (l'), journal politique et littéraire. *Paris*, an V, in-4.

Suite de « l'Invisible. » Voy. ce titre.

Avant le procès. Notes biographiques sur Lowski, le Polonais sans ouvrage, dit de Stamir (Alexandre) et sur Marchal, dit de Bussy. *Bruxelles, Thiry*, in-12, 16 p.

Signé : E. P. (Pécheux), artiste français qui a signé des caricatures du pseudonyme Grangé.

Avant (l') naissance de Claude Dolet, fils d'Estienne Dolet ; composé en latin par le père (Etienne Dolet), et maintenant par ung sien amy traduicte en langue françoise... Le tout en rime. (Avec les dixains et huitains de Claude de Touraine.) *Lyon, Estienne Dolet*, 1539, in-4, 32 p.

Avant-postes (les), ou l'armistice, vaudeville anecdotique en un acte ; représenté pour la première fois sur le théâtre du Vaudeville, le 2 fructidor, an VIII. (Par Audras, Tournay et J.-B.-C. Vial.) *Paris, Chollet*, an IX, in-8, 31 p.

Avant-projet d'une rue de fer. (Par Carton de Wiart.) *Bruxelles, Devroye*, 1858, in-18. J. D.

Avant (l') victorieux. (Par P. de l'Hostal, de Roquebonne.) *Orthès, Royer*, 1610, in-8, 4 ff. lim., y compris le frontispice gravé et un portrait d'Henri IV à cheval, par Gaultier, et 340 p.

Trois éditions la même année, dont une porte : Par l'auteur du « Soldat et du chevalier françois. »

Dans le privilége le nom de l'auteur est écrit l'Hostal, tandis que sur le titre de « La Navarre en deuil » du même auteur, on lit P. de L'Ostal.

Avantage (l') sans avantage. (Par Nicolas Catherinot.) *S. l. n. d.*, in-4.

Avantages (des) attachés à la clôture des femmes, et des inconvénients inséparables de leur liberté, ouvrage traduit du chinois en russe, par le prince Karikoff, et du russe en français par A. D. (Delpla.) *Paris, Lanoë et Crochard*, 1816, in-12, XXXII-180 p.

Voy. « Supercheries », I, 181, *f*.

Avantages (les) d'une bonne discipline, et moyen de l'entretenir dans les corps... suivi d'un essai historique sur l'infanterie française, d'un précis sur l'origine des grades militaires en France, et d'une notice abrégée sur la forme des armes offensives et défensives dont les Français se sont servis avant et depuis l'invention de la poudre. (Par J.-B. Avril, ex-inspecteur du service des subsistances militaires.) *Paris, Anselin et Pochard*, 1824, in-8.

Avantages (des) d'une constitution libérale. (Par Boyer-Fonfrède.) *Paris*, 1814, in-8, 115 p.

Avantages (les) de l'amitié chrétienne, ou lettres à Gustave. (Par l'évêque de Metz, G.-J.-A.-G. JAUFFRET.) *Paris, veuve Nyon*, (1803), in-12, 384 p.

Avantages (des) de l'esprit d'observation dans les sciences et dans les arts, avec quelques remarques relatives à la physionomie. (Par Xavier ATGER de Montpellier.) *Paris, de Beausseaux*, 1809, in-8.

A l'appui de cet opuscule, l'auteur a réuni 6 à 700 portraits de personnages distingués de tous les états et de nations diverses, formant 5 gros vol. in-fol. avec plusieurs notes manuscrites. Ce recueil de portraits, et quelques autres de dessins et estampes d'artistes méridionaux, sont dans la bibliothèque de l'école de médecine de Montpellier, à qui ce savant en a fait hommage.

Quérard « France littéraire », I, p. 107.

Avantages de la fuite de Louis XVI et nécessité d'un nouveau gouvernement. (Par F. ROBERT.) *Paris, Paquet*, 1791, in-8, 2 ff. de titre et 95 p.

Réimprimé la même année avec le nom de l'auteur et cette addition au titre : Seconde édition du républicanisme adapté à la France.

Avantages de la langue françoise sur la langue latine. Par monsieur LE LABOUREUR. *Paris, Guillaume de Luyne*, 1669, in-12, 18 ff. et 360 p., plus un f. d'errata.

Recueil publié par SORBIÈRE qui a signé l'épître dédicatoire au duc de Chevreuse. Ce sont trois dissertations de Le Laboureur, avec deux réponses en latin, de SLUSE, ou SLUYS (SLUSIUS), chanoine de l'église cathédrale de Liége, traduites par l'éditeur « afin que les ruelles en eussent leur part ».

Avantages (des) de la philosophie relativement aux belles-lettres. (Par J.-Fr. COSTE, médecin en chef de l'hôtel des Invalides.) *Nancy, Hyacinthe Leclerc*, 1774, in-8, 58 p.

Avantages (les) de la réunion à la France. (Par M. Gaspard DÉNARIÉ.) *Chambéry, imp. du gouvernement*, (1860), in-16.

Avantages des caisses établies en faveur des veuves dans plusieurs gouvernements, et démonstration de leurs calculs. Par l'auteur de la « Caisse des épargnes du peuple » (DE LA ROQUE, valet de chambre de la reine, ci-devant avocat au Parlement de Paris). *Paris, Didot*, 1787, in-8.

L'ouvrage mentionné dans le titre est intitulé : « Etablissement d'une caisse générale... » Voy. ces mots.

Avantages des inventaires des titres et papiers, tant anciens que nouveaux. (Par CARPENTIER de Beauvais.) *Paris*, 1768, in-8.

Avantages du dessèchement des marais et manière de profiter du terrain desséché. (Par Louis-Etienne BEFFROY DE BEAUVOIR.) *Paris*, 1789, in-8. D. M.

Avantages du mariage, et combien il est nécessaire et salutaire aux prêtres et aux évêques de ce tems-ci d'épouser une fille chrétienne. (Par Pierre DESFORGES, chanoine d'Estampes.) *Bruxelles*, 1758, 2 vol. in-12.

Cet ouvrage, fort rare, et des plus singuliers, fournit le seul exemple qu'on puisse trouver, à cette date de 1758, d'un ecclésiastique prêchant les théories que les prêtres constitutionnels devaient pratiquer 34 ans plus tard. Aussi fut-il condamné par arrêt du Parlement du 30 septembre 1758, à être lacéré et brûlé par la main du bourreau, ce qui fut exécuté. Les exemplaires furent détruits avec soin, ce qui explique la rareté de ce volume. L'auteur fut mis à la Bastille. Voy. Peignot, « Dictionnaire des livres condamnés.... » I, p. 104.

L'abbé M.-A. de Villiers publia en réponse à ce livre : « Apologie du célibat chrétien », voy. ce titre.

Avantages (les) incontestables de l'Église sur les Calvinistes, dans la dispute de M. Arnault et du ministre Claude. (Par l'abbé Jean LENOIR, théologal de Séez.) *Paris, veuve de Claude Thiboust*, 1673, in-8.

Avantures... Voy. « Aventures. »

Avare (l'), comédie de MOLIÈRE, avec des remarques, par M. L. B. (LE BRET). *Paris, Leclerc*, 1751, in-12.

Voy. « Supercheries », II, 691, *d*.

Avare (l') dupé, ou l'homme de paille, comédie. (Par Samuel CHAPUZEAU.)

Attribuée aussi quelquefois à DORIMOND.

L'auteur a reproduit cette pièce sous le titre de : « La dame d'intrigue ». Voy. Catalogue Soleinne, n° 1288.

Avénement (de l') d'Elie, où l'on montre la certitude de cet événement, et ce qui doit le précéder, l'accompagner et le suivre. (Par l'abbé Alexis DESESSARTS.) *En France*, 1734, 2 parties in-12.

Avénement de Charles X. (Par le chevalier DE SAPINAUD DE BOISHUGUET.) *Paris, A. Leclere, s. d.*, in-8.

Catal. de Nantes, 26624.

Avenir (de l') des idées impériales et des changements à opérer dans le régime constitutionnel. (Par N. CAVEL.) *Paris, Charpentier*, 1840, in-8, 87 p.

Avenir (de l') du crédit en Belgique. Le Trésor public et les banques de circulation, par un ancien représentant (J. COOLS, conseiller à la Cour des comptes). *Bruxelles, Decq*, 1827, in-8, 158 p.

Voy. « Supercheries », I, 343, *d*.

Avenir (l'), journal politique, scientifique et littéraire. Rédigé par MM. DAGUERRE et WAILLE. (17 octobre 1830 —

15 novembre 1831.) *Paris, bureau rue Jacob*, n° 20, 395 numéros in-fol.

Rédigé par les abbés F. DE LA MENNAIS, LACORDAIRE, Ph. GERBET, ROHRBACHER, et MM. Ch. DE COUX, Ad. BARTELS, le comte DE MONTALEMBERT, DAGUERRE et D'AULT-DUMÉNIL.

Adventure admirable par dessus toutes autres des siècles passés et présents, qui contient un discours touchant les succez du roy de Portugal Dom Sebastien depuis son voyage d'Afrique, auquel il se perdit en la bataille qu'il eut contre les infideles l'an 1578, jusqu'au 6 de janvier an présent 1601. Auquel discours il y a plusieurs histoires par lesquelles appert évidemment que celui que la seigneurie de Venise a retenu prisonnier l'espace de deux ans et vingt-deux jours être le propre et vrai roy de Portugal D. Sébastien..., traduit du castillan en françois. *S. l.*, 1601, in-8, 126 p. — *S. l.*, 1601, in-12, 179 p.

Attribué par Niceron à Joseph TEIXEIRA.

Autre édit. sous le même titre à peu près (*S. l.*), 1601, pet. in-8, 97 p., auquel se réunit la « Suytte de l'adventure admirable... » 1602, pet. in-8, 60 ff., et aussi : « Histoire véritable des dernières et piteuses adventures de don Sébastien... depuis sa prison de Naples ». *S. l.*, pet. in-8, 24 p.

Aventure de Colette, ou la vertu couronnée par l'amour. (Par Ch. COMPAN.) *Amsterdam* (*Paris*), 1775, in-8. V. T.

« Bibliothèque universelle des Romans », septembre 1775.

Aventure de la mémoire. (Par VOLTAIRE.) 1774, in-8.

Aventures curieuses et plaisantes de M. Galimafré, homme du jour, ouvrage que personne n'a jamais lu, et que tout le monde voudra lire ; par un solitaire du Palais-Royal (C.-O.-S. DESROSIERS.) *Paris, A. Imbert*, 1814, in-8, 114 p.

Voy. « Supercheries », III, 708, *c*.

Aventures (les) d'Abdalla, fils d'Hanif, envoyé par le sultan des Indes à la découverte de l'île de Borico, où est la fontaine merveilleuse dont l'eau fait rajeunir. Avec la relation du voyage de Rouschen, dame persane, dans l'île détournée, qui a été inconnue jusqu'à présent, et plusieurs autres histoires curieuses. Traduites en françois sur le manuscrit arabe trouvé à Batavia par M. de Sandisson. *Paris, P. Witte*, 1712, 1714, 2 vol. in-12. — *Paris*, 1723, 1745, 2 vol. in-12. — *La Haye et Paris, Musier*, 1773, 2 vol. in-12.

Barbier attribue la composition de la première partie de cet ouvrage à Jean-Paul BIGNON sous le nom de M. SANDISSON. Cette attribution a été souvent reproduite, et cependant le prétendu Sandisson n'est posé comme on voit par le titre ci-dessus, ni en auteur, ni en éditeur de l'ouvrage.

Le second volume de l'édition de 1773 contient une conclusion de l'histoire d'Abdalla, par un anonyme (L.-Dan. COLSON, principal rédacteur de l'Histoire générale de la Chine, publiée sous le nom de M. Deshautesrayes). On trouve une autre conclusion dans la « Bibliothèque des Romans », janvier 1798. Elle paraît avoir été composée par M. DE PAULMY.

Aventures d'Adolphe Doria. (Par M. Ed. ALLETZ.) *Paris, Amyot*, 1838, 2 vol. in-8.

Aventures (les) d'Alcime, suivies de l'histoire d'Hyacinthe, féerie morale, et de quelques poésies fugitives. (Par le vicomte Ch.-Gaspard DE TOUSTAIN DE RICHEBOURG.) *Londres et Paris, Valade*, 1778, in-12.

Aventures d'Alexandrine de Bar, publiées par la princesse Albertine, sa petite-fille, traduites de l'allemand. (Par Mlle DE SAINT-LÉGER.) *Paris, Le Rouge*, 1807, petit in-12.

Même ouvrage qu' « Alexandrine de Bar. » Voyez ci-dessus, col. 94, *f*.

Avantures d'Apollonius de Tyr, par M. LE BR... (LE BRUN). *Paris, Ribou*, 1710, in-8. — *Rotterdam, J. Hofhout*, 1710, in-8.

C'est une traduction du 153e chapitre de l'ouvrage intitulé « Gesta Romanorum » attribué jusqu'à présent, à tort, à BERSUIRE ou BERCHORIUS.

Voy. « Supercheries », II, 716, *b*, et Brunet, « Manuel du libraire », art. « Apollonius ».

Aventures d'Aristée et de Telasie, histoire galante et héroïque. (Par DU CASTRE D'AUVIGNY.) *Paris, veuve Guillaume*, 1731, 2 vol. in-12. — *Amsterdam, Honoré*, 1732, 2 vol. in-12.

Voy. « Supercheries », I, 837, *d*.

Aventures d'Edouard Bomston, pour servir de suite à la « Nouvelle Héloïse. » (Traduites de l'allemand de Fr.-Aug.-Clém. WERTHES, par G.-H. SEIGNEUX DE CORREVON.) *Lausanne et Paris, Lavillette*, 1789, in-8.

L'épître dédicatoire du traducteur est signée de S... c'est par erreur que Ersch, dans le troisième volume de la « France littéraire ». *Hambourg*, 1778, in-8, attribue cette traduction à madame de POLIER, chanoinesse.

Aventures (les) d'Euphormion, histoire satyrique. (Traduit de Jean BARCLAY, par l'abbé J.-B. DROUET DE MAUPERTUY.) *Anvers, héritiers Plantin*, 1711, 3 vol. in-12. — *Amsterdam*, 1712, 3 vol. in-18.

Voy. les « Mémoires de Trévoux », décembre 1720, art. 119.

Aventures d'Ulysse dans l'île d'Æœa, par M. M**** (Mamin). *Paris, Bauche*, 1752, 2 parties in-12.

Voy. « Supercheries », II, 1018, *c*.

Aventures d'un habit noir, où l'on trouvera les événemens les plus remarquables dont il a été témoin dans les circonstances présentes. (Traduit de l'anglais par R. Girard-Raigné.) *Paris*, 1790, in-12.

Aventures d'un jeune homme, pour servir de supplément à « l'Histoire de l'amour. » (Par l'abbé Pierre de Longchamps.) *La Haye et Paris, Quillau*, 1765, in-12.

Aventures (les) d'une mouche, écrites par elle-même. (Par l'abbé A. Cordier.) *Paris*, 1865, in-12.

Voy. « Supercheries », II, 1207, *f*.

Aventures d'une sauvage, écrites par elle-même (en italien, par l'abbé Chiari), et publiées en français par Grainville. *Turin et Paris, Le Roi*, 1789, 3 vol. in-12.

Aventures de *** ou les effets surprenants de la sympathie. *Paris*, 1713 et 1714, 5 vol. in-12.

Cet ouvrage est attribué à Marivaux par l'abbé Lenglet du Fresnoy, dans sa « Bibliothèque des Romans », t. II, p. 60 ; et à l'abbé Bordelon par G. Martin, dans le cat. de la comtesse de Verrue, n° 273.

Tous deux sont dans l'erreur, si j'en juge par l'éloge très-détaillé de Marivaux en tête de l'« Esprit » de cet écrivain, et par les « Dialogues des Vivants » de l'abbé Bordelon.

On trouve dans ces deux ouvrages le catalogue des productions de leurs auteurs, et il n'y est fait aucune mention des « Aventures de *** ». Cependant elles ont été insérées dans la collection des Œuvres de Marivaux. *Paris, veuve Duchesne*, 1781, 12 vol. in-8.

L'abbé Lenglet du Fresnoy, dans ses notes manuscrites, prétend que cet ouvrage est du chevalier de Mailly.

Formey, dans son édition de la « France littéraire », *Berlin*, 1757, in-8, dit que Marivaux n'est auteur que d'une partie de l'ouvrage.

Aventures (les) de Caleb Williams, ou les choses comme elles sont; par William Godwin, traduites de l'anglais. (Par Germain Garnier.) *Paris, Agasse*, 1794, 2 vol. in-8.

La première édition anglaise de ce roman, souvent réimprimé, est de *Londres*, 1794, 3 vol. in-12.

Aventures de Calliope, par M. L. B. (Le Brun). *Paris, Holtz*, 1720, in-12.

Voy. « Supercheries », II, 691, *d*.

Aventures (les) de Choerée et de Callirhoé, trad. du grec (de Chariton), par M. Fallet. *Paris*, 1775, in-8. — Seconde

a

édition, revue et corrigée. *Syracuse et Paris*, 1784, 2 vol. in-12.

Aventures de Clamadès et de Clarmonde, tirées de l'espagnol, par Mme L. G. D. R. *Paris, Morin*, 1733, in-12.

Ces initiales ont été interprétées tantôt Le Givre de Richebourg et tantôt Le Gendre ou La Grange de Richebourg.

Voy. « Supercheries », II, 777, *e*.

b

Cet ouvrage est tiré d'un poëme français, dont une traduction en prose française et une translation en prose espagnole ont été publiées au xve siècle. Voy. Graesse, « Lehrbuch der liter. Geschichte » vol. 2, partie 3,, p. 278 et suiv. Il a été publié récemment en Angleterre une imitation bien abrégée, en vers français assez médiocres, sous ce titre : « Cléomadès, conte traduit en vers français modernes, du vieux langage d'Adenès Le Roy, par le chevalier Chatelain. » *Londres*, 1859. Le poëme original français a paru sous ce titre : « Li Roumans de Cléomadès » par Adenès Li Rois, publié pour la première fois d'après le manuscrit de la bibliothèque de l'Arsenal à Paris, par André Van Hasselt. *Bruxelles*, 1865, 2 vol. in-8.

c

Aventures de don Antonio de Buffalis, histoire italienne. (Par Ant. La Barre de Beaumarchais.) *La Haye, Néaulme*, 1722, 1724, in-12.

Aventures de don Ramire de Roxas et de dona Léonore de Mendoce, tirées de l'espagnol par Mlle L. G. D. R. (Le Givre de Richebourg.) *Amsterdam et Paris*, 1737, 2 vol. in-12.

d

Voy. « Supercheries », II, 778, *a*.

Aventures de Donald Campbell dans un voyage aux Indes par terre, et anecdotes piquantes sur l'originalité de son guide Hassan-Artas, traduit de l'anglais, par Ch*** (Chamin). *Paris, Besson*, an VII, 2 vol. in-12. D. M.

e

Aventures de Flore et de Blanchefleur, tirées de l'espagnol, par Mme L. G. D. R. (Le Givre de Richebourg). *Paris, Dupuis*, 1735, 2 vol. in-12.

Voy. « Supercheries », II, 778, *a*.

Aventures de Floride, où on voit les différens événemens d'amour, de fortune et d'honneur. (Par F. Beroalde de Verville.) 1re et 2e part. *Tours, J. Mettayer*, 1593 et 1594. — 3e et 4e parties, *Rouen, Raphael du Petit-Val*, 1594 et 1601, in-12.

f

Une cinquième partie a paru sous le titre de : « Le Cabinet de Minerve... » Voy. ces mots.

Aventures de Friso, roi des Gangarides, poëme en dix chants, par G. de Haren, avec quelques autres pièces du même auteur, le tout traduit du hollandois. (Par Henri Jansen.) *Paris, Delormel*, 1785, 2 vol. in-8. — *Ibid.*, an IV, 2 vol. in-8.

Aventures (les) de Jacques Sadeur, dans

la découverte et le voyage de la terre australe (supposées par Gabriel DE FOIGNY, ex-cordelier.) *Paris, Barbin*, 1692. — *Cavelier*, 1705, in-12.

Plusieurs bibliographes attribuent ce volume à l'abbé Fr. RAGUENET, entre autres Moréri et l'abbé Ladvocat, dans leurs dictionnaires. Celà me semble indiquer suffisamment que l'abbé Raguenet aura revu et corrigé l'ouvrage en 1692, puisqu'il est constant, 1° qu'il y a une édition publiée antérieurement à Genève en 1676, sous le nom de Vannes (voyez la « Terre australe connue... »); 2° que Gabriel DE FOIGNY est l'auteur de cette première édition.

Voy. « Supercheries », III, 495, *a*.

Avantures (les) de Joseph Andrews, et du ministre Abraham Adams, publiées en anglois, en 1742, par M... FEILDING (*sic*) et traduites en françois à Londres, par une dame angloise (P.-F. GUYOT DES FONTAINES), sur la troisième édition. *Londres, A. Millar*, 1743, 2 vol. in-12. — Autre édition... traduite en françois par l'abbé DES FONTAINES, sur la troisième édition. *Londres, Meyer*, 1750, 2 vol. in-12.

La préface de l'auteur est accompagnée (p. iij) d'une note qui, dans l'édition de 1743, semblerait être du fait de la prétendue dame anglaise, puisqu'on y lit : à la 13e ligne... « toute Angloise que je suis... », tandis que dans l'édition de 1750, on lit... « tout Anglois que je suis », ce qui ferait croire que cette note est de l'auteur, tandis qu'elle est de l'abbé Desfontaines, ce qui est un non-sens.

Cette traduction, dit M. Lunier dans l'avis placé en tête de celle qu'il a publiée en 1807, fourmille de contresens et Fielding y est impitoyablement mutilé et dénaturé.

Henri Fielding ne s'est nommé que sur le titre de la 2e éd. qui est de 1743.

Aventures de Jules César dans les Gaules. (Par P. LESCONVEL.) *Paris*, 1695, in-12.

Aventures de l'abbé de Choisy habillé en femme. Quatre fragments inédits, à l'exception du dernier, qui a été publié sous le titre : « Histoire de la comtesse des Barres », précédés d'un avant-propos par M. P. L. (Paul LACROIX.) *Paris, Jules Gay*, 1862, in-12, XXI-120 p. — *Bruxelles, Briard*, 1870, in-18, XIX-177 p.

Le manuscrit original se trouve à la bibliothèque de l'Arsenal sous le n° 35 de la classe des Belles-lettres dont il forme le t. III. Un éditeur anonyme, peut-être Lenglet-Dufresnoy, en avait publié un fragment sous le titre de : « Histoire de madame la comtesse des Barres » (voy. ces mots). Il reparut plus tard abrégé, émondé et très-remanié dans la « Vie de M. l'abbé de Choisy » (voy. ces mots), que l'on eut probablement tort d'attribuer à l'abbé D'OLIVET.

Aventures de l'infortuné Napolitain... Voy. « Infortuné (l') Napolitain... »

Aventures (les) de la belle Kamoula, ou

a le triomphe de la vertu et de l'innocence, roman traduit de l'anglais par Mesdemoiselles A. E. et J. J. P. (mesdemoiselles SENGENSSE). *Paris, Guitel*, 1813, in-12.

Cette traduction de l'anglais n'est autre chose qu'une partie du cinquième tome des « Mille et un Jours », contes persans, par François PETIS DE LA CROIX. « L'extrême jeunesse des traductrices porte à croire qu'elles ne connaissaient pas l'ouvrage de Petis de la Croix. Il est arrivé à des traducteurs plus érudits de traduire aussi ce qui avait paru originairement en français.

b Aventures de la comtesse de Strasbourg et de sa fille, par l'auteur des « Mémoires du C. D. R. » (du comte de Rochefort, SANDRAS DE COURTILZ). *La Haye* (*Rouen*), 1716, in-12. — *Amsterdam*, 1718, in-8.

Voy. « Histoire de la comtesse de Strasbourg. »

Aventures (les) de la cour de Perse, où sont racontées plusieurs histoires d'amour et de guerre arrivées de notre temps, par

c J. D. B. (J. BAUDOUIN.) *Paris, Pomeray*, 1629, in-8.

Attribué par M. Paulin Paris, d'après une indication de Tallemant des Réaux, à Mlle de GUISE, depuis princesse de CONTI.

Voy. « Supercheries », II, 324, *c*.

Aventures (les) de la fille d'un roi, racontées par elle-même. (Par Jean, dit Julien VATOUT.) *Paris*, 1820, in-8.

d Voy. « Supercheries », II, 42, *a*.

Aventures (les) de Leonidas et de Sophronie, histoire sérieuse et galante. (Par Louis-Adrien DU PERRON DE CASTÉRA.) *Paris*, 1722, in-12.

Aventures de Londres. (Par l'abbé P. DANET.) *Amsterdam* (*Paris*), 1751, 2 vol. in 12.

Aventures (les) de Mathurin Bonice,

e premier habitant de l'île de l'Esclavage, par un académicien des Arcades (le P. Romain JOLY). *Paris, Guillot*, 1783, 2 vol. in-12.

Voy. « Supercheries », I, 174, *b*.

Aventures (les) de messire Anselme. Seconde édition, enrichie de quinze gravures. (Par Pierre HOURCASTREMÉ, avocat.) *Paris, Lemierre*, 1796, 4 vol. in-8.

f La première édition, *Paris*, 1792, n'était composée que de 2 vol. in-8. Il y a de tout dans cet ouvrage, même des pièces de vers en patois béarnais (t. III, p. 35-47).

Aventures de Milord Johnson, ou les plaisirs de Paris. (Par le chevalier Jean-Jacques DE RUTLIGE.) *Paris, Jouannaux*, 1798, 2 vol. in-12.

Aventures de mon père, ou comment il arriva que je naquis, par KOTZEBUE, trad.

de l'allemand par M....R (MULLER). *Paris*, 1799, in-12.

Voy. « Supercheries », II, 1211, *c*.

Aventures (les) de M. Loville, entremêlées de plusieurs intrigues galantes et véritables, arrivées parmi des personnes du beau monde (par sir John HILL), traduites sur la seconde édition angloise, par M*** (Marc-Antoine EIDOUS). *Amsterdam et Paris, Robin*, 1765, 4 vol. in-12.

Voy. « Supercheries », II, 1010, *a*.

Aventures (les) de Nigel, par W. SCOTT, traduit de l'anglais (par Mme COLLET.) *Paris, Ch. Gosselin*, 4 vol. in-12.

Voy. sur le sort de cette traduction, Quérard, « France littéraire », t. VIII, p. 565, et aussi p. 564 à l'article de « l'Antiquaire. »

Aventures (les) de Pomponius, chevalier romain, ou l'histoire de notre temps. (Par LABADIE, religieux convers de la congrégation de Saint-Maur, revues et publiées par l'abbé PRÉVOST.) *Rome, héritiers de Ferrante Pallavicini*, 1724, in-12. — *Rome*, 1725, in-12. — Nouv. édit. augmentée d'un Recueil de pièces concernant la minorité de Louis XIV (en vers et en prose). *Rome, Mornini*, 1728, in-12.

A la fin de cette dernière édition il y a une table de 24 p. en petits caractères, sous le titre de « Notes », elle est plus complète que celle imprimée dans le « Ducatiana », *Amsterdam*, 1738, in-8, petit format, p. 106-110. Pneuma, y dit-on, indique Esprit, évêque de Nîmes ; il fallait dire Esprit Fléchier.

On assura à Ch.-Et. Jordan que l'auteur des « Aventures » était D. F. D. P. Voyez son « Voyage littéraire », p. 168. J'ignore le nom de l'auteur désigné par ces initales ; l'abbé Goujet écrivit un jour à l'abbé Saas qu'un bénédictin nommé LEFÈVRE avait eu part à l'ouvrage.

M. Paul Lacroix (Catal. de M. de N., 1856, n° 267) prétend que cet ouvrage est de THEMISEUL DE SAINT-HYACINTHE.

Aventures (les) de Renaud et d'Armide, par L. C. D. M. (le chevalier DE MÉRÉ). *Paris, Barbin*, 1678, in-12.

Cet ouvrage, non compris dans les « Œuvres du chev. DE MÉRÉ, » *Amsterdam, (P. Mortier*, 1692, 2 vol. in-12, avait d'abord été attribué par Barbier au chevalier de MAILLY. Une note manuscrite du libraire Barbin, éditeur du livre, le fit renoncer à cette opinion.

Voy. « Supercheries », II, 699, *d*.

Aventures de Rhodante et de Dosiclès, roman, traduit de grec (de Theodorus PRODROMUS.) *Paris*, 1756, in-12.

Voy. « Amours de Rhodante », ci-dessus, col. 150, *c*.

Aventures de Robinson Crusoé en abrégé, et le nouveau Robinson ou chevalier de Kilpar. *Francfort*, 1769, 4 vol. in-12.

Fleischer, sous le n° 4627, attribue ces deux ouvrages à A.-A.-J. FEUTRY, lequel n'est auteur que des « Aventures de Robinson Crusoé, nouvelle imitation de l'anglois. » *Paris*, 1766, 2 part. in-12, ouvrage qui porte le nom de Feutry, et dont la 3e édit. est intitulée : « Robinson Crusoé, nouvelle imitation de l'anglois. » *Paris, Mérigot le jeune*, 1780, 2 part. in-12.

Quant au « Nouveau Robinson du Chevalier de Kilpar », il est probable qu'il s'agit, sous un nouveau titre, des « Mémoires et Aventures du chevalier de Kilpar, trad. ou imités de l'anglois de Fielding. » *Paris, Duchesne*, 1768, 2 vol. in-8.

Voy. « Supercheries », II, 40, *d*.

La « France littéraire », 1769, t. I, p. 342, attribue les « Mémoires du chevalier de Kilpar » à L.-L.-Jos. DE MONTAGNAC, auteur auquel elle donne aussi, t. III, 1778, p. 154, les « Mémoires de milady Varmonti, comtesse de Barneshau. »

Voy. « Supercheries », II, 1019, *c*.

La dédicace de ces « Mémoires », adressée à la comtesse de Mortaigne, est signée L. C. D. M. M. D., et elle est suivie d'une lettre de Voltaire datée du 20 juillet, à l'auteur des « Mémoires du chevalier de Kilpar ». Cette lettre est reproduite dans le Voltaire, éd. Beuchot, comme adressée au comte de Milly, mais il n'y est nullement question des « Mémoires du chevalier de Kilpar ».

Aventures de Robinson Crusoé. (Par Daniel DE FOE.) Traduites de l'anglois, (Par THÉMISEUL DE SAINT-HYACINTHE et Juste VAN-EFFEN.) *Paris, Cailleau*, 1761, 3 vol. in-12.

Daniel de Foe, littérateur anglais, publia en anglais, vers 1719, les « Aventures de Robinson Crusoé », en 3 vol. in-8. Dès 1720, les deux premiers volumes de cet ouvrage furent traduits en français par un anonyme. Le troisième fut traduit en 1721. Ils furent publiés tous trois à Amsterdam par les libraires L'Honoré et Chastelain.

Lenglet-Dufresnoy, dans son traité de « l'Usage des Romans », en 1734, attribua cette traduction à Saint-Hyacinthe.

L'auteur de l'Eloge historique de Juste Van-Effen, inséré en 1737 dans la première partie de la « Bibliothèque françoise, ou Histoire littéraire de la France », met au rang des ouvrages de Van-Effen la traduction de Robinson Crusoé, à partir de la moitié du premier volume. Il ne parle point de cette traduction dans le corps de l'éloge.

Les auteurs du « Nouveau Dictionnaire historique » attribuent à Van-Effen seulement la traduction de Robinson Crusoé. M. Garnier, éditeur des « Voyages imaginaires », est de l'avis des bibliographes qui la donnent à Saint-Hyacinthe. Il a été suivi par La Baume, qui a dirigé la belle édition de Robinson, publiée par madame Panckoucke en l'an VIII-1800, 3 vol. in-8.

D'après ces détails, Saint-Hyacinthe peut tout au plus avoir traduit la première moitié du premier volume des « Aventures de Robinson Crusoé », puisque la traduction du reste est attribuée à Van-Effen par un auteur qui est censé l'avoir connu particulièrement lui-même, ou avoir des notes précises sur ses ouvrages.

Voy. « Supercheries », I, 882, *f*.

Aventures de Roderic Random, par FIELDING ; traduites de l'anglois (par Philippe HERNANDEZ et Philippe-Florent PUI-

SIEUX.) *Londres*, *Nourse*, 1761, 3 vol. in-12.

C'est à tort que le nom de Fielding a été mis sur le frontispice de la traduction française de ce roman, et même sur celui de quelques éditions de l'original anglais. Il est reconnu aujourd'hui que cet ouvrage est de l'historien Tobie SMOLLETT.

La première édition est de Londres, 1748.

Voy. « Supercheries », II, 40, *b*.

Aventures de Rosaline. (Par le marquis J.-B. DE BOYER D'ARGENS.) *La Haye*, 1737, in-12.

Aventures (les) de Sapho, prêtresse de Mitylène, traduction de l'italien (de Alex. VERRI, beau-frère de M. Melzi, vice-président de la république italienne, par J. JOLY, de Salins.) *Paris*, *Renouard*, 1803, in-12.

Aventures de sir William Kikle, trad. de l'anglais. Voy. « Histoire et aventures... »

Aventures (les) de Télémaque, fils d'Ulysse, par FÉNELON, nouvelle édition, enrichie de variantes, de notes critiques, de plusieurs fragments extraits de la copie originale et de l'histoire des diverses éditions de ce livre. (Par E.-F.-M. BOSQUILLON, professeur au Collége de France.) *Paris*, *Théoph. Barrois*, an VII-1799, 2 vol. in-12 et in-18.

Voici le titre de la première édition de cet ouvrage : « Suite du quatrième Livre de l'Odyssée d'Homère, ou les Aventures de Télémaque, fils d'Ulysse. » *Paris*, *veuve de Claude Barbin*, 1699, in-12, 208 pages (avec privilége du roi, en date du 6 avril 1699).

Ce volume contient les quatre premiers livres de Télémaque, et environ le tiers du cinquième. Il est terminé par ces mots relatifs à Idoménée : « Le père, dans l'excès de sa douleur, devient insensible... »

Il paraît que c'est le commencement de la première édition qui fut arrêtée par les ordres de Louis XIV, injustement prévenu contre l'auteur.

Moëtjens, libraire de La Haye, réimprima cette portion des Aventures de Télémaque la même année 1699, et en 208 pages également. Il déclare, sur le frontispice, avoir fait cette édition suivant la copie de Paris, et il ajoute, dans un avis au lecteur, qu'on l'obligerait sensiblement, si l'on avait une copie plus ample ou plus correcte, de la lui communiquer pour être employée dans la seconde édition qu'il espérait d'en faire bientôt.

La veuve Barbin publia, dans la même année, plusieurs suites à ce fragment de Télémaque ; ce qui produisit quatre autres volumes, réimprimés aussi par le libraire Moëtjens.

Le savant Bosquillon ne me paraît pas fondé lorsqu'il avance que la première édition de Télémaque est un fragment imprimé sans nom de ville ni d'imprimeur, ni lorsqu'il ajoute que ce fragment est sorti d'une imprimerie de Paris, vers la fin de 1698. Les réflexions du libraire Moëtjens prouvent que la primauté doit être accordée au fragment de la veuve Barbin. Cette opinion d'ailleurs est conforme à la tradition qui porte que l'impression fut arrêtée par ordre du roi. Ceci ne peut s'appliquer qu'à une imprimerie autorisée. Si l'ouvrage fût sorti d'une presse clandestine, il est probable qu'on en eût achevé l'impression, et que le gouvernement n'eût pu qu'en arrêter le débit.

Voy. pour cette édition originale et ses différentes contrefaçons, ainsi que pour les suites données par la veuve Barbin, Brunet, « Manuel du Libraire », 5e éd., t. II, col. 1210, et les « Recherches bibliographiques sur le Télémaque », par l'abbé Caron, 2e éd. Le travail de l'abbé Caron a été reproduit dans « l'Histoire littéraire de Fénelon » par M. Gosselin. *Lyon*, 1843, in-8.

Aventures de Télémaque, par FÉNELON, nouvelle édition. (Publiée par l'abbé DE SAINT-REMI, auteur de la préface qui n'a pas été conservée dans les éditions postérieures.) *La Haye*, *Moetjens*, 1701, in-12. — Nouvelle édition, augmentée et corrigée sur le manuscrit original de l'auteur, avec des remarques pour l'intelligence de ce poëme allégorique. (Par Henri-Philippe DE LIMIERS.) *Amsterdam*, *les Weitsteins*, 1719, in-12. — Autre édition avec les mêmes remarques et de plus une dédicace à Frédéric, petit-fils de George Ier, alors régnant. (Par Jean-Armand DU BOURDIEU.) *Londres*, 1719, ou avec un frontispice rafraîchi. *Londres*, 1732, in-12, avec fig.

Un exemplaire de cette dernière et rarissime édition a été trouvé en 1821 à Cantorbéry par M. Charles Nodier, qui en fit faire l'acquisition à M. de Cailleux, son compagnon de voyage.

Voyez les « Mémoires historiques, critiques et littéraires », par feu M. Bruys ; *Paris*, 1751, t. I, p. 305. On lit ces réflexions dans ses Mémoires sur les Hollandais : « M. le marquis de Fénelon a le titre d'ambassadeur de Sa Majesté... Il nous a procuré une très-belle édition des Aventures de Télémaque, avec des notes également judicieuses et instructives. M. de Limiers avait fait un très-mauvais commentaire sur cet excellent poème épique. Il était juste que le neveu du célèbre archevêque de Cambrai purgeât de ces notes satiriques un aussi bel ouvrage, et qu'il se donnât la peine de leur en substituer d'autres qui fussent plus conformes aux vues de l'Homère françois. »

Les notes de Limiers ont été réimprimées fort souvent, surtout dans ces derniers temps ; cependant Fénelon n'a jamais voulu faire de portraits satiriques dans Télémaque.

Voyez l'« Histoire de Fénelon », par M. de Bausset, deuxième édition ; *Paris*, 1809, t. II, p. 186 et 187.

Voy. Nodier, « Mélanges tirés d'une petite bibliothèque », p. 207.

Aventures (les) de Télémaque, fils d'Ulysse, par FÉNELON, nouvelle édition, enrichie des imitations des anciens poëtes, de nouvelles notes et de la vie de l'auteur. *Hambourg*, *Vanden Hoeck*, 1731, in-12. — 1732, 2 vol. in-12 ; — *Londres*, *Watts*, 1745, in-12.

David DURAND, ministre de la religion réformée, a fourni pour ces éditions la vie de Fénelon et les passages imités des poëtes latins. Les imitations grecques et plusieurs bonnes remarques de géographie ont été fournies par le savant bibliographe Jean-Albert FABRICIUS.

M. Hardouin a inséré les imitations des poètes grecs et latins, tirées de l'édition de Hambourg, 1732, dans l'édition qu'il a publiée de Télémaque, avec une imitation de ce poème en vers français. *Paris, Didot aîné*, 1791, 6 vol. in-12.

Aventures (les) de Télémaque, par François SALIGNAC DE LA MOTHE FÉNELON, nouvelle édition, enrichie d'une notice abrégée de la vie de l'auteur. (Par C.-M. DORIMONT DE FELETZ, l'un des conservateurs de la bibliothèque Mazarine), de réflexions sur Télémaque, d'une Carte nouvelle de ses voyages (nouvellement dressée par J.-D. BARBIÉ DU BOCAGE), des principales variantes tirées des manuscrits et des éditions précédentes (extraites de celles dont Bosquillon a enrichi l'édition qu'il donna en l'an VII, en 2 vol. petit in-12), et de 72 estampes gravées d'après les dessins de Ch. Monnet, par J.-B. Tilliard. *Paris, de l'impr. de J.-M. Eberhart*, 1810, 2 vol. in-4, avec le portrait de Fénelon, gravé par Aug. Saint-Aubin, d'après Vien.

Aventures (les) de Télémaque, fils d'Ulysse, par... FÉNELON, et Télémaque, poëme. (Par J.-E. HARDOUIN.) *Paris, P. Didot*, 1792, 6 vol. in-12.

Le poëme d'Hardouin est imprimé en regard du texte de Fénelon, pour lequel on a suivi l'édition de *Hambourg*, 1731: Hardouin a aussi reproduit les imitations des poëtes grecs et latins qui s'y trouvent.

Les Aventures de Télémaque, fils d'Ulysse, par FÉNELON, français-latin en regard; trad. par L. N. T. D. B. (A.-D. DE BUSSY), ancien instituteur, principal traducteur des « Fables de Fénelon. » *Paris, Delalain*, 1819, 2 vol. in-12.

Voy. « Supercheries », II, 802, *a*.

Aventures de Télémaque, par FÉNELON, (avec des notes de J.-F. BOISSONADE.) *Paris, Lefèvre*, 1824, 2 vol. gr. in-8.

Edit. distribuée en seize livres, formant les t. XXII et XXIII de la « Collection des classiques français, » publ. par Lefèvre.

Aventures de Traîne-à-Pied et Volenfort, voyageurs nouveaux. (Par MARCÉ.) *Paris*, 1823, 4 vol. in-12.

Avantures de trois coquettes, ou les promenades des Tuileries. (Par l'abbé Claude-François LAMBERT.) *Haarlem*, 1740, in-12, fig.

Réimp. en 1796, in-12, fig.

Aventures (les) de Victoire Ponty. (Par J.-Fr. DE BASTIDE.) *Amsterdam et Paris, Rollin*, 1758, 2 vol. petit in-12.

Aventures de Zélime et Damasine, histoire africaine. (Par Mme LE GIVRE DE RICHEBOURG.) *La Haye (Paris), Maudouyt*, 1735, 2 vol. in-12. — *La Haye*, 1757, 2 part. in-12.

Aventures (les) de Zeloïde et d'Amanzarifdine, contes indiens. (Par François-Augustin PARADIS DE MONCRIF.) *Paris*, 1715, in-12. — *Bruxelles*, 1717, in-12, front. gravé.

Cet ouvrage a été publié en 1716, sous le titre de « Mille et une faveurs. »

Aventures (les) du baron DE FOENESTE, première partie, revue, corrigée et augmentée par l'autheur (Théodore-Agrippa D'AUBIGNÉ). Plus a été adjousté la seconde partie, ou le cadet de Gascogne. *A Maillé*, MDCXVII, pet. in-8.

Les mots *revue, corrigée et augmentée par l'autheur*, que porte le titre, semblent annoncer un état antérieur et moins complet. Mais jusqu'ici l'on n'a pas encore rencontré un seul exemplaire d'une édition plus ancienne.

Le mot édition ne se trouvant pas sur le titre, les changements indiqués ne pourraient-ils pas s'entendre de ceux qu'il a apportés aux exemplaires de cette première partie qui circulaient manuscrits?

Quoiqu'il en soit, il y a quatre éditions des deux premiers livres, faites à Maillé en 1617, de 72 p., 32 et 33 lignes.

La troisième partie n'a paru qu'en 1619; il y en a deux éditions au moins avec cette date; toutes deux de 56 pages chiffrées. Dans l'une la pagination est en chiffres arabes, le titre de l'autre porte: *A Maillé, par J. M. imprimeur ordinaire de l'autheur*, MDCXIX. Une troisième édition publiée en 1622, est intitulée:

« Les Avantures du baron de Foeneste, troisième partie; ensemble les première et seconde, revues, corrigées et augmentées par l'autheur de plusieurs contes. » *Maillé*, 1619, in-8 de 072 p.

La quatrième partie a paru pour la première fois dans l'édition suivante:

« Les Avantures du baron de Fœneste comprinses en quatre parties. Les trois premières reueues, augmentées, et distinguées par chapitres: ensemble la quatrième partie, nouvellement mise en lumière, le tout par le mesme autheur. » *Au Dezert, imprimé aux depens de l'autheur*, (*Genève, R. Aubert*), 1630, pet. in-8 de 6 ff. prél., 308 p. et la table.

C'est la seule édition complète publiée du vivant de l'auteur. Celle que Prosper Mérimée a fait paraître dans la « Bibliothèque elzévirienne », *Paris, P. Jannet*, 1855, in-16, XX-348 p., a permis à MM. Brunet et Graesse de rectifier les erreurs qui avaient eu cours jusqu'alors pour les éditions des « Aventures du baron de Foeneste. »

Aventures du célèbre chevalier baron de Munchhausen, d'après BURGER, par V. H. (VAN HASSELT), illustrées de vignettes et gravures sur bois par Hendrikx et Hoseman. *Bruxelles, Muquardt*, 1851, in-8.

Voy. « Supercheries », III, 937, *a*.

Aventures du chevalier des Grieux et de Manon Lescaut, par M. DE *** (l'abbé

Antoine-François Prévost d'Exiles). *Londres, chez les frères Constant, à l'enseigne de l'Inconstance*, 1733, in-12. — 1734, in-8.

Voy. « Supercheries », III, 1035, *e*.

Aventures (les) du comte de Loustan. (Par Marie-Catherine-Adèle de Beffroy, baronne de Cuzey.) *Paris, Pigoreau*, 1811, 3 vol. in-12. D. M.

Aventures (les) du docteur Faust et sa descente aux enfers, traduction de l'allemand (de Frédéric-Maximilien Klinger, major du corps provincial des cadets au service de Russie.) *Amsterdam, libraires associés*, 1798, in-8, avec fig.

La première édition de l'original allemand, *Saint-Pétersbourg et Leipzig*, 1791, ne porte pas le nom de l'auteur qui se trouve sur la seconde, *Leipzig*, 1799.

Il existe des exemplaires de cette traduction divisés en deux parties, dont l'une porte sur le titre gravé *A Amsterdam, chez les libraires associés*, 1798, et l'autre, sur le titre imprimé : *à Paris, chez H. Langlois*, an VI. Ces deux parties n'ont qu'une seule pagination de IV et 430 p. Cette traduction a été réimprimée en deux volumes, *Reims, Lequeux*, an X-1802, 2 vol. in-12.

L'ouvrage dont le titre suit : « Les Aventures de Faust et sa descente aux enfers. » Par MM. de Saur et Saint-Geniès. *Paris, A. Bertrand*, 1825, 3 vol. in-12, n'est guère que celui de Klinger, arrangé d'après la traduction de 1798, dont on retrouve des phrases entières.

Klinger est à peine cité deux fois par ces messieurs, dans la préface et dans une note, mais ils se sont bien gardés de donner le titre de son ouvrage.

Aventures du jeune comte de Lancastel. (Par Jean du Castre d'Auvigny.) *Paris, Prault*, 1728, in-12.

Suivant une note manuscrite de l'abbé Lenglet-Dufresnoy. Mais il est plus probable que ce roman est de M. de Vergy, auquel il est attribué par la « France littéraire » de 1769.

Avantures (les) du philosophe inconnu, en la recherche et en l'invention de la pierre philosophale, divisées en IV livres, au dernier desquels il est parlé si clairement de la façon de la faire, que jamais on n'en a parlé avec tant de candeur. IIe édition. (Par dom Albert Belin, religieux bénédictin et évêque du Bellay.) *Paris, Jacques de Laize de Breche*, 1674, in-12, XII-215 p.

Voy. « Supercheries », III, 118, *c*.

Aventures du prince de Mitombo, ou le philosophe nègre. (Par Gabriel Mailhol.) 1764, in-12.

Ces « Aventures » forment l'une des parties de l'ouvrage du même auteur, intitulé « le Philosophe nègre et les Secrets des Grecs. » *Londres*, 1764, 2 parties in-12. Voyez ce titre.

Aventures (les) du prince Jakaya, ou le triomphe de l'amour sur l'ambition, anecdotes secrètes de la Cour ottomane. (Par Adrien de La Vieuville d'Orville, comte de Vignacourt.) *Paris, Guillaume-Denis David*, 1732, 2 vol. in-12.

Aventures (les) du voyageur aérien, histoire espagnole, avec les Paniers ou la Vieille Précieuse, comédie. (Par Marc-Antoine Legrand.) *Paris, André Cailleau* 1724, in-12.

La comédie des « Paniers » est indubitablement de Legrand ; on la trouve dans le théâtre de cet auteur, intercalée dans « le Ballet des XXIV heures ». D'un autre côté, l'abbé Richard, censeur du « Voyageur aérien, » dit dans son approbation que l'auteur a joint à son manuscrit une petite comédie sur les « Paniers. » On peut donc croire que Le Grand est aussi l'auteur du « Voyageur aérien. »

Suivant les « Mémoires de Trévoux, » février 1720, p. 393, les « Aventures » auraient été déjà publiées en 1715.

Aventures et espiégleries de Lazarille de Tormes. (Traduites de l'espagnol de D. Diego Hurtado de Mendoça.) *Tolède et Paris*, 1765, 2 vol. in-12. — Nouvelle édition. *Paris, Volland*, 1801, 2 vol. in-8. — *Pigoreau*, 1807, 2 vol. in-12.

Toutes ces éditions présentent la traduction imprimée à Bruxelles en 1698, par Georges de Backer, et rédigée par ce libraire d'après la traduction anonyme (de l'abbé de Charnes) imprimée à *Paris, chez Barbin*, en 1678, 2 vol. petit in-12.

Voyez des détails sur d'autres traductions du même ouvrage, dans mon « Examen critique des Dictionnaires historiques, » au mot Audiguier le jeune.

Voy., pour les éditions originales, Brunet, 5e éd. du « Manuel du libraire », tome III, col. 384.

Aventures et lettres galantes, avec la promenade des Tuileries et l'Heureux naufrage, par M. C. L. M. (le chevalier de Mailly.) *Paris, Cavelier*, 1700 ; — *Amsterdam*, 1718, 2 vol. in-12.

Voy. « Supercheries », I, 758, *a*.

Aventures extraordinaires de Bonaparte, depuis l'époque de sa déchéance jusqu'à celle de son arrivée à l'île d'Elbe ; son horoscope ; prédictions du fameux Nostradamus ; installation de Robinson dans son île ; réflexions d'un Cosaque sur les écrits du jour ; le tout suivi de la Poule au pot, ou l'âge d'or des Français. (Par Charles Malo.) *Paris, Béchet*, 1814, in-8, 64 p.

Aventures (les) galantes du chevalier de Themicourt, par Madame D*** (Mme Bédacier, née Catherine Durand). *Paris*, 1701, in-12. — *Lyon, Baritel*, 1706, in-12. — *Bruxelles, de Leeneer*, pet. in-12.

Voy. « Supercheries », I, 833, *d* ; et III, 1020, *c*.

a Aventures (les) guerrières et amoureuses de Licide. (Par DE DOURLENS.) *Paris, de Cay*, 1624, in-8.

Aventures (les) malheureuses de la comtesse de Suède. (Traduites de l'allemand de GELLERT, par M. de B.....) *Paris, Mérigot*, 1784, 2 parties, in-12.

Cette traduction a été publiée, dès 1779, à *Paris*, chez *Valade*, sous le titre de « Comtesse de Suède. »

b Aventures (les) merveilleuses de don Sylvie de Rosalva, par l'auteur de « l'Histoire d'Agathon » (Christ.-Martin WIELAND). Trad. de l'allemand. *Dresde*, 1769 ou 1772, 2 vol. pet. in-8.

Aventures (les) merveilleuses du mandarin Fum-Hoam. (Par T.-S. GUEULLETTE.) *Paris, Prault*, 1723, 2 vol. in-12.

Aventures (les) non-pareilles d'un marquis espagnol. (Par LA LANDE.) *Paris, Duhamel*, 1620, in-12.

c Aventures (les), ou mémoires de la vie de Henriette Sylvie de Molière. (Par D'ALÈGRE.) *Paris, Barbin*, 1672, 6 parties in-12.

Cet ouvrage, souvent réimprimé, a été inséré mal à propos dans la collection des « Œuvres » de madame DE VILLEDIEU.

Voyez la « Lettre à mylord *** sur Baron et la demoiselle Le Couvreur, par Georges WINK » (l'abbé D'ALLAINVAL). *Paris*, 1730, in-12, p. 15.

d Aventures parisiennes, avant et depuis la révolution, ouvrage qui contient tout ce qu'il y a de plus piquant relativement à Paris... Le tout fidèlement recueilli par l'auteur des « Mille et une folies ». (P.-J.-B. NOUGARET.) *Paris, Maugeret*, 1808, 3 vol. in-12.

C'est, dit Fleischer, une nouvelle édition, retouchée et beaucoup augmentée, de l'ouvrage que le même auteur publia, avec son nom, en 1781, sous le titre de : « Les sottises et les folies parisiennes... » *Paris*, 1781, 2 vol. in-12.

e Aventures philosophiques. (Par J.-G. DUBOIS-FONTANELLE.) *Tunquin (Paris)*, 1765, in-12.

Aventures plaisantes d'un paresseux, traduit de l'anglais. (Par le docteur C. GARDETON.) *Paris, Jeanthon*, 1841, in-32.

f Aventures (les) plaisantes de Gusman d'Alfarache, tirées de l'histoire de sa vie, et revues sur l'ancienne traduction de l'original espagnol (de Mattéo ALEMAN), par LE SAGE. *Paris, veuve Duchesne*, 1777, 2 vol. in-12.

En 1732, Le Sage avait purgé l'histoire de Guzman d'Alfarache des moralités superflues qu'y avait laissées, en 1696, Gabriel Bremond, second traducteur de cet ouvrage. Pons-Auguste ALLETZ a encore abrégé, en 1777, le travail de Le Sage.

Aventures plaisantes de M. Bobèche..: publiées par le rédacteur du « Petit conteur de poche. » (Mme GUÉNARD, baronne DE MÉRÉ). *Paris, Le Dentu*, 1813, in-18, 180 p.

Voy. « Supercheries », article BOBÈCHE, I, 539-540.

Aventures (les) politiques du P. Nicaise, ou l'Anti-fédéraliste. *Paris, Girardin*, 1793, in-18 de 72 p.

Attribuées à Lucius-Junius FREY, beau-frère du conventionnel Chabot.

Voy. « Supercheries », II, 1246, *d*.

Aventures (les) portugaises. (Par François JORE, imprimeur à Rouen.) *Bragance (Paris, Duchesne)*, 1756, 2 parties in-12.

Voyez l' « Année littéraire, » 1756, tom. III, p. 142.

Aventures récentes d'une jolie femme, ou Mémoires de Mme D***. (Par F.-G. GRILLE.) *Paris*, 1818, in-8.

Note autographe de Beuchot.

Aventures secrètes arrivées au siége de Constantinople. (Par le chevalier L. RUSTAING DE SAINT-JORY.) *Paris, Jombert*, 1711, in-12.

Aventures secrètes et plaisantes. (Par le chevalier DE MAILLY.) *Paris*, 1698, in-12.

Ce chevalier est plus avantageusement connu par son « Histoire de la République de Gênes. » *Hollande*, 1687, 3 vol. in-12, réimprimée à Paris en 1742.

Aventures secrettes et plaisantes recueillies par M. de G*** (DE GRAAFT.) *Paris (à la sphère)*, 1696, in-16. — *Bruxelles, de Backer*, 1696, in-12. — *Bruxelles, id.*, 1706, in-12.

Note manuscrite de l'abbé Lenglet-Dufresnoy.

Aventures singulières du faux chevalier de Warwick, prisonnier d'Etat au donjon de***, et de M. le M. D***, aussi prisonnier de chambre avec ce chevalier. (Par Louis DUPRÉ D'AULNAY.) *Londres, Vaillant*, 1750, in-12. - *Londres (Hollande)*, 1752, 2 vol. in-12.

Aventurier (l') Buscon et le coureur de nuit, histoire facétieuse, traduite de l'espagnol de QUEVEDO. (Par DE LA GENESTE.) *Paris, Billaine*, 1633. — *Lyon*, 1639. — *Rouen, J. Besongne*, 1641. — *Paris, Colinet*, 1644, in-8 — Nouvelle édition françoise et allemande. *Francfort*, 1671, in-12.

Cette traduction a paru aussi sous le titre de « Coureur de nuit. » Voyez ce titre.

« L'Aventurier Buscon, » a été traduit par Rétif de la Bretonne et d'Hermilly, sous ce titre : « Le Fin matois. » Voy. ces mots.

Pichot-Dumesnil a publié : « L'esprit de mensonge devenu sincère, poëme comique, critique et moral. » *Paris, veuve Valleyre*, 1739, in-12. Il dit dans la préface que son travail a consisté à débrouiller le galimatias de La Geneste et à le mettre en vers français.

Aventurier (l') françois, ou mémoires de Grégoire Merveil. (Par Robert Le Suire.) *Londres* (*Paris*), 1782, 2 vol. in-12. — Nouvelle édit., 1783. — 3e édit., 1784, 2 vol. in-12. — 4e édit., 1785, 4 vol. in-12.

Il faut ajouter :

Première suite de « l'Aventurier... » *Paris*, 1783, 1784 et 1787, 2 vol. in-12.

Seconde suite de « l'Aventurier françois » contenant les Mémoires de Cataudin, chevalier de Rosamène, fils de Grégoire Merveil. *Paris*, 1785 et 1786, 4 vol. in-12. — Nouv. édit. *Paris*, 1788, 4 vol. in-12.

Dernière suite de « l'Aventurier françois, » contenant les Mémoires de Minette Merviglia, fille de Grégoire Merveil, écrits par elle-même, et traduits de l'italien par son frère Cataudin. *Paris*, 1788 et 1789, 2 vol. in-12, qui forment les 9e et 10e vol. de l'ouvrage.

L'auteur a publié avec son nom une nouvelle suite sous le titre de : « la Courtisane amoureuse et vierge, ou Mémoires de Lucrèce, écrits par elle-même... rédigés par Lesuire. » *Paris*, an X, 2 vol. in-12, figures.

Aventurier (l') hollandois, ou la vie et les aventures divertissantes et extraordinaires d'un Hollandois. *Amsterdam*, 1729, 1767, 2 vol. in-12. — Nouvelle édition. *Paris, Pigoreau*, 1801, 4 vol. in-18.
V. T.

Ce roman est traduit du hollandois de Nicolas Heinsius, fils du célèbre littérateur Nicolas Heinsius, et petit-fils de Daniel Heinsius.

Voyez le « Catalogue de Van-Goens ». *Utrecht*, 1776, in-8, t. I, no 7205.

Aventurier (l') rendu a dangier conduit par Advis, traictant des guerres de Bourgongne... *Imprimé nouvellement à Paris*, (1510), pet. in-4, goth., 32 ff. à 2 col.

L'auteur se nomme Jean de Margny (Marigny), dans son épitaphe placée à la fin du volume. Voy. le « Manuel du libr., 5e édit., I, col. 581 » et « Catal. Jérôme Pichon », no 475.

Avenue (l') du bois de la Cambre. Enquête publique ouverte par la commune d'Ixelles. Observations d'un flaneur aux autorités compétentes. (Par Adolphe Le Hardy de Beaulieu.) *Bruxelles, Samuel*, 1858, in-8, 31 p.

Advertissement à l'assemblée de La Rochelle. (Par Daniel Tilenus.) *S. l.*, 1621, in-8, 30 p.

Cet écrit parut la même année dans le « Mercure françois », t. VII, p. 221-243.

Une autre éd., *s. l.*, 1622, in-8, 30 p., porte sur le titre : « Par Abraham Elintus (anagramme de Tilenus), docteur en médecine. »

Voy. « Supercheries », I, 1229, *a*.

Advertissement à la noblesse, tant du parti du roy, que des rebelles et conjurez. *Paris, C. Fremy*, 1568, in-8. — *Lyon, M. Jove*, 1558 (*sic*), et 1574. — *Paris, Poupy*, 1574, in-8 ; trois édit. différentes à cette date.

Cette pièce a aussi été réimprimée sous deux autres titres :

1o : « Advertissement envoyé à la noblesse, tant du parti du roy, que des rebelles et conjurez » *Paris, J. Poupy*, 1574, in-8.

2o : « Remonstrance ou Advertissement... » *Paris, A. Remy*, 1585, in-8.

Une note manuscrite placée sur l'exemplaire de l'édition de 1568, appartenant à la Bibliothèque nationale, attribue cet ouvrage à Jean du Tillet.

Advertissement à MM. les notables bourgeois de Paris, contenant l'explication des prodiges qui doivent arriver en France l'année prochaine 1653. Douzième partie. (Par Jacques Mengau.) *Paris, J. Papillon*, 1652, in-4, 16 p.

Voy. le détail de la série complète des « Advertissements, » de J. Mengau, ci-après, même colonne.

Advertissement à MM. les prétendus réformez du diocèse de Laon, de prendre garde que la sentence donnée par le Sauveur contre les Juifs ne soit vérifiée en eux : « Vous me chercherez, etc. » (Par Nicolas Triplot, docteur en théologie de la faculté de Paris, mort à Laon en 1634, âgé de 74 ans.) 1612, in-8.

Advertissement à MM. les prévost des marchands et eschevins de Paris sur la fuite et le retour funeste du cardinal Mazarin, prédit par Michel Nostradamus. *Paris, J. Boucher*, 1651, in-4, 2 ff. lim. et 20 p. — *Paris, J. Boucher*, 1651, in-4 et 24 p.

Par Jacques Mengau. Pour cette pièce et pour les différentes suites ci-après décrites, le nom de l'auteur se trouve dans le privilége.

Second advertissement... sur le retour funeste de Mazarin... *Paris, J. Boucher*, 1651, in-4, 24 p.

Troisième advertissement... contenant la trève ou paix générale... *Paris, J. Brunet*, 1651, in-4, 24 p.

Cistème général ou révolution du monde, contenant tout ce qui doit arriver en France la présente année 1652, avec le progrès des armes de M. le Prince, prédit par l'oracle latin et l'oracle françois, Michel Nostradamus. A MM. les prévost des marchands et eschevins de Paris. *Paris*, 1652, in-4, 16 p. (4e avertissement.)

Advertissement à MM. les prévost des marchands et eschevins de Paris, contenant l'explication de l'éclipse qui se doit faire le huictième jour d'avril de la présente année, et autres choses qui doivent arriver à la poursuite du cardinal Mazarin... *Paris, J. Pétrinal*, 1652, in-4, 15 p. (5e avertissement).

Sixième advertissement à Son Altesse Royale monseigneur le duc d'Orléans. *Paris, F. Huart*, 1652, in-4, 11 p.

Advertissement à nos seigneurs les protecteurs de la cause juste, le parlement de Paris, contenant le changement et rénovation de la paix, predict par Michel Nostradamus. Septième partie. *Paris, C. Le Roy*, 1652, in-4, 19 p.

Advertissement aux bons Français sur ce qui doit arriver devant la ville d'Estempes (sic), predict par Michel Nostradamus. Huictiesme partie. *Paris, F. Huart*, 1652, in-4, 7 p.

Advertissement sur la sanglante bataille qui se doit faire dans peu de temps d'ici, entre l'armée mazarine et celle de nos seigneurs les princes, prédite par Michel Nostradamus. Neuvième prédiction. *Paris, C. Le Roy*, 1652, in-4, 8 p.

L'Horoscope impérial de Louis XIV, Dieudonné, prédict par l'oracle françois et Michel Nostradamus. *Paris, F. Huart*, 1652, in-4, 20 p. (10e Avertissement.)

Révolution impériale de Louis XIV, Dieudonné, contenant les liens de sa démarche pour parvenir à l'empire romain. Prédict par l'oracle françois, Michel Nostradamus. *Paris, J. Papillon*, 1652, in-4, 14 p. et 1 f. blanc. (11e Avertissement.)

Advertissement à MM. les notables bourgeois de Paris, contenant l'explication des prodiges qui doivent arriver en France l'année prochaine 1653. Douzième partie. *Paris, J. Papillon*, 1652, in-4, 16 p.

Une réimpression in-8 des dix premiers avertissements est intitulée :

Les vraies centuries de Me Michel Nostradamus, expliquées sur les affaires de ce temps; avec l'Horoscope impérial de Louis XIV, *Jouxte la copie imprimée chez J. Boucher*, 1652, in-8, 3 ff. lim., 120 et 16 p.

L'épître est signée I. M.

« L'Horoscope » a un titre particulier et une pagination spéciale.

Un second titre porte : « Les prophéties mazarines, fidèlement extraites des vraies centuries de M. Nostradamus, imprimées en Avignon en l'an 1556, et à Lion en 1558, expliquées sur les affaires du temps présent, contenant tout ce qui s'est passé en France, touchant le ministère et gouvernement du cardinal Mazarin, tant de présent que de l'avenir, et autres affaires qui doivent arriver en divers royaumes, états et provinces de l'Europe. *Paris*, 1658.

Advertissement à M. Arnauld sur la lettre qu'il a écrite à un prêtre qui ne vouloit pas absoudre un Jansénisté. (Par le P. Jean FERRIER, jésuite.) *Tolose, J. Boude*, 1655, in-4.

Advertissement à nos seigneurs les protecteurs de la cause juste, le parlement de Paris, contenant le changement et rénovation de la paix, predict par Michel Nostradamus. Septième partie. (Par Jacques MENGAU.) *Paris, C. Le Roy*, 1652, in-4, 19 p.

Voy. le détail de la série complète des « Avertissements », de J. Mengau, ci-dessus, col. 348, 349.

Advertissement à Ronsard touchant « la Franciade », par le médecin de Monseigneur le cardinal de Guise (Jean LEBON). *Lyon, Rigaud*, 1568, in-8.—*Paris, Denys du Pré*, 1568, in-8.

Voy. aussi « Supercheries », II, 1096, *a*.

Avertissement à Théophraste Renaudot, contenant les mémoires pour justifier les anciens droits et priviléges de la Faculté de médecine de Paris. (Par J. RIOLAND.) *Paris*, 1641, in-4. V. T.

Avertissement à tous les Etats de l'Europe, touchant les maximes fondamentales du gouvernement et des desseins des Espagnols. (Par le sieur DU FERRIER.) *Paris*, 1625, in-8. — *Ibid., J. Bouillerot*, 1626, in-8, avec le nom de l'auteur.

Avertissement au roi très-chrétien. *Francheville*, 1625, in-4.

C'est la traduction du pamphlet publié en latin sous le titre de « G. G. R. theologi, ad Ludovicum XIII admonitio... » (voy. « Supercheries », III, 1187, *c*), attribué par les uns au jésuite Jacques KELLER, en latin CELLARIUS, et par d'autres à André EUDEMON-JOHANNIS.

Cet écrit a donné lieu à la publication de : « Avis au roi sur le libelle diffamatoire d'un admoniteur exécrable, sans nom ». *S. l.*, 1625, in-8, signé D.V.P., réimprimé en 1626 ; et à « Réponse au libelle intitulé : « Admonition à Louis XIII, roi de France », 1625, in-8, 148 p.

Avertissement au sujet des frères de la Rose-Croix; savoir s'il y en a, quels ils sont..., traduit du latin (de Henri NEUHOUSE). *Paris*, 1623, in-8.

Advertissement aux bons François sur ce qui doit arriver devant la ville d'Estempes (*sic*) predict par Michel Nostradamus. Huictiesme partie. (Par Jacques MENGAU.) *Paris, F. Huart*, 1652, in-4, 7 p.

Voy. le détail de la série complète des « Avertissements », de J. Mengau, ci-dessus, col. 348, 349.

Avertissement aux bourgeois de Paris, par un bourgeois (Louis DE GONZAGUE, duc de Nevers et de Rethel). 1589, in-8.

Voy. « Supercheries », I, 566, *d*.

Avertissement aux catholiques sur les abus des hérétiques, par F. B. (Olivier DE DOUZAC). *S. l.*, 1587, in-8.

Voy. « Supercheries » II, 14, *d*.

Avertissement aux fidèles sur les signes et l'exécution des menaces faites aux Gentils apostats. (Par le P. Bernard LAMBERT.) *Paris, Leclere*, 1793, in-8, 126 p.

Cette brochure a été refondue dans l' « Exposition des prédictions et des promesses faites à l'Eglise, etc. », par le même auteur. *Paris*, 1805, 2 vol. in-12.

Advertissement contre le monstre de menterie esclos de l'outrecuydance de l'hérésie, sur le prodige (prétendu d'Agde en Languedoc), divulgué sur un ouy-dire contre l'Eglise, les prestres, le *corpus Domini* et le sacré calice et contre tout le service divin. (Par Pierre-Victor PALMA-CAYET.) *Paris*, *J. Richer*, 1602, in-8, 16 p.

Le nom de l'auteur se trouve dans le privilége.

Avertissement contre une doctrine préjudiciable à la vie de tous les hommes, et particulièrement des rois et princes souverains, enseignée à Paris au collége de Clermont, occupé par les Jésuites. (Par Godefroy HERMANT.) *S. l.*, 1643, 1644, in-8, 1 f. de titre et 73 p.

L'auteur a publié un « Second Avertissement... » *s. l. n. d.*, in-8, 177 p.

Avertissement de l'Assemblée générale du clergé de France, sur les avantages de la religion et sur les effets pernicieux de l'incrédulité. (Rédigé par Jean-Georges LE FRANC DE POMPIGNAN, archevêque de Vienne.) *Paris, Desprez*, 1775, in-4 et in-12.

Avertissement de l'auteur de la traduction des « Homélies de S. Chrysostome, » (Nicolas FONTAINE), sur quelques passages des « Homélies sur l'Epitre aux Hébreux. » (1693), in-12.

Avertissement de Vincent DE LERINS, touchant l'antiquité et l'universalité de la foi catholique, contre les nouveautés profanes de tous les hérétiques, traduction nouvelle avec des remarques et une dissertation sur l'ouvrage. (Par DE FRONTIGNIÈRES.) *Paris*, *Lefèvre*, 1684, in-12.

Voy. « Nouvelles de la République des lettres », septembre 1685.

Advertissement des catholiques anglois aux catholiques françois, du danger où ils sont de perdre leur religion et d'expérimenter, comme en Angleterre, la cruauté des ministres, s'ils reçoivent à la couronne un roy qui soit hérétique. *S. l.*, 1586, 1587, 1588, in-8; et dans la « Satyre ménippée, » *Ratisbonne*, 1709, t. I.

Voyez le P. Le Long, n° 18535, et « Supercheries », I, 354, *e*.
Attribué à Louis DORLÉANS, avocat ligueur.

Advertissement en forme de responce d'un gentilhomme poictevin, A. F. D. L., pair de France. *Langres, impr. de J. Tabourot, s. d.*, in-8, 18 feuillets.

Signé : Francus-Valerius PUBLICOLA. Voy. « Supercheries », II, 162, *b*.

Advertissement envoyé à la noblesse... Voy. « Advertissement à la noblesse... »

Advertissement et exhortation aux François de rendre humbles et dévotes actions de grâces à Dieu éternel, de ce qu'il nous a délivrés de quelques grands dangers, les jours passés, par R. B. (René BENOIT). *Paris*, *Chevallier*, 1602, in-8.

Voy. « Supercheries », III, 341, *b*.

Advertissement particulier et véritable de tout ce qui s'est passé en la ville de Tholose, depuis le massacre et assassinat commis en la personne des princes catholiques... (Par Urbain DE SAINT-GELAIS-LANSAC, évêque de Comminges, suivant le P. Lelong.) *Paris, R. Le Fizelier*, 1589, in-8, 24 p.

Advertissement pour les universités de France, contre les Pères Jésuites, au roi, et à nos seigneurs de son conseil. (Par Gasp. FROMENT, régent de l'université de Valence) *S. l. n. d.*, in-4, *Paris*, 1624, in-8.

Il y a quatre éditions au moins avec cette date. La dernière porte le nom de l'auteur.

Advertissement pour servir de response au discours nagueres publié sur le fait des monnoyes. (par ROLLAND, sieur DU PLESSIS.) *Paris*, *N. Buon*, 1609, in-8, 1 f. de titre et 105 p.

Avertissement que la Société patriotique d'Erguel adresse à tous les Erguelistes. (Par T.-F.-L. LIOMIN.) 1793, in-8.

Réplique à l' « Adresse au païs d'Erguel... » voyez ci-dessus, col. 70, *e*.

L' « Avertissement » , donna lieu à : « Réfutation d'une brochure qui a pour titre « Avertissement ». Voy. ces mots.

Advertissement sur l'intention et le but de Messieurs de Guise en la prise des armes. (Par Philippe DU PLESSIS-MORNAY.) *S. l.*, 1585, in-8, 30 p.

Sept éditions la même année de 20, 30, 32, 33, 40, 48 p.

Même ouvrage que : « Réponse aux déclarations et protestations .. » Voy. ce titre.

Advertissement sur la sanglante bataille qui ce doit faire dans peu de temps d'ici, entre l'armée mazarine et celle de nos seigneurs les princes, prédicte par Michel Nostradamus. Neuvième prédiction. (Par Jacques MENGAU.) *Paris*, *C. Le Roy*, 1652, in-4, 8 p.

Voy. le détail de la série complète des « Avertissements », de J. Mengau, ci-dessus, col. 348, 349.

Advertissement sur le faict du concile de Trente, faict l'an mil cinq cens soixante-quatre. (Par Baptiste DU MESNIL.) *Lyon*, 1564, in-8.

Avertissement sur Le Franc de Pompignan... Voy. « Recueil des facéties parisiennes. »

Advertissement sur les lettres octroyées à M. le cardinal de Bourbon, où l'on réfute les prétentions du roi de Navarre. (Par A. HOTMAN.) *S. l.*, 1588, in-8. V. T.

Voyez « Catalogue Bellanger », p. 374.

Advertissement sur les rebellions auquel est contenu qu'elle (*sic*) la misere qui accompaigne les traistres, seditieux et rebelles et les recompenses qui les suiuent selon leurs merites. (Par le seigneur DE BELLEFOREST.) *S. l.*, 1586, in-8, 1 f. de titre et 46 ff. chiffrés. — Autre éd. sans titre, 25 ff.

Avertissement très-important..... touchant le retour du sieur d'Emery; avec l'arrêt de la cour contre Jean Particelly, banqueroutier et faussaire, et autres complices, du 9 avril 1620. *S. l.*, 1649, in-4, 23 p.

Attribué par Conrart au président DE MAISONS et au marquis DE LA VIEUVILLE.

Avertissement venu de Reims, du sacre, couronnement et mariage de Henry III... Avec un épithalame. (Par Nicolas DU MONT.) *Paris, Denis du Pré*, 1575, in-8, 31 p.

Avertissement véritable et assuré au nom de Dieu. (Par Gabriel GALLAND.) *Paris, Doyen*, 1827, in-32.

« Catal. Nodier », 1829, n° 66. Ouvrage d'un illuminé.

Avertissements à la capitale et aux provinces, sur leurs fléaux quotidiens qu'elles alimentent; par l'auteur du « Tableau de la dégénération de la France. » (A.-M. MADROLLE.) Edition nouvelle et développée. *Paris, Delloye*, (1836), in-8, 32 p.

Avertissements de Vincent DE LERINS touchant l'antiquité, l'universalité et les mystères de l'Eglise; trad. du latin... (Par DE FRONTIGNIÈRES.) *Paris*, 1686, in-12.

Le traducteur a signé la dédicace à Fr. de Harlay, archev. de Paris.

Avertissemens (les) es trois estatz du monde, selon la signification de ung monstre de l'an mille cinq cens et onze. (Par F. IVOY ou YNOI.) *S. l.*, 1513, in-4.

Voy. Brunet, « Manuel du libraire », 5e édit., I, 583.

Advertissements faits à l'homme par les fléaux de Notre-Seigneur, de la punition à lui due par son péché. (Par Jacq. GRÉZIN.) *Angoulesme, Jean de Minieres*, 1565, in-4.

Il y a des exemplaires avec le nom de l'auteur.

Avertissements salutaires de J.-C. aux dévots et véritables serviteurs de la sainte

a Vierge, mère de Dieu. *Rouen, Le Boullenger*, 1674, in-8, 32 p.

Une note manuscrite contemporaine sur l'exemplaire de la Bibliothèque nationale porte : « Faits par le P. J. VIGNANCOUR, père de la Congr. des MM. de Rouen, qui s'est servi du livre imprimé à Douay et l'a ajusté comme il l'a voulu ».

Avertissemens salutaires de la B. Vierge à ses dévots indiscrets, par M. W. (WINDELFETS), et la lettre apologétique de l'auteur. *Lille*, 1674, in-8.

b Voy. « Supercheries », III, 987, *e*.

Avertissements salutaires... par M. W. (WINDELFETS). 2e édit., *Gand*, 1674, in-8.

Traduction différente de la précédente. Voy. les mots « Avis salutaires... »

Voy. « Supercheries », III, 988, *e*.

Advertissements sur la réformation de l'Université de Paris, au roy. (Par Pierre DE LA RAMÉE.) *Paris, imp. d'André Wéchel*, 1562, in-8.

c Advertissemens sur les jugemens d'astrologie à une studieuse damoiselle. *Lyon, Jean de Tournes*, 1546, in-8, 40 p. et 1 f. blanc ayant la marque au verso. V. T.

Attribués à MELLIN DE SAINT-GELAIS. Voyez « La Croix du Maine et du Verdier ». in-4, t. III, p. 186.

Avertisseur (l'), ou le postillon de Paris. (Par GALLAND et LEVACHER.) An VI, in-4.

d Suite de « la Chauve-souris ». Voy. ce titre.

Aveu (l') sincère, ou lettre à une mère, sur les dangers que court la jeunesse en se livrant à un goût trop vif pour la littérature. (Par Simon-Nic.-Henri LINGUET.) *Paris, Cellot*, 1768, in-12.

Aveugle (l') de la montagne, dialogues philosophiques... (Par Corneille-Franç. DE NELIS, ci-devant évêque d'Anvers.) *Parme, Bodoni*, 1795, in-8. — *Rome*, 1797, in-8. — *Paris, Nicolle*, 1799, in-12.

e Ces entretiens ou dialogues devaient être au nombre de trente; les cinq premiers ont été publiés en 1789, et trois autres en 1793. 2 vol. in-18, *Amsterdam et Paris*.

« L'Esprit des journaux », septembre et novembre 1793, donne une longue analyse et des extraits de cet ouvrage. Voy. aussi Renouard, « Catalogue de la Bibliothèque d'un amateur », 1818, tome I, p. 196.

f Aveugle (l') de Smyrne, tragi-comédie par les cinq auteurs (LE METEL DE BOISROBERT, P. CORNEILLE, ROTROU, COLLETET et L'ESTOILE). *Paris, Courbé*, 1638, in-4. — 1639, in-16.

Voy. « Supercheries », I, 732, *a*.

Aveugle (l') et sa compagne. (Par H. LASSERRE.) *Paris, Palmé*, 1860, in-32.

Aveugle (l') par amour, par l'auteur de « Stéphanie » et de « l'Abailard supposé » (Fanny DE BEAUHARNAIS). *Amsterdam et Paris*, 1781, in-8.

Réimprimé avec le nom de l'auteur.

Aveugle (l') par crédulité, comédie en 1 acte et en prose, représentée pour la première fois par les comédiens françois ordinaires du roi, le mercredi 4 février 1778. (Par Nic. FOURNEL.) *Paris, Ve Duchesne*, 1778, in-8, 72 p.

Aveugle (l') qui refuse de voir... *Londres, Jean Nourse (Paris)*, 1771, in-12, VIII-84 p.

Le « Supplément de la France littéraire ». *Paris*, 1778, in-8, laisse ce roman anonyme, Dans le registre manuscrit des permissions tacites, j'ai trouvé le nom de CERFVOL. V. T.

Aveugle (l') supposé, comédie en un acte et en vaudevilles, par M. L*** (Jacques-François LEPITRE); représentée pour la première fois sur le théâtre du Vaudeville, le 21 fructidor an XI, 8 septembre 1803, *Paris, Masson*, 1803, in-8, 34 p.

Voy. « Supercheries », II, 461, *b*.

Aveuglement (l') de la France depuis la minorité. (Par DUBOSC-MONTANDRÉ, suivant la Bibliographie des Mazarinades.) *S. l.* (1650), in-4, 31 p.

Voy. « Avis à la reine d'Angleterre... »

Aveuglement (l') des Parisiens, faisant voir qu'ils sont bien aveuglés de ne voir pas : 1° que la cour ne veut point de paix, quelque montre qu'elle fasse du contraire; 2° qu'ils ne peuvent point espérer cette paix si la cour a le dessus. *S. l.*, 18 sept. 1652, in-4, 31 p.

Par DUBOSC-MONTANDRÉ, d'après la « Bibliographie des Mazarinades ».

Aveuglement et grande inconsideration des politiques, dicts maheutres, lesquels veulent introduire Henry de Bourbon, jadis roy de Navarre, à la couronne de France, à cause de sa pretendue succession, par Fr. I. P. D. en theologie (Frère Jean PIGENAT, docteur en théologie). *Paris, Thierry*, 1592, in-8, 118 p. et 1 f. de privilége.

Voy. « Supercheries », II, 342, *f*.

Aveux (les) au tombeau, ou la famille du forestier; trad. de l'allemand d'Auguste LAFONTAINE. Par Mme Elise V*** (VOIART). *Paris, Arthus Bertrand*, 1817, 4 vol. in-12.

Aveux (les) d'un prisonnier, ou anecdotes de la cour de Philippe de Souabe; par l'auteur d' « Hermann d'Una » (Mme Benedicte NAUBERT), trad. de l'allem. par Mme DE CERENVILLE. *Paris*, 1804, 4 vol. in-12.

Cet ouvrage a été attribué à tort par le traducteur au baron DE BOCK. L'ouvrage allemand est intitulé : Alf von Dulmen, oder Geschichte Kaiser Philipps und seiner Tochter.

Aveux (les) d'une femme galante, ou lettres de Mme la marquise de *** à miladi Fanny Stapelton. (Par Cornélie WOUTERS, baronne DE VASSE.) *Londres et Paris, Ve Ballard*, 1782, in-12.

Note manuscrite de M. Guidi, censeur royal.

Aveux (les) d'une jolie femme. (Par Françoise-Albine PUZIN DE LA MARTINIÈRE, femme BENOIT.) *Paris, Duchesne*, 1782, 2 parties in-12.

Aveux (les) de l'abbé Charvoz et les saints de Tilly-sur-Seulle; par l'auteur des brochures portant cette épigraphe : « Ils ont élevé un autel au démon de l'impureté et ils en ont fait un Dieu » (M. A. GOZZOLI). *Caen, Paris, impr. de Maistrasse*, 1847, in-8, 12 p.

Voy. « Supercheries », III, 153, *f*. article Pierre-Michel.

Aveux (les) de l'amitié, par Elisabeth DE B*** (BON). *Paris*, an IX-1801, in-12.

Avez-vous fini? Réponse à trois brochures. (Par Léon GRENIER.) *Paris, Marpon*, 1860, in-18.

Aviceptologie françoise, ou traité général de toutes les ruses dont on peut se servir pour prendre les oiseaux qui sont en France. Par M. B*** (P. BULLIARD). *Paris*, 1778, 1796, 1808, in-12.

Réimprimé avec le nom de l'auteur.

Avis à l'auteur de la vie de Messire Jean d'Aranthon d'Alex, évêque et prince de Genève, sur la section II des éclaircissements de cette vie... Par l'auteur de la « Pratique des billets. » *Bruxelles, Le Marchant*, 1700, in-12, 2 f. lim. et 51 p.

Signé : L. J. C. (L.-Jos. CARREL).

Avis à la jeunesse sur la vocation... (Par l'abbé PONS, prêtre missionnaire.) *Cologne*, 1731, in-12.

Avis à la nation, par l'auteur du « Fanal » (LE TELLIER) et autres. *Paris, Cressonier*, (1789), in-8, 6 p.

Avis à la reine d'Angleterre et à la France pour servir de réponse à l'auteur qui en a représenté l'aveuglement. (Par

Fr. DAVENNE, suivant Cangé.) *S. l.*, 1650, in-4, 7 p.

Voy. « l'Aveuglement de la France ».

Avis à la reine sur la conférence de Ruel. *Paris, R. Sara*, 1649, in-4, 4 p.

Signé : E. B. P. Attribué à l'abbé DE CHAMBON, par la « Bibliographie des Mazarinades ».

Avis à Messieurs les Etats des Provinces-Unies, où ils verront qu'il leur est très-avantageux de se séparer d'avec l'Espagne et de conclure une bonne paix avec la France. *S. l.*, (1673), in-4. — Autre édit., *Basle, P. de Maillet*, 1673, p. in-12.

C'est un de ces écrits que Louvois commandait à FLOUPE, et dont il lui donnait même le plan. Voy. le « Recueil de lettres pour servir d'éclaircissement à l'histoire militaire du règne de Louis XIV », (publ. par le P. GRIFFET). t. I, p. 283 et 292.

Avis à MM. les Liégeois, par un bon amy de leur liberté (Louis de FICQUELMONT). (*Liége*), *Ouwerx*, 1637, in-4, 6 f. U. C.

Voy. « Supercheries », I, 548, *b*.

Avis à monsieur Menage sur son églogue intitulée « Christine ». (Par Gilles BOILEAU, avocat au parlement.) 1655, in-4. — 1656, in-4. — 3e édit. revue et augm. *Paris*, 1657, in-12.

Réimprimé dans le « Recueil de pièces choisies », publié par La Monnoye. *La Haye*, 1714, 2 vol. in-12.

Avis à nos seigneurs du parlement, sur la vente de la bibliothèque de M. le cardinal Mazarin. *S. l.* (1652), in-4, 4 p.

Signé : G. N. P. (Gabriel NAUDÉ, Parisien).

Avis au lecteur. Discours de l'utilité et des parties du poëme dramatique, de la tragédie, des trois unités ; examens du Cid, de Cinna, de Polyeucte, de Pompée, d'Héraclius, etc., etc., préface. *S. l. n. d.* in-12.

Tel est le contenu d'un volume sans frontispice. Les morceaux dont il se compose ont été tirés du théâtre de P. Corneille, recueilli d'abord en 1663, 2 vol. in-fol. ; ensuite en 1668, 4 vol. in-12.

« L'avis au lecteur », que l'on peut considérer comme un court et excellent traité de prononciation, m'a inspiré un vif intérêt ; ne le retrouvant pas dans le théâtre de Pierre et de Thomas CORNEILLE, publié en 1738 par les soins de Joly, éditeur très-intelligent, je ne savais à qui attribuer cet excellent morceau de grammaire ; les éditeurs du théâtre de P. Corneille, en 1718 et 1723, me tirèrent d'embarras par une note dans laquelle ils assurent que cet « avis au lecteur » est de la composition de Thomas CORNEILLE, que l'on sait s'être livré particulièrement à l'étude de la grammaire française. J'ai eu le plaisir de causer avec M. Renouard au moment où, croyant ce morceau de P. Corneille, il était déterminé à le placer dans la belle édition qu'il avait entreprise des œuvres de ce père de la scène française. Voyez le tome XII et dernier. Il ne m'a pas été difficile de le convaincre que Thomas Corneille en était le véritable auteur.

Avis au peuple sur l'amélioration de ses terres et la santé de ses bestiaux. (Par VITEL.) *Avignon, J.-J. Niel*, 1775, 2 parties in-12, 200 et 232 p.

Voyez le « Journal des Savans » de l'année 1776, août, p. 52, édition de Hollande.

Il y a des exemplaires portant ce titre : « Avis au peuple sur l'amélioration de ses terres et la santé de ses bestiaux », par l'auteur de « l'Agronome ». *Avignon*, 1775, 2 parties en un vol. in-12.

Le même ouvrage a reparu en 1783, sous la rubrique d'*Amsterdam*, et avec ce changement dans l'intitulé : « Manuel du cultivateur ou Avis au peuple sur l'amélioration de ses terres. »

Cet article, n° 1525 de la sec. édit. du « Dictionn. des ouvr. anon. », a été reproduit textuellement par Quérard dans sa « France littér. » t. X, p. 252, sans aucune indication de source, tandis qu'au t. IV, p. 399, cet ouvrage est attribué à LAFONT, frère de LAFONT-POULOTTI, en citant une édition de *Paris, Didot jeune*, 1776, 2 vol. in-12.

Les exemplaires de l'édition d'Avignon, 1775, qui portent : « par l'auteur de l'Agronome » (Voy. ce titre) doivent faire attribuer « l'Avis » à ALLETZ. C'est en effet ce qui se voit dans le « Catalogue Huzard », II, nos 1385 et 1386, bien que sous le numéro 476, VITEL ait été donné comme auteur.

Avis au peuple sur l'impôt forcé qui se perçoit dans les halles et marchés sur tous les blés et sur toutes les farines. (Par l'abbé N. BAUDEAU.) *S. l.*, 1774, in-8, 22 p.

Avis au peuple sur sa santé, par TISSOT, nouvelle édition augmentée. (Par A.-G. LE BEGUE DE PRESLE.) *Paris*, 1762, 1767, 2 vol. in-12.

L'édition originale de Tissot est de *Lausanne*, 1761, in-12.

Avis au peuple sur son premier besoin (le pain), ou petits traités économiques, par l'auteur des « Ephémerides du citoyen » (l'abbé Nicolas BAUDEAU). *Amsterdam et Paris*, 1768, in-12. — Nouvelle édition, rev. et corr. *Ibid.*, 1774, in-12, 324 p., avec le nom de l'auteur.

Avis au public. *S. l. n. d.*, in-4.

Au sujet de l'ouvrage de Marie d'Agreda, la « Cité mystique de Dieu »... Par le récollet Jean-Nicolas-Hubert HAYER, d'après une note manuscrite de Jamet.

Avis au public en 1740. — Réponse du public, 1740. — Réponse au public, 1740.

Suivant une note de l'inspecteur de police d'Hémery, ces trois petits ouvrages sont du comte DESALLEURS, ambassadeur de France près la Porte ottomane, et on lui devrait aussi : « Essai sur la nature de l'air, du vent et du ridicule », trad. de l'anglais, 1741.

Avis au public, et principalement au tiers-état, de la part du commandant du château des îles de Sainte-Marguerite, et du médecin et du chirurgien du même lieu, du 10 novembre 1788. (Par Ant.-Joseph-Michel SERVAN.) *Se vend aux îles Sainte-Marguerite et se distribue gratis à Paris, chez Robin et Compagnie*, in-8, 55 p.

Avis au public pour prévenir et détruire l'épizootie ou la peste des bêtes à cornes. (Trad. de l'allemand du docteur Bern.-Christ. FAUST.) *Strasbourg*, an VIII-1800, in-fol., pl.

Cette traduction avait été publiée antérieurement à Paris, au bureau de la « Feuille du Cultivateur », an V-1798, in-8 de 28 p., avec le nom de l'auteur.

Avis au public sur les parricides imputés aux Calas et aux Sirven. (Par VOLTAIRE.) *S. l. n. d.*, in-8, 34 p.

Avis au public (par M. COLOMB) sur un ouvrage récent ayant pour titre : « De la cour de cassation et du ministère public avec quelques considérations générales, par un magistrat » (Fr.-Ant. Bavoux). *Paris, Merlin*, 1814, in-8.

Avis au roi. (Par DE ROQUEYROLZ.) *S. l.* (1662), in-4, 3 p.

Proposition de mesures à prendre au sujet des réclamations faites par les réformés.

Avis au roi pour facilement prendre Montauban, La Rochelle, et autres villes occupées par les rebelles. *Paris, impr. de N. Alexandre*, 1622, *jouxte la copie impr. à Rouen*, in-8, 14 p. et 1 feuill. blanc.

Signé : FONTENAY.

Avis au tiers-état, par le marquis DE B....AU (BEAUVEAU.) 1788, in-8, 14 p.

Avis aux absents de la cour. (Par Paul HAY DU CHASTELET.) *S. l.*, 1631, in-8, 7 p.

Deux éditions la même année.

Avis aux actionnaires de la Société générale pour favoriser l'industrie nationale, et aux déposants de la caisse d'épargne de Bruxelles. (Par Louis DIWUY, de Valenciennes.) *Valenciennes*, 1842, in-8.

Avis aux bonnes mères sur la manière de soigner les enfants depuis leur naissance jusqu'à l'âge de puberté, par madame G... T (Mme GIOST, sage-femme). *Paris*, 1824, in-8.

Le nom de l'auteur se trouve sur les éditions suivantes.

Voy. « Supercheries », II, 220, *f*.

Avis aux buveurs d'eaux minérales, affligés de maux de nerfs... (Par le docteur MAILLARD.) *Liége et Spa, Bassompière*, 1776, in-12, 116 p.

Avis aux capitaines navigateurs; instruction courte et médicale... (Par GODIN.) *Nantes*, 1818, in-4.

Avis aux catholiques. (Par LECONTE LA VERRERIE fils, depuis conseiller de préfecture à Alençon.) *Alençon, Malassis le jeune*, 1792, in-8. L. D. L. S.

Avis aux catholiques sur le caractère et les signes du temps où nous vivons, ou de la conversion des Juifs, de l'avénement intermédiaire de Jésus-Christ et de son règne visible sur la terre, ouvrage dédié à M. l'évêque de Lescar. (Par Cl.-Fr. DESFOURS DE LA GENETIÈRE.) *Lyon*, 1794, in-12.

Avis aux chrétiens sur les tables tournantes et parlantes par un ecclésiastique (l'abbé L.-E. BAUTAIN.) *Paris, Devarenne*, 1853, in-8, 24 p

Voy. « Supercheries », I, 1202, *e*.

Avis aux citoyens amis du bien public et de l'humanité. (Par DE ROMAINGOUX.) *S. l., impr. de Lebecq*, 1790, in-8, 4 p.

« Où la politique va-t-elle se nicher? Cette pièce débute par une tirade furieuse contre le despotisme, et finit par l'annonce d'un remède contre la syphilis. » (Cat. de la Bib. de Nantes, no 43351.).

Avis aux citoyens de Lyon, par un homme de loi, citoyen ami de sa patrie. (DURIEU, ancien avocat.) in-8, 16 p.

Voy. « Supercheries », II, 293, *e*.

Advis aux criminalistes sur les abus qui se glissent dans les procès de sorcellerie..., par le P. V. S. J. (le père VON SPÉE, Jésuite), théologien romain. Imprimé en latin en l'année 1632. Et mis en françois par F. B. de Velledor, M. A. D. (Frédéric BOUVOT, médecin à Dijon). *Lyon, Claude Prost*, 1660, in-8, 336 p.

Voy. « Supercheries », III, 93, *f*.

Avis aux critiques des tableaux exposés au salon. (Par ROUQUET.) 1755, in-4, 4 p.

Avis aux cultivateurs sur la culture du tabac en France. (Par l'abbé Henri-Alexandre TESSIER.) Publié par la Société royale d'agriculture. *Paris, impr. de la Feuille du cultivateur*, 1791, in-8, 16 p.

Voy. « Supercheries », III, 697, *f*.

Avis aux députés qui doivent représenter la nation dans l'Assemblée des Etats-Généraux. (Par J.-Nic. DÉMEUNIER.) *S. l.* 1789, in-8, 74 p.

Avis aux femmes enceintes, et éducation physique des enfants, extraits des ouvrages de MM. Tissot, Nicolas... (Par G. GABET, avocat.) *Paris, Levrault*, 1802, in-12, 72 p.

Avis aux fidèles, ou principes propres à diriger leurs sentiments et leur conduite dans les circonstances présentes. (Par le P. Bernard LAMBERT.) *Paris*, *Dufresne*, 1791, in-8 de 86 p.

Avis aux fidèles sur la conduite qu'ils doivent tenir dans les disputes qui affligent l'Eglise. (Par JACQUEMONT, curé de Saint-Médard dans le Forez.) *En France*, *Lyon*, 1796, in-12.

Publié par Cl.-Fr. DESFOURS DE LA GENETIÈRE. Cet ouvrage a été quelquefois attribué à tort à l'éditeur.

Avis aux fidèles sur le schisme. (Par le P. Louis-Guill. MINARD, curé constitutionnel de Bercy.) *Paris*, *imprimerie-librairie chrétienne*, 1796, in-8. — Supplément à l'«Avis aux fidèles». (Par le même.) *Paris*, 1796, in-8.

Avis aux François de la résolution prise aux Etats de Blois, par J. B. D. (peut-être J. BERNARD, Dijonnais). *Lyon*, 1589, in-8. V. T.

Voy. « Supercheries », II, 325, b.

Avis aux Français sur le salut de la patrie. (Par Jérôme PETION DE VILLENEUVE.) 1788-1789, in-8.

Réimprimé dans les Œuvres de l'auteur. Un avertissement qui précède cette réimpression, dit que quatre éditions en furent faites rapidement.

Avis aux gens de guerre, et préceptes sur leur santé... par M*** (COLOMBIER, médecin en l'Université de Paris). *Paris*, *Bastien*, 1779, in-8.

C'est le même ouvrage que les « Préceptes sur la santé des gens de guerre. » Voyez ces mots.

Voy. « Supercheries », III, 1070, e.

Avis aux gens de lettres. (Par Charles-Georges FENOUILLOT DE FALBAIRE.) *Liège (Paris)*, 1770, in-8, 46 p.

Contre les libraires. Robert Estienne a publié une réponse ironique sous le titre : « Remerciement à l'auteur de l'«Avis aux gens de lettres. » *Bouillon (Paris)*, 1770, in-8, 16 p.

Avis aux grands de la terre, sur le peu d'assurance qu'ils doivent avoir en leurs grandeurs. *Paris*, *veuve A. Coulon*, 1649, in-4, 11 p.

Par le curé de Saint-Roch, BROUSSE, suivant la « Bibliographie des Mazarinades ».

Avis aux grands et aux riches, sur la manière de se conduire dans leurs maladies, par M*** (Paul-Augustin-Olivier MAHON), docteur en médecine. *Londres et Paris*, *Pierres*, 1772, in-8, XII-114 p.

Il y a des exemplaires avec le nom de l'auteur.

Voy. « Supercheries, » III, 1061, f.

Avis aux honnêtes gens qui veulent bien faire. (Par l'abbé Nic. BAUDEAU.) *Paris*, *Lacombe*, 1768, in-12. — *Toulouse*, 1769, in-8.

Avis aux malheureux. *S. l.*, (1652), in-4, 7 p.

Le « Catalogue de l'histoire de France » de la Bibliothèque nationale, indique trois éditions ou plutôt trois tirages. Attribué au cardinal DE RETZ par la « Bibliographie des Mazarinades. » Cette attribution est justifiée par la « Réponse d'un malheureux au cardinal de Retz, ou l'imposture et la trahison du coadjuteur, découverte dans la réfutation de son libelle séditieux intitulé « Avis aux malheureux ». *Paris*, 1652, in-4. »

Avis aux mères au sujet de l'inoculation, ou Lettres à une dame de province qui hésitait de faire inoculer ses enfants. (Par Louis DE LAUS DE BOISSY.) *Londres et Paris*, *Bastien*, 1775, in-8, 48 p.

Avis aux mères qui veulent nourrir leurs enfants par Mme L... (LE REBOURS). *Utrecht*, 1767, petit in-12. — *Paris*, *Théophile Barrois père*, 1770, 1783. — Par la citoyenne L. R. 1799, in-12.

Voy. « Supercheries », II, 467, *b*.

Avis aux mères sur la petite vérole et la rougeole, ou lettre de M. de *** (J.-J. MENURET, D. M.), sur la manière de traiter et de gouverner ses enfants dans ces maladies ; suivie d'une Question proposée à MM. de la Société royale des sciences de Montpellier... *Lyon et Paris*, *Cavelier*, 1771, in-12.

Voy. « Supercheries », III, 1061, *d*.

Avis aux négociateurs sur les nouveaux plans de partage. Trad. de l'angl. (Par G. RIDPATH.) *Londres*, 1712, in-8. A. L.

Avis aux ouvriers en fer, sur la fabrication de l'acier, publié par ordre du comité de salut public. (Par Charles-Aug. VANDERMONDE, Gaspard MONGE et Cl.-L. BERTHOLLET.) *Paris*, *s. d.*, in-4, 34 p., avec 5 pl.

Avis aux Parisiens sur la descente de la châsse de Sainte-Geneviève et la procession qui doit se faire pour demander la paix, par un curé de la ville de Paris (Ant. GODEAU, évêque de Vence). *Paris*, 1652, in-4, 22 p.

Voyez t. II de ses Œuvres en prose.

Voy. « Supercheries », I, 817, *a*.

Avis aux pensionnaires légitimes, liquidés ou à liquider sur le fonds de la Caisse de vétérance de la maison du Roi. (Par C.-F. QUEQUET.) *Paris*, *imp. de Mme veuve Porthmann*, 1832, in-4, 7 p.

Avis aux peuples des provinces où la contagion sur le bétail a pénétré, et à ceux des provinces voisines. *Paris, imp. royale*, 1775, in-8, 16 p.

Par MONTIGNY, d'après une note manuscrite, sur l'exemplaire de la Bibliothèque nationale.

Avis aux princes catholiques, ou Mémoires de canonistes célèbres, sur les moyens de se pourvoir contre la cour de Rome, soit pour les bulles de prélature, soit pour les empêchements dirimans. (Publié par Louis-Théodore HÉRISSANT, avocat.) *Paris, Hérissant*, 1768, 2 vol. in-12.

Ouvrage composé en partie par ordre du conseil de régence, en 1718.

Ces deux volumes contiennent seize mémoires. Les onze premiers se trouvent dans quelques exemplaires du « Supplément aux œuvres de Van Espen », publié en 1769 par l'abbé de Bellegarde, pages 416-484. ils manquent dans beaucoup d'autres. C'est le retranchement de ces mémoires, ordonné par le gouvernement, qui donna lieu à la publication de l' « Avis aux princes catholiques ». Les cinq mémoires ajoutés par l'éditeur augmentent l'intérêt de ce recueil.

Avis aux princes chrétiens, sur les mouvements et entreprises du Grand Turc, pour le sujet des affaires de ce temps. (Par LE COURTOIS LA GARDE.) *S. l.* (1631), in-4, 8 p.

Avis aux propriétaires des terres de la Hongrie, de la Bohême et de toute l'Allemagne, concernant l'adoption de la manière de bâtir en terre seule massivée, décrite dans le Cours d'architecture rurale, pratique, nouvellement publié, etc., avec les dessins gravés des bâtisses en terre seule massivée qui vont être exécutés. (Par J. CHAMP, ingénieur.) *Vienne et Leipsick*, 1795, in-8, 15 p.

Avis aux RR. PP. Jésuites d'Aix en Provence, sur un imprimé qui a pour titre : « Ballet dansé à la réception de M. l'archevêque d'Aix ». (Par Pierre ADIBERT.) *Cologne, P. Le Blanc*, 1686, in-12, 1 f. de titre et 64 p. — *Cologne, P. Le Blanc*, 1687, in-12, 70 p.

Note manuscrite d'un ami à qui l'auteur donna son ouvrage en 1686.

L'ouvrage suivant a été réimprimé dans ce volume.

Avis aux RR. PP. Jésuites, sur leur procession de Luxembourg du 20 mai 1685. (Par Antoine ARNAULD.) *S. l. n. d.*, in-12, 24 p.

Inséré dans le trentième volume des « Œuvres » de l'auteur.

Réimprimé dans l'ouvrage précédent.

Avis aux RR. PP. Jésuites sur leur procession de Luxembourg (par Ant. ARNAULD) et sur leur Ballet dansé à Aix, à la réception de M. de la Berchère, évêque de Lavaur, nommé à l'archevêché d'Aix et depuis à celui d'Alby. (Par Pierre ADIBERT.) *Cologne, P. Le Blanc*, 1687, in-12, 1 f. de titre et 104 p.

Avis aux souverains de l'Europe, par un gentilhomme cultivateur (le comte de SAPORTA). 1791, in-8. A. L.

Avis aux vivants, au sujet de quelques morts, par l'auteur de « Charles et Villecourt » (Jean DROMGOLD). *Amsterdam et Paris, Gueffier*, 1772, in-8, 27 p.

Avis aux voyageurs en Suisse, trad. de l'allemand de J.-G. HEINZMANN. (Par A.-S. D'ARNAY.) *Berne*, 1796, 1798, in-8, avec 1 carte.

Avis charitable. (Par Pierre POIRET.) 1686, in-8.

Voy Mylius, « Biblioth. Anonym. », p. 1239.

Avis charitable à ceux qui ont le malheur de vivre dans l'incrédulité. (Par le P. Yves VALOIS, jésuite.) *S. l.*, 1767, in-8.

Avis chrestiens, particuliers et importans pour acheminer un chacun à la perfection de son état ; tirez des œuvres de S. François de Sales, par un P. de la C. de J. (Pierre DAGONEL). *Paris, S. Cramoisy*, 1631, in-8.

Voy. « Supercheries », III, 57, *e*.

Avis d'un docteur de Sorbonne (Louis-Gabr. GUÉRET), au sujet de la déclaration du roi du 17 août 1750 et de la réponse du clergé de France. *Berlin* (*Paris*), 1751, in-12, 43 p.

Voy. « Supercheries », I, 970, *e*.

Avis d'un docteur en théologie sur un livre de la Puissance ecclésiastique et politique (d'Edmond Richer). (Par C. DURAND.) *Paris*, 1612, in-8.

Voy. « Supercheries », I, 973, *a*.

Avis d'un ecclésiastique de Paris (le P. J.-Fr. BILLUARD, dominicain) à M. Stievenard, sur sa seconde apologie pour Fénelon, avec un supplément. *S. l. n. d.*, in-4, 21 p.

Voy. « Supercheries ». I, 1203, *d*.

Avis d'un membre du tiers-état sur la réunion des ordres. (Par Ch.-J. PANCKOUCKE.) *Paris*, le 2 avril 1789, in-8. V. T.

Voy. « Supercheries », II, 1114, *d*.

Avis d'un oncle à son neveu. (Par H.-Fr. DE LA RIVIERE, sieur DE COUCY.) *Paris*, 1731, in-18. — 1771, in-8.

Voy. « Supercheries, » II, 1306, *d*.

Avis d'un père à sa fille, traduit de l'anglois du marquis D'HALIFAX. *La Haye*, 1698.

Cette traduction a été retouchée par J.-H.-S. FORMEY, qui l'a publiée sous le titre de : « Conseils d'un père. »

Avis d'un père à sa fille, par le marquis d'HALIFAX, trad. de l'anglois. (Par Mme G.-H. THIROUX D'ARCONVILLE.) *Londres (Paris)*, 1756, in-12.

Avis d'un père à son fils. (Par J.-H. MARCHAND.) *Amsterdam (Paris)*, 1751, in-12.

Avis d'un père détenu et depuis victime de la tyrannie révolutionnaire, à sa fille âgée de cinq ans. (Par M.-J.-A.-N. CARITAT DE CONDORCET). *S. l. n. d.*, in-8, 24 p.

Avis d'un prélat de France (Jean du TILLET, évêque de Meaux), contre les piperies des ministres des églises nouvelles, à MM. les gentilshommes seduicts. *S. l.*, 1587, in-8.

Voy. « Supercheries », III, 233, *f*.

Advis d'un religieux contre les faiseurs de libelles diffamatoires, touchant l'emprisonnement des princes et affaires du temps. *Paris*, 1560, in-4.

Signé F. D. F. (François DAVENNE DE FLEURANCE). Niceron, t. XXXVII, p. 79.
Voy. « Supercheries », II, 20, *d*.

Avis d'un Théologien sans passion (Matthieu DE MORGUES), sur plusieurs libelles imprimés depuis peu en Allemagne. 1626, in-8.

Voy. « Supercheries », III, 793, *b*.

Avis d'un vrai patriote (l'abbé Antoine SABATIER, de Castres), au peuple liégeois. *S. l.*, 1790, in-8, 21 p.

Voy. « Supercheries », III, 986, *a*.

Avis d'une mère à sa fille, par madame DE LAMBERT; nouvelle édition, en allemand et en français, avec une traduction interlinéaire de l'allemand. (Par A.-M.-H. BOULARD, ancien notaire.) *Paris*, an VIII-1800, in-8, XII-91 p.

Avis d'une mère à son fils. (Par madame LE GUERCHOIS, née Madeleine D'AGUESSEAU.) *Paris*, *Desaint*, 1743, 2 vol. in-12.

Avis d'une mère à son fils et à sa fille. (Par Anne-Thérèse DE MARGUENAT DE COURCELLES, marquise DE LAMBERT.) *Paris*, *Etienne Ganeau*, 1728, in-12, 207 p., plus le privilége.

Souvent réimprimé avec le nom de l'auteur.

a Avis (les) d'une mère infortunée à ses filles. Ouvrage nouvellement traduit de l'anglois.... suivi de Fables morales, aussi traduites de l'anglois. (Par GIN D'OSSERY, fils du traducteur d'Homère.) *Londres et Paris*, *Servière*, 1786, in-12. — *Liége*, 1787, pet. in-12.

Avis de la chambre de commerce de Liége sur la question des droits différentiels. (Par Félix CAPITAINE.) *Liége*, *Dessain*,
b 1842, in-8, 33 p. et un tableau. J. D.

Avis de la chambre de commerce de Liége sur le projet de loi relatif à la condition des classes ouvrières et du travail des enfants. (Par Félix CAPITAINE, président de la chambre de commerce.) *Liége*, *Desoer*, 1849, in-8. J. D.

Avis de Me C. B. (Charles BLONDEAU), avocat en parlement, sur l'état des cinq
c abbayes dites communément de Chézal-Benoist. *Paris*, 1650, in-fol., 58 p.

Voy. « Supercheries », I, 665, *f*.

Advis de quatre fameuses universitez d'Italie sur l'absolution du roy, auquel par le tesmoignage des canons et ordonnances des papes, on prouve que les evesques et prelats de France ont peu absoudre sa Majesté. Traduict de leur latin en
d françois. (Par Pierre PITHOU.) *Lyon*, *par Guichard Iullieron et T. Ancelin*, 1594, in-8, 24 p.

Traduction de l'opuscule intitulé : « De justa et canonica absolutione Henrici IIII... ex exemplari in Italia excuso. *Lutetiæ*, *M. Patissonius*, 1594, in-8, et dont le P. Lelong attribue la rédaction à Pierre PITHOU.

Une autre traduction est intitulée : « Traicté de la iuste et canonique absolution de Henry IIII... » *A Paris*, *par C. de Montr'œil et J. Richer*, 1595,
e in-8, 16 p.

Avis des bons Normands à leurs frères tous les bons Français de toutes les provinces et de tous les ordres, sur l'envoi des lettres de convocation aux Etats-Généraux. (Par Jacq.-Guill. THOURET.) *Rouen*, février 1789, in-8, 55 p. — Suite de l'avis des bons Normands, dédiée aux assemblées des bailliages, sur la rédaction du cahier
f des pouvoirs et instructions. (Par le même.) *Rouen*, février 1789, in-8, 60 p.

Avis des censeurs nommés par la cour du parlement de Paris, pour l'examen de la nouvelle collection des conciles faite par les soins du P. Jean Hardouin, jésuite, avec les arrêts du parlement qui autorisent ledit Avis, et l'arrêt du Conseil qui en a empêché la publication. (En latin et en français, publié par Nicolas BERTIN, l'un des censeurs, qui a fait les notes;

l'avertissement est de l'abbé J.-B. CADRY.) *Utrecht*, 1751, in-4, 100 p.

Les censeurs nommés étaient Denis Léger, Philippe Anquetil, Louis-Ellies du Pin, Charles Witasse, Pierre Le Merre fils et Nicolas Bertin. Witasse et du Pin moururent sans avoir pu donner leur avis.

Avis des plus intéresssans pour les propriétaires des forêts et des parcs... pour la destruction des loups et de tous les animaux nuisibles ; par le chevalier LASSERAN.) *Paris, Dentu, s. d.*, in-8, 16 p.

Avis désintéressé sur les derniers écrits publiés par les cours de Vienne et de Madrid, au sujet de la guerre présente. (Quatre pièces traduites de l'italien de Fernand TRÉVIGNO; les deux premières par l'abbé J.-B. LE MASCRIER, et les deux autres par L.-Fr.-Joseph DE LA BARRE.) *Paris*, 1735, in-4.

Avis donné à monseigneur le chancelier sur le fait de la justice. (Par DE BERNARD.) *Paris, N. Alexandre*, 1619, in-8, 23 p.

L'auteur a signé la dédicace.

Advis donné à monseigneur le duc du Mayne, après le retour de son armée à Paris, au conseil de l'Union, au prevost des marchans et eschevins, par un gentilhomme catholique très-affectionné en ceste saincte cause, pour le repos de la France. *Paris, Mercier*, 1589, in-8, 16 p.

Signé : le sieur DE VARAINE.
Voy. « Supercheries », II, 158, *f*.

Avis (l') du bonhomme. 1790.

Cette brochure attribuée à P.-Ch. MARTIN DE CHASSIRON, n'est citée *de visu* par personne. L'auteur y combat l'influence des sociétés populaires, de celles surtout qui étaient affiliées aux Jacobins.

Avis du Comité provincial d'agriculture, d'industrie et de commerce de Liége, sur la fabrication des clous... (Par L.-E. RENARD.) *Liége, Collardin*, 1831, in-4, 8 p.
J. D.

Avis du François fidèle aux malcontents nouvellement retirez de la cour. (Par Jean SIRMOND.) *S. l.* (1637), in-8, 24 p. — *S. l. n. d.*, in-8, 32 p.

Voy. « Supercheries », II, 81, *e*.

Avis en l'occurence des Etats-Généraux. (Par DE JUVIGNY.) *S. l.*, 1614, in-8. V. T.

Avis et mémoire instructifs sur les avantages des inventaires généraux des titres et papiers tant anciens que nouveaux. (Par CARPENTIER, de Beauvais.) *Paris, Gueffier*, 1768, in-12.

Avis et réflexions sur les devoirs de l'état religieux. (Par dom DUSAULT.) *Toulouse, Douladoure*, 1708, 2 vol. in-12.

Souvent réimprimé. Les éditions de 1714 et 1717 ont été revues par dom Guill. ROUSSEL.

Advis fidelle aux véritables Hollandois, touchant ce qui s'est passé dans les villages de Bodegrave et de Swammerdam, et les cruautés inouïes que les François y ont exercées. (Par Abr. DE WICQUEFORT.) (*Hollande, à la sphère*,) 1673, in-4, avec 8 estampes de Romain de Hooghe. — *S. l.*, 1673, in-12.

Avis fraternels aux ultramontains concordatistes. (Par l'abbé DE SAINT-MARTIN.) *Londres, Juigné et La Roche*, 1809, in-8, 68 p.

Avis important aux cultivateurs. (Par DATTY.) *Arles*, 1804, in-8, 8 p.

Voy. « Supercheries », I, 827, *c*.

Avis important aux réfugiés, sur leur prochain retour en France, par M. C. L. A. A. P. D. P. (Par Pierre BAYLE.) *Amsterdam, Jacques le Censeur*, 1690, in-12. — *Paris, veuve Gabriel Martin*, 1692, in-12.

D'après l'« Avis au lecteur » de la seconde éd., la première aurait été imprimée avec des changements contraires aux intentions de l'auteur.
Voy. « Supercheries », I, 747, *e*.

Avis important et désintéressé sur l'affaire de M. L. C. de RETZ. *S. l. n. d.*, in-4, 8 p.

Par le cardinal DE RETZ, d'après la « Bibliographie des Mazarinades. »

Avis important et nécessaire à M. de Beaufort et M. le coadjuteur. *S. l.*, 1650, in-4, 20 p.

Par le cardinal DE RETZ, suivant Omer Talon.

Avis important sur l'économie politico-rurale des pays de montagnes, sur la cause et les effets progressifs des torrents, par M. B*** (P.-M. BERTRAND), inspecteur général des ponts et chaussées. *Paris, Royez*, 1788, in-8, 15 p.

Voy. « Supercheries », I, 437, *c*.

Avis important sur les divers états d'oraison. (Par le P. Jean-Baptiste ROUSSEAU, dominicain.) *Paris, Billot*, 1710, in-12.

Avis important sur les nouveaux écrits des modernes ultramontains, par M. S*** (SYLVY), ancien magistrat. *Paris, Egron*, 1818, in-8, 38 p.

Voy. « Supercheries », III, 489, *a*.

Avis importants à M. Arnauld sur le projet d'une nouvelle bibliothèque d'auteurs jansénistes. In-12, 36 p.

Signé : DE SAINTE-FOY (pseudonyme de Richard SIMON), 28 septembre 1691.

Voy. « Lettres de M. Antoine Arnauld, » tome VI, p. 437 et suiv.

Voy. « Supercheries », III, 568, e.

Avis importants au R. P. recteur du Collége des Jésuites de Paris, pour réponse à un libelle intitulé : « Lettres à M. Arnauld, sur ses plaintes touchant l'affaire de Douai. » *S. l.*, 1692, in-12.

Signé : F. LEFRANC, pseudonyme du P. QUESNEL.

Avis instructif d'un père à ses enfants. (Par L.-J. DE CROIX.) *Lille*, 1770, in-12.

L'auteur a publié en 1812, à Lille, sous son nom, une quatrième édition de cet ouvrage, considérablement augmentée.

Avis paternels d'un militaire à son fils, Jésuite, ou Lettres dans lesquelles on développe la constitution de la Compagnie de Jésus. (Par l'abbé Joseph-Adrien LE LARGE DE LIGNAC.) 1760, in-12.

Voy. « Supercheries », II, 1143, e.

Avis politiques envoyés à un officier de la reine, touchant l'état des affaires présentes. *Paris, N. de La Vigne*, 1649, in-4, 7 p.

Par DU PELLETIER, suivant la « Bibliographie des Mazarinades ».

Avis pour le transport par mer des arbres..., (par Henri-Louis DUHAMEL DU MONCEAU et Rol.-Mich. BURIN, marquis DE LA GALISSONNIÈRE.) *Paris*, 1752, 1753, in-12.

Avis pour lire utilement l'Evangile. (Par Ambr. LALLOUETTE.) *Paris, Robustel*, 1698, in-12.

Avis pour se préserver et guérir de la peste de cette année, 1668. Seconde édition. *Reims, Multeau*, 1668, in-8, 32 p.

La dédicace est signée : RAINSSAINT, médecin.

Avis présenté à la vénérable langue de Provence, contre les usurpateurs de noblesse du Comtat-Venaissin. *S. l.*, (1797), in-4, 35 p.

La dédicace est signée : le chevalier DE B. P. Une note manuscrite contemporaine sur l'exemplaire de la Bibliothèque nationale, traduit ces initiales par le chevalier Marc-Ant. DE PUGET-BARBANTANE.

Avis pressant, ou Réponse à mes calomniateurs. (Par Mme Olympe DE GOUGES.) *S. l.* (1789), in-8, 8 p.

Avis raisonnable au peuple allemand, par un Suisse. (Par le marquis Marc-Marie DE BOMBELLES, mort évêque d'Amiens.) 1793, in-8.

Avis salutaire au tiers-état sur ce qu'il fut, ce qu'il est, ce qu'il peut être, par un jurisconsulte allobroge. (Joseph-Michel-Antoine SERVAN). *S. l.*, 1788, in-8, 77 p.

Voy. « Supercheries », II, 441, e.

Avis salutaires à une mère chrétienne pour se sanctifier dans l'éducation de ses enfans. (Par Ambroise PACCORI). *Orléans*, 1689, 1691, in-8.

Avis salutaires aux pères et aux mères pour bien élever leurs enfants. (Par Ambroise PACCORI.) *Orléans*, 1696, 1710, in-8; — *Troyes*, 1722, in-8.

Avis salutaires d'un philosophe chrétien, traduit du latin de RAURACUS. (Ou plutôt composé par le chevalier Jacques-Ignace DE LA TOUCHE-LOISÉ.) *Paris, Prault*, 1740, in-12; — 1741, pet. in-12.

Voy. « Supercheries », III, 333, d.

Avis salutaires de la B. V. Marie à ses dévots indiscrets, fidèlement traduits du latin (de A. WINDELFETS), en françois. (Par le P. Gabr. GERBERON.) *Lille*, 1674, in-8.

Traduction différente des deux auparavant publiées sous le titre d'« Avertissements salutaires ». Voy. ces mots.

Avis sincères à MM. les Prélats de France sur les lettres qui leur sont adressées sous le titre de prélats de l'Eglise gallicane. (Par Elie BENOIST, pasteur de Delft.) (*La Haye, Abraham Troyel*), 1698, in-18, 378 p.

Avis sincères aux catholiques des Provinces-Unies sur le décret de l'inquisition de Rome contre M. l'archevêque de Sebaste... (Par le P. Pasquier QUESNEL.) *S. l.*, 1704, in-8.

Avis sincères aux prélats ci-devant assemblés au nom du clergé. *S. l.*, 1750, in-12, 44 p.

Par M. DE LABARRE, suivant une note manuscrite contemporaine sur l'exemplaire de la Bibliothèque nationale. Il a été publié un « Supplément aux « Avis sincères... » servant aussi de Réponse à quelques critiques. » *Londres*, 1750, in-12, 36 p.

Avis sur l'inoculation de la petite vérole. *Paris, P.-F. Didot le jeune*, 1763, pet. in-8, 31 p.

Signé : CANDIDE (le docteur Louis-Pierre LE HOC). L'auteur a publié une seconde édition augmentée sous ce titre : « l'Inoculation de la petite vérole renvoyée à Londres. Par M***, docteur en médecine... » *La Haye*, 1764, pet in-8, VIII-118 p.

Une nouvelle édition, sous le même titre, avec le sous-titre : « ou les deux Candides ». *Paris, Cogez*, an IX, in-8 de 83 p.

Voy. « Supercheries », I, 637, d.

Avis sur la clause vulgairement apposée aux contrats, de fournir et faire valoir une dette ou une rente. (Par A. HOTMAN.) *Paris*, 1594, in-8.

Voyez le « Catalogue de la Bibliothèque des avocats », in-8, t. II, p. 214.

Advis sur la maladie. *Paris*, *Cl. Morel*, 1619, pet. in-8, 7 p.

Réimprimé avec le nom de l'auteur sous ce titre : « Le général et souverain remède contre la maladie pestilentieuse. Nouvellement mis en lumière, par M. DURET, médecin du roy. » *Paris*, *Iean de Bordeaux*, 1623, pet. in-8, 15 p. » Le titre de départ est : « Avis sur la maladie pestilentieuse ».

Advis sur la peste. (Par ELLAIN.) *Paris*, *P. L'Huillier*, 1604, in-8, 52 p. — *Paris*, *D. Douceur*, 1606, in-8, 64 p.

Avis sur la tenue d'un concile national de France, ou Réponse aux difficultés proposées par Dupin contre ce concile. (Par Jacq. BASNAGE.) *Cologne*, 1715, in-8. V. T.

Avis sur le tableau du socinianisme. (Par Isaac JAQUELOT.) *S. l.*, 1690, in-8.

Avis sur les blés germés. (Par A. CADET DE VAUX.) 1782, in-8.

Avis sur les bréviaires et particulièrement sur la nouvelle édition du bréviaire romain. (Par L.-E. RONDET.) *Paris*, *Lottin aîné*, 1775, in-12.

Avis sur les nouvelles eaux minérales de Passy, près Paris. Différentes sources. *Paris*, *imp. de Langlois* (1726), in-8.

Par PERNIER, d'après une note manuscrite.

Avis touchant la réfutation de la Somme théologique du P. Garasse. (Par le P. François GARASSE.) *Paris*, 1626, in-12.

Voyez Niceron, t. XXXI, p. 380.

Avis très-doux, très-sages, très-importants, très-salutaires, très-nécessaires et très-chrétiens aux auteurs du Journal soi-disant françois; par un abonné à ce même journal (le P. Charles-Louis RICHARD). déc. 1777, in-4, 8 p.

Signé : L'abbé de Saint-Célérien, en sa maison abbatiale du Mont-Veri-Charité.

Voy. « Supercheries », I, 159, *c*.

Avocat (l') condamné et les parties mises hors de procès par arrest du Parnasse; ou la France et l'Allemagne également défendues par la solide réfutation du traité que le sieur Aubery a fait des prétentions du roi sur l'empire... Par L. D. M. C. S. D. S. E. D. M. (Louis DU MAY, conseiller secrétaire du sérénissime électeur de Mayence). *S. l.*, 1669, in-12, 255 p. — *S. l.*, 1669, in-12, 130 et 111 p.

Voy. « Supercheries », II, 713, *d*.

a Advocat (l') de S. Pierre et de ses successeurs contre l'advocat non avoué de S. Paul; ou Examen du livre (de M. Barcos), par P. S. J. (le père Pierre de ST.-JOSEPH, feuillant). *Paris*, *Josse*, 1645, in-4.

Voy. « Supercheries », III, 271, *a*.

Advocat (l') des âmes du purgatoire. (par J. DE LIGNE.) *Bruxelles*, *Velpius*,

b 1586, in-8.

Advocat des dames de Paris touchant les pardons à sainct Trotet. *S. l. n. d.*, pet. in-8, goth. de 12 ff.

Réimprimé à *Chartres*, *Garnier*, 1832, in-16, par les soins de M. G.-D. (GRATET-DUPLESSIS).

Les premières lettres de l' « acrostiche » qui termine l'ouvrage, donnent le nom de l'auteur : MAXIMIEN, qui est suivi de la devise : « De bien en mieulx. »

Attribué à tort par La Croix du Maine à Guillaume

c COQUILLART.

Voy. « Supercheries », I, 421, *e*.

Advocat (l') des protestans, ou Traité du schisme, dans lequel on justifie la séparation des protestans d'avec l'Eglise romaine, contre les objections des sieurs Nicole, Brueys et Ferrand, par le sieur A. D. V. (AUBERT DE VERSÉ). *Amsterdam*, *Mortier*, 1686, in-12, 8 ff. lim. et 245 p.

d Avocat (l') du diable, ou Mémoires historiques et critiques sur la vie et la légende de Grégoire VII et la canonisation de S. Vincent de Paul... (Attribué à l'abbé ADAM, curé de Saint-Barthélemy, à Paris). *Saint-Pourçain*, *chez Tansin*, *pas saint*, 1743, 3 vol. in-12, fig. et front. grav.

Avocat (l') général soutenant la cause de tous les grands de l'Etat outrageusement offensés dans le libelle intitulé :

e « La Vérité toute nue... » *S. l.*, 1652, in-4, 32 p.

Par DUBOSC-MONTANDRÉ, suivant la « Bibliographie des Mazarinades. »

Avocat (l'), ou Réflexions sur l'exercice du barreau. *Rome et Paris*, *L. Cellot*, 1778, in-8, XVI-454 p.

L'épître est signée : CHAVRAY DE BOISSY.

f Avocat (l') Vonck. Mémoire historico-philosophique, lu en séance de la société des sciences, des arts et des lettres du Hainaut, le 10 octobre 1845. (Par Louis FUMIÈRE.) *S. l. n. d.*, in-8, 12 p. J. D.

Avortement du projet de réduction des rentes. (Par le marquis DE LA GERVAISAIS.) *Paris*, *Pihan-Delaforest*, (22 mars 1836), in-8, 15 p.

Avril, Mai, Juin. Sonnets. (Par MM.

Léon VALADE et Albert MÉRAT.) *Paris, Faure, imp Vallée*, 1863, in-18, 128 p.

La préface est signée Louis CAPELLE.

Avrillonade (l'), ou la Culotte conquise, poëme en un chant, enrichi de notes, par le citoyen aboyeur, crieur (DE CRESSY, huissier-priseur). In-8, publié vers 1800.

Voy. « Supercheries », I, 168, *d*.

Ayman (l') mystique, clef de la véritable sagesse, trouvée dans les opérations de l'ayman vulgaire. (Par Urb. SOUCHU DE RENNEFORT.) *Paris*, *Quinet*, 1689, in-12.

Azalaïs et le gentil Aimar, histoire provençale, trad. d'un ancien manuscrit provençal, par F. D'O. (FABRE D'OLIVET). *Paris*, *Maradan*, an VII-1799, 3 vol. in-12.

Voy. « Supercheries », II, 22, *b*.

Azema, ou l'Infanticide, roman historique, tiré des causes célèbres de l'Angleterre, et traduit de l'anglais, par M. le comte DE*** (J.-Bapt.-Aug. IMBERT). *Paris, Imbert*, 1824, 2 vol. in-12.

Voy. « Supercheries », III, 1107 *a*.

Azémia ou les Sauvages, comédie en trois actes, en prose, mêlée d'ariettes; représentée à Fontainebleau devant Leurs Majestés, le 17 octobre 1786, et à Paris, le 3 mai 1787. (Par Aug.-Et.-Xav. POISSON DE LA CHABEAUSSIÈRE et DALAYRAC.) *Paris*, *Brunet*, 1787, in-8.

B

B (le). *S. l.*, 1750, pet. in-8, 14 p. — Autre édition, 24 p.

Le titre de départ porte en plus : « Aux auteurs des Lettres pour et contre les immunités du clergé. »

Ce B énigmatique signifie « Le Baillon ».

Cet opuscule a pour auteur un abbé CONSTANTIN sur lequel l'inspecteur de la librairie d'Hémery a fait, à la date du 1er mai 1751, un rapport que nous donnons ci-après.

Le B a été reproduit à la suite d'un autre opuscule du même auteur : « La Voix du prêtre » et aussi dans le « Recueil des Voix » (Voy. ce titre.)

« Constantin, dit du Cass (l'abbé), 40 ans, petit, brun, physionomie plate, la bouche ouverte et grande, et le nez un peu épaté. Au couvent de Bellechasse où il fait l'office de chapelain à la place d'un de ses amis qui est à la campagne. Il est de La Verdière, territoire de Barjols, diocèse d'Aix, et fils du receveur de cette terre qui appartient à MM. d'Oppède. Il a été précepteur du nonce du Pape, à Paris, et on m'a assuré qu'il était très-lié avec le nonce.

Il est auteur d'un mss. intit. : « Mémoires concernant l'utilité des Etats provinciaux... » et qu'il a présenté au Magistrat (M. de Malesherbes), sous le nom de Du Cass. Cet ouvrage ayant été refusé, il l'a fait imprimer par Laguette, et le 20 juin suivant il a eu l'impudence de le faire distribuer et vendre par les colporteurs.

Le 6 juillet, j'ai découvert qu'il s'appelait Constantin et non Du Cass, nom qu'il ne m'avait donné que pour me tromper.

Quelques jours après, il a fait faire une seconde édition de cet ouvrage, par Simon du Parlement, dont la femme Folliot lui avait donné la connaissance.

Le 1er août 1750, il a fait un mss. intitulé : « La Voix du prêtre » (Voyez ce titre.), et « le B », au sujet des affaires présentes du clergé, et a eu l'impudence de le faire imprimer par la femme La Marche qu'il avait connue par le moyen de la Foliot. Dès que l'édition a été faite, la femme La Marche en a donné avis au magistrat qui a donné ordre pour arrêter l'abbé et saisir l'édition.

Le 22 dudit mois, on s'est transporté à Bellechasse où l'édition a été saisie dans l'appartement de l'abbé qui a été conduit sur le champ à la Bastille avec tous ses ouvrages.

Le 7 octobre 1751, il a été mis en liberté et exilé hors du royaume. C'est un homme courageux et capable de faire encore quelque sottise. »

Babillard (le). (Ouvrage littéraire commencé en janvier 1778, jusqu'au 30 août de la même année, par le chevalier J.-J. DE RUTLIDGE.) *Paris*, *Bastien*, 1778, 4 vol. in-8.

Voy. Hatin, « Histoire de la presse », t. III, p. 145.

On croit que MERCIER a eu quelque part à la rédaction de cette feuille; dans tous les cas, il lui a beaucoup emprunté pour son « Tableau de Paris ».

Babillard (le) brabançon, 1792, in-8, 12 pièces.

Ce journal, dont l'auteur est le ci-devant apothicaire VAN DEN SANDE, a été supprimé à la demande des états de Brabant par le gouvernement: (Catal. J.-G. Gérard. *Brux.*, 1819, nº 2543).

Babillard (le), ou le philosophe nouvelliste, traduit de l'anglois de STEELE, par A. D. L. C. (ARMAND DE LA CHAPELLE.) *Amsterdam*, 1734 et 1735, 2 vol. in-12. — *Zurich, Orell et comp.*, 1737, 2 vol. in-8.

L'édition de Zurich est intitulée : « le Philosophe nouvelliste. » Armand de La Chapelle avait publié dès 1723 le premier volume de cette traduction.

Le « Tatler », publié par Steele sous le nom de Isaac Bicker-Staff, parut à Londres, du 12 avril 1709 au 2 janvier 1711; il forme 271 numéros in-folio.

Les réimpressions sont nombreuses.

Babioles d'un vieillard. (Par Urbain-René-Thomas LE BOUVIER-DESMORTIERS.) *Paris, Dentu*, 1818, in-8.

Voy. « Supercheries », III, 940, *a*.

Babioles littéraires. (Par Georges-Louis DE BAAR.) *Hambourg*, 1760, in-12. — Seconde édition, augmentée sous ce titre : « Babioles littéraires et critiques, en prose et en vers. » *Hambourg, Bohn*, 1761 à 1764, 5 vol. in-8.

Baby-Bambou, histoire archi-merveilleuse, publiée par M. D. DE S. (DESCHAMPS DE SAUCOURT). *Chiméronville, et se trouve à Paris, chez Brunet*, 1784, in-18.

Voy. « Supercheries », I, 877, *d*.

Babylone (la) démasquée, ou entretiens de deux dames hollandoises sur la religion catholique romaine et sur les motifs qui doivent engager à l'embrasser... (Par Mme DE ZOUTELANDT.) *Paris*, 1727, in-12.

Bacha (le) de Smyrne, comédie par M***. 1748, in-8.

Leris attribue cette pièce à Antoine PETIT, mais d'autres personnes signalent COLET comme en étant l'auteur.

Voy. « Supercheries », III, 1043, *b*.

Quérard, dans la « France littéraire, » attribue cette pièce à COLET.

Bachanales (les), ou loix de Bacchus, prince de Nyse, roy d'Egypte et des Indes et dieu des buveurs, ouvrage lirosophique, dans lequel on voit les divers et merveilleux effets du vin... par L. S. D. L. G. (Humbert-Guillaume DE GOULAT, sieur de LA GARENNE). *Lyon, Fr. de Masso*, 1650, in-4.

a Une édition de *Grenoble, A. Galles*, 1657, in-8, porte le nom de l'auteur.

Voy. « Supercheries », II, 983, *d*.

Bacon. (Par M. le comte ROGUET, général de brigade.) *Paris, J. Dumaine*, 1870, in-12.

Ce volume fait partie d'une collection d'ouvrages mis en vente séparément et dont l'ensemble destiné par l'auteur à présenter : « la pensée et l'action dans les trois derniers siècles », doit être ainsi composé : Introduction : Montaigne, Bacon, Bossuet, Montesquieu, Mirabeau, Richelieu, Louis XIV, Frédéric II, Napoléon, Conclusion : L'universelle pensée, l'éternelle et suprême action.

b Il n'a été publié jusqu'à ce jour que les 4 parties suivantes : « Bacon, Louis XIV, Richelieu et Frédéric. »

Badigeon (le) décoratif des églises. (Par le baron HODY, procureur du roi à Bruxelles.) *Bruxelles, Polack-Duvivier*, 1866, in-8, 8 p. J. D.

c Badinguettes. 1853. *Sur la copie de Paris, 1853, chez Henri Plon, imprimeur-éd.* (*Bruxelles, impr. Briard*), 1870, in-18, 31 p.

La « Badinguette » de M. Henri ROCHEFORT a donné son titre à ce recueil de pièces satiriques en vers, en tête duquel elle figure. L'édition de Paris est fictive.

d Bagatelle (la), ou discours ironiques, où l'on prête des sophismes ingénieux au vice et à l'extravagance, pour en mieux faire sentir le ridicule. (Par Juste VAN-EFFEN.) *Amsterdam*, 1719, 3 vol. in-12.

Réimprimé avec le nom de l'auteur.

Bagatelles anonymes, recueillies par un amateur (Cl.-Joseph DORAT). *Genève et Paris*, 1766, in-8. — Suite des « Bagatelles anonymes, » recueillies par un amateur. (Par le marquis DE PEZAY.) *Genève*, 1767, in-8, 35 p.

e Voy. « Supercheries », I, 286, *d*.

Bagatelles jetées au vent par l'abbé DE LILLE, ou recueil des pièces de sa jeunesse, rassemblées par un amateur, et auxquelles on a joint le poëme de « l'Eventail », par un élève de ce poète célèbre (CHARLES MILLON). *Hambourg, Fauche*, 1799, in-8, 128 et 59 p.

f Voy. « Supercheries », I, 1225, *d*.

Bagatelles morales. (Par l'abbé Gabriel-François COYER.) *Londres, P. Vaillant*, 1754, in-12, 249 p. — Seconde édition. *Londres et Paris, Duchesne*, 1755, in-12, 239 p.

Réimprimé avec le nom de l'auteur.

Bagatelles, ou promenades d'un désœuvré dans la ville de Saint-Pétersbourg, en 1811. (Par FABER.) *Paris*, 1812, 2 vol. in-12.

Bagatelles poétiques et dramatiques. Par G. P. B. D. L. H. S. (L.-G. PEIGNOT). *Paris, Villier-Desessarts*, an IX-1801, in-8, 72, 48 et 51 p.

Voy. « Supercheries », II, 204, *f*.

Bagatelles poétiques, ou recueil de fables, nouvelles, etc. (Par DUPUTEL.) *Paris, Ouvrier*, 1801, in-8. — Nouv. édit. *Rouen, Duval*, 1816, in-8, tirée à 85 exemplaires.

Bagavadam, ou doctrine divine; ouvrage indien... canonique, sur l'Etre suprême, les dieux, les géans, les hommes. (Publié par FOUCHER D'OBSONVILLE.) *Paris, veuve Tilliard*, 1788, in-8.

Cet ouvrage a été traduit du sanskrit d'après une version tamoule, et mis en français par un Malabare chrétien, nommé Maridas POULLÉ. Voyez les « Mémoires de l'Académie des Inscriptions », t. XXXVIII, p. 312.

Bagnolaises (les) ou les Etrennes de M. le comte de Rivarol, présentées à Son Excellence, par une société de grands hommes. *Londres et Paris*, 1789, in-8.

Je ne sais sur quoi Leber (Catalogue, t. II, numéro 4952), s'est fondé pour attribuer à CERUTTI cet opuscule qu'il dit fort spirituel, mais qui n'est pas cité par le P. de Backer.

Baguenaudier (le), pièce de vers. (Par l'abbé LAUNAY ou DELAUNAY.) 1775, in-12; — 1777, in-8; — troisième édit., augmentée de plusieurs pièces relatives aux embellissements de Paris. 1786, in-8.

Baguette (la) mystérieuse, ou Abizai. (Par J.-B GUYS.) *Paris*, 1755, 2 vol. in-12.

Bailli (le) bienfaisant, ou le triomphe de la nature, comédie en 1 acte, en prose et mêlée d'ariettes. (Par Jean-Louis GABIOT.) *Paris, Clousier*, 1786, in-8, 19 p.

Baillon (le). Voyez « B (le) ».

Bains (les) de Diane, ou le triomphe de l'amour, poëme orné de très-belles figures en taille-douce, par M. DESF..... (DESFONTAINES l'aîné). *Paris, Costard*, 1770, in-8, 5 vignettes d'après Marillier et Eisen.

Baiocco et Serpilla, parodie françoise du Joueur, opéra-bouffon italien. En trois intermèdes. Les paroles de ces intermèdes sont traduites littéralement de l'italien (de P.-Fr. BIANCOLELLI, dit DOMINIQUE, et ROMAGNESI, et arrangées par Ch.-S. FAVART). *Paris, veuve Delormel et fils*, 1753, in-8. — Nouv. édit., *Paris, N.-B. Duchesne*, 1760, in-8.

Baiser (le), poëme. (Par Adolphe MATHIEU.) *Mons*, 1826, in-12.

Tous les exemplaires, moins deux, ont été détruits par l'auteur.

Baiser (le), poëme. (Par Adolphe PIÉRARD, imprimeur, né à Mons, le 19 novembre 1793, mort le 27 nov. 1850.) *S. l. n. d.*, in-8, 30 p. J. D.

Baisers (les) de Jean SECOND, traduction françoise, accompagnée du texte latin, par M. M... C... (MOUTONNET-CLAIRFONS). *Cythère et Paris, Pillot*, 1771, in-8.

Voy. « Supercheries », II, 1086, *d*.

Baisers (les) de Zizi, poëme. (Par J. DE CASTERA.) *Paris, Royez*, 1786, 1787, in-18.

Baisers (les), précédés du Mois de Mai, poëme. (Par Cl.-Jos. DORAT.) *La Haye et Paris, Lambert*, 1770, gr. in-8.— Nouv. édit. 1793, in-18.

Ce volume est orné de deux grandes figures, d'un fleuron, de 22 vignettes et de 22 culs-de-lampe, grav. d'après Eisen par Longueil, Aliamet, de Launay, Masquelier, etc.

Bajazet premier, cinquième empereur des Turcs, tragédie nouvelle. (5 actes en vers, avec une préface.) Par le comte DE S... (DE SOMMERIVE). *Paris, Prault père*, 1741, in-8.

Réimprimé dans le tome VI des « Amusements du cœur et de l'esprit ».

Voy. « Supercheries », III, 400, *e*.

Bajazet premier, tragédie en 5 actes et en vers. Par le chev. de P*** (PACARONY). *Paris, Prault fils*, 1739, in-8.

Attribuée aussi à l'abbé PELLEGRIN.

Voy. « Supercheries », III, 6, c.

Bal (le) à la mode, à-propos épisodique, en un acte et en prose; représenté sur le théâtre de l'Odéon, le 7 février 1817. (Par Mme LEDHUI et J.-Vict. FONTANES DE SAINT-MARCELLIN.) *Paris, Mlle Huet-Masson*, 1818, in-8, 36 p.

Bal (le) d'Auteuil, comédie, de M. B***. (BOINDIN). *Paris, P. Ribou*, 1702, in-12, 74 p.

Bal (le) de l'Opéra, comédie en un acte et en prose, ornée de chants et de danses. (Par le chevalier Alex.-Jacq. DU COUDRAY.) *Paris, Durand*, 1774, in-8, 48 p. — *Paris, Couturier fils*, 1777, in-8.

Bal (le) de Strasbourg, divertissement allemand, au sujet de la convalescence du roi; opéra-comique-ballet, par MM. F... D. L. G... et L. S... (Ch.-Sim. FAVART, DE LAGARDE et LAUJON.) *Paris, Prault fils*, 1744, in-8.

Voy. « Supercheries », II, 20, *e*.

Bal (le) de Venise. (Par Fr.-Th.-Mar. DE BACULARD D'ARNAUD.) 1747, in-12.

Même ouvrage que : « Amour, ce sont là de tes jeux. » Voy. ci-dessus, 139, *d*.

Bal (le) des élections, par Mme *** (Mme Rose DE SAINT-SURIN). *Paris, L. Janet*, 1827, in-18.

Voy. « Supercheries », III, 1109, *a*.

Bal (le) masqué. (Par Victor HÉNAUX.) *Liége, Jeunehomme*, 1844, in-8, 11 p. J. D.

Tirage à part de la « Revue de Liége. »

Bal (le) masqué, comédie en un acte et en vers. (Par ROUHIER-DESCHAMPS.) *Paris, Cailleau*, 1787, in-8.

Balai (le), poëme héroï-comique en XVIII chants. (Par l'abbé Henri-Joseph DU LAURENS.) *Constantinople, de l'imp. du Mouphti*, 1761, in-8. — *La Haye, Aristée*, 1763; — 1772, in-12; — 1774, in-8; — *Constantinople*, 1791, in-12, VIII-180 p.

Balance (la) d'Estat, tragi-comédie allégorique, par H. M. D. M. A. (DUBOSC-MONTANDRÉ). *S. l. n. d.*, in-4, 4 ff. lim., 102 p. et 3 ff. non chiffrés.

Voy. « Supercheries », II, 288, *a*.

Balance (la) de l'Europe, traduit du latin (de L.-Martin KAHLE), par M.-J.-H.-Sam. FORMEY. *Berlin et Gœttingue*, 1744, in-8.

Balance (la) du sanctuaire, où sont pesées les afflictions présentes de l'Église, avec les avantages qui lui en reviennent pour la consolation de tant de personnes qui sont pénétrées de douleur pour la persécution présente que souffre l'Église. (Par P. JURIEU.) *La Haye, Abraham Troyel*, 1686, in-12.

Voy. Bayle : « Nouvelles de la républ. des lettres », avril 1686. A. L.

Balance égale. (Par VOLTAIRE.) *S. l. n. d.*, in-16, 6 p. et 1 ff. blanc.

Balance (la) stable de la véritable Fronde. (Par François DAVENNE.) *S. l.*, 1650, in-4, 7 p.

Balde, reine des Sarmates, tragédie. (Par JOBERT.) *Paris*, 1651, in-4, VI-100 p.

Ballet de la Raillerie, dansé par Sa Majesté, le 19 février 1659. (Par BENSERADE). *Paris, Rob. Ballard*, 1659, in-4, 31 p.

Ballet (le) de vingt-quatre heures, ambigu comique en prose, avec un prologue en vers libres, par M. D. L. F. (Marc-Ant. LEGRAND). *Paris, Simart*, 1722, in-4. — 1723, in-12.

Voy. « Supercheries », I, 957, *a*.

a Ballet des Ballets, dansé devant Sa Majesté en son château de S. Germain en Laye, au mois de décembre 1671. *Paris, Ballard*, 1671, pet. in-4, 64 p.

Ce ballet est arrangé par MOLIÈRE, tel qu'il est dit dans la préface : « Sa Majesté a ordonné à Molière de faire une comédie qui enchaînast tous ces beaux morceaux de musique et de dance ». Le cinquième acte contient la reproduction mot à mot de la cérémonie turque du « Bourgeois gentilhomme. » Parmi les acteurs du « Ballet des Ballets » figurent : « Mademoiselle Molière, le sieur Baron, le sieur Molière. »

b Ballet des destinées de Lyon, dansé le 16 juin, dans le collége de la très-sainte Trinité de la compagnie de Jésus. (Par le P.-Claude-François MENESTRIER.) *Lyon, A. Molin*, 1658, in-4.

Ballet des Incompatibles, à huit entrées, dansé à Montpellier devant Mgr le prince et madame la princesse de Conty. *Montpellier, D. Puech*, 1655, in-4, 9 ff. non chiffrés.

c Cette pièce manquait aux grandes collections dramatiques de Pont-de-Vesle et de Soleinne; elle a été réimprimée à Genève, en 1868, *J. Gay et fils*, in-18, XII-18 pages, avec une notice bibliographique de M. Paul Lacroix qui l'attribue à MOLIÈRE.

d Ballet (le) du Hazard, des tourniquets, oublieux, crocheteurs, coupeurs de bourses, banquiers, pescheurs, vignerons, couvreurs, chasseurs, etc. (Par BORDIER.) *Paris, N. Rousset et S. Lescuyer, s. d.*, in-8, 15 p.

Ballet du Temps. Dédié au roy. Qui se dansera au jeu de paume du petit Louvre, aux marests du Temple. (Par Balthazar DU BURET.) *Paris, Jean Martin*, 1633, in-8, 13 p.

Catalogue Soleinne, n° 3272.

e Ballet en langage forésien de trois bergers et trois bergères se gaussant des amoureux qui nomment leurs maîtresses leur doux souvenir, leur belle pensée, leur lis, leur rose, leur œillet, etc. *S. l. n. d.*, in-12, 36 p. — 1605, pet. in-8.

Extrait de la « Gazette françoise » de Marcellin ALLARD.

Une réimpression à 65 exemplaires, due aux soins de M. G. Brunet, a paru en 1855, *Paris, Aubry*, pet. in-8.

f Ballets (des) anciens et modernes, selon les règles du théâtre. (Par le P. Claude-François MENESTRIER, Jésuite.) *Paris, Guignard*, 1682, in-12.

Ballets, opéras et autres ouvrages lyriques, par ordre chronologique depuis leur origine. (Par le duc DE LA VALLIÈRE.) *Paris, Bauche*, 1760, in-8.

Ballieux (les) des ordures du monde, nouvellement imprimé pour la première impression par le commandement de notre puissant l'économe. *Chartres, Garnier,* 1833, in-8.

Cette réimpression d'une brochure imprimée à *Rouen*, à la fin du XVIe siècle, a été publiée par les soins de M. P.-A. GRATET-DUPLESSIS, et n'a été tirée qu'à 32 exemplaires dont 8 sur papier de Hollande.

Ballon (le) ou la Physicomanie, comédie en un acte et en vers. (Par N.-M.-F. BODARD DE TEZAY.) *Paris, Cailleau,* 1783, in-8.

Bals (des) philanthropiques au profit des pauvres. (Par M. MÉRAT-GUILLOT.) *Auxerre, Gallot-Fournier,* 1838, in-8, 32 p.

Balthazard, tragédie, par M. l'abbé*** (PETIT, curé de Montchauvet). 1755, in-8, 64 p.

Voy. « Supercheries », I, 155, *f*, et III, 1048, *a*.

Bambous (les). Fables de La Fontaine, travesties en patois créole, par un vieux commandeur (BOURDILLON). *Fort-Royal, Martinique,* 1846, in-8, II-140 p.

Ban de quelques marchands de graine à poil et d'aucunes filles de Paris. 1570, in-8, 4 ff.

Cette facétie a été imprimée en 1813 par les soins de Méon. L'attribution à RASSE-DESNEUX paraît vraisemblable à Brunet. Voy. « Manuel du libraire », 5e éd., t. II, col. 981.

Banc (le) des officiers, poëme en cinq chants. *Gap, J. Allier,* 1810, gr. in-18, 70 p. — Sec. édit., *Ibid.*, 1825, in-8, 101 p.

L'auteur est Joseph FAURE, ancien secrétaire-général de la préfecture des Hautes-Alpes, ancien notaire, ex-sous-préfet de Sisteron. Cet auteur n'a point d'article dans la « France littéraire », parce que tous ses ouvrages sont anonymes, mais M. Paul Colomb de Batines en a donné la liste dans la « Revue bibliographique », 1839, p. 53.

Bande (la) du Jura, par l'auteur des « Horizons prochains » (Mme Agénor DE GASPARIN). *Paris, Lévy frères,* 1864-65, 4 vol. in-12.

Bande (la) noire, ou Judas, Tartuffe et Rodin, comédie-drame-actualité, en 5 actes et 14 tableaux; inspirée par les incidents du procès intenté à De Buck par les Jésuites, par l'abbé *** (Alphonse-François-Joseph GILLARD, rédacteur du journal « le Grelot. ») *Bruxelles, impr. de Ch. Meers,* 1864, in-24, 179 p. J. D.

Banise et Balacin, ou la constance récompensée, histoire indienne. (Par CARPENTIER, professeur de langue française

a

et de géographie.) *Londres et Paris, Costard et Ce*, 1773, 4 vol. in-12.

Bannière (la) noire, ou le siége de Clagenfurth. Par l'auteur de « Mystères sur mystères » (Mme GUÉNARD). *Paris, Dentu,* 1820, 5 vol. in-12.

Banque (de la) de Belgique, par un actionnaire (le colonel français BIRÉ). *Bruxelles, Berthot,* 1839, in-18. J. D.

b

M. Delecourt l'avait d'abord attribué à un comte DE BÉNÉE, colonel espagnol; cette erreur a été reproduite dans les « Supercheries. », I, 180, *f*.

Banque (la) de Bruxelles considérée dans ses rapports avec le gouvernement. (Par E.-J. VANDENBOSSCHE, avocat à Alost.) *Bruxelles, librairie de jurisprudence,* 1833, in-8, 23 p. J. D.

c

Banque (la) nationale et le commerce, par Charles P. (POTVIN). *Bruxelles, Verteneuil,* 1852, in-8, 40 p.

Voy. « Supercheries », III, 4, *c*.

Banqueroute (la) impossible. (Par ORRY, avocat au parlement.) *S. l.*, 1789, in-8.

Envoi autographe de l'auteur.

Banquet de comice. Lettre au « Journal d'Alençon. » *Alençon, De Broise,* 1868, in-8, 19 p.

d

Signé : Un lauréat du comice d'Argentan (M. Gustave LE VAVASSEUR).

Voy. l'art. « A l'occasion des jours gras. »

Voy. « Supercheries », II, 679, *f*.

Banquet (lo) de le Fa*y*e. (Par LAURENT DE BRIANÇON.) *Grenoble,* in-4.

Réimprimé dans le « Recueil de diverses pièces faites à l'antien (*sic*) langage de Grenoble. » *Grenoble, P. Charuys,* 1662, petit in-8.

e

Banquet de PLATON, traduit un tiers par feu M. RACINE, de l'Académie, et le reste par Mme de *** (Mme Marie-Madeleine-Gabrielle-Adélaïde DE ROCHECHOUART DE MORTEMART, abbesse de Fontevrault, publié par l'abbé Joseph THEULIER D'OLIVET). *Paris, Gandouin,* 1732, in-12.

Voy. sur la part prise par Racine et par Mme de Mortemart à cette traduction l'édition des « Œuvres » de Racine, publiée par M. Paul Mesnard, tome V, page 426 et suivantes.

f

Voy. aussi « Bulletin du Bibliophile », février 1869 et février 1870.

Banquet (le) des dieux, divertissement pour la fête de Mme Bucquet. (Par SIMONET, médecin.) (*Paris*), 1774, in-8.

Banquet (le) des invincibles, ou Napoléon en famille, par l'auteur du « Chant national... » (N.-V. ROYER.) *Paris, impr. de Renaudière,* 1815, in-8.

Banquet (le) et après-disnée du conte d'Arete, où il se traicte de la dissimulation du roy de Navarre, et des mœurs de ses partisans. *Paris, Guillaume Bichon*, 1594, in-8, 352 p. — Autre édit., *Ibid.*, *id.* pet. in-8, non paginé.

Le titre de l'édition de 352 p. porte la marque de Bichon, reproduite dans le « Manuel du libraire », 5e édit., I, 584.

L'édition *jouxte la copie imprimée à Paris, Arras, impr. de Jean Bourgeois*, 1594, in-8, 263 p. porte : « Par M. D'ORLÉANS, avocat du roy au Parlement de Paris ».

Baptême du roi de Rome. (Par le chevalier A.-P.-P. PHILPIN.) *S. l. n. d.*, in-4.

Catalogue de Nantes, no 26,181.

Baquet (le) magnétique, comédie en vers et en deux actes; par M. P. G. (P. GUIGOUD-PIGALE). *Londres*, 1784, in-8.

Voy. « Supercheries », III, 94, *b*.

Barbares (les). (Par Etienne ARAGO.) (*Bruxelles, s. d.*,) in-fol., une feuille, en vers. J. D.

Barbe Grabouska, par Mme la comtesse de *** (Mme MOLÉ). *Paris, Moutardier*, 1830, 2 vol. in-18.

Voy. « Supercheries », III, 1023, *e*, et 1109, *f*.

Barbe Radziwil, roman historique, orné de deux portraits, par une Polonaise (la comtesse DE CHOISEUL-GOUFFIER). *Paris, Le Normant*, 1820, 2 vol. in-12, portr.

Tiré de l' « Histoire de Pologne, au XVIe siècle. » Tous les exemplaires ne portent pas : *par une Polonaise*, d'après Quérard, « France litt. » et Beuchot : « Bibliographie de la France. »

Les bibliographes disent de cette dame : « Née comtesse de Tisenhaus », mais sur le titre des « Mémoires historiques sur l'empereur Alexandre », ce nom est écrit : Fisenhaus; c'est l'orthographe suivie dans le corps du volume. A. L.

Barbier (le) de la cité, ou un pied dans l'abîme; mélodrame en trois actes et en prose. Musique de M. Alexandre Piccini, ballet de M. Frédéric Blache. Représenté pour la première fois à Paris, sur le théâtre de la Porte-Saint-Martin, le 22 août 1816. (Par Théodore BAUDOUIN, connu sous le nom de D'AUBIGNY.) *Paris, Barba*, 1816, in-8, 60 p.

Barbier (le) optimiste. Voy. : « Il fallait ça. »

Barbon (le). (Par Jean-Louis GUEZ DE BALZAC). *Paris, Aug. Courbé*, 1648, in-8, front. gravé par Regnesson, 6 ff. lim., 167 p. et 7 ff. de tables et de priv. — *Troyes*, 1657, in-8.

L'auteur a signé l' « Epistre à M. Mesnage »,

a Bardinade (la), ou les noces de la stupidité, poëme divisé en dix chants. (Par ISOARD, connu sous le nom de DELISLE DE SALES.) 1765, in-8. — Nouvelle édition (prétendue) à laquelle on a joint le parallèle de Descartes et de Newton. (Par le même auteur.) *La Haye et Paris, Cuissart*, 1768, in-8.

Voy. « Supercheries », II, 462, *f*.

b Barême musical, ou l'art de composer la musique sans en connaître les principes, par J. A. S. C. (Jos. CATRUFO). *Paris*, 1811, in-8.

Voy. « Supercheries », II, 365, *d*.

Barneck et Saldorf, ou le triomphe de l'amitié, par Auguste LAFONTAINE, traduit de l'allemand, par J. B. B. E*** (EYRIÈS). *Paris, Dentu*, 1810, 3 vol. in-12.

c Barnwelt, traduit de l'anglais (de Th. Skinner SURR), par J.-Fr. ANDRÉ. *Paris*, an VII, 3 vol. in-12, avec 3 grav.

Baron (le) d'Asnon, comédie. (Par le sieur DE VARENNES.) 1680, in-12.

Catalogue Soleinne, no 1477.

Baron (le) de la Crasse, comédie. (Par Raymond POISSON.) *Paris, Guillaume de Luyne*, 1662, in-12, fig.— *Suivant la copie imprimée à Paris* (*Amsterdam, Abr. Wolf-*
d *gang*), 1662, pet. in-12. — *Paris*, 1667 fig., et 1678, in-12.

Baron (le) de Trenck, ou le prisonnier prussien, fait historique, en un acte et en vers; représenté pour la première fois à Paris, sur le théâtre de l'Ambigu-comique, le mardi 8 juin 1788. (Par Jean-Louis GABIOT.) *Paris, Cailleau*, 1788, in-8, 28 p.

e Barricades (les) de 1594 à Lyon. Brief récit contenant au vray ce qui s'est passé en la réduction de la ville de Lyon en l'obéissance à Sa Majesté, les 7, 8 et 9 février, publiées par P. M. G. (GONON). *Lyon, Dumoulin*, 1842, in-8.

Voy. « Supercheries », III, 194, *a*.

Barricades (les) immortelles du peuple de Paris : relation historique, militaire et
f anecdotique des journées à jamais mémorables des 26, 27, 28 et 29 juillet 1830 et de tous les détails du voyage forcé de Charles X jusqu'à son embarquement, etc. Par P. C...SIN. *Paris, Leroi*, 1830, in-18, avec 2 planches.

L'épître dédicatoire est signée CUISIN.

Barricades (les) scènes historiques. Mai 1588. (Par Louis VITET.) *Paris, Brière*, 1826, in-8. — 2e édition, *Paris, Brière*,

1826, in-8. — *Bruxelles, Méline,* 1833, in-8.

Réimprimé avec le nom de l'auteur.

Barricades (les), scènes historiques. Les prêtres et le faubourg Saint-Germain. Le conseil à Saint-Cloud. (Par Emile-Marc Hilaire, Alexis Eymery et H. de La Touche.) *Paris, A. Levavasseur,* 1830, in-8.

Barthélemi et Joséphine, ou le protecteur de l'innocence. (Par S. Boulard, libraire.) *Paris, Boulard,* 1803, 3 vol. in-12.

Bas (le) de Noël; par l'auteur du « Vaste monde » (Mistriss Warner, connue sous le pseudonyme d'Elisabeth Wetherell). Traduit de l'anglais. (Par Mlle Victoire Rilliet de Constant.) *Genève et Paris, Cherbuliez,* 1857, in-18.

Bas-reliefs (les) du dix-huitième siècle, avec des notes. (Par J. Lavallée.) *Londres,* 1786, in-12.

Base d'instruction donnée par une mère à son fils. (Par Mme Massenet de Strasbourg, née Mathieu.) *Strasbourg,* an X-1801, in-18.

Voy. « Supercheries », II, 1118, *b*.

Base française qui ne peut convenir qu'à l'ordre dorique. (Par Louis-Charles-Auguste de Laroche, marquis de Lagroye, ancien lieutenant aux gardes françaises.) *Paris, Panckoucke,* (1814), in-8.

Bases (des), de la forme et de la politique du gouvernement de la Grande-Bretagne, par F. M. M*** (Monier). *Paris, Galland,* an XIII-1804, in-8, 47 p.

Voy. « Supercheries », II, 57, *e*.

Basilidès, évêque grec de Carystos, en Eubée, tant en son nom qu'en celui de la plupart des archevêques et évêques de l'Eglise grecque, à M. le comte de Montlosier, sur son « Mémoire à consulter, » etc. Traduit du grec moderne, par N... O... (l'abbé Aimé Guillon de Mauléon). *Paris, Ambr. Dupont,* 1826, in-8, 102 p.

D. M.

Βασιλικὸν Δῶρον, ou présent royal de Jacques I, roy d'Angleterre, au prince Henry son fils, contenant une instruction sur l'art de bien régner, trad. de l'anglois. (Par Jean Hotman de Villiers.) *Paris, G. Auvray,* 1603; — *Poitiers,* 1603; — *Rouen, Th. Doré,* 1604; — *Paris,* 1604, in-12.

La 1re édition de l'ouvrage anglais a été publiée à Edimbourg en 1597, in-4.

Bassinoire (la), conte. (En vers, par Du-

a long, député de l'Eure.) *Paris, impr. de Cosson,* 1830, in-8, 8 p.

Bastide et Jaussioni, ou les criminels de Tortosa, tragi-comédie en trois actes et en prose, par MM. L. S.... D......... et L. C... (P. Lesueur-Destourets et Le Cerf). *Liége, Teichmann,* 1818, in-8, 82 p.

Voy. « Supercheries », II, 982, *d*.

Pièce rare, publiée lors de l'assassinat de Fualdès. Voir sur cet ouvrage une note de M. de Reiffenberg insérée

b dans le tome V du « Bibliophile belge », p. 125.

L'auteur y traduit les initiales du titre par Lesueur-Destourets et L. Caffin, mais en faisant suivre ce dernier nom d'un ?.

Bastille (la) dévoilée, ou recueil de pièces authentiques pour servir à son histoire. (Par Charpentier.) *Paris, Desenne,* 1789-1790, 9 livraisons formant 3 vol. in-8.

c Fleischer, en 1812, avait attribué cet ouvrage à L.-P. Manuel. Quérard, en acceptant cette attribution, a eu le tort d'ajouter : « Quelques catalogues indiquent aussi cet ouvrage sous le titre suivant, ce qui prouverait que peu de personnes l'ont examiné avec attention : « Mémoires historiques sur la Bastille dans une suite de plus de 300 emprisonnements... » (recueillis par Manuel et autres.) *Paris,* 1789, 3 vol. in-8.

Quérard a ici confondu cet ouvrage avec les « Mémoires historiques et authentiques sur la Bastille » (Voy. ce titre) qui sont attribués à Carra.

d Quérard, malgré sa note, a repris, dans les articles Charpentier et Carra, les attributions de Barbier.

Baston de défense et miroir des professeurs de la vie régulière de l'abbaye et ordre de Fontevrault. (Par Leger et Yves Magistri.) *Angers,* 1586, in-4.

Bataille d'Austerlitz, gagnée le 2 décembre 1805 par les Français commandés par Napoléon Ier, contre les Russes et les Au-

e trichiens, sous les ordres de leurs deux empereurs. Pour faire suite aux « Fastes militaires des Français. » *Paris, Mame, impr.-libr.,* (1806), gr. in-fol., 4 p. de texte et 1 planche portant: « Fastes militaires, pl. VII. » Dessiné et gravé par Ch. Muller.

Trompé par une similitude de titre, Quérard dans sa « France littéraire », tome I, p. 502, attribue cette

f publication à J.-P. Brès, auteur du poëme cité ci-après, qu'il a par suite oublié de décrire. Cette erreur est rectifiée de fait au t. IX, p. 374, où Quérard donne à Ternisien-d'Haudricourt les « Fastes militaires, par une société de militaires, de gens de lettres et d'artistes. » Voy. ce titre.

Bataille d'Austerlitz, par un militaire témoin de la journée du 2 décembre 1805 (le général-major autrichien. Stutterheim). *Hambourg,* 1805, in-8, 117 p. et 1 carte. — Nouvelle édition, avec des notes par un officier français. *Paris, Fain*, 1806, in-12, 128 p.

Il y avait eu la même année, à Paris, une seconde édition, sans notes.

J'ai entendu dire, et l'on m'a souvent répété, que l'*officier français* qui avait fourni les notes était Napoléon lui-même.

Voy. « Supercheries », II, 1145, *d*.

Bataille (la) d'Austerlitz, par un militaire témoin de la journée du 2 décembre 1805 (le général STUTTERHEIM), avec des remarques par un autre militaire aussi témoin de ce grand événement (M. le maréchal SOULT, duc de Dalmatie). *Londres et Paris, Cérioux*, 1806, in-12.

Voy. « Supercheries », II, 1145, *e*.

Bataille (la) d'Austerlitz, poëme en vers français et en dix chants. (Par J.-P. BRÈS, mort à Paris, le 29 novembre 1814.) *Paris, Allais*, 1806, in-8, 144 p.

Bataille (la) d'Iéna, poëme en trois chants. (Par M. DAVID, consul en Bosnie.) *Paris, Hocquet*, 1808, in-8, 34 p.

Bataille (la) d'Inkerman, livrée le 24 octobre (5 novembre) 1854. Episode de l'histoire de la guerre, écrit en décembre 1854, avec un plan de la bataille; traduit de l'allemand, avec notes et observations, par C. SOYE... *Paris, Corréard*, 1857, in-8.

Attribué au général russe DANNEBERG.

Bataille (la) de Borodino (1812); par un témoin oculaire (le prince Nicolas-Boris GALITZIN), IIe édition. *Saint-Pétersbourg, de l'imprim. de Charles Kray*, 1840, in-8, 51 p.

Bataille (la) de Bouvines, ou le rocher des tombeaux, mimodrame en trois actes, à grand spectacle, par M. M*** (René PÉRIN et Ferd. LALOUE), mis en scène par M. Franconi jeune, musique de M. Sergent, décors de MM. Justin et ***, ballet de M. Chap.; représenté pour la première fois sur le théâtre du Cirque olympique, le 26 novembre 1821. *Paris, J.-N. Barba*, 1821, in-8.

Voy. « Supercheries », III, 1104, *d*.

Bataille (la) de Dorking. Invasion des Prussiens en Angleterre. Préface par Ch. YRIARTE. *Paris, H. Plon*, 1871, in-12, 149 p.

Cet ouvrage qui a paru d'abord dans le « Blackwood's Magazine » en mai 1871, a été attribué à M. D'ISRAELI, mais on dit qu'il est de M. OLIPHANT, l'un des correspondants du « Times ». Ce journal qui affectait un certain dédain pour l'hypothèse elle-même, a cru devoir publier une réponse au récit du volontaire. M. Yriarte, dans sa préface, indique plusieurs ouvrages publiés à l'occasion de cet écrit.

Bataille (la) de Fontenoy, poëme héroïque en vers burlesques, par un Lillois natif de Lille en Flandres (André-Joseph PANCKOUCKE). *Lille*, 1745, in-8, 48 p.

Voy. « Supercheries », II, 787, *a*.

Bataille (la) de Friedland, poëme, par A. P. F. M.... (MENEGAUD, de Gentilly). *Paris*, 1807, in-8, 59 p.

Voy. « Supercheries », I, 360, *f*.

Bataille (la) de la Boyne, ou Jacques II en Irlande, roman historique irlandais, trad. (de l'anglais de BANIM), par A.-J.-B. DEFAUCONPRET. *Paris, Ch. Gosselin*, 1829, 5 vol. in-12.

Bataille (la) de Laufel, poëme en trois chants. (Par CAUSY, commis au bureau de la guerre.) *Paris, veuve Bienvenu*, 1747, in-8.

Bataille (la) de Leipzic, depuis le 14 jusqu'au 19 octobre 1813... le tout originairement écrit en allemand par un témoin oculaire; trad. de l'anglais de M. F. SCHOBERL, sur la 8e édit. et accomp. de notes. (Par R.-J. DURDENT.) *Paris, Dentu*, 1814, in-8, 120 p.

Bataille de Lents. *Paris, impr. royale*, 1649, in-fol., 4 ff. lim., 22 p. et 2 portr. — *S. l. n. d.*, in-4, 31 p. (Deux éditions.)

L'édition in-fol. contient une dédicace signée : LAPEYRÈRE.

Bataille de Nieuport, par M. le chev. ODEVAERE, avec la description esthétique. (Par N. CORNELISSEN), en français et en flamand. *Gand, De Busscher et fils*, 1820, in-4.

Bataille de Preston, poëme. (Par J. NIHEL, médecin à Vernon.) *S. l.*, 1746, in-4.

Cat. de Nantes, n° 26,164.

Bataille (la) de Waterloo, ode 19e. A Sa Majesté le roi des Pays-Bas, prince d'Orange... (Par ROBERT DE SAINT-SYMPHORIEN.) *Mons, Capront*, 1816, in-8, 8 p.

J. D.

Bataille (la) électorale ou les marionnettes politiques, comédie en 5 actes et en vers, par A. R. (R.-V.-A. ROUSSET). *Paris, Tresse*, 1842, in-8, 115 p.

Voy. « Supercheries », I, 373, *f*.

Bataille fantastique des roys Rodilardus et Croacus. *Lyon, Benoist Rigaud*, 1559, in-16.

Imprimé aussi sous les titres suivants : « les Fantastiques batailles... », « Grandes et fantastiques batailles... »

Une réimpression a été publiée à Genève en 1867. Elle est accompagnée d'une notice bibliographique de

M. P. L. (Paul Lacroix), qui s'efforce d'établir que François RABELAIS est le traducteur de l'ouvrage latin d'Elisius CALENTIUS.

Brunet, « Manuel du libraire », 5e éd., t. I, col. 1473, indique une édition de *Paris, Alain Lotrian*, 1534, in-16, où le traducteur est nommé Antoine MILESIUS.

Bataille (la) punique, traduite du latin de Léonard ARÉTIN. (Par Jean LE VESGUE.)

Publié à la suite du 3e volume sans date de la traduction des « Décades » de Tite Live, par Pierre Berchoire, dont les tomes I et II sont de Paris, 1486 et 1487.

Cet anonyme est indiqué par du Verdier.

Batailles (les) et victoires du chevalier céleste contre le chevalier terrestre, l'un tirant à la maison de Dieu, et l'autre à la maison du prince du monde, chef de l'Eglise maligne, etc. (Par Artus DÉSIRÉ.) *Rouen, L. Du Mesnil, s. d.*, pet. in-12.

Cet ouvrage a d'abord paru en 1554, avec le nom de l'auteur, sous le titre de : « les Combatz du fidelle chrétien... » Pour le détail des éditions, voy. Brunet, « Manuel du libraire », 5e édit., t. II, col. 628.

Batailles (les) mémorables des François, depuis le commencement de la monarchie jusqu'à présent. (Par le P. Ant. GIRARD, jésuite.) *Amsterdam, Gallet*, 1701, 2 vol. in-12.

L'édition originale a paru en 1646, in-4, avec le titre de « Mémorables journées des François ». Voy. ces mots. Il y a eu d'autres éditions encore sous des titres différents de ceux-ci.

Bâtard (le) découvert, ou pleine et entière démonstration que le prétendu prince de Galles était fils de Mlle Marie Grey, prouvée d'une manière incontestable par des lettres en original de la dernière reine et d'autres et par les dépositions de plusieurs personnes de mérite et d'honneur, qui n'ont jamais été auparavant publiées, et une relation particulière de l'assassinat de Mlle Marie Grey, à Paris. (Par W. FULLER.) *Londres (Hollande)*, 1702, in-12, frontisp. gravé.

Bâtard (le) et le grand seigneur. Histoire véritable, avec pièces authentiques à l'appui, dédié à M. le comte d'Hane de Steenhuyze, général de brigade, premier aide de camp, grand écuyer de Sa Majesté Léopold Ier, roi des Belges, décoré de tous les ordres nationaux et étrangers. (Par Constant DONNEAUX.) *Gand, Marré*, 1838, in-8, 95 p. J. D.

La préface est signée des initiales C. D.

Bâtard (le) légitimé, ou le triomphe du comique larmoyant, avec un examen du « Fils naturel » (de Diderot). (Par l'abbé J.-J. GARNIER.) *Amsterdam*, 1757, in-8.

Bateliers (les) de Saint-Cloud, opéra-comique en un acte. (Par Ch.-Simon FAVART.) *S. l. n. d.*, in-8. — *Paris*, 1741, in-8. — *Paris*, 1766, in-8.

Voy. « Supercheries », II, 3, *e*.

Bateman, traduit de l'anglais de mistriss B*** (BLOWER), par M. DURAND. *Paris*, 1804, 3 vol. in-12.

Voy. « Supercheries, », I, 438, *e*.

Bâtiment (le) de St-Sulpice, ode. (Par Alexis PIRON.) *Paris, Coustelier*, 1744, in-8.

Bâtiments du roi. Notice sur l'arriéré de ce département, son origine et ses causes. (Par M. D'ANGIVILLIER.) *Paris, march. de nouveautés*, 1790, in-8, 16 p.

Batrachomyomachie (la), poëme héroi-comique, imité de Leschès, poëte grec du septième siècle avant Jésus-Christ, suivie de deux épîtres, sous le titre de : Mon premier voyage, et de : Le régent de collége; mes adieux à la poésie. (Par l'abbé BOURDILLON, fondateur d'un collége à Annonay.) *Lyon, Fr. Guyot*, 1835, in-8, 70 p. D. M.

Battus (les) paient l'amende et les Jacobins Jeannots. (Par Gracchus BABEUF.) *Paris, impr. de Franklin*, 1794, in-8, 8 p.

Baudissemen dijonnoy su l'heurôse naissance de Monseigneur duc de Bourgogne. (Par Aimé PIRON, père.) *Dijon, P. Palliot*, 1682, in-12.

Bayart à Lyon, 1490-1491. Comment le bon chevalier s'appareilla et s'accoustra au crédit de son oncle l'abbé d'Ainay P. L. F. A. I. D. T. (Par Louis-F.-Alfred JACQUIER DE TERREBASSE). *A Lyon sur le Rosne, impr. de J.-M. Barret*, 1829, in-8, 16 p.

Voy. « Supercheries », II, 504, *f*; et III, 179, *f*.

Bayle en petit, ou Anatomie de ses ouvrages. Entretien d'un docteur avec un bibliothécaire et un abbé. (Par le P. Jacques LE FEBVRE, jésuite de la province wallonne.) (*Douay*), 1737, in-12, 194 p. — *Paris, Marc Bordelet*, 1738, in-12, 291 p.

Publié aussi sous le titre de « Examen critique des ouvrages de M. Bayle ». Voy. ces mots.

Béarn (le) à Henri IV, à l'occasion de l'inauguration de la statue d'Henri IV sur la Place royale de Pau. *Pau, Vignancourt*, 1843, in-8, 32, 417, 4, 3, 6 et 4 p.

Signé : A. MAZURE.

Beatitude (la) des chrestiens ou le Fleo

de la foy, de Geoffroy Vallée, réimpression sur l'exemplaire unique de la Bibliothèque Méjanes; avant-propos par un Bibliophile. (G. Brunet.) *Bruxelles, impr. de J. Rops*, 1867, petit in-8, xvii-17 p.

Tiré à 120 exemplaires numérotés.

Béatrix de Fontenelles, chronique vendéenne en vers, suivie de Héro et Léandre; traduit de Musée, poète grec, par V. F. (Victor Faguet). *Nantes, Hérault*, 1843, gr. in-12, 272 p.

Voy. « Supercheries », III, 036, c.

Beau-frère (le) supposé, par madame D V. (de Villeneuve). *Londres (Paris)*, 1752, 4 vol. in-12.

Voy. « Supercheries », I, 1104, b.

Beaume (le) de Galaad, ou le véritable moyen d'obtenir la paix de Sion et de hâter la délivrance de l'Eglise. (Par Georges Torman, ministre.) *S. l.*, 1687, in-12.

Cat. de la lib. Potier, 1870, 1re partie, nº 173.

Beaupréau. (Par M. Albert Lemarchand, conserv.-adj. de la Bibliothèque d'Angers.) *Angers, imp. Cosnier et Lachèse*, (1858), in-8, 3 p.

Extrait de la « Revue de l'Anjou et du Maine », tome IV.

Beauté morale des jeunes femmes. Traits historiques. (Par Mme Ulliac-Tremadeure.) *Paris, Lefuel*, 1829, in-18, avec 8 grav.

Beautés de l'histoire d'Angleterre... ouvrage destiné à l'instruction de la jeunesse, rédigé par P. J. B. N*** (Nougaret). *Paris, Le Prieur*, 1811, in-12.

Voy. « Supercheries », III, 176, b.

Beautés de l'histoire de l'empire germanique.... Par M. G. (P.-F.-F.-J. Giraud) *Paris, Eymery*, 1817, 2 vol. in-12, avec fig.

Voy. « Supercheries », II, 114, a.

Beautés de l'histoire des croisades et des différents ordres religieux et militaires qui en sont nés... Par M. G*** (P.-F.-F.-J. Giraud), auteur des « Beautés de l'histoire de l'empire germanique ». *Paris, A. Eymery*, 1824, in-12.

La première édit. est de 1820.
Voy. « Supercheries », II, 114, a.

Beautés de l'histoire des Espagnes, par D. (R.-J. Durdent). *Paris, Eymery*, 1814, in-12.

Voy. « Supercheries », I, 828, a.

Beautés de l'histoire du Bas-Empire, ouvrage rédigé par P. J. B. N*** (Nougaret). *Paris, Le Prieur*, 1811, 1815, in-12.

Voy. « Supercheries », III, 176, c.

Beautés de l'histoire naturelle des animaux. (Par le P. L. Cotte.) *Paris, Tourneux*, 1819, 2 vol. in-12, avec 74 pl.

Reproduit la même année avec le nom de l'auteur, *Paris, Delalain*. La première édition est intit. : « Leçons sur les mœurs et sur l'industrie des animaux. » 1799, 2 vol. in-12.

Beautés de l'histoire romaine, ou traits les plus remarquables de cette histoire, par J. Ph. (Philibert). *Paris, Blanchard*, 1812, in-12.

Voy. « Supercheries », II, 426, b.

Beautés de la biographie française, ou Portraits historiques et moraux des Français célèbres ou fameux, depuis Charlemagne jusqu'à Louis XVIII... (Par G.-B. Depping.) *Paris, Et. Ledoux*, 1825, 2 part. in-12.

Beautés (les) de la Perse, ou Description de ce qu'il y a de plus curieux dans ce royaume, par A. D. D. V. (A. Daulier-Deslandes, vendomois); avec une relation de quelques aventures maritimes de L. M. P. R. D. G. D. F. (Louis Marot, pilote réal des galères de France.) *Paris, Clouzier*, 1674, pet. in-4, fig.

Voy. « Supercheries », I, 189, b; et II, 801, c.

Beautés méridionales de la flore de Montpellier, par un ancien herboriste de cette ville (Ch. de Belleval). *Montpellier, imp. de Tournel aîné*, 1826, in-8, 104 p.

Beautés, ou Morceaux choisis des œuvres de Plutarque, recueil des plus belles réflexions de ce philosophe, avec des notes; par A.-L. D. (A.-L. Delaroche, éditeur des « Vies » de Plutarque), auteur des « Trésors de l'histoire ». *Paris*, 1817, 2 vol. in-12.

Réimprimé sous le titre de : « Beautés des Œuvres morales de Plutarque, ou recueil de morceaux choisis, contenant les plus belles réflexions de ce philosophe. » *Paris*, 1835, 2 vol. in-12.
Voy. « Supercheries », I, 251, f.

Beautés, victoires, batailles et combats mémorables des armées françaises, suivis d'anecdotes, mots héroïques et traits de dévouement des militaires français depuis 1792 jusqu'en 1815, par M. L., ornés de 24 figures en taille-douce. *Paris, Leprieur*, 1819, 2 vol. in-12.

La préface est signé : H. Lemaire.
Voy. « Supercheries », II, 461, f.

Beaux-arts, architecture. Église du Saint-Sacrement, à Arras. *Arras, imp. de Mme veuve Degeorge*, (1847), in-8.

Extrait du « Progrès du Pas-de-Calais, », des 27 sept., 7, 29 oct., 9 novem. 1846. Signé : A. P. (M. LUEZ, avocat à Arras.)

Beaux-Arts (les) réduits à un même principe. (Par l'abbé Ch. BATTEUX.) *Paris, Durand*, 1742, 1746, 1747, in-8 et in-12, avec frontispice et 4 vignettes d'après Charles Eisen. — Ed. augm. *Leyde*, 1753, in-12.

Cet ouvrage a été réimprimé depuis dans les « Principes abrégés de littérature » et il en forme le premier volume.

Beaux chevaux : 1° qu'on peut en avoir en France d'aussi beaux qu'en Espagne, Angleterre, Danemark, etc., qui ont eu d'ailleurs la race des leurs; 2° que cependant on peut tirer un tiers plus de profit qu'on ne fait de la nourriture de ceux de France; 3° le moyen de le faire; 4° Remède universel pour guérir promptement toutes les maladies curables des animaux, des oiseaux et des hommes; 5° que chaque médecine pour les hommes ne revient qu'à un sou et à deux liards pour les petits animaux. Reveu et augmenté par un amy à l'autheur (QUERBRAT-CALLOET.) (1681), in-4, 54 p., fig.

Beaux (les) jours de l'Eglise naissante, ou recueil des monuments les plus curieux et les plus édifians de l'histoire ecclésiastique, par l'auteur de la « Relation concernant les prêtres déportés à l'île d'Aix. » (l'abbé Pierre-Grégoire LABICHE DE REIGNEFORT). *Paris, Leclere*, 1802, in-18.

Beaux jours et mélancolie. Nouvelles écossaises, par Arthur AUSTIN; traduit de l'anglais. (Par Mlle SALADIN.) *Genève*, 1826, 2 vol. in-12.

Beaux (les) rêves : 1° Idée d'une fête intéressante; 2° la Panacée, ou le préservatif. Par M. R. D. L. B. (RETIF DE LA BRETONNE).*Plutonopolis, chés Fobétor, Fantase et Morfée*, 1774, in-12, 50 p.

Cet ouvrage se trouve le plus souvent à la suite du deuxième volume des « Nouveaux mémoires d'un homme de qualité. Par M. le M** DE BR** (RÉTIF DE LA BRETONNE). » *Paris*, 1774, 2 vol. in-12.

Voy. « Rétif de La Bretonne », par M. Charles Monselet, p. 120, et « Supercheries », III, 347, *e*.

Beaux traits de l'histoire des naufrages, ou récits des aventures les plus curieuses des marins et des voyageurs célèbres, par M. A. (A. ANTOINE). *Paris, J. Langlumé*, 1836, in-12.

Voy. « Supercheries », I, 139, *d*.

Bébé à la maison, dessins par Lorenz Frœlich, texte par une maman (Pierre-Jules HETZEL). *Paris, Hetzel*, 1864, in-4.

Voy. « Supercheries », II, 1041, *e*.

a Begueule (la), conte moral. (Par VOLTAIRE.) *Lausanne*, 1772, in-12. — 1775, in-8.

Réimprimé dans le t. IX de « l'Evangile du jour. » (Voy. ce titre.)

Bel (du) esprit, où sont examinés les sentiments qu'on en a d'ordinaire dans le monde. (Par François DE CALLIÈRES.) *Paris, Anisson*, 1695, in-12.

b L'abbé Bonardi, fondé sur de bons garans, donnait cet ouvrage à M. DE SAINT-VINCENT, précepteur du prince de Rohan. (Le P. Baizé.)

Suivant le « Journal de Berlin », 1696, p. 45 et suiv., cité par P. Dahlmann, l'auteur serait un nommé DU VALEMONT.

Belges (les) et leur drapeau. (Par Charles-Joseph-Marie VANDEN ABEELE.) *Bruxelles, Labroue*, 1849, in-12, 8 p. J. D.

c Belgique (de la) au 17 mars 1841, par un électeur (Charles LIOULT DE CHÊNEDOLLÉ, professeur au collége de Liége). *Bruxelles et Liége*, 1841, in-8, 8 p.

Voy. « Supercheries », I, 1219, *a*.

Belgique (la) depuis 1847. (Par J. LEBEAU, membre de la Chambre des représentants.) *Bruxelles, Decq*, 1852, 4 lettres in-8. J. D.

d Belgique (de la) en cas de guerre, par J. G. (Joseph GRANDGAGNAGE). *Bruxelles*, 1846, in-8.

Voy. « Supercheries », II, 399, *f*.

Belgique (la) en 1860. (Par Théodore JUSTE.) *Bruxelles, Hen*, 1860, in-8, 134 p. J. D.

M. Delecourt avait d'abord attribué cet ouvrage à M. Louis HYMANS. Cette attribution qu'il a rectifiée dans son *errata* a été reproduite par M. de Manne.

e Belgique (la) en septembre 1861. Coup-d'œil sur son avenir politique et commercial. (Par J.-B. KAUFFMANN, ancien banquier.) *Liége, Collardin*, 1831, in-8, 127 p. J. D.

Belgique (la) et l'Europe, ou la frontière du Rhin. (Par Louis TRASENSTER, professeur à l'Université de Liége.) *Liége, Desoer*, 1860, in-8, 44 p. — 2e édit., 1860, in-8, 56 p.

f Tirage à part du « Journal de Liége ». U. C.

Belgique (la) et le Deux Décembre. Supplément de « la Nation »; jeudi 1er juillet 1852. (Par Ch. POTVIN.) In-fol., 14 p. J. D.

Belgique (la) et le mariage autrichien, par un Belge (Louis LABARRE). *Paris, Ledoyen*, 1853, in-18, 55 p. J. D.

Voy. « Supercheries », I, 499, *f*, où l'on a par erreur attribué cet ouvrage à l'auteur de la réfutation indiquée dans l'article suivant.

Belgique (la) et le mariage autrichien, par un Belge, factum napoléonien suivi de sa réfutation, par un véritable Belge (P.-A.-Fl. GÉRARD). *Bruxelles*, 1853, in-18, 67 p.

Belgique (la) et le roi Léopold en 1852, Réponse à M. Guizot, par un homme d'état belge (J. LEBEAU, ministre d'Etat). *Bruxelles*, 1857, in-12. J. D.

Belgique (la) et les limites naturelles. (Par OLIVIER, employé au chemin de fer de Tournai.) *S. l. n. d.*, in-12, 8 p. J. D.

Extrait du journal « l'Economie ».

Belgique (la) jusqu'au Rhin, par G. V. Z. (VERZYL). *Bruxelles*, *Bols-Wittouck*, 1863, in-8, 120 p. J. D.

Belgique (la) militaire, par quelques officiers de l'armée belge (MARTIN et autres). Dédié au ministre. *Bruxelles*, 1835-1838, 6 tomes en 3 vol. in-8. J. D.

Belgique (la) pittoresque, monumentale, artistique, historique, géographique, politique et commerciale... Nouveau guide des touristes... (Par André VAN HASSELT, membre de l'Académie royale de Belgique.) *Bruxelles*, *Hen*, 1858, in-12, 166 et 332 p. J. D.

Belgique (la) pittoresque, ouvrage orné de vues, monuments, vignettes, cartes, etc. (Par Louis BELLET.) *Bruxelles*, 1834, in-4. D. M.

Belgique (la) religieuse et le 18e anniversaire de la naissance de S. A. R. le duc de Brabant, par Ed. T. (Edouard TERWECOREN, jésuite). *Bruxelles*, *Vandereydt*, 1853, in-12, 36 et 96 p. J. D.

Belgium marianum. Histoire du culte de Marie en Belgique, y compris l'ancien territoire de Lille, de Douai, de Cambrai, etc., par l'auteur des « Saints et grands hommes en Belgique. » (E. SPEELMANN). *Tournay*, *Casterman*, 1850, in-8, 372 p. J. D.

Belinde, conte moral de Maria EDGEWORTH, traduit de l'anglais par le traducteur « d'Ethelwina. » (Octave SÉGUR), par L. S... et par F. S... *Paris*, *Maradan*, 1802, 4 vol. in-12.

Belise, ou les deux cousines. (Par l'abbé Et. CALVEL.) *Paris*, *Mérigot*, 1769, 2 vol. in-12.

Belle (la) allemande, ou les galanteries de Thérèse. (Par Claude VILLARET.) *Amsterdam*, 1745, in-12. — *Halle*, 1755, in-12. — *Paris*, 1758, in-12. — *Strasbourg*, 1764, 1766, in-12. — *Paris*, (*Bâle*, *Flick*), 1774, in-12.

La 1re édit. a paru sous le titre de « les Galanteries de Thérèse... » Voy. ces mots.

Barbier, dans sa 1re éd. avait attribué cet ouvrage à Ant. BRET. Quérard dans la « France littéraire » le fait figurer sous les deux noms.

Belle (la) Arsène, comédie-féerie en trois actes (en vers) mêlée d'ariettes. (Par Ch.-Sam. FAVART.) *Paris*, *Ballard*, 1773, in-8.

Réimprimé en 1775 et 1776 avec le nom de l'auteur.

Belle (la) au bois dormant. (Par PERRAULT.)

Ce conte et quelques autres, (le Petit chaperon rouge, Barbe-bleue, le Maître chat, Cendrillon, Riquet à la houppe), figurent sans nom d'auteur dans le « Recueil de pièces curieuses et nouvelles », tome V, 1696. C'est l'édition originale de ces contes de Perrault, auxquels il n'a rien été changé dans l'édition de *Paris*, *Barbin*, 1697, laquelle est également anonyme. L'épître dédicatoire à Mademoiselle, c'est-à-dire à Elisabeth-Charlotte d'Orléans, est signée : P. DARMANCOURT, qui était le nom d'un enfant de Perrault, alors âgé de dix ans. Le texte de cette épître a été lui-même altéré dans plusieurs éditions subséquentes, et une critique peu bienveillante et peu éclairée a été jusqu'à soupçonner que la rédaction des contes était réellement l'ouvrage de l'enfant de Perrault ; une lettre de Mlle Lhéritier fait justice de cette inadmissible supposition.

Voir la « Lettre critique » de M. Ch. Giraud, p. lxxi, en tête des « Contes ». *Lyon*, 1865, in-8.

Belle (la) au bois dormant, opéra en 3 actes, représenté pour la première fois sur le théâtre de l'Académie royale de musique, le 2 mars 1825. (Par Fr.-A.-Eug. DE PLANARD.) *Paris*, *Roullet*, 1825, in-8, 4 ff. lim. et 40 p.

Belle (la) Cauchoise, ou les aventures d'une paysanne pervertie. *Paris*, *les marchands de nouveautés*, 1847, in-18.

La couverture impr. porte en plus : Par R. DE L. B. (Nic.-Edme RETIF DE LA BRETONNE). Ouvrage revu et corrigé.

Voy. « Bibliographie des ouvrages relatifs à l'amour », éd. de 1871, t. II, p. 148, et « Supercheries », III, 346, c.

Belle (la) dame qui eut mercy. *S. l. n. d.*, in-4, 8 ff. — Autre éd. *S. l. n. d.*, in-4, 10 ff.

Bien que cette pièce de vers se trouve dans les « Œuvres d'Alain CHARTIER », sous ce titre : « Comment l'amoureux déprie sa dame », M. Paulin Paris (« Manuscrits français », VII, 252) l'attribue à Jean MAROT. Voy. le « Manuel du libr. », 5e éd., I, 751.

Belle (la) dame sans merci. (Par Alain CHARTIER.) In-4, goth., 18 ff.

Plusieurs fois réimprimé avec le nom de l'auteur.

Belle (la) dans le souterrain, ou le Lama amoureux. *Paris, Mérigot jeune*, 1785, in-12, 71 p.

L'épître dédicatoire au prince de Furstemberg est signée de Madame D'ORMOY.

Belle (la) de Ludre, 1648-1725, essai biographique. (Par Jean-Nicolas BEAUPRÉ de Nancy.) *Saint-Nicolas-de-Port*, 1861, in-8, 117 p.

Notice sur Mlle de Ludre, tirée à 250 exemplaires.

Belle mort dans la personne d'un jeune homme dévot envers la Sainte Vierge. (Par le P. Jean CRASSET.) *Paris, F. Muguet*, 1668, in-12.

Belle (la) Syrienne par l'auteur de « Mountheneth » (Robert BAGE), trad. de l'anglois. *Paris*, 1788, 2 vol. in-12.

Belle (la) Turque... (Par BREMONT.) Voy. « Hattigé... »

Belle (la) vieillesse, ou les anciens quatrains des sieurs DE PIBRAC, DUFAUR (Ant. FAVRE) et MATHIEU, sur la vie, sur la mort et sur la conduite des choses humaines; nouvelle édition, augmentée de remarques... (Par l'abbé J.-B.-L. DE LA ROCHE.) *Paris, Quillau*, 1746, in-12.

Voy. « Supercheries », I, 1013, *d*.

Belle (la) Wolfienne, avec deux lettres philosophiques, l'une sur l'immortalité de l'âme, et l'autre sur l'harmonie préétablie. (Par J.-H.-Sam. FORMEY et CHAMBRIER.) *La Haye*, 1741-1753, 6 vol. in-12; — 1752-1760, 6 vol. in-8.

Bellérophon, tragédie lyrique en 5 actes, et un prologue. (Par Bernard LE BOUYER DE FONTENELLE.) *Amsterdam, H. Schelte* 1702, in-12. — *Paris, Ballard*, 1705, 1728, 1773, in-4. — *Paris, P. Ribou*, 1718, in-12.

La 1re éd. est de 1679.

Suivant la « France littéraire », FONTENELLE aurait eu pour collaborateur son oncle Th. CORNEILLE, dont la part se borne au prologue et au morceau qui ouvre le 4e acte. Cette pièce a été souvent réimprimée avec le nom de Fontenelle.

Belles (les) Grecques, ou l'Histoire des plus fameuses courtisanes de la Grèce. (Par madame Catherine BEDACIER, née DURAND.) *Paris, Saugrain*, 1712, in-12. — *Amsterdam*, 1755, in-12, fig.

Belles (les) solitaires, par madame de V. (DE VILLENEUVE). *Amsterdam (Paris)*, 1745, 3 vol. in-12.

Voy. « Supercheries », III, 879, *a*.

Belmour, par madame DYMMER, roman traduit de l'anglais, par madame H....N (HOUDON). *Paris, Demonville et Dentu*, 1804, 2 vol. in-12.

Le nom de l'auteur est mal orthographié. Elle s'appelle DAMER.

Voy. « Supercheries », I, 1196, *d*.

Belphégor dans Marseille, comédie d'un acte, en prose, et un prologue en vers; ornée de chants et de danses, par un auteur anonyme (J.-B.-Pierre BACON). *Marseille, Sibié*, 1736, in-8.

Voy. « Supercheries », I, 408, *b*.

Bénéfices de nomination royale du diocèse de Tours. Par ordre alphabétique, avec le nom de ceux qui les possèdent. Au mois d'avril 1694. — *S. l. n. d.*, in-8.

Une note manuscrite sur l'exempl. de la Bibliothèque nationale porte : « Par l'abbé DE DANGEAU, qui n'a pas achevé cet ouvrage. »

Benjamin, ou Reconnaissance de Joseph, tragédie chrétienne, en trois actes et en vers, qui peut se représenter par tous les collèges, communautés et maisons bourgeoises. (Par le P. ARTHUS, ou ARTHUYS, jésuite.) *Paris, Cailleau*, 1749, in-8.

Benno d'Elzembourg, ou la succession de Toscane; traduit de l'allemand de l'auteur d' « Herman d'Una » (Mme Bened. NAUBERT), par M. DUPERCHE. *Paris, Maison et Gervais*, an XIV-1806, 4 vol. in-12.

Ces deux romans ont été souvent attribués à tort au baron DE BOCK ou à Christiern-Heinrich SPIESS.

Béquille du Diable boiteux. (Par l'abbé L. BORDELON.) In-12 de 20 p.

Réimprimé souvent dans les « Œuvres de Le Sage », ou à la suite du « Diable boiteux ».

Voyez dans le « Magasin encyclopédique », t. XVII, un article de l'abbé de Saint-Léger.

Béranger à Manuel. Paris, 1er mars 1848. (Par Charles POTVIN.) In-8, 4 p.

Tirage à part de la « Gazette de Mons », du 14 mars 1848. J. D.

Béranger et Lamennais. Etudes, correspondance et souvenirs. (Par Napoléon PEYRAT, pasteur protestant.) *Paris, Ch. Meyrueis*, 1862, in-18.

Berceau (le) de Henri IV à Lyon, ou la Nymphe de Parthénope, allégorie mêlée de chants et de danses, composée à l'occasion du passage de S. A. R. madame la duchesse de Berri, qui daigna honorer le spectacle de sa présence, le 9 juin 1816, par MM. A. H.. (A. HAPDÉ), M... (J.-A.-M. MONTPERLIER) et A... (Hyacinthe ALBERTIN). *Lyon, Pelzin*, 1816, in-8, 20 p.

Cette pièce avait été d'abord imprimée avec les noms des auteurs, *Paris, les marchands de nouveautés*, 1816, in-8, 32 p.

Berceau (le) de la France. (Par GODARD-DAUCOURT.) *La Haye (Paris)*, 1744, in-12.

Réimprimé dans la collection du comte d'Artois.

Berceau (le) de roses sauvages, ou l'Héritière méconnue, par l'auteur d'« Armand et Angela »... (Mlle Désirée DE CASTÉRA). *Paris, Béchet*, 1815, 4 vol. in-12.

Berceau (le). Divertissement à l'occasion de la naissance du fils de M. de Caumartin, intendant des Trois-Evêchés. (Par Pierre ROUSSEAU.) *Metz*, 1754, in-8.

Bérenger, comte de La Marck. (Par le sieur BONNET.) *Paris, Quinet*, 1645, 4 vol. in-8.

Note manuscrite de l'abbé Lenglet du Fresnoy.

Bérénice. (Par SEGRAIS.) *Paris, T. Quinet*, 1648-1651, 4 vol. in-8.

Il y a des exemplaires qui portent au frontispice : Par l'auteur de « Tarsis et Zélie » (LE VAYER DE BOUTIGNY). C'est une erreur. Crébillon père a pris dans ce roman le sujet de « Rhadamiste. »

Berger (le) arcadien, ou Premiers accents d'une flûte champêtre. (Par Ch.-P. PERTUSIER.) *Paris, André*, an VII-1799, in-12.

Voy. « Supercheries », III, 3, *c*.

Berger (le) extravagant, où parmi des fantaisies amoureuses, on voit les impertinences des romans et de la poésie. (Par Ch. SOREL.) *Paris, T. du Bray*, 1627 ou 1628, 3 vol. pet. in-8, grav. — *Rouen, Jean Osmont*, ou *Jean Berthelin*, 1639-1640, 3 part. in-8.

L'édition de Paris a un titre gravé par Crispin de Pas, portant la date de 1627. Elle est terminée par des « Remarques sur les XIIII livres du Berger extravagant, où les plus extraordinaires choses qui s'y voyent sont appuyées de diverses authoritez, et où l'on trouve des recueils de tout ce qu'il y a de remarquable dans les romans et dans les ouvrages poétiques, avec quelques autres observations, tant sur le langage que sur les avantures ». *Paris, T. du Bray*, 1628, pet. in-8, 818 p.

Ces remarques ont été placées à la suite de chacun des livres de l'édition du « Berger extravagant », qui a paru sous ce titre :

« L'Anti-Roman, ou Histoire du berger Lysis, accompagné de ses remarques, par Jean DE LA LANDE, poitevin » (Ch. SOREL). *Paris, T. du Bray*, 1633 ou 1650, in-8, avec une pagination unique de 1134 pages.

Voy. « Supercheries », II, 505, *a*.

Berger (le) fidèle, dédié par l'auteur à sa maîtresse, traduit de l'italien de J.-B. GUARINI. (Par le chevalier DE BUEIL.) *Paris, Augustin Courbé*, 1637, in-8.

L'abbé de Marolles a compris cet écrivain dans son « Dénombrement des Auteurs », pour sa version du « Pastor fido. »

La traduction que je cite me paraît être celle qu'indique l'abbé de Marolles.

Berger (le) fidèle, traduit de l'italien, de GUARINI, en vers françois. (Par l'abbé DE TORCHE.) *Paris, Barbin*, 1664, 1666, in-12, — *Cologne, (Amsterdam, Elzevirs)*, 1667, in-12. — 1672, 1680, 1687, in-12. — *La Haye, Ab. Troyel*, 1702, in-12. — Edition augmentée de ses rimes italiennes et de belles figures en taille-douce (gravées par Harrewyn). *Bruxelles*, 1706, in-12. — Autre édition conforme à la précédente. *Lyon, Léonard de La Roche*, 1720, in-12.

Dans les anciennes éditions, l'épître dédicatoire à Madame (mère du Régent) est signée D. T., lettres initiales du nom du traducteur; dans l'édition de Lyon, on lit les lettres L. D. L. R. (Léonard de la Roche) au bas de la même épître.

Berger (le) fidèle, tragi-comédie pastorale de Jean GUARINI, traduit en françois. (Par J.-H. PECQUET), avec le texte, nouv. édition. *Paris, Nyon*, 1759, 2 vol., petit in-12.

Berger (le) inconnu où, par une merveilleuse avanture, une bergère d'Arcadie devient reyne de Cypre, par le S. DE B. (DE BAZIRE). *Rouen*, 1621, in-12.

Voy. « Supercheries », I, 423, *c*, et III, 619, *d*.

Bergère (la), fragment d'une pastorale. (Par Louis-Florentin LE CAMUS.) *Paris, Delaguette*, 1769, in-12.

Attribué par Jamet à ESTÈVE, de Montpellier.

Bergerie spirituelle. (Par Louis DES MASURES.) *(Genève), par F. Perrin*, 1566, in-4.

Bergers (les) de qualité, parodie de « Daphnis et Chloé » (en 3 actes, tout en vaudev.), avec des divertissements. (Par GONDOT.) *Paris, veuve Delormel et fils*, 1752, in-8, 50 p., avec les airs notés.

Bergues sur le Soom, assiégée le 16 juillet 1622 et desassiégée le 3 octobre ensuivant. (Par Lambert DE RYCKE, Nath. DE VAY et Job DU RIEU.) *Middelbourg*, 1623, in-4.

Cat. Van Hulthem, 26,790.

Berlue (la). (Par Louis POINSINET DE SIVRY.) *Londres*, 1759, pet. in-12. — *Londres, à l'enseigne du Lynx*, 1773, in-12, 160 p. — *Paris*, 1826, in-32.

Cet ouvrage a été reproduit presque en entier dans « la Lorgnette philosophique. » Voy. ce titre.

Bernarda (la) Buyandiri, tragi-comédie. (Publiée par Henry PERRIN.) *Lyon*, 1658, petit in-8; — *Paris, Techener*, 1840, VI-21 p.

Réimpression faite par les soins de M. Gustave BRUNET, et tirée à 60 exemplaires, d'une petite comédie en patois lyonnais; la dédicace est signée Henry PERRIN. Il n'est point fait mention de cette pièce dans la « Bibliothèque du Théâtre françois », *Dresde (Paris)*, 1768, et on la chercherait en vain sur le catalogue de la bibliothèque dramatique de M. de Soleinne. La Bibliothèque nationale en possède un exemplaire. L'original se compose de deux parties : la première seulement, accompagnée de quelques notes, a été réimprimée en 1840.

Berne et les Bernois. (Par L. MEISTER.) *Zurich*, 1820, in-12, avec grav.

Berneur (le) berné, suivi du juge de soi-même, opuscule burlesque. (Par Dieudonné MALHERBE.) *Liége*, an XI-1803, in-8. Ul. C.

Berthe et Fanny, par Marie-Ange DE T*** (Just-Jean-Étienne ROY.) *Tours, Mame*, 1864, 1868, 1869, in-12.

Berthe et Richemont, nouvelle historique, par l'auteur de « Maria, » etc. (Mlle ***, revue et publiée par François-Jean VILLEMAIN D'ABANCOURT). *Paris, Roux*, 1801, 3 vol. in-18.

Berthe. Imité de l'allemand de la comtesse de Hahn-Hahn. (Par P.-D. DANDELY et Mlle Mathilde DANDELY.) *Liége, Desoer*, 1862, 2 vol. in-16.

Publié d'abord en feuilleton dans le « Journal de Liége. » U. C.

Berthe, ou le pet mémorable, anecdote du neuvième siècle, par L. D. L. (LOMBARD de Langres), ex-ambassadeur en Hollande. *Paris, Léopold Collin*, 1807, in-8. — *Paris, Léop. Collin*, 1808, in-18, 188 p.

Voy. « Supercheries, II, 710, f.

Bertholde à la ville, opéra comique en un acte, représenté pour la première fois sur le théâtre de la foire Saint-Germain, le 9 mars 1754. (Par l'abbé Gabr.-Ch. DE LATTAIGNANT.) *Paris, Duchesne*, 1754, in-8, 55 p.

Besoins (les) et les droits. (Par le marquis DE LA GERVAISAIS.) *Paris, Pihan-Delaforest*, 1832, in-8, 64 p.

Beste à sept têtes, ou Beste jésuitique, conférences entre Théophile et Dorothée, où l'on fait voir quelle est la politique des Jésuites, etc. (Par l'abbé Pierre BILLARD.) *Cologne (Tours)*, 1693, 2 parties in-12.

Cet ouvrage fit enfermer l'auteur à la Bastille. Voy. Hauréau, « Histoire littéraire du Maine », 2e éd. 1871, tome II, p. 110.

Bethléem, par Ed. T. (Edouard TERWECOREN, jésuite), d'après les notes inédites de deux voyageurs belges, faites en 1840 et 1845. *Bruxelles, Goemaere*, 1852, in-12. J. D.

a Betsi, ou les bizarreries du destin, par l'auteur de « l'Ecole des pères et des mères » (l'abbé Antoine SABATIER, de Castres). *Amsterdam et Paris, de Hansy*, 1769, 2 vol. in-12. — *Paris*, 1788, 2 vol. in-12.

Betzi ou l'amour comme il est, roman qui n'en est pas un ; précédé d'entretiens philosophiques et politiques. *Paris, Renouard*, an IX-1801, in-12. — Sec. édit., *ibid.*, 1803, in-18.

b C'est la réimpression de l'ouvrage anonyme publié par MEISTER, sous le titre de : « Entretiens philosophiques et politiques. » Voy. ces mots.

Betzi, ou l'infortunée créole ; histoire véritable. Par la cit. L. V*** (VILDÉ). *Paris, Chaignieau*, an VIII-1799, 2 vol. in-12, avec grav.

Voy. « Supercheries », II, 996, f.

Beverley (le) d'Angoulême, comédie en c un acte, représentée pour la première fois au théâtre Montansier Variétés, le 9 floréal an XI. (Par le chevalier J. AUDE.) *Paris, Barba*, 1803, in-8, 28 p.

Bianca Capello, traduit de l'allemand de MEISNER, par l'auteur du « Vicomte de Barjac, » etc. (le marquis J.-P.-L. DE LA ROCHE DU MAINE DE LUCHET). *Paris, Le Jay*, 1790, 3 vol. in-12.

d Bibi, conte traduit du chinois par un françois (Fr.-Ant. CHEVRIER). Première et peut-être dernière édition. *Mazuli, l'an de Sal-Chodaï* 623 et de l'âge du traducteur 24, (vers 1746), in-12.

L'auteur a signé l'épître à la comtesse de Trémonville, Ch***-***.

Bible historiée. (Traduite en langue vulgaire vers 1292, par GUIARS DES MOULINS, chanoine de Saint-Pierre d'Aire, e diocèse de Terouenne, et revue par Jean DE RELY, docteur en théologie, chanoine de Notre-Dame de Paris, d'après l'ordre du roi Charles VIII.) *Paris, Ant. Verard*, (1487), in-fol.

Voy. la « Dissertation de N. INDES, théologien de Salamanque (Denis NOBLIN), sur les Bibles françoises. » *Paris*, 1710, in-8, p. 21.

Bible (la) en françois. (Par GUIARS DES MOULINS et Jean DE RELY.) Nouvelle édif tion. *Paris*, 1537, 2 vol. in-fol.

Bible (la sainte) en françois, translatée selon la pure et entière traduction de sainct HIERÔME, conférée et entièrement revisitée selon les plus anciens et plus corrects exemplaires (par Jacques LE FÈVRE, d'Estaples). *Anvers, Martin Lempereur*, 1530, in-fol.

Cette fameuse traduction de la Bible, « de rechief conférée et entièrement revisitée selon les plus anciens et plus corrects exemplaires, » a été réimprimée par le même Martin Lempereur, en 1534, in-fol.

Ces deux éditions sont munies de l'approbation de l'inquisiteur de la Foi et de plusieurs théologiens de Louvain.

Denis Nolin croit qu'il y a eu de la mauvaise foi de la part de l'imprimeur, dans l'obtention de cette approbation ; et ce n'est qu'à dater de 1550 que l'on doit considérer cette traduction comme ayant été réellement revue par des théologiens de Louvain, savoir : par Nicolas de Leuze et par François de Larben.

Voyez de judicieuses réflexions sur cette traduction de la Bible, dans la « Dissertation sur les Bibles françoises », par Denis Nolin, p. 34 et suiv.

Une édition de cette traduction, format in-8, avait déjà paru par parties séparées, mais le Parlement lança un arrêt de condamnation le 28 août 1625, et Le Fèvre fut obligé de continuer à Anvers l'impression de son travail. Supprimées avec beaucoup de rigueur, ces impressions sont devenues d'une rareté extrême. Voy. le « Manuel du libraire », 5e édit., tome I, col. 884.

Cette Bible a servi de base à la révision d'Olivétan en 1535, faite plutôt d'après le latin de Santes Pagninus pour l'ancien Testament et celui d'Erasme pour le nouveau, que d'après les originaux hébreu et grec, et c'est d'après ces deux versions médiates et non indépendantes, comme on voit, qu'ont été faites, à peu d'exceptions près, toutes les révisions catholiques, jusqu'au milieu du XVIIe siècle, et protestantes jusqu'au XVIIIe. (Emile Cadiot, « Essai sur les conditions d'une traduction populaire de la Bible en langue vulgaire. » *Strasbourg, Silbermann*, 1868, in-8, 106 p.

Voy. Brunet, « Manuel du libr. », 5e édit., I, 884.

Bible (la sainte), latine et françoise (traduite par Le Maitre de Sacy), avec l'explication du sens littéral et spirituel. *Paris*, 1672-1700, 32 vol. in-8. — *Lyon*, 1696, 32 vol. in-12. — *Amsterdam* (*Bruxelles*), 1696, 32 vol. in-12.

Les « Explications » ne sont pas toutes de M. de Sacy, la mort l'ayant enlevé avant qu'il les eût achevées. Les livres qu'il a expliqués sont ceux qui suivent, avec la date de leur publication :

La Genèse,	1682.
L'Exode,	1683.
Le Lévitique,	1683.
Le premier livre des Rois,	1674.
Le second livre des Rois,	1674.
Les Proverbes,	1672.
L'Ecclésiaste,	1673.
La Sagesse,	1673.
L'Ecclésiastique,	1684.
Isaïe,	1675.
Les douze petits Prophètes,	1679.

Thomas du Fossé a continué ce grand ouvrage en commençant par les « Nombres, » dont Sacy n'avait fait que la moitié. Il publia donc :

Les Nombres et le Deutéronome,	1685.
Les deux derniers livres des Rois,	1686.
Josué, les Juges et Ruth,	1687.
Tobie, Judith, Esther,	1688.
Job,	1688.
Les Psaumes, 3 vol.,	1689.
Jérémie et Baruch,	1690.
Daniel et les Machabées,	1691.
Ezéchiel,	1692.
Les Paralipomènes, avec Esdras,	1693.
Le Cantique des Cantiques,	1694.
S. Matthieu et S. Marc, 2 vol.,	1696.
S. Luc et S. Jean, 2 vol.	1697.

Thomas du Fossé avait rédigé l'explication des Actes des Apôtres jusqu'au verset 17 du treizième chapitre, lorsque la mort l'enleva en 1698.

Charles Huré, principal du collége de Boncourt, acheva le reste, et l'ouvrage parut en 1700. On lui doit encore des explications de tout le reste du N. T.

Cependant on attribue communément à M. Tourel de Sainte-Catherine l' « Explication du sens littéral » des Epîtres de S. Paul en 4 vol., excepté l'épître entière à Tite. (Note extraite de l' « Histoire littéraire », manuscrite, de Port-Royal, en 5 vol. in-4, par dom Clémencet, t. II, article Sacy.)

Bible (la sainte) en latin et en françois, de la traduction de Le Maître de Sacy, avec de courtes notes (par Thomas du Fossé et l'abbé de Beaubrun). *Bruxelles*, 1699, 3 vol. in-4.— *Anvers* (*Lyon*), 1700, 7 vol. in-12. — *Bruxelles*, 1701, 8 vol. in-12.

Bible (la sainte), en latin et en françois, de la traduction de Le Maître de Sacy, avec de courtes notes (par l'abbé de Beaubrun et dom Thierry de Viaixne). *Liége, Broncard*, 1701, 4 vol. in-fol. — La même, en caractères plus grands et plus beaux. *Liége*, 1702, 3 vol. in-fol. — La même, corrigée en quelques endroits (par Luc-Urbain Mangeant, éditeur de S. Prosper et de S. Fulgence). *Paris, Desprez*, 1702, 16 vol. in-12.

Bible (sainte), en latin et en françois, avec des notes littérales pour l'intelligence des endroits les plus difficiles, par Le Maistre de Sacy ; et la concorde des quatre Evangélistes (en latin et en françois, par le docteur Arnauld), divisée en trois tomes, avec un quatrième tome contenant les Livres apocryphes, en latin et en françois (de la traduction du P. Le Gras, de l'Oratoire), et plusieurs autres pièces. (Edition revue et corrigée par l'abbé de Beaubrun.) *Paris, Desprez*, 1717, 4 vol. in-fol.

Quelques personnes attribuent à Cl. Lancelot, de Port-Royal, la « Chronologie sacrée » qui se trouve à la fin du quatrième volume.

Bible (sainte), en latin et en françois (de la version de Sacy, paraphrasée par le P. de Carrières), avec des notes littérales, critiques et historiques, des préfaces et des dissertations, tirées du commentaire de Calmet, de l'abbé de Vence, et des auteurs les plus célèbres. (Le tout publié et revu par L.-Et. Rondet, qui est aussi auteur d'un grand nombre de notes et de plusieurs dissertations). *Paris, Mar-*

tin et autres, 1748-1750, 14 vol. in-4. — a
Nouvelle édition augmentée (par le même RONDET). *Avignon*, 1767-1773, 17 vol. in-4.

Bible (sainte), traduite en françois par LE MAISTRE DE SACY. (Avec de nouvelles notes, un abrégé de la vie du traducteur, et un discours préliminaire, par L.-E. RONDET.) *Paris, Desprez*, 1759, in-fol. — 1770, 4 vol. in-12.

Il n'y a point de notes dans l'édition in-12, mais b
de nouveaux sommaires, distribués par paragraphes, dans l'ancien Testament comme dans le nouveau.

Bible (la) traduite en françois, avec des explications et des réflexions qui regardent la vie intérieure (par Jeanne-Marie BOUVIÈRES DE LA MOTTE-GUYON). *Cologne, de La Pierre*, 1713, 1714 et 1715, 20 vol. in-8.

Il y a des exemplaires de cette traduction ainsi intitulés : « Les livres de l'ancien et du nouveau Testament, c
avec des explications qui regardent la vie intérieure » (par madame GUYON), *Cologne, Jean de La Pierre*, 1713-1715, 20 t. en 21 vol. petit in-8.

Bible (sainte), traduite en françois sur les textes originaux avec les différences de la Vulgate. (Par Nicolas LE GROS). *Cologne*, 1739, in-12. — Nouvelle édition, avec un discours sur les prophètes et quelques notes. (Par Laur.-Et. RONDET.) *Cologne (Paris)*, 1753, 5 volumes in-12. d
— Nouv. édit., *Paris, Desoer*, 1819, 7 vol. in-18.

Bible (la), qui est toute la saincte escripture, en laquelle sont contenus le vieil Testament et le nouveau, translatez en françoys, le vieil de lebrieu, et le nouveau du grec (ou plutôt revue sur la traduction de Jacq. LE FÈVRE d'Estaples, par P. Robert OLIVETAN, aidé de J. CALVIN). e
(A la fin :) *Acheué dimprimer en la ville et conté de Neufchastel, par Pierre de Wingle, dit Pirot picard, lan M. D. xxxv. le iiije de juing*, in-fol. — *Ibid.*, 1553, in-fol.

Bible françoise de la version de Genève (avec les notes marginales et la préface de Jean CALVIN). *De l'imprimerie de Robert Estienne (à Genève)*, 1560, in-fol.

C'est sur cette traduction qu'ont été faites toutes f
les bibles protestantes qui ont paru depuis le milieu du XVIe siècle, jusqu'au XVIIIe.

Voy. pour les détails des principales réimpressions, Brunet, « Manuel du libraire », 5e édition.

Bible (la) traduite en françois, corrigée sur l'hébreu et sur le grec, par les pasteurs et professeurs de l'Eglise de Genève (savoir, Théodore DE BÈZE, Antoine DE LA FAYE, Jean JAQUEMOT, Simon GOULART, et surtout Corn.-Bonav. BERTRAM) ; avec des notes. *Genève*, 1588, in-fol., in-4 et in-8.

Dans la 2e édit. de ce « Dictionnaire », le dernier nom est écrit Bertham ; cette erreur, qui avait été rectifiée à la table, a été reproduite dans les « Supercheries », III, 37, *d*.

Bible françoise (sainte), sur la version de Genève, revue et corrigée (par David MARTIN). *Amsterdam, Desbordes*, 1707, 2 vol. in-fol.

Bible (sainte), ou le vieux et le nouveau Testament, avec un commentaire littéral, composé de notes choisies et tirées de divers auteurs anglois (par Charles CHAIS). *La Haye*, 1743-1777, 6 vol. in-4.

Charles Chais est mort en 1785. On a publié en 1790, à *Rotterdam*, les 7e et 8e volumes, qu'il avait laissés manuscrits. Ces huit volumes ne contiennent que les livres historiques de l'ancien Testament.

Bible (sainte), ou le vieux et le nouveau Testament, traduits en français sur les textes hébreu et grec, par les pasteurs et les professeurs de l'Eglise et de l'Académie de Genève. *A Genève, J.-J. Paschoud*, 1805, in-fol. et 3 vol. in-8.

Cet ouvrage est le résultat de quatre-vingts années de travail. On nomme, parmi ceux qui y ont contribué, David CLAPARÈDE, pour la révision du livre des Psaumes et de ceux des Prophètes, aidé de l'orientaliste DE SALGAZ ; Antoine MAURICE, père et fils ; François DE ROCHES ; Th. LE CLERC ; Jacob VERNET, qui a travaillé surtout à la Genèse et aux Epîtres de saint Paul ; Jean SENEBIER, pour les Apocryphes. La retouche du style était confiée au pasteur Etienne BEAUMONT.

Les TURRETIN et ABAUZIT ont aussi coopéré à cette traduction, souvent réimprimée.

Voy. « Supercheries », III, 37, *a*.

Bible (la) de l'enfance, lectures amusantes sur l'ancien et le nouveau Testament, par l'abbé DE NOIRLIEU. Nouvelle édition rédigée sur un nouveau plan, augmentée... par un inspecteur des écoles primaires (Bernard-H. MERTENS, de Galoppe). *Liége, Dessain*, 1849, in-12, 214 p. avec figures.

Voy. « Supercheries », II, 340, *f*.

Bible (la) des poëtes (d'OVIDE), métamorphose. *Paris, A. Verard*, 1493, in-fol., 24 et Cl xxx *iiij* ff.

Traduction par COLARD MANSION de l'ouvrage composé, vers le milieu du XIVe siècle, par Thomas WALLEYS ou VALOIS.

Voy., pour le détail des éditions latines ou françaises de cet ouvrage, Brunet, « Manuel du libraire », 5e éd., tome IV, col. 282, 283.

Bible (la) enfin expliquée, par plusieurs aumôniers de S. M. L. R. D. P. (Par VOLTAIRE). *Londres-Genève*, 1776, in-4 et in-12 ; — 1777, 2 vol. in-8.

Voy. « Supercheries » I, 403, *d*.

Bibliographie académique, ou liste des ouvrages publiés par les membres correspondants et associés résidents. (Par Adolphe QUÉTELET, secrétaire perpétuel de l'Académie.) *Bruxelles, Hayez*, 1855, in-12, XVIII-251 p. J. D.

Bibliographie administrative, ou nomenclature méthodique et raisonnée des recueils des lois et d'arrêts, des instructions et règlements ministériels, des traités de jurisprudence et de doctrine administratives, ... par un employé du ministère de l'intérieur (LA PEYRIE). *Paris, Joubert*, 1848, in-8.

Voy. « Supercheries », I, 1236, *e*.

Bibliographie agronomique, ou Dictionnaire raisonné des ouvrages sur l'économie rurale et domestique, et sur l'art vétérinaire; suivie de notices biographiques sur les auteurs, et d'une table alphabétique des différentes parties de l'art agricole, par un des collaborateurs du « Cours complet d'agriculture pratique » (Victor-Donatien DE MUSSET-PATHAY). *Paris, Colas*, 1810, in-8.

Voy. « Supercheries », I, 763, *c*.

Bibliographie cicéronienne. (Par Ant. PÉRICAUD l'aîné, et Ch. BREGHOT DU LUT.) *Paris, Lefèvre*, 1821, in-8.

Réimpr. avec des additions, dans le tome I du « Cicéron » de J.-V. Le Clerc. *Paris*, 1827, gr. in-18.

Bibliographie de quelques ouvrages contenant des fac-simile, pour faire suite au « Manuel de l'amateur d'autographes ». (Par le major DEREUME.) *Bruxelles*, in-8. J. D.

Bibliographie des journaux publiés à Avignon et dans le département de Vaucluse. (Par Esprit REQUIEN.) *Avignon, Séguin aîné*, 1837, in-8, 39 p.

Bibliographie des Pays-Bas, avec quelques notes. *Nyon, en Suisse, imprimerie de Natley*, 1783, in-4, 84 p.

Tiré à cinquante exemplaires; cette bibliographie à peine ébauchée, est de BOTTIN, imprimeur-libr. à Mons. (Note de Van Hulthem, transmise par M. U. Capitaine.) Elle avait été attribuée par Barbier à Hoyois.

Bibliographie des principaux ouvrages relatifs à l'amour, aux femmes, au mariage... par M. le C. D'I*** (Jules GAY, libraire-éditeur). *Paris, Gay*, 1862, in-8, VIII-150 p. — 2e éd. *Paris, J. Gay*, 1864, in-8, VIII-810 col. — 3e édit. *Turin et Londres, J. Gay*, 1871, in-12 et in-4.

La 3e éd. est en cours de publication. Il en a paru 3 volumes. Dans les 2e et 3e éditions, le titre a été ainsi modifié : « Bibliographie des ouvrages relatifs à l'amour... »

Voy. « Supercheries », I, 676, *d*, et II, 323, *a*.

Bibliographie instructive, tome dixième, contenant une table destinée à faciliter la recherche des livres anonymes. (Par J.-F. NÉE DE LA ROCHELLE.) *Paris, Gogué et Née de la Rochelle*, 1782, in-8.

Bibliographie médicinale raisonnée, ou essai sur l'exposition des livres les plus utiles à ceux qui se destinent à l'étude de la médecine; par P. J. D. (DUMONCHAUX). *Paris, Ganeau*, 1756, in-12.

Voy. « Supercheries », III, 176, *d*.

Bibliographie. « Memini, poësies par Eugène Bazin ». *Alençon, De Broise*, 1868, in-8, 15 p.

Compte-rendu de ces poésies, par M. LAURENS-DESESSARDS, président du tribunal civil d'Argentan, qui a signé une pièce de vers, au verso du titre. Il avait paru anonyme dans le « Journal d'Alençon » du 26 décembre 1867.

Bibliographie musicale de la France et de l'étranger... (Par César GARDETON, médecin.) *Paris, Niogret*, 1822, in-8, 608 p.

Bibliographie parisienne, ou Catalogue d'ouvrages de sciences, de littérature, etc., imprimés ou vendus à Paris, avec les jugements qui en ont été portés dans les écrits périodiques, année 1770. *Paris, Desnos*, 1771, 6 vol. in-8.

Le sixième volume doit être terminé par une table alphabétique raisonnée des matières, de 80 pages. Le privilége qui se trouve à la fin est accordé au sieur BELLEPIERRE DE NEUVE-EGLISE.

En 1774; le libraire Ruault a publié un volume intitulé : « Bibliographie parisienne, ou Catalogue des ouvrages de science, de littérature, etc., » imprimés tant à Paris que dans le reste de la France, année 1769, in-8.

D'après la « France littéraire » de 1778, P.-T.-N. HURTAULT et VAQUETTE D'HERMILLY ont coopéré à ces sept volumes.

Bibliographie (la) politique du Sr NAUDÉ, contenant les livres et la méthode nécessaires à étudier la politique. Avec une lettre de M. Grotius et une autre du Sr Haniel sur le mesme subiet. Le tout traduit du latin en françois. (Par C. CHALLINE.) *Paris, veuve de Pelé*, 1642, pet. in-8, 2 ff. et 215 p.

La première édit. du texte latin est de 1633, *Venetiis, Baba*, in-12.

Bibliographie politique et judiciaire. *Bruxelles, Devroye*, 1850, in-8, 8 p.

Tirage à part du « Bulletin du bibliophile belge », signé : X. H. (Xavier HEUSCHLING). J. D.

Bibliographie voltairienne. *Paris, F. Didot*, 1842, in-8, XXIII-184 p.

C'est l'article de la « France littéraire » de Quérard, remanié, corrigé et augmenté; l'introduction par AUBERT de Vitry, avait été publiée dans le « Moniteur universel » de 1837. Quérard, dans l'avertissement, confesse que son travail est le résumé des recherches sur Voltaire des éditeurs de Kehl, de A.-A. Barbier, de Gabriel Peignot et de Beuchot. Ce qui lui appartient se réduit à la classification et aux quatre tables qui terminent le volume.

Bibliologie abrégée, ou essai sur les livres considérés tant en eux-mêmes, que par rapport à la partie typographique et à leur valeur. (Par l'abbé AUGEREAU.) *La Haye* (*Nantes*), 1778, pet. in-4.

Catal. Née de La Rochelle, *Paris, Merlin*, 1839, n° 2260.

Bibliomanie (de la). (Par L. BOLLIOUD-MERMET.) *La Haye*, 1761, in-8. — Nouv. éd. publ. par M. P.-Ch. (Paul CHÉRON.) *Paris, impr. D. Jouaust*, 1865, in-12, 72 p.

Bibliomappe, ou livre-cartes, textes analytiques, tableaux et cartes indiquant graduellement la géographie naturelle, les divisions géographiques, politiques, civiles, etc., les noms géographiques, historiques de tous les âges et de toutes les parties de l'univers, avec l'indication chronologique des découvertes des navigateurs, des changements survenus dans la circonscription des états, leurs dénominations, etc. etc.; rédigé d'après les plans de M. B. (BAILLEUL), J.-Ch., par une société d'hommes de lettres et de savans géographes, sous la direction et la vérification, 1° pour le texte de la géographie (temps anciens), de M. DAUNOU; temps modernes, de M. EYRIÈS; 2° pour l'ordre des matières et l'ensemble, de M. B. (BAILLEUL), J. Ch., 3° pour le dessin des cartes et pour la gravure, de M. PERROT, ingénieur géographe. *Paris, Renard*, 1824, 2 vol. in-4, avec 64 cartes.

Bibliotheca belgica, ou Trente ans de littérature belge (1830-1860). (Par Auguste SCHELER, bibliothécaire du roi des Belges.) *Bruxelles, Schnée*, 1861, in-8.

Bibliotheca hultemiana, ou Catalogue méthodique de la riche et précieuse collection de Ch. Van Hultem. (Rédigé par Aug. VOISIN et P.-C. VAN DER MEERSCH.) *Gand, J. Poelman*, 1836-37. — Catalogue raisonné de la collection de dessins et d'estampes de Ch. Van Hultem, délaissée par Ch. de Bremmaecker. *Gand*, 1846, 7 vol. in-8.

Cette bibliothèque, acquise en totalité par le gouvernement belge, forme le principal fonds de la Bibliothèque royale de Bruxelles.

Bibliotheca scatologica, ou catalogue raisonné des livres traitants des vertus, faits et gestes de très-noble et très-ingénieux messire Luc (à rebours), seigneur de la Chaise et autres lieux, mêmement de ses descendants et autres personnages de lui issus, ouvrage très-utile pour bien et proprement s'entretenir ès-jours gras de carême-prenant, disposé dans l'ordre des lettres K, P, Q, traduit du prussien et enrichi de notes très-congruantes au sujet, par trois savants en us (MM. P. JANNET, J.-P. PAYEN et Aug. VEINANT). *Scatopolis, chez les marchands d'aniterges, l'année scatogène, 5850 (1850), imp. Guiraudet et Jouaust*, gr. in-8, XXXI-144 p.

Ce livre a été tiré à 150 exemp. On cite parmi les collaborateurs MM. PILLON, Edouard FOURNIER, BURGAUD DES MARETS, Eugène HATIN, etc., etc.

Voy. « la Petite Revue » du samedi 28 octobre 1865, p. 155 et suivantes et « Supercheries », III, 857, *c*.

Bibliotheca Willemsiana, ou Catalogue de la riche collection de livres délaissés par J.-F. Willems, membre de l'académie royale de Bruxelles, de l'institut royal des Pays-Bas, etc. *Gand, Gyselinck*, 1846, in-8, VIII-200 p.

En tête de ce catalogue, on trouve une notice sur J.-F. Willems, par M. SN (SNELLAERT). D. M.

Bibliothèque amusante et instructive, contenant des anecdotes intéressantes et des histoires curieuses (par le P. Jean-Pierre NICERON et Franc.-Joach. DUPORT DU TERTRE). *Paris, Duchesne*, 1755, 3 vol. in-12. — Nouv. édit. 1775, 2 vol. in-12.

Le tome premier de cette collection parut en 1753. Fréron dans ses « Lettres sur quelques écrits de ce temps », assure qu'il a été recueilli par le P. NICERON.

Bibliothèque angloise, ou Histoire littéraire de la Grande-Bretagne, par M. D. L. R. (Michel DE LA ROCHE et Armand BOISLEBEAU DE LA CHAPELLE). *Amsterdam, de Coup*, 1717-1728, 17 vol. in-12.

Voy. Hatin, « Bibliographie de la presse », p. 38.

Bibliothèque annuelle et universelle, contenant un catalogue de tous les livres qui ont été imprimés en Europe pendant les années 1748, 1749, 1750 et 1751 (par Paul-Denis BURTIN et l'abbé J.-Bapt. LADVOCAT.) *Paris, Le Mercier*, 1751-1757, 6 vol. pet. in-12.

Bibliothèque britannique, ou Histoire des ouvrages des savans de la Grande-Bretagne, depuis le mois d'avril 1733 jusqu'au mois d'avril 1747. *La Haye, Pierre de Hondt*, 1733-1747, 25 vol. pet. in-8, y compris un volume de table, en deux parties.

Le libraire Jos. Ermens, nous apprend, dans le catalogue de son confrère Morisse, *Bruxelles*, 1778, 2 vol. petit in-8, n° 7607, que la « Bibliothèque britannique » a été rédigée, par KEMPIUS et autres. Ce Kempius était probablement fils de Jean Kemp, membre de la Société royale de Londres, mort vers 1720. Charles-Etienne Jordan était à Londres lorsque ce journal commença à paraître, et il nous dit dans son « Voyage littéraire » (p. 159), que les auteurs, gens de mérite et entendant parfaitement l'anglais, étaient MM. S. B. le M. D. et le savant M. D. J'ai acquis, à la vente de M. Guyot des Herbiers, un exemplaire du voyage de Jordan; sur lequel un amateur a consigné, vers 1753, les noms des collaborateurs, et il nomme MM. P. DESMAISEAUX, STHŒLIN, ministre; BERNARD, ministre; Pierre DAUDÉ; ensuite DUVAL, L. DE BEAUFORT, César DE MISSY. M. Duval est sans doute le même que B. Duval, secrétaire de la Société royale de Londres. LÉDIARD a aussi coopéré à ce journal.

Bibliothèque choisie de contes, facéties, bons mots, etc. (par SIMON et autres). *Paris, Royez*, 1786 et ann. suiv., 9 vol. in-8 et in-12.

On trouve dans cette compilation des morceaux anonymes traduits du grec et du latin, de l'italien et de l'anglais. Plusieurs ont été composés en français, entre autres « Clémence d'Argèles », par SIMON de Troyes. Parmi les traductions du grec, j'ai remarqué :

1° Dans le tome second, le « Combat d'Hercule avec Cygnus, ou le Bouclier d'Hercule », traduit d'HÉSIODE par l'abbé BERGIER à la suite de son « Origine des Dieux du Paganisme »; le « Combat des Grenouilles et des Rats », traduit d'HOMÈRE par Scipion ALLUT de Montpellier, dans le volume intitulé : « Nouveaux mélanges de Poésies grecques... » *Paris, Mérigot le jeune*, 1779, in-8; l' « Enlèvement d'Hélène »; traduit de COLUTHUS par le même; la « Prise de Troie », traduite de TRYPHIODORE par le même; les « Amours de Héro et Léandre », traduits de MUSÉE, par F.-J.-G. DE LAPORTE-DUTHEIL; « l'Ile des Poëtes », traduite de LUCIEN, par J.-N. BELIN DE BALLU.

2° Dans le tome troisième, les « Aventures amoureuses de Cherea et de Callirrhoé », etc., traduites de CHARITON l'Aphrodisien, par un pseudonyme dont le travail a pour titre : « Aventures amoureuses », etc., traduction du grec par M. DORVILLE. *Genève, frères Kramer*, 1763, in-12. Il ne faut pas confondre ce nom avec celui de d'Orville (Jacques-Philippe), qui a été éditeur de l'original grec de ce roman, auquel il a joint d'excellents commentaires et une version latine par J.-J. Reiske. *Amsterdam*, 1750, 2 vol. in-4. Le français du prétendu Dorville n'est qu'un abrégé de l'ouvrage grec.

Dans le même volume se trouvent :

1° Les « Nctturales, ou Lycéride », fragment traduit du latin et attribué à MONTESQUIEU. Il parut pour la première fois en 1743, in-8, à la suite de la Défense du poëme de « l'Art d'aimer », par Gouge de Cessières, et fut réimprimé en janvier 1757, dans le « Conservateur » de Bruix et Turben.

2° Les « Affections de divers amans », ouvrage nouvellement traduit du grec (ou plutôt composé en français par SIMON de Troyes).

La « Suite des Affections », etc., ouvre le quatrième volume, qui est terminé par l' « Histoire de Mélicello, et de ses deux amis Caya et Varia », opuscule mis en français moderne par COUCHU, d'après le vieux français de Jean MAUGIN, ou d'après un auteur italien nommé MUSSUTO. Couchu croyait que l'original avait été écrit en grec moderne.

Le tome cinquième contient des morceaux écrits en français ou traduits de l'anglais. Quelques auteurs y sont nommés : je n'ai pu connaître que le nom de l'auteur du « Noble », Madame DE CHARRIÈRES.

Les tomes sixième et septième renferment des contes traduits de BOCCACE, de BALIGANT, etc., par M. SIMON.

L.-M. LANGLÈS est le traducteur des « Contes orientaux » dont se compose le tome huitième.

Il y a eu deux éditions du neuvième volume. L'une a pour titre : « Folies sentimentales », et l'autre : « Nouvelles folies sentimentales. » Toutes deux ont paru en 1786. Il y a quelque différence entre elles, la nouvelle contenant des pièces qui ne sont pas dans la première, ou qui ont été revues avec soin.

Bibliothèque critique, ou Mémoires pour servir à l'histoire littéraire ancienne et moderne. (Par J.-H.-Sam. FORMEY.) *Berlin, Fromery*, 1746, 3 parties in-12.

Bibliothèque curieuse et instructive de divers ouvrages anciens et modernes, de littérature et des arts, ouverte pour les personnes qui aiment les lettres. (Par le P. Claude-François MENESTRIER.) *Trevoux, E. Ganeau* (*Paris, Boudot*), 1704, 2 vol. in-12.

Bibliothèque d'un homme de goût, ou Avis sur le choix des meilleurs livres écrits en notre langue, sur tous les genres de sciences et de littérature, par L. M. D. V. (l'abbé L. MAYEUL-CHAUDON). *Avignon, Joseph Blery*, 1772; — *Amsterdam*, 1773, 2 vol. in-12.

Voy. « Supercheries », II, 790, *d*.

Bibliothèque d'un littérateur et d'un philosophe chrétien, ou Recueil propre à diriger dans le choix des lectures. (Par le P. GLORIOT, jésuite, et l'abbé THARIN, grand vicaire de Besançon et frère de l'évêque de Strasbourg.) *Besançon, J. Petit*, 1820, pet. in-4, XXXIV-143 p.

Cet ouvrage est défiguré par une multitude de noms estropiés, d'indications fautives, et de jugemens qui témoignent de plus de piété que de lumières.

Bibliothèque de famille, ou choix d'instructions familières sur la religion, la morale... *Paris, A. Bertrand*, déc. 1821 à déc. 1822, 24 n^os^ in-12.

Sous le même titre, et dix ans plus tard, on a présenté comme un nouvel ouvrage 2 vol. in-12 qui ne sont que la réunion des 24 n^os^ publiés sous la direction de Louise SWANTON, dame BELLOC.

Bibliothèque de feu M. Fleutelot, conseiller au parlement de Dijon. (Avec un avis au lecteur, par l'abbé Cl. NICAISE.) *Paris, A. Pralard*, 1693, in-12.

Bibliothèque de la jeunesse, par Mlle R. du P... (Rosalie du Puget). *Paris, impr. Lenormant*, 1833, et ann. suiv., 3 vol. in-32.

Les premiers volumes seulement sont anonymes. Voy. « Supercheries », III, 348, *f*.

Bibliothèque de madame la Dauphine, nº 1. Histoire. (Par Jac.-Nic. Moreau, historiographe de France.) *Paris, Saillant et Nyon*, 1770, in-8.

Bibliothèque de M. le comte d'Hane de Steenhuys et de Leeuwerghem. (Rédigé par P. Van der Meersch.) *Gand*, 1843, in-8.

Bibliothèque de physique et d'histoire naturelle. (Par l'abbé Cl.-Fr. Lambert.) *Paris, veuve David*, 1758, 6 vol. in-12.

Bibliothèque de poche; par une société de gens de lettres et d'érudits. *Paris, Paulin*, 1845-1855, 10 vol. in-18.

Les volumes des « Curiosités littéraires », des « Curiosités bibliographiques », des « Curiosités biographiques », des « Curiosités des traditions, des mœurs et des légendes », ont été rédigés par M. Ludovic Lalanne; celui des « Curiosités philologiques, géographiques et ethnologiques », par Léon de Wailly; les « Curiosités militaires » et les « Curiosités des inventions et des découvertes » sont l'œuvre de M. Édouard Fournier.

Bibliothèque de société, contenant des mélanges intéressans de littérature et de morale, des anecdotes, etc. (Ouvrage laissé imparfait par S.-R.-N. Chamfort, et terminé par Louis-Théodore Hérissant.) *Paris, Delalain*, 1771, 4 vol. pet. in-12.

C.-S. Sautreau de Marsy a publié en 1782, anonyme, une « Nouvelle bibliothèque de société », en quatre volumes, même format.

Bibliothèque des amants, odes érotiques, par Sylvain M*** (Sylvain Maréchal). *S. l.* (1763), in-18; — 1771; — *Paris, veuve Duchesne*, (1777), in-16.—1786, in-12.

Voy. « Supercheries », II, 1010, *d*.

Bibliothèque (la) des auteurs. *Paris, G. de Luynes*, 1697, in-12.

L'épître est signée : de Coursant.

Bibliothèque des auteurs de Bourgogne, par l'abbé Papillon (publiée par l'abbé Ph.-L. Joly). *Dijon, Phil. Marteret*, 1742; — *Fr. Desventes*, 1745, 2 vol. in-fol.

Même édition sous ces deux dates.

Bibliothèque des auteurs ecclésiastiques du XVIIIᵉ siècle, pour servir de continuation à celle de Dupin. (Par l'abbé Cl.-P. Goujet.) *Paris, Pralard*, 1736, 3 vol. in-8.

Bibliothèque des auteurs qui ont écrit l'histoire et la topographie de la France. (Par André Duchesne.) *Paris, Cramoisy*, 1618, in-8, 2 ff. lim. et 236 p.

Réimprimé en 1627 avec le nom de l'auteur.

Bibliothèque des boudoirs, ou Choix d'ouvrages rares et recherchés. (Par Cl.-Fr.-X. Mercier de Compiègne.) 1787 et 1788, 4 vol. in-18, — et *Avignon*, 1798, 4 vol. in-8.

Voyez la liste des ouvrages composés ou recueillis par cet auteur, à la suite de sa compilation intitulée : « Bréviaire des jolies femmes. » *Paris, Mercier*, 1799, in-18.

Bibliothèque des dames, traduite de l'anglois de Steele. (Par Fr.-Mich. Janiçon.) *Amsterdam, du Villard*, 1719, 3 vol. in-12.

Bibliothèque (la) des enfants, ou les premiers éléments des lettres, contenant le système du Bureau typographique. (Par Louis Dumas.) 1732, in-12.

Ce petit volume n'est pour ainsi dire qu'une introduction à l'ouvrage que l'auteur publia l'année suivante, en trois parties in-4, sous le même titre. On les trouve ordinairement reliées en un volume.

Bibliothèque (la) des femmes, ouvrage moral, critique et philosophique. (Par de Chateaugiron.) *Paris, Duchesne*, 1759, in-12.

Bibliothèque des génies et des fées. (Recueillie par l'abbé Jos. de La Porte.) *Paris, Duchesne*, 1765, 2 vol. in-12.

Bibliothèque des gens de cour, ou Mélanges curieux des bons mots de Henri IV, de Louis XIV, etc. (Par Franç. Gayot de Pitaval.) *Paris*, 1722, 2 vol. in-12. — Nouvelle édition. *Paris, Le Gras*, 1732, 6 vol. in-12. — Nouvelle édition. (Refondue par l'abbé G.-L. Pérau.) *Paris, Le Gras* 1746, 8 vol. in-12.

Bibliothèque (la) des jeunes négociants... le tout démontré par des lettres missives de J. L. (Jean La Rue), négociant à Lyon. *Lyon*, 1747, in-4. — 2ᵉ éd., 1758, 2 vol. in-4.

Bibliothèque des livres nouveaux. (Par Den.-Franç. Camusat.) Juillet (et août) 1726. *Nancy (Sainte-Menehould)*, 1726, in-12.

Il n'existe que ces deux mois de ce journal.

Bibliothèque des pasteurs. (Par l'abbé M.-C.-F. Monrocq.) *Paris, Debray*, 4 vol. in-8.

Bibliothèque des petits-maîtres, ou Mémoires pour servir à l'histoire du bon ton et de l'extrêmement bonne compagnie. (Par Fr.-Charles Gaudet.) *Au Palais-Royal, chez la petite Lolo, marchande de galante-*

ries, à la Frivolité, 1741, 1742, 1761, in-18;—1762, petit in-12; —1771, in-16.

Bibliothèque des philosophes, ou recueil des œuvres des auteurs les plus approuvez qui ont écrit de la pierre philosophale; avec un discours servant de préface, sur la vérité de la science, et touchant les auteurs, et une liste des termes de l'art et des mots anciens qui se trouvent dans ces traitez, avec leur explication; par le sieur S. D. P. M. (Guill. SALMON, médecin parisien). *Paris, Charles Angot*, 1672, 2 vol. in-12. A. L.

Bibliothèque des philosophes chimiques. (Recueillie par Guil. SALMON.) Nouvelle édition revue, corrigée et augmentée de plusieurs philosophes, avec des figures et des notes pour faciliter l'intelligence de leur doctrine; par M. J. M. D. R. (Jean MAUGIN DE RICHEBOURG), avec des notes (par l'abbé LENGLET DU FRESNOY). *Paris, Cailleau*, 1740, 3 vol. in-12.

André-Charles Cailleau, fils d'André Cailleau, a publié en 1754, in-12, le tome quatrième de cette collection.

Langlet du Fresnoy, « Histoire de la philosophie hermétique », III, p. 45 à 47, en donnant le titre et le détail de cette édition, c'est-à-dire des trois vol. parus alors, nous apprend qu'elle devait en avoir 6.

On trouvera le detail des 15 pièces contenues dans le t. IV, à la suite du nº 631 de la « Bibliothèque Ouvaroff. Catalogue spécimen », par A. Ladrague. *Moscou*, 1870, in-4.

Bibliothèque des sciences et des beaux-arts (rédigée par P. CHAIS, Elie DE JONCOURT, J.-Dan. DE LA FITE, Marie-Elisabeth BOUÉE, dame LA FITE, C.-G.-F. DUMAS, H. HOP, J. GUIOT, L'HÉRITIER et autres), depuis 1754 jusqu'en 1778 inclusivement. *La Haye*, 1754-1780, 50 vol. petit in-8, y compris deux volumes de tables.

Bibliothèque des théâtres, contenant la catalogue alphabétique des pièces dramatiques, opéra... avec des anecdotes sur la plupart des pièces contenues dans ce recueil, et sur la vie des auteurs, musiciens et acteurs. (Par MAUPOINT, avocat.) *Paris, L.-F. Prault*, 1733, in-8.

Bibliothèque du bon sens portatif. *Londres*, 1773. 8 vol. petit in-12.

On trouve dans cette collection l' « Examen de la Religion », le « Testament de Meslier », le « Christianisme dévoilé », la « Théologie portative », les « Questions sur les miracles », les « Méditations philosophiques », et les « Nouvelles libertés de penser. »

Voyez dans ce Dictionnaire les titres de ces différents ouvrages.

Bibliothèque du catholique et de l'homme de goût (par l'abbé Jean-Claude LUCET.) *Paris*, 1805-1806, in-8.

Ce journal, ou plutôt ce recueil, fut interrompu par ordre de la police.

M. Hatin, dans sa « Bibliographie de la presse », p. 314, donne le titre suivant : « Bibliothèque pour le catholique », sans entrer dans aucun détail.

Bibliothèque du Dauphiné, par Guy ALLARD. Nouvelle édition revue et augmentée. (Par P.-N. CHALVET, de Grenoble.) *Grenoble, veuve Giraud et fils*, 1797, in-8.

Bibliothèque du Nord, commencée le 1er janvier 1778, et interrompue en janvier 1780. (Rédigée par ROSSEL, avocat.) *Paris, Quillau*, 1778-1780, in-12.

On publiait un volume par mois. L'année 1779 est restée en arrière.

Cette Bibliothèque a été entreprise pour faire suite au « Journal de Berlin », qui avait été commencé en 1773, et qui paraît n'avoir eu que quatre années d'existence.

Bibliothèque du Richelet, ou Abrégé de la vie des auteurs cités dans ce dictionnaire. (Par l'abbé Laurent-Josse LE CLERC.) *Lyon*, 1727, in-fol.

Réimprimé dans le « Dictionnaire de Richelet », édition de la même année.

Bibliothèque (la) du roi. Note publiée en 1839 par M. Ch. DUNOYER.... Nouv. édition, enrichie de quelques pièces justificatives, accompagnée de quelques notes explicatives. (Publiée par M. Paulin RICHARD.) *Paris, imprim. de Lacrampe fils*, avril 1847, in-8, 47 p.

Bibliothèque du théâtre françois, depuis son origine, contenant un extrait de tous les ouvrages composés pour ce théâtre, depuis les Mystères jusqu'aux pièces de Pierre Corneille, etc. (Par le duc DE LA VALLIÈRE, ou plutôt par L.-F.-Cl. MARIN, J. CAPPERONNIER et l'abbé P.-J. BOUDOT.) *Dresde, Michel Groell (Paris, Bauche)*, 1768, 3 vol. in-8.

Voy. « Supercheries », II, 685, *d*.

Bibliothèque en abrégé de la vraie médecine, conduite par la lumière. (Dédiée à la raison, par DESMAILLET.) *Amsterdam, Hercule Traech*, 1745, 2 parties in-12.

Note manuscrite communiquée par M. Pluquet.

Bibliothèque étrangère, ou Répertoire méthodique des ouvrages..... Voy. « Journal général de la littérature étrangère. »

Bibliothèque françoise, ou Histoire littéraire de la France. (Par Den.-Franç. CAMUSAT, DU SAUZET, J.-Fréd. BERNARD, Cl.-P. GOUJET et Jean-Joseph GRANET.) *Amsterdam, J.-Frédéric Bernard*, 1723-1746,

42 vol. in-12. — 2e éd. *Amsterdam, Dusauzet*, 1735, in-12.

Bibliothèque générale des écrivains de l'ordre de Saint-Benoît, patriarche des moines d'occident, contenant une notice exacte des ouvrages de tout genre, composés par les religieux des diverses branches, filiations et réformes. Par un bénédictin de la congrégation de Saint-Vannes (dom J. François). *Bouillon*, 1777-1778, 4 vol. in-4.

Voy. « Supercheries », I, 507, *e*.

Voir aussi dans l' « Esprit des journaux », octobre 1778, pages 249 à 278, et janvier 1779, pages 201 à 276, les remarques critiques de Mercier, abbé de Saint-Léger, sur cet ouvrage.

Bibliothèque germanique, ou histoire littéraire de l'Allemagne et des pays du Nord. (1720-1740). *Amsterdam, P. Humbert*, 1720-1740, 5 vol. in-8. — Journal littéraire d'Allemagne, de Suisse et du Nord, par les auteurs de la « Bibliothèque germanique. » *La Haye*, 1741-1743, 4 vol. in-12. —Nouvelle « Bibliothèque germanique », ou histoire littéraire de l'Allemagne... par les auteurs de la « Bibliothèque germanique. » *Amsterdam, Mortier*, 1746-1760, 26 vol. in-8.

Ce journal fut commencé par une société de gens de lettres qui *s'assemblaient tous les lundis à Berlin chez* Jacques Lenfant, sous le nom de Société anonyme. Après la mort de Lenfant, arrivée le 7 août 1728, il fut continué par Isaac de Beausobre, Mathurin Veyssière de La Croze, P.-E. Mauclerc, Peyrard et J.-H.-Samuel Formey. Ce dernier ayant survécu à ses collègues, a mis son nom au journal depuis l'année 1750.

Bibliothèque historique de la France, contenant le catalogue des ouvrages imprimés et manuscrits qui traitent de l'histoire de ce royaume, ou qui y ont rapport, avec des notes critiques et historiques, par feu Jacques Le Long... nouvelle édition, revue, corrigée et considérablement augmentée par Fevret de Fontette (A.-G. Camus, L.-Th. Hérissant et son frère, Louis-Ant.-Prosper Hérissant, J.-L. Barbeau de La Bruyère, Ch.-Jacq.-Louis Coquereau, Laurent-Etienne Rondet et autres). *Paris, Hérissant*, 1768-1778, 5 vol. in-fol.

L'abbé Charles Boulemier, garde de la Bibliothèque publique de Dijon, de l'Académie de la même ville, fut le principal auteur des articles nouveaux d'une partie du premier volume, et de la presque totalité du second et du troisième volume. Ce savant bibliographe naquit à Dijon le 12 novembre 1725 ; il y est mort le 21 germinal, an XI-11 avril 1803. Voy. son « Eloge », par M. Baudot l'aîné, *Dijon, Frantin*, 1803, in-8.

M. Paul Lacroix avait présenté, il y a plus de trente ans, au Comité des chartes, chroniques et inscriptions, un rapport sur la nécessité de publier une nouvelle édition de cette « Bibliothèque » ; un extrait de ce document forme le n° 4 des « Dissertations sur quelques points curieux de l'histoire de France ». *Paris, Techener*, 1838, in-8. (Tiré à 50 exemplaires.)

Voy. aussi le très-curieux travail, dont M. Barth. Hauréau, membre de l'Académie des inscriptions et belles-lettres, a donné lecture dans une séance publique de l'Institut, et auquel il a donné le titre de : « Histoire d'un Avertissement au lecteur. » Il a été réimprimé dans le « Bulletin du Bibliophile », mars-avril 1870.

Bibliothèque historique et critique des auteurs de la congrégation de Saint-Maur, par Philippe Le Cerf. (Publiée par les soins de Jean Le Clerc.) *La Haye, P. Gosse*, 1726, in-12.

Bibliothèque historique et critique des Thereuticographes. (Par Nic. et Richard Lallemant). *Rouen*, 1763, in-8.

Réimprimé à la suite de l'« Ecole de la chasse aux chiens courants », par Le Verrier de La Conterie.

Bibliothèque historique, ou Recueil de matériaux pour servir à l'histoire du temps. (Par P.-M. Chevalier, L.-A.-F. Cauchois-Lemaire, A.-V. Benoit, P. Raynaud et autres.) *Paris, Delaunay*, mars 1818, avril 1820, 14 vol. in-8.

En janvier 1820, M. Gossuin, éditeur de cette Bibliothèque, fut traduit devant la cour d'assises du département de la Seine, 1° pour avoir attaqué les articles 5 et 9 de la *Charte constitutionnelle* ; 2° pour avoir outragé la morale publique et religieuse.

La « Bibliothèque historique » finit à la 2e livraison du t. XIV.

M. Hatin, dans sa « Bibliographie hist. et critique de la presse », p. 337, indique cinq opuscules qui complètent le quatorzième volume.

Bibliothèque impartiale... (Janvier 1750-août 1758. (Par J.-H.-Samuel Formey.) —*Leide, imp. d'E. Luzac fils*, 1753-1758. 18 vol. in-16.

Bibliothèque impériale (la), son organisation, son catalogue, par un Bibliophile (Alfred Franklin). *Paris, A. Aubry*, 1861, in-16, 3 ff. lim. et 40 p.

Bibliothèque infernale. Rinaldo Rinaldini, chef de brigands. Traduction nouvelle, (de l'allemand de C.-A. Vulpius) par M. Roger de Blamont. *Paris, Sandré*, 1846, 2 vol. in-8.

Bibliothèque italique, ou Histoire littéraire de l'Italie, depuis 1728 jusqu'en 1738. (Par L. Bourguet, Gabr. Cramer, Calendrini, Gabriel Seigneux de Correvon, Abraham de Ruchat, Ch.-Guil.-Loys de Bochat et du Lignon.) *Genève, Marc-Michel Bousquet*, 1728-1734, 18 vol. in-8.

Bibliothèque janséniste, ou catalogue alphabétique des livres jansénistes, quesnellistes, baianistes, ou suspects de ces erreurs ; avec un traité dans lequel les cent et une propositions de Quesnel sont qualifiées en détail. Avec des notes critiques sur les véritables auteurs de ces livres, sur les erreurs qui y sont contenues et sur les condamnations qui en ont été faites par le Saint-Siége, ou par l'Eglise gallicane, ou par les évêques diocésains. (Par Dominique DE COLONIA.) (*Lyon*,) 1722, in-12, 2e édit. — *Lyon*, 1731, in-12. — Autre édition. *S. l. (Hollande)*, 1735, pet. in-8 de 9 ff. et 488 p., 14 f. de table, plus Catalogue alphabét. des livres propres à précautionner les fidèles contre les erreurs du temps, ou Bibliothèque antijanséniste, 14 p. — Troisième édit. rev. corr. et augm. de plus de la moitié. *Bruxelles, S. T'Serstevens*, 1739, 2 vol. in-12. — Quatrième édit. *Ibid.*, 1744, 2 vol. in-12.

Reproduit en dernier lieu sous le titre de « Dictionnaire des livres jansénistes... » Voy. ces mots.

Bibliothèque maçonnique, ou recueil de matériaux propres à l'histoire de la maçonnerie (Rédigée par M. JOLY.) *Paris, Pillet aîné*, déc. 1818 à juillet 1819, in-8o, 4 fig. lithogr.

Bibliothèque militaire, historique et politique. (Publiée par B.-F.-A.-J.-D. DE ZURLAUBEN.) *Paris, Vincent*, 1760, 3 vol. in-12.

Bibliothèque Ouvaroff. Catalogue spécimen. *Moscou*, 1870, in-4, XII-217 p.

Ces mots ne se trouvent que sur la couverture et le faux-titre, tandis que le titre ne porte que les mots : « Sciences secrètes ». *Moscou, imp. de W. Gautier*, 1870. L'avant-propos est signé A. LADRAGUE. C'est le nom du bibliothécaire auquel le comte Ouvaroff a confié le soin de sa bibliothèque, en le chargeant d'en rédiger le catalogue, et le laissant libre d'en arrêter le *plan. M. A. Ladrague a choisi comme modèle le « Catalogus bibliothecæ Bunavianæ »*, rédigé par J.-M. Franck, *Leips.*, 1750-1756, 3 tomes en 6 ou 7 vol. in-4. M. A. Ladrague a su dignement marcher sur les traces de son modèle ; aussi avons-nous souvent mis à contribution le « Catalogue Ouvaroff ». Nous devons, en outre, à M. Ladrague, la communication de nombreux articles marqués A. L.

Bibliothèque pastorale, ou Cours de littérature champêtre, contenant les chefs-d'œuvre des meilleurs poètes pastoraux anciens et modernes, depuis Moïse jusqu'à nos jours. (Publiée par P.-Jean-Bapt.-Publicola CHAUSSARD.) *Paris, Genets aîné*, an XI-1803, 4 vol. in-12.

On trouve dans le quatrième volume de cette collection des idylles composées par Goswin-Joseph Augustin DE STASSART, ancien auditeur au Conseil d'Etat.

Bibliothèque physique de la France, ou Liste de tous les ouvrages tant imprimés que manuscrits qui traitent de l'histoire naturelle de ce royaume, avec des notes historiques et critiques, par Louis-Ant.-Prosper HÉRISSANT ; ouvrage achevé et publié par M*** (Ch.-Jacq.-Louis COQUEREAU), docteur-régent de la Faculté de Paris. *Paris, J.-T. Hérissant*, 1771, in-8.

Voy. « Supercheries », III, 1061, *b*.

Bibliothèque poétique de la jeunesse... par l'auteur du « Mentor des enfants, » et de l' « Ecole des jeunes demoiselles » (l'abbé Joseph REYRE). *Paris, E. Onfroy*, 1805, 3 vol. in-12.

Bibliothèque poétique, ou nouveau choix des plus belles pièces de vers en tout genre, depuis Marot jusqu'aux poëtes de nos jours. (Par Adrien-Claude LE FORT DE LA MORINIÈRE, avec une introduction de près de 60 pages, contenant en abrégé l'origine et l'histoire de la poésie françoise, et celle des poètes françois avant Clément Marot, par l'abbé Cl.-P. GOUJET.) *Paris, Briasson*, 1745, 4 vol. in-4, ou 4 vol. in-12.

Bibliothèque portative d'architecture élémentaire, à l'usage des artistes. (Publiée par les soins de Charles-Antoine JOMBERT.) *Paris, C.-A. Jombert*, 1764-1766, 4 vol. in-8, contenant :

1. Règles des cinq Ordres d'Architecture, par Barozzio de Vignole.
2. Architecture de Palladio.
3. Architecture de Scamozzi.
4. Parallèle des principaux auteurs qui ont écrit sur l'Architecture, par de Chambray.

Bibliothèque portative des Pères de l'Eglise, qui renferme l'histoire abrégée de leur vie, l'analyse de leurs principaux écrits, etc., avec leurs plus belles sentences. (Par l'abbé Pierre-Joseph TRICALET, avec l'éloge de l'auteur, par l'abbé Cl.-P. GOUJET, en tête du neuvième volume.) *Paris, Lottin*, 1758-1762, 9 vol. in-8. — Nouvelle édition revue, corrigée et augmentée, par Laurent-Etienne RONDET. *Paris*, 1785-1787, 8 vol. in-8.

Bibliothèque pour le catholique (Par Jean-Claude LUCET.)

Voy. « Bibliothèque du catholique. »

Bibliothèque protypographique, ou librairie des fils du roi Jean, Charles V, Jean de Berri, Philippe de Bourgogne et les siens. (Par J. BARROIS.) *Paris, Crapelet*, 1830, in-4, avec 6 pl.

Bibliothèque raisonnée des ouvrages des savans de l'Europe (Juillet 1728-juin

1753, par Pierre MASSUET, Guillaume-Jacobs' GRAVESANDE, Jean ROUSSET DE MISSY, Louis DE JAUCOURT, ARMAND DE LA CHAPELLE, J. BARBEYRAC et I. DESMAISEAUX, GARCIN, BERNARD, médecin.) *Amsterdam, les Wetsteins*, 1728-1753, 52 vol. in-8, dont deux volumes de tables.

Bibliothèque (la) royaliste, ou Recueil de matériaux pour servir à l'histoire de la restauration de la maison de Bourbon en France, en 1814, 1815, etc. (par C.-P. DUCANCEL et autres.) *Paris*, 1819, 3 vol. in-8.

Bibliothèque universelle des dames. *Paris*, 1785, 154 volumes, in-18.

Le « Système de la femme » a été composé par Pierre ROUSSEL; l' « Abrégé des voyages » a été rédigé par Jean-Antoine ROUCHER, ainsi que la partie historique; l'« Arithmétique » et l' « Algèbre » par Antoine MONGEZ; l' « Astronomie », par Jos.-Jérôme LE FRANÇOIS-LALANDE; la « Chimie », par Ant.-Franç. FOURCROY.

Bibliothèque universelle des historiens. *Paris, Giffart*, 1707, 2 vol. in-8.

Le privilége est au nom de l'abbé DE CLAIRVAL, masque de L. ELLIES-DUPIN.

Voy. « Supercheries », I, 748, *f*.

Bibliothèque universelle des romans. (Par Antoine-René LE VOYER D'ARGENSON, marquis DE PAULMY, Louis-Elisabeth DE LAVERGNE, comte DE TRESSAN, J.-Fr. DE BASTIDE, Louis POINSINET DE SIVRY, D.-Dom. CARDONNE, Charles-Jos. MAYER, l'abbé J.-M.-L. COUPÉ, P.-J.-Baptiste LE GRAND D'AUSSY, COUCHU, Barthélemy IMBERT, et autres.) *Paris, Lacombe et Panckoucke*, 1772-1789, 112 vol. in-12.

Cette importante collection a été suspendue au mois de juin 1789. La table alphabétique des extraits qu'elle renferme forme le 112e volume. Voyez les mots « Nouvelle bibliothèque des romans », et « Supercheries », III, 674, *c*.

Bibliothèque universelle des romans, contenant l'analyse raisonnée des romans anciens et modernes, françois et étrangers, etc. *Paris (de l'imprimerie de Didot l'aîné)*, 1782, 3 vol. in-4.

Le comte de Villa-Hermosa, seigneur espagnol, enthousiasmé pour la « Bibliothèque des romans », avait chargé Bastide, l'un des rédacteurs et propriétaires de cette collection, d'en faire une édition in-4 complète, du plus grand luxe, et tirée seulement à cinquante exemplaires. La mort du Mécène, arrivée pendant l'impression du troisième volume, arrêta cette entreprise, plus somptueuse qu'utile. L'édition fut presque entièrement détruite, et surtout le troisième volume, dont vingt feuilles seulement étaient achevées, et dont je crois être certain qu'il n'a été conservé que trois exemplaires.

Note extraite du « Catalogue de la bibliothèque d'un amateur » (M. Renouard, libraire). *Paris*, 1818, 4 vol. in-8.

Le libraire Volland, en 1785, a supprimé le titre de « Bibliothèque universelle des romans », et l'a remplacé par celui-ci : « Traduction des meilleurs romans grecs, latins et gaulois, extraits de la « Bibliothèque universelle des romans. »

Bibliothèque universelle et historique. (Par Jean LE CLERC.) *Amsterdam, Wolfgang*, 1687-1718, 26 vol. petit in-12.

Le même Jean Le Clerc a publié la « Bibliothèque choisie », *Amsterdam, Schelte*, 1712-1718, 28 vol., et la « Bibliothèque ancienne et moderne, *La Haye, P. Husson*, 1726-1732, 29 vol. Les derniers volumes de chacune de ces Bibliothèques renferment des tables.

CORNAND DE LA CROSE a travaillé en commun avec Le Clerc, aux premiers volumes de la « Bibliothèque universelle » ; il a fait seul le onzième. La plus grande partie du vingtième et le reste, jusqu'au vingt-cinquième inclusivement, sont de Jacques BERNARD. Voy. l'éloge de Le Clerc dans la « Bibliothèque raisonnée », t. XVI, p. 2.

Voy. aussi Hatin, « Bibliographie hist. et crit. de la presse », p. 34 et « Histoire de la presse », t. II, p. 346.

Bibliothèque volante, ou Elite de pièces fugitives, par le sieur J. G. J. D. M. (peut-être par le sieur J.-G. JOLLI, docteur-médecin). *Amsterdam (Paris), Daniel Pain*, 1700, tome 1 en 5 part. in-12. — *Cologne, P. Marteau*, 1re partie in-12.

Voy. « Supercheries », II, 400, *d*.

Bibliothèque voltairienne. Premier fragment. I. Correspondance de Voltaire; II. Pièces de théâtre dont Voltaire est le sujet. Par un bibliophile russe. *Bruxelles, A. Vandale*, 1847, in-8, 8 p.

Ce travail avait déjà paru dans le « Bulletin du bibliophile belge, » 1847, t. IV, où il est signé S. P-Y (Serge POLTORATZKY), de Moscou.

Biblis à Caunus, son frère, par l'auteur de « Sapho » (Adr.-Mich.-Hyac. BLIN DE SAINMORE). *Paris, Cuissart*, 1760, in-12.

Biblis, opéra (en 5 actes en vers, paroles de Jacques FLEURY, musique de Lacoste.) *Paris*, 1732, in-8.

B...t (le), histoire bavarde. (Par A. BRET.) *Londres (Paris)*, 1749, 1751, in-12.

Il y a des exemplaires qui portent pour titre : « Le ***, histoire bavarde », et d'autres seulement « Histoire bavarde. »

Cet ouvrage a été aussi attribué à Fr.-Ant. CHEVRIER.

Bien-aimé, allégorie. (Par GODARD-DAUCOURT). *Imprimé d'un coup de baguette, par la fée de la librairie, dans les espaces imaginaires*, 1744, in-12.

Réimprimé dans les « Nouveautés critiques, littéraires et poétiques ». *Liége, chez G. Barnabé*, 1745, in-12.

Bien (le) d'autrui, comédie en un acte et en prose. (Par M. le baron Jérôme DAVID.) *Paris, Claye*, 1857, in-18 de 36 p.

« Figaro », 4 août 1869.

Bien universel, ou les Abeilles mistiques du célèbre docteur Thomas DE CANTIMPRÉ. (Traduit par Vincent WILLART). *Bruxelles*, 1650, in-4.

Voir, pour les diverses éditions de l'ouvrage latin intitulé « Liber qui dicitur bonum universale, de proprietatibus apum », Brunet, « Manuel du libraire », 5e éd., t. I, col. 1552.

Bien (le) universel, ou les Formis mistiques de J. NYDER. (Traduit en français par Vincent WILLART.) *Bruxelles*, 1656, in-4.

L'ouvrage latin de Nider ou Nyder a pour titre « Formicarius ». Voyez, pour le détail des différentes éditions, Graesse, « Trésor de livres rares ».

Bienfaisance (la) de Louis XVI, vo leis festos de la pax, drame lyrique en 2 actes et en vers, mêlé de françois et de provençal, composé à l'occasion de la paix glorieuse de 1783... avec des notes... par un Marseillais (Mathieu BLANC). *Marseille*, 1783, in-8, x-62 p. — 1814, in-8.

Voy. « Supercheries », II, 1061, *f*.

Bienfaisance (la) du baron de Montyon, ou ses legs et ses fondations en faveur des hospices et des académies. (Par Benj.-Edme-Ch. GUÉRARD.) *Paris, Delaunay*, 1827, in-8.

Bienfaisances (les) royales, par ordre chronologique, tirées de l'histoire. (Par Alex.-Jacq. CHEVALIER, dit DUCOUDRAY.) *Paris, Ruault*, 1778, in-12.

Bienfait (le) rendu, ou le Négociant, comédie en cinq actes, en vers, représentée pour la première fois sur le Théâtre-François, le 18 avril 1763. *Paris*, 1763, in-12. — *Paris, Ruault*, 1777, in-8. — Nouvelle édition, conforme à la représentation. (Par DAMPIERRE DE LA SALLE.) *Paris, Duchesne*, 1784, in-8.

Bienfaits (les) du sommeil, ou les quatre rêves accomplis. (Par Barthélemy IMBERT, de Nîmes.) 1776, in-8, avec 4 figures de Moreau.

Bienheureux les pauvres d'esprit, ou de l'intelligence politique de nos jours. (Par Prosper RAMBAUD). *Paris, Dentu*, 1861, in-8.

La 2e éd. porte le nom de l'auteur.

Bienveillance (la) royale contre les envieux. *Paris*, 1620, in-8, 15 p.

Signé : N.-P. (PILOUST). Deux éditions la même année.

Bienvenue (la) de Jean de Hembyze à Gand, par Jean Van der Haghen, publié en fac-simile. (Par C. RUELENS.) *Bruxelles*, 1861, in-8.

Bienvenue de Monseigneur le duc d'Anjou, par Mlle DE G. (GOURNAY). *Paris, Fleury Bourriquant*, 1608, in-12.

Biévriana, ou Jeux de mots de M. de Bièvre, nouv. édit. par A. D. (Albéric DEVILLE, natif d'Angers). *Paris, Maradan*, an IX-1801, in-8, avec le portrait de M. de Bièvre.

Il y a eu trois éditions de cet *ana* ; celle-ci est la dernière.

Voy. « Supercheries », I, 181, *d*.

Bigarrure (la), recueil de pièces fugitives, par M. D. H*** (FARIN DE HAUTEMER). *Lausanne, Bousquet*, 1756, in-8, 116 p.

Voy. « Supercheries », I, 936, *b*.

Bigarrures (les) du seigneur des accords (Etienne TABOUROT). *Paris, Jehan Richer*, 1583, in-12, 12 et 219 ff.

Pour les nombreuses éditions de cet ouvrage, voy. Brunet, « Manuel du libraire », 5e éd., tom. V, col. 629 à 631, et « Supercheries », I, 395, *e*.

Bigarrures ingénieuses, ou Recueil de diverses pièces galantes en prose et en vers. (Par Mlle Marie-Jeanne L'HÉRITIER.) *Sur l'imprimé à Paris*, 1696, 1697, pet. in-12.

Ce recueil avait paru à Paris, en 1695, sous le titre d'« Œuvres mêlées. » Voyez ces mots.

Bigarrures (les) philosophiques. (Par Charles-François TIPHAIGNE DE LA ROCHE). *Amsterdam, Arkstée*, 1759, 2 vol. in-12.

Réimprimé sous le titre de : « les Visions d'Ibrahim.... » 1779, 2 vol. in-8.

Bijoutier (le) philosophe, comédie traduite de l'anglois de DODSLEY. (Par Mme Gen.-Ch. THIROUX D'ARCONVILLE.) *Londres, Nourse*, 1767, in-12. D. M.

Bijoux (les) dangereux, par Auguste DE KOTZBUE, imité de l'allemand. (Par Jean-Baptiste DUBOIS et Catherine-Joseph-Ferdinand GIRARD DE PROPIAC.) *Paris, Bertrandet*, 1802, 2 vol. in-12.

Bijoux (les) indiscrets. (Par Denis DIDEROT.) *Au Monomotapa* (*Paris*, 1748), 2 vol. in-12.

Souvent réimprimé avec ou sans le nom de l'auteur. L'édition des « Œuvres » de Diderot, *Paris, Brière*, 1821, donne trois chapitres qui ne se trouvent pas dans les éditions antérieures.

Bikey et Maolina, ou les Kirghiz-Kaissaks. *Paris, Labitte*, 1845, in-8.

L'avant-propos est signé DE FOLOMBEY.

Bilan de la nation, ou situation de la France, avec des observations importantes, servant de réfutation de l'extrait raisonné des rapports du comité des finances, par M. P. J. M. P. A. C. (MESSANGE, procureur au Châtelet), citoyen actif. *Paris, chez les marchands de nouveautés*, 28 juillet 1790, in-4.

Voy. « Supercheries », III, 177, c.

Bilan général et raisonné de l'Angleterre, depuis 1600 jusqu'à la fin de 1761, par M. V. D. M. (VIVANT DE MEZAGUE ou DE MAISSAGUE.) *Paris*, 1762, in-8, 260 p.

Voy. « Supercheries », III, 920, *f*.

Bilboquet (le), ou petit recueil de prose et de vers, par le solitaire de La Baumette (François-Joseph GRILLE). *Paris*, 1847, in-8, 16 p.

Voy. « Supercheries », III, 706, *f*.

Billet (le) de logement. Novembre 1869. (Par le marquis DE CHENNEVIÈRES-POINTEL.) *Alençon, De Broise*, 1869, in-8, 16 p.

Billet (le) de loterie, comédie en un acte et en prose, par MM*** (Jean-François ROGER et Aug. CREUZÉ DE LESSER.) *Paris, Vente*, 1811, in-8.

Voy. « Supercheries, » III, 1000, *f*.

Bio-bibliographie de la reine Marie-Antoinette. (Par MM. Léon DE LA SICOTIÈRE et Mathurin-François-Adolphe DE LESCURE.) *Paris, Dupray de La Mahérie* (1863), in-8, 62 p.

Tirage à part d'une partie de « la Vraie Marie-Antoinette .. par M. de Lescure ». *Paris*, 1863, in-8.

Biographe (le) et le Nécrologe réunis, faisant suite à toutes les biographies publiées, par A.-E. L. (LEMOLT), ancien magistrat. *Paris*, 1833-1838, in-8. D. M.

Biographes (les), comédie en un acte et en prose, par M. Ferdinand LANGLÉ et *** (A. CAVÉ et DITTMER); représentée pour la première fois à Paris, sur le théâtre royal de l'Odéon, le 21 septembre 1826. *Paris, Duvernois*, 1826, in-8, 38 p.

Voy. « Supercheries », III, 1023, *d*.

Biographie authentique de Mgr l'archevêque de Paris (Affre); la seule complète et qui ait été composée sur les pièces originales; par E. G. (Edouard GOURDON). *Paris, imp. de Schneider*, 1848, in-32.

Il existe une contrefaçon de *Bruxelles*, publiée la même année.

a Biographie clermontaise. Histoire des hommes remarquables de la ville de Clermont-l'Hérault, sous le rapport des talents, des services ou des vertus; par l'abbé A. D. (Auguste DURAND). *Montpellier, F. Séguin*, 1859, in-12, VIII-168 p.

Voy. « Supercheries », I, 183, *d*.

Biographie complète de Henri Rochefort, par un ami de dix ans (Ernest BLUM).
b *Paris et Bruxelles*, 1868, in-16.

Voy. « Supercheries », I, 302, *f*.

Biographie critique des orateurs les plus distingués et principaux membres du parlement d'Angleterre, dédiée à Leigh Hunt, esquissée par CRITICUS. (Traduit de l'anglais par Charles MALO.) *Paris, Delaunay*, 1820, in-8. D. M.

c Biographie d'Abbeville et de ses environs. *Abbeville, Deverité*, 1829, in-8, 364 p.

Signé : F.-C. LOUANDRE.

Biographie de Albert de Haller, par l'auteur de l' « Essai sur la vie de J.-G. Lavater » (Mlle H. CHAVANNES). Seconde édition revue et considérablement augmentée de matériaux inédits. *Paris, L.-R. Delay*, 1845, in-8.

d Biographie de Andrew Jackson, ancien président des Etats-Unis, par Théod. B***s. (BOUIS), de la Louisiane. *Paris, imp. de Fournier*, 1841, in-8.

Une sec. édition publiée en 1842 sous le titre de : « Biographie du général Andrew Jackson,... » porte le nom de l'auteur, Amédée-Théodore BOUIS.

Biographie de Bernard de Aranda. (Par Charles CARTON.) *Bruges, Vande Casteele-Werbrouck*, 1847, in-8, 7 p.

e Tirage à part des « Annales de la Société d'émulation de Bruges. » J. D.

Biographie de feu Guillaume II, roi des Pays-Bas, grand duc de Luxembourg... par P. H. J. P. D. N. L'H. (PARDON-L'HENNENS). *Bruxelles, Parys*, 1849, in-8, 18 p. J. D.

Biographie de G.-J. Chapuis, publiée au
f bénéfice de sa fille unique. (Par ROGER.) *Verviers, Nautet (Liége, Oudart)*, 1847, in-8, 85 p. U. C.

Biographie de Henri Pestalozzi, par l'auteur de « Jean Gaspard Lavater » (Mlle Henriette CHAVANNES). *Lausanne, Bridel*, 1853, in-8.

Biographie de Jean-André Vandermeersch, général en chef de l'armée brabançonne. (Par Charles CARTON.) *Bruges*,

Vande Casteele-Werbrouck, 1844, in-8, 20 p.

Tirage à part des « Annales de la Société d'émulation de Bruges. » J. D.

Biographie de Joseph-Napoléon Bonaparte. Lettre à la chambre des députés de 1830. (Par M. Louis Belmontet.) *Paris, Levavasseur*, 1832, in-8, 88 p.

Signé : Un jeune patriote. Réimprimé sous ce titre : « Joseph-Napoléon jugé par ses contemporains. » *Ibid., id.*, 1833, in-8.

Biographie de Karel Van Mander. (Par Charles Carton.) *Bruges, Vande Casteele-Werbrouck*, 1844, in-8, 26 p.

Tirage à part des « Annales de la Société d'émulation de Bruges. » J. D.

Biographie de la lèpre des hommes, de Ferdinand Broglia, rédacteur du journal « le Flambeau », chef des calomniateurs de la Belgique, employé de la police secrète ; par M. G. (Marie Gheeraerds, d'Anvers). *Bruxelles, Sacré*, 1847, in-32, 43 p. J. D.

Biographie de Liébert Hautscilt. (Par le chanoine Vandeputte.) *Bruges, Vande Casteele-Werbrouck*, 1849, in-8, 14 p.

Tirage à part des « Annales de la Société d'émulation de Bruges. » J. D.

Biographie de Liévin Bauwens ; recueil des particularités qui concernent la vie et les travaux de ce grand industriel. (Par Léonard Hebbelynck, imprimeur à Gand.) *Gand, Hebbelynck*, 1853, in-8, 83 p. J. D.

Biographie de Martin Luther. (Par G.-D.-F. Boissard.) *Paris, de l'imprim. de J. Smith*, 1820, in-8, 20 p.

Extrait du « Musée des protestants ».

Biographie de Mgr Sibour... précédée d'une notice sur la vie, les travaux et la mort de Mgr Denis-Auguste Affre... par M. Philippe A*** (Aymès). *Paris, imp. de Lacour*, 1849, in-8.

Biographie de M. de Genoude, par un collaborateur du journal « le Bourbonnais » (l'abbé Ant. Fayet). *Paris, Perrodil*, 1844, in-8.

Voy. « Supercheries, » I, 763, *b*.

Biographie de M. J. M. B. Vianey, curé d'Ars. Par l'auteur de « la Retraite et ses fruits » (Th.-M.-J. Azun de Bernétas). *Lyon*, 1856, in-12, avec un portrait.

Biographie de M. J. Van Brée, directeur de l'Académie royale d'Anvers, par J. A. L. (Luthereau). 1853. J. D.

a Seule livraison parue d'une publication intitulée : « Biographie nationale des peintres, statuaires, architectes, graveurs et dessinateurs de l'école flamande, XVIIIe et XIXe siècles. »

Biographie de M. le chanoine Triest, suivie d'une statistique de tous les établissements qu'il a fondés. (Par Pierre Dedecker, ancien ministre de l'intérieur.) *Gand, Vanryckegem*, 1836, in-8, 50 p. J. D.

b Biographie de M. Marion du Mersan. (Par Félix Delhasse.) *Bruxelles, Dehou*, 1846, in-12, 16 p. J. D.

Extrait de l' « Annuaire dramatique », pour 1846, tiré à 20 exemplaires.

Biographie de M. Rosin de Pratz, principal du collége de Vitré... Extrait du « Mémorial de l'enseignement »... *Paris,*
c *imp. de Pillet fils aîné*, 1849, in-8.

Signé : B. L. (Lunel).

Biographie de quelques futurs grands hommes, par un petit homme passé. *Paris, Delaunay*, 1834, in-8, 231 p.

Signé : Charles Rey.

Voy. « Supercheries », III, 87, *c*.

Biographie de Simon Stevin, suivie de la description des fêtes données par la
d ville de Bruges, à l'occasion de l'inauguration de la statue érigée en l'honneur de son illustre enfant. (Par Charles Carton.) *Bruges, Vande Casteele-Werbrouck*, 1849, in-8, 50 p.

Tirage à part des « Annales de la Société d'émulation de Bruges. » J. D.

Biographie de tous les ministres, depuis la constitution de 1791 jusqu'à nos jours.
e (Par L. Gallois.) *Paris, imp. de Plassan*, 1825, in-8, front. gravé.

Biographie des acteurs de Paris. (Par Burat de Gurgy.) *Paris, imp. de Proux*, 1837, in-18.

Biographie des archevêques de France, par un ancien donneur d'eau bénite (Emile-Marc Hilaire). *Paris, imp. de Lachevardière*, 1826, in-32, 64 p.

f Voy. « Supercheries », I, 327, *c*.

Biographie des candidats à l'Assemblée nationale. Département de la Seine. Par un vieux Montagnard (Louis Barré.) *Paris, G. Havard*, 1848, in-16.

Voy. « Supercheries », III, 953, *e*.

Biographie des condamnés pour délits politiques depuis 1814 jusqu'en 1828 ; par M. Auguste Imbert... (et B.-L. Bellet).

Paris, L'Huillier, 1828, in-8. — *Bruxelles, Galand*, 1828, 2 vol. gr. in-8.

Biographie des dames de la cour et du faubourg Saint-Germain. Par un valet de chambre congédié. (Fr.-Eug. GARAY DE MONGLAVE et E.-Constant PITON). *Paris, imp. de Belin*, 1826, in-32.

Ce volume a été saisi, condamné et soigneusement détruit. Voy. « Supercheries », III, 897, *e*.

Biographie des députés de la chambre septennale de 1824 à 1830. (Par Pierre-François-Marie MASSEY DE TYRONNE et DENTU.) *Paris, J.-G. Dentu*, 1826, in-8.— *Bruxelles, Lacrosse*, 1826, in-8.

La destruction de cet ouvrage fut ordonnée par arrêt de la Cour royale de Paris du 26 février 1827.

Biographie des députés, session de 1828. Précédée d'une introduction et d'une notice sur le nouveau ministère. (Par Is.-Al. LARDIER.) *Paris, imp. de Boucher*, 1828, in-8.

Biographie des enfants célèbres, ou Histoire abrégée des jeunes héros, des jeunes poètes... dans tous les temps et chez tous les peuples du monde, par Mme Gabrielle de P*** (PABAN). *Paris, Mongie aîné*, 1819, 2 vol. in-12, avec 12 grav.

Biographie des hommes de la révolution. Humble allocution à nos hommes d'état. Par un Belge qui a pris la révolution au sérieux (Victor JOLY). *Bruxelles*, 1832, in-8, 140 p.

Voy. « Supercheries », I, 500, *e*.

Biographie des hommes remarquables de la Flandre occidentale. (Par C. CARTON, S. DE MERSSEMAN, F. VANDEPUTTE, O. DELEPIERRE.) *Bruges, Vande Casteele*, 1843-1849, 4 vol. in-8. J. D.

Biographie des hommes remarquables des Basses-Alpes, ou dictionnaire historique de tous les personnages de ce département qui se sont signalés par leur génie, leurs talents, leurs travaux, la sainteté de leur vie, leurs vertus, ou leurs actes de bienfaisance, depuis les temps les plus reculés jusqu'à nos jours, par une société de gens de lettres. *Digne, Repos*, 1850, in-8, XIX-376 p. et 4 portr. lith.

La préface est signée par l'abbé Jean-Joseph-Maxime FÉRAUD, rédacteur en chef.
Voy. « Supercheries », III, 681, *c*.

Biographie des imprimeurs et des libraires, précédée d'un coup d'œil sur la librairie. Par M. A. I*** (J.-B.-A. IMBERT). *Paris, l'auteur*, 1826, in-32.

Voy. « Supercheries », I, 219, *c* et II, 323, *b*.

Biographie des lions et des lionnes de Bordeaux, précédée de la physiologie du Bordelais. (Par M. J. SAINT-RIEUL-DUPOUY.) *Bordeaux, imp. de E. Mons*, 1848, in-32, 63 p.

Cet écrit donna lieu à une réplique intitulée : M. J. St-R.-D. A propos de la « Biographie des lions et des lionnes de Bordeaux » (Signé : A. M. D.) *Bordeaux, E. Mons*, 1848, in-12, 12 p.

Biographie des médecins français vivans et des professeurs des écoles. Par un de leurs confrères (MOREL DE RUBEMPRÉ). *Paris, imp. de Beraud*, 1826, in-32.

Voy. « Supercheries », II, 1097, *c*.

Biographie des pairs et des députés du royaume de France qui ont siégé dans les deux dernières sessions. (Par J. CHAS.) *Paris, Beaucé*, 1819-1820, 2 vol. in-8.

Le premier volume a d'abord été publié seul en 1819 sous le titre de : « Biographie spéciale des pairs et des députés du royaume. Session de 1818-1819. »

Biographie des pairs nommés par l'ordonnance du 6 mars. Seconde édition. *Paris*, in-8.

Quérard, « France littéraire », attribue cet ouvrage à Fr.-Thomas DELBARE.

Biographie des préfets depuis l'organisation des préfectures, 3 mars 1800, jusqu'à ce jour. (Par le baron Etienne-Léon DE LA MOTHE-LANGON.) *Paris, A. Dupont*, 1826, in-8.

Biographie des préfets des 87 départements de la France. Par un sous-préfet (E.-Marc HILAIRE). *Paris, imp. de Cabuchet*, 1826, in-32.

Voy. « Supercheries », III, 717, *b*.

Biographie des prêtres du diocèse de Cambrai, morts depuis 1800 et qui se sont le plus distingués par leurs vertus, leurs talents et leur zèle... (Par l'abbé Louis-François CAPELLE.) *Cambrai, imp. de C.-J.-A. Carpentier*, 1847, in-8.

Biographie des quarante de l'Académie française. (Par J. MÉRY, A. BARTHÉLEMY et Léon VIDAL.) *Paris*, 1825, in-8; — 2e édit., 1826, in-8.

Biographie des représentants du peuple à l'Assemblée nationale... par plusieurs membres des clubs de Paris (MM. AUDIFFRET et deux autres). *Paris, au dépôt central, rue de Choiseul*, 27 (1848), in-18, 160 p. — Edition omnibus. *Paris, ibid.*, 1848, in-32.

Voy. « Supercheries », III, 191, *b*.

Biographie des représentants du peuple à l'Assemblée nationale constituante, par les rédacteurs de « Notre histoire »

(Louis Giraudeau, Albert-André Patin de La Fizelière, William Hughes, de Dublin, et René Kerambrun). *Paris, Pilloy*, 1848, in-12, 396 p.

4 éditions la même année. Voy. « Supercheries », III, 352, *a*.

Biographie des 750 représentants du peuple à l'Assemblée nationale législative, par ordre alphabétique, avec un tableau des députations par départements; par plusieurs journalistes (Louis Girardeau, Albert-André Patin de La Fizelière et Williams Hughes, de Dublin). *Paris, à la librairie du faubourg Poissonnière, n° 25*, 1849, in-8, 164 p. — 3e édit. *Paris, id.*, 1849, in-18, 335 p.

Biographie des souverains du XIXe siècle, par deux rois de la fève (Paul-Emile Debraux et Ch. Lepage). *Paris, chez les marchands de nouveautés*, 1826, in-32.

Voy. « Supercheries », I, 930, *b*.

Biographie douaisienne. (Par Pierre-Antoine-Samuel-Joseph Plouvain.) *Douai*, 1828, in-12. D. M.

Biographie du bienheureux Jean de Warneton, évêque de la Morinie. (Par Charles Carton.) *Bruges, Vande Casteele-Werbrouck*, 1849, in-4, 24 p.

Tirage à part des « Annales de la Société d'émulation de Bruges. » J. D.

Biographie du cardinal Thomas Bonnetti, suivie d'une notice sur le cardinal César Braneadoro, ancien nonce dans les Pays-Bas. (Par Emile Nève.) *Louvain, Fonteyn*, 1852, in-8, 36 p. J. D.

Biographie du département de la Haute-Marne. (Par l'abbé Mathieu, et Rieusset, secrétaire intime du préfet.) *Chaumont*, 1811, in-8.

Biographie du lieutenant-général Petithan, commandant de la garde civique de Bruxelles. (Par Charles Petithan, fils du général.) *Bruxelles, Vandooren*, 1857, in-8, 14 p. J. D.

Biographie du prince C. de Ligne. (Par Jean-François Soudiran). *Dresde*, 1807, in-8.

Biographie et bibliographie foréziennes, recueillies par l'auteur de l'« Histoire du Forez » (Auguste-Joseph Bernard). *Montbrison, imp. de Bernard l'aîné*, 1835, in-8, 80 p. D. M.

Biographie générale des Belges morts ou vivants,.. *Bruxelles et Leipsig, Muquardt*, 1849, in-8, 264 p.

L'auteur principal de cet ouvrage est P. Roger, de Marseille, ancien sous-préfet, et fondateur de « l'Europe monarchique » (*Bruxelles*); il a eu pour collaborateurs de Chênedollé, A. Pinchart, A. de Reume.

Biographie limbourgeoise. Le maréchal de camp Pierre Daremberg. Par F. D. (François Driesen). *S. l.* (1860,) in-8, 8 p.

Extrait du « Bulletin de la Société scientifique et littéraire du Limbourg. »

Voy. « Supercheries », II, 18, *c*.

Biographie littéraire de Jean-Baptiste-Modeste Gence, ancien archiviste au dépôt des chartes, éditeur et traducteur du livre des consolations intérieures, dit vulgairement « De imitatione Christi », revu sur le plus grand nombre des manuscrits des diverses contrées, et restitué à son ancien auteur titulaire, Jean Gerson, chancelier de l'église de Paris et pasteur de Saint-Jean en Grève, surnommé le docteur des consolations et le docteur très-chrétien. (Par J.-B.-M. Gence, lui-même.) *Paris, imp. de Moquet*, 1835, in-8, 78 p.

Voy. « Supercheries », III, 816, *a*.

Biographie luxembourgeoise, par M. L. G. (Marcellin La Garde). *Arlon, Everling*, 1851, in-8, 56 p. J. D.

Biographie lyonnaise des auteurs dramatiques vivants, dits du terroir, rédigée dans la loge du portier des Célestins, par un bon enfant (Kauffmann et Léon Boitel). *Lyon*, in-32.

Voy. « Supercheries », I, 548, *e*.

Biographie lyonnaise. Notice sur Antoine Coysevox. *Lyon, imp. de L. Boitel*, in-8, 11 p.

Extrait de la « Revue du Lyonnais », 8e livraison, août 1835. Signé : J.-S. P. (Passeron).

Biographie lyonnaise. Notice sur Chalier. *Lyon, imp. de Boitel*, 1835, in-8.

Extrait de la « Revue du Lyonnais », 8e livraison, août 1835. Signé : César B. (Bertholon).

Biographie moderne, ou Dictionnaire historique des hommes qui se sont fait un nom en Europe depuis 1789 jusqu'en 1802, (Par MM. Alphonse de Beauchamp, Caubrières, P.-Fr.-Fél.-Jos. Giraud, Joseph Michaud, H.-L. de Coiffier, plus tard baron de Verseux, et autres.) *Leipsick* (*Paris*), 1802, 4 vol. in 8.

Cet ouvrage fut saisi par la police, mais une seconde édition corrigée et augmentée parut en 1806 à Breslau, en 4 vol. En 1807, on mit en vente les exemplaires non vendus, avec un titre portant : Troisième édition, *Leipzig, Bisson*.

Biographie moderne, ou galerie historique, civile, militaire, politique et judiciaire, contenant les portraits politiques des Français de l'un et de l'autre sexe, morts ou vivants, qui se sont rendus plus ou moins célèbres, depuis le commencement de la révolution jusqu'à nos jours, par leurs talents, leurs emplois, leurs malheurs, leur courage, leurs vertus ou leurs crimes. *Paris, Al. Eymery*, 1815, 2 vol. in-8.

Etienne PSAUME, né à Commercy, le 21 février 1769, mort assassiné le 28 septembre 1828, avait été le principal rédacteur de cette Biographie. D. M.

Biographie montoise. François Buisseret. (Par Adolphe MATHIEU.) *Mons, Hoyois*, 1842, in-8. J. D.

Biographie montoise. Gilles-Joseph-Charles de Fahnenberg. *S. l. n. d.*, in-8, 3 p.

Tirage à part des « Mémoires de la Société des sciences, lettres et arts du Hainaut », signé : R. Ch. (Renier CHALON). J. D.

Biographie montoise. Rutger Velpius, imprimeur à Mons. *S. l. n. d.*, in-8, 4 p.

Tirage à part du « Bulletin du bibliophile belge », signé : R. Ch. (Renier CHALON). J. D.

Biographie montoise. Sirant (Dominique-Nicolas-Joseph). (Par Ad. MATHIEU.) *Mons, impr. du Modérateur*, 1847, in-8, 4 p. J. D.

Biographie nationale des peintres, statuaires, architectes, graveurs et dessinateurs de l'école flamande, XVIII° et XIX° siècles. Voy. « Biographie de M. J. Van Brée... »

Biographie nouvelle et complète de la chambre des députés, contenant les députés nouvellement élus; par l'auteur de la « Nouvelle biographie des pairs », A. R. (Ad. RION). *Paris, chez les marchands de nouveautés*, 1829, in-18.

Biographie nouvelle et complète des pairs de France, comprenant les 76 pairs de la promotion du 5 nov. 1827; publiée par A. R. (Ad. RION). *Paris, chez les marchands de nouveautés*, 1828, in-18.

Biographie pittoresque des députés; portraits, mœurs et costumes; avec quinze portraits et un plan de la salle des séances. (Par Henri DE LATOUCHE, P.-N. BERT, L.-F. L'HÉRITIER, de l'Ain, et Emile DESCHAMPS, suivant Quérard.) *Paris, Delaunay*, 1820, in-8, XVIII-296 p.

Biographie pittoresque des pairs de France; suivie du recensement des votes pour et contre le droit d'aînesse. (Par Eugène GARAY DE MONGLAVE.) *Paris, imp. de Béraud*, 1826, in-32.

Réimprimée la même année. L'auteur, l'imprimeur et le libraire, cités en police correctionnelle, furent condamnés à l'amende et à la prison.

Biographie pittoresque des quarante de l'Académie française, par le portier de la maison. Première édition, revue et corrigée par un de ces messieurs, et suivie de l'histoire des quarante fauteuils. (Par F.-E. GARAY DE MONGLAVE.) *Paris, imp. de Biraud*, 1826, in-32. — 2° éd., *Paris, ibid.*, 1826, in-32.

Cet ouvrage a été souvent attribué à J. MÉRY ou à RABAN. Voy. « Supercheries », III, 225, *b*.

Biographie politique des députés. Session de 1831. *Paris, Pagnerre*, 18[illegible] in-8.

Un supplément de 32 p. a paru la même année. Ant.-Laur. PAGNERRE n'a pas été seulement l'éditeur de cet ouvrage, il y a coopéré.

Biographie politique et parlementaire des députés... (Par L. COUAILHAC.) Voy. Sessions 1838-1839.

Biographie populaire du clergé contemporain. Par un solitaire (l'abbé Hippolyte BARBIER, d'Orléans). *Paris, rue du Vieux-Colombier*, 21, 1840-1851, 10 vol. in-18.

Réimprimé en partie à Bruxelles sous le titre de « Biographie des sommités du clergé contemporain... » 1842, in-12, 400 p.

Voy. « Supercheries », III, 703, *c*.

Biographie spéciale des pairs et des députés du royaume. Session de 1818-1819. Voy. « Biographie des pairs et des députés du royaume de France. »

Biographie toulousaine, ou dictionnaire historique des personnages qui, par des vertus, des talents, des écrits, de grandes actions, des fondations utiles, des opinions singulières, des erreurs, etc., se sont rendus célèbres dans la ville de Toulouse, ou qui ont contribué à son illustration. Par une société de gens de lettres (le baron Etienne-Léon DE LA MOTHE-LANGON, J.-Théod. LAURENT-GOUSSE et Alex.-L.-Ch.-André DU MÉGE). Ouvrage précédé d'un précis de l'histoire de Toulouse, de tables chronologiques des souverains, évêques, archevêques, magistrats, etc., de cette cité; des papes, cardinaux, grands-maîtres de Malte, etc., qu'elle a fournis, et des conciles qui s'y sont tenus. *Paris, L.-G. Michaud*, 1823, 2 vol. in-8.

M. LA MOTHE-LANGON est auteur, indépendamment de 459 notices formant un peu plus de la moitié de l'ouvrage, du « Discours préliminaire », du « Précis de l'histoire de Toulouse » et de la « Table chronologique », formant ensemble LVI p., signées: E. L. B. de L. L.

Biographie universelle, ancienne et moderne. *Paris, Michaud*, 1811-1828, 52 vol. in-8.

C.-M. PILLET, de Chambéry, mort en 1826, en a dirigé les travaux depuis le t. V, jusques et y compris les dernières feuilles du t. XLIV. Il a fourni en outre des articles et des notes qu'il n'a pas toujours signés. (Quérard, « Fr. littér. »).

Biographie universelle classique, ou Dictionnaire historique portatif; ouvrage entièrement neuf... Par une Société de gens de lettres. *Paris, Ch. Gosselin*, 1829, 4 vol. gr. in-8, dont un de supplément.

Suivant le plan de l'éditeur, cet ouvrage devait former un seul volume d'environ 1800 p.; il portait dans l'origine le titre de : « Dictionnaire historique, ou Biographie universelle classique », ouvrage entièrement neuf, par le général BEAUVAIS et par une société de gens de lettres, revu et augmenté pour la partie bibliographique par A.-A. BARBIER.

Ces deux noms disparurent du nouveau titre daté de 1829 ; dès les premières livraisons, M. P.-P. DE CHAMRONERT remplaça le général Beauvais dans la direction de cet ouvrage, dont il a été le principal collaborateur, et mon frère Louis BARBIER succéda à mon père, décédé en 1825, dans la révision de la partie bibliographique, travail qu'il abandonna après la lettre S.

En 1833, cet ouvrage passa aux mains du libraire Furne, qui lui donna le titre de « Biographie universelle, ou Dictionnaire historique, en six volumes... par une Société de gens de lettres, de professeurs et de bibliographes. »

Les exemplaires datés de 1825 ont une préface signée Ch. NODIER, et qui fut sa seule part de collaboration ; elle a été supprimée plus tard, et remplacée par un avis du libraire-éditeur.

On trouve dans cette Biographie bien des articles que l'on cherche vainement dans d'autres plus volumineuses et plus récentes.

Biographie universelle et portative des contemporains, ou dictionnaire historique des hommes célèbres de toutes les nations, morts et vivants... publiée sous la direction de M. Alph. RABBE. *Paris, Ledentu, Lecointre et Durey*, etc., 1828, in-8.

Les principaux rédacteurs ont été P.-H.-J.-J-B. AUDIFFRET, Et.-Fr. BAZOT, Mme Louise-Sw. BELLOC, Ch. BERRIAT-SAINT-PRIX, Nic. BOQUILLON, BORY DE SAINT-VINCENT, A. BULOZ, CONEN DE PRÉPÉAN, Gérard JACOB, P.-M. LAURENT, A.-J. MÉRAULT, N. PONCE, J.-B.-A.-A. DE PONGERVILLE, A. RABBE, A. ROCHE, Claude-Augustin VIEILH DE BOISJOLIN.

Biographie véridique, ou histoire d'un pauvre acteur, écrite par lui-même. *Paris, Lacrampe*, 1845, in-8.

Cette autobiographie, en vers, est de JOANNY (Jean-Bernard BRISEBARRE), sociétaire de la Comédie-française. D. M.

Biribiche, ou le singe d'une comtesse, comédie en 1 acte et en vers. (Par Ch. LAVRY.) 1819, in-8.

Autographié.

Bivouacs (les) de Vera-Cruz à Mexico, par un Zouave, avec une carte spéciale de l'expédition, dressée sur plan, par l'auteur (M. LAFONT, capitaine trésorier du 36e de ligne). *Paris, Jung Treuttel*, 1865, in-12.

Blanc, bleu et rouge. (Par J.-M.-V. AUDIN.) *Lyon, Chambet*, 1814, in-8, 16 p.

Blanc (le) et le noir. (Par VOLTAIRE.) 1764, in-8.

Blanc et noir. (Par le comte DE CAYLUS).

Parade insérée dans le tom. II du « Théâtre des boulevards », 1756.

Nous indiquons le nom de l'auteur d'après une note de la main de Collé sur un exemplaire que nous avons sous les yeux ; le catalogue Soleinne, no 3490, attribue cette pièce à SALLÉ. G. B.

Blançay, par l'auteur du « Nouveau voyage sentimental » (GORJY). *Londres et Paris, Guillot*, 1788, 2 vol. in-16.

Blanche et Osbright, suivi de l'Anaconda; traduit de l'anglais de M. G. LEWIS, auteur du « Moine, » par M. DE S*** (SENNEVAS), traducteur du « Polonais », de « Don Sébastien, » etc. *Paris, Mme Renard*, 1822, 2 vol. in-12.

Blanche et Vermeille, comédie pastorale en deux actes et en prose, mêlée de musique; représentée pour la première fois par les comédiens italiens ordinaires du roi, le lundi 5 mars 1781. (Par J.-P. CLARIS DE FLORIAN.) *Paris, Brunet*, 1781, in-8, 40 p.

Blanche, infante de Castille, mère de saint Louis, reine et régente de France. *Paris, de Sommaville*, 1644, in-4.

L'épître est signée : AUTEUIL. (Charles DE COMBAULT, baron D'AUTEUIL).

Blancherose, conte. (Par mademoiselle DE LUBERT.) 1751, in-12.

Blason (le) de faulces amours (Par Guillaume ALEXIS.) *Paris, Pierre Levet*, 1486, petit in-4o, 16 ff., et 1489, 15 ff. — *Rouen, W. Hamel* (vers 1525), pet. in-8, 15 ff.

Cet ouvrage a été réimprimé plusieurs fois sous le titre de : « Le grant blason de faulses amours. » (Voy. ces mots.) Il en a été fait une réimpression à *Genève (J. Gay et fils)*, 1867, in-18, 60 p., tirée à 102 exemplaires, avec une notice de Philomneste junior (M. Gust. BRUNET).

Blason (le) de France, ou Notes curieuses sur l'édit concernant la police des armoiries... *Paris, G. de Sercy*, 1697, in-8.

L'épître est signée : C***. Dans un grand nombre d'exemplaires on a collé sur cette signature une bande imprimée qui porte : CADOT.

Blason (le) de l'industrie française. Verrerie de la Villette. (Par Eugène WOESTYN.) *Paris*, 1855, in-8, 18 p. D. M.

Blason (le) des armes. (Par Sicille, hérault d'armes du roi d'Aragon.) *Imp. a Rouen, par Richard Goupil, pour Richard Macé, s. d.*, pet. in-8, 24 ff. de blasons.

Edit. qui n'est pas citée par le « Manuel du libraire », I, 966.

Blason (le) des armoiries, auquel est monstré la manière de laquelle les anciens et modernes ont usé en icelles. (Par Hiérosme de Bara.) *Lyon, Barth. Vincent*, 1581, in-fol.

L'auteur signe la dédicace. Cet ouvrage avait d'abord paru à *Lyon, Claude Ravot*, 1579, in-fol. — Réimprimé à *Lyon*, 1604, in-4, et à *Paris, Rolet Boutonné*, 1628, in-fol.

Cette dernière édition porte le nom d'auteur sur le titre et la mention : Revue, corrigée et augmentée par B. R. D. E. L. R.

Blason (le) des armoiries de la Toison d'or. (Par Jean-Baptiste Maurice.) *La Haye, Rammazeyn*, 1667, in-fol.

Blason (le) des basquines et vertu-galles ; avec la belle remonstrance qu'ont faict quelques dames quand on leur a remontré qu'il n'en fallait plus porter. *Lyon, B. Rigaud*, 1563 (*Paris, Pinard*, 1833), in-8.

Réimpression à 50 exemplaires, publiée par M. J. Pichon.

Blason (le) des hérétiques. Par Pierre Gringore ou Gringoire, dit Vaudemont. *Paris, Techener, achevé d'imprimer le 24 décembre 1832, par Garnier fils, imprimeur demeurant à Chartres*, in-8°.

Réimpression à 66 exemplaires, faite par les soins de M. H. (Hénisson).

L'édition originale est de *Paris, Philippe Le Noir*, 1534, in-4. Cet opuscule a été réimprimé plusieurs fois sous le titre de « Chronique des luthériens ». Voy. le « Manuel du libraire », 5e éd.; t. I, 1863.

Blason (le) du moys de may. (A la fin :) Plus que moins composé par lindigent de sapience (Gilles Corrozet). *S. l. n. d.*, in-8, 4 ff.

Voy. « Supercheries », II, 338, *d*.

Blasons (les) anagrammatiques très-chrestiens et religieux du hiérapolitain d'Amiens, C. D. M. (Claude de Mons), sur diverses fleurs personnelles de piété, de noblesse, de justice et de littérature, signalans en Dieu la contrée. *Amiens, Jean Musnier*, 1662, in-8.

Voy. « Supercheries, » I, 677, *d*.

Blasons (les) domestiques, contenant la décoration d'une maison honeste et du mesnage estant en icelle. (Par Gilles Corrozet.) *Paris*, 1539, pet. in-8 de 48 ff., fig. sur bois.

M. de Montaiglon a réimprimé cet opuscule dans le t. VI de son « Recueil de poésies françaises » de la « Bibliothèque elzevirienne ». M. Paulin Paris en a depuis donné une édition pour la Société des Bibliophiles français. *Paris*, 1865, in-16, XXIX-100 p., avec reproduction des gravures sur bois de l'édition de 1539.

Blasons, poésies anciennes recueillies et mises en ordre par D. M. M*** (Dominique-Martin Méon). *Paris, P. Guillemot*, 1807, in-8.

Il y a des titres à la date de 1809.
Voy. « Supercheries », I, 965, *c*.

Blessé (le) de Novare. (Par le colonel Hubert Saladin.) *Paris, Amyot*, 1855, 2 vol. in-8.

Blocus de la France par un colonel, secondé des principaux membres du clergé et de la robe. Les dernières lettres d'exil seront mémorables pour notre monarchie, car l'on peut dater de la révolution à cette époque. (Vers 1790), in-8, 11 p.

Signé : D. B. Q. (Dubuquois), citoyen français.
Voy. « Supercheries », I, 871, *f*.

Bluets (les) d'Idalie, ou les Lettres et les chants, par le chev. D*** de St.-E*** (Delandine de Saint-Esprit). *Paris*, 1825, in-12.

Voy. « Supercheries », I, 878, *b*.

Bluettes, par un touriste (M.-A. de Metz-Noblat). Constantinople, Egypte, Venise, Espagne, Pyrénées. *Paris, Douniol*, 1858, in-12.

Voy. « Supercheries », III, 845, *d*.

Bocace des nobles malheureux. (Traduit du latin par Laurent de Premierfait.) *Paris, A. Vérard*, 1494, in-fol. — *Paris, A. Vérard, s. d.*, in-fol. — *Paris, M. Le Noir, s. d.*, in-fol. — *Paris, Jean Petit et Nic. Cousteau*, 1513, in-fol. — *Nouvellement imprimé à Paris, (par Jehan Petit)*, l'an 1538, in-fol. goth.

Le traducteur dit, dans son prologue, avoir traduit cet ouvrage à l'honneur et louange de son très-redouté et souverain seigneur Charles VIII, roi de France.

Boèce consolé par la philosophie, traduction nouvelle. (Par N.-F. Regnier, chanoine régulier.) *Paris, Loyson*, 1676, in-12.

Voy. deux autres traductions anonymes de l'ouvrage de Boèce, au mot « Consolation. »

Bohémienne (la), comédie en deux actes, en vers, mêlée d'ariettes. Traduite de la Zingara, intermède italien. Représentée pour la première fois, par les comédiens italiens ordinaires du roy, le 28 juillet 1755. (Par Ch.-Simon Favart.) *Paris, P.-G. Le Mercier*, 1756, in-8°.

Bohémiens (les). (Par Anne-Gédéon LA FITTE, marquis DE PELLEPORE.) *Paris, rue des Poitevins, hôtel Bouthillier*, 1790, 2 vol. in-12. — *Paris, Lavillette*, 1790, 2 vol. in-12.

Voy. sur cet ouvrage une note de M. Paul Lacroix dans le « Bulletin du Bibliophile », 1851, p. 408.

Boileau à M. de Voltaire. (Par J.-M.-B. CLÉMENT.) 1772, in-8, 21 p.

Bois (le) de Boulogne. *Paris, imp. de Morris* (1855), in-8.

Signé : Mme Emilia M... (Mme Emilia TELSATME). Une édition de 1854 porte le nom de l'auteur.

Boîte (la) à l'esprit, ou Bibliothèque générale des anecdotes et des bons mots, par une société de gens de lettres. (Composée par LALLEMAND DE SANCIÈRES.) *Paris, Favre*, ans VIII-IX-1800-1801, 12 *parties* in-12.

Voy. « Supercheries », III, 675, *e*.

Bok et Zulba. (Traduit du portugais de don Aurel ENINER, par Henri-Fr. DE LA SOLLE.) *S. l. n. d.*, in-12.

Réimprimé dans le cinquième volume de la « Bibliothèque choisie et amusante. » *Amsterdam*, 1749, 6 vol. in-12.

Bolæana, ou bons mots de BOILEAU, avec les poésies du père SANLECQUE. (Publié par Jacques DE LOSME DE MONCHESNAY.) *Amsterdam*, 1742, in-12.

Bolan, ou le médecin amoureux, parodie (toute en vaudevilles) de « Roland » par M*** (Jacques BAILLY). *Paris*, 1756, in-8.

Voy. « Supercheries », III, 1049, *b*.

Bombyx (le), ou le ver à soie, poëme en six livres. (Par J. DE FRANCHEVILLE.) *Berlin*, 1755, in-8. V. T.

Bon (le) ami, comédie en un acte et en prose, représentée par les comédiens françois ordinaires du roi, le 17 novembre 1780. (Par Marc-Antoine LE GRAND.) *Paris, Duchesne*, 1781, in-8, 48 p.

Bon (le) ange de l'enfance, traité rédigé par l'auteur du « Memoriale vitæ sacerdotalis » (l'abbé Cl. D'ARVISENET). *Troyes, Cardon*, 1823, in-32.

Bon (le) ange de la France, rapportant 62 anagrammes en forme de présages... le tout... tiré sans addition, diminution ou mutation de lettres du... nom de Louis XIII... ensemble de... Anne d'Austrie, infante d'Espagne, sur l'heureux mariage de Leurs Majestés. *De l'impression de Dijon, par C. Guyot*, 1613, in-8, 15 p. — *Lyon, L. Savin*, 1613, in-8, 15 p.

Signé : T. BILLON.

Bon (le) choix, nouvelle écossaise. Par l'auteur du « Père Clément » et d'« Anna Ross » (miss KENNEDY. Traduit de l'anglais). *Paris, Servier*, 1828, in-18.—*Paris, Meyrueis*, 1862, in-18.

Bon (le) citoyen. Lettre de M. D. C. D'A*** (DU CLOSEL D'ARNERY) à M. le comte de Pr. sur l'impôt territorial. *A Genève*, le 28 mai 1787, in-8, 1 f. de titre et 37 p.

Voy. « Supercheries », I, 874, *b*.

Bon (le) curé Jeannot et sa servante. (Par Jacq. CAMBRY.) *Londres*, 1784, in-12.

Bon Dieu! qu'ils sont bêtes ces Français! (Par C.-C.-L.-J.-M. D'AGOULT.) *Paris, de l'imprimerie d'un royaliste*, 1790, in-8, 120 p. — 2e éd. *Ibid.*, in-8, 120 p.

Bon (du) droit et du bon sens en finances, ou du projet de remboursement des rentes. (Par Nicolas-Louis-Marie MAGON, marquis DE LA GERVAISAIS.) *Paris, impr. d'A. Egron, avril* 1824, in-8, 2 ff. lim. et 67 p. D. M.

Bon (du) et du mauvais usage dans les manières de s'exprimer, des façons de parler bourgeoises, et en quoi elles sont différentes de celles de la cour. Suite des mots à la mode. (Par Fr. DE CALLIÈRES.) *Paris, Barbin*, 1693, in-12. — *Suivant la copie à Paris, chez Cl. Barbin*, 1694, in-12.

Bon (le) fermier ou l'ami des laboureurs; suivi d'une ode sur l'agriculture. (Par Louis ROSE, ancien échevin de Béthune). *Lille, Henry*, 1765, 1767, 1769, in-12. — 4e édit. revue, corrigée et augmentée d'un chapitre de la volaille. 179., in-12.

Voy. « Supercheries », II, 978, *f*.

Bon (le) fils, ou les Mémoires du comte de Samarandes, par l'auteur des « Mémoires du marquis de Solanges » (J.-Auguste JULLIEN, connu sous le nom de DESBOULMIERS). *Paris*, 1767; — *Amsterdam*, 1770, 4 vol. in-12.

Réimprimé sous le titre de : « Mémoires du comte de Samarandes, ou le Bon fils ». *Bruxelles, Delalain*, 1772, 4 vol. in-12.

Bon Français (le), journal au profit des pauvres, rédigé par une Société de gens de lettres. (1er janvier 1817 au 23 février 1818). In-fol.

Voy. Hatin, «Bibliographie» et «Histoire de la Presse», t. VIII, p. 206. Suivant une note manuscrite contemporaine, ce journal aurait eu pour rédacteurs principaux

Alexandre RICORD aîné et Mme DE PIENNE, duchesse D'AUMONT.

Bon (le) Fridolin et le méchant Thierry, par l'auteur des « Œufs de Pâques » (l'abbé Christophe SCHMID). *Strasbourg et Paris*, 1831, 2 vol. in-8.

Souvent réimprimé avec le nom de l'auteur.

Bon (le) génie de la France, à Monsieur. (Par Jean SIRMOND.) *S. l.*, 1632, in-8, 16 p.

Bon goût (le) de l'éloquence chrétienne, par B. G. J. (Par Blaise GISBERT, jés.) *Lyon*, 1702, in-12.

Réimprimé avec beaucoup de changements et d'augmentations, sous ce titre : « Eloquence chrétienne dans l'idée et dans la pratique ». *Lyon*, 1715, in-4, et avec des remarques de Jacques Lenfant, *Amsterdam*, 1728, in-12. L'abbé Goujet ne le marque pas comme anonyme ; cependant il est tel dans l'exemplaire que j'ai eu sous les yeux.

Voy. « Supercheries », I, 523, *b*.

Bon (le) jardinier, almanach... *Paris*, in-24.

Cet almanach a été fondé par Pons-Aug. ALLETZ, qui le publia de 1754 à 1782. Thomas-François DE GRACE, ex-censeur royal, le continua de 1783 à 1796. J.-Cl. MIEN MORDANT DE LAUNAY le reprit ensuite, et depuis ce dernier, cet almanach qui paraît toujours, a compté un grand nombre de rédacteurs parmi lesquels nous citerons Jean-Louis-Auguste LOISELEUR-DESLONCHAMPS, Pierre-Philippe-André LÉVÊQUE DE VILMORIN, L. NOISETTE, J.-J. DEVILLE, PIROLLE, Pierre BOITARD, A. POITEAU, Louis-Eustache AUDOT, Louis VILMORIN, NEUMANN, PEPIN, Joseph DECAISNE, DAUDIN, Charles NAUDIN.

Voy. « Supercheries », I, 286, *c*.

Bon (le) mari, comédie en un acte en vers. (Par le marquis DE MENILGLAISE.) *S. l. n. d.*, in-8, 42 p.

Bon (le) mari, drame en cinq actes, par un citoyen de Genève (J.-J. GALLOIX). *Genève*, 1788, in-8, 86 p.

Voy. « Supercheries », I, 738, *c*.

Bon (le) ménage républicain, ou les Epoux bien assortis, petite pièce historico-patriotico-républico-maniaque, à l'usage des tyrannicides (en un acte et en prose), mêlée de vaudevilles. (Par Fr. MARCHANT, né à Cambrai en 1761, et mort en cette ville le 27 sept. 1793, jour anniversaire de sa naissance.) *Manuelopolis* (*Paris*), 1793, in-32, 125 p.

Bon (le) pasteur, dédié à ses brebis. (Par Guillaume-André-René BASTON.) *Rouen*, 1783, in-8. D. M.

Bon (le) pauvre, qui apprend à connoistre, aymer, et servir Dieu, et par ce moyen estre un jour riche dans le ciel. Composé en faveur des pauvres du catéchisme de l'église royale de Saint-Louys, par le Père J. L. (Jacques LAMBERT), de la C. de J. *Paris*, 1653, in-12.

Voy. « Supercheries », II, 332, *d*.

Bon (le) père, ou la Bonne aventure, comédie en 3 actes et en prose, représentée à Cernay, pour la première fois le 11 novembre 1774 (Par J.-L. BROUSSE-DESFAUCHERETS.) *S. l.*, 1775, in-8.

Bon politique (le), ou le Sage à la cour. (Par J.-A. PERREAU.) *Londres et Paris*, 1789, in-8.

Même ouvrage que « Mizrim. » Voyez ce mot.

Bon (le) prêtre, ou vie édifiante de Pierre Ragot. Troisième édition, retouchée. Par V.-B. (l'abbé Théodore PERRIN). *Le Mans, imp. de Fleuriot*, 1829, in-18.

Voy. « Supercheries », III, 918, *f*.

Bon (le) roi, ou Charles X l'affable, à Metz ; comédie en un acte et en prose, mêlée de chants, par un Messin, auteur de plusieurs ouvrages en l'honneur des Bourbons (Didier MORY). *Metz, imp. de S. Lamort*, 1828, in-8, 72 p.

Voy. « Supercheries », II, 1126, *d*.

Bon (le) sens d'un homme de rien, ou la vraie politique, à l'usage des simples. (Par Joseph BERNARD.) *Paris, Moutardier*, 1828, in-8.— 2e éd. *Paris, Perrotin*, 1833, in-8.

Voy. « Supercheries », II, 294, *b*.

Bon sens du peuple. Ils parlent toujours de nos devoirs; causons, nous, un moment de nos droits. Aux ouvriers. *Rennes, imp. de A. Marteville* (1832), in-8.

Signé : JACQUES BONHOMME (Ange BLAISE).

Bon sens (le), journal populaire de l'opposition constitutionnelle, publié sous les auspices des députés signataires du compte-rendu. *Paris*, 15 juillet 1832. — 3 mars 1839, in-fol.

L.-A.-F. CAUCHOIS-LEMAIRE a été le premier rédacteur en chef, Louis BLANC lui succéda.

Les principaux rédacteurs ont été E. DUCLERC, Frédéric LACROIX, COURCELLE-SENEUIL, Hyp. LUCAS, Aug. LUCHET, DUFEY de l'Yonne, DELABERGES, Ch. BLANC, Pierre MAUREL, Jules ROZIER, M. LEFEVRE-MEURET a été propriétaire du journal pendant 7 ans.

Bon sens (le) ou Idées naturelles opposées aux idées surnaturelles. *Londres*, 1772, petit in-8, XII-315 p. — Autre éd. *Ibid.*, *id.*, X-250 p.— Nouvelle éd., suivie du Testament du curé MESLIER (ou plutôt du précis fait par VOLTAIRE de la première partie de ce fameux testament.) *Paris, Bouqueton, l'an 1er de la République*, 1792, 2 vol. pet. in-12.

Cet ouvrage du baron D'HOLBACH, qui est un abrégé

du « Système de la nature », figure dans l'Index romain à la date de 1774; il a été condamné le 18 août 1775, par la Cour romaine.

La dernière édition paraît être celle de *Paris, Palais des Thermes de Julien*, 1802 (1822), in-12.

Pour ce qui est du curé Meslier, voy. ce nom aux « Supercheries ».

Bon (le) sens, par un gentilhomme breton (Armand-Guy-Simon DE KERSAINT). 1788, in-4 et in-8.

Voy. « Supercheries », II, 158, *c*.

Bon tan de retor, opera grionche. (Par Aimé PIRON.) *Dijon, De Fay*, 1714, in-12.

Mignard, « Histoire de l'idiome bourguignon », p. 311.

Bon (le) temps, par C. (DE CRAMAYEL). *Paris, an VIII*-1800, in-12.

Voy. « Supercheries », I, 600, *e*.

Bon (le) usage du tabac en poudre, les différentes manières de le préparer, etc., par B. (J. BRUNET). *Paris, veuve Quinet*, 1700, in-12.

Voyez Haller, « Bibl. medicinæ praticæ », t. III, p. 292. J'ai vu aussi ce nom écrit à la main sur un exemplaire. C'est à tort que quelques bibliographes attribuent cet ouvrage à BAILLARD.

Voy. « Supercheries », I, 424, *d*.

Bon (le) valet, ou il était temps, comédie-proverbe en un acte et en prose. (Par MAURIN DE POMPIGNY.) *Paris*, 1781, in-8. — *Paris, Cailleau*, 1784, in-8. — *Paris, Barba*, 1809, in-8.

Bon (le) vieux temps, le temps présent, ou deux épîtres à MM***. Par M. M. L. N. S. (Ant.-Aug. MALINAS). *Paris, Dauthereau*, 1829, in-12.

Voy. « Supercheries », II, 1171, *c*.

Bon (le) vieux temps, ou les premiers protestants en Auvergne. Traduit de l'anglais de l'auteur des « Tribulations de Mme Palissy » (Mme BOLLE), par Mme DE W... (Mme Conrad DE WITT, née Henriette Guizot). *Paris, Grassart*, 1862, in-12.

Bonaparte à Béthleem, noël chanté pour la première fois dans un réveillon, etc... (Par Auguste SAINT-GILLES.) *Paris*, 1815, in-8, 24 p.

Voy. « Supercheries », III, 1125, *b*.

Bonaparte à Lyon, ou mon rêve de la nuit du 9 au 10 mars dernier, en cinq actes; scènes burlesques, prélude d'une grande tragédie par l'idiot, le visionnaire. Cette pièce n'a été représentée qu'une seule fois par des arlequins de passage, auxquels se sont joints les pasquins de la

a cité. (Par CHAMBET père.) *Lyon, Chambet*, 1815, in-8.

Voy. « Supercheries », II, 327, *e*.

Bonaparte, Alexandre et Pertinax, ou de quelques-uns de ceux qui, comme lui, se sont élevés d'eux-mêmes à l'empire. (Par J.-R. MESNARD.) *Paris*, 1821, in-8.

Bonaparte au Caire, ou Mémoires sur l'expédition de ce général en Égypte, par
b un des savants embarqués sur la flotte française. (Louis DE LAUS DE BOISSY). *Paris, Prault*, an VII-1799, in-8, 250 p.

Voy. « Supercheries », III, 609, *a*.

Buonaparte n'a plus d'armée. (Par Cl.-Fr. LEJOYAND.) *Paris*, 1815, in-8.

Buonaparte, ou l'abus de l'abdication, pièce héroïco-romantico-bouffonne, en cinq actes et en prose, ornée de danses,
c de chants, de combats, d'incendies, d'évolutions militaires, etc., etc., etc. (Par Alphonse MARTAINVILLE.) *Paris, Dentu*, 1815, in-8, 1 f. de titre II-156 p. — 2e éd. *Paris, Dentu*, 1815, in-8, 1 f. de tit. II-160 p. — 3e éd. *Id.* — 4e éd. *Id.*

Bonaparte, ou l'homme du destin. Tablettes historiques et chronologiques... (Par P. CUISIN.) *Paris*, 1821, in-18.

Buonaparte peint par lui-même dans sa
d carrière militaire et politique, par M. C*** (Ant.-Siméon-Gab. COFFINIÈRES, avocat). *Paris, Belin et Le Prieur*, 1814, in-8.

Voy. « Supercheries », I, 608, *f*.

Buonaparte's Feldzüge in Italien, aus dem Französischen des Bürgers P** (DE POMMEREUL), Generalofficiers der französischen Armee. Mit Kupfern und einer Karte. *Leipzig, W.-K, Küchler*, 1798,
e in-8.

Traduction de « Campagne du général Buonaparte en Italie ». Voy. ce titre.

Buonapartiana, ou choix d'anecdotes curieuses, petite compilation pour servir à une grande histoire. (Par P. COLAU.) *Paris, Delaguette impr.*, 1814, in-32.

Bonapartiana, ou recueil de réponses ingénieuses ou sublimes, actions héroïques et faits mémorables de Bonaparte, par C.
f (COUSIN) d'Aval... (Avalon.) *Paris*, 1801, in-18.

Réimprimé avec le nom de l'auteur.

Bonheur (le) à la table sainte, ou l'union de l'âme fidèle avec Dieu dans la communion fréquente, par F. E. (l'abbé F. ESMONIN.) *Dijon, Popelain*, 1848, in-32.

Le nom de l'abbé Esmonin qui, d'après Lorenz, n'est qu'un pseudonyme, figure sur le titre à partir de la 6e éd. publiée en 1855. L'ouvrage en était arrivé en 1867 à sa 19e édition.

Voy. « Supercheries », II, 16, *c*.

Bonheur (du) d'un simple religieux qui aime son état et ses devoirs, par un religieux bénédictin de la congrégation de Saint-Maur (dom Robert MOREL). *Paris*, 1717, in-12. — 2e éd. *Paris*, *J. Vincent*, 1736, in-12.

La 3e éd., publiée en 1752, porte le nom de l'auteur.

Voy. « Supercheries », III, 382, *f*.

Bonheur (le) dans les campagnes. (Par Claude-François-Adrien marquis DE LEZAY-MARNÉSIA.) *Neufchâtel*, 1784. — Nouvelle édition, considérablement augmentée. *Neufchâtel et Paris*, *Royez*, 1788, in-8.

Bonheur (du) de la cour et vraye félicité de l'homme. (Par Pierre DE DAMPMARTIN, procureur général du duc d'Alençon.) *A Envers*, *François de Nus*, 1592, in-12, 171 feuillets et 1 f. d'errata, non compris 8 ff. lim. contenant le titre et une dédicace de l'auteur à M. Chastillon, admiral en Guyenne.

J'ai trouvé la description de ce rare volume dans mon exemplaire de la « Bibliothèque historique de la France », enrichi de notes manuscrites du savant Beaucousin. Cet amateur avait dans sa bibliothèque le « Bonheur de la Cour ». Sorel nous apprend, dans sa « Bibliothèque françoise », que c'est lui qui a fait réimprimer cet ouvrage sous le titre de : « Fortune de la Cour. » Il y a changé les vieux mots, ainsi qu'il le dit lui-même, et y a ajouté les préludes et la dernière partie, avec quelques discours assez galans qu'il fait dire à Bussy d'Amboise, touchant certaines amours de la cour. Il fit ceci pour montrer de quelle manière on peut donner une nouvelle face aux anciens ouvrages, et faire qu'ils plaisent à ceux mêmes qui auparavant avaient peine à les souffrir à cause de leur style. » Voyez la « Bibliothèque françoise », de Sorel, p. 414, édition de 1667. Voyez aussi dans ce « Dictionnaire » les mots : « Fortune de la Cour. »

Bonheur (le) de la mort chrétienne. (Par le P. Pasquier QUESNEL.) *Paris*, *Josset*, 1688, in-12.

Souvent réimprimé.

Bonheur (le) de la vie, ou le secret de la santé. (Par DALICOURT.) *Paris*, 1666, in-16.

Reproduit sous le titre de : « le Secret de retarder la vieillesse... » Voy. ce titre.

Bonheur (le) de la ville d'Aix, représenté aux arcs de triomphe à l'honneur du maréchal de Vitry, par J. F. (Jean FERRAND). *Aix*, 1632, in-4. V. T.

Voy. « Supercheries », II, 396, *d*.

Bonheur (le) des peuples, ode. (Par A.-H. SABATIER.) 1766, in-4.

Bonheur et silence. (Par M. le comte DE VIGNERAL.) *Paris*, *G. Roux*, 1857, in-8.

Bonheur (le), ou nouveau système de jurisprudence. (Par Elie LUZAC.) *Berlin*, 1753, in-12, 158 pages. — *Berlin (Paris)*, 1754, in-12, 162 p. — Nouvelle édition, avec le nom de l'auteur. *Amsterdam*, *chez Denis Hengst et fils*, 1820, in-8.

Bonheur (le), poëme en quatre chants, par HELVÉTIUS, accompagné d'une préface sur la vie de cet auteur. (Par Jean-François SAINT-LAMBERT.) *Londres*, 1772, in-8.

Bonheur (le) primitif, ou les rêveries patriotiques. (Par madame Olympe DE GOUGES.) *Amsterdam et Paris*, *Royez*, 1789, in-8, 126 pages.

Dans cet ouvrage, madame de Gouges renvoie à sa « Lettre au peuple » et à ses « Remarques patriotiques. »

Bonheur (le) public, ou moyen d'acquitter la dette nationale de l'Angleterre, de trouver une ressource constante pour les besoins du gouvernement, sans taxes ni impositions, et de rendre les hommes heureux autant qu'ils peuvent l'être par les richesses ; présenté aux chambres du parlement par M. D — z (DESAUBIEZ, maître de forges dans la Normandie). *Londres*, 1780, 2 part. in-8. — Conciliation des droits de l'état, des propriétaires et du peuple, sur l'exportation des grains, par le même. *Londres*, 1782, 3e part., in-8.

Voy. « Supercheries », I, 1196, *e*.

Bonheur (le) que procure l'étude dans toutes les situations de la vie. (Par le chev. DE L'ESPINASSE DE LANGEAC.) *Paris*, *L.-G. Michaud*, 1817, in-8, 20 p.

Bonheur (le) que procure l'étude, par le chancelier de L'HOPITAL ; fragments traduits de ses poésies latines ; suivis de quelques extraits des écrivains anciens et modernes, et d'un discours en vers sur le même sujet. (Par le chev. DE L'ESPINASSE DE LANGEAC.) *Paris*, *L.-G. Michaud*, 1817, in-8.

Bonheur (le) rural, ou lettres de M. de *** à M. le marquis de *** qui, déterminé à quitter Paris et la cour pour vivre habituellement dans ses terres, lui demande des conseils pour trouver le bonheur dans ce nouveau séjour, par M. F. E. R. C. (le frère Pierre ETIENNE, religieux cordelier de Nantes). *Nantes*, *Malassis*, *et Paris*, *Buisson*, 1788, 2 vol. in-8.

Voy. « Supercheries », II, 30, *e*.

Bonhomme (le) Blondel, ou les trois sœurs et les deux victimes, par J. J. R

(J.-J. Rondin), auteur de « Rose et Mérival », *Paris, Patris*, 1816, 2 vol. in-12.

Voy. « Supercheries », II, 404, *f*.

Bonhomme Cassandre aux Indes. (Par de Sallé.)

Parade insérée dans le « Théâtre des boulevards », 1756, tome III.

Bonne (la) cause et le bon parti, par un habitant de Brest (Michel, imprimeur). *Brest, Michel*, 1814, in-8, 48 p.

La 2ᵉ éd., *Brest, Michel*, in-8, 48 p., porte le nom de l'auteur. Voy. « Supercheries », II, 233, *e*.

Bonne (la) emplète, ou le Vrai bonheur acquis sans argent et pour toujours, par l'auteur de « Ce que Dieu garde est bien gardé » (le pasteur César Malan). *Montbéliard, Deckherr*, 1830, in-12.

Bonne et sûre manière de cultiver le tabac, donnée par un patriote cultivateur alsacien (L. Kauffmann). *Paris, s. d.*, in-8, 15 p.

Voy. « Supercheries », III, 40, *b*.

Bonne (la), femme, ou le phénix, parodie d'Alceste, en deux actes, en vers, mêlée de vaudevilles et de danses. (Par Auguste de Piis, J.-B.-Denis Després et Resnier.) *Paris, Chardon*, 1776, in-8.

Bonne (la) fermière, ou Elémens économiques. (Par Louis Rose.) *Lille, Henry*, 1765, 1767, 1769, in-12. — 4ᵉ édit., revue, corrigée et augmentée d'un chapitre de la volaille. 179., in-12.

Voy. « Supercheries », II, 978, *f*.

Bonne (la) fête, divertissement en un acte, en prose (Par J.-J.-Denis Valade, imprimeur.) *Paris*, 1783, pet. in-8.

Bonne (la) fille, ou la petite servante par dévouement, historiette racontée par l'auteur des « Œufs de Pâques » (Christophe Schmid). Première édition. *Paris, Maumus*, 1833, in-18.

Bonne (la) fille, ou le mort vivant, pièce à spectacle, en façon de tragi-parodie de « Zelmire ». (Par André-Charles Cailleau, libraire.) *Paris, Cailleau*, 1763, in-12. D. M.

Bonne fortune littéraire; poésies d'Antoine de Blondel et Banc poétique du baron de Cuinchy. (Analyse par C.-A Vervier.) *Gand*, 1852, in-8. J. D.

Bonne (la) tante. (Par miss Mar. Edgeworth. *Tours, Mame*, 1856, in-18.

Bonnes paroles d'un proscrit français à ses concitoyens. (Par M. F. Favre.) *Bruxel-*
a *les, chez tous les libraires*, octobre 1852, in-16, 31 p.

Bonnes responces à tous propos, italien et françois, livre fort plaisant et delectable, auquel est contenu grand nombre de proverbes et sentences ioieuses. (Par Giov. Bellero.) *Rouen, Claude Le Villain*, 1610, in-16.

Bonnets (les), ou Talemik et Zinéra, his-
b toire moderne, traduite de l'arabe. (Par Gabriel Mailhol.) *Londres et Paris, Jacques-Fr. Quillau*, 1765, in-12, 174 p.

Bons advis sur plusieurs mauvais advis. *S. l. n. d.*, in-4, 28 p.

Mathieu de Morgues est l'auteur de ce pamphlet. Voyez le « Patiniana », *Paris*, 1701, in-8, p. 107. V. T.

Bons (des) mots et des bons contes, de
c leur usage, de la raillerie des anciens, de la raillerie et des railleurs de notre temps. (Par Fr. de Callières.) *Paris, Barbin*, 1692, in-12. — *Lyon*, 1693, in-12.

Bonshommes (les) de cire, par l'auteur des « Salons de Vienne et de Berlin » (Henri Blaze, dit Blaze de Bury). *Paris*, 1864, in-12.

Bordel (le) ou le Jean F... puni, comé-
d die en trois actes et en prose. *(Paris)* 1732, in-8. — 1736, in-8. — 1747, in-8. — *A. Pousse-f...* 1775, in-12.

Cette comédie est du comte de Caylus. Voltaire le dit dans une lettre à M. Berger (5 avril 1736). Cependant une note du « Pauvre diable » (1760) semble l'attribuer à l'avocat Gervaise, qui y est présenté comme étant aussi savant dans l'antiquité que dans l'histoire des mœurs modernes. En citant le « Bordel » dans son « Dictionnaire de Bibliographie française »,
e Fleischer a adopté la seconde de ces opinions.

L'abbé Mercier de Saint-Léger, dans une note manuscrite reproduite dans le « Catalogue de Soleinne », nº 3841, attribue « le Bordel » à la collaboration de Ant. Lancelot, de la comtesse de Verrue et de J.-F. Melon, l'auteur de l'« Essai politique sur le commerce ».

Cette pièce a été insérée, sous le nom de Caylus, dans les quatre éditions du « Théâtre gaillard », de 1787, 1788, 1803 et 1865.

Bordier aux enfers, par L. B. D. (L.-A.
f Beffroy de Reigny, dit le Cousin Jacques), 1790, in-8.

Voy. « Supercheries », II, 694, *a*.

Bords (les) de l'Amblève, promenades pittoresques, par un peintre flamand (Théophile Thoré et Félix Delhasse). Orné d'une vue de la grotte de Remouchamps. *Liége, Desoer*, 1853, in-8, 32 p.

Tirage à part du « Journal de Liége. »
Voy. « Supercheries », III, 63, *f*.

Bords (les) de la Bidassoa, poëme en un chant et en vers, par un ancien volontaire royal du département de l'Aube (MAISON, de Condé). *Château-Thierry, imp. de Desrolles*, 1823, in-8.

Bords (les) du Rhin, par l'auteur de « Naples et Venise » (Mme Marie-Constance-Albertine, baronne DE MONTARAN, née MOISSON DE VAUX). *Paris, Delloye*, 1838, in-8. D. M.

Bords (les) du Rhône, de Lyon à la mer, par Alphonse B... (BALLEYDIER); chroniques, légendes. *Paris, Maison*, in-8.

Voy. « Supercheries », I, 442, *f*.

Borodino, inspiration au pied du monument élevé en mémoire de la bataille du 26 août 1812. (Par le prince Nicolas-Borisovitch GALITZIN.) (*St-Pétersbourg*, 1839), in-8.

A l'occasion de la cérémonie de la consécration du monument. J'ignore si cette pièce est en vers. Voy. « Bataille de Borodino ». En souvenir de cette cérémonie, il a encore paru : « Borodino — Moscou, hymne guerrier à l'occasion de la cérémonie du 26 août 1839 ; par un vétéran de l'année 1812 ». *Moscou, de l'imp. d'Auguste Semen*, 1839, gr. in-12, 10 p. A. L.

Boscobel, ou abrégé de ce qui s'est passé dans la retraite mémorable de S. M. britannique, après la bataille de Worchester, le 13 septembre 1651, traduit de l'anglois. *Rouen, Pierre Cailloué*, 1676, in-12.

Cet ouvrage a été traduit de l'anglais par Denis CAILLOUÉ, frère d'un libraire de Rouen. Ce même Denis Cailloué est auteur de la « Métamorphose des Iles Fortunées », ode en vers français, et de quelques autres pièces de poésie qui se trouvent à la suite du « Portrait royal ». Voyez ces mots. Il a aussi été éditeur d'un livre assez rare, intitulé : « Prédiction où se voit... » Voyez ces mots. (Note communiquée par M. Pluquet.)

Bossu (le), journal satirique français, dessinés par Gavarni et autres artistes éminents. *Londres*, septembre 1848, 15 numéros in-4.

Fondé, dit-on, et rédigé par Lucien DE LA HODDE. Voy. Hatin, « Bibliogr. de la presse », p. 444.

Bossuet, évêque de Meaux, dévoilé par un prêtre de son diocèse en 1690. *Paris, J. Cherbuliez*, 1864, gr. in-8, 39 p.

La préface est signée : C. R. (Ch. READ).

Boston (le), poëme didactique en onze chants.... (Par le marquis Jean SAINT-SARDOS DE MONDENARD-MONTAGU.) *Bordeaux*, 1810, in-8.

Botaniste (le) sans maître, ou manière d'apprendre seul la botanique au moyen de l'instruction commencée par J.-J. Rousseau, continuée et complétée par M. DE C*** (DE CLAIRVILLE, auteur de l' « Entomologie helvétique »). 1805, in-12.

Voy. « Supercheries », I, 607, *e*.

Botanique pour les femmes et les amateurs des plantes, par BATSCH, traduite de l'allemand sur la seconde édition. (Par le baron J.-F. BOURGOING). *Weimar*, 1799, in-8.

Bouche (la) de fer. (Par Claude FAUCHET et Nic. DE BONNEVILLE.) *Paris, de l'impr. du cercle social*, janvier 1790 — juillet 1791, 121 numéros in-8.

Voy. Hatin, « Bibliographie de la presse », p. 163. Voy. aussi l' « Histoire de la presse », par le même auteur, tome VI, p. 377.

Boucle (la) de cheveux enlevée, poëme héroï-comique de POPE, traduit de l'anglois par M. L. D. F. (l'abbé DES FONTAINES). *Paris, Briasson*, 1738, in-12.

Réimprimé dans la collection des Œuvres de Pope (publiée par l'abbé DE LA PORTE), 1779, in-8.

Quelques personnes attribuent cette traduction à la marquise Marthe-Marg. DE CAYLUS.

Voy. « Supercheries », II, 709, *b*.

Boucle (la) de cheveux enlevée, poëme héroï-comique de POPE, traduit en vers françois par M. D**x (DESPRÉAUX, de l'académie d'Angers); et Balsore, ou la Sultane posthume (par le même auteur). *Paris, Thiboust*, 1743, in-8, 109 p.

Voyez la « Bibliothèque raisonnée », t. XXX, p. 437.

Voy. « Supercheries », I, 851, *e*.

Boucle (la) de cheveux enlevée, poëme héroï-comique, composé en anglois par M. POPE, et traduit en vers françois par M. M*** (MARMONTEL). *Paris, Clousier*, 1746, in-8.

Bouclier d'estat et de justice contre le dessein manifestement découvert de la monarchie universelle. (Par le baron François-Paul DE LISOLA.) 1667, petit in-12, 251, 358 ou 360 p.

Il existe trois éditions sous la même date, imprimées par Fr. Foppens de Bruxelles, lequel a signé de son nom une 4e édit., 1668, 237 p. Voir Pieters, *Annales*, p. 407. Réimprimé en 1701 avec le nom de l'auteur.

Le baron de Lisola fut un adversaire énergique de la politique de Louis XIV; le « Bouclier » est le seul de ses écrits qu'il avoue dans le « Dénouement des intrigues du temps ». Sa plume était redoutée en France; il existe une lettre de Louvois au maréchal d'Estrades, en date du 15 janvier 1674, dans laquelle il est dit que « ce seroit un grand avantage de pouvoir le prendre et que même il n'y auroit pas grand inconvénient de le tuer. »

Bouclier (le) d'honneur, où sont représentés les beaux faits de très-généreux et puissant seigneur, feu messire Louis de Berton, seigneur de Crillon, appendu à son tombeau, pour l'immortelle mémoire de sa magnanimité, par un père de la Compagnie de Jésus (François BENING). *Avignon*, 1616, in-8. — *Lyon*, 1616, in-4. — *Bruxelles* et *Paris*, 1759, in-12.

La réimpression de 1750 commence à la page 197; elle était destinée à terminer le tome second de la « Vie du brave Crillon », par mademoiselle de Lussan; mais elle a été vendue séparément, parce qu'on communiqua à l'auteur des pièces plus intéressantes.

Bouclier (le) de l'innocent, opposé à la javeline infâme de Nicolas Gaultier; par N. F. DE P. D. en T. R. de l'ordre D. S. E. (Nicolas-François DE PLAINEVAUX, docteur en théologie, religieux de l'ordre du Saint-Esprit). *S. l. n. d.*, in-12.

Bouclier (le) de la France, ou les Sentiments de Gerson et des canonistes touchant les différends des rois de France avec les papes. (Par Eustache LE NOBLE.) *Cologne*, *Jean Sambix*, 1691, in-12. — *Cologne*, *id.*, 1692, in-12.

Cet ouvrage, dont l'édition originale est de 1690, a été aussi imprimé sous le titre d' « Esprit de Gerson. » Quelques auteurs l'ont attribué à Claude DE SAINT-GEORGES, archevêque de Lyon, mort en 1714.

Bouclier (le) de la nation, découvert dans les archives de la raison. *Paris*, 1789, in-8, 15 p.

Signé : GAUTROT.

Bouclier (le) spirituel contre les dards redoutables de la mort subite, de la foudre et de la peste. *Dinant*, *J. Morard*, 1679, in-8; — 3e édit., *Ibid.*, 1719, in-18.

C'est le premier livre imprimé à Dinant. Il a pour auteur Hubert JASSOGNE, curé de Saint-Georges, à Leffe-lez-Dinant, qui a signé l'épître dédicatoire.

Bougie (la) de Noël. (Par Alexis PIRON.)

Note de police de l'exempt d'Hemery, du 1er janvier 1748.

Nous ne savons si cette pièce est la même que la « Bougie de Noël, ou la Messe à minuit », comédie-vaudeville en deux actes. *Cythère* (*Paris, Mercier de Compiègne*), 1793, in-18, 35 ff. et 4 fig., réimprimée dans le « Nouveau théâtre gaillard ». *Concarneau* (*Bruxelles*), 1866, 2 vol. in-8, et tirée à part à 100 exemplaires.

Bouhours (le P.), jésuite, convaincu de ses calomnies anciennes et nouvelles contre MM. de Port-Royal. (Publié par le P. Pasquier QUESNEL.) *S. l.*, 1700, in-12.

Catalogue manuscrit de l'abbé Goujet.

a Boulangère (la). *Châlon-sur-Saône*, *imp. de J. Duchesne* (1840), in-8.

Signé : P.-C. ORD. (Le Dr P.-C. ORDINAIRE).

Boulay de la Meurthe. *Paris*, *typographie de Lahure*, 1868, in-8, VIII-395 p.

La note préliminaire est signée J. B., c'est-à-dire, Joseph BOULAY. L'auteur est le second fils de Boulay, de la Meurthe. Tiré à petit nombre.

b Boule (la) de neige. *Besançon*, *imp. de J. Jacquin* (1849), in-8.

Signé : C. (CHIFLET).

Boulettes (les) et les chiens, *Châlon-sur-Saône*, *Duchesne* (1841), in-8, 4 p.

Signé : P.-C. ORD... (ORDINAIRE).

Boulevard (le) du Temple et ses célébrités depuis soixante ans. *Paris*, *imp. veuve Dondey-Dupré* (1847), gr. in-8.

c Signé : Salvador (Salvador-Jean-Baptiste TUFFET). D. M.

Bouno-Gorjo et Gulo-Fresco, ou le bon gourmon motat. Poëme patois, de A. BRUGIÉ. *Paris*, 1841, in-8, 32 p.

L'avant-propos est signé : G. B. (Gustave BRUNET). D. M.

Bouquet au roy, pour le jour de Saint-Louis. (Par le P. Claude-François MENESTRIER.) 1684, in-4.

d Bouquet (le), comédie en un acte et en vers. (Par Jean-Ant. ROMAGNESI et Ant.-Franç. RICCOBONI fils, musique de Mouret.) *Paris*, 1733, in-12.

Bouquet (le) de l'amitié et du sentiment. (Par A.-Ch. CAILLEAU et Fr. NAU.) *Paris*, 1769, in-8. V. T.

e Bouquet de la Saint-Louis, intermède en prose, mêlé de chants et de danses. Représenté sur le théâtre des Variétés à Bordeaux, le 24 août 1785. Par un amateur de cette ville (DE BARJONVILLE). *Bordeaux*, 1785, in-8.

Voy. « Supercheries », I, 292, *d*.

Bouquet (le) de Monseigneur. *S. l.*, 4 nov. 1772, in-8. — *S. l. n. d.*, in-12, XVI-58 p.

f Suivant le « Catalogue de la Bibliothèque nationale », c'est la seconde partie de l'édition in-8 des « Œufs rouges... » (Voy. ce titre), par Mathieu-François PIDANSAT DE MAIROBERT.

Bouquet (le) de roses, ou le Chansonnier des Grâces pour l'an IX. (Rédigé par René ALISSAN DE CHAZET.) *Paris*, 1800, in-18. V. T.

Ce chansonnier a paru chaque année depuis 1797. Les années antérieures à l'an IX n'ont pas été publiées par de Chazet.

Bouquet (le) de violettes. *Angers, imp. de V. Pavie*, 1840, in-8, VII-238 p.

La dédicace à M. Toussaint Grille, bibliothécaire honoraire de la ville d'Angers, est signée F.-Gr. MALVOISINE qui se qualifie son neveu.

Malvoisine (voy. « Supercheries », II, 1040, *c*,), est un nom qu'a souvent pris Fr. GRILLE.

Bouquet (le) du roi, opéra-comique en un acte, représenté sur le théâtre de l'Opéra-Comique le 24 août 1752. (Par l'abbé Gabr.-Ch. DE LATTAIGNANT, Jean-Joseph VADÉ et Jacques FLEURY.) *Paris, Duchesne*, 1753, in-8. — *La Haye, Gosse*, 1753, in-8.

Cette pièce a aussi été attribuée à Charles-François PANNARD.

Bouquet (le) du sentiment, ou Allégorie des plantes et des couleurs, par Mme G*** (GOYET). *Châlon-sur-Saône, J.-R. Goyet*, 1816, in-12.

Voy. « Supercheries », II, 120, *d*.

Bouquet (le) historial, recueilly des meilleurs autheurs grecs, latins et françois, etc. Par M. F. B. (Maître François BERTHAULDT, avocat). Nouvelle édition, corrigée et augmentée. *Lyon, Jean Carteron*, 1672, in-12.
D. M.

Bouquet qui a été présenté à Marie-Antoinette, par un sans-culotte, et mention des événements de la Saint-Laurent, qui cadrent avec ceux de la Saint-Barthélemy. *Paris, Guilhemat, s. d.*, in-8, 8 p.

Signé : L. BOUSSEMART, Moustache-Patriote.
Voy. « Supercheries », III, 602, *b*.

Bouquets (les) du sentiment, ou manuel de famille pour les fêtes, anniversaires, mariages et compliments de nouvelle année. Publiés par C.-J. CH. (C.-J. CHAMBET, libraire à Lyon). *Lyon, Chambet*, 1825, in-18.

Voy. « Supercheries », I, 746, *b*.

Bourbonnaise (la), farce bouffonne en un acte. Par M***. (l'abbé M.-L.-A. ROBINEAU). *Paris, Claude Hérissant*, 1768, in-8.

Voy. « Supercheries », III, 1050, *a*.

Bourbons (des) de Naples, par M. de F.... (DE FLASSAN). *Paris, H. Nicolle*, 1814, in-8.

Voy. « Supercheries », II, 6, *e*.

Bourbons (des) et des puissances étrangères au 20 mars 1815. (Par P.-Fr.-F.-J. GIRAUD.) *Paris, Colas*, 1815, in-8.

Bourbons (les) martyrs, ou les augustes victimes, depuis le 21 janvier 1793 jusqu'au 13 février 1820. (Par DE BOURBON-CONTI.) *Paris, Egron*, 1821, in-8.

Voy. « Supercheries », II, 355, *c*.

Bourgeois (le) gentilhomme, comédie en trois actes d'après MOLIÈRE, arrangée pour un divertissement de jeunes gens, et adaptée au théâtre du collége de Cambrai. (Par ALTEYRAC, professeur au collége.) *Cambrai, Hurez*, 1806, in-12.

Bourgeois (le) poli, où se voit l'abrégé de divers compliments, selon les diverses qualités des personnes... (Par François PÉDOUE, chanoine de Chartres, né à Paris en 1603.) *A Chartres, chez Cl. Peigné*, 1631. — Réimpr. à *Chartres, chez Garnier*, 1847, in-18, 3 feuillets limin. et 59 p.

Les initiales G. D. placées à la fin de la dern. p. signifient GRATET-DUPLESSIS. Cette réimpr. n'a été tirée qu'à 70 exemplaires qui doivent se terminer par un feuillet imprimé après coup et où le nom de l'auteur se trouve révélé : (« Le Quérard », II, 305.)

M. Ed. Fournier a réimprimé cette pièce dans le t. IX des « Variétés histor. et littér. » de la « Bibliothèque elzevirienne. »

Bourgeoisie (la) de 1848 perpétuant les erreurs de la noblesse de 89. *Paris, Lefrançois*, 1849, in-32, 46 p.

Signé : JASPIERRE, ancien élève de l'Ecole des mines.

Bourgeoisie (la) du ciel, ou Exposition des paroles de saint Paul. (Par Pierre FEVOT.) *Genève*, 1675, in-8.

Catal. Bergeret, 2e part., 1859, no 288.

Bourguignon (le) désintéressé. (Par E. BIGEOT.) *Cologne* (1688), in-12. V. T.

Bourrienne et ses erreurs volontaires ou involontaires, ou observations sur ses « Mémoires ». Par MM. le général BELLIARD, le général GOURGAUD, le comte D'AURE, le comte de SURVILLIERS, le baron MENEVAL, le comte BONAGOSSI, le prince D'ECKMULH, le baron MASSIAS, le comte BOULAY, de la Meurthe, le ministre DE STEIN, CAMBACÉRÈS ; recueillies par A. B. (A. BULOZ). *Paris, Heideloff*, 1830, 2 vol. in-12.
D. M.

Bourse (la) et le chapeau de Fortunatus, roman philosophique par l'auteur des ouvrages intitulés : « Richilde », etc., etc. (J.-B. COOMANS). *Bruxelles, A. Coomans*, 1858, in-8, 307 p.
J. D.

Boursicotiérisme et lorettisme, ou flibusterie, vice et paresse, étude de mœurs parisiennes, par le Juif-errant (ROISSELET DE SAUCLIÈRES). *Paris, Wunsch*, 1859, in-18.
D. M.

Boussole agronomique, ou guide des laboureurs, par quatre curés de Normandie. Ouvrage traduit du latin et divisé en entretiens pour l'utilité des cultivateurs. (Par L.-Joseph BELLEPIERRE DE NEUVE-EGLISE). *Yvetot et Paris, Despilly*, 1762-1765, 4 vol. in-8.

A partir du second volume le titre devient : « Boussole agronomique, ou guide des laboureurs. » Ouvrage posthume de M. DE CUI ***, divisé en entretiens et recueils... traduit du latin par quatre curés de Normandie.

Les faux-titres portent : « Guide des laboureurs. »

Voy. « Supercheries », I, 813, *c*.

Boussole (la) et le gouvernail, fable. A M. de.... (Par BUFFIER.) *S. l. n. d.*, in-8, 4 p.

Envoi autographe.

Boussole (la) morale et politique des hommes et des empires, dédiée aux nations. (Par Nicolas-Gabriel CLERC, dit LECLERC.) *Imprimé à Rostoc* (*Besançon*), 1780, in-8, 145 p.

Il y a une seconde édition ou plutôt une contrefaçon de cet ouvrage, qu'il est facile de distinguer de la première ; elle est imprimée sur un papier plus petit, porte la date de 1781, et ne contient que cent onze pages. Cette seconde édition est probablement de Neufchâtel.

Une troisième édition, sans date, porte la fausse indication de Boston.

Boussole (la) nationale, ou aventures histori-rustiques de Jaco, surnommé Henri IV, frère de lait de Henri IV, recueillies par un vrai patriote (A.-A.-P. POCHET). *De l'imp. de la liberté*, 1790, 3 vol. in-8.

Voy. « Supercheries », III, 985, *f*.

Bout (le) de l'oreille, ou Réponse à la brochure intitulée : « Lettre à M. le directeur-général de l'agriculture, par M. Gabiou ». (Par GODARD.) *Paris, Lebègue*, 1814, in-8, 58 p.

Boutade d'un riche à sentiments populaires. (Par C.-M.-B. VOYER D'ARGENSON.) *Paris, imprim. de A. Mie*, (1833,) in-8, 10 p.

Voy. « Supercheries », III, 420, *e*.

Boutade sur l'ode, par M. P. F. A. L. F. (Pierre-François-Alexandre LEFÈVRE, professeur au prytanée de Saint-Cyr). *Paris, Dufour*, 1806, in-8, 12 p.

Voy. « Supercheries », III, 92, *f*.

Boutique (la) du pape, taxes des parties casuelles pour la remise, moyennant argent, de tous les crimes et péchés. *Liége, Berlemont*, 1856, in-18, 77 p.

Ouvrage apocryphe, recueilli par Jules GARINET et publié à Paris en 1820, par COLLIN DE PLANCY, sous le titre de : « Taxes des parties casuelles de la boutique du pape. » Voy. ce titre.

Des exemplaires de l'édition de 1856 portent pour rubrique : *Bruxelles, Ansroul et C°*. U. C.

Bramine (le) inspiré, traduit de l'anglois (de Rob. DODSLEY, par DESORMES, comédien français, mort à Manheim vers 1764). *Berlin, Guillaume Birnstiehl*, 1751, in-8.

Cette traduction a été réimprimée la même année sous le nom de L'ESCALLIER.

Voy. « Supercheries », I, 1250, *c*.

L'ouvrage de Dodsley « The Œconomy of human life, translated from an Indian mss. written by an ancient Bramin » jouit d'une grande popularité. La première édition est de 1751. Voy. aussi : « Economie de la vie humaine ».

Bramine (le) inspiré, rempli de bonnes maximes très-propres à inspirer l'amour de la patrie et de la vertu ; traduit de l'anglois (de Rob. DODSLEY) par M***, suivi de l'« Usage du monde ». *Paris, chez les libraires associés*, an IX, in-8.

Branche (la) d'olivier présentée aux ecclésiastiques du diocèse de Rouen, par G.-A.-R. B**** (l'abbé Guill.-André-René BASTON). *Rouen, imprim. de Robert*, 1801, in-8, 42 p.

Voy. « Supercheries », I, 444, *c*.

Bravacheries (les) du capitaine Spavente, divisées en forme de dialogue, traduites de l'italien en françois, de Fr. ANDREINI. (Par J. DE FONTENY.) *Paris, Le Clerc*, 1608, in-12.

Voy. « Supercheries », III, 719, *a*.

Braves (les) et honnêtes petits garçons. (Par le pasteur César-H.-Abr. MALAN.) *Paris, Smith*, 1825, in-8.

Bravoure et clémence, ou les Vertus de Henri IV, pantomime en trois actes, à grand spectacle, avec combats, danses, évolutions militaires, etc. (Par J.-A. JACQUELIN.) Mise en scène par Pierre Lafargue, et représentée par la troupe des Funambules sur le grand théâtre des Champs-Elysées, le 8 juin 1825, à l'occasion du sacre de S. M. Charles X. *Paris, au spectacle des Funambules*, 1825, in-8.

Brief discours contenant la manière de nourrir les vers à soye et la tirer ; avec figures et interprétations d'icelles... (Par J.-B. LE TELLIER.) *Paris, P. Pautonnier*, 1602, in-4, obl., avec 6 pl.

Brief discours de l'occasion des troubles et dissentions du iourd'huy au fait de la religion, et moyen d'y obuier. Traduit du latin d'un excellent homme de ce temps, adressé au roy. *S. l.*, in-8.

C'est en quelque sorte la traduction de la dédicace de TURNÈBE, mise en tête des « Œuvres de saint Cyprien. » *Paris*, 1564.

Bref discours des admirables vertus de l'or potable, avec une apologie de la science d'alchimie. (Par Alex. DE LA TOURETTE.) *Lyon*, 1575, in-8. V. T.

Bref discours sur la différence des croix d'or des chevaliers des deux ordres du roy et des chevaliers hospitaliers de l'ordre du Saint-Esprit sous la règle de Saint-Augustin. (Par Olivier DE LA TRAU, sieur DE LA TERRADE.) *Paris*, 1629, in-4.

Brief discours sur quelques poincts concernant la police de l'Eglise et de l'Etat, et particulièrement sur la réception du concile de Trente et la vénalité des offices. *Paris, Ant. Etienne*, 1615, in-8.

La dédicace est signée : D. P. (Jacques DAVY DU PERRON et DE LA GUETTE).

Bref et sommaire recueil de ce qui a été fait, et de l'ordre tenu à l'entrée de Charles IX en Paris. (Par S. BOUQUET.) *Paris, O. Codoré*, 1572, in-4.

Catalogue manuscrit de l'abbé Goujet.

Bref et utile discours sur l'immodestie et la superfluité d'habits, avec une fidelle traduction franç. de deux oraisons latines, prises de Tite-Live ; l'une de M. Portius Cato, consul romain ; l'autre de L. Valerius, tribun du peuple, par M. H. D. C. P. A. L. C. M. (Hierosme DE CHATILLON). *Lyon, Antoine Gryphius*, 1577, in-4, 71 p.

Voy. « Supercheries », II, 250, *b*.

Brief exercite de guerre et instruction des nobles chevaliers, gentilzhommes, hommes d'armes et archers ; aussi l'art et science pour duire tous bons et vaillans soldats, et loyaulx gens darmes du royaume de France. (Par G. DREVIN.) *Paris, Guillaume Nyverd, impr. et libr.*, *s. d.*, in-8.

Note manuscrite.

Bref instruction pour tous estats, en laquelle est une description des abus qui s'y commettent, avec bons et saints enseignements... par G. C. (Girard CORLIEU, d'Angoulême). *Pont-à-Mousson, Melchior Bernard*, 1609, in-8. — *Pont-à-Mousson, Melchior Bernard*, 1613, in-8.

Voy. ci-après, col. 459, *b*, « Brieve instruction, et « Supercheries », II, 144, *b*.

Brief recit, et succinte narration de la navigation faicte es isles de Canada, Hochelage et Saguenay, et aultres, et particulièrement des mœurs, langages et cérémonies d'habitans d'icelle. (Par Jacques CARTIER.) *Paris, P. Roffet*, 1545, in-8.

Cette relation, devenue extrêmement rare, a été réimprimée, mais d'après un texte italien, à *Rouen*, en 1598, sous le titre de « Discours du voyage de Jacques Cartier ». Il en a été donné des éditions nouvelles. *Québec*, 1833, et *Paris, Tross*, 1864, in-8.

Bref recueil des antiquités de Valenciennes, où est représenté ce qui s'est passé de remarquable en ladite ville et seigneurie, depuis sa fondation jusqu'à l'année 1619, par S. L. B. (Simon LE BOUCQ). *Valenciennes, Vervliet*, 1619, in-8.

Réimprimé à Valenciennes, en 1844, in-8, 64 p. Voy. « Supercheries, » III, 653, *d*.

Brief traité de la racine Mechaocam venue de l'Espagne nouvelle, médecine très excellente du corps humain, blasonnée en mainte région le Reubarbe des Indes, trad. d'espagnol en françois, par J. G. P. (Jacques GOHORY, Parisien). *Rouen, Martin et H. Mallard*, 1588, in-8.

Voy. « Instruction sur l'herbe Petum. »
Voy. « Supercheries », II, 331, *f*.

Brefs et instructions du Saint-Siége, relatifs à la révolution française ; collection accompagnée de discours, notes et dissertations qui en prouvent l'authenticité. (Par l'abbé M.-N.-S. GUILLON.) 1799, in-8.

Brenna, nouvelle gauloise, par l'auteur de : « La famille d'Almer » (DONAT). *Paris, Dondey-Dupré*, 1833, in-12. D. M.

Brésil (le) et Rosas. *Paris, Guillaumin*, 1851, in-8.

L'introduction est signée : C. R. (Joseph-Charles REYBAUD).
Voy. « Supercheries », I, 802, *f*.

Bresse (la), sa culture et ses étangs, ou description historique et locale de la Bresse et... de l'Ain. *Bourg, P.-F. Bottier* (vers 1810), 3 vol. in-12.

Signé : M. D. (MAZADE-DAVEZE).
Voy. « Supercheries », II, 1080, *f*.

Briève et claire declaration de la resurrection des morts. (Par Elie PHILIPPE.) *S. l.*, 1583, in-24. V. T.

Briève et dévote histoire de l'abbaye de l'Isle-Barbe. (Par BEZIAN-ARROY.) *Lyon*, 1668, in-12. V. T.

Briève et succincte manière de proceder tant à l'institution et decision des causes criminelles que civiles, et forme d'informer en icelles. (Par Pierre LIZET.) *Paris, Vincent Sertenas*, 1555, in-8.— *Lyon, Ben. Rigaud*, 1567, in-8.

Briève histoire de l'institution des ordres religieux. (Par Raphaël TRICHET DU FRESNE.) *Paris, Adrien Menier*, 1656, in-4.

Briefve histoire des guerres civiles, advenues en Flandre, et des causes d'icelles, 1559-1577; revue, corrigée et augmentée outre la précédente édition. (Traduit de l'espagnol de Pedro CORNEJO, par Gabriel CHAPPUYS.) *Lyon, Jean Beraud*, 1579, in-8.

Briefve instruction pour tous estats, en laquelle est sommairement declairé comme chacun en son estat se doit gouverner et vivre selon Dieu. *Paris, de l'imprimerie de Philippe Danfrie et Richard Breton*, 1558, in-4.

Edition imprimée en caractères de civilité et qui n'est pas citée au « Manuel du libraire ». L'épître dédicatoire à Jaqueline de Rohan, marquise de Rotelin, est signée : VEILROC, anagramme de CORLIEU. Les éditions de *Paris, Bonfons, s. d.*, et *Pont-à-Mousson, Melchior Bernard*, 1609 et 1613, portent les initiales G. C. qui sont celles de Girard CORLIEU, d'Angoulême, auquel La Croix du Maine attribue ce livre.

Voy. ci-dessus col. 457, *f*. « Bref instruction ».

Brève instruction sur le calendrier. (Par le P. Hyacinthe SERMET.) *Toulouse, J.-J. Despax, an IX*-1801, in-8, 14 p.

Briève réponse d'un catholique françois à l'« Apologie ou défense des ligueurs. » *Troyes*, 1586, in-8, 29 p.

Une petite vignette placée au milieu du frontispice ressemble tout à fait à celle qui termine les « Lettres d'un François » (voyez ces mots), imprimées en 1587 à Troyes : cela me porte à croire que la « Briève réponse » est du même auteur (Fr. PITHOU).

Le P. Le Long jugeait cette pièce plutôt d'un protestant déguisé que d'un vrai catholique. Ses continuateurs disent qu'elle est écrite avec force et vivacité. Ces deux jugemens me confirment dans mon opinion.

Grosley n'a point cité la « Briève réponse » dans sa « Vie des frères Pithou »; il n'a point connu l'édition originale des « Lettres d'un François. »

Brèves narrations des actes et faits mémorables, advenus depuis Pharamond, premier roi des François, tant en France, Espagne, Angleterre, que Normandie, selon l'ordre du temps et supputation des ans, distinctement continuées jusques à l'an mil cinq cent cinquante et six. Catalogue des papes, depuis saint Pierre jusques à Jules, quatrième de ce nom, qui est à présent. Catalogue des empereurs, depuis Octavien César jusques à Charles d'Autriche, cinquième du nom. (Par Jean DU TILLET.) *Rouen, J. du Gord*, 1556, in-16.

Même ouvrage que « Chronique des rois de France ». Voy. ce titre.

Briéves remarques entre les innovations faites et pratiquées depuis l'an 1630 jusqu'à présent, en ce qui touche la célébration des chapîtres généraux et la direction de la congrégation de Saint-Maur... (Par dom FARON DE CHALLUS.) *S. l.* (1645), in-4.

Brevets (des) d'imprimeur, du certificat de capacité, et de la nécessité actuelle de donner à l'imprimerie les réglements promis par les lois; suivi du tableau général des imprimeurs de toute la France en 1704, 1739, 1810, 1830 et 1840. (Par G.-A. CRAPELET.) *Paris, P. Dufort*, déc. 1840, in-8, 2 ff. de tit. et 92 p.

D. M.

Brevets (des) d'invention accordés pour les méthodes dites Statilégie, Calligraphie et autres de la même nature, et des contrats auxquels ces brevets ont donné lieu. (Par AUZIAS.) *Nyons, Gros*, 1829, in-8, 32 pp.

Catalogue de Nantes, nº 21073.

Brevets de priorité. Projet de loi, rédigé avec la collaboration des principaux inventeurs et industriels de la Belgique, par le directeur du musée de l'industrie (J.-B.-A.-M. JOBARD). *Bruxelles, Bienez*, 1849, in-8, 32 p.

Voy. « Supercheries », I, 947, *e*.

Bréviaire (le) de Jacques Amyot, etc. (Publié par L. PARELLE.) *Paris, J.-B. Werdet*, 1829, in-18. D. M.

Bréviaire de Noyon. (Composé par l'abbé PERRIN, publié par L.-A. RONDET en 1764.)

Bréviaire de tous les peuples, ou pensées et maximes relatives à la morale, à la religion et à la politique; suivi d'un projet de constitution. (Par C.-M. ROUYER.) 1814, in-8.

Bréviaire (le) des nobles. (Par Alain CHARTIER.) *S. l. n. d.* (fin du XVe siècle), pet. in-4, goth.

Il existe d'autres éditions de la même époque. Voy. le « Manuel du libraire », 5e édit., t. I, col. 1814. Réimprimé avec le nom de l'auteur.

Bréviaire des prélats et supérieurs, ou traité des six ailes des séraphins, par le docteur séraphique saint BONAVENTURE, traduit et dédié à Jésus-Christ, pour étrenne de l'an 1648, par un père récollet de Liége (Barthélemy d'ASTROY, de Ciney). *Liége, Tournay*, 1647, in-8, 8 ff. et 221 p.

Voy. « Supercheries », III, 76, *a*.

Bréviaire du gastronome, ou l'art d'ordonner le dîner de chaque jour, suivant les diverses saisons de l'année... Par l'auteur du « Manuel de l'amateur d'huîtres. » (Alexandre MARTIN.) *Paris*, 1827, in-18, fig. — Sec. édit. *Paris, Audot*, 1828, in-18, avec le nom de l'auteur.

Bréviaire du gastronome, utile et récréatif... par l'auteur de « la Cuisinière bourgeoise. » (L.-E. AUDOT.) *Paris, Audot*, 1854, in-32.

Bréviaire philosophique, ou histoire du Judaïsme, du Christianisme et du Déisme, en trente-trois vers, par le feu roi de Prusse, et en trente-trois notes, par un célèbre géomètre. (Ouvrage composé et publié par J.-A.-J. CERUTTI.) *Paris*, 1791, in-8.

Voy. « Supercheries », I, 679, *e*, et II, 93, *e*.

Bréviaire romain, suivant la réformation du concile de Trente, latin-françois. (Traduit par Nic. LE TOURNEUX.) *Paris*, 1688, 4 vol. in-8.

Bréviaire romain, noté suivant un nouveau système de chant approuvé par l'Académie des sciences ; par M*** (DEMOTZ DE LA SALLE), prêtre. *Paris, Quillau*, 1727, in-12.

Voy. « Supercheries », III, 1033, *b*.

Brick Bolding, ou qu'est-ce que la vie ? roman anglo-franco-italien. (Par C.-A.-B. SEWRIN.) *Paris*, 1799, 3 vol. in-12.

Brief. Voyez : « Bref. »

Briève. Voyez : « Brève. »

Brigand (le) de Langerooge, ou les ruines mystérieuses, par deux ermites de l'île de Langerooge. (Ch. VAUGEOIS et M***.) *Paris, Pigoreau*, 1824, 3 vol. in-12.

Voy. « Supercheries », I, 928, *e*.

Brigandage (le) de la chirurgie. (Par Philippe HECQUET.) *S. l.*, 1738, in-12, 214 p.

Une édition de la même année : *Utrecht, chez les sœurs de C.-G. Le Fèvre*, 1738, in-12, porte le nom de l'auteur.

Une seconde partie, qui se trouve ordinairement réunie aux exemplaires des deux éditions, porte : « le Brigandage de la pharmacie », ouvrage posthume de M. Philippe HECQUET... seconde partie. *Utrecht, chez les sœurs C.-G. Le Fèvre*, 1738, in-12, 118 p.

Brigandage (le) de la médecine dans la manière de traiter les petites véroles et les plus grandes maladies par l'émétique, la saignée du pied et le kermès minéral. (Par Philippe HECQUET.) *Utrecht, C.-G. Lefèvre (Paris)*, 1732 et 1733, 3 parties in-12. — *Utrecht, C.-G. Lefèvre*, 1749, 3 vol. in-12.

Brigandage (le) de la musique italienne. *Amsterdam et Paris, Bastien*, 1781, in-12, XII-172 p.

a L'épître dédicatoire est signée : Jean-Jacques SONNETTE, pseudonyme de Ange GOUDAR.

Voy. « Supercheries », III, 711, *a*.

Brigands (les) des Alpes, comédie-vaudeville en un acte, de MM*** (ANCELOT et Boniface SAINTINE) ; représentée sur le théâtre du Vaudeville, le 19 novembre 1818. *Paris, Barba*, 1819, in-8.

Voy. « Supercheries », III, 1020, *a*.

b Brillantes époques de l'histoire de France... (Par FRESSE-MONTVAL.) *Limoges, Ardant frères*, 1856, in-12.

Souvent réimprimé.

Britannicus, tragédie. (Par Jean RACINE.) *Paris, Claude Barbin*, 1670, in-12.

Brocéliande, ses chevaliers et quelques légendes, recherches publiées par l'éditeur de plusieurs opuscules bretons (le baron
c Aimé-Marie-Rodolphe DU TAYA.) *Rennes, Vatar*, 1839, in-8.

Brochure (la) à la mode, ornée et enrichie de quelques pensées. (Par Michel MARESCOT.) *Paris, Duchesne*, 1755, in-12.

Le libraire Duchesne chercha à vendre avec cette brochure le « Triomphe de l'Amour », poëme en prose, par le sieur MICHEL, comme si l'une eût été la seconde partie de l'autre. Les deux auteurs ne furent pas satis-
d faits de cet arrangement, qui ne plut pas davantage aux acheteurs. Voy. l' « Année littéraire » de Fréron, 1756, t. II, p. 201.

La « France littéraire », *Paris*, 1769, in-8, met cet ouvrage sous le nom de MARESCOT ; mais dans le registre manuscrit de la police pour les permissions tacites, on trouve le nom de FORCEVILLE.

Brochure morale. (Par Mlle FONTETTE DE SOMMERY). *Amsterdam (Paris)*, 1769, in-12.

Cet ouvrage a été refondu en partie dans la 2e édition des : « Doutes sur différentes opinions ». Voy. ce
e titre.

Brochure nouvelle. (Conte de fées, par Ant. GAUTIER DE MONTDORGE.) 1746, in-8.

Voyez « la France littéraire » de 1769, t. II. Les rédacteurs du Catalogue de la Bibliothèque du roi, « Belles-Lettres », tome II, attribuent faussement cet ouvrage à un M. MANDA.

Brochures (les), dialogue en vers entre un provincial et un libraire, par M. S***
f D. M. (Edouard-Thomas SIMON). *Paris, Cailleau*, 1788, in-8, 14 p.

Réimprimé dans le tome troisième des « Satiriques du dix-huitième siècle ». Voyez ce titre.

Brotiade (la), ou les Plaisirs des Brotteaux, poëme héroï-comique en quatre chants ; étrennes à la ville de Lyon. (Par Julien PASCAL.) *Genève et se trouve à Lyon, au Palais des ris et des jeux*, 1779, in-12.

Catalogue Coste, n° 12452.

Bruits de coups d'état. *Besançon, imp. de J. Jacquin* (1849), in-8.

Signé : C. (CHIFLET).

Brunetiana, quinzième édition, contenant uniquement les facéties et bons mots de M. Brunet, dans ses principaux rôles, et tout à fait différente des quatorze précédentes ; dédiée à M. Brunet, avec son portrait dans « le Désespoir de Jocrisse ». (Par A.-H. RAGUENEAU DE LA CHENAYE.) *Paris, Mme Cavanagh*, 1802, in-18, 180 p.

Bruno, imité du suédois (de Mme Bremer), par l'auteur d' « Adhémar de Belcastel » (Mme DE GAULLE). *Lille, Lefort*, 1846, 2 vol. in-12. — 1847, in-12. — 2e éd. 1851, in-12. — 3e éd. 1859, in-18, 159 p. — 4e éd. 1864, in-18.

A partir de la 5e éd., *Lille, Lefort*, 1867, in-18, le nom de l'auteur se trouve sur le titre.

Brutalité (de la). Voy. « de la Compatissance. »

Brutus, tragédie en trois actes et en vers, par M. D*** (C.-A. DEVINEAU DE ROUVROY). *Paris, Cailleau*, 1776, in-8. — *Paris, Esprit*, 1790, in-8.

Réimprimé en 1803, sous le titre de : « Marcus Brutus », avec le nom de l'auteur, *Paris, Petit*, in-8. Voy. « Supercheries », I, 842, *a*.

Bruxelles, les palais de Laecken et Tervueren, par un vieux Belge (FIOCARDO, propriétaire et rédacteur de « l'Oracle »). *Bruxelles, veuve Stapleaux*, in-16, 172 p.

Revu pour le style par M. HUDIN.
Voy. « Supercheries », III, 951, *a*.

Bruxelles, Paris et les Pays-Bas depuis le mois de juillet 1830. Par un Belge, ami de sa patrie (DEFRENNE). *Bruxelles*, 1830, in-8, 20 p.

Voy. « Supercheries », I, 500, *b*.

Bucaliques (les) messines, pièces queurriouses don tems pessé, don tems présent. Par D. M*** (Didier MORY). *Metz, Verronnais*, 1830, in-8.

Voy. « Supercheries » I, 963, *f*.

Bucheron (le) ou les trois souhaits, comédie en un acte, mêlée d'ariettes. (Par J.-Fr. GUICHARD et CASTEL). *Paris, C. Ballard*, 1763, in-8. — *Paris, C. Hérissant*, 1770, in-8.

Bucoliques (les) de VIRGILE, en vers françois, par le sieur P*** (PORRY). *Paris, Barbin*, 1689, in-12.

Le nom du traducteur s'est trouvé sur un exemplaire donné à un ami.
Voy. « Supercheries », III, 5, *a*.

a Bucoliques (les) de VIRGILE, en vers (par M. DE LANGEAC), avec des remarques sur les beautés du texte (par MICHAUD). *Paris, Giguet*, 1806, in-4, in-8 et in-18.

Bucoliques (les) de VIRGILE, traduites en vers français et accompagnées de notes sur les beautés du texte, par J. A. D*** (Jean-Achille DEVILLE). *Paris, Cussac*, 1813, in-8.

b Voy. « Supercheries », II, 357, *e*.

Bucoliques (les) de Virgile, traduites par *** (Claude DELOYNES D'AUTROCHE). *Paris, A. Egron*, 1813, in-18. D. M.

Bucoliques (les) de Virgile, imitées en vers français (avec le texte en regard) par M. V. de B. (Le vicomte DE CARRIÈRE). *Paris, C.-J. Trouvé*, 1823, in-12.

Voy. « Supercheries », III, 920, *a*.

c Budget d'un sous-lieutenant, poëme en un chant, par A. G******* (GUIBOURG), sous-lieutenant de la garnison de Lyon. *Lyon, imp. de Barret*, 1817, in-8.

Voy. « Supercheries », II, 124, *a*.

Budget (le) de Henri III, ou les premiers états de Blois, comédie historique, précédée d'une dissertation sur la nature des guerres qu'on a qualifiées de guerres de religion, dans le XVIe siècle, suivie d'une
d notice nouvelle sur la vie de Henri III. (Par le comte Antoine-Marie RŒDERER.) *Paris, H. Bossange*, 1830, in-8.

Budget (du) de la guerre et de la situation, par un industriel (Charles MARCELLIS). *Bruxelles*, 1860, in-8, 31 p.

Voy. « Supercheries », II, 338, *e*.

Budget (le) de la guerre et la question
e financière, par A. L. (Antoine LEMAIRE, lieutenant-colonel au corps d'état-major). *Bruxelles, Decq*, 1861, in-8, 46 p.
J. D.

Budget du ministère de l'intérieur pour l'exercice de 1859. Observations sur le chapitre de l'enseignement moyen. (Par Joseph COUNE, préfet des études à l'athénée d'Anvers). *Gand, Vandosselaere*, 1859, in-8, 24 p. J. D.

f Budget (le) du presbytère, ou considérations sur la condition temporelle du clergé catholique ; par un curé desservant (l'abbé J.-L.-P. FÈVRE, curé de Louze). *Paris, Douniol*, 1858, in-8, 127 p.

Voy. « Supercheries », I, 818, *f*.

Budget politique et littéraire... Voyez « Correspondance historique et littéraire ».

Budgets de la ville de Paris et rapports au conseil municipal à ce sujet, depuis 1818 jusqu'en 1827 inclus. (Par le comte Chabrol de Volvic.) *Paris, impr. de Ballard*, 1818-27, 10 cah. in-4.

Budgets (des) de 1832 et 1833. (Par le marquis de La Gervaisais.) *Paris, impr. de Pihan-Delaforest*, 1732, in-8, 16 p.

Buez ar Sœnt, gant reflexionou spirituel, etc. (Vies des saints avec des réflexions spirituelles, par Claude-Guillaume de Marigo, curé de Beuzéc-Conq.) *Quimper, Y.-J.-L. Derrien, s. d.*, in-8.

Catalogue de Nantes, nº 36843.

Buffon (le) des enfants, ou histoire naturelle calquée sur la classification des animaux, par Linné... traduit de l'anglais (de W. Mavor); par J.-B.-J. Breton. *Paris*, 1802, 1807, 2 vol. in-12, av. 103 fig.

Bug Jargal. Par l'auteur de « Han d'Islande. » (Victor Hugo.) *Paris, U. Canel*, 1826, in-18, avec une eau-forte de Pierre Adam, d'après Devéria.

Une traduction anglaise parut la même année, ornée de quatre gravures de Cruikshank.

Bugado (la) provençalo vonté cadun l'y a panouchon enliassado de prouerbis, sentencis, similitudos et mouts per rire, en prouençau, enfumad é coulado en vn tineou de dés soûs per la lauar, sabounar é essuyar cumo sé deou. *S. l. n. d.*, in-16, 96 p.

On suppose que cette collection de proverbes provençaux a été faite par François de Bègue. Elle a été reproduite en 1666 dans la seconde édition du « Jardin dys Musos » du même auteur. Enfin elle a été réimprimée dans la « Bibliothèque provençale » dont elle forme le premier volume. *Aix, A. Makaire, impr.-éd.*, 1859, in-16, 2 ff. de titre et 101 p.

Voy. Brunet, « Manuel du libraire », 5e éd., tome I, col. 1381.

Bulgarie (la) chrétienne, étude historique. (Par Adolphe d'Avril.) *Paris, B. Duprat*, 1863, in-12.

Bulle (la) d'Alexandre VI, nouvelle imitée de l'italien de Casti. (Par F.-G.-J.-S. Andrieux.) *Paris, Dabin*, an IX-1802, in-8, 24 p.

Ce conte n'a pas été réimprimé dans les « Œuvres » d'Andrieux. *Paris*, 1818-1823, 4 vol. in-8 ou 6 vol. in-18. Il en a été fait en 1860, *Luxembourg (Bruxelles, J. Gay)*, une édition in-12, tirée à 106 exemplaires.

Bulletin de couches (1er-5e) de Me Targot, père et mère de la Constitution des ci-devant Français, conçue aux Menus, présentée au Jeu-de-Paume et née au Manège, par l'auteur de tous les repas du

a monde (André-Boniface-Louis de Riquetti, vicomte de Mirabeau). *S. l.* (20-22 mars 1790), in-8.

Bulletin de l'Assemblée nationale du 12 septembre 1789 au 6 juillet 1790. (Rédigé par Hughes-Bernard Maret, depuis duc de Bassano.) *Paris*, 10 vol. in-8.

Maret réunit ce « Bulletin » au « Moniteur ».

Bulletin de la République. Ministère de

b l'intérieur... (nos 1 à 25, 13 mars — 6 mai 1848.. Par MM. Jules Favre, Elias Regnault, Ch. Lecointe, Alfred Delvau et Mme George Sand.) *Paris, impr. de E. Duverger*, in-fol.

Voy. pour la réimpression in-18, publiée par M. Gaëtan Delmas, ci-après « Bulletins », col. 467, *a*.

Bulletin de Lyon. *Lyon, Ballanche père et fils*. 3 vend. an XI-27 déc. 1809, 7 vol.

c in-4.

P.-Sim. Ballanche était le principal rédacteur. Il a eu pour collaborateurs Laur.-P. Bérenger, A.-J.-Q. Beuchot, dont les articles ne sont signés que de ses initiales, et Jars.

Des titres spéciaux portant : « Collection du Bulletin de Lyon », première année, an XI-1802-1803; deuxième année, an XII-1803 et 1804, *Lyon, Ballanche père et fils*, ont été imprimés pour les deux premières années.

d Bulletin (le) français. (Rédigé par le comte d'Haussonville et M. A.-G. Thomas.) *Bruxelles, J.-H. Briard, et Londres*, 1852, janv. et févr., in-8, 289 p.

Les sept premières livraisons ont été imprimées en Belgique, la huitième et dernière l'a été à Londres. Les pages 155-289 sont occupées par un annexe : Procès et acquittement du « Bulletin français. »

Bulletin (le) impérial, ou la campagne de soixante jours, stances héroïques ; par

e L.-D. C*** (Colson). *Paris, Saurié*, 1806, in-8. D. M.

Bulletin national, ou papier-nouvelles de tous les pays et de tous les jours. (Par Jean-Pierre Gallais.) 1er novembre 1792 — 21 août 1796, in-4.

Au commencement de 1794, le titre de ce journal devient : « Bulletin républicain, ou papier-nouvelles... ». A partir du 23 octobre 1795, il reprend son ancien titre de : « Bulletin national ».

f Bulletin officiel du directoire helvétique. (Par Antoine Miéville.) *Lausanne*, 1799, in-8. V. T.

Ce journal fut supprimé en janvier 1800 par un décret.

Bulletin (le) politique, rédigé par plusieurs écrivains patriotes (P.-A. Antonelle). 16-20 frimaire an IV, 5 nos in-4.

Voy. Hatin, « Bibliographie de la presse », p. 263.

Bulletin usuel des lois et arrêtés concernant l'administration générale, avec des notes de concordance. (Par DELEBECQUE.) *Bruxelles*, 1830-1843, in-8. D. M.

Bulletins de la République, émanés du ministère de l'intérieur, du 13 mars au 6 mai 1848. Collection complète. Avec une préface, par un haut fonctionnaire en activité (M. Gaetan DELMAS). *Paris, au bureau central*, 1848, in-18.

Voy. « Supercheries », II, 246, *b*.
Voy. aussi ci-dessus : « Bulletin de la République ».

Buonaparte. Voy. « Bonaparte. »

Burchel et ses pinceaux, étude contemporaine sur M. l'abbé Fournier, curé à Nantes, etc. (Par M. l'abbé Joseph SOURISSEAU). *Paris, Garnier frères*, 1851, in-8.

Catalogue de Nantes, n° 37895. Il y a des exemplaires avec ce titre : « Burchel, ou les pinceaux dudit s'émancipant à peinturer M. l'abbé Fournier, curé à Nantes... » *Paris, Garnier frères*, 1851.

a Bureau (le) d'esprit, comédie en cinq actes et en prose. (Par le chevalier RUTLIDGE.) *Liége, Boubers*, 1776, in-8, VIII-99 p.— Autre éd. Par M. L. C. R. G. A. *Londres*, 1777, in-8.

Voy. « Supercheries », II, 703, *d*.

b Buvette (la) des philosophes, ode bachique sur leur histoire, rangée par ordre chronologique... (Par M. BRISSEAU.) *Douay*, 1726, in-8. V. T.

Buveurs (les) de sang. (Par Odilon DELIMAL.) *Bruxelles, N. Delimal*, 1865, in-16, 32 p.

Compte-rendu du « Congrès des étudiants de Liége. »

c Byzanciade (la), poëme, par l'auteur des « Trois âges » (M. ROUX DE ROCHELLE). *Paris*, 1822, in-8.

C

C'en est fait de nous. (Par MARAT.) *Paris, imp. de Marat*, 1791, in-8.

C'est de Jehanne-la-pucelle. Légende de la fin du XVe siècle. (Par Mme J. DU PUGET.) *Paris, Guyot*, 1833, 2 vol. in-8.

C'est l'hystoire du Saint Greaal qui est le premier livre de la Table ronde, lequel traite de plusieurs matières recreatives. Ensemble la quête du dit Saint Greaal faite par Lancelot, Galaad, Boors et Perceval, qui est le dernier livre de la Table ronde. (Trad. du latin en français par ROBERT DE BOSRON.) *Paris, Philippe Lenoir*, 1523, in-fol.

C'est lui, ce n'est pas lui. Hé qui donc? ou le lavabo politique. (Par N. BOQUILLON.) *Paris, Ponthieu*, 1823, in-8, 16 p.

d C'est trop fort. (Par LANGEAC.) *Paris, Petit*, 1819, in-8.

Ça ne va pas, ça n'ira pas : non, c'est le chat. Par l'auteur de « la Lanterne magique de la rue Impériale », et de « N'en parlons plus et parlons-en toujours » (And.-Ch. CAILLEAU). (*Paris*,) *imp. de Cello*, (1814), in-8, 8 p.

e Cabale chimérique, ou réfutation de l'histoire fabuleuse qu'on vient de publier malicieusement touchant un certain projet de paix, dans l' « Examen d'un libelle... intitulé : « Avis important aux réfugiés, sur leur prochain retour en France ». (Par P. BAYLE.) *Rotterdam, R. Leers*, 1691, in-12. — 2e édit. *Ibid., id.* — *Cologne, P. Marteau*, 1691, in-12.

Cabale (la) des reformez, tirée nouvellement du puits de Démocrite. Par I. D. C. *Mompeillier, chez le Libertin, imprimeur juré de la Sainte Réformation*, 1597, 1599, 1600, in-8.

Le « Mercure françois » (de Richer), attribue cet ouvrage au sieur Guillaume DE REDOUL, voy. t. II, p. 154.

Voy. « Supercheries », II, 377, *c*.

Cabales (les), avec des notes instructives. (Par VOLTAIRE.)

Dans le t. IX de l' « Evangile du jour. » Voy. ce titre.

Cabane (la) mystérieuse, par V. D. M. (Victor-Donatien DE MUSSET-PATHAY). *Paris, Louis*, an VII-1799, 2 vol. in-12.

Voy. « Supercheries », III, 921, *a*.

Cabarets (les) de Paris, ou l'homme peint d'après nature; par un dessinateur au charbon (J.-P.-R. CUISIN) et un enlumineur à la litharge; petits tableaux de mœurs philosophiques, galants, comiques, mêlés de couplets et de diverses poésies légères. *Paris, Delongchamps*, 1821, in-18, 179 p., avec 4 gravures.

Voy. « Supercheries », I, 925, *c*.

Cabarets (les), ou revue bachique, comique, morale, philosophique... par une société de musiciens. (Par FRÉMOLLE.) *Anvers, Van Esse*, 1826, in-8, 200 p.

J. D.

Cabinet (le) Courtagnon, poëme, dédié à Mme la douairière de Courtagnon. (Par dom DIEU-DONNÉ, bénédictin.) *Châlons, Seneuze*, 1763, in-4.

Cabinet (le) d'un bibliophile rémois (Brissart-Binet). *Reims*, 1862, in-12, 31 p.

Signé: Ad. BOURRÉE. D. M.

Cabinet de cantiques spirituels, propres pour élever l'âme à Dieu, recueillis de plusieurs pièces religieuses, par G. P. B. (Guy PATIN). Troisième partie. *Paris, Ant. de Sommaville*, 1622, in-8, 154 p.

L'auteur a signé l'épître.

Voy. « Supercheries », II, 204, *e*.

Cabinet (le) de la bibliothèque Ste.-Geneviève, divisé en deux parties, contenant les antiquitez de la religion des Chrétiens, des Egyptiens et des Romains; des tombeaux, des poids et des médailles, des monnoyes, des pierres antiques gravées et des minéraux... Par le P. Claude DU MOLINET. (Publié par les soins du P. SARREBOURSE.) *Paris*, 1692, in-fol.

Cabinet de lecture, ou recueil d'histoires, d'anecdotes, de fables, de sentences, de proverbes. (Par l'abbé Pierre HANSEN, né à Hollerich, Luxembourg, mort à Mons, le 18 février 1858.) *Mons, Piérard*, 1836, in-12. J. D.

Cabinet (le) de Minerve, auquel sont plusieurs singularitez, figures, tableaux antiques, recherches saintes, remarques serieuses... (Par François BEROALDE DE VERVILLE.) *Paris, Guillemot*, ou *Tours, Sébastien Molin*, 1596, 1597, in-12. — *Rouen, du Petit-Val*, 1597, in-12.

Réimprimé à *Rouen, Raphaël du Petit-Val*, 1601, in-12, avec le nom de l'auteur.

Cet ouvrage forme la 5e partie des « Aventures de Floride ». Voy. ci-dessus, col. 334, *e*.

Cabinet (le) des enfants... nouvelle édition. (Par P. BLANCHARD.) *Paris, Blanchard*, 1815, in-8.

La première édition a paru vers 1811.

Cabinet (le) des Fées, ou collection choisie des contes des fées et autres contes merveilleux. (Par Charles-Joseph MAYER.) *Amsterdam et Paris*, 1785, 37 vol. in-8.

L'on a publié à Genève, dans les formats in-8 et in-12, quatre volumes qui font suite à cette collection. Ils contiennent une suite des « Mille et une Nuits », contes arabes traduits par Charles-Joseph CHAVIS, natif de Saint-Jean d'Acre, attaché comme interprète à la Bibliothèque nationale en 1793, et CAZOTTE. »

Cabinet (le) du jeune naturaliste, traduit de l'anglais de Thomas SMITH. (Par Mlle ALYON, T.-P. BERTIN et Th. MANDAR.) *Paris, Maradan*, 1810, 6 vol. in-12.

Cabinet (le) du roy de France, dans lequel il y a trois perles précieuses d'inestimable valeur, par le moyen desquelles Sa Majesté s'en va le premier monarque du monde, et ses sujets du tout soulagez. *S. l.*, 1581, in-8. — Autre édit. 1582, in-8. *Londres*, 1624, in-8.

Les trois perles sont : la parole de Dieu, la noblesse et le tiers-état.

L'épître dédicatoire est signée : N. D. C. (Nicolas BARNAUD, de Crest, en Dauphiné).

Cabinet (le) du roy Louis XI, contenant divers fragmens, lettres missives et secrètes, intrigues du règne de ce monarque, et autres pièces très-curieuses et non encore vues, recueillies de diverses archives et trésors. (Par Tristan L'HERMITE DE SOLIERS.) *Paris, Quinet*, 1664, in-12.

Le « Manuel du libraire » fait observer que, malgré son titre ambitieux et la préface prétentieuse de l'éditeur, ce livre n'est autre chose qu'un recueil anecdotique sur Antoine de Chabannes, comte de Dammartin, extrait d'un manuscrit daté de 1502 qui se conserve à la Bibliothèque nationale et qui est une copie, assez largement interpolée, de la chronique de

Louis XI. C'est ce qu'a établi M. J. Quicherat, dans une dissertation, « Bibliothèque de l'Ecole des Chartes », 4e série, tome I et II.

Le « Cabinet de Louis XI » a été réimprimé à la suite des « Mémoires de Comines » et dans les « Archives curieuses de l'histoire de France », tome I.

Cabinet (le) et la chambre. (Par le marquis DE LA GERVAISAIS.) *Paris, Pihan-Delaforest*, 1835, in-8, 24 et 16 p.

Cabinet (le) noir et M. de Vaulchier. (Par F.-T. CLAUDON.) *Paris, Constant Chantpie*, 1828, in-8, 32 p.

Cabinet (le) satyrique, ou recueil parfaict des vers piquants et gaillards de ce temps, tiré des secrets cabinets des sieurs Sygognes, Regnier, Motin, Berthelot, Maynard et autres des plus signalez poëtes de ce siècle. Nouvelle éd. complète, revue sur les éd. de 1618 et de 1620, et sur celle dite du Mont-Parnasse, sans date. *S. l.* (*Bruxelles, imp. Briard*), 1864, 2 vol. pet. in-18, front. gravé (de M. F. Rops).

L'avertissement anonyme est de M. Aug. POULET-MALASSIS, qui a fait le travail de cette édition.

Voy. la « Bibliographie des ouvr. relatifs à l'amour », 3e édit., t. II, p. 80.

Cabinet (le) secret du « Dictionnaire de l'Académie », ou vocabulaire critique de certains mots qui ne devraient pas se trouver dans le dictionnaire de la docte assemblée, par un membre de plusieurs académies (B. LUNEL). *Paris, Hédouin*, 1846, in-12, 35 p.

Voy. « Supercheries, » II, 1111, *d*.

Cabotines (les), scènes épisodiques, historiques et critiques sur les théâtres de Bordeaux. (Par Alex.-L.-Bertr. ROBINEAU, dit BEAUNOIR.) *Bordeaux*, an XI-1803, 2 cah. in-8.

Cabriolet (le). (Par Gabriel MAILHOL.) *Amsterdam, Marc-Michel Rey*, 1755, in-12. — *La Haye*, 1760, in-12.

Cabriolet (le), ou l'égoïste corrigé, conte en l'air. ((Par madame Fanny DE BEAUHARNOIS.) 1784. V. T.

Permission tacite.

Cachez-vous, montrez-vous, ou les enfants et les hommes, par l'auteur de « V'là l'bouquet » (N.-V. ROYER). *Paris, Renaudière*, 1825, in-8.

Cacophonie (la)... (Par J.-H. MARCHAND.) 1767, in-12. V. T.

Permission tacite.

Cadastre (du) et de son application aux propriétés rurales, par la Société d'agriculture du département de l'Ain. (Par GAUTHIER-DÉSILES, président de ladite Société.) *Bourg, Janinet*, 1818, in-8, 40 p.

Voy. « Supercheries », III, 600, *d*.

Cadastre (du), réponse à un écrit intitulé : « la Vérité sur le cadastre. » (Par A.-J.-U. HENNET.) *Paris*, 1817, in-8.

Aubert du Petit Thouars, auteur de l'écrit critiqué, répondit à Hennet.

Cadenas (le), playdoyer intéressant, par M. F*** (FREYDIER), avocat au présidial de Nismes. *Nismes*, 1779, pet. in-8.

Ce plaidoyer avait paru à *Montpellier*, en 1750, avec le nom de son auteur.

Voy. « Manuel du libr. », 5e éd., article FREYDIER.

Cadet-Roussel beau-père, imitation burlesque des « Deux gendres »; en deux actes. Par Th. D*** (Théophile MARION DU MERSAN). *Paris*, 1810, in-8.

Des exemplaires de cette pièce portent DURAND comme nom d'auteur.

Voy. « Supercheries, » III, 780, *b*.

Cadet Roussel misanthrope, et Manon repentante, folie en un acte, représentée sur le théâtre des Variétés, jardin Egalité, le 4 floréal an VII. (Par Aug. HAPDÉ et Joseph AUDE.) *Paris, au théâtre du Vaudeville*, an VII, in-8, 60 p.

Cadet Rousselle, ou le Café des aveugles, pièce en deux actes qui n'en font qu'un, en vers et en prose, représentée pour la première fois à Paris le jeudi 13 février 1793, l'an deuxième de la république, sur le théâtre du Palais, par A..... et T..... (Joseph AUDE et Charles-Louis TISSOT.) *Paris, Clément*, 1793, in-8, 45 p.

Réimprimé avec le nom des auteurs. *Paris, la cit. Toubon*, 1794, in-8, 47 p.

Voy. « Supercheries », I, 140, *f*.

Cadi (le) dupé, opéra comique en un acte, mêlé d'ariettes. Par l'auteur du « Maître en droit » (P.-R. LE MONNIER). *Paris, Duchesne*, 1761, 1765, in-8.

Cadran (le) des doits pour les voyageurs et les curieux, nouvellement reconnu et bien esprouvé, par le P. P. B. J. (le P. Pierre ROBINET, jésuite). *A Orléans, chez Claude et Jacques Borde, au cloistre Sainte-Croix, s. d.*, in-4.

Voy. « Supercheries », III, 50, *b*.

Caducée (le) d'état, faisant voir par la raison et par l'histoire : 1o que nous ne pouvons point espérer de paix pendant que la reine sera dans le conseil; 2o que l'entrée du conseil est interdite à la reine par les lois de l'Etat.... *Paris, P. Le Muet*, 1652, in 4, 32 p.

Par DUBOSC-MONTANDRÉ, suivant la « Bibliographie des Mazarinades. »

Caffé (le), comédie. (Par J.-B. ROUSSEAU.) *Paris, P. Aubouyn*, 1694, in-12.

Café (le) de l'Opéra. Poëme didactique (en vers libres), dédié aux amateurs du jeu de dominos. (Par J. MEIFFRED.) *Paris, imp. de Goetschy*, 1832, in-8, 32 p.

Café (le) littéraire, ou la folie du jour, comédie-prologue sans préface, représentée tous les jours, et selon les circonstances, par Mlle C*** D***. (Par CARRIÈRE-DOISIN.) *Paris, Leroy*, 1785, in-8, 56 p. et 1 pl. gravée.

Voy. « Supercheries », I, 670, *d*.

Cafés (les) de Paris, ou revue politique, critique et littéraire des mœurs du siècle; par un flaneur patenté (É.-F. BAZOT). *Paris, Lécrivain*, 1819, in-18.

Voy. « Supercheries », II, 40, *e*.

Cagliostro, ou l'intrigant et le cardinal; par l'auteur des « Mémoires de Mme Dubarry et de Mlle Duthé » (Etienne-Léon DE LAMOTTE-LANGON). *Paris, La Chapelle*, 1834, 2 vol. in-8.

Voy. « Supercheries », II, 1283, *c*.

Cagliostro, ou les Illuminés, opéra comique en trois actes. (Par Emm. DUPATY et Jacques-Antoine DE REVERONI SAINT-CYR.) *Paris, Barba*, 1810, in-8.

Cahier d'un magistrat du Châtelet de Paris, sur les justices seigneuriales et l'administration de la justice dans les campagnes. *Paris, Clousier*, 1789, in-8, 31 p.

Signé : BOUCHER D'ARGIS.

Cahier de la déclaration des droits du peuple et contrat de constitution de l'état. (Par J.-L. CARRA.) *Paris*, 1789, in-8.
V. T.

Cahier des doléances, remontrances et instructions de l'assemblée du tiers-état de la ville de Rouen, destiné à être porté aux États-généraux en 1789. (Rédigé par Jacques-Guillaume THOURET.) *Rouen*, mars 1789, in-8, 56 p.

Cahier des pauvres. (Par LAMBERT.) *Paris, au domicile de l'auteur*, 1789, in-8, 16 p.

Cahier du tiers-état de la ville de Paris. (Rédigé par Guy-Jean-Baptiste TARGET.) 1789, in-8.

Cahiers de l'ordre de la noblesse du pays et duché d'Albret, dans les senéchaussées de Casteljaloux, Castelmoron, Nérac et Tartas, en 1789. (Par le baron P.-L. DE BATZ.) *Paris, Cosson*, 1820, in-8, 46 p.

Cahiers de mathématiques à l'usage des officiers de l'école royale d'artillerie de Strasbourg. (Par J.-Henry HERTENSTEIN.) *Strasbourg, Dulssecker*, 1737, 2 vol. in-4.

Cahiers de trois communes de Langres. (Rédigés par Cés.-Guil. DE LA LUZERNE, évêque de Langres.) 1789, in-8.

Cahiers militaires portatifs, contenant la nouvelle idée sur le génie, les remarques et extraits sur une armée, et le service en général. Par M. le colonel D*** (François-Louis-Pierre-Auguste TISSOT, connu sous le nom de TISSOT-GRENUS.) *Genève, J.-A. Nouffer*, 1778, in-4, 182 p. av. 11 pl. — *Londres et La Haye*, 1785, in-8, 221 p. et 11 pl.

Voy. « Supercheries », I, 842, *b*.

Cahiers périodiques.

Collection de 3 numéros, chacun avec titre spécial :

No 1. La viande à dix sols la livre en dépit des affameurs du peuple. *Paris, Lorion*, an III, in-8.

Signé : DEVOYO et G. LE... (LE BLANC).

No 2. Acte d'accusation de Collot, Billaud, Barrère et Vadier, agents du gouvernement anglais ; envoyé à la commission des vingt et un. *Paris, impr. de Lachave*, an III, in-8, 30 p.

Signé : G. L. B. (G. LEBLANC.)

Premier plaidoyer contre Collot, Billaud, Barrère, Vadier et leurs complices. *Paris, Desenne*, l'an III, in-8, 34 p.

Signé : G. LEBLANC.

Cahin-Caha. Premières poésies. (Par BOUQUIÉ, étudiant à l'université de Liége.) *Bruxelles*, 1866, in-8, 140 p. J. D.

Caie SUÉTONE Tranquille, de la Vie des douze Césars, traduit et illustré d'annotations. (Par Jean BAUDOUIN.) *Paris, Richer*, 1611, in-4.

Caissier (le) et sa fille, ou défiez-vous des apparences, anecdote allemande. Par l'auteur de « Célestine, ou la Victime des préjugés », des « Deux forteresses » etc. (mistriss Charlotte SMITH, et trad. par Mlle MARNÉ DE MORVILLE, dame DE ROME.) *Paris, Delacour*, 1812, 3 vol. in-12.

Caissier (du) général, de ses avantages et de la nécessité de sa conservation (Par PERROT.) *Bruxelles, Berthot*, 1836, gr. in-8. J. D.

C(aius). C. Tacite, historien du roi, de Madame, de Buonaparte, de la Charte, des fédérés, des pairs, des voltigeurs, des députés, etc., etc.; avec une version française (en regard du texte.) (Par Alex. BEAUREPAIRE DE LOUVAGNY, alors secrétaire d'ambassade.) *Paris, Pélicier*, 1815, in-8, 32 p. — Sec. édit. revue et augmentée. *Ibid., id.*, 59 p.

Quérard a donné ce titre dans ses « Supercheries », III, 755, *c*, mais sans indiquer le nom de l'auteur.

Cajna, ou l'idolâtre convertie, tragi-comédie, par F. G. B. (Frère GIRARD, barnabite). *Lyon*, 1656, in-8, 94 p.

Voy. « Supercheries », II, 37, *c*.

Cajus Igula, ou l'empereur Cajus César Caligula, né à Igel le 31 août de l'an 764 de Rome, ou 11e de J. C. ère commune. Essai par forme de dissertation sur le sujet et l'époque du fameux monument appellé communément la tour d'Igel, situé à l'extrémité du Luxembourg, au bord de la Moselle, entre les confluens de la Saare et de la Sure, avec les dessins de ses quatre faces en détail. *Luxembourg, de l'imp. des héritiers d'André Chevalier*, 1769, in-4, 5 ff. lim., 148 p., 1 f. d'errata et 10 planches.

La dédicace est signée : LORENT.

Calamité des églises de la souveraineté de Béarn, dédiée à MM. de l'assemblée générale des églises de France et souveraineté de Béarn. (Par J.-P. DE LESCUN.) *La Rochelle, par P. Pied-de-Dieu*, 1621, in-8.

La dédicace est signée : L. N.

Calcul des décimales appliqué aux différentes opérations de commerce, de banque et de finances, par J.-Cl. O. (Jean-Claude D'OBREUIL-OUVRIER, professeur d'écriture), de Lille. *Paris*, 1765, in-8.

D. M.

Calculs d'usage pour les comptables, trésoriers, marchands, banquiers, etc. (Par Jean-Baptiste MASSON.) *Paris, Henry*, 1770, in-8.

De nombreuses éditions antérieures portent le nom de l'auteur.

Calculs et projections de la grande éclipse de soleil du 1er avril 1764. (Par LE CARTIER D'EPUISART, conseiller à la cour des monnaies.) *Paris*, 1763, in-4.

Caleb Williams, ou les choses comme elles sont; traduit de l'anglais de Will. GODWIN. (Par Samuel CONSTANT.) *Genève*, 1795, 3 vol. in-12.

Calembourg (le) en action, anecdote tirée des annales secrètes des chevalières de l'Opéra. (Par MÉRARD SAINT-JUST.) *Lampsaque*, 1789, petit in-12, 88 p.

Sauf les 6 prem. pages, cet ouvrage est le même que celui intitulé : « Sept et le va à l'as de pique. »
Voy. ce titre.

Calembourgs de l'abbé Geoffroy, faisant suite à ceux de Jocrisse et de Mme Angot, ou les auteurs et les acteurs corrigés avec des pointes, ouvrage piquant, rédigé par

a G..... s D... L. (Georges DUVAL.) *Paris, Capelle*, an XI-1803, in-18, fig.

Voy. « Supercheries », II, 220, *c*.

Calendrier Dauphin. Voy. « Almanach Dauphin. »

Calendrier de Flore, ou études de fleurs d'après nature, par mademoiselle V. D. C******** (Victorine DE CHASTENAY). *Paris, Maradan*, an X-1802, 3 vol. in-8.

b Voy. « Supercheries », III, 919, *f*.

Calendrier de Philadelphie, ou Constitutions de Sancho-Pança et du bonhomme Richard en Pensylvanie. (Par Jacq. BARBEU DU BOURG.) *Philadelphie et Paris, Esprit*, 1778, in-12.

Calendrier de Thémis, dans lequel on trouve chaque jour la date de la mort d'un homme célèbre dans les fastes du droit; suivi d'une notice sur saint Yves. *Lyon,*
c *F. Guyot*, 1821, in-8, 20 p.

Une note au verso du frontispice est signée A. P. (Ant. PÉRICAUD).
Voy. « Supercheries », I, 368, *b*.

Calendrier de toutes les confréries de Paris : tant de celles de dévotion (où toutes personnes sont reçues), que de celles des nobles, communautez, marchands, bourgeois, gens de métier, artisans et
d mécaniques. (Par J.-Bapt. MASSON.) *Paris, M. Collet*, 1621, in-8, fig.

Calendrier des dames, ou les saintes et les femmes célèbres pour tous les jours de l'année... (par Mme Gabrielle DE P. (PABAN). *Paris*, 1819, in-plano d'une feuille.

Calendrier des fous. (Par L. COQUELET.) *A Stultomanie, chez Mathurin Petit-Maître, imprimeur et libraire-juré des Petites-Maisons, dans la rue des Ecervelés, à l'enseigne*
e *de la Femme sans tête, l'an depuis qu'il y a des fous* (1736), in-24; — 1737, in-12.

Calendrier des héros, ou le Manuel des militaires, par DE G*** (DE GENCY.) *Paris, veuve Duchesne*, 1772, in-8.

Voy. « Supercheries », II, 117, *b*.

Calendrier des heures à la janséniste, de la seconde édition. Imprimé depuis deux ou trois mois à Paris, rue S. Jacques,
f chez la veuve Jean Camusat et Pierre Le Petit, à la Toison d'or et à la Croix d'or. *S. l.*, 1650, in-8.

La première édition portait : par François de SAINT-ROMAIN, prêtre catholique, nom qui, suivant le « Catalogue de la Bibliothèque du roi, de 1742, Théologie », serait le pseudon., du P. Ph. LABBE, jésuite.
Voy. « Supercheries », III, 555, *c*.

Calendrier (le) des jardiniers, traduit de l'anglois de BRADLEY (par Philippe-Florent DE PUISIEUX), avec une description des serres. *Paris*, 1750, in-12.

Calendrier des lois de la France. (Par A.-C. CAILLEAU.) *Paris*, 1763, in-18.

Calendrier des princes et de la noblesse... extrait du « Dictionnaire généalogique »., avec des additions, changements et augmentations, par le même auteur (AUBERT DE LA CHENAYE-DESBOIS). *Paris, Duchesne*, 1762-69, 8 vol. in-12.

Continué jusqu'en 1784 sous les titres suivants : « Etrennes à la noblesse », « Etrennes de la noblesse... » et « Etat de la noblesse ». Voy. pour les détails sur ces différentes publications le « Catalogue de l'histoire de France » de la Bibliothèque nationale, tome IV, p. 699, numéros 3 à 6.

Calendrier (le) des vieillards, opéra-comique en un acte. (Par A. DE PORET et L. LA CHASSAGNE.) *Paris*, 1753, in-8.

Calendrier du fermier, ou instruction, mois par mois, sur toutes les opérations d'agriculture qui doivent se faire dans une ferme; ouvrage traduit de l'anglais, avec des notes instructives du traducteur, M. le marquis de G*** (Louis REYNIER DE GUERCHY). *Liége, Société typographique*, 1789, in-8.

Voy. ci-dessus l' « Agriculteur anglais », 81, *c*, et « Supercheries », II, 118, *d*.

Calendrier du jardin potager pour les départements du midi de la France. (Par Armand-Benoît ROBINEAU DE BEAULIEU.) *Marseille, Mossy*, 1812, in-12. D. M.

Calendrier du peuple franc, pour servir à l'instruction publique, rédigé par une société de philanthropes (MEVOLHON, ex-oratorien; NORTODE; J.-B. CORDIER et autres Angevins), pour l'an II de la république. *Angers, Jahyer et Geslin*, 1793, in-18.

Voy. « Supercheries », III, 688, *f*.

Calendrier (le) ecclésiastique, avec le nécrologe des personnes qui, depuis un siècle, se sont le plus distinguées par leur piété, leur attachement à Port-Royal, et leur amour pour les vérités combattues, et un abrégé chronologique des principaux événements qui ont précédé et suivi la constitution *Unigenitus*. Années 1735 à 1738, 1741, 1757. (Par les frères QUESNEL.) *Utrecht, aux dépens de la compagnie*, in-18.

Calendrier ecclésiastique de Cambray; on y a joint l'état du clergé séculier et régulier de la ville et du diocèse. (Par Samuel BERTHOUD.) *Cambray, S. Berthoud*, 1754, in-12. D. M.

Calendrier général de la Flandre, du Brabant et des conquêtes du roi... (Par A.-J. PANCKOUCKE.) *Lille, chez l'auteur*, 1748, in-12.

Calendrier historique avec le journal des cérémonies et usages qui s'observent à la cour, à Paris et à la campagne. (Par MAUPOINT, avocat.) *Paris, Chardon*, (1737), in-8.

Même ouvrage que la « Concordance des Bréviaires... » Voy. ce titre.

Calendrier historique de l'Université de Paris. (Par Martial LE FÈVRE.) 1755, in-24.

Calendrier historique de la cour de Pologne pour l'année 1794, avec le calendrier civique, ou légende historique et politique de ce royaume; par M. l'évêque de Varmie (Ignace KRASICKI), traduit en français par M***. *Varsovie*, 1794, in-12. A. L.

Calendrier historique et astronomique... à l'usage du diocèse d'Evreux. Par le sieur*** (DURAND). *Evreux, Malassis*, 1749-1750, 2 vol. in-24.

Voy. « Supercheries », III, 1044, *a*.

Calendrier historique, héraldique et généalogique des familles nobles de France, pour 1856. (Par J.-X. CARRÉ DE BUSSEROLLE.) *Rouen, imp. de Renaux*, in-18.

Calendrier historique pour l'année 1750. Avec l'origine de toutes les maisons souveraines, tirée du « Nouvel abrégé chronologique de l'histoire de l'Europe ». *Paris, J.-N. Leloup*, in-24, 14 ff. prélimin. non chiffrés et 64 p.

A la p. 64 l'on trouve deux approbations signées Sallier. La première, datée du 12 juin 1749, est pour le « Nouvel abrégé chronologique de l'hist. de France », la seconde, du 10 oct. 1749, est pour la suite du même ouvrage « contenant la France avec l'extrait de cet Abrégé, où sont l'origine, etc. », c'est le présent « Calendrier. »

Ce petit volume a été supprimé par arrêt du conseil, le 3 janvier 1750, à la suite de plaintes portées par l'ambassadeur d'Angleterre. Des poursuites furent dirigées contre : 1° l'abbé LENGLET-DUFRESNOY, l'auteur, 2° le libraire Leloup, 3° GOSFORD, écossais, qui avait prêté son nom pour obtenir le privilége, 4° dom Jean CREUISE ou DE LA CROIX, irlandais, ci-devant cordelier, prêtre profès de l'abbaye de Charoux, au diocèse de Poitiers, « qui y était aussi fauflé », dit une note de l'inspecteur de la librairie d'Hemery.

« Ce Gosford, dit une autre note du même inspecteur de la librairie, était un Ecossais qui avait quitté son pays pour cause de religion et qui était passé en Espagne où il avait appris la langue du pays, ce qui l'a mis à même de traduire la « Métallurgie » d'Alph. Braba. (Voy. ce titre.)

C'est Gosford qui est l'auteur du « Calendrier historique » pour lequel l'abbé Lenglet-Dufresnoy fut ar-

a rêté par ce qu'il avait rendu le manuscrit à Leloup. Il y eut même un ordre du roi pour exiler Gosford hors du royaume, ce qui n'a pu être exécuté parce qu'on n'a pu découvrir sa demeure ». L'avocat Barbier dans son « Journal » dit, à propos du « Calendrier », que c'est le censeur Sallier qui aurait du être mis à la Bastille, pour l'approbation qu'il avait donnée, les yeux fermés probablement.

Calendrier intéressant pour l'année 1770, ou Almanach physico-économique. (Par Jean-René SIGAUD DE LA FOND.) *Bouillon et* *b* *Paris*, 1770, in-12.

Paraissait encore en 1786.

Calendrier lorrain, ou tableau sommaire des événements relatifs à l'histoire de Lorraine, correspondant à chaque jour de l'année. Année 1841. (Par M. Henri LEPAGE, archiviste du département.) *Nancy*, *Paullet*, 1840, in-8, 32 p.

Calendrier perpétuel. (Par MAINGON, de *c* Brest.) *Brest*, 1809, in-fol. D. M.

Calendrier perpétuel, depuis l'année trois cens jusques à l'année deux mille. (Par l'évêque d'Orléans, Nicolas-Joseph DE PARIS.) *Orléans*, *L.-F. Couret de Villeneuve*, 1745, in-12.

Calendrier perpétuel du jeune fermier, ou manuel du petit cultivateur belge, par un agriculteur (Arnold DE THIER-NEU-*d* VILLE, de Verviers). *Liége*, *Renard*, 1852, in-18, VIII-218 p.

Voy. « Supercheries », I, 217, *a*.

Calendrier perpétuel, ou recueil de XXXV calendriers, précédé d'une table calculée pour 2200 années, dont chacun renvoie par un numéro à celui de ces trente-cinq calendriers qui lui convient. (Par Alexandre JOMBERT.) *Paris*, *Jombert jeune*, 1785, in-8. *e* D. M.

Calendrier tournaisien, administratif, judiciaire, historique, statistique, pour 1830 et 1833. (Par Frédéric HENNEBERT.) In-fol. plano. J. D.

Calepin (le) du photographe. (Par Oscar DE PATOUL, capitaine au régiment de carabiniers.) *Bruxelles*, *Slingeneyer*, in-8. 1re livraison, mai 1863. J. D.

f Caliban, par deux ermites de Ménilmontant rentrés dans le monde. (Edouard POUYAT et Charles MÉNÉTRIER.) *Paris*, *Denain*, 1833, 2 vol. in-8, 2 vign. à l'eau-forte par Alfred Albert.

Voy. « Supercheries », I, 928, *f*.

Caliste, ou la belle pénitente, tragédie imitée de l'anglois (de N. ROWE, par le marquis DE MAUPRIÉ), en cinq actes et en vers. *Paris*, 1750, in-12.

Cette tragédie fut représentée le 27 mai 1750. Paris, toujours impatient de connaître les auteurs des nouveautés, l'attribua à plusieurs personnes. Après quelques jours d'incertitude, ses conjectures se fixèrent sur l'abbé SERAN DE LA TOUR, homme de lettres uniquement connu jusqu'alors par plusieurs « Histoires des grands hommes de l'antiquité. » Le public, constant dans la gratification qu'il fit de cette pièce à cet écrivain, qui l'a toujours désavouée, persista dans cette idée. Ce fut d'après ce préjugé que les almanachs littéraires, les histoires du théâtre et des ouvrages modernes adoptèrent le même sentiment. Le désaveu de l'auteur prétendu fut aussi inutile qu'invariable; on ne voulut point se rétracter. Mais voici ce que je sais certainement sur cette anecdote dramatique. Feu M. le marquis DE MAUPRIÉ, que j'ai beaucoup connu, lut cette pièce à mademoiselle GAUSSIN, qui se chargea de la faire lire à l'assemblée de ses camarades; ils la reçurent très-favorablement. M. DE MAUPRIÉ distribua les rôles, assista à toutes les répétitions, fit enfin tout ce que fait un auteur en pareil cas. M. l'abbé DE LA TOUR, à qui libéralement on avait donné cette pièce, ne s'en mêla en aucune façon; mais il s'était répandu qu'elle était de lui, on ne voulut point revenir de cette opinion. M. DE MAUPRIÉ cependant a été connu dans le monde pour faire des vers aimables, aisés et ingénieux, et il ne fut pas seulement soupçonné. Si cette première tragédie de « Caliste » est de lui, comme il y a grande apparence, il faut avouer qu'il mit bien de l'adresse dans sa conduite. Il est vrai que son nom n'est pas sur les registres de la comédie, à l'article du reçu de la part qui revient à l'auteur; mais celui de la personne à qui l'on attribua cette pièce ne s'y trouve pas non plus : c'est un nom absolument inconnu au théâtre, un personnage postiche. L'auteur, quel qu'il soit, avait trop imité l'anglais, et n'avait pas assez réfléchi sur le génie de notre théâtre : malgré ce défaut, la pièce eut un certain succès; je me souviens que mademoiselle GAUSSIN y arrachait des larmes. (Voyez l' « Année littéraire » de Fréron, 1760, t. VIII, p. 167. (Extrait de Caliste, tragédie de Colardeau.)

Pont-de-Vesle a attribué cette imitation à P.-Ant. DE LA PLACE.

Callipédie (la), traduction libre en vers françois du poëme latin de Claude QUILLET. (Par LANCELIN ou LANSELIN, de Laval.) *Amsterdam et Paris*, *Bastien*, 1774, in-8.

Le texte original fut publié par QUILLET en 1655 sous le titre de « Calvidii LETI Callipaedia ».

Voyez les « Essais historiques sur le Maine, » par M. Renouard. *Au Mans*, 1811, in-12, t. II, p. 198.

Callipédie (la), traduite du poëme latin de Claude QUILLET. (Par Charles-Philippe DE MONTHENAULT D'EGLY.) *Paris*, *Durand*, 1749, in-8.

Callophile, histoire traduite. (Roman allégorique, par BARTHÈS, avocat, né à Narbonne.) *Paris*, 1759, in-12.

Callot à Nancy, comédie anecdotique en un acte, en prose et en vaudevilles, par MM. DUMOLARD et Mario C*** (COSTER), précédée d'une notice sur Jacques Callot. *Paris*, *Mme Masson*, 1813, in-8.

Voy. « Supercheries », I, 608, *d*.

Caloandre (le) fidèle, traduit de l'italien d'Ambrosio Marini. (Par le comte de Caylus.) *Amsterdam, Westein et Smith*, 1740, 3 vol. in-12.

Cette traduction a été attribuée au comte de Caylus, mais les « Amusements du cœur et de l'esprit », t. VIII, p. 469, la donnent à Charles-Philippe de Monthenaut d'Egli. (Note de Boissonnade.)

Poinsinet de Sivry a donné un extrait fort intéressant de ce roman dans la « Bibliothèque des romans », 1779, 1er vol.

La première partie du « Caloandro » italien parut à Venise en 1641 ; ce roman a été souvent réimprimé. Scudéry en avait, dès 1668, publié une traduction française ; *Paris*, 3 vol. in-8. La traduction de Caylus a reparu à Lyon, 1786, 4 vol. in-12 ; on y a joint les « Désespérés » du même auteur, et le titre général est : « Romans héroïques de Marini. »

Calomnie (de la). (Par Jacques-François Goubeau de La Bilennerie.) *Poitiers*, 1817, in-8, 48 p.

Calomnie (la) confondue. (Par Charles Taintenier.) *Mons, Lemaire-Depuydt* (1825), in-8, 12 p. J. D.

Calomnie (la) confondue, ou le Théologien vengé. (Par le P. de Ruelle.) (*Lille*), 1763, in-12.

Note mss.

Calomnie (la) confondue, ou Mémoire dans lequel on réfute une nouvelle accusation intentée aux Protestants de la province de Languedoc, à l'occasion de l'affaire du sieur Calas, détenu dans les prisons de Toulouse. (Par Paul Rabaut et Laurent Angliviel de La Beaumelle.) *Au désert*, 1762, in-4, 12 p.

Cet ouvrage fut condamné à être lacéré et brûlé, par arrêt du Parlement de Toulouse, du 6 mars 1762.

Calomnie (de la), ou instruction du procez entre les Jésuites et leurs adversaires sur la matière de la calomnie. (Par Ant. Arnauld.) *S. l. n. d.*, in-12.

C'est le tome VIII et dernier de la « Morale pratique des jésuites. » Voy. ce titre.

Calotine (la), ou la Tentation de S. Antoine, poëme épi-cyni-satiri-héroï-comique et burlesque... (Par Claude-Fr.-X. Mercier, de Compiègne.) *Memphis*, l'an 5800, in-12, 143 p.

Calques des vitraux peints de la ville du Mans.

Intitulé du prospectus et des planches des « Vitraux peints de la cathédrale du Mans ». Voy. ce titre.

Calthorpe, ou les revers de fortune, traduit de l'anglais (de Francis Lathom), par le traducteur des romans de Walter Scott (A.-J.-B. Defauconpret). *Paris, Ch. Gosselin*, 1821, 4 vol. in-12.

Calvaire (le) du Mont-Saint-Quentin, près la ville de Metz... (par M. l'abbé Pierre.) *Metz, imp. de Rousseau-Pallez*, (1860), in-18.

Calvaire (le) prophané, ou le mont Valérien usurpé par les Jacobins reformez du Fauxbourg S. Honoré à Paris. Adressé à eux-mêmes. (Poëme, par Jean Duval, prêtre.) *S. l.*, 1664, in-4, 48 p. — *Cologne, Pierre Marteau*, 1670, in-12, 64 p. — *Cologne, P. Marteau*, 1673, in-12.

Calvaire sacré. (Par F.-Q. de Bazyre.) *Rouen*, 1606, in-12. V. T.

Calvinisme (le) convaincu de nouveau de dogmes impies, ou la Justification du livre du « Renversement de la morale par les erreurs des Calvinistes », contre les erreurs de M. Le Fèvre, dans ses « Motifs invincibles », et de M. Le Blanc, ministre de Sedan, dans ses « Thèses ». (Par Ant. Arnaud.) *Cologne, Pierre Rinsfelt*, 1682, in-12.

Calypso, ou les babillards, ouvrage politique, littéraire et moral, sur les matières du temps, par une société de gens du monde et de gens de lettres. (Par le chevalier Jean-Jacques de Rutlidge.) *Paris, Regnault*, mai 1784 — avril 1785, 52 numéros formant 3 vol. in-8.

Voy. « Supercheries », III, 682, *a*.

Cambiste (le) universel, ou traité complet des changes, monnaies, poids et mesures de toutes les nations commerçantes ; rédigé par ordre et aux frais du gouvernement anglais, par Kelly ; traduit et calculé aux unités françaises. (Par A. Bulos.) *Paris, J.-P. Aillaud*, 1823, 2 vol. in-4.

Camédris, conte. (Par Claire-Marie Mazarelli, marquise de La Vieuville de Saint-Chamond.) *Paris, Duchesne*, 1765, in-12.

Caméléon (le) littéraire, par l'auteur du « Philosophe au Parnasse » (Théodore-Henri Tschoudy, fils d'un conseiller de Metz, connu dans les pays étrangers sous le nom de chevalier de Lussy.) *Imprimé à Saint-Pétersbourg*, petit in-8, 275 p., contenant douze numéros.

Voyez les « Mémoires secrets » de Duclos sur les règnes de Louis XIV et de Louis XV, et le « Journal de Verdun », mai 1755, p. 380.

Camicia rossa, par A. Herzen (Iskander). *Bruxelles, L. Fontaine*, 1865, in-8.

La couverture porte de plus : « La chemise rouge. Garibaldi à Londres. » J'ai vu un exempl. avec ces mots à la main : Hommage du traducteur A. Gromort.

Camille, ou la peinture de la jeunesse, traduite de l'anglais de miss Burney (depuis femme du lieutenant général Prichard, comte d'Arblay, née en 1756, morte en janvier 1840; traduction refaite par J.-B.-Denis DESPRÉS et J.-Mar. DESCHAMPS.) *Paris, Maradan*, 1797, 5 vol. in-12.

Camille, ou lettres de deux filles de ce siècle, traduites de l'anglois sur les originaux. (Par Samuel CONSTANT DE REBECQUE.) *Paris*, 1785, 1797, 4 vol. in-12.

Voy. la « Bibliographie des ouvrages relatifs à l'amour... », éd. de 1871, t. II, p. 97. Cet ouvrage y est attribué à Mme DE CHARRIÈRE.

Camille, par l'auteur des « Horizons prochains » (Mme Agénor DE GASPARIN). *Paris, M. Lévy*, 1866, in-18.

Caminologie, ou manière de faire des cheminées qui ne fument point. (Par dom Pierre HÉBRARD, bénédictin.) *Dijon, Desventes*, 1756, in-8, fig.

Camp (le) de Beverloo. Description topographique et pittoresque. Types et mœurs des troupes. Coup d'œil sur les habitants. (Par Th. LEJEUNE.) *Bruxelles et Ostende, Claassen*, 1862, in-18, 47 p.

Extrait de l' « Almanach pour l'armée belge », 1862. J. D.

Camp (le) de la Place royale, ou relation de ce qui s'y est passé les cinquième, sixième et septième jour d'avril, mil six cent douze, pour la publication des mariages du roi et de Madame, avec l'infante et le prince d'Espagne, le tout recueilli par le commandement de Sa Majesté. (Par H. LAUGIER DE PORCHIÈRES.) *Paris, J. Laquehay*, 1612, in-4, 4 ff. lim., 368 et 32 p. — *Paris, J. Micard*, 1612, in-8, 4 ff. lim. 342, 38 p. et 1 f. de priv. — *Paris, T. du Bray*, 1612, in-8.

Le nom de l'auteur se trouve dans le privilége.

Camp (le) de vertus, ou la grande revue de l'armée russe dans la plaine de ce nom, par l'empereur Alexandre. (Par Mme DE KRUDNER.) *Lyon, Brunet*, 1815; — autre édit. *Paris, Lenormant*, 1815, in-8.

Campagna (la) del re christianissimo nell' anno 1677. *Parigi, S. Michallet*, 1677, in-12.

La dédicace est signée: P. V. (PRIMI VISCONTI). Réimprimé en français en 1678, sous le titre de: « la Campagne du roi en l'année 1677 ».

Campagne d'Afrique en 1830, par un officier de l'armée expéditionnaire (FERNEL, chef de bataillon, employé à l'état-major de l'expédition.) *Paris, Th. Barrois père et Duprat*, 1831, in-8, 142 p., un portrait, un plan et 5 tableaux.

La 2e éd., *Paris, les mêmes*, 1831, in-8, 256 p., avec port., plan et tableaux, porte le nom de l'auteur. Voy. « Supercheries », II, 1288, *c*.

Campagne (la) d'Espagne, ou bulletins en couplets, dédiés à l'armée française, par L. B. (L. BONVOISIN.) *Paris*, 1823, in-8.

Voy. « Supercheries », II, 692, *c*.

Campagne d'Italie par Bonaparte. Avril 1796-octobre 1797. Par un officier de la 32e demi-brigade (J. CHANUT, alors professeur au collége Henri IV). *Paris, imp. de Didot*, 1832, in-18, 108 p.

Contenu dans la « Bibliothèque populaire, ou l'instruction mise à la portée de toutes les classes... » Voy. « Supercheries », II, 1289, *a*.

Campagne de Belgique. Aperçu des mouvements opérés par les armées belges et hollandaises au mois d'août 1831, par un officier du génie belge (HUYBRECHT). *Paris, Renouard*, 1842, in-8, 23 p. et une carte.

Extrait du « Spectateur militaire ». J. D.

Campagne de Bonaparte en Egypte et en Syrie, par un officier de la 32e demi-brigade. (J. CHANUT). *Paris, imp. de Didot*, 1832, in-18, 115 p.

Contenu dans la « Bibliothèque populaire, ou l'instruction mise à la portée de toutes les classes... » Voy. « Supercheries », II, 1289, *b*.

Campagne de France 1870-71. Impressions et souvenirs d'un officier du régiment des Deux-Sèvres. (M. Antonin LEVRIER, de Celles.) *Niort, L. Clouzot*, 1871, in-12.

Signature de l'auteur sur le titre de l'exemplaire de la Bibliothèque nationale.

Campagne de Hollande en 1672, sous les ordres du duc de Luxembourg... (Publiée par DUMOULIN, commis au dépôt des affaires étrangères.) *La Haye, P. Dehondt*, 1759, in-fol.

Campagne de l'armée du roi en 1747. (Par J.-B.-J. DAMARTZI DE SAHUGUET, baron D'ESPAGNAC.) *La Haye, Scheurleer*, 1747, in-12.

Campagne (la) de Lille, contenant un journal fidèle de ce qui s'est passé au siége de cette importante place.... *La Haye, P. Husson*, 1709, in-12.

La dédicace au prince d'Orange est signée: Caton, probablement Caton DE COURT.

Campagne de Louis XIV, par M. PÉLISSON, avec la comparaison de François Ier avec Charles-Quint, par M*** (Antoine VARILLAS). *Paris, I. Mesnier*, 1730, in-12.

Aimé Martin a prouvé jusqu'à l'évidence dans ses diverses éditions des « Œuvres de Racine », que cet ouvrage, malgré l'attribution formelle du titre, a eu pour auteurs J. RACINE et BOILEAU.

Réimprimé en 1784, sous le nom des auteurs, d'après un manuscrit de la Bibliothèque de Valincour qui le tenait de Boileau, et qui l'avait confié à l'abbé Vatry. Voy. « Eloge historique de Louis XIV. »

Voy. « Supercheries », III, 65, *e* et 1034, *c*.

Campagne de 1799 en Allemagne et en Suisse, par l'auteur des « Principes de stratégie » (l'Archiduc CHARLES), développée par l'histoire de la campagne de 1796 en Allemagne. *Vienne, Schaumburg*, 1820, 2 vol. in-8, avec atlas in-fol.

Il y a eu des exemplaires portant l'adresse de *Paris, Arthus Bertrand*, avec le titre suivant : « Campagnes de 1799 en Allemagne et en Suisse. » Ouvrage traduit de l'allemand par un officier autrichien.

Campagne de Monseigneur le Dauphin. (Par DONNEAU DE VIZÉ.) *Paris, M. Gueroult*, 1688, in-12.

Ce volume se termine par un recueil de vers à la gloire du Dauphin, dans lequel on trouve la « Ballade sur le nom de Hardi », par LA FONTAINE.

Campagne de Russie. (Par J.-D. MAGALON.) *Paris, Chaumerot jeune*, 1826, in-32.

La couverture porte : « Annales militaires des Français », par J.-D. MAGALON.

Campagne de six mois dans le royaume des Algarves en Portugal. (Par le lieutenant adjudant-major VAN LAETHEM.) *Bruxelles*, 1834, in-8, 54 p., carte. J. D.

Campagne (la) de trois mois, en vaudevilles, par H. L. P*** (H.-L. PELLETIER). *Paris, Bardet*, 1806, in-18.

Voy. « Supercheries », II, 287, *d*.

Cet ouvrage avait été attribué à tort par Barbier, dans sa 2e édition, à Noël-Laurent PISSOT.

Campagne de Villars en 1712. (Par Fr. GAYOT DE PITAVAL.) *Paris, Jombert*, 1713, in-12.

Campagne des armées françaises en Prusse, en Saxe et en Pologne, sous le commandement de S. M. l'empereur et roi, en 1806 et 1807. (Par Jacques PEUCHET.) *Paris*, 1807, 4 vol. in-8.

Campagne (la) des corps francs suisses. (Par Mme OLIVIER, née Caroline BUCHET.) *Paris, Delay*, 1845, in-12.

Campagne du duc de Brunswick contre les Français en 1792, traduite de l'allemand d'un officier prussien. (Revue par Martial-Borde DESRENAUDES, avec une préface par Gabr. FEYDEL.) *Paris, Forget*, an III-1795, in-8.

Campagne du général Bonaparte en Italie, pendant les années IV et V de la république française, par un officier-général (François-René-Jean DE POMMEREUL). *Paris, Plassan*, an V-1797, in-8, avec une carte.

Réimprimé deux fois à Gênes dans la même année, en 1 vol. in-8 et en 2 vol. in-12.

Voy. « Supercheries », II, 1293, *f*, et ci-dessus pour une traduction allemande, col. 444, *d*.

Campagne du mois d'août 1831. (Par le chevalier VAN COECKELBERGHE.) *Bruxelles, de Mat*, 1832, in-18, 32 p. J. D.

Campagne (la) du roi dans la Franche-Comté... en vers et en prose. (Par François COLLETET.) *Paris, J.-B. Loyson*, 1674, in-12.

Le même ouvrage existe aussi avec le nom de l'auteur, sous ce titre : « le Mercure guerrier, contenant le victoires du roi dans la Hollande, dans la Flandre, dans la Franche-Comté... » *Paris, Loyson*, 1674, in-12.

Campagne (la) du roi en l'année 1677. *Paris, E. Michallet*, 1678, in-12.

Traduction de : « la Campagna del re christianissimo nell' anno 1677 ». Par (PRIMI VISCONTI.) Voy. ce titre, col. 483, *e*.

Campagne (la) du roi en 1745, poëme par M. H. DE LA V. P. du R. à T. en B. N. (HEBERT DE LA VICOMTERIE, procureur du roi, à T., en Basse-Normandie). *S. l.*, 1745, in-8, 4 ff. et 23 p.

Voy. « Supercheries », II, 250, *e*.

Campagne (la), roman traduit de l'anglois. (Par Philippe-Florent DE PUISIEUX.) *Paris, veuve Duchesne*, 1766, 2 vol. in-12.

Campagne (la) royale; ou le triomphe des armées de Sa Majesté ès années 1667 et 1668. (Par P. DALICOURT.) *Paris, Gervais Alliot*, 1668, in-12.

Trois éditions ou tirages avec cette date. La première est sans date.

Une autre sans date : *Jouxte la copie imp. à Paris, chez la veuve G. Alliot et G. Alliot*, 3 part. en 1 vol. in-12, 2 ff. et 160 p. Edition elzevirienne.

Campagne sur le Mein et la Rednitz de l'armée gallo-batave, aux ordres du général Augereau, frimaire, nivôse et pluviôse an IX-1800 et 1801, avec une carte des opérations... (Par le général de division F. ANDRÉOSSY.) *Paris, Barrois l'aîné et fils*, an X-1802, in-8, 4 et 144 p.

Campagnes (les) de Charles XII, roi de Suède. (Par Jean-Léonor LE GALLOIS, sieur DE GRIMAREST.) *Paris, J. Le Fèvre*, 1705, 2 vol. in-12.

Réimprimé à *La Haye*, en 1707, avec le nom de l'auteur.

Campagnes de Frédéric II, roi de Prusse, de 1756 à 1762. (Par Charles-Emmanuel DE WARNERY.) 1788, in-8.

Campagnes de l'abbé T.. ou les Lauriers ecclésiastiques. (Par Ch.-Jacq.-Louis-Aug.

Rochette de La Morlière.) *S. l.*, 1747, in-12. V. T.

Catalogue de Simpson, n° 1204.

Cet ouvrage libre a été plusieurs fois imprimé sous le titre des « Lauriers ecclésiastiques, ou campagnes de l'abbé T***. »

Il a reparu avec quelques modifications sous le titre de « Mes espiègleries, ou campagnes de l'abbé de T*** », 1797, in-18.

Campagnes de la grande armée, par un ex-officier de la vieille-garde. *Paris*, 1856-1857, 5 vol. in-32.

Attribué à Alex. Le Masson.

Voy. « Supercheries », I, 1277, *d*.

Campagnes de Louis XV, ou Tableau des expéditions militaires des Français sous le dernier règne, précédé de l'état de la France à la mort de Louis XIV, ouvrage enrichi de cartes. (Par J.-Ch. Poncelin de La Roche-Tilhac.) *Paris, chez l'auteur, rue Garancière, n° 28, et chez Moureau*, 1788, 2 vol. in-fol.

Le premier volume renferme la partie métallique, et l'autre la partie historique.

La partie métallique n'est autre chose que les campagnes de Louis XV, publiées en 1749 ou en 1751, par A. Gosmond de Vernon ; elle est précédé d'un « Essai sur la vie de Louis XV. » La partie historique présente les expéditions militaires des Français depuis la mort de Louis XIV jusqu'à la paix de 1762.

L'épître dédicatoire des « Médailles de Louis XV » est signée S.-R. Fleurimont.

Campagnes de 1815, ou les Bourbons, les maisons militaires de Louis XVIII et de Monsieur, et les volontaires royaux de Paris, du midi, de la Bretagne et de la Vendée. Dédiées à S. A. R. Monsieur. *Paris, chez le chevalier de Rozeville*, mars 1816, in-8.

Signé : F........ (Foulaines).

Campagnes de M. le prince Eugène en Hongrie, et des généraux vénitiens dans la Morée, pendant les années 1716 et 1717. (Par l'abbé Anthelme Tricaud de Belmont.) *Lyon, Thomas Amaulry*, 1718, 2 vol. in-12.

Campagnes de Napoléon Bonaparte, ses projets, ses victoires, son élévation et sa chute, actes, proclamations, discours, etc., recueillis par l'auteur du « Buonapartiana, » P. C. (Pierre Colau). *Paris, H. Vauquelin*, 1815, in-18.

Campagnes de Villars en Allemagne, en 1703 ; — de Tallard et Marsin en Allemagne, en 1704 ; — de Maillebois en Westphalie, en 1741 et 1742 ; — de Broglie et Bellisle en Bohême et en Bavière, en 1741, 1742 et 1743 ; — de Broglie en Bohême et en Bavière, en 1743 ; — de Noailles et de Coigny en Allemagne, en 1734 et 1744. (Publiées par Dumoulin.) *Amsterdam, M.-M. Rey*, 1760 à 1772, 27 vol. in-12.

On joint à cette collection les « Mémoires sur les campagnes de Maillebois en Italie, pendant les années 1745 et 1746 », (rédigés par Pierre-Jean Grosley), et publiés en 1777, à *Amsterdam, chez M.-M. Rey*, in-12. Ce volume est très-rare.

Campagnes des armées de Condé et de Bourbon, suivies de celles de 1814 et de 1815, ou les Bourbons, les maisons militaires du roi et de Monsieur, et les volontaires royaux. IV° partie du Discours préliminaire. (Par F.-N. de Foulaines.) *Paris, Plancher*, 1817, in-8.

Campagnes (les) des Saxons, de 1812 à 1813, décrites d'après des pièces authentiques, par un officier de l'état-major de l'armée saxonne (le major de Cerrini). *Dresde*, 1821, in-8, avec cartes et planches.

Le général Lecoq a revu cet ouvrage.

Voy. « Supercheries », II, 1290, *a*.

Campagnes du feld-maréchal comte Radetzky dans le nord de l'Italie en 1848-1849, par un ancien officier supérieur des gardes impériales russes (le prince Alexandre Troubetzkoy). Nouvelle édition. *Leipzig, F.-A. Brockhaus*, 1860, gr. in-8.

Campagnes (les) du roi de Prusse (Frédéric II), avec des réflexions sur les causes des événements. (Par le major-général de Still, mort en 1752.) *Amsterdam*, 1763, 2 vol. in-12.

Compagnes et croisières dans les États de Vénézuéla et de la Nouvelle-Grenade. Par un officier du 1er régiment de lanciers vénézuéliens. Traduit de l'anglais. (Par Alphonse Viollet.) *Paris, imp. de Dezauche*, 1837, in-8, avec carte et portrait.

Campagnes philosophiques, ou les « Mémoires de M. de Montcal, » par l'auteur des « Mémoires d'un homme de qualité, » (l'abbé Antoine-François Prévost d'Exiles). *Amsterdam (Paris)*, 1741, 4 parties in-12.

Campaspe, ou le triomphe d'Alexandre, scènes dramatiques (en prose), par M. L***** (Jacq. Lablée). *Amsterdam (Paris), Mérigot le jeune*, 1779, in-8.

Voy. « Supercheries », II, 474, *f*.

Campénade (la), poëme héroï-burlesque, suivi de la Foire d'Etouvy (Traduit du poëme latin intitulé : « Ituvienses nundinæ, prope Viriam, » par Nicolas Lalleman, d'abord chirurgien-major, puis professeur de rhétorique au Lycée de Laval, où il est mort en 1814.) *Vire*, *Adam*, 1820, in-8, VIII-130 p.

Publié pour la première fois en 1811. D. M.

Campine (la) d'aujourd'hui. Culture et défrichements, par J. C. (Jean COOLS), ancien représentant. *Bruxelles*, *Stapleaux*, 1853, in-8, 55 p., avec plan.

Voy. « Supercheries », II, 374, *b*.

Canal à faire de la rivière d'Estampes, depuis et au-dessous d'Essonne jusqu'à Paris, par B. M. A. J. D. R. (B. MERUSSIEN, arpenteur-juré du roi). *Paris*, 1684, in-4. V. T.

Voy. « Supercheries », I, 539, *a*.

Canal royal de jonction du Rhin à la Seine, de Strasbourg à Paris, avec plusieurs embranchements à effectuer à ce canal. (Par ROBIN, de Betting.) *Nancy*, *Hissette*, 1824, in-4, 44 p. et un tableau.

Canapé (le) couleur de feu, par M. D.... (FOUGERET DE MONBRON.) *Amsterdam*, 1714, in-12. — *Londres*, 1745, in-8.

Souvent réimprimé.
Voy. « Supercheries », I, 851, *c*., et III, 1042, *a*.

Canardin, ou les Amours du quai de la Volaille, comédie du gros genre, en deux actes. (Par le chevalier J. AUDE.) *Paris*, *au théâtre de la Cité — Variétés*, an IX-1801, in-8.

Canaux (des) et des chemins de fer. (Par Hippolyte ROUX-FERRAND.) *Nîmes et Paris*, *Hachette*, 1835, in-8.

Cancallade (la), ou la descente des Anglais à Cancalle, poëme héroïque. (Par V.-J. RENOUL DE BASCHAMPS.) 1758, in-8. V. T.

Cancans de la semaine. (Rédigés par MAZIELLIÉ et Achille PHILIPPE.) *Paris*, *rue de Sorbonne*, n° 1, 7-20 mai 1848, 2 n^{os} in-8.

Candidamentor, ou le Voyageur grec, histoire contenant des événements singuliers et intéressants. (Par HARNY DE GUERVILLE.) *Paris*, 1766, in-12.

Candidat (le) à la royauté, esquisse en trois tableaux, mêlée de couplets ; représentée pour la première fois sur le théâtre de Mons, le 9 janv. 1831. (Par MM. Henri DELMOTTE, Hipp. ROUSSELLE, avocat à Mons, Émile DE PUYDT.) *Bruxelles*, 1831, in-18, 54 p. J. D.

Voy. « Supercheries » III, 1110, *f*.

Candidats (les) à la justice de paix. (Par MARETTE.) *Rouen*, 1839, in-8.

Candidats (les) de Paris jugés, ou Contrepoison adressé aux électeurs de Paris, par M. le comte DE M*** (MIRABEAU). 1789, in-8, 16 p.

Voy. « Supercheries », II, 1013, *a*.

Candidats présentés aux électeurs de Paris pour la session de 1817. Par un électeur du département de la Seine (Ch.-L. CADET DE GASSICOURT). *Paris*, *Lhuillier*, 1817, in-8.

Voy. « Supercheries », I, 1223, *f*.

Canevas (le) à la diable, ou la journée d'un amateur (Jacques-Philippe VOÏART). *Paris*, an VIII, in-18.

Voy. « Supercheries » I, 288, *b*.

Canevas (les) de la Pâris, ou Mémoires pour servir à l'histoire de l'hôtel de Roulle, publiés par un étranger, avec des notes critiques, historiques, nécessaires pour l'intelligence du texte. *A la porte de Chaillot*, *s. d.* (1750), 2 part., in-12, 138 et 168 p., tit. gr. et une gravure en regard. —Nouv. édit. *Yverdun* (*Bruxelles*, *J. Gay*), 1866, in-12, 143 p.

L'épître à Mme Pâris, grande prêtresse des temples de Cythère, Paphos, Amathonte, etc., est signée D***.
Par MOUFLE D'ANGERVILLE et ROCHON DE CHABANNES, qui ont été mis pour cela à la Bastille avec Pecquet, prote de la veuve David, qui en a été l'imprimeur. (Note de l'inspecteur de la librairie, d'Hémery).
Voy. aussi « Bibliographie des ouvrages relatifs à l'amour... » 3e éd., 1871, tome II, p. 103.

Caninéide (la), ou Turc et Miton, poëme épi-philosophi-tragi-satiri-héroï-comique, orné de tout son spectacle. (Par J.-M. MOSSÉ.) *Caniscis* (*Paris*), 1808, in-18.

Envoi signé de l'auteur. (Catal. Leber, t. I, numéro 1814.)

Canne (la) magique, ou le libéralisme dévoilé, roman politique. (Par J.-A. DE FONSECA.) *A La Haye*, *chez J. P. Reekman*, 1831, in-8, 484 p. V. D.

Cet ouvrage a été aussi attribué à Ch. DURAND, alors directeur du « Journal de La Haye ».
Voy. « Supercheries », III, 1126, *b*.

Cannevas. Voyez : « Canevas. »

Canon du sultan Suleïman II, représenté au sultan Mourad IV pour son instruction, ou état politique et militaire des archives des princes ottomans, traduit du turc. (Par Alexandre-Louis-Marie PETIS DE LA CROIX. *Paris*, 1725, in-8.

Canonisation (la) de saint Cucufin. (Par VOLTAIRE.)

Dans le t. V de l'« Evangile du jour ».
Voy. « Supercheries », art. AVELINE, I, 413, *f*.

Canons de logarithmes de H. W. (Hoéné WRONSKY.) Instructions et théorie, avec un supplément donnant la résolution générale de l'équation du cinquième degré. *Paris, Treuttel et Würtz*, 1827, in-8, 68 p.

Canons (les) des conciles de Tolède, de Meaux, de Mayence, d'Oxford, et de Constance. Advis et censures de la Faculté de théologie de Paris, par lesquels la doctrine de déposer et tuer les rois et princes est condamnée... (Le tout recueilli par Simon Vigor.) 1615, in-8, 4 ff. lim. 23, 238 et 108 p.

Canons (les) rayés et les places fortes. *Metz, imp. de P. Mayer*, 1862, in-8, 70 p.

L'avertissement est signé : E..... D.... N (George-Edouard Simon). Ces lettres se retrouvent aussi sur la couverture dont le titre est augmenté des mots : « La fortification allemande et la fortification française ».

Canot (le), ou Lettres de Mama Blergx. (Par le comte M.-J. de Lamberg.) *Vienne* (1782), in-8.

Canotier (le) parisien ; par deux initiés pur sang, Aym... B... et J... B... (Pierre Aymar-Bresson). *Paris, rue d'Amsterdam*, 4, 1843, in-12.

Voy. « Supercheries », I, 929, *b*.

Cantate sur l'évacuation du territoire français par l'armée d'occupation. (Par A. Verdié.) *Bordeaux*, 1818, in-8.

Cantate sur Napoléon. (28 juillet 1833.) (Par Julien Lovel.) (*Paris*), *imprim. de Marchand du Breuil, s. d.*, in-8.

Note manuscrite sur l'exemplaire de la Bibliothèque nationale.

Cantate symphonique et dialoguée en forme de ballet dramatique, pour célébrer la fête du couronnement. *Paris, impr. de Setier*, 1825, in-4, 8 p.

Signé : Philarmos (Marie de La Fresnaye).
Voy. « Supercheries », III, 105, *d*.

Cantates françoises, par M. *** (de Clérembault), gravées. *Paris*, 1703, 2 parties in-fol.

Voy. « Supercheries », III, 1028, *d*.

Cantates, petits motets à une, deux et trois voix, dédiées à l'abbé Bignon. (Par Lamy, maître de musique de la cathédrale de Rouen.) *Rouen*, 1721, in-fol. 52 p.

Cantique de Moyse, après le passage de la mer Rouge, expliqué selon les règles de la rhétorique. (Par Marc-Ant. Hersan.) *Paris*, 1700, in-12.

Réimprimé à la fin du second volume du « Traité des Etudes » de Rollin.

Cantique (le) des cantiques, idylle prophétique, le psaume XLIV et la célèbre prophétie d'Emmanuel, fils de la Vierge, aux chapitres 7, 8 et 9 d'Isaïe, interprétés sur l'hébreu dans le sens littéral. (Par Armand de Gérard.) *La Rochelle*, 1747, in-8.

Van Thol, d'après le « Catalogue manuscrit des Barnabites », indique une édition de *Paris*, 1694, in-8.

Cantique (le) des cantiques, interprété selon le sens mystique et la vraie représentation des états intérieurs. (Par Mme Jeanne-Marie Bouvières de La Mothe-Guyon.) *Lyon, A. Briasson*, 1688, in-8, 11 ff. lim. et 209 p.

Cantique (le) des cantiques, par l'abbé *** (Léon Joly, curé de Bouffarik, Algérie). 1865, in-8.

Voy. « Supercheries », III, 1117, *d*.

Cantique pour la retraite qui précède la première communion. (Par Auger, instituteur à Paris.) *S. l.*, 1812, in-8, 3 p.

Cantique spirituel, en forme de complainte, sur l'aventure étonnante, merveilleuse, prodigieuse, incroyable et pourtant véritable, du combat de Mgr Gilles de Chin, contre un dragon énorme, monstreux et même assez gros, qui désolait le territoire du village de Wasmes... *Mons, Piérard*, 1828, in-12, 12 p. et une lithogr.

Par Adolphe Carmelle, anc. notaire, et Delmotte. Réimprimé par *Em. Hoyois*, in-8, 12 p. J. D.

Cantiques de l'âme dévote, divisés en douze livres. (Par Laurent Durand.) *Marseille, Claude Garcin*, 1678, 1687, in-12.

Souvent réimprimé, quelquefois avec le nom de l'auteur.

Cantiques en l'honneur de saint Spire ou Exupère, premier évêque de Bayeux, patron de Corbeil et de Palluau. (Par l'abbé J.-A. Guiot, victorin.) *Corbeil*, 1788, in-8, 24 p., avec musique.

Cantiques et opuscules lyriques sur divers sujets de piété ; nouvelle édition revue, corrigée et augmentée. (Par le P. Bonafos de La Tour.) *Toulouse, P. Robert*, 1755, in-12, sans la musique. — *Toulouse et Paris, Crapart*, 1768, in-8, avec la musique. — Nouv. édit. *Besançon, Montarsolo*, 1823, in-18.

On a imprimé à Paris, en 1769, un supplément aux cantiques du même auteur.

Cantiques nouveaux, à l'usage des catéchismes, en l'église paroissiale de Saint-Spire, à Corbeil. (Par l'abbé J.-A. Guiot, victorin, curé de cette paroisse.) *Paris, Perroneau* (1801), in-16, 40 p.

a Cantiques ou noëls nouveaux. par M. P. (Françoise Pascal.) *Paris*, 1672, in-8.

Voy. « Supercheries », III, 1, *b*.

Cantiques sacrés pour les principales solennités des chrétiens, avec une dissertation sur les hymnes... (Par B. Pictet.) *Genève*, 1706, in-12 V. T.

Cantiques spirituels. (Par l'abbé Jacques Bridaine, missionnaire.) *Montpellier*, 1748,
b in-12.

Souvent réimprimés.

Cantiques spirituels à l'usage des missions, en langue vulgaire. (Par le P. J.-Jacques Gautier, prêtre de l'Oratoire.) *Avignon*, *F. Labaye*, 1735, in-12.

Cantiques spirituels de l'amour divin, pour l'instruction et la consolation des âmes dévotes, composés par un père de la
c compagnie de Jésus (le P. Jean-Joseph Surin); édition revue, corrigée et augmentée de plusieurs cantiques (dont plusieurs du P. Martial de Brie, capucin) appropriés aux trois vies, purgative, illuminative et unitive. *Paris*, *René Guignard*, 1677, in-8.

Cet ouvrage a été réimprimé en 1679 chez le même lib., et en 1731, chez Edme Couterot.
d Voy. « Supercheries », III, 72, *c*.

Cantiques spirituels faits par M. R... (Racine), pour estre mis en musique. *Paris*, *Denis Thierry*, 1694, in-4, 16 p.

Edition originale de quatre cantiques faits pour Saint-Cyr, non citée par le « Manuel du libraire ». (Catal. L. Potier, 1870, nº 1094.)

Cantiques spirituels sur différents sujets de la doctrine et de la morale chré-
e tienne. (Par l'abbé Cl.-P. Goujet, le P. Fr. Boyer de l'Oratoire, l'abbé Jean-Baptiste Molinier, ex-oratorien, l'abbé Jean-Baptiste-Raimond Pavie de Fourquevaux et quelques autres.) *Paris*, *Lottin*, 1727, in-12.

On a fait plusieurs abrégés de ce recueil, qui a été souvent imprimé.

Cantiques spirituels sur les sujets les plus importants de la religion, dédiés à la
f reine, avec les airs notés. (Par l'abbé Barlès.) *Paris*, 1740, in-12. D. M.

Cantiques spirituels tirés des hymnes du Bréviaire de Paris. (Par l'abbé Jér. Besoigne.) *Paris*, *veuve Rondet*, 1746, in-12, 89 p.

Cantiques spirituels, vêpres et prières à l'usage des catéchismes de Saint-Sulpice. (Par D. Simon, de Toul.) *Paris*, 1765, 1 vol. in-12. — Autre édition. *Paris*, 1769, in-12. — Autre édition augmentée des deux tiers. *Paris*, *Crapart*, 1769, 3 parties in-8. — Nouvelle édition encore augmentée, sous le titre d'« Opuscules sacrés et lyriques. » *Paris*, *Crapart*, 1772, 4 vol. in-8, avec les airs notés.

Je tiens de M. Simon de Troyes l'indication du nom de M. Simon de Toul; la « France littéraire » de 1778 attribue ces cantiques à Henri-François Simon de Doncourt, prêtre sulpicien, natif de Bourmont en Lorraine.

On lit dans le « Journal » de l'avocat Barbier : « M. Simon, prêtre de la communauté de Saint-Sulpice, et éditeur des Cantiques dédiés à Mme Louise carmélite, en a donné (aux catéchismes de la paroisse) douze exemplaires brochés, avec les prières, en 1772. »

Cette note viendrait à l'appui de l'attribution de la « France littéraire »

D. Simon de Toul, éditeur de ces « Cantiques », a placé en tête du troisième volume de l'édition de 1772 une notice fort curieuse des cantiques qui ont paru depuis 1586 jusqu'en 1772. On y trouve quatre-vingt-quatorze articles. L'ancienne bibliothèque du duc de la Vallière, qui fait aujourd'hui partie de celle de l'Arsenal, en renferme cent soixante-trois.

D. Simon n'a point fait assez de recherches pour connaître les auteurs des plus anciens cantiques, c'est-à-dire de ces noëls qui parurent sous Henri II, dans les premiers temps de la réformation, et que l'on attribue à Jean Daniel, organiste.

Il a été induit en erreur sur les auteurs de quelques cantiques modernes; par exemple, sur le recueil qui a paru à Paris en 1727, chez Lottin. Il l'attribue à l'abbé Desessarts, diacre de Paris, et donne à croire dans l'article suivant que le recueil de l'abbé Goujet, publié aussi en 1727, est la même chose que le précédent, retouché et augmenté. L'abbé Goujet lui-même, dans son Catalogue manuscrit, me met en état de rectifier les assertions de D. Simon. Il assure qu'il a fourni environ quatre-vingts cantiques au recueil publié chez Lottin; les autres sont du P. Boyer de l'Oratoire, célèbre prédicateur, de l'abbé Debonnaire et de l'abbé Besoigne. L'abbé Desessarts n'a donc eu aucune part à ce recueil. L'abbé Goujet nous apprend, dans la même page de son « Catalogue », que M. Frédéric Desessarts, laïc, a dirigé le recueil de nouvelles poésies spirituelles et morales, publié chez le même Lottin, de 1730 à 1737, en 4 vol. in-4, oblongs. Voilà sans doute ce qui a induit en erreur D. Simon.

Canton (du) de Vaud et de la ville de Berne. (Par Correvon de La Martine.) *S. l.*, 1814, in-8.

Capacités (des). *Châlon-sur-Saône*, *imp. de J. Duchesne*, (1842), in-8.

Signé : P.-C. Ord...... (Ordinaire).

Capitaine (le), de Jérosme Cataeno, contenant la manière de fortifier places, assaillir et défendre; augmenté par l'auteur, et depuis mis en françois. (Par Jean de

TOURNES). *Lyon*, 1574, 1593; — *Cologny*, 1600, in-4.

La dédicace et l'épître dédicatoire de l'édition originale font voir que l'imprimeur Jean de Tournes est lui-même l'auteur de la traduction.

Quant à l'édition de 1593, qui est annoncée à *Lyon, chez Jacques Roussin*, l'épître dédicatoire n'y est plus signée que des initiales I. D. T.

Capital (le) et le revenu, bases de l'impôt dans les communes rurales de Belgique. (Par DE GRONCKEL, avocat à Bruxelles.) *Bruxelles, Decq*, 1851, in-8, 51 p. J. D.

Capitale (la) délivrée par elle-même. (Par L.-A. CARACCIOLI.) 1789, in-8.

Capitale (la) des Gaules, ou la nouvelle Babylone. (Par FOUGERET DE MONTBRON.) *La Haye*, 1740, 1759, 2 parties in-12.

Voyez ci-dessus l'« Anti-Babylone, » col. 209, *d*.

Capitulation harmonique de MULDENER, continuée jusqu'au temps présent, ou traduction et concordance des capitulations des empereurs, depuis Charles-Quint jusques et y compris l'empereur Frrançois I. (Par N.-P BESSET DE LA CHAPELLE.) *Paris*, 1750, in-4.

Capodistrias. Notes pour l'histoire future de la régénération de la Grèce. (Par M. DE FABER, né à Riga, conseiller d'État au service de la Russie.) *Paris*, 1842, in-8, 42 p. D. M.

Caprice (le), ou les effets de la Fortune. (Par Jacques ROERGAS DE SERVIEZ.) *Genève*, 1724, in-12.

Caprice poétique... (Par L. DUTENS.) 1750, in-16. V. T.

Caprices d'imagination, ou lettres sur différents sujets. (Par J.-Jacq. BRUHIER D'ABLAINCOURT.) *Paris*, 1740, in-12, ou *Amsterdam* (*Paris, Briasson*), 1741, in-8.

Les exemplaires complets de la première édition doivent comprendre un cahier de corrections et additions.

Caprices (les) de l'amour et de l'amitié, anecdote angloise, suivie d'une petite anecdote allemande. (Par madame M.-S. DE LA ROCHE.) *Zuric*, 1772, in-8.

Caprices de l'amour et de la fortune, ou Histoire d'Amélie et d'Angélique. (Par BRAMOUR.) *Londres*, 1782, in-18.

« Cazin, sa vie et ses éditions », p. 180.

Caprices (les) de la fortune, ou histoire du prince Mentzikoff, favori du czar Pierre I, suivie d'une tragédie sur le même sujet. (Par J.-H. MARCHAND et P.-J.-B. NOUGARET.) *Londres et Paris veuve Duchesne*, 1772, in-8, VII-130 p. plus X-56 p. — *Liége, Boubers*, 1772, in-12. — *Paris, Veuve Duchesne*, 1773, in-12, 183 p.

Caprices du Destin, ou recueil d'histoires singulières et plaisantes arrivées de nos jours, par mademoiselle L'H*** (Marie-Jeanne L'HÉRITIER). *Paris*, 1708, in-12.

Voy. « Supercheries », II, 779, *a*.

Caprices (les) du sort ou l'histoire d'Émilie, par mademoiselle DE S. Ph*** (Franc.-Thérèse AUMERLE-SAINT-PHALIER, dame D'ALIBARD). *Paris*, 1750, in-12.

Voy. « Supercheries », III, 720, *b*.

Caprices (les) et les malheurs du calife Wathek, traduits de l'arabe. *Londres*, 1791, in-12.

Composé en anglais et traduit en français par W. BECKFORD, mort en 1844, âgé de 84 ans.

Caprices (les) héroïques de LOREDANO. Dédiés à Son Altesse Royale. *Paris*, 1644, in-8.

Le traducteur nommé dans le privilége est CHATOUNIÈRES DE GRENAILLE, historiographe de Gaston, frère de Louis XIII, à qui il a dédié son travail.

Caprices poétiques d'un philosophe ou soi-disant tel. (Par CHAMPREVERT.) in-12.

Voy. « Supercheries », III, 119, *a*.

Caprices romanesques. (Par Th. L'AFFICHARD.) *Amsterdam*, 1745, in-12.

Caprices wallons, par *** (Michel THIRY, chef de station à Liége). *Liége, Carmanne*, 1859, in-12, 53 p. J. D.

Captif (le) littéraire, ou le danger des souvenirs. (Par Jacq.-Vincent DELACROIX.) *Paris, Arthus Bertrand*, 1829, 2 vol. in-8.

Publié d'abord sous ce titre : « le Danger des souvenirs. » Voy. ces mots.

Captive (la). *Paris, imp. de Pihan-Delaforest*, 1832, 16 p. — La Captive. Suite. *Id.* 44 p. — La Captive. Nouvelle suite. *Id.* 36 p. — La Captive. Fin. *Id.* 36 p. — La Captive. Résumé. *Id.* 24 p. (Par le marquis DE LA GERVAISAIS.) Le tout en un vol. in-8.

Voy. ci-après « Captivité de Mme la duchesse de Berry. »

Captivité de Louis XVI et de la famille royale... comprenant le «Journal de Cléry... » Seconde édition, revue, corrigée et augmentée. *Paris, Michaud*, 1825, in-8.

La notice sur Cléry, et celles sur les chevaliers de Turry et de Rageville, sont de J. ECKARD.

Captivité (de la) de Mme la duchesse de Berry. Titres et épigraphes des écrits.

(Par le marquis DE LA GERVAISAIS.) *Paris, imp. de A. Pihan-Delaforest*, 1833, in-8.

Réunion sous un titre général des publications intitulées :

« La Captive ». 16, 44, 36, 36, et 24 p. Voy. ci-dessus ce titre.

« Sainte-Hélène : Blaye. » 32 p.

« France : Berry. Désarmement. » 32 p.

« Encore Blaye. Illusions : déceptions ». 32 p.

« Toujours Blaye », 40 p. Voy. ces différents titres.

Capuchon (le) soulevé. Essai d'observations critiques sur l' « Hermite en province. » Par M. S*** (J.-R.-P. SARRAN.) Première partie. Hérault. *Paris*, 1818, in-8, 108 p.

Voy. « Supercheries », III, 489, *d*.

Capucin (le) défendu contre le « Capucin » de P. du Moulin. (Par Guillaume CACHERAT.) *Paris*, *Vitray*, 1642, in-8.

Capucinade (la), histoire sans vraisemblance. Par frère P. J. Discret N*** (Pierre-Jean-Baptiste NOUGARET). 1765, in-12, 105 p.

Réimprimé avec le nom de l'auteur en 1797, sous le titre d' « Aventures galantes de Jérôme, frère capucin », in-18.

La publication de ce roman fit mettre l'auteur à la Bastille.

Capucinière (la), ou le bijou enlevé à la course, poëme. *Paris*, 1809, gr. in-16.— *Paris*, 1820, in-8, XII-68 p., avec 6 planches.

Par suite d'une confusion évidente avec l'ouvrage précédent, ce petit poëme a été attribué à NOUGARET. Voy. « Catalogue Crozet, 2e partie, no 658.

Il a été plus tard, avec beaucoup plus de vraisemblance, attribué à Pierre-François TISSOT.

Capucins (les), les libéraux, et les canards. (Par DUPETIT-THOUARS.) *Paris, impr. de Patris*, 1817, in-8.

Capucins (les), ou le Secret du cabinet noir, histoire très-véritable. Par l'auteur des « Forges mystérieuses » et des « Trois moines » (madame GUÉNARD.) *Paris, Marchand*, an IX-1801, 2 vol. in-18 ; — 1808, 2 vol. in-18.—3e éd. *Paris, T. Dabo*, 1815, 2 vol. in-12.

Caquet-bon-bec, la poule à ma tante, poëme badin. (Par Jean-Baptiste DE JUNQUIÈRES). *Paris, Panckoucke*, 1763, in-12. — *Paris, Renard*, 1803, in-8. — *Paris, Froment*, 1823, in-32.

Cara Mustapha, grand-visir. (Par DE PRECHAC.) *Paris, Blageart*, 1684, in-12.

Voyez « Kara Mustapha.

Carabiniers (les) belges... par un ancien chef de volontaires pendant les journées de septembre 1830 (BRUNOT-RENARD, général major). *Bruxelles, Jamar*, 1860, in-8. 84 p.

Voy. « Supercheries », I, 324, *b*.

Caractère (le) d'un véritable et parfait amy, par M. P*** (PORTES). *Paris, Jacq. Le Febvre*, 1695, in-12.

Voy. « Supercheries », III, 11, *c*.

Caractère (le) de Mazarin trouvé dans son cabinet... Voy. « Le vrai caractère du tyran... »

Caractère des personnages les plus marquants dans les différentes cours de l'Europe, extrait des Œuvres de Frédéric-le-Grand. (Par J.-A. BORELLY.) *Paris*, 1808, 2 vol. in-8.

Caractère (le) des vrais chrétiens. (Par Nicolas DE MELICQUE.) *Paris*, 1693, in-12. — Quatrième édition revue et augmentée sur les mémoires de l'auteur. (Par Philibert-Bernard MOREAU DE MAUTOUR.) *Paris*, 1714, in-12.

Caractère et mœurs des Normands appréciés par un allemand (Jacques VENEDEY), publié par M. A. CANEL. *Pont-Audemer*, 1851, in-8, 30 p.

Voy. « Supercheries », I, 270, *e*.

Caractères (les) de l'amitié. (Par l'abbé L. BORDELON.) *Paris*, *Lefebvre*, 1702, in-12.

Réimprimé avec le nom de l'auteur.

Caractères (les) de l'amitié. (Par le marquis L.-Ant. DE CARACCIOLI.) *Paris*, 1754, in-12.

Réimprimés avec le nom de l'auteur.

Caractères (les) de l'homme sans passions, selon les sentimens de Sénèque. (Par Antoine LE GRAND.) *Paris, Compagnie*, 1663, petit in-12. — *Lyon*, 1665, petit in-12. — *Paris*, 1682, gr. in-12.

La première édition a paru avec le nom de l'auteur, sous ce titre : « le Sage des stoïques ; l'homme sans passions, selon les sentiments de Sénèque. » *La Haye, chez Samuel Broune*, 1662, petit in-12.

Après le titre se trouve une épître dédicatoire à Charles II, roi de la Grande-Bretagne, etc. On ne la voit plus dans les éditions suivantes.

Caractères de l'honnête homme et de l'homme chrétien. (Par VINCENT.) *Paris, Villette*, 1690, in-12.

Caractères de LA BRUYÈRE, nouvelle édition revue par M. B*** DE B*** (BELIN DE BALLU). *Paris*, 1790, in-8. — *Paris, Bastien*, 1791, 2 vol. in-8.

Voy. « Supercheries », I, 478, *d*.

Caractères de la charité selon l'Évangile. (Par J.-Denis COCHIN.) *En France*, 1782, in-12.

Réimprimé vers 1800.

Caractères (les) de la tragédie; publié d'après un manuscrit attribué à LA BRUYÈRE. (Par le prince WISZNIEWSKI.) *Paris, Académie des Bibliophiles*, 1870, in-16.

L'éditeur dit avoir déposé à la Bibliothèque nationale le manuscrit autographe : mais est-il bien de La Bruyère?

Caractères de la véritable grandeur. Par Jean SOUBEIRAN DE SCOPON ou SCOPON DE SOUBEIRAN.) 1746, in-12, 14 p.

Caractères (les) de THÉOPHRASTE, traduits du grec; avec les Caractères ou les mœurs de ce siècle. (Par J. DE LA BRUYÈRE.) *Paris, Est. Michallet*, 1688, in-12.

Voir pour le détail des éditions le « Manuel du libraire », 5e édit., t. III, col. 719 et suivantes. Les premières seules sont anonymes.

On a attribué à ALEAUME, avocat à Rouen, la « Suite des caractères de Théophraste », *Paris, veuve E. Michallet*, 1700, in-12. Cette suite a été réimprimée à la fin de plusieurs éditions. Voy. ci-après ce titre.

Voy. aussi pour plus amples détails les éditions publiées par MM. Walckenaer, Destailleurs, Servois et Charles Asselineau.

Caractères de THÉOPHRASTE, traduits du grec, nouvelle édition augmentée par M. B*** de B*** (BELIN DE BALLU), de l'Académie des inscriptions et belles-lettres. *Paris, Bastien*, 1791, in-8.

Caractères des auteurs anciens et modernes, avec les jugements de leurs ouvrages. (Par Mich.-Dav. DE LA BIZARDIÈRE.) *Paris, Dupuis*, 1704, in-12. — 2e éd. *Paris*, 1705, in-12.

Caractères des femmes, ou Aventures du chevalier de Miran. (Par Louis LESBROS DE LA VERSANE, de Marseille.) *Londres et Paris, Dessain*, 1770; — *Paris, Fétil*, 1772, 2 parties in-12.

Caractères des historiens satyriques de notre temps, ou remarques sur les « Mémoires amusants, politiques et satyriques du sieur D. Brasey. » *A Véritopolie, s. d.*, in-4, XIV-101 p., avec gravures.

Attribué à un gentilhomme saxon du nom de SPON ou SPOHR, par Gadebusch dans sa « Livelandische Bibliothek. » Voy. aux « Supercheries », II, 410, *e*. J. N. D. B. C. DE L.

Voy. aussi la lettre du baron de Korff insérée dans le « Bulletin du bibliophile », 15e série, 1861, pages 32 à 37.

Caractères des médecins, ou l'idée de ce qu'ils sont communément et celle de ce

a qu'ils devraient être d'après « Pénélope » de feu M. de La Mettrie. Par ***, D. en M. (Par J.-Phil. DE LIMBOURG.) *Paris, aux dépens de la compagnie*, 1760, in-12.

Voy. « Supercheries », III, 1120, *a*.

Caractère des peintres françois. (Par L.-G. BAILLET DE SAINT-JULIEN.) *S. l.* (1755), in-12.

b C'est le même ouvrage que « la Peinture », du même auteur. Il y a des exemplaires dont le titre est : « Caractères de quelques peintres français. » V. T.

Caractères (les) du Messie, vérifiés en Jésus de Nazareth. (Par l'abbé Jos.-Guil. CLÉMENCE.) *Rouen, Dumesnil*, 1776, 2 vol. in-8.

Caractères et anecdotes de la cour de Suède. (Par RISTEL.) Paris, 1790, in-8.

c Caractères et réflexions morales, par le vicomte de L. C. (Alexandre-Louis-Henri-DE LA TOUR DU PIN CHAMBLY DE LA CHARCE.) *Paris. F. Didot*, 1820, in-8, 2 ff. de tit. III-184 p.

Voy. « Supercheries », II, 697, *b*.

Cet ouvrage figure par erreur une seconde fois dans les « Supercheries », II, 776, *b*, sous les initiales L. G., avec l'attribution inexacte « le vicomte LATOUR DU PIN GOUVERNET », d'après une note de M. Boissonade.

d Caractères modernes, traduits de l'anglois, par M. E*** (EIDOUS). *Paris*, 1771, 2 vol. in-12.

Il paraît douteux que cet ouvrage soit traduit de l'anglais.

Voy. « Supercheries », I, 1198, *e*.

Caractères nouveaux, par l'auteur des « Mœurs champêtres » (l'abbé Jean-Jacques GAUTIER). *Alençon, Malassis fils*, 1791,

e in-8, 36 p.

Voy. l'article suivant.

Caractères (les), ou mœurs de ce siècle, par M. G*** (Jean-Jacques GAUTIER), curé en Basse-Normandie (à la Lande-de-Gul, aujourd'hui département de l'Orne). *Caen, Le Roy*, 1789, in-12, 232 p.

Voy. l'art. « Caractères nouveaux », et « Supercheries », II, 122, *c*.

f Caractères ou religion de ce siècle. (Par le P. FIDÈLE, capucin.) *Bordeaux*, 1768, in-12.

Note manuscrite.

Caractères (les), par madame DE *** (Mme DE PUISIEUX). *Londres (Paris)*, 1750, in-12, 252 p. et 1 feuil. d'errata.

Réimprimé avec le nom de l'auteur.

Caractères, pensées, maximes et sentiments. *Paris. Nic. de Burre*, 1693, in-12, 307 p.—*Suivant la copie à Paris chez Nic. de Burre*, 1694, in-12.

L'épître est signée : D*** (DU PUY).

Caractéristiques de l'état politique du royaume de la Grande-Bretagne, traduit de l'anglois (de G. BERKELEY, évêque de Cloyne). *La Haye*, 1759, in-8.

Note manuscrite de l'abbé Morellet.

Caramuru, ou la découverte de Bahia, roman-poëme héroïque brésilien, par JOSÉ DE SANTA-RITA DURAO, traduit en français. (Par Eug. DE MONGLAVE.) *Paris*, 1829, 3 vol. in-12.

Voy. aux « Supercheries », II, 505, *e*, LA LANDELLE.

Carbonari (les), ou le livre de sang, par M. W*. R*. J. B. J.-I.-Ph. (Jean-Baptiste-Joseph-Innocent-Philadelphe REGNAULT-WARIN). *Paris, P.-N. Barba*, 1820, 2 vol. in-12.

Les huit pages préliminaires en tête du 1er volume contiennent une notice sur les Carbonari ; c'est tout ce qu'il y a d'historique dans cet ouvrage ; le reste n'est qu'un roman. (Catalogue Ouvaroff. Spécimen. 1870, n° 535.)

Voy. « Supercheries », II, 371, *b*, et III, 481, *c*.

Cardinal (le) de Lorraine, ou les Massacres de la Saint-Barthélemy, par DE F*** (Fr.-Th.-Mar. DE BACULARD D'ARNAUD). *Leipsic*, 1759, in-8, 88 p.

Voy. « Supercheries », II, 4, *b*.

Cardinal (le) de Richelieu, chronique tirée de l'histoire de France, par M. JAMES. Traduite de l'anglais par l'auteur de : « Olésia, ou la Pologne »... (Mme LATTIMORE CLARKE, depuis Mme Charles GOSSELIN, née Rosine MAME.) *Paris, Ch. Gosselin*, 1830, 4 vol. in-12. D. M.

Cardinal (le) Mazarin joué par un Flamand, ou relation de ce qui se passa à Ostende, le 14 mai 1658. *Cologne, P. Marteau (Hollande, à la Sphère)*, 1671, pet-in-12.

Le fonds de ce petit livre paraît être tiré de l'ouvrage latin publ. sous le titre de : « Ostendana Francorum clades », vers 1658 (voy. ce titre), et dont la dédicace au roi Philippe IV est signée F. DE BOCK. (« Manuel du libraire », 5e édit. I, 1575.)

Cardiphonia, ou correspondance de J. Newton, recteur de Saint-Mary-Woolnoth ; traduit de l'anglais par le traducteur d'« Omicron » (Mlle CHABAUD-LATOUR). *Paris, Risler*, 1831-1833, 3 vol. in-18.

Caresme (le) impromptu, et le Lutrin vivant. Poëmes. Par l'auteur de « Vert-Vert » (Jean-Baptiste-Louis Gresset). *Au Lutrin vivant*, 1735, in-12, 20 p.

a Cargula, parodie de « Catilina » tragédie de M. de Crébillon. (Par CHEVRIER.) *Gênes, J. Gravier*, 1749, in-8, 38 p.

Carillon (le) patriotique. Aux électeurs de France. (Par J.-D.-V. AUBURTIN.) *Paris, Lacrampe impr.*, 1830, in-8, 24 p.

Carillons (les) francs-comtois ; par un anti-carillonneur (Ch. VIANCIN, de l'Académie de Besançon). *Besançon, Déis*, 1840,

b in-8, 120 p.

Voy. « Supercheries », I, 361, *c*.

Caritéas (Par Ch. COQUEREL.) *Paris, Sautelet*, 1828, in-12.

Caritée, ou la Cyprienne amoureuse, par le sieur P. C. *Toulouse, Bosc*, 1621, in-8.

Le dictionnaire de Chaudon, et après lui la « Biographie universelle », attribuent ce roman à l'abbé CASENEUVE ; il n'en est pas question dans le Moréri.

c Cependant le rédacteur de l'article paraît avoir consulté la vie de l'auteur, par Bernard Medon, qui se trouve en tête du livre intitulé : « de l'Origine des Jeux floraux de Toulouse », 1669, in-8, ouvrage posthume de Caseneuve.

Voy. « Supercheries », III, 50, *f*.

Carline et Belleval, ou les leçons de la volupté. 2 vol. in-12, fig.

Cet ouvrage n'est pas, comme l'a dit Barbier dans sa 2e édition, le même que la « Confession générale

d du chevalier de Wilfort » (Par HUBERT, d'Orléans), voyez ces mots.

Carme herculisé, ou réfutation de la réplique du R. P. Denis Manay. (Par Guillaume RUISSON.) *Liége, J.-P. Gramme*, 1730, in-4. Ul. C.

Carmentières. ou les engagements rompus par l'amour. (Par GIRONNET.) *Amsterdam*, 1754, 2 parties in-12.

e Carnaval (le) d'été, ou le Bal aux boulevards, parodie du « Carnaval du Parnasse » par MM*** (A.-J. LABBET, abbé DE MORAMBERT et Ant.-Fabio STICOTTI). *Paris, N.-B. Duchesne*, 1749, in-8.

A l'article Sticotti, Quérard, « France littéraire », a par erreur donné le nom de Morabin, au lieu de Morambert. Cette attribution inexacte a été reproduite dans les « Supercheries », III, 1050, *d*.

f Carnaval (le) de Melun, ou le Mariage de Mathieu Lenvers, dénouement postiche du « Somnambule de Lieursaint », petite parade (en un acte et en prose), par l'auteur du « Somnambule » (Ch. LEBRASSEUR.) *Paris, Latour*, 1816, in-8.

Carnaval (le) des faubouriens, ou le carême des Jésuites. Impromptu comique, satyrique et authentique de l'échauffourée Jésuitique, qui a eu lieu par les carlistes, les lundi, et mardi-gras 1831, à Saint-Germain-l'Auxerrois, à l'Archevêché, etc., etc. (Par A.-J. SANSON, libraire.) *Paris, Sanson*, 1831, in-8, 8 p.

Carnot, sa vie politique et privée; contenant des particularités intéressantes qui n'ont jamais été imprimées, suivie d'un précis de la conduite de Robert Lindet à la Convention nationale... (Par Antoine SERIEYS.) *Paris, impr. de Mlle veuve Jeunehomme*, 1816, in-12.

Caroline de Lichtfield, ou Mémoires extraits des papiers d'une famille prussienne, par Mme de *** (Isabelle DE MONTOLIEU), publié par le traducteur de « Werther » (G. DEYVERDUN). *Lausanne et Paris*, 1785, 2 part. in-12.

Souvent réimprimé, et depuis 1813 avec le nom de l'auteur.

Voy. « Supercheries », III, 1077, *c*.

Caroline et Storm, ou Frédéric digne du trône, mélodrame en trois actes, à grand spectacle, orné de danses, pantomimes, évolutions militaires, etc. Par Melle L. R***, musique de M. Quaisain, ballets de M. Richard,... représenté pour la première fois à Paris, sur le théâtre de l'Ambigu-Comique, le 3e jour complémentaire de l'an XII, jeudi 20 septembre 1804. *Paris, Fages*, an XIII-1804, in-8, 4 ff. lim. et 43 p. — Autre éd., par Melle L. R. et M. C***. *Paris, Fages*, an XIII-1804, in-8, 43 p. — 3e édit. par Melle LE RICHE. *Paris, Fages*, 1811, in-8, 36 p.

Par Mademoiselle LE RICHE et J.-B. LABENETTE.
Voy. « Supercheries », I, 607, *d*, et II, 979, *c*.

Caroline, ou les inconvénients du mariage. Par Mme M. (Caroline MAURER.) *Paris, Béchet*, 1815, 4 vol. in-12.

Voy. « Supercheries », II, 1018, *f*.

Carpentariana, ou recueil de pensées historiques, critiques et morales, et de bons mots de F. Charpentier. (Composé et publié par BOSCHERON.) *Paris*, 1724; — *Amsterdam*, 1741, in-12.

C'est la même édition ; le titre seulement a été renouvelé en 1741 : on a supprimé la préface, l'approbation et le privilége du roi.

Carrosses à cinq sols (les), ou les Omnibus du XVIIe siècle. (Par Louis-Jean-Nicolas MONMERQUÉ.) *Paris, Didot*, 1828, in-12.

Carte (la) de la Cour. (Par Gabriel GUERET.) *Paris, Osmont*, 1674, in-12.

Carte méthodique pour apprendre aisément le blason en jouant, avec les règles du jeu héraldique. (Par SILVESTRE.) *Paris, s. d.*, in-fol. plano.

Ce travail rare et très-curieux a été composé pour l'instruction du duc de Bourgogne.

Cartel aux philosophes à quatre pattes, ou l'immatérialisme opposé au matérialisme. (Par l'abbé Thomas-Jean PICHON.) *Bruxelles*, 1763, in-8. V. T.

Cartes d'armoiries de l'Europe, à S. A. R. de Savoye. Par C. O. F. (Claude-Oronce FINÉ), C^er et ausmonier du roy.

Voy. « Supercheries », I, 762, *a*.

Carthon, poëme traduit de l'anglois (de MACPHERSON), par Mme *** (la duchesse D'AIGUILLON, mère du ministre, et F.-C. MARTIN.) *Londres*, 1762, in-12.

Voy. « Supercheries », III, 1052, *d*.

Cartouche, mélodrame en trois actes, par Théodore N... (NEZEL) et Armand Ov... (OVERNAY), musique de M. Adrien, ballet de M. Blache; représenté sur le théâtre de l'Ambigu-Comique, le 23 janvier 1827. *Paris, Quoy*, 1827, in-8.

Voy. « Supercheries », II, 1240, *f*.

Cartouche, ou le scélérat justifié par la grâce du P. Quesnel, en forme de dialogue. (Par le P. Louis PATOUILLET, jésuite.) *La Haye, Pierre Marteau*, 1731, in-8.

Même ouvrage que « Apologie de Cartouche ». Voy. ci-dessus, col. 236, *e*.

Cartouche, ou le vice puni, poëme (par Nicolas RAGOT DE GRANDVAL père), avec une lettre critique et un examen dudit poëme, par le même auteur. *Paris*, 1723, in-8.

Réimprimé sous le titre de « Vice (le) puni, ou Cartouche ». Voy. ces mots.

Carya Magalonensis, manuscrit du commencement du XIVe siècle, publié pour la première fois. *Toulouse*, 1836, in-8, fig.

Pastiche composé par Christian-Horace-Bénédict-Alfred MOQUIN-TANDON. Tiré à 50 exemplaires.

Une seconde édition avec une traduction en regard porte le nom de l'auteur. *Montpellier*, 1844, in-12, XXXIV-171 p.

Cas de conscience décidé par l'auteur de la prière publique. On demande s'il est permis de suivre les modes, et en particulier, si l'usage des paniers peut être souffert? Avec les réponses aux objections. (Par Jacques-Joseph DUGUET.) 1728, in-12.

Cas de conscience proposé par un confesseur de province, touchant un ecclésiastique qui est sous sa conduite, et résolu par plusieurs docteurs de la faculté de théologie de Paris. (Dressé par EUSTACE, confesseur des religieuses de Port-Royal.) *Juin* 1703, in-12.

L'abbé Ledieu, dans son journal manuscrit sur Bossuet, observe que cet opuscule était généralement attribué à l'abbé COUET, grand-vicaire de Rouen. Voyez l'« Histoire de Bossuet », par M. de Bausset, 2e édition, 1819, t. IV, p. 330.

J'ai suivi l'opinion de l'abbé Goujet dans son catalogue manuscrit.

Voy. « Supercheries », I, 975, *b*.

a

Cas de conscience sur la commission établie pour réformer les corps réguliers. (Par D. Ch. CLÉMENCET, suivant Bachaumont, ou par un dominicain de la rue du Bac.) (1767), in-12, 72 p.

b

Cas de conscience sur le Jubilé, troisième édition. (Par l'abbé Joseph LAMBERT.) *Paris*, *Lottin*, 1724, in-12.

Cascade (la) de Sauvabelin, suivie des rives du Léman, poëme. (Par J.-J. PORCHAT.) *Lausanne*, 1824, in-8.

c

Casimir, roi de Pologne. (Par Michel ROUSSEAU DE LA VALETTE). *Paris*, *Barbin*, 1679, 2 vol. pet. in-12. — *Suivant la copie imprimée à Paris chez Claude Barbin*, 1679, 2 vol. pet. in-12.

L'épître au président de Mesmes est signée des initiales : D. L. V. R.

Casque (le) et les colombes, opéra-ballet en un acte. (Par N.-Fr. GUILLARD.) *Paris*, *Balard*, an X-1802, in-8.

d

Cassandre. (Par DE LA CALPRENÈDE.) *Paris*, *Courbé*, 1644, 10 vol. in-8.

Cassandre. (Par DE LA CALPRENÈDE, mise en abrégé par Alexandre-Nicolas DE LA ROCHEFOUCAULD, marquis de SURGÈRES.) *Paris*, *Dumesnil*, 1752, 3 vol. in-12.

Cassandre astrologue, ou le préjugé de la sympathie, comédie-parade en un acte et en vaudevilles, représentée pour la première fois à Brunoi, devant Monsieur, frère du roi, le jeudi 23 novembre 1780, et à Paris, le mardi 5 décembre suivant, par les comédiens italiens ordinaires de Sa Majesté. (Par Auguste DE PIIS et P.-Yon BARRÉ.) *Paris*, *Vente*, 1780, in-8.

e

Cassandre aubergiste, parade, par l'auteur de « Gilles, garçon peintre » (Ant.-Alexandre-Henri POINSINET jeune). *Londres* (*Paris*), 1765, in-8.

f

Cassandre aveugle, ou le concert d'Arlequin, comédie-parade en un acte, par MM. CHAZET, MOREAU et *** (Théophile MARION DU MERSAN). *Paris*, *Bluet*, 1803, in-8.

D. M.

Cassandre mécanicien, ou le bateau volant, comédie-parade en un acte et en vaudevilles. (Par J.-Fr.-Thomas GOULART.) *Paris*, *Brunet*, 1783, in-8.

Cassandre oculiste, ou l'oculiste dupe de son art, comédie-parade en un acte et en vaudevilles. (Par Auguste DE PIIS et P.-Yon BARRÉ.) *Paris*, *Vente*, 1780, in-8, 32 p.

Cassandre, ou quelques réflexions sur la révolution française et la situation actuelle de l'Europe. *Au Caire*, *et se trouve à Malte*, *Corfou*, *Zante*, *Céphalonie*, *et à Paris*, *chez les héritiers de Babœuf et compagnie*, *cour du Luxembourg*, Juillet, 1798, in-8, 133 p.

Signé : Auguste DANICAN.

Cassette (la) des bijoux. *Paris*, *Gabriel Quinet*, 1668, in-12, 8 ff. prélim. et 248 p.

L'épître à Mme de Montespan est signée : D. T. (TORCHE).

Une seconde partie a paru sous le titre de : « la Toilette galante de l'amour ». Voy. ces mots.

Gabriel Gueret, dans sa « Promenade de Saint-Cloud », dit que Mademoiselle DE NANTOUILLET a fourni à l'abbé de Torche une partie des pièces dont se compose ce recueil. (Catal. Walckenaer, n° 2188.)

Cassette (la) ouverte de l'illustre criole (créole), ou les amours de Mme de Maintenon. *Villefranche* (*Hollande*), 1691, in-12.

Attribué à un nommé P. LENOBLE, d'après une note manuscrite contemporaine.

Cette édition a été reproduite avec un nouveau titre portant : « les Amours de Mme de Maintenon, épouse de Louis XIV : augmenté en cette nouvelle édition de plusieurs pièces curieuses. » *Villefranche*, 1694, pet. in-12.

Les poésies gaillardes qui terminent « la Cassette ouverte », ne se retrouvent pas dans la réimpression intitulée : « Le Passe-Temps royal de Versailles sur les amours secrettes de Mme de Maintenon »; *Cologne*, *P. Marteau*, 1704, pet. in-12, mais cette réimpression a quelques additions dans le préambule et à la fin; elle a un frontispice gravé qui remplace, à sa manière, dit Leber (n° 2214 de son « Catalogue »), les poésies gaillardes supprimées.

La « Cassette ouverte » a reparu avec quelques différences sous la rubrique de « Derniers déréglements de la Cour », dans les recueils de pièces publiés en Hollande.

Cassette (la) verte de M. de Sartine, trouvée chez Mlle Duthé. (Par TICKELL, Anglais.) *La Haye*, *veuve Whiskerfeld*, 1779, in-8, 71 p.

Casteau (le) d'amour. Voy. « Château. »

Castel aux chênes. (Par Mme la comtesse DE PANEVÈRE, chanoinesse de Bavière.) *Paris*, *Debécourt*, 1843, 3 vol. in-8.

Le tome I est anonyme, les tomes II et III sont signés du pseudonyme : Mme la comtesse Elfride DE MALLERAIX.

Castille (la) aux pieds de la reine, demandant la paix... *Paris, S. Martin*, 1649, in-4, 15 p.

La dédicace est signée : ALDIMARY.

Castoiement (le), ou Instruction d'un père à son fils; ouvrage moral en vers, composé dans le XIIIe siècle, avec quelques observations sur les étymologies (et un vocabulaire). (Par Et. DE BARBAZAN) *Lausanne* (*Paris*), *Chaubert*, 1760, in-8.

Le « Castoiement » est une traduction de la « Disciplina clericalis » de Pierre Alphonse. Il en existe une traduction en vers qui date peut-être du XIVe siècle : « le Chastoiement d'un père à son fils » ; elle a été publiée en 1824 aux frais de la Société des bibliophiles français. Le texte publié par Barbazan et qui est tout différent, a été reproduit dans la collection des « Fabliaux » donnée par Méon.

Cataclysme (le) et le dernier mot de l'ultramontanisme, par un catholique (X. BOUGARD). *Liége, Bougard*, 1861, in-8, 10 p.

Ul. C.

Voy. « Supercheries », I, 661, *e*.

Catafalque de feu monseigneur le Dauphin, ou complainte à la mort, traduction d'une élégie qui porte ce titre, faite à Paris, le 20 février 1766, au sujet du service solennel qui s'y fait à Notre-Dame... (*Paris*), *imp. de Valleyre père*, (1766), in-8.

Traduction de : « Epicenium D. D. principis augustissimi Galliarum delphini. » (Auctore Petro NAU-DUMONTET.)

Catalectes, ou pièces choisies des anciens poetes latins depuis Ennius et Varron, iusques au siècle de l'empereur Constantin. A quoy sont adjoustez quatre liures des épigrammes de MARTIAL en latin et en françois, et autres pièces,... avec les noms des autheurs des catalectes, et un avertissement necessaire concernant les corrections et les fautes suruenuës dans cette édition. In-8.

Recueil de pièces ayant chacune un titre particulier et une pagination spéciale.

Voici la description de ces différentes pièces :

Catalectes ou pièces choisies des anciens recueillies en deux liures par Ioseph SCALIGER. Traduction en vers. Par M. D. M. A. D. V. (Michel DE MAROLLES, abbé de Villeloin). *Paris*, 1667, in-8, 256 p.

Le Livre des spectacles et le premier livre des epigrammes de MARTIAL. Traduits en vers par M. D. M. A. D. V. (Michel DE MAROLLES, abbé de Villeloin). *Paris*, 1667, in-8, 100 p.

Les Estreines et apophorettes, ou les presens de MARTIAL, qui composent les deux derniers livres des Epigrammes de ce poete. Traduites en vers par M. D. M. A. D. V. (Michel DE MAROLLES, abbé de Villeloin). *Paris*, 1667, in-8, 120 p.

L'Histoire Auguste, des six auteurs anciens, Spartien, Capitolin, Lampride, Gallican, Pollion et Vipiscus, lesquels ont ecrit les vies des empereurs romains, sous le titre d'Augustes et de Cesars, depuis Adrien iusques à Carin, en l'espace de 117 ans ; c'est-à-dire, depuis l'année de Nostre-Seigneur 117 iusques à l'année 284. Avec des remarques. Ce qui n'a point encore esté traduit iusques à present. Dedié au Roy. Par M. DE M. A. de V. (Michel DE MAROLLES, abbé de Villeloin). *Paris, J. Couterot*, 1667, in-8, 16 ff. et 48 p.

Lettre de M. l'abbé de Villeloin (DE MAROLLES) à Monsieur l'abbé de la Victoire touchant quelques traductions de l'Eneide de Virgile. (1er juin 1667), in-8, 24 p.

Signé : M. D. M. A. D. V.

Vers citez par saint Grégoire E. de Tours, dans le 4e liure de son histoire. (Par Michel DE MAROLLES.) *S. l. n. d.*, in-8, 8 p.

L'histoire des François de S. GRÉGOIRE, evesque de Tours qui vivoit il y a pres d'onze cents ans. Avec le supplément de FRÉDÉGAIRE, écrit par les ordres de Childebrand, frère de Charles-Martel. De la traduction de M. DE MAROLLES, abbé de Villeloin. Avec des remarques. *Paris, F. Léonard*, 1668, in-8, 40 ff.

Catalogne (la) françoise, où il est traité des droits que le roy a sur les comtez de Barcelonne et de Roussillon. *Tolose*, 1644, in-4.

Dédié au cardinal Mazarin par l'auteur, Pierre DE CASENEUVE.

Catalogue des livres de feu M d'**Ansse de Villoison.** (Précédé d'une notice sur sa vie et ses ouvrages, par Guill.-Emm.-Jos. GUILHEM DE CLERMONT-LODÈVE DE SAINTE-CROIX.) *Paris, de Bure père et fils*, 1806, in-8.

Catalogue des livres de la bibliothèque de feu M. **Barré**, auditeur des comptes. *Paris, Gabriel Martin*, 1743, 2 vol. in-8, avec table des auteurs.

Une note ms. répétée sur chaque volume d'un exemplaire que j'ai tenu porte : « Dressé par M. CHAPOTEAU. »

Catalogue des livres, manuscrits et estampes formant le cabinet de M. **Borluut de Noortdonck**. (Rédigé par P. VAN DER MEERSCH.) *Gand*, 1858, 3 vol. in-8.

Catalogue raisonné de la librairie d'Etienne de **Bourdeaux**. *Berlin, Et. de Bourdeaux*, 1754-55, 4 vol in-8.

Catalogue détaillé dans un ordre alphabétique de titres peu rigoureux, de 2233 articles dont les prix ne sont pas indiqués, mais qui sont tous suivis d'une appréciation par J.-H.-Sam. FORMEY. Les pp. 290-390 du t. IV contiennent une table alphabétique régulière de tous les titres. La librairie Bourdeaux a pu mettre au jour d'autres catalogues, mais celui-ci est le seul qui soit annoté par Formey. Il m'a servi à rectifier plus d'un article du Dictionnaire. Je dois à l'obligeance du savant Dr F.-L. Hoffmann, de Hambourg, la communication du « Catalogue des livres... de feu Et. de Bourdeaux... » mis aux enchères à Berlin, en février 1799. C'est un in-8 de 378 p. Les livres y sont classés par langues et par formats et suivant une habitude allemande chaque volume a reçu un nº d'ordre dans chaque format. Il y a 13060 vol. français, 2291 vol. grecs et latins, 156 anglais et 133 italiens, au total : 15640 volumes. Comme dans le catalogue Formey, les titres sont très-détaillés.

Catalogue de la bibliothèque de S. E. M. le comte **D. Boutourlin**. (Rédigé par Et. Audin, aidé de M. Sloane, Anglais.) *Florence*, 1831, in-8.

Tiré à 200 exempl. Voy. le « Manuel du libraire », t. I, col. 1642.

Catalogue des livres du cabinet de M. de **Boze**. (Fait par Boudot le père, en 1742, et mal donné au public par un autre.) *Paris, imprimerie royale*, 1745, petit in-fol.

Les mots insérés entre parenthèses ont été écrits par Jean Boudot le père lui-même sur l'exemplaire qu'il possédait de ce catalogue et qui a été acheté en l'an XIII-1805 par M. Brunet le fils, libraire, à la vente de M. Boudot.

Pour prouver son assertion, M. Boudot avait corrigé à la main plusieurs fautes échappées au rédacteur du catalogue imprimé, Gabriel Martin.

Catalogue de la précieuse collection de livres et d'estampes de M. R. **Brisart**. (Rédigé par P. Van der Meersch.) *Gand*, 1849, in-8.

Catalogue des livres de la bibliothèque de M. le marquis de **Cambis-Velleron**. *Avignon*, 1774, in-12, 224 p.

Ce catalogue, qui offre une collection abondante de livres, dont quelques-uns étaient recherchés et rares, fut dressé par Antoine Aubanel, libraire, depuis imprimeur de S. S. et du « Courrier d'Avignon ». Le marquis de Cambis, qui avait recueilli de toutes parts ses richesses littéraires, devait en former pour sa patrie une bibliothèque publique. La mort, en l'enlevant en 1772, l'empêcha d'exécuter ce projet patriotique. Sa bibliothèque fut vendue par son fils aux libraires Niel et Aubanel. Le prix de chaque livre est marqué sur le catalogue, ce qui le rend doublement curieux.

(Chaudon.)

Catalogue des livres de la bibliothèque de feu M. M.-J. de **Chénier**, de l'Institut de France, précédé d'une notice historique sur sa vie et ses ouvrages, par M*** (P.-Cl.-F. Daunou), disposé et mis en ordre par J.-A. Bleuet. *Paris, Bleuet*, 1811, in-8.

Catalogue des livres de la bibliothèque de Bernard **Couet**. (Avec son éloge, par l'abbé Louis-Gabriel Guéret.) *Paris, Barrois*, 1737, in-12.

Catalogue raisonné de la collection de livres de M. Pierre-Antoine **Crevenna**, négociant à Amsterdam. *Amsterdam*, 1776, 6 vol. in-4.

Crevenna a rédigé lui-même le catalogue de sa bibliothèque.

D. M.

Catalogue de la bibliothèque de feu M. **Falconet**, médecin. (Rédigé par Marie-Jacques Barrois.) *Paris, Barrois*, 1763, 3 vol. in-8, y compris la table des auteurs.

La table manque à quelques exemplaires. L'avertissement du libraire, ses éclaircissemens sur quelques articles, et la multitude d'anonymes qu'il a indiqués, rendront toujours ce catalogue utile à consulter.

Ce catalogue contient 10978 articles. Le propriétaire avait légué à la bibliothèque du roi les ouvrages qui manquaient à cet établissement; ce sont ceux dont les titres sont imprimés entre crochets. Les autres furent livrés aux enchères; ils produisirent 39062 livres, somme considérable pour l'époque.

Catalogue d'une très-riche mais peu nombreuse collection de livres provenant de la bibliothèque de M. le comte J.-N.-A. de **Fortsas**, dont la vente se fera à Binche, le 10 août 1840, à onze heures du matin, en l'étude et par le ministère de Me Mourlon, notaire, rue de l'Église, n° 9. *Mons, imp. d'E. Hoyois*, in-8, 16 p.

L'exemplaire de la Bibliothèque nationale a appartenu à Nodier et est précédé de la lettre autographe suivante de l'auteur à M. Techener :

Bruxelles, le 9 août 1840.

« Monsieur,

« Le catalogue de la vente Fortsas n'est en effet qu'une pure espièglerie d'écolier, que je me suis permise, et qui a réussi au-delà de toutes mes prévisions. Tous nos amateurs belges y ont été pris : quant à M. Nodier, — le roi des bibliophiles, — vous sentez parfaitement que je n'avais jamais eu la prétention de lui en faire accroire; j'étais bien certain qu'il me devinerait. Pour ne pas pousser la plaisanterie trop loin, et empêcher des voyages à Binche, j'ai cru convenable de contredire la vente, avant le 10, en annonçant que la collection avait été vendue en masse à la Bibliothèque publique de Binche. — J'ai dû aussi *arrêter* la demande faite au ministre d'un subside de 1700 fr. pour la Bibliothèque royale, à l'effet de faire des acquisitions à la fameuse vente. Ceci fera bien rire M. Nodier, mais qu'il veuille bien garder le secret, ainsi que vous, car je ne veux pas me brouiller avec les puissants de la terre.

Votre tout dévoué,

R. Chalon.

« Le catalogue a été tiré à 60 exemplaires, il m'en reste 5. — Je vous en enverrai un, mais sans les prix d'acquisition. »

L'exemplaire de la Bibliothèque nationale est un des 5 sur papier de couleur. Il est suivi de 2 exemplaires de l'avis pour contredire la vente, l'un sur papier de couleur et l'autre sur papier blanc.

Voy. pour les détails de cette mystification et pour la liste des réimpressions de ce catalogue, « Supercheries », II, 63 à 65.

Catalogue des ouvrages de M. **Fourmont** l'aîné, professeur en langue arabe au collége de France. (Rédigé par lui-même.) *Amsterdam* (*Paris*), 1731, in-8.

Catalogue des livres de la bibliothèque de feu P.-L. **Ginguené**. (Rédigé en grande partie par lui-même, et précédé d'une notice sur sa personne et sur ses ouvrages, par Dom.-Jos. Garat.) *Paris, Merlin*, 1817, in-8.

Catalogue des livres rares et précieux de M. **Goutard**. (Avec un précis sur sa vie et sur sa bibliothèque, par MAUCUNE). *Paris, de Bure l'aîné*, 1786, in-8.

Catalogues des livres de la bibliothèque de l'abbé **Guénée**. (Avec une notice historique par Charles RÉMARD). *Melun*, 1804, in-8.

Catalogue de la bibliothèque de M. **Hue de Miromesnil**. (Rédigé par N.-T. LE-PRINCE.) *Paris, Valade*, 1781, in-4.

Catalogue de la bibliothèque de **Jonghe**. (Rédigé par Ch. RUELENS.) *Bruxelles*, 1860-61, 3 vol. in-8.

Le catalogue des monnaies qui forme un quatrième vol. a été rédigé par MM. DE COSTER et PIQUÉ.

Catalogue analytique des archives du baron de **Joursanvault**, contenant une précieuse collection de manuscrits, chartes et documents originaux au nombre de plus de 80,000, concernant l'histoire générale de France, des provinces, de la noblesse, etc. (Par DE GAULLE.) *Paris, Techener*, 1838, 2 vol. in-8, avec fac-simile.

Cette collection qui a été vendue aux enchères, et par parties, en 1838, a été sur le point d'être cédée en bloc à l'Angleterre en 1829. On trouve le détail des négociations qui eurent lieu à ce sujet dans le : « Report from the select committee on the condition, menagement and affairs of the British Museum... Ordered by the House of commons, to be printed, 6 aug. 1835 », 2 vol. in-fol. On lit p. 433 du t. II (479e de la collection) la lettre suivante par laquelle le baron de Joursanvault fait connaître à quelles conditions il consentait à céder à l'Angleterre sa collection paternelle :

« Beaune, le 3 septembre 1829.

» La collection que vous venez de voir, Monsieur, est le fruit des soins de mon père qui y a mis de très-grosses sommes. Mon peu de lumières m'y fait donner moins de prix probablement qu'elle ne vaut. Je céderai tous mes titres, tous les manuscrits généalogiques et historiques pour cent mille francs.

» Si l'on désire y joindre les manuscrits et les éditions gothiques que vous avez vus dans mon cabinet particulier, la somme sera de cent dix mille francs.

» J'y ajoute une réserve absolue de tous les ouvrages de mon père, et de tous les titres qui peuvent avoir rapport à ma famille.

» Je vous prie, avec instance, de vouloir bien tenir à la demande particulière que je vous fais verbalement.

» Veuillez bien croire, monsieur, à la haute considération avec laquelle j'ai l'honneur d'être,

» Votre obéissant serviteur,

» Le baron DE JOURSANVAULT. »

((Monsieur Henry Ellis, Ecuyer, au Musée Britannique à Londres. Présentement à Beaune.)

« *Clause verbale.* — Vous m'obtiendrez, par la faveur de lord Wellington, de la couronne de France, le titre de comte, qui sera substitué à celui que je porte, et transmissible à ma famille, sans pour cela faire de majorat. Ma famille existe d'après titres de fondation de chapelle, d'hospices, etc., depuis 1350. Ma mère est alliée des dames (*sic*), est une Suligny, ma femme parente des Leris, Terray, Drée, etc.

» Si cela ne se peut pas, je me bornerai à obtenir de l'Angleterre, l'entrée franche, dans le royaume, de 500 pièces de vin de France. Je constaterai, s'il le faut, qu'elles sortent de mes propriétés. »

Cette clause verbale fit rompre les négociations.

Catalogue des livres et des manuscrits, la plupart relatifs à l'histoire de France, composant la bibliothèque du bibliophile Jacob (Paul **Lacroix**, rédigé et annoté par lui-même). *Paris, Techener*, 1839, in-8.

On a imprimé des cartons, des addenda et errata, au nombre de trois cents ; mais on ne les a jamais distribués. Les manuscrits précieux pour l'histoire de France qui figuraient dans cette collection ont passé en Belgique, où ils ont été depuis vendus et dispersés.

Note placée à la suite du no 1521 du catalogue de M. M*** (Millot). *Paris, Alliance des arts*, 1846, in-8.

Catalogue historique du cabinet de peinture et sculpture de A. L. de **La Live**. (Fait par lui-même.) *Paris*, 1764, in-8.

V. T.

Catalogue des livres et estampes de M. **Lallemant de Betz**. (Par l'abbé Jacq. HEBRAIL.) *Paris, Guillyn*, 1774, in-8, VIII-148 — 50 et XXV p. pour la table.

La table renferme en un seul ordre alphabétique les noms d'auteurs et les titres anonymes.

Catalogue des livres de la bibliothèque de P.-C. **Lamens**. (Rédigé par P. VAN DER MEERSCH.) *Gand*, 1839-41, 4 vol. in-8.

Catalogue des livres imprimés et manuscrits de la bibliothèque de M. de **Lamoignon**, président à mortier du parlement de Paris, avec une table alphabétique des auteurs. (Rédigé par L.-F. DELATOUR.) *Paris, (de l'imprimerie du même L.-F. Delatour)*, 1779, in-fol.

Une note écrite de la main de M. Delatour, et jointe à l'exemplaire que je possède, renferme les détails suivans :

« Cet exemplaire est le plus complet en supplémens faits après l'édition qui a été imprimée en 1770 ; c'est celui qui est resté entre les mains de M. le garde des sceaux jusqu'après son décès en 1789.

» J'ai rédigé ce catalogue sur un manuscrit dont les titres n'étaient qu'ébauchés, je leur ai rendu, dans ma solitude chérie de Saint-Brice, les détails qui leur étaient nécessaires, sans cependant me transporter à Basville ; mais en consultant péniblement et patiemment les meilleurs catalogues, dont j'étais abondamment pourvu, et en me conformant aux années d'éditions, qui devaient être mes guides assurés, j'ai ajouté une table commode des auteurs et des anonymes.

» On n'a tiré que quinze exemplaires de ce catalogue, imprimé par moi en 1770.

» L'édition en trois volumes in-8, faite pour la vente en 1791, avait subi des retranchemens considérables, dont les ouvrages se trouvent dans les supplémens de l'édition in-folio. »

C'est de la même manière à peu près que j'ai rédigé à Paris, en 1805, le catalogue de la belle bibliothèque de M. le comte Boutourlin, qui était à Moscou, et qui a été brûlée en 1812, lors de l'entrée de l'armée française dans cette ville. Voy. ci-dessus la liste des ouvrages de M. Barbier, p. xx.

Catalogue des livres rares et précieux de la bibliothèque de feu M. P.-H. **Larcher.** (Précédé d'une notice sur sa vie et ses écrits, par J.-Fr. Boissonnade.) *Paris, de Bure frères*, 1813, in-8.

Catalogue des livres de la bibliothèque de M. le duc de **La Vallière**, première partie, contenant les manuscrits, (décrits par Joseph-Bazile-Bernard Van Praet), les premières éditions, les livres imprimés sur vélin et sur grand papier, les livres rares et précieux par leur belle conservation, les livres d'estampes, par Guillaume de Bure, fils aîné. *Paris, G. de Bure*, 1783, 3 vol. in-8.

Le catalogue de la seconde partie de cette riche bibliothèque a été dressé et publié par Nyon l'aîné, libraire. *Paris*, 1788, 6 vol. in-8. Il renferme vingt-six mille cinq cent trente-sept articles. On les trouve aujourd'hui à la bibliothèque de l'Arsenal.

Catalogue des livres imprimés, manuscrits, estampes, dessins et cartes à jouer, composant la bibliothèque de M. C. **Leber**, avec des notes, par le collecteur. *Paris, Techener*, 1839, 3 vol. in-8.

Un quatrième et dernier volume, *Paris, P. Jannet*, 1852, est terminé par d'excellentes tables qui occupent les pages 239 à 532; elles ont été rédigées par A. Veinant.

Les lettres P. M. que l'on trouve à la suite de plusieurs articles des trois premiers signifient : « Pour mémoire », me dit P. Jannet, (nov. 1870); mais que signifient P. M. aa. (t. III, nº 6280.) Pour mémoire, à acquérir ?

Catalogue de la bibliothèque de feu M. Matheus **Lestevenon.** (Mis en ordre par Detune.) *La Haye, Detune*, 1798, in-8.

Le libraire Detune a dévoilé environ quinze cents auteurs anonymes dans cet excellent catalogue. Il faut cependant le lire avec précaution, soit à cause des fautes d'impression qui défigurent plusieurs noms, soit parce qu'une cinquantaine d'ouvrages sont attribués à des écrivains qui n'en sont pas les auteurs.

Catalogue des livres de feu M. l'abbé F.-Philippe **Mesenguy.** (Précédé d'un Mémoire sur sa vie, par Claude Lequeux.) *Paris, J.-T. Hérissant*, 1763, in-8.

Catalogue détaillé, raisonné et anecdotique d'une jolie collection de livres rares et curieux dont la plus grande partie provient de la bibliothèque d'un homme de lettres bien connu (M. Charles **Monselet**), et dont la vente aura lieu les jeudi 30 novembre, vendredi 1er et samedi 2 décembre 1871... (Rédigé par M. Charles Monselet lui-même.) *Paris, Pincebourde*, 1871, in-12, x-125 p. et 1 f. de table.

Catalogue des livres de feu M. Ant. **Nugnès-Ribeiro-Sanchès**, médecin. (Avec un précis historique sur sa vie, par Ch.-L.-Fr. Andry.) *Paris, de Bure*, 1783, in-8.

Catalogue de la bibliothèque de M. **Paris**, architecte et dessinateur de la chambre du roi, suivi de la description de son cabinet. *Besançon*, 1721, in-8, portr.

Ce beau catalogue a été rédigé avec un soin particulier, par Charles Weiss.

Catalogue des livres de la bibliothèque de feu A.-C. **Patu de Mello**. (Rédigé par Jean-Bapt.-Guill. Musier.) *Paris, veuve Tilliard et fils*, 1799, in-8.

Catalogue des livres et estampes de la bibliothèque de feu M. **Perrot**... dans un ordre différent de celui observé jusqu'à ce jour. Avec une table des auteurs. (Par Jean-François Née, de La Rochelle.) *Paris*, 1776, in-8.

Catalogue de la bibliothèque de Ch. **Pieters.** (Rédigé par MM. Tillard, Heussner et autres.) *Gand, Annoot*, 1864, 3 part. in-8.

Catalogue des livres de la bibliothèque de feu M. de **Sarolea**. (Rédigé par l'abbé Jean-Noël Paquot.) *Liége*, 1785, in-8.

Catalogue des livres de la bibliothèque de M. **Secousse**, avocat. (Précédé d'un avertissement contenant son éloge, rédigé par François-Robert Secousse, curé de St-Eustache, son frère.) *Paris, Barrois*, 1755, in-8.

Catalogue des manuscrits françois, latins, italiens, grecs, arabes, etc., de la bibliothèque du chancelier **Séguier**. (Par Melchisedech Thevenot.) *Paris*, 1686, in-12.

Il contient plus de quatre mille volumes, qui sont passés de la bibliothèque de Saint-Germain-des-Prés dans celle du roi. Voyez « Bibliothèque historique de la France », t. II, nº 15,045.

Catalogue des livres rares et singuliers de la bibliothèque de l'abbé **Sepher.** (Rédigé par S. Boulard.) *Paris, Fournier*, 1786, in-8.

Catalogue des livres de la bibliothèque de **Servais**. (Par Reymenans, pharmacien à Malines.) *Malines*, 1808, in-8.

G.-J. de Servais est né à Braine-l'Alleu, en Brabant, le 13 juillet 1725 et mort à Malines le 21 mars 1807.

Catalogue des livres et estampes de feu M. **Simpson**, écuyer. (Rédigé par Jean-

Baptiste-Guillaume Musier.) *Paris, Musier*, 1759, in-8.

Catalogue des livres et manuscrits composant la bibliothèque de M. **Félix Solar.** Tome premier. *Paris, Didot*, 1860, in-8, xi-368 p.

Ce premier volume, le seul publié, a été rédigé par M. Pierre Deschamps.

Les livres indiqués sur ce catalogue ont reparu, pour la plupart, avec de nouveaux ouvrages, dans le catalogue dressé pour la vente de cette collection, sous le titre de : « Catalogue de la bibliothèque de M. Félix Solar ». *Paris, Techener*, 1860, 2 part. en 1 vol. in-8, xix-516 p., 2 ff. de tit., 58 p., 1 f. d'errata et 79 p. pour la table.

La préface est signée : P. L. Jacob (Paul Lacroix).

Catalogue des livres de la bibliothèque du chevalier **Stuart.** (Rédigé par M. J.-A. Bleuet.) *Paris, imprimé à l'hôtel de Sa Majesté britannique*, 1821, in-8, 791 p.

Tiré à un très-petit nombre d'exemplaires.

Catalogue de la bibliothèque **Van Alstein.** (Rédigé par Hippol. Van Monckhoven, F. Seghers, Heussner et Matagne.) *Gand*, 1863, in-8.

Catalogue de la bibliothèque et du cabinet de médailles, etc., délaissés par P. **Van Damme.** (Rédigé par le baron Van Westreenen.) *La Haye et Amsterdam*, 1807, in-8.

Catalogue L. **Van Gobbelschroy.** (Rédigé par Ch. Pieters et P. Van der Meersch.) *Gand*, 1851, in-8.

Catalogue de la bibliothèque de M. Ch. **Van Hulthem.** (Rédigé par M. A. Voisin, et P.-C. Van der Meersch.) *Gand*, 1836-1837, 6 vol. in-8.

Ce catalogue comprend 20,350 articles imprimés et 1016 manuscrits; la collection a été acquise par le gouvernement belge. Voy. ci-dessus, col. 409, *e*, « Bibliotheca hultemiana ».

Catalogue de G.-H. **Verhoeven.** (Rédigé par M. Reymenans.) *Malines*, 1810, in-8.

Catalogue alphabétique des archevêques, évêques, abbés et prieurs qui possèdent des bénéfices dépendant du roi, leurs revenus, la taxe de Rome, et la date de leur nomination. (Par Jean-Dagobert Antoine.) *Paris, d'Houry*, 1728, in-8.

Cet ouvrage a été reproduit sous trois autres titres : « Catalogue des archevêchés, abbayes et prieurés de nomination royale.... » *Paris, Langlois*, 1734, in-8. — « L'état présent de la France ecclésiastique, contenant le catalogue des archevêques, évêques.... » *Paris, Quillau*, 1736, in-12. — « Table générale de l'état des archevêchés.... » Troisième édition, augmentée des bénéfices dépendants des abbayes de Marmoutier.... *Paris, A. Boudet*, 1743, in-8.

Catalogue chronologique, contenant les noms, surnoms, qualités et actions mémorables des marguilliers anciens et modernes de la catholique assemblée des illustres nations flamande, allemande, suisse et autres, ci-devant établie dans l'église du glorieux martyr saint Hippolyte, sise au faubourg Saint-Marceau, et depuis transférée à l'église abbatiale du royal monastère de S.-Germain-des-Prés... exactement recueilli et tiré des anciens registres par le P. A (Anselme), d'Anvers... prédicateur et directeur des nations susdites. *S. l.*, 1691, in-4.

La 2e éd. *S. l.*, 1695, in-4, porte le nom de l'auteur.

Catalogue chronologique des libraires et des libraires-imprimeurs de Paris, depuis l'an 1470, époque de l'établissement de l'imprimerie en cette capitale, jusqu'à présent. (Par A.-M. Lottin l'aîné.) *Paris, Lottin de Saint-Germain*, 1789, in-8, 4 ff. lim., xxiv-260 p.

Il a été tiré des exemplaires sur papier in-4.

Catalogue complet des républiques imprimées en Hollande, in-16, avec des remarques sur les diverses éditions. (Par de La Faye.) *Paris, impr. Panckoucke*, 1842, 48 p.

L'on trouve p. 31 un Appendice contenant les traités imprimés par les Elzéviers qu'on peut joindre aux « Républiques ».

Les deux avis de l'éditeur sont signés : J.-C. (Chenu).

Catalogue d'une collection considérable de curiosités de différents genres. (Par Gersaint.) *Paris*, 1737, in-12. D. M.

Catalogue d'une partie de mes livres, contenant ce qu'il y a de plus curieux et de plus intéressant dans mon cabinet. (Par Claude-Nicolas Amanton.) *Dijon, veuve Lagier*, 1822, in-8. D. M.

Catalogue de curiosités bibliographiques, livres rares, précieux et singuliers, manuscrits, pièces historiques, lettres autographes ; recueillis par le bibliophile voyageur (Pierre Leblanc, ancien imp.-lib., à Paris). Années I à IX. *Paris, Leblanc*, 1837-1846, 9 cahiers in-8.

Voy. « Supercheries », I, 525, *f*.

Catalogue de l'œuvre d'Albert Durer, par un amateur (le comte de Leppel). *Dessau, J.-C. Menge*, 1805, in-8.

Voy. « Supercheries », I, 288, *b*.

Catalogue de l'œuvre d'Israël Silvestre. Par L.-E. F. (Faucheux). *Nancy, impr. de A. Lepage*, 1857, in-8.

Un nouveau titre imp. à Paris porte le nom de l'auteur

Catalogue de l'œuvre de Fr. Poilly, graveur, avec un extrait de sa vie. (Par Cl.-P. GOUGET.) *Paris*, 1752, in-12.

Catalogue de l'œuvre lithogr. de M. T. E.-Horace Vernet. (Par L.-M. BRUZARD.) *Paris*, 1826, in-8, 68 p.

Catalogue de la bibliothèque choisie. (Par le P. GUIDÉE, jésuite.) *Amiens, impr. de Ledien fils*, 1830, in-12, 24 p.

Catalogue de la bibliothèque communale de Marseille. *Marseille*, 1864, 2 vol. in-8.

Ces deux volumes sont consacrés à l'histoire générale. Les ouvrages relatifs à la Provence auront un catalogue particulier qui sera le 4e du catalogue général.

L'avertissement est signé J.-B. REYNIER. L'auteur déclare avoir suivi le plan d'Achard qui fut en 1798, le premier ordonnateur de cette bibliothèque. C'est un travail fait avec soin.

Catalogue de la bibliothèque d'un amateur, avec des notes bibliographiques, critiques et littéraires. *Paris*, 1819, 4 vol. in-8.

La préface est signée : A.-A. RENOUARD.

Voy. « Supercheries », I, 200, *a*.

Catalogue de la bibliothèque de l'ordre des avocats du parlement de Metz. (Par L. CHENU, avocat et bibliothécaire.) *Metz, Antoine*, 1776, in-4, 157 p.

Catalogue de la bibliothèque du dépôt de la guerre. (Par M. SIEURAC, bibliothécaire.) *Paris, Dumaine*, 1861, 2 vol. in-8, 613, 705 et 164 p. pour la table, plus 1 f. d'errata.

Catalogue fait avec beaucoup de soin ; les titres des ouvrages étrangers sont dans la langue originelle avec la traduction des premiers mots. L'on a indiqué les ouvrages avec tables, annexes et portraits.

Catalogue de la bibliothèque publique de la ville du Hâvre. (Par M. JOUBIN, bibliothécaire.) *Le Hâvre, Lemale imprim.*, 1838, in-4.

Catalogue de ma bibliothèque. Livres allemands, anglais, danois, espagnols, français, grecs, hébreux, hollandais, italiens, latins, norwégiens, portugais, suédois, etc., etc., accompagné de notes biographiques et littéraires, et suivi de tables alphabétiques et analytiques. Tome I. *Moscou, imprim. W. Gautier*, déc. 1862, gr. in-8, 48 p.

Commence par une préface de 20 pages, signée : Serge POLTORATZKY, de Moscou. Les pages 21 à 38 contiennent la description de neuf ouvrages. C'est tout ce qui a paru de ce catalogue humoristique.

Catalogue de mes livres. (Par le comte REWICZKY.) *Berlin*, 1784, in-8. D. M.

Ce catalogue a paru en latin, sous le titre suivant : « Bibliotheca græca et latina, complectens auctores fere omnes Græciæ et Latii veteres, quorum opera vel fragmenta ætatem tulerunt, exceptis tantum asceticis et theologicis Patrum nuncupatorum scriptis ; cum delectu editionum tam primariarum principum, et rarissimarum, quam etiam optimarum, splendidissimarum, atque nitidissimarum, quas usui meo paravi PERIERGUS DELTOPHILUS ». *Berolini, typ. J.-F. Unger*, 1784, in-8, 1 ft de titre, 100, 160, 60, 64, 23 p., et 27 p. de Supplément.

On a relié en tête de la plupart des exemplaires le titre français ci-dessus reproduit, et 16 p. d'avertissement.

Ed. altera. *Berolini, typ. J.-F. Unger*, 1794, in-8, XXIV-398 p, et 7 ff. d'index.

Voy. « Supercheries », III. 80, *a*.

Catalogue de mes livres. *Lyon, imp. de Louis Perrin*, 1865-1866, 3 vol. in-4.

Tiré à 100 exemplaires. Les livres sont ceux de M. N. YEMENIZ, de Lyon.

Ils ont été vendus l'année suivante à Paris. Le « Catalogue de la bibliothèque de M. N. Yemeniz... précédé d'une notice par M. Le Roux de Lincy... *Paris, Bachelin-Deflorenne*, 1867, gr. in-8, LXIV et 823 p. », est la reproduction de celui de Lyon.

Cette réimpression, dans laquelle on a corrigé les fautes nombreuses qui déparent l'édition d'amateur, est augmentée, outre la notice ci-dessus indiquée, d'un « Index alphabétique des auteurs et des ouvrages anonymes ».

Catalogue de tableaux tirés de collections d'amateurs et exposés au profit de la caisse de secours des artistes peintres, sculpteurs, architectes et dessinateurs, 26, boulevard des Italiens. (Par Ph. BURTY.) *Paris, imp. J. Claye*, 1860, in-8.

Catalogue des archevêchés.....Voy. « Catalogue alphabétique des archevêques... »

Catalogue des cartes géographiques, topographiques et marines de la bibliothèque du prince Alex. Labanoff de Rostoff, à Saint-Pétersbourg ; suivi d'une notice des manuscrits. (Par le prince Alexandre LABANOFF DE ROSTOFF.) *Paris, imp. de F. Didot*, 1823, in-8, VIII-494 p. et 1 f. d'errata.

M. Charles PIQUET a aidé le rédacteur de ses conseils.

Catalogue des chevaliers, commandeurs et officiers de l'ordre du Saint-Esprit. (Par Germain-François POULLAIN DE SAINT-FOIX, historiographe de l'ordre.) *Paris, imp. de C.-J.-F. Ballard*, 1760, in-fol.

Catalogue des coquillages du musée de Valenciennes, rangés suivant la méthode du chevalier de Lamarck. (Par G.-A.-J. HÉCART.) *Valenciennes*, 1828, in-12, 24 p.

Catalogue des estampes qui composent l'œuvre de Frédéric-Théodore Faber, peintre flamand, graveur à l'eau-forte ;

Mis en ordre et dressé par F. H. (Frédéric Hillemacher.) *Paris, H. Fournier*, 1843, in-8.

Tiré à 50 exemplaires.
Voy. « Supercheries », II, 38, *c*.

Catalogue des estampes qui composent l'œuvre de Jean-Pierre Norblin, peintre français, graveur à l'eau-forte. Mis en ordre et dressé par F. H. (Frédéric Hillemacher. *Paris, imp. Lacrampe et Fertiaux*, 1848, in-8.

Tiré à 50 exemplaires.
Voy. « Supercheries », II, 38, *c*.

Catalogue des livres choisis et bien conditionnés du cabinet de M*** (Dincourt d'Hangard, par Jean-François Née de La Rochelle.) *Paris, Née de La Rochelle*, 1789, in-8, avec un supplément de 18 pages.

L'exemplaire que je possède de ce catalogue contient des notes manuscrites de la main de l'abbé de Saint-Léger; on trouve à la fin une correspondance manuscrite renfermant une lettre de l'abbé de Saint-Léger sur plusieurs articles du catalogue, et trois lettres de M. d'Hangard, relatives à ces articles.

Cette bibliothèque a été vendue environ 75,000 francs. M. d'Hangard en forma une nouvelle, qui fut vendue après sa mort en 1812, et dont le catalogue a été rédigé par M. Bleuet l'aîné.

Catalogue des livres composant la bibliothèque d'un ancien magistrat (le chancelier Dambray), rédigé par M. L... (Malpeyre), et dont la vente aura lieu le 2 mars 1830 et jours suivants, à six heures de relevée, dans le foyer de l'ancien théâtre de l'Opéra-comique... *Paris, Maze*, 1830, in-8.

Catalogue des livres composant la bibliothèque de la Cour de cassation, deuxième partie : Jurisprudence. (Rédigé par Jean-Pierre Le Breton, bibliothécaire.) *Paris, Testu*, 1819, in-8.

La première partie, qui devait contenir la « Théologie », n'a pas été livrée à l'impression.

Catalogue des livres de la bibliothèque de l'Université de Liége. Médecine. (Par J. Fiess, conservateur.) *Liége, Collardin*, 1844, in-8. J. D.

Catalogue des livres de la bibliothèque de MM. les avocats au parlement de Paris. (Vers 1788), 2 vol. in-8, avec la table des auteurs.

L'impression de ce catalogue se terminait probablement au commencement de la révolution de 1789. On n'a pas eu le temps d'imprimer le frontispice.

Un avertissement de douze pages contient l'histoire de la bibliothèque, qui était très-bien composée, et le détail des soins qui ont été donnés à l'impression du catalogue par Et.-Fr. Touvenot, alors bibliothécaire, successeur de Drouet, et par MM. C.-J. Boudequin de Varicourt et Beaucousin, anciens avocats.

La bibliothèque actuelle de la Cour de cassation contient une grande partie de l'ancienne bibliothèque des avocats. Voyez ci-dessus col. 519, *d*.

Catalogue des livres de la bibiothèque de M***. *Paris, Piget*, 1744, in-8.

Il renferme environ dix mille volumes. L'ordre y est peu exact, et les titres y sont la plupart tronqués et mal énoncés. Il pullule d'ailleurs de fautes d'impression. On n'y dit point qui est le curieux qui a ramassé avec tant de soin, durant trente ans, cette si précieuse bibliothèque. C'est M. Turgot de Saint-Clair, ancien maître des requêtes, qui l'a vendue, de son vivant même, 28,000 francs.

Catalogue des livres de la bibliothèque de M*** (Hurtault, membre de l'Institut de France et architecte du château de Fontainebleau). *Paris, imprimerie bibliographique*, 1805, in-4 et in-8.

Ce catalogue a été rédigé par André-Thomas Barbier, neveu.

Après la mort du propriétaire de cette collection, un second catalogue en fut rédigé par le libraire Merlin pour la vente qui eut lieu en 1824.

M. Charles Weiss a publié un catalogue aussi remarquable en livres d'architecture ; c'est celui de la bibliothèque de M. Paris, architecte du roi. *Besançon*, 1821, in-8. On trouve en tête une excellente notice sur la vie de M. Paris. Voy. ci-dessus, col. 514, *a*.

Catalogue des livres de la bibliothèque du Conseil d'État. (Rédigé par Antoine-Alexandre Barbier.) *Paris, imprimerie de la République*, an XI-1803, 2 vol. in-fol.

Il n'existe que cent quatre-vingt-dix exemplaires de ce catalogue. La bibliothèque a été transportée au château de Fontainebleau en 1807. Dans les années suivantes, j'ai formé une nouvelle bibliothèque pour le Conseil d'État.

Catalogue des livres de la bibliothèque publique fondée par M. Prousteau, professeur en droit dans l'Université d'Orléans, composée en partie des livres et manuscrits de Henri de Valois. (Par dom Louis Fabre.) Nouvelle édition, avec des notes critiques et bibliographiques. *Orléans, Jacob, et Paris, P.-T. Barrois*, 1777, in-4.

La première édition parut sous le titre de « Bibliotheca Prustelliana », par les soins de dom Billouet et de dom Méry. *Orléans*, 1721, in-4.

Catalogue des livres de la bibliothèque royale de Nancy, fondée par le roi de Pologne, duc de Lorraine et de Bar. (Rédigé par Marquet, bibliothécaire.) *Nancy, veuve et Claude Leseure*, 1766, in-8.

Catalogue des livres de M. N. (Naigeon), distribué par ordre alphabétique des noms d'auteurs. (Par GIBERT l'aîné.) *Paris, Didot aîné*, 1770, in-12.

Tiré à vingt exemplaires.

Catalogue des livres de W. M., avec des notes biographiques et bibliographiques par le collecteur (W. MARTIN). *Rouen, Lecomte frères*, 1858, in-8, VI-321 p.

Ce catalogue n'a été tiré qu'à 15 exemplaires.

Voy. « Supercheries », I, 703, *d*.

Catalogue des livres doubles de la bibliothèque de la ville de Lyon. (Par Ant. PÉRICAUD, J. JANON, C. BREGHOT DU LUT, CHOUVY, J.-L.-A. COSTE, P.-A. GRATET-DUPLESSIS, L.-P.-A. GAUTHIER, HODIEU, ROSTAIN, etc.) *Lyon, Rusand*, 1831, in-8.

Cette indication est donnée par A. Péricaud sous le no XVII de la « Notice de ses ouvrages », extraite du t. II de l'Hist. de l'Acad. de Lyon, par J.-B. Dumas, 1839.

Catalogue des livres imprimés à Lyon au XVe et au XVIe siècle, et de quelques ouvrages relatifs à l'histoire de France, qu'on désire acquérir. (Par J.-L.-A. COSTE.) *Lyon, L. Boitel*, 1838, in-8, 32 p.

Catalogue des livres imprimez de la bibliothèque du roy. (Par les abbés P.-J. SALLIER et Claude BOUDOT; avec un discours préliminaire, rédigé par JOURDAN.) *Paris, imp. royale*, in-fol.

Le discours préliminaire a été traduit en allemand sous le titre de : « Geschichte der königl. Pariser Bibliothek von ihrem ersten Ursprunge an. Uebersezt und mit Anmerkungen begleitet von M.-G.-C.-E. W. (WESTPHAL). *Quedlinburg, C.-A. Reussner*, 1778, in-12, 279 p.

Il a été imprimé de ce catalogue les volumes suivants : Théologie, 1739-1743, 3 vol ;
Belles-lettres, 1750, 2 vol. in-fol ;
Jurisprudence, 1753, 1 vol. in-fol.

Le second volume qui avait été en partie imprimé, n'a jamais été publié. Il n'en existe qu'un petit nombre d'exemplaires; les autres ont été mis au pilon, à cause des modifications apportées dans le classement de cette matière.

Il se compose d'une première partie, contenant 527 p, et des p. 1 à 208 de la seconde partie. Les p. 209 à 216 existent à l'état d'épreuve seulement.

L'abbé Jean Saas a publié à propos des trois volumes de théologie : « Lettres d'un académicien à M*** sur le Catalogue de la bibliothèque du roy. » 1749, in-12, 60 p.

Cette première lettre a été la seule publiée, l'auteur en retira même les exemplaires peu après l'avoir distribuée, de sorte qu'elle est aujourd'hui fort rare.

Voy. « Supercheries », I, 172, *d*.

Catalogue des livres imprimés de la bibliothèque publique de la ville de Mons, avec table alphabétique des auteurs et des anonymes. (Rédigé par M. WATRICQ.) *Bruxelles*, 1852, 2 vol. in-8. D. M.

Catalogue des livres imprimés sur vélin, avec date, depuis 1457 jusqu'en 1472. (Par J.-B.-B. VAN PRAET.) *Paris, de Bure frères, imprimerie de Crapelet*, 1813-1817, 2 part. en 1 vol. gr. in-fol. 544 p.

Livre des plus rares, toute l'édition ayant été détruite par l'auteur, qui n'en a conservé que sept exemplaires sur papier et deux sur vélin. On sait que ce livre renferme, outre la description de 73 éditions imprimées sur vélin, de 1457 à 1472, celle de plus de 400 éditions précieuses du quinzième siècle. On y trouve aussi d'intéressants détails sur la bibliothèque de Mathias Corvin, sur l'imprimerie de Gutenberg, sur les bibliothèques de Grolier, Laurin, Maioli, etc., et des descriptions d'anciennes reliures de 1467 à 1470.

Pour plus de détails, voy. le « Manuel du libraire », 5e éd., t. V, col. 1078 et 1079.

Catalogue des livres imprimés sur vélin de la bibliothèque du roi. (Par J.-B.-B. VAN PRAET, conservateur des livres imprimés de cette bibliothèque.) *Paris, de Bure*, 1822-1828, 6 vol. in-8. — Catalogue des livres imprimés sur vélin, qui se trouvent dans des bibliothèques tant publiques que particulières, pour servir de suite au « Catalogue des livres imprimés sur vélin de la bibliothèque du roi ». (Par le même.) *Paris, de Bure*, 1824-1828, 4 vol. in-8.

Catalogue des livres qui doivent composer la bibliothèque d'un lycée. (Rédigé à la demande de M. Fourcroy, par A.-A. BARBIER.) *Paris, imprim. de la République*, an XII-1803, in-12, 43 p. — Sec. édition revue et augmentée (1804), 44 p.

Catalogue des manuscrits de la bibliothèque royale de Bourgogne. (Rédigé par M. MARCHAL.) *Bruxelles*, 1842, 3 vol. gr. in-4, avec fac-simile.

Catalogue des manuscrits et xylographes orientaux de la bibliothèque impériale publique de Saint-Pétersbourg. (Par M. DORN.) *Saint-Pétersbourg, impr. de l'Académie des sciences*, 1852, gr. in-8, XLIV-721 p.

Catalogue des médailles antiques et modernes, en or, en argent... du cabinet de M. d'Ennery. (Par P.-Fr.-Jos. GOSSELIN, J.-B.-L. ROMÉ DE LISLE et Charles-Philippe CAMPION DE TERSAN.) *Paris, Didot jeune*, 1788, in-4.

Catalogue des ouvrages condamnés depuis 1814 jusqu'à ce jour (1 sept. 1827); suivi du texte des jugements et arrêts insérés au « Moniteur. » (Par L.-Mar.-Just. MAYNARD DE FRANC, ex-inspecteur de la librairie.) *Paris, Pillet*, 1827, in-18.

Catalogue des pièces d'anatomie, instruments, machines... qui composent l'arsenal de chirurgie formé à Paris. (Par Sauveur-François MORAND.) *Paris*, 1760, in-12. V. T.

Catalogue des plantes du jardin botanique de Krzemieniec en Volhynie. (Rédigé par le docteur W. BESSER). *Krzemieniec*, 1810, in-8.

Il a paru chaque année un supplément ; les deux premiers (1811 et 1812) sont encore en français ; les suivants sont en latin. A. L.

Catalogue des plantes du jardin de MM. les apothicaires de Paris, suivant la méthode de Tournefort. (Par J. DESCEMET.) (*Paris*), 1759, in-8.

Catalogue des plantes les plus considérables qu'on trouve autour de la ville de Dijon. (Par Pierre COLLET, avocat de Dijon.) *Dijon*, 1702, in-12.

Catalogue des poinçons, coins, et médailles du musée monétaire de la commissions des monnaies et médailles. (Par MM. GORJEU, A. CHABOUILLET et SALINO.) *Paris, Pihan de La Forest*, 1833, in-8.

Catalogue des publications de la bibliothèque impériale publique de Saint-Pétersbourg, depuis sa fondation jusqu'en 1811, ainsi que des différents écrits qui la concernent spécialement ou qui ont été publiés à son profit. (Par M. Rod. MINZLOFF, conservateur en chef de cette bibliothèque). *Saint-Pétersbourg*, 1861, in-4, LIV-38 p.

Catalogue des rôles gascons, normands et françois, conservés dans les archives de la Tour de Londres... (Recueillis par Th. CARTE.) *Londres et Paris, Barrois fils*, 1743, 2 vol. in-fol.

Ce catalogue a été publié par M. DE PALMEUS, avec une préface de la composition de M. DE BOUGAINVILLE, laquelle a été substituée, par ordre du gouvernement français, à celle qui avait été rédigée par Thomas Carte.

On voit à la bibliothèque du corps législatif l'exemplaire de M. de Palmeus, dans lequel cet éditeur a inséré la préface originale de Thomas Carte, et la correspondance manuscrite du ministère d'alors avec Bougainville.

Les deux préfaces se trouvent aussi dans un des exemplaires de la Bibliothèque nationale.

Catalogue des roys et princes souverains du monde, tant ecclésiastiques que séculiers, vivans cette année 1648, avec la liste des princes puînés des maisons souveraines et un catalogue de tous les cardinaux. P. P. G. D. S. M. E. S. D. M. (Par Pierre GAUCHER DE SAINTE-MARTHE, écuyer, seigneur de Mesrey.) *S. l. n. d.*, in-12.

Voy. « Supercheries », III, 230, *c*.

Catalogue des tableaux de la galerie électorale de Dresde. (Par J.-A. RIDEL et Chr.-Fr. WENZEL.) *Dresde*, 1761, in-4. V. T.

Catalogue des tableaux du cabinet du roi, au Luxembourg. (Par Jacques BAILLY.) *Paris, Clousier*, 1777, petit in-12.

Catalogue des tableaux et statues du musée de la ville de Nantes. (Par Joseph-Benjamin BEDERT.) *Nantes, Mellinet*, 1833, in-18, 171 p. (997 numéros). —2e éd. *Id.*, 1834, in-18, 210 p. (763 numéros.) — 3e éd. *Id.*, 1837, in-18, 216 p. (877 numéros). — 4e éd. *Id.*, 1843, in-18, 277 p. (924 numéros). — 5e éd. *Nantes, veuve C. Mellinet*, 1846, in-12, 171 p. (997 numéros). — 6e édit. (Refondue par Henri-François-Frédéric BAUDOUX.) *Nantes, veuve C. Mellinet*, 1854, gr. in-12, 232 p. (1045 numéros). — 7e éd. *Nantes, id.*, 1859, gr. in-12, 300 p. et 4 ff.

La 6e éd. est accompagnée d'un supplément intitulé : « Musée de peinture et de sculpture de Nantes. Collection Clarke de Feltre ». *Nantes, veuve C. Mellinet*, 1856, in-12, 34 p. (84 numéros). La table alphabétique est commune aux deux parties.

La septième éd., 2e du catalogue refondu par BAUDOUX, a un supplément de 8 pages, contenant les nos 1164 à 1200. On trouve dans un petit nombre d'exemplaires deux cartons placés, l'un entre les pages 158 et 161, et l'autre entre les pages 162 et 164.

Catalogue des très illustres ducz et connestables de France, depuis le roy Clotaire premier du nom, jusques à très-puissant... roi de France Henry deuxième. (Par J. LE FÉRON.) *Paris, Vascosan*, 1555, 6 part. en 1 vol. pet. in-fol., blasons.

Ce volume contient en outre les catalogues des chanceliers, des grands maistres, des amiraux, des maréchaux de France et des prevostz de Paris.

Catalogue des villes de France, contenant tout ce qui s'est passé de plus remarquable en iceux. Revu et augmenté de cartes de provinces, de figures de plusieurs villes. (Par François DES RUES.) *Rouen, J. Calloué*, 1624, in-8. D. M.

Cathalogue (le) des villes et citez assises es troys Gaulles... (Par Gilles CORROZET et Cl. CHAMPIER.) *S. l.*, 1540, in-16.

Catalogue descriptif et raisonné des manuscrits composant la bibliothèque de Boulogne-sur-Mer. *S. l.*, 1844, in-8.

Ce catalogue n'a pas été répandu, car M. A. GÉRARD, bibliothécaire, mécontent de son travail, ne l'a pas mis en circulation.

Catalogue du musée d'Anvers. (Par DE BURBURE, VAN LERIUS, GÉNARD et J. DELAET.) *Anvers*, 1857, in-12, 501 p. J. D.

Catalogue et description des objets d'art de l'antiquité, du moyen âge et de la renaissance exposés au musée des Thermes et de l'hôtel de Cluny. (Par Edmond DU SOMMERARD.) *Paris*, 1848, in-8.

Catalogue et description des objets d'art du musée archéologique de Nantes et de la Loire-Inférieure. *Nantes*, 1856, in-8, 108 p.

L'Introduction qui se compose de 12 p. est signée Armand GUÉRAUD et F. PARENTEAU. Une nouvelle édition a été publiée en 1869, gr. in-8, par M. Fortuné Parenteau, avec dix planches gravées sur cuivre, deux pl. grav. sur pierre et quinze bois dans le texte. — Cette nouvelle édition est un modèle à suivre.

Catalogue explicatif et raisonné des produits algériens, guide pour l'exposition permanente de l'Algérie et pour l'exposition universelle de Paris. (Par M. Jules DUVAL, rédacteur des « Annales de la colonisation algérienne ».) *Paris, imp. de F. Didot*, 1855, in-8.

Catalogue fait sur un plan nouveau, systématique et raisonné, d'une bibliothèque de littérature, particulièrement d'histoire et de poésie, d'environ dix-neuf mille volumes en différentes langues anciennes et modernes. (Par Ryklof-Michel VAN GOENS.) *Utrecht*, 1776, 2 vol. in-8.

Catalogue général des collections du Conservatoire royal des arts et métiers. (Par G.-J. CHRISTIAN.) *Paris, impr. de Mme Huzard*, 1818, in-8.

Catalogue général des meilleures cartes géographiques et topographiques. (Par R.-J. JULIEN.) *Paris, David*, 1752, in-12.

Catalogue général des noms de famille... Voy. « les Métamorphoses, ou liste des noms... »

Catalogue général des ouvrages de propriété française, publiés antérieurement au 12 mai 1854, et déposés en exécution de l'art 2, § 5 de la convention littéraire du 22 août 1852. *Bruxelles, impr. Larrou*, 1855, in-8.

Ce volume est la reproduction d'un registre bien tenu. Il est précédé d'une table alphabétique des titres et suivi de celle des noms d'auteurs. La note explicative placée en tête est signée L. GONNE, chef du bureau de la librairie.

Ce dépôt a produit : 4,981 livres.
16,018 Œuvres de musique
174 Estampes.
43 *Cartes et plans.*

Beaucoup des ouvrages ainsi déposés n'ont aucune valeur littéraire, mais souvent ils en ont une très-grande au point de vue commercial. Le gouvernement belge en leur donnant place à la Bibliothèque royale de Bruxelles, a eu la sage précaution de ne point bouleverser le dépôt littéraire le plus important de la Belgique. Tout ce dépôt forme un fonds spécial et distinct.

Catalogue hebdomadaire des livres nouveaux qui se publient en France et chez l'étranger, depuis 1763 jusqu'en 1774 (par L.-Jos. BELLEPIERRE DE NEUVE-EGLISE), et depuis 1774 jusqu'en 1789, inclusivement (par Philippe-Denis PIERRES, imprimeur). *Paris, Despilly et Pierres*, 1763-1789, 27 vol. in-8.

Catalogue par ordre alphabétique des ouvrages imprimés de Gabriel Peignot. (Par Philib. MILSAND.) *Dijon Ve Décailly ; Paris, Aubry*, 1861, in-8, 54 p. — Supplément. 1863, in-8, 14 p.

Voy. « Supercheries », III, 192, *d*.

Catalogue raisonné de coquilles et autres curiosités naturelles. (Par GERSAINT.) *Paris*, 1736, in-12. D. M.

Catalogue raisonné de l'œuvre de feu Georges-Frédéric Schmidt, graveur du roi de Prusse... (Par Aug.-Guillaume CRAYEN.) *Londres* (*Leipsick*), 1789, in-8, avec un portrait.

Cet ouvrage a été traduit librement en allemand et augmenté par L.-Dav. JACOBI, *Berlin*, 1815, in-8.

Catalogue raisonné de la Bibliothèque elzevirienne. 1853-1867. (Par Anatole DE MONTAIGLON.) *Paris, libr. A. Franck*, 1867, in-16, 140 p. — Nouvelle éd., 1853-1870. *Paris, Daffis*, 1870, in-16, 136 p.

Catalogue raisonné des éditions incunables de la bibliothèque du collége de Porrentruy. *Porrentruy, impr. de veuve Michel*, 1838, in-8, VIII-132 p.

Les observations préliminaires sont signées : le Bibliothécaire J. T — T (TROUILLAT), le professeur adjoint J. T — A.

Catalogue raisonné des minéraux, coquilles et autres curiosités naturelles contenues dans le cabinet de feu M. Geoffroy (Claude-Joseph). (Par son neveu Etienne-Louis GEOFFROY.) *Paris, Guérin*, 1753, in-12.

On trouve dans les « Mélanges d'histoire naturelle » d'Alleon-Dulac », t. I, p. 266-281, une critique de ce catalogue par M. de Tressan, sous forme de « Lettre sur quelques sujets d'histoire naturelle ».

Catalogue raisonné des tableaux exposés au musée de Rouen. (Par DESCAMPS fils.) *Rouen, Perdoux*, 1815, in-12.

Catalogue raisonné du cabinet de M. Babault, par M*** (Charles-Adrien PICARD et GLOMY). 1763, in-12.

Voy. « Supercheries », III, 1022, *d*.

Catalogue raisonné minéralogique, ou introduction à la minéralogie. (Par A.-G. MONNET.) *Paris*, 1772, in-12.

Catalogue systématique de la bibliothèque de la Chambre des représentants. (Par le vicomte B. DU BUS, questeur de la Chambre.) *Bruxelles*, 1844, in-8, 487 p. et 3 supplém.

Catalogue systématique et raisonné de la littérature étrangère... Voy. « Journal général de la littérature étrangère... »

Catalogue systématique et raisonné des curiosités de la nature et de l'art, qui composent le cabinet de M. Davila. (Rédigé par Jean-Baptiste-Louis DE ROMÉ DE L'ISLE.) *Paris*, 1767, 3 vol. in-8.

Catalogue systématique et raisonné, ou description du magnifique cabinet appartenant ci-devant à M. le C. de *** (le comte de La Tour d'Auvergne), ouvrage intéressant pour les naturalistes, rédigé par M*** (DE FAVANNE DE MONTCERVELLE). *Paris, Quillau*, 1784, in-8.

Catalogues et armoiries des gentilshommes qui ont assisté à la tenue des États-généraux du duché de Bourgogne, depuis 1548 jusqu'en 1682. (Par Ch. DE BROSSES DE TOURNAY, THESUT DE VERREY et Gasp. LE COMPASSEUR DE COURTIVRON, auteur du Discours préliminaire.) *Dijon, J.-Fr. Durand*, 1763, in-fol.

On a accusé les rédacteurs de cet ouvrage de s'être donné plusieurs années de noblesse.

Le frontispice a été gravé par Saint-Aubin. Cela est avéré, quoique son nom ne soit pas au bas. Le graveur Durand s'étant seul nommé, Saint-Aubin a réclamé dans le temps, et a prouvé que le frontispice était de lui. Il a mis les lettres A. S. (Augustin Saint-Aubin) sous une grappe de raisin, placée au milieu de la bande supérieure de l'encadrement. Durand n'a gravé que les armoiries.

Catanoise (la), ou histoire secrète des mouvements arrivés au royaume de Naples, sous la reine Jeanne. *Paris, Gandouin*, 1731, in-12.

Attribué à l'abbé Nicolas LENGLET DU FRESNOY.

Voy. le « Catalogue de La Vallière », seconde partie, par Nyon, t. III, p. 120, nº 8480.

Catastrofe de don Augustin Yturbide... (Par N. SOULIER.) *Paris, Rosa*, 1825, in-8.

Traduction de l'ouvrage indiqué ci-après.

Catastrophe (la). (Par DE LA GERVAISAIS.) *Paris, imp. de Pihan de La Forest*, 1835, in-8, 28 p.

Catastrophe de don Augustin de Yturbide, proclamé empereur du Mexique, le 18 mai 1822, et relation exacte des circonstances qui ont accompagné le débarquement et la mort de cet homme célèbre. (Par N. SOULIER.) *Paris, Rosa*, 1825, in-8.

Catastrophes (les) amoureuses, ou le retour à la vertu; histoire vraisemblable, par J. C. M. P. (Jean-Charles-Martin PICHENOT, abbé). *Paris, Ponthieu*, 1796, in-18.

Voy. « Supercheries », II, 376, *a*.

Catéchisme à l'usage des décatholisés à la suite des mandements des évêques belges. (Par M. TASSIN, dit l'abbé NISSAT.) *Liége*, 1856, in-16, 48 p.

Cette brochure se vendit en 1857 précédée d'un calendrier pour cette année. U. C.

Catéchisme à l'usage des jeunes ecclésiastiques du diocèse de Bayeux. (Par le P. DE GENNES, jésuite, frère de l'oratorien.) *S. l. n. d.*, in-4, 11 p.

Catéchisme agricole, ou notions élémentaires d'agriculture enseignées par demandes et par réponses, à l'usage des écoles rurales; par un ancien inspecteur gratuit des écoles primaires. (Par Michel GREFF.) *Metz, Warion*, 1848, in-8.

Le nom de l'auteur se trouve sur la 2ᵉ éd.

Catéchisme chrétien pour la vie intérieure, par un prêtre du clergé de Saint-Sulpice (Jean-Jacques OLIER, curé de Saint-Sulpice, fondateur et premier supérieur du séminaire de ce nom). *Paris, Langlois*, 1650, in-12.

Les éditions postérieures portent le nom de l'auteur.

Voy. « Supercheries », III, 240, *e*.

Catéchisme d'agriculture, ou bibliothèque des gens de la campagne. (Par l'abbé Gabr.-Léop.-Ch.-A. BEXON.) *Paris, Valade*, 1773, in-12.

Catéchisme d'éducation,... (Par A.-C.-T. DE FONTAINE DE RESBECQ.) *Paris, Hortus*, 1836, in-18, 72 p.

Catéchisme de l'artilleur. (Par J.-B.-Fr. VERSTRAETE, capitaine d'artillerie.) *Anvers, Max-Kornicker*, 1850, in-16, 265 p. J. D.

Catéchisme de l'honnête homme, ou dialogue entre un caloyer et un homme de bien. Traduit du grec vulgaire, Par D. J. J. R. C. D. C. D. G. (VOLTAIRE.) *Paris*, 1764, pet. in-12, 68 p.

Voy. « Supercheries », I, 951, *e*.

Catéchisme de la grâce. (Par l'abbé Mathieu FEYDEAU, docteur en Sorbonne, vicaire de S.-Merry.) *Paris*, 1650, in-8, 45 p.

Faussement attribué par A.-A. Barbier à l'abbé Henri DU HAMEL, curé de Saint-Méry, et chanoine de Notre-Dame de Paris. L'abbé Lecuy, mort vicaire-général du diocèse de Paris, dit dans la « Biographie Michaud », art. Feydeau, que le « Catéchisme de la grâce » fut attribué à l'abbé Godefroy HERMANT, docteur en théologie et chanoine de Beauvais.

Les rédacteurs du « Catalogue de la Bibliothèque du roy » de 1742, ont attribué ce catéchisme à Mathieu FEYDEAU, et leur opinion est confirmée par le passage suivant des mémoires de M. Feydeau, composés par lui-même, mémoires restés mss. et indiqués au nº 11121 de la « Bibliothèque historique de la France » du Père Lelong, tome IV, page 332 : « M. de Caumartin, évêque d'Amiens, notre voisin et notre paroissien, avoit de la bonté pour M du Hamel et pour moi. Je trouvois en lui un grand zèle pour les vérités de la grâce. Après quelques visites il me dit qu'il croyoit qu'il seroit fort utile de faire un catéchisme sur ce sujet qui expliquât ces vérités en peu de mots. Je lui dis que cela seroit fort aisé, pourvu qu'il voulût autoriser cet ouvrage et le faire recevoir dans son diocèse par une lettre pastorale, qui obligeât les curés à le lire.

» Il faudroit, me dit-il, que je fusse dans mon diocèse pour faire une pareille ordonnance, et je ne sais quand j'y serai. Quelque temps après, comme je prêchois à Saint-Thomas du Louvre l'octave du Saint-Sacrement, il me parla encore de ce même catéchisme, et je lui demandai s'il connaissoit quelqu'un qui pût bien le faire ; il me dit que je le pouvois et qu'il me prioit d'y travailler. Je m'y engageai et lui portai ce petit ouvrage huit jours après. Il le fit imprimer et me pria de trouver bon qu'il n'y mît point son nom ; ne désirant pas même qu'il portât aucune marque qu'il fût fait pour son diocèse, ni qu'il y eût aucune part. Ainsi il parut sans aucune approbation. Je l'abandonnai à la volonté de ce prélat, ne désirant rien sinon qu'il pût contribuer à faire connaître la vérité.

» Ce catéchisme fut dénoncé au conseil de Monseigneur l'archevêque de Paris ; l'official qui y présidoit fut favorable à l'ouvrage. La chose n'alla pas plus loin à Paris, mais elle fut portée à Rome. Les adversaires obtinrent un décret de l'Inquisition, qui défendoit de lire deux catéchismes sur la grâce, le mien et un de Douai, qu'on avoit fait pour le réfuter, et dans lequel on disoit que le mien renouveloit des propositions condamnées... On fit publier ce décret dans Paris avec beaucoup d'éclat. Les colporteurs couroient comme des fous par toutes les rues et crioient à gorges déployées : Voilà l'excommunication de tous les jansénistes, et s'arrêtoient devant nos fenêtres, afin d'exciter la paroisse contre nous, y étant envoyés exprès..... Je fus voir M. Fouquet, procureur général, et depuis l'on n'entendit plus publier ce décret. Il y eut quelques petits livres mal faits qui parurent contre mon catéchisme ; M. Arnauld les pulvérisa par un écrit digne de la profondeur de son érudition. M. Dorat et moi nous répondîmes à un autre écrit, en mettant toutes les objections et demandes, et répondant à chacune, non par nous-mêmes, mais par saint Augustin, saint Prosper et saint Fulgence, etc., etc. »

Le « Catéchisme de la grâce », a été réimprimé sous le titre d' « Eclaircissement sur quelques difficultés touchant la grâce ». Voy. ces mots. Il fut aussi traduit en plusieurs langues.

Catéchisme de la médecine physiologique, ou dialogue entre un savant et un jeune médecin, élève du professeur Broussais, contenant l'exposé succinct de la nouvelle doctrine médicale et la réfutation des objections qu'on lui oppose. (Par F.-J.-V. BROUSSAIS lui-même.) *Paris, Mlle Delaunay*, 1824, in-8, 468 p.

Catéchisme de la pénitence, qui conduit les pécheurs à une véritable conversion. (Traduit du latin de RAUCOUR, curé de Bruxelles, revu et corrigé par dom Gabriel GERBERON.) *Bruxelles*, 1672. — *Paris, Josset*, 1676, in-16. — Nouvelle édition. *Paris, Josse*, 1741, petit in-12.

L'abbé Goujet paraît s'être trompé en attribuant cet ouvrage à Nic. LE TOURNEUX. Voyez la « Bibliothèque des auteurs ecclésiastiques du XVIIIe siècle », t. III, p. 90, et l'« Histoire littéraire de la congrégation de Saint-Maur », (par dom Tassin), p. 331.

Catéchisme démocratique, ouvrage utile aux prolétaires qui veulent connaître leurs droits et l'avenir de la société. (Par Alexandre DELHASSE.) *Bruxelles, Dehou*, 1838, in-16, 22 p. J. D.

Catéchisme (le) des amants, ou l'art de faire l'amour, terminé par « le Mérite des femmes », par Apollon. *Paris, Lebailly*, 1838, in-18.

C'est un extrait du « Courrier des amants », par M. TEYSSÈDRE. *Id.*, in-18.

Voy. « Supercheries », I, 371, *f*.

Catéchisme des catholiques romains. (Par Aug.-Fr.-Thomas DU FOSSÉ.) *Caen*, an III, in-8.

Abrégé du « Traité des symboles » du même auteur. Voy. ce titre.

Catéchisme des commençants, ou choix des demandes et des réponses les plus faciles du petit cathéchisme de Malines. (Par le chanoine H.-F. BRACQ.) *Gand, veuve Poëlman* (1848), in-16. J. D.

Catéchisme des fêtes et des différentes cérémonies de la sainte Eglise, à l'usage du diocèse de Gand. (Par H.-F. BRACQ.) *Gand, veuve Poëlman* (1854), in-12. J. D.

Catéchisme (le) des gens mariés. (*Caen, Le Roy*, 1782), in-12, 53 p.

Le P. FÉLINE, missionnaire à Bayeux en 1782, est l'auteur de ce petit livre, dans lequel, parmi quelques préceptes moraux et religieux, se trouvent les détails les plus obcènes. Censuré par l'autorité ecclésiastique cet ouvrage est devenu rare, les exemplaires en ayant été soigneusement supprimés ; ils n'ont qu'un faux-titre.

Catéchisme (le) des Jésuites, ou examen de leur doctrine. (Par Estienne PASQUIER.) *Villefranche, Grenier*, 1602, in-8, 358 ff. plus la table. — *Villefranche* (*Hollande*), *G. Grenier*, 1677, in-12.

Catéchisme (le) des partisans, ou résolutions théologiques touchant l'imposition, levées et emploi des finances, dressé par demandes et par réponses pour plus grande facilité, par le R. P. D. P. de S. J. (dom Pierre de S.-JOSEPH, feuillant). *Paris, Cardin Besongne*, 1649, in-4.

Quatre tirages sous la même date.

Voy. « Supercheries », III, 466, *c*.

On a publié la même année : « Suite du catéchisme des partisans, ou des résolutions théologiques touchant l'imposition, levées et emploi des finances, par M. I. B. D. E. T. E. R. O. D. P. M. » *Paris*, 1649, in-4.

Catéchisme des riches. (Par l'abbé Remi BREYER.) *Troyes, veuve d'Edme Prévost*, 1711, in-8.

Catéchisme des trois ordres, pour les assemblées d'élection, par un gentilhomme français (J.-B. HUET DE FROBERVILLE). *S. l.*, janvier 1789, in-8.— *Orléans, Jacobson*, 1789, in-8.

Voy. « Supercheries », II, 161, *b*.

Catéchisme destiné particulièrement à l'usage de jeunes personnes qui s'instruisent pour participer à la Sainte Cène. (Par J. VERNES.) *Genève*, 1774, in-8. V. T.

Réimprimé avec le nom de l'auteur.

Catéchisme dogmatique et historique à l'usage du diocèse d'Amiens, par le R. P. C. G. (GOUSSIN), prêtre de l'Oratoire. *Paris, Roulland*, 1673, in-12.

Voy. « Supercheries », III, 465, *e*.

Catéchisme dogmatique et moral. (Par l'abbé DE FOURCROY.) *Paris*, 1695, in-12.

Note manuscrite.

Catéchisme du citoyen, ou éléments du droit public français, par demandes et par réponses; suivi de fragments politiques, par le même auteur (SAIGE). *En France* (*Paris*), 1788, in-8.

C'est une nouvelle édition; la première est de 1785. Il en existe une autre de *Genève* (*Bordeaux*), 1787, in-8.

Catéchisme (le) du concile de Trente, traduction nouvelle. *Paris*, 1673, 1686, in-12.

Je ferai connaître dans la seconde partie de cet ouvrage, relative aux anonymes latins, les principaux auteurs de l'excellent catéchisme du concile de Trente. La traduction française dont il s'agit ici est de VARET DE FONTIGNY, avocat au parlement, et non de Varet de Fontigny, prêtre, ainsi que je l'ai su de personnes sûres, dit le P. Baizé, dans le tome IV du « Catalogue de la Doctrine chrétienne. »

Il y avait eu deux traductions de ce catéchisme dans le XVIe siècle : la première anonyme, *Bordeaux, Millanges*, 1567, 1583, 1599, 1602, 1620, 1633, in-8 ; la seconde par Jean Gillot, *Paris*, 1578, in-8. Louis Coulon le traduisit en 1670, 2 vol. in-8 ; l'abbé Honoré Simon en publia une nouvelle traduction, *Lyon, Barbier*, 1683, 3 vol. in-12.

Catéchisme (le) du genre humain, que sous les auspices de la nature, et de son véritable auteur, qui me l'ont dicté, je mets sous les yeux et la protection de la nation française... (Par François BOISSEL.) *S. l.*, 1789, in-8. — 2e éd. *Paris*, 1792, in-8.

Catéchisme du jubilé et des indulgences. (Par dom GERBERON.) *Paris, Josset*, 1675, in-12.

Catéchisme du sens commun, par M. R., supérieur des missionnaires du diocèse de Nanci (l'abbé R.-Fr. ROHRBACHER). *Paris, rue Cassette*, 35, 1825, in-12. — 2e édit. *Paris, au Bureau du « Mémorial catholique »*, 1826, in-18.

Il y a une première édition sans initiales. *Nancy, impr. de Hissette*, 1825, in-8.

Voy. « Supercheries », III, 286, *f*.

Catéchisme du socialisme libéral et rationnel. (Par le docteur F. BARRIER.) *Paris, libr. des sciences sociales*, 1870, in-12, 183 p.

Réunion d'articles publiés dans le journal « la Science sociale ». *Paris*, 1869, in-4.

Catéchisme du tiers-état. (Par P.-A. ANTONELLE.) 1789, in-8.

Catéchisme et décisions de cas de conscience, à l'usage des Cacouacs; avec un discours du patriarche des Cacouacs, pour la réception d'un nouveau disciple. (Par l'abbé Claude-Odet GIRY DE SAINT-CYR.) *A Cacopolis*, 1758, in-8, XIII-108 p.

Réimprimé de nos jours à la suite d'une nouvelle édition du « Nouveau mémoire, pour servir à l'histoire des Cacouacs... » Voy. ce titre.

Catéchisme et symbole résultant de la doctrine des PP. Hardouin et Berruyer. (Par P.-Séb. GOURLIN.) *Avignon*, 1762, 2 vol. in-12.

Catéchisme français, ou principes de morale républicaine, à l'usage des écoles primaires. (Par Aug.-Et.-Xavier POISSON DE LA CHABEAUSSIÈRE.) *Paris, Fuchs*, an III-1796, in-8. — Nouv. éd., 1798 et 1800, in-8.

L'avertissement est signé par l'auteur.

Réimprimé, avec le nom de l'auteur, en 1825 sous le titre de : « Catéchisme national français ». *Paris, de l'impr. de Barthélemy*, in-8.

Catéchisme historique et dogmatique sur les contestations qui divisent l'Église... (Par l'abbé J.-Bapt.-Raimond PAVIE DE FOURQUEVAUX.) *La Haye*, 1729, 2 vol. in-12. — *La Haye*, 1733, 2 vol. in-12. — Nouv. éd., revue corr. et augm. (Par L. PARIS-VAQUIER.) *Nanci* (*Utrecht*), 1736, 2 vol. in-12. — Suite. (Par Louis TROYA D'ASSIGNY.) *Utrecht*, 1751, 2 vol. in-12.

Catéchisme historique, par Claude FLEURY, nouvelle édition, précédée d'un avertissement (par l'abbé J.-Noël PAQUOT), où l'on rend compte de quelques corrections qu'on a faites au texte de l'auteur. *Bruxelles, de l'imprimerie académique*, 1778, in-12.

Catéchisme moral pour les vrais F.·. M.·. (Traduit du russe du sénateur LOPOUKHIN.) *Paris*, 1790, in-24, 16 p.

Voy. « Quelques traits de l'église intérieure », ouvrage du même auteur, où on lit, p. 151, que le « Catéchisme moral » se trouve aussi dans le : « Chevalier spirituel », du même auteur, ouvrage que M. Ladrague dit ne pas connaître. « Catalogue Ouvaroff. » Specimen, n° 295.

M. Ladrague ajoute : « Le Catéchisme en devenant « Exposition abrégée du caractère des devoirs du vrai chrétien... » a subi des changements et des additions considérables ».

Catéchisme, ou instruction familière sur les principales vérités de la religion catholique, par demandes et par réponses, très-utile aux nouveaux convertis ; par le P. CANISIUS, de la compagnie de Jésus et traduit par le R. P. J. D. H. (Jacques DESHAYES), de la même compagnie. *Paris, Michallet*, 1686. — Seconde édition, revue et corrigée. (Par le P. VERJUS, jésuite.) *Paris*, 1688, in-12.

Voy. « Supercheries », III, 466, *f*.

Catéchisme ou sommaire de la doctrine chrétienne, nouvellement composé par demandes et réponses... *Anvers, Jean Bellère*, 1557, pet. in-12. — *Liége*, 1588, in-16.

C'est une traduction du Catéchisme du P. CANISIUS. Voy. aux latins « Summa doctrinæ. »

Catéchisme paturageois. *S. l. n. d.*, 1842, in-32, 15 p.

Pamphlet très-rare et très-mordant attribué à RAPP, marchand de vin à Quaregnon. J. D.

Catéchisme politique à l'usage des Constitutionnels ; suivi du « Catéchisme impolitique à l'usage des Petites-Maisons », et de « Tout est bien ». (Par Jacques-Rigomer BAZIN.) Petite édition revue et corrigée. *Au Mans, Renaudin*, 1817, in-8.

Catéchisme politique à l'usage des sujets fidèles. (Par le marquis J.-L.-M. DU GAST DE BOIS DE SAINT-JUST.) *S. l.*, (1819), in-8.

Catéchisme politique de la constitution de la monarchie espagnole... trad. de l'espagnol (DE DANDRADE), par C.-P. DE LASTEYRIE. *Paris, Béchet*, 1815, in-8, 88 p.

L'ouvrage original publié à Madrid, en 1812, ne porte que les initiales D. J. C. (DANDRADE, jurisconsulte).

a L'auteur a publié lui-même une traduction littérale, sous ce titre : « Catéchisme politique de la constitution espagnole, applicable à toute constitution fondée sur les principes ». *Paris*, 1819, in-8, x-70 p. En 1820 il mit en vente le restant des exemplaires, comme seconde édition, augmentée de plusieurs pièces, 12 p. non chiff.

Catéchisme populaire républicain. (Par M. C.-M. LECONTE DE LISLE.) *Paris, Lemerre*, 1871, in-12, 31 p.

b Catéchisme pratique par l'abbé *** (Ch.-François CHAMPION DE NILON). *Paris, Gogué*, 1783, in-12.

Voy. « Supercheries », III, 1074, *f*.

Catéchisme républicain. (Par l'abbé BOURDILLON.) 1848, in-12. D. M.

Catéchisme royal. (Par Pierre FORTIN, sieur DE LA HOGUETTE.) 1645, in-4. — *Paris, imp. veuve Coulon*, 1650, in-4.

c Réimprimé en 1655 à la suite du « Testament d'un père à ses enfans », par le même auteur, ainsi que dans l'édition de 1661, in-12. Il n'est pas dans quelques éditions postérieures, quoique annoncé dans l'extrait du privilége du roi.

C'est à tort que le valet de chambre La Porte, dans ses « Mémoires », l'attribue à GODEAU, évêque de Vence.

Catéchisme social, ou exposition familière des principes posés par feu M. P. J. J*** S*** (SPONVILLE), dans un ouvrage
d inédit, auquel il a donné pour titre : « Recherches sur la nature des êtres sensibles ; par Nicolas BUGNET ». *Paris, Le Normant*, 1808, in-12 ; 72 p.

Voy. « Philosophie du Ruvarebohni. »

Catéchisme social, ou instructions élémentaires sur la morale sociale, à l'usage de la jeunesse. (Par Ach.-Nic. ISNARD, ingénieur.) *Paris, Guillot*, 1784, in-8.

e Catéchisme spirituel, contenant les principaux moyens d'arriver à la perfection, par I. D. S. F. P. (Jean DE SAINTE-FOI, prêtre, ou plutôt le P. Jean-Joseph SURIN, jésuite). *Paris, Cl. Cramoisy*, 1661, 1663, 2 vol. in-12. — Nouvelle édition, revue et corrigée par le P. T. B. F. (le P. Thomas-Bernard FELLON), de la même compagnie. *Lyon*, 1730, 2 vol. in-12.

f Réimprimé à *Evreux, chez Ancelle*, en 1801, 2 vol. in-12.

Voy. « Supercheries », II, 329, *a*, et III, 271, *d*., et 764, *d*.

Catéchisme sur l'Eglise pour les temps de trouble, suivant les principes expliqués dans l'instruction pastorale de M. l'évêque de Sénez. (Composé sous la direction de l'abbé Nic. LE GROS, par l'abbé Jér. BESOIGNE). *S. l. n. d.*, in-12.

Suivant les rédacteurs du « Catalogue de la Bibliothèque du roy », de 1742, l'auteur serait le P. TRANQUILLE, de Bayeux, capucin, nommé OSMONT, et dans sa retraite en Hollande, DU SELLIER.

Catéchisme sur le célibat ecclésiastique, ou préservatif contre un écrit qui a pour titre : « Correspondance de deux ecclésiastiques catholiques sur cette question : Est-il temps d'abroger la loi du célibat des prêtres? » rédigée par M. Henri, prêtre français, curé à Iéna; par un Français catholique (Claude LECOZ, archevêque de Besançon). *Paris, Gautier et Bretin*, 1808, in-8, 68 p.

Voy. « Supercheries », II, 81, *a*.

Catéchisme sur le mariage, pour les personnes qui embrassent cet état; imp. par l'ordre de Mgr l'archevêque de Sens, à l'usage de son diocèse. (Par Jean-Joseph LANGUET DE LA VILLENEUVE DE GERGY.) *Paris, André Jannot*, 1732, in-16.

Catéchisme sur les controverses avec l'Eglise romaine. (Par Fabrice BURLAMAQUI.) *Genève*, 1668, in-8.

Catéchisme théologique, par le P. F. P (François POMEY), de la compagnie de Jésus. *Lyon, P. Muguet*, 1664, in-18.

Voy. « Supercheries », III, 93, *e*.

Catéchismes (des) qui recommandent et prescrivent le paiement de la dîme, l'obéissance et le respect aux seigneurs des paroisses, etc., et de leur réimpression sous l'empire de la Charte, par M. G. A. E. D. B. (GRÉGOIRE, ancien évêque de Blois), nouvelle édition augmentée. *Paris, Baudouin*, février 1822, in-8, 16 p.

Cet écrit avait déjà paru environ deux ans auparavant dans la « Chronique religieuse », t. V, p. 1.
Voy. « Supercheries », II, 126, *b*.

Catéchumène (le). (Par VOLTAIRE.) 1768, in-8.

Ecrivant au comte d'Argental, le 6 août 1773, Voltaire dit à propos de cet ouvrage : « Le Catéchumène est, comme on le sait, d'un académicien de Lyon. »

Le 11 avril 1768, il écrit à M. Chardon... « Je n'ai pas assurément la moindre part à la plaisanterie au gros sel intit. : « le Catéchumène ». Il y a là des choses assez joliment tournées ; mais je serais fâché de l'avoir fait, soit pour le fond, soit pour la forme... »

Mais le 1er novembre de la même année, dans sa lettre à d'Argental, il dit : « l'auteur du « Catéchumène » est plus goguenard que moi », et le 4 avril 1768 il écrit à Bordes :

« Mon cher correspondant est supplié de vouloir bien faire mettre à la poste tous ces petits pistolets de poche ». Suit le détail : « Une guerre » ; l' « Histoire du bannissement des Jésuites de la Chine », ajoute-t-il, est une plaisanterie infernale de ce Mathurin du Laurens, réfugié à Amsterdam, chez Marc-Michel. C'est un drôle qui a quelque esprit, un peu d'érudition et qui rencontre quelquefois. Il est auteur de la « Théopogie portative » et du « Compère Mathieu. J'avais leine à croire qu'il eût fait le « Catéchumène ». Cet ouvrage me paraissait au-dessus de lui ; cependant on m'assure qu'il en est l'auteur. Ce qu'il y a de triste en France, c'est que les Frérons m'accusent d'avoir part à ces infamies.

« Je ne connais ni du Laurens, ni aucun de ses associés, que Marc-Michel fait travailler à tant la feuille. Ils ont l'impudence de faire passer leurs scandaleuses brochures sous mon nom. J'ai vu « le Catéchumène » annoncé dans trois gazettes comme étant une de mes productions journalières. On ajoute que la reine en a demandé justice au roi et que le roi m'a banni du royaume..... Je pourrai bien mettre la plume à la main, comme dit Larcher, pour confondre toutes ces calomnies. J'écrirai contre le frère Rigolet et contre le « Catéchumène ». Je dédierai s'il le faut l'ouvrage au pape. Est-il possible qu'à mon âge de 74 ans, on puisse me soupçonner de faire des plaisanteries contre la religion dans laquelle je suis né. »

Mon père et tous les éditeurs de Voltaire ont considéré BORDES comme auteur du « Catéchumène » mais il me semble que s'il en était ainsi Voltaire aurait trouvé quelque parole flatteuse pour l'auteur en lui envoyant ce qu'il appelle « des petits pistolets de poche »: Il faut remarquer aussi que cette lettre du 4 avril 1768, est la première dans laquelle Voltaire parle du « Catéchumène » et que dans presque toutes ses lettres de cette époque, il attribue à Pierre et à Paul « des pistolets de poche », qui sont bien de sa fabrique.

L'édition que je possède du « Catéchumène » se trouve dans un volume in-8, reliure du temps, veau plein, doré sur tranches. Il contient six autres pièces qui sont toutes de Voltaire. Le « Catéchumène » n'a qu'un faux-titre, il occupe 28 pages et les pages 29-46 sont consacrées à la « Relation de la mort du chevalier de La Barre par M. Cass**, avocat au conseil du roi, à M. le marquis de Beccaria ». Cette pièce n'a qu'un titre de départ. La « Relation du bannissement des Jésuites de la Chine » est paginée 47-70. L'un des interlocuteurs de cette pièce est le frère Rigolet, dont Voltaire parle dans sa lettre à Bordes. Vient ensuite un feuillet portant : « Nouveautés, le Calimaçon, (*sic*) du R. P. l'Escalopier, la confession de foi des Théistes et six autres pièces composées par Voltaire. »

Réimprimé la même année sous le titre de : « le Voyageur catéchumène », en 1769 sous celui de « l'Américain sensé », en 1795 : « le Secret de l'Eglise trahi ». Voy. ces différents titres.

On le trouve en 1762 dans l' « Evangile de la raison ». Voy. ce titre.

Cathalogue.., Voy. « Catalogue ».

Cathédrale d'Amiens. Description de la chapelle Sainte-Theudosie, par M. A. D. (Adolphe DUTILLEUX). *Amiens, Alfred Caron*, 1853, in-8.

Voy « Supercheries », I, 184, *b*.

Cathédrale (la) de Chartres. Ses vitraux, ses statues. (10 décembre 1838.) *Chartres, imp. de P.-H. Labalte*, in-16.

Signé : D. DE B. (DOUBLET DE BOISTHIBAULT).
Extrait de la « Revue archéologique ».

Cathédrale de Sens. Description des principaux monuments et tableaux conservés dans cette église. *Sens, imp. de T. Tarbé*, 1837, 1839, in-12.

Signé : T. T. (Théodore TARBÉ).

Catheluina, ou les amis rivaux, poëme imité d'OSSIAN, et mis en vers français, par le général D*** (Hyacinthe-Fr.-Jos. DESPINOY), d'après la traduction en prose de Le Tourneur. *Paris*, 1801, in-8.

Catherine de Bourbon, Elzina, les Amants du Marais et Marguerite de Valois, nouvelles historiques par l'auteur de « Zirza » et du « Malheureux imaginaire » (A.-E.-P.-H. ARNOULT). *Paris, Fréchet*, 1807, 2 vol. in-12.

C'est la réunion des nouvelles que l'auteur avait insérées de 1804 à 1806 dans la « Bibliothèque des romans ».

Voy. Quérard, « la Littérature française contemporaine », t. I, p. 75.

Catherine II, impératrice de Russie, tragédie en cinq actes et en vers. Par M. G*** (GODINEAU). *Paris, Cellot*, 1807, in-8, 2 ff. lim. et 55 p.

Voy. « Supercheries », II, 119, *c*.

Catherine II, sa cour et la Russie en 1772; par SABATHIER DE CABRES (Avec une préface par S. S. (Serge SOBOLEVSKY). *Berlin, A. Asher et Cᵉ*, 1862, in-8, x-113 p.

Le manuscrit de ce mémoire se trouvait dans la bibliothèque de feu le marquis de Châteaugiron, bibliophile distingué. M. S. Sobolevski ayant eu la permission d'en faire faire une copie, la livra à l'imprimeur à Berlin, mais obligé de quitter cette ville, il ne put en surveiller l'impression, aussi l'ouvrage fourmille-t-il de fautes; il avait eu l'intention d'en faire une nouvelle édition, mais il a depuis renoncé à ce projet. Sabathier de Cabres a été chargé d'affaires de France près la cour de Russie, de 1769 à 1772; il ne faut pas le confondre avec Honoré-Auguste Sabathier de Cabres, conseiller-clerc au parlement de Paris, dont parle Lombard de Langres dans ses « Souvenirs », p. 45, et auquel il a été consacré de courtes notices dans le « Dictionnaire biogr. et histor. des hommes marquants de la fin du XVIIIᵉ siècle » et dans la « Biographie universelle », (Michaud, LXXX, 220); notre auteur, si nos souvenirs ne nous font pas défaut, car nous avons égaré la note rédigée sur sa personne, est mort dans les dernières années de la Restauration, chef de bureau au ministère des affaires étrangères à Paris, où il était grandement estimé. A. L.

Catherine, ou la mésalliance. Par Mᵐᵉ *** (Mᵐᵉ PINOT, de Dijon). *Paris, A. Dupont*, 1827, in-12.

Voy. « Supercheries », III, 1100, *a*.

Catherine Shirley, ou la veille de saint Valentin; traduit de l'anglais de mistriss OPIE, par l'auteur de « Quinze jours à Londres » (A.-J.-B. DEFAUCONPRET). *Paris, Eymery*, 1816, 4 vol. in-12.

a Catholicisme (le) de l'Assemblée constituante, démontré par la discipline des premiers siècles et les procès-verbaux du clergé, ou instruction pastorale de M. * (PRUDHOMME), évêque du département de la Sarthe. (Rédigée par Jérôme-Jean COSTIN, ancien bénédictin, ci-devant professeur de droit canon, ex-professeur de législation à l'école centrale d'Avranches). *Au Mans Monnoyer*, 1792, in-8, 399 p.

b Voy. « Supercheries », III, 1010, *b*.

Catholicisme (le) et le rationalisme en France, ou mélanges de controverse religieuse et philosophique. (Par l'abbé MARET.) *Louvain, Fonteyn*, 1845, in-8, 282 p.

Cet ouvrage parut peu après avec le nom de l'auteur. J. D.

c Catholicon (le) d'Espagne, et la tenue des Estats à Paris, par Messieurs de la Sainte Union, avec le testament d'icelle. (Par P. LEROY, GILLOT, PASSERAT, RAPIN, Florent CHRÉTIEN et P. PITHOU.) *Turin, T. Carabiaco*, 1594, in-8, 184 p.

Edition décrite par David Clément (t. VI, p. 451), qui signale les passages ajoutés ou retranchés. Voir aussi la note du « Catalogue Luzarche », nº 3408. Le « Manuel du libraire » indique cette édition; le nom de la ville et celui de l'imprimeur sont supposés; peut-être le livre a-t-il été mis sous presse à Troyes ou à

d Reims.

Catholicon de la Basse-Germanie, satire (par Blaise-Henri DE CORTE, baron de WALEFF). *Cologne, P. Marteau* (*Liége, G.-I. Broncart*), 1724, 1731, ou 1737, in-8, 5 ff. et 237 p.

Catholique (le) à la sainte table, ou élévations à Dieu avant et après la confession et la communion, par P.-E. A..... (Pierre-

e Edouard ALLETZ); revues et augmentées d'une préface par M. OLIVIER. 2ᵉ édit. *Lyon et Paris, Perisse frères*, 1839, in-18.

Voy. « Supercheries », I, 148, *b*.

Catholiques (les) et leurs cimetières, par un catholique sincère (E. HEYMANS, curé de Saint-Jean-Baptiste). *Bruxelles, Goemaere*, 1863, in-8, 24 p. J. D.

Catholiques (le premier et le second vo-

f lume des) œuvres et Actes des Apôtres, redigez en escript par saint LUC, evangeliste; le tout ordonné par personnages. (Ouvrage commencé par Arnoul GREBAN, chanoine du Mans, et achevé par Simon GREBAN son frère, moine de Saint-Richer en Ponthieu, reveu en cette troisième édition par CURET, chanoine du Mans). Avec les demonstrances des figures de l'Apocalypse, vues par Jean Zebedée en l'île de Pathmos, en vers. (Par Louis CHOQUET.)

Le tout joué à Paris, en l'hôtel de Flandres, l'an 1541. *Paris, les Angeliers*, 1541, 2 vol. in-fol.

C'est à tort que Lacroix du Maine écrit CUEUVRET. Voy. Hauréau « Histoire littéraire du Maine, » 2e éd., 1871, t. III, p. 221.

Il existe deux éditions antérieures, 1537 et 1540, sous le titre de : « le Premier et le second volume du Triomphant mystère des Actes des Apostres.... » Voy. Brunet, « Manuel du libraire », 5e éd., t. III, 1077-1078.

Catilina, tragédie en cinq actes, imitée de Ben Johnson. (Par Pierre-Jean-Baptiste DALBAN.) *Paris, imprim. de Casimir*, 1827, in-8, VIII-80 p. D. M.

Catinat, ou le modèle des guerriers ; discours à mes camarades. *Londres et Paris, veuve Duchesne*, 1777, in-12.

Signé : le chevalier DE J** DE TH*** (JUILLY DE THOMASSIN).

Caton à César et Annibal à Flaminius, héroïdes par l'auteur de « Montezuma » (J.-F. DE LA HARPE). *Paris*, 1760, in-8.

« Journal des savants », avril 1760.

Caton d'Utique, tragédie. (Par Franç.-Mich.-Chrétien DESCHAMPS.) *Paris*, 1715, in-12.

Caton d'Utique, tragédie, imitée d'Addisson, par Ch. DE LA B..... (CHÉRON DE LA BRUÈRE).

Voy. « Supercheries », I, 708, *b*.

Caton (le) françois. Au roi. (Par Jacques GILLOT, d'après une note manuscrite.) *S. l.*, 1614, in-8.

Sept éditions au moins la même année.

Caton, ou entretiens sur la liberté et les vertus politiques, par S*** (SAIGE, avocat à Bordeaux). *Londres* (*Bordeaux*), 1770, in-8. — *Utrecht*, 1781, in-12.

Voy. « Supercheries, » III, 480, *a*.

Catounet (lou) gascoun, per Guillaume ADER. *Tolose*, 1605, in-12, x-26 p.

Réimpression faite à Bordeaux en 1867 par les soins de M. G. BRUNET, et tirée à 60 exemplaires, d'un recueil de 100 quatrains en dialecte gascon, devenu extrêmement rare.

Caudataires (les), ou lettre d'un pauvre chevalier de Saint-Louis à Mgr le maréchal prince de Soubise, chevalier du même ordre, sur l'avilissement de l'ordre, par le franc chevalier ou le chevalier franc (le comte GEFFRARD DE SANOIS). (*Deux-Ponts*), 1780, in-8.

Réimprimé à la fin du volume intitulé : « Aux États-Généraux, sur la nécessité d'une réforme dans l'ordre judiciaire, par le comte de SANOIS, l'une des victimes de l'ordre judiciaire. » *Paris et Versailles*, août 1789, in-8.

Cette brochure est dirigée contre les confrères indigens qui devenaient valets de chambre ou d'église d'un cardinal ou autre prélat. Leurs éminences et grandeurs appelaient caudataires cette espèce de domestiques.

Voy. « Supercheries », I, 714, *d*.

Cause célèbre, ou nouveau mémoire pour l'âne de Jacques Féron, blanchisseur à Vanvres, défendeur ; contre l'ânesse de Pierre Le Clerc, jardinier-fleuriste, par M. R. de J. (RIGOLEY DE JUVIGNY), aujourd'hui conseiller au parlement de M*** (Metz). *Paris*, *Desventes de La Doué*, 1767, in-12.

Réimprimé dans le tome second de la collection des « Causes amusantes ». Voyez ces mots.

Voy. « Supercheries », III, 345, *e*.

Cause (la) des convulsions finie, et l'œuvre des convulsions tombée, *Causa finita est*. (Par Philippe HECQUET.) (vers 1733.) in-12, 79 p.

Cause (la) des guerres civilles de la France.... (Par P. CONSTANT.) *Lengres, par J. des Preyz*, 1595, in-8. — *Paris, F. Morel*, 1597, in-8.

Cause (la) des pères, ou discussion d'un projet de décret relatif aux pères et mères, aïeuls et aïeules des émigrés ; par l'auteur du « Cri des familles » (A. MORELLET). *Paris*, *Dupont*, an III-1795, in-8.

Cette brochure de 111 pages a été suivie d'un supplément de 135 pages, et de cinq autres écrits, sur le même sujet, la plupart avec le nom de l'auteur.

Cause (la) humaine. Maintien de l'être. Progrès du bien-être. (Par le marquis DE LA GERVAISAIS.) *Paris*, *Pihan-Delaforest*, 1832, in-8.

Cause (la) polonaise sous son véritable point de vue, par un Polonais (M. GUROWSKI). *Paris*, *Pinard*, 1831, in-8.

Causeries d'un exilé sur l'Angleterre, par J. PECHIO ; traduit de l'italien par Mme ** (Mme J. LEBEAU, née OUWERX, de Huy). *Bruxelles*, *Hauman*, 1835, in-8.

Voy. « Supercheries », III, 1023, *f*.

Causeries d'un instituteur de Kochersberg (Edmond RATISBONNE), sur la caisse des retraites pour la vieillesse (loi du 18 juin 1850), traduites de l'allemand. *Paris*, 1852, in-8, 24 p.

Voy. « Supercheries », II, 341, *b*.

Causeries (les) d'une vieille femme avec elle-même. La nouvelle Brinvilliers. La fille du sonneur. Un mariage en province, par Mme la baronne de *** (BARBEROT ou BARBERET DE VAUDEY). *Paris*, *Cosson*, 1846, in-8, 240 p.

Voy. « Supercheries », III, 950, *c*, et 1115, *f*.

Causes amusantes et connues. (Recueillies par Robert Estienne). *A Berlin (Paris)*, 1749, 2 vol. in-12, fig. — *Berlin (Paris)*, 1769, 1770, 2 vol. in-12.

Causes célèbres et intéressantes,... recueillies par M*** (François Gayot de Pitaval), avocat au Parlement. *Paris, veuve de Laulne et Charles-Nicolas Potrion*, 1738-1743, 20 vol. in-12.

Voy. « Supercheries », III, 1037, *b*.

Causes (des) de la corruption de l'éloquence, dialogue attribué par quelques-uns à Tacite, et par d'autres à Quintilien, traduit en françois. (Par Louis Giry, avec une préface par Antoine Godeau). *Paris, Chapelain*, 1630, in-4.

Causes de la décadence du goût sur le théâtre. (Par Louis Charpentier.) *Paris, Dufour*, 1768, 2 parties in-12.

Causes (des) de la dépopulation et des moyens d'y remédier. (Par l'abbé Pierre Jaubert). *Londres et Paris, Dessain junior*, 1767, in-12.

Causes (des) de la lutte entre la Russie et la Pologne, par Helferding; traduit par G. L. (Le prince Lwoff.) *Bruxelles, Lacroix et Cie*, 1863, in-8, 20 p.

Extrait de « l'Economiste belge ». J. D.

Causes (des) de la révolution et de ses résultats. (Par Adrien Lezay de Marnezia.) *Paris, Desenne*, an V-1797, in-8, 80 p.

Une note manuscrite sur l'un des exemplaires de la Bibliothèque nationale attribue cet opuscule au comte Alexandre de Tilly; il a été réimprimé dans le « Journal d'économie politique » de Rœderer.

Causes (des) des crises commerciales et industrielles. (Par Adolphe Le Hardy de Beaulieu.) *Charleroi, Deghistelle*, 1840, in-8. J. D.

Causes des journées de juin; par un garde mobile (Carpentier, ancien rédacteur en chef de « la Colonne »). *Paris, Ledoyen*, août 1848, in-8, 31 p.

Voy. « Supercheries », II, 136, *e*.

Causes (des) des révolutions du globe, d'après le baron Cuvier, Brongnard (Brongniart), Daubuisson de Voisins, Malte-Brun, etc., par A. de G. (J.-B.-François-Etienne Ajasson, vicomte de Grandsagne). *Paris, Rion*, 1834, in-18, 36 p.

Voy. « Supercheries », I, 189, *f*.

Causes du désordre public, par un vrai citoyen (le P. Mar.-Maxim. Harel). *Paris, Guillot*, 1784, in-12. — 4e édit. 1789, in-12.

Voy. « Supercheries », III, 984, *f*.

Causes (des) et des remèdes de l'amour considéré comme maladie, par J. F., médecin anglois. *Paris, Costard fils et comp.*, 1773, in-12. — *Toulouse*, 1869, in-8, 24 p.

Cet ouvrage a été attribué à tort à Jacques Fernand par le rédacteur du « Catalogue de la bibliothèque de M. le comte de L......» *Paris, Aubry*, 1866, n° 365.

M. le docteur Desbarreaux-Bernard a rectifié cette erreur dans un intéressant article du « Bulletin du bibliophile » (septembre 1869), publié à part sous le titre de « Notice biographique et bibliographique sur Jacques Ferrand, par M. Desbarreaux-Bernard ».

Causes et effets économiques. (Par Xavier Bougard.) *Liège, Noël*, 1853, in-8, 16 p. J. D.

Causes (des) locales qui nuisent à la fabrique lyonnaise, et des moyens de les faire cesser, par A. D. *Lyon*, 1846, in-8, 40 p.

Signé : A. Dervieu.

Voy. « Supercheries », I, 183, *b*.

Causes (les) principales du surhaussement des monnoyes de France et la manière d'y remédier... Présenté à la reine par N. D. C. (Nicolas de Coquerel). *Paris, veuve Nic. Roffet*, 1612, in-8.

Voy. « Supercheries », II, 1235, *d*.

Causes (des) qui ont amené la révolution du dix-huit brumaire, de ses heureux effets et de la nécessité de s'y fixer irrévocablement. (Par Charvilhac, suivant une note ms.) *Paris, imp. de Jusseraud*, an XIII-1804, in-8, 48 p.

Causes (des) qui ont assuré la tranquillité de la Belgique au milieu des événements de 1848... (Par le baron de Gerlache.) *Bruxelles, Deltombe*, 1849, in-8, 15 p. J. D.

Causeur (le), ou bibliothèque choisie de morale, d'histoire, de littérature, de langue française... (Par J.-B. Chemin-Dupontès.) *Paris, rue St.-Denis*, n° 279, 1824 et ann. suiv., 5 vol. in-12.

Cautèles (les) et canons de la messe, ensemble la messe du corps de Jésus-Christ, le tout en latin et en françois, etc., avec certaines annotations pour l'intelligence du texte. (Par Pierre Viret.) *Lyon*, 1564, in-8.

Une édition de *Lyon, Claude Ravot*, 1563, in-8, porte le nom de l'auteur.

Cavalerie (de la) en France. (Par le général Amédée Davesiés de Pontès.) *Ba-*

tignolles-Monceaux, imp. de Desrez, 1840, in-8, 56 p.

Publié par M. Paul LACROIX.

Voy. « Supercheries », II, 1298, *b*.

Cavalerie. Réponse aux observations de M. le général *** (La Roche-Aymon) sur l'organisation actuelle ; par l'auteur de « l'Escadron compagnie... » (le général Claude-Antoine-Hippolyte DE PRÉVAL). *Blois, imp. de Aucher-Éloy*, 1828, in-8, 92 p.

Cavalerie (la), sa situation actuelle et son amélioration prochaine. (Par Aug.-Léop.-Félix LAHURE.) *Bruxelles, Flatau*, 1863, in-8, 132 p. J. D.

Cavalier (le) de Savoye, ou response au « Soldat françois... » (Par Marc-Antoine DE BUTTET, suivant Guichenon.) *S. l.*, 1606, in-8 ; — 1607, in-12.

Scaliger, Epist. nº 250, attribue cet écrit à Claude BULET. (Dahlmann, p. 790.)

Cavalier (le) et la dame, ou les entretiens familiers de Mgr. J.-B. DE LUCA... sur plusieurs choses qui regardent les cavaliers et les dames, suivant la loy écrite et celle de la bienséance ; traduit de l'italien. (Par l'abbé Cl.-P. FLEURY.) *Lyon, Mathieu Liberal*, 1680, in-4.

Caverne (la) d'Astolphe, histoire espagnole, trad. de l'anglais, par A. J. B. D. (A.-J.-B. DEFAUCONPRET). *Paris, Béchet*, 1816, 2 vol. in-12.

Voy. « Supercheries », I, 222, *a*.

Cazin, sa vie et ses éditions, par un Cazinophile (Charles-Antoine BRISSART-BINET, libraire à Reims). *Cazinopolis, Châlons-sur-Marne, typ. T. Martin*, 1863, in-16 et in-8, tiré à 320 ex.

Voy. « Supercheries », I, 664, *b*.

Ce qu'il faut faire, ou ce qui nous menace...

Brochure qui fit condamner l'auteur Frédéric DEGEORGE, à 2,000 francs d'amende et à deux mois de prison, par arrêt de la cour d'assises du 10 novembre 1821. Ce jugement n'est pas relaté dans le *Moniteur*.

Cette brochure n'est pas annoncée dans la « Bibliographie de la France » et suivant Guyot de Fère « Statistique des lettres. — Départements, » 1834, p. 355, l'auteur aurait été condamné sous le nom de Frédéric.

Ce qu'on a dit, ce qu'on a voulu dire, lettre à madame Folio. (Par François-Louis-Claude MARIN.) *Paris*, 1752, in-8.

Ce qu'on apprenait aux foires de Troyes et de la Champagne au XIIIe siècle... par l'auteur des « Archives curieuses de la

a Champagne et de la Brie. » (A. ASSIER). *Troyes, Bouquot*, 1858, pet. in-8.

Ce qu'on dit des femmes et ce que j'en pense. A. Honorine. Par un homme raisonnable (Marie-Paul-Jules GALLIMARD). *Paris*, (1805), in-8.

Voy. « Supercheries », II, 305, *b*.

b Ce que c'est que l'intendance militaire, par un officier supérieur de l'armée. (P.-V.-U. LANDEAU, ex-officier d'administration du service des subsistances). *Lyon*, 1865, in-8.

Ce que c'est que la France toute catholique sous le règne de Louis-le-Grand. (Par P. BAYLE.) *Saint-Omer, J.-P. Lamy*, 1686, in-12.

c Ce que c'est que le magnétisme, ou le magnétisme en défaut, nouvelle dédiée aux dames de Rennes, par *** officier en non activité (MANPON et BRIAND jeune, médecin à Rennes). *Rennes, Duchesne*, 1818, in-8, 11 p.

Voy. « Supercheries », II, 1202, *a*, et III, 1100, *a*.

Ce que Dieu garde est bien gardé, anecdote par l'auteur de « Germain le bucheron » seconde édition, revue par l'auteur (le pasteur César MALAN). *Genève, impr. de P.-A. Bonnant, s. d.*, in-12.

d Ce que femme ne doit lire. Les Pommes de la voisine ; par l'auteur des « Rôdeurs de Paris », de « l'Enlèvement » (le marquis Eugène DE LONLAY). *Paris, imp. de Jouaust*, 1867, in-16, 32 p.

Ce que femme ne doit savoir. L'Enlèvement ; par l'auteur des « Contes vrais » (le marquis Eugène DE LONLAY). *Paris, imp. de Jouaust*, 1867, in-16, 31 p.

e Ce que l'on a dit et ce que l'on dira. (Par J.-F. DE BASTIDE.) 1757, in-8.

Ce que nous font faire les femmes. (Par le marquis Eugène DE LONLAY.) *Paris, les principaux libraires*, 1863, in-16, 64 p.

Le faux-titre porte : « Ce que vierge ne doit lire ». Voy. ci-après ce titre.

f Ce que veut la France. Opinion d'un garde national sur la situation présente. (Par F. DUPESSEL.) *Paris, Plassan*, 1833, in-8, 15 p.

Voy. « Supercheries », II, 130, *f*.

Ce que vierge ne doit lire. Amours d'un page. 10e édition. (Par le marquis Eugène DE LONLAY.) *Paris, Lallemand-Lépine*, 1844, gr. in-32, 32 p.

Souvent réimprimé. A partir de 1862, le même auteur a publié de nombreuses brochures avec ce titre : « Ce que vierge ne doit lire », 2e série, 3e série, etc.

Ce qui plaît aux dames, conte. (Par VOLTAIRE.) *Partout, chez des libraires françois*, 1764, in-8, 23 p. — *S. l. n. d.*, in-8, 15 p.

Ce qui se passe au concile. *Paris, H. Plon*, 1870, in-8.

Attribué à l'abbé HUGON, chanoine de Saint-Denis, voy. « l'Histoire », 22 mai 1870, ou à Mgr KENWICK, archevêque de Saint-Louis, Missouri, voy. Erdan, « le Temps », 25 juillet 1870.

Ce qui serait une réforme électorale. Utopie. Avril 1839. (Par Ernest-Louis-Hippolyte-Théodore GRILLE DE BEUZELIN.) *Paris, A. Dupont*, in-8.

Cécile, comédie en trois actes et en prose, mêlée d'ariettes ; représentée devant Leurs Majestés, à Versailles, le 24 février 1780. (Par MABILLE.) *Paris, impr. de P.-R.-C. Ballard*, in-8, 2 ff. lim. et 70 p.

Réimprimé la même année.
Voy. « Supercheries », III, 1072, *b*.

Cécile de Chatenai, ou le pouvoir et les charmes de l'harmonie, par l'auteur d'« Irma », de « la Laitière de Bercy », etc. (Mme GUÉNARD). *Paris, Lerouge*, 1814, 2 vol. in-12.

Cécile, drame en trois actes. (Par DE BRUIX.) *Londres et Paris, Costard*, 1776, in-8.

Cécile, fille d'Achmet III, empereur des Turcs, née en 1710. (Par Jos. LAVALLÉE.) *Paris*, 1788, 2 vol. in-12.

Cécile ou la rigueur du sort, par l'auteur du « Marchand forain, » de « la Roche du diable, » de « la Tour du Bog, » et autres (Louis-Pierre-Prudent LE GAY). *Paris, Lecointe et Ducrey*, 1821, 2 vol. in-12.

Cécilia, ou mémoires d'une héritière, traduit de l'anglois de miss BURNEY. (Par Henri RIEU.) *Genève*, 1783, 5 vol. in-12. — Nouvelle édition, revue et corrigée. *Londres et Paris, Th. Barrois*, 1784, 4 vol. in-12. — *Paris, Maradan*, 1814, 5 vol. in-12.

L'édition originale de ce roman, plusieurs fois réimprimé, est de Londres, 1782.

Cela est singulier, histoire égyptienne, traduite par un rabin génois (François-Antoine CHEVRIER). *Babylone* (*Paris*), 1752, pet. in-12.

Voy. « Supercheries », III, 303, *c*.

Célébration de la troisième fête séculaire de la réformation dans l'église chrétienne consistoriale de la confession d'Augsbourg, à Paris, les 1 et 2 novembre 1817. (Par les pasteurs G.-D.-F. BOISSARD et J.-J. Goepp.) *Paris*, 1817, in-8, 108 p.

Célèbre (le) Rigaud, ou le mariage impromptu, comédie Par F. D*** (DUPONT). *Périgueux*, an XIII, in-8.

Voy. « Supercheries », II, 18, *e*.

Célébrités littéraires de la Belgique. Biographie de A.-J. Bécart, docteur et professeur en philosophie... d'après ses piquants et curieux mémoires inédits, par ses anciens élèves F.-M. de G. (A.-J. BÉCART), H.-B. d'ESTRÉES et H.-G. d'ORSINVAL. *Bruxelles*, 1860, in-12, 118 p.

Voy. pour des détails sur cette autobiographie, Delecourt, « Essai d'un dictionnaire des ouvrages anonymes et pseudonymes publiés en Belgique... » *Bruxelles*, 1863, p. 135 à 138 et « Supercheries », II, 57, *a*.

Célébrités médicales et chirurgicales contemporaines ; par un docteur inconnu (le docteur PAJOT et le docteur A. GRANET). *Paris, Desloges*, 1841-1846, 7 livr. in-18.

Voy. « Supercheries », I, 974, *e*.

Célénie, histoire allégorique, par M. L..., (madame LÉVÊQUE, née Louise CAVELIER). *Paris, Prault*, 1733, 4 parties, in-12.

Voy. « Supercheries », II, 465, *a*.

Céleste (le) divorce, ou la séparation de Jésus-Christ d'avec l'Église romaine son épouse, à cause de ses dissolutions... 1644, pet. in-12.

Traduction attribuée à BRODEAU D'OISEVILLE d'un ouvrage italien dont Ferrante PALLAVICINO passe pour l'auteur. Elle a été réimprimée, avec des augmentations, sous le titre de « Divorce céleste. » Voy. ce titre.

Celestine (la) en laquelle est traicté des deceptions des seruiteurs envers leurs maistres, et des macquerelles envers les amoureux, translaté dytalien en françois. *Paris, Galliot du Pré*, 1527, in-8, goth.

Traduction souvent réimprimée. Il existe d'autres versions de cette célèbre tragi-comédie espagnole dont la plus ancienne édition connue porte la date de 1499. Le « Manuel du libraire », tom. I, col. 1715, entre à cet égard dans des détails fort étendus. Cette composition est formée de deux parties : les auteurs, non désignés dans les nombreuses impressions espagnoles, sont Rodrigo COTA pour le premier acte, et Fernando DE ROJAS, pour le reste. Ce dernier nom nous est révélé par un acrostiche formé de la réunion de plusieurs strophes placées en tête de la « Célestine ». Voy. le « Manuel », t. I, col. 1717, et l'« Essai historique » (p. XII et suiv.) placé par M. Germond de Lavigne en tête de sa traduction de la « Célestine », *Paris, Gosselin*, 1841, in-12.

Cette pièce a souvent aussi été attribuée à Juan DE MENA.

Célestine et Faldoni, ou les amants de Lyon, drame historique en trois actes et en prose, par M. Augustin *** (Augustin Hapdé); représenté pour la première fois sur le théâtre de l'Impératrice, le 16 juin 1812. *Paris, Martinet*, 1812, in-8, 4 ff. lim. et 48 p.

Voy. « Supercheries », I, 402, *a*, et III, 1122, *f*.

Célestine, ou la jalousie d'une sœur, par Mme Marie-Ange de T*** (Just-Jean-Etienne Roy.) *Tours, Mame*, 1863, 1868, 1869, in-12.

Célestine, ou la victime des préjugés, par Charlotte Smith, traduit de l'anglais sur la seconde édition, par la citoyenne R, (Rome). *Paris, Buisson*, 1795, 4 vol. in-12.

Voy. « Supercheries », III, 285, *e*.

Célestine, ou les époux sans l'être. (Par L.-F.-M. Belin de la Liborlière.) *Paris, Lemarchand*, 1799, 4 vol. in-12.

Voy. « Supercheries », I, 479, *a*.

Célia. Manuscrit trouvé au pied des Alpes. (Par Mme Saint-Denis.) *Paris, Nicolle*, 1817, in-12.

Celianne, ou les amants séduits par leurs vertus, par l'auteur d'« Elisabeth » (Madame Benoit). *Paris, Lacombe*, 1766, in-12.

Célibat (du) des prêtres, à l'occasion d'une ordonnance rendue par M. le président du tribunal de première instance du département de la Seine, le 16 février 1828. (Par Joseph Jauffret.) *Paris, Delaunay*, 1828, in-8.

Réimprimé la même année avec le nom de l'auteur, et le jugement du tribunal.

Célibat (du) des prêtres, à l'occasion de l'arrêt de la cour de cassation du 21 février 1833, et de la bénédiction nuptiale, par l'abbé Chev. de D. (Aimé Guillon de Montléon). *Paris, Denain*, 1833, in-8.

Voy. « Supercheries », I, 715, *d*.

Célibataire (le), comédie en cinq actes et en vers, représentée pour la première fois par les comédiens françois, le 20 septembre 1775. (Par Cl.-Jos. Dorat.) *Neufchâtel, impr. de la Société typographique*, 1776, in-8, 133 p.

Trois éditions de *Paris, Delalain*, 1776, in-8. Les deux premières sont anonymes, mais avec un frontispice gravé portant le nom de l'auteur, la troisième porte le nom de l'auteur sur le titre.

Celide, ou histoire de la marquise de
a Bleville, par Mademoiselle M... (Motte). *Paris, Duchesne*, 1775, 2 vol. in-12.

Voy. « Supercheries », II, 1011, *a*.

Celie ou Mélicerte, nouvelle véritable. (Par J. Bridou.) *Paris, Barbin*, 1663, in-8; — *Loyson*, 1664.

Réimprimé dans « le Conservateur » de novembre et décembre 1760.

Céline, ou la fleur des champs, par l'auteur
b de « Fidélia » (Mme J. Bayoud, née Métuel, portière). *Paris, Masson*, 1823, 2 vol. in-12.

Célinte, nouvelle première. (Par mademoiselle de Scudéry.) *Paris, Augustin Courbé*, 1661, in-8, 2 ff. et 394 p., front. de Chauveau.

Voy. Sorel, « Bibliothèque françoise », éd. de 1667, p. 180.

c Celse martyr, tragédie en musique. *Paris, Ve Claude Thiboust*, 1687, in-4, 38 p.

Les vers sont de la composition du P. Bretonneau, jésuite (de Backer, 2e édit. I, col. 868).

Cène (de la) du Seigneur. (Par J. Calvin.) *Genève, Michel du Bois*, 1541, in-12.

Le nom de l'auteur se lit à la première page du texte.

Cénie, pièce en cinq actes. (Par Mme de
d Graffigny.) *Paris, Cailleau*, 1751, in-8, avec front. et fig. par Fessard. — *La Haye, P. Gosse*, 1751, in-8. — 3e édit. *Paris, Duchesne*, 1764, in-12.

Cénotaphes (les) de Henri IV et de Marie de Médicis dans la chapelle du collége de La Flèche, Sarthe. (Par Ch. Grouet.) *Bordeaux, impr. de Balarac jeune*, 1846, in-8.

Censeur (le) censuré. *S. l.*, 1652, in-4.
e — *Paris*, 1657, in-4.

Par d'Audiguier du Mazet, suivant le P. Lelong.

Censeur (le) des censeurs, ou mémoires pour servir à l'histoire de la révolution du 20 mars 1815. (Par Beaucé.) *Paris, Charles*, 6 mai-22 sept. 1815, 24 n^os^, in-4.

Voy. pour plus de détails, Hatin, « Bibliographie de la presse », p. 326.

Censeur (le) des journaux. 11 fructidor
f an III-18 fructidor an IV. 4 vol. in-4.

Par Jean Pierre Gallais, et Langlois des Gravilliers, qu'il ne faut pas confondre avec son homonyme Isidore Langlois, rédacteur de la « Gazette générale de l'Europe. »

Voy. Hatin, « Bibliographie de la presse », p. 249.

Censeur (le) du « Dictionnaire des girouettes, » ou les honnêtes gens vengés, par C. D*** (Charles Doris). *Paris, G. Mathiot*, 1815, in-8.

Voy. « Supercheries », I, 671, *c*.

Censeur (le) européen. Paris, 15 juin 1819 — 22 juin 1820, 372 n^{os} en 2 séries de 200 et 172 n^{os} in-fol.

Cette publication, qui succéda au « Censeur » de Comte et Dunoyer, compta parmi ses rédacteurs Aug. Thierry, Say, Scheffer, Daunou, Chatelain; elle fut réunie au « Courrier français ». Voy. Hatin, « Bibliographie de la presse », p. 318.

Censeur (le) impartial, ou défense de MM. Crevier, d'Alembert et de quelques autres. (Par J.-Fr. Dreux du Radier.) *Paris, Le Breton*, 1758, in-12.

Censeur (le), ou caractère des mœurs de La Haye, par M. de G*** (Gueudeville). *La Haye*, 1715, in-12.

Voy. « Supercheries », II, 115, *d*.

Censeur (le), ou voyage sentimental autour du Palais-Royal, ouvrage critique, historique et moral, dédié aux étrangers, par J. R**** (Rosny). *Paris, Mme Masson*, an XI-1803, in-18, 126 p. et 1 f. de table.

Voy. « Supercheries », II, 428, *e*, et III, 482, *b*.

Censeur (le) universel anglais... par une Société de gens de lettres (Jean-Nicolas Jouin de Sauseuil, Griffet de La Baume et autres). *Paris, Guillot*, 3 juillet 1785—déc. 1786, 73 n^{os} in-4.

Voy. « Supercheries », III, 072, *d*.

Censure (la). (Par le marquis de La Gervaisais.) *Paris, Pihan-Delaforest*, 16 juillet 1827, in-8, 36 p.

Censure d'un livret naguères imprimé à Paris, en forme de dialogue, soubs les noms du manant et du maheustre, entreparleurs... (Par Nic. Rolland.) *Paris*, 1594, in-8.

Censure de cinquante-six propositions extraites de divers écrits de M. de La Mennais et de ses disciples, par plusieurs évêques de France: (Par M. Paul-Thérèse-David d'Astros, archevêque de Toulouse.) *Toulouse, Douladoure*, 1835, in-8, 215 et 18 p.

Voy. « Supercheries », III, 191, *a*.

Censure de la Faculté de Paris contre une thèse appelée majeure ordinaire, soutenue en Sorbonne, le 18 novembre 1751, par J.-M. de Prades. *Paris, Garnier*, 1752.

Cette censure a été traduite en français par J.-P. Moet fils; il en existe plusieurs éditions.

Voy. « Apologie de M. l'abbé de Prades. »

Censure de la Faculté de théologie de Paris, contre le livre intitulé : « Bélisaire. » (Rédigée par Louis Le Grand.) *Paris, veuve Simon*, 1767, in-12.

Censure de la réplique de Savaron sur l'examen fait de son « Traité de la souveraineté du roy. » (Par Jean Le Coq.) *Milan, Marc-Antoine (Paris)*, 1617, in-4.

Edition anonyme citée par Brunet, « Manuel du libraire », 5e éd., t. V, 153.

Une édition de *Paris, N. Tousard*, 1617, in-4, porte le nom de l'auteur.

Pour l'« Examen du Traité », publié sans le nom de l'auteur, voy. ci-après ce titre.

Censure des réflexions et invectives imprimées à Paris contre l'auteur du « Discours sur les maladies populaires et autres de ses œuvres. » (Par Louis de Fontenettes.) *Poitiers, A. Mesnier*, 1653, in-8.

Censure (la). Des surveillants. (Par le marquis de La Gervaisais.) *Paris, impr. de Pihan-Delaforest*, 1827, in-8, 31 p.

Censure (la) en cinq discours, suivis de notes contenant l'histoire abrégée des factions de la Montagne, du Marais et autres, par L. C. T. R.... (le cit. Thomas Rousseau.) *Paris, chez l'auteur, rue Honoré*, an V-1797, in-8, IV-106 p.

Voy. « Supercheries », II, 703, *e*.

Censure (la), Lettre à ***. (Par Guy-Jean-Baptiste Target.) 1775, in-8, 28 p.

Censure, ou discours politique touchant les prétendants à la couronne de Pologne. (Traduit du latin d'André Olszowski, évêque de Culm.) (*Hollande*), 1669, petit in-12.

Ce discours, dont la traduction est à la fin du volume, avait été composé en latin pour Chavagnac par l'abbé Riquet, son secrétaire. On sait que Chavagnac avait été envoyé auprès de la diète de Pologne par le prince, depuis Charles V, duc de Lorraine.

Censure par les évêques de la province de Sens, du livre « de Ecclesiastica et politica potestate ». (Par Ph. de Gamache.) *S. l.*, 1618, in-8. V. T.

Censure (la), petit conte extrait d'une grande épître. (Par Desarps.) *Paris, impr. de Fain*, 1814, in-4, 4 p.

Censure (la) rétablie au profit de la police, par le projet de loi contre la presse et les crieurs publics, renouvelé de la loi d'amour et des ordonnances de Charles X. (*Paris*), *impr. de Sétier* (1834), in-8.

Signé : S***** (Sétier).

Censures et conclusions de la Faculté de théologie de Paris, touchant la souveraineté des rois. (Publiées par L.-Ellies Dupin.) *Paris, Delespine*, 1720, in-4.

Cent bévues de M. Jouy dans trente-quatre pages de l'« Ermite en province,» relevées par un Blésois (Jean-François-de-Paule-Louis Petit de La Saussaye) et par un Solonais. *Paris, chez les marchands de nouveautés*, 1828, in-8, 32 p.

Voy. « Supercheries », I, 534, *e*.

Cent cinquante quatrains sur les Pseaumes de David. (Par Pierre DE LA PRIMAUDAYE.) *Paris, Richer*, 1581, in-8.

Cent et dix consydérations divines de Ian de VAL D'ESSO, traduites premièrement d'espaignol en langue italienne, et de nouveau mises en françois par C. K. P. (Claude KERQUIFINEN, Parisien). *Lyon, Claude Senneton*, 1563, in-8, 608 p. et 9 ff. de table.

Voy. « Supercheries », I, 747, *a*.

Cent fables choisies des anciens auteurs, mises en vers latins par Gabriel FAERNE de Crémone; traduites en françois sur l'édition de Rome 1564, et sur les suivantes. (Par Louis-Tranquille DENYSE.) *Paris, veuve Thiboust*, 1699, in-16.

Cent fables, en vers. (Par Frédéric-Gaëtan DE LA ROCHEFOUCAULD-LIANCOURT.) *Paris, Goujon fils, s. d.* (vers 1800), in-18, 106 p., 8 p. de table et 5 p. contenant une pièce de vers intitulée « Psaphon. »

Tiré à petit nombre.

Cent mille hommes en Algérie. Projet de colonisation militaire. Solution économique et pratique de la question d'Alger, par un vieil Africain (Edmond DUPONCHEL). in-8.

Voy. « Supercheries », III, 946 *e*.

Cent millions à rendre aux contribuables, ou dix millions à prendre aux rentiers. Opinion du général Foy, 1824. (Par le marquis DE LA GERVAISAIS.) *Paris, Pihan-Delaforest*, 1832, in-8, 16 p.

Cent (les) nouveaulx proverbes dorez. *Imprimé à Paris en la rue Neufue-Nostre-Dame, à l'enseigne de l'Escu de France*, pet. in-8, goth.

Attribué à P. GRINGORE. Existe aussi sous le titre de : « les Proverbes dorés ».

Voy. ces mots.

Cent nouvelles nouvelles. *Paris, Vérard*, 1486, in-fol.

Voy. pour le détail des nombreuses éditions de ce recueil, Brunet, « Manuel du libraire », 5e éd., t. II, 1732 et suiv.

M. Thomas Wright, dans la préface de son édition faite sur le seul manuscrit connu, et publiée dans la « Bibliothèque elzevirienne », *Paris, Jannet*, 1858, 2 vol. in-16, partage l'opinion de M. Le Roux de Lincy que ces nouvelles ont été composées à la cour du duc de Bourgogne, Philippe le Bon, par Antoine DE LA SALE, auteur du « Petit Jehan de Saintré » et des « Quinze joyes de mariage ».

Cent proverbes par GRANDVILLE et par trois têtes dans un bonnet (FORGUES, Taxile DELORD, Arnould FRÉMY et Amédée ACHARD). *Paris, H. Fournier*, 1844, gr. in-8.

Voy. « Supercheries », III, 858, *c*.

Cent quatre jours de voyage et séjours; ou relation très-fidèle et très-exacte d'une traversée faite dans les mois de juin, juillet et août 1809, de Fiume à Falmouth par l'Adriatique, la Méditerranée et l'Océan occidental, par un François qui en mérite le nom. (Par Mich.-V. DE BECOURS.) *Paris, Delaunay, et Douai, impr. de Villette*, 1818, in-8.

Voy. « Supercheries », II, 79, *c*.

Cent (les) questions d'un paroissien de M. le curé de*** (l'abbé Louis Guidi), pour servir de réplique à la suite de son Dialogue sur le mariage des protestants. (Par le P. Charles-Louis RICHARD, dominicain.) 1776, in-12.

Voy. « Supercheries », III, 31, *c*.

Cephise, ou l'erreur de l'esprit, comédie, par M. MARS... DES V.... (MARSOLLIER DES VIVETIÈRES). *Neuchâtel*, 1784, in-8, 50 p. — Nouv. éd. revue et corrigée. Par B.-J. MARSOLLIER. *Paris, Barba*, 1797, in-8, 40 p.

Voy. « Supercheries », I, 935, *b*, et II, 1061, *f*.

Céramiques (les), ou les aventures de Nicias et d'Antiope, par M. DE S. S. (GALTIER DE ST-SYMPHORIEN). *Londres (Paris)*, 1760, 2 vol. in-12.

Voy. « Supercheries », III, 722, *a*.

Cercle (le) des femmes, comédie. *Lion, Jean Girin et Barthelemy Rivière, s. d.*, in-12, 6 ff. et 60 p.

L'épître à la duchesse palatine de Simmeren est signée : C. (CHAPUZEAU).

Cercle (le) des femmes savantes. Par M. D. L. F. (Jean DE LA FORGE), dédié à la comtesse de Fiesque. *Paris, Trabouillet*, 1663, in-12, 10 ff., 15 p. et 7 ff.

La clef des noms des savantes dont il est parlé dans ce livre, se trouve au tome second des « Recherches sur les théâtres de France ». (Par DE BEAUCHAMPS.) *Paris*, 1735, in-4, ou 3 vol. in-8.

Roxane, c'est Marie de Romieu; Melinte, Anne Desmarquetz (et non pas Marquitz, comme écrit Beauchamps), religieuse dominicaine; Mariane, Marie Stuart, etc. (Note extraite des manuscrits de l'abbé de Saint-Léger.)

Voy. « Supercheries », I, 956, *a*.

Cercle (le), ou les conversations galantes. *Paris*, 1675, 3 parties in-12.

Dans l'édition de Hollande : *Sur la copie de Paris*, 1675, l'épître dédicatoire à Mademoiselle de Querouâlle est signé BREMOND. L'ouvrage est en effet attribué par la « Biographie universelle » à Gabriel DE BREMOND.

Barbier dans sa deuxième édition le donne sous le nom DE MONTFORT, d'après l'attribution de Vertron, dans « la Nouvelle Pandore ». *Paris*, 1698, in-12, t. II, page 197.

Cercle social. (Par l'abbé Claude FAUCHET et Nic. DE BONNEVILLE.) Janvier-mai 1790, 14 numéros in-8.

Voy. Hatin, « Bibliographie de la presse », p. 163.

Cercueil (le) des amants, où est naïvement dépeint le triomphe cruel de l'amour, par N. P. B. (Nicolas PILOUST). *Paris, de Bordeaux*, 1611, in-12.

Voy. « Supercheries », II, 1275, *a*.

Cérémonial du sacre des rois de France, précédé d'une dissertation sur l'ancienneté de cet acte de religion... (Par Pons-Aug. ALLETZ.) *Paris, Desprez*, 1775, in-8. — 2e éd., par M. A. DE M. *Paris, F. Denn*, 1825, in-12.

Cérémonies et coutumes qui s'observent aujourd'huy parmi les Juifs. Traduites de l'italien de LÉON de Modène, rabbin de Venise. (Par Richard SIMON.) Avec un supplément touchant les sectes des Caraïtes et des Samaritains de nostre temps. Seconde édition, revue, corrigée et augmentée d'une seconde partie qui a pour titre : Comparaison des cérémonies des Juifs, et de la discipline de l'Eglise, avec un discours touchant les différentes messes ou liturgies qui sont en usage dans tout le monde, par le sieur DE SIMONVILLE. (Richard SIMON). *Paris, Louis Billaine*, 1681, 2 parties en 1 vol. in-12.

Le volume est terminé par un privilége pour 15 ans au nom de Billaine; il est daté du 26 avril 1673 et ne donne que le titre de la première partie. Suivant ce qui est dit dans la préface, cette première partie aurait été imprimée pour la première fois à Paris, en 1637, par les soins de Gaffarel. L'auteur mécontent de cette édition en aurait donné une seconde, en 1638, à Venise. C'est de ces deux éditions que l'on s'est servi pour la traduction.

L'épître à Bossuet est signée : R. SIMON. Une autre édition qualifiée également de seconde édit. revue... porte : *A Lyon, et se vendent à Paris, chez la veuve A. Cellier*, 1684, 2 parties, in-12.

Une troisième édition de ces deux parties. *Paris, J. Cochart*, 1710, in-12, est accompagnée d'un privilége au nom de ce libraire, daté du 4 mai 1710.

Voy. « Supercheries », III, 349, *d*, et 649, *f*.

Cérémonies et coutumes religieuses de tous les peuples du monde, représentées par des figures dessinées et gravées par Bernard Picart et autres habiles artistes ; nouvelle édition, par une société de gens de lettres (J.-Ch. PONCELIN DE LA ROCHE-TILHAC et autres). *Paris, Laporte*, 1783, 4 vol. in-fol.

Voy. « Supercheries », III, 671, *e*.

Cérémonies et coutumes religieuses de tous les peuples du monde, représentées par des figures dessinées de la main de Bernart Piçart, avec une explication, et quelques dissertations curieuses (rédigées par J.-Fr. BERNARD, libraire-éditeur, BERNARD, ministre à Amsterdam, Ant.-Aug. BRUZEN DE LA MARTINIÈRE et autres), d'après les ouvrages de Richard SIMON, de J. ABBADIE, DUPIN, de l'abbé THIERS, du P. LE BRUN, de BURNET, de PHÉLIPPEAUX, de SALES, de BOULAINVILLIERS, de GAGNIER, de RELAND, du P. CHARLEVOIX, de KÆMPFER, de GARCILASSO DE LA VEGA, etc., etc. *Amsterdam, J.-F. Bernard*, 1723 à 1743, 11 vol. in-fol. — Nouvelle édition, revue et augmentée (par F.-H.-S. DE L'AULNAYE et Henri GRÉGOIRE). *Paris, Prudhomme*, 1807 à 1809, 12 vol. in-fol.

Les onze volumes des « Cérémonies religieuses » de l'édition de Hollande se composent des parties suivantes :

1° Cérémonies des peuples idolâtres. Tomes I et II.

2° Cérémonies des juifs, chrétiens, grecs, protestans, luthériens, anglicans et mahométans. Tomes I, II, III, IV, V.

3° De deux volumes tomés, l'un tome septième, seconde partie, et l'autre tome huitième.

Le tome septième, seconde partie, contient plusieurs dissertations de messieurs les abbés BANIER et LE MASCRIER sur des matières qui ont quelque rapport aux cérémonies religieuses, etc.

Le tome huitième contient un parallèle historique des cérémonies religieuses de tous les peuples anciens et modernes, etc.

4° Superstitions anciennes et modernes; préjugés vulgaires qui ont induit les peuples à des usages et à des pratiques contraires à la religion. Tomes I et II.

Les tomes septième, seconde partie, et huitième de cette collection, sont les plus rares.

Cérémonies et prières du sacre des rois de France, accompagnées de recherches historiques. (Par MENIN; publié par MOTTELEY.) *Paris, F. Didot*, 1825, in-12.

Cérémonies (les) et réjouissances faites en la ville d'Annessy, sur la solennité de la béatification et l'élévation du corps sacré du bienheureux François de Sales, le 30 avril 1662. *Annessy, par P. Delachinal, s. d.*, in-4.

Attribué au P. Claude-François MENESTRIER.

Cérémonies observées au sacre et couronnement du très-chrestien et très-valeureux Henry IIII, roy de France et de Navarre, ensemble la réception de l'ordre du S. Esprit en l'église de Chartres, ès XXVII et XXVIII iours du mois de Feurier, M D XCIIII. (Par Nicolas DE THOU, évêque de Chartres.) *Paris, Jamet Mettayer et P. L'Huillier*, 1594, in-4, 63 ff. — *Paris, id.*, 1594, in-8.— *Paris, F. Bourriquant*, 1610, in-8.

Cérémonies pratiquées au sacre et couronnement des rois de France. (Par P. David, libraire.) *Paris*, 1654, in-8.

Catalogue manuscrit des Barnabites.

Cerises (les) et la double méprise, contes en vers, etc. (Par Cl.-Jos. Dorat.) *La Haye, Paris*, 1768, in-8, grav.

Certitude (de la) des connaissances humaines, ou examen philosophique des diverses prérogatives de la raison et de la foi, traduit de l'anglois par F. A. D. L. V. (Ou plutôt composé en français par François-André Deslandes.) *Londres*, 1741, in-12.

Voy. « Supercheries », II, 8, *d*.

Ces dames de Bullier. (Par M. Gaston Follet.) *Paris, chez tous les libraires, imp. de Vallée*, 1864, in-32, 124 p.

Une notice insérée dans « le Bien public » du 11 juin 1871, et signée : A. P., confondant cet ouvrage avec celui décrit dans l'article suivant, l'attribuait à Vermorel.

Deux tirages la même année.

Attribué à tort par la « Bibliographie des ouvrages relatifs à l'amour », 3e éd., à M. Arthur Radoult.

Ces dames ! Physionomies parisiennes, ornées de portraits photographiés. (Par Auguste Vermorel.) *Paris, Cournol*, 1860, in-32, 216 p.

Le succès de ce petit volume fit paraître un grand nombre de brochures énumérées dans la « Bibliograpeie des ouvrages relatifs à l'amour », 3e éd., t. II, p. 175. Auguste Vermorel s'en est déclaré l'auteur dans la préface de son livre intitulé « Desperanza », *Paris*, 1861, in-12, réimprimé en 1863, in-18, sous le titre « les Amours funestes.

Ces petites dames du théâtre. (Par M. Paul Mahalin.) *Paris*, 1862, in-18, dessin de Léopold Flameng.

César armorial, ou recueil des noms, armes et blasons de toutes les illustres, principales et nobles maisons de France... Par C. D. G. *Paris, veuve J. Petit-Pas*, 1645, in-12. — 2e édit. Par C. D. G. P. *Paris, M. Guillemot*, 1649, in-8. — *Paris, H. Legras et M. Bobin*, 1654, in-8.

Dans ces deux dernières éditions, la dédicace est signée : César de Grand-Pré.

Le nom de l'auteur se trouve sur le titre de l'édition de *Paris, veuve J. Petit-Pas*, 1645, in-4.

Voy. « Supercheries », I, 676, *b*.

César au sénat romain, poëme. (Par A.-L. de Ximenès.) *Paris*, 1759, in-8.

V. T.

César aveugle et voyageur. (Par Jean-Ant. Guer.) *Londres*, 1740, in-12.

« Cet ouvrage a reparu exhorbitamment augmenté, dit Formey, sous ce titre : « Pinolet, ou l'Aveugle parvenu, histoire véritable composée sur les faits fournis par lui-même actuellement existant dans Paris », *Paris*, 1755, 4 vol. in-12 ». C'est un ouvrage abominable, ordurier au dernier point, ajoute Formey, sans esprit, sans bon sens, plein de platitudes ».

Césarion, ou entretiens divers. (Par l'abbé César Vischard de Saint-Réal.) *Paris, Claude Barbin*, 1684, in-12.

Voyez les différentes collections des œuvres de cet auteur.

Césars (les) de l'empereur Julien, traduit du grec, avec des remarques. (Par Spanheim.) *Paris, Thierry*, 1683, in-4.

D. M.

Cession d'une femme de gré à gré, opuscule d'après l'histoire, dite véritable, du « Sancho, » journal du dimanche, qui n'est pas écrit par Michel Cervantès, mais qui n'en est pas moins une revue des hommes et des choses, première (et unique) livraison. *Bruxelles*, 1851, in-8, 23 p.

Par Vinc.-Victor Joly, né à Bruxelles, le 17 juin 1807, rédacteur du « Sancho ».

Cette brochure est devenue excessivement rare. Nous voudrions bien en dire quelques mots, mais.....

J. D.

Chacun a sa folie, ou le conciliateur, comédie en deux actes et en vers. (Par le marquis de La Salle.) *Paris, Ballard*, 1781, in-8.

Chaîne (la) de marguerites, par l'auteur de « l'Héritier de Redclyffe », « Violette », etc. (Miss Charlotte-Mary Yonge). Traduit de l'anglais par Mlle Rilliet de Constant. *Neuchâtel, Leidecker*, 1857, 2 vol. in-12. — 2e éd., 1863, 2 vol. in-12.

Chaise (la) de poste, mélodrame en deux actes ; par MM. Louis M*** (Louis Montigny) et Saint-Amand (Amand Lacoste); représenté sur le théâtre du Cirque-Olympique, le 19 novembre 1825. *Paris, imp. de Boucher*, 1825, in-8.

Voy. « Supercheries », II, 1004, *c*.

Chalmel et ses panégyristes. (Par M. le vicomte de Flavigny.) *Tours, Mazereau* (1869), gr. in-8, 144 p.

Chambéry au 29 juin 1854. (Par Jean-Jacques Rey.) *Chambéry, Bachet*, 1854, in-8, 15 p.

Chambre de justice de l'amour. (Par Louis Le Laboureur.) *Paris, P. Bontemps*, 1668, in-12.

Chambre (la) des pairs aux électeurs réunis au Champ-de-mai. (Par CARION-NISAS.) 1815, in-8.

Se compose de lettres insérées dans « l'Aristarque français », des 2, 7, 11 et 12 mai, sous le nom de LUCIUS VERUS.

Chambre (de la) inamovible. Résumé. (Par DE LA GERVAISAIS.) *Paris, Pihan-Delaforest*, 1831, in-8, 42 p.

Chamfortiana, ou recueil choisi d'anecdotes piquantes et de traits d'esprit de CHAMFORT, précédé d'une notice sur sa vie et ses ouvrages. (Par P.-Fr. AUBIN.) *Paris, imp. de Delance*, an IX-1801, in-12.

Chamillarde. A M. Chamillard, docteur de Sorbonne, sur sa « Réponse aux raisons que proposent les religieuses de P. R. contre la signature du formulaire. » — Chamillarde seconde. — Chamillarde troisième. (Par Jean BARBIER D'AUCOUR.) *S. l.*, 1665, in-4.

Champ (le) d'asile, tableau topographique et historique, par L.-F. LH.... (Louis-François LHÉRITIER), de l'Ain, l'un des auteurs des « Fastes de la gloire. » *Paris, Ladvocat*, 1819, in-8. — 2e éd. *Paris, Ladvocat*, 1819, in-8.

Voy. « Supercheries », II, 775, c.

Champ (le) des martyrs, par le comte H. DE S. (SESMAISONS). *Paris, Goujon*, 1826, in-12.

Champ (le) vertueux... Voy. « Livre de bonne vie ».

Champagnac et Suzette, comédie-vaudeville en un acte, par CHAZET et C*** (Nic. FONTAINE DE CRAMMAYEL). Représenté la première fois sur le théâtre du Vaudeville le 24 vendémiaire an VIII. *Paris*, an VIII, in-8, 48 p.

Champfleury, auquel est contenu Lart et science de la deue et vraye proportion des Lettres attiques qu'on dit autrement Lettres antiques et vulgairement Lettres romaines, proportionnées selon le corps et visage humain. (Par Geofroy TORY). *Ce petit livre est a vendre a Paris, sur le petit pont a lenseigne du Pot casse, par Geofroy Tory et par Gilles Gourmont..., Acheve dimprimer... lan mil cinq xxix*, in-fol., figures sur bois.

Voy. au sujet de cet ouvrage curieux le « Manuel du libraire » (art. TORY) et surtout le livre de M. Aug. Bernard ; « Geoffroy Tory, peintre et graveur », 2e édit. *Paris, Tross*, 1865, p. 123. Il existe une seconde édition du « Champfleury », *Paris*, 1549, in-8, mais elle est beaucoup moins complète.

Champion (le) de la vertu, ou le vieux baron anglois, histoire gothique, traduite de l'anglois (de mistriss Clara REEVE), par M. D. L. P. (P.-Ant. DE LA PLACE). *Paris, Hardouin et Gattey*, 1787, in-12.

D'autres exemplaires de cet ouvrage ont un frontispice ainsi conçu : « le Vieux baron anglois, ou les revenants vengés, histoire gothique imitée de l'anglois de mistriss Clara Reeve, par M. D. L. P. » *Amsterdam et Paris, Didot*, 1787, in-12.

Voy. « Supercheries », I, 599, *f*.

Champion (le) des dames. (Par Martin FRANC.) *S. l. n. d.*, in-fol., goth., figures en bois.

Catalogue de Crevenna, in-8, n° 4920.

Cet ouvrage de Martin Franc a été plusieurs fois réimprimé avec le nom de l'auteur.

Voy. Brunet, « Manuel du libraire », 5e éd., t. II, col. 1308.

Chan Heurlin, ou les fiançailles de Fanchon, poëme patois-messin en sept chants, par B*** et M***, de Metz (Abel BRONDEX et Didier MORY), publié par M. G*** (GENTIL). *Metz, Charles Laurent*, 1787, in-8, VI-70 p.

Ce poëme, commencé par Brondex, en 1785, fut interrompu au Ve chant. Didier Mory qui s'était exercé dans l'idiome patois, fut invité par un parent de Brondex à terminer cette œuvre inachevée. Il y fit quelques modifications et y ajouta deux chants. Quoique cette publication n'ait eu lieu qu'en 1825, on a laissé subsister sur le titre le millésime de 1787. D. M.

Réimprimé à Metz en 1841, in-8, avec les noms des auteurs.

Chancelières (les). Ode. (Par Claude-Antoine GUYOT DES HERBIERS.)

Cette pièce, dirigée contre le chancelier Maupeou, a été imprimée dans la 2e partie des « Fastes de Louis XV. »

Voyez « la Littérature française contemporaine ». t. IV, p. 236.

Chancre (le), ou couvre-sein féminin, ensemble le voile ou couvre-chef féminin, par J. P. (J. POLMAN, chanoine théologal de Cambray). *Douay*, 1635, in-8. V. T.

Voyez le « Dictionnaire bibliographique », de Cailleau, t. III, p. 203, et « Supercheries », II, 424, *b*.

Chandelle (la) d'Arras, poëme héroï-comique en dix-huit chants. (Par l'abbé Henri-Jos. DU LAURENS.) *Berne*, 1765, in-8, front. gravé par Tassaert, d'après Desrais. — *Londres*, 1774, in-8. — Nouvelle édition, précédée d'une notice sur la vie et les ouvrages de l'auteur. (Par Marc-Ferd. DE GROUBENTALL DE LINIÈRE.) *Paris, Egasse frères*, 1807, in-12, fig.

Réimprimé en 1834 et 1835 avec le nom de l'auteur.

Changement de domicile, vaudeville en un acte. Représenté pour la première fois sur le théâtre de la Porte-Saint-Martin, le

19 octobre 1818. Par MM. *** (Philippe ROUSTAN et Alexandre BARGINET). *Paris, Quoy*, 1819, in-8, 36 p.

Voy. « Supercheries », III, 1101, *b*.

Changement (du) de ministère, en décembre 1821, par un royaliste (J.-B.-L.-Jos. BILLECOCQ). *Paris, P. Gueffier*, 1821, in-8, 43 p.

Voy. « Supercheries, » III, 463, *a*.

Chanson à l'encontre des Huguenots, avec une chanson des magnificences qui ont été faites à Paris au mariage du roy de Navarre et de Madame Marguerite. *Lyon*, 1572, in-8.

Attribué par Brunet à Christophe DE BORDEAUX.

Chanson adressée à messieurs de la ci-devant chambre des vacations du ci-devant parlement de la ci-devant Bretagne, composée de ci-devant privilégiés. (Par HAUMONT-DESPRÉS, capitaine d'une des compagnies de la milice nationale d'Herbignac.) *Nantes, A.-J. Brun*, 1790, in-8, 4 p.

Catalogue de Nantes, nº 27,040.

Chanson (la) de Malbrough ou mieux Malborough.

L'auteur est POITRINE, officier de cavalerie sous Louis XV.

Chanson (la) de Pen-Château. (Par le Dr Joseph FOULON.) *Nantes, imp. A. Guérineau*, 1850, in-8, 8 p.

Catalogue de Nantes, nº 27,109.

Chanson (la) des fiancés, comédie en un acte. (Par M. Abel GAY, avocat-général près la cour impériale de Lyon.) *Lyon, impr. de Louis Perrin*, 1867, in-8.

Cette pièce représentée à Lyon sur un théâtre de société, a été tirée à très-petit nombre, et non mise dans le commerce.

On prétend que M. Alexandre DUMAS fils, a été le collaborateur de M. Gay.

Chanson nationale. Le courage parisien. *Paris, imp. de Lacrampe fils et Fertiaux*, 1848, in-8.

Signé : Frédéric G. (Frédéric GARNIER).

Une autre éd. porte le nom de l'auteur.

Chanson sur la naissance de monseigneur le Dauphin. Sur l'air : Lampons. *Paris, imp. de C. Osmont* (1729), in-4.

Par l'abbé CHÉRIER, d'après une note manuscrite sur l'exemplaire de la Bibliothèque nationale.

Chanson sur la prise de Sébastopol. (Par ROMAIN.) *Nantes, imp. de Merson* (septembre 1856), in-16, 4 p.

Catalogue de Nantes, nº 27,107.

Chansonnier (le) de la cour et de la ville pour les années 1811 et 1812. (Par J.-A. JACQUELIN.) *Paris*, 1811-1812, 2 vol. in-18, avec grav. et musique.

Chansonnier (le) du paradis (nos 1-2). *A Philopopolis, chez Nicolas l'actif, gendre et héritier de Nicolas le probe, à la Vérité*, 1799-1801, 2 vol. in-12.

Par ROBERT, employé à la Bibliothèque du roi, publié par son fils A.-C.-M. ROBERT. D'après Quérard, il n'a paru que ces deux numéros qui n'ont pas été mis dans le commerce.

Chansonnier (le) normand pour 1833, publié par les rédacteurs du « Momus normand » (Alex.-Aug. DE BERRUYER et Léon-Louis-Frédéric BARBEY D'AUREVILLY); première année. *Cherbourg, imp. de Noblet*, 1833, in-18.

Chansonniers (les) forains Moreau et Simonis. *Liége, Desoer*, 1864, in-12.

Signé : U. C. (Ulysse CAPITAINE).

Voy. « Supercheries », III, 870, *c*.

Chansons. (Par M. Edmond de MANNE.) *Lyon, Louis Perrin*, 1870, in-16, 191 p.

Chansons. (Par ROUGE-MAITRE, de Dieuze.) *Paris, Egron, impr.*, 1823, in-12, 24 p.

Chansons d'un invalide. (Par Bénigne-Claude DÉLORIER.) *Rouen, Brière*, 1830, in-12. — 2e édit. *Rouen, impr. de Baudry*, 1831, in-18.

Voy. « Supercheries », II, 341, *e*.

Chansons (les) de Carrateyron, poëte du XVIe siècle, par le chevalier B. DE P. (BERLUC DE PERUSSIS, et depuis BERLUC PERUSSIS). *Marseille, Boy*, 1855, in-12.

Voy. « Supercheries », I, 480, *a*.

Chansons et autres essais poétiques. (Par MÉNAGE.) *Rouen, impr. de R. Trinchart-Behourt*, 1814, in-12, 72 p.

Tiré à 100 exemplaires.

Chansons et poésies diverses, par Ch. F. (C. FOURNIER, ex-greffier). *Paris, Guyot*, 1857, in-18, 378 p. D. M.

Chansons (les) folastres et recreatives de Gaultier Garguille, comesdien ordinaire de l'hostel de Bourgongne, nouvellement reveues, corrigées et augmentées oultre les precedentes impressions. *Paris, A. Claudin*, 1858, in-8, 115 p., portrait de G. Garguille, gravé sur bois.

Les notes anonymes sont de M. Edouard FOURNIER, qui les a reproduites dans l'éd. des « Chansons de Gaultier Garguille » de la Biblioth. elzevirienne à laquelle il a mis son nom.

Chansons intellectuelles sur la résurrection du Phénix, par Michel MAIER; traduites en françois, sur l'original latin, par M. L. L. M. (l'abbé LE MASCRIER); avec le texte latin. *Paris, de Bure, aîné*, 1758, in-12.

Voy. « Supercheries », II, 794, *d*.

Chansons joyeuses mises au jour par un âne onyme, onissime (par Ch. COLLÉ); nouvelle édition considérablement augmentée, avec de grands changemens qu'il faudroit encore changer. *A Paris, à Londres et à Ispahan seulement, de l'imprimerie de l'Académie de Troyes*, VXL.CCD.M (1765), in-8.

Ce volume est le même que les « Chansons joyeuses » qui servent de quatrième volume à l'« Anthologie françoise » de Monnet.

Voyez ci-dessus, col. 209, *a*, et « Supercheries », I, 348, *e*.

Chansons maçonnes. (Par Jacques FLEURY, avocat.) 1760, in-8.

Chansons madécasses, traduites en françois, suivies de poésies fugitives. (Par Evariste-Désiré DESFORGES DE PARNY.) *Londres et Paris, Hardouin et Gattey*, 1787, petit in-12.

Chansons nouvelles en lengaige prouensal, composées vers 1550. (Publiées par M. G. BRUNET.) *Paris, Téchener*, 1844, in-8, 22 p.

Tiré à 60 exempl. C'est la reproduction, moins la musique notée, d'un livret curieux qui se trouvait dans la bibliothèque de M. de Soleinne, mais qui ne s'est pas montré à la vente de cet amateur et dont la trace paraît aujourd'hui perdue. L'auteur du « Manuel du libraire » parle avec détail de ce livret, in-16, en caractères gothiques, qu'il regarde comme imprimé avant 1540; voy. tome I, col. 1790.

Chansons, par Auguste D****** (DAUFRESNE, officier de cavalerie). *Audenaerde*, 1851, in-12, 24 p. J. D.

Chansons, par M. D. M., médecin à Douai (le docteur DUHEM). *Valenciennes*, 1854, in-12. D. M.

Chansons philosophiques; par Eugène B.... (Eugène BRUNCAMP). *Paris*, 1845, in-8.

Voy. « Supercheries », I, 445, *e*.

Chansons pour les salles de bal faites dans différentes places de Paris à l'occasion du mariage de Monseigneur le Dauphin, par D.... (Nicolas DOUBLET). (*Paris*) *imp. de Gonichon*, (1745,) in-8.

Chansons qui n'ont pu être imprimées, et que mon censeur n'a point dû me passer. (Par Ch. COLLÉ). *S. l.*, 1784, petit in-12, 212 p.

Il y a des exemplaires qui portent pour titre: « Recueil de chansons... » *Constantinople* (*Amsterdam*), 1784, in-12.

Chantzons sainctes pour vous esbatre
Elegantement exposées
Par ung prisonnier composees
Cest an mil cinq cens vingt et quatre.
S. l., in-8, 8 ff.

Des huit noëls que renferme cet opuscule, deux, le 2e et le 3e portent le nom de Jean DANIEL, organiste.

Voy. « Supercheries », II, 328, *b*.

Chant de départ, dédié à la garde nationale de Lyon. (Attribué à M. Eugène LAMERLIÈRE.) *Lyon*, 1830, in-8.

Chant de guerre national, connu sous le nom d' « Hymne des Marseillois. » — *Nota*. Cette édition est conforme à une copie donnée par l'auteur. *S. l.* (*Namur*), 1792, pet. in-8, 4 p.

Signé : J. ROUGET DE LISLE, capitaine au corps du génie, aide-de-camp du général Valence.

La « Petite Revue » du 25 novembre 1865, a signalé, d'après le seul ex. connu, cette édition de la « Marseillaise », imprimée à Namur après la prise de cette ville, et augmentée de deux « Couplets aux Belges », non réimprimés depuis.

Chant (le) de la liturgie romaine selon les réformes du saint concile de Trente, et le chant rémo-cambrésien devant le saint concile. (Par S. RODIÈRE, imprimeur-libraire.) *Albi, Rodière*, 1856, in-8 de 96 p.

Voy. « Chant liturgique ».

Chant (le) de la paix de France et d'Angleterre, chanté par les trois états, composé par l'indigent de sapience (Fr. SAGON). *Paris, Nic. Buffet*, 1549, in-8.

Voy. « Supercheries », II, 338, *c*.

Chant de paix. Par l'auteur des « Chants de Sion » (le pasteur César-Henri-Abraham MALAN). *Genève, Viguier*, 1831, in-8.

En vers.

Chant de victoire; ode, prise de Bomarsund; et romance : Départ de Toulon. (Par T. BAUGÉ.) *Saumur, G. Godefroy*, *s. d.*, in-8, 4 p.

Catalogue de Nantes, no 26,883.

Chant des martyrs. (Par Xavier BOUGARD.) (*Liége, Noël*, 1853), in-8, 8 p. U. C.

Chant (le) des seraines, avec plusieurs autres compositions nouvelles, par E. F. (Etienne FORCADEL). *Lyon, Jean de Tournes*, 1548, in-8.

Voy. « Supercheries », I, 1212, *e*.

Chant (le) du cocq françois. Au Roy. Où sont rapportées les prophéties d'un ermite, allemand de nation, lequel vivoit il y a six-vingts ans... (Par Jacques Barret, Tourangeau.) *Paris, D. Langlois*, 1621, in-8.

Chant (le) du coq, ou prophéties mémorables recueillies au commencement du xive siècle pour la fin du xviiie. (Par Jacques Barret.) *Paris, D. Langlois*, 1621; — *et les marchands de nouveautés*, 1793, in-8, 61 p.

Chant (le) du cygne, ou la vie à venir et l'immortalité. (Par Corneille-François de Nelis, évêque d'Anvers.) *Parme, Bodoni*, 1796, in-8.

Chant (le) du loisir, ou le temps perdu d'un normand, chansons faites sous le règne déplorable, et autres pièces nouvelles. (Par Marie aîné.) *Paris, chez les principaux libraires*, 1830, in-8.

Ce recueil a reparu deux ans plus tard considérablement augmenté, sous le titre de : « Coups de brosse ». Voy. ces mots.

Voy. « Supercheries », II, 1269, *e*.

Chant (le) du rossignol, par M. Adolphe de Ch..... (Chesnel). *Montpellier, imp. de Félix Avignon*, 1823, in-8, 12 p. D. M.

Chant (le) élégiaque de la république sur la mort de hault et magnanime prince François premier de ce nom, roy de France. (Par Berenger de La Tour.) *Tholose*, 1547, in-8.

Chant funèbre sur les ravages causés par le choléra, dédié aux parents et amis des victimes de ce cruel fléau, par A. M. D. (Alexandre Millin-Duperreux). *Paris, rue J.-J. Rousseau, n° 20*, 1832, in-8. 32 p. D. M.

Chant gaulois du ve siècle, dédié aux Français du xixe, et suivi d'une notice sur l'invasion d'Attila dans les Gaules, par G. L. (Lallemant). *Paris, Roullet*, 1814, in-8, 8 p.

Voy. « Supercheries », II, 187, *c*.

Chant liturgique. A Mgr l'Archevêque d'Albi. Mémoire justificatif par l'auteur de la brochure qui a été publiée récemment à Albi, sous ce titre : « le Chant de la liturgie romaine, etc. » (S. Rodière). *Albi*, 1856, in-4, 16 p.

Voy. ci-dessus, col. 592, *c*.

Chant natal, contenant sept noëlz, ung chant pastoural et ung chant royal, avec ung mystère de la Nativité par personnages. Composez en imitation verbale et musicale de diverses chansons. Recueilliz sur lescripture saincte et d'icelle illustrez. (Par Barth. Aneau.) *Lyon, Séb. Gryphe*, 1539, in-4, 16 ff.

Voy. Brunet, « Manuel du libraire », 5e édition, t. I, col. 284.

Chant national dédié à la garde nationale de Lyon. (Par F. Coignet.) *Lyon, imp. de Perrin*, 1830, in-8.

Chant national, ou Napoléon avec nous, couplets libres aux Français qui rougissaient du joug et de l'influence étrangère sur notre patrie. Par N. V. R. (Royer). Deuxième édition. *Paris, impr. de Renaudière*, 1815, in-8.

Voy. « Supercheries », II, 1277, *b*.

Chant nuptial offert à Leurs Majestés impériales et royales, Napoléon Ier et Marie-Louise. (Par C.-M. Morin.) *Paris, de l'imprimerie de Gillé fils*, 1810, in-4, 7 p.

L'auteur a reproduit ce « Chant nuptial » sous le titre de : « Cantate » dans le recueil intitulé : « Ode et cantate à LL. MM. II. et RR. Napoléon Ier et Marie-Louise d'Autriche, par C.-M. Morin ». *Paris*, 1810, in-8, 20 p.

Chant nuptial pour le mariage du roi. (Par Hippolyte-Jules Pilet de La Mesnardière.) *Paris, Impr. roy.*, 1660, in-fol.

Chant pour l'inauguration à Domremy, de la statue de Jeanne d'Arc, et d'une école de filles dans sa maison; le 10 septembre 1820. (Par C.-Fr. Denis.) *Commercy* (1820), in-8, 8 p.

Chant réal faict en forme de dialogue à sainct Nigaise, par deux bons garchons drappier, estant assichez à leur aise sur la boise de nos cartiers... *Rouen, Adrien Morront*, 1622, pet. in-8, de 24 p.

L'exemplaire de cette pièce rare, conservé dans la bibliothèque de la ville de Rouen, est accompagné de deux autres ouvrages qui paraissent avoir été publiés par le même libraire, en voici les titres :

« Dialogue plaisant et récréatif entremêlé de plusieurs discours plaisans et facétieux, en forme de coq à l'asne ». *S. l. n. d.*, pet. in-8, 8 p.

Le « Miroir des moines mondains », pet. in-8, 8 p.

Ces compositions rimées dans le genre de la « Muse normande » pourraient bien être aussi de David Ferrand. « Manuel du libraire », 5e édit., d'après Frère.

Chant triomphal sur le bienheureux sacre de Mgr. Jacques de Nuchesse, evesque de Chaalons. (Par Fougeron.) *Paris*, 1625, in-8, 38 p.

En vers. Cat. Tross, 1871, n° 1030.

Chant xxvii (Joconde) du Roland furieux d'Arioste, montrant quelle assurance on doit avoir aux femmes, traduict en françois à la rigueur des stanzes et de la rime, par N. R. P. (Nicolas RAPIN, Parisien). *Paris, pour Lucas Breyer*, 1572, 2 part. en 1 vol. in-8.

Chanteur (le) éternel, vaudeville en un acte, par MM. D*** et D*** (Marc-Antoine DÉSAUGIERS et Théo.-Marion DU MERSAN). *Paris, Mme Masson*, an XIV-1805, in-8.

Voy. « Supercheries », III, 780, *b*.

Chantre (le) de la liberté, poésies fugitives et patriotiques, par le citoyen F. P. F.-A.-G. D. B. (F.-P. FOISSAC-LATOUR, ancien général de brigade). *Paris, Migneret*, an III, in-8.

Voy. « Supercheries », II, 73, *b*.

Chants civiques et joyeux, hommages à la paix de 1801, couplets, odes, chansons, alleluia, par un citoyen de Mézin (Dominique MANCIN). 1801, in-8.

Voy. « Supercheries », I, 740, *a*.

Chants d'Inistoga, ou échos du désert, par R. A. de H., citoyen de Venezuela (R. AGOSTINI, de Hospodalez). *Paris, Dauvin et Fontaine*, 1852, in-12. D. M.

Chants (les) de Sion. (Par César-Henri-Abr. MALAN.) *Genève, Viguier*, 1826, in-12.

Une nouvelle édition de ces poésies, avec la musique en regard, et très-augmentée, a été publiée en 1841. D. M.

Chants helléniens, par Wilhelm MULLER. (Trad. de l'allemand, par M. Hipp. CARNOT.) *Paris, A. Dupont*, 1828, in-32.

Chants latins en l'honneur de Marie, ou recueil contenant des antiennes, des proses et des hymnes pour les saluts du mois de Marie... (Par Nic. HENROTTE, chan. hon. de la cathéd.) *Liége, Grandmont-Donders*, 1850, in-12, 12 p. de texte et 46 p. de musique.

L'auteur a lui-même gravé la musique. Ul. C.

Chants patriotiques dédiés à MM. les étudiants belges, à l'occasion de leur réunion à Liége, le 19 mai 1861. Par J. R. T. (BOUHON, étudiant à Liége), *Liége, Gouchon*, 1861, in-8. J. D.

Chants sacrés pour les principales fêtes de l'année; par Mlle S. B.... (Mlle Stéphanie BIGOT). *Lille, Lefort*, 1849, in-18. — 2e éd. *Lille, Lefort*, 1856, in-18. — 3e éd. *Lille, Lefort*, 1862, in-18, 106 p.

Voy. « Supercheries », III, 612, *b*.

Chants senonnais sur l'heureuse installation de l'archevêque de Sens, par un ancien du collége de Sens (BEAU, de Melun). *Paris*, 1821, in-8.

Voy. « Supercheries », I, 327, *d*.

Chapeau (le) de Fortunatus. (Par Thomas-Simon GUEULLETTE.) Parade insérée dans le tome III du « Théâtre des boulevards », 1756.

Nous donnons cette indication d'après une note de Collé inscrite sur un exemplaire qui a passé dans nos mains ; le catalogue Soleinne, n° 3496, attribue cette pièce à FOURNIER.

Chapelain décoiffé, ou parodie de quelques scènes du « Cid... » 1665, in-12.

Attribué par Charpentier à François PAYOT DE LINIÈRE, et plus ordinairement à A. FURETIÈRE. RACINE et BOILEAU ont eu quelque part à ce poëme satyrique, qui a été compris par beaucoup d'édieurs dans les œuvres de Boileau.

Chapelet (le) de Notre Seigneur, dit des Camaldules. (Par l'abbé L. DE SAMBUCY.) *Paris, Gaume frères*, 1833, in-18.

Chapellet (le) de virginité. (Par PÉLERIN, de Vermandois.) *S. l. n. d.*, in-4, 14 ff.

Le « Manuel du libr. », 5e édit., t. IV, col. 1795, cite plusieurs éditions imprimées à *Paris*, mais sans date ; celle de *Guichard Soquand* porte le nom de l'auteur.

Chapelet (le) secret du Saint-Sacrement. (Par Catherine-Agnès ARNAULD.) *Paris*, 1633, 1663, in-12.

Ce petit écrit fut censuré et donna lieu à de vifs débats. Voy. l'« Histoire de Port-Royal », par Racine.

Chapelle (la) d'Ayton, ou Emma Courtney. (Par Mlle DE MEULAN, depuis Mme GUIZOT.) *Paris, Maradan*, 1799, 5 vol. in-12.

Ce roman est une imitation de l'anglais de Marie HAYS ; il a été réimprimé en 1810, 4 vol. in-12.

Chapelle (la) de la forêt, conte pour les enfants,... traduit de l'allemand (de l'abbé Christ. SCHMID); avec une gravure. *Strasbourg et Paris, Levrault*, 1829, in-18.

Chapelle (la) de Notre-Dame du bois d'Argenteau en 1683. Sa reconstruction en 1851. (Par Fr.-Jos.-Ch.-Marie, comte DE MERCY-ARGENTEAU, ancien chambellan de Napoléon I.) *Liége*, 1851, gr. in-8, 71 p. avec 2 pl.

Réimprimé en 1861, avec le nom de l'auteur. U. C.

Chapitre (le) des Cordeliers. (Par PIRON.)

Note de l'inspecteur de la librairie d'Hémery, du 1er janvier 1748.

Chapitre détaché de l'opuscule intitulé : « Du gouvernement et de l'industrie », par l'auteur de la « Question de la dette hollandaise » (J. MEEUS-VANDERMAELEN). Tirage spécial offert au sénat et à la chambre des représentants. *Bruxelles, Grégoir*, 1844, in-8, 22 p. J. D.

Chapitres (des) et des dignitaires, par un ancien grand-vicaire (l'abbé Hon.-Gasp. DE CORIOLIS, mort en 1824). *Paris*, 1822, in-8, 48 p.

Voy. « Supercheries », I, 330, *c*.

Chapitro (lo) broullia, dialogo entre deu comare, etc. (Par MENIL-GRAND.) (*Grenoble*, *Allier*, vers 1808), in-8, 16 et 40 p.

Le « Chapitre broullia » est le premier morceau d'un recueil de vers et de prose en patois de Grenoble.

Chapitromachie (la), poëme héroï-comique, ou les démêlés du chapitre d'Hesdin avec le magistrat de la même ville, etc., par M. D. F. D. L. C. G. D. C. D. R. (Denis-François DE LA COMBE, garde du corps du roi, mort à Montreuil-sur-Mer en 1802). *Au vieil Hesdin, chez Roger Bontemps*, 1753, in-12, 31 p.

Voy. « Supercheries », I, 933, *b*.

Char (le) volant, ou voyage dans la lune. (Par Mme la baronne DE WASSE.) *Londres et Paris*, *Duchesne*, 1784.

Voy. « Mercure » du 31 janvier 1784.

Charadiste (le) de société, par le citoyen L. B. (Antoine-François LE BAILLY). Avec l'index. *Paris*, *Desenne*, an XI-1803, in-18. — *Paris*, *Martinet*, 1805, in-12.

Voy. « Supercheries », II, 692, *b*.

Chardons poétiques. Par S*** (A.-F. STICOTTI). *Berlin*, 1760, in-8.

Voy. « Supercheries », III, 485, *e*.

Chariot (le) des déités à l'honneur de Mgr le Prince, par l'infanterie dijonnaise. (Par Etienne BRÉCHILLET.) *S. d.* (1632), in-4, 20 p.

Pièce en vers bourguignons et latins. Voy. Mignard, « Histoire de l'idiome bourguignon », p. 247.

Charité (la) en action. (Par Mme Mathilde BOURDON, née LIPPENS, épouse en premières noces de M. FROMENT.) *Lille*, *Lefort*, 1852, 2 vol. in-18.

Réimprimé en 1860, 1864 et 1865, avec le nom de l'auteur.

Charité (la) est-elle libre en Belgique ? Par l'auteur des « Lettres à M. le ministre de la justice sur l'existence légale des institutions charitables créées par des particuliers » (Aug. d'ANETHAN, ancien ministre, sénateur). *Bruxelles*, *Labroue*, 1851, in-8, 32 p. J. D.

Charité (la), poésie donnée à M. le curé de Luzarches (Seine-et-Oise), pour son orphelinat, par E. B. (Eugène BORGUET, avocat). *Liége*, *Demarteau*, 1861, in-8.

Voy. « Supercheries », I, 1200, *b*.

Charité (de la) qu'on doit exercer envers les pauvres enfans trouvez, par un séculier (B. LORDELOT, avocat). *Paris*, 1706, in-12.

Catalogue manuscrit de l'abbé Goujet.
Voy. « Supercheries », III, 623, *f*.

Charlatan (le) de la Chine, ou la manière de prendre les oiseaux à la main, conte moral en vers, par un membre de la Société d'agriculture, sciences et arts du département du Nord, séante à Douai (Samson MICHEL, procureur-général près la cour impériale de Douai). *Pékin*, (*Douai*, *Deregnaucourt*), 1806, in-8, 28 p.

Voy. « Supercheries », II, 1107, *a*.

Charlatan (le) dévoilé, anecdote orientale. (Par N. PONCE.) *Paris*, *de l'impr. de Callot*, (1814), in-8, 8 p.

Charlatan (le), opéra bouffon en deux actes. (Parodie de « Tracollo, medico ignorante », par Jacques LACOMBE). *Bordeaux*, *J. Chappuis*, 1759, in-8.

Charlatanerie (de la) des savans, par Mr. MENKEN, avec des remarques critiques de différents auteurs ; traduit en françois. (Par DURAND, fils du pasteur de Nimègue.) *La Haye*, *Jean Van Duren*, 1721, in-12.

Voy. le « Je ne sais quoi », par Cartier de Saint-Philip, nouvelle édition. *Amsterdam*, 1767, t. II, première partie, p. 107.
Voy. aussi « Supercheries », III, 1266, *f*, article STADELIUS.

Charlatanisme (le). (Par Jos.-Ant.-Joach. CÉRUTTI.) Précédé de quelques notes sur le charlatanisme. (Par F. GÉRINAL.) *Paris*, *Mongis aîné*, 1823, in-8.

Cette pièce de vers de Cérutti parut pour la première fois dans le « Recueil de quelques pièces, etc. » *Glascow et Paris*, 1784, in-8.

Charlatanisme, usurpations et iniquités du clergé romain, par un républicain (F.-G.-J.-S. ANDRIEUX). Epître au pape. *Paris*, 1792, in-18.

Voy. « Supercheries », III, 393, *d*.

Charlatans (les) célèbres, ou tableau historique des bateleurs, des baladins, des jongleurs, des bouffons... et généralement de tous les personnages qui se sont rendus célèbres dans les rues et sur les places publiques de Paris, depuis une haute antiquité jusqu'à nos jours. Seconde édition. *Paris*, *Lerouge*, 1819, 2 vol. in-8.

Cet ouvrage est le même que celui intitulé : « Personnages célèbres dans les rues de Paris, depuis une haute antiquité jusqu'à nos jours, par J.-B. GOURIET ». *Paris*, *Lerouge*, 1811, 2 vol. in-8. Il n'y a que le titre de changé.

Charlemagne, ami des lettres et des écoles... (Par Léon Boré.) *Angers, Cosnier et Lachèse*, 1840, in-8.

Charlemagne, ou le rétablissement de l'empire romain. Poëme héroïque. (Par Courtin.) *Paris*, 1666, in-12.

Charlemagne, ou le triomphe des lois, tragédie. (Attribuée au comte L.-Gabr. de Buat.) *Vienne, Trattnern*, 1767, in-8.

Voyez « la France littéraire », de Ersch.

Charlemagne pénitent, poëme en 5 livres. (Par Nicolas Courtin, ancien professeur de l'université de Paris), avec ses poésies chrétiennes. *Paris, de Sercy*, 1689, in-12.

Charlemagne, sa vie et son siècle; par l'auteur de l'« Histoire de Louis XIV » (J.-J.-E. Roy). *Lille, Lefort*, 1857, in-12.

Réimpr. avec le nom de l'auteur.

Charles. *Paris, Ch. Béchet*, 1825, 4 vol. in-12.

Cet ouvrage a pour auteur Joseph Bernard et non son frère Louis-Rose-Désiré, auquel il est attribué dans « la France littéraire ».

Charles Barimore. (Par Louis-Nic.-Phil.-Aug. Forbin.) *Paris, Renard*, 1810, in-8. — Nouv. édit. *Paris*, 1817, in-8.

Charles d'Ellival et Alphonsine de Fiorentino, suite d' « Ellival et Caroline ». (Par Etienne de La Ville, comte de Lacépède). *Paris, Charles Rapet*, 1817, 3 vol. in-12.

Ce sont les membres de sa famille et lui-même que l'auteur a mis en scène. Ellival est l'anagramme de La Ville, Caroline est le prénom de sa femme, Charles celui de son fils adoptif, Alphonsine celui de sa bru.
D. M.

Charles de Brouckere, bourguemestre de la ville de Bruxelles. (Par Ph. Bourson.) *Bruxelles, Office de publicité*, 1860, in-8, 30 p.
J. D.

Charles de Grandmont, nouvelle. (Par le comte Alfred de Maussion.) *Paris, Maradan*, 1822, in-12.

Charles de Meaux, seigneur de Fouilloux, enseigne des gardes du corps d'Anne d'Autriche. 1630-1652. (Par M. de La Morinerie.) *Paris, impr. de Pillet fils aîné*, janvier 1854, in-8, 15 p.

Charles de Montfort, par Mme de *** (Mme Sophie de Maraize). *Paris, Renard*, 1811, 2 vol. in-12.

Voy. « Supercheries », III, 1092, *f*.

Charles de Rosenfeld, ou l'aveugle inconsolable d'avoir cessé de l'être, par l'auteur du « Comte de Saint-Méran » (J. de Maimieux). *Paris, Maradan*, an VII-1798, 3 vol. in-12.

Charles II, roi d'Angleterre, en certain lieu, comédie très-morale en cinq actes très-courts, dédiée aux jeunes princes, et qui sera représentée, dit-on, pour la récréation des Etats-généraux, par un disciple de Pythagore (attribuée à Louis-Sébastien Mercier, membre de l'Institut). *Venise* (*Paris*), 1789, in-8.

Voy. « Supercheries », I, 948, *e*.

Charles IV. Ses malheurs et ses droits. (Par Candido Almeida y Sandoval, ex-écuyer du roi Charles IV.) *Bruges*, 1818, in-8, 24 p.
J. D.

Charles V, Louis XII et Henri IV aux François. (Par l'abbé Nic. Baudeau.) *Paris*, 1787, 2 parties in-8.

Charles X, ou le jour du sacre. (Par C. de Beaumont.) *Nancy*, 1855, in-8, 20 p.

Charles XII, surnommé Tête de fer, roman historique et dramatique, traduit de l'allemand (de Kotzbue) par Guilbert de Pixérécourt. *Paris, Barba*, 1822, 2 vol. in-12.

Charles et Marie, par l'auteur d'« Adèle de Sénange » (Adèle Filleul, baronne de Souza). *Paris, Maradan*, an X-1802, in-12.

Charles et Vilcour, idylle nouvelle. (Par Jean Dromgold.) *Paris, Gueffier*, 1772, in-8, 29 p.

Charles-le-Téméraire. (Par le chanoine Carton.) *Bruges, Van Casteele-Werbrouck*, 1851, in-8, 11 p.
J. D.

Charles Martel, ou les Sarrazins chassés de France, poëme héroïque, par le sieur de S. G. (Sainte-Garde). *Paris, Thomas Jolly*, 1668, in-12.

Voy. « Supercheries », III, 640, *c*.

Charles, ou le parrain, comédie historique en un acte et en prose, à l'occasion de la fête du roi, par MM. Martin, Lognon et *** (Jean-Marie-Vincent Audin, libraire). *Paris, Le Bègue*, 1825, in-8.
D. M.

Charlot, ou la comtesse de Givry. Pièce dramatique jouée au château de F... (Ferney), le samedi 26 septembre 1767. (Par Voltaire.) *Genève et Paris*, 1767, in-8. — Autre éd. avec différences dans le titre. *Genève et Paris, Merlin*, 1767, in-8, 69 p.

Charlotte Belmont. (Par Charles Millon.) *Amsterdam*, 1789, in-8.

Charlotte Corday, ou la mort de Marat, drame historique en trois actes et en vers par Fréd. D. (Frédéric DIGAND). *Bruxelles, Périchon*, 1847, in-8, 116 p. J.D.

Voy. « Supercheries », II, 91, *e*.

Charlotte de Corday et Doulcet de Pontécoulant ; par un collectionneur normand. *Caen, Le Gost-Clérisse*, 1860, in-8.

Signé : Ch. Rd. (RENARD).

Charmansage, ou Mémoires d'un jeune citoyen faisant l'éducation d'un ci-devant noble, par l'auteur de « l'Aventurier français » (Rob.-Mart. LE SUIRE). *Paris*, 1792, 4 vol. in-12.

Charmes (les) de Félicie, tirés de la « Diane de Montemaior ». (Par POUSSET DE MONTAUBAN.) *Suivant la copie* (*Hollande*), pet. in-12.

Charmes (les) de la société du chrétien. (Par Mme AUBERT.) *Paris, Jacques Estienne*, 1730, in-12.

Note manuscrite trouvée sur un exemplaire.

Charmes (les) de la solitude, rêveries et contes en vers, par A. L. R. (Adrien LE ROUX). *Paris, Favre*, 1799, in-18, 220 p.

Voy. « Supercheries », I, 279, *c*.

Charte aux Normands, avec ses confirmations (trad. du latin par l'abbé Jean SAAS) ; traduction revue (par un anonyme). *Caen*, 1788, in-8, 50 p.

Il existait déjà deux traductions de cette Charte ; l'une très-ancienne et recueillie par de Laurière à côté du texte latin dans les « Ordonnances du Louvre », t. I, p. 587 et suiv., l'autre, faite sous le règne de Louis XI vers 1461 et imprimée à la suite de l'ancien coutumier de Normandie, imprimé lui-même pour la première fois en 1483 ; cette seconde traduction a été insérée par Le Rouillé et Terrien dans leurs commentaires sur l'*ancienne coutume de Normandie*.

On trouve dans le volume qui fait l'objet de cet article, non-seulement une nouvelle traduction de la « Charte aux Normands », mais encore celle de toutes les ordonnances et lettres patentes confirmatives de cette même charte, données par nos rois, qui toutes sont en latin, à l'exception de celles de Henri III en 1579. (Article communiqué par M. Thouret.)

Charte constitutionnelle de 1830, mise en vers, par L. R. (ROYER, avocat). *Valenciennes, imp. d'Henry*, 1846, in-8, 46 p.

Voy. « Supercheries », II, 979, *b*.

Charte constitutionnelle, précédée de la déclaration de Saint-Ouen, mise en vers, par L.-M. G******** (Louis-Mathieu GUILLAUME). *Paris, Guillaume et Ce*, 1829, in-4, 44 p.

Voy. « Supercheries », II, 800, *c*.

a Charte (la) d'Hoël le Bon, roi de Galles, au xe siècle, etc., par M. A. B. M. (A.-B. MANGOURIT), franc-tenancier, électeur de Paris. *Paris, imp. de Bailleul*, 1819, in-8, 26 p.

Voy. « Supercheries », I, 106, *a*.

Charte (de la) et de ses ennemis. (Par N. RIOUST.) *Paris, Plancher*, in-8.

b Charte latine sur papyrus d'Egypte de l'année 876, appartenant à la Bibliothèque royale ; publiée pour l'école royale des Chartes, par l'ordre de M. Guizot, ministre de l'instruction publique. *Paris, Motte, lithographe*, 1835, in-fol., 4 p. plus le fac-simile, 9 p.

La notice est signée : C. F. (CHAMPOLLION-FIGEAC).

c Charte (de la) selon la monarchie, et du droit d'intervention considéré dans ses rapports avec la sûreté générale des nations. (Par le marquis DE PRÉAULX.) *Paris, C.-J. Trouvé*, 1823, in-8.

Le nom de l'auteur ne se trouvait imprimé que sur la couverture.

Chartreuse (la) de Parme, par l'auteur de « Rouge et noir » (BEYLE, dit STENDHAL). *Paris, Ambroise Dupont, imp. d'Éverat*, 1839, 2 vol. in-8.

d Chartreuse (la) ; épître à M. D. D. N. Par l'auteur de « Vert-Vert » (GRESSET). Du 17 novembre 1734. *S. l.*, 1735, in-12, 32 p. — Deuxième édition, revue et corrigée sur le manuscrit de l'auteur. *A la Chartreuse*, 1736, in-12, 32 p.

Chartreux (les), poëme, et autres pièces fugitives, par M. le chevalier de R. (DE RIVAROL). *Paris*, 1784, in-8, 32 p.

Voy. « Supercheries », III, 285, *d*.

e Chasse (la) au fusil. (Par MAGNÉ DE MAROLLES.) *Paris, Th. Barrois*, 1788, in-8.

C'est une édition augmentée de l'« Essai sur la chasse ». Voy. ce titre. Réimprimé en 1836 avec le nom de l'auteur : nouvelle édition renfermant toutes les additions et améliorations préparées par l'auteur. *Paris, Th. Barrois*, 1836, in-8.

f Chasse (la) aux bibliographes et antiquaires maladvisés, par un des élèves que l'abbé Rive a laissés dans Paris. (Par l'abbé Jean-Joseph RIVE lui-même.) *Londres* (*France*), *et Aix, chez Aphobe*, 1788-1789, 2 vol. in-8.

Voy. « Supercheries », I, 1226, *d*.

Chasse (la), comédie en trois actes, et en prose, mêlée d'ariettes, représentée devant Leurs Majestés à Marly, en octobre 1788. (Par G.-Fr. FOUQUES-DESHAYES, plus connu sous le nom de DESFONTAINES

DE LA VALLÉE.) (*Paris*,) *imp. de P.-R.-C. Ballard* (*s. d.*), in-8.

Chasse (le) ennuy, ou l'honnête entretien des bonnes compagnies (Par Louis GARON). *Lyon, Cl. Larjot*, 1628-1631, in-12.

Note manuscrite, et Catalogue de la Vallière, par Nyon, t. III, nº 11402.

Voy. aussi Brunet, « Manuel du libraire », 5e éd., tome II, col. 1493.

La 1re partie a été réimprimée à *Paris*, en 1633, 1641 et 1645, et à *Rouen* en 1651 et 1662.

Chasse (la), poëme d'OPPIEN, traduit en françois par M. BELLIN DE BALLU, conseiller à la cour des monnaies, avec des remarques, suivi d'un extrait de la grande histoire des animaux d'Eldémiri, par M*** (Antoine-Isaac SILVESTRE DE SACY). *Strasbourg, à la lib. académique*, 1787, in-8. D. M.

Chasseur (le) normand au gibier d'eau, aux oiseaux de passage, dans la Seine-Inférieure, par Paul B*** (BELLOST). *Rouen, Mégard*, 1848, in-8. D. M.

Chassomanie (la), ou l'ouverture du « Jeune Henri » mise en action, tableaux comiques, par Augustin H** (HAPDÉ). *Paris, Barba*, 1810, in-8.

Voy. « Supercheries », II, 229, *c*, et III, 1890, *d*.

Chaste (la) Isabelle. (Par SALLÉ.)

Parade insérée dans le « Théâtre des boulevards », 1756, tome I.

Chaste (la) Suzanne, pièce en deux actes, mêlée de vaudevilles. Représentée pour la première fois, sur le théâtre du Vaudeville, le 5 janvier 1793. (Par G.-Fr. FOUCQUES-DESHAYES, dit DESFONTAINES DE LA VALLÉE.) *Paris, Maret*, 1793, in-8, 34 p.

Chasteté du clergé dévoilée (la), ou procès-verbaux et rapports de la police des séances du clergé chez les filles de joie de Paris, trouvés à la Bastille. *A Rome, de l'imprimerie de la Propagande*, 1790, 2 vol. in-8, dem.-rel.

Ouvrage recherché. On y trouve les noms, prénoms, qualités et demeures des ecclésiastiques surpris, avant la Révolution, par la police, chez les prostituées de Paris. Il a pour auteur Dominique DARIMAJOU, référendaire de 2e classe à la cour des comptes, mort en 1829.

Chasteté (la) invincible, bergerie en prose. (Par J.-B. DE CROSILLES.) *Paris*, 1633, in-8. V. T.

Cette pièce est la seule que l'on connaisse de cet auteur. Voy. la note du catalogue Soleinne, nº 1105, où figure un exempl. avec des corrections autographes de l'auteur. Il y a une édition de la même année sous le titre de : « Tircis et Uranie. »

Chat (le) d'Espagne. (Par Jacques ALLUIS.) *Grenoble et Cologne*, 1669, in-12.

Chatanciade (la). (Par DUDUIT DE MÉZIÈRES.) *Provins*, 1757, in-12.

Château (le) de Bothwell, ou l'héritier, par l'auteur du « Manoir de Warwick »... (Mme CAZENOVE D'ARLENS). *Genève et Paris, Paschoud*, 1819, 3 vol. in-12.

Château (le) d'amour. (Par Pierre GRINGORE.) *Paris, P. Le Dru*, 1500, in-8.

Souvent réimprimé.

Voy. Brunet, « Manuel du libraire », 5e éd., t. II, col. 1745.

Château (le) d'Anet. Son passé, son état actuel. Notice histor. sur les personnages qui ont illustré ce séjour... (Par M. Adolphe RIQUET DE CARAMAN.) *Paris, Duprat*, 1862, in-16.

Château (le) d'Avrilly, suivi de : Il faut faire comme tout le monde; le Dévouement d'une sœur... par l'auteur de « la Voie droite » (Mme BOURDON). *Lille, Lefort*, 1857, in-12, 143 p. — 2e édit. *Lille, Lefort*, 1859, in-12, 144 p.

Château (le) d'Otrante, conte gothique, par M. Horace WALPOLE, traduit de l'anglois par M. E. (Marc-Ant. EIDOUS). *Londres*, 1761, 1774, in-12.

Château d'Eu, domaine privé du roi. (Par P.-F.-L. FONTAINE.) *Paris*, 1836, in-4, avec plans et vues.

Château (le) de Carqueranne, singulier roman, par un officier supérieur d'artillerie (le chevalier Paul-Christophe-Elisabeth MERLIN). *Paris, Rissler*, 1839, in-8.

Voy. « Supercheries », II, 1298, *c*.

Château (le) de Carrouges. (Par M. Léon DUCHESNE DE LA SICOTIÈRE). *Angers, Cosnier et Lachèze*, 1844, in-12, 21 p. et 2 pl.

Voy. « Supercheries », II, 708, *d*.

Château (le) de Céret, par L....Y (le docteur LAUNOY, l'un des rédacteurs de « la Patrie »). 1844, in-8.

Château (le) de Duncan, ou l'homme invisible. (Par Michel-Théodore LECLERC.) *Paris*, 1800, 3 vol. in-12. D. M.

Chasteau (le) de labour. (Par Pierre GRINGORE.) *Paris, Simon Vostre*, 1499, petit in-8, 50 ff. non chiff.

L'auteur se nomme dans un acrostiche à la fin de ce poëme. Le « Manuel du libraire », 5e éd., t. II, col. 1742, indique en détail onze éditions successives.

Château (le) de Malpertus, ou conversations sur les commandements de Dieu et des obligations du chrétien. *Troyes, Anner-*

André, in-18.— 2e édition. *Paris*, *Gaume frères*, 1833, in-18.

Cet ouvrage, ainsi que le disent les éditeurs dans une note, est le même quant au fond, que celui publié par Mme LE PRINCE DE BEAUMONT, sous ces titres successifs : « Trésor des pauvres artisans », *Lille*, 1819; « Magasin des pauvres artisans », *Paris*, 1768, 2 vol.; « Trésor des familles chrétiennes ».

L'éditeur du « Château de Malpertus » est P.-J. BOISTEL D'EXAUVILLEZ.

Château (le) de Marozzi, ou l'orpheline persécutée; par Mme la comtesse Amélie de C*** (Amélie DE CHOISEUL). *Paris*, *Pigoreau*, 1820, 4 vol. in-12.

Voy. « Supercheries », I, 609, *c*.

Château (le) de Montfort et la tour de Poulseur, par L. T. (Léon DE THIER). *Liége*, *de Thier et Lovenfosse*, 1850, in-12, 36 p.

Voy. « Supercheries », II, 985, *b*.

Château de Neuilly, domaine privé du roi. (Par P.-F.-L. FONTAINE.) *Paris*, 1836, in-4, avec plans et vues.

Château (le) de Néville, roman traduit de l'anglais, par M. R*** DE CH*** (LEBRUN DES CHARMETTES). *Paris*, *Le Normant*, an XII, 2 vol. in-12.

Voy. « Supercheries », III, 345, *d*.

Château (le) de Prény. *Metz*, *Verronnais*, (1838), in-8, 8 p.

Signé : Em. D'H. (D'HUART).

Château (le) de Roquemure, drame inédit en trois actes, tiré des « Mémoires du diable » de Frédéric Soulié. (Par Léopold STAPLEAUX.) *Bruxelles*, *Stapleaux*, 1843, in-16, 63 p. J. D.

Château (le) de Saint-Alpin, ou la forêt. (Par le marquis DE L'AUBÉPINE.) *Paris*, *Barba*, 1802, 2 vol. in-12.

Château (le) de St.-Hilaire, ou le frère et la sœur devenus époux, par Sophie LÉE, traduit de l'anglais sur l'édition de 1799, par le rédacteur des « Deux Emilies » (Math. CHRISTOPHE). *Paris*, an IX-1801, 2 vol. in-12.

Voy. « Supercheries », III, 351, *c*.

Château (le) des Tuileries, ou récits de ce qui s'est passé dans l'intérieur de ce palais, depuis sa construction jusqu'au 18 brumaire de l'an VII... par P. J. A. R. D. E. (Pierre-Joseph-Alexis ROUSSEL, d'Epinal). *Paris*, *Lerouge*, an X-1802, 2 vol. in-8.

Voy. « Supercheries », III, 175, *e*.

Château (le) et la commune, histoire bretonne. Par E. D. V. (DUCREST-VILLENEUVE). La Gacilly (Morbihan). *Rennes*, *Molliex*, 1842, in-12.

Gacilly et non Cacilly, comme on lit dans la « Bibliographie de la France » (1842, no 1365).

Château (le) intérieur de l'âme, de sainte THÉRÈSE, traduction nouvelle. (Par André FELIBIEN DES AVAUX, historiographe du roi.) *Paris*, *Léonard*, 1671, in-8.

Voyez le « Journal des savans », année 1695, et le « Catalogue » des frères Périsse, *Lyon*, 1770, in-8.

Château (le) noir, ou les souffrances de la jeune Ophelle ; par Anna D'OR. MER, ST.-J. (Anne-Jeanne-Félicité D'ORMOY, dame MERARD DE SAINT-JUST), auteur de « la Mère coupable ». *Paris*, *Leprieur*, an VII, in-12, 273 p. — Nouv. éd. *Paris*, 1821, 2 vol. in-12.

Voy. « Supercheries », II, 1313, *f*.

Châteaubriand, prophète. Avenir du monde, 1834. — Considérations sur le génie des hommes, des temps et des révolutions, 1836. — Washington et Bonaparte, 1827. (Articles réunis par Charles ROMEY.) *Paris*, *Garnier*, 1849, in-8, 16 p. D. M.

Châteaux (les) et les chaumières, ou le bienfait de la reconnaissance, par l'auteur de « Deux années de souffrances » (J.-Fr.-Jacq. CORSANGE DE LA PLANTE). *Paris*, 1820, 3 vol. in-12.

L'ouvrage cité dans ce titre avait été publié sous le pseudonyme de CANGROSE DE PLANTALE.

Voy. « Supercheries », I, 638, *d*.

Châtelains (les) de Wolfingen et Benedict, par l'auteur du « Caissier et sa fille », etc. (Mlle MARNÉ DE MORVILLE, dame DE ROME). *Paris*, *Béchet*, 1816, 3 vol. in-12.

Châtillon-lès-Dombes. (Par J.-B. MAZADE, marquis D'AVÈZE.) *Paris*, *Béthune*, 1832, in-8. D. M.

Chats (les). (Par François-Augustin PARADIS DE MONCRIF.) *Paris*, *Quillau*, 1727, in-8, avec dessins de Coypel.

Réimprimé sous le titre de « Dissertation sur la prééminence des chats... » *Rotterdam*, *J.-Dan. Beman*, 1741, in-8. Publié de nouveau dans le tome XII des « Œuvres de Caylus ».

On dit que le fond de cet ouvrage est du savant FRÉRET. (Note manuscrite.)

Chaudfontaine, wallonade. Par G. G. G. G. (GRANDGAGNAGE, conseiller à la cour supérieure de Liége). *Bruxelles*, *A. Decq*, 1853, in-8, 206 p., avec une carte.

Extrait du tome Ier du « Bulletin de l'Institut archéologique liégeois ».

Voy. « Supercheries », II, 174, *a*.

Chaumière (la) de Clichy, nouvelle historique dédiée aux personnes qui ont souscrit pour son rétablissement. (Par J.-B. GOURIET.) *Paris, A. Eymery*, 1820, in-12.

Chauve-souris (la) du sentiment, comédie en un acte. (Par le comte A.-C.-P. DE CAYLUS.) *S. l. n. d.*, in-8, 38 p., av. 1 pl. gr.

Il en a été fait une réimpression tirée à 120 exemplaires. *Berg-op-Zoom (Bruxelles)*, 1866, in-18, 44 p.

a

Chauve-souris (la), par une société d'hommes de lettres (GALLAND et LEVACHER). Vendémiaire-19 frimaire an VI. 74 nos in-4.

Ce journal a changé plusieurs fois de nom. Les numéros 9 à 17, 19 et 20 sont intitulés : « le Postillon de Paris », les numéros 18, 21 à 74 « l'Avertisseur ou le Postillon de Paris ». Voy. Hatin, « Bibliographie de la presse », p. 280.

b

Chef (le) du mont, ou les contemporains de Brunehaut, roman historique du VIe siècle, par M. Emile ***** (Emile ANDRÉ). *Paris, Charles Gosselin*, 1828, 4 vol. in-12.

Voy. « Supercheries », III, 1125, *f*.

c

Chefs-d'œuvre d'éloquence poétique, à l'usage des jeunes orateurs, ou discours français tirés des auteurs tragiques les plus célèbres. (Par l'abbé Ch. BATTEUX.) *Paris, Nyon*, 1780, in-12.

Chefs-d'œuvre d'éloquence, tirés des œuvres de Bossuet, Fléchier, Fontenelle et Thomas... publiés avec une notice sur ces grands hommes. (Par Antoine SERIEYS.) *Paris, Obré*, 1806, in-12.

d

Cet ouvrage et les « Chefs-d'œuvre de poésie française » indiqués ci-après ont été imprimés ensemble sous le titre de : « Chefs-d'œuvre d'éloquence et de poésie française, tirés des œuvres de Bossuet, Fléchier, Fontenelle, Thomas, et de Racine, Molière, Boileau et Voltaire, avec une notice sur ces grands hommes ». *Paris, Depelafol*, 1820, 2 vol. in-12. *Paris, Denn*, 1824, 2 vol. in-12. Cette dernière édition porte : par un ancien professeur de l'Université.

Voy. « Supercheries », I, 341, *d*.

e

Chefs-d'œuvre de l'éloquence française, anglaise et belge. (Publié par VAN HEMEL, vicaire-général de l'archevêque de Malines.) *Louvain*, 1844, in-8. J. D.

Chefs-d'œuvre (les) de M. DE SAUVAGES, ou recueil de dissertations... Le tout corrigé, traduit ou commenté par M. J.-E. G. (Jean-Emmanuel GILIBERT). *Lyon et Paris*, 1770, 2 vol. in-12.

f

Voyez « Supercheries », II, 384, *f*.

Chefs-d'œuvre de poésie française, tirés des œuvres de Racine, Molière, Boileau et Voltaire ; publiés avec une notice sur ces grands hommes, par un ancien professeur de l'Université de Paris (Antoine SERIEYS). *Paris, Obré*, 1806, in-12.

Voy. ci-dessus « Chefs-d'œuvre d'éloquence » et « Supercheries », I, 341, *d*.

Chefs-d'œuvre (les) dramatiques de Charles GOLDONI, traduits pour la première fois en français, par M. A. A. D. R. (J.-A. AMAR DU RIVIER). *Lyon, Reyman*, an X-1801, tomes I, II et III, in-8, formant la première livraison.

La seconde n'a pas paru.

Voy « Supercheries », I, 150, *b*.

Chefs-d'œuvre (les) dramatiques de MM. CORNEILLE, avec le jugement des savans à la suite de chaque pièce (recueillis par J.-G. DUPRÉ). *Oxford*, 1758, 2 vol. in-12. — *Amsterdam et Leipsick, Arkstée et Merkus*, 1760, 2 vol. pet. in-12.

La première édition de ce recueil parut sous ce titre : « les Chefs-d'œuvre de P. Corneille », avec le jugement des savans à la suite de chaque pièce (et une épître dédicatoire à la duchesse de Bedford, signée par l'éditeur). *Oxford, J. Fletcher*, 1746, in-8.

Dans une seconde édition, l'éditeur a joint à son recueil deux pièces de Th. Corneille ; et en tête de la troisième, divisée en deux volumes, et dans laquelle ne se trouve plus l'épître dédicatoire, il annonce que cette édition est exactement conforme à la seconde.

Ce recueil a eu encore plusieurs éditions jusqu'en 1771, époque où il fut imprimé en trois volumes, augmenté des notes et des commentaires de Voltaire.

Chefs-d'œuvre historiques de Walter Scott, ou portraits, tableaux et descriptions historiques tirés des romans de cet auteur. (Par R.-M. MAIZEAU.) *Paris, Baudouin frères*, 1825, 4 vol. in-12, avec une carte.

Chefs (les) écossais, roman historique traduit de l'anglais de miss Jane PORTER, par le traducteur d' « Ida », du « Missionnaire », etc. *Paris*, 1810, 1814, 1820, 5 vol. in-12.

Cette traduction est attribuée à DUBUC par Barbier et par Quérard, et à Michel-Nicolas BALISSON DE ROUGEMONT, par Pigoreau.

Chemin (le) de fer de Bruxelles à Gand envisagé au point de vue de l'intérêt général. (Par BARTELS.) *Bruxelles, Parys*, 1847, in-8. J. D.

Chemin de fer de Lyon à Genève. Résumé de la question. Motifs en faveur du tracé de l'Ain. (Par L. DE MONTHEROT.) *Bourg, Milliet-Bottier*, 1845, in-8.

Chemin (le) de fer de Malines à Terneuzen. (Par François LANCELOT, avocat à Bruxelles.) *Bruxelles, Briard*, 1862, in-8.

Deux brochures différentes sous le même titre.

J. D.

Chemin (du) de fer de Paris à Caen et à Cherbourg, par un membre du conseil municipal de Caen (M. Thomines-Desmazures aîné, avocat). *Caen, Hardel*, 1844, gr. in-8, 158 p. D. M.

Chemin de fer du Luxembourg. Parcours géographique et historique à course de locomotive, 1re partie. *Liége, Carmanne*, 1858, in-12, 23 p. — 2e partie, par L. T. (Léon de Thier). *Liége, de Thier et Lovinfosse*, 1860, in-12, 42 p.

Voy. « Supercheries » II, 985, *b*.

Chemin (le) de l'amour divin; description de son palais et des beautés qui y sont renfermées. (Par l'abbé Jos. Grisel.) *Paris*, 1746, in-12.

Cet ouvrage a été composé en partie par la duchesse d'Ayen, et le duc d'Ayen lui-même y a mis la main.

Chemin (le) de la croix à l'usage de la jeunesse chrétienne. (Par l'abbé Ch. Goudé, de Nantes, supérieur du petit séminaire de Châteaubriant.) *Nantes, Bourgeois*, 1861, in-32, 32 p. L. D. L. S.

Chemin (le) de la croix prouvé par les monuments historiques. (Par Aug. Séguin.) *Avignon, Aubanel*, 1828, in-18.

Chemin de la fortune, ou les bonnes règles de la vie pour acquérir des richesses, par D. S. (Ch. Sorel). *Paris*, 1663, in-12. V. T.

Voy. « Supercheries « I, 986, *e*.

Chemin (le) de la paix. Maximes chrétiennes tirées de l' « Imitation de J.-C. » (Attribué à Desmarets de Saint-Sorlin.) 1679, petit in-12.

Voir le « Manuel du libraire », tom. II, col. 634.

Chemin (le) de la perfection, par sainte Thérèse, trad. par *** (de Saint-Victor). *Paris*, 1820, in-32.

Voy. « Supercheries » III, 1101, *e*.

Chemin (le) de Rome, s'il vous plaît? (Par M. Edouard Delessert.) *Lyon, L. Perrin*, 1860, pet. in-8.—Sec. édit., 1861, avec le nom de l'auteur.

Chemin (le) du bonheur tracé aux jeunes gens, par un de leurs meilleurs amis (le P. J.-Fr. Girard). *Hambourg*, 1791, in-8.

Chemin (le) du ciel, et le plus court chemin pour aller à Dieu; deux ouvrages du cardinal Bona, nouvellement traduits, avec son testament spirituel. (Par l'abbé Nicolas Le Duc.) *Paris, Savoyé*, 1738, in-12.

Chemin (le) du ciel, et le testament du cardinal Bona, traduits du latin. (Par Alex.-

a Touss. Guyot, frère de l'abbé Desfontaines.) *Paris, Mariette*, 1707, 1716, 1727, in-16.

Chemin (le) du ciel, ou la vie du chrétien sanctifiée par la prière. (Par A. Hespelle.) *Paris*, 1773, in-12. V. T.

Chemin (le) du paradis rendu facile et économique, par l'abbé C***, constitutionnel. (Par Laurent-Emile Renard.) *Liége,*
b *Collardin*, 1841, in-12, 43 p. Ul. C.

Voy. « Supercheries », I, 612, *c*.

Cheminée sculptée de la salle d'assemblée des magistrats du Franc de Bruges. (Par O. Delepierre.) *Bruges, Bogaert-Dumortier*, 1841, in-8, 12 p. J. D.

Chemins (des) et des moyens les moins onéreux au peuple et à l'Etat de les construire et de les entretenir. (Par François-
c René-Jean de Pommereul.) *En France*, 1781, in-8.

Chemise (la) sanglante. (Par le ministre Perisse.) *S. l. n. d.*, in-8, 8 p.

Réimpr. sous ce titre plus précis : « la Chemise sanglante de Henry le Grand ». *S. l. n. d.*, 1615, in-8. Deux éditions, l'une de 8 et l'autre de 14 p. Puis sous celui de : « la Sanglante chemise de Henry le Grand. *S. l.*, 1615, in-8, 15 p. Deux édit. dif-
d fér. Cet opuscule a encore été réimprimé à la suite de « la France mourante, consultation historique à trois personnages... » *Paris, Crapelet*, 1829, in-8.

Chemises (les) rouges, ou mémoires pour servir à l'histoire du règne des anarchistes. (Par Ant.-J.-Th. Bonnemain.) *Paris, l'an* VII-1799, 2 vol. in-12. V. T.

Cherbourg et l'Angleterre. (Attribué à M. Jules Chevalier.) *Paris, E. Dentu*,
e 1858, in-8, 52 p.

Cherté (de la) de nos substances alimentaires, ou réfutation des principaux arguments qu'on a fait valoir en faveur d'un système qui, au lieu d'être examiné sous toutes ses faces, semble n'avoir été préconisé que sur la foi de quelques auteurs réputés infaillibles... (Par Joseph Rouchet.) *Bruxelles, Fischlin*, 1861, in-8,
f 16 p. J. D.

Cherté (de la) des céréales et de l'exportation, de la production et de la consommation de la Belgique. Nouvelle édition, revue et augmentée. (Par Joseph Rouchet, de Huy.) *Bruxelles, Slingeneyer*, 1856, in-8, 11 p. J. D.

La 1re édition a paru en 1854.

Cherté (de la) des denrées alimentaires et de la liberté du commerce. Nouvelle édition. (Par Joseph ROUCHET.) *Bruxelles, Slingeneyer*, 1856, in-8, 11 p. J. D.

La 1re édition a paru en 1855.

Cherté des grains. (Par Louis-Paul ABEILLE.) 1708, in-8. D. M.

Cheval (du) et des proportions et à plombs des membres du taureau. *Paris, veuve Vallat-la-Chapelle*, 1786-87, 3 part. in-8.

Ce sont trois lettres adressées au peintre Bachelier par VINCENT, alors professeur à l'Ecole vétérinaire d'Alfort.

Cheval (le) et le cavalier. (Par Camille MELLINET.) 2e édit. *Nantes, impr. de Mellinet-Malassis*, 1823, in-18 de 124 pp. et 2 ff.

Catal. de Nantes, n° 22,305.

Chevalerie (la) Ogier de Danemarche, par RAIMBERT de Paris, poëme du XIIe siècle, publié pour la première fois, d'après le manuscrit de Marmoutiers et le manuscrit n° 2729 de la Bibliothèque du roi. *Paris, Techener*, 1842, in-4, CIII-557 p. et 2 fac-simile.

La préface est signée: J. BARROIS. Tiré à 10 ex. dans ce format. Il a paru en même temps une éd. en 2 vol. in-12, formant les tomes VIII et IX des « Romans des douze pairs de France. »

Chevalier (le) Blamont, ou quelques folies de ma jeunesse. Par l'auteur des « Forges mystérieuses. »... (Mme GUÉNARD). *Paris, Renard*, 1802, 3 vol. in-12.

Chevalier (le) chrestien, premièrement composé en latin par ERASME, et depuis traduict en françois. (Par Louis BERQUIN.) *Lyon, Estienne Dolet*, 1542, in-16, 346 p. et 1 f. non chiffré. — *Lyon, par Jean de Tournes*, 1542, 317 p. et 1 f. blanc.

Voy. les mots: « Enchiridion, ou manuel... » ; et ceux-ci : « Manuel du soldat chrétien... »

Chevalier (le) de Canolle, ou un épisode des guerres de la Fronde, comédie en cinq actes et en prose, jouée sur le théâtre royal de l'Odéon, le 27 mai 1816, par M. J. S*** (Joseph-François SOUQUES). *Paris, Delaunay*, 1816, in-8.

Voy. « Supercheries », II, 402, *e*.

Chevalier (le) de la tour et le guidon des guerres. (Par Geoffroy DE LA TOUR LANDRY.) *Paris, G. Eustace*, 1514, in-fol. — *Paris, veuve J. Trepperel, s. d.*, in-4.

Ouvrage curieux écrit en 1371. M. Anatole de Montaiglon en a donné une édition, revue sur les manuscrits, dans la « Bibliothèque elzevirienne »; *Paris, P. Jannet*, 1854, in-16. Il existe une traduction allemande de 1493 et une traduction anglaise, imprimée par Caxton, en 1484. M. Th. Wright a publié en 1868, d'après un manuscrit unique du Musée britannique, une autre traduction écrite sous le règne de Henry VI, in-8, XV-277 p.

Chevalier (le) de la vérité, traduit de l'allemand (de A.-F.-E. LANGBEIN) par P.-A. LEMARE. *Paris, Béchet*, 1814, 3 vol. in-12.

Chevalier (le) delibere. (Par Olivier DE LA MARCHE.) *Paris, Vérard*, 1488, in-4.

Le dernier vers est terminé par la devise de l'auteur : « Tant à souffert », suivie des mots : LA MARCHE.

Voy. pour la description des nombreuses éditions de ce poëme, Brunet, « Manuel du libraire », 5e éd., III, col. 779 à 782.

Chevalier (le) des Essarts et la comtesse de Bercy, histoire remplie d'événements intéressants. Par M. G. D. C. (l'abbé Ign.-Vinc. GUILLOT DE CHASSAGNE). *Amsterdam, L'Honoré*, 1735, 2 vol. in-12.

Voy. « Supercheries », II, 146, *e*.

Chevalier (le) françois. (Par Julien PELEUS.) *S. l.*, 1606, in-8.

Trois tirages la même année.

Chevalier (le) joueur, comédie en prose, par M. D* F*** (Ch. RIVIÈRE DU FRESNY). *Paris, C. Ballard*, 1697, in-12.

Voy. « Supercheries », I, 932, *c*.

Chevalier (le) noir, nouvelle du VIIIe siècle, par H. C. (Henri COIFFIER DE MORET). *Paris Frechet*, 1801, in-12. — Seconde édition. *Paris, Frechet*, 1803, in-18.

Voy. « Supercheries », I, 600, *e*.

Chevalier (le) Tardif de Croustac. (Par BELLEMARE, commissaire de police à Anvers, de 1810 à 1813.) *Bruxelles*, 1820, 5 vol. in-12. J. D.

Chevaliers (les) de la cuillère, suivis du château des Clées et de Liselie. (Cette dernière nouvelle traduite de l'allemand de HEUN) par Mme DE MONTOLIEU. *Paris, A Bertrand*, 1823, in-12.

Voy. « Lisély. »

Chevaliers (les) des Sept-Montagnes, ou aventures arrivées dans le XIIIe siècle, trad. de l'allemand (de Mlle C.-B.-E. NAUBERT), par J.-N.-E. DE BOCK. *Paris, Maradan*, 1800, 3 vol. in-12.

Chevaliers (les) du lion, histoire du XIIe siècle ; traduit de l'allemand (de C.-H. SPIESS). *Berlin, Dunker et Humblot*, 1806, 4 vol. pet. in-8.

Chevaliers (les) du lion, mélodrame en trois actes, représenté sur le théâtre de l'Ambigu-Comique, par Mme *** (Mme Alexand.-Sophie DE BAWR). *Paris, Fages*, an XIII-1804, in-8.

Voy. « Supercheries », III, 1086, *d*.

Chevaliers (les) errans et le génie familier, par Mme la comtesse D'*** (D'AUNEUIL). *Paris, Ribou*, 1709, in-12.

Voy. « Supercheries », I, 834, *c*.

Chevaliers (les) normands en Italie et en Sicile; et considérations générales sur l'histoire de la chevalerie, et particulièrement sur celle de la chevalerie en France, par Mme V. de C******** (Victorine DE CHASTENAY). *Paris, Maradan*, 1816, in-8.

Voy. « Supercheries », I, 613, *b*, et III, 920, *b*.

Chevaux (des) en France et de leur régénération, par M. le comte DE B. (BEAUREPAIRE). *Paris, Delaunay*, 1832, in-8.

Voy. « Supercheries », I, 428, *d*.

Chevaux (les) et les ânes, ou étrennes aux sots. (Par VOLTAIRE.) *S. l. n. d.*, in-8, 8 p.

Cette pièce en vers de dix syllabes, suivie de notes satyriques, porte à la fin : « Par M. le Chev. DE M...NE, cornette de cavalerie et en cette qualité ennemi juré des ânes. A Paris, le 1er janvier 1762. Pour vos étrennes ».

Cheveu (le), précédé du voyage, conte en vers libres. Par un officier de dragons (Sim. COIFFIER DE MORET). *Paris, Fréchet*, 1808, 2 vol. in-12.

Voy. « Supercheries », II, 1287, *f*.

Chevilles (les) poétiques d'un ouvrier menuisier, âgé de soixante-treize ans, par L. R. (L. REDARCE), ancien colon de Saint-Domingue. *Paris, imp. d'Appert*, 1840, in-8, 16 p.

Voy. « Supercheries », II, 979, *b*.

Chevreuil (le), ou le fermier anglais, comédie en trois actes, mêlée de chants, de MM. Léon H*** (HALÉVY) et JAIME; représentée sur le théâtre des Variétés le 3 octobre 1831. *Paris, J.-N. Barba*, in-8.

Voy. « Supercheries » II, 229, *b*.

Chez Victor Hugo, par un passant. Avec douze eaux-fortes, par Max. Lalanne. *Paris, Cadart et Luquet*, 1864, in-8.

La préface est signée : E. LE CANU, avocat.
Voy. « Supercheries », III, 35, *c*.

Chezonomie (la), ou l'art de ch..., poëme didactique en quatre chants, par Ch. R*** (Charles RÉMARD, conservateur de la bibliothèque du château de Fontainebleau). *Scôropolis et Paris, Merlin*, 1806, in-12, XI-191 p.

Voy. « Supercheries », I, 722, *e*, et la « Bibliotheca scatologica », p. 4.

Chiaramonte (la), par M. D. B. (Mlle DE BEAULIEU). *Paris*, 1603, in-12. V. T.

Voy. « Supercheries », I, 868, *a*.

Chichois. La police correctionnelle, scène de mœurs, par G. B. (G. BÉNÉDIT). 2e édit. *Marseille, hoirs Feyssat aîné et Demonchy*, 1841, in-32, 128 p.

Chien (le) après les m... *S. l. n. d.*, in-8, 32 p. — Chien (le) après les moines. Lu et approuvé par une bande de défroqués. (*Amsterdam*), 1784, in-8. — Chien (le) après les moines; satire attribuée au comte de Mirabeau, réimpression textuelle sur l'édit. originale, sans lieu ni date (vers 1782), augmentée d'une notice bibliographique. *Genève, Gay et fils*, 1869, in-12, VII-32 p.

La seconde éd. est citée dans le « Dictionnaire des anonymes, » d'après une communication de Van Thol. L'auteur anonyme de la notice en tête de la dernière éd. hésite pour l'attribution de cette satire libertine entre MIRABEAU, MERCIER et THÉVENOT DE MORANDE.

Chien (le) de Boulogne, ou l'amant fidèle. (Par l'abbé TORCHE.) *Paris, Barbin*, 1668, in-12

Voyez la notice sur cet ouvrage, par l'abbé de Saint-Léger, dans le « Magasin encyclopédique », 3e année, t. VI, p. 183.

Chien (le) et le chat. 4 nos in-8.

Pamphlet contre les quarante-cinq apôtres, attribué par les uns à HÉBERT, par les autres à MIRABEAU, mais sans plus de fondement d'un côté que de l'autre.
Voy. Hatin, « Bibliographie de la presse », p. 167.

Chiffonnier (le) du Parnasse, ou poésies nouvelles de divers auteurs. (Par Alexis PIRON.) *Amsterdam, J.-F. Bernard*, 1732, in-8, 2 ff. lim. et 52 p.

Childéric Ier, roi de France, drame héroïque en trois actes et en prose. (Par Louis-Sébastien MERCIER.) *Paris, Ruault*, 1774, in-8.

Chimène, ou le Cid, tragédie en trois actes. (Par Nicolas-Franç. GUILLARD.) *Paris, P.-R.-C. Ballard*, 1783, in-8. — *Paris, Delormel*, 1784, in-4.

Chimerandre, ou l'anti-grec, par l'auteur de « l'Enthousiasme françois » (DE CERFVOL). Vers 1766, in-12.

Cerfvol dans le t. I. du « Radoteur », p. 371, nous apprend que le mot *Chimerandre*, signifie *Homme chimérique*; les autres détails qu'il donne sur cette brochure m'ont porté à l'en considérer comme l'auteur.

Chimère (la) de la cabale de Rotterdam, démontrée par les prétendues convictions que le sieur Jurieu a publiées contre M. Bayle. (Par P. BAYLE.) *Amsterdam, Henry Desbordes*, 1691, in-12, 12 ff. CCIV-408 p. avec la table et l'erratum.

Reproduit dans les « Œuvres diverses » de BAYLE. *La Haye*, 1727-1731, 4 vol. in-fol.

Chimère du jansénisme, ou dissertation sur le sens dans lequel les cinq propositions ont été condamnées... (Par Jacques FOUILLOU.) 1708, in-12.

Chimères (les) de M. Jurieu; réponse générale à ses lettres pastorales... (Par Paul PELLISSON.) *Paris*, 1689, in-4.

Chimie champêtre et végétale, ou laboratoire de Flore. (Par P.-Jos. BUCHOZ, médecin.) *Paris*, *Mérigot*, *s. d.*, in-12.

b Cet ouvrage existe aussi sous ce titre : « Toilette de Flore... par M. B*** D. en M. », voy. ce titre.

Chymie (la) charitable et facile en faveur des dames, par damoiselle M. M. (Marie MEURDRAC). *Paris*, *se vend rue des Billettes et rue du Plastre, proche la rue Sainte-Avoye*, 1666, in-12.

Voy. « Supercheries », II, 1171, *d*.

c Chimie du goût et de l'odorat, ou principes pour composer à peu de frais les liqueurs à boire et les eaux de senteurs. (Par le P. Polycarpe PONCELET, récolet.) *Paris*, *Le Mercier*, 1755, in-8.

Réimprimé en 1774 avec des augmentations. Voyez les mots « Nouvelle chimie... »

Chimie hydraulique, pour extraire les sels essentiels des végétaux, animaux et minéraux avec l'eau pure, par M. L. C. D. L. G. (le comte Claude-Toussaint MAROT DE LA GARAYE). *Paris*, 1746, in-12.

d Réimprimée depuis avec le nom de l'auteur, et augmentée de notes par PARMENTIER. *Paris*, 1775, in-12.

Chimie métallurgique dans laquelle on trouvera la théorie et la pratique de cet art; traduit de l'allemand de GELLERT. (Par le baron D'HOLBACH.) *Paris*, *Briasson*, 1758, 2 vol. in-12.

e Chimie minérale, et analyse des substances minérales, travaux de 1829, 1830 et 1831, par P. B. (Pierre BERTHIER). *Paris*, *Carilian-Gœury*, 1833, in-8.

Extrait des « Annales des mines ».

Voy. « Supercheries », III, 48, *f*.

Chimie. Simple aperçu destiné aux gens du monde, par H. L. (Henri-Sébastien LEHON). *Bruxelles*, *Wahler*, 1846, in-16, 18 p.

J. D.

f Chimoetu, ou le prince singulier. (Par Gabriel MAILHOL.) *Paris*, 1751, in-12.

V. T.

Chine (la) catholique, ou tableau des progrès du christianisme dans cet empire; suivi d'une notice sur les quatre Chinois présentés à S. M. Charles X, avec leurs portraits et un fac-simile de leur écriture.

a (Par CONDURIER.) *Paris*, *H. Tilliard*, 1829, in-8.

D. M.

Ching-Kong, gouverneur du jeune prince Kou-Koul. Lettres chinoises. (Par le comte René DE BOUILLÉ.) *Paris*, *A. Dupont*, 1827, in-12, 81 p.

Chinki, histoire cochinchinoise, qui peut servir à d'autres pays. (Par l'abbé Gabr.-Fr. COYER.) *Londres*, 1768, in-8.

Les idées développées dans cet ouvrage se trouvent textuellement, pour ainsi dire, dans un mémoire de CLICQUOT de Blervache, qui remporta le prix en 1757 à l'académie d'Amiens. Voyez aux mots « Considérations sur le commerce » et « Mémoire sur les corps de Métiers. »

Cet ouvrage a été attribué aussi à VOLTAIRE, parce qu'il y a une édition qui porte : « Seconde partie de l'Homme aux quarante écus ».

Une parodie de « Chinki » a été publiée sous le titre de : « Naru, fils de Chinki ».

Chinois (les), comédie en un acte, en vers, mêlée d'ariettes, parodie de « Cinese », représentée pour la première fois par les comédiens italiens ordinaires du roi, le 18 mars 1756. (Par Ch.-Sim. FAVART et Jacques-André NAIGEON.) *Paris*, *N.-B. Duchesne*, 1759, in-8, 39 p.

L'éd. de *Paris*, *veuve Delormel et fils*, 1756, in-8, porte sur le titre le nom de Naigeon seul.

Chirurgie complète suivant le système des modernes. (Par François PLANQUE.) *Paris*, *d'Houry*, 1744, 2 vol. in-12.

Chirurgien (le) anglois, parade, par M*** (Jean MONET, ancien directeur de spectacle à la foire Saint-Laurent). 1774, in-8.

Cette parade a été faussement attribuée à COLLÉ.

Voy. « Supercheries », III, 1064, *d*.

Chirurgien (le) médecin, ou lettres contre les chirurgiens qui exercent la médecine, par M. A. R. D. E. M. (François-Joseph HUNAULD). *Paris*, *Babuty*, 1726, in-12.

Voy. « Supercheries », I, 378, *b*.

Choisissez ! ou la foi et la charte, ou le monopole universitaire; par un père de famille (le chevalier François ARTAUD DE MONTOR). *Paris*, *A. Leclère*, 1845, in-8, 112 p.

Voy. « Supercheries », III, 70, *d*.

Choix (du) à faire entre les moyens proposés pour améliorer la navigation dans la traversée de Lyon. (Par A. HODIEU.) *Lyon*, 1840, in-8, 32 p.

Choix d'anciens fabliaux, mis en vers. (Par Barthélemy IMBERT). *Paris*, *Prault*, 1788, 2 vol. in-12.

Choix d'anecdotes amusantes, en allemand et en français. Seconde édition. (Par L. MEYNIER.) *Paris, Cherbuliez*, 1830, 2 vol. in-12.

Choix d'anecdotes anciennes et modernes, ou Recueil choisi des traits d'histoire et particulièrement de ce qui est relatif à la mort de Louis XVI et de sa famille. IIIe édition, revue et refondue. (Par J.-Ch. PONCELIN DE LA ROCHE-TILHAC.) *Paris*, 1803, 5 vol. in-18.

La 4e éd. *Paris, Roret*, 1824, 3 vol. in-18, porte : considérablement augmentée et mise en ordre, par R.-J. DURDENT et H. DUVAL.

Choix d'anecdotes, de contes, d'historiettes, d'épigrammes..... tant en prose qu'en vers. (Par L. CASTEL.) *Paris, imp. de Farcy*, 1827, 2 vol. in-32.

Choix d'histoires intéressantes, telles que la conjuration des Pazzi contre les Médicis, la renaissance des lettres en Italie. (Par Pons-Aug. ALLETZ.) *Paris, veuve Duchesne*, 1781, in-12.

Le premier article de ce volume, concernant la maison de Médicis, est copié des « Anecdotes secrètes de la maison de Médicis, » par Varillas, depuis la page 6 du livre premier jusqu'à la fin du troisième livre inclusivement, sans que M. Alletz ait pris la peine de changer un mot, une tournure de phrase. Voyez le « Journal encyclopédique, » février 1785, p. 525.

Choix de chansons, à commencer de celles de Thibault, comte de Champagne, jusques et compris celles de quelques poëtes vivants. (Par François-Augustin PARADIS DE MONCRIF.) *Paris*, 1755, in-8. — *Paris*, 1757, in-12.

Choix de chansons et poésies wallones, recueillies par MM. B*** et D*** (François BAILLEUX et Joseph DEJARDIN). *Liége, Oudart*, 1844, in-8. J. D.

Choix de contes et de poésies erses, traduits de l'anglois. (Par Pierre LE TOURNEUR). *Paris, Le Jay*, 1772, 2 parties in-12.

Choix de fables à l'usage de la jeunesse. *Alost, Vanryckegem*, in-18.

Extr. des « Œuvres de divers fabulistes français, publiées par D. VAN WYMELDEKE, directeur du pensionnat de Melle ». J. D.

Choix de fables extraites des Fastes d'OVIDE. latin-français, nouvelle édition. *Paris, Delalain*, 1816, in-12.

C'est la réimpression en grande partie du petit vol. intitulé : « Fables choisies des Fastes d'Ovide », traduction enrichie de notes sur chaque fable, par le P. DE KERVILLARS, jésuite. *Paris, d'Houry*, 1742, in-12.

Choix de lettres inédites de VOLTAIRE au marquis de Vauvenargues. (Publié par ROUX-ALPHERAN.) *Aix, Pontier*, 1813, in-8, 16 p.

Choix de médailles antiques d'Olbiopolis ou Olbia, faisant partie du cabinet du conseiller d'État de Blaremberg, à Odessa, accompagné d'une notice sur Olbia, et d'un plan de l'emplacement où se voient aujourd'hui les ruines de cette ville. (Par Raoul ROCHETTE.) *Paris, imp. de F. Didot*, 1822, in-8.

Choix de petites pièces du théâtre anglais. (Par Rob. DODSLEY et John GAY.) Traduites en françois. (Par Claude-Pierre PATU.) *Londres (Paris)*, 1756, 2 vol. in-12.

Choix de petits romans de différens genres, par L. M. D. P. (le marquis DE PAULMY) ; nouvelle édition, revue, corrigée et augmentée. *Londres et Paris, Gattey*, 1789, 2 vol. pet. in-12.

Les articles qui composent ces deux volumes sont tirés de la « Bibliothèque universelle des romans. »

Voy. « Supercheries », II, 790, *c*.

Choix de philosophie morale. (Publié par Georges-Adam JUNKER.) *Avignon, veuve Girard*, 1771, 2 vol. in-12.

Choix (le) de plusieurs histoires et autres choses mémorables, tant anciennes que modernes, appariées ensemble. (Par Adrien DE BOUFFLERS.) *Paris, P. Mettayer*, 1608, in-8.

Choix de poésies imprimées cette année, par M. G*** (J.-B.-L. GRESSET). *S. l.* (vers 1750), in-12, 135 p.

Voy. « Supercheries », II, 115, *f*.

Choix de poésies morales et chrétiennes, depuis Malherbe jusqu'aux poètes de nos jours. (Par Claude LE FORT DE LA MORINIÈRE.) *Paris, Prault*, 1739, 3 vol. in-8 et in-4.

Choix de poésies polonaises, précédé d'un discours sur l'origine de la Pologne, sur la langue et la poésie de cette nation, sur les idiomes slaves et sur la géographie ancienne du Nord ; recueilli, écrit et traduit en français par O*** (Al. ONCHOWSKI.) *Gœttingue*, 1816, in-8. A. L.

Choix de poésies, traduites de divers auteurs anglais, par M. le chevalier de C*** (CAQUERAY). *Paris, A. Pihan-Delaforest*, 1827, in-18.

Voy. « Supercheries », I, 610, *c*.

Choix de poésies traduites du grec, du latin et de l'italien, par M. E. T. S. D. T. (Edouard-Thomas SIMON de Troyes), contenant la Pancharis de BONNEFONS, les baisers de Jean SECOND, ceux de J. VANDERDOES, des morceaux de l'Anthologie et des poésies anciens et modernes, avec des notices sur la plupart des auteurs qui composent cette collection. *Paris* (*Cazin*), 1786, 2 vol. in-18.

Voy. « Supercheries », I, 1262, *b*.

Choix de quelques pièces polémiques de M. de V*** (VOLTAIRE), avec les réponses, pour servir de suite et d'éclaircissement à ses ouvrages. 1759, in-12.

C'est un nouveau frontispice mis au volume intitulé : « Guerre littéraire, ou choix de.... » Voyez ces mots.

Voy. aussi « Supercheries », III, 882, *d*.

Choix de rapports, opinions et discours prononcés à la tribune nationale, depuis 1789 jusqu'à ce jour, recueillis dans un ordre chronologique et historique. (Par Guill. LALLEMENT, de Metz.) *Paris, A. Eymery*, 1818-1825, 23 vol. in-8.

Choix de remarques sur la langue française, extraites des meilleurs ouvrages en ce genre, par L. P. L. M. (Louis PHILIPON LA MADELAINE). *Paris, Favre*, an X-1802, in-12, 170 p.

Réimprimé avec des additions et le nom de l'auteur, sous le titre de « Grammaire des gens du monde ».

Voy. « Supercheries », II, 977, *e*.

Choix de sermons de ROBERTSON, trad. de l'anglais, par E. W. (Mlle Emma WAENOD de Niederbrück). *Strasbourg, Treuttel; Paris, Meyrueis*, 1871, in-8.

Choix de vues pittoresques, châteaux, monuments, recueillis dans le départem. de la Gironde, etc., par THIÉNON, avec des notes explicatives. (Par J.-P.-A. PARISON.) *Paris, Delpech*, 1820, in-fol.

Choix des anciens « Mercures », avec un extrait du « Mercure françois ». (Par J.-F. MARMONTEL, J.-B.-A. SUARD, P.-Ant. DE LA PLACE, J.-Fr. DE BASTIDE et l'abbé Jos. DE LA PORTE.) *Paris, Chaubert*, 1757-1764, 108 vol. in-12.

Il faut joindre à ce recueil la « Table générale des pièces contenues dans les 108 volumes du Choix des Journaux, rangées par ordre de matières et de volumes ». *Paris, Bauche*, 1765, in-12.

Choix des fables de VARTAN, en arménien et en français. *Paris*, 1825, gr. in-8.

La préface est signée : J. S. M. (Jean SAINT-MARTIN, orientaliste).

Choix (du) des hommes. Chapitres 20e et 30e d'un traité intitulé : « la Politique du bon sens ». (Par Jean-François SOBRY, commissaire de police.) *Paris, Dufart*, 1816, in-8, 35 p.

Choix des « Lettres édifiantes », avec des additions, des notes critiques et des observations, par M*** (l'abbé Jean-Bapt. MONTMIGNON, ancien archidiacre et vicaire général de Soissons). *Paris, Maradan*, 1809, 8 vol. in-8. — 2e éd. *Paris, Grimbert*, 1824-1826, 8 vol. in-8.

Voy. « Supercheries », III, 1080, *f*.

Choix des mémoires et abrégé de l'histoire de l'Académie de Berlin. (Par J.-H.-Sam. FORMEY.) *Berlin, Haude*, 1761, 4 vol. in-12.

Choix des « Mémoires secrets » de Bachaumont, par Ch. DE V... *Londres*, 1788, 2 vol. in-12.

Attribué d'abord par Barbier à Charles DE VILLETTE, et ensuite dans sa table à CHOPIN DE VERSEY, cet ouvrage, d'après une note de Beuchot, est de CHOPPIN DE VILLY.

Voy. « Supercheries », I, 708, *b*.

Choix des poésies de Clément MAROT et de ses devanciers, depuis le XIIe siècle jusqu'au XVIe. (Publié par GOUPY.) *Paris, Verdet*, 1825, in-32.

Choix littéraire. (Par Jacob VERNES.) *Genève*, 1755-1760, 24 vol. in-8.

Choix varié de poésies philosophiques et agréables, traduites de l'anglois et de l'allemand. (Par Georges-Adam JUNKER.) *Avignon et Paris*, 1770, 2 vol. in-12.

Choléra (du) morbus, ou de l'asthénie des organes gastriques, par Alexandre B... (BOUMARD). *Rouen, imp. de F. Marie*, 1832, in-8.

Voy. « Supercheries », I, 428, *d*.

Chorographie de l'ancienne Picardie, mélanges archéologiques. (Par J.-B.-A. LEDIEU, d'Amiens.) 1832, in-8.

Ouvrage en 4 parties, auquel le prospectus ajoute de la valeur, selon M. F. Pouy.

Choses (les) contenues en ce présent livre, une epistre comment on doibt prier Dieu. (Par Jacques LEFÈVRE, d'Étaples). — Le Psautier de DAVID. (Traduit par le même.) *Imprimé à Paris par Simon de Colines*, l'an 1523, pet. in-8, goth.

Choses (des) merveilleuses en nature, ou est traicté des erreurs des sens, des puissances de l'âme et des influences des cieux, traduit (du latin de Claudius COELESTINUS) en françois par Jacq. GIRARD, de Tornus (en Masconnais). *Lyon, Macé Bonhomme*, 1557, in-8, 192 p.

Choses (les) qui sont contenues en ce présent livre. — Une épître exhortative. (Par Jacques LE FÈVRE, d'Etaples.) — La S. Évangile selon S. MATTHIEU, selon S. MARC, selon S. LUC et selon S. JEHAN. (Traduit en français par le même.) — Aucunes annotations, avec cette épigraphe : Christus dicit, Marci XVI : *Prædicate Evangelium omni creaturæ*, etc. (*Paris, Simon de Colines, l'an de grâce 1523, le 8e jour de juing.*) *Cum privilegio*, in-12.

Ce titre a été pris sur un exemplaire de la première édition de cette traduction. Voyez les mots : « le Nouveau Testament... » ; et ceux-ci : « la sainte Evangile... »

La première moitié de la seconde partie du Nouveau Testament, renfermant les « Epîtres de S. Paul » et les « Epîtres catholiques », parut le 27 octobre 1523. Les « Actes des apôtres » et l'« Apocalypse de Jean », qui complètent le Nouveau Testament, parurent le 6 novembre de la même année.

Denis Nolin, dans sa dissertation sur les Bibles françaises, ne cite donc qu'une réimpression de cette seconde partie, lorsqu'il nous dit (page 27) qu'elle parut le 10 janvier 1524, avec une épître dédicatoire portant que ce N. T. a été imprimé, revu et conféré sur l'édition latine, au désir des plus hautes et puissantes dames et princesses du royaume. Il n'y a pas d'épître dédicatoire en tête des éditions originales de la seconde partie.

Choses (les) utiles et agréables. *Berlin*, 1769, 3 vol. in-8.

Ce recueil, *imp. à Genève, chez les Cramer*, a eu VOLTAIRE pour éditeur.

Chrestomathie chinoise, publiée aux frais de la Société asiatique. (Par KLAPROTH.) *Paris, impr. roy.*, 1833, gr. in-4.

Textes chinois lithographiés, précédés d'un faux-titre, du titre ci-dessus et d'un avertissement, lesquels forment 7 pages.

La Chrestomathie contient : « le Livre des récompenses et des peines selon Laotsu » ; « le Traité de la récompense des bienfaits secrets » ; « Description du pays et des usages du Cambodje, composée en 1297 », « l'Histoire du cercle de craie » ; « le Traité en 1000 caractères » ; « le Livre des phrases en 3 caractères ».

Chrestomathie grecque, ou morceaux d'histoire, de morale, de littérature, etc., extraits des auteurs grecs, avec une traduction et des notes. (Par J.-V. LE CLERC.) *Paris, Delalain*, 1812, in-8.

Réimprimé plusieurs fois anonyme et ensuite avec le nom de l'auteur.

Chrétien (le) adorateur, par un évêque de France retiré en Allemagne. *Paris, Poncelin*, 1801, 1803, in-18.

Cet ouvrage est le même que celui qui est intitulé: « Morceaux choisis d'ECKARTSHAUSEN » (traduits de l'allemand en français, par M. le baron DE STASSART), *Paris*, 1808, in-18 ; ou bien : « Dieu est l'amour le plus pur, ma prière et ma contemplation », par ECKARTSHAUSEN, *Paris, Guyot et Pelafol*, 1815, in-18.

Voy. « Supercheries », I, 1271, *a*.

Chrétien (le) dans la solitude, trad. de l'allemand (de Martin CRUGOTT, pasteur en Silésie.) *Amsterdam*, 1756, in-12.

Cette traduction est attribuée par Meusel (« Lexicon der... teutschen Schrifsteller », t. II, p. 243) à Gabriel SEIGNEUX DE MORVON.

Une autre traduction de cet ouvrage a été donnée par Elisabeth-Christine DE BRUNSWICK, femme de Frédéric II, roi de Prusse, à laquelle Barbier et Quérard attribuent également une traduction, sous le même titre, de l'ouvrage de Sturm, intitulé « Der wahre Christ.,. (le véritable Chrétien dans la solitude) ; cette dernière traduction n'est pas indiquée par Meusel.

Chrétien (le) étranger sur la terre, ou les sentiments et les devoirs d'une âme fidèle qui se regarde comme étrangère en ce monde... (Par l'abbé Jean GIRARD DE VILLETHIERRY.) *Paris, F.-A. Pralard*, 1697, in-12.

Réimprimé en 1709, avec le nom de l'auteur.

Chrétien (le) fidèle à sa vocation. (Par Cl. LEQUEUX.) *Paris*, 1748, 1761, in-12. — Nouvelle édition. (Retouchée par Laurent-Étienne RONDET.) *Paris*, 1777, pet. in-12.

Chrétien (le) instruit de sa religion, de l'Écriture sainte et de l'histoire de l'Église, et particulièrement de l'Église de France, ou la Journée d'un chrétien pour l'année 1791, avec une indication de courtes lectures à faire chaque jour, matin et soir, après la prière de famille. (Par Ch.-J. SAILLANT, ancien médecin). *Paris, Leclere*, in-18.

Depuis, l'auteur a été curé de Villiers-le-Bel.

Chrestien (le) intérieur, ou la conformité intérieure que doivent avoir les Chrestiens avec Jésus-Christ. Divisé en huit livres qui contiennent des sentiments tous divins, tirez des escrits d'un grand serviteur de Dieu, de nostre siècle (Jean DE BERNIÈRES-LOUVIGNY), par un solitaire (le P. FRANÇOIS d'Argentan, capucin). *Paris, Cramoisy*, 1661, in-12.

La première édition de cet ouvrage, publiée à *Rouen, Claude Grivet*, 1660, in-18, 531 p., fut considérée comme une contrefaçon de « l'Intérieur chrestien, ou la conformité intérieure... (par N. CHARPY DE SAINTE-CROIX) », pour lequel un privilége avait été accordé, le 28 février 1659, à Claude Cramoisy, libraire à Paris.

Un arrêt du Conseil d'Etat, du 12 novembre 1660, inséré à la suite de l'édition de 1661, autorise le libraire Cramoisy à faire saisir l'édition de Rouen, et lui accorde un nouveau privilége de neuf ans pour faire imprimer les deux ouvrages à la suite l'un de l'autre.

Mais le succès du « Chrestien intérieur », que l'on réimprime encore de nos jours, le fit publier seul, et nous trouvons la seconde édition du premier ouvrage datée seulement de 1674. Voy. ci-après « l'Intérieur chrestien ».

Malgré l'arrêt du Conseil, une édition parut à Rouen en 1661, chez le même libraire, avec la mention 4e édition, et suivie d'un privilége daté du 12 juin 1660.

On trouve le portrait de l'auteur, mort en 1659, en tête des éditions postérieures à 1672. Le nom du P.

LOUIS-FRANÇOIS d'Argentan, capucin, se trouve sur le titre du *a* second volume qu'il a ajouté à l'ouvrage, en 1676.

Voy. « Supercheries », III, 701, *b*, et 705, *f*.

Chrétien (le) par sentiment. (Par le P. FIDÈLE, de Pau, capucin.) *Paris*, *Lambert*, 1764, 3 vol. in-12.

Chrétien (le) philosophe, qui prouve combien sont certains et conformes aux lumières du bon sens les premiers principes sur *b* lesquels sont fondées les vérités de la religion .. (Par l'abbé P. BILLARD.) *Lyon*, 1701, in-12.

Cet ouvrage avait été imprimé dès l'année 1693, puisqu'on en saisit des exemplaires à Tours dans la visite domiciliaire qui eut pour objet la « Bête à sept têtes. » Voy. Hauréau, « Histoire littéraire du Maine. » 2e éd., t. II, p. 113.

Chrétien (le) raisonnable, ou l'homme conduit à la foi catholique par la raison au *c* milieu de toutes les erreurs du jour, par un docteur de Sorbonne (DUDEMAINE). *Paris*, *Crapart*, 1792, in-8, 22 pages.

Voy. « Supercheries », I, 971, *d*.

Chrétien (le) réel, contenant : 1° la Vie du marquis de Renty (par le P. Jean-Bapt. DE SAINT-JURE, jésuite) ; 2° la Vie de la mère Élisabeth de l'Enfant-Jésus (par Madeleine DE MAUROY), nouvelle édition *d* (publiée par P. POIRET). *Cologne*, 1701 et 1702, 2 vol. in-12.

Chrétien (le) sanctifié par l'oraison dominicale. Ouvrage inédit du P. GROU, de la compagnie de Jésus, traduit (du français en anglais, par le P. LAURENSON, et) de l'anglais (en français), par A. Ch. (Antoine CHANSSELLE, alors prof. au collège Stanislas). *Paris*, *Gaume frères*, 1832, *e* in-32. — *Id.*, 1833, in-32. — *Id.*, 1838, in-32. — *Liége*, *Dessaint*, 1850, in-32.

Voy. « Supercheries », I, 177, *c*.

Chrétienne et musulmane, par l'auteur de « Perdita » (Mme DE BLOCQUEVILLE). *Paris*, *E. Dentu*, 1861, in-18, IV-287 p.

Chrétiens anciens et modernes, ou abrégé des points les plus intéressants de l'histoire ecclésiastique. (Attribué à dom *f* Benoît SINSART, abbé de Munster.) *Londres*, 1754, in-12.

Chrétiens (les) catholiques affermis dans la foi et instruits de leurs devoirs. (Par l'abbé J.-B. LASAUSSE.) *Paris*, *veuve Nyon*, 1802, in-18.

Chrétiens (les) instruits à l'école de la sagesse, par M. l'abbé LASS... (J.-B. LASAUSSE), auteur du « Solitaire chrétien ». *Paris et Lyon*, *Rusand*, 1822, in-12.

Voy. « Supercheries », II, 671, *e*.

Christiade (la), ou le paradis reconquis pour servir de suite au « Paradis perdu » de Milton. (Par l'abbé Jacq.-Franç. DE LA BAUME-DESDOSSAT.) *Bruxelles*, *Nase*, 1743, 6 vol. in-12, avec vignettes et grav. d'après Ch. Eisen.

Ouvrage condamné par arrêt du parlement du mois d'avril 1756.

Christiade (la), poëme épique de M. J. VIDA, évêque d'Albe : première traduction française, précédée d'une préface sur la vie et les ouvrages de l'auteur, par le desservant d'une succursale de Paris. (Par l'abbé Guillaume-Jean-François SOUCQUET DE LA TOUR, curé de Saint-Thomas-d'Aquin.) *Paris*, *Colnet*, 1826, in-8. D. M.

Christiana, ou recueil complet de maximes et pensées morales du christianisme, extraites de la vie, des discours, etc., de Jésus-Christ, et de quelques épîtres de saint Paul, par C*** d'Aval... (Charles-Yves COUSIN, d'Avalon). *Paris*, *V. Jouanet*, 1802, in-8. D. M.

Christianisme (le) de François BACON, chancelier d'Angleterre, ou pensées et sentiments de ce grand homme sur la religion. (Par Jacq.-André EMERY, ancien supérieur général de la communauté des prêtres de Saint-Sulpice.) *Paris*, *veuve Nyon*, an VII-1799, 2 vol. in-12.

Christianisme (du) de l'école normale, à l'occasion d'un écrit de M. Saisset. Par un ancien professeur de philosophie (Denis-Auguste AFFRE, archevêque de Paris). *Paris*, 1845, in-8, 32 p.

Voy. « Supercheries », I, 341, *f*.

Christianisme (le) de Montaigne, ou pensées de ce grand homme sur la religion. Par M. l'abbé L***. (Par l'abbé Jean DE LA BOUDERIE, vicaire de Notre-Dame de Paris.) *Paris*, *Demonville*, 1819, in-8.

Voy. « Supercheries », II, 471, *e*.

Christianisme dévoilé, ou examen des principes et des effets de la religion chrétienne. (Par le baron D'HOLBACH.) *Londres (Nancy, Leclerc)*, 1756 (1761), in-8; — 1767, in-12. — *Londres*, 1777, in-8.

Cet ouvrage est la première des nombreuses productions philosophiques mises au jour par le baron d'Holbach, sous le voile de l'anonyme et sous des noms empruntés.

Je reproduirai ici les renseignemens curieux que M. Naigeon a bien voulu me communiquer, lorsque je réfutai quelques assertions hasardées par La Harpe dans sa « Philosophie du XVIIIe siècle ». (Cette réfutation a paru dans le « Magasin encyclopédique », numéro de mai 1805.) Laharpe soutient, d'après Voltaire sans doute, que le « Christianisme dévoilé » est de DAMILAVILLE. A l'en croire, le dépôt des exemplaires de cet ouvrage était chez le même Damilaville; ce qui m'a fait faire ces réflexions : « Cette seule circonstance me ferait révoquer en doute l'assertion de M. La Harpe. Il est peu vraisemblable en effet que l'auteur du « Christianisme dévoilé » ait vendu lui-même son ouvrage ; d'ailleurs ceux qui l'ont lu avec attention y ont trouvé le style et les principes de l'auteur de la « Contagion sacrée », de l'« Essai sur les préjugés », du « Système de la nature », et de beaucoup d'autres ouvrages du même genre, anonymes et pseudonymes. C'est la judicieuse réflexion du théologien Bergier, dans la préface de son « Examen du matérialisme ».

» Bergier avait raison. Je puis assurer que le « Christianisme dévoilé » est la première production philosophique de l'auteur du « Système de la nature ». Il en avait confié le manuscrit à un militaire de ses amis (M. de Saint-Lambert), pour le faire imprimer à Nancy, où les affaires de cet ami l'appelaient. Celui-ci s'acquitta de la commission et l'ouvrage fut en effet imprimé dans cette ville par un libraire nommé Le Clerc, tête chaude, et dont l'indiscrétion fut bien près de compromettre l'auteur du livre et l'ami à qui il en avait confié le manuscrit. Les deux premiers exemplaires de l'imprimé furent adressés par Voltaire à Damilaville; et c'est un fait également certain et connu d'un grand nombre de gens de lettres, que tous les exemplaires arrivés à Paris à cette époque y avaient été apportés et introduits par plusieurs officiers du régiment du roi, alors en garnison à Nancy. Nous citerons, entre plusieurs autres officiers de ce régiment, M. de Villevielle, ami de Voltaire, de Condorcet, etc. Damilaville n'en a jamais vendu un seul, et il a même eu beaucoup de peine à en procurer un exemplaire au baron d'Holbach, qui l'a attendu longtemps. »

Voilà un fait détaillé avec toutes ses circonstances, et il me paraît mériter plus de créance que l'assertion de Voltaire, qui se faisait un jeu d'attribuer certains ouvrages philosophiques à des vivans ou à des morts. N'a-t-il pas en effet attribué « le Dîner du comte de Boulainvilliers » et « le Militaire philosophe » à Saint-Hyacinthe, « l'Ingénu » et « la Théologie portative » à l'abbé du Laurens, auteur du « Compère Mathieu », à Damilaville lui-même un « Eclaircissement historique à l'occasion d'un libelle calomnieux contre l'Essai sur les Mœurs et l'Esprit des nations? » La plupart de ces écrits sont de Voltaire : la « Théologie portative » est du baron d'Holbach; Saint-Hyacinthe est mort en 1746. L'abbé du Laurens n'est mort que vers l'année 1797. L'autorité de Voltaire est donc nulle dans des déclarations de ce genre; seulement on peut l'en croire lorsqu'il affirme qu'il garde le secret à des auteurs vivans, et cela pour ne pas armer la langue de la calomnie et la main de la persécution. Voyez la « Correspondance de d'Alembert », t. LXVIII, p. 318, édition in-8 de Beaumarchais, et ci-dessus « le Cathécumène », col. 535, *e*.

On cite une lettre du 20 décembre 1766, dans laquelle Voltaire nomme Damilaville comme l'auteur du « Christianisme dévoilé », mais sa lettre à d'Alembert, en date du 31 du même mois de la même année, renferme ce passage : « Je sais qui a fait « le Christianisme dévoilé », « le Despotisme oriental », « Enoch et Elie », etc., et je ne l'ai jamais dit. » Ce dernier témoignage n'est-il pas plus fort que le premier, surtout aux yeux de ceux qui connaissent le véritable auteur du « Christianisme dévoilé ? »

L'abbé Morellet, dans ses Mémoires qui ont paru en 1821, ajoute une nouvelle preuve à celles que je viens d'alléguer, puisqu'il dit positivement que le baron d'Holbach, ainsi que le public l'a su depuis, était l'auteur du « Système de la nature », de « la Politique naturelle », et du « Christianisme dévoilé », etc., etc. Voyez t. I, p. 133.

Les notes mises par Voltaire en marge d'un exemplaire du « Christianisme dévoilé », ont été recueillies toutes pour la première fois par Beuchot dans son édition de Voltaire; on les retrouve dans le Voltaire publié par M. Georges Avenel, t. IV, p. 745.

Christianisme (le) éclairci sur les différends du temps en matière de quiétisme... par l'abbé DE *** (J.-Bapt. DE CHEVREMONT). *Amsterdam*, 1700, in-8.

Voyez une réponse à cet ouvrage, dans la préface de la « Théologie réelle » (par P. Poiret), § 4, p. 100 et suiv.

Christianisme (du) et de son culte, contre une fausse spiritualité. (Par CHASSANIS.) *Paris, Moutardier*, 1802, in-12.

Christianisme (le) et la philosophie. Réponse à la critique faite par M. Saisset contre « l'Introduction philosophique à l'étude du Christianisme » de Mgr l'archevêque de Paris (Affre), par M. A. B. (Augustin BONNETTY). *Paris, Waille*, 1845, in-8, 40 p.

Extrait des « Annales de philosophie chrétienne. »
Voy. « Supercheries, », I, 153, *b*.

Christianisme (le) raisonnable... Voyez : « Que la religion chrétienne est très-raisonnable.... »

Christianisme (le) réformateur du monde, suivi de pensées religieuses et morales, par Mme L. J. (Louise JAMME, née LAGUESSE). *Liége, Desoer*, 1850, in-8, 233 p. Ul. C.

Voy. « Supercheries », II, 792, *c*.

Christine, reine de Suède, tragédie en trois actes, par L. B. D. R. S. C. (le baron DE REVERONI SAINT-CYR). *Paris, Lorquet*, 1816, in-8.

Voy. « Supercheries », II, 695, *f*.

Christophe Colomb, drame en sept actes et dix-sept tableaux. (Par Gustave PRADELLE.) *Paris, typographie Walder*, 1867, in-12, 284 p.

Publié en 1869 chez Lemerre avec une nouvelle couverture portant le nom de l'auteur et une préface de 8 p. signée Gustave PRADELLE.

Christophe Colomb ou l'Amérique découverte, poëme en vingt-quatre chants, par un Américain (BOURGEOIS, de la Rochelle). *Paris, Moutard*, 1773, 2 vol. in-8.

Voy. « Supercheries », I, 299, *f*.

Christophe Morin, ou « Que je suis fâché d'être riche », folie-vaudeville en un acte, représentée en l'an VIII, sur le théâtre des Troubadours, et remise, en thermidor an IX, sur le théâtre Montansier, par les auteurs de « M. de Bièvre » (N.-B. DE MONVEL et DE LONGPERRIER). *Paris, Barba*, an IX-1801, in-8, 32 p.

Chronique abrégée par petits vers huytains des empereurs, roys et ducz d'Austrasie, avecques le quinternier et singularitez du parc d'honneur. (Par Nic. VOLKYR DE SEROUVILLE.) *Paris, imp. de Nic. Couteau pour Didier Maheu*, 1530, in-4.

Chronique (la) critique et scandaleuse de Paris et de son oppresseur, avec l'éloge des jésuites, traduit de l'espagnol en françois pour l'utilité du public. *A Carthagène, par Ignace de Loyala* (*sic*), *imprimeur de la sainte inquisition, à l'enseigne de la Madona*, 1702, in-12, 43 p.

C'est une nouvelle édition du « Paris ridicule » de Claude LE PETIT ; elle contient 152 dizains ; on y a ajouté quelques strophes contre Louis XIV. Voy. l'intéressante notice de M. Edouard Tricotel dans le « Bulletin du bibliophile », décembre 1862.

Chronique de Paris. (24 août 1789 — 25 août 1793.) *Paris, La Grange*, 8 vol. in-4.

Quotidien. Les titres des nos 3-68 de 1793 portent en plus : « Rédigée, pour la Convention nationale, par M. J.-A.-N. CONDORCET et J. DELAUNAY ; la politique, par J.-P. RABAUT ; la littérature et les arts, par A.-L. MILLIN, et ceux des nos 117 à 150 : Rédigée par DUCOS et J.-P. RABAUT, députés.

A ces noms il faut joindre ceux de J.-F. NOEL, le marquis de VILLETTE, P. MANUEL, Anacharsis CLOOTZ, Etienne MÉJAN, etc. Voy. Hatin, « Bibliographie de la presse », p. 114.

Chronique de Paris, ou le Spectateur moderne, contenant des tableaux des mœurs et usages, caractères, anecdotes et ridicules du jour ; par M. M. (J.-M. MOSSÉ), collaborateur du Mercure de France », en 1812. *Paris, chez l'auteur*, 1819, 2 vol. in-8.

Voy. « Supercheries », II, 1004, *b*.

Chronique de quinzaine, in-8.

Tirage à part du « Journal de Liége. » Chaque article forme une demi-feuille de 8 p. Signé : A. D. (Charles-Auguste DESOER), 1861 et 1862.

Voy. « Supercheries », I, 184, *d*.

Chronique de S. Bavon à Gand, par Jean DE THIELRODE (1298), d'après le ms. original, appartenant à M. Lammens, avec un extrait de la chronique de S. Bavon, du XVe siècle, d'une chronique d'Olivier DE LANGE, et d'un martyrologe. (Par M. Aug. VAN LOKEREN.) *Gand*, 1835, in-8.

a Chronique de Saint-Cergue, roman, par M. R.... (RILLIET DE CONSTANT). *Genève*, 1839, in-8, fig.

Voy. « Supercheries », III, 294, *f*.

Chronique (la) des favoris. *S. l. n. d.*, in-12, 56 p.

Satire contre les Luynes. L'auteur est LANGLOIS, dit FANCAN, chanoine de Saint-Honoré, qui a été envoyé pour cet ouvrage à la Bastille, où il est mort.

b Elle se trouve dans le « Recueil des pièces les plus curieuses qui ont été faites pendant le règne du connestable M. de Luyne». 1623-1628, in-8. (Note manuscrite de l'abbé Mercier de Saint-Léger.)

Souvent réimprimée.

Chronique (la) des rois de France, depuis Pharamond jusques au roy Henry, second du nom... (Par Jean DU TILLET, évêque de Meaux.) *Paris, Galiot du Pré*, 1549, in-8.

c Réimprimé plusieurs fois à Paris et à Rouen et en dernier lieu sous les titres de : « Brèves narrations des actes » et de : « les Faits mémorables... » Voy. ces titres.

Chronique des rues de Bruxelles, ou histoire pittoresque de cette capitale par les faits, les légendes... (Par COLLIN, de Plancy.) *Bruxelles*, 1834, 2 vol. in-18.

J. D.

d Chronique dinanaise : XIIe siècle. (Par Mme E. DE CERNY, née DE PRESSAC.) *Dinan, typ. J.-B. Huart*, 1860, in-8, 29 p.

Bibliothèque de Nantes, no 40199. Envoi d'auteur.

Chronique du département de la Sarthe. Par une société d'amis de la patrie. (Par Jacques-Rigomer BAZIN.) *Le Mans*, ans V et VI, 1797-98, in-8.

Voy. « Supercheries », III, 661, *f*.

e Chronique du Manége. (Journal rédigé par François MARCHANT, auteur de « la Constitution en vaudevilles ».) *Paris, Gattey*, 1790, 24 nos in-8.

Voy. Hatin, « Histoire de la presse », t. VII, p. 110 à 123.

Chronique du roi d'Angleterre. (Par François TURBEN.)

La religion y est maltraitée. Note de police de l'inspecteur d'Hémery, 20 juillet 1750.

f Chronique du temps de Charles IX. Par l'auteur du « Théâtre de Clara Gazul » (Prosper MÉRIMÉE). *Paris, A. Mesnier*, 1829, in-8.

Le 2e éd. *Paris, Fournier jeune*, 1832, in-8, également anonyme, est intitulée : « Chronique du règne de Charles IX ».

Souvent réimprimé avec le nom de l'auteur.

Cronique (la) du tres-chrestien et victorieux roy Loys unziesme du nom (que Dieu absolve).... *Paris, Galiot du Pré*, 1558, in-8.

Imprimé d'abord sous le titre de : « les Chroniques... » Voy. ces mots.

Cet ouvrage est plus connu sous le titre de « Chronique scandaleuse », et on l'attribue ordinairement à un greffier de l'Hôtel-de-Ville, nommé JEAN DE TROYES.

Il en existe plusieurs éditions sous le titre d'« Histoire de Louis unziesme. »

L'abbé Lebeuf prétend que cet ouvrage n'est autre chose que la « Chronique de Saint-Denis », à laquelle Jean de Troyes a joint un préambule. Voy. les « Mémoires de l'Acad. des Inscriptions », t. XX, p. 224.

Chronique équestre. (Par E. GAYOT.) *Châlons, Laurent*, 1857, in-8, 22 p.

Chronique et cartulaire de l'abbaye de Hemelsdaele, publiés par C. C. et F. V. (Charles CARTON et le chanoine VANDEPUTTE). *Bruges, Vandecasteele*, 1858, in-4.
J. D.

Cronicque (la) et hystoire singuliere et fort recreative des conquestes et faictz bellicqueux du preux, vaillant et le nompareil chevalier Mabrian... Nouvellement veu, corrigé et imprimé à Paris. *On les vend à Paris, ioignant la premiere porte du Palays en la bouticque de Jacques Nyverd*, 1530, in-fol. goth., 4 ff. lim. et cxxviij ff. av. fig. en bois. — *Paris, Denis, Janot*, s. d., in-4.

On lit au recto du 2e feuillet, 2e col. : « Et a esté ce present livre nouuellement reduict de vieil langaige corrumpu en bon vulgaire françois, pour la délectation et passetemps de plusieurs qui ce livre liront... Et qui vouldra scauoir les noms de ceulx qui ont dressé ce present livre et compillé : maistre Guy BOUNAY, licencié es loix, lieutenant du baillif de Chasteiroux, la commencé, et a esté acheué par noble homme Jehan LE CUEUR, escuyer, seigneur de Neilly en Puysaye... »

Voy. pour les différents titres sous lesquels a été publié ce roman, Brunet, « Manuel du libraire », 5e éd., tome III, col. 1264-1266.

Chronique et histoire universelle dressée par Jean CARION, augmentée par Ph. MÉLANCHTON et G. PEUCER, traduite en françois par S. G. S. (Simon GOULART, Senlisien). *Genève*, 1580, in-8. — Seconde édition aug. *Genève*, 1595, 2 vol. in-8.

Voy. « Supercheries », I, 644, *d*.

Chronique et institution de l'ordre de S. François, composée en portugais par le P. MARC de Lisbonne, traduite en espagnol par DIDACE de Navarre, en italien par HORACE d'Iola et Barthélemi CIMARELLI, et en françois par D. S. (D. SANTEUL), Parisien (et le P. BLACONE). *Paris*, 1600, 1601, 1603 et 1609, 4 vol. in-4. — Nouv. édition, *Paris, Fouet*, 1623, 4 vol. in-4.

Voyez la « Bibliothèque des romans », par l'abbé Lenglet du Fresnoy, p. 164.

a Chronique française, ou le duc de Wellington au Musée ; par un Anglais (Victor Donatien DE MUSSET, connu sous le nom de MUSSET-PATHAY). *Paris, Pélicier*, 1820, in-8, 112 p., avec une lith.

Voy. « Supercheries », I, 354, *a*.

Chronique historique et politique de la ville et cité de Bordeaux, par *** (TILLET). (*Limoges*), 1718, in-4.

b Voy. « Supercheries », III, 1031, *a*.

Chronique (la) indiscrète : boudoirs, coulisses, bruits de ville, variétés, écrits, gravures, musique, spectacles, etc. (Par A.-H. RAGUENEAU DE LA CHAINAYE.) *Paris, Lelong*, 1818, 2 vol. in-12. — 2e édit. *Paris, Lelong*, 1819, 2 vol. in-12.

Chronique indiscrète du XIXe siècle. Esquisses contemporaines, extraites de la correspondance du prince de *** (composée par P. LAHALLE, J.-B-J.-I.-P. REGNAULT-WARIN et J.-B.-B. DE ROQUEFORT). *Paris, Persan*, 1825, in-8.

c Voy. « Supercheries », III, 248, *f*, et 1107, *f*.

Chronique littéraire des ouvrages de l'abbé Rive. (Par Cl.-Fr. ACHARD.) 1792, in-12.

Chronique religieuse, rédigée par une société d'évêques, de prêtres, de magistrats et de gens de lettres. (Par Henri GRÉGOIRE, ancien évêque de Blois ; DEBERTIER, ancien évêque de Rodez ; Mathieu-Mathurin TABARAUD, ancien supérieur de l'Oratoire ; le président P.-J. AGIER ; le comte ORANGE et Jean-Denis DE LANJUINAIS, et autres.) *Paris, Baudouin fils*, 1818-1821, 6 vol. in-8.

d Voy. « Supercheries », III, 694, *a*.

e Chronique sagienne. Saint-Céneri le Géré (Orne), ses souvenirs, ses monuments, par l'abbé P. (PERSIGAN). *Le Mans, Monnoyer*, 1865, in-12, 196 p.

Voy. « Supercheries », III, 4, *c*.

Chronique (la) scandaleuse, ou histoire de Louis XI. (Par JEAN DE TROYES.)

Se trouve dans l'édition des « Mémoires de Commines » publiée par Jean Godefroy. *Bruxelles*, 1723, 5 vol. in-8 ; et dans celle de l'abbé Lenglet du Fresnoy. *Paris*, 1747, 4 vol. in-4.

f Voy. aussi les titres suivants : « la Cronique du très-chrestien et victorieux roy Loys unziesme », « les Chroniques... », « Histoire de Louys unziesme. »

Voy. « Supercheries », II, 214, *c*.

Chronique (la) scandaleuse, ou mémoires pour servir à l'histoire des mœurs de la génération présente. (Par Guillaume IMBERT, ex-bénédictin.) *A Paris, dans un coin d'où l'on voit tout*, 1783, in-12. —

Nouvelle édition, augmentée, 1785-1787, 3 vol. in-12. — 3e édition, 1788-1791, 5 vol. in-12. — 4e édition, 1791, 5 vol. in-12.

Chronique sommairement traictée des faictz héroïques de tous les roys de France et des personnes et choses mémorables de leurs temps. (Par George BERNARD.) *Lyon, Clém. Baudin*, 1570, in-8, 263 p.

Les portraits gravés sur cuivre qui figurent dans ce livre sont de Woeiriot. Ils avaient déjà été employés dans l'« Epitome des roys de France. »

Chroniques allemandes. *Paris, Arthus Bertrand*, 1818, 6 vol. in-12.

Tomes I-II. Le Templier, le Juif et l'Arabe, imité librement de l'allemand, par le C. Henri DE L..... (Henri VERDIER DE LACOSTE). 2 vol.

Tome III. La Fille du baigneur d'Augsbourg, ou l'honneur, l'amour et la féodalité, imité librement de l'allemand, par le C. Henri DE L..... 1 vol.

Tomes IV-VI. Oppression et révolte, ou la guerre des seigneurs et des paysans, par le C. Henri DE L***, auteur d'« Alfred-le-Grand », etc. 3 vol.

Voy. « Supercheries », II, 475, *e*.

Chroniques (les) de France. (Compilées par l'ordre du roi Charles VII, par Jean CHARTIER, chantre de l'abbaye de Saint-Denis, frère de Alain Chartier.) *Paris, Pasquier Bonhomme*, 1476, 3 vol. in-fol.

Voyez pour le détail des éditions de ces Chroniques connues sous les noms de « Grandes Chroniques de France », ou « Chroniques de Saint-Denis », Brunet, « Manuel du libraire », 5e édition. t. I, col. 1867 à 1870.

Chroniques (les) de l'ordre des Ursulines. (Par la mère Marie DE POMMEREUSE.) *Paris, Hénault*, 1673 et 1676, 2 vol. in-4.

Chroniques (les) de la noble ville et cité de Metz depuis la fondation d'icelle, de quels gens et en quel temps elle fut construite. (Par Jean CHATELAIN, de la porte Saint-Thiébault.) *Metz, veuve Bouchard*, 1698, in-12.

Teissier, dans son « Essai philosophique sur les commencements de la typographie à Metz », dit, p. 106 : « C'est à tort que Calmet, Goujet et d'autres écrivains, ont confondu l'auteur de la « Chronique », Jean CHATELAIN de la Porte-Saint-Thiébault, avec Jean Châtelain, religieux Augustin, né à Tournay, et qui a péri à Metz, le 12 janvier 1525, par le supplice du feu. »

Croniques (les) de Normandie. *Rouen*, 1487, in-fol.

Attribué à tort par Barbier, dans sa 2e éd., à Guillaume LE TALLEUR, imprimeur de la 1re éd. de ces chroniques.

Ce livre n'est qu'une sorte de version paraphrasée, en prose, du roman de Rou ou Rollon, et des ducs de Normandie, ouvrage en vers de Robert WACE ou GACE.

Voy. pour le détail des éditions, Brunet, « Manuel du libraire », 5e éd., tome I, col. 1871-1875.

Croniques des lutheriens et oultrecuidance d'iceux, depuis Simon Magus jusqu'à Calvin et ses complices et fauteurs huguenotz, ennemis de la foy divine et humaine. *Paris, G. de Nyverd, s. d.*, in-8, 20 ff. — *Poitiers, Emé Mesnier*, 1573, in-8, 18 ff. — *Paris, C. Royer*, 1585, in-8, 20 ff.

Réimpression du « Blazon des hérétiques » de Pierre GRINGORE. Voy. Brunet, « Manuel du libraire », 5e éd., tome I, col. 1863, et Frère, « Manuel du bibliographe normand ».

Chroniques du café de Paris. Le jeune homme. (Par Léon GUÉRIN et Jean-Gabriel CAPPOT, dit CAPO DE FEUILLIDE.) *Paris, Urbain Canel*, 1833, 2 vol. in-8. — 2e éd. *Paris, Berquet et Petiot*, 1838, in-8, XVI-347 p.

Chroniques du château de Gironville, extraites de la chronique latine de Turpin, de la chronique arabe de Ben-Thamar, et d'un poëme norwégien du IXe siècle. Illustrations de J.-H. Beaucé, gravures de Pisan. (Par L.-M. DUFFOUR-DUBERGIER, BIARNEZ et autres.) *Paris, Plon frères*, 1854, gr. in-8, 402 p. et 2 ff.

Voy. « Supercheries », II, 186, *c*.

Croniques (les) du très-chrestien et très-victorieux Loys de Valoys, feu roy de France, que Dieu absolve, unziesme de ce nom, avecques plusieurs aultres adventures advenues depuis l'an 1460 jusques en l'an 1483 inclusivement. (Par Jehan de TROYES.) *S. l. n. d.*, in-fol. goth.

Réimprimé sous le titre : « la Chronique... », Voy. ci-dessus, col.

Chroniques et mystères de Londres (1189-1843), par l'auteur des « Mystères du grand monde » (Charles MARCHAL). *Paris, l'auteur*, 1844, 2 vol. in-8.

Chroniques, lettres et journal de voyages, extraits des papiers d'un défunt (le prince Hermann L.-G. DE PUCKLER-MUSKAU). Traduit de l'allemand. *Paris, Fournier*, 1835-1837, 5 vol. in-8.

Voy. « Supercheries », I, 887, *a*.

Chroniques pittoresques et critiques de l'Œil-de-Bœuf, des petits appartements, de la cour et des salons de Paris, sous Louis XIV, la Régence, Louis XV et Louis XVI, publiées par Mme la comtesse douairière DE B*** (par G. TOUCHARD-LAFOSSE). *Paris, Leroux*, 1829-1832, 8 vol. in-8. — *Paris*, 1844, 4 vol. in-12.

Voy. « Supercheries », I, 442, *a*.

Chroniques sur le département de l'Ain, ou recueil d'articles divers sur l'histoire du pays, publiés dans le « Journal de l'Ain ». (Par l'abbé Jean-Irenée DEPERY, depuis évêque de Gap.) *Bourg, P.-F. Bottier*, 1839, in-8.

Tiré à 50 exemplaires. M. MILLIET-BOTTIER a pris part à la rédaction de ce volume.

Chroniqueur (le) désœuvré....Voyez « le Désœuvré ».

Chroniqueur (le), recueil historique et journal de l'Helvétie romande, en l'an 1535 et 1536. (Par L. VULLIÉMIN.) *Lausanne*, 1835-36, 2 part. in-4.

Chronographie, ou description des temps contenant toute la suite des souverains des divers peuples, des principaux événemens de chaque siècle, et des grands hommes qui ont vécu depuis la création du monde jusqu'à la fin du XVIIIe siècle. (Par BARBEU-DUBOURG.) Nouv. édit. contenant des additions importantes, augmentées d'une table des matières par ordre alphabétique, et d'un essai de statistique royale, par un ancien élève de l'Ecole polytechnique (M. SAINTE-FARE-BONTEMPS). *Paris, Paulin*, 1838, in-fol.

Chronologie (la) des anciens royaumes, corrigée, à laquelle on a joint une chronique abrégée, qui contient ce qui s'est passé anciennement en Europe, jusqu'à la conquête de la Perse par Alexandre le Grand, traduite de l'anglois d'Isaac NEWTON. (Par l'abbé François GRANET, aidé de MARTHAN, Anglais, qui résidait alors à Paris.) *Paris, Martin*, 1728, in-4.

Il y a une longue préface de l'abbé Granet. Dans la « Bibliothèque françoise, ou histoire littéraire de la France », journal du sieur du Sauzet, tome XIV, première partie, on lit un long extrait de cette préface et une idée de l'ouvrage même. L'auteur y parle autrement que dans la préface même, du P. Souciet, jésuite, antagoniste de Newton quant à la chronologie, de Newton lui-même, et de M. Fréret, qui a été de l'Académie des belles-lettres; et il loue beaucoup plus M. de La Nauze, de la même Académie, adversaire du P. Souciet. On sait cependant que c'est l'abbé Granet lui-même qui est auteur de cet extrait. La raison de cette diversité, ou plutôt de cette contradiction, c'est, dit cet abbé, qu'on parle plus librement dans ce qu'on fait imprimer dans le pays étranger, que dans ce qu'on publie à Paris. Mais cette prétendue excuse empêche-t-elle qu'il n'ait blessé la vérité, ou dans sa préface ou dans son extrait? (Note extraite du Catalogue manuscrit de l'abbé Goujet.)

Chronologie des douze siècles antérieurs au passage de Xerxès en Grèce. (Par le comte Constantin-François CHASSEBOEUF DE VOLNEY.) *Paris*, 1790, in-4.

Chronologie des lois, décrets, ordonnances et arrêtés relatifs : 1° à l'organisation et aux attributions du ministère de l'intérieur et aux nominations des ministres et fonctionnaires de ce département depuis la création (7 août 1790) jusqu'au 31 déc. 1835 ; 2° à l'organisation et aux attributions des treize ministères (six créations et sept rétablissements), successivement créés avec des attributions détachées de l'intérieur.... (Par M. MOURETTE, chef des archives au ministère de l'intérieur.) *Paris, impr. royale*, déc. 1835, gr. in-8, 143 p.

Chronologie des saints. (Par Adr. BAILLET.) *Paris*, 1703, in-8.

Ce volume fait partie de la « Vie des Saints », publiée en différens formats par ce savant ecclésiastique.

Chronologie (la) et la topographie du nouveau Bréviaire de Paris, par M. B*** (BINET), prêtre. *Paris, Hérissant*, 1742, in-12, x-498 p.

Voy. « Supercheries », I, 432, *d*.

Chronologie historique de MM. les Curés de Saint-Benoît. (Par Jean BRUTÉ.) *Paris, Desprez*, 1752, in-12.

Chronologie historique des abbés de Maroilles en Hainaut. (Par MICHAUX aîné.) *Avesnes, lith. de Regnaudin*, 1844-1846, in-16.

Chronologie historique des baillis et des gouverneurs de Caen, avec un discours préliminaire sur l'institution des baillis en Normandie. (Par Michel BEZIERS.) *Caen*, 1769, in-12, cart.

Voy. sur cet ouvr. un article du « Journal de Verdun », t. CVI (1769), p. 274-280. L'abbé de La Rue a rectifié dans ses « Essais sur Caen », 1820, t. II, p. 257-263 et 277-295, les erreurs commises par Beziers.

Chronologie historique des ducs de Croy, contenant des preuves sur l'origine royale, la filiation de toutes les branches, et les grandes illustrations de cette maison; le tout dressé sur des titres originaux, sur les registres des chartes du roi... *Grenoble, imprim. J.-M. Cuchet*, 1790, in-4, 307 p.

Voir dans « la France littéraire » de Quérard, IV, 432, la note qui accompagne le titre de cet ouvrage attribué à Marc-Octavien DOUDART DE LAGRÉE, procureur général à la cour des comptes, né à Grenoble et mort vers 1800.

Ce livre d'une extrême rareté parce qu'il n'a point été mis dans le commerce, doit être rangé parmi les livres pseudo-généalogiques.

Chronologie novenaire, contenant l'histoire de la guerre depuis l'an 1589 jusqu'à la paix de Vervins, en juin 1598. (Par Victor-Palma Cayet.) *Paris, J. Richer*, 1608, 3 vol. in-8.

Chronologie septenaire de l'histoire de la paix entre les rois de France et d'Espagne, 1598-1604. (Par Victor-Palma Cayet.) *Paris*, 1609, in-8.

Chronologiste (le) manuel. (Par l'abbé L.-Mayeul Chaudon.) *Paris, Lejay*, 1770, petit in-12.

La première édition de cet ouvrage parut à *Avignon*, chez *Aubert*, in-18, en 1766. On retrancha, dans l'édition de Paris, l'épître dédicatoire à M. l'abbé Trublet, dans laquelle on trouve un portrait des gens de lettres, tels qu'ils devraient être. Cette dédicace à un écrivain estimable qui, porté par un heureux naturel à la vertu, s'y était affermi par ses réflexions, méritait peut-être d'être conservée. L'ouvrage, l'un des premiers de l'abbé Chaudon, eut du succès, parce qu'on ne peut pas trouver plus d'instruction dans moins d'espace. L'auteur des « Principes d'institution par rapport au corps, à l'esprit et au cœur ». *Paris*, chez *la veuve Desaint*, 1774, in-12, dit « qu'il ne connaît pas d'ouvrage de ce genre plus clair, plus abrégé, ni mieux distribué. »

Chrysal, ou les aventures d'une guinée, histoire angloise. (Par Johnston, Irlandais, publiée en français par Jos.-P. Frénais.) *Paris*, *Dufour*, 1768 et 1769, 2 vol. in-12.

Chrysostôme, père de Jérôme, de Pigault-Lebrun. (Par Mme Guénard.) *Paris*, 1803, 2 vol. in-12.

Chute (la) de l'empire, drame épopée. (Par E. Charrière.) *Paris*, 1836, in-8.

Chute (la) de Rufin, ministre de Théodose et de ses fils Arcadius et Honorius, poëme en deux chants. (Traduit du latin de Claudien, par Charles-Philippe-H. Ronsin.) *Bouillon*, 1780, in-8, 31 p.

Chute (la) du système. 1720-1825. (Par le marquis de La Gervaisais.) *Paris, Hivert*, 1825, in-8, 36 p.

Chymie (la). Voyez : « Chimie ».

Cibisme (le), dialogue de Pasquin et Marforio sur les affaires du temps. (Par Eustache Le Noble.) *Rome, Alethophile*, 1688, in-12.

Ce dialogue contre le cardinal Cibo, favori d'Innocent XI, est le premier en date de ces pamphlets mensuels dialogués que Le Noble publia, à diverses reprises, de 1688 à 1709, et auxquels les contemporains donnèrent le nom de « Pasquinades. » Dans un « Avis » en tête du seizième dialogue de novembre 1690, « les Mercures, ou la tabatière des Etats de Hollande, » que le gouvernement hollandais fit brûler par la main du bourreau, Le Noble se nomma, pour donner la liste des seize dialogues qu'il avait déjà publiés, et en signaler qu'on lui attribuait faussement. Voy. pour le détail des pamphlets périodiques de Le Noble, le « Catalogue de l'histoire de France » de la Bibliothèque nationale, t. IV, p. 351 à 354.

Cicéron (le) rouennais, par un flâneur (A. Aillaud). *Rouen*, 1855, in-16.

Voy. « Supercheries », II, 49, *c*.

Cicerone (le) de Versailles. (Par A.-N. Duchesne.) *Versailles*, 1804-1805, in-12.

Cicerone (le), guide des étrangers dans Paris... (Par C. Vanier.) *Paris, l'éditeur*, 1852, in-18.

Souvent réimprimé. La 2e édit. porte le nom anagramme de C. Navire, les autres C. Vanier.

Cicerone parisien, ou l'indicateur en faveur des habitants, et de ceux qui fréquentent la capitale, soit pour leurs affaires, soit pour leurs plaisirs, par N. A. G. D. B. (Nicolas-Amable-Germain Debray, libraire). 2e édition, mise dans un nouvel ordre, par A.-C. (Auguste Caron). *Paris, Debray*, 1810, in-18.

Voy. « Supercheries », II, 1222, *f*.

Ciceroniana, ou recueil de bons mots et apophthegmes de Cicéron. (Par Ch. Breghot du Lut et Ant. Péricaud, avocats à Lyon.) *Lyon, Ballanche*, 1812, in-8, 240 p.

Tiré à cent exemplaires pour les auteurs et pour leurs amis.

Cicérons (les) français. Apologie (en vers), par Dur... (Duroncerey). *Paris*, 1810, in-18, 35 p.

Voy. « Supercheries », I, 1185, *b*.

Cid (le) français ou l'Espagne sauvée, poëme historique en huit chants, par un soldat (Mauginet-Clémence), avec des notes historiques et un tableau de tous les militaires qui sont mentionnés dans cet ouvrage, ou cités honorablement dans les bulletins de l'armée. *Paris, Trouvé*, 1824, in-8.

Voy. « Supercheries », III, 609, *f*.

Cid (le) tragi-comédie. (Par Pierre Corneille.) *Paris, Targa* ou *Courbé*, 1637, in-4, 4 ff. et 128 p. — *Paris, Fr. Targa et Ant. Courbé* (vers 1637), pet. in-12, 4 ff. et 88 p., avec un front. gravé.

L'auteur a signé la dédicace.

Ciel (le), 2e partie : le Lieu et l'Etat, par M. D. L. C. *Paris, Cherbuliez*, 1858, in-8.

La première partie, publiée en 1856, porte le nom de l'auteur, La Codre de Beaubreuil. Voy. ci-dessus col. 92, *d*, et « Supercheries », I, 955, *e*, *f*.

Ciel (le) ouvert à tous les hommes, traité théologique. (Par Pierre Cuppé.) 1768, in-8.

Ciel (le) ouvert à tout l'univers, par..... J. J. (dom Louis, ex-bénédictin du couvent de St-Denis). 1782, in-8, 8-168 p.

Voy. « Supercheries », II, 403, *a*.

Ciel (le) réformé. Essai de traduction (par l'abbé Louis-Valentin DE VOUGNY) de partie du livre italien « Spaccio della bestia trionfante » (de Jordano BRUNI). *S. l.*, 1750, 1754, in-8.

Cierge (le) de la Chandeleur, présenté à dom Mauger, chevalier de la Vierge et professeur de philosophie, par le fils du docteur Mathanasius (Louis MIDY DU CHAUVIN). *Au Puy, Benoît Bonsens*, 1785, in-8, 27 p.

Voy. « Supercheries », II, 43, *b*.

Cimetière (le) d'Amboise, par un philosophe inconnu (Louis-Claude, marquis de SAINT-MARTIN). *Paris*, an IX-1801, in-8.

Cimetière (le) de campagne, élégie anglaise. (Par Thomas GRAY.) Trad. nouv. en vers français (par M.-J. CHÉNIER), avec le texte en regard. *Paris*, an XI-1803, ou an XIII-1805, in-8, 16 p.

Cette traduction a été réimprimée dans les divers recueils poétiques de l'auteur, et en 1828 à la suite d'une édition des « Nuits d'Young ». *Paris, Langlois*, 2 vol. in-12.

Cimetière (le) de la Madelaine, par l'auteur de « Maria, » d' « Antoine et Jeannette, » etc. *Paris*, an IX-1801, 2 vol. in-12.

WILLEMAIN D'ABANCOURT a été seulement le réviseur de « Maria », d'« Antoine et Jeannette », etc.; mais on le regarde comme l'auteur du « Cimetière ».

Cimetière (le) de Loyasse, ou description de tous les monuments qui existent dans ce cimetière, avec le relevé exact des *inscriptions qui y sont gravées*, par P*** (Antoine PÉRICAUD) ; suivi d'un plan topographique des lieux et de planches donnant le dessin des monuments les plus remarquables. *Lyon, Babeuf*, 1834, in-8.

Voy. « Supercheries », III, 10, *f*.

Cimetières (des) et des inhumations. (Par Fr. VAN MEENEN, avocat à Bruxelles.) *Bruxelles, Lacroix*, 1863, in-12, 52 p.
J. D.

Cinna ou la clémence d'Auguste, tragédie. (Par Pierre CORNEILLE.) *Rouen, aux dépens de l'auteur et se vend à Paris, chez T. Quinet*, 1643, in-4, 7 ff. et 106 p., avec une grav. — *Paris, ibid.*, 1643, in-4, 7 ff. et 110 p. — *Paris, ibid.*, in-12, 9 ff. et

a 76 p. — *Rouen et Paris*, 1646, in-4, 8 ff. et 96 p.

L'auteur a signé la dédicace.

Cinq années de séjour au Canada, par Edward-Allen TALBOT, traduit de l'anglais par M. *** (DUBERGIER), suivies d'un extrait du voyage de M. DUNCAN en 1818 et 1819, traduit de l'anglais par M. EYRIÈS, et accompagnées d'un atlas
b gravé par Ambroise Tardieu. *Paris, Boulland*, 1826, 3 vol. in-8, avec atlas.

Voy. « Supercheries », III, 1108, *e*.

Cinq (les) cents hectares de M. Louveau, comédie en un acte et en prose, par H. *** (Alfred HAYE). *Aix-en-Provence, impr. de Marius Illy*, 1869, in-12.

Cinq (les) cents matinées et une demie, contes syriens, traduits en françois avec
c des notes historiques, géographiques, critiques, morales, etc. (Par le chevalier DUCLOS.) *Amsterdam, J. Chastelain, et Paris, Mérigot*, 1756, 2 vol. in-12.

Cinq cents recettes de cuisine, par A. B., de Périgord (Horace-Napoléon RAISSON). *Paris, imp. de J. Didot*, 1836, in-32, 64 p.

Voy. « Supercheries », I, 152, *b*.

d Cinq chansons maçonniques. (Dédiées au prince Louis de Hesse-Darmstadt, par J.-W.-B. VON HYMMEN.) *Berlin, Decker*, 24 juin 1777, in-8. A. L.

Cinq contes des fées. (Par le comte de CAYLUS.) 1745, in-12.

Réimprimé dans les « Œuvres complètes » de l'auteur, 12 vol. in-8.

e Cinq jours de l'histoire de Naples, par le général COLLETTA. (Traduit de l'italien par Léon. GALLOIS.) *Paris, Pontignac de Villars*, 1820, in-8.

Cinq (les) lettres de mon ami, ou observations générales sur l'organisation du canton de Vaud. (Par Fréd. MONNERON.) in-8.

Cinq nouvelles helvétiennes, par M. M. (Jacques-Henri MEISTER). *Paris, Renouard*,
f 1805, in-8.

Voy. « Supercheries », II, 1003, *d*.

Cinq (les) Philippiques.

Ouvrage en prose contre le roi et le dauphin, composé par l'abbé COYER, qui voulait le faire imprimer à Londres, suivant la confidence qu'il en avait faite à l'abbé de La Roche, avec lequel il était très-lié.

L'inspecteur de la librairie, d'Hémery, consigna ces renseignements, qu'il tenait de l'abbé de La Roche, sur une note de police datée du 1er janvier 1748.

a Cinquantaine (la) dramatique de M. de Voltaire; suivie de l'inauguration de sa statue, intermède en un acte, orné de chants et de danses, par l'auteur du poëme du « Luxe » (Alex.-Jacq. DUCOUDRAY). *Aux Fosses, et Paris, Durand*, 1774, in-8, 2 ff. lim. et 68 p.

Cinquantaine (la) pastorale, en 3 actes. (En vers libres. Par G.-Fr. DESFONTAINES DE LA VALLÉE.) *Paris, Delormel*, 1771,
b in-4. — *Paris, Ballard*, 1778, in-8.

Cinquante-deuxiesme arrest damours, auecques ses ordonnances sur le fait des masques. Cum privilegio amoris amplissimo. (Par Gilles D'AURIGNI dit PAMPHILE.) *On les vend à sainct Jehan de Latran, en la maison de Lheradame*, 1527, in-8, 14 ff.

Cinquante devises (en vers) pour Mon-
c seigneur Colbert. (Par Constant DE SILVECANE.) *Lyon*, 1683, in-4. D. M.

Cinquante épigrammes de l'Anthologie grecque, traduites en vers français, par *** (Antoine PÉRICAUD l'aîné). Avec un avant-propos. *Lyon, l'auteur*, 1857, in-8. D. M.

Cinquième (le) évangile de M. Renan, par H. F. D***** (H.-F. DELAUNAY DE
d FONTENAY). *Caen, Goussiaume de Laporte*, 1863, in-8, 60 p.

Voy. « Supercheries », I, 852, *c*, et II, 283, *b*.

Cinquième homélie prononcée à Londres, le jour de Pâques dans une assemblée particulière. (Par VOLTAIRE.)

Dans le t. V de « l'Evangile du jour » (voy. ce titre). Les homélies I à IV ne parurent que deux ans après. Voy. « Homélies prononcées... »

e Cinquième proposition... Voy. « Troisième mémoire.... »

Cisteme. Voyez « Système. »

Citadin (le) de Genève, ou réponse au cavalier de Savoie. (Par Jacques LECT et Jean SARRASIN.) *Paris, Le Bret*, 1606, in-8.

Citateur (le), par P-T L. B. (Guillaume-Charles-Antoine PIGAULT LE BRUN). *Ham-
f bourg (Paris)*, 1803, 2 vol. in-12.

Souvent réimprimé avec le nom de l'auteur. Voy. « Supercheries », III, 272, *b*.

Citateur anti-britannique, par D* C***E (DECLAYE), chef de bataillon. *Hambourg*, an XII-1804, in-8.

Voy. « Supercheries », I, 874, *d*.

Citateur (le) politique, moral et littéraire, ou le passé miroir du présent. (Par Alex. GOUJON.) *Paris*, 1820, in-8, tome I et unique.

Citations propres à détourner de la sagesse mondaine et à faire aimer la vertu, par Bossuet, Bridaine, Lacordaire, Lamennais, etc. (Recueillies par Xavier BOUGARD.) *Liége, Noël*, 1857, in-8, 16 p.

Prospectus spécimen d'un livre qui n'a point paru. Ul. C.

Cité (la) de Dieu de saint AUGUSTIN, traduite en françois (par P. LOMBERT). *Paris*, 1675; — *Pralard*, 1693; — *Mariette*, 1701, 2 vol. in-8. — Nouvelle édition, précédée de l'éloge du traducteur. (Par l'abbé Cl.-P. GOUJET.) *Paris*, 1736, 4 vol. in-12.

Cité (la) nouvelle. *Paris, Amyot*, 1868, in-8, 266 p.

Attribué à M. Fernand GIRAUDEAU.

Citoyen (le) des Alpes, ou observations morales et politiques. (Par l'abbé Jean-Baptiste POLLIN.) *Paris, Buisson*, 1791, 2 vol. in-8.

La première édition est de 1789, et porte le nom de l'auteur; la troisième édition est en trois volumes.

Citoyen (le) du monde. (Par FOUGERET DE MONTBRON.) *S. l.*, 1752, in-12. V. T.

Catalogue Simpson.

Citoyen (le) du monde, de GOLDSMITH, par L. P. A. (le comte Louis LE PELLETIER d'Aunay), membre de l'Institut historique. *Paris, Goujon*, 1836, 2 vol. in-8.

Voy. « Supercheries », II, 973, *f*.

Citoyen (le) du monde, ou lettres d'un philosophe chinois dans l'Orient; traduit de l'anglois (d'Olivier GOLDSMITH) par M. P*** (Pierre POIVRE). *Amsterdam, Boiste*, 1763, 3 vol. in-12.

Citoyen (le) françois, ou mémoires historiques, politiques, physiques, etc. (Par Philippe LE GRAS, conseiller au Châtelet.) *Londres*, 1785, in-8.

Citoyen (le) sénateur L. C. C. (LE COUTEULX-CANTELEU) à un de ses collègues, sur une lettre d'un Anglais qu'il lui a communiquée. *Auteuil*, 24 fruct. an X, in-8, 26 p.

Voy. « Supercheries », II, 698, *b*.

Citoyen (le) zélé, ou résolution du problème sur la multiplication des académies. (Par l'abbé Cl.-Jos. BONCERF.) 1757, in-8.

Citoyennes (les) de Nancy à Bonaparte d'Italie, en lui envoyant une chanson sur la paix. (Par GENTILLATRE.) *S. l. n. d.*, in-8, 4 p.

Catalogue Noël, n° 4561.

Citoyennes (les) de Ville-Affranchie aux représentants du peuple, à Ville-Affranchie, le jour de l'inauguration du temple de la raison, décadi frimaire an II de la république française, une, indivisible et démocratique. Extrait de la « Bibliographie historique de Lyon pendant la révolution. » (Publié par Pierre-Marie Gonon.) *Lyon, imp. de Marle*, 1846, in-8.

Citrons (les) de Javotte, scène de carnaval, en vers, réimpression textuelle de l'édition unique. Amsterdam, 1756, augmentée d'une notice bibliographique par M. P. L. (Paul Lacroix). *Genève, Gay et fils*, in-12, II-24 p., tiré à 100 ex.

M. Paul Lacroix attribue ce dialogue poissard au dentiste L'Ecluse, ami et imitateur de Vadé.

Civan, roi de Bungo, histoire japonnoise, ou tableau de l'éducation d'un prince. (Par Madame Le Prince de Beaumont.) *Londres*, 1758, 2 vol. in-12.

Civile conversation du seigneur Est. Guazzo... traduit de l'italien en françois. (Par Fr. de Belleforest.) *Lyon, B. Rigaud*, 1592, in-16.

Civilisation (la) universelle des peuples, des pontifes et des rois, congrès permanent, par un philosophe ami des hommes (J.-B.-V. Marie). *Paris, Vaton*, 1864, in-8, x-320 p.

Voy. « Supercheries », III, 116, *e*.

Civilisation universelle. Principes d'union de la civilisation ancienne, de la civilisation nouvelle. (Par Ch.-Isidore Dessaux.) *Bruxelles, tous les libraires*, 1862, in-8, 42 p., carte. J. D.

Civilité puérile et honnête pour l'instruction des enfants... dressée par un missionnaire. *Paris*, 1753, in-12.

Reproduction avec changements d'un ouvrage imprimé dès le XVIe siècle, et attribué à Mathurin Cordier, maître d'école, né en Normandie en 1479, mort à Genève, et dont Calvin fut, dit-on, l'élève. Voy. Viollet le Duc, Catalogue, 1847, p. 165, et le « Manuel du libraire », 5e éd., t. II, col. 75.

Claire d'Albe, par la Cit.*** (Madame Mar.-Jos. Risteau, veuve Cottin). *Paris, Maradan*, an VII-1799, in-12.

Souvent réimprimé avec le nom de l'auteur.
Voy. « Supercheries », III, 1082, *c*.

Claire Duplessis et Clairant, ou histoire de deux amants émigrés. (Par M. Fontaine.) Traduite de l'allemand (par C.-F.-Cramer). *Paris, Cramer*, 1796, 2 vol. in-8.

M. Fontaine était chapelain d'un des régiments prussiens qui pénétrèrent en France en 1792. M. Pigoreau, dans sa « Petite Bibliographie biographico-romancière », *Paris*, 1821, in-8, l'a confondu avec le célèbre romancier Auguste Lafontaine.

« Claire Duplessis » avait déjà paru en français à Brunswick, en 3 vol. in-12.

Meusel, Heinsius et Kayser l'attribuent également à Aug. Lafontaine.

Kayser donne à la traduction française la date de 1799, et il ne cite pas d'édition du texte antérieure à celle de Berlin, 1801.

Clairval philosophe, ou la force des passions, mémoires d'une femme retirée du monde. (Par Barn. Farmian de Rosoi, dit Durosoi.) *La Haye (Paris)*, 1765, 2 vol. in-12.

Clairvoyant (le), journal républicain, politique et philosophique de Grenoble. Par une société d'amis de la constitution de l'an III (P.-V. Chalvet et autres). *Grenoble*, ans V-VI, in-4.

Voy. « Supercheries », III, 661, *e*.

Claquet de la Fronde sur la liberté des princes, avec une élégie aux dames frondeuses, par le menuisier de Nevers (Adam Billaut). *S. l.*, 1651, in-4.

Voy. « Supercheries », II, 1116, *f*.

Clara et Emmeline. Par miss Elisabeth H*** (Helme), auteur de « Louise ou la Chaumière »; traduit de l'anglois. (Par J.-Gasp. Dubois-Fontanelle.) *Londres et Paris*, 1788, 2 vol. in-12.

Voy. « Supercheries », II, 231, *d*.

Clara et Mathilde, ou les habitants du château de Roseville et leurs voisins. Par Mme Louise *** ((Mlle Louise Brayer de Saint-Léon), auteur d'« Eugenio et Virginia », etc. *Paris, Masson*, 1824, 3 vol. in-12.

Voy. « Supercheries », III, 1107, *d*.

Clara ou l'orpheline. Par Mlle A. P. de C. (de Coligny). *Paris, Bellavoine*, 1824, 3 vol. in-12.

Voy. « Supercheries », I, 873, *d*.

Clarimène, ou l'inceste supposé, tragi-comédie (du sieur de La Caze). *Paris, Toussainct Quinet*, 1647, in-4.

Voyez la critique de la « Théodore » de Bois-Robert, p. 74. L'auteur anonyme dit que Bois-Robert a pillé une trentaine de vers au moins de cette pièce. Voyez p. 55.

La date du privilége de celle-ci est de 1639 : elle est donc antérieure de dix-sept ans à la « Théodore ».

Classes de troisième et de seconde. Cours de physique. (Par M. Lefèvre, professeur au lycée.) *Saint-Quentin, autographie Hourdequin* (1861), in-4.

Classes (des) laborieuses considérées dans leurs rapports avec la morale et l'économie politique, et des moyens d'améliorer leur sort. Par V. D. (VALLET D'ARTOIS). *Paris, Delaunay*, 1835, in-8, 76 p.

Voy. « Supercheries », III, 910, *c*.

Classification des monnaies épiscopales liégeoises. Lettre à MM. les auteurs des « Études de numismatique liégeoise ». (Par Jules PETIT DE THOSÉE.) *Liége*, 1847, in-8, 9 p.

Cette lettre a été réimprimée dans les « Recherches monétaires du pays de Liége » de cet auteur. *Liége, Desoer*, 1849, in-8, 53 p. J. D.

Classification et graduation des peines prononcées par le code pénal de l'empire français, d'après la gravité des faits qui troublent l'harmonie sociale. Suivies du texte entier et littéral du code pénal. Par M*** (Jean-Baptiste-Joseph PAILLET). *Orléans, Jacob aîné*, 1811, in-8, 344 p.

Voy. « Supercheries », III, 1092, *c*.

Classiques (les) vengés. (Satire en vers, par H. DE LATOUCHE.) *Paris, Ladvocat*, 1825, in-8, 16 p.

Claude Declerck, poëte yprois. (Par Alphonse VANDENPEEREBOOM.) *Ypres, Lambin fils*, 1860, in-18, 8 p. J. D.

Claude et Claudine, ou l'amour au village, roman pastoral, imité d'« Estelle » de Florian. (Par Ant.-Jos.-Nic. DE ROSNY.) *Paris, Pigoreau*, 1800, in-18.

Claude, ou le bon Savoyard. (Par DE MIRVAL.) *Tournai, Casterman*, 1849, in-12, fig. J. D.

Clavicules (les) de Salomon. (Par M. DE BACHELAY, fermier général, décédé vers 1766.)

Clé (la) d'or, histoire merveilleuse du XVe siècle, traduite d'un manuscrit flamand de 1457, avec une préface du traducteur (J. COOMANS). *Gand, Rousseau*, 1837, in-8, 47 p. J. D.

Clef de l'affaire de la Porte-Saint-Martin, ou suite des pièces justificatives, remises à M. le maître des requêtes, rapporteur au conseil d'Etat. (Par J.-B.-A. HAPDÉ.) *Paris, Bailleul*, 1817, in-4.

Clef (la) de l'« Almanach du diable... » Voy. ci-dessus ce titre, col. 110, *b*.

Clef (la) de l'Apocalypse de S. Jean. (Par Noël AUBERT DE VERSÉ.) *Paris*, 1703, 2 vol. in-12.

Clef (la) de la correspondance commerciale anglaise et française, ou choix de phrases commerciales extraites d'un grand nombre de livres... par un commis négociant, employé depuis longtemps à la correspondance en ces deux langues dans un des principaux ports de France (L'HERMITE). *Paris et Londres, Bossange père*, 1825, in-12.

Voy. « Supercheries », I, 769, *d*.

Clef (la) de la photographie. Ouvrage entièrement pratique, contenant les positifs sur verre et transports sur toile, les négatifs sur glace et positifs sur papier, collodion sec, etc., par A. N. B. (A. NINET-BRANDELY). *Paris, Ninet-Brandely*, 1864, in-8, 56 p.

Voy. « Supercheries », I, 318, *c*.

Clef (la) de la prononciation flamande, ou méthode très-facile au moyen de laquelle on peut connaître en peu de temps l'intonation de chaque syllabe des mots flamands, par un Belge (Jean-Franç. DE GREEF-LADURON, imprimeur à Bruxelles). *Bruxelles, Greef-Laduron*, 1851, in-18, 8 p.

Voy. « Supercheries », I, 499, *f*.

Clef (la) de Nostradamus, isagoge, ou introduction au véritable sens des prophéties de ce fameux auteur, avec la critique touchant les sentiments et interprétations de ceux qui ont ci-devant écrit sur cette matière, par un solitaire (Jean LE ROUX, ancien curé de Louvicamp, diocèse de Rouen). *Paris, P. Giffart*, 1710, in-12.

Note manuscrite de l'abbé de Saint-Léger.
Voy. « Supercheries », III, 701, *d*.

Clef (la) des « Erreurs et de la vérité », par un serrurier connu (Ch. DE SUZE). 1789, in-8.

Voy. « Supercheries », III, 634, *e*.

Clef (la) des Psaumes, ou l'occasion précise à laquelle ils ont été composés. (Par Fréd.-Maur. FOINARD.) *Paris, Lamesle*, 1740, in-12, 52 p. — Nouvelle édition corrigée et augmentée (par D. CARRÉ). *Paris, veuve Lamesle*, 1755, in-12, 106 p.

Clef (la) des sciences et des arts, ou la lecture et l'écriture, épîtres à Jules, par F. M. H.....T (J.-Fr. HAUMONT). *Paris, Johanneau*, 1821, in-12, 23 p.

Voy. « Supercheries », II, 57, *e*.

Clef (la) des sciences et des beaux-arts, ou la logique. (Par J. COCHET.) *Paris, Desaint*, 1750, in-8.

Clef (la) du cabinet des princes de l'Europe, ou recueil historique et politique sur les matières du temps... Tomes 1-5 (juillet 1704—décembre 1706). *Luxembourg, imp. chez Jacques le Sincère*, 5 vol.

in-8. — Journal historique sur les matières du temps... Tomes 6-25 (1707-1716). *Verdun, C. Muguet*, 20 vol. in-8. — Supplément de la Clef, ou Journal historique sur les matières du temps... par le sieur C. J. (Claude JORDAN). *Verdun, C. Muguet*, 1713, 2 vol. in-8. — Suite de la Clef, ou Journal historique sur les matières du temps... par le sieur C. J. (Claude JORDAN). (Années 1716-1776.) *Paris, E. Ganeau*, 120 vol. in-8.

Rédigé d'abord par Claude JORDAN ; puis en 1727, par Louis-Joseph DE LA BARRE ; au mois de juillet 1739, par Charles-Philippe DE MONCHAUT-D'EGLY ; et à partir de juin 1749, par Pierre-Nicolas BONAMY.

L'abbé Franç.-Xavier DE FELLER y rédigea depuis le mois de décembre 1760 les articles littéraires et théologiques.

Dreux du Radier a publié une fort bonne table de ce journal, depuis son origine jusqu'en 1756 inclusivement. *Paris, Ganeau*, 1759-1760, 9 vol. in-8. Dans sa préface il en présente comme le premier auteur Charles-Philippe Jordan de Durand. Je crois avoir démontré qu'il a confondu ce M. Jordan avec Claude Jordan. Voyez l'article de ce dernier dans mon « Examen critique des Dictionnaires historiques. »

Voy. aussi Hatin, « Bibliographie de la presse », p. 55, et « Supercheries », I, 745, *e*.

Clé (la) du Caveau, à l'usage de tous les chansonniers français, des amateurs, auteurs, acteurs du vaudeville, et de tous les amis de la chanson. 3ᵉ édit... par P. C. (P. CAPELLE). *Paris, Janet et Cotelle*, 1827, in-8 obl.

Texte gravé. La 1ʳᵉ éd. également anonyme est de *Paris, Capelle et Renaud*, 1811, in-8 obl. Voy. « Supercheries », I, 608, *b*, et III, 52, *c*. La 2ᵉ éd., *Paris*, 1816, et la 4ᵉ. *Paris*, 1848, portent le nom de l'auteur.

Clef du grand œuvre, ou lettre du Sancelrien tourangeau. (Par André-Charles CAILLEAU.) *Corinthe et Paris*, 1777, in-8.

Clef (la) du sanctuaire, par un savant homme de notre siècle. (Ouvrage traduit du latin de SPINOSA, par le chevalier DE SAINT-GLAIN.) *Leyde, Pierre Varnaer*, 1678, petit in-12.

Cette traduction est celle du « Tractatus theologico-politicus ». *Hamburgi, Kunrath*, 1670, in-4. Elle a paru sous trois titres différents. Voyez les mots « Réflexions curieuses d'un Esprit », etc., et « Traité des Cérémonies superstitieuses des Juifs, etc. »

Voy. « Supercheries », III, 613, *a*.

Clef (la) ducale de la sérénissime, très-auguste et souveraine maison de Lorraine... par un R. F., mineur de l'observance régulière, père de province... *Nancy, Charlot*, 1663, in-fol.

Signé : F. Jacques SALEUR.

Voy. « Supercheries », III, 405, *b*.

Clef ou explication des divers points et termes principaux employés par Jacob BOEHME dans ses ouvrages, traduite de l'allemand sur l'édition de ses œuvres complètes imprimées en 1715. (Par NOÉ, juif polonais.) *Paris, Migneret*, 1826, in-8.

Clémence (la) de Henri IV, drame en trois actes et en prose. (Par Barn. FARMIAN DE ROSOI.) *Hollande (Paris)*, 1791, in-8.

Clémence de Lautrec. (Par Charles-Gilbert MOREL DE VINDÉ.) *Paris, Bleuet jeune*, an VII-1798, 2 vol. in-12.

Clémence de Villefort, par l'auteur de « Marie de Sainclair » (Angélique CAZE DE LA BOVE, marquise DE BLAINVILLE, dame B. DUCOS). *Paris, Dentu*, an VII-1799, 2 vol. in-12, avec 2 fig.

Clémence et justice. (Par Jean-Gabriel-Maurice ROCQUES DE MONTGAILLARD.) *Paris, imp. de Pillet*, 1815, in-8, 52 p.

Cet ouvrage avait été d'abord attribué à tort à P.-A.-J. TASCHEREAU DE FARGUES, sous le nom duquel Montgaillard a publié plusieurs ouvrages.

Voy. « Supercheries », III, 761, *e*.

CLÉMENT XIV et Carlo Bertinazzi. Correspondance inédite. (Par H. TABAUD DE LATOUCHE.) *Paris, P. Mongie aîné, Baudouin frères*, 1827, in-12, 2 ff., 328 p.

Les quatre premières éd. de ce livre sont anonymes, celle de *Paris, Magen et Comon*, 1840, in-8, porte le nom de l'auteur.

Voy. « Supercheries », I, 753, *f*.

Clémentine, ou l'ange de la réconciliation, par Marie-Ange DE T*** (Just-Jean-Etienne ROY). *Tours, Mame*, 1865, in-8, 143 p. — 2ᵉ éd. *Tours, Mame*, 1867, in-8. — 3ᵉ éd. *Tours, Mame*, 1868, in-8.

Clémentine, ou l'ascendant de la vertu, drame en cinq actes et en prose...

Attribué à Jean-Ant. TEISSIER, baron de MARGUERITTES, au t. IV, p. 388 de la 2ᵉ édit. du « Dictionnaire des anonymes ». Quérard dans sa « France littéraire » n'a pas pu compléter ce titre. Cette pièce n'était pas dans la collection dramatique de Soleinne. Voy. nº 2208 de son Catalogue.

Cléobule, ou l'homme d'estat. 1627, in-fol. 18 p.

Par BERNARD, lecteur et historiographe du roi, suivant une note manuscrite.

Cléobuline, ou la veuve inconnue, par L. B. D. M. (la baronne DE MARCÉ). *Paris, Lamy*, 1658, in-8.

Voy. « Supercheries », II, 605, *d*.

Cléodamis et Lélex, ou l'illustre esclave. (Par MENIN.) *La Haye (Paris)*, 1746, in-12.

V. T.

a

Cleomades. Voy. « Aventures de Cleomades. »

Cléon et Eudoxe, touchant la prééminence de la médecine sur la chirurgie. (Par Nic. ANDRY, dit DE BOISREGARD.) *Paris, Gissey*, 1738; — *Ibid., id.*, 1739, in-12.

b

Cléon, rhéteur cyrénéen, ou apologie d'une partie de l'histoire naturelle, traduit de l'italien. (Composé par Charles-Claude-Florent THOREL DE CHAMPIGNEULLES.) *Amsterdam (Paris)*, 1750, in-12.

On cite une autre édition sous le titre de « Cléon, ou le petit-maître esprit-fort. » *Genève*, 1757, in-12, mais c'est vraisemblablement celle imprimée dans le « Choix littéraire de Genève ». Cet ouvrage a été inséré aussi dans les « Contes moraux » de madame de Uncy.

c

Cléonice, ou l'amour téméraire. Tragicomédie pastorale. *Paris, Nic. Rousset*, 1630, in-8.

La dédicace au roi est signée P. B. Une note manuscrite du temps indique comme auteur PASSART. Catal. Soleinne, n° 1051.

Cléopâtre, dédiée à Mgr le duc d'Enghien. (Par DE COSTE DE LA CALPRENÈDE.) *Paris, Guillaume de Luynes*, 1647-1658, 12 part. in-8.

d

Voy., pour le détail des éd. de ce roman, Brunet, « Manuel du libraire », 5e éd., tome II, col. 101.

Cléopâtre, roman historique. (Abrégé de LA CALPRENÈDE, par BENOIT, ancien chef de la première division du ministère de l'intérieur.) *Paris, Maradan*, 1789, 3 vol. in-12.

Cet abrégé du roman de la Calprenède parut d'abord dans la « Bibliothèque universelle des romans », mois de mars, avril et mai 1789.

e

Cléopâtre, tragédie en cinq actes et en vers. (Par Jean-François MARMONTEL.) *Paris, S. Jorry*, 1750, in-12.

Réimprimé avec le nom de l'auteur. *Paris, Moutard*, 1784, in-8, 71 p.

Cléopâtre, tragédie en cinq actes, par M. L. (J.-B. LACOSTE), avocat. *Dijon, Frantin, et Paris, Pissot*, 1774, in-12.

Voy. « Supercheries », II, 460, *b*.

f

Clergé (le) constitutionnel jugé par un évêque; Abrégé analytique de l'apologie du savant évêque de Noli en Ligurie (Benoît SOLARI), avec des notes historiques et critiques. (Par Eustache DÉGOLA, docteur en théologie dans l'université de Pise.) *Lausanne*, 1804, in-4.

Voy. « Supercheries », I, 1208, *f*.

Clergé (le) dévoilé, ou les États généraux de 1303; tragédie dédiée aux amis de la Constitution par l'auteur des « Druides ». (Par Ant. BLANC, dit LEBLANC DE GUILLET.) *Paris, Boulard*, 1791, in-8.

Clisson. *Nantes, impr. Mellinet-Malassis, et Paris, chez Raynal*, 1822, in-18, 100 p. — 2e éd. *Paris, Raynal*, 1822, in-18, 106 p.

La dédicace est signée : Ed. RICHER.

Clitandre, ou l'innocence délivrée, tragicomédie dédiée à Monseigneur le duc de Longueville. (Par Pierre CORNEILLE.) *Paris, Targa*, 1632, in-8 de 12 ff. lim. et 159 p.

L'auteur a signé la dédicace.

Clitemnestre, tragédie en cinq actes et en vers. (Par Louis-Léon-Félicité DE LAURAGUAIS.) *Paris, imp. de M. Lambert*, 1761, in-8.

Cloche (la) de Frustelle, poëme en 4 chants, par l'auteur de « la Tallardiade » (J. FAURE). *Gap, Allier*, 1839, in-12.

Cloison (la), ou beaucoup de peine pour rien, comédie en un acte et en prose, par L. F. M. B. L. (Louis-Fr.-M. BELIN LA LIBORLIÈRE). *Paris, Mme Huet*, an XI-1803, in-8.

Voy. « Supercheries », II, 775, *d*.

Clorinde, ou l'amante tuée par son amant. *Langres, pour Jacques Marché*, 1598, pet. in-12.

Petit roman qui est peut-être de A. DE NERVEZE dont on a « Hierusalem assiégée. » *Paris*, 1599, in-12, imitation du Tasse; toutefois ce n'est pas le même ouvrage que « Clorinde. » *Paris, Courbé*, 1654 ou 1656, 2 part. in-8. Voy. Brunet « Manuel du libraire », 5e éd., tome II, col. 110.

Clorinde, tragédie en cinq actes d'Æ. S. D. C. (Aymar DE VEINS, sieur DU COUDRAY). *Paris, A. du Breuil*, 1599, in-12, 6 et 65 ff.

Voy. « Supercheries », I, 210, *a*.

Closiere (la), ou le vin nouveau, opéra-comique en un acte, mêlé d'ariettes; représenté devant Sa Majesté, à Fontainebleau, le samedi 10 novembre 1770. (Par le marquis MASSON DE PEZAY.) *Paris, imp. de P.-R.-C. Ballard*, 1770, in-8.

Clotilde, ou nouvelle civilité pour les jeunes personnes, par l'auteur d' « Eudolie »... (Mme TARBÉ DES SABLONS). *Paris, Jeanthon*, 1838, in-12. D. M.

Clotilde, reine de France; par Mme V. M*** (Mme Victorine MAUGIRARD), auteur du « Rêve allégorique sur les fleurs ». *Paris, Lhuillier*, 1810, 2 vol. in-12.

Voy. « Supercheries », II, 1013, *d*.

Clovis, poëme. (Par Ignace-Franç. DE LIMOJON DE SAINT-DIDIER.) *Paris, Pissot*, 1725, in-8.

Clovis, poëme héroï-comique, avec des remarques. (Par Le Jeune.) *Paris, Fournier*, 1763, 3 vol. in-12.

Club (le) des allumettes en déroute, romance à la Malboroug. (Par Gentillatre.) *A Laxon, de l'imprimerie rurale de la liberté et se vend à Nancy, chez la perruquière Giles, au profit du chevalier de Baïon*, 1792, in-8, 10 p.

Catalogue Noel, n° 4552.

Club (le) des Sans-souci, ou les deux pupilles, comédie en un acte et en vers libres, mêlée de vaudevilles. Par J.-A. St-C. (Jacques-Antoine de Réveroni Saint-Cyr). *S. l.* (1793), in-8.

Voy. « Supercheries », II, 365, *e*.

Clubs (les) des Jacobins visités par le peuple; la mesure d'habits prise aux Jacobins. (Par Mablin.) *S. l.* (1794), in-8.

Coalition (la) c'est la guerre. Aux électeurs constitutionnels, par l'auteur de « Deux ans de règne » (Alphonse Pépin). *Paris, impr. de Guiraudet*, 1839, in-8.

Le faux-titre porte : « La Paix et la Guerre. »

Coalition (la) et la France. (Par Narcisse-Achille de Salvandy.) *Paris*, mars 1816, in-8.

Coalition (la) ultramontaine. (Par M. Marteau.) *Paris, Pick*, 1861, in-8.

Cocarde (la) tricolore, épisode de la guerre d'Alger, vaudeville en trois actes. Par MM. Théodore C*** et Hippolite (*sic*) C*** (Théodore et Hippolyte Cogniard); représenté sur le théâtre des Folies-Dramatiques, le 19 mars 1831. *Paris, Bezou*, 1831, in-8.

Voy. « Supercheries », I, 601, *d*.

Coche (le), traduit de l'anglais par D. L. G. (Nic. de La Grange). *La Haye*, 1767, 2 vol. in-12.

Voy. « Supercheries », I, 957, *f*.

Cochon (le) mitré, dialogue. *S. l.*, 1689, in-12, 28 p.

L'auteur de cette satire est Fr. de La Bretonnière, bénédictin de Saint-Denis, réfugié en Hollande sous le nom de La Fond; il fut trahi par un Juif et transporté au mont Saint-Michel, où il est mort dans la cage où il avait vécu : punition horrible pour une satire. Elle était dirigée contre Louis XIV, contre madame Scarron, le cardinal d'Estrées, et Louvois, archevêque de Reims. Voyez la « Bastille dévoilée », neuvième livraison, p. 76.

Cette anecdote a été contestée, et le « Ducatiana » attribue cette pièce à Chavigny. Voy. la note du Catalogue Leber, n° 4478, et celle du Catalogue Pixerécourt, n° 1587. Voy. aussi Du Roure, « Analecta Biblion », tome II, p. 413.

Il existe une autre édition de la même époque que la première. *Paris, chez Le Cochon* (*Hollande*), *s. d.*, in-8, 32 p.

M. Jules Chenu a fait réimprimer cette satire. *Paris, imp. Panckoucke*, 1850, in-12, 36 p., avec une notice de M. Leber. Tiré à 110 exemplaires.

M. Edouard Fournier l'a insérée dans le tome VI des « Variétés historiques et littéraires », p. 209 à 244. Il en a été tiré à part 105 exemplaires.

Cocodès (les), par une cocotte. Orné de gravures. (Par M. Victor Azam.) *Paris, impr. Towne*, 1863, in-32, 128 p.

Cocottes (les) !!! (Par M. P. Mahalin.) *Paris, imp. de Kugelmann*, 1863, in-32, 128 p.

Cocottes (les) de Bruxelles. (Par Emile Alexis.) In-16.

Réplique à « Bruxelles la nuit, » par Mario Aris (Edmond Bizonnet-Derivau).

Cocu (le) consolateur (car-on-en-a-besoin). (Par P.-S. Caron.) *L'an du cocuage* 5789 (*Paris*, 1789), petit in-8, 18 ff. — Autre éd. *Amboise, l'an du cocuage d'Adam* 5810 (1810), in-8, 18 p.

Réimprimé dans les « Pièces désopilantes, recueillies pour l'esbatement de quelques Pantagruelistes ». *Paris, près Charenton*, printemps de 1866, in-8, p. 133 à 148.

Cocu (le) content, ou le véritable miroir des amoureux. *Amsterdam, Jean Wyk* (*Rouen*), 1702, in-12.

C'est une nouvelle édition du roman attribué à G. Bremond, publié d'abord sous le titre de « le Double cocu. » Voy. ces mots.

Cocue (la) imaginaire, ou les amours d'Alcippe et de Céphise, comédie en un acte et en vers, par F. D. (François Donneau). *Paris, Ribou*, 1660, in-12. — *Jouxte la copie* (*Hollande*), 1662, in-12, 5 ff. et 26 p.

Voy. « Supercheries », II, 17, *e*.

Code administratif de la province de Namur. (Par M. d'Omalius d'Halloy.) *Namur, Dieudonné Gérard*, 1827, in-8.

Code administratif des établissements de bienfaisance. (Par Charles Soudain de Niederwerth.) *Bruxelles, Remy*, 1833, in-8. — 2e éd., 1837, in-8. J. D.

Code civil d'Haïti. (Rédigé par M. Blanchet, avocat à la cour royale de Paris.) *Paris, Blaize jeune*, 1826, in-8 et in-12.

L'édition originale imprimée en 1825 au Port-au-Prince forme un volume in-4. Voy. « Revue encyclopédique » (1827), t. XXXIII, p. 843.

Code civil des Français, avec des tables indicatives des lois romaines, par Henri

DARD, suivi d'une table, par J.-A. C. (COMMAILLE). *Paris*, 1805, in-4. D. M.

Réimprimé en 1827.

Code civil des Français mis en vers, avec le texte en regard, liv. Ier, par J. H. F. R. (J.-H. FLACON-ROCHELLE). *Paris, Leclerc*, 1805, in-18.

Voy. « Supercheries », II, 401, *f*.

Code civil des Français, suivi de l'Exposé des motifs et des discours prononcés tant au Corps législatif qu'au Tribunat (rédigé par le baron Guill.-J. FAVARD DE L'ANGLADE); avec une table alphabétique des matières (par RENAULT, de l'Orne). *Paris, Firmin Didot*, 1804-1820, 10 vol. in-12.

On peut joindre à cette collection deux nouveaux volumes publiés par le même FAVARD, sous ce titre : « Supplément au Code civil, ou collection raisonnée des lois et décrets rendus depuis 1789, et qui se rattachent au Code civil, avec des notes explicatives de la relation que ces lois ont entre elles ou avec le Code civil. » *Paris, Firmin Didot*, 1821, 2 vol. in-12. »

Code civil, manuel complet de la politesse, du bon ton, des manières de la bonne société, par l'auteur du « Code gourmand » (H.-N. RAISSON et Aug. ROMIEU). *Paris, Roret*, 1828, in-18.

Réimprimé sept ou huit fois dans la même année. Les trois premières éditions seules sont anonymes.

Code (le) civil réduit en tableaux synoptiques. (Par M. PATTÉ, juge suppléant au Tribunal civil de Soissons.) *Paris, impr. Royale*, 1822, in-folio.

Code (le) civique de la France, ou le flambeau de la liberté. Dédié à la nation française. (Par F. BOISSEL.) *Paris, Debray*, 1790, in-8, 1 f. de titre et 41 p.

Code commercial, maritime, colonial et des prises, abrégé et mis à la portée de tout le monde. (Par P. BERNADAU, avocat.) *Paris, Ch. Pougens, germinal an VII* (*Bordeaux*, 1799), in-12.

Code constitutionnel de la Belgique, expliqué par ses motifs et des exemples. (Par Isidore PLAISANT.) *Bruxelles*, 1836, in-8.

J. D.

Code criminel de l'empereur Charles V, vulgairement appelé la Caroline, contenant les lois qui sont suivies dans les juridictions criminelles de l'Empire, et à l'usage des conseils de guerre des troupes suisses, par M. V. G. J. D. G. S. (VOGEL, grand-juge des gardes suisses). *Paris, Simon*, 1734, in-4. — *Bienne*, 1767, in-8. — *Maëstricht, Dufour*, 1779, in-4.

Voy. « Supercheries », III, 936, *f*.

Code d'amour par V***. *Paris*, 1739.

Une traduction suédoise par l'envoyé Ceserhjelm a été imprimée à Paris en 1740 et en 1871, on en imprime une nouvelle édition en Suède.

Le traducteur attribue cet ouvrage à VOISENON ou à VOLTAIRE.

Code (le) d'instruction criminelle et le code pénal mis en harmonie avec la Charte, la morale publique, les principes de la raison, de la justice et de l'humanité. (Par Jos.-Fr.-Cl. CARNOT, conseiller à la cour de Cassation.) *Paris, Plancher*, 1819, in-8.

Code de Cythère, ou Lit de justice d'Amour, avec le bordereau des dépenses et des recettes. (Par Jean-Pierre MOET.) *Erotopolis*, l'an du monde 7746 (1746), in-12.

Code (le) de l'enfant du Christ, ou dissertations religieuses d'un pâtre pyrénéen (M. MOULLE). Ouvrage qui a été soumis à l'examen de M. de Quélen, archevêque de Paris, et dédié au clergé. *Paris, Debécourt*, 1840, in-8.

Voy. « Supercheries », III, 38, *c*.

Code de l'honorable société de la Marmite, en séance quotidienne, chez Mme Roches, à Cassel, 11 juin 1809, in-8, 4 p.

En vers, par L.-G. PETITAIN.

Code de l'Orfévrerie, ou recueil et abrégé chronologique des principaux règlements concernant les droits de marque et de contrôle sur les ouvrages d'or et d'argent... par l'auteur du « Nouveau code des tailles » (Nicolas-Louis-Juste POULLIN DE VIEVILLE). *Paris, Knapen et fils*, 1785, in-4.

Code de la chasse, par Horace RAISSON, suivi du code de la pêche, par M. DE C***Y (par le même). *Paris, C. Béchet*, 1829, in-8.

L'auteur a choisi ces initiales pour faire supposer que M. de Coupigny, très-connu comme amateur passionné de la pêche, était l'auteur de ce traité.

Voy. « Supercheries », I, 824, *a*.

Code de la conversation, manuel complet du langage élégant et poli... (Par H.-N. RAISSON et A. ROMIEU.) *Paris, Roret*, 1829, in-18.

Code de la justice de paix, contenant tous les décrets relatifs à cette partie du nouvel ordre judiciaire, avec des notes explicatives du texte... (Par A.-C. GUICHARD.) *Paris, imp. de P.-F. Didot le jeune*, 1790, 2 vol. in-12.

La 2e éd., qui porte le nom de l'auteur, est intitulée : « Code des juges de paix ». *Paris*, an III, 2 vol, in-12.

Code de la librairie et imprimerie de Paris, ou conférence du règlement arrêté au Conseil-d'Etat du roi, le 28 février 1723, avec les anciennes ordonnances. (Publié par Cl.-Marin SAUGRAIN.) *Paris*, 1744, in-12.

Le règlement de 1723 a été rédigé par le chancelier d'Aguesseau.

Code de la Martinique. (Rédigé par Jacques PETIT DE VIÉVIGNE.) *Saint-Pierre, P. Richard*, 1767, in-fol. — Supplément audit Code. *Saint-Pierre, P. Richard*, 1772, in-fol. — Second supplément. *Saint-Pierre, P. Richard*, 1786, in-fol.

M. Petit était, en 1786, conseiller honoraire et commissaire général ordonnateur aux îles de la Martinique et de la Guadeloupe.

Code de la montagne de Diesse. (Par M.-A. PORTA.) *Neufchâtel*, 1777, in-4.

« France littéraire » de Ersch.

Code de la nature, ou le véritable esprit de ses lois, de tout temps négligé ou méconnu.... (Par MORELLY.) *Partout, chez le vrai sage*, 1755, in-12.

Réimprimé dans le tome II de la collection frauduleuse des « Œuvres de Diderot ». *Londres, Amsterdam*, 1773, 5 vol. in-8, et par suite souvent attribué à tort à cet auteur.
Voy. « Supercheries », I, 938, *a*.

Code de la noblesse française, ou précis de la législation sur les titres, la manière d'acquérir et de perdre la noblesse, les armoiries, les livrées, la particule, etc., avec des notes, par un ancien magistrat. (Par le comte P. DE SEMAINVILLE.) *Toulon, imp. de veuve Beaune*, 1858, in-18, XXII-335 p.

Réimprimé en 1860, avec le nom de l'auteur. *Hyères, imp. de Cruvès*, in-8, VIII-813 pages.
Voy. « Supercheries », I, 334, *b*.

Code de la police, ou analyse des règlements de police, divisé en douze titres, par M. D. (DUCHESNE), conseiller du roy, lieutenant général de police de la ville de...... en Champagne. *Paris, Prault*, 1757, in-12. — 3e édit. Par M. D****. *Paris, Prault*, 1761, in-12. — *Paris, Prault*, 1767, in-12.

Suivant le catalogue La Vallière, n° 3246, l'auteur se nommerait DESLANDES.

Code de la raison, ou principes de morale. (Par l'abbé ANSQUER DE PONÇOL, ex-jésuite.) *Paris*, 1778, 2 vol. in-12.

Code de la voirie. (Par MELLIER.) *Paris, Prault*, 1753, 2 vol. in-12.

Code de Louis XV, ou recueil d'édits, déclarations, ordonnances, concernant la justice, police et finance depuis 1722 jusqu'en 1726. (Publié par C.-G. COQUELEY DE CHAUSSEPIERRE.) *Paris, Girard*, 1758, 12 vol. in-12.

Code de police... (Par A.-C. GUICHARD.) *Paris*, 1792, in-12. — Troisième édit. *Ibid*, an VII-1799, 3 vol. in-12.

Code de procédure civile pour la ville et république de Berne. (Par le professeur SCHNELL.) *Berne, Haller*, 1823, in-8.

D. M.

Code des boudoirs, moyens adroits de faire des conquêtes, de devenir heureux en amour, et d'acquérir un certain aplomb auprès des femmes, par un jurisconsulte de Cythère (Horace RAISSON). Ouvrage indispensable aux novices. *Paris, Breauté*, 1829, in-18, sur papier rose.

Voy. « Supercheries », II, 442, *a*.

Code des chasses. (Par Cl.-M. SAUGRAIN.) *Paris*, 1713, 1720, 1734, 1753, 1765, 2 vol. in-12. V. T.

Dans une « Bibliothèque chronologique des auteurs qui ont traité de la matière des eaux et forêts, pêche et chasse », insérée au tome second des « Lois forestières de France », par Pecquet, Jamet le jeune loue la préface de ce code, laquelle présente d'utiles recherches sur la chasse et sur le droit des chasses.

Code des chemins vicinaux... précédé d'un exposé des principes de la matière, avec renvoi aux lois et aux ordonnances, et d'une série de questions élevées sur la loi du 28 juillet 1824, et résolues dans la discussion par un avocat à la cour royale de Paris (Athanase-Jean LÉGER-JOURDAN). *Paris, Fanjat aîné*, 1824, in-8. — 2e édit. *Paris*, 1829, in-8.

Voy. « Supercheries, I, 418, *d*.

Code des contributions directes. (Par Ch.-H.-Fréd. DUMONT.) *Paris*, 1811, 2 vol. in-8.

Code des émigrés... (Par A.-C. GUICHARD.) *Paris, Garnery*, an III-1794, in-12, 144 p. — Nouv. édit. *Paris, Garnery*, an VII-1799, 2 part. in-8.

Code des femmes, ou récits et entretiens sur leurs droits et priviléges, par un avocat (Aug.-Ch. GUICHARD). *Paris, Vve Porthmann*, 1823, in-8.

Réimprimé avec le nom de l'auteur.
Voy. « Supercheries », I, 418, *a*.

Code (le) des François, ou recueil de toutes les pièces intéressantes publiées en France relativement aux troubles des parlements, avec des observations critiques et historiques, des pièces nouvelles et une table raisonnée. (Par l'abbé Joseph-

Honoré Remy.) *Bruxelles, E. Flon*, 1771, 2 vol. in-12.

Publié d'abord sous le titre : « Recueil de toutes les pièces intéressantes... » Voy. ce titre.

Code des gens honnêtes, ou l'art de ne pas être dupe des fripons. *Paris, Barba*, 1825, in-12.

Deux éditions la même année. Réimprimé en 1829 sous le titre de : « Code pénal, Manuel complet des honnêtes gens ». Troisième édition. *Paris, J.-P. Roret*, in-18. — Réimprimé de nouveau en 1854, sous ce titre : « Code des gens honnêtes, par H. de Balzac », in-18. On dit dans une note de la préface que cet ouvrage a été fait en collaboration avec H. Raisson. Une édition publiée à *Bruxelles* en 1825, in-18, sous le titre de : « Code des honnêtes gens », est attribuée par M. Delecourt à MM. Horace Raisson et A. Romieu.

Code des jésuites d'après plus de trois cents ouvrages des casuistes jésuites... (Par G.-M. Mathieu-Dairnvaell.) *Paris*, 1845, in-12.

Code des lois des Gentoux, ou règlements des brames ; traduit de l'anglais (de Nath. Brassey-Halhed, par Jean-Baptiste-René Robinet). *Paris, Stoupe*, 1778, in-4.

Voyez Le Brigant, « Défense de la langue celte-gomerite ou bretonne », dans la « Bibliothèque du Nord », février 1780, p. 119.

Quelques bibliographes donnent cette traduction à J.-N. Démeunier.

Code des lois des trois mandements de la plaine du gouvernement d'Aigle. (Par M.-A. Porta.) *Berne*, 1772, in-4.

Voyez la « France littéraire » de Ersch.

Codes des ordres de chevalerie du royaume, dédié au roi. (Par le comte G. de Saint-Ange.) *Paris, Belin-Leprieur*, 1819, in-8.

Quelques exemplaires ont été tirés de format in-4.

Code des paroisses, avec quelques dissertations sur le livre (de l'abbé Travers) intitulé : « Les Pouvoirs légitimes du premier et du second ordre », etc. (Par le P. Bernard, d'Arras.) *Paris*, 1745, 2 vol. in-12. V. T.

Code des prises et des armements en course, par le cit. G... (Aug.-Ch. Guichard) homme de loi, défenseur officieux du tribunal de cassation. *Paris, Garnery*, an VII-1799, 2 vol. in-12.

Voy. « Supercheries », II, 123, *f*.

Code des prises, ou recueil d'édits sur la course en mer et l'administration des prises, depuis 1400 jusqu'à nos jours. (Par Chardon.) *Paris, Imprimerie royale*, 1784, 2 vol. in-4. — Nouv. éd. augm. par Lebeau. *Paris, Rondonneau*, an VII-1799, 4 vol. in-8.

Code des prud'hommes, à l'usage des fabricants, chefs d'atelier, etc. (Par Jules-Henri Baton, employé.) *Bruxelles, Leemans*, 1864, in-12, 197 p. J. D.

Code des seigneurs haut-justiciers. (Par J. Henriquez). Nouvelle édition. *Senlis et Paris, Nyon*, 1771, in-12. — Troisième édition. *Paris, Nyon l'aîné*, 1781, in-12, avec le nom de l'auteur.

Code des successions, ou recueil des lois relatives aux successions, testaments, etc. On y a joint les réflexions d'un homme de loi (Raikem, avoué près la cour de Liége). *Liége, Desoer*, an VII, in-8, 88 p.

Voy. « Supercheries, » II, 293, *d*.

Code domanial... (Par A.-C. Guichard.) *Paris, Garnery*, an VII-1799, in-12, 165 p.

Code du littérateur et du journaliste, par un entrepreneur littéraire (Horace Raisson). *Paris, Levavasseur*, 1829, in-18.

Voy. « Supercheries, » I, 1230, *f*.

Code du roy Henry III. (Rédigé par Barnabé Brisson), augmenté des édits de Henri IV, et illustré d'observations et annotations par L. Charondas Le Caron. *Paris, J. Mettayer*, 1587, 1601, in-fol.

Code et mémorial du tribunal de cassation... par le citoyen G....... (Aug.-Ch. Guichard), homme de loi et défenseur officieux près ce tribunal. *Paris, Rousseau*, an VI-1798, 2 vol. in-8.

Voy. « Supercheries », II, 123, *f*.

Code Frédéric, ou code de droit pour la Prusse. (Attribué à Samuel de Coccéji.) Traduit de l'allemand en françois par A.-A. de C. (Alex.-Aug. de Campagne). *Berlin*, 1751, 3 vol. in-8.

Code général pour les États prussiens. (Rédigé en allemand par de Cramer, Ernest-Ferdinand Klein et Suarez.) Traduit en français par les membres du bureau de législation étrangère (Emm. Brosselard, Mathias Weiss et A.-J. Le Mierre d'Argy), et publié par ordre du ministre de la justice. *Paris, imprimerie de la république*, an IX-1801, 2 tomes en 5 vol. in-8.

Code gourmand, manuel complet de gastronomie, contenant les lois, usages, règles, applications et exemples de l'art de bien vivre, par l'auteur du « Code des honnêtes gens » (Horace-Napoléon Raisson et Auguste Romieu). *Paris, A. Dupont*, 1827, in-18. D. M.

Code judiciaire. Lois, décrets, ordonnances relatifs à l'organisation, à la discipline des cours et tribunaux, etc., mis en ordre par l'éditeur des « Annales du barreau » (B. WARÉE). *Paris, Marescq et Dujardin*, 1855, in-18.

Code (le) lyrique, ou règlement pour l'Opéra de Paris, avec des éclaircissements historiques. (Par Anne-Gabriel MEUSNIER DE QUERLON.) *A Utopie, chez Thomas Morus*, 1743, in-12, 43 p.

Code matrimonial, ou recueil complet des lois canoniques et civiles de France, des dispositions des conciles... sur les questions de mariage, etc. Nouvelle édition augmentée. (Par Arm.-Gast. CAMUS). *Paris, Hérissant*, 1770, 2 vol. in-4.

LE RIDANT avait publié en 1766, in-12, la première édition de cet ouvrage.

Code Napoléon, mis en vers français, par D***, ex-législateur (B.-M. DECOMBEROUSSE). *Paris, Clément frères*, 1811, in-12. D. M.

Code national, dédié aux Etats-Généraux. (Par Charles-Pierre BOSQUILLON, avocat au parlement de Paris.) *Genève* (*Paris*), 1788, in-8, 233 p.

Code pénal. (Recueilli par Clément-Charles-François DE LAVERDY, conseiller au parlement.) *Paris, Desaint*, 1752, in-12. — Seconde édition, augmentée d'un Essai sur l'esprit et les motifs de la procédure criminelle. (Par Paul-Ch. LORRY, avocat.) *Paris, Desaint et Saillant*, 1755, in-12.

Code pénal forestier, ou dispositions pénales de ce code, réunies, analysées et mises en ordre, etc. (Par M. Ch.-Fr.-B. MAILLARD DE CHAMBURE.) *Paris, Alex. Gobelet*, 1828, in-18.

Code pénal, manuel complet des honnêtes gens... Voy. « Code des gens honnêtes. »

Code rural. (Par Ant.-Gasp. BOUCHER D'ARGIS.) *Paris*, 1749, 2 vol. in-12. — *Paris, Prault*, 1762, 2 vol. in-12. — *Paris*, 1774, 3 vol. in-12, avec le nom de l'auteur.

Voy. « Supercheries », III, 1052, *b*.

Code voiturin. (Attribué à Pierre PRAULT.) *Paris*, 1748, 2 vol. in-4. V. T.

Codicille d'or, ou petit recueil tiré de l' « Institution du Prince chrétien, » composé par ERASME, mis premièrement en françois sous le roi François Ier, et à présent pour la seconde fois. (Par Claude JOLY, chanoine et chantre de l'Église de

a Paris.) (*Amsterdam, Elzevier*), 1665, in-12. — 1666, 1667, in-12.

Codicille (le) et l'esprit, ou commentaires des Maximes politiques de M. le maréchal de Bell'isle, avec des notes apologétiques, historiques et critiques; le tout publié par M. D. C*** (Fr.-Ant. DE CHEVRIER). *La Haye, veuve Van Duren*, 1762, in-12.

b Voy. « Supercheries », I, 873, *f*.

Codicille politique et pratique d'un jeune habitant d'Épone (Antoine DE LA SALLE). *Epone*, 1788, in-12.

Même ouvrage que « Théorie de l'ambition par feu Hérault de Séchelles ». Voy. « Supercheries », II, 257, *f* et 392, *a*.

Codicille sentimental et moral, ou recueil de discours, contes, anecdotes, idylles, romances et poésies fugitives.

c (Par Fr.-Guill. DUCRAY-DUMINIL.) *Paris, Leprieur*, 1793, 2 vol. in-12. V. T.

Cœnobitophile (le), ou lettres d'un religieux françois (dom François ROUSSEAU, bénédictin) à un laïc, son ami, sur les préjugés publics contre l'état monastique. *Au Mont-Cassin, et à Paris, chez Valleyre l'aîné*, 1768, in-12, 159 p.

Voy. « Supercheries », III, 390, *c*.

d Cœur chrétien, ou instruction sur les indulgences, et le jubilé... (Par l'abbé J.-B. LASAUSSE.) *Paris, veuve Nyon*, 1802, in-24, 284 p.

Cœurs (les), poëme érotique. (Par Stan.-J. DE BOUFFLERS.) 1765, in-12. V. T.

Coiffeuse (la) à la mode, comédie. (Par Ant. LE METEL D'OUVILLE.) *Paris, Ant. de Sommaville*, 1647, in-4. — *Paris,*

e *Toussaint Quinet*, 1649, in-12. — *Suivant la copie imprimée à Paris* (*Leyde, Elzevier*), 1649, pet. in-12.

Coin (le) du feu d'un Hollandais, par PAWLDING; traduit de l'anglais. (Par Mlle Adèle SOBRY.) *Paris*, 1830, in-8. D. M.

Coin (le) du feu de la bonne maman, dédié à ses petits enfants, par madame

f B****** (Marie-Aglaé BAUDOUIN). *Paris*, 1809, 1812, 1821, 2 vol. in-18.

Voy. « Supercheries », I, 441, *c* et 446, *b*.

Colard Mansion et les imprimeurs brugeois du XVe siècle. (Par l'abbé Ch. CARTON.) *Bruges, Vandecasteele*, 1849, in-8, 44 p., avec grav. et fac-simile. J. D.

Colbert, contrôleur général des finances, surintendant des bâtiments, par l'auteur de l'« Histoire de Vauban, secrétaire d'Etat au ministère de la marine » (Just.-Jean-Etienne Roy). *Lille, Lefort*, 1860, in-12, av. 1 grav.

Colère (la) de Xantippe, ou l'édit des deux femmes, poëme dramatique, par M... (l'abbé Parmentier), secrétaire ordinaire de Monsieur, frère du roi, etc. *Athènes et Paris, Valleyre l'aîné*, 1784, in-8, x-148 p.

Voy. « Supercheries », III, 1076, *b*.

Colette et Lucas, comédie en un acte, mêlée d'ariettes. (Par le prince Charles de Ligne.) *De l'imprimerie de l'auteur, chez l'auteur*, 1781, in-8, 42 p., front., vignette et cul-de-lampe.

Pièce de circonstance, représentée et imprimée à Bel-Œil, pour la réception d'une grande dame à ce château. Le frontispice est dessiné et gravé par Antoine Cardon, de Bruxelles.

Un ex. de cet opuscule, porté au catalogue van Trigbt, 1862, a été acquis par le duc d'Aumale au prix de 75 fr.

Colifichets (les), ouvrage dédié à l'immortalité. (Par Paul Barret.) 1751, in-12.

Coligny, ou la Saint-Barthélemi, tragédie en trois actes et en vers. (Par Fr.-Th.-Mar. d'Arnaud de Baculard.) *Paris*, 1740, in-8, 61 p. — 1751, in-12.

Réimpr. avec de nombreux changements dans les vers et dans les scènes, sous le titre de : « le Cardinal de Lorraine, ou le massacre de la Saint-Barthélemy, par mons. de F*** ». *Leipsig et Londres*, 1756, in-8, 88 p. Voy. Catal. Soleinne, nº 1840.

Colimaçons du révérend père L'Escarbotier, par la grâce de Dieu capucin indigne, prédicateur ordinaire et cuisinier du grand couvent de la ville de Clermont en Auvergne. Au révérend père Elie, carme chaussé, docteur en théologie. (Par Voltaire.) *S. l.*, 1767, in-8, 24 p.

Voy. « Supercheries », I, 1250, *d*.

Colin Gauthier, ou le nouveau paysan travesti, par le petit-fils de Retif de la Bretonne (Fréd.-Stéph. de Vendôme, dit Victor Vignon). *Paris*, 1819, 2 vol. in-12.

Voy. « Supercheries », III, 87, *a*.

Colin-Maillard (le), comédie facétieuse. (Par Chappuzeau.) *Paris, J.-B. Loyson*, 1662, pet. in-12, 7 ff., 51 p., et 1 f. non chiff.

Catalogue Soleinne, nº 1293.

Collection abrégée des voyages anciens et modernes autour du monde, rédigée par F.-B. (Fr. Bancarel). *Paris, Fr. Dufart père*, 1808-1809, 12 vol. in-8, avec cartes et fig.

Voy. « Supercheries », II, 14, *c*.

Collection académique, composée de mémoires, actes, etc., des plus célèbres académies. (Commencée par J. Berryat, et continuée par Philibert Gueneau de Montbeillard, Louis-Anne Lavirotte, G.-L. Leclerc, comte de Buffon, Louis-Jean-Mar. Daubenton, J.-L.-F.-P. Roux, P.-Henri Larcher, Jean Nadault, Denis Barberet et François Paul.) *Dijon*, 1755 et années suivantes, 29 vol. in-4, et 33 avec les tables de l'abbé Rozier.

Il y a seize volumes pour l'Académie des sciences, sous le titre de « Partie françoise » et treize volumes pour les académies étrangères, sous le titre de « Partie étrangère. »

Collection complète des discours de M. de Fontanes ; seconde édition augmentée d'une lettre de M. le vicomte de Chateaubriand, de plusieurs discours qui n'ont point été publiés, et de fragmens de discours prononcés par MM. Villemain et Roger à l'Académie française. (Publié par M. Alfred Fayot.) *Paris, Mme Seignot*, 1821, in-8.

Collection complète des Œuvres de J.-J. Rousseau. (Publiée par Dupeyrou.) *Genève*, 1782 et années suivantes, 17 vol. in-4, ou 35 vol. in-8.

Collection complète des tableaux historiques de la Révolution française. Voy. « Tableaux de la Révolution française ».

Collection d'anciens évangiles, ou monumens du premier siècle du christianisme, extraits de Fabricius, Grabius et autres savans, par l'abbé B*** (Bigex, ou plutôt par Voltaire). *Londres*, 1769, in-8, 2 ff., xxiv-284 p.

Voy. « Supercheries », I, 531, *d*.

Collection de comptes rendus, pièces authentiques, écrits et tableaux concernant les finances de la France, depuis 1758 jusqu'en 1787. (Publiée par Charles-Joseph Mathon de La Cour.) *Paris, Cuchet*, 1788, in-4.

Collection de décisions nouvelles relatives à la jurisprudence, par J.-B. Dénisart. Nouvelle édition, avec des additions. (Par Charles-Jacques Boudequin de Varicourt.) *Paris, veuve Desaint*, 1771, 4 vol. in-4.

Collection de décisions nouvelles relatives à la jurisprudence, par Dénisart, avec des augmentations par Camus, Bayard (J.-B.-E.-B. Soreau, A.-F.-N.

Le Vasseur et autres). *Paris*, 1783-1790, 9 vol. in-4.

Le neuvième volume finit au mot : « Hypothèque » M. Calenge, ancien jurisconsulte, a publié une suite à cette collection, depuis la lettre A jusqu'aux lettres *Hom* inclusivement. *Paris*, *Lamy*, 1805-1807, 4 vol. in-4.

Collection de différentes pièces concernant la chirurgie, l'anatomie, etc., extraite des ouvrages étrangers. (Par Jean-François Simon, chirurgien.) *Paris*, 1761, 4 vol. in-12. V. T.

Collection de diverses pièces et mémoires nécessaires pour achever d'instruire la grande affaire de tactique, et donner les derniers éclaircissements sur l'ordre françois proposé. (Par le baron Mesnil de Durand.) *Amsterdam (Paris)*, *Jombert*, 1780, 2 vol. in-8.

Collection de divers éloges publiés à l'occasion du prix proposé par l'Académie françoise en 1777, pour le meilleur éloge du chancelier de L'Hospital. *Paris* (*Hollande*), 1778, in-12.

On trouve dans ce recueil deux éloges avec les noms des auteurs ; ce sont ceux de l'abbé Joseph-Honoré Remy et de l'abbé François-Xavier Talbert, couronnés l'un à Paris, l'autre à Toulouse : les deux autres éloges qu'il contient sont anonymes, savoir, celui de Jacques-Ant.-Hipp. de Guibert, et celui de Bruny, ancien syndic de la compagnie des Indes.

Collection de la liste des ci-devant ducs, marquis, comtes, barons, etc., excellences, monseigneurs, grandeurs, demi-seigneurs et anoblis. (Par Jacq.-Ant. Dulaure.) *A Paris, de l'imprimerie des ci-devant nobles, l'an second de la liberté* (1790), in-8, 32 numéros.

Réimprimé sous ce titre : « Liste des noms des ci-devant nobles, nobles de race, robins, financiers, intrigants, et de tous les aspirants à la noblesse ou escrocs d'icelle, avec des notes sur leurs familles ». *Paris*, *Garnery* (*s. d.*) et an II, 3 part. in-8 de 112, 120 et 94 p.

La 11e des « Dissertations sur quelques points curieux de l'histoire de France et de l'histoire littéraire par Paul L. (Paul Lacroix), bibliophile ». *Paris*, *Techener*, 1838-42, in-8, est intit. : « Réfutation du pamphlet de Dulaure intitulé : « La liste des noms.... »

A paru aussi sous ce titre : « Etrennes à la noblesse, ou Précis historique et critique sur l'origine des ci-devant ducs, comtes, barons, etc., excellences, monseigneurs, grandeurs, demi-seigneurs et anoblis. » *Londres et Paris*, *J. Thomas*, l'an III de la liberté, (1790), in-8.

Pour un ouvrage sur le même sujet et qui, dans la 2e édit. du « Dictionnaire des anonymes », a été confondu avec celui de Dulaure, voy. « les Métamorphoses, ou Liste des noms de famille... »

Voy. aussi « Vie privée des ecclésiastiques... »

Collection de livres introuvables provenant du cabinet de feu M. Anne-Robert-Jacques Turgot, baron de l'Aulne... dont la vente se fera le premier avril prochain. *Angoulême*, *J. Lefraire et Ce*, 1856, in-8, 11 p.

Relevé des titres inscrits au dos de volumes simulés sur le panneau d'une porte secrète du cabinet de travail de Turgot, intendant à Limoges (1761-74). Publié et annoté par M. Eus. Castaigne, bibliothécaire d'Angoulême.

Nouvelle édition tirée à cent exemplaires et extraite du « Bulletin de la Société archéologique et historique de la Charente ». *Angoulême*, 1856, t. I de la 2e série. Ce travail avait d'abord paru dans le « Bulletin du bibliophile » de Techener, juin 1855.

Collection de matériaux pour l'histoire de la révolution de France, depuis 1787 jusqu'à ce jour. Bibliographie des journaux, par M. D.......s (Deschiens), avocat à la Cour royale de Paris. *Paris*, *Barrois*, 1829, in-8, xxiv-645 p.

Voy. « Supercheries », I, 987, *f*.

Cette collection acquise par M. le comte de Labédoyère, qui l'a considérablement augmentée, a été achetée par la Bibliothèque nationale après la mort de cet amateur.

Collection de médailles des campagnes et du règne de l'empereur Napoléon, depuis sa première campagne d'Italie, en 1796, jusqu'à son abdication en 1815 ; la notice est rédigée d'après les manuscrits de M. Denon, par R. de B. (Rougeot de Briel). *Paris*, *C. Bigi*, 1828, in-8, 16 p. — *Paris*, *imp. de Porthmann*, *s. d.*, in-8. — *Paris*, *imp. de Setier*, *s. d.*, in-8.

Collection de pièces intéressantes sur les grands événements de l'histoire de France pendant les années 1789, 1790 et 1791. (Par A. Jeudy Dugour.) *Paris*, 1802, 12 vol. in-8.

Collection de pièces originales, inconnues et intéressantes, sur l'expédition de Minorque ou de Mahon en 1756. (Publiée par le comte Philippe-Henri de Grimoard.) *Paris*, *Paquot*, 1798, in-8 de 106 pages, très-rare.

Collection de thèses médico-chirurgicales sur les points les plus importants de la chirurgie théorique et pratique, recueillies et publiées par M. le baron de Haller et rédigées en françois par *** (Henri-Jacques Macquart). *Paris*, *Vincent*, 1757-1760, 5 vol. in-12.

Voy. « Supercheries », III, 1124, *d*. Le nom de Haller y a été par erreur remplacé par celui de Muller.

Collection de vues prises dans l'ancienne enceinte et dans les environs de la ville de Mons, dessinées et lithographiées par G. L'Heureux. 1826, 40 p. de notices historiques et 20 lithographies.

Les notices sont de MM. A. DE MARBAIX, conseiller à la cour d'appel de Bruxelles, et Louis FUMIÈRE.

J. D.

Collection des lois, arrêtés et règlements actuellement en vigueur sur les différents services de l'artillerie. (Par Louis-Auguste-Frédéric EVAIN, depuis général, et après la révolution de 1830 ministre de la guerre en Belgique.) *Paris, Magimel*, 1808, in-12, IV-538 p.

C'est une seconde édition. Quérard, dans « la France littéraire », a imprimé par erreur HÉVIN.

Collection des mémoires présentés au Conseil du roi par les habitants du Mont-Jura et le chapitre de Saint-Claude, avec l'arrêt rendu par ce tribunal. (Par VOLTAIRE et Ch.-Fréd.-Gabr. CHRISTIN, avocat.) *Neufchâtel*, 1772, in-8. V. T.

Il y a des exemplaires avec le titre de « Mémoires présentés ».

Collection des moralistes anciens, dédiée au roi. Discours préliminaire (par Jacques-André NAIGEON). — Manuel d'EPICTÈTE, traduit du grec (par le même). — Morale de SÉNÈQUE, traduite du latin (par le même), avec un discours préliminaire). *Paris, Didot l'aîné*, 1782, 4 vol. in-18.

La collection entière est composée de seize volumes. La partie morale, extraite de PLATON, a été traduite en français par Louis POINSINET DE SIVRY. Voyez une notice de ses ouvrages à la fin de sa tragédie de Caton d'Utique.

Collection des procès-verbaux des assemblées générales du Clergé de France, depuis l'année 1560 jusqu'à présent, rédigés par ordre de matières et réduits à ce qu'ils ont d'essentiel ; ouvrage composé sous la direction de M. l'évêque de Mâcon (MOREAU), autorisé par les assemblées de 1762 et 1765, et imprimé par ordre du clergé. (Par l'abbé A. DURANTHON.) *Paris, Desprez*, 1767-1778, 10 vol. in-fol.

Collection du Bulletin de Lyon. Voy. ci-dessus, col. 466, *b*, « Bulletin de Lyon ».

Collection du « Journal univ. » publié à Gand pendant le séjour de S. M. Louis XVIII en 1815, précédée d'un avertissement et d'une table des matières, servant d'appendice au Moniteur de l'année 1815. *Paris, veuve Agasse*, 1825, in-fol.

Voy. « Moniteur » ou plutôt « Journal universel ».

Collection (de la) géographique créée à la Bibliothèque royale : examen de ce qu'on a fait et de ce qui reste à faire pour compléter cette création et la rendre digne de la France. (Par Edme-Fr. JOMARD.) *Paris, impr. de E. Duverger*, janv. 1848, in-8 de 104 p.

a

Le nom de l'auteur se trouve p. 56.

M. Jomard avait déjà publié un premier travail sur le même sujet, il est également anonyme. Voy. « Considération sur l'objet. »

Collection géographique de la bibliothèque royale. Développement de la collection. 1840-1846. (Par Edme-Fr. JOMARD.) *Paris, imp. de Bourgogne et Martinet*, 7 broch. in-8.

b

Extraits du « Bulletin de la Société de géographie. » Le Rapport de 1840 est intitulé : « Extrait du rapport annuel fait à la Société de géographie pour l'année 1840, par le secrétaire général. Appendice. Collection... » ; celui de 1841 : « Accroissement de la collection géographique de la bibliothèque royale en 1841 » ; « celui de 1844 : Appendice. Progrès de la collection géographique de la bibliothèque royale en 1844. »

Le Rapport de 1846 porte : Huitième rapport.

c

Collection historique, ou mémoires pour servir à l'histoire de la guerre terminée par la paix d'Aix-la-Chapelle, en 1748... (Par le chevalier O'HANLON, revue par A.-G. MEUSNIER DE QUERLON.) *Londres et Paris, Duchesne*, 1758, in-12.

DE ROSTAING y a inséré une « Relation d'un voyage fait aux Indes ».

d

Collection intégrale et universelle des orateurs sacrés du premier et du second ordre... publiée selon l'ordre chronologique par M. l'abbé M*** (Jacques-Paul MIGNE). *Montrouge, Migne*, 1844, in-8.

Voy. « Supercheries », III, 1114, *f*.

Collection universelle des mémoires particuliers relatifs à l'histoire de France. (Recueillis par ROUCHER, Antoine PERRIN, Louis DUSSIEUX et autres, publiés avec des observations par DUCHESNAY.) *Londres et Paris*, 1785-1807, 70 vol. in-8.

e

Collectionneur (le) breton ; recueil historique et littéraire. (Publié par Sigismond ROPARTZ.) *Nantes, bureaux de la « Revue de Bretagne et de Vendée »*, 1862-64, 24 livr. formant 4 vol. in-12.

Collectionneurs (les) de l'ancienne Rome, notes d'un amateur (Edmond BONAFFÉ). *Paris, Aubry*, 1867, in-8, VII-133 p.

f

Voy. « Supercheries », I, 292, *a*.

Collége (le). (Par M. LAMBERT.) *Paris, Meyer*, 1832, 2 vol. in-8.

Collége (le) et académie royale de chirurgie. (*Paris*), *impr. Clousier*, 1775, in-8, 12 p.

Cette pièce n'a qu'un faux-titre ; le titre de départ porte en plus : « Stances, par M. ***, chirurgien »,

M. Bernard PEYRILHE, d'après une note manuscrite sur l'exemplaire de la Bibliothèque nationale.

Collége (le) philosophique en opposition à la loi fondamentale, par un patriote père de famille (RENAUDIÈRE). *Bruxelles, Renaudière*, 1829, in-8, 63 p.
J. D.

Collége (le) royal de France, ou institution, établissement et catalogue des lecteurs et professeurs ordinaires du roi. (Par Guillaume DUVAL.) *Paris, Bouillette*, 1644, in-4.

Colléges (des) électoraux de département, par un électeur du département de Seine-et-Oise. (*Paris*), *imp. de Crapelet* (1820), in-8, 16 p.

Signé : R (le baron A. RICHERAND, professeur à la Faculté de médecine de Paris). D. M.

Collégiale de Sainte-Pharaïlde à Gand, par L. A. C. (Louis-André COLINEZ, conseiller à la Cour de cassation). *Gand, de Busscher*, 1852, in-8, 41 p.

Tirage à part de la Société des beaux-arts de Gand.
J. D.

Collégien (le) bien élevé, par M. Léon N*** (Léon NEVEU), membre honoraire de l'Académie de Rouen. *Paris, Dezobry, E. Magdeleine et Ce*, 1860, in-16.

Voy. « Supercheries », II, 1220, *b*.

Colloque de Jésus-Christ avec une âme fidèle, par M. D*** (Ant.-Jos. DURAND), docteur de Sorbonne, prieur-curé de la ville de Meaux. *Paris, Hérissant*, 1759-1770, in-12.

Voy. « Supercheries », I, 840, *a*.

Colloques (les) choisis d'ERASME, traduits en françois (par Philippe DUMAS), le texte vis-à-vis de la traduction, avec trois dialogues moraux tirés de PÉTRARQUE et de Maturin CORDIER. *Paris, Brocas*, 1762, in-12.

Colloques d'ERASME fort curieusement traduits du latin en françois. (Par Samuel CHAPPUZEAU.) *Leyden, Adr. Vingart*, 1653, pet. in-12.

Colloques de Maturin CORDIER, traduction nouvelle. (Par Samuel CHAPPUZEAU.) *Genève*, 1666, 1675, in-12. — *Amsterdam*, 1700, in-12.

Colloques scholastiques et moraux pour l'instruction des petits écoliers. (Par le P. François POMEY, jésuite.) — Colloquia ethico-scholastica, etc., nouvelle édition, revue et corrigée. *Lille, Henry*, 1725, in-18.

Cet ouvrage parut pour la première fois à *Lyon*, en 1668.

a Colombe (la), conte pour les enfants. Par l'auteur des « Œufs de Pâques » (l'abbé Christ. SCHMID); traduit de l'allemand. *Strasbourg et Paris, Levrault*, 1828, in-18.

Colombine-Arlequin et Arlequin-Colombine, comédie. Par LE S. (Alain-René LE SAGE). *Paris*, 1715, in-8.

Voy. « Supercheries », II, 763, *e*.

b Colombine, avocat pour et contre, par D. (DE FATONVILLE). *Paris*, 1685.

En trois actes et en prose. Catalogue Soleinne, n° 3237.

Colombine, femme vengée, par D. (DE FATONVILLE). *Paris*, 1689.

En trois actes et en prose. Catalogue Soleinne, n° 3237.

c Colombine, philosophe soi-disant, comédie en un acte et en prose, mêlée de vaudevilles, représentée pour la première fois sur le théâtre du Vaudeville, le 17 prairial an XI. (Par Jean-Baptiste RADET.) *Paris, Mme Masson*, an XI-1803, in-8, 47 p.

Colonel (le) Duvar, fils naturel de Napoléon; publié d'après les « Mémoires d'un contemporain ». (Par Louis-Gabriel MONTIGNY.) *Paris, Baudouin*, 1827, 4 vol.
d in-12. D. M.

Colonie (la), comédie en deux actes, imitée de l'italien, et parodiée sur la musique du Sig. Sacchini. Représentée pour la première fois par les comédiens italiens, le 16 août 1775, et à Fontainebleau devant Leurs Majestés, le 4 novembre de la même année. (Par Nic.-Et. FRAMERY.) *Paris, veuve Duchesne*, 1776, in-8.

e Colonie (la), comédie en trois actes, avec un prologue. (Par Germ.-Franç. POULLAIN DE SAINT-FOIX.) *Paris, Cailleau*, 1750, in-12.

Colonies. Des articles 1 et 64 de la Charte. (Par Adolphe CRÉMIEUX, avocat.) *Paris, Mie*, 1831, in-8. D. M.

Colonies (des) françaises et en particulier de Saint-Domingue. (Par Ch. ESMANGARD, ancien officier de marine.) *Paris*,
f *Agasse*, an X-1802, in-8.

Colonisation (de la) et des institutions civiles en Algérie, par le comte G. DE R. B. (Gaston DE RAOUSSET-BOULBON), colon algérien. *Paris, Dauvin et Fontaine*, 1847, in-8, 65 p.

Voy. « Supercheries », III, 341, *e*.

Colonne de la grande armée, à Boulogne-sur-Mer. Son origine, sa fondation. Anecdotes sur l'Empire et la Restauration. Destinations diverses. Inauguration définitive, par A** P**, du Pas-de-Calais (Auguste-Philibert CHALONS-D'ARGÉ). *Paris, Lavigne*, 1841, in-8.

Voy. « Supercheries », I, 369, *b*.

Colonne (la) du congrès. (Par DUBOIS-THORN, gouverneur du Brabant.) *Arlon; Bruck*, 1859, in-4, 22 p. J. D.

Colonne (la) du congrès. Aux électeurs. (Par Ad. MATHIEU.) *Bruxelles, chez tous les libraires*, 1854, in-12, 22 p. J. D.

Colonne (la) du congrès et de la constitution à Bruxelles. Historique et description du monument. (Par Félix STAPPAERTS.) *Bruxelles, Vanbuggenhout*, 1859, in-8, 20 p.

Extrait de la « Revue britannique », édition internationale, août 1859. J. D.

Colonne (la) du congrès et de la constitution, inaugurée le 26 septembre 1859. (Par Jules DUGNIOLLE, secrétaire du conseil des mines et de la commission des monuments.) Gravures de van Peteghem. *Bruxelles, Labroue*, 1859, in.12, 16 p. J. D.

Colonne (la) française et le vrai patriote. *Paris, imp. de G. Doyen* (1831), in-12.

Réimpr. de l'Ode à la colonne de M. Victor HUGO.

Colonne (de la) nationale et triomphale dont le simulacre se voit à Paris, par un artiste (Philippe CHÉRY, peintre en histoire). *Paris*, an IX-1801, in-8. V. T.

Voy. « Supercheries », I, 388, *c*.

Colonne (la) Vendôme. 18 mai 1871. (Par BOURGEOIS.) *Versailles, imp. Crété*, in-8, 4 p.

Signé : Un Vendéen.

Combat à mort, ou mort héroïque de Propet, tragédie comme les autres, ni pour rire ni pour pleurer, par le sieur de Trois-Etoiles tout du long, qui aura bientôt un nom (Charles-François RAGOT DE GRANDVAL fils). *Imprimé à la campagne, chez un marchand chapelier, au Creuset, s. d.*, in-12.

Voy. « Supercheries », III, 856, *e*.

Combat d'honneur concerté par les quatre éléments, sur l'heureuse entrée de Mme la duchesse de La Valette en la ville de Metz; ensemble la resiouissance publicq concertée par les habitans de la ville et du pays sur le même sujet. *S. l.*, 1652, in-fol., 4 ff. et 130 p. avec 22 grav.

Cet ouvrage est du P. Jean MOLET, de Briançon. C'est à tort qu'on l'a attribué à Abr. FABERT, et qu'on lui a donné comme date de publication l'année 1624 au lieu de 1652.

Combat (le) de David contre Goliath. Au roi très-chrestien Louis le Juste. (Par Jean DE CHIREMONT.) *S. l.*, 1618, in-8. — *S. l. n. d.*, in-8.

Combat (le) de l'anti-huguenot contre les principaux chefs de la religion prétendue réformée. (Par le P. Ange DE RACONIS.) *Paris, Mesnier*, 1621, in-8, 16 p.

Combat (le) de l'erreur contre la vérité, ou Suite du parallèle de la doctrine des païens avec celle des Jésuites. (Par PÉAN.) *Utrecht*, 1749, in-8.

Combat de Lubeck, le 6 novembre 1806. (Par Ch. VILLERS.) *Lubeck, J.-F. Bohn*, 1806, in-4, 8 p., avec plan gravé.

Combat de religion, ou réponse à la lettre de M. l'abbé Fauchet (17 août), insérée dans le « Journal de Paris » (21 août). (Par l'abbé EGASSE.) *Paris, Langlois fils*, 1789, in-8.

Combat (le) des deux clefs, ou défense du « Miroir de la piété chrétienne » (du P. Gerberon), recueil d'ouvrages dans lequel, opposant la clef de la science à celle de la puissance, on fait voir l'abus des prétendues censures de quelques évêques contre ce livre. (Par J. LE NOIR, théologal de Séez.) *Durocortore*, 1678, in-12.

Combat des échasses, donné à Namur, le dernier jour des carnavales. Poëme héroïque. *Namur, Fr. Chenu*, 1686, pet. in-8, 27 p.

Edition très-rare d'un poëme de Blaise-Henri DE CORTE, baron DE WALEF, qui a été réimprimé en 1731, dans la collection de ses œuvres.

Combat (le) des rats et des grenouilles, imité d'Homère (attribué à LA VALTERIE), avec les poésies latines de SANNAZAR. *Francfort*, 1709, in-12.

Combat (le) du cœur et de l'esprit, avec le démêlé et l'accommodement de l'esprit et du cœur. *Paris*, 1668, in-12.

L'auteur du « Combat » n'est pas connu ; le « Démêlé » est de l'abbé TORCHE, et l' « Accommodement » de G. ALLUIS de Grenoble.

Combat du molinisme contre le jansénisme. (Par PÉAN.) *Amsterdam* (*Paris*), 1756, 2 vol. in-12.

Combat près de Mons, le 14 août 1678. (Publié par H. ROUSSELLE.) *S. l. n. d.*, in-8, 19 p. J. D.

Combat (le) spirituel. (Par J. DES MARETS DE SAINT-SORLIN.) *Paris*, 1652, in-12. V. T.

Combat (le) spirituel, fait et composé par les prêtres réguliers appelés communément Théatins, et par eux augmenté de vingt-sept chapitres; traduit en françois par D. S. (D. Santeul), Parisien. *Paris*, 1608, in-12.

Cet ouvrage a été successivement attribué à dom Jean de Castagniza, bénédictin espagnol, au Père Achille Gagliari, jésuite italien et en dernier lieu au P. Lorenzo Scupoli, théatin. Cette dernière attribution est généralement acceptée aujourd'hui.

Voy. « Supercheries », I, 986, *d*, et III, 635, *c*.

Vezzozi a donné la liste de 260 éditions ou traductions publiées jusqu'en 1775. Voy. « I Scrittori de' chierici regolari detti Theatini. » *Roma*, 1780, 2 vol. in-4.

Combat (le) spirituel, par le R. P. D. Laurent Scupoli, clerc régulier théatin, suivi d'un « Traité de la paix de l'âme », par le même auteur; traduction nouvelle par *** (Jac.-Maximilien-Benj. Bins de Saint-Victor), augmentée de prières tirées des « Paraphrases » de Massillon et d'un morceau inédit du P. Bourdaloue. *Paris*, 1820, in-24.

Voy. « Supercheries », III, 1101, *f*.

Combat (le) spirituel, réduit en exercices pour les retraites annuelles (de dix jours), avec une académie propre pour se former en ce combat et profiter de ces exercices hors de la retraite; par le P. T. D. R. R. M. (le P. Timothée de Rainier, religieux minime). *Avignon*, 1654, in-8.

Voy. « Supercheries », III, 271, *f*.

Combien il serait dangereux de préférer les talens agréables aux talens utiles. (Par l'abbé J.-Ant. de La Serre.) *Lyon*, 1769, in-8.

Comédiana, ou recueil choisi d'anecdotes dramatiques, etc., par C. (Cousin) d'Aval. (Avalon). *Paris*, 1801, in-18.

Voy. « Supercheries », I, 671, *e*.

Comédie (la) contraire aux principes de la morale chrétienne, extrait des SS. PP. et de MM. Bossuet, Nicole, etc. (Par l'abbé Mahy.) *Auxerre, F. Fournier*, 1754, in-12.

Comédie (la) des académistes pour la réformation de la langue françoise, pièce comique (en cinq actes et en vers), avec le rôle des présentations faites aux grands jours de ladite Académie. *Imprimé l'an de la réforme* (1650), in-8, 4 ff. et 72 p.

La dédicace est signée : Des Cavenets (Charles Margotelle de Saint-Denys, sieur de Saint-Evremont.)

Voy. « Supercheries », I, 909, *d*.

Comédie (la) des comédies, traduitte d'italien en langue de l'orateur françois, par

a L. S. D. P. (René Barry, sieur du Peschier). *Paris, aux depens de l'autheur*, 1629, in-8, 3 ff. lim. et 198 p.

Voy. « Supercheries », II, 714, *b*.

Comédie (la) des proverbes. (Par Adrien de Montluc, comte de Cramail.) *Paris*, 1633, in-8, 6 ff. et 164 p. — *Paris*, 1644, in-8. — *La Haye, Adrian Ulacq*, 1655, in-12. — *Paris*, 1665, in-12.

b Cette pièce a été souvent réimprimée. Voy., pour le détail des éditions, Brunet, « Manuel du libraire », 5e éd., tome III, col. 1869.

Elle a été publiée récemment dans le tome IX de l' « Ancien Théâtre français ».

Comédie (la) des supposez de M. Louys Arioste, en italien et en françois. (Par J.-P. de Mesmes.) *Paris, E. Groulleau*, 1552, pet. in-8.

Comédie (la) française racontée par un témoin de ses fautes (Théodore de Ban-

c ville). 1680-1863. Avec une préface et un épilogue en vers. *Paris, Edmond Albert*, in-18, 72 p.

Voy. « Supercheries », III, 770, *b*.

Comédie galante de M. de B. *Paris*, 1667, in-12. — *Cologne, Pierre Marteau*, *s. d.*, in-12. — *Paris*, 1681, in-12.

Réimprimée dans différents recueils.

d Cette comédie a été à tort attribuée à Bussy-Rabutin.

Voy. « Supercheries », I, 423, *c*, et 869, *a*.

Comédie, ou dialogue matrimonial, exemplaire de paix en mariage, extrait des devis d'Erasme.... *Paris, J. Longis et V. Sertenas* (*impr. par D. Janot*), 1541, in-8, 16 ff.

Traduction en vers attribuée à Barthélemy Aneau. Voy. le « Manuel du libraire », 5e édit., II, 1041.

e Comédie très-élégante, en laquelle sont contenues les amours récréatives d'Erosastre, fils de Philogène, et de la belle Polymneste, fille de Damon. (Par Jacques Bourgeois.) *Paris, veuve Jannot*, 1545, in-16.

Cette pièce est une traduction de la comédie des « Supposés » de l'Arioste, avec quelques changements; elle est très-rare. Le « Manuel du libraire » ne cite que l'exemplaire qui a figuré en 1784 à la vente La Vallière.

f Comédien (le) ambulant, ou les Egyptiens du Nord; traduit de l'anglais par le traducteur des « Œuvres de Walter Scott » (A.-J.-B. Defauconpret). *Paris, Lecointe et Durey*, 1823, 4 vol. in-12.

Comédienne (la), comédie en trois actes, en vers, représentée par les comédiens français ordinaires du roi, pour la première fois, le 6 mars 1816. (Par François-

Guillaume-Jean-Stanislas ANDRIEUX.) *Paris, A. Nepveu*, 1816, in-8.

Comédienne (la), fille et femme de qualité, ou Mémoires de la marquise de *****, écrits par elle-même, contenant ses aventures de théâtre. (Par DE SAINTE-CROIX.) *Bruxelles* (*Paris*), 1756-1757, 7 parties in-12.

Voy. « Supercheries », III, 1124, *c*.

Comédiens (les), ou le Foyer, comédie en un acte et en prose attribuée à l'auteur du « Bureau d'esprit » (le chevalier RUTLIDGE); représentée par les comédiens de la ville de Paris au théâtre du Temple, le 5 janvier 2440. *Paris, de l'impr. des successeurs de la veuve Duchesne*, MMCCCCXL, in-8.

Pièce de L.-S. MERCIER qui est comprise dans la liste qu'il a donnée de ses comédies.

Il y a une édition, ou plutôt des exemplaires de cette édition qui ont un titre ainsi conçu : « les Comédiens ou le Foyer, comédie en un acte et en prose, par M*** ». *Londres* (*Paris*), 1777, in-8.

Voy. « Supercheries », III, 480, *d*, et 1068, *e*.

Comédies de TÉRENCE, en vers français. (Par H.-Gabr. DUCHESNE.) *Paris, Duminil Le Sueur*, 1806, 2 vol. in-8.

Comédies de TÉRENCE, nouvellement traduites (savoir, l'Eunuque, le Fâcheux à soi-même et l'Hécyre), avec le latin à côté, et rendues très-honnêtes en y changeant fort peu de chose. (Par Etienne DE MARTIGNAC.) *Paris, veuve de Cl. Thiboust*, 1670, in-12.

Réimprimé plusieurs fois avec le nom du traducteur.

Comédies de TÉRENCE, trad. en françois avec des remarques, par Mme D. (DACIER). *Paris, Den. Thierry*, 1688, 3 vol. in-12.

Comédies historiques. (Par le comte P.-L. ROEDERER.) *Paris, impr. de Lachevardière*, 1827-1830, 3 vol. in-8.

Le premier volume se compose de trois pièces qui avaient d'abord paru séparément et sans le nom de l'auteur, savoir : « le Marguillier de Saint-Eustache», « le Fouet de nos pères » et « le Diamant de Charles-Quint ». Il y a des exemplaires auxquels on a joint : « La Mort de Henri IV ». (Voy. ces différents titres à leur ordre alphabétique.) Il y en a même où cette addition est mentionnée sur le titre du volume.

Comédies, proverbes, parades. (Par le baron Ant.-Marie ROEDERER et le comte Pierre-Louis ROEDERER.) *Dinan-sur-Meuse*, 1824-1826, 3 vol. in-8.

Tiré à 100 exemplaires.

Comes juventutis, ou recueil de pensées morales en vers et en prose, extraites de divers auteurs, à l'usage des jeunes gens. (Par Aug. ASSELIN, sous-préfet de Vire,

a

éditeur de Basselin, etc.) *Vire, Adam*, 1807, x-124 p.

Comète (la), conte en l'air. (Par Nic. BRICAIRE DE LA DIXMERIE.) 1773, in-8.

V. T.

Comète (la) et le croissant. Présages et prophéties relatifs à la question d'Orient; par un astrologue contemporain (Alfred LETELLIER). *Paris, à la librairie nouvelle*,

b

1854, in-32, 64 p.

Voy. « Supercheries », I, 392, *d*.

Comète (la) royale, pronostiquant à la reine un déluge des vengeances du ciel, en punition : 1° des incestes; 2° des violements; 3° des sacrilèges; 4° des sodomies; 5° des brutalités qui se commettent dans la guerre qu'elle fomente pour retenir l'ennemi de la chrétienté. *Paris*, 1652, in-4, 4 p.

c

Signé : P. M. D. C. (le Père MICHEL, de Grosbois) Contrefaçon de la « Lettre du Père Michel de Grosbois au duc d'Angoulême ».

Voy. « Supercheries », III, 193, *d*.

Le titre y est par erreur donné : « Comité royal », et le nom de l'auteur Michel DE CROISBOIS.

Comètes (les) ne sont point des météores. Réponse à la lettre de M. l'abonné au « Journal de l'empire », insérée dans la feuille du 24 novembre 1811, semée de

d

réflexions critiques sur la manie des systèmes; avec deux planches. Par un provincial (CARME-DUPLAN). *Toulouse, Bénichet cadet*, 1812, in-12.

Voy. « Supercheries », III, 267, *e*.

Commandement (du) de la cavalerie et de l'équitation. Deux livres de XÉNOPHON, traduits en français par un officier d'artillerie à cheval (Paul-Louis COURIER). *Paris, Eberhardt*, 1812, in-8.

e

Voy. « Supercheries », II, 1286, *f*.

Commandement (le) et l'intendance. Réponse à la brochure sur l'administration de l'armée française. *Montargis, imp. Leriche et Ce*, 1870, in-4, 70 p.

Signé : X. (Par BLANCHOT.)

Commandements (les) de l'honnête homme, par M. F... (A.-A.-J. FEUTRY).

f

Paris, d'Houry, 1776, in-8, 13 p.

Réimprimé dans le « Livre des enfants ». Voy. ce titre.

Voy. « Supercheries », II, 4, *d*.

Commandeur (le), nouvelle. (Par le prince M. GALITZIN.) *Paris, Cormon*, 1850, in-8.

Commandeurs du Mont-Thabor, rit écossais philosophique. Fête funèbre en mémoire du R.·. F.·. commandeur fondateur Jacques de Cambry. (Par Michel-Ange-Bernard DE MANGOURIT.) *Paris*, 1819, in-8, 54 p.

Comme il vous plaira... Voy. ci-dessus « As you like it », col. 304, *d*.

Comme quoi Napoléon n'a jamais existé. *Paris, Borel et Varenne*, 1836, in-18.

La couverture portait : Troisième édition et seule édition de luxe, revue et corrigée par l'auteur, ornée de vignettes. La préface signée P. B. est de Pétrus BOREL. Les deux premières éditions ont paru sous le titre de « Grand erratum ». (Voy. ces mots.) La quatrième édition, revue, *Paris, Risler*, 1838, in-12 de 24 p., porte le nom de l'auteur : M. J.-B. PÉRÈS, A. O. (ancien oratorien), A. M. (ancien magistrat, c'est-à-dire substitut du procureur général de la cour royale d'Agen), bibliothécaire de la ville d'Agen.

Réimprimé anonyme dans le « Musée Philippon » avec illustration (Voy. l' « Intermédiaire », VI, 70), et aussi à la suite de : « Histoires drôlatiques de l'empereur Napoléon Ier, racontées par H. de Balzac, A. Tousez et F. Soulié, suivies de : « Comme quoi... etc. », recueillis par Arthur Delanoue. *Paris, Passard*, 1854, in-32.

Pérès est mort le 4 janvier 1840.

Comment disent les bonnes gens (trois contes), par A. R. (Auguste RICARD). *Paris*, 1859, in-12.

Voy. « Supercheries », I, 374, *a*.

Comment l'esprit vient... Voy. « Psychologie expérimentale ».

Comment le jésuitisme n'est pas la religion chrétienne... (Par J. DAVID.) *Nantes, imp. de V. Mangin*, 1847, in-32.

Comment le jeune Henri apprit à connaître Dieu. Histoire morale et amusante composée pour les enfants, et traduite de l'allemand (de l'abbé Christ. SCHMID) par M. LAMBERT. *Paris, Blanchard*, 1820, in-8.

C'est, dit Quérard, le premier ouvrage du chanoine Schmid traduit en français. Souvent réimprimé.

Comment on pourrait prévenir les conséquences d'une révolution à Paris. *Paris, E. de Soye, impr.*, in-8, 8 p.

Daté d'octobre 1869 et signé à la main : E. DE SOYE.

Commentaire abrégé sur les articles de la Déclaration du clergé de France de 1682. (Par le P. Bernard LAMBERT.) *Paris*, 1811, in-8.

Cet opuscule est extrait en grande partie de l'ouvrage de l'auteur, intitulé : « la Vérité et l'Innocence vengées », contre les « Mémoires (de M. Picot) pour servir à l'histoire ecclésiastique pendant le XVIIIe siècle ».

Commentaire de M. DUPUY sur le « Traité des libertés de l'Eglise gallicane » de P. Pithou, avec une préface, des notes et de nouvelles preuves. (Par l'abbé Nic. LENGLET DU FRESNOY.) *Paris, Musier*, 1715, 2 vol. in-4.

La préface a été supprimée, et ne se trouve que dans quelques exemplaires.

Commentaire en vers françois, sur l'École de Salerne, par M. D. F. C. (DUFOUR DE LA CRESPELIÈRE), avec le texte latin et la traduction en vers. *Paris, Clousier*, 1671 ; — *Alliot*, 1672, 1690, in-12.

Voy. « Supercheries », I, 932, *d*.

Commentaire historique de la vie et de la mort de messire Christophe, vicomte de Dhonà, par F. S. (Frédéric SPANHEIM). *Genève*, 1639, in-4.

Voy. « Supercheries », II, 105, *e*.

Commentaire historique sur les œuvres de l'auteur de « la Henriade », etc., avec les pièces originales et les preuves. *Basle, héritiers de Paul Duker*, 1776, in-8, 282 p.

Par VOLTAIRE.

Ce commentaire a été souvent attribué à WAGNIÈRE, secrétaire de Voltaire, ou à l'avocat C.-G.-F. CHRISTIN.

M. Beuchot combat ces deux opinions et établit que cet ouvrage a été écrit par Wagnière sous la dictée de Voltaire.

Commentaire littéral sur la Bible, inséré dans la traduction françoise, par le R. P. DE CARRIÈRES, prêtre de l'Oratoire ; nouvelle édition revue, corrigée et augmentée (par les soins de l'abbé Henri-Fr. DE VENCE). *Nancy, Le Seure*, 1738-1741, 16 vol. pet. in-8.

Commentaire littéral sur les épîtres de saint Paul, par le R. P..... (Louis DE CARRIÈRES), prêtre de l'Oratoire. *Paris, J. de Nully*, 1701, 2 vol. in-12.

Le nom de l'auteur est dans la permission du général.

Commentaire philosophique sur ces paroles de Jésus-Christ : « Contrains-les d'entrer », traduit de l'anglais de Jean Fox de BRUGGS, par J. F. (Pierre BAYLE). *Cantorbéry*, 1686, 3 vol. in-12.

Voy. « Supercheries », II, 396, *e*.

Commentaire premier du seigneur Alphonse d'ULLOE jusques à l'an 1568. (Traduit par F. DE BELLEFOREST.) *Paris, Jean Dallier*, 1570, pet. in-8.

Commentaire roturier... Voy. « Commentaire très-roturier... »

Commentaire sur l'Apocalypse. (Par Fr. JOUBERT.) *Avignon (Paris)*, 1762, 2 vol. in-12.

Commentaire sur l'Apocalypse par l'auteur des « Explications des psaumes et des prophètes » (le président P.-J. AGIER). Paris, *Eberhardt*, 1823, 2 vol. in-8.

Commentaire sur l'édit du mois d'avril 1695, concernant la juridiction ecclésiastique, par M*** (Daniel JOUSSE, conseiller au présidial d'Orléans). *Paris, de Bure l'aîné*, 1764, 2 vol. in-12.

Commentaire sur « l'Esprit des lois » de Montesquieu (par le comte Ant.-Louis-Cl. DESTUTT DE TRACY), suivi d'observations inédites de CONDORCET sur le 29e livre de cet ouvrage. *Liége, et Paris, Desoer*, 1817, in-8, 471 p. — *Paris*, 1819, in-8.

Réimprimé avec le nom de l'auteur.

Commentaire sur l'ordonnance des eaux et forêts du mois d'août 1669. (Par Daniel JOUSSE.) *Paris, de Bure*, 1772, in-12.

L'auteur a publié d'autres commentaires sous le voile de l'anonyme. Voyez les mots « Nouveau commentaire... ».

Commentaire sur la Charte constitutionnelle. (Par Aimé-Félix-Julien BERRIAT.) *Paris, Videcocq*, 1836, in-8, 480 p.

Commentaire sur la conservation de la santé et prolongation de la vie, traduit du latin de Jérôme DE MONTEUX. (Par Claude VALECLAS, médecin.) *Lyon*, 1559, in-8. — *Paris*, 1572, in-8.

Commentaire sur la Henriade, par feu DE LA BEAUMELLE, revu et corrigé par M. F*** (FRÉRON). *Berlin, et Paris, Le Jay*, 1775, in-4, ou 2 vol. in-8.

Voy. « Supercheries », II, 4, *d*.

Commentaire sur le livre « Des Délits et des peines » (de Beccaria), par un avocat de province (VOLTAIRE). *S. l.*, 1766, in-8, VIII-120 p.

Voy. « Supercheries », I, 421, *a*.

Commentaire sur le théâtre de Voltaire, par DE LA HARPE, imprimé d'après le manuscrit autographe de ce célèbre critique; recueilli et publié par *** (L.-P. DECROIX, de Lille). *Paris, Maradan*, 1814, in-8.

Voy. « Supercheries », III, 1023, *b*.

Commentaire sur le titre des successions de la Coutume du comté de Bourgogne et traité des institutions contractuelles de la Franche-Comté de Bourgogne. (Par le professeur Franc.-Ign. DUNOD DE CHARNAGE.) *Besançon, libraires associés*, 1725, in-8.

Cet ouvrage a été réimprimé avec les Observations du même professeur sur les autres parties de la Coutume. *Besançon, Daclin*, 1756, in-4; le traité particulier dont il s'agit commence à la page 573.

Commentaire sur le « Traité des libertés de l'Eglise gallicane », de maître Pierre Pithou.... Ensemble trois autres traités : I. De l'origine et du progrès des interdits ecclésiastiques; II. Des informations de vie et mœurs des nommés aux évêchés par le roi; III. Histoire de l'origine de la pragmatique sanction faite par le roi Charles VII l'an 1439, et des concordats faits l'an 1515. *Paris, S. et G. Cramoisy*, 1652, in-4. — Nouvelle édition, revue et corrigée, et augmentée de notes.... (Pub. par LENGLET DU FRESNOY.) *Paris, Mercier*, 1715, 2 vol. in-4.

Par Pierre DUPUY suivant le P. Lelong. L'ouvrage a été publié par Jacques DU PUY, et Pierre PITHOU lui-même aurait eu, selon Grosley, une grande part à ce commentaire.

Commentaire sur les douze petits Prophètes. (Par l'abbé Fr. JOUBERT.) *Avignon, Girard*, 1754 et années suivantes, 6 vol. in-12.

Commentaire sur les ordonnances de Lorraine, civiles, criminelles, et concernant les eaux et forêts, combinées avec celles de France, par M. M*** (MONCHEREL), avocat au parlement de Nancy. *Bouillon, société typographique*, 1778, in-8, 686 p.

Commentaire sur un passage du dernier ouvrage de M. Nekre, ou éclaircissements demandés à messieurs les commis des postes, préposés à décacheter les lettres. (Par Ant.-Jos.-Michel SERVAN.) 1785, in-8, 72 p.

Commentaire très-roturier sur le noble discours adressé par le prince de Conti à Monsieur, frère du roi. (Par Ant.-Jos.-Michel SERVAN.) 1788, in-8, 42 p.

Réimprimé sous le titre de « Commentaire roturier ».

Commentaires apostoliques et théologiques sur les saintes prophéties de l'auteur sacré de « Barbe bleue ». (Par FRÉDÉRIC II, roi de Prusse.) *Cologne, Pierre Marteau (Sans-Souci)*, *s. d.*, in-8, 60 p.

Ces commentaires finissent par ces mots : Signé : dom CALMET.

Voy., pour plus de détails sur cette facétie, « Supercheries », I, 633, *d*.

Commentaires (les) de CÉSAR, d'une traduction toute nouvelle (celle de Nic. PERROT D'ABLANCOURT, un peu retouchée), avec des remarques sur la carte de l'ancienne Gaule, par SANSON d'Abbeville. *La Haye*, 1743, 2 vol. in-12.

Commentaires (les) de CÉSAR, en latin et en françois (de la traduction de Nicolas

Perrot d'Ablancourt, revue par l'abbé J.-B. Le Mascrier). *Paris, Barbou*, 1755, 2 vol. in-12.

Commentaires de César, nouvelle édidion (de la traduction de Nic. Perrot d'Ablancourt, retouchée par J.-B. Le Mascrier), avec des notes et une carte de la Gaule, etc., par J. Bourguignon d'Anville. *Amsterdam*, 1763, 2 vol. in-12.

Commentaires de César (traduction de Nic. Perrot d'Ablancourt, revue en 1755 par l'abbé J.-B. Le Mascrier, et ensuite par Noël-François de Wailly), avec le texte. *Paris, Barbou*, 1767, 1776, 2 vol. in-12.

Commentaires (les) de César, avec cartes géographiques, nouvelle édition revue et corrigée avec le plus grand soin. *Lyon, Rusand*, 1810, 2 vol. in-12.

Cette traduction est encore celle de d'Ablancourt, revue par l'abbé Le Mascrier et par de Wailly. « Sa lecture nous a convaincu, dit le nouvel éditeur (le P. J.-N. Loriquet), que bien des choses avaient échappé à M. de Wailly, et qu'il n'y avait presque pas une page qui n'ait encore besoin de plusieurs corrections, la plupart importantes. Nous avons entrepris ce travail, et près de mille passages ont été ou retouchés ou entièrement refondus. »

Cette traduction ainsi revue fait partie de la collection d'ouvrages classiques imprimée à Lyon, et adoptée dans les principaux petits séminaires de France.

Commentaires de l'état de la religion et république sous Henri et François seconds et Charles neuvième. (Par P. de La Place.) *S. l.*, 1565, in-8.

Deux éditions sous cette date. Réimprimé avec le nom de l'auteur sous le titre de : l' « Histoire de notre temps... ». *S. l.*, 1566, in-16.

Commentaires (les) de S. Augustin sur le sermon de Notre-Seigneur sur la montagne, traduits en françois. (Par Pierre Lombert.) *Paris, Pralard*, 1683, in-12.— *Paris, D. Mariette*, 1701, petit in-12.

Commentaires des dernières Guerres en la Gaule belgique, entre Henri II, roi de France, et Charles V, empereur. (Par Fr. de Rabutin et Guy des Brues.) *Paris*, 1574, in-8. V. T.

Voy. « Commentaires sur le fait des dernières guerres... ».

Commentaires des Mémoires du comte de St-Germain, ministre de la guerre, etc. (Par P.-Christian de Wimpfen.) *Londres*, 1780, in-8.

Commentaires et annotations sur la Semaine de la création du monde de G. de Saluste, sieur du Bartas, par S. G. S. (S. Goulart, Senlisien). *Paris*, 1582, in-12.

Commentaires mémorables de don Bernardin de Mendoce, 1567-1577. (Traduit en français par le F. Pierre Crespet.) *Paris, G. Chaudière*, 1591, in-8.

Commentaires qui accompagnent le projet d'ordonnance sur le service des armées en campagne du 3 mai 1832. (Par le général Claude-Ant.-Hip. de Préval.) *Paris, Ancelin*, 1832, in-8, 163 p.

Commentaires sur l'ordonnance de la majorité des rois. (Par P. Dupuy.) *Paris*, 1655, in-8.

Lenglet du Fresnoy, dans le « Supplément de la méthode pour étudier l'histoire », *Paris*, 1739, in-4, seconde partie, page 178, dit que ce livre est extrêmement rare. V. T.

Commentaires sur le fait des dernières guerres de la Gaule belgicque, depuis 1551 jusqu'en 1562. (Par Fr. de Rabutin et Guy des Brues.) *Paris*, 1575, in-4. V. T.

Voy. ci-dessus « Commentaires des dernières Guerres... ».

Commentaires sur le Théâtre de P. Corneille et autres morceaux intéressants, etc. (Par Voltaire.) *Paris*, 1764, 3 vol. in-12.

Réimpression du commentaire de l'édition des « Œuvres dramatiques de P. et Th. Corneille ». *Genève*, 1764, 12 vol. in-8.

Commentaires sur les Commentaires du comte de Turpin de Crissé sur Montecuculli, par M. de W. G. M. (Charles-Emmanuel de Warnery, général-major). *Saint-Marino* (*Breslau, G. Korn*), 1777-1779, 3 vol. in-8.

Voy. « Supercheries », III, 995, *f*.

Commentaires sur les Lois anglaises de M. Blackstone, traduits de l'anglois par M. D. G*** (Aug.-Pierre Damiens de Gomicourt). *Bruxelles, de Boubers*, 1774-1776, 6 vol. in-8.

Voy. « Supercheries », I, 934, *b*.

Commentaires très-excellents de l'hystoire des plantes, composez premierement en latin par Leonarth Fousch (Fuchs), et depuis nouvellement trad. en langue franç. par un homme sçavant et bien expert en la matiere (Eloi Magnan). *Paris, J. Gazeau*, 1549, in-fol.

Voy. « Supercheries », II, 305, *c*.

Commentateur (le) amusant, ou anecdotes très-curieuses, commentées par l'écrivain le plus célèbre de notre siècle. (Par l'abbé Chr. Chayer.) 1759, in-12.

Voy. « Supercheries », I, 1206, *f*.

Commerce. (Nantes, 13 février 1826.) *Nantes, imp. de Mellinet-Malassis*, in-8.

Signé : T. (L.-F. de Tollenare).

Commerce (le) anobli. (Par Séras.) *Bruxelles*, 1756, in-12.

Commerce (le) dangereux entre les deux sexes, traité moral et historique. (Par l'abbé J.-Bap. Drouet de Maupertuy.) *Bruxelles* (*Lyon*), *T. Rodolphe*, 1715, in-12, 3 ff. lim., 406 p. et 3 ff. de tables et d'errata.

Cet ouvrage serait la seconde édition d'un écrit du même auteur intitulé : « Le commerce des femmes dangereux pour les ecclésiastiques, » imprimé à Cologne en 1713, retiré du commerce avant d'avoir été mis en vente, et dont 7 ou 8 exemplaires seulement avaient été distribués à des personnes de distinction. C'est sur un de ces exemplaires qu'a été composé l'ouvrage intitulé : « La Femme faible ». Voy. ce titre.

(Le P. de Sommervogel, p. 66, n° 693 de sa table des « Mémoires de Trévoux », 2e partie, tome I.)

Commerce (le) de l'Amérique par Marseille, par un citadin (Chambon, receveur général des finances). *Marseille*, *Mossy*, 1764, 2 vol. in-4.

Voy. « Supercheries », I, 733, *b*.

Commerce (le) de la Hollande, ou tableau des Hollandois dans les quatre parties du monde. (Par Jos. Accarias de Sérionne.) *Amsterdam*, *Changuion*, 1765, 1768, 3 vol. in-12.

Commerce (du) de la Toscane et du port de Livourne. (Par Aug. Morel, consul en Toscane.) *Anvers*, *Dewever*, 1838, in-8, 33 p. J. D.

Commerce de lettres curieuses et savantes, par le sieur G*** (Jean-Léonor Le Gallois, sieur de Grimarest père). *Paris*, *A. Cramoisy*, 1700, in-12.

Voy. « Supercheries », II, 115, *b*.

Commerce de lettres entre deux amis de sentimens différens, au sujet de la diète, de l'élection et des proclamations de Stanislas Leczinsky, et de l'électeur de Saxe. (Par J.-H.-S. Formey.) 1738, in-4.

Commerce (du) des bleds, pour servir à la réfutation de l'ouvrage sur la législation et le commerce des grains. (Par Condorcet.) *Paris*, *Grangé*, 1775, in-8.

Commerce (du) des consciences et de l'agitation protestante en Europe... (Par M. l'évêque d'Annecy, Louis Rendu.) *Annecy*, *Ch. Burdet*, 1854-56, 4 cah. in-18.

Commerce (le) des vins réformé, rectifié et épuré, ou nouvelle méthode pour tirer un parti sûr, prompt et avantageux des récoltes en vins, etc.; par M. C*** S***, avocat au parlement de Paris (M. Brac fils). *Amsterdam*, *et Lyon*, *Berthou*, 1769, in-4, in-8 et in-12.

Voy. « Supercheries », I, 811, *e*.

Commerce épistolaire entre un jeune prince (Gustave III) et son gouverneur (C.-F. Scheffer). *Stockholm*, 1771, in-8.

Voy. « Supercheries », II, 395, *a*.

Commerce et industrie du pays de Liége au xviiie siècle. (Par M. Mathieu-Lambert Polain.) *Liége*, *Carmanne*, 1857, in-8, 8 p. J. D.

Commerce (du) établi entre l'âme et le corps, ou traité de la liaison qui subsiste entre le spirituel et le matériel; fidèlement rendu du latin d'Emmanuel Swedenborg, par le traducteur de la Nouvelle Jérusalem et de sa doctrine céleste (Benedict Chastanier, qui n'a pas donné sa traduction, mais l'a remplacée par celle de J.-P. Parraud). *Londres*, *et La Haye*, *P.-F. Gosse*, 1785, in-8, 150 p.

Commerce (le) français et l'industrie parisienne, par un homme de travail (A.-D. Bing). *Paris*, 1810, in-8.

Voy. « Supercheries », II, 295, *c*.

Commerce (le) honorable, ou considérations politiques, contenant les motifs de nécessité, d'honneur et de profit, qui se trouvent à former des compagnies de personnes de toutes conditions pour l'entretien du négoce de mer en France, par un habitant de Nantes (Jean Eon, en religion le Père Mathias de Saint-Jean, carme nantais.) *Nantes*, *Guill. Le Monnier*, 1646, in-4. — Seconde édition en 1651.

Voy. « Supercheries », II, 235, *c*.

Commerce (du) maritime et de l'établissement du système des droits différentiels en Belgique. (Par Varlet.) *Bruxelles*, *Dumortier*, 1842, in-8. J. D.

Commerce (le) remis à sa place; réponse d'un pédant de collége (J.-J. Garnier), aux narrateurs politiques, adressée à l'auteur de la lettre à M. F. S. l., 1756, in-8.

Voy. « Supercheries », III, 63, *c*.

Commerce (le) vengé, ou réfutation du discours couronné par l'Académie de Marseille en 1777 sur cette question : Quelle a été l'influence du commerce sur l'esprit et les mœurs des peuples? (Par Chrétien Le Roy.) *Bruxelles*, *et Paris*, *Desprez*, 1779, in-8.

Voy. les mots : « Discours qui a remporté le prix... ». Voy. aussi la « Gazette ecclésiastique » de l'année 1780, p. 37.

Commis (les), ou l'intérieur d'un bureau. (Par F.-C. Farcy.) *Paris*, *imp. de A. Bobée*, 1818, in-8.

Commission de l'instruction publique. Programme pour l'enseignement de l'histoire ancienne dans les colléges royaux. (Rédigé par MM. Auguste Poirson et R.-J.-B.-Ch. Cayx.) *Paris, L. Colas*, 1820, in-4, 28 pag.

Commission (la) médicale de la province de Namur et l'Académie royale de médecine de Belgique, à propos des accidents arrivés à Hambroine, le 4 août 1856. (Par le Dr Cambrelin.) *Namur, Doux fils*, 1859, in-8, 67 p. J. D.

Commissionnaire (le) de la ligne d'outre-Rhin, ou le messager nocturne, contenant l'histoire de l'émigration française, les aventures galantes et politiques arrivées aux chevaliers français et à leurs dames dans les pays étrangers, par un Français qui fait sa confession générale et qui rentre dans sa patrie (le général Fr.-Améd. Doppet). *Paris, Buisson*, 1792, in-8, 240 p.

Voy. « Supercheries », II, 82, *b*.

Commissions (des) extraordinaires en matière criminelle. (Par Pierre-Louis Chaillou, avocat au parlement de Bretagne.) *S. l.*, 1766, in-12.

Réimprimé à Rennes en 1789, sous le titre de : « De la stabilité des lois constitutives de la monarchie... ». Voy. ce titre.

Communication de M. Augustin Thierry, relative au mémoire précédent. (*Paris, imp. de Crapelet*), 1835, in-8, 2 p.

Signé : J. D. (Jules Desnoyers). Tirage à part d'une note insérée dans le tome II du « Bulletin de la Société de l'histoire de France » à la suite d'un mémoire intitulé : « Des causes principales de la popularité du clergé en France sous les deux premières races, par M. Benjamin Guérard ».

Communion (de la) *in Divinis* avec Pie VII. (Par M. Pierre-Louis Blanchard.) *Londres*, 1821, in-8.

Compagne (la) de la jeunesse, ou entretiens d'une institutrice avec son élève. (Par Mlle M.-A. Lenoir.) *Londres*, 1791, 2 vol. in-12.

Compagnonnage (le) maçonnique. Exposition de la science générale naturelle et du programme de l'enseignement rationel et scientifique. (Par Luc-Pierre Riche-Gardon.) *Paris*, 1859, in-8.

Comparaison de Démosthène et de Cicéron. (Par le P. René Rapin, jésuite.) *Paris, Muguet*, 1676, in-12.

Voyez les « Œuvres diverses » de cet auteur, où l'on trouve aussi les comparaisons d'Aristote et de Platon, de Virgile et d'Homère, de Thucydide et de Tite-Live,

a Comparaison de différentes méthodes tachygraphiques et sténographiques, depuis l'origine de l'art jusqu'à ce jour. (Par Edme-François Jomard.) *Paris*, 1831, in-8. D. M.

Comparaison de l'effet des impôts... Voy. « Origine des malheurs ».

Comparaison de la constitution de l'Eglise catholique avec la constitution de la
b nouvelle Eglise de France. (Par Gabriel-Nicolas Maultrot.) *Paris, Dufresne*, 1792, in-8.

Comparaison de la morale et des maximes de l'Evangile et des apôtres avec la conduite du clergé, depuis les premiers siècles de l'Eglise jusqu'à nos jours. Présenté à l'Assemblée nationale. Ouvrage destiné principalement aux habitants de la
c campagne... Par le maire et le commandant de la garde nationale de Taverny (Dubost). *Paris, Gueffier*, 1791, in-8.— *Paris, Gueffier*, 1792, in-8.

Réimprimé en 1793 sous le titre de : « Conduite scandaleuse du clergé... ». Voy. ce titre.

Cet ouvrage a reparu sous le titre de : « Comparaison de la morale et des maximes de l'Evangile et des apôtres avec celles des prêtres restés soumis à l'Eglise, par le M. de T*** ». *Paris, Poncelin*, an IX-1801, in-8, 399 p. avec un avertissement de 2 pages.

d Voy. « Supercheries », II, 1030, *f*.

Comparaison de la musique italienne et de la musique françoise. (Par Jean-Laurent Le Cerf de La Vieuville de Freneuse.) *Bruxelles*, 1704, in-12.—Nouvelle édition, augmentée de trois dialogues et de deux lettres. *Paris*, 1705, in-12.

Voy. « Histoire de la musique et de ses effets ».

Comparaison de la réformation de France
e avec celle de l'Angleterre sous Henri VIII. (Par Gabriel-Nicolas Maultrot.) *Paris, Le Clère* (vers 1791), in-8.

Comparaison de plusieurs années d'observations faites sur la population française à divers âges, sous le rapport du degré d'instruction. Lu à l'Académie des sciences le 27 août 1832. (Résultats généraux extraits d'un rapport sur l'état de l'instruction primaire pour les années 1830
f et 1831, fait à la Société pour l'instruction élémentaire. Par Edme-François Jomard.) *Paris, imp. de Decourchant*, 1832, in-8.

Comparaison des cérémonies des juifs et de la discipline de l'Eglise. (Par Richard Simon.) *La Haye, Moetjens, et Paris*, 1682, pet. in-12.

Réimprimé à la suite de la 3e édit. des « Cérémonies et coutumes... », trad. de l'italien de Léon de Modène par Récared Siméon. (Voy. ce nom aux « Supercheries », III, 349, d.) *Paris, J. Cochard*, 1710, in-12.

Comparaison des finances de la France en 1715, après la mort de Louis XIV et vingt ans de guerre, avec celles du règne de Louis XVI en 1791, après vingt ans de paix. (Par L.-H. DUCHESNE, de Voiron.) *S. l.*, 1790, in-8.

Comparaison du projet fait par M. de Parcieux à celui de M. d'Auxiron, pour donner des eaux à la ville de Paris. (Par Cl.-Fr.-J. D'AUXIRON.) *Paris*, 1769, in-8.
V. T.

Comparaisons (les) des grands hommes de l'antiquité qui ont le plus excellé dans les belles-lettres. (Par le P. René RAPIN.) *Amsterdam*, 1693, 2 vol. in-8.

Compatissance (de la). (Par le marquis DE LA GERVAISAIS.) *Paris*, *Pihan-Delaforest*, 1834, in-8 de 14 p.

Une suite a paru sous ce titre : « De la brutalité ». *Ibid.*, *id.*, in-8.

Compendium historial des polices des empires, royaumes et choses publiques, nouvellement translaté du latin en françois. *Paris, Nicolas Couteau, pour François Regnault; se vend chez Galiot-Dupré*, 1528, in-fol., 190 ff.

J'ai transcrit le titre de cet ouvrage sur l'exemplaire que possède la bibliothèque du château de Compiègne ; il y a tout lieu de croire que du Verdier s'est trompé en donnant à cette édition le titre de « Compendion », au lieu de « Compendium ».

Cet ouvrage est de Henri ROMAIN, chanoine de Tournay. Si l'on en croit la préface, l'auteur avait déjà « composé en brief, selon l'ordre dudit Titus-Livius, trois décades avec la première bataille punique et la cause d'icelle, qu'on peut nommer quatrième décade ». Ce passage fait voir que ce « Compendium » est traduit en grande partie de TITE-LIVE.

La première édition est intitulée : « Compendium hystorial translate de latin en françois... », *imprimé à Paris, le 19 iour 1509, pour Antoine Verard, libraire...*, pet. in-fol. goth.

Compère (le) Mathieu, ou les bigarrures de l'esprit humain. (Par l'abbé Henri-Jos. DU LAURENS.) *Londres*, 1766, 3 vol. in-8.

La « Bibliographie des ouvrages relatifs à l'amour », 3e éd., indique seize réimpressions de cet ouvrage condamné en septembre 1851, comme outrageant la morale publique et religieuse. La plupart de ces éditions ont subi des retranchements dans le texte et dans les notes.

Compétence (de la) des juges de paix. (Par P.-P.-N. HENRION DE PANSEY.) *Paris, Théophile Barrois père*, an XIII-1805, in-12.

Réimprimé plusieurs fois in-8, avec le nom de l'auteur.

a Compiègne et les échos de Berlin. (Par A.-V. DOINET.) *Paris*, *Dentu*, 1861, in-8.

Complaincte de la cite crestienne faicte sur les lamentations Hieremie. (Par Pierre GRINGORE.) *Paris*, *P. Bigne*, *s. d.*, in-8 goth.

Du Verdier, dans sa « Bibliothèque françoise », attribue cet opuscule à Gringore. Voy. aussi Brunet, « Manuel du libraire », 5e éd., t. II, col. 1757.

b Complainte (la) de la paix, par ERASME... Nouuellement traduite du latin en françois. (Par Louis BERQUIN, suivant La Croix du Maine.) *S. l. n. d. (Lyon, 1527)*, pet. in-8 goth. de 56 ff.

Complainte de Louis XVI, chantée à Paris, dans la première quinzaine de janvier 1793, et défendue ensuite par la police. (Par le chevalier Alb.-Jos.-Ulpien HENNET.) In-8, 3 p. — Nouv. édit., *Paris*,
c 1814, in-8.

Complainte (la) de trois gentilshommes françois occiz et morts au voyage de Carignan, etc. (Par Fr. DE SAGON.) *Paris*, 1544, in-8.
V. T.

Complainte de trop tard marié. (Par Pierre GRINGORE.) *S. l. n. d.*, pet. in-8 de 8 ff.

d Cet opuscule a eu plusieurs éditions ; quelques-unes portent le nom de l'auteur, d'autres sont anonymes, mais, suivant son usage, Gringore se désigne par un acrostiche de huit vers.

Voy. le « Manuel du libraire », 5e édit., II, 1755.

Complainte des filles auxquelles on vient d'interdire l'entrée des Tuileries à la brune. *S. l.*, in-8.

Par Jean-Henri MARCHAND, suivant la permission tacite du 1er septembre 1768.

e Complainte du sieur Papavoine, qui, à lui seul, tua deux enfants dans le bois de Vincennes. (Par ETIENNE.) *Paris, impr. de Fain*, 1825, in-18. — Seconde édition, revue, corrigée et augmentée d'un couplet de plus, y compris deux notes historiques et politiques. *Ibid.*, *id.*

La même année parut : « Complainte seule véritable sur M. Auguste Papavoine, précédée d'un Discours préliminaire. Par deux hommes de lettres ». *Paris, impr. de Guiraudet*, in-12.

f Complainte (la) et enseignements de François Garin. *Paris*, *imp. de Crapelet*, 1832, in-4, 6 et 42 ff.

L'avertissement est signé : D. DE L. M. D. L. S. D. B. (DURAND DE LANCON, membre de la Société des bibliophiles).

Voy. « Supercheries », I, 877, *a*.

Complainte historique en 74 couplets, comprenant la vie très-circonstanciée de sainte Julienne, etc. (Par Victor HÉNAUX, avocat.) *Liége*, 1846, in-12. Ul. C.

Complainte sur François Descamps, air de Fualdès. (Par Ad. MATHIEU.) *S. l. n. d.*, 1 f. in-fol. J. D.

Complainte sur l'emprisonnement de l'etapier Raybois. (Par GENTILLATRE.) *S. l. n. d.*, in-12, 4 p.

Catalogue Noël, n° 4557.

Complainte sur le départ de Mlle Rosette Baptiste. *La Haye*, 1767, in-8.

Cette complainte a été attribuée à WASSENAER-OBDAM, à FAVIER, à URBAIN et à plusieurs autres ; le fait est qu'on n'en sait pas l'auteur.

Complainte (la) très-piteuse de Flammette à son amy Pamphile, translatée d'italien (de BOCCACE) en vulgaire françoys. *Lyon, François Juste*, 1532, in-24 allongé goth., fig. — Autre édit. *Paris, Anth. Bonnemere pour Jehan Longis*, 1532, pet. in-8, 95 ff.

Complaintes (les) de l'esclave fortuné (MICHEL d'Amboyse, sieur DE CHEVILLON), avecque vingt épistres et trente rondeaulx d'amours. 1529, in-8 goth., 12 ff.

Voy. « Supercheries », I, 1251, *a*.

Complaisant (le), comédie en cinq actes. (Par Antoine FERRIOL, comte de PONT DE VESLE.) *Paris, Fr. et Nic. Lebreton*, 1733, in-12. — *Paris*, 1764, in-8.

Cette pièce a été attribuée aussi à DELAUNAY ; elle a même été imprimée dans le théâtre de ce dernier.

Complément de l'œuvre de 1830. Etablissements à créer dans les pays transatlantiques. Avenir du commerce et de l'industrie belge. *Bruxelles, Muquardt*, 1860, in-8, 215 p.

Cette brochure a été rédigée sous l'inspiration du duc DE BRABANT et sur des documents fournis par lui. J. D.

Complément de la circulaire de M. Guizot et Ce aux électeurs du Calvados et autres lieux, à propos des élections du 13 mai 1849. *Lisieux, Lajoye-Tissot*, 1849, in-12.

Vers signés : Un ouvrier (P.-Napoléon VASNIER, ouvrier serrurier).

Voy. « Supercheries », II, 1321, *c*.

Complément du dictionnaire de l'Académie française, publié sous la direction d'un membre de l'Académie française (Joseph DROZ), avec la coopération de MM. BARDIN, BARRE, BARRÉ, et dix-sept autres hommes de lettres. *Paris, F. Didot*, 1842, in-4. — *Paris, F. Didot*, 1856, in-4.

Voy. « Supercheries », II, 1104, *d*.

Compliman de lai populaire ou lai Serenissime Altesse de Monseigneur le duc. (Par Aimé PIRON.) *Dijon, A. de Fay*, 1709, pet. in-8.

Mignard, « Histoire de l'idiome bourguignon », p. 304.

Compliman qu'at été adreussé à S^n A. le prince L. Bounapare. H. B. D. (Henri BURGAUD DES MARETZ). *S. l. n. d.*, in-4.

Voy. « Supercheries », II, 247, *f*.

Compliment et requeste des diocésains de Béthléem à monseigneur dom de La Taste, leur évêque, fait en leur nom par un tel, Parisien, écrivain au charnier des Innocens, donné au public avec des notes critiques, historiques et grammaticales, par M***, interprète du roi d'Ivetot (le chevalier Jean-Florent-Joseph DE NEUVILLE DE BRUNAUBOIS-MONTADOR). *Imprimé au Phantôme mitré*, 1739, in-12, 36 p.

En vers.

Voy. « Supercheries », III, 1037, *d*.

Compliment prononcé par Caroline et Arlequin à l'ouverture du théâtre des comédiens italiens ordinaires du roy, le lundi 26 avril 1745. (En vers libres, par Antoine-Fabio STICOTTI et Charles-François PANNARD.) *S. l.* (1745), in-8.

Compliments (les) de la langue françoise en forme de dialogue. (En françois et en allemand, par Claude JAUNIN et Anger NYCOLE.) *Paris, J. Bessin*, 1630, in-12.

Cet ouvrage fait partie de la « Bibliothèque bleue ». Il en existe une édition toute française imprimée en 1738, à *Troyes, chez Jean-Antoine Garnier*.

Complot d'Arnold et de sir Henri Clinton contre les Etats-Unis d'Amérique et contre le général Washington, septembre 1780. (Par le comte Fr. BARBÉ-MARBOIS.) *Paris, Didot l'aîné*, 1816, in-8.

Une nouvelle éd., avec le nom de l'auteur, a paru en 1831, *Paris, Didot aîné*, in-8, avec 2 portraits et 1 plan.

Compseutique d'A. D. V. (Antoine DU VERDIER). *Lyon, J. d'Ogerolles*, 1584, in-16.

Voy. « Supercheries », I, 203, *a*.

Comptabilité (de la) des dépenses publiques. (Par Victor MASSON.) *Paris, Cellot*, 1822, in-8.

Comptabilité (de la) du matériel de la marine, par un contrôleur in partibus (G.-B.-F. ALLIX, ingénieur de la marine à Cherbourg). *Paris, Ledoyen*, 1848, in-8, 87 p.

Voy. « Supercheries », I, 784, *e*.

Compte de l'œuvre de l'église de Troyes... par l'auteur des « Archives curieuses de la Champagne » (A. Assier). *Troyes, Bouquot*, 1855, in-8.

Compte demandé à M. Thiers. (Par Benjamin-Edme-Charles Guérard.) *Paris, Dentu*, 1840, in-8, 29 p. D. M.

Compte (le) du rossignol. *Paris, Gilles Corrozet*, avril 1546, pet. in-8, 24 ff. — Autre édition, *Lyon, Jean de Tournes*, 1547, pet. in-8.

Cette pièce est de Gilles Corrozet dont elle porte la devise : « Plus que moins ». M. de Montaiglon l'a réimprimée dans le t. VIII du « Recueil de Poésies françaises » faisant partie de la « Bibliothèque elzévirienne ».

Compte que je me suis rendu des opinions qui ont eu définitivement mon assentiment intérieur. (Par le baron Auguste-Alexandre de La Tour Dupin.) *Bayeux*, 1809, in-8, 381 p. et 3 ff.

Il n'a été tiré que six exemplaires de cet ouvrage, s'il faut s'en rapporter à l'assertion de M. Pluquet, cité par le « Manuel du libraire ». L'auteur est mort à Bayeux, le 27 octobre 1827, à l'âge de 79 ans.

Compte rendu au conseil général des hospices et hôpitaux civils de Paris, sur le service des aliénés traités dans les hospices de la vieillesse (hommes et femmes), Bicêtre et la Salpétrière, pendant les années 1825, 26, 27, 28, 29, 30, 31, 32 et 33, par un membre de la commission administrative chargé des hospices (M. Benjamin Desportes). *Paris*, 1837, in-4.

Voy. « Supercheries », II, 1105, *f*.

Compte rendu au public des comptes rendus aux divers parlemens, précédé d'une réponse décisive aux imputations dont on a chargé les Jésuites. (Par l'abbé Dazès.) *Paris, libraires associés*, 1765, 2 vol. in-8.

Compte rendu au roi, au mois de mars 1788, et publié par ses ordres. (Par Etienne-Charles de Loménie de Brienne.) *Paris, imprimerie royale*, 1788, in-4.

Ce compte a été rédigé par Soufflot de Merey, premier secrétaire du principal ministre.

Compte rendu de bonne foi à qui voudra l'entendre. *Noyon, impr. de P. Rocher*, 1763, in-4.

Par le chanoine de Noyon, Pelleton, suivant une note manuscrite. Au sujet du nouveau bréviaire de Noyon. Un anonyme a publié une « Réponse au compte rendu ».

Compte rendu de l'exposition générale des beaux-arts de Bruxelles, par J. H....g (Jules Helbig). *Liége*, 1857, in-8.
J. D.

Compte rendu de l'exposition nationale des beaux-arts, par Félix St..... (Félix Stappaerts, professeur à l'Académie de dessin de Bruxelles). *Bruxelles, librairie polytechnique*, 1842, in-8, 60 p.

Voy. « Supercheries », II, 26, *f*.

Compte rendu de l'ouvrage intitulé : « Histoire des émigrés français, depuis 1789 jusqu'en 1828, par A. Antoine (de Saint-Gervais) ». (Par J. Passeron.) *Lyon, impr. de G. Rossary*, 1828, in-8, 34 p. et 1 f. d'errata.

Extrait de la « Gazette universelle de Lyon ».

Compte rendu de la défense des citoyens bourgeois de Genève. (Par Lambert.) 1771, in-8.

Cette brochure a été brûlée à Genève. V. T.

Compte rendu des constitutions des Jésuites, par le procureur général du parlement de Toulouse (Riquet de Bonrepos).... 1762, in-12. V. T.

On a du même magistrat un « Second compte rendu » en deux parties, 1762, in-12. (Catalogue manuscrit de l'abbé Goujet.)
Voy. « Supercheries », III, 252, *a*.

Compte rendu des travaux de l'école vétérinaire et d'économie rurale de Bruxelles pendant l'année 1833-1834. *Bruxelles*, 1835, in-8, 16 p.

Signé : C. H. (Constant Heger, professeur à l'Athénée). J. D.

Compte rendu par un de Messieurs (l'abbé H.-Ph. Chauvelin), sur les constitutions des Jésuites, le 17 avril 1761, in-4.

Le 18 juillet de la même année, le même auteur prononça un discours publié sous le titre de « Compte rendu par un de Messieurs sur la doctrine des Jésuites ». Voyez la « Biographie universelle. »
Voy. « Supercheries », II, 1125, *f*.

Comptes (les) du monde adventureux, où sont récitées plusieurs histoires pour réjouir la compagnie, traduits en françois par A. D. S. D. *Paris, Vincent Sertenas*, 1555, in-8.

Bernard de La Monnoye, dans une note sur La Croix du Maine, dit que ces initiales pourraient se traduire par Antoine de Saint-Denis, Abraham de Saint-Dié, André de Saint-Didier. Comme il ne conclut pas, le véritable nom de l'auteur reste toujours à découvrir.
Voy. « Supercheries », I, 202, *d*.

Comptes généraux des hôpitaux, hospices civils, enfants abandonnés, secours à domicile et direction des nourrices de la ville de Paris, an XI. (Rédigés par Péligot.) *Paris, impr. des Hospices*, an XIII-1805, in-8. D. M.

Comptes rendus de l'administration des finances du royaume de France pendant les dernières années du règne de Henri IV, etc.; ouvrage posthume de M. MALLET, premier commis de M. Desmaretz. (Publié par Luc-Vincent THIÉRY.) *Paris*, *Buisson*, 1789, in-4.

Comptes rendus des constitutions et de la doctrine des soi-disant Jésuites, par les conseillers-commissaires au parlement, séant à Metz. 1762, in-12.

Le Compte rendu des constitutions est de BERTRAND; celui de la doctrine est de MICHELET DE VATIMONT.

Voy. « Supercheries », I, 775, *f*.

Comptes rendus des établissemens, de l'institut et de la doctrine des soi-disant Jésuites, par le parlement de Dijon. *Dijon*, 1763, in-12.

Le Compte rendu des établissemens est de Charles-Marie FEVRET DE FONTETTE; celui de l'institut et constitutions, de Charles-François COTTIN DE JONCY; celui de la doctrine et morale, de Jean-Marie-Léonard BUREAU DE SAINT-PIERRE.

Voy. « Supercheries », III, 30, *e*.

Comte (le) Capodistrias, président de la Grèce, jugé par lui-même, d'après les actes de son administration, constatés par sa correspondance, publiée à Genève en 1839. (Par DE FABER, de Riga, conseiller d'Etat, au service de la Russie.) *Paris*, 1842, in-8, xv-398 p. D. M.

Comte (le) d'A*** (d'Artois), ou les aventures d'un jeune voyageur sorti de la cour de France en 1789, ouvrage publié d'après le manuscrit original. (Par Antoine SERIEYS et J.-Fr. ANDRÉ.) *Paris*, *Monory*, an VIII-1800, 2 vol. in-12.

Comte (le) d'Amboise. (Par Mlle Catherine BERNARD.) *Paris*, *Barbin*, 1689, 2 vol. in-12.

Comte (le) d'Artois justifié, et quelques vues sur les guerres de la Révolution, par F. T. D. (F.-Th. DELBARE). *Paris*, *imp. d'Egron*, 1815, in-8, 15 p.

Voy. « Supercheries », II, 106, *f*.

Comte (le) d'Estournel. *Paris*, *imp. de Maulde et Renou*, 1853, in-8, 11 p.

Signé : P. P. (Paulin PARIS). Extrait du « Bulletin du Bibliophile ».

Comte (le) d'Ulfed, grand-maître de Danemarck, nouvelle historique. (Par Michel ROUSSEAU DE LA VALETTE.) *Paris*, *Barbin*, 1678, in-12.

Comte (le) de Cardonne, ou la constance victorieuse, histoire sicilienne par Mme D*** (Mme Catherine DURAND DE BEDACIER). *Paris*, *P. Ribou*, 1702, in-12.

Voy. « Supercheries », I, 833, *c*.

Comte (le) de Cavour, notice biographique par l'auteur de « Pétrarque et son siècle » (RASTOUL DE MONGEOT). *Bruxelles*, 1859, in-8, 42 p. J. D.

Comte (le) de Charny, roman historique dédié aux Bourguignons. (Par M. Stephen ARNOULT.) *Paris*, *Delaunay*, 1829, in-8.

Attribué quelquefois à Gabriel PEIGNOT.

Comte (le) de Comminge, drame en trois actes et en vers, précédé d'un discours préliminaire et suivi des Mémoires du comte de Comminge. (Par Fr.-Th.-Mar. DE BACULARD D'ARNAUD.) *Paris*, *veuve Duchesne*, 1780, in-8.

Comte (le) de Dunois. *Paris*, *Billaine*, 1671, in-12, 4 ff. et 182 p.

Madame DE MURAT, à qui ce roman est assez généralement attribué, était à peine au monde quand il parut : peut-être est-il de la comtesse de Murat, sa belle-mère. Voyez « Parnasse françois », p. 562.

Ce roman se trouve aussi dans les « Œuvres » de Marie-Catherine DESJARDINS, dame DE VILLEDIEU, parmi lesquelles les libraires ont inséré plusieurs ouvrages qui ne sont point de cette dame.

Cette dernière attribution paraît cependant confirmée par une réimpression, ou plutôt une contrefaçon hollandaise de ce petit roman intitulée : « Les amours du comte de Dunois, par Mme DESJARDINS ». *Paris*, 1675, in-12.

Comte (le) de Gabalis, ou entretiens sur les sciences secrètes. (Par l'abbé DE MONTFAUCON DE VILLARS.) *Paris*, *Claude Barbin*, 1670, in-12, 2 ff. et 327 p.

Voy. « Nouveaux entretiens ».

Comté (le) de Haspinga. (Par J. DARIS, professeur au séminaire de Liége.) *Liége*, *Carmanne*, 1862, in-8, 24 p. J. D.

Tirage à part du « Bulletin de l'Institut archéologique liégeois ».

Comte (le) de Hollande, tragi-comédie. (Par Jacques POUSSET, sieur DE MONTAUBAN.) *Paris*, *G. de Luine*, 1654, in-12.

Catalogue Soleinne, n° 1262.

Comté (le) de Montbéliard agrandi et enrichi au préjudice de la Franche-Comté, par l'échange conclu entre le roi et le duc de Wirtemberg, relativement aux limites du comté de Montbéliard et des seigneuries de Blamont, Clémont, Héricourt et Chatelot. Dédié aux Etats généraux, par un Franc-Comtois (BAILLY-BRIET, avocat à Besançon). *S. l.*, 1789, in-8.

Comte (le) de Saint-Germain et la marquise de Pompadour, par Mme de D***, auteur des « Mémoires d'une femme de qualité » et de « la Duchesse de Fontange » (le baron Etienne-Léon DE LAMOTHE-LANGON).

Paris, *Lecointe et Pougin*, 1834, 2 vol. in-8.

Voy. « Supercheries », II, 1283, *b*.

Comte (le) de Richemont, nouvelle historique. (Par Henri DE JUVENEL.) *Amsterdam (Paris)*, 1680, in-12.

Comte (le) de Saint-Heerem, ou Ma cinquantième année. (Par la comtesse Palamède DE MACHECO, née DE BATAILLE.) *Paris*, 1819, in-12.

Reproduit en 1820 avec les « Mémoires de la comtesse d'Albestrope... ». Voy. ce titre.

Comte (le) de Saint-Meran, ou les nouveaux égarements du cœur et de l'esprit. (Par J. DE MAIMIEUX.) *Paris, Le Roy*, 1788-1789, 8 vol. in-12.

Comte (le) de Soissons, nouvelle galante. (Par Isaac CLAUDE, fils du célèbre ministre protestant, et ministre lui-même.) *Cologne, P. Marteau* (*Hollande*), 1677, 1687, 1699, 1706, in-12.

Ce roman a été refait de nos jours par Mme de... (ZIMMERMAN). Voy. « Supercheries », III, 1087, *e*.

Comte (le) de Tiliedate, par la marquise de P*** (DE PERNE). *Paris, Gissey*, 1703, in-12.

D'après une note manuscrite du temps, le véritable auteur de ce roman serait la marquise DE PRINCÉ. Voy. « Supercheries », III, 5, *d*.

Comte (le) de Valmont, ou les égaremens de la raison. Lettres recueillies et publiées par M*** (l'abbé Louis-Philippe GÉRARD). *Paris, Moutard*, 1775, 5 vol. in-12.

Souvent réimprimé.
Voy. « Supercheries », III, 1069, *d*.

Comte (le) de Vergennes, première cause des Etats-généraux. *S. d.* (1789), in-8, 86 p.

Cette brochure n'est, à très-peu de chose près, qu'une réimpression du « Portrait du comte de Vergennes ». *S. l.* (*Bruxelles* ou *Liége*), 1788, in-8, 80 p. Le style en a été un peu corrigé, et l'on n'a pas reproduit la notice sur M. de Vergennes, traduite de l'allemand, qui commence à la page 65 du « Portrait », et qui, avec les notes qui l'accompagnent, va jusqu'à la fin.

Quelques personnes attribuent cette brochure à Claude-Carloman DE RULHIÈRE.

Comte (le) de Waldheim et son intendant Widman, frère d'Emmerich; traduit de l'allemand de l'auteur d' « Emmerich » (J. Gottwerth MULLER), par Mme Isab. DE MONTOLIEU. *Paris*, 1812, 4 vol. in-12.

Voy. « Emmerich ».

Comte (le) de Waltron, pièce arrangée par DALAINVAL, d'après la traduction de J.-H. E. (J.-H. EBERTS). *Paris*, 1789, in-8.

Traduit de l'allemand de Henri-Ferdinand MOLLER. Voy. « Supercheries », II, 401, *e*.

Comte (le) Donamar, ou lettres écrites en Allemagne pendant la guerre de Sept ans, traduit de l'allemand (de F. BOUTERWECK), par Ch.-Fréd. CRAMER et Noel Barth. DE MONVEL. *Paris, Pougens*, 1798, 4 vol. in-18.

Comte (le) imaginaire démasqué, et la véritable origine de la famille de Fenoil, de Lyon. (Par Jean VAGINEY.) In-fol.

Comtesse (la), comi-parade, en un acte et en prose. (Par Ch. COLLÉ.) *Londres, chez les libraires associés*, 1765, in-8, 48 p. — *Bruxelles* (*Mertens pour J. Gay*), 1866, in-12, 64 p.

Comtesse (la) d'Isembourg, princesse de Hohenzolhern. (Par Antoinette DE SALVAN, comtesse DE SALIEZ.) *Paris, Barbin*, 1678, in-12.

Comtesse (la) d'Olonne. *S. l. n. d.* (*Paris*, 1738), in-8, 13 p.

Cette pièce libre, qu'il ne faut pas confondre avec une autre pièce du même genre attribuée à Bussy-Rabutin (en quatre actes), est en un acte seulement; elle commence le tome second des diverses éditions du « Théâtre gaillard ». M. Ed. Cleder l'attribue à Nicolas RAGOT DE GRANDVAL le père. (« Notice sur la vie et les écrits de Corneille Blessebois », 1862.) Elle a été réimprimée dans la « Lettre philosophique », par M. de V***, *Berlin*, 1774, *Londres*, 1775, in-12, et dans quelques autres recueils.

Comtesse (la) de Bar, tragédie. (Par Mme Charlotte-Jeanne DE MONTESSON, avec les noms des acteurs et actrices qui ont dû jouer les rôles, et des vers sur le prince Henri, à qui l'auteur lut la pièce.) *S. d.*, gr. in-8, 83 p., et une page pour les vers sur le prince Henri.

Comtesse (la) de Châteaubriant, ou les effets de la jalousie. (Par Pierre DE LESCONVEL.) *Paris, Guillain*, 1695, in-12. — *Amsterdam* (*Rouen*), 1695, in-12. — *Paris, Musier*, 1724, in-12.

Cet ouvrage a été réimprimé sous le titre d' « Intrigues amoureuses de François Ier », etc. Voyez ces mots; une édition sous la rubrique d'*Amsterdam* porte le titre singulier de « Histoire de Pantagruel ».

Il a été faussement attribué par quelques bibliographes à la comtesse DE MURAT, surtout pour l'édition de *Paris, Musier*, 1724, qui est tout à fait semblable à celles de 1695.

Voy. la dissertation de M. Paul Lacroix « Sur la mort tragique de la comtesse de Chateaubriant ». *Paris, Techener*, 1838, in-8.

Comtesse (la) de Chazelle, comédie en trois actes et en vers. (Par Mme Charlotte-

Jeanne DE MONTESSON.) *Paris, de l'imprimerie de Didot aîné*, in-8, 103 p.

Cette pièce se trouve dans le recueil de l'auteur intitulé « Œuvres anonymes », t. VII.

Comtesse (la) de Kiburg, ou les liaisons politiques, par A. LAFONTAINE, traduit de l'allemand. (Par Mme ULLIAC TRÉMADEURE.) *Paris, Locard et Davi*, 1818, 3 vol. in-12.

Cette traduction avait été attribuée par erreur à Mme Elise VOÏART dans la 2e éd. de Barbier.

Comtesse (la) de Mortane, par Mme D*** (Mme Catherine DURAND). *Paris*, 1699, in-12. — *La Haye*, 1700, 2 vol. in-12. — *Paris, Prault*, 1736, in-12.

Comtesse (la) de Salisbury, ou Relation de l'ordre de la Jarretière. (Par D'ARGENCES.) *Paris et Lyon*, 1682, 2 vol. in-12.

Comtesse (la) de Tessan, ou l'insuffisance de la vertu. (Par le marquis Jean-Pierre-Louis DE LA ROCHE DU MAINE DE LUCHET.) 1783, in-12.

Il y a des exemplaires avec la date de 1784 qui ne portent que le second titre.

Comtesse (la) de Vergy, nouvelle historique, galante et tragique. *Paris, Pépingué*, 1722, in-12.

L'épître dédicatoire est signée : L. C. D. V. (le comte DE VIGNACOURT).

M. Dunod de Charnage a attribué à tort ce roman à Nicolas-Joseph, comte DE VAUDREY.

Voy. « Supercheries », II, 701, *e*.

Comtesse (la) suédoise, ou Mémoires de Mme de G***, traduit de l'allemand (de Christian-Furchtgott GELLERT), par J.-H.-Sam. FORMEY. *Berlin, Schutze*, 1754, 2 parties in-12.

Voy. « Supercheries », II, 116, *b*.

Comus, masque, de MILTON, représenté au château de Ludlow, en 1634, devant John Egerton, comte de Bridgewater, lord-président du pays de Galles, traduction littérale. (Publié par les soins et aux frais de M. Francis-Henry EGERTON.) *Paris, de l'imprimerie de P. Didot l'aîné*, 1812, in-4.

L'édition originale anglaise est de *Londres*, 1637, in-4.

D'après Barbier, la traduction italienne serait de Gaetano POLIDORI DA BIENTINA et la traduction française de M. DE LA BIENTINAYE.

La traduction italienne n'est qu'une paraphrase en vers blancs de celle en vers italiens de Gaetano Polidori, réimprimée la même année, chez Didot, avec le nom du traducteur.

Conaxa et les deux gendres, ou résumé des débats, servant de réponse à M. Hoffman, défenseur officieux de M. Etienne, membre de l'Institut impérial de France, par M. D** E** N. (Ant.-Touss. DESQUIRON DE SAINT-AGNAN). *Paris, J. G. Dentu*, 1812, in-8.

Voy. « Supercheries », I, 898, *e*.

Concentration des volontés qui tendent à consolider la tranquillité publique. (Par M. OUDRY.) *Paris*, 1849, in-8, 8 p.

Conception (de la) immaculée de la Vierge. (Par le P. H. ALBI, jésuite.) *Grenoble*, 1654, in-4.

Concerts (les) républicains, ou choix lyrique et sentimental. Ouvrage orné de quatre gravures dessinées et gravées par Queverdo. *Paris, Louis*, an III-1795, in-12, 210 p., plus 2 d'avis.

Recueil formé par Claude-Fr.-X. MERCIER, de Compiègne, qui a signé les premières pièces.

Concessions (des), au sujet de la censure facultative. (Par le marquis DE LA GERVAISAIS.) *Paris, imp. de Pihan Delaforest*, 1828, in-8, 24 p.

Conchyliologie nouvelle et portative, ou collection de coquilles, etc. (Par A.-N. DEZALIER D'ARGENVILLE.) *Paris, Regnard*, 1767, petit in-12. *Douteux*.

Concile (le) de Constance, par A. H. (HOPE). *Paris, Barba*, 1836, in-8, 8 p.

Concile (le) de Paris, poëme héroï-comique en quatre chants, par *** (MAURY). *Clermont-Ferrand, Veysset*, 1839, in-18.

Concile (du) général, pour la justification de ce qui est dit dans le « Traité des libertés de l'Eglise gallicane » touchant l'autorité du concile de Bâle, contre ce que l'auteur de la réponse aux positions ultérieures de M. Steyaert y oppose. Par M. C. s. (Ant. CHARLAS, docteur en théologie). *Liége, Hovius*, 1688, in-4.

Voy. « Supercheries », I, 811, *c*.

Conciles (les) généraux et particuliers... leur histoire... Avec des remarques. (Par l'abbé Jean LE LORRAIN, chapelain de la cathédrale de Rouen.) *Cologne (Rouen)*, 1707 ou 1717, 2 vol. in-8.

On attribue au même auteur les « Remarques sur les canons apostoliques ». *Cologne (Rouen)*, 1698, in-8.

Conciliateur (le)... Voy. « Journal des journaux ».

Conciliateur (le). (Par le marquis L. DE LA MAISONFORT.) *Brunswick*.

Le premier volume n'a pas été achevé : les circonstances politiques en empêchèrent la continuation.

Conciliateur (le) du Midi, recueil littéraire, commercial, agricole, etc. (Par Ch. PIERQUIN de Gembloux, le marquis

Adolphe DE CHESNEL et autres.) *Montpellier, Tournel*, 1820, in-8.

Il n'a paru que 5 numéros de ce journal.

Conciliateur (le), ou la noblesse militaire et commerçante, en réponse aux objections faites par l'auteur de « la Noblesse militaire » ; par M. l'abbé de *** (DE PEZEROLS). *Paris, Duchesne*, 1756, in-12.

Voy. « Supercheries », I, 157, *c*.

Conciliateur (le), ou la septième époque ; appel à tous les Français ; considérations impartiales sur la situation politique et sur les vrais intérêts de la France à l'époque du 1er mai 1815, par un Français ami de la patrie et de la paix, membre d'un collége électoral (Marc-Antoine JULLIEN). *Paris, L. Colas*, 1815, in-8, 96 p.

Voy. « Supercheries », II, 80, *f*.

Conciliateur (le), ou lettres d'un ecclésiastique à un magistrat. (Par Anne-Rob.-Jacq. TURGOT et Etienne-Charles LOMÉNIE DE BRIENNE.) *Rome*, 1754.—Nouvelle édition. (Publiée par Jacques-André NAIGEON, avec le nom de Turgot et un avis de l'éditeur.) 1788. — Troisième édition. (Publiée par DUPONT de Nemours, avec un avertissement.) *Paris, Dupont de Nemours*, 1791, in-8.

Réimprimé dans les « Œuvres » de Turgot. *Paris, Guillaumin*, 1844, gr. in-8, tome II, p. 688.

Conciliateur (le), ou remarques succinctes sur les indulgences au sujet du jubilé, par un théologien de province (l'abbé J.-B. DE LAPORTE). 1760, in-12.

Voy. « Supercheries », III, 792, *d*.

Conciliateur (le), ou trente mois de l'histoire de France. (Par A. DE CHAZET.) *Paris, Grimbert*, 1824, in-8.

Conciliateur (le) pacifique, ou remarques succinctes d'un théologien de province (l'abbé Barth. DE LA PORTE, de La Ciotat) sur la lettre (de l'abbé Joubert) au R. P. S. G. (Saint-Genis), doctrinaire, sur les indulgences au sujet du jubilé. 1760, in-12.

L'avertissement et les notes sont de BLOTIN, prêtre.

Conciliation de Moyse avec saint Etienne et avec lui-même. (Par Théodore LE BLANC, ministre réfugié de La Rochelle.) *Amsterdam*, 1704, in-12.

L'auteur publia, la même année, une « Défense » de cet ouvrage contre des « Lettres critiques » de B. de Marolles. Voyez ces mots.

Concions (les) et harengues de Tite-Live, traduites en françois. (Par J. DE AMELIN.) *Paris, M. Vascosan*, 1554, in-8.

Catalogue Pixérécourt, n° 1811.

Conclave (le) de 1774. Drame fait pour être mis en musique, et pour être représenté sur le théâtre des dames pendant le carnaval de 1775. Dédié aux dames. *A Rome, chez Cracas. A l'enseigne du Silence. Avec approbation et permission* (*Berlin, Duncker*), in-8 de 155 p.

Avec texte italien en regard. Dans le « Neues gelehrtes Berlin von V.-H. Schmidt und D.-G.-G. Mehring », *Berlin*, 1795, in-8, p. 84, cette trad. est donnée à F.-Ad.-Max.-Gust. DE CASTILLON dont le nom propre est SALVEMINI et qui était d'origine italienne.

La traduction laisse en blanc bien des mots qui dans le texte ne sont imprimés qu'à moitié, ce qui les rend doublement significatifs.

Il existe une nouvelle édition du texte augmentée d'« un Ballo novo con programma analogo, ed in fine il Memoriale dell' abb. SERTOR a Pio VI e sua riposta ». *Bologna*, 1789, in-8.

Cette pièce satirique valut une longue détention à l'abbé SERTORI qui fut regardé comme l'auteur.

Conclusion de l'analyse des ouvrages de M. Charrier de La Roche, etc. (Par l'abbé Guillaume-André-René BASTON.) *Rouen*, 1791, in-8. D. M.

Conclusion sur les lois des douze Tables. (Par Th.-Pasc. BOULAGE, alors secrétaire de l'Académie de Troyes.) *Troyes*, an XIII-1805, in-8.

Réimprimé après la mort de l'auteur, avec son nom, *Paris, Delestre-Boulage*, 1821, in-8.

Conclusions civiles de dame Marie Bochart, veuve de feu messire Pierre de Prouville... à l'encontre de feu Conchino Conchini, marquis d'Ancre, de Leonora Galigaï, sa femme, et leurs complices, défendeurs et accusés. (Par HÉRAULT, avocat en Parlement, suivant une note manuscrite.) *Paris, par J. Sarra*, 1617, in-8, 29 p.

Conclusions d'un libéral catholique (le baron DE WAHA DE BAILLONVILLE), sur le débat entre l'évêque (Van Bommel) et le bourgmestre de Liége (Piercot), et sur la mise à exécution de la loi sur l'enseignement moyen. (*Liége, Noel*, 1851), in-8, 20 p. J. D.

M. U. Capitaine dit : Par le baron J. GRISARD DE WAHA. Voy. De Manne, 3e éd., n° 636.

Conclusions de M. Servin, ou entretien de M. Servin et du P. Coton, jésuite, en l'autre monde. (Par Antoine REMY.) 1626, in-8.

Conclusions proposées par la reine régente à MM. du Parlement et à ses sujets, tant pour chercher les moyens de la générale paix... que pour instruire à fond le procès des Princes. (Par François DAVENNE, suivant la « Bibliographie des Mazarinades ».) *S. l.*, 1650, in-4, 24 p.

Conclusions sur l'appel du jugement rendu par l'abbé Ladvocat entre deux Psautiers. (Par DE SAINT-PAUL, de l'Académie de Rouen.) 1763, in-12, 31 p.

Concordance des bréviaires de Rome et de Paris, avec le Journal des cérémonies et usages qui s'observent à la cour, à Paris et à la campagne. (Par MAUPOINT, avocat.) *Paris, Chardon et Durand*, 1740, in-8.

Concordance des calendriers républicain et grégorien, depuis 1793 jusques et y compris l'an XXII, etc. (Par Louis RONDONNEAU.) *Paris*, 1805, in-8.

Catalogue de Nantes, nº 34765.

Concordance des principes et de la doctrine de S. Paul. (Par LAUGEOIS DE CHASTELLIER.) *Rome, aux dépens de la Chambre apostolique*, 1775, in-12.

Concordance des prophéties avec l'Évangile, sur la Passion, la Résurrection et l'Ascension de Jésus-Christ. (Par Madelaine FEUILLET.) *Paris, Couterot*, 1689, in-12.

Concordance (la) des quatre Evangélistes, ou discours de la vie de Notre-Seigneur Jésus-Christ, avec l'ordre des évangiles, épîtres et leçons qui se lisent en l'église au long de l'année; ensemble le calendrier ou ordre du temps... (Par Loys MIRÉ.) Plus une briève description de la Terre Saincte, avec sa charte. (Par Guillaume POSTEL.) *Paris, Guillaume Guillard*, 1561, in 16.

Je tire la description de ces deux opuscules du Catalogue de La Vallière, par G. de Bure l'aîné, nº 155. Guillaume-Fr. de Bure le jeune, dans sa « Bibliographie instructive », n'a présenté que le premier de ces deux ouvrages, et dans une note il l'attribue à Postel. Son erreur est évidente. D'ailleurs cette édition anonyme de deux ouvrages fort rares est imaginaire : c'est l'édition qui en a été faite à Paris en 1553, par Jean Ruelle (et Séb. Nivelle), avec les noms des deux auteurs. On n'a changé que le titre. J'ai pour garans de mon opinion l'habile rédacteur du Catalogue de La Vallière, et l'abbé de Saint-Léger, dans ses notes manuscrites sur l'exemplaire qu'il possédait des « Nouveaux Eclaircissemens sur la vie et les ouvrages de Postel », par le P. des Billons. *Liége*, 1773, in-8.

Voici les véritables titres des opuscules qui donnent lieu à la présente note :

La Vie de Jésus-Christ Notre-Seigneur, composé et extraite des quatre évangélistes, réduits en une continuelle sentence, avec les épîtres et leçons qu'on lit à la messe au long de l'année, par Loys MIRÉ. — Description de la Terre Sainte, avec sa carte en petite forme réduite, par Guillaume POSTEL. *Paris, rue Saint-Jacques, à l'enseigne des Cicognes*, 1553, 2 vol. in-16.

Concordance des quatre évangélistes, suivant l'ordre de Michaelis. (Par DE ROCCA, fils de Mme de Staël, de son second mariage avec Alb.-Mich. de Rocca.) *Paris, Treuttel et Würtz*, 1828, in-12.

Concordance en forme de registre pour trouver facilement chaque passage du Nouveau Testament. *Saint-Pétersbourg, imp. Ch. Kray*, 1824, 2 part. in-8.

L'avis placé en tête du tome I est signé : G. Saint-Pétersbourg, le 14 juillet 1824. L'auteur est la princesse Anne GALITZINE, née VSÉVOLOJSKY, fille du lieutenant général Serge Vsévolojsky, et première femme du chambellan le prince Jean Galitzine (1783-1852).

« Bibliophile belge », t. XX, 1864, p. 74.

Concordance et explication des principales prophéties de Jérémie, d'Ezéchiel et de Daniel. (Par Fr. JOUBERT.) *S. l. (Paris)*, 1745, in-4.

C'est une partie de l'ouvrage publié en 1749, en 5 vol. in-12, sous le titre d' « Explication des principales prophéties. » Voy. ces mots.

Concordance françoise, ou extrait du Nouveau Testament, par lettres alphabétiques. (Par VAUDRON.) *Paris, Le Gras, Pissot, Briasson et Chaubert*, 1745, in-12.

Concordat entre Léon X, souverain pontife, et François I, roi de France, traduit *pour la première fois* du latin en français. (Par J.-M.-V. AUDIN, libraire.) *Paris, Beaucé*, 1817, in-12.

L'éditeur a bien fait de souligner les mots *pour la première fois;* car on connait une traduction de ce concordat publiée sous ce titre :

« La Pragmatique Sanction, contenant les décrets du concile national de l'Eglise gallicane, assemblée en la ville de Bourges, au regne du roy Charles septième, avec le concordat d'icelle entre le très-chrétien roy François premier de ce nom et le pape Léon dixième. » *Paris, Gilles Gorrozet*, 1561, in-8.

Concordat entre les diverses opinions politiques, au moyen de quelques dispositions qui, en complétant la Charte, contribueraient à la rendre parfaite; essai. (Par J.-B. BALESTE.) *Paris, Guiraudet et Gallay*, 1822, in-8. — 2e édit. avec le nom de l'auteur. *Ibid.*, 1824, in-8.

Concordat (le) européen, ou projet de pacification de l'Europe... (Par J.-B.-Ant. HOLANDRE.)

Concordat (le), le Code pénal et les Turcs. (Par LIBRI BAGNANO.) *Bruxelles, Wodon*, 1828, in-8. J. D.

Voy. « Supercheries », II, 1245, *d*.

Concordat (du) sous les rapports politiques. (Par R.-T. CHATELAIN.) *Paris*, 1817, in-8.

Concorde de la Géographie des différens âges, ouvrage posthume de PLUCHE. (Publié d'après les papiers et matériaux fournis par l'abbé Pierre THUILIER, Rémois, avec un éloge de l'auteur par Robert ESTIENNE, libraire.) *Paris, frères Estienne*, 1765, in-12.

Concorde des Epîtres de saint Paul et des Epîtres canoniques, ou morale des Apôtres. (Par Jérôme BESOIGNE.) *Paris*, 1747, in-12.

Concorde des livres de la Sagesse, ou morale du Saint-Esprit. (Par Jér. BESOIGNE.) *Paris*, 1737, in-12.

Concours d'architecture pour le projet demandé, sur les constructions de la Madelaine. (Par G. GISORS, architecte.) *Paris, Cussac*, 1807, in-8.

Concours pour les prix décennaux. Examen du tableau des Sabines et de l'école de M. David, premier peintre de Sa Majesté, etc. Par un amateur des arts (Alexandre LENOIR). *Paris*, 1810, in-8.

Voy. « Supercheries », I, 294, *c*.

Concubitus sine Lucina, ou le Plaisir sans peine. Réponse à la lettre intitulée : « Lucina sine concubitu ». (Voy. ce titre.) *Londres*, 1750, in-8, 59 p., et in-12. — *Londres*, 1752, 1776, in-8.

Signé : Richard ROE. Traduit de l'anglais par DE COMBES, qui avait été secrétaire de M. de Mirepoix.

Quérard, dans la « France littéraire », a confondu ce traducteur avec de Combes, auteur de l'« Ecole du Potager » et qui était oncle de Belin, l'imprimeur.

D'après Lowndes, « Bibliographer's Manual », Richard Roe serait un nom supposé, et l'auteur de cet écrit serait Francis COVENTRY.

Une édition moderne, imprimée à Bruxelles sous la rubrique *Londres*, 1762, in-18, 70 p., est signée : Abraham JOHNSON, auteur de « Lucina sine concubitu ». Le texte du « Concubitus sine Lucina » est interrompu à la page 49, au milieu d'une anecdote, et le volume est terminé par la fin de l'ouvrage de Johnson.

Concurrence (de la) effective des journaux. (Par le marquis DE LA GERVAISAIS.) *Paris, Pihan-Delaforest*, 1828, in-8, 31 p.

Condamnation de Babylone, ou réponse à l'évêque de Meaux sur l'Apocalypse. (Par P. BOYER.) *La Haye*, 1691, in-12.

V. T.

Condamnation (de la) du serment de haine à la royauté et de ses preuves. (Par DE GAND, marchand à Alost.) *Bruges (Gand, Ch. de Goesin)*, 1800, in-8.

J. D.

Condition (de la) des ouvriers de Paris de 1789 jusqu'en 1841, avec quelques idées sur la possibilité de l'améliorer. (Par DURAND.) *Paris, imp. de J.-B. Gros*, 1841, in-8, 288 p.

Condition (de la) et de l'influence des femmes sous l'empire et depuis la Restauration. Seconde édition. Par M. S. R. (S. RATIER), avocat. *Paris, Thiériot et Belin*, 1825, in-18.

Voy. « Supercheries », III, 721, *e*.

Conditions (des) d'une paix durable en Pologne, par l'auteur de « la Pologne et la cause de l'ordre ». (Attribué à M. ZBYSZEROSKI.) *Paris*, 1863, in-8.

Conditions (des) de force de l'armée et de sa réserve, sans augmentation de dépenses, par l'auteur de « Vauban expliqué » (Ch. RICHARDOT, lieutenant-colonel d'artillerie). *Paris, Corréard*, 1846, in-8.

Conditions (des) de succès en éducation. (Par Marc BRIQUET.) *Genève, Béroud*, 1863, in-12.

Conditions (des) nécessaires à la légalité des Etats-généraux. *S. l.*, 1788, in-8, 38 p.

Attribué par Barbier à J.-Nic. DÉMEUNIER. Une note manuscrite sur l'exemplaire de la Bibliothèque nationale porte : Par VOLNEY, à *Rennes*, 5 novembre.

Voy. ci-dessus « Analyse de la brochure... », col. 166, *b*.

Conditions pour examiner la doctrine de la grâce. (Par COPPIN.) 1649, in-4.

Conducteur (le) aux environs de Spa. Vade-mecum indispensable aux étrangers qui visitent ce lieu célèbre. N° 1. Itinéraire de Spa à la grotte de Remouchamps et aux ruines du château d'Amblève. (Par M. Théodore DERIVE.) *Spa, libr. de Mme Derive*, 1840, in-12, 44 p. J. D.

Conducteur (le) de l'étranger à Lyon, ou description des curiosités, des monuments et des antiquités que cette ville renferme. *Lyon, Chambet*, 1815, in-18.

Signé : C****** (CHAMBET).

Conducteur (le) de l'étranger à Paris... par F.-M. M....... (MARCHANT DE BEAUMONT). *Paris, Moronval*, 1811, in-18.

Réimprimé en 1814 et en 1815 avec le nom de l'auteur.

Voy. « Supercheries », II, 57, *f*.

Conducteur, ou guide des étrangers dans Lille et son arrondissement... avec le plan de Lille et de sa citadelle en 1817... (Par BRUNÉEL.) *Lille, Castiaux, s. d.*, in-12.

Conduite chrétienne dans le service de Dieu et de l'Église, avec l'office de la Vierge et les vêpres, en latin et en français. (Par Pierre DE VILLIERS.) *Paris*, *Jacques Colombat*, 1699, in-16.

Très-rare et recherché à cause de l'office de la Vierge, qui est sans renvoi.

Conduite chrétienne dans les actions principales de la vie. (Par le P. DENIS, jésuite.) *Paris*, *Chevillion*, 1688, in-12.

Conduite chrétienne pour les personnes engagées dans le monde, à l'usage du diocèse de Meaux. (Par DES MUIDS, chanoine de Meaux.) *Meaux*, *Frédéric Alart*, 1730, in-12.

Note déposée sur un exemplaire qui avait appartenu au monastère de la Visitation de Sainte-Marie de Meaux.

On trouve dans ce volume (p. 45) une partie des « Prières ecclésiastiques à l'usage du diocèse de Meaux», publiées par Bossuet en 1689.

Cette « Conduite chrétienne » se réimprime très-souvent à Meaux. Je remarque des retranchemens et des additions dans l'édition que j'ai sous les yeux. *Meaux*, *Dubois-Berthault*, 1814, in-12.

Conduite chrétienne, tirée de l'Écriture sainte et des Pères de l'Eglise, touchant la confession et la communion, troisième édition. *Paris*, *Josset*, 1684, in-16.

Dupin attribue ce livre au P. QUESNEL ; d'autres le donnent à l'abbé Nicolas LE TOURNEUX, et l'on croit que ceux-ci ont raison : cependant l'ouvrage n'est point cité dans l' « Histoire littéraire de Port-Royal », par dom Clémencet.

Conduite d'une dame chrétienne, pour vivre saintement dans le monde. (Par l'abbé Jacq.-Jos. DUGUET.) *Paris*, 1725, in-12.

Conduite (la) de dom Jean de La Barrière, premier abbé et instituteur des Feuillans, durant les troubles de la Ligue, et son attachement au service du roi Henri III, par un religieux feuillant (J.-B. de Sainte-Anne PRADILLON). *Paris*, *Muguet*, 1699, in-12.

Ce traité fut composé pour madame d'Agussseau.

Le Laboureur traite D. Jean de La Barrière de ligueur. D. Pradillon le justifie.

Voy. « Supercheries », III, 390, *b*.

Conduite (la) de l'Église dans la réception des ministres de la religion qui reviennent de l'hérésie et du schisme (par Jacq.-And. EMERY) ; nouvelle édition, considérablement augmentée. *Paris*, *Leclere*, 1801, in-12.

Conduite (la) de l'homme. (Par DODSLEY.) Voy. « Economie de la vie humaine ». (1803.)

Conduite de la Convention nationale dans les circonstances actuelles, par L. C. T. R. (le cit. Thomas ROUSSEAU). *Paris*, an V, in-8.

Voy. « Supercheries », II, 703, *e*.

Conduite (la) de la France depuis la paix de Nimègue. (Par G. SANDRAS DE COURTILZ.) *Francfort*, *Marmelstein*, 1683, in-12.—*Cologne*, *P. Marteau*, 1684, in-12, 145 p.

Deux éditions sous cette dernière date.

Suivant le P. Lelong, Sandras de Courtilz aurait publié lui-même une réfutation de son ouvrage sous le titre de « Réponse au livre intitulé « la Conduite de la France depuis la paix de Nimègue ». *Cologne*, *P. Marteau*, 1683, in-12, 144 p.. Deux éditions la même année.

Conduite (de la) de la guerre d'Orient. Expédition de Crimée. Mémoire adressé à S. M. l'empereur Napoléon III par un officier général. (Par TAVERNIER, ancien rédacteur en chef de « la Constitution » du Loiret.) *Bruxelles*, *Bluff*, 1855, in-8, 72 p.

M. Delecourt donne par erreur comme coédacteur de cette brochure M. STENCKX, ancien propriétaire du journal l' « Observateur ».

Il a paru un « Deuxième mémoire adressé au gouvernement de S. M. l'empereur Napoléon III... ». Voy. ce titre.

Conduite de la Providence dans l'établissement de la congrégation de Notre-Dame, qui a pour instituteur le B. Pierre Fourier de Mataincourt. (Par Louis-Gaspard BERNARD, chanoine régulier de Pont-à-Mousson.) *Toul*, *Cl. Vincent*, 1732, 2 vol. in-4.

Conduite (la) de Mars, nécessaire à tous ceux qui font profession des armes. *La Haye*, *Van Bulderen*, 1685, in-12.

Voyez l' « Essai de la Bibliothèque militaire » de Loen, page 131.

Suivant une note manuscrite de A.-A. Barbier, l'attribution par lui faite à SANDRAS DE COURTILZ est inexacte. L'auteur serait un ancien officier, et l'ouvrage aurait été réimprimé sous ce titre : « la Conduite de Mars, ou l'homme de guerre, contenant les fonctions des officiers subalternes de cavalerie et d'infanterie ». *Paris* (*Rouen*), 1711, in-12.

Les « Nouvelles de la république des lettres », 1686, juillet, p. 804, indiquent comme auteur DE BUSSON, premier capitaine et major.

Conduite des autorités vaudoises envers les Polonais, ou le courage de la peur. Par un ami de la liberté des peuples (Nic. CHATELAIN, de Rolle). *Paris*, *les marchands de nouveautés* (*Genève*, *imp. de A.-L. Viguier*), 1834, in-8, 24 p.

Voy. « Supercheries », I, 303, *d*.

Conduite des confesseurs, par R. D. (Roger DAON). *Paris*, *Delusseux*, 1739, in-12.

Souvent réimprimé.

Voy. « Supercheries », III, 343, *c*.

Conduite (la) des François justifiée, ou observations sur un écrit anglois intitulé : « Conduite des François à l'égard de la Nouvelle-Ecosse... », par le sieur D. L. G. D. C. (DE LA GRANGE DE CHESSIEUX). *Utrecht, et Paris, Le Breton*, 1756, in-12.

Réponse à l'article suivant.

Voy. « Supercheries », I, 958, *b*.

Conduite des François par rapport à la Nouvelle-Ecosse ; depuis le premier établissement de cette colonie jusqu'à nos jours... Traduit de l'anglois (de Thom. JEFFERYS) ; avec des notes d'un François (Geor.-Mar. BUTEL-DUMONT)..., *Londres, frères Vaillant*, 1755, in-12.

Voy. « Supercheries », II, 75, *d*.

Conduite (la) des illustres pour aspirer à la gloire d'une vie héroïque, par le R. P. J. D. P. C. (JACQUES d'Autun, prédicateur capucin). *Paris, Soubron*, 1659, in-4. — Réimprimée en 1664 pour la troisième fois.

Le nom de famille de cet auteur était CHEVANES.

Voy. « Supercheries », II, 355, *d*.

Conduite (de la) des princes de la maison de Bourbon depuis 1789 jusqu'en 1805. (Par Bertrand BARÈRE.) *Paris, marchands de nouveautés*, an XIII-1805, in-8, 134 p.

Une nouvelle édition, enrichie de notes par le comte Réal, *Paris, Tenon*, 1834, in-8, porte sur le titre : « Ouvrage commandé à l'auteur par Napoléon ».

Conduite (la) du comte de Peterborow en Espagne, surtout depuis la levée du siége de Barcelonne en 1706, traduite de l'anglois (de FRIEND). *Londres*, 1708, in-8.

V. T.

Conduite pour se taire et pour parler, principalement en matière de religion. (Par le P. DU ROSEL, jésuite.) *Paris, S. Benard. — Liége*, 1696, in-12.

Cet ouvrage a été pillé en 1771 par l'abbé DINOUART, coutumier du fait et que l'on a surnommé l'Alexandre des plagiaires.

Voy. « Supercheries », I, 945, *b*.

Il existe une édition de cet ouvrage intitulée : « Conduite pour se taire et pour parler », par l'abbé DE BELLEGARDE ; seconde édition. *Paris, S. Benard*, 1697, pet. in-12.

Conduite scandaleuse du Clergé depuis les premiers siècles de l'Eglise jusqu'à nos jours, ouvrage enrichi de notes et de preuves historiques, servant de suite aux Crimes des papes. (Par DUBOST, maire de Taverny.) *Paris, marchands de nouveautés*, 1793, in-8, 399 p., avec une introduction de 16 p.

Même ouvrage que celui ci-dessus décrit col. 652, *b*.

Confédération de Termonde, ou le 4 octobre 1566. (Par Prudens VAN DUYSE.) *Gand, Hebbelynck*, 1839, in-8, 15 p.

J. D.

Confédération (de la) des Belges et des Bataves. Notions succinctes sur les avantages qui en résulteraient pour ces deux peuples... Par V. B. (J.-J. VAN BOUCHOUT). *Bruxelles, Weissenbruck*, 1814, in-8, XXIV-34 p.

J. D.

Confédération italienne. Le pouvoir temporel des papes devant l'Evangile et les hommes. (Par M. SOUCHCOFF.) *Bruxelles, Van Meenen*, 1859, in-12, 73 pages.

J. D.

Confédération (la) italique, par l'auteur des « Congrès de Vienne en 1814 et 1818 » (le baron C.-F. SIRTEMA DE GROVESTINS). *Paris*, 1859, in-8, 71 p.

Conférence (la) accordée entre les prédicateurs catholiques de l'ordre des capucins, et les ministres de Genève... *Paris, Denis Binet*, 1598, in-8, 88 p.

La dédicace est signée : P. V. C. (Pierre-Victor CAYET).

Voy. « Supercheries », III, 275, *d*.

Conférence d'un Anglois et d'un Allemand sur les « Lettres de Filtz-Moritz » (l'abbé Margon). (Par l'abbé BRIGAULT, Lyonnais.) *Cambrai*, 1722, in-12.

Voy. « Supercheries », II, 43, *c*.

Conférence de l'édit des présidiaux, du mois d'août 1777, avec les ordonnances, édits et règlemens sur cette matière, par M. D. D. R. A. L. P. du B. de Ch. en Th. (DREUX DU RADIER, ancien lieutenant particulier du bailliage de Châteauneuf en Thymerais). *Paris, Lamy*, 1780, in-18.

Voy. « Supercheries », I, 879, *e*.

Conférence de l'ordonnance de Louis XIV du mois d'aoust 1669, sur le fait des eaux et forests.... (Par M. DE GALLON, ancien officier en la maîtrise de Rochefort.) *Paris, G. Saugrain*, 1725, 2 vol. in-4. — *Paris, D. Mouchet*, 1725, 2 vol. in-4.

Note manuscrite.

Conférence de la Cène apostolique avec la Messe romaine, par B. D. L. G. (BEDÉ DE LA GORMANDIÈRE). *Charenton, L. de Vendosme*, 1639, in-8.

Voy. « Supercheries », I, 481, *f*.

Conférence de la coutume de Paris, par FORTIN, augmentée de plus de deux tiers, par M. R. (J.-Marie RICARD), avocat. *Paris*, 1666, 1673, in-fol.

Voy. « Supercheries », III, 283, *d*.

Conférence de la coutume de Sens avec le droit romain, les ordonnances du royaume et les autres coutumes, etc.; dédiée à M. Lenoir, conseiller d'Etat ordinaire et bibliothécaire du roi, par M. PELÉE DE CHENOUTEAU, écuyer, conseiller au bailliage et siége présidial; suivie de détails historiques sur le bailliage de Sens, rédigés par M. T. D. S. (Sébastien-André TARBÉ DES SABLONS), avocat en parlement. *Sens, veuve Tarbé*, 1787, in-4.

Voy. « Supercheries », III, 767, *c*.

Conférence (la) de Marienbourg, par écrits reciproques entre un prestre de l'église catholique, apostolique et romaine (Barthélemy D'ASTROY, récollet de Ciney), et un prétendu réformé. *Liége, Bronkart*, 1661, in-12, 146 p.

Voy. « Supercheries », III, 238, *f*.

Conférence du code civil avec la discussion particulière du Conseil d'Etat et du Tribunat, avant la rédaction définitive de chaque projet de loi, par un jurisconsulte qui a concouru à la confection du code (le baron FAVARD DE LANGLADE). *Paris, Firmin Didot*, an XIII-1805, 10 vol. in-12.

Voy. « Supercheries », II, 441, *c*.

On doit encore au même jurisconsulte :

1° Le Code de procédure civile, avec le tarif des frais, suivi des motifs et rapports, etc. *Paris, Firmin Didot*, 1808, 2 vol. in-12.

2° Le Code de commerce, avec le rapprochement du texte des articles du Code civil et du Code de procédure civile qui y ont un rapport direct, etc. *Paris, F. Didot*, 1807, in-12.

3° Code d'instruction criminelle, avec l'exposé des motifs et des rapports, etc. *Paris, Firmin Didot*, s. *d*., 2 tomes en 1 vol. in-12.

4° Code pénal, avec l'exposé des motifs et des rapports, etc. *Paris, F. Didot*, 1812, 2 vol. in-12. Voy. ce titre.

Conférence (la) du Diable avec Luther, contre le saint sacrifice de la messe. (Par Paul BRUZEAU.) *Paris*, 1673, in-8.—1740, in-12.

La seconde édition, publiée en 1680, porte le nom de PILLON, licencié en droit canon.

L'abbé de Cordemoy publia en 1681 le « Récit de la Conférence du Diable avec Luther, fait par Luther même, avec des Remarques sur cette Conférence ». L'abbé Lenglet du Fresnoy l'a réimprimé à la fin du premier volume de son « Recueil de dissertations sur les apparitions ».

Je n'ai pu voir sans étonnement, dans la dernière page des différentes éditions du tome quatorzième des « Essais de Morale », contenant la vie de Nicole, que l'abbé Goujet confondait le « Récit de la conférence du Diable avec Luther », publié par l'abbé de Cordemoy, avec le volume anonyme de 1673. Ce dernier ouvrage est certainement de Paul Bruzeau, prêtre de la communauté de Saint-Gervais. J'en ai la preuve dans une note ancienne déposée sur mon exemplaire; elle contient ces mots : « Ex dono auctoris domini Bruzeau ». Je lis aussi dans le catalogue manuscrit de l'abbé Goujet que la « Conférence du Diable » passait pour être de ce même M. Bruzeau; mais la suite de sa remarque prouve qu'il la confondait avec le Récit de l'abbé de Cordemoy : il présente cet abbé comme éditeur de la « Conférence » de 1673.

Dans la seconde partie de la « Conférence », qui est contre Claude, on venge l'auteur des « Préjugés légitimes » (Nicole), contre une proposition que ce ministre imputait faussement à l'auteur des « Préjugés ». Cette seconde partie ayant été réimprimée à la suite des « Préjugés légitimes » de Nicole, on a cru que cet habile controversiste était aussi l'auteur de la « Conférence du Diable avec Luther ». C'est ce qui aura déterminé l'abbé Goujet à prouver que ce bruit était dénué de fondement.

La première édition de la « Conférence » de 1673 est encore recherchée des curieux, surtout lorsque les exemplaires contiennent en regard du titre une planche gravée qui représente Luther dans son lit, avec ces mots au haut de la planche : « Luther, disciple du Diable ». Le Diable, au pied du lit, a le doigt sur un livre ouvert devant Luther, et il sort de sa bouche une bandelette qui va à l'oreille droite de Luther ; on y lit ces mots : « La messe est une idolâtrie ». Aux pieds de Luther est écrit : « Le disciple n'est pas plus savant que son maître ». Un autre diable au chevet s'accroche à l'épaule gauche de Luther, et lui souffle dans l'oreille. On trouve au bas de la planche cinq lignes qui en expliquent le sujet.

J'ai vu un exemplaire enrichi de la figure, intitulé : « Réfutation de la Réponse faite par M. Eréiter, ministre luthérien, à un ecclésiastique qui avait soutenu que Luther avait appris du Diable à combattre la messe, ou la Conférence du Diable avec Luther, » etc. ; *Paris*, 1673. L'ouvrage a donc paru sous deux titres différents la même année. M. le comte de Boutourlin possédait un exemplaire du dernier genre. Voyez le Catalogue de sa belle Bibliothèque. *Paris*, 1805, in-8, n° 200.

Paul Bruzeau et le sieur Pillon ne figurent dans aucun de nos dictionnaires historiques ; j'ai déjà réparé cet oubli, quant à Bruzeau, dans mon « Examen critique » de ces dictionnaires.

Ambroise Lallouette m'apprend, dans son « Histoire des traductions françoises de l'Ecriture sainte », p. 100, que l'abbé Pillon, habile sur les controverses, demeurait dans le Marais, proche des Capucins, c'est-à-dire dans le même quartier que Bruzeau. Ces deux controversistes ont pu travailler ensemble à la « Conférence de Luther avec le Diable ».

On a encore de l'abbé Pillon : « Exposition de la Doctrine catholique sur seize points », etc. ; par le sieur PILLON, ecclésiastique. *Paris, Pralard*, 1690, in-12. Voyez l'extrait de cet ouvrage dans le « Journal des Savans, » année 1699.

Conférences de deux théologiens molinistes sur un libelle (de dom P. de Saint-Joseph, feuillant), intitulé : « les Sentimens de saint Augustin... ». (Par l'abbé DE BONOZEYS.) 1650, in-4.

Conférences de la mère Angélique de Saint-Jean (ARNAULD), abbesse de Port-Royal, sur les constitutions du monastère de Port-Royal du Saint-Sacrement (avec le texte des constitutions). (Publié par dom Ch. CLÉMENCET.) *Utrecht* (*Paris*), 1760, 3 vol. in-12.

Conférences de Metz, entre un Juif, un Protestant et deux docteurs de Sorbonne. (Par le P. Ch.-Fr. HOUBIGANT, de l'Oratoire.) *Leyde*, 1750, in-8.

Conférences des nouvelles ordonnances de Louis XIV avec celles des rois, ses prédécesseurs, par Philippe BORNIER; nouvelle édition, augmentée par M*** (Ch.-A. BOURDOT DE RICHEBOURG). *Paris*, 1719, 2 vol. in-4.

Conférences du diocèse de Langres. (Par le P. Edm.-Bern. BOURRÉE.) *Lyon*, 1693, 3 vol. in-12.

Conférences du diocèse de Luçon. (Par Louis, Germ. DUPUY et Ch.-Fr. DUBOS.) *Paris*, *Dezallier*, 1684 et années suivantes, 16 vol. in-12.

Conférences ecclésiastiques de Paris sur l'usure et la restitution. (Par le P. LE SEMELIER.) *Paris*, *Estienne*, 1718, 4 vol. in-12.

Conférences ecclésiastiques de Paris sur le mariage, imprimées par ordre du cardinal de Noailles. (Faites à Saint-Nicolas du Chardonnet par l'abbé BOUCHER, et rédigées par le P. LE SEMELIER, de la Doctrine chrétienne.) *Paris*, 1712, 4 vol. in-12. — *Ibid.*, 1715, 1728, 1735, 5 vol. in-12.

Conférences ecclésiastiques du diocèse d'Angers... Rédigées par M. BABIN, doyen de la Faculté de théologie d'Angers. *Angers*, *Olivier Avril*, 1728-1737, 15 vol. in-12.— *Angers*, *P.-L. Dubé*, 1738-1748, 26 vol. in-12.

Les volumes donnés par l'abbé Fr. BADIN portent seuls le nom de l'auteur; ce sont ceux qui traitent des Sacrements, des Commandements de Dieu, des Censures, des Monitoires, des Irrégularités, des Contrats et des Bénéfices.

Après sa mort, arrivée le 19 décembre 1734, à l'âge de 83 ans, l'abbé VAUTHIER, chanoine d'Angers, traita des divers états de la société.

Jos.-Fr. AUDEBOIS DE LA CHALINIÈRE (le cardinal Gousset, dans son édition, le désigne sous le nom de J.-F. SAUT DU BOIS DE CHALINIÈRE), chanoine pénitencier de l'église d'Angers, ajouta au recueil des Conférences sur la grâce. Il mourut en 1759.

Enfin l'abbé J.-P. COTELLE DE LA BLANDINIÈRE acheva les conférences, revit toutes celles qui précédaient, les enrichit de notes et publia les traités des « Actes humains, des Devoirs des différents Etats, de la Hiérarchie ecclésiastique, des Synodes », etc. Il mourut en janvier 1795, à l'âge de 86 ans.

Il existe de nombreuses réimpressions totales ou partielles, la plupart anonymes.

Les 5 premiers volumes de l'édition de *Paris*, veuve *Désaint*, 1775-1787, 19 vol. in-12, portent: « Rédigés par l'auteur des cas réservés et des lois » (BABIN). Les volumes suivants portent : Par M. l'abbé DE LA BLANDINIÈRE.

Réimprimé à *Besançon*, *Gauthier frères*, 17 vol. in-12. Nouvelle édition mise dans un meilleur ordre et augmentée de notes... par M. GOUSSET, 2e éd. *Paris*, *Gauthier*, 1830, 20 vol. in-8.

Réimpression, sans nom d'éditeur, mais avec les notes de GOUSSET. *Paris*, *Gaume*, 1829-30, 16 vol. in-8. — *Id.*, 24 vol. in-12.

Conférences ecclésiastiques du diocèse de La Rochelle, imprimées par l'ordre de M. l'évêque de La Rochelle. (Par DE LA BROSSE, doyen du chapitre, ou DE LA FREZILLIÈRE, évêque de La Rochelle.) *Rouen*, *Vaultier*, 1704, in-12.

Conférences ecclésiastiques du diocèse de Lodève. (Par Jean-Georges DE SOUILLAC.) *Paris*, 1749, 5 vol. in-12.

Conférences ecclésiastiques sur le Décalogue. (Par le P. LE SEMELIER, publ. par Ch.-Fr. LE ROY.) *Paris*, 1759, 4 vol. in-12.

Conférences ecclésiastiques sur plusieurs points de la morale chrétienne, ouvrage posthume de l'auteur des « Conférences de Paris sur le mariage », etc. (le P. LE SEMELIER, doctrinaire; publié par Ch.-Fr. LE ROY, ex-oratorien). *Paris*, *frères Estienne*, 1755, 6 vol. in-12.

Conférences monastiques pour les dimanches de l'Avent et du Carême. (Par dom Benoît VINCENT.) *Orléans*, 1760, 2 vol. in-12.— *Rouen*, 1773, 5 vol. in-12.

Conférences (les) pastorales de Paris en 1864. (Par Théod. MONOD, pasteur, fils de Frédéric-Monod.) *Paris*, *Meyrueis*, 1864, in-8.

Extrait des « Archives du christianisme ».

Conférences secrètes entre les ex-ministres M. Pitt, lords Grenville, Dundas, etc., avec M. Addington, lords Hawkesbury, Pelham, etc., ministres actuels de S. M. Britannique, et plusieurs autres membres du Conseil et des deux chambres, au sujet de la rupture du traité d'Amiens et de la guerre actuelle. (Par J.-Fr. ANDRÉ.) *Paris*, *Ponthieu*, an XII-1802, in-8.

La seconde édit. est augmentée du « Plan secret de la dernière conspiration contre le gouvernement français ». *Ibid.*, *id.*

Confession (la) d'Augsbourg. (Composée en grande partie par LUTHER, et augmentée par MELANCHTHON). Présentée autrefois à l'empereur Charles-Quint, l'an 1530, par les princes et les États protestants; nouvellement traduite de l'allemand et du latin en françois (par Jean-Balthazar RITTER). (Vers 1680), pet. in-12.

Ritter, ministre luthérien de l'église de Francfort, inséra cette traduction dans des « Heures chrétiennes » qu'il publia vers 1680, et dont il donna cinq éditions. Cette traduction a été souvent réimprimée, même depuis la mort du traducteur.

Confession d'un grand pécheur. (Par J.-F. BELLEMARE.) *Paris, Petit*, 1814, in-8, 32 p.

Confession de foi de Dieu le Père, du Fils et du Saint-Esprit, conformément à l'Ecriture. Traduit du latin. *Leyde, Lefrançois*, 1678, in-16.

On ne doute pas que cet ouvrage ne soit de Chr. SANDIUS. L'original latin a été trouvé parmi ses papiers, tout écrit de sa main. Voy. « Mémoires pour servir à l'histoire littéraire des 17 provinces des Pays-Bas ». *Louvain*, 1765, in-fol., t. I, p. 319.

Confession de foi des églises belges. (Rédigée par Guidone DE BRES, ministre, mort à Valenciennes en 1567, et revue par Adrien SARAVIA, ministre de l'Eglise française d'Anvers, et Hermann MODESTE.) Avant 1612.

Voy. Placcius, 2124, *a*, et 2128, *a*.

Confession de foi des Églises de la Suisse réformée, traduite du latin (de Henri BULLINGER) en françois. (Par Elie BERTRAND, pasteur à Berne.) *Berne*, 1760, in-4.

Confession (la) de foi des théistes. (Par VOLTAIRE.) Voy. « Profession de foi ».

Confession de l'année 1785. (Par J. LAVALLÉE.) *Paris*, 1786, in-18. V. T.

Confession de la foy, laquelle tous bourgeois et habitans de Genève et subjects du pays doivent jurer de garder, extraicte de linstruction dont on use en l'église de ladicte ville. (Par Guillaume FAREL.) *Genève*, MDXXXV, in-16 goth., 16 p.

Voy. Senebier, « Histoire littéraire de Genève », et Brunet, « Manuel du libraire », II, 219.

Confession des hommes célèbres de France, écrite par eux-mêmes et mise en français moderne. (Par Rob.-Mart. LE SUIRE.) *Paris, Louis*, an VI-1798, 3 vol. in-8. V. T.

Les trois volumes publiés contiennent les confessions de Rabelais, de Clément Marot et de Michel Montaigne : chacune forme un volume.

Confession (de la) et du célibat des prêtres, ou la politique du pape. (Par Francisque BOUVET.) *Paris*, 1845, in-8 de XII-532 et III p.

Le nom de l'auteur n'est que sur la couverture.

Confession générale de l'année 1786. (Par Jos. LAVALLÉE.) *Paris, Buisson*, in-18.

a

Confession générale de Mme la comtesse Dubarry. (Par LA COSTE DE MEZIÈRES, ancien officier d'artillerie.)

Voy. « Bastille dévoilée », no 3, p. 40, et no 8, p. 108.

Confession générale de M. Necker et de l'Assemblée nationale, avec des prières analogues aux circonstances, corrigées et augmentées par M. BAILLI (*sic*) et M. le

b

marquis DE LA FAYETTE. 12 février 1790, in-8, 86 p., avec un frontispice gravé dont l'explication est au verso du titre.

Le chevalier L. DE LAIZER, membre du district des Minimes, auteur de ce pamphlet, fut arrêté pour cela le 27 février, par un commissaire au Châtelet. Par délibération du même jour, le district des Minimes réclama contre cette arrestation arbitraire, et demanda qu'il fût mis dans les vingt-quatre heures entre les mains de la justice.

(Article communiqué par M. Pillet, directeur de la « Biographie universelle ».)

c

Confession générale du chevalier de Wilfort. (Par HUBERT d'Orléans.) *Leipsick*, 1758, in-12.

Voy. ci-dessus : « Carline et Belleval », col. 502, *c*.

Confession (la), par l'auteur de « l'Ane mort et la femme guillotinée » (Jules JANIN). *Paris, Mesnier*, 1830, 2 vol. in-12, eau-forte d'Alfred Johannot.

d

Réimprimé avec le nom de l'auteur.

Confession (la) réciproque, ou dialogues du temps entre Louis XIV et le P. la Chaise, son confesseur. (Par P. LE NOBLE.) *Cologne, P. Marteau*, 1694, in-12, fig.

Il y a une seconde édition avec la liste des ouvrages de l'auteur (article communiqué par M. Leber).

Voy. Brunet, « Manuel du libraire », II, col. 220.

e

Confessions (les) d'un Anglois, ou mémoires de sir Charles Simpson. (Par le chevalier DE RUTLIGE.) *Paris, Regnault*, 1786, 2 vol. in-12.

Confessions (les) d'un fat, par le chevalier DE LA B*** (J.-F.-R. DE BASTIDE). *Paris*, 1749, 2 part. in-12. — *Francfort*, 1750, 2 part. in-12.

Voy. « Supercheries », II, 476, *a*.

f

Confessions de Bonaparte à l'abbé Maury. (Par le général Jean SARRAZIN.) *Londres, Pannier*, 1811, in-8.

Voy. « Supercheries », I, 550, *f*.

Confessions (les) de la baronne de ***, rédigées par M. le C. D*** (le chevalier Jean-Florent-Joseph DE NOEUFVILLE-MONTADOR). *Amsterdam (Paris)*, 1743, 2 parties in-12.

Voy. « Supercheries », I, 671, *b*, et 838, *b*.

Confessions (les) de ma tante. (Par Mme J. BASTIDE.) *Paris, A. Dupont*, 1825, 4 vol. in-12.

Confessions de madame *** (madame DE FOURQUEUX). Principes de morale pour se conduire dans le monde. (Avec une préface de J.-B.-A. SUARD.) *Paris, Maradan*, 1817, 2 vol. in-12.

Voy. « Supercheries », III, 1097, *e*.

Confessions (les) de mademoiselle de Mainville à son amie. (Par GALTIER DE SAINT-SYMPHORIEN, avocat.) *Paris, Dufour*, 1768, 3 vol. in-12.

Confessions de M. l'abbé D*** (Guillaume-André-René BASTON), auteur des « Lettres de Philétès, pour servir de supplément, de rétractation et d'antidote à son ouvrage, à MM. les curés protestants du diocèse de Lisieux ». *Londres*, 1776, in-8.

Voy. « Supercheries », I, 842, *b*.

Confessions de Napoléon. (Par P.-J.-S. DUFEY.) *Paris, au Temple de mémoire*, 1816, 2 vol. in-12.

Voy. « Supercheries », II, 1229, *c*.

Confessions de Rabelais, de Clément Marot et de Michel de Montaigne. (Par Rob.-Mart. LE SUIRE.) *Paris*, 1796-1798, 3 vol. in-18.

Second titre de : « Confession des hommes célèbres ». Voy. ci-dessus, col. 679, *e*.

Confessions (les) de S. AUGUSTIN, abrégées, où l'on n'a mis que ce qui est le plus touchant et le plus à la portée de tout le monde ; traduction nouvelle. *Paris, Charles Robustel*, 1703, petit-in-12.

Souvent réimprimé.

Suivant l'extrait du privilége du Roi, cette traduction est du P*** ; le catalogue manuscrit de la Bibliothèque du Roi la donne à l'abbé Simon-Michel TREUVÉ ; le P. Baizé la croyait de Marc-Ant. HERSAN, ami de Rollin.

Confessions (les) de S. AUGUSTIN, traduites en françois (par dom Jacques MARTIN) ; avec le texte. *Paris*, 1741, 2 vol. in-8.

Confessions (les) de S. AUGUSTIN, traduction nouvelle sur l'édition latine des PP. Bénédictins de la congrégation de St-Maur, avec des notes. (Par GOIBAU-DUBOIS.) *Paris, J.-B. Coignard*, 1686, in-8.

Confessions du chevalier de ***, pour servir à l'histoire secrète de deux époux malheureux de la ville de Marseille. (Par NOUVEL.) 1786, in-12.

a Confessions (les) du comte de ***. (Par Ch. PINOT, sieur DUCLOS.) *Amsterdam*, 1741, 2 part. in-12 de 175 et 136 p.

Souvent réimprimé.

Voy. « Supercheries », III, 1038, *d*.

Confessions du comte DE C*** (DE CAGLIOSTRO), avec l'histoire de ses voyages en Russie, Turquie, Italie, et dans les pyramides d'Égypte. *Caire*, 1787, in-4 et

b in-8.

Voy. « Supercheries », I, 605, *f*.

Confiance (la) chrétienne, appuyée sur quatre principes inébranlables. (Par dom Gab. GERBERON.) 1703, in-12.

Voyez d'Argentré, « Collectio Judiciorum », t. III, p. 439.

Confiance (la) dangereuse, comédie en 2 actes et en vers. (Par Aug.-Et.-Xav.

c POISSON DE LA CHABEAUSSIÈRE.) *Paris, Cailleau*, 1784, in-8.

Confiance (la) des cocus. (Par CAYLUS.)

Parade insérée dans le « Théâtre des boulevards », 1756, tome I.

Nous nommons Caylus d'après une note de Collé inscrite sur un exempl. de ce « Théâtre ». Le catalogue de la bibliothèque Soleinne, n° 3496, indiquait SALLÉ.

Confiance ! Il y aura du pain pour tous.

d Au peuple. (Par l'abbé Isidore MULLOIS.) *Paris, Mme veuve Breau*, 1854, in-16.

Confiance (la) trahie, comédie en un acte et en prose, par M. MARS...... DES V........ (Benoît-Joseph MARSOLLIER DES VIVETIÈRES). *Paris, Brunet*, 1784, in-8. — *Lyon*, 1784, in-8.

Voy. « Supercheries », I, 935, *c*.

Confidence philosophique ; seconde édi-

e tion, revue et augmentée. (Par Jacques VERNES.) *Genève*, 1776, 2 vol. in-8.

La première édition parut en 1771, in-8, 381 p.

Confidences autobiographiques. *Metz, impr. et lithogr. de Nouvian*, 1867, in-18, 114 p.

Publ. en quatre fascicules dont le dernier est signé : F.-M. CHABERT.

Confidences (les), comédie mêlée de

f chants, en deux actes et en prose, paroles de A. J*** (A. JARS, capitaine du génie), musique de Nicolo J******, représentée pour la première fois sur le théâtre de l'Opéra-Comique national, rue Feydeau, le 10 germinal an XI. *Paris, Masson*, an XI-1803, in-8, 62 p.

Réimprimé avec le nom de l'auteur. *Paris, imp. Bailly, Divry et Ce*, 1856, in-8, 75 p.

Voy. « Supercheries », I, 221, *b*.

Confidences (les) d'un canapé. (Par Alfred SIRVEN.) *Paris, imp. de Vallée*, 1862, in-16, 64 p.

Confidences (les) d'une jolie femme. (Par mademoiselle D'ALBERT.) *Amsterdam, et Paris, veuve Duchesne*, 1775, 4 vol. in-12.

Confidences de deux curés protestants du diocèse de L*** (Lisieux), au sujet d'une brochure intitulée : « Défense des droits du second ordre... », données au public par M. Exomologèse, vicaire de ***, avec un commentaire, par le même. (Par l'abbé Guill.-And.-René BASTON.) *Edimbourg* (*Rouen*), 1778, in-8.

Voy. « Supercheries », I, 928, *b*.

Confidences (les) réciproques, ou anecdotes de la société de la comtesse de B. (Par DE CAYLUS.) *Londres*, 1774, 3 parties in-12. V. T.

Catalogue Bekenrode, n° 2800.

Confirmation (la) de la discipline ecclésiastique, observée ès églises réformées du royaume de France. Avec la response aux obiections proposées à lencontre. (Par Ant. LA ROCHE DE CHANDIEU.) *S. l.*, 1566, in-8, 248 p., plus la table.

Le titre porte la marque de Rob. Estienne II, donnée par Brunet, « Manuel », II, col. 1070.

Confiteor, poésies. (Par G. OLIVIER.) *Rouen, Frère*, 1832, in-16, 40 et 93 p.

Conflits (des) de la juridiction de l'ordinaire avec les prétentions des grands aumôniers de France. Dissertation extraite d'un ouvrage encore manuscrit. (Par l'abbé Aimé GUILLON.) *Paris, Gauthier frères*, 1824, in-8.

Conformation (de la) du bœuf de boucherie et du bœuf de travail. (Par le comte Olivier DE SESMAISONS.) *Nantes, impr. F. Masseaux* (1859), in-12, 38 p. et 4 pl.

Catalogue de Nantes, n° 18355.

Conformité (la) de l'éloquence de M. Balzac, avec celle des plus grands personnages des temps passés. (Par dom ANDRÉ, de Saint-Denis.)

Sorel, « Bibliothèque françoise », chap. VII.

Conformité de la conduite de l'Eglise de France, pour ramener les protestans, avec celle de l'Eglise d'Afrique, pour ramener les Donatistes à l'Eglise catholique. (Par Philippe GOIBAUD-DUBOIS.) *Paris, Coignard*, 1685, in-12.

Aucun de nos dictionnaires historiques ne range cet ouvrage parmi ceux de Dubois ; il est néanmoins facile de prouver qu'il en est l'auteur.

1° Le privilége du Roi a été accordé dès 1682 à la personne qui a traduit les lettres de S. Augustin sur l'édition des Bénédictins. On sait que cette personne est Goibaud-Dubois.

2° Le traducteur dit, dans le discours préliminaire, que le clergé a regardé comme avantageuse l'impression séparée des deux lettres insérées dans le présent volume, tirées de la collection donnée au public en 1684. Ceci doit encore s'entendre de Dubois.

D'ailleurs le docteur Arnauld, dans ses lettres, attribue cet ouvrage à notre Dubois.

Conformité de la créance de l'Eglise catholique avec la créance de l'Eglise primitive, et différence de la créance de l'Eglise protestante d'avec l'une et l'autre. (Par l'abbé DE FLAMARE et Jacq. BASNAGE.) *Rouen*, 1701, 2 vol. in-12.

L'abbé DE FLAMARE, auquel on doit cette publication et qui avait été protestant, y a inséré l'ouvrage de Jacques BASNAGE intitulé : « La communion sainte », dont la dernière édition, qui est la 10e, est de 1721.

Conformité de la Foi avec la Raison, ou défense de la religion contre les difficultés répandues dans le Dictionnaire de Bayle. (Par Isaac JAQUELOT.) *Amsterdam, Desbordes*, 1705, in-8.

Conformité des cérémonies chinoises avec l'idolâtrie grecque et romaine, pour servir de confirmation à l'apologie des Dominicains missionnaires de la Chine, par un religieux docteur et professeur en théologie (le P. Noël ALEXANDRE, dominicain). *Cologne*, 1700, in-12.

Voy. « Supercheries », III, 389, *e*.

Conformité des coutumes des Indiens orientaux avec celles des Juifs, par DE LA C*** (DE LA CREQUINIÈRE). *Bruxelles*, 1703, in-12.

Voy. « Supercheries », II, 483, *a*.

Conformité (la) des destinées, et Axiamire ou la princesse infortunée, nouvelles historiques. (Par Hyacinthe CORDIER, connu sous le nom de THÉMISEUL DE SAINT-HYACINTHE.) *Paris, veuve Pissot*, 1736, in-12.

Conformité des Eglises de France avec celles d'Asie et de Syrie, dans leurs différends avec Rome. (Par l'abbé P.-Val. FAYDIT.) *Liége, J. Henry*, 1689, in-12. V. T.

Cet ouvrage existe aussi sous le titre de : « Extrait d'un sermon ». Voy. ces mots.

Conformités des cérémonies modernes avec les anciennes, où l'on prouve, par des autorités incontestables, que les cérémonies de l'Eglise romaine sont empruntées des Païens. (Par Pierre MUSSARD.) *Leyde, Jean Sambix le jeune*, 1667, in-12.

6 ff. prélim. et 374 p. — Imprimé l'an 1667, in-8, 5 ff. prélim. et 305 p.

Le « Dictionn. des anonymes », sous le n° 2698 de la 2ᵉ éd., indiquait une édition de *Genève, de Tournes et Leyde, Sambyx*, 1667, qui doit être celle que nous citons ici. Il indiquait aussi une nouvelle édition, avec des additions et une lettre écrite de Rome sur le même sujet, traduite de l'anglais de Conyers Middleton. *Amsterdam, Uytwerf*, 1744, 2 vol. in-12.

Voici le titre complet de la lettre en question, il en existe probablement des exemplaires avec un titre particulier qui la rattache à la nouvelle édition des « Conformités » :

Lettre écrite de Rome où l'on montre l'exacte conformité qu'il y a entre le Papisme et la religion des Romains d'aujourd'hui, dérivée de leurs ancêtres païens. Avec un discours préliminaire, où en répondant à toutes les objections d'un livre papiste intitulé : « le Chrétien catholique instruit », on a rassemblé de nouveaux faits et de nouveaux témoignages, pour constater la vérité qu'on a dessein d'établir dans cette lettre. Et un *Post-Script*, où l'on examine spécialement l'opinion de M. Warburton, sur le Paganisme de Rome moderne. Traduit de l'anglois de M. CONYERS MIDDLETON. *Amsterdam, Meynard, Uytwerf*, 1744, in-12 de 308 p.

Dans la « Nouvelle biographie générale », M. N. (Nicolas) dit que l'ouvrage de MUSSARD est devenu fort rare, même parmi les protestants, qui n'ont pu le sauver des recherches actives qu'on fit pour le détruire. C'est un livre curieux ne manquant ni d'esprit ni d'érudition.

L'ouvrage de Mussard donna lieu à la publication de celui de La Créquinière intitulé : « Conformité des coutumes des Indiens orientaux avec celles des Juifs... ».

Voy. « Supercheries », II, 483, *a*.

Confrérie (la) de Sainte-Croix à Bruxelles. In-8.

Tirage à part de la « Revue d'histoire et d'archéologie », signé Ch. R. (Charles RUELENS). J. D.

Confrontation récréative de Joseph-Henri, ex-conseiller du roi, son procureur au siége de la police de Nancy, avec l'abbé *, témoin entendu dans la procédure extraordinaire instruite contre ledit Joseph Henry.** 1799, in-12, 22 p.

Je crois cette pièce de GENTILLIATRE ; on y reconnaît ses méchancetés et son style.

Catalogue Noel, n° 4544.

Congié (le) pris du siècle séculier. (Par Jacques BUGNIN.) *Vienne, Pierre Schenck, s. d.*, in-4 goth., 22 ff. — *Lyon, P. Mareschal*, 1503, in-4.

Le nom de l'auteur est donné dans les vers qui commencent cet ouvrage. Voy., pour le détail des éditions, Brunet, « Manuel du libraire », II, 223.

Congratulation et réjouissance... Voy. « Discours sommaire ».

Congrégation (la) de l'Index mieux connue et vengée, par l'ancien évêque de Luçon (Jacques-Marie-Joseph BAILLÈS). *Paris, veuve Poussielgue et fils*, 1866, in-8, VII-616 p.

Avant de se démettre de ses fonctions épiscopales, l'auteur avait publié : « Instruction pastorale de Mgr l'évêque de Luçon, sur l'Index des livres prohibés ». *Paris et Luçon*, 1852, in-8 de 238 pp.

Voici par quelle phrase l'auteur commence son avant-propos : « Tout ce que l'homme peut entreprendre contre l'Eglise de J. C. est frappé par avance de caducité ; tout ce qu'il avance contre elle, quelque tour ingénieux et vif qu'il puisse donner à sa pensée, est éphémère et n'a de vie que pendant quelques heures ; tous les efforts de l'homme, si passager sur la terre, contre cette immuable héritière des siècles, ont plus d'inconsistance encore que les vagues de l'Océan, dont les plus menaçantes sont brisées avant d'avoir atteint le rivage ; tandis que les lames cachées qui doivent arriver jusqu'à la plage, après y avoir fait bouillonner le sable, qui semble avoir par cette agitation momentanée repris un nouvel éclat, se retirent soudain et vont se perdre dans l'immensité des flots ».

Cet ouvrage se compose de 44 chapitres dont le premier est intitulé : « Ce que M. le gouverneur de la Banque reproche à la Congrégation de l'Index ». Le fonctionnaire dont il s'agit n'est autre que M. Rouland, l'ancien ministre de l'instruction publique et des cultes qui, en qualité de sénateur, prononça au Luxembourg, le 11 mars 1856, un discours en faveur de l'Eglise gallicane dans lequel il eut le malheur de faire figurer la Congrégation de l'Index et de la qualifier d' « Incarnation du despotisme, de tribunal qui condamne sans entendre ».

M. Baillès, qui depuis plusieurs années fonctionne comme membre de cette Congrégation, a cru devoir prendre la défense de cette institution, et il entre pour cela dans de très-longs détails sur la manière dont se fait le travail d'examen ; pour nous, nous n'avons à nous occuper que du résultat de ce travail, c'est-à-dire des catalogues publiés par la Congrégation au nom du chef de l'Eglise catholique. M. Baillès ne paraît pas avoir connu le travail de M. Petzholdt intitulé : « Catalogus Indicis librorum prohibitorum specimen quod maxime viris praenobilissimis et per illustribus praefectis bibliothecarum Beroliniensis, Bruxellensis....., Vaticano-Romanæ, Venetianæ, et Vindobonensis, eo consilio, ut catalogum ex opibus suis corrigant, suppleant atque augeant, rite pie offert auctor J. Petzholdt ». *Dresdæ*, 1859, in-8 de 34 pages.

Pour le membre de la Congrégation de l'Index, il y a de bons et de mauvais livres ; pour le bibliographe, il n'y a souvent que de bonnes ou de mauvaises éditions ; c'est le cas pour l'Index. Voici par exemple celui de Pie VII. *Romæ, ex typogr. rev. cameræ apostolicæ*, 1819, in-8 de XLIV et 352 pp. avec appendices comprenant les décrets rendus depuis l'impression du volume.

Tout ce qui forme appendice est imprimé avec une négligence incroyable. Mais ce n'est pas d'aujourd'hui que l'on se plaint des incorrections de l'Index. Déjà au XVIIIᵉ siècle, c'est M. Baillès qui nous l'apprend (p. 337, note), « Jac.-Fréd. Reimmann, dans le Catalogue de sa bibliothèque qu'il publiait en 1731, in-8 de plus de 1200 pp., et J.-Guill. R. son fils, qui faisait imprimer en 1747 un supplément de 500 pp., dans le même format, reprochent surtout à l'Index d'avoir estropié les noms propres des auteurs au point qu'on ne les reconnaît qu'en les devinant. Le reproche est par trop exagéré. Ils l'appliquent d'ailleurs à des éditions qui ne sont pas reconnues pour authentiques, et nous n'avons pas trouvé, dans l'Index de Benoît XIV, une seule des erreurs typographiques que, sur leur témoignage, signale Fréd.-Théoph. Freytag, qui les cite dans ses « Analecta », p. 485 et suiv. ».

Nous voulons bien admettre la non-authenticité des éditions en question, mais M. Baillès admettra bien de son côté l'authenticité de celle imprimée à Rome en 1819. Elle est authentique et mauvaise. La meilleure nous paraît être celle de l'« Index Gregorii XVI. Editio novissima ». *Neapoli, excudebat sacerdos Joseph Patella*, 1862, in-12 de 401 pp. plus 8 appendix qui comprennent les livres condamnés jusqu'en 1870 inclus.

Cette édition, que l'on pourrait croire la plus complète, puisqu'elle est tenue au courant par les appendix que l'éditeur publie annuellement, est cependant incomplète pour la partie ancienne. Et cela parce que, pour si invariable que se donne l'Eglise catholique dans sa doctrine, elle n'en est pas moins contrainte et forcée de céder, non sans peine, aux idées qui, repoussées comme des erreurs lorsqu'elles voient le jour, deviennent à leur tour des vérités indéniables. C'est ainsi qu'en 1820 il arriva que le pape Pie VII ou la Congrégation de l'Index finirent par reconnaître que, puisque l'on enseignait partout, même à Rome, les nouvelles idées sur le système du monde, il y avait un contresens à laisser subsister dans l'Index des ouvrages de P. Didace a Stunica et de Foscarini condamnés dès 1616, ainsi que ceux de Kepler et de Galilée, condamnés en 1619 et 1633. Les ouvrages de ces révolutionnaires scientifiques ont dû ne plus figurer sur l'Index à partir de celui de Grégoire XVI publié pour la première fois en 1836, et cela par suite d'une détermination prise par la Congrégation le 16 août 1820, confirmée par celle du 17 septembre 1822 et publiée avec l'autorisation du pape Pie VII.

« Aux termes de cette décision, l'impression et la publication des ouvrages qui traitaient de l'immobilité du soleil et de la mobilité de la terre, selon le sentiment commun des astronomes modernes, ne tombaient plus sous une prohibition, mais elles furent et restèrent permises » (p. 564).

On voit souvent dans les « Appendix » modernes à la suite d'un titre : « Auctor laudabiliter se subjecit et opus reprobavit. » N'eût-il pas été plus convenable de laisser subsister les titres des ouvrages condamnés au XVIIe siècle en les accompagnant d'une note explicative?

L'auteur ne dit pas si, comme on me l'assure, une école bibliographique avait été formée près de la Congrégation de l'Index en 1819-1821, école dans laquelle on formait à des notions linguistiques élémentaires au moyen de Décrets imprimés en forme d'exercices cacographiques. C'est ainsi que l'on m'explique les fautes de tous genres qui émaillent les pp. 343 à 351 de l'édition de l'Index. *Romæ, ex typographia rev. cameræ apostolicæ*, 1823, in-8 de XIV-351 pp. Ces pages contiennent l'« Appendix in qua recensentur libri proscripti post incohatam novissimam hanc editionem ». L'exemplaire que j'en possède, qui vient de la bibliothèque d'un savant prélat italien, est suivi de décrets datés du 17 décembre 1821, 27 août 1822, 20 janvier 1823, tous sortant de l'imprimerie de la *R. Camera apostolica* et donnant les titres et les noms d'auteurs de la manière la plus inexacte, même pour les ouvrages italiens.

M. Baillès ne dit rien de ce procédé cacographique qui paraît avoir été abandonné dès 1824, ce dont on ne peut que féliciter la Sacrée Congrégation.

Congrégation (de la) et des Jésuites.

a Au roi, à la nation et aux chambres, par M. D*** (J.-F. CAZE). *Paris, les marchands de nouveautés*, 1826, in-8, 34 p.

Voy. « Supercheries », I, 840, *c*.

Congrégation (la) et la diplomatie, ou le ministre anglais à Paris, comédie politique en trois actes. *Paris, chez tous les marchands de nouveautés*, 1826, in-8, XII-112 p.

b Par A. SENTY, d'après le cat. Soleinne, tome III, n° 3828.

Congrégations (des) considérées comme le premier moyen d'ordre ou de désordre dans l'État, selon qu'elles se forment au nom de Dieu ou au nom de la liberté. (Par Ant. MADROLLE.) *Paris, Ponthieu*, 1826, in-8.

Congrégations (des) de Notre-Dame, érigées dans les maisons des Jésuites. c (Par Jean CRASSET.) *Paris*, 1694, in-12.

Congrès convoqué par ordre de l'Éternel et tenu par la justice, la raison et la vérité, dans lequel on développe les droits des nations réunies en société, et du pouvoir des souverains. (Par DE RIVALS.) *S. l.*, avril 1789, in-8, IV-52 p.

L'auteur a publié une suite la même année.

Congrès (le) de Citère (*sic*). (Traduit d de l'italien du comte ALGAROTTI par Franc.-Joach. DUPORT DU TERTRE.) *A Citère, de l'imprimerie d'Ovide*, 1749, in-12.

Congrès (le) de Cythère, traduit de l'italien de M. le comte ALGAROTTI. (Par Bernard-Pierre MACIET, ancien agent de change.) *Cythère, et Paris, Onfroy*, 1782, in-12.

Congrès (le) de Cythère, traduit de l'i- e talien du comte ALGAROTTI, avec des notes. (Par Louis DE LAUS DE BOISSY.) *Paris, Maradan*, 1789, petit in-12.

Congrès (le) de Cythère, suivi de la lettre de Léonce à Erotique; traduit de l'italien (du comte Fr. ALGAROTTI) et accompagné de notes avec le texte en regard; par Mme D'A. DE B. (Mme D'ASTANIÈRES DE BOISSEROLLE). Dédié aux aimables f Parisiennes. *Paris, Egron*, 1815, in-8.

Voy. « Supercheries », I, 189, *d*.

Congrès (le) de Spa, nouveaux voyages et aventures de M. Alfred Nicolas au royaume de Belgique, par Justin ***. (Par François-Charles-Joseph GRANGAGNAGE.) *Liége, F. Renard*, 1858-1862, 2 vol. in-18.
D. M.

Congrès (du) de Vienne, par l'auteur de l'« Antidote au congrès de Rastadt » (l'abbé de Pradt). *Paris, imp. de Crapelet* 1815 2 vol. in-8.

Congrès de Vienne. Recueil de pièces officielles relatives à cette assemblée, des déclarations qu'elle a publiées... (Par M.-S.-F. Schoell.) *Paris*, 1816-18, 6 vol. in-8.

Congrès (le) des étudiants sous son véritable jour. Réponse à la calomnie et à la diffamation, par E. H. (Eugène Hackin). (*Liége, imp. de Daxhelet*), 1865, in-24, 36 p. J. D.

Conjecture de Nicolas de Cusa touchant les derniers temps (traduite en français par deux anonymes protestans), avec la traduction d'une pièce extraite des Œuvres mêlées de Baluze (par Isaac de Larrey), contenant la censure faite à Rome, en 1318, de soixante articles extraits des commentaires de F. Pierre-Jean Olive sur l'Apocalypse, et des remarques. *Amsterdam et Paris*, 1700, in-8.

Conjectures académiques, ou dissertation sur l'Iliade. (Par Fr. Hédelin, abbé d'Aubignac.) *Paris, Fournier*, 1715, in-12.

Conjectures physico-mécaniques sur la propagation des secousses dans les tremblements de terre, et sur la disposition des lieux qui en ont ressenti les effets. (Par Nic. Desmarest.) *Paris*, 1756, in-12.

Conjectures physiques sur deux colonnes de nuées qui ont paru depuis quelques années, et sur les plus extraordinaires effets du tonnerre, où l'on verra de quelle manière la foudre, nouvellement tombée à Lagny, a imprimé le canon de la messe sur une nappe d'autel. (Par dom Fr. Lami.) *Paris, veuve Cramoisy*, 1689, in-12.

On en a refait le titre quelques années après, et le nom de l'auteur est sur le frontispice, mais un peu changé, ainsi que le titre même : « Conjectures physiques sur les plus extraordinaires effets du tonnerre, avec une explication de », etc. ; par le père l'Ami (*sic*), bénédictin de la congrégation de Saint-Maur. *Paris, Denis Mariette*, 1696.

Conjectures sur la réunion de la lune à la terre, et des satellites en général à leur planète principale, par un ancien officier de marine (le comte E.-J.-F. de Sales-Guyon de Montlivault). *Paris, imp. d'Egron*, 1821, in-8, 33 p.

Voy. « Supercheries », I, 339, *a*.

Conjectures sur le temps où ont vécu plusieurs anciens médecins, par un membre de la Société patriotique de Hesse-Hombourg (le docteur Jean Goulin). *Paris* (vers 1776), in-12, 83 p.

Voy. « Supercheries », II, 1109, *b*.

Conjectures sur les mémoires originaux dont il paroît que Moïse s'est servi pour composer le livre de la Genèse, avec des remarques qui appuiènt ou éclaircissent ces conjectures. (Par J. Astruc.) *Bruxelles, Fricx* (*Paris, Cavelier*), 1753, in-12.

Conjectures sur une gravure antique qu'on croit avoir servi d'amulette contre les rats. (Par Joseph Caumont de Seytres.) *Avignon*, 1733, in-8.

Voyez le « Mercure de France », octobre 1733, p. 2120.

Conjugalisme (le), ou l'art de se bien marier, conseil aux jeunes gens d'épouser femme jeune, belle et riche ; aux demoiselles de s'unir à un joli homme, bien fait et fortuné. Code de leçons matrimoniales, appuyées de préceptes moraux, d'anecdotes très-curieuses touchant le lien si important du mariage, par le vicomte de S*** (P. Cuisin). *Paris, les marchands de nouveautés*, 1823, in-18.

Voy. « Supercheries », III, 490, *a*.

Conjuration (la) comique, tragédie en un acte. (Par Fr.-Benoît Hoffman.) *Paris, les marchands de nouveautés*, an XI-1803, in-8, 32 p.

Conjuration contre la religion catholique et les souverains, dont le projet, conçu en France, doit s'exécuter dans l'univers entier ; ouvrage utile à tous les Français. (Par l'abbé Le Franc, supérieur de la maison des Eudistes de Caen.) *Paris*, 1792, in-8.

Voyez le « Journal général », par Fontenai, n° 73, du 13 mars 1792, p. 294 et 295.

Conjuration contre les duels. (Par Guy Joly.) *Paris*, 1613, in-8. V. T.

Conjuration d'Amboise, par Mlle H. A. (Hortense Allart). *Paris, Marc*, 1821, in-12.

Voy. « Supercheries », II, 233, *d*.

Conjuration (la) de Conchine. *Paris, P. Rocolet*, 1618, in-8, 6 ff. et 327 p.—*Paris, Michel Thevenin*, 1619, in-8.

Attribué à Pierre Mathieu par le Catalogue Leber. Par Michel Thevenin, d'après le P. Lelong. Cette attribution reproduite par Barbier et le « Catalogue de l'histoire de France de la Bibliothèque nationale » paraît motivée par le privilége de l'édition de 1619 en faveur du libraire Michel Thevenin.

La première attribution est beaucoup mieux confirmée par les termes de l'épître dédicatoire.

Conjuration de Nicolas Gabrini, dit de Rienzi, tyran de Rome en 1347, ouvrage posthume du P. du Cerceau (fini par le P. P. Brumoy, et publié par le P. J.-Fr. de Courbeville). *Paris, veuve Estienne*, 1733, in-12.

Conjuration de quatre-vingt-seize Gentilshommes polonais, écossais, suédois et français, contre le gouvernement russe, et massacrés dans les ruines du château de Macijowike, ouvrage traduit de l'anglais par Alfred F***. *Paris, Gueffier*, 1821, in-8, 39 p.

Traduction supposée. Ouvrage composé par Charles-Frédéric-Alfred Fayot. Voy. « Supercher. », II, 5, *c*.

Conjuration (la) de Silly-Long, le feu de paille, ou la chaudière. Pièce bouffonne en un acte et en vers. (Par André de Nanteuil.) *Paris, imp. de Scherff*, 1818, in-8, 28 p.

Conjuration (la) des Espagnols contre la république de Venise, en l'année 1618. (Par l'abbé César Vischard de Saint-Réal.) *Paris, Barbin*, 1674, petit in-12.

L'abbé de Saint-Réal n'est pas nommé davantage dans la réimpression, *Londres* (*Paris*), 1791, même format; réimpression où l'on a omis, on ne sait pourquoi, la petite préface de 1674, où l'auteur indique les sources dans lesquelles il a puisé le fond de son récit. En 1754, Dreux du Radier écrivit à l'auteur du « Journal de Verdun » pour défendre la vérité historique de cette conjuration contre la « Discussion critique » lue à la Société littéraire de Châlons-sur-Marne par Grosley.

Souvent réimprimé avec le nom de l'auteur.

Conjuration (la) du comte Louis de Fiesque. *Paris*, [*Cl. Barbin*, 1665, in-12, 208 p. — *Cologne* (*à la Sphère*), 1665, in-12, 136 p.

Ce morceau se trouve placé dans différentes éditions des Mémoires du cardinal de Retz qui l'a écrit à l'âge de 18 ans, en suivant de très-près Aug. Mascardi dans sa « Congiura del conte Gio-Luigi de Fieschi », 1629, dont il existe de nombreuses éditions et une traduction française par le sieur de Fontenay de Sainte-Geneviève. *Paris*, 1639, in-8.

Le travail du cardinal de Retz forme le second vol. de la « Collection des petits classiques français publ. sous la direction de Ch. Nodier ». *Paris*, 1825-26, 9 vol. in-16.

Conjuration du général Mallet contre Napoléon, par le sieur d'A....... (L.-P.-B. d'Aubignosc, ancien directeur général de la police à Hambourg). *Paris, Ponthieu*, 1824, in-12, 110 p.

Voy. « Supercheries », I, 148, *f*.

Connoissance (de la) de Jésus-Christ, considéré dans ses mystères et dans ses différentes qualités avec Dieu son père... avec des élévations sur chaque mystère de Jésus-Christ, et sur chacune de ses qualités. (Par Caussel, prêtre, directeur d'un hôpital à Montpellier.) *Auxerre, Fournier, et Paris, Hérissant*, 1760, 2 vol. in-12. — *Angers, Fourrier-Mame*, 1812, 2 vol. in-12. — *Paris, Parmentier*, 1822, 2 vol. in-12.

Connoissance de la mythologie par demandes et par réponses, augmentée des traits d'histoire qui ont servi de fondement à tout le système de la fable; sixième édition. *Paris, Savoye*, 1768, in-12.

Cet ouvrage du P. Rigord, jésuite, était, disent les « Mémoires de Trévoux », avril 1746, p. 952, imprimé depuis deux ans lorsqu'il fut publié en 1743, avec des corrections et des additions qui ont été attribuées à l'abbé d'Allainval et à Cl.-Fr. Simon; l'auteur était mort en 1739. Pons.-Aug. Alletz en publia une troisième édition en 1748, avec de nouvelles corrections et de nouvelles augmentations. Cette édition a servi de modèle aux suivantes.

Connoissance (de la) de soi-même. (Par dom Fr. Lami.) *Paris*, 1694, 1697 et 1698, 6 vol. in-12.

Connoissance des bautez (*sic*) et des défauts de la poésie et de l'éloquence dans la langue françoise, à l'usage des jeunes gens, et surtout des étrangers, avec des exemples par ordre alphabétique; par M. D***. (Par Voltaire.) *Londres*, 1749, 1750, in-12.

Voy. « Supercheries », I, 838, *f*.

Connoissance (de la) des bons livres, ou examen de plusieurs auteurs. (Par Charles Sorel.) *Paris, Pralard*, 1671, in-12. — *Amsterdam, Boom*, 1672, in-12.

Connoissance des poëtes latins les plus célèbres, ou moyen facile de prendre une teinture des humanités. (Par Pons.-Aug. Alletz.) *Paris, Didot*, 1751 et 1752, 2 vol. in-12.

Connoissance (la) du monde, ou l'art de bien élever la jeunesse, pour les divers états de la vie. (Par l'abbé J.-Bapt. de Chevremont.) *Paris, Guignard*, 1694, in-8.

Connaissance (la) du monde, voyages orientaux; nouvelle purement historique, contenant l'histoire de Rhétima, Géorgienne, sultane disgraciée, etc. (Par l'abbé J.-Bapt. de Chevremont.) *Paris, Guignard*, 1695, in-12.

Cet ouvrage est une suite du précédent ou des précédents. Voyez l'analyse qu'en donne le « Journal des Savants », année 1695. Il est donc étonnant que l'abbé de Claustre, dans la table de ce journal, au mot *Rhétima*, ait attribué à Le Noble le volume qui contient les aventures de cette sultane.

Connaissance (de la) du tempérament, peinture fidèle des états sanguin, nerveux, bilieux et glaireux, comme principe de toutes maladies..., par le docteur D***

(Delacroix)... *Paris, Delaunay*, 1828, in-8.

Cinq éditions avec cette initiale la même année. La 6e et les suivantes portent le nom de l'auteur.

Connoissance (de la) et de l'amour de Jésus-Christ, pour servir de suite au Livre des élus, ou Jésus crucifié, du P. Saint-Jure, revue et corrigée par M. l'abbé *** (Pierre-Nicolas Vanblotaque, de Givet, ex-jésuite, connu plus tard sous le nom de l'abbé de Saint-Pard). *Paris, Berton*, 1772, in-12.

Voy. « Supercheries », III, 1062, *d.*, et 1105, *a.*

Connoissance (la) parfaite des chevaux. (Par Delcamps, publiée par Louis Liger.) *Paris, Ribou*, 1712. — Nouvelle édition, 1730, in-8.

Connoissances élémentaires de la Mythologie, par le citoyen A*** (Armand). *Paris, Valade*, an VIII-1800, in-12.

Voy. « Supercheries », I, 142, *c.*

Connoisseur (le), comédie de société, en trois actes et en prose, par le chevalier D. G. N. (le chevalier du Grand-Nez, Marsollier des Vivetières). *Paris, Valade*, 1771, in-8.

Voy. « Supercheries », I, 935, *c.*

Connaisseur (le), comédie en trois actes, par M. le baron de St ***, gendarme de la garde ordinaire du roi (A.-C.-A.-F., baron de Stône, marquis de Sy). *Genève, et Paris, d'Houry*, 1773, in-8, x-71 p.

Connal, ou les Milésiens, par Mathurin, traduit de l'anglais par Mme la comtesse *** (Molé de Champlatreux, née de La Briche). *Paris, Mame et Delaunay*, 1828, 4 vol. in-12. D. M.

Connétable (le) Clisson, opéra en trois actes, représenté pour la première fois sur le théâtre de l'Opéra, le 20 pluviôse an XII. (Par Et. Aignan.) *Paris, Ballard*, an XII-1802, in-8, 4 ff. et 43 p.

Connétable (le) de Bourbon, tragédie en cinq actes. (Par le comte Jacques-Ant.-Hipp. de Guibert.) *Paris, Didot l'aîné*, 1786, in-18, 106 p.

Tiré à 50 exemplaires.

Connoissance. Voy. « Connaissance ».

Conquête (la) d'Alger en 1830, poëme en trois chants, par un jeune Breton (Perinès). *Paris, Dentu*, 1832, in-8, 96 p.

Voy. « Supercheries », II, 301, *b.*

Conqueste (la) de Grèce, faicte par le très-preux et redoubté en chevalerie Philippe de Madien, aultrement dit le chevalier à l'Esparvier blanc... (Par Perrinet du Pin.) *Paris, Galliot du Pré*, 1527, in-fol. goth., 4 ff. lim. et 114 ff.

Voy. Brunet, « Manuel du libraire », 5e éd., tome II, col. 226.

Conquête (la) de l'Angleterre... (Par Charles Lemesle.) Voy. « Guillaume le Conquérant... ».

Conquête (la) de l'Angleterre par les Français ; anecdotes intéressantes. (Par Charles-François Le Fèvre, sieur de La Maillardière.) *S. l. n. d.*, in-8, 104 p.

Conquête (la) de l'île de Minorque, poëme. (Par le chevalier P.-L. Buirette de Belloy.) *Paris*, 1758, in-4.

Conquête (la) de la Chine. (Par Gustave de Molinari.) *Bruxelles, Muquardt*, 1854, in-8, 78 p. J. D.

Conquête de la Gaule, faite et écrite par Jules César. (Extrait par l'abbé Joseph Valart.) A l'usage de l'École royale militaire. *Paris, Barbou*, 1761, in-12.

Conquête (la) de la Terre promise, poëme. (Par l'abbé Ant.-H. Berault-Bercastel.) *Paris, Delalain*, 1766, 2 parties in-8.

Conquête (la) de Naples par Charles VIII, ouvrage composé sous le règne de Louis XV par Paul G. (Paul-Philippe Gudin de La Brenellerie). *Paris, Fuchs*, 1801, 3 vol. grand in-8.

Conquête des Français en Egypte, ouvrage dans lequel on a joint à la description géographique l'histoire des révolutions, le tableau des mœurs et coutumes des peuples anciens et modernes qui ont habité ce pays... par P. E. H. (P.-Etienne Herbin de Halle). *Paris, Chanlaire*, 1799, in-8, avec une carte de Mentelle et Chanlaire.

Attribué par erreur, par Barbier dans sa 2e éd., à Hénin. Cette indication fautive a été reproduite dans les « Supercheries », III, 63, *e.*

Conquête (la) des Pays-Bas par le roi, dans la campagne de 1745, avec la prise de Bruxelles en 1746, par Z*** (Zambault ou Zambo), chevau-léger de l'une des compagnies d'ordonnances de la gendarmerie. *La Haye*, 1747, in-12.

Voy. « Supercheries », III, 1015, *a.*

Conquête (la) du Mexique. (Par Deloynes d'Autroche.) *Orléans, Guyot aîné*, 1823, in-8.

Conquête (de la) et du démembrement d'une grande nation, ou lettre écrite par un grand d'Espagne à Bonaparte, au moment où celui-ci venait de faire arrêter

Charles IV et Ferdinand VII dans les murs de Bayonne, où il les avait attirés sous prétexte de concilier leurs différends. (Par Ch. LOYSON.) *Paris*, 23 septembre 1815, in-8.

Conqueste (de la) qu'ung chevalier, surnommé le Cœur d'Amour épris, fit d'une dame appellée Doulce Mercy... (Par RENÉ d'Anjou, roi de Sicile.) 1503, in-4 goth.

Voyez Brunet, « Manuel du libraire », 5e édition, t. II, col. 229.

Conquestes (les) amoureuses du grand Alcandre dans les Pays-Bas, avec les intrigues de sa cour. (Par Gatien SANDRAS DE COURTILZ.) *Cologne*, *P. Bernard*, 1684, in-12. — *Cologne*, *P. Bernard*, 1685, in-12.

Reproduit plusieurs fois dans la collection connue sous le titre d' « Histoire amoureuse des Gaules ».

Conquêtes du marquis de Grana dans les Pays-Bas. (Par Gatien SANDRAS DE COURTILZ.) *Cologne* (*La Haye*), 1686, in-12.

Conrad, ou le Croisé, anecdote du XIIe siècle, trad. de l'allemand (de C.-A. FISCHER), par le cit. MULLER. *Paris*, *Gide*, an VII, in-12.

Conradin, tragédie... représentée par les escoliers du collége de la Compagnie de Jésus à Luxembourg, le 13 septembre 1662. (Par le P. Martin DU CYGNE.) *Trève*, *Christ.-Guill. Reulandt*, in-4, 4 p.

Conscience (la) d'un prêtre et le pouvoir d'un évêque, ou droit imprescriptible des principes. (Par l'abbé DÉLÉON.) *Paris*, *Grassart*, 1856, in-18.

Consciences (les) littéraires d'à présent, avec un tableau de leurs valeurs comparées, indiquant de plus les degrés de talent et d'esprit. Par un jury de vrais libéraux. (Par Jean-Antoine LE BRUN-TOSSA.) *Paris*, *Plancher*, 1818, in-8.

Voy. « Supercheries », II, 442, *d*.

Consécration de l'autel de l'ancienne église abbatiale de Fontgombaud, 20 août 1857. *Poitiers*, *impr. de A. Dupré*, 1857, in-18, VII-21 p.

Signé : CH. (Charles DE CHERGÉ).

Conseil à la France désolée, auquel est montrée la cause de la guerre présente et le remède qui y pourrait être mis, et principalement est avisé si on doit forcer les consciences. (Par Séb. CASTALION.) *S. l. n. d.*, in-8, 96 p.

Conseil chrétien sur les monitoires et les menaces d'excommunication et interdiction du pape Sfondrato, dit Grégoire XIV; contre le roi, l'Eglise et le royaume de France, pris des exemples de nos prédécesseurs en choses semblables. (Par Toussaint BERCHET.) 1591, in-12.

Conseil (du) d'État considéré dans son organisation actuelle et dans les améliorations qu'il serait nécessaire d'y introduire, par un auditeur (H. SIMÉON, depuis préfet). *Paris*, *Pélicier*, 1829, in-8, 104 p.

Voy. « Supercheries », I, 399, *c*.

Conseil d'État (du) envisagé comme conseil et comme juridiction dans notre monarchie constitutionnelle. (Par LAHAYE DE CORMENIN, maître des requêtes.) *Paris*, *Pillet*, 1818, in-8, 238 p.

Conseil de guerre privé sur l'événement de Gibraltar, en 1782. (Par le général J.-Cl.-Eléo. LEMICHAUD D'ARÇON.) 1785, in-8, av. 3 pl.

Conseil (le) de Momus, ou la revue de son régiment, poëme calotin. (Par BOSC DU BOUCHET.) *S. l. n. d.*, *Paris*, 1730, in-8.

Se retrouve dans les « Journées calotines ». *A Maropolis*, *l'an de l'ère calotine*, 1732.

Conseil (du) des mines, par J. D. M. (le baron Jules DEL MARMOL). *Liége*, *Desoer*, 1849, in-8, 11 p.

Voy. « Supercheries », II, 378, *d*.

Conseil des mines. Ses attributions, ses travaux, son utilité, sa suppression. (Par Auguste WISCHERS.) *Bruxelles*, *Marchal*, 1848, in-8, 14 p. J. D.

Conseil patriotique relatif aux circonstances actuelles, adressé à tous les Français et particulièrement au peuple, pour l'éclairer sur ses véritables intérêts. Par un chevalier de Saint-Louis. (Jacques-Claude DE BÈZE). *Nevers*, 1789, in-8, 36 p.

Voy. « Supercheries », I, 713, *c*.

Conseil très-utile contre la famine, et remèdes d'icelle. Item régime de santé pour les pauvres, facile à tenir. (Par RAMPALLE.) *Paris*, *Jacques Cazeau*, 1546, in-16.

Conseiller (le) d'État, ou principes de la régénération française, par B. J. V. S. (VAILLANT DE SAVOISY). *Paris*, *Poignée*, an X-1802, in-8, 91 p.

Voy. « Supercheries », I, 532, *f*.

Conseiller (le) d'État, ou recueil des plus générales considérations servant au maniement des affaires publiques. (Par Phil. DE BÉTHUNE.) *Paris*, *Et. Richer*, 1633, in-4. — *Suivant la copie imprimée à Paris* (*Hollande*, *Elzevier*), 1645, in-12. — *Paris*, *la compagnie des libraires*, 1665, petit in-12.

Réimprimé à la suite du volume intitulé : « Ambassade extraordinaire des ducs d'Angoulême, comte de Béthune et de Préaux-Châteauneuf... », sous le titre d' « Observations politiques de M. de Béthune ». *Paris, Preuveray*, 1667, in-fol.

Conseiller (le) d'Estat, ou recueil général de la politique moderne servant au maniement des affaires publiques... (Par Eust. DE REFUGE.) *Paris*, 1665, in-12.

Conseiller (le) d'État sans fourbe, raisonnant sur le choix du Havre-de-Grâce pour la détention des Princes. (Par DU BOSC DE MONTANDRÉ.) *S. l.*, 1650, in-4, 32 p.

Conseiller (le) des Jésuites, par l'auteur des « Trois procès dans un » (J.-F. BELLEMARE). *Paris, Dentu*, 1827, in-8.—2e éd. *Ibid., id.*, 1828, avec le nom de l'auteur.

Conseiller (le) Plouvain. *Valenciennes, impr. de Prigniet*, 1834, in-8, 14 p.

Signé : E. T. (TAILLAR).

Conseils à des surnuméraires. (Par M. le comte d'H*** (Alexandre-Maurice BLANC D'HAUTERIVE). *Paris, impr. royale*, 1825, in-8.

Voy. « Supercheries », II, 232, *d*.

Conseils à Emma sur la culture des fleurs. Ouvrage entièrement neuf, très-utile aux dames ainsi qu'à toutes les personnes qui s'occupent d'agriculture, contenant un calendrier de Flore, un précis de physiologie végétale, les principes généraux d'horticulture, etc. ; terminé par un vocabulaire des termes de botanique employés dans l'ouvrage ; par un vieil amateur. *Rouen, Dubust*, 1856, in-12.

L'avant-propos est signé : A. LESGUILLEZ.
Voy. « Supercheries », III, 947, *b*.

Conseils à la jeunesse. Extrait des « Devoirs des hommes », par Silvio PELLICO, de Saluces. Traduit de l'italien par *** (Louis POILLON). Deuxième édition. *Lille, Lefort*, 1855, in-18, 108 p. D. M.

Conseils à la jeunesse tirés de l'histoire ancienne et moderne. (Par Mme Louise BERNIER.) *Paris, Belin-Leprieur*, 1836, in-12, avec 4 grav.

Conseils à mes enfants. Pensées morales, politiques et philosophiques, suivies de : « Mon itinéraire en Italie », par M. de *** (FOUGY). *Paris, Hachette*, 1861, in-8.

Voy. « Supercheries », III, 1117, *a*.

Conseils à M. Racine sur son poëme de « La religion », par un amateur des belles-

a lettres (VOLTAIRE). *S. l.* (1742), in-8, 14 p.

Voy. « Supercheries », I, 292, *b*.

Conseils à un élève du ministère des relations extérieures. (Par A.-M. D'HAUTERIVE.) (*Imprimerie royale*), in-8.

Imprimé par épreuves et pour le seul usage du service des Archives des affaires étrangères.

Conseils à une amie, par Mme DE P***
b (PUISIEUX). *S. l. n. d.*, in-8, XIX-194 p.

Réimprimé avec le nom de l'auteur. Nouv. édit. *S. l.*, 1749, in-8, XIII-141 p.—*Londres*, 1755, pet. in-8. Cette dernière édition est en 3 parties, c'est-à-dire que la 1re comprend les « Conseils », et que les parties 2 et 3 sont occupées par les « Caractères ». (Voy. ce titre.)

Ces « Conseils » ont été réimprimés en tête du t. VIII des « Œuvres » de l'auteur.

Voy. « Supercheries », III, 6, *f*.

Conseils à une jeune actrice, avec des
c notes nécessaires pour l'intelligence du texte. Par un coopérateur du « Journal des théâtres » (J.-C. LEVACHER DE CHARNOIS). *Paris*, 1788, in-8.

Voy. « Supercheries », I, 784, *f*.

Conseils à une jeune femme, ou lettres d'Augustine L. M. (LE MARCIS) à Pauline D. N. (de Noailles), suivis de quelques poésies. (Le tout composé par P.-Mar.
d LE MARCIS.) *Paris, imprimerie de du Pont, an V* (1797), in-18, 75 p.—*Paris, imp. de Pihan-Delaforest*, 1826, in-18. Tiré à 20 exemplaires.

Voy. « Supercheries », II, 795, *f*.
Les initiales L. M. y sont traduites : Legrand de Melleray.

Conseils au clergé de Provence. (Par Antoine-Joseph-Michel SERVAN.) 28 décembre 1788, in-8, 27 p.

e Conseils aux femmes, ou moyens de se préserver et de se guérir de la leucorrhée, par l'auteur du « Médecin de l'âge de retour et de la vieillesse » (le Dr. Sébastien GUYETANT). *Paris, Dufey*, 1836, in-12.

La 2e éd., *Paris, Dufey*, 1837, in-12, porte le nom de l'auteur.

Conseils aux mères sur l'éducation de leurs enfants, par John TODD, traduit de
f l'anglais par le traducteur du « Jeune chrétien » (le pasteur Louis VIVIEN). *Paris, impr. de Smith*, 1845, in-18.

Conseils d'Ariste à Célimène, sur le moyen de conserver sa réputation. (Par l'abbé Hédelin D'AUBIGNAC.) *Paris, N. Pepingué*, 1665, in-12.

Il y a de cet ouvrage, suivant Sallengre, quatre ou cinq éditions différentes ; la dernière est de 1692. Voyez Sallengre, « Mémoires de littérature », t. I, p. 312.

Conseils d'un ami à un jeune homme qui entre dans le monde, avec une trad. polonaise. (Par J. Grabienski.) *Varsovie*, 1769, in-8. A. L.

Conseils d'un gouverneur à un jeune seigneur. (Par Jacques Bouyer de Saint-Gervais.) *Paris*, *Alexis Mesnier*, 1727, in-12.

Conseils d'un militaire à son fils, par M. le baron d'A*** (d'Anglesi), colonel d'infanterie. *Paris*, *Dupuis*, 1781, in-12.

Note manuscrite.
Voy. « Supercheries », I, 140, *d*.

Conseils d'un père à sa fille, traduits de l'anglais (du marquis d'Halifax, nouvelle édition retouchée par J.-H.-S. Formey). *Berlin*, 1753, in-8, ou *Liége*, 1757, in-12.

La première édition avait paru sous le titre de : « Avis d'un père... ». *La Haye*, 1698, in-12.

Conseils d'un père et d'une mère à leurs enfants, sur l'éducation des filles. (Par Sauquaire de Souligné.) *Paris*, *Déterville*, 1814, 3 vol. in-12.

Conseils d'un vieil auteur à un jeune, ou l'art de parvenir dans la république des lettres. (Par André-Hyac. Sabatier.) 1758, in-8.

Voy. « Supercheries », III, 947, *f*.

Conseils d'une mère à ses filles. 1789. Par W. M** (Woldemar Michel), épouse de J. R** (Jean Rousseau.) *Paris*, *de l'imp. de Rœderer et Corencez*, an IV-1796, in-12, 96 p.

Publié par Pierre Rœderer, qui s'en était d'abord déclaré l'auteur.
Voy. « Supercheries », II, 1118, *a*, et III, 1000, *d*.

Conseils de l'amitié. (Par l'abbé Jacques Pernetti.) *Paris*, *Guérin*, 1746, in-18. — *Lyon*, *chez les frères de Ville*, 1747, in-12. — *Francfort*, *Knoch*, 1748, in-12.

Conseils de l'amitié, qui traitent de la religion, de la philosophie, des lois, etc. (Par Jean Soubeyran de Scopon.) *Francfort*, 1749, in-12.

Conseils (les) de l'expérience. *Paris*, nov. 1844, in-8, 3 p.

En vers, par l'acteur Jean-Bernard Brisebarre, connu sous le nom de Joanny. Voy. ce nom aux « Supercheries », II, 412, *a*.

Conseils de la Sagesse à la nation française. (Par Grouber de Groubental.) *En France*, 1795, in-8.

Conseils (les) de la Sagesse, ou le recueil des maximes de Salomon, les plus nécessaires à l'homme pour se conduire sagement, avec des réflexions sur ces maximes. (Par le P. Michel Boutauld, jésuite.) *Paris*, *Cl. et Nic. Hérissant*, 1677 et 1682 ; *libraires associés*, 1727, 1749, 2 vol. in-12.

Mylius, dans sa « Bibliothèque des Ecrivains anonymes et pseudonymes », attribue cet ouvrage au surintendant Fouquet. Cette opinion a eu en effet quelques partisans ; mais aujourd'hui elle est généralement abandonnée. A. A. B—r.

+ Cette attribution a été reprise de nos jours par M. Chéruel d'après M. Paul Lacroix (Voy. « Mém. sur la vie publique et privée de P. Fouquet », 1862); elle a été clairement réfutée par M. P. Clauer dans l'« Ami des livres ». *Paris*, *R. Muffat*, décembre 1862, 4e année, no 8, pages 649-652.

Les « Conseils » ont été réimprimés avec le nom du P. Boutauld, d'après l'édition de 1677. *Paris*, *Lanier*, 1854, in-12.

Conseils (les) de 1828. Politique extérieure. (Par le marquis de La Gervaisais.) *Paris*, *Pihan-Delaforest*, 1829, in-8, 43 p.

Conseils (les) de 1828. Politique intérieure. (Par le marquis de La Gervaisais.) *Paris*, *Pihan-Delaforest*, 1829, in-8, 65 p.

Conseils de philosophie pratique, par M. le prince Alex. V*** (le prince Alex. Volkonsky). *Paris*, *Franck*, 1851, in-8, 134 p.

Réimprimé avec le nom de l'auteur.
Voy. « Supercheries », III, 888, *a*.

Conseils (les) du père Jean (Besson, employé au ministère de la guerre), ou un chiffonnier de Paris à ses amis des faubourgs. *Paris*, 1828, in-folio, 2 p.

Voy. « Supercheries », II, 379, *c*.

Conseils et exemples en forme de dialogue pour la sanctification du dimanche, par un curé de campagne (l'abbé Lescouf). *Lille*, *Lefort*, 1827, in-18.

Souvent réimprimé.
Voy. « Supercheries », I, 816, *d*.

Conseils (les) et les exemples politiques de Juste Lipse, divisés en deux livres, touchant les vertus et les vices des princes. (Traduit du latin par Nicolas Pavillon.) *Paris*, *J. Richer*, 1606, in-8.

Les exemplaires de cette traduction, qui se sont vendus chez Catherine Nyverd, portent le nom du traducteur.

Conseils hygiéniques aux cultivateurs, par un maire de campagne. (Par Couverchel.) *Paris*, *imp. de E. Duverger*, 1850, in-12, 48 p.

Envoi autographe.
Voy. « Supercheries », II, 1030, *e*.

Conseils (les), par le comte de SHAFTESBURY, traduits de l'anglois. (Par SINSON.) *Londres* (*Paris, Costard*), 1773, in-8.

Cet ouvrage a été publié dès 1771, à *Paris, chez Desventes de la Doué*, in-8 et 2 vol. in-12, avec le nom du traducteur, sous le titre de « Soliloques, ou Entretiens avec soi-même ».

Conseils pour faire le café, par M. le comte de C*** (de SAINT-CRICQ), ancien chambellan. *Paris, Huzard*, 1834, in-18.

Voy. « Supercheries », III, 1112, *f*.

Conseils pour faire une version, par F. G. P. A. L. I. (Franç. GOFFAUX, professeur au lycée impérial). *Paris*, 1811, in-8.

Voy. « Supercheries », II, 38, *a*.

Conseils pour former une bibliothèque peu nombreuse, mais choisie. (Par J.-H.-S. FORMEY.) Nouvelle édition, corrigée et augmentée, suivie de l'introduction générale à l'étude des sciences et belles-lettres, par M. DE LA MARTINIÈRE. *Berlin, Haude et Spener*, 1756, in-8, XXIV-380 p. et 2 ff. de table.

La première édition des « Conseils » est de *Berlin*, 1746, la seconde de 1754. L'abbé Trublet a fourni quelques notes à l'édition de 1756, surtout pour l'ouvrage de La Martinière qui commence à la p. 121.

Conseils pour une jeune dame qui entre dans le monde. (Par César-Alexis CHICHEREAU, chevalier de LA BARRE, né à Langeais, 1630.) *Tours, Fr. Bully, s. d.*, in-4, 30 p.

Chalmel, « Histoire de Touraine », tome IV.

Conseils pour vivre longtemps, traduits de l'italien de Louis CORNARO, par M. D*** (DE PRÉMONT). *Paris, J. Le Febvre*, 1701, in-12. — *Paris*, 1707, in-12. — *Paris, Belin*, 1783, in-12.

Cette traduction a été aussi réimprimée en 1772, à Paris, à la suite de celle de l'ouvrage de Lessius, intitulé : « De la Sobriété et de ses avantages ».

Conseils raisonnables à M. Bergier pour la défense du christianisme, par une société de bacheliers en théologie. (Par VOLTAIRE.) *S. l.*, in-8, 31 p.

Condamné par la cour de Rome, le 1er mars 1770, et porté dans l' « Index » sous ce titre : « Libellus continens septem has impias opellas » ; suit le détail des sept pièces dont celle-ci est la deuxième.

Voy. « Supercheries », III, 664, *b*.

Conseils salutaires et avis rimés pour se conserver la vie et la santé. *Paris, veuve Guillau*, 1806, in-fol. plano.

Signé : A. L. G. (LE GENTIL).

Conseils sur l'éducation de la jeunesse. (Par GADOLLE.) *Paris*, an IX-1801, in-8.

V. T.

Conseils sur le choix d'un amy, par mademoiselle *** (Auguste-Sophie DE GREMMINGUEN). *Strasbourg, Doulsseker*, 1693, in-8.

Voy. « Supercheries », III, 1025, *c*.

Conséquences (les), par Ernest ** (Ernest DUJARDIN). *Paris, Lecointe et Durey*, 1824, in-12.

Voy. « Supercheries », I, 1243, *f*, et III, 1106, *d*.

Conservateur (le). *Paris, Lenormant*, oct. 1818.—Mars 1820, 78 livraisons, ou 6 vol. in-8.

Par DE CHATEAUBRIAND, CRIGNON D'AUZOUER, DE CASTELBAJAC, O'MAHONY, J. DE POLIGNAC, MARTAINVILLE, l'abbé F. DE LA MENNAIS, le marquis D'HERBOUVILLE, CORIOLIS D'ESPINOUSSE, le cardinal de LA LUZERNE, FIÉVÉE, CORBIÈRE, DE FRÉNILLY, DE SAINT-ROMAN.

Voy. Hatin, « Bibliographie de la presse », p. 338.

Conservateur (le) belge, recueil ecclésiastique et littéraire. — Le nouveau conservateur belge. *Liége et Louvain*, 1823-27, 1830-35, 27 vol. in-8.

Publié par l'abbé P.-F.-X. DE RAM.

Conservateur (le) de l'enfance et de la jeunesse, ou principes à suivre dans la manière d'élever les enfants depuis leur naissance jusqu'à leur puberté. (Par Ch.-Jos. CHAMBERT, libraire à Lyon.) *Paris, Delaunay*, 1825, in-18.

Conservateur (le) décadaire des principes républicains et de la morale politique... an II, 2 vol. in-8.

L'auteur de cette publication est LA CHAPELLE ; Villenave possédait son exemplaire annoté. Hatin, « Bibliographie de la presse », p. 245, dit ne savoir sur quel fondement Leber, « Catalogue », t. II, numéro 4933, attribue ce journal à ROUSSELIN DE SAINT-ALBIN. D'un autre côté, la table du « Dictionnaire des anonymes », t. IV, p. 465, le donne à Nic. RUAULT, qui en était le libraire. Cette dernière attribution a été reproduite par Quérard dans la « France littéraire ».

Conservateur (le) impartial. *Saint-Pétersbourg*, 1813-1824.

Ce journal, qui est devenu depuis le « Journal de Saint-Pétersbourg », a eu pour fondateur et principal rédacteur l'abbé MANGUIN, émigré français, précepteur de Serge Semenovitch Ouvaroff qui fut ministre de l'instruction publique en Russie. A. L.

Conservateur (le) littéraire. (Par MM. Abel HUGO, sous la lettre A.; Victor HUGO, sous la lettre V.; Théod. PELLICIER, sous les lettres C. D. et T. P.; Alex. SOUMET, sous les lettres A. S. et X.; TEZENAS de Montbrison, sous la lettre T.; Félix BISCARAT, sous la lettre S., et autres.) *Paris, Boucher*, 1820 et 1821, 3 vol. in-8.

L'article du t. II, p. 371, sur l'« Examen critique des dictionnaires historiques », est de Victor HUGO.

Conservateur (le), ou bibliothèque choisie de littérature, de morale et d'histoire. (Par Fr.-Ant. Delandine.) *Paris, Buisson*, 1787 et 1788, 4 vol. in-12.

Conservateur (le), ou choix de morceaux rares et d'ouvrages anciens, à commencer par le mois de novembre 1756. (Par Bruix, François Turben et Ant. Blanc, dit Le Blanc de Guillet.) *Paris*, 1756-1761, 38 vol. in-12.

Il y a eu une interruption depuis le mois de novembre 1758 jusqu'en 1760. Les mois de novembre et décembre 1758 ont paru en 1760, sous forme de supplément.

Conservateur (le) suisse, ou recueil complet des « Etrennes helvétiennes ». (Par MM. Louis Bridel, Jean-Philippe-Louis Bridel, et autres.) *Lausanne, Louis Knab*, 1813 et 1815, 7 vol. in-12.

Voy. « Mélanges helvétiques ».

Considérations catholico-politiques sur les immeubles du clergé, par un député, curé de Metz (Thiébaut), en forme de discussion à l'Assemblée nationale. *Metz, imp. de Collignon, s. d.*, in-8.

Considérations chrétiennes pour chaque jour du mois, très-propres aussi pour les retraites. (Par Pierre-Antoine-Alexandre Daguet.) *Nancy, veuve N. Balthazard*, 1746, in-12. — Autre édition. Par le P. P. A. A. D. J. *Lyon, Delaroche*, 1759, in-12.

Considérations chrétiennes pour tous les jours du mois. Nouvelle édition. *Nancy, Cusson*, 1725, in-16. — *Sens, Jannot*, 1735, in-12.

Réimpression des « Pensées chrétiennes... » du P. Dom. Bouhours. Voy. ce titre.

Considérations chrétiennes sur la mort. (Par Claude de Sainte-Marthe.) *Paris, Despretz*, 1675, in-12.

Considérations consciencieuses sur le mariage, avec un éclaircissement des questions agitées jusqu'à présent, touchant l'adultère, la séparation et la polygamie. 1679, in-12.

Ce livre, imprimé par ordre de l'électeur Charles-Louis, comte Palatin, parut en allemand sous le nom emprunté de Daphnœus Arcuarius, qui cachait celui de Laurentius Bœger, un des conseillers de ce prince. Dans l'édition des « Œuvres de Bossuet », *Versailles*, 1806, in-8, tome XIX, p. 322, « Histoire des variations », livre VI, sur les Concubines, on trouve deux actes importants sur cette affaire, qui sont tirés de l'ouvrage mentionné ci-dessus. D. M.

Voy. « Supercheries », I, 860, *e*.

Considérations critiques et politiques sur les « Réflexions politiques » de M. de Chateaubriand (et autres ouvrages). (Par

a L.-H.-C. Pasquier, comte de Franclieu.) *Paris, mai* 1815, in-8.

Considérations d'économie publique sur le commerce des grains, ou moyens de concilier les intérêts de l'État, des propriétaires et du peuple avec ceux du commerce, par M. D. Z. (Desaubiez, ancien médecin-dentiste à Château-Thierry.) *Château-Thierry*, et *Paris, Delaunay*, 1822,

b in-8.

Considérations d'un Italien sur l'Italie, ou mémoire sur l'état actuel des lettres et des arts en Italie. (Par l'abbé Ch.-J.-Mar. Denina.) *Berlin*, 1796, in-8.

Cet ouvrage avait paru l'année précédente, avec le nom de l'auteur, sous le titre de : « Guide littéraire ».

Considérations diverses sur l'emploi de l'artillerie montée au défrichement des landes de la Campine. (Par le général

c Eenens.) *Bruxelles, Hayez*, 1849, in-8, 67 p. J. D.

Considérations économiques et financières sur les ressources de l'empire d'Autriche. (Par P. de Haulleville.) 2e édition. *Bruxelles, Guyot*, 1863, in-8, III-57 p. J. D.

Considérations et élévations affectives envers N. S. J. C., au Très-Saint-Sacre-

d ment de l'autel. (Par le P. Gilles-François de Beauvais, jésuite.) *Paris, Hérissant*, (1753), in-12.

Considérations générales sur l'éducation et particulièrement sur celle des princes. Seconde édition, revue et augmentée. (Par E. Beguillet.) *Bouillon et Paris, chez les libraires qui vendent les nouveautés*, 1782, in-8.

e Considérations générales sur l'état des sciences et des lettres aux différentes époques de leur culture, par Mlle Sophie Germain. (Publiées par M. A.-J. Lherbette.) *Paris, Lachevardière*, 1833, in-8, 102 p.

Considérations générales sur la théorie de l'impôt et des dettes, formant, dans une nouvelle édition, l'introduction d'un ouvrage intitulé ; « Notions élémentaires

f d'économie politique », par le comte de H*** (Alex.-Maurice Blanc d'Hauterive). *Paris, Thoisnier-Desplaces*, 1825, in-8, 146 p.

Voy. « Supercheries », II, 233, *a*.

Considérations générales sur le livre de M. Brueys, intitulé : « Examen des Raisons », etc. (Par Jacques Lenfant.) *Rotterdam, Leers*, 1684, in-12.

Considérations générales sur les trois

classes qui peuplent les colonies françaises, et sur tout ce qui concerne leur administration intérieure. (Par OSSIEL.) *Paris, Poulet*, 1814, in-8.

Considérations historiques et politiques sur la Russie, l'Autriche et la Prusse. (Par Jos. AUBERNON.) *Paris, Ponthieu*, 1827, in-8, 160 p. — Troisième édit. avec le nom de l'auteur. *Ibid. id.*, in-8, 200 p.

Considérations impartiales sur la position actuelle du Brabant. (Par J.-F. WONCK, avocat.) *Bruxelles*, 1790, in-8.

Considérations intéressantes sur les affaires présentes. Seconde édition augmentée. (Par MIGNONNEAU.) *Paris, Barrois l'aîné*, 1788, in-8.

Considérations libres et charitables sur le recueil des actes authentiques ramassés par M. (David) Blondel. (Par GAUTHIER, ministre près La Rochelle.) *Groningue*, 1658, in-12.

Considérations militaires et politiques sur les fortifications. (Par le général J.-Cl.-Eléo. LEMICHAUD D'ARÇON.) *Paris, impr. roy.*, 1785, in-8.

Considérations morales et politiques, recueil de pensées, de maximes et d'anecdotes; par l'auteur du « Glaneur à Londres » (DUBERGIER). *Paris, au Palais-Royal (Bruxelles)*, mai 1821, in-12, VI-360 p.

Considérations morales et religieuses sur les événements actuels. (Par le comte BOUTOURLIN.) *Saint-Pétersbourg*, 1814, in-12, 35 p.

Considérations philosophiques, religieuses et historiques sur le choléra; suivies des moyens les plus efficaces pour combattre les fléaux qui accablent l'humanité. Orné d'une gravure et enrichi d'une lithographie inédite d'après P.-P. Rubens. (Par l'abbé MEYNDERS.) *Bruxelles, Seres*, 1849, in-32, 64 p. J. D.

Considérations philosophiques, remarques, observations, anecdotes particulières sur la vie et les ouvrages de Sébastien Bourdon, ancien recteur de l'Académie royale de peinture. *Paris, de Beausseaux*, 1818, in-8, 82 p.

Signé : X..... A.... (Xavier ATGER).

Considérations philosophiques sur l'action de l'orateur, précédées de recherches sur la mémoire. (Par dom Fr.-Ph. GOURDIN.) *Amsterdam et Paris, veuve Desaint*, 1775, in-12.

Considérations philosophiques sur le christianisme. (Par l'abbé REY, docteur en théologie, aumônier de l'ordre de Saint-Lazare.) *Bruxelles, Paris, Belin*, 1785, in-8, 2 ff. de tit. et 348 p.

D'après M. de Manne, cette attribution serait inexacte et cet ouvrage serait une réimpression des « Recherches philosophiques sur les preuves du christianisme », par Charles Bonnet. *Genève*, 1770, in-8. C'est une erreur. Les deux ouvrages sont complètement différents.

Considérations physiques et morales. (Par GIRARDET.) *Paris, Girardet*, 1818, in-12.

Considérations politiques, dont les cabinets de l'Europe (celui de Londres cependant excepté et pour cause) reçurent copie sous le règne des avocats-rois, par L... G... G... (GUÉRIN), D. M. D. S., ex-député à la première législature. *Paris, Rosa*, 1814, in-8.

Voy. « Supercheries », II, 778, c.

Considérations politiques et historiques sur l'établissement de la religion prétendue réformée en Angleterre. (Par Jean-Pierre-Louis DE LA ROCHE DU MAINE, marquis DE LUCHET.) *Londres (Paris, Panckoucke)*, 1765, in-12.

C'est le premier volume de l' « Essai sur les principaux événements de l'histoire de l'Europe ». Voy. ce titre.

Considérations politiques et morales. (Par le comte Charles PASERO DE CORNELIANO.) *Paris, Lacretelle aîné*, 1820, in-8, 40 p.

Considérations politiques, par M*** (MIGNONNEAU). (*Paris, Barrois l'aîné*), 1783, in-8, 78 p. — Suite des considérations politiques (par le même). *S. d.*, in-8, 44 p.

Voy. « Supercheries », III, 1074, c.

Considérations politiques sur l'état actuel de l'Allemagne, traduites de l'allemand (par M. G.-B. DEPPING), de l'ouvrage (de Fr.-L. LINDNER) intitulé : « Manuscript aus Sud-Deutschland ». *Paris, Treuttel et Wurtz*, 1820, in-8.

Considérations politiques sur l'état actuel de l'Europe, par M. D. S. C. D. L. T. D. (DESCORCHES SAINTE-CROIX, élève des relations extérieures, mort général en Espagne). *Paris, imp. Nicolas*, 1805, in-8.

Considérations politiques sur la position actuelle des Pays-Bas, ou lettre de S. de C. (SABATIER DE CASTRES), conseiller du conseil royal du gouvernement de Bruxelles. *Maestricht, Cavelier*, 1790, in-8, 48 p.

Voy. « Supercheries », III, 619, d.

a Considérations politiques sur les affaires de France et d'Italie pendant les trois premières années du rétablissement de la maison de Bourbon sur le trône de France, ou suite des « Souvenirs de ma vie », depuis 1774 jusqu'en 1814, par M. de J*** (Jullian). *Bruxelles, T. Parkin*, 1817, in-8, 212 p. J. D.

Considérations politiques sur les Coups d'État, par G. N. P. (G. Naudé, Parisien).
b *Rome* (*Paris*), 1639, in-4.

Réimprimé avec le nom de l'auteur. Voy. « Science des Princes » et « Réflexions historiques et politiques sur... »

Voy. aussi « Supercheries », II, 190, *e*.

Considérations pour les peuples de l'État, ou examen des articles généraux pour servir à la solution du différend entre la communauté de la Chaux de Fonds et la
c Classe, par un bon patriote. (Par Samuel-Frédéric Osterwald.) (*Neufchâtel*), 1760, in-8.

Attribué à tort par Van Thol à F.-L. Petit-Pierre. Cette erreur a été reproduite par Quérard dans la « France littéraire » et dans les « Supercheries », 1re éd., no 740, et 2e éd., I, 550, *b*.

Voy. ci-après : « Mémoires pour servir de réfutation ».

Considérations présentées aux ministres démissionnaires. (Par Alex. Vinet.) *Ge-*
d *nève*, 1845.

Voy. « Supercheries », II, 1140, *c*.

Considérations, recherches et observations sur les États généraux. (Par J.-L. Carra.) 1789, 1790, in-8.

Considérations relatives à la dernière révolution de la Belgique, par un Canadien (B.-D. Viger, ancien président du Parlement du Canada). 2e édition. *Montréal,*
e *Cinq-Mars*, 1842, in-8, 67 p. Ul. C.

Considérations servant de réponse au cardinal Spinola (en français et en latin). (Par Fabrice Burlamaqui.) *Genève*, 1680, in-12.

Considérations sur deux nouvelles communications qu'on propose d'établir entre la Sambre et le canal de Mons à l'Escaut... (Par Valentin Van der Elst.) *Mons, Pié-*
f *rart*, 1835, in-8, 28 p. J. D.

Considérations sur l'amélioration des races d'animaux domestiques dans le grand-duché de Luxembourg. (Par Fischer, vétérinaire à Cassel, près de Luxembourg.) *Dickirch, imp. de Schroell*, 1855, in-8.

Considérations sur l'ancienneté de l'existence du Tiers-État et sur les causes de la suspension de ses droits pendant un temps, sur l'institution des communes et sur les effets qu'elles ont produits, par M. G. D. S. (Gautier de Sibert). *Paris, Barrois l'aîné*, 1789, in-8.

Voy. « Supercheries », II, 150, *f*.

Considérations sur l'application des dispositions de l'article 104 du règlement de la caisse de retraite des employés des finances et des postes. (Par Ph. Mévius.) *Bruxelles, Tircher*, 1842, in-8, 16 p. J. D.

Considérations sur l'art du théâtre. (Par Claude Villaret.) *Genève*, 1759, in-8.

Considérations sur l'enseignement universitaire et sur l'organisation des examens, par un membre de la chambre des représentants (Charles Grandgagnage). *Bruxelles, Decq*, 1860, in-8, 30 p.

Voy. « Supercheries », II, 1105, *c*.

Considérations sur l'entreprise faite par Me Nicolas Cornet, syndic de la faculté de théologie de Paris, en la dernière assemblée, du premier juillet 1649. *S. l. n. d.*, in-4.

Trois éditions au moins. Attribué à Antoine Arnauld, par les rédacteurs de l'ancien Catalogue imprimé de la Bibliothèque du roi.

Considérations sur l'esprit et les mœurs. (Par Gabriel Senac de Meilhan.) *Londres, et se trouve à Paris chez les marchands de nouveautés*, 1787, in-8, 389 p. avec l'errata. — *Amsterdam* (*Paris, veuve Valade*), 1789, in-8.

Ce livre forme le premier volume des « Œuvres philosophiques et littéraires de M. de Meilhan ». *Hambourg, Hoffmann*, 1795, 2 vol. pet. in-8.

Considérations sur l'esprit militaire des Gaulois, pour servir d'éclaircissements préliminaires aux mêmes recherches sur les François, et d'introduction à l'histoire de France, par M. *** (Cl.-Guill. Bourdon de Sigrais). *Paris, veuve Desaint*, 1774, in-12.

Réimprimé dans le volume d'introduction de la « Collection des mémoires relatifs à l'histoire de France », publiée par M. Guizot.

Voy. « Supercheries », III, 1064, *e*.

Considérations sur l'esprit militaire des Germains. (Par Cl.-Guill. Bourdon de Sigrais.) *Paris*, 1781, in-12.

Considérations sur l'établissement d'un barrage dans l'Escaut, en aval d'Anvers, par un officier du génie (Frédéric-Alphonse Ablay). *Anvers, Buschmann*, 1856, in-8, 32 p. et une planche. J. D.

Considérations sur l'état actuel de l'instruction publique du clergé catholique en France et en Allemagne, par un ancien grand-vicaire (DE WESSENBERG, vicaire général du diocèse de Constance). *Zurich, Orell*, 1812, in-8, 32 p.

Voy. « Supercheries », I, 330, *b*.

Considérations sur l'état actuel des ecclésiastiques en France, adressées à un curé français. (Par C.-J. JULLIEN, prêtre.) *Châtillon-sur-Seine*, 1791, in-8.

Considérations sur l'état de ceux qui sont tombés, ou lettres à l'église de (Rouen) sur sa chute. (Par Jacques BASNAGE.) *Rotterdam, Acher*, 1686, in-16.

Considérations sur l'état de la France au moment de l'ouverture des États généraux, et sur quelques-unes des questions majeures qui vont y être traitées, par l'auteur de « l'Essai historique sur l'art de la guerre » (D'ECRAMMEVILLE). *Paris*, 1789, in-8.

Considérations sur l'état de la peinture en Italie dans les quatre siècles qui ont précédé celui de Raphaël, par un membre de la société de Goettingue et de l'Académie de Cortone (Alexis-François ARTAUD DE MONTOR). *Paris, Mongie aîné*, 1808, in-8, 43 p. — 2ᵉ édit., *Paris, Schoell*, 1811, in-8, 145 p.

Voy. « Supercheries », II, 1103, *e*.

Considérations sur l'état de la Russie sous Pierre I, envoyées en 1737 à Voltaire, par le prince royal, depuis roi de Prusse, auxquelles on a joint sa dissertation sur la littérature allemande, diverses pièces sur la Russie, et le mémoire sur le roi de Prusse, remis en 1740 au cardinal de Fleury, par le marquis de Beauveau, ambassadeur de France à la cour de Berlin. (Le tout publié par Philippe-Henri DE GRIMOARD.) *Berlin* (*Paris*), 1791, in-8.

Les « Considérations sur l'état de la Russie » ont été, sinon rédigées, du moins rectifiées en partie, par le prince royal lui-même, sur les notes et mémoires que lui adressait de Pétersbourg M. de Tockenrable, envoyé de Prusse auprès de cette cour.

La copie a été fournie par le prince Henri de Prusse.

Considérations sur l'état moral de la France et les institutions qui lui conviennent. (Par J.-B.-J. PAILLET.) *Paris*, 1815, in-8.

Considérations sur l'état moral et politique de la France, et recherches sur ses véritables intérêts dans la crise actuelle, mai 1815, par J. M......L (L.-H. Jules MARÉCHAL). *Paris, Sajou*, 1815, in-8, 56 p.

Voy. « Supercheries », II, 410, *c*.

Considérations sur l'état présent de la colonie française de Saint-Domingue, ouvrage politique et législatif, présenté au ministre de la marine par M. H. D. L. (HILLIARD D'AUBERTEUIL). *Paris, Grangé*, 1776, 2 vol. in-8.

Voy. « Supercheries », II, 251, *b*.

Considérations sur l'état présent de la littérature en Europe. (Par Jean-Baptiste-René ROBINET.) *Londres et Paris, Fournier*, 1762, in-12, IV-284 p.

Cet ouvrage a été faussement attribué à l'abbé AUBRY.

Considérations sur l'étude et l'enseignement de l'arithmétique. (Par NOEL, professeur à l'Université de Liége.) (*Tirlemont, Merex*, 1845), in-8, 15 p.

Tirage à part du « Journal de l'instruction publique ». J. D.

Considérations sur l'exercice de la prière et de l'oraison, par P. J. P. (Pierre-Joseph PICOT DE CLORIVIÈRE), auteur de la « Vie de M. de Monfort ». *Paris, veuve Nyon*, 1802, petit in-12.

Réimprimé avec le nom de l'auteur.
Voy. « Supercheries », III, 177, *d*.

Considérations sur l'impôt du sel, et les moyens de le réduire ou de le remplacer. (Par J.-L. TROCHU.) *Paris, imp. de Mᵐᵉ Huzard*, 1831, in-4, 8 p.

Considérations sur l'indépendance de Genève. (Par MARLIAC.) *Genève*, 1798, in-12.

Considérations sur l'inaliénabilité du domaine de la couronne. (Par Jacques DE VARENNE.) *Paris, Le Jay*, 1775, in-8.

Boncerf a publié sous le voile de l'anonyme la brochure intitulée : « de l'Aliénabilité et de l'aliénation du domaine ». (1791), in-8, 131 p.

Cette brochure contient deux ouvrages : le premier est l'extrait d'un plus grand travail fait environ vingt-cinq ans avant la révolution, par un anonyme ; le second avait été composé par Boncerf dès l'année 1776.

Considérations sur l'infanterie, dédiées aux officiers de l'infanterie suédoise, par C. (CHARLES XV, roi de Suède et de Norvége). *Stockholm*, 1868, in-8, 102 p.

Voy. « Supercheries », I, 602, *e*.

Considérations sur l'influence du génie de Vauban dans la balance des forces de l'Etat. (Par le général J.-Cl.-Eléo. LEMICHAUD D'ARÇON.) *Strasbourg*, 1786, in-8.

Considérations sur l'instruction obligatoire en Belgique. Extrait du Journal de Liége. (Par Louis TRASENSTER.) *Liége, Desoer*, 1858, in-8, 115 p. J. D.

Considérations sur l'intérêt qu'a le gouvernement à maintenir en France une administration forestière spéciale. (Par J.-P. FLEURY, ex-conservateur des forêts à Rouen.) *Paris, Ladvocat*, 1818, in-8. D. M.

Considérations sur l'Italie. (Par H. DE GUIGNÉ.) *Paris, librairie Saint-Joseph*, 1862, gr. in-8, 95 p.

Considérations sur l'objet et les avantages d'une collection spéciale consacrée aux cartes géographiques et aux diverses branches de la géographie. *Paris, impr. Duverger*, 1831, in-8, 92 p.

Le nom de l'auteur, JOMARD, se trouve à la p. 62, Voyez ci-dessus, « Collection géograph. », col. 633, *f*.

Considérations sur l'ordre de Cincinnatus, ou imitation d'un pamphlet anglo-américain, par le comte DE MIRABEAU (et par CHAMFORT), suivies de plusieurs pièces et de la traduction d'un pamphlet du docteur PRICE sur la révolution américaine, accompagnées de réflexions et de notes du traducteur (et de TARGET). *Londres, Johnson*, 1788, in-8.

Voyez la notice sur la vie de Chamfort, par Ginguené, en tête des « Œuvres de Chamfort ». *Paris*, 1794, 4 vol. in-8, p. 41.

Considérations sur l'organisation des états-majors de l'armée. (Par le général GOUVION SAINT-CYR.) *Paris, Levrault*, 1820, in-8.

Considérations sur l'organisation judiciaire dans la démocratie française, par un magistrat (DUBOIS, procureur de la république au Mans). *Le Mans et Paris, Lanier*, 1848, in-8, 32 p.

Tiré à 300 exemplaires ; 150 portent le nom de l'auteur.

Voy. « Supercheries », II, 1023, *c*.

Considérations sur l'organisation sociale, appliquées à l'état civil, politique et militaire de la France et de l'Angleterre. (Par Jean SAINT-SARDOS DE MONTAGU, marquis DE MONDENARD.) *Paris, Migneret*, an X-1802, 3 vol. in-8.

Considérations sur l'origine de notre commerce dans le Levant, etc. (Par ARNAUT, ancien officier d'administration de la marine.) In-8.

Considérations sur l'origine du monde et le gouvernement de la providence. (Par le duc Victor DE BROGLIE.) *Paris, lith. de Callet, s. d.*, in-4, LXXXIII-702 p.

L'avant-propos est daté de Broglie, 7 août 1860.

Considérations sur l'origine et les révolutions du gouvernement des Romains. (Par l'abbé DU BIGNON.) *Paris, de Bure*, 1778, 2 vol. in-12.

L'abbé du Bignon, successivement grand-vicaire de Bordeaux et de Cambrai, dit, dans son avertissement, que cet ouvrage est le fruit de la solitude et du malheur. Il le composa en effet dans la Bastille, où l'avait fait enfermer M. de Conzié, évêque d'Arras, pour avoir dérangé les intrigues de ce prélat dans l'assemblée des états d'Artois.

Considérations sur l'utilité des gardes nationales, par un garde national de Caen (JOYAU), pour servir à combattre diverses préventions de quelques personnes des départements contre cette institution. *Caen, imp. de Leroy*, 1815, in-8, 40 p.

Voy. « Supercheries », II, 137, *a*.

Considérations sur la cause physique des tremblements de terre, par HALES, traduites de l'anglois (par l'abbé Guill. MAZÉAS). *Paris, de Bure*, 1751, in-12.

Ces « Considérations » ont été réimprimées à la suite de l' « Histoire des tremblements de terre arrivés à Lima, etc., suivie de la description du Pérou ». *La Haye*, 1752, 2 vol. in-12. Le tout est annoncé comme traduit de l'anglais. Le nouvel éditeur ne parle point de la traduction donnée en 1751 par Mazéas.

(Note d'Eusèbe Salverte.)

Considérations sur la constitution de la marine militaire de France. (Par Jean-Baptiste DE SECONDAT.) *Londres*, 1756, in-12.

Considérations sur la constitution des États du Dauphiné, applicable aux États généraux. (Par le comte Jean-Jacques LE-NOIR-LAROCHE.) *Paris*, 1789, in-8.

Considérations sur la constitution espagnole. La constitution promulguée par les Cortès le 19 mars 1810 est-elle défectueuse, parce qu'elle n'établit pas une chambre des pairs héréditaire, et doit-elle être révisée pour l'admission d'un tel corps? (Par L.-Fr.-Jos. LE DIEU, avocat.) *Londres*, 1821, in-8.

Considérations sur la danse du menuet. (Par BACQUOI-GUÉDON.) *Paris*, 1784, in-8. V. T.

Considérations sur la déclaration du roi pour l'établissement des séminaires dans les diocèses où il n'y en a point; donnée à Versailles le 15 décembre 1698. (Par l'abbé Jean-Baptiste THIERS.) In-12.

Catal. mss. de l'abbé Goujet.

Considérations sur la défense des Etats, d'après le système militaire actuel de l'Europe, par l'auteur des « Applications du principe des vitesses virtuelles à la poussée des terres et des voûtes » (LAMBEL). *Paris, Bachelier*, 1824, in-4.

Voy. « Supercheries », I, 947, *e*.

Considérations sur la « Dénonciation de l'agiotage ». Lettre au comte de Mirabeau. (Par HARDY, ancien secrétaire du comte de Mirabeau.) *S. l.*, 1787, in-8.

Considérations sur la dette du gouvernement et sur les moyens de la payer. (Par le vicomte D'AUBUSSON.) *Paris, Laurens junior et Cressonnier* (1789), in-8.

Considérations sur la difficulté de coloniser la régence d'Alger, et sur les résultats probables de cette colonisation. Par M. A. (Maurice ALLARD). *Paris, Selligue*, 1830, in-8, 80 p.

Voy. « Supercheries », I, 139, *c*.

Considérations sur la France. (Par le comte Joseph DE MAISTRE.) *Londres* (*Bâle*), 1797, in-8, IV-242 p.

La célébrité de cet ouvrage, qui a commencé la renommée de son auteur, me semble autoriser la reproduction, avec quelques modifications, d'une note sur ses différentes éditions que j'ai publiée dans le tome V de « l'Intermédiaire ». Chaque édition est désignée par une lettre majuscule.

A. L'édition décrite en tête de cet article et que je crois la première a été signalée par M. A. Poulet-Malassis, dans le t. VI, p. 300, de « l'Intermédiaire ». Le titre porte les armes royales. La table des chapitres en annonce XII, mais ce dernier n'a jamais paru. *Desideratur*, dit l'auteur, qui l'intitule : « Différence entre la révolution anglaise et la française. » Les mots *Anglois* et *François* y sont imprimés avec l'*o*, qui est aussi conservé pour les imparfaits.

B. Autre édition. *Londres*, 1797, in-8, IV-246 p. Le titre porte les armes royales. Dans cette édition, les mots *Anglais* et *Français* sont toujours imprimés avec un *a*, tandis que l'on conserve l'*o* pour les imparfaits.

C. Autre édition, *Londres*, 1797, in-8 de IV p. non chiffrées, y compris le titre, et 112 p. Contrefaçon, sur mauvais papier, et avec un caractère assez fin.

D. Seconde édition, revue par l'auteur (*sic*). *Londres*, (*Bâle*), mars 1797, in-8 de IV p. prélim. et 256 p. Armes royales sur le titre. Homogénéité pour l'orthographe; on a imprimé partout *François* et *Anglois*. On lit, p. IV, dans l' « Avis des libraires » : « La première édition fourmille de fautes qui altèrent souvent le sens et le font quelquefois disparoître entièrement... Les corrections nombreuses que l'auteur nous a fournies font de son ouvrage un ouvrage presque nouveau. » A la p. V, il y a un *Errata*. Les p. 251-254 sont occupées par un *Post-Scriptum*, dont la note I porte : « Cette édition est la troisième en cinq mois, en comptant la contrefaction (*sic*) françoise qui vient de paroître. Celle-ci a copié fidèlement les innombrables fautes de la première, et en a ajouté d'autres. » C'est le texte de cette édition qui a servi pour la réimpression préparée par l'auteur, en 1817, laquelle ne parut qu'après sa mort, en 1821, et où l'auteur n'a pas rétabli les deux coupures faites dès 1814 dans les deux éditions de Paris. Le premier passage supprimé se trouve dans l'édition de mars 1797, à la p. 146, dont il forme le dernier alinéa; il finit, p. 147, après la 4e ligne. Le voici : « Et dans ce moment même, un petit nombre de factieux ne parle-t-il pas encore de mettre un d'Orléans sur le trône? Il ne manque plus au François que l'opprobre de voir patiemment élever sur le pavois le fils d'un supplicié, au lieu du frère d'un martyr. Et cependant rien ne leur promet qu'ils ne subiront pas cette humiliation, s'ils ne se hâtent pas de revenir à leur souverain légitime. Ils ont donné de telles preuves (1)... » Dans la double édition de Paris, en 1814, où cette coupure a dû être faite pour la première fois, on l'a dissimulée (p. 114) en remplaçant le pronom *Ils*, qui commence une phrase, par *Les Français*, expression qui, se trouvant déjà dans le petit alinéa qui précède, produit un mauvais effet. C'est ce que l'auteur a senti; aussi, dans l'édition de 1821 (p. 147), a-t-il ainsi commencé la phrase suivante : « Et qui sait encore à quoi ils sont réservés? Ils ont donné de telles preuves... » La seconde suppression comprend les pages 217-250, formant tout le chapitre XI, intitulé : « Fragment d'une histoire de la révolution française, par David Hume. » En donnant cet extrait comme s'appliquant à la révolution française, de Maistre voulait faire voir les ressemblances des deux révolutions, et la table de sa première édition indique un chapitre XII intitulé : « Différence entre la révolution anglaise et la française. *Desideratur.* » Ce chapitre, comme on voit, n'a pas été donné.

E. Nouvelle édition, revue par l'auteur, *Paris, Société typographique de Versailles, impr. de Lebel*, 1814, in-8 de VIII p., y compris le titre, et 168 p.

Armes royales sur le titre. L' « Avertissement des éditeurs » n'est plus le même que dans les éditions précédentes; l'auteur y est nommé. On y donne aux deux premières éditions la date de 1796, et on les dit imprimées à Lausanne. Cet avertissement est terminé par la réimpression de la lettre du comte d'Avaray, écrite de la part de Louis XVIII à l'auteur, qui avait demandé, à ce qu'il paraît, que la cour émigrée contribuât à répandre les « Considérations » en France. Cette lettre avait été interceptée à Milan par le général Bonaparte, et elle fut alors imprimée dans le « Moniteur » du 24 brumaire an VI (14 novembre 1797).

Cette édition est la première où des coupures importantes ont été faites.

F. Autre édition. Même titre que ci-dessus. *Ibid.*, *id.*, in-8. Le nom de l'imprimeur Lebel, à Versailles, se lit au bas de la dernière page. Les armes royales du titre ont un petit monogramme : P. D. (Pierre-Deschamps). Au verso du faux titre, on annonce que l'on trouve à la même librairie l' « Essai sur le principe générateur... », par M. le comte de Maistre.

G. Réimpression pure et simple de l'édition précédente, sauf quelques changements insignifiants dans

(1) Joseph de Maistre n'a pas toujours prophétisé aussi juste. Ne finit-il pas, en effet, son chap. VIII, par ces mots : « On pourrait gager mille contre un que la ville ne se bâtira pas, ou plutôt qu'elle ne s'appellera pas *Washington*, ou que le congrès n'y résidera pas. »

« l'Avertissement des éditeurs ». L'*Errata* est le même pour toutes deux. De Maistre paraît n'avoir connu l'existence que d'une seule édition, avec date de 1814, et voici ce qu'il en est dit, p. VIII de celle de 1821 : « Il a (l'auteur) droit surtout de se plaindre de celle de Paris, publiée en 1814, in-8, où l'on s'est permis des retranchements et des additions également contraires aux lois de la délicatesse; personne, assurément, n'ayant le droit de toucher à l'ouvrage d'un auteur vivant, sans sa participation. L'édition que nous présentons aujourd'hui au public est faite sur celle de *Bâle* (sous la rubrique *Londres*), 1797, in-8 de 256 p. »

H. Nouvelle édition. La seule revue et corrigée par l'auteur, suivie de « l'Essai sur le principe générateur des constitutions politiques et des autres institutions humaines » ; troisième édition, revue et corrigée par le même. *Paris*, *Potey*, 1821, in-8 de XIV et 368 p. C'est la première édition avec le nom de l'auteur sur le titre ; elle fut publiée par A.-A. Barbier, d'après l'exemplaire corrigé qu'il avait reçu des mains de l'auteur en 1817. Ce dernier écrivait, à la date du 15 novembre 1817, à son futur éditeur (voy. « Bulletin du bibliophile de Techener », 1854, p. 914) : « ... En quittant Paris, je vous laissai des corrections pour une nouvelle édition qui me tenait fort au cœur, et je vous dis pourquoi. Vous en souvient-il? Certaines phrases n'appartiennent qu'à certains moments. » — Ces derniers mots semblent expliquer pourquoi de Maistre, tout en se plaignant de coupures faites dans l'édition de 1814, n'a rétabli que celle du chapitre XI. L'édition de 1821 ne parut qu'après la mort de l'auteur. Mon père, entré en correspondance avec sa veuve, lui avait témoigné le désir de reproduire la réponse de M. de Maistre à la lettre de M. d'Avaray. Mais, comme on ne put la retrouver, Mme de Maistre demanda la suppression d'une « ... épître qui, détachée de la réponse, avait tout lieu de blesser la mémoire de l'auteur... » — « Comme dédommagement, Mme de Maistre envoyait la lettre signée M... (Orloff), » adressée à M. de Maistre et reproduite depuis dans toutes les éditions. — Comme le titre l'indique, cette édition est accompagnée de « l'Essai sur le principe générateur des constitutions ».

I. Nouvelle édition. *Lyon et Paris*, *Rusand*, 1829, in-8, VIII-236 p. — Cette édition a un « Avertissement de l'éditeur » qui lui est spécial. On y lit p. iij : « ... En 1814, l'ouvrage fut imprimé à Paris (et deux fois par lui-même, aurait-il pu ajouter); mais cette édition faite sans la participation de M. de Maistre, et fort incorrecte d'ailleurs, offre beaucoup d'augmentations et de retranchements qui n'entraient pas dans ses vues. » — Au demeurant, cette édition n'est qu'une réimpression pure et simple du texte de 1821, et l'on a cru devoir reproduire le passage relatif à la lettre communiquée à l'éditeur par la veuve de l'auteur, et la lettre même dont il y est parlé.

J. Nouvelle édition. *Lyon*, *Louis Lesne, imprimeur-libraire.* — *Ancienne maison Rusand.* — *Paris*, *Poussielgue-Rusand*, 1843, in-8. — En regard du titre, on lit : « Tous les exemplaires qui ne sont pas revêtus de ma signature sont réputés contrefaits. » Que fait cet austère défenseur des éditions originales ? il laisse de côté « l'Avertissement de l'éditeur » de 1829, et il prend, sans autre façon, et l'Avertissement du libraire et l'Avertissement de l'éditeur de 1821, et tout cela avec une telle naïveté, que l'on y retrouve sans le moindre commentaire un paragraphe expliquant pourquoi l'on avait cru devoir, en 1821, faire suivre les « Considérations » d'une nouvelle édition de « l'Essai sur le principe générateur des constitutions ». Mais quant à *donner* cet « Essai » — nenni, on le vend à part. On n'est pas plus naïf dans l'indélicatesse. Et cela se reproduit dans les éditions publiées de nos jours par la même librairie religieuse, H. Pélagaud fils et Roblot : « En satisfaisant au désir qu'ont témoigné plusieurs personnes d'avoir ces deux ouvrages *réunis dans un même volume*, nous avons mis tous nos soins, non-seulement à faire disparaître les fautes qui les défiguraient dans les éditions précédentes, mais nous avons encore voulu que l'impression répondît au mérite du livre. »

Considérations sur la guerre entre les Russes et les Turcs. (Par DE SILVA.) *Berlin*, *les frères Reycends*, 1773, in-8.

Considérations sur la guerre présente d'Allemagne. (Par Israël MAUDUIT.) *Londres* (*Paris*), 1760, in-12.

Considérations sur la langue française, servant de préface à la dernière édition du Dictionnaire de l'Académie. (Par Abel-François VILLEMAIN.) *S. d.*, in-8.

Considérations sur la législation rurale. (Par Eug.-Jos.-Armand NEVEU-DEROTRIE.) *Nantes*, *imp. C. Mellinet*, in-8, 12 p.

Catalogue de Nantes, n° 17789.

Considérations sur la lettre composée par M. l'évêque de Vabres, pour être envoyée au Pape en son nom et de quelques autres prélats dont il sollicite la signature. *S. l.*, in-4.

Par Ant. ARNAULT, suivant les rédacteurs du Catalogue de la bibliothèque du roi, de 1742.

Considérations sur la liberté de la presse, par un imprimeur belge (Florimond PARENT). *Bruxelles*, *Parent*, 1856, in-8, 23 p.

Cette brochure n'a pas été mise dans le commerce.

J. D.

Considérations sur la liberté de la presse, puisées dans le plaidoyer du célèbre jurisconsulte et député de la chambre des communes M. MACKINTOSH, défenseur de M. Peltier, écuyer, accusé devant la Cour du banc du roi d'être l'auteur d'un libelle politique contre Napoléon Bonaparte, traduction libre de l'anglais, accompagné des pièces de la procédure, telles qu'une ode attribuée au poëte CHÉNIER, sous le titre du Dix-huit brumaire an VIII ; le vœu d'un patriote hollandais, au 14 juillet 1802; et la harangue de LEPIDE au peuple romain, parodie attribuée à M. Camille JORDAN. (Par T. P. BERTIN.) *Paris*, *Dentu*, 1814, in-8.

Cette traduction est attribuée à Mme DE STAEL. Voy. l'art. sur sir John MACKINTOSH dans le « Dublin University magazine », la « Revue britannique », avril

1836, p. 340, et Lowndes, « Bibliographer's manual». 2e édit. p. 1442. A. L.

Considérations sur la liberté religieuse, par un unioniste (P.-F.-X. DE RAM, chanoine), et VAN BOMMEL, évêque de Liége. *Louvain, nov.* 1830, in-8.

Voy. « Supercheries », III, 872, *a*.

Considérations sur la mort de Louis XVI, pour servir à la béatification et canonisation de ce saint roi, par un habitant de Montpellier (Auguste SÉGUIN, libraire). *Montpellier, Aug. Séguin*, 1829, in-8, 32 p.

L'auteur a signé la dédicace.

Voy. « Supercheries », II, 235, *b*.

Considérations sur la nature de l'Église et sur quelques-unes de ses propriétés. (Par Mathieu LARROQUE.) *Quevilly, J. Lucas*, 1673, in-12.

Considérations sur la nature de la révolution de France et sur les causes qui en prolongent la durée. *Londres et Bruxelles, Emm. Flon*, 1793, in-8, VIII-80 p.

Il y a des exemplaires avec le nom de l'auteur, Jacques MALLET-DU-PAN.

Considérations sur la nécessité d'une loi sur l'enseignement moyen et de la surveillance du gouvernement sur tous les établissements qui y sont destinés. (Par DE SÉBILLE.) *Namur, Guyaux et Feuillien*, 1843, in-12. J. D.

Considérations sur la nécessité de l'intervention du gouvernement dans les établissements d'instruction et sur la nécessité pour tous les Belges de se rallier au gouvernement actuel. (Par DE SÉBILLE, de Mons, receveur à Namur.) *Namur, Misson*, 1844, in-12, 40 p. J. D.

Considérations sur la neutralité maritime, armée ou non armée. (Par S. Abel LONQUEUX, ex-professeur de rhétorique à Chartres, ex-chef du détail contentieux de la marine et des colonies, etc.) *Paris, Debray*, 1801, in-8, 92 p.

Considérations sur la noblesse française, et réfutation de quelques doctrines erronées qui tendent à détruire cette institution consacrée par la Charte. Par M. C. DE M**Y (DE MERY). *Paris, Pélicier*, 1816, in-8, 52 p.

Considérations sur la paix publique, adressées aux chefs de la révolution. (Par Jean-de-Dieu-Raymond DE BOISGELIN DE CUCÉ, archevêque d'Aix.) *(Paris), marchands de nouveautés*, 1791, in-8.

Insérées en 1818 dans les Œuvres de l'auteur, 1 vol. in-8.

a Considérations sur la peine de mort et sur l'instruction morale des peuples. A toutes les nations civilisées de la terre. (Par Paul KIEWERT.) *Anvers, Janssens*, 1849, in-8, 66 p. J. D.

Considérations sur la politique du gouvernement danois. Par un Allemand (A.-W. SCHLEGEL). 1813, in-8, 30 p.

Voy. « Supercheries », I, 270, *e*.

b Considérations sur la politique et sur les circonstances actuelles. (Par Benjamin GRADIS.) *Paris, Denugon*, 1820, in-8, 2 ff. de tit. et 154 p. — 2e éd. *Paris, Denugon*, 1822, in-8, VI-268 p.

Considérations sur la position actuelle de la France ; avantages qu'elle pourrait prétendre en s'alliant avec la Russie et en contribuant au démembrement de l'empire

c ottoman. (Par DE BASTEROT.) *Paris, de Bray*, 1791, in-8, 80 p.

On trouve aussi dans cette brochure un plan pour la conquête de l'Egypte.

Considérations sur la première formation des langues et le différent génie des langues originales et composées, traduites par A. M. H. B..... (Ant.-Mar.-Henri BOULARD) de l'anglais d'Adam SMITH.... *Paris,*

d *Baillio et Colas*, an IV, in-8, 80 p.

Voy. « Supercheries », I, 300, *e*.

Considérations sur la prospérité, la situation politique et la constitution de la principauté du canton de Neuchatel et Valangin. (Publiées par F.-H. DU BOIS-REYMOND.) *Yverdun*, 1831, in-8.

Considérations sur la réforme des armes jugée au conseil de guerre. (Par DE

e SAINT-AUBAN.) 1773, in-8. — Supplément aux Considérations (par le même). 1775, in-8.

Ce supplément, qui n'est presque autre chose qu'un état des services de SAINT-AUBAN, a été inséré dans le 2e vol. du « Journal militaire et politique », année 1779 ; seulement on en a retranché la partie polémique. (Doisy.)

Considérations sur la régale et autres

f droits de souveraineté, à l'égard des coadjuteurs. (Par Mathias PONCET DE LA RIVIÈRE, conseiller d'Etat.) 1654, in-4.

Réimprimé dans le recueil des « Définitions du Droit canonique », par Desmaisons. *Paris*, 1700, in-folio, au mot *Régale*, page 737.

Considérations sur la révolution de 1848, au point de vue belge. (Par Charles MARCELLIS.) *Bruxelles, Méline*, 1848, in-8. Ul. C.

Considérations sur la révolution sociale. (Par Ant. DE FERRAND.) *Londres*, 1794, in-8.

Considérations sur la Sagesse de Charron, en deux parties, par M. P. G. D. en M. (Pierre CHANET, docteur en médecine). *Paris, Claude Le Groult*, 1643, in-8.

Voy. « Supercheries », III, 95, *b*.

Considérations sur la situation de la France sous le rapport des finances, par M. A. DE M. (DE MALARTIC). *Paris, Firmin Didot*, 1816, in-8, 54 p.

Voy. « Supercheries », I, 191, *f*.

Considérations sur la situation politique de l'Europe et sur les résultats possibles d'une occupation du Bosphore par les Russes. Par M.A. (Maurice ALLARD). *Paris, imp. de Tastu*, 1828, in-8, 80 p.

Voy. « Supercheries », I, 139, *b*.

Considérations sur le barreau français. (Par Jules BONNET, avocat.) *S. l. n. d.*, in-8.

Réimprimé à Paris en 1839, avec d'autres ouvrages du même auteur.

Considérations sur le canon et serment des Eglises réformées, conclu et arrêté au synode national d'Alez ès Cevennes, le 6 d'octobre 1620, pour l'approbation du synode tenu à Dordrecht en Hollande, les ans 1618 et 1619. (Par Daniel TILENUS.) 1622, in-8.

Considérations sur le commerce de Bretagne. (Par PINCSON DU SEL DES MONT.) *Rennes*, 1756, in-8. V. T.

Considérations sur le commerce, et en particulier sur les compagnies, sociétés et maîtrises. (Composées par Sim. CLICQUOT-BLERVACHE, sous les yeux et avec les conseils de Vinc. DE GOURNAY.) *Amsterdam*, 1758, in-12.

Existe aussi sous le titre de : « Mémoire sur les corps de métiers... » Voy. Delisle, aux « Supercheries », I, 894, *c*.

Considérations sur le commerce et la navigation de la Grande-Bretagne, traduites de l'anglois de Josua GÉE. (Par J.-B. DE SECONDAT, fils de l'auteur de l' « Esprit des lois ».) *Genève, Philibert*, 1750, in-12.

Considérations sur le commerce extérieur de la Belgique et notamment sur les rapports commerciaux de ce pays avec la France. (Par Jules VILAIN, chef de bureau au ministère de l'intérieur.) *Bruxelles, Tarlier*, 1852, in-8. J. D.

Considérations sur le commerce maritime national. Anvers et la Belgique. (Par
a MATHYSSENS, négociant.) *Bruxelles, Lelong*, 1858, in-8, 36 p. J. D.

Considérations sur le dessin de la place et du quai proposés à faire vers la tour de Nesle... Ecrites par l'ordre et pour l'instruction de M. L. C. (*S. l. n. d.*), in-4.

Par PETIT, d'après une note manuscrite sur l'exemplaire de la Bibliothèque nationale.

Considérations sur le génie et les mœurs
b de ce siècle. (Par Jean SOUBEYRAN DE SCOPON.) *Paris, Durand*, 1749, in-12. — *Id.*, 1767, in-8.

Considérations sur le gouvernement ancien et présent de la France, par le comte D'ARGENSON; deuxième édition, corrigée sur ses manuscrits. (Publié par le marquis DE PAULMY, son fils.) *Amsterdam* (*Paris*), 1784; — *Liége*, 1787, in-8.

La 1re éd. porte le nom de l'auteur; elle fut pu-
c bliée à *Amsterdam, chez M.-M. Rey*, 1765, in-8, VII-312 p. Une réimpression anonyme, *Amsterdam, M.-M. Rey*, 1765, in-8, XVI-328 p., contient beaucoup de fautes.

L'édition de 1784 a été tirée à petit nombre.

Considérations sur le gouvernement qui convient à la France, et sur des moyens de concourir au rétablissement des finances de l'Etat en vendant pour deux milliards des biens du clergé; par un citoyen de
d Paris, membre du district des Cordeliers (l'abbé Ant.-Et.-Nic. FANTIN-DESODOARDS). *S. l.*, 1789, in-8.

Voy. « Supercheries », I, 740, *d*.

Considérations sur le jardinage. (Par Ant.-Nic. DUCHESNE.) 1775, in-8.

Considérations sur le mandement de carême pour l'an de grâce 1838, publié par monseigneur Van Bommel, évêque de
e Liége, précédées d'observations respectueuses sur la circulaire des évêques de la Belgique contre les francs-maçons. (Par J.-J. COLLETTE.) *Liége, Collardin*, 1838, in-8, 16 p. J. D.

Considérations sur le mystère de la croix, tirées des divines Ecritures et des œuvres des SS. Pères. (Par J.-R. ASSELINE.) *S. l.* (1805), in-12. — *Paris et Lyon, Girard*, 1806, in-12.

f Considérations sur le notariat. (Par BONNOMET, notaire à Paris, mort en 1814.) *Paris, Baudouin* (vers 1799), in-8, 31 p.

Considérations sur le nouveau code forestier... (Par Jacques CURASSON, avocat à la cour de Dijon, né en 1770, mort en 1841.) *Besançon*, 1827, in-8, 67 p.

Considérations sur le paupérisme et l'émeute, précédées d'un aperçu sur l'état politique et religieux de l'Europe, par *** (l'abbé PONT, supérieur du petit séminaire d'Albert-ville, en Savoie). *Genève, s. d.*, in-8. D. M.

Considérations sur le pouvoir judiciaire et sur le jury, par M. H. DE M*** (HEULHARD DE MONTIGNY), conseiller à la Cour royale de Bourges. *Paris*, *Rondonneau*, mai 1819, in-8.

Voy. « Supercheries », II, 250, *f*.

Considérations sur le prêt à intérêt, par M. ***, jurisconsulte (Ambroise RENDU). *Paris*, *Eberhart*, 1806, in-8.

Considérations sur le prêt à intérêt, par M. S.M. (J.-B. SAINT-MARC, prêtre). *Paris*, 1816, in-8.

Voy. « Supercheries », III, 654, *f*.

Considérations sur le projet de faire juger les procès sur rapport, dans les tribunaux civils. (Par G.-G. DELAMALLE, jurisconsulte.) *Paris*, an VIII-1799, in-8, 24 p.

Considérations sur le projet de loi concernant le nouveau système financier du royaume des Pays-Bas, par l'auteur de l'« État actuel du royaume des Pays-Bas » (Charles VANDERSTRAETEN). *Bruxelles*, *Hublou*, 1821, in-8, 76 p. J. D.

Considérations sur le respect légal qui appartient aux déclarations du jury, suivies de quelques réflexions sur l'indivisibilité de ses pouvoirs concernant l'appréciation des faits, par un magistrat (MASSON, substitut du procureur général de Nancy). *Nancy*, *G. Grimblot*, *et Paris*, *A. André*, 1837, in-8, 208 p.

Voy. « Supercheries », II, 1023, *c*.

Considérations sur le sacre de S. M. Charles X, sous le rapport du duel, par l'auteur de la dissertation publiée il y a deux ans sur le même sujet. (Par J. P. MAFFIOLI.) *Paris*, *Arthus Bertrand*, 1825, in-8, 16 p.

Considérations sur le sort et les révolutions du commerce d'Espagne. (Par Jean-Baptiste-René ROBINET.) 1761, in-8.

Considérations sur le traité de commerce entre la France et la Grande-Bretagne, du 26 septembre 1786. (Par Sim. CLICQUOT DE BLERVACHE.) *Paris*, *Prault*, 1789, in-8.

Considérations sur le « Traité historique de l'établissement et des prérogatives de l'Eglise de Rome et de ses évesques, par

a M. Maimbourg ». (Par l'abbé Jacques BOILEAU.) *Cologne*, *du Marteau*, 1686, in-12.

Une nouvelle édition, augmentée, a paru en 1688, sous le titre de « Remarques d'un théologien... »

Voy. « Supercheries », III, 788, *c*.

Considérations sur les affaires de l'Eglise qui doivent être proposées dans la prochaine Assemblée générale du clergé de France; adressées à un évêque de cette assemblée. (Par Ant. ARNAULD.) *S. l.*,

b 1681, in-12.

Considérations sur les bagnes. (Par Félix LACOINTER.) *Paris*, *imp. Dondey-Dupré*, 1823, in-8.

Considérations sur les causes de l'ancienne foiblesse de l'empire de Russie et sur sa nouvelle puissance. (Par A. DE GOUDAR.) *Amsterdam*, 1772, in-8.

c Considérations sur les causes de la grandeur des Romains et de leur décadence, par l'auteur des « Lettres persanes » (Charles DE SECONDAT, baron DE MONTESQUIEU). *Amsterdam*, *P. Mortier*, 1734, in-8.

Réimprimé avec le nom de l'auteur.

Considérations sur les crises financières et sur la législation anglaise concernant les banques de circulation. (Par F.-A. VAN

d HALL.) *La Haye*, 1858, in-8.

Considérations sur les dernières révolutions de l'Europe. Par M. C. DE S., membre de plusieurs sociétés littéraires (le marquis DE SALVO, attaché à l'ambassade de Portugal). *Paris*, *Béchet aîné*, 1824, in-8.

Considérations sur les destinées humaines. Tome XXI. Ruines de Paris; démem-

e brement de la France; mort ou expulsion de Louis-Philippe Ier; massacre d'un grand nombre d'hommes; conséquences forcées de l'impuissance ou du parjure; moyens de prévenir ces dangers. Par un auteur dont les assertions, suivant preuves irrécusables, sont confirmées par les événements depuis 1806 jusqu'en octobre 1830. *Paris*, *imp. de Pihan-Delaforest*, 1830, in-8, XXXVI-332 p.

f Volume annoncé dans la « Bibliographie de la France », du 20 novembre 1830, n° 6083. L'auteur Paul-Dominique BONNEAU a publié de 1823 à 1831 plusieurs brochures dont le titre commence par les mêmes mots, « Considérations... », les unes avec son nom, les autres anonymes. Ce sont des fragments de volumes dont la tomaison ne se justifie guère, puisque les tomes IV-VI, X-XIX sont inconnus.

Voy. « Supercheries », I, 407, *e*.

Considérations sur les différents principes des beaux-arts et sur les causes qui ont contribué à leur progrès et développement. (Par le comte DE RIESCH.) *Dresde, Walther*, 1792, in-8.

Considérations sur les dimanches et les fêtes des mystères, etc. (Par J. DU VERGIER DE HAURANNE, abbé de Saint-Cyran.) *Paris*, 1671, 2 vol. in-8.

Considérations sur les droits seigneuriaux de Lorraine et Barrois. (Par G. DE ROGÉVILLE.) *S. l.*, 1790, in-8.

Considérations sur les établissements de charité en général, suivies de quelques réflexions tendant à améliorer le sort de la classe indigente. (Par Mme Thérèse-Victoire DE MANNE.) *Paris, marchands de nouveautés* (1828), in-8. D. M.

Considérations sur les finances d'Espagne. *Paris, frères Estienne*, 1753, 1755, petit in-12.

Cet ouvrage a été attribué par Barbier à Fr. VÉRON DE FORBONNAIS, et depuis à MONTESQUIEU. Le manuscrit autographe, sur lequel est basée cette dernière attribution est indiqué au catalogue Aimé Martin, 1847, no 234. Voir le « Bulletin du bibliophile belge », tome V, p. 405.

Considérations sur les fusées de guerre. (Par A. NICAISE, capitaine d'artillerie.) *Bruxelles*, 1859, 1863, in-8. J. D.

Considérations sur les intérêts du Tiers-Etat, adressées au peuple des provinces, par un propriétaire foncier (Jean-Paul RABAUT DE ST-ÉTIENNE). 1788, in-8, 102 p. — Seconde édition, 1788, in-8, 103 p.

Voy. « Supercheries », III, 264, *d*.

Considérations sur les lettres circulaires de l'assemblée du Clergé de France de l'année 1682. (Par le ministre J. CLAUDE.) *La Haye, Abraham Arondens*, 1683, in-12.

Considérations sur les mœurs de ce siècle. (Par Ch. PINOT, sieur DUCLOS.) 1750, 1751, in-12. — Nouvelles éditions, avec le nom de l'auteur. *Paris*, 1751, 1753, 1754, in-12.

D'après une note manuscrite, l'édition sans indication de lieu, 1751, in-12, gros caractères, doit être préférée à celle qui porte le nom de *Prault*, 1751, et qui renferme une épître dédicatoire au roi.

M. Mouchet, employé au département des manuscrits de la Bibliothèque du roi, fit vendre, au commencement de l'année 1800, la plus grande partie de la bibliothèque qui lui avait été léguée par M. de Bréquigny, en reconnaissance et pour prix des services qu'il avait rendus à ce savant. Il ne conserva que les manuscrits et les ouvrages de littérature et d'histoire. Ces derniers ont été vendus à la mort de M. Mouchet, en 1807.

Le catalogue qui en a été publié offrait une collection bien choisie. Plusieurs articles avaient appartenu à La Curne de Sainte-Palaye, dont M. de Bréquigny a été l'exécuteur testamentaire ; et tout annonçait dans ces livres qu'ils n'avaient pas été pour leurs possesseurs des meubles inutiles. Le no 30 du catalogue était de nature à exciter la curiosité des amateurs ; je veux parler d'un exemplaire relié en carton, de la première édition des « Considérations sur les Mœurs », par Duclos, sur le frontispice duquel M. de Bréquigny avait écrit ces mots : « Voyez le chapitre VI *bis*, DES MAGISTRATS, qui est joint à cet exemplaire, p. 170. »

Le libraire chargé de la vente, M. Barrois l'aîné, a placé sous le titre de l'ouvrage de Duclos une note conçue en ces termes :

« L'auteur, n'ayant probablement pas pu obtenir l'approbation du censeur, fut obligé de supprimer ce chapitre lors de l'impression de son ouvrage, et en fit ensuite imprimer quelques exemplaires. On ne le trouve dans aucune des éditions postérieures faites jusqu'à ce jour. »

Cet exemplaire a été porté à plus de 18 fr., par la chaleur des enchères ; cependant l'amour de la vérité me force de déclarer ici que le chapitre VI *bis* n'est pas de Duclos. Je le trouve dans les « Œuvres diverses d'un ancien magistrat », *Londres* (ou plutôt *Lausanne*), 1784, in-8. Cet ancien magistrat est Jean-Louis, marquis de MALETESTE, ancien conseiller au parlement de Dijon, né dans cette ville le 4 mars 1709, et mort à Paris dans les premières années de la révolution. Il était fils de Jacques Maleteste, conseiller au même parlement, et d'Elisabeth de la Coste. L'exemplaire de ses « Œuvres diverses », qui se trouvait dans la bibliothèque du conseil d'Etat, contenait, en regard du frontispice, le portrait de l'auteur, gravé par Saint-Aubin, d'après un dessin fait en 1786 par C.-N. Cochin ; j'ai vu d'autres exemplaires sans portrait.

L'ancien magistrat raconte ainsi dans sa *préface*, page 6, l'origine de la composition et de la publication du chapitre sur les magistrats :

« Les premières idées que j'aie rassemblées par mon choix, et toujours sans aucun projet de les rendre publiques, sont dues à une circonstance assez frivole. Lorsque les « Considérations sur les Mœurs de ce « siècle » parurent, on les lut avec empressement ; c'était, dans les premiers moments, le sujet de la conversation générale. L'auteur allait souvent dans une maison où se rencontraient beaucoup de gens de mérite, de tous les rangs et de tous les états : la maîtresse de la maison me demanda ce que j'en pensais ; j'en dis beaucoup de bien, parce qu'effectivement j'en pensais beaucoup, et j'ajoutai qu'il y aurait peut-être quelque chose à désirer dans un très-petit nombre de passages, soit pour la netteté des idées, soit pour la clarté des expressions. On ne me pardonna pas cette modération dans mes éloges, et on me dit, en me la reprochant, que le plus mauvais chapitre du livre suffirait pour m'illustrer. Je ne sais si je fus piqué du propos ; je ne crus pas l'être : mais cependant, trente-six heures après, je rapportai dans la même maison un chapitre sur les MAGISTRATS. »

Ce chapitre commence dans le recueil de M. de Maleteste, page 6, par ces mots : « Le même principe qui a détruit les grands seigneurs..... » et finit par ceux-ci : « Trois causes qui concoururent à l'avilissement de la magistrature. » C'est la même chose dans l'imprimé que M. de Bréquigny a intercalé au milieu de son exemplaire des « Considérations ».

C'est ici la place naturelle de cette anecdote que j'ai publiée en 1807, dans le « Magasin encyclopédique »,

Considérations sur les mœurs du temps... (Par A.-A. AUGIER-DUFOT.) 1759, in-12. V. T.

Considérations sur les moyens de rétablir en France les bonnes espèces de bêtes à laine,. (Par l'abbé Cl. CARLIER.) *Paris, Guillyn*, 1762, in-12.

Considérations sur les mystères, les paroles et les actions de J.-C. (Par PINSONNAT.) *Paris*, 1717, in-12. V. T.

Considérations sur les ouvrages d'esprit. (Par CHICANEAU DE NEUVILLÉ.) *Amsterdam (Paris)*, 1758, in-12.

Considérations sur les poésies très-fugitives de M. Gratton, capitaine de canonniers. (Par GRATTON lui-même.) *S. l. n. d.*, in-8.

Catalogue de Nantes, n° 25802.

Considérations sur les principes politiques de mon siècle et sur la nécessité indispensable d'une morale politique, par un homme d'État sans péruque (*sic*) (Joseph DE ROSSI). *Londres*, *A. Grant*, 1775, in-8.

Voy. « Supercheries », II, 300, *f*.

Considérations sur les prisons de Toulouse. (Par P. FRIZAC.) *Toulouse, imp. de Douladoure*, 1816, in-8.

Considérations sur les quatre évangiles, sur sept épîtres dites catholiques, traduites en français. (Par Auguste DE PRUNELLE DE LIERE.) *Paris*, 1822, in-8.

Considérations sur les révolutions de 1848, au point de vue belge. Juillet 1848. (Par Charles MARCELLIS.) *Bruxelles, Méline*, 1848, in-8, 40 p. J. D.

Considérations sur les révolutions des arts. *Paris, Brocas*, 1755, in-12.

L'épître dédicatoire est signée par l'auteur, le chevalier DE MÉHÉGAN, dont le nom se trouve aussi dans le privilége.

Considérations sur les révolutions des Provinces-Unies. (Par J.-L. FERRY DE SAINT-CONSTANT, connu sous le pseudonyme de VAN DEN YZER.) *La Haye et Paris*, 1788, in-8, 2 ff. lim. et 131 p.

Considérations sur les richesses et le luxe. (Par Gabriel SENAC DE MEILHAN.) *Paris, Valade*, 1787, in-8. — *Amsterdam (Paris, veuve Valade)*, 1789, in-8.

Considérations sur les sciences, les arts et les mœurs des anciens, par L. C. P. D. V. (le comte Pierre-Louis RIGAUD DE VAUDREUIL). *Paris, Dentu*, 1840, in-8.

Voy. « Supercheries », II, 703, *c*.

Considérations sur les souffrances de N. S. Jésus-Christ, tirées en grande partie de l'ouvrage du même titre, par le Père. Allaume (*sic*). (Par la comtesse Catherine ROSTOPCHINE, née PRATASSOF.) *Saint-Germain-en-Laye, imp. de Beau*, 1846, in-12, IV-154 p. A. L.

L'ouvrage publié par le P. G. Allcaume, jésuite, sous le titre de : « Les souffrances de N.-S. J.-C. », *Paris*, 1695, 2 vol. in-12, est traduit du portugais du P. Thomas de Jésus.

Considérations sur les systèmes politiques de comptabilité des gouvernements belge et des Pays-Bas..., par un Belge attaché à la Cour des comptes (F. RAPAERT). *Bruxelles, Remy*, 1835, in-8, 38 p. J. D.

Considérations sur Ninon de Lenclos. *S. l.* (1800), *imp. de V. Gilbert*, in-8, 36 p.

Signé : L.-R. DE SAINT-VICTOR.

Considérations sur une année de l'histoire de France, par M. DE F... (le marquis A.-F. DE FRÉNILLY). *Londres, A.-B. Dulau*, 1815, in-8. — *Paris, Chaumerot jeune*, novembre 1815, in-8.

Voy. « Supercheries », II, 5, *c*.

Consistoire (le), ou l'esprit de l'Église, poème héroï-comique en six chants. (Par Aristide VALCOUR.) *Paris, Lemaire*, an VII-1799, in-8.

Ouvrage commandé à l'auteur par le Directoire.

Consolateur (le), pour servir de réponse à la « Théorie de l'impôt », et autres écrits sur l'économie politique. (Par Sébastien-Alexandre COSTÉ, baron DE SAINT-SUPPLIX.) *Bruxelles et Paris, N.-F. Valleyre*, 1763, in-8.

Consolation à la reine régente, sur la mort du feu roi. (Par SIRMOND.) *Paris, J. Brunet*, 1643, in-4, 64 p.

Consolation à ma femme. (Par Jean REY, négociant.) *Paris, Crapelet*, 1830, in-8, 192 p. D. M.

L'auteur signe l'avis au dos du faux titre.

Consolation à Mme de Givry. (Par Jean PASSERAT.) *Paris, par M. Patisson*, 1594, in-12, 2, 28 et 2 ff.

Consolation aux bons Français... Voy. « La Restauration et l'État... »

Consolation dans l'infortune. Poëme en sept chants. (Par G.-L. DE BAAR.) *Hambourg et Leipsick, Bohn*, 1758, in-8.

Consolation de la philosophie de BOËCE. (Avec une traduction du français en p olo nais, par Charles comte DE ZYWIEC et Pi eskowa Skala WIELOPOLSKI, marquis de

MIROW et PINCZOW GONZAGA MYSZKOWSKI.) *Varsovie*, 1750, in-8.

Le titre du texte français et celui de la traduction ne portent aucun nom de traducteur ; mais une seconde édition in-8, publiée l'année suivante, dans la même ville, porte la liste des noms et qualités que nous transcrivons ici, plus : *dédiée à ses illustres fils*. A. L.

Consolation de la philosophie de BOËCE, traduction nouvelle par C*** (Léon COLESSE). *Paris*, *Gogué*, 1772, in-12.

Cette traduction a été réimprimée en 1835, dans le « Panthéon littéraire ».

Consolation (la) de la philosophie, traduite du latin de BOËCE. (Par le P. REGNIER, Victorin.) Nouvelle édition corrigée. *Paris*, *Loyson*, *et Bruxelles*, *Jean de Smedt*, 1711, petit in-12.

Cette traduction parut pour la première fois en 1676, avec le nom de l'auteur dans le privilége du roi.

Consolation (la) des cocus. (Par le docteur César GARDETON.) *Paris*, *Chassaignon*, in-18.

Consolation (la) du chrétien dans les fers, ou manuel des chiourmes qui sont sur les galères du roi, très-propre aussi à tous les prisonniers; où les vérités les plus intéressantes sont confirmées par des traits d'histoire. (Par le P. Pierre-Antoine-Alexandre DAGUET, jésuite.) *Lyon*, *Delaroche*, 1759, in-12, XLII-454 et XLVIII pag.

Un abrégé parut la même année avec le nom de l'auteur sous le titre de « Manuel... », in-12, 94 p.

Consolation faite par le duc de Bouquingan aux Anglois, sur sa dernière déroute en l'île de l'Oye. *S. l.*, 1627, in-8.

Par Geoffroy GAI, suivant une note manuscrite sur l'exemplaire de la Bibliothèque nationale.

Consolation funèbre sur la mort d'Albert de Gondy, duc de Raïs, par G.-B. N. (Guillaume-Bernard NERVÈZE). *Paris*, 1602, in-8.

Consolation (la) intérieure, ou le livre de l'Imitation de J.-C. selon son original (c'est-à-dire écrite en nouveau style, d'après « l'Internelle consolation », par l'abbé A. ANDRY). *Paris*, *Robustel*, 1690, 1697, 1729, in-12.

Il y a eu plusieurs éditions in-24, notamment en 1692.

Consolation (la) philosophique de BOËCE, nouvelle traduction, avec la vie de l'auteur, des remarques historiques et critiques, et une dédicace massonique; par un frère masson, membre de l'académie royale des sciences et des belles-lettres de Berlin (Jos. DU FRESNE DE FRANCHEVILLE). *La Haye*, *Pierre de Hondt*, *et Berlin*, 1744, 2 vol. in-8.

a

Consolations chrétiennes, avec des réflexions sur les huit béatitudes, et la paraphrase des trois cantiques du Dante. (Par le chevalier Jacq.-Ignace DE LA TOUCHE-LOISI.) *Paris*, *Jacques Vincent*, 1744, in-12.

b

Consolations (les) de l'âme fidelle contre les frayeurs de la mort. (Par Charles DRELINCOURT.) *Charenton*, *Cellier*, 1669, in-4.

Souvent réimprimé avec le nom de l'auteur.

Consolations (les) de la foi sur les malheurs de l'Eglise. (Par DE BOVET.) 1797, in-8.

Réimprimées à Paris avec le nom de l'auteur.

c

Consolations de ma captivité, ou correspondance de ROUCHER, mort victime de la tyrannie décemvirale, le 7 thermidor an II. (Publiées par Fr. GUILLOIS, gendre de l'auteur.) *Paris*, *Agasse*, an VI-1797, 2 parties in-8.

Consolations (les) du chrétien à sa dernière heure, ou recueil de morts édifiantes, par M. *** (Philippe-Irénée BOISTEL D'EXAUVILLEZ). Seconde édition. *Paris*, 1830, in-8.

d

Voy. « Supercheries », III, 1110, *d*.

Consolations et conseils de l'expérience, tirés du journal d'un affligé. (Par le pasteur Charles CUVIER.) *Paris*, *veuve Berger-Levrault*, 1846, in-18. — 12ᵉ édit. *Ibid.*, *id.*, 1864, in-18.

e

Consolations (des), ou recueil choisi de tout ce que la raison et la religion peuvent offrir de consolations aux malheureux. (Par l'abbé Gasp.-J.-And.-Jos. JAUFFRET, depuis évêque de Metz.) *Paris*, *Leclère*, 1798, 15 vol. in-18.

Consolations (les), poésies. (Par SAINTE-BEUVE.) *Paris*, *Urbain Canel*, mars 1830, in-8, XXXII-237 p.

La seconde édition, *Paris*, *Renduel*, 1835, in-8, porte le nom de l'auteur.

f

Consolations très-utiles, briéves et méthodiques, pour bien et fructueusement consoler et ayder les malades à l'article de la mort, par le R. P. Jean POLANC, premièrement mises de latin en françois, par N. D. S., et depuis revues et corrigées par G. G. (Guillaume GAZET). *Douay*, 1599, in-12.

Voy. « Supercheries », II, 173, *c*.

Consolidation (de la) de la puissance française en Algérie, par T. DE B. (TASSIN DE

BEAUMONT). *Paris, Chaumerot*, 1841, in-8.

Voy. « Supercheries », III, 765, *f*.

Consommateur (le), dialogue entre un homme d'Etat et un consommateur sur divers objets d'économie politique. (Par le baron Alex.-Balth.-François de Paule DE BAERT.) *Paris*, 1802, in-8, 63 p.

Conspirateurs (les) à Rome et les conspirateurs à Paris, parallèle historique pour servir à l'éclaircissement d'une grande question en 1815, par R. A. (RABBE, des Basses-Alpes). 1815, in-8.

Voy. « Supercheries », III, 295, *f*.

Conspirateurs (les) clandestins contre les principes de la constitution de l'homme, des institutions de la Belgique, etc. (Par l'abbé PEURETTE.) *Bruxelles, Van Roy*, 1844, in-8.

Conspirateurs (les) démasqués, par l'auteur de « Nullité et Despotisme » (Ant. DE FERRAND). *Turin*, 1790, in-8, 60 p. — 2e éd. *Turin*, 1790, in-8.

Conspiration contre Dôle, ancienne capitale de la Franche-Comté, en MDXLIII, par les Français, fait historique inconnu à tous les historiens de cette province, et publié par un paléographe dôlois. *Dôle, impr. de A. Prudont*, 1850, in-8, 11 p.

Par M. PALUD, de Montmisey, bibliothécaire de la ville de Dôle, suivant une note manuscrite.

Conspiration (la) de 1821, ou les jumeaux de Chevreuse, par M. L. D. D. L. (le duc Pierre-Marc-Gaston DE LÉVIS). *Paris, Gosselin*, 1829, 2 vol. in-8. — 2e éd. *Paris, Gosselin*, 1829, 4 vol. in-12.

Le nom de l'auteur se trouve sur les couvertures de la 2e éd.

Voy. « Supercheries », II, 706, *f*.

Conspiration (la) des Quarante. (Par Théophile SILVESTRE.) *Paris, Dentu*, 1864, in-8, 32 p.

Conspiration (de la) qui a obligé Louis XVIII de quitter son royaume, et publication d'une pièce inédite, découverte en 1785, dans une loge de francs-maçons, à Venise, par un ancien membre de l'Assemblée constituante (le marquis DE FRONDEVILLE). *Londres*, 1815, in-8. — *Paris, Ponthieu*, 1820, in-8, 68 p.

Voy. « Supercheries », I, 335, *c*.

Constance de Lindenstorff, ou la tour de Wolfenstad, traduit de l'anglais de miss Sophie FRANCIS, par Mme P*** (Julie PÉRIN). *Paris, Dentu*, 1808, 4 vol. in-12.

D. M.

a Constance (de la) et consolation ès calamités publiques. (Composé par G. DU VAIR, pendant le siége de Paris.) *Paris, Patisson*, 1594, in-12. — *Lyon, Nic. Chouquet*, 1595, in-32.

Constance (la) inimitable, ou les aventures de Lindor et d'Anacréonte, conte moral, imité de Marmontel, par J.-P.-M.-C. L. *Genève (Lyon)*, 1774, in-12,

b XIV-126 p.

L'épître dédicatoire adressée à Mme d'Apremont, de Nantua, est signée LE CL... (LE CLERC). D. M.

Constance, ou l'heureuse témérité, comédie en trois actes. (Par Andréa DE NERCIAT.) *Cassel*, 1780, in-12, 87 p.

Catalogue Soleinne, no 3554.

Constance (de la), par JUSTE-LIPSE, ouvrage traduit du latin en français. (Par

c DE LA GRANGE, avocat au parlement.) *Paris*, 1741, in-12.

Constante (la) Amarillis, de Christoval SUAREZ DE FIGUEROA, en quatre discours, traduits d'espagnol en françois par N. L., Parisien (Nicolas LANCELOT). *Lyon, Cl. Morillon*, 1614, in-8, 7 ff. lim., 565 p. et 9 ff. pour la table et le priv.

Voy. « Supercheries », II, 1253, *b*.

d Constantes (les) amours d'Alix et d'Alexis. (Par François-Augustin PARADIS DE MONCRIF.) 1738, in-8.

Constantin et la primitive Eglise, ou le fanatisme politique, tragédie en cinq actes. (Par Ed.-Jos. VILLETARD.) *Paris*, 1806, in-8, 2 ff. et 83 p.

Tiré à deux exemplaires.

D'après M. Beuchot, M. de Soleinne en possédait 2 exemplaires, ce qui peut faire douter de l'exacti-

e tude de la note ci-dessus. D'après le même bibliographe, l'édition aurait été détruite aussitôt après l'impression et il n'en aurait été conservé que très-peu d'exemplaires.

Cette pièce est la reproduction avec des changements d'une autre tragédie du même auteur : « le Quatrième Siècle, ou Hercule Maximien », *Paris, Fournier*, 1806, in-8, tirée, dit-on, à 15 exemplaires seulement.

Constantin le Grand (tragédie en cinq

f actes), par B.... C.... (Bernard CAMPAN, docteur en médecine de la faculté de Montpellier). *Montpellier*, 1851, in-8, 77 p.

Voy. « Supercheries », I, 476, *d*.

Constantin le Grand, ou l'établissement de l'empire du christianisme, poëme héroïque, dédié par l'auteur à sa très-chère et digne mère. (Par LE THIMONIER DES ARTOURS, étudiant en médecine.) *Londres et Paris, Duchesne*, 1776, in-12.

Constantine, ou le danger des préventions maternelles, par Mme A. [M. A. L. C. L. (Mme A.-M.-A.-L.-C. LACROIX). *Paris, Dentu*, an XI-1802, 3 vol. in-12.

Voy. « Supercheries », I, 285, *e*.

Constantinople. Drame historique, par A. H. (HOPE). *Paris, Barba*, 1837, in-8, 24 p.

Constantinople et la France. (Par mademoiselle Ermance DUFAU.) *Paris, E. Dentu*, 1860, in-8. D. M.

Constitution (la) belge commentée et expliquée par le parti clérical, avec des notes et observations d'un libéral (FUNCK, avocat). *Bruxelles, Labroue*, 1852, in-8, 52 p. J. D.

Les « Supercheries », II, 780, *d*, donnent cette brochure sous le nom de Félix TINDEMANS.

Constitution (de la) de l'administration militaire en France. (Par BALLIET, ancien commissaire ordonnateur à Naples.) *Paris, veuve Agasse*, 1817, in-8.

Constitution de l'Angleterre. (Par J.-L. DE LOLME.) *Amsterdam, E. Van Harrevelt*, 1771, in-8, 2 ff. lim., 308 p. et 1 f. — Aut. éd. *Ibid., id.*, 2 ff. lim., 250 p. et 1 f. de tabl.

L'auteur a signé la dédicace.
Souvent réimprimé avec le nom de l'auteur.

Constitution (de la) de l'Angleterre, et des changements principaux qu'elle a éprouvés, tant dans son esprit que dans sa forme, depuis son origine jusqu'à nos jours ; avec quelques remarques sur l'ancienne constitution de la France. *Paris, Le Normant*, 1820, in-8, 100 p. — 2e éd. *Ibid., id.* Le titre porte : Par un Anglais. — 3e éd. augmentée. *Ibid., id.*, 1835, in-8, xx-200 p.

La quatrième édition, *Paris, veuve Lenormant*, 1837, in-8, xx et 204 p., porte le nom de l'auteur, J. Fraiser FRISELL. On lit en regard du titre : « Les libraires et les journaux ayant nommé l'auteur de cet ouvrage, il n'a pas cru devoir garder plus longtemps l'anonyme. »

Voy. « Supercheries », I, 353, *f*.

Constitution (de la) de l'armée sous la monarchie de 1830. Hommage de l'auteur (M. LARRÉGUY, alors préfet de la Charente) au roi et aux chambres. *Paris, impr. de Guiraudet et Jouaust*, 1840, in-8, 75 p.

Constitution (la) de l'Eglise vengée contre la réponse de l'évêque de Pistoie et contre les nouvelles erreurs de l'auteur du « Préservatif contre le schisme ». (Par le P. Bernard LAMBERT.) *Paris*, 1791, in-8, 97 p.

Constitution (la) de l'Opéra. (Par Fr.-Ant. CHEVRIER.) *Amsterdam*, 1737, in-12.

Constitution (de la) de la force publique dans les Etats constitutionnels démocratiques. (Par le major Aimé-Joseph ALVIN, né à Valenciennes le 12 janvier 1808, décédé colonel commandant de place à Liége, le 23 janvier 1863.) *Charleroy, Deghistelle*, 1850, in-8, XIV-220 p.

Il y a trois exempl. avec le nom de l'auteur.
Voy. les mots : « Portez armes!... »

Constitution (de la) du duché ou Etat souverain de Normandie, des variations qu'elle a subies depuis Rollon jusqu'à présent, et des droits, immunités, franchises, libertés et prérogatives de ses habitants et citoyens. (Par DELAFOY, ancien avocat au parlement de Rouen, mort dans cette ville au mois d'août 1819, âgé de quatre-vingt-dix ans.) *S. l.*, 1789, in-8, 380 p.

Constitution du peuple batave. (Traduite du hollandais par Paul-Henri MARRON.) *Paris*, 1798, in-8. V. T.

Constitution du peuple français, précédée du rapport D'HÉRAULT-SÉCHELLES (et d'idées préliminaires attribuées à Alexandre TOURNON, auteur des « Révolutions de Paris », guillotiné le 22 messidor an II, 10 juillet 1794). *Paris, Froullé*, 1793, in-24.

Constitution épidémique de Grenoble, des trois derniers mois de l'an VII et des six premiers de l'an VIII. (Par J.-B. LAUGIER.) *Grenoble*, an IX-1801, in-12. V. T.

Constitution (de la) française et des moyens de la raffermir. (Par le comte A.-F. D'ALLONVILLE.) *Nancy*, 1788, in-8.

Constitution (la) française mise à la portée de tout le monde. (Par J.-J. REGNAULT-WARIN.) *Paris*, 1791, 2 vol. in-12. V. T.

Constitution (la), le roi et les partis. Réponse au comité provisoire de l'association libérale de Charleroy. (Par A. DECHAMPS.) *Bruxelles, Decq*, 1857, in-8, 20 p. J. D.

Constitution (la), ou projet de déclaration des droits de l'homme et du citoyen, suivi d'un plan de constitution juste, sage et libre. Par l'auteur de l'« Offrande à la patrie » (MARAT). *Paris, Buisson*, 1789, in-8, 2 ff. lim. et 67 p.

Constitution politique de la monarchie espagnole, traduit de l'espagnol. (Par VIALAR.) 1822, in-8.

Constitution présentée à l'Assemblée nationale, en forme de motions successives; par M. D. P. T. (DE PRADT), député à l'Assemblée nationale. *Paris, Leclère* (1789), in-8.

Constitution réformée et proposée à l'acceptation du peuple français et du souverain, ou nécessité et principes élémentaires d'une organisation nationale, démontrés et mis à la portée de tous les citoyens, par un homme dégagé de tout intérêt personnel, ami de son pays, de l'ordre, de la justice et de la paix (Albert FRITOT, avocat). *Paris, impr. de Chanson*, 1815, in-8, 34 p.

Voy. « Supercheries », II, 295, *e*.

Constitution (la), règle de foi et de discipline, où l'on montre qu'elle est fondée sur la doctrine de l'Eglise, de S. Paul et de S. Augustin... (Par Cl. LE PELLETIER.) *Anvers, J.-B. Verdussen*, 1717, in-12.

Constitution républicaine, par un penseur (J. LAVEZZARI). *Paris, Plon*, 1848, in-8, 39 p.

Voy. « Supercheries », III, 66, *c*.

Constitution (la) Unigenitus, adressée à un laïque de province, avec quelques réflexions et l'acte d'appel des quatre évêques dont on fait voir la canonicité et la force. (Par Fr.-Phil. MESENGUY.) *S. l.*, 1748, in-12.

Constitution (la) Unigenitus, avec des remarques, etc. (Par l'abbé GUDVER, curé de Saint-Pierre-le-Vieil, diocèse de Laon.) *S. l.*, 1739, in-12.

Barbier donne à cet auteur le nom de CUDVER.

De Manne l'appelle GUDVERT. Nous avons adopté l'orthographe des rédacteurs du Catalogue de la bibliothèque du roy de 1742.

Constitution (la) Unigenitus, déférée à l'Eglise universelle, ou recueil général des actes d'appel interjetés au futur concile général... (Publié par les soins de l'abbé Gabriel-Nic. NIVELLE et Pierre-Gervais LE FEVRE D'EAUBONNE.) *Cologne*, 1757, 3 vol. in-fol.

Constitution (la) Unigenitus rejetée depuis plusieurs siècles. (Attribué au P. J.-Ant. DU CERCEAU.) *S. l. n. d.*, in-8.

Condamné au feu par arrêt du parlement de Dijon, du 5 mai 1718 (de Backer, 2e édit., t. I, col. 1171, n° 18).

Constitutionnel (le), journal politique et littéraire, in-fol.

Suite de l' « Indépendant », 1er mai à 7 août 1815; l' « Echo du soir », 8 à 25 août 1815; « Courrier général », 26 août à 23 octobre 1815.

Ce journal paraît sous le titre de « Le Constitutionnel » depuis le 29 octobre 1815 jusqu'à juin 1817.

De juillet 1817 au 1er mai 1819, il est remplacé par le « Journal du commerce ». Le 2 mai 1819, il reprend le titre de : « Le Constitutionnel » qu'il a conservé et sous lequel il a paru jusqu'à nos jours.

« L'Indépendant » a été fondé par GÉMOND. Ses principaux collaborateurs étaient JAY, CHEVASSUT, LANJUINAIS, SAINT-ALBIN et JULLIEN de Paris.

De 1818 à 1837, le « Constitutionnel » a eu pour principaux rédacteurs JAY, Evariste DUMOULIN, ETIENNE, TISSOT, THIERS, CAUCHOIS-LEMAIRE, Léon THIESSÉ, BUCHON, Félix BODIN, BÉNADEN.

De 1837 à 1852, le docteur VÉRON prend la direction de ce journal qui, sous l'inspiration de M. Thiers, est rédigé par MM. MERRUAU, REYBAUD, FIX, CUCHEVAL-CLARIGNY, BONIFACE, BOILAY, Henri CAUVAIN, etc.

Après 1852, il est successivement dirigé par MM. CUCHEVAL-CLARIGNY, Amédée DE CESENA, LA GUÉRONNIÈRE, Amédée RENÉE, GRANIER, de Cassagnac, GRANDGUILLOT, Paulin LIMAYRAC, etc.

Voy. Hatin, « Histoire de la presse », t. VIII, et « Bibliographie de la presse », p. 326.

En 1836, les feuilletons signés :

I. C. T. sont de :	M. L. RAYBAUD.
P. DE C.	COLOMBEY.
*** (sur l'Italie)	MÉRY.
A. K.	A. KARR.
M. O.	CORDELIER-DELANOUE.
Y.	DARTHENAY.

Voy. « Revue du théâtre », p. 1836, 16 novembre, in-8, page 283.

Constitutions de la maison de Saint-Louis, établie à Saint-Cyr. (Composées par madame DE BRINON, en grande partie d'après celles des Ursulines et de la Visitation.) *Paris*, 1700, in-32.

RACINE et BOILEAU furent chargés de corriger les fautes de style qui pouvaient se trouver dans cet ouvrage.

Madame de Maintenon écrivait à madame de Brinon, de Chantilly, le 28 mars 1686 :

« Vous n'aurez point aujourd'hui vos « Constitu-« tions ». MM. Racine et Dépréaux les lisent et les admirent; ils en ôtent les fautes de style, et leurs copistes y mettent des fautes d'orthographe. »

Voyez les Lettres » de madame de Maintenon », in-12, t. II, lettre X, à madame de Brinon.

Constitutions des Jésuites, avec les déclarations, traduites sur l'édition de Prague. (Par SABOUREUX DE LA BONNETERIE.) *En France*, 1762, 3 vol. in-8 et in-12.

Renouard, dans le « Catalogue d'un amateur », t. I, p. 154, attribue cette traduction à un M. BAUDOIN, sur lequel il ne donne aucun renseignement.

Constitutions des Jésuites, avec les déclarations; texte latin d'après l'édition de Prague. Traduction nouvelle. *Paris, Paulin*, 1843, in-18.

Publié par M. Athanase CUCHEVAL-CLARIGNY.

Constitutions (les) des religieuses Bénédictines de l'Institut de l'adoration perpétuelle du Très-Saint-Sacrement de l'autel. *Paris, s. d.*, petit in-12.

L'épître dédicatoire aux religieuses Bénédictines est

signée Sr. C. M. D. S. S. P. I. (Sœur Catherine Mecthilde du Saint-Sacrement, prieure indigne).

On trouve à la fin du volume une déclaration du 20 juin 1675, par laquelle ces Constitutions sont acceptées des religieuses du premier monastère de l'Institut, situé à Paris, rue Cassette. La mère Mecthilde, fondatrice, est morte dans ce monastère le 6 avril 1698 ; ce qui peut servir à fixer à peu près la date de l'édition, qui doit être entre ces deux époques.

Constitutions des treize Etats-Unis de l'Amérique, traduites de l'anglois. (Par le duc de La Rochefoucauld.) *Paris*, *Ph.-D. Pierres*, 1783, 1785, in-4 et in-8. — *Paris*, 1792, 2 vol. in-8.

Cette dernière édition est augmentée de la Constitution de 1787 et de la première session du Congrès de 1789.

Constitutions des trésoriers, chanoines et collége de la Sainte-Chapelle royale de Paris. (Par l'abbé Sauveur-Jérôme Morand, chanoine.) *Paris*, *Clousier*, 1779, in-8, 322 p.

Constitutions (les) du monastère de N.-D. de Jar, etc. (Par Pierre Magnien.) *Dijon*, 1695, in-12. V. T.

Constitutions (les) du monastère de Port-Royal du Saint-Sacrement (ordre de Cisteaux). *Mons*, *G. Migeot*, 1665, in-18. — Nouvelle édition. *Paris*, *Desprez*, 1721, in-18.

Le corps de ces Constitutions est de la mère Agnès Arnauld ; le règlement pour les enfans, qui est un excellent traité d'éducation chrétienne, est de la mère Euphémie Pascal, sœur du célèbre Blaise Pascal ; l'Institution des novices est de la sœur Gertrude. Du Cambout de Coislin de Pontchâteau fit imprimer ces Constitutions en Flandre. (Note manuscrite tirée du catalogue de l'abbé Goujet.)

Constitutions (sensuivent les) et ordonnances faictes et compillees pour le bien et utilité des regnicoles de France, par les amateurs de justice, les roys Charles septiesme, Loys unziesme, Charles huitiesme, Loys douziesme et François premier du nom a present regnant. Avec la tres utile et necessaire table alphabétique... Gilles Daurigni. *S. l.*... et furent acheveez d'imprimer le vingt neufviesme iour dapvril mil cinq cens vingt et sept, in-8, 44 ff. de titre et de table et 392 ff. chiffrés.

Publié par Pierre Fouschier, assesseur civil au siége royal de Fontenay (Vendée), d'après un article de M. Benjamin Fillon, inséré dans « l'Indicateur, journal de la Vendée », du 14 mars 1872. Il en existerait des exemplaires sous le nom de Daurigny, et s'arrêtant au f. 362.

Constitutions pour la communauté des Filles de Saint-Joseph, dites de la Providence, établies à Paris, au faux-bourg Saint-Germain. (Par D. Claude Bretagne, religieux bénédictin.) *Paris*, 1691, in-8.

Construction d'un télescope de réflexion de seize pouces de longueur, faisant l'effet d'une lunette de huit pieds, etc. (Par Claude-Simon Passemant.) *Paris*, *Lottin*, 1738, in-4.

Construction de Notre-Dame de Chartres au XIIIe siècle; suivie des comptes de l'œuvre de l'église de Troyes au XIVe siècle. Par l'auteur des « Archives curieuses de la Champagne » (A. Assier). *Paris*, *Aubry*, 1858, in-12.

Consulat (le), contenant les lois, statuts et coutumes touchant les contrats, marchandises et négociations maritimes, traduit en françois d'après l'original catalan et d'après une version italienne. (Par de Mayssoni.) *Aix*, *Etienne David*, 1635, in-4.

Consultation contre la légitimité des naissances prétendues tardives. (Rédigée par Michel-Phil. Bouvart.) (*Paris*), 1764, in-8, 1 f. de titre et 41 p.

Consultation de MM. les avocats du Parlement de Paris, au sujet du jugement rendu à Embrun contre M. l'évêque de Senez (Jean Soanen). (Rédigée par Aubry.) 1727, in-4.

Consultation de M. A. L. A. E. P. (Antoine Loisel, avocat en parlement) sur la réception du concile de Trente, faite en l'année 1596. Extraits d'aucuns articles du concile de Trente, qui semblent être contre et au préjudice de la justice royale, et des libertez de l'Eglise gallicane, faits par messieurs de l'Assemblée tenue à Paris, en 1593. *Paris*, 1650, in-4.

Avec les « Œuvres posthumes de Gui Coquille ».
Niceron, t. XXXII, p. 300.
Voy. « Supercheries », I, 220, *f*.

Consultation de Paris pour la noblesse de Picardie. *S. l.*, 1564, in-8.

Signé : C. M. (Charles Dumoulin).
Voy. « Supercheries », I, 758, *e*.

Consultation de plusieurs avocats pour les curés du diocèse d'Auxerre. (Par l'abbé Claude Mey.) 1755, in-4.

Voy. « Supercheries », III, 190, *e*.

Consultation en faveur de la légitimité des naissances tardives. (Par A. Petit.) (*Paris*), 1765, in-8.

Voy. ci-après, « Consultation sur une naissance tardive... »

Consultation épistolaire touchant l'opinion par ordre ou par tête. *S. l. n. d.*, in-8, 16 p.

Signé : C*** (J.-A.-J. Cérutti).

Consultation faite par un avocat du diocèse de Saintes à son curé, sur la diminution du nombre des fêtes. (Par J.-B. THIERS.) *Paris, Dupuis*, 1670, in-12. — *La Rochelle, Blanchet*, 1670, in-4.

Voy. « Supercheries », I, 421, *f*.

Consultation pour les actionnaires de la Compagnie des Indes. (Par HARDOIN et DE BONNIÈRES.) *Paris, Lottin l'aîné*, 1788, in-4.

L'abbé Morellet répondit à cette consultation par un mémoire manuscrit qu'il remit à l'archevêque de Sens, Loménie de Brienne, et dont ce ministre ne fit aucun usage.

Consultation pour les curés du diocèse de Lisieux contre les mandements de leur évêque. 1774, in-12.

Elle est signée par G.-N. MAULTROT et par les avocats VAUCQUETIN, N.-A. VIARD et A.-G. CAMUS.

Elle fut supprimée par un arrêt du Conseil du roi, du 26 novembre 1775.

Consultation pour les prêtres séculiers pourvus des cures de Saint-Etienne et de Saint-Médard, etc., sur la question de savoir : 1° si les religieux de Sainte-Geneviève sont ou ne sont point chanoines réguliers, etc. Nouvelle édition, augmentée de notes intéressantes. (Par l'abbé Barthélemy MERCIER DE SAINT-LÉGER.) *Paris, Pierres*, 1772, in-4, 71 p.

Consultation pour MM. les membres de la Légion d'honneur, réclamant la restitution des retenues illégales opérées sur le traitement de 1814 à 1820. (Par Alfred FRANQUE, avocat.) *Strasbourg* (1838), in-4.

Consultation pour M. l'abbé de ***, vice-gérant de l'officialité de ***, sur le « Traité de la dissolution du mariage pour cause d'impuissance », imprimé à Luxembourg en 1735. (Par J.-Bapt. FROMAGEOT.) (*Dijon*, 1839), in-12, 84 p.

Le président Bouhier fit réimprimer la même année cette Consultation avec des notes, sous ce titre : « Remarques d'un anonyme, mises en marge d'une consultation sur le traité de l'impuissance et du congrès », *Dijon*, 1739, in-8.

Fromageot répondit par un libelle virulent, intitulé : « Eponge des notes, pour servir de réponse aux Remarques d'un anonyme... », sans nom de lieu ni date, mais imprimé à Dijon la même année, in-12 de 66 pages, sans l'avertissement, qui en a six.

Réimprimé sous ce titre ; « Consultation sur le Traité de la dissolution du mariage pour cause d'impuissance », 1739, in-8, 59 p. Voy. ce titre.

Consultation sur l'emploi de l'argent en effets royaux, payables à terme. (Par Gabriel-Nicolas MAULTROT.) 1787, in-12.

Consultation sur la compétence de la puissance temporelle relativement à l'érection et suppression des siéges épiscopaux. (Par Gabriel-Nicolas MAULTROT.) 1791, in-8, 28 p.

Consultation sur la juridiction et approbation nécessaires pour confesser. (Par l'abbé Nicolas TRAVERS.) 1734, in-4.

L'auteur publia en 1736 une défense de cette Consultation contre un mandement de l'archevêque Languet, contre un ouvrage du père Bernard d'Arras, et contre la censure de quatre-vingt-six docteurs de Paris.

Consultation sur la légitimité des naissances prétendues tardives. (Rédigée par Exupère-Jos. BERTIN.) (*Paris*), 1765, in-8.

Voy. ci-après, « Consultation sur une naissance tardive... »

Consultation sur la maladie de Provence, par C. V. (VALLANT). *Lyon*, 1721, in-8.

Voy. « Supercheries », I, 822, *f*.

Consultation sur la société des Francs-Maçons. (Par le P. BONHOMME, cordelier, docteur de Sorbonne.) *Paris*, 1748, in-8.

Réimprimée dans l' « Orateur franc-maçon », *Berlin*, 1766, in-12.

Consultation sur la validité des mariages des protestans de France. (Par Jean-Etienne-Marie PORTALIS, aidé de André PAZERY.) *La Haye et Paris, Delalain*, 1771, in-12.

Consultation sur le procès de « l'Evangile », in-32. (Par J.-M. DUVERNE, avocat à la cour royale de Paris.) *Paris, Boucher*, 1826, in-8, 32 p.

Consultation sur le « Traité de la dissolution du mariage pour cause d'impuissance ». (Par J.-Bapt. FROMAGEOT, avec des remarques sur cet écrit par le président J. BOUHIER.) 1739, in-8, 59 p.

Voy. pour la première édition de la « Consultation », ci-dessus, col. 737, *d*.

Consultation sur une naissance tardive, pour servir de réponse : 1° à deux écrits de M. Lebas, chirurgien de Paris, l'un intitulé « Question importante », l'autre « Nouvelles Observations »; 2° à une consultation de M. Bertin; 3° à une autre de M. Petit... (Par Mich.-Ph. BOUVART.) *Paris, impr. de J.-T. Hérissant*, 1765, in-8, 134 p.

L'auteur a signé à la page 128.

Consultation sur une question importante, relative à l'article I du rapport du comité ecclésiastique. (Par P.-J.-D.-G. FAURE.) *Paris*, 1790, in-8, 26 p.

Maultrot a adressé à M. Faure deux « Lettres » sur cette Consultation.

Consultations canoniques sur les sacremens. (Par J.-P. GIBERT.) *Paris*, 1750, 12 vol. in-12. V. T.

Consultations (les), comédie en un acte et en prose. (Par DORVIGNY.) *Paris*, 1783, in-8.

Consultations épistolaires, ou recueil de quelques lettres écrites par un membre de la chambre des Communes d'Angleterre et par un pair de France (le comte DE PRADEL), sur divers sujets politiques. *Paris, Le Normant*, 1822, in-8, 316 p.

Voy. « Supercheries », III, 15, *f*.

Consultations sur la mouvance des pairies de France. (Par L.-F. SOZZI.) 1752, in-4.

Contagion (de la), de sa nature, de ses effets, de ses progrès. Par LE C. (N.-G. CLERC, dit LECLERC). *Saint-Pétersbourg*, 1771, in-8.

Réimprimé avec le nom de l'auteur.

Contagion (la) sacrée, ou histoire naturelle de la superstition, traduite de l'anglois. (Par le baron D'HOLBACH.) *Londres* (*Amsterdam, M.-M. Rey*), 1768, 2 vol. in-8.

Cet ouvrage est réellement de la composition du baron d'Holbach. C'est pour se soustraire, lui et ses amis, à tout genre de désagrémens qu'il a annoncé, dans l'avertissement, l'avoir traduit de l'anglais de Jean Trenchard et de Thomas Gordon.

+ John Trenchard a en effet publié : « A natural history of superstition. » *London*, 1700, in-8. Nous n'avons pu malheureusement nous procurer cet ouvrage pour contrôler l'assertion de Barbier.

Une nouvelle édition publiée en l'an V forme le t. I et unique d'une « Bibliothèque philosophique ». L'avis de l'éditeur est signé L******, initiale du nom d'Ant.-François LEMAIRE, qui en fut aussi l'imprimeur.

Suivant la note d'un ancien préfet de cette époque, des exemplaires de cette édition ont été adressés aux préfets par le ministre de l'intérieur, François de Neufchâteau. Sous le régime précédent, cet ouvrage avait été condamné par le parlement, mais ce n'est que le 17 décembre 1821 qu'il a été condamné à Rome par un décret de l'Index.

Conté. *Paris, impr. de Thunot*, 1849, in-8, 2 ff. lim. et 100 p.—*Paris, impr. de Thunot*, 1852, in-12, 135 p.

Signé : JOMARD.

Conte (le) du Rossignol. (Par Gilles CORROZET.)

Voy. : « Compte (le) du Rossignol. »

Conte (le) du Tonneau, contenant tout ce que les arts et les sciences ont de plus sublime et de plus mystérieux avec plusieurs autres pièces très-curieuses par le fameux Dr SWIFT. Traduit de l'anglais. (Par Juste VAN EFFEN.) *Amsterdam, H. Scheurléer*, 1721, 2 vol. in-8.

On a donné plus tard comme suite au tome III le volume publié sous ce titre : « Traité des dissensions entre les nobles et le peuple dans les républiques d'Athènes et de Rome, etc., l'Art de ramper en poésie et l'Art du mensonge politique, traduits de l'anglois de M. SWIFT. » *A. Alethobathopseudopolis, chez Bold Truth, rue du Mock, vis-à-vis le Bathos, à la Société*, 1733, in-8, XVI-364 p.

Conte historique par M. A*** H*** (HOPE). *Paris, chez les marchands de nouveautés*, 1837, in-8, 375 p.

Conte très-vrai, ou récit historique de l'installation du présidial de Rethel, le 16 août 1788. (Par Ponce-Louis MONNOT, notaire à Rethel.) *S. l. n. d.*, in-8.

Contemporaines (les), ou aventures des plus jolies femmes de l'âge présent, recueillies par N. E. R. DE LA B. (Nic.-Edm. RÉTIF DE LA BRETONNE), et publiées par Timothée JOLY, de Lyon. *Paris, veuve Duchesne*, 1780, 42 vol. in-12.

Voy. « Supercheries », II, 1241, *f*.

Contemporains (les) de 1789 et 1790, ou les opinions débattues pendant les premières législatures, avec les principaux événemens de la révolution, par l'auteur de la « Galerie des Etats généraux » (le marquis Jean-Pierre-Louis DE LUCHET). *Paris, Lejay*, 1790, 3 vol. in-8.

Contemporains étrangers, ou recueil iconographique des étrangers les plus célèbres dans la politique, la guerre.... depuis 1790 jusqu'à nos jours. (Par MM. MAUZAIZE et GREVEDON.) *Paris, Motte*, 1825, in-fol.

Ce recueil devait se composer de vingt-cinq livraisons, chacune de quatre portraits accompagnés d'une notice biographique pour chaque personnage et d'un *fac-simile*. Il n'a paru que huit livraisons contenant ensemble 32 portraits : les notices qui les accompagnent sont de M. Paulin RICHARD, depuis conservateur de la Bibliothèque nationale.

Contes. (Par M. le comte Auguste DE BELISLE.) *Paris, Potey*, 1824, in-8.

Contes à mes jeunes amies, par madame de M*** (Sophie DE MARAIZE), auteur de « Charles de Montfort » et de « Marie Nevil ». *Paris, Blanchard*, 1817, in-12.— *Paris, Belin-Leprieur*, 1820, in-12.

Voy. « Supercheries », II, 1015, *a*.

Contes arabes. (Par P.-L. GOULLIART.) *Paris*, an VI-1798, in-12. V. T.

Contes aux heures perdues, ou le recueil de tous les bons mots, réparties, équivoques, etc., non encore réimprimés.

(Par Antoine MÉTEL D'OUVILLE.) *Paris*, 1644, 2 vol. in-12.

Réimprimé à *Rouen*, *J. Cailloué*, 1662, 2 vol. in-12, avec le nom de l'auteur.

Contes bruns, par... (BALZAC, Philarète CHASLES et Charles RABOU). *Paris*, *Urbain Canel et Adolphe Guyot*, 1832, in-8, 398 p.

Sur le titre, au-dessous du mot « par », une vignette de Tony Johannot représente une tête à l'envers.

Voy. « Mélanges tirés d'une petite bibliothèque romantique » de Ch. ASSELINEAU, p. 20.

Voy. « Supercheries », III, 777, *c*.

Contes chinois, ou les aventures merveilleuses du mandarin Fum-Hoam. (Par T.-S. GUEULLETTE.) *Amsterdam*, *H. Desbordes*, 1728, 2 vol. petit in-12.

Réimpression des « Aventures merveilleuses du mandarin Fum-Hoam ». Voy. ci-dessus, col. 345, *b*.

Contes comiques, traduits de l'allemand (de WIÉLAND), par *** (Georges-Adam JUNKER). *Francfort*, *Varentrapp*, *et Paris*, *Fetil*, 1771, in-8, 152 p., vign.

Voy. « Supercheries », III, 1060, *f*.

Contes d'un vieil enfant. *Paris*, *Librairie nouvelle*, 1859, in-8, IX-306 p.

La dédicace est signée : F. (FEUILLET DE CONCHES).

Voy. « Supercheries », III, 948, *d*.

Contes dans un nouveau genre, pour les enfants qui commencent à lire, par madame*** (mademoiselle DELEYRE). *Paris*, *Gabriel Dufour*, 1807, in-12. — Nouvelle édition. *Ibid.*, *id.*, 1808, 2 vol. in-12.

Voy. « Supercheries », III, 1089, *a*.

Contes de cette année. (Par madame G.-S. DE VILLENEUVE.) 1744, in-12. V. T.

Contes (les) de Jean BOCCACE, avec la vie de l'auteur; traduction nouvelle, enrichie de gravures. (Par l'abbé SABATIER de Castres.) *Londres et Paris*, *La Porte*, 1779, 10 vol. in-8 et in-12. — Nouvelle édition. *Paris*, *Poncelin*, 1804, avec le nom du traducteur.

L'auteur a désavoué cette traduction. Voy. les « Trois siècles de la littérature française », édition de *Paris*, *Moutard*, 1781, t. IV, p. 613. Suivant ce qu'il m'a dit lui-même la dernière année de sa vie, ce désaveu lui était commandé par la position qu'il avait prise de défenseur de la religion.

Contes de la chaumière, ou recueil d'histoires instructives et amusantes, à l'usage des enfants, traduit de l'anglais. (Par P.-Aug. ADET.) *Paris*, 1798, in-12.—2e édit., trad. par le chevalier***. *Paris*, *Locard et Davi*, 1822, in-18. — 3e édit. *Paris*, *Locard et Davi*, 1825, in-18.

Voy. « Supercheries », I, 145, *e*.

Contes de la mère l'Oie. Voy. « Histoires et contes du temps passé ».

Contes (les) de mon oncle Pierre.... Voy. « Marie de Boulogne... ».

Contes de MUSÆUS. (Traduits de l'allemand par David-Louis BOURGUET.) Précédés d'une notice, par Paul DE KOCK. *Paris*, *Moutardier*, 1826, 5 vol. in-18. D. M.

Contes (les) de POGGE, Florentin, avec des réflexions. *Hæ nugæ seria ducunt*. *Amsterdam*, *J. Fréd. Bernard*, 1712, pet. in-12 de 240 p.

La traduction de ces contes est certainement du XVIe siècle ; c'est à tort qu'on l'attribue, dans plusieurs catalogues, à Julien MACHO, moine augustin, qui vivait à Lyon sur la fin du XVe siècle, et qui n'a réellement traduit qu'un très-petit nombre de morceaux du Pogge, insérés dans le volume intitulé : « Fables d'Esope, d'Aviénus, d'Alphonse et du Pogge, traduites par frère Julien, des Augustins de Lyon, docteur en théologie », *Lyon*, *Martin Hucz et Jean Schabeller*, 1484, le 15 mai, in-fol.

Il est bien plus probable que la traduction réimprimée en 1712 est celle qui parut sous ce titre : « les Facéties de Pogge, translatées du latin en françois », *Paris*, *Jean Bonnefons*, 1549, in-4 ; ou sous ceux-ci : « Contes facétieux du Pogge, Florentin, traduits en françois ». *Lyon*, 1558 ; *Paris*, 1574, in-16 ; « les Comptes (Contes) facétieux et joyeuses récréations du Pogge, Florentin, traduits du latin en françois ». *Paris*, *Cousturier*, 1605, in-16.

Le marquis de Paulmy présente, dans ses « Mélanges tirés d'une grande bibliothèque », t. XX, p. 31 et suivantes, une analyse raisonnée des éditions de 1558 et de 1574.

Il nous apprend que l'on trouve quatre-vingts contes dans ces traductions. Il n'y en a que soixante-treize dans l'édition de 1712. Les réflexions insérées dans cette dernière ont été attribuées au ministre David DURAND, qui les a désavouées.

Nous n'avons pu malheureusement nous procurer aucune des éditions indiquées dans cette note.

Contes de Saint-Santin. *Argentan*, *Barbier*, 1862, in-8, 65 p., eau-forte de M. Fréd. Legrip. — Contes de Saint-Santin. 2e série. (Par le marquis de CHENNEVIÈRES-POINTEL.) *Argentan*, *Barbier*, 1863, in-8, 170 p., eau-forte de M. Legrip et lithogr. de M. Angel Thouin.

Ces deux volumes n'ont pas été mis dans le commerce ; le premier est imprimé sur papier vergé ; le second sur papier multicolore.

Voy. ci-dessus, l'article « Almyria », col. 116, *b*.

Contes dérobés, par *** (François-Félix DE NOGARET). *A Venise*, *chez Pantalon-Phœbus*, *et à Paris*, *chez Bertrand-Potier*, an XI-1803, in-12. D. M.

Contes (les) des contes, par mademoiselle de *** (Ch.-Rose CAUMONT DE LA FORCE). *Paris*, *Benard*, 1698, 2 vol. in-12.

Voy. « Supercheries », III, 1027, *d*.

Contes (les) des fées, par madame D*** (D'AULNOY). *Paris, Barbin*, 1698, 8 vol. in-12.

Réimprimé souvent en quatre vol. in-12 et en 6 vol. in-18.

Voy. « Supercheries », I, 140, *c*, et 832, *e*.

Contes (les) des fées, par PERRAULT, mis en vers par la cit. M... (Ve MARIETTE). *Paris, Blanchon*, an VI, 2 vol. in-12.

« J'ai vu en 1811 l'exemplaire de M. Legrand-Delaleu, mort curé de Saint-Germain-l'Auxerrois. On y lisait ces mots : « Offert à M. Delaleu, curé de Saint-Paul-Saint-Louis, par les héritiers de l'auteur, madame veuve Mariette ». (Note de Beuchot.)

Contes (les) des génies, ou les charmantes leçons d'Horam, fils d'Asmar; ouvrage traduit du persan en anglois, par sir Charles MORELL (masque de Jacques RIDLEY), de l'anglois en françois (par Jean-Baptiste-René ROBINET). *Amsterdam, M.-M. Rey*, 1767, 3 vol. in-8.

Réimprimé dans le « Cabinet des fées ».

Voy. « Supercheries », II, 1202, *d*.

Contes du sérail, traduits du turc. (Composés par mademoiselle FAUQUE.) *La Haye*, 1753, in-12.

Contes en l'air, par Mme la comtesse de N..... (DE NESMOND). *Paris, Royez*, 1789, in-16.

Voy. « Supercheries », II, 1220, *d*.

Contes en vers. (Attribués à François-Louis-Henri LERICHE, de Soissons.) *Londres, Jean Nourse* (*Lyon*), 1754, in-8.

Ces Contes sont au nombre de trois. Le premier est imité du « Libro del Perche », le second est extrait de la légende de S. Abraham, et le troisième est une imitation de la nouvelle intitulée : l'« Angello Gabriello ». Ils n'ont pas été mis en vente.

Contes en vers et quelques pièces fugitives. (Par l'abbé Cl. BRETIN.) *Paris, Gueffier*, 1797, in-8.

Contes en vers, par M. D*** (DAILLANT DE LA TOUCHE). *Paris, Valleyre*, 1783, in-12, 143 p.

Voy. « Supercheries », I, 842, *f*.

Contes en vers, par M. D*** (DUPONT). *Amsterdam et Paris*, 1783, in-12.

Article communiqué par M. Justin Lamoureux, avocat à Nancy.

Voy. « Supercheries », I, 842, *e*.

Contes en vers, par un Vendéen (GAUDIN). *Aux Sables d'Olonne*, 1810, in-18, 196 p.

Voy. « Supercheries », III, 924, *c*.

Contes en vers prouvençaux, imprimas per la premeiro fes en avous 1806. (Par l'abbé VIGNE, d'Aix.) In-8, 16 p.

Contes en vers, suivis d'une épître sur les bergeries. (Par Ch.-Philippe-Toussaint GUIRAUDET.) *Amsterdam*, 1780, in-12.

Contes et épigrammes, par le cit. *** (Louis-Antoine GOBET). *Paris, vendémiaire an* VIII-1800, in-18, 20 p.

Contes (les) et fables indiennes de BIDPAÏ et de LOCKMAN, traduits d'ALI TCHELEBI-BEN-SALEH, auteur turc, œuvre posthume de GALLAND (revue et publiée par Thom.-Simon GUEULLETTE). *Paris, Cavelier*, 1724, 2 vol. in-12.

Voy. le « Journal des savants », édit. in-4, novembre 1726, p. 711.

Traduction de l'ouvrage turc intitulé : « Homayoun Nameh ». Ce livre est une traduction assez fidèle du recueil persan impérial connu sous le nom d'« Anwari Sohaïli », dont il existe diverses éditions et des traductions anglaises. Voir le « Manuel du libraire », t. III, col. 388. Il existe de l'« Homayoun Nameh » une édition publiée à *Boulak*, l'an 1251 de l'hégire (1836), in-4. Le titre du volume français est inexact, attendu que les apologues de Bidpaï n'ont rien de commun avec ceux de Lokman, et que le livre turc ne renferme aucune fable qui se trouve dans le recueil arabe. Le nom de Lokman ne se trouve pas sur le manuscrit autographe de Galland conservé à la Bibliothèque nationale; c'est une interpolation de l'homme de lettres chargé de publier le travail de l'orientaliste, et qui aura cru donner à son livre un attrait de plus. Ces « Contes et Fables » ont été réimprimés à la suite des « Mille et un jours ». *Paris*, 1841, gr. in-8.

Contes et histoires dédiés à l'enfance et à l'adolescence (contenant « les Œufs de Pâques, ou la Dame exilée »; « l'histoire du jeune Henri »; « le Ver luisant »; « le Petit mouton »; « la Colombe »; « l'Enfant perdu », par l'abbé Christ. SCHMID), nouvelle traduction par Louis FRIDEL. *Paris, l'auteur* (*de la traduction*), 1830, 3 vol. in-18, av. 7 grav.

Contes et historiettes érotiques, philosophiques, berniesques et moraux, en vers. Par Adrien L. R. (LE ROUX). *Paris*, an IX-1801, in-18, 223 p. — 1805, in-18, 266 p.

Voy. « Supercheries », II, 978, *f*.

Contes et nouvelles en prose; par l'auteur de « Maria », d'« Antoinette et Jeannette », de « Berthe et Richemont » (François-Jean WLLEMAIN D'ABANCOURT). *Paris, G. Mathiot*, 1810, 5 vol. in-18.

Willemain d'Abancourt n'a été que le réviseur des romans cités dans cet article.

Voyez ci-dessus, « Antoinette et Jeannette », col. 226, *b*.

Contes et nouvelles en vers, par G. DE M. (Gabriel DE MOYRIA). *Paris, Didot aîné*, in-8, 142 p.

Voy. « Supercheries », II, 148, *d*.

Contes et nouvelles en vers, par M. de La Fontaine. (Avec une vie de l'auteur, par Fréron.) *Londres*, 1757, 2 vol. in-12. — Nouvelle édition, dite des Fermiers-Généraux. (Avec une notice sur La Fontaine, par Diderot.) *Amsterdam* (*Paris, Barbou*), 1762, 2 vol. in-8, fig.

Contes et nouvelles en vers, par M. P** (Pirault des Chaumes). *Bruxelles, imp. de Philolalos* (*Paris*), 1829, in-12, xii-212 p.

Voy. « Supercheries », III, 4, *f*.

Contes et nouvelles, et joyeux devis de Bonaventure des Perriers, avec des observations sur le *Cymbalum mundi* de des Perriers. (Par de La Monnoye.) *Amsterdam, J.-Fréd. Bernard, et Cologne, Gaillard*, 1711, 2 vol. in-12. — Les mêmes, avec de nouvelles remarques. (Par Saint-Hyacinthe et de La Monnoye.) *Amsterdam, Zacharie Chatelain* (*Paris, Piget*), 1735, 3 vol. in-12.

Cette dernière édition est la dixième ; l'éditeur, qui m'est inconnu, y a fait des additions ; mais il a, pour satisfaire aux exigences de la censure, retranché plusieurs des anciennes notes de La Monnoye. Ces suppressions ont occasionné les cartons qu'on remarque dans une partie des exemplaires.

Il est probable que le libraire Jean-Frédéric Bernard a été lui-même éditeur de l'édition de 1711.

Jacques Pelletier passe pour avoir été le collaborateur de des Perriers, et l'on croit que Denisot, en publiant ces « Récréations » après la mort de l'auteur, y a ajouté quelques pièces de sa façon.

Voy. au « Manuel du libraire » de longs détails sur les diverses éditions de ces Contes ; la première édition, sous le titre de « Nouvelles récréations et joyeux devis », est de Lyon, 1558 ; ces contes ont été réimprimés à Paris, en 1841, avec une notice de Ch. Nodier et un choix des notes des précédents commentateurs, revues et corrigées par le bibliophile Jacob ; ils ont reparu dans l'édition des « Œuvres françaises » de B. des Perriers, publiée par M. Louis Lacour, dans la « Bibliothèque elzévirienne », *Paris, Jannet*, 1855, 2 vol. in-16.

Contes et nouvelles imités de l'anglais, par Mme de *** (de Troyes). *Paris, Ch. Gosselin*, 1831, in-8.

Voy. « Supercheries », III, 1110, *e*.

Contes et nouvelles, imités des anciens, par l'auteur de la nouvelle traduction de Tibulle et des Baisers de Jean Second (Honoré-Gabriel Riquetti, comte de Mirabeau). *Tours*, an IV, in-8.

Contes et poésies de M. de G*** (J.-Bapt.-Jos. Willart de Grécourt). *Bergopzoom*, 1750, 3 vol. in-12.

Contes et poésies diverses. (Par Voltaire.) *Genève*, 1775, in-8. — *Paris*, 1777, in-16. — *Londres*, 1778, in-12.

a Contes et poésies érotiques de Vergier, corrigés et mis dans un meilleur ordre. (Par Pierre-Jean-Baptiste Nougaret.) *Paris, Goujon*, vers 1800, in-8.

Contes et proverbes, suivis d'une notice sur les troubadours. (Par Jacq. de Cambry.) *Amsterdam*, 1787, in-18.

Il y a des exemplaires qui portent le nom de l'auteur.

b Contes, fables et épigrammes. *Paris*, an IX-1801, in-18, 36 p. — Contes, fables et épigrammes, suivis de M. Feuilleton, scène épisodique, par M. **** (Louis-Antoine Gobet). *Paris*, nivôse an XIII-1805, in-18, 66 p.

Voy. « Supercheries », III, 1125, *a*.

Contes, fables et sentences tirés des différens auteurs arabes et persans, avec une analise du poëme de Ferdoussy, sur
c les rois de Perse. (Par Louis-Mathieu Langlès.) *Paris, Royez*, 1788, 2 vol. in-18.

Contes facétieux tirez de Boccace et autres autheurs divertissans en faveur des mélancholiques et fables moralisées en prose et en vers, par le sieur D. F. (du Four). *Paris, Loyson*, 1670, in-12.

Contes gothiques, par l'auteur de « la Dame grise ». *Paris*, ou *Vienne*, 1818,
d 2 vol. in-12.

Mme Jos. Périn de Gradenstein, née Vogelsang, publia elle-même cet ouvrage, mécontente des changements que l'on y avait faits à Paris, où il avait été imprimé, deux années auparavant, sous le titre de : « la Dame grise, ou histoire de la maison de Beauchamp ».

Contes imités de Musæus et d'autres auteurs allemands. (Par la baronne F.-H. Wiesenhuetten.) *Gotha*, 1810-11, 5 vol.
e in-12.

Contes merveilleux, dédiés aux mères et aux filles, par Mmes d'Aulnoy, Villeneuve, L'Héritier.... (Publ. par L.-Aimé Martin.) *Paris, H. Nicolle*, 1814, 4 vol. in-12.

Contes mis en vers par un petit cousin de Rabelais (d'Aquin de Chateaulyon). *Paris*, 1775, in-8.

f Voy. « Supercheries », III, 86, *c*.

Contes moins contes que les autres, sans parangon, et la reine des fées. (Par de Preschac.) *Paris*, 1724, in-12.

Contes moraux et amusants, par M. P. de B. (L.-C. Person de Bérainville). *Paris, Tiger*, 1814, in-18. D. M.

Contes moraux et nouvelles idylles de MM. D...... (Diderot) et Gessner. (Publiés par Jacques-Henri Meister.) *Zurich, Orell*, 1773, in-12.

Les « Nouvelles Idylles » de Gessner ont été traduites par Meister.

Voy. « Supercheries », I, 852, *c*.

Contes moraux, ou les hommes comme il y en a peu. (Par L.-S. Mercier.) *Paris*, 1769, 2 vol. in-12.

Contes mythologiques, par Mme S. P*** (Sophie Panier). *Paris, Ladvocat*, 1823, 2 vol. in-12.

Voy. « Supercheries », III, 10, *b*.

Contes normands; les deux orages, les deux châtelaines. Par un invalide (Bénigne-Claude Délorier). *Rouen, Baudry*, 1834, in-12.

Voy. « Supercheries », II, 341, *f*.

Contes nouveaux. (Par le chevalier Andréa de Nerciat.) *Liége*, 1777, in-8.

Ces contes ont été réimprimés en 1867, en Belgique, à petit nombre (in-18, 120 p.). L'édition, précédée d'une notice bio-bibliographique, est accompagnée d'un portrait inédit de Nerciat, gravé à l'eau-forte d'après la sanguine du cabinet de M. B., à Paris.

Contes nouveaux en vers, dédiés à S. A. R. Monsieur. (Par de Saint-Glas.) *Paris, Aug. Besoigne*, 1672, in-12. — *Paris, P. Trabouillet*, 1678, in-12.

Contes nouveaux et nouvelles nouvelles en vers. (Par Henri Pajon.) *Anvers*, 1753, in-12.

Contes nouveaux et plaisans, par une société. (Par Siméon Valette, dont le vrai nom était Fagon.) *Amsterdam (Montauban)*, 1770, 2 parties petit in-12.

Voy. « Supercheries », III, 659, *d*.

Contes nouveaux, ou les fées à la mode, par madame d*** (d'Aulnoy). *Paris, veuve Théodore Girard*, 1698, 2 vol. in-12.

Voy. « Supercheries », I, 832, *e*.

Contes nouveaux sans préface, sans notes et sans prétentions, par un homme de lettres, auteur de plusieurs ouvrages qui n'ont point eu de succès, et d'une tragédie projetée, dont Mme de G. a parlé fort avantageusement dans son « Journal imaginaire ». (Par Ant.-Fr.-Nic. Moquart.) *Paris, Nozeran*, 1814, in-12.

Voy. « Supercheries », II, 292, *f*, et 1013, *f*.

Contes orientaux et autres, traduits de l'anglais et de l'allemand. (Par Antoine-Gilbert Griffet La Baume.) *Paris, Baillio*, an VII-1799, 2 vol. in-18.

Tome I. Faruchna, Hulkem, l'Heureuse Gageure, Saddigg, les Têtes.
Tome II. Olivia Amenuti Jessid, le Voleur par amour, etc.

Contes orientaux, ou les récits du sage Caleb, voyageur persan, par mademoiselle M*** (Moreau, dame Monnet). *Constantinople et Paris, Mérigot le jeune*, 1779, in-12.

Ces contes sont tirés en partie du « Censeur universel anglais » et du « Journal de Lausanne » de Mme de Polier.

Voy. la « Nouvelle bibliothèque des romans », seconde année. *Paris*, 1799, t. VI, p. 179.

Voy. « Supercheries », II, 1011, *e*.

Contes orientaux, tirés des manuscrits de la Bibliothèque du roi de France. (Par le comte de Caylus.) *La Haye*, 1743, 2 vol. in-12.

On trouve en tête une espèce d'épître dédicatoire à Mme la comtesse de Mailly. Il y a des exemplaires qui portent le nom de l'auteur, avec le titre de « Nouveaux Contes orientaux ». *Paris, Mérigot*, 1780, 2 vol. in-12.

Contes orientaux, trad. de l'allemand de Hauff. (Par Gust. Revilliod.) *Genève*, 1836-37, in-12.

Contes persans, par Inatula de Delhi; traduits en anglois (par Alex. Dow) et ensuite en françois. *Paris, Vincent*, 1769, 2 vol. in-12.

Un de ces contes est reproduit dans le « Cabinet des fées », t. XXXVII, p. 374.

Contes, poëme, épithalame, le secret d'être aimé, réflexions sur l'Ambigu-comique, vers et couplets, suivis du conte et proverbe : « Il recule pour mieux sauter, ou le Carrosse-de-Voiture. » *La Haye*, 1774.

Tout n'est pas de Rétif de La Bretonne dans ce recueil : on y trouve la « Bégueule » de Voltaire, des vers de Marmontel, et la fameuse chanson « Quand on va boire à l'écu ». La pagination n'est pas suivie, et pour le conte : « Il recule », il y a un titre particulier : « Il recule pour mieux sauter, proverbe et conte en vers », *La Haye et Paris, Edme*, 1772. (Monselet, « Rétif », p. 121, note.)

Contes populaires, traditions, proverbes et dictons de l'arrondissement de Bayeux; suivis d'un vocabulaire des mots rustiques et des noms de lieu les plus remarquables de ce pays; recueillis et publiés par F. P...... (Frédéric Pluquet). *Caen, impr. de Chalopin fils*, 1825, in-8.

Tiré à 40 exemplaires. Une seconde édition, publiée en 1834, porte le nom de l'auteur.

Voy. « Supercheries », II, 71, *c*.

Contes rémois. (Par le comte Louis de Chevigné.) *Paris, Didot frères*, 1833, in-12. — 2e édit. illustrée par Perlet. *Paris, Hetzel*, 1843, in-8. — 3e édit. avec dessins de E. Meissonnier. *Paris*, 1858, in-12.

Cette dernière édition est signée : le comte de C.,

Réimprimé en 1800, 1861 et 1864, avec le nom de l'auteur.

Voy. « Supercheries », I, 602, *b*.

Contes sages et foux, par madame*** (madame DÉJARDIN DE COURCELLES, née TOURNAY, morte en 1800). *Strasbourg*, 1787, 2 vol. in-12.

Voy. « Supercheries », III, 1078, *d*.

Contes théologiques, suivis des litanies des catholiques du XVIIIe siècle et de poésies érotico-philosophiques, ou recueil presque édifiant. *Paris, imprimerie de la Sorbonne*, 1783, in-8, 304 p.

Deux épîtres dédicatoires signées D. B., et l'avertissement de l'éditeur, feraient croire qu'un chevalier DU BUSCA, officier du corps de l'artillerie de France, et mort vers 1770, est le principal auteur des « Contes théologiques ».

DU BUSCA n'est ici que le pseudonyme du général Fr.-René-Jean DE POMMEREUL.

Voy. « Supercheries », I, 906, *f*

Contes traduits de l'anglois. (Par l'abbé BLAVET, tirés du journal intitulé : « The Adventurer », par John HAWKESWORTH.) *Londres et Paris, Duchesne*, 1777, 2 vol. in-12.

Contes très-mogols, enrichis de notes, avis, avertissements curieux et instructifs, à l'usage des deux sexes, pour servir de suite ou de commencement à l'histoire des empereurs mogols, par un vieillard quelquefois jeune (Benoit-Joseph MARSOLLIER DES VIVETIÈRES). *Genève et Paris, Vallade*, 1770, in-12.

MÉRARD DE SAINT-JUST s'est faussement attribué cet ouvrage.

Voy. « Supercheries », III, 950, *b*.

Contestation (la) touchant l'auteur de l'Imitation de J.-C. rendue manifeste par l'opposition de toutes les preuves proposées par les Bénédictins et les chanoines réguliers, divisée en trois parties, avec les preuves justificatives du droit de Thomas à Kempis. (Par le P. Gabriel DE BOISSY, génovéfain.) *Paris, Séb. Cramoisy*, 1652, in-4.

Voy. « Supercheries », III, 809, *c*.

Conteur (le) des dames, ou les soirées parisiennes. (Par P.-J. CHARRIN.) *Paris, veuve Lepetit*, 1821, 2 vol. in-12.

La deuxième édition, *Paris, veuve Lepetit*, 1823, 2 vol. in-12, et la troisième, *Paris, Tenon*, 1824, 2 vol. in-12, portent le nom de l'auteur.

Conteur (le) des écoliers, ou récit d'un vieux marin... par l'auteur du « Mentor de l'enfance » (P. CUISIN). 3e édit. *Paris*, 1828, in-12, fig.

La première édition est de 1824.

Conteur (le) universel, recueil d'histoires et d'anecdotes amusantes, d'épisodes récréatifs, de réparties spirituelles, de bons mots.... (Par LABRIÈRE.) *Paris, librairie centrale*, 1837, in-18. D. M.

Continuation de l'histoire du parlement de Bourgogne, depuis l'année 1649 jusqu'en 1733 ; avec un précis des édits et déclarations du roi. (Par le sieur François PETITOT.) *Dijon, de Fay*, 1733, in-fol.

Le Précis des édits est de A.-J. ARVISET.

Continuation de l'« Histoire universelle » de Bossuet. (Par J. DE LA BARRE.) *Paris et Amsterdam*, 1704, in-12.

Continuation des Essais de morale, tome quatorzième, contenant la Vie de M. Nicole et l'Histoire de ses ouvrages. (Par l'abbé Cl.-P. GOUJET.) *Luxembourg*, 1732, in-12. — Nouvelle édition. (Publiée avec des augmentations de l'auteur, par Sim.-Ant.-Ch. DAGUES DE CLAIRFONTAINE.) *Liége, Chevalier* (*Paris*), 1767, in-12.

Continuation des « Mémoires de littérature et d'histoire ». (Par le P. DESMOLETS et l'abbé Cl.-P. GOUJET.) *Paris, Simart*, 1726-31, 11 vol. in-12.

L'abbé BONARDI est auteur des deux lettres à M...., conseiller au parlement de B., contenant des nouvelles littéraires. (Le P. Baizé.)

Pour les « Mémoires de littérature et d'histoire », voy. ce titre.

Continuation du « Dernier jugement » et du Monde spirituel ». Voy. ce titre.

Continuation du « Traité de la police », par de La Mare. (Par LE CLER DU BRILLET.) *Paris, Hérissant*, 1738, in-fol.

Formant le quatrième volume de l'ouvrage de La Mare.

Contrabanders (les), cansoneta nova, a imitacio d'aquesta den P. J. Berenger ; rimada per un curious apassionnat de la llengua romano-catalana (Joseph TASTU). *Paris, impr. de Dupuy*, 1833, gr. in-4.

Voy. « Supercheries », I, 822, *a*.

Contradictions, absurdités et impiétés de la morale pratique de la religion papiste, chrétienne et catholique, et sommaire de mes principes sur la morale expérimentale. (Par Jos. DEJAER, de Liége.) *Liége, Noel*, 1856, in-16. J. D.

Contradictions (les) du livre intitulé : « Philosophie de la nature » (de M. de Lisle de Sales). (Par l'abbé DE LA BOISSIÈRE.) *S. l.* (1775), in-12.

Contradictions du parti catholique et de M. de Montalembert à propos de son livre des « Intérêts catholiques au XIXe siècle ». (Par REYNTJENS.) *Bruxelles, A. Decq*, 1853, in-12, 64 p. J. D.

Contradictions du R. P. A. Theiner au sujet de la compagnie de Jésus. (Par le P. TERWECOREN.) *Bruxelles*, in-18.

Contradictions (les), ou ce qui peut en arriver. (Par Mme GUIZOT, née DE MEULAN.) *Paris*, an VII-1799, in-12.

Contradictions (les), ouvrage traduit de l'anglois, avec des notes (ou plutôt composé par RABELLEAU). *La Haye*, 1763, in-12, 116 p.

Même ouvrage que celui qui a pour titre : « le Cosmopolite, ou les contradictions ». Voy. ces mots ci-après.

Contrariété (de la) d'humeurs qui se trouve entre certaines nations, et singulièrement entre la française et l'espagnole, ou de l'antipathie des Français et des Espagnols. *Paris*, *de Beausseaux*, 1809, in-8, XIII-28 p.

Cet ouvrage est le même que celui publié par François DE LA MOTHE LE VAYER, en 1636 et 1647, comme étant traduit de l'italien de Fabr. CAMPOLINI, sous le titre de : « Discours de la contrariété d'humeurs... » Voy. « Supercheries », I, 636, *f*.

Cette nouvelle édition a eu pour éditeur Jacq.-Jos. ROUVIÈRE, alors employé à la Bibliothèque impériale.

Contraste (le) des sentimens, ou le citoyen de la Croix en présence d'un démocrate..... 1795, in-8.

M. Ersch, dans sa « France littéraire », t. I, p. 20, donne cette brochure à P.-A. ANTONELLE. V. T.

Voy. « Supercheries », I, 738, *e*.

Contrat conjugal, ou loix du mariage, de la répudiation et du divorce. (Par Jacques LE SCÈNE DES MAISONS.) *Neuchâtel, société typographique*, 1783, in-8.

Contrat (le) social des Français. (Par Pierre-Claude-François DAUNOU.) *Paris*, 28 juillet 1789, in-8. D. M.

Contravention (de la) à la police des mines, de ses caractères et de sa nature. Conséquences. (Par DUPONT, secrétaire du ministre des travaux publics.) *Bruxelles, Decq*, 1848, in-8, 34 p. J. D.

Contr'apologie, ou réflexions sur l'« Apologie des Armoricains ». (Par dom Guy-Alexis LOBINEAU.) *S. l. n. d.*, in-8, 16 p. — *Nantes, Mareschal*, 1708, in-8.

Réimprimé sous le titre de : « Défense de la nouvelle histoire de Bretagne, ou réflexions sur « l'Apologie des Armoricains ». *Paris, P.-F. Emery*, 1708, in-12, 1 f. de titre et 22 p.

Contr'assassin (le), ou réponse à l'Apologie des Jésuites, faite par un père de la compagnie de Jésus de Loyola, et réfutée

a par un très humble serviteur de Jésus-Christ, de la compagnie de tous les vrais chrétiens, D. H. (David HOME). *S. l.*, 1612, in-12, 391 p.

Voy. « Supercheries », I, 935, *f*.

Contr'avis aux Gens de lettres, par un homme de lettres qui entend ses intérêts (Nic.-Edme RÉTIF DE LA BRETONNE). (*Paris, Humblot*, 1770), in-12, 56 p.

b Voy. « Supercheries », II, 293, *c*.

Contre-Blason (le) des faulces Amours, intitulé : « Le Grant blason d'amours spirituelles et divines avec certains épigrammes et servantoys d'honneur ». (Par Charles de CROY, frère hermite.) *Paris, en la rue Neufue Nostre-Dame*, *s. d.*, in-8 goth. de 28 ff.

Attribution donnée par La Croix du Maine. Voyez pour la description des différentes éditions de cette
c pièce rare, Brunet, « Manuel du libraire », 5e édit., II, col. 250.

Contre-coup (le) du « Coup de partie... » *S. l.*, 1652, in-4, 16 p.

Par DUBOSC MONTANDRÉ, suivant la « Bibliographie des Mazarinades ».

Contre-critique (la) de Pétrone, avec la réponse à la lettre sur l'ouvrage et la personne de Pétrone. (Par François NODOT.)
d *Paris, Cuslonet-Voitte*, 1700, in-12.

C'est une réponse aux « Observations sur le Pétrone » de Breugière de Barante. Voy. ce titre.

Contredits des Songecreux. (Par Jehan DE L'ESPINE DU PONTALAIS.) *Paris, Galliot du Pré*, 1530, in-8, 211 p.

Attribué à tort à GRINGORE.

Voy. « Supercheries », III, 710, *b*.

Contr'empire (le) des sciences et le mystère des asnes. P. P. P. P. Avec un
e paysage poëtic sur autres divers subjects, par le même autheur (Paul PERROT, sieur DE LA SALLE). *Lyon, imp. de F. Aubry*, 1599, in-16, 4 et 132 ff.

Voy. « Supercheries », III, 230, *f*.

Contrepistres (les) d'Ovide, nouvellement inventées et composées par l'esclave fortuné (Michel D'AMBOISE, sieur DE CHEVILLON). *Paris, D. Janot*, 1541, in-8,
f 120 ff.

Voy. « Supercheries », I, 1251, *c*.

Contr'espion (le), ou les clefs de toutes les correspondances secrètes. (Par DLANDOL.) *Paris, Guillot*, 1793, in-8.

L'auteur est nommé dans la préface.

Contre la guerre ! Etudes historiques sur la guerre dans l'antiquité et au moyen âge, l'origine et le développement des armées permanentes, l'état militaire de l'Europe actuelle. Tendances de l'humanité vers le travail pacifique, la liberté et la solidarité. (Par Félix DELHASSE et Théophile THORÉ.) *Bruxelles*, *lib. Hen*, 1855, in-8, VIII-110 p.

Contre la hausse du loyer des terres et pour l'institution du crédit agricole. (Par Fr. HAECK.) *Bruxelles*, *Verbruggen*, 1854, in-12, 141 p. J. D.

Contre la mauvaise morale du temps, aux évêques de l'Église. *S. l.* (1659), in-4, 20 p.

On lit à la fin : Par M. A. G. E. D. V. (Antoine GODEAU, évêque de Vence).

Contre la nouvelle apparition de Luther, et de Calvin, sous les Réflexions faites sur l'édit touchant la réformation des monastères. Avec un échantillon des faussetez et des erreurs contenües dans le traité de la puissance politique touchant l'âge nécessaire à la profession solennelle des religieux. (Par le R. P. Bernard GUIARD, dominicain.) *Paris*, 1669, in-12.

Contre le franc alleu sans titre, prétendu par quelques provinces du droit écrit au préjudice du roi. (Par Auguste GALLAND, procureur général du domaine de Navarre et conseiller d'État). Avec le texte des lois données au pays des Albigeois et autres, par Simon, comte de Montfort. *Paris*, 1629, in-4 et in-8.

Réimprimé sous le titre « du Franc-alleu ». Voy. ci-après ces mots.

Contre le « Projet de loi de S. M. (Sylvain Maréchal), portant défense d'apprendre à lire aux femmes », par une femme qui ne se pique point d'être femme de lettres (madame M.-A.-J. GACON DUFOUR). *Paris*, an IX-1801, in-8.

Voy. « Supercheries », II, 29, *e*.

Contre-note en réponse à la note relative à la brochure intitulée : « La tactique de tribune. » (Par DE LA GERVAISAIS.) *Paris*, 1826, in-8.

La « Note » m'est inconnue, dit M. Beuchot dans la « Bibliographie de la France » ; l'auteur dit qu'elle a été distribuée à la Chambre des députés.

Contre-poison (le) des feuilles, ou lettres à monsieur de ***, retiré à **, sur le sieur Fréron... (Par Ch.-Jacques-Louis-Auguste ROCHETTE DE LA MORLIÈRE.) *S. l.* (1754), in-12, 24 p.

Contre-projet de loi sur le recrutement de l'armée. (Par le chirurgien-major Joseph-Marie-Balthazar-Sabin PAPILLON.) *Paris*, *A. René et Comp.*, 1841, in-8, 59 p.

a Contre-temps (les), comédie de M. L. G. CH. (Nicolas LA GRANGE), réduite en un acte (par Joseph PATRAT). *Genève*, 1772, in-8.

Attribué à LAGRANGE-CHANCEL, Catalogue Soleinne, nº 2245; mais au t. IV, p. 76, « Additions et corrections », on lit cette note : « Patrat a cru que les « Contre-temps » étaient de Lagrange-Chancel, et il a imprimé les initiales de cet auteur en tête de la pièce de Nicolas Lagrange, de Montpellier. »

b L'attribution à Lagrange Chancel a été reproduite dans les « Supercheries », II, 778, *b*.

Contre-temps (les) du sieur de Chavigny, premier ministre de M. le Prince. (Par le cardinal DE RETZ). *S. l.*, 1652, in-4, 8 p.

Contributions (les) épiscopales. (Par Théodore FLÉCHET.) *Liége*, *Redouté*, 1860, in-8, 12 p. — 2e éd., 1860, 24 p. J. D.

c Contributions (des) et des finances, par S.... DE M..... (SOUFFLOT DE MERAY). *Paris*, *Le Normand*, 1815, in-8.

Voy. « Supercheries », III, 620, *a*.

Contrition (de la) nécessaire pour obtenir la rémission des péchés dans le sacrement de pénitence. (Par Jacques BOILEAU.) *Louvain*, *Masius*, 1676, in-12.

d Controverse pacifique sur l'autorité de l'Église, ou lettres du M. D. C. (François FAVRE d'Annecy, chanoine de Genève, sous le nom du ministre DES CERTOLZ) à M. l'évêque du Puy (DE POMPIGNAN), avec les réponses de ce prélat. *Montauban*, 1757. — *Paris*, 1758, petit in-12.

Voy. « Supercheries », I, 910, *e*.

e Controverse pacifique sur les principales questions qui divisent et troublent l'Église gallicane, savoir : les démissions épiscopales; la promesse ou le serment de fidélité; le concordat; le jugement du pape sur ces matières, celui des évêques qui ont refusé leur démission, et celui des évêques qui l'ont donnée. Par un membre de l'Église gallicane (l'abbé P.-L. BLANCHARD). *Londres*, *Dulau*, 1802, in-8, 480 p.

L'auteur a publié deux suites à cet ouvrage.

f La première est intitulée : « Première suite à la Controverse pacifique » ; la seconde, « l'Etat politique et religieux de la France ». Voy. ces deux titres.

Voy. aussi « Supercheries », II, 1109, *f*.

Controverse populaire sur les principaux articles de la foi catholique et les croyances populaires. (Par le P. Paul BARBIEUX, jésuite.) *Gand*, *Van der Schelden*, 1855, in-12, 283 p. — Seconde édit. *Tournay*, 1857, avec le nom de l'auteur. J. D.

Controverse sur la religion chrétienne et celle des Mahométans, ouvrage traduit de l'arabe (de GIORGI, religieux maronite) par LE GRAND. *Paris*, 1766, in-12.

Parmi les manuscrits du P. Louis de Bisance, juif baptisé, né à Constantinople, et mort à Paris en 1720, dans la congrégation de l'Oratoire, est une traduction plus courte de cette même controverse.

Controverses (les) des sexes masculin et féminin. (Par Gratien DUPONT, seigneur DE DRUSAC.) *Tolose, Jacq. Colomiès*, 1534, in-fol. goth.

Voy. pour le détail des différentes éditions de ce livre rare, Brunet, « Manuel du libraire », 5e édit., II, col. 251-252.

Controverses familières, où les erreurs de la religion prétendue réformée sont réformées... (Par le P. Jean Léonard DE FENIS, jésuite.) *Paris*, 1683, in-12. — Quatrième édit., *Paris*, 1686, in-12.

L'auteur est nommé dans l'Approbation.

Convalescence (la) du roi. Ode à la reine. (Par l'abbé P.-F. GUYOT DESFONTAINES.) *S. l.*, 1744, in 4.

Note manuscrite.

Convalescent (le) de qualité, ou l'aristarque moderne. Comédie en deux actes et en vers. (Par Ph.-Fr.-Nazaire FABRE D'EGLANTINE.) *Paris, veuve Duchesne et fils*, 1791, in-8.

Réimprimé avec le nom de l'auteur. *Lyon, Chambet fils*, 1830, in-16, 53 p.

Conventicule de Rolle, par un témoin digne de foi (César MALAN). *Genève*, 1821, in-8.

Voy. « Supercheries », III, 770, *c*.

Convention du 11 juin 1817 entre Sa Majesté Très-Chrétienne et Sa Sainteté Pie VII développée, ou introduction à l'histoire projetée de l'Église concordataire continuée. *Londres, Schulze et Dean*, 1817, in-8.

On lit à la fin de l'ouvrage : « Par une société de prêtres français, restés fidèles à Dieu et au Roi ». Le rédacteur a été l'abbé P.-L. BLANCHARD.

Voy. « Supercheries », III, 690, *d*.

Conversation de la marquise D*** avec sa nièce nouvellement arrivée de province; ouvrage posthume de madame L***, recueilli par M*** (Jean-Pierre MOET). *Amsterdam (Strasbourg)*, 1753, in-8, 76 p.

Conversation de maître Guillaume avec la princesse de Conty aux Champs-Elysées. Envoyée à madamlle Selvage, femme de chambre de la reyne, mère du roy, par Me Phélippe, gouverneur de Me Guillaume. *Paris, par Jacques Maillet*, 1631, in-4, 3 ff. lim. et 116 p.

L'avis au lecteur est signé : DES VALLÉES (masque de MATTHIEU DE MORGUES).

a Conversation de M. l'intendant des Menus, avec M. l'abbé ***. (Par VOLTAIRE.) *S. l. n. d.*, in-12, XXIV p.

Signé : George AVENGER, et daté de Paris, 20 mai 1761.

Voy. « Supercheries », I, 414, *e*, et II, 341, *c*.

Conversation entre le gobe-mouche Tant pis et le gobe mouche Tant mieux. (Par Alph.-T.-J.-A.-M.-M. DE FORTIA DE PILES.) *Paris, Eymery*, juillet 1814,
b in-8.

L'auteur a publié une « Seconde conversation » en septembre 1814, une troisième en septembre 1815, une quatrième en décembre 1815, et enfin une cinquième qui est très-rare, en mars 1816.

Conversation familière entre un homme de lettres et un ancien libraire, sur le projet de supprimer les armoiries et autres marques de propriété féodales empreintes sur la reliure de tous les livres
c de la Bibliothèque nationale. (Par le libraire ROSET.) *S. l. n. d.*, in-8.

Conversation intéressante... Voy. « Jésuites (les) atteints et convaincus... »

Conversation sur le schisme, ou le schisme considéré dans ses effets religieux et civils. (Par Philippe-Irénée BOISTEL D'EXAUVILLEZ.) *Paris, Gaume frères*, 1833,
d in-8. D. M.

Conversations chrétiennes, dans lesquelles on justifie la vérité de la religion et de la morale de Jésus-Christ. Par l'auteur de la Recherche de la vérité (MALEBRANCHE). *Rotterdam, R. Leers*, 1685, in-12, 311 p.

Conversations (les) d'Emilie. (Par madame DE LA LIVE D'ÉPINAY.) *Leipsick*,
e 1774, in-12. — *Paris*, 1781, 2 vol. in-12.

Souvent réimprimé.

Cet ouvrage fut composé pour l'éducation de la jeune comtesse Emilie de Belzunce, petite-fille de l'auteur.

Conversations de dom Augustin, abbé de la vallée sainte de N.-D. de la Trappe, avec les petits enfants qu'on élève à la Trappe. *Paris*, 1798, in-18.

Bien que compris dans toutes les listes des ouvrages de l'abbé LASAUSSE, ce petit ouvrage est attribué à
f M. Augustin DE LESTRANGES, abbé de la Trappe. L'abbé Lasausse n'en a été que l'éditeur.

Conversations de lord Byron, recueillies pendant un séjour de Sa Seigneurie à Pise, dans les années 1821 et 1822, par Thomas MEDWIN, traduit de l'anglais sur les notes de l'auteur, par D.... D. P.... (DAVESIÈS DE PONTÈS), officier de cavalerie. *Paris, Pillet*, 1824, 2 vol. in-12.

Voy. « Supercheries », I, 877, *b*, et 982, *c*.

Conversations des gens du monde, dans tous les temps de l'année. Tome premier, l'Hiver. Les visites du jour de l'an. — Tome II, l'Hiver, seconde journée. La promotion. (Par N. CARMONTELLE.) *Paris, Hoffmann*, 1786, 2 numéros in-8.

Conversations (les) D. M. D. C. E. D. C. D. M. (du maréchal de CLÉRAMBAULT et du chevalier DE MÉRÉ). *Paris, Barbin*, 1669, in-12. — 3e édit., *Paris, Barbin*, 1671, in-12.

Voy. « Supercheries », I, 965, *b*.

Conversations entre un avocat et M. le chancelier. 1771, in-12.

Un exemplaire de cette pièce porte la note suivante : On en a trouvé des centaines d'exemplaires à la vente de M. Elie DE BEAUMONT.

Conversations entre une mère et ses enfants sur les principaux points de la morale chrétienne. (Par Mme DE MAUSSION.) *Paris, Méquignon fils aîné*, 1812, in-18.

Réimprimé avec le nom de l'auteur en 1824.

Conversations inédites de Mme la marquise de Maintenon (recueillies par Mlle D'AUMALE), précédées d'une notice historique, par M. DE MONMERQUÉ. *Paris, J.-J. Blaise*, 1828, in-18.

Conversations latines expliquées, ou le précepteur zélé. (Par BRUXELLE, maître de pension.) *Paris*, 1760, 1763, in-8.

Conversations morales, dédiées au roi. (Par Mlle DE SCUDÉRI.) *Paris*, 1686, 2 vol. in-8.

Conversations morales sur les jeux et les divertissements. (Par Jean FRAIN DU TREMBLAY.) *Paris, Pralard*, 1685, in-12.

Conversations nouvelles, dédiées au roi. (Par Mlle DE SCUDÉRI.) *Paris, Barbin*, 1684, 2 vol. in-8.

Conversations sur divers sujets de morale. (Par Mlle DE SCUDÉRI.) *Paris, Barbin*, 1680, 1684, 2 vol. in-12.—*Paris, Guillain*, 1686; — *Ibid., Mabre-Cramoisy*, 1688; — *Ibid., Anisson*, 1692, 2 vol. in-12.

Conversations sur diverses matières de religion, où l'on fait voir la tolérance que les chrétiens de divers sentiments doivent avoir les uns pour les autres. (Par Charles LE CÈNE.) Avec un Traité de la liberté de conscience, dédié au roi de France et à son conseil. *Philadelphie, Timothée de Saint-Amour (Amsterdam)*, 1687, petit in-12.

Le traité annoncé sur le titre n'est autre que la traduction française, par Ch. LE CÈNE, de l'écrit publié par J. CRELLIUS, sous le pseudonyme de Junius BRUTUS.

Voy. « Supercheries », I, 587, *d*.

On trouve quelquefois les « Conversations » à la suite des « Entretiens sur diverses matières de théologie ». Voy. ce titre.

Conversations sur l'économie politique, par l'auteur des « Conversations sur la chimie ». (Traduit de l'anglais de Mme MARCET, par G. PREVOST, neveu de l'auteur.) *Genève et Paris, Paschoud*, 1817, in-8.

Conversations sur la chimie, dans lesquelles les éléments de cette science sont exposés d'une manière simple, éclaircis par des expériences. Traduit de l'anglais sur la dernière édition, avec des notes et gravures. *Genève*, 1809, 3 vol. in-12.

Par Mme MARCET, femme du médecin et chimiste.

Il existe de cet ouvrage deux autres traductions ou plutôt deux contrefaçons, dit Quérard, « France littéraire », V, p. 508; l'une sous le titre de « la Chimie enseignée en vingt-deux leçons... », ouvrage traduit de l'anglais sur la neuvième édition, par M. Payen. *Paris, U. Canel*, 1825, in-12.

L'autre : « Entretiens sur la chimie, d'après les méthodes de MM. Thénard et Davy ». *Paris, Boulland*, 1820, in-12.

Conversations sur la connoissance de la peinture... où par occasion il est parlé de la vie de Rubens... (Par Roger de PILES.) *Paris, Langlois*, 1677, in-12, 19 ff., 309 p. et 14 ff., front. gravé.

L'auteur est nommé dans le privilége.

Réimprimées dans le volume intitulé : « Recueil de divers ouvrages sur la peinture et le coloris » (par le même), *Paris*, 1775, in-12.

Conversations sur la critique de la Princesse de Clèves. (Par l'abbé DE CHARNES.) *Paris, Claude Barbin*, 1679, in-12.

L'abbé Lenglet du Fresnoy a commis deux erreurs au sujet de la « Princesse de Clèves », en attribuant les « Conversations » à Barbier d'Aucourt, et en donnant au père Bouhours les « Lettres à madame la marquise de *** sur le sujet de la Princesse de Clèves ». Ces erreurs ont été renouvelées par le rédacteur de la « Bibliothèque des romans », janvier 1776, t. I, p. 129, dans la notice qui précède l'extrait de la « Princesse de Clèves ». Fontenelle attribue positivement à Valincourt les « Lettres à la marquise de *** » (voy. ce titre); il paraît que le P. Bouhours en a seulement retouché le style.

Conversations sur la philosophie naturelle..., par l'auteur des « Conversations sur la chimie » et des « Conversations sur l'économie politique », traduit de l'anglais (de Mme MARCET). *Genève et Paris, Paschoud*, 1820, in-8.

Conversations sur la physiologie végétale.... par l'auteur des « Conversations sur la chimie, etc. » (Par Mme MARCET, traduit de l'anglais par M. MACAIRE PRINCEPS.) *Paris, Cherbuliez*, 1830, 2 vol. in-8.

Conversations sur la religion chrétienne. (Par l'abbé MAGUE, oratorien.) *Paris, Morin*, 1778, in-12.

Conversations sur plusieurs objets de morale, dédiées aux demoiselles de Saint-Cyr, par P. C. (Pierre COLLOT, docteur de Sorbonne). *Paris*, 1738, 1756, 1768, in-12. —*Lyon, Savy*, 1822, in-12.

Voy. « Supercheries », III, 51, *e*.

Conversion (la) c'est l'impôt. A MM. les membres de la chambre. Par un ancien député (M. Victor CONSIDÉRANT). *Paris, Delloye*, 1838, in-8, 68 p.

Signé le comte DE ***.
Voy. « Supercheries », I, 325, *d*.

Conversion d'Herman Cohen, père Augustin-Marie, du Très-Saint-Sacrement, carme déchaussé. (Par J.-Bapt. GERGÈRES, avocat à Bordeaux.) *Liége, Dessain*, 1853, in-16, 76 p.

Une première édition avait paru en France.
Réimprimé avec le nom de l'auteur. J. D.

Conversion (la) d'un grand pécheur, ou lettre d'un pénitent de marque à son confesseur, par l'auteur des « Remontrances du parterre ». *Paris, Petit*, 1814, in-8.

Signé : B—E (BELLEMARE).

Conversion (la) d'un pécheur, réduite en principes par le P. François DE SALAZAR ; traduite d'espagnol en françois. (Par le P. J.-Fr. DE COURBEVILLE.) *Paris, Rollin*, 1730, in-12. — *Paris, Rollin fils*, 1750, in-12.

La première édition fait connaître le nom du traducteur, nommé dans la permission de ses supérieurs.
Cette traduction a été souvent réimprimée.
Le P. de Backer (2e éd., I, col. 1430) cite des éditions portant le titre de : « les Principes de la sagesse ». *Turin, Guibert*. (A la fin) : *A Carmagnole, Barbié*, 1785, in-12. — *Louvain*, 1726, in-8. — *Nantes*, 1827, in-18. — *Lyon*, 1835, in-18.

Conversion d'une famille protestante, par Mme Camille L*** (LAISNÉ) ; précédé d'une préface par M. Adolphe L.... *Paris, Sagnier et Bray*, 1850, in-12. D. M.

Conversion (la) de Daniel de Martin, ministre en Béarn. (Par H. MARTIN, barnabite.) *Paris*, 1665, in-12. V. T.

Catalogue manuscrit des Barnabites.

Conversion de la rente 5 p. 100, combinaison soumise à MM. les membres de la chambre des députés. Par un négociant d'Alençon (LINDET jeune). *Alençon, Poulet-Malassis*, 1837, in-8, 8 p.

Voy. « Supercheries », II, 1237, *e*.

Conversion (la) de M. Jarrige, ci-devant jésuite, confesseur et père spirituel de la maison des Jésuites à La Rochelle, admoniteur du recteur et prédicateur ordinaire. (Par le pasteur VINCENT, ministre à La Rochelle.) *Jouxte la copie impr. à Saumur et se vend à Charenton par L. Vendosme*, 1648, in-8.

Conversion (la) des sauvages qui ont été baptisés dans la Nouvelle-France cette année 1610, avec un récit du voyage du sieur de Poutrincourt. (Par Marc LESCARBOT.) *Paris, J. Millot, s. d.*, in-8.

Conversion (la) du pécheur, ou la manière dont un pécheur doit se relever pour devenir juste ; pour servir de défense au livre intitulé : « Conduite à la pénitence », traduite du latin d'Ant. LE FÉLON. (Par Nic. FONTAINE.) *Paris*, 1677, in-12.

Conversion et martyre de saint Quirin et de sainte Balbine, sa fille... (Par M. VAGNER.) *Nancy*, 1847, in-12, 60 p.

Convocation (de la) des états généraux. *S. l.* (1788), in-8, 36 p.

Par Jean-Claude DE LA METHERIE, docteur en médecine, suivant une note manuscrite.

Convoi (le) de Louis XIV, scène historique inédite. (Par A. LOEVE-WEIMARS.) *Paris, imp. de Selligue*, 1828, in-8, 8 p.

Catalogue Soleinne, no 3826.

Copie d'un manuscrit de la main de Napoléon BONAPARTE, avec l'orthographe qui existe dans le manuscrit même. *Paris*, 1841, in-8 de 15 p.

La préface est signée : C. F. D. P. (le comte Ferdinand DAL POZZO). L'original du manuscrit reproduit est dans la bibliothèque du roi à Turin.

Copie d'un mémoire sur la question des sucres, adressé à M. le ministre des finances. (Par VAN DEN BOSSCHE.) *Bruxelles*, 1840, in-8. J. D.

Copie d'une lettre écrite à un savant religieux (le P. Cossart), en faveur du système de Descartes. (Par DE CORDEMOY.) 1668, in-12.

Copie d'une lettre écrite de Rome par un pèlerin françois (Fr. DAVENNE), sur le sujet d'un sermon fait par Hersan à Rome. *S. l.*, 1650, in-4. V. T.

Voy. « Supercheries », III, 64, *e*.

Copie d'une lettre touchant la justice ou l'injustice des armes du parlement contre le roi de la Grande-Bretagne. (Par Thomas GRASWINKEL.) *S. l.* (*Leyde, Elzevir*), 1646, in-4. V. T.

Voy. le « Catalogue d'une bibliothèque de littérature », par R.-M. Van Goens, no 14105.

Copie d'une requête envoyée... Voy. « Requête à MM. du parlement ».

Coppie de l'anti-espagnol, faict à Paris. (Par Antoine ARNAULD.) *S. l.*, 1590, in-8, 81 p. — Aut. éd. avec un extraict de la déclaration du roi d'Espagne aux princes de France... *S. l.*, 1590, in-8, 56 p. — *Lyon, par P. Ferdelat*, 1594, in-8, 54 p. plus un sonnet.

L'édition de Lyon est intitulée : « Coppie de l'Anti-Espagnol, faict à Paris. Deffendu par les rebelles de Sa Majesté ».

Cet ouvrage a aussi été imprimé en 1592 sous le titre de : « Anti-Espagnol, autrement les philippiques d'un Démosthène françois... ». Voy. ci-dessus ces mots, col. 213, *b*.

Copie de la lettre d'un des depvtez de monseignevr le dvc de Sauoye au marquis de Noyoze, gouuerneur de Milan, sur le sujet qui a meu Son Altesse à faire nouuelle levée de gens de guerre. (Par Louis ZOELLO.) *Thonon, prins sur la copie imprimée à Thurin*, 1614, in-8, 13 p.

Copie de la pétition présentée au roi (contre les maisons de jeux). (Par GAUDRY.) *Paris, Gillé*, 1815, in-4.

Coppie de trois epistres catholicques du droit de prendre les armes, et de recognoistre son roy légitime. *Orléans, par A. Habert*, 1589, in-4.

Correspondance entre deux personnages imaginaires, Mathurin Cormier et P. Le Franc. L'ouvrage est attribué à Louis D'ORLÉANS.

Copie des enquêtes de la D^lle^ Clémentine, où l'on n'a conservé que le texte des dépositions, des interpellations et des réponses. (Recueillie par H. COLOMBEL.) *Angers*, 1817, in-8.

Cette affaire concerne une petite fille sauvée en 93 dans la Vendée par un officier, le comte Lepic.

Copies authentiques des pièces relatives aux négociations pour la paix commencées avec la France, telles qu'elles ont été présentées aux deux chambres du parlement, le 13 novembre 1800, traduites de l'anglais. (Par Alex.-Maurice BLANC D'HAUTERIVE.) *Londres, B. Wrigth*, 1800, in-8.

Coppies (*sic*) de LUCIEN, et la métamorphose de Daphné, ou la pudeur triomphante, dialogues en vers, par M. I. Nouvelle édition. *Paris, Couterot*, 1696, in-12, 238 p.

Le privilège, de 1682, est donné au sieur JULIEN, conseiller, prevost et sous-bailly de Poissy.

M. de Manne indique une édition de *Paris, D. Thierry*, 1683, in-12.

a Coppet et Weimar. Mme de Stael et la grande-duchesse Louise, par l'auteur des « Souvenirs de Mme Récamier » (Mme veuve Charles LENORMANT, née Amélie CYVOCT). *Paris, M. Lévy*, 1862, in-8.

Coq à l'asne et chanson sur ce qui s'est passé en France, puis la mort Henry de Valois jusques aux nouvelles deffaites. Où sont contenus plusieurs beaux equivoques et proverbes. Publié par P. M. G.
b (GONON) sur l'imprimé de 1590. *Lyon, imp. Dumoulin, Ronet et Sibuet*, 1843, in-8, 24 p.

Voy. « Supercheries », I, 760, *b*, et III, 194, *b*.

Coq (le) d'or, fragment historique, traduit de l'allemand (de F.-M. KLINGER). *S. l.*, 1789, in-8, 296 p.

Coq (le) du clocher, par l'auteur de
c « Jérôme Paturot » (Louis REYBAUD). *Paris, M. Lévy*, 1846, 2 vol. in-8.

Réimprimé avec le nom de l'auteur.

Coq (le), fable. *Rouen, R. Lallemant*, in-4, 4 p.

Triple traduction, l'une par le P. DE VALLOGNE, jésuite; l'autre par M. DE TIBOUVILLE ; la troisième par le P. DUBOIS, de la pièce de vers latins du P. COMMIRE, intitulée : « Gallus ».

d Cocq (le), ou mémoire du chevalier V... (Par VILLARET.) 1742, in-12.

Voy. « Supercheries », III, 879, *a*.

Coqueluche (la). (Par P. GRINGORE.) *Paris, imp. par Pierre Le Dru*, 1510, le 14e iour daoust, pet. in-8, 8 ff. goth.

Coquette (la) fixée, comédie en trois actes et en vers, avec un divertissement; représentée pour la première fois par les comédiens italiens ordinaires du roy, le
e jeudi 10 mars 1746. *Paris, J. Clousier*, 1746, in-8, 112 p. — *Paris, les libraires associés*, 1746, in-8, 112 p. — *Paris, la compagnie des libraires*, 1765, in-8, 75 p.

Par le duc DE MANCINI NIVERNOIS, Ch.-Ant. LE CLER DE LA BRUÈRE et l'abbé Claude-Henri DE FUSÉE DE VOISENON, d'après une note manuscrite sur un exemplaire de la Bibliothèque nationale.

Quérard attribue cette pièce à l'abbé DE VOISENON, et ne parle pas de ses collaborateurs.

f Coquette (la) sans le savoir, opéra-comique en un acte. (Par Ch.-S. FAVART et Pierre ROUSSEAU.) *Paris*, 1744 ou 1759, in-8.

Coquette (la) vengée. (Par NINON DE LENCLOS.) (1659), pet. in-12, 48 p.

Cet opuscule est une critique de l'ouvrage intitulé : « Portrait de la Coquette, ou la lettre d'Aristandre à Timagène » (par Félix de Juvenel). *Paris, Ch. de Sercy*, 1659, pet. in-12.

M. Auger en a publié une nouvelle édition en 1806, à la suite des « Lettres de Ninon de Lenclos ».

Coralie de Beaumont, ou la piété filiale, histoire véritable recueillie par Mme L. F. (Mme Félicité DE CHOISEUL-MEUSE). *Paris*, 1801, in-12.

Voy. « Supercheries », II, 773, *d*.

Coraline Arlequin et Arlequin Coraline, comédie italienne en trois actes. (Par Charles-Antoine VÉRONÈSE.) (*Paris*), 1744, in-8.

Coraline esprit follet, comédie italienne en trois actes, avec un prologue. (Par Charles-Antoine VÉRONÈSE.) (*Paris*), 1744, in-8.

Coraline fée, comédie italienne en deux actes. (Par Charles-Antoine VÉRONÈSE.) (*Paris*), 1744, in-8.

Coraline jardinière, ou la comtesse par hasard, comédie italienne en trois actes. (Par Charles-Antoine VÉRONÈSE.) 1744, in-8.

Coraline magicienne, comédie italienne en cinq actes. (Par Charles-Antoine VÉRONÈSE.) (*Paris*), 1744, in-8.

Coraly et Blanfort, ou la force de l'amitié. (Par le chevalier DE L'ESPINASSE DE LANGEAC.) In-12. V. T.

Corbeaux d'Élie. (Par H. VON DER HARDT.) *Helmstadt*, 1707, in-8. V. T.

Opuscule de 24 pages qui fait partie d'un recueil de cinq dissertations à l'égard duquel on peut consulter le « Manuel du libraire », 5e éd., t. III, col. 184. Nodier, qui en a parlé dans ses « Mélanges tirés d'une petite bibliothèque », attribue ces livrets à LEIBNITZ. Mais c'est là une conjecture bien hasardée.

Cette dissertation se trouve aussi avec les « Renards de Samson ». Voy. ce titre.

Corbeille (la) bien assortie, ou des fleurs pour tous les âges. (Par P. CUISIN.) *Paris, Locard et Davi*, 1825, in-18, fig.

Corbeille (la) de fleurs. (Démence de Mlle de Panor, en son nom Rozadelle de St-Ophèle; suivie d'un conte de fées, d'un fragment d'Antiquès, etc.) Par l'auteur de l' « Histoire de la baronne d'Alvigny, ou la joueuse » (Anne-Jeanne-Félicité D'ORMOY, dame MÉRARD DE SAINT-JUST). *Paris*, 1796, in-18.

Tiré à 25 exemplaires.

Corbeille (la) de fleurs et le Panier de fruits... (Par P.-A.-M. MIGER.) *Paris, Perlet*, 1806-1807, 2 vol. in-8, fig.

Corbeille (la) de fleurs, histoire, par l'auteur des « Œufs de Pâques » (l'abbé Christ. SCHMID). *Strasbourg, et Paris, Levrault*, 1835, in-18.

a Corbeille (la) de fraises. Par Marie-Ange DE T*** (Just-Jean-Etienne ROY). *Tours, Mame*, 1865, in-8. — *Tours, Mame*, 1868, in-8.

Corbeille (la) de fruits, ou histoire intéressante, origine, culture des plus jolis fruits de nos jardins. (Par Ch. MALO.) *Paris, L. Janet* (vers 1816), in-8, avec 12 grav.

b Corbeille (la) de Rose, ou la jolie rosière. (Par DEVILLE.) *Paris, Marcilly*, 1816, in-18.

Cordelier (le), ou le Saint-François de Georges BUCHANAN, fait en vers français par Fl. CH. (Florent CHRESTIEN); plus la Palinodie, qui est la louange (ou plutôt la satire) des Cordeliers et de S. François. *Genève, J. de L'Estang*, 1567, pet. in-4.

Voy. « Supercheries », II, 50, *f*.

c Cordier (le) de Samarcande, ou tout tient au bonheur, comédie en un acte et en prose, mêlée de couplets, tirée d'un conte des « Mille et une Nuits », par MM. M... (MERLE) et LAFORTELLE, représentée pour la première fois sur le théâtre des Variétés, le 10 avril 1815. *Paris, Mme Masson*, 1815, in-8.

Voy. « Supercheries », II, 1014, *d*.

d Cordonnier (le) et sa commère. (Par C.-P. DUCANCEL.) *Paris, imp. de Le Normant*, 1814, in-8.

Cordonnière (la) de Loudun... Voy. « Lettre de la cordonnière... »

Corinne, drame en trois actes et en vers, représenté pour la première fois sur le Théâtre-Français, le 23 septembre 1830. (Par H. MONIER DE LA SIZERANNE.)
e *Paris, Amyot*, 1830, in-8. — 2e éd. *Id.*, 1830, avec le nom de l'auteur.

Coriolan, tragédie en cinq actes et en vers, avec un discours sur la manière de juger les ouvrages de théâtre, par M. M*** (MAUGER). *Paris, Barrois*, 1748, in-8. — *Paris, Ganeau*, 1751, in-12.

Voy. « Supercheries », II, 1008, *e*, et III, 1045, *f*.

Corisandre, comédie-opéra en trois
f actes, représentée sur le théâtre de l'Académie de musique, le mardi 8 mars 1791. Les paroles de M.*** (DE LINIÈRE). La musique de M. Langlé. *Genève*, 1791, in-8, 25 p. — *Paris, Delormel*, 1791, in-4.

Voy. « Supercheries », III, 1081, *a*.

Corisandre de Beauvilliers, roman historique. *Blois, et Paris, Demonville*, 1806, 2 vol. in-12.

La deuxième édition du « Dictionnaire des anonymes » qualifiait cet ouvrage de traduction abrégée de l'anglais de miss Charlotte SMITH par M. de SALABERRY. Mais on ne trouve ce roman attribué à miss Smith dans aucune biographie anglaise. Son auteur semble demeuré inconnu. Miss Smith étant morte en 1806, il est possible que le libraire-éditeur ait voulu profiter du bruit que causait alors sa mort malheureuse, et ce serait ainsi que le nom de cette dame se trouverait sur la traduction publiée par Mme DE MONTOLIEU sous ce titre : « Corisandre de Beauvilliers, anecdote française du XVIe siècle ». *Paris, Demonville*, 1806, 2 vol. in-12. Quérard, dans sa « France littéraire », s'étonne avec raison de voir annoncer deux traductions du même ouvrage, la même année et chez le même libraire. N'y aurait-il pas confusion, et M. DE SALABERRY n'aurait-il pas simplement revu la traduction de Mme DE MONTOLIEU ?

Corisandre de Mauléon, ou le Béarn au XVe siècle, par l'auteur de « Natalie » (Mme Charles DE MONPÉZAT). *Paris, G. Barba*, 1835, 2 vol. in-8.

Voy. « Supercheries », III, 1112, *a*.

Corneille (la) de mademoiselle de Scay, comédie (en un acte et en vers) pour l'hostel de Bourgogne. (Par P. Corneille DE BLESSEBOIS.) *Paris*, 1678, in-8, 3 ff. lim. et 65 p.

Voir la « Notice sur la vie et les ouvrages de P. de Corneille Blessebois », par E. Cleder. *Paris, Aubry*, 1862, p. XXXIV.

Cornélie de Valville, ou quelques scènes de la vie. (Par Mme VOGT, née MEINER.) *Paris, Mongie aîné*, 1830, 2 vol. in-12.

Cornélie, ou la pupille de Voltaire, comédie en un acte et en vers ; nouvelle proie de la censure théâtrale, par le Cher Th. P*** (Th. PRINCETEAU), auteur de « Constance, ou l'indifférence vaincue », comédie en cinq actes et en vers, jouée et imprimée à Genève en 1824 et 1825, maudite aussi par la même censure. *Lyon, imp. de Barret*, 1825, in-8, 2 ff. de tit., XII-66 p. et 1 f. d'errata.

Voy. « Supercheries », III, 830, *f*.

Cornélie, Vestale, tragédie. (Par le président Ch.-J.-Fr. HENAULT et Louis FUSELIER.) *Imp. à Strawberry-Hill*, 1768, in-8.

Réimprimée dans le volume intitulé : « Pièces de théâtre en vers et en prose ». (Par le président HÉNAULT.) *Paris*, 1772, in-8.

CORNELIUS NEPOS, en latin et en français, avec des notes géographiques et historiques. *Paris, Barbou*, 1743, in-12.

La « France littéraire » de 1769 et les auteurs d'ouvrages biographiques ou bibliographiques qui l'ont copiée attribuent à l'abbé VALART cette traduction de Cornelius Nepos, sous la date de l'année 1759.

Cette assertion me paraît peu vraisemblable.

1° Le Cornelius Nepos latin et français de 1759 est la réimpression pure et simple de la traduction anonyme qui parut en 1743 ; on en trouve un extrait dans les « Jugements sur quelques ouvrages nouveaux », par l'abbé Desfontaines, t. I, p. 45.

2° Dans sa « Réponse aux apologies de la latinité du père Jouvency », imprimée en 1767, in-12, l'abbé Valart met Cornelius Nepos au nombre des auteurs dont il compte donner des éditions soignées. Dans le même ouvrage, il indique une correction à faire à un passage de Cornelius Nepos. N'était-ce pas là l'occasion de citer la traduction de cet auteur, s'il l'eût réellement publiée, et de déclarer qu'il avait eu tort de suivre l'ancienne leçon du passage qu'il se proposait de corriger d'après un beau manuscrit de la Bibliothèque du roi.

3° L'abbé Paul, qui a publié en 1781, chez Barbou, une nouvelle traduction de Cornelius Nepos, cite la précédente, imprimée chez le même libraire, comme l'ouvrage d'un anonyme : or, ne serait-il pas étonnant que M. Barbou eût négligé de dire à M. l'abbé Paul que l'abbé Valart était l'auteur de la précédente traduction ?

4° L'abbé Valart a inséré en 1770, à la suite de son édition d'Horace, le catalogue de tous ses ouvrages ; et il n'y a pas compris la traduction de Cornelius Nepos.

Je remarquerai ici que l'abbé Paul a adopté la correction que l'abbé Valart se proposait de faire dans son édition projetée de Cornelius Nepos.

Elle a rapport au mot *juvencorum*, au lieu de celui de *jumentorum*, que portent les anciennes éditions. Voy. « Vie d'Annibal », c. 5. Valart avait remarqué avec raison que le mot *jumentum* se dit de toute bête de somme, cheval, mulet, âne, chameau et même éléphant. Cependant on avait à traduire les mots *in cornibus jumentorum*, et tous les animaux indiqués par le mot *jumentum* n'ont point de cornes. Valart crut qu'il fallait lire *in cornibus juvencorum*, et il eut le plaisir de citer un bon manuscrit à l'appui de sa conjecture.

En comparant cette traduction anonyme de Cornelius Nepos avec l'édition anonyme de cet auteur donnée pour l'usage des classes en 1726, à Paris, chez Brocas, accompagnée de notes françaises et de réflexions tant politiques que morales, j'ai cru voir que l'édition et la traduction venaient de la même main. En effet, la traduction anonyme contient des notes et des réflexions du même genre que l'édition de 1726 ; elles sont souvent conçues dans les mêmes termes. Les réflexions de l'édition classique sont plus détaillées ; on en sent la raison : c'est le moyen de toucher la jeunesse. Les notes historiques et géographiques de la traduction sont plus nombreuses et plus étendues que dans l'édition ; on en sent encore la raison, puisque la traduction convient plus au maître qu'aux écoliers.

L'édition du Cornelius Nepos de 1726 est due à M. DE PRÉFONTAINE, qui s'était déjà fait connaître par une traduction française d'Eutrope, publiée en 1710 chez Brocas, et par une édition du même auteur, donnée chez le même libraire en 1712, avec des notes françaises. Cette petite édition d'Eutrope se réimprime encore aujourd'hui. La traduction a eu peu de succès, parce qu'elle est assez inexacte, et parce qu'elle a été effacée dès 1717 par celle de l'abbé Lezeau.

L'abbé Desfontaines trouvait la traduction de Cornelius Nepos trop paraphrasée. Les notes sont estimées.

M. de Préfontaine était, en 1726, sous-chantre et chanoine de l'église royale de Vitry-le-Français. On doit croire qu'il mourut vers 1743 ; car sa traduction de Cornelius Nepos est un ouvrage posthume. Voyez l'avertissement de la première édition, qui ne se trouve pas dans les suivantes.

Cette traduction a été encore réimprimée en 1771. Il en existe aussi des éditions faites à l'étranger, notamment à Amsterdam et à Liége.

(« Extrait de ma notice sur les principales éditions et traductions de Cornelius Nepos, insérée à la fin de l'édition de cet historien.» *Paris*, 1820, in-8, 17e volume de la collection des classiques de M. Lemaire.)

Cornement (le) des cornars pour recreer les esperiz encornifistibulez. (*Paris*, 1831), petit in-8 goth., 4 ff.

Jolie lithographie exécutée par Jouy; il n'a été tiré que 30 exemplaires. La pièce publiée sous ce titre avait déjà paru, vers 1530, sous celui de « Pensée terrible dans la forêt de tristesse », recueil mis au jour sous le nom de Jehan DE MUN.

Cette réimpression a été publiée par M. Francisque MICHEL.

Coronis, pastorale héroïque. (Par Daniel-Paul CHAPPUZEAU, de Baugé.) *Paris, Ballard*, 1691, in-4. D. M.

Corporations (des) monastiques au sein du protestantisme, par l'auteur du « Mariage au point de vue chrétien » (Mme Agénor de GASPARIN). *Paris, Meyrueis*, 1855, 2 vol. in-8.

Corps (le) belge du Mexique, par un officier d'état-major (A.-H. BRIALMONT). *Bruxelles*, 1864, in-8.

Voy. « Supercheries », II, 1287, *b*.

Corps d'observations de la Société d'agriculture, de commerce et des arts, établie par les états de Bretagne. (Par Louis-Paul ABEILLE et Jean-Gabriel MONTAUDOUIN.) *Rennes, Vatar*, 1761 et 1762, 2 vol. in-8.

Voy. « Supercheries », III, 660, *c*.

Corps de médecine et de chirurgie, contenant la manière de guérir toutes les maladies tant internes qu'externes, etc.; par T. B*** (Théophile BONET), docteur-médecin. *Genève, Chouet*, 1679, 4 vol. in-4.

Il y a des exemplaires qui portent le nom de l'auteur, avec ce titre : « Bibliothèque de médecine et de chirurgie, etc.». *Genève, Compagnie des libraires*, 1708, 4 vol. in-4.

Les ouvrages dont se compose cette collection ont été traduits du latin et publiés séparément.

On trouve dans le tome premier l'Introduction méthodique à la chirurgie, par Van Horn;

Dans le second, les Observations chirurgiques de Guil. Fabri de Hilden, imprimées dès 1669;

Dans le troisième, les Observations et Cures de chirurgie de P. La Forest d'Alcmar, imprimées aussi dès 1669;

Dans le quatrième, les Observations chirurgiques tirées des observations médicinales de Nicolas Tulpius.

Corps (du) municipal de Lisieux, par

a A.-J.-L. D........ (DINGREMONT). *Lisieux, imp. de J.-J. Pigeon*, 1850, in-16.

Voy. « Supercheries », I, 223, *e*.

Corps (des) politiques et de leurs gouvernements. (Par le président J.-Ch. DE LAVIE.) *Lyon*, 1764, 2 vol. in-12. — Nouvelle édition augmentée. 1767, 2 vol. in-4 et 3 vol. in-12.

Voy. ci-dessus, « Abrégé de la république de Bodin », col. 31, *a*.

b Correcteur (le) de l'Atlas généalogique de Lesage (M. de Las Cases). Brochure indispensable à ceux qui ont acheté cet ouvrage, par M. V*** (VITON DE S.-ALLAIS), auteur des « Généalogies historiques des maisons souveraines de l'Europe». *Paris, veuve Lepetit*, 1813, in-8.

Voy. « Supercheries », III, 886, *a*.

c Correcteur (le) des bouffons à l'écolier de Prague. (Par Jean-Baptiste JOURDAN.) *S. l.*, 1752, in-8.

Voy. « Supercheries », I, 790, *d*.

Correctif à la gloire de Bonaparte, ou lettre à ce général. *Venise et Paris, Lenfant*, an VI, in-8.

Signé : P. S. M. l'H. S. D. (P.-Sylvain MARÉCHAL, l'homme sans Dieu).

d Correctif à la révolution. (Par P.-Sylvain MARÉCHAL.) *Paris*, 1793-an II, in-8, 314 p.

Voy. la « Chronique du mois », déc. 1792.

Correctif au langage de la presse périodique, ou examen impartial de quelques questions d'intérêt public. (Par M. le comte DE PRADEL.) *Paris*, 1828, in-8, 74 p.

e Correction (la) fraternelle, ou chacun son tour n'est pas trop, petit recueil mis au jour pour l'édification publique et les menus plaisirs d'une belle dame. (Par DUBUISSON CHRISTOT.) *Lyon*, 1790, in-8.

Correction (de la) fraternelle, ou de l'obligation d'empêcher le mal d'autrui quand on le peut. (Par l'abbé Médéric MORTIER.) *Paris*, 1705, in-12.

f Ouvrage supprimé par arrêt du parlement du 27 novembre 1705.

Voy. sur la mise en pratique de la correction fraternelle une anecdote tirée des « Mémoires de Dangeau » dans Lemontey : « Essai sur l'établissement monarchique de Louis XIV », p. 38.

Corrections intéressantes, utiles et nécessaires au nobiliaire des Pays-Bas et du comté de Bourgogne. (Par DUMONT, official des états du Brabant.) *Liége*, 1780, in-12. V. T.

Correspondance amoureuse de FABRE D'ÉGLANTINE, précédée d'un précis historique de son existence morale, physique et dramatique, et d'un fragment de sa vie écrite par lui-même; suivie de la satire sur les spectacles de Lyon, et d'autres pièces fugitives. (Le tout publié par Pierre-Joseph-Alexis ROUSSEL, avocat.) *Paris*, *Hacquart*, 1796, 3 vol. in-12.

a

Correspondance artistique du journal « la Meuse ». Par J. H....G (Jules HELBIG). *Liége*, *Carmanne*, 1859, in-8, 146 et 5 p.

Voy. « Supercheries », II, 401, *b*.

b

Correspondance choisie de B. FRANKLIN, traduite de l'anglais. (Par DE LA MARDELLE.) *Paris*, *Treuttel et Wurtz*, 1817, in-8, tome I.

Correspondance condéenne, précédée d'une notice sur l'armée de Condé, de quelques lettres et proclamations des princes français pendant leur émigration. (Par le comte DE LAROCHE-PONCIÉ.) *Paris*, *imp. de A. Pihan-Delaforest*, 1829, in-8, 129 et 15 p.

c

Une autre édition, *Paris*, *Dentu*, in-12, 184 p., porte : Par le comte D. P.

Correspondance d'un ancien directeur de séminaire (Mgr Alexandre-Raymond DEVIE, évêque de Bellay), avec un jeune prêtre, sur la politesse. *Lyon*, *Lesne*, 1842, in-12.

d

Souvent réimprimé.

Voy. « Supercheries », I, 326, *f*.

Correspondance d'un général français avec un général autrichien sur divers sujets. Par le général CH. (CHASSELOUP). *Milan*, *J.-J. Destefanis*, *et Paris*, an XI-1803, in-8, 190 p.

e

C'est une nouvelle édition. La première était intitulée : « Correspondance de deux généraux sur divers sujets, publiée par le citoyen T*** ». *Paris*, *Magimel*, an IX-1801, in-8. Voy. ci-après ce titre, col. 770, *e*.

Correspondance d'un habitant de Paris avec ses amis de Suisse et d'Angleterre, sur les événements de 1789, 1790 et jusqu'au 4 avril 1791. (Par le comte F.-L. D'ESCHERNY.) *Paris*, *Desenne*, 1791, in-8, 480 p.

f

Réimprimé en 1815 avec le nom de l'auteur.

Correspondance d'un homme d'Etat (Ant. MAUGARD, généalogiste) avec un publiciste, sur la question de savoir si le roi peut affranchir les serfs des seigneurs, à charge d'indemnité. *Paris*, *Cailleau*, 1789, in-8.

Voy. « Supercheries », II, 296, *d*.

Correspondance d'un jeune militaire, ou mémoires du marquis de Lusigny et d'Hortense de Saint-Just. (Par le baron J.-F. DE BOURGOING et L.-A.-M. MUSSET DE COGNERS.) *Paris*, 1778, 2 vol. in-12.—*Paris*, *Colas*, 1800, 2 vol. in-12.

Réimprimé sous le titre de : « Amours d'un jeune militaire, et sa correspondance avec Mlle de Saint-Just ». *Londres*, 1792, 2 vol. in-12.

Voy. pour la part des deux auteurs dans la composition de cet ouvrage, la lettre de L.-A.-M. de Musset dans la « Bibliographie de la France », 1822, p. 158.

Correspondance d'un voyageur piémontais, ou vie privée des juges, avocats, notaires, procureurs, greffiers et huissiers de Marseille, contenant les principaux événements, particularités et anecdotes de leurs exercices publics, publiée par Bontoux, doyen des recors de la même ville. 1re partie. *S. l.* (*Marseille*), 1790, in-8.

Attribué à un nommé LEJOURDAN.

Voy. « Supercheries », III, 982, *f*.

Correspondance de deux amies, ou lettres écrites d'Evian en Chablais, à Baden en Autriche, par Mme DE P. W. (PONT-WULLIAMOZ), auteur de « Léonore de Grailly ». *Paris*, *Renard*, 1806, 4 vol. in-12.

Correspondance de deux amis (BÉLANGER et Joachim DUPONT). *Paris*, *Leblanc*, 1823, in-12.

Tiré à 30 exemplaires. D. M.

Correspondance de deux ecclésiastiques catholiques sur la question : Est-il temps d'abroger la loi du célibat des prêtres? (Rédigée par l'abbé Gabriel HENRY, prêtre français, curé catholique à Iéna.) *Paris*, *Xhrouet*, 1807, in-12.

Un journaliste a désigné à tort l'abbé André MORELLET comme l'auteur de cet ouvrage. Voyez les « Mélanges de philosophie, d'histoire, etc. », t. III, p. 280.

Correspondance de deux généraux sur divers sujets (par le général CHASSELOUP DE LAUBAT), publiée par le citoyen T*** (THIÉRION, secrétaire du général). *Paris*, *Magimel*, an IX-1801, in-8, 164 p.

Attribué à tort par Barbier à THÉVENEAU. Quérard, qui signale cette erreur dans sa « France littéraire », fait cependant figurer l'ouvrage sous les deux noms.

Réimprimé sous le titre de « Correspondance d'un général français avec un général autrichien sur divers sujets. Par le général CH. » *Milan*, *J.-J. Destefanis*, *et Paris*, an XI-1803, in-8. Voy. ce titre ci-dessus, col. 769, *d*.

Voy. « Supercheries », III, 751, *f*.

Correspondance de deux petites filles, ouvrage propre à former de bonne heure les enfants au style épistolaire, par R.

(madame de Renneville). *Paris, Belin*, 1811 ou 1817, in-12.

Correspondance de Fénelon, publiée pour la première fois sur les manuscrits originaux et la plupart inédits. (Par M. l'abbé Caron.) *Paris, Ferra jeune*, 1827-29, 11 vol. in-8.

Correspondance de Frédéric II avant et après son avénement au trône avec M. Duhan de Jandun (1727-1745, publiée par J.-H.-S. Formey). *Berlin, Voss*, 1791, in-8, 132 p.

Correspondance de Frédéric II, roi de Prusse, avec le comte Algarotti (de 1739 à 1764, publiée par le docteur Ogliévi). *S. l.*, 1799, in-8, 255 p.

Correspondance de l'armée française en Égypte, traduite de l'anglais. (Par Edouard-Thomas Simon, bibliothécaire du tribunat, avec des notes du traducteur.) *Paris*, 1799, in-8.

Une partie de cette « Correspondance » a été réimprimée en 1866 en un vol. in-18, compris dans la « Bibliothèque originale » publiée par l'éditeur René Pincebourde.

Correspondance de la Société des Jacobins.... Voy. « Journal des débats de la Société des Amis de la Constitution ».

Correspondance de Louis XVIII avec le duc de Fitz-James, le marquis et la marquise de Favras, et le comte d'Artois. La liste dressée, etc. Le tout précédé d'un précis historique, etc. Publié par P. R. A. (Auguis). *Paris, avril* 1815, in-8, 178 p.

« M. Auguis a toujours désavoué cet ouvrage, dit la « Biographie universelle des contemporains », où l'on a lieu de croire que M. Auguis a fait lui-même l'article qui le concerne.

Voy. « Supercheries », III, 232, *a*.

Correspondance de Louis-Philippe-Joseph d'Orléans avec Louis XVI, la reine, Montmorin, Liancourt, Biron, La Fayette, etc., publiée par L. C. R. (L.-C. Roussel, avocat). *Paris, Maradan*, an VIII-1800, in-8, xxxii-282 p. et 6 p. de tables, av. portrait. — Seconde édit. augmentée. *Paris, Marchand*, 1801, 2 vol. in-8.

Les originaux de ces lettres furent déposés chez l'imprimeur jusqu'au 1er brumaire an IX, où chacun put les voir. Cette publication est accompagnée du journal autographe du fils aîné du duc d'Orléans, depuis Louis-Philippe.

Correspondance de Mlle Suzette-Césarine d'Arly; rédigée par l'auteur des « Voyages d'Anténor » (E.-F. de Lantier). *Paris, Arth. Bertrand*, 1814, 2 vol. in-8. — *Id.*, 1815, 3 vol. in-12.

Correspondance de M. M***** (Mesmer) sur les nouvelles découvertes du baquet octogone, de l'homme baquet et du baquet moral, pouvant servir de suite aux « Aphorismes ». Recueillie et publiée par MM. de F***** (Fortia de Piles), J******** (Jourgniac de Saint-Méard) et B******** (Louis de Boisgelin). *Libourne, et Paris, Prault*, 1785, in-12.

Cette « Correspondance » est imaginaire.

Voy. « Supercheries », I, 426, *e*, et II, 45, *f*.

Correspondance dramatique, ou lettres critiques et historiques sur les spectacles. (Par Alex.-Jacq. Chevalier, dit le chevalier du Coudray.) *Paris, Cailleau*, 1777, 2 vol. in-8.

Correspondance du cardinal de Tencin et de la marquise de Tencin, sa sœur. (Publiée par les soins de Jean-Benj. de La Borde.) (*Paris, Didot aîné*), 1790, gr. in-18.

Soulavie a eu part à cette édition.

Correspondance du marquis et de la marquise de Favras, pendant leur détention. (Publiée par de Mahy-Savonnière.) *S. l.* (1790), in-8.

Correspondance du roi Charles IX et du sieur de Mandelot, gouverneur de Lyon, pendant l'année 1572.... (Publiée par M. Paulin Paris.) *Paris, Crapelet*, 1830, gr. in-8.

Correspondance entre deux amis, l'un Prussien et l'autre Espagnol, sur la succession de Juliers et de Bergues. (Par J.-H.-S. Formey.) *Berlin*, 1738, in-4.

Réimprimé à la suite de « l'Histoire de la succession de Bergues et de Juliers », du même auteur.

Correspondance entre deux frères, sur matière de religion. (Ouvrage anti-catholique, par M. Augustin-François Thomas du Fossé, prosélyte de la religion réformée.) *Londres, Brookes et Earle*, 1787, in-8.

La Bibliothèque nationale possède un exemplaire de cet ouvrage, annoté de la main de l'auteur, qui a été donné à cet établissement par M. le vicomte Lerebours et qui contient les renseignements suivants :

Augustin-François Thomas, baron du Fossé, et Thomas de Bosmelet, conseiller au parlement de Rouen, né le 3 mai 1761, mort en 1822, conseiller à la cour royale de Rouen, étaient de la même famille que le célèbre Thomas du Fossé (Pierre) de Port-Royal. L'aîné de ces deux frères, le baron, épousa la femme de chambre de sa mère (Monique Coquerel, née le 29 décembre 1739, morte le 17 janvier 1822). Il se fit protestant et son père le déshérita.

Ce volume imprimé en caractères très-fins se compose de 169 pages, plus un *errata* de 10 pages et un Tableau des papes, empereurs et rois, depuis J.-C., 14 p.

a Correspondance entre le prince Gustave de Suède et le sénateur comte de Scheffer. (Publiée par Georges GIADDA.) *Greifswalde, A.-F. Rose*, 1772, in-12.

Correspondance entre madame de B.... (L.-Mar.-Thér.-Bath. D'ORLÉANS, duchesse DE BOURBON) et M. R.... (RUFFIN), sur leurs opinions religieuses. (*Barcelone*), 1813, 2 vol. in-8.

b Le tome II est intitulé : Suite de la « Correspondance ».

Voy. « Supercheries », I, 444, *d*.

Correspondance entre quelques hommes honnêtes, ou lettres philosophiques, politiques et critiques sur les événements et les ouvrages du temps, publiées par un homme désintéressé, à l'usage de tous les amis de la raison et de la vérité. (Par Ant.-Jos.-Michel SERVAN et Ph.-Jacq.-Et.-V. *c* GUILBERT, membre du Corps législatif.) *Lausanne et Paris, Pougens*, 1794 et 1795, 3 vol. in-8.

Voy. « Supercheries », II, 296, *a*.

Correspondance entre un Breton et un de ses compatriotes, connu par de grands succès littéraires (Chateaubriand), par le C. de K*** (le comte Louis-Florian-Paul DE KERGORLAY). *Paris, Plancher*, 1816, *d* in-8, 38 p.

Correspondance entre un prêtre catholique et un ministre protestant sur le principe fondamental de la Réforme vingt fois démontré insoutenable et faux. (Par le P. GAUTRELET, jésuite.) *Clermont-Ferrand, librairie catholique*, 1853, in-18.

Correspondance entre un voyageur (le chevalier MACPHERSON) et un ministre (MANFREDINI) à Turin, en octobre 1792. *e* *Ratisbonne*, 10 oct. 1794, in-8, XII-57 p.

Correspondance et écrits politiques de S. M. LOUIS XVIII. (Recueillis par MEISSONNIER DE VALCROISSANT.) *Paris, Rapilly*, 1824, in-18.

Correspondance familière et amicale de FRÉDÉRIC II, roi de Prusse avec Suhm. (Publiée par le professeur OUVRIER, de *f* Dessau, qui avait épousé une petite-fille de Suhm.) *Berlin*, 1787, 2 vol. in-8.

Cette correspondance a été traduite en allemand par Sander.

Correspondance générale de l'Europe. *Reims*, 1er avril 1790-27 déc. 1792, in-8.

Par un nommé COUPLET, dit BEAUMONT, qui joua un rôle assez important à Reims pendant la Révolution.

Voy. Hatin, « Bibliographie de la presse périodique », p. 168.

Correspondance historique et littéraire. (Par V.-D. DE MUSSET-PATHAY.) *Paris*, 1819, in-8.

Compilation que Musset n'avouait point et qui n'eut pas de succès. Elle fut reproduite deux ans plus tard sous ce titre : « Budget politique et littéraire, moral et financier de la France, pour l'année courante ». *Paris*, 1821, in-8.

Correspondance historique, philosophique et critique entre Ariste, Lisandre et quelques autres amis, pour servir de réponse aux « Lettres juives ». (Par AUBERT DE LA CHENAYE-DESBOIS.) *La Haye*, 1737-38, 3 vol. in-8.

Correspondance inédite de GRIMM et DIDEROT. Recueil de lettres, poésies, morceaux et fragments retranchés par la censure impériale en 1812 et 1813. In-8.

Ce volume, qui fait suite à l'édition, en 15 vol. in-8, imp. à Paris, a été publié en 1829, chez *Fournier*, par Fr. CHÉRON et Luglien-François THORY, premier employé de la Bibliothèque royale.

Correspondance inédite de l'abbé GALIANI, conseiller du roi pendant les années 1765 à 1783, avec Mme d'Epinay, le baron d'Holbach, le baron de Grimm, Diderot et autres personnages de ce temps; augm. de plusieurs lettres à Mgr San-Severino, archevêque de Palerme, ambassadeur de Naples près la cour de France; à Voltaire, d'Alembert, Raynal, Marmontel, Thomas, Lebatteux, Mme du Bocage; précédée d'une notice historique sur l'abbé Galiani, par B. MERCIER DE SAINT-LÉGER, bibliothécaire de Sainte-Geneviève; à laquelle il a été ajouté diverses particularités inédites concernant la vie privée, les bons mots, le caractère original de l'auteur. Par M. C*** DE SAINT-M*** (Antoine SERIEYS), membre de plusieurs académies. *Paris, Dentu*, 1818, 2 vol. in-8.

Voy. « Supercheries », I, 675, *c*.

Correspondance inédite de l'abbé Ferdinand GALIANI, conseiller du roi de Naples, avec Mme d'Epinay, le baron d'Holbach, le baron Grimm, et autres personnages célèbres du dix-huitième siècle. Édition imprimée sur le manuscrit autographe de l'auteur, revue et accompagnée de notes, par M. *** (A.-A. BARBIER), membre de plusieurs académies; précédée d'une notice historique sur la vie et les ouvrages de l'auteur, par feu GINGUENÉ, avec des notes par M. SALFI, et du dialogue de l'abbé GALIANI sur les femmes. *Paris, Treuttel et Würtz*, 1819, 2 vol. in-8.

Voy. « Supercheries », III, 1090, *c*.

Correspondance inédite de l'empereur NAPOLÉON, avec le commandant en chef de l'artillerie de la grande armée (général comte de LA RIBOISSIÈRE), pendant les campagnes de 1809 en Autriche, 1810-1811 en Espagne, et 1812 en Russie; avec un fac-simile autographe de Napoléon, et des notes historiques et topographiques. (Par Ad. PASCAL.) *Paris*, *Dumaine*, 1843, in-8.

Correspondance inédite et secrète du docteur B. FRANCKLIN, ministre plénipotentiaire des États-Unis d'Amérique près la cour de France, depuis l'année 1753 jusqu'en 1790, etc., etc. Publiée pour la première fois en France, avec des notes, addition, etc. (Par Charles MALO.) *Paris*, *Jannet*, 1817, 2 vol. in-8. D. M.

Correspondance littéraire, critique et secrète, ou supplément aux « Trois siècles de la littérature françoise », de M. l'abbé S*** (l'abbé Antoine SABATIER DE CASTRES). *Londres*, 1782, in-12, XXIV-144 p.

Voy. « Supercheries », III, 487, *b*.

Correspondance littéraire. Découverte d'une petite mystification. (Extrait de l'« Invariable », années 1832 et 1835.) *Paris, imp. de Crapelet*, in-8 de 70 p.

Cette brochure contient deux lettres. Dans la première, datée de New-York, le 4 août 1832, l'auteur dit qu'il aura bientôt 25 ans, et il signe cette supercherie René de M...... Quérard interprète cette initiale par MERSENNE, nom sous lequel (Voy. « Supercheries », II, 1122, *b*) il indique une 2e édition publiée en 1849 sous ce titre : « Deux lettres sur les voyages imaginaires de M. de Chateaubriand dans l'Amérique septentrionale ». Suivant Quérard, ce pseudonyme cacherait le nom de Jacq.-Max.-Benj. BINS DE SAINT-VICTOR, l'un des auteurs de l'« Invariable », journal publié à Fribourg de 1831 à 1838. (Voy. Hatin, « Bibliographie des journaux », p. 639.) Dans la 2e édit. de la « Biographie Michaud », il n'est pas question de ce pseudonyme, le nom de cet auteur n'est pas écrit comme à l'ordinaire BINS, mais BINSSE DE SAINT-VICTOR, et l'on fait observer qu'il est né à S.-Domingue, le 14 janvier 1772, et non à Nantes, en 1775. Il est mort le 8 août 1858.

Bins de Saint-Victor est le père de M. Paul de Saint-Victor.

Correspondance littéraire du journal « La Meuse », par E. W. (Edouard WACKEN). 1856-1857. *Liége*, *Carmanne*, 1857, in-8. Ul. C.

Correspondance littéraire, philosophique et critique adressée à un souverain d'Allemagne depuis 1753 jusqu'en 1790. (Par le baron DE GRIMM et par DIDEROT.) *Paris*, *Lonchamps*, *Buisson*, 1812 et 1813, 16 vol. in-8.

La première partie, de 1753 à 1770, composée de 6 volumes, a été publiée en dernier par Joseph MICHAUD et Fr. CHÉRON; la seconde, 5 volumes, depuis 1771 jusqu'en 1782, par Jacques-Barthélemy SALGUES, a paru la première; la troisième, depuis 1783 jusqu'en 1790, par Jean-Baptiste-Antoine SUARD, a formé la seconde livraison.

A.-A. BARBIER a publié en 1814 un volume de supplément à cette correspondance, contenant les « Opuscules » de Grimm et des remarques sur les seize volumes.

La seconde partie a eu pour éditeur Jos. BANCET. Il n'y a pas deux cents pages de Grimm. Le premier volume et les quatre cinquièmes du second sont de DIDEROT, le reste est de J. MEISTER auquel Grimm, de retour à Paris après son voyage en 1775, avait « remis toute la *boutique* avec ses charges et ses bénéfices ». Mme D'EPINAY s'est crue longtemps engagée à fournir un assez grand nombre d'articles, mais qu'elle permettait à J. Meister d'arranger à sa manière. Il y a eu jusqu'à 16 copies de cette correspondance, dont Meister avait à surveiller l'exactitude et qu'il devait expédier depuis les bords de l'Arno jusqu'à ceux de la Neva. BANCET a fait quelques additions malicieuses au travail de J. Meister, dit ce dernier dans sa lettre à Suard, du 27 juillet 1812 et publiée par Ch. Nisard. Voy. « Mémoires et correspondances historiques et littéraires inédits », 1726 à 1816. *Paris*, *Lévy*, 1858, in-12.

Correspondance littéraire, philosophique et critique de GRIMM et de DIDEROT, depuis 1753 jusqu'en 1790. Nouvelle édition, revue et mise dans un meilleur ordre, avec des notes et des éclaircissements où se trouvent rétablies pour la première fois les phrases supprimées par la censure impériale. (Par Jules TASCHEREAU.) *Paris*, *Fournier*, 1829, 15 vol. in-8.

Pour le vol. contenant la « Correspondance inédite » et formant le complément de cette édition, voy. ci-dessus, col. 774, *b*.

Correspondance littéraire secrète (depuis l'année 1775 jusqu'au 7 mars 1793 inclusivement, rédigée par MÉTRA, Guill. IMBERT DE BOUDEAUX, ex-bénédictin, et autres). *Neuwied*, *société typographique*, 1775-1793, 19 vol. pet. in-8.

Métra avait été banquier et correspondant du roi de Prusse Frédéric II; il fit mal ses affaires, et se réfugia à Neuwied, où il fit imprimer cette correspondance, dont G. Imbert lui envoyait de Paris les matériaux.

M. Grimod de La Reynière a coopéré à ce journal pendant les années 1787 et 1788.

Il ne faut pas confondre cet ouvrage avec la « Correspondance secrète, politique et littéraire ». Voyez ces mots plus bas. Cette dernière est assez commune; la première est d'une extrême rareté.

Voy. des détails circonstanciés dans la « Bibliographie de la presse », par M. Hatin, p. 68, et dans l'« Histoire de la presse », par le même, tome III, p. 483.

Correspondance ministérielle. Première (à septième) lettre à Son Excellence monseigneur le comte de Villèle, par E. PL. (Eugène PLAGNIOL). *Paris*, *chez les marchands de nouveautés*, 1827, 3 brochures in-8.

La quatrième lettre n'a pas paru.

Correspondance originale des émigrés, ou les émigrés peints par eux-mêmes. (Publiée par Alexandre ROUSSELIN.) *Paris, Buisson*, 1793, 2 part. in-8.

Note manuscrite.

Correspondance particulière de M. Boursaint. Respectueux hommage à sa mémoire. (Par BLANCHARD.) *Paris, imp. d'Éverat*, 1834, in-8, 420 p. avec 1 portrait.

Correspondance particulière et historique du maréchal de Richelieu en 1756, 1757 et 1758, avec M. Pâris du Verney, conseiller d'Etat; suivie de Mémoires relatifs à l'expédition de Minorque, et précédée d'une notice historique sur la vie du maréchal. (Publiée par le général Philippe Henri DE GRIMOARD.) *Paris, Buisson*, 1789, in-8.

De Grimoard est aussi l'éditeur de la Correspondance du comte de Saint-Germain et du cardinal de Bernis avec le même Pâris du Verney. *Paris*, 1789, in-8.

Correspondance patriotique entre les citoyens qui ont été membres de l'Assemblée nationale constituante. (Par P.-Sam. DUPONT DE NEMOURS et autres.) 1791-92, 5 vol. in-8.

Voy. Hatin, « Bibliographie de la presse », p. 206.

Correspondance philosophique d'un philosophe du Valais (Gabriel GAUCHAT), avec des observations de l'éditeur. *Paris*, 1772, 2 vol. in-12.

Voy. « Supercheries », III, 118, *a*.

Correspondance philosophique et religieuse. 1843-1845. (Par ENFANTIN.) *Paris, typogr. de Lacrampe fils et comp.*, 1847, gr. in-8.

Correspondance politique de Paris et des départements. *Paris, de l'imp. de la Correspondance (Lefortier l'aîné)*, *s. d.*, 4 vol. in-4.

Par LEFORTIER. Voyez Lefortier, « Lettre d'un émigré ».

Correspondance relative aux événements qui ont eu lieu à Bordeaux dans le mois de mars. (Par le comte LYNCH, maire de Bordeaux.) *Bordeaux, Lavigne jeune*, août 1814, in-8, 41 p.

Correspondance secrète de plusieurs grands personnages illustres à la fin du XVIIIe siècle, ou mémoires importants pour servir à l'histoire du temps. (Par P.-J.-A. ROUSSEL.) *Londres et Paris, Lerouge*, 1802, in-8, VIII-279 p.

La France littéraire donne l'interprétation suivante, trouvée par Lerouge, des noms sous lesquels l'auteur cache ses personnages : Elos et Vixoloiis est Louis XVI ; la reine, sa femme, est désignée sous les noms de Isla et de Martinoro (Marie-Antoinette), et de Martinoro de Ramef (Marie-Antoinette de France); Sirmen, prince philosophe, frère d'Elos, est Monsieur: madame Julius est madame Jules de Polignac, etc., etc. Pour exprimer Votre Majesté, l'auteur emploie les mots : Torve Tesmas.

Correspondance secrète du chevalier Robert Cécil avec Jacques VI, roi d'Écosse, publiée aujourd'hui, pour la première fois, à Edimbourg (par Dav. DALRYMPLE); imprimée par A. Millar sur le Strand, à Londres, en 1766, traduite de l'anglois. (Par N.-P. BESSET DE LA CHAPELLE.) 1767, in-12.

Correspondance secrète et familière de M. de MAUPEOU avec M. DE SOR*** (SORHOUET), conseiller du nouveau parlement. (Par Mathieu-François PIDANSAT DE MAIROBERT.) 1771, 3 vol. in-12.

Ces brochures ont été réimprimées en 1773, sous le titre de « Maupeouana ». Voyez ce mot.

Suivant la « Biographie universelle », Chrétien-François II de LAMOIGNON a eu beaucoup de part à cette correspondance.

Voy. « Supercheries », II, 1079, *e*.

Correspondance secrète, politique et littéraire, ou mémoires pour servir à l'histoire des cours, des sociétés et de la littérature en France, depuis la mort de Louis XV. (Rédigée par MÉTRA et autres.) *Londres, Adamson*, 1787-1790, 18 vol. in-12.

Cette réimpression de la « Correspondance littéraire secrète » finit au 7 octobre 1785.

Correspondance secrète, recueillie et publiée par un citoyen d'Angers (l'abbé GIBAULT, alors vicaire général de l'évêque constitutionnel d'Angers). An IV-1796, in-8, 28 p.

Correspondance sur l'art de la guerre, entre un colonel de dragons et un capitaine d'infanterie. (Par le général J.-Cl.-Eléo. LEMICHAUD D'ARÇON.) *Bouillon et Besançon, Fantet*, 1774, 2 parties in-8.

Correspondance sur les affaires du temps, ou lettres sur divers sujets de politique, d'histoire, de littérature, d'arts et de sciences. (Par Henri GRÉGOIRE et autres.) *Paris, impr. polémique*, an VI-1798, 3 vol. in-8.

Correspondance sur une question politique d'agriculture. (Par Jacques D'ESPRÉMESNIL le père.) *Paris, Fournier*, 1763, in-12.

Correspondance trouvée dans le portefeuille d'un jeune patriote assassiné sur la route de Paris. (Par Pierre-David SATUR, ex-employé des relations extérieures et du ministère de la guerre.) *Paris, Leroux*, an VI-1798, in-8, 108 p.

Correspondance turque, pour servir de supplément à la correspondance russe de J.-F. La Harpe, contenant l'histoire lamentable des chutes et rechutes tragiques de ce grand homme. (Rédigée par Ch.-Jos. Colnet.) Seconde édidion augmentée. *Paris, Colnet*, an X-1802, in-8.

La 1re éd. parut en 1801.

Correspondance universelle sur ce qui intéresse le bonheur de l'homme et de la société. (Par J.-P. Brissot de Warville.) *Londres et Neuchâtel*, 1783, 2 vol. in-8.

Corrivaux (les), comédie facétieuse de l'invention du sieur P. T. S. D. (Pierre Troterel, sieur d'Aves). *Rouen*, 1612, in-12, 82 p.

Voy. « Supercheries », III, 273, *c*.

Corruption (de la) du goût dans la musique françoise. (Par L. Bollioud-Mermet.) 1746, in-12.

Corsaire (le), comédie en trois actes et en vers, mêlée d'ariettes, représentée pour la première fois à Versailles, devant Leurs Majestés et la famille royale, le 7 mai 1783, par les comédiens italiens ordinaires du roi, et à Paris, le 17 du même mois. (Par Aug.-Et.-Xav. Poisson de La Chabeaussière et d'Alairac.) *Paris, veuve Duchesne*, 1783, in-8, 2 ff. de tit., 58 p. et 1 f. d'approbation.

Corvée (de la) et des prestations en nature, par un ingénieur des ponts et chaussées (Mossé). *Paris, veuve H. Perronneau*, 1818, in-8.

Corvées (des), nouvel examen de cette question, et, par occasion, fragment d'un essai sur les chemins. (Par F.-R.-J. de Pommereul.) *Paris*, 1787, in-8, 82 p.
V. T.

Coryphée (le) des salons, ou l'homme de bonne compagnie... (Par P. Cuisin.) *Paris, Lécrivain*, 1823, in-18, fig.

Reproduit la même année sous ce titre : « Art (l') de briller en société.... » Voy. ci-dessus, col. 284, *b*.

Cosmographie et pèlerinage du monde universel. (Par P. Jourdain.) *Paris*, 1669, in-8.

Cosmographie, ou doctrine de la sphère, avec un traité de la géographie. (Par Claude Pithoys, professeur de philosophie à l'académie de Sedan, et préfet de la bibliothèque du duc de Bouillon.) *Paris, Louis Perrier* (*Sedan*, *Pierre Jannon*), 1641, in-12.

Cosmopolisme (le), ou l'Anglois à Paris. (Par l'abbé Joseph-Honoré Remy.) *Paris, Valade*, 1770, in-8.

a Cosmopolite (le). (Par l'abbé Dazès, de Bordeaux.) 1764, in-12.

Cosmopolite (le), journal historique, politique et littéraire. (Par le baron Proly, exécuté à Paris le 4 brumaire an II.)

Voy. Hatin, « Bibliographie de la presse », p. 206.

Cosmopolite (le), ou le citoyen du monde. (Par Fougeret de Monbron.) 1750, in-12.

b Cosmopolite (le), ou les contradictions, histoire, conte, roman et tout ce que l'on voudra, avec des notes; traduit de l'allemand. (Composé par Rabelleau.) 1760, in-12, 116 p.

Traduction supposée. Cet ouvrage a été réimprimé sous le titre de : « les Contradictions ». Voy. ci-dessus, col. 751, *a*.

Cosmopolite (le), ou nouvelle lumière c chimique, divisée en douze traités. (Traduit de Michel Sendivogius, par Jean Beguin.) *Paris*, *d'Houry*, 1669, in-12. — *Paris*, 1691, in-12.

Voy. « Supercheries », I, 791, *e*.

Costeaux (les), ou les marquis frians, comédie. (Par de Villiers.) *Paris, Thomas Jolly*, 1665, in-12.

On voit par un passage de la pièce que le nom de d *Costeaux* avait été donné aux gourmands connaisseurs :

Des friands d'aujourd'hui, c'est l'élite et la fleur.
En voyant du gibier, ils disent à l'odeur
De quel pays il vient. Ces vrais amis de table...
Savent tous les costeaux où croissent les bons vins...
Du grand nom de Costeaux on les appelle en France.

Costumes du moyen âge, d'après les manuscrits, les peintures... (Par Van Beveren, ancien employé de la bibliothèque e royale, et du Pressoir.) *Bruxelles, A. Wahlen*, 1847, 2 vol. in-8. J. D.

Costumes féminins inédits du pays de Caux. (Par Pierre de La Mésangère.) *Paris*, in-4.

Costumes orientaux inédits, dessinés d'après nature en 1796, 1797, 1798, 1802 et 1809, gravés à l'eau-forte, terminés à la pointe et coloriés avec des explications. f (Par Pierre de La Mésangère.) *Paris*, in-4.

Costumétrie (la), art de vêtir mis en corps de science, par E. D. Auctor (Etienne de Méautis). *Paris*, 2 vol. in-8 et un atlas in-4.

Cotterie (la) des antifaçonniers, établie dans L. C. J. D. B. L. S. Première relation, où l'on traite de l'établissement de cette cotterie. (Par E. BORDELON.) *Amsterdam, Paris*, 1716, in-12. V. T.

On trouve quelques détails sur cette association, d'une existence douteuse, dans l'ouvrage de M. A. Dinaux sur les « Sociétés badines et bachiques » publié après sa mort par les soins de M. G. Brunet. *Paris, Bachelin Deflorenne*, 1866, 2 vol. in-8.

Côtes (les) de la Somme. *Amiens, imp. de Duval et Herment*, 1848, in-8, 30 p.

Une suite a paru sous ce titre : « de l'Inscription maritime. » *Ibid.*, *id.*, in-8, 13 p. Ces deux pièces sont signées J. M. (Joseph MANCEL).

Coucher (le), ou la vérité toute nue, pour servir de supplément aux « Quatre repas ». (Par le vicomte A.-B.-L. DE MIRABEAU.) *S. l. n. d.*, in-8.

Voy. ci-après « Déjeuner du mardi ».

Couches (les) de l'Académie, ou plan et dessein de ce poëme allégorique et tragico-burlesque. (Par FURETIÈRE.) *Genève*, 1687, in-12. — *Amsterdam*, 1688, in-12.

Réimprimé dans le « Recueil des factums » de Furetière, publié par Ch. Asselineau, 1859, tome II, p. 293-330.

Couches (les) sacrées de la Vierge, poëme héroïque de SANNAZAR, mis en prose françoise par le sieur COLLETET, revu de nouveau et corrigé par le R. P. L. J. (le révérend P. LABBE, jésuite). *Paris*, 1645, in-4.

Réimprimé à la fin du volume intitulé : « Heroicæ poeseos deliciæ », etc. *Parisiis, Meturas*, 1646, in-12.

Voy. « Supercheries », III, 467, *b*.

Coucou (le), ou la famille de l'épicier, vaudeville en un acte et historique, par A. H. (HOPE). *Paris, Barba*, 1836, in-8, 34 p.

Coucou (le), ou mémoire sur le coucou. (Par A.-G. LOTTINGER.) *Nancy*, 1775, in-8. V. T.

Coudées franches. *Paris*, 1713, 2 vol. in-12.

C'est par erreur que, dans le catalogue de madame de Pompadour, on met ce roman sous le nom de NIVELON ; il est certainement de L. BORDELON ; il avoue lui-même cet ouvrage dans ses « Dialogues des Vivans ». *Paris*, 1717, in-8. V. T.

Beauchamps, dans ses « Recherches sur les théâtres de France », et Moréri, édition de 1759, en parlent aussi.

Coup (le) d'Estat de Louis XIII au roy. (Par J. SIRMOND.) *Paris*, 1631, in-8.

Il existe au moins deux éditions avec cette date, deux autres sans date et une sans lieu et sans date. Cet écrit a été réimprimé dans le « Recueil de diverses pièces »... publ. par Paul Hay du Chastelet, en 1635, in-fol. Voy. ce titre.

a Coup d'État (le) du parlement des pairs, ou le Prince convainquant le Mazarin par la raison et par l'histoire... *S. l.*, 1652, in-4, 32 p.

Par DUBOSC-MONTANDRÉ, suivant la « Bibliographie des Mazarinades ».

Coup d'œil anglais sur les cérémonies du mariage, avec des notes et des observations, auxquelles on a joint les aventures de M. Harry et de ses sept femmes;
b ouvrage (supposé) traduit sur la seconde édition de Londres, par MM. ***. (Rédigé par P.-T.-N. HURTAULT, maître de pension.) *Genève* (*Paris*), 1750, in-12 de XLIX et 168 p., sans compter la table alphabétique, qui en a six.

Cette prétendue traduction de l'anglais n'est en grande partie que la copie du petit volume intitulé : « Cérémonies nuptiales de toutes les nations et religions du monde », par le sieur GAYA. *Cologne, P. Marteau*, 1694, in-12 de IV et 154 p., sans la table
c qui en a six.

Voy. « Supercheries », II, 141, *c*, et III, 1044, *f*.

Coup d'œil autour de moi, par J.-Fr. B... (Jean-Francois BARTHELOT). *Paris, Desenne*, an XII-1804, in-12. D. M.

Une seconde édition, *Paris, Desenne*, an XIII-1805, in-12, 115 p., porte le nom de l'auteur.

Coup d'œil biographique et littéraire sur
d un auteur dramatique du XVIIe siècle (Guyon Guérin de Bouscal). (Par M. DESBARREAUX-BERNARD.) *Toulouse, impr. de Douladoure, s. d.*, in-8.

Extrait des « Mémoires de l'Académie des sciences de Toulouse ».

Coup d'œil d'un Arabe sur la littérature françoise, ou le Barbier de Bagdad faisant la barbe au barbier Figaro. (Par Pierre-Jean-Baptiste NOUGARET.) *Londres, et Pa-*
e *ris, Guillot*, 1786, in-8.

Coup d'œil d'un républicain sur les tableaux de l'Europe en juin 1795 et janvier 1796. (Par E.-T. SIMON.) *Bruxelles*, 1796, in-12.

Coup d'œil de Bel-Œil. (Par le prince Th. de LIGNE.) *A Bel-Œil, de l'imp. du prince Ch. de— (Ligne)*, 1781, in-8, 156 p. dont 6 non cotées.

f D'après M. Chalon, « Bulletin du bibliophile, » n° 22, 1re série, il existe de cet ouvrage une contrefaçon qu'on distingue au fleuron de la dernière page qui est gravé en bois, au lieu d'être en taille-douce comme dans l'édition originale. La seconde édition de ce livre est intitulée : « Coup d'œil sur Bel-Œil et sur une grande partie des jardins de l'Europe, par le prince Charles de —. Nouvelle édition, revue, corrigée et augmentée par l'auteur. » *A Bel-Œil, et se trouve à Bruxelles, chez F. Hayez, imprimeur-libraire, Haute-Rue*, 1786, in-8, 204 p. encadrées.

Le catalogue A. Bluss, de Bruxelles, du 13 novembre 1871, fait connaître une troisième éd. « Coup d'œil sur Bel-Œil », 1795, *A mon refuge sur le Léopoldberg, près de Vienne.* » 2 vol. in-8.

Coup d'œil éclairé d'une bibliothèque, à l'usage de tout possesseur de livres, par M*** (Jean-Mart. Cels et Augustin-Martin Lottin l'aîné). *Paris, Lottin*, 1773, 3 vol. in-8.

Coup d'œil en forme de lettre sur les convulsions, où on examine cette œuvre dès son principe et dans les différents caractères qu'elle porte, et on éclaircit ce qui peut s'y apercevoir de désavantageux. *Paris*, 1733, in-12, 34 p.

Attribué par Barbier au P. Fr. Boyer, et par les rédacteurs du Catalogue de la Bibliothèque du roy, de 1742, au P. de Gennes.

Coup d'œil encyclopédique des sciences de l'Orient, par un étudiant orientaliste (Joseph de Hammer). (*Leipzig*), 1804, in-8.

Coup d'œil général sur l'organisation des écoles centrales, et particulièrement sur celle du département des Ardennes. (Par Pierre Durand, traducteur de Pétrone.) *Bouillon* (1798), in-8, 39 p.

Coup d'œil historique et statistique sur l'état passé et présent de l'Irlande, sous le rapport de son gouvernement, de sa religion, de son agriculture, de son commerce et de son industrie, par C. H. M. D. C. (Charles-Hip. Maillard de Chambure). *Paris, Mongie*, 1828, in-8, 96 p.

Voy. « Supercheries », I, 719, *d*.

Coup d'œil historique et statistique sur le canton de Vaud. (Par Ant. Miéville.) *Lausanne*, 1816, in-12.

Coup d'œil impartial sur l'état présent de l'Égypte, comparé à sa situation antérieure. (Par E.-Fr. Jomard.) *Paris*, 1836, in-8, 60 p.

Coup d'œil philosophique et politique sur la main-morte. (Par M. l'abbé Clerget, curé d'Ouans, et M. l'abbé J.-P. Baverel.) *Londres* (*Besançon, Simart*), 1785, in-8.

Coup d'œil politique sur l'avenir de la France. Mars 1795. *Hambourg, B.-G. Hoffmann*, pet. in-8, 197 p.

Signé Dumouriez. Une autre édition, *à Hambourg et à Londres, chez J. de Boffe*, in-8, 83 p., porte le nom de l'auteur sur le titre. Une suite a paru sous le titre de : « Aux assemblées primaires de France... » *Hambourg*, juillet 1795, in-8 de 187 p., et une seconde partie, avec le nom de l'auteur, est intitulée : « De la république, suite du Coup d'œil... » *Hambourg*, 1796, in-8.

Coup d'œil politique sur l'Europe à la fin du dix-huitième siècle. (Par J. Blanc de Volx.) *Paris, Henrichs*, 1801, 2 vol. in-8.

Coup-d'œil politique sur le continent. (Par Ch. Saladin, de Genève.) *Londres*, 1799, in-8.

Nouvelle édition. *Paris*, 1800, in-8, suivie d'un petit essai, rédigé en mars 1800, que l'éditeur dit lui avoir été communiqué par un Allemand, et intitulé : « du Jacobinisme et de l'usurpation », et d'une « Lettre à lord *** » datée de Londres, le 13 juin 1800, prise dans un journal anglais.

Coup d'œil politique sur les doctrines avancées récemment dans quelques écrits. Par un jeune Français (l'abbé J.-B. Boichot). *Lons-le-Saulnier, Courbet*, 1831, in-8, 91 p.

Coup d'œil pour distinguer et classer les différentes parties de la science militaire, principalement sur l'influence de celles qui appartiennent à l'arme du génie. (Par le comte J. Dembarrère.) *Paris, Magimel*, an IX, in-4.

Coup d'œil (le) purin, augmenté par son auteur de plus de 700 vers, enrichi de beaucoup de notes nécessaires et très-intéressantes, avec un précis des actions héroïques de MM. de Miromesnil dans la magistrature. Ou abrégé de l'histoire mémorable à la postérité de la conduite, des caractères et des faits iniques de ceux qui composent le conseil supérieur de Rouen, à commencer du jour que ces intrus se sont installés au palais, le 17 décembre 1771, quoique déclarés parjures par l'arrêt du parlement du 15 avril de la même année. Enfin la notice des crimes énormes commis par Perchel, avocat, et soi-disant procureur général de ces violateurs des lois. *A Tote, chez le grand-père de Fiquet, dit vil Normand, hôtelier, à l'enseigne de la Valise d'un milord escamoté. A Rouen, Perchel, en son hôtel d'Argent-Court, et de Prefelne, son associé, à la Trahison*, 1773, in-8, 2 ff. de tit., VIII-84 p.

Le titre de départ porte : « Coup d'œil purin, ou conversation entre quatre personnes du bas peuple de la ville de Rouen ».

Ce poëme burlesque en patois normand a été attribué par Barbier à Gervais, fabricant à Rouen, mort vers 1821.

J. Girardin, dans une notice sur Dambourney, publiée dans la « Revue de Rouen », 1837, tome X, p. 133 à 159, dit que ce poëme a été attribué aussi, mais sans aucune espèce de certitude, à L.-Alex. Dambourney.

Coup d'œil rapide sur l'état de l'Europe en janvier 1832, par l'auteur de « Bruxelles et Paris depuis juillet 1830 » (De-

FRENNE, ancien avocat à Bruxelles). *Bruxelles, Vanderborght*, 1832, in-8, 8 p.

Voyez ci-dessus col. 463, *d*.

Coup d'œil rapide sur l'état présent des puissances européennes, considérées dans leurs rapports entre elles et relativement à la France; précédé d'observations critiques sur deux ouvrages politiques publiés en l'an V; par un Français (Alph.-T.-Jos.-And.-Mar.-Marseille DE FORTIA DE PILES). *Paris*, 1805, in-8, 368 p.

Voy. « Supercheries », II, 77, *d*.

Coup d'œil rapide sur la république de Costa-Rica. (Par le ministre plénipotentiaire F. MOLINA.) *Paris, D. Dupré*, 1849, in-8. — *Ibid.*, *Aubusson*, 1850, in-8, avec le nom de l'auteur.

Coup d'œil rapide sur le « Génie du Christianisme, » ou quelques pages sur cinq volumes in-8 publiés sous ce titre par Fr.-Aug. Chateaubriand. (Par Pierre-Louis GINGUENÉ.) *Paris, Gérard*, an X-1802, in-8, 92 p.

Coup d'œil rapide sur les causes qui amènent le ravage des torrents et rivières, et sur la manière simple et peu dispendieuse de s'en garantir, par G.... M.... GAMON-MONVAL, ancien capitaine dans l'arme du génie). *Paris, Magimel*, an X. (1801, in-8, 63 p.

Coup d'œil rapide sur les mœurs, les lois, les contributions, les secours publics, les sociétés politiques, les cultes, les théâtres, etc., dans leurs rapports avec le gouvernement représentatif, etc. *Grenoble, Cadore et David*, an VI 1798, in-8, 94 p.

Opuscule attribué à FRANÇAIS DE NANTES, par les auteurs de l'ouvrage intitulé : « Mélanges biographiques et bibliographiques relatifs à l'histoire du Dauphiné », par MM. Colomb de Batines et Olivier Jules. *Valence et Paris*, 1837, tome I, in-8. D. M.

Coup d'œil rapide sur les progrès et la décadence du commerce et des forces de l'Angleterre, ouvrage attribué à un membre du parlement. (Traduit de l'anglais de Josua GÉE, par Jos.-P. FRENAIS.) *Amsterdam, et Paris, Dehansy le jeune*, 1768, in-8, 100 p.

Coup d'œil rapide sur M. Schimmelpenninck, grand pensionnaire de la république batave. (Par J. CHAS.) *Paris, Brasseur aîné*, 1805-Ier de l'empire, in-8.

Coup d'œil rapide sur Vienne, suivi de la lettre d'un officier supérieur de la Grande-armée, contenant un précis des opérations militaires qui ont fait tomber

a cette capitale au pouvoir des Français. (Par le professeur Holger DE FINE OLIVARIUS, avec des augmentations par P.-L. SOLVET.) *Paris, Solvet*, 1805, in-8, IV-70 p.

Coup d'œil religieux sur quelques-uns des ouvrages de la création. (Par le pasteur GONTHIER.) *Genève, Manget et Cherbuliez*, 1824, in-12.

b Coup d'œil sur Bel-Œil. (Par le prince Charles DE LIGNE.)

Voy. ci-dessus « Coup d'œil de Bel-Œil », col. 782, *c*.

Coup d'œil sur Bruxelles, ou petit nécessaire des étrangers dans cette commune. (Par J.-H. HUBIN.) *Bruxelles, Stapleaux*, 1804, in-12, 131 p. J. D.

Coup d'œil sur l'agriculture de la Belgique. (Par le sénateur Mat. DEPÈRE.) *Paris*, 1805, in-8.

c Extrait du « Manuel d'agriculture pratique » du même auteur ; cet ouvrage n'a pas été mis en vente. Catalogue Van Hulthem, n° 5889.

Coup d'œil sur l'armée, par D. N. (Armand COLSON). *Gand*, *Verhulst*, *s. d.*, in-8, 28 p. J. D.

Coup d'œil sur l'arrêt du parlement de Paris, concernant l'institut des Jésuites. (Par les PP. Joseph DE MENOUX et Henri GRIFFET.) *Avignon*, 1761, 2 parties in-8.

d Coup d'œil sur l'Auvergne, ou lettre à M. Per.. (Perron), avocat au parlement de Paris; par M. LE B... D... (Urb.-René-Thomas LE BOUVIER DES MORTIERS, maître honoraire à la chambre des comptes de Nantes, de la Société patriotique bretonne, de l'académie de Clermont-Ferrand, et de la Société libre des sciences, lettres et arts

e de Paris). *S. l.*, 1789, in-8.

Voy. « Supercheries », II, 717, *b*.

Coup d'œil sur l'avenir de la Belgique, opinion d'un électeur (Adolphe LE HARDY DE BEAULIEU). *Bruxelles, Raes*, 1848, in-8, 48 p. J. D.

Coup d'œil sur l'avenir, par un ancien membre du parlement de Francfort (Jules SIMON, député de Trèves en 1848). *Bruxel-*

f *les, Demortier*, 1851, in-8, 62 p.

Coup d'œil sur l'édition d'un « Codex de Imitatione Christi », supposé du treizième siècle. (Dialogue en vers entre M. C.-J.-H. PARIS et J.-B.-M. GENCE.) *Paris, impr. de Moquet*, 1833, in-8, 8 p.

Voy. « Supercheries », III, 815, *c*.

Coup d'œil sur l'état actuel de la Russie envisagée sous ses rapports physique, moral, économique, politique et militaire, ou les Russes tels qu'ils sont. (Par Fornerod, secrétaire interprète de la légation helvétique.) *Lausanne*, août 1799, in-8.

Cet ouvrage avait déjà paru le mois précédent sous ce titre : « Antidote, ou les Russes tels qu'ils sont et non tels qu'on les croit, par un ami de la vérité et de la liberté. » *Lausanne*, juillet 1799, in-8. Voy. ci-dessus col. 213, *a*.

Coup d'œil sur l'état actuel des affaires des Grecs. Extrait de la « Revue encyclopédique ». Par un Philhellène (Marc-Antoine Jullien, de Paris). *Paris, impr. de Rignoux*, 1828, in-8.

Coup d'œil sur l'état de l'Europe, par l'auteur de : « Bruxelles et Paris » (Défrenne, ancien avocat à Bruxelles). *Bruxelles*, 1832, in-8, 8 p.

Coup d'œil sur l'état des lumières et de l'instruction publique en Hollande, depuis les temps les plus anciens jusqu'à nos jours, par H. A. L. P*** (Henri-Augustin Le Pileur). *Paris, G. Dufour*, 1810, in-8, II-59 p.

Voy. « Supercheries », II, 240, *e*.

Coup d'œil sur l'état politique de l'Europe en 1819. (Par Camille Paganel.) *Paris*, 1819, in-8.

Une seconde édition publiée en 1820 porte le nom de l'auteur.

Coup d'œil sur l'état politique du royaume de Pologne sous la domination russe pendant les quinze années de 1815 à 1830, par un Polonais (C.-A. Hoffmann). *Paris*, 1832, in-8.

Voy. « Supercheries », III, 202, *d*.

Coup d'œil sur l'exposé des motifs et le projet de loi relatif à la mine de sel gemme. (Par Nicolas-Louis-Marie Magon, marquis de La Gervaisais.) *Paris, A. Egron et Ponthieu*, 1825, in-8, 16 p.

Coup d'œil sur l'histoire et la constitution du pays de Liége, sur ses démêlés en 1786. (Par Joseph-Étienne de Wasseige, trésorier de Liége.) *Liége*, 1786, in-8, 55 p.
D. M.

Coup d'œil sur l'industrie linière dans les Flandres en général, et plus particulièrement sur cette branche de la prospérité publique dans l'arrondissement de Courtrai en 1847. (Par Renier.) *Courtrai*, 1847, in-8.
J. D.

Coup d'œil sur l'ouvrage de M. Vatout, intitulé : « Souvenirs historiques du palais de Versailles », par l'auteur des « Recherches historiques » sur cette ville (J. Eckard). *Versailles, Dufaure*, 1837, in-8, 47 p.

Il faut y joindre 4 autres p. intitulées : « Avis aux bibliographes » (signé : Eckard).

Coup d'œil sur l'unité d'origine des trois branches mérovingiennes, carliennes et capétiennes. *Vire, Adam*, 1816. — Second coup d'œil sur l'unité origine des trois branches mérovingiennes, carliennes et capétiennes. *Vire, Adam*, 1817, in-8.

Signé : A. D. Une autre édition, *Vire, Adam*, 1818, in-8, est signée : Le chevalier Alex. Drudes de Campagnolles.

Coup d'œil sur l'Université de France. (Par C.-S. Le Prévost d'Iray.) *Paris, Dentu*, 1814, in-8, 36 p.

Coup d'œil sur l'Université moderne. Seconde édition augmentée de développements importants, revue et corrigée. (Par Ch. Dallier-Fleurizelle.) *Paris, Dentu*, 1821, in-8.

La première édition, qui est de la même année, porte le nom de l'auteur.

Coup d'œil sur la Belgique en 1843. (Par Charles Marcellis.) *Bruxelles, Berthot*, 1843, in-8, 10 p.
J. D.

Coup d'œil sur la campagne d'Afrique en 1830, et sur les négociations qui l'ont précédée, avec les pièces officielles, dont la moitié était inédite. (Par M. le marquis de Bartillat, aide de camp du maréchal Bourmont.) *Paris, Delaunay*, 1831, in-8.

Une seconde édition revue et augmentée, portant le nom de l'auteur, a été publiée en 1833, sous le titre de « Relation de la campagne d'Afrique en 1830 ». in-8, 132 p.

Coup d'œil sur la crise sociale, suivi d'une controverse politique et religieuse. (Par Jules Pouilh.) *Toulouse*, 1835, in-8, 40 p.

Coup d'œil sur la folie, par A. C*** (P.-A. Prost). *Paris*, 1800, in-8.

Coup d'œil sur la Hollande, ou tableau de ce royaume en 1806. (Par J. Brayer, de Soissons.) *Paris, Léopold Collin*, 1807, 2 parties in-8.

Selon Servaar van de Graaf, dans la préface de son ouvrage intitulé : « Historisch-statistiche Beschryving van het Koningryk Holland ». Eerste deel. *Amsterd.*, 1807, in-8, p. 24, ce livre serait de D.-J. Garat.

Coup d'œil sur la maison centrale de détention de Melun ; dédié à M. Appert, fondateur du Journal des prisons, par un ancien détenu (Acarry). *Paris, impr. de Lachevardière fils*, 1827, in-8, 47 p.

Coup d'œil sur la métropole de Malines en 1836. (Par M. Gyselaer-Thy, archiviste à Malines.) *Malines*, 1836, in-8.

Coup d'œil sur la musique à Audenarde. Ce que nous sommes et ce que nous pouvons devenir. (Par Edmond VANDERSTRAETEN.) *Audenarde, Van Peteghem-Ronsse*, 1851, in-12, 4 p. J. D.

Coup d'œil sur la négociation de la paix à Rastadt entre l'empire germanique et la république française. (Par le conseiller impérial Geor.-Fr. BLUM.) *Rastadt*, 1799, in-8, 188 p.

Voy. « Der Reichsfriedencongress zu Rastadt.... oder Handbuch des Congresses zu Rastadt, IIIe Fortsetz, und Beschluss ». *Leipz.*, 1799, in-8. Les pages 55-94 contiennent une bibliographie de tout ce qui avait été publié à cette époque sur le Congrès de Rastadt.

Coup d'œil sur la réforme du XVIe siècle, par l'auteur de « Mes doutes » (le P. Jean LORIQUET, jésuite). *Bruxelles, Goemaere*, 1852, in-8, 36 p.

Coup d'œil sur la révolution des Pays-Bas. (Par les abbés Pierre LAMBINET et Mathieu-Joseph JACQUES, ex-jésuites.) *S. l.* (*Givet*), 1792, in-8. D. M.

Coup d'œil sur la révolution française, par un ami de l'ordre et des lois. (Par le marquis Anne-Pierre DE MONTESQUIOU-FEZENSAC.) *Hambourg*, 1794, in-8.

Réimprimé avec le nom de l'auteur.

Coup d'œil sur la Serbie. Par J. P. (POPOVICH). *Liége, Carmanne*, 1858, in-18, 55 p.

Tirage à part de l'« Annuaire de la société libre d'émulation de Liége », Ul. C.

Coup d'œil sur la situation actuelle de l'industrie, par F. J. G. (GYSELYNCK). *Gand, Vander Haeghen-Hulin*, 1840, in-8.

Coup d'œil sur la véritable position des partis en France, adressé aux électeurs de la première série, par un ami de la légitimité et de la Charte (Isidore-Marie-Brignolles GAUTIER, du Var.) *Paris, Pillet aîné*, 1822, in-8, 40 p.

Trois éditions la même année.

Coup d'œil sur le commerce des Etats de l'Afrique septentrionale. (Par C.-B. HOURY.) *Arlon*, 1850, in-8. J. D.

Coup d'œil sur le congrès d'Ems, précédé d'un second supplément au « Véritable état », etc. (Par le P. François-Xavier DE FELLER.) *Dusseldorff, P. Kaufmann*, 1787, in-8.

Coup d'œil sur le gisement et les principaux usages des minéraux et des roches en Belgique. (Par André DUMONT.) (*Bruxelles*, vers 1854), gr. in-4, 12 p. à 2 col.

Réimpression d'un article publié p. 50-58 de l'« Exposé de la situation du royaume de Belgique », 1841-1850. *Bruxelles*, 1852, in-4. Ul. C.

Coup d'œil sur le magnétisme, et examen d'un écrit qui a paru sous ce titre : « Lettre sur le magnétisme, adressée à M. **, à Paris, par M. Morisson, de Bourges. » (Par Antoine BOIN, médecin à Bourges.) *Bourges, Sautrois', impr.*, 1814, in-8, 29 p.

Coup d'œil sur le mode d'avancement, la position de non-activité et de réforme, et le mariage des officiers de l'armée belge... (Par F.-J. MARCHAL, ancien sous-lieutenant d'infanterie.) *Mons, Duquesne*, 1854, in-12, 43 p. J. D.

Coup d'œil sur le salon de 1775, par un aveugle. (Par Rob.-Mart. LE SUIRE.) *Paris, Quillau l'aîné*, 1775, in-12, 26 p.

Voy. « Supercheries », I, 415, *a*.

Coup d'œil sur le système religieux et politique de l' « Avenir ». (Par G.-M.-A. PUJOL, professeur de littérature latine à la faculté des lettres de Toulouse.) *Toulouse, Senac*, 1832, in-8, 46 p.

Coup d'œil sur le tableau de la nature, à l'usage des enfants. (Par Jean HERMANN.) *Strasbourg*, 1778. — Seconde édit., 1796, in-8.

Coup d'œil snr le tarif des douanes belges, à propos du libre échange. Par un négociant belge (Corr. VANDERMAEREN et Alexandre YSABEAU). *Bruxelles, Perichon*, 1846, in-8. J. D.

Voy. « Supercheries », II, 1237, *d*.

Coup d'œil sur les Asturies. Notes extraites d'un voyage en Espagne. Par A. H......I (Alexandre-Jean-Joachim HOLINSKI). *Paris, impr. de Mme Delacombe*, 1843, in-8.

Coup d'œil sur les avantages des relations commerciales entre la France et l'Angleterre, basées sur les vrais principes de l'économie politique. Par un membre du parlement d'Angleterre (sir Henry PARNELL). Traduit de l'anglais. (Publié par M. le docteur BOWRING.) *Paris, H. Bossange*, 1832, in-8, 46 p.

Voy. « Supercheries », II, 1114, *c*.

Coup d'œil sur les causes et les conséquences de la guerre actuelle avec la France, par M. ERSKINE, traduit de l'anglais (par Pierre DUVIQUET), sur la 23e édition. *Paris*, 1797, in-8.

Coup d'œil sur les colonies et en particulier sur celle d'Alger. (Par Benjamin GRADIS, dit BENJAM.) *Paris, Delaunay*, 1833, in-8, 48 p.

Coup d'œil sur les courses de chevaux en Angleterre, sur les haras, la valeur, le prix, la vitesse, etc., des chevaux anglais .. (Par Ant.-Prosp. LOTTIN le jeune.) *Paris, Plassan*, 1796, in-8, 80 p.

Coup d'œil sur les lois à former par la Convention nationale. (Par l'abbé J.-A. BRUN.) 1795, in-8.

Coup d'œil sur les ouvrages de J.-S.-J.-F. Boinvilliers, par le traducteur des Sylves de Stace (S. DE LA TOUR). *Paris, Colnet*, 1805, in-16.

Coup d'œil sur les ouvrages modernes, par M... D. M.... (Charles PALISSOT DE MONTENOY), ou réponse aux « Observations sur la littérature » de M. L. D. L. P.; tome premier et unique. (*Paris*, 1751), in-12, 68 p.

Voy. « Supercheries », II, 1090, *e*.

Coup d'œil sur les quatre concours qui ont eu lieu à l'Académie des sciences, belles-lettres et arts de Lyon, pour le prix offert par M. l'abbé Raynal, sur la découverte de l'Amérique. (Rédigé par l'abbé Louis JACQUET.) *Lyon, Bruyset, et Paris, Gattey*, 1791, in-8.

Coup d'œil sur les remarques du médecin Caels touchant l'ouvrage intitulé : « la Nature médecin ». (Par VANASPROECK, médecin à Bruxelles.) *Bruxelles*, 1797, in-8.

Coup d'œil sur les révolutions d'Espagne et de Naples, sur la conspiration militaire découverte à Paris le 19 août 1820, sur la marche qu'a suivie le ministère français depuis la Restauration, et sur la disposition des esprits en Europe; par M. C. (COURTELIN). *Paris, Ant. Boucher*, 1820, in-8, 55 p.

Coup d'œil sur les violences exercées jadis contre les huissiers ou sergents. (Par M. BERRIAT SAINT-PRIX.) *Paris, imp. de Fain*, 1834, in-8, 8 p.

Coup d'œil sur ma patrie, ou lettres d'un habitant du pays de Vaud, à son ami revenu depuis peu des Indes à Londres. (Par Antoine DE POLIER DE SAINT-GERMAIN.) 1795, in-12.

Coup d'œil sur Paris; suivi de la nuit du deux au trois septembre. (Par VANDERMAESEN.) *Paris, les marchands de nouveautés*, an III, in-8, 32 p.

Réimprimé la même année avec la signature de l'auteur.

Coup d'œil sur Pétersbourg, par M. J. C. (J.-M. CHOPIN). *Paris, Ponthieu*, 1821, in-8, 248 p.

Voy. « Supercheries », II, 374, *a*.

Coup d'œil sur quelques monuments des plus remarquables de la cathédrale de la ville de Saint-Jean-de-Maurienne, par A. J. J. (Jacques-Jean ANSELME, conseiller à la cour d'appel de Savoie). *Chambéry*, 1858, in-16, 24 p.

Coup d'œil sur une brochure ayant pour titre « l'Evidence de la Vérité ». (Par DE GAND d'Alost.) *Gand, Ch. de Goesen* (1798), in-8, 42 p.

Coup (le) de fouet, ou revue de tous les théâtres de Paris, par un observateur impartial (Jean-Pierre-Abel RÉMUSAT). *Paris*, 1802, in-8. — 3e éd. *Paris*, 1803, in-18.

Voy. « Supercheries », II, 1281, *d*.

Coup (le) de partie. *S. l.*, 1652, in-4, 20 p.

Par DUBOSC-MONTANDRÉ, suivant la « Bibliographie des Mazarinades ».

Voy. « le Contre-coup... », col. 752, *c*.

Coup (le) de patte, ou l'Anti-Minette. (Par Ponce-Denis ESCOUCHARD LE BRUN.) *Paris*, 1763, in-12, 14 p.

Réponse à l'« Epître à Minette » de Colardeau.

Coup de patte sur le salon de 1779, dialogue; précédé et suivi de réflexions sur la peinture. (Par N. CARMONTELLE.) *Athènes, et se trouve à Paris, chez Cailleau*, 1779, in-8.

Coup (le) de pavé de l'ours, ou M. Thonissen défendu par le « Courrier de Louvain ». (Par DE FORMANOIR.) *Louvain, Jovand-Dusart*, 1850, in-12, 12 p. J. D.

Coup (le) de pistolet à poudre, dialogue entre un vieux classique et un jeune romantique, par l'ermite en Russie (Émile DUPRÉ DE SAINT-MAUR). *Paris, Denain*, 1829, in-8, 16 p.

Voy. « Supercheries », I, 1247, *f*.

Coup (le) foudroyant, ou le fisc anéanti, la dette et l'impôt organisés, les droits féodaux rachetés, accapareurs d'argent confondus. (Par l'abbé J.-A. BRUN.) 1791, in-8, IX-89 p.

Coupe-cul (le) de la mélancolie, ou Vénus en belle humeur. (Par François BEROALDE DE VERVILLE.) *Parme, Jacques le Gaillard* (*Hollande*), 1698, in-12, 347 p.

Cet ouvrage n'est autre chose que le fameux « Moyen de parvenir ». Voyez ces mots et « Salmigondis ».

Coupe (la) enchantée, comédie. (Par Jean DE LA FONTAINE et CHAMPMESLÉ.) Paris, P. Ribou, 1710, in-12, 45 p. et 1 f. de privilége.

Couplets à l'occasion de l'entrée de S. M. Napoléon Ier... dans Vienne, à la tête de la grande armée. Par J.-B. D***** (DUBAS fils). *S. l.* (1805), in-8.

Couplets chantés à Nancy, lors du passage du 21e régiment de chasseurs, par M. C*** (CAUMONT, professeur au lycée impérial). 1808, in-8, 3 p.

Catalogue Noël, n° 4576.

Couplets chantés à S. A. R. Madame, duchesse de Berry, à son passage à Vezins. *Paris, impr. de E. Duverger*, 1829, in-8.

Signé : L. DE B. (L. DE BOURMONT).

Couplets chantés au banquet de MM. les imprimeurs réunis, par J. P****T (Julien PIRART). *Nantes* (1821), in-fol.

Imprimé en rose et en vert.
Catalogue de Nantes, n° 27071.

Couplets chantés le 15 août, à la fête donnée par M. le sénateur Rœderer, pour l'anniversaire de la naissance de l'Empereur. (Par le comte Pierre-Louis ROEDERER.) *Alençon*, an XII-1805, in-8.

Non réimprimé dans les « Œuvres complètes » de l'auteur. D. M.

Couplets dédiés à nos braves de la grande armée. (Par MÉGUIN.) (*Paris*, 1805), in-4. D. M.

Couplets maçonniques dédiés aux O.·. de la Meuse, et particulièrement tracés pour la fête de l'inauguration du temple de la R.·. L.·. des « Amis de la parfaite intelligence », constitués à Huy. Par J. B. R. (J.-B. RENARD, inspecteur des contributions du département de l'Ourte, et O.·. de la « Parfaite égalité de Liége »). *Liége, Léonard*, 1809, in-8.

Coupole de l'église de Sainte-Geneviève. (Par J. DUCHESNE.) *Paris, Leblanc*, 1824, in-8, 16 p.

Coups (les) de bec et les coups d'ongles, histoire abrégée, rapide et légère du peuple ornithien, traduite d'un manuscrit tombé de la lune. *Paris, Béchet aîné*, 1825, 2 vol. in-12.

Cet ouvrage du savant jurisconsulte Jean-Marie-Emm. LEGRAVEREND a reparu en 1829 sous ce titre : « Manuscrit tombé du ciel, ou Histoire abrégée rapide et légère du peuple ornithien ». *Paris, Béchet aîné*.

Coups (les) de brosse. Chansons politiques sur le précédent et le nouveau système. Contes et autres pièces légères. (Par MARIE aîné.) *Paris, chez l'auteur*, 1832, in-8. D. M.

Ce recueil avait déjà paru sous le titre de « Chant du loisir... » Voyez ci-dessus, col. 563, *b*.

Coups de crayon et rêveries d'un observateur qui a mis ses lunettes. La vie de l'homme, drame en trois actes et une infinité de tableaux. Par Charles D. (Charles DELEUTRE).

Voy. « Supercheries », I, 829, *d*.

Coups (les) de l'amour et de la fortune, tragi-comédie dédiée à Son Altesse de Guise. *Paris, Guillaume de Luyne*, 1655, in-4, 6 ff. lim. et 124 p. — *Imprimé à Rouen et se vend à Paris, chez Guillaume de Luyne*, 1660, in-12, 5 ff. lim. et 83 p.

La dédicace est signée : QUINAULT, qui est aussi désigné comme auteur dans le privilége.

On lit dans la préface des « Nouvelles tragi-comiques de Monsieur SCARRON », *Paris, A. de Sommaville*, 1661, in-8 :

« ... Ie crois aussi que Monsieur l'avant-propos (Guillaume de Luyne) m'a donné un autre sujet de plainte : mais ce peut avoir esté sans y penser, et je le luy pardonne de bon cœur : c'est d'avoir fait imprimer la comédie des « Coups de l'amour et de la for- « tune » sous le nom de Monsieur Quinault. L'heureux succès de cette pièce de théâtre est deu à mademoiselle de BEAU-CHASTEAU, qui en a dressé le sujet ; à feu Monsieur TRISTAN, qui en a fait les quatre premiers actes, et à moy qui en ay fait le dernier, à la prière des comédiens qui me le firent faire, parce que Monsieur Tristan se mouroit. Si Monsieur Quinault avoit fait les quatre premiers actes, qui l'empeschoit de faire le dernier que i'ay fait en deux après-soupé, de la façon qu'il se joue sur le théâtre de l'hostel de Bourgogne? Je garde encore le brouillon de mademoiselle de Beau-Chasteau et le mien. »

Cour (la) à Compiègne, confidences d'un valet de chambre ; par D... (Paul DHORMOYS ou D'HORMOYS). *Paris, Dentu*, 1866, in-12.

Voy. « Supercheries », III, 897, *e*.

Cour (la) de Blanche, fleurs d'hiver, par V. C. (Victorine COLLIN), des Gimées. *Paris, Roret*, 1839, in-18. D. M.

Cour (de la) de cassation et du ministère public, avec quelques considérations générales, par un magistrat (Fr.-Ant. BAVOUX). *Paris, A. Bavoux*, 1814, in-8, 116 p.

Cour (la) de Hollande sous le règne de Louis-Bonaparte. Par un auditeur (Ath. GARNIER). *Paris, Ponthieu*, 1823, in-8.

Cour (la) de Marie de Médicis. Mémoires d'un cadet de Gascogne. (Par Anaïs BAZIN DE ROUCOU.) *Paris, Mesnier*, 1830, in-8.

Cour (la) de Russie il y a cent ans, 1725-1783. Extraits des dépêches des ambassadeurs anglais et français. (Par Alexandre TOURGUENEF, mort vers 1849.) *Berlin, Bern. Schneider; Paris, Reinwald*, 1858, in-8, 422 p. A. L.

Cour (la) du Dragon, notice historique, par un flaneur parisien (Jules COUSIN, sous-bibliothécaire à l'Arsenal). *Bruxelles*, 1865, in-8, 7 p. av. 3 eaux-fortes.

Cour (la) du roy Charles V, surnommé le Sage, et celle de la reine Jeanne de Bourbon, son épouse. (Par Cl.-Fr. MENESTRIER.) *Paris*, 1683, in-12. V. T.

Attribution douteuse. Cet ouvrage n'a pas été mentionné dans la liste des ouvrages du P. Menestrier donnée à la suite des « Recherches » sur cet auteur, par M. Allut.

Cour (la) du roi Jésus, charges et emplois à tirer au sort; par la R. mère X.; publiée par l'auteur du « Catéchisme du noviciat religieux » (Mgr J.-B. MARTIN). *Avignon, Chaillot*, 1864, in-8, 98 p.

Cour (la) du roi Petau. (Par F.-J.-Th.-M. SAINT-GEORGES.) 1789, in-8.

Voy. « Lettre à mon caporal ».

Cour (la) et la nation, ou les deux sœurs. Réflexions tirées de l'évangile du jour. (Par CHAMPIGNY, imprimeur-libraire.) In-8.

Ex dono.

Cour (la) et le gouvernement de Prusse en face de la coalition. (Par le baron Othon-Théodore DE MANTEUFFEL, né à Lubben, province de Brandebourg, le 3 février 1805, ministre des relations étrangères de la Prusse.) *Leipzig*, 1855, in-8.

Courage (du), de la bravoure, du courage civil; discours prononcé par le président de la Société royale d'émulation d'Abbeville (BOUCHER DE PERTHES). 1837, in-8, 75 p.

Coureur (le) de nuit, ou l'aventurier nocturne, traduit de l'espagnol de QUEVEDO. (Par RACLOT.) *Amsterdam (Paris)*, 1731, in-12.

Coureur (le) de nuit, ou les douze aventures périlleuses du chevalier don Diego, surnommé Noctambule, traduit de l'espagnol de François QUEVEDO. (Par DE LA GENESTE.) *Lyon, Viret*, 1698, in-12.

Même ouvrage que l'« Aventurier Buscon ». Voy. ci-dessus, col. 346, *f*.

Courier (le). Voy. Courrier (le).

Couronne (la) d'immortelles et le bouquet de lis. (Par N.-L. ACHAINTRE.) *Paris, Cellot*, 1814, in-8, 8 p.

a Couronne (la) de l'année chrétienne, ou méditations sur les principales vérités de l'Evangile... par Louis ABELLY. Nouvelle édition corrigée et augmentée par l'auteur de « l'Ame élevée à Dieu » (l'abbé Barth. BAUDRAND). *Lyon, Pélagaud*, 1863, 2 vol. in-12.

Souvent réimprimé. La première édition est de 1678.

b Couronne poétique de Napoléon le Grand, ou choix de poésies composées en son honneur. (Recueilli par Jacq. LABLÉE.) *Paris, Arthus Bertrand*, 1807, in-8.

Couronne poétique offerte à l'auteur de l'« Epître à Zelmire ». (Par Léon-Ch.-And.-Gust. GALLOIS.) *Paris, impr. de Stahl*, 1827, in-8, 54 p.

c Couronnement (le) d'un roi, essai allégorique en un acte, en prose, suivi d'un vaudeville, par un avocat au parlement de Bretagne (Louis-Jérôme GOHIER); joué à Rennes par les comédiens, le 28 janvier 1775. *Imprimé au temple de Mémoire*, in-8, 17 p. — *Paris*, 1825, in-8.

Couronnement (le) de la sainte Vierge et les miracles de saint Dominique. (Traduit de l'allemand de A.-W. SCHLEGEL.) *Paris*, 1817, in-fol., 26 p. et 15 pl.

d Couronnement de N.-D. d'Espérance à Saint-Brieuc, le 30 juillet 1865. (Par J.-P.-M. LESCOUR.) *S.-Brieuc, P. Hillion, s. d.*, in-8.

Catalogue de Nantes, n° 37424.

Couronnement (le) de Soliman, troisième roi de Perse, et ce qui s'est passé de plus mémorable dans les deux premières années de son règne. (Par Jean CHARDIN.) *Paris, Barbin*, 1672, in-12.

e Réimprimé dans la collection des « Voyages » de cet auteur, *Amsterdam*, 1735, 4 vol. in-4.

Si l'on en croit le « Carpenteriana » publié en 1724 (par Boscheron), CHARPENTIER serait auteur de l'épître dédicatoire au roi qui se trouve en tête de ce volume.

f Couronnement (le) du roy François I. Voyage et conqueste de la duché de Milan,... fait lan mil cinq cens et quinze, cueillis et redigés par le Moyne sans froc (Pasquier LE MOYNE). *Paris, Gilles Couteau*, 1520, in-4, 104 ff.

Voy. « Supercheries », II, 1174, *f*.

Courrier (le). (Par POTIN, VAN EFFEN, et J. ROUSSET.) *Amsterdam*, 1723-1724, 9 vol. pet. in-8.

Voy. Hatin, « Gazettes de Hollande », p. 194.

Courrier (le) breton. *S. l.*, 1626, in-8,

30 p. et 1 feuillet blanc. — Aut. éd. *S. l.*, 1626, in-8, 30 p. et 1 feuillet blanc.

Réimpression avec changements de l'« Anti-jésuite », attribué à BONESTAT ou à MONTLYARD. Voyez ci-dessus ce titre, col. 215, *a*.

Courrier (le) burlesque, envoyé à monseigneur le prince de Condé pour divertir Son Altesse durant sa prison, lui racontant tout ce qui se passa à Paris en l'année 1648 au sujet de l'arrêt d'union. (Par le sieur DE SAINT-JULIEN.) *Paris*, 1650, in-12.

Réimprimé sous le titre de :

« Courrier (le) burlesque de la guerre de Paris, envoyé à monseigneur le prince de Condé pour divertir Son Altesse durant sa prison. Ensemble tout ce qui se passa jusqu'au retour de Leurs Majestez. » *Imprimé à Anvers et se vend à Paris, au palais*, 1650, in-12.

Le « Courrier burlesque » est réimprimé dans « les Courriers de la Fronde, en vers burlesques, par Saint-Julien, revus et annotés par M. Célestin Moreau ». *Paris, Jannet*, 1857, 2 vol. in-16 ; il y occupe les p. 1 à 264 du tome Ier.

Courier (le) d'Henri IV. (Par J.-B.-P. CARON DU CHANSET.) *La Haye et Paris*, 1775, in-8, 51 p.

Courrier de l'armée d'Italie, ou le patriote français à Milan, par une société de républicains. (Rédigé par M.-A. JULLIEN, thermidor an V-12 frimaire, an VII 19 juillet 1797-2 décembre 1798.) 248 numéros, in-4.

Voy. « Supercheries », III, 692, *c*.

Courrier (le) de l'égalité, par l'auteur des « Lettres » du P. Duchêne (A.-F. LE MAIRE). *Paris*, 19 août 1792-29 nivôse an V, 1596 numéros.

Voy. Hatin, « Bibliographie de la presse », p. 227.

Courrier de l'Europe. Gazette anglo-française. (Journal rédigé par SERRES DE LA TOUR, l'abbé PERKINS MAC-MAHON, Irlandais, J.-P. BRISSOT DE WARVILLE, le comte François-Dominique REYNAUD, comte DE MONTLOSIER, et THEVENEAU DE MORANDE, qui y a fait les « Lettres d'un voyageur ».) *Londres, E. Cox*, 1776. — 1792, in-4.

Voy. « Police de Paris dévoilée », tom. II, p. 234, Hatin, « Histoire de la presse », tome III, p. 264, et « Bibliographie de la presse », p. 74.

Courrier de Madon à l'Assemblée nationale permanente. (*Paris*), *Gattey*, 2 novembre 1789 à 30 mai 1791, 19 vol. in-8.

Cette feuille, qui eut une certaine vogue, avait pour rédacteur DINOCHEAU, député du Blaisois. Madon est le nom d'un village de cette province. Voy. Hatin, « Bibliographie de la presse », p. 116.

Courier (le) de traverse, ou le Tricomète observé à Oxford, traduit de l'anglois de M. DE FORTFISCHER. (Composé en français par Nicolas LASSON, gentilhomme de Normandie.) *Paris, Jacques Bouillerot*, 1665, in-4, 8 p.

Courrier des chambres. Session de 1817. *S. l.*, 5 novembre-13 décembre 1817, 6 cahiers in-8.

Publié sous le nom de M. DE SAINT-AULAIRE. Le libraire, poursuivi, a, suivant Deschiens, déclaré que le véritable auteur était M. LE CADOIS.

Courrier (le) des joies de la France, et les heureux événements, présentés au roi, en l'année 1627. (Par SÈVE.) *Lyon, jouxte la copie imprimée à Paris*, 1627, in-8.

Courrier (le) des salons, ou l'ami des beaux-arts. (Par Joseph-François GRILLE.) *Paris, Delaunay*, 1818-1819, in-8, 324 p.

Il n'a paru que 20 numéros. D. M.

Courrier (le) du Bas-Rhin et le bon Dieu. *Strasbourg, impr. de L.-F. Le Roux* (1843), in-8.

Signé : A. DE H. (HOMBOURG).

Courrier (le) du temps. (Par FOUQUET DE CROISSY, conseiller à la cour, envoyé de France à Nimègue.) 1649.

Courrier français. (Par Ant.-Fr. LEMAIRE.) In-4.

Le dernier numéro (2730) est du 31 mai 1807. Ce journal fut alors réuni avec quelques autres sous le titre de « Courrier de l'Europe, par Salgues », dont le premier numéro est du 1er juin 1807. (Note de J.-Q. Beuchot.)

Courrier français, ou tableau périodique et raisonné des opérations de l'Assemblée nationale ; suivi d'une correspondance politique, civile, militaire, ecclésiastique et commerciale de toute l'Europe. Rédigé par M. P. D. L. R. T. C. A. L. T. D. M. (PONCELIN DE LA ROCHE-TILHAC, conseiller à la Table de marbre, juin 1789-janvier 1796). *Paris, Gueffier jeune*, 30 vol. in-8.

Voy. « Supercheries », III, 60, c, et Hatin, « Bibliographie de la presse », p. 117.

Courrier (le) russe, ou Cornélie de Justal, par l'auteur de l'« Origine de la Chouannerie » (madame Adélaïde-Isabelle-Jeanne ROCHELLE DE BRÉCY, connue sous le nom de madame CHEMIN). *Paris, Demonville*, 1807, 2 vol. in-12. — *Paris, Sourdon*, 1813, 2 vol. in-12.

L'édition de 1813 porte : Par Mme Adèle CHEMIN.

Courrier (le) véritable des Pays-Bas, ou relations fidèles extraites de diverses lettres. *Bruxelles*, 27 août 1649-1791, in-4.

A plusieurs fois changé de titre : ainsi en 1652, « Relations véritables, ou Gazette de Bruxelles » ; en 1741, « Gazette de Bruxelles »; le 1er mai 1759, « Gazette françoise des Pays-Bas » (le mot françoise disparaît dès le 13e n°).

LE COQ DE VILLERAY faisait la « Gazette de Bruxelles » lorsque cette ville fut prise par les Français qui lui auraient fait un mauvais parti, s'il ne s'était sauvé par un égout. Note de l'inspecteur de la librairie d'Hémery, datée du 1er novembre 1749.

Cours abrégé de rhétorique et de belles-lettres, de Hugues BLAIR, etc. Traduit sur la 6e édition de Londres, par S. P. H. (HORLODE). *Paris, Johanneau*, 1825, in-18. D. M.

Cours annuel de sujets de piété pour les simples fidèles et les ecclésiastiques. (Par l'abbé J.-B. LASAUSSE.) *Paris, Setier*, 1805, 3 vol. in-8.

Cours complet d'arithmétique à l'usage des écoles moyennes et primaires, par un ancien professeur (BROWN). Divisé en trois parties. *Bruxelles*, 1835, in-12. J. D.

Cours complet d'études à l'usage des écoles régimentaires du 2e degré, infanterie et cavalerie... (Par le capitaine Marie ALEXANDRE.) *Paris, Dumaine*, 1854, 2 vol. in-12.

Cours complet d'optique, traduit de l'anglais de Robert SMITH, contenant la théorie, la pratique et les usages de cette science, par le P. P. (Esprit PEZENAS). *Avignon, Seguin*, 1767, 2 vol. in-4.

Voy. « Supercheries », III, 228, *e*.

Cours complet de rhétorique, d'après les rhéteurs anciens et modernes, dans lequel on considère l'éloquence sous les rapports de son influence religieuse, politique et militaire. (Par J.-A. AMAR DU RIVIER, conservateur de la bibliothèque Mazarine.) *Paris, Langlois*, an XII-1804, in-8.

Réimprimé avec le nom de l'auteur.

Cours complet de trictrac, avec un abrégé du gammon, du jacquet et du garanguet, à la portée de tout le monde et à l'usage des amateurs, par un vieil ermite du Morbihan (Pierre-Marie-Michel LEPEINTRE). *Paris, Guillaume et comp.*, 1818, in-12.

Voy. « Supercheries », III, 948, *e*.

Cours complet et raisonné de mathématiques pures, par C. B*** (BERCHMANS, professeur à l'Université de Gand). *Gand, Hoste*, 1859, in-12.

4 parties : Arithmétique, Algèbre, Géométrie élémentaires, Arithmologie. J. D.

Cours complet et suivi de botanique, rédigé sous les formes et dans les termes les plus clairs, par J*** (Nicolas JOLYCLERC), naturaliste. *Lyon*, an III-1795, in-8.

Cours d'administration militaire à l'usage de la cavalerie, par le major D.-X. (André-Franc.-Hipp. DRÉMAUX, major au 12e de dragons). *Vesoul, Suchaux*, 1833, in-8.

Voy. « Supercheries », I, 1195, *f*.

L'auteur y est désigné sous le nom de DRIMAUX. Nous avons adopté l'orthographe de « l'Annuaire militaire ».

Cours d'administration militaire à l'usage de MM. les élèves de l'école spéciale impériale militaire de Saint-Cyr... (Par VARINOT.) *Paris, Magimel*, 1810, in-8.

Cours d'anglais pour les enfants, par l'auteur du « Nouveau magasin des enfants ». *Paris, L.-R. Delay*, 1845, in-18.

Par Mlle DE CHABAUD-LATOUR. Voyez « Journal des Débats », 19 février 1858, article de M. Cuvillier-Fleury.

Cours d'architecture, qui comprend les cinq ordres de VIGNOLE, avec des commentaires par Aug-Ch. D'AVILER; nouvelle édition, avec des remarques (par Pierre-Jean MARIETTE). *Paris, J. Mariette*, 1738, in-4. — Réimprimé avec les remarques et corrections (de Ch.-Ant. JOMBERT). *Paris*, 1755 et 1760, in-4.

Cours d'études à l'usage de l'école royale militaire. (Rédigé par l'abbé Ch. BATTEUX.) *Paris, Nyon l'aîné*, 1776, 46 parties en 48 vol. in-12.

Cet ouvrage, commencé en décembre 1776, fut achevé en entier et même imprimé en septembre 1777, à la réserve de trois ou quatre volumes. On sait que le peu de succès qu'il eut, conduisit au tombeau son estimable auteur. Quelques parties ont été réimprimées plusieurs fois.

Plusieurs savants ou hommes de lettres ont aidé l'abbé Batteux dans cette pénible entreprise. On sait, par exemple, que Jean-François VAUVILLIERS a rédigé les « Extraits des differens Auteurs grecs », qui composent six parties. La « Petite Grammaire française, latine et grecque » a été composée par Nic.-Maur. CHOMPRÉ et revue par E.-J. MONCHABLON. Les « Principes de Métaphysique et de Morale » sont de Nic.-Sylv. BERGIER et de Math.-Ant. BOUCHAUD; les « Elémens d'Arithmétique et d'Algèbre », de Nicolas-Maurice CHOMPRÉ. Jean GOULIN a composé l'« Abrégé d'Histoire naturelle ». Enfin Louis-Georges-Isaac SALIVET a joint des notes françaises aux trois parties qui contiennent les poésies de Virgile. Les notes françaises qui accompagnent l'*Horace* sont de l'abbé Batteux.

L'abbé Claude-François-Xavier MILLOT est auteur de l'« Abrégé de l'histoire ancienne », 1778, de l'« Abrégé de l'histoire de France », 1778, et de l'« Abrégé de l'histoire romaine », 1772.

Cours d'histoire, à l'usage de la jeunesse. (Par le Père Jean-Nicolas LORIQUET, jésuite.) *Lyon, Rusand*, 1826, 6 vol. in-16.
D. M.

Cours d'histoire à l'usage des jeunes gens de qualité. Première partie qui contient : 1° l'histoire sainte.... (Par l'abbé LYONNOIS.) *Nancy, N. Charlot*, in-4.

Catalogue Noël, n° 5979.

Cours d'histoire, contenant l'histoire de France, précédée de l'histoire sainte, divisée en huit époques et suivie d'un précis sur l'histoire de France et de notions sur les anciens et les nouveaux peuples. Ouvrage orné du portrait, en taille-douce, de tous les souverains qui ont gouverné la France. Par L. C. et F. P. B. (Louis-Claude CONSTANTIN et frère Philippe BRANSIET). *Paris, Moronval et Cie*, 1834, in-12.

Souvent réimprimé.

Cours d'histoire naturelle, ou tableau de la nature considérée dans l'homme, les quadrupèdes, les oiseaux, les poissons... *Paris, Desaint*, 1770, 7 vol. in-12.

L'abbé J.-B.-Fr. HENNEBERT est auteur de la partie qui concerne les oiseaux ; les autres sont de G.-G. DE BEAURIEU.

Cours d'histoire sacrée et profane (Par G.-G. DE BEAURIEU.) *Paris, Panckoucke*, 1768, 1769, 1770, 2 vol. in-12.

Cours d'histoire sainte, suivi d'un « Abrégé de la vie de J.-C. » et de « l'Histoire de l'Eglise », par un professeur (Jules TAULIER, de Grenoble). *Grenoble, Prud'homme*, 1837, in-18. — 3e édit. *Id.*, 1843, in-18.

Voy. « Supercheries », III, 255, *f*.

Cours d'instruction à l'usage des élèves sous-officiers appelés à l'école de Fontainebleau : traité composé (par le colonel, depuis général Et.-Alex. BARDIN) en vertu d'une décision spéciale de l'empereur. *Paris, impr. impér.*, 1814, in-4.

Cours d'instruction religieuse, à l'usage des catéchismes de persévérance, des élèves de petits séminaires et des colléges, par le directeur des catéchismes de la paroisse de Saint-Sulpice (l'abbé ICARD). *Paris, Lecoffre*, 1846, 2 vol. in-12.

Voy. « Supercheries », I, 947, *c*.

Cours d'instructions familières sur les principaux événements de l'Ancien Testament. (Par l'abbé BONNARDEL, curé à Sémur, en Brionnois.) *Lyon, Périsse frères*, 1864, 8 vol. in-12.

La première édit. est de 1824, en 5 vol.

Cours d'opérations de chirurgie, par DIONIS. 3e édition, et revue augmentée de remarques importantes par M. ... (G. DE LA FAYE). *Paris, Thoury*, 1736, in-8.

La première édition est de 1707. Une nouvelle édition de *Paris*, 1782, 2 vol. in-8, porte le nom de G. DE LA FAYE.

Cours de belles-lettres, ou principes de littérature. (Par l'abbé Ch. BATTEUX.) *Paris*, 1748-50, 4 vol. in-12. — Nouv. édit. *Ibid.*, 1753, 4 vol. in-8 ; 1765, 5 vol. in-8 et aussi 5 vol. in-12.

Réimprimé avec le nom de l'auteur et aussi sous le titre de « Principes abrégés de la littérature ».

Cours de Chimie de Montpellier (tiré des discours de Ant. FIZES), par J. A. G. (J.-A. GONTARD), D. M. 1749, in-12, VIII-191 p.

Cours de chimie, pour servir d'introduction à cette science, par N. LEFÈVRE ; cinquième édition, augmentée d'un grand nombre d'opérations, et enrichies de figures, par Dumoustier. (Publié par l'abbé Nic. LENGLET DU FRESNOY.) *Paris, Leloup*, 1751, 5 vol. in-12.

Cours de culture des étangs de la Bresse, ou mémoire sur l'importance et l'utilité de ces étangs, par le médecin VAULPRÉ, membre du conseil général du département de l'Ain, précédé d'une courte notice sur l'auteur (par M. MAZADE D'AVEZE, éditeur). *Bourg, imp. de Bottier*, 1811, in-12.

Reproduit par l'éditeur dans son ouvrage intitulé : « La Bresse ». Voy. ci-dessus, col. 458, *e*.

Cours de droit public. (Par Alexandre BACHER.) *Paris*, an XI-1803, in-8, tomes 1 et 5.

Le premier essai de cet ouvrage, publié par l'auteur avec son nom en 1796, sous le titre d'« Instituts de morale, ou les Opinions écartées par l'évidence », forme un vol. in-8 de 190 pages. Il faut l'ajouter aux éditions revues et augmentées dont j'ai donné la notice dans mon « Examen critique des Dictionnaires historiques », au mot BACHER.

Cours de géographie ancienne, du moyen âge et moderne. (Par MIR.) *S. l.*, 1804, in-12.

Cours de géographie historique à l'usage des pensionnats de demoiselles, par Mlle C. E. J. (JANIN). *Laon, Varlet-Berleux*, 1833, in-12.

Cours (le) de la sainte vie, ou les triomphes sacrez des vertus, carrousel pour la canonisation de saint François de Sales, 1667. (Par le P. Claude-François Menestrier.)

Cours de latin en deux ans, ou nouvelle manière d'enseigner cette langue, par un ancien professeur de mathématiques, qui ne pouvait pas faire sa classe sans le secours de l'évidence. (Par l'abbé Ant. Mangin.) *Paris, Debure*, 1809, in-8.

Cours de leçons religieuses, morales et historiques, adressé aux enfants du xixe siècle, divisé en 48 leçons, par Mme *** (Mme la baronne Dannery, surintendante de la maison de la Légion d'honneur de Saint-Denis). *Paris, Boiste fils aîné*, 1826, 2 vol. in-12.

Réimprimé en 1840, avec le nom de l'auteur.

Cours de lectures sur les vérités importantes de la religion, par l'auteur de l'« Examen raisonné sur les Commandements de Dieu et de l'Eglise » (l'abbé Valentin). *Lyon, Pélagaud*, 1840, 2 vol. in-12.

Souvent réimprimé. En était en 1864 à sa 16e édition.

Cours de littérature, d'histoire... par l'abbé de Levizac et Moysant, rédigé sur un plan entièrement neuf... par un ancien professeur à l'Académie de Paris (J.-P. Gallais). *Paris, Bossange et Masson*, 1812, 2 vol. in-8.

Cours de littérature dramatique, ou recueil par ordre de matières des feuilletons de Geoffroy, précédé d'une notice historique sur sa vie et ses ouvrages. (Par Etienne Gosse.) Seconde édition, considérablement augmentée et ornée d'un fac-simile de l'écriture de l'auteur. (Publiée par Montol de Sérigny.) *Paris, Blanchard*, 1825-1826, 6 vol. in-8.

Cours de littérature dramatique, par A. W. Schlegel, traduit de l'allemand. (Par madame Necker, née de Saussure, nièce du célèbre ministre.) *Genève, et Paris, Paschoud*, 1804, 3 vol. in-8.

M. de Châteaugiron m'a assuré, dit Barbier, que cette traduction avait été faite par madame de Stael, sous les yeux de l'auteur.

Quérard, d'après l'affirmation du libraire éditeur, restitue cette traduction à madame Necker.

Cours de mathémathiques, qui contient toutes les parties de cette science, mises à la portée des commençans par Chrétien Wolff, traduit en françois et augmenté. (Par dom Antoine-Joseph Pernetty, bénédictin, depuis bibliothécaire de Frédéric II, roi de Prusse, et par dom J.-Fr. de Brezillac.) *Paris, Jombert*, 1747, 3 vol. in-8. — Nouvelle édition, corrigée et augmentée (par Ch.-Ant. Jombert). *Paris*, 1757, 3 vol. in-8.

Cours de médecine pratique, rédigé d'après les principes de M. Ferrein. (Par L.-Dan. Arnault de Nobleville.) *Paris*, 1769, 3 vol. in-12.

Cours de morale fondé sur la nature de l'homme, par M. P..., pasteur à... (Butot le jeune, commis à la poste aux lettres). 2 vol. in-8.

Réimprimé sous le titre de : « Plan d'une démocratie ». *Londres*, 1793, 2 vol. in-8.

Cours de morale poétique, ou extrait en vers françois de ce qu'il y a de plus utile aux mœurs dans les meilleurs auteurs de l'antiquité, par un ancien professeur de l'Université de Paris (de La Noue). *Paris, Varin*, 1787, 3 vol. pet. in-12.

Cours de navigation. (Par J. Digard de Kerguette.) *Rochefort*, 1762, in-4. V. T.

Cours de prônes en forme d'instructions familières sur la religion et les principaux devoirs du christianisme, par un grand nombre d'ecclésiastiques réfugiés en Allemagne (l'abbé Cossart et autres prêtres français émigrés). *Paris, A. Leclère*, 1816, 2 vol. in-12.

Cours de rhétorique, ou introduction à l'éloquence de la chaire et du barreau, à l'usage des collèges, par L. S. A. (le Père L. Simon, augustin, préfet du collége de Huy, près de Liége). *Liége, Bassompierre*, 1779, in-8, vii-216 p.

Voy. « Supercheries », II, 981, *f*.

Cours de rhétorique (Sciences). Notions sur quelques courbes usuelles. (Par M. Courcelle, professeur au Lycée impérial.) *Saint-Quentin, autographie Hourdequin* (1861), in-4.

Cours de septième. (Par Magloire Thévenot.) *Troyes*, 1781, in-12, 327 p.

Cours de thèmes et de versions grecques et latines, composé de traits d'histoire, etc. (Par Nic.-L. Achaintre.) *Paris, A. Delalain*, 1815 et ann. suiv., 13 vol. in-12.

Cours élémentaire d'artillerie, à l'usage des jeunes officiers, aspirants et sous-officiers du corps d'artillerie belge, par un officier de l'armée (le général Van Mons). *Bruxelles*, 1833, in-12. J. D.

Cours élémentaire d'artillerie théorique

et pratique à l'usage de l'armée belge. (Par VAN MONS, général d'artillerie.) *Bruxelles*, 1840, in-8. J. D.

Cours élémentaire d'Ecriture sainte à l'usage des séminaires, par un professeur d'Ecriture sainte (l'abbé SAMUEL, prêtre, professeur d'Ecriture sainte et d'archéologie au séminaire diocésain de Grenoble). *Grenoble, Maisonville*, 1866, in-18, vol. Ier, 184 p.

Cours élémentaire d'histoire universelle, rédigé sur un nouveau plan, ou lettres de Mme d'Ivry à sa fille, par Mlle M. DE B*** (Mélanie DE BOILEAU). *Paris, Dentu*, 1809, 10 vol. in-12, avec cartes.

Cours élémentaire de chimie théorique et pratique, par M. A** (P.-Ph. ALYON), lecteur de S. A. S. Mgr le duc d'Orléans. *Paris, Royez*, 1787, in-8. — 2e éd. *Paris, Mme Richard*, an VIII, 2 vol. in-8.

Cours élémentaire de code civil.... Par PIGEAU. Nouvelle édition, revue, corrigée et mise dans un nouvel ordre. (Par François-Frédéric PONCELET.) *Paris, Blaise*, 1818, 2 vol. in-8.

Cours élémentaire de géographie ancienne et moderne, avec des remarques historiques, par M. T. O. (T. OSTERVALD). *Neufchâtel*, 1757, 2 vol. in-8.

Cours élémentaire de géographie ancienne et moderne de l'abbé PIERRON, par L. D. V. (Louis de VILLY). Huitième édition, considérablement augmentée... *Metz, L. Devilly*, 1824, in-12. D. M.

Cours élémentaire de matière médicale, suivi d'un précis de l'art de formuler, ouvrage posthume de DESBOIS DE ROCHEFORT. (Publié par CORVISART DES MARETS.) *Paris, Méquignon*, 1799, 2 vol. in-8.

Cours élémentaire de prononciation, de lecture à haute voix et de récitation, par un professeur (Fréd. HENNEBERT, archiviste de la ville de Tournay). *Tournay*, 1834, in-12, 102 p. — 2e éd. *Tournay*, 1839, in-12, VI et 182 p.

Réimprimé avec le nom de l'auteur. Voy. « Supercheries », III, 253, *a*.

Cours élémentaire des accouchements. (Par Nic.-Fr.-Jos. ÉLOY.) *Mons*, 1775, in-12.

Cours élémentaire et préparatoire de géographie en vers français, selon la nouvelle division des États. (Par P.-F. MALINGRE.) *Paris, Drisonnier*, *s. d.*, in-4.

Cours élémentaire théorique et pratique de construction, par J.-P. DOULIOT. Quatrième partie. Stabilité des édifices. *Paris, Carilian-Gœury*, 1835, in-4.

C'est un des élèves de Douliot, dit la préface (M. REVERDUN, de Genève), qui s'est chargé du soin de réunir en corps d'ouvrage les livraisons qui avaient paru du vivant de Douliot. Douliot est mort à Avignon, en novembre 1834.

Cours gastronomique, ou les dîners de Manant-Ville, ouvrage anecdotique, philosophique et littéraire; seconde édition, par feu M. C***, ancien avocat au Parlement de Paris (Ch.-L. CADET-GASSICOURT). *Paris*, 1809, in-8.

Seconde édition, dit l'éditeur, parce que la plupart des chapitres avaient déjà été réimprimés dans « l'Epicurien ».

Cours gradué de composition française, comprenant des sujets de devoirs relatifs à tous les genres. Définitions, tableaux, portraits, fables, matières de vers, etc. Ouvrage destiné aux personnes qui veulent faire seules des études de style, et spécialement à MM. les professeurs des institutions de demoiselles, par MM. F*** et B***, professeurs (J.-I.-J. BOURGON). *Paris, Delalain*, 1818, in-12.

Cours historique et élémentaire de peinture, ou galerie complète du Muséum central de France, gravée par FILHOL. *Paris*, an XI-1803 et ann. suiv., 10 vol. in-8.

Le texte des neuf premières livraisons a été rédigé par CARAFFE, et la suite par J. LA VALLÉE, avec son fils, secrétaire du Muséum.

Cours mémorial de géographie, à l'usage du corps impérial des cadets nobles. (Par Ch.-Fr.-Ph. MASSON.) *Berlin*, 1787, in-4. — *Saint-Pétersbourg*, 1789, in-8.

Cours préparatoire d'histoire universelle, à l'usage de la communauté des demoiselles nobles de l'institut de Sainte-Catherine. (Par M. TIMAJEFF, revu pour le style par M. DE RIFFÉ.) *Saint-Pétersb., impr. veuve Pluchart*, 1836, in-4, 68 p., avec 5 tableaux. A. L.

Cours révolutionnaire sur la plupart des principales sciences. Vendém. an VIII, in-8, 10 p.

Signé : D. (DURAN, médecin à S.-Girons, Ariége).

Cours théorique d'artillerie. (*Angers*, 1804), in-8.

Il n'existe que l'introduction et le programme qui ont été rédigés en l'an IX pour les élèves de l'école de Châlons par le général Louis-Auguste-Frédéric EVAIN.

Cours théorique et pratique du livre de Thott, pour entendre avec justesse l'art, la science et la sagesse de rendre les Oracles. (Par ALLIETTE, marchand d'estampes à Paris.) *Paris*, 1790, in-8. V. T.

Course de Bâle à Bienne par les vallées du Jura. (Par Phil.-Syriach BRIDEL, prédicateur à Bâle.) *Bâle, société typographique*, 1789, in-8.

Course (la), ou les jockeis, comédie en un acte, en prose. (Par Louis DE LAUS DE BOISSY.) *Paris, Esprit*, 1777, in-8.

Courses de testes et de bague faistes par le roy et par les princes et seigneurs de la cour en l'année 1662. (Rédigé par Charles PERRAULT, avec une traduction en vers latins par Esprit FLÉCHIER.) *Paris, impr. royale*, 1670, gr. in-fol.

Court examen de la thèse de l'abbé de Prades, et observations sur son apologie. (Par David-R. BOULLIER, ministre protestant.) *Amsterdam, M.-M. Rey*, 1753, in-12, XII-165 p.

Courte dissertation sur l'origine du monde, ou réfutation du système de la création, par un négociant dont le nom et la maison de commerce sont très-anciens à Bordeaux (Dav. GRADIS). *Bordeaux*, an VII, in-8, 52 p.

Courte esquisse de l'organisation politique, judiciaire et administrative de la Belgique. (Par FUNCK, VAN HUMBEEK, François VAN MEENEN, et Albert LACROIX.) *Bruxelles, chez tous les libraires*, 1858, in-32, 32 p. J. D.

Courte instruction populaire sur la culture du mûrier et sur l'éducation des vers à soie, par L. (Nicolas-Anthelme LAVIGNE). *Belley*, 1836, in-8. — 2e éd. 1837, in-8.

Courte réplique à l'auteur d'une longue réponse (le marquis de Champcenez), par madame la baronne de *** (STAEL). *Genève*, 1789, in-8, 14 p.

Voy. « Réponse aux Lettres sur Jean-Jacques Rousseau ».

Courte réponse à M. de Chateaubriand, avec un mot à M. de La Mennais. (Par M. le comte DESNOS.) *Paris, de l'imp. de Béthune* (vers 1831), in-8, 8 p.

Voy. « Supercheries », II, 596, *e*.

Courte réponse à un pamphlet hérétique. *Liége, Grandmont*, 1838, in-12, 12 p.

Attribué à R.-C.-A. VAN BOMMEL, évêque de Liége. J. D.

Courte réponse, en ce qui concerne la dérivation de la Meuse, au mémoire de M. Frank, ingénieur civil. (Par H. DUBOIS et J.-F. DE BASSOMPIERRE.) *Liége, Ghilain*, 1845, in-8, 38 p. J. D.

Courtes observations à « la Revue démocratique », au sujet de son article « Coup d'œil sur quelques doctrines sociales », par un ancien élève de l'université catholique (Louis DEFRÉ, avocat à Bruxelles). *Bruxelles, Slingeneyer*, 1846, in-8, 12 p. J. D.

Courtes observations sur la congrégation, les jésuites et les trois discours de M. le ministre des affaires ecclésiastiques, prononcés à la chambre des députés les 25, 26 et 27 mai 1826, par M. S****** (SALGUES). *Paris, J.-G. Dentu*, 1826, in-8.

Voy. « Supercheries », III, 490, *d*, et 492, *a*.

Courtes réflexions sur les Mémoires du général Dumouriez, par l'auteur du « Tableau historique de la France révolutionnaire » (le chevalier de BOISDEFFRE, sous-gouverneur des pages du roi). *S. l.* (1794), in-8.

Courtiers (les) et la circulaire du procureur général, par F. V. L. (Frans VAN LOON), étudiant en droit. *Anvers, Peeters*, 1853. J. D.

Courtisan (le). (Par Balthasar DE CASTILLON.) Nouvellement traduict de langue ytalicque en vulgaire françoys. (Par Jacques COLIN d'Auxerre.) *Paris, J. Longis*, 1537, in-8. — Autre édition sous ce titre: Les quatre livres du Courtisan du conte (*sic*) Baltazar DE CASTILLON, reduyct de langue italique en françoys. *S. l.* (*Lyon, Denis de Harsy*, 1537), in-8. — Autre édition ainsi intitulée : Le Courtisan de messire B. DE CASTILLON, nouvellement revu et corrigé (principalement par Etienne DOLET). *Lyon, Fr. Juste*, 1538, in-8.

On trouve en tête de cette dernière édition une courte lettre de Dolet à Merlin (*sic*) de Sainct-Gelais, et à la fin une lettre de l'imprimeur à monseigneur du Peirot, lieutenant général pour le Roy à Lyon, dans laquelle il présente Dolet comme un des meilleurs littérateurs de France. D'après les vers latins de Nicolas Bourbon, qui se trouvent au *verso* du frontispice, Mellin de St-Gelais aurait aussi pris soin de revoir cette traduction. Le P. Niceron semble parler de cette édition sans l'avoir vue. M. Née de la Rochelle n'a rien dit de la même édition dans sa vie de Dolet.

Courtisan (le) désabusé, ou pensées d'un gentilhomme qui a passé la plus grande partie de sa vie dans la cour et dans la guerre. (Par DE BOURDONNÉ, Parisien, gouverneur de La Bassée, et ensuite de Moyenvic.) *Paris, Vitré*, 1658. In-8 —

Le Gras, 1685, 1688, 1696, 1700, 1705, 1711 et 1713, in-12.

Courtisan (le) désintéressé, ou le partisan des oppressez venant rendre compte à messieurs les princes de la constante fidélité qu'il a eue pour ne demordre jamais de leur party.... (Par DUBOSC MONTANDRÉ.) *Paris*, 1651, in-4, 6 ff.

Courtisan (le) parfait, comédie en cinq actes, en vers, par D. G. L. B. (Gabriel DE GILBERT). *Grenoble, J. Nicolas*, 1668, in-12.

Voy. « Supercheries », I, 935, *a*.

Courtisanne (la) romaine, par J. D. B. A. (Joach. DU BELLAY, Angevin), et la pornégraphie térentiane, et la complainte de la belle Heaumiere, en élégantes entremises de jeune beauté et de vieille laideur, jadis composée par Fr. Villon, et de nouvel revue et interprétée. *Lyon, Edoard*, 1558, pet. in-8.

Le titre de ce livret rare est porté dans le « Catalogue de La Vallière » par Nyon, n° 15242. La « Courtisane » de du Bellay fait partie des « Jeux rustiques » de ce poëte et se trouve dans ses « Œuvres ». On l'a réimprimée dans l'édition de la « Célestine » en français. *Paris, Nic. Bonfons*, 1578. « Manuel du libraire », 5e édit., I, 751.

Courtisanes (les) de la Grèce. *Paris, Gay et Gide*, an II-1793, 3 vol. in-12.

C'est un nouveau frontispice mis aux « Lettres d'ALCIPHRON », traduites en français par l'abbé Jérôme RICHARD.

Courtisanes (les) du second empire. Marguerite Bellanger, avec lettres autographes. (Par Léopold STAPLEAUX.) *Bruxelles, Office de Publicité*, 1871, in-8, 124 p.

Les autographes sont des reproductions de deux lettres de Mlle Bellanger publiées dans les « Papiers et Correspondance de la famille impériale ».

Courtisanes (les) du second empire. Ces dames de l'entourage. Deuxième partie. La duchesse Eglé. (Par Léopold STAPLEAUX.) *Bruxelles, Office de Publicité*, 1871, in-8, 123 p.

Courtisanes (les) du second empire. Troisième partie. Les actrices. Première série. (Par Léopold STAPLEAUX.) *Bruxelles, Office de Publicité*, 1871, in-8, 122 p.

Courtisannes (les), ou l'école des mœurs, comédie en trois actes et en vers, par l'auteur de la comédie des « Philosophes » (Ch. PALISSOT). *Paris, Moutard*, 1775, in-8, 1 f. de titre et 57 p.

Réimprimé en 1782 sous le titre de : l'« Ecueil des mœurs ». Ce dernier titre est donné par Ersch. N'est-ce pas plutôt « Ecole des mœurs » qu'il faut lire? Palissot a publié à l'occasion de cette comédie : « Remercîments des demoiselles du monde aux demoiselles de la Comédie-Française, à l'occasion des « Courtisannes », comédie ».

Courts entretiens religieux entre deux villageois, l'un chrétien évangélique, l'autre catholique romain. (Par DUPONT, pasteur à Houdeng-la-Louvière.) *Bruxelles, Société évangélique*, 1848, in-8, 155 p.

J. D.

Cousin (le) de Mahomet, ou la folie salutaire. (Par FROMAGET.) *Constantinople (Paris)*, 1742, 2 vol. in-12.

Souvent réimprimé.

Coutume de Bretagne, dite de l'Anonyme, avec des observations, etc. (Par MOTAYS, avocat au parlement de Bretagne.) *Nantes, Verger*, 1725, in-4.

Coutume (la) de Paris en vers françois. (Par Em.-Hil. GARNIER DES CHESNES, ancien notaire.) Avec le texte à côté. *Paris, Saugrain*, 1769, petit in-12. — *Paris, Le Boucher*, 1784, in-12.

Une troisième édition, sans le texte, sortit en 1787 des presses de Didot le jeune, 1 vol. petit in-12.

Coutume (la) de Paris mise en vers. (Par DÉRIBES.) *Paris*, 1761, in-12.

Catalogue L. de L. (Laubrière), 1868, n° 139.

Coutume (la) du duché de Bourgogne, enrichie des commentaires faicts sur son texte par les sieurs BEGAT, président, et DE PRINGLES, aduocat au parlement de Dijon, et de plusieurs observations faictes par divers aduocats de la province (Nicolas CANAT seul), et plusieurs arrêts, etc. *Lyon, Jean Grégoire*, 1652, in-4.

Par arrêt du parlement de Dijon, du 8 février 1661, le débit de ce livre, « rempli d'erreurs et de maximes contraires à l'usance du palais », a été défendu. Il l'avait déjà été par un arrêt précédent.

Coutume (la) du duché de Bourgogne, enrichie des remarques de MM. Philippe DE VILLERS, Jean DES PRINGLES et Jean GUILLAUME, anciens avocats au parlement de Dijon; avec le procès-verbal des conférences, etc., les cayers, etc., divers traités et arrêts recueillis par Me Jean BÉGAT, président au même parlement, et un essai de nouvelles observations sur le droit coutumier de cette province : ensemble l'histoire de tous les commentateurs de la même coutume, (par le président BOUHIER). *Dijon, Antoine Defay*, 1717, in-4.

L'édition de 1746 porte le nom du président Bouhier.

Coutume générale des pays et duché de Bourgogne, avec des observations de Me François BRETAGNE, seigneur de NAUsous-Til, conseiller au parlement de Dijon; celles de Me Nicolas Perrier, avocat, sur le premier titre des notes de Mres de La Mare et Jehannin, avocats au même parlement. (Les additions marquées par des guillemets sont de M. de Clugny père.) *Dijon, A.-J.-B. Augé*, 1736, in-4.

Coutumes (les) considérées comme lois de la nation dans son origine et dans son état actuel, par P. G. M. (P.-G. Michaux, procureur au Châtelet). *Paris, Mérigot le jeune*, 1783, in-8, 575 p.

Coutumes (les) de Bar (de Martin Le Marlorat). *Bar*, 1580, in-4.

Coutumes de Bruxelles et usage des lieux en matière de louage de maisons, magasins, quartiers et chambres... (Par Batton.) *Bruxelles, Adriaens*, 1864, in-8, 59 p. J. D.

Coutumes de la Belgique, mises en rapport avec les articles du code civil qui renvoient aux règlements et usages locaux. (Par Eug. Defacqz.) *Bruxelles, Deprez-Parent*, 1840, in-12, 104 p. J. D.

Coutumes de Paris rédigées par Erotemes, par demandes et réponses, sans rien changer du texte, avec des observations sur chaque titre. (Par Jean Tournet.) *Paris*, 1608, in-8. V. T.

Coutumes des duché, bailliage et prévôté d'Orléans, avec les notes de Henri Fornier, les notes de Dumoulin sur l'ancienne coutume d'Orléans, et des observations nouvelles. (Par Michel Prevost de La Jannès, Daniel Jousse et Robert-Joseph Pothier.) *Orléans*, 1740, 2 vol. in-12.

Coutumes du bailliage de Bar, avec un commentaire tiré du droit romain. (Par Jean Le Paige.) *Paris, Saugrain*, 1698, in-12.

Coutumes du bailliage de Saint-Mihiel. (Par Jean Bourgeois.) *Pont-à-Mousson, Melchior Bernard*, 1599, in-4.

Coutumes du duché, bailliage et prévôté d'Orléans et ressorts d'iceux, avec une introduction générale auxdites coutumes et des introductions particulières à la tête de chaque titre.... (Par Robert-Joseph Pothier.) *Orléans, Rouzeau-Montaut*, 1760, 3 vol. in-12. — *Paris*, 1772 et 1780, in-4. — *Paris et Orléans*, 1776, 2 vol. in-12.

Coutumes du ressort du parlement de Guienne, avec un commentaire... par deux avocats au même parlement (Lamothe frères). *Bordeaux*, 1768-1769, 2 vol. in-8.

Voy. « Supercheries », I, 422, *a*.

a

Coutumes et ordonnances du pays et comté de Namur, décrétées et autorisées par Sa Majesté en 1682. (Par J.-Ph. Gramme.) *La Haye*, 1736, in-4.

Catalogue Van Hulthem, nº 24539.

Coutumes générales de la ville de Metz et pays messin. (Par Dilange.) *Metz, veuve Brice Antoine*, 1730, in-4.

b

Coustumes générales de la ville de Verdun, et pays verdunois, rédigées et réformées en exécution de la déclaration du roi du 24 février 1741.... (Rédigé et mis en ordre par N.-Fr. Lançon.) *Metz, Fr. Antoine*, in-12.

c

Coutumes générales du bailliage du Bassigny. Rédigées par les trois Estats d'iceluy, convocquez a c'est effect par ordonnance de Serenissime prince Charles, par la grace de Dieu, duc de Calabre, Lorraine, Bar, Gueldres, etc. Et omologuées par Son Altesse au mois de novembre mil-cinq-cens-quatre-vingt. (Publiées par Mammes-Collin.) *Pont-à-Mousson, par Melchior Bernard*, 1607, in-4, 4 ff. lim., 118 ff. et 1 f. de table.—*Sur l'imprimé à Pont-à-Mousson en 1607. Nancy, H. Thomas père et fils*, 1761, in-8, VII-110 p. et 1 f. de priv.

d

L'auteur a signé l'épître.

Coutumes générales du pays et duché de Bourgogne, avec des annotations de Bégat, président au parlement de Dijon, et du sieur de Pringles, aduocat audit parlement; reveues, corrigées et augmentées de plusieurs arrêts, auxquelles on a adjouté les notes de Charles Dumoulin. (Par de Chevanes.) *Lyon, sans nom d'imprimeur; Châlon-sur-Saône, P. Cusset*, 1665. in-4.

e

De Pringles n'a eu aucune part à ce livre, quoiqu'on y ait mis son nom.

Coutumes (les) théâtrales, ou scènes secrètes des foyers. (Par Carrey.) 1793, in-18.

Une réimpression de cet ouvrage libre, mêlé de prose et de vers, a été faite en Belgique en 1867, et tirée à 120 exemplaires numérotés. Elle ne reproduit pas les figures qui se trouvent dans l'édition originale.

f

Couvent (le) de sainte Catherine, ou les mœurs du XIIIe siècle. Roman historique d'Anne Radcliffe, traduit par Mme la baronne Caroline A********, née W*** de M****** (Mlle Caroline Wuiet de M*******, depuis baronne d'Aufdiener), agrégée à plusieurs académies étrangères, auteur du « Phénix », d'« Esope au bal de l'Opéra », des « Mémoires de Babiole », du « Sterne de Mondego », etc. *Paris, Renard,* 1810, 2 vol. in-12.

Ce roman est traduit de l'anglais, mais non d'Anne Radcliffe.

Voy. « Supercheries », I, 148, *f*.

Couvent (le), ou histoire de Sophie Nelson, traduit de l'anglois (d'Anne FULLER, par P.-Cés. BRIAND, ancien libraire). *Paris*, 1788, 3 vol. in-12.

Couvents (les) de religieuses en Italie. Le couvent de Baïano, chronique du XVIe siècle, extraite des archives de Naples et traduite littéralement de l'italien, par M. J... C....o (NAVARO), précédée de recherches sur les couvents au XVIe siècle, par M. P. L. JACOB (Paul LACROIX). *Paris, Fournier*, 1829, in-8.

Voy. « Supercheries », II, 376, *b*.

Crapaud (le), roman espagnol, 1823. (Par Félix DAVIN.) *Paris, Mame-Delaunay* (1832), 2 vol. in-8.

Crassieriana. *Liége, Carmanne*, 1853, in-8, 15 p.

Signé : U. C. (Ulysse CAPITAINE).
Voy. « Supercheries », III, 870, *a*.

Crata Repoa, ou initiations aux anciens mystères des prêtres de l'Egypte ; traduit de l'allemand (de Ch.-Fréd. KOEPPEN), et publié par le F.·. Ant. BAILLEUL. *Paris, Bailleul*, 1821, in-8 de 128 p.

Créance (la) de l'Eglise grecque touchant la transsubstantiation défendue contre la réponse de M. Claude, par le P. P. de Paris (Pierre NICOLE). *Paris, Savreux*, 1672-1675, 2 vol. in-12.

Créance (la) de l'Eglise orientale sur la transsubstantiation. (Par Richard SIMON.) *Paris, Moette*, 1687, in-12.

Créancier plus que payé. (Par Nicolas CATHERINOT.) *S. l. n. d.*, in-4.

Création (la) d'Eve, conte moral et historique, par P. C. G. P. (F.-C.-G. PATRY, et non PATRIS). *Au jardin d'Eden, l'an de la création* (*Paris, Didot l'aîné,* 1806), in-12, 22 p.

Voy. « Supercheries », II, 17, *d*, et III, 53, *e*.

Création (de la) d'un panthéon national, 1re lettre à M. le ministre de l'intérieur, par Fr. DE W. (WOLFERS). *Bruxelles, Decq*, 1849, in-8.— Deuxième lettre, 1849, in-8, 8 p. J. D.

Création d'une chaire d'hindoustani. (Par Joseph MORÉNAS.) *Paris, Tastu*, (1828), in-8, 16 p.

a Création (la) du globe. (Par Ed. EMMERICH.) *Strasbourg, impr. de veuve Berger-Levrault*, 1860, in-8.

Création (la) du monde, où système d'organisation primitive, etc., par un Austrasien (REGNAULT DE BÉCOURT) ; deuxième édition. *Givet, de Gamaches-Barbaise*, 1816, in-8, 406 pag.

Voy. « Supercheries », I, 407, *d*.

b Création (la) et le Paradis. Pot-pourri. (Par L.-G. PEIGNOT.) *Bagdad* (vers 1807), in-16, 20 p.

Voy. « Supercheries », I, 569, *f*.

Crédit (du) public et du remboursement de la rente cinq pour cent. (Par AGAPIT VANDERMARCQ.) *Paris*, février 1836, in-8.

La couverture imprimée porte seule le lieu et la dat de l'impression.

c Crépitonomie (la) ou l'art des pets, poëme didactique en trois chants, par D......, DE SAINT-P*** (DUCASTEL, de Saint-Paul). *Paris, Michaud*, 1825, in-18, 107 p.

Voy. « Supercheries », I, 878, *d*.

d Crête (la) de coq d'Inde, conte historique mis en vers par M. L. D. D. M. (madame la duchesse DU MAINE), dédié à S. A. S. monseigneur le prince. *Trévoux* 1702, in-12, 56 p.

Voy. les « Nouvelles de la république des lettres », mars 1702, p. 358.

Cri d'allarme en avertissement aux nations qu'ils sortent de Babylon, des ténèbres, pour entrer dans le repos de Christ. *S. l., imprimé par les soins de N. F.*, 1712, in-8 de 331 p.

e A la dernière page, on trouve les signatures de Jean ALLUT, Elie MARION, Nicolas FACIO et Charles PORTALIS.

Voyez sur cet ouvrage : « Bulletin de la société de l'hist. du protestantisme français », t. XIII, 1864, p. 358-360.

Cri (le) d'un citoyen contre les Juifs, par A. D. (Jean-Baptiste-Annibal AUBERT-DUBAYET). *Paris*, 1788, in-8.

Voy. ci-après : « Lettre du sieur J. B. B. »

f Cri d'un franc-liégeois (L.-M.-J.-G. DE CRASSIER), contre le projet de dérivation de la Meuse et contre les travaux que l'on a exécutés et qui s'exécutent dans les vallées d'Angleur et de Longdoz. *Liége, Redouté*, 1850, in-8, 28 p. J. D.

Voy. « Supercheries », II, 74, *e*.

Cri d'un honnête homme qui se croit fondé en droit naturel et divin à répudier sa femme, pour représenter à la législation françoise les motifs de justice tant ecclésiastique que civile, les vues d'utilité tant morale que politique, qui militeroient pour la dissolution du mariage dans certaines circonstances données. (Par PHILIBERT, préteur royal à Landau, revu par VOLTAIRE.) *S. l.*, 1768, in-12, 80 p. — 2e éd. 1769, in-12, 83 p.

Cri d'une honnête femme qui réclame le divorce, conformément aux lois de la primitive Eglise. (Par DE CERFVOL.) *Londres*, 1770, in-8 ; — 1773, in-12.

On trouve à la suite des réflexions sur l'intérêt des enfants au divorce.

Cry (le) de joye des François pour la délivrance du pape Clément, septiesme du nom. *S. l.* (vers 1528), in-8 de 4 ff. goth.

Le nom de l'auteur, Gilles CORROZET, est donné par acrostiche, de six en six vers. M. de Montaiglon a réimprimé cette pièce dans le t. VI de son « Recueil de poésies françaises ».

Cry (le) de ioye par noble Victoire contre les traîtres ennemys du Roy de France... (Par Jehan RICHIER.) *S. l.* (1515), in-8 de 8 ff. non chiff. goth.

Cri (le) de l'honneur, épître à la maîtresse que j'ai eue. (Par Barn. FARMIAN DE ROSOI, connu sous le nom de DUROSOI.) 1766, in-8.

Cri (le) de l'honneur, ou un jeune volontaire à ses compagnons (du département de l'Ourthe). (Par J.-F. DEPREZ.) *Liége*, *Desoer*, 1801, in-8, 8 p.

Cri (le) de l'opinion publique en faveur de M. Prunelle. (Par le baron L.-Alc. DE CHAPUIS MONTLAVILLE.) *Lyon*, *Rossary*, 1830, in-8.

Cri (le) de la conscience, ou réflexions d'un Français, ami de la justice, adressées à la Convention nationale et à ses concitoyens sur le procès de Louis XVI. *S. l.* (1792), in-8, 16 p.

Par LE COUTEUX, suivant une note manuscrite.

Cri (le) de la douleur, ou journée du 20 juin, par l'auteur du *Domine salvum fac regem*. Extrait de la correspondance politique, ou tableau de Paris, des 22 et 24 juin. (Par Jean-Constant PELTIER.) *Paris*, *Senneville*, 1792, in-8, 31 p.

Cri (le) de la foi, ou recueil des différents témoignages rendus par plusieurs facultés, chapitres, curés, communautés ecclésiastiques et régulières au sujet de la constitution *Unigenitus*. (Par J.-A. NIVELLE.) *S. l.*, 1719, 3 vol. in-12. V. T.

Cri (le) de la nature, de l'humanité et de la justice, ou observations raisonnées sur le projet de décret proposé par le citoyen Echassériaux, relatif aux émigrés. *Paris*, 1794, in-8, 48 p.

Signé : HARDY.

Cri (le) de la nature, ou le magnétisme du jour, ouvrage curieux et utile pour les personnes qui cherchent à étudier les causes physiques du magnétisme, ainsi que les phénomènes qui s'y rapportent, Par M. C. D. L*** (C. DE LANDRESSE). *Paris*, 1784, in-8, 40 p.

Réimprimé avec le nom de l'auteur.

Cri (le) de la raison, ou examen approfondi des lois et coutumes qui tiennent dans la servitude mainmortable quinze cent mille sujets du roi ; dédié aux Etats-généraux. (Par l'abbé CLERGET, curé d'Ouans.) *Besançon*, *Simart*, 1788, in-8, 296 p.

Cri (le) de la vérité contre la séduction du siècle, par l'auteur de la « Conversation avec soi-même » (Louis-Antoine DE CARACCIOLI). *Paris*, *Nyon*, 1765, in-12, XVI-366 p. et 1 f. de table.

Cri de résurrection. Aux vivants et aux morts. (Par Jean JOURNET.) *Vaugirard*, *imp. d'Alf. Choisnet* (1856), in-18, 36 p.

Cri (le) des Africains contre les Européens leurs oppresseurs, ou coup d'œil sur le commerce homicide appelé Traite des Noirs, par Thomas CLARKSON, M. A.; traduit de l'anglais (par Benjamin LA ROCHE). *Londres*, 1821, in-8. — *Paris*, *Cellot*, 1822, in-8, 64 p.

Cris des colons contre un ouvrage de Mgr l'évêque et sénateur Grégoire, ayant pour titre : « De la littérature des nègres », ou réfutation des inculpations calomnieuses faites aux colons par l'auteur... (Par F.-R. DE TUSSAC.) *Paris*, 1810, in-8.

Cri (le) des employés, réponse à MM. de La Bourdonnaye, de Castelbajac, de Villèle, Cornet-d'Incourt, du Fougerais, etc. (Par E.-A. DOSSION.) *Paris* (*Barba*), 1817, in-8, 14 p.

Cri (le) des familles, ou discussion d'une motion faite à la Convention nationale par le représentant du peuple Lecointre, relativement à la révision des jugements des tribunaux révolutionnaires. (Par André MORELLET.) *Paris*, an III-1795, in-8.

Cri (le) des martyrs et des braves, ou monuments authentiques du patriotisme des défenseurs de Lyon en 1793... (Par

L.-Fr. LESTRADE.) *Paris, Dentu*, 1821, in-8, 16 p.

Cri (le) des nations, 1769. (Par VOLTAIRE.) *S. l. n. d.*, in-8, 20 p.

Contre les droits exercés en France par les papes. Voy. « Bibliographie voltairienne », p. 18, n. 65. Réimprimé dans le t. V de « l'Evangile du jour ».

Cri (le) du sage, par une femme. (Par Olympe DE GOUGES.) *S. l. n. d.*, in-8, 8 p.

Cri (le) du sang innocent. (Par VOLTAIRE.) *S. l.*, 1775, in-8, 37 p.

Signé : D'ETALLONDE DE MORIVAL.
Voy. « Supercheries », I, 1257, *b*.

Cri (le) français, ou le vœu national, à l'honneur de la Saint-Louis. (Par J. FERNANDEZ.) *Bordeaux, imp. de veuve Cavazza*, 1815, in-8.

Cri (le) général de 1789. Seconde édit. (Par VERGNAUD, d'Orléans.) *Orléans, Jacob-Sion* (1789), in-8.

Cri général du peuple liégeois. (Par Léonard DEFRANCE, peintre.) (*Hervé, H. J. Urban, février* 1786), in-8 de 42 p. et un tableau. Ul. C.

Cri (le) public. (Par le comte Charles-Léopold DE BELDERBUSCH.) (1815), in-8. D. M.

Crime (le), ou lettres originales, contenant les aventures de César de Perlencour, par l'auteur de l' « Aventurier français » et du « Philosophe parvenu » (Rob.-Mart. LE SUIRE). *Paris, Defer de Maisonneuve*, 1789, 4 vol. in-12.

Crimes (les) d'Avignon depuis les cent-jours. Par un Vauclusien (Victor AUGIER). *Valence, Dourille, et Paris, Plancher*, 1818, in-8, 60 p.

Crimes (des) de Buonaparte et de ses adhérens. Par F. T. D***. (F.-Th. DELBARE). *Paris, J.-G. Dentu*, 1815, in-8, 79 p.

Une seconde édition est intitulée : « les Crimes de Bonaparte et de ses adhérents, ou les ennemis de l'autorité légitime en conspiration permanente. Par F. T. D*****. Deuxième édition, considérablement augmentée et accompagnée de notes, ainsi que du récit des derniers troubles de Nîmes ». *Paris, Dentu*, 1815, in-8, 134 p., et aussi avec un nouveau titre portant troisième édition, etc.

Voy. « Supercheries », II, 106, *f*, sous les lettres F. T. D. sans étoiles. C'est ainsi, du reste, qu'il est annoncé par erreur dans la « Bibliographie de la France ».

Crimes (les) de la philosophie, ou tableau succinct des effets qu'elle a opérés dans la plupart des sciences et des arts, et dans le régime des associations politiques. (Par J.-L. PIESTRE.) *Lyon et Paris, Brunot*, 1805, in-8.

Un volume portant le même titre, sans nom d'imprimeur, *Paris*, an XII-1804, a été publié pour venger la philosophie de ses calomniateurs. Est-ce le même ouvrage que celui de Piestre?

Crimes (des) de la presse, considérés comme générateurs de tous les autres, dédié aux souverains de la Sainte-Alliance. (Par A. MADROLLE.) *Paris, Potey*, 1825, in-8.

Crimes (les) de la Révolution, et les pénitences nécessaires pour les expier, par un curé du diocèse de Soissons (l'abbé BEAUCHAMP, curé de Bussy-le-Long). *Paris, Egron*, 1820, in-8.

Crimes (les) de Napoléon Buonaparte, faits historiques recueillis par une victime de la tyrannie de Buonaparte (J.-P.-R. CUISIN), sur la sixième édition imprimée à Bruxelles. *Paris, impr. de Patris*, 1818, in-18.

Trois éditions la même année.

Crimes des empereurs d'Allemagne, depuis Lothaire I jusqu'à Léopold II. (Par Louis LA VICOMTERIE DE SAINT-SAMSON.) *Paris*, 1793, in-8. V. T.

Crimes (les) des empereurs turcs, depuis Osman I jusqu'à Sélim IV. Avec gravures. (Par Louis LA VICOMTERIE DE SAINT-SAMSON.) *Paris, au bureau des révolutions de Paris*, an III, in-8, XXIV-606 p.

Cet ouvrage a été aussi attribué à L. PRUDHOMME.

Crimes des papes, par Louis DE LA VICOMTERIE, revus et considérablement augmentés d'après des documents authentiques des meilleurs auteurs... (Par l'imprimeur HAUSSMAN.) *Bruxelles, Haussman*, 1856, in-8, avec 8 pl. J. D.

Crimes (les) des reines de France, depuis le commencement de la monarchie jusqu'à Marie-Antoinette, publiés par L. PRUDHOMME; avec cinq gravures. *Paris, bureau des révolutions de Paris*, 1791, in-8. — *Neuchâtel, Soc. typographique*. 1792, in-12. — *Paris, au bureau des révolutions de Paris*, an II, in-8.

Attribué à tort à PRUDHOMME, qui ne figure en effet sur le titre que comme éditeur.

Par Louise-Félicité GUINEMENT DE KÉRALIO, dame ROBERT, d'après la « Biographie universelle » et d'après Quérard.

Par BÉRENGER, d'après Œttinger.

Crimes (les) des reines de France, depuis le commencement de la monarchie jusques et y compris Marie-Antoinette.

(Par G. Touchard-Lafosse). *Paris, Lemoine*, 1830, in-18, 279 p.

Dans le « Catalogue de l'histoire de France » de la Bibliothèque nationale, ce livre a été attribué à tort à Mme Robert, par suite d'une confusion avec le précédent.

Crimes (les) des rois de France, depuis le commencement de la monarchie jusqu'à Charles X inclusivement. (Par G. Touchard-Lafosse, d'après La Vicomterie.) *Paris, Lemoine*, 1830, in-18.

Crimes (les) du Châtelet dénoncés à la nation. (Par Roch Marcandier.) *Paris*, an II, in-8.

Ex dono auctoris.

Crimes (les) du 10 août dévoilés par les patriotes suisses et les efforts qu'ils ont faits pour les prévenir. (Par J. Desonnaz.) *S. l. n. d.*, in-8, 16 p.

Crimes et forfaits de la noblesse et du clergé, depuis le commencement de la monarchie jusqu'à nos jours. (Par Jacq.-Ant. Dulaure.) *Paris* (1793), in-8, VI-148 p., fig. satirique pour frontispice. — *Paris, s. d.*, in-8, VI, 164, 122 p. et 1 f. de table.

On trouve imprimé à la suite de la seconde édition: « les Principes du gouvernement, simplifiés et réduits à sept unités naturelles ».

Criminelle Neckero-logie, ou les manœuvres infâmes du ministre Necker entièrement dévoilées. (Attribué à Marat.) *Genève, Pellet*, (1 juillet) 1790, in-8, 69 p.

Cris de guerre et devises des Etats de l'Europe, des provinces et des villes de France et des familles nobles de France, d'Angleterre... par le comte de C. (Jean Cohen de Vinkenhoef). *Paris, Vaton*, 1852, in-18.

Voy. « Supercheries », I, 602, *b*.

Crise actuelle de la France, par un homme qui vient de visiter Paris. *Londres*, 1839, in-8.

Cette brochure est attribuée à lord Brougham, elle fit du bruit à l'époque de sa publication. (« Quotidienne », 4 août 1839.)

Crise (la) de l'Espagne ; traduit de l'anglais (de Murray), par le comte Donatien de Sesmaisons. *Paris, Le Normant*, 1823, in-8. — 2e édit. *Paris, Le Normant*, 1823, in-8.

Crise (la) de l'Europe, ou pensées sur le système que les différentes puissances de l'Europe, et en particulier la neutralité armée, devraient suivre dans la conjoncture présente, traduit de l'anglois (du chevalier Sinclair Webster). 1763, in-12, 59 p.

a Crise (la) du protestantisme, ou examen et principe de l'autorité synodale au point de vue de la foi, par un protestant (Jean Privat). *Toulouse, imp. Troyes*, 1864, in-16, 47 p.

Crise (la) ecclésiastique dans le canton de Vaud. Par Fréd. C. (Frédéric Chavannes). *Lausanne*, 1846, gr. in-8, 64 p.

Crise (de la) nationale. Dédié à la Société des patriotes belges. (Par Devergnier.) *Bruxelles, Muquardt*, 1860, in-8, 30 p. J. D.

b

Crise (la) sociale. (Par le marquis de La Gervaisais.) *Paris, Pihan-Delaforest*, 1833, in-8, 32 p.

Crises (des) politiques, de leur effet sur l'esprit public, et des obstacles qui s'opposent à une opinion unanime qui est plus réelle qu'elle ne le paraît. (Par l'abbé Cl.-Fr.-Et. Elquin.) 1815, in-8.

c

Catalogue Noël, no 4143.

Crispin devenu riche. (Par Etienne Mayet.)

Voy. ci-dessus « l'Agioteur puni », col. 79, *b*.

Crispus, le chaste et le vaillant, tragédie... représentée par la jeunesse du collége de la compagnie de Jésus à Luxembourg, le 10 de sept. 1654. (Par le P. Martin du Cygne). *Trèves, H. Treulant*, in-4, 4 ff.

d

Critique (de la). *Lyon, Anisson*, 1691, in-12.

Cet ouvrage, qui est de l'abbé de Saint-Réal, et que l'on a réimprimé dans le recueil de ses Œuvres, n'est, à proprement parler, qu'une critique des « Réflexions sur l'usage présent de la langue françoise » (par Andry de Bois-Regard). *Paris*, 1689, in-12.

e

Critique (la) abrégée des ouvrages des auteurs ecclésiastiques, par J. G. (Jean Grancolas). *Paris, Laurent Le Conte*, 1716, 2 vol. in-12.

Voy. « Supercheries », II, 399, *d*.

Critique d'un livre contre les spectacles, intitulé : « J.-J. Rousseau, etc., à M. d'Alembert ». (Par Eugène-Eléonore de Bethisi, marquis de Mézières.) *Paris, Lambert*, 1760, in-8.

f

Critique d'un livre intitulé « la Télémacomanie ». (Par Jean-Pierre Rigord.) *Amsterdam*, 1706, in-8. V. T.

Critique (la) de Bérénice. (Par l'abbé de Villars.) *Paris, L. Bilaine*, 1671, 2 vol. in-12.

Critique de l'apologie d'Érasme de l'abbé Marsollier, par *** (le P. Gabriel de Toulon, dont le nom de famille était Vieilh). *Paris, Jombert*, 1720, in-12.

Critique de l' « Esprit des lois » (de Montesquieu, par l'abbé de La Roche). *Genève*, 1753, in-8.

Extrait des « Nouvelles ecclésiastiques ».

Critique de l'Histoire des Chanoines, ou Apologie de l'état des Chanoines propriétaires, depuis les premiers siècles de l'Église jusqu'au douzième, avec une dissertation sur la canonicité de l'ordre de Prémontré. (Par le P. Hugo, abbé d'Estival.) *Luxembourg, André Chevalier*, 1700, in-8.

Critique de l' « Histoire du concile de Trente » de Fra-Paolo Sarpi, des Lettres et mémoires de Vargas. (Par Jean Frain du Tremblay.) *Rouen, Guillaume Behourt*, 1719, in-4.

Critique de l'Imitation de J.-C., traduite par le sieur de Beuil (c'est-à-dire Le Maistre de Sacy), imprimée à Paris, chez Savreux, Desprez et autres. (Par le P. Dom. Bouhours.) *Bruxelles, Foppens*, 1688, in-8, 59 p.

Critique de l' « Oraison funèbre de madame T*** » (Tiquet), par le père C. (Chauchemer, jacobin)... 1699, in-8. — Autre éd. *S. d.*, in-12, 16 p.

Critique de la « Bibliothèque des auteurs ecclésiastiques » et des Prolégomènes de la Bible, publiée par Ellies du Pin, avec des éclaircissemens et des supplémens aux endroits où on les a jugés nécessaires, par Richard Simon; avec des remarques (du P. Etienne Souciet, jésuite, éditeur de l'ouvrage). *Paris, Ganeau*, 1730, 4 vol. in-8.

On accuse le P. Souciet d'avoir mutilé en plusieurs endroits le manuscrit de Richard Simon.

Critique de la Bibliothèque divine de S. Jérôme, publiée par les Bénédictins. (Par Richard Simon.) *Cologne*, 1699, in-8.

Tel est l'article 3223 du Catalogue de la bibliothèque de Denis Nolin, rédigé par Gabriel Martin. *Paris*, 1710, in-12.

Ce volume est une portion de celui qui est généralement intitulé : « Lettres critiques », où l'on voit les sentiments de Simon sur plusieurs ouvrages nouveaux; publiés par un gentilhomme allemand. Sur l'imprimé à Basle, etc., 1699, in-12.

L'abbé Goujet possédait le même ouvrage sous un titre bien différent. Voy. « Lettres critiques sur l'édition... »

Critique de la charlatanerie des savans. *Paris*, 1726, in-12.

Je trouve le nom de Coquelet, comme auteur de cet ouvrage, dans le Catalogue des livres de l'abbé Sépher.

a Plusieurs bibliographes l'attribuent à Fr.-Denis Camusat, mais je ne le vois pas mentionné dans le catalogue des productions de cet écrivain, inséré par J.-Fr. Bernard en tête de « l'Histoire critique des journaux ».

Dans l'épître dédicatoire au cardinal de Fleury, signée C...., l'auteur se désigne comme étranger : c'est ce qui donne la plus grande probabilité à l'opinion de Gabriel Martin, qui, dans le « Catalogue » de Le Blanc, *Paris*, 1729, in-8, à l'*errata* pour la page 109, n° 1233, attribue cette « Critique » à milord Carle.

Critique (la) de la « Critique de la b Recherche de la vérité ». (Par Dom. Robert des Gabets.) *Paris, Dupuis*, 1675, in-12.

Critique de la Henriade de Voltaire. (Attribuée à René de Bonneval.) In-8.

Imprimé à la suite de la « Henriade », édition de *La Haye, Gosse*, 1728.

Critique de la lettre (de Maupertuis) sur la comète. (Par Gilles Basset des c Rosiers, professeur en l'Université.) 1742, pet. in-12.

Critique (la) de la « Recherche de la vérité », par un académicien (Simon Foucher). *Paris*, 1675, pet. in-12.

Voy. « Supercheries », I, 172, *a*.

Critique de la tragédie d'Œdipe de M. de Voltaire, par M. le comédien Le G*** (Marc-Antoine Le Grand). *Paris, Gandouin*, d 1719, in-8, 36 p.

D'autres ont voulu lire Le Gendre ou Le Grimarets, « Bibliographie voltairienne », n° 731.

Critique (la) de la tragédie de Charles IX, comédie en un acte et en prose. (Par Charles Palissot de Montenoy.) *Paris, Desenne*, 1790, in-8, 35 p.

Critique de la tragédie de Pyrrhus, en forme de lettre, adressée à Crébillon. (Par e l'abbé Esquieu.) *Paris*, 1726, in-8, 45 p.

Critique de quinze critiques du Salon. (Par J.-A. Dulaure.) *Paris*, 1788, in-8.
V. T.

Critique (la) des critiques du salon de 1806. Étrennes aux connaisseurs. (Par Anne-Louis Girodet Trioson.) *Paris, F. Didot*, janvier 1807, in-8.

Critique (la) des dames et des messieurs f à leur toilette. *S. l. n. d.*, in-8.

Par Louis-Antoine Caraccioli, qui a réimprimé cette facétie dans son « Livre des quatre couleurs », dont elle forme le chapitre intitulé : des Toilettes.

Critique (la) des « Lettres philosophiques » de M. de Voltaire, par M. l'abbé P*** (P.-F. Le Coq de Villeray). *Cologne*, 1737, in-12.

Voy. « Réponse ou critique des Lettres philosophiques ».

Critique des ouvrages de M. L. A. D. F. (l'abbé Desfontaines). (Par Franç. GAYOT DE PITAVAL, avocat.) *Amsterdam, Guillaume le Sincère, au Mont-Parnasse*, 1733, in-12.

Critique désintéressée des journaux littéraires et des ouvrages des savants. (Par Fr. BRUYS.) *La Haye, Van Lom*, 1730, 3 vol. in-12.

Critique (la) désintéressée (par l'abbé Ch. COTIN) sur les Satyres du Temps (de Boileau). *S. l., chez l'hermite de Paris, à la Correction fraternelle*, in-8, 63 p.

Voy. les « Œuvres de Boileau », édition de Saint-Marc: *Paris*, 1747, 5 vol. in-8, t. I, p. 55. — *Amsterdam*, 1772, 5 vol. in-8 et 5 vol. in-12, t. I, p. 63, et édition Berriat-Saint-Prix. *Paris*, 1830-1834, 4 vol. in-8, t. I, p. CCXIV.

Critique du ballet moral dansé au collége des Jésuites de Rouen, au mois d'août 1750. (Par J.-B. GAULTIER, prêtre.) *S. l.*, 1751, in-12.

Critique du christianisme. Impuissance des idées juives et chrétiennes pour l'organisation morale et sociale de l'avenir. (Par M. J. FICHER, avocat.) *Paris, Moutardier*, 1834, in-8.

Critique du Légataire (la), comédie. (Par Jean-François REGNARD.) *Paris, P. Ribou*, 1708, in-12.

Critique du neuvième livre de l'histoire de M. Varillas, où il traite des révolutions arrivées en Angleterre en matière de religion; traduite de l'anglois de M. Burnet, doct. en théol. (Avec des additions, par Jean LE CLERC.) *Amsterdam, P. Savouret*, 1686, in-8.

Voy. J. Le Clerc, « Bibliothèque universelle » (1686), III, 130-138.

Pour la « Défense de la critique », voy. ces mots. Il existe encore : « Critique du IIIe et du IVe volume de M. de Varillas en ce qui concerne les affaires d'Angleterre », traduit de l'anglois de M. Burnet. *Amsterdam*, 1687, in-12. Mais cette traduction n'est pas de J. Leclerc. A. L.

Critique du siècle, ou lettres sur divers sujets, par l'auteur des « Lettres juives » (J.-B. DE BOYER, marquis D'ARGENS). Nouvelle édition augmentée de nouvelles lettres et de quantité de remarques. *La Haye*, 1755, 2 vol. in-12. A. L.

Critique (la) du Tartufe, comédie en vers. (Par DE VILLIERS.) *Paris, G. Quivet*, 1670, pet. in-12.

Bret a supposé fort gratuitement qu'on pouvait reconnaître PRADON dans la « Lettre satirique sur le Tartufe écrite à l'auteur de la critique », lettre en vers imprimée en tête de la comédie. On ne trouve nulle part que Pradon ait été l'ennemi de Molière; M. Paul

a Lacroix pense qu'on peut attribuer la critique à DE VILLIERS, qui a composé d'autres pièces contre Molière. M. Taschereau, dans son « Histoire de Molière », fait ressortir tout ce qu'il y avait de perfide dans cette « Critique » qui fut représentée sans succès, et qui, devenue très-rare, a été réimprimée à 102 exemplaires (dont deux sur vélin), par M. J. Gay et fils, à Genève (1868, in-18, vij et 49 p.), avec un avant-propos rédigé par M. P. Lacroix.

b Critique (la) du théâtre anglois, comparé au théâtre d'Athènes, de Rome et de France... traduite de l'anglais de COLLIER. (Par le P. Jos. DE COURBEVILLE, jésuite.) *Paris, Simart*, 1715, in-12, 499 p.

Critique générale de l' « Histoire du calvinisme » du P. Maimbourg. (Par Pierre BAYLE.) 2e édition revue et beaucoup augmentée. *Villefranche, Pierre le Blanc*, 1683, 2 vol. in-12. — *Villefranche, Pierre le Blanc*, 1684, 4 vol. in-12.

c Critique générale des « Aventures de Télémaque ». (Par Nic. GUEUDEVILLE.) *Cologne*, 1700, 2 vol. pet. in-12.

Cette critique est composée de cinq parties. A la honte de la littérature, la première a eu quatre éditions, et la seconde trois. La cinquième, publiée en 1702, a pour titre : « le Critique ressuscité, ou fin de la critique des « Aventures de Télémaque », où l'on voit le véritable portrait des bons et des mauvais rois ».

d Critique historique, politique, morale, économique et comique, sur les loteries anciennes et modernes, spirituelles, et temporelles des États et des Églises, trad. de l'ital. de M. Greg. LETI (par RICOTIER), avec des considérations sur l'ouvrage et sur l'auteur (par le traducteur). *Amsterdam*, 1697, 2 vol. in-12.

e Critique littéraire, par C. F. (CUVILLIER FLEURY). *Paris, imp. d'Everat*, 1835, in-8, 118 p.

Critique littéraire et politique de l' « Ami des lois », pièce en cinq actes et en vers, par une société de gens de lettres. (Par C.-L. LESUR.) *Paris, Momoro*, 1793, in-8, 60 p.

f Critique maritime. Les volontaires et les officiers auxiliaires. Guerre de 1778. La Belle-Poule et le Sévère; Pierre-Servais-René Bouvet. (Par Charles CUNAT.) *Rennes, Mme de Caila, née Front, s. d.*, in-12, 26 p.

Catalogue de Nantes, n° 46485.

Critique musicale. De Giacomo Meyerber, à propos de « l'Etoile du Nord ». (Par Gustave FREDERIX.) *Liége, Redouté*, 1855, in-8, 8 p.

Tirage à part de la « Tribune ». Ul. C.

Critique, ou analyse des Mémoires du comte de Bonneval. (Par G. MARCHE.) *Amsterdam*, 1738, in-8. V. T.

Critique posthume d'un ouvrage de M. de Voltaire. (Par l'abbé Ch.-F. CHAMPION DE NILON.) *Londres*, 1772, in-8, 3 ff. lim. et 27 p.

Critique du « Commentaire sur Corneille ».

Critique raisonnée, dans laquelle on signale les fautes d'orthographe, de construction, les solécismes, les barbarismes, les néologismes, les expressions impropres et inconvenantes dont est remplie la brochure que vient de publier M. Benjamin Constant, sur la dissolution de la Chambre des députés, par un amateur de la pureté du langage (J.-N. BLONDIN). *Paris*, *Pélicier*, 1820, in-8, 32 p.

Critique (le) ressuscité, ou fin de la critique des « Aventures de Télémaque ». (Par Nic. GUEUDEVILLE.) *Cologne*, 1702, in-12.

Voy. ci-dessus « Critique générale des Aventures de Télémaque ».

Critique, scène par scène, sur Sémiramis, tragédie nouvelle de M. de Voltaire. (Attribué au libraire André CAILLEAU, ou à l'abbé MERCHADIER.) *Paris*, *Cailleau*, 1748, in-8, 1 f. de tit. et 29 p.

Critique sommaire d'un livre intitulé : « Abrégé de l'Histoire ecclésiastique ». (Par l'abbé François JOUBERT.) In-12, 32 p.

Crocodile (le), ou la guerre du bien et du mal, arrivée sous le règne de Louis XV, poëme épiquo-magique en cent deux chants... Œuvre posthume d'un amateur des choses cachées (le marquis Louis-Claude DE SAINT-MARTIN). *Paris*, *de l'imp. du cercle social*, an VII-1799, in-8, 2 ff. de titre et 460 p.

Voy. « Supercheries », I, 294, *e*.

Croisades (les), par l'auteur de l' « Histoire de saint Louis » (J.-J.-E. ROY). *Lille*, *Lefort*, 1859, in-12, 144 p.

Croisière (la) de la Mouche, par l'auteur des « Aventures d'un lieutenant de marine » (Jules LECOMTE). *Paris*, *Dumont*, 1837, 2 vol. in-8.

Croix (les) d'ordres et les distinctions honorifiques. (Par ANDRÉ fils, architecte.) *Bruxelles*, *Brismée*, 1859, in-8, 33 p. J. D.

Croix (la) de bois, ou la consolation dans le malheur. (Traduite de l'allemand

a de l'abbé Christ. SCHMID.) *Strasbourg*, *et Paris*, *impr. de Levrault*, 1832, in-18.

Croix (la) de Jésus-Christ, ou réflexions sur Jésus crucifié. (Par Jacq.-Jos. DUGUET.) *Amsterdam*, 1727, in-12.

Cromwell et Napoléon, la révolution d'Angleterre et la Révolution française parallèlement comparées, suivies de quelques pensées et réflexions morales et politiques, par un ami de la vérité (Ch.-Ph.

b BONAFONT). *Wolfenbutel*, 1829, in-8.

Cromwell, ou le général liberticide, tragédie en cinq actes et en vers. (Par M.-L. TARDY, officier du génie.) *Liége*, *Latour*, 1793, in-8.

Cromwell, tragédie en cinq actes et en vers. (Par le P. Xavier MARION, Jésuite.) *Londres*, *libraires associés* (*Paris*), 1764, in-12.

c Voy. « Supercheries », III, 1053, *d*.

Cronicque. Voy. « Chronique ».

Croquemort (le) de la presse. Nécrologie politique, littéraire, typographique et bibliographique de tous les journaux, pamphlets, revues, nouvelles à la main, satires, chansonniers, almanachs et canards périodiques, nés, morts, avortés, vivants, ressuscités ou métamorphosés à

d Paris, à Lyon, et dans les principales villes de France, depuis le 22 février... Par un bibliophile bien informé, actionnaire de 14 imprimeries, membre de 27 clubs, et rédacteurs de 33 gazettes mortes et enterrées (H. DELOMBARDY). Décembre 1848-janvier 1849, 6 numéros ou convois in-fol.

Voy. « Supercheries », I, 525, *d*.

e Croupier (le) littéraire. (Par DE SAINT-AULAS.) *Carpentras et Paris*, 1759, in-8.

Croûtes (les) au Museum... (Par A.-J.-Q. BEUCHOT.) Voy. « l'Enfant de six jours... »

Cruauté (de la) religieuse. (Traduit de l'anglais, par le baron D'HOLBACH.) *Londres* (*Amsterdam*, *M.-M. Rey*), 1769, in-8; — 1775, in-12.

f Cruels effets de la vengeance du cardinal de Richelieu, ou histoire des diables de Loudun et du supplice du curé Urbain Grandier. (Par AUBIN.) *Amsterdam*, *Et. Roger*, 1716, in-12.

La plupart des exemplaires de cet ouvrage portent le titre d'« Histoire des diables de Loudun ». Voyez ces mots.

Cry (le). Voy. « Cri ».

Cuer (le) de philozophie translate de latin en francoys à le requeste de Philippes le Bel, roy de France. *Paris*, *A. Vérard*, 1504, gr. in-4 goth.

Première édition. On lit au fol. CXXVI : « Cy fine lordonnement du monde et commence lordonnement du compost et du kalendrier, et les noms de ceux qui le firent si comme maistre Symon (GREBAN) de Compiègne qui fut moine de Saint-Richier en Ponthieu, lequel le translata de latin en francoys selon maistre Aignan ».

Comme on le voit, ce n'est pas à tort, ainsi que le dit Brunet, et Graesse d'après lui, que La Croix du Maine attribue cette traduction à Symon Greban. La Croix du Maine a fait remarquer que le titre devait être fautif en faisant intervenir le nom de Philippe le Bel pour un travail dont l'auteur n'est mort qu'en 1461. Quoi qu'il en soit, on trouve plusieurs parties du « Cuer de philozophie » dans le manuscrit intitulé : « Secretz des philosophes, autrement nommé Timeo placides », composé par maistre Jehan Bonnet, docteur en théologie et natif de Paris, in-fol. sur vélin, Bibliothèque nationale, fonds français, nº 212. Voy. p. 31-32 du « Catalogue de la bibliothèque de François I à Blois, en 1518, publié d'après le manuscrit de la Bibliothèque impériale de Vienne, par H. Michelant ». *Paris*, *Hérold*, 1863, in-8, 48 p.

Pour le détail des éditions de cet ouvrage, voyez Brunet, « Manuel du libraire », 5ᵉ éd., t. II, col. 437 et 438.

Cuisine (la) des pauvres, ou collection des meilleurs mémoires qui ont paru depuis peu, soit pour remédier aux accidents imprévus de la disette des grains... (Par Claude-Marc-Antoine VARENNE DE BÉOST.) *Dijon*, *Defay*, 1772, in-4.

Cuisine (la) élémentaire et économique, propre à toutes les conditions et à tous les pays, par D. L. (D. LERIGET); seconde édition. *Paris*, *Levacher*, an XIII-1805, in-12.

Cuisine et office de santé, propre à ceux qui vivent avec économie et régime. (Par MENON.) *Paris*, 1758, in-12.

Cuisine naturelle. L'art d'apprêter d'une manière simple, économique et facile, toute espèce de mets, viandes, etc. Par A.-B. de Périgord (Horace-Napoléon RAISSON). *Paris*, *les épiciers de Paris*, 1836, in-8, 16 p.

Voy. « Supercheries », I, 152, *a*.

Cuisinière (la) bourgeoise. (Par MENON.) *Paris*, 1748, 2 vol. in-12.

Très-souvent réimprimé en un seul volume.

Cuisinière (la) de la campagne et de la ville, ou la nouvelle cuisinière économique, précédée d'observations très-importantes sur les soins qu'exige une cave, et d'une instruction sur la manière de servir à table, et sur la dissection des viandes. Avec figures. *Paris*, *Audot*, 1818, in-12, LXXII-248 p. — 2ᵉ édit. Par M. L. E. A. *Paris*, *Audot*, 1819, in-12.

Cet ouvrage a été publié sous ces initiales jusqu'à la 39ᵉ éd. *Paris*, *Audot*, 1859, in-16.

La 40ᵉ éd., *Paris*, *Audot*, 1860, in-16, porte : par M. L. E. AUDOT. Toutes les éditions suivantes portent le nom de l'auteur.

Ce livre, qui est arrivé en 1870 à sa 49ᵉ éd., a été aussi attribué à Mˡˡᵉ Aglaé ADANSON.

Voy. « Supercheries », II, 715, *e*.

Cuisinière (la) modèle, ou l'art de faire une bonne cuisine avec économie,... Par E.-H. (Edouard HOCQUART). 8ᵉ édition,... *Paris*, *Lefèvre*, 1861, in-18, 360 p.

La 1ʳᵉ éd., publiée en 1845, portait le nom de l'auteur.

Voy. « Supercheries », I, 1215, *f*.

Cuisinière (la) républicaine. (Par Mᵐᵉ MÉRIGOT.) *Paris*, an III, in-12.

Culottes (les) de Saint-Griffon, nouvelle imitée de CASTI. (En vers, par Edme-Joseph VILLETARD.) *Paris*, *Dabin*, 1803, in-8.

Culte (le) de la sagesse, ou le triomphe de l'humanité. (Par JUVET, procureur au Châtelet.) 1752.

Note de l'inspecteur de la librairie d'Hemery.

Culte (le) de la vierge sacrée Marie, défendu contre les avis d'un auteur anonyme (Henneguier, par Th. LE ROY). *Saint-Omer*, 1674, in-8. V. T.

Culte (le) de Marie, origines, explications, beautés,... par J. B. G*** (J.-B. GERGERÈS). *Paris*, *Sagnier et Bray*, 1849, in-12.

Réimprimé en 1857, avec le nom de l'auteur.

Voy. « Supercheries », II, 370, *f*.

Culte (du) des dieux fétiches, ou parallèle de l'ancienne religion d'Égypte avec la religion actuelle de la Nigritie. (Par Ch. DE BROSSES.) *Paris*, 1760, in-12.

Naigeon a inséré cette dissertation dans le « Dictionnaire de la philosophie ancienne et moderne de l'Encyclopédie méthodique », au mot FÉTICHISME.

Culte (du) des saints, et principalement de la très-sainte vierge Marie ; par NÉERCASSEL, évêque de Rastorie, de la traduction de M. L. R. A. D. H. F. (Guill. LE ROY, abbé de Haute-Fontaine). *Paris*, *Desprez*, 1679, in-8.

Voy. « Supercheries », II, 979, *d*.

Culte (du) du saint sang de Jésus-Christ et de la relique de ce sang qui est conservé à Bruges, avec une courte histoire du jubilé séculaire célébré à Bruges en l'honneur du saint sang, l'année 1850. (Par J.-B. MALOU, évêque de Bruges.) *Bruges*, *Vanhée-Wante*, 1851, in-18. J. D.

Culte (le) du vrai Dieu rétabli et les mystères de l'organisation approfondis, poëme instructif. (Par M. PATISSIER DE LA FORESTILLE, de Mâcon.) *Berne*, 1798, in-8, 99 p.

Culte et lois d'une société d'hommes sans Dieu. (Par Sylvain MARÉCHAL.) *S. l., l'an Ier de la raison, VI de la république française*, in-8, 64 p.

Culte (du) public. (Par l'abbé Gasp.-J.-André JAUFFRET, depuis évêque de Metz.) *Paris, Leclère*, 1796, 2 vol. in-8.

Cultivateur (le) à son fils sur les inconvénients du luxe et les avantages de l'agriculture. (Par BOUTROUX, de Montcresson.) *Paris, Regnard*, 1770, in-8, 47 p.

Culture (la) de l'esprit, ou direction pour faciliter l'acquisition des connoissances utiles, par Isaac WATTS, traduit de l'anglois par D. DE S*** (Daniel DE SUPERVILLE); nouvelle édition, retouchée avantageusement. *Lausanne, François Lacombe*, 1782, in-12.

La première édition de cette traduction parut en 1762, avec le nom du traducteur.

Culture des pommes de terre. (Par Victor CHATEL.) *Caen, B. de La Porte*, 1860, in-8, 4 p.

Catalogue de Nantes, n° 18164.

Culture et boisement des dunes. (Par BORTIER, propriétaire à La Panne.) *Furnes, Bonhomme*, 1845, in-8, 7 p. J. D.

Culture facile du melon en Belgique. Dédié à la société agricole de la province de Namur, par un de ses anciens membres (Louis-Jean-Ghislain CHARRIER). *Bruxelles, Tarlier*, 1864, in-18, 24 p. J. D.

Curé (le) anglois, ou la famille de Primrose, traduit de l'anglois de GOLDSMITH, par Eléonore DE FL. (DE FLINVILLE). *Paris*, 1799, 2 vol. in-18.

Barbier, dans sa table, dit avoir vu un exemplaire portant ces mots écrits à la main : Eléonore DE FLAHAUT.

Curé (le) d'Etavaux, poëme histori-comique. (Par M. LANCE, juge suppléant au tribunal de Caen.) *Caen, Le Gost-Clérisse*, 1867, in-32, 63 p.

Curé (le) de campagne, ou la petite ville en révolution. (Par Pierre CLERJON, mort en 1832.) *Lyon*, 1829, 4 vol. in-12.

Curé (le) de Saint-Louis, ou M. Marie-Apollon Deplace... présenté à ses paroissiens. *Lyon, Périsse*, 1850, in-18.

Signé : Un Paroissien de Saint-Louis.

a Attribué à l'abbé LACROIX, prêtre habitué de cette paroisse. D. M.

Curé (le) Jeannot et sa servante, contes en vers. (Par Jacq. CAMBRY.) *Bruxelles*, 1784, in-12.

Curé (le) savoyard, poëme en cinq chants, par une muse franc-comtoise (l'abbé RESANÇON). *Paris*, 1782, in-8.

b Curedent (le) du roi de la febve, histoire de l'antiquité du Roi-boit. (Par Jean DE BOURGES.) *Paris*, 1602, in-8.

Voyez « Dictionnaire bibliographique » de Cailleau et Duclos, t. I, p. 184.

Curieuses recherches sur les écoles en médecine de Paris et de Montpellier, par un ancien docteur en médecine de la faculté de Paris (RIOLAN). *Paris, G. Meturas*, 1651, in-8.

c Curiosités biographiques. (Par M. Ludovic LALANNE.)

Voy. « Bibliothèque de poche », col. 413, *b*.

Curiosités de la littérature, traduit de l'anglais (de J. D'ISRAELI), par M. T.-P. BERTIN, sur la cinquième édition. *Paris, Chaumerot*, 1809, 2 vol. in-8.

d Curiosités de la nature et de l'art, apportées dans deux voyages des Indes... avec une relation abrégée de ces deux voyages... (Par C. BIRON.) *Paris, Jean Moreau*, 1703, in-12.

Ces exemplaires portent le nom de l'auteur au bas de l'épître dédicatoire.

On trouve dans cet ouvrage une lettre adressée par l'abbé de Vallemont à l'auteur, qui allait partir pour les Indes orientales. C'est ce qui a engagé quelques bibliographes à en attribuer la rédaction à l'abbé de VALLEMONT lui-même, qui d'ailleurs a publié un volume dont le titre commence par les mêmes mots.

e Curiosités de Londres et de l'Angleterre, traduites de l'anglois. (Par G.-L. LE ROUGE.) *Bordeaux, veuve Calamy*, 1765, in-12. — *Paris, Saugrain*, 1770, in-12.

Réimprimé avec le nom de l'auteur sous le titre de : « Abrégé de l'histoire et des curiosités de la Hollande ». 1774, in-12.

f Curiosités (les) de Paris, de Versailles, de Marly, de Vincennes, de Saint-Cloud et des environs... ouvrage enrichi d'un grand nombre de figures. Par M. L. R. (George-Louis LE ROUGE). *Paris, Saugrain aîné*, 1716, in-12. — *Amsterdam, Et. Roger*, 1713, 2 vol. in-12. — Nouvelle édition augmentée (par Jean-Aymar PIGANIOL DE LA FORCE et Claude SAUGRAIN). *Paris, Saugrain*, 1723, 1771, 1778, 2 vol. in-12.

La dédicace est signée : SAUGRAIN, ce qui a fait à tort attribuer cet ouvrage à cet éditeur par Barbier, et

a

ensuite par les éditeurs des « Supercheries », II, 978, *d*.

Curiosités littéraires concernant la province de Normandie. (Par Frédéric PLUQUET.) *Caen*, *Chalopin*, 1827, in-8, 51 p.

Curiosités philologiques, géographiques et ethnologiques. (Par Léon DE WAILLY.)

Voy. « Bibliothèque de poche », col. 413, *b*.

b

Curiosités révolutionnaires. Les affiches rouges, reproduction exacte et histoire critique de toutes les affiches ultra républicaines placardées sur les murs de Paris depuis le 24 février 1848 (par BENARD), avec une préface par un girondin (Victor BOUTON). *Paris*, *D. Giraud et J. Dagneau*, 1851, in-18, 320 p.

c

Curiosités (les) révolutionnaires. Les journaux rouges. Histoire critique de tous les journaux ultra-républicains publiés à Paris depuis le 24 février jusqu'au 1er octobre 1848. Avec des extraits spécimens et une préface. Par un girondin (Gaetan DELMAS). *Paris*, *Giraud*, 1848, in-18, 162 p.

Voy. « Supercheries », II, 180, *a*.

Curiosités théologiques, par un bibliophile (G. BRUNET). *Paris*, *Delahaye*, 1860, in-12.

d

Voy. « Supercheries », I, 525, *a*.

Cy commence l'Exposition et la vraye declaration de la Bible.

Voy. « Exposition... »

Voy. de même pour tous les titres qui commencent par cette formule le mot qui suit immédiatement les mots : Cy commence.

Cydippe, pastorale héroïque. (Par B. BOUTILLIER.) 1785, in-8.

e

Cymbalvm mvndi en francoys contenant qvatre dialogues poetiques, fort antiques, ioeux et facetieux. (Par Bonaventure DES PÉRIERS.) *S. l.*, 1538, in-16.

Voy. « Supercheries », I, 1011, *b*, article DU CLEVIER.

Cymbalum mundi, ou dialogues satyriques sur différents sujets, par Bonaventure DES PÉRIERS, avec une lettre critique

f

par Prosper MARCHAND ; nouvelle édition revue, corrigée et augmentée de notes et de remarques communiquées par plusieurs savants (Camille FALCONNET et Ant. LANCELOT). *Amsterdam*, *Prosper Marchand* (*Paris*), 1732, petit in-12.

Pr. Marchand avait publié en 1711, à Amsterdam, une édition fort soignée de cet ouvrage, sous le masque de Félix DE COMMERCY.

Voy. « Supercheries », I, 769, *d*.

Cyminde ou les deux victimes, tragédie en prose. (Par l'abbé D'AUBIGNAC.) *Paris*, 1642, in-16.

Elle avait été mise en vers par Colletet, et jouée en 1641. (Voy. « l'Histoire du théâtre françois », t. VI, p. 192, et la préface de la « Pucelle », autre tragédie de d'Aubignac.)

Cynégétiques (les) français, ou l'école du chasseur, poëme en quatre chants, par M. D. D. (DECOMBES DE MORELLES.) *Paris*, *Egron*, 1822, in-8, 90 p.

Cyprien, ou l'enfant du naufrage, par l'auteur de « Rose de Valdeuil » (Mme DE SAINT-VENANT). *Paris*, *Pigoreau*, 1809, 3 vol. in-12.

Cyrus triomphant, ou la fureur d'Astyages, roi des Mèdes, tragédie. (Par Pierre MAINFRAY.) *Rouen*, *Raphaël du Petit-Val*, 1618, in-18, 44 p.

Cythère assiégée, opéra-comique en un acte. Représenté à Bruxelles, pour la première fois le 7 juillet 1748, par les comédiens de S. A. S. Monseigneur le comte de Saxe, maréchal général des camps et armées du roy, et commandant général des Pays-Bas. *S. l.*, 1748, in-8, 48 p. plus 30 p. pour la musique, avec la marque du théâtre du maréchal de Saxe, gravée par Chedel, d'après Boucher, sur le titre.

Une note au verso du titre a fait connaître que cette pièce, composée d'abord en prose et couplets par Ch.-Sim. Favart, en société avec FAGAN, a été refondue et mise toute en chant par Favart, pour la troupe des comédiens de Bruxelles, dont le maréchal de Saxe lui avait donné la direction.

Le « Catalogue Soleinne », t. III, no 3519, fait connaître trois pièces de Favart jouées sur le théâtre de Bruxelles durant le gouvernement du maréchal de Saxe (18 mars au 18 octobre 1748).

Le titre d'une nouvelle édition : *Paris*, *Duchesne*, 1760, in-8, porte que cette pièce a été jouée à l'Opéra-Comique, le lundi 12 août 1754.

Cythérée. (Par MARIN LE ROI DE GOMBERVILLE). *Paris*, *Aug. Courbé*, 1640-1642, 4 vol. in-8, titres gr.

L'auteur a signé l'épître.

Cytheride. (Par A. BRET.) *Paphos* (*Paris*), 1743, in-12.

Réimprimé par C.-F.-X. Mercier, de Compiègne, dans le volume intitulé : « Bréviaire des jolies femmes », 2e éd. *Paris*, 1796, in-18.

Czar (le) à Constantinople. (Par M. Fernand GIRAUDEAU, alors attaché au ministère d'Etat et depuis chef de division au ministère de l'intérieur.) *Paris*, *Challamel*, 1861, in-8, 32 p.

Czarewitz Chlore, conte moral de main impériale et de maîtresse. (Par CATHERINE II, publié par J.-H.-S. FORMEY.) *Berlin*, *Nicolaï*, 1782, in-8.

Voy. « Supercheries », II, 1029, *d*.

D

Dactyologie, ou langage des doigts par lequel les sourds-muets se communiquent les mots, soit entre eux, soit avec des parlants, suivi de l'histoire de l'abbé de l'Epée. (Par VANDENBERGHEN, artiste peintre, sourd-muet.) *Bruxelles, Seghers*, 1852, in-32, av. grav.

Daïra, histoire orientale, en quatre parties. (Par J. LE RICHE DE LA POPELINIÈRE.) *Paris, imp. de Cl.-Fr. Simon*, 1760, in-8, 162 p. — *Ibid., id.*, gr. in-8, 320 p. — *Paris, Bauche*, 1761, 2 part. in-12.

La première édition a été tirée à très-petit nombre. Voy. Brunet, « Manuel du libraire », t. II, col. 470.

Dallinval, comédie. (Par MAROTTE, conseiller de préfecture de la Somme.) *Paris*, 1815, in-8. D. M.

Damas et le Liban, extraits du « Journal d'un voyage en Syrie au printemps de 1860 ». (Par le Cte DE PARIS.) *Londres, Jeffs*, 1861, in-8, VII-136 p.

Un fragment de ce journal avait paru dans « l'Etoile belge » du 29 juillet 1860, avec la signature de l'auteur.

Dame (la) blanche de Blacknels, divertissement impromptu en 3 actes pour une fête de famille donnée par trois enfants à leur mère; représenté à Saint-Germain-en-Laye sur l'ancien théâtre de l'hôtel de Noailles, en octobre 1827. (Par Trophime GÉRARD, marquis de LALLY-TOLLENDAL.) *Paris, imp. de J. Didot*, 1828, in-8, avec une fig.

Dame (la) d'intrigue, ou le riche vilain. Comédie. *Lion, Jean Girin et Barthélemy Rivière, s. d.*, in-12, 6 ff., 72 p.

L'épître à la duchesse de Savoie est signée C. (CHAPUZEAU).

Réimprimé avec une notice sur l'auteur par M. Victor Fournel dans son intéressante collection « les Contemporains de Molière ». *Paris, Didot*, 1863, in-8, tome I.

Dame (la) de charité, drame en trois actes et en prose. (Par J.-B.-P. CARON DU CHANSET.) *La Haye et Paris*, 1775, in-8, 55 p.

Dame (la) de Rossi. En vers, par A. L. (Adalbert POMMIER-LACOMBE, magistrat). (1842), in-8, 8 p.

Voy. « Supercheries », I, 227, *e*.

Dame (la) du Lac, roman poétique par sir Walter Scott, traduit de l'anglais par M. A. P. (Amédée PICHOT), traducteur des « Œuvres de lord Byron ». *Paris, Gosselin*, 1823, 2 vol. in-12.

Dame (la) grise, ou histoire de la Beauchamps, par Mme de P..... née B..... de V..... (Mme Jos. PÉRIN DE GRADENSTEIN, née VOGELSANG). *Paris, imp. d'Hautel*, 1815, in-12.

Voy. ci-dessus, « Contes gothiques », col. 746, *c*.

Dame Jeanne, parodie de Jeanne de Naples, en un acte et en vaudevilles. Représentée pour la première fois à Paris, par les comédiens italiens ordinaires du roi, le vendredi 6 juin 1783. (Par Jean-Baptiste RADET.) *Paris, Brunet*, 1783, in-8, 56 p.

Dame (la) noire, ou le tambour et la grisette, pièce de carnaval, imitation burlesque de la Dame blanche, en deux actes et demi, mêlée de couplets, paroles de M. H....É (HONORÉ, pseudonyme de Charles-Honoré RÉMY), musique de M. M..., représentée pour les quinze premières fois sur le Théâtre-Français, à Bordeaux, en février 1827. *Paris, imp. de Herhan*, 1828, in-8.

Dames (les) angloises francisées par les soins d'un abbé. *Londres*, 1769, in-8.

« Les uns disent l'abbé COYER, d'autres l'abbé RAYNAL, d'autres l'abbé LATTAIGNAN, d'autres l'abbé DE VOISNON, chapelain de la Favart, d'autres enfin l'ex-jéa suite abbé DE LAPORTE, aumônier de la vieille Herbert des Coches :

'Eh ! plût à Dieu que la potence
Qu'ils ont bien mérité, ces gueux,
Puisse un jour servir de balance
Pour peser lequel vaut le mieux ! »
(Note manuscrite de Jamet.)

Dames (les) dans leur naturel, ou la galanterie sans façon sous le règne du grand Alcandre. (Par Gatien SANDRAS DE
b COURTILZ.) *Cologne, P. Marteau*, 1686, in-12.

Il existe une autre édition de Cologne, 1696.

Dames (les) galantes, ou la confidence réciproque. (Par POISSON.) *Paris*, 1685, 2 vol. in-12. — *Amsterdam*, 1737, 2 vol. in-12.

Note manuscrite de l'abbé Lenglet du Fresnoy.

Dames (les) vengées, ou la dupe de
c soy-mesme, comédie. (Par Th. CORNEILLE et DE VISÉ.) *Paris*, 1695, in-12. — *Suivant la copie de Paris. Amsterdam, J.-L. de Lorme et Estienne Rogier*, 1696, in-12, 153 p.

Damné (le). (Par E. DE LAMERLIÈRE et JENNY DUFOURQUET, dame BASTIDE et plus tard dame Camille BODIN.) *Paris, Ponthieu*, 1824, 2 vol. in-12. — Sec. édit.
d *Ibid., id.*, 1824, 2 vol. in-12.

Damné volontaire, ou les suites d'un pacte avec le diable. (Par J.-F. BELLEMARE.) *Paris, Pigoreau*, 1821, 3 vol. in-12, fig.

Damon et Pythias, ou le triomphe de l'amour et de l'amitié. Tragi-comédie. *Amsterdam, Jean Ravesteyn*, 1657, in-12, 6 ff. et 56 p.

e L'épître dédicatoire à M. Apero Van der Hoeven est signée : CHAPPUZEAU.

Danaé, ou Jupiter-Crispin, comédie en vers, par M. D. L. F. (Jos. DE LAFONT). *Paris, P. Ribou*, 1707, in-12, 2 ff. lim. et 38 p.

Danaïdes (les), tragédie lyrique en cinq actes. (Par Mar.-Fr.-L. GAND LEBLAND DU ROULLET et le baron Jean-
f Bapt.-Louis-Théod. DE TSCHOUDY.) *Paris, Delormel*, 1784, in-4.

Dance (la). Voy. Danse (la).

Daneche-Men-Kan, philosophe mogol, avec des remarques... (Par P.-Ch. JAMET.) 1740, in-12. V. T.

Danger (le) d'un premier amour, suivi de « Thélaïre », de « Vernillo » et de « l'Inconduite », contes moraux ; par M. DE P....Y (le comte César DE PROISY D'EPPE). *Paris, J.-G. Dentu*, 1813, in-12.

Voy. « Supercheries », I, 982, *e*, et III, 276, *d*.

Danger (le) d'une première faute, histoire angloise. Par J. H. D. B*** (J.-H.-D. BRIEL). *Londres, et Paris, Couturier*, 1784, in-12.

Danger (le) de la philosophie actuelle, ou l'utilité de la religion chrétienne et d'une probité constante. (Par Em.-Hil. GARNIER-DESCHESNES.) *Paris*, 1797, in-8, 37 p. D. M.

Danger (le) de la satire, ou la vie de Nicolo Franco, poëte satirique italien. *Paris, de Bure*, 1778, in-12.

Ce roman historique, dont l'auteur est resté inconnu au savant Barbier, ne serait-il pas de l'abbé DE SANCY, qui a signé l'approbation placée à la fin du volume? D. M.

Danger (le) des extrêmes, essai critique à l'ordre du jour sur quelques écrivains.... (Par François-Félix NOGARET.) *Paris, Lemarchand*, an VIII-1800, in-12.

Danger (le) des liaisons, ou mémoires de la baronne de Blémon. Par Mme la M.... DE.... (Mme MEZIERES DU CREST, baronne D'ANDELAU, marquise DE SAINT-AUBIN). *Genève (Paris)*, 1763, 5 parties en 3 vol. in-12.

Réimprimés en 1808, chez *Léopold Collin*, avec le nom de l'auteur.

Danger (le) des mauvais livres, ou sermon sur l'Apocalypse. (Par J.-Isaac-Sam. CELLERIER.) *Genève et Paris, Paschoud*, 1806, in-8 de 44 p.

Danger (du) des nouvelles doctrines sur la peinture. (Par Mlle D'HERVILLY, peintre, élève de Lethière.) *Paris, Crapelet*, 1824, in-8, 12 p.

Danger des passions, ou anecdotes syriennes et égyptiennes, par l'auteur de l' « Ecole de l'amitié » (Henri-Lambert D'ERBIGNY, marquis DE THIBOUVILLE). *Paris*, 1758, 2 vol. in-12.

Danger (le) des préjugés, ou les mémoires de Mlle d'Oran. (Par Mlle FAUQUE.) *Paris, Bastien*, 1774, 2 parties in-12.

C'est le même ouvrage que celui qui a paru en 1755 sous ce titre : « les Préjugés trop bravés et trop suivis... »

Danger (le) des règles dans les arts, poëme, suivi d'une traduction libre en vers d'un morceau du seizième chant de l'Iliade, et d'une élégie sur la nuit, par M. T*** (J.-J. TAILLASSON), de l'Académie de peinture et de sculpture. *Venise, et Paris, Sorin,* 1785, in-4.

Danger (le) des souvenirs. (Par Jac.-Vincent DELACROIX.) *Paris,* 1804, 2 vol. in-8.

Des allusions au procès de Louis XVI firent alors interdire cet ouvrage, dont quelques exemplaires ont reparu plus tard sous ce titre : « le Captif littéraire ».

Voy. ci-dessus, col. 496, *d.*

Dangers d'aimer un étranger, traduit de l'anglais. (Par WITART DE BÉZU.) 4 parties in-12.

Dangers (les) d'un mariage forcé. (Par Mme M.-A.-J. GACON-DUFOUR.) *Paris, Ouvrier,* 1801, 2 vol. in-18.

Dangers (les) de l'amour, poëme en deux chants. (Par A.-J.-V. LE BEAU DE SCHOSNE.) *Paris,* 1754, in-12. V. T.

Dangers (des) de l'impunité. (Par le baron de ROUVROU.) *Paris, Pihan-Delaforest,* 1827, in-8, 52 p.

Dangers (les) de la coquetterie. (Par Mme Marie-Armande-Jeanne GACON D'HUMIÈRE, depuis Mme DUFOUR.) *Paris,* 1787, 2 vol. in-12. V. T.

Dangers (les) de la coquetterie, par L.-D. E. (Louis-Damiens EMÉRIC). *Paris,* an IX-1801, in-8, 16 p. D. M.

Dangers (les) de la passion du jeu, ou histoire de la baronne d'Alvigny ; par Mme M. D. S. J. N. A. J. F. D. (Mme MÉRARD DE SAINT-JUST, née Anne-Jeanne-Félicité D'ORMOY). *Paris, Maradan,* 1793, in-18.

Avait déjà paru sous le titre de « Mémoires de la baronne d'Alvigny. *Paris,* » 1788, in-12.

Voy. « Supercheries », II, 1093, *e.*

Dangers (les) de la prévention, par Mme *** (M.-A.-J. GACON-DUFOUR). *Paris,* 1806, 2 vol. in-12.

Dangers (les) de la séduction et les faux pas de la beauté ; par R. DE L. B. (Nic.-Edme RÉTIF DE LA BRETONNE). *Paris, les marchands de nouveautés,* 1846, in-18.

Voy. « Supercheries », III, 346, *b.*

Dangers (les) de la sympathie. Lettres de Henriette de Belval au baron de Luzi. (Ouvrage remis par Mme B.... à Pierre-Jean-Baptiste DE LANTIER, rédigé et mis au jour par E.-F. NOUGARET.) *Londres, et Paris, Bastien,* 1785, 2 vol. in-12.

Dangers (les) de la ville, ou histoire d'Ursule Rameau, faite sur les véritables lettres de personnages, par M. R. D. L. B. (N.-E. RÉTIF DE LA BRETONNE). *La Haye, et Paris, veuve Duchesne,* 1785, 4 vol. in-12.

Voy. ci-dessus, les « Dangers de la séduction ».

Dangers (les) des circonstances, ou les nouvelles liaisons dangéreuses. (Par Pierre-Jean-Baptiste NOUGARET.) *Paris,* 1789, 4 vol. in-12.

Daniel, ouvrage traduit de l'allemand de MOSER. (Par Charles GRIFFET-LABAUME, ingénieur des ponts et chaussées de France.) *Paris, Royez,* 1787, in-12.

Dans quel cas l'autorité judiciaire peut-elle arrêter les excès de pouvoir de la puissance exécutive? Par un membre du congrès qui a fait partie de la section centrale nommée pour l'examen du projet de constitution (Charles LIEDTS, gouverneur de la Société générale). *Bruxelles, Remy,* 1834, in-8, 30 p. J. D.

Dance (la) aux aveugles (de Pierre MICHAULT), et autres poésies du XVe siècle, extraites de la Bibliothèque des ducs de Bourgogne. (Par Lambert DOUXFILS.) *Lille, André-Joseph Panckoucke,* 1748, pet. in-8, 5 ff., 332 p., plus 36 p., non paginées pour le « vocabulaire ».

Il existe des exemplaires de cette édition avec un titre daté d'*Amsterdam,* 1749. Le mot danse y est écrit correctement.

Pour les anciennes éditions de ce poëme, voy. Brunet, « Manuel du libraire », 5e éd., t. III, col. 1702

Danse (la), chant quatrième du poëme de la « Déclamation théâtrale ». (Par Cl.-J. DORAT.) *Paris,* 1767, in-8, 56 p. av. grav.

Voy. ci-après, la « Déclamation théâtrale ».

Dansomane (le) de la rue Quincampoix, ou le bal interrompu, folie-vaudeville en un acte, en prose. Par MM. SERVIÈRES et *** (C.-F.-J.-B. MOREAU). Représentée pour la première fois à Paris, sur le théâtre Montansier-Variétés, le 12 nivôse an XIII (2 janvier 1805). *Paris, Mme Masson,* an XIII-1804, in-8, 28 p.

Voy. « Supercheries », III, 1087, *c.*

Daphnis et Chloé, ou les pastorales de LONGUS, traduites du grec par J. AMYOT, nouvelle édition, revue, corrigée et complétée, précédée d'une lettre écrite par M. C. G. DE L. (Claude GIRAULT, de l'Institut). *Paris, Leclère,* 1863, in-8. D. M.

Daphnis et Chloé, pastorale (en 3 actes et un prologue, le tout en vers libres; par P. LAUJON). *Paris, aux dépens de l'Académie,* 1747, in-4 ; 1752, in-4.

Daphnis et Chloé, traduction complète (par AMYOT et Paul-Louis COURIER), d'après les manuscrits de la bibliothèque de Florence. *Florence*, *Piatti*, 1810, in-8, 154 p.

Tiré à 60 exemplaires.

Cette traduction a été plusieurs fois réimprimée avec le nom de Courier.

Date (la) mal contestée. (Par Nicolas CATHERINOT.) *S. l. n. d.*, in-4.

Daumalinde, reine de Lusitanie. (Par Mme DE SAINT-MARTIN.) *Paris*, *Courbé*, 1681 et 1688, 3 vol. in-12.

David et Bethsabée, tragédie en cinq actes et en vers, par M. l'abbé *** (PETIT, curé de Monchauvet). *Londres* (*Rouen*), 1754, in-12.

Voy. « Supercheries », I, 155, *f*, et III, 1048, *a*.

David et Jonathas, tragédie en musique qui sera représentée sur le collége de Louis-le-Grand, le 25 février. *Paris*, *veuve de Claude Thiboust*, 1688, in-4, 42 p.

Les vers sont de la composition du P. BRETONNEAU, jésuite. (De Backer, 2e éd., I, col. 869.)

David, ou l'histoire de l'homme selon le cœur de Dieu. (Traduit de l'anglais de Peter ANNETT, par le baron D'HOLBACH.) *Londres* (*Amsterdam*, *M.-M. Rey*), 1768, in-12.

Nouv. éd., 1774, avec la tragédie de « Saül », par Voltaire.

David persécuteur de Saül, tragédie.... (par le P. Laurent GOBART, jésuite); représentée par les écoliers du collége de la compagnie de Jésus à Luxembourg, le 5 sept. 1696. *Luxembourg*, *Paul Barbier*, *imp.*, 1696, in-4, 8 p.

De Bruxelles à Constantinople. Par un touriste flamand (René SPITAELS). *Bruxelles*, *lib. polytechnique*, 1839-1840, 3 vol. in-12.

Voy. « Supercheries », III, 845, *f*.

De Lyon à Seyssel. Guide historique et pittoresque du voyageur en chemin de fer. Promenade dans l'Ain, par un Dauphinois (M. E. DE QUINSONAS). *Lyon*, *L. Perrin*, 1858, in-8, IX-185 p., et une carte.

La dédicace est signée : E. Q.

De Paris à Varsovie, par Francfort-sur-le-Mein, Leipsick, Berlin et Thom; de Varsovie à Trieste.... journal. (Par Charles-Gaspard POIRSON, plus connu sous le nom de DELESTRE-POIRSON.) *Paris*, *Dondey-Dupré*, 1827, 1 vol. gr. in-8. D. M.

Tiré à 20 exemplaires.

De vetere divi Martini templo. L'ancienne église de Saint-Martin. *Rouen*, *imp. de H. Renaux*, 1858, in-8, 15 p.

Signé : R. de B. (Raoul DE BELBEUF, auditeur au conseil d'Etat). D. M.

Débâcle de la politique en France. (Par M Victor CONSIDÉRANT.) *Paris*. 1836, in-12.

Publication de l'école sociétaire ou phalanstérienne. Même ouvrage que « Nécessité d'une dernière débâcle... » Voy. ces mots.

Débat (le) d'un jacobin et d'un cordelier à qui aura sa religion meilleure, appoincté par notre maître. (Par Fr. PICARD.) *S. l.*, 1606, in-12. V. T.

Débat (le) de deux damoysellles, l'une nommée la Noyre et l'autre la Tannée, suivi de la vie de saint Harenc et d'autres poésies du XVe siècle, avec des notes et un glossaire. (Publié par M. Félix DE BOCK.) *Paris*, *Didot*, 1825, in-8.

Voy. pour le détail des éditions de ce « Débat », Brunet, « Manuel du libraire », 5e éd., t. II, col. 544.

Débat de deux gentilshommes espagnols sur le faict d'amour : lung nomme Vasquiran regrette s'amye que mort lui a tollue apres l'avoir espousee ; et l'aultre Flamyan, vouldroit mourir pour la sienne, à la charge den jouyr par espousee ou aultrement. (Par Diego DE SAN PEDRO.) *Imprimé à Paris par Denys Ianot pour Iehan Longis*, 1541, in-8, 8 et 80 ff.

Traduction de l'ouvrage espagnol intitulé : « Question de amor ».

Débat (le) de l'homme et de l'argent. (Traduit de l'italien par frère Claude PLATIN.) *Paris*, *Jehan Saint-Denys*, in-8.

Le « Manuel du libraire », t. II, col. 546, signale trois anciennes éditions de cet opuscule : il a été réimprimé dans le septième volume du « Recueil de poésies françaises », publié par M. A. de Montaiglon dans la « Bibliothèque elzévirienne ».

Débat (le) de l'homme et de la femme. (Par le frère Guillaume ALEXIS.) *Lyon*, *P. Mareschal et B. Chaussard*, *s. d.*, in-4 goth. de 6 ff.

Réimprimé par M. de Montaiglon dans le t. I de son « Recueil de poésies françaises ».

Il en existe plusieurs éditions avec le nom de l'auteur. Voy. le « Manuel du libraire ».

Débat (le) de la dame et de l'escuyer. (Par maistre Henri BAUDE.) *Paris*, *J. Trepperel*, 1493, in-4 goth.—Autre édit. *Paris*, *Jehan Lambert*, in-4 goth.

Cette pièce de vers a été réimprimée par M. de Montaiglon dans le t. IV de son « Recueil de poésies françaises ».

Debat des heraulx darmes de france et dengleterre. (Au verso du dern. feuillet) : *Cy finist le debat des heraulx darmes de france et dengleterre autrement dit passe temps. Nouuellement imprime a Rouen par Richard Auzoult pour Thomas Laisne libraire*, in-4 goth., 21 ff. de 37 lignes par page, avec une grav. en bois sur le titre.

Pièce de vers fort rare, attribuée à Charles D'ORLÉANS, et traduite en anglais dans le volume intitulé : « England and France in the fifteenth century. The contemporary Tract entitled « The Debate betwen the « Heralds of France and England », presumed to have been written by Charles, Duke of ORLEANS : translated for the first time into english, with an introduction, notes an inquiry into the autorship., etc., by Henry PYNE ». *London, Longman*, 1870, in-8, xx-225 p.

Cette traduction est en prose; l'« Inquiry into the Autorship of the Debate » occupe les p. 125-184.

Débat (le) du vin et de l'eaue. In-4 goth.

Pièce de vers terminée par un acrostiche donnant le nom de l'auteur, Pierre JAMEC. Voy. Montaiglon, « Recueil de poésies françaises », t. IV, p. 103.

Débat entre la révolution et la contre-révolution de Pologne, par quelqu'un qui ne dit que ce qu'il pense, mais qui ne peut dire tout ce qu'il pense. (Par L. MIEROSLAWSKI.) *Leipzig, Keil et comp.*, 1847, in-8, 120 p.

Débats de la Convention nationale, ou analyse complète des séances, avec les noms de tous les membres... précédée d'une introduction. (Par Léon THIESSÉ.) *Paris, Bossange*, 1828, 5 vol. in-8.

Débats du parlement d'Angleterre au sujet des affaires générales de l'Europe, traduits de l'anglois. (Par Ange GOUDAR.) *Londres (Paris)*, 1758, in-12, 108 p.

Débats (les) et facétieuses rencontres de Gringalet et de Guillot Gorgeu, son maître ; revues tout de nouveau et augmentées de ses ordonnances touchant la police humaine. (Par Bertrand HARDUYN.) *Paris A. de Roffé, s. d.*, in-12. — *Troyes, N. Oudot*, 1682, in-12. — *Rouen, veuve Oursel, s. d.*, in-12, 24 p.

Voy. « Supercheries », II, 223, *f*.

Débauché (le) converti, satire. 1736, in-12.

C'est une des pièces les plus libertines de Pierre-Honoré ROBBÉ DE BEAUVESET. Elle a été réimprimée dans plusieurs éditions des œuvres de Grécourt et de Piron.

Débouchés commerciaux et industriels de la Belgique. (Par COMMAILLE.) *Bruxelles, Seghers*, 1841, in-8. J. D.

Deburau. Histoire du théâtre à quatre sous, pour faire suite à l'histoire du Théâtre-Français. Seconde édition. (Par

a

M. Jules JANIN.) *Paris, Ch. Gosselin* 1832, in-12.

Ce travail a paru la même année en un vol. in-8. Ce n'est qu'un remaniement de la publication in-12.

Début (le), ou premières aventures du chevalier de ***. (Par Ambr. FALCONET, avocat.) *Londres et Paris, Rozet*, 1770, 2 vol. in-12.

Décadaire (de Colmar). (Par Louis BLANCHARD.)

b

Voy. X. Mossmann, « Notice biographique sur Blanchard ». 1848.

Décade (la) philosophique, littéraire et politique (commencée le 10 floréal an II, 29 avril 1794, continuée depuis le 10 vendémiaire an XIII, 2 octobre 1804, sous le titre de « Revue philosophique, littéraire et politique », et terminée sous ce dernier titre le 21 septembre 1807). *Paris*, 1794-1807, 54 vol. in-8.

c

Pierre-Louis GINGUENÉ peut être considéré comme le fondateur et le principal auteur de ce journal; il l'a enrichi d'une multitude d'extraits qui le mettent au rang des meilleurs critiques de ces derniers temps. Ces articles sont généralement signés de la lettre G.

d

On trouve au bas de beaucoup d'articles les signatures suivantes : A. (ANDRIEUX), A. J. Q. B. (Adrien-Jean-Quentin BEUCHOT), V. B. (VIEILH BOISJOLIN), L. B. (LE BRETON), E. B. (Encyclopédie britannique, ou Antoine-Prosper LOTTIN, qui avait rassemblé sous ce titre une grande quantité de matériaux sur l'histoire d'Angleterre), L. C. (LA CHABAUSSIÈRE), P. C. (Paulin CRASSOUS), A. D. (Amaury DUVAL), L. (LA RENAUDIÈRE), M. (MARINIÉ), V. D. M. (Victor-Donatien-MUSSET), O. (AUGER), G. P. (Germain PETITAIN), H. S. (Horace SAY), J. B. S. (Jean-Baptiste SAY), C. T. (Charles THEREMIN), G. T. (Georges TOSCAN).

e

Horace SAY a rédigé les chapitres de la politique intérieure depuis le mois de nivôse de l'an IV (décembre 1796) jusqu'au mois de floréal de l'an V (avril 1797); son frère, J.-B. SAY, a eu beaucoup de part à la rédaction de ce journal depuis l'origine jusqu'en 1800, époque où il fut remplacé comme rédacteur en chef par Amaury DUVAL.

Voy. Hatin, « Bibliographie de la presse », p. 245.

Décadence de l'Angleterre, ou lettre d'un Anglais à l'honorable comte de Liverpool, traduit (par C.-A. MALO), avec l'anglais en regard, sur la 2ᵉ édition de Londres, augmentée de notes du traducteur français. *Paris, Desoer*, 1816, in-8.

f

Décadence (la) de l'empire papal... Voy. « Politique des Jésuites ».

Décadence de la chanson. Par un apprenti chansonnier (Victor LAGOGUÉ). *Saint-Denis*, 1857, in-8, 15 p.

Voy. « Supercheries », I, 372, *d*.

Décadence de la marine française, ses causes et les moyens de l'arrêter. Par Ange P. DE L******* (Ange PIHAN DE LA FOREST). *Paris, Bachelier*, 1820, in-12.

Décadence (de la) des lettres et des mœurs. (Par Jean-Antoine RIGOLEY DE JUVIGNY.) *Paris, Mérigot jeune*, 1787, in-4 et in-8. — Seconde édition. 1787, in-12.

Décadence (de la) des théâtres. (Par Victor MANGIN.) *Nantes, veuve Mangin et W. Basseuil*, 1838, in-8. D. M.

Décadence (la) visible de la royauté reconnue par cinq marques infaillibles..... *S. l.*, 1652, in-4, 16 p.

Deux éditions au moins la même année. Par DUBOSC MONTANDRÉ, suivant la « Bibliographie des Mazarinades ».

Décades de la description, forme et vertu naturelle des animaulx tant raisonnables que brutz. (Par Barthélemy ANEAU.) Avec le blason des oiseaux, par GUEROULT. *Lyon, Balth. Arnoullet*, 1549 et 1550, et aussi 1552 et 1560, 2 part. in-8, avec gravures sur bois.

En vers. Le nom de l'auteur se trouve au commencement de l'Epître dédicatoire. Voy. « Description philosophale... »

Décades (les) de Tite-Live, translatées en françoys. (Par Pierre BERCHORIUS ou BERSUIRE.) *Paris*, 1486-87, 3 vol. in-fol.; — 1515, 3 vol. in-fol.

Voy. Brunet, « Manuel du libraire », 5e éd., t. III, col. 1110.

Décaméron (le) anglois, ou recueil des plus jolis contes traduits de l'anglois. (Par Mlle Marie WOUTERS.) *Londres et Paris*, 1783-1786, 6 vol. in-18.

Décameron (le) de Jean BOCCACE (de la traduction d'Ant. LE MAÇON, imprimée pour la première fois vers 1540), avec figures gravées en taille-douce sur les dessins de Gravelot. *Londres (Paris)*, 1757, 5 vol. in-8.

Pour le détail des différentes éditions de cette traduction, voy. Brunet, « Manuel du libraire », 5e éd., t. I, col. 1006.

Décameron numismatique. (Par Guill. COMBEROUSSE.) *Paris, Rollin*, 1844, in-4.

Décembre et janvier. Par A.-H. (HOPE). *Paris, Barba*, 1838, in-8.

Pièce de vers.

Décence et volupté, ou les tentations. (Par Louis-Rose-Désiré BERNARD, de Rennes, depuis conseiller à la cour royale.) *Paris*, 1808, 3 vol. in-8. D. M.

Décentralisation (la) à l'œuvre, par l'un des auteurs de « Décentralisation et régime représentatif » (M. VAILLANT). *Metz, Rousseau-Pallez*, 1863, in-8, 70 p.

Décentralisation, par un Bourguignon (le vicomte Félix-H. DE SARCUS.) *Dijon, Lamarche*, 1863, in-8.

Décision de quatre docteurs en Sorbonne, au sujet d'un cas de conscience. (Par Grégoire MOREL.)

Voy. « Supercheries », III, 279, *d*.

Décision faite en Sorbonne, touchant la comédie, avec une réfutation des sentiments relâchés d'un nouveau théologien (le P. Caffaro, théatin) sur ce sujet, par M. l'abbé L** P** (Laurent PÉGURIER). *Paris, Coignard*, 1694, in-12.

Décision sur les ventes où il y a lésion, etc. (Par Pierre BERNARDEAU, homme de loi, à Bordeaux.) Dernière édition plus correcte que les précédentes, etc. *Bordeaux, Moreau*, an VI-1798, in-8, 40 p. D. M.

Décisions des rois et de Sa Majesté sur l'ordre hospitalier du Saint-Esprit. (Par COULIER, avocat.) *Paris*, 1744, in-4.

Décisions (les) du censeur monarchique, touchant la plus juste autorité des régents d'Etat, prescrivant des bornes à leur pouvoir... (Par DUBOSC-MONTANDRÉ.) *Paris*, 1651, in-4, 28 p.

Déclamation sur l'incertitude, vanité et abus des sciences, traduite du latin de H.-C. AGRIPPA. (Par Louis DE MAYERNE-TURQUET.) *Paris, Durand*, 1582, in-8.

Réimprimé en 1617 sous le titre de « Paradoxes sur l'incertitude des sciences ». Voy. ces mots.

On lit le nom du traducteur sur le frontispice d'une édition imprimée en 1630, in-12.

Déclamation (la) théâtrale, poëme didactique en trois chants. (Par Cl.-Jos. DORAT.) *Paris, imp. de Sébastien Jorry*, 1766, in-8, front. et 4 fig. d'Eisen. — Nouv. édit. augmentée d'un quatrième chant. *Paris, Delalain*, 1771, in-8.

Voy. ci-dessus, col. 838, *d*.

Cet ouvrage avait d'abord paru sous le titre de « Essai sur la déclamation tragique ». Voy. ces mots.

Déclamations (les), paradoxes où sont contenues plusieurs questions débattues contre l'opinion du vulgaire, traitté utile et récréatif, propre à esveiller la subtilité des esprits de ce temps (par Ch. ESTIENNE), reveu et enrichi d'adnotations par Jean DU VAL, Aucerrois. *Paris, J. Micard*, ou *Anth. du Brueil*, 1603, in-12.

Réimpression des 23 « Paradoxes » publiés par Ch. ESTIENNE. Voy. ce titre, et pour la description des autres éditions, voy. Brunet, « Manuel du libraire », 5e éd., t. IV, col. 362.

Déclamations (les), procédures et arretz d'amours donnez en la cour et parquet de

Cupidon... (Par MARTIAL de Paris, dit d'Auvergne.) *Paris, Roffet et Le Clerc*, 1545, petit in-8.

Réimprimé plusieurs fois et aussi sous le titre de « Plaidoyers et arrêts d'amours ». *Rouen, J. Besongnes*, 1627, pet. in-12.

Voy. Brunet, « Manuel du libraire », III, 1486.

Déclaration de droits à faire, et pouvoirs à donner par le peuple français pour les États généraux dans les soixante assemblées indiquées à Paris le mardi 21 avril 1789. (Par BANCAL-DESISSARTS.) In-8, 14 p.

Déclaration de l'Institut de la compagnie de Jésus, en laquelle sont contenues par déduction les réponses aux principales objections faites jusqu'à présent contre les jésuites. (Par François TACON, jésuite.) *Paris*, 1615, in-8.

Déclaration de la doctrine chrétienne. *A Mons, chez Charles Michel*, 1587, petit in-8.

C'est la première édition du catéchisme composé par François BUISSERET, en exécution des décrets du synode provincial de Cambrai pour l'enseignement de la doctrine chrétienne. Ce catéchisme, connu sous le titre de « Catéchisme du diocèse de Cambrai », a été adopté par plusieurs diocèses, notamment par ceux de Namur et de Paris; il a été souvent réimprimé, et il est à Mons, où il est encore enseigné aujourd'hui, mais avec quelques changements, un grand nombre d'éditions. (H. Rousselle, « Bibliographie montoise », 1858, p. 159, n° 42.)

Déclaration de la messe, le fruict d'icelle, la cause et le moyen, pour quoy et comment on la doibt maintenir... *On les vend à Paris* (*s. d.*), pet. in-8, 48 ff.

Au verso du titre est un avis au lecteur au nom de l'éditeur Cephas GERANIUS.

Le catalogue J. Pichon (1869), n° 82 *bis*, mentionne une édition dont le titre porte : ..... nouvellement revue et augmentée par son premier autheur M. Anthoine MARCOURT. *S. l.*, 1544, pet. in-8 goth.

Déclaration des abus, ignorances et séditions de Michel Nostradamus, de Salomon de Caux en Prouence; œuure tres utile et profitable a vn chacun. Nouuellement traduict de latin en françois. Avec privilege. *Imprime en Auignon, par Pierre Roux et Ian Tramblay*, in-4 de 44 p.

Suivant M. F. Buget, p. 260-266 du t. XV du « Bulletin du bibliophile », mai 1861, le nom de Laurens VIDEL, que l'on trouve dans l'épître au lecteur, cacherait celui de Pierre VIRET.

Déclaration des droits et des devoirs de l'homme et du citoyen, en prose et en vers. (Par DARNAL.) *Nisme, J. Gaude*, an VIII, in-8.

Déclaration des droits, traduite de l'anglais, avec l'original à côté. *Londres*, 1789, in-8, 88 p.

Composé en français par CONDORCET. On attribue la traduction anglaise à MAZZEI.

Déclaration des principes de la majorité de la Chambre des députés. Session 1815-16. (Par Eugène-François-Auguste D'ARNAUD, baron DE VITROLLES.) *Paris, imp. de Michaud*, 1816, in-4, 4 p.

Déclaration (la) des seigneurs de Pologne, pour le retour du roi en France, ensemble une ode au roi sur le même sujet. (Par Nicolas DU MONT.) *Paris, Denis du Pré*, 1574, in-8, 29 p. — *Paris, H. Pyot*, in-8, 7 ff. — *Lyon, B. Rigaud*, in-8, 20 p. et 1 f.

Déclaration du droit de légitime succession sur le royaume de Portugal, appartenant à la royne mère du Roy Très-Chrestien. Avec la responce aux consultations sur ce faites... par M. P. BE. Ju. Th. (P. BELLOY). *Anvers*, 1582, in-8, 6 et 124 ff.

Déclaration du roy de Navarre, au passage de la riuiere de Loire, pour le seruice de Sa Majesté. Fait à Saumur le XXI d'Auril 1589. (Par Philippe DE MORNAY, suivant le P. Lelong.) *S. l.*, 1589, in-8, 21 p.

Quatre éditions au moins la même année.

Déclaration du roy (Louis XIII) sur la sortie de la reine sa mère et de Mgr son frère hors le royaume; vérifié en parlement le 13 d'aoust 1631, avec quelques observations sur icelle (par Math. DE MORGUES, sieur de Saint-Germain). In-4.
A. L.

Déclaration et protestation des doctes du très-chrestien royaume de France, touchant le fonds de toutes les affaires d'Estat d'iceluy et de toute la chrestienté. En laquelle est démonstré que toute icelle chrestienté est en un point de décadence totalement intolérable.... L'an M.DC.VI., in-8, 260 p.

Suivant une note manuscrite trouvée sur un exemplaire couvert de notes écrites par un admirateur de cet écrit, l'auteur serait un avocat nommé BROCHARD, natif de Poitiers.

Déclaration historique de l'injuste usurpation et retention de la Navarre par les Espagnols. (Par Arnaud OIHÉNART de Mauléon.) *S. l.*, 1625, in-8. V. T.

Déclaration juridique de la servante de Mme Calas. (Par VOLTAIRE.)

Dans le t. III de « l'Evangile du jour ».

Déclarations d'honneur, de tendresse et de mariage. *S. l.* (1791), in-12.

Signé : C. G. T. (Charles-Gaspard TOUSTAIN).

Déclarations et protestations de MM. les députés des trois ordres aux Etats généraux de 1789, contre les décrets de l'assemblée dite Constituante. (Publiées par M. DE CLERMONT-MONT-SAINT-JEAN.) *Paris, Lenormant*, 1815, in-4, 116 p. D. M.

Déclin (du) de la France et de l'égarement de sa politique. (Par Pierre-François-Xavier BOURGUIGNON D'HERBIGNY.) *Paris*, 1841, in-8, 200 p.

Déclinaisons et conjugaisons flamandes, d'après l'orthographe de la commission, à l'usage des écoles françaises, flamandes, etc. (Par DEBAL.) *Gand, Soontytgat* (1841), in-16, 46 p.

Décoration de la cour de l'Hôtel-de-ville de Paris, pour l'érection de la statue du roi, avec le dessin et l'explication du feu d'artifice. *Paris, N. et C. Caillou*, 1689, in-4, 24 p. et 1 pl.

Par le P. Cl.-Fr. MÉNESTRIER, suivant le P. Lelong.

Décoration du feu d'artifice que messieurs les comtes de Lyon ont fait dresser sur la Saône à l'occasion de leur quatrième jubilé... (Par le P. Dom. DE COLONIA.) *Lyon, Roland*, 1734, in-8, avec une fig.

Décorations faites dans la ville de Grenoble... pour la réception de Mgr le duc de Bourgogne et de Mgr le duc de Berry... (Par le P. Cl.-Fr. MÉNESTRIER.) *Grenoble, H. Fremon*, 1701, in-fol.

Découverte (la) australe, par un homme volant, ou le Dédale français; nouvelle très-philosophique, suivie de la lettre d'un songe. (Par Nic.-Edme RÉTIF DE LA BRETONNE.) *Imprimé à Leipsick, Paris, veuve Duchesne* (1781), 4 vol. in-12, dont la pagination est suivie jusqu'à la p. 624 du 3e vol., et orné de 24 grav.

Voy. « Supercheries », II, 305, *d*.

Découverte (de la) d'un prétendu cimetière mérovingien à la chapelle Saint-Eloy (Eure) par M. Charles Lenormant. Rapports faits à la Société d'agriculture, sciences, arts et belles-lettres du département de l'Eure, et publiés par son ordre. *Evreux, A. Hérissey*, 1858, in 8, 2 ff. de titre et 63 p. et 3 planches. — 2e édit. *Evreux, A. Hérissey*, 1858, in-8, 2 ff. de tit. et 75 p. av. 3 planches.

Attribués par M. de Manne au marquis B.-Ernest PORRET DE BLOSSEVILLE, président de la commission, ces rapports paraissent plutot l'œuvre de l'abbé LEBEURER, rapporteur.

Découverte d'une méthode particulière pour apprendre l'anglois, par P. P. J. V. (Pamphile-Paul-Jean VIGOUREUX). *Bruxelles*, 1775, in-12.

Note manuscrite communiquée par M. Pillet.

Découverte d'une petite mystification... Voy. « Correspondance littér. », col. 775, *c*.

Découverte (la) de l'empire de Cantahar. (Par DE VARENNE DE MONDASSE, mestre de camp d'infanterie.) *Paris, Prault*, 1730, in-12.

Découverte de l'île Frivole. (Par l'abbé Gabr.-Fr. COYER.) 1750.

Note de l'inspecteur de la librairie d'Hemery.

Découverte de la pierre philosophale (1er juin 1747). *S. l. n. d.*, in-4.

Pamphlet sous forme d'un projet d'impôt. Par l'abbé Gabriel-François COYER.

Découverte (la) de la ville d'Antre en Franche-Comté, avec des questions curieuses pour éclaircir l'histoire civile et ecclésiastique de cette province. (Par Pierre-Jos. DUNOD.) *Paris*, 1697, in-12.

Découverte (la) des Indes occidentales par les Espagnols, traduite de l'espagnol de LAS CASAS. (Par l'abbé J.-B. MORVAN DE BELLEGARDE.) *Paris, Pralard*, 1697, in-12. — *Paris, P. de Bats*, 1701, in-12.

Découverte des lampes à courant d'air et à cylindre. *Genève*, 1785, in-8, 57 p.

Voici la note que Louis-Paul ABEILLE a collée sur son exemplaire de cette brochure :

« Lampes à courant d'air et à cylindres :

« Mémoire que j'ai fait pour la défense d'Argant, qui en est le véritable et unique inventeur. J'ai été témoin chez M. Réveillon des adresses et des souplesses de MM. Quinquet et Lange pour lui arracher son secret. »

Découverte (la) des mystères du palais, où il est traité des parties en général, intendants des grandes maisons, procureurs, avocats... Seconde édition, augmentée. *Paris, Michel Brunet*, 1694, in-12.

Cet ouvrage de Benigne LORDELOT n'est autre chose que le restant de l'édition achevée d'imprimer le 12 janvier 1690, sous le titre de : « Réflexions morales pour les personnes engagées dans les affaires qui veulent vivre chrétiennement ».

Descouverte du dessein de Théoph. Brachet, sieur de La Milletière, touchant son prétendu moyen de paix et d'union des protestans avec les catholiques. (Par Jean BINARD, prêtre.) *Paris, J. Brunet*, 1644, in-4, 60 p.

Découverte (la) entière de la ville d'Antre en Franche-Comté, qui fait changer de face à l'histoire ancienne, civile et ecclésiastique de la même province et des provinces voisines. Première partie. — Les méprises des auteurs de la critique d'Antre, avec la notice de la province des Séquanais rétablie par la découverte de la ville d'Antre. Seconde partie. (Par P.-Jos. DUNOD.) *Amsterdam, T. Lombrail*, 1709, 2 vol. in-12.

Découverte importante sur le système de la constitution du clergé, décrétée par l'Assemblée nationale. (Par l'abbé Jean-Baptiste BONNAUD.) 1791, in-8, 23 p.

C'est à tort que cet écrit a été parfois attribué à l'abbé Aug. BARRUEL.

Il a été réfuté par Maultrot, « Défense de Richer ». Voy. ce titre, col. 859, *f*.

Découvertes archéologiques. (Lettres signées A. Z. Aristide CRALLE, avocat à Liége.) *Liége, Redouté*, 1858, in-8, 15 p.

Spirituelle mystification archéologique qui parut dans la « Tribune ». Ul. C.

Découvertes d'un bibliophile, ou lettres sur différents points de morale enseignés dans quelques séminaires de France. (Par M. Fréd. BUSCH.) *Strasbourg, imp. de Silbermann*, 1843, in-8, 34 p.—2e édit. *Strasbourg, imp. de G. Silbermann*, 1843, in-8, 2 ff. et 41 p., plus une note de 4 p. intitulée : « Supplément aux Découvertes d'un bibliophile. »

Voy. « Supercheries », I, 523, *e*.

Le procès intenté par l'auteur au journal « l'Univers religieux » donna lieu à la publication des brochures suivantes : 1° Consultation pour M. Busch, par Me Marie, *Paris, Gratiot*, 1843, in-8, 60 p.; — 2° Consultation sur les publications de M. Busch, dit le Bibliophile, et du «Courrier du Bas-Rhin», contre l'enseignement des séminaires, *Strasbourg, imp. de Leroux*, 1844, in-8 ; — 3° Réplique du Bibliophile à la consultation des quatre avocats du barreau de Strasbourg. *Paris, Paulin*, 1844, in-8, 78 p.

M. Athanase Coquerel publia la même année : « Lettre à M. l'archevêque de Paris, sur la querelle de l'Université et de l'épiscopat, et sur les *Collationes practicæ* à l'usage du séminaire de Saint-Flour... *Paris, Cherbuliez*, 1844, in-8, 38 p.

Si M. Fréd. Busch avait vécu jusqu'à 1871, il aurait pu faire un supplément à ses « Découvertes ». Les matériaux s'en trouvent dans la collection publiée par le docteur Joh. Friedrich sous le titre de : « Documenta ad illustrandum concilium Vaticanum anni 1870 ». *Nordlingen, Beck*, 1871, 2 vol. in-8. Voy. la fin de la première partie, la pièce écrite en français qui porte le titre de « Dissertation ».

Découvertes des François en 1768 et 1769, dans le sud-est de la Nouvelle-Guinée, par M. *** (le Cte Ch.-P. CLARET DE FLEURIEU). *Paris, imp. roy.*, 1790, in-4.

Découvertes des plus fameux problèmes de la géométrie sublime, la quadrature du cercle et la section de l'angle, par l'inventeur du clavecin électrique (le P. J. DE LA BORDE, jésuite). *Mayence*, 1768, in-4.

a Découvertes faites sur le Rhin d'Amagetobrie et d'Augusta Rauracorum, anciennes villes gauloises dans la Séquanie rauracienne, par A*** (le P. P.-J. DUNOD, jésuite), avec des digressions sur l'histoire des Rauraques, le Mont-Terrible et la Pierre-Pertuis, par C. D*** (Jacq.-Th. VERNEUR). *Porentruy*, 1796, petit in-12.

Voy. « Supercheries », I, 142, *b*.

b Découvertes (les) les plus utiles et les plus célèbres; agriculture, navigation, boussole, etc., par l'auteur des « Marins les plus célèbres » (Maxime FOURCHEUX DE MONTROND). *Lille, Lefort*, 1847, in-12.

Découvertes nouvelles sur la tactique, la fortification et autres points importants. (Par G. KNOCK.) *Rouen* (*Francfort*), 1769, in-8.

Voy. « Réflexions militaires ».

c Décret (le) de l'Assemblée nationale sur les biens du clergé, considéré dans son rapport avec la nature et les lois de l'institution ecclésiastique, par M. l'abbé L*** (Adrien LAMOURETTE). *Paris, Mérigot le jeune*, 1790, in-8.

Réimprimé la même année avec le nom de l'auteur.

Décret de la congrégation de l'*Indice* contre la « Bibliothèque janséniste » (du P. Colonia, jésuite), avec la lettre d'un docteur de Sorbonne (le P. LAZERI, jésuite) et la lettre d'un théologien romain (le P. RICCHINI, dominicain.) Le tout en latin et en françois (avec un avertissement de l'éditeur anonyme). *Avignon, Alex. Girard*, 1750, in-12.

d

Voy. « G. Walchii Bibliotheca theologica selecta ». *Jenæ*, 1757, t. II, p. 938.

e Décret (le) de Maron. (Par Nicolas CATHERINOT.) *S. l.* (*Bourges*, 7 décembre 1682), in-4.

Décri (le), conte en vers. (Par Jacq.-Nic. BELIN, avocat du roi à Montfort-l'Amaury). *S. l.*, 1762, in-12, 23 p.

Dédale (le) des aberrations du chaos français; il n'y a plus ni activité, ni énergie, ni foi, ni loi, où l'on démontre (contre M. de Bausset) qu'on ne peut ratifier
f par un serment la *soumission des lois* aux caprices des individus, sans saper tout principe de morale, etc. (Par l'abbé Aug. HESPELLE.) *Malines* (vers 1797), in-8.

Dédicace critique des dédicaces... traduite sur la 7e édition de l'anglois du fameux M. SWIFT, par *** (FLINT, Anglais). *Paris, Barrois*, 1726, in-12.

Voy. « Supercheries », III, 1032, *d*.

Dédicace d'un Errata à un grand homme de seconde origine (Rœderer). *Imprimé sur les bords du lac Léman, avec les presses qui servirent jadis a publier « l'Ecossaise » et le « Pauvre diable », l'an 1802 de l'ère prohibée,* in-8 de 24 p.

Signé : Népomucène Abauzit. Ce pseudonyme ne peut cacher que le nom de Delisle de Sales, auteur du « Mémoire en faveur de Dieu », vivement critiqué par Rœderer. Le prénom de Népomucène plaisait à Delisle de Sales, il le joignit plus tard au pseudonyme Frankental.

Voy. « Supercheries », II, 91, *a*.

Déduction des droits de la maison électorale de Bavière aux royaumes de Hongrie et de Bohême, à l'archiduché d'Autriche, etc. (Par Jean Rousset de Missy.) *La Haye, Van Dole,* 1743, 2 vol. in-12.

Déduction et pièces par lesquelles il conste que les ecclésiastiques de la Flandre, ou leurs députez, n'ont voix décisive que dans certaines affaires qui se traictent à l'assemblée des membres de ladite province. (Par le baron de Theysebaert.) *S. l.,* 1719, in-4.

Catalogue Van Hulthem, nº 27611.

Deduictz (des) de la chasse des bêtes sauvages... (Par Gaston Phebus.)

Voy. « Phebus des deduictz... »

Défaite (la) des gens de guerre du sieur duc de Rohan, avec la prise et brûlement du château de Libatourne, près de Castres... Ecrit d'Alby, le 30 octobre 1625. *Paris, impr. de J. Barbote,* 1625, in-8, 15 p.

Signé : de La Morinière.

Défaite (la) du paladin Javersac par les alliez et confédérés du prince des Feuilles. (Par Balzac.) In-16.

Défauts (des) et des qualités de l'ordonnance sur l'exercice de l'infanterie, publiée le 4 mars 1830; par un général d'infanterie (Et.-Alex. Bardin). *Paris,* 1832, in-8, 12 p.

Extr. du « Journal des Sciences milit. », t. XXVI.

Défendez notre liberté, ou appel aux publicistes qui ont combattu depuis vingt-cinq ans pour les droits de la nation française. (*Paris*), *impr. de Brasseur aîné* (1815), in-8, 8 p.

Signé : Leroy, employé réformé ; contre « l'Acte additionnel ». N'est indiqué ni dans la « Bibliographie de la France », ni dans Quérard.

Défendons la patrie. (Par le général Jordy.) *Strasbourg,* juin 1815, in-8.

Défense anticipée de « l'Histoire des évêques du Mans », contenant le désaveu de quelques additions et fautes insérées dans le texte à l'insu de l'auteur. (Par A. Le Corvaisier de Courteilles.) *Le Mans, H. Olivier,* 1650, in-4, 40 p.

Défense civile et militaire des innocents et de l'Eglise de Christ. *Lyon,* 1563.

Attribué successivement à Charles Dumoulin et à Hugues Sureau du Rosier, ou de La Rosière, ou des Rosiers, pasteur réformé. Voy. « Bibliothèque de La Croix du Maine », t. I, p. 383. Ce livre fut condamné avec éclat par tous les pasteurs de Lyon dans un écrit très-explicite et très-vif.

Défense contre les calomnies intitulées : « Projet d'instruction pastorale » (de Duhamel, par le P. Isaac-Joseph Berruyer). *Avignon,* 1755, 3 part. in-12.

Défense d'un système de guerre nationale, ou analyse raisonnée d'un ouvrage intitulé : « Réfutation complète du système de.... (Mesnil-Durand) ». (Par le général J.-Cl.-Eléon. Lemichaud d'Arçon.) *Amsterdam,* 1779, in-8.

Défense de don Joseph Martinez de Hervas... contre l'accusation calomnieuse de S. Exc. M. P. Cevallos... par le marquis d'Almenera. (Traduit en français par Jean-Baptiste Esménard.) *Paris, Rougeron, impr.,* 1814, in-8.

Défense de feu M. Vincent de Paul contre les faux discours du Livre de sa vie, publiée par Abelly, et contre les impostures de quelques autres écrits sur ce sujet. (Par l'abbé Martin de Barcos.) 1668, in-4. — 1672, in-12.

Défense de Guillaume Tell. (Par Ant.-Jos.-Félix de Balthasar, membre du conseil souverain de Lucerne.) 1760, in-8.

Défense de l' « Agriculture expérimentale ». (Par Sarcey de Sutières.) 1766, in-12.

Défense de l'ancienne et légitime Fronde. (Par F.-Paul de Gondy, cardinal de Retz.) *Paris,* 1651, in-4.

Défense de l'ancienne tradition des Eglises de France sur la mission des premiers prédicateurs évangéliques dans les Gaules, par R. O. (René Ouvrard, chanoine de Tours). *Paris, Roulland,* 1678, in-12.

Défense de l'antiquité de la ville et du siége épiscopal de Toul, contre la préface d'un livre qui a pour titre : « Système chronologique et historique des évêques de Toul. » *Paris, impr. de S. Langlois,* 1702, in-8, 50 p.

Le privilége est au nom de M. d'Antimon ; mais ce travail est de Nic. Clément, garde de la bibliothèque du roi. Le système chronologique est de l'abbé François de Riguet ; M. Noël en possédait le manuscrit autographe daté de 1678. (Nº 1739 de son Catalogue.)

Défense de l'« Apologie pour les pasteurs de France ». (Par Elie BENOIST.) Contre le livre (de d'Artis) intitulé : « Sentimens désintéressés sur la retraite des pasteurs. » *Francfort, J. Corneille*, 1688, in-12.

Défense (la) de l'Eglise contre le livre de M. Claude, intitulé : « Défense de la réformation. » (Par le P. D'ANTECOURT, génovéfain.) *Paris*, 1689, 2 vol. in-8.

Deffense de l'église de Toul, avec l'ordonnance de monseigneur l'évêque comte de Toul... sur les réquisitions de son promoteur général, contre les entreprises du chapitre de Saint-Dié et des abbés de la Vôge. (Par Nicolas DE BROUILLY.) *Toul*, 1727, in-4.

Défense de l'Eglise de Troyes sur le culte qu'elle rend à S. Prudence. (Par Rémy BREYER, chanoine.) *Paris*, 1736, in-12.
V. T.

Défense de l'Eglise romaine contre les calomnies des protestans sur la prédestination et la grâce. (Par le P. G. GERBERON.) *Cologne, Jacques de Valé*, 1688, 1691, in-12.

Défense de l'Esprit des lois, à laquelle on a joint quelques éclaircissements. (Par MONTESQUIEU.) *Genève, Barillot et fils*, 1750, in-12.

La Beaumelle a publié une Suite de cette Défense. Voy. ces mots.

Défense de l' « Essai historique sur l'origine des dîmes ». (Par Charles-Lambert D'OUTREPONT.) A l'abbé Ghesquière. *Liége*, 1785, in-8.

Voy. « Lettres historiques et critiques... »

Défense de « l'Essai sur le journalisme », précédée de l'histoire de la conspiration pour étouffer cet ouvrage. (Par DELISLE DE SALES.) *Paris, Colas*, 1813, in-8, 80 p.

Défense de l' « Histoire des cinq propositions de Jansénius », ou deux vérités capitales de cette histoire défendues contre un libelle intitulé : « La Paix de Clément IX.... » (Par Hilaire DUMAS.) *Liége, Moumal*, 1701, in-12.

Défense de l' « Histoire des patriarches d'Alexandrie » et des « Liturgies orientales » (par l'abbé Eusèbe RENAUDOT), contre un écrit intitulé « Défense de la Mémoire de M. Ludolf. » *Paris, J.-B. Coignard*, 1717, in-12.

La Défense de Ludolf est imprimée dans le t. IX du « Journal littéraire » de La Haye ; elle est de LA CROZE, qui répondit à la « Défense de l'Histoire des patriarches », dans les t. X et XI de « l'Europe savante ». Il ne se fit connaître ni dans son attaque ni dans la défense.

Défense de l'immunité des biens ecclésiastiques. 1750, in-12.

Deux écrits différents portent le même titre, l'un a 2 ff. et 60 p., l'autre 2 ff. 59 et 5 p. Un troisième sur le même sujet est intitulé : « la Voix du chrétien et de l'évêque. » *S. l. n. d.*, in-12, 12 p.

Dans les notes de police de l'inspecteur de la librairie d'Hemery, il s'en trouve une datée du 1er oct. 1750, et ainsi conçue : « BEAUVAIS, 20 ans. C'est le neveu du garde des Archives du clergé, où il travaille aussi. Il est auteur d'un imprimé intitulé : « Défense... », dont la deuxième édition a été augmentée « de la Voix de l'évêque », dont il est aussi l'auteur. »

Défense de l'invocation des saints, contre un écrit anonyme daté de Schaffouse, se disant imprimé à Basle, par l'auteur des « Douzes lettres sur les six obstacles au salut. » (Par le P. SCHEFFMACHER, jésuite.) *Strasbourg, Le Roux*, 1733, in-4.

Défense de l'ordre social contre les principes de la révolution française, par M. l'abbé D. V. V. G. de L. (l'abbé DUVOISIN, vicaire général de Langres, mort évêque de Nantes). *Brunswick*, 1798, in-8.

Réimprimé avec le nom de l'auteur.

Défense de la Bible de saint Jérôme contre la critique de M. Simon. (Par dom Jean MARTIANAY.) *Paris*, 1699, in-12.

Défense de la chronologie fondée sur les monumens de l'histoire ancienne, contre le système chronologique de Newton ; par FRÉRET. (Publiée avec une préface par J.-P. DE BOUGAINVILLE.) *Paris, Durand*, 1758, in-4.

Défense de la confession des Eglises réformées de France, contre les accusations du sieur Arnoux, jésuite. (Par les quatre ministres de Charenton, MONTIGNY, DURAND, DU MOULIN et MESTREZAT.) *Charenton, Nic. Bourdin*, 1617, in-8, 68 p. — *Genève, Pierre Chouet*, 1625, in-8, 48 p.

Défense de la constitution, par un ancien magistrat (le comte J.-L.-Claude EMMERY). *Paris*, 1814, *in*-8, 20 p.

Attribué par Quérard, « France littéraire », t. XI, à Jacques MALEVILLE.

Défense de la Constitution *Vineam Domini Sabaoth* de Clément XI, contre un livre qui a pour titre : « Nouveaux Éclaircissemens sur la signature du Formulaire. » (Par Léger-Charles DECKER, professeur de philosophie à Louvain.) 1707, in-12, 60 p.

Défense de la Critique du neuvième livre de l'Histoire de M. Varillas, où il parle des révolutions arrivées en Angleterre en matière de religion ; par M. BURNET, traduit de l'anglois. (Par Jean LE CLERC.) *Amsterdam, Savouret*, 1687, in-12.

Analysé avec la « Réponse de Varillas », qui a motivé cette « Défense », dans J. Le Clerc, « Bibliothèque universelle » (1687), VII, 271-279. A. L.

Défense de la déclaration de l'Assemblée du clergé de France de 1682, touchant la puissance ecclésiastique, traduite du latin de BOSSUET, avec des notes par M.*** (Ch.-Fr. LE ROY). *(Paris)*, 1745, 3 vol. in-4. — Nouvelle édition, revue et augmentée. *Paris*, 1774, 2 vol. in-4.

Défense de la déclaration de l'Assemblée du clergé de France en 1682, traduite du latin de BOSSUET en françois. (Par l'abbé Gabr.-Ch BUFFARD, chanoine de Bayeux.) *(Paris)*, 1735, 2 vol. in-4.

Voy., pour l'édition latine originale, « Defensio... »

Défense de la déclaration du clergé, par Bossuet, où l'on relève encore une aberration importante de M. de Bausset. (Par Mathieu-Mathurin TABARAUD.) *Paris, Baudoin*, 1820, in-8, 48 p.

Défense de la discipline de Sens touchant la pénitence publique. (Par Alex. VARET.) *Sens*, 1673, in-8.

Défense de la « Discussion amicale », en réponse aux difficultés du romantisme de M. Stanley-Faber. Par l'évêque de Strasbourg (Jean-François-Marie LE PAPPE DE TREVERN). *Paris, Potey*, 1829, in-8, 366 p.

Défense de la « Dissertation sur la validité des ordinations des Anglais », contre les différentes réponses. (Par le P. Pierre-François LE COURAYER, auteur de la Dissertation). *Bruxelles*, 1726, 4 vol. in-12.

Voy. « Dissertation sur la validité... »

Défense de la Dissertation sur le saint sacrifice de la messe. (Par l'abbé B.-Fr. RIVIÈRE, plus connu sous le nom de PELVERT.) 1781, 3 vol. in-12.

Défense de la doctrine des combinaisons, et réfutation du mémoire des dix Opuscules mathématiques de d'Alembert, avec deux lettres au même. (Par MASSÉ DE LA RUDELIÈRE, lieutenant de l'amirauté du Poitou.) *Paris, Chaubert*, 1763, in-12.

Défense de la doctrine des réformez sur la Providence, sur la prédestination, etc. (Par Isaac DE BEAUSOBRE, pasteur à Berlin.) *Magdebourg*, 1693, in-8.

Défense (la) de la Faculté de médecine de Paris contre son calomniateur... (Par René MOREAU.) *Paris*, 1641, in-4, 59 p.

Sous forme de Lettre au cardinal Richelieu et signée : les doyen et docteurs régents de la Faculté.

Défense de la Faculté de médecine de Paris, suivie de l'Éloge historique de l'Université. (Par Fr. de Paule COMBALUSIER.) *Paris, veuve Quillau*, 1762, in-12.

Défense de la foi chrétienne, par M. A. F. G. SACK, trad. par un de ses amis (le pasteur GUALTIERI). *Berlin*, 1749, in-8.

Défense (la) de la foi de l'Église catholique contre le défi des ministres de Bois-le-Duc, traduite du latin de C. JANSENIUS. (Par D. POICTEVIN, bénédictin.) *Paris, Savreux*, 1651, petit in-12.

Défense de la foi des religieuses de Port-Royal et de leurs directeurs. Contre le libelle scandaleux et diffamatoire de M. Chamillard, intitulé : « Déclaration de la Conduite... » (Par Noël DE LA LANE.) *S. l.*, 26 avril-8 mai 1667, 2 part. in-4.

Défense de la justice et de la souveraineté du Roi, et du droit des ecclésiastiques. (Par le P. Pasquier QUESNEL.) *Amsterdam*, 1708, in-4.

Défense de la lettre de saint Chrysostome à Césaire, adressée à l'auteur de la « Bibliothèque universelle » de Hollande. (Par le P. HARDOUYN.) *Paris, veuve de Séb. Mabre-Cramoisy*, 1690, in-4.

Défense de la liberté chrétienne en l'usage sobre des viandes, contre George l'Apôtre, par A. R. (André RIVET). *Saumur*, 1605, in-12.

Voy. « Supercheries », I, 373, *c*.

Défense (la) de la liturgie lyonnaise ; par MM.*** (BOUÉ, curé de Saint-Martin-d'Ainay; BISSARDON, curé de Saint-Brune. et VINCENT, curé de Saint-Pierre à Vaise). *Lyon, imp. de Chanoine*, 1864, in-8, 160 p. D. M.

Défense de la Lorraine contre les prétentions de la France, par Jean-Pierre-Louis P. P. (Louis HUGO). *La Haye*, 1697, in-12. V. T.

Défense de la monarchie de Sicile contre les entreprises de la Cour de Rome... (Par Ellies DUPIN.) *Amsterdam, Lucas*, 1716, 2 part. in-12.

Défense de la nation britannique, ou les Droits de Dieu, de la Nature et de la Société, clairement établis au sujet de la révolution d'Angleterre, contre l'auteur de « l'Avis important aux Réfugiés ». (Par

Jacques ABBADIE.) *Londres*, 1692 ; — *La Haye*, 1693, in-12.

Réimprimée en partie sous ce titre : « les Droits de Dieu, de la nature et des gens, tirés d'un livre de M. Abbadie, intitulé : « Défense, etc. » *Amsterdam*, 1775, in-8.

On a retranché de l'ouvrage tout ce qui est relatif à « l'Avis aux réfugiés ».

Défense de la nouvelle histoire de Bretagne, ou réflexions sur « l'Apologie des Armoricains ». (Par dom Guy-Alexis LOBINEAU.) *Paris*, *P.-J. Emery*, 1708, in-12, 1 f. de tit. et 22 p.

Avait déjà paru sous le titre de : « Contr'apologie, ou réflexions sur « l'Apologie des Armoricains ». Voy. ci-dessus, col. 751, *e*.

Défense de la nouvelle histoire de l'abbé Suger, avec l'apologie pour feu M. l'abbé de la Trappe de A.-J. Bouthillier de Rancé, contre les calomnies et les invectives de D. Vincent Thuillier... (Par dom Franc.-Arm. GERVAISE.) *Paris, J.-B.-C. Bauche*, 1725, in-12.

Défense de la perpétuité de la foi contre les calomnies et faussetés du livre intitulé : « Monuments authentiques de la religion des Grecs », par J. Aymon. (Par l'abbé Eusèbe RENAUDOT.) *Paris, Gabr. Martin*, 1709, in-8.

Défense de la réformation contre le livre (de Nicole) intitulé : « Préjugés légitimes contre les Calvinistes. » (Par le ministre Jean CLAUDE.) *Quevilli*, 1673, in-4. — *La Haye*, 1680-1683, 2 vol. petit in-12, avec le nom de l'auteur.

Défense de la Religion chrétienne et de l'Écriture sainte contre les Déistes. *Paris*, *Et. Lucas*, 1681, in-12.

C'est une traduction de l'anglais de STILLINGFLEET par Jean-Baptiste DE ROSEMOND.

Défense de la Religion contre les difficultés des incrédules. (Par l'abbé Laurent FRANÇOIS, ou LE FRANÇOIS.) *Paris*, 1755, 4 part. in-12.

Défense de la religion luthérienne contre les docteurs de l'Église romaine. (Par Hector-Godefroi MASIUS.) *Francfort*, 1685, petit in-12.

Défense de la religion tant naturelle que révélée contre les infidèles et les incrédules, extraite des écrits publiés pour la fondation de M. Boyle, par les plus habiles gens d'Angleterre, et traduite de l'anglois de M. G. BURNET (par Armand-Boisbeleau DE LA CHAPELLE). *La Haye*, *P. Paupie*, 1738, 6 vol. in-8.

Quand M. de La Chapelle, dit M. Senebier, traduisit en français l'abrégé des écrits composés pour la fondation de Boyle, de Roches montra un ouvrage semblable qu'il avait fait, et qui était bien plus exact et mieux rempli que le premier.

« Histoire littéraire de Genève », t. III, p. 20.

Défense de la révélation contre les objections des esprits forts, par EULER ; nouvelle édition, suivie des Pensées de cet auteur sur la religion, supprimées dans la dernière édition de ses lettres à une princesse d'Allemagne. (Le tout publié par Jacq.-And. ÉMERY.) *Paris*, *Leclerc*, an XIII-1805, in-8.

Défense de la seconde partie de « l'Histoire du peuple de Dieu » du P Berruyer, jésuite (par le P. Isaac-Joseph BERRUYER lui-même), contre les calomnies d'un libelle intitulé : « Projet d'instruction pastorale, adressé aux théologiens catholiques. » *Avignon*, 1755, 3 part. in-12.

Deffense de la Sophonisbe de M. Corneille. *Paris*, *Barbin*, 1663, in-12.

Cet opuscule a été généralement attribué à VILLIERS, mais quelques critiques penchent pour DONNEAU DE VIZÉ. M. L. Moland, dans son édition de « Molière », t. VII, p. 469, se prononce pour VILLIERS.

Défense de la traduction du Nouveau Testament, imprimée à Mons, contre les sermons du P. Maimbourg, jésuite, avec la Réponse aux Remarques du P. Annat. (Par Ant. ARNAULD et P. NICOLE.) *Cologne*, *Dubuisson* (*Paris*), 1668, in-12.

Défense de la vénérable compagnie des pasteurs de Genève, à l'occasion d'un écrit intitulé : « Véritable histoire des Mômiers. » *Genève*, 1er mai 1824, in-8.

Signé : C. P. Cet écrit satirique est de M. l'abbé ROBERT, dit DE LA MENNAIS ; il a été réimprimé dans le mois de juillet du « Mémorial catholique ».

La « Véritable histoire des Mômiers » est de M. Nachon.

Défense de la véritable idée du Schisme, contre l'auteur des anciennes « Nouvelles ecclésiastiques ». (Par Gabriel-Nicolas MAULTROT.) (1791), in-8, 127 p.

Défense de « la Vérité sur le cardinal Fesch et sur l'administration apostolique de Lyon », par un ancien vicaire général de Mgr d'Amasie (l'abbé CALLET, mort en 1858). *Lyon*, *Dumoulin*, 1843, in-8.

Voy. « Supercheries », I, 345, *c*.

Défense de la virginité perpétuelle de la Mère de Dieu, selon l'Écriture et les Pères ; par M. E. L. C. E. et P. D. G. (Étienne LE CAMUS, évêque et prince de Grenoble). *Lyon*, *Laurent Aubin*, 1680, in-12.

Défense de la volatilité du phlogistique, ou lettre de l'auteur des « Digressions académiques » à l'auteur du « Journal de médecine ». (Par Louis-Bernard GUYTON DE MORVEAU.) (*Dijon, Frantin*, 1772), in-12.

Défense de Louis XIV. (Par VOLTAIRE.) *S. l. n. d.*, in-8, 29 p.

En réponse à un article des « Ephémérides du citoyen », 1769, t. VIII.

Réimprimé dans le t. VIII de « l'Evangile du jour ».

Défense de Louis XVI. Discussion de toutes les charges connues à l'époque du 14 novembre 1792. (Par Jacq.-Ant.-Mar. CAZALÈS.) *Londres*, in-8, 53 p.

Réimprimé dans les « Discours et opinions » de l'auteur. *Paris*, 1821, in-8.

Défense (la) de messire Antoine de Lalaing.... Publié par la Société des bibliophiles de Mons, d'après l'édition originale de 1568; augmenté de la Correspondance inédite du comte de Hoochstraaten avec Marguerite de Parme, lors de sa mission à Anvers, et d'une notice historique et biographique sur ce seigneur. *Mons, typ. Hoyois-Derchy*, 1838, in-8.

Tiré à 100 exemplaires. La notice historique, signée G. D., est de M. GACHARD, membre de l'Académie royale de Belgique et archiviste du royaume. D. M.

Défense de « Mon Apologie », contre M. Henri Grégoire. (Par l'abbé FRANÇOIS, lazariste, supérieur du séminaire de Saint-Firmin.) *Paris, Crapart*, 1791, in-8, 48 p.

Sept éditions.

Défense (la) de mon oncle. (Par VOLTAIRE.) *S. l. n. d.*, in-8, VIII-138 p. — La défense de mon oncle contre ses infâmes persécuteurs. Par A....T DE V***. *Genève*, 1767, in-8, VIII-100 p. — *Londres*, 1768, in-8, 103 p. et 2 ff. de table.

Voy. « Réponse à la « Défense de mon oncle ». (Par Larcher.)

Voy. aussi « Supercheries », I, 304, *b*, et 474, *f*.

Défense de M. de La Bruyère et de ses « Caractères » contre les accusations et les objections de M. de Vigneul-Marville. (Par P. COSTE.) *Amsterdam, Th. Lombrail*, 1702, in-12, 194 p.

Réimprimé sous le nom de l'auteur, avec les « Caractères » de La Bruyère.

Défense de Richer, ou réfutation d'un ouvrage intitulé : « Découverte importante sur le vrai système de la constitution du Clergé. » (Par Gabriel-Nicolas MAULTROT.) 1790, 2 parties in-8.

La seconde partie a pour titre : « Chimère du richérisme ». La « Découverte » est de l'abbé Bonnaud. C'est à tort que la « Biographie universelle » la donne à l'abbé Barruel.

Voy. ci-dessus, col. 849, *a*.

Défense de saint Augustin contre les erreurs, les calomnies et les invectives scandaleuses que le P. Adam, jésuiste, a prêchées dans l'église de Saint-Paul, le second jeudi de carême, sur le texte de l'évangile de la Chananée : Je ne suis envoyé qu'aux brebis perdues de la maison d'Israël. (Par Noël DE LA LANE, abbé de Valcroissant.) *Paris*, 1650, in-8, 60 p.

Défense des abbés commendataires et des curés primitifs. (Par Guy DRAPIER.) *La Haye*, 1686, in-12.

Voy. Moréri.

Défense des bannis, par l'auteur de la « Défense des volontaires royaux » (J.-J. COULMAN). *Paris*, 1818, in-8.

Réimprimé la même année avec le nom de l'auteur.

Défense (la) des beaux esprits de ce temps contre un satirique. Dédiée à messieurs de l'Académie françoise. *Paris, G. Adam*, 1675, in-12.

L'épître dédicatoire est signée DE LERAC, anagramme du nom de Jacq. CAREL DE SAINTE-GARDE, auteur du poëme de « Charles-Martel », dont le héros principal est Childebrand.

Voy. « Supercheries », II, 757, *f*.

Défense des Belges confédérés, des souverains respectifs, de leurs provinces et de leurs respectables et zélés magistrats ; contre l'oracle des politiques étrangers, le Courrier du Bas-Rhin (Mauzon). Ouvrage propre à donner une idée exacte de la Constitution et du Gouvernement de la République des sept Provinces-Unies des Pays-Bas. (Par Johan LUZAC.) *En Hollande (Leyde)*, 1784. V. D.

Défense des Catalans... avec les droits du roi sur la Catalogne et sur le Roussillon. (Par Charles SOREL.) *Paris, N. de Sercy*, 1642, in-8.

Défense des charités du département de l'Eure, par un conseiller municipal (Nic.-Armand HAREL). *Evreux, Dubreuil*, 1842, in-8, 40 p.

Défense des constitutions américaines, par John ADAMS, traduite de l'anglais. (Par D. LERIGUET, en grande partie.) Avec des notes de M. DE LA CROIX. *Paris, Buisson*, 1792, 2 vol. in-8.

Défense des dissertations sur l'origine de la maison de France et sur la mouvance de Bretagne. (Par l'abbé Claude DU MOULINET DES THUILLERIES.) *Paris, Guignard*, 1713, in-12.

L'auteur a publié la même année : « Eclaircissement sur ce qui a été dit de l'élection des anciens rois de France dans la Réponse précédente. » *S. l.*, in-12 de 17 p., plus un feuillet de note non chiffré après la p. 6.

Défense des droits de l'abbaye royale de Saint-Germain-des-Prez, par Robert QUATREMAIRES. (Traduit du latin par Louis BULTEAU.) *Paris, Billaine*, 1668, in-12.

Bibliotheca Bultelliana, 1711, n° 1164.

Défense des droits de l'église métropolitaine de Rouen. (Par François-Christophe TERRISSE.) *Rouen, J.-L. Boullanger*, 1761, in-4, 157 p.

Défense des droits de la papauté, par l'auteur de l' « Appel aux catholiques » (RASTOUL DE MONGEOT). *Bruxelles*, 1860, in-8, 31 p.

Défense (la) des droits des Communes d'Angleterre, traduite sur l'original anglois (de Humphrey MACKWORTH). *Rotterdam, Reinier Leers*, 1702, in-12.

Défense des droits du roi contre les prétentions du clergé de France sur cette question : Les ecclésiastiques doivent-ils à Sa Majesté la foi et hommage, l'aveu et dénombrement, ou des déclarations de temporel pour les biens qu'ils possèdent dans le royaume? (Par Auguste-Nicolas DE SAINT-GENIS, auditeur des comptes.) *Paris, de l'imprimerie de Cellot*, 1765, in-4, 206 p.

Il existe de cet ouvrage quelques exemplaires in-fol.

Défense des droits et prérogatives des roys de France contre Alexandre-Patrice Armacan, théologien (Corneille Jansénius), escrite en latin sous le titre de « Vindiciæ Gallicæ » (par Daniel DE PRIEZAC), et traduite en françois (par J. BAUDOIN). *Paris, Rocolet*, 1639, in-8.

Défense des Eclaircissements sur l'Apocalypse de S. Jean, au sujet de l'effusion des phioles, contre l'Accomplissement des prophéties (de Jurieu). (Par Jac. PHILIPOT.) *Amsterdam*, 1687, in-12, 83 p.

Voy. « Œuvres » de Bayle, t. IV, p. 631.

Défense (la) des églises estrangieres de Francfort en Allemagne. (Par François PHILIPPI, ministre de l'Église française de Francfort.) *S. l.*, 1562, pet. in-8 de 14 et 138 p. plus 4 ff. bl.

Défenses des élections du Dauphiné, contre la prétendue supériorité du bureau des finances de la même province. *S. l. n. d.*, in-4, 24 p.

Par Guy ALLARD, suivant le P. Lelong.

Défense des empereurs, rois, princes, États et républiques, contre les censures, monitoires et excommunications des papes de Rome. Traité très-utile et très-nécessaire pour le différend d'entre le pape et l'illustre seigneurie de Venise. (Par D.

a GODEFROY.) (*Genève*), *P. de Saint-André*, 1607, in-8, 12 ff. lim. et 357 p.

Cet ouvrage existe aussi sous le titre de : « Maintenue des princes... » qui est son premier titre, et sous celui de « Pape contrôlé... » Voy. ces mots.

Défense (la) des femmes, ou Mémoires de madame la comtesse de ***. (Par madame H.-J. DE CASTELNAU, comtesse DE MURAT.) *Paris, Barbin*, 1697, 2 vol. in-12.

Voy. « Mémoires de madame la comtesse D*** ».

b Voy. aussi « Supercheries », III, 1024, *f*.

Défense des livres de l'Ancien Testament contre l'écrit intitulé : La Philosophie de l'histoire. (Par l'abbé Jos.-Guill. CLÉMENCE.) *Amsterdam, aux dépens de la Compagnie*, 1767, in-8, 4 ff. lim. et 216 p. — *Rouen, Dumesnil, et Paris, Pillot*, 1768, in-8.

Défense des nouveaux chrétiens et des
c missionnaires de la Chine, du Japon et des Indes. (Par le père Michel LE TELLIER.) *Paris*, 1687, 2 vol. in-12.

Défense des ouvrages de M. de Voiture à M. de Balzac. (Par P. COSTAR.) Edition augmentée de la dissertation latine de M. de Girac. *Paris*, 1654, in-4.

La publication des œuvres de Voiture, par Marin de Pinchêne, son neveu, donna lieu à cette dissertation latine, en forme de critique, où Girac relevait plusieurs
d fautes de Voiture. Costar, ami de celui-ci, y répondit par ce livre, qui donna naissance, entre Girac et Costar, à une discussion littéraire qui amena les publications ci-après :

« Suite de la défense des ouvrages de M. de Voiture (par COSTAR), à M. Ménage ». *Paris*, 1655, in-4.

« Réponse du sieur de Girac à la Défense des Œuvres de M. de Voiture, faite par M. Costar, avec quelques remarques sur ses entretiens ». *Paris*, 1655, in-4, tit. gravé.

« Apologie de M. Costar à M. Ménage ». *Paris*, 1657, in-4.

e « Réplique de M. Girac à M. Costar, où sont examinées les béueües et les inuectiues du livre intitulé : Suite de la Défense de M. de Voiture, etc. » *Imprimé à Leyden*, 1660, in-8.

Défense (la) des Pères Jésuites, ou réponse aux médisances d'une lettre composée contre leur ordre. (Par François DE HARLAY, abbé de Saint-Victor.) *Paris, Nivelle*, 1609, in-8, 34 p. et 4 ff.

f L'auteur a signé l'épître.

Défense (de la) des principales prérogatives de la ville et de l'église de Saint-Quentin, pour prouver que cette ville est l'ancienne *Augusta* des Vermandois ; par un docteur de Sorbonne, natif de Saint-Quentin (Claude BENDIER). *Saint-Quentin, Claude Lequeux*, 1671, in-4.

Défense des propositions de la 2e colonne de l'écrit « de la Distinction des sens ; »

contre les impostures et les falsifications du P. Ferrier, jésuite, avancées dans un libelle intitulé : « la Soumission apparente des Jansénistes. » (Par Noël DE LA LANE.) 1666, in-4, 96 p.

Défense des propriétaires attaqués comme détenteurs de biens prétendus domaniaux. Moyens de consolider leurs propriétés et d'assurer leur repos. Par M. G...... P. (Aug.-Ch. GUICHARD père), avocat à la cour de cassation et aux conseils du roi. *Paris, Pichard*, 1829, in-8, 188 p.

A paru en deux parties. La seconde partie, paginée 93-188, porte le nom de l'auteur.

Défense des propriétaires de biens nationaux, par M. D**** (Jacq.-Ant. DULAURE). *Paris, Delaunay*, 1814, in-8, 1 f. de titre et 53 p.

Voy. « Supercheries », I, 844, *e*, et 851, *a*.

Défense des protestants du Bas-Languedoc. (Par M. MARTIN-ROLLIN, pasteur d'Orange et d'Avignon.) 1815, in-4, 16 p.

Défense des Réflexions sur le *Pro Memoria* de Cologne, suivie de l'Examen du *Pro Memoria* de Salzbourg. *Ratisbonne*, 1789, in-8 de 130 p. plus une table génér. de cet ouvrage et des précédents.

C'est l'abbé Fr.-Xavier DE FELLER qui a utilisé les titres et documents fournis par l'abbé François HIRN, alors membre du conseil de l'électeur de Mayence, et depuis évêque.

Voy. « Réflexions sur les 73 articles... » Ces ouvrages ont aussi été publiés en latin.

Défense (la) des réfugiés contre un livre intitulé : « Avis important aux réfugiés » (Par le ministre Ant. COULAN.) *Deventer*, 1691, in-12.

Défense des religieuses de Port-Royal et de leurs directeurs, sur tous les faits allégués par M. Chamillard .... (Par Claude DE SAINTE-MARTHE.) *S. l.*, 1667, in-4.

Défense des Résumés historiques. (Par Félix BODIN.) *Paris, Lecointe et Durey*, 1824, in-18.

Catalogue de Nantes, nº 34908.

Défense des SS. Pères, accusez de platonisme. (Par le P. Jean-François BALTUS, jésuite.) *Paris, Leconte*, 1711, in-4.

Réimprimé sous le titre de : « Pureté du christianisme ».

Défense des sentimens de Lactance sur le sujet de l'usure, contre la censure d'un ministre de la religion prétendue réformée. (Par Louis BULTEAU.) *Paris*, 1670, 1671 et 1677, in-12.

Le ministre que réfute Bulteau est Servatius Gallæus, l'un des savants qui ont écrit sur les sibylles, et que le Père Crasset a combattu sur ce point d'antiquité.

Défense des sentiments de quelques théologiens de Hollande sur l'histoire critique du vieux Testament (de R. Simon) contre la Réponse du prieur de Belleville (pseudonyme de R. Simon). (Par Jean LE CLERC.) *Amsterdam, Desbordes*, 1686, in-8.

J. Le Clerc a fait lui-même l'analyse de sa « Défense » dans sa « Bibliothèque universelle » (1686), tome III, p. 98-130. A. L.

Défense des sermons faits par le R. P. Maimbourg, jésuite, contre la traduction du N. T. imprimée à Mons ; par L. D. S. F. (Louis DE SAINTE-FOI), théologien (masque du P. MAIMBOURG lui-même). *Paris, Fr. Muguet*, 1668, in-4, 50 p.

Défense des titres et des droits de l'abbaye de Saint-Ouen, contre le Mémoire de M. Terrisse ... où l'on discute plusieurs points d'histoire et de critique ; avec la Réfutation de l'écrit d'un anonyme (*Clérot*, avocat à Rouen), intitulé : « Défense d'un acte qui fait foi qu'un moine à Saint-Médard de Soissons, nommé *Guernon*, fabriqua de faux priviléges au nom du Saint-Siége, en faveur de plusieurs églises, vers le commencement du XIIe siècle. (Par dom René-Prosper TASSIN et dom Charles-François TOUSTAIN.) *S. l.*, 1743, in-4, XXVII-332 p.

On trouve dans cet ouvrage des chartes offrant des variantes notables avec celles qui ont été publiées dans le « Monasticon Anglicanum ». L'écrit de Clérot se trouve dans les « Mémoires de Trévoux », 1716, p. 536.

Défense des versions de l'Ecriture sainte, des offices de l'Eglise et des ouvrages des Pères, et en particulier de la nouvelle traduction du Bréviaire romain (*faite par* Nic. le Tourneux), contre la sentence de l'Official de Paris. (Par Antoine ARNAULD.) *Cologne, Schouten*, 1688, in-12, 34 p.

Défense des volontaires royaux, par un étudiant en droit (J.-J. COULMANN). *Paris, de l'impr. Fain*, 1815, in-8, 12 p.

Voy. « Supercheries », I, 1263, *d*.

Défense du Chapitre de l'Eglise d'Angers, contre les calomnies publiées par divers libelles et faux bruits, sur le sujet de la procession du sacre. (Par Jacques EVEILLON, chanoine d'Angers.) *S. l.*, 1624, in-12, 6 ff. lim. et 188 p. — *Id.*, in-12, 148 p.

Défense du colonel Michel, traduit au Conseil de guerre pour la capitulation d'Auxonne (Par Joseph REY.) *Dijon, impr. de Frantin*, 1816, in-4, 8 p.

Défense du Concordat entre le Saint-Siége et la cour de Turin, signé en

1727. (Par Louis Hoquiné, docteur de Sorbonne.) *Turin*, 1730, in-4. (Melzi.)

Défense du culte extérieur de l'Eglise catholique. (Par David-Augustin Brueys.) *Paris*, 1686, in-12.

Défense du Danemarck, ou examen du libelle (de Molesworth) intitulé : « Relation du Danemarck, comme il étoit en 1692»; traduit de l'anglois (de William King), avec des additions du traducteur. *Cologne (Hollande)*, 1696.— Sec. édit. augm. *Ibid.*, 1696, in-12.

Ce traducteur est un Français qui fut secrétaire de Christian V, et dont le nom de La Fouleresse est devenu, en passant par des bouches étrangères, Fouleheck et Vouleresse. Pour l'ouvrage de Molesworth, voy. « Etat du royaume de Danemarck... »

Défense du droit de la maison d'Autriche à la succession d'Espagne. (Par Fr.-Paul de Lisola.) *Cologne*, 1703, in-12.

V. T.

Défense du droit des prêtres dans le Synode, ou concile diocésain contre les conférences ecclésiastiques sur les synodes. (Par Gabriel-Nicolas Maultrot.) 1789, in-12.

Défense du fort de Pierre-Châtel en 1814 et 1815. *Paris, imp. de E. Duverger*, 1843, in-8, 175 p.

La dédicace est signée : Ant. Gardé. Le nom de l'auteur se trouve aussi sur la couverture.

Défense du fouriérisme. Réponse à MM. Proudhon, Lamennais, Raybaud, L. Blanc, etc.; premier mémoire. Réfutation de l'égalité absolue. Solution des problèmes du paupérisme, de la richesse générale et du travail par la théorie de Fourrier. (Par M. Claude-Marie, dit Henri Dameth, depuis professeur d'économie politique à l'Académie de Genève.) *Paris, imp. de Moquet*, 1841, in-18, 113 p.

Défense du jugement de l'Eglise sur la constitution civile du clergé. (Par l'abbé Ch.-Jacq. Le Quien de La Neufville.) *Toulouse*, 1803, in-8.

Défense du légitime honneur dû à la Vierge, contre Mestrezat, ministre de Charenton. (Par Crozet.) *Paris*, 1625, in-12.

Défense du « Mémoire sur le rang des cathédrales. » Publiée en 1780, en réponse à la « Lettre à un ami. » (Par Edme Moreau.) 1780, in-12, 46 p.

Voy. « Journal des savants » de juin 1781, p. 1298.

Défense du parallèle des Italiens et des François, en ce qui regarde la musique et les opéras, par l'abbé R. (François Raguenet). *Paris, Barbin*, 1702, in-12.

Défense du parlement d'Angleterre dans la cause de Jacques II. (Par de Vrigny.) *Rotterdam, Abraham Acher*, 1692, petit in-12.

Défense (la) du pet... Voy. « le Pet éventé ».

Défense du peuple français contre ses accusateurs, tant français qu'étrangers, appuyée de pièces extraites de la correspondance de l'ex-monarque, suivie de l'anecdote qui fit de la violette un signe de ralliement; par l'auteur du « Précis historique sur Napoléon », des « Mémoires secrets », et « des Amours secrètes » (Ch. Doris). *Paris, Mathiot*, 1815, in-12.

La lettre de l'auteur au libraire est signée : le baron de B***.

Défense (la) du poëme héroïque, avec quelques remarques sur les œuvres satiriques du sieur D*** (Despréaux). Dialogues en vers et prose. (Par Jean Desmarets, l'abbé Testu et le duc de Nevers.) *Paris, J. Le Gras*, 1674, in-4, 136 p. — 1675, in-8, 8 et 142 p.

Défense du projet d'agrandissement général d'Anvers, présenté par MM. Keller et Ce. (Par A.-H. Brialmont.) *Bruxelles, Stapleaux*, 1855, in-8, 50 p. avec 12 plans.

Défense du « Projet d'instruction pastorale ». (Par l'abbé Jos.-Rob.-Alex. Duhamel, auteur de ce projet.) *Avignon*, 1756, in-12.

Défense du second ordre contre les conférences d'Angers. (Par Gabriel-Nicolas Maultrot.) 1787, 3 vol. in-12.

Défense du sentiment d'un philosophe contre la censure d'un rhéteur. (Par Edme Pourchot.) 1706, in-12.

Défense du sentiment des saints Pères sur le retour futur d'Élie, avec la suite, etc. (Par l'abbé J.-Bapt. Désessarts.) 1737 et 1740, 3 vol. in-12.

Défense du Sertorius de M. de Corneille. (Par Donneau de Vizé.) *Paris*, 1663, petit in-12.

La « Défense du Sertorius » et celle de Sophonisbe ont été réimprimées dans le « Recueil de dissertations sur plusieurs tragédies de Corneille et de Racine... » (voy. ce titre); elles répondaient aux « Deux Dissertations concernant le poëme dramatique... » par l'abbé Hédelin d'Aubignac (voy. ce titre).

• Défense du système de guerre moderne, ou réfutation complète du système de Mesnil-Durand. (Par le comte Jacques

Antoine-Hippolyte DE GUIBERT.) *Neufchâtel*, 1779, 2 vol. in-8.

Défense (de la) du territoire. Fortifications de Paris. (Par le capitaine d'artillerie Joach. MADELAINE.) *Paris, Gaultier-Laguionie*, 1841, in-8.

Défense du « Traité des miracles » contre le fanatisme, etc. (Par l'abbé HENVIEUX DE LA BOISSIÈRE.) 1767, 2 vol. in-12.

Défense du vin de Bourgogne contre le vin de Champagne. (Par J.-B. DE SALINS.) *Dijon*, 1701, in-4. — Nouvelle édition (publiée par Hugues DE SALINS, frère de l'auteur). *Luxembourg* (*Dijon*), 1704, in-4.

Voyez le « Journal des savants » de 1706 ; la nouvelle édition de la « Bibliothèque historique de la France », par Le Long, *t.* I, n° 5528, et le Catalogue de La Vallière, par Nyon, t. II, n° 5605.

Défense et apologie de la franc-maçonnerie, ou réfutation des accusations dirigées contre elle à diverses époques et par divers auteurs. (Par DELALANDE, de Douai.) *Paris, Bailleul*, 1814, in-8.

Défense (la) et illustration de la langue françoise, avec l'Olive augmentée, l'Anterotique de la vieille et de la jeune amie, vers lyriques ; le tout par J. D. B. A. (Joachim DU BELLAY, Angevin). *Paris, Arnoul l'Angelier*, 1553, in-8.

Même ouvrage que « Apologie pour la langue françoise ». Voy. ci-dessus, col. 251, *b*.
Voy. aussi « Supercheries », II, 326, *f*.

Défense officieuse et chantante de Glaçon-Brice, ex-maire, arrêté dans la maison du Refuge par un jugement équitable du représentant du peuple ici. (Par GENTILLIATRE.) *S. l. n. d.*, in-8, 3 p.

Catalogue Noël, n° 4559.

Défense pour Etienne Pasquier... contre les impostures et calomnies de François Garasse. (Par Antoine REMY, avocat au parlement de Paris.) *Paris, Th. de La Ruelle*, 1624, in-8.

Voy. ci-dessus, col. 214, *c*, et « Supercheries », I, 362, *b*.

Défense pour M. de Monluc, evesque et comte de Valence, contre un livre nagueres imprimé souls le nom de Zacharias Furnesterus (Hugues Doneau), traduit de latin en françois (de Jacques CUJAS). *Paris, Robert Le Mangnier*, 1575, in-8, 41 ff.

Défense du beau sexe, ou mémoires historiques, philosophiques et critiques, pour servir d'apologie aux femmes. (Par

a dom Ph.-Jos. CAFFIAUX.) *Amsterdam* (*Paris*), 1753, 4 parties in-12.

Voy. le « Supplément au Dictionnaire historique » de l'abbé Ladvocat, par Le Clerc, 1789, in-8. Cet ouvrage de dom Caffiaux n'est pas mentionné dans « l'Histoire littéraire de la congrégation de Saint-Maur », par dom Tassin.

Défenseur (le) de l'usure confondu, ou réfutation de la « Théorie de l'intérêt de l'argent », de l'abbé de Laforest (par l'abbé

b Barth. DE LA PORTE) ; avec un recueil d'ordonnances contre l'usure (fait par Gabriel-Nicolas MAULTROT). *Paris, Morin*, 1782, in-12.

Voy. « Théorie de l'intérêt de l'argent ».

Défenseur (le) de l'usure derechef confondu par l'auteur des « Principes sur l'usure » et de la réfutation de la « Théorie de l'intérêt de l'argent » (l'abbé Barth. DE LA PORTE). *Paris, Morin*, 1786, in-12.

c Défenseur (le) de la philosophie, ou réponse à quelques satires dirigées contre la fin du dix-huitième siècle, satire par un ami des arts, des lettres et des mœurs (*Michel* CUBIÈRES-PALMEZEAUX). *Paris, Moller*, an IX-1800, in-8.

Cet ouvrage a été aussi attribué au libraire MOLLER qui en fut l'éditeur.

Voy. « Supercheries », I, 308, *c*.

d Défenseur (le) de la vérité et des principes, par une société d'écrivains patriotes (FRANÇOIS, BACHER et BAZIN). 11 messidor an V — 3 frimaire an VI, 105 numéros in-4.

La police fit arrêter le 18 fructidor, mais relâcher ensuite, un nommé LAMBERTÉ, rédacteur de ce Journal.
Voy. Hatin, « Bibliographie de la presse », p. 272.

Défenseur (le) des maisons de jeu, ou réflexions sur une pétition présentée à

e MM. les députés, à l'effet d'obtenir la suppression de ces maisons. (Par Henri-Alexis CAHAISSE.) *Paris, Petit*, 1821, in-8, 36 p.

Défenseur (le) du peuple. *Paris*, 1789, in-8, 15 p.

Signé : DELAULNE.

Défenseur (le), journal religieux, politique et littéraire. *Paris*, 1er mars 1820—

f 27 oct. 1821, 6 vol. in-8.

J.-M.-B. BINS DE SAINT-VICTOR, rédacteur en chef, eut comme collaborateurs L.-G.-A. DE BONALD, A.-F. DE FRÉNILLY, A.-E. GENOUDE, le cardinal C.-G. DE LA LUZERNE, A. DE LAMARTINE, etc. Cette feuille, qui succéda au « Conservateur » supprimé, devint le champion ardent, passionné et pour ainsi dire officiel de la philosophie de l'abbé de La Mennais.
Voy. Hatin, « Bibliographie de la presse », p. 340

Deffensoir (le) de la foy chrétienne,

avec le miroer des Francs Taupins, autrement nommés Luthériens, par A. D. (Artus DESIRÉ). *Paris*, *Jean Ruelle*, 1567, in-24.

Défi (le) des muses. (Par Clément MALLEMANS DE MESSANGE.) *Paris*, *J. Moreau*, 1701, in-12.

Défi général à l'incrédulité en 6 pages, ou notions philosophiques des vérités fondamentales de la religion. (Par le P. Joseph DE MENOUX, jésuite.) *Paris*, *Delaguette*, 1757, in-4, 8 p.

Réimprimé sous le titre de : « Notions philosophiques ». Voy. ces mots.

Défi (le) imprudent, comédie en deux actes jouée en 1789, au théâtre de Monsieur. Par M. *** (PAILLARDELLE). *Paris*, 1789, in-8.

Voy. « Supercheries », III, 1080, *b*, et 1085, *d*.

Défi poétique. La province à Paris. Par un charabia parisphobe de Villeneuve-sur-Lot (J.-Gustave BIERS). Seconde édition considérablement augmentée et précédée d'une préface. *Paris*, *Le Doyen*, 1841, in-8.

La première édition de 1840 porte le nom de l'auteur.

Défi porté aux marotistes. Première brochure. (Par le P. Antoine CASARES.) *Paris*, *Dentu*, 1841, in-8, 168 p.

Ouvrage saisi aussitôt sa publication.

Définiment (le) de la guerre apaisée par la mort de Concino Concini, marquis d'Ancre, lequel a été carabiné, enterré, déterré, pendu, decoyonné, demembré, traîné et brûlé à Paris... selon le recueil fait et augmenté de P. B. S. D. V. (Pierre BEAUNIS, sieur DES VIETTES), historiographe du roi... *De l'impr. de la voix publique, qui chante : Vive le roi, devant le palais*, *s. d.*, in-8, 8 p. — *Lyon*, 1617, in-8, 8 p.

Voy. « Supercheries », III, 50, *d*.

Définitions (les) du droit canon... suivant les maximes du palais, par F. C. D. M. (DES MAISONS, et non DE MASSAC), avocat au parlement, avec des remarques, par F. PÉRARD-CASTEL. 3ᵉ édition augmentée de plus de 700 remarques nouvelles, par M. Guillaume NOYER. *Paris*, *Ch. de Sercy*, 1700, in-fol.

Voy. Camus, augmenté par Dupin, nº 2767, 5ᵉ éd. de 1831. D. M.

Défrichement. Colonies militaires de la Belgique, Camp d'essai, projet. (Par le capitaine STIENON.) (*Diest*), *Henekens*, 1845, in-8, 118 p. J. D.

Dégoût (le) du monde. (Par Eustache LE NOBLE.) *Paris*, *Brunet*, 1698, in-8.

Il y a des exemplaires avec le nom de M. MAUROY, ci-devant curé des Invalides. Voy. ce nom aux « Supercheries », II, 1081, *c*.

Dégoûts (les) du théâtre. Epître à M.***. (Par F.-T.-M. DE BACULARD D'ARNAUD.) S. *l.*, 1746, in-8.

Cat. de Nantes, nº 26566.

Déguisement (le) pastoral. (Par A. BRET.) *Paris*, *Delormel*, 1744, in-8.

Pièce jouée au théâtre de la Foire.
Catalogue Soleinne, nº 3396.

Déjeuner (le). 1ᵉʳ janvier — 4 septembre 1797, 247 numéros in-4.

Cette feuille était, dit-on, rédigée dans l'origine par Fabien PILLET, et le fut ensuite par une société de gens de lettres, parmi lesquels René ALISSAN DE CHAZET, L.-C. CHÉRON, L.-E.-F.-C. MERCIER, DUPATY, Alex.-Jos.-P. DE SÉGUR jeune.
Hatin, « Bibliographie de la presse », p. 272.

Déjeûné (le) de la Rapée, ou discours des halles et des ports. (Par LÉCLUSE.) *Paris*, *veuve Duchesne*, 1755, in-12.

Déjeuner (le) des volontaires, scène patriotique, mêlée de musique, par J*** (JARDIN). *Paris*, *Pollet*, an II-1794, in-18, avec musique.

Déjeuner du mardi (-lundi), ou la vérité à bon marché. (Par le vicomte A.-B.-L. DE MIRABEAU.) *S. l. n. d.*, in-8.

Une brochure pour chaque jour. Cette série a été suivie de : « le Dîner du lundi (- dimanche), ou la vérité en riant », « les Quatre repas », « Encore quatre repas » ; « le Coucher, ou la vérité toute nue, pour servir de supplément aux Quatre repas » ; « le Rêve, ou la vérité voilée, second supplément aux Quatre Repas ».

Délassement du cœur et de l'esprit, par un solitaire. (Par le comte Louis-Marie DE SAINTE-MAURE.) *Londres et Paris*, 1758, 2 vol. in-12.

Délassemens (les) champêtres. (Par Jean-Henri MARCHAND.) 1768, 2 vol. in-12.

Délassemens (les) d'un galant homme, etc., par l'abbé S. M. D. C. (SAINT-MARTIN DE CHASSONVILLE). *Amsterdam*, *Boussière*, 1742, in-12, 316 p.

Voy. « Supercheries », III, 655, *f*.

Délassements d'un homme d'affaires. (Par Den.-Jos.-Cl. LEFÈVRE.) *Paris*, *imp. royale* (vers 1820), in-8.

Tiré à 100 exemplaires.

Délassements d'un paresseux, par un C. R. D. E. A. C. D. L. (chanoine régulier d'Eaucourt, ancien curé de Liégescourt), membre de plusieurs académies et de la société anacréontique des Rosati d'Arras. (Par Louis-Joseph DUMARQUEZ.) *Pigritiopolis* (*Amable Wagner*), 1790, in-12, 225 p.

Voy. « Supercheries », I, 805, *a*.

Délassements d'un vétéran des armées autrichiennes (Alphonse-Henri TRAUNPAUR, chevalier d'Ophanie). *Vienne*, 1784, 3 vol. in-8.

Voy. « Supercheries », III, 934, *e*.

Délassements (les) d'une philosophe; almanach dédié à la Convention nationale, pour faire suite aux « Etrennes poétiques et morales », par une pensionnaire de la république. (Par C.-F.-X. MERCIER, de Compiègne.) *Paris, Favre*, an III-1795, in-18, 114 p. et 1 f. de table.

On y trouve « l'Héroïne républicaine », comédie en un acte et en prose. Catalogue Soleinne, nº 2414.
Voy. « Supercheries », III, 66, *d*.

Délassements de l'adolescence. Par J. R. (J. ROGER). *Orléans*, 1802, in-18.

Attribué par erreur à J. ROZIER dans la deuxième édition de Barbier. La faute, corrigée dans le supplément, a néanmoins été répétée dans les « Supercheries », II, 428, *a*.

Délassements de l'iatrique. (Par Claude-Charles PIERQUIN, docteur-médecin de la faculté de Montpellier.) *Paris*, 1818, in-18.

Délassements (les) de la guerre, recueil de poésies fugitives, par M. DE M** (MARTIN-DESLANDES, officier de cavalerie). *Paris, Germain Mathiot*, 1810, in-8.

Voy. « Supercheries », II, 1005, *f*.

Délassements (les) de M. D. B. (MOISANT DE BRIEUX). *Caen, Jean Cavelier*, 1673, in-12.

Voy. « Supercheries », I, 868, *c*.

Délassements de mes travaux de la campagne. (Par LA BRETONNERIE.) *Londres et Paris, Onfroy*, 1785, 2 vol. in-12.

Délassements du sage, ou nouveau choix des meilleures épigrammes qui ont paru dans le XVIIIᵉ siècle, par M. DE LA V*** (Jos.-Fr. DUCLOT DE LA VORZE, curé de Vins, en Savoie). *Paris, Montgie*, 1809, 2 vol. in-12. D. M.

Délassements littéraires, ou les soirées d'un citoyen P. M. C. (Par CARRIÈRE-DOISIN.) 1788, 2 vol. in-8.

Voy. « Supercheries », I, 743, *e*, et III, 193, *c*.

Délassements (les) poétiques. (Par M. Sam.-Elias BRIDEL, prédicateur à Bâle.) *Lausanne*, 1788, in-8.

Délateur (le), drame en trois actes et en prose, traduit de l'italien de Camillo FEDERICI (par Ch. NODIER). Représenté pour la première fois sur le théâtre du Panorama dramatique, le 20 octobre 1821. *Paris, Barba*, 1821, in-8, 53 p.

Délégation (de la) des religieux, c'est-à-dire, l'examen et rapport de la puissance légitime qu'ont les religieux mendiants d'entendre les confessions des séculiers. etc., par F. J. D. P. P. (Yves PINSARD, dominicain). *Paris, Guillemot*, 1622, in-8. — Nouvelle édition (retouchée par le P. Jean TARPON, autre dominicain). *Paris, Sassier*, 1648, in-8.

Voy. « Supercheries », II, 45, *c*.

Délibération de la viguerie de Tarascon en Provence, etc. (Par Antoine-Joseph-Michel SERVAN.) *Avignon*, 1788, in-8, 17 p.

Délibération (la) des trois estatz de France sur lentreprise des Anglois et Suisses. (Par Pierre VASHOT.) *Impr. à Paris par Symon Troude, lib. papetier demeurant audit lieu soubz Chastelet*, s. d., in-8, 8 ff.

Délicatesse (de la). (Par l'abbé DE VILLARS.) *Paris, Barbin*, 1671, in-12. — 2ᵉ édit. *Amsterdam, Jacques le Jeune*, 1672, in-12, 149 p.

C'est une réponse aux « Sentiments de Cléante » (Barbier d'Aucour) sur les « Entretiens d'Ariste et d'Eugène » du Père Bouhours.

Délices (les) de l'Italie, contenant une description exacte du pays... *Paris, compagnie des libraires*, 1707, 4 vol. in-12.

Dans le privilége daté du 12 sept. 1706, les auteurs sont ainsi désignés : le sieur DE ROGISSART et H*** (l'abbé HAVARD). Une édition publiée à *Leyde, P. Vander Aa*, 1706, 3 vol. in-12, a des titres gravés qui portent : Par le Sʳ DE ROGISSART.
Voy. « Supercheries », II, 230, *c*.

Délices (les) de la campagne, suite du « Jardinier français », par R. D. C. D. V. B. D. N. (Nic. DE BONNEFONS, valet de chambre du roi); seconde édition. *Amsterdam, Raph. Smith*, 1655, in-12.

Plusieurs fois réimprimé.
Voy. « Supercheries », III, 345, *b*.

Délices (les) de la France. (Par SAVINIER D'ALYNES.) *Leyde*, 1728, 3 vol. in-12, avec fig.

Nº 2947 de la « Bibliothèque alsatique ».

Délices (les) de la Hollande, contenant une description exacte de ce pays. (Par PARIVAL.) *Amsterdam, Wolfgang*, 1678, 1685, petit in-12.

Délices (les) de la vie pastorale de l'Arcadie, où sont représentées les chastes affections de Belisarde et d'Anfrize, traduits de l'espagnol de LOPEZ DE VÉGA, par L. S. L. (N. LANCELOT). *Lyon, Rigaud*, 1624, in-8.

Voy. « Supercheries », II, 984, *b*.

Délices (les) de Leyde. Par VAN DER AA.) *Leyde*, 1712, in-8, avec fig. V. D.

Délices des enfants de Marie. Par une congréganiste (Mlle Mélanie VAN BIERVLIET, sœur du professeur de Louvain de ce nom). *Tournay, J. Castermann*, in-32.

Voy. « Supercheries », I, 773, *f*.

Délices des maisons de campagne, appelées le Laurentin et la maison de Toscane. *Amsterdam* (*Paris*), 1736, in-12.

Réimpression de l'ouvrage de J.-F. FÉLIBIEN sur les maisons de campagne de Pline le Jeune. On l'attribue à PARFAICT.

Délices (les) des Pays-Bas, ou description générale des dix-sept provinces... (Par J.-B. CHRYSTIN, F. et P. FOPPENS.) *Bruxelles, Dobbeleer*, 1697, in-12. — *Bruxelles*, 1743, 4 vol. in-8. — Sixième édit. augmentée de remarques (par le P. Henri GRIFFET). *Liége, Bassompierre*, 1769, 5 vol. in-12, grav.

Le travail primitif, publié sous ce titre en 1697, a été fondu dans « l'Histoire générale des Pays-Bas ». Voyez ce titre.

Une nouvelle édition des « Délices » a été publiée en 1786, sous la rubrique *Paris et Anvers*; elle est suivie d'un supplément intitulé : « Dictionnaire historique, ou histoire abrégée de tous les hommes nés dans les dix-sept provinces belgiques, qui se sont fait un nom par le génie, les talents, les vertus, les erreurs, etc., depuis la naissance de J.-C. jusqu'à nos jours ». *Paris et Anvers, Spanoghe*, 1786, 2 vol. in-12.

Délices (les) du pays de Liége, ou description des monuments de cette principauté; ouvrage orné d'une carte générale et de quantité de planches en taille-douce. (Rédigé par DE SAUMERY, et publié par Ever. KINTS.) *Liége*, 1738-1744, 5 vol. in-fol.

Délices du pèlerin d'Ars, ou consolations offertes à l'âme par le souvenir du bon pasteur; avec prières, réflexions, méditations, offices et chemin de la croix. (Par J.-B. GADOLA.) *Lyon, imp. Jaillet*, 1868, in-32, 320 p.

Délices du pieux fidèle, ou méthode pour converser avec Dieu. Nouvelle édition, revue, corrigée et augmentée, par M. l'abbé Ch. M*** (MORISSEAU). *Tours, Mame*, 1858, in-32, 254 p. D. M.

Délie, objet de plus haulte vertu. (Par Maurice SCEVE.) *Lyon, Sulpice Sabon*, 1544, in-8. — *Paris, Nicolas du Chemin*, 1564, in-16.

L'auteur ne s'est pas nommé, mais il s'est désigné par sa devise : *Souffrir non souffrir*, qui se lit au bas de la pièce intitulée : « A sa Délie ».

Une élégante réimpression de « Délie » a paru à Lyon en 1862, in-8; elle est accompagnée d'une notice biographique sur Maurice Sceve.

Délie, pastorale représentée sur le théâtre du Palais-Royal. (Par Jean DONNEAU, sieur DE VIZÉ.) *Paris, J. Ribou*, 1668, in-12, 6 ff. et 24 p.

Delilliana, ou recueil d'anecdotes concernant M. Delille, de ses bons mots, etc. (préparé par COUSIN, d'Avalon), publié par un homme de lettres (Antoine SERIEYS). *Paris, Locard et Davi*, 1813, in-18.

Délire (le) de la nouvelle philosophie, ou *Errata* du livre intitulé : « La philosophie de la nature », adressé à l'auteur par un père Picpus (l'abbé Marc-Antoine REYNAUD, curé de Vaux). 1775, in-12, 74 p.

Voy. « Supercheries », III, 75, *f*.

Délivrance (la) de Bude, roman historique tiré des guerres des Allemands et des Hongrois contre les Turcs, par Mme Caroline PICHLER, traduit de l'allemand par le traducteur des « Suédois à Prague ». (Par Auguste DE LAGRANGE.) *Paris, Le Cointe*, 1829, 4 vol. in-12.

Delphis et Mopsa, comédie lyrique en deux actes. (Par J.-H. GUY.) *Paris*, an XI-1802, in-8.

Déluge (le) de Saumur... avec des ouvertures pour garantir à l'avenir des inondations ordinaires de la Loire non-seulement la ville de Saumur, mais les autres villes assises sur cette rivière. (Par BOURNEAU.) *Saumur, R. Hernault*, 1618, in-8. — Nouv. édit. augm. *Saumur*, 1843, in-12, avec le nom de l'auteur.

Demande de la translation des dépouilles mortelles de l'empereur Napoléon, par l'auteur de « l'Ombre de Napoléon au conseil des ministres » (P. BARTHÉLEMY). *Paris, Galliot*, 1821, in-8.

Deux éditions. Cette publication fut poursuivie, et l'auteur publia : « Défense de M. P. Barthélemy, traduit à la cour d'assises de Paris, le 8 novembre 1821, pour un ouvrage ayant pour titre : « Demande... » *Paris*, 1821, in-8.

Demandes d'amours, avecques les réponses. (Attribuées à Alain CHARTIER.) (*Paris, Michel Le Noir*), in-8.

Elles se trouvent en effet au fol. CCCXLV de la belle et rare édition de ses « Œuvres », *Paris, Galliot du*

Pré, 1529, in-8, ainsi que dans l'édition de *Paris*, 1617, in-4.

Cet opuscule paraît être une réimpression des huit premiers feuillets du livre publié par Colard Mansion, à Bruges, sous le titre d'« Advincaux amoureux ». Le « Manuel du libraire », t. II, col. 580, indique diverses éditions des « Demandes ».

Demandes d'un Protestant faites à M. le curé de... avec les réponses. (Par Philippe VICAIRE.) *Caen*, *Le Roy*, 1766, in-12.

Demandes des femmes aux États-Généraux, par l'auteur des « Femmes comme il convient de les voir » (madame DE COICY). *S. l.* (1789), in-8, 16 p.

Démêlé (le) de l'esprit et du cœur. *Paris*, *Gabr. Quinet*, 1667, in-12.

La dédicace à la duchesse de Nemours est signée : D. T. (DE TORCHE). Le privilége est du 7 mai 1667.

Cette édition a reparu avec un nouveau titre daté de 1668, et l'on y a joint « l'Accomodement de l'esprit et du cœur ». *Jouxte la coppie imprimée à Grenoble*, *Paris*, *Gabriel Quinet*, 1668, in-12, dont l'épistre est adressée à monsieur D. T. (DE TORCHE), et non D. S., comme nous l'avons dit ci-dessus par erreur, col. 53, *d*.

Démeslé de l'esprit et du Jugement. (Par LE PAYS.) *Paris*, *Pepin*, 1688, in-12, 165 p.

Démeslé survenu à la sortie de l'Opéra, entre le « Paysan parvenu » et la « Paysanne parvenue. » (Par le chevalier Charles DE MOUHY.) *Paris et Liége*, 1735, in-8.

Démétrius Soter, ou le rétablissement de la famille royale sur le trône de Syrie. 1745, in-12.

C'est une allégorie en faveur du prétendant à la couronne d'Angleterre ; elle est, au moins en partie, de Cl. GROS DE BOZE, secrétaire de l'Académie des inscriptions et belles-lettres. (Note manuscrite de l'abbé Goujet.)

Demi-jour (le), poëme en deux chants, suivi de poésies diverses, par M*** (P.-E. MARTIN DE CHOISI). *Paris*, *Firmin Didot*, 1812, in-8.

Voy. « Supercheries », III, 1093, *b*.

Démocrate (le) désabusé, ou la France en 1792, comédie en 5 actes et en vers. (Par M. DE PLONARD.) *Dublin*, *Graisberry et Campbell*, 1800, in-8.

Démocrates (les) et les modérés. (Par ROUCHET.) *Bruxelles*, *Slingeneyer*, 1850, in-8. Ul. C.

Démocratie (de la) au point de vue catholique, par un professeur du séminaire de Langres (l'abbé Léon GODARD). 1861, in-8. D. M.

a Démocratie (de la) en Franche-Comté. (Par le marquis D'ANDELARRE, député de la Haute-Saône.) *Paris*, *Dentu*, 1868, in-8, 160 p.

L'auteur signe la préface, p. 12.

Réimprimé avec le nom de l'auteur sur le titre.

Démocrite, comédie. (Par Jean-François REGNARD.) *Paris*, *P. Ribou*, 1700, in-12.

Réimprimé avec le nom de l'auteur.

b Demoiselle (la) qui voulait voler, conte. *Paris*, *impr. de A. Guyot* (1852), in-16, 9 p.

Signé : F. V. (Lambert-Ferdinand-Joseph VANDENZANDE).

Tiré à 25 exemplaires.

Démon (le) de Socrate. (Par Amédée DUPUGET.) *Paris*, *Levavasseur*, 1829, in-8, XVI - 94 p.

c Démoniana, ou nouveau Choix d'anecdotes surprenantes, de nouvelles prodigieuses... Par Mme Gabrielle DE P. (PABAN). *Paris*, 1820, in-18 avec 1 fig.

Voy. « Histoire des fantômes... »

Démonstration d'une méthode pour résoudre les égalitez de tous les degrez. (Par ROLLE.) *Paris*, 1691, in-12.

Démonstration de l'authenticité et de la d divinité des livres du Nouveau Testament, sur un plan nouveau, où la divinité de l'Evangile est mise dans une pleine évidence. (Par Jean-Pierre GIBERT.) *Londres (Paris)*, 1779, 2 vol. in-8. D. M.

Démonstration de l'Evangile, et explication du mal et du siècle par la seule histoire universelle inouïe des nombres 13 et 666, dédié par un fidèle (A. MADROLLE) à tous les infidèles. *Paris*, *marchands de* e *nouveautés* (1842), in-8, 32 p.

C'est ainsi qu'il faut rectifier le titre donné par les « Supercheries », II, 39, *b*.

Démonstration de l'existence de Dieu, tirée de la connaissance de la nature et proportionnée à l'intelligence des plus simples. (Par FÉNELON.) *Paris*, *J. Estienne*, 1713, in-12.

Il y a deux éditions de la même date ; la seconde a f une préface du P. TOURNEMINE, qui fut désavouée par Fénelon.

Démonstration de la cause des divisions qui règnent en France. (Par Guil.-Michel BILLARD DE LORIÈRE.) *Avignon (Paris)*, 1754, in-12.

Démonstration de la quatrième partie de rien, et quelque chose et tout ; suivie de la quintessence du quart de rien et de ses dépendances... (Par Jean DEMONS, conseiller au présidial d'Amiens.) *Paris*, *E. Prévosteau*, 1594, in-8, 78 p. et un errata.

Voy. « Mélanges tirés d'une petite bibliothèque », par Ch. Nodier, et le « Manuel du libraire », t. II, col. 585.

Démonstration de la souveraineté pontificale, comme unique principe de vérité et de salut, à l'occasion de son jubilé, etc. (Par Ant. MADROLLE.) *Paris, Ponthieu*, 1826, in-8, 44 p.

Voy. « Supercheries », II, 566, *a*.

Démonstration de la vérité de la religion chrétienne et catholique. Par un docteur en théologie (le P. P.-Gabriel ANTOINE, jésuite). *Nancy*, 1739, in-12.

Démonstrations élémentaires de botanique, à l'usage de l'école vétérinaire de Lyon. (Par l'abbé François ROZIER et Ant.-Louis CLARET DE LA TOURETTE.) *Lyon*, 1766, 1773, 2 vol. in-8. — Troisième édition. (Publiée par J.-Emm. GILIBERT.) 1789, 3 vol. in-8. — Quatrième édition. (Publiée par le même.) 1796, 4 vol. in-8, avec deux volumes de planches in-4.

Démonstrations solides de la religion protestante contre la religion prétendue catholique. (Par Ch.-M. PFAF ou PFAFFIUS.) *Tubingue*, 1713, in-8. V. T.

Démosthéniana, ou recueil des bons mots, sentences et apophthegmes de Démosthène. (Publié par Antoine PÉRICAUD.) *Lyon, imp. de Mougin-Rusand*, 1842, in-8, 32 p.

Opuscule tiré à petit nombre, et qui n'a pas été mis dans le commerce.

Desniaisé (le), comédie. (Par GILLET DE LA TESSONERIE.) *Suivant la copie imp. à Paris* (*Leyde, Elzévier*), *Paris*, 1649, petit in-12, 96 p., y compris le titre à la Sphère.

Dénombrement du royaume... Voy. « Nouveau dénombrement... »

Dénonciateurs (les) et les dénonciations : par l'auteur de « l'Art d'obtenir des places » (J.-G. YMBERT, avec A.-F. VARNER). *Paris, Pélicier*, 1816, in-8.

Dénonciation à Mgr l'archevêque de Paris. (Par l'abbé H. JABINEAU.) 1786, in-12, 32 p.

Dénonciation à Mgr l'évêque de Bayeux, de la « Philosophie » de M. Jourdain... Suivi de : Décision d'un cas de conscience. (Par le P. DE GENNES, jésuite.) *Caen* (1720), in-4, 38 p.

Dénonciation à nosseigneurs les cardinaux, archevêques et évêques du royaume, etc.

Pièce satirique contre l'archevêque de Tours et l'évêque de Soissons. Imprimée chez Bonin par les soins des PP. Gourdon et Mossel, jésuites, ce qui leur valut d'être exilés.

L'auteur était le P. GRIFFET.

Note de l'inspecteur de la librairie d'Hémery, qui fut chargé de la saisie.

Voy. « Nouvelles ecclésiastiques », 1748, p. 113.

Dénonciation apologétique touchant les quatre plus importantes controverses de ce temps, mises dans une parfaite évidence. In-12.

Dans un exemplaire qui a appartenu aux dominicains de la rue Saint-Honoré, j'ai trouvé cette note, dit M. Van Thol :

« Ce livre est du Père Jacques DE SAINT-DOMINIQUE, dont le nom de famille était Charles MAISON, né à Langres en 1617, et mort en 1704. L'impression de cet ouvrage doit être de 1700 ou 1701.

Dénonciation au public d'un nouveau projet d'agiotage, ou lettre à M. le comte de S*** sur un nouveau projet de compagnie d'assurance contre les incendies à Paris, sur ses inconvéniens, et en général sur les inconvéniens des compagnies par actions. (Par J.-P. BRISSOT DE WARVILLE.) *Londres*, 1786, in-8, 55 p.

Dénonciation au public du voyage d'un soi-disant Figaro (le marquis de Langle) en Espagne, par le véritable Figaro (le comte D'ARANDA). *Londres et Paris*, 1785, in-12.

Voy. « Supercheries », II, 41, *a*.

Dénonciation contre le sieur Necker... et contre le sieur Lambert, contrôleur général... *S. l.*, 1790, in-8, 50 p.

Signé : MOHIZOT, avocat.

Dénonciation de l'Histoire ecclésiastique de M. l'abbé Fleury à nosseigneurs les évêques. (Par le P. HONORÉ DE SAINTE-MARIE.) Quatrième édition, 1740, in-12, 124 p.

Dans le troisième volume de la « Continuation des mémoires de littérature », p. 178, il est question d'une « Dénonciation » furtive et calomnieuse de « l'Histoire de feu M. l'abbé Fleury », qu'on n'a osé attaquer de son vivant. L'abbé Goujet a écrit de sa main, par erreur, sur la marge de l'exemplaire que je possède : « Cette « Dénonciation » est du Père VAUDRIPONT. » C'est la même que celle dont je donne ici la description : elle parut en 1727 pour la seconde fois. La première édition avait pour titre : « Observations... »

Dénonciation de la doctrine des Jésuites, aux archevêques et évêques de France. (Par l'abbé Bon-François RIVIERE, plus connu sous le nom de PELVERT.) 1767, in-12, 354 p.

Dénonciation des Jésuites faite à tous

les évêques.... Voy. « Dénonciation faite... »

Dénonciation du club de la Propagande à tous les souverains de l'Europe. (Par Tournachon de Montvéran.) *Paris*, 1790, in-4.

Dénonciation du « Discours sur la puissance épiscopale », en la chambre des vacations, par M. R*** de Ch*** (Roland de Challerange), conseiller, du samedi 16 septembre 1752. *S. l. n. d.*, in-4, 8 p. — *S. l. n. d.*, in-8, 24 p.

Dénonciation du nouveau « Rituel de Paris » aux chambres assemblées. Par M. *** (Robert de Saint-Vincent). *Du mardi 19 décembre* 1786, in-12, 34 p.

Dénonciation faite à tous les évêques de l'Eglise de France, par le corps des pasteurs et des autres ecclésiastiques du second ordre zélés pour la conservation du dépôt de la foi et l'honneur de l'épiscopat, des Jésuites et de leur doctrine. (Par l'abbé Louis Troya d'Assigny.) *Paris*, 1727, in-4.

Réimprimé sous le titre de « Dénonciation des jésuites et de leur doctrine, faite à tous les évêques de l'Eglise de France par le corps des pasteurs et des autres ecclésiastiques du second ordre, zélés pour la conservation du dépôt de la foi et l'honneur de l'épiscopat ». Nouvelle édition, *Paris*, 1762, in-8.

Dénouement (le) de l'Assemblée nationale, ou le bouquet du roi, par l'auteur de « la Nullité du despotisme » et du « Tableau », etc. (Ant. Ferrand). *Paris, dans les galeries de l'Assemblée nationale, et se vend chez Barnave, à l'enseigne du Tigre*, 1790, in-8, 24 p.

Dénouement (du) de la crise. (Par de La Gervaisais.) *Paris, Pihan-Delaforest*, 1829, in-8, 24 p.

Dénouement (le) des intrigues du temps, par la réponse au livret intitulé : « Lettres et autres pièces curieuses sur les affaires du temps », fait par le sieur I. P. P. B. (Par le baron François-Paul de Lisola.) *Bruxelles*, 1672, in-12.

Dénouement (le) imprévu, comédie d'un acte. (Par P. de Marivaux.) *Paris, Noël Pissot*, 1727, in-12, 1 f. de tit., 49 p. et 1 f. de priv.

Déomanie (de la) au XIXe siècle. Saint-Simon, Enfantin, Auguste Comte, Proudhon. Par un solitaire (J.-M.-Constantin Prévost, ancien conservateur du musée de Toulouse). *Toulouse, imp. de Viguier et Roux*, 1860, in-8, 2 f. de tit., IV-276 p.

On a joint à ce volume : « Proudhon jugé et traité selon ses doctrines métaphysiques. Réfutation comico-sérieuse de ce grand pamphlétaire, par un solitaire rustique et illettré. » *Paris, G. Guérin*, 1858, in-8, 2 ff. lim. et 216 p.

Ces ouvrages n'ont été ni publiés ni mis en vente à l'époque de leur publication. L'auteur leur a donné une suite en 1865 sous le titre de : « Du désordre dans la science de l'homme et de la société ; moyens progressifs de l'atténuer, par J.-M.-Constantin Prévost ». *Paris, Ledoyen*, 1865, in-18, XII-624 p.

Départ (le) d'Emma. Première élégie. A Mlle Anaïs. — Les Regrets. Deuxième élégie. A la même. Par l'observateur (F.-A. Henry). *Troyes, s. d.*, in-8, 4 p.

Voy. « Supercheries », II, 1280, *c*.

Départ (le) de l'opéra comique, scènes en vaudevilles. Edition hazardée. (Par Ch.-Simon Favart.) *S. l.*, 1745, in-8, 50 p. et 2 ff. bl.

Départ (le) du Seigneur, compliment de clôture du théâtre Italien, en un acte, mêlé de vaudevilles, le 11 mars 1780. (Par Ch.-Nic.-Jos.-Justin Favart fils.) *Paris, veuve Ballard*, 1780, in-8.

Département (le) de l'Orne archéologique et pittoresque, par MM. Léon de La Sicotière et Aug. Poulet-Malassis, et par une société d'antiquaires et d'archéologues. *Laigle, Beuzelin*, 1845 — (1851), in-fol., XXII-304 p., avec cartes et de nombreuses planches.

Voici la part prise à cet ouvrage par les divers collaborateurs :

M. Poulet-Malassis : les Galls, la Roche-Mabile, Chaumont, Montgaroult, Ecouché, Lonrai, Colombiers, Héloup, Mieuxcé, Avoise, Saint-Denis, la Ferrière, Briouze.

P. Delasalle : Saint-Céneri.

Hurel : Bellétoile.

De Douhet : Saint-Evroult.

G. Lecointre-Dupont : Vingthanaps, Belfonds, Clérai, Condé, Saint-Germain-de-Clairefeuille, Almenèches.

Alf. Poirier : Feings, le Val-Dieu, Aunou, Saint-Céneri-près-Sées, Vimoutiers, Echauffour, Sainte-Scolasse, Courtomer, Moulins, Bonmoulins.

Sainte-Marie Mévil : Argentan (historique), Laigle (historique), Mortagne (historique), Bellême (historique).

J. F. B. (Beuzelin) : Table.

Tout le reste de l'ouvrage, y compris la plupart des notes, est de M. L. de La Sicotière.

Département de la Seine-Inférieure. Deuxième édition. (Par Auguste Guilmeth.) *Rouen*, 1842, 7 vol. in-8.

La première édition est de 1836-1842.

Dépêches du Parnasse, ou la Gazette des savans. (Par Vincent Minutoli.) *Genève*, 1693, petit in-12.

Il n'a paru que cinq dépêches.

Dépenses effectives de Louis XIV en bâtiments, au cours du temps des travaux, et leur évaluation au cours actuel.... Par l'auteur des « Recherches historiques sur Versailles » (Jean ECKARD). *Versailles, Dufauré*, 1838, in-8.

Dépit (le) amoureux, comédie de Molière, arrangée en 2 actes. (Par VALVILLE, comédien français.) *Marseille*, 1773, in-8.

Catalogue Soleinne, n° 3149.

Dépit (le) et le voyage, poëme avec des notes, suivi des Lettres vénitiennes. (Par J.-Fr. DE BASTIDE.) *Paris, Costard*, 1771, in-8.

Deplourable (la) fin de Flamette, élégante invention de Jehan DE FLORES, Espaignol, traduicte en langue françoyse. (Par Maurice SCÈVE.) *Lyon, F. Juste*, 1535, in-8.

Voy. Brunet, « Manuel du libraire », t. II, col. 1302.

Déploration (la) de l'Église militante sur ses persécutions intérieures, par le Traverseur des voies périlleuses (Jehan BOUCHET). *Paris, Guill. Eustace*, 1512, in-8.

Voy. « Supercheries », III, 850, *b*.

Déploration (la) de la cité de Genefve sur le faict des hérétiques qui l'ont tiranniquement opprimée. *S. l. n. d.*, in-4, 4 ff. goth.

Les mots « j'en feray grâce », placés à la fin de cet opuscule, donnent l'anagramme du nom de l'auteur, frère Jean GACY ; cet opuscule, dont on ne connaît que l'exemplaire appartenant à M. le baron de La Carelle, a été reproduit par M. de Montaiglon dans le t. IV de son « Recueil de poésies françaises ». (Bibliothèque elzévirienne.)

Deploration de la mort de Francoys de Valloys, iadis Daulphin de France, premier fils du Roy auecques deux dizains dudict seigneur, par Lesclave fortuné (Michel D'AMBOISE, sieur DE CHEVILLON). *S. l.* (vers 1536), in-8, 8 ff.

Voy. « Supercheries », I, 1251, *c*.

Déploration de Vénus sur la mort du bel Adonis, avec plusieurs autres compositions. (Par Ant. DU MOULIN et autres.) *Lyon, J. de Tournes*, 1545, in-8, 20 ff. — *Gand, Girard de Salens*, 1554, in-8, 40 ff. — *Lyon, J. de Tournes*, 1556, in-8, 187 p.

Voy. Brunet, « Manuel du libraire », t. II, col. 883.

Déploration (la) faicte par république pour la mort du catholique roy Henry d'Angleterre. *Chartres, impr. de Garnier fils*, 1831, in-12.

Tiré à 60 exemplaires.
Réimpression faite par les soins de M. G. D. (P.-A. GRATET-DUPLESSIS).

Déploration (la) sur le trépas de noble et vénérable personne, monsieur maistre François le Ricart, docteur en théologie, doyen de Saint-Germain-l'Auxerrois, par un poëte françois. *Paris, Estienne Denise*, 1556, in-8.

La Monnaye attribue cet ouvrage à Jean D'AUBUSSON, dont les mots « dena suasu boni », qui le terminent, forment l'anagramme.

Dépositaire (le), comédie en cinq actes. (Par VOLTAIRE.) *Lausanne, F. Grasset*, 1772, in-8, 84 p.

Réimprimé avec le nom de l'auteur.

Dépositaires (les), comédie en un acte, mêlée de vaudevilles ; par M*** (M. L. A. DESTOUFF, baron de MILLET-MUREAU). *Paris, Delaunay*, 1814, in-8, 2 ff. lim. et 79 p.

Dépôt de géographie créé à la Bilbliothèque du Roi. (Par Edme-Fr. JOMARD.) *Paris, impr. de Rignoux, s. d.*, in-8, 7 p.

Dépôt (le), ou Bobèche voleur et commissaire, suivi de l'Amant femme de chambre et de Tirlipiton, faisant partie du nouveau théâtre des boulevards... dédié aux amateurs, par C. O. D***. *Paris, Tiger*, 1815, in-12, 108 p., fig.

Attribué à Joseph ODOLANT-DESNOS.
Voy. « Supercheries », I, 701, *d*.

Député (le), aventure récente, ou tableau historique dans lequel plus d'une personne se reconnaîtra. Par M. Scipion M*** (Scipion MARIN). *Paris, chez l'auteur*, 1821, 2 vol. in-12.

Député (le) père de famille, ou les affaires impossibles. Par un bachelier ès sciences (Mgr Louis PARISIS, évêque de Langres). *Paris, Sagnier et Bray*, 1844, in-12, VII-256 p.

Dereglement (le) de l'estat où les curieux verront que les véritables causes des desordres sont : I. Le mespris de la religion dans la division de ses docteurs, dans la politique des prédicateurs, et dans le mauvais exemple des grands ; II. La confusion des trois estats... (Par DUBOSC-MONTANDRÉ.) *S. l.*, 1651, in-4, 26 p.

Dérivation (de la) de la Meuse, au point de vue des intérêts généraux du commerce et de l'industrie, etc., par M. F. (Mathieu FRANCK, ingénieur civil à Liége). *Liége, Collardin*, 1845, in-8, 118 p. et 2 plans.

Dérivation de la Meuse. Quais et ports de la rive droite. (Par Matth. FRANCK.) *Liége, Dothier et Lovinfosse*, 1861, in-8, 20 p. J. D.

Dernier avis aux électeurs. Aide-toi, le ciel t'aidera. (Par Charles-Marie-Tanneguy Duchatel.) (*Paris*), *impr. de Giraudet*, 1827, in-8, 4 p.

Dernier (le) avis du Breton, par M. M. D. N. (Jean Mosneron, de Nantes). *En France*, 1789, in-8.

Catalogue de Nantes, nº 48771.

Dernier (le) chapitre de mon roman. (Par Ch. Nodier.) *Paris*, an XI-1803, in-12 avec une gravure.

Réimprimé en 1834 pour être joint à l'édition des « Œuvres » de Nodier, mais avec une pagination particulière.

Dernier chapitre de tout livre scientifique, ou de la certitude des connaissances humaines, par un savant qui ne sait absolument qu'une chose, c'est qu'il ne sait rien. (Par Joseph Dejaer.) *Liége, Noël*, 1855, in-8, 72 p. Ul. C.

Dernier (le) chroniqueur liégeois, par U. C. S. D. L. I. A. L. (Ulysse Capitaine, secrétaire de l'Institut archéologique liégeois). *Liége, Carmanne*, 1854, in-8, 25 p.

Voy. « Supercheries », III, 870, *e*.

Dernier (le) coup de la Ligue, par l'auteur de « Nullité du despotisme » et « Tableau de l'Assemblée nationale ». (Ant. Ferrand). *S. l.*, 1790, in-8, 22 p.

Dernier (le) coup porté aux préjugés et à la superstition. (Par Billaud-Varennes.) *Londres* (*Paris*), 1789, in-8.

Dernier (le) cri du monstre, vieux conte indien. (Par N.-M.-F. Bodard de Tézay.) 1789, in-8.

Dernier (le) des Césars, ou la chute de l'empire romain d'Orient. (Poëme en 12 chants, par M. le comte Vincent-Marie Viennot de Vaublanc.) *Paris, F. Didot*, 1819, in-8, XXIV-311 p.

Réimprimé en 1836 avec le nom de l'auteur.

Dernier (le) des commis voyageurs, par l'auteur de « Jérôme Paturot » (Louis Reybaud). *Paris, M. Lévy frères*, 1845, 2 vol. in-8.

Dernier (le) des Napoléon. *Paris, librairie internationale*, 1872, in-8, 400 p.

Dédié à S. M. Maximilien Ier, empereur du Mexique (*sic*). Ouvrage attribué à M. le comte de Kératry.

M. de Kératry avait déjà publié avec son nom, chez les mêmes éditeurs : « l'Élévation et la chute de Maximilien. Précédé d'une préface par M. Prévost-Paradol », 1867, in-8, et à la même date, « la Créance Jecker », *idem*.

Dernier (le) des papes ; essai de roman. (Par Parody.) *Bruxelles, Lacroix et Cie*, 1863, in-12, 338 p. J. D.

Dernier (le) des protocoles, ou quelques chapitres de l'Histoire de Belgique, 1830-1838. Par un ancien diplomate françois (Jean-Bapt. Wallez). *Paris, Ledoyen*, 1838, in-8, VIII-200 p. J. D.

Dernier (le) des Romains, tragédie en cinq actes, par D. R. (des Rois). *Paris, Barba*, an VII, in-8, 1 f. de tit., IV-68 p.

Réimprimé dans les « Œuvres dramatiques de *** ». Voy. ces mots.

Dernier don de Lavater à ses amis. (Traduit de l'allemand par G. Schweighaeuser.) *Paris*, an XIII-1805, in-12, 72 p.

Dernier (le) jour d'un condamné. (Par Victor Hugo.) *Paris, C. Gosselin*, 1829, in-12.

Les éditions suivantes portent le nom de l'auteur.

Dernier (le) jour de Clairefontaine (1794). (Par Marcellin Lagarde.) *Bruxelles*, 1850, in-8, fig. J. D.

Dernier (le) jour du Corps législatif. (Par M. de Boisse, employé à la questure du Corps législatif.) *Paris, impr. Dufour*, 1868, in-16, 32 p.

Dernier (le) jugement des morts et des vivants, par un barbouilleur décivilisé (J.-M.-C. Prévost). *Toulouse, impr. de Manavit*, 1835, 2 vol. in-8.

Dernier (du) jugement et de la Babylone détruite, ce qui fait voir que généralement tout ce qui a été prédit en l'Apocalypse est aujourd'hui parfaitement accompli. Le tout fidèlement rendu de latin en françois par un amateur des vérités du nouveau règne (B. Chastanier), d'après ce qu'en a ouï et vû Em. Swedemborg. *Londres, impr. du bureau typogr. de la Nouv. Eglise...* 1787, in-8, IV-177 p.

Forme le nº 3 du « Journal Novi-Jerusalémite ». Voy. ce titre.

Il y a une continuation qui forme le nº 4.

Dernier (le) jugement. La fin du Monde. La véritable vie. (Par Joseph Dejaer.) (*Liége*, 1852), in-8, 56 p. J. D.

Dernier mot de M. de La Mennais. (Par M. Alphonse Violet.) *Paris, Duvernois*, 1834, in-8, 16 p.

Voy. « Supercheries », II, 565, *b*.

Dernier (le) mot du socialisme, par un catholique (C.-F. Chevé). *Paris, Hervé*, 1848, in-12.

Dernier (le) mot sur Rome. (Par Ed. Fontaine.) *Paris, Dentu*, 1862, in-8.

Dernier placet et très-humble remontrance à monseigneur le chancelier. (Par Ant. Furetière.) *S. l. n. d.*, in-4.

Dernier (du) procès de l'« Indiscret ». (Par Soubiranne.) *Paris, impr. de Belin*, 1836, in-8, 20 p.

Dernier soupir des compagnies rouges, par le mousquetaire noir, auteur des « Réflexions sur la suppression de la maison du roi » (N.-A. Salvandy). *Paris, impr. d'Egron*, 1816, in-8.

Dernier (le) tableau de famille, ou Henriette Bellmann, traduit de l'allemand d'Aug. Lafontaine, par les traducteurs de « la Forêt mystérieuse » (MM. Chomel, percepteurs des contributions, etc.). *Paris, Pigoreau*, 1821, 2 vol. in-12.

Ce roman existait déjà traduit en français sous deux autres titres :

« Henriette Bellmann, ou dernier tableau de famille, trad. de l'allemand. *Paris, Garnier*, 1803, 2 vol. in-12.

« Le Fils d'adoption, ou amour et coquetterie », trad. libre... par Mme Isabelle de Montolieu. *Paris, Debray*, 1803, 3 vol. in-12.

Dernier trait de la censure. (Par le marquis de La Gervaisais.) *Paris, Pihan-Delaforest*, 1827, in-8, 16 p.

Dernière (la) à M. Letronne. (Par M. Paulin Paris.) *Paris, impr. de Béthune et Plon*, 1844, br. in-8.

Dernière (la) aventure d'un homme de quarante-cinq ans, nouvelle utile à plus d'un lecteur. (Par N.-E. Rétif de La Bretonne.) *Genève et Paris, Regnault*, 1783, 2 tomes en 1 vol. in-12, 528 p.

Dernière (la) blague du vieux brasseur, dédiée à ses confrères. L'électricité, par Ulric de B. (Ulric de Beaune). *Anvers, Gerrits*, 1864, in-8, 52 p. J. D.

Dernière (la) campagne du roy en Flandres jusqu'à la paix, et le succès de ses armes en Allemagne. (Par Jean-Baptiste Primi Visconti.) *Paris, Jean Ribou*, 1679, in-12.

Dernière débâcle politique en France. De la question politique et en particulier de la politique actuelle. *Lyon, impr. d'Ayné* (1836), in-8, 16 p.

Ces pages ne sont que des extraits de l'ouvrage intitulé : Nécessité d'une dernière débâcle politique.... » Voy. ces mots.

M. V. Considérant n'est pour rien dans cette espèce de réimpression tronquée de son livre.

Dernière (la) guerre des bêtes, fable pour servir à l'histoire du dix-huitième siècle, par l'auteur d'« Abassaï » (mademoiselle Fauque). *Londres, Seyffert*, 1758, in-12, 218 p., plus l'errata.

Avec une clef.

Dernière légende de la Vendée. Louis de Bonnechose, page du roi Charles X. (Par de Bonnechose, auditeur au Conseil d'État, son neveu.) *Paris, E. Dentu*, 1860, in-18. D. M.

Dernière réclamation des Bourbons à la loyauté de la nation française. *Paris, imp. des frères Fleschel* (16 messidor an III), in-8, 15 p.

Signé : J.-B. Hénoul, avocat à Liége.

Dernière réponse aux évêques et à tous les avocats du pouvoir temporel, par l'auteur de la brochure : « le Pape et son pouvoir temporel. » (A. Snider). *Paris, Dentu*, 1860, in-8.

Dernière (de la) représentation du « Mariage de Figaro » au Théâtre-Français, le jeudi 2 novembre 1820, ou histoire de ses mutilations depuis sa naissance jusqu'à nos jours ; petite brochure dédiée aux censeurs passés, présents et futurs. (Par Hippolyte Walferdin, connu pendant quelque temps sous le nom de Wermane.) *Paris, imp. de Bobée*, 1820, in-8, 18 p.

Dernières (les) convulsions de la monarchie reconnues; Ier, par la nécessité d'esloigner Mazarin, et par la nécessité de le retenir; II, par la nécessité de l'eslargissement, et par la nécessité de la détention des princes ; III, par la nécessité de faire de grandes impositions... (Par Dubosc-Montandré.) *S. l.*, 1651, in-4, 24 p.

Dernières (les) heures de la vie de l'empereur Nicolas Ier, traduit du russe (du comte D. Blondoff). *Vienne, impr. de M. Aner*, 1855, in-4, 25 p., avec 3 pl. A. L.

Dernières (les) heures de S. M. l'empereur Nicolas. (Par Mme Elisabeth Bagreef-Speransky.) *Leipzig (Vienne)*, 1855, in-12. A. L.

Dernières lettres de deux amants de Barcelone, publiées à Madrid, par le chevalier Y. de L., traduites de l'espagnol. Accompagnées d'une vue et d'un plan de Barcelone, gravés par Ambroise Tardieu. *Paris, Ambroise Tardieu*, 1821, in-8. — 2e édit. *Id.*, 1822, in-8.

Traduction supposée.

Cet ouvrage est de Henri de Latouche et L.-F. L'Héritier, de l'Ain.

Dernières (les) lettres de Jacopo Ortis, traduites de l'italien (de U. Foscolo, par Aug. Trognon). *Paris, Delestre-Boulage*, 1819, in-8.

Voy. « Supercheries », II, 1313, c.

Dernières observations du curé de N.-D. de Chartres (l'abbé CHASLES), adressées à Mgr l'archevêque de Paris, le 2 septembre 1825. In-4, 16 p.

Dernières paroles, avant tombe, d'un gros sou démonétisé, publiées par lui-même. *Paris, Guillaumin*, 1858, in-18, 260 p.

Par Urbain LETHIERRY, de Lille, connu sous le nom d'Urbain DE BONNEVAL.

Dernières paroles. Poésies. (Par M. Antoni DESCHAMPS.) *Paris, Ebrard*, 1835, in-8.

Derniers (les) adieux à Bonaparte victorieux. (Par Joseph MICHAUD.) 1800, in-8.

Réimprimé en 1814, in-18, avec le nom de l'auteur.

Derniers (les) adieux de la maréchale de *** à ses enfants. Par l'auteur de « la Conversation avec soi-même » (le marquis L. A. CARACCIOLI.) *Paris*, 1769, in-12.

Derniers (les) efforts de l'innocence affligée. (Par Pierre JURIEU.) *La Haye, A. Arondens*, 1682, in-12.

Derniers événements de Paris, racontés à la France républicaine. Par un officier d'état-major (Ed. GARNOT, libraire). *Paris, Garnot et Barba*, 1848, in-8.

Derniers instants de Mgr J.-B. Bouvier, évêque du Mans, mort à Rome, le 24 décembre 1854. Par un ecclésiastique du diocèse (Emile-Charles-Alexandre BONNESERRE DE SAINT-DENIS, laïque). *Le Mans, Monnoyer*, 1855, in-18.

Voy. « Supercheries », I, 1204, *a*.

Derniers jours de l'empereur Napoléon à Rochefort. (Par J.-M. FEILLET, ancien commissaire de marine.) *Quimper, imp. E. Blot fils, s. d.*, in-8.

Derniers (les) jours de Louis-Philippe, par l'auteur de la « Relation authentique du départ du roi et de la famille royale, au 24 février 1848 » (CROKER, traduit par M. Amédée PICHOT). *Paris, au bureau de la Revue britannique*, novembre 1850, in-8.

Extrait de la « Revue britannique ».
Signé : C. (Quarterly review).

Derniers moments des plus illustres personnages français condamnés à mort pour délits politiques, depuis le commencement de la monarchie jusqu'à nos jours; avec les lettres qu'ils ont écrites dans leurs prisons, etc., par M. *** (Léon THIESSÉ). *Paris, Eymery*, 1818, in-8.

Derniers (les) moments du chevalier Bayard, poëme. (Par P.-F.-M. URSIN, de Nantes.) *Paris*, 1814, in-8.

Catalogue de Nantes, n° 26182.

Derniers sentiments des plus illustres personnages condamnés à mort, ou recueil des lettres qu'ils ont écrites dans les prisons, des discours qu'ils ont prononcés... *Paris, Moutard*, 1775, 2 vol. in-12.

Attribué aux abbés Antoine SABATIER DE CASTRES et Joseph DONZÉ DE VERTEUIL.

Dans des articles inédits de la septième édition de ses « Trois siècles littéraires », l'abbé Sabatier de Castres a déclaré n'avoir eu aucune part à l'ouvrage de l'abbé DE VERTEUIL.

Derniers (les) télégrammes de l'Empire. Campagne de 1870. Documents inédits. (Publiés et annotés par M. Philippe BURTY.) *Paris, L. Beauvais, éd.*, in-8, 35 p.

Derniers vœux d'un célèbre proscrit en faveur des Français. *Paris, Petit*, 1814, in-8.

Signé : C. L. (Ch. LAFFILÉ).

Derniers (les) vœux d'un vieil électeur de 1789, pour l'avenir de la France et de la civilisation. (Par P.-N. BERRYER, avocat, père du célèbre Berryer.) *Paris, Dentu*, 1840, in-8, 80 p.

Déroute (la) de Paméla, comédie en un acte. Par *** (GODART D'AUCOUR). *Paris*, 1744, in-8.

Derval et Émilie, ou la Fortune contraire à l'Amour, divisé en cinquante lettres. (Par NOUVEL.) 1784, in-12. V. T.

Permission tacite.

Désastre (le) de Lisbonne, drame héroïque en trois actes en prose, mêlé de danse et de pantomime; musique d'Alex. Piccini, ballets et mise en scène de M. Aumer, artiste de l'Académie impériale de musique. Représenté, pour la première fois, sur le théâtre de la Porte-Saint-Martin, le 3 frimaire an XIII. (Par J.-N. BOUILLY.) *Paris, Barba*, an XIII-1804, in-8, 39 p.

Désaveu (le) de la nature, nouvelles lettres en vers et en prose. (Par SAINT-AUBIN.) *Paris, Fétil*, 1770, in-8. V. T.

Permission tacite.

* Désaveu (le) des artistes, ou lettres à M... servant de réfutation à l'« Almanach historique et raisonné des architectes. » (Par Ch.-Et. GAUCHER.) *Florence et Paris, Brunet*, 1776, in-8.

Voy. ci-dessus, col. 112, *d*.

Descente (la) d'Orphée aux enfers, tragedie. (Par CHAPOTON.) *Paris, J. Quinet*, 1640, in-4.

Catalogue Soleinne, nº 1160.

Descente de l'âme de Molière dans les Champs-Elysées. *Lyon, A. Julieron*, 1674, in-8.

Attribué à DORIMOND.

Voy. « Œuvres de Molière », nouv. éd. publiée par L. Moland, t. VII, p. 484.

Description abrégée de l'église de Saint-Pierre à Rome. (Par P.-J. MARIETTE.) *Paris*, 1738, in-12. V. T.

Description abrégée des animaux quadrupèdes de la ménagerie de Tippo-Saïb... Suivie du récit de la progéniture de la lionne, par Edme-Jean-Baptiste V*** (VIGNIER). *Paris, Quillau*, an IX-1801, in-8, 23 p. D. M.

Description abrégée des ci-devant royaumes et provinces composant le royaume d'Espagne et celui de Portugal, par M. T*** (F. TOSCAN, ancien avocat). *Paris, Dondey-Dupré, s. d.*, in-8. D. M.

Description abrégée des maladies qui règnent dans les armées. (Par MÉZERAY, médecin, se disant parent du célèbre historiographe.) *Vienne*, 1759, in-8.

Voy. la « Vie de Grosley », p. 108.

Description abrégée des plantes usuelles employées dans le Manuel des dames de charité. (Par L.-Dan. ARNAULT DE NOBLEVILLE et Fr. SALERNE.) *Orléans*, 1767, in-12. V. T.

Description abrégé des principaux arts et métiers et des instruments qui leur sont propres, le tout détaillé par figures. (Par GUÉLARD.) *Paris, s. d.*, gr. in-4.

139 pages entièrement gravées en taille-douce.
Catalogue T.-O. Weigel, janv. 1868, nº 6603.

Description anatomique d'un caméléon, d'un castor, d'un dromadaire, d'un ours et d'une gazelle. (Par Cl. PERRAULT.) *Paris, Léonard*, 1669, in-4.

Première édition de l'article suivant.

Description anatomique de divers animaux disséqués dans l'Académie royale des sciences; seconde édition augmentée. (Par l'abbé Edme MARIOTTE, PECQUET et Cl. PERRAULT.) *Paris, Laurent d'Houry*, 1682, in-4.

Description anatomique des parties de la femme qui servent à la génération, avec un traité des monstres. (Par R. DE GRAAF.) *Leyden*, 1708, in-4.

Voy. le « Dictionnaire bibliographique », de Cailleau, t. I, p. 519; t. III, p. 284.

Description contenant toutes les singularités des plus célèbres villes et places remarquables du royaume de France... Revu, corrigé et augmenté du sommaire de l'Etat, carte des provinces... (Par François DES RUES.) *Rouen, D. Geuffroy, s. d.*, in-8. — *Rouen, J. Petit*, 1611, in-8.

Description curieuse et intéressante des soixante drapeaux que l'amour patriotique a offerts aux soixante districts et faubourgs de Paris... (Par VIEILH DE VARENNE.) *Paris, Sorin*, 1790, 1 vol. in-8 et atlas in-4.

Description d'un camée antique du cabinet de M. D*** V*** (Claude-Madelaine GRIVAUD DE LA VINCELLE). *Paris*, 1818, in-8, 12 p.

Extrait des « Annales encyclopédiques ».

Description d'un camée antique du cabinet Farnèse, conservé autrefois dans le trésor royal à Capo di Monte (représentant les Ascolies ou danse sur l'outre des Bacchanales; par H.-Ch.-E. DE KOEHLER). *Saint-Pétersbourg, impr. de Pluchart et Cᵉ*, 1810, gr. in-8, 53 p. avec 1 pl. A. L.

Description d'un camée du cabinet des pierres gravées de Sa Majesté impériale l'empereur de toutes les Russies. (Par H.-Ch.-E. DE KOEHLER.) *Saint-Pétersbourg, de l'imprimerie du sénat dirigeant*, 1810, in-8, 79 p.

Description d'un monument découvert dans la ville de Reims en 1738. (Par M. DE POUILLY.) *Reims, Dessain*, 1749, in-8.

Description d'un nouvel hygromètre comparable inventé par Buissart, avec le détail des principes de construction. (Par le P. L. COSTE.) *Paris*, 1780, in-4.

Description d'un tableau représentant le sacrifice d'Iphigénie, peint par M. Carle Vanloo. (Par le comte A.-C.-P. DE CAYLUS.) *Paris, Duchesne*, 1757, in-8.

Description d'un télégraphe très-simple et à la portée de tout le monde. (Par Aug.-Guill. SCHWENGER, de la société médicale de Paris.) *S. l.*, pluviôse an VIII-1800, in-8, 16 p. avec planches.

Voy. le « Magasin encyclopédique », 5ᵉ année, t. VI, p. 269.

Cette brochure se trouve aussi à la suite d'un « Mémoire sur les aveugles », que l'auteur publia avec son nom en 1800.

Description d'un vase de sardonyx antique, gravé en relief. (Par H.-Ch.-E. DE KOEHLER.) *Saint-Pétersbourg*, 1808, in-4.

Description d'une améthyste du cabinet des pierres gravées de S. M. l'empereur de toutes les Russies. (Par H.-Ch.-E. de Koehler.) *Saint-Pétersbourg, impr. imp.*, 1798, in-8. A. L.

Description d'une grande mascarade jacobino-libérale qui a eu lieu à Paris dans le carnaval de l'année 1824. (Par A. Poinchevalle, ex-officier d'infanterie, premier commis du bureau de charité du xe arrondissement, secrétaire de la Société des amis de la légitimité.) *Paris, Petit*, 1824, 37 p.

Description d'une machine curieuse, nouvellement montée au palais ci-devant Bourbon. (Par Germain Petitain.) *Paris*, an VI-1798, in-8, 47 p.

Allégorie satirique contre le conseil des Cinq-Cents.

Description d'une médaille de Spartacus, roi du Bosphore Cimmérien, du cabinet du chancelier de l'empire, comte de Romanzoff, avec un supplément contenant la description de plusieurs médailles grecques rares et inédites qui se trouvent dans le même cabinet. (Par H.-Ch.-E. de Koehler.) *Saint-Pétersbourg*, 1824, in-8. A. L.

Description d'une nouvelle presse exécutée pour le service du roi, et publiée par ordre du gouvernement. (Par Anisson.) *Paris, Imprimerie royale*, 1783, in-4.

Description d'une partie de la vallée de Montmorenci et de ses plus agréables jardins, ornée de gravures ; par M.*** (J.-C. Le Prieur), ancien professeur de grammaire à l'École militaire. *Tempé, et Paris, Moutard*, 1784, in-8, 43 p., avec 19 gravures.

Les exemplaires datés de 1788, *chez Le Jay*, et annoncés comme une nouvelle édition, portent le nom de l'auteur.

Description de deux monuments antiques (d'un vase de bronze faisant partie d'une riche collection de monuments en bronze appartenant à M. le général Hitroff et d'un tableau d'Herculanum ; par H.-C.-E. de Koehler). *Saint-Pétersbourg, de l'imp. de P. Drechsler*, 1810, gr. in-8, 54 p. avec 3 pl. A. L.

Description de différents animaux apportés d'Asie et d'Afrique, dans la ménagerie de S. A. S. le prince d'Orange, par Vosmar, traduite en françois. (Par Henri Renfner.) *Amsterdam, P. Mayer*, 1767-1787, in-4, fig. D. M.

Description de l'abbaye de la Trappe. (Par André Félibien des Avaux.) *Paris, F. Léonard*, 1671, in-12. — *Paris, F. Léonard*, 1677, in-12. — 2e éd. *Paris, C. Jornel*, 1682, in-12.

Quelques biographes attribuent cet ouvrage au Père Desmares, de l'Oratoire.

Description de l'Académie Caroline de Stuttgard, librement traduite de l'original allemand, composé par M. Batz (par J. Uriot). *Stuttgard*, 1784, in-8.

Description de l'Arabie par Niebuhr, traduit de l'allemand en françois. (Par Ferdinand-Louis Mourier, ministre protestant à Copenhague.) *Copenhague*, 1773; *Amsterdam*, 1774, in-4.

L'édition de Paris 1779, revue par de Guignes, est moins estimée que ces deux éditions.

Description de l'arc de la place Dauphine... (Par André Félibien.) *Paris, P. Le Petit*, 1660, in-4.

Au moins deux éditions.

Description de l'arc de la porte du chasteau. Les nœuds d'Amour de la France et de la Savoye. (Par le P. Claude-François Ménestrier.) *S. l. n. d.*, in-4.

Description de l'arc de triomphe dressé à l'entrée de la rue de Portefroc par les soins de MM. les doien, chanoines et chapitre de l'Église, comtes de Lion, pour la reception de monseigneur le cardinal-légat. (Par le P. Claude-François Ménestrier.) *Lyon, A. Jullieron*, 1664, in-fol., 11 p.

Description de l'arc dressé par les soins des magistrats de la souveraine chambre des comptes de Savoie, en la place du Chasteau, à l'entrée de Leurs Altesses royales en la ville de Chambéry. (Par le P. Claude-François Ménestrier.) *S. l. n. d.*, in-4.

Description de l'arc dressé par les soins du souverain sénat de Savoye, pour l'entrée de Leurs Altesses royales à Chambéry. (Par le P. Claude-François Ménestrier.) *Lyon, P. Guillimin*, 1663, in-4.

Description de l'Eglise cathédrale d'Autun dédiée à saint Lazare, extraite d'un plus grand travail sur ce monument par un chanoine de cette église (Jean-Sébastien-Adolphe Devoucoux). *Autun, imp. de F. Dejussieu*, 1845, in-8.

Description de l'Eglise royale des Invalides. (Par J.-Fr. Félibien.) *Paris, impr. de Quillau*, 1706, in-fol.

Description de l'entrée de Henri VIII à Tournai. (Par Frédéric Hennebert.) *Gand*, 1837, in-8, 7 p. J. D.

Description de l'entrée des évêques d'Orléans.... (Par D. Polluche.) *Orléans Fr. Rouzeau*, 1734, in-8.

Description (la) de l'estat, succès et occurences advenues au Pays-Bas, au faict de la religion. (Par Jacques Van Wesenbeeck.) *Imprimée (à Dillembourg)* en aougst 1569, in-12.

Voy. Diercxsens, *Antverpia Christo nascens*, t. III, p. 1, p. 132.

Description de l'herbe nicotiane et traité de la racine mechoacan, blasonnée la rhubarbe des Indes : traduit de l'espagnol en françois, par J. G. P. (Jacques Gohorry, Parisien). *Rouen, Mallard*, 1588, in-8.

Voy. « Supercheries », II, 332, *a*.

Description de l'hôtel impérial des Invalides et du tombeau de Napoléon Ier. (Par le colonel Gérard.) *Paris, Blot*, 1853, in-18.— 2e édit. 1855, in-18, avec le nom de l'auteur.

Description de l'hôtel royal des Invalides, précédée de quelques réflexions historiques sur ce monument, depuis sa fondation jusqu'à nos jours. (Par Riveau, ex-secrétaire-archiviste de l'hôtel des Invalides.) *Paris, Le Normant*, 1823, in-8.— 2e édit. *Ibid., id.* — 3e édit. *Paris, Perrotin*, 1841, in-18.

Description (la) de l'isle d'Utopie, où est comprins le miroer des républiques du monde, rédigé par escript par Thomas Morus, avec l'espitre liminaire de Budé. *Paris, Ch. l'Angelier*, 1550, in-8, avec fig. en bois.

Le nom du traducteur Jehan Le Blond se lit dans l'Avertissement. Barthélemy Aneau a retouché cette traduction. *Lyon, J. Saugrain*, 1559, in-16.

Description (la) de l'isle de Pourtraiture et de la ville des Pourtraits. (Par Charles Sorel.) *Paris*, 1659, in-12.

Réimprimé dans la collection des « Voyages imaginaires », t. XXIV, p. 339-400.

Description de l'isle des Hermaphrodites nouvellement découverte. (Par Arthus Thomas, sieur d'Embry.) *Cologne (Bruxelles, Foppens)*, 1724, in-8.

Prosper Marchand, dans son « Dictionnaire historique et critique », au mot Hermaphrodites, s'est donné bien de la peine pour enlever cet ouvrage au sieur d'Embry. Voici un passage des « Mémoires manuscrits de Pierre de l'Etoile », dont je possède l'extrait, qui prouve le fait :

« Avril 1605 — En ce temps, on fit un livre hardi, mais bien fait, où, sous le nom de l'Isle imaginaire des Hermaphrodites, on blâmait tous les vices de la cour. Le roi se le fit lire, et ayant su le nom de l'auteur, qui s'appelait Arthus Thomas, il ne voulut qu'on l'inquiétât, faisant conscience, disait-il, de fâcher un homme pour avoir dit la vérité. »

Réimprimé dans le « Journal de Henri III », t. IV, éd. de 1744, 5 vol. in-8.

La première édition parut en 1605 sous le titre de : « les Hermaphrodites ». Voy. ces mots.

Description de la boîte-entrepôt, contenant les secours qu'on est dans l'usage d'administrer aux noyés, d'après l'établissement que la ville de Paris a fait en leur faveur. (Par P.-N. Pia.) *Paris*, 1775, in-8.

Description de la cathédrale de Milan. (Par Ferd. Artaria.) *Milan*, 1830, gr. in-8, 15 pl.

Description de la cavalcade organisée pour les fêtes du mariage de S. A. R. Mgr le duc de Brabant et de S. A. I. l'archiduchesse Marie-Henriette d'Autriche. (Par Alphonse Wauters, archiviste de Bruxelles.) *Bruxelles, Bols-Wittouck, s. d.*, in-18, 7 p. J. D.

Description de la chapelle carlovingienne... restée du château de Nimègue. (Par J. Van der Hagen.) *Amsterdam*, 1847, in-8. V. D.

Description de la charte cénomanique contenant les villes, forêts, rivières... situées au diocèse et comté du Maine... (Par Macé Angier.) *Le Mans, veuve H. Olivier, s. d.*, in-12. — *Le Mans, F. Olivier, s. d.*, in-12. — *Le Mans, J. Ysambart*, 1673, in-8. — *Au Mans*, 1715, in-12.

Description de la coupole de Sainte-Geneviève, peinte par M. Gros. (Par Jean Duchesne aîné.) *Paris*, 1824, in-8, 8 p.

Extrait des « Annales de la littérature et des arts ».

Description de la Crimée, par Thounmann, professeur à Halle, traduite de l'allemand. (Par Théophile-Conrad Pfeffel et Joseph-Mathias Gérard de Rayneval.) *Strasbourg, J.-G. Treuttel*, 1786, in-8.

Description de la décoration funèbre faite à Saint-Denis pour les obsèques de la Reine. (Par le P. Claude-François Ménestrier.) *Paris, A.-J.-B. de La Caille*, 1683, in-4.

Description de la fête militaire qui a eu lieu à Languenthal, le 18 juillet 1822. (Par Emile Goury.) *Lausanne*, 1824, in-4. D. M.

Description de la généralité de Paris, contenant l'état ecclésiastique et civil de cette généralité, le pouillé des diocèses de Paris, Sens, Meaux, Beauvais et Senlis, les noms des seigneurs des terres, et autres détails, etc. (Par Philippe HERNANDEZ.) *Paris, Moreau*, 1759, in-8.

Description de la grotte de la Wamme située sur la commune de Gemelle, près de Rochefort, illustrée de vues de l'intérieur, plan des environs et une carte du chemin de fer de l'Europe centrale. (Par Charles RUELENS.) *Bruxelles, établissement géographique de Mols-Marchal* (1860), in-4 obl., 32 p. J. D.

Description de la grotte de Versailles. (Par André FÉLIBIEN.) *Paris, S. Mabre-Cramoisy*, 1672, in-4, 41 p.

Description de la Livonie, avec une relation de l'origine, du progrès et de la décadence de l'Ordre teutonique... on y trouve le voyage de l'auteur de Livonie en Hollande l'an 1698. Avec quelques remarques sur la Prusse, Brandebourg .. (Traduit de l'anglais du baron de BLOMBERG.) *Utrecht*, 1705, in-8.

Description de la machine du feu d'artifice dressé pour la naissance de monseigneur le dauphin, par la communauté des maistres imprimeurs de la ville de Lyon, le 20 novembre 1661. *Lyon, imp. de P. Guillimin*, 1661, in-fol., 34 p.

Attribué au P. Claude-François MÉNESTRIER. Voy. Allut, « Recherches sur la vie et les œuvres du P. Ménestrier ». *Lyon*, 1856, in-8, p. 134.

Voy. aussi « Supercheries », I, 685, *c*.

Description de la maison de force de Gand, ou guide des voyageurs qui visitent cet établissement ; précédée d'une notice historique depuis son origine jusqu'au 31 décembre 1827. (Par Charles LE NORMAND.) *Gand, Steven*, 1828, in-18. J. D.

Description de la Nigritie, par M. P. D. P. (PRUNEAU DE POMMEGORGE). *Paris, Maradan*, 1789, in-8.

Description de la pompe funèbre faite dans l'église de la sainte Chapelle du roi à Dijon, le 13 décembre 1740, après la mort de très-haut, très-puissant et très-excellent prince Louis-Henri, duc de Bourbon, prince de Condé, prince du sang, pair et grand maître de France, gouverneur de Bourgogne. Par M. L* J*** (LE JOLIVET). *Dijon, A. de Fay*, 1741, in-4.

Description (la) de la ville d'Ath, contenant sa fondation et imposition de son nom. (Par J. ZVALLART.) *Jouxte la copie à Ath, chez Jean Maes*, 1610, in-8, portr. V. T.

Voy. le Catalogue del Marmol. Cet ouvrage a été réimprimé de nos jours par les soins de M. Aimé LEROY.

Description de la ville de Louvain ancienne et moderne. (Par LAMEERE, compositeur typographe.) *Louvain*, 1823, in-8. J. D.

Description de la ville de Lyon ; avec des recherches sur les hommes célèbres qu'elle a produits. *Lyon, imprimerie d'Aimé Delacroche*, 1741, in-8, 283 p.

Le privilége daté du 7 octobre 1740 est au nom du sieur Paul RIVIÈRE DE BRINAIS, ingénieur, qui, à la date du 12 décembre 1740, l'a cédé à l'imprimeur-libraire de La Roche. Les exemplaires non vendus ont reçu plus tard un nouveau titre portant : « Histoire et description de la ville de Lyon, de ses antiquités, de ses monuments et de son commerce ; avec des notes sur les hommes célèbres qu'elle a produits. » *Lyon, J.-M. Bruyset*, 1761, in-8.

L'avis du libraire placé en regard du titre de l'édition de 1741, la vignette gravée par Mathey qui se trouve au-dessous du titre ont disparu, ainsi que le privilége dont le commencement se trouvait au verso de la p. 283.

A. A. B—r attribue cet ouvrage à André CLAPASSON, avocat, et il cite une lettre inédite de l'abbé Perrichon à Mercier de Saint-Léger, du 28 mars 1786, où il est dit que « la famille de cet auteur possède un domaine considérable à Brignais ».

Description de la ville de Montpellier, par l'auteur du « Nobiliaire historique du Languedoc » (Denis-François GASTELIER DE LA TOUR). *Montpellier, imp. de veuve J. Martel*, 1764, in-4.

Description de la ville de Munich (capitale de la Bavière) et de ses environs, avec des vues et 1 plan. (Par J. SENDTNER.) *Munich*, 1820, in-12.

Description de la ville de Paris, par BRICE, avec des additions (de Pierre-Jean MARIETTE pour les trois premiers volumes, et de l'abbé Gabriel-Louis PEREAU pour le quatrième). *Paris, Lemercier*, 1752, 4 vol. in-12.

La première édition, publiée en 1684, était intitulée : Description nouvelle de ce qu'il y a de plus remarquable dans la ville de Paris, par M. B****. *Paris, N. Legras*, 1684, 2 vol. in-12. La contrefaçon qui parut l'année suivante à *La Haye, A. Arondeur*, porte par M. B... Voici ce que Formey (sous le n° 396 du « Catalogue raisonné d'Et. de Bourdeaux ») dit de G. Brice, mort à 74 ans : « Il avait passé presque toute sa vie à servir de guide aux étrangers dans les endroits de la ville qui méritent l'attention des curieux, et il s'acquittait de cette fonction d'une manière très-agréable, ayant l'esprit plein de vivacité et de saillies brillantes. Il a consulté les maîtres de l'art pour les descriptions des curiosités importantes, et il avait même fait un voyage en Italie pour étudier les riches modèles de l'antiquité. »

Description de la ville de Rome, par F. D. P. (François DESSEINE, Parisien). *Lyon*, 1690, in-12. — 2e éd. *Lyon, J. Thioly*, 1699, 2 vol. in-12.

Description de la ville de Saint-Pétersbourg et de ses environs, traduite de l'allemand de M. Georgi, docteur en médecine. (Par Samuel-Henri Catel, ministre protestant à Berlin.) *Saint-Pétersbourg, J. Zacharie Logan*, 1793, in-8.

Description de la ville et des environs d'Orléans ; avec des remarques historiques. (Signé D. Polluche.) *Orléans, F. Rouzeau*, 1736, in-8.

On trouve imprimé à la suite : « Dissertation sur Genabum. » (Par dom Toussaint Duplessis.) 18 p.

Réimprimé sous le titre de « Essais historiques sur Orléans... » Voy. ce titre.

Description de la ville et la république de Venise. (Par Alexandre Toussaint de Lemojon, sieur de Saint-Didier.) *Amsterdam, P. Mortier*, 1697, pet. in-12.

Cette réimpression reproduit le privilége de la première édition, qui est de *Paris, de Luyne*, 1680, in-12.

Description de Paris et des belles maisons des environs, par feu M. Piganiol de La Force, nouvelle édition revue, corrigée et considérablement augmentée (par l'abbé Gabriel-Louis Pérau). *Paris*, 1765, 10 vol. in-12.

Description de quelques églises romanes des arrondissements de Clermont et de Riom. (Extrait d'une statistique inédite des églises rurales du département du Puy-de-Dôme appartenant au style roman.) Par P. D. L. (de La Faye de L'Hopital). *Clermont-Ferrand, F. Thibaud*, 1863, in-8.

Catalogue Desbouis.

Description de tous les tableaux, peintures, dorures, brodures, reliefs... qui seront exposez à tous les arcs de triomphe, portes et portiques pour l'entrée triomphante de Leurs Majestez. Ensemble beaucoup d'autres particularitez dont on n'a point parlé jusqu'à présent. *Paris, J.-B. Loyson*, 1660, in-4, 12 p.

Le privilége est au nom du sieur F. C. (François Colletet).

Cet écrit existe aussi sous les titres ci-après :

« Explication et description... »

« Les Grandes Magnificences préparées pour l'entrée... »

Description de toutes les manœuvres et de toutes les intrigues qui, par malheur, sont ouvertement employées et tolérées à la Bourse de Paris, depuis 1823... (Par Déchalotte.) *Paris, Sylvestre fils*, 1832, in-8, 100 p. D. M.

Description de toutes les nations de

a

l'empire de Russie... par J. G. (Georgi) ; traduit de l'allemand. *Saint-Pétersbourg*, 1776-77, 3 part. en 1 vol. in-4.

Description de trois peintures inédites de vases grecs du musée de Portici. (Par Aubin-Louis Millin de Grandmaison.) *Paris, imprimerie du gouvernement, s. d.*, in-4, 10 p., avec trois gravures au trait, représentant des Priapées.

b

On assure que Millin fut dupe d'une mystification, et qu'il écrivit cette dissertation savante pour expliquer trois dessins inventés à plaisir, que lui avait communiqués un jeune antiquaire. Observons d'ailleurs que son erreur était excusable, car il existe un grand nombre de vases peints représentant des sujets licencieux.

Description de Valence, ou tableau de cette province, de ses productions, de ses habitants, de leurs mœurs, de leurs usages, etc. Par C. A. F. Ornée d'une carte

c

gravée par P. Tardieu. *Paris, Bossange père*, 1823, in-8, avec une carte.

Ce volume avait paru en 1804, *Paris, Ch.-Fr. Cramer et Henrichs*, avec le nom de l'auteur Chrétien-Augustin Fischer et celui du traducteur Ch.-Fr. Cramer. On a seulement réimprimé un nouveau titre pour le représenter au public en 1823.

Voy. « Bibliographie de la France », 1823, n° 2960.

d

Description des antiquités de la ville et cité d'Orange, par M. C. E. P. C. (Charles Escoffier, prêtre catéchiste en l'église cathédrale). *Orange, Marchy*, 1700, in-12.

Description des antiquités, monuments et curiosités de la ville d'Aix... Par L. P. D. S. V. (le président Fauris de Saint-Vincent). *Aix, impr. de A. Pontier*, 1818, in-8.

Voy. « Supercheries », II, 976, *a*.

e

Description des appareilz, arcs triomphaux, figures et portraictz dressez en l'honneur du roy (Charles IX) au iour de son entrée en la ville de Paris, le sixième iour de Mars M.D.LXXI. (Par J. Prevosteau, chartrain.) *Paris, Guill. Nyverd ; Paris, Aubry*, 1858 (*impr. de Louis Perrin, à Lyon*), in-8.

f

Description (la) des arcs de triomphe eslevés dans les places publiques pour l'entrée de la Reyne. Avec la véritable explication en prose et en vers des figures, ovales, termes, portiques, devises et portraits qui sont tant au faubourg que porte Saint-Antoine, cimetière Saint-Jean... *Paris, J.-B. Loyson*, 1660, in-4, 23 p.

Le privilége est au nom du sieur F. C. (François Colletet).

Trois éditions différentes. Réimprimé aussi sous le titre de : « la Véritable explication en prose et en vers des figures, ovales... » *Ibid., id.*

Description des atomes. (Par M. le baron T.-C.-G. BOISSEL DE MONVILLE.) *Paris, Desray*, 1813, in-8.

L'auteur a publié avec son nom, en 1815 : « Développements de la Description des atomes », 1 vol. in-8.

Description des bains de Geismar en Hongrie, par un ami de l'humanité (DE VERDY DU VERNOIS). *Berlin*, 1787, in-8.

Description des bains de Titus, ou collection des peintures trouvées dans les ruines des thermes de cet empereur et gravées sous la direction de M. Ponce (avec des explications par le doct. P.-B. DE FELICE). *Paris*, 1786, in-fol. avec 60 pl. A. L.

Description des bas-reliefs anciens trouvés depuis peu dans l'église cathédrale de Paris. (Par Ch.-Cés. BAUDELOT DE DAIRVAL.) *Paris, P. Cot*, 1711, in-4, 39 p. et 1 pl.

Description des cérémonies et réjouyssances faites à Chambéry, à la publication du bref de la béatification du glorieux evesque de Genève, François de Sales. Par les ordres de Madame Royale, et par les soins des syndicqs de ladite ville, le 12 mars 1662. (Attribué au P. Claude-François MÉNESTRIER.) *Lyon, imp. de P. Guilmin, s. d.*, in-4.

Description des communes occupées par le camp du duc de Nemours. (Par Pierre-Marie GONON.) *Lyon*, 1843, in-8. D. M.

Description des courans magnétiques, par M*** (G.-A. BAZIN), de l'académie des belles-lettres de La Rochelle. *Strasbourg*, 1753, in-4. V. T.

Description des expériences de la machine aérostatique de MM. Montgolfier, et de celles auxquelles cette découverte a donné lieu. Suivie de recherches sur la hauteur à laquelle est parvenu le ballon du Champs-de-Mars; sur la route qu'il a tenue; sur les différents degrés de pesanteur de l'air dans les couches de l'atmosphère; d'un mémoire sur le gaz inflammable, et sur celui qu'ont employé MM. Montgolfier; sur l'art de faire les machines aérostatiques, etc.; d'une lettre sur les moyens de diriger ces machines, etc. (Par Barthélemy FAUJAS DE SAINT-FOND.) *Paris, Cuchet*, 1783-84, 2 vol. in-8, pl.

Description des fêtes et cérémonies religieuses célébrées à l'occasion de la restauration de l'image de Notre-Dame de Thuyne et des statues des ducs de Bourgogne. (Par le chanoine VANDE PUTTE et Alphonse VANDENPEEREBOOM.) *Ypres, Lambin fils* (1854), in-8, 47 p. J. D.

Description des figures qui sont sur la face de l'église de l'abbaye royale de la Madeleine de Châteaudun... (Par Ant. LANCELOT.) *Paris, veuve Knapen*, 1742, in-4.

Description des maux qu'ont soufferts les prêtres du département de l'Allier et de plusieurs autres, entraînés, contre toutes les lois, à la déportation, et pour mieux dire à la mort, sur la fin de l'an du salut 1793, et au commencement de l'année 1794; suivi du tableau général de leurs noms, de leurs départements, du nombre des décédés, du lieu de leur décès, etc. Par *** (Antoine LEQUIN). *S. l.*, avril 1796, in-8, 56 p.

Voy. « Supercheries », I, 141, *a*.

Description des merveilles et de la richesse inouïe du château royal de Binche. Par D. B. (DE BISEAUX). *Binche*, 1830, in-8, 45 p.

Voy. « Supercheries », I, 871, *a*.

Description des montagnes et des vallées qui font partie de la principauté de Neufchâtel et de Valangin. (Par Frédéric OSTERWALD.) *Neufchâtel*, 1766, in-8.

Description des objets les plus remarquables de la collection de sculpture antique de A. de Montferrand. (Par B. DE KÖHNE.) *Saint-Pétersbourg*, 1852, in-4, avec 15 pl. gr. in-fol.

Description des pompes à incendie, pour le service du corps des sapeurs du génie de la garde impériale, exécutées par M. Gaudelet... décrites, dessinées, gravées et publiées par E.-F. I...... (E.-F. IMBARD). *Paris, Potey*, 1812, in-8, 16 p.

Voy. « Supercheries », I, 1214, *d*, et II, 323, *c*.

Description des principales pierres gravées du cabinet du duc d'Orléans. (Par les abbés GÉRAUD DE LA CHAU et Gaspard MICHEL, dit LE BLOND.) *Paris, Pissot*, 1780, 2 vol. in-fol.

L'abbé Le Blond a légué à la bibliothèque Mazarine un exemplaire de cet ouvrage, enrichi de dessins originaux.

Le premier volume a été rédigé en grande partie par l'abbé ARNAUD, et le second par Henri COQUILLE, mort en 1808, administrateur de la bibliothèque Mazarine. Voyez son article dans mon « Examen critique des dictionnaires historiques ».

Description des saintes grottes de l'église de l'abbaye royale de Saint-Germain d'Auxerre, contenant l'abrégé de la vie des saints dont les corps y reposent; par un religieux bénédictin de l'abbaye de Saint-Germain (D. FOURNIER). *Auxerre, J.-B. Troche*, 1714, in-8.

Réimprimé en 1780 et en 1846.

Description des tableaux de la galerie royale et du cabinet de Sans-Souci. (Par Math. OESTERRICH.) 2e édit. augmentée et perfectionnée. *Potsdam*, 1771, in-8. A. L.

Description des tableaux et dessins composant la collection de M. Gustave Couteaux à Bruxelles. (Par RASTOUL DE MONGEOT.) *Bruxelles, Grégoir*, 1849, in-8. J. D.

Description des terres magellaniques et des pays adjacens, traduite de l'anglois (de Thomas FALKNER) par M. B*** (Marc-Théod. BOURRIT). *Genève, Dufart, ou Lausanne, Heubach*, 1787, 2 vol. in-16.

Description des villes de Berlin et de Potsdam, traduite de l'allemand (de Frédéric NICOLAI). *Berlin, Nicolaï*, 1769, in-8.

Description du ban de La Roche (dans les Vosges), ornée de planches. (Par MASSENET et Fr. WALTER.) *Strasbourg, Levrault*, an VI-1798, in-8.

Description du cabinet littéraire que Mme de *** (Fr.-P. BARLETTI DE SAINT-PAUL), auteur du « Nouveau Système typographique », et don Francisco BARLETTI DE SAINT-PAUL, ancien secrétaire du protectorat de France en cour de Rome,... ont exécuté, en 1773, à Madrid, pour faciliter les études de feu don Carlos-Clemente-Antonio, infant d'Espagne; précédée d'un extrait du manuscrit dans lequel elle se trouve, et publiée par ordre de Mgr le comte d'Artois. *Paris, Née de La Rochelle*, 1780, in-4.

Voy. « Supercheries », III, 1067, c.

Description du cabinet roial de Dresde touchant l'histoire naturelle. (Par C.-H. EILENBURGER.) *Dresde et Leipzic*, 1755, in-fol., avec un texte et titre aussi en allemand. A. L.

Cet auteur était désigné par Barbier sous le nom d'EULENBURG.

Description du calvaire des Lauriers, monument élevé au nom des mères, des veuves, des sœurs et des orphelins des guerriers français, sous l'invocation de la Vierge sainte, mère des affligés, à la gloire du Très-Haut, par la gloire de la croix. (Par mad. la comtesse LENOIR-LAROCHE, née Claire REGUIS.) *Paris, imp. de Huzard-Courcier*, 1820, in-8, 576 p.

Description du cap de Bonne-Espérance, tirée des Mémoires de Pierre KOLBE... (par Jean BERTRAND). *Amsterdam, Catuffe*, 1741, 3 vol. in-12.

La relation originale de Kolbe a paru en allemand à Nuremberg, en 1719, in-fol.

Description du Caucase, avec le précis historique et statistique de la Géorgie. (Par M. DE ZASS, employé au ministère des affaires étrangères en Russie.) 1804, in-8.

Description du château d'Anet. (Par LE MARQUANT, ci-devant maître des eaux et forêts à Anet.) *Paris, Desprez*, 1789, in-12.

Description du château et du jardin de Belœil. (Par E. HOYOIS.) *Mons, Hoyois*, 1851, in-16, 32 p. J. D.

Description du château royal de Compiègne. *Compiègne, imp. de J. Escuyer*, 1829, in-8, 3 ff. lim. et 47 p.

La dédicace est signée : FLESCHELLE, aide-concierge du château royal de Compiègne.

Description du cheval, selon ses poils principaux et leurs diverses divisions; sa complexion et les qualités qui en résultent. (Par J.-E. RIDINGER.) *Vienne, s. d.*, in-4.

En allemand et en français. D. M.

Description du gouvernement présent du Corps germanique. (Par Charles-Frédéric NECKER DE CUSTRIN, père du fameux ministre de ce nom.) (*Genève*), 1741, in-8.

Description du Havre, ou recherches morales et historiques sur les habitants, le port et les principaux établissements de cette ville... Par M. A.-P. L...... (Augustin-Prosper LE GROS), du Havre. Ornée de sept vues lithographiées et de deux portraits. *Paris, Fournier-Favreux*, 1825, in-8.

Description du jubilé de 700 ans de saint Macaire. (Par J. MEYER.) *Gand*, 1767, in-4, avec 17 planches gravées par Wauters, d'après van Reysschoot.

Description du mangostan et du fruit à pain, avec des instructions aux voyageurs pour le transport de ces deux fruits; ouvrage traduit de l'anglois de John ELLIS (par Den. BALLIÈRE DE LAISMENT, de l'académie de Rouen). *Rouen, Machuel*, 1779, in-8, 63 p.

Description du mausolée érigé dans l'église cathédrale d'Arras, et du service funèbre célébré ... le 16 juillet 1785; suivi de l'éloge funèbre de ... Eug.-Marie-Louis-Hilarion, prince de Savoie-Carignan... (Par Pierre-Joseph PORION.) *Arras, imp. de veuve Nicolas*, 1785, in-4, 15 p.

Description du monument érigé à la gloire du roi par M. le maréchal duc de La Feuillade.... (Par l'abbé REGNIER-DESMARAIS.) *Paris, S. Mabre-Cramoisy*, 1686, in-4, 33 p.

Le nom de l'auteur se trouve dans le privilége.

Description du monument qui vient d'être érigé à Rheinsberg, précédée d'un discours avec des inscriptions. (Le tout rédigé par le prince HENRI de Prusse.) *Berlin, Decker et fils*, 1791, in-fol., 26 p.

Description du monument triomphal des fastes de l'Empire français. (Par J.-G. LEGRAND, architecte.) *Paris, Le Blanc*, 1807, in-8.

Description du pachalik de Bagdad, suivie d'une notice historique sur les Wahabis, et quelques autres pièces relatives à l'histoire et à la littérature de l'Orient. (Par M. J.-B.-L.-J. ROUSSEAU fils, consul de France à Bagdad.) *Paris, Treuttel et Würtz*, 1809, in-8.

Cette description, publiée par M. SILVESTRE DE SACY, est tirée d'un mémoire de Jean RAYMOND, Français longtemps attaché, par ordre de la Compagnie anglaise des Indes, au pacha de Bagdad, dont il commandait l'artillerie.

Description du palais des Thermes, rue de la Harpe, nº 63. (Par Jules CHENU.) *Paris, imp. de C.-L.-F. Panckoucke*, 1832, in-12, 11 p.

Description du Pégu et de l'île de Ceylan, renfermant des détails exacts et neufs sur le climat, les productions, etc., de ces contrées; par W. HUNTER, Chr. WOLF et ESCHELSKROON; traduit de l'anglois et de l'allemand par L. (Louis-Mathieu LANGLÈS). *Paris*, 1793, in-8.

Catalogue Langlès, nº 3401.

Description du Tibet, d'après la relation des Lamas Tangoutes, établis parmi les Mongols. Traduit de l'allemand (de Pierre-Simon PALLAS), avec des notes, par J. REUILLY. *Paris, Bossange*, 1808, in-8, 89 p. A. L.

Description du vallon de Morteau et du saut du Doubs, dédiée à madame la comtesse d'Hennezel, par D. M. (dom MONNIER). *Besançon, Daclin*, 1790, in-8, 28 p.

Description du voyage du roi, et Discours à MM. de Soissons, avec le naïf portrait de leurs maux passés et de leur félicité présente. (Par GARNIER.) *Paris, N. Alexandre*, 1618, in-8, 16 p.

Cette brochure a paru aussi sous le titre de « Discours à MM. de Soissons sur l'arrivée du roi dans leur ville ». GARNIER. *Paris, N. Alexandre*, 1618, in-8, 16 p.

Description et histoire naturelle du Groenland, par EGGEDE, traduite en françois par D. R. D. P. (J.-B. DES ROCHES DE PARTHENAY). *Copenhague, Philibert*, 1763, pet. in-8, XXVIII-171 p.

Voy. « Supercheries », I, 986, *a*.

Description (la) et ordre du camp et festiement et joustes des trescrestiens et trespuissans roys de France et Dangleterre, lan mil ccccc. et vingt, au moys de juing. *Paris, Aug. Aubry; Bordeaux, imp. J. Delmas*, 1864, pet. in-8, VIII-25 p.

Réimpression à 75 exemplaires, dont 10 sur papier de couleur, d'après le seul exemplaire connu du Musée britannique. L'avant-propos anonyme est de M. Gustave BRUNET.

Description et récit historial du riche royaume d'or de Guinea, aultrement nommé la coste d'or de Mina, gisante en certain endroict d'Africque. Par P. D. M. (Pierre DE MARCES). *Amsterdam, Corn. Claesson*, 1605, in-fol., 2 ff. lim., 99 p. et 4 ff. V. D.

Description et usage d'un nouvel instrument pour observer la latitude sur mer, appelé le nouveau quartier anglois, par D'APRÈS DE MANNEVILLETTE; augmentée par M.*** (Gabr. DE BORY). *Paris, Guérin*, 1751, in-12.

Description et usage des globes céleste et terrestre. (Par Alexandre SAVERIEN.) *Paris*, 1752, in-12.

Description et vente curieuse des animaux féroces, mâles et femelles, de la ménagerie du cabinet d'histoire naturelle des ci-devant Jacobins, les cris et les hurlements de chaque bête, et leur utilité. Le présent catalogue se distribue à *Paris, chez Grapignac, huissier-priseur... Dévorant, secrétaire de la société mère.... De l'imprimerie de Gaulemeriti* (1794), in-8, 16 p.

Signé : MARTIN.

Description générale de l'Hôtel royal des Invalides... avec les plans, profils et élévations de ses faces, coupes et appartements. (Par LE JEUNE DE BOULLENCOURT, ou plutôt par le sieur DE LA PORTE, commissaire des Invalides.) *Paris, chez l'auteur*, 1683, in-fol.

Signé : L. J. D. B. (LE JEUNE DE BOULLENCOURT).

Description générale et particulière de la France. (Par Jean-Benj. DE LABORDE, Jean-Etienne GUETTARD, Edme BÉGUILLET et autres.) *Paris, Pierres et Lamy*, 1781-1796, 78 livraisons formant 12 vol. in-fol.

Béguillet fut forcé de renoncer à l'entreprise après le

quatrième volume, lorsque les libraires, en s'écartant de son plan, n'en firent qu'un simple « Voyage pittoresque de France ».

Description géographique de toute l'Europe, en françois et en latin, par J. B. S. J. (SAINT-JUST). *Lyon*, *Molin*, 1682, in-12.

Voyez le Catalogue des frères Périsse, n° 1285.

Description géographique des îles de la Guiane, avec des remarques pour la navigation de ses côtes, des cartes et des plans. (Par Jacq.-Nic. BELLIN.) *Paris, Stoupe*, 1763, in-4.

Description géographique et historique de la haute Normandie... (Par dom Michel-Toussaint-Chrétien DU PLESSIS.) *Paris, Didot, Nyon et autres*, 1740, 2 vol. in-4.

Description géographique, historique et politique du royaume de Sardaigne. (Par Jean ROUSSET DE MISSY.) *Cologne, Marteau*, 1718, in-12.

Description historique, chronologique et géographique du duché de Brabant. (Par le Père Didace DE SAINT-ANTOINE.) *Bruxelles, Ermens*, 1791, in-8. D. M.

Description historique, critique et topographique des communes composant le district d'Avallon... Suivie d'une description des superbes grottes d'Arcy. (Par AUBRY.) *Avallon, imp. d'A. Aubry*, an III, in-8, IV-144 p.

Description historique d'un monstre symbolique, pris vivant sur les bords du lac Fagua, près de Santa-Fé, par les soins de Francisco Xaveiro de Meunrios, comte de Barcelone. *Santa-Fé et Paris*, 1784, in-8, 29 p. avec la figure du monstre.

Cette pièce allégorique et satirique est de Monsieur, comte de Provence (LOUIS XVIII). Meunrios est l'anagramme de Monsieur.

Description historique de l'église collégiale et paroissiale de N.-D. à Bruges, avec l'histoire de tous les prévôts, suivie d'un recueil des épitaphes. (Par BEAUCOURT DE NOORTVELDE.) *Bruges*, 1773, in-4.

Description historique de l'empire russien, traduite de l'allemand du baron DE STRAHLEMBERG (par J.-L. BARBEAU DE LA BRUYÈRE). *Paris, Desaint*, 1757, 2 vol. in-12.

Le traducteur a fait subir au texte allemand des mutilations assez considérables. Il a ajouté « l'Eloge de Pierre le Grand » par Fontenelle (I, 335-83) et « Projet de réunion de l'Eglise russienne avec l'Eglise romaine, présenté à Pierre Ier par plusieurs docteurs de Sorbonne, lors de son voyage en France, en 1717 » (II, 25-82).

Description historique de la tenue du conclave et de toutes les cérémonies qui s'observent à Rome depuis la mort du Pape jusqu'à l'exaltation de son successeur. (Par Pons-Aug. ALLETZ.) *Paris*, 1758, in-4. — Nouv. édit. à laquelle on a ajouté la chronologie des papes jusqu'à Charles XIII. *Paris*, 1769, in-4. — *Paris, Desprez*, 1774, in-8.

Description historique de la ville de Reims, par Gérard-Jacob K. (KOLB). *Reims, Brissard Carolet*, 1825, in-8.

Description historique de Metz et de ses monuments. Deuxième édition. *Metz, Lorette*, 1852, in-12, 118 p.

Par M. BLANC, d'après une note manuscrite.

Description historique des curiosités de l'église de Paris.... par M. C. P. G. *Paris, Gueffier*, 1763, in-12.

Cet ouvrage, imprimé sous les lettres initiales du libraire GUEFFIER, a été composé par l'abbé DE MONTJOYE, chanoine de Notre-Dame.

Description historique des maisons de Rouen les plus remarquables par leur décoration extérieure et par leur ancienneté... (Par E. DELAQUÉRIÈRE.) *Paris, Firmin Didot*, 1821-1841, 2 vol. in-8.

Le titre du deuxième volume porte le nom de l'auteur. Les titres du premier volume des 100 exemplaires de cet ouvrage tirés sur papier vélin portent également le nom de l'auteur.

Cet ouvrage a été souvent attribué à E.-H. LANGLOIS, auquel on ne doit que les planches.

Description historique des prisons de Paris, pendant et après la révolution, avec des anecdotes curieuses et peu connues... par S. E. (Edme-Théod. BOURG, dit SAINT-EDME). *Paris, chez l'éditeur*, 1828, in-16.

Il n'a paru que le t. I.

Description historique du royaume de Macaçar. (Par Nic. GERVAISE.) *Paris*, 1688, in-12.

Description historique et chronologique de l'église métropolitaine de Paris... (par CHARPENTIER, avocat); tome premier. *Paris, Delormel*, 1767, in-fol.

Ce volume, qui n'a pas été mis dans la irculation, devait être suivi d'un second, dont il n'existe que les planches.

Description historique et géographique de l'Archipel, rédigée d'après de nouvelles observations et particulièrement utile aux négociants et aux navigateurs. *Neuwied-sur-le-Rhin*, 1789, in-8.

La dédicace est signée : FRIESEMAN, et non Friesseman, comme dit Quérard. A. L.

Description historique et géographique de la France ancienne et moderne. (Par l'abbé Louis DUFOUR DE LONGUERUE.) Avec neuf cartes géographiques (par D'ANVILLE). *Paris, Pralard*, 1722, in-fol.

Cet ouvrage fut mis en état d'être publié dès 1719 par l'abbé BERAUD, ami de l'auteur; mais on s'aperçut que l'auteur s'était montré trop favorable aux prétentions de l'Empire sur quelques provinces des anciens royaumes de Bourgogne et d'Arles; la publication en fut alors arrêtée par ordre du régent.

On le remit pour l'examiner et le corriger à une commission composée de Denis GODEFROY, l'abbé LE GRAND et l'abbé DES TUILERIES, ou plutôt l'abbé DE FLEURY, qui fut depuis évêque de Fréjus et cardinal: c'est ce dernier qui a composé l'avertissement et les cartons.

Longuerue n'ayant point voulu adopter les changements faits à son travail, l'édition fut arrêtée pendant trois ans.

Tout ce qui a été retranché de cet ouvrage, tout ce qui a été corrigé, se trouve copié dans l'exemplaire de la bibliothèque du conseil d'Etat, transportée au château de Fontainebleau.

Il y a des exemplaires qui portent la date de 1719, et qui contiennent les six feuillets supprimés avec l'épître dédicatoire au roi.

Description historique et géographique des plaines d'Héliopolis et de Memphis. (Par Cl.-Louis FOURMONT.) *Paris*, 1755, in-12, fig.

Description historique et géographique du Brabant hollandois. (Par G. SELLIUS.) 1748, in-12.

Description historique et topographique de Bruxelles et de ses environs, avec un catalogue des tableaux du musée. (Par Alexandre FERRIER DES TOURETTES.) *Bruxelles, Hauman*, 1838, in-12, 55 p.
J. D.

Description historique et topographique de la ville de Strasbourg... *Strasbourg, A. Kœnig*, 1785, in-8.

Signé: D. H. M. (DE HAUTE-MER).

Description historique et topographique de Malines. (Par FERRIER DES TOURETTES.) *Bruxelles, Hauman*, 1836, in-12, 60 p.
J. D.

Description historique et topographique de Moscou, ou détails sur les mœurs et les usages des habitants de cette grande ville... (Traduit de l'allemand de J. RICHTER.) *Paris, Pillet*, 1812, in-8, 80 p.

Une autre traduction également anonyme a paru la même année, *Paris, et Strasbourg, Kœnig*, in-18.

Description inédite d'un monument précieux de la plus haute antiquité, trouvé à Narbonne, en novembre 1821, par E*** (ENJALRIC). *Narbonne*, 1822, in-8.

Voy. « Supercheries », I, 1198, *b*.

Description méthodique d'une collection de minéraux du cabinet de M. D. R. D. L. (DE ROMÉ DE LISLE). *Paris, Didot*, 1773, in-8.

Voy. « Supercheries », I, 985, *f*.

Description naïve et sensible de la fameuse église de Sainte-Cécile d'Albi (par Bernard DE BOISSONNADE); publiée d'après un manuscrit inédit et annoté par Eugène D'AURIAC. *Alby, Derivis*, 1857, in-12.

Description nautique de la côte d'Afrique, depuis le cap Blanc jusqu'au cap Formose. (Par Elis.-Paul-Edouard DE ROSSEL.) *Paris, Impr. royale*, 1814, in-8.

Description nouvelle de ce qu'il y a de plus remarquable dans la ville de Paris; par M. B**** (Germain BRICE). *Paris, N. Legras*, 1684, 2 vol. in-12.

La contrefaçon qui parut à *La Haye, A. Arondeur*, l'année suivante, porte: par M. B...

Réimprimé avec le nom de l'auteur; voy. ci-dessus, col. 896, *d*.

Description philosophale, forme et nature des bestes tant privées que sauvages, avec le sens moral comprins sur le naturel et condition d'iceux. *Paris, J. Ruelle*, 1571, in-16, 48 ff., avec grav. s. b.—Description philosophale des oyseaux, et de l'inclination et propriété d'iceulx. *Ibid., id.*, in-16 de 48 ff., grav. s. b.

Ces deux petits volumes, dit le « Manuel du libraire », sont la même chose à peu près que les « Décades de la description des animaux... » de Barth. ANEAU. Voy. ce titre. Ils avaient déjà paru sous ce titre: « Premier (et second) livre de la description philosophale de la nature et condition des animaux ». *Paris, Magdel. Boursette*, 1554, in-8.

Description philosophique du caractère de feu M. Fagel. (Par Fr. HEMSTERHUIS.) 1773, in-12.

Description physique de la contrée de la Tauride (Crimée), relativement aux trois règnes de la nature, traduite du russe en français. (Par Dimitri III, prince GALITZIN.) *La Haye, Van Clef*, 1788, in-8.

Il a été réimprimé de nouveaux titres. *Paris, Renouard*, an X-1802.

Description physique et morale de la république française par départements, cantons et communes... Recueilli par... Jean-Louis F*** (Jean-Louis FESQUET)... *Nancy, impr. de l'auteur*, an VII, in-8.

N° 1. Département du Bas-Rhin.

Description poétique de l'histoire du

beau Narcissus. *Lyon, Balthasar Arnoullet,* 1550, petit in-8, 39 p.

Ce petit poëme est certainement de François HABERT, ainsi que l'a dit du Verdier, qui en cite une édition de 1549. Voy. le « Manuel du libraire », 5e édit., II, col. 622.

Description routière et géographique de l'empire français, divisé en quatre régions, par R. V*** (Régis-Jean-François VAYSSE-DEVILLIERS, inspecteur des postes-relais). *Paris, Potey,* 1813, 6 vol. in-8.

Le succès mérité qu'obtint cet ouvrage décida l'auteur à publier la suite et à y attacher son nom. Le titre subit aussi un changement, et devint l' « Itinéraire descriptif des routes de France, etc. » *Paris,* 1813-1830. D. M.

Description sommaire des ouvrages de peinture, sculpture et gravure exposés dans les salles de l'Académie, par M. D. (A.-N. DEZALLIER D'ARGENVILLE). *Paris,* 1781, in-12. V. T.

Description sommaire des statues, figures, bustes, vases et autres morceaux, etc., du cabinet de M. Crozat. (Par P.-J. MARIETTE.) *Paris, Delatour,* 1750, in-8.

Description sommaire du château de Vincennes. (Par André FÉLIBIEN.) *Paris, G. Desprez,* 1674, in-12, 2 ff. lim., 113 p. et 1 plan.

Le nom de l'auteur se trouve dans le privilége.

Descriptions des échappements les plus usités en horlogerie, avec douze planches. (Par TAVAN.) *Genève,* 1831, in-4.

Descriptions nautiques des côtes méridionales et orientales de la Grande-Bretagne et de celles d'Irlande. (Par P. LÉVÊQUE, BEAUTEMPS-BEAUPRÉ et autres.) *Paris,* 1803, 6 vol. in-4.

Descriptions (les) poétiques de J. D. B. (Jean DE BUSSIÈRES, jésuite). *Lyon, J.-B. Devenet,* 1649, in-4. V. T.

Désenchantements (les) de l'amour, comédie en un acte et en prose, par l'auteur des « Causes célèbres de Cythère » (J.-Fr. DE BASTIDE). 1749, in-12.

Desert (le) de deuotion qui est un traicte plaisant utile et proffitable a toutes manieres de gens deuotz ou curieulx, seculiers ou reguliers, nouuellement compose pour inciter les cueurs a ferventement aimer Dieu et apeter les biens eternelz. *Paris* (vers 1530), in-8 goth.

A la fin : Et a este compose par ung frere mineur du conuent Dabbeuille...

Un acrostiche qui termine ce volume donne le nom de l'auteur : HENRI CAUPIN.

Désert (le) de Marlogne, par l'auteur « d'Alfred Nicolas » (Jos. GRANDGAGNAGE, président à la Cour d'appel de Liége). *Namur, Wesmal,* 1849, in-8, 243 p. J. D.

Désert (le) de Zend, ou histoire des aventures du sultan de Maissour... *Paris, Pigoreau,* 1799, 2 vol. in-18.

Ant.-Et.-Nic. FANTIN-DESODOARDS a réclamé cet ouvrage comme étant sa propriété, en disant qu'il a été pris mot pour mot dans les « Révolutions de l'Inde pendant le XVIIIe siècle, ou mémoires de Typozaëb, sultan de Maissour », qu'il a fait imprimer en l'an IV, chez *G. Bridel.* (*Journal général de la littérature de France,* 1799, p. 215.)

Désertion (la) de nos campagnes. Moyens d'y remédier. (Par Charles-Octave GUERMONPREZ, imprimeur-libraire.) *Saint-Omer,* 1865, in-8, 64 p.

Désespérades, ou éclogues amoureuses, esquelles sont au vif dépeintes les passions et le désespoir de l'amour, par F. D. A. P. (François D'AMBOISE, Parisien). *Paris, Chesneau,* 1572, in-8.

Désespérés (les), histoire héroïque. (Traduite de l'italien de MARINI.) *Paris, Prault,* 1732, 2 vol. in-12.

Par suite d'une confusion de nom, Quérard, dans sa « France littér. », attribue cette traduction à G.-L. Ignace DE LA SERRE et à J. DE SERÉ DE RIEUX ; elle est de ce dernier.

Désespoir d'un jeune Péruvien, poëme. (Par A.-A.-E. PILLON.) In-8, 16 p.

Extrait des « Actes des Apôtres ».

Desir (le) du peuple françois pour le bien de l'Etat, et le moyen pour réprimer les abus et malversations, etc. (Par Jean BOURGOIN.) *S. l.,* 1625, in-8. V. T.

Desmographie, ou description des ligamens du corps humain. (Traduit du latin de Jos. WEITBRECHT.) *Paris,* 1752, in-8, avec fig. A. L.

Désobéissance (la), roman traduit de l'anglais (d'Eugénie ACTON, par Mme GODART). *Paris, Thomine,* 1813, 3 vol. in-12.

On a réimprimé en 1821 de nouveaux titres portant : « la Fille abandonnée ou l'heureuse désobéissance », roman traduit de l'anglais par Mme de M***. *Paris, Arth. Bertrand,* 3 vol. in-12. Cet ouvrage est à ajouter à la liste de ceux que l'on a voulu faire passer comme étant de Mme de Montolieu.

Désœuvré (le) mis en œuvre, ou le revers de la médaille, pour servir d'opposition à « l'Espion du boulevard du Temple » et de préservatif à la prévention. (Par DUMONT, comédien.) *Paris,* 1782, in-8.

Désœuvré (le), ou l'espion du boulevard

du Temple. (Par Mayeur de Saint-Paul.) *Londres*, 1781, in-8, 114 p.

Reproduit l'année suivante sous ce titre :

« Le Chroniqueur désœuvré, ou l'espion du boulevard du Temple.... » 2e édit. *Londres*, 1782, in-8. Sous ce nouveau titre, il y a un autre volume avec la date de 1783.

Désordre (le) et le scandale de France par les États masqués et corrompus. (Par Artus Desiré.) *Paris, Julien*, 1577, in-12, 40 ff.

Cette satire est en vers.

Voy. « le Bulletin du Bibliophile », 1861, p. 279 à 302.

Désordre (le) régulier, ou avis au public sur les prestiges de ses précepteurs et sur ses propres illusions. (Par Antoine de La Salle.) *Berne* (*Auxerre*), 1786, in-12.

Désordres de l'amour. (Par Mme de Villedieu.) *Paris, Cl. Barbin*, 1676, 4 part. en 1 vol. in-12. — *Toulouse, Desclassan*, 1702, in-12.

Désordres (les) de l'amour, ou les étourderies du chevalier des Brières ; mémoires secrets contenant des anecdotes historiques sur les glorieuses campagnes de Louis XIV et de Louis XV, par l'auteur des « Mémoires de Cécile » (P.-Ant. de La Place). *Amsterdam et Paris, Cailleau*, 1768, 2 vol. in-12.

Désordres (les) de la bassette, nouvelle galante. *Suivant la copie imprimée à Paris*, 1682, in-12, 6 ff. et 94 p.

Attribué au sieur de Preschac. Voy. « Bulletin du Bibliophile », 1858, p. 1111.

Despotisme (le) décrété par l'Assemblée nationale. *Londres*, 1790, in-8, 63 p.

Par Joseph Fauchet, grenadier national, suivant une note manuscrite.

Despotisme des ministres de France combattu par les droits de la nation, par les lois fondamentales, par les ordonnances, par les jurisconsultes, par les orateurs, par les historiens, par les publicistes, par les poëtes, enfin par les intérêts du peuple et l'avantage personnel du monarque. (Par Billaud-Varennes.) *Amsterdam*, 1789, 3 vol. in-8.

L'année même de la publication, les exemplaires non vendus reçurent un nouveau titre plus court, ainsi conçu :

« Despotisme des ministres de France, ou exposition des principes et moyens employés par l'aristocratie pour mettre la France dans les fers. » *Amsterdam*, 1789.

Ces exemplaires sont augmentés de 4 pp. de corrections et d'une « Lettre de M. B. de V. à son libraire » de L pp.

Desséchement des Moëres par Cobergher, en 1622. (Par Bortier.) *Bruxelles, Guyot*, 1857, in-8, 7 p., avec portrait et cartes. J. D.

Dessein de l'histoire du pays et duché de Touraine. (Par Pierre Carreau, sieur de La Pérée.) *S. l. n. d.*, in-4, 7 p.

M. Victor Luzarche a publié : « Note sur une rareté bibliographique relative à l'histoire de la Touraine : « Dessein... » *Tours, imp. de Ladevèze* (1851), in-8, 10 p.

Dessein de la course à cheval, faite à l'occasion des nopces de Madame Françoise d'Orléans Valois avec Son Altesse royale Charles-Emmanuel II, duc de Savoye, roy de Chypre, etc. (Par le P. Claude-François Ménestrier.) *A Chambry* (sic), *par les frères Dufour*, 1663, in-4.

Dessein de la machine du feu d'artifice pour les nopces de Leurs Altesses royales. Les nœuds de l'amour et de la joie. (Par le P. Claude-François Ménestrier.) *S. l. n. d.*, in-4.

Desseins de la Toison d'or, tragédie représentée par la troupe royale du Marests, chez M. le marquis de Sourdeac, en son chasteau de Neufbourg, pour réjouissance publique du mariage du roy et de la paix avec l'Espagne, et ensuite sur le théâtre royal du Marests. (Par Pierre Corneille.) *Imprimé à Rouen, et se vend à Paris, chez A. Courbé et G. de Luyne*, 1661, in-4, 26 p. et 1 feuillet.

Le nom de l'auteur est au privilége, daté du 27 janvier 1661. Achevé d'imprimer pour la première fois, le 31 janvier 1661, à Rouen, par Laurens Maurry.

Desseins (les) des jésuites représentés à messeigneurs les prélats de l'assemblée tenue aux Augustins le 2 octobre 1663. (Par Ant. Arnauld.) *S. l.*, 1663, in-4, 48 p.

Dessert (le) de l'âme religieuse, vertus et pratiques à tirer au sort ; par la R. mère X*** ; publié par l'auteur du « Catéchisme du noviciat religieux » (Mgr J.-B. Martin). *Avignon, Challiot*, 1864, in-18, 130 p.

Desserts de petits soupers agréables, dérobés au chevalier du Pelican, auteur du « Déjeuné de la Rapée ». Poëme gaillardi-poissardi-marino-ironi-comique. (Par Jean-Joseph Vadé.) *De l'imp. de la Joye*, 1755, in-8.

Destin (le) de l'Amérique, ou dialogues pittoresques, etc., traduits fidèlement de l'anglois. (Composés par A.-M. Cerisier.) *Londres*, 1779, 1782, in-8.

Destin (le) de la France. (Par L. Barthelemi, de Grenoble.) 1790, in-8.

Une nouvelle édition augmentée se trouve en tête de l'« Ami des peuples et des rois » du même auteur. *Lyon*, 1807, 2 vol. in-8.

L'abbé Arnoux, un des exécuteurs testamentaires de l'abbé Mably, a réclamé le 10 juin 1792, contre l'insertion qui a été faite de cet ouvrage dans le troisième volume des prétendues Œuvres complètes de son illustre ami, par des éditeurs peu instruits.

Destination (de la) de l'homme. (Traduit de l'allemand de Spalding par Elisabeth-Christine de Brunswick, veuve de Frédéric II, roi de Prusse.) *Berlin*, 1776, in-8.

L'ouvrage de Spalding parut anonyme sous ce titre : « Die Bestimmung des Menschen ». *Greiswald*, 1748, in-4. Il a été réimprimé bien souvent.

Destinée (la) d'une jolie femme, poëme érotique en six chants, par J.-B. de M... (Murat). *Paris, Mongie*, an XI-1803, in-12.

Destinées (les) de la France, ou la solution du problème des assignats. (Par l'abbé J.-A. Brun.) *Paris*, 1790, in-8.

Destinées (les) futures de l'Europe, par l'auteur de la « Revue politique de l'Europe en 1825 » (Pierre-François-Xavier Bourguignon d'Herbigny). *Bruxelles, Tarlier*, 1828, in-8.

Destitutions (des). (Par Gaubert.) *Paris, C. Chantpie*, 1822, in-8.

Destruction de l'ordre de Malte en faveur de l'ordre royal et militaire de Saint-Louis, par M. de B**** (P.-J.-Jacq. de Bacon Tacon). *Paris*, 1789, in-8, 38 p.

Destruction (la) de la Ligue, ou la réduction de Paris, pièce nationale en quatre actes. (Par Louis-Sébastien Mercier.) *Amsterdam*, 1782, in-8.

Destruction (la) de Troye la Grant par personnaiges (et divisée en quatre journées par Jacques Millet). *Paris, Jehan Bonhomme*, 1484, in-fol.

Réimprimé avec le nom de l'auteur. Voy. Brunet, « Manuel du libraire », 5e édit., II, 656.

Destruction (de la) des Jésuites en France. Par un ancien magistrat (J. d'Alembert); dédié aux ministres présents et à venir. *Paris, imp. de Gaultier-Laguionie*, 1826, in-32.

La 1re éd. parut en 1765 sous le titre : « Sur la destruction des Jésuites en France ». Voy. ces mots. La réimpression de 1826 est tronquée.

Détail (le) de la France sous le règne de Louis XIV. (Par Pierre Le Pesant de Boisguilbert, mort à Rouen en 1714.) *S. l.*, année 1695, pet. in-8, 215 p.

Voici dans l'ordre chronologique la suite des éditions connues :

— 1696, pet. in-8 de 245 p., sous ce titre : « Le Détail de la France. La cause de la diminution de ses biens et la facilité du remède. En fournissant en un mois tout l'argent dont le roi a besoin, et enrichissant tout le monde. » *S. l.*, in-12, 245 p.

— 1696, sous le titre de « la France ruinée... » Voy. ces mots.

— 1697. *S. l.*, in-12, 202 p.

— 1699. *S. l.*, in-12, 210 p.

— 1707 : « Le Détail de la France, sous le règne présent. Augmenté en cette nouvelle édition de plusieurs mémoires et traitez sur la même matière. » *S. l.*, 2 part. in-12. La première a 294 p., la seconde 302 et 12 p. Ces dernières pour un supplément de « Détail de la France ». La première pièce de la seconde partie est intitulée : « Factum de la France (Voy. ce titre plus loin), ou moyens très-faciles de faire recevoir au roy quatre-vingt millions par-dessus la capitation, praticables par deux heures de travail et un mois d'exécution de la part des peuples.... »

— 1707. Trois éditions ; dans l'une, le supplément qui termine la seconde partie a 12 p., dans une autre 16 p., et dans la 3e le supplément est compris dans la pagination de la 2e partie.

— 1712, *Bruxelles*, 1712, 2 vol.

On cite aussi une édition sous ce titre : « Mémoire pour servir au rétablissement général des affaires en France, où, par occasion, on fait voir les causes de sa décadence ». *Villefranche*, 1697.

Cet ouvrage a été aussi publié sous le titre de « Testament politique de Vauban ». Voyez ces mots.

Voy. aussi « Supercheries », III, 914, c.

Lenglet du Fresnoy, dans sa « Méthode pour étudier l'histoire », attribue à un M. de Soissons, gentilhomme du Maine, l'édition de cet ouvrage imprimée à *Bruxelles* en 1716, in-12. C'est une erreur évidente ; elle est tirée de du Sauzet, dans ses « Nouvelles littéraires », *Amsterdam*, 1716, t. IV, p. 200 ; et elle a été reproduite en 1768 par les éditeurs mêmes de la « Bibliothèque historique de la France », t. II, no 28089.

L'ouvrage du prétendu M. de Soissons n'est certainement qu'une nouvelle édition de celui de Boisguilbert.

Détail de la nouvelle direction du Bureau des nourrices de Paris. (Par Framboisier de Bomary, directeur de ce bureau, et Jos.-Jacq. Gardane.) *Paris*, 1777, in-8.

Détail des cérémonies qui ont été observées dans l'église royale de Saint-Denis, le 25 octobre 1824, jour de l'inhumation de S. M. Louis XVIII. Description de la chapelle ardente... Plan de l'intérieur du caveau... Détails sur l'intérieur de l'église au moment du service funèbre... Par M. l'abbé de V*** (de Villefort), chanoine du chapitre royal de Saint-Denis. *Paris, J.-G. Dentu*, 1824, in-8.

Détail des succès de l'établissement que la ville de Paris a fait en faveur des noyés, avec les différentes instructions qui y sont relatives, et la manière dont on doit faire usage des objets contenus dans la boîte où se trouvent réunis les principaux secours qu'on doit administrer aux noyés. On y a joint une notice chronologique des différents ouvrages publiés sur cette matière depuis 1700. Par M. P. A. (Philippe-Nicolas PIA). *Amsterdam et Paris, Lottin*, 1772-1781, 7 part. in-12. — 2e édit. *Paris*, 1774-1776, 4 part. in-12.

On a publié en 1780 « Précis du succès... pour servir de Supplément... » *Amsterdam et Paris, Lottin*, in-12.

Voy. « Supercheries », III, 13, *d*.

Détail historique de la ville d'Orléans... (Par Daniel JOUSSE.) *Orléans, C. Jacob*, 1752, in-12.

La première édition est de 1736, la deuxième est de 1742.

Détail sur la navigation aux côtes de Saint-Domingue et dans ses débouquements. (Par le comte Ant.-Hyac.-Anne DE CHASTENET-PUYSÉGUR.) *Paris, imp. royale*, 1787, in-4, 2 ff. de tit. et 81 p.

Détails abrégés sur la campagne de Moscou en 1812, en réponse à toutes les brochures qui ont paru sous ce titre jusqu'à ce jour, par un Français, secrétaire particulier de l'état-major d'une des divisions de l'armée de Russie (DE LA POTERIE, de Laval). *Paris, Picard-Dubois*, 1814, in-8, 63 p.

Détails et révélations sur le duel de Dulong. (Par M. Jules TASCHEREAU.) *Paris, Paulin* (29 janv. 1834), in-8, XII-39 p.

Détails historiques de la première expédition des chrétiens en Palestine. (Par l'abbé MARTIN, chanoine de Marseille.)

Voy. Guyot de Fere, « Statistique départementale », 1834, p. 49.

Détails historiques et statistiques sur le département de la Côte-d'Or,... par l'auteur des « Essais sur Dijon » (C.-X.-G. GIRAULT). *Dijon, Gaulard-Marin*, 1818, in-8.

Détails historiques sur les principales descentes faites en Angleterre depuis Jules-César jusqu'à nos jours, par H. V., de Nantes (Henri VILMIN). *Nantes, à la Sirène (imp. Carcani)*, an XII-1804, in-8, 3 ff. et 200 p.

Catalogue de Nantes, n° 44665.

Détails historiques sur les tremblements de terre arrivés en Italie depuis le 5 février jusqu'en mai 1783, par le chevalier HAMILTON et le marquis HIPPOLYTE, traduits de l'anglois (par Jean-Bapt. LE FEBVRE DE VILLEBRUNE). *Paris, Théophile Barrois le jeune*, 1784, in-8.

Détails intéressants servant de suite à la « Relation du voyage des cent trente-deux habitants de Nantes envoyés à Paris par le comité révolutionnaire de cette ville ». (Par Thomas DESBOUCHAUDS.) *Paris, Pellier, s. d.* (fructidor an II), in-8, 8 p.

Catalogue de Nantes, n° 50607.

Détails militaires. (Par J.-B. LUTON-DURIVAL.) *Lunéville*, 1758, in-12. V. T.

Détails nouveaux et circonstanciés sur la mort du capitaine Cook (par David SAMWELL, chirurgien du vaisseau *la Découverte*), traduits de l'anglois. *Londres et Paris*, 1786, in-8.

Détails particuliers sur la journée du 10 août 1792, par un bourgeois de Paris, témoin oculaire; suivis de deux notices historiques, l'une sur S. A. le duc d'Enghien, l'autre sur le prince de Conti, par le même (Camille-Hil. DURAND, ancien caissier des vivres de l'armée d'Italie, depuis employé au ministère de l'intérieur). *Paris, Blaise*, 1822, in-8, 240 p.

Voy. « Supercheries », I, 567, *d*.

L'auteur y est, d'après de Manne, nommé Ch. DURAND.

Détails secrets sur la nuit du 19 au 20 mars, ou le clair de la lune, par N. V. R. (ROYER), ex-employé militaire, quartier général, onzième corps (années 13 et 14), prisonnier rentré, auteur du « Chant national » et de « V'là l' bouquet ». 2e édit. *Paris, imp. de Renaudière*, 1815, in-8.

Détails sur la formation de l'Eglise libre d'Ecosse et sur sa séparation de l'Etat en 1843. (Par Mark WILKS.) *Paris, Delay*, 1844, in-8, 203 p.

Cet ouvrage est la réimpression de divers articles publiés dans les « Archives du Christianisme » du 27 juin 1840 au 12 août 1843. On le trouve aussi réuni, mais avec pagination particulière, au « Précis de l'histoire de l'Eglise d'Ecosse, suivi de Détails... » *Ibid., id.*, avec le nom de l'auteur.

Détails sur la société d'Olten. (Par Mar.-Jean HÉRAULT DE SÉCHELLES.) *Paris*, 1790, in-8, 38 p.

Détention (la) arbitraire. (Par H. SÉGOILLOT.) *Bruxelles*, 1863, in-16.

Détention de Guillaume, prince de Furstenberg, nécessaire pour maintenir l'autorité de l'empereur, la tranquillité de l'Empire, et pour procurer une paix juste, utile et nécessaire. Traduit du latin. *S. l.*, 1675, pet. in-12, 144 p.

Le titre du texte latin donne comme auteur Christoph. WOLFGANG (Voy. ce nom aux « Supercheries », III, 1002, *a*), que l'on croit être un des pseudonymes du baron de LISOLA.

Le même ouvrage existe encore en français avec le nom de Wolfgang, et sans indication de traduction, sous ce titre : « Manifeste par lequel... » Les expressions de la « Détention » et du « Manifeste » varient, mais le fond des phrases est le même.

Détenu (le), par Mme P..... CH..... (Pauline CHAS). *Paris, imp. de Fain*, 1833, 4 vol. in-12.

Dette des communes. (Examen de la question si la députation a le droit de faire établir une taxe d'office pour payer les dépenses communales obligatoires, par Théodore FLÉCHET, juge au tribunal de 1re instance à Liége.) (*Liége, Blanchard*), 1852, in-8, 12 p. Ul. C.

Dettes (des) du roi Charles X, par M. X*** P*** (PELLÉTIER). *Paris, imp. de Selligue*, 1830, in-8.

Deus (le) *in adjutorium* et le *Gloria Patri* des patriotes; suivis du Bouquet de Louis XVI. (*Paris*), *imp. de veuve d'Houry*, 1790, in-8, 14 p.

Signé : BATAILLARD, garde national volontaire de la section de l'isle S.-Louis, n° 15.

Deutz, ou imposture, ingratitude et trahison; par l'auteur de « la Vendée et Madame » (le général DERMONCOURT). *Paris, Dentu*, 1836, in-8, XI-132 p.

D'après M. de Manne, le véritable auteur de cette publication serait Alexandre DUMAS.

Deux (des) abbés Guillon. (Par l'abbé Aimé GUILLON.) *Paris, imp. Tastu*, 1824, in-8.

Deux (les) Abdolonymes, histoire phénicienne, où les préceptes de la vie sociale sont mis en action pour l'usage de la jeunesse. (Par PICARDET, prieur de Neuilly, près de Dijon.) *Dijon*, 1779, in-8, 396 p. — *Paris, Barrois*, 1782, in-12.

L'auteur est désigné au bas de l'épître à ses amis, en tête de l'ouvrage, par ces lettres initiales : *P. P. D. N.*; il était de l'académie de Dijon.

Deux (les) Agnès, par l'auteur de « Frédéric Risberg », etc. (LISTER), traduit de l'anglais par le traducteur de « Mademoiselle de Châtelleraut », etc. (J.-F. MOREAU). *Paris, Grandin*, 1821, 3 vol. in-12.

Deux (les) albums, ou un jour à Dieppe, à-propos mêlé de vaudevilles, par M. Al. L.....T (Al. LAMBERT-BOUQUIER), représenté à Dieppe, le 17 septembre 1826, devant Son Altesse Royale Madame, duchesse de Berry, par les artistes du Vau-

a

deville. *Rouen, imp. d'Emile Périaux*, 1826, in-8, 32 p.

Voy. « Supercheries », II, 985, *d*.

Deux (les) ambitions, par M.*** (DE FERRIÈRE). *Paris, A. Eymery*, 1818, in-8.

Indiqué par erreur par Barbier sous le nom de M. DE KÉRALIO, revu par MÉNÉGAULT DE MAUGENET.

Deux (les) amis, conte iroquois. (Par SAINT-LAMBERT.) *S. l.*, 1770, in-8, 85 p.

b

Deux amis. D'Hervart et La Fontaine. (Par Jean-Marie LE COQ DE KERNEVEN.) *Nantes, imp. d'A. Guiraud* (1857), in-8.

Tiré à 50 exemplaires.

Deux (les) amis, ou doute et conviction, nouvelle anglaise, par l'auteur du « Père Clément..... » (miss KENNEDY). Traduit de l'anglais. *Paris, Servier*, 1828, in-12.

c

Deux amis, ou entretien sur la nécessité d'une religion, l'autorité de l'Eglise, etc. ; par l'abbé P*** (PEURETTE, de Liége). *Bruxelles, Hauman et Wahlen*, 1838, in-32.

Deux (les) amis, ou le comte de Meralbi. *Amsterdam et Paris*, 1770, 4 vol. in-12.

Dans le registre des permissions tacites, il y a, à la date du 22 août 1770, par SELLIER DE MORANVILLE, et la permission est donnée à CALVET. V. T.

d

Deux (les) amis, par l'auteur du « Château de Boislebrun » (Mlle Stéphanie BIGOT). *Lille, Lefort*, 1859, in-8, 160 p. et 1 grav. — 2e édit. *Lille, Lefort*, 1864, in-8, 167 p. et grav.

Deux années à Constantinople et en Morée (1825-1826), ou esquisses historiques sur Mahmoud, les janissaires, les nouvelles troupes; Ibrahim-Pacha, Soli-

e

man-Bey, etc., par M. C... D... (Charles DEVAL), élève interprète du roi, à Constantinople. *Paris, Nepveu*, 1827, in-8. D. M.

Deux années d'excursions d'un Parisien devenu Moscovite (Horace GAY). *Moscou*, 1847, gr. in-8, avec vign. dans le texte.

Deux ans et demi au ministère. (Par DUBOIS.) *Port-au-Prince*, oct. 1861, in-12.

f

Deux (les) apprentis. (Par A.-C.-T. DE FONTAINE DE RESBECQ.) *Paris, Société reproductrice des bons livres*, 1832, in-32, 192 p.

Deux (les) avares, comédie. (Par DE FALBERT.) (*Paris*), *imp. de L. Cellot*, 1770, in-8.

Deux (les) aveugles, par l'auteur de « Gérard l'aveugle » (Mme M. BOURDON). *Lille, Lefort*, 1853, in-18.

Deux (les) Bassompierre, comédie en un acte, par Fr. L. (LOVINFOSSE, imprimeur). Tirée de Méry. *Liége, Dethier et Lovinfosse,* 1860, in-18, 64 p. Ul. C.

Deux (les) billets, comédie en un acte et en prose, représentée pour la première fois, par les comédiens italiens ordinaires du roi, le mardi 9 février 1779. (Par J.-P. CLARIS DE FLORIAN.) *Paris, veuve Duchesne*, 1780, in-8, 28 p.

Deux (les) biscuits, tragédie traduite de la langue que l'on parloit jadis au royaume d'Astracan, et mise depuis peu en vers françois. (Par Ch.-Fr. RAGOT DE GRANDVAL.) *Astracan* (*Paris*), 1752, in-8. — *Astracan*, 1759, in-8, 31 p.

Les initiales des noms des personnages dans l'ordre où ils se trouvent au v° du titre forment le nom de GRANDVAL et les lettres finales forment les mots « le fils A. »

Deux (les) Boursault ; macédoine, précédée et suivie de quelques réflexions sur la ferme des jeux. (Par Henri-Alexis CAHAISSE.) *Paris, imp. de Pillet aîné*, 1820, in-8, 16 p. — 2ᵉ éd., revue, corrigée et augmentée. *Paris, Petit*, 1820, in-8, 16 p.

Deux (les) camps. (Par Ed. MUSSCHE, avocat.) *Bruxelles, Jorez*, 1855, in-8, 14 p. J. D.

Deux cantiques nouveaux, l'un narratif des persécutions des fidèles, l'autre de l'assistance que Dieu a faite en son Eglise. (Par Antoine DU PLAIN.) *Lyon, J. Saugrain*, 1563, pet. in-8, 8 ff.

« France protestante », IV, 442.

Deux capucins poëtes, par N. L. (Jean-François-Nicolas LOUMYER). *Bruxelles, Devroye*, 1855, in-8.

Voy. « Supercheries », II, 1253, *d*.

Deux (des) chambres. (Par F.-R. DE WEISS.) 1789, in-8.

Deux (les) chasseurs et la laitière, comédie en un acte, mêlée d'ariettes ; représentée pour la première fois sur le théâtre des comédiens italiens ordinaires du roi, le 24 juillet 1763. (Par ANSEAUME.) *Paris, veuve Duchesne*, 1769, in-8.

Deux (les) chefs de brigands, ou le duc de Ferrara, par l'auteur de « Miralba » (Mᵐᵉ BOURNON-MALARME). *Paris, Lerouge*, 1821, 4 vol. in-12.

Deux (les) conventions franco-belges du 22 août 1852, jugées au point de vue du droit et des principes économiques par un économiste belge (Georges CLERMONT). *Paris, Nautet-Hans*, 1852, in-8, 29 p.

Deux (les) convois du pauvre et du riche, suivis des Incendies de la Normandie. Par A. H. (HOPE). *Paris, Barba*, 1837, in-8.

En vers.

Deux (les) cours et les nuits de Saint-Cloud. Mœurs, débauches et crimes de la famille Bonaparte. *Londres, Jeffs ; Bruxelles, Briard*, 1852, in-8, 123 p.

C'est par erreur que Oettinger et le « Bibliophile belge » (t. XX, 1864, p. 13) ont attribué cet ouvrage à M. Aug. CALLET, il est de M. Hippolyte MAGEN.

Deux (les) cousins, histoire véritable. (Par Gabriel SENAC DE MEILHAN.) *Paris, Desenne*, 1790, in-8, 176 p.

Deux (les) croisées, vaudev. en un acte et en prose. (Par P.-J.-A. ROUSSEL et P.-A.-L.-P. PLANCHER-VALCOUR.) *Paris*, an IX-1801, in-8.

Deux (le) décembre devant le Code pénal. *Madrid* (*Bruxelles*), 1853, *imprenta del mundo literario*, in-18, 154 p.

Par Marc DUFRAISSE, d'après le « Bulletin de la rive gauche ».

Avec préface en forme de lettre datée de Séville, 18 juillet 1853, et signée : Y.

Deux (le) décembre, poëme en cinq chants. (Par Etienne ARAGO.) *Londres et New-York, chez tous les libraires*, 1853, in-32, 108 p.

Deux dialogues du nouveau langage françois italianizé, et autrement desguizé, principalement entre les courtisans de ce temps : De Plusieurs nouveautez qui ont accompagné ceste nouveauté de langage : De Quelques Courtisanismes modernes, et de quelques singularitez courtisanesques. (Par Henri ESTIENNE.) *S. l. n. d.* (*Genève*, 1579), in-8. — *Anvers, Guil. Niergue*, 1583, in-16.

Dans l'édition de 1579, l'avertissement aux lecteurs est sous les noms de Jean FRANCHET, dit PHILAUGONE, gentilhomme courtisano-politois.

Deux dialogues entre un royaliste, un républicain et l'auteur de la « Lettre au citoyen Creuzé-Latouche », sur l'administration civile et financière de la république. (Par James-Edw. HAMILTON.) Ouvrage dans lequel on essaye de démontrer l'existence d'un Dieu et l'immortalité de l'âme. *Paris, Boutonet, impr.*, an IX, in-8, 114 p.

Deux discours, dont l'un a été couronné par l'Académie de Besançon, et l'autre a concouru au prix de l'Académie françoise en 1755. (Par l'abbé Claude-François-Xavier MILLOT.) *Paris, Claude Herissant*, 1756, in-8.

Deux dissertations concernant le poëme dramatique, en forme de remarques sur deux tragédies de M. Corneille, intitulées Sophonisbe et Sertorius. (Par HEDELIN D'AUBIGNAC.) *Paris, J. Dubreuil*, 1663, in-12.

Deux dissertations médicinales et chirurgicales, l'une sur la maladie vénérienne, l'autre sur la nature et la curation des tumeurs, par DEIDIER; traduction française par un chirurgien de Paris (Jean DEVAUX), sur l'édition latine imprimée à Londres en 1723. *Paris, d'Houry*, 1725, in-12.

Voy. « Supercheries », I, 717, *d*.

Deux dissertations préliminaires pour une nouvelle histoire de France depuis l'établissement de la monarchie dans les Gaules. (Par le P. Gab. DANIEL.) *Paris, S. Benard*, 1696, in-12.

Réimprimées dans le t. I des « Dissertations relatives à l'histoire de France », de Leber. *Paris, Dentu*, 1838.

Deux (les) doubles. (Par Thom.-Sim. GUEULLETTE.) Parade insérée dans le « Théâtre des boulevards », 1756, t. II.

Deux (les) écots, à-propos-vaudeville en un acte, par MM. *** (Benj. ANTIER et Melch. BOISSET). Représenté pour la première fois sur le théâtre de l'Ambigu-Comique, le 22 janvier 1825. *Paris, Bezou*, 1825, in-8, 23 p.

Deux églogues, ou bergeries, l'une contenant l'institution, puissance et office du bon pasteur... par F. D. B. P. (FERRAND DE BEZ, Parisien). *Lyon*, 1563, pet. in-8, 16 ff.

Voy. « Supercheries », II, 19, *c*.

Deux (les) élèves, ou l'éducation particulière, comédie-vaudeville en un acte. Par MM. Ferdinand LANGLÉ, ROCHEFORT et *** (A. CAVÉ et DITTMER). Représentée pour la première fois, à Paris, sur le théâtre de Madame, par les comédiens ordinaires de S. A. R., le 9 janvier 1827. *Paris, A.-G. Brunet*, 1827, in-8.

Deux (les) Emilie, ou les aventures du duc et de la duchesse d'Aberdeen, traduction de l'anglais (de miss Henriette LEE), par Math. CHRISTOPHE. *Paris, Ouvrier*, an VIII-1800, 2 vol. in-12, avec 2 grav.

Pigoreau, « Petite bibliographie », p. 168.

Deux épisodes de l'histoire des Belges: L'abdication de Charles-Quint et le compromis des nobles en 1566, pour servir d'explication aux tableaux de M. Gallait et de M. de Biefve. (Par Alexandre FERRIER.) *Bruxelles, Hauman*, 1841, in-12, 60 p. J. D.

Deux Epîtres de S. CLÉMENT, Romain, disciple de Pierre, apostre, tirées pour la première fois d'un manuscrit du N. T. syriaque, et publiées avec la version latine à côté, par Jean-Jacques WETSTEIN. *Leyde, Elie Luzac le jeune*, 1752. — Seconde édition, française et latine. 1763, in-8.

A la suite des deux épîtres, on a les prolégomènes de Wetstein, en latin et en français, et des notes toutes françaises de l'éditeur, qui est le traducteur français. Cet éditeur, traducteur et auteur des notes, est M. Etienne-François de PRÉMAGNY, de Rouen, de l'académie de ladite ville. Il avait déjà donné la traduction française des mêmes Lettres en 1757, in-12. Voyez le « Journal des Savants » du mois de février 1764, in-12, p. 305 et suiv. On y fait une judicieuse critique de divers endroits de la traduction française, et des notes de M. de Prémagny, sans le nommer. Les réflexions du journaliste et celles du traducteur prouvent que ces deux Lettres, qu'on ne connaissait point avant l'édition de Wetstein, ne peuvent être de S. Clément, disciple, et l'un des successeurs de S. Pierre. (Note extraite du Catalogue raisonné et manuscrit des livres de la bibliothèque de l'abbé Goujet.)

Deux époques, par l'auteur du « Manoir de Beaugency » (Mlle Clémence MAME, fille du libraire Mame-Delaunay). *Paris, Mame-Delaunay*, 1833, in-8, avec vignette.

Deux (les) Eugènes, ou dix-sept pères pour un enfant; roman critique et moral. (Par RABAN.) *Paris, Locard et Davi*, 1819, 3 vol. in-12.

Deux (les) évangiles. (7 septembre 1849.) *Besançon, impr. de J. Jacquin* (1849), in-8.

Signé : C. (CHIFLET).

Deux Faves di m'veye grand'mère, par F. B. (François BAILLEUX, avocat). *Liége, Carmanne*, 1852, in-16, 11 p.

Voy. « Supercheries », II, 15, *b*.

Deux (les) femmes de l'empereur. Imité de l'allemand de L. Mühlbach. (Par P. D. DANDELY et Mlle DANDELY.) *Liége, Desoer*, 1860, in-16, 212 p.

Publié d'abord en feuilleton dans le « Journal de Liége ». Ul. C.

Deux (les) fermiers, comédie en un acte et en prose, représentée sur le théâtre du Palais-Royal, le lundi 14 janvier 1788. (Par SYLVESTRE.) *Paris, Cailleau*, 1788, in-8, 38 p.

Deux (les) filles de la veuve. (Par Mme Zélie LONG, née PELON.) *Genève*, 1853, in-12.

Deux (les) fourbes, comédie en un acte et en prose, sujet tiré de « Gil Blas ». (Par Aug.-Et.-Xav. POISSON DE LA CHABEAUSSIÈRE.) *Paris, Cailleau*, 1784, in-8.

Deux (les) frères angevins. (Par J.-M.-J. THOMASSEAU DE CURSAY.). *Paris*, 1761, in-12. V. T.

L'ouvrage est cité ici d'après la « France littéraire » de 1769. Je crois que c'est le même qui porte seulement ce titre : « les Deux Frères ». *Paris, Fetil*, 1770, in-12. B.

Deux (les) frères gémeaux, ou les menteurs qui ne mentent point, comédie. (Par Edm. BOURSAULT.) *Paris; G. Quinet*, 1605, in-12.

Note manuscrite.

Deux (les) grenadiers françois, dialogue, suivi d'un épigramme. (Par VALOIS, second adj. de la garde nationale de Nancy.) *S. l.* (1790), in-8, 9 p.

Catalogue Noël, 1412.

Deux (les) habitations, ou l'influence du logis, imité de l'anglais; par M. D. J. C. (M. Dieudonné-Joseph CLOSSET.) *Verviers, Nautet-Hans*, 1851, in-12, 79 p. Ul. C.

Deux (les) harangues des habitants de la paroisse de Sarcelles à Mgr l'archevêque de Paris, et Philotanus, revu et corrigé. (Par Nicolas JOUIN.) *Aix*, 1731, in-12.

Philotanus est aussi attribué à GRÉCOURT. Voy. « Supercheries », I, 154, *d*, et ci-après, « Harangues ».

Deux harangues, l'une latine, pour le plat païs, contre la ville de Lyon, pour la rendre taillable; l'autre françoise, pour ladite ville et autres villes franches de la France contre le plat païs, contenant le discours et partie des arguments de leurs exemptions. Prononcées le jour de saint Thomas, 21 décembre 1577, à la nomination des échevins de ladite ville. *Lyon, A. Gryphius*, 1578, pet. in-8.

Par Olivier DE LA PORTE, conseiller au présidial de Lyon. (Voy. la dédicace de l'éditeur signée DU TRONCY.)

La seconde harangue, intitulée : « Apologie françoise pour la ville de Lyon et autres villes franches de la France », figure à tort, comme un ouvrage séparé, dans la « Bibliothèque historique » du P. Lelong, édit. Fevret de Fontette, ainsi que dans la « Bibliographie de la ville de Lyon », par M. Monfalcon, où elle est attribuée à DU TRONCY, qui n'a été que l'éditeur.

Voy., pour plus de détails, l'ouvrage de M. Breghot du Lut : « Mélanges biographiques et littéraires pour servir à l'histoire de Lyon... » 1828, in-8.

Deux instructions et deux épistres faictes et enuoyees au clergé et peuple de Valence et Dye par leur euesque (Jean DE MONTLUC). *Rouen, B. Belis et Th. Mollard*, 1557, in-16.

Deux (les) insulaires, ou histoire de M. de Fayel et de Mme de Forlis; suivie de Natalie, anecdote récente. Par Mme DE N.... (Mme LORY DE NARP), auteur de « Edouard et Clémentine », etc. *Paris, Renard*, an IX-1801, 2 vol. in-12.

Deux (les) jaloux, comédie en un acte et en prose, mêlée d'ariettes, imitée de DUFRESNY, par M.*** (Jean-Baptiste-Charles VIAL), musique de Mme *** (Sophie Gail). Représentée pour la première fois à Paris, sur le théâtre de l'Opéra-Comique, par les comédiens ordinaires de S. M. l'empereur, le 27 mars 1813. *Paris, Barba*, 1813, in-8, 54 p. — *Paris, Barba*, 1818, in-8, 48 p.

Deux lettres à l'auteur des « Paroles d'un croyant », avec le fac-simile d'une lettre de M. de La Mennais. (Par le marquis DE LA GERVAISAIS.) *Paris, Mme Goulet*, 1834, in-18, 108 p.

Voy. « Supercheries », II, 584, *c*.

Deux lettres à l'évêque de Gand : Des devoirs des fonctionnaires en matière religieuse; la liberté d'enseignement en matière religieuse. Extrait de la « Presse libre ». Par un docteur en droit (François LAURENT, professeur à l'université de Gand). *Bruxelles, A. Cadot*, 1856, in-8, 23 p.

Deux lettres à monsieur l'abbé ***, chanoine de Notre-Dame de Paris, sur le mandement de monseigneur le cardinal de Noailles, du 10 août 1725, au sujet de la guérison de la dame Lafosse, femme d'un ébéniste du faubourg Saint-Antoine. (Par Jacob VERNET.) (*Genève*), 1726, in-8, 39 p.

Voy. Senebier, « Histoire littéraire de Genève », III, 25 ; Saladin, « Mémoire historique sur la vie et les ouvrages de J. Vernet », p. 8.

Deux lettres d'un citoyen français (J. DE GORANI) au duc de Brunswick. 1792, in-8.

Deux lettres d'un ecclésiastique de Liége (Joseph DE NAVE, dit NAVEUS, chanoine de Saint-Paul et ancien professeur au séminaire de Liége), contenant le récit de l'intrusion violente du P. Louis de Sabran, jésuite anglois, dans la présidence du séminaire de Liége. *S. l.*, 1699, in-4, 6 ff.

Voy. « Supercheries », I, 1203, *c*.

Deux lettres d'un médecin de Paris (Ph. HECQUET) à un médecin de province au sujet d'un miracle arrivé sur une femme du faubourg Saint-Antoine, nommée Lafosse. *Paris*, 1725, in-8.

Deux lettres d'un royaliste savoisien à ses compatriotes. (Par le comte Joseph DE MAISTRE.) *Lausanne*, 1793, in-8.

Deux lettres sur la botanique, par P. C. (Philibert COLLET). *Paris*, 1695, in-8.

Voy. « Supercheries », III, 51, *b*.

Deux lettres sur les moyens d'arrêter l'esprit révolutionnaire, et sur l'utilité que les rois peuvent retirer des gens de lettres. (Par l'abbé THOREL.) 1817, in-8, 44 p.

Deux lettres sur les voyages imaginaires de M. de Chateaubriand dans l'Amérique septentrionale. Voy. ci-dessus, « Correspondance littéraire. Découverte... », col. 775, *c*.

Deux (les) livres de la noblesse civile du seigneur Ihérôme DES OSRES de Portugal, traduits de latin en françois par R. R. S. D. L. G. P. (Robert RIVAUDEAU, sieur DE LA GUILLOTIÈRE, Poitevin). *Paris*, *J. Kerver*, 1549, in-8.

Deux (les) livres de S. AUGUSTIN, de la grâce de Jésus-Christ et du péché originel (traduits en français par l'abbé François DE VILLENEUVE DE VENCE). *Paris*, 1738, in-12.

Deux (les) livres de S. AUGUSTIN, de la prédestination des Saints et du don de la persévérance, avec les lettres 105, 106 et 107 de ce saint docteur; le tout traduit en français (par Ant. ARNAULD). *Paris*, *Desprez*, 1676, in-12. — *Paris*, *Etienne*, 1715, in-12.

Dans le Catalogue de la Bibliothèque du roi, Théologie, n° 731, cette traduction est attribuée à Jean SEGUI; l'abbé d'Olivet et le P. Nicéron la donnent à GOIBAUD DUBOIS. J'ai suivi l'opinion de l'abbé Goujet dans son catalogue manuscrit. Cependant cette traduction ne se trouve pas dans les Œuvres d'Arnauld.

Deux (les) livres de S. AUGUSTIN, évêque d'Hippone, à Pollentius, sur les mariages adultères, traduits en françois (par l'abbé PILÉ), avec le texte latin. — Consultation de M. LE RIDANT, avocat, sur le mariage du Juif Borach-Levi. — Dissertation (de M. Alexis DESESSARTS), où l'on prouve que S. Paul, etc. *Paris*, *Desprez*, 1763, in-8.

La dissertation de l'abbé Desessarts a été réimprimée en 1765, avec l'analyse seulement des deux livres de S. Augustin, une réponse aux objections contre la première édition de la dissertation, et une explication de plusieurs passages de saint Paul.

Deux lois du monde, ou la vraie religion sanctionnée par la création. (Par Aug. PERRECIOT.) *Besançon*, *imp. Jacquin*, 1860, in-12, 155 p.

Réimprimé en 1863, sous le titre de : « Deux lois du monde appliquées à deux lois de Cicéron. Application des sciences aux religions, ou la vraie religion prouvée par toute la création. » *Besançon*, 1863, in-8.

Deux (le) mai ou la fête de Saint-Ouen. Divertissement, en un acte... (Par René ALISSAN DE CHAZET.) *Paris*, *imp. de Rignoux*, 1823, in-8.

Deux maris. A. M. A. G. (Par Jean-Marie LE COQ DE KERNEVEN.) *Nantes*, *imp. d'A. Guiraud* (1857), in-8, 4 p.

Tiré à 50 exemplaires.

Deux (les) Martines, ou le procureur dupé, comédie-parade, en un acte et en prose, représentée pour la première fois à Paris, sur le théâtre de la foire Saint-Germain, le lundi 13 février 1786, par M. D** DU M** (DUCRAY-DUMÉNIL). *Paris*, *Cailleau*, 1786, in-8, 56 p.

Deux mémoires, l'un sur la conservation des enfans, et l'autre sur les biens de l'hôpital Saint-Jacques. (Par Cl.-Humb. PIARRON DE CHAMOUSSET.) 1756, in-12.

Réimprimés dans les « Œuvres de Chamousset ». *Paris*, 1783, 2 vol. in-8.

Deux mémoires pour servir à l'histoire de la Révolution française, par Adam LUX. (Publiés par G. WEDERING, officier de santé.) *Strasbourg*, *Pfeiffer*, an III-1794, in-12, 48 p.

Deux (les) Mentors, histoire moderne; traduction libre de l'anglois (de mistriss Clara REEVE), par M. DE LA PLACE. *Paris*, *Hardouin et Gattey*, 1785, 2 vol. in-12.

Deux (les) mères, ou la fierté punie, proverbe, par une jeune personne âgée de douze ans (Mlle SUZAN). *Valenciennes*, *J.-H.-J. Prignet*, 1791, in-18.

Cat. Soleinne, n° 3050.

2228 proverbes rassemblés en divers pays par un voyageur parœmiophile (le P. Charles CAHIER, jésuite). *Bruxelles*, 1854, in-12.

Deux mois de captivité par suite d'une accusation d'attentat contre la personne du roi Léopold. (Par RICHEMONT.) *Bruxelles*, 1832, in-8.

Deux (les) mondes, par G. D. E. (Gustave D'EICHTAL), servant d'introduction à l'ouvrage de M. Urquhart : « La Turquie et ses ressources... » *Paris*, *A. Bertrand*, 1836, in-8, VIII-472 p.

Voy. « Supercheries », II, 147, *c*.

Deux mots à MM. les notables de l'arrondissement de Tournay, en faveur de l'ancienne province du Tournésis. (Par Charles LECOCQ.) *Tournay*, *Varlé*, 1815, in-16, 11 p. J. D.

Deux mots au « Constitutionnel », et un mot au « Mercure » au sujet des nouvelles éditions des Œuvres complètes de Voltaire et relativement à la philosophie et aux philosophes; par M. G. J. M. (G.-J. MASSON). *Paris, Adr. Leclère*, 1817, in-8.

Deux mots au R. P. Lalande, ou suite du « Fanatisme confondu ». *Paris, Dufresne*, 1791, in-8.

Par H. JADINEAU, suivant la « Biographie universelle ». L'ouvrage auquel cette publication fait suite est intitulé : « le Fanatisme du libertinage confondu... » Voy. ce titre.

Deux mots aux ligueurs, par M. le vicomte de N*** (NUGENT, auditeur au conseil d'Etat). *Paris, Pélicier*, 1830, in-8, 15 p.

Deux mots d'un incroyant aux « Paroles d'un croyant ». (Par Alphonse VIOLLET.) *Paris, Delaunay*, 1835, in-8. D. M.

Deux mots de paix à MM. les ministres protestants de Lyon, avec le relevé de quelques erreurs qui se trouvent dans les époques de l'Eglise de Lyon, par un protestant. (Par l'abbé Pierre-Simon JACQUES.) *Lyon et Paris, Rusand*, 1827, in-8, 64 p. D. M.

Deux mots nécessaires sur la distinction des deux autorités, et la manière différente dont elles viennent de Dieu; par l'auteur de l'ouvrage intitulé : « De l'origine des sociétés » (l'abbé THOREL). *Paris*, 1823, in-8, 24 p.

Deux mots pour les avocats, porteurs de barbes ou moustaches, contre les tribunaux qui seraient tentés de les raser. (Par M. MEYNIER, avocat à Marseille.) *Marseille*, 1844, in-18, 70 p.

Deux mots sur l'article de M. David, au mot *arc* du dictionnaire politique. *Paris, Terzuolo, impr.*, 1840, in-8.

Signé : E...., (ETEX).

Deux mots sur l'exportation des laines, par un citoyen désintéressé (J.-F. RUPHY). *Paris, impr. Fain*, 1814, in-8, 16 p.

Deux mots sur la situation de la Belgique, à l'association patriotique liégeoise, par un de ses membres (Charles MOULAN, avocat à Liége). *Liége, Jeunehomme frères*, 1830, in-8, 30 p. J. D.

Deux mots sur la statistique de l'arrondissement de Mantes; suivis d'un essai de statistique. *Paris, impr. de Baudoin*, in-8, 26 p.

Le faux titre porte : A mes concitoyens. Signé : Un habitant de Magny, n° 213 (M. ANDRY DE MAGNY).

Deux mots sur le magnétisme animal et quatre sur autre chose, par un licencié ès sciences (JACQUIER). *Châlons, impr. de Boniez-Lambert*, 1848, in-8.

Deux mots sur quelques objets à l'ordre du jour dans les Pays-Bas. (Par Xav. LE MAIRE, procureur du roi, à Namur.) *Bruxelles, déc.* 1829, in-8.

Deux (les) noms bien unis, Napoléon de France. (Par Allain LA COURTIÈRE.) *S. l.*, 1805, in-8.

Deux nouvelles du Berry, par un maître d'études de l'Université (Adolphe OUDOT, maître d'études au collége de Bourges). *Paris, Bohaire*, 1833, in-12.

Deux nouvelles françaises, par Mme de T.... (Mme de TERCY, née Fanny MESSAGEOT). *Paris, Desoer*, 1816, in-12.

Voy. « Supercheries », III, 753, *f*.

Deux novembre, jour consacré aux morts. Les cimetières. Par M*** (Pierre-Etienne MORLANNE, chirurgien). *Metz, Verronnais*, 1826, in-12.

Deux (les) novices, poëme en cinq chants, suivi de « Mon dernier chant » et « Mon délire au lit de mort », par P*** DE LA V*** (PRÉVOST DE LA VOLTAYS). *Rennes, Frout*, 1815, 2 vol. in-12.

Deux odes, par le doyen d'une académie de France (DE MANDOLZ). *Paris, Ad. Le Clère*, 1817, in-8.

Deux (les) oncles, comédie en un acte et en vers, représentée, pour la première fois, par les comédiens ordinaires du roi, le 29 septembre 1780. (Par Nic.-Jules FORGEOT.) *Paris, Duchesne*, 1780, in-8, 48 p.

Deux (les) orphelins, histoire angloise. (Par TEUTON.) *Londres et Paris, Pillot*, 1769, 2 vol. in-12. V. T.

Permission tacite.

Deux (les) ouvriers, ou richesse et bonheur. (Par l'abbé Etienne-Antoine GRANGET.) *Lyon, impr. de Guyot*, 1853, in-12.

Deux (les) pages. (Par l'abbé Aug. BARRUEL.) *Londres*, 1801, in-8.

Cette feuille contre les évêques non démissionnaires fut promptement retirée de la circulation.

Deux (les) partis en Belgique. (Par Constant DE BROUWER.) *Malines*, 1843, in-8, 22 p. J. D.

Deux petits mots sur les observations grammaticales de M. Deplace. (Par Etienne

SAINTE-MARIE.) *Lyon*, *Yvernault*, nov. 1810, in-8.

Deux (les) Phèdre, Mme Ristori et Mlle Rachel. Lettre à M. Carini, directeur du « Courrier franco-italien », sur quelques hérésies théâtrales, par l'auteur du «Monde dantesque » et des « Stations poétiques » (Sébastien GAYET DE CESENA). *Paris, E. Dentu*, 1858, in-8, 24 p.

Deux pièces importantes à joindre aux mémoires et documents historiques sur la révolution française, par un témoin impartial (Jean-Claude-Hippolyte MÉHÉE DE LA TOUCHE). *Paris, Houdin*, 1823, in-8, 16 p.

Deux (les) plus grandes, plus célèbres et mémorables réjouissances de la ville de Lyon: la première pour l'entrée de très-grand... prince Henri IV, roy de France et de Navarre; la seconde, pour l'heureuse publication de la paix (de Vervins, 1598); avec les causes, le cours et les effets des guerres entre les deux maisons de France et d'Autriche. (Par P. MATHIEU.) *Lyon, Thibaud-Ancelin*, 1598, in-4, avec un gr. pl.

La première partie de ce volume n'est autre chose que l' « Entrée de très-grand, très-chrétien... prince Henri IV » (Voy. ce titre). On y a mis un nouveau titre et ajouté la seconde partie, composée de 84 p., avec 2 ff. prélim. et un gr. pl. s. bois.

Deux (les) reines, drame héroïque en cinq actes et en prose; suivi de Sylevie et Moleshoff, imitation libre de l'anglois. (Par Cl.-Jos. DORAT.) *Paris, Seb. Jorry*, 1770, in-8, 2 ff. de tit., XLIII-158 p. et 1 f. d'errata.

Deux remonstrances faictes es villes d'Agen et Périgueux, à l'ouverture de deux séances de la cour de justice, envoyée en Guyene pour l'establissement de la pacification. (Par Antoine LOYSEL.) *Paris, R. Le Magnier*, 1584, in-8, 28 p. et 2 ff. blancs.

Le nom de l'auteur est dans l'avertissement du libraire.

Réimprimé en 1596 dans le recueil intitulé: « *Sept remontrances publiques*: VI sur le sujet des édits de pacification, la VIIe sur la réduction de la ville et restablissement du Parlement de Paris... Par M. A. L'OISEL ». *Paris, A. L'Angelier*, 1596, in-8.

Et en 1605 dans « *La Guyenne*, de *M. Ant. L'Oisel*, qui sont huit remonstrances faictes en la chambre de justice de Guyenne sur le subject des edicts de pacification... » *Paris, A. L'Angelier*, 1605, in-8.

Deux (les) révolutions, par un Français (l'abbé BOYER, de Saintes). *Bruxelles, comptoir d'imprimerie et de librairie*, 1865, in-18, 46 p. J. D.

Deux rhythmes oubliés. Laocoon. Les Yeux Caméléons. *Caen, imp. de Buhour*, 1857, 1869, in-16, 16 p.

Chacune de ces deux éditions a été tirée à 36 exemplaires seulement.

Jolie et curieuse rareté bibliographique non mise dans le commerce. Cette publication de deux opuscules de M. J. BARBEY D'AUREVILLY est due au regrettable G.-S. TREBUTIEN. G. M.

Deux (les) Seigneurs, ou l'Alchimiste, comédie en deux actes et en vers, par MM. A*** et H*** (Pierre-Hubert ANSON et Louis-Théodore HÉRISSANT).... *Londres et Paris, Onfroy*, 1783, in-12.

Deux (les) sœurs, comédie en trois actes, par M. M*** (MARANDON?). *Bordeaux, Chapuis et Philippot*, 1774, in-8.

Cat. Soleinne, no 2890.

Marandon habitait Bordeaux, et il écrivit à cette époque diverses comédies publiées avec son nom.

Deux (les) sœurs, mémoires de la marquise de Valmont, écrits par elle-même, rédigés par l'auteur d' « Henriette de Wolmar » et de plusieurs autres ouvrages (BRUMENT, imp.-lib. à Paris). *Paris, Pigoreau*, 1801, in-12.

Deux (les) solitaires des Alpes, ou histoire des malheurs du comte et du chevalier de Malmore, par M. L. (L.-A. LIOMIN). *Lausanne*, 1791, 2 vol. in-12.

Voy. « Supercheries », II, 460, *d*.

Deux (les) tonneaux, poëme allégorique. (Par Alexis PIRON.) *Paris, Coustelier*, 1744, in-8, front. grav.

Deux traités de S. AUGUSTIN, savoir, les livres de l'ordre et du libre arbitre, traduits en françois (par BOURGOIN DE VILLEFORE). *Paris, Coignard*, 1701, in-8.

Deux traités, l'un de la médisance et l'autre de la flatterie et des louanges. (Par J. GIRARD DE VILLETHIERRY.) *Paris, Robustel*, 1701, in-12.

Deux (les) tuteurs, comédie en deux actes, par M. *** (Nicolas FALLET). *Paris, Brunet*, 1784, in-8.

Cette pièce a été réimprimée à Toulouse en 1785, sous le nom de Lachabeaussière. D. M.

Deux (les) tuteurs, par l'auteur de « l'Héritier de Redclyffe » (miss Charlotte-Mary YONGE), traduit de l'anglais. *Neuchâtel, Leidecker*, 1858, in-12.

Deux véritables discours, l'un contenant le faict entier de toute la guerre de Malte.... (Par Pierre GENTIL, Vendômois.) *Paris*, 1567, in-8.

Deux (les) vieillards. (Par le pasteur César MALAN.) *Paris*, 1820, in-12.

Souvent réimprimé.

Deux (les) vocations, suite des « Veillées du coteau », par l'auteur d' « Adrien et Emile » (Mlle Stéphanie BIGOT). *Lille, Lefort*, 1860, in-12, 140 p. — 2e éd. *Lille, Lefort*, 1864, in-12, 141 p.

Deuxième et dernière réplique d'un ami de la vérité, à M. le duc de Rovigo. (Par le général KELLERMAN.) *Paris, Rosier*, 1828, in-12, 12 p. D. M.

La 1re réplique est intitulée : « Réfutation de M. le duc de Rovigo, ou la vérité sur la bataille de Marengo. » Voy. ce titre.

Deuxième lettre aux jésuites d'Angers, à propos de la seconde réplique au discours de M. l'avocat général Belloc, et de la brochure intitulée : « Erreurs et distractions, etc. », par un père de famille angevin (Eugène TALBOT, alors substitut du procureur du roi). *Angers, Cornilleau et Maige, imp.*, 1845, in-8.

Voy. « Supercheries », III, 70, *f*.

Deuxième lettre d'un académicien à un seigneur de la cour, où sont expliquez les hiéroglyphiques d'une momie apportée d'Egypte et exposée à la curiosité publique. (Par le P. Claude-François MÉNESTRIER.) *Paris, R.-J.-B. de La Caille*, 1692, in-4.

Deuxième lettre pour justifier l'inscription latine du Temple d'honneur ; 18 août 1689. (Par le P. Claude-François MÉNESTRIER.) *Paris, R.-J.-B. de La Caille*, 1689, in-4.

Deuxième mémoire adressé au gouvernement de S. M. l'empereur Napoléon III sur l'expédition de Crimée et la conduite de la guerre d'Orient, par un officier général (TAVERNIER). *Genève, Lauffer*, mai 1855. *Londres, imp. de la Société démocratique polonaise*, in-8, 71 p.

Voy. pour le 1er mémoire « De la conduite de la guerre d'Orient... », ci-dessus, col. 672, *b*.

Deuxième régiment de carabiniers. Mess. Règlement. (Par HOCQUET.) *Lunéville, imp. de Pignatel*, 1861, in-32.

Deuxième voyage du sieur Paul LUCAS, fait en 1704, par ordre du roi, dans la Grèce, l'Asie Mineure, etc. (Rédigé par Et. FOURMONT l'aîné.) *Paris, Simart*, 1712, 2 vol. in-12.

Développement (du) à donner à quelques parties principales et essentielles de notre industrie intérieure, et de l'affermissement de nos rapports commerciaux avec les pays étrangers ; pour faire suite à l'ouvrage de M. le comte de Chaptal, intitulé : « l'Industrie française » ; par M. de M***** (Jean-Gabriel-Victor DE MOLÉON), ancien élève de l'Ecole polytechnique. *Paris, impr. de Crapelet*, 1819, in-8, 64 p.

Voy. « Supercheries », II, 1015, *b*.

Développement de la protestation de 3,076 émigrés polonais contre l'immixtion du prince Adam Czartoryski dans les affaires de Pologne. (Par LUBLINIER, avocat à Bruxelles.) *Bruxelles, Dehou*, 1855, in-8, 12 p. J. D.

Développement (le) de la raison. (Ouvrage posthume de Fortuné-Barthélemy DE FELICE.) *Yverdun*, 1789, 3 vol. in-8.

Développement des principes fondamentaux de la monarchie française. (Par le président JANNON.) *S. l. (Neufchâtel)*, 1795, in-8, XXXII-385 p.

Développement du petit Catéchisme qui est en usage dans les diocèses de Cambrai, de Liége et de Namur, par P. I. D. (attribué au P. Pierre DE DOYAR). *Maëstricht*, 1788 et 1789, 2 vol. in-8.

Développement du plan..... (Par ROUSSEL DE LA TOUR.) Voy. « Richesse de l'Etat... »

Devine si tu peux, proverbe dramatique. (Par N. CARMONTELLE.) *La Haye, Constapel*, 1774, in-8.

Même pièce que l' « Avocat chansonnier » du même auteur, avec quelques augmentations.

Catalogue Soleinne, 3599.

Devineresse (la), ou les faux enchantemens, comédie représentée par la troupe du roi. (Par T. CORNEILLE et J. DONNEAU DE VISÉ.) *Paris, Blageart*, 1680, in-12, 4 ff., 218 p. et 1 f. de privilége. — *Bruxelles, Pierre Marto*, 1680, in-12, 4 ff. lim. et 154 p. — *Suivant la copie imprimée à Paris (Hollande, Elzévier)*, in-12, 190 p.

Devins (les), ou commentaire des principales sortes de devinations ; traduit du latin de Gaspard PEUCER, par S. G. S. (Simon GOULART, Senlisien). *Anvers, Coninx*, 1584, in-4.

Voy. « Supercheries », III, 641, *a*.

Dévirgineurs (les) et Combabus, contes en vers, avec des réflexions sur le conte, et suivis de « Floricourt, histoire françoise ». (Par Cl.-Jos. DORAT.) *Amsterdam*, 1765, in-8, fig. d'Eisen.

Voyez les « Œuvres complètes » de cet auteur.

Devis (les) amoureux de Mariende et de Florimonde, mère et fille d'alliance, par

M. D. R. (Marie DE ROMIEU). *Paris, Corrozet*, 1567, in-8.

Voy. « Supercheries », I, 984, *a*.

Devis (les) amoureux, traduictz nagueres de grec en latin (d'ACHILLES TATIUS, par Annibal CRUCEIUS ou DELLA CROCE), et depuis, de latin en françois, par l'Amoureux de vertu (Claude COLET). *Paris, G. Corrozet*, 1545, pet. in-8.

Traduction du fragment publié à Lyon en 1544.

Devise au roy, devise à la reine. (Par Claude-François MÉNESTRIER.) *S. l. n. d.*, in-4.

Devises des rois de France, latines et françoises, tirées de divers auteurs anciens et modernes, avec une briève exposition d'icelles, en vers françois, par J. L. V. R D. L. D. P. (Jacques LE VASSEUR, recteur de l'université de Paris); et la paraphrase en vers latins, par Michel GRENET, de Chartres... *Paris, F. Bourriquant*, 1609, in-8.

Devises, emblèmes et anagrammes à monseigneur le chancelier (Seguier), par C.-F. M. (Claude-François MÉNESTRIER), de la Compagnie de Jésus. *Lyon, G. Barbier*, 1659, in-4, 12 p.

Voy. « Supercheries », I, 685, *a*.

Devises (les) générales et particulières des tableaux, figures en relief, plates peintures et médailles qui sont aux portes et portiques des arcs de triomphe elevez à la gloire de Louis XIV et de Marie-Thérèse d'Autriche... aux faux-bourgs et porte Saint-Antoine... le tout fidèlement expliqué et traduit en vers et en prose. *Paris, J.-B. Loyson*, 1660, in-4, 20 p.

Le privilége est au nom de F. C. (François COLLETET).

Publié aussi la même année sous le titre de « Explication des devises générales.... » *Ibid., id.*

Devoir (du) de la France et de la position de la Russie vis-à-vis de la Pologne. (Par A.-J.-J. HOLINSKI.) *Paris, Claye*, 1848, in-8.

Devoir (du) des 100,000 électeurs du roi, de ses fonctionnaires, de ses ministres, lorsqu'ils ont laissé mettre en question le salut de la patrie. Par les auteurs du « Mémoire au roi » (A. MADROLLE et M.-R.-A. HENRION, alors avocat, et depuis créé baron par le pape, en 1838). *Paris*, juin 1830, in-8, 72 p.

Devoir (du) des mères avant et après la naissance de leurs enfants. (Par Guillaume LE ROY.) *Paris, Desprez*, 1675, in-12.

Devoir des ouvriers belges, à propos de la question de l'indépendance nationale, par un ouvrier typographe (DAUBY). *Bruxelles, Claassen*, 1860, in-8, 13 p.
J. D.

Devoirs (les). (Par Victor DE RIQUETTI, marquis DE MIRABEAU.) *Imprimé à Milan, au monastère de Saint-Ambroise*, en 1770, in-8.

Devoirs (les) d'un guerrier, ou instructions d'un père à son fils sur la profession militaire, par Fr. M... (François MARTIN). *Paris, Le Marchand*, 1808, in-8.

Devoirs (les) de la vie civile. (Par le sieur PIC.) *Paris, J. Cochart*, 1685, 2 vol. in-12.

L'auteur a signé l'épître au roi.

Devoirs de la vie domestique, par un père de famille, ancien avocat au Parlement de Paris (Benigne LORDELOT, de Dijon). *Paris, Lemery*, 1706, in-12.

L'auteur a signé la dédicace.

Voy. « Supercheries », III, 69, *c*.

Devoirs (les) de la ville de Lyon envers ses saints, tiré du R. P. Théophile Raynaud, de la compagnie de Jésus, par Cl.-F. M. (Claude-François MÉNESTRIER, jésuite). *Lyon, Guichard-Juilleron*, 1658, in-12, 3 ff. et 74 p.

Voy. « Supercheries », I, 757, *d*.

Devoirs (les) des chrétiens. (Par l'abbé Guillaume MALLEVILLE.) *Toulouse, Hénault*, 1750, 4 vol. in-12.

Devoirs des citoyens français, au sujet de la liberté d'enseignement. (Par M. l'abbé CHAVALIER.) *Nancy, imp. de Vincenot*, 1844, in-12.

Catalogue Noël, n° 4123.

Devoirs (les) des dames chrétiennes, en deux parties; par l'auteur de la « Pratique des vertus chrétiennes ». Traduit de l'anglois de la 8e édition. *Amsterdam*, 1709, in-8.

La « Pratique des vertus chrétiennes » a été attribuée à CHAPPELL, évêque de Cork, ou à Abdias WALKER, ou bien encore à BASKEL. Voy. ce titre.

Devoirs (les) des filles chrétiennes pour une vie chaste et vertueuse dans le monde. (Par le P. Jacques DESMOTHES, jésuite.) *Paris*, 1714, in-8.

Réimprimé plusieurs fois.

Devoirs (les) des grands. (Par Armand DE BOURBON, prince de CONTI.) *Paris*, 1666, in-12. — *Paris*, 1779, in-12.

Réimprimé de nos jours avec le nom de l'auteur. *Paris, Touquet*, 1826, in-32, 79 pp.

Devoirs (les) des pasteurs et des peuples par rapport à la persécution et au martyre. (Par du Vidal.) *Rotterdam*, 1695, 2 vol. in-8.

Devoirs des personnes de qualité, traduit de l'anglais (par le P. de Mareuil, jésuite). *Paris*, *Rollin fils*, 1728, 2 vol. in-12. — *Londres*, 1751, 2 vol. in-12.

Devoirs des vierges chrétiennes, tirés de l'Ecriture et des Pères de l'Eglise. (Par Ambroise Paccori.) *Paris*, *Lottin*, 1727, in-18.

Devoirs du chrétien envers la puissance publique, ou principes propres à diriger les sentiments et la conduite des gens de bien au milieu des révolutions qui agitent les empires. (Par le P. Bernard Lambert.) *Paris*, *Leclère*, 1793, in-8, 72 p.

Devoirs (des) du parti libéral en 1858, par un membre de l'association libérale de Bruxelles (François Haeck). *Bruxelles*, *Verbrugghen*, 1857, in-8, 33 p. J. D.

Devoirs (les) du prince, réduits à un seul principe, ou discours sur la justice. dédiés au roi. (Par Jacob-Nicolas Moreau.) *Versailles*, 1775, in-8. — *Paris*, 1782, in-8.

L'auteur a signé la dédicace.

Devoirs du roi, devoirs des sujets. *S. l.* (1789), in-8, 15 p.

Par Rendu, ancien notaire au Châtelet de Paris, suivant une note manuscrite.

Devoirs (les) du soldat en garnison et en campagne, par un ancien soldat de 1792. *Paris*, *imp. de Lacour*, 1848 (mars), in-18.

Signé : A. Giraud.
Voy. « Supercheries », III, 699, *d*.

Devoirs (des) et des qualités d'un bibliothécaire, par Cotton des Houssayes, traduit du latin en françois (par P.-A. Gratet-Duplessis). *Paris*, 1839, in-8.

Devoirs (les) funèbres rendus à la mémoire de Madame Royale Chrestienne de France, duchesse de Savoye, reine de Chypre, etc., espouse de Victor Amé, le 19 mars 1664, et de Mme la duchesse royale Françoise de Valois, épouse de S. A. R. Charles-Emmanuel II, le 21 du mesme mois, par le souverain sénat et la souveraine chambre des comptes de Savoye, à Chambery. (Par le P. Claude-François Ménestrier.) *S. l. n. d.* (*Lyon*, 1664), in-4.

Devoirs religieux et politiques dans les temps d'anarchie. (Par Louis-Philibert Machet.) *Paris*, *Dentu*, 1831, in-8.

Dévot (le) à Marie, et miroir de la grâce. (Par J. Rosgier.) *Orléans*, *veuve Paris*, 1697, in-12.

Dévot (le) et religieux emploi d'une âme chrétienne et affectionnée au service de la sainte Vierge, par une religieuse bénédictine (la sœur Jacqueline Le Vaillant, de Plemont). *Paris*, 1644, in-12.

Dévot (le) frère Fiacre, augustin déchaussé. (Par le P. Gabriel de Sainte-Claire.) *Avignon*, *par la Société des libr. du S. Office*, *de la cité et de l'Université*, 1711, in-8, 44 p.

Indiqué par erreur par Barbier, d'après Van Thol, comme étant le même ouvrage que la « Vie du vénérable frère Fiacre... » *Paris*, 1722, in-12. Voy. ce titre.

Dévot (le) pèlerin aux trois saintes vierges et martyres, Foi, Espérance et Charité, filles de S. Sophie, dont les images sont honorées en l'église des Pères récollets à Ulflange, au pays de Luxembourg, par un père du même ordre. (Barthélemy d'Astroy.) *Liége*, *Bronckart*, 1670, in-12, 200 p.

Dévot (le) pelegrinage de Notre-Dame de Folgoet, par un religieux carme (Cyrille Le Pumec). *Morlaix*, 1635, in-12. V. T.

Quérard dans ses « Supercheries » indique sous le nom de Cyrille Pennec : « le Dévot pèlerinage de Notre-Dame de Folgoet ». *Rennes*, *Duchesne*, 1825, in-18.

Pennec, d'après Quérard, serait le pseudonyme de Daniel-Louis-O.-M. Miorcec de Kerdanet, né à Lesneven, en 1793.

Mais dans « la France littéraire » il donne sous le nom de Miorcec de Kerdanet : « Pèlerinage de Notre-Dame de Folgoet », *Rennes*, 1826, in-18.

Girault de Saint-Fargeau dans sa « Bibliographie historique et topographique de la France » ne parle pas de l'édition de 1825.

Nous n'avons pu voir aucune de ces éditions et par conséquent vérifier s'il existe réellement une édition de 1825 avec le nom de Pennec, et si l'ouvrage de Miorcec de Kerdanet n'est qu'une nouvelle édition de celui de 1685 attribué à Le Pumec.

Voy. « Supercheries », III, 66, *c*, et 384, *e*.

Dévotion (la) à la croix, drame en trois journées, de don Pedro Calderon de la Barca, Henao y Riaño. Imité librement en vers de huit syllabes, selon le rhythme adopté par l'auteur espagnol. (Par M. David.) *Paris*, *Wittersheim*, 1852, gr. in-8, 192 p.

Dévotion (la) à la croix ou prières et pratiques pour les personnes qui embrassent cette dévotion. (Par Paul Cassegrain.) 1753, in-8.

Dévotion (de la) à la sainte Vierge, et du culte qui lui est dû. (Par Adrien Baillet.) *Paris*, 1696, in-12.

Dévotion (la) à saint Joseph, établie par les faits. Ouvrage traduit de l'italien du P. Jos.-Ant. PATRIGNANI. (Par le P. J.-N. LORIQUET, jésuite.) *Lyon et Paris*, 1834, in-12. — Seconde édit. *Paris, Poussielgue-Rusand*, 1837, in-12, avec grav. et musique. — 3e édit. *Paris, Poussielgue-Rusand*, 1844, in-12.

Dévotion (la) au Cœur de Marie, par Mgr Henri HACHETTE DES PORTES, évêque et seigneur de Glandèves, ancien visiteur général des Carmélites de France; nouvelle édition considérablement augmentée (par M. l'abbé Ch.-Jacq. LE QUIEN DE LA NEUFVILLE). *Paris, de Courtière*, 1825, in-12.

Dévotion au Sacré Cœur de Jésus. (Par Jean-Félix-Henri DE FUMEL, évêque de Lodève, mort en janvier 1790.) 4e édition. *Strasbourg, Le Roux*, 1767, in-12.

Dévotion (de la) au Sacré Cœur de Jésus, par le P. S. FRANCO, de la compagnie de Jésus. Traduit de l'italien, par un père de la même compagnie (DE COSTER, jésuite). *Gand, Vanderschelden*, 1856, in-16, 207 p.
J. D.

Dévotion (la) au Sacré Cœur de N.-S. Jésus-Christ. *Dijon, Cl. Michard*, 1689, in-12.

Ouvrage du P. Jean CROISET, jésuite, qui en a publié en 1691 un autre plus complet sous le même titre, mais avec les mots: par un Père de la compagnie de Jésus. Voy. « Supercheries », III, 72, *f*.

Dévotion au Saint-Sacrement.... (Ouvrage traduit de l'italien, par l'abbé J.-B. LASAUSSE.) *Paris, Didot*, 1797, in-18.

Réimprimé plusieurs fois.

Dévotion (la) aux mystères de J.-C. et de Marie.... (Par l'abbé J.-B. LASAUSSE.) 3e édition augmentée. *Paris, Beaucé-Rusand*, 1821, in-18.

Dévotion (la) aux SS. anges. (Par BOCQUILLON, prêtre du diocèse de Boulogne-sur-Mer.) *Munster, chez Aschendorff*, 1801, in-18, 91 p.

Dévotion (la) aux sept douleurs de la Vierge Marie, ou notice sur Notre-Dame-des-Sept-Douleurs... par l'auteur des « Sanctuaires de la mère de Dieu dans le diocèse de Cambrai » (le P. A. POSSOZ, jésuite). *Lille, Druart et Billaux*, 1849, in-16.

Dévotion (la) des pécheurs, par un pécheur (le P. Fr. DE CLUGNY). *Lyon, Briasson*, 1685. — Seconde édition augmentée. *Lyon, Briasson*, 1689. — Troisième édition. *Lyon, Briasson*, 1701, in-12.

Voy. « Supercheries », III, 62, *e*.

Dévotion (la) réconciliée avec l'esprit. (Par J.-G. LE FRANC DE POMPIGNAN.) *Montauban*, 1754, in-12.

Dévotions (les) de madame de Betzamooth et les pieuses Facéties de M. de Saint-Oignon. (Par l'abbé Théoph.-J. DU VERNET, auteur de la « Vie de Voltaire ».) *S. l.*, 1789, in-8, 131 p.

On lit ces mots à la fin de la dernière page: « J'étais à la Bastille lorsque j'écrivais ces vérités et ces fadaises, et je trouvois du plaisir à les écrire. »

Réimprimé à *Turin, Gay et fils*, 1871, in-12, 92 p. Tiré à 100 exemplaires.

Dévouement (le) catholique pendant le choléra. (Par L.-F. GUÉRIN.) *Lille, Lefort*, 1851, 2 vol. in-18. — 2e édit. *Ibid., id.*, in-12, avec le nom de l'auteur.

Diable (le) à quatre. (Par M. Odilon DELIMAL.) *Paris, bureaux de la Liberté, au Désert; Bruxelles, Sacré-Duquesne*, 1868, in-12, 48 p.

Diable (le) à quatre, ou la double métamorphose, opéra-comique en trois actes, par M. S..... (Michel-Jean SEDAINE). Représenté pour la première fois sur le théâtre de la foire Saint-Laurent le 19 août 1756. Et repris le 12 février 1757 à la foire Saint-Germain. *Paris, Duchesne*, 1757, in-8, 90 p. — *Amsterdam, veuve J.-F. Jolly*, 1760, in-12, 88 p.

Réimprimé en 1809 sous le titre de « le Diable à quatre, ou la femme acariâtre, opéra-comique en trois actes, par SEDAINE, musique nouvelle de M. Solié, représenté pour la première fois en vaudevilles le 19 août 1756; et remis, avec des changements, au théâtre impérial de l'Opéra-Comique, le 30 novembre 1809. » *Paris, Barba*, 1809, in-8, 67 p.

Diable (le) amoureux, nouvelle espagnole. (Par Jacq. CAZOTTE.) *Naples (Paris, Le Jay)*, 1772, in-8, fig.

Souvent réimprimé avec le nom de l'auteur.

Diable (le) au salon. Revue comique, critique, excentrique et très-chique de l'exposition des Beaux-Arts. (Par J.-A.-L. LUTHEREAU, rédacteur en chef du journal « la Renaissance ».) *Bruxelles, chez Caquet Bonbec et comp., éditeurs, rue des Hautes-Épices*, 1851, in-12, 111 p., avec planches et notes explicatives. J. D.

Diable (le) babillard ou indiscret. (Par DE CAMPAN.) *Cologne*, 1711, in-12. V. T.

Diable (le) boiteux. (Par Alain-René LE SAGE.) *Paris, veuve Barbin*, 1707, in-12. — 2e édit. *sur l'imp. à Paris, chez la veuve Barbin*, 1720, in-12. — Nouv. édit., corrigée, refondue, augmentée d'un volume par l'auteur, et ornée de figures. Avec les « Entretiens sérieux et comiques des cheminées de Madrid » et « les Béquilles dudit diable ». Par M. B. DE S. (l'abbé L. BORDELON). *Amsterdam*, 1739, 2 vol. in-8.

Souvent réimprimé avec le nom de l'auteur. Voy. Brunet, « Manuel du libraire », 5e éd., III, col. 1007.

Ce roman est une imitation de l'ouvrage espagnol qui a pour titre : « El Diablo cojuelo, novella de la otra vida, traduzida a esta por Luis VELEZ de Guevara ». *En Barcelona*, 1646, in-8.

Diable (le) boiteux à Paris, comédie épisodique en un acte, mêlée de couplets. *Paris*, *Delaunay*, 1814, in-8, 48 p.

Attribué par Quérard à Louis-François LHÉRITIER, de l'Ain, et par le catalogue Soleinne à Auguste GILLES, plus connu sous le nom de SAINT-GILLES ou d'Auguste GALLISTINES.

Diable (le) boiteux, journal politique, véridique, charivarique, dramatique. *Paris*, 1848, in-fol.

Voy. Hatin, « Bibliographie de la presse », p. 452.

3 numéros specimen, mais avec dessin différent et sans signature. Rédigé par E. GIGAULT DE LA BEDOLLIÈRE.

Diable (le) bossu. (Par l'abbé J.-Chr. BRUSLÉ DE MONTPLEINCHAMP.) *Nancy* (*Bruxelles*), *J. de Smedt*, 1708, in-12.

Diable (le) cosmopolite, ou les aventures d'Astarot; poëme. (Par le P. Jos.-Romain JOLY, capucin.) (*Paris*), 1760, in-8.

Diable (le) hermite, ou aventures d'Astaroth, banni des enfers, par M. DE M*** (DE SAUMERY). *Amsterdam*, *Joly*, 1741, 2 vol. in-12.

Voy. « Supercheries », II, 1008, *b*.

Diabotanogamie (la) ou les noces de Diabotanus, poëme héroï-comique. (Par Cl.-Mar. GIRAUD.) *Genève et Paris*, 1769, in-12.

Forme le t. II d'une nouv. édit. de « Diabotanus ». A. L.

Diabotanus, ou l'orviétan de Salins, poëme héroï-comique. (Par Cl.-Mar. GIRAUD.) *Paris*, *Delaguette*, 1749, in-12.

Réimprimé sous le titre de la « Thériacade ». Voy. ces mots.

Dialecte en forme de dialogue entre M. Patet et Mlle Raveur, sa cousine; par M. A. G. (Guilbert). *Neufchâtel*, 1825, in-4. D. M.

Dialogue. (Par Lambert-Ferdinand-Joseph VANDENZANDE.) *Paris*, *imp. de A. Guyot* (1855), in-8, 11 p.

Dialogue entre Jean Rigoleur, Corniculot, l'abbé Rable et l'abbé L********.

Tiré à 25 exemplaires.

a Dialogue allégorique entre la France et la vérité. Dédié aux états généraux. (Par OLYMPE DE GOUGES.) *S. l. n. d.*, in-8, 32 p.

Dialogue auquel sont traitées plusieurs choses advenues aux luthériens et huguenots de la France... *Imprimé à Basle* (*le 7e jour du 5e mois après la journée de la trahison*), 1573, pet. in-8.

Le nom d'Eusèbe Philadelphe, qui se trouve dans le
b titre des éditions ci-après décrites, est un pseudonyme.

L'ouvrage est attribué par Adr. Baillet à Théod. DE BÈZE ; par Cujas à Hugues DONNEAU ; par Struvius et Allard à Nic. BARNAUD.

Le « Manuel du libraire », 5e édit., à l'article Philadelphe, cite une autre édition portant à la fin : « achevé d'imprimer le 12e jour du 6e mois après la journée de la trahison. » Pet. in-8 de 2 ff. et 164 pp.

Cet ouvrage, dit le « Manuel », est la traduction du volume publié en latin sous le titre de : « Dialogus quo
c multa exponuntur quæ Lutheranis et Hugonotis Gallis acciderunt... » *Oragniæ*, *Adamus de Monte*, 1573, pet. in-8 qui reparut accompagné d'un second dialogue sous ce titre : « Dialogi ab Eusebio PHILADELPHO, cosmopolita, in Gallorum et cæterarum nationum gratiam compositi, quorum primus ab ipso authore recognitus et auctus ; alter vero in lucem nunc primum editus fuit. » *Edimburgi*, *Jac. Jamacus*, 1574, pet. in-8.

Dans cette même année, les deux dialogues ont paru trad. en français sous le titre : « Le Réveille-Matin des François et de leurs voisins... » Voy. aux « Su-
d percheries », Philadelphe, III, 100, *c*.

Dialogue aux Champs-Elysées entre Descartes et Christine, reine de Suède. (Par D'ALEMBERT.)

Réimprimé dans le t. X de l' « Evangile du jour ».

Dialogue aux Champs-Elysées, pour servir de suite à l'éloge de M. Devoge. (Par P.-L. BAUDOT.) *Besançon*, 1813, in-8, 24 p.

e Dialogue aux enfers entre Machiavel et Montesquieu, ou la politique au XIXe siècle, par un contemporain (Maurice JOLY). *Bruxelles*, *imp. de Mertens*, 1865, in-18, III-337 p.

Voy. « Supercheries », I, 781, *f*.

Dialogue d'entre le Maheustre et le Manant, contenant les raisons de leurs débats et questions en ses présents troubles au
f royaume de France. *S. l.*, 1593, in-8.

Attribué par Palma Cayet à Lazare MORIN, dit Cromé ; par l'abbé Dartigny à CRUCÉ, l'un des Seize.

J'ai trouvé sur un exemplaire la note suivante, d'une écriture du XVIe siècle :

« Ce livre a été fait par un nommé CRUCÉ, procureur, demeurant rue du Foin, à Paris, qui estoit l'un des Seize, et a été imprimé dans Paris auparavant que le roi Henri IV y entrast.

» M. du Mayne ayant eu advis de ce livre et de ce qui y estoit contenu au desadvantage des princes et autres grands du party de la Ligue, manda le libraire, qui s'addressa, avant qu'y aller, audit Crucé, qui lui dist qu'il advouast à M. du Mayne avoir imprimé ce livre sur l'original qui lui en avoit esté baillé par lui Crucé, qui le ferait signer à cinquante mil hommes. et M. du Mayne, ou pour cette hardie response ou par sa prudence, cessa d'en faire chastier le libraire.

» Si les commencemens de la Ligue ont été aussi petits qu'ils sont représentez au feuillet cinquante verso, et quelques feuillets suivans, on en peut bien dire ce que Cornélius Népos rapporte en la vie de Pélopidas, que la conspiration de douze jeunes gentilshommes thébains qui a délivré la Cadmée, citadelle de Thèbes, avait ruiné la seigneurie des Lacédémoniens, pourceque ce faible commencement avoit eu suitte causé la bataille de Leuctres. »

L'opinion développée dans cette note est aussi celle de l'abbé d'Artigny. Voyez le tome VI de ses *Mémoires*, p. 179.

Cet ouvrage a encore été attribué dans la « Satire Ménippée », *Ratisbonne*, 1714, tome III, p. 335, à Rolland, conseiller à la cour des monnaies et l'un des Seize, mais ce dernier est plus vraisemblablement l'auteur de la « Censure d'un livre naguère imprimé à Paris en forme de dialogue sous le nom du Manant et du Maheustre, entreparleurs. » *Paris, Fréd. Morel*, 1594, in-8, 25 ff.

Voyez pour le détail des éditions, Brunet, « Manuel du libraire », 5e éd., tome II, col. 670.

Dialogue d'un gentilhomme naresois avec un Italien.

Pamphlet contre Lebrun et l'Académie, qui valut à Pierre-Simon Jaillot, sculpteur, son auteur, d'être condamné le 12 sept. 1678, à 5 ans de bannissement, à 100 liv. d'amende ; le libelle fut brûlé par la main du bourreau en place de Grève.

Dialogue (le) de confidence en Dieu, moult dévôt et consolatif, pour relever l'âme pécheresse ; par un religieux de la réformation de l'ordre de Fontevrault (frère François Le Roy). *Paris, Simon Vostre, s. d.*, in-8.

Voy. « Supercheries », III, 387, *d*.

Dialogue (le) de consolation entre l'âme et la raison, par un religieux de la réformation de l'ordre de Fontevrault (Fr. Le Roy). *Paris, Sim. Vostre*, 1499, in-8.

A été aussi attribué à J. de Marcouville.

Dialogue de Gênes et d'Algers, villes foudroyées par les armes invincibles de Louis le Grand, l'année 1684... Traduit de l'italien (de J.-P. Marana). *Amsterdam, H. Desbordes*, 1685, in-12.

Dialogue de Jean Rigoleur et de Corniculot. (Par Lambert-Ferdinand-Joseph Vendenzande.) (*Paris*), *imp. de A. Guyo* (1852), in-8, 10 p.

Tiré à 25 exemplaires.

Voy. « Supercheries », II, 428, *b*.

Dialogue de l'amour et de l'amitié. (Par Ch. Perrault.) *Paris*, 1660, in-12.

Dialogue de la Sagesse éternelle, avec
a son disciple. (Trad. du latin par le chanoine de Vienne.) *Paris*, 1684, in-12.

Le texte latin est intitulé : « Horologium æternæ sapientiæ ». *S. l. n. d.*, in-4. Voy. le « Manuel du libraire », 5e édit., et le « Trésor » de Graesse.

Il a pour auteur un moine dominicain allemand du nom de Henri de Berg, mais qui, pour honorer la piété de sa mère, préféra celui de Suso, nom sous lequel il est connu. On l'a aussi désigné en Allemagne sous celui de « der Semsse », et dans les Mss. français sous celui de Henri de Sews ou Jean de Sousaube
b ou Suade. Il a aussi signé plusieurs de ses ouvrages du nom de Henri Amand. Voy. sur cet auteur Chavin, de Malan, « la Vie et les lettres du bienheureux Suso. » *Paris*, 1842, in-12, et la Biographie Didot, article où il faut lire *Orloge* au lieu de *Eloge de Sapience*.

Dialogue de la teste et du bonnet, traduit de l'italien (de Pandolpho Colenuccio) en françois (par Ant. Geuffroy). *Paris, Chrest. Wechel*, 1543, in-4. — *Lyon,*
c *Fr. Juste*, 1544, in-16. — *Rouen, Nic. de Burges, s. d.*, pet. in-8.

Dialogue de morale, à l'usage de la jeune noblesse. (Par Frédéric II, roi de Prusse.) *Berlin, Decker*, 1770, in-12, 37 p.

Dialogue de Pegase et du vieillard. (Par Voltaire.) *S. l. n. d.*, in-8, 20 p.

Dialogue (le) de Saint-Germain-en-
d Laye, en forme de tragédie, par lequel on remarquera la fidélité des Parisiens au roi. Dédié à monseigneur le duc de Beaufort, par S. D. B. P. C. D. S. M. Première partie. *Paris, L. Sevestre*, 1649, in-4.

Attribué à Dubosc Montandré par le catalogue Soleinne, no 3740.

Voy. « Supercheries », III, 618, *d*.

Dyalogue des créatures moraligié...
e (Traduit par Colard Mansion.) *Gouwe* (*Gouda*), *Gerart Lyon* (*Leeu*), 1482, in-fol.

Voy. Brunet, « Manuel du libraire », t. II, col. 675.

Dialogue des grâces et excellences de l'homme, et de ses misères et disgrâces, représentées en langue italienne par le seigneur Alphonse Ulloa et déclarées à la France par Hiérosme d'Avost. *Paris, Colombel*, 1583, in-8.

f L'auteur de ce dialogue est Perez Mexia, que nous appelons Messie. Ulloa n'a été que le traducteur italien.

Dialogue des morts : Racine et madame de Sévigné sur l'opinion. (Par F.-J.-M. Fayolle.) *Paris, imp. de Sajou*, 1814, in-8, 8 p.

Dialogue des orateurs, ci-devant publié sous le nom de C. Cornelius Tacitus, chevalier romain, et de Fabius Quintilianus, nouvellement mis en françois (par Claude FAUCHET). *Paris, Abel L'Angelier,* 1575, in-8.

Dialogue des vivants. Par J. L..... (Jules LEFEVRE). Dialogue Ier. Le cabinet d'un ministre. *Paris, U. Canel,* 1828, in-8.

Dialogue du jardinier, de la gouvernante et de Jean Rigoleur. (Par Lambert-Ferdinand-Joseph VANDENZANDE.) *Paris, imp. de A. Guyot* (1852), in-8, 8 p.

Tiré à 25 exemplaires.

Dialogue du nouveau langage françois italianisé, et autrement déguisé par les Courtisans de ce temps. (Par Henri ESTIENNE.) *Paris, Henri Estienne,* 1578, in-8.

Ce dialogue est suivi d'un second. Voyez ci-dessus, « Deux dialogues du nouveau langage... », col. 920, *d*, et ci-après, « Dialogues du nouv. langage », col. 949, *f*.

Dialogue entre deux anciens administrateurs forestiers, l'un maître particulier, l'autre garde-marteau... (Par Claude BOUCHON.) *Paris,* 1806, in-8, 72 p.

Dialogue entre deux paysans de l'Aube sur les élections. (Par Auguste BOURGUIGNAT.) *Troyes, s. d.*, in-12, 23 p.

Dialogue entre Diogène et Aristippe, par CONDORCET, suivi d'un discours inédit prononcé par lui à l'Académie des sciences. (Publié par F.-J.-M. FAYOLLE.) *Paris, Sajou,* 1814, in-8, 16 p.

Dialogue entre Empiriaste et Philalète. (Par l'abbé Sim. FOUCHER, de Dijon.) *S. l. n. d.*, in-12.

Livre fort rare, sur la philosophie de Descartes. Il est resté incomplet ; on n'en a imprimé que 360 pages.

Dialogue entre Ibrahim Pacha et un municipal. *Constantinople,* 1790, in-8.

Par J. HARVANT, d'après le catal. Soleinne, n° 4010.

Dialogne entre l'auteur et un frondeur. (Par Cl.-Mar.-L.-Emm. DE FLINS DES OLIVIERS.) *S. l.* (vers 1789), in-8, 32 p.

Dialogue entre l'empereur et le maréchal Soult ; par l'auteur de « l'Avenir des idées impériales » (N. CAVEL). *Paris, Charpentier,* 1840, in-18, 63 p.

Dialogue entre le maire de Rodez et un marguillier. (Par M. H.-Fr.-E. CARRION-NISAS.) *Paris,* 1818, in-8.

En vers. Relatif aux écoles d'enseignement mutuel.

Dialogue entre le prince d'Ysenbourg, général hessois, et le baron de Dyhern, général saxon, aux Champs-Elysées. (Par Fr.-Ant. CHEVRIER.) *Francfort,* 1759, in-4, 2 ff.

Dialogue entre le siècle de Louis XIV et le siècle de Louis XV. (Par L.-Ant. DE CARACCIOLI.) *La Haye,* 1751, in-12.

Dialogue entre madame de Maintenon et mademoiselle Ninon de Lenclos. In-12. V. T.

Une note de la police, qui se trouve en manuscrit à la Bibliothèque du Roi, l'attribue à Mme la marquise DE CRÉQUY.

Le libraire de Tune fait remarquer, p. 15 de la lettre D de son Catalogue, *la Haye,* 1785, in-8, que cet opuscule a été attribué à VOLTAIRE.

Il est imprimé dès 1751 dans les « Œuvres de Voltaire ». Voy. « Bibliogr. voltairienne », n° 7.

Dialogue entre Mlle Manon Dubut et M. Eustache Dubois, au sujet de l'inauguration de la statue de Henri IV, sur le Pont-Neuf, à Paris, le 25 août 1818. Par V. L. D. (J.-J. Denis VALADE, ancien imp. du roi à Paris). *Paris,* in-8, 4 p.

Voy. « Supercheries », III, 967, *e*.

Dialogue entre M. de Limon et un homme de goût. (Par Antoine RIVAROL.) *Bruxelles,* 1792, in-8.

Dialogue entre M. de Thomsay, grand-maître de Malte, et Georges de Brunswick. (Par Alex.-Maurice BLANC D'HAUTERIVE.) *Paris,* an XI-1803, in-8, 19 p.

Attribution contestée par Quérard, dans la « France littéraire », tome IV, p. 40.

Dialogue entre Pasquin et Marphorio. (Par LEROUX DES TILLEULS.) *S. l. n. d.*, in-8, 16 p. — (2e édit.), in-8, 16 p.

La seconde édition est avec des additions de PHILIP.

Dialogue entre plusieurs jeunes demoiselles pour une distribution de prix, par l'abbé A..... (A. MAUGARS). *Paris, Maugars,* 1843, in-18, 36 p.

Voy. « Supercheries », I, 148, *c*.

Dialogue entre saint Pierre et Jules II à la porte du Paradis ; suivi de la doctrine catholique touchant l'autorité des papes, (ou « Esprit de Gerson », par E. LE NOBLE). *Amsterdam, Bernard,* 1727, in-12 de 108 et 165 p.

Cette satire en forme de dialogue, traduite du latin, a été attribuée à Faustus ANDRELINUS, à ERASME qui l'a désavouée, à Jérôme BALBUS, à Cœlius secundus CURIO, et plus généralement à Ulric DE HUTTEN. Voy. Brunet, « Manuel du libraire », 5e édit., tome III, col. 390.

Dialogue entre Tranche-Fétu et Prêt-à-Tout, soldats au régiment d'infanterie du roi ; Brusque-Feu, cavalier du mestre de camp ; Vindbeytel, grenadier du régiment suisse de Châteauvieux, et Carmara, déserteur brabançon... (Par J. Jourgniac Saint-Méard.) *A la Chapelle des Trois-Colas*; *station entre la ville de Nancy et le village de Champigneulles, le 31 août, jour de la licence militaire réprimée*, 100, 700, 80, 10. *Nancy, fini d'imprimer le 4 septembre*, in-8, 64 p.

Catalogue Noël, n° 1398.

Dialogue entre un auteur et un receveur de la capitation; par madame D. L. R. (Par l'abbé Roger, ex-jésuite.) *Amsterdam*, 1767, in-12.

Voy. « Supercheries », I, 961, *b*.

Dialogue entre un conscrit et un royaliste, dans un café, près de l'Arsenal. (Par Colasin.) *S. l. n. d.* (*Renaudière*, 1794), in-8.

Catalogue Soleinne, n° 4000.

Dialogue entre un curé et son filleul. *La Haye, Néaulme*, 1767, in-12, 23 p.

C'est une satire amère contre Grosley, attribuée par les uns à André Le Fèvre, parent de Grosley, et par d'autres à Montroger, ami de Le Fèvre.

Dialogue entre un docteur de toutes les universités et académies du monde connu, notamment de la Faculté de médecine fondée à Paris, dans la rue de la Bûcherie, l'an de notre salut 1472, et un homme de bon sens, ancien malade du docteur. (Par Bergasse.) *Paris, Gastellier*, 1784, in-8, 23 p. — 2e édit. *Paris, Dentu*, 1826, in-8, 24 p.

Voy. « Supercheries », II, 291, *d*.

Dialogue entre un évêque et un curé sur les mariages des Protestants. (Par l'abbé Louis Guidi.) *S. l.*, 1775, in-12, 120 p. — Suite du dialogue sur les mariages des protestants... (Par le même.) *S. l.*, 1776, in-12, 142 p.

Dialogue entre un magnétiseur qui cherche les moyens de propager le magnétisme, et un incrédule qui croit l'avoir trouvé. *Paris, chez les marchands de nouveautés*, 1818, in-8, 14 p.

Signé : L.-C. d. P.

Attribué à Bergasse.

Dialogue entre un militaire et un député, ou petit catéchisme politique... Par l'auteur des « Considérations sur l'organisation sociale » imprimées à Paris en 1802 (Jean Saint-Sardos de Montagu, marquis de Mondenard). *Paris, Porthmann*, 1819, in-12.

Dialogue entre un philosophe et un homme de bien sur la « Théorie du paradoxe » (de Morellet), par M. Z... (François, de Neufchâteau). *Amsterdam*, 1775, in-8, 14 p.

Voy. « Supercheries », III, 1015, *c*.

Dialogue entre une presse mécanique et une presse à bras; recueilli et raconté par une vieille presse en bois; enrichi de notes; par Henri J. (Jador), compositeur. *Paris, chez les marchands de nouveautés*, 1830, in-8, 15 p.

Dialogue entre Voltaire et Fontenelle. (Par Antoine Rivarol aîné.) *Paris*, 1785, in-8.

Non compris dans les « Œuvres complètes » de Rivarol, 1808; réimprimé sous son nom dans les « Mélanges littéraires » recueillis par Fayolle, 1816, in-12.

Dialogue non moins facétieux que de subtile invention (l'homme et le pou), mis en françois par G. D. L. T. (Guillaume de La Tayssonnière). *S. l. n. d.*, in-16.

Voy. « Supercheries », II, 150, *b*.

Dialogue, ou entretien de monsieur Clergé avec madame Nation. *Paris, imprimerie des Démocrates, rue Sans-Détour* (1789), in-8, 20 p.

Le titre de départ porte en plus : Par Jean Barth.

Dialogue ou satire X du sieur D*** (Boileau - Despréaux). *Paris, Denis Thierry*, 1694, in-4.

Voy. « Supercheries », I, 831, *e*.

Dialogue plaisant et récréatif...

Voy. ci-dessus, « Chant réal », col. 564, *d*.

Dialogue pour apprendre les principes de la langue latine, par S. Gir. (Girault), Langrois. *Langres, Jehan Despreyz*, 1590, in-4, signat. A. Miij., fig. s. b.

Un article curieux de Nodier dans ses « Mélanges tirés d'une petite bibliothèque » (pp. 371 et suiv.) a fait pour un jour la fortune de ce dialogue : Brunet, « Manuel du libr. », 5e édit., II, 1614.

Dialogue récréatif et instructif, envoyé par les génies tutélaires au peuple docile et indocile, savant et ignorant. (Par le P. Grégoire Lambrez, de Bavai, ancien récollet à Lille.) *Imprimé à Maubeuge*, *s. d.*, in-8.

M. Dinaux (note de son catalogue, 2e partie, n° 2442) indique cette attribution : « Ce dialogue est farci de toutes les idées de ce rêveur sur les antiquités de nos environs. »

Dialogue sur ces mots de Montesquieu : « La vertu est la base des républiques. » *Nancy, Haener*, in-8, 17 p.

Vers en l'honneur de Bonaparte, composés après la paix d'Amiens. Une note indique pour auteur le censeur des études du lycée de Nancy, Durand.

Catalogue Noël, n° 4714.

Dialogue sur l'état civil des protestants en France. *En France*, 1778, in-12, 2 ff. lim. et 202 p.

Par l'abbé Louis GUIDI, d'après une note manuscrite contemporaine.

Dialogue sur la Charte entre le maire d'une petite ville et celui d'un village voisin. (Par Cl.-Ant. GOUPIL-DESPALLIÈRES.) *Paris, impr. de Boucher*, 1819, in-8, 88 p.

Dialogue sur la musique des anciens. (Par l'abbé DE CHATEAUNEUF, ouvrage posthume, précédé d'un avertissement rédigé par Jacques MORABIN.) *Paris, Pissot*, 1725, 1735, in-12.

Dialogue sur la peine de mort, sur le système pénitentiaire et sur la guerre. (Par le comte J.-J. DE SELLON.) *Genève*, 1834, in-8.

Dialogue sur la peinture de Louis Dolce, intitulé l'Arétin (en italien et en français). (Par VLENGHELS.) *Florence*, 1735, in-8.

G. M.

Dialogue sur la raison humaine. (Par l'abbé Guill.-Ant. LE MONNIER.) *S. l.*, 1766, in-8.

Dialogue sur le coloris. (Par Roger DE PILES.) *Paris*, 1799, in-12.

Réimprimé dans le « Recneil de divers ouvrages sur la peinture et le coloris », 1775, in-12.

Dialogue sur le jurement et le blasphème. Par un curé de campagne (l'abbé LESCOUF). *Lille, Lefort*, 1831, in-24. — *Lille, Lefort*, 1847, in-16.

Voy. « Supercheries », I, 816, *d*.

Dialogue sur le prix des pommes de terre. (Par P. PRÉVOST.) *Genève*, 1817, in-8.

Dialogue sur les droits de la reine très-chrétienne. *Paris, imp. d'A. Vitré*, 1667, in-12, 69 p. — *S. l.*, 1667, in-12, 69 p. — *S. l.*, in-12, 1667, 2 ff. lim. et 65 p.

Abrégé du « Traité des droits de la reine... » attribué à Antoine BILAIN ou à Guy JOLY. Voy. ce titre.
Ce dialogue a été traduit en italien, en flamand et en anglais.

Dialogue sur les orateurs, traduction nouvelle, précédée d'une préface où l'on prouve que l'ouvrage est de TACITE (par Cl.-Guill. BOURDON DE SIGRAIS), suivie du texte original. *Paris, imprimerie de Monsieur*, 1782, in-12.

Dialogue sur les sangsues entre Jeanneton Vernil et sa bonne amie, Marie Brianet, composé le 30 juin 1819, poëme. (Par PHARAMOND, médecin de Montauban.) *Montpellier, impr. de veuve Picot*, 1825, in-8.

Dialogue sur les transactions, entre un créancier et un débiteur d'assignats. (Par BASIN.) *S. l. n. d.* (*Paris, Tarlier*, 1799), in-8.

Catalogue Soleinne, n° 4009.

Dialogues chrétiens, ou préservatif contre l'« Encyclopédie ». Par M. V*** (VOLTAIRE). *Genève*, 1760, in-8, 16 p.

Dialogues chrétiens sur la religion, les commandements de Dieu et les sacrements, par l'auteur de l'« Ecole du Sauveur ». *Lyon et Paris, Rusand*, 1802, 3 vol. in-8.

L'auteur des « Dialogues chrétiens » est M. l'abbé J.-B. LA SAUSSE, écrivain très-fécond ; mais il n'est pas également certain que M. La Sausse soit l'auteur de l' « Ecole du Sauveur », ouvrage qui porte le nom du pieux abbé Chomel, et qui est en grande partie traduit du latin.

Reproduit en 1826 sous le titre de : « Conversations d'un curé avec ses paroissiens sur la religion... »

Dialogues critiques, ou résumé des discours, discussions, critiques, jugemens ou sottises, que l'on entend chaque jour dans les loges, foyers ou coulisses de nos différens théâtres. (Par Fr.-Benoît HOFFMANN.) *Paris, Dondey-Dupré*, 1811, in-8.

Il y a des exemplaires avec une *Préface dialoguée* et d'autres avec une *Nouvelle préface dialoguée* ; sous cette dernière forme, ils ont encore été donnés comme 2e édit., *Paris, G. Ducasse*, 1833, in-8, et avec le nom d'Hoffmann. Mais Hoffmann n'avouait pas cet ouvrage qui ne fait pas partie de ses « Œuvres ».

Dialogues (les) de Jean Loys VIVES, trad. de latin en françois. (Par Benjamin JAMYN, frère du poëte Amadys Jamyn, suivant du Verdier.) Ausquels est adioutée l'explication françoise des mots latins, plus rares et moins usagez, par Gilles DE HOUSTEVILLE. *S. l.* (*Genève*), *imprimé par Jacob Stoer*, 1587, in-16.

Dialogues de la santé, de M. de *** (FREMONT D'ABLANCOURT). *Paris, J. de La Caille*, 1683, in-12, 5 ff. lim., 296 p. et 1 f. d'errata.

Dialogues de M. le baron de La Hontan et d'un sauvage dans l'Amérique. (Par Nic. GUEUDEVILLE.) *Amsterdam*, 1704, in-8.

Leibnitz croyait ces dialogues de LA HONTAN lui-même. Voyez l'*Historia litteraria* de Jugler, *Ienæ*, 1763, t. III, p. 1753.

Dialogues de PLATON, traduits du grec en françois. (Par l'abbé Jean GROU.) *Amsterdam*, 1770, 2 vol. in-8 et in-12.

Dialogues de S. GRÉGOIRE le Grand, traduits en françois, avec une préface,

(Par L. BULTEAU.) *Paris, Coignard*, 1689, in-12.

Dialogues (les) de S. GRÉGOIRE, traduits du latin en françois, illustrés d'observations, avec un traité de la translation du corps de S. Benoît en France. (Par le P. Simon-Gervais MILLET, bénédictin.) *Paris*, 1624, 1644, in-8.

Dialogues des dieux, traduits de l'allemand de C.-M. WIELAND (par Auguste DUVAU). *Zurich*, 1796, in-8.

Dialogues des morts. (Par LYTTELTON.) Traduits de l'anglais par Elie DE JONCOURT. *La Haye, Dehondt*, 1760, in-8.

La même année, le ministre Jean Deschamps publia à Londres une autre traduction de cet ouvrage; il en existe une nouvelle, faite sur la quatrième édition, qui est considérablement augmentée dans le corps de l'ouvrage, et de quatre nouveaux dialogues. *Amsterdam, J.-H. Schneider*, 1767, in-8.

Dialogues des morts, composez pour l'éducation d'un prince. (Par FÉNELON.) *Paris, Delaulne*, 1712, in-12.

Edition originale; elle contient 45 dialogues. Quatre de ces dialogues avaient été subrepticement publiés sous ce titre : « Dialogues divers entre les cardinaux de Richelieu et de Mazarin, et autres (Denis, Damon et Pythias; Rhadamante, Caton et Scipion; Louis XII et François Ier). *Cologne, P. l'Enclume*, 1700, pet. in-12. Une édition plus complète que celle de 1712 parut après la mort de l'auteur. C'est And.-Mich. DE RAMSAY qui a publié l'édition de *Paris, Delaulne*, 1718, 2 vol. in-12.

On trouve six nouveaux dialogues dans le tome quatrième de la collection des « Œuvres » de Fénelon imprimée par ordre du clergé de France, en 1787. Quatre de ces dialogues parurent alors pour la première fois, d'après les manuscrits de l'auteur; ils sont intitulés : Confucius et Socrate, Dion et Gelon, Henri VII et Henri VIII, rois d'Angleterre; Marie de Médicis et le cardinal de Richelieu. Les deux autres, relatifs à la peinture, avaient été publiés en 1730, par l'abbé de Monville, à la suite de la « Vie de P. Mignard ».

Dialogues des morts de la Révolution, par l'auteur du « Club infernal » (Jean-Pierre GALLAIS). An III, 7 numéros in-8.

Voy. Hatin, « Bibliographie de la presse », p. 251.

Dialogues des vivants. (Par l'abbé L. BORDELON.) *Paris, Pierre Prault*, 1712, in-12.

Dialogues divers entre les cardinaux de Richelieu et de Mazarin.... (Par FÉNELON.)

Voy. « Dialogues des morts ».

Dialogues du nouveau langage françois italianisé. (Par Henri ESTIENNE.) Nouvelle édition. *Anvers, Guillaume Niergue* (*Genève*), 1579, in-16. — Autre édition. *Anvers, chez le même libraire*, 1583, in-16.

Ce sont le Duchat et la Monnoye qui, dans les « Œuvres » de Rabelais en 1711 et en 1725, nous apprennent que ces éditions ont été faites à Genève par les soins de Henri Estienne lui-même. Voyez la préface des Œuvres de Rabelais, p. 18. Voyez aussi ci-dessus, « Deux dialogues », col. 920, *d*, et « Dialogue du nouveau langage, col. 943, *b*.

Dialogues en françois et latin, pour servir de guide aux militaires et aux personnes qui voyagent. (Par Pons-Aug. ALLETZ.) *Paris, Guillyn*, 1760, in-12.

Dialogues entre deux chrétiens instruits sur les grandes vérités du salut... (Par l'abbé J.-B. LASAUSSE.) *Saint-Brieuc*, an XI-1803, in-18.

Dialogues entre deux paroissiens de Saint-Hilaire-du-Mont, sur les ordonnances contre la traduction du N. T. imprimée à Mons. (Par Michel GIRARD, abbé de Verteuil, frère de l'auteur de la « Vie du duc d'Epernon ».) *S. l. n. d.* (1667), in-8.

Dialogues entre Hylas et Philonoüs, contre les sceptiques et les athées, par George BERKELEY, traduit de l'anglois. (Par l'abbé Jean-Paul DE GUA DE MALVES.) *Amsterdam* (*Paris*), 1750, 1785, in-12.

Dialogues entre les philosophes modernes. (Par l'abbé LIGER.) *Genève, frères Cramer*, 1778, 3 vol. in-12.

Le dernier volume porte le nom de l'auteur.

Dialogues entre messieurs Patru et d'Ablancourt, sur les plaisirs. *Paris, Guill. de Luyne*, 1701, et *Amsterdam*, 1714, 2 vol. in-12.

Attribué par l'auteur du « Mercure galant » à Nic. BAUDOT DE JUILLY et par Bayle à l'abbé Ch.-Cl. GENEST.

Dialogues entre Photin et Irénée, sur le dessein de la réunion des religions. (Par le ministre Fr. DE GAULTIER.) *Mayence, J. Le Blanc*, 1685, 2 vol. in-16.

Dialogues entre un laboureur, un manœuvre et un grenadier de Bonaparte. (Par l'abbé ELQUIN.) 1815, in-8.

Catalogue Noël, n° 4141.

Dialogues et devis des damoiselles, pour les rendre vertueuses et bienheureuses en la vraye et parfaicte amitié... *Paris, Vincent Norment*, 1581, in-16, 278 ff. et 10 ff. non chiffrés. — *Paris, Robert Le Mangnier*, 1583, in-16.

Traduction libre de l'écrit publié en italien en 1539, par Alessandro PICCOLOMINI, sous le nom de FLORDITO qui était son sobriquet comme membre de l'Académie des Intronati de Sienne.

Le traducteur François D'AMBOISE s'est caché sous le nom de Thierry DE TIMOPHILE, dont il a signé un des sonnets qui suivent l'épître dédicatoire.

Voy. « Supercheries », III, 838, *d*.

Dialogues et discours fantastiques de Justin Tonnelier et de son âme, par J.-B. GELLÉ. (Trad. de l'italien par Cl. DE KERQUIFINEN.) *Paris*, *Cl. Micart*, 1575, in-12.

Réimprimé sans le nom de l'auteur. Voy. « Discours fantastiques ».

Dialogues françois selon le langage du temps, par J. DE PARIVAL; 6e édition, augmentée de l' « Ecole pour rire ». (Par le Sr DE DAMPIERRE.) *Leyde*, *Arnould Doudé*, 1678, pet. in-12, frontispice gravé.

Dialogues moraux de M. DE C*** (Charles-Claude-Florent THOREL DE CAMPIGNEULLES), suivis de l'histoire d'un baron picard. *Amsterdam et Paris*, *Laur. Prault*, 1768, 2 parties in-12.

Quelques exemplaires de cet ouvrage portent ce titre: Dialogues moraux d'un petit-maître philosophe et d'une femme raisonnable. *Londres*, 1774, in-12.

Dialogues, ou entretiens sur les mariages qui sont faits et sur ceux qui ne sont pas faits dans le ciel; ensuite sur les mariages qui sont faits sur la terre et qui ne seront jamais approuvés, ratifiés, confirmés dans le ciel. (Par l'abbé DAUPHIN.) *Nancy*, 1822, in-8, 16 p.

Dialogues politiques de maître Pierre. (Par Louis-Marie DE LA HAYE, vicomte DE CORMENIN.) *Paris*, *Pagnerre*, 1835, in-12.

Voy. « Supercheries », II, 1033, *b*.

Dialogues politiques sur les principales opérations du gouvernement français depuis la Restauration, et sur leurs conséquences nécessaires. Par l'auteur de la « Tydologie » (le chevalier DE SADE). *Londres*, *impr. de Juigné*, 1815, in-8, 88 p.

Dialogues posthumes de Jean DE LA BRUYÈRE sur le Quiétisme, reveus et augmentez de deux dialogues. (Par L.-Elie DU PIN.) *Paris*, 1699, in-12.

M. Walckenaer, ainsi que la plupart des éditeurs de La Bruyère, refusant d'admettre l'authenticité de ces « Dialogues », les a écartés de l'édition qu'il présente comme celle des « Œuvres complètes » de l'auteur des « Caractères ». M. Servois, au contraire, leur a donné place dans le tome II de son édition de La Bruyère (*Paris*, *Hachette*, 1865, in-8), et il a mis en tête une longue notice pour établir qu'ils ne sont pas apocryphes.

M. Edouard Fournier, qui a rejeté les conclusions de Walckenaer (le « Roman de La Bruyère », tom. II, p. 498), et avant lui le rédacteur du « Journal des Savants » (1699, p. 9), font deux parts bien distinctes dans les dialogues : l'une appartenant à La Bruyère, l'autre à Elie du Pin.

Dialogues socratiques, ou entretiens sur divers sujets de morale. Nouvelle édition, revue, corrigée, et augmentée par l'auteur

a de deux nouveaux dialogues. (Par J.-J. VERNET.) *S. l.*, 1755, in-12.

La première édition est de 1746.

Dialogues spirituels, où la perfection chrestienne est expliquée pour toutes sortes de personnes. (Par le P. SURIN, revus et corrigés par le P. CHAMPION.) *Nantes et Paris*, *Couterot*, 1704, 3 vol. in-12.

b Dialogues sur l'Eloquence en général, et sur celle de la chaire en particulier, avec une lettre sur les travaux de l'Académie françoise, par FÉNELON (le tout précédé d'une préface par le chevalier And.-Mich. DE RAMSAY). *Paris*, 1718, in-12.

Dialogues sur l'immortalité de l'âme, traduits de l'allemand de MENDELSOHN (par Abel BURJAT). *Berlin*, 1785, in-8.

c Dialogues sur l'utilité des moines rentés. (Par dom And.-Jos. ANSART.) *Paris*, *Desventes de La Doué*, 1768, in-12.

Dialogues sur la grâce efficace par elle-même, entre Philocaris et Aléthozette. (Par MAHÉ, chanoine de Vannes.) *Paris*, *Doublet*, 1818, in-12.

Dialogues sur le commerce des blés. (Par l'abbé Ferdinand GALIANI.) *Londres*
d (*Paris*, *Merlin*), 1770, in-8.

Le style de ces dialogues a été revu et corrigé par GRIMM et DIDEROT : la lecture attentive que j'ai faite de la correspondance autographe de l'abbé Galiani avec madame d'Epinay, etc., m'a en effet convaincu que cet abbé écrivait le français d'une manière très-incorrecte.

Aussi l'ingénieux Napolitain, en accusant à madame d'Épinay la réception du premier exemplaire de ses dialogues (lettre du 3 février 1770), dit : « J'y ai trouvé peu de changements; mais ce peu fait
e un très-grand effet : un rien pare un homme. J'en remercie les bienfaiteurs. Que n'en puis-je dire autant des correcteurs d'imprimerie? »

Dialogues sur les arts entre un artiste américain et un amateur françois. (Par Pierre ESTÈVE.) *Amsterdam* (*Paris*, *Duchesne*), 1756, in-12.

Dialogues sur les matières du temps, concernant la religion, etc. (Par Jean TRONCHIN DU BREUIL.) *Amsterdam*, *Paris*,
f 1700, in-12.

Dialogues sur les mœurs des Anglois et sur les voyages, traduits de l'anglois. (Par l'abbé Jean-Bernard LE BLANC.) *Londres*, 1765, in-12.

Dialogues sur plusieurs choses que tout le monde a intérêt de connaître, etc. (Par VAUDON, de Saint-Pierre-sur-Dive, Calvados.) *S. l.*, an X-1802, in-12, 60 p.

Dialogues, traitans du faict de la marchandise, traduicts de françois (de G. DE VIVIER) en hault alman par Abr. DES MANS, Aixois... (Allemand et français.) *Collogne*, 1606, in-8. A. L.

Diamant (le) de Charles-Quint, comédie en un acte. (Par le comte P.-L. ROEDERER.) *Paris, impr. de Lachevardière*, 1827, in-8.

Réimprimé dans le tome I des « Comédies historiques » de l'auteur. Voy. ce titre. Une première édition avait été faite en Belgique, en 1816.

Diane de Castro. (Par HUET, évêque d'Avranches.) *Paris, Coustelier*, 1728, in-12.

Diane de France, nouvelle historique avec les maximes pour apprendre à déchiffrer des lettres. (Par Pierre DORTIGUE DE VAUMORIÈRE.) *Amsterdam, P. Bruyn*, 1675, petit in-12.

Catalogue La Villestreux, 1872, n° 279.

Diane (la) de George DE MONTEMAYOR, traduite en françois par A. V. P. (Anth. VITRAY, Parisien). *Paris, Rob. Foüet*, 1623, in-8.

Voy. « Supercheries », I, 422, *c*.

Diane (la) de Montemaor mise en nouveau langage. Avec une idile sur le mariage de Mme la duchesse de Loraine, et des letres en vers burlesques. *Paris, veuve Daniel Hortemels*, 1699, in-12, 4 ff. et 471 p.

L'épître à Madame est signée de madame GILLOT DE SAINTONGE, dont le nom se retrouve dans l'extrait du privilége.

Diane et Endymion, pastorale en trois actes. (Par le chevalier J.-Fr. ESPIC DE LIROUX; la musique est de Piccini.) *Paris, Delormel*, 1784, in-4.

Dianée (la), trad. de l'italien de G.-F. LOREDANO (par le maréchal de SCHOMBERG). *Paris, Sommaville*, 1642, in-8.

Lenglet Dufresnoy nous fournit cette indication et il ajoute : « Le maréchal eût mieux fait d'écrire sur l'art militaire. »

Dianyologie, ou tableau de l'entendement. (Par le prince BELOSELSKI-BELOSERKI.) *Dresde*, 1790, in-8, 40 p.

Réimprimé avec le nom de l'auteur, *Londres, Elmsly*, 1791, in-18, 44 p. et 2 ff. de table.

Diatribe à l'auteur des « Éphémérides ». (Par VOLTAIRE.) *S. l.*, 1775, in-8, 32 p.— *Genève, et se trouve à Paris, Valleyre l'aîné*, 1775, in-8, 27 p.

Diatribe clémentine, ou dissertation dans laquelle on discute tout ce qui concerne les lettres publiées sous le nom du pape Clément XIV Ganganelli. (Par le P. Charles-Louis RICHARD, dominicain.) *Avignon (Liége)*, 1777, in-12, 322 p.

La même année, le critique fit paraître une première suite de la « Diatribe clémentine »; in-12, 88 p.

On a du même auteur : « Suite de la Diatribe clémentine, ou Nouvelles Réflexions sur le tome troisième de l'ouvrage intitulé : « Lettres intéressantes du pape Clément XIV. » *Avignon*, 1777, in-12.

Diatribe du docteur Akakia, médecin du pape. Décret de l'inquisition ; et rapport des professeurs de Rome, au sujet d'un prétendu président. (Par VOLTAIRE.) *Rome*, 1753, in-8, 32 p. — *Rome*, 1753, in-12, 24 p.

Dicé, ou de la justice. Remonstrance faite en la ville de Saintes, à la dernière séance et clôture de la chambre de justice envoyée par le roy en ses pays et duché de Guienne. (Par Antoine LOISEL.) *Paris, impr. de D. Duval*, 1603, in-8, 26 ff.

Discours prononcé le 8 juin 1584. Le nom de l'auteur se trouve dans le courant de la pièce.

Réimprimé en 1596 dans le recueil intitulé : « Sept remontrances publiques : VI sur le sujet des édits de pacification, la VIIe sur la réduction de la ville et restablissement du parlement de Paris... par M. A. L'OISEL, » *Paris, A. L'Angelier*, 1596, in-8, et en 1605 dans « La Guyenne, de M. Ant. L'OISEL, qui sont huit remonstrances faictes en la chambre de justice de Guyenne sur le subject des edicts de pacification... » *Paris, L'Angelier*, 1605, in-8.

Dict... Voy. « Dit ».

Dictateur (le), ou les montagnards, drame en trois actes ; affaires des 12 et 13 juin 1849, dédié à MM. les propriétaires de France, par H. B., de Caen (BRUNER, maître d'écriture). *Caen, de Laporte*, 1850, in-8, 79 p.

Voy. « Supercheries », II, 247, *e*.

Dictées du premier examen de l'Hôtel-de-Ville, recueillies et mises en ordre par Mme C. B. (Mme C. BOURGOIN), institutrice. *Paris, veuve Maire-Nyon*, 1844-1858, 6 vol. in-12.

Voy. « Supercheries », I, 666, *c*.

Dictées pour les jeunes filles de huit à douze ans. (Par Mme C. BOURGOIN.) *Paris, veuve Maire-Nyon*, 1855, in-12.

Voy. « Supercheries », I, 666, *c*.

Dictionnaire abrégé à l'usage des Etats du Languedoc. (Par M. DE SOLAS, maître des comptes.) 1789, in-4, 18 p.

Dictionnaire abrégé d'antiquités, pour servir à l'intelligence de l'histoire ancienne. (Par E.-J. DE MONCHABLON.) *Paris, Desaint*, 1760, 1773, in-12.

Réimprimé avec le nom de l'auteur.

Dictionnaire abrégé de la Fable, ou de la mythologie... Voy. « Amusemens philologiques... »

Dictionnaire abrégé de la Fable, pour l'intelligence des poëtes, des tableaux... par P.-C. CHOMPRÉ. Nouvelle édition avec un supplément contenant l'interprétation des apologues et attributs de sujets fabuleux... (par Et.-M. CHOMPRÉ, frère de l'auteur). *Bâle, Schweighauser*, 1770, in-12.

Le supplément a paru d'abord séparément sous ce titre : Apologues ou Explications des attributs...

Voy. « Supercheries », E. C., tome I, 1201, *a*.

La 11e édition du Dictionnaire, *Paris, Saillant*, 1774, pet. in-12, a été retouchée et augmentée par E.-J. DE MONCHABLON.

Dictionnaire abrégé de peinture et d'architecture,... (Par l'abbé François-Marie DE MARSY.) *Paris, Barrois et Nyon*, 1746, 2 vol. in-12.

Dictionnaire abrégé des mythologies de tous les peuples policés ou barbares, tant anciens que modernes. (Par Georges DUVAL.) *Paris, Barba* (vers 1800), 2 part. in-12.

Dictionnaire alchimique, en deux volumes grand in-octavo, proposé par soumission. Prospectus. (Par Jean-Benj. DE LA BORDE.) *Paris*, 1784, in-8, 8 p.

L'ouvrage n'a pas paru.

Dictionnaire alphabétique de tous les noms propres qui se trouvent dans Horace. (Par le P. Bertrand-Gabriel FLEURIAU, jésuite.) *Paris*, 1756, in-12.

Dictionnaire anatomique et chirurgical. Voy. ci-après, « Dictionnaire de chirurgie ».

Dictionnaire anatomique, latin-françois.... (Par Jacques PÉRAS.) *Paris, Rollin*, 1753, in-12.

Dictionnaire anecdoctique, ou recueil de traits singuliers, de bons mots, de plaisanteries, de saillies heureuses, de contes et d'épigrammes, tant en vers qu'en prose, dont un grand nombre inédits ou peu communs. (Par VAN ROY, libraire.) *Bruxelles, Van Roy*, 1855, in-32, 544 p.

J. D.

Dictionnaire anti-philosophique, pour servir de commentaire et de correctif au « Dictionnaire philosophique » (de Voltaire), et aux autres livres qui ont paru de nos jours contre le christianisme. (Par l'abbé L.-Mayeul CHAUDON.) *Avignon, veuve Girard*, 1767, in-8. — 1769, 2 vol. in-8.

La quatrième édition de cet ouvrage a paru en 1780, à *Paris, chez Bastien*, en deux volumes in-8, sous le titre d' « Anti-Dictionnaire philosophique. » Voy. ci-dessus ce titre, col. 210, *e*.

Voy. aussi « Supercheries », III, col. 1062, *a*.

Dictionnaire bibliographique, historique et critique des livres recherchés. (Par l'abbé DUCLOS.) *Paris, Cailleau*, 1790, 3 vol. in-8.— Supplément. (Par J.-Ch. BRUNET.) *Paris, Delalain fils*, an X-1802, in-8.

Dictionnaire bibliographique, ou nouveau manuel du libraire et de l'amateur de livres.... précédé d'un essai élémentaire sur la bibliographie ; par M. P***** (Etienne PSAUME). *Paris, Ponthieu*, 1824, 2 vol. in-8.

Voir sur Psaume une curieuse note du « Catalogue raisonné des collections lorraines de M. Noël ». *Nancy*, 1850-51, t. I, p. 10, et corrections, p. 809.

Voy. aussi « Supercheries », III, 11, *f*.

Dictionnaire biographique et bibliographique des prédicateurs et sermonnaires français, depuis le XVIe siècle jusqu'à nos jours... Suivi de préceptes sur l'art oratoire, extraits des ouvrages de Laharpe, Marmontel, Maury, etc., par l'abbé DE LA P***** ; précédé d'un essai historique sur l'éloquence de la chaire par B. DE ROQUEFORT. (Par Charles-Yves COUSIN, d'Avallon.) *Paris, Persan*, 1824, in-8.

Voy. aussi « Supercheries », II, 658, *c*.

Réimpression avec augmentations du « Dictionnaire portatif des prédicateurs. (Par A. ALBERT et J.-F. DE COURT.) Voyez ci-après ce titre.

Dictionnaire biographique et bibliographique portatif des personnages illustres, célèbres ou fameux... par L.-G.-C. (Gabriel PEIGNOT). *Paris, Hacquart*, 1813, 4 vol. in-12.

Une autre éd., publiée en 1822, porte le titre de « Dictionnaire historique et bibliographique abrégé des personnages illustres... par M. G. PEIGNOT ». *Paris, Haut-Cœur et Gayet*, 1822, 3 vol. in-8.

D'après M. de Manne, Peignot n'a coopéré à la rédaction de cet ouvrage que pour la lettre A.

Barbier dans sa 2e éd. avait imprimé : Par M. MEIGNOT. Cette erreur typographique, rectifiée à la table, a néanmoins été reproduite par Œttinger.

Dictionnaire biographique et historique des hommes marquants de la fin du XVIIIe siècle, et plus particulièrement de ceux qui figurent dans la Révolution française, suivi d'un supplément de quatre tableaux des massacres et proscriptions, rédigé par une société de gens de lettres. *Londres (Hambourg)*, 1800, 3 vol. in-8.

Par le baron Henri-Louis COIFFIER DE VERSEUX, Attribué à tort à L. DUBOIS DE LA MAISONFORT.

Réimprimé à Paris en 1802, sous le titre de « Biographie moderne » ; mais l'auteur primitif est resté étranger à cette réimpression, aussi bien qu'à celle faite à Leipzig.

Voy. « Supercheries », III, 675, *b*.

Dictionnaire biographique universel et pittoresque... (Par Paul ACKERMANN.) *Paris, Aimé André,* 1834, 4 vol. in-8.

Dictionnaire botanique et pharmaceutique, contenant les principales propriétés des minéraux, des végétaux et des animaux d'usage, avec les préparations de pharmacie interne et externe... Par***(dom Nic. ALEXANDRE, bénédictin). *Paris, Laurent Le Conte*, 1716, in-8.

Voy. « Supercheries », III, 1030, *a*.

Souvent réimprimé, notamment en 1802 et en 1810 avec la mention : Par une société de médecins.

Voy. « Supercheries », III, 685, *c*.

Dictionnaire chrétien. (Par Nic. FONTAINE.) *Paris, Josset*, 1691 ; — *G. Cavelier*, 1712, in-4.

Dictionnaire chronologique, historique, critique, sur l'origine de l'idolâtrie, des sectes des Samaritains, des juifs, des hérésies, des schismes, des anti-papes, et de tous les principaux hérétiques et fanatiques qui ont causé quelque trouble dans l'Église. (Par le R. P. PINCHINAT.) *Paris, Pralard*, 1736, in-4.

Réimprimé avec le nom de l'auteur.

Dictionnaire classique de géographie ancienne, par le P. Q***, de l'Oratoire (nom imaginaire), rédigé (par un anonyme) et publié (avec une dédicace à Marin) par BERTRAND D'AYROLLES. *Paris, Lacombe*, 1768, in-8.

Voy. « Supercheries », III, 231, *c*.

Dictionnaire classique de la langue française à l'usage des maisons d'éducation... Nouvelle édition revue, corrigée et augmentée (par le P. J.-N. LORIQUET). *Lyon, L. Lesne*, 1844, in-8, xxviij-909 p.

Dictionnaire classique de la langue française, avec des exemples tirés des meilleurs auteurs français et des notes puisées dans les manuscrits de Rivarol. Publiés et mis en ordre par quatre professeurs de l'Université. (Par M. Noël VERGER.) *Paris, Baudouin frères*, 1827, in-8.

Voy. « Supercheries », III, 279, *e*.

Dictionnaire contenant les anecdotes historiques de l'amour. (Par MOUCHET, vice-président du tribunal de première instance à Troyes.) Nouvelle édition augmentée. *Troyes*, 1811, 5 vol. in-8.

La 1re éd. était intitulée : « Dictionnaire portatif... » Voy. ces mots.

Un exemplaire sur papier vélin a été annoncé comme unique en ce qu'il était sans les cartons substitués par ordre du gouvernement au texte primitif contenant des passages compromettant quelques familles de l'ancienne noblesse qui s'étaient ralliées à la cour impériale.

Dictionnaire critique des locutions et des alliances de mots introduites dans la langue française par J. Racine, par L. A.-M. (Louis AIMÉ-MARTIN). 1844, in-8.

Dictionnaire critique et raisonné du langage vicieux ou réputé vicieux, ouvrage pouvant servir de complément au « Dictionnaire des difficultés de la langue française » par Laveaux. Par un ancien professeur (PLATT, de Concarneau). *Paris, A. André*, 1835, in-8, XII-464 p,

Voy. « Supercheries », I, 340, *d*.

Cet ouvrage y est indiqué une seconde fois sous la même rubrique : Un ancien professeur (J.-B. BETTINGER), col. 340, *c*.

Il y a eu, sans doute, confusion avec un ouvrage publié en 1834, chez le même éditeur, sous le titre de « Dictionnaire grammatical, ouvrage nouveau... Par Bettinger... revu... par F. Raymond... » *Paris, A. André*, 1834, in-8.

Dictionnaire critique, pittoresque et sentencieux, pour faire connaître les usages du siècle ainsi que ses bizarreries. Par l'auteur de « la Conversation avec soi-même » (L.-Ant. DE CARACCIOLI). *Lyon, B. Duplain*, 1768, 3 vol. in-12.

Dictionnaire d'amour, dans lequel on trouvera l'explication des termes les plus usités dans cette langue, par M. DE *** (J.-Fr. DREUX DU RADIER). *Osnabrug*, 1741, in-12.

Dictionnaire d'amour. (Par le chevalier GIRARD DE PROPIAC.) *Paris, Chaumerot*, 1807, in-12, 278 p., avec une gr.

Des exemplaires portent : Seconde édition revue et considérablement augmentée et la date de 1808.

Dictionnaire d'anecdotes, de traits singuliers, caractéristiques et historiques, bons mots.... (Par Honoré LACOMBE DE PREZEL.) *Paris, Hérissant*, 1756, pet. in-8. — *Paris*, 1797, 2 vol. in-12. — *Paris*, 1808, 2 vol. in-12. — *Riom*, 1817, 2 vol. in-12.

On dit que MALFILATRE a travaillé à ce dictionnaire. Ce poëte figurait parmi les gens de lettres que les frères Lacombe employaient à rédiger des compilations.

Dictionnaire d'ascétisme, par les abbés J. C. G. (J.-C. GANIER) et J. C. P. (J.-C. POUSSIN) ; suivi du « Traité de la perfection du chrétien », par le cardinal DE RICHELIEU, et des « Illusions de la vie spirituelle », par le P. GUILLORÉ. *Paris, Migne*, 1854, 2 vol. gr. in-8.

Forme les tomes 45 et 46 de la « Nouvelle encyclopédie théologique », publiée par l'abbé Migne.

Dictionnaire d'astronomie mis à la portée des gens du monde, par M. C. (Ph.-J. COULIER). *Paris, Audin*, 1824, in-12.

Voy. « Supercheries », I, 601, *a*.

Dictionnaire d'épigraphie chrétienne, renfermant une collection d'inscriptions des différents pays de la chrétienté, depuis les premiers temps de notre ère,... par M. X*** (l'abbé J.-J. BOURASSÉ). Publié par M. l'abbé MIGNE. *Paris, Migne*, 1852, 2 vol. in-4. D. M.

Formant les tomes 30 et 31 de la « Nouvelle encyclopédie théologique », publiée par l'abbé Migne.

Dictionnaire de bibliographie française. (Par G. FLEISCHER.) *Paris, rue de Seine, 4*, 1812, 2 vol. in-8.

Il n'a paru que les deux premiers volumes comprenant 5409 art. et s'arrêtant au mot Bhagûat Geeta.

Passionné pour la bibliographie, G. Fleischer avait déjà publié sans succès « l'Annuaire de la librairie ». *Paris, Levrault*, an X-1802, in-8 de XXXIX et 756 p.

De nos jours, M. Reinwald publie, avec un succès mérité depuis 1858, le « Catalogue général de la librairie française ». C'est l'idée de Fleischer ramenée à des procédés plus pratiques.

Dictionnaire de chymie, contenant la théorie et la pratique de cette science, son application à la physique, à l'histoire naturelle, à la médecine,... (Par Pierre-Jos. MACQUER.) *Paris, Lacombe*, 1766, 2 vol. in-8.

Les éditions suivantes portent le nom de l'auteur.

Dictionnaire de chirurgie, contenant la description anatomique du corps humain, etc. (Par A.-F.-Thomas LE VACHER DE LA FEUTRIE, François MOYSANT et LA MARCELLERIE.) *Paris, Lacombe*, 1767, 2 vol. in-8.

Dictionnaire de chirurgie, extrait de l'Encyclopédie (c'est-à-dire extrait des articles rédigés pour l'Encyclopédie, par Ant. LOUIS, publié par F. PAUL). *Paris, Saillant et Nyon*, 1772, 2 vol. in-8.

Dictionnaire de danse, contenant l'histoire, les règles et principes de cet art. (Par Ch. COMPAN.) *Paris, Cailleau*, 1787, pet. in-8.

On trouve le nom de l'auteur au bas de l'épître dédicatoire à mademoiselle G*** (Guimard).

Il y a des exemplaires qui portent au frontispice l'adresse de *Paris, Servière*, an X-1802.

Dictionnaire de définitions morales et philosophiques, extrait analysé de l'Encyclopédie. (Par J.-B.-M.-A. LELOUVIER.) *Paris, A. Emery*, 1818, in-8.

Cet ouvrage est donné par erreur dans la seconde édition du Dictionnaire de Barbier, sous le nom de LE HOUVIER.

Dictionnaire de droit et de pratique, par Claude-Joseph DE FERRIÈRE; troisième édition, revue et augmentée (par Ant.-Gasp. BOUCHER D'ARGIS). *Paris, Brunet*, 1749, 1762, 1771, 2 vol. in-4.

Dictionnaire de jurisprudence. *Paris, Panckouke*, 1783-89, 8 vol. in-4.

Cet ouvrage, qui fait partie de l' « Encyclopédie méthodique », a eu pour rédacteur principal LERASLE, ancien professeur de droit, avocat au parlement. Le Catalogue raisonné des ouvrages de droit annoncé n'a pas été donné.

Dictionnaire de l'Académie françoise (première édition). *Paris, Coignard*, 1694, 2 vol. in-fol.

L'épître dédicatoire au roi est de François CHARPENTIER, et la préface a été rédigée par VALINCOUR. L'abbé Regnier Desmarais avait composé une autre préface, que l'on trouve, avec celle de Valincour, dans le tome premier, p. 627-678 du « Recueil de pièces curieuses et nouvelles », *La Haye*, 1694, petit in-12.

BARBIER D'AUCOUR a eu beaucoup de part à la composition de ce dictionnaire.

L'abbé REGNIER a rédigé en grande partie la seconde édition, publié en 1718. L'épître dédicatoire de cette édition est de l'abbé MASSIEU.

André DACIER a pris soin de la troisième édition, laquelle ne parut qu'en 1740, vingt ans après sa mort, « mais en réalité ce fut l'abbé D'OLIVET qui fut le secrétaire et la plume de l'Académie pour cette édition. Il s'en explique lui-même dans une lettre au président Bouhier, du 1er janvier 1736, et l'on est initié par lui aux coulisses du Dictionnaire. Et où n'y a-t-il pas de coulisses, je vous en prie? » (Sainte-Beuve.)

Dictionnaire de l'Académie françoise, quatrième édition. *Paris, veuve Brunet*, 1762, 2 vol. in-fol., réimprimés plusieurs fois en 2 vol. in-4.

DUCLOS a eu la principale part à cette édition.

Dictionnaire de l'Académie française, cinquième édition. *Paris, Smith*, an VI-1798, 2 vol. in-fol. et in-4.

M. Dominique-Joseph GARAT est auteur du discours préliminaire de cette édition; SELIS a revu une partie du dictionnaire sous le double rapport de la grammaire et de la typographie. Cette révision a été continuée par l'abbé BOURLET DE VAUXCELLES et par Jean-Baptiste-Modeste GENCE, littérateur grammairien, ancien correcteur de l'imprimerie royale.

Dictionnaire de l'Académie française; nouvelle édition, augmentée de plus de vingt mille articles. *Paris, Moutardier*, an X-1802, 2 vol. in-4.

Les augmentations contenues dans cette édition, qui a fait tant de bruit, sont attribuées à Jean-Charles LAVEAUX.

Dictionnaire de l'élocution françoise. (Par DEMANDRE, maître de pension.) *Paris, Lacombe*, 1769, 2 vol. in-8.

Le nom de l'auteur se trouve au bas de l'épître dédicatoire : c'est un des ouvrages attribués par Maton de La Varenne à l'abbé DE CALIGNON.

Il y a des exemplaires qui portent pour titre : « Dictionnaire portatif des règles de la langue françoise ». *Paris, Costard*, 1770. Voy. ci-après, col. 983, *b*.

Ce dictionnaire a été réimprimé en 1802, par les soins de l'abbé DE FONTENAY. *Paris, Delalain*, 1802, 2 vol. in-8.

Dictionnaire de l'industrie, ou collection raisonnée des procédés utiles dans les sciences et dans les arts... par une société de gens de lettres. (Par H.-G. DUCHESNE.) *Paris*, 1776, 3 vol. in-8. — Troisième édition, par D***, entièrement refondue et considérablement augmentée (par le même auteur). *Paris, Poignée*, an IX-1800, 6 vol. in-8.

Voy. « Supercheries », I, 843, *f*, et III, 670, *b*.

Dictionnaire de la constitution et du gouvernement français. (Par P.-N. GAUTIER.) *Paris, Guillaume junior*, l'an III de la liberté française (1791), in-8.

Dictionnaire de la folie et de la raison, par C. DE P. (Jacq.-Aug.-Sim. COLLIN DE PLANCY). *Paris, Collin de Plancy*, 1820, 2 vol. in-12.

Voy. « Supercheries », I, 674, *e*.

Dictionnaire de la langue bretonne, par dom Louis LE PELLETIER, bénédictin. (Publié par dom Charles TAILLANDIER, qui a fait la préface.) *Paris*, 1752, in-fol.

Dictionnaire de la langue écrite. (Par Alex. OLIVIER, auteur du « Trépied étymologique ».) *Paris, Croullebois*, 1813, in-8.

Dictionnaire de la langue française, ancienne et moderne, de Pierre RICHELET; nouvelle édition, très-augmentée (par les soins de DU SAUZET, ex-jésuite, et depuis libraire). *Amsterdam, compagnie*, 1732, 2 vol. in-4.

Voyez la « Bibliothèque françoise ». *Amsterdam*, 1733, t. XVII, p. 111.

Dictionnaire de la langue française, ancienne et moderne, par Pierre RICHELET; nouvelle édition, revue, corrigée et augmentée d'un très-grand nombre d'articles (par l'abbé Cl.-P. GOUJET). *Lyon, frères Duplain*, 1759, 3 vol. in-fol.

Dictionnaire de la langue romane ou du vieux langage français. *Paris*, 1768, in-8.

On attribue souvent ce volume à LA CURNE DE SAINTE PALAYE. C'est une grave erreur, née d'une confusion : il n'a paru, on le sait, qu'une faible partie du grand ouvrage entrepris par Sainte-Palaye. Quant à notre volume, ce n'est qu'une réédition du premier volume de l'ouvrage de Franç. LACOMBE : « Dictionnaire du vieux langage françois », dont on a réimprimé uniquement le titre et la première feuille. G. M.

Dictionnaire de la langue toulousaine. (Par Jean DOUJAT.) *Toulouse*, 1638, in-8.

Cet ouvrage n'a pas été imprimé séparément ; il se trouve à la suite des « Œuvres de Pierre Goudelin », écrites en cette langue. Doujat n'y a pas mis son nom, et l'on ne sait qu'il est de lui que parce que Pélisson nous l'apprend dans son « Histoire de l'Académie françoise », page 361.

Dictionnaire de la noblesse, contenant les généalogies, l'histoire et la chronologie des familles nobles de France... Seconde édition. *Paris, veuve Duchesne*, 1770-86, 15 vol.

A partir du t. VI, les titres portent : Par DE LA CHENAYE-DESBOIS. Les tomes XI-XIII formant supplément sont de BADIER. La 1re édit. a paru sous le titre : « Dictionnaire généalogique, héraldique... » Voyez ce titre. Voyez aussi « Supercheries », I, 955, *b*.

Dictionnaire de la prononciation angloise, ou nouveau dictionnaire dans lequel on a essayé de peindre les vrais sons de la langue angloise... *Paris, Le Breton*, 1756, in-8.

Par O'REILLY, d'après Barbier.

Par BRADY, d'après les « Mémoires de Trévoux », oct. 1756, p. 2672.

Dictionnaire de la Provence et du Comté Venaissin, par une société de gens de lettres. *Marseille, J. Mossy*, 1785-1787, 4 vol. in-4.

Le privilége est accordé au sieur A. D. E. M. A. M. (ACHARD, docteur en médecine à Marseille).

Voy. « Supercheries », III, 672, *e*.

Dictionnaire de législation, de jurisprudence et de doctrine en matière de mines, minières, carrières, forges, hauts-fourneaux, tourbières, usines métallurgiques, etc. Par un avocat à la Cour d'appel de Liége (Jules DEL MARMOL). *Liége, F. Renard*, 1857, in-8, 723 p. J. D.

Dictionnaire de législation, de jurisprudence et de finances, sur les gabelles de France. (Par BUTERNE.) *Avignon, Chambeau*, 1764, in-4.

Dictionnaire de marine. (Par AUBIN.) *Amsterdam, Covens et Mortier*, 1736, in-4.

Dictionnaire de mythologie. (Par l'abbé DE CLAUSTRE.) *Paris*, 1745, 1758, 3 vol. in-12.

Réimprimé sous le titre de « Dictionnaire portatif de Mythologie ». Voy. ci-après, col. 982, *c*.

Voy. aussi ci-dessus, « Amusements philologiques », col. 160, *d*.

Dictionnaire de police moderne pour toute la France... (Par P.-Julien ALLETZ, ancien commissaire de police.) *Paris, Dède,* 1820, 4 vol. in-8. — Ou avec des titres de seconde édition et plusieurs cartons. *Paris, Bavoux,* 1843, 4 vol. in-8.

Dictionnaire de physique portatif, par un professeur de physique (l'abbé Aimé-Henri PAULIAN). *Avignon,* 1758, in-8. — Seconde édition augmentée. *Avignon et Paris,* 1760, in-8. — *Avignon et Paris, Desaint,* 1767, 2 vol. in-12. — *Avignon, veuve Girard,* 1769, 2 vol. in-8.

La 2ᵉ éd. porte le nom de l'auteur. Les suivantes portent : « Par l'auteur du grand Dictionnaire de physique ».

Dictionnaire de portraits historiques, anecdotes et traits remarquables des hommes illustres. (Par Honoré LACOMBE DE PREZEL.) *Paris, Lacombe,* 1768, 3 vol. in-8, ou 3 vol. in-12. — *Paris, Delalain,* 1772. 4 vol. in-8.

L'ouvrage intitulé « Galerie des Portraits » forme le quatrième volume.

Dictionnaire de recherches historiques et philosophiques, d'anecdotes, de pensées et d'observations intéressantes sur les lois, les arts, le commerce, la littérature, les mœurs et la société en général. (Par Pierre LE FÈVRE DE BEAUVRAY, avocat au Parlement.) *Paris, Costard,* 1775, in-8.

Cet ouvrage est le même que le « Dictionnaire social et patriotique, ou Précis raisonné des connaissances relatives à l'économie morale, civile et politique, par M. C. R. L. F. D. B. A. A. P. D. P. » *Amsterdam (Paris),* 1770, in-8. Il n'y a que le titre de changé.

Dictionnaire de rimes dans un nouvel ordre, par Pierre RICHELET ; nouvelle édition augmentée, par M. D. F. (DUFRESNE). *Paris, Delaulne,* 1721, in-8. — Autre édition, mise dans un nouvel ordre par l'abbé BERTHELIN. *Paris, Desprez,* 1751, in-8.

Voy. « Supercheries », I, 931, *e*.
Voy. aussi « Nouveau Dictionnaire de rimes... »

Dictionnaire de statistique religieuse et de l'art de vérifier les dates,.. par M. X***, membre de plusieurs sociétés savantes... (Louis DE MAS-LATRIE, sous-directeur à l'école des Chartes). *Paris, Migne,* 1851, gr. in-8.

Forme le 9ᵉ volume de la « Nouvelle encyclopédie théologique », publiée par M. l'abbé Migne.

Dictionnaire de toutes les espèces de chasses. (Par Jacques LACOMBE.) *Paris, Agasse,* an III-1795, in-4, VIII-456 p., avec 32 pl.

Dictionnaire de toutes les espèces de pêches. (Par Jacques LACOMBE.) *Paris, Agasse,* an IV-1796, in-4, X-356 p. et 114 pl.

Dictionnaire des aliments, vins et liqueurs... par M. C. D., chef de cuisine de M. le prince de ***. (Par BRIAND.) *Paris,* 1750, 3 vol. in-12.

Dictionnaire des antiquités romaines, traduit et abrégé du grand Dictionnaire de PITISCUS. (Par l'abbé P. BARRAL.) *Paris, Delalain,* 1766, 2 tomes en 3 vol. in-8.

Dictionnaire des apocryphes, ou collection de tous les livres apocryphes de l'ancien et du nouveau Testament, pour la plupart traduits en français pour la première fois (par M. Gustave BRUNET), sur les textes originaux, enrichis de préfaces, dissertations critiques, notes historiques, bibliographiques, géographiques et théologiques. *Paris, Migne,* 1856-1858, 2 vol. grand in-8.

La traduction du *Livre d'Adam,* dans le premier volume, est de M. TEMPESTINI dont le nom est indiqué, ainsi que celle du *Livre d'Enoch ;* les autres traductions sont l'œuvre de M. BRUNET, lequel a rédigé tout le second volume.

Dictionnaire des artistes dont nous avons des estampes, avec une notice détaillée de leurs ouvrages gravés. (Par le baron Ch.-H. DE HEINECKEN.) *Leipsic, Breitkopf,* 1778-1790, 4 vol. in-8. V. T.

Le quatrième volume se termine à la syllabe DIZ, et l'impression n'a pas été continuée, mais le manuscrit autographe de l'ouvrage entier en 22 vol. in-folio existe à la bibliothèque de Dresde. Voy. Brunet, « Manuel du libraire », 5ᵉ éd., III, col. 83.

Dictionnaire des artistes, ou notice historique et raisonnée des architectes, peintres, graveurs, sculpteurs... Ouvrage rédigé par M. l'abbé de F.... (L.-Abel DE BONAFONS, connu sous le nom de l'abbé DE FONTENAY). *Paris, Knapen,* 1777, 2 vol. in-8.

Voy. « Supercheries », II, 4, *f*.
L'auteur y est désigné sous le nom de BONNAFOUS.

Dictionnaire des arts, pour servir de suite au Dictionnaire de l'Académie, par M. D. C. (Thomas CORNEILLE). *Paris, Coignard,* 1694, 2 vol. in-fol.

Réimprimé sous le titre de : « Dictionnaire universel des sciences et des arts... » Voy. ci-après, col. 986, *c*.
Voy. aussi « Supercheries », I, 872, *c*.

Dictionnaire des athées anciens et modernes, par S. M.....L (Sylvain MARÉCHAL, aidé de feu M. Jérôme DE LALANDE). *Paris, Grabit,* an VIII, in-8.

Voy. « Supercheries », II, 1170, *f*, et III, 654, *e*.

Dictionnaire des beaux-arts, par A.-L. MILLIN (et Théoph.-Fréd. WINCKLER, employé au cabinet des médailles). *Paris, Desray*, 1806, 3 vol. in-8.

Dictionnaire des caractères et portraits tirés des oraisons funèbres. (Par D. ROLAND.) *Paris, Stoupe*, 1777, 2 vol. in-8.

Dictionnaire des cardinaux, contenant des notions générales sur le cardinalat... par l'abbé C. B. (Charles BERTON, vicaire à la cathédrale d'Amiens). *Paris, Migne*, 1857, gr. in-8.

Forme le tome XXXI de la « Troisième et dernière encyclopédie théologique, publiée par l'abbé Migne ».

Dictionnaire (le) des cas de conscience, par DE LAMET et FROMAGEAU. (Mis en ordre par le P. J.-Cl. FABRE, publié par l'abbé Cl.-P. GOUJET.) *Paris, J.-B. Coignard*, 1733, 2 vol. in-fol.

Ces Cas de conscience, plus estimés que ceux de M. Pontas, ont été mis en ordre et revus par Simon-Michel TREUVÉ, prêtre, docteur en théologie, depuis théologal de Meaux sous M. Bossuet. La préface, qui contient l'éloge et la généalogie de M. Lamet et l'éloge de M. Fromageau, avait été faite par le P. FABRE, de l'Oratoire; mais elle me fut donnée pour être refondue et mise dans l'état où elle est. (Note manuscrite tirée du Catalogue de la bibliothèque de l'abbé Goujet.)

Dictionnaire des communes du département du Rhône. (Revu, corrigé et augmenté par Antoine PÉRICAUD l'aîné.) *Lyon, imp. de veuve Mougin-Rusand*, 1862, in-8.

Extrait de l' « Annuaire » pour 1862; tiré à 25 exemplaires seulement. D. M.

Dictionnaire des communes et des hameaux... d'Eure-et-Loir. (Par M. Edouard LEFÈVRE.) *Chartres, Garnier*, 1854, in-16.

Dictionnaire des conciles, suivi d'une collection des canons les plus remarquables. (Par Pons-Aug. ALLETZ.) Nouvelle édition (IIIe), augm. des conciliabules de 1797 et 1801, et du concile de 1811. *Besançon et Paris, Gauthier frères*, 1822, in-8.

La première édition parut en 1758 sous le titre de « Dictionnaire portatif des conciles ». Voy. ci-après, col. 982, *f*.

Dictionnaire des constitutions de l'empire français et du royaume d'Italie... par C. L. G. (C.-L. GILLOT), magistrat de sûreté à Étampes. *Paris, imp. de J. Gratiot*, 1806, 8 vol. in-8.

Dictionnaire des définitions de logique. (Par Emile TANDEL, professeur à l'Université de Liége.) *Liége, Desoer*, 1838, in-8, 32 p. Ul. C.

Dictionnaire des diagnostics, ou l'art de connaître les maladies. (Par HÉLIAN.) *Paris, Vincent*, 1771, in-12. V. T.

Dictionnaire des domaines nationaux, des droits d'enregistrement, de timbre, d'hypothèques et de patentes, de dépôts et consignations et de saisie réelle. Par l'auteur du « Répertoire du domaniste » (C.-P. DESORMEAUX). Nouvelle édition. *Paris, imp. de H.-L. Perronneau*, an V, in-8.

Réimprimé sous le titre de « Dictionnaire raisonné de la manutention des employés de l'enregistrement... » Voy. ci-après, col. 983, *f*.

Dictionnaire des familles qui ont fait modifier leurs noms par l'addition de la particule ou autrement, en vertu d'ordonnances ou de décrets, depuis 1803 jusqu'à 1867. *Paris, Bachelin-Deflorenne*, 1867, gr. in-8 de 132 col.

A la suite des « Remarques à étudier avant de lire la liste suivante », on lit: « Ce travail est dû à M. BUFFIN, secrétaire de mairie à Beaujeu. »

Le titre du présent travail dit qu'il s'étend jusqu'à 1867; le faux titre qui vient ensuite dit jusqu'à 1865, et le titre en tête de la liste dit jusqu'à 1866.

Dictionnaire des gens de lettres vivants, par un descendant de Rivarol. (Par P. CUISIN et G.-L. BRISMONTIER.) *Paris, Moutardier*, 1826, in-18, 286 p.

Voy. « Supercheries », I, 910, *c*.

Dictionnaire des gens du monde, historique, littéraire, critique, moral et physique. (Par Antoine-Fabio STICOTTI.) *Paris, Costard*, 1770, 5 vol. in-8.

Dictionnaire des gens du monde, ou petit cours de morale à l'usage de la cour et de la ville. Par un jeune ermite (Alex. BAUDOUIN). *Paris, Eymery*, 1817, in-8.

Dictionnaire des girouettes, ou nos contemporains peints d'après eux-mêmes.. Par une société de Girouettes. Orné d'une gravure allégorique. *Paris, A. Eymery*, 1815, in-8, 443 p. — 2e éd. *Id.* in-8, 491 p. — 3e éd. *Id.*, in-8, 501 p.

Par Alexis EYMERY. Beaucoup de notes lui avaient été fournies par MM. P.-J. CHARRIN, TASTU, René PÉRIN, et plus encore par le comte César DE PROISY D'EPPE, ce qui a fait attribuer cet ouvrage à ce dernier.

Voy. « Supercheries », III, 682, *e*.

Il fut aussi attribué à A.-J.-Q. BEUCHOT qui, dans la « Bibliographie de la France », 1815, p. 445, en désavoua la paternité.

Dictionnaire (le) des halles, ou Extrait du Dictionnaire de l'Académie françoise. (Par ARTAUD.) *Bruxelles (Paris)*, 1696, in-12.

Cet ouvrage a été aussi attribué à FURETIÈRE.

Dictionnaire des hommes de lettres, des savants et des artistes de la Belgique, présentant l'énumération de leurs principaux ouvrages. (Par Philippe VANDERMAELEN.) *Bruxelles*, 1837, in-8.

Œttinger.

Dictionnaire des homonymes. (Par MAYEUX.) *Nantes, imp. de Forest*, 1822, in-12, 58 p.

Catalogue de Nantes, nº 23206.
Envoi d'auteur.

Dictionnaire des immobiles, par un homme qui jusqu'à présent n'a rien juré et n'ose jurer de rien. (Adr.-J.-Quentin BEUCHOT). *Paris*, 1815, *rue du Roi-de-Sicile, ci-devant des Droits-de-l'Homme*, nº 89, in-8, VIII-38 p.

Voy. « Supercheries », II, 304, *c*.

Dictionnaire des incrédules, par l'auteur du « Dictionnaire d'Astronomie » (A.-M.-A. DE GUYNEMER). *Bruxelles et Paris, A. Lacroix*, 1869, gr. in-8, 497 p.

Dictionnaire des jacobins vivants, dans lequel on verra les hauts faits de ces messieurs. Dédié aux frères et amis par quelqu'un, citoyen français (L. CALINAU, de Metz). *Hambourg*, 1799, in-8, 192 p.

Cet ouvrage est aussi attribué à POULIER, aidé de Michel LE PELLETIER.

Voy. « Supercheries », III, 280, *e*.

L'ouvrage y est par erreur donné avec la date de 1797 et l'indication de 19 p. au lieu de 192.

Dictionnaire des jardiniers.. Ouvrage traduit de l'anglois sur la VIIIᵉ édition de Philippe MILLER, par une société de gens de lettres. *Paris, Guillot*, 1785, 8 vol. in-4, avec pl.

Un second titre, qui ne se trouve que dans le premier volume seulement, porte : Ouvrage traduit... par M. DE CHAZELLES... avec des notes relatives à la physique et à la matière médicale, par M. HOLANDRE.

Dictionnaire des jeux de l'enfance et de la jeunesse chez tous les peuples, par J. F. A—Y (Jean-Félicissime ADRY). *Paris, H. Barbou*, 1807, in-12.

Voy. « Supercheries », II, 397, *a*.

Dictionnaire des jeux, faisant suite au tome 3 (du « Dictionnaire) des mathématiques ». (Par Jacques LACOMBE.) *Paris, Panckoucke*, 1794, in-4 avec 16 pl.

Dictionnaire des jeux familiers, ou amusements de société ; faisant suite au « Dictionnaire des jeux... » (Par Jacques LACOMBE.) *Paris, Agasse*, an V-1797, in-4, avec 6 pl.

Dictionnaire des jeux mathématiques, contenant l'analyse, les recherches... pu-
a bliés par plusieurs célèbres mathématiciens, relativement aux jeux de hasard et de combinaisons ; et suite du « Dictionnaire des jeux ». (Par Jacques LACOMBE.) *Paris, Agasse*, an VII-1799, in-4, 212 p.

Dictionnaire des légendes du christianisme... Par M. le comte DE DOUHET (et M. Gustave BRUNET). *Paris, Migne*, 1855, gr. in-8.

M. DE DOUHET étant mort avant d'avoir pu terminer
b son travail, ce dictionnaire, à partir de la lettre P, a été achevé par M. G. BRUNET.

Forme le 14ᵉ vol. de la « Troisième et dernière encyclopédie théologique » publiée par l'abbé Migne.

Dictionnaire des lieux habités ou remarquables du département du Loiret. (Par C. DE VASSAL, archiviste honoraire du département du Loiret.) *Orléans, H. Herluison*, 1864, in-8, 8 p.

Plan d'un dictionnaire auquel il n'a pas été donné
c suite.

Dictionnaire des livres jansénistes, ou qui favorisent le jansénisme. (Par le P. Dominique DE COLONIA, jésuite ; nouvelle édition, augm. par le P. Louis PATOUILLET.) *Anvers, Verdussen*, 1752, 4 vol. in-12.

Voy. ci-dessus, « Bibliothèque janséniste », col. 418, *f*.

Cette édition a reparu en 1755 avec un titre ra-
d fraîchi, et plus tard sous ce titre : « Dictionnaire des livres opposés à la morale des soi-disant Jésuites. » *Bruxelles*, 1763, 4 vol. in-12. C'est encore l'éd. d'Anvers, 1752, avec suppression de la préface.

Cet ouvrage fut condamné deux fois à Rome ; la première fois, sous le titre de « Bibliothèque janséniste », par décret du 20 sept. 1749 ; la seconde fois sous le titre de « Dictionnaire des livres jansénistes », par décret du 11 mars 1754.

Dictionnaire des ménages, à l'usage de la ville et de la campagne... Par une socié-
e té de savants et de praticiens (MM. Paul LACROIX et Emile GIGAULT DE LA BEDOLLIÈRE). *Paris, Mame*, 1835, in-4.

Voy. « Supercheries », I, 995, *e*, et III, 693, *a*.

Dictionnaire (le) des ménages, ou recueil de recettes et d'instructions pour l'économie domestique, par M. HAV.. (Arm.-Et.-Maur. HAVET), médecin et botaniste, auteur du « Moniteur médical »,
f et M. LANCIN, propriétaire-cultivateur. *Paris, Blanchard*, 1820, in-8.

La 2ᵉ et la 3ᵉ éd., *Paris, Blanchard*, 1822 et 1826, portent : Par M. HAVET. Le nom de M. Lancin a disparu et le titre dit de plus « corrig. et augm. par Steph. ROBINET et Mᵐᵉ GACON-DUFOUR ».

Dictionnaire des merveilles de la nature, par A. J. S. D. (Jean-René SIGAUD DE LA FOND), professeur de physique. *Paris*, 1781, 2 vol. in-8. — Nouvelle édition, revue, corrigée et considérablement augmentée par l'auteur. *Paris*, *Delaplace*, an X-1802, 3 vol. in-8.

Dictionnaire des mœurs. (Par J.-Fr. DE BASTIDE.) *Paris*, *Monory*, 1773, in-8.

Ce dictionnaire faisait, pour ainsi dire, partie des « Variétés littéraires et galantes » du même auteur, publiées par le même libraire, en 1774.

Cependant l'abbé J.-M.-L. COUPÉ a réimprimé ce « Dictionnaire des mœurs » dans ses « Variétés littéraires », partie littéraire, 1786, in-8, t. I, p. 354 et suivantes. Il dit que c'est l'abrégé d'un ouvrage plus considérable *sur lequel il avait des droits*. Peut-être a-t-il retouché le travail de Bastide.

Dictionnaire des monogrammes, chiffres, lettres initiales, logogryphes, rébus, etc., sous lesquels les plus célèbres peintres, graveurs et dessinateurs ont dessiné leurs noms; traduit de l'allemand de M. CHRIST... et augmenté de plusieurs suppléments, par M. *** (Godefroy SELLIUS), de l'Acad. imp. et de la Soc. roy. de Londres. *Paris*, *Jorry*, 1750, in-8.—2e éd. *Paris*, *M. Lambert*, 1754, in-8.

Il n'y a eu qu'un changement de frontispice pour cette 2e édition.

Dictionnaire des négatifs. (Par J. LAMANDE.) *S. l.* (*Annecy*), 1766, in-8. V. T.

Dictionnaire des non-girouettes. (Par Fr. BABIÉ DE BERCENAY.) *Paris*, 1817, in-8.

Dictionnaire des noms de lieu du département de l'Eure. *Evreux*, *Ancelle*, 1837, in-12.

L'avant-propos est signé : L. P. (Auguste LE PRÉVOST). D. M.

Dictionnaire des notions primitives, ou abrégé raisonné et universel des éléments de toutes les connaissances humaines. (Par PUGET DE SAINT-PIERRE.) *Paris*, *Costard*, 1773, 4 vol. in-8.

Dictionnaire des origines, des découvertes, inventions et établissements. (Par Antoine SABATIER de Castres et l'abbé BASSIN DE PRÉFORT.) *Paris*, *Moutard*, 1777, 3 vol. in-8.

Dictionnaire des origines, ou époques des inventions utiles, des découvertes importantes, et de l'établissement des peuples, des religions, etc. (Par A.-J.-B.-A.-B. DORIGNY.) *Paris*, *Bastien*, 1777, 6 vol. in-8.

Dictionnaire des particules angloises, précédé d'une grammaire raisonnée, par M. L. F. (Jean-Bapt. LE FEBVRE DE VILLEBRUNE). *Paris*, *Pissot*, 1774, in-8.

Dictionnaire des passions, des vertus et des vices. (Composé par Antoine-Fabio STICOTTI, publié par l'abbé Antoine SABATIER de Castres.) *Paris*, *Vincent*, 1769; — *Paris*, *La Porte*, 1777, 2 vol. in-8.

Dictionnaire des pensées ingénieuses, tant en vers qu'en prose, tirées des meilleurs écrivains françois; ouvrage propre aux personnes de tout âge et de toute condition. *Paris*, *veuve Duchesne*, 1773, 2 vol. in-8.

Par Blaise-Louis PELÉE DE CHENOUTEAU, né à Sens en 1704, décédé à Sens le 11 juillet 1791, âgé de quatre-vingt-sept ans; il était conseiller au bailliage de cette ville, et en même temps contrôleur des actes. L'auteur devait d'abord faire paraître son ouvrage sous le titre de « Dictionnaire des pensées sublimes », etc. Il a trouvé le secret de vendre 2000 livres à la veuve Duchesne le manuscrit de cette compilation, dont l' « Année littéraire » dit beaucoup de mal lorsqu'elle parut. Voyez « Conférence de la Coutume de Sens », n° 2648.

Dictionnaire des plantes usuelles, des arbres et arbustes, des animaux... Par une société de gens de lettres naturalistes et médecins. *Paris*, *Lamy*, an II, 8 vol. in-8.

Réimpression du « Dictionnaire raisonné universel de matière médicale », par DE LA BEYRIE et Jean GOULIN. Voy. ci-après, col. 984, *c*.

Dictionnaire des proverbes françois, avec l'explication de leurs significations et une partie de leur origine, par G. D. B. (Georges DE BACKER). *Bruxelles*, *Henri de Backer*, 1710, in-8.

Dictionnaire des proverbes françois, avec l'explication et les étymologies les plus avérées, par J. P. L. N. D. L. E. F. (Joseph PANCKOUCKE, libraire, natif de Lille en Flandre). *Paris*, *Savoye*, 1749, 1758, in-8.

Voy. « Supercheries », II, 426, *c*.

Dictionnaire des proverbes français. (Par Pierre DE LA MÉSANGÈRE.) *Paris*, *Treuttel et Wurtz*, 1821, in-8. — 3e édit., augmentée. *Ibid.*, *id.*, 1823, in-8, avec le nom de l'auteur.

A la vente de l'auteur faite le 14 nov. 1831, se trouvait sous le n° 1028 du Catalogue un exemplaire de la 3e édit. préparé pour une réimpression avec de nombreuses additions.

Dictionnaire des richesses de la langue françoise, et du néologisme qui s'y est introduit. (Par Pons-Aug. ALLETZ.) *Paris*, *Saugrain*, 1770, in-12, XIV-496 p.

Dictionnaire des rymes françoises de feu M. Jehan LE FEVRE, Dijonnois, chanoine de Langres... (Publié par Est. TABOUROT, seigneur des Accords, neveu de l'auteur.) *Paris*, *Galiot du Pré*, 1572, pet. in-8.

Dictionnaire des rimes françoises selon

l'ordre des lettres de l'alphabet, auquel deux traités sont ajoutés, l'un des conjugaisons françoises, l'autre de l'orthographe françoise, etc. (Par DE LA NOUE.) (*Genève*), *héritiers d'Eusthate Vignon*, 1596, in-8.

Cet ouvrage a été réimprimé avec des augmentations et corrections en 1624, à *Cologny* (près de Genève), sous le titre de « Grand Dictionnaire des rimes françoises... en outre, trois traités. I. Des conjugaisons... II. De l'orthographe... III. Les épithètes tirées des Œuvres de Guillaume de Saluste, Sr du Bartas, par le Sr de La Noue ». Ce sont les auteurs de la « Méthode latine » de Port-Royal qui, dans le chapitre des Règles de la poésie françoise, l'attribuent à de La Noue.

L'abbé Goujet (voyez « Bibliothèque françoise », t. III, p. 422) a confondu l'auteur de ce dictionnaire avec le célèbre Odet de La Noue, dit Bras de fer, qui fut tué en 1591. Ne serait-ce pas plutôt Pierre de La Noue, le même qui publia « les Antiquités perdues et les choses nouvellement inventées, trad. de l'italien de Guy Pancirole, sur la version latine de Henri Salmuth », *Lyon*, *Roussin*, 1617, in-12 ; les « Synonyma et Æquivoca gallica », *Lugduni, J. Anard*, 1618, pet. in-12 ; et « la Cavalerie françoise et italienne », *Lyon, Cl. Morillon*, 1621, in-fol. Dans le privilége de ce dernier ouvrage, on ajoute au nom de l'auteur la qualification de gentilhomme français. Suivant Draudius, c'était un gentilhomme angevin.

Dictionnaire des romans anciens et modernes... (Par A. MARC.) *Paris, Marc*, 1819, in-8. — Suppl. *Ibid.*, 1828, in-8.

Dictionnaire des sciences mathématiques pures et appliquées... (Par A.-A.-V. SARRAZIN DE MONTFERRIER.) *Paris, Denain*, 1834-37, 2 vol. in-4.

Dictionnaire des sciences occultes, savoir de aeromancie, alchimie, alectryomancie, aleuromancie... ou répertoire universel des personnages, des livres, des faits et des choses qui tiennent aux apparitions, aux divinations, à la magie... suivi du Traité historique des dieux et des démons du paganisme, par BINET, et de la Réponse à l'Histoire des oracles, de Fontenelle, par BALTUS ; publiée par M. l'abbé MIGNE. *Paris*, *J.-P. Migne*, 1846-52, 2 vol. in-4.

Cet ouvrage n'est rien autre que le Dictionnaire infernal de J.-A.-S. COLLIN dit DE PLANCY, mais il est ici revu, corrigé, ce qui était blanc devient noir et *vice versa*. Il est augmenté, à coups de ciseaux, d'articles pris dans les autres publications de l'auteur.

Dictionnaire des synonymes françois. (Par le P. Timothée DE LIVOY.) *Paris, Saillant*, 1767, in-8.

Réimprimé avec des augmentations par BEAUZÉE. *Paris*, 1788, in-8. — 3e éd. revue... par M. LEPAN. *Paris*, 1828, in-12.

Dictionnaire des théâtres de Paris, contenant toutes les pièces qui ont été représentées jusqu'à présent sur les différents théâtres.... des faits et anecdotes sur les auteurs qui ont travaillé pour ces théâtres, et sur les principaux acteurs, actrices, danseurs, danseuses... (Par les frères Fr. et Claude PARFAICT et GODIN D'ABGUERBE.) *Paris, Lambert*, 1756, 7 vol. in-12.

Dictionnaire des voyages. (Par VINCENT, curé de Quincey, près de Nogent-sur-Seine.) *Paris, Dufour*, 1773 et 1774, 4 vol. in-12.

Cet ouvrage a été interrompu au quatrième tome, qui finit avec la lettre G. D

Dictionnaire domestique portatif, contenant toutes les connaissances relatives à l'économie domestique et rurale... par une société de gens de lettres. (Par Augustin ROUX, Jean GOULIN et Fr.-Alex. AUBERT DE LA CHESNAYE-DES-BOIS.) *Paris, Vincent*, 1762 et 1763, 3 vol. in-8.

Voy. « Supercheries », III, 667, *b*.

Dictionnaire dramatique. (Par l'abbé Jos. DE LA PORTE et S.-R.-N. CHAMFORT.) *Paris, Lacombe*, 1776, 3 vol. in-8.

Dictionnaire du bas langage. (Par D'HAUTEL, imprimeur-libraire de Paris.) *Paris, d'Hautel*, 1808, 2 vol. in-8.

Dictionnaire du citoyen, ou abrégé historique, théorique et pratique du commerce. (Par Honoré LACOMBE DE PRÉZEL.) *Paris, Granger*, 1761, 2 vol. in-8.

Dictionnaire du jardinage, par M. D*** (A.-N. DEZALLIER D'ARGENVILLE). *Paris, de Bure*, 1767 ; — *Liége, Bassompierre*, 1783, in-12.

Dictionnaire du notariat, par une société de jurisconsultes et de notaires (J.-Jos.-Fr. ROLLAND DE VILLARGUES). *Paris, au bureau du Journal des notaires*, 1821-1823, 5 vol. in-8. — 3e édit. *Paris, id.*, 1832-1833, 6 vol. in-8.

Dictionnaire ecclésiastique et canonique portatif... par une société de religieux et de jurisconsultes (dom J.-F. DE BREZILLAC). *Paris, Dehansy*, 1765, 2 vol. in-8, ensemble de 1336 p.

Il existe plusieurs éditions de cet ouvrage.

Dictionnaire encyclopédique de l'art aratoire et du jardinage, contenant la description et l'usage des machines employées dans l'exploitation des terres et dans la culture des plantes. (Par Jacques LACOMBE.) *Paris, Agasse*, an V-1797, in-4 et atlas de 45 pl.

Dictionnaire encyclopédique des amusements des sciences mathématiques et physiques, des procédés curieux des arts...

(Par Jacques Lacombe.) *Paris, Panckoucke*, 1792, in-4, avec atlas de 86 pl.

Dictionnaire encyclopédique des arts et métiers. (Par Jacques Lacombe.) *Paris, Panckoucke*, 1789-91, 8 vol. in-4 et 6 vol. d'atlas.

Dictionnaire érotique moderne, par un professeur de langue verte (Alfred Delvau). *Freetown, imprimerie de la Bibliomaniac society*, 1864 (*Bruxelles, J. Gay, éditeur, impr. chez Mertens*), in-8 ou in-12.

Frontispice à l'eau-forte, rouge et noir, de Félicien Rops, tiré à 300 exemplaires, 250 petit in-12 et 50 in-8.

Voy. « Supercheries », III, 257, *c*.

Une seconde édition a été annoncée en juillet 1871, comme devant paraître en septembre 1871 sous le titre de : « Dictionnaire érotique moderne par deux professeurs de langue verte » (Alfred Delvau et Jules Choux). 2e édition dans laquelle on a refondu le supplément de la 1re édition in-18 et que l'on a augmentée d'environ 7 à 800 termes nouveaux, puisés dans les meilleurs auteurs érotiques anciens et modernes. *Freetown, imprimerie de la Bibliomaniac company*, 1871, vol. gr. in-8 à 2 col., papier vergé, caractères elzéviriens, orné d'un joli frontispice libre, et précédé d'une longue préface explicative exotico-littéraire écrite dans la langue la plus verte et la plus accentuée.

Cette édition a-t-elle été en effet publiée ou est-ce une nouvelle supercherie comme celle qui a trompé les éditeurs des « Supercheries » et leur a fait annoncer deux éditions du livre de Delvau, sous un titre un peu différent de celui donné ci-dessus.

Voilà la cause de cette méprise :

Le libraire belge Sluys ou Vital Puissant (c'est son vrai nom) avait en magasin un certain nombre d'exemplaires du « Glossaire érotique de la langue française depuis son origine jusqu'à nos jours, contenant l'explication de tous les mots consacrés à l'amour », par Louis de Landes (Alvin). *Bruxelles, en vente chez tous les libraires*, 1861, in-12, XII-396 p., y compris 32 p. de supplément.

Afin sans doute d'écouler plus facilement sa marchandise, il fit remplacer le titre primitif par le titre suivant, rédigé de façon à produire une confusion avec l'ouvrage de Delvau devenu alors très-rare : « Dictionnaire érotique moderne. Glossaire contenant l'explication de toutes les expressions, de tous les mots et les termes exclusivement consacrés à l'amour, depuis l'origine de la langue française jusqu'à nos jours, par un professeur de langues vivantes ». *Freetown, imprimerie de la Bibliomaniac company*, 1866, in-12, XII-396 p.

Ce titre fut réimprimé plus tard avec la mention, 2e édition, *Londres*, mais toujours pour l'ouvrage de Louis de Landes (Alvin), qu'il ne faut pas confondre avec le livre de Delvau.

Ce dernier a-t-il aujourd'hui deux éditions, ou la 2e éd. annoncée dans le catalogue de Vital Puissant : « la Bibliothèque de Paphos », ne nous prépare-t-elle pas une nouvelle surprise et aux bibliographes non prévenus une nouvelle cause d'erreur ?

Dictionnaire étymologique et raisonné des racines latines. Extrait du « Monde primitif », et à l'usage des jeunes gens. (Par Ant. Court de Gebelin.) *Paris, Valleyre*, 1780, in-8.

Dictionnaire facile ou de poche allemand-français et français-allemand, à l'usage des voyageurs. (Par Schwan, revu et corrigé par D.-F.-A. Lemarié.) *Francfort et Liége, Lemarié*, 1814, in-16.

Ul. C.

Dictionnaire françois-breton ou françois-celtique, enrichi de thèmes, par l'abbé A*** (Armeyrie, prêtre du Morbihan). *Leyde*, 1744 ; *La Haye*, 1756, in-8.

Voy. « Supercheries », I, 140, *b*.

Dictionnaire françois et italien. *Genève, P.-J. Chouet*, 1626, in-8.

Le dictionnaire italien commence par un avertissement de J. P. C. (Jean-Pierre Canal, D. M.). L'édition de *Paris*, 1611, porte le nom de l'auteur.

Dictionnaire Galibi, précédé d'un essai de grammaire, par M. D. L. S. (Sim.-Phil. de La Salle de L'Estang). *Paris*, 1763, in-8.

Voy. « Supercheries », I, 961, *e*.

Dictionnaire généalogique, héraldique, chronologique et historique des premières maisons de France, par M. D. L. C. D. B. (de La Chesnaye-des-Bois). *Paris, Duchesne*, 1757-1765, 7 vol. in-8.

Réimprimé avec de nombreuses augmentations, sous le titre de « Dictionnaire de la noblesse », etc. *Paris, veuve Duchesne et Boudet*, 1770-1786, 15 vol. in-4, y compris trois volumes de supplément, rédigés par Badier.

Voy. « Supercheries », I, 955, *b*.

Dictionnaire généalogique, historique et critique de l'Ecriture sainte, où sont réfutées plusieurs fausses assertions de Voltaire et autres philosophes du XVIIIe siècle ; par M. l'abbé *** (Antoine Sérieys), revu, corrigé et publié par M. Sicard, membre de l'Institut.... *Paris, Bertrandet*, an XII-1804, in-8.

Dictionnaire général d'administration contenant la définition de tous les mots de la langue administrative, etc. *Paris, Dupont*, 1847, in-4.

Rédigé sous la direction de M. A. Blanche, par une société de jurisconsultes et de chefs de service au ministère de l'intérieur.

Dictionnaire géographique et historique, par Michel-Antoine Baudrand. (Revu et augmenté par dom Gelé, bénédictin.) *Paris, Imbert de Bats*, 1705, 2 vol. in-fol.

Dictionnaire géographique et méthodique de la république française, en 120 départements... par une société de géographes. (Par Louis Prudhomme.) *Paris, l'éditeur (Prudhomme)*, 1793. — 4e édition.

Paris, Prudhomme, an VII-1798, 2 vol in-8 avec un atlas.

Voy. « Supercheries », III, 682, *c*.

Dictionnaire géographique portatif de la France, où l'on donne une connaissance des provinces, gouvernements, villes, bourgs, fleuves, rivières, abbayes, etc., qu'il y a dans le royaume. (Par le P. Dominique MAGNAN, minime.) *Rouen*, 1765, 4 vol. pet. in-8.

Dictionnaire géographique portatif... traduit de l'anglois de Laurent ÉCHARD, sur la treizième édition, par VOSGIEN (avec l'abbé J.-Bapt. LADVOCAT et GARNIER, médecin à Fontainebleau). *Paris*, 1747, 1750.— Nouvelle édition, augmentée (par Charles-Guillaume LE CLERC). *Paris, libraires associés*, 1779, in-8. — Nouvelle édition, augmentée et entièrement refondue par Auguste L*** (masque de M. Antoine-Jean LETRONNE). *Paris, Saintin*, 1813, in-8.

Dictionnaire grammatical de la langue françoise. (Par l'abbé J.-Fr. FÉRAUD.) *Paris, Vincent*, 1768, 2 vol. in-8. — Nouvelle édition. *Paris*, 1786, 2 vol. in-8.

Dictionnaire grec et français. (Par J. QUENON, professeur de seconde au collége Louis-le-Grand, et L.-F. THORY, premier employé de la bibliothèque du roi.) *Paris, L. Collin*, 1807, 2 t. en 1 vol. in-8, 150 p.

Dictionnaire harmonique, vrai guide à la vraie modulation. (Par Franç. GEMINIANI.) *Paris*, 1756, in-8. — *Amsterdam*, 1758, in-8.

Traduction de l'ouvrage anglais intitulé : « Guida armonica, o Dizionario armonico being a sure guide... » *London*, 1742.

Dictionnaire héraldique, contenant tout ce qui a rapport à la science du blason, par G. D. L. T. (Denis-Fr. GASTELIER DE LA TOUR). *Paris, Lacombe*, 1774, in-8.

Dictionnaire hermétique, contenant l'explication des termes, fables, énigmes, emblèmes et manière de parler des vrais philosophes. Accompagés de deux traitez singuliers et utiles aux curieux de l'art. Par un amateur de la science. *Paris, Laurent d'Houry*, 1695, in-12, 6 ff., 216 et 119 p.

Le Dictionnaire est de Guillaume SALMON (Voy. l' « Histoire de la philosophie hermétique », t. III, p. 148); les deux traités annoncés ci-dessus ont une pagination spéciale et un titre particulier qui porte : « Traité philosophique de la triple préparation de l'or et de l'argent, par Gaston LE DOUX, dit DE CLAVES, amateur des veritez hermétiques » ; le 2ᵉ traité qui n'est pas indiqué sur ce titre est intitulé : « De la droite et vraie manière de produire la pierre philosophale... »

Dictionnaire historique (faisant partie de l'Encyclopédie méthodique). *Paris, Mme Agasse*, 1789-1804, 6 vol. in-4, dont un de suppl.

C'est un Dictionnaire des personnes et des choses. En tête du premier volume est un Dictionnaire complet du blason, avec 33 pl. Le dernier volume contient une chronologie séparée des différents états, des ordres de chevalerie, des rois...

Les trois quarts de ce Dictionnaire sont de G.-H. GAILLARD ; le surplus a été rédigé par DE SACY, DE MONTIGNY, TURPIN, GRUNSWALD et autres.

Dictionnaire historique à la Franklin, ou biographie universelle et choisie des vivants et des morts, avec des précis chronologiques de toutes les histoires nationales jusqu'au 1er janvier 1830... par une société de professeurs et de gens de lettres. (Par M. Adrien JARRY DE MANCY et autres.) *Paris, Hiard*, 1830 et années suivantes, 20 vol. in-18.

Voy. « Supercheries », III, 691, *a*.

Dictionnaire historique, critique et bibliographique... Par une société de gens de lettres. *Paris, Menard et Desenne fils*, 1821-1823, 30 vol. in-8.

Réimpression avec additions et corrections du « Dictionnaire universel historique, critique et bibliographique », *Paris, Prudhomme*, 1810-1812, en 20 vol. in-8, qui lui-même était une réimpression avec additions et corrections du « Nouveau Dictionnaire historique », par L.-M. CHAUDON et DELANDINE, *Lyon, Bruyset aîné*, 1804, 13 vol. in-8.

C'est J.-Daniel GOIGOUX, sous-chef à la direction des postes de Paris, qui a été le directeur de la publication de 1821-23 sans en avoir été le principal collaborateur.

« Bibliogr. de la France », 1824, p. 167.

Dictionnaire historique, critique, politique et moral des bénéfices, par M. H. D. C. (HENNIQUE DE CHENILLY). *Paris, Couturier père*, 1778, in-8.

Il n'a paru qu'un premier volume, contenant le diocèse de Paris.

Dictionnaire historique d'éducation... *Paris, Vincent*, 1771, 2 vol. in-8.

Réimprimé plusieurs fois avec le nom de l'auteur, J.-Jacq. FILASSIER. Ersch, I, p. 353, donne cet ouvrage à J.-Fr. DE LA CROIX, marquis DE CASTRIES, de Compiègne, et II, p. 35, il le donne à FILASSIER. Quérard a reproduit ces deux attributions dans sa « France littéraire », III, p. 122, et IV, p. 377.

Dictionnaire historique des auteurs ecclésiastiques... avec le catalogue de leurs ouvrages, etc. *Lyon, veuve Bessiat*, 1767, 4 vol. in-8.

Ce dictionnaire est d'un prêtre gascon qui penche un peu vers le jansénisme ; il ne veut pas être nommé ; il pria M. C. (CHAUDON), son ami, de composer la préface et de revoir les grands articles. Cet ouvrage, quoique annoncé sous le titre de *Lyon*, fut imprimé à Avignon et traduit en italien. Cette version parut à Venise. (Note de M. Chaudon.)

Dictionnaire historique des cultes religieux. (Par J.-Fr. DE LA CROIX.) *Paris*, 1770, 3 vol. in-8.

Réimprimé avec le nom de l'auteur en 1777. Une nouvelle édition, *Versailles*, 1820-1821, 4 vol. in-8, est anonyme. Le supplément est de J.-B.-C. CHAUD.

Dictionnaire historique des mœurs, usages et coutumes des François. (Par Fr. AUBERT DE LA CHESNAYE-DES-BOIS.) *Paris*, *Vincent*, 1767, 3 vol. in-8.

Dictionnaire historique des saints personnages. (Par J.-Fr. DE LA CROIX.) *Paris*, *Vincent*, 1772, 2 vol. in-8.

Dictionnaire historique des siéges et batailles mémorables de l'histoire ancienne et moderne. (Par J.-Fr. DE LA CROIX.) *Paris*, *Vincent*, 1771, 4 vol. in-8.

Voy. ci-dessus, « Anecdotes militaires... », col. 185, *d*.

Dictionnaire historique et bibliographique portatif, par l'abbé LADVOCAT, nouvelle édition, corrigée et considérablement augmentée (par Ch.-Guill. LE CLERC, libraire). *Paris*, *Le Clerc*, 1777, 3 vol. in-8. — Supplément au même dictionnaire (par le même LE CLERC). *Paris*, 1789, in-8.

On assure que dom J.-P. DEFORIS, bénédictin, a fourni beaucoup d'articles à l'éditeur du supplément.

Dictionnnaire historique et critique de la Bible, par M. L. E. R. (Laurent-Etienne RONDET). *Paris*, *Delalain*, 1776, 3 vol. in-4.

Cet ouvrage n'a pas été continué ; il finit à la lettre E.

Dictionnaire historique et critique, par M. Pierre BAYLE ; troisième édition, revue, corrigée et augmentée par l'auteur. (Publiée avec des remarques, par Prosper MARCHAND.) *Rotterdam*, *Michel Bohm*, 1720, 4 vol. in-fol.

Cette édition avait été commencée en juillet 1714. Les Français en enlevèrent tout d'abord quinze cents exemplaires ; c'était la moitié de l'édition : le reste se répandit partout en fort peu de temps.

La première édition a été faite à Rotterdam, chez *Reinier Leers*, en 1697, 4 vol. in-fol.

Quelques simples curieux, plus satisfaits de quelques plaisanteries un peu vives que de bonnes remarques de littérature et de critique, la recherchent encore, parce que ces plaisanteries ne se trouvent plus dans les articles *Diogène*, *Hipparchia*, *Laïs*, *Malherbe*, *Mariana* et *le Pais*, des éditions suivantes.

Je tire ces particularités d'une notice des éditions et traductions du Dictionnaire de Bayle (par Prosper Marchand) : on la trouve dans « la Bigarrure », *La Haye*, 1752, t. XIX, p. 33 et suiv.

Dès 1692, Bayle avait publié sans y mettre son nom : « Projets et fragments d'un Dictionnaire critique... » Voy. ces mots.

Ce Dictionnaire a été souvent réimprimé. Nous citerons principalement la nouvelle édition, augmentée de notes extraites de CHAUFEPIÉ, JOLY, LA MONNOYE, Pr. MARCHAND, etc. (par J.-Q. BEUCHOT). *Paris*, *Desoer*, 1820, 16 vol. in-8.

Le discours préliminaire de M. Beuchot contient la description bibliographique complète de toutes les éditions antérieures.

Dictionnaire historique, littéraire et critique. (Rédigé et publié par l'abbé P. BARRAL, aidé des PP. Eustache GUIBAUD et Joseph VALLA, oratoriens.) *Soissons et Troyes*, 1758, 6 vol. in-8.

On trouve des exemplaires reliés en quatre volumes.

Dictionnaire historique, ou histoire abrégée de tous les hommes nés dans les XVII provinces belgiques, qui se sont fait un nom par le génie, les talents, les vertus, les erreurs, etc., depuis la naissance de Jésus-Christ jusqu'à nos jours. Pour servir de supplément aux « Délices des Pays-Bas ». *Paris et Anvers*, *C.-M. Spanoche*, 1786, 2 vol. in-12.

Sur son exemplaire de ce livre, conservé à la Bibliothèque royale de Bruxelles, la bibliophile Van Hulthem a inscrit la note qui suit : « Le présent « ouvrage est formé des articles sur les hommes dis« tingués des Pays-Bas qui sont dans le Dictionnaire « du Père FELLER, 1re édition en 6 vol. in-8. »

D. M.

Dictionnaire historique, ou histoire abrégée de tous les hommes qui se sont fait un nom par le génie, les talents, les vertus, les erreurs, etc., depuis le commencement du monde jusqu'à nos jours. Nouvelle édition, revue, corrigée et augmentée, par l'abbé F. X. D. F. (Franc.-Xavier DE FELLER). *Augsbourg*, *Mathieu Rièger* (*Liége*), 1781, 6 vol. in-8.

Cet ouvrage, dans lequel Feller eut pour collaborateur l'abbé B. DE SAIVE, DE VISÉ, et J.-L. BURTON, mort curé de Marche, est emprunté, pour le fond, au Dictionnaire de Chaudon, mais il en diffère essentiellement sous le rapport des idées religieuses.

Souvent réimprimé avec le nom de Feller et aussi sous le titre de « Biographie universelle ou Dictionnaire... » Voy. le P. de Backer, 2e édit. in-fol., t. I, col. 1813 et 1814.

Voy. aussi « Supercheries », II, 109, *d*.

Dictionnaire historique, ou mémoires critiques et littéraires, par Prosper MARCHAND. (Publiés par Jos.-Nic.-Séb. ALLAMAND.) *La Haye*, *P. Dehondt*, 1758, 2 vol. in-fol.

Dictionnaire historique, politique et géographique de la Suisse, ou recueil des morceaux fournis à l'« Encyclopédie » d'Yverdon. (Par V.-B. TSCHARNER et Amédée-Emmanuel HALLER, fils aîné.) *Neufchâtel*, 1775, 2 vol. in-8. — Nouvelle édition, augmentée (par P.-H. MALLET). *Genève, Barde*, 1788, 3 vol. in-8.

Dictionnaire historique portatif de la géographie sacrée, ancienne et moderne; ouvrage utile pour l'intelligence de l'Ancien et du Nouveau Testament, et de l'histoire de l'Eglise. (Par François MORÉNAS.) *Paris, Desaint et Saillant*, 1759, in-8.

Dictionnaire historique portatif des femmes célèbres. (Par J.-F. DE LA CROIX.) *Paris*, 1769, 2 vol. in-8. — *Paris*, 1788, 2 vol. in-8.

Dictionnaire historique, topographique et étymologique des rues et monuments de Paris, guide indispensable du promeneur dans cette capitale, par J. A. L. (LELEUX). *Paris, Leleux*, 1833, in-8.

Dictionnaire iconologique, ou introduction à la connaissance des peintures, médailles, estampes, avec des descriptions tirées des poëtes anciens et modernes. Par M. D. P. (Honoré LACOMBE DE PREZEL). *Paris, de Hansy*, 1756, in-12, XXIV-307 p. et 2 ff. de priv. — *Paris, Nyon aîné*, 1777, in-12. — Nouvelle édition très-augmentée, avec le nom de l'auteur. *Paris, Hardouin*, 1779, 2 vol. in-8.

Dictionnaire-indicateur, ou le guide indispensable de l'étranger à Lyon, par M. P. P. (PASSANT). *Lyon, Nigon*, 1843, in-18.

Dictionnaire infernal...

Voy. « Dictionnaire des sciences occultes » et « Réalité des sciences occultes ».

Dictionnaire interprète-manuel des noms latins de la géographie ancienne et moderne. (Par l'abbé Esprit-Joseph CHAUDON, frère de l'auteur du « Nouveau Dictionnaire historique ».) *Paris, Lacombe*, 1778, in-8.

Dictionnaire languedocien-françois, par l'abbé DE S..... (P.-A. BOISSIER DE SAUVAGES DE LA CROIX). *Nimes*, 1753, in-8. — *Nimes, Gaude*, 1756, in-8. — *Nimes*, 1785, 2 vol. in-8. — *Montpellier, A. Séguin*, 1820, in-8. — Nouvelle édition, avec le nom de l'auteur, corrigée, augmentée de beaucoup d'articles et précédée d'une biographie sur la vie de l'auteur par son neveu L. A. D. F. (Louis-Auguste D'HOMBRES-FIRMAS). *Alais, Martin*, 1821, 2 vol. in-8.

a Dictionnaire maçonnique, ou recueil d'esquisses de toutes les parties de l'édifice connu sous le nom de maçonnerie. (Par le F. Charles-François-Nicolas QUENTIN.) *Paris, Brianchon*, 1825, in-12.

Dictionnaire médicinal portatif, par M.***, docteur en médecine (Jean GUYOT). *Paris, Prault*, 1757. — *Paris, d'Houry* 1763, in-8.

b Dictionnaire militaire, ou recueil alphabétique de tous les termes propres à l'art de la guerre... *Lausanne et Genève*, 1743, in-8.

Par AUBERT DE LA CHESNAYE-DES-BOIS. Pour les autres éditions, voy. « Supercheries », I, 194, *d*.

La Chesnaye-des-Bois est aussi auteur des « Etrennes militaires, tirées du Dictionnaire militaire ».

c Dictionnaire minéralogique et hydrologique de la France. (Par P.-Jos. BUCHOZ.) *Paris, Costard*, 1772, 2 vol. in-8. — *Paris*, 1785, 4 vol. in-8.

Dictionnaire moral, ou la science de la chaire. (Par Jean RICHARD, avocat.)

Voy. « Science universelle de la chaire... »

d Dictionnaire mythologique, ou histoire par ordre alphabétique des personnages des temps héroïques et des divinités grecques, italiques, égyptiennes, hindoues... (Par V. PARISOT, ancien élève de l'Ecole normale.) *Paris, Michaud*, 1832 et ann. suiv., 3 vol. in-8.

Forme les tomes LIII-LV de la « Biographie universelle », 1re édition.

e Dictionnaire néologique à l'usage des beaux esprits du siècle (par l'abbé F.-F. GUYOT-DESFONTAINES), avec l'éloge historique de Pantalon-Phœbus, par un avocat de province (Jean-Jacques BEL). *Paris, Lottin*, 1726, 1727. — *Amsterdam, Arkstée et Merkus*, 1728, 1750, in-12.

Voy. « Supercheries », I, 420, *f*.

Dictionaire nouveau françois et alemand, et alemand et françois, qu'accompagne le latin. (Attribué à S. CHAPUZEAU.) *Basle*, 1675, 2 vol. in-8. V. T.

f Dictionnaire patois-français à l'usage des écoles rurales et des habitants de la campagne, ouvrage qui, par le moyen du patois usité dans la Lorraine et principalement dans les Vosges, conduit à la connaissance de la langue française. Par L. M. P***, curé de St-N*** (l'abbé L.-M. PÉTIN, curé de Saint-Nabor). *Nancy, Thomas*, 1842, pet. in-8 obl., XVIII-317 p.

Voy. « Supercheries », III, 658, *c*.

Cet ouvrage y est donné par erreur sous les initiales S. M. P***.

Dictionnaire philosophique de la religion, où l'on établit tous les points de la doctrine attaqués par les incrédules, et où l'on répond à toutes les objections. Par l'auteur des « Erreurs de Voltaire » (l'abbé Cl.-Fr. NONOTTE). *Avignon*, 1772, 4 vol. in-12. — *Paris*, 1774, 4 vol. in-12.

On a confondu cet ouvrage avec celui de Chaudon, intitulé : « Dictionnaire anti-philosophique. » Voy. ci-dessus, col. 955, *f*.

Dictionnaire philosophique, ou introduction à la connaissance de l'homme. (Par CHICANEAU DE NEUVILLÉ.) *Londres, Paris*, 1751, 1756, 1762, in-8.

La troisième édition est très-augmentée.

Dictionnaire philosophique portatif. (Par VOLTAIRE.) *Londres*, 1764, in-8. — Nouvelle édition. *Londres* (*Nancy, J.-B.-H. Leclerc*), 1765, in-8. — 1767, in-8, 580 p.

La 6e éd. porte le titre de : « La Raison par alphabet... » Voy. ces mots.

Voy. pour l'historique de cet ouvrage la « Bibliographie voltairienne », no 17.

Dictionnaire philosopho-théologique portatif, contenant l'accord de la véritable philosophie avec la saine théologie... par l'auteur du « Dictionnaire de physique ». *Nîmes, Gaude*, 1770, in-8.

L'épître est signée du nom de l'auteur, PAULIAN.

Dictionnaire poétique portatif, par M. B*** (BILHARD). *Paris*, 1759, in-8.

Dictionnaire portatif, comprenant la géographie, l'histoire universelle, etc. (Par Fr. MORÉNAS.) *Avignon, Chambeau*, 1760-1762, 8 vol. in-8.

La manière dont ce livre fut conçu et exécuté est une anecdote assez singulière. Les capucins d'Avignon avaient un capital de 12,000 livres, fruit de la lucrative besace, ou don de quelque dévote. Par la règle de leur ordre, ils ne pouvaient placer cet argent. Le chapitre s'assemble, et il fut décidé que, pour ne pas violer les statuts de S. François, on l'emploierait en *moulé*. C'était alors la mode des « Dictionnaires » : les RR. PP. firent donc le projet de faire imprimer une espèce d'Encyclopédie ; mais l'ordre ne fournissant pas, du moins à Avignon, d'assez grand génie pour l'exécution de cet ouvrage, ils s'adressèrent à Morénas, toujours prêt à vendre sa plume. Ils le salarièrent assez mal : aussi leur en donna-t-il pour leur argent. Les premiers volumes de sa compilation sont les plus passables, parce qu'il les tira de l' « Encyclopédie », dont il n'y avait alors que sept volumes : le reste fut composé sur le Dictionnaire de Trévoux, et ne vaut pas grand'chose. Morénas, fort bon homme, se moquait tout le premier de son ouvrage. Je l'ai vu travailler ; il enfantait un volume in-8 dans deux ou trois mois. Il me disait en riant : *Trati mei moungès, coumo me tratoun*.

(Note envoyée par M. Chaudon.)

Dictionnaire portatif, contenant les anecdotes historiques de l'amour. (Par MOUCHET.) *Paris, Buisson*, 1788, 2 vol. in-8.

Voyez ci-dessus, col. 957, *f*.

Dictionnaire portatif d'histoire naturelle (précédé d'un « discours sur l'histoire naturelle », par l'abbé Charles-Ant.-Jos. LE CLERC DE MONTLINOT.) *Paris*, 1763, 2 vol. in-8.

Dictionnaire portatif de jurisprudence. (Par Honoré LACOMBE DE PREZEL). *Paris, Le Clerc*, 1763, 3 vol. in-8.

Dictionnaire portatif de la langue françoise, extrait du grand dictionnaire de P. RICHELET (par l'abbé Cl.-P. GOUJET). *Lyon, frères Duplain*, 1756, 1761, in-8. — Nouv. édition augmentée, par DE WAILLY. *Lyon*, 1775, 2 vol. in-8.

Souvent réimprimé.

Dictionnaire portatif de mythologie. (Par l'abbé DE CLAUSTRE, revu et corrigé par François RICHER.) *Paris, Briasson*, 1765, 2 vol. in-8.

Voyez ci-dessus, col. 962, *f*.

Dictionnaire portatif de peinture, sculpture et gravure, par D. Ant.-Joseph PERNETTI, avec un traité pratique des différentes manières de peindre (par D'ARCLAIS DE MONTAMY). *Paris*, 1757, in-8.

Dictionnaire portatif de santé... par M. L**, ancien médecin des armées du roi, et M. de B***, médecin des hôpitaux. (Par Charles-Auguste VANDERMONDE.) *Paris, Vincent*, 1759, 1760, 1761, 1 vol. in-8. — Quatrième édition, revue et considérablement augmentée. 1771, 2 vol. in-8.

Voy. « Supercheries », I, 433, *d*, et III, 1073, *d*.

Dictionnaire portatif des arts et métiers. (Par Philippe MACQUER.) *Paris*, 1766, 2 vol. in-8.

Ce dictionnaire a été considérablement augmenté et amélioré par l'abbé JAUBERT. *Paris*, 1773, 5 vol. in-8, réimprimés plusieurs fois.

Dictionnaire portatif des beaux-arts, par M. L*** (Jacques LACOMBE, avocat). *Paris, Hérissant*, 1752, in-8.

Réimprimé en 1759, avec le nom de l'auteur.

Dictionnaire portatif des cas de conscience. (Par François MORÉNAS.) *Avignon et Lyon, Bruyset*, 1759, 1761, 1768, 2 vol. in-8. — Nouvelle édition augmentée, par une société de théologiens. *Avignon et Lyon*, 1770, 3 vol. in-8.

Dictionnaire portatif des conciles. (Par

Pons-Aug. ALLETZ.) *Paris*, 1758, 1764, in-8.

La 3e éd. porte le titre de : « Dictionnaire des conciles... » Voy. ci-dessus, col. 965, *e*.

Dictionnaire portatif des faits et dits mémorables de l'histoire ancienne et moderne. (Par J.-Fr. DE LA CROIX.) *Paris, Vincent*, 1768, 2 vol. in-8.

Dictionnaire portatif des prédicateurs françois. (Par A. ALBERT, prêtre, et J.-F. DE COURT, curé de Lieu-Saint en Brie.) *Lyon*, 1757, in-8. V. T.

Réimprimé en 1824, avec augmentations, sous le titre de « Dictionnaire biographique et bibliographique... » Voy. ci-dessus, col. 956, *c*.

Dictionnaire portatif des règles de la langue françoise. (Par DEMANDRE.) *Paris, Costard*, 1770, 2 vol. in-8.

Ce dictionnaire est le même ouvrage que celui qui a été indiqué sous le titre de « Dictionnaire de l'élocution française ». Voy. ci-dessus, col. 961, *a*.

Dictionnaire portatif des théâtres, contenant l'origine des différents théâtres de Paris.... (Par Ant. DE LÉRIS.) *Paris, C.-A. Jombert*, 1754, in-8.

Réimprimé en 1763, avec le nom de l'auteur et de nombreuses augmentations.

Dictionnaire portatif des tragédies et tragi-comédies. (Par D. ROLAND.) *Paris*, 1774, 3 vol. in-12.

C'est le même ouvrage que « l'Esprit des tragédies et tragi-comédies ». Voyez ces mots.

Dictionnaire portatif historique, théologique, géographique et moral de la Bible, pour servir d'introduction à la lecture de l'histoire sainte. (Par l'abbé F. BARRAL.) *Paris, Musier*, 1756, in-8. — *Paris, id.*, 1759, 2 vol. in-12.—*Paris, id.*, 1779, 2 vol. in-12.

Dictionnaire pour l'intelligence des auteurs classiques... par F. SABBATHIER, t. 37 et dernier, rédigé sur les matériaux de l'auteur, par un professeur de l'Université (Antoine SERIEYS). *Paris, Crapart*, 1815, in-8.

Dictionnaire raisonné d'anatomie et de physiologie. (Par J. FERAPIED DUFIEU.) *Paris, Desaint ou Théophile Barrois*, 1766, 2 vol. in-8.

Dictionnaire raisonné de la manutention des employés de l'administration de l'enregistrement et du domaine de l'Etat. (Par C.-P. DESORMEAUX.) 3e édition totalement refondue et considérablement augmentée: *Guéret, impr. de Bétoulle*, 1817-1820, 5 vol. in-8.

Le 4e vol. est intitulé : « Revue et complément du Dictionnaire de la manutention des employés de l'enregistrement.... »

La 1re éd. est de 1782.

La 2e éd., publiée en l'an V, est intitulée : « Dictionnaire des domaines nationaux... » Voy. ci-dessus, col. 966, *a*.

Dictionnaire raisonné des domaines et droits domaniaux. (Par BOSQUET.) *Rouen*, 1762, 3 vol. in-4. — *Paris*, 1775, 2 vol. in-4 (édition contrefaite). — Seconde édition, corrigée et augmentée (par BOSQUET et HEBERT). *Rennes*, 1782, 4 vol. in-4.

Dictionnaire raisonné du jardinier botaniste, fleuriste, etc. 2 vol. in-8.

Il y a dans la bibliothèque de l'Ecole de médecine à Paris un exemplaire sans frontispice, avec une note manuscrite très-intéressante, par laquelle on voit qu'Achille-Guillaume LE BÈGUE DE PRESLE est auteur de ces deux volumes.

Dictionnaire raisonné et abrégé d'histoire naturelle, par d'anciens professeurs. (Par Nic. JOLYCLERC.) *Paris, frères Fournier*, 1806, 2 vol. in-8.

Dictionnaire raisonné sur le droit de chasse. (Par J. HENRIQUEZ.) *Verdun et Paris*, 1784, 2 vol. in-12.

Dictionnaire raisonné universel de matière médicale... (Par DE LA BEYRIE, ou plutôt par Jean GOULIN, qui l'a refait.) *Paris, Didot le jeune*, 1773, 4 vol. in-8.

Même ouvrage que le « Dictionnaire des plantes usuelles. » Voy. ci-dessus, col. 970, *b*.

Dictionnaire raisonné universel des animaux, suivant les méthodes de Linnaeus, Klein et Brisson. Par M. D. L. C. D. B. (Fr.-Alex. AUBERT DE LA CHESNAYE-DES-BOIS). *Paris, Bauche*, 1759, 4 vol. in-4.

Dictionnaire roman, walon, celtique et tudesque, pour servir à l'intelligence des anciennes lois et contrats, etc., par un religieux de la congrégation de Saint-Vannes (dom Jean FRANÇOIS). *Bouillon*, 1777, in-4.

Dictionnaire rouchi - français, précédé de notions sur les altérations qu'éprouve la langue française en passant par ce patois. Par G.-A.-J. H*** (Gabriel-Antoine-Joseph HÉCART), secrétaire perpétuel de l'Académie de peinture de Valenciennes, 2e édition. *Valenciennes, Lemaître*, 1826, in-12.

La 1re éd. se trouve dans le « Journal des académies », 1812. La 3e éd., *Valenciennes, Lemaître*, 1833, in-8, porte le nom de l'auteur.

Dictionnaire royal, fançois-anglois et anglois-françois, par BOYER ; nouvelle édition, revue, corrigée et augmentée, avec une dissertation sur la prosodie françoise, par M... de la S. R. (David DURAND membre de la Société royale). *Londres*, 1748.— Autre édition. *Amsterdam et Leipsick, Arkstée et Merkus*, 1752, 2 vol. in-4.

La dissertation de D. Durand a été imprimée de format in-12, à Genève, en 1755 et en 1760, à la suite du traité de la prosodie française de d'Olivet.

Dictionnaire royal françois-anglois, et anglois-françois, par A. Boyer (nouvelle édition, revue et corrigée par l'abbé J.-Fr. Féraud). *Lyon*, 1756, 2 vol. in-4.

Dictionnaire social et patriotique, ou précis des connaissances relatives à l'économie morale, civile et politique, par M. C. R. L. F. D. B. A. A. P. D. P. (Pierre Le Fèvre de Beauvray, avocat au parlement de Paris). *Paris*, 1769, in-8. — *Amsterdam*, 1770, in-8.

Réimprimé en 1774, sous le titre de « Dictionnaire de Recherches historiques et philosophiques ». Voy. ci-dessus, col. 963, *c*.

Dictionnaire statistique... de la Meurthe, contenant une introduction historique sur le pays... Par M. E. G*** (E. Grosse). *Lunéville, Creusat*, 1836-1838, 2 vol. in-8.

Dictionnaire sur le nouveau droit civil, par le citoyen T. (Q.-V. Tennesson, ancien jurisconsulte). *Paris, Rousseau*, an VII-1799, in-12, 300 p.

Dictionnaire théâtral, ou douze cent trente-trois vérités sur les directeurs, régisseurs, acteurs, actrices, etc., etc. (Par MM. F.-A. Harel, Philadelphe-Maurice Alhoy et Auguste Jal.) *Paris, Barba*, 1824-1825, in-12.

Dictionnaire théologique portatif. (Par Pons-Aug. Alletz.) *Paris*, 1756, 1767, in-8.

Dictionnaire théorique et pratique de chasse et de pêche. (Par J.-B.-C. Delisle de Sales.) *Paris, Musier*, 1769, 2 vol. in-8.

Rondet, dans la table des auteurs de la nouvelle édition de la « Bibliothèque historique de la France », me paraît s'être trompé en attribuant cet ouvrage à M. Delisle de Moncel.

Dictionnaire topographique de la généralité de Rouen. *Paris, Gattey*, 1788, in-4, x et 150 p.

Ouvrage attribué à François-Charles Gattey luimême. Voy. Frère, « Manuel du bibliographe normand. »

Dictionnaire topographique et étymologique des rues de Paris, contenant les noms anciens et nouveaux des rues... Accompagné d'un plan de Paris... (Par
a J. de La Tynna.) *Paris*, 1816, in-12, 58 et 610 p.

Seconde édition due à la collaboration de B. Roquefort et deux fois plus étendue que celle de 1812 et plus rare aussi. C'est la seule où se trouve le poëme de Guillot, *le Dit des rues de Paris*, que l'abbé Lebeuf avait tronqué en le publiant dans son « Histoire du diocèse de Paris. »

Dictionnaire universel d'agriculture et de jardinage, de fauconnerie, chasse, pê-
b che, cuisine et ménage. (Par Fr.-Alex. Aubert La Chesnaye-des-Bois.) *Paris*, 1751, 2 vol. in-4.

Dictionnaire universel de la France ancienne et moderne... et de la nouvelle France. (Ouvrage composé par Cl.-Marin Saugrain, et dirigé par l'abbé des Thuilleries, auteur de l'introduction.) *Paris, Saugrain père*, 1726, 3 vol. in-fol.

c Dictionnaire universel des jeux de société, ou soirées amusantes... Par un amateur (Yves Cousin, d'Avallon). *Paris, Locard et Davi*, 1826, in-12.

Dictionnaire universel des sciences et des arts, par M. D. C. (Thomas Corneille); nouv. édit., revue et augmentée (par de Fontenelle). *Paris*, 1732, 2 vol.
d in-fol.

Avait paru d'abord sous le titre de « Dictionnaire des arts... » Voy. ci-dessus, col. 964, *e*.

Voy. aussi « Supercheries », I, 872, *d*.

Dictionnaire universel des sciences morale, économique, politique. (Par J.-B.-R. Robinet, J.-L. Castillon, C.-L.-M. de Sacy, Fr.-René-J. de Pommereul et autres.) *Londres* (*Paris*), 1777-1783, 30 vol. in-4.

e Dictionnaire universel des synonymes de la langue française, publiés jusqu'à ce jour par Girard, Beauzée, Roubaud et autres écrivains célèbres, formant réunis près de douze cents articles (recueillis par Benoît Morin); seconde édition. *Paris, Maradan*, 1802, 3 vol. in-12.

Dictionnaire universel et classique d'histoire et de géographie. — Supplément.
f Mémorial contemporain... 1854 au 31 décembre 1860. (Par Alphonse Rastoul de Mongeot.) *Bruxelles*, 1862, gr. in-8, 267 p.

J. D.

Dictionnaire universel françois et latin, vulgairement appelé Dictionnaire de Trévoux, contenant la signification et la définition des mots de l'une et de l'autre langue, avec leurs différens usages, les termes propres de chaque état et de chaque profession, la description de toutes les choses naturelles et artificielles, leurs figures, leurs espèces, leurs propriétés, l'explication de tout ce que renferment les sciences et les arts, soit libéraux, soit mécaniques, etc.; avec des remarques d'érudition et de critique : le tout tiré des plus excellens auteurs, des meilleurs lexicographes, étymologistes et glossaires, qui ont paru jusqu'ici en différentes langues. Nouvelle édition, corrigée et considérablement augmentée (par l'abbé BRILLANT). *Paris, la compagnie des libraires*, 1771, 8 vol. in-fol.

Les auteurs du « Journal de Verdun » ont fait connaître assez en détail les articles dus au nouvel éditeur, ou refondus par lui. Voyez novembre 1771, p. 323; décembre 1771, p. 415; janvier 1772, p. 23, et mars 1772, p. 182.

Mais le travail de cet éditeur, tout à fait inconnu dans la république des lettres, n'a pas satisfait les personnes capables de l'apprécier. Voyez la « Lettre à M. le rédacteur de la nouvelle édition du Dictionnaire dit de Trévoux ». *Amsterdam et Paris, Clousier*, 1777, in-8 de 36 pages. L'analyse de cette brochure se trouve dans le « Journal de Paris » du 6 juin 1777.

Cette lettre est de l'abbé du Masbaret, ancien curé de Saint-Michel à Saint-Léonard dans le Limousin, qui s'occupait depuis quarante ans du perfectionnement des dictionnaires de Trévoux et de Moréri. Ce laborieux ecclésiastique envoya à Paris, dès l'année 1777, trois gros volumes de remarques sur cette nouvelle édition. Dans la suite, son travail fut porté jusqu'à huit volumes.

Ce manuscrit, auquel l'abbé du Masbaret avait donné le titre de « Mémoires pour servir à la future édition du Moréri », formait six volumes. A.-A. Barbier s'en était rendu acquéreur. Lors de sa vente, il fut acheté par R. Heber. La Bibliothèque du Louvre en fit l'acquisition à la vente de ce dernier; il a été détruit lors de l'incendie de cette bibliothèque en mai 1871.

Je profite de la circonstance pour faire connaître les principaux auteurs des différentes éditions du Dictionnaire de Trévoux, à dater de la première, qui parut sous ce titre : « Dictionnaire universel françois et latin », avec des remarques d'érudition et de critique (vulgairement appelé « Dictionnaire de Trévoux »). *Trévoux*, 1704, 3 vol. in-fol.

Cette première édition ne répondit pas aux espérances qu'on en avait conçues d'après des annonces pompeuses. Le public éclairé n'y trouva rien de plus que dans l'édition du Dictionnaire de Furetière, publiée à Rotterdam en 1701, par les soins de Basnage. Tout y était semblable, méthode, orthographe, exemples. Il passe cependant pour constant que les Jésuites, et principalement le père DE VITRY, y ont fait quelques additions. Voyez la « Bibliothèque françoise » de l'abbé Goujet, t. I.

— Nouvelle édition, *Trévoux et Paris, Florentin Delaulne*, 1721, 5 vol. in-fol. Le Dictionnaire latin et français, par le sieur le C***, est dans le cinquième volume. Les frères SOUCIET, jésuites, ont dirigé cette édition : cependant les Jésuites déclarèrent, dans les « Mémoires » de Trévoux, juillet 1724, que le Dictionnaire de Trévoux, soit de la première édition, soit de la seconde, n'était point leur ouvrage ; qu'il n'était nullement d'eux ; qu'ils n'y prenaient aucun intérêt. La littérature avait donc dès lors ses mystères, comme la politique.

— Troisième édition, *Paris, veuve Delaulne*, 1732, 5 vol. in-fol.

Cette édition dut beaucoup à MOREAU DE MAUTOUR et à Antoine DE JUSSIEU.

— Nouvelle édition (quatrième), corrigée et considérablement augmentée, *Paris, libraires associés*, 1743, 6 vol. in-fol.

Dans un avis sur cette édition, on déclare que RESTAUT, VALDRUCHE et plusieurs autres personnes qui n'ont pas voulu être nommées, ont procuré les additions nombreuses qu'elle renferme.

— Nouvelle édition (cinquième), *Paris, veuve Gandouin*, 1752, 7 vol. in-fol.

JAMET l'aîné a eu part à cette édition. On trouve dans le « Conservateur » du mois de décembre 1757 de curieuses observations du même auteur, pour perfectionner les Dictionnaires de Moréri et de Trévoux ; elles sont datées de la Bastille, le 25 mai 1756. L'auteur proposait au gouvernement d'alors de charger de ce travail une personne accoutumée aux recherches qu'il exige ; et il prouve qu'avec trois commis elle mettrait fin, au bout de dix ou douze années, à une édition dont le produit rapporterait et par delà le fonds et les intérêts de l'avance.

Les libraires associés publièrent aussi en 1752 un *Supplément* pour les précédentes éditions.

Dans l'avertissement placé en tête de ce volume, on dit que le public est redevable de ce Supplément à l'abbé BERTHELIN, chanoine de Doué, à M. VALDRUCHE, à l'abbé DU MASBARET; à l'abbé L.-J. LECLERC, directeur du séminaire de Saint-Irénée de Lyon ; enfin à plusieurs autres personnes qui n'ont pas jugé à propos d'être nommées.

On ne peut comprendre parmi ces dernières LAUTOUR DU CHATEL, avocat au parlement de Normandie, qui a fourni deux mille huit cents articles à ce Supplément : ce savant avait eu une vive querelle avec les premiers auteurs du Dictionnaire de Trévoux, au sujet de treize cents articles qu'il leur avait envoyés, et qui avaient été acceptés avec soumission expresse d'un témoignage distingué de reconnaissance dans la préface d'une nouvelle édition, et une obligation de lui en faire tenir un exemplaire en grand papier. La nouvelle édition parut en 1721 : on oublia le témoignage de reconnaissance promis à M. Lautour, et l'exemplaire qui lui était dû. Notre avocat, qui était extrêmement sensible, vint à Paris, quoique alors infirme, et porta ses plaintes au chancelier, qui ordonna : 1° qu'on fournirait à M. Lautour un exemplaire en grand papier bien relié, et rendu chez lui franc de port ; 2° que, pour réparer l'inexécution de la promesse et le manque de reconnaissance, cette omission serait insérée et expliquée dans le Journal des Savants, dans les Mémoires de Trévoux et dans le Journal de Verdun. Voyez la Vie de M. Lautour du Châtel, par M. Lautour, son neveu. *Paris, Jombert*, 1758, petit in-12 de 50 pag.

Dictionnaire universel, géographique, statistique, historique et politique de la France, par une société de gens de lettres. (Par Louis PRUDHOMME.) *Paris, Baudouin*, an XII-1804-5, 5 vol. in-4, avec carte.

Voy. « Supercheries », III, 675, *f*.

Dictionnaire universel, historique et critique des mœurs, lois, usages et coutumes civils, militaires et politiques... par une société de gens de lettres (J.-P. COSTARD, rédacteur d'un volume et demi; Nic. FALLET, de la valeur d'un demi-volume, et CONTANT, de deux volumes). *Paris, J.-P. Costard*, 1772, 4 vol. in-8.

Voy. « Supercheries », III, 668, *c*.

Dicts ou dictz. Voy. Dits.

Didactique de Rome, inventée par Quintilien... (Par Antide MANGIN.) *Paris, imp. de F. Didot*, 1817, in-8.

Didon, poëme en vers métriques hexamètres, en trois chants, trad. du IVe livre de l'« Énéide » de Virgile et des 2e, 8e et 10e églogues du même. (Par Anne-Robert-Jacques TURGOT.) 1778, in-4, 108 p.

Reproduit dans le « Conservateur », publ. par François de Neufchâteau, *Paris*, 1800, 2 vol. in-8, et dans les « Œuvres de Turgot », 1810, t. IX. Peignot en a donné quelques fragments dans son « Répertoire de bibliographies spéciales » et dans ses « Amusements philologiques ».

Didon, tragédie représentée pour la première fois sur le théâtre de la Comédie françoise, le 21 du mois de juin 1734. (Par J.-Jacq. LEFRANC DE POMPIGNAN.) *Paris, Chaubert*, 1734, in-8, 1 f. de tit., 12 et 70 p. et 1 f. de priv.

La lettre prélim. est signée : L***. L'auteur est nommé dans le privilége.

Réimpressions nombreuses.

Dieppe en 1826, ou lettres du vicomte de *** (P.-J. FÉRET, bibliothécaire à Dieppe) à mylord ***. *Dieppe, Marais fils*, 1826, in-12.

Dieromène (la), ou le repentir d'amour, pastorale imitée de l'italien de L. G. C. D'H. (Ludovico GROTO, cieco d'Hadria), par R. B. G. T. (Rolland BRISSET, gentilhomme tourangeau). *Tours, Mathurin Le Mercier*, 1592, pet. in-8, 164 p.

La pièce originale est intitulée : « Il Pentimento amoroso. » *Venetia*, 1585, in-12. Cette traduction a reparu en 1595, sous le titre de : « le Repentir d'amour de Diéromène. » Voy. ces mots.

D'après un manuscrit cité par Goujet, « Bibliothèque françoise », t. VIII, p. 126, l'auteur de cette traduction serait Rolland DU JARDIN, sieur DES ROCHES.

Diète du royaume de Pologne, 1818. (Par Ant. SIARCZYNSKI.) *Varsovie*, in-8. A. L.

Dieu créateur. *Bordeaux, Léon*, an VII, in-8, 75 p.

Signé : M. P. DELESSE.

a C'est une réponse à l'écrit anonyme de Dav. GRADIS publié sous ce titre : « Courte dissertation sur l'origine du monde. » Voy. ci-dessus, col. 807, *c*.

Dieu est l'amour le plus pur. Ma prière et ma contemplation, par ECKARTSHAUSEN (traduit de l'allemand par M. le baron DE STASSART) ; nouvelle édition, entièrement revue et corrigée. *Paris, Maradan*, 1808, in-18.

b Le traducteur a mis son nom à une nouvelle édition, publiée à *Paris, chez Guitel*, 1823, in-18. Il y a joint une notice sur la vie et les ouvrages de l'auteur.

Même ouvrage que « le Chrétien adorateur ». Voy. ci-dessus, col. 591, *e*.

Dieu et l'homme, ou les devoirs de l'homme envers Dieu, et les avantages attachés à leur accomplissement; par un homme du monde (GIOVANELLI, ancien directeur des douanes). *Lyon et Paris, Périsse*, 1846, in-12.

c Voy. « Supercheries », II, 301, *e*.

Dieu et les hommes ; œuvre théologique, mais raisonnable, en 44 chapitres. (Par VOLTAIRE.)

Voy. aux « Supercheries », OBERN, tome II, 1279, *c*.

Réimprimé dans le t. VII de « l'Evangile du jour ».

d Dieu et les prêtres, fragment d'un poëme philosophique. (Par Sylvain MARÉCHAL.) 1790, in-8.

Cette brochure est la reproduction de celle publiée en 1781, sous le titre de « Fragment d'un poëme moral sur Dieu », qui ne contient que 50 fragments, tandis que la réimpression en offre 124.

Dieu mériterait-il bien qu'un homme eût pour lui des égards et du respect, et qu'il lui en offrît un hommage public? e Traduit de l'allemand (de J.-F. JACOBI) par une Westphalienne (J. MOESER). *Hanovre*, 1751, in-8.

Dieu pour tous. De la tolérance religieuse universelle. (Par Arthur-Antoine-Alphonse PÉRICAUD DE GRAVILLON.) *Paris, A. Faure*, 1865, in-8, 30 p. D. M.

Dieu. Réponse au système de la nature. (Par VOLTAIRE.) *S. l. n. d.*, in-8, 56 p.

f Inséré dans le t. VIII de « l'Evangile du jour », mais ne figure pas sur le titre du volume.

Différence entre la grammaire et la grammaire générale raisonnée. (Par l'abbé BOUCHOT.) *Pont-à-Mousson et Paris, Merigot père* (1760), in-12.

Différens (les) caractères des femmes du siècle, avec la description de l'amour-propre... (Par Mme DE PRINGY.) *La Haye, A. de Hondt et J. Van Ellinkhuysen, s. d.* (vers

1650), in-12. — *Paris, veuve C. Coignard*, 1694, in-12. — *Paris, Brunet*, 1699, in-12.

L'édition de 1699 porte le nom de l'auteur.

Différens (les) caractères des femmes du siècle, imités du grec de SIMONIDE. (Poésies satiriques par l'abbé Spiridion POUPART.) *Paris*, 1705, in-12.

Différents (des) états que les filles peuvent embrasser, et principalement du célibat, des moyens de s'y fixer, et des moyens d'y vivre saintement, même au milieu du monde; par une demoiselle de condition (Mlle Constance DE MAISTRE, plus tard madame la marquise DE LAVAL-MONTMORENCY), avec un discours sur le même sujet, par le bienheureux Alphonse DE LIGUORI. *Avignon*, *Séguin*, 1827, in-12.

Difficulté (la) vaincue, ou la meilleure approximation, essai géométrique d'un quadraturomane ignorant absolument l'algèbre. *Amsterdam* (*Paris*), 1781, in-8, 16 p.

Cet opuscule est de Jean-Augustin LEBLOND, ancien procureur à Meulan, où il était né, mort aux Mureaux, faubourg de cette ville, le 1er avril 1819, âgé de soixante-six ans.

Difficultés insurmontables qui empêchent à présent, et qui empêcheront toujours, et à perpétuité, l'union entre les luthériens et les prétendus réformés. (Par Pierre MIDDOCHE.) 1722, in-4.

Difficultés proposées à l'Assemblée générale du clergé de France qui se tient à Paris, en cette présente année 1661, sur ses délibérations touchant le formulaire. (Par Ant. ARNAULD et P. NICOLE.) *S. l.*, 1661, in-4, 31 p.

Difficultés proposées à MM. les docteurs de la faculté de Paris, sur la réception qu'ils ont faite du formulaire du clergé dans leur assemblée tenue en Sorbonne le 2 mai 1661. (Par Noël DE LA LANE.) *S. l.*, 1661, in-4, 7 p.

Difficultez proposées à Monseigneur l'archevêque, par un ecclésiastique du diocèse (le P. Cl. BUFFIER, jésuite de Rouen), sur divers endroits des livres dont il recommande la lecture à ses curez. *S. l.*, 1696, in-12.

Difficultés proposées à M. de Caradeuc de La Chalotais, procureur général au parlement de Bretagne, sur le mémoire intitulé : « Essai d'éducation nationale, ou plan d'études pour la jeunesse. » Présenté au parlement le 24 mars 1763. (Par J.-B.-L. CREVIER.) *Paris*, 1763, in-12.

Difficultés proposées à M. l'évêque de Soissons sur sa lettre à M. d'Auxerre. (Par le P. PAUL, de Lyon, capucin.) *S. l.*, 1724, in-12.

Difficultés proposées à M. Steyaert. (Par Antoine ARNAULD.) *Cologne*, 1692, 3 vol. in-12.

Difficultés proposées au R. P. Bouhours, de la compagnie de Jésus, sur sa traduction françoise des quatre évangélistes. (Par Richard SIMON.) *Amsterdam, Braakman*, 1697, in-12.

Il y a deux lettres chiffrées I et II, signées ROMAINVILLE. L'exemplaire que j'ai sous les yeux contient, sous le même titre et avec la date d'*Amsterdam, Abr. Acher*, 1697, deux autres lettres chiffrées III et IV, signées EUGÈNE. Elles sont en faveur de R. Simon.

On a eu tort d'attribuer ces dernières lettres à Nicolas Thoynard, d'Orléans, puisqu'il est constant que celui-ci a publié une critique de Richard Simon, en 1702. Il est difficile de croire qu'à si peu de distance Richard Simon ait trouvé dans ce savant un apologiste et un censeur, au lieu qu'il est très-probable que Richard Simon s'est loué lui-même sous des noms empruntés.

Voy. de Backer, 2e éd., I, 817, no 27.

Digeste (le), ou Pandectes de l'empereur JUSTINIEN, traduits en français par G. D. F. (GOUJIS DU FAVRIL), revus par une société de jurisconsultes. *Paris, Moreau*, 1804, 8 vol. in-8.

Cette traduction devait avoir 10 vol.

Digestion (de la) des alimens, pour montrer qu'elle ne se fait pas par le levain, mais par la trituration. (Par Ph. HECQUET.) *Paris*, 1710, in-12, 33 p.

Digestion (de la) et des maladies de l'estomac. (Par Ph. HECQUET.) *Paris*, 1712, 1729, 1730, in-12. — Nouvelle édition, corrigée et augmentée. 1730, 1747, 2 vol. in-12.

Dignes (les) fruits de pénitence dans un pécheur vraiment converti. (Par l'abbé Claude LEQUEUX.) *Paris, Desaint*, 1742, in-12.

Dignitez (des) des magistratz et officiers du royaume de France. (Par Vincent DE LA LOUPE.) *Paris, Le Noir*, 1553, in-4, 39 et 14 ff. — 1560, 1564, in-8.

C'est la traduction de l'ouvrage publié en 1551, par Vincentius LUPANUS, sous le titre de « Commentarii de magistratibus. »

Dijon en joie au retour de lai bonne santai de M. le duc. (Par Aimé PIRON.) *Dijon*, 1715.

Mignard, « Histoire de l'idiome bourguignon », p. 312.

Dijon revigôtai. (Par Aimé PIRON.) *Dijon*, 1690, in-12.

Voy. Mignard, « Histoire de l'idiome bourguignon », p. 283.

Dixme (la) royale de M. le maréchal de Vauban comparée avec le plan d'imposition de M. R D. G. (RICHARD DES GLANIÈRES). *Paris*, 1776, in-8. V. T.

Dindonnière (la), lettre sur le Musée de Bordeaux. (Par F.-J.-Th.-M. SAINT-GEORGES.) *Agen*, 1783, in-8.

Dîner (le) d'adieux, ou les projets. poëme satirique à deux services et un épilogue. Par A. T. (Albin THOUREL). *Bruxelles*, 1827, in-8.

Dîner (le) du comte de Boulainvilliers. (Par VOLTAIRE.) (1767), in-8, 60 p.

Il existe une édition sous le pseudonyme de SAINT-HYACINTHE et la fausse date de 1728. Voy « Bibliographie voltairienne », p. 11, n° 24, et « Supercheries », III, 535, *d*.

Dîner (le) du lundi, ou la vérité en riant. (Par le vicomte A.-B.-L. DE MIRABEAU.) *S. l. n. d.*, in-8.

Voy. ci-dessus, « Déjeuner du mardi », col. 870, *d*.

Dîner gastronomique. Poëme dédié à tous les cochons du monde, et notamment à ceux qui sont capables d'apprécier et de goûter les charmes de la malpropreté. (Par G. GENSSE.) *A Stercopolis, chez Bernard Mairdoku, vidangeur et marchand de comestibles, à l'enseigne de l'Étron fumant*, 6581 (1856), in-8, 9 pages, avec une grav.

« Ce petit opuscule, dont le titre ne doit pas trop effrayer le lecteur, est de la plus grande rareté; il n'a été tiré qu'à 22 exemplaires et sort de la presse d'un amateur qui s'est caché sous le pseudonyme de l'*Ours*. Notre livre étant destiné à dévoiler les pseudonymes, nous devons avouer humblement que cet *Ours* n'est autre qu' l'auteur de ce « Dictionnaire. » Note de M. J. Delecourt.

M. de Manne indique 23 exemplaires, dont un sur peau de lapin.

Dîner (le), suivi des règles du jeu de piquet, par un gastronome lorrain. *Nancy, Dard*, 1842, in-8.

Tiré à 300 exemplaires.

Cette production a paru anonyme; quelques journaux en ont parlé. Dans un ouvrage gastronomique, dont je ne me rappelle plus le titre, on suppose que M. DE GASTALDI, gastronome émérite de Nancy, en est l'auteur.

(Noël, « Catalogue des collections lorraines ».)

Ce nom emprunté de Gastaldi cache François-Jean-Baptiste NOEL lui-même, ancien notaire et archéologue, né à Nancy le 7 juillet 1783, mort dans la même ville le 28 mars 1856. D. M.

Dîners (les) de M. Guillaume, suivis de l'aventure de son enterrement. (Par l'abbé Théoph.-J. DUVERNET.) *S. l.*, 1788, in-12, 108 p., figure de Ransonnette.

Dinias et Dercillide, traduit du grec d'Antonius DIOGÉNÈS, et poésies diverses (par LE SUEUR). 1745, in-12.

Antoine Diogène vivait dans le siècle d'Alexandre; Photius nous a conservé, dans sa « Bibliothèque », un extrait de son roman. L'ouvrage français est moins une traduction qu'une imitation de l'original grec.

Dinville, ou les catastrophes amoureuses, par l'auteur du « Duo interrompu » (P.-L. MOLINE). *Amsterdam et Paris, Dufour*, 1770, in-12.

Diogène à la campagne, comédie en trois actes, en prose, par I. A. M. D. M. (Isaac-Ami MARCET, de Mézières). *Genève, Gosse*, 1758, in-8, XXVI-100 p.

Diogène à Paris. (Par J.-M. DUFOUR.) *Athènes* (*Paris, Buisson*), 1787, in-12.

Diogène LAERCE, de la vie des philosophes, traduit par M. B'** (Gilles BOILEAU). *Paris, Cochart*, 1668, 2 vol. in-12.

Voy. « Supercheries », I, 430, *e*.

Diogènes (les) modernes corrigés, ou recueil de quelques ouvrages de MM. DE P*** (André Pierre LE GUAY DE PRÉMONTVAL), T*** (TOUSSAINT), DE G***, DE M*** (MONTBRON) et S*** (STICOTTI), élagués et purgés de tout ce qui pourrait blesser la délicatesse des lecteurs sur des objets importants, par M D.... A.. (J.-L.-Hub. Sim. DE PERTHES, avocat). *Reims, Jeunehomme*, 1775, 6 opuscules in-12, avec titres et pagination particulière.

Il existe des exemplaires sans indication de lieu, mais avec les noms des auteurs.

Diomède, tragédie lyrique en cinq actes et un prologue: le tout en vers libres. (Par J.-L.-Ignace DE LA SERRE.) *Paris, Chr. Ballard*, 1710, in-4.

La musique est de Bertin.

Diorama anglais, ou promenades pittoresques à Londres... par M. S.... (J.-B.-B. SAUVAN). *Paris, Didot aîné*, 1823, in-8, avec 24 pl.

Dipne, infante d'Irlande, tragédie dédiée à Mme Eléonore de Rohan, abbesse de l'abbaye royale de Malnoue. (Par François D'AURE, docteur en théologie.) *Montargis, J.-B. Bottier*, 1668, in-12, 12 ff. lim. et 95 p.

L'auteur a signé la dédicace.

Directeur (le) d'un jeune théologien. *Paris, Babuty*, 1723, in-12.

Traduction de l'ouvrage latin de Jean OPSTRAET,

intitulé: « Theologus christianus », par SAINT-ANDRÉ DE BOCHESNE.

Cette traduction fut présentée, vers 1716, pour être approuvée, mais le nom de M. Opstraet la fit refuser. C'est ce qui détermina à la présenter de nouveau sous le titre actuel. (Note manusc. de l'abbé Goujet.)

Directeur (le) dans les voies du salut. (Traduit de l'italien du P. J.-P. PINAMONTI, jésuite, par le P. DE COURBEVILLE, jésuite.) *Paris, Nyon*, 1718, in-12.

Souvent réimprimé.

On dit dans la préface que l'auteur de cet ouvrage est inconnu, et que quelques personnes l'ont attribué à Fénelon. C'est une supposition.

Le traducteur a retranché le chapitre 30 du texte italien, il a resserré quelques passages et en a supprimé d'autres.

Souvent réimprimé avec le nom du P. DE COURBEVILLE, comme auteur.

Directeur (le) des âmes pénitentes, par un directeur très-expérimenté dans la conduite des âmes (le P. Giles VAUGE, de l'Oratoire). *Paris, Babuty*, 1721, 1726, 2 vol. in-12.

Il y a des exemplaires dont le second volume a été revu et augmenté (par le père Jean-Baptiste MOLINIER, de l'Oratoire).

Directeur (le) des âmes religieuses, composé en latin par le vénérable Louis BLOSIUS, de l'ordre de Saint-Benoît, et traduit en françois par *** (Louis MONBROUX DE LA NAUSE, ex-jésuite, depuis associé de l'Académie des inscriptions et belles-lettres). *Paris, Fr. Babuty*, 1726, in-18.

Quérard appelle le traducteur de cet ouvrage L. JOUARD DE LA NAUZE.

Directeur (le) des estomacs, ou instruction pratique sur la nature, les qualités et les propriétés de chaque espèce d'aliments, soit qu'ils croissent sous notre climat, ou qu'on nous les fournisse des pays étrangers; suivie d'une esquisse sur le régime qui convient aux différents tempéraments... Complément aux différents ouvrages concernant la cuisine et l'office. Par M. C*** G*** (César GARDETON). *Paris, Pillet aîné*, 1827, in-18, 22 ff. lim. et 248 p.

Il a paru au commencement du siècle un « Directeur des estomacs, ou instructions sur les aliments de toute espèce... » dont une 2e édit., *Paris*, 1805, in-12, nous est connue. C. Gardeton en était-il l'auteur ou ne serait-il que l'éditeur de l'édition de 1827? A. L.

Directeur (le) spirituel pour ceux qui n'en ont point. (Par l'abbé Simon-Michel TREUVÉ.) *Paris, Josset*, 1690, 1696, in-12.

Souvent réimprimé.

Direction spirituelle pour servir de règle à tous les chrétiens. (Attribué au P. THIROUX, jésuite.) *Lyon, Duplain*, 1730, in-8.

Il y a une analyse de ce livre dans le « Mercure » de mars 1739, p. 504.

Direction sur les recherches archéologiques... à faire dans l'arrondissement de Thionville. (Par G.-F. TEISSIER.) *Thionville*, 1820, in-8, 16 p.

Directions pastorales pour les évêques, par dom Jean DE PALAFOX de Mendoça, traduit de l'espagnol en françois (par Claude SAUMAISE, de l'Oratoire). *Paris, Cramoisy*, 1691, in-12.

Directions pour la conscience d'un électeur, par un électeur éligible du département de la Seine (Marc-Antoine JULLIEN). *Paris, Ponthieu et Delaunay*, 1824, in-8.

La 2e éd. porte le nom de l'auteur.

Directions pour la conscience d'un roi, composées pour l'instruction du duc de Bourgogne, par FÉNELON (publiées avec un avertissement, par Prosper MARCHAND, sous le nom de Félix DE SAINT-GERMAIN). *La Haye, J. Neaulme*, 1747, in-8 et in-12. — Nouvelle édition, précédée d'un nouvel avertissement (par L.-S. AUGER). *Paris, L. Colin*, an XIII-1805, petit in-12.

Ces « Directions » devaient paraître dès 1734, sous le titre d' « Examen de conscience pour un roi », à la suite de la belle édition de Télémaque, in-fol., publiée cette année à Amsterdam, chez *Wetstein, Smith et Chatelain*, de l'aveu et même à la réquisition de la famille de l'auteur : on en a peut-être même imprimé séparément trois cent cinquante exemplaires; mais tout cela fut très-soigneusement supprimé par elle-même, sur les ordres exprès et très-sévères de la cour de France; et ce ne fut qu'après la mort de M. de Fénelon, petit-neveu de l'archevêque, ambassadeur de France en Hollande, et tué en 1746 à l'action de Raucoux auprès de Liége, que milord Granville, ci-devant Carteret, qui avait obtenu, soit en présent, de M. de Fénelon, soit à prix d'argent, de quelque autre, un exemplaire complet et non châtié du Télémaque de 1734, fit réimprimer séparément, en 1747, à *Londres, chez Davis*, in-12, deux pièces, savoir: l' « Examen de conscience » et le « Récit abrégé de la vie de messire François de Salignac de la Mothe-Fénelon ». Ce dernier article a été réimprimé à la Haye, chez Néaulme, en 1747, in-8, sous le titre de « Nouvelle Histoire de messire... » Voyez ces mots dans ce dictionnaire.

Le même Néaulme a réimprimé l' « Examen de conscience pour un roi » sous le titre qui est l'objet de cette note, d'après une copie manuscrite que Prosper Marchand lui avait procurée, et à laquelle il avait ajouté non-seulement un second supplément, tiré tant des manuscrits de M. de Cambrai que de ses simples conversations, mais même un avertissement préliminaire, dans lequel il indiquait l'histoire et le caractère de l'ouvrage. Voyez le « Dictionnaire historique » de Prosper Marchand, au mot *Salignac*, t. II, p. 185.

Dans l'édition de *Paris, frères Estienne*, 1775,

in-8, l'avertissement a été fait par Robert Estienne, au nom de son frère et au sien ; et il fut autorisé à y déclarer que le jeune roi (Louis XVI) avait désiré cette réimpression, et l'avait confiée à l'abbé Soldini.

Directoire (le) traité comme il le mérite. (Par R.-J. LEBOIS, imprimeur à Paris.) *Paris*, 1796, in-8. V. T.

Voy. la « France littéraire », par Ersch.

Directrice (la) de poste. Par Marie-Ange DE T*** (Just-Jean-Etienne ROY). *Tours, Mame*, 1866, in-8, 144 p. — *Tours, Mame*, 1868, in-8.

Discernement (le) de la vraie et fausse morale où l'on fait voir le faux des Offices de Cicéron et des livres de l'Amitié. (Par P. COUSTEL.) *Paris*, *Delaulme*, 1695, in-12.

Discernement des ténèbres d'avec la lumière, ou invitation aux créatures de Dieu d'entrer dans l'arche de grâce qui se bâtit aujourd'hui. (Par Jean ALLUT, Elisabeth CHARRAS et Henriette ALLUT. Publié par FURLY.) *Rotterdam*, 1710, in-8. D. M.

Disciple (le) de Lhomond... (Par J.-B. BLANCHIN, ancien oratorien.) *Paris, Rusand*, 1820, 2 vol. in-12.

Souvent réimprimé avec le nom de l'auteur.

Disciple (le) de Montesquieu à MM. les députés aux états généraux, ou supplément à la pétition des bourgeois de Paris et au rapport, suivi de quelques réflexions sur des instructions attribuées à S. A. S. Mgr le duc d'Orléans, par P. M. L. au R. D. C. (Pierre MARCON, lieutenant au régiment Dauphin cavalerie). *S. l.*, 1789, in-8, 98 p. et 1 f. d'errata. — Nouvelle édition. *S. l.*, 1789, in-8, 1 f. de titre et 95 p.

Voy. « Supercheries », III, 194, *e*.

Disciple de Pantagruel. M D XXXVIII (et au verso du titre) : Voyage et navigation que fist Panurge, disciple de Pantagruel, aux isles incongneues et estranges... *S. l. n. d.*, in-16, 48 ff. chiffrés, fig. s. b., lettres rondes. — Autre édition sous le même titre. *Paris, Denis Janot, s. d.* (mais de 1540 environ), in-16 de 48 ff. non chiff., gr. s. b., lettres rondes.

Cette « rapsodie si plate, si bête et si dégoûtante », comme dit le savant et consciencieux de L'Aulnaye, se trouve dès 1537 et 1538 à la suite du « Pantagruel ». Elle reparaît dans les éditions du même livre, *Lyon*, 1542, et *Valence*, 1547. De L'Aulnaye dit aussi ne pas comprendre comment on a pu supposer que RABELAIS pouvait être l'auteur d'un pareil livre.

Quoi qu'il en soit, on ne connaît pas le nom de ce « rustre imitateur » de Rabelais. Son opuscule a été réimprimé tantôt avec le nom de Panurge, tantôt avec celui de Bringuenarille. De L'Aulnaye ne comptait que six réimpressions, mais en réalité il y en a douze au moins. Voir pour plus de détails le « Manuel du libraire », 5e édit., t. IV, col. 1047 et 1066-68. Voici le détail sommaire des autres éditions séparées :

— Bringuenarilles, cousin germain de Fesse-pinte. *Rouen, J. Le Prest*, 1554, in-16.

— Navigations de Panurge, disciple de Pantagruel. *Lyon, P. de Tours*, 1543, in-16.

— Navigation du compaignon à la bouteille. *Rouen, R. et J. Dugort*, 1545, 1547, in-16. — *Paris, Cl. Micard*, 1576, in-16. — *Lyon, J. Josseron*, 1595, in-16. — *Troyes, Vve de Nic. Oudot, s. d.*, in-16.

— Voyage et navigation des îles incogneues. *Lyon, Ben. Rigaud et F. Saugrain*, 1556, in-16.

— Voyage et navigation que fit Panurge. *Orléans, Eloy Gibier*, 1571, in-16.

— Voyage et navigation des îles et terres heureuses... par Bringuenarille. *Rouen* (?), 1545.

— *Ibid.*, *Lescuyer*, 1578, in-16. — *Paris, Bonfons*, 1574, pet. in-12.

Disciple (le) de saint Jean-François Régis, ou vie du P. Paul-Antoine Dauphin, missionnaire dans le Vivarais et le Velay; suivie de notices biographiques sur d'autres missionnaires de la compagnie de Jésus. Par un religieux de la même compagnie (le P. J.-M. PRAT). *Lyon et Paris, Périsse frères*, 1850, in-12.

Disciple (le) pacifique de saint Augustin sur la liberté, la grâce et la prédestination, avec une dissertation préliminaire de l'autorité de saint Augustin et de ses anciens disciples... *Paris, A. Cailleau*, 1715, in-4.

Le tome II, *Rennes, Julien Vatar*, 1729, in-4, porte : Par le P. ANGE DE LA PASSION, carme.

Le nom réel de l'auteur est BÉRITAU, voy. « Supercheries », I, 349, *e*.

Discipline (la) de l'Eglise de France, d'après ses maximes et ses décisions, répandues dans la collection des mémoires du clergé... Par l'auteur du « Dictionnaire théologique » (P.-A. ALLETZ). *Paris, imp. de P.-D. Pierres*, 1780, in-8.

Discipline (la) de l'Eglise sur le mariage des prêtres. (Par Gabriel-Nicolas MAULTROT, contre l'ouvrage de l'abbé Gaudin, intitulé : « Inconvéniens du célibat des prêtres ».) *Paris, Leclerc*, 1790, in-8.

Discipline de l'Eglise, tirée du Nouveau Testament et des anciens conciles... (Par le P. P. QUESNEL.) *Lyon, Jacques Certe*, 1689, 2 vol. in-4.

Discipline (la) des Eglises réformées de France, ou l'ordre par lequel elles sont conduites et gouvernées ; avec un recueil des observations et questions sur la pluspart des articles d'icelle, tiré des actes des synodes nationaux. (Par L. D'HUISSEAU, ministre à Saumur.) *S. l.*, 1656, in-4, 2 ff. lim., 105 p. et 1 f. — Nouv. édit. *Saumur, Is. Desbordes*, 1657, in-4. — Autre édit. *Amsterdam*, 1710, in-4.

On cite une édition de 1675, portant le nom de l'auteur.

Discipline (de la) judiciaire, considérée dans ses rapports avec les juges, les officiers du ministère public, les avocats, les notaires, les avoués, huissiers et autres officiers ministériels, par M. C. (J.-F.-C. CARNOT, né en 1752). *Paris, Baudouin frères*, 1825, in-8.

Discorde fraternelle, tragédie, qui sera représentée par les escoliers du collége de la compagnie de Jésus, à Luxembourg, le 12 sept... (Par le P. Martin DU CYGNE.) *Trèves, Hub. Reulandt*, 1661, in-4, 4 p.

Discoureur (le). (Par le chevalier DE BRUIX.) 1762, in-8.

Discours à Cliton sur les observations du Cid, avec un traité de la disposition du poëme dramatique et de la prétendue règle des vingt-quatre heures. (Par Jean MAIRET.) *Paris* (1637), in-8, 103 p.

Discours à lire au Conseil, en présence du roi, par un ministre patriote, sur le projet d'accorder l'état civil aux protestants. (Par l'abbé J.-B. BONNAUD, ex-jésuite.) 1787, 1 vol. in-8, 387 p. — Nouv. édit. *Montpellier, A. Séguin*, 1827, in-8.

On a attribué assez généralement ce discours à l'ex-jésuite Alex.-Charles-Anne LANFANT : il peut y avoir eu quelque part, mais son confrère J.-B. BONNAUD en est le principal auteur. L'abbé Liévain-Bonaventure PROYART y a peut-être aussi coopéré. Voyez le « Dictionnaire historique » de Feller.

Une édition antérieure porte ce titre : « Réponse à la grande question agitée actuellement en France : Si l'on peut accorder, sans danger pour la tranquillité publique, l'état civil aux protestants, ou Discours... » *Paris*, 1788, in-8 de 228 pp.

Discours à MM. de Soissons sur l'arrivée du roi en leur ville. GARNIER.

Voy. « Description du voyage du roi... », ci-dessus, col. 903, *f*.

Discours à mon neveu (M. de Thesar), pour ses mœurs et pour sa conduite (par Denys LE GOUZ DE LA BERCHÈRE). *Grenoble*, 1663, in-4.

L'auteur, premier président au parlement de Grenoble, assure, dans une lettre autographe jointe à l'exemplaire de la vente La Vallière, n'avoir fait tirer de ce livre que trente exemplaires. L'abbé Papillon, à l'article de ce magistrat, tome premier de sa « Bibliothèque des auteurs de Bourgogne », n'a pas indiqué cet ouvrage.

Discours abrégé de l'Artois, membre ancien de la couronne de France, et de ses possesseurs, depuis le commencement de la monarchie. *S. l.*, 1640, in-fol., 1 f. de tit., 6 p., 6 ff., 47 et 8 p.

La dédicace au cardinal de Richelieu est signée : A. C. (Charles DE COMBAULT, baron D'AUTEUIL).

Discours académique en forme de harangue à Mgr Gaston Fleuriau d'Armenonville, evesque d'Orléans, sur son entrée solennelle en cette ville. (Par J.-B. ROBINEAU DE BOERNE.) *Orléans, Borde*, 1707, in-4.

Discours académiques et poésies. (Par l'abbé Joseph SEGUY.) *La Haye, Neaulme*, 1736, in-12.

Discours académiques florentins, appropriés à la langue françoise, par E. D. T. (Etienne DU TRONCHET). *Paris, Lucas Breyer*, 1576, in-8.

Discours adressé à S. M. Stanislas-Auguste, roi de Pologne, le 25 novembre 1791, anniversaire de son couronnement. (Par G. TSTABUZA.) En grec et en français. *Varsovie*, in-4. A. L.

Discours amoureux faitz à l'exaltation de l'honneur des dames, par C. D. T. L. (C. DE TAILLEMONT, Lyonnois). *Paris, Le Magnier*, 1585, in-16. — *Paris, Gailliot-Corrozet*, 1596, in-16.

Voy. « Supercheries », I, 678, *f*.

Discours ample et très-véritable, contenant les plus mémorables faits advenus en l'année 1587... envoyé par un gentilhomme françois à la royne d'Angleterre. (Par le maréchal Claude DE LA CHASTRE.) *Paris, Guillaume Bichon* (1585), in-8.

Même ouvrage que « Histoire contenant les plus mémorables faits... » et « Histoire ample et très-véritable... » Voy. ces titres.

Discours anatomique sur la structure des viscères, savoir : du foie, du cerveau, des reins, de la rate, du polype du cœur et des poumons, par Marcel MALPIGHI.... mis en françois par M**** (SAUVALLE), docteur en médecine. *Paris, Laurent d'Houry*, 1683, in-12.

Voyez le « Dictionnaire de médecine », par Éloy.

Discours apologétique touchant la vérité des géans, contre la « Gigantomachie » d'un soi-disant écolier en médecine, par L. D. C. O. D. R. (l'un des chirurgiens ordinaires du roi, Charles GUILLEMEAU). *Paris, J. Orry*, 1615, in-8.

L'auteur avait été par erreur confondu par Barbier avec Jacques GUILLEMEAU, son père, mort en 1613.

Discours au parlement de ... dans une déclaration de grossesse. (Par Antoine-Joseph-Michel SERVAN.) *Lyon*, 1760, in-12, 63 p.

Voy. ci-après : « Discours de M. S***, col. 1011, *c*. Voy. « Supercheries », III, 485, *f*.

Discours au peuple de France sur la naissance du roi. (Par PELEUS.) *Paris*, *A. Saugrain*, 1618, in-8, 47 p.

L'auteur a signé la dédicace.

Discours au roi. (Par M. DE BRIEUX.) *S. l.*, 1607, in-8, 1 f. de tit. et 38 p. ou 30 p.

Note manuscrite.
Quatre éditions la même année.

Discours au roi par un de ses fidèles sujets (PÉLISSON-FONTANIER), ou première défense de M. Fouquet. *S. l. n. d.*, in-4.

Deux éditions.
Réimprimé dans les « Œuvres diverses de Pélisson ». *Paris*, 1735, 3 vol. in-12.

Discours au roi sur la naissance, ancien état, progrès et accroissement de la ville de La Rochelle... (Par Auguste GALLAND.) *S. l.*, 1628, in-4. — *S. l.*, 1628, in-8. — *Paris*, *Et. Richer*, 1629, in-8.

Discours au roi sur la paix qu'il a donnée à ses subjects de la religion prétendue réformée. (Par le sieur DE DRYON, d'après le P. Lelong.) *S. l. n. d.*, in-8, 16 p.

Discours au roi touchant les libelles faits contre le gouvernement de son Etat. (Par Paul HAY, sieur DU CHASTELET.) *S. l.*, 1631, in-8, 32 p.

Trois éditions sous la même date et deux autres sans lieu ni date.

Discours au vray des sainctes ceremonies faictes à Rome pour la reconciliation, absolution et benediction de Henry IIII... (Par G.-P. MUCANTE.) Traduit d'italien en françois (par Benoist DU TRONCY). *Sur la copie imprimée à Rome et Viterbe. Lyon*, *par J. Pillehotte*, 1596, in-8, 52 p.

Discours au vray du ballet dansé par le roy, le dimanche 29e jour de janvier 1617... (Par Etienne DURAND.) *Paris*, *P. Ballard*, 1617, in-4, fig. et musique.

Voy. Brunet, « Manuel du libraire », II, col. 738.

Discours aux Liégeois dans les fers. (Par l'abbé JEHIN.) *Liége* (1789), in-8.
UI. C.

Discours aux Welches, dans lequel on a inséré la justification de la chambre des vacations du parlement de Rouen, Metz, et particulièrement de Rennes; ouvrage dénoncé à l'Assemblée nationale... Seconde édition. (Par LANDES, avocat de Dijon.) *Dijon*, *de l'imprimerie des aristocrates; et Paris*, *marchands de nouveautés*, 27 mars 1790, in-8, 53 p.

La 1re éd. est intitulée : « Discours aux Welches. » *S. l.*, février 1790, in-8.

Discours choisis de CICÉRON (traduits en françois par Etienne-André PHILIPPE et par l'abbé Jos.-Ant.-Touss. DINOUART). *Paris*, *Barbou*, 1763, 3 vol. in-12.

Titre renouvelé. Le troisième volume, traduit par l'abbé Dinouart, contient le discours pour Muréna et les Verrines. Voyez les mots « Oraisons choisies de Cicéron ».

Discours chrestien qu'il n'est permis ny loisible à un subject, pour quelque chause et raison que ce soit, de se liguer, bander et rebeller contre son roy, par P. C. P. (Pierre CHARRON, Parisien). *Paris*, *D. Leclerc*, 1606, in-12.

Discours chrétiens. (Par Hugues RAMUS, né en 1729, m. en 1789, pasteur à Neufchâtel.) *Amsterdam*, *M.-M. Rey*, 1773, in-8, 66 p.

Discours chrestiens de la diversité, création, redemption et octaves du Saint-Sacrement. Par M. Pierre Charron, Parisien, docteur théologal, chanoine en l'église de Condom. *Paris*, *Robert Bertault*, 1622, in-8, 8 ff., 248 p., 2 ff., 516 p., 10 p., 3 ff.

Publiés par Gabriel-Michel DE LA ROCHEMAILLET, qui a signé l'épître dédicatoire à Claude Dormy, évêque de Bologne.
Voy. Brunet, article Charron. Il indique 2 éditions précédentes. Mais sont-elles publiées par La Rochemaillet ?

Discours chrétiens et spirituels sur divers sujets qui regardent la vie intérieure. (Par Mme Jeanne-Marie BOUVIÈRE DE LA MOTTE-GUYON.) *Cologne*, 1716, in-8. — *Paris*, 1790, 2 vol. in-8.

Discours chrétiens sur les évangiles de tous les dimanches de l'année. (Par le P. DAMASCENE, récollet.) *Paris*, *Couterot*, 1697-1699, 8 vol. in-12.

Discours : Combien il seroit dangereux de préférer les talens agréables aux talens utiles. (Par l'abbé J.-Ant. LA SERRE.) *Paris*, *Durand neveu*, 1770, in-8.

Discours composé par quelques amis du colonel Moncey, et prononcé par l'un d'eux dans l'hôtel du maréchal duc de Conégliano, à l'occasion du service funèbre célébré le 5 janvier 1818. (Rédigé par A.-F. DE COUPIGNY, homme de lettres ; TOURTON, banquier, et autres, sur les matériaux communiqués par MM. JACQUEMINOT et autres militaires.) *Paris*, 1818, in-8.

Discours consolatoire à la France sur le trespas du seigneur A. d'Ornano, mareschal de France. (Par DE NERVÈZE.) *Lyon*, 1610, in-8.

En vers.

Discours contenant le seul et vrai moyen par lequel un serviteur favorisé et constitué au service d'un prince peut conserver sa félicité éternelle et temporelle, et éviter les choses qui lui pourroyent l'une et l'autre faire perdre. (Par Estienne DOLET.) *Lyon, Estienne Dolet*, 1542, in-8.

Dans sa dédicace à M. de L'Estrange, datée du 15 juillet 1542, Dolet dit, en parlant de ce discours, qu'il est plein de prudence accompagnée d'une telle ardeur envers la loi de Dieu (que bien cognoissoit et bien observoit l'autheur de cet ouvrage)..

Malgré cela, ce livre lui a été attribué par plusieurs auteurs.

Discours contenant les moyens de délivrer la France de la tyrannie d'Espagne. (Par PERROT, président des enquêtes.) 1594, in-4.

Discours contre l'incrédulité, dans lesquels on en découvre les causes et où l'on en réfute les principes et les systèmes ; par M. *** (l'abbé VOILARD), chanoine de ***. *Paris, Berton*, 1779, in-12.

Discours contre la médisance. (Par Artus THOMAS, sieur D'EMBRY.) *Paris, Lucas Brayer*, 1600, in-12, 28 ff.

Discours contre la transsubstantiation, composé en anglois par le R. D. T. (peut-être TILLOTSON), et traduit par L. C., à quoi on a ajouté l'extrait d'une rubrique tirée d'un missel romain. *Londres, Benoist Griffin*, 1685, in-12.

Discours contre le spiritisme, par un médium incrédule (Camille DEBANS), avec une lettre à M. Allan Kardec. *Paris, Dentu*, 1860, in-8.

Voy. « Supercheries », I, 266, *f*.

Discours contre les servitudes publiques. (Par Fr. BOISSEL.) 1786, in-8.

Discours contre un petit traité intitulé : « Exhortation aux dames vertueuses. » *Rouen, Charles Gendron*, 1598, petit in-12, 84 p.

Dédié à Marguerite et Anne del Bene, par A. T. — M. P. L. (Paul Lacroix) pense que ces initiales peuvent désigner Adrien TOURNEBU. Voy. le « Bulletin du bibliophile », XIVe série, p. 916.

Discours d'Adrien DUPORT (de l'Assemblée constituante) sur l'établissement des jurés, la police de sûreté et la justice criminelle. (Publié avec un avant-propos par M. BELLON, avocat.) *Paris, Verdière*, 1827, in-8.

Discours d'Etat, où il est prouvé... que la perte du Mazarin et la délivrance des Princes sont absolument nécessaires pour calmer les troubles de la Monarchie. (Par DUBOSC-MONTANDRÉ.) *S. l.*, 1650, in-4, 27 p.

Discours d'Estat, où la nécessité et les moyens de faire la guerre en l'Espagne mesme, sont richement exposez. (Par Alexandre DE PONT-AIMERY.) *Paris, Jamet Mettayer et P. L'Huillier*, 1595, in-8, 14 ff. — *Lyon*, 1595, in-8, 31 p.

Discours d'Estat sur la blessure du roy. (Par Alexandre DE PONT-AIMERY.) *Paris, par C. de Montr'œil et J. Richer*, 1594, in-12, 12 p. et 1 f. — *Id.*, 1595, in-12, 12 p. et 1 f.

L'auteur a signé la dédicace.

Discours d'Etat sur la protection des alliez pendant la minorité du roi Louis XIII. (Par J. BEDÉ, sieur DE LA GORMANDIÈRE.) *S. l.*, 1614, in-4. V. T.

Discours d'Estat sur les écrits de ce temps, auquel est fait réponse à plusieurs libelles diffamatoires publiés à Bruxelles par les ennemis de la France. (Par Paul HAY, sieur DU CHASTELET.) *S. l.*, 1635, in-8, 128 p.

Discours d'Estat sur les moyens de bien gouverner et maintenir en bonne paix un royaume, contre Machiavel. (Par Innocent GENTILLET.) *Leyden*, 1609, in-8.

Publié d'abord sous le titre : « Discours sur les moyens de bien gouverner... » Voy. ci après ces mots.

Discours d'un ancien avocat général (Ant.-Jos.-Mich. SERVAN) sur la cause du comte de *** (Suze) et de la demoiselle *** (Bon), chanteuse de l'Opéra. *Lyon, Sulpice Grabit*, 1772, in-12.

Voy. « Supercheries », I, 322, *b*.

Discours d'un bon citoyen (Joachim FAIGUET) sur les moyens de multiplier les forces de l'Etat, et d'augmenter la population. *Bruxelles* (*Paris*), 1760, in-12, 196 p.

Douteux.

Voy. « Supercheries », I, 548, *c*.

Discours d'un citoyen (Joseph-Michel PELLERIN) pour être prononcé à l'assemblée de la commune, le 15 décembre 1788. *S. l. n. d.*, in-8, 16 p.

Catalogue de Nantes, n° 50377.

Discours d'un curé qui a consulté son confrère au sujet du jubilé, avec une histoire des jubilés. (Par le P. François-de-

Paul Mariette, de l'Oratoire.) *S. l.* (*Orléans*), 1759, in-12. V. T.

Voy. « Supercheries », I, 814, *d*.

Discours d'un de Messieurs des enquêtes au Parlement... sur l'instruction pastorale de M. l'Archevêque de Paris (Christophe de Beaumont), et sur l'imprimé intitulé: « Nouvelles observations », etc. Du lundi 16 janv. 1764. *S. l. n. d.*, in-4, 23 p.

Par Lambert, suivant le P. Lelong.

Discours d'un duc et d'un pair à l'assemblée des pairs... (Par Pujet de Saint-Pierre.) 1771, in-12. V. T.

Discours d'un envoyé de la Grèce au premier congrès qui jugera convenable de l'admettre. (Par Cl.-Aug. Dorion.) *Paris, F. Didot*, 1826, in-8, 62 p.

Discours d'un fidèle François, sur les diverses occurrences et nécessités de ce temps, à Mgr le chancelier. (Par Delestre.) *Paris, M. Guillemot*, 1636, in-8.

L'auteur a signé l'épître.

Discours d'un fidèle sujet du roi, touchant l'établissement d'une compagnie françoise pour le commerce des Indes orientales. (Par François Charpentier, de l'Académie française.) *Paris*, 1664, in-4. — Le même en français et en allemand, avec les articles et conditions, et la déclaration du roi. (Par le même, sous le nom de Jean-Christophe Wagenseil.) 1665, in-4.

Discours d'un fidèle sujet sur la majorité des rois, par J. B. (Jean Bedé, sieur de La Gormandière). *Paris*, 1614, in-8. V. T.

Discours d'un gentilhomme amateur de la patrie et du repos public sur le fait de la paix et de la guerre en ces Pays-Bas, escrit à un sien amy par manière d'advis. *Anvers, G. Van den Rade*, 1584, in-8, 16 ff.

C'est probablement le texte original de l'ouvrage de Marnix de Sainte-Aldegonde, traduit en latin sous le titre de : « Oratio nobilis belgæ. »

Il en existe aussi une traduction flamande ou hollandaise. Voy. « Notices historiques et bibliographiques sur Phil. de Marnix, par Albert Lacroix et Fr. Van Meenen ». *Bruxelles*, 1858, in-8, 94 p.

Discours d'un membre de l'Assemblée nationale à ses co-députés. (Par le comte Emm.-L.-H. Delaunay d'Entraigues.) 1789, in-8, 38 p.

Ce discours a été suivi d'un second de 46 pages, imprimé la même année.

Voy. « Supercheries », II, 1105, *a*.

Discours d'un philosophe à la nation française, la veille de l'ouverture des États-Généraux, ou le ralliement des trois ordres; par M. de la V....e (Jos. de La Vallée), ancien capitaine au régiment de Bretagne, infanterie. (*Paris*), 1789, in-8, 42 p.

Discours d'un poëte gascon sur le globe aérostatique de Bordeaux. (Par P. Bernadau.) *Auch*, 1784, in-8.

Discours d'un provincial de l'ordre de*** (Saint-Augustin), prononcé dans le cours de ses visites en 1788. (Par le P. Charles Munier, prieur des Augustins de Nancy.) (*Nancy, Claude Leseure*), in-12, VI-54 p.

Discours d'un vieux courtisan désintéressé sur la lettre que la reine, mère du roy (Marie de Médicis), a écrite à Sa Majesté après être sortie du royaume. 1631, in-4, et trois éditions in-8.

Ce discours, réimprimé dans le recueil de Paul Hay du Chastelet, est attribué à Achilles de Harlay, sieur de Sancy, évêque de Saint-Malo, par l'abbé de Morgues, dans son « Caton chrétien. » (Niceron, t. XXXV, p. 380, Fontette, nº 21689.)

Discours d'un vray François sur le parricide commis par François Ravaillac à la personne de Henry IV. (Par F. Lucas.) *Poitiers*, 1610, in-8.

Discours de Bullet sur la vérité de la religion chrétienne, extrait de son ouvrage intitulé: « Histoire de l'établissement du christianisme, tirée des seuls auteurs juifs et païens. » (Publié par l'abbé Viguier.) *Paris, Demonville*, 1817, in-12. D. M.

Discours de ce qui s'est fait au baptême de Léonor-François de Saulx, le 11 mai 1581, par E. T. D. (Etienne Tabourot, Dijonnois). *Dijon, Jean Desplanches* (1581), in-4.

Discours de ce qui s'est passé dans le Piémont et l'Etat de Milan, dès le 1er de septembre 1617 jusques au 9e du même mois. Traduit de l'italien en françois. (Par du May.) *Jouxte la copie imp. à Dijon, par C. Guyot. Paris, N. Alexandre*, 1617, in-8, 16 p.

L'auteur a signé la dédicace.

Discours de l'âne du frère Naboth, pour servir de suite aux « Francs-maçons plaideurs ». (Par Martin Couret de Villeneuve.) *Orléans*, 1787, in-8.

A été aussi attribué à F. Billemaz, ancien juge de paix à Lyon.

Discours de l'antiquité de l'échevinage de Reims. (Par J. Rogier.) *Reims*, 1628, in-8.

Discours de l'art général de bien parler, en forme de dialogue entre le précepteur et le disciple, reueu et augmenté auec l'art de bien escrire adiousté de nouueau. *Paris, Jacq. Lovite*, 1595, pet. in-8, 43 p.

La dédicace à la duchesse de Retz est signée M. DE MASPARRAULT.

Discours de l'empereur JULIEN contre les chrétiens, traduit par M. le marquis D'ARGENS, avec de nouvelles notes de divers auteurs (de VOLTAIRE); nouvelle édition. *Berlin, C.-Fréd. Voss (Genève)*, 1768, in-8.

Voy. « Bibliographie voltairienne » de Quérard, n° 34, et « Œuvres de Voltaire », éd. Beuchot, tome XLV.

Discours de l'entrée du roy de Poloigne faicte à Orléans le 24 iour de Iuillet 1573. (Par N. ROUSSEAU.) *Orléans, par E. Gibier*, 1573, in-8, 63 p.

Le nom de l'auteur est en tête de la dédicace.

Discours de l'entrée faicte par très-haut et très-puissant prince Henry IV, roy de France et de Navarre, et très-illustre princesse Marie de Médicis, la royne son épouse, en leur ville de Caen, au mois de sept. 16 3. (Par G.-S. TRÉBUTIEN.) *Caen, Mancel*, 1842, in-8, 48 p.

Publié pour la première fois, et non réimprimé, comme l'a cru Beuchot. G. M.

Discours de l'état de paix et de guerre de Nic. MACHIAVEL, traduit de l'italien en françois (par Jacques GOHORY); ensemble un traité du même auteur, intitulé « le Prince » (traduit par le même GOHORY), de nouveau corrigé; avec l'art de la guerre, du même MACHIAVEL (traduit par J. CHARRIER). *Paris, T. Quinet*, 1634, 1635, in-4.

Jacques Gohory publia la seconde édition de sa traduction des deux premiers ouvrages de Machiavel cités dans cet article, à Paris, l'an 1571, in-8. Voyez Bayle, « Dictionnaire historique », t. III, art. Machiavel.

T. Quinet, en la réimprimant, y a joint la traduction de l' « Art de la Guerre », par J. Charrier, laquelle fut imprimée à Paris, par Jean Barbé, en 1546, in-fol. Voyez « Bibliothèque françoise » de du Verdier, t. III, édition de Rigoley de Juvigny.

Discours de l'Etat et couronne de Suède, par E. G. T P. D. L. D. J. (Eustache GAULT, Tourangeau, prêtre de l'Oratoire de Jésus). *Au Mans, Gervais Olivier*, 1633, in-8. — 2e édit. *Au Mans, Hierosme Olivier*, 1656, in-8.

Discours de l'Estat et police des royaulmes, pour les maintenir heureusement en paix et union, et tenir les sujets en obéissance. (Par DE LA MADELEINE.) *Paris, L. Breyel*, 1597, in-8.

Discours de l'origine des armes, et des termes reçus et usités pour l'explication de la science héraldique. (Par Claude-Fr. MÉNESTRIER.) *Lyon, Guil. Barbier*, 1658, in-4, 236 p.

Discours de l'origine des mœurs, fraudes et impostures des charlatans, avec leur découverte, dédié à Tabarin et à Desiderio de Combes. *Paris*, 1622, in-8.

Tiré par Jean DESCORNIS du 4e livre de : « Gli Errori popol. d'Italia. »

Discours de la bataille donnée près de la ville de Dreux. (Par Fr. DE LORRAINE, duc DE GUISE.) *Paris*, 1563, in-8.

Voyez le nouveau Le Long, t. II, n° 17907.

Ce discours a été imprimé dans le tome quatrième, p. 625, des *Mémoires* de Condé, édition de 1743, 6 vol. in-4.

Discours de la bataille du lundy troisième jour d'octobre 1569... *Paris, Dallier*, 1569, in-8, 15 ff.

Signé : DE NEUFVILLE.

Réimprimé sous les titres ci-dessous :

1. Discours de la bataille et cruelz assaultz donnez entre Mont-Coutourt et Hernaulx... *Paris, impr. de G. de Nyverd* (1569), in-8, 11 ff.

2. Discours de la bataille.. donnez entre Sainct Iouyn et Mont-Coutourt.... *Ibid, id* : 12 ff.

3. Vray discours de la victoire obtenue, par le Roy, le troisième iour.... *Dijon, par J. des Planches*, 1569, in-8, 6 ff.

4. Le vray discours de la bataille et victoire obtenue par le Roy sur ses ennemis et rebelles, soubs la conduite de Monseigneur le duc d'Anjou, son frère.... *Tours, par P. Regnard* (1569), in-8.

5. Discours de la bataille et victoire obtenue par le Roy sur ses ennemys et rebelles.... *Orléans, par E. Gibier, suivant l'exemplaire imprimé à Tours, par R. Sifleau*, 1569, in-8, 8 ff.

Discours de la comète qui a paru aux mois de novembre et décembre de l'année passée 1618. Par le P. I. L. (Jean LEURECHON, de la compagnie de Jésus). *Reims, N. Constant*, 1619, in-8, 30 p.

Catalogue Leber, n° 1233.

Discours de la court avec le plaisant récit de ses diversitez. (Par François GENTILLET.) *Paris, Rich. Breton*, 1558, pet. in-18 de 39 ff.

On lit dans le Catalogue de la vente du baron J. Pichon, 1869, à la suite du n° 527 :

« Gentillet a copié et pour ainsi dire réimprimé l'ouvrage de Claude Chappuys, publié en 1543, sous le même titre. Il n'a guère fait que changer les noms des courtisans qui n'étaient plus les mêmes en 1558. »

Attribué par erreur par M. Desbarreaux-Bernard à François HABERT, dont le nom se trouve en acrostiche dans le sonnet imprimé au XXXIXe feuillet.

Discours de la défaitte des Suisses en Dauphiné par... Mgr de la Valette... *Paris, Linocer*, 1587, in-8, 11 p.

Signé : I. RODELIN, Bourguignon.

Deux autres éditions la même année, avec le nom de l'auteur sur le titre.

Discours de la dignité et precellence des fleurs de lys, et des armes des roys de France... *Tours, J. Mettayer*, 1593, in-8, 22 p.

Signé : Jean GOSSELIN.

L'édition de *Nantes, Luc Gobert*, 1615, in-8, 18 p., ne porte pas la signature de Gosselin. On lit à la fin : Mis en lumière par Henry LAISNÉ.

Discours de la guerre de l'an 1542 et 1543, traduit du latin de (Guil.) Paradin, par P. H. G. *Paris*, 1544, in-8.

Le P. Jacob croit que ces lettres initiales signifient Philibert-Hégemon GUIDE.

Discours de la guerre de Malthe, contenant la perte de Tripoli et autres forteresses, faussement imposée aux François, traduit du latin du chevalier DE VILLEGAIGNON (par Nicolas EDOARD, libraire à Paris). *Lyon, Jean Temporal*, 1552, in-8, 123 p.

L'original est intitulé : « De Bello Melitensi et ejus eventu Francis imposito, ad Carolum V Commentarius. » *Parisiis*, 1552, in-4.

Discours de la lanterne aux Parisiens. (Par Camille DESMOULINS.) *En France, an premier de la liberté* (1789), in-8.

Trois éditions la même année.

Nouv. édit. avec le nom de l'auteur et des notes par Jules CLARETIE, et précédée des Deux Lanternes, par J. ROUQUETTE. *Paris, Degorce-Cadot*, 1869, in-32.

Discours de la manière de vivre et cérémonies des Turcs, fait par Barthelemy (GEORGIEVITZ), hongrois pèlerin de Jérusalem. *Liége, aux dépens de Lambert de La Coste*, 1600, in-4.

Le volume se termine par dix vers français adressés par M. Lambert Darmont au pèlerin hongrois.

Cet ouvrage, que n'indique pas M. de Theux dans sa « Bibliographie liégeoise » (1867), forme la 2e partie du « Voyage de la saincte cité de Hierusalem, joincte la description des citez, ports, villes... Ensemble les cérémonies des Turcz... Pieça escrits par Bartelemi Georginitz (*sic*)... le tout mis en lumière par Lambert DARMONT, Liégeois ». *Liége, par Léonard Street, imprimeur juré aux dépens de Lambert*, in-4, 62 ff. non chiff.

Voy. Brunet, « Manuel du libraire », 5e édit., II, col. 1542.

Discours de la méthode pour bien conduire sa raison et chercher la vérité dans les sciences, etc. (Par DESCARTES.) *Leyde*, 1637, in-4. — *Paris*, 1658, in-4.

Réimprimé à Paris en 1668, avec le nom de l'auteur.

Discours de la nation aux Etats-généraux, par l'Impartial (Joachim LEBRETON, du Finistère). *Au Puits de la vérité* (novembre 1788).

Note autographe.

Discours de la nature et des effets du luxe, par le P. G. B. (le P. GERDIL, barnabite). *Turin, les frères Reycends*, 1768, petit in-8, 109 p.

Voy. « Supercheries », III, 94, *e*.

Discours de la possession des religieuses ursulines de Lodun. *S. l.*, 1634, in-8, 64 p.

Ce discours est attribué à Daniel DUNCAN, médecin de Saumur. Voyez la nouvelle édition de la « Bibliothèque historique » du P. Le Long, t. I, n° 4844.

Attaqué par La Menardière (Voy. « Traité de la mélancolie.... »), Duncan répondit en publiant : « Apologie pour M. Duncan, docteur en médecine, contre le « Traitté de la mélancholie ». Tiré des réflexions du Sr de la Mre (de la Menardière) ». *S. l. n. d.*, in-4, 2 ff. n. ch. et 296 pp.

Discours de la pureté d'intention, et des moyens pour y arriver... (Par A.-J. LE BOUTHILLIER DE RANCÉ.) *Paris*, 1684, in-12. V. T.

Discours de la royauté et de la tyrannie, traduit du grec de DION CHRYSOSTOME (par F. MOREL). *Paris, F. Morel*, 1593, in-8.

Discours de la ville de Paris à M. le Prince, sur son retour, par un Parisien (L'ESCALOPIER). *Paris*, 1651, in-4. V. T.

Discours de Michel DE L'HOSPITAL, sur le sacre de François II, traduit en vers par Cl. JOLY. (Publié par MOTTELEY.) *Paris, F. Didot*, 1825, in-8.

Discours de monseigneur l'évêque de Lescar (Marc-Antoine DE NOÉ) sur l'état futur de l'Eglise. (Nouvelle édition, suivie d'un recueil de passages sur l'avénement intermédiaire de Jésus-Christ, avec des remarques; le tout fourni à l'éditeur, le chevalier DE NOÉ, par le P. LAMBERT.) *En France*, 1788, in-12.

Le chevalier de Noé a rédigé les notes du P. Lambert.

Discours de M. ***, chanoine d'Auxerre (Augustin-Etienne FRAPPIER), au chapitre assemblé le 10 août 1770, sur le refus de M. l'évêque d'Auxerre de donner ses lettres de confirmation à M. Le Tellier, élu par le chapitre à la dignité de chantre, pour avoir expliqué le formulaire en le signant. *En France (Auxerre)*, 1770, in-12, 77 p.

Discours de M. J. R. C. D. (Jacques RIBIER, conseiller d'Etat). *S. l.*, 1641, in-4, 30 p.

Note manuscrite contemporaine.

Discours de monsieur le chancelier de L'Hospital à ses amis. Tourné du latin. *Poitiers, par Jean Blanchet*, 1601, in-8.

Traduit par Nicolas Rapin, d'après une note manuscrite.

Discours de M. le comte de La T. (Touraille), destiné pour être lu à l'Académie de Nancy, le jour de sa réception, le 8 mai 1786. *Lausanne et Paris, Belin*, 1786, in-12, 28 p.

Voy. « Supercheries », II, 672, *a*.

Discours de M. le marquis César de Beccaria Bonesano sur le commerce et l'administration publique. (Traduit de l'italien par Jean-Antoine Comparet.) *Lausanne et Paris, Dehansy jeune*, 1769, in-8.

La traduction anonyme, publiée dans les « Ephémérides du citoyen », est de Bigot de Sainte-Croix, alors secrétaire d'ambassade à Turin.
Note de L.-Th. Hérissant.

Discours de M. Pethion à la Commune et réponse de la Commune à M. Pethion. (Par François Marchant.) *Paris*, 1791, in-8, 16 p.

Discours de M. S*** (Servan), ancien avocat général au parlement de ***, dans un procès sur une déclaration de grossesse. *Lyon, Grabit*, 1760, in-12.

Voy. ci-dessus, « Discours au parlement de... », col. 1001, *a*.

Discours de Paoli aux Corses, sur l'entreprise des François. (Par F. Turben.)

J'ignore si c'est une traduction ou une imitation d'un poëme hollandais de Hogeveen, libraire à Leyde, ou si celui-ci a traduit ou imité la pièce de Turben : le fait est qu'il y a beaucoup de ressemblance entre ces deux pièces. V. T.

Discours de piété. (Par l'abbé Simon-Michel Treuvé.) *Paris*, 1696, et *Lyon, Bacheleu*, 1697, 2 vol. in-12.

Discours de piété sur les plus importants sujets de la religion, ou sermons pour l'avent, le carême et les principaux mystères. (Par le P. Pierre Pacaud, de l'Oratoire.) *Paris, Desaint et Saillant*, 1744, 3 vol. in-12.

Cet ouvrage parut avec l'approbation du docteur Tamponnet. On crut y trouver ensuite des propositions jansénistes et le gouvernement n'en permit la publication qu'après y avoir fait mettre 35 cartons qui sont l'œuvre d'un autre docteur, l'abbé Millet.

Discours de S. Grégoire de Nazianze contre Julien l'Apostat. (Traduit du grec en françois, par l'abbé Louis Troya d'Assigny.) *Lyon, Duplain*, 1735, in-12.

Discours de S. Grégoire de Nazianze, sur l'excellence du sacerdoce. (Traduit du grec en françois, par l'abbé Louis Troya d'Assigny.) *Paris*, 1747, 2 vol. in-12.

Discours de S. Victrice, évêque de Rouen, à la louange des Saints et de leurs reliques; traduit en françois sur un très-ancien manuscrit de la célèbre abbaye de Saint-Gal (par l'abbé J.-B. Morel, publié par J.-André Mignot, grand-chantre d'Auxerre, auteur de la préface), et suivi du texte latin. *Auxerre, Fournier*, 1763, in-12.

C'est à tort que, dans la table des auteurs de la nouvelle édition de la « Bibliothèque historique de la France », l'abbé Mignot est désigné comme traducteur de ce discours : il n'en est que l'éditeur ; sa préface le prouve évidemment.

Discours démocratique aux Suisses, sur leur révolution. (Par Roullier.) *Paris*, 1798, in-8.

Discours des choses advenues en Lorraine depuis la mort du duc Nicolas jusqu'à celle du duc René. *Epinal*, 1617, in-4, portr., front. gr.

La dédicace est signée : Nic. Remy.

Discours des choses les plus remarquables avenues par chacun jour durant le siége de Lusignan. 1574. *Imprimé nouvellement*, 1575, pet. in-8, 4 ff. et 136 p.

La dédicace, datée de La Rochelle, 15 mars 1775, adressée à René de Rohan, est signée G. P. Le titre, le verso et les cinq dernières pages contiennent des pièces de vers. Cette relation en prose est suivie d'un curieux récit en vers intitulé :

Les Efforts et assauts faicts et donnez à Lusigen la vigile de Noël, par monsieur le duc de Montpensier... et soubtenus par M. de Frontenay, prince de Bretagne. Imprimé nouvellement, pet. in-8 de 15 ff. et un feuillet blanc.

La dédicace, en vers, « Au corps de feu Claude de Cousdun... » est signée P. G. S. D. L. C.

M. de Montaiglon a reproduit, avec d'intéressants détails, ces deux pièces dans le t. VI de son « Recueil de poésies françaises ». Ce consciencieux éditeur pense que les lettres G. P. de la première dédicace et P. G. de la seconde, doivent avoir la même signification. Quant aux lettres S. D. L. C., il les interprète par sieur de La Coste.

J'ajouterai, ce qui paraît avoir échappé à M. de Montaiglon, que dans ces deux ouvrages l'on retrouve la même devise : *Ignoti nulla cupido*.

Discours des histoires de Lorraine et de Flandres... *Paris, C. Estienne*, 1552, in-4. — *Rouen, Rob. Valentin*, 1552, in-8.

Signé : Charles Estienne.

Discours des misères de ce temps à la Reyne mère. (Par P. de Ronsard.) *Paris, C. Buon*, 1568, in-4, 6 ff.

Le nom de l'auteur se trouve sur une autre édition de 1563, in-4 (P. Blanchemain, « Etude sur la vie de Ronsard ». *Paris*, 1867, p. 83).

Discours des obsèques et enterrement du roi Charles IX, écrit par un catholique (Jean DE LANNEL). *Paris*, 1622, in-8. V. T.

Discours des païs selon leur situation, avec les mœurs, loix et cérémonies d'iceux. *Lyon, J. de Tournes*, 1552, in-16.

Traduit du latin de Joan. BOEMUS, Aubanus : « Omnium gentium mores... » *Aug. Vindelic.*, 1520, in-fol.

Discours des querelles et de l'honneur, (Par le sieur CHEVALLIER.) *Paris, Léger-Delas*, 1598, in-8.

Discours des raisons et moyens pour lesquels MM. du clergé assemblez en la ville de Chartres ont declaré les bulles monitoriales, decernées par Gregoire XIV contre les ecclesiastiques et autres, tant de la noblesse que du tiers estat, qui sont demeurez en la fidelité du roy, nulles et injustes. (Par CH. FAYE, sieur D'ESPESSE, abbé de Saint-Fuscien, conseiller au parlement de Paris.) *Tours, Jamet Mettayer*, 1591, in-8.

Discours des villes, châteaux, etc., prises par la force d'artillerie, sous Henri II, François II et Charles IX, par F. D. L. T. (François DE LA TREILLE). *Paris*, 1563, in-8. V. T.

Discours des vrayes raisons pour lesquelles ceux de la religion en France peuvent et doivent, en bonne conscience, résister par armes à la persécution ouverte que leur font les ennemis de leur religion et de l'Estat; par un des députez de l'assemblée de La Rochelle (BRACHET DE LA MILLETIÈRE, député de Paris à l'assemblée de La Rochelle). *S. l.*, 1622, in-8, 70 p. — *La Rochelle*, 1622, in-8, 96 p.

Voy. « Supercheries », I, 901, *e*.

Discours dogmatique et politique sur l'origine, la nature, les prétendues immunités et la véritable destination des biens ecclésiastiques; ouvrage posthume de Fra PAOLO (SARPI), traduit de l'italien (par l'abbé DE MARSY, ex-jésuite). *Avignon, Girard (Paris)*, 1750, in-12.

Cet ouvrage de Fra Paolo a été traduit par Amelot de La Houssaye, sous le titre de « Traité des Bénéfices ». Voyez ces mots.

Discours dogmatiques et moraux sur le simbole des Apôtres. (Par l'abbé Alexandre-Thomas THOMAS, prêtre chapelain de Saint-Joseph, rue Montmartre.) *Paris, Marc Bordelet*, 1745, in-12.

Discours du grant triomphe faict en la ville de Lyon pour la paix faicte et accordée entre Henry second, roy de France, et Philippe, roy des Espagnes... (Par BENOIST DE TRONCY.) *Lyon, J. Saugrain*, 1559, petit in-8.

Discours du maire d'Essay (Orne) à la garde nationale, le 1er mai 1831. (Par le comte Pierre-Louis ROEDERER.) *Alençon, Poulet-Malassis* (1831), in-8, 11 p.

Discours du massacre de ceux de la R. P. R., fait à Lyon, par les catholiques, le 28 aoust 1572, et iours suivans : avec une epistre des anciens fideles de Lyon et de Vienne, contenant le récit de la persécution dressée contre eux sous l'empereur Antonius Verus. Par J. R. D. L. (Jean RICAUD, de Lyon). *S. l.*, 1574, in-8.

Voy. « Supercheries », II, 344, *b*.

Discours du nouveau bonhomme Richard à ses concitoyens. (Par François-Charles FARCY.) *Paris, Delarue*, 1826, in-18, 36 p.

Discours du P. J. MARIANA, des grands défauts qui sont en la forme du gouvernement des Jésuites, traduit de l'espagnol en françois (par Jean DE CORDES ou AUGER DE MAULÉON). 1625, in-8.

Colomiez, dans sa « Bibliothèque choisie », attribue cette traduction à Auger de Mauléon, sieur de Granier; mais Naudé, dans son « Eloge de Jean de Cordes », la donne à ce chanoine de Limoges : cette autorité me paraît devoir l'emporter sur celle de Colomiez.

Voyez J. Cordesii Elogium, auctore G. Naudæo, en tête du « Bibliothecæ Cordesianæ catalogus ». *Paris*, 1643, pet. in-4.

Discours du siége de Beauvais, par Charles, duc de Bourgogne, en l'an 1472. (Par Pierre LOUVET.) *Beauvais, G. Vallet*, 1622, in-18.

Discours du siége de la ville de Rouen, au mois de décembre 1591. (Par G. VALDORY.) *Rouen, Richard l'Allemant* (1592), in-8, 8 ff. prélim. et 150 ff.

Discours (le) du siége tenu devant la charité, ensemble de la prise par Monsieur, frère du roy; avec le nombre des morts, tant d'une part que d'autre. *Paris, J. de Lastre*, 1577, in-8, 22 p. — *Orléans, E. Gibier et S. Hotot*, 1577, in-8, 4 ff.

Signé : I. D. L. (Jean DE LÉRY).

Discours du succès des affaires passez au siége de Poictiers, depuis le 19 iour de iuillet 1669 iusques au 21 de septembre audict an. (Par Marin LIBERGE.) *Paris, au mont Saint-Hilaire, à l'enseigne du Pélican*, 1569, in-8.

Voy. « Supercheries », II, 304, *b*.

Réimprimé avec le nom de l'auteur sous ce titre :

« le Siége de Poictiers et ample... » *Poictiers, Boisateau*, 1570, in-4, et *ibid., Thoreau*, 1621, in-12, et de nos jours avec annotations, par M. BEAUCHET-FILLEAU. *Poitiers, Létang*, 1847, in-8, XL et 320 p.

Les pages 1-XXIII sont signées CH. DE CH. (Charles DE CHERGÉ).

Discours du temps de la rivalité de Henri II et Charles-Quint. 1551-1552. *Metz, Lecouteux*, 1849, in-8.

Ces discours ont été traduits pour la première fois du latin en français, par F.-M. CHABERT. Ils n'ont été tirés qu'à 100 exempl.

Discours ecclésiastiques et monastiques, par l'auteur des « Discours chrétiens » (le P. DAMASCÈNE, récollet). *Paris, Coignard*, 1708, 3 vol. in-12.

Discours en forme de comparaison sur les vies de Moyse et d'Homère, où sont incidemment faits quelques essais sur diverses matières. (Par QUATTREHOMME, fils du lieutenant de Colomiez.) *Paris, Jean Gosselin*, 1604, petit in-12.

Note manuscrite d'un contemporain.

Discours en vers, adressé aux officiers et aux soldats des différentes armées américaines, par David HUMPHREYS, traduit de l'anglois (par le marquis Fr.-Jean DE CHASTELLUX). *Paris, Prault*, 1786, in-8.

Discours en vers et autres poésies. (Par L.-G. BAILLET DE SAINT-JULIEN.) *Genève* (*Paris*), 1749. — Seconde édition, corrigée et augmentée, 1751, in-12.

Discours en vers pour la clôture de la conférence de droit établie à la Cour royale de Nancy. (Par M. Justin BONNAIRE, avocat.) 31 juillet 1837, in-4, 16 p.

Catalogue Noël, n° 4622.

Discours en vers, sur la mémoire. (Par MAQUIN, ancien professeur de belles-lettres au collége de Meaux.) *Paris*, 1789, in-8.

Discours en vers, sur la société, par M. H. (L.-Théod. HÉRISSANT). *Paris, Eugène Onfroy*, 1785, in-12.

Discours en vers sur les événements qui ont menacé la tête du 1er Consul. (Par Charles-Etienne BLAISE.) 1801, in-8.

Voy. « Bibliographie de la France », 1829, p. 551.

Discours en vers sur les poëmes descriptifs. (Par M.-J. CHÉNIER.) *Paris, Dabin*, an XIII-1805, in-8, 8 p.

Discours et autres ouvrages de M. le chancelier D'AGUESSEAU. (Publiés par les soins de Joseph-Balthasar GIBERT.) *Amsterdam* (*Paris*), 1756, 2 vol. petit in-8.

Réimprimés souvent en un vol. in-12.

a Discours et mémoire relatifs à l'agriculture. (Par Pierre-Louis DE MASSAC et SÉLÉBRAN l'aîné.) *Paris, Moreau*, 1753, in-12.

Discours et mémoires, par l'auteur de « l'Histoire de l'astronomie » (J.-S. BAILLY). *Paris, de Bure l'aîné*, 1790, 2 vol. in-8.

Discours et rapport véritable de la conférence de Surenne, entre les députés des

b Etats-généraux assemblés à Paris, avec les députés du roi de Navarre (Par Honoré DU LAURENS.) *Rouen*, 1593, in-8.

Traduit en latin sous le titre de « Vera et simplex narratio... » Voy. ces mots.

Discours et réflexions critiques sur l'histoire et le gouvernement de l'ancienne Rome: pour servir de supplément à l'histoire romaine de MM. Rollin et Crevier. (Par Nathaniel HOOK.) Recueillis et publiés

c par M. C. (l'abbé HOOK, son fils). *Paris, Nyon*, 1784, 3 vol. in-12.

Voy. « Supercheries », I, 599, c.

Discours évangéliques sur différentes vérités de la religion, etc., par le P. L. R. D. S. D. (le père LÉONS, religieux de Saint-Dominique). *Paris, Billy*, etc., 1736, 2 vol. in-12.

C'est à tort que l'on a attribué ces sermons au

d P. DE LA PLACE, du même ordre.

Discours faict au parlement de Dijon sur la présentation des lettres d'abolition obtenues par Hélène Gillet, condamnée à mort pour avoir celé sa grossesse et son fruict. (Par Ch. FEVREST l'aîné.) *Paris, H. Sara*, 1625, in-8.

Discours fait au parlement (de Dijon) sur la présentation et lecture des lettres d'érection de Bellegarde en duché et pairie

e de France... (Par Jean GUILLAUME, avocat à Dijon.) *Dijon*, 1621, in-8.

Discours fantastiques de Justin Tonnelier, esquels l'âme immortelle, philosophant avec son corps, lui veut faire gaigner le ciel (Traduit de l'italien de J.-B. GELLI, par Cl. DE KERQUIFINEN.) *Paris, Cl. Micard*, 1597, in-12.

Avait paru déjà en 1575, avec le nom de l'auteur,

f sous le titre de: « Dialogues et discours fantastiques... » Voy. ci-dessus, col. 951, *a*.

Discours funèbre et nécrologique à l'occasion de la mort de M. le curé de l'Abbaye-aux-Bois; enrichi d'une lettre remarquable et inédite de M. le curé, adressée à ses paroissiens d'Argenteuil, en 1791, sur le serment des prêtres 2e édition. (*Paris*), *de Lossy, s. d.*, in-8, 15 p.

Par M. l'abbé Mathieu ORSINI. La 1re éd. porte le nom de l'auteur.

Discours funèbre sur la mémoire de haut, puissant et illustre messire Pompone de Belièvre, chevalier et chancelier de France. Par I. T. (Jean TOURNET), ad. par. *Paris, F. Jacquin*, 1607, in-8.

Discours funèbre sur le trépas de Mgr l'illustrissime cardinal de Retz, vivant évêque de Paris; par M. I. L. B. P. P. (Jean LE BLANC). *Paris, imp. de Julliot*, 1622, in-8.

Discours funèbre sur le trépas de M. Nicolas Le Febvre, conseiller, et précepteur du très-chrétien Louys XIII... par un religieux Feuillentin son ami. *Paris, J. de Heuqueville*, 1612, in-8.

Signé : F. I. DE S. F. (Jean GOULU, dit Frère Jean DE SAINT-FRANÇOIS).

Une 2ᵉ éd., *Paris, J. de Heuqueville*, 1616, in-8, est signée : Jean DE SAINT-FRANÇOIS.

Discours généalogique, origine et généalogie de la maison de Bragelongne. (Par Pierre DE BRAGELONGNE, président au parlement de Paris.) *Paris*, 1689, in-8.

Discours généraux et raisonnés sur l'histoire de l'Eglise. (Par l'abbé YVON.) *Amsterdam* (*Paris*), 1768, 3 vol. in-12.

Ces discours ont aussi paru sous le titre d' « Abrégé de l'histoire ecclésiastique », par M. l'abbé YVON. *Paris*, 1768, 3 vol. in-12.

Discours héroïque, présenté à la régente pour la paix. *Paris, G. et J.-B. Loyson*, 1649, in-4, 8 p.

Signé : S. D. N. (Susanne DE NERVÈZE).

Discours historial de l'antique et illustre cité de Nîmes. (Par Jean POLDO d'Albenas.) *Lyon, Guillaume Rouille*, 1560, in-fol., av. gr. s. b.

Discours historique de l'élection de l'Empereur et des électeurs de l'Empire. (Par Abraham DE WICQUEFORT.) *Paris, Courbé*, 1658, in-4.

Discours historique, généalogique et critique dont la substance est le résultat d'une combinaison exacte des pièces comprises tant dans la collection des titres de la maison de Tarente que dans le supplément qui y a été ajouté, et des extraits de titres et faits historiques qui ont été rassemblés par le généalogiste des ordres du roi dans la preuve de noblesse dressée pour la réception de M. l'évesque d'Orléans en celui de Saint-Esprit. (*Paris*), *de l'impr. de Ballard, seul impr. du roi pour la musique*, 1765, in-fol., 140 p.

Ouvrage de l'abbé Jacques DESTRÉES, dont l'impression fut suspendue en 1768. Il avait pour but de faire valoir les prétentions de la cour de Rome à la propriété incommutable du comtat Venaissin, prétentions que nos rois toléraient depuis des siècles sans les reconnaître. Cette intention se décèle dans un deuxième titre, daté de 1768, qui annonce que l'on trouvera dans l'ouvrage une discussion « de quelques points des plus intéressants du comté Venaissin, de ceux de Provence, de Forcalquier et du royaume de Naples, par rapport *au droit public*, et pour l'éclaircissement... des titres de la maison de Tarente ».

Cette dernière phrase est supprimée dans un troisième titre du livre dont le développement ne rappelle que les recherches historiques d'intérêt général. Ces trois titres font partie de l'exemplaire unique appartenant maintenant à M. H. Herluison, qui a reproduit, sous le nº 77 de son *Plan d'une bibliothèque orléanaise*, *Orléans*, 1868, in-8 de 84 pp., la note de C. Leber, auquel cet exemplaire avait été donné par M. Hutteau d'Origny, l'ancien maire de Paris.

Discours historique sur la gravure en taille-douce et sur la gravure en bois. (Par Emeric DAVID.) *Paris, H. Agasse, impr.*, 1808, in-8, 83 p.

Extrait du *Moniteur*, oct. 1808. Ce discours se trouve en tête du 3ᵉ vol. du texte du « Musée français », publié par MM. Robillard-Péronville et Laurent.

Discours historique sur le caractère et la politique de Louis XI, par un citoyen de la section du Théâtre-Français (Jean-Baptiste BRITARD, du Théâtre-Français, connu sous le nom de BRIZARD). *Paris, Garnery*, an II de la liberté, in-8.

Discours historique, sur le mariage contesté d'Ansbert et de Blitilde, fille du roi Clotaire Iᵉʳ... *S. l.*, 3 mars 1647, in-4, 20 p. et 2 ff. d'additions.

Signé : P. L. I.

Attribué à tort au P. LABBE, dit le P. de Backer, 2ᵉ édit., in-fol., t. II, col. 553, nº 10. Ce discours fut imprimé par les soins de Jean DU BOUCHET pour l'opposer à celui de Chantereau Le Fèvre. Voy. le P. Le Long, nᵒˢ 24876 et suivants.

Discours historique sur les principales éditions des Bibles polyglottes. (Par le P. Jacq. LE LONG, de l'Oratoire.) *Paris, Pralard*, 1713, in-12.

Discours historique touchant l'état général des Gaules, et principalement des provinces du Dauphiné et Provence, tant sous la république et empire romain qu'en après sous les François et Bourguignons. (Par Aymar DU PERRIER.) *Lyon, Ancelin*, 1610, in-8.

Discours historiques, critiques, etc., sur les événements les plus remarquables de l'Ancien et du Nouveau Testament. (Par Jacques SAURIN, avec quelques dissertations par Gabriel DUMONT, continué par P. ROQUES et Charles-Louis DE BEAUSOBRE.) *Amsterdam*, 1720 *et années suivantes*, 6 vol.

in-fol.;—*La Haye*, 1720-1740, 11 vol. in-8.

Voy. le « Journal des Savants », éd. de Hollande. nov. 1749, p. 405.

Discours historiques, critiques et politiques sur Tacite, traduits de l'anglois de M. Th. GORDON, par M. D. S.-L. (Pierre DAUDÉ). *Amsterdam, Fr. Changuion*, 1742, 2 vol. in-12. — *Id.*, 1751, 3 vol. in-12.

Discours historiques et politiques sur Salluste, par GORDON, traduits de l'anglois (par Pierre DAUDÉ). *S. l.*, 1759, 2 vol. in-12.

Discours impartial sur les affaires actuelles de la librairie. (Par J.-B.-A. SUARD.) *S. l.*, 1777, in-8, 41 p.

Voy. les « Mémoires secrets de Bachaumont », tome XIII, 16 mars 1779, p. 316.

Discours important sur l'autorité des ministres et l'obéissance des sujets... (Par DUBOSC-MONTANDRÉ.) *Paris*, 1652, in-4, 14 p.

Discours imprimé par ordre de la Société populaire des Amis de la constitution, en réponse à l'avertissement pastoral de M. Yves-Alexandre de Marbeuf. *Paris, Guerbard*, 1791, in-8. — *Lyon, impr. de Louis Cutty* (1791), in-8, 46 p.

Mon exemplaire porte d'une écriture contemporaine : « Excellent ouvrage. L'auteur nommé sur le titre de départ est le citoyen Jean-Baptiste PÉRÈS, de l'Oratoire, membre du club. »

Ni ce discours, ni l' « Avertissement » qu'il réfute ne sont cités dans la « France littéraire ».

J.-B. PÉRÈS est l'auteur du petit écrit : « Comme quoi Napoléon n'a jamais existé ». Voy. ci-dessus, col. 643, *a*.

Discours inofficiel du ministre des finances alors en charge; avec la réponse en date de 1824 et 1825, suivi de l'opinion du général Foy. (Par le marquis DE LA GERVAISAIS.) *Paris, Delaforest* (1836), in-8, 16 p.

Discours inofficieux du ministre des finances hors de charge, avec la réponse en date du lendemain; suivi de l'opinion de M. Humann sur le crédit. (Par le marquis DE LA GERVAISAIS.) *Paris, Pihan-Delaforest* (1836), in-8, 16 p.

Discours intéressans sur divers sujets de morale, conforme au règne de la vertu. (Par ROUSSEL DE LA TOUR, conseiller au parlement de Paris, maître de la chambre des comptes de Dijon.) *Paris, Boudet*, 1776, in-12.

Ersch, t. III, désigne à tort cet auteur sous le nom de ROUSSEL DE LA COUR.

Discours joyeux en façon de sermon faict avec notable industrie par deffunt maistre Jean Pinard, lorsqu'il vivoit trottier sémiprébendé en l'église de S. Etienne d'Auxerre, sur les climats et finages des vignes du dit lieu. Plus y est adjousté de nouveau le monologue du bon vigneron sortant de sa vigne et retournant le soir à sa maison. (Par Louis DE CHARMOY, avocat à Auxerre.) Reveu, corrigé et augmenté. *Auxerre, Pierre Vatard*, 1607, pet. in-8 de 48 p.

Opuscule curieux et rare dont il y a une réimpression faite à Paris, chez Crapelet, en 1851, pet. in-8, tirée à 62 exemplaires, dont deux sur vélin.

Discours lamentable, sur l'attentat commis en la personne de très-heureuse mémoire Henry IV, roy de France et de Navarre. *Paris, I. Brière*, 1610, in-8, 15 p. — *Ibid., I. Mallet, id.*, in-8.

Signé : PELLETIER.

Six autres éditions avec un titre un peu différent ont été publiées la même année à Rouen, à Lyon, 2 fois, à Montpellier, à Paris, et sans indication de lieu.

Discours mémorable du siége mis par César devant Gergovie, ancienne et principale ville d'Auvergne, et de la mort de Vercingétorix, roi des Auvergnats, et général sur toutes les armées gauloises; fidèlement recueilli de divers auteurs, par J. V. Clerm. (Jean VILLEVAUT, Clermontois). *Paris, par P. Ramier*, 1589, in-8.

Ce volume se compose de trois pièces. La première est tirée en grande partie de CÉSAR; la seconde est la traduction d'une lettre de SIDONIUS Apollinaris, par Pascal RUDIN, sieur DU FAUR, et la troisième une courte description de la ville de Clermont.

Discours merveilleux de la vie, actions et déportemens de Catherine de Médicis, reyne mère, déclarant tous les moyens qu'elle a tenus pour usurper le gouvernement du royaume de France et ruiner l'état d'iceluy. (Attribué à Henri ESTIENNE.) *S. l.*, 1575, in-8, 174 p. — 1576, in-8. — 3ᵉ édit., 1578, in-8. — 1649, in-8. — 1663, in-16.

M. J.-Ch. Brunet doute que ce « Discours » soit l'œuvre de Henri Estienne, lequel n'avait pas eu personnellement à se plaindre de Catherine.

Il existe 3 éditions sous la date de 1575 et 2 traductions latines sous la même date. La 1ʳᵉ est intitulée : « Catharinæ Mediceæ reginæ matris, vitæ, actorum... enarratio », *s. l.*, 1575, in-8, 116 p., et la seconde : « Legenda S. Catharinæ Mediceæ reginæ matris... » *S. l.*, 1575, in-8.

Voy. pour plus de détails sur ces diff. éditions, « Manuel du libraire », 5ᵉ éd., II, col. 751.

Cet ouvrage a été aussi attribué à Théodore DE BÈZE ou à Jean DE SERRE.

Discours modernes et facétieux des faits advenus en divers pays pendant les guerres civiles de France, par J. B. S. D. S. C.

(Jean Berger, sieur de Saint-Clément). *Lyon, P. Michel*, 1572, in-12.

Discours moraux couronnés dans les académies de Montauban et de Besançon en 1766 et 1767, avec un éloge de Charles V, roi de France, par M. *** (Pierre Le Tourneur). *Sens et Paris, veuve Pierres*, 1768, in-8.

Discours moraux en forme de prônes, pour tous les dimanches de l'année. (Par Jean Richard, avocat au parlement.) *Paris, J. Couterot et L. Guérin*, 1688-1694, 5 vol. in-12.

Discours moraux, ou satires d'Horace, traduction nouvelle, mise en vers par M. du V*** (du Vernet). *Versailles*, 1789, in-12. — *Versailles*, 1792, in-18, 150 p.

Discours moraux, ou sermons sur divers textes de l'Ecriture sainte. (Par J. Ollivier.) *La Haye*, 1771, in-12.

Nom mis par le relieur sur le dos du volume.

Discours non plus mélancoliques que divers, des choses mesmement qui appartiennent à notre France, et à la fin la manière de bien et justement entoucher les lucs et guiternes. (Par Jacques Pelletier et Elie Vinet, suivant l'auteur du Catalogue des livres de Gluc de Saint-Port.) *Poitiers, impr. d'Enguelbert de Marnef*, 1557, petit in-4, 112 p.

Charles Nodier attribue en grande partie cet ouvrage à Bonaventure Desperiers, et il pense que Pelletier en a été seulement l'éditeur.

Cette opinion a été combattue par M. Louis Lacour, dans sa notice sur la vie et les œuvres de B. Desperiers (en tête de l'édition Jannet, 1856, 2 vol. in-16, t. I, p. LXXXVIII).

Discours notables des moyens pour conserver et augmenter la mémoire, avec un traité de la physionomie. (Traduits du latin de Guill. Gratarol, par Est. Coppé.) *Lyon*, 1586, in-12. V. T.

Discours oratoire contenant l'éloge de S. E. le chevalier A. Tron, ci-devant ministre extraordinaire en Hollande et ambassadeur aux cours de Versailles et de Vienne, élu à la dignité du procureur de Saint-Marc. (Par Louis Godard.) *Venise*, 1773, in-4.

Discours où l'on fait voir que S. Augustin a été moine, prouvé par la doctrine des Pères, et principalement par celle de S. Augustin. (Par Louis Ferrand.) *Paris, A. Lambin*, 1689, in-12.

Discours ou sermon apologétique en faveur des femmes; question nouvelle, curieuse et non jamais soutenue. (Par Louis Machon, archidiacre de Port et chanoine de Toul.) *Paris, Th. Blaise*, 1641, in-8, 6 ff. lim. et 115 p.

L'épître dédicatoire à Mme la marquise de Coislin est signée par l'auteur, dont le nom se retrouve encore dans le privilége du roi, donné à Paris, le 29 avril 1641.

Discours panégyrique fait à l'arrivée du roy dans la ville de Paris, dédié à la royne. *Paris, G. Dugast*, 1628, in-8, 16 p.

Signé : Nic. Merille.

Discours par lequel il apparoistra que le royaume de France est électif, et non héréditaire. (Attribué à Pierre de Saint-Julien de Balleure.) *S. l.*, 1591, in-8, 31 p. V. T.

Discours par lequel il est monstré qu'il n'est loisible au sujet de médire de son roy et encore moins d'attenter à sa personne... (Par Claude de Morenne.) *S. l.*, 1593 (27 août), in-8, 64 p. — *Paris, Mettayer*, 1594, in-12, 22 ff., avec le nom de l'auteur.

Réimprimé à la suite de la seconde édition de l' « Apologie pour Iehan Chastel... » Voy. ce titre au pseudonyme François de Verone, « Supercheries », II, 89, *b*.

Discours philosophique et moral sur la luxure artificielle. (Par Marc-Philippe du Toit-Mambrini, pasteur à Lausanne.) *Lausanne*, 1760, in-8.

Réimprimé à la suite de la traduction française de la dissertation latine de Tissot sur l'Onanisme. *Lausanne*, 1760.

Il y a des exemplaires qui portent le titre de l' « Onanisme, discours... »

Discours philosophique et patriotique sur la soumission dans l'ordre politique. (Par l'abbé D.-B. de Paumerelle, de l'académie des Arcades de Rome, etc.) *Amsterdam (Paris)*, 1774, in-12.

Discours philosophique servant d'introduction aux législations civile et criminelle, par M. G. D. G. (Grouber de Groubental). *Paris, Fauvelle*, 1802, in-8.

Discours philosophique sur l'homme, considéré relativement à l'état de nature et à l'état de société, par le P. G. B. (le P. H.-S. Gerdil, barnabite). *Turin, Reycends*, 1779, in-8.

On a copié cet ouvrage dans l'article suivant.

Discours philosophiques sur l'homme, sur la religion et ses ennemis, suivis des lois ecclésiastiques, tirées des seuls livres saints, par feu M. l'abbé de ***, docteur de Sorbonne, prévôt de l'église collégiale de *** ; publiés par M. F.... (Feutry), etc., D. L. S. P. D. P. (de la Société philosophique de Philadelphie). *Paris, Berton*, 1782, in-12.

serait assez curieux d'examiner si M. Feutry a pu, en sûreté de conscience, attribuer ainsi à un prétendu docteur de Sorbonne deux ouvrages dont les auteurs devaient lui être connus, savoir: les *Discours philosophiques* du cardinal H.-S. GERDIL, et les *Lois ecclésiastiques, tirées des seuls livres saints*, que J.-B. FROMAGEOT et Claude MORIN, avocats, firent paraître sous le voile de l'anonyme en 1753.

Voy. « Supercheries », III, 1073, *b*.

Discours philosophique sur la création et l'arrangement du monde, où l'on fait voir les rapports qu'il y a entre les créatures et leur dépendance sous les lois de la Providence. Par M. J. F. V. D. E. M. (J.-F. VALLADE, docteur en médecine). *Amsterdam, Paul Marret*, 1700, in-12, 326 p. et 4 ff. de table.

L'auteur a signé la dédicace.

Discours philosophiques tirés des livres saints, avec des odes chrétiennes et philosophiques. (Par J.-J. LE FRANC DE POMPIGNAN.) *Paris*, 1771, in-12.

Ces discours, dont il avait paru l'année précédente une édition faite en province, forment le cinquième livre des « Poésies sacrées et philosophiques » de J.-J. LE FRANC DE POMPIGNAN, *Paris*, 1763, in-4.

Discours physique de la parole. (Par CORDEMOY.) *Paris*, 1668, in-12. — 2e éd., *Paris, Mich. Le Petit*, 1671, in-12.

Ce qui se trouve dans la scène 6, acte II, du « Bourgeois gentilhomme », représenté à Chambord, le 14 octobre 1670, sur la prononciation des lettres, est tiré presque mot à mot de ce discours.

Discours politique au roi. Par P. D. M. (Pierre DE MOUILHET). *Paris*, 1618, in-8, 32 p.

Trois éditions la même année, dont une avec le nom de l'auteur.

Discours politique de l'état de Rome, au Roi Très-Chrétien. *Anno* 1626, in-8.

L'épître dédicatoire est signée J. B. D. S. L'auteur y dit qu'il a été plusieurs fois employé à Rome par Henri IV et sous le règne précédent. Il était probablement mort lors de l'impression de son ouvrage.

Les lettres initiales paraissent désigner Jean ou Jacques BOUCHETEL DE SASSY, fils d'un secrétaire d'Etat de Henri II, élève du célèbre Amyot. C'est la conjecture de L.-T. Hérissant, dans les notes manuscrites qu'il m'a confiées.

Discours politique sur les avantages que les Portugais pourraient retirer de leur malheur, et dans lequel on développe les moyens que l'Angleterre avait mis en usage pour ruiner le Portugal; ce discours est suivi d'une relation historique du tremblement de terre survenu à Lisbonne le 1er novembre 1755, avec un détail contenant la perte en hommes, églises, palais,

a couvents, etc. (Par Ange GOUDAR.) Nouv. édit., rev., corr. et augm. *Lisbonne, chez Philanthrope, à la Vérité (La Haye)*, 1756, in-18, 212 p.

Discours politiques de l'establissement et conservation des loix et de la justice, contre les mosqueries et cavillations de l'Anti-Tribonian (Fr. Hotman) déguisé et de ses sectateurs. (Par G. MARAN.) *Tolose*, 1621, in-4. A. L.

b Discours politiques de MACHIAVEL sur la première décade de Tite-Live, traduction nouvelle (par Fr. LETARD, ministre calviniste). *Amsterdam, Henri Desbordes*, 1691 et 1692, 1701, 2 vol. in-12.

Discours politiques de M. HUME, traduits de l'anglois (par Eléazar MAUVILLON). *Amsterdam et Paris, Michel Lambert*, 1754, 2 vol. in-12.

c La « Préface du traducteur à M. le docteur Lami, professeur à Florence », occupe 58 pp.; elle est datée de Paris, 30 juillet 1754, mais elle n'est pas signée.

Discours politiques de M. D. HUME, traduits de l'anglois par M. DE M... (DE MAUVILLON). *Amsterdam, Schreuder*, 1761, 5 vol. in-8.

Les Discours de D. Hume ne forment que le premier volume de cette collection.

d On trouve dans le second:

1° L'Essai sur les intérêts du commerce maritime (par O'HEGUERTY, comte DE MAGNIÈRES);

2° Les « Considérations sur les finances d'Espagne » (par Fr. VÉRON DE FORBONNOIS), réimprimées d'après la seconde édition, c'est-à-dire avec les « Réflexions » du même auteur sur la nécessité de comprendre l'étude du commerce et des finances dans celle de la politique;

3° Des « Réflexions politiques sur l'état présent de l'Angleterre, principalement à l'égard de ses dettes et

e de ses taxes », traduit de l'anglois (DE BOLINGBROKE), par l'abbé Le Blanc, à la suite des « Discours politiques de Hume », 1754, 2 vol. in-12. Il existe une autre traduction de ces Réflexions, intitulée: « Testament politique de Bolingbroke ».

Le troisième volume contient:

1° Les « Discours prononcés au parlement d'Angleterre, dans la Chambre des pairs, pour et contre la liberté du commerce au Levant, avec le Bil ou Loi intervenue à ce sujet », traduit de l'anglois (par François-Vincent TOUSSAINT). Voyez les mots « Recueil d'Actes et de Pièces ».

f 2° L'« Essai sur la Nature du commerce en général » (par DE CANTILLON).

Les quatrième et cinquième volumes sont composés des « Intérêts de la France mal entendus » (par le chevalier Ange GOUDAR).

Voyez dans ce Dictionnaire les mots par lesquels commencent les différents ouvrages que je viens de détailler.

Voy. « Supercheries », II, 1008, *b*, et 1018, *c*.

Discours politiques de M. HUME, traduits de l'anglois (par l'abbé Jean-Bernard

LE BLANC). *Amsterdam* (*Paris*), 1754, 2 vol. a
in-12. — *Dresde*, 1755, 2 vol. in-8, avec le nom du traducteur.

Discours pour et contre la réduction de l'intérêt naturel de l'argent, traduits de l'anglois (par l'abbé Jean-Paul DE GUA DE MALVES), avec un avant-propos du traducteur. *Wesel et Paris, Grangé*, 1757, in-12.

Discours pour la seureté de la vie et de
l'estat des roys. (Par Jacques LESCHASSIER, b
avocat.) *S. l.*, 1613, in-8, 40 p.

En 1626, on a ajouté au titre ces mots : « contre les impiétés de ceux qui ont écrit contre leurs puissances souveraines ». Il n'y a ensuite de changement que dans les premières lignes : « il faut faire connaître aux docteurs », au lieu de : « je me suis proposé de faire connaître aux docteurs ».

Discours pour le couronnement de la rosière de Saint-Symphorien d'Ozon, le
11 mai 1783 ; par Mgr l'évêque de Sarept, c
suffragant de Lyon (J. DENIS, de Vienne). *S. l. n. d.* (*Paris*, *Didot aîné*, 1783), in-18, 1 f. de tit. et 10 p.

Voy. « Supercheries », I, 1272, *d*.

Discours pour montrer qu'un gentilhomme ne déroge point à sa noblesse par la charge de notaire au Châtelet de Paris. (Par PAGEAU.) Imprimé vers 1690, in-8.
V. T. d

Voy. le catalogue de Lancelot, n° 1305.

Discours pour servir d'introduction aux Anecdotes morales, historiques et littéraires du règne de Louis XV, dit le Bien-Aimé. (Par Simon-Antoine DAGUES DE CLAIRFONTAINE.) *S. l. n. d.*, in-12.

Discours pour un mariage. (Par l'abbé DE SAMBUCY SAINT-ESTÈVE.) *Paris, Gaume*
frères, 1833, in-8. D. M. e

Discours prêché par M. le curé de Saint-Patrice de Rouen (EUDES) à sa grand'messe, le premier dimanche de décembre 1806. *Rouen*, *P. Seyer*, in-8, 12 p.

Voy. « Supercheries », I, 818, *b*.

Discours préliminaire de l'ouvrage qui a remporté le prix décerné par le corps des négociants de Toulouse, à l'occasion
du sacre et du couronnement du roi, ad- f
jugé par l'Académie des sciences, inscriptions et belles-lettres, dans la séance du 1er septembre 1776. (Par Guil.-Fr. LE TROSNE.) In-8. A. L.

Discours préliminaire du « Voyage pittoresque de la Grèce ». (Par M.-G.-F.-A. DE CHOISEUL GOUFFIER, aidé de Séb.-Roch-Nic. CHAMFORT.) *Paris*, *Pierres*, 1783, in-18, 70 p.

Discours presenté au serenissime prince Maurice tres-illustre cardinal de Sauoye, sur son arrivée en la ville de Paris. *Paris*, *par Nicolas Alexandre*, 1618, in-8, 16 p.

La dédicace est signée : Jean-Philippe VARIN. Deux éditions la même année. Une troisième porte le nom de l'auteur sur le titre.

Discours prononcé à l'Académie des sciences de Prusse (sur l'amour-propre ; attribué à FRÉDÉRIC II, ou plutôt à madame Gen.-Ch. THIROUX D'ARCONVILLE). *Berlin*, 1770, in-8.

Cette attribution n'est pas indiquée par Meusel dans son « Lexicon », t. III, p. 517, où l'on renvoie à l'« Histoire de l'Académie royale de Berlin » (1763). Voy. aussi le quatrième article qui suit.

Discours prononcé à l'Académie par M. de Voltaire. 1746.

Harangue ironique dont l'auteur est BAILLET DE SAINT-JULIEN. (Quérard, « Bibliographie voltairienne », n° 847.)

Discours prononcé à l'assemblée du clergé du bailliage de Montfort-l'Amaury, le 26 mars 1789, par M. l'abbé de *** (LA BORDE). 1789, in-8, 43 p.

Discours prononcé à l'assemblée extraordinaire et publique de l'Académie royale des sciences et belles-lettres de Prusse, en présence de S. M. la reine douairière de Suède, le lundi 27 janvier 1772. *Berlin*, *Voss*, 1772, in-8, 24 p.

Ce discours, qui traite de l'utilité des sciences et des arts dans un Etat, est de FRÉDÉRIC II, roi de Prusse ; il a été inséré dans le t. IX de ses « Œuvres », publiées par M. Preuss, en 1848.

Discours prononcé à l'assemblée ordinaire de l'Académie royale des sciences et belles-lettres de Prusse, le jeudi 11 janvier 1770. (Essai sur l'amour-propre envisagé comme principe de morale ; par FRÉDÉRIC II, roi de Prusse.) *Amsterdam*, 1770, in-12. A. L.

Discours prononcé à l'ouverture du lycée de Clermont, par le préfet du département du Puy-de-Dôme (le baron Louis-François-Elisabeth RAMOND DE CARBONNIÈRES). 8 février 1808, in-8.

Discours prononcé à la fête de la Rose, à Salency, le 8 juin 1776. (Par Jean-Bapt. LECUY.) *Soissons*, *impr. de Louis-François Waroquier* (1776), in-8.

Discours prononcé à la fête des bonnes-gens, instituée à l'occasion de la naissance de Monseigneur le duc d'Angoulême, dans les paroisses de Canon, Mésidon, Vieux-fumé, en Normandie. (Par l'abbé Simon-Jér. BOURLET-VAUXCELLES.) *Paris*, *imp. de L. Cellot*, 1776, in-8.

Discours prononcé à la fête du 1er vendémiaire de l'an IX. (Par Jean-Louis LAYA.) *Melun*, cinquième jour complémentaire an VIII, in-4. D. M.

Discours prononcé à la fête solsticiale, le 18e jour du 10e mois 5838, à la R.·. L.·. de la Parfaite intelligence et de l'Etoile réunies, par le F.·. R.... R.·.+.·., orat.·. (Laurent-Emile RENARD). *Vallée de Liége* (*Collardin*), 5839, in-8, 16 p. J. D.

Discours prononcé à la porte de l'Académie françoise, par M. le directeur, à M*** (c'est-à-dire à Voltaire). 1735.

Attribué au poëte Pierre-Charles ROY. Ce « Discours » reparut en 1746 avec le « Triomphe poétique », le tout publié par L. TRAVENOL, fils. Voltaire traduisit Travenol devant les tribunaux.

Discours prononcé à la rentrée de l'École centrale du département. (Par Jean-Louis LAYA.) *Melun*, brumaire an VI, in-4. D. M.

Discours prononcé à New-York à l'occasion du rétablissement de la maison des Bourbons, traduit de l'anglais (de GOVERNEUR-MORRIS) par M. DES VAULX. *Paris, Michaud*, 1814, in-8, 24 p.

Discours (en vers) prononcé au roi par un paysan de Chaillot. (Par FOUGERET DE MONBRON, sous le masque de GRILLOT le bedaut.) 1744, in-4, 8 p.

Catalogue manuscrit de l'abbé Goujet.

Discours prononcé dans l'assemblée de la noblesse du bailliage de... le 14 mars 1789, par un membre de l'armée (le marquis DE MESSEY). *S. l.*, 1789, in-8, 29 p.

Discours prononcé dans l'autre monde pour la réception de Napoléon Bonaparte, le 5 mai 1821, par Louis Fontanes.... (Par J.-L.-J. BRIÈRE.) *Paris, imp. de Belin*, 1821, in-8. — *Paris, imp. de Belin*, 1821, in-4, 28 p.

Discours prononcé dans la confédération des cinq conseils des gr. chev. élus K. H. de la capitale, le 25 du 4e mois, nommé Thebeth, 5851. Par un fr. chev. K. H. (J.-Nicolas DES ETANGS). *Paris*, 1821, in-8, 20 p.

Il en existe une autre édition intitulée : « Discours prononcé par un trinosophe, etc. »

Discours prononcé le 18 mars 1820 par M. CANNING à la clôture des élections de Liverpool. (Traduit par DUBUC.) *Paris, Le Normant*, 1820, in-8.

Discours prononcé le jour de la fête de la Société des Beaux-Arts à Gand, le 23 novembre 1813, par M. V*** (C. VERVIER). *Gand, Degocsin*, 1813, in-8, 20 p. J. D.

Discours prononcé le 16 mai 1791, à l'occasion de l'ouverture d'un cours public et gratuit de mathématiques et de géographie au collége de Sedan. (Par l'abbé Nicolas-B. HALMA.) *Sedan*, 1791, in-8. V. T.

Discours prononcé le 23 mars 1765, par les gens du roi du parlement de Dauphiné, relativement aux « Lettres d'un chevalier de Malte à M. l'évêque de... » (Par Antoine-Joseph-Michel SERVAN.) In-4, 12 p.

Discours prononcé le 24 janvier 1777, jour de naissance de Frédéric le Grand, dans la loge des Trois-Globes à Berlin. (Par le grand-maître J.-Christ. VON WOLLNER.) *Berlin, G.-J. Decker*, 1777, in-8, 20 p.

Discours prononcé par l'un des curés de la province de Lorraine (GUILBERT, curé de Saint-Sébastien), au nom de tous ses confrères, en l'assemblée des trois ordres tenue à Nancy, le 20 janvier 1789. In-8.

Catalogue Noël, no 724.

Discours prononcé par le maire de la commune de Montauban, le 18 brumaire an X, jour de la fête de la paix. *Montauban, impr. de E. Crosilhes*, an X, in-4, 8 p.

Une note manuscrite sur l'exemplaire de la Bibliothèque nationale porte : « Ce discours... est de M. A. GAUTIER-SAUZIN, de Montauban. »

Discours prononcé par le préfet de Seine-et-Marne, lors de la distribution des prix à l'école centrale établie à Fontainebleau. (Par Jean-Louis LAYA.) *Melun*, an VI, in-4. D. M.

Discours prononcé par le préfet du département de Seine-et-Marne, à la fête du 14 juillet et de la Concorde. (Par Jean-Louis LAYA.) *Melun*, messidor an VIII, in-8. D. M.

Discours prononcé par le professeur de rhétorique du collége de Mons (Louis-Marie-Joseph PETIT), à la distribution solennelle des prix, le 13 août 1835. *Mons, Hoyois*, in-8, 8 p. J. D.

Discours prononcé par le représentant du peuple en mission dans le département de la Meurthe (L.-B. GENEVOIS), dans l'assemblée générale du peuple de Nancy convoquée le 24 frim. an III... suivi du procès-verbal d'épuration des autorités constituées... 24 frim. an III, in-8.

Catalogue Noël, no 982.

Discours prononcé par M. l'évêque *** (de Nancy, Anne-Louis-Henri DE LA FARE);

à l'ouverture des Etats-Généraux, 1789, in-8, 36 p.

Discours prononcé par un de MM. les curés de la ville de Lyon (DE GÉRY), le dimanche 4 décembre 1768, à l'occasion de l'émeute populaire arrivée dans cette ville le dimanche précédent. *Lyon*, *Boursy*, 1817, in-8, VIII-16 p.

L'avis de l'éditeur, signé L.-P. B., est de Laurent-Pierre BÉRANGER.

Voy. « Supercheries », I, 821, c.

Discours prononcé par un des députés de la paroisse de Chevannes, etc. (Par P.-Sam. DUPONT de Nemours.) *S. l.* (1789), in-8, 15 p.

Discours prononcé par un étudiant de l'académie de Lausanne, sur la tombe de M. le professeur Durand, le 19 avril 1816. (Par Alexandre VINET, ministre du saint Évangile et professeur de littérature à l'université de Bâle.) 1817, in-8.

Discours prononcé sur la tombe de Gaspard Pirotte.

Voy. « Quatorze (le) janvier ».

Discours prononcé sur la tombe de M. Dubuc l'aîné, ancien normalien, membre de plusieurs sociétés savantes, le 21 novembre 1837. (Par G.-P. GIRARDIN, de l'académie de Rouen.) *Rouen*, *N. Périaux*, 1837, in-8, 17 p. D. M.

Discours prononcés à l'Académie royale de peinture de Londres, par Jos. REYNOLDS, traduits de l'anglois (par Henri JANSEN). *Paris*, *Moutard*, 1787, 2 vol. in-8.

Ces discours fort estimés furent imprimés séparément en 1771 ; ils sont au nombre de quinze ; l'édition de Londres, 1778, n'en contient que neuf. Il existe plusieurs réimpressions; celle de Londres, 1842, 4°, est accompagnée de notes par John Burnet.

Discours prononcés au parlement de Provence, par un des avocats généraux (Gaspard DE GUEIDAN DE VALABRE). *Paris*, 1741 et ann. suiv., 4 vol. in-12.

Discours prophétique sur la naissance de Mgr le prince (duc de Valois). Par P. B. E. (Paul BOYER, écuyer). *Paris*, 1650, in-4, 8 p.

Voy. « Supercheries », III, 50, *a*.

Discours publics et éloges, auxquels on a joint une lettre où l'auteur développe le plan annoncé dans l'un des discours, pour réformer la jurisprudence. Par M. *** (Louis-Bernard GUYTON-MORVEAU), avocat général. *Paris*, *P.-G. Simon*, 1775-1782, 3 vol. in-12.

Voy. « Supercheries », III, 1058, *b*.

a Discours qui a balancé les suffrages de l'Académie de Dijon pour le prix de 1750, par M. D. C., de Troyes en Champagne ; seconde édition (1751). In-12, 72 p.

Il n'y a que ce faux titre ; le discours avait déjà paru dans le *Mercure*. D. C. signifie DU CHASSELAS, c'est-à-dire M. GROSLEY. Le titre de la page 5 est : « Discours ou Dissertation, où l'on examine si le rétablissement des sciences et des arts a contribué à épurer les mœurs. »

b Discours qui a remporté le prix à l'Académie de Dijon en 1750, sur cette question : « Si le rétablissement des sciences et des arts a contribué à épurer les mœurs. » Par un citoyen de Genève (J.-J. ROUSSEAU), avec la réfutation de ce discours (par Claude-Nic. LE CAT, secrétaire perpétuel de l'Académie de Rouen). *Londres*, *Ed. Kelmarneck*, 1751, in-8.

c Il existe deux éditions antérieures et anonymes sans la réfutation. *Paris*, 1750, in-4. — *Genève*, *Barillot*, 1751, in-8.

Discours qui a remporté le prix à la société des Sciences et des Arts du département du Lot (Montauban), sur cette question : « Quel est, pour les femmes, le genre d'éducation le plus propre à faire le bonheur d'un homme en société ? » Par Mme B*** (Mme BERNIER, née VILLERS). *Paris*, *Bossange*, an XI-1803, in-8.

d Discours qui a remporté le prix de l'Académie de Châlons en l'année 1783, sur cette question proposée par la même académie : « Quels seraient les moyens de rendre la justice en France avec le plus de célérité et le moins de frais possible? » (Par BUCQUET, procureur du roi au présidial de Beauvais, mort vers 1804.) *Beauvais*, *veuve Desjardins*, 1789, in-4.

e Discours qui a remporté le prix de l'Académie de Marseille en 1777, sur cette question : « Quelle a été dans tous les temps l'influence du commerce sur l'esprit et les mœurs des peuples ? » (Par André LIQUIER, négociant de Marseille, depuis membre de l'Assemblée constituante, mort environ six mois après l'ouverture de cette assemblée.) *Amsterdam*, *et Paris*, *Demonville*, 1777, in-8.

f Voyez ci-dessus, le « Commerce vengé... », col. 650, *e*.

Discours qui ont été lus dans l'assemblée publique de l'académie des sciences de Berlin tenue le 26 janvier 1792. On a ajouté le plan du célèbre Leibnitz sur la culture et la perfection de la langue allemande. *Berlin*, *G.-J. Decker et fils*, 1792, in-4, XVI-48 p.

Contient un discours français du comte DE HERTZ.

BERG, deux discours en allemand, l'un du chanoine ZOLLER, l'autre du conseiller MORITZ, le plan de LEIBNITZ en allemand et en français, et enfin un discours français du secrétaire perpétuel MÉRIAN.

Discours religieux et patriotique, prononcé le 24 août 1815, dans l'église de Sainte-Marguerite, à Paris. (Par l'abbé LEMERCIER, curé de la paroisse.) *Paris, impr. de Delaguette*, s. d., in-8, 2 ff. lim. et 8 p.

Discours responsif à celui d'Alexandre de La Tourrette, sur les secrets de l'art chimique, par L. S. S. (c'est-à-dire par Jacques GOHORY, caché sous le masque de LÉO SUAVIUS SOLITARIUS). *Paris, Jean de Lastre*, 1479, in-8.

Discours satiriques en vers, par le poëte sans fard (GACON). *Cologne*, 1696, in-12.

Discours satiriques et moraux, ou satires générales. (Par Louis PETIT, ancien receveur des domaines et bois du roi, mort à Rouen, sa patrie, en 1693, à 79 ans.) *Rouen, Lallemand*, 1686, in-12.

L'auteur a signé la dédicace au duc de Montausier. Ces pièces se retrouvent, mais avec changements et corrections assez considérables dans les « Œuvres diverses du sieur D*** ». *Paris (Amsterdam)*, 1713, in-12, et « Œuvres diverses du sieur D***, avec un recueil de poésies choisies de M. DE B. » (de Blainville). *Amsterdam, Frisch et Bohm*, 1714, 2 vol. in-12.

C'est ce que Duputel a établi dans ses « Notices bibliographiques » lues à l'Académie de Rouen, le 30 mars 1837. De Blainville n'est auteur que des « Pièces choisies », insérées dans le second volume de 1714.

J'ajoute que les pièces du volume de 1714 ont aussi reparu sous cet autre titre : « Le nouveau Juvénal satirique, pour la réformation des mœurs et des abus de notre siècle. » Dédié à M. le duc d'Orléans. *Utrecht, Ant. Schouten*, 1716, pet. in-12, g. s. b.

Discours sommaire du règne de Charles neufiesme roy de France tres-chrestien. Ensemble de sa mort, et d'aucuns de ses derners (*sic*) propos. Par Joachim DES PORTES..... *Paris, J. de Lastre* (1574), in-8.

Le nom d'auteur cité sur le titre est reproduit dans le privilége daté du 22 juin 1574.

Cette brochure a donc été à tort citée par Barbier comme anonyme, et c'est à tort également qu'il a adopté l'attribution à Nicolas DUMONT, faite par La Croix du Maine dans l'article qu'il consacre à ce dernier.

La Croix du Maine donne encore Nicolas Dumont comme auteur des deux ouvrages suivants :

« Congratulation et resioissance sur la grande et insperee nouvelle advenue de l'élection de Monsieur, frère du Roy, au royaume de Pologne,... par Victor DU VAL. » *Paris, par D. du Pré*, 1573, in-8, ou *Lyon, Rigaud*, 1573, in-8.

« Salutation à la Royne de France, Loyse de Lorraine, sur son arrivée et bienvenue à Paris. Le vingt-septiesme de février, mil cinq cens septante cinq ». *Paris, par D. du Pré*, 1575, in-8.

Ce dernier ouvrage est par François DU TERTRE, qui signe l'épître à Louise de Lorraine.

Nicolas Dumont, de Saumur, correcteur de livres dans l'université de Paris, a été le correcteur de la « Bibliothèque françoise » de La Croix du Maine. Il a donc dû voir l'article qui le concernait.

Les noms donnés sur les titres ou dans le corps des ouvrages cités ci-dessus ne sont pas des pseudonymes, et il y a tout lieu de croire qu'ils sont réellement ceux des auteurs de ces ouvrages. Nicolas Dumont n'aurait été alors que l'éditeur, et c'est ainsi qu'il faudrait comprendre l'attribution de La Croix du Maine.

Discours sur ce qui se passe aujourd'hui dans l'Empire au sujet de la succession d'Espagne. (Par Joach. LE GRAND, prieur de Neuville-les-Dames.) *S. l.*, 1711, in-8.

Discours sur ces paroles : Rien d'étranger à l'homme de ce qui intéresse l'humanité... (Par SALLÉ, avocat à Amiens.) *Amiens*, 1776, in-8.

Discours sur cette question proposée par l'Académie des Jeux floraux, pour l'année 1761 : « La lumière des lettres n'a-t-elle pas plus fait contre la fureur des duels que l'autorité des lois. » (Par le P. Jos.-Ant.-Joach. CÉRUTTI.) *La Haye*, 1761, in-8. — 2e édit., augmentée d'une lettre sur les avantages de la gaîeté françoise. *Lyon, A. Delaroche*, 1761, in-8, 78 p. — *Paris, Desenne*, 1791, in-8.

Discours sur divers sujets de religion, prononcés dans des assemblées religieuses. (Par le P. Ponce DEHAYES-POLET, minime.) *Paris, Berton*, 1787, in-12.

Voyez le *Journal des Savants*.

Discours sur J.-A. de Thou, conseiller d'Etat. (Par le baron DE BALLAINVILLIERS.) *Paris, Gratiot, impr.* (1824), in-4, 36 p.

Discours sur l'Académie françoise, établie pour la correction et l'embellissement du langage. (Par Charles SOREL.) *Paris, de Luyne*, 1654, in-12.

Le titre de départ porte : « De l'Académie françoise ». Le privilége, daté du 4 février 1647, est au nom de l'auteur.

Discours sur l'accord des sciences et des belles-lettres avec la religion. (Par Et. MIGNOT, docteur de Sorbonne.) *Paris*, 1753, in-12.

Discours sur l'administration de la justice criminelle, prononcé par M. S** (Ant.-J.-M. SERVAN), avocat général. *Genève*, 1767, in-12, 152 p.

Voy. « Supercheries », III, 485, *f*.

Réimprimé dans les « Œuvres choisies » de Servan. *Limoges*, 1818, 2 vol. in-8.

Discours sur l'alliance et la paix d'entre les couronnes... *Paris,* 1660, in-12, 5 ff. lim. et 59 p.

Par Duplessis-Besançon, ci-devant ambassadeur ordinaire du roi à Venise, suivant une note manuscr. sur l'exemplaire de la Bibliothèque nationale.

Discours sur l'amour divin, traduit de l'anglois (de madame Damaris Masham, morte en 1708, par P. Coste). *Amsterdam, Schelte,* 1705, in-12.

Discours sur l'ancien gouvernement de la France, et sur la sagesse des rois qui l'ont fondé. (Par P.-Et. Regnaud, de Paris, avocat.) (*Paris, impr. de Giguet*), an VII-1799, in-8.

Discours sur l'architecture française qui, par des parallèles puisés dans la science et dans l'antiquité la plus reculée, tend à démontrer que la nation françoise a atteint le même point de perfection dans la pratique des arts que les Grecs et les Romains. (Par C. Grivaud, architecte et mathématicien.) *La Haye et Châlon-sur-Saône,* 1762, in-12.

Discours sur l'économie, ou éloge de la simplicité. (Par le comte de La Touraille.) 1788, in-8.

Discours sur l'éducation, le travail et la religion, par A. O. de l'Orne (Alexandre Olivier). *Paris,* 1805, in-8, 50 p.

Voy. « Supercheries », I, 367, *f*.

Discours sur l'éloquence au sujet des « Réflexions » de M. Guérin, sur l'oraison funèbre de Louis le Grand, par le P. Porée. (Par l'abbé Le Masson.) *Paris,* 1716, in-12.

Voy. « Réflexions critiques sur l'éloge de... »

Discours sur l'éloquence, avec des réflexions préliminaires sur le même sujet. (Par Jean-Baptiste Yan Koski, de la famille des Paléologues.) *Paris,* 1723, in-12.

Voyez l'histoire de cet auteur dans le « Voyage de Paul Lucas au Levant. » *Paris,* 1714 et 1731, 2 vol. in-12.

Discours sur l'emploi du loisir. (Par Antoine Pecquet.) *Paris, Nyon,* 1739, in-8.

Discours sur l'émulation. (Par L. Bollioud-Mermet.) *Paris,* 1763, in-8.

Discours sur l'esclavage des nègres et sur l'idée de leur affranchissement dans les colonies, par un colon de Saint-Domingue (David Duval-Sanadon). *Amsterdam et Paris, Hardouin et Gattey,* 1786, in-8.

Discours sur « l'Esprit des lois » de M. de Montesquieu, ou leçons de jurisprudence universelle, lues dans l'Université de Moscou. (Par Jacques Schneider.) En français et russe. *Moscou, typog. de l'Université,* 1782, in-8.

N° 1 de x-97 p. C'est le seul numéro que je connaisse. A. L.

Discours sur l'établissement d'une Académie de belles-lettres dans la ville de Dijon. (Par J. Moreau de Brazey.) *Dijon,* 1694, in-4. V. T.

Discours sur l'état actuel de la jurisprudence, prononcé à l'ouverture des académies, etc. Par M*** (Louis-Bernard Guyton de Morveau, avocat général). *Paris, Simon,* 1768, in-12.

Voy. « Supercheries », III, 1058, *b*.

Discours sur l'état actuel de la politique et de la science militaire en Europe, avec le plan d'un ouvrage intitulé : « la France politique et militaire. » (Par le comte Jacques-Antoine-Hippolyte de Guibert.) *Genève,* 1773, in-12.

Réimprimé en tête de l'« Essai de tactique » du même auteur, in-4 et in-8.

Discours sur l'Etat de France, contenant l'histoire de ce qui est advenu depuis 1588 jusqu'en 1591. (Par Michel Hurault, sieur du Fay.) 1591, in-8.

Ces « Discours » furent réimprimés à Tours, en 1593, avec la « Fleur de lys », sous le titre de « Trois excellents discours sur l'estat présent de la France », puis à *Paris,* en 1595, et en 1606 avec la « Fleur de lys » et l'« Anti-Espagnol. »

Voir le « Bulletin du Bibliophile », XVe série, p. 1166.

Discours sur l'harmonie. (Par Jean-Baptiste-Louis Gresset.) *Paris, Leclerc,* 1737, in-12.

Discours sur l'histoire. (Par Tricot, secrétaire d'ambassade à Turin.) *Paris, veuve Valade,* 1786, in-8.

Discours sur l'histoire ancienne, par M. l'abbé C** (Pernin de Chavanette). *Paris, Saugrain,* 1706, 2 vol. in-12.

Voy. ci-dessus, col. 46, *d*.

Discours sur l'histoire de Charles VII, jadis écrite par Alain-Chartier, où se peut voir que Dieu n'abandonne jamais la couronne de France. (Par Blaise de Vigenere.) *Paris, l'Angelier,* 1589, 1594, in-8.

Discours sur l'histoire de France, par M. *** (Dingé). *Paris, de l'imprimerie de Monsieur,* 1790, grand in-4, 66 p., suivi de l'explication des cartes géographiques.

Quelques exemplaires portent le nom de l'auteur.

Discours sur l'histoire de l'Académie royale des sciences, depuis son rétablissement jusqu'à l'année 1751 inclusivement. (Par J.-B.-R. ROBINET.) 1760, in-12.

Discours sur l'histoire de la vie des saints. (Par Adr. BAILLET.) *Paris, Roulland*, 1700, in-8.

Réimprimé en tête du 1er vol. des « Vies des Saints » du même. *Paris*, 1701, in-fol.

Discours sur l'histoire des Avernes (*sic*) ou Avergnats, pour servir de préliminaire à l'histoire d'Auvergne. (Par le vicomte DESISTRIÈRES-MURAT.) *S. l.*, 1766, in-12.

Discours sur l'histoire des Juifs... par M. P. D*** (l'abbé PERNIN DE CHAVANETTE). *Paris, Saugrain*, 1767, in-12.

Discours sur l'histoire ecclésiastique (par l'abbé Cl. FLEURY); nouvelle édition, avec des notes (publiée par Ant.-Gasp. BOUCHER D'ARGIS). *Paris, Hérissant*, 1763, in-12.

Voyez ci-après, col. 1047, *a*.

Les huit premiers discours ont été réimprimés de nos jours dans le t. II des « Simples notices religieuses... » Voy. ce titre.

Discours sur l'histoire moderne. (Par l'abbé PERNIN DE CHAVANETTE.) *Paris*, 1769, in-12.

Voy. ci-dessus, « Abrégé portatif... », col. 40, *d*.

Discours sur l'histoire universelle, par BOSSUET (avec une suite, par Jean DE LA BARRE, avocat). *Paris, David*, 1713, 2 vol. in-12.

La mauvaise continuation de cet admirable discours, publiée pour la première fois en 1703, va dans cette édition jusqu'à 1708. Un anonyme a donné une autre continuation, imprimée en Hollande, 2 vol. in-12. On doit une troisième continuation à Pierre MASSUET, depuis 1721 jusqu'à la fin de 1737. Ce dernier a retouché le style des deux précédents volumes. Voyez l'édition due à ses soins, *Amsterdam, chez Arkstée et Merkus*, 1738, 4 vol. petit in-8.

Arcangelo AUGUSTINI, carme, déguisé sous le nom de Selvaggio CANTARANI, a donné une traduction italienne de l'excellent discours de Bossuet, *Venise*, 1712. On doit au même auteur, caché sous le même masque, une traduction de la « Politique sacrée » de Bossuet, *Venise*, 1713.

Discours sur l'histoire universelle de l'Eglise, par l'abbé RACINE; nouvelle édition, revue et augmentée (par Laurent-Etienne RONDET). *Cologne*, 1759, 2 vol. in-12.

Discours sur l'indépendance des gens de lettres, envoyé au concours. (Par RAFFIER, ex-oratorien.) *Paris, Egron*, 1807, in-8.

Discours sur l'institution de l'ordre militaire de Saint-Louis, qui a remporté le prix d'éloquence par le jugement de l'Académie d'Angers. En l'année 1694. (Par l'abbé BOCQUILLON.) *Paris, J. Boudot*, 1694, in-4, 16 p.

Discours sur l'origine des lois, prononcé à l'ouverture des audiences du bailliage royal et immédiat du pays de Carladez à Vic, en 1765; par M. D. C. R. J. D. (DESISTRIÈRES-MURAT), lieutenant général de ce siége. *Paris, veuve David*, 1769, in-12, 53 p.

Note manuscrite.

Discours sur l'origine du privilége des évêques d'Orléans. (Par D. POLLUCHE.) *Orléans, Fr. Rouzeau*, 1734, in-8. V. T.

Discours sur l'origine et les changements des lois russiennes. (Par Fr.-H. STRUBE DE PIERMONT.) *Saint-Pétersbourg* (1756), in-4.

Discours sur l'origine et les effets de ce désir si général et si ancien, de transmettre son nom à la postérité. (Par le P. Jos.-Ant.-Joach. CÉRUTTI.) *La Haye*, 1761, in-8, 56 p. — *Paris, Desenne*, 1792, in-8.

Discours sur l'origine et les révolutions des langues celtique et françoise. *Paris, Saugrain et Lamy*, 1780, in-8.

C'est la réimpression du Mémoire de DUCLOS, sur l'origine et les révolutions de la langue françoise, publiés dans les « Mémoires de l'Académie des inscriptions et belles-lettres », tome XV, p. 565, et tome XVII, p. 171.

Discours sur l'origine, les avantages et l'excellence des sociétés mystérieuses, par un franc-maç.·. de tous les grades (HERBERT). *Bordeaux, Moreau*, 1806, in-8, 32 p.

Discours sur l'utilité d'une histoire générale de Flandre et sur la manière de l'écrire. (Par LAMOOT, bibliothécaire de Saint-Pierre à Lille.) *Liége, Bassompierre*, 1760, petit in-12, 93 p. (de Theux.)

Discours sur l'utilité des lettres, par M. l'abbé B. DE L. R. (l'abbé BOUCHER DE LA RICHARDERIE). *Paris*, 1753, in-8, 44 p.

Discours sur l'utilité et les avantages d'une société académique consacrée en même temps à la religion et aux lettres, couronné à Rouen, en 1771. (Par ROSSEL, avocat.) (*Caen*), 1772, in-8.

Discours sur la bienséance, avec des maximes et des réflexions... (Par Jean PIC.) *Paris, veuve Cramoisy*, 1688; — *La Haye, Dehondt*, 1689, in-12.

Réimprimé à Paris, sous la rubrique de Londres, en 1742, in-12.

Discours sur la biologie, ou science de la vie; suivi d'un tableau des connaissances naturelles envisagées d'après leur nature et leur filiation. Par M. *** (Michel FODÉRA), correspondant de l'Institut. *Paris, J.-B. Baillière*, 1826, in-8.

Discours sur la chrétienne entreprise de Charles de Lorraine... contre le Grand Turc. *Paris*, 1572, in-4.

C'est une traduction en vers français du poëme latin, publié par l'auteur Claude MIGNAULT, avocat à Etampes, sous ce titre: « Eidillium de felici et christiana profectione principis Caroli a Lotharingis, ad sacrum bellum in Turcas susceptum. » *Ibid, id.*, in-4.

Discours sur la comédie, où l'on voit la réponse au théologien qui la défend, avec l'histoire du théâtre et les sentiments des docteurs de l'Eglise depuis le premier siècle jusqu'à présent... (Par le P. Pierre LE BRUN, de l'Oratoire.) *Paris, Guérin*, 1694, in-12. — Seconde édition, augmentée de plus de la moitié (publiée par l'abbé GRANET, sur le manuscrit laissé par l'auteur). *Paris, veuve Delaulne*, 1731, in-12.

Discours sur la comparaison de l'éloquence de Démosthène et de Cicéron. (Par le P. René RAPIN, jésuite.) *Paris, Barbin*, 1670, petit in-12.

Réimprimé sous le titre de « Comparaison de Démosthène et de Cicéron. » Voy. ci-dessus, col. 651, *f*.

Discours sur la comparaison des deux partis (royalistes et ligueurs) qui sont en ce royaume. (Par CAPPEL DU LUAT.) *Montauban*, 1585, in-8.

Discours sur la crèche de Notre-Seigneur, troisième édition, augmentée par l'auteur (Ezech. SPANHEIM). *Berlin*, 1695, in-12.

Discours sur la délivrance d'Orléans, prononcé le 8 mai 1760. (Par le P. Cl. DE MAROLLES.) *Orléans*, 1760, in-8.

Discours sur la députation du parlement à M. le prince de Condé. (Attribué à l'avocat DU PORTAIL.) 1649, in-4. V. T.

Discours sur la détraction de la légitime entre les enfants... (Par Jean MARAIS, avocat.) *Paris*, 1693, in-12.

Discours sur la facilité et l'utilité des mathématiques... (Par J. DIGARD DE KERGUETTE.) 1752, in-4. V. T.

Discours sur la généalogie et maison de Courtenay, issue de Louys le Gros, sixiesme du nom, roy de France. *Paris*, 1603, in-8.

Par Helyes DU TILLET, Sr DE GOVES, d'après une note manuscrite.

Discours sur la guerre. (Par le prince Guillaume-Adolphe de BRUNSWIC-LUNEBOURG.) *Berlin, Samuel Pitra*, 1765, in-8, 38 p., avec titre gravé.

Une première édition avait paru sous le titre de : « Eloge de la guerre ». *A Königsberg, dans la Nouvelle-Marche*, 1764, in-4, 28 p.

Cet écrit a figuré, depuis 1789, dans toutes les éditions et dans toutes les traductions allemandes des Œuvres de Frédéric II, roi de Prusse, mais à tort, comme le montre M. Preuss qui a présidé à la dernière édition des Œuvres de Frédéric II. Voy. t. IX, 1848, pp. XVIII-XX.

Discours sur la langue française et sur les écrivains qui ont le plus contribué à sa perfection. (Par CHANSON, imprimeur à Milhau.) *Milhau, imprimerie de l'auteur*, 1812, in-8.

Discours sur la lecture. (Par L.-S. MERCIER.) *S. l.*, 1764, in-8, 50 p.

Réimprimé avec des changements dans le recueil intitulé : « Eloges et discours philosophiques..... » Voy. *ces mots*.

Discours sur la lettre de M. le prince. (Par Guillaume RIBIER.) *Paris, P. Chevalier*, 1614, in-8, 28 p.

Plusieurs réimpressions la même année.

Discours sur la liberté de la presse, prononcés à la tribune du conseil des Cinq-Cents, dans les séances des 23 et 24 ventôse an IV de la République, par MM. les comtes PASTORET et BOISSY D'ANGLAS, pairs de France (publiés par P.-R. AUGUIS). *Paris, Chanson*, 1814, in-8.

Discours sur la liberté de penser et de raisonner sur les matières les plus importantes. Ecrit à l'occasion de l'accroissement d'une nouvelle secte d'esprits forts, ou de gens qui pensent librement. Traduit de l'anglois (d'A. COLLINS, par Henri SCHEULEER et revu par Jean ROUSSET). *Londres*, 1714, in-8. — 2e éd. *Londres*, 1717, in-8. — Nouvelle édition, augmentée d'une lettre d'un médecin arabe, avec l'examen de ces deux ouvrages, par J.-P. DE CROUSAZ. *Londres*, 1766, 1774, 2 vol. in-8.

L'original anglais a paru sous le titre de « Discourse on free thinking », *London*, 1713, in-8.

Bentley a publié une réfutation de cet ouvrage sous le pseudonyme de Phileleuthère. Voy. ce nom aux « Supercheries », III, 106, *c*.

Discours sur la mort de M. de Villeroy, secrétaire d'Etat. (Par Humbert TERRASSON.) *Paris, S. L'Escuyer*, 1617, in-8, 15 p.

Discours sur la nécessité de joindre l'étude des mathématiques à une bonne éducation, par M. J.-F. HENNERT, traduit du latin (par PASSET). *Utrecht*, 1766, in-4.

Discours sur la nécessité et les avantages de l'amnistie, prononcé dans le sénat après la mort de César, par M. T. CICÉRON, traduit en français (d'après le grec de DION CASSIUS) par *** (Antoine PÉRICAUD, aîné); seconde édition revue et corrigée. *Lyon*, 1819, in-8, 16 p.

Discours sur la nécessité et les moyens de supprimer les peines capitales, lu dans la séance publique tenue par l'Académie des sciences, belles-lettres et arts de B*** (Besançon), le 15 décembre 1770, par M*** (Louis PHILIPON DE LA MADELAINE). *S. l.*, 1770, in-8, 60 p.

Discours sur la nudité des mamelles des femmes, par un révérend père capuçin; publié pour la première fois d'après un manuscrit du XVIIIe siècle, avec une notice et une bibliographie par Ch. D. (Ch. DUQUESNE). *Gand*, *Duquesne*, 1856, in-8, x-34 p.

Voy. « Supercheries », I, 829, *f*.

Discours sur la paix. [*S. l.*, 1622, in-8, 14 p.

Signé : ROUSSEL.

Discours sur la patience. (Par l'abbé DE LA CHAMBRE, de l'Académie française.) *Paris*, 1687, in-4.

Discours sur la peinture et sur l'architecture: deux parties. (Par DU PERRON.) *Paris*, *Prault père*, 1758, in-8.

Discours sur la philosophie, qui a concouru pour le prix de l'Académie françoise. (Par J. FONTAINE-MALHERBE.) *Paris*, 1766, in-8.

Discours sur la poésie lyrique. (Par l'abbé J.-B. GOSSART.) *Paris*, *Brocas*, 1761, petit in-12.

Discours sur la polysinodie, où l'on démontre que la polysinodie ou pluralité des conseils est la forme de ministère la plus avantageuse pour un roy, et pour son royaume. (Par l'abbé Ch.-Irén. CASTEL DE SAINT-PIERRE.) *S. l.* (1718), in-4, 147 p. et un feuillet d'additions.

Sans frontispice. Réimprimé la même année avec le nom de l'auteur, *Londres* (*Paris*), *Jacob Tonsson*, 1718, in-4.

Discours sur la portraiture, dans lequel on a tâché d'éclairer le goût du public pour les portraits. *Genève et Lyon*, *A. de La Roche*, 1776, in-8.

Par M. Ange DE WE... de..... en Souabe, d'après une note manuscrite.

a Discours sur la prédication, où on propose divers moyens de la rendre plus utile au public. (Par GUIOT, conseiller.) *Paris*, *J. Estienne*, 1714, in-12.

Voyez les additions de l'abbé Goujet, au tome II, page 40, de sa « Bibliothèque françoise ».

Discours sur la présence réelle et sur la communion sous une espèce. (Par A. LALOUETTE.) *Paris*, 1687, in-12. V. T.

b Discours sur la profession d'avocat. (Par RIVIÈRE le fils.) *Paris*, 1741, in-4.

Discours sur la promotion de Mgr le chancelier, et du fruict que la France en doit espérer. (Par PELLETIER.) (*Paris*), *impr. de J. Libert*, *s. d.*, in-8, 16 p.

Discours sur la pucelle d'Orléans et sur la délivrance d'Orléans. (Par Claude DE MAROLLES, ex-jésuite.) *Orléans*, 1759,
c in-8.

Discours sur la question des progrès de la civilisation, ou des forces progressives de l'opinion et des idées en France, l'an 1830... prononcé à la séance de l'Académie royale des sciences, belles-lettres et arts de Lyon, le 30 mars 1830. Par un correspondant de cette académie (Jérôme QUINET). *Paris*, *Tourneux*, 1840, in-8,
d 40 p.

Voy. « Supercheries », I, 790, *f*.

Discours sur la question qui est entre les villes de Mortagne et de Bellesme. (Attribué à LE FORESTIER, curé de Saint-Jean de Mortagne.) *S. l.* (1656), in-12, 87 p.

Discours sur la réduction de la ville de Lyon, à l'obéissance du roy. (Par Antoine
e DU VERDIER, seigneur DE VAUPRIVAS.) *Lyon*, *T. Soubron*, 1594, in-8.

Une nouv. édit. augmentée a été publiée par M. GONON, avec le nom de l'auteur. *Lyon*, *impr. de Dumoulin*, 1843, in-8.

Discours sur la révélation. *Paris*, *Brocas et Moutard*, 1773, in-12, 58 p.

L'abbé Nic.-Jér. LECOUSTURIER, chanoine de Saint-Quentin, est l'auteur de ce discours.

f Discours sur la révolution opérée dans la monarchie françoise par la pucelle d'Orléans, prononcé dans l'église cathédrale de cette ville, le 8 mai 1764. (Par LOISEAU, chanoine.) *Orléans*, *Rouzeau-Montaut*, 1764, in-12, 47 p. D. M.

Discours sur la roupture de la trefve en l'an MDLVI. (Par Charles DE MARILLAC, archevêque de Vienne.) *Paris*, *Vascosan*, 1556, 1557, in-18, 35 ff.

Discours sur la satire (de Palissot) contre les philosophes, représentée par une troupe qu'un poëte philosophe (Voltaire) fait vivre, et approuvée par un académicien (Crébillon le père) qui a des philosophes pour collègues. (Par l'abbé Gabr.-Fr. COYER.) *Athènes, chez le libraire antiphilosophe*, 1760, in-12.

Discours sur la satyre, traduit de l'italien de P.-Casimir ROMOLINI (par Barthélemy GIRARD). *Amsterdam et Paris*, 1763, in-12.

Discours sur la sensibilité. (Par l'abbé LE RIQUÉ.) 1769, in-12. V. T.

Discours sur la tenue des conciles, servant à combattre les prétentions des gens d'Eglise d'Auvergne, qui tiennent le parti de la Ligue. (Par François DINSTRUIRES.) *Clermont*, 1594, in-12.

Discours sur la traduction considérée comme exercice. (Par Ant. PÉRICAUD.) *Lyon*, 1822, in-8.

Discours sur la translation de la sainte maison de Nazareth à Lorette, l'an 1294 (par le P. FOREST); avec la traduction italienne du marquis de PINI D'OSIMO. *Lorette, Sartorj*, 1765, pet. in-12, fig.

Discours sur la translation des reliques de S. Etienne, pape et martyr, en l'église de Marly-la-Ville, le 7 mai 1805. (Par l'abbé Joseph-André GUIOT, ex-victorin.) *Paris, Egron* (1805), in-8, 24 p.

Discours sur la végétation des plantes, par le chevalier DIGBY, traduit de l'anglois (par P. DE TREHAN). *Paris, Moëtte*, 1667, in-12.

Discours sur la venue et honorable réception de Monsieur, fils et frère du roy, duc de Brabant, marquis du Saint-Empire, etc. (Par LA JESSÉE.) *S. l.*, 1582, in-4, 8 ff.

Discours sur la vérité de la religion chrétienne et catholique. (Par l'abbé LOUIS, docteur en théologie.) *Nancy, imp. S. Baltazard*, 1776, 2 vol. in-12.

Le second volume est intitulé : « Suite du discours.... » Le nom de l'auteur se trouve dans l'approbation placée à la fin du 2e volume.

Discours sur la vertu, poëme. (Par l'abbé Pierre-Gilles LANGEVIN.) *Falaise*, 1804, in-8.

Discours sur la vie de la feue reine de la Grande-Bretagne, par mylord BURNET, évêque de Salisbury. (Traduit de l'anglais par David MAZEL.) *La Haye, Jean Van Duren*, 1716, in-12.

Cette traduction parut dès 1695, l'année même de la publication de l'original anglais, sous le titre d' « Essais sur la vie », etc., avec le nom du traducteur.

Discours sur la vie et la mort de M. le cardinal Le Camus, évêque et prince de Grenoble. (Par l'abbé Pierre LE GRAS DU VILLARD.) *Lausanne* (*Grenoble*), 1748, in-12.

Discours sur la vie et la mort, le caractère et les mœurs de M. d'Aguesseau, conseiller d'Etat, par M. D'AGUESSEAU, chancelier de France, son fils; suivi de trois lettres sur l'idée que les anciens philosophes ont eue de la création, par le même. (Nouvelle édition avec une préface par Pierre-Jean-Agnès PARISON, mort le 13 septembre 1855.) *Paris, Brunot-Labbe*, 1812, in-12.

Discours sur la vie et les ouvrages de Pascal. (Par l'abbé Charles BOSSUT.) *S. l. n. d.*, in-8, 119 p. — *La Haye, et Paris, Nyon l'aîné*, 1781, in-8.

Discours sur la vie et passion de sainte Catherine, par F. P. C. (frère Pierre CRESPET). *Sens, Savine*, 1577, in-16.

Voy. « Supercheries », II, 71, *f*.

Discours sur le concile de Florence, et sur l'autorité qu'il a en France, à l'occasion d'un arrêt du parlement de Paris du 16 décembre 1737. (Par le P. Louis PATOUILLET.) *S. l.* (vers 1739), in-4, 26 p.

Discours sur le congé impétré par M. le cardinal de Lorraine, de faire porter armes défendues à ses gens, pour la tuition et defense de sa personne; et sur ce qui luy advint à l'occasion de cela, à son arrivée à Paris, le VIII de ianvier M.D.LXV... (Par Jacques-Paul SPIFAME.) *S. l.*, 1565, in-8, 88 p. — *S. l.*, 1565, in-8, 56 p.

Discours sur le courage civil; hommage offert à l'académie d'Aix. Par le docteur Jules C*** (CAVALIER, médecin à Draguignan). *Marseille, Olive; Aix, Aubin*, 1837, in-8, 92 p.

Discours sur le couronnement de Bonaparte, dédié à tous les amis de la justice et de l'honneur. Par l'auteur des « Lettres de Cambridge » (l'abbé Cl.-Ant. COULON). *Brentford*, 1805, in-8.

Discours sur le danger de la lecture des livres contre la religion, par rapport à la société. (Par Charles-Joseph MATHON DE LA COUR.) *Paris, le Jay*, 1770, in-8.

Discours sur le droit des gens et sur l'état politique de l'Europe. (Par Guillaume-François Le Trosne.) *Amsterdam et Paris, Despilly*, 1763, in-12, 70 p.

Discours sur le droit prétendu par ceux de Guise sur la couronne de France. *S. l.*, 1583, in-8.

Attribué à Philippe du Plessis-Mornay, par le P. Lelong. Réimprimé dans les « Mémoires de la Ligue », 1758, tome I, p. 7.

Discours sur le globe aérostatique de Bordeaux, par un Gascon, membre du Musée d'émulation. (Par P. Bernadau.) *Auch, aux dépens du loisir* (*Bordeaux*), 1785, in-8, 12 p.

Discours sur le goût, appliqué aux arts, et particulièrement à l'architecture, lu à l'académie de Nancy, par un membre de cette académie (Le Creulx). *Nancy, Hæner*, 1778, in-8.

Voy. « Supercheries », II, 1103, *f*, et III, 1023, *a*.

Discours sur le malheur que le roy et la royne ont failly en passant l'eau au port de Neuilly, le vendredy 9 juin 1606 sur les cinq heures du soir. (Par de Nervèze.) *Paris, A. du Brueil*, 1606, in-8, 1 f. de titre et 11 p.

Le nom de l'auteur se trouve dans le privilége.

Discours sur le mariage du roy.... (Par A. Parent.) *Paris, F. Iacquin*, 1601, in-8, 32 p.

L'auteur a signé la dédicace.

Discours sur le philosophe Epictète, dédié à quelques philosophes de ce temps. (Par le P. Charles-Pierre-Xavier Tolomas, jésuite.) *Paris, Hérissant*, 1760, in-8, 60 p.

Discours sur le progrès des connoissances humaines en général, de la morale et de la législation en particulier, par M. S*** (Antoine-Joseph-Michel Servan), ancien magistrat. 1781, in-8.

Voy. « Supercheries », III, 486, *a*.

Discours sur le renfermement des pauvres. (Par J.-Bapt. Guérin, avocat du roi au présidial de Soissons.) *Soissons*, 1662, in-12.

Discours sur le renouvellement des études, et principalement des études ecclésiastiques, depuis le quatorzième siècle. (Par l'abbé Cl.-P. Goujet.) In-12.

Réimprimé dans l'édition de 1763, des « Discours de l'abbé Fleury sur l'Histoire ecclésiastique ».

Discours sur le rétablissement de l'église royale de Saint-Quiriace de Provins, prononcé dans ladite église; par le R. P. V. R. P. D. J. (le R. P. Vincent Ratier, prieur des Jacobins). *Orléans, Boyer*, 1666, in-12.

Discours sur le rétablissement de la religion. (Par le cardinal Jean-de-Dieu Raymond de Boisgelin de Cucé, archevêque de Tours.) *S. l.*, in-8, 16 p.

Ce discours a été prononcé le jour de Pâques, 1802. Cette édition est très-rare.

Réimprimé dans le sixième volume de l' « Encyclopédie religieuse, ou Cours de morale », *Paris, Beauregard*, 1802, in-12.

Discours sur le sacrifice. (Par l'abbé Bertr. de La Tour.) (*Montauban*, 1761), in-12, 200 p.

Discours sur le sermon de N.-S. sur la montagne. (Par J. Phelippeaux.) *Paris*, 1730, in-12. V. T.

Discours sur le succès des armes de la France dans le comté de Bourgogne, en 1668 et 1673. (Par Aug. Nicolas.) 1677, in-4.

Discours sur le sujet des conférences futures de l'Académie françoise. (Par F. Charpentier.) *S. l. n. d.*, in-4.

Catalogue manuscrit de l'abbé Goujet.

Discours sur le subiect du colosse du grand roy Henry posé sur le milieu du Pont-Neuf de Paris. Où il est traité de l'origine des statues... (Par Louis Savot.) *Paris, N. de Montrœil, s. d.*, in-8, 24 p.

L'auteur a signé la dédicace.

Discours sur le traité de Prague fait entre l'empereur et le duc de Saxe le 30/20 mai 1635, dans lequel sont clairement représentés les desseins et artifices de la maison d'Autriche, la simplicité des Saxons, et les justes raisons qui ont obligé les couronnes alliées à continuer la guerre jusqu'ici. Le tout translaté du latin et augmenté des articles mêmes du traité de Prague. *Paris, S. Cramoisy*, 1637, in-8.

Par Justus Asterius, d'après le privilége. Justus Asterius est le pseudonyme de Tillemanus Stella.

Le texte latin avait paru sous ce titre : « Deploratio pacis germanicæ, sive Dissertatio de pace Pragensi initia anno 1635 », *Lutetiæ*, 1636, in-fol.

Voy. « Supercheries », I, 392, *c*.

Discours sur le travail. (Par l'abbé Ant.-Jos. Pernetti.) *Amsterdam*, 1766, in-12, 33 p. G. M.

Discours sur le vœu du roi à la sainte Vierge, prononcé à l'église cathédrale de Bayeux... par M. G. B. (Gilles Buhot), prêtre... et chanoine en ladite église. *Paris*, 1638, in-8, 5 ff. lim., 59 et 59 p.

L'auteur a signé la dédicace.

Discours sur les alliances de France avec l'Espagne. (Par Ch. DE SAINT-DENIS, sieur DE SAINT-EVREMONT.) *Paris*, 1661, in-12.

Discours sur les Américains... (Par Mme BLANCHE, ancienne habitante de Saint-Domingue.) 1784. V. T.

Permission tacite.

Discours sur les anciens. (Par H.-B. DE LONGEPIERRE.) *Paris, Aubouin*, 1687, in-12.

Discours sur les arcs triomphaux dressés en la ville d'Aix, à l'heureuse arrivée de... Louis XIII. (Par Jean DE CHASTEUIL GALLAUP.) *Aix, J. Tholosan*, 1624, in-fol.

L'auteur a signé la dédicace.

Discours sur les arcs triomphaux dressés en la ville d'Aix, à l'heureuse arrivée de monseigneur le duc de Bourgogne et de monseigneur le duc de Berry. (Par Pierre CHASTEUIL GALLAUP.) *Aix, J. Adibert*, 1701, in-fol.

L'auteur a signé la dédicace.

P.-J. de Haitze a publié une critique de ce discours. Voy. « Supercheries », III, 639, *c*.

Discours sur les avantages de la gaîté dans l'enseignement. *Paris, impr. Gratiot*, 17 août 1810, in-4, 15 p.

Signé : L. G. T. (TAILLEFER).

Discours sur les avantages des sciences et des arts, prononcé à Lyon (par Ch. BORDE), avec la réponse de J.-J. ROUSSEAU. *Genève, Barillot*, 1752, in-8. — Second discours (par le même BORDE.) *Avignon et Lyon*, 1753, in-8.

Discours sur les avantages et la nécessité de l'union. (Attribué à A.-G. BOUCHER D'ARGIS.) *Paris*, 1730, in-4. V. T.

Discours sur les avantages et les inconvénients de la critique littéraire, mentionné honorablement par l'Académie française. (Par le marquis Scipion DU ROURE.) *Paris, Fain*, 1814, in-8.

Discours sur les avantages ou les désavantages qui résultent pour l'Europe de la découverte de l'Amérique, par M. P..., vice-consul à E.... (le marquis Fr.-Jean DE CHASTELLUX). *Londres et Paris, Prault*, 1787, in-8, 68 p.

Discours sur les beaux-arts. (Par J.-C. COURTALON-DELAISTRE.) *Paris*, 1778, in-12. V. T.

a Discours sur les causes de l'extrême cherté qui est aujourd'huy en France, et sur les moyens d'y remédier. (Par Bernard DE GIRARD, seigneur DU HAILLAN.) *Paris, P. L'Huilier*, 1574, in-8, 79 p. — *Bordeaux*, 1586, in-8, 79 p.

Cet ouvrage a été inséré dans le t. VIII des « Variétés historiques et littéraires », éditées par M. Ed. Fournier.

Discours sur les comètes, suivant les
b principes de Descartes, composé par I. D. P. M. (I.-D.-P. MONNIER). *Paris, Guignard*, 1665, petit in-12.

Note manuscrite.

Le catalogue de la bibliothèque de Le Tellier, archevêque de Reims, attribue cet ouvrage à J. DENIS. Voyez la page 381.

Discours sur les devoirs, les qualités et les connaissances du médecin, par GREGORY; traduit de l'anglais (par Bertrand
c VERLAC). *Paris*, 1788, in-12.

Discours sur les différentes figures des astres, avec une exposition des systèmes de MM. Descartes et Newton. (Par Pierre-Louis MOREAU DE MAUPERTUIS.) *Paris, impr. royale*, 1732, in-8. — *Paris, G. Martin*, 1742, in-8.

Discours sur les divers incendies du mont de Vésuve. (Par Gabriel NAUDÉ.)
d *S. l.*, 1638, in-8. V. T.

Voyez « Bibliotheca Colbertina »; *Paris*, 1728, in-12, t. III, nº 15041.

Discours sur les femmes, adressé à Eugénie... (Traduit de l'anglais de Guillaume WALSH, par DE LA FLOTTE.) *Paris, veuve Duchesne*, 1768, in-12.

Discours sur les grands hommes, par F. A. Pr. DE BR. et L. (François-Auguste, duc DE BRUNSWICK-OELS). *Berlin, Haude*
e *et Spener*, 1768, in-8 de 44 p.

Réimprimé à Weimar en 1815, avec le nom de l'auteur.

Discours sur les hermaphrodites, où il est démontré, contre l'opinion commune, qu'il n'y en a point de vrais. (Par J. RIOLAN.) *Paris*, 1614, in-8.

Discours sur les influences des astres selon les principes de M. Descartes. *Paris*,
f *J.-B. Coignard*, 1671, in-12, 10 ff. lim., 218 p. et 1 f. de privilége.

Le privilége est accordé à C. G. (Cl. GADROYS).

Voy. « Supercheries », I, 686, *b*.

Discours sur les lettres françaises au moyen âge. (Par M. Gustave MOURAVIT.) *Bordeaux*, 1865, in-8, 3 f. et 20 p., pap. de Hollande.

Tiré à petit nombre; quelques exemplaires sur papier de couleur.

Discours sur les libertés de l'Eglise gallicane, par l'abbé Fleury (avec les notes de l'abbé L. de Bonnaire). (*Paris*, 1723), in-12.

Les notes provoquèrent un arrêt du conseil du 9 septembre 1723, pour supprimer l'écrit. L'arrêt porte que cette suppression était prononcée à raison des notes, qui étaient remplies d'une doctrine dangereuse, ce qui contribua aussi sans doute à ce que le discours fût mis à l'Index à Rome, par décret du 13 février 1725. Toutefois les éditions suivantes furent semblables à celle-là, soit pour le texte, soit pour les notes, jusqu'en 1763, que Boucher d'Argis en donna une nouvelle édition d'après la supposition d'un manuscrit plus correct, supposition imaginée pour colorer la suppression qu'il voulait faire de quelques parties du « Discours » de Fleury, en substituant les maximes parlementaires aux règles de l'Eglise, en prêtant à Fleury un langage tout différent de celui de ce célèbre historien, qu'il trouvait encore trop favorable à la cour de Rome. L'abbé Émery, devenu possesseur du manuscrit original du « Discours » de Fleury, le publia dans sa pureté. Voyez les « Nouveaux opuscules de Fleury. » *Paris*, 1807, in-12.

Discours sur les libertés de l'Eglise gallicane, par M. l'abbé Fleury, prieur d'Argenteuil... avec un commentaire par M. l'abbé de C*** de L*** (Chiniac de La Bastide). *Au delà des monts, à l'enseigne de la Vérité*, 1765, in-12.

Discours sur les moyens d'encourager l'agriculture en Provence. (Par Reboul.) *Aix, David*, 1770, in-8, 165 p.

Catalogue de Nantes, n° 18000.

Discours sur les moyens de bien gouverner et maintenir en bonne paix un royaume, contre Nicolas Machiavel, Florentin; dédié au duc d'Alençon. (Par Innocent Gentillet.) *S. l.*, 1576, in-8. — Deuxième édit., revue. 1577, in-8. — Troisième édit., revue. 1578, in-16. — Autre édition. 1579, grand in-8.

Voy. « Supercheries », I, 363, *c*, et aux anonymes latins « Commentariorum de regno... »

Discours sur les moyens de confondre, après une longue révolution, tous les sentiments du peuple dans l'amour de la patrie et du roi. (Par J. de Lacourt.) *Commercy, impr. de Denis*, 1817, in-8, 78 p.

Discours sur les moyens de perfectionner l'éducation des colléges en France. 1785, in-8.

Cité par la « France littér. » de Ersch, t. III, p. 52, cet écrit est peut-être le même que celui intitulé : « de l'Education des colléges... » Voy. ce titre ; l'auteur, Philipon de La Madelaine, en a signé la préface.

Discours sur les moyens les plus conformes à la religion, à l'humanité et à la politique, de faire cesser la mendicité dans la province de Normandie. (Par Demandolx, ancien lieutenant général de la sénéchaussée de Marseille.) Couronné à Rouen en 1778, par l'académie de la Conception. *Avignon et Paris, d'Houry*, 1780, in-8.

Discours sur les « Nouvelles ecclésiastiques ». *S. l.*, 7 avril 1735, 1748 ; — depuis leur origine jusqu'à présent. *S. l.*, 1759 ; — depuis 1748 jusqu'à 1760 inclus. *S. l.*, 1760, in-8.

Le premier discours est de l'abbé Nicolas Le Gros, les autres sont de l'abbé Jacq. Fontaine de La Roche.

Discours sur les Pensées de M. Pascal, où l'on essaye de faire voir quel était son dessein. Avec un autre discours sur les preuves des livres de Moyse. *Paris, Guill. Desprez*, 1672, in-12, 3 ff. et 216 p.

Dans l'Approbation des docteurs, datée du 25 juillet 1671, p. 133, le premier discours est attribué à M. du Bois de La Cour. Sous ce nom était caché Filleau de La Chaume, auteur de l'« Histoire de saint Louis ». Les mêmes docteurs ont donné, p. 214, le 1er mai 1672, leur approbation pour le deuxième discours, mais sans indiquer un auteur.

Ce volume a été achevé d'imprimer pour la première fois le 15 juin 1672. Le privilége est du 21 septembre 1670.

Discours sur les principes généraux de la théorie végétative et spirituelle de la nature, faisant connaître le premier moteur de la circulation du sang, le principe du magnétisme animal et celui du sommeil magnétique dit somnambulisme, par A. L. J. D** (Daloz). *Paris, Doublet*, 1819, in-12.

Voy. « Supercheries », I, 266, *d*.

Discours sur les progrès de l'éloquence de la chaire, et sur les manières et l'esprit des orateurs des premiers siècles. (Par Le Moine d'Orgival, curé de Gouvieux, près de Chantilly.) *Paris, Ve Lottin et J.-H. Butard*, 1759, in-12.

Discours sur les progrès des sciences, lettres et arts, de 1789 jusqu'à ce jour, ou compte rendu par l'Institut de France à S. M. l'Empereur; avec des notes sur les ouvrages publiés en Hollande dans le même intervalle. *Paris et en Hollande (Rotterdam)*, 1809, in-8.

Ces discours ont été recueillis dans le « Moniteur » et publiés avec des notes par J.-L. Kesteloot, de Nieuport, en Flandre, alors médecin à La Haye... Les rapports détaillés sur les mêmes matières, par Delambre, Cuvier, Chenier et Dacier, n'avaient pas encore été publiés.

Catal. Van Hultem, III, 20453.

Discours sur les promesses renfermées dans les Ecritures, et qui concernent le peuple d'Israël, où l'on considère la conversion et le rappel des Juifs comme la ressource et l'espérance de l'Eglise. (Par Louis SILVY.) *Paris, Doublet*, 1818, in-8, 96 p.

Discours sur les romans et sur le choix des amis, par le P. PORÉE, traduits du latin en françois (par Laurent GARCIN de Neufchâtel). (*Vers* 1756), in-8.

Contenu dans les t. III et V du « Choix littéraire de Vernes ».

Voy. aussi le « Choix des mercures », t. XLVI, p. 83, et t. LXIII, p. 120.

Le P. Porée a copié bien des choses du P. Olivier, autre jésuite qui a traité la même matière. Table du « Journal de Verdun », avril 1736, p. 313.

Discours sur les trois merveilles arrivées aux trois fleurs de lys du titre de très-chrétien roi de France, Louis XIII, suivant le partage et disposition du ciel, et de la miraculeuse liaison de messeigneurs ses princes. *S. l.*, 1617, in-8, 16 p.

Signé : François PETIT, substitut du procureur général de Vézelai.

Discours sur les véritables moyens de connaître la vertu des médicaments et la préférence qu'on doit donner aux remèdes simples sur les composés. (Par LAURENS.) *Douai*, 1752.

« Mémoires de Trévoux », nov. 1772, p. 2055.

Discours sur les vicissitudes de la littérature, traduit de l'italien sous les yeux de l'auteur (l'abbé Ch.-J.-M. DENINA, par Fréd.-Ad.-Maximilien-Gust. DE CASTILLON SALVEMINI), suivis de quelques pièces qui ont rapport au même sujet. *Berlin, Decker*, 1786-1790, 2 vol. in-8.

L'édition originale du texte italien est de Turin, 1760.

Discours sur les vies des saints de l'Ancien Testament. (Par Nic. CABRISSEAU.) *Paris, Osmont*, 1732, 6 vol. in-12.

Suivant quelques personnes, le fond de cet ouvrage est du célèbre Nic. LE GROS, chanoine de Reims, ou plutôt de l'abbé ROGIER.

Discours sur les vignes. (Par Cl.-Jacq. HERBERT.) *Dijon et Paris, Pissot*, 1756, in-12, 68 p.

Discours sur quelques particularités touchant les intrigues de la cour... (Par Pierre DE DAMPMARTIN.) *Paris, Loyson*, 1651, in-8.

Discours sur Suger et son siècle. (Par DE LAUSSAT.) *Genève* (*Paris, Barrois l'aîné*), 1779, in-8, 79 p.

Discours sur une tragédie de M. Heinsius, intitulée *Herodes infanticida*. (Par BALZAC.) *Paris, P. Rocolet*, 1636, in-8.

Discours traitant de l'antiquité, utilité, excellence et prérogative de la pelleterie et fourrure. (Par CHARRIER.) *Paris, Billaine*, 1634, in-8.

Discours véritable de l'étrange et subite mort de Henry de Valois, advenue par permission divine, luy estant à Saint-Clou... Par un religieux de l'ordre des Jacobins (Edme BOURGOIN, prieur des Jacobins). *Paris, D. Millot*, 1589, in-8, 15 p. — *Paris, H. Velu*, 1589, in-8, 15 p. — *Lyon, J. Pillehotte*, 1589, in-8.

Discours véritable de la mort, funérailles et enterrement de... messire André de Brancas... seigneur de Villars... admiral de France... Par N. R. (Nicolas ROLLAND), sieur DU PLESSIS.... *Rouen, Richard L'Allemant*, 1595, in-8.

Discours véritable de la réduction de la ville de Marseille en l'obéyssance du roy, le samedy 17 février 1596. (Par Etienne BERNARD.) *A Paris, par Jean Le Blanc*, 1596, in-4, 42 p.

Les pages 35, à la fin, sont occupées par une Instruction pour M. Bernard, président à Marseille, datée de Follombray, le 3 janvier 1596. Cette pièce n'est pas reproduite dans l'édition du « Discours véritable... » *Lyon, par Jean Pillehotte*, 1596, pet. in-8, 14 p. On ne la trouve pas non plus dans l'édition donnée sous le titre de : « Vray Discours de la réduction... » Voy. ces mots.

Discours véritable de la vie, mort et des os du géant Teutobocus... Voy. « Histoire véritable du géant... »

Ce « Discours » a été reproduit dans le t. IX des « Variétés historiques et littéraires » de la « Bibliothèque elzévirienne ».

Discours véritable des guerres et troubles advenus au pays de Provence, envoyé à M. le comte de Tande, lieutenant pour le roy en Provence; par N. R. P. (Nicolas REGNAULT, Provençal). *Suivant l'exemplaire imprimé à Lyon, par B. Rigaut*, 1564, in-4.

Discours véritable en forme de procès-verbal, de ce qui s'est passé en la ville de Chalons, le jour de Saint-André... novembre 1616, à l'endroit du sieur de Vertau, trésorier général de France en Champagne... *Paris*, 1616, in-8, 40 p.

Signé : LE JAU.

Discours véritable et sans passion sur la prinse des armes et changemens advenus en la ville de Lyon... Envoyé par un bon citoyen de Lyon a un sien amy... (Par Pierre MATTHIEU.) *Lyon*, 1593, in-8, 27 p. — *Lyon*, 1593, in-8, 12 p.

Discours véritable sur le faict de Marthe Brossier de Romorantin, prétendue démoniaque. *Paris, M. Patisson*, 1599, pet. in-8, 4 ff. et 48 p. — Autre édit. *Jouxte l'exemplaire imprimé à Paris*, 1599, pet. in-8.

Guy Patin, dans une remarque écrite de sa main au frontispice d'un exemplaire de ce livre, attribue ce discours à Michel MARESCOT, médecin à Paris, ou bien à Simon PIÈTRE, son gendre, aussi médecin. (Catalogue de Bellanger, n° 1118.) Tallemant des Réaux l'attribue à LE BOUTEILLIER, père de l'archevêque de Tours.

Il existe une réfutation sous le titre de : « Traicté des énergumènes... » Voy. ces mots.

Discussion à la Chambre des représentants, sur l'orthographe flamande, et autres pièces à ce sujet, avec notes et éclaircissements. (Par J.-F. WILLEMS.) *Gand*, 1844, in-8, 144 p. J. D.

Discussion amicale sur l'établissement de la doctrine de l'Eglise anglicane, et en général sur la réformation, rédigée en forme de lettres, écrites en 1812 et 1813 par un licencié de la maison et société de Sorbonne (l'abbé J.-F.-M. LE PAPPE DE TRÉVERN, depuis évêque d'Aire et ensuite de Strasbourg). *Londres, impr. de R. Juigné*, 1817, 2 vol. in-8. — *Paris*, 1824, 2 vol. in-8.

Réimprimé avec le nom de l'auteur.

Voy. « Supercheries », II, 783, *d*.

Discussion au sujet des démarches consenties pendant la révolution par une très-grande partie du clergé français, depuis et non compris le serment constitutionnel. (Par l'abbé DE MONRUFET.) *London* (*Toulouse*), *printed for the author*, in-8.

On lit à la fin de la dernière page, 1818, GENULFE. C'est le faux nom sous lequel s'est déguisé l'abbé DE MONRUFET.

Discussion de l'adresse. Discours d'un Van Damme (Théodore FLÉCHET). *Liége, Redouté*, 1861, in-12, 45 p.

Tirage à part de la « Tribune ». Ul. C.

Discussion de la « Suite des remarques nouvelles » du P. Bouhours sur la langue fransoise (*sic*), pour défendre et pour condanner (*sic*) plusieurs passages de la version du Nouveau Testament de Mons et principalement ceux que le P. Bouhours y a repris. *Paris, Louis Lucas* ou *Laurent d'Houry*, 1693, in-12 de 20 ff. prélim., 214 p., 9 ff. non chiff. pour la table et l'errata.

Dans le privilége daté du 13 octobre 1692, l'auteur, Nic. THOYNARD, d'Orléans, s'est caché sous le nom de sieur DE VILLEFRANC, et p. XI de l'Avertissement, il se dit *Abé Albigeois*.

On lit, p. II de l'Avertissement : « ... C'est un ouvrage imprimé avec très-peu de soin, de la part de l'auteur ou de l'imprimeur. Cela revient à ce que... de trente auteurs capables de donner d'excelans ouvrages, à peine s'en trouve-t-il deux qui sachent les faire imprimer...

» L'imprimeur y observe une orthographe qu'on peut appeler de *gréfier et de notaire*, pour enfler le cahier. Car, quoique dans notre langue il y ait un très-petit nombre de lettres géminées, il en met un grand nombre et d'autres très-inutiles, qui même ne sont ni dans la prononsiation ni dans l'étymologie. Par exemple : *équippage, fidellement*, et *trosne*, avec deux *pp* et deux *ll* et une *s*; au lieu d'*équipage, fidèlement*, et *trône*... »

Thoynard a été omis par M. Firmin Didot dans ses très-intéressantes « Observations sur l'orthographe », 2e édition, revue, corrigée et considérablement augmentée. 1868, in-8.

Discussion des principaux objets de la législation criminelle, par M. B.....L (J. BLONDEL). *Paris*, 1789, in-8. V. T.

Discussion épistolaire sur la religion, entre W. (George WALKER, de Londres), protestant de l'Eglise anglicane, et M. J. B. B. (Martin-J.-Bap. BIZET, ancien curé à Evreux, auteur des « Soirées de l'hermitage »), catholique romain, né près de Bolbec, en 1746. *Paris, Cassot*, an IX-1801, in-12.

Discussion historique et critique sur la conjuration de Venise, présentée à la Société littéraire de Chaalons en Champagne, par P. J. G. (Pierre-Jean GROSLEY). *Paris, Cavelier*, 1756, in-12.

Voy. « Supercheries », III, 176, *f*.

Discussion historique sur un point intéressant de la vie de Henri IV. (Par l'abbé Paul VERGANI.) *Paris, Egron*, 1814, in-8, 54 p.

Discussion intéressante sur la prétention du clergé d'être le premier ordre d'un Etat. (Par J.-Fr.-Maxime DE CHASTENET, marquis DE PUYSÉGUR.) *La Haye* (*Paris*), 1767, in-12.

Réimprimé dans les « Pièces relatives au clergé séculier et régulier ». *Amsterdam*, 1771, 3 vol. in-8.

Discussion sommaire sur les anciennes limites de l'Acadie et sur les stipulations du traité d'Utrecht qui y sont relatives. (Par Mathieu-François PIDANSAT DE MAIROBERT.) *Basle, S. Thourneisen*, 1755, in-12.

Il en existe une traduction espagnole avec le texte français en regard.

Discussion sur la chronologie de l'Evangile, par l'auteur des « Etudes chronologiques pour l'histoire de N. S. Jésus-Christ » (le P. MÉMAIN). Les Etourderies d'un polémiste. *Paris, Putois-Cretté*, 1869, in-8, 64 p.

Discussion sur la taxe du sel. (Par Nicolas-Louis-Marie MAGON, marquis de LA GERVAISAIS.) *Paris, A. Pihan de la Forest*, 1833, in-8. D. M.

Discussions importantes débattues au parlement d'Angleterre par les plus célèbres orateurs, depuis trente ans; ouvrage traduit de l'anglais (par A.-P. LOTTIN le jeune). *Paris, Maradan*, 1790, 4 vol. in-8.

Discussions philosophiques sur la préexistence de la matière, etc.; par D. G. (David GRADIS), négociant à Bordeaux. *Paris et Bordeaux, Audibert*, 1800, in-8, 208 p.

Voy. « Supercheries », I, 934, *a*.

Discuter est félonie. Lettre à un noble français émigré. *Bruxelles et Paris*, 20 mai 1792, in-8, 47 p.

Signé : SCHUTZ-BIRCKENTREU.

Diseur (le) de vérités, almanach du Perche et de la Basse-Normandie, dédié à ses compatriotes, par un ami de son pays, pour l'année 1838. *Mortagne, Glaçon*, in-32.

Par l'abbé FRET, curé de Champs (Orne); cet almanach a été continué par lui jusqu'en 1844, dans le même format. Il offre seulement quelques variantes dans le titre, les noms d'imprimeur et lieu d'impression. Les derniers volumes portent : « par un ermite, voisin de la grande Trappe ».

Champs est, en effet, très-rapproché de la Trappe.

L'année 1845 doit avoir, en grande partie, été rédigée par l'abbé P.-F. FRET, frère du curé de Champs.

Il y a eu des suites à cet almanach, mais elles n'ont pas eu le même succès.

(Note de M. de La Sicotière.)

Disgraces (les) des amants. (Par le chevalier DE MAILLY.) *Paris*, 1690, in-12. V. T.

Il existe une autre édition hollandaise datée de 1691 (avec la Sphère sur le frontispice).

D'après M. Paul Lacroix (catalogue Pixerécourt, n° 1250), le style des lettres semées dans ce roman doit le faire attribuer au fameux chevalier DE MÉRÉ. (Voir sur ce personnage la « Biographie générale », t. XXXV, col. 48, une notice de M. Sainte-Beuve, dans les « Derniers Portraits littéraires », et un article de M. F. Collet dans la « Liberté de penser », 15 février 1848.)

Disputation de l'asne contre frère Anselme Turmeda, sur la nature et noblesse des animaux, faicte et ordonnee par ledict frère Anselme, en la cité de Tunicz, lan 1417; en laquelle ledict frère Anselme preuve comme les enfans de nostre pere Adam sont de plus grande noblesse et dignité, que ne sont tous les aultres animaulx du monde, et par plusieurs vives preuves et raisons; traduict du vulgaire hespaignol en langue françoise. *Lyon, chez Jaume Jaqui, en la rue Tomassin* (1544), in-8.

L'épître liminaire du traducteur a pour suscription : « G. L. à tous ses fidèles amis ». Elle renferme en outre le passage suivant : « Cognoissant les divines et subtiles responses d'un asne, duquel combien qu'il soit animal irraisonnable, je suis quelque peu parent et allié, à cause de l'affinité du nom ; » et enfin elle est signée : ENUTROF ENSAL. Ces deux mots, lus à rebours, donnent *Lasne fortuné*.

Le traducteur se nommait donc G. LASNE.

Voy. « Bulletin du bibliophile », XIIe série, p. 888, et « Supercheries », II, 187, *b*.

Pour le détail des éditions, voy. Brunet, « Manuel du libraire », II, 760.

Disputations chrétiennes touchant l'état des trépassés. (Par P. VIRET.) 1552, in-8.

Dispute (la) d'un asne contre frère Anselme Turmeda, touchant la dignité, noblesse et prééminence de l'homme par devant les autres animaux, utile, plaisante et récréative à lire et ouyr ; il a aussi une prophétie dudit asne, de plusieurs choses qui sont advenues et adviennent encore journellement en Europe. (Par Guillaume LASNE?) Traduit de l'espagnol en françois. *Pampelune*, 1606, in-16.

Voy. l'avant-dernier article, et « Supercheries », I, 390, *e*.

Dispute (la) de Mastrecht par lettres réciproques, entre F.-D. d'Astroy et le sieur J. de Hamerstede, ministre de la religion prétendue réformée; traduit du latin en françois par un ecclésiastique de la ville de Liége (Barthelemy D'ASTROY, commissaire général de l'ordre des frères mineurs). *Liége, veuve Bronckart*, 1662, in-8, 174 p.

Disputes de Guillot le Porcher et de la Bergère de Saint-Denys contre J. Calvin, predicant de Genève, sur la vérité de nostre saincte foy catholique, ensemble la généalogie des hérétiques et les fruicts qui proviennent diceulx. (Par Arthus DESIRÉ.) *Paris, Gaultier*, 1559, in-8, 4 et 77 ff.

Voy. pour le détail des éditions, Brunet, « Manuel du libraire », 5e édit., t. II, col. 620.

Dissection du projet de M. l'évêque d'Autun, sur l'échange universel et direct des créances de l'Etat contre les biens nationaux. (Par E. CLAVIÈRE.) *S. l.*, 1790, in-8, 132 p.

Réimprimé avec le nom de l'auteur.

Dissentiment entre les membres du cabinet sur la question de l'enseignement moyen. Projet de loi. (Par Sylvain VANDE WEYER, ministre de l'intérieur.) *Bruxelles, Deltombe*, 1846, in-8. J. D.

Dissentions (les) des républiques de la Plata et les machinations du Brésil. *Paris, Dentu*, 1865, in-8, 85 p. avec 1 carte.

Elisée Reclus, traducteur. (Hommage autogr.)

Dissertation à l'occasion des Actes de l'assemblée du clergé de France de 1765 sur la religion. (Par Jean de Caulet, évêque de Grenoble.) *S. l.*, 1767, 1 vol. — Continuation. *S. l.*, 1768, 3 vol. in-4.

Dissertation adressée aux académies savantes de l'Europe, sur une nation de Celtes nommée Brigantes ou Brigants, par un auteur de la même nation (Jacq. Le Brigant). *Breghente dans le Tirol* (*Paris, Briasson*), 1762, in-12, 96 p.

Dissertation anatomique et pratique sur une maladie de la peau d'une espèce rare et singulière, traduit de l'italien de Curzio (par Charles-Auguste Vandermonde). *Paris*, 1755, in-12.

Dissertation apologétique pour le bienheureux Robert d'Arbrisselles, fondateur de l'ordre de Fontevrault, sur ce qu'en dit M. Bayle dans son Dictionnaire historique et critique. (Par le P. Mathurin Soris, de l'ordre de Fontevrault.) *Anvers* (*Amiens*), 1701, in-12.

L'abbé Lenglet-Dufresnoy, dans sa « Méthode pour étudier l'histoire », nomme mal à propos cet auteur Souri.

Dissertation canonique et historique sur l'autorité du Saint-Siége. (Par l'abbé J.-R. Duhamel, chanoine de Seignelay, mort le 22 mars 1769, publiée par Gabriel-Nicolas Maultrot.) *Utrecht* (*Paris*), 1779, in-12.

Dissertation chirurgico-légale dans laquelle l'auteur, en justifiant la médecine et la chirurgie du reproche d'incertitude, discute... s'il ne serait pas nécessaire de rendre la condamnation des malfaiteurs plus utile à la Société en faisant subir à certains de ces malheureux des épreuves de physique, de médecine et de chirurgie, par un citoyen de Montpellier (Dupin, chirurgien). *Montpellier, Picot*, 1790, in-8.

Dissertation critique et analytique sur les chronogrammes, publiée en 1718. Nouvelle édition, revue et corrigée. *Bruxelles, veuve Foppens*, 1741, in-8, 8 ff., 62 p. et 2 ff.

Attribué à Hyacinthe Cordonnier, dit Themiseul de Saint-Hyacinthe, par M. P. L. (Paul Lacroix). Voy. « Bulletin du Bibliophile », xive série, p. 771.

Dissertation critique et apologétique sur la langue basque, par un ecclésiastique du diocèse de Bayonne (l'abbé Jean-Pierre Darrigol, supérieur du grand séminaire). *Bayonne, Duhart-Fauvet, s. d.*, in-8, 4 ff. lim. et 163 p.

Voy. « Supercheries », I, 1204, *c*.

Dissertation critique et historique sur le pape Libère, dans laquelle on fait voir qu'il n'est jamais tombé. Par l'auteur de la « Dissertation sur le concile de Rimini » (l'abbé Pierre Corgne). 2e édition corrigée et augmentée. *Paris, Delusseux*, 1736, in-12, 4 ff. lim. et 134 p.

La première édition est de *Paris, Coignard*, 1726, in-12.

Cette dissertation, revue d'abord par M. Languet, évêque de Soissons, a été encore retouchée à Paris avant l'impression. (Le P. Baizé.)

Dissertation critique et théologique sur le concile Rimini. (Par l'abbé Pierre Corgne.) *Paris, Delusseux*, 1732, in-12, 6 ff. lim., 372 p. et 2 ff. d'approbation.

L'auteur a signé l'épître.

Dissertation critique et théologique sur le monothéisme et sur le sixième concile général. (Par l'abbé Pierre Corgne.) *Paris, veuve Mazières et J.-B. Garnier*, 1741, in-12, viii-421 p. et 4 ff. de table et de privilége.

L'auteur a signé l'épître.

Dissertation critique sur l'Art poétique d'Horace, où l'on examine si un poëte doit préférer les caractères connus aux caractères inventés. (Par le marquis de Sévigné fils et André Dacier.) *Paris, Barth. Girin*, 1698, in-12.

Réimprimée dans le huitième volume des « Lettres de madame de Sévigné à sa fille et à ses amis, nouvelle édition, mise dans un meilleur ordre, par Ph.-A. Grouvelle ». *Paris, Bossange*, 1806, 8 vol. in-8.

Dissertation critique sur les traductions et éditions de l'Histoire universelle, par une société de gens de lettres. (Par l'abbé Théodore-Augustin Mann.) *Bruxelles, Lemoine*, 1780, in-8. D. M.

Dissertation critique touchant les exemplaires grecs sur lesquels M. Simon prétend que l'ancienne Vulgate a été faite, et du jugement que l'on doit faire du fameux manuscrit de Beze. (Par Ant. Arnauld.) *Cologne, Pierre Le Grand*, 1691, in-12, 100 p.

C'est la quatre-vingt-neuvième des « Difficultés proposées à M. Stegaert » (voy. ces mots), avec nouveau titre. A. L.

Dissertation dans laquelle on démontre que la bulle *Unigenitus* n'est ni loi de l'Eglise ni loi de l'Etat. (Par l'abbé Claude

MEY, avocat.) 1752 et 1753, 2 parties in-12.

La première partie a été réimprimée en 1753, et cette seconde édition est plus correcte et plus complète que la première; la seconde partie est divisée elle-même en deux : la dissertation entière forme un volume de plus de 600 p. (Catalogue manuscrit de l'abbé Goujet.)

Dissertation dans laquelle on prouve que les ordres religieux sont très-utiles à l'Eglise et à l'Etat. (Par le P. Bernard LAMBERT, dominicain.) *S. l.* (1778), in-12, 179 p.

Même ouvrage que : « Apologie de l'état religieux ». Voy. ci-dessus, col. 237, *f*.

Dissertation de la conduite qu'on observe aujourd'hui pour la conversion des calvinistes. *Rouen, J. Oursel*, 1686, in-12, 3 ff. lim., 94 p. et 1 f. d'approbation.

Par le P. Jacques DE SAINT-DOMINIQUE, de l'ordre des frères prêcheurs, suivant une note manuscrite contemporaine.

Dissertation des loteries, par le P. C. F. M. (Claude-Franç. MÉNESTRIER). *Lyon, Bachelu*, 1700, in-12.

Voy. « Supercheries », III, 53, *c*.

Dissertation dogmatique et morale au sujet du livre de M. de Fumel sur la dévotion au Sacré-Cœur de Jésus. (Par l'abbé J.-B. DE LA PORTE.) *En France*, 1777, in-12.

Dissertation dogmatique et morale sur la doctrine des indulgences, sur la foi des miracles et sur la pratique du rosaire. (Par l'abbé Jacq. GALET.) *Paris, Le Mercier*, 1724, in-12.

Dissertation en forme d'entretien, sur la prosodie françoise. (Par David DURAND.) *Londres*, 1748, in-4.

Réimprimé en tête du « Dictionnaire anglois-françois de Boyer ». *Amsterdam*, 1749, in-12, à la suite de la Prosodie française de d'Olivet.

Dans l'avis sur les éditions du Dictionnaire de Boyer, *Londres*, 1752 et 1759, on lit que, pour ce qui est de la « Dissertation sur la Prosodie » en particulier, on l'a retouchée d'un bout à l'autre, et confirmée par des observations toutes nouvelles.

Cela n'a pas empêché plusieurs libraires de publier la dissertation de D. Durand d'après la première édition. Feu M. Maugard, dans la nouvelle édition qu'il en a donnée, *Paris*, 1812, in-8, leur a reproché avec justice cette négligence.

Dissertation en forme de lettres, au sujet des ouvrages de l'auteur du livre des maladies des os (Jean-Louis Petit, chirurgien), où l'on examine plusieurs points de chirurgie et d'anatomie à l'occasion de ce livre et des mémoires de ce même auteur, donnés à l'Académie des sciences, par M.***. On y a joint le chirurgien-médecin, ou lettres contre les chirurgiens qui exercent la médecine, par M. A. R. D. E. M. (Par Fr.-J. HUNAULT.) *Paris*, *Babuty*, 1726, in-12.

Dissertation en forme de lettres sur différents objets de littérature et des beaux-arts. (Par DE CHARGEY, de Dijon.) *Paris*, 1788, in-8.

Opuscule divisé en deux parties. D. M.

Dissertation en forme de lettres sur un cours de matière médicale pratique et usuelle. (Par LAURENS.) *Douai*, 1752.

Dissertation épistolaire sur une lettre de l'auteur du « Traité des tumeurs et des ulcères » (Astruc). (Par Fr. COMBALUSIER.) *Paris*, 1760, in-8. V. T.

Dissertation étymologique, historique et critique sur les diverses origines du mot *cocu*, avec notes et pièces justificatives, par un membre de l'Académie de Blois. *Blois, Jahyer* (1835), in-16, 52 p. — *Blois* (*Bruxelles*), 1835, in-18, 40 p.

Attribué par Quérard à Jean-François-de-Paule-Louis PETIT DE LA SAUSSAYE, et par M. de Manne à François-Jules DE PETIGNY.

Voy. « France littéraire », XI, p. 412, et « Supercheries », II, 1102, *d*.

Dissertation historique et critique pour servir à l'histoire des premiers temps de la monarchie françoise. (Par Aug.-Pierre DAMIENS DE GOMICOURT.) *Colmar, Charles Fontaine*, 1754, 2 part. de 160 p., in-12.

Réimprimé dans l'ouvrage anonyme du même auteur, intitulé : « Mélanges historiques et critiques ». *Paris*, 1768, 2 vol. in-12.

Dissertation historique et critique sur l'antiquité de la ville de Dôle, en Franche-Comté. (Par Claude-Joseph NORMANT.) *Dôle, J.-B. Tonnet*, 1744, in-12.

L'auteur publia deux années après, en 1746, un supplément à cette dissertation, auquel il mit son nom. *Dôle, Tonnet*, in-12.

Dissertation historique et critique sur l'espèce de mal de gorge gangréneux qui a régné parmi les enfans l'année dernière. (Par J.-B.-L. CHOMEL.) *Paris, Desprez*, 1749, in-12, 135 p.

Voy. « Lettre sur l'espèce de mal de gorge... »

Dissertation historique et critique sur l'origine et l'ancienneté de l'abbaye de Saint-Bertin, et sur la supériorité qu'elle avait autrefois sur l'église de Saint-Omer, où l'on répond à la critique publiée depuis quelque temps contre les titres de cette abbaye. Par un religieux de l'abbaye de Saint-Bertin. (Par dom CLÉTY et dom Louis LEMERAULT.) *Paris, imp. de Guérin*, 1737, in-12.

Dissertation historique et critique sur la chambre des comptes. (Par François-Michel Le Chanteur.) *Paris, Lambert*, 1765, in-4.

Dissertation historique et critique sur le cachou. (Par P.-J. Amoreux.) *Montpellier, Renault*, 1812, in-8.

Dissertation historique et critique touchant l'état de l'immunité ecclésiastique sous les empereurs romains. (Par le S[r] Le Carondas.) *Soissons*, 1766, in-12.

Dissertation historique et dogmatique sur l'indissolubilité absolue du mariage; le mariage et le divorce, dans leur rapport avec les principes de la loi naturelle et de la philosophie, le dogme, etc. *Paris, Monmon et Hacquart*, 1804, in-12.

Par Michel Chrestien, prêtre, ancien chanoine de l'église de Lens, en Artois, d'après une note manuscrite.

Par J.-P. Chrestien de Poly, conseiller à la cour royale de Paris, d'après M. de Manne.

Dissertation historique et dogmatique sur la confession paschale, par rapport aux réguliers, etc. 1700, petit in-12, 174 p.

Louis Ferrand, à qui l'on donne cette dissertation, mourut au mois de mars 1699. Elle serait donc un ouvrage posthume. Mais le « Journal des Savants » et le P. Niceron n'en parlent pas. Je crois plutôt que cette dissertation a été composée par un moine. Mon exemplaire renferme une note manuscrite ainsi conçue : « Donnée par le R. P. Philippe Jarrot, carme, religieux d'un rare mérite, en 1705. »

Le P. Jarrot ne serait-il pas le véritable auteur de cette dissertation, qui est très-bien faite?

Dissertation historique et littéraire sur les chroniques Martiniennes. (Par Ap. Briquet.) *Paris, Téchener*, 1855, in-12, 47 p.

Dissertation historique et politique sur la population des anciens tems, comparée avec celle du nôtre, par M. Wallace, traduite de l'anglois, par M. E. (Marc-Ant. Eidous). *Amsterdam et Paris, Rozet*, 1769, in-8, IV-380 p.

Les pages 180 et suivantes sont occupées par l'« Examen critique du discours de M. Hume sur la population des temps anciens, comparée avec celle du nôtre, par M. W... »

La première édition de l'ouvrage de Robert Wallace : « A Dissertation on the numbers of Mankind in ancient and modern times », vit le jour à Edinbourg, en 1753, sans nom d'auteur.

Ce livre estimé a été réimprimé en 1809.

La dissertation avait déjà été traduite en français par Joncourt. *Londres*, 1754, pet. in-8.

Dissertation historique et scientifique sur la trinité égyptienne, précédée d'un coup d'œil historique sur l'histoire, de documents pour servir à l'historique du magnétisme animal et d'un essai de bibliographie magnétique. (Par Victor Idjiez.) *Bruxelles et Paris*, 1844, in-18. J. D.

Dissertation historique sur l'ancienne chevalerie et noblesse de Lorraine. (Par de Bermann, avocat.) *Nancy, Haener*, 1763, in-12, 218 p.

L'auteur a signé la dédicace.

Dissertation historique sur l'ancienne constitution des Germains, Saxons et habitans de la Grande-Bretagne, traduite de l'anglois de Gilbert Stuart (par Ant.-Mar.-Henri Boulard). *Paris*, 1794, in-8.

Dissertation historique sur l'élection et sur l'institution des Evêques dans les différens siècles de l'Eglise, par L. C. D. T. (le chevalier du Tibre, le comte Charles Pasero de Corneliano). *Paris, Delaunay*, 1818, in-8, 52 p.

Voy. « Supercheries, » II, 701, *d*.

Dissertation historique sur l'origine des Bretons, sur leur établissement dans l'Armorique et sur leurs premiers rois. (Par l'abbé Jacques Galet.) *Paris, Rollin fils*, 1739, 2 vol. in-12.

Les faux titres portent : « Histoire des ducs de Bretagne », t. V et VI. Voy. ci-après ce titre.

Dissertation historique sur la vielle. (Par Ant. Terrasson.) *Paris*, 1741, in-12.

Réimprimé dans les « Mélanges » de l'auteur, 1768, in-12.

Dissertation historique sur les communes de France.... Par M. G....... (Aug.-Ch. Guichard). *Paris, Delaunay*, 1819, in-8.

Voy. « Supercheries », II, 123, *f*.

Dissertation historique sur les duchés de Parme et Plaisance, où l'on examine les droits du Saint-Siége et les prétentions de l'Empire sur ces deux villes, avec les preuves, en italien et en françois. (Publié par ordre de François Farnèse et par les soins de Ant.-Aug. Bruzen de La Martinière, à qui ce prince l'envoya.) *Cologne*, 1722, 2 parties in-4.

L'original italien est d'un des plus illustres auteurs qu'ait eus l'Italie.

Voy. le « Dictionnaire géographique » de Bruzen de La Martinière, article *Parme*.

Dissertation historique sur les Duels et les ordres de Chevalerie, par M. B*** (Jacques Basnage). *Amsterdam*, 1720, in-8.

Dissertation historique sur les eaux minérales de Provins, par N. B. C. R. (Nicolas Billate, chanoine régulier). *Provins, Michelin*, 1758, in-12.

Dissertation historique sur les hosties miraculeuses qui sont déposées dans l'église collégiale des SS. Michel et Gudule à Bruxelles. (Par l'abbé J.-F. NAVEZ.) *Bruxelles*, 1790, in-8, fig.

Dissertation historique sur les libertés de l'Eglise gallicane et l'assemblée du Clergé de France en 1682, adressée à MM. les Ecclésiastiques françois (déportés en Angleterre; par l'abbé LE POINTE, ex-jésuite). *Londres, de l'imprimerie de Baylis*, 1799, in-8, 108 p. — Nouvelle édition. *Sur celle de Londres*, 1799. *Paris, chez l'éditeur, au bureau de l'Association catholique du Sacré-Cœur*, 1829, in-12.

Les évêques réfugiés s'étant plaints vivement de cet écrit ultramontain, l'auteur en suspendit la circulation : ce qui en rendit les exemplaires assez rares.
(Note de M. Tabaraud.)

Dissertation historique sur quelques monnoyes de Charlemagne, de Louis le Débonnaire, etc., frappées dans Rome. *Paris, J.-B. Coignard*, 1689, in-4.

Cet ouvrage est de FR. LE BLANC, auteur du « Traité historique des monnoyes de France », et lui sert de supplément.

Dissertation historique sur un bourg de Champagne. (Par PAVÉE.) *Troyes, imprimerie de Sainton fils*, 1812, in-8.

Dissertation hygiénique sur la conservation des gens de mer, et surtout de la marine impériale russe; traduit de l'allemand du Dr J.-J. BACHERACHT (par DESBOUT). *Saint-Pétersbourg*, 1791, in-8.
A. L.

Dissertation nouvelle sur un sujet ancien, par Aug. R..... *Marseille, imp. de L. Mossy*, 1839, in-18.

Attribué à Auguste RICARD (voy. « Supercheries », III, 295, *b*), ou à Auguste ROBERT, par une note manuscrite.

Dissertation où l'on démontre qu'Orléans est l'ancienne ville de *Genabum* dont il est parlé dans César. (Par dom Toussaint DUPLESSIS; seconde édition, avec des remarques de D. POLLUCHE.) *Orléans, Fr. Rouzeau*, 1736, in-8, 18 p.

Dissertation où l'on détermine en quoi consiste le crime de l'usure, et dans quels cas on peut recevoir des intérêts en sûreté de conscience, etc.; par M. B...., curé de P.... (BARADÈRE, curé de Pau). *Pau, impr. Vignancourt*, 1816, in-8, 300 p.

Dissertation où l'on examine celle qui a remporté le prix de l'académie de Besançon l'année 1754, touchant les anciennes villes des Séquanois. (Par le P. Romain JOLY, de Saint-Claude.) *Epinal, Anselme Dumoulin*, 1754, in-8, 54 p.

La dissertation critiquée est de l'abbé Bergier.

Dissertation où l'on justifie la soumission aux lois de la République, et le serment de la liberté et de l'égalité. (Par le P. Bernard LAMBERT.) *Paris, Leclerc*, 1796, in-8. 141 p.

Dissertation où l'on prouve que S. Paul, dans le septième chapitre de la première épître aux Corinthiens, v. 12 et 13, n'enseigne pas que le mariage puisse être rompu lorsqu'une des parties embrasse la religion chrétienne; seconde édition, avec une analyse de deux livres de S. Augustin sur les mariages adultérins, une réponse aux objections faites contre la première édition de ladite dissertation, et une explication de plusieurs passages de S. Paul. *Bruxelles et Paris*, 1765, in-12.

Avait déjà paru, en 1758, sous le titre de : « Dissertation sur le septième chapitre... » Voy. ci-après, col. 1080, *a*.

Attribuée par Barbier, d'après la « France littéraire » de 1769, à l'abbé Alexis DES ESSARTZ, cette dissertation est par erreur donnée par Quérard à l'abbé J.-B. DES ESSARTZ, frère de l'auteur, et qui a traité les mêmes matières.

Dissertation philologique sur les plantes religieuses, divisées en trois ordres : celles que les païens consacrèrent aux dieux; celles qui sont mentionnées dans la Bible; celles que, depuis l'ère chrétienne, on a mises sous l'invocation des saints. (Par P.-Jos. AMOREUX.) *Montpellier, Tournel*, 1817, in-8.

Dissertation philosophique sur une difficulté de la langue françoise. (Par Antoine SEGUY.) *Paris, Brocas*, 1759, in-12, 31 p.

L'auteur prouve que le participe qui suit le verbe auxiliaire *avoir*, et qui est précédé d'un pronom, doit toujours être indéclinable.

Dissertation physique à l'occasion du nègre blanc. (Par Pierre-Louis-Moreau DE MAUPERTUIS.) *Leyde*, 1744, in-8, 3 ff. lim. et 132 p.

La « France littéraire » de 1769, p. 217, attribue cet ouvrage à MAUPERTUIS, tandis que, à la p. 99, elle le donne à Guillaume REY, médecin de Lyon. Cette dernière attribution se trouve déjà en 1757, dans les « Lyonnais dignes de mémoire », de l'abbé Pernetty, t. II, p. 400.

Dans l'avertissement, l'auteur dit avoir eu recours, pour la traduction des passages pris dans les auteurs latins, à un jeune docteur en médecine qui lui a fait promettre qu'il ne le nommerait jamais.

Nous pensons, après examen, que l'ouvrage est de Pierre-Louis-Moreau DE MAUPERTUIS, et que Guillaume REY est le collaborateur dont il est parlé dans l'avertissement.

Quoi qu'il en soit, la « Dissertation physique » ne se trouve pas dans les « Œuvres de Maupertuis ». *Lyon*, 1854, 4 vol. in-8.

Dissertation physique de P. CAMPER sur les différences des traits du visage chez les hommes de différens pays, traduite du hollandais (par Denis-Bernard QUATREMÈRE-DISJONVAL). *Utrecht*, 1791, in-4.

Dissertation pour la défense des deux saintes Marie-Magdeleine et Marie de Béthanie. (Par le sieur MAUCONDUIT.) *Paris, P. Debats*, 1685, in-12.

Dissertation pour maintenir l'unité de Marie-Madeleine, Marie sœur de Marthe, et la femme pécheresse. (Par TREVET.) *Paris, Barbou*, 1713, in-4. V. T.

Voyez le Dictionnaire de Moréri, édition de 1759, article *Magdelène*.

Dissertation pratique sur le scorbut, pour l'usage des chirurgiens de l'armée et de la flotte impériale russe, traduite de l'allemand sur l'original du Dr J.-J. BACHEBADT (lisez BACHERACHT, par DESBOUT). *Reval*, 1787, in-8. A. L.

Dissertation pratique sur les maladies vénériennes, traduite de l'anglois de TURNER (par P. LASSUS). *Paris, Didot le jeune*, 1767, 2 vol. in-12.

Dissertation préliminaire de M. DE S*** (DE SATOUR) à M. l'abbé C*** (Couet), docteur de Sorbonne, sur le poëme dramatique, où l'on examine s'il est permis d'aller à la comédie, d'en faire et d'en représenter, et où l'on répond aux objections de M. le prince de Conti, de M. l'évêque de Meaux, de M. Nicole et autres. *Amsterdam, Pierre Le Cène*, 1729, in-12.

Dissertation succincte et méthodique sur le poëme dramatique, concernant la tragédie et la comédie, où l'on fait précéder le poëme épique, et succéder divers autres genres de poësies, qui la plupart ont de la connexion avec le drame, tels sont, la pastorale... Par l'auteur des « Principes d'éducation pour la noblesse concernant les bonnes mœurs, la religion et les sciences » (DE VAUBRIÈRES). *Nuremberg, J.-A. Lokner*, 1767, 2 vol. in-8. A. L.

Dissertation sur ce mot de S. Augustin, *causa finita est;* La cause est finie : où l'on examine quelle était la force de cet argument contre les Pélagiens, et si l'on peut l'employer contre les évêques de France qui ont appelé de la constitution *Unigenitus*. (Par l'abbé Jér. BESOIGNE.) *S. l.*, 1718, in-12, 96 p. — Deuxième édition. *S. l.*, 1719, in-12. — Troisième édition. *S. l.*, 1719, in-12.

Dissertation sur ce qu'on doit penser des esprits à l'occasion de l'avanture de Saint-Maur. (Par POUPART, chanoine dudit lieu.) *Paris, Cellier*, 1707, in-12.

a Réimprimé dans le « Recueil des dissertations » de dom CALMET, *Paris*, 1746, in-12, ainsi que dans celui de l'abbé SANGLET, *Paris*, 1752, in-12, t. II, 1re partie, p. 73.

Dissertation sur ce que raconte Hégésippe de S. Jacques de Tours, etc. (Par A. ARNAULD.) *Paris*, 1701, in-4. V. T.

Cet ouvrage a été composé en 1693.

Dissertation sur Corneille et Racine, b suivie d'une épître en vers. (Par Barn. FARMIAN DE ROSOY, connu sous le nom de DUROSOI.) *Paris, Lacombe*, 1774, in-8, 66 p.

Dissertation sur Homère et sur Chapelain, par J. P. DE CR. P. E. P. E. M. D. L. A. D. L. (Par Juste VAN EFFEN.) *La Haye*, 1714, in-8 de 50 p.

Il était facile de trouver dans ces lettres initiales les noms et qualités de Jean-Pierre DE CROUSAZ, professeur c en philosophie et mathématiques, de l'académie de Lausanne. C'est ce qu'ont fait les auteurs du « Journal des Savants » en 1715, et Mylius, dans sa « Bibliothèque des écrivains anonymes et pseudonymes ». Mais il est constant que cette dissertation est de Van Effen. On la trouve dans toutes les éditions du « Chef-d'Œuvre d'un inconnu », par de Saint-Hyacinthe.

Dissertation sur l'abolition du culte de Roth, soit par saint Mellon, premier évêque, soit par saint Romain, dix-neuvième d évêque de Rouen. Par un membre de la Société des antiquaires de Normandie. (Par le marquis Louis-Augustin LE VER.) *Paris, Tastu*, 1829, in-8, 52 p.

Tiré à 50 exemplaires.

Voy. « Supercheries », II, 1107, *d*.

Dissertation sur l'air maritime. (Par J.-B. BERTRAND, médecin à Marseille.) *Marseille, Boy*, 1724, in-4, 20 p.

e Gérin, lieutenant général de l'amirauté, a publié : « Réponse à la dissertation.... » *Marseille, Brébion*, 1726, in-4, 17 p.

Dissertation sur l'«Alcibiade fanciullo a scola», traduit de l'italien de G. BASEGGIO par un bibliophile français (Gustave BRUNET). *Paris, Gay*, 1861, in-12.

Tiré à 254 exemplaires numérotés.

Dissertation sur l'anis étoilé. (Par P.-J. f BUCHOZ.) *Paris, l'auteur*, 1788, in-fol.

Dissertation sur l'antiquité de Chaillot, pour servir de mémoire à l'histoire universelle. (Par Jean-Baptiste-Louis DE LA FEUILLE, mort à Sedan en 1747.) Seconde édition, revue et corrigée. *Paris, Prault père*, 1736, in-12.

Chaudon a copié, dans son « Nouveau Dictionnaire historique », une méprise de la « France littéraire » de 1769, qui attribue cette brochure à COSTE, de Toulouse.

Dissertation sur l'approbation des confesseurs. (Par Gabriel-Nicolas Maultrot.) 1784, in-12.

Dissertation sur l'approbation des prédicateurs. On examine son fondement, son antiquité, sa révocabilité, les limites qu'on y appose. (Par Gabriel-Nicolas Maultrot.) *Utrecht*, 1782, 2 vol. in-12.

Dissertation sur l'article XIII du Concordat. (Par Jean-François de La Marche, évêque de S.-Pol de Léon.) *Londres, imp. de Cox fils et Baylis*, 1806, in-8, 54 p.

Dissertation sur l'auteur du livre *de Ritibus Ecclesiæ catholicæ*, attribué à Duranti; pour servir de réponse à ce qui en a été dit dans le « Journal (des Savans) de Paris ». 1702, in-8, 8 p.

Cette dissertation est de l'abbé Pierre-Hilaire Danès, mort en 1732.

Dissertation sur l'auteur du livre intitulé : « de l'Imitation de Jésus-Christ. » (Par l'abbé Jos. de Ghesquière, ex-jésuite, publiée par l'abbé Mercier de Saint-Léger, qui y a ajouté un avertissement et des notes.) *Verceil et Paris, Saillant et Nyon*, 1775, in-12, VIII-82 p.

Dissertation sur l'authenticité de la charte de fondation de l'abbaye d'Auchy de l'an 1079. (Par l'abbé Jos. Ghesquière.) *Paris, Simon et Noyon, imprimeurs, s. d.*, in-4, 24 p.

Dissertation sur l'autorité des abbés réguliers. (Par Pierre Colin, abbé de Domèvre.) *S. l. n. d.* (*Toul*), in-4, 62 p.

Dissertation sur l'écriture hiéroglyphique. (Par l'abbé François-Bruno Tandeau de S. Nicolas.) *Amsterdam et Paris, Barbou*, 1762, in-12.

Dissertation sur l'éducation des jeunes demoiselles, par E. B. D. V. (E. Boudier de Villermet). *Amsterdam*, 1779, in-8.
V. T.

Dissertation sur l'éducation, par B. de M. (Buy de Mornas). *Paris*, 1747, in-12.

Dissertation sur l'emplacement du champ de bataille où César défit l'armée des *Nervii* et de leurs alliés, par M. de C... (Louis-Nicolas-Jean-Joachim de Cayrol, ancien sous-intendant militaire), membre de l'Académie d'Amiens. *Amiens, imp. de Machard*, 1832, in-8, 64 p.

Tiré à 100 exemplaires.

Dissertation sur l'emplacement où fut livrée la bataille entre Sévère et Albin. (Par F.-A. Pic.) *Lyon, Rossary*, 1835, in-8, 7 p.

Dissertation sur l'ennui. (Par Frédéric II.) *Berlin, Decker*, 1768, in-8.

Dissertation sur l'époque du rappel des Juifs, contre l'éditeur de la Bible d'Avignon (Rondet). (Par l'abbé François Malot.) 1776, in-12, 71 p. — Seconde édition. *Paris, Méquignon junior*, 1779, in-12, 311 p.

Dissertation sur l'établissement de l'abbaye de S. Claude, ses chroniques, ses légendes, ses chartres, ses usurpations, et sur les droits des habitans de cette terre. (Par Ch.-Gabr.-Fréd. Christin.) (*Neufchâtel*), 1772, in-8.

Dissertation sur l'état actuel de la musique en Italie, par M. J.-Augustin Perotti de Verceil; ouvrage qui a été couronné par la Société italienne des sciences, arts et belles-lettres, dans sa séance du 24 juin 1811; traduit de l'italien par C. B*** (de Brack), membre de la Société royale de Gottingen, etc. *Gênes, Hyacinthe Bonaudo*, 1812, in-8, VIII-114 p.

Le même traducteur a publié avec son nom : « De l'état présent de la musique en France et en Italie, dans les Pays-Bas, en Hollande et en Allemagne, ou Journal de voyages faits dans ces différents pays avec l'intention d'y recueillir des matériaux pour servir à une histoire générale de la musique; par Ch. Burney, professeur de musique : traduit de l'anglais ». *Gênes, J. Giossi*, 1809 et 1810, 3 vol. in-8.

Dissertation sur l'état actuel des belles-lettres en France, par M. V. (Verdière). *Rouen, N. Périaux*, 1839, in-8.

Dissertation sur l'état des anciens habitants du Soissonnais avant la conquête des Gaules par les Francs, qui a remporté le prix dans l'Académie françoise de Soissons en l'année 1735. (Par l'abbé Jean Le Boeuf.) *Paris, Delespine*, 1735, in-12, 108 p.

Dissertation sur l'état du commerce en France sous les rois de la première et de la seconde race, par l'abbé *** (L. Josse, chanoine de Chartres). *Paris*, 1753, in-12.
V. T.

Dissertation sur l'exil d'Ovide, avec quelques anecdotes concernant les deux Julies. Par M. R. D. R. (Jacques Ribauld de La Chapelle, connu d'abord sous le nom de Rébauld ou Ribauld de Rochefort). *Moulins, J. Faure*, 1742, in-8.

Dissertation sur l'hémine de vin et sur la livre de pain de S.-Benoît et des autres anciens religieux, où l'on fait voir que cette hémine n'étoit que le demi-setier, et que cette livre n'étoit que de douze onces... (Par Claude Lancelot.) *Paris, Savreux*,

1667, in-12. — Seconde édition, revue, corrigée et augmentée; avec la réponse aux nouvelles difficultés qui avoient été faites sur ce sujet... *Paris, Guill. Desprez*, 1688, in-8.

Dissertation sur l'histoire de Judith, dans laquelle on prouve que cette histoire n'est arrivée qu'après la captivité de Babylone. (Par Jos.-Balth. GIBERT.) *Paris, Prault*, 1739, in-8, 29 p.

Dissertation sur l'honoraire des messes, où l'on traite de son origine, des illusions et autres abus qui s'en sont suivis. *S. l.*, 1748, in-8. — Nouvelle édition revue, corrigée et augmentée pour servir en même temps de réponse à la critique des journalistes de Trévoux. 1757, pet. in-8.

Mis à l'index par décret du 11 sept. 1750.

Attribué à dom Ant. GUIARD par dom Chaudon, qui ne cite que l'édition de 1757. Il dit de cette dissertation... : « Elle a paru sévère à ceux qui reçoivent cet honoraire ».

D'un autre côté, les « Archives du bibliophile », publiées par Claudin, 1850, n° 2958, annoncent un exemplaire de l'édition de 1748, sur lequel on lit : « P. Mahiel, Canon. Senon. ex dono autoris D. Jacobi COTTET, Canon. Senonensis ».

Dissertation sur l'hyène, à l'occasion de celle qui a paru dans le Lyonnois, etc., en 1754, 1755 et 1756. (Par le P. Charles-Pierre-Xavier TOLOMAS, jésuite.) *Paris, Chaubert*, 1756, in-12.

Dissertation sur l'illecebra, ou petite joubarde, comme spécifique contre le cancer, le charbon et la gangrène. (Par P.-Jos. BUCHOZ.) *Paris*, 1787, in-fol., fig. color.

Dissertation sur l'immatérialité et l'immortalité de l'âme. (Par J. ASTRUC, médecin.) *Paris, Cavelier*, 1755, in-12.

Dissertation sur l'incertitude des cinq premiers siècles de l'histoire romaine, par L. D. B. (Louis DE BEAUSOBRE). *Utrecht*, 1738, 2 part. in-8.

Réimprimé avec le nom de l'auteur.

Dissertation sur l'indissolubilité absolue du lien conjugal, etc. (Par M. l'abbé PILÉ, sacristain de S. Germain le Vieux.) *Paris, Leclère*, 1788, 2 vol. in-8.

Dissertation sur l'offrande de cire, appelée les goutières, que l'on présente tous les ans, le 2e jour de mai, à l'église d'Orléans... (Par D. POLLUCHE.) *Orléans, Fr. Rouzeau*, 1734, in-8.

Dissertation sur l'offrande du pain et du vin aux messes pour les défunts. (Par le P. Spiridion POUPART.) *Trévoux*, 1713, in-12.

Dissertation sur l'origine de la maladie vénérienne, pour prouver que le mal n'est pas venu d'Amérique, mais qu'il a commencé en Europe, par une épidémie. (Par A.-R. SANCHÈS.) *Paris, Durand*, 1752, in-12. — Nouvelle édition. *Paris, P.-F. Didot jeune*, 1765, in-8. — (Autre édition), suivie de l'« Examen historique sur l'apparition de la maladie vénérienne en Europe et sur la nature de cette épidémie... » Nouv. édit., rev. et corrigée (publiée par GAUBIUS). *Leyde, A. Koster*, 1777, in-12.

La « Bibliothèque nationale » possède un exemplaire de l'édition de 1765, avec un supplément manuscrit.

L'« Examen historique... » (voy. ces mots) a paru pour la première fois en 1774. La même Bibliothèque en possède aussi un exemplaire avec corrections autographes de l'auteur.

Dissertation sur l'origine des étrennes et sur la coutume de saluer ceux qui éternuent. (Par D..., avocat au parlement de Franche-Comté.) *Vienne, J. Tratlner*, 1761, in-8, 44 p.

Attribué à DUSSENT, avocat.

Voy. « Archives historiques et statistiques du Rhône », t. IX, p. 128.

Voy. aussi « Supercheries », I, 850, *a*.

Le nom d'auteur y est donné par erreur DUSSART.

Dissertation sur l'origine des étrennes, par J. SPON; nouvelle édition avec des notes par M. *** (Charles BREGHOT DU LUT), des académies de Lyon, Dijon, etc. *Lyon, de l'impr. de Barret*, 1828, in-8, 28 p.

L'édition originale est de 1673. Voy. ci-après, « Origine des étrennes ».

Voy. aussi « Supercheries », III, 1109, *d*.

Dissertation sur l'origine des François, où l'on examine s'ils descendent des Tectosages ou anciens Gaulois établis dans la Germanie. (Par D. Joseph VAISSETTE, bénédictin.) *Paris, Vincent*, 1722, in-12, 76 p.

Dissertation sur l'origine des idées. (Par BASSELIN.) *Paris*, 1709, in-12. V. T.

Dissertation sur l'origine des maladies épidémiques et principalement sur l'origine de la peste. (Par J. ASTRUC.) *Montpellier*, 1721, in-8.

Dissertation sur l'origine du monde. (Par David GRADIS de Bordeaux.) *Bordeaux*, 1798, in-8.

Dissertation sur l'origine du papier et du parchemin timbrés. (Par A.-G. BOUCHER D'ARGIS.) *Paris*, 1737, in-4.

Réimprimé dans le premier volume des « Variétés historiques et littéraires ». *Paris*, 1752, p. 247 et suivantes.

Dissertation sur l'origine et la nature du duché de Lorraine. (Par Jean-Léonard Bourcier, procureur général à la cour souveraine de Lorraine et Barrois.) *Nancy*, 1721, in-4.

Ce livre avait d'abord paru sans date et sans nom d'imprimeur, sous le titre suivant : « De la nature du duché de Lorraine », in-4.

Dissertation sur l'origine et les fonctions essentielles du Parlement, sur la pairie et le droit des pairs, et sur les lois fondamentales de la monarchie françoise. (Par Michel Cantalauze, seigneur de La Garde, conseiller au parlement de Toulouse.) *Amsterdam* (*Toulouse*), 1764, in-12.

Dissertation sur l'origine et les progrès de l'imprimerie en Franche-Comté, pendant le quinzième siècle. (Par le P. Franç.-Xav. Laire.) *Dôle, Joseph-François-Xavier Joly*, 1785, in-8.

Dissertation sur l'origine, les droits et les prérogatives des pairs de France.... (Par D. Simonnel.) (*Paris*), 1753, in-12.

Il doit y avoir quatre parties.

Dissertation sur l'ostensoir d'or offert par Fénelon à son église métropolitaine, pour servir de supplément aux différentes histoires de Fénelon. (Par l'abbé J.-F.-A. Gosselin.) *Paris, Ferra jeune*, 1827, in-8, 40 p., avec 1 pl.

Dissertation sur l'usage de boire à la glace, par M. D. D., licencié en droit (Derey d'Harnoncourt). *Paris*, 1763, in-12, 36 p.

Voy. « Supercheries », I, 875, *f*.

Dissertation sur l'usage de se faire porter la queue, pour répondre aux demandes qu'un chanoine, docteur de Paris, avait faites au Père Ménestrier sur cet usage. (Par le P. Claude-François Ménestrier.) *Paris, Boudot*, 1704, in-8.

Cette dissertation a été reproduite par l'abbé Dinouard dans le « Journal ecclésiastique », mai 1764, t. XIV, p. 266-282, mais avec des retranchements; M. Leber l'a comprise dans la « Collection de dissertations sur l'histoire de France », t. VIII, en y ajoutant des notes; elle a également paru dans les « Archives du Rhône », avec les notes de M. Leber, augmentées de celles de MM. C. Breghot du Lut, Grattet Duplessis et Ant. Péricaud, et il en a été tiré à part cent exemplaires. *Lyon, Barret*, 1829, in-8, 32 p.

L'avis des éditeurs est signé : B. D. P.

Dissertation sur l'utilité des collèges ou les avantages de l'éducation publique, comparée avec l'éducation particulière. (Par M. P. P.) *Paris, Leclerc*, 1700, in-12, 100 p.

On croit que cette dissertation, écrite d'une manière sage, est du sieur Py-Poulain de Launay. On y examine la chose sous le rapport de la religion, du savoir-vivre, de l'étude et de la santé, et sur tous ces points on décide absolument en faveur de l'éducation publique.

Dissertation sur la capitale des Nerviens. Question célèbre entre les Tournaisiens et les Bavaciens. (Par le P. J.-B. Lambiez.) *Lille, C.-L. de Boubers*, in-8.

Dissertation sur la cérémonie de la communion du prêtre, faite avec la main gauche au saint sacrifice de la messe, selon l'ancienne liturgie de l'église de Paris. *S. l. n. d.*, in-8.

Datée de Paris, le 1er mai 1740.
Signé : F. M. T.
Extrait du « Mercure » d'octobre 1740. Par Mathieu Texte.
Une autre édition porte le nom de l'auteur.

Dissertation sur la chaleur. Par M. *** (Lavirotte). *Paris*, 1751, in-12.

Dissertation sur la comédie. (Par de Chargey.) 1786, in-12. D. M.

Dissertation sur la condemnation des théâtres. (Par l'abbé Hedelin d'Aubignac.) *Paris, Pepingué*, 1666; — *Jacques le Fèvre*, 1694, in-12.

Les remarques que le célèbre Mézeray a écrites de sa main sur mon exemplaire sont fort judicieuses. Le privilége est accordé A. S. A. D. M. E. D. C. A. E. P. O. D. S. M., c'est-à-dire au sieur abbé d'Aubignac, maître en droit canon, avocat et prédicateur ordinaire de Sa Majesté.

Dissertation sur la contagion de la peste. (Par J. Astruc.) *Toulouse*, 1724, in-8.

Dissertation sur la coutume à laquelle un événement rapporté dans plusieurs des historiens de la ville de Paris a donné lieu. (Par Mich. Chapotin, employé à la Bibliothèque du roi.) 1745, in-12.

C'est un extrait du « Mercure » de juillet 1745.
L'exemplaire de la Bibliothèque nationale contient 6 feuillets de la main de l'auteur.

Dissertation sur la délivrance d'Anvers, en 1622 et 1624. Extrait des Bollandistes. (Par le P. Vander Moere.) *Bruxelles, Goemaere*, 1852, in-12. J. D.

Dissertation sur la différence des religions grecque et romaine. (Par l'abbé Gabr.-Fr. Coyer.) *La Haye* (*Paris*), 1755, in-12.

Dissertation sur la double propagation du genre humain, et sur les différentes manières dont les premiers hommes ont été gouvernez. (Par J. Charlemagne, carme.) *S. l. n. d.*, in-12. V. T.

Catalogue manuscrit de la bibliothèque des Barnabites.

Dissertation sur la Fable. (Par L.-F.-Cl. MARIN.) *Paris*, 1754, in-4. V. T.

Dissertation sur la félicité, ou la philosophie des honnêtes gens. 1744, in-8, 28 p.

L'auteur a été successivement désigné, dans les écrits périodiques de son temps, sous les noms de RIBAUD DE GANNAT, RIBAUD DE ROCHEFORT et RIBAUD DE LA CHAPELLE. *Gannat* est le nom d'une petite ville du Bourbonnais qu'il habitait, et *Rochefort* était son surnom, auquel il substitua celui de *La Chapelle*.

C'est sous ce nom qu'il est désigné dans la « France littéraire » de 1769, tandis que dans celle d'Ersch on lui consacre un article sous le nom de Rébauld de La Chapelle, article qui a été reproduit par Quérard dans sa « France littéraire », t. VII, 481.

Dissertation sur la femme de Molière. *Paris, imp. de Lebègue*, 1824, in-8, 16 p.

Signé : le marquis DE FORTIA.

M. J. Taschereau publia à l'occasion de cette dissertation : « Lettre à M. le marquis de Fortia d'Urban, en réponse à sa dissertation sur Molière et sur sa femme ». *Paris, imp. de Fournier*, 1824 in-8.
G. M.

Dissertation sur la fête de Pasques ; où l'on fait voir que ladite fête ne se célèbre jamais dans la lune de mars, par le S. M. G. I. O. D. R. (le sieur Michel GUILLAIN, ingénieur ordinaire du roi). *Dunkerque*, 1715, in-8.

Dissertation sur la figure de la terre. (Par J.-P. DAVID.) *La Haye et Paris, Dessain junior*, 1769, in-8. V. T.

Dissertation sur la foi qui est due au témoignage de Pascal dans ses « Lettres provinciales ». (Par Louis SILVY, ancien magistrat de la cour des aides.) (*Paris*), *A. Egron, imp., s. d.*, in-8, 224 p.

Publié aussi à la suite de « Henri IV et les Jésuites ». Voy. ce titre.

Dissertation sur la génération, les animalcules spermatiques et ceux d'infusions, avec des observations microscopiques sur le sperme et sur différentes infusions ; par le baron DE GLEICHEN, ouvrage traduit de l'allemand (par J.-Ch. LAVEAUX). *Paris, Debure*, an VII-1799, in-4.

Dissertation sur la goutte. (Par AUMEUR.) *Paris*, 1767, in-12.

Dissertation sur la goutte, tant la chaude que la froide, où l'on découvre leur vraie origine jusqu'ici inconnue, et l'on donne le moïen assuré pour s'en garentir. Seconde édition, revue et augmentée. (Par le P. Michel MAUDUIT, prêtre de l'Oratoire.) *Paris*, *Laurent d'Houry*, 1689, in-12, 8 ff. lim. et 188 p.

Le nom de l'auteur se trouve dans la permission du R. P. général de l'Oratoire.

La première édition a paru sous le titre de « Dissertation sur le sujet de la goutte ». Voy. ci-après, col. 1080, *b*.

Voy. aussi : « Réponse à la dissertation sur la goutte, par M***... » *Paris, Hortemels*, 1690, in-12.

Dissertation sur la légitimité des intérêts d'argent qui ont cours dans le commerce. (Par J.-B. GASTUMEAU.) *La Haye*, 1756, in-12.

Dissertation sur la littérature orientale. (Par William JONES.) *Londres*, *Elmsly*, 1771, in-8.

Dissertation sur la manière de connoître les médailles antiques d'avec les contrefaites. (Par Guill. BEAUVAIS.) *Paris, Briasson*, 1739, in-4. — *Dresde, Walter*, 1794, in-4.

Cette dissertation a été aussi imprimée à la suite du « Traité des finances et de la fausse monnoye des Romains » (par DE CHASSIPOL). 1740, in-12.

Dissertation sur la manière de vie des curés réguliers. (Par P. MASSU, général des chanoines réguliers.) *S. l. n. d.* (*Toul*), in-4, 22 p.

Dissertation sur la nature de l'esprit de nitre dulcifié, relativement à la dissolution du mercure (par Augustin ROUX), pour servir de supplément à l' « Examen des principales méthodes d'administrer le mercure dans les maladies vénériennes », (par de Horne), imprimé en 1769, et de réponse aux Réflexions d'un anonyme (Bouvart), contre cet ouvrage, insérées dans la nouvelle édition des « Effets du sirop mercuriel » de M. Bellet, qui vient de paraître chez Durand, 1770. *Londres et Paris*, 1770, in-8.

Roux, médecin de la Faculté, est regardé comme l'auteur de cette dissertation, dans laquelle il répond très-vivement aux réflexions que Bouvart a ajoutées à la seconde édition des « Effets du sirop mercuriel » de Bellet. Ces réflexions de Bouvart tombaient très-rudement sur l' « Examen des principales méthodes d'administrer le mercure dans les maladies vénériennes » par de Horne, qui, dans cet examen, avait analysé et fort critiqué le sirop mercuriel en faveur duquel Bouvart avait fourni plusieurs observations. Ici Roux prend le parti de de Horne, et veut le venger contre Bouvart, de façon à faire croire qu'il aurait été lui-même l'auteur de l' « Examen des différentes méthodes », et que de Horne n'aurait fait que prêter son nom pour publier l'analyse du sirop mercuriel faite par Roux.

(Note de la main de BARON, déposée sur un exemplaire de la dissertation.)

Dissertation sur la nature des biens ecclésiastiques. (Par Auguste-Pierre DAMIENS DE GOMICOURT.) 1751, in-12.

Réimprimé dans les « Mélanges historiques et critiques » de l'auteur. *Paris*, 1768, 2 vol. in-12.

Dissertation sur la nature des comètes,

avec un discours sur les prognostiques des éclipses. (Par P. Petit, intendant des fortifications.) *Paris*, *Billaine*, 1665, in-4.

Dissertation sur la nature et l'essence du Saint-Sacrifice de la Messe. (Par l'abbé B.-Fr. Rivert, plus connu sous le nom de Pelvert.) *En France*, 1779, in-12, 376 p.

Cette dissertation a donné lieu à de vives discussions entre l'auteur, l'abbé Mey, le P. Lambert, etc. Voyez un des ouvrages de ce dernier, aux mots : « Réponse à l'auteur de la dissertation... »

Dissertation sur la noblesse d'extraction et sur l'origine des fiefs, etc. (Par Joachim, comte d'Estaing, mort en 1688.) *Paris*, *Martin*, 1690, in-8.

Dissertation sur la notoriété requise pour autoriser la correction publique des pécheurs scandaleux et les refus de sacrement. *S. l.*, 1756, in-12.

Par Gabriel-Nicolas Maultrot, suivant une note manuscrite de Van Praët.

Dissertation sur la peste de Provence, par M. A.... (J. Astruc). 1720, in-8. — La même, avec la traduction latine, par Jean-Jacques Scheucher. *Zurich*, 1721, in-4. — *Montpellier*, 1722, in-8.

Dissertation sur la petite vérole, dans laquelle on prouve que cette maladie n'est pas dangereuse. (Par Pierre-Abraham Pajon de Moncets.) *Paris*, *Boudet*, 1758, in-12. — *Londres*, 1763, in-12.

Dissertation sur la «Pharsale», les «Entretiens solitaires» et autres ouvrages de Brébeuf. (Par Guillaume Duhamel.) *Paris*, *Savreux*, 1664, in-12.

Dissertation sur la prééminence de l'épiscopat sur la prêtrise. (Par P. de Chiniac de La Bastide.)... 1766, in-4.

Dissertation sur la prééminence des chats, dans la société, sur les autres animaux d'Egipte, sur les distinctions et privilèges dont ils ont joui personnellement, sur le traitement honorable qu'on leur faisoit pendant leur vie, et des monuments et autels qu'on leur dressoit après leur mort, avec plusieurs pièces curieuses qui y ont rapport. (Par François-Augustin Paradis de Moncrif.) *Rotterdam*, *J.-D. Beman*, 1741, in-8.

La première édition a paru sous le titre : « les Chats». *Paris*, 1727, in-8. Voy. ci-dessus, col. 576, *e*.

Les figures sont copiées sur celles de Caylus; mais au lieu de *C. sculpsit*, on a mis au bas des planches *Coypel sculpsit*.

Dissertation sur la puissance civile et religieuse. (Par Dufaure de Vercours.) *Bruxelles*, *Tarlier*, 1826, in-8. J. D.

Dissertation sur la question de savoir si la coutume du comté de Bourgogne, etc., et pour servir de réponse au livre (de Dunod) intitulé : « Commentaire sur le titre des Successions de la coutume du comté de Bourgogne ». (Par Jean-Claude Le Michault.) *Besançon*, 1725, in-12.

Dissertation sur la question de savoir si, malgré que la confiscation indéfinie et irrévocable qu'ont encourue les Français qui ont quitté le territoire, pour s'attacher à la fortune de nos princes, ou pour fuir l'échafaud, ait transporté à l'Etat leurs dettes en même temps que leurs biens, les anciens créanciers personnels et hypothécaires de ceux d'entre eux, dont l'inscription a été effacée par l'élimination, l'amnistie et l'abolition de la liste, ont conservé ou repris le droit de leur demander le paiement des sommes qu'il a plu à ces créanciers de ne pas recevoir de l'Etat. (Par J.-G. Locré.) *Paris*, *imp. de Leblanc*, 1832, in-4.

Dissertation sur la question de savoir si quelqu'un peut être garant et responsable de la perte arrivée par les cas fortuits, telle que celle des bestiaux, occasionnée par la contagion et mortalité générale. (Par Edme de La Poix de Fréminville.) *Paris*, *Gissey*, 1746, in-12.

Note prise sur un exemplaire donné par l'auteur.

Dissertation sur la question extraordinaire (Est-il utile au peuple d'être trompé, soit qu'on l'induise dans de nouvelles erreurs, ou qu'on l'entretienne dans celles où il est?) proposée par l'Académie royale des sciences et belles-lettres, qui a partagé le prix adjugé le 1er juin 1780. (Par R.-Z. Becker.) *Berlin*, 1780, in-4.
A. L.

Dissertation sur la question extraordinaire (Est-il... *ut supra*...) proposée par l'Académie royale des sciences et belles-lettres, qui a partagé le prix adjugé le 1er juin 1780. (Par le P. de Castillon.) *Berlin*, 1780, in-4. A. L.

Dissertation sur la réception et l'autorité du Concile de Trente en France, dans laquelle sont marqués les endroits du Concile de Trente qui sont contraires aux usages de ce royaume (par Fromager), à la fin des Notes sur le Concile de Trente (par Etienne Rassicod). *Cologne*, 1706 in-8.

Mylius a eu tort d'attribuer cette dissertation à Rassicod lui-même.

Dissertation sur la recherche de la vérité, contenant l'apologie des académiciens, pour servir de réponse à la « Critique de la critique de la Recherche de la vérité ». (Par l'abbé Sim. FOUCHER.) *Paris, Et. Michallet*, 1687, in-12.

Voy. ci-dessus, col. 822, *a*, et ci-après, « Nouvelle Dissertation... »

Dissertation sur la réserve des censures qui s'encourent en conséquence d'un monitoire. (Par P. COLLET.) *S. l. n. d.*, in-12.

Dissertation sur la sainte tunique de Notre-Seigneur Jésus-Christ, qui est conservée dans le prieuré d'Argenteuil. (Par Gabr. DE GAUMONT.) *Paris, Lambert*, 1671, in-4. — 2e édit. *Ibid.*, 1667 (*sic*, pour 1677), in-12.

Dissertation sur la subordination, avec des réflexions sur l'exercice et sur l'art militaire. (Par DOUAZAC.) *Avignon*, 1753, in-8.

Dissertation sur la sueur de sang de N. S. J. C. au jardin des Oliviers. (Par A. CALMET.) *Paris*, 1740, in-4. V. T.

Dissertation sur la tolérance civile et religieuse en Angleterre et en France, à l'égard des non-conformistes à la religion dominante. (Par Émilien PETIT.) *Genève et Paris, Knapen*, 1778, in-8.

Dissertation sur la trahison imputée à André d'Amaral, grand chancelier de l'ordre de Saint-Jean de Jérusalem. (Par DE RESSEGUIER.) *S. l. n. d.*, in-12.

Dissertation sur la traite et le commerce des nègres. (Par J. BELLON DE ST-QUENTIN, prêtre.) *Paris*, 1764, in-12.

Dissertation sur la translation du corps de saint Firmin, troisième évêque d'Amiens, où l'on fait voir qu'il est dans l'église cathédrale de Chartres. (Par DE LESTOCQ, chanoine et théologal d'Amiens, docteur de Sorbonne.) *Amiens*, 1711, in-12.

Dissertation sur la validité des ordinations des Anglois, et sur la succession des évêques de l'Église anglicane, avec les preuves justificatives des faits avancés dans cet ouvrage. *Bruxelles, Simon T'Serstevens*, 1723, in-12.

« Cet ouvrage, dit l'abbé Goujet dans son catalogue manuscrit, est du P. Pierre-Fr. LE COURAYER, chanoine régulier de Sainte-Geneviève, alors l'un des bibliothécaires de cette maison, depuis réfugié en Angleterre (où il est mort le 16 octobre 1776). Il est né à Rouen, le 7 novembre 1681 ; mais sa famille est de Vernon. On a gravé son portrait. Voy. le « Mercure » de janvier 1746. Cette dissertation fut lue manuscrite en plusieurs séances tenues en 1722 chez M. Boidot, alors supérieur du séminaire des Trente-trois, à Paris. J'étois de ces séances. On recueillit les objections faites par les auditeurs, et on les communiqua à l'auteur, qui n'y eut que peu ou point d'égard. L'ouvrage fut imprimé, non à *Bruxelles*, mais à *Paris*, chez *Vincent*, sur une approbation de M. d'Arnaudin, docteur de Sorbonne. M. le cardinal de Noailles, qui regardoit comme nulles les ordinations des Anglois, ayant eu avis que l'on imprimoit un ouvrage où l'on embrassoit un sentiment contraire, se plaignit : l'impression fut arrêtée ; mais on la continua à *Nancy*, chez *Cusson*, et le livre parut sans obstacle en 1723. Il a été traduit en anglois par M. Williams, ministre non jurant, et imprimé à *Londres* en 1724. »

Cet ouvrage essuya beaucoup de critiques. Le P. Le Courayer opposa à ses adversaires, entre autres écrits :

1o Défense de la dissertation sur la validité des ordinations des Anglois, contre les différentes réponses qui y ont été faites, avec les preuves justificatives des faits avancés dans cet ouvrage ; par l'auteur de la « Dissertation ». *Bruxelles, S. T'Serstevens* (ou plutôt *Paris, Charles Osmont*), 1723, 2 vol. in-8. — *Id.*, 1726, 4 vol. in-12.

« Le P. Le Courayer, dit l'abbé Goujet, se défend avec beaucoup de force, dans cet ouvrage, contre les différentes attaques des adversaires de sa « Dissertation », et en particulier contre les journalistes de Trévoux, dom Gervaise, le P. Hardouin, le P. Le Quien, le sieur Fennell, et M. de Paris, alors coadjuteur d'Orléans, depuis évêque de ladite ville, qui avoit aussi lâché contre le P. Le Courayer des « Observations importantes », mais qui ne répondirent aucunement à ce titre. L'auteur de la « Défense » caractérise dans sa préface chacun de ces écrits et leurs auteurs, parle du succès de sa « Dissertation », surtout en Angleterre, et montre le but de sa « Défense ».

2o Relation historique et apologétique des sentimens et de la conduite du P. Le Courayer, chanoine, etc., avec les preuves justificatives des faits avancés dans l'ouvrage. *Amsterdam*, 1729, 2 vol. in-12.

« Cet ouvrage, dit l'abbé Goujet, l'un des premiers fruits de la retraite du P. Le Courayer en Angleterre, est très-bien écrit. C'est une histoire circonstanciée de l'origine de la dissertation sur les ordinations anglicanes, de sa publication, des suites qu'elle a eues, des censures qu'elle a essuyées, des démarches particulières du cardinal de Noailles et de celles de l'auteur ; du titre de docteur dont l'université d'Oxford l'a honoré ; de ce qui a précédé, accompagné et suivi sa retraite, qu'il tâche de justifier. Il caractérise tous les écrits faits contre lui, peint tous les personnages qui ont joué quelque rôle dans cette affaire ; et presque tous ses portraits sont de main de maître, surtout ceux du cardinal de Bissy, de l'abbé Couet, du docteur Targny et de l'évêque de Marseille (de Belzunce). »

3o Supplément aux deux ouvrages faits pour la défense de la validité des ordinations anglicanes, etc. *Amsterdam*, 1732, in-12.

« Le P. Le Courayer, dans ce gros volume, s'efforce, dit l'abbé Goujet, de répondre à toutes les objections du nouvel ouvrage du P. Le Quien, et s'étend de nouveau sur la matière du sacrifice, mais sans parler plus catholiquement ; presque invincible sur les faits, ou il s'égare, ou il balbutie quand il n'est question que de doctrine. Il a encore été plus loin dans un dernier ouvrage que je n'ai pas vu, et dans lequel il pousse l'égarement jusqu'aux derniers excès, ne craignant pas d'y déclarer qu'il ne peut croire que ce que sa faible raison peut comprendre. »

L'abbé Goujet veut sans doute parler de la « Défense

de la nouvelle traduction de l'histoire du concile de Trente contre les censures de quelques prélats et de quelques théologiens », par le P. Fr. Le Courayer, docteur en théologie, etc. *Amsterdam*, 1742, in-8. Voy. la p. 21 de la préface.

Dissertation sur la vie des curés réguliers qui se sont séparés de leur communauté. (Par P. Massu.) *S. l. n. d.* (*Toul*), in-4, 38 p.

Dissertation sur le café. (Par le Père Charles-Pierre-Xavier Tolomas.) *Paris*, 1757, in-12.

Dissertation sur le calendrier liégeois. par N. A. N. D. (Ferdinand-Jules Hénaux), auteur des « Recherches historiques et philosophiques sur les fourches patibulaires de Saint-Gilles-lez-Liége » (ouvrage supposé). *Liége*, *Oudart*, 1845, in-8, 26 p.

Tirage à part de la « Revue de Liége ».

Voy. « Supercheries », II, 1228, c.

Dissertation sur le caractère essentiel à toute loi de l'Eglise, en matière de doctrine, etc. (Par l'abbé Louis Troya d'Assigny.) *S. l. n. d.* (*Grenoble*, 1755), in-12.

Dissertation sur le choix des cartes de géographie. (Par l'abbé Pierre-Mathias de Gourné.) *Paris*, 1737, 1740, in-12.

Dissertation sur le commencement du siècle, savoir laquelle des deux années, 1700 ou 1701, est la première année du siècle. (Par Delaisement.) *Paris*, *Moreau*, 1699, in-12.

Dissertation sur le commerce. (Par le marquis Jérôme Belloni, banquier de Rome; traduit de l'italien par M. A***.) *La Haye*, *compagnie*, 1755, in-12.

Dans la préface de la « Lettre » du même Belloni sur la monnoye fictive, *La Haye* (*Paris*), 1765, in-12, il est question d'une nouvelle édition de la « Dissertation sur le commerce », avec une préface et des notes par Morénas. Cette édition a échappé à toutes mes recherches; mais il me paraît certain que la « France littéraire » de 1769 a eu tort d'attribuer à Morénas la traduction française de cette dissertation. Le style désigne une main étrangère. La nouvelle traduction, publiée en 1787, à Paris, par Thomas Rousseau, est plus fidèle.

Dissertation sur le concile de Trente, dans laquelle on prouve que le concile général est au-dessus du pape dans les matières de la foi, et que le concile n'est pourtant pas infaillible, par M. A. V. (de Vrigny). *Amsterdam*, 1702, in-12.

Voy. « Supercheries », III, 877, *d*.

Dissertation sur le culte des saints inconnus, par le R. P. D. Jean Mabillon, traduite en françois sur la nouvelle édition latine de 1705, qui a pour titre « Lettre d'Eusèbe à Théophile » par M. L. R. (Alexandre Le Roy). *Paris*, *Cl. Cellier*, 1705, in-12.

Dissertation sur le culte que les anciens ont rendu à la déesse de la santé. On y a joint les médailles et quelques autres monuments antiques qui ont rapport à cette matière. *Paris*, *Cot*, 1705, in-8, 37 p.

Signé : Gros de Boze.

Dissertation sur le dieu Serapis, où l'on examine l'origine, les attributs et le culte de cette divinité. (Par Charles Galliot, génovéfain.) *Paris*, *Barbou*, 1760, in-8 de 78 p.

Il a été tiré quatre exemplaires de cette dissertation, de format in-4.

Dissertation sur le droit des souverains touchant l'administration de l'Eglise, revue et corrigée. (Par Delpech de Merinville.) *Avignon* (*Paris*), 1750, in-12.

C'est, quant au fond, l'ouvrage de Roland Le Vayer de Boutigny, qui parut pour la première fois à *Cologne*, sous le titre de « Dissertations sur l'autorité ». Voy. *ce titre*.

Dissertation sur le droit naturel, l'état de nature, le droit civil et le droit des gens, par un élève de l'Ecole de droit du département du Doubs (Courvoisier fils). *Besançon*, *Couché*, an XII-1804, 2 part. in-8.

L'auteur a publié seulement ce qui concerne le droit naturel et l'état de nature. Les deux autres parties n'ont pas paru.

Dissertation sur le feu actuel de Pietra-Mala. (Par le comte Grégoire de Razoumowski.) *Lausanne*, 1785, in-4.

Quérard, « France littéraire », XI, 708.

Dissertation sur le feu boréal, par D. J. A. M. R. D. C. (dom Jean-Antoine Macusson, religieux de Cîteaux). *Paris*, *Jos. Bullot*, 1733, in-8, 111 p.

Dissertation sur le formulaire, dans laquelle on établit qu'il est irrégulier, abusif, inutile, dangereux, et que la signature n'en est ordonnée par aucune loi qui soit actuellement en vigueur dans le royaume. (Par Gabriel-Nicolas Maultrot, avocat.) *Utrecht*, *Schelling*, 1775, in-12.

Dissertation sur le Janus des anciens et sur quelques médailles qui y ont rapport. *Paris*, *Cot*, 1705, in-8, 44 p.

Signé : Gros de Boze.

Dissertation sur le monument de la reine Comoarye (dans la presqu'île de Tamam, par H.-Ch.-E. de Koehler). *Saint-Pétersbourg*, *imp. impériale*, 1805, in-8, 86 p., avec 10 pl. d'inscript. et un titre gravé représ. 3 médailles. A. L.

Dissertation sur le moyen d'élever l'eau par la rotation d'une corde verticale sans fin. (Par Ant. DEPARCIEUX.) *Amsterdam et Paris*, 1782, in-8, 16 p.

Dissertation sur le nom de famille de l'auguste maison de France. (Par l'abbé Balth. DE BURLE RÉAL DE CURBAN.) *Paris*, 1762, in-4, 8 p.

Cette dissertation a été réimprimée avec des augmentations, dans le format in-12.

Voy. ci-après, « Recueil de mémoires et dissertations... »

Dissertation sur le passage du Rhône et des Alpes par Annibal, l'an 218 avant notre ère. Troisième édition, accompagnée d'une carte suivie de nouvelles observations sur les deux dernières campagnes de Louis XIV, et d'une dissertation sur le mariage du célèbre Molière. *Paris, Treuttel et Würtz*, 1821, in-8.

La préface est signée : le comte F.... D'U.... (FORTIA D'URBAN).

La deuxième édition est de 1819, et la première forme la première partie des « Antiquités et monuments du département de Vaucluse ». *Paris, Xhrouet*, 1808, 2 part. in-12.

Dissertation sur le pécule des religieux, curés. (Par le P. L.-Fr. DUVAU, chanoine régulier.) *Paris, Couterot*, 1697, 2 vol. in-12. — Seconde édition. 1703, 2 vol. in-12.

Dissertation sur le prétendu bonheur des plaisirs des sens, etc. (Par le docteur Ant. ARNAULD.) *Cologne, Schouten*, 1687, in-12.

Dissertation sur le privilége des évêques d'Orléans, qui accordent la grâce aux criminels qui leur sont présentés le jour de leur entrée solennelle dans leur ville épiscopale. (Par Louis DU SAUSSAY.) *Orléans, P. et Fr. Bordè*, 1707, in-12.

Dissertation sur le projet qu'on forme de donner des eaux à la ville de Reims. (Par le P. André FERRY, minime.) *Reims, B. Multeau, imp.*, 1747, in-8.

Dissertation sur le regrès en matière bénéficiale. (Par le président Jean BOUHIER.) 1726, in-4.

Voy. ci-après, « Jurisprudence du regrès bénéficial ».

Dissertation sur le roucoulier, sur sa culture en Europe et en Amérique, sur la récolte de son fruit et sur l'utilité qu'on en tire pour la teinture. (Par P.-Jos. BUCHOZ.) 1788, in-fol., fig. col.

Dissertation sur le septième chapitre de la première épître aux Corinthiens sur la dissolution du mariage, lorsqu'une partie embrasse la religion chrétienne. (Par Alexis DES ESSARTZ.) *S. l.*, 1758, in-4.

Catalogue de la bibliothèque publique d'Orléans, 1777, in-4, p. 48.

Voy. ci-dessus, col. 1062, *a*.

Dissertation sur le spart-mann de la Chine, dont la racine est un des meilleurs stomachiques. (Par P.-Jos. BUCHOZ.) *Paris*, 1780, in-fol., fig. col.

Dissertation sur le sujet de la goutte, où l'on découvre sa véritable origine jusqu'ici inconnue et le moyen de s'en garantir. (Par le P. Michel MAUDUIT, prêtre de l'Oratoire.) *Paris, Pralard*, 1687, in-8, 40 p.

La deuxième édition a paru sous le titre de « Dissertation sur la goutte ». Voy. ci-dessus, col. 1071, *f*.

Dissertation sur le symbole caractéristique de sainte Marthe (la Tarasque). (Par P.-J. HAITZE.) *Aix*, 1711, in-16.

Dissertation sur le système de Law; son identité avec le système actuel de l'Angleterre et avec celui que veut faire adopter le ministère français. (Par HÉLOT.) *Paris*, 1825, in-8, 44 p.

Dissertation sur le temps de l'établissement des Juifs en France, où l'on examine ce que M. Basnage a écrit sur cette matière, et l'on défend saint Ambroise et saint Césaire contre les fausses accusations de ce ministre. A. M. J. M. D. (Par D. Jean LIRON.) *Paris, C. Huguier*, 1708, in-12.

Dissertation sur le titre x des coutumes générales, anciennes et nouvelles du duché de Lorraine. (Par Fr.-Xav. BRÉYÉ, avocat.) *Nancy, Cusson*, 1725, in-12.

Dissertation sur le véritable auteur des commentaires sur les épîtres de S. Paul, faussement attribués à S. Ambroise, et sur l'auteur de deux autres ouvrages, qui sont dans l'appendice du troisième tome de S. Augustin, adressé à M***. *Auxerre, F. Fournier*, 1762, in-12.

Signé : J.-B. M. (J.-B. MOREL), prêtre du diocèse d'Auxerre.

Voy. « Supercheries », II, 371, *f*.

Dissertation sur le véritable auteur du livre de l'Imitation de Jésus-Christ, pour servir de réponse à celle de l'abbé Valart. (Par André-Guillaume DE GERY, depuis abbé de Sainte-Geneviève.) *Paris, Cavelier*, 1758, in-12, 40 p.

L'abbé Mercier de Saint-Léger a fourni à son confrère les matériaux de cette dissertation.

Voy. « Supercheries », III, 811, *e*.

Dissertation sur les aérostats des anciens et des modernes, par A.-G. Ro*** (Rozier). *Genève et Paris, Servière*, 1784, in-12.

Dissertation sur les ambidextres. (Par Ant. Duchesne, peintre et architecte.) (Vers 1784), in-8, 16 p.

Dissertation sur les anciens Russes, par F. H. S. D. P. (Frédéric-Henri Strube de Piermont). *Saint-Pétersboug, imp. du corps des Cadets nobles de terre.* 1783, in-4, VI-76 p. et 1 f. d'errata. A. L.

Dissertation sur les arcs de triomphe de la ville de Reims, première et seconde partie. (Par l'abbé Hil. Carbon, prieur de Belval.) *Reims, Regnauld-Florentin*, 1739. — Troisième et dernière partie, 1740, in-12, 80 p.

L'abbé Carbon, né à Reims, le 4 septembre 1705, y est mort le 29 janvier 1745.

Dissertation sur les Basques. *Paris* (1786), in-8, VIII-504 p.

Voy. la « Biographie universelle », t. VIII, p. 401. Ce volume est le t. Ier de la seconde partie de la traduction des « Commentaires de César », projetée par Matthieu Chiniac de La Bastide, mort à Paris en 1802.

Dissertation sur les bibliothèques, avec une table alphabétique, tant des ouvrages publiés sous le titre de Bibliothèque, que des Catalogues imprimés de plusieurs cabinets de France et des pays étrangers. (Par le président Durey de Noinville.) *Paris*, 1758, in-12.

Cette dissertation se trouve souvent à la suite de la « Table alphabétique des dictionnaires », par le même auteur. Voyez ces mots.

Dissertation sur les biens nobles. (Par J.-J. Le Franc de Pompignan.) *Paris*, 1749, 2 vol. in-8.

Dissertation sur les bulles contre Baïus. (Par l'abbé Christ. Coudrette, aidé de l'abbé Laur.-Fr. Boursier.) *Utrecht*, 1737, 4 vol. in-12.

Dissertation sur les cérémonies symboliques usitées dans l'ancienne jurisprudence française. (Par le comte Arthur-Auguste Beugnot.) *Paris, Fain*, 1828, in-8.

Dissertation sur les commandes des abbayes, par un abbé commandataire (Cholier, avocat). 1675, in-12.

Voy. « Supercheries », I, 158, *e*.

Dissertation sur les concordats, par le comte de Lanjuinais, suivie du texte officiel de toutes les pièces formant les concordats de 1801 et de 1827, et d'un examen critique de la dernière con-

a vention. (Par Ch. de Chenédollé.) *Liége*, 1827, in-8. J. D.

Dissertation sur les cornes antiques et modernes, ouvrage philosophique, dédié à MM. les savants, antiquaires, gens de lettres, poëtes, avocats, censeurs, bibliothécaires, imprimeurs, libraires, etc., etc. (Par Jacques-François-Marie Vielh de Boisjolin.) *Paris*, 1786, in-8, 48 p.

b Il existe des exemplaires avec un nouveau titre portant : « Antidote contre les cocus... » Voy. ci-dessus, col. 212, *a*.

Beuchot attribue cet écrit à l'architecte Charles-François Viel, dans l'article qu'il lui a consacré dans la « Biographie universelle ». C'est également l'opinion émise par de L'Aulnaye dans le glossaire joint à son édition de Rabelais.

Voy. « Bulletin du bibliophile », 13e série, 1858, p. 963.

Dissertation sur les découvertes faites *c* par les navigateurs dieppois. *Abbeville, impr. de Boulanger-Vion, s. d.*, in-8, 31 p.

Par M. Estancelin, suivant une note manuscrite.

Dissertation sur les derniers tremblements de terre, lettre à M. le comte de G..... (Par le P. Félicien de Saint-Norbert, carme déchaussé.) 1756, in-12, 48 p.

d Dissertation sur les dispenses matrimoniales, ou réfutation du Traité du pouvoir des évêques de France sur les empêchements du mariage, composé par M. P. J. Chatisel de La Neronière, prieur de Saint-Nicolas de Magni, diocèse d'Angers. (Par Gabriel-Nicolas Maultrot.) *Paris*, 1789, in-12.

Dissertation sur les eaux minérales de Repis, près de Vezoul, en Franche-Comté. *e* (Par André Barbier, docteur en médecine.) *Vezoul, Dignot*, 1731, in-12.

Dissertation sur les essais et expériences qui servent ordinairement à fixer le taux du prix du pain relativement au prix des grains. (Par Edme Béguillet.) *Dijon*, 1771, in-4, 30 p.

Dissertation sur les festins des anciens Grecs et Romains, et sur les cérémonies qui s'y pratiquoient, P. M. (Par Jean *f* Muret.) *La Haye* (*Paris*), 1715, in-12.

Voy. « Supercheries », III, 192, *c*.

Dissertation sur les frontières de la Gaule et de la province romaine, où l'on découvre la fameuse *Alesia*, assiégée par César, 1707, in-4.

Réimprimée avec une suite, sous le titre de « Dissertations historiques et géographiques ». Voy. ci-après, ce titre.

Ces différents morceaux furent attribués à un capucin ; mais J.-P. DES OURS DE MANDAJORS a passé pour en être le véritable auteur.

Dissertation sur les girouettes et les marionnettes, par le bonhomme Thomas, concierge logé dans la lanterne du dôme des Invalides. (Par J.-B. GOURIET.) *Paris, Delaunay*, 1817, in-8.

Dissertation sur les globes aérostatiques. (Par Ant. DEPARCIEUX.) *Paris, 1784*, in-8.

Dissertation sur les grands chemins de Lorraine. (Par D. Aug. CALMET.) *Nancy, Cusson*, 1727, in-4 de 28 p.

Dom Calmet a fait réimprimer cette dissertation, avec des additions, à la tête du septième volume de la nouvelle édition de l'« Histoire de Lorraine », in-fol.

Dissertation sur les huîtres vertes de Marennes, avec des observations critiques sur l'opinion des naturalistes, touchant la reproduction des huîtres en général, et les causes de la couleur verte que ces animaux peuvent acquérir, par M. G..... DE LA B..., (Jacques-François GOUBEAU DE LA BILENNERIE), président du tribunal de Marennes. *Rochefort, Goulard*, 1821, in-8, 104 p.

Dissertation sur les interdits arbitraires de la célébration de la messe, aux prêtres qui ne sont pas du diocèse. (Par Gabriel-Nicolas MAULTROT.) 1781, in-12.

Dissertation sur les interdits arbitraires des confesseurs. (Par le P. Timothée DE LIVOY, barnabite.) *S. l.*, 1759, in-12.

Catalogue manuscrit de l'abbé Goujet : c'est une suite de la dissertation de l'abbé L.-G. Guéret, « Droits qu'ont les curés... » Voy. ce titre.

Dissertation sur les maladies de l'urèthre qui ont besoin de bougies. (Par Nic. ANDRÉ.) *Versailles et Paris*, 1751, in-12.

Dissertation sur les maléfices et les sorciers, selon les principes de la théologie et de la physique, où l'on examine en particulier l'état de la fille de Tourcoing. (Par DE VALMONT.) *Tourcoing*, 1752, petit in-12. — *Lille, Leleu*, 1862, in-18, 88 p.

Dissertation sur les miracles contre les impies. (Par le P. Ch. MERLIN, jésuite.) 1742, in-12.

Attribué par de Manne à Jacques FOUILLOU, diacre.

Dissertation sur les miracles, dans laquelle on réfute les principes de Hume, par G. CAMPBELL ; traduit de l'anglais par M. E. (Marc-Ant. EIDOUS). *Amsterdam et Paris, Merlin*, 1767, in-12.

Voy. « Supercheries », I, 1197, *b*.

Dissertation sur les mœurs, les usages, le langage, la religion et la philosophie des Hindous, suivie d'une exposition générale et succincte du gouvernement et de l'état actuel de l'Hindoustan ; ouvrages traduits de l'anglois (d'A. Dow), par M. B. (Claude-François BERGIER). *Paris, Pissot*, 1769, in-12.

Cette dissertation est extraite du grand ouvrage de Dow : « The History of Hindoustan ». *Londres*, 1768-1772, 3 vol. in-4. Observons en passant que, d'après Lowndes, Dow a fait aux voyages de Bernier d'amples emprunts sans le citer.

Dissertation sur les monnoyes de Bretagne ; par un prêtre du diocèse de Nantes (l'abbé Nicolas TRAVERS). (*Nantes*, vers 1750), in-8.

Dissertation sur les moyens de prolonger la vie. *Dieppe, Joseph Dubuc*, 1781, in-18, 34 p.

L'épître dédicatoire à Mme Necker est signée DESMAREST.

Dissertation sur les « Œuvres meslées » de monsieur de Saint-Evremont. Avec l'examen du factum qu'il a fait pour mad. la duchesse Mazarin, contre M. le duc Mazarin, son mary. *Paris, Nicolas Le Clerc et Barthelemy Girin*, 1698, in-12, 9 ff. et 383 p., plus la table.

Le privilége est donné au sieur DUMONT (Charles COTOLENDI).

Dissertation sur les oraisons funèbres. (Par l'abbé DU JARRY.) *Paris*, 1706, in-12.

Dissertation sur les origines de Toulouse. (Par l'abbé AUDIBERT.) *Avignon, J.-L. Chambeau, et Toulouse, Birosse*, 1764, in-8. — 1764, in-8, 3 f. lim., et 71 p.

L'auteur a signé la dédicace.

La lettre sur des médailles trouvées à Vieille-Toulouse est du célèbre abbé BARTHÉLEMY.

Dissertation sur les ouvrages des plus fameux peintres, dédiée à Mgr le duc de Richelieu. (Par Roger DE PILES.) *Paris, Nic. Langlois*, 1681, in-12.

La pagination commence p. 15, les 14 premières comptant pour le titre et l'épître dédicatoire, qui est signée DE PILES. Après la p. 140, 1 f. bl., vient ensuite une « Vie de Rubens », 38 p., plus 1 f. pour l'épitaphe.

Des exemplaires avec titre portant 3e édition ont de plus la description de la continence de Scipion, paginé 135 (7 pages).

Dissertation sur les pensions, selon les libertés de l'Eglise gallicane. *Paris, veuve C. Savreux*, 1671, in-16. — *Rouen, Eustache Viret*, 1671, in-12.

Par l'abbé LE METAYER, d'après Barbier ; par M. MANESSIER, prêtre, d'après une note manuscrite sur un exemplaire ; et par l'abbé Jean LE NOIR, théologal de Sées, suivant une autre note.

Dissertation sur les pommes d'or des Hespérides. (Par P.-Jos. AMOREUX, médecin à Montpellier.) *S. l.*, 1800, in-8.

Dissertation sur les principales tragédies anciennes et modernes, qui ont paru sur le sujet d'Electre. (Par DUMOLARD, ou plutôt par VOLTAIRE.) 1750, in-12.

Réimprimé dans le Voltaire-Beuchot, à la suite de la tragédie d'Oreste.

Dissertation sur les raisons d'établir ou d'abroger les lois. (Par FRÉDÉRIC II, roi de Prusse.) *Utrecht, Sorli* (*Paris*), 1751, in-12.

Dissertation sur les semi-Ariens, dans laquelle on défend la nouvelle édition de S. Cyrille, contre les auteurs des « Mémoires de Trévoux ». (Par D. MARAN.) *Paris, Vincent*, 1722, in-12.

Dissertation sur les sonnets pour la belle matineuse à monsieur Conrart. (Par Gilles MÉNAGE.) *Paris*, 1689, in-12. G. M.

Dissertation sur les tombeaux de Quarrée, village du duché de Bourgogne. (Par L.-A. BOCQUILLOT, chanoine d'Avalon.) *Lyon, M. Duplain*, 1724, in-8, 15 p.

On lit imprimé à la fin : achevé le mois de septembre 1718, par moi, BOCQUILLOT, chanoine d'Avallon.

Dissertation sur les tragédies espagnoles, traduite de l'espagnol de don Augustin de MORTIANO Y LUYANDO (par VAQUETTE D'HERMILLY). *Paris*, 1754, 2 vol. in-12.

Dissertation sur les tremblements de terre et les éruptions de feu, etc. ; traduit de l'anglois de WARBURTON. (Par l'abbé Guill. MAZÉAS). *Paris, Tilliard*, 1754, 2 vol. in-12.

L'ouvrage de l'évêque de Gloucester, William WARBURTON, est intitulé : « Julian or a Discourse... » Julien, ou discours concernant le tremblement de terre et l'éruption de feu qui empêcha cet empereur de rebâtir le temple de Jérusalem. *Londres*, 1750, in-8. — 2e édit., augmentée, 1751.

Dissertation sur les vacances des bénéfices par dévolut, par M..... (LE SURE), avocat. *Paris, Prault*, 1737, in-12.

Dissertation sur les vapeurs qui nous arrivent. Par M.... V..... (J. VIRIDET), médecin à Morge. *Yverdon, J.-J. Guenath*, 1726, in-8, 267 p.

L'auteur a signé la dédicace.

Dissertation sur les vins, ouvrage dans lequel on donne la meilleure manière de les préparer, celle de les conserver, etc. (Par PLAIGNE.) *Paris*, 1772, in-12.

Publié en 1782 avec un nouveau titre portant : « Art d'améliorer et de conserver les vins ». Voy. ci-dessus, col. 282, *a*.

L'attribution généralement faite de cet ouvrage à PLAIGNE pourrait bien être le résultat d'une confusion. Il existe, en effet, un ouvrage avec le nom de cet auteur, intitulé : le « Vigneron piémontais, contenant la manière de planter les vignes, de les cultiver... par le chevalier de Plaigne ». *Paris*, 1784, in-8.

Mais à la fin de l'ouvrage intitulé « l'Art de faire, d'améliorer et conserver les vins... » décrit ci-dessus, col. 288, *a*, et donné par Quérard comme une édition refondue de la « Dissertation sur les vins », se trouve un privilége accordé au sieur P... et daté du 13 mars 1782 ; on y mentionne son enregistrement sur les registres de la chambre syndicale des libraires, où M. J. Ravenel a constaté que ce privilége est accordé au sieur PONCELIN.

Dissertation sur les vœux en général et sur les vœux solennels des religieux et des religieuses en particulier ; avec la réfutation de l'ouvrage (du docteur Riballier) intitulé : « Essai historique... sur les priviléges des réguliers »... (Par le P. Charles-Louis RICHARD, dominicain.) *Paris, Butard*, 1771, in-12.

Dissertation sur les voyelles et les consonnes. (Par Alexandre-Xavier HARDUIN.) *Arras, Laureau*, 1760, in-12.

Dissertation sur Menès, ou Mercure, premier roi d'Egypte, contre le système de Marsham et de Bochart. (Par l'abbé François SÉVIN.) *Paris, Musier*, 1709, in-12.

On a attaqué cette dissertation, et l'auteur a répondu en 1710. Voy. le « Journal des Savans », *Paris*, in-4, 1710, p. 339 ; 1712, p. 36, et l'édition de Hollande, in-12, juin 1711, p. 618.

Dissertation sur Nigrianus. (Par GENEBRIER.) *Paris*, 1704, in-12.

Dissertation sur quelques points importants de l'histoire d'Italie, contenant des éclaircissements à l'occasion d'un ouvrage intitulé : « Essai sur la puissance temporelle des papes » (par M. Daunou). Par L. C. D. T. (le chevalier du Tibre, c'est-à-dire le comte Charles PASERO DE CORNELIANO). *Paris, Bailleul*, 1818, in-8, 68 p.

Voy. « Supercheries », II, 701, *c*.

Dissertation sur S. Denys l'Aréopagite, où l'on fait voir que ce saint est l'auteur des ouvrages qui portent son nom. (Par dom Cl. DAVID.) *Paris*, 1702, in-8.

Dissertation sur Serlon, évêque de Sées, et Raoul, mort archevêque de Cantorbery. (Par Pierre-Joseph ODOLANT-DESNOS.) *Rome* (*Alençon*), 1785, in-8, 81 p.

Dissertation sur un monument antique découvert à Lyon sur la montagne de Fourvière, au mois de décembre 1704. (Par le P. DE COLONIA.). *Lyon, Th. Amaul-*

ry, 1705, in-12, 8 ff. lim., 79 p. et 2 planches.

L'auteur a signé l'épître.

Dissertation sur un monument souterrain existant à Grenoble. (Par J.-Jos. CHAMPOLLION-FIGEAC.) *Grenoble, J.-H. Peyronard*, brumaire an XII, in-8, 25 p. avec une gravure.

Il en a été imprimé vingt exempl. du format in-4.

Dissertation sur un nouveau remède antivénérien végétal. (Par LE VELNOS.) *Paris*, 1765, in-12. — 2ᵉ édit. *Paris*, 1768, in-12.

Dissertation sur un passage du second livre de S. Jérôme contre Jovinien. (Par Jean LIRON.) *Paris, veuve Vaugon*, 1706, in-12. — Seconde édition corrigée et augmentée, avec une réponse aux objections du R. P. Coustant. *Paris, Huguier*, 1707, in-12.

« Histoire littéraire de la congrégation de Saint-Maur », par dom Tassin, p. 670.

Dissertation sur un temple octogone, et sur plusieurs bas-reliefs trouvés à Sestas. (Par l'abbé Pierre JAUBERT, chanoine.) *Bordeaux, J.-B. Lacornée*, 1743, in-12.

Dissertation sur une machine inventée pour réduire les luxations, où l'on fait voir le danger de s'en servir. (Par BOTTENTUIT.) *Paris, J.-R. Morel*, 1724, in-12, 4 ff. lim., et 52 p.

Dissertation sur une médaille de Magnia urbica, où l'on fait voir que cette princesse n'est point femme de l'empereur Maxence, comme on l'a cru jusqu'ici. (Par GENEBRIER.) *Paris, Cot*, 1704, in-12.

Dissertation sur Victor de Vite, avec une nouvelle vie de cet évêque. (Par dom Jean LIRON.) *Paris, Huguier*, 1708, in-8.

Dissertation théologique contre les convulsions.... (Par DE LAN.) *S. l.*, 1733, in-4.

Dissertation théologique et critique, dans laquelle on tâche de prouver, par divers passages des saintes Ecritures, que l'âme de Jésus-Christ était dans le ciel une intelligence pure avant d'être unie à un corps humain dans le sein de la bienheureuse vierge Marie. (Par Pierre ROQUES.) *Londres, Henri Crouch*, 1739, in-12.

« Dictionnaire historique » de Ladvocat, édition de 1777.

Dissertation théologique et historique sur la conception de la Vierge, dans laquelle on prouve, par l'Ecriture et par

a une tradition de tous les siècles de l'Eglise jusqu'à nos jours, que la sainte Vierge a réellement et de fait contracté la tache du péché originel. *S. l.*, 1756, in-12, 211 p.

C'est une nouvelle édition de la Dissertation qu'on trouve à la p. 523 et suiv. de l'« Examen de deux questions importantes sur le mariage, etc. » (par Pierre LE RIDANT), imprimé en 1753, in-4. Mais dans la nouvelle édition il y a des augmentations considérables, qui forment plus du double de l'ouvrage. Il faut avoir soin de consulter l'*errata* qui est à la fin.

b Dissertation théologique sur cet axiome de saint Augustin : *Quid amplius nos delectat, secundum id operemur necesse est*, par le P. G. D. D. L C. D. J. (le P. Gabriel DANIEL, de la compagnie de Jésus). *Paris*, 1714, in-12.

Voy. « Supercheries », II, 146, *f*.

Dissertation théologique sur l'usage du prêt de commerce et sur les trois contrats,
c contre l'auteur du « Dialogue entre Bail et Pontas », avec l'examen de la « Lettre d'un négociant sur le prêt ». (Par le P. Pierre LE COQ, général des Eudistes.) *Rouen, Laurent Dumesnil*, 1767, in-12.

Dissertation théologique sur la célèbre dispute entre le pape S. Estienne et S. Cyprien... (Par l'abbé Pierre CORGNE.) *Paris, veuve R. Mazières*, 1725, in-12.

d Dissertation théologique sur la nécessité morale et l'impuissance morale par rapport aux bonnes mœurs, par le P. G. D. D. L. C. D. J. (le P. Gabriel DANIEL, de la compagnie de Jésus). *Paris*, 1714, in-12.

Voy. « Supercheries », II, 146, *f*.

Dissertation théologique sur le péché du confesseur avec sa pénitente. (Par l'abbé Reginald OUTHIER, chanoine d'Arles.) *Gênes, Simon Doulounie* (*Avignon,*
e *Alexandre Giroud*), 1750, in-12 de 124 p.

L'abbé Outhier, originaire du comtat Venaissin, directeur et prédicateur, prêcha un carême à Arles avec tant de distinction, que l'archevêque le nomma à un canonicat de son chapitre. Il continua de faire des conquêtes spirituelles par la chaire et le confessionnal. L'une de ses pénitentes l'accusa auprès de l'archevêque d'avoir voulu la séduire en confession. Outhier fut obligé de résigner son canonicat, et se retira à Avignon, où il paraphrasait le « Courrier » de cette ville en termes emphatiques. Morénas, écrivain assez plat,
f fournissait l'étoffe, et l'abbé Outhier y mettait la broderie.

C'est pendant son séjour à Avignon qu'il fit imprimer secrètement sa dissertation. Il y soutient, d'après quelques casuites un peu relâchés, que la qualité de confesseur n'est point une circonstance mortellement aggravante dont la déclaration soit absolument nécessaire, et que le péché commis avec lui n'est point un inceste spirituel.

Cette dissertation est bien écrite ; l'auteur avait du feu et de l'imagination. Il y prend un ton trop affirmatif : c'était celui qu'il avait dans la société ; et cette

morgue hautaine ne servit pas à lui faire des amis dans a
son chapitre, dont quelques membres contribuèrent à sa disgrâce. (Note envoyée par M. Chaudon.)

Dissertation théologique sur les intérêts de l'argent placé à jour. (Par l'abbé Ruel, ancien missionnaire et préfet apostolique de la France équinoxiale.) 1783, in-12.

Troisième édition en 1788, avec le nom de l'auteur.

Dissertation théologique sur les loteries. (Par l'abbé Christ. Coudrette.) *S. l.*, 1742,
in-12, XII-344 p. b

Dissertation touchant l'antiquité de Spa et de ses fontaines, par l'auteur de « l'Histoire du marquisat de Franchimont et de la ville de Vervier » (R.-J. Detrooz). *Liége*, 1812, in-8, 31 p. J. D.

Dissertation touchant l'auteur du symbole *Quicumque*, etc., par un licencié de Sorbonne (l'abbé Laurent-Josse Le Clerc,
sulpicien). *Lyon*, *P. Bruyset*, 1730, in-12, c
54 p.

Voy. « Supercheries », II, 784, *a*.

Dissertation touchant l'usure considérée selon les lumières de la raison naturelle. (Par L.-J. Carrel.) *Bruxelles*, 1690, in-12.

Dissertations à l'occasion des actes de l'assemblée du Clergé de 1765, sur la religion. (Par Jean de Caulet, évêque de
Grenoble.) *Grenoble*, *Favre*, 1767 et 1768, d
2 vol. in-4.

Voy. le nouveau Le Long, t. IV, p. 298, nº 6930***.

Dissertations critiques. Mélanges. Mes soliloques. De la médecine spirituelle. Le confessionnal du P. Joseph. Gloire à Dieu. Du besoin de religion. (Par Édouard Richer.) *Paris*, *Treuttel et Wurtz*, 1835, in-8, 471 p.

Catalogue de Nantes, nº 4145.

Dissertations curieuses de l'auteur in- e
connu (Montaset). *Londres* (*Amsterdam*), 1713, in-8.

Voy. « Supercheries », I, 410, *a*.

Dissertations de P. Joseph (de Haitze) sur divers points de l'histoire de Provence. *Anvers*, 1704, in-12.

Dissertations et lettres canoniques sur
les élections et l'autorité des supérieurs f
dans l'ordre des Capucins, et sur le recours des ecclésiastiques séculiers et réguliers, tant inférieurs que supérieurs, aux puissances séculières et aux lettres de cachet respectivement ; opuscule apologétique, divisé en deux parties. *Cologne* (*Avignon*), 1754, in-12, 346 p.

Cet ouvrage singulier fut composé à l'occasion du chapitre des Capucins tenu à Marseille, le 25 mai 1753. L'auteur prétend qu'on y avait violé toutes les règles de l'ordre séraphique. Son but est de prouver la nécessité d'une réélection après le premier triennat des gardiens.

Le père Alexis, de Draguignan, principal auteur de ces dissertations, homme vif et intrigant, fut exilé par lettre de cachet à Gex. De là il alla voir Voltaire aux Délices, où il fut présenté par Cramer et par son graveur de Bâle. Voltaire le reçut avec beaucoup de politesse, lui montra sa bibliothèque, et le fit promener dans son jardin. On l'arrêta devant un vase qui renfermait la plante appelée sensitive. Le graveur voulut y porter la main. « Prenez garde, lui dit Voltaire, cette plante n'éprouverait aucune sensation si elle était touchée par des vierges ; mais les huguenots ne se piquent guère de cette vertu. Que ne la laissez-vous toucher par le révérend père ? » (Cet article est de M. Chaudon.)

Dissertations historiques, chronologiques, géographiques et critiques sur la Bible. (Par L.-Ellies du Pin.) *Paris*, *Pralard*, 1710, in-8, tome I et unique.

Dissertations historiques et géographiques sur l'état de l'ancienne Gaule. (Attribuées à Louis des Ours de Mandajors.) *Avignon*, *Offrai*, 1712, in-12, 78 p.

Voyez la « Bibliothèque historique de la France », t. I, nº 175.

Dissertations historiques sur divers sujets. (Par Mathurin Veyssière de Lacroze.) *Rotterdam*, *Reinier Leers*, 1707, in-12.

Dissertations historiques sur divers sujets d'antiquité et autres matières qui la concernent (Par le Père Jacq. L'Empereur.) *Paris*, *P. Cot*, 1706, in-12.

Dissertations historiques sur la légitimité de la révolution belge de 1830, comparativement aux révolutions européennes. Partie historique. (Par Allognier, ancien employé au ministère des travaux publics.) *Scharbeck*, *Greuse*, 1856, in-8, 100 p. J. D.

Dissertations mêlées sur divers sujets importants et curieux. (Recueillies par J.-Frédéric Bernard.) *Amsterdam*, *J.-Fr. Bernard*, 1740, 2 vol. in-12.

On trouve dans le tome premier :

1. Dissertation sur l'origine du monde (réimprimée avec beaucoup d'augmentations, en 1751, à la tête du volume intitulé : « le Monde, son origine et son antiquité » (par Jean-Bapt. de Mirabaud). Voy. ce titre.

2. Lettre du R. P.... sur quelques auteurs qui ont travaillé à prouver la vérité de la religion chrétienne.

3. Lettre où l'on prouve que le mépris dans lequel les Juifs sont tombés depuis plusieurs siècles est antérieur à la malédiction de Jésus-Christ. (Réimprimée en 1769 avec beaucoup d'augmentations, par les soins de Naigeon, sous le titre d'« Opinions des Anciens sur les Juifs » (par Jean-Bapt. de Mirabaud). In-12.

4. Dissertation sur le martyre.

5. Dissertation sur l'immortalité de l'âme.

Dans le tome second :

6. Dissertation nouvelle sur le prétendu témoignage de Josèphe en faveur de Jésus-Christ.

7. Dissertation sur la lettre attribuée à saint Barnabé.

8. Mémoires contre les Mémoires ecclésiastiques de Tillemont, par DATIFY de Romi (FAYDIT de Riom).

9. Lettre du R. P. LE BRUN, prêtre de l'Oratoire, à un évêque de Provence.

10. Réflexions sur un édit de Louis XIV, ou Projet de réformation des monastères (par LE VAYER DE BOUTIGNY).

Dissertations où on examine quelques questions appartenantes à l'histoire des anciens Egyptiens. (Par Pierre-Adam DORIGNY.) *S. l.*, 1752, in-12, 23, 31 et 32 p.

Dissertations philosophiques sur plusieurs sortes de sujets, par le M. D. B. (le marquis DE BOUTTEVILLE). 1777, 2 vol. in-4.

Dissertations physico-théologiques touchant la conception de Jésus-Christ dans le sein de la vierge Marie, sa mère, et sur un tableau de Jésus-Christ qu'on appelle la *Sainte Face;* par M. P. C. D. C. (Jean PIERQUIN, curé de Chatel en Champagne, natif de Charleville). *Amsterdam*, 1742, in-12, 261 p.

Dissertations politiques et philosophiques. Premières dissertations, sur les principes du gouvernement, les délibérations des assemblées, par L. M. (Nic.-René-Dés. LE MOYNE, ingénieur des ponts et chaussées). *Paris, Carilian*, 1830, in-8.

Dissertations pour être lues, la première sur le vieux mot patrie, la seconde sur la nature du peuple. (Par l'abbé Gabr.-Fr. COYER.) *La Haye*, 1755, in-12.

Dissertations préliminaires pour une nouvelle histoire de France. (Par le P. Gab. DANIEL.) *Paris, Bénard*, 1696, in-12.

Réimprimé dans les « Dissertations relatives à l'histoire de France » de Leber, t. I, p. 364-416.

Dissertations sur des parties intéressantes du droit public en Angleterre et en France, d'après les lois des deux nations comparées entre elles. (Par Émilien PETIT.) *Paris, Knapen*, 1778, in-8.

Dissertations sur l'autorité légitime des rois en matière de régale, par M. L. V. M. D. R. (M. LE VAYER, maître des requêtes). *Cologne, P. Marteau*, 1682, in-12.

Voy. « Supercheries », II, 997, *d*.

C'est là le travail original de l'auteur. Il nous a semblé curieux de grouper à la suite les diverses transformations qu'il a subies, soit pour le fonds, soit pour la forme; les voici par ordre chronologique :

1690. Ce travail est donné comme tome II d'une « Histoire des matières ecclésiastiques ». *La Haye*. Voy. ce titre.

1700. Il devient, grâce à un éditeur, l'œuvre d'O. TALON, sous ce titre : « Traité de l'autorité des rois touchant l'administration de l'Eglise », par M. Talon, ci-devant avocat général... avec quelques pièces qui ont rapport à la matière. *Amsterdam, D. Pain*, 1700, in-8. Une contrefaçon de format in-12 s'est faite à Rouen sous la fausse indication d'*Amsterdam, D. Pain*, 1700. Quelques exemplaires portent : « Augmenté du discours de M. d'Aguesseau ». *Ibid., id.*, in-12.

1734. Refonte de l'ouvrage, attribuée à DELPECH DE MÉRINVILLE, sous ce titre : « Traité des bornes de la puissance ecclésiastique et de la puissance civile, avec un sommaire chronologique des entreprises des papes pour étendre la puissance spirituelle, et des suites que ces entreprises ont eues, surtout en France, comme aussi des faits concernant les disputes du temps; par un conseiller de grand chambre ». *Amsterdam, F. Changuion*, 1734, in-8. Cette refonte paraît aussi la même année sous cet autre titre : « le Droit des souverains touchant l'administration de l'Eglise, où l'on traite : 1° de la conduite de l'Eglise en général, et de son partage entre les puissances temporelle et spirituelle ; 2° de l'autorité du roi dans la discipline qui concerne le culte ecclésiastique ; 3° de l'autorité du roi touchant les personnages ecclésiastiques ». *Paris*, in-4.

On cite des exemplaires de l'édition d'Amsterdam comme portant ce titre : « Dissertations sur le droit des souverains touchant l'administration de l'Eglise, revue et corrigée ». C'est sous ce dernier titre qu'on réimprime l'ouvrage.

1750. *Avignon, imprimerie de A. Giraud*, in-12, et aussi *Londres, s. d.*, in-12.

1753. On revient au titre de 1700, mais on donne le nom de l'auteur. *Londres*, in-12.

1756. A cette date paraît : « Suite au Traité de l'autorité des rois... contenant un supplément de pièces importantes ». *Londres*, 1756, in-12.

Dissertations sur l'autorité paternelle, dont la première a remporté le prix et les deux autres ont obteuu l'accessit dans l'assemblée publique de l'Académie royale des sciences et belles-lettres (de Berlin). (Par Pierre VILLAUME, professeur de philosophie, et P.-Cl.-F. DAUNOU, de l'Oratoire.) *Berlin, Decker*, 1788, in-4.

La pièce qui a remporté le second accessit est en allemand.

Dissertations sur l'existence de Dieu, par JAQUELOT, nouvelle édition, augmentée de la vie de l'auteur (par l'abbé Gabriel-Louis CALABRE-PÉRAU). *Paris, François Didot*, 1744, 3 vol. in-12.

Dissertations sur l'origine de la ville de Dijon, et sur les antiquités découvertes sous les murs bâtis par Aurélien. (Par B. LE GOUX DE GERLAND.) *Dijon, Nicolas Frantin*, 1771, in-4.

Dissertations sur l'origine des Francs... avec une histoire abrégée des rois de France, en vers. (Par RIBAUD DE LA CHAPELLE.) *Paris, Chaubert*, 1749, in-12.

Dissertations sur l'union de la religion, de la morale et de la politique, tirées d'un ouvrage de M. WARBURTON. (Par Etienne DE SILHOUETTE.) *Londres, Guil. Darrés*, 1742, 2 vol. in-12.

Dissertations sur la chaleur, par MARTINE, traduites de l'anglois (par Louis-Anne LAVIROTTE). *Paris, Hérissant*, 1751, in-12.

Dissertations sur la fondation de la ville de Marseille, sur l'histoire des rois du Bosphore Cimmérien, et sur Lesbonax, philosophe de Mytilène. (Par Fél. CARY.) *Paris, J. Barrois*, 1744, in-12.

L'auteur a signé l'épître dédicatoire.

Dissertations sur la mouvance de la Bretagne, par rapport au droit que les ducs de Normandie y prétendoient, et sur quelques autres sujets historiques. (Par l'abbé Claude DU MOULINET, sieur DES THUILLERIES, né à Sées, mort à Paris le 15 mai 1728, âgé de soixante-sept ans et quelques mois.) *Paris, Fournier*, 1711, in-8, 287 p. et 7 ff.

Dissertations sur la noblesse d'extraction, et sur l'origine des fiefs. (Par Joachim, comte D'ESTAING.) *Paris, G. Martin*, 1690, in-8.

Dissertations sur la prison de saint Jean-Baptiste, et sur la dernière pâque de Jésus-Christ... (Par J. PIÉNUD.) *Paris, A. Seneuze*, 1690, in-12.

L'auteur a signé l'épître.

Dissertations sur la recherche de la vérité, contenant l'histoire et les principes de la philosophie des académiciens. (Par l'abbé Sim. FOUCHER.) *Paris, Anisson*, 1693, in-12.

Dissertations sur la théorie des comètes, qui ont concouru au prix proposé par l'Académie royale des sciences et belles-lettres de Prusse pour l'année 1777, et adjugé en 1778. (Par CONDORCET, Georges-Frédéric DE TEMPELHOFF et J.-Fr. HENNERT.) *Utrecht, Bart. Wild*, 1780, in-4.

Dissertations sur le droit public des colonies françoise, espagnoles et angloises, d'après les lois de ces trois nations comparées entre elles. (Par Émilien PETIT.) *Paris, Knapen*, 1778, in-8.

Dissertations sur le pouvoir des évêques pour la diminution ou augmentation des fêtes, par les évêques de Saintes (Louis DE BASSOMPIERRE), de La Rochelle (Henri DE LAVAL) et de Périgueux (Guillaume LE BOUX). *Paris, Dezallier*, 1691, in-12.

C'est à tort que plusieurs bibliographes ont attribué ce volume à l'abbé THIERS.

Voy. « Supercheries », I, 1274, *e*.

Dissertations sur le règne de Clovis. (Par Jacques RIBAULD DE LA CHAPELLE.) *S. l.*, 1741, in-8, 83 p.

Voy. ci-dessus, « Dissertation sur la félicité », col. 1071, *a*.

Dissertations sur les antiseptiques. (Par Guill.-Lambert GODART, Barth.-Cam. DE BOISSIEU et Touss. BORDENAVE.) *Dijon, Desventes; Paris, Desventes de la Doué*, 1769, in-8.

Dissertations sur les ouvrages des plus fameux peintres. Voyez « Dissertation... »

Dissertations sur les prolégomènes de WALTON (tirés du latin de l'auteur), attribuées au P. ÉMERY, de l'Oratoire. *Liége, Justel* (*Lyon, Certe*), 1699, in-8.

« J'ai appris, dit le P. Baizé, d'un homme instruit dans ces matières, que le véritable auteur de cette traduction était le P. François BOYER, aussi oratorien. »

Voyez sur cet ouvrage les « Lettres choisies » de R. Simon, édition de Bruzen de La Martinière. *Amsterdam*, 1730, t. II, p. 275.

Dissertations théologiques et canoniques sur l'approbation nécessaire pour administrer le sacrement de pénitence. (Par l'abbé J.-B. RIVIÈRE, plus connu sous le nom de PELVERT.) *Avignon* (*Paris*), 1755, in-12.

Dissertations théologiques et dogmatiques sur les exorcismes et autres cérémonies du baptême. (Par J.-J. DUGUET.) *Paris*, 1727, in-12. V. T.

Distinction et bornes des deux puissances par rapport à la constitution du clergé. Avec deux corollaires sur le divorce, et sur le célibat religieux; par l'auteur de « l'Etat des personnes en France sous les deux premières races de nos rois ». (Par l'abbé Paul-Joseph DE GOURCY, de Mainville.) *Paris, Girouard*, 1790, in-8.

Distinction (la) et la nature du bien et du mal, traité où l'on combat l'erreur des Manichéens, les sentimens de Montagne et de Charon, et ceux de M. Bayle; et le livre de S. AUGUSTIN : « de la Nature du bien », traduit en françois (par dom Alexis GAUDIN, chartreux). *Paris, Cellier*, 1704, in-12.

Bayle a répondu à dom Gaudin par un article inséré dans « l'Histoire des ouvrages des savants ». *Amsterdam*, 1704, p. 369 et suiv. (Note de J.-Q. Beuchot.)

Distinction (de la) primitive des psaumes en monologues et en dialogues, ou exposition de ces divins cantiques tels qu'ils étoient exécutés par les lévites dans le temple de Jérusalem; nouvelle édition, accompagnée de notes, etc., par V*** (l'abbé Pierre-François VIGUIER, lazariste). *Paris, veuve Nyon*, 1806, 2 vol. in-12.

Réimprimé, avec qualification de seconde édition, sous ce titre : « Exposition du sens primitif des psaumes... Par M. V*** ». *Paris*, 1818-1819, 2 vol. in-8.

Distinctions (des) honorifiques et de la particule dite nobiliaire. Extrait de la « Gazette des tribunaux » (27 et 31 octob. 1861). (Par M. Henri BEAUNE.) *Paris, imp. de A. Guyot et Scribe*, 1861, in-8, 35 p.

Une seconde édition, *Paris, R. Muffat*, 1862, in-16, porte le nom de l'auteur.

Distiques de CATON en vers latins, français et allemands, avec une traduction interlinéaire de ces derniers. (Par A.-M.-H. BOULARD.) *Paris*, an VI-1798, in-8. — Les mêmes en vers latins, grecs et français, suivis des Quatrains de PIBRAC en prose grecque, par DUMOULIN, le tout avec des traductions interlinéaires ou littérales du grec (par le même A.-M.-H. BOULARD). *Paris, Fuchs*, an XI-1803, in-8.

Les vers français insérés dans ces deux éditions sont de l'abbé Salmon, qui les a publiés sous le titre de « Préceptes de la vie civile ». Voy. ces mots.

Distiques (les) de MURET, traduits en vers français par Aug. A.... (Augustin ASSELIN, ancien sous-préfet de Vire et de Cherbourg). *Vire, Adam*, 1809, in-8, 16 p. — *Cherbourg*, 1832, in-8.

Distractions (les) d'un financier. (Par le comte Florimond-Louis D'AUDIFFRET, ancien receveur général des finances de la Loire-Inférieure.) *Nantes, Merion*, 1853-1855, 4 vol. in-12.

Cet ouvrage n'a pas été mis dans le commerce.

Distrait (le), comédie. (Par Jean-Fr. REGNARD.) *Paris, P. Ribou*, 1698, in-12.

Distribution (la) des prix. Novembre 1869. (Par le marquis de CHENNEVIÈRES-POINTEL.) *Alençon, de Broise*, 1869, in-8, 24 p.

Distributions (des) d'aliments cuits opérés en divers temps, chez les différents peuples du monde. Mémoire lu à l'académie de Stanislas, à l'occasion d'un nouveau système de secours alimentaires organisés à Nancy dans l'hiver de 1853-1854. (Par Auguste-Prosper-François GUERRIER DE DUMAST.) *Nancy, Grimblot et veuve Raybois*, 1855, in-8, 39 p.

District (le) de village, ambigu en un acte, en prose, mêlé de vaudevilles. (Par G.-Fr. DESFONTAINES DE LA VALLÉE.) *Paris, Lawalle*, 1790, in-8.

Dithyrambe sur la destruction et le rétablissement de la statue de Henri IV, par M. B......., de Nantes. (*Paris*). *imp. Anth. Boucher, s. d.*, in-8, 8 p.

Attribué à BOURCIER par les « Supercheries », I, 445, *f*, à Charles-François-Ursin BLANCHARD DE LA MUSSE par le Catalogue de Nantes, n° 26801.

Dithyrambe sur la mort de Jacques Delille. (Par Casimir DELAVIGNE.). *Paris, Everat, impr.*, 1813, in-4.

Dithyrambes, par F. B. P....., avocat. (Par PIERRUGUES.) *Paris, imp. de Sajou*, 1819, in-8, 13 p.

Dictz et aucthoritez des saiges philosophes. In-4, 8 ff.

Le « Manuel du libraire », t. II, col. 1755, cite deux autres éditions de cet opuscule en vers, contenant 62 maximes morales exprimées par des quatrains. Si cet opuscule est réellement de Pierre GRINGORE, auquel on l'attribue, il doit être une de ses plus anciennes productions, car l'édition paraît avoir été imprimée vers 1490.

Dictz moraux des philosophes... *Impressum Brugis per Colardum Mansionis*. Pet. in-fol.

Edition sans date et la plus ancienne de toutes celles dont on peut voir le détail dans le « Manuel du libr. », 5e édit., II, col. 765-766.

Cet ouvrage est le même qui, dans beaucoup de manuscrits existants, porte pour sommaire, notamment dans celui de la Bibliothèque nationale, Fonds français, n° 812, v° : « Diz moraux des philosophes translates de latin en françoys par... Guillaume DE TIGNONVILLE ».

Guillaume de Tignonville était prévôt de Paris en 1406. Il fit sa traduction à la requête de Charles VI. Elle fut à son tour traduite en anglais par Antoine, comte de Rivers, lord Scales, *Londres, Will. Caxton*, 1477, qui donne à notre compatriote le nom de Jehan DE TEONVILLE.

Divagations politiques sur les affaires du temps, par un grenadier de la garde nationale (M. ARDANT DU PICQ). *Paris, Tétot*, 1831, in-8.

Divers (les) discours de Laurens CAPELLONI, sur plusieurs exemples et accidents meslez suivis et advenuz. (Traduit de l'italien par Pierre DE LARIVEY.) *Troyes, J. le Noble*, 1595, in-12.

Réimprimé sous le titre de « Libres et divers discours ».

Divers écrits des curés de Paris, Rouen, Nevers, etc., contre la morale des Jésuites, publiés pendant les années 1656, 57, 58 et 59. (Recueillis et accompagnés d'une préface par l'abbé MINARD.) 1762, in-12.

Divers poëmes imités de l'anglois. (Par Mme Adél. DE LA BORDE.) *Paris, Didot aîné*, 1785, in-8.

Divers portraits. (Par mademoiselle DE MONTPENSIER.) Imprimés en l'an 1659, in-4, 8 ff. lim., 342 p. et 3 ff. de table et d'errata.

Edition originale, tirée à 60 exempl., imprimée à Caen par les soins de HUET, évêque d'Avranches, et aux frais de l'auteur.

Réimprimé avec d'autres portraits dus à divers auteurs, sous les titres ci-dessous :

Recueil des portraits et éloges en vers et en prose, dédié à S. A. R. Mademoiselle. *Paris, C. de Sercy*, 1659, 2 vol. in-8.

Les Pourtraits de la cour pour le présent, c'est-à-dire du roi, des princes et de ministres d'Etat et autres. *Cologne*, 1667, in-16.

Les Portraits de la cour, c'est-à-dire du roi, des princes, des ministres d'Etat et autres. *Cologne*, 1668, in-12.

La Galerie des portraits de Mlle DE MONTPENSIER. Recueil des portraits et éloges... Nouvelle édition, avec des notes, par M. Edouard DE BARTHÉLEMY. *Paris, Didier*, 1860, in-8.

Voy., pour plus de détails sur ces différentes éditions, Brunet, « Manuel du libraire », II, col. 770.

Divers (des) projets de constitution pour la France. (Par le baron A.-G.-P. BRUGIÈRE DE BARANTE.) *Paris, Mame frères*, 1814, in-8, 55 p.

Divers traictez, à sçavoir, de la nature des bains de Bourbon, de la macreuse, de la poudre de sympathie, etc. (Par Isaac CATTIER.) *Paris*, 1651, in-8. V. T.

Divers traités d'histoire, de morale et d'éloquence : 1° la vie de Malherbe (par RACAN); 2° l'Orateur (par Gabriel GUÉRET); 3° de la manière de vivre avec honneur et avec estime dans le monde ; 4° si l'empire de l'éloquence est plus grand que celui de l'amour (par Gabriel GUÉRET); 5° méthode pour lire l'histoire; 6° discours sur la musique d'Italie et des opéras (par MAUGARS, interprète du roi pour la langue angloise). (Le tout publié par Pierre DE SAINT-GLAS, abbé de Saint-Ussans.) *Paris, veuve Thiboust*, 1672, in-12.

Divers traités sur les droits et prérogatives des rois de France, tirez des Mémoires historiques et politiques de M. C. S. S. D. S. (Charles SOREL, sieur de SOUVIGNY). *Paris, Société des libraires*, 1666, in-12. — *Paris*, 1667, in-18.

Diverses avantures de France et d'Espagne. (Par le chevalier DE MAILLY.) *Paris*, 1707, in-12.

Note manuscrite de Lenglet-Dufresnoy.

Diverses (les) fantaisies des hommes et des femmes, composées par Mère sotte (Pierre GRINGORE). *Paris, Den. Janot*, 1538, in-16.

Voy. « Supercheries », II, 1119, *b*.

Diverses maximes et réflexions. (Par

a DU PUY.) *Paris, Nic. Gosselin*, 1707, in-12, 89 p. et 2 ff. de privilége.

Diverses (les) poésies de S. D. C. (sieur DU CROS). La Philis de Scire, imitée de l'italien (de Guidubaldo DE BONARELLI), par S. D. C. *Paris, Aug. Courbé*, 1647, in-4.

La Philis se compose de 4 ff. et 152 p. (Catal. Soleinne, n° 4430.)

b Diversités curieuses, amusements philosophiques, étrennes à mes amis, par B. Q. S. (Simon BLOCQUEL). *Lillle, Castiau*, 1827, in-32.

Voy. « Supercheries », I, 573, *a*.

Diversités curieuses, pour servir de récréation à l'esprit. (Par l'abbé L. BORDELON.) *Paris*, 1698 ; — *Amsterdam*, 1699, 7 vol. in-12.

c La collection, en 7 vol., se compose de plusieurs ouvrages publiés d'abord sous différentes dénominations. Celui qui a donné le titre à la collection était intitulé : « Diversitez curieuses en plusieurs lettres ». *Paris, U. Coustelier*, 1697, 2 vol. in-12.

Diversités extraites d'un cahier bleu écrit dans une solitude des Pyrénées. *Caen*, 1868, pet. in-8, 3 ff. et 114 p., fig.

L'épître dédicatoire est signée : l'abbé B. LACOSTE. Elle est adressée à l'excellent et regrettable Trébutien, qui a été l'éditeur de ce livre, tiré à petit nombre pour

d être distribué à un petit cercle d'amis. G. M.

Diversitez (les) galantes, contenant : les Soirées des auberges, nouvelle comique; responce à l'impromptu de Versailles, ou la vengeance du marquis; l'Apothicaire de qualité, nouvelle galante et véritable; Lettre sur les affaires de théâtre. *Paris, Claude Barbin*, 1664, 2 vol. in-12.

Voy. les « Soirées des auberges ».

e Attribué par Barbier à J. DONNEAU DE VIZÉ, et par J.-Ch. Brunet à VILLIERS, comédien.

L'édition donnée l'année suivante contient :

Les Soirées des auberges, nouvelle comique; l'Apothicaire de qualité, nouvelle galante et véritable; l'Avanture de l'hôtellerie, ou les deux rivales; le Mariage de Belfegore, nouvelle facétieuse; l'Occasion perdue recouverte, nouvelle comique. *Paris, Gabr. Quinet*, 1665, pet. in-12.

Le privilége est du 14 septembre 1663, au nom de *Jean Ribou*, associé à *Est. Loyson, Claude Barbin et Gabriel Quinet*.

f Diversités littéraires. (Par l'abbé J.-C. THIOLLIÈRE.) 1766, in-12.

Divertissement national en l'honneur de la naissance du Dauphin. (Par Christophe-Félix-Louis VENTRE DE LA TOULOUBRE, plus connu sous le nom de MONTJOIE.) *Paris*, 1781, in-8.

Divertissements (les) amoureux, ou recueil de pièces enjouées. (Par DUFOUR DE

La Crépilière, médecin.) *Paris, veuve de Varennes*, 1686, in-12.

Viollèt Le Duc, p. 555, indique « les Divertissements d'amour et autres poésies burlesques et sérieuses par le sieur Dufour C., médecin ». *Paris, Olivier de Varenne*, 1667, in-12.

Divertissements (les) curieux de M. D. B. (Jacques Moysant, sieur de Brieux). *Caen, J. Cavelier*, 1668, pet. in-12. — Autre édit. *Ibid.*, *id.*, 1673, pet. in-12, 91 p. et 12 ff. prélim.

Divertissements (les) de Cassandre et de Diane. (Par Vanel.) *Paris*, 1685, in-12. V. T.

Divertissemens (les) de la princesse Aurélie, divisés en six nouvelles. (Par Jean Regnauld, sieur de Segrais.) *La Haye, P. Paupie*, 1742, 2 vol. in-12.

Cet ouvrage parut pour la première fois en 1656.

Divertissemens (les) de Seaux. *Trévoux*, 1712, in-12.

Recueil de pièces en vers et en prose, par Nicolas de Malézieux, les abbés Ch.-Cl. Genest, Guill. Amfrye de Chaulieu, et autres personnes de la société de la duchesse du Maine.

Une « Suite des divertissements de Sceaux », *Paris*, 1725, in-12, figure au cat. M. *** (*Paris, Schlesinger*, 1871) comme un volume fort rare, inconnu à Brunet et à Quérard.

Divertissements (les) de Versailles, donnés par le roi à toute sa cour au retour de la conquête de la Franche-Comté en l'année 1674. (Par André Félibien.) *Paris, imp. royale*, 1676, 2 vol. in-fol. — *Paris, J.-B. Coignard*, 1674, in-12.

L'édition in-fol. fait partie de la collection du cabinet du roi; on y trouve six grandes planches grav. par Lepautre et Chauveau; une d'elles représente une scène du « Malade imaginaire », comédie qui fut jouée le troisième jour des divertissements dans les jardins de Versailles.

Divinailles (les) à très-haut et très-puissant seigneur messire Georges de Mouxi, comte de Montréal. (Par Estienne Nouvellet, de Savoie.) *Lyon, Jean de Tournes*, 1578, in-4.

Bibliothèque de l'Arsenal, Belles-Lettres, n° 8544.

Divine (la) Comédie de Dante Alighieri... traduction complète, accompagnée de notes historiques et littéraires, d'une introduction et de la vie du Dante, par l'auteur des « Divines féeries » (Séb. Rhéal de Césena). *Paris*, 1843-1856, 6 vol. gr. in-8.

Réimprimé avec le nom du traducteur.

Divine (la) Comédie de Dante Alighieri, contenant la description de l'enfer, du purgatoire et du paradis. (Traduction du comte Colbert d'Estoutevilles,

a petit-fils du grand Colbert, revue et publiée par Marie-François Sallior.) *Paris, Sallior*, an IV, 3 vol. in-8.

Le manuscrit de cette traduction très-inexacte était connu de Montesquieu; il en a parlé dans ses « Lettres familières ». Voy. p. 192 et 193, édition de *Londres, Nourse*, 1769, in-12.

Selon la « Biographie universelle », l'éditeur aurait détruit la majeure partie des exemplaires.

Divine (la) relique du sang adorable de
b J.-C. dans la ville de Billom en Auvergne. (Par Raymond Saint-Martin.) *Lyon*, 1645, in-12. V. T.

Catalogue manuscrit des Barnabites.

Divines (les) opérations de Jésus dans le cœur d'une âme fidèle, par G. D. M. (Gabriel de Mello), docteur en théologie. *Paris, Jacq. Van Merle*, 1673, in-12.

Divinité (la) de l'Eglise catholique, démontrée et vengée contre la principale
c objection du protestantisme, ou réponse à un ministre calviniste. (Par le P. Franç.-Xavier Gautrelet, jésuite.) *Clermont-Ferrand, librairie catholique*, 1854, in-18.

Divinité (la) de la religion chrétienne vengée des sophismes de J.-J. Rousseau, seconde partie de la « Réfutation d'Emile, ou de l'Education ». *Paris, Desaint et Saillant*, 1763, 2 parties in-12.

d La première partie est de M. André, depuis bibliothécaire de M. d'Aguesseau, la seconde, de dom J.-P. Déforis. Voy. « Réfutation d'Emile... »

Divinité (la) de Notre-Seigneur Jésus-Christ prouvée contre les hérétiques et les déistes, par un bénédictin de la congrégation de Saint-Maur (dom Prudent Maran). *Paris, Collombat*, 1751, 3 vol. in-12.

Voy. « Supercheries », I, 507, *c*.

e

Divinités (des) génératrices, ou du Culte du Phallus chez les anciens et les modernes, des cultes du dieu de Lampsaque, de Pan, de Vénus; par J. A. D*** (Jacq.-Ant. Dulaure). *Paris, Dentu*, an XIV-1806, in-8.

Voy. « Supercheries », II, 357, *d*.

Division (la) du monde, contenant la déclaration des provinces et régions d'Asie,
f Europe et Afrique. (Par Jacques Signot.) *Paris, Alain Lotrian*, 1539, in-12. — *Lyon, Benoît Rigaud*, 1572, in-12.

Voy. la nouvelle édition de la Croix du Maine, t. I, au mot Jacques Signot; et du Verdier, t. I, p. 481.

Divorce (du). (Par le chev. Alb.-Jos.-Ulpien Hennet.) *Paris, Desenne*, 1789, in-8.

Réimprimé pour la troisième fois à Paris, chez Dupont, en 1792, avec le nom de l'auteur.

a Divorce céleste causé par la dissolution de l'épouse romaine; avec un dialogue entre deux gentils hommes... sur la guerre présente d'Italie contre le Pape; fidellement traduit d'italien en françois (de Ferrante PALLAVICINO). *Villefranche(Hollande), J. Gibault*, 1649, pet. in-12, 6 ff. prélim., 115 p., et 34 pour le dialogue.

Le premier ouvrage contenu dans ce volume avait d'abord paru sous le titre suivant :

b Le « Céleste Divorce, ou la séparation de J.-C. d'avec l'Eglise romaine, son épouse, à cause de ses dissolutions... » 1644, pet. in-12. Voy. ci-dessus, col. 546, *d*. Il existe une autre traduction de cette satire.

La Monnoye ne croyait pas que Pallavicino fût auteur du « Divorce céleste ». Voy. la « Bibliothèque choisie » de Colomiés, édition de 1731, p. 304.

C'est aussi l'opinion de Dahlmann. Voy. p. 900-914 de son ouvrage intitulé : « Schauplatz der masquirten und demasquirten Gelehrten ». *Leipzig*, 1710, in-8.

c Divorce (le) céleste, causé par les désordres et les dissolutions de l'épouse romaine, et dédié à la simplicité des chrétiens scrupuleux, avec la vie de l'auteur, traduit de l'italien de Ferrante PALLAVICINO (par BRODEAU DOISEVILLE). *Cologne (Amsterdam)*, *de Lorme et Roger*, 1696, in-12, 175 p.

Divorce (du) considéré au XIXe siècle, relativement à l'état domestique et à l'état

d public de société. Par L. G. A. B..... (Louis-Gabriel-Ambroise DE BONALD). *Paris*, *Leclere*, 1801, in-8.

Voy. « Supercheries », II, 777, *a*.

Deuxième édition en 1805, avec le nom de l'auteur.

Divorce (le) de concert, comédie par M. H. D. E. (L'HUISSIER DES ESSARDS). *La Haye*, 1706, in-12.

e Divorce (le) de l'Amour et de la Raison. comédie, suite du Nouveau-Monde. (Par l'abbé Simon-Joseph PELLEGRIN.) *Paris*, *Pierre Ribou*, 1724, in-12.

Divorce (du) de Napoléon Buonaparte avec Joséphine, veuve Beauharnais, et de son mariage avec Marie-Louise, archiduchesse d'Autriche. (Par Mathieu-Mathurin TABARAUD.) *Paris*, *Egron*, 1815, in-8, 60 p.

f Divorces (les) anglais, ou procès en adultère jugés par le ban du roi et la cour ecclésiastique d'Angleterre... (Par Agr.-H. DE LA PIERRE DE CHATEAUNEUF.) *Paris*, *l'éditeur*, 1821-22, 3 vol. in-12.

Dix ans d'impérialisme en France. Impressions d'un flâneur. (Par lord CLARENDON.) *Paris*, *E. Dentu*, 1863, in-8, 303 p.

Cet ouvrage a d'abord paru en anglais; il a eu pour correcteur le secrétaire de lord Clarendon, le général hongrois EDER, et pour traducteur M. BERNARD-DEROSNE.

Dix ans de voyages. Recueil de correspondances, par S. L. (Sébastien LECONTE). *Paris*, *impr. de Claye*, 1868, in-12.

Dix (le) décembre et le treize mai. *Paris*, *Garnier frères*, 1er mai 1849, in-32, 16 p.

Signé : Un Paysan (G. BRACCINI).

Voy. « Supercheries », III, 47, *c*.

Dix-huit (les) bas-reliefs de la villa Théas interprétés, ou études iconographiques d'une pierre sculptée des derniers temps du moyen âge, par le supérieur du petit séminaire d'Auch (l'abbé François CANÉTO). *Bagnères-de-Bigorre*, *Dozun*, 1849, in-12.

Dix-huit (le) brumaire, ou tableau des événements qui ont amené cette journée, des moyens secrets par lesquels elle a été préparée, des faits qui l'ont accompagnée, et des résultats qu'elle doit avoir; auquel on a ajouté des anecdotes sur les principaux personnages, etc. (Par Vincent LOMBARD DE LANGRES.) *Paris*, *Garnery*, an VIII-1799, in-8, 431 p.

« Biographie des hommes vivants », par les frères Michaud.

Cet ouvrage a été faussement attribué à Pierre-Louis RŒDERER.

Dix-huit (le) fructidor, ses causes et ses effets. (Par Jean-Pierre GALLAIS.) *(Hambourg)*, 1799, 2 vol. in-8.

Cet ouvrage a été publié pendant que l'auteur était déporté ou censé déporté à Cayenne.

Dix-huit mois d'un siècle, par M. M. *Paris*, *Le Normant*, 1816, 2 tomes en 3 volumes in-12.

L'auteur de cet ouvrage politique, tenant du roman, est Madeleine GERBIER, fille de l'avocat P.-J.-B. Gerbier de La Massilaye, épouse de Jean-Louis DE CHANALEILLE, comte DE LA SAUMÈS.

Dix-huitième anniversaire de l'indépendance belge. Les fêtes de septembre illustrées. Fêtes et cérémonies publiques. Grand cortége national. (Par Charles HEN.) *Bruxelles*, *Jamar*, gr. in-8, 76 p. J. D.

Dix-huitième lettre au révérend P. Annat, jésuite. Sur la copie imprimée à Cologne, le 24 mars 1657. (Par Blaise PASCAL.) *S. l.*, in-4.

Dix-huitième (le) siècle vengé, épître à M. D***, par M. M*** (Jean-Baptiste-Gabriel-Marie DE MILCENT). *La Haye et Paris*, 1775, in-8, 14 p.

Dix journées de la vie d'Alphonse Van Worden. (Par le comte Jean POTOCKI.)

Versailles, impr. de Jacob, Paris, Gide, 3 vol. in-12.

Ce roman est celui que Maurice COUSIN, comte DE COURCHAMPS, présenta au directeur de « la Presse » en 1841, comme étant un ouvrage de sa composition.

Voy. « Supercheries », art. Cagliostro, I, 625, *e*.

Depuis, M. Paul Lacroix a voulu gratifier Ch. Nodier de ce roman, M. A. Ladrague a prouvé qu'il n'avait pas d'autre auteur que le comte Jean POTOCKI. Voy. ci-après « Manuscrit de Saragosse ».

Dix jours de 1830, ou souvenirs de la dernière révolution, par un officier d'infanterie de l'ex-garde (A. SALA). *Paris, L.-F. Hivert*, 1830, in-8. — 2e éd., par A. S... *Paris, L.-F. Hivert*, 1831, in-8.

Dix livres de THÉODORET touchant la providence de Dieu, etc., traduits du grec en françois, par S. G. S. (Simon GOULART, Senlisien). *Lausanne*, 1578, in-8.

Voy. « Supercheries », III, 640, *f*.

Dix martyrs de la justice autrichienne en Hongrie. Procès Almasy et consorts. Debreczin, Bruxelles, Vienne, Buda-Pest. Lettres adressées au « Précurseur » d'Anvers, par X. X. — X. X. (Max. SULZBERGER et KERBENYI). *Bruxelles*, 1865, in-8, 16 p.

J. D.

Dix millions de profits à garder, ou un million d'intérêt à gagner. Discours de M. Lafitte, 1832. (Par le marquis DE LA GERVAISAIS.) *Paris, Pihan-Delaforest*, 1832, in-8, 24 p.

Dix-neuvième (le) siècle à l'œuvre. (Par le marquis DE LA GERVAISAIS.) *Paris, Pihan-Delaforest*, 1836, in-8, 16 p.

Dix plaisans dialogues de Nicolo FRANCO, traduits de l'italien par G. C. (Gabriel CHAPUYS). *Lyon, Béraud*, 1579, in-16.

Voy. « Supercheries », II, 144, *a*.

Dix preuves de la vérité de la Religion chrétienne proposées aux universités d'Angleterre, par le père Edmond CAMPIAN. (Traduit du latin par le P. Jean BRIGNON, jésuite.) *Paris, J. Boudot*, 1701, in-12.

Note manuscrite de l'abbé de Saint-Léger.

Dix principaux chefs d'accusation.... Voy. « Pièces pour servir de réponse... »

Dix titres pour un : les effets du fatalisme, les erreurs de la justice... par H. A. K... S. (Henri-Alexis CAHAISSE). *Paris, Jombert*, an IX-1801, 2 vol. in-12.

Voy. « Supercheries », II, 457, *e*.

Dixme (la) royale. Voy. « Dîme (la) ».

Docteur (le) amoureux, comédie, en cinq actes et en vers. (Par LE VERT.) *Paris, Augustin Courbé*, 1638, in-4.

Catalogue Soleinne, n° 1127.

Docteur (le) en malice, maistre Regnard, démonstrant les ruses et cautelles qu'il use envers les personnes. Histoire plaisante et récréative et non moins fructueuse. (Traduit de rimes de Jacquemars GIELÉE, de Lille, en prose, par Jean TÉNESSAX.) *Rouen, Rob. et J. Dugort*, 1550, in-16, 96 ff. — *Paris, Nic. Buffet*, 1551, in-16, 96 ff.

Voy., pour le détail des éditions et leurs titres divers, Brunet, « Manuel du libraire », 5e édit., t. IV, col. 1223.

Docteur (le) Morizot, ou mémoires du baron de Lascy. (Par J.-J.-E. ROY.) *Lille, Lefort*, 1843, in-18, avec une lithogr.

Docteur (le) Sangrado, opéra-comique en un acte, par ANSEAUME et *** (Jean-Baptiste LOURDET DE SANTERRE). *Paris, Duchesne*, 1758, in-8.

Catalogue Soleinne, n° 3306.

Docteurs (les) modernes, comédie parade en un acte et en vaudevilles ; suivie du Baquet de santé, divertissement analogue mêlé de couplets ; représentée, pour la première fois à Paris, par les comédiens italiens ordinaires du roi, le mardi 16 novembre 1784. (Par P.-Yon BARRÉ et Jean-Baptiste RADET.) *Paris, Brunet*, 1784, in-8, 69 p. — 2e éd. *Id.*, 1784, in-8, 65 p.

Doctorat (le) impromptu. (Par ANDRÉA DE NERCIAT.) *S. l.*, 1788, in-32.

Roman fort libre comme ceux de cet écrivain. Il existe une réimpression sous la rubrique *Londres*, 1788-1866 (*Bruxelles*), 1866, in-12, 4 f. et 98 p.

Doctrinat (le) de sapience. (Traduit du latin de Guy DE ROYE, archevêque de Sens.) *S. l. n. d.*, in-f.

Pour le détail des nombreuses éditions de ce livre, voy. Brunet, « Manuel du libraire », 5e édit., t. IV, col. 1434.

Doctrine catholique sur le mariage, par l'abbé B*** P. D. T. (l'abbé Guillaume-André-René BASTON, professeur de théologie). *Rouen*, 1791, in-12.

Doctrine chrestienne du P. LEDESMA, de la Cie de Jésus, traduite en langage canadois par un Père de la même compagnie (le P. Jean DE BREBEUF). *Rouen, Richard L'Allemand*, 1630, in-12, 26 p.

Réimprimé avec le « Voyage » de Champlain, édition de 1632. Omis dans l'édition de Paris, 1830, 2 vol. in-8. Voy. de Backer, 2e édit., in-fol., t. I, col. 856.

Doctrine chrétienne en forme de lectures de piété... (Par l'abbé Charles-François LHOMOND.) *Paris, Berton*, 1783, in-12, 508 p.

Souvent réimprimé avec le nom de l'auteur.

Doctrine de J.-C. puisée dans les Epîtres des apôtres et dans l'Apocalypse... (Par l'abbé J.-B. LASAUSSE.) *Paris, Ve Nyon*, 1807, 2 vol. in-12.

Doctrine (la) de l'antiquité touchant les principaux points controversés en religion. (Par N. RENOUARD.) *Paris, Guillemot*, 1613, in-4.

Doctrine (la) de l'Ecriture et des Pères sur les guérisons miraculeuses, par un religieux bénédictin de la congrégation de Saint-Maur (dom Prudent MARAN). *Paris, Desprez*, 1754, in-12.

Une note manuscrite de Quérard attribue cet ouvrage à dom MÉNARD.

Voy. « Supercheries », I, 507, *c*, et III, 383, *d*.

Doctrine (la) de l'Ecriture sainte sur la nature de l'âme, sur son origine, et sur son état après la mort. (Par MENARD.) *Londres*, 1703, in-8. V. T.

Doctrine (la) de l'Ecriture sur les miracles, ouvrage traduit de l'anglais de M. HAY, évêque d'Edimbourg, par M. NAGOT, prêtre de la communauté de Saint-Sulpice, avec une addition de l'éditeur (l'abbé HÉMEY d'Auberive). *Paris, Ange Clo*, 1808, 3 vol. in-12.

Doctrine de la Nouvelle Jérusalem touchant le Seigneur. (Traduit du latin de SWEDENBORG, par B. CHASTANIER.) *Londres, imp. de T. Spilsbury; La Haye, P.-F. Gosse*, 1787, in-8, 184 p.

Forme le no 2 du « Journal Novi Jerusalémite ». Voy. ce titre.

Doctrine de Saint-Simon. Exposition. Première année, 1829. (Par E. BARRAULT.) 2e édit. *Paris*, 1830, in-8.

Il a paru sous le même titre et sans nom d'auteur un compte rendu de cet ouvrage donné par M. Hippolyte CARNOT dans la « Revue encyclopédique », et tiré à part en décembre 1830, in-8, 45 p.

Doctrine (la) des catholiques sur la Bible mise en regard des chimères que leur prêtent charitablement Messieurs de la Chapelle évangélique... (Par l'abbé MARCHAL, curé de Heillecourt.) *Nancy, imp. de Thomas*, 1838, in-16.

Doctrine (la) des Evangéliques luthériens sur la présence réelle et essentielle du corps et du sang de Jésus-Christ dans l'Eucharistie. (Par J. KOETHE.) *Fancfort-sur-le-Mein*, 1728, in-8. V. T.

Doctrine (la) des mœurs tirée de la philosophie des stoïques, représentée en cent tableaux et expliquée en cent discours pour l'instruction de la jeunesse. (Par Marin LE ROY DE GOMBERVILLE.) *Paris, Daret*, 1646, in-fol.

L'auteur a signé l'épître, et son nom est également cité dans le privilége.

Réimprimé à *Bruxelles* par Foppens, en 1672, in-fol., sous le titre de « Théâtre moral de la vie humaine, représentée en plus de cent tableaux divers, tirés du poëte Horace, par le sieur Otho VENIUS, et expliqués en autant de discours moraux, par le sieur DE GOMBERVILLE, avec la table du philosophe CEBÈS » (de la traduction de Gilles BOILEAU).

Doctrine (la) du sens commun, ou traité des premières vérités et de la source de nos jugements, suivi d'une exposition des preuves les plus sensibles de la véritable religion. Par le P. B. D. L. C. D. J. (le P. Cl. BUFFIER, de la compagnie de Jésus)... *Avignon, Séguin*, 1822, in-8.

Une édition de 1724 porte le nom de l'auteur.

Voy. sur l'édition de 1822 le P. de Backer, 2e éd., in-fol., t. I, col. 941, no 27.

Doctrine (la) évangélique. (Par le pasteur A.-L.-Ph. ROCHAT.) *Genève*, 1825, in-8, 12 p.

Doctrine fusionienne, lettres apostoliques à M. D. N... (à Londres). (Par Louis DE TOURREIL.) *Montrouge, chez l'auteur, route d'Orléans*, 65, 1859, in-8.

Doctrine hérétique, schismatique et contraire aux lois du royaume, touchant la primauté du Pape, enseignée par les Jésuites dans leur collége de Caen. (Attribué à Pierre DE CALLY.) 1644, in-4.

Doctrine (la) nouvelle et ancienne reveüe de nouveau et conférée selon le texte de la saincte Escriture, cotée et augmentée de beaucoup, outre toutes autres impressions. (Par Jean CALVIN.) *Genève, J.-B. Pinereul*, 1561, in-16.

Catalogue Perret, 1860, no 92.

Doctrine saint-simonienne. Résumé général de l'exposition faite en 1829 et 1830. (Par M. Hip. CARNOT.) *Paris*, 1831, in-8.

Doctrine spirituelle du P. Berthier, du P. Surin, du P. Saint-Jure, de M. d'Orléans de La Mothe et de sainte Thérèse, par l'auteur des « Dialogues chrétiens » (M. l'abbé J.-B. LA SAUSSE). *Paris, Pichard*, 1790, in-12. — *Paris, Belin*, 1803, in-12.

Réimprimé plusieurs fois.

Doctrine (la) spirituelle du P. Lallemant... Voy. « Vie et doctrine du P. Lallemant ».

Doctrines (des) du rapport sur le budget des recettes. (Par le marquis DE LA

GERVAISAIS.) *Paris, Pihan-Delaforest*, 1832, in-8, 48 p.

Doctrines (les) républicaines absoutes devant le jury lyonnais. Assises du 4 décembre 1832. (Par Eugène DUFAITELLE.) *Lyon, imp. de J. Perret*, 1832, in-8, 70 p. D. M.

Document relatif au patriarcat moscovite en 1589, traduit pour la première fois en français par le prince Augustin GALITZIN. *Paris, J. Techener*, 1857, in-16, 96 p.

Le titre de départ porte : « Labeurs et pérégrinations de l'humble ARSÈNE, archevêque d'Elasson. Récit de l'institution du patriarcat moscovite ».

Traduction d'une pièce manuscr. grecque conservée à la Bibliothèque royale de Turin, imprimée, avec une traduction latine, dans Pasinius : « Codices mss. bibliot. reg. Taurinensis » (1749), I, 433-69, dont la traduction latine a été réimprimée plusieurs fois dans des recueils. A. L.

Documents et particularités historiques sur le Catalogue du comte de Fortsas. (Par Emmanuel HOYOIS.) *Mons, Hoyois*, 1857, in-8.

Voy. « Supercheries », article FORTSAS, II, 63, *d*.

Documents historiques, critiques et apologétiques concernant la compagnie de Jésus. (Publiés par J.-M.-B. BINS DE SAINT-VICTOR.) *Paris, Mlle Carié de La Charie*, 1822-1829, 27 livraisons formant 3 vol. in-8.

Le nº 20, comprenant Pombal, Choiseul et d'Aranda, est du P. J.-N. LORIQUET, qui a laissé en manuscrit une seconde édition augmentée.

Documents historiques et généalogiques sur les familles et les hommes remarquables du Rouergue dans les temps anciens et modernes. (Par M. Hippolyte DE BARRAU.) *Rodez, imp. de N. Ratery*, 1859-1860, 4 vol. in-8.

Un cinquième volume est intitulé : « Ordres équestres... » Voy. ce titre.

Documents historiques sur la vie et les mœurs de Louise Labé, de nouveau mis en lumière par P. M. G. (Pierre-Marie GONON). *Lyon, Dumoulin*, 1844, in-8.

Voy. « Supercheries », III, 194, *b*.

Documents historiques sur la ville de Dome (Dordogne), recueillis et publiés par J.-B. L. (LASCOUX). Avec des notes et deux planches. *Paris, imp. de A. Everat*, 1836, in-8, 78 p.

Voy. « Supercheries », II, 371, *d*.

Documents historiques sur les derniers

a événements arrivés en Sicile. (Par J.-A. BUCHON.) *Paris, Baudouin frères*, 1821, in-8.

Documents inédits concernant l'histoire de la réforme en Belgique. (Par Charles RAHLENBEEK.) *Bruxelles (Stapleaux)*, in-8, 10 p. J. D.

b Documents inédits relatifs à l'invasion française en Belgique en 1792, par le colonel G**** (H.-L.-G. GUILLAUME). *Bruxelles, Devroyes*, 1861, in-8, 11 p.

Tirage à part de la « Revue d'histoire et d'archéologie ». J. D.

Documents inédits sur la création d'une école de musique à Liége en 1798. (Par Edouard LAVALLEYE.) *Liége, Carmanne*, 1859, in-8, 15 p.

c Tirage à part du « Bulletin de l'Instit. archéologique liégeois ». Ul. C.

Voy. « Supercheries », I, 1217, *e*.

Documents inédits sur le règne de Louis XV. Journal des inspecteurs de M. de Sartines. Première série. 1761-1764. (Publié par M. Lorédan LARCHEY.) *Bruxelles, Ernest Parent*, 1863, in-18, XII-339 p.

d Livre interdit pendant le second empire, bien que le titre porte le nom de M. Dentu, à Paris, à côté de celui de l'éditeur belge.

Documents numismatiques du royaume en Géorgie. (Par le prince Michel BARATOJEFF.) *(Saint-Pétersbourg)*, 1844, in-4, pl. lithogr.

Documents particuliers (en forme de lettres) sur Napoléon Bonaparte, sur plu-*e* sieurs de ses actes jusqu'ici inconnus ou mal interprétés, et sur le caractère de différents personnages qui ont marqué sous son règne, tels que Talleyrand, Chateaubriand, de Pradt, Moreau, etc., d'après des données fournies par Napoléon lui-même et par des personnes qui ont vécu dans son intimité (écrits par Barry-Edward O'MEARA). *Bruxelles, imp. de J. Maubach*, 1819, in-8, 149 p. — *Paris,* *f* *Plancher*, 1819, in-8, 151 p.

Cet ouvrage, publié originairement en anglais, est connu sous le titre de « Lettres du cap de Bonne-Espérance ». M. de Las Cases avait annoncé une traduction qui n'a pas paru ; elle devait faire suite à la « Collection nouvelle des documents historiques sur Napoléon ». *Paris, Barrois l'aîné*, 1822, in-8.

Documents pour servir à l'histoire de Lyon, tirés des archives de cette ville pendant les années 1834-35-36-37. (Par Marc-

Antoine PÉRICAUD.) *Lyon, imp. de Barret*, 1839, in-8, 2 ff. de tit. et 175 p.

Pour d'autres publications du même genre et du même auteur, voy. le nº 24600 du « Manuel du libraire », 5e édit., t. IV.

Documents relatifs à l'emploi de l'électricité pour mettre le feu aux fourneaux des mines, et à la démolition des navires sous l'eau. (Traduit du hollandais de J.-G.-W. MERKES, par F.-Xav.-Jos. RIEFFEL.) *Paris, Corréard*, 1841, in-8, 94 p., avec une planche.

Documents relatifs à l'histoire du pays de Vaud, de 1293 à 1750. (Par le baron DE GRENUS-SALADIN.) *Genève, Manget et Cherbuliez*, 1817, in-8.

Documents rétrospectifs sur l'Auvergne. Lettre sur la communauté de Guittard-Pinon, 1783. (Par P.-J.-Bapt. LEGRAND-D'AUSSY.) *Clermont, imp. de Thibaud-Landriot frères, s. d.*, in-8.

Dodecaton, ou le livre des Douze. *Paris, Victor Magin, imp. A. Pinard*, 1837, 2 vol. in-8, 424 et 409 p.

Nouvelles signées de Georges SAND, Prosper MÉRIMÉE, LOÈVE-VEIMARS, Léon GOZLAN, Emile SOUVESTRE, Alfred DE MUSSET, Alfred DE VIGNY, Alexandre DUMAS, Jules JANIN, STENDHAL (L.-A.-C. BEYLE), DUFONGERAY (Auguste ROMIEU et CAVÉ).

Dodechedron (le) de Fortune, livre non moins plaisant et récréatif que subtil et ingénieux entre tous les jeux et passetemps de fortune, composé par JAN DE MEUN, et mis en lumière par F. G. L. (François GRUGET, Lyonnais). *Paris, Vincent Sertenas*, 1556, in-4, 10 ff. lim. et 143 p.

Réimprimé sous le titre de : « Plaisant Jeu du dodechederon... » Voy. ces mots.

Voy., pour le détail des nombreuses éditions de ce livre, Brunet, « Manuel du libraire », 5e édit., t. III, col. 1680.

Dogmes orthodoxes, ou sentiments de théologie morale. (Par l'abbé SERGÉ.) *Paris, Nic. Couterot*, 1700, in-18.

Doit-on pleurer sa femme, par??? (Joseph DUMOULIN). *Liége, Renard*, 1859, in-18, 55 p. J. D.

Doléances à MM. les députés de la ville de Paris aux Etats-généraux, par les marchands forains et autres des halles de Paris. (Par Charles GORET.) *S. l.*, 1789, in-8, 48 p.

Doléances (les) des dames de la halle. (Par Jos. SENTIES.) 1789, in-8.

Doléance des habitants d'Essey-devant-Nancy, adessées au roi. (Par l'abbé THOUVENEL, curé de Communé.) *Avril* 1789, in-8.

Catalogue Noël, nº 784.

Doléances des marchandes de poissons des halles et marchés. (Par Ant. ESTIENNE.) *Paris*, 1789, in-8.

Plusieurs fois réimprimées.

Doléances des peuples du continent au sujet de l'interruption du commerce, traduit de l'allemand de J.-A.-H. REIMARUS (par Ch. VILLERS). *Hambourg*, 1809, in-8. —*Amsterdam et Paris*, 1808, in-8.

L'auteur, docteur en médecine et professeur de physique, avait pour prénoms Jean-Albert-Henri.

Doléances et pétitions des fidèles persécutés dans le diocèse de Lyon, aux honorables membres de la chambre des pairs et de celle des députés... (Par Louis SILVY, ancien magistrat.) *Paris, Adrien Egron*, 1819, in-8, 36 p.

Doléances, vœux et pétitions pour les représentants de la paroisse de *** aux assemblées de la nation pour les Etats-généraux, rédigés par un laboureur, un syndic et un bailli de campagne. *S. l.*, 1789, in-8.

Par LA REVEILLIÈRE-LEPEAUX et LA REVEILLIÈRE frères, et publié à Angers, suivant une note manuscr.

Par PILASTRE DE LA BRARDIÈRE (il faut lire LA BRANDIÈRE) et LA REVEILLIÈRE-LEPEAUX, d'après les « Supercheries », II, 481, *d*.

Dom Alvâre, nouvelle allégorique. (Par Claude RAVEY, avocat au parlement de Dijon). *Cologne, Pierre Hyp*, in-12.

C'est l'histoire d'une galanterie de l'auteur avec une demoiselle de Dijon. Alvare est une espèce d'anagramme de Ravey.

Dom Bougre aux Etats-généraux, ou doléances du Portier des Chartreux, par l'auteur de la F..... manie. *S. l. n. d.* (1789), in-8.—Réimpression à 70 exempl. *Paris* (*Bruxelles*), 1868, in-8, IV-35 p.

RÉTIF DE LA BRETONNE fut incarcéré comme auteur putatif de cet opuscule, sur la dénonciation de son gendre Augé.

Voy. « Supercheries », I, 564, *e*.

Dom Carlos, nouvelle historique. (Par César VICHARD DE SAINT-RÉAL.) *Amsterdam, Commelin*, 1673, in-12.

Souvent réimprimé avec le nom de l'auteur.

Dom Carlos, tragédie en cinq actes et en vers (représentée pour la première fois sur le théâtre de Lyon le mardi 5 mai 1761), précédée et suivie de poésies diverses. (Par Auguste-Louis DE XIMENÈS.) *La Haye*, 1761, in-8.

Réimprimé à *La Haye, H. Constapel*, 1762, in-16, avec le nom de l'auteur.

Dom Léo, ou le pouvoir de l'amitié, par a
l'auteur de « Lorenzo » G. T. D. *Lille*, *Lefort*, 1856, in-8.

Par E.-S. DRIEUDE.
Souvent réimprimé avec le nom de l'auteur.
Voy. « Supercheries », II, 221, *a*.

Dom Miguel, ses aventures scandaleuses, ses crimes et son usurpation; par un Portugais de distinction. Traduit par J.-B. MESNARD. *Paris*, *Ménard*, 1833, in-8.

Par BARRETO-FEIO, d'après la 1re édit. de M. de b
Manne. Cette attribution a été reproduite par la « Littérature française contemporaine » et par les « Supercheries », III, 226, *a*.
M. de Manne, dans sa 2e et dans sa 3e édit., appelle cet auteur MARRETO-FEIO.

Dom Sébastien, roi de Portugal, roman historique de miss Anna-Maria PORTER, traduit de l'anglais par le traducteur du « Polonais » (M. et Mme DE SENNEVAS).
Paris, *François-Louis*, 1820, 4 vol. in-12. c

Domaine (du) et de l'utilité de son aliénation à perpétuité, par M. R. D. S. A. P. C. D. F. (M. ROUSSELOT DE SURGY, ancien premier commis des finances). 1787, in-8, 36 p.

Domination (de la) des journaux. (Par le marquis DE LA GERVAISAIS). *Paris*, *Pihan-Delaforest*, 1828, in-8, 24 p. d

Domination (de la) française en Afrique et des principales questions que fait naître l'occupation de ce pays. (Par Paul CHAUDRU DE RAYNAL.) *Paris*, *Dondey-Dupré*, 1832, in-8, 154 p.

Voy. « Journal des Débats » du 25 mai 1832. Cet auteur a été successivement sous-intendant militaire, puis professeur d'administration militaire à l'école d'état-major; c'est lui qui a publié la première édition des « Pensées, Essais et Maximes, de J. Joubert... précédés d'une notice sur sa vie... » *Paris*, e
Ch. Gosselin, 1842, 2 vol. in-8. La notice est signée Paul RAYNAL. (« France littéraire », t. XI, p. 702.)

Domine salvum fac Regem. (Par Jean-Gabriel PELTIER). *Sur les bords du Gange*, 21 octobre 1789, in-8, 31 p.

Domine salvum fac Regem, ou coup d'œil rapide, politique et moral des principaux événements qui ont eu lieu depuis la proscription de ce chant religieux et national, f
jusqu'au retour de Louis le Désiré en France, par un patriote (Louis-Stanislas-Xavier JAYET DE FONTENAY). *Grenoble*, *Baratier*, 1814, in-8, 64 p.

Dominicain (le), ou les crimes de l'intolérance et les effets du célibat religieux, par T......E (E.-L.-J. TOULOTTE). *Paris*, *Pigoreau*, 1803, 4 vol. in-12.

Voy. « Supercheries », III, 767, *e*.

Dominique le défroqué, ou la vigile et feste de saint Barthélemy. Par M. le duc de*** (Félix DERIÉGE). *Paris*, *Roux*, 1836, 2 vol. in-8.

Domitor (le dompteur de l'air), aérostat dirigeable. Objet d'une demande de brevet. Par le vicomte T. DE LA G. (TAILLEPIED DE LA GARENNE). *Paris*, *Aug. Mathias*, 1852, in-8, 28 p., avec 3 lith.

Don Carlos, infant d'Espagne, tragédie en cinq actes. (Par Charles MALINAS.) *Paris*, *Ladvocat*, 1820, in-8, 65 p.

Don Juan d'Autriche, nouvelle historique espagnole. (Par COURTIN.) *Paris*, *Quinet*, 1678, in-12.

Don Juan, par lord BYRON. Traduit en vers français (par M. FAUVEL, avoué). *Caen*, *imprim. de Goussiaume de Laporte*; *Paris*, *librairie centrale*, 1866, 2 vol. in-18.

Don Manuel, anecdote espagnole, par M. DE R... (le baron Prudence-Guillaume DE ROUJOUX), auteur d'une « Histoire des révolutions des sciences et des beaux-arts ». *Paris*, *Maradan*, 1820, 2 vol. in-12.

Don Pèdre, roi de Castille, tragédie; et autres pièces. (Par VOLTAIRE.) *S. l.*, 1775, in-8, 148 p.

Réimprimé dans le t. XII de « l'Evangile du jour ».

Don Quichotte chez la duchesse, ballet comique en trois actes, représenté pour la première fois par l'Académie royale de musique, le 12 février 1743, nouvelle édition. (Par Ch.-Simon FAVART.) *Paris*, *N.-B. Duchesne*, 1760, in-8.

Don Quichotte femelle, traduction libre de l'anglois (de Sophie LENNOX). *Lyon*, 1773, 2 vol. in-12.

Don Quichotte (le) romantique, ou voyage du docteur Syntaxe à la recherche du pittoresque et du romantique, poëme en vingt chants, traduit librement de l'anglais (de W. COOMBE), et orné de 26 gravures; par M. GANDAIS. *Paris*, *Pélicier*, 1821, gr. in-8.

Don Quixote de la Manche, comédie (en cinq actes, par GUYON GUÉRIN DE BOUSCAL). *Paris*, *T. Quinet*, 1640, in-4. — 2e partie. *Paris*, *A. de Sommaville*, 1660, in-4.

Don Sanche d'Arragon, comédie héroïque. *Imprimé à Rouen et se vend à Paris*, *chez A. Courbé*, 1650, in-4, 8 ff. et

116 p. — *Ibid., id.*, 1650, in-12, 8 ff. et 83 p.

L'épître de dédicace à M. de Zuylichem, conseiller et secrétaire de Mgr le prince d'Orange, est signée CORNEILLE.

L'achevé d'imprimer est du 14 mai 1650.

Dona Gratia d'Ataïde, comtesse de Ménézès, histoire portugaise. (Par madame Gen.-Ch. THIROUX D'ARCONVILLE.) *La Haye et Paris, Lacombe*, 1770, in-12.

Ce roman n'ayant pas eu de succès, on le fit reparaître en 1778, sous un nouveau titre. Voy. ci-devant « l'Amour, ses plaisirs et ses peines », col. 143, *d*.

Donatien, ou le socialisme jugé par le bon sens. Aux ateliers, aux chaumières, aux châteaux, à tous. Par un campagnard (l'abbé MÉTHIVIER, alors curé de Bellegarde, depuis curé de Neuville-aux-bois, Loiret). *Paris, Sagnier et Bray*, in-18. — 2e éd. *Paris, id.*, 1848, in-18, 72 p.

Donnons notre bilan. (Par G. SAINT-AUBIN.) *Paris, impr. de Pougin*, 14 fruct. an III, in-8, 37 p.

Dons de Comus, ou les délices de la table. (Publiés par MARIN, avec une préface par les PP. Pierre BRUMOY et Guill.-Hyac. BOUGEANT.) *Paris, Prault*, 1739, in-12. — Suite des Dons de Comus. (Avec une nouvelle préface par Anne-Gabriel MEUSNIER DE QUERLON.) *Paris, veuve Pissot*, 1743, 3 vol. in-12. — Dons de Comus. (Avec les deux anciennes préfaces, refondues par DE QUERLON.) *Paris, veuve Pissot*, 1750, 3 vol. in-12. — *Paris*, 1775, 3 vol. in-12.

Voy. aux « Supercheries », Pâtissier anglois, III, 38, *a*.

Dons (les) de Minerve aux pères de famille et aux instituteurs. (Par F.-P. BARLETTI DE SAINT-PAUL.) *Paris*, 1788, in-8. V. T.

Dons (les) des enfants de Latone; la musique et la chasse du cerf, poëmes. (Par J. DE SERRÉ DE RIEUX.) *Paris*, 1733, in-8. — *Paris*, 1734, in-8.

Dorbeuil et Céliane de Valran, leurs amours et leurs malheurs pendant la tyrannie de Robespierre. (Par Ch.-B. LEBASTIER.) *Paris*, 1795, 2 vol. in-18, fig.

Dorfeuil et Juliette, ou le réveil des illusions. (Par mademoiselle L.-Marg.-Jeanne-Madelaine BRAYER DE SAINT-LÉON.) *Paris*, an IX-1801, 3 vol. in-12. V. T.

Dorimont, ou le marquis de Clarville. (Par ANDRÉA DE NERCIAT.) *Strasbourg, Levrault*, 1778, in-8.

Doris, pastorale. (Par Antoine JOLY, né à Dijon en 1696.) *Dijon, Augé*, 1747, in-12.

Dorothée, pantomime à spectacle, précédée des Preux chevaliers, prologue pantomime, représentée sur le théâtre de l'Ambigu-Comique, à la foire Saint-Germain, en l'année 1782. (Par Nic.-Méd. AUDINOT et Jean-François ARNOULD MUSSOT.) *Paris, Cailleau*, 1782, in-8, 20 p. — *Strasbourg*, 1784, in-8.

Dorval, ou manuscrit pour servir à l'histoire des mœurs du XVIIIe siècle. (Par Auguste-Pierre DAMIENS DE GOMICOURT.) *Amsterdam et Paris*, 1767, 4 parties in-12.

Note manuscrite.

Dossier des pièces pour un chanoine ressuscité à demi contre les auteurs de sa mort et leurs complices. *Francfort*, 1784, in-8, 12 ff. non chiffrés.

C'est la deuxième partie du singulier factum du chanoine Louis RUMPLER DE RORBACH. « Histoire véritable de la vie errante, etc. » Voir ces mots.

Dot (la), comédie en trois actes et en prose, mêlée d'ariettes, représentée, pour la première fois, par les comédiens italiens ordinaires du Roi, devant Leurs Majestés, à Fontainebleau, le 8 novembre 1785, et à Paris, le lundi 21 du même mois. (Par DESFONTAINES DE LA VALLÉE, musique de Daleyrac.) *Paris, Brunet*, 1785, in-8, 1 f. de tit. et 84 p.

Dot (la) de Suzette, ou histoire de Mme Senneterre, racontée par elle-même. (Par J. FIÉVÉE.) *Paris, Maradan*, an VI-1798, in-12, XII-222 p., avec une figure.

Il existe une contrefaçon trompeuse de cette première édition. Elle est imprimée en caractère plus petit, et la figure y est en contre-partie. Dans l'estampe de l'édition originale, Suzette est à gauche et Mme de Senneterre à droite. Réimprimé avec le nom de l'auteur.

Dotation et réforme, par E. L. (Emile LAURENT). *Paris, Schwartz*, 1840, in-8, 7 p. D. M.

Dots (les) ou la fête du onze frimaire, vaudeville en un acte. (Par ROELANTS Benjamin.) *Gand, Samuel Berthoud, s. d.*, in-8. J. D.

Douanes (des) sous le rapport fiscal. (Par le marquis DE LA GERVAISAIS.) *Paris, A. Pihan-Delaforest*, 1830, in-8.

Double almanach Lustucru, ou Pierre-Jean Claes déformé; précédé d'un dialogue amusant entre un ministre protestant et deux villageois. Etrennes burlesques pour l'an de grâce 1862. (Par l'abbé Gérard-

Jean-Bernard MEYNDERS.) *Bruxelles*, 1862, in-32, 81 p. J. D.

Double (la) beauté, roman étranger. (Par Bénigne DUJARDIN et Godefroy SELLIUS.) *Cantorbery*, 1754, in-12.

C'est une critique du « Journal étranger ».

Double (le) Cocu, histoire du temps. (Attribuée à Gabr. DE BREMOND.) *Imprimé à Paris, au couvent Jardin*, 1678, in-12.

Réimprimé avec le nom de Bremond d'après l'édition de 1679, à 108 exemplaires. *Turin, J. Gay*, 1868, in-18, VI et 83 p. La notice fort courte, placée en tête de cette édition, en indique trois ayant pour titre : « le Double Cocu ». *Paris, au Couvent-Jardin*, 1678; *Paris* (avec le nom de l'auteur) *pours* (sic) *MM. Jacq. Magnos et Richard Bexeley*, 1678 (elle paraît faite en Hollande) ; *Amsterdam, Jean Vlincq*, 1679.

Cet ouvrage a paru aussi sous les titres ci-après :

« Le Vice-Roi de Catalogne ». *Rouen, Maurry*, 1679, in-12.

« Le Cocu content, ou le véritable miroir des amoureux ». *Amsterdam* (*Rouen*), 1702, in-12.

« Histoire galante d'un double cocu ». *Amsterdam* (*Rouen*), 1703, in-12.

Double d'une lettre escripte par ung serviteur du roy très-chrétien (Guillaume DU BELLAY, seigneur DE LANGEY) à un secrétaire alemant son amy, auquel il respond à sa demande sur les querelles et différends entre l'Empereur et ledit seigneur roy. Par lequel il appert évidemment lequel des deux a esté aggresseur autant en la première qu'en la présente guerre. A la fin : *On les vend à Lyon, en la maison de Pierre de Saincte Lucie, dict le Prince, près Notre-Dame de Confort, s. d.*, pet. in-4 goth., 22 ff. non chiffrés. — Autre édit. *S. l. n. d.*, in-4, 20 ff. — Autre édit. *Paris, à l'enseigne du Phœnix*, in-8, 24 ff. — Autre édit. *Paris*, 1545, in-8.

Double (le) déguisement, ou les vendanges de Puteaux, opéra comique en deux actes, mêlé de petits airs et de vaudevilles. Représenté à Puteaux le 3 novembre 1776, suivi de deux divertissements. (Par Louis DE LAUS DE BOISSY.) *Bruxelles et Paris, Bastien*, 1777, in-8, 2 ff. de tit. et 101 p.

Double (le) écueil, ou philosophisme et hypocrisie, comédie en cinq actes, en vers ; par M. C. R. (Charles REY). *Paris, P. Didot*, 1817, in-8.

Double (le) emploi, ou d'une pierre deux coups, comédie. (Par MARANDON.) *Amathonte*, 1788, in-8.

Double (le) engagement, comédie italienne en 5 actes. (Par Charles-Antoine VÉRONÈSE.) *Paris, veuve Delormel*, 1749, in-8.

Double flore parisienne, ou description des plantes qui croissent naturellement aux environs de Paris, distribuées suivant la méthode naturelle d'une part, et suivant le système de Linné de l'autre, etc., par J. D. P. (J. DU PONT). *Paris, Gabon*, 1806, in-12, 142 p.

Un supplément, p. 143-175, contenant toutes les plantes nouvelles, a été ajouté en 1813 par M. A. DUVAL, d'Alençon.

Double (la) folie, recueil en vers. (Par J.-B.-M. MAGNY.) *S. l.*, 1758, in-12. V. T.

Double hommage que la vérité exige par rapport aux contestations présentes. (Par madame BOISSIÈRE.) *Paris*, 1780, in-12. V. T.

Double (la) joie, divertissement en prose et en vaudevilles. (Par BADEIGTS DE LA BORDE.) *Bayonne, Duhart-Fauvet*, 1814, in-8.

Catalogue Soleinne, n° 2883.

Double (du) lien, suivant la coutume du duché de Bourgogne. (Par NORMAND, avocat, puis conseiller au parlement de Dijon.) *Dijon, J. Sirot*, 1730, in-8.

Double (le) mariage, ou la fête publique, opéra-bouffon-ballet. (Par LEMOYNE, musique de Rey.) *Avignon, J. Mossy*, 1763, in-8.

Catalogue Soleinne, n° 2878.

Double (la) méprise. Par l'auteur du « Théâtre de Clara Gazul » (Prosper MÉRIMÉE). *Paris, H. Fournier*, 1833, in-8, 290 p.

Voy. « Supercheries », II, 142, *b*.
Réimprimé avec le nom de l'auteur.

Double (de la) session. (Par le marquis DE LA GERVAISAIS.) *Paris, Pihan-Delaforest*, 1833, in-8, 28 p.

Double (le) stratagème, comédie en un acte et en prose, par l'auteur de « la Suite d'un bal masqué du théâtre français » (Mme DE BAWR). Représentée pour la première fois à Paris, sur le théâtre de l'Ambigu-Comique, le 23 juillet 1811. *Paris, Barba*, 1813, in-8, 32 p.

Double (le) veuvage, comédie par monsieur DU F*** (Ch. RIVIÈRE DU FRESNY). *Paris, Pierre Ribou*, 1701, in-12. — *Paris, veuve Cl. Barbin*, 1702, in-12, 1 f. de tit., 4 ff. de prologue et 76 p.

Double (la) victoire. (Par J.-B.-F. CARON DU CHANSET.) *Paris, Cellot*, 1782, in-8.

Douceurs (les) de la vie, ou les petites félicités qui s'y rencontrent à tout moment, pour servir de consolations aux Misères et Tribulations du docteur Beresfort, par A... D... (Abel DUFRESNE). *Paris, impr. de Gillé*, 1816, in-12, 9 ff.

En 1858, M. J. Viart a refondu cet ouvrage dans celui auquel il a donné le titre de : « les Petites joies de la vie humaine ». *Paris, Hetzel*, in-18.

Douctrino crestiano meso en rimos, per poude estre cantado sur diberses ayres. (Par DUPONT, missionnaire.) *Toulouso, Couloumies*, 1642, in-12.

Douglas, tragédie en cinq actes (2e édition). Par un ancien officier émigré, membre de plusieurs académies (le baron DU ROURE DE SAVI). *Paris*, 1814, in-8.

Voy. « Supercheries », I, 330, *b*.

Douleur. Sur la mort de la reine des Belges. (Par le comte ANTOINE DE MELANO.) *Bruxelles*, 1850, in-8. J. D.

Doute proposé sur les auteurs des « Annales de S. Bertin ». (Par Pierre-Alexandre LÉVEQUE DE LA RAVALLIÈRE.) 1736, in-12.

Doute sceptique si l'étude des belles-lettres est préférable à toute autre occupation. (Par François DE LA MOTHE-LE-VAYER.) *Paris*, 1667, in-12.

Doutes d'un provincial proposés à MM. les médecins commissaires chargés par le roi de l'examen du magnétisme animal. (Par Antoine-Joseph-Michel SERVAN.) *Lyon et Paris, Prault*, 1784, in-8, 126 p.

Voy. « Supercheries », III, 267, *c*.

Doutes d'un pauvre citoyen. (Par Edouard-Thomas CHARTON.) *Paris, Plon*, (1857), in-16.

Doutes d'un Pyrrhonien proposés amicalement à J.-J. Rousseau. (Par C. COSTE D'ARNOBAT.) *Paris*, 1753, in-8, 36 p.

Doutes (les) éclaircis, ou réponse aux objections de l'abbé de Mably sur l'ordre naturel des sociétés politiques. (Par le duc DE LA VAUGUYON, fils du gouverneur des enfants de France.) *Paris*, 1768, in-12.

Cet ouvrage, en forme de lettres, parut d'abord dans les « Ephémérides du citoyen », pour l'année 1768.

La réimpression à part a été tirée à un très-petit nombre d'exemplaires.

Doutes éclaircis par un constitutionnel. *Au Mans, impr. de Renaudin*, 1816, in-8, 16 p., avec une couv. impr. qui sert de titre. — 2e éd. *Au Mans, id.*, 1817, in-8.

Signé : Rigomer BAZIN.

Doutes et questions sur le traité de Versailles, entre le roi de France et l'impératrice-reine de Hongrie. (Par FAVIER.) *Londres*, 1778, in-8.

Réimprimé en 1780 et en 1792, avec le nom de l'auteur.

Doutes modestes sur la « Richesse de l'Etat » (de Roussel de La Tour). (Par Jacob-Nicolas MOREAU.) (1763), in-4 et in-8.

Doutes nouveaux sur le testament attribué au cardinal de Richelieu. (Par VOLTAIRE.) *Genève (Paris)*, 1765, in-8.

Doutes ou observations de M. KLEIN, sur la revue des animaux faite par le premier homme, et sur quelques classes du système de la nature de M. Linnæus (traduits par DE LA CHENAYE DES BOIS). *Paris, Bauche*, 1754, in-8.

La « Biographie universelle » et la « Nouvelle Biographie générale » attribuent cette traduction à Jacques BRISSON et à LA CHENAYE DES BOIS.

Doutes proposés à l'auteur de la « Théorie de l'impôt ». (Par Charles-Etienne PESSELIER.) (*Paris*), 1761, in-12 et in-4.

Doutes proposés à M. V*** (Verdier), curé de C.-L.-R. (Choisy-le-Roi), sur sa promotion à l'épiscopat. (Par l'abbé Guillaume-André-René BASTON.) (*Rouen*, 1791), in-8.

Doutes proposés aux théologiens sur des opinions qui paraissent fortifier les difficultés des incrédules contre quelques dogmes catholiques. (Par l'abbé Guillaume MALEVILLE.) *Paris, les associés*, 1768, in-12, 228 p.

Doutes raisonnables d'un marguillier sur le problème de M. Patte, concernant la coupole de Sainte-Geneviève. (Par Jean RONDELET, architecte.) *Amsterdam et Paris, Jombert fils aîné*, 1770, in-12.

Voy. les mots « Mémoires en réponse... »

Réimprimé dans le tome III des « Œuvres diverses » de M. Cochin (Ch. Nic.). *Paris*, 1771, 3 vol. in-12.

Doutes sur différentes opinions reçues dans la société. (Par mademoiselle FONTETTE DE SOMMERY.) *Londres et Paris, Cailleau*, 1783, 2 vol. in-18.

Voy. « Doutes sur les opinions... », col. 1119, *c*.

Doutes sur l'éloquence et les systèmes politiques, adressés à M. le baron de B., chambellan de S. A. R. le prince de H. de P. ; par M. M*** (Jacques MALLET DU PAN), citoyen de Genève. *Londres*, 1775, petit in-8.

Doutes sur l'inoculation de la petite vérole proposés à la Faculté de médecine de Paris. (Par J. ASTRUC.) *Paris*, 1756, in-12.

Doutes sur la langue françoise, proposez à l'Académie françoise, par un gentilhomme de province (le P. Dom. BOUHOURS). *Paris, Cramoisy*, 1674, in-12, 4 ff., 281 p. et 9 ff.

Doutes sur la religion, suivis de l'Analyse du traité théologi-politique de Spinosa. (Par le comte Henri DE BOULAINVILLIERS.) *Londres*, 1767, in-12.

On croit que le premier de ces ouvrages est de GUEROULT DE PIVAL, ancien bibliothécaire de la ville de Rouen, ensuite instituteur du chevalier de Belle-Isle et du comte de Gisors, décédé à Paris, sur la paroisse de Saint-Germain-l'Auxerrois, vers 1772.

Voy. « Supercheries », I, 998, c.

Doutes sur le système physique des causes occasionnelles. (Par FONTENELLE.) *Rotterdam, Abraham Acher*, 1686, petit in-12.

Réimprimé dans le tome neuvième de la collection des « Œuvres » de l'auteur.

Doutes sur les opinions reçues dans la société. *Amsterdam et Paris, Cailleau*, 1782, in-18 de VIII et 124 p.

Cet ouvrage a pour auteur Mlle DE FONTETTE DE SOMMERY, sur laquelle se taisent et la « Biographie universelle » et la « Nouvelle Biographie générale ». Chaudon et Delandine, dans le t. XII de leur « Nouveau Dictionnaire histor. », *Lyon*, 1805, ont donné un intéressant article sur cette « demoiselle de Paris, dont l'origine est ignorée, et qui ne savait elle-même à qui elle devait la naissance ».

Dans les éditions suivantes, les étoiles de la dédicace : *Aux mânes de M.* ***, sont remplacées par le nom de : *Saurin de l'Académie françoise*, et le titre a été ainsi modifié :

« Doutes sur différentes opinions reçues dans la société. Nouv. édit., revue et augmentée ». *Londres et Paris, Cailleau*, 1783, 2 vol. in-18.

Dans l'Avertissement, cette édition est qualifiée de deuxième.

Quelques exemplaires augmentés ont reçu un nouveau titre portant : quatrième édition, revue et augmentée. *Londres et Paris, Cailleau*, 1784.

On a conservé l'avertissement, qui déclare que cette édition est la deuxième, mais cet avertissement est suivi d'un « Avis du libraire sur cette quatrième édition ». Pour comprendre cet Avis, il faut savoir qu'une troisième édit., revue et augm., *Londres et Paris, Barrois l'aîné*, 1784, 2 vol. in-18 de XII et 198 p., venait d'être mise en vente alors que Cailleau avait encore en magasin 600 exemplaires de la seconde édition. C'est à ces exemplaires, qualifiés par lui de quatrième édition, qu'il a ajouté les additions de la troisième édition, ce qui n'a pu se faire qu'avec l'agrément de l'auteur. En effet, Mlle de Sommery fait entrer en ligne de compte la quasi-quatrième édition, et fait paraître une cinquième édition, revue et augmentée. *Lausanne, Mourer cadet*, 1785, in-18, VIII-314 p.

Doutes sur les principes du jour, concernant une constitution nationale. (Par l'abbé J.-A. BRUN.) 1790, in-8.

Doux (les) et paisibles délassements de l'Amour. (Par l'abbé Chr. CHAYER.) *Au temple de Vénus, chez les galants*, 1760, in-12.

Doux (les) plaisirs de la poésie, ou recueil de diverses pièces en vers. (Par Louis MORÉRY.) *Lyon, Rivière*, 1666, in-18.

Douze (les) clefs de philosophie de frère Basile VALENTIN, religieux de l'ordre de Saint-Benoît, traitant de la vraie médecine métallique, plus l'azoth, ou le moyen de faire l'or caché des philosophes ; traduction françoise (par David LAGNEAU). *Paris, Moët*, 1659, in-8.

M. Paul Lacroix attribue cette traduction à Jean GODILLE, graveur, et pense que David Lagneau s'est borné à la revoir. Voy. « Bulletin du bibliophile », 13e série, 1858, p. 978.

Douze (les) dévotes contemplations, prérogatives, excellences et grâces du nom de Jésus. *Paris, pour Jehan Sainct-Denis* (vers 1525), in-8 goth.

Le prologue nous apprend que l'auteur est maître Symon POYVREAULT, chanoine de Nevers, après la mort duquel son frère publia l'ouvrage.

Douze épîtres, suivies de stances, par L.... M.... (Clovis MICHAUX). *Paris, P. Didot*, 1816, in-8.

Douze fables de fleuves ou fontaines, avec la description pour la peinture et les épigrammes, par P. D. T. (PONTUS DE THYARD). *Paris, J. Richer*, 1585 et 1586, pet. in-12, 23 ff.

Voy. « Supercheries », III, 62, *a*.

Douze lettres d'un commerçant à un cultivateur sur les affaires du temps. (Par le comte Ant. FERRAND.) *Nice* (*Paris*), 1790, in-8.

Douze (les) portes de la bienheureuse éternité, et les clefs qui les ouvrent. (Par Amable BONNEFONS.) *Paris, Henault*, 1644, 1646, in-12.

Douze sermons de P. A. (Pierre ALLIX), sur divers textes, et particulièrement pour la défense de la réformation. *Rotterdam*, 1685, in-12. V. T.

Douzième lettre du proposant à M. Covelle, citoyen de Genève, à l'occasion des miracles. (Par VOLTAIRE.) In-8, 7 p.

Voy. « Questions sur les miracles ».

Doyen (le) de Killerine, histoire morale composée sur les mémoires d'une illustre famille d'Irlande... Par l'auteur des « Mémoires d'un homme de qualité » (l'abbé Antoine-François PRÉVOST D'EXILES). *Paris, Didot*, 1750, 6 vol. in-12.

Dramaturgie, ou observations critiques sur plusieurs pièces de théâtre, tant anciennes que modernes, traduit de l'allemand de LESSING, par un François (Fr. CACAULT); revu, corrigé et publié par G.-A. JUNKER. *Paris, Durand neveu*, 1785, 2 vol. in-8.

Drame (le) de la vie, contenant un homme tout entier. Pièce en treize actes des Ombres et dix pièces régulières. *Paris, veuve Duchesne*, 1793, 5 vol. in-12, avec numération unique de 1288 p.

Le portrait de l'auteur, Nic.-Ed. RESTIF, est en tête du premier volume. Il a été reproduit dans l'ouvrage de M. Ch. Monselet : « Rétif de la Bretonne ». *Paris, Alvarès*, 1854, pet. in-8.

Le dernier volume est terminé par un recueil de pièces indécentes et par une correspondance assez volumineuse de Grimod de La Reynière.

Drame (le) tel qu'il est, satire. (Par BOURSAULT.) *Paris, imp. de Dezauche*, 1833, in-8.

Drames et proverbes, par l'auteur de « la Famille Luzy » (Henri.... MARG ***). *Lille, Lefort*, 1839, in-18.

Drapeau (le) blanc, par A. MARTAINVILLE et plusieurs hommes de lettres. *Paris*, janv. 1819-1er février 1827, 2 vol. in-8 et 15 vol. in-fol.

A partir du 16 juin 1819, le titre porte « le Drapeau blanc, journal de la politique, de la littérature et des théâtres. Redacteur général : M. DESTAINS ». Les rédacteurs ordinaires étaient MARTAINVILLE, LA MENNAIS, DE HALLER, Arthur O'MAHONY, Jacq.-Max.-Benj. BINS DE SAINT-VICTOR, Jacques-Barthél. SALGUES, Ach. DE JOUFFROY, Ch. NODIER, H. DE BONALD, L.-Fr. DE LESTRADE, A.-J.-Ph.-L. COHEN, ce dernier jusqu'en 1824, ses articles sont signés X. et J. C.

Drapeau (le) rouge de la mère Duchesne. (Par l'abbé BUÉE.) *Paris, Crapart*, 1792, 3 numéros in-8.

Drapeau (le) rouge, par Mme Camille O. (Mme Juste-Daniel OLIVIER). *Lausanne*, 1833, in-8.

Voy. « Supercheries », II, 1277, *d*.

Dresde, Montpellier, Florence, Rome. (Par Léon CURMER.) *Paris, imp. de J. Claye*, 1861, in-8.

Dresde, Paris, Bologne, Montpellier. (Par Léon CURMER.) *Paris, imp. de J. Claye*, 1860, in-8.

Drogman (le) turc, donnant les mots et les phrases les plus nécessaires pour la conversation. Vade-mecum indispensable à l'armée d'Orient. Par A. CH. (Alexandre CHODZKO, professeur de persan au collége de France.) *Paris, B. Duprat*, 1854, in-12, 4 ff.

a Droit (du) au commandement. Réponse au mémoire de M. le général Préval. *S. l.* (1844), in-fol., 2 ff. et 94 p.

Le catalogue de la Bibliothèque nationale, t. VII, p. 472, porte, à la suite de cet article : « Nous avons trouvé sur un autre exemplaire de ce mémoire lithographié la note manuscrite suivante : « par M. FAVÉ, capitaine d'artillerie, sous la direction du comité et plus spécialement du général DOGUEREAU ».

Le catalogue de la bibliothèque du Dépôt de la
b guerre, *Bruxelles*, 1850, n° 2936, attribue cette réponse au général GOURGAUD; il y a une confusion évidente avec l'ouvrage intitulé : « Observations sur un écrit de M. le général vicomte de Préval, intitulé : du Droit au commandement. Par le général Gourgaud ». *Paris*, 1845, in-8.

L'écrit du général de Préval est de mars 1844, in-fol.

Droit au travail. *Paris, imp. de Schneider* (1850), in-4, 4 p.

Signé : C. B***** (Ch. BESLAY), conseiller général
c de département, ancien député et ancien représentant à la Constituante.

Droit (le) au travail comme l'entendent les montagnards. Par un républicain rouge. *Paris, imp. de Bonaventure*, 1849, in-12, 12 p.

Signé : Em. VILLONNIERS.

Droit (du) de cité, des droits d'élection qui en dérivent, ou recherches et propo-
d sitions sur l'organisation locale... Par G. (GILLET, notaire à Paris). *Paris, Delaunay*, octobre 1820, in-8, 192 p.

Droit (du) de faire des collectes à domicile. Examen de l'arrêt de la Cour d'appel de Bruxelles, du 10 août 1860, en cause des collecteurs pour le denier de Saint-Pierre. Extrait du journal « l'Universel ». (Par Prosper STAES, avocat.) *Bruxelles,*
e *Claessen*, 1860, in-12, 56 p. J. D.

Droict (le) des évêques; où il est traité des priviléges des évêques ayant des canonicats annexés à leur dignité, des vicaires généraux, etc. (Par LE MAIRE.) *Paris*, 1677, 2 vol. in-8.

Droit (du) des magistrats sur leurs subjects, traitté très-nécessaire, en ce temps, pour advertir de leur devoir, tant les ma-
f gistrats que subjects, publiés par ceux de Magdebourg, l'an M DL, et maintenant reveu et augmenté de plusieurs raisons et exemples. *S. l.*, 1574, pet. in-8 de 85 p.

Ce traité a été mal à propos attribué à Théodore DE BÈZE, parce qu'on l'a confondu avec le « Traité de l'autorité du magistrat », de ce dernier. On l'a réimprimé en 1575 et en 1579, et il a été trad. en latin sous ce titre : « De jure magistratuum in subditos ». *Francoforti*, 1608, in-8.

Droit (du) des officiers ministériels de présenter leurs successeurs à l'agrément de Sa Majesté. (Par DARD.) *Paris, Lenormand*, 1836, in-8. D. M.

Droit (le) des prêtres dans le Synode ou le Concile diocésain... (Par Gabriel-Nicolas MAULTROT.) *S. l.*, 1779, in-12.

Droit (le) des souverains touchant l'administration de l'Eglise. (Par DELPECH DE MÉRINVILLE.) *Paris*, 1734, in-4.

Voy. ci-dessus, « Dissertation sur le droit des souverains... », col. 1078, *b*, et « Dissertations sur l'autorité légitime du roi... », col. 1091, *f*.

Droit (du) du gouvernement sur l'éducation. (Par F. DE LA MENNAIS.) *Paris, imp. de Leblanc*, 1817, in-8.

Droit (le) du seigneur, comédie mêlée d'ariettes. (Par DESFONTAINES DE LA VALLÉE, MARTINI et LAVAL.) *Paris, Ballard*, 1783, in-8.

Droit (du) du souverain sur les biens fonds du clergé et des moines, et de l'usage qu'il peut faire de ces biens pour le bonheur des citoyens. (Par DE CERFVOL.) *Naples, la présente année* (*Rouen, Besogne, juillet* 1770), in-8, 164 p.—3e édit. *Rouen, Besogne*, 1791, in-8, avec le nom de l'auteur.

Droit (le) naturel. *Paris*, 1765, in-12, 36 p.

Cette brochure est de l'économiste François QUESNAY. L'exemplaire de la Bibliothèque des avocats portait un envoi de la main de l'auteur. Ce petit discours a d'ailleurs été réimprimé par Dupont de Nemours, sous le nom de Quesnay : « Physiocratie ».

Droit (le) public de l'Europe fondé sur les traitez conclus jusqu'en l'année 1740. (Par l'abbé Gabriel DE MABLY.) *La Haye, J. Van Duren*, 1746, 2 vol. in-12.

Réimprimé avec le nom de l'auteur.

Droit public de la province de Bretagne, avec des observations relatives aux circonstances actuelles. (Par PELLERIN, avocat à Nantes, depuis député à l'Assemblée constituante.) *Paris, veuve Esprit*, 1789, in-8, 149 p.

Droit public de la Suisse, par Edouard HENKE, trad. de l'allemand (par J.-E. MASSÉ, juge au tribunal de l'audience et membre du conseil souverain de Genève). *Genève, Paschoud*, 1825, in-8.

Droit (du) public et du droit des gens, ou principes d'association civile et politique. (Par GOUDON.) 1808, 3 vol. in-8.

Droit public français, ou code politique, contenant les constitutions de l'empire... coordonné par l'auteur des « Principes d'administration publique » (C.-J.-B. BONNIN). *Paris, Clament frères*, 1809, in-8.

Droit (le) public germanique, où l'on voit l'état présent de l'Empire, ses principales lois et constitutions... (Par Eléazar DE MAUVILLON.) *Amsterdam, Mortier*, 1749, 2 vol. in-8.

Droits (les) de l'épiscopat sur le second ordre, pour toutes les fonctions du ministère ecclésiastique. (Par l'abbé P. LE CORGNE DE LAUNAY.) *Paris, Desprez*, 1760, in-12, 156 p.

L'abbé Goujet avait dans sa bibliothèque particulière :

1o « Défense des droits des évêques, ou Dissertation sur l'institution du droit divin des curés », contre le sieur Le Corgne de Launay, in-12.

2o « Bévues (du sieur Le Corgne de Launay) dans le livre intitulé : « Droits de l'épiscopat ».

Droits (les) de l'homme dans le vrai sens. (Par le marquis DE LA GERVAISAIS.) *Paris, Pihan-Delaforest*, 1832, in-8, 56 p.

Droits de l'homme, ou réponse à l'attaque de M. Burke sur la révolution française, par Thomas PAINE ; traduits de l'anglais par F. S.... (François SOULÈS). *Paris, Buisson*, 1791, in-8.

Voy. « Supercheries », II, 106, *a*.

Droits (les) de l'oncle contre le neveu, en faveur du cardinal de Bourbon... (Par A. HOTMAN.) 1585, in-8. V. T.

Droits (les) de la femme, à la reine. In-8.

Signé : DE GOUGES.

Droits (des) de la maison d'Autriche sur la Belgique. (Par le Père Ch.-L. RICHARD, dominicain.) (*Mons, Monjot*), 1794, in-8.

Voy. « Parallèle des Juifs ».

Droits (les) de la puissance temporelle, défendue contre la seconde partie des actes de l'assemblée du Clergé de 1765, concernant la Religion. (Par Gabriel-Nicolas MAULTROT.) *Amsterdam*, 1777, in-12.

Droits de la religion chrétienne et catholique sur le cœur de l'homme. (Par l'abbé Charles BELLET.) *Montauban, Fontanel*, 1764, 2 vol. in-12.

Droits des curés et des paroisses considérés sous leur double rapport, spirituel et temporel. (Par l'abbé Henri REYMOND, mort en 1820, évêque de Dijon.) *Paris*, 1776, 2 parties in-8.—*Paris* (*Nancy*), 1780, in-8.— *Constance*, 1791, 3 vol. in-12.

Droits (des) des deux souverains en matière de religion, la conscience et le prince, pour détruire le dogme de l'indifférence des religions et de la tolérance universelle, contre un livre intitulé : « Commentaire philosophique sur ces paroles : « Contrains-les d'entrer » (de Bayle ; par P. JURIEU). *Rotterdam, de Graëf*, 1687, in-12.

Droits (les) des hommes et les usurpations des autres. Traduit de l'italien. (Composé par VOLTAIRE.) *Amsterdam*, 1768, in-8, 48 p. — Traduit de l'italien par l'auteur de l'« Homme aux quarante écus ». *Amsterdam*, 1768, in-8, 47 p.

Réimprimé dans le t. I de « l'Evangile du jour ».

Droit des pauvres. (Par l'abbé Henri REYMOND.) *Paris*, 1781, in-8.

Droits (des) des souverains et des devoirs des peuples. Par M. A. F. (Antoine FAIVRE, de Lyon), auteur de la « Justification du gouvernement des Bourbons ». *Lyon et Paris, Pillet*, 1815, in-8, 96 p.

Droits (les) des trois puissances alliées sur plusieurs provinces de la république de Pologne, les réflexions d'un gentilhomme polonais (Fél. LOYKO ?) sur les lettres patentes et prétentions de ces trois puissances. Avec une préface de l'éditeur pour servir d'introduction. Tome premier. — L'insuffisance et la nullité des droits des trois puissances copartageantes sur plusieurs provinces de la république de Pologne... Tome second. — *Londres*, 1774, 2 tomes en 1 vol. in-8.

Par LINDSEY. Trad. de l'anglais par Jos.-Math. GÉRARD DE RAYNEVAL.

Droits du prince sur l'enseignement public, ou réfutation des doctrines des catholiques des Pays-Bas, par M. K. (Par Louis-Vincent RAOUL.) *Gand, Houdin*, 1827, in-8, 216 p.

Droits (les) du second ordre défendus contre les apologistes de la domination épiscopale. (Par Gabriel-Nicolas MAULTROT.) *S. l.*, 1779, in-12.

Droits (des) et des devoirs de la Chambre des députés en 1831. Par M. H. M. (H. MOLINEAU). *Paris, Alex. Mesnier*, juillet 1831, in-8, 31 p.

Droits (des) et des devoirs des citoyens dans les circonstances présentes... (Par l'abbé DE GOURCY.) *S. l.*, 1789, in-8.

Droits (les), les intérêts et les devoirs de la France en Cochinchine. Extrait du Correspondant. (Par MM. Léon PAGÈS et BENOIST D'AZY.) *Paris, C. Douniol*, 1857, in-8.

Droictz nouveaux publiez de par messieurs les sénateurs du temple de Cupido, sur l'estat et police d'amour, pour avoir entendu le différent de plusieurs amoureux et amoureuses. (Par MARTIAL DE PARIS, dit d'Auvergne.) *S. l. n. d.*, petit in-8, fig. sur bois.

Voy. Brunet, « Manuel du libraire », 5e édit., III, 1485.

Droits qu'ont les curés de commettre leurs vicaires et les confesseurs dans leurs paroisses, par M. l'abbé G*** (l'abbé GUÉRET, frère du curé de Saint-Paul). *Avignon, veuve Girard*, 1759, in-12. — 2e édit. *Id*, 1759, in-12.

Le P. DE LIVOY a publié une suite à cette dissertation. Voy. ci-dessus, col. 1083, *d*.

Droits (les) respectifs de l'Etat et de l'Eglise, rappelés à leurs principes. (Par l'abbé Th.-J. PICHON.) *Avignon*, 1766, in-12.

Druides (les), tragédie représentée pour la première fois, sur le Théâtre-François, le 7 mars 1772. (Par Ant. BLANC, dit LE BLANC DE GUILLET.) *Saint-Pétersbourg*, 1783, in-8.

Duc (le) Charles-Alexandre de Lorraine. (Par P. VERCAMMEN.) *Bruxelles*, 1835, in-8. J. D.

Duc (le) Charles de Brunswick, avant et après la révolution de Brunswick en septembre 1830. (Par L.-A. CHALTAS.) *Paris, A. Mesnier*, 1832, in-8, XXIV-299 p.

L'auteur a signé l'avant-propos.

Duc (le) d'Arnay. (Par N. CARMONTELLE.) *Paris, Le Jay*, 1776, 2 parties in-8.

Duc (le) d'Aumale à Mâcon (26 août.) *Châlon-s.-S., imp. de J. Duchesne*, 1841, in-8, 8 p.

Signé : P.-C. ORD. (ORDINAIRE).

Duc (le) d'Otrante. Mémoire écrit à L***, en janvier 1820. Par M. F**** (FRAULT). *Paris, Corréard*, 1820, in-8. 143 p.

Duc (le) de Berri peint par lui-même... (Par Aug. SÉGUIN.) *Montpellier*, 1821, in-8, 40 p.

Duc (le) de Craon, ou le ministre français, mélodrame en trois actes, en prose. Par MM. DUPERCHE, LOUIS (le baron DE BILDERBECK) et *** (J.-B. DUBOIS). Musique de M. Henry, ballets de M. Hullin. Représenté pour la première fois à Paris, sur le théâtre de la Gaieté, le 11 janvier 1814. 2e édit. *Paris, Barba*, 1814, in-8, 44 p.

Voy. « Supercheries », III, 1094, *b*.

Duc (le) de Guise à Naples, ou mémoires sur les révolutions de ce royaume en 1647 et 1648. (Par le comte Amédée DE PASTORET.) *Paris, Ladvocat*, 1824, in-8. — 2ᵉ édit. *Paris, Urbain Canel*, 1828, in-8.

Duc (le) de Guise, surnommé le Balafré (roman composé par le sieur DE BRYE). *La Haye*, 1693, in-12. — *Paris*, 1694, 1695, in-12.

Réimprimé dans le tome troisième des « Histoires tragiques et galantes ». *Paris*, 1710, 1736, 3 vol. in-12.

Duc (le) de Lauzun, par Mᵐᵉ de S....Y, née W.....N (DE SARTORY, née DE WIMPFEN, nièce du général, auteur de l' « Urne dans la vallée »). *Paris, Maradan*, 1807, 2 vol. in-12.

Duc (le) de Mayenne. (Par Guy GIRAUDEAU.) *Paris*, 1621, in-8. V. T.

Duc (le) de Montmorency, tragédie (en cinq actes et en vers). Par M*** (GODINEAU). *Paris, Cerioux*, an XIII-1805, in-8.

Duc (le) de Montmouth, comédie-héroique en 3 actes et en prose. (Par Nicolas-Marie-Félicité BODARD DE TEZAY.) *Paris*, 1788, in-8.

Duc (le) de Reichstadt, par un de ses amis (PROKESCH, officier d'état-major autrichien), traduit de l'allemand par A. BASTIEN. *Paris*, 1833, in-8, 36 p.

Voy. « Supercheries », I, 310, *b*.

Duc (le) et la duchesse d'Angoulême dans le Midi, poëme en quatre chants, avec des notes historiques sur les événements de 1814 et 1815. (Par BOYNEST.) *Paris, Demonville*, 1817, in-12.

Ducatiana, ou remarques de feu M. LE DUCHAT sur divers sujets d'histoire et de littérature, mises en ordre par M. F. (J.-Henri-Samuel FORMEY). *Amsterdam, Humbert*, 1738, 2 vol. in-12.

Duchesse (la) d'Angoulême à Bordeaux, ou relation circonstanciée des événements politiques dont cette ville a été le théâtre en mars 1815... par M. A. D. B. P. (Alphonse DE BEAUCHAMP). *Versailles, A. Lebel*, 1815, in-8, 2 ff. de tit. et 96 p.

Réimprimé avec le nom de l'auteur.

M. de Manne a interverti l'ordre des initiales. Il a écrit : Par M. A. B. D. P., qu'il a traduit : Auguste BOSCHERON DES PORTES.

Duchesse (la) d'Estramène. (Par DU PLAISIR, auteur des « Sentiments sur les lettres et les histoires galantes »). *Lyon, Thomas Amaulry*, 1682, 2 parties in-12.

Voy. un extrait de ce roman par Bastide, dans les douzième et treizième volumes du « Choix des Mercures », et dans la « Bibliothèque universelle des romans », octobre 1776, premier volume, p. 166 et suiv.

On lit dans les « Œuvres » de Pavillon une lettre de cet académicien à M. de Visé sur le même roman, que l'on attribuait à une femme. La prévention paraissait fondée à cause de la vivacité des sentiments, de la délicatesse du style et de l'intérêt des situations.

Duchesse (la) de Capoue, nouvelle italienne. (Par J.-B. NÉE DE LA ROCHELLE, avocat.) *Paris*, 1732, in-8. V. T.

Duchesse (la) de Fontanges, par madame de *** (le baron Etienne-Léon DE LA MOTHE-LANGON), auteur des « Mémoires d'une femme de qualité ». *Paris, Ménard*, 1833, 2 vol. in-8.

Duchesse (la) de Mazarin, mémoires écrits par elle-même, mis au jour avec des changements et quelques notes historiques, par M. *** (Pierre-Jean-Baptiste NOUGARET). *Paris, Le Rouge*, 1808, 2 vol. in-12.

Voy. « Supercheries », III, 1067, *a*.

Duchesse (la) de Milan, dédié à Mademoiselle de Nantes. (Par PRECHAC.) *Paris, Charles Osmont*, 1682, in-12, 4 ff. lim. et 261 p.

L'auteur a signé l'épître.

Duchesse (la) de Mondéro, nouvelle (espagnole). (Par André-Cl. HÉBERT DE CHASTELDOM, fils de Hébert, ancien introducteur des ambassadeurs.) *S. l.*, 1745, in-12, 100 p.

Ce petit roman, dont Fréron dit beaucoup de bien dans ses « Lettres de la comtesse de ** », 1746, in-12, p. 94, fut distribué aux amis de l'auteur, qui n'avait que dix-sept ans, et qui n'en laissa paraître aucun exemplaire dans le public.

Ducs (les) héréditaires de Normandie, par A. D. L. (A. DE LAPORTE). Nouvelle édition revue avec soin. *Rouen, Mégard*, 1860, in-8.

Le nom de l'auteur se trouve sur la couverture imprimée.

L'édition de 1851, *Rouen, Mégard*, in-8, portait le nom de l'auteur sur le titre.

L'édition de 1864, *Rouen, Mégard*, in-8, ne porte ni nom d'auteur ni initiales.

Duel (le), comédie en un acte et en prose. (Par Marc-Antoine-Jacques ROCHON DE CHABANNES.) 1779, in-8. — *Paris, veuve Duchesne*, 1781, in-8.

Duel (le) de Niort, ou histoire d'un plaisant mariage, petit poëme dédié aux amateurs de la gaieté françoise, par un ancien condisciple de l'auteur du « Baron de Brac » (P.-F. MALINGRE). An IX-1803, in-12.

Duel (le), drame en deux actes, par M. ***** (Alphonse SIGNOL). Musique de

M. Sergent ; représenté pour la première fois, à Paris, sur le théâtre du Cirque-Olympique, le 26 mars 1828. *Paris, J.-N. Barba*, 1828, in-8.

Duelliste (le) malheureux, tragi-comédie. Pièce nouvelle pleine d'intrigues à la mode, suivant le temps, non jamais veue ou imprimée. (Par Guill. DE LA GAYE.) *Rouen, Guill. de la Haye*, 1636, in-8.

Catalogue Soleinne, n° 1079.

Duels (les), suicides et amours du bois de Boulogne. Recueil historique, contenant un grand nombre d'événements tragiques, rendez-vous galants, intrigues piquantes, comiques et romanesques ; mystères et secrets étonnants, soit en fait de galanterie, soit en complots criminels dont ce bois fameux n'est que trop souvent le théâtre. Par un rôdeur caché dans un arbre creux de ce bois (J.-P.-R. CUISIN). *Paris, imp. de Belin*, 1830, 2 vol. in-12.

Dulysiade (la). Essai, par A. H. (Aug. HUS). *Paris, Le Normand*, 1808, in-8, 38 p.

Voy. « Supercheries », I, 218, *d*.

Dumouriez tout entier, sa conduite en Brabant lors de la Révolution de 1790. Sa conduite lors de son ministère en France. Sa conduite lors de son généralat en France et en Brabant. *Londres, F. Donalt, impr.* (*s. d.*), in-8, 15 p.

Signé : Philippe THOMPSON, membre de l'Académie des belles-lettres de Londres, Paris et Berlin (*sic*).

Dunallan, ou connaissez ce que vous jugez. Par l'auteur de « Décision », du « Père Clément »... (miss KENNEDY), traduit de l'anglais (par Mlle SALADIN). *Paris, Ambr. Dupont*, 1828, 4 vol. in-12.

Dunciade (la), ou la guerre des sots. (Par Charles PALISSOT.) *Chelsea* (*Paris*), 1764, in-8.—Nouvelle édition, suivie des Mémoires pour servir à l'histoire de notre littérature. *Londres*, 1771, 3 vol. in-8.

Réimprimé avec le nom de l'auteur.

Ce poëme, imitation d'une épopée satirique de Pope (*dunce*, en anglais, signifie *sot*), n'était d'abord qu'en trois chants. L'auteur le développa si bien qu'il le porta à dix chants.

Dunois, ou l'élève de Mars et de l'Amour. (Par J.-F. DOGNON.) *Paris*, 1803, 2 vol. in-12.

Duo (le) interrompu, conte. (Par P.-L. MOLINE.) *Paris*, 1767, in-12. V. T.

Dupe (la) de son art ; opéra-comique en un acte et en vers, par Ch. S. (Charles SAPEY). *Paris*, 1809, in-8.

Dupinade (la), ou la Révolution dupée, poëme héroï-comique en trois chants. (Par MM. Louis REYBAUD et BARTHÉLEMY.) *Paris, A.-J. Denain*, 1831, in-8, 88 p.

Méry n'a été pour rien dans cette publication de son collaborateur ordinaire.

Durand commenté, ou l'accord de la philosophie avec la théologie, touchant la transsubstantiation de l'Eucharistie. (Par P. CALLY.) *Cologne, Marteau* (*Caen*), 1700, in-12.

L'évêque de Bayeux condamna cet écrit par une instruction pastorale du 31 mars 1701. L'auteur se rétracta et supprima tous les exemplaires qu'il possédait encore ou qu'il rencontra, de sorte que ce volume est devenu fort rare, mais il n'est point recherché. Voy. Peignot, « Dictionnaire des livres condamnés », p. 123.

Dythyrambe. Voy. « Dithyrambe ».

Dziady, ou la fête des morts, poëme traduit du polonais d'Adam MICKIEWICZ (par Henri BURGAUD DES MARETS). Deuxième et troisième parties. — *Paris, Cletienne*, 1834, in-16.

La première partie n'a pas été publiée.

FIN DU TOME PREMIER.

Paul DAFFIS, Libraire-Editeur, rue Guénégaud, 7, à Paris
acquéreur de la Bibliothèque elzevirienne

CI-DEVANT RUE DES BEAUX-ARTS, 9

BIBLIOTHÈQUE ELZÉVIRIENNE

VOLUMES EN VENTE, IN-16, PAPIER VERGÉ, RELIURE EN PERCALINE.

L'Internelle Consolation, première version françoise de l'*Imitation de Jésus-Christ*. Nouvelle édition, publiée par MM. L. Moland et Ch. d'Héricault. 1 vol. 5 fr.

Gérard de Rossillon, poëme provençal, publié d'après le manuscrit unique, par M. Francisque Michel. 1 vol. 5 fr.

Recueil de poésies françoises des XVe et XVIe siècles, morales, facétieuses, historiques, revues sur les anciennes éditions et annotées par M. A. de Montaiglon. Tome I-IX. Chaque vol. 5 fr.

Œuvres de G. Coquillart. Nouvelle édition, revue et annotée par M. Ch. d'Héricault. 1 volume. 10 fr.

Œuvres complètes de Pierre Gringore, revues et annotées par Ch. d'Héricault et A. de Montaiglon. T. I. 5 fr.

Œuvres de Roger de Collerye. Nouvelle édition, avec une préface et des notes, par M. Ch. d'Héricault. 1 vol. 5 fr.

Œuvres complètes de Ronsard, avec les variantes et des notes, par M. Prosper Blanchemain. 8 vol. Chaque vol. 5 fr.

La Famille de Ronsard, par Achille de Rochambeau, 1 vol. in-16, cart. 5 fr.

Album de la Famille de Ronsard, par le même, contenant 20 planch., in-8, cart. 12 fr.

La Famille de Ronsard et l'Album réunis, 1 vol. gr. in-8, papier de Hollande (six exemplair. seulement). 20 fr.

Les Tragiques, de Théodore Agrippa d'Aubigné. Edition annotée par Ludovic Lalanne. 1 vol. 5 fr.

Le Plaisir des champs, poëme en quatre livres, par Claude Gauchet, revu et annoté par M. Prosper Blanchemain. 1 vol. 5 fr.

Le Panthéon et Temple des Oracles, par Fr. d'Hervé. 1 vol. 5 fr.

Œuvres complètes de Racan, revues et annotées par M. Tenant de Latour. 2 vol. 10 fr.

Œuvres complètes de Théophile, revues, annotées et précédées d'une Notice biographique, par M. Alleaume. 2 vol. 10 fr.

Le Livre des peintres et graveurs, par Michel de Marolles, abbé de Villeloin. Seconde édition de la bibliothèque elzevirienne, revue et annotée par M. Georges Duplessi 1 vol. 4 f

Papier de Chine, tiré à 20 exempl. 15 f

Œuvres complètes de Saint-Amand. Nouvel édition, revue et annotée par Ch.-L. Live 2 vol. 10 f

Œuvres choisies de Senecé. Nouvelle éditio publiée par MM. Emile Chasles et P.-A Cap. 1 volume. 5 f

Œuvres posthumes de Senecé, publiées p MM. Emile Chasles et P.-A. Cap. 1 vo 5 f

Œuvres de Chapelle et de Bachaumont, publié par M. Tenant de Latour. 1 vol. 4 f

Chansons de Gaultier Garguille, revues et ann tées par M. Ed. Fournier. 1 vol. 5 f

Ancien théâtre françois, ou Collection des o vrages dramatiques les plus remarquabl depuis les Mystères jusqu'à Corneille, p bliés avec des notices et éclaircissement 10 vol. 50 f

Histoire de la vie et des ouvrages de Corneil par M. J. Taschereau. 1 vol. 5 f

Œuvres complètes de Pierre Corneille, revues annotées par M. J. Taschereau. Tomes I II. Chaque vol. 5 f

Le Roman de Jehan de Paris. Nouvelle éditio revue et annotée par M. Emile Mabill 1 volume. 3 f

Le Roman comique, par Scarron, revu et anno par M. Victor Fournel. 2 vol. 10 f

Histoire amoureuse des Gaules, par Bussy-Rab tin, revue et annotée par M. Paul Boiteau suivie des Romans historico-satiriques XVIIe siècle, recueillis et annotés p M. C.-L. Livet. Tomes I-III. 15 f

Les Aventures de don Juan de Vargas, raconté par lui-même, traduites de l'espagnol p Charles Navarin. 1 vol. 3 f

Nouvelles françoises en prose du XIIIe siècle, av notice et notes par MM. Moland et C d'Héricault. 1 vol. 5 f

Nouvelles françoises en prose du XIVe siècle, p les mêmes. 1 vol. 5 f

Les Cent Nouvelles nouvelles, publiées d'apr le seul manuscrit connu, avec une introdu tion et des notes. 2 vol. 10 f

Le grand Parangon des Nouvelles nouvelles, par Nicolas de Troyes, publié d'après le manuscrit original, par Emile Mabille. 1 vol. 5 fr.

Le Violier des Histoires romaines, ancienne traduction françoise des *Gesta Romanorum*, revue et annotée par M. G. Brunet. 1 vol. 5 fr.

Les Facétieuses Nuits de Straparole, traduites par Jean Louveau et Pierre de Larivey. 2 volumes. 10 fr.

Morlini Novellæ, Fabulæ et Comedia. 1 vol. 5 fr.

Les Evangiles des Quenouilles. 1 vol. 3 fr.

Œuvres complètes de Rabelais, seule édition conforme aux derniers textes revus par l'auteur, avec les variantes des anciennes éditions, des notes. 2 vol. 10 fr.

Papier de Chine, les 2 vol. 40 fr.

La Nouvelle Fabrique des excellents traits de vérité, par Philippe d'Alcrippe, sieur de Neri en Verbos. 1 vol. 4 fr.

Œuvres complètes de Tabarin, publiées par M. G. Aventin. 2 vol. 10 fr.

Le Dictionnaire des Précieuses, par le sieur de Somaize. Nouvelle édition, augmentée de divers opuscules relatifs aux Précieuses, et d'une clef historique et anecdotique, par M. C.-L. Livet. 2 vol. 10 fr.

Œuvres de Bonaventure des Périers, revues et annotées par M. Louis Lacour. 2 vol. 10 fr.

Relations des trois ambassades du comte de Carlisle, de la part de Charles II, en Russie, en Suède et en Danemark. Nouvelle édition, avec préface, notes et glossaire par le prince Augustin Galitzin. 1 vol. 5 fr.

Histoire du Pérou, par le P. Anello Olliva, traduite de l'espagnol sur le manuscrit inédit, par M. H. Ternaux-Compans. 1 vol. 3 fr.

Chronique de Charles VII, par Jean Chartier, publiée par M. Vallet de Viriville. 3 vol. 15 fr.

Mémoires de la reine Marguerite, suivis des Anecdotes tirées de la bouche de M. du Vair. Notes par M. Ludovic Lalanne. 1 vol. 5 fr.

Mémoires de Henri de Campion, annotés par M. C. Moreau. 1 vol. 5 fr.

Les Courriers de la Fronde, en vers burlesques, par Saint-Julien, annotés par M. C. Moreau. 2 vol. 10 fr.

Mémoires du comte de Tavannes, suivis de l'Histoire de la guerre de Guienne, par Balthazar. Notes par M. C. Moreau. 1 vol. 5 fr.

Mémoires de la marquise de Courcelles, publiés avec une notice et des notes par M. P. Pougin. 1 vol. 5 fr.

Mémoires de madame de La Guette. Nouvelle édition, revue et annotée par M. C. Moreau. 1 vol. 5 fr.

Mémoires et Journal du marquis d'Argenson, ministres des affaires étrangères sous Louis XV, annotés par M. le marquis d'Argenson. 5 vol. Chaque vol. 5 fr.

Œuvres complètes de La Fontaine, revues et annotées par M. Marty-Laveaux. Tomes II-IV. Chaque vol. 5 fr.

Variétés historiques et littéraires, recueil de pièces volantes, rares et curieuses, en prose et en vers, revues et annotées par M. Edouard Fournier. 10 vol. Chaque vol. 5 fr.

Œuvres complètes de Branthôme, avec une introduction par M. Mérimée, et des notes par M. Louis Lacour. Tomes I-III. 15 fr.

Catalogue raisonné de la bibliothèque elzevirienne, 1853-1865. 1 vol. 2 fr.

Il a été tiré de chaque volume des exemplaires en papier fort, qui se vendent le double du prix des exemplaires ordinaires.

Des nouveaux ouvrages à paraître, il sera tiré 20 exemplaires sur papier de Chine au prix de 20 francs le volume.

VOLUMES ÉPUISÉS DONT IL NE RESTE PLUS QUE DES EXEMPLAIRES SUR PAPIER FORT.

Les Caractères de Théophraste, traduits du grec, avec les Caractères et les Mœurs de ce temps, par La Bruyère. Nouvelle édition, par M. A. Destailleur. 2 vol. 20 fr.

Œuvres de François Villon, publiées par P. L. Jacob, bibliophile. 1 vol. 10 fr.

Œuvres complètes de Mathurin Regnier, précédées d'une histoire de la satire en France par M. Viollet-le-Duc. 1 vol. 10 fr.

Le Livre du chevalier de La Tour-Landry pour l'enseignement de ses filles, publié par M. A. de Montaiglon. 1 vol. 10 fr.

Les Caquets de l'accouchée. Nouvelle édition, revue sur les pièces originales et annotée par M. Edouard Fournier, avec une introduction par M. Le Roux de Lincy. 1 vol. 10 fr.

Mélusine, par Jehan d'Arras. Nouvelle édition, publiée par M. Ch. Brunet. 1 vol. 10 fr.

Hitopadesa, ou l'instruction utile, recueil d'apologues et de contes, traduits du sanscrit, par M. Ed. Lancereau. 1 vol. 10 fr.

Six Mois de la vie d'un jeune homme (1797), par Viollet-le-Duc. 1 vol. 8 fr.

Chansons, Ballades et Rondeaux de Jehannot de Lescurel. 4 fr.

Floire et *Blanceflor*, poëmes du XIIIe siècle, avec une introduction, des notes et un glossaire, par M. Edélestand du Méril. 1 vol. 10 fr.

VOLUMES PRESQUE ÉPUISÉS, AUGMENTÉS DE PRIX.

Œuvres complètes de Remy Belleau, avec notices et portraits, publiées d'après les éditions originales, par A. Gouverneur. 3 vol. 24 fr.

Les Aventures du baron de Fœneste, par d'Aubigné. Edition revue et annotée par M. Prosper Mérimée, de l'Académie française. 1 vol. 8 fr.

Réflexions, Sentences et Maximes morales de la Rochefoucauld. Nouvelle édition, par G. Duplessis. Préface par Sainte-Beuve. 1 vol. 8 fr.

Le Dolopathos, recueil de contes en vers du XIIe siècle, par Hebers, publiés d'après les munuscrits par MM. Ch. Brunet et A. de Montaiglon. 1 vol. 8 fr.

Les Quinze Joyes de mariage. 2e édition. 1 vol. 5 fr.

La Seizième Joye de mariage, publiée pour la première fois avec préface et glossaire. Paris, académie des bibliophiles. Volume épuisé, quelques exemplaires seulement. prix 4 fr.

L'épuisement de plusieurs autres ouvrages nous obligera prochainement à de nouvelles modifications de prix.

SOUS PRESSE.

Œuvres complètes de La Fontaine, publiées d'après les textes originaux, accompagnées de notes et suivies d'un lexique par M. Ch. Marty-Lavaux. Tome I. Fables. 5 fr.

Œuvres complètes de Melin de Sainct-Gelays, avec un commentaire de Bernard de la Monnoye, et notices de M. Prosper Blanchemain.

Recueil d'anciennes poésies françoises aes XVe et XVIe siècles, réunies et annotées par M. A. de Montaiglon. Tome X et dernier.

Œuvres de Pierre Gringore, réunies pour la première fois et annotées par MM. Ch. d'Héricault et A. de Montaiglon. Tome second et dernier.

Histoire Amoureuse des Gaules. Tome IV et dernier.

EN PRÉPARATION.

Deux nouveaux ouvrages du XVIIe siècle annotés par M. Edouard Fournier.

Nouvelles acquisitions de la librairie Paul Daffis.

Curiosités de l'hétérodoxie et de la libre pensée

EN VENTE :

Le Traité des Trois Imposteurs (*de Tribus Impostoribus, m. d. iic.*), traduit pour la première fois en français ; texte latin en regard, collationné sur l'exemplaire du duc de la Vallière, aujourd'hui à la Bibliothèque nationale de Paris, augmenté des variantes de plusieurs manuscrits, etc., précédé d'une notice philologique et bibliographique, par Philomneste junior. In-8, titre en rouge et en noir ; papier de Hollande : quelques exemplaires seulement. 8 fr

La Béatitude des Chrestiens ou le Fléo de la Foy par Geoffroy Vallée, d'Orléans. Titre en rouge et en noir, tirage à 120 exemplaires numérotés ; papier de Hollande : quelques exemplaires seulement. 3 fr

Le Péché originel, traduit librement du latin d'Adrien Beverland, par J.-Frédéric Bernard ; réimpression sur l'édition la plus complète de 1741, notice bio-bibliographique par un bibliophile ; in-8, titre en rouge et en noir ; papier de Hollande : quelques exemplaires seulement. 12 fr

Le second Enfer d'Etienne Dolet, suivi de sa traduction des deux dialogues platoniciens l'Axiochus et l'Hipparchus ; notice bio-bibliographique par un bibliophile ; in-8, titre en rouge et en noir ; papier de Hollande. 6 fr

Curiosités historiques et littéraires.

Gaspard de la nuit, fantaisies à la manière de Rembrandt et de Callot, par Louis Bertrand ; nouvelle édition, augmentée de pièces en prose et en vers, tirées des journaux et recueils littéraires du temps, et précédé d'une introduction par M. Charles Asselineau ; frontispice à l'eau-forte de Félicien Rops ; un vol., papier de Hollande. 10 fr

Madame Deshoullières emprisonnée au château de Vilvorde par ordre du prince de Condé. 1 vol in-4, sur papier de Hollande. 4 fr

Poésies de Jules Barbey d'Aurevilly, commentée par lui-même ; in-4, pap. de Hollande. 10 fr
Grand papier royal. 15 fr

La première édition de ces poésies étranges est si rare qu'elle n'a jamais passé en vente publique ; celle-ci est illustrée d'un commentaire des plus singuliers, emprunté indiscrètement à une correspondance de l'auteur.

Toute l'édition a été tirée à 72 exemplaires; il n'en reste qu'un très-petit nombre.

Autres ouvrages de fonds de la librairie Paul Daffis.

Les Supercheries littéraires dévoilées, par J.-M. Quérard, seconde édition considérablement augmentée par MM. Gustave Brunet et Pierre Jannet. Ouvrage terminé. 6 livraisons, prix. 60 fr.
Grand papier de Hollande 120 fr.

Dictionnaire des Ouvrages anonymes, par Ant.-Alex. Barbier, troisième édition, revue et augmentée par MM. Olivier Barbier, René et Paul Billard, de la Bibliothèque nationale.
Prix de la livraison, format des Supercheries, papier ordinaire. 12 fr.
Grand papier de Hollande. 24 fr.
Deux livraisons sont en vente.

La France littéraire, ou Dictionnaire bibliographique des savants, historiens et gens de lettres de la France, ainsi que des littérateurs étrangers qui ont écrit en français, plus particulièrement pendant les XVIIIe et XIXe siècle, par J.-M. Quérard. Paris, 1827—1839, 10 forts volumes in-8 à deux colonnes. 120 fr.
Il ne reste qu'un petit nombre d'exemplaires.

La Littérature française contemporaine, 1827—1849, continuation de la *France littéraire*, par MM. Félix Bourquelot, Alfred Maury et Charles Louandre. Paris, 1852—1857, 6 volumes in-8 à deux colonnes. 120 fr.
Épuisé.

Catalogue général de la librairie française pendant 25 ans (1840-1865), rédigé par Otto Lorenz, libraire, 4 volumes gr. in-8 à 2 colonnes. Prix, broché. 80 fr.
Relié. 96 fr.
Ce Catalogue forme une suite aux deux ouvrages de Quérard (*la France littéraire*, 10 vol., et *la Littérature française contemporaine*, 6 vol.) Il renferme dans une seule nomenclature, classée par ordre alphabétique des noms d'auteurs, les titres de tous les livres publiés en France, et de ceux en langue française publiés à l'Étranger depuis 1840 jusqu'en 1865. Outre les titres, il indique le format, le nombre de volumes, l'année de publication, le nom de l'éditeur et le prix des ouvrages; et à côté du nom des auteurs il donne, autant qu'il a été possible de le faire, quelques renseignements sur leurs personnes.

Bibliographie historique et topographique de la France, par A. Girault de Saint-Fargeau. Paris, 1843, 1 volume in-8 à deux colonnes. 6 fr.

Histoire et chronique du petit Jehan de Saintré et de la Jeune Dame des Belles-Cousines, sans autre nom nommer (par Antoine de la Sale). Paris, F. Didot frères, 1830, gr. in-8 gothique, fleurons et lettres ornées, lavé et encollé. 25 fr.

Ouvrages de bibliographie qu'on trouve à la librairie Paul Daffis.

Manuel du Libraire et de l'Amateur de livres, par Jacques-Charles Brunet. 5e édition originale, entièrement refondue par l'auteur. 6 volumes en 12 tomes grand in-8 à 2 colonnes. 200 fr.

Dictionnaire de Géographie ancienne et moderne, à l'usage du libraire et de l'amateur de livres, supplément au Manuel du Libraire, par un bibliophile. 1 fort vol. grand in-8 à 2 colonnes. 40 fr.
Sur grand papier de Hollande. 80 fr.

Bibliographie historique et critique de la Presse périodique française, par M. Eugène Hatin; catalogue systématique et raisonné de tous les écrits périodiques de quelque valeur publiés ou ayant circulé en France depuis l'origine du journal jusqu'à nos jours, avec extraits, notes historiques, critiques et morales, indication des prix que les principaux journaux ont atteints dans les ventes publiques, etc., précédé d'un Essai sur la naissance et les progrès de la presse périodique, et contenant le portrait de Renaudot et diverses figures. 1 fort vol. grand in-8 à 2 colonnes. 20 fr.
Sur très-grand papier de Hollande. 40 fr.

Bibliographie des ouvrages relatifs à l'Amour, aux Femmes, au Mariage, et des livres facétieux, pantagruéliques, scatologiques, satiriques, etc., contenant les titres détaillés de ces ouvrages, les noms des auteurs, un aperçu de leur sujet, leur valeur et leur prix dans les ventes, etc., par M. le C. d'I***, troisième édition entièrement refondue et considérablement augmentée; ordre alphabé-

tique par noms d'auteurs et titres d'ouvrage. L'ouvrage sera publié en 6 volumes, sur papier vélin de Hollande. Prix du vol. 12 fr.
Quatre volumes sont en vente.

Bibliographie moliéresque, contenant : 1° la description de toutes les éditions des œuvres et des pièces de Molière ; 2° les imitations et traductions desdites pièces ; 3° les ballets, fêtes de cour, poésies de Molière, etc. ; 4° l'indication des ouvrages divers de tout genre concernant Molière, sa troupe et son théâtre, le tout avec notes et commentaires par le bibliophile Jacob (M. Paul Lacroix). Turin, in-8, papier vélin, tiré à 164 exemplaires ; — petit in-12 papier de Hollande, tiré à 56 ; et chine, même format, 4 exempl. ; tous numérotés. — Prix : 15 francs, quelque soit le papier.

Livres de luxe imprimés par Louis Perrin de Lyon.

Molière. Théâtre de Jean-Baptiste Poquelin de Molière, collationné minutieusement sur premières éditions et sur celles des années 1666, 1674 et 1682, orné de vignettes gravées à l'eau-forte, d'après les compositions de différents artistes, par Fréd. Hillemacher. 8 vol. in-8, avec une vignette en tête de chaque acte, tiré à 400 exemplaires seulement. Il n'en reste que quelques exemplaires sur papier vergé teinté, au prix de 200 fr.
Les 7 premiers volumes ont paru.

Troupe de Molière. Galerie historique des portraits des comédiens de la troupe de Molière, gravés à l'eau-forte, sur des documents authentiques, par Fréd. Hillemacher, avec des détails biographiques succincts relatifs à chacun d'eux. 2e édition. Un volume in-8 de 198 pages, une vignette et 33 portraits, br.

Papier vergé teinté, petit format. 35 fr.
— — grand format. 40
— vergé de Hollande, petit format. 45
— — — grand format. 60

« Ce volume peut servir de supplément à notre édition du Théâtre de Molière. »

Troupe de Talma. Galerie historique des Comédiens de la Troupe de Talma. Notices sur les principaux sociétaires de la Comédie Française de 1789 jusqu'aux trente premières années de ce siècle (ouvrage faisant suite à la troupe de Voltaire), par E. de Manne, avec une vignette et 41 portraits gravés à l'eau-forte par Fréd. Hillemacher. Un vol. in-8 de 438 pages, tiré à 250 exemplaires sur papier teinté vergé. 40 fr

Troupe de Nicolet. Galerie historique des Comédiens de la troupe de Nicolet, notices sur certains acteurs et mimes qui se sont fai[t] un nom dans les annales des scènes secon[daires], depuis 1760 jusqu'à nos jours, pa[r] E. de Manne et C. Ménétrier, avec un[e] vignette et 29 portraits gravés à l'eau-fort[e] par Fréd. Hillemacher. Un vol. in-8 d[e] 412 pages, tiré à 240 exemplaires sur papier teinté vergé, br. 40 fr

Triboulet. La vraye histoire de Triboulet, e[t] autres poésies inédites, récréatives, morale[s] et historiques des XVe et XVIe siècles, recueillies et mises en ordre par A. Joly. U[n] volume pet. in-8 de 126 pages, avec encadrements copiés sur les plus beaux dessin[s] du Petit-Bernard ; tiré à 250 ex, sur papie[r] vergé teinté. 15 fr

Boileau-Despreaux. Le Lutrin, poëme héroï[-]comique de Boileau-Despréaux, éditio[n] conforme au texte original, ornée de vignettes dessinées et gravées à l'eau-fort[e] par Ernest et Frédéric Hillemacher. Un vo[-]lume in-4, cart.
Tiré à 275 exemplaires sur papier verg[é] teinté. 12 fr
25 ex. sur papier de Hollande, vignette[s] avant la lettre. 20 fr

Clément Marot. Les Œvvres de Clément Marot de Cahors, vallet de chambre dv Roy Plus amples, et en meilleur ordre que pa[r]auant. 2 vol. pet. in-8, br.
« Cette édition a été revue scrupuleusemen[t] sur celle de Lyon de 1544, à l'ENSEIGNE D[U] ROCHER, dont nous avons conservé le type Outre un portrait de Cl. Marot, gravé su[r] bois, nous avons réparti dans les 2 volume[s] 19 encadrements copiés sur les plus beau[x] livres imprimés par Jean de Tournes, et enrichi chaque volume de lettres ornées et d'u[n] magnifique frontispice gravé sur bois. »

NOMBRE DU TIRAGE :

150 exemplaires, numérotés en typographie sur papier vergé teinté. 50 fr
100 exempl. sur papier Wathman. 90
50 — sur papier de Hollande, 80
10 — — de Chine. 120
4 — sur peau vélin. 800

Théâtre Lyonnais de Guignol, publié pour l[a] première fois, avec une introduction et de notes. 1re Série. Un volume in-8, avec 11 eaux-fortes gravées par M. Fugère; papier vélin, br. 10 fr.

Théâtre Lyonnais de Guignol, publié pour la première fois. 2e Série. Un volume in-8, avec 10 eaux-fortes gravées par Fugère; papier vélin, br. 10 fr.

Les Contes des Fées, en prose et en vers, de Charles Perrault. Deuxième édition, revue et corrigée sur les éditions originales, et précédée d'une lettre critique par Charles Giraud, de l'Institut. Lyon, imprimerie Louis Perrin, in-8, papier de Hollande, gravures. (Epuisé.) 25 fr.

Il reste quelques exemplaires sur papier teinté.

PUBLICATIONS ILLUSTRÉES

Editions de grand luxe.

L'Enfer de Dante, contenant la traduction française de P.-A. Fiorentino, le texte italien, et 76 grandes compositions de Gustave Doré, gravées sur bois et tirées à part. Un magnifique volume in-folio, cartonné richement. 100 fr.

Le Purgatoire et le Paradis de Dante Alighieri, contenant la traduction française de P.-A. Fiorentino, le texte italien, et 60 grandes compositions de Gustave Doré, gravées sur bois et tirées à part. Un magnifique volume in-folio, cartonné richement. 100 fr.

L'ingénieux hidalgo Don Quichotte de la Manche, par Miguel de Cervantes Saavedra, traduit et annoté par Louis Viardot, avec 370 compositions de Gustave Doré, gravées sur bois par H. Pisan. Deux magnifiques volumes in-folio, cartonnés richement. 160 fr.

Fables de La Fontaine avec 330 compositions de Gustave Doré. Deux magnifiques volumes in-folio richement cartonnés. 200 fr.

Ces deux volumes contiennent 80 grandes compositions et 250 têtes de page par Gustave Doré, et 250 culs-de-lampe par Fellmann. Les 80 grandes compositions sont tirées sur papier Chine. Les encadrements et les titres de chaque table sont imprimés en rouge.

Atala, de Chateaubriand, avec 44 compositions de Gustave Doré, gravées sur bois. Un magnifique volume in-folio, cartonné richement. 50 fr.

Les Chefs-d'œuvre de la Peinture italienne, par Paul Mantz, ouvrage contenant 20 planches chromolithographiques, exécutées par F. Kellerhoven, 30 planches sur bois et 40 culs-de-lampe et lettres ornées. Un splendide volume in-folio, relié dorure Renaissance, non rogné. Prix. 100 fr.

Le Nouveau Testament de Notre-Seigneur Jésus-Christ, traduction avec notes de M. l'abbé J.-B. Glaire, ancien doyen de la Faculté de théologie de Paris, recommandée par dix-neuf archevêques et évêques et seule approuvée par le Saint-Siége; illustrée de 58 gravures d'après les tableaux les plus célèbres des grands maîtres, avec texte ornementé. Broché. 50 fr.

Relié dos chagrin, tranche dorée, dentelle or sur le plat. 60 fr.

L'Ornement polychrome, 100 planches en couleurs or et argent, contenant environ 2,000 motifs de tous les styles, art ancien et asiatique, moyen âge, renaissance, XVIIe et XVIIIe siècle, recueil historique et pratique publié sous la direction de M. A. Racinet, l'un des dessinateurs du Moyen âge et la Renaissance, des arts somptuaires, de la collection Soltikoff, etc., avec des notes explicatives et une introduction générale. L'ouvrage sera publié en 10 livraisons de 10 planches chacune. Les huit premières livraisons sont en vente. Prix de chaque livraison. 15 fr.

Les Arts au Moyen âge et à l'époque de la Renaissance, par Paul Lacroix (bibliophile Jacob), conservateur de la bibliothèque de l'Arsenal. Un volume in-4, contenant 19 planches chromolithographiques par F. Kellerhoven et 420 gravures sur bois. Broché 25 fr.

Relié dos chagrin, tranches dorées. 33 fr.

Mœurs, Usages et Costumes au Moyen âge et à l'époque de la Renaissance, par Paul Lacroix (bibliophile Jacob), conservateur de la bibliothèque de l'Arsenal. Un vol. in 4, contenant 15 planches chromolithographiques par F. Kellerhoven, et 440 gravures sur bois. Broché. 25 fr.

Relié dos chagrin, tranches dorées. 33 fr.

En outre des ouvrages de ce Catalogue, la librairie Paul Daffis possède tous les ouvrages sur papier de Hollande, tirés à petit nombre et publiés par les éditeurs Firmin Didot, Hachette, Mame, Jouaust et Lemerre.

Reliure en tous genres.

www.ingramcontent.com/pod-product-compliance
Lightning Source LLC
Chambersburg PA
CBHW071140270326
41929CB00012B/1825

* 9 7 8 2 0 1 2 5 3 9 6 5 5 *